中華大典

醫藥衛生典

四川出版集團·巴蜀書社

中華大典·醫藥衛生典

藥學分典

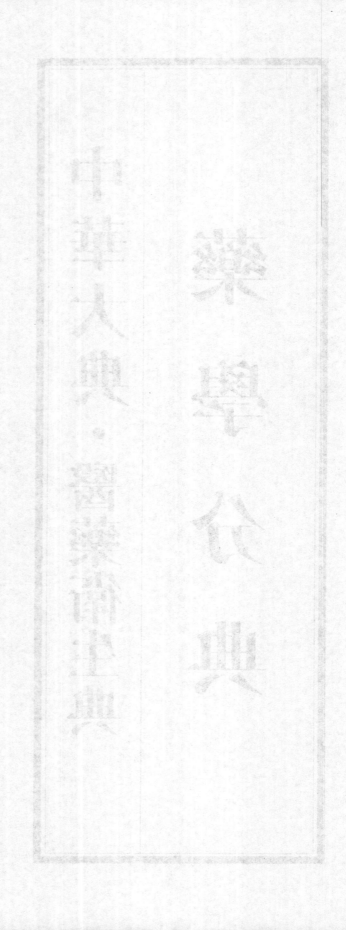

《藥學分典》總目錄

藥學分典　九

藥物總部

目錄

魚部

《藥物總部》提要

《藥物總部》是《藥學分典》中内容最龐大的一個總部，下列『部』與『分部』兩級經目。其中一級經目按藥物自然屬性分二十三個部。鑒於各部藥物内容相對獨立，為方便使用，本分典將本總部分八册，各自獨立成書。這八册在整個分典的位置及所屬各部名稱參見前《藥學分典》總目録。本總部藥物的編排順序與先行出版的《本草圖録總部》基本相同，僅少數藥物的位置有所調整。

本總部收載的動物藥中，不乏當今已列為重點保護的野生動物（如犀牛、虎、麋鹿等）。本分典為保存古代醫藥文獻而收載這些動物的有關史料，但反對將這些珍稀動物用作藥物。

本總部在緯目『綜述』及『雜録』下設專題名，即單味藥的正名。單味藥在本總部中為最小單元，其正名乃從該藥諸多名稱中遴選得來。正名之下諸書所出藥名雖有不同，但據其文字描述或藥圖（須參《本草圖録總部》）所示，均屬同一藥物。本總部共收載藥物四千三百零二種。各藥條下的主要内容有基原鑒别、生長地區與環境、采收時月、炮製、性味良毒、七情、功用主治、相關附方等。

由於本分典的編纂宗旨在於全面客觀地反映中國古代藥物學的豐富内容，因此必須尊重古代某些傳統分類法，以容納古代曾出現過某些特殊藥物。本此原則本總部設置了火、水、土、製釀、器用等部。其他部的設置大體按礦物、植物、動物為序，主要采用傳統分類名稱（如草部、菜部、果部、藤蔓部、木部、蟲部、魚部、獸部、人部等）。但在尊重古代傳統分類的同時，又再細化類别。例如藻菌、地衣苔蘚、蕨部屬於低等植物，今從古代『草部』分出。古代籠統的蟲、魚部，今則細分爲蟲、介甲、蛇蜥、魚四個部，以盡量貼近動物進化分類序列。此外各部下的某些分部（如蟲部下的濕生分部、卵生分部、兩棲分部）乃爲兼顧傳統分類與現代分類而設。

本總部體現現代分類進展及中藥鑒別最新成果之處，主要是部或分部下的藥物排列方式。例如動植物類各部及分部下的藥物，一般都按現代分類法，將同科的動植物集中相鄰排列，並將包含常用藥居多的動植物科屬排在前面。例如『草部·山草分部』的緯目『綜述』之下，依次是甘草、黃耆、苦參（豆科）、人參、竹節參、珠兒參、三七、西洋參（五加科）、桔梗、沙參、薺苨、黨參（桔梗科）等。

本總部單味藥的確定，以藥物基原爲主。同一基原的動植物，其藥用部分可有多種。例如桑的樹皮（桑白皮）、樹葉（桑葉）、果實（桑椹）等均可入藥。對此情況，按古代本草慣例，取其常用部位歸類。故桑雖列入木部，但不再把各藥用部位拆分，仍在桑條下表述其不同藥物部分的功用。又，鑒於本總部未設花部，因此某些花類藥往往據其植物屬性，分别散入草、木等部，或附在同基原常用藥用部位所屬部類之中，例如『梅花』權且附在『梅』（烏梅、白梅）之後。

本總部藥物基原的確定，主要依據文字描述與藥圖。在充分汲取國内外中藥鑒定的最新成果的基礎上，編纂人員又逐一對以往尚無研究的藥物進行考訂，采用『以形相從』的方法，盡力確定其科屬或近似的分類位置。對缺乏形態描述與圖形的藥物，則多采『以名相從』之法，將其排在名稱近似藥物之後。例如《滇南本草》中基原不明的白雲參、還元參、土人參、黃參等藥，均附列在人參之後。若名稱亦無相似者，則依據古本草『有名未用』舊例，將不明來源的藥物集中起來，排列在相關的部或分部之末，設經目『某部藥存疑』，或在緯目『雜録』中予以表現。

本總部的文字編排及標記體例，除遵從大典總體要求外，針對本分典的特點，有如下需説明之處：《證類本草》一書的《神農本草經》《名醫别録》《藥對》三書文字雜糅在一起，原書采用『白大字』（大號陰文）表示《神農本草經》，『黑大字』（大號陽文）表示《名醫别録》文，『黑小字』（小號陽文）表示《藥對》文。對此類條文，本分典將『白大字』用五號黑體，『黑大字』用五號宋體表示，『黑小字』用小五號宋體，並在文獻出處後的六角符號『〔　〕』中，用同體、同號字標出各書書名，以提示原本混排之三書文字的區别。又，《證類本草》除采用陰陽文、大小字之外，還用特定文字（如『今定』、『新補』等）及特殊符號（如墨蓋子）來表示文字出處。為適應《中華大典》體例，使讀者一目了然知其明確出處，本總部一律增補該書所引原書之名。另外，對少數本草書采用的特殊標記，本分典在不與大典統一標記衝突的前提下，用其他符號予以替代。例如《本草品彙精要》將藥品分為二十四項，每項名稱用黑魚尾括注。由於此標記與大典省略文字標記相同，故本分典將其改為白魚尾。

《藥物總部》之末，附『藥名索引』。進入索引的藥名僅限於藥物正名。

蟲部

題解

宋・李昉《太平御覽》卷九四四蟲豸部　《爾雅》曰：有足謂之蟲，無足謂之豸。

《周禮・冬官》梓人曰：外骨、内骨、却行、仄行、連行、紆行，以脰鳴者，以注鳴者，以旁鳴者，以翼鳴者，以股鳴者，以胷鳴者，謂之小蟲之屬。

《大戴禮》曰：毛蟲之精者曰麟，羽蟲之精者曰鳳，介蟲之精者曰龜，鱗蟲之精者曰龍，倮蟲之精者曰聖人。

《淮南子》曰：凡有血氣之蟲，含牙戴角，前爪後距。有角者觸，有齒者噬，有毒者螫，有蹄者踢。喜而相戲，怒而相害，天之性也。又曰：介蟲之動以固，介甲龜鼈之屬，動行也。貞蟲之動以毒螫。貞無牝牡之屬。

孫卿子曰：肉腐出蟲，魚枯生蠹。

明・李時珍《本草綱目》卷三九蟲部　李時珍曰：蟲乃生物之微者，其類甚繁，故字從三虫會意。按《考工記》云：外骨、内骨、却行、仄行、連行、紆行，以脰鳴、注咮同。鳴、旁鳴、翼鳴、腹鳴、胸鳴者，謂之小蟲之屬。其物雖微，不可與麟、鳳、龜、龍爲伍，然有羽、毛、鱗、介、倮之形，胎、卵、風、濕、化生之異，蠢動含靈，各具性氣。録其功，明其毒，故聖人辨之。況蜩、螢、蟻、蚳，可供饋食者，見于《禮記》；蜈、蠶、蟾、蠍，可供匕劑，載在方書。《周官》有庶氏除毒蠱，剪氏除蠹物，蟈氏去鼃黽，赤犮氏除墻壁貍蟲，壺涿氏除水蟲。則聖人之于微瑣，罔不致慎。學者可不究夫物理而察其良毒乎？于是集小蟲之有功、有害者爲蟲部，凡一百零六種。分爲三類：曰卵生，曰化生，曰濕生。舊本蟲魚部三品，共二百三十六種。今析出鱗、介二部，併入六種，移八種入禽獸、服器部，自有名未用移入六種，木部移入二種。

清・穆石匏《本草洞詮》卷一八　蟲部　蟲乃生物之微者，其類甚繁。外骨、内骨、却行、仄行、連行、紆行，以脰鳴、注鳴、旁鳴、翼鳴、腹鳴、胸鳴者，謂之小蟲之屬。其形也，有羽、毛、鱗、介、倮之異。其生也，有胎、卵、風、濕化之殊。蜩、螢、蟻、蚳，可供饋食。蜈、蠶、蟾、蝎，可起沉痾。錄其功，明其毒，豈以微瑣而略之哉？

論説

宋・唐慎微《證類本草》卷二一蟲魚部中品〔唐・陳藏器《本草拾遺》〕　諸蟲有毒不可食者　鱉目白殺人。腹下有卜字及五字不可食。頷下有骨如鱉不利人。蝦煮白食之，腹中生蟲。蟹腹下有毛，兩目相向，腹中有骨，不利人。鱉肉共雞肉食，成瘕疾也。

濕生蟲分部

綜述

紫梢花

宋・唐慎微《證類本草》卷二一蟲魚部中品〔唐・陳藏器《本草拾遺》〕　予脂　有毒。主風腫、癰毒、癮㾬、赤瘙瘑疥，痔瘻，皮膚頑痹，踠跌折傷，肉損瘀血，以脂塗上，炙手及熱摩之，即透。生嶺南，蛇頭鱉身。《廣州記》云：予，蛇頭鱉身，亦水宿，亦樹棲，俗謂之予膏，主蛭刺。以銅及瓦器盛之，浸出。唯雞卵盛之不漏。摩理毒腫大驗，其透物甚於醍醐也。

宋・陳衍《寶慶本草折衷》卷一五　新增紫梢花　所出與龍骨同。〇採暴乾。

平，大熱許洪，無毒。〇治真氣虛憊，下焦傷暍，陽事不舉，遺瀝失精，小便滑數，臍腹弦急疼痛，膀胱小腸氣患集張松說。〇許洪云：主補中益氣，陰痿不起，固精益髓，溺有餘瀝，壯筋骨見玉霜元註。〇《圖經》曰：又云龍生二卵，一為吉弔，吉弔多與鹿游，或於水邊遺瀝，值流槎則粘着木枝，如蒲槌狀，其色微青、黃、灰色分龍骨條。

續說云：《圖經》論紫梢花，豈能常有耶？今江湖間有一種魚子粘著草木，形色與紫梢花相類，人多認為紫梢花，以輔補劑者亦效，猶認紅蒲根為京三稜，相因用，誰復能明？

明・李時珍《本草綱目》卷四三鱗部・龍類　弔《拾遺》

［釋名］吉弔時珍曰：弔，舊無正條。惟蘇頌《圖經》載吉弔脂，云龍所生也。陳藏器《拾遺》有予脂一條，引《廣州記》云予，蛇頭鼈身，膏主蛭刺云云。今攷《廣州記》及《太平御覽》止云弔，蛇頭鼉身，膏至輕利等語，並無所謂蛇頭鼈身、予膏主蛭刺之說。蓋弔字似予，鼉字似鼈，至輕利三字似主蛭刺，傳寫訛誤，陳氏遂承其誤耳。弔既龍種，豈有鼈身？病中亦無蛭刺之證，其誤可知，今改正之。精名紫稍花。

［集解］藏器曰：裴淵《廣州記》云：弔生嶺南，蛇頭鼉身，水宿，亦木棲。其膏至輕利，以銅及瓦器盛之浸出，惟鷄卵殼盛之不漏，其透物甚于醍醐。摩理毒腫大驗。頌曰：姚和衆《延齡至寶方》云吉弔脂出福建州，甚難得。須以琉璃瓶盛之，更以樟木盒重貯之，不爾則透氣失去也。孫光憲《北夢瑣言》云：海上人言龍每生二卵，一爲吉弔。多與鹿游，或于水邊遺瀝，值流槎則粘着木枝，如蒲槌狀。其色微青黃，復似灰色，號紫稍花，坐湯多用之。時珍曰：按裴、姚二説相同，則弔脂即吉弔脂無疑矣。又陳自明《婦人良方》云：紫稍花生湖澤中，乃魚蝦生卵于竹木之上，狀如糖潵，去木用之。此説與孫説不同。近時房中諸術，多用紫稍花，皆得于湖澤，其色灰白而輕鬆，恐非真者。當以孫説爲正。或云紫稍花與龍涎相類，未知是否。

弔脂一名弔膏。［氣味］有毒。［主治］風腫癰毒，癮疹赤瘙，瘑疥痔瘻，皮膚頑痹，踠跌折傷，内損瘀血。以脂塗上，炙手熱摩之，即透藏器。治聾耳，不問年月，每日點入半杏仁許，便瘥。蘇頌。出《延齡方》。

紫稍花［氣味］甘，温，無毒。［主治］益陽祕精，療真元虛憊，陰痿遺精，餘瀝白濁如脂，小便不禁，囊下濕癢，女人陰寒冷帶，入丸散及坐湯用。時珍。又《和劑》玉霜丸注云：如無紫稍花，以木賊代之。

［附方］新二。陽事痿弱：紫稍花、生龍骨各二錢，麝香少許，爲末，蜜丸梧子大。每服二十丸，燒酒下。欲解，飲生薑甘草湯。《集簡方》。陰癢生瘡：紫稍花一兩，胡椒半兩，煎湯温洗，數次即愈。《總微論》。

明・李中立《本草原始》卷一一　紫稍花

孫光憲云：海上人言龍每生二卵，一為吉弔。多與鹿游，或於水邊遺瀝，值流槎則粘著木枝，如蒲槌狀，其色微青黃，復似灰色，號紫稍花。紫稍花：氣味：甘，溫，無毒。主治：益陽祕精，療真元虛憊，陰痿遺精，餘瀝白濁如脂，小便不禁，囊下濕癢，女人陰寒冷帶，入丸散及坐湯用。

《本經》上品。【圖略】房術多用。體輕色灰。《總微論》：治陰癢生瘡，紫稍花一兩，胡椒半兩，煎湯溫洗數次愈。

清・穆石匏《本草洞詮》卷一六　紫稍花

龍每生二卵，一為吉弔，多與鹿遊，或於水邊遺瀝，著木枝如蒲槌狀，色微青黃，號紫稍花。或云紫稍花生湖澤中，乃魚蝦產子於竹木之上也。氣味甘溫，無毒。主益陽秘精，療真元虛憊，陽痿遺精，白濁，囊下濕癢，女人陰寒冷帶諸疾。媚藥用之。

清・浦士貞《夕庵讀本草快編》卷六　弔《拾遺》、紫梢花

弔，龍屬也，名吉弔。多與鹿游，或於水邊遺瀝，值流枝粘裹於上，狀如蒲槌，青灰色名紫梢花。或云魚蝦凝結，亦或有之。今之賣者皆鬆，恐非真者。紫梢花，氣味甘溫，無毒之物也。得之精氣凝結，故能壯陽道，起陰痿，秘精關，止餘瀝。男子白濁如脂，女人陰寒帶下，配湯與丸，無不宜之，《和劑》玉霜丸是也。夫精氣凝聚之物皆能走腎，腎固則精生，精生而氣旺，氣旺而神昌矣！若藉此縱慾，豈不妄哉？

清・王道純《本草品彙精要續集》卷七　紫稍花無毒。原本注獸部龍內，《綱目》分注吊內。　寄生。

紫稍花：主益陽，秘精，療真元虛憊，陰痿，遺精，餘瀝，白濁如脂，小便不禁，囊下濕癢，女人陰寒冷帶，入丸散及坐湯用《本草綱目》。［名］吊精。［苗］吉吊遺瀝，附木而生。［地］出於水中流槎木上。按裴淵《廣州記》云：吊生嶺南。又姚和衆《延齡至寶方》云：吉吊脂，出福建州。即知紫稍花，亦出在此兩處無疑矣。［時］生：無時。採：無時，甚難得。［用］坐湯多用之。［質］狀如蒲槌。［色］微青黃，復似灰色。［味］甘。［性］溫。［行］走腎經。［助］龍骨。［合治］《集簡方》：治陽事痿弱，用紫稍花、生龍骨各二錢，麝香少許爲末，蜜丸梧子大，每服二十丸，燒酒下，欲解，飲生薑甘草湯。○《總微論》云：陰養生瘡，紫稍花一兩，胡椒半兩，煎湯溫洗數次，即愈。［代］和劑玉霜丸，注云：如無紫稍花，以木賊代之。［贗］李時珍：按陳自明《婦人良方》云：紫稍花，生湖澤中，乃魚蝦生卵於竹木之上，狀如糖潵，去木用之。此說與孫說不同，近時房中諸術多用紫稍花，皆得於湖澤。其色灰白而輕鬆，恐非真者，當以孫說爲正。或云紫稍花與龍涎相類，未知是否。○孫光憲《北夢瑣言》云：紫稍花，出處

甚詳，已見獸部龍內注中。

清·黃元御《玉楸藥解》卷八　紫梢花　味甘，性溫。入足少陰腎、足厥陰肝經。起痿壯陽，暖腎秘精。紫梢花溫暖肝腎，強筋起痿。治遺精白濁、陰痒囊濕，冷帶之證。

海䖳

宋·唐慎微《證類本草》卷二二蟲魚部下品〔唐·陳藏器《本草拾遺》〕

蜡音䖳　味鹹，無毒。主生氣及婦人勞損，積血帶下，小兒風疾，丹毒。湯火煠出，以薑酢進之，海人亦爲常味。一名水母，一名樗蒲魚。生東海，如血蜭，大者如床，小者如斗，無腹胃、眼目，以蝦爲目，蝦動䖳沉，故曰水母目蝦。如駏驉之與蛩蛩相假矣。䖳，除駕切。

宋·陳衍《寶慶本草折衷》卷一七　蜡音䖳，除嫁切。　一名水母，一名樗蒲魚。生東海。與□□、鹽相宜。○王氏《神仙傳》云：王元夜遇一道士，因隨之，行至西江路旁，一物如龍，又若蛇，長十丈許。道士曰：此水母也，見者長生，靈瑞物也。今蜡亦曰水母，其類雖異，其名既同，故辨註之。

味鹹，無毒。○主生氣及婦人勞損，積血帶下，小兒風疾，丹毒，湯煠戈涉切。薑酢進之。大者如床，小者如斗。無腹胃眼目，以蝦為目。

明·滕弘《神農本經會通》卷一〇　蜡音䖳　陳藏器云：味鹹，無毒。

續説云：《海物異名記一作志》曰：澄瀾挺實，凝沫成形，皮赤肉白，其名曰䖳。全斂水氣而生，故凡水腫癰瘍及諸氣疾者，皆忌食之也。鹽礬淹藏，即堪停久。

主生氣，及婦人勞損，積血，帶下，小兒風疾，丹毒，湯火煠出，以薑酢進之。海人亦為常味。一名水母，一名樗蒲魚。生東海，如血蜭，大者如床，小者如斗，無腹胃，眼目，以蝦為目，蝦動䖳沉，故曰水母目蝦。如駏驉之與蛩蛩相假矣。

明·盧和、汪穎《食物本草》卷四魚類　水母　味鹹，無毒。主生氣，婦人勞損，血帶，小兒風疾，丹毒。

明·俞弁《續醫説》卷一〇　海蜇　《北戶錄》云：水母一名蚱，又名石鏡。南人治而食之，性熱，偏療河魚之疾。《物類相感志》云：蜡，一名樗蒲魚，大者如床，小者如斗，無腸胃，無眼目，以蝦為目，蝦動蜡行，故曰水母。按《本草》云：味鹹，無毒。主生氣，及療婦人勞損，血積帶下，小兒風疾丹毒。然則味鹹性寒矣。《北戶錄》乃云性熱，誤也。吳人名為海蜇云。

明·王文潔《太乙仙製本草藥性大全》卷八《本草精義》　蜡　一名水母，一名樗蒲魚。生東海。如血蜭，白沫濛濛，大者如床，小者如斗。無腹而頭目藏閉，倚蝦爲目，游水如飛，蝦見人忽驚，䖳隨則沉沒，故曰蝦動䖳沉。又曰水母目蝦是也。調味作饌，薑醋務加。

明·王文潔《太乙仙製本草藥性大全》卷八《仙製藥性》　蜡　味鹹，氣凉，無毒。　主治：主婦人生產勞損血凝，治小兒風痰火熛丹毒。

明·皇甫嵩《本草發明》卷六　蜡音槎。　主生氣及婦人產勞損血凝，帶下，治小兒風痰，火熛丹毒。又消酒積，作饌，酒，薑，醋。俗云蝦蜡。

明·李時珍《本草綱目》卷四四鱗部·魚類　海䖳《拾遺》

〔釋名〕水母《拾遺》　樗蒲魚《拾遺》　石鏡時珍曰：䖳，乍、宅二音。南人訛爲海折，或作蜡、鮓者，並非。劉恂云：閩人曰䖳，廣人曰水母。《異苑》名石鏡也。

〔集解〕藏器曰：䖳生東海。狀如血蜭，大者如牀，小者如斗。無眼目腹胃，以蝦爲目，蝦動䖳沉，故曰水母目蝦。亦猶蛩蛩之與駏驉也。煠出以薑、醋進之，海人以爲常味。時珍曰：水母形渾然凝結，其色紅紫，無口眼腹。下有物如懸絮，群蝦附之，咂其涎沫，浮汎如飛。爲潮所擁，則蝦去而䖳不得歸。人因割取之，浸以石灰、礬水，去其血汁，其色遂白。其最厚者，謂之䖳頭，味更勝。生、熟皆可食。茄柴灰和鹽水淹之良。

〔氣味〕鹹，溫，無毒。　〔主治〕婦人勞損，積血帶下，小兒風疾丹毒，湯火傷藏器。　療河魚之疾。時珍。出《異苑》。

明·穆世錫《食物輯要》卷七　海䖳　味鹹，溫，無毒。得薑醋，生熟皆可食。治婦人勞損，積血帶下，小兒風疾，丹毒，湯火傷。

明·吳文炳《藥性全備食物本草》卷三　海䖳一名水母，俗名海蜇。　生東海，如血蜭，白沫濛濛，大者如床，小者如斗，無腹而頭目藏閉，倚蝦為目，游水如飛，蝦見人忽驚，䖳則沉沒，故曰蝦動䖳沉，又曰水母目蝦是也。味鹹，溫，無毒。得薑醋生熟皆可食。治婦人勞損，積血帶下，小兒風疾丹毒湯火傷。

明·趙南星《上醫本草》卷四　海䖳音詫。　俗作海折，《異苑》名石鏡也。䖳生東南海，狀如血蜭，大者如牀，小者如斗，無眼目腹胃，以蝦為目，蝦動䖳沉，故曰水母目蝦。亦猶蛩蛩之與駏驢也。煠出，以薑醋進之。其厚者謂之䖳頭，味更勝。生熟皆可食，淹之良，海人以為常味。　鹹，溫，無毒。

主治：　療河魚之疾。

明·應麐《食治廣要》卷七　海蛇音宅，南人訛為海折。釋名水母。　氣味：　鹹，溫，無毒。　主治：　婦人勞損，積血帶下，小兒風疾，丹毒，湯火傷，并療河魚之疾。

按水母形渾然凝結，其色紅紫，無口眼，腹下有物如懸絮，群蝦附之，咂其涎沫，浮沉如飛，為潮所擁，則蝦去而蛇不得歸，人因割取之，浸以石灰、礬水，去其血汁，其色遂白。其最厚者，謂之蛇頭，其味更勝。

明·姚可成《食物本草》卷一〇鱗部·無鱗魚類　海蛇音作。一名水母。商人訛為海蜇，非也。蛇生東海。狀如血衉。大者如床，小者如斗。無眼口腹胃，以蝦為目，蝦動蛇沉。　李時珍曰：　水母形渾然凝結，其色紅紫，無口、眼。腹下有物如懸絮，群蝦附之，咂其涎沫，浮汎如飛。為潮所擁，則蝦去而蛇不得歸。人因割取之，浸以石灰、礬水，去其血汁，其色遂白。其最厚者，謂之蛇頭，味更勝。生、熟皆可食。沈石田有詩，頗盡其狀：生以蝦為目，來從水母宮。堆盤疑凍結，停筋便消融。瑩潔玻璃白，斑爛瑪瑙紅。酒邊嘗此味，牙頰響秋風。　海蛇，味鹹，溫，無毒。　主婦人勞損，積血帶下；　小兒風疾丹毒，湯火傷。　療河魚之疾，消毛髮成癥。

明·孟笨《養生要括·鱗類》　水母　味鹹，溫，無毒。　治婦人勞損，積血帶下，小兒風疾，丹毒，湯火傷。療河魚之疾。

明·施永圖《本草醫旨·食物類》卷五　海蛇即海蜇，名水母。生東海，狀如血衉，大者如牀，小者如斗，無眼目腹胃，以蝦為目，蝦動蛇沉，故曰水母。海人以為常味，羣蝦附之，咂其涎沫，浮汎如飛，為潮所擁，則蝦去而蛇不得歸，人因割取之，浸以石灰、礬水，去其血汁，其色遂白，生熟皆可食，茄柴灰和鹽水淹之良。　味鹹，溫，無毒。　治婦人勞損，積血帶下。　小兒風疾，丹毒，湯火傷。　療河魚之疾。

清·丁其譽《壽世秘典》卷四　海蛇俗訛為海蜇，或作蜡鮓者，並非。一名水母。其形渾然凝結，其色紅紫，無口眼，腹下有物如懸絮，群蝦附之咂其涎沫，浮汎如飛。為潮所擁，則蝦去而蛇不得歸，人因割取之。浸以石灰、礬水，去其血汁，其色遂白。其最厚者謂之蛇頭，味更勝，生、熟皆可食，茄柴灰和鹽水淹之良。　氣味：　鹹，平，無毒。　治婦人勞損帶下，小兒風疾、丹毒，能去積，消毛髮成癥。

清·朱本中《飲食須知·魚類》　海蛇　味醎，性溫，即海蜇。　無口眼腹翅，塊然一物，以蝦為目，蝦去則住。浸以石灰礬水，則色白。

清·何其言《養生食鑒》卷下　海蛇即水母。　味鹹，性冷，無毒。　治婦人勞損，積血帶下，去小兒風疾丹毒。此物能化積，而不能自化，脾胃冷弱者勿食。

清·浦士貞《夕庵讀本草快編》卷六　海蛇《拾遺》、水母　蛇音宅，南人說為海折。生東海中，渾然凝結，其色紅紫，無口眼，腹下有物如懸絮，群蝦附之，咂其涎沫，蝦動則蛇沉，故曰水母目蝦是也。　海蛇味鹹，色赤屬火，宜其性溫無毒者也。婦人勞損陰虛，積血帶下，小兒風痰丹毒以及湯火所傷，類相從耳。《異苑》註其療河魚之疾，豈別有據耶？

清·吳儀洛《本草從新》卷六　海蛇〔瀉，消積血。〕　鹹，平。　治婦人勞損、積血、帶下，小兒風疾，丹毒，湯火傷。《異苑》〔劉敬叔《異苑》。〕云：　療河魚之疾。

清·汪紱《醫林纂要探源》卷三　蛇　鹹，平，滑。亦作蛇。俗曰海蜇，水母也。形如牛胃，泛泛水上，有血氣，而無耳目，頂有窩，常聚涎沫，鰕集食之，得鰕則浮，失鰕則沉，故云水母目鰕，漁者鉤取，醃以鹽、礬，壓以石，去其沫，謂之蛇皮。　補心益肺，滋陰化痰，去結核，行邪濕，解渴醒酒，止嗽除煩。色白而形浮，故兼入肺。肺亦水母也，見火即化，故善化痰消核。

清·嚴潔等《得配本草》卷八　海蛇　鹹，寒。　主婦人生產勞損血凝、小兒火瘭丹毒。　配荸薺，煎汁，治肝氣鬱結，小腹疼痛，一切痞塊蟲積。　漂去石灰、礬性用。

題清·徐大椿《藥性切用》卷八　海（蛇）〔蛇〕　性味醎平，瀉濕熱，消血積。　醋煮，痢下人宜食，陳久者良。

清·黃宮繡《本草求真》卷九　海蛇清肝腎血瘀熱毒。　海蛇耑入肝腎。俗曰海蜇，即廣所云水母者是也。按書言此生於東海，狀如血，大者如牀，小者如斗，無眼目腹胃，以蝦為目，蝦動蛇沉，故曰水母目蝦。又曰：　水母形渾然凝結，其色紅紫，無口眼，腹下有物如懸絮，群蝦附之，咂其涎沫，浮沉如飛，為潮所擁，則蝦去而蛇不得歸，人因割取，浸以灰礬，去其血汁，而色遂白，厚為蛇頭，其味更勝，究其主治，大約多能下血消瘀，清熱解毒，而氣亦不甚溫。蓋緣此屬血類，血味多鹹，鹹則能以入腎，血藏於肝，海蛇形如血衉，則蛇多入於肝，產於水。腎屬水，則又多入腎故也。是以勞損積血得此則消，小兒丹疾火傷，得此則除。河魚之疾得此則療，但忌白糖同淹，則蛇隨即消化而不能以久藏，以土剋水者故耳。　無他義也。

清·李文培《食物小錄》卷下　海蛇即海折　鹹，平，無毒。　補腎，清火化痰，能貼無名腫毒。　時珍曰：　海蛇之形，渾然凝結，其色紅紫，無口眼，腹下有物如懸絮，群鰕附之，咂其涎沫，浮沉如飛，為潮所擁，則鰕去而蛇不得歸。人因割取之，浸以石灰、礬水，去其血汁，其色遂白。其最厚者，謂之蛇頭，味更勝。生、熟皆可食。今人以蒜、醋、香油拌食，味亦頗佳。

清・趙學敏《本草綱目拾遺》卷一〇鱗部　白皮子　《蟫史》：蛇生南海，四五月初生如帶，至六月漸大如盤，形似白綠絮，而無耳目口鼻鱗骨。一段赤色破碎者，謂之蛇頭。其肉如水晶，以明礬醃之，吳人呼為水母。鮮久則漸薄如紙，俗呼為白皮紙。按：今所云白皮紙，乃海蜇外面之皮，非陳久之海蜇也，一名秋風子。　朱排山《柑園小識》：海蛇上有白皮，潔白脆美，過於海蛇，謂之白皮子。

《綱目》載海蛇名水母，人以石灰礬水醃之，去其血水，色乃白，其形最厚者謂蛇頭，味更勝云，而不錄其外皮之用，且其言性暖可治河魚腹疾。而《農田餘話》云：水母本陰海凝結之物，食而暖，其性未詳，東璧亦無發明。敏曾居東甌數年，見土人販蛇為生者，詢之，據言其物確係海水所結。東南海俱鹹，遇春夏天，雨在海中者，一滴雨水入海，輒有一小泡凝聚海面，初則大如豆，隨波逐蕩，受日烘染，漸長大成形如笠，上頭下脚，塊然隨潮而行。土人撈蛇者，每於海塗間插竹為小城，以稻草作網圍之，潮長，蛇隨潮而來，入竹城，為網所絡，不得去，然後取之。以刃斲其中段，砉然而開，有似腸胃穢積者，落落交下，名蜇花，食之亦最美，再以礬灰醃而售之。

按：海為陰水，天雨水屬陽，相入而感，便生此物。受太陽真氣，所以日漸長大而性暖也。

味鹹濇，性溫，消痰行積，止帶祛風。

貼爛腿：《救生苦海》：用白皮子照瘡大小，翦作膏貼，內摻銀硃。無名腫毒：《集聽》方：用白皮子一片，白糖霜揉軟，中開一孔，貼上，重者潰，輕者散，又止痛。　流火：《文堂集驗》：取海蜇皮薄者貼上，燥則易之。　頭風：貼兩太陽，能拔風溼外出。　膝髕風溼：以白皮子貼之。　消痞：王聖俞云：有二方：一用白皮子同荸薺燒酒浸服。一用白皮子荸薺同煮，止食荸薺，自消痞也。

程克庵云：凡小兒一切積滯，用荸薺與海蜇同煮，去蜇食薺，則諸積自消。亦以積非寒不滯而成，海蜇能暖水臟，荸薺化堅，相因而用，其效故捷也。

《同壽錄》載其方治痞：用大荸薺一百個，古錢二十個，海蜇一觔，皮硝四兩，燒酒三觔，共浸，七日後每早喫四錢，加至十個止，即愈。

清・王學權《重慶堂隨筆》卷下　海蛇　本水結成，煮之可化為水。夫身中之痰，亦由火搏其水而成者，故為化痰之主藥。且泄鬱火，宣滯氣，能消食積，通二便，止腹痛，除脹滿。惜無知之者，故表之。

清・章穆《調疾飲食辯》卷六　海蛇　《嶺錄》曰：閩人曰蛇，或作蜇。廣人曰水母。《異苑》名石鏡。《拾遺》名樗蒲魚。《綱目》曰：形渾然凝結，無頭、足、口、眼，腹下如懸絮，色紅紫。群蝦附之，咂其涎沫，浮泛如飛。為潮所擁，蝦去而蛇不得歸，因割取之，故《海錯志》名蝦肋。《江賦》曰水母、目蝦。浸以石灰、礬水，色變白，生切和鹽、醋食，可下酒。其厚者名蛇頭，色紫不變，氣甚腥。《拾遺》曰：能治婦人勞損，積血帶下。醋浸貼湯火傷。《異苑》曰：療河魚腹疾。其症腹脹如鼓似水腫，四肢消瘦，不思飲食。《左傳》楚子問於蕭子曰：河魚腹疾奈何。蓋澤居者坐臥卑濕，多食魚蝦，症多患此，故名。

按：海蛇生於鹹水，色又紅紫，故專主血分之病。又能去濕而解久食魚蝦之積毒，誠佳物也。但入饌不拘厚薄，宜生食。治病宜厚者，力勝，酒煮熟食之。薩天錫詩曰：霞衣褪色脂流滑，瓊縷烹香酒力醒。亦熟食也。

清・趙其光《本草求原》卷一六鱗部　海蜇即海蛇。　鮮者名水母，無口眼，以蝦為目。色紅紫，以薑醋煮食。以石灰、礬水去其血汁，其色遂白。以茄柴灰和鹽醃之。不去原血。曬乾。鹹，冷，無毒。治婦人勞損積血、帶下，小兒風疾、丹毒，湯火傷，安胎。取白的泡酒飲。能化物，不能自化。脾胃虛寒勿食。

清・文晟《新編六書》卷六《藥性摘錄》　海蛇　即水母。鹹，冷。治婦人勞損，積血帶下，去小兒風疾丹毒。此物能化積，而不能自化，脾胃冷者勿食。

清・王孟英《歸硯錄》卷二　海蛇　妙藥也。宣氣化瘀，消痰行食，而不傷正氣。以經鹽、礬所制，入煎劑雖須漂淨，而軟堅開結之勳則固在也。故哮喘、胸痞、腹痛、癥瘕、脹滿、便秘、滯下、疳、疸等病，皆可量用。雖宜下之證，而體質柔脆，不能率投硝、黃者，余輒重用，而隨機佐以枳、朴之類，無不默收敏效。晉三先生但言協地栗以清肝熱，豈足以盡其能哉！

清・王孟英《隨息居飲食譜・鱗介類》 海蛇一名樗蒲魚，即水母也。 鹹，平。清熱消痰，行瘀化積，殺蟲，止痛，開胃潤腸，治哮喘、疳黃、癥瘕、瀉痢、崩中帶濁、丹毒、顛癇、痞脹腳氣等病，諸無所忌。陳久愈佳。

清・田綿淮《本草省常・魚蟲類》 海蜇皮 性寒。瀉熱消積滯。多食損胃。

清・趙晴初《存存齋醫話稿》卷一 海蛇一名海蜇頭。用一兩，漂淨，加大荸薺一名地栗。四個，水二鍾，煎八分服，名雪羹。見《絳雪園古方選注》，注曰：凡肝經熱厥，少腹攻衝作痛，用以泄熱止痛，捷如影響。王孟英《歸硯錄》曰：海蛇，妙藥也。宣氣化瘀，消痰行食，而不傷正氣。以經礬、鹽所製，入煎劑雖復漂淨，而軟堅開結之勛固在也。故哮喘胸痞，腹痛癥瘕，脹滿便閉，滯下疳黃等病，皆可量用。宜下之證，而體質柔脆，不能率投硝黃者，余輒重用，隨機佐以枳、朴之類，無不默收敏效。按：海蛇本水結成，故煮之仍化為水。人身之痰，有由火搏其水而成者，故為化火痰之專藥。其性寒涼，清火散結，不傷正氣，余每喜用之。若陽氣衰少之體，寒多濕勝之病，不相宜也。小兒疳病，由於火盛，致口臭便堅，腹脹內熱者，令服雪羹屢效。

清・戴葆元《本草綱目易知錄》卷五 海蛇水母。海蜇。 鹹，溫。治婦人勞損，積血帶下，小兒風疾，丹毒，湯火傷。

清・陳其瑞《本草撮要》卷九 海蛇 味鹹，平，入足厥陰經，功專治婦人勞損積血帶下，小兒風疾，丹毒湯火傷，並治河魚之疾。瘰癧葆驗。

清・吴汝紀《每日食物却病考》卷下 水母 一名海蛇，即俗稱海蜇。其形渾然凝結，其色紅紫，無目眼藏腸，群蝦附之以行，蝦去即沉。取以石灰、礬水，浸去血汁，遂白。最厚者為蛇頭，味更勝，生、熟皆可食。味鹹，平，無毒。治婦人勞損，積血帶下，小兒風疾丹毒，湯火傷。

石帆

明・李時珍《本草綱目》卷一九草部・水草類 石帆《日華》

【集解】弘景曰：石帆狀如柏，水松狀如松。藏器曰：石帆生海底，高尺餘。根如漆色，至梢上漸軟，作交羅紋。大明曰：石帆紫色，梗大者如箸，見風漸硬，色如漆，人以飾作珊瑚裝。頌曰：左思《吴都賦》：草則石帆、水松。劉淵林注云：石帆生海嶼石上，草類也。無葉，高尺許，其花離樓相貫連。若死則浮水中，人於海邊得之，稀有見其生者。

【氣味】甜、鹹，平，無毒。【主治】石淋弘景。煮汁服，主婦人血結月閉藏器。

越王餘算

宋・唐慎微《證類本草》卷七草部上品〔唐・陳藏器《本草拾遺》〕 越王餘筭 味鹹，平，無毒。主下水，破結氣。生南海水中，如竹筭子，長尺許。《異苑》曰：晉安有越王餘筭，葉白者似骨，黑者似角。云是越王行海作籌有餘，棄水中而生。

〔宋・唐慎微《證類本草》〕《海藥》云：謹按《異苑記》云：昔晉安越王，因渡南海，將黑角白骨筭籌所餘棄水中，故生此，遂名筭。味鹹，溫。主水腫浮氣，結聚宿滯不消，腹中虛鳴，並宜煮服之。

宋・鄭樵《通志》卷七五《昆蟲草木略》 越王餘筭 生南海水中，如竹筭子，長尺許。《異苑》云：越王行海，作籌有餘，棄於水中而生。

明・李時珍《本草綱目》卷一九草部・水草類 越王餘算《拾遺》

【釋名】【集解】珣曰：越王餘算生南海水中，如竹算子，長尺許。劉敬叔《異苑》云：昔晉安越王渡南海，將黑角白骨作算籌，其有餘者，棄於水中而生此。故葉白者似骨，黑者似角，遂以名之。相傳可食。

明・姚可成《食物本草》卷一九草部 越王餘算生南海中。如竹算子，長尺許。《異苑》云：昔晉安越王渡南海，將黑角白骨作算籌。其有餘者，棄於水中而生此，故其葉白者似骨，黑者似角，遂名之。相傳可食。又，《嶺表錄〔異〕》載沙箸亦似餘算之類，此草生於海岸沙中。春時吐苗，其心若骨，白而且勁，可為酒籌。凡欲采者，須輕步向前拔之，不然聞人行聲，遽縮入沙中，不可得也。 越王餘算，味鹹，溫，無毒。治水腫浮氣結聚，宿滯不消。

沙箸

明・李時珍《本草綱目》卷一九草部・水草類 沙箸時珍曰：按劉恂《嶺表録〔異〕》有沙箸，似是餘算之類，今附於此。云：海岸沙中生沙箸，春吐苗，其心若骨，白而且勁，可爲酒籌。凡欲採者，須輕步向前拔之。不然，聞行聲遽縮入沙中，不可得也。

【氣味】鹹，温，無毒。【主治】水腫浮氣結聚，宿滯不消，腹中虛鳴，並煮服之李珣。

清・章穆《調疾飲食辯》卷三 沙箸 《綱目》曰：《嶺表錄〔異〕》云：生海岸沙中，春吐苗，心如骨，白而勁，可作酒籌。採者須輕步速拔之，若聞行聲，即縮入沙中不可得，異物也。塞外一種雪蓮，亦能縮入土中。《海藥本草》

曰：治水腫結氣，宿滯不消，腹中虛鳴。

禾蟲

清・何其言《養生食鑒》卷下　禾蟲形如百足蟲，長一寸許，青黃紅色，腹内有白漿，粵中秋間盛出。　味甘，性溫，無毒。暖胃氣，補虛弱，少加醋煮食。多食發瘡疥。有濕熱人，食之腹痛。咳嗽氣喘者，忌之。

清・趙學敏《本草綱目拾遺》卷一〇蟲部　禾蟲　閩廣浙沿海濱多有之，形如蚯蚓。閩人以蒸蛋食，或作膏食，餉客為饈，云食之補脾健胃。《廣志》：夏暑雨禾中蒸鬱而生蟲，或稻根腐而生蟲，稻根色黃，蟲乃稻根所化，故色亦黃。大者如筯許，長至丈，節節有口，生青熟紅黃，霜降前禾熟則蟲亦熟。以初一二及十五六乘大潮斷節而出，浮游田上，網取之。得醋則白漿自出，以白米泔濾過，蒸為膏，甘美益人，得稻之精華者也。其醃為脯作醢醬，則貧者之食。　吳震方《嶺南雜記》：禾蟲絕類螞蝗，青黃色，狀絕可惡厭。潮所淹沒淡水田禾根內出，數尺長至丈餘，寸寸斷皆活，能游泳，午後即敗不可食。滴鹽醋一小盃，裂出白漿，蒸雞鴨蛋、牛乳最鮮。　《粵錄》：禾蟲狀如蠶，長一二寸，無種類。夏秋間早、晚稻將熟，禾蟲自稻根出，潮長浸田，因乘潮入海，日浮夜沈，浮則水面皆紫。采者以巨口狹尾之網繫於杙，逆流迎之，網尻有囊，重則傾瀉於舟。

補脾胃，生血利溼，行小便。瘡瘍勿食，能作膿。

清・趙其光《本草求原》卷一八蟲部　禾蟲　甘，溫，無毒。暖胃，補氣，少加醋良。但濕熱，發瘡疥，有濕食之，則腹滯痛，喘嗽人忌。

蚯蚓

宋・李昉《太平御覽》卷九四七　蚯蚓　劉敬叔《異苑》曰：孟州王雙，宋文帝元嘉初，忽不欲見明。常取水沃地，以菰蔣覆上，眠息飲食悉入其中，云恒有女着青裙白領巾來就其寢。母聽聞薦下歷歷有聲，發之，見一青色白領蚯蚓，長二尺許。云此女常以一奩香見遺，氣甚清芬，奩乃螺殼，香則菖蒲根，於時咸謂雙暫同阜螽矣。　《吳氏本草經》曰：蚯蚓，一名白頸螳螾，一名附引。　葛洪《療喉卒腫方》曰：用白頸蚯蚓十四枚，擣以塗喉外，立愈。

陶洪景《集註本草經》曰：白頸蚯蚓，一名土龍。生蜚谷平土。白頸者，是其老大耳。

宋・唐慎微《證類本草》卷二二蟲魚部下品〔《本經・別錄》〕　白頸蚯蚓　**味鹹，寒、大寒，無毒。主蛇瘕，去三蟲、伏尸、鬼疰、蠱毒，殺長蟲，仍自化作水。**療傷寒伏熱、狂謬、大腹、黃疸。一名土龍。生平土，三月取。陰乾。

〔梁・陶弘景《本草經集注》〕：白頸是其老者爾，取破去土，鹽之，日暴，須臾成水，道術多用之。溫病大熱狂言，飲其汁皆差，與黃龍湯療同也。其屎，呼爲蚓螻，音婁，食細土無沙石，入合丹泥釜用。若服此乾蚓，應熬作屑，去蚘蟲甚有驗也。

〔唐・蘇敬《唐本草》〕注云：《別録》云：鹽霑爲汁，療耳聾。鹽消蚘，功同蚯蚓。其屎，封狂犬傷毒，出犬毛，神效。

〔宋・掌禹錫《嘉祐本草》〕按：《蜀本》注又云：解射罔毒。《藥性論》云：蚯蚓，亦可單用，有小毒。乾者熬末用之，主蛇傷毒。一名地龍子。日華子云：蚯蚓，治中風并癇疾，去三蟲，治傳屍，天行熱疾，喉痹，蛇蟲傷。又名千人踏，即是路行人踏殺者。入藥燒用。其屎，治蛇、犬咬并熱瘡，并鹽研傅。小兒陰囊忽虛熱腫痛，以生甘草汁調，輕輕塗之。

〔宋・蘇頌《本草圖經》〕曰：白頸蚯蚓，生平土，今處處平澤皋壤地中皆有之。白頸是老者耳。三月採，陰乾。一云須破去土鹽之，日乾。方家謂之地龍。治脚風藥，必須此物爲使，然亦有毒。曾有人因脚病藥中用此，果得奇效，病既愈，服之不輟，至二十餘日，而覺躁憒亂，但欲飲水不已，遂至委頓。凡攻病用毒藥已愈，當便罷服也。其矢呼爲蚓螻，并鹽傅瘡，可去熱毒。

〔宋・唐慎微《證類本草》〕陳藏器：蚯蚓糞土，療赤白久熱痢，取無沙者，末一升，炒令煙盡，水沃，取半大升，濾去麁滓，空肚服之。　雷公：凡使，收得後，用糯米水浸一宿，至明漉出，以無灰酒浸一日，至夜漉出，焙令乾後，細切，取蜀椒并糯米及切了蚯蚓，三件同熬之，待糯米熟，去米、椒了，揀淨用之。凡修事二兩，使米一分、椒一分爲準。《聖惠方》：治風赤眼。以地龍十條，炙乾爲末，夜卧以冷茶調下二錢匕。　又方：治蚰蜒入耳。地龍一條，内葱葉中，化水滴耳中，其蚰蜒亦化爲水。　又方：治一切丹毒流腫，用地龍屎水和傅之。　又方：治代指。用蚯蚓杵爲泥，傅之。　又方：治小兒吐乳。用田中地龍糞一兩，研末，空心以粥飲調下半錢匕，不過二三服效。《外臺秘要》：治火丹。取曲蟮糞，水和泥傅之。《千金方》：治齒齗宣露。蚯蚓屎水和爲泥，火燒令極赤，研之如粉。臘月猪脂和傅上，日三，永差。《千金翼》：治裂齒痛。取死曲蟮末傅之，止。《斗門方》：治小便不通。用蚯蚓杵，以冷水濾過，濃服半椀，立通。兼大解熱疾不知人事，欲死者，服之立效。《勝金方》：治耳聾立效。以乾地龍入鹽，貯在葱尾内，爲水點之。《子母秘録》：小兒耳後月蝕瘡。燒蚯蚓屎，合猪脂傅之。《譚氏小兒》：治蜘蛛咬，遍身瘡子。以葱一枝，去尖頭作孔，將蚯蚓入葱葉中，緊捏兩頭，勿洩氣，頻搖動，即化爲水，點咬處，差。孫真人：小兒患聵耳，出膿水成瘡污方：以蚯蚓糞碾末傳之，兼吹耳中，立效。《百一方》：治交接勞復，陰卵腫或縮入腹，腹絞痛，或便絕。蚯蚓數條，絞取汁服之，良。又方：治中蠱毒或吐下血若爛肝。取蚯蚓十四枚，以苦酒三升漬之，蚓死，但服其汁。已死者皆可活。

宋・寇宗奭《本草衍義》卷一七 白頸蚯蚓 自死者良，然亦應候而鳴。此物有毒。昔有病腹大，夜聞蚯蚓鳴於身，有人教用鹽水浸之而愈。崇寧末年，隴州兵士暑月中在倅廳前，跣立廳下，爲蚯蚓所中，遂不救。後數日，又有人被其毒，博識者教以先飲鹽湯一杯，次以鹽湯浸足，乃愈，今入藥，當去土了微炙。若治腎臟風下疰病，不可闕也，仍須鹽湯送。王荆公所謂藁壤太牢俱有味，可能蚯蚓獨清廉者也。

宋・王繼先《紹興本草》卷一八 白頸蚯蚓 紹興校定：白頸蚯蚓，世呼為地龍是矣。非止白頸者可用，其實一也。性味、主治已載《本經》，然但治風入經絡利水道諸方，用之頗驗。處處濕地中產之。雖《經》注性各異同，即非大寒，有毒之物。今當作味鹹，寒，無毒為定。

宋・鄭樵《通志》卷七六《昆蟲草木略》 蚯蚓 《爾雅》曰：螼蚓，豎蠶。亦謂之蛩蟺，江東呼寒蚓。

宋・劉明之《圖經本草藥性總論》卷下 白頸蚯蚓 味鹹，寒、大寒，無毒。主蛇瘕，去三蟲，伏尸鬼疰蠱毒，殺長蟲，仍自化為水。療傷寒伏熱狂謬、大腹黄疸。屎，封狂犬傷毒，出犬毛神効。《藥性論》云：有小毒。主蛇傷毒。日華子云：治中風并癎疾，去三蟲，治傳尸，天行熱疾，喉痺，小兒陰囊忽虛熱腫痛，解射罔毒。

宋・陳衍《寶慶本草折衷》卷一七 白頸蚯蚓汁在內。○屎附。 一名地龍，一名地龍子，一名土龍，一名千人踏，一名曲蟮。生蜀州平土。今處處平澤泉壤地中有之。○三月採。破去土，日乾。○畏鹽及蜜。○附：屎，一名蚓螻。在葱壠間者最勝。○螻，音婁。 味鹹，寒，有小毒。○主蛇瘕，去三蟲伏尸，鬼疰蠱毒，傷寒熱狂，大腹黄疸，○《唐本》註云：鹽霑為汁，療耳聾。○日華子云：治中風癎疾，傳屍喉痹，蛇蟲傷。○《圖經》曰：白頸是老者，治脚風藥必須此物為使。○寇氏曰：自死者良。有人被其毒，先飲鹽湯壹盃，次以鹽湯浸足乃愈。若治腎臟風下疰病，不可闕也。凡用乾蚯蚓，先以水浸半日，洗去腹中泥淨盡，俟稍乾，入鹽同炒用。

附：屎。○治蛇犬咬，並熱瘡，並鹽研傅。丹毒流腫及火丹。用屎，水和傅之。又小兒陰熱腫，以生甘草汁調，輕輕塗之。

元・尚從善《本草元命苞》卷八 白頸蚯蚓 其味醎，寒。去三蟲、伏尸、蛇瘕，殺長蟲、鬼疰、蠱毒。主傷寒伏熱狂謬，治大腹黄疸虛浮。糞，醫赤白痢。陳藏器治赤白久熱痢，取無沙者，末一升，炒令煙盡，水沃，取半大升，濾去麄柤，空腹服之。屎，封犬咬瘡。研汁，療小便不通。搗飲，治交接勞復。平地地中皆有。三月採取，陰乾。

元・朱震亨《本草衍義補遺》 蚯蚓 屬土而有水與木，性寒。大解諸熱毒，行濕病。○凡使，白頸自死者良。然亦應候而鳴。此物有毒，人被其毒，以鹽水浸咬處，又以鹽湯飲之，立差。若治腎臟風，下產病不可闕也，仍須鹽湯送。王荊公所謂(寡)〔藁〕壤太牢俱有味，可能蚯蚓獨清廉者也。

元・徐彥純《本草發揮》卷三 蚯蚓 丹溪云：蚯蚓屬土而有水與木。性寒。大解諸熱毒，行濕病。

明・蘭茂撰，清・管暄校補《滇南本草》卷下 地龍名蚯蚓，又名蛐蟮。性寒，味苦、辛。祛風，治小兒瘈瘲驚風，口眼歪斜。強筋，治痿。

附方：治小兒急熱驚風，手足瘈瘲。地龍，五條，洗白。硃砂二分，將地龍搗爛，入硃砂調服。 又方：治小兒腎囊腫大或硬用之。蚯蚓糞不拘多少，冰片二分，共為末，芝蔴油調搽，或菜油亦可。

明・蘭茂《滇南本草》〔叢本〕卷下 地龍一名蚯蚓，一名蛐蟮。 單方：治小兒積熱驚風，手足瘈瘲。地龍、五條，用細白者佳。砂仁二錢，將地龍搗爛，入硃砂調勻服。 單方：治小兒腎囊腫大或硬，地龍糞不拘多少，或真菜油，或芝麻油，調搽之。

明・王綸《本草集要》卷六 白頸蚯蚓 味鹹，氣寒，有小毒。三月取，陰乾入藥。當去土了，鹽水洗，微炙。 主蛇瘕，去三蟲，伏尸鬼疰蠱毒，殺長蟲。仍自化作水，入葱葉管中即化，療傷寒伏熱狂謬，大腹黄疸。又治腎藏風，下疰脚氣病須用之，仍須鹽湯送。人被其毒，以鹽水浸咬處，又以鹽湯飲。○其屎，封狂犬傷毒，出犬毛神效。 溫病大熱狂言，研汁飲之。小便不通，研汁和冷水，服半碗立通。 中蠱毒。取十四枚，以苦酒三升漬之，蚓死但服其汁。

明・滕弘《神農本經會通》卷一〇 白頸蚯蚓 一名地龍。白頸，是老者耳。三月取，陰乾，破去土，鹽之，日乾，須臾成水。

味鹹，氣寒、大寒，無毒。一云：有小毒。入藥當去土了，鹽水洗，微炙。《本經》云：主蛇瘕，去三蟲，伏屍，鬼疰蠱毒，殺長蟲，仍自化作水。療傷寒伏熱狂謬，大腹，黄疸。陶隱居云：溫病大熱狂言，飲其汁，皆差。若服此與黄龍湯療同也。其屎，呼為蚓螻，食細土，無沙石，入合丹泥釜用。若服此乾蚓，應熬作屑，去蚘蟲甚有驗也。《别録》云：鹽霑為汁，療耳聾。鹽消蚘，功同蚯蚓。其屎，封狂犬傷毒，出犬毛，神效。《藥性論》云：亦可單用。有小毒。乾者，熬末用之，主蛇毒傷。日華子云：治中風并癎疾，去三蟲，治傳屍，天行熱疾，喉痺，蛇蟲傷。又名千人踏，即是路行人踏殺者，入藥燒用。其屎，治蛇犬咬，并熱瘡。并鹽傅小兒陰囊，忽虛熱腫痛，以生甘草汁調，輕輕塗之。《勝金》云：治耳聾立效。以乾地龍，入鹽，貯在葱尾內，為水點之。《百一》云：治中蠱毒，或吐下血，若爛肝，取蚯蚓十四枚，以苦酒三升，漬之，蚓死，但服其汁，已死者皆可活。丹溪云：屬土而有水與木，性寒。大解諸熱毒，行濕病。《衍義》：自死者良。此物有毒，人被其毒，以鹽水浸咬處，又以鹽湯飲之，立差。若治腎藏風，下疰病，不可缺也。《局》云：蚯蚓應知是地龍，伏屍鬼疰殺三蟲。傷寒狂熱須嚥汁，治痢消丹糞有功。地龍，殺伏屍，鬼疰，三蟲。

明・劉文泰《本草品彙精要》卷三一　白頸蚯蚓無毒　濕生。

白頸蚯蚓出《神農本經》：主蛇瘕，去三蟲，伏尸，鬼疰，蠱毒，殺長蟲，仍自化作水。以上朱字《神農本經》。療傷寒伏熱，狂謬，大腹，黄疸。以上黑字名醫所録。【名】土龍、地龍子、千人踏、曲蟺、蚓螻。【地】《圖經》曰：主平澤皋壤地，今處處皆有之。○謹按《埤雅》云：蚓，乃土之精也，其爲物不息，引而後伸，善長吟於地中。江東人謂之歌女，亦曰鳴砌。又名千人踏，即行路人踏死者，亦入藥用。《月令》云：蚯蚓結言，蚯蚓穴居，首陽下嚮，陽動則穴而上首，故其身結而屈也。白頸是其老者爾。【時】生：無時。採：三月取。【收】陰乾。【用】白頸自死者良。【色】頸白，身紫。【味】鹹。【性】大寒，輭。【氣】氣薄味厚，陰也。【臭】腥。【製】雷公云：凡使，用糯米泔水浸一宿，至明漉出，以無灰酒浸一日，至夜漉出，焙令乾後，細切。取蜀椒并糯米及切了蚯蚓，三物同熬之，待糯米熟，去米、椒了，揀淨用之。凡修事二兩，使米一分、椒一分爲準。今用先搥碎，去中沙土，置竹篩內，於水面上洗淨，暴乾用之。【治】療：陶隱居云：蚯蚓，爲汁，除溫病大熱狂言，飲之皆瘥。○乾蚓，熬作屑，去蚘蟲。《唐本》注云：屎，封狂犬傷毒，出犬毛，效。《藥性論》云：乾蚓，熬末，傅蛇傷。日華子云：蚯蚓，除中風并癎疾，治傳尸，天行熱疾，喉痹，蚘蟲傷。陳藏器云：屎，無沙者一升，炒令煙盡，水沃，取半升，濾去滓，空腹服之，療赤白久熱痢，瘥。《衍義》曰：治腎臟風，下疰病。丹溪云：解諸毒，行濕病。《別錄》云：蚯蚓杵爲泥，傅代指。又乾杵爲末，傅裂齒痛，良。又杵爛，以水濾過濃汁，治小便不通，服半椀，立通。兼大解熱疾，不知人事欲死者，服之亦效。又以數條絞取汁服之，治交接勞復，陰卵腫，或縮入腹絞痛，氣欲絶者。○糞，以水和，傅一切丹毒流腫。又爲末，傅小兒患聤耳，出膿水成瘡，兼吹耳中，效。【合治】以十條爲末，每服三錢匕，合冷茶調下，治風赤眼。○以一條內葱葉中，化水滴耳中，治蚰蜒入耳，亦化爲水。又合鹽貯葱尾內，爲水點之，治耳聾，及療蜘蛛咬，遍身瘡。○以十四條合苦酒三升漬之，蚓死，但服其汁，治中蠱毒或吐下血若爛肝。○糞合鹽研傅，治蛇、犬咬并熱瘡。○合生甘草汁調，輕輕塗小兒陰囊，虛熱腫痛。○又水和爲泥，火乾極赤，研細如粉，合臘月豬脂調傅，療齒齗宣露，日三，瘥。○又合豬脂，傅小兒耳後月蝕瘡，有效。【解】解諸毒及射罔毒。又人中蚯蚓毒，先飲鹽湯一盞，次以鹽湯浸足，愈。

明・葉文齡《醫學統旨》卷八　蚯蚓　氣寒，味鹹。有小毒。三月取，陰乾，入藥當去土，鹽水洗，微炙。白頸者良。治傷寒伏熱狂謬，大腹黄癉蛇瘕；去三蟲伏尸，鬼疰蠱毒，殺長蟲；仍自化作水，入葱葉管中即化；又治腎臟風，下疰脚氣，通小便。人被其毒，以鹽水浸咬處，又以鹽湯飲。

明・許希周《藥性粗評》卷四　熱甚潛消於蚯蚓。

蚯蚓，一名地龍，一名曲蟮。濕地處處有之，以白頸者入藥。得鹽即化為水。三月鋤採，以糯米泔浸一宿，漉出，又以無灰酒浸一日，取出焙乾收貯。如事急不製可也。味鹹，性寒，無毒。主治傷寒伏熱，狂躁，尸疰蠱毒，大腹黄疸，赤白久痢，中風喉痺，消蛇瘕，化蚘蟲，行濕病。

單方：火丹：凡患遍身火丹赤腫，以蚯蚓糞水調匀，傅之，日二三。赤眼：蚯蚓十餘條，炙乾為末，每服三錢，夜臥以冷茶調服，差。狂熱：凡患時氣中熱，發狂或不知人事者，以白頸蚯蚓五六條，和水杵爛，漉過，與服之，立差。耳聾：蚯蚓乾者，入鹽，貯入葱尾內，化為水，滴入耳，妙。聤耳出膿：凡小兒聤耳出膿，污面成瘡者，蚯蚓糞乾者，研末傅之，口吹耳中，立效。　齒斷宣露：　蚯蚓糞水和為泥，火燒令赤，研如粉，臘月猪脂調，塗齒上，日三，永差。

明・鄭寧《藥性要略大全》卷一〇　蚯蚓　治蛇瘕，去三蟲、蠱毒，療傷寒伏熱、中風及中癎疾，瘧疾。　味鹹，性寒，無毒。用白頭者良。一名土龍。

明・陳嘉謨《本草蒙筌》卷一一　白頸蚯蚓　味鹹，氣寒。屬土與水。無毒。一云大寒，小毒。頸白係老者，應候常鳴；穴居在泉壤，各處俱有。取須鹽水洗淨，用或生炙隨宜。治溫病大熱狂言，療傷寒伏熱譫語。並用搗爛絞汁，井水調下立差。小水不通，亦搗汁飲。蠱毒卒中，須浸酒吞。主蛇瘕殺蚘蟲，理腎風消脚氣。又療黃疸，行濕如神。人或被其咬傷，鹽水浸之即解。屎封猘犬咬毒，仍出犬毛殊功。

明・王文潔《太乙仙製本草藥性大全》卷八《本草精義》　蚯蚓　一名土龍，一名地龍子，一名曲善。生平土，今處處平澤膏壤地中皆有之。白頸是老者耳。三月採，陰乾。一云須破去土，鹽之日乾，方家謂之地龍。治脚風藥必須此物爲使。然亦有毒，曾有人因脚病藥中用此，果得奇效，病既愈，服之不輟，至二十餘日，而覺躁憒亂，但欲飲水不已，遂至委頓。凡攻病用毒藥，病愈當便罷服也。其屎呼爲蚓螻，并鹽傅瘡，去熱毒。

明・王文潔《太乙仙製本草藥性大全》卷八《仙製藥性》　白頸蚯蚓　味鹹，氣寒，屬土與水，無毒。一云大寒，有小毒。主治：主中風中癎瘧疾，去三蟲伏尸鬼疰。治溫病大熱狂言，療傷寒伏熱譫語，並用搗爛絞汁，井水調下立差。小水不通，亦搗汁飲。蠱毒卒中，須浸酒吞。主蛇瘕，殺蚘蟲。理腎風，消脚氣，又療黃疸行濕如神。人或被其咬傷，鹽水浸之即解。補註：治風赤眼，以地龍十條，炙乾爲末，夜臥以冷茶調下二錢。〇治蜒蚰入耳，地龍一條，內葱葉中化水滴耳中，其蜒蚰亦化爲水。〇治代指，用蚯蚓一條，杵爲泥傅之。〇治裂齒痛，取死曲蟮末傅止。〇治小便不通，用蚯蚓杵，以冷水濾過，濃服半椀立通。兼大解熱疾，不知人事欲死者，服之立效。〇治耳聾立〔效〕，以乾地龍入鹽，貯在葱尾內，爲水點之。〇治蜘蛛咬，遍身瘡子。以葱一枚去尖頭，作孔，將蚯蚓入葱葉中，緊捏兩頭勿洩氣，頻搖動，即化爲水，點咬處差。〇治交接勞復，陰卵腫或縮入腹，腹絞痛，或便絕。蚯蚓數條，絞取汁服之良。〇治中蠱毒，或吐、下血若爛肝。取蚯蚓十四枚，以苦酒三升漬之，蚓死，但服其汁，已死者皆可活。

明・皇甫嵩《本草發明》卷六　白頭蚯蚓下品。味鹹，寒，無毒。一云白頸係老蚯蚓，取自死者佳。鹽水洗淨，或生或炙，隨用。　發明曰：蚯蚓鹹寒，屬土與水。能清熱毒，行濕之用。故主治溫病大熱狂言，療傷寒伏熱譫語及大腹黃疸，伏屍鬼疰，殺長蟲。註云：　治中風并癎症，理腎風，消脚氣，利小水，行濕如神。治熱毒症，俱搗絞汁，井水調下。或稍加些蜜。卒中毒，須酒浸服。又主蛇瘕。人或被蚯蚓毒，鹽水浸即解。〇蚯蚓破之，去泥，以鹽塗之，化成水，主天行熱毒，小兒熱病癲癎等疾，塗丹毒，并傅漆瘡效。

屎，封猘犬咬毒，出犬毛神效。鹽水調，傅瘡去熱毒、火丹。小兒陰囊忽虛熱腫，生甘草汁調，輕輕塗之。

明・李時珍《本草綱目》卷四二蟲部・濕生類　蚯蚓《本經》下品

〔釋名〕螼螾音頃引。朐䏰音蠢閏。堅蠶音遣忝。蜿蟺音阮善。曲蟺　土蟺《綱目》　土龍《別録》　地龍子《藥性》　寒蟺　寒蚓　附蚓吳普　歌女時珍曰：蚓之行也，引而後申，其螻如丘，故名蚯蚓。《爾雅》謂之螼螾，巴人謂之朐䏰，皆方音之轉也。蜿蟺、曲蟺，象其狀也。東方虬賦云：乍逶迤而鱔曲，或宛轉而蛇行。任性行止，擊物便曲。是矣。術家言蚓可興雲，又知陰晴，故有土龍、龍子之名。其鳴長吟，故曰歌女。大明曰：路上踏殺者，名千人踏，入藥更良。　〔集解〕《別録》曰：　白頸蚯蚓，生平土。三月取，暴乾。弘景曰：　入藥用白頸，是其老者。取得去土鹽之，日暴須臾成水，道術多用。其屎呼爲蚓螻，亦曰六一泥，以其食細泥，無沙石，入合丹泥釜用。時珍曰：　今處處平澤膏壤地中有之。孟夏始出，仲冬蟄結。雨則先出，晴則夜鳴。或雲結時能化爲百合也。與蠱螽同穴爲雌雄。故郭璞贊云：　蚯蚓土精，無心之蟲。交不以分，淫於阜螽。是矣。今小兒陰腫，多以爲此物所吹。《經驗方》云：　蚯蚓咬人，形如大風，眉鬚皆落，惟以石灰水浸之良。昔浙江將軍張韶病此，每夕蚯蚓鳴於體中。有僧教以鹽湯浸之，數遍遂瘥。宗奭曰：　此物有毒。崇寧末年，隴州兵士暑月跣足，爲蚯蚓所中，遂不救。後數日，又有人被其毒。或教以鹽湯浸之，并飲一盃，乃愈也。

〔修治〕弘景曰：　若服乾蚓，須熬作屑。斅曰：　凡收得，用糯米泔浸一夜，漉出，以無灰酒浸一日，焙乾切。每一兩，以蜀椒、糯米各二錢半同熬，至米熟，揀出用。時珍曰：　入藥有爲末，或化水，或燒灰者，各隨方法。

白頸蚯蚓　〔氣味〕鹹，寒，無毒。權曰：　有小毒。之才曰：　畏葱、鹽。　〔主治〕蛇瘕，去三蟲伏尸，鬼疰蠱毒，殺長蟲《本經》。化爲水，療傷寒，伏熱狂謬，大腹黃疸《別録》。溫病，大熱狂言，飲汁皆瘥。炒作屑，去蚘蟲。去泥，鹽化爲水，主天行諸熱，小兒熱病癲癇，塗丹毒，傅漆瘡藏器。葱化爲汁，療耳聾蘇恭。治中風、癇疾、喉痹日華。解射罔毒《蜀本》。炒爲末，主蛇傷毒《藥性》。治脚風蘇頌。主傷寒瘧疾，大熱狂煩，及大人、小兒小便不通，急慢驚風、歷節風痛，腎臟風注，頭風齒痛，風熱赤眼，木舌喉痹，鼻瘜聤耳，秃瘡瘰癧，卵腫脱肛，解蜘蛛毒，療蚰蜒入耳時珍。

【發明】弘景曰：乾蚓熬作屑，去蚘蟲甚有效。宗奭曰：腎臟風下注病，不可闕也。頌曰：脚風藥必須此物爲使，然亦有毒。有人因脚病藥中用此，果得奇效。病愈，服之不輟，至二十餘日，覺躁憒，但欲飲水不已，遂致委頓。大抵攻病用毒藥，中病即當止也。震亨曰：蚯蚓屬土，有水與木，性寒，大解熱毒，行濕病。時珍曰：蚓在物應土德，在星禽爲軫水。上食槁壤，下飲黄泉，故其性寒而下行。性寒故能解諸熱疾，下行故能利小便、治足疾而通經絡也。術家云蚓血能柔弓弩，恐亦誑言爾。諸家言服之多毒，而郭義恭《廣志》云閩越山蠻啖蚯蚓爲饈，豈地與人有不同歟？

【附方】舊九，新三十四。

傷寒熱結：六七日狂亂，見鬼欲走。以大蚓半斤去泥，用人溺煮汁飲。或生絞汁亦可。《肘後方》。

陽毒結胸：按之極痛，或通而復結，喘促，大躁狂亂。取生地龍四條洗凈，研如泥，入生薑汁少許，蜜一匙，薄荷汁少許，新汲水調服。若熱熾者，加片腦少許。即與揉心下，片時自然汗出而解。不應，再服一次，神效。《傷寒藴要》。

諸瘧煩熱：大躁。用上方服之甚效。亦治瘴瘧。《直指》。

小便不通：蚯蚓搗爛浸水，濾取濃汁半碗服，立通。《斗門》。

老人尿閉：白頸蚯蚓、茴香等分杵汁，飲之即愈。《朱氏集驗方》。

小兒尿閉：乃熱結也。用大地龍數條去泥，入蜜少許，研傅莖卵。仍燒蠶蜕紙、朱砂、龍腦、麝香同研少許，以麥門冬、燈心煎湯調服。《全幼》。

小兒急驚：五福丸：用生蚯蚓一條研爛，入五福化毒丹一丸同研，以薄荷湯少許化下。○《普濟方》云：梁國材言揚州進士李彦直家專貨此藥，一服千金，以糊十口。梁傳其方，親試屢驗，不可不筆於册，以救嬰兒。

驚風悶亂：乳香丸：治小兒慢驚風，心神悶亂，煩懊，筋脉拘急，胃虚蟲動，反折啼叫。用乳香半錢，胡粉一錢，研匀，以白頸蚯蚓生捏去土，搗爛和丸麻子大。每服七丸至十五丸，葱白煎湯下。《普濟方》。

慢驚虚風：用平正附子去皮臍，生研爲末，以白頸蚯蚓於末内滚之，候定，刮蚓上附末，丸黄米大。每服十丸，米飲下。《百一方》。

急慢驚風：五月五日取蚯蚓，竹刀截作兩段，急跳者作一處，慢跳者作一處，各研爛。入朱砂末和作丸，記明急驚用急跳者，慢驚用慢跳者。每服五七丸，薄荷湯下。《應驗方》。

小兒卵腫：用地龍連土爲末，津調傅之。《錢氏方》。

勞復卵腫：或縮入腹，〔腹〕中絞痛，身體重，頭不能舉，小腹急熱，拘急欲死。用蚯蚓二十四枚，水一斗，煮取三升，頓服取汗。或以蚯蚓數升，絞汁服之，並良。《肘後方》。

手足腫痛：欲斷。取蚓三升，以水五升，絞汁二升半，服之。《肘後》。

代指疼痛：蚯蚓杵，傅之。《聖惠》。

風熱頭痛：地龍炒研、薑汁半夏餅、赤茯苓等分爲末。〔每服〕一字至半錢，生薑、荆芥湯下。《普濟》。

頭風疼痛：龍珠丸：用五月五日取蚯蚓，和腦、麝杵，丸梧子大。每以一丸納鼻中，隨左右。先塗薑汁在鼻，立愈。《總録》。

偏正頭痛：不可忍者。《聖惠》龍香散：用地龍去土焙、乳香等分爲末。每以一字作紙撚，燈上燒烟，以鼻嗅之。○《澹寮方》加人指甲等分，云徐介翁方也。每服一捻，香爐上慢火燒之，以紙筒引烟入鼻熏之。口噙冷水，有涎吐去。仍以好茶一盞點呷，即愈。

風赤眼痛：地龍十條，炙爲末，茶服三錢。《聖惠》。

風蟲牙痛：鹽化地龍水，和麪納齒上，又以皂莢去皮，研末塗上，蟲即出。又同玄胡索、蓽茇末塞耳。《普濟》。

牙齒裂痛：死曲蟺爲末，傅之即止。《千金翼》。

齒縫出血：不止。用地龍末、枯礬各一錢，麝香少許，研匀，擦之。《聖惠方》。

牙齒動摇：及外物傷動欲落，諸藥不效者。乾地龍炒、五倍子炒等分爲末。先以生薑揩牙，後傅擦之。《御藥院方》。

木舌腫滿：不治殺人。蚯蚓一條，以鹽化水塗之。良久漸消。《聖惠》。

咽喉卒腫：不下食。地龍十四條，搗塗喉外。又以一條，着鹽化水，入蜜少許，服之。《聖惠方》。

喉痹塞口：《普濟》用韭地紅小蚯蚓數條，醋擂取食之，即吐出痰血二三椀，神效。《聖惠》用地龍一條研爛，以雞子白攪和，灌入即通。

鼻中瘜肉：地龍炒一分，牙皂一挺，爲末。蜜調塗之，清水滴盡即除。《聖惠》。

耳卒聾閉：蚯蚓入鹽，安葱内，化水點之，立效。《勝金》。

聤耳出膿：生地龍、釜上墨、生猪脂等分，研匀，葱汁和，捻作挺子，綿裹塞之。○《聖惠方》用地龍爲末，吹之。

耳中耵聹：乾結不出。用白蚯蚓入葱葉中化爲水，滴耳令滿。不過數度，即易挑出。

蚰蜒入耳：地龍爲末，入葱内，化水點入，則蚰蜒亦化爲水。《聖惠方》。

白秃頭瘡：乾地龍爲末，入輕粉，麻油調搽。《普濟方》。

瘰癧潰爛：流串者。用荆芥根下段，煎湯温洗，良久着瘡破紫黑處，以針刺去血，再洗三四次。用韭菜地上蚯蚓一把，五更時收取，炭火上燒紅爲末。每一匙，入乳香、没藥、輕粉各半錢，穿山甲九片，炙爲末，油調傅之，如神。此武進朱守仁所傳有驗方。《保命集》。

龍纏瘡毒：水缸底蚯蚓一條，連泥搗傅，即愈。

蜘蛛咬瘡：遍身皆有。以葱一枚去尖頭，將蚯蚓入葉中，緊捏兩頭，勿令洩氣，頻摇動，即化爲水，以點咬處，甚效。《譚氏小兒方》。

陽證脱肛：以荆芥、生薑煎湯洗之，用地龍蟠如錢樣者去土一兩，朴硝二錢，爲末，油調傅之。《全幼心鑒》。

中蠱下血：如爛肝者。以蚯蚓十四枚，苦酒三升漬至蚓死，服水。已死者皆可活。○《肘後方》。

癘風痛痒：白頸蚯蚓去土，以棗肉同擣，丸梧子大。每美酒下六十丸。忌薑、蒜。《活人心統》。

對口毒瘡：已潰出膿。取韭地蚯蚓擣細，凉水調傅，日换三四次。《扶壽精方》。

耳聾氣閉：蚯蚓、川芎藭各兩半，爲末。每服二錢，麥門冬湯下。服後低頭伏睡。一夜一服，三夜立效。《聖濟總録》。　口舌糜瘡：　地龍、吳茱萸研末，醋調生麪和，塗足心，立效。《摘玄方》。

蚯蚓泥見土部。

題明・薛己《本草約言》卷二《藥性本草》　蚯蚓　鹹，寒，屬土與水。大解諸熱毒，時行溫病。去泥擂碎，水沃飲之。白頸者良。又治腎臟風下疰病。凡使，須用鹽以制之。又其糞出韭地上者，取煅乾研末，每兩入輕粉二錢，生桐油調，凡人下體生成片濕毒瘡，流水不止，痛癢不禁，塗之立愈。

《發明》云：　蚯蚓鹹寒，能清熱毒，行濕之用。

明・梅得春《藥性會元》卷下　白頸蚯蚓　味苦、鹹，氣寒，無毒。一云有小毒。人被其毒，即以鹽水浸傷處，又飲鹽湯，立瘥。　主治傷寒伏熱狂謬，擂汁服之愈；　及療大腹黄疸，治蛇瘕，去三蟲，伏尸鬼疰蠱毒，殺長蟲，仍自化作水。大解諸熱毒，行濕病。若治腎臟風下疰病，不可少，亦用鹽湯下。一名地龍。三月取，陰乾。　製法：　取得，將糯米泔水浸一宿；　摝起，再以無灰酒浸一日；　摝起，焙乾細切；　將蜀椒一分、蚯蚓二分加糯米泔煮熟，去椒，存蚯蚓，晒乾用。

明・李中立《本草原始》卷一一　蚯蚓　生平土，今處處平澤膏壤地中有之。白頸是其老者。時珍曰：　蚓之行也，引而後伸，其塿如丘，故名蚯蚓。雨則先出，晴則夜鳴，故《別録》名土龍。《藥性賦》名地龍。俗呼蛩蟺，又呼曲蟺，象其狀也。　氣味：　鹹，寒，無毒。　主治：　蛇瘕，去三蟲伏尸，鬼疰蠱毒，殺長蟲。○化為水，療傷寒伏熱，大腹黄疸。○溫病大熱狂言，飲汁皆瘥。炒作屑，去蚘蟲。去泥鹽化為水，主天行諸熱，小兒熱病，癲癇。塗丹毒，傅漆瘡。○葱化為汁，療耳聾。○治中風癇疾喉痹，解射罔毒。○炒為末，主蛇傷毒。○治腳風。○主傷寒瘧疾，大熱狂煩，及大人小兒小便不通，急慢驚風，歷節風痛，腎臟風注，頭風齒痛，風熱赤眼，木舌喉痹，鼻瘜聤耳，禿瘡瘰癧，卵腫脱肛，解蜘蛛毒，療蚰蜒入耳。

《本經》下品。【圖略】　修治：　蚯蚓三月採取鹽之，日暴，或為末，或化水，或燒灰，各隨方法。○權曰：　有小毒。之才曰：　畏葱、鹽。

《經驗方》云：　蚯蚓咬人，形如大風，眉鬚皆落，惟以石灰水浸之良。　昔浙江將軍張韶病此，每夕蚯蚓鳴於體中。有僧教以鹽湯浸之，數遍遂愈。

戲術：　燈光虹貫：　以午上楊柳枝貫白頸蚯蚓浸香油內，過三七日後，用點燈，兩虹相貫可愛。

明・張懋辰《本草便》卷二　白頸蚯蚓　味鹹，氣寒，有小毒。　主蛇瘕，去三蟲，伏尸鬼疰蠱毒，殺長蟲。乃自化作水，入葱管中即化。療傷寒伏熱狂謬，大腹黄疸。又治腎藏風，下疰脚氣病須用之，仍須鹽湯送。人被其毒，以鹽水浸咬處，又以鹽湯飲。　其屎封狂犬傷，出犬毛神效。又瘟病大熱狂言，小便不通，中蠱毒。

明・繆希雍《本草經疏》卷二二　白頸蚯蚓　味鹹，寒、大寒，無毒。主蛇瘕，去三蟲，伏尸，鬼疰，蠱毒，殺長蟲。仍自化作水，療傷寒伏熱狂謬，大腹黄疸。一名土龍。畏葱、鹽。

【疏】蚯蚓得土中陰水之氣，故其味鹹寒，無毒。大寒能祛熱邪，除大熱，故主伏尸鬼疰乃療傷寒伏熱狂謬。鹹主下走，利小便，故治大腹黄疸。諸蟲瘕，咸屬濕熱所成，得鹹寒之氣，則瘕自消，蟲自去，而蠱毒之熱亦解矣。昔一道人，治熱病發狂，用白頸蚯蚓十數條，同荊芥穗搗汁，與飲之，得臭汗而解。其為治傷寒伏熱狂謬之明驗也。　【主治參互】《肘後方》傷寒熱結六七日，狂亂見鬼欲走。以大白頸蚯蚓半斤，去泥，用人溺煮汁飲。或生絞汁亦可。　《斗門方》小便不通，因濕而得者。用蚯蚓搗爛，浸水，濾取濃汁半碗，服立通。　《勝金方》耳卒聾閉，蚯蚓入鹽，安葱管內，化水點之，立效。　《保命集》瘰癧潰爛流串者，用荊芥根下段煎湯，溫洗良久，看瘡破紫黑處，以針刺去血，再洗三四次，用韭菜地上蚯蚓一把，五更時收取，炭火上燒紅為末。每一匙入乳香、沒藥、輕粉各半錢，穿山甲九片，炙為末，麻油調傅之，神效。　【簡誤】蚯蚓，氣大寒，能除有餘邪熱，故傷寒非陽明實熱狂躁者，不宜用。溫病無壯熱及脾胃素弱者，不宜用。黄疸緣大勞腹脹，屬脾腎虚。尸疰因陰虚成勞瘵者，咸在所忌。　性復有小毒，被其毒者，以鹽水解之。

明・倪朱謨《本草彙言》卷一七　蚯蚓　味鹹，氣寒，有毒。　李氏曰：　蚯蚓，處處壤地多有之。孟夏始出，仲冬蟄結，雨則先出，晴則夜鳴。入藥以白頸者良，或搗爛，或曬乾用。

蚯蚓：　《別録》療傷寒陽明伏熱狂謬之藥也。須四可曰：　此藥得土中陰水之氣，性大寒，善降而下行，善治一切風痰熱痰諸疾。陳藏器治大人天行熱狂，小兒熱病癲癇，急驚風搐等證。大抵攻病用有毒之劑，中病即當止，勿過服也。性有小毒，如被其毒者，以鹽水飲之即解。

集方：《肘後方》治傷寒陽明熱結六七日，狂亂見鬼。以大白頸蚯蚓二兩搗爛，童便一碗調和，絞汁飲。○《普濟方》治小兒急驚，癲癇風搐。用大白頸蚯蚓三條搗爛，薄荷一兩，煎湯調和，絞汁飲。○《斗門方》治小便不通，不拘老人、大人、小兒。用大白頸蚯蚓數條搗爛，白湯調和，絞汁一碗服，立通。

明·顧逢柏《分部本草妙用》卷七兼經部·寒瀉 白頸蚯蚓 鹹，寒，無毒。蔥鹽化水用。 主治：蛇瘕，去三蟲，伏尸鬼疰，蠱毒，殺長蟲。療傷寒伏熱狂謬，大腹黄疸。鹽化水，大行諸熱。蔥化水，療耳聾。炒末，主蛇傷毒，治腳風良。利小便，急慢驚風，歷節風，腎臟風，注頭風，風熱眼赤，木舌喉痺，鼻息聤耳。解蜘蛛毒，蚰蜒入耳，去蚘蟲。 白頸蚓熬作屑，去蚘甚効。腎風下注不可闕，腳風病用之得奇効。一方以蚓十條，以一條入蔥管，捏，化水，塗炙，十條入麪作餅食，能治痎痴症如神。性寒而下行，故治諸熱症，引之下行，而利小便。治足疾，通經絡也。

明·鄭二陽《仁壽堂藥鏡》卷八 蚯蚓 味鹹，性大寒，無毒。 丹溪云：蚯蚓屬土而有水與木。性寒，大解諸熱毒，行濕病。《衍義》云：有小毒。自死者良。 陶隱居云：治蛇瘕。白頸是其老者，取破其土，鹽之，日晒須臾成水。溫病狂言，飲汁。 糞：敷熱瘡，丹毒，犬傷，用鹽搗傅之。

明·蔣儀《藥鏡》卷四寒部 白頸蚯蚓 利黄疸，消蟲瘕。荊芥同搗而瀝其汁，熱病發狂，得汁而解。清水淋濾而出其滋，濕熱便閉，隨呷而通。夾鹽入蔥管之中，化水滴耳聾最效。煅灰入乳香于內，油調抹癧爛無(京)〔痕〕。蚯蚓屎炒枯濾飲，清濕熱于胃腸。水和調塗，鮮丹毒之一切。搗和蘗葉汁，時行腮腫能敷。煅入百草霜，瘡號燕窩油抹。

明·張景岳《景岳全書》卷四九《本草正》 蚯蚓 味鹹，性寒。沉也，陰也。有毒。能解熱毒，利水道。主傷寒瘴瘧，黄疸消渴，二便不通。殺蛇瘕三蟲，伏尸鬼疰蠱毒，射罔藥毒。療癲狂喉痹，風熱赤眼，聤耳鼻瘜，瘰癧，陰囊熱腫，脫肛。去泥，鹽化為水，治天行瘟疫，大熱狂躁，或小兒風熱癲狂急驚，飲汁最良。亦可塗丹毒漆瘡。炒為末服，可去蚘蟲，亦可傅蛇傷腫痛，蜘蛛傷毒。入蔥管化汁，可治耳聾及蚰蜒入耳。若中蚯蚓毒者，惟以鹽湯浸洗，或飲一杯，皆可解之。

糞名六一泥，可塗火瘡痄腮熱毒，亦止消渴，解瘟疫煩熱狂躁，利小水，通五淋熱閉疼痛。

清·穆石匏《本草洞詮》卷一八 蚯蚓 蚓之行也，引而後申，其塿如丘，故名蚯蚓。雨則先出，晴則夜鳴。術家言蚓可興雲，故名土龍。其鳴長吟，故曰歌女。氣味鹹，寒，無毒，一云有小毒。治蛇瘕，去三蟲、伏尸、鬼疰、蠱毒化為水，療傷寒狂熱，大腹黄疸。蘓氏謂腳氣藥必用之，寇氏謂腎臟風下注病不可闕也。蓋蚓在物應土德，在星為軫水，上食槁壤，下飲黄泉，故其性寒而下行，性寒故能解諸熱疾，下行故能利小便，治足疾而通經絡也。《經驗方》云：蚯蚓咬人，形如大風，眉髮皆落，惟石灰水浸之良。一人病此，每夕蚯蚓鳴於體中，鹹湯浸之遂瘥。諸家皆言蚯蚓多毒，而《廣志》云閩粵山蠻啖之為羞，豈地與人有不同與？

清·劉雲密《本草述》卷二七 白頸蚯蚓入藥用白頸，是其老者。 之才曰：畏蔥、鹽。

氣味：鹹，寒，無毒。 權曰：有小毒。 諸本草主治：傷寒伏熱狂謬，溫病大熱狂言，並天行諸熱，小兒熱病，癲癇，並療腎臟風注及腳風，大人小兒小便不通。塗丹毒，療卵腫，傅瘰癧潰爛，及對口毒瘡。 方書主治：中風，頭風，鶴膝風，行痹痛，腰痛，腳氣疝，脫肛，耳聾，鼻齒。 宗奭曰：腎臟風，下注病，不可闕也。 頌曰：腳風藥必須是物為使。然亦有毒，有人因腳病藥中用此，果得奇效，病愈服之不輟，至二十餘日，覺躁憒，但欲飲水，不已遂至委頓。大抵攻病用毒藥，中病即當止也。 丹溪曰：蚓屬土有水與木，性寒，大解熱毒，行溼病。 時珍曰：蚓在物應土德，在星禽為軫水，上食槁壤，下飲黄泉，故其性寒而下行。性寒故能解諸熱疾，下行故能利小便，治足疾，而通經絡也。 希雍曰：蚯蚓得土中陰水之氣，故其味鹹寒，無毒。大寒能祛熱邪，除大熱。

昔道人治熱病發狂，用白頸蚯蚓十數條，同荊芥穗搗汁，與飲之，得臭汗而解。其為治傷寒伏熱狂謬之明驗也。

愚按：蚯蚓似稟水氣以生，而合土德以成，即鹽可化之為水，豈非反其所自生歟。然無土則不能成，水土原合德以立地，而蚓固終始於水土者也。夫人身水土一為至陰，一為太陰，如茲物由水土之氣化以生，而終始於水土，得勿取其陰之專歟，是其主治有可条也。如傷寒伏熱狂謬，溫熱病大熱狂言，皆歸於陽明之土以為病，乃藉土之合於水者以除之，如腎臟風下注，是水臟鬱有陽毒以為病，又藉水之合於土者以療之，是非漫然以寒除熱，乃藉水中之土，能解毒而祛風也。抑是物專氣於清陰乎？詎知不具有陽之化，氣則無以生，其陰亦不清矣。試觀茲物之孟夏始出，仲冬蟄結，雨則先出，晴則夜鳴，又豈非成質於陰，乘化於陽，而能得氣之先者乎？試觀方書之主治，如中風骨碎補丸，云治肝腎風虛，上攻下疰，筋脈拘攣，骨節疼痛，頭面浮腫，腰背强痛，脚膝屈伸不利等證；又如鶴膝風之經進地仙丹，云治腎氣虛憊，風溼流注，脚膝痠疼，行步無力；又如頭疼之大追風散，云治肝臟久虛，血氣衰弱，風毒上攻，新久不愈，偏正頭痛；又如行痹之定痛丸、八神丹，俱云治風虛走注疼痛；又如脚氣之抱龍丸，云治腎肝臟虛，風溼寒邪流注腿膝，行步艱難，漸成風溼脚氣。就如數證之所云，風虛及腎氣虛憊，又肝臟久虛，并腎肝臟虛，皆屬陰中之陽不足也。然皆用是物於諸味中者，豈猶然藉其專陰以為助乎哉？是豈非取其成質於陰，受化於陽者，以為導陽於陰之先資，如水土所化之動物，就是一物，乃有當焉者乎？若然，即專陰猶難言之矣。觀其上通於天，能治鼻中瘜肉，而化濁陰，如地龍散，際於耳竅，可外治聾閉者，不一而足，且其益腎精氣，能令齒搖者堅牢，如五倍子散。舉似此類，是可謂之專陰而不受化於陽者乎？更即斯義，以推求其治熱狂、靜風淫者，可知水土合德之元，偶透其氣化於微物，原有不容犄勝，妙於濟偏者也。故郭璞贊為土精，而丹溪更謂其行溼者，可合而參之。夫土本主溼，而更能行溼，豈非質陰而氣陽，為土之精，乃能暢水化乎？水化行而風平矣。閱《錢乙傳》，其治皇子瘛瘲，群醫束手，乙進黃土湯而愈。問其故，乙曰：以土勝水，水得其平，則風自退。是則茲物之平水以及風者，是固由土之合於水也。陽實者固化，陽虛者亦化。所云去溼者，固即療風之虛也。苐細參於療風虛之義，則知以寒勝熱，其說果為不該也已。

附方　陽毒結胸，按之極痛，或通而復結，喘促大躁狂亂，取生地龍四條，洗净，研如泥，入生薑汁少許，蜜一匙，薄荷汁少許，新汲水調服。若熱熾者，加片腦少許，即與揉心下，片時自然汗出而解。不應再服一次，神效。頭風疼痛，用五月五日取蚯蚓，和腦麝杵丸梧子大，每以一丸納鼻中，隨左右，先塗薑汁在鼻，立愈。風熱頭痛，地龍炒研，薑汁、半夏餅、赤茯苓等分，為末，一字至半錢，生薑、荆芥湯下。咽喉卒腫，不下食，地龍十四條，搗塗喉外。又以一條，着鹽化水，入蜜少許，服之。老人尿閉，白頸蚯蚓、茴香等分，杵汁飲之，即愈。勞復卵腫，或縮入腹中絞痛，身體重，頭不能舉，小腹急熱，拘急欲死，用蚯蚓二十四枚，水一斗，煮取三升，頓服取汗。或以蚯蚓數升，絞汁服之，並良。牙齒動搖及外物傷動欲落，諸藥不效者，乾地龍炒，五(焙)〔倍〕子炒，等分為末，先以生薑揩牙，後傅擦之，五日內不得咬硬物。

希雍曰：蚯蚓氣大寒，能除有餘邪熱，故傷寒非陽明實熱狂躁者，不宜用。溫病無壯熱，及脾胃素弱者，不宜用。性復有小毒，被其毒者，以鹽水解之。

修治　時珍曰：去泥，鹽化為水。入藥有為末，或化水，或燒灰者，各隨方法。

清·郭章宜《本草匯》卷一七　蚯蚓　味鹹，大寒，有毒。傷寒伏熱狂譫能祛，腎臟風注脚脛可理。癘風痛癢，棗肉搗丸美酒下。勞復卵腫，絞汁下飲索汗良。

按：蚯蚓，屬土，得陰水之氣。寒而下行，大能行濕病，解邪熱，治足疾而通經絡也。故脚風藥中必須。又治腎臟風下注病，若人下體成片濕毒瘡，流水痛癢，取其糞出韭地者，研末一兩，入輕粉二錢，生桐油調塗之。如脾胃素虛，傷寒非陽明實熱，在所忌也。蚰蜒入耳，為末，入葱內，化水點入，則蚰亦化矣。

凡用以蜀椒、糯米各二錢半，同熬至米熟，揀出用。若要水，以鹽日暴，須臾成水。若被咬中毒，惟以石灰水浸之，或鹽湯浸，并飲一盃。

清·汪昂《本草備要》卷四　白頸蚯蚓瀉熱，利水。　蚓，土德而星應軫水。味性鹹寒，故能清熱。下行故能利水。治溫病大熱狂言，大腹黃疸，腎風脚氣。蘇頌曰：脚氣必須用之爲使。白頸者乃老蚯蚓。治大熱，搗汁，井水調下。入藥或曬乾爲末，或鹽化爲水，或微炙，或燒灰，各隨本方。中其毒者，鹽水解之。張將軍病蚯蚓咬毒，每夕蚓鳴于體，濃煎鹽水浸身，數過而愈。　蚯蚓泥即蚯蚓屎：甘，寒。瀉熱解毒。治赤白久痢，敷小兒陰囊熱腫，腫腮丹毒。

清·陳士鐸《本草新編》卷五　白頸蚯蚓　蚯蚓：味鹹，氣寒，有小毒，頸白者佳，鹽水洗用。治溫病大熱狂言，療傷寒伏熱譫語，並用搗爛絞汁，井水調下立差。兼治水不通，蠱毒卒中，殺蛇瘕蚘蟲，消腎風脚氣，又療黃疸，行濕如神。人或被蛇咬傷，鹽水浸之即解。治屎封，悍犬咬毒，仍出犬毛殊功，尤治毒瘡。蚯蚓至微之物，實至神之物也。大熱發狂之症，與其用白虎湯以瀉之，不若用蚯蚓漿以療之。蓋石膏雖瀉火，而能傷胃；蚯蚓瀉火，而又不損土。蚯蚓生于土中，土為蚯蚓之母，子見母而自安故也。

或問：蚯蚓治發狂如神，何故？曰：蚯蚓善瀉陽明之火，而又能定心中之亂，故一物而兩治之也。

又問用蚯蚓，何故必用地漿以佐之？蓋地漿取北方至陰之氣，瀉陽明至陽之氣也。且蚯蚓得土而性安，毒以攻熱，而不毒以生毒，相制以成奇功也。

又問蚯蚓有毒，以治發狂之症，萬一毒發，不益助狂乎？曰：發狂之症，得毒而轉有生機，蓋火熱逢寒而毒自化。用蚯蚓以瀉熱，正取其毒氣以入心，而後可以解熱也，熱解而狂自定，此巧治之法也。

清・李熙和《醫經允中》卷二〇　白頸蚯蚓　葱鹽化水用。蜒蚰入耳，以水點入，則蜒蚰亦化矣。屎封猂犬咬毒，仍出犬毛殊功。鹹，寒，有毒。主治傷寒伏熱，狂言，天行諸熱。療黃疸行濕，治脚風良。一方以蚓十條，以一條入葱管，搯化水塗炙，十條入麵作餅食，能治痰癡之症，其効如神。

清・馮兆張《馮氏錦囊秘錄・雜症痘疹藥性主治合參》卷一一　白頸蚯蚓得土中陰水之氣，稟土德而星應軫水。味鹹，性寒，無毒。大寒能祛熱邪，除大熱，故主伏尸鬼疰，傷寒伏熱狂謬。鹹主下走，利小便，故治大腹黃疸蟲瘕。皆屬濕熱之病。【略】白頸蚯蚓，傷寒溫病大熱發狂，小水不通，黃疸行濕，跌撲損傷神效。痘瘡斑紫奇功。

清・张璐《本經逢原》卷四　蚯蚓即地龍　鹹，寒，小毒。白頸者良。解熱毒，入鹽化水用。通經絡，炙乾用。《本經》主蛇瘕，去三蟲，伏尸鬼疰蠱毒，殺長蟲。　發明：蚯蚓在物應土德，在星為軫水，體雖卑伏，而性善穴竄。專殺蛇蟲、三蟲伏尸諸毒，解濕熱，療黃胆，利小便，通經絡，故活絡丸以之為君。地龍湯治痘瘡，脾腎虛熱嬌紅，五六日漸變乾紫伏陷者，同荸薺搗和酒釀，服之即起。若乾紫色黯皮堅，為肝脾血熱，即宜犀角、紫草、黃連清解，非地龍所宜。溫病大熱，狂妄，天行大熱，和人尿搗絞服之，熱毒從小便而去也。小便暴秘不通，亦宜用之。入葱化為水，療暴聾。

清・浦士貞《夕庵讀本草快編》卷五　蚯蚓《本經》、土龍、歌女　引而後伸，其塿如丘，故名。東方虬賦云：乍逶迤而善曲，或宛轉而蛇行。術家言其可以興雲，又知陰暗，故有土龍之名。其鳴長吟，故曰歌女。蚯蚓以白頸者為良，在物應上德，在星為軫水。上食（高）〔槁〕壤，下飲黃泉。故其性寒而味鹹。性寒則解毒，故能療傷寒伏熱，狂謬，尸疰，黃疸，赤目，重舌，喉痺，鼻瘜。味鹹則下降，故能利小便，收脫肛，治足疾，消卵腫而通經絡也。為物雖柔，咬人最毒，形如大瘋，須漫以石灰水，或沃以鹽湯，始愈。《本經》謂其無毒，謬矣！

清・張志聰、高世栻《本草崇原》卷下　蚯蚓　氣味鹹，寒，無毒。主治蛇瘕，去三蟲，伏尸鬼疰，蠱毒，殺長蟲。　蚯蚓生濕土中，凡平澤膏壤地中皆有之，孟夏始出，仲冬蟄藏，雨則先出，晴則夜鳴，其塿如丘，其行也引而後伸，故名蚯蚓。能穿地穴，故又名地龍。入藥宜大而白頸，是其老者有力。日華子曰：路上踏殺者，名千人踏，入藥更良。　蚯蚓冬藏夏出，屈而後伸，上食稿壤，下飲黃泉，氣味鹹寒，宿應軫水，稟水土之氣化。主治尸疰蟲蠱，蓋以泉下之水氣上升，地中之土氣上達，則陰類皆從之而消滅矣。蜈蚣屬火，名曰天龍。蚯蚓屬水，名曰地龍。皆治鬼疰，蠱毒，蛇蟲毒者，天地相交，則水火相濟，故稟性雖有不同，而主治乃不相殊。

清・朱純嘏《痘疹定論》卷三　地龍論　地龍者，蚯蚓之別名也。曾見有延門乞飯之男女，夜宿神廟，及有兒女出痘，至長漿之時，彼乃挖土石之下，或土屑之間得紅色小蚯蚓，取三五條，以瓦礶入清水二鍾，煎一鍾，陸續飲之，次日亦如前法，又次日亦同前，後竟足漿。及有險症，亦無效驗。揆想順症，不藥亦能足漿。彼之用之於順症者，以為是蚯蚓之效。殊不知蚯蚓亦不能長漿足漿，亦筆之於此，以告同志。

清・王子接《得宜本草・下品藥》　蚯蚓　味鹹。功專利水。得乳香治驚風悶亂，和麵作餛飩治癡癲。

清・修竹吾廬主人《得宜本草分類・下部補養並瘍科感症門》　蚯蚓　味鹹。功專利水。得乳香治驚風悶亂，和麵作餛飩食治痴癲。解熱毒，入鹽化水用。通經絡，炙乾用。溫病大熱狂妄，天行大熱，和人尿搗絞服之，熱毒從小便而去也。小便暴秘不通，亦宜服之。殺蛇蟲毒，解濕熱，療黃疸。應土德，在星為軫，性善穴竄，故活絡丸用之。

清・吳儀洛《本草從新》卷六　白頸蚯蚓〔熱，行水。〕　蚓，土德而星應軫水。味鹹寒，故能清熱；性下行，故能利水。治溫病大熱狂言，大腹黄疸，腎風脚氣。蘇頌曰：脚氣必須用之為使。治大熱，井水調下入藥，或曬乾為末，或鹽化為水，或微炙，或燒灰。中其毒者，鹽水解之。蚯蚓泥，即蚯蚓屎。甘，寒。瀉熱解毒。治赤白久痢，敷小兒陰囊熱腫，腫腮，丹毒。

清・汪紱《醫林纂要探源》卷三 蚯蚓 甘，鹹，寒。一名寒蟺，一名地龍。色赤氣香者可用，黑而易斷如爛泥者勿用。白頸者另是一種，氣味尤鮮香，治熱更佳。〇有寒毒。小兒溺觸之，則隨氣而上，陰莖猝腫，洗以甘草及鹽水，或使鴨口銜之可愈。大人中其毒，鹽湯浸浴。清腎去熱，滲濕行水。去脾胃濕熱，通大便水道。居下濕土中，食槁壤，飲黄泉，穿穴往來俯仰，故能去腎及膀胱濕熱，清脾胃之積濕鬱熱。又其形中通如腸，故能通利二便。治天行疫熱，陽明狂熱，狂言便閉，大腹黄疸，及腎風腳氣諸急證，則搗汁，泉水下。緩則煅為末，或燒灰存性，或鹽化為水，隨宜制用。蚯蚓泥：甘，鹹，寒。所居之泥，實即矢也。功同蚓，治赤白痢，退諸熱腫。傅小兒陰囊濕腫，及腫腮，赤丹遊毒。

清・嚴潔等《得配本草》卷八 蚯蚓糞 畏葱、鹽。鹹，寒。能引諸藥直達病所。解時行熱毒，除風濕痰結。利小便，療黄疸，除脚氣，治跌撲，袪蟲瘕，破血結。絞汁，治勞復。或卵腫，或縮入腹中，絞痛，身重頭不能舉，小腹急熱，拘急欲死。得麵粉，炒研，吞，治癡癲。配枯礬末，搽齒血。加麝香更妙。調荊芥汁，治熱狂，再加白蜜更好。加乳香末，治驚風。白頸者佳。水浸一日，酒浸一日，焙乾用。搗汁，井水調下，治大熱。或入鹽化水，或燒炭，或川椒、糯米拌炒，隨方法製。蚯蚓咬人，形如大風，眉鬚皆落。每夕蚯蚓鳴於體中，以石灰水浸之，或以鹽湯浸之並飲，乃愈。糞 甘，寒。瀉熱解毒。治赤白久痢，敷陰囊熱腫，腮腫丹毒。配綠豆粉，塗外腎生瘡。入輕粉、清油，調敷臁瘡。

題清・徐大椿《藥性切用》卷八 白頸蚯蚓 性味鹹寒，清熱利水，解毒制狂，炙灰用。蚯蚓泥，即蚯蚓屎。性味甘寒，瀉熱解毒，治赤白久痢。

清・黄宫繡《本草求真》卷八 蚯蚓解伏熱除鬼疰。蚯蚓耑入脾、經絡。最屬寒味。觀書所載甚明，其言味鹹性寒，無毒。其論所治，則云能主伏尸鬼疰，傷寒伏熱，狂謬熱病，發狂血熱，痘瘡斑多紫黑，癥瘕黄疸，損傷垂危，瘰癧潰爛流串，腎風腳氣，備極熱毒形症，皆能調治。宗奭曰：腎臟風下疰病，不可闕也。頌曰，腳氣藥必須此物為使，然亦有毒，有人因腳病，藥中用此，果得奇效。病愈，服之不輟。至二十餘日，燥憒，但欲飲水不已，遂至頓委。大抵攻病用毒藥，中病即當止也。則其氣味之寒，不待言矣！究其所以致治，則因此物伏處窪處水濕。鑽土飲泉，是其本性，故能除其鬼疰，解其伏熱。且味鹹主下，處濕而以入濕為功，故於濕熱之病，濕熱之物，遇之即化。停癥畜水，觸着即消，而使盡從小便而出。時珍曰：其性寒而下行，故能解諸熱疾下行，且利小便，治足疾，而通經絡也。矧蚓本有鑽土之能，化血之力，而凡跌仆受傷，血瘀經絡，又安有任其停蓄而不為之消化乎？但審認不確，妄為投用，良非所宜。取老蚯蚓白頭者良，搗汁井水調下，入藥，或晒乾為末。汪昂云：中其毒者，鹽水解之。張將軍病蚯蚓咬毒，每夕濃煎鹽水洗身，數過而愈。或微炙，或燒灰，各隨本方用。

清・羅國綱《羅氏會約醫鏡》卷一八鱗介蟲魚部 白頸蚯蚓老者頸白。味鹹，性寒。得土中陰水之氣。治傷寒熱狂、同荊芥穗搗汁飲之，得臭汗而解，寒能清熱也。小水不通、腹腫黄疸。鹹主下走。救跌打損傷垂危者，用酒煎服，真神方也。療痘瘡紫黑搗汁服、耳卒聾秘。蚯蚓安葱管内，入鹽化水，點之立效。搗汁，井水調下入藥，或晒乾為末，或鹽化為水，或炙或燒灰，各隨所宜。中其毒者，似遊遍身，鹽水頻浴解之。糞，名六一泥。可塗湯火瘡、痄腮熱毒，止消渴，解瘟疫煩熱狂躁，利小水，通淋閉疼痛，敷小兒陰囊熱腫。

清・王龍《本草纂要稿・蟲魚部》 白頸蚯蚓 氣味鹹寒。理腎風，消脚氣。行濕如神，黄疸立效。搗汁治傷寒詁語，及小水不通。浸酒治蠱毒卒中，並蚘蟲蛇癥。

清・張德裕《本草正義》卷下 蚯蚓 鹹，寒，有毒。解熱毒，通二便，療癲狂，除喉痺，清風熱赤眼，去泥，鹽化水服之。痘家，用其解熱毒，尤治天行瘟疫大熱，小兒風熱癲狂。亦可塗丹毒、漆瘡。

清・楊時泰《本草述鉤元》卷二七 白頸蚯蚓 一名地龍。入藥用白頸，是其老者。

味鹹，氣寒，有小毒。畏葱鹽。主治傷寒伏熱狂謬，溫病大熱狂言，小兒熱病癲癇，天行諸熱，並腎臟風注及脚風小便不通，塗丹毒，治卵腫，傅瘰癧潰爛，對口毒瘡。方書治中風、頭風、鶴膝風，行痺痛痺，腰痛脚氣，疝，脱肛，耳聾鼻齒。蚓屬土，有水與木，性寒，能解熱毒，行濕病丹溪。蚓在物應土德，在星為軫，水性寒下行，故解諸熱疾而利小便瀕湖。脚風藥，必須用蚓為使。然亦有毒，有因脚病用此得奇效，服之不輟，後覺躁憒，但欲飲水不已，遂至委頓。大抵攻病用毒藥，中病即當止也。熱病發狂，白頸蚓十數條，同荊芥穗搗汁飲之，得臭汗則解。陽毒結胸，按之極痛，或通而復結，喘促躁亂，取生地龍四條洗淨，研如泥，入生薑汁、薄荷汁少許，蜜一匙，新汲水調服。熱熾者更加片腦少許，即與揉心下片時，自然汗出而解，不應，再服一次，神效。頭風痛，用蚯蚓五月五日取者，和腦麝，杵丸梧子大，每以一丸納鼻中，隨左右，先塗薑汁在鼻，立愈。風熱頭痛，地龍炒研、薑汁炒半夏、赤苓，等分為末，用一錢至半錢，生薑荊芥湯下。咽喉猝腫不下食，地龍十四條搗塗喉外，又以一條着鹽化水，入蜜少許，服之。老人尿閉，白頸蚓、茴香等分，杵汁飲之。勞復、卵腫，或縮入腹中絞痛，身體重，頭不能舉，小腹急熱，拘急欲死，用蚓二十四條，水一斗，煮取三升，頓服取汗，或以蚓數升，絞汁服之。牙齒動搖，及外物傷動欲落，諸藥不效者，乾地龍炒，五倍子炒，各等分為末，先以生薑揩牙，後敷擦之，五日內不得咬硬物。

論：蚓稟水氣以生，合土德以成，即鹽可化之為水，是反其所自生也。人身水土，一為至陰，一為太陰，茲物即終始於水土，而取其陰之專，則傷寒狂謬，溫熱狂言，凡歸於陽明之土以為病者，皆藉土之合於水者除之。又水臟鬱有陽毒以為病，如腎臟風下注，更藉水之合於土者療之，非漫然以寒除熱之謂也。第其專氣於清陰者，實具有陽之化氣。觀於孟夏始出，仲冬蟄結，雨則先出，晴則夜鳴，是固成質於陰，乘化於陽，而能得氣之先者。以故方書主治，如中風之骨碎補丸，治風虛攻疰疼痛，筋骨拘攣。鶴膝風之經進地仙丹，治腎虛風濕流注脚膝痠疼。頭痛之大追風散，治肝虛血竭，風毒上攻。行痺之定痛丸、八神丹，治風虛走注疼痛。脚氣之抱龍丸，治肝腎虛，風濕流注腿膝，行步艱難。凡屬陰中之陽不足，恒取以為導陽於陰之先資，而且上通於天，則能治鼻瘜如地龍散。及耳閉，下益腎氣，更能令齒搖者堅牢。如五倍子散。故郭璞贊為土精，而丹溪更謂其行濕也。夫土本主濕，今更能行濕，豈非質陰而氣陽，為土之精乃能暢木化乎？木化行而風平矣。昔錢乙治皇子瘛瘲，進黃土湯而愈，問其故，曰：以土勝水，水得其平，則風自退。是則茲物之平水以及風者，固由土之合於水也。陽實者固化，陽虛者亦化。所云去濕者，固即療風之虛也。細參於療風虛之義，則知以寒勝熱，其說不該矣。

繆氏云：能除有餘邪熱，脾胃素弱者，不宜用。傷寒非實熱狂躁者，不宜用。性復有小毒，被其毒者，鹽水解之。

修治：去泥，鹽化為水，入藥有化水，或為末，或燒灰者，各隨本方。

清・葉桂《本草再新》卷一〇 白頸蚯蚓味鹹，性大寒，有毒。入肝、肺、脾三經。

清熱利水，治熱狂，黃疸，腎風脚氣，小兒痘瘡痘毒。

清・趙其光《本草求原》卷一八蟲部 白頸蚯蚓老即白頸，又名地龍。得土中陰水以生，星應蚓水。味鹹下降，氣大寒，利水、解熱。故治傷寒伏熱，同荊芥穗搗汁飲。溫病熱狂，天行大熱。和人尿搗服。皆陽明內熱藉土之合水者以除之。其性善竄，能通經絡。冬蟄夏出，雨晴則鳴，質陰而氣陽，又能行濕化以暢木化，故凡肝腎虛而病於濕風，以成腳風、腳氣、鶴膝，諸痹拘攣、腰痛，黃疸必用。活絡丸以之為君，中風之骨碎補丸、鶴膝風之地仙丹、腳氣之拘龍丸，定痛丸之治行痹皆用之，皆肝腎鬱，有陽毒，藉水中之土以解毒平風。又治頭風，隨左右先塗薑汁在鼻，次同冰麝為丸納鼻中。風熱頭痛，薑汁炒研，同夏、苓末，生薑荊芥湯下。咽腫，搗塗喉外，又以一條入鹽化水，加蜜飲。老人尿閉，同茴香杵汁飲。勞復卵腫或囊縮，煮汁大飲以取汗。牙齒動搖，及外物傷動欲落，炒，同五棓亦炒為末，先以生薑擦牙、後敷擦之。耳卒聾，安葱管內，入鹽化水點耳。痘瘡，脾腎虛熱嬌紅，漸變乾紫伏陷，同荸薺搗，和酒服。若乾紫、暗黑、皮堅，為肝脾血熱，又宜犀黃、紫草等，非地龍所宜。此皆陽氣暢而濕化，行水精以布之明效也。其主蛇瘕、三蟲、伏尸、鬼疰、蠱毒，殺長蟲，治黃疸，亦不外去濕解毒之功。但有小毒，過服則躁憒欲飲，宜鹽水解之。蚓見鹽則化為水，反其所自生也。古人病蚓咬毒，每夕蚓鳴於體，濃煎鹽浸數次愈。解熱毒。搗汁或鹽化水入藥，通經絡；或炙乾，或燒灰，或曬為末用。

蚯蚓泥：即蚯蚓屎。甘，寒，瀉熱解毒。治赤白久痢，敷小兒陰囊熱腫、腮腫、丹毒。

清・葉志詵《神農本草經贊》卷三 蚯蚓 味鹹，寒。主蛇瘕，去三蟲，伏尸，鬼注蠱毒，殺長蟲，仍自化作水。生平土。

飲泉食塊，心慧操廉。碧雲晴漏，翠雨濕霑。逶迤春晝，綰結冬潛。泥封六一，莫保觸鹽。

東方虬賦：上食塵塊，下飲淵泉。《淮南子》：食土者，無心而慧。《孟子》：充仲子之操，則蚓而後可者也。任士林賦：碧雲晴漏。陳旅詩：檐曲細含翠雨涼。李德裕賦：入虛白而逶迤。蘇軾歌：春蚓秋蛇隨意畫。《易林》：綰結難解。《禮》：仲冬之月蚯蚓結。《歲時記》：五月五日午時於韭畦取蚯蚓乾之，謂之六一泥，治魚鯁。東方虬賦：墐泥塗以自保，觸鹽滋而罔全。寇宗奭曰：被其毒者，以鹽湯浸之，並飲鹽水。

清・文晟《新編六書》卷六《藥性摘錄》 蚯蚓 鹹，寒。入脾經絡。○凡伏屍鬼疰，傷寒伏熱狂謬，熱病發狂，血熱痘瘡斑多，紫黑斑疹，黃疸，損傷垂危，瘰癧潰爛，流串，腎風，脚氣，備極熱毒形症，皆能調治。○白頸者搗汁，井水調下。○入藥或曬乾，研，或微炙，或燒灰，各隨本方用。○中其毒者，服鹽水解之。患在外者，煎鹽水洗數次，効。

清・張仁錫《藥性蒙求・蟲部》 白頸蚯蚓屎 白頸蚯蚓，味帶鹹寒。狂言大熱，兼濕亦安。性下行利水，治溫病大熱。或炙，或鹽化為水，或晒乾為末。○蚯蚓屎：性寒。瀉熱解毒，敷小兒丹毒。

清・戴葆元《本草綱目易知錄》卷五 白頸蚯蚓老即白頸。 性鹹寒，屬土。故能解熱疾而利小水，又能通經絡，故治脚風諸藥必須用之為使。治傷寒瘧疾，大熱狂煩，小便不利，大腹黃疸，中風癇疾，急慢驚風，溫病大熱狂言。主歷節風痛，腎臟風注，頭風齒痛，風熱赤眼，木舌喉痹，鼻瘜聤耳，禿瘡瘰癧，卵腫脫肛。治蛇瘕，主蛇傷毒。殺長蟲，去三蟲，蚘蟲。伏尸鬼疰，蠱毒。或化為水，或炒末服，鹽化為水，主天行諸熱，小兒熱病，癲癇。解蜘蛛咬毒，蚰蜒入耳。塗丹毒，傅漆瘡。葱化為水，療耳聾。解射罔毒。畏葱、鹽。

清・黃光霽《本草衍句》 蚯蚓 穿穴濕居，走筋入絡。鹹軟堅而潤下，寒清腎以去熱。除膀胱之濕，下行利水。清脾胃之熱。積濕鬱熱。溫病大熱狂言，昔人治熱病發狂，用蚯蚓數十條，同荊芥搗汁飲之，得出臭汗而解也。大腹黃疸脚氣。脚氣必須用之為使。小便不通，腎腸風注。小兒癲癇急驚，大人歷節痛痺。痘瘡紫斑，木舌喉痺。凡血熱血瘀，遇之皆化。停癥畜水，觸着皆消。近世用酒煎汁，以救跌撲損傷垂危者，則筋骨無傷，瘀血自去，真神方也。傷寒陽毒結胸，按之極痛，或通而復結，喘促大躁狂亂，取生地龍四條，洗淨，研，加入薑汁少許，蜜一匙，薄荷汁少許，用新汲水調服，自然汗出而解之也。 小便不通，蚯蚓搗，浸水取汁，服。 木舌脹滿，不治殺人。蚯蚓一條，以鹽水化，塗之，良久漸消。 喉痺塞口，用韮地紅蚯蚓數條，醋擂食之，即吐痰血，立效。 耳卒聾閉，蚯蚓入鹽，安葱內化水，點之。 瘰癧潰爛流串者，用荊芥根下段煎湯，溫洗良久，看瘡破紫黑處，以針刺血，再洗三四次，用韮地上蚯蚓一把，炭上燒紅，為末，每一匙入乳香、沒藥、輕粉各半錢，山甲九片，炙為末，油調敷之，如神。

清・陳其瑞《本草撮要》卷九 蚯蚓 味酸鹹，寒，入手少陰經，功專利水，除濕熱，消腫毒。得乳香治驚風悶亂。和麵作餛飩吃，治癡癲。若溫病大熱狂言，大腹黃疸，腎風脚氣，以為佐使，或曬乾為末，或鹽化為水，或微炙，或燒灰俱可。中其毒者，以鹽水解。蚯蚓泥即蚯蚓屎，甘寒，瀉熱解毒，治赤白久痢，敷小兒陰囊熱腫腮腫丹毒。

清・仲昴庭《本草崇原集說》卷下 蚯蚓 【略】仲氏曰：天地相交，則水火相濟，何地龍、天龍作天陰相交解？豈二物可合用耶？曰：不然。《崇原》謂二物氣味雖異，實皆有如是之功能爾！

白沙蚓

明・蘭茂原撰，范洪等抄補《滇南本草圖說》卷七 白沙蚓 生石峽內，形似蚯蚓，身上有白圈毛，細尾。宜良最多，人多不識。自去頭尾一年，在峽生毛長翅，化為赤鳥飛去。《博物志》云：沙蚓身長五寸，聞雷聲變為映山紅鳥，在枝常鳴。今只取韭菜地中小白蚓易之。氣味甘、辛，無毒。主治：小兒三十六驚風，六淫風邪痰症，男婦老幼中風不語，或左癱右瘓，四肢不仁。搗爛火煅，湯下神效。一治男子精寒陽縮，敷肚臍可興也。此方莫作春方用。

水蛭

宋・李昉《太平御覽》卷九五〇 水蛭 王充《論衡》曰：蛭，食血之蟲。惠王殆有積血之疾，故食啖血之蟲，而病愈也。不然，則賢者操行，豈若吞蛭除病，賢者常無病也。《本草經》曰：水蛭，一名至掌。味鹹。治惡血瘀結，水閉，破凝積，利水道。陶弘景《集註本草經》曰：水蛭，味鹹苦，平，微寒，有毒。一名蚑。蚑，音蜞。生雷澤池澤。

宋・唐慎微《證類本草》卷二二蟲魚部下品〔《本經・別錄》〕 **水蛭**音質 **味鹹**、苦，平、微寒，有毒。**主逐惡血、瘀血、月閉，破血瘕、積聚、無子，利水道**，又墮胎。一名蚑，一名至掌。生雷澤池澤。五月、六月採，暴乾。

〔梁・陶弘景《本草經集注》〕云：蚑音蜞，今復有數種，此用馬蜞，得囓人腹中有血者，仍乾爲佳。山蚑及諸小者皆不用。楚王食寒葅，所得而吞之，果能去結積，雖曰陰祐，亦是物性兼然。

〔唐・蘇敬《唐本草》〕注云：此物有草蛭、水蛭。大者長尺，名馬蛭，一名馬蜞。并能咂牛、馬、人血。今俗多取水中小者，用之大效，不必要須食人血滿腹者。其草蛭，在深山草上，人行即傅著脛股，不覺，遂於肉中產育，亦大爲害，山人自有療法也。

〔宋・掌禹錫《嘉祐本草》〕按：《蜀本》云：採得之，當用簟竹筒盛，待乾，又米泔浸一宿後，暴乾。以冬猪脂煎令焦黃，然後用之。勿誤採石蛭、泥蛭用。石、泥二蛭，頭尖，腰麤，色赤，不入藥，誤食之，則令人眼中如生烟，漸致枯損。今用水中小者耳。陳藏器云：水蛭，本功外，人患赤白遊瘮及癰腫毒腫，取十餘枚，令啗一作嗃病處，取皮皺肉白，無不差也。冬月無蛭蟲，地中掘取，暖水中養之，令動，先洗去人皮鹹，以竹筒盛蛭綴之，須臾便咬血滿自脫，更用飢者。崔知悌令兩京無處預養之，以防緩急，收乾蛭，當展其身，令長，腹中有子者去之。此物難死，雖加火炙，亦如魚子，烟熏三年，得水猶活，以爲楚王之病也。《藥性論》云：水蛭，使，主破女子月候不通，欲成血勞癥塊。能治血積聚。日華子云：畏石灰。破癥結。然極難修制，須細剉後，用微火炒，令色黃乃熟，不爾，入腹生子爲害。

〔宋・蘇頌《本草圖經》〕曰：水蛭，生雷澤池澤，今近處河池中多有之。一名蜞。此有數種：生水中者名水蛭，亦名馬蟥；生山中者名石蛭；生草中者名草蛭；生泥中者名泥蛭。并皆著人及牛、馬股脛間，嚙咂其血，甚者入肉中産育，爲害亦大。水蛭有長尺者，用之當以小者爲佳。六月採，暴乾。一云採得當以簟竹筒盛之，待乾，又用米泔浸經宿，然後出之，暴已，又用冬月猪脂煎令黃，乃堪用。乾蛭，當展令長，腹中有子者去之。古法有用水蛭啗瘡者，緩急所須，亦不可得。崔知悌令預收養之，以備用。此物極難死，加火炙，經年，得水猶可活也。石蛭等并頭尖腹麄，不堪入藥，誤用之，則令人目中生烟不已，漸致枯損，不可不辨也。

〔宋・唐慎微《證類本草》〕《經驗方》：治折傷。用水蛭，新瓦上焙乾，爲細末，熱酒調下一錢。食頃痛，可更一服，痛止，便將折骨藥封，以物夾定，直候至效。初虞世：治從高墜下及打擊内傷，神效。麝香、水蛭各一兩，剉碎，炒令烟出，二件研爲末。酒調一錢，當下畜血。未止再服，其效如神。

宋・寇宗奭《本草衍義》卷一七　水蛭　陳藏器、日華子所說備矣。大者京師又謂之馬鼈，腹黃者謂之馬黃；畏鹽，然治傷折有功。《經》與注皆不言修製，宜子細不可忽也。今人用者皆炒。

宋・王繼先《紹興本草》卷一八　水蛭　紹興校定：水蛭，性味、主治已載《本經》，唯破血之性多矣。池澤中皆産之。當云味鹹苦、微寒、有毒是也。入藥取小而堅者佳。

宋・鄭樵《通志》卷七六《昆蟲草木略》　水蛭　曰蚑，曰至掌。

宋・洪邁《夷堅志・戊志》卷三　衛承務者　寧國人衛承務者，家素富。惟一子年少，好狎游。忽得疾，羸瘦如削，衆醫以為瘵。治療三年，愈甚無益。適劉大用過縣，邀使視之。切其脈，亦謂瘵證。凡下藥月餘，略不效。問其致疾之因，久乃肯言曰：嘗以六月間飲娼家，與娼喧爭，迨醉，不復登榻，獨困臥黑桌上。少醒而渴，求水不可得。其前有菖蒲盆，水極清潔，舉而飲之，自是疾作。劉默喜，密遣僕掘田澗淤泥，以水沃濯，取清汁兩盞，置几上，令隨意而飲。衛子素厭苦其疾，不以穢為嫌，一飲而盡。俄腸胃間攻轉攪入，久之始定。續投以宣藥百粒，隨即洞泄，下水蛭六十餘枚，便覺胸抱豁然。劉曰：此蓋盆中所誤吞也。蛭入人腹，藉膏血滋養，蓄育種類。每粘著五藏，牢不可脫。然久去污渠，思所嗜，非以此物致之，不能集也。衛子雖去其疾，然尫劣無力，別施藥補理，至八十日乃平復。

宋・陳衍《寶慶本草折衷》卷一七　水蛭音質。使。諸蛭在内。　一名蛭，一名蛭蟲，一名馬蛭，一名至掌，一名蚑，一名蜞，一名馬蜞，一名馬鼈。其腹黃者名馬蟥。○蚑、蜞，並音其。蟥，一作黃。　生雷澤池澤，及蔡州，今處處河池中多有之。○五、六月採，火乾。○畏石灰及鹽。

味鹹、苦，平，微寒，有毒。○主逐惡血瘀血、月閉，破血瘕積聚，利水道。又墮胎。○陳藏器云：患赤白遊瘮，癰腫毒腫。取令啗病處，取皮皺肉白，差。冬月無蛭蟲，地中掘取，暖水中養，令動，先洗去人皮鹹，以竹筒盛蛭綴之，須臾便咬，血滿自脫，更用飢者。○啗，一作嗷。○《藥性論》云：破女子月候不通，欲成血勞。○日華子云：細剉，微火炒黃，不爾入腹，生子為害。○《圖經》曰：生水中者名水蛭，山中者名石蛭，草中者名草蛭，泥中者名泥蛭。大水蛭有長尺者，當以小者為佳。又乾蛭腹中有子，當去之。石蛭等並頭尖腹麤，不堪用。○初虞世：治從高墜下及打擊内傷。麝香、水蛭各壹兩，剉碎，炒令煙出。貳件研為末，酒調壹錢，當下蓄血。未止再服。

元・王好古《湯液本草》卷六　水蛭　氣微寒，味鹹、苦，平，有毒。《本草》云：主逐惡血，瘀血月閉，破血瘕積聚，無子，利水道，墮胎。炒用。畏鹽。苦走血，鹹勝血。仲景抵當湯用虻蟲、水蛭，鹹苦以泄畜血。故《經》云：有故無殞也。雖可用之，亦不甚安。莫若四物湯加酒浸大黃各半，下之極妙。

元・尚從善《本草元命苞》卷八　水蛭　味鹹、苦，平、微寒，有毒。為使。惟畏石灰。傷折要藥。苦走血，鹹勝血。破畜血之證，逐惡血消瘀血。通月閉之經，療血瘕癥結。利水道，墮胎。生雷澤池澤，今近河有之。取水中生小者為佳，入藥中用炒令黃色。泥生泥蛭，草生草蛭，二蛭頭尖腰麄，色赤，誤用此蛭，目中生烟，漸至枯損，詎能復元。

元・徐彥純《本草發揮》卷三 水蛭 成聊攝云：苦走血，鹹勝血。䖟蟲、水蛭之鹹苦，以除畜血。海藏云：苦走血，鹹勝血。仲景抵當湯用䖟蟲、水蛭，鹹苦以泄畜血也。《經》云：故有無殞也。雖可用之，亦不甚穩，莫若四物湯加酒浸大黃各半，用之為妙。

明・王綸《本草集要》卷六 水蛭使 味鹹苦，氣平，微寒，有毒。畏鹽及石灰。用水中小者。五月、六月採，曝乾。腹中有子者去之，細剉後，微火炒令色黃乃熟，不尔入腹生子為害。主逐惡血瘀血，月閉，破血瘕積聚，無子，利水道。又墮胎。治折傷有功，熟酒調下末一錢，食頃痛，可更一服。或和麝香研為末，酒調一錢，當下畜血。蓋苦走血，鹹勝血也。癰腫腫毒。取十餘枚，次第令咍腫處，血滿自脫，更用飢者，取皮皺肉白，差。

明・滕弘《神農本經會通》卷一〇 水蛭 使也。畏鹽及石灰。一名馬黃，能咂牛、馬、人血。取水中小者，用之腹中有子者去之。極難修制，須細剉後用微火炒令黃色乃熟，不爾，入腹生子為害。五六月採，暴乾。

味鹹、苦，氣平，微寒，有毒。《湯》同。《本經》云：主逐惡血瘀血，月閉，破血瘕積聚，無子，利水道，又墮胎。《藥性論》云：使。主破女子月候不調，欲成血勞癥塊。能治血積聚。日華子云：破癥結。《湯》云：《本草》同《本經》。又云：炒用。畏鹽。苦走血，鹹勝血，仲景抵當湯用䖟蟲、水蛭，鹹苦以泄畜血，故《經》云有故無殞也。雖可用之。亦不甚安。莫若四物湯加酒浸大黃各半，下之極妙。《局》云：水蛭名蜞即馬蝗，消癥散結利膀胱。下胎破血調經閉，善吮癰疽理折傷。水蛭，吮癰疽，通經破血。

明・劉文泰《本草品彙精要》卷三一 水蛭有毒。

水蛭出《神農本經》：主逐惡血，瘀血，月閉，破血瘕，積聚，無子，利水道。以上朱字《神農本經》。墮胎。以上黑字名醫所錄。【名】蚑音蜞、至掌、馬蟥、石蛭、草蛭、泥蛭。【地】《圖經》曰：生雷澤池澤，今近處河中多有之。此有數種：生水中者名水蛭，亦名馬蟥；生山中者名石蛭，生草中者名草蛭，生泥中者名泥蛭，並皆著人及牛、馬股脛間，囓咂其血，甚者入肉中產育，爲害甚大。水蛭有長尺者，用之當以小者爲佳。古法有用水蛭咍瘡者，緩急所須，亦不可得。崔知悌令預收養之，以備用。此物極難死，如火炙，經年，得水猶可活也。石蛭等並頭尖腹麤，不堪入藥。誤用之，則令人目中生烟不已，漸致枯損，不可不辨也。【時】生：無時。採：五月、六月取。【收】暴乾。【用】水中小者爲佳。【色】黃。【味】鹹，苦。【性】平，微寒，洩。【氣】味厚於氣，陰也。【臭】腥。【主】通經脈，破血積。【反】畏石灰、鹽。【製】《圖經》曰：採得當以篁竹筒盛之，待乾，又用米泔浸經宿，然後出之。暴已，又用冬月豬脂煎令黃，乃堪用。乾蛭，當展令長，腹中有子者去之。【治】療：《藥性論》云：主女子月候不通，欲成血勞癥塊，并一切血積聚。【合治】以一兩剉碎，炒令煙出，合麝香末酒調一錢，治從高墜下及打擊內傷，當下畜血，效。【禁】妊娠不可服。

明・葉文齡《醫學統旨》卷八 水蛭 氣平、微寒，味鹹、苦。有毒。治月閉，逐瘀血惡血，破血瘕積聚，無子，利水道，墮胎；又療折傷有功，熱酒調下末一錢，食頃痛，可更一服；或和麝香研為末，酒調一錢，當下畜血，善。苦走血，鹹勝血也。

明・許希周《藥性粗評》卷四 無名血腫只畏蜞針。

蜞，水蛭也，俗名馬蝗。生池澤瀦水之間，能着人及牛馬股脛間，咂其血，自滿而脫。如柳葉大，青色者入藥。如作丸散，先以篁竹筒中貯入待乾，以米泔水浸一宿，暴乾，又以冬猪脂煎令焦黃，為末用之。然如得已不用可也，古人自有明訓。味鹹、苦，性寒，有毒。主治瘀血月閉，利水道，張仲景抵當湯中用之。如治無名腫毒，以生者數條，置碗中，水浸其身，横嘴於腫上，咂其惡血，當愈。號為蜞針，雖然，丸散中亦不必用。海藏所謂亦不甚穩，莫若四物湯加酒浸大黃各半用之為妙。

明・鄭寧《藥性要略大全》卷一〇 水蛭即馬蝗、蜞 吮癰疽，通經破血，主逐惡血瘀血，月閉血瘕積聚，利水道，下胎。〇畏鹽。苦走血，鹹勝血。仲景抵當湯用虻蟲、水蛭，取其鹹苦以瀉宿血也。雖可用之，亦不甚安。莫若四物加酒浸大黃各半，下之為妙。味苦、鹹，性寒，有大毒。生水中者名水蛭，生草中者名草蛭，生山中者名山蛭，生土中者名爛土蛭。皆能着人及牛馬股脛間吮血。入藥當用水蛭，小者良。此物極難死，加以火炙，經年得水，猶可活。若用之，須熟炒令焦黃黑色方可，不爾入腹中生子為害。在海中者名劍鑾，大毒，極能毒殺人。

明・陳嘉謨《本草蒙筌》卷一一 水蛭即馬蝗、蜞。味鹹、苦，氣平、微寒。有毒。入藥取水中小者，其性畏石灰與鹽。烈日曝極乾，剉細炒黃色。

儻若製非精細，入腹生子為殃，故凡用之極宜謹慎。活者堪吮腫毒惡血，取名蜞針；　載外科書。炒者能去積瘀堅癥，立方抵當。仲景傷寒方有抵當湯、抵當丸。治折傷利水道，通月信墮妊娠。加麝香酒調，下蓄血神効。蓋苦走血，鹹勝血故爾。

明・王文潔《太乙仙製本草藥性大全》卷八《本草精義》　水蛭　大者長尺名馬蛭，一名馬蜞，今近處河池中多有之。大者京師又謂之馬鼈，腹黃者謂之馬蝗。生水中者名水蛭，生草中者名草蛭，生山中者名山蛭，生土中者名爛土蛭，皆能著人及牛馬股脛間吮血。入藥當用水蛭，小者良。此物極難死，加以火炙，經年得水猶可活。若用之熟炒令焦黃黑色方可，不爾入腹中生子爲害。在海中者名劒蠻，大毒，極能毒殺人。畏石灰、鹽。苦走血，鹹勝血。仲景抵當湯用寅蟲、水蛭，取其鹹苦以瀉宿血也。雖可用之，亦不甚安，莫若四物加酒浸大黃各半服。

明・王文潔《太乙仙製本草藥性大全》卷八《仙製藥性》　水蛭使。即馬蝗也。　味鹹、苦，氣平、微寒，有毒。　主治：　活者堪吮癰疽腫毒惡血，取名蜞針。載外科書。炒者去積聚血瘕堅癥，立方抵當。仲景《傷寒方》有抵當湯、抵當丸。治折傷，利水道，通月信，墮妊娠。　補註：　治折傷，用水蛭新瓦上焙乾，爲細末，熱酒調下一錢，食頃痛，可更一服，痛止，便將折骨藥封，以物夾定，直候至效。〇治從高墜下，及打擊内傷神效。麝香、水蛭各一對，剉碎，炒令煙出，二件研爲末，酒調一錢，當下蓄血，未止再服，其效如神。〇癰疽腫毒，取十餘枚，次第令將腫處，血滿自脱，更用飢者，取皮皺肉白，差。太乙曰：　採得之，當用簞竹筒盛，待乾，又米泔浸一宿後，暴乾，以冬猪脂煎令焦黃，然後用之。勿誤採石蛭、泥蛭用，石泥二蛭頭尖，腰腹麄，色赤，不入藥。誤食之則令人眼中生煙，漸至枯損。今用水中小者耳。

明・皇甫嵩《本草發明》卷六　水蛭下品。味鹹、苦，微寒，有毒。取水生小者佳。　發明曰：　水蛭，苦鹹能勝血而走血，故《本草》主逐惡血瘀血，通月閉，破血瘕積聚，無子，利水道，墮胎。〇加麝香，酒調，下蓄血立行。故抵當湯中用水蛭、虻蟲，以鹹苦泄蓄血也。故《經》云：　有故無殞也。雖可用之，亦不甚安，莫若四物湯，加酒浸大黃各半，下之尤妙。即馬蜞。生山中名石蛭，草中名草蛭，泥中名泥蛭。石蛭等並頭尖腹粗，若誤用，令人目中生煙，漸至枯損。當用水蛭。畏石灰。凡用烈日曝乾，剉細，炒黃色，令熟，恐入腹生子，須去子用。

明・李時珍《本草綱目》卷四〇蟲部・卵生類下　水蛭《本經》下品

【釋名】蚑與蜞同。《爾雅》作虮。至掌《別録》　大者名馬蜞《唐本》　馬蛭《唐本》　馬蟥《衍義》　馬鼈《衍義》時珍曰：　方音訛蛭爲痴，故俗有水痴、草痴之稱。　宗奭曰：　汴人謂大者爲馬鼈，腹黃者爲馬蟥。

【集解】《別録》曰：　水蛭生雷澤池澤。五月、六月采，暴乾。弘景曰：　處處河池有之。蚑有數種，以水中馬蜞得嚙人，腹中有血者，乾之爲佳。山蚑及諸小者，皆不堪用。恭曰：　有水蛭、草蛭，大者長尺許，並能咂牛、馬、人血。今俗多取水中小者，用之大效，不必食人血滿腹者。其草蛭在深山草上，人行即着脛股，不覺入於肉中，產育爲害，山人自有療法。保昇曰：　惟采水中小者用之。別有石蛭生石上，泥蛭生泥中，二蛭頭尖腰粗色赤。誤食之，令人眼中如生煙，漸致枯損。時珍曰：　李石《續博物志》云：　南方水痴似鼻涕，聞人氣閃閃而動，就人體成瘡，惟以麝香、朱砂塗之即愈。此即草蛭也。

【修治】保昇曰：　采得，以簞竹筒盛，待乾，用米泔浸一夜，暴乾，以冬猪脂煎令焦黃，然後用之。藏器曰：　收乾蛭，當展其身令長，腹中有子者去之。性最難死，雖以火炙，亦如魚子煙熏經年，得水猶活也。大明曰：　此物極難修治，須細剉，以微火炒，色黃乃熟。不爾，入腹生子爲害。時珍曰：　昔有途行飲水，及食水菜，誤吞水蛭入腹，生子爲害，噉咂臟血，腸痛黃瘦者。惟以田泥或擂黃土水飲數升，則必盡下出也。蓋蛭在人腹，忽得土氣而下爾。或以牛、羊熱血一二升，同猪脂飲之，亦下也。

【氣味】鹹、苦，平，有毒。《別録》曰：　微寒。〇畏石灰、食鹽。　【主治】逐惡血瘀血月閉，破血癥積聚，無子，利水道《本經》。墮胎《別録》。治女子月閉，欲成血勞《藥性》。咂赤白遊瘮，及癰腫毒腫藏器。治折傷墜（蹼）〔撲〕畜血有功寇宗奭。

【發明】成無己曰：　鹹走血，苦勝血。水蛭之鹹苦，以除畜血，乃肝經血分藥，故能通肝經聚血。弘景曰：　楚王食寒葅，見蛭吞之。果能去結積，雖曰陰祐，亦是物性兼然。藏器曰：　此物難死，故爲楚王之病也。時珍曰：　按《賈誼新書》云：　楚惠王食寒葅得蛭，恐監食當死，遂吞之，腹有疾而不能食。令尹曰：　天道無親，惟德是輔。王有仁德，病不爲傷。王果病愈。此楚王吞蛭之事也。王充《論衡》亦云：　蛭乃食血之蟲，楚王殆有積血之病，故食蛭而病愈也。與陶説相符。

【附方】舊四，新八。　漏血不止：　水蛭炒爲末，酒服一錢，日二服，惡血消即愈。《千金》。　產後血運：　血結聚於胸中，或偏於少腹，或連於脇肋。用水蛭炒，虻蟲去翅足炒，没藥、麝香各一錢，爲末，以四物湯調下。血下痛止，仍服四物湯。《保命集》。　折傷疼痛：　水蛭，新瓦焙爲細末，酒服二錢。食頃作痛，可更一服。痛止，便將折骨藥封，以物夾定，調理。《經驗方》。　跌撲損傷：　瘀血凝滯，心腹脹痛，大小便不通欲死。用紅蛭石灰炒黄半兩，大黄、牽牛頭末各二兩，爲末。每服二錢，熱酒調下。當下惡血，以盡爲度。名奪命散。《濟生》。　墜跌打擊：　內傷神效方：　水蛭、麝香各一兩剉碎，燒令煙出，爲末。酒服一錢，當下畜血。未止再服，其效如神。《古今録驗方》。　杖瘡腫痛：　水蛭炒研，同朴硝等分，研末，水調傅之。周密《志雅堂抄》。　赤白丹腫藏器曰：　以水蛭十餘枚，令咂病處，取皮皺肉白爲效。冬月無蛭，地中掘取，暖水養之令動。先净人皮膚，以竹筒盛蛭合之，須臾咬咂，血滿自脱，更用飢者。　癰腫初起：　同上方法。　紉染白鬚：《談野翁方》：　用水蛭爲極細末，以龜尿調，撚鬚梢，自行入根也。〇一用白烏骨雞一隻，殺血入瓶中，納活水蛭數十於內，待化成水，以猪膽皮包指，蘸撚鬚梢，自黑入根也。〇《普濟》：　用大水蛭七枚爲末，汞一兩，以銀三兩作小盒盛之。用蚯蚓泥固濟半指厚，深埋馬糞中。四十九日取出，化爲黑油。以魚脬籠指，每蘸少許撚鬚上，其油自然倒行至根，變爲黑色也。〇又黑鬚倒捲簾方：　用大馬蜞二三十條，竹筒裝之，夜置露處受氣。餓過七日，以雞冠血磨京墨與食，過四五次，復陰乾。將猪脛骨打斷，放蜞入內，仍合定，鐵線纏住，鹽泥塗之。乾時放地上，火煅五寸香；　二次，退開三寸火，又五寸香；　三次，再退遠火，又五寸香，取出爲末。將猪膽皮包指，承末搽鬚梢，即倒上也。

題明・薛己《本草約言》卷二《藥性本草》　水蛭　味鹹、苦，氣平，微寒，有毒。陰也，降也。入堅結，利若鋒針；　破瘀血，快如砭石。〇苦走血，鹹勝血，虻蟲、水蛭之苦鹹以除蓄血，加麝香酒調下，蓄血立行，故抵當湯中用水蛭、虻蟲，以鹹苦泄蓄血也。《經》云：　有故無殞。雖可用之，亦不甚安，莫若四物湯，加酒浸大黄各半下之尤妙。〇凡用，烈日曝乾，腹中有子者去之，剉細，炒黄色令熟，不爾入腹生子為害。

明・梅得春《藥性會元》卷下　水蛭　味鹹、苦，氣平，微寒，有毒。主吮癰疽，逐惡血瘀血，月閉，破血瘕，積聚，無子，利水道，能墮胎。一名蚑。生池澤，五六月採，暴乾。又治折傷有功，熱酒調下末一錢，食頃痛可除，更與一服。或和麝香研為末，亦一錢，酒下，當下畜血，善。苦走血，鹹勝血也。經年得水猶可活。若用之，須炒令黄色，不爾入人腹，生子為害。　即馬蝗、蜞，生水中名水蛭，生草中名草蛭，生泥中名泥蛭，並能着人及牛馬股脛間咂血。入藥當用水蛭小者佳。此物極難死，須製停當。

明・王肯堂《傷寒證治準繩》卷八　水蛭　氣平，味鹹苦，有毒。畏石灰、食鹽。主逐惡血瘀血，破血癥積聚，利水道。水蛭，噉血之物也，故能逐死血。不用草木，而用生物者，以為死血非生物不能活故爾。蝱蟲亦此義，采得，以篁竹筒盛，待乾，用米泔浸一夜，暴乾，展其身，看腹中有子皆去之，以冬豬脂煎令焦黄，然後用。

明・王肯堂《肯堂醫論》卷中　雜記　余幼時見水蛭，惡而溺之，數四化為水。又一日見之，以蜜一匙滴之，即縮不動，久之亦化為水。嗣後雖經陰雨不復活。二物之能制蛭毒如此，物性相制之理，不可不知，以備一時緩急之需，亦不可少也。而昔人有吞蛭者，醫者見之，乃極勞擾。惜乎其不知此也。

明・李中立《本草原始》卷一一　水蛭　生雷澤池澤，今處處池澤有之。食血之蟲也。蛭有數種，以水中小者為良。兩頭尖，腰粗色微赤。性最難死，雖以火炙，經年尤活也。腹黄者俗呼馬蟥，形大者俗呼馬鼈。　水蛭：氣味：　鹹、苦，平，有毒。　主治：　逐惡血瘀血月閉，破血癥積聚無子，利水道。〇墮胎。〇治女子月閉欲成血勞。〇咂赤白遊𤺌，及癰腫毒腫。〇治折傷墜（蹼）〔撲〕畜血有功。

水蛭，《本經》下品。【圖略】一名蜞。　修治：　保昇曰：　以篁竹筒盛，待乾，用米泔浸一夜，暴乾，以冬猪脂煎令焦黄，然後用之。

水蛭畏石灰、食鹽。　昔有途行飲水，及食水菜誤吞水蛭入腹，生子為害，啖咂臟血，腸痛黄瘦者，惟以田泥及擂黄土水飲數升，則蛭盡下出也。蓋蛭在人腹，忽得土氣而下耳。或以牛羊熱血，飲一二升同猪脂，亦下也。

明・繆希雍《本草經疏》卷二二　水蛭　味鹹、苦，平、微寒，有毒。主逐惡血，瘀血月閉，破血瘕積聚無子，利水道，又墮胎。俗名馬蟥。

〔疏〕水蛭生於溪澗陰濕之處，其味鹹苦，氣平，有大毒。其用與蝱蟲相似。故仲景方中往往與之竝施。鹹入血走血，苦泄結，鹹苦竝行，故治婦人惡血，瘀血月閉，血瘕積聚因而無子者。血畜膀胱則水道不通，血散而膀胱得氣化之職，水道不求其利而自利矣。墮胎者，以其有毒善破血也。

〔主治參互〕入抵當湯，治傷寒畜血下焦，因而發狂。　入大黄䗪蟲丸，兼治虛勞骨蒸咳嗽，內有乾血，皮膚甲錯。　入鼈甲煎丸，消瘧母。已上皆仲景方。　《古今録驗方》墜跌打擊內傷，神效。水蛭一兩，燒令烟出，為末，入麝香一兩，每酒服一錢，當下畜血。未止再服，其效如神。　〔簡誤〕水蛭、蝱蟲，皆破逐瘀血，血瘀發病之惡藥。而水蛭入腹，煅之若尚存性，尚能變為水蛭，嚙人腸臟，非細故也。破瘀消血之藥儘多，正足選用，奚必用此難制之物？　戒之可也。如犯之，以黄泥作丸吞之，必入泥而出。

明・倪朱謨《本草彙言》卷一七　水蛭　味鹹苦，氣平，有毒。入足厥陰經。　陶氏曰：　水蛭，生河池田坂及溪澗陰濕之處，名螞蟥也。色黃褐，間黑紋數道，腹微黃，背高腹平腰闊，兩頭尖、都有嘴吶者，可伸可縮，兩頭咂人及牛馬脛股，不遂其欲，不易落也。雖熱湯烈火，煅研成末，入水變生。有遺子種於腹中者，啾吮腸胃血氣，漸至腹痛，黃瘦不食，速以田中泥一塊，和水研化，飲一升，蛭種必盡下也。蓋種類有三，曰山蛭、草蛭，入藥宜水蛭也。

修治：　五六月采取，用水浸一宿，暴乾，江猪脂同煎，令焦黃用。

水蛭：《本經》逐惡血瘀血之藥也。方龍潭曰：　按《藥性論》言：　此藥行畜血，血癥積聚，善治女子月閉無子而成乾血勞者，此皆血留而滯，任脉不通，月事不以時下而無子，月事不以時下而爲壅爲瘀，漸成爲熱、爲咳、爲黃、爲瘦，斯乾血勞病成矣。蓋此物係穢污濕物，挾土化生，喜吮人血肉，故逐惡血血瘀，血癥血積之證。畜而無子，畜而成勞者，調其衝任，闢而成娠，血通而勞去矣。故《仲景方》入大黃䗪蟲丸而治乾血骨蒸，皮膚甲錯，咳嗽成勞者；　入鱉甲煎丸而治久瘧瘧母，寒熱面黃，腹脹而似勞者；　入抵當湯丸而治傷寒小腹硬滿，小便自利發狂而屬畜血證者。前人立方固妙，後人引古示今，實遵先賢意也。噫！　此治血瘀爲病之惡藥，且煅煉成灰，見水尚存生性，而復變爲水蛭，能嚙人腸胃血肉，爲害匪細也。繆氏仲淳曰：　破瘀消血之藥儘多，足以選用，奚必用此難制之毒物而求效哉？　如犯之，以淨黃泥三錢爲末，作丸白湯吞之，必與泥引而出。

集方：　談氏方烏鬚髮方：　用水蛭十條，真鉛粉一兩，爲末拌之，再取白烏骨雞血一碗，入瓶中，納水蛭、鉛粉在內，封固埋土內，兩月取出，化成黑水，以猪膽皮包指蘸捻鬚髮，中間根稍上下皆黑矣。

明・顧逢柏《分部本草妙用》卷一肝部・寒瀉　水蛭　鹹、苦，微寒，有毒。畏石灰、食鹽。　主治：　逐惡血，瘀血月閉，破血癥積聚無子，利水道，墮胎，咂赤白遊瘮癰毒，折傷墜(蹼)〔撲〕，畜血有功。　成無己曰：　鹹走血，苦勝血。水蛭鹹苦，故除畜血。乃肝經血分藥。能通肝家聚血。　按：蛭為食血之蟲，楚王有積血病，服而愈。

明・李中梓《醫宗必讀・本草徵要下》　水蛭味鹹、苦，平，入肝經。畏石灰，鹽炒枯黃。　惡血積聚，閉結堅牢，炒末調吞多效；　赤白丹腫，癰毒初生，竹筒含咂有功。　鹹走血，苦勝血，為攻血要藥。　誤吞生者入腹，生子嘔血，腸痛瘦黃，以田泥調水飲數杯，必下也。　或以牛羊熱血一二杯，同猪脂飲之，亦下。染鬚藥中，能引藥力倒上至根。

明・鄭二陽《仁壽堂藥鏡》卷八　水蛭一名馬蟥。　氣微寒，味鹹、苦，平，有毒。　《本草》云：　主逐惡血、瘀血、月閉，破血瘕積聚，無子，利水道，墮胎。炒用。畏鹽。苦走血，鹹勝血。仲景抵當湯用虻蟲、水蛭，鹹苦以泄蓄血。故《經》云有故無殞也。雖可用之，亦不甚安。莫若四物湯加酒浸大黃各半，下之極妙。　日華子云：　畏石灰。然極難脩製。須細剉後用。微火炒令色黃乃熟。不爾入腹生子為害。

明・張景岳《景岳全書》卷四九《本草正》　水蛭　味鹹、苦，性微寒，有毒。能逐惡血瘀血，破血癥積聚，通經閉，和水道，墮胎。咂赤白遊瘮，癰疽腫毒，及折傷跌撲瘀血不散。製用之法，當取田間嚙人腹中有血者佳。須晒乾細剉，以微火炒黃熟方可用，或以冬收猪脂煎令焦黃用之亦可。不爾入腹則活，最能生子害人。若受其害，惟以田泥水或黃土水飲數升，則必盡下，蓋此物得土氣即隨土而走也。或以牛羊熱血一二升，同猪脂飲之亦下也。

明・盧之頤《本草乘雅半偈》帙一一　水蛭《本經》下品　氣味：　鹹、苦，平，有毒。　主治：　逐惡血瘀血、月閉，破血癥積聚，無子，利水道。

覈曰：　生雷澤池澤，處處河池坂田有之。色黃褐，間黑紋數道，腹微黃，背隆腹平，中闊，兩頭尖，都有嘴吶者，可引可縮，兩頭咂人，及牛馬脛股，不滿其欲，不易落也。雖燔湯烈火，煅研成末，入水變生，子入人腹，為害彌深，唯蓄血人，隨血下隕，方堪藥用，否則不敢當也。修治：　五月六月采取，用米泔浸一宿，暴乾，以冬猪脂煎令焦黃用。

条曰：　水蛭，一名至掌、馬蟥也。蓋蛭類有三：　曰山蛭，曰草蛭，藥用水蛭也。生水中，喜吮人及馬牛足股，蛭吮若莫知至而至者，果復性遂，蛭乃去，否則確乎其不可拔，寧斷兩頭，入骨為患。故主力逐惡血瘀血，力破血癥積聚，此皆血留而盈；　至若太衝脈過盛，任脈不通，月事不以時下，月閉無子者，平其太衝，闢其妊娠，月事仍以時下而有子。有餘于血者，則用此法；不足于血者，不在用之。利水道者，此濕生蟲，水族也。用利水道，故特易易，蓋水入于經而血成，不行焉，為惡為瘀，水蛭廼行不留，則留者行，亦可留不行，則行者留，非留行安能時下而有子，此行而後留，讀農經者，大宜着眼。

明・李中梓《本草通玄》卷下　水蛭　鹹苦而寒。　攻一切惡血堅積。腹中有子者去之。性最難死，雖火炙為末，得水即活。　若水蛭入腹，生子為害，腸痛黄瘦，惟用田泥和水數碗飲之，必盡下。蓋蛭在人腹，忽得土氣而下耳。或牛羊熱血，同猪脂飲之，亦下也。

清·顧元交《本草彙箋》卷九　水蛭　生於溪澗陰濕之處。其味鹹苦，鹹走血，苦泄結，故能入肝經血分，以除蓄血也。其用與蝱蟲相似，故仲景方中往往與之並施。

收乾蛭，當展其身令長，腹中有子者，去之。性最難死，雖以火炙，亦如魚子，煙熏，經年得水尤活也。

水蛭、蝱蟲，皆破逐瘀血，血瘀發病之惡藥。而水蛭入腹，煅之若尚存性，尚能變爲水蛭，嚙人腸臟，非細故也。破瘀消血之藥儘多，正足選用，奚必用此難制之物？戒之可也。

清·穆石匏《本草洞詮》卷一八　水蛭　一名馬蟥。性至難死，雖經火炙，亦如魚子，烟薫經年，得水仍活也。氣味鹹苦，平，有毒。咂赤白遊瘮及癰疽腫毒，破血癥積聚。蓋鹹走血，苦勝血。水蛭之鹹苦，以除畜血也。凡途行飲水，或食水菜，悮吞水蛭入腹，生子噉吮臟血，惟以田泥或擂黄土水飲數升，則必盡出。蓋蛭在人腹，得土氣而下爾。賈誼《新書》云：楚惠王食寒葅得蛭，恐監食當死，遂吞之，腹有疾。令尹曰，王有仁德，病不為傷。王果病愈。王充《論衡》云：蛭乃食血之蟲，楚王殆有積血之病，故食蛭而病愈也。

清·劉雲密《本草述》卷二七　水蛭蛭，音質。俗名馬蟥。　氣味：鹹、苦，平，有毒。《别錄》曰：微寒。　主治：逐惡血瘀血，破血癥積聚，利水道《本經》。治女子月閉，欲成血勞《藥性》。治折傷墜跌寇宗奭。　無己曰：鹹走血，苦勝血。水蛭之鹹苦，乃肝經血分藥，故能通肝經聚血。　希雍曰：水蛭其味鹹苦，氣平，有大毒。其用與蝱蟲相似，故仲景方往往並用。鹹入血，走血，苦泄結，鹹苦並行，故治惡血瘀血，血癥月閉等證。

入抵當湯治傷寒畜血下焦，因而發狂。　入大黄䗪蟲丸兼治虛勞骨蒸，咳嗽内有乾血，皮膚甲錯。　皆仲景方。

愚按：　水蛭同蝱蟲，入仲景抵當湯丸中，以治傷寒畜血。而後來治畜血證，不因於伤寒者，亦不能外此二味，衹因證以為加減而已。夫以蠕動噉血之物，治血之畜而不行者，先哲之思議亦精矣。余简治痛風證，亦用水蛭，而不及蝱蟲，得非以兹物得水精氣，血固水所化，而於治痛風血結者更切乎？抑或不須蝱蟲耶？請商之明者。

希雍曰：水蛭為破逐死血之毒劑，更煅之若尚存性，入腹能化原形，嚙人腸臟。若然，破瘀消血之藥儘多，奚必用此難製者。如犯之，為黄泥丸吞之，必入泥而出。

修治　是物難死，加火炙經年亦如魚子烟熏經年得水猶活。采得當展其身，令長腹中有子者去之，以米泔浸一宿，日乾，細剉，微火炒令黄色，烟出乃熟。

清·郭章宜《本草匯》卷一七　水蛭　味鹹、苦，寒，有毒。陰也，降也，入足厥陰經血分。治畜血瘀血，破血癥血勞。入堅結利若鋒針，逐惡血快如砭石。

按：　水蛭，生於溪澗陰濕之處，乃食血之蟲，能通肝經聚血，為攻血要藥也。成無己云：　鹹走血，苦勝血，故畜血欲除必用此，加麝香少許，同酒而下，則畜者立行。世醫多知百病之生於氣，而不知亦有生於血者。蓋血猶水也，水行則無壅滯之患矣。一或凝滯於經絡腸胃之間，血症由此而作，所以抵當湯中用水蛭、蝱蟲，施於脈之沉滑數實，以鹹苦泄畜血也。但此物難斷制，煅苟存性，入腹便活，嚙人腸臟，非細故也。莫若四物湯，加酒浸大黄各半，下之尤妙，奚必用此難制之惡藥也。談野翁方，有紉染白髮，用水蛭為極細末，以龜水調撚鬚稍，自行入根也。以龜放荷葉上，用鏡照之，俟龜頭出尿，即得矣。一用白烏骨鷄，殺血入瓶中，納活水蛭數十於内，待化成水，以猪胆皮包指，蘸撚鬚稍，自黑入根也。

凡用，烈日晒乾，剉細，炒極熟，腹中有子者去之，若誤食，生子為害，惟用田泥和水數碗飲之，蓋得土氣而下耳。或以牛羊熱血，同猪脂飲之，亦下也。牛食蛭，以梅醬水喂之即解。畏石灰、食鹽。

清·王翃《握靈本草》卷九　水蛭處處河池有之，能咂牛馬人血。取水中小者用之。石上、泥上者不可用。以豬脂煎黄入藥。　主治：　水蛭，鹹、苦，平，有毒。主逐惡血瘀血，破血瘕，利水道。

清·陳士鐸《本草新編》卷五　水蛭　味鹹、苦，氣平、微寒，有毒。炒黄黑色用之。善去積瘀堅瘕。仲景夫子用之為抵當湯丸，治傷寒瘀血發黄也。治折傷，利水道，通月信，墮妊娠，亦必用之藥。蓄血不化，舍此安除乎。

或問：　蓄血之症，何故必用水蛭？曰：　血蓄之症，與氣結之症不同，雖同是熱症，而氣結則熱結于膀胱，血蓄則熱結于腸胃。氣結之病，可用氣藥以散之於無形。血蓄之症，非用血物不能散之于有形也。水蛭正有形之物，以散其有形之血耳。何必過慎哉。

或問：水蛭即水田內之螞蝗，食人血，最可惡之物也。仲景夫子偏用之治傷寒瘀血，不識有何藥可以代之乎？曰：血瘀蓄而不散，舍水蛭實無他藥可代。水蛭不可得，必多用虻蟲代之。然而虻蟲終不及水蛭之神。今世畏之而不敢用，誰知此物並不害人也。

或問：水蛭至難死，又善變化，能一身而化千萬，世人疑而不敢用也，先生謂並不害人，此則難信也。曰：水蛭製之不得法，則難死而能生；製之得法，則不生而永死。取水蛭之乾者，用鐵刀細切如小米大，文火炒至黃黑色，有烟起取出，不可放在地上，不得土氣，又安能重生而變化哉。故用之，同瘀血一團從大便中盡出，得其效最捷，何至有害乎。

或問：炒製水蛭，萬一不得法，其性猶存，一留腸腹之中，安得不害人乎？曰：何畏之極也。予有解之之法，用水蛭之湯，加入黃土二錢同服，即水蛭不死，斷亦無害。蓋水蛭以土為母，離土則無以為養。與土同用，既善于解瘀血之結，即隨土而共行，永無留滯腸腹之虞矣。

清・李熙和《醫經允中》卷一七 水蛭 即螞蝗。畏石灰、食鹽、蜜。鹹、苦，微寒，有毒。主治逐惡血瘀血，破血，墮胎。最難煅制，倘苟存性，入腹便活，嚙人腸臟，非細故也，若悞食，即生子為殃，用田泥和水飲之，或以牛羊熱血同猪脂飲之亦下也，宜禁勿用。

清・馮兆張《馮氏錦囊秘錄・雜症痘疹藥性主治合參》卷一一 水蛭俗名馬蟥。生於陰濕之處，味鹹、苦，氣平，有大毒。其用與虻蟲相似，故方中與之並施。鹹入血，走血，苦泄結，故治婦人月閉，血瘕積聚，無子者及血蓄膀胱水道不通者。因破血之功，故能墮胎。然煅之存性，見水復能化生，嚙人腸臟，破瘀之藥甚多，何必用此？如犯之者，黃泥作丸，吞之必入泥而出。 水蛭，即馬蝗、蜞。活者甚吮腫毒惡血，名為蜞針。炒者能去積瘀堅癥，抵當丸是。治折傷，利水道，通月信，墮姙娠。麝香酒調下，治蓄血神效。蓋苦走血，鹹勝血耳。染鬚藥中，能引藥力倒上至根。

清・张璐《本經逢原》卷四 水蛭 鹹，苦，平，有毒。水蛭是小長色黃、挑之易斷者，勿誤用泥蛭頭圓身闊者，服之令人眼中如生烟，漸至枯損。凡用水蛭，曝乾，豬油熬黑，令研極細，倘炙不透，雖為末經年得水猶活，入腹尚能復生。凡用須預先熬黑，以少許置水中七日內不活者，方可用之。《本經》逐惡血瘀血月閉，破血瘕積聚，無子，利水道。 發明：鹹走血，苦勝血，水蛭之鹹苦以除蓄血，乃肝經血分藥，故能通肝經聚血，攻一切惡血聚積。《本經》言無子，是言因血瘕積聚而無子也。《別錄》云墮胎，性劣可知。昔人飲水誤食水蛭，腹痛面黃，飲泥漿水數碗乃得下，蓋蛭性喜泥，得土氣隨出，或用牛羊熱血同豬脂飲亦下，或以梅漿水多飲則蛭溶化而出也。

清・浦士貞《夕庵讀本草快編》卷五 水蛭《本經》、馬蟥 有水蛭、草蛭。能咂牛、馬、人血，惟水者入藥。大者名馬蟥，人若飲食誤吞，生子為害，惟攪黃土水飲數升，方能盡下。故入藥必微火炒黃熟，細研方用，不然入腹復活也。 水蛭苦鹹有毒，通肝經血分之要藥也。成無己曰：鹹走血，苦勝血水蛭之鹹苦，以治傷寒之畜血是也。夫肝藏血，婦人血結，則月信閉，癥瘕成，安能生子。男人跌仆損傷則血亦聚，故作腹痛寒熱，用此通之，無不效矣。賈誼《新書》云：楚惠王食寒葅，見蛭，恐監食者當死，遂吞之。腹有疾不能食。令尹曰：天道無親，惟德是輔。王有仁政，病不為傷。王果愈。王充《論衡》亦云：蛭乃食血之蟲，楚王向有積血之病，故食蛭而愈。弘景謂天默祐，適合符節，殆其然乎？

清・張志聰、高世栻《本草崇原》卷下 水蛭 氣味鹹、苦，平，有毒。主逐惡血瘀血，月閉，破血癥積聚，無子，利水道。 水蛭處處河池有之，種類不一，在山野中者，名山蜞；在草中者，名草蛭；在泥水中者，名水蛭；大者謂之馬蜞，今名馬蟥。 水蛭乃水中動物，氣味鹹苦，陰中之陽也。鹹苦走血，故主逐惡血瘀血，通月閉。鹹軟堅，苦下泄，故破血癥積聚及經閉無子。感水中生動之氣，故利水道。仲祖《傷寒論》治太陽隨經瘀熱在裏，有抵當湯，內用水蛭，下瘀血也。

清・王子接《得宜本草・下品藥》 水蛭 味鹹、苦。入足厥陰經。功專破血行傷。得蜚虻治畜血，得麝香治跌打傷。

清・徐大椿《神農本草經百種錄》下品 水蛭 味鹹，平。主逐惡血，瘀血月閉，破血瘕積聚，諸敗血結滯之疾皆能除之。無子，惡血留于子宮則難孕。利水道。水蛭生于水中故也。 凡人身瘀血方阻，尚有生氣者易治，阻之久，則無生氣而難治。蓋血既離經，與正氣全不相屬，投之輕藥，則拒而不納，藥過峻，反能傷未敗之血，故治之極難。水蛭最喜食人之血，而性又遲緩善入，遲緩則生血不傷，善入則堅積易破，借其力以攻積久之滯，自有利而無害也。

清・黃元御《長沙藥解》卷二 水蛭 味鹹苦，微寒。入足厥陰肝經。善破積血，能化堅癥。《金匱》抵當湯方在大黃用之治血結膀胱，少腹鞕滿。大黃䗪蟲丸方在大黃用之治虛勞，腹滿內有乾血，以其破堅而化積也。 水蛭鹹寒，善下沉積之血，最墮胎孕。 炒枯存性，研細用。

清・吳儀洛《本草從新》卷六 水蛭〔瀉，破血。〕即馬蟥。 鹹，苦，平，有毒。治惡血積聚。染鬚極效。能引藥力倒上至根。用水蛭為細末，以龜尿調撚鬚梢，自倒入根也。赤白丹腫，腫毒初生。竹筒合咂有功。誤吞生者，入腹生子，咂血腸痛瘦黃，以田泥調水，飲數杯必下也，或以牛羊熱血同猪脂飲之亦下。 炒枯黃。 畏石灰、鹽。

清・汪紱《醫林纂要探源》卷三 水蛭 鹹，寒。俗曰螞蝗、蜞。生水田腐水中。色紫赤，無頭尾，善鑽吸人血，人足入水，則兩頭皆鑽入肉，飽血而後落，斷之即成二蛭，不死。若菹菜中誤食之，能在腹食人血。惟黃泥漿可解。用此，以新瓦焙之極乾，研細。更有山蛭，形如蚯蚓，而有耙頭，尤毒，不可用。 破瘀血，去蓄血。抵當湯用之。

題清・徐大椿《藥性切用》卷八 水蛭 即馬蟥。 醎平苦毒，破血攻積。極難製化，炒枯黃，再炒灰盡，細研，入水不轉黃色，方可用。 生蟥入腹，咂血腹痛，令人黃瘦，急以田泥調水飲之，必下。

清・黃宮繡《本草求真》卷八 水蛭破血墮胎。 水蛭耑入肝。 即馬黃、蜞。生於陰濕之處，善食人血。味鹹與苦，氣平有毒，與䖟蟲功用相似，通利水道，破血墮胎，故月閉血瘕積聚無子，並腫毒惡瘡折傷，皆能有效，然煆之存性。見水復能化生，嚙人臟腑，破瘀之藥甚多，何須用此。如犯之者，止用黃泥作丸吞之。必入泥而出，以土製水故也。 時珍曰：昔有途行飲水，及食水菜，誤吞水蛭入腹生子為害，噉咂臟血，腸痛黃瘦者，惟以田泥或擂黃土飲數升，則必盡下出也。蓋蛭在人腹得土氣而下耳！ 凡用須預先熬黑，七日，置水中不活者方用，畏石灰、食鹽。 柯琴曰：水蛭水物，陰於食血，䖟蟲飛物，猛於食血。

清・羅國綱《羅氏會約醫鏡》卷一八鱗介蟲魚部 水蛭俗名馬蟥。味鹹苦、平，有毒，入肝經。畏石灰，鹽炒枯用。 鹹走血，苦勝血，為攻血要藥。去積瘀堅癥、治婦人因血癥經閉而無子者。血蓄膀胱、發狂爆暴。蓄血症，小便必利。仲景有抵當湯。用須細切，炒枯黃為末，不然，入腹則活，生子害人。若受其害者，以黃泥水飲數碗自下。然破血之藥甚多，何必用此兇險之物也！

清・王龍《本草纂要稿・蟲魚部》 水蛭 氣味苦鹹，有毒。活者吮腫毒惡血，取名蜞針。炒者消積瘀堅癥，立方抵當。治折傷，利水道，通月信，墮妊娠。為苦走血，鹹勝血，為下蓄血神功。

清・吳鋼《類經證治本草・足厥陰肝臟藥類》 水蛭 【略】誠齋曰：不可燒灰服，性極難死，用鹽拌石灰同炒枯黃，入藥罐內煎，須用細絹濾去渣，不盡再濾一二遍，務使藥水清澈方可服之無害。此田中螞蟥、蜞也，取小者用。其生山中及草中者，概不可用。

清・張德裕《本草正義》卷下 水蛭俗名螞蝗 苦鹹，寒，有毒。逐惡血瘀血，破血癥積聚，咂赤白遊疹，癰疽腫毒。嚙人腹中有血者佳，晒乾，挫末，微火炒黃熟可用，否則入腹即活。

清・楊時泰《本草述鉤元》卷二七 水蛭 俗名馬蟥。 味鹹、苦，氣平，有毒。肝經血分藥。主逐惡血瘀血，破血癥積聚，利水道，治女子月閉欲成血勞，療折傷墜跌。鹹走血，苦泄結，鹹苦並行，故治惡瘀癥閉等證仲淳。入抵當湯，治傷寒畜血下焦，因而發狂。入大黃䗪蟲丸，兼治虛勞骨蒸咳嗽，內有乾血，皮膚甲錯。

論：水蛭以蠕動噉血之物，治血之畜而不行者，與䖟蟲功用相似，故仲景方往往相輔而行，自有抵當湯丸治傷寒畜血，而後來治畜血諸證不因於傷寒者，亦不能外此二味，祇隨證以為加減而已。《簡成方》治痛風、血結，亦有用水蛭者，毋亦以茲物得水精氣，而血固水所化乎，不然，何獨不合䖟蟲以用也。

此物煆之，若尚存性入腹能化原形，嚙人腸臟。性最難死，火炙，經年得水猶活。如犯之，為黃泥丸吞之，必入泥而出也仲淳。

修事：采得，當展其身令長，腹中有子者去之，以米泔浸一宿，日乾細剉，微火炒令黃色，烟出乃熟。

清・葉桂《本草再新》卷一〇 水蛭味苦，寒，性平，有毒。入肝、脾二經。 治惡血積聚，染鬚極效。療赤白丹腫。

清・趙其光《本草求原》卷一八蟲部 水蛭俗名黃蜞。 鹹，走血；苦、平勝血，性啖血。主通肝經，破一切堅積瘀血，同麝香酒服，治跌打畜血妙。因月閉或血瘕而無子，痛風，痛則血結。利水，得水而生。墮胎。

色黃、挑之易斷者是。若泥蛭，頭圓、身闊，能損人目。采展開，腹有子去之，米泔浸，曬乾，豬油熬黑研細，以少許置水中，七日不活方可用。倘炙不透，雖為末，經年得水猶活，入腹能嚙人腸胃，犯之腹痛面黃。飲泥漿水，或牛羊熱血同豬脂飲乃下；或飲梅漿水，即化。

清·葉志詵《神農本草經贊》卷三 水蛭 味鹹，平。主逐惡血，瘀血月閉，破血瘕積聚，無子，利水道。生池澤。

三斷三成，清泠水性。鹵汁攜行，寒葅任病。龜宅安歸，鮫巢莫令。一紀超形，人功物命。

《博物志》：水蛭三斷而成三物。白居易詩：清泠由水性。陶弘景曰：蛭有數種，以水中者為佳。李時珍曰：山行，攜藺鹵汁一筩，避諸蛭。《新書》：楚惠王食寒葅而得蛭，遂吞之，病不為傷。嵇康詩：坎井蝤蛭宅，神龜安所歸。王令詩：蛟龍宜自宅，蟦蛭莫令巢。《神仙傳》：桓君謂陶隱居曰，君修《本草》，用蝱蟲、水蛭輩為藥，功雖及人，而害物命，以此一紀後方得解形。

清·戴葆元《本草綱目易知錄》卷五 水蛭馬蟥、蜞。鹹走血，苦勝血，有毒。肝經血分藥。故能通肝經聚血而逐惡血瘀血，破血癥積聚，咂赤白遊瘮，利水道，墜胎妊。治女子月閉欲成血勞及癰腫毒腫，折傷墜(蹼)〔撲〕。其性悍暴，唯攻蓄血有功，體弱挾虛者，忌。

清·陳其瑞《本草撮要》卷九 水蛭 味鹹苦，入足厥陰經，功專破血行傷。得蜚、虻治畜血，得麝香治跌打傷。以水蛭研細末，龜尿調撚鬚梢自倒入根極效。誤吞生者入腹生子，以田泥調水飲數杯必下，或以牛羊熱血同猪脂飲之亦下。炒黃枯。畏石灰、鹽。一名馬蟥。

清·周巖《本草思辨錄》卷四 水蛭 水蛭、虻蟲，同為吮血之品，能逐瘀破結。而仲聖抵當湯、抵當丸，必二味並用；桃核承氣湯、下瘀血湯，又二味並不用。其所以然之故，有可得而言焉。成氏云：鹹勝血，血蓄於下，勝血者必以鹹為主，故以水蛭為君。苦走血，血結不行，破血者必以苦為助，故以虻蟲為臣。張隱庵、張令韶云：虻蟲、水蛭，一飛一潛。在上之熱，隨經而入，飛者抵之；在下之血，為熱所瘀，潛者當之。按此論水蛭、虻蟲精矣。而抵當湯所佐之大黃、桃仁，亦非泛而不切。蓋四物皆血藥，而桃為肺果，桃仁氣微向表，協虻蟲為走表逐瘀；大黃滌熱下行，協水蛭為走裏破結；而同歸於抵少腹下血。抵當丸之證，與抵當湯盡同，惟少腹滿，則尚不至於硬矣。小便本不利而今反利，則蓄血必暫而未久矣。用湯方減少其數，又搗丸煮服者，以隨經之熱留於表分者多，用峻藥輕取之法，使熱邪盡入網羅，而瘀不復聚，正不少傷也。若桃核承氣湯證，則與抵當懸絕矣。太陽病不解至下者愈為一截，言蓄血而血自下者不必攻也，血自下者亦自愈也。其外不解者，至當先解外為一截，言血不自下則宜攻，然太陽傳本有表邪未罷者，當先解其外，未可以下有蓄血而遂攻之也。外解已至，宜桃核承氣湯為一截，外解曰已，少腹急結曰但，可見表證已無，不必顧表；少腹急結而非硬滿，其人亦不如狂，洄溪所謂瘀血將結之時也。桃核承氣湯，即調胃承氣湯加桃仁、桂枝，加桃仁、桂枝而仍名承氣，明示此證之有關於陽明。蓋太陽病汗解之後，原有陽明腑實之慮，今不腑實而少腹急結，未始非腸胃之熱下迫膀胱，以桃仁協調胃承氣，則下逐膀胱之血瘀，亦上清陽明之熱迫。加桂枝者，膀胱寒水之腑，熱結初萌，驟以黃、消折之，氣必先鬱，故以桂枝化膀胱之氣。且桂枝協甘草，能散結緩急，又為少腹急結之要藥。觀桂枝茯苓丸之下癥，溫經湯之瘀血在少腹不去，土瓜根散之少腹滿痛，皆用桂枝，即可知此之非為解表矣。彼用桂枝，斂以芍藥，此用桂枝引以黃、消，桂枝所以能抵少腹也。下瘀血湯，瘀血在臍下，不在少腹，不曰蓄，而曰著，是其血瘀未久，腹痛亦新著之故。況在產後，豈宜峻攻？既服枳實芍藥散而不愈，其為血被熱灼而不行無疑矣。治以大黃、桃仁滌熱逐瘀，䗪蟲導血通絡，蜜丸和藥而不傷液，酒煮行藥而不疾下，合之則共成臍下去著之功。此與抵當湯丸之用虻、蛭，顧可以同年語乎？

桃核承氣湯之治，愚既辨之詳矣，惟此條熱結膀胱四字，前人多看作太陽傳本之公共語，謂熱邪隨經入於膀胱，有水結，有血結，五苓散所以治水結，桃核承氣湯、抵當湯丸所以治血結。不知熱結膀胱，但有血結，並無水結。蓋膀胱為津液之腑，氣化則能出，故小便不利，是氣病非血病。按《巢氏病源》淋病至於熱甚則變尿血，何嘗非膀胱之熱由氣入血。而《外臺》治血淋諸方，無用桃仁、虻、蛭者，以尿血而非蓄血也。血不蓄，則熱可謂之盛，不可謂之結。且五苓散之不治膀胱熱結，固顯有可證者。觀仲聖用五苓散諸證，不曰脈浮微熱，則曰水逆。須末服，而又多飲暖水出汗，是欲使邪從表解。若熱結膀胱，何能逆挽而出。其所以渴與小便不利者，太陽之標，為寒邪所迫。熱將傳本，遂與少陰水臟均不得施化，即三焦之水道亦滯而不圈，於是上不濟以胃陰而渴，下則水欲泄而不利，服五苓散而諸弊俱祛，以熱不在膀胱也。且五苓之利小便，烏得與滑石、亂髮、白魚、戎鹽、瞿麥之屬等量齊觀，為問桂枝利小便乎？而桂枝非四兩不利小便，今止半兩。桂枝、茯苓合而利小便乎？而防己茯苓湯桂、苓並用，則治水氣在皮膚。桂枝、茯苓、澤瀉合而利小便乎？而茯苓澤瀉湯桂、苓、澤瀉並用，則治胃反吐。茯苓、猪苓、白术合而利小便乎？而猪苓散二苓、白术並用，則治思水嘔吐。白术、澤瀉合而利小便乎？而澤瀉湯术、瀉並用，則治支飲苦冒眩。善夫柯氏之論五苓散也，曰重在脈浮微熱，不重在小便不利，真得仲聖立方之旨矣。

卵生分部

綜述

鼠婦

宋・李昉《太平御覽》卷九四九　鼠負　葛洪《治瘧方》曰：取鼠婦蟲十四枚，各以糟封裹之，凡十四丸，臨發，服七丸，便愈。陶弘景《本草經》曰：鼠婦，一名蟠負，一名伊威，一名委人，俗言鼠多在坎中，背則負之。今作婦字，如似乖理，又一名鼠姑。家用此悦媚人，甚多而應之。

宋・唐慎微《證類本草》卷二二蟲魚部下品〔《本經・別錄》〕　**鼠婦**　**味酸，溫**、微寒，無毒。**主氣癃、不得小便、婦人月閉、血瘕、癇痓、寒熱，利水道。一名負蟠**音煩，**一名蛜**音伊**蝛**音威，一名蛜蝛。生魏郡平谷及人家地上，五月五日取。

〔梁・陶弘景《本草經集注》〕云：一名鼠負，言鼠多在坎中，背則負之，今作婦字，如似乖理。又一名鼠姑。

〔宋・掌禹錫《嘉祐本草》〕按：《蜀本》注云：《爾雅》云蟠，鼠負是也。多在甕器底及土坎中，常惹著鼠背，故名之也。俗亦謂之鼠粘，猶如葈耳名羊負來也。日華子云：鼠婦蟲，有毒。通小便，能墮胎。

〔宋・蘇頌《本草圖經》〕曰：鼠婦，生魏郡平谷及人家地上，今處處有之。多在下濕處瓮器底及土坎中，常惹著鼠背，故名鼠負，今作婦字，謬耳。《爾雅》云：蟠，鼠負。郭璞云：瓮器底蟲。又云：蛜威，委黍。《詩・東山》云：蛜威在室。鄭箋云：此物家無人則生。然《本經》亦有此名，是今人所謂濕生蟲者也。五月五日取。古方有用者，張仲景主久瘧，大鼈甲丸中使之。以其主寒熱也。

〔宋・唐慎微《證類本草》〕《千金方》：治産後小便不利。鼠婦七枚一味，熬爲屑，作一服酒調下。

宋・寇宗奭《本草衍義》卷一七　鼠婦　此濕生蟲也，多足，其色如蚓，背有横紋蹙起，大者長三四分，在處有之，磚甃及下濕處多，用處絶少。

宋・王繼先《紹興本草》卷一八　鼠婦　紹興校定：鼠婦，世呼濕生蟲也。性味、主治已載《本經》，然但利水道方亦間用之，餘未聞驗據。此即非無毒。多生濕地，當作微寒、有毒是也。

宋・鄭樵《通志》卷七六《昆蟲草木略》　鼠負　瓮底白粉蟲也。《爾雅》云：蟠，鼠負。又曰：伊威，委黍。《詩》：蛜威在室，蠨蛸在戶。

宋・陳衍《寶慶本草折衷》卷一七　鼠婦　一名鼠婦蟲，一名鼠負，一名鼠姑，一名鼠黏，一名負蟠，一名蛜蝛，一名蜲蜲，一名濕生蟲。○蟠，音煩；蛜，音伊；蝛，音威；蜲，音委；蜲，一作鼠。生魏郡平谷，今處處人家地上、土坎、下濕處及瓮器底有之。○五月取。味酸，微寒，有毒。○主氣癃不得小便，婦人月閉血瘕，癇痓寒熱，利水道。○日華子云：能墮胎。○《圖經》曰：主久瘧。○寇氏曰：其色如蚓，背有横紋蹙起，長三四分。

元・王好古《湯液本草》卷六　鼠婦　氣温、微寒，味酸，無毒。《本草》云：主氣癃不得小便，婦人月水閉，血瘕癇痓，寒熱，利水道。仲景治久瘧，大鼈甲丸中使之。以其主寒熱也。《衍義》云：鼠婦，濕生蟲也。

元・尚從善《本草元命苞》卷八　鼠婦　味酸，溫，微寒性，無毒。《爾雅》謂蟠、鼠負。蟠，音煩。即今之濕生蟲。主氣癃，不得小便。能墮胎，通調月閉。破血瘕癇痓，止寒熱利水。張仲景主久瘧，大鱉甲丸中用之，以其主寒熱也。生魏郡平谷，及人家地中。多生於濕處，五月五取之。

明・王綸《本草集要》卷六　鼠婦　味酸，氣溫，無毒。多在下濕處甕器底及土坎中。五月五日取。主氣癃不得小便，婦人月閉血瘕，癇痓寒熱，利水道。

明・滕弘《神農本經會通》卷一〇　鼠婦　多在下濕地，瓮器底及土坑中，今人所謂濕生蟲也。五月五日取，及人家地上。

味酸，氣溫、微寒，無毒。《湯》同。　《本經》云：　主氣癃不得小便，婦人月閉，血瘕癇痓，寒熱，利水道。日華子云：　鼠婦蟲，有毒。通小便，能墮胎。《圖經》云：　仲景主久瘧，大鱉甲丸使之，以其主寒熱也。《湯》云：　《本草》同《本經》。《局》云：　鼠婦消癃利小便，能通月閉整癲癇。應知久瘧長沙法，鱉甲員中主熱寒。鼠婦，通月閉，利便癃，仲景使之醫久瘧。

明・劉文泰《本草品彙精要》卷三一　鼠婦無毒。日華子云：　有毒。濕生。

鼠婦：　主氣癃，不得小便，婦人月閉，血瘕，癇痓，寒熱，利水道。《神農本經》。　【名】負蟠、蜲蜲、鼠姑、蛜音伊蝛音威、鼠負、鼠黏、蟠。　【地】《圖經》曰：　生魏郡平谷及人家地上，今處處有之。多在下濕處、甕器底及土坎中，常惹著鼠背負之，故名鼠負，俗亦謂之鼠黏，正猶葈耳名羊負來之義。今作婦字則謬矣。《爾雅》云：　蟠，鼠負。郭璞云：　甕器底蟲。又云：　蛜蝛，蜲蜲。《詩・東山》云：　蛜蝛在室。鄭箋云：　家無人則生。然《本經》亦有此名，是今人所謂濕生蟲者也。《衍義》曰：　鼠婦，濕生蟲也，多足，其色如蚓，背有橫紋蹙起，大者長三四分，在處有之。甎甃及下濕多有，用處絕少。　【時】生：　無時。採：　五月五日取。　【色】微紫。　【味】酸。　【性】溫，微寒。　【氣】氣厚味薄，陽中之陰。　【治】療：　《圖經》曰：　張仲景主久瘧，大鱉甲丸中用之，以其主寒熱也。　【合治】用七枚熬爲屑，作一服，合酒調下，治產後小便不利。　【禁】妊娠不可服。

明・許希周《藥性粗評》卷四　鼠婦決淋癃於甚速。

鼠婦，蟲類，一名蛜蝛。《鴟鴞》之詩曰伊威在戶是也。如蒼耳子大，灰色，常居土坎及甕底濕處，每為鼠負而行，故一名鼠負。南北處處有之。五月五日取，焙乾。味酸，性微寒，無毒。主治癃閉五淋，小便不利，婦女月候不通。每用研末，酒調服之。張仲景治久瘧，入大鱉甲丸中用之。亦主寒熱。

明・鄭寧《藥性要略大全》卷一〇　鼠婦　通月閉，破血瘕，治小便癃閉，治日久瘧，癇痓寒熱，利水道。　仲景治久瘧，鱉甲丸中用之，以其主寒熱也。　味酸，氣溫、微寒，無毒。　生人家地上，處處有之。　《衍義》云：　鼠婦，濕生蟲也。

明・王文潔《太乙仙製本草藥性大全》卷八《本草精義》　鼠婦　一名負蟠，一名蛜蝛，一名蜲蜲，一名鼠姑。《爾雅》云：　蟠，鼠負。郭璞呼甕器底蟲。東山云蝦蝛，一今人呼爲濕生蟲也。多足，其色如蚓，背有橫紋蹙起，大者長三四分。生魏郡平谷及人家地上，今處處有之，多在下濕處甕底及土坎中，常惹著鼠背，因此名。五月五日取。張仲景主久瘧大鱉甲丸中使之，以其主寒熱也。

明・王文潔《太乙仙製本草藥性大全》卷八《仙製藥性》　鼠婦　味鹹，氣溫、微寒，無毒。又云有毒。　主治：　通月閉而破血瘕，利小便以宣癃秘。治久瘧寒熱極良，祛癇痓妊娠尤忌。　補註：　治產後小便不利，鼠婦七枚，一味熬爲屑，作一服，酒調下。

明・皇甫嵩《本草發明》卷六　鼠婦味酸，寒、微溫，無毒。一名蛜蝛。　主氣癃，不得小便，婦人月閉，血瘕癇痓寒熱，利水道。(中)(仲)景主久瘧，大鱉甲丸中使之，以主寒熱也。生甕器底土坎中，多有因濕氣而生。五月五日取。

明・李時珍《本草綱目》卷四一蟲部・化生類　鼠婦《本經》下品

【釋名】鼠負弘景　負蟠頌。○《爾雅》。　鼠姑弘景　鼠粘《蜀本》　蜲蜲《別録》　蛜蝛伊威。《本經》　濕生蟲《圖經》　地雞《綱目》　地虱弘景曰：　鼠婦，《爾雅》作鼠負，言鼠多在坎中，背粘負之，故曰鼠負。今作婦字，如似乖理。韓保昇曰：　多在甕器底及土坎中，常惹着鼠背，故名。俗亦謂之鼠粘，猶枲耳名羊負來也。時珍曰：　按陸佃《埤雅》云：　鼠負，食之令人善淫，故有婦名。又名鼠姑，猶鼠婦也。鼠粘，猶鼠負也。然則婦、負二義俱通矣。因濕化生，故俗名濕生蟲。曰地雞、地虱者，象形也。　【集解】《別録》曰：　鼠婦生魏郡平谷，及人家地上。五月五日采。頌曰：　今處處有之，多在下濕處、甕器底及土坎中。《詩》云：　蛜蝛在室。鄭玄言家無人則生，故也。宗奭曰：　濕生蟲多足，大者長三四分，其色如蚓，背有橫紋蹙起，用處絕少。時珍曰：　形似衣魚稍大，灰色。

【氣味】酸，溫，無毒。大明曰：　有毒。　【主治】氣癃不得小便，婦人月閉血瘕，癇痓寒熱，利水道，墮胎日華。治久瘧寒熱，風蟲牙齒疼痛，小兒撮口驚風，鵝口瘡，痘瘡倒靨，解射工毒、蜘蛛毒，蚰蜒入耳時珍。

【發明】頌曰：　張仲景治久瘧，大鱉甲丸中用之，以其主寒熱也。時珍曰：　古方治驚、瘧、血病多用之，蓋厥陰經藥也。《太平御覽》載葛洪(治)瘧方：　用鼠負蟲十四枚，各以糟釀之，丸十四丸，發時水吞下(七丸)，便愈。而葛洪《肘後方》治瘧疾寒熱，用鼠婦四枚，糖裹爲丸，水下便斷。又用鼠負、豆豉各十四枚，搗丸芡子大。未發前日，湯服二丸，將發時，再服二丸便止也。又蜘蛛毒人成瘡，取此蟲食其絲即愈。詳蜘蛛下。

【附方】舊一，新八。

產婦尿秘：　鼠婦七枚熬，研末，酒服。《千金》。

撮口臍風：　《聖惠》用鼠負蟲杵，絞汁少許，灌之。○陳氏：　生杵鼠負及雀甕汁服之。

鵝

口白瘡：地雞研水塗之，即愈。《壽域方》。風蟲牙痛：濕生蟲一枚，綿裹咬之。勿令人知。《聖惠》。風牙疼痛：濕生蟲、巴豆仁、胡椒各一枚，研勻，飯丸綠豆大。綿裹一丸咬之，良久涎出吐去，效不可言。《經效濟世方》。痘瘡倒靨：濕生蟲爲末，酒服一字，即起。《痘疹論》。蚰蜒入耳：濕生蟲研爛，塗耳邊自出。或攤紙上作撚，安入耳中亦出。《衛生寶鑑》。射工溪毒：鼠婦、豆豉、巴豆各三枚，脂和，塗之。《肘後》。

明·梅得春《藥性會元》卷下 鼠婦 味酸，溫，性微寒，無毒。人家地上處處有之。 主治氣癃，不得小便，婦人月閉血瘕，癇痓寒熱，利水道。仲景用治久瘧。

明·顧逢柏《分部本草妙用》卷一肝部·溫瀉 鼠婦 酸，溫，無毒。畏皂莢、菖蒲。 主治：久瘧寒熱，風蟲牙痛，口瘡痘瘡。解蜘蛛毒，蜒蚰入耳。 仲景治久瘧，大鼈丸用之，以治寒熱。古方治驚瘧、血病用之。

明·鄭二陽《仁壽堂藥鏡》卷八 鼠婦 氣溫，微寒，味酸，無毒。《本草》云：主氣癃不得小便，婦人月水閉，血瘕癇痓寒熱，利水道。仲景治久瘧，大鱉甲丸中使之，以其主寒熱也。《衍義》云：鼠婦，濕生蟲也。郭璞云：瓮器底生。隱居云：婦作負，多在坎中背負之。

明·盧之頤《本草乘雅半偈》帙一一 鼠婦《本經》下品 氣味：酸，溫，無毒。 主治：主治氣癃，寒熱，月閉，血瘕，墮胎。

覈曰：鼠婦，一名負蟠，一名濕生蟲。出魏郡平谷，今處處有，多在下濕處，甕器底土坎中。《詩》云：蛜蝛在室。鄭玄言：家無人則生。大者長三四分，小者一二分，色灰褐，背有橫紋蹙起，雙眸兩鬚，多足奔趨，甚捷，斷之無血，唯白漿耳。《爾雅》云：每在坎中，粘負鼠背，因名鼠負。韓保昇云：猶枲耳好着羊身，名羊負來也。食之善淫，故得婦名。一名鼠姑，猶鼠婦也。

条曰：鼠婦，一名負蟠，濕生蟲者，蓋濕以合感，生必土坎甕器之底，若舉負而奔。蟲之多足者，蟠也。猶鼠性善疑，畏明穴處，出則每不果，徘徊乃竄耳。如假血為瘕，而寒熱生；假氣為癃，而痹閉作。留愛納想而乳字成，此非身所有者，實而入之，悉皆消隕，傾營氣之窠臼者也。

清·穆石匏《本草洞詮》卷一八 鼠婦 生下濕處，或甕器底，或土坑中。《詩》云：蛜蝛在室。鄭玄云：家無人則生也。酸，溫，無毒。治久瘧寒熱，風牙疼痛，小兒撮口，臍風，鵞口瘡，痘瘡倒靨，解射工、蜘蛛毒，蚰蜒入耳。仲景大鼈甲丸用之，以其主寒熱也。

清·李熙和《醫經允中》卷一七 鼠婦 畏皂莢、菖蒲。 酸，溫，有毒。主治久瘧，蟲牙痛，口瘡。

清·张璐《本經逢原》卷四 鼠婦《本經》名蛜蝛，即濕生蟲。 酸、鹹，無毒。

發明：《金匱》治久瘧，鼈甲煎丸中用之，以其主寒熱去瘀積也。古方治驚癇血病多用之，厥陰血分藥也。《千金》治產婦遺尿，以鼠婦七枚熬研，溫酒服之。痘瘡倒靨為末，酒服一字即起。又解射干、蜘蛛毒。

清·張志聰、高世栻《本草崇原》卷下 鼠婦 氣味酸，溫，無毒。主治氣癃，不得小便，婦人月閉血瘕，癇痓寒熱，利水道，墮胎。 鼠婦處處有之，多在人家地上下濕處，凡甕器底及土坎中更多，形似衣魚，稍大，灰色，多足，背有橫紋蹙起，《詩經》所謂蛜蝛在室，即此蟲也。 鼠婦感陰濕而生，氣味酸溫，稟太陽寒水厥陰風木之化。太陽水氣行於膚表，則氣癃而不得小便者可治也。厥陰木氣上行外達，則婦人月閉而為血瘕者可治也。膀胱氣癃，在內則不得小便，在外則有癇痓寒熱之病。鼠婦治氣癃，則癇痓之寒熱亦可治也。不得小便，則水道不利，鼠婦治不得小便，則水道亦可利也。婦人惡血內閉，則為血瘕。新血內聚，則為妊娠。鼠婦治婦人月閉血瘕，則墮胎亦其驗矣。

清·王子接《得宜本草·下品藥》 鼠婦 味酸，溫。入足厥陰經。主治寒熱。葛洪用以截瘧神效。

清·黃元御《長沙藥解》卷二 鼠婦 味酸，微寒。入足厥陰肝經。善通經脈，能化癥瘕。《金匱》鱉甲煎丸方在鱉甲用之治病瘧日久，結為癥瘕，以其破血而消堅也。 炒枯存性，研細用。鼠婦，濕生蟲，在磚石下，形如蠹魚。

清·嚴潔等《得配本草》卷八 鼠婦一名地虱。 酸，溫。入足厥陰經。治氣癃，療寒熱，小兒撮口，痘瘡倒靨。葛洪又用以截瘧。 配巴豆、胡椒，飯丸，治風牙疼痛。綿裹一丸咬之，良久涎出，吐去立效。

清·趙其光《本草求原》卷一八蟲部 鼠婦即濕生蟲，俗名肥蛀蚋。 酸、入肝血分。鹹，入腎。無毒。主寒熱瘀積、濕痰、喉症。治久瘧、《金匱》鱉甲煎丸用之。產婦遺尿，《千金方》熬研，溫酒下。痘瘡倒靨，為末酒服。驚癇血病喘急，解射干、蜘蛛毒。瓦焙。同人中黃、人中白、竺黃、枯硼、青黛，統治喉症極效。

清・葉志詵《神農本草經贊》卷三 鼠婦 味酸，溫。主氣癃，不得小便，婦人月閉血癥，癇痓寒熱，利水道。一名負蟠。一名蛜威。生平谷。

訛沿鼠負，稱溷雞群。足垂多蹟，脊蹙橫紋。伴蛸寄寂，抱甕持勤。赤頭青股，丹戩形分。

陶弘景曰：《爾雅》：名鼠負，言鼠在坎中，背多粘負。今訛為婦。李時珍曰：俗名地雞。白居易詩：未曾回眼向雞群。寇宗奭曰：多足大者三四分，背有橫紋蹙起。《詩》：伊威在室，蠨蛸在戶。黃庭堅詩：寄寂喧閧間。蘇頌曰：在下濕處甕器底及土坎中。黃庭堅文：持勤補拙。名醫曰：丹戩生蜀郡，青股赤頭，狀如鼠婦。

清・戴葆元《本草綱目易知錄》卷五 鼠婦 鹹，溫。厥陰經藥。利水道，墜胎。治氣癃不得小便，久瘧瘧母，風蟲牙痛。婦人月閉血瘕，癇痙寒熱，小兒撮口驚風，痘瘡倒靨，塗鵝口瘡。解射工、蜘蛛毒，蚰蜒入耳。

清・陳其瑞《本草撮要》卷九 鼠婦 味酸，溫，入足厥陰經，功專治寒熱。葛洪用以截瘧神效。即濕生蟲，形如蠹魚。

丹戩

宋・唐慎微《證類本草》卷三〇有名未用・蟲類〔《別錄》〕 丹戩 味辛。主心腹積血。一名飛龍。生蜀都，如鼠負，青股蜚，頭赤。七月七日採。

蠍

宋・唐慎微《證類本草》卷二二蟲魚部下品〔宋・馬志《開寶本草》〕 蠍 味甘，辛，有毒。療諸風癮疹及中風，半身不遂，口眼喎斜，語澀，手足抽掣。形緊小者良。出青州者良。今附。

〔宋・掌禹錫《嘉祐本草》〕按：《蜀本》云：蠍，緊小者名蛜蝌。段成式《酉陽雜俎》云：鼠負蟲巨者，多化為蠍。蠍子多負於背，嘗見一蠍負十餘子，子色猶白，才如稻粒。陳州古倉有蠍，形如錢，螫人必死。江南舊無蠍，開元初嘗有主簿，竹筒盛過江，至今江南往往有之，俗呼為主簿蟲。蠍常為蝸所食，先以跡規之不復去。蠍前謂之螫，後謂之蠆。日華子云：蠍，平。

〔宋・蘇頌《本草圖經》〕曰：蠍，舊不著所出州土，注云出青州者良，今京東西及河、陝州郡皆有之。採無時。用之欲緊小者。今人捕得，皆火逼乾死收之。方書謂之蛜蝌。陶隱居《集驗方》云：蠍有雌雄，雄者螫人，痛止在一處，雌者痛牽諸處。若是雄者，用井泥傅之，溫則易。雌者當用瓦屋溝下泥傅之，或不值天雨泥，可汲新水從屋上淋下，取泥用。又可畫地作十字，取上土，水服五分匕。又云：曾經螫毒痛苦不可忍，諸法療不效，有人令以冷水漬指，亦漬手，即不痛，水微暖復痛即易冷水。餘處不可用冷水浸，則以故布搨之，小暖則易之，皆驗。又有呪禁法，今人亦能用之有應。古今治中風抽掣手足及小兒驚搐方多用蠍。《篋中方》治小兒風癇，取蠍五枚，以一大石榴割頭，去子，作瓮子樣，內蠍其中，以頭蓋之，紙筋和黃泥封裹，以微火炙乾，漸加火燒令通赤，良久去火，待冷去泥，取中焦黑者細研，乳汁調半錢匕，灌之便定。兒稍大，則以防風湯調末服之。

〔宋・唐慎微《證類本草》〕《經驗方》：治小兒驚風。用蠍一箇，不去頭尾，薄荷四葉裹合，火上炙令薄荷燋，同碾為末，作四服，湯下。大人風涎只一服。《杜壬方》：治耳聾。因腎虛所致，十年內一服愈。蠍，至小者四十九枚，生薑如蠍大四十九片，二物銅器內，炒至生薑乾為度，為末。都作一服，初夜溫酒下，至二更盡，盡量飲酒至醉，不妨。次日耳中如笙簧，即效。

宋・寇宗奭《本草衍義》卷一七 蝎 大人、小兒通用，治小兒驚風，不可闕也。有用全者，有只用稍者，稍力尤功。今青州山中石下捕得，慢火逼，或烈日中煞，蝎渴熱時，乃與青泥食之，既滿腹，以火逼殺之，故其色多赤，欲其體重而售之故也。醫家用之，皆悉去土。如蠆人，還能禁止之。自嘗被其毒，兄長禁而止，及令故蜇終不痛，翰林禁科具矣。

宋・王繼先《紹興本草》卷一八 蠍 紹興校定：蠍，《本經》已載主治，但療諸風邪毒，用之頗效。然蠍梢尤〔勝〕全蠍也。當云味甘、辛、溫、有毒為定。北地多產之，青州者尤佳。

宋・劉明之《圖經本草藥性總論》卷下 蠍 味甘、辛，有毒。療諸風癮疹，及中風半身不遂，口眼喎斜，語澁手足抽掣。又治中風抽掣手足，小兒驚搐。《經驗方》：治小兒驚風，用蠍壹個，不去頭尾，薄荷肆葉褁合，火上炙令薄荷焦，同碾為末，作肆服，大人風涎只壹服。《杜壬方》：治腎虛耳聾。

宋・陳衍《寶慶本草折衷》卷一七 蝎一作蠍。 緊小蝎名蛜音衣蝌音其。○艾氏云：頭尾俱用名全蝎，止用其尾名蝎梢。○蝎前謂之螫，後謂之蠆。○出青州山中石下，及京東西、河陝及陳州。○出江南者名主簿蟲。○並採無時，火乾，以艾葉同藏，可免蛀蠹。○畏冷水。

味甘、辛，平，溫張松，有毒。○療諸風癮疹，中風半身不遂，口眼喎斜，語澀，手足抽掣。○《圖經》曰：青州者良，欲緊小者。蠍雄者螫人，痛止在一處；雌者，痛牽諸處。以冷水漬指，亦漬手，即不痛；水微暖，復痛，即易冷水。餘處不用水。治小兒驚搐風癇。○《經驗方》：用蠍壹箇，不去頭尾尾，薄荷肆葉裹合，炙令薄荷焦，同碾為末。〇寇氏曰：蠍用梢，力尤功也。續說云：張松謂蝎又治筋脉攣急，偏正頭風，膀胱、脇腹、心膈、肩項及婦人血刺、諸氣疼痛。《易簡方》言痰涎壅盛，以蝎入三生飲中同煎服。及癰癤肉硬不破，多和藥用。故知蝎非但理風，尤善踈氣、豁痰、破癤也。更如《經驗方》，佐以薄荷，則治風涎，當倍其效矣。然尾尖極處有刺如鉤，其性最毒，當摘去之。

宋・周密《志雅堂雜鈔》卷上　耳暴聾，用全蝎去毒為末，酒調下，以耳中聞水聲即愈。云是韓平原家傳方。

元・尚從善《本草元命苞》卷八　蝎　味甘、辛，有毒。諸風詎能少闕，主大人中風口眼喎斜，治小兒驚風癇痓搐搦，療癱緩半身不遂，治風虛語言蹇澁。出青州、河陝，今江南亦有。捕之熳火逼乾。形緊小者為善。

明・王綸《本草集要》卷六　蠍　味甘辛，有毒。形紫小者良。捕得，火逼乾死，收用之。去腹中土。有用全者，有用梢者，梢力尤切。主諸風癮疹，及中風半身不遂，口眼喎斜，語澀，手足抽掣，小兒驚風不可闕。又酒服，治耳聾。

明・滕弘《神農本經會通》卷一〇　蝎　形緊小者良。捕得，火逼乾死，收用之，去腹中土。有用全者，有用梢者，梢力尤切，去毒用。

味甘、辛，有毒。東云：主風癱。《疌》云：搜風，治搐祛涎，療疹安腎，半身不遂，小兒驚癇。《本經》云：療諸風癮瘮，及中風半身不遂，口眼喎斜，語澀，手足抽掣。日華子云：蝎，平。《圖經》云：古今治中風，抽掣手足，及小兒驚搐方多用蝎。《衍義》云：小兒驚風不可缺。又酒服，治耳聾。劊云：蝎即蚚蜥宜緊小，主除癮瘮療諸風。小兒驚搐方多用，酒服尤能治耳聾。即《局方》全蝎，有毒，須當去。能透耳聾，療諸風驚搐。

明・劉文泰《本草品彙精要》卷三一　蠍有毒　胎生。

蠍：療諸風癮瘮及中風，半身不遂，口眼喎斜，語澀，手足抽掣。名醫所錄。

〔名〕蚚蜥、主簿蟲。〔地〕《圖經》曰：舊不著所出州土，今河、陝州郡皆有之，惟青州者良。其身似蝦簇，八足二螯，尾如蜻蜓，尾端有毒，如刺螫人，痛不可忍。然有雌雄二種，雄者螫人，痛在一處，雌者痛牽諸處，蓋毒有輕重故也。《衍義》曰：蠍，大人、小兒通用，治小兒驚風，不可闕也。有用全者，有只用稍者，稍力尤功。今青州山中石下捕得，慢火逼或烈日中曒，蠍渴熱時，乃與青泥食之，既滿腹，以火逼殺之，故其色多赤，售之而欲其體重也。

〔時〕生：無時。採：夏秋取。〔收〕焙乾。〔用〕緊小者良。〔色〕青黃。〔味〕甘。〔性〕平，緩。〔氣〕氣之薄者，陽中之陰。〔臭〕腥。〔主〕諸風。〔製〕去毒，炒乾用。〔治〕療：《圖經》曰：除大人中風，小兒驚搐。〔合治〕取五枚，以大石榴一個，割頭去子，作瓮，内蠍其中，以頭蓋之，紙筋黃泥封裹，微火炙乾，漸加火燒令通赤，去火，取中焦黑者細研，乳汁調半錢匕，灌之，治小兒風癇。兒稍大，則以防風湯調末服之。〇取至小者四十九枚，合生薑如蠍大四十九片，二物於銅器内炒，候生薑乾爲度。擣末，作一服，晚用溫酒下，至夜盡量飲酒醉，治耳聾，因腎虛所致，次日耳中如笙簧，即效。〔解〕若雄蠍螫人，用井泥傅之，溫則易之。雌蠍螫者，當用瓦屋溝下泥傅之。或不值天雨泥，可新汲水從屋上淋下，取泥用。又可畫地作十字，取上土，水服五分匕。又云：曾經螫毒，痛苦不可忍，諸法療不效，有人令以冷水漬指，亦漬手，即不痛。水微暖復痛即易冷水。餘處不可用冷水浸，則以故布搨之，小暖則易之，皆驗。

明・葉文齡《醫學統旨》卷八　全蝎　氣平，味甘、辛。有毒。形緊小者良。捕得火逼乾，收用之。去腹中土。有用全者，有用稍者，稍力尤功。治諸風癮瘮及中風半身不遂，口眼歪斜，語澁，手足抽掣，小兒驚風不可闕；又酒服治耳聾。

明・許希周《藥性粗評》卷四　急驚風搐，倚全蝎以無虞。

全蝎，蝎，同守宮之類。八足兩螯，長尾，好生磚石穴中。其螫人毒不在蜈蚣之下，有雌有雄，雄者螫人，其痛只在一處，以井泥傅之差。雌者螫人，其痛牽□諸處，以瓦屋溝下雨滴泥傅之，如無雨以新水放瓦上流下，取泥用之。凡取以青州及形緊小者良。製法在下。味甘、辛，性熱，有毒。主治小兒驚風搐搦，口眼喎斜，及大人諸風癮瘮，半身不遂，手足抽掣，惟蝎最效。製法：取全蝎五條，以石榴大者一枚，割開頂，剜空，納蝎其中，復以頂蓋之，黃泥槌，紙固濟，微火炙乾，漸入火燒令通赤，去火打開，取焦黑存性者，細研，乳汁調半錢灌之，以治小兒驚急最妙。如兒稍大，以防風煎湯調末飲之。一法：全蝎一條，以薄荷四葉包裹，火上炙之，以葉焦為度，研末，以湯調下，小兒分作四服，大人只作一服，效。

明・鄭寧《藥性要略大全》卷一〇　全蝎　治風癱瘓，半身不遂，口眼喎斜及小兒驚風。味甘、辛，有毒，性平。形緊小者良。捕得火逼乾死，收用之。去腹中土。有全用者，有用稍者，稍力尤健。有去刺毒用者。

明・陳嘉謨《本草蒙筌》卷一一 蠍 味甘、辛。有毒。陝西江北俱多，青州出者獨勝。蠍前謂螫，蠍後謂蠆。雄蠍螫人，一處作痛。雌蠍螫者，諸處牽疼。但塗蝸牛，毒即解散。蝸常食蠍故也。手浸冷水，痛亦消彌。今市家收取無時，先日曝逼甚熱渴。飼青泥滿腹，向烈火炙亡。令色赤容易售人，致體重又多謀利。拯病入劑，悉以土除。用全用梢，並復炒褐。憑煎湯液，任合散丸。療小兒風癇，手足抽掣；毆大人風中，口眼㖞斜。卻風痰耳聾，解風毒癮瘮。

明・王文潔《太乙仙製本草藥性大全》卷八《本草精義》 蠍 舊本不著所出州土。注云出青州者良。今京東西及河陝州郡皆有之。惟欲緊小者，今人捕得皆火逼乾死收之。方書謂之蛜蝌。蠍前謂螫，蠍後謂蠆。陶云：蠍有雌雄，雄者螫人，痛止在一處，雌者痛牽諸處。若是雄者，用井泥傅之，溫則易。雌者當用瓦屋溝下泥傅之，或不值天雨泥，可汲新水從屋上淋下取泥用。又可畫地作十字，取上土，水服五分。又云：曾經螫毒，痛若不可忍，諸法療不效，有人令以冷水漬指，亦漬手即不痛，水微暖復痛，即易冷水。餘處不可用冷水浸，則以故紙搨之，小暖則易之，皆驗。又有呪禁法，今人亦能用之有應。今市家收取無時，先日曝，逼甚熱渴，飼青泥滿腹，向烈火炙亡，令色赤，容易售人，致體重又多謀利。拯病入劑悉以土除用。全用梢，並復炒褐，憑煎湯液，任作散丸。

明・王文潔《太乙仙製本草藥性大全》卷八《仙製藥性》 蠍 味甘、辛，有毒。 主治：療小兒風癇，手足抽掣；毆大人風中，口眼喎斜。却風痰耳聾，解風毒癮瘮。 補註：治小兒驚風，用蠍一個，不去頭、尾，薄荷四葉裹合，火上炙令薄荷燋，同碾爲末，作四服，湯下，大人風涎只一服。○治耳聾因腎虚所致，十年内二服愈。蠍至小者四十九枚，生薑如蠍大四十九片，二物同器内炒至生薑乾爲度，爲末，都作一服。初夜溫酒下，至二更盡，盡量飲至醉不妨，次日耳中如笙篁即效。○治小兒風癇，取蠍五枚，以一大石榴割頭去子，作瓮子樣，内蠍其中，以頭蓋之，紙筋和黄泥封裹，以微火炙乾，漸加火燒令通赤，良久去火待冷，去泥取中焦黑者細研，乳汁調半錢匕灌之，便定，兒稍大則以防風湯調末服之。

明・皇甫嵩《本草發明》卷六 全蠍下品。味甘、辛，有毒。 發明曰：全蠍，治風要藥。故《本草》主諸風癮瘮及中風半身不遂，口眼喎斜，語澁，手足抽掣。註云：小兒驚搐方多用之。又大人小兒通用，治小兒驚風及癇，不可闕也。治耳聾，末之，酒服。丹溪云：破傷風多死，非全蠍不開，用十箇，末之，酒下，日三次。《篋中方》：治小兒風癇，取蝎五枚，用大石榴割頭去子，内蝎在中，以頭蓋之，厗觔黄泥封固，微火炙乾，漸燒令通赤，去火待冷，取中焦黑者，末之，乳汁調半錢，灌之即定。兒稍大，用防風湯調末服之。《經驗方》治驚風，用完全(歇)〔蝎〕一箇，薄荷葉四片，裹合，火上炙焦，同為末，湯下。小兒作四服，大人只一服。○出青州。形緊小者良。雄蝎螫人一處痛，雌者螫人諸處痛。塗蝸牛解，手(盡)〔浸〕冷水，痛亦消。凡用之，除去其土，用全，有用梢者，並炒褐色。

明・李時珍《本草綱目》卷四〇蟲部・卵生類下 蝎《開寶》

〔釋名〕蛜蝌音伊祁。 主簿蟲《開寶》 杜白《廣雅》 蠆尾蟲志曰：段成式《酉陽雜俎》云：江南舊無蠍。開元初有主簿，以竹筒盛過江，至今往往有之，故俗稱爲主簿蟲。時珍曰：按《唐史》云：劒南本無蠍，有主簿將至，遂呼爲主簿蟲。又張揖《廣雅》云：杜白，蝎也。陸璣《詩疏》云：蠆一名杜白，幽州之蝎。觀此，則主簿乃杜白之訛，而後人遂傅會其説。許慎云：蝎，蠆尾蟲也。長尾爲蠆，短尾爲蝎。葛洪云：蝎前爲螫，後爲蠆。古語云：蜂蠆垂芒，其毒在尾。今入藥有全用者，謂之全蠍；有用尾者，謂之蝎梢，其力尤緊。

〔集解〕志曰：蝎出青州。形緊小者良。段成式云：鼠負蟲巨者，多化爲蝎。蠍子多負於背，子色白，纔如稻粒。陳州古倉有蝎，形如錢，螫人必死。蝸能食之。先以跡矩之，不復去也。宗奭曰：今青州山中石下捕得，慢火逼之。或烈日中晒，至蝎渴時，食以青泥，既飽，以火逼殺之，故其色多赤。欲其體重而售之也。用者當去其土。頌曰：今汴洛、河陝州郡皆有之。采無時，以火逼乾死〔收〕之。陶隱居《集驗方》言：蝎有雄雌，〔雄〕者螫人，痛止在一處，用井泥傅之；雌者痛牽諸處，用瓦溝下泥傅之。皆可畫地作十字取土，水服方寸匕，或在手足以冷水漬之，微暖即易。在身，以水浸布搨之，皆驗。又有呪禁法，亦驗。時珍曰：蠍形如水黽，八足而長尾，有節色青。今捕者多以鹽泥食之，入藥去足焙用。《古今録驗》云：被蠍螫者，但以木椀合之，神驗不傳之方也。

〔氣味〕甘，辛，平，有毒。 〔主治〕諸風癮瘮，及中風半身不遂，口眼喎斜，語澀，手足抽掣《開寶》。小兒驚癇風搐，大人痎瘧，耳聾疝氣，諸風瘡，女人帶下陰脱時珍。

〔發明〕宗奭曰：大人、小兒通用，驚風尤不可闕。頌曰：古今治中風抽掣，及小兒驚搐方多用之。《篋中方》治小兒風癇有方。時珍曰：蠍產於東方，色青屬木，足厥陰經藥也，故治厥陰諸病。諸風掉眩搐掣，瘧疾寒熱，耳聾無聞，皆屬厥陰風木。故東垣李杲云：凡疝氣、帶下，皆屬於風。蠍乃治風要藥，俱宜加而用之。

〔附方〕舊四，新十九。 小兒臍風：宣風散：治初生斷臍後傷風濕，唇青口撮，出白沫，不乳。用全蠍二十一個，無灰酒塗炙爲末，入麝香少許。每用金銀煎湯，調半字服之。《全幼心鑒》。　小兒風癇：取蠍五枚，以一大石榴割頭剜空，納蠍於中，以頭蓋之。紙筋和黃泥封裹，微火炙乾，漸加火煆赤。候冷去泥，取中焦黑者細研。乳汁調半錢，灌之便定。兒稍大，以防風湯調服。《篋中方》。　慢脾驚風：小兒久病後，或吐瀉後生驚，轉成慢脾。用蠍梢一兩，爲末，以石榴一枚剜空，用無灰酒調末，填入蓋定。坐文武火上，時時攪動，熬膏，取出放冷。每服一字，金銀、薄荷湯調下。〇《本事方》：治吐利後昏睡，生瘋癇，慢脾症。全蠍、白术、麻黃去節等分，爲末。二歲以下一字，三歲以上半錢，薄荷湯下。　天釣驚風：翻眼向上。用乾蠍全者一箇，瓦炒好，朱砂三緑豆大，爲末。飯丸緑豆大。外以朱砂少許，同酒化下一丸，頓愈。《聖惠方》。　小兒胎驚：蠍一枚，薄荷葉包，炙爲末，入朱砂、麝香少許。麥門冬煎湯，調下一字，效。《湯氏寶書》。　小兒驚風：用蠍一個，頭尾全者，以薄荷四葉裹定，火上炙焦，同研爲末。分四服，白湯下。《經驗方》。　大人風涎：即上方，作一服。　風淫濕痹：手足不舉，筋節攣疼，先與通關，次以全蠍七個瓦炒，入麝香一字研勻，酒三盞，空心調服。如覺已透則止，未透再服。如病未盡除，自後專以婆蒿根洗凈，酒煎，日二服。《直指方》。　破傷中風：《普濟》用乾蠍、麝香各一分，爲末。傅患處，令風速愈。〇《聖惠》用乾蠍酒炒、天麻各半兩，爲末，以蟾酥二錢，湯化爲糊和搗丸緑豆大。每服一丸至二丸，豆淋酒下，甚者加至三丸，取汗。　腎氣冷痛：《聖惠》定痛丸：治腎臟虛，冷氣攻臍腹，疼痛不可忍，及兩脇疼痛。用乾蝎七錢半，焙爲末，以酒及童便各三升，煎如稠膏，丸梧子大。每酒下二十丸。〇又蛜蝌散：用蛜蝌三十枚，頭足全者。掘一地坑，深、闊各五寸，用炭火五斤，燒赤，去火，淋醋一升入内。待滲乾，排蛜蝌於坑底，椀蓋一夜，取出。木香、蘿蔔子炒各一分，胡椒三十粒，檳榔、肉豆蔻一個，爲末。每服一錢，熱酒下。　小腸疝氣：用緊小全蠍，焙爲末。每發時服一錢，入麝香半字，温酒調服。少頃再進，神效。　腎虛耳聾：十年者，二服可愈。小蠍四十九個，生薑如蠍大四十九片，同炒，薑乾爲度，研末，温酒服之。至一二更進，更時一服，至醉不妨。次日耳中如笙簧聲，即效。《杜壬方》。　耳暴聾閉：全蠍去毒爲末，酒服一錢，以耳中聞水聲即效。周密《志雅堂雜鈔》。　膿耳疼痛：蠍梢七枚，去毒焙，入麝香半錢爲末。挑少許入耳中，日夜三四次，以愈爲度。《楊氏家藏》。　偏正頭風：氣上攻不可忍。用全蠍二十一箇，地龍六條，土狗三箇，五倍子五錢，爲末。酒調，攤貼太陽穴上。《德生堂經驗方》。　風牙疼痛：全蠍三個，蜂房二錢，炒研，擦之。《直指方》。　腸風下血：乾蠍炒、白礬燒各二兩，爲末。每服半錢，米飲下。《聖惠方》。　子腸不收：全蠍炒，研末。口噙水，鼻中嗃之，立效。《衛生寶鑒》。　諸痔發癢：用全蠍不以多少，燒煙熏之，即效。秘法也。《袖珍方》。　諸瘡毒腫：全蠍七枚，巵子七箇，麻油煎黑，去滓，入黃蠟，化成膏，傅之。《澹寮方》。

題明・薛己《本草約言》卷二《藥性本草》　全蝎　治風要藥。小兒驚搐方多用之。

明・梅得春《藥性會元》卷下　全蠍　味甘、辛，氣平，有毒。形緊小者，良。

主治諸風癮疹，及中風半身不遂，口眼歪斜，語言澁滯，手足抽掣，小兒驚風必用。為末，酒調服，治耳聾。　製法：捕得用火逼乾收之，去腹中土。有全用者，有用梢者，梢力有功。又云：炒用去毒。

明・杜文燮《藥鑒》卷二　全蝎　氣溫，味甘、辛，有毒。主小兒風癇，手足抽掣。敺大人中風，口眼喎斜。却風痰耳聾，解風毒癮疹。痘家初發，密如蠶種者，急用苦參為主，同防風、荊芥、殭蠶、青黛、麻黃、天麻、連翹、蟬蛻，一服即散。

明・李中立《本草原始》卷一一　蠍　出青州者良。今京東西及河、陝州郡皆有之。采無時。葛洪曰：蠍前為螫，後為蠆。古語云：蜂蠆垂芒，其毒在尾。今入藥有全用者，謂之全蠍。有用尾者，謂之蠍稍。許慎云：蠍，蠆尾蟲也。　蠍：氣味：甘、辛，平，有毒。主治：諸風癮瘮，及中風半身不遂，口眼喎斜，語澀，手足抽掣。〇小兒驚癇風搐，大人痎瘧，耳聾疝氣，諸風瘡，女人帶下陰脫。

宋《開寶》。【圖略】上雄蠍，下雌蠍。　修治：蠍去足并土，焙用。收蠍，以鹽水煮二三沸，晾乾不壞。

陶隱居《集驗方》言蠍：雄者螫人，痛止在一處，用井泥傅之；雌者螫人，痛牽諸處，用瓦溝下泥傅之。皆可畫地作十字取土，水服方寸匕，或在手足以冷水漬之，微暖即易；在身以冷水浸布搨之，皆驗。又有呪禁法亦驗。翰林禁科具矣。　《杜壬方》：治腎虛耳聾十年者，二服可愈，小蠍四十九個，生薑如蠍大四十九片，同炒，薑乾為度，研末，溫酒服之，至一二更時，更進一服，至醉不妨，次日耳中如笙簧聲，即效。

明・張懋辰《本草便》卷二　蠍　味甘、辛，有毒。　主諸風癮瘮，及中風半身不遂，口眼喎斜，語澁，手足抽掣。小兒驚風不可闕。又酒服治耳聾。

明・李中梓《藥性解》卷六　蝎　味甘辛，性平有毒，入肝經。主小兒風癇，手足抽掣，大人中風，口眼喎斜，風痰耳聾，風毒癮瘮，出青州緊小者良。去鹽土炙黃用。　按：蝎之主療，莫非風症，肝為巽風，宜獨入之。喜螫人，甚者令人死，雄者螫人，痛在一處，取井泥傅之，稍溫則易。雌者螫人，痛牽諸處。用瓦屋溝下流傅之，或不值天雨，可汲新水調用，如螫手足，竟以冷水浸之微暖即易。若餘處不可用水浸者，則以冷水浸布貼之，小暖則易，觀其喜寒若此，則為大熱之劑無疑。今諸書不載其性，惟日華子稱其平。故姑錄之，此即方書所稱蛜蝌者是也。

明・繆希雍《本草經疏》卷二二　蝎　味甘、辛，有毒。療諸風瘾疹，及中風半身不遂，口眼喎斜，語濇，手足抽掣。形緊小者良。

〔疏〕蝎稟火金之氣以生，本經味甘辛有毒。然察其用，應是辛多甘少，氣溫。入足厥陰經。諸風掉眩，屬肝木，風客是經，非辛溫走散之性，則不能祛風逐邪，兼引諸風藥入達病所也。故大人真中風，小兒急驚風，皆須用之。〔主治參互〕《全幼心鑑》小兒臍風，宣風散，治小兒初生斷臍後傷風，唇青口撮，出白沫，不乳，用全蝎二十一箇，無灰酒塗炙為末，入麝香少許。每用金、銀煎湯，調半字服之。《經驗方》大人風涎，用蝎一箇，頭尾全者，以薄荷四葉裹定，火上炙焦，同研為末。作一服，白湯下。小兒驚風分四服，如前服。得胡桃同煅，共研，黃耆、金銀花湯下，治橫痃不收口。

〔簡誤〕蝎，風藥也。似中風，及小兒慢脾風病屬於虛，法咸忌之。

明・倪朱謨《本草彙言》卷一七　全蠍　味辛，甘，氣平，有毒。入足厥陰經。

馬氏曰：蠍出青州諸北路，山石中及人家屋舍板壁墻堵處，南地絕無。形如蠶蛹，兩嵌有六足，尾長有節，其色青，生子色白如稻粒，多負于背。全用謂之全蠍，用尾謂之蠍稍，其力尤緊。被螫者以木碗合之即消。

全蠍：時珍 攻風痰風毒之藥也。陸平林曰：此物產於東方，色青尾長，乃肝木之屬，爲厥陰之用，故《開寶》方：主小兒驚風搐搦，痰涎壅盛，或牛、馬、猪、羊、雞五般癇證，或大人中風，口眼喎斜，或頭風眩痛，耳鳴耳聾，或便毒橫痃，風毒癰瘍，或遍身風癩，皮膚如鱗甲雲斑諸證，咸宜用之。乃辛烈攻走之性，爲能祛風逐邪，兼引諸風藥入達病所。如氣血兩虛似中風證，及小兒慢驚慢脾風病，咸忌之。

集方：《全幼心鑑》治小兒初生斷臍，洗浴冒風入臍，以致唇青口撮，出白沫，不乳者，名曰臍風。用全蠍三個，微炒研末，入麝香一釐，生薑湯調服一分。○同上治小兒驚風，或胎驚天釣，或五般癇證。用全蠍二十個，以石榴剜空，納蠍于中，以頂蓋紙糊，微火炙燒存性，取中間焦者，入硃砂五分，麝香、冰片各五釐，研勻，每遇發者，取一二分，或乳汁調，或生薑湯調服。如大人中風，口眼喎斜，或頭風眩痛，耳鳴暴聾，皆可醫治，可用五分。○《外科方》治便毒橫痃，或風毒癰瘍，或遍身風癩，皮膚如鱗甲雲斑，風癬諸證。用全蠍百枚，甘草五錢，俱微炒研末，每服七分，溫酒調服，服半月即愈。○《方脉正宗》治小腸疝氣。用全蠍十四枚，胡盧巴五錢，俱微炒研末，每服一錢，溫酒調服。○《德生堂方》治偏正頭風，痛不可忍。用全蠍二十一個，白頸蚯蚓六條，螻蛄五個，五倍子五錢爲末，酒調貼痛處。○治久瘧經年不愈。用全蠍四十九個，白朮二兩俱微炒，好黃土三錢炒紅，共研末，飯丸梧子大。每服二錢，清晨生薑湯送下。

續補方：寶軒和尚傳治男婦老幼，腹中蟲積，歲時常發。用全蠍二十一枚，炒燥研末，配白牽牛末五錢，遇發時每服一錢，苦濃溫茶調下。○同上治小兒吐瀉不止，作慢驚風，疲困昏沉，默默不食。用全蠍二個，白附子、殭蠶、天麻、木香各五分，甘草、白茯苓、白芍藥各一錢，人參、白朮、黃耆各二錢，生薑三片，黑棗五個，炒黃米三錢，水煎服。○治小兒卒中惡毒，心腹刺痛，悶亂欲死，并驚風天吊。全蠍三錢，天麻、鈎藤、犀角屑、羚羊角屑、甘草、降真香、沉香、鬼臼、茯苓各五錢，雄黃三錢，麝香五分，共爲細末，煉蜜丸芡實大。每服一丸，生薑湯化下。

明・顧逢柏《分部本草妙用》卷一肝部・溫瀉　全蝎　甘、辛，有毒。去頭尾，炙用。　主治：諸風中風，口眼喎斜，語澀，手足抽掣，小兒驚癇風搐，大人痎瘧，耳聾，疝氣，諸風瘡，及女子帶下、陰脫。《經》曰：諸風掉眩搐掣，瘧疾寒熱，耳聾，疝氣，帶下，皆屬風木。蝎，為肝經風家要藥，故宜之。○治耳聾，用蝎四十九枚，去頭尾，薑四十九片，菖蒲二錢，名曰神聽散。炙脆為末，陳酒臨臥送下，酒半酣而臥。屢試屢驗，傳以濟世云。

明・李中梓《醫宗必讀・本草徵要下》　蠍味辛，平，有毒。入肝經。　善逐肝風，深透筋骨。中風恒收，驚癇亦簡。諸風掉眩，皆屬肝木。蠍屬木，色青，獨入厥陰，〔為〕風家要藥。全用謂之全蠍，但用尾謂之蠍稍，其力尤緊。

按：　似中風、小兒慢脾風，病屬虛者，忌。

明・蔣儀《藥鏡》卷一溫部　全蝎　治小兒癮疹驚癇，酒炙入麝。臍風口撮皆醫，療大人中風痰毒。裹炙薄荷，風痰耳聾俱豁。

明・張景岳《景岳全書》卷四九《本草正》　全蠍　味甘、辛，有毒。蝎生東方，色青屬木，足厥陰肝經藥也。故治中風諸風，開風痰，口眼喎斜，半身不遂，語言蹇澁，痎瘧，耳聾，疝氣。風瘡癮疹，小兒風痰驚癇，是亦治風之要藥。

明・李中梓《本草通玄》卷下　蠍　主中風，半身不遂，口眼喎斜，語澁，手足抽掣。小兒驚風尤為要藥。　專入厥陰，理肝膽家症。　去足炒。

清・顧元交《本草彙箋》卷九　蠍　乃治風之藥。諸風掉眩，屬於肝木。風客是經，非辛溫走散之性，則不能祛風逐邪，兼引諸風藥入達病所。故大人真中風，小兒急驚風，皆須用之。

蠍，蠆尾蟲也。古語云：蜂蠆垂芒，其毒在尾。今入藥有全用者，有用尾者，謂之蠍稍，其力尤緊。

清・穆石匏《本草洞詮》卷一八　蠍　長尾為蠆，短尾為蠍。所謂蜂蠆垂芒，其毒在尾是也。全用謂之全蠍，用尾謂之蠍稍，其力尤緊。氣味甘辛，平，有毒。治一切風病，小兒驚癇，大人痎瘧，耳聾疝氣，女人帶下陰脫。蓋蠍產於東方，色青，屬木，肝經藥也。諸風掉眩，瘧疾寒熱，耳聾，皆屬厥陰風木。東垣謂疝氣帶下，皆屬於風。蠍乃治風要藥，俱宜加而用之。

清・劉雲密《本草述》卷二七　蠍一名蛜蝌。音伊祈。　許慎曰：蠍，蠆尾蟲也。長尾為蠆，短尾為蠍。　時珍曰：蠍形如水黽，八足而長尾，有節，色青。《酉陽雜俎》云：江南舊無。　志曰：蠍出青州者佳。　陶隱居云：蠍螫人，或用泥水傅之，或畫地作十字，取其上土，水服五分。或螫在手足，以冷水漬之，稍暖即易冷者。或螫在身，以水浸布搨之。皆驗。

氣味：甘、辛，平，有毒。　頭先鹹甜，後辣，甜辣無優劣。尾先鹹甜，後辣又苦，辣有七分，甜二分，苦一分。尾梢先甜後辣，甜有四分，辣有六分。

主治：中風半身不遂，口眼喎斜，語濇，手足抽掣《開寶》。小兒驚癇風搐，及男子疝氣，女子帶下時珍。風涎，解風毒，癮疹方書。　時珍曰：蠍產於東方，色青屬木，足厥陰經藥也。故治厥陰諸病，諸風掉眩搐掣，瘧疾寒熱，耳聾無聞。東垣云：凡疝氣帶下，皆屬於風。蠍乃活風要藥，俱宜加而用之。　希雍曰：蠍稟火金之氣以生。《本經》味甘辛有毒。然察其用，應是辛多甘少，氣溫，入足厥陰經。諸風掉眩，屬肝木風客。是經非辛溫走散之性，則不能祛風逐邪，兼引諸風藥達病所也。故真中風，小兒急驚風，皆須用之。

附方　宣風散治小兒初生，斷臍後傷風，唇青口撮，出白沫，不乳，用全蠍二十一個，無灰酒塗炙為末，入麝香少許，每用金銀煎湯，調半字服之。　大人風涎，用蠍一個頭尾全者，以薄荷四葉裹定，火上炙焦，同研為末，作一服，白湯下。小兒驚風分四服，如前服。　得胡桃同煆，共研，黃耆、金銀花湯下，治橫痃不收口。

愚按：蠍之用，類以為風劑一例耳。詎知其治療之義，較有可条也。蓋蠍色青，而多產於東方，謂非賦風木之專者哉？乃其味甘辛，但甘不敵辛，即氣之平者，亦為辛也。是則風水之氣，頓化為由土而金之用矣。粗者曰：固亦勝己者之化，借其辛而散風眚耳，與風劑何以別乎？曰：化之較勝優矣。試觀其所主諸患，多屬於虛，毋論如東垣所云疝氣帶下以此治之，即就小兒慢脾驚風一證，在諸家之所用，強半不能舍此也，是遵何道哉？蓋因其脾土大虛，而肝木不得化原以為用，故風生於虛耳。每見病屬肝木侮土者，先哲多補土以奏功，是以慢脾驚風主於益土矣，更藉由木化金之專氣，以補肝虛，使風木得化原於土，更暢化氣於金。借由木化金之氣，如何是助土補肝？蓋五行以克我者為主，我克者為用也。故下言金氣原從乎火。東垣活風二字，豈非取其化之者優於勝之者乎哉？或曰：急驚風亦用之，云何？曰：肝實者在諸家固亦用之，然而薛新甫之治急驚，絕不及此也，或亦審之熟矣。第謂其秉火金之氣以生，希雍所說亦不妄，蓋金氣原從乎火，況由木而化者乎？金乘火而氣益銳，項彥章所云腎邪透膜非此不能引導者，在此，即《本草》所謂有毒者亦在此矣。試觀其為所螫者，多以泥水緩其痛，豈非金乘於火者之一證乎？然而肝實者奈何復助之焰，此薛新甫之所以斂手於茲乎？希雍謂急驚乃是的劑，是亦未之思也夫。

附方　風淫溼痹，手足不舉，筋節攣疼，先與通關，次以全蠍七個，瓦炒，入麝香一字，研勻，酒三盞，空心調服。如覺已透則止，未透再服。如病未盡，除自後專以婆蒿根洗淨，酒煎，日二服。　腎臟虛冷氣攻，臍腹疼痛不可忍，及兩脇疼痛，用乾蠍七錢半，焙為末，以酒及童便各三升，煎如稠膏，丸梧子大，每酒下二十丸。　小腸疝氣，用緊小全蠍焙為末，每發時服一錢，入麝香半字，溫酒調服，少頃再進，神效。

修治　緊小者佳。有用全者，有用尾者，尾力尤切。水洗，炒去毒。又云：去足焙用。如前段所嘗，頭尾味辛，味在尾居多，且帶有苦，故知尾力尤切。合繆氏火金之說也。

清·郭章宜《本草匯》卷一七 蛜蝌音伊祁，即全蠍。甘辛，有毒，入足厥陰經。善逐肝風，深透筋骨。大人中風不遂，手足抽掣要矣。小兒驚癇臍風，慢脾天釣需焉。按：全蠍，風藥也。色青，屬木。專理肝胆家症。故風客是經，非此辛溫走散之物，則不能祛風逐邪，入達病所也。蠍，乃活風要藥，驚風尤不可缺。若似中風，及小兒慢脾風病，屬於虛者，法咸忌之。出青州者獨勝。

去足，炒用。全用者，為全蠍。單用尾，謂蠍稍，其力尤緊。雄者螫人，痛在一處，井泥傅之。雌者痛牽諸處，瓦溝下泥傅之。或在手足，以冷水漬之，微暖即易。在身，以水浸布搨之，皆驗。《古今錄驗》云：被蠍螫者，但以木椀合之，神驗。又搗蝸牛塗，毒即解散。蝸常食蠍也。

清·蔣居祉《本草擇要綱目·溫性藥品》 全蝎 氣味：甘、辛，平，有毒。 主治：蝎產于東方，色青屬木，足厥陰經藥也。故治厥陰諸病，諸風掉眩，搐掣瘧疾，寒熱耳聾無聞，皆屬厥陰風木。故東垣云：凡疝氣帶下，皆屬于風。蝎乃活風要藥，俱宜加而用之。

清·王翃《握靈本草》卷九 蠍江淮以北皆有之。全用入藥為全蠍，尾為蠍稍。去毒，去足，微炙用。 主治：蠍，甘、辛，平，有毒。主大人小兒驚癇痎瘧，耳聾，疝氣，諸風瘡，女人帶下，陰脫。

清·汪昂《本草備要》卷四 蝎宣，去風。 辛、甘，有毒。色青屬木，故治諸風眩掉，皆屬肝木。驚癇搐掣，口眼喎邪白附、殭蠶、全蝎等分爲末，名牽正散。酒服二錢，甚效。瘧疾風瘡，耳聾帶疝，厥陰風木之病。東垣曰：凡疝氣帶下，皆屬于風。蝎乃治風要藥，俱宜加而用之。汪機曰：破傷風，宜以全蝎、防風爲主。類中風、慢脾驚屬虛者忌用。 全用去足焙，或用尾，尾力尤緊。形緊小者良。人被螫者，塗蝸牛即解。

清·陳士鐸《本草新編》卷五 蠍 味甘、辛，有毒。療小兒風癇，手足抽掣，祛大人中風，口眼喎斜，却風痰耳聾，解風毒癮瘮。然不可多服，以其辛而散氣也。少少用之，以治喎斜之症，則相宜耳。

蠍毒傷人，每有痛入心者，以蝸牛塗上即安。

或問：全蠍可治漏瘡，何子略之？夫全蠍何能消漏也。治漏瘡者用之，必藥用蜈蚣、穿山甲，使之相制而相成耳。

清·李熙和《醫經允中》卷一七 全蝎 去頭尾炙用。甘、辛，有毒。主治大人中風，口眼喎斜，語澁，小兒驚癇風搐，肝經風家要藥。蓋辛溫走散之物，故能祛風散邪。若小兒慢脾風屬虛者弗服。治耳聾用蝎四十九枚，去頭尾，薑四十九片，菖蒲二錢，炙脆，為末，陳酒送下五分，屢效。蝎後謂蠆，螫人最痛，但塗蝸牛，毒即解散。

清·馮兆張《馮氏錦囊秘錄·雜症痘疹藥性主治合參》卷一一 蠍稟火金之氣以生，故味辛甘，氣溫，有毒。屬木色青，專入足厥陰經。以辛溫走散之性，故入肝，以祛風逐邪，大人真中風，小兒急驚風，皆須用之。全用者謂之全蠍。但用尾謂之蠍梢，其力尤緊，功專下胎。【略】 蠍，療小兒驚癇，手足抽掣，大人中風，口眼喎斜。卻風痰耳聾，解風毒癮瘮。善逐肝風，深透筋骨。丹溪云：破傷風多死，非全蠍不開，用以焙末，酒下，則知治風之明驗矣。

清·张璐《本經逢原》卷四 蠍 辛，平，有毒。被螫者以木椀合之即愈。去毒及足用，亦有獨用其尾者，其功尤捷，滚醋泡去鹹，炒乾用。 發明：蠍產於東方，色青屬木，治厥陰諸風掉眩，及小兒胎驚發搐，最為要藥。左半身不遂，口眼喎斜，語言蹇濇，手足抽掣，瘧疾寒熱，耳聾無聞，疝氣帶下，無不用之。蠍尾膏治胎驚髮搐，用蠍梢二十一枚、麝香少許屢效。東垣治月事不調，寒熱帶下，有丁香柴胡湯，方用羌活、柴胡、當歸、生地、丁香、全蠍，蓋取以散血分之風熱耳。

清·浦士貞《夕庵讀本草快編》卷五 蠍《開寶》 《說文》云：長尾為蠆，短尾為蠍。古語云：蜂蠆垂鋒，其毒在尾。北人多以咒法禁之。蠍產于東方，色青而屬木，氣味甘辛，乃足厥陰藥也。故能治諸風眩掉，搐搦癮瘮，寒熱耳聾，痎瘧癲疝，小兒驚癇，婦人帶下。凡病屬風木為患，用之俱當。《炮炙論》所謂全身則氣緩，用尾則力鋭也。

清·黃元御《玉楸藥解》卷六 全蝎 味辛，氣平。入足厥陰肝經。穿筋透節，逐濕除風。全蝎燥濕驅風，治中風喎斜、癱瘓，小兒驚搐，女子帶下諸證。此亦庸工習用之物，諸如此種，大方之家，概不取也。

清·吳儀洛《本草從新》卷六 蝎〔宣，去風。〕 甘，辛，有毒。色青屬木，故治諸風眩掉，皆屬肝木。驚癇搐掣，口眼喎斜，白附、僵蠶、全蝎等分為末，名牽正散，酒服二錢甚效。瘧疾風瘡，耳聾帶疝，厥陰風木之病。東垣曰：凡疝氣帶下，皆屬於風，蝎乃治風要藥，俱宜加而用之。似中風及小兒慢脾風，病屬於虛者，法咸禁之。全用謂之全蝎，去足，焙。尾名蝎梢，其力尤緊。人被螫者，塗蝸牛即解。緊小者良。

清・汪紱《醫林纂要探源》卷三　蠍　辛，酸，鹹，寒。兩箝八足，大首小尾，形如琵琶，尾有鉤螫，毒所在也。色青紫，居土壁間，南方少，藥肆多以鹽醃致之。〇肉雖不酸，其出則有酸氣遠聞，故曰醋蠍。《本草》不言酸，亦失之也。專入肝木，主治諸風，兼能益心，下清腎水。色青入肝，辛補肝以行之，酸瀉肝以節之，主治諸風掉眩，口眼喎斜，筋脈抽掣，而能收斂心神，安驚定癇，又治耳聾，通腎竅，及帶下疝氣，風瘧，血風諸症。

清・嚴潔等《得配本草》卷八　全蠍尾謂之蠍梢。　辛，熱，有毒。入足厥陰經。一切風木致病，耳聾掉眩，痰瘧驚癇，無乎不療。且引風藥達病所，以掃其根，入降藥暖腎氣，以止其痛。　配白附、殭蠶，治搐掣症。配天麻、蜂實，治破傷風。蜂實，即蜂窠蒂。如無蜂實，蜂窠亦可。　酒洗淡，去足焙用。梢力尤緊。　類中風、慢脾驚風，禁用。

題清・徐大椿《藥性切用》卷八　全蠍　甘辛有毒，攻毒祛風，治驚癇搐搦，口眼喎斜。去足焙用。尾名蠍梢，其力尤緊。

清・黃宮繡《本草求真》卷三　全蠍散肝血分風熱，治胎風發搐。　全蠍耑入肝。味辛而甘，氣溫有毒，色青屬木，故專入肝祛風。諸風眩掉，皆屬於肝。凡小兒胎風發搐，大人半邊不遂，口眼喎斜，語言蹇塞，手足抽掣，瘧疾寒熱，耳聾帶下，皆因外風內客，無不用之。故方書有用蠍尾膏以治胎風發搐，內用蠍梢二十一枚，入麝香少許，屢效。又用牽正散以治口眼喎斜，用全蠍同白附、殭蠶為末，酒服甚效。又有同羌活、柴胡、當歸、生地，名丁香柴胡湯，以治月事不調，寒熱帶下，亦許蠍以散血分之風熱耳。但帶下非風非熱不用，並一切內虛似風等症切忌。全用去足焙，或用尾，尾力尤緊。形緊小者良。忌蝸牛。被蠍傷者，塗蝸牛即解。

清・羅國綱《羅氏會約醫鏡》卷一八鱗介蟲魚部　蠍味辛甘，有毒，入肝經。全用者去足，焙或用尾，尾力尤緊。形緊小者良。　色青屬木。以辛溫走散之性，故耑入肝。祛筋骨風邪，諸風眩掉皆屬肝木。大人真中風、小兒急驚風、身體搐掣、口眼喎斜。白附、殭蠶、全蠍等分為末，酒服二錢，甚效。療帶下疝痛、二症屬風，俱宜加用。破傷風、宜以防風、全蠍為末，酒下。小兒臍風。初生斷臍後傷風，肚青、口撮、吐白沫，此時垂危，用蠍可救。方在小兒門。

按：似中風、小兒慢脾驚風屬虛者忌用。

清・張德裕《本草正義》卷上　全蝎　甘辛，平，有毒。肝經藥也。治諸風，開風痰，療口眼喎斜，半身不遂，語言蹇澁，風瘡隱疹，風痰驚搐，為治風要藥。

清・楊時泰《本草述鉤元》卷二七　蠍　形如水黽，八足而長尾，有節色青，長尾為蠆，短尾為蠍。出青州者佳。蠍螫人，泥水傅之，或畫地作十字，取其上土，水服五分，螫在手足，以冷水漬之，稍暖即易，螫在身，以水浸布搨之，皆驗陶隱居。

味鹹、甘、辛，氣溫平。入足厥陰經。頭先鹹甘，後辛甘，辛無優劣；尾先鹹甘，後辛，又苦，辛有七分，甘二分，苦止一分；尾梢先甘後辛，甘四分，辛有六分。主治中風，半身不遂，口眼喎邪，語濇，手足抽掣，小兒驚癇風搐，却風涎，解風毒癮疹，男子疝氣，女子帶下。東垣言疝氣、帶下，皆屬于風，此品乃活風要藥。蠍稟火金之氣以生，色青屬木，治厥陰諸病，諸風掉眩搐掣，瘧疾寒熱，耳聾無聞。風客肝經，非辛溫走散之性，不能祛逐，兼引諸藥達病所，故真中風、小兒急驚風，皆須用之仲淳。得胡桃同煅，共研，黃芪銀花湯下，治橫痃不收口。宣風散：治小兒斷臍後傷風，唇青口撮，出白沫，不乳。全蠍二十一枚無灰酒塗炙為末，入麝少許，每用金銀煎湯，調半字服之。大人風涎，蠍一個，頭尾全者，以薄荷四葉，裹定炙焦，研末作一服，白湯下，小兒驚風，分四服。風淫、濕痺，手足不舉，筋節攣疼，先與通關，次以全蠍七個瓦上炒，入麝一字，研勻，酒三盞，空心調服，如覺已透，則止。未透再服，如病未盡除，自後專以婆蒿根洗淨，酒煎，日二服。腎臟虛冷，氣攻臍腹疼痛及脇下不可忍，乾蠍七錢半焙為末，以酒及童便各三升，煎如稠膏，丸梧子大，每酒下二十丸。小腸疝氣，緊小全蠍焙為末，每發時取一錢，入麝半字，溫酒調服，少頃再進，神效。

論：蠍色青，多產於東方，賦風木之專氣，其味甘不敵辛。氣之平者亦為辛，是風木之氣，頓化為由土而金之用也。粗者曰：是亦勝己者之化，借其辛而散風害耳。詎知此味妙在化風，而非以勝風。試觀所主諸患，多屬於虛，毋論疝氣、帶下，即小兒慢脾驚風，強半不能舍此，非因脾土大虛，肝木不得化原以為用，故風生於虛乎。每見病屬肝木侮土者，多以補土奏功，是以慢脾風主於益土，更籍由木化金之專氣以補肝虛，使風木得化原於土，更暢化氣於金，借由木化金之氣，如何是助土補肝？蓋五行以克我者為主，我克者為用也，故下言金氣，原從乎火。東垣活風二字，正取其化之者較優於勝之者爾。繆氏又謂其稟火金之氣以生，蓋金氣原從乎火，況由木而化者，金乘火而氣益鋭，以故腎邪透膜，非此不能引導之，即其所以有毒亦在此矣。至肝實者，不可復助之焰，所以薛氏之治急驚絕不一用也。

修治：緊小者佳，有用全者，有用尾者，尾力尤切，蓋蠍味在尾居多，且帶有苦，合於繆氏火金之說。水洗，炒去毒，或去足焙用。

清・葉桂《本草再新》卷一〇 全蠍味辛，性平，有毒。入肝經。治諸風掉眩，驚癇搐掣，口眼喎斜，瘧疾風瘡，耳聾帶疝。

清・趙其光《本草求原》卷一八蟲部 蠍 色青，入肝。氣平，味辛、甘，宣肺補土以平木，有毒。凡土虛肝乘者能化，故治諸風眩掉，皆肝病。急慢驚癇，以薄荷葉以炙焦，白湯調下。中風，口眼喎斜，抽掣不遂，同白附、僵蠶為末，酒下。風淫濕痹、拘攣，瓦上炒，入麝酒下。腎冷臍腹脇痛，焙研，酒、童便下。小腸疝氣，和麝香，酒下。臍風撮口吐沫，酒塗炙為末，加麝，銀花湯下。横痃不收口，同胡桃煅研，北芪銀花湯下。月事不調，寒熱帶下，同歸、地、羌活、柴胡、丁香煎，散血分之風熱。胎驚發搐，蠍梢同麝。耳聾瘧疾。

形緊小者，良。全用去足，或單用尾。尾，味苦，屬火，力尤捷，滾醋泡去鹹，或水洗、炒乾用。蠍螫人，塗蝸牛，或敷泥水，或以冷水漬之。

清・文晟《新編六書》卷六《藥性摘録》 全蠍 辛甘，氣温，有毒。散肝經血分風熱，治胎風發搐。〇全用去足，焙。或用尾。忌蝸牛。

清・張仁錫《藥性蒙求・蟲部》 全蠍一錢 全蠍甘辛，善逐肝風。驚癇搐搦，蠍尾尤攻。全用為全蠍，去足，焙。亦有獨用其尾，名蠍稍，其力尤緊。緊小者良。虛人禁之。去毒用。

清・戴葆元《本草綱目易知録》卷五 蠍蚲蝌 甘、辛，平，有毒。色青屬木，肝經藥也。治諸風癮瘮，掉眩搐掣，及中風語澁，半身不遂，口眼喎邪，手足抽掣，小兒驚癇風搐，大人痎瘧耳聾，疝氣及諸風瘡，女人帶下陰脫，去頭足用。然此初病壯實者宜之。類中風及慢驚者，忌用。

清・黄光霽《本草衍句》 全蠍 色青入肝，專入厥陰。風木辛甘有毒，故善驅風逐邪。善逐肝風，深透骨髓。小兒癮疹臍風，宜用宣風散。驚癇抽掣。大人中風不遂，語澀歪斜。用牽正散。破傷要藥，破傷中風，宜以全蠍、防風為主。耳聾可瘥。耳暴聾閉，全蠍去毒，為末，酒服一錢，以耳中聞水聲即效。破傷中風，用全蠍、麝香各一分，敷患處，令風速愈。宣風散，治初生斷臍後傷風濕，唇青(中)〔口〕撮，出白〔沫〕，不乳，用蠍二十一個，酒塗炙，為末，乾，入麝少許，每用金銀湯煎，調服(運)〔半〕字。牽正散，治(中)〔口〕眼喎斜，白附子、殭蠶、全蠍，等分為末，酒服三錢。大人風涎，用蠍一個，頭尾全者，以薄荷湯四葉裹。小兒驚風，分四服，如前法。

清・陳其瑞《本草撮要》卷九 蠍 味甘辛，有毒，入足厥陰經，功專穿筋透節，逐濕除風。得白附、殭蠶治口眼喎邪。病虛者忌。去足焙。尾名蠍梢。被螫者以蝸牛塗之即解。

蛭蟷

宋・唐慎微《證類本草》卷二二蟲魚部下品〔唐・陳藏器《本草拾遺》〕 蛭音窒蟷音當 有毒。主一切丁腫，附骨疽蝕等瘡，宿肉贅瘤，燒爲末，和臘月猪脂傅之。亦可諸藥爲膏，主丁腫出根。似蜘蛛，穴土爲窠。《爾雅》云：蛈音迭蝪音蕩。郭注云：蛭蟷也。穴上有蓋，覆穴口，今呼爲顛蟷蟲，河北人呼爲蛈蝪，音姪螗，是處有之。崔知悌方云：主丁腫爲上。

明・李時珍《本草綱目》卷四〇蟲部・卵生類下 蛭蟷《拾遺》

〔釋名〕蛈蝪《爾雅》 顛當蟲《拾遺》 蛈母《綱目》 土蜘蛛藏器曰：蛭蟷，音窒當。《爾雅》作蛈蝪，音迭湯，今轉爲顛當蟲，河北人呼爲蛈蟷，音姪唐。《鬼谷子》謂之蛈母。

〔集解〕藏器曰：蛭蟷是處有之。形似蜘蛛，穴土爲窠，穴上有蓋覆穴口。時珍曰：蛈蝪，即《爾雅》土蜘蛛也，土中布網。按段成式《酉陽雜俎》云：齋前雨後多顛當窠，深如蚓穴，網絲其中，土蓋與地平，大如榆莢。常仰捍其蓋，伺蠅、蠖過，輒翻蓋捕之。纔入復閉，與地一色，無隙可尋，而蜂復食之。秦中兒謡云：顛當顛當牢守門，蠮螉寇汝無處奔。

〔氣味〕有毒。〔主治〕一切疔瘇、附骨疽蝕等瘡，宿肉贅瘤，燒爲末，和臘月猪脂傅之。亦可同諸藥傅疔腫，出根爲上藏器。

清・汪紱《醫林纂要探源》卷三 螬子 酸，鹹，寒。一名蛭蟷。作窠壁間，下有絲墊，上有絲蓋，身居其中，圓黑而背中正白，若扁大而色斑駁，下有白窠，而上無蓋者，則名壁勞，無可用。治小兒急驚。搗之，和白湯服，一時即靜。鹹能補安心神，酸能平肝斂心。又蟢處陰而安靜。窩：敷刀傷擊傷，止血生肌定痛。但物小，不能及大。

蜘蛛

宋・李昉《太平御覽》卷九四八 蜘蛛 劉義慶《幽明録》曰：某郡張甲者，與司徒蔡謨有親，僑住謨家，暫行數宿，過期不反。謨晝眠夢甲云：

暫得行，忽暴病患心腹病痛腹滿，不得吐下，某時死。主人殯殮，謨悲涕相對。又曰：我病名乾霍亂，自可治之，但人莫知其藥，故令死耳。謨曰：何以治之？甲曰：取蜘蛛，生斷去脚，吞之則愈。謨覺。使人往甲行所驗之，果死。問主人病時日，皆與夢符。後有乾霍亂者，試用輒差。葛洪《治瘧方》曰：取蜘蛛一枚，着飯中吞，即愈。

宋·唐慎微《證類本草》卷二二蟲魚部下品〔《別録》〕 蜘蛛 微寒。主大人、小兒㿗。七月七日取其網，療喜忘。

〔梁·陶弘景《本草經集注》〕云：蜘蛛類數十種，《爾雅》止載七八種爾，今此用懸網狀如魚罾者，亦名蚍章悅切蟱音謀。蜂及蜈蚣螫人，取置肉上，則能吸毒。又以斷瘧及乾嘔霍亂。術家取其網著衣領中辟忘。有赤斑者，俗名絡新婦，亦入方術用之。其餘雜種，并不入藥。《詩》云蠨音蕭蛸音鞘在戶，正謂此也。

〔唐·蘇敬《唐本草》〕注云：《別録》云，療小兒大腹丁奚，三年不能行者，又主蛇毒、溫瘧、霍亂，止嘔逆。劍南、山東爲此蟲嚙，瘡中出絲，屢有死者。其網纏贅之鋭切疣，七日消爛，有驗矣。

〔宋·掌禹錫《嘉祐本草》〕按：日華子云：斑蜘蛛，冷，無毒。治瘧疾、丁腫。網七夕朝取食，令人巧，去健忘。又云：壁錢蟲，平，微毒。治小兒吐逆，止鼻洪并瘡。滴汁，傅鼻中及瘡上，并傅瘻瘡。是壁上作繭蜘蛛也。

〔宋·蘇頌《本草圖經》〕曰：蜘蛛，舊不著生出州郡，今處處有之。其類極多。《爾雅》云：次蟗音秋，鼅鼄音與知朱字同。鼅鼄，鼄蝥。郭璞云：江東呼蝦音蝃蝥者。又云：土鼅鼄，在地布網者；草鼅鼄，絡幕草上者；蠨音蕭蛸音鞘，長踦，小鼅鼄長脚者，俗呼爲喜子。陶隱居云：當用懸網狀如魚罾者，亦名蚍蟱。則《爾雅》所謂鼄蝥，郭璞所謂蝃蝥者是也。古方主蛇、蜂、蜈蚣毒及小兒大腹丁奚、贅疣。今人蛇嚙者，塗其汁。小兒腹疳者，燒熟啖之。贅疣者，取其網絲纏之。蜂及蜈蚣毒者，生置痛處，令吸其毒，皆有驗。然此蟲中人尤慘，惟飲羊乳汁可制其毒。出劉禹錫《傳信方》云。張仲景治雜病方：療陰狐疝氣，偏有大小，時時上下者，蜘蛛散主之。蜘蛛十四枚熬焦，桂半兩，二物爲散，每服八分一匕，日再。蜜丸，亦通。

〔宋·唐慎微《證類本草》〕雷公：凡使，勿用五色者，兼大身上有刺毛生者，并薄小者，已上并不堪用。凡欲用，要在屋西面有網、身小尻大、腹内有蒼黄膿者，真也。凡用，去頭、足了，研如膏，投入藥中用。《聖惠方》：治瘰癧，無問有頭無頭。用大蜘蛛五枚，日乾，細研，酥調如麪脂，日兩度貼之。《外臺秘要》：崔氏治疣目。以蜘蛛網絲遶纏之，自落。《千金方》：中風，口喎僻。取蜘蛛子摩其偏急頰車上，候視正即止，亦可向火摩之。又方：治背瘡彌驗方：取戶邊蜘蛛，杵，以醋和。先挑四畔，令血出，根稍露，用藥傅，乾即易，旦至夜拔根出，大有神效。又方：治鼠瘻腫核痛，若已有瘡口出膿水者。燒蜘蛛二七枚傅，良。又方：治人心孔昏塞，多忘喜誤。七月七日取蜘蛛網著領中，勿令人知，則永不忘也。又方：卒脫肛。燒蜘蛛肚傅肛上。《經驗方》：孫真人《備急》治齒牙有孔。蜘蛛殼一枚，綿裹按其内。《廣利方》：治蝎螫人。研蜘蛛汁傅之，差。《乘閑方》：治瀉多時，脫肛疼痛。黑聖散：大蜘蛛一箇，瓠葉重裹線繫定，合子内燒令黑色存性，取出細研，入黄丹少許，同研。凡有上件疾，先用白礬、葱、椒煎湯洗浴，拭乾後，將藥末摻在軟處，帛上將手掌按托入收之，妙。《譚氏方》：繫指并贅瘤方：以花蜘蛛網上大網絲於黄丹中養之，繫指與瘤，夜至旦自下。孫真人：蜈蚣咬。取蜘蛛一枚，咬處安，當自飲毒，蜘蛛死，痛未止，更著生者。《産寶方》：治産後欬逆，經三五日不止，欲死方：煎壁鏡窠三五箇呷，差。

宋·寇宗奭《本草衍義》卷一七 蜘蛛 品亦多，皆有毒。《經》不言用是何種。今人多用人家簷角、籬頭、陋巷之間，空中作圓網，大腹、深灰色者。遺尿着人作瘡癬。

宋·王繼先《紹興本草》卷一八 蜘蛛 紹興校定：蜘蛛，《經》注已具主治，然網絲繫疣贅，世用頗驗。及諸方亦各分用治之宜，然固非良藥矣。當云微寒、有毒為定。又壁鏡壁蟲亦此類云。

宋·鄭樵《通志》卷七六《昆蟲草木略》 鼅鼄之類多。《爾雅》曰：次蟗，鼅鼄。鼅鼄，鼄蝥。土鼅鼄。草鼅鼄。按《方言》云：關西秦晉之間謂之鼄蝥，關東趙魏之郊謂之鼅鼄。在土中者，曰土鼅鼄。在草中布網者，曰草鼅鼄。土中者能毒人，俗謂天蛇。又曰：蠨蛸，長踦。《詩》所谓蠨蛸在戶，即小鼅鼄。長腳者，俗呼喜子。又曰王蛈（蝪）〔蝪〕，鼅鼄类也。一名蛭蟷，穴居，布網穴口，有蓋，河北人呼蛈（蝪）〔蝪〕。

宋·張杲《醫説》卷六 中蜘蛛毒 治蜘蛛咬，一身生絲，羊乳一物飲之。貞元十年，崔員外從質，云目擊有人被蜘蛛咬，腹大如孕婦，其家棄之，乞食於道。有僧遇之，教飲羊乳，未幾日而平《本草》。

宋·陳衍《寶慶本草折衷》卷一七 蜘蛛汁及網絲在内。○壁錢蟲窠附。

一名鼅鼄，一名鼄蝥，一名蝃蝥，一名蚍蟱，一名蠨蛸，一名次蟗，一名絡新婦。小者名喜子。○鼅，音知；鼄，音朱；蝥，音牟；蝃，音掇；蚍，章悅切；蟱，音謀；蠨，音蕭；蛸，音梢；蟗，音秋。生劍南，及山東、江東。今處處檐角、籬頭、陋巷、草上有之，空中布圓網。○七月採。或日乾。○畏羊乳。○附：壁錢蟲窠，一名壁鏡窠。又云：一名壁錢幕，一名壁繭。又云：在闇壁間。

微寒，有毒。○主大人小兒㿉。徒回切，下腫病也。○《唐本》註云：療小兒大腹丁奚不能行，主溫瘧霍亂。○日華子云：治丁腫。○《圖經》曰：蛇嚙，塗其汁。小兒腹疳，燒熟啗之。蜂及蜈蚣螫，生置痛處，令吸其毒。○雷公云：凡使勿用五色兼大身有刺并薄小者，要大腹內有蒼黃膿者，真也。○《聖惠方》：治瘰癧，大蜘蛛伍枚，日乾，細研，醋調，日兩度點之。○《譚氏方》：繫贅瘤。以花蜘蛛網上大網絲，於黃丹中養之，繫瘤，夜至旦，自下。

附：壁錢蟲窠○平，微毒。止鼻洪，貼灸瘡尤奇。治產後咳逆不止。煎叁伍個，呷差。又小兒嘔逆，取貳柒枚煮汁飲之，作白幕如錢。○兼括壁錢說。

元・王好古《湯液本草》卷六　蜘蛛　微寒。《本草》云：主大人小兒㿉。七月七日取其網，療喜忘。仲景治雜病。狐疝，偏有大小，時時上下者，蜘蛛一十四個，熬焦，桂半兩，研細為散，八分匕，酒調服，日再。蜜丸亦通。

元・尚從善《本草元命苞》卷八　蜘蛛　寒冷，無毒。能治蛇毒，溫瘧。主男子霍亂嘔逆，療小兒大腹丁奚。網，醫喜忘。汁，塗蝎螫。酥油調末，貼瘰癧有頭無頭。與桂同熬，治狐疝時上時下。張仲景治陰狐疝氣，偏有大小，時時上下者，蜘蛛散主之。方用蜘蛛十四枚，熬焦，桂半兩，二物為散，每服八分一匕。類非一種，性皆有毒。《衍義》云：有毒。取人家簷角籬頭，作圓網，大腹灰色，尿着人即成瘡癬。凡入藥，或燒或研。

明・王綸《本草集要》卷六　蜘蛛　氣微寒，有毒。勿用五色者，取身小尻大，深灰色，腹內有瘡黃膿者，去頭足，研如膏，投入藥用。主大人小兒㿉。七月七日取其網，療喜忘，著衣領中，勿令人知。又蠍螫蛇嚙，塗其汁。蜂及蜈蚣毒者，生置痛處，令吸其毒。小兒大腹丁奚，燒熟啗之。贅疣，取網絲纏之，自落。發背瘡，杵，以醋和，先挑四畔，令血出根露，傅之，乾即易。鼠瘻腫核痛，已有瘡口，出膿水，燒二七枚，傅之。

明・滕弘《神農本經會通》卷一〇　蜘蛛　凡使，勿用五色者，兼大身上有刺毛生者。凡用，要在屋西向，有網，身小尻大，腹內有蒼黃膿者，真也。凡用，去頭足了，研如膏，投入藥中用。

氣微寒。一云：斑蜘蛛，冷，無毒。《湯》云：微寒。《本經》云：主大人小兒㿉。七月七日取其網，療喜忘。陶隱居云：止用懸網，狀如魚罾者，亦名蚍蟱。蜂及蜈蚣螫人，取置肉上，則能吸毒。又云：斷瘧，及乾嘔霍亂。術家取其網，著衣領中，辟忘。《別録》云：療小兒大腹丁奚，三年不行者，又主蛇毒，溫瘧，霍亂，止嘔逆。其網纏贅疣，七日消爛，有驗。日華子云：斑蜘蛛，冷，無毒。治瘧疾，丁腫。網七日，朝取食，令人巧，去健忘。又云：壁錢蟲，平，微毒。治小兒吐逆，止鼻洪并瘡，滴汁，傅鼻中及瘡上，并傅瘻瘡。是壁上作繭蜘蛛也。長脚者，俗呼為喜子。《圖經》云：蛇嚙者，塗其汁。小兒腹疳者，燒熟啗之。贅疣者，取其網絲纏之。蜂及蜈蚣螫者，生置痛處，令吸其毒，皆有驗。然此蟲中人尤慘，惟飲羊乳汁，可制其毒也。《傳信方》云：仲景治雜病方，療陰狐疝氣，偏有大小，時時上下者，蜘蛛散主之，蜘蛛十四枚，熬焦，桂半兩，研細為散，每服八分匙，酒調服，日再，蜜丸亦通。《湯》云：《本草》同《本經》，并《傳信方》。《外臺秘要》崔氏治疣目，以蜘蛛網絲遶纏之，自落。治背瘡彌驗方，取戶邊蜘蛛，杵以醋和，先挑四畔令血出，根稍露，用藥，乾即易，旦至午，拔根出，大有神效。又治鼠瘻腫核痛，若已有瘡口出膿水者，燒蜘蛛二七枚，傅良。《廣利方》治蝎螫人，研蜘蛛汁傅之，差。孫真人云：蜈蚣咬，取蜘蛛一枚，咬處安，當自飲毒，蜘蛛死。《局》云：蜘蛛瘻癧背瘡良，研塞蚛牙傅脫肛。喎僻口斜顋上擦，喜忘取網著衣網。蜘蛛，治脫肛，狐臭。

明・劉文泰《本草品彙精要》卷三一　蜘蛛有毒。附壁錢。卵生。

蜘蛛：主大人、小兒㿉。○網，療喜音戲忘。名醫所錄。

【名】次蟗音秋、鼅鼄、上音知，下音朱。土鼅鼄、草鼅鼄、蚍音悅切蟱音謀、蝃音掇蝥、絡新婦、喜子、鼄蝥、蠨音蕭蛸音鞘。

【地】《圖經》曰：舊本不著所出州土，今處處有之。其類極多。《爾雅》云：次蟗，鼅鼄。鼅鼄，鼄蝥。郭璞云：江東呼蝃蝥者。又云：土鼅鼄，在地布網者；草鼅鼄，絡幕草上者；蠨蛸，長踦。小鼅鼄，長脚者，俗呼爲喜子。陶隱居云：當用懸網狀如魚罾者，亦名蚍蟱。即《爾雅》所謂鼄蝥，郭璞所謂蝃蝥者是也。一種壁錢蟲，平，無毒。是壁上作繭蜘蛛也，亦入藥用。《衍義》曰：蜘蛛種類亦多，《經》不言是何種，今人多用人家簷角、籬頭、陋巷之間，空中作圓網，大腹，深灰色，遺尿著人作癖瘡者也。【時】生：三月、四月。採：七月七日取。【用】身。【色】灰黑。【性】微寒。【氣】氣之薄者，陽中之陰。【臭】腥。【主】斷瘧，辟忘。【製】雷公云：凡用，去頭足，研如膏，投入藥中用。【治】療：《圖經》曰：蛇嚙傷，取汁塗之。小兒腹疳者，燒熟啖之。贅疣者，取其網絲纏之，七日消爛。蜂及蜈蚣毒者，生置痛上，令吸其毒，皆有驗。陶隱居云：除乾嘔，霍亂。《唐本》注云：療小兒大腹丁奚，三年不能行者。除溫瘧，止嘔逆。日華子云：消疔腫。○網，七夕朝取食，令人巧，去健忘。○壁錢蟲，治小兒吐逆，止鼻洪并瘡，滴汁，傅鼻中及瘡上。并傅鼠瘻瘡。《別錄》云：蜘蛛子，治中風，口喎僻，取摩其偏急頰車，候視正即止。亦可向火摩之。○燒蜘蛛二七枚，傅鼠瘻，腫核痛，若已有瘡出膿水者及傅療卒脫肛。○研汁，傅蠍螫人。【合治】大蜘蛛五枚，日乾，細研，合酥調如麵脂，療瘰癧，無問有頭無頭者，日兩度貼之，效。○戶邊蜘蛛，杵，以醋調，療背瘡。先挑四畔令血出，根稍露，用藥傅，乾即易，旦至夜拔根出，有效。○蜘蛛十四枚熬焦，合桂半兩爲末，每服八分匕，日再服，治陰狐疝氣，偏有大小，時時上下者，蜜丸亦得。【禁】五色者，兼大，身上有毛生者及薄小者，並不堪用。【解】蛇、蜂、蜈蚣毒。

明·許希周《藥性粗評》卷四　凡事心忘，盍張蛛網。

蜘蛛，一名蠨蛸。《鵙鴞》之詩曰蠨蛸在戶是也。俗名絡新婦。種類甚多。南北處處有之，今以形肥如白果大，張網屋角如魚罾者入藥。用各不同。味□，性寒，無毒。主治外科諸疾，溫瘧，霍亂嘔逆，小兒大腹。其網七月七日，不令人知，取置衣領中，可主健忘。張仲景又有蜘蛛散以主陰狐疝氣。

單方：贅疣：凡患頸上贅疣，或繁指相礙不便者，以蜘蛛網養之，纏指與疣一晝夜，自落。鼠瘻：凡患瘰癧結核腫痛，若已成瘡出膿者，蜘蛛二七枚，燒研末，傅之，日二三，自差。

明·陳嘉謨《本草蒙筌》卷一一　蜘蛛　氣微寒。有毒。品類極多，在處俱有。能牽絲網，巧不如蠶。凡入醫方，須知選擇。網布簷角者妙，腹大黑色者佳。收取無時，製服憑證。大人狐疝偏痛，睾丸或時上下者，宜研散調；小兒大腹丁奚，行步三年踒躄者，須煨熟啖。久瘧寒熱可斷，乾嘔霍亂能敺。蛇虺咬搗汁塗，蜈蚣咬用活吸。疔腫作膏敷退，瘻核漬酒飲消。絲網療健忘，又能使人巧。七夕取食，方獲奇功。繫瘤贅爛消，纏痔瘻脫落。此用花蜘蛛纏尤効。

明·王文潔《太乙仙製本草藥性大全》卷八《本草精義》　蜘蛛　舊本不載所出州郡。其品類極多，而在處俱有。《爾雅》曰次蟗，鼅鼄，江東呼爲蝃螫。又云：土鼅鼄長腳者，俗呼爲喜子；在地布網者草鼅鼄；絡幕草上者，名蠨蛸；長踦者，小蜘蛛。陶云：須用懸網狀如魚罾者亦名蚍蝥。則《爾雅》所爲鼃螫，郭璞所謂蝃螫是也，但能牽絲網，巧不如蠶。凡入藥方，須知選擇網布櫓角者妙，腹大黑色者佳。收取無時，製服憑證。又云：取身（小）尻大深灰色，腹內有蒼黃膿者良。一種赤斑者，俗名絡新婦，亦入方術用之，其餘雜種並不入藥。

明·王文潔《太乙仙製本草藥性大全》卷八《仙製藥性》　蜘蛛　氣微寒，有毒。主治：大人狐疝偏痛，睪丸或時上下者，宜研散調。小兒大腹丁奚，行步三年踒躄者，須煨熟啖。久瘧寒熱可斷，乾嘔霍亂能祛。蛇虺咬搗汁塗，蜈蚣咬用活吸，疔腫作膏敷退，瘻核漬酒飲消。絲網：善療健忘，能使人巧。七夕取食獲奇功。繫瘤贅而消爛，纏痔漏而脫落。此用花蜘蛛絲尤妙。補註：治瘰癧無問有頭無頭，用大蜘蛛五枚，日乾細研，酥調如麪脂，日兩度貼之。○崔氏治疣目，以蜘蛛網絲遶纏之自落。○中風口喎僻，取蜘蛛子摩其偏急頰車上，候視正即止，亦可向火摩之。○治背瘡彌驗方：取戶邊蜘蛛，杵以醋和，先挑四畔令血出，根梢露，用藥傅，乾即易，旦至夜拔根出，大有神效。○治鼠瘻腫核痛，若已有瘡口出膿水者，取蜘蛛二七枚，燒研傅之。○治人心孔昏塞，多忘喜誤，七月七日取蜘蛛網著領中，勿令人知，即永不忘也。○卒脫肛，燒蜘蛛肚傅肛上。○蜈蚣咬，取蜘蛛一枚，咬處安，當自飲毒，蜘蛛死，痛未止更著生者。○孫真人《備急》治齒牙有孔，蜘蛛殼一枚，綿裹按其內。治蝎螫人，研蜘蛛汁傅之差。○治產後欬逆經三五日不止欲死方：煎壁鏡窠三五個呷，差。○治瀉多時脫肛疼痛，黑聖散：大蜘蛛一個，瓠葉重裹，綿繫定，合子內燒令黑色存性，取出細研，入黃丹少許同研。凡有上件疾，先用白礬、葱、椒煎湯洗浴，拭乾後將藥末摻在軟處帛上，將手掌按托入收之。○繫指并贅瘤方：以花蜘蛛網上大網絲，於黃丹中養之，繫指與瘤，夜繫至旦自下。○療陰狐疝〔氣〕，偏有大小，時時上下者。蜘蛛十四枚熬焦，桂半兩，二物爲散，每服八分匕日再，蜜丸亦通。

太乙曰：凡使勿用五色者，兼大身上有刺毛生者，并薄小者，已上并不堪用。凡欲用，要在屋西面有網，身小尻大，腹内有蒼黄膿者，真也。凡用去頭、足了，研如膏，投入藥中用。

明・皇甫嵩《本草發明》卷六

蜘蛛微寒，有毒。主大人小兒㿗癩疝也。仲景治狐疝，偏有大小，時時上下者，宜研散用。蜘蛛十四枚，熬焦，桂半兩，共研細，酒調八分，日再服。蜜丸吞服，亦通。若蛇蛟者，塗其汁。蜂與蜈蚣毒，用之活吸其毒。小兒大腹，丁奚疳及行步三年踒躄，燒熟啖之。瘤贅者，取其網絲纏之，漸消。又纏痔瘻，俱用花蜘蛛纏妙。漬酒，消瘻核。○絲網，療健忘，能使人巧，七夕取食見效。一云：着衣領中，勿令人知。凡取用網布檐角西面，腹大黑色，内有蒼黄膿者真也。若兼五色，有毛刺生者，勿用之。

明・李時珍《本草綱目》卷四〇蟲部・卵生類下

蜘蛛《别録》下品

【釋名】次蟗秩。《爾雅》。蠾蝓屬俞。○《方言》。蚍蟱亦作鼅蝥，音拙謀。時珍曰：按王安石《字説》云：設一面之網，物觸而後誅之。知乎又誅義者，故曰蜘蛛。《爾雅》作鼅鼄，從黽，黽者大腹也。揚雄《方言》云：自關而東呼爲蠾蝓，侏儒語轉也。北燕朝鮮之間，謂之蝳蜍。齊人又呼爲(杜)〔社〕公。蚍蟱見下。

【集解】弘景曰：蜘蛛數十種，今入藥惟用懸網如魚罾者，亦名蠾蝓。赤斑者名絡新婦，亦入方術家用。其餘並不入藥。頌曰：蜘蛛處處有之，其類極多。《爾雅》云：次蟗、鼅鼄、鼄蝥也。土鼅鼄，草鼅鼄，蠨蛸，長踦。郭璞注云：今江東呼鼅鼄爲鼄蝥。長脚者爲蟢子。則陶云蚍蟱者，即鼄蝥也。藏器曰：蚍蟱在孔穴中及草木上，陶言即蜘蛛，非矣。斅曰：凡五色者，及大身有刺毛生者，并薄小者，並不入藥。惟身小尻大，腹内有蒼黄膿者爲真。取屋西結網者，去頭足，研膏用。宗奭曰：蜘蛛品多，皆有毒。今人多用人家檐角、籬頭、陋巷之間，空中作圓網，大腹深灰色者耳。遺尿着人，令人生瘡。恭曰：劍南、山東，爲此蟲所嚙，瘡中出絲，屢有死者。時珍曰：蜘蛛布網，其絲右繞。其類甚多，大小顔色不一，《爾雅》但分蜘蛛、草、土及蠨蛸四種而已。蜘蛛嚙人甚毒，往往見於典籍。按劉禹錫《傳信方》云：判官張延賞，爲斑蜘蛛咬項上，一宿有二赤脉繞項下至心前，頭面腫如數斗，幾至不救。一人以大藍汁入麝香、雄黄，取一蛛投入，隨化爲水。遂以點咬處，兩日悉愈。又云：貞元十年，崔從質員外言：有人被蜘蛛咬，腹大如孕婦。有僧教飲羊乳，數日而平。又李絳《兵部手集》云：蜘蛛咬人遍身成瘡者，飲好酒至醉，則蟲於肉中似小米自出也。劉郁《西使記》云：赤木兒城有蟲如蛛，毒中人則煩渴，飲水立死，惟飲葡萄酒至醉吐則解。此與李絳所言蜘蛛毒人飲酒至醉則愈之意同，蓋亦蜘蛛也。鄭曉《吾學編》云：西域賽藍地方，夏秋間草生小黑蜘蛛，甚毒，嚙(爲)〔人〕痛聲徹地。土人誦咒以薄荷枝拂之，或以羊肝遍擦其體，經一日夜痛方止，愈後皮脱如蜕。牛馬(破)〔被〕傷輒死也。元稹《長慶集》云：巴中蜘蛛大而毒，甚者身(運)〔邊〕數寸，踦長數倍〔其身〕，竹木被網皆死。中人，瘡痏痛痒倍常，惟以苦酒調雄黄塗之，仍用鼠負蟲食其絲〔盡〕則愈。不急救之，毒及心能死人也。段成式《酉陽雜俎》云：深山蜘蛛，有大如車輪者，能食人物。若此數説，皆不可不知。《淮南萬畢術》言：赤斑蜘蛛食猪肪百日，殺以塗布，雨不能濡；殺以塗足，可履水上。《抱朴子》言：蜘蛛、水馬，合馮夷水仙丸服，可居水中。皆方士幻誕之談，不足信也。

【氣味】微寒，有小毒。大明曰：無毒。畏蔓青、雄黄。時珍曰：蛛入飲食，不可食。

【主治】大人、小兒㿗，及小兒大腹丁奚，三年不能行者《别録》。蜈蚣、蜂、蠆螫人，取置咬處，吸其毒弘景。主蛇毒温瘧，止嘔逆霍亂蘇恭。取汁，塗蛇傷。燒啖，治小兒腹疳蘇頌。主口喎、脱肛、瘡腫、胡臭、齒䘌時珍。斑者，治瘧疾疔腫日華。

【發明】頌曰：《别録》言蜘蛛治㿗。張仲景治陰狐疝氣，偏有大小，時時上下者，蜘蛛散主之。蜘蛛十四枚，炒焦，桂半兩，爲散。每服八分，日再。或以蜜丸亦通。恭曰：蜘蛛能制蛇，故治蛇毒，而本條無此。時珍曰：《鶴林玉露》載：蜘蛛能制蜈蚣，以溺射之，節節斷爛。則陶氏言蜘蛛治蜈蚣傷，亦相伏爾。沈括《筆談》載：蛛爲蜂螫，能嚙芋梗，磨創而愈。今蛛又能治蜂、蠍螫，何哉？又劉義慶《幽明録》云：張甲與司徒蔡謨有親。謨晝寢夢甲曰：忽暴病，心腹痛，脹滿不得吐下，名乾霍亂，惟用蜘蛛生斷脚吞之則愈。但人不知，甲某時死矣。謨覺，使人驗之，甲果死矣。後用此治乾霍亂輒驗也。按此説雖怪，正合唐註治嘔逆霍亂之文，當亦不謬。蓋蜘蛛服之，能令人利也。

【附方】舊七，新十四。

中風口喎：向火取蜘蛛摩偏急頰(車)上，候正即止。《千金方》。

小兒口禁：《直指》立聖散：用乾蜘蛛一枚，去足，竹瀝浸一宿，炙焦，蠍稍七個，膩粉少許，爲末。每用一字，乳汁調，時時灌入口中。○《聖惠》治小兒十日内，口噤不能吮乳。蜘蛛一枚，去足，炙焦研末，入猪乳一合，和勻。分作三服，徐徐灌之，神效無比。

止截瘧疾：葛洪方用蜘蛛一枚，同飯搗丸，吞之。○《楊氏家藏》用蜘蛛一枚，着蘆管中，密塞，綰項上。勿令患人知之。○《海上》用蜘蛛三五枚，綿包，繫寸口上。○《宣明方》用大蜘蛛三枚，信砒一錢，雄黑豆四十九粒，爲末，滴水爲丸豌豆大。先夜以一丸獻於北斗下，次早紙裹插耳内，立見神聖。一丸可醫二人。

泄痢脱肛：〔疼痛〕已久者，黑聖散主之。大蜘蛛一個，瓠葉兩重包扎定，〔合子内〕燒存性，入黄丹少許，爲末。先以白礬、葱、椒煎湯洗，拭乾，以前藥末置軟帛上，托入收之，甚是有效也。《乘閑方》。

走馬牙疳：出血作臭。用蜘蛛一枚，銅緑半錢，麝香少許，杵勻擦之。無蛛用殻。《直指》。

齒䘌斷爛：用大蜘蛛一個，以濕紙重裹，荷葉包之，灰火煨焦爲末，入麝香少許，研傅。《永類鈐方》。

聤耳出膿：蜘蛛一個，臙脂坯子半錢，麝香一字，爲末。用鵝翎吹之。

吹奶疼痛：蜘蛛一枚，麵裹燒存性，爲末。酒服即止，神效。

頦下結核：大蜘蛛不計多少，好酒浸

過，同研爛，澄去滓。臨卧時服之，最效。《醫林集要》。　瘰癧結核：無問有頭、無頭。用大蜘蛛五枚，日乾，去足細研，酥調塗之，日再上。《聖惠方》。　鼠瘻腫核：已破出膿水者。蜘蛛二七枚，燒研傅之。《千金》。　便毒初起：大黑蜘蛛一枚研爛，熱酒一椀攪服，隨左右側卧取利。不退再服，必效。《壽域》。　丁腫拔根：取户邊蜘蛛杵爛，醋和。先挑四畔血出，根稍露，傅之，乾即易。一日夜根拔出，大有神效。《千金》。　腋下胡臭：大蜘蛛一枚，以黄泥入少赤石脂末及鹽少許，和匀裹蛛，煅之爲末，入輕粉一字，醋調成膏。臨卧傅腋下，明早登厠，必泄下黑汁也。《三因方》。　蜂蠍螫傷：蜘蛛研汁塗之，并以生者安咬處，吸其毒。《廣利方》。　蜈蚣咬傷：同上。　蛇虺咬傷：蜘蛛擣爛傅之，甚效。　一切惡瘡：蜘蛛晒，研末，入輕粉，麻油塗之。《直指方》。

蜕殼　【主治】蟲牙、牙疳時珍。

【附方】舊一，新一。　蟲牙有孔：蜘蛛過殼一枚，綿裹塞之。《備急》。　牙疳出血：蜘蛛殼爲末，入臙脂、麝香少許，傅之。《直指方》。

網　【主治】喜忘，七月七日取置衣領中，勿令人知《别録》。以纏疣贅，七日消落，有驗蘇恭。療瘡毒，止金瘡血出。炒黄研末，酒服，治吐血時珍。出《聖惠方》。　【發明】時珍曰：按侯延賞《退齋閑録》云：凡人卒暴吐血者，用大蜘蛛網搓成小團，米飲吞之，一服立止。此乃孫紹先所傳方也。又《酉陽雜俎》云：裴旻山行，見山蜘蛛垂絲如匹布，引弓射殺，斷其絲數尺收之。部下有金瘡者，剪方寸貼之，血立止也。觀此，則蛛網蓋止血之物也。

【附方】新四。　積年諸瘡：蜘蛛膜貼之，數易。《千金方》。　反花瘡疾：同上。　肛門鼠痔：蜘蛛絲纏之。即落。　疣瘤初起：柳樹上花蜘蛛纏之，久則自消。《簡便方》。

明·梅得春《藥性會元》卷下　蜘蛛　氣微寒，有毒。　主治脱肛，狐臭，瘰癧，蛀牙，口眼喎斜，及大人小兒㿉。七月七日取其網。療喜忘，著衣領中，勿令人知。又蠍螫、蛇嚙，塗其汁；蜂及蜈蚣毒者，生置傷處，令吸其毒竟，放水中，彼毒自出，又救其命。小兒腹大疔瘡，燒熱噉之。贅疣，取絲纏之自落。發背瘡，杵以醋和，先挑四畔，令血出根露，傅之，乾即易。鼠瘻腫核痛，已有瘡口出膿水，燒二七枚傅之妙。　製法：凡使，勿用五色者，兼大身有刺毛生者，并薄小者，已上並不堪用。凡用須取屋上西面有網，身小尻大，腹内有蒼黄膿者佳，去頭足，研如膏，投入藥。

明·李中立《本草原始》卷一一　蜘蛛　弘景曰：蜘蛛數十種，入藥惟用懸網如魚罾者。亦名蚍蟱。赤斑者名絡新婦，亦入方術家用。按王安石《字説》云：設一面之網，物觸而後誅之，知乎誅義者，故曰蜘蛛。　蜘蛛：氣味：微寒，有小毒。主治：大人、小兒㿉，及小兒大腹丁奚，三年不能行者。○蜈蚣、蜂、蠆螫人，取置咬處吸其毒。○主蛇毒，溫瘧，止嘔逆霍亂。○取汁，塗蛇傷。燒啖，治小兒腹疳。○主口喎、脱肛、瘡腫、胡臭、齒䘌。○斑者，治瘧疾、疔腫。

蜘蛛，《别錄》下品。【圖略】入方術家用花蜘蛛形。入藥腹大色灰蜘蛛形。

修治：蜘蛛去頭足，研膏用。

大明曰：畏蔓菁、雄黄。○時珍曰：蛛入飲食，不可食。　劉義慶《幽明錄》云：張甲與司徒蔡謨有親，謨晝寢夢甲曰：忽暴病心腹痛，脹滿不得吐下，名乾霍亂，惟用蜘蛛生斷脚，吞之則愈。但人不知甲某時死矣。謨覺，使人驗之，甲果死矣。後用此治乾霍亂輒驗也。此説與前唐註治嘔逆霍亂之文正合。

壁錢，其蟲似蛛，作白幕如錢，貼墻壁間。　壁錢：氣味：無毒。主治：鼻衄及金瘡出血不止，捺取蟲汁，注鼻中及點瘡上。亦療五野雞病下血。○治大人小兒急疳，牙蝕腐臭，以壁蟲同人中白等分，燒研貼之。又主喉痹。

明·鄭二陽《仁壽堂藥鏡》卷八　蜘蛛　微寒。　《本草》云：主大人小兒㿉疝，七月七日取其網療喜忘。仲景治雜病狐疝偏有大小，時時上下者，蜘蛛一十四個，熬焦，桂半兩，研細為散，八分匕，以酒調服，日再。蜜丸亦通。　陶云：蜂螫、蜈蚣傷人，取蜘蛛置肉上，則能吸毒。又能止瘧。《聖惠方》：治瘰癧，無問有頭無頭，用大蜘蛛五枚，曝乾，細研，酥調如麪，日兩度貼之。　花蛛絲網：繫瘤贅可落。

明·盧之頤《本草乘雅半偈》帙一一　蜘蛛《别錄》下品　氣味：微寒，有小毒。　主治：大人小兒㿉，及小兒大腹丁奚，三年不能行者。

覈曰：蜘蛛，處處有之。色蒼褐而斑，有棘毛，雙眸巨口，六足大腹，爪牙鋭利，嚙人最毒，尿遺着人，遂作瘡瘍。腹下有細稜，絲從内放也。結網在人家檐角籬頭陋巷間，空中右繞作網，綸經二十有四，布緯七十有二，蟲豸觸着，即放絲捆紮細小，而後啖也。《埤雅》云：蜘蛛結絲，以網飛蟲，人之用計，安能過之，掃其網，置衣領中，令人知巧闢忘。入藥唯用懸如魚罾者，亦名蚰蟵。赤斑者，名絡新婦，入方術家用。餘並不採取，種類甚多，大小顏色，亦不一也。《爾雅》但分蜘蛛、草、土，及蠨蛸四種。嚙人甚毒，往往見于典籍。按劉禹錫《傳信方》云：判官張延賞為斑蜘蛛咬頸上，一宿有二赤脈繞項下，至心前，頭面腫如數斗，幾至不救。一人以大藍汁，入麝香、雄黃，取一蛛投入，隨化為水，點咬處，兩日愈。貞元十年，崔從質員外被蜘蛛咬，腹大如孕婦，僧教飲(芋)〔羊〕乳，數日而平。李絳《兵部手集》云：蜘蛛咬人，遍身成瘡，飲好酒至醉，則蟲于肉中似小米自出也。劉郁《西域記》云：赤木兒城，有蟲如蜘蛛，毒中人則煩渴，飲水立死，飲葡萄酒至醉，吐則解。元稹《長慶集》云：巴中蜘蛛大而毒，甚者身(運)〔邊〕數寸，踦長數倍，竹木被網皆死。中人，瘡痏、痛癢倍嘗，惟以苦酒調雄黃塗之，仍用鼠負蟲食其絲〔盡〕則愈。修治：火熬焦者良。

条曰：蜘蛛噴洩放絲，磨旋右轉，結網以網飛蟲，知物觸而遂誅之，地以陽殺陰藏之謂乎。《易》曰：結繩網罟，以佃以漁，蓋取諸離。《象》曰：明兩作離繼明照于四方之火德歟，重門擊柝，以待暴客，蓋取諸豫。《象》曰：雷出地奮，先王以作樂崇德，殷薦之上帝，以配祖考之木德歟。故聖人之作《易》也，仰觀于天，俯察于地，而又觀鳥獸之文，與地之宜，則所謂取才于物也。仲景兩論，為方劑祖，蜘蛛輔木王之桂，曰蜘蛛散，主治陰狐疝，氣偏有大小，時時上下，觸突網募，亂作腹心者，盡誅之，捲束狂勃，剪滅不格也。陶隱居遵祖劑作《別錄》，廣治小兒三歲不能行。蓋天道左旋，天以陽生陰長；地道右轉，地以陽殺陰藏。地道也，坤道也，應地無疆，以順天行之健。及小兒大腹丁，此高粱之變，洗除特易易耳。

清・穆石匏《本草洞詮》卷一八 蜘蛛 《字說》云：設一面之網，物觸而後誅之，知乎誅義者，故名蜘蛛。《酉陽雜俎》云：深山蜘蛛有大如車輪者，能食人物。劍南山東為蜘蛛所嚙，瘡中出絲，屢有死者。蜘蛛微寒，有小毒。治大人小兒㿉，及小兒大腹丁奚，止嘔逆霍亂，殺蛇、蜈蚣、蜂蠆毒。仲景治陰狐疝氣，蜘蛛散主之。蘓恭謂蜘蛛能制蛇，故治蛇毒。《鶴林玉露》載：蜘蛛制蜈蚣，以溺射之，節節斷爛。故治蜈蚣、蜂蠆螫人。劉義慶云：張甲與蔡謨有親，謨晝寢夢甲曰：忽暴病心腹痛，脹滿不得吐下，惟用蜘蛛生斷腳，吞之則愈。但人不知，某時死矣。謨覺，使人覘之，甲果死矣。後用此治乾霍亂，輙驗也。此說雖誕，蓋蜘蛛服之，能令人利也。侯延賞云：凡卒暴吐血者，用大蜘蛛網搓成小團，米飲吞之，一服立止。《酉陽雜俎》云：裴旻出行，見蛛網如疋布，引弓射殺，斷其絲收之，部下有金瘡者，剪方寸貼之，血立止。觀此，則蛛網蓋止血之物也。《萬畢術》云：赤斑蜘蛛食猪肪百日，殺以塗布，雨不能濡；殺以塗足，可履水上。《抱朴子》言：蜘蛛、水馬，合馮夷水仙丸服，可居水中。則皆方士誕妄之説耳。

清・王逊《藥性纂要》卷四 蜘蛛 【略】東圃曰：人身血脉，本自周流，伏行隧道，無病則平和，不可得見。惟病則妄行而外出，陽絡傷則血外溢吐血衄血也，陰絡傷則血内溢便血也。肺有竅，則欬血殺人。腸有竅，則便血殺人。蛛網出自蛛腹，能放能收，結則形宛似絡，而性沾粘，是以能補絡脉破傷而止血也。

清・李熙和《醫經允中》卷二一 蜘蛛 氣微寒，有毒。蛇蟲咬，搗汁塗；蜈蚣咬，用活吸。絲網繫瘤贅爛消，纏痔瘻脱落。

清・馮兆張《馮氏錦囊秘録・雜症痘疹藥性主治合參》卷一一 蜘蛛 大人狐疝偏痛，睾丸或時上下者能瘥。小兒大腹丁奚，行步三年踒蹶者堪愈。久瘧寒熱可斷，霍亂乾嘔堪敺。蛇虺咬，搗汁塗；蜈蚣咬，用活吸。疔腫作膏敷退，癭瘤漬酒飲消。絲網療健忘。七夕取食，能使人巧。

清・张璐《本經逢原》卷四 蜘蛛 微寒，有毒。其種類不一，惟用懸網者入藥。發明：仲景治陰狐疝氣，偏有大小，時時上下者，蜘蛛散主之，以其入肝，性善循絲上下，故取以治睾丸上下之病。《別錄》治大人、小兒㿉疝，又治乾霍亂，服之能令人利，其邪得以下泄也。搗汁塗蛇傷效。

清・浦士貞《夕庵讀本草快編》卷五 蜘蛛《別錄》 安石云：設網以待物觸，知乎誅意者，故曰蜘蛛。種類甚多，凡入飲食中，斷不可食。蜘蛛微寒，有毒，蓋取其毒以攻病也。結網待蟲，觸則放絲捆網而啖，真有智者也。《埤雅》云：蜘蛛結網，以網飛蟲，人之用計，安能過之。掃其網置衣領中，除健忘而生智巧，以意為用也。其絲右遶，稟純陰之氣。仲景窺其奥，治陰狐㿉疝，上下攻刺，用此網羅之性，掩束狂勃，配以肉桂純陽之味，直搗巢穴，功易建耳！隱居擴其義，治小兒腹大丁奚，三歲不能行者。謂脾屬坤土，純陰之物相投，掃除積垢，自然轉運，而從天之乾健矣！截瘧塗喎，不越此意。以大藍汁其物雖微，螫人最毒，斑者更甚。蒙其害者則發紅腫，遲則不救。以大藍汁加雄黃、麝香點咬處，立愈。或毒沸而遍體成瘡者，飲醇酒盡醉，其蟲從瘡口而出。元微之云：巴中蜘蛛甚大，竹木被網皆死，中人則成瘡痏，痛癢倍常，惟以苦酒調雄黄塗之，立愈。其説與前相符，用果驗也。

清・王子接《得宜本草・下品藥》 蜘蛛 性寒。主治小兒大腹丁奚。得肉桂治狐疝。

清・黄元御《長沙藥解》卷二 蜘蛛 味苦，微寒。入足厥陰肝經。能消偏墜，善治狐疝。《金匱》蜘蛛散，蜘蛛十四枚，桂枝五兩，為散，取八分匙，飲和，日再服。治狐疝，偏墜有大小時，時上下。以水寒木陷，氣鬱為腫，出入無常，狀如妖狐。蜘蛛破瘀而消腫，桂枝疏木而升陷也。 炒枯存性，研細用。

清・汪紱《醫林纂要探源》卷三 蜘蛛 酸，鹹，寒。類不一。或黑而圓大，或白而身瘦，足長，或小而亂絲不成網，或大而色綠赤斑，中其毒鹽湯解之。可截溫瘧，解蜈蚣螫毒。取圓黑者，搗烏梅為丸，塞耳中，可以截瘧。取其絲，箍外痔，小〇。血瘤，不可破，破則血不止，取山中大綠蜘蛛作網，助以生苧絲縛瘤根下，漸加收緊，直至枯落，而皮肉不傷，箍外痔法同。

清・嚴潔等《得配本草》卷八 蜘蛛 畏蔓菁、雄黄。 微寒。有小毒。治蛇傷，療溫瘧，止嘔逆霍亂，療腹大丁奚。消下焦結氣，定幽暗淫風。配肉桂，治狐疝。配銅綠，擦走馬疳。加麝香少許。 蜘蛛咬傷，腹大如孕，飲羊乳解之。以靛汁入麝香、雄黄，點咬處。

清・羅國綱《羅氏會約醫鏡》卷一八鱗介蟲魚部 蜘蛛有毒。 治狐疝偏痛，睾丸或上或下。炙黄為末，同茴香丸服。 蛇虺咬，搗汁塗； 蜈蚣咬，用活吸。取身圓無花者用。

清・趙學敏《本草綱目拾遺》卷一〇蟲部 蝃蝥黄 《物理小識》：余岸少養蜘蛛，以小者飼大者，久之以硃砂飼大者，數十日滿身皆赤，其腹有黄。入藥用，去瞖開瞽。

清・趙其光《本草求原》卷一八蟲部 蜘蛛 種類不一，惟懸網者微寒，有毒。循絲上下，取治睾丸上下之病。故狐疝、偏有大小，時時上下，蜘蛛散主之。大小兒積疝用之。又能利邪下泄，故治乾霍亂、瘧疾、蛇傷。搗塗。 去頭、足，米泔浸煨，研用。大蜘蛛為治紅雲、血癖聖藥。

花蜘蛛

清・劉善述、劉士季《草木便方》卷二蟲介鱗甲部 花蜘蛛 花蛛絲網止刃血，炒黄磨酒吐血滅。肛門長痔絲纏落，瘿瘤久纏自消絕。

壁錢

宋・唐慎微《證類本草》卷二二蟲魚部下品〔唐・陳藏器《本草拾遺》〕 壁錢 無毒。主鼻衄及金瘡，下血不止，捺取蟲汁點瘡上及鼻中，亦療外野雞病下血。其蟲上錢幕，主小兒嘔吐逆，取二七煮汁飲之。蟲似蜘蛛，作白幕如錢，在闇壁間，此土人呼爲壁繭。

明・滕弘《神農本經會通》卷一〇 壁錢 陳藏器云：無毒。主鼻衄，及金瘡下血不止，擦取蟲汁，點瘡上及鼻中。亦療外野雞病下血。其蟲上錢幕，主小兒嘔吐逆，取二七煮汁飲之。蟲似蜘蛛，作白幕如錢，在闇壁間，北土人呼為壁繭。

明・王文潔《太乙仙製本草藥性大全》卷八《仙製藥性》 壁錢蟲 氣平，無毒。蟲似蜘蛛，作白幙如錢，頭足研如膏，投入藥用。在闇〔壁〕間，北人呼爲壁繭。 主治：主鼻衄金瘡下血不止，捺汁點瘡上立效。療外野鷄病下血，搗漿滴鼻中如神。 錢幙：主小兒吐逆及嘔，取二七煮汁飲之。

明・李時珍《本草綱目》卷四〇蟲部・卵生類下 壁錢《拾遺》

〔釋名〕壁鏡時珍曰：皆以窠形命名也。 〔集解〕藏器曰：壁錢蟲似蜘蛛，作白幕如錢，貼墻壁間，北人呼爲壁繭。時珍曰：大如蜘蛛，而形扁斑色，八足而長，亦時蜕殼，其膜色光白如繭。云其蟲有毒，咬人至死。惟以桑柴灰煎取汁，調白礬末傅之。妙。

〔氣味〕無毒。 〔主治〕鼻衄，及金瘡出血不止，捺取蟲汁，注鼻中及點瘡上。亦療五野雞病下血藏器。治大人、小兒急疳，牙蝕腐臭，以壁蟲同人中白等分，燒研貼之。又主喉痹時珍。〇出《聖惠》等方。

〔附方〕新一。 喉痹乳蛾：已死者復活。用墻上壁錢七箇，内要活蛛二箇，撚作一處，以白礬七分一塊化開，以壁錢惹礬燒存性，出火毒爲末。竹管吹入，立時就好。忌熱肉、硬物。

窠幕 〔主治〕小兒嘔逆，取二七枚煮汁飲之藏器。産後欬逆，三五日不止欲死者，取三五箇煎汁呷之，良。又止金瘡、諸瘡出血不止，及治瘡口不斂，取繭頻貼之。止蟲牙痛時珍。

〔附方〕新一。 蟲牙疼痛：《普濟》以壁上白蟢窠四五個，剥去黑者，以鐵刀燒出汗，將窠惹汗丸之。納入牙中甚效。又以乳香入窠内燒存性，納之亦效。〇一方：用墻上白蛛窠，包胡椒末塞耳，左痛塞右，右痛塞左，手掩住，側卧，待額上有微汗，即愈。

清・张璐《本經逢原》卷四 壁錢 無毒。 發明：生壁間，似蜘蛛而形扁，其膜色白如錢，故名。治鼻衄及金瘡出血不止，取蟲汁注鼻中及點瘡上。同人中白等分，燒研治疳，又治喉痹。

清・嚴潔等《得配本草》卷八 壁錢窠幕。 治喉痹乳蛾，已死者復活。用壁上壁錢七個，內要活蟢二個，撚作一處，以白礬七分研末，以壁錢惹礬燒存性，出火毒，為末，竹管吹入立愈。 忌熱肉硬物。 配人中白等分，燒研，搽牙疳腐臭立止。 窠幕即白蟢窠。 煎汁呷之，治產後咳逆。 燒研，吹喉痹乳蛾。

清・趙其光《本草求原》卷一八蟲部 壁錢 生壁間，形扁，似蜘蛛，有白膜如錢，故名。 治鼻衄，搗汁滴鼻。 金瘡出血，搗塗。 疳疾、喉痹。燒研，同人中白等分。

清・劉善述、劉士季《草木便方》卷二蟲介鱗甲部 壁錢 蜘蛛門止金瘡血，牙齒疳蝕腐臭滅。 喉痹乳蛾煅吹入，鼻衄下血燒磨貼。

草蜘蛛

宋・唐慎微《證類本草》卷二一蟲魚部中品〔唐・陳藏器《本草拾遺》〕

蚍音拙蟱 鼅鼄注陶云： 懸網狀如魚罾者，亦名蚍蟱。 按蚍蟱在孔穴中及草木稠密處，作網如蠶絲爲幕絡者，就中開一門出入，形段小，似鼅鼄而斑小。主丁腫出根，作膏塗之。 陶云： 罾網，此正鼅鼄也，非爲蚍蟱。 此物族類非一也。

明・李時珍《本草綱目》卷四〇蟲部・卵生類下 草蜘蛛《拾遺》

〔正誤〕： 舊標作蚍蟱，今據《爾雅》改作草蜘蛛。 見下。

〔集解〕藏器曰： 蚍蟱在孔穴中，及草木稠密處，作網如蠶絲爲幕，就中開一門出入，形段微似蜘蛛而斑小。 陶言蚍蟱即蜘蛛，誤矣。 時珍曰： 《爾雅》鼅鼄，鼄蝥也。 草鼅鼄，在草上絡幕者，據此則陶氏所謂蚍蟱，正與《爾雅》相合，而陳氏所謂蚍蟱，即《爾雅》之草蜘蛛也，今改正之。 然草上亦有數種，入藥亦取其大者爾。 有甚毒者，不可不知。 李氏《三元書》云： 草上花蜘蛛絲最毒，能纏斷牛尾。 有人遺尿，絲纏其陰至斷爛也。 又沈存中《筆談》言草上花蜘蛛咬人，爲天蛇毒，則誤矣。 詳見鱗部天蛇下。

〔氣味〕缺。 〔主治〕出疔腫根，搗膏塗之藏器。

絲 〔主治〕去瘤贅疣子，禳瘧疾時珍。

〔附方〕新二。 瘤疣： 用稻上花蜘蛛十餘，安桃枝上，待絲垂下，取東邊者撚爲線繫之。 七日一換，自消落也。《總微論》。 截瘧： 五月五日取花蜘蛛晒乾，絳囊盛之。臨期男左女右繫臂上，勿令知之。《普濟方》。

蠅虎

清・趙學敏《本草綱目拾遺》卷一〇蟲部 蠅虎 《古今註》： 蠅虎，蠅狐也，形似蜘蛛，而色灰白，善捕蠅，一名蠅虎子。 《潛確居類書》： 一名蠅豹，身黑，嘴有雙肉爪，攫蠅而食，兩目似虎，炯然生光。 《易》曰： 震來虩虩。 《雅俗稽言》曰： 虩，蠅虎也。 常若多懼，故取象焉。

按： 蠅虎亦蜘蛛之屬，腹亦有絲，而不能結網，惟居牆壁，捕蠅食。 其體灰褐色，身上有微毛，嘴有兩鉗，翕吸頻動，跳躍如虎，亦有純白色，兩目朱色，絕可愛。 兒童捕置器中，捉蠅以飼之，視其搏躍為戲。 此物未聞入藥，故瀕湖《綱目》壁錢、螲蟷皆列入，而此獨遺之。 今徐氏《驗方》云： 其性頻動而不靜，取以調血脈，治跌打。 因錄其方以備品云。

治跌打損傷： 徐順之《驗方》： 取蠅虎數個，研爛好酒下。

馬陸

宋・唐慎微《證類本草》卷二一蟲魚部中品〔唐・陳藏器《本草拾遺》〕

土蟲 蚰蜒并馬陸注陶云： 今有一細黃蟲，狀如蜈蚣，俗呼爲土蟲。 按土蟲無足，如一條衣帶，長四五寸，身扁似韭葉，背上有黃黑襇，頭如鏟子，行處有白涎，生濕地，有毒，雞喫即死。 陶云： 如蜈蚣者，正是蚰蜒，非土蟲也。 蘇云： 馬陸如蚰蜒。 按蚰蜒色正黃不斑，大者如釵股，其足無數，正是陶呼爲土蟲者。 此蟲好脂油香，能入耳及諸竅中，以驢乳灌之，化爲水，蘇云似馬陸，誤也。

宋・唐慎微《證類本草》卷二二蟲魚部下品〔《本經》・《別録》〕 馬陸 味**辛，溫**，有毒。 **主腹中大堅癥，破積聚、息肉、惡瘡、白秃**，療寒熱痞結、脇下滿。 **一名百足**，一名馬軸。 生玄菟川谷。

〔梁・陶弘景《本草經集注》〕云： 李云此蟲形長五六寸，狀如大蛩，夏月登樹鳴，冬則蟄，今人呼爲飛蚿音玄蟲也，恐不必是馬陸爾。 今有一細黃蟲，狀如蜈蚣而甚長，俗名土蟲，雞食之醉悶亦至死。《書》云： 百足之蟲，至死不僵居良切。 此蟲足甚多，寸寸斷便寸行，或欲相似，方家既不復用，市人亦無取者，未詳何者的是。

〔唐・蘇敬《唐本草》〕注云： 此蟲大如細筆管，長三四寸，斑色，一如蚰蜒，襄陽人名爲馬蚿，亦呼馬軸，亦名刀環蟲，以其死側卧，狀如刀環也。 有人自毒，服一枚便死也。

〔宋・唐慎微《證類本草》〕雷公： 凡使，收得後，糠頭炒，令糠頭焦黑，取馬陸出，用竹刮足去頭了，研成末用之。

宋・寇宗奭《本草衍義》卷一七　馬陸　即今百節蟲也，身如槎節，節有細蹙，紋起紫黑色，光潤，百足。死則側卧如環，長二三寸，尤者麤如小指，西京上陽宫及内城磚牆中甚多，入藥至鮮。

宋・王繼先《紹興本草》卷一八　馬陸　紹興校定：馬陸乃蚰蜒之類，別是一種。《本經》雖有性味、主治，今未聞諸方用據。但可以毒人，而無起疾之功矣。

宋・鄭樵《通志》卷七六《昆蟲草木略》　馬蚿　《爾雅》云：蛝，馬蚿。郭云：馬蠲蚼，俗呼馬蚿。《方言》云：北燕謂之蛆蝶。其大者謂之馬蚰。蚰即蚿也。

宋・鄭樵《通志》卷七六《昆蟲草木略》　馬陸　似蜈蚣而小，尤多腳，不能毒人。曰百足，曰馬軸。所謂百足之蟲至死不僵者，此也。

明・劉文泰《本草品彙精要》卷三一　馬陸有毒　濕生。

馬陸出《神農本經》：主腹中大堅癥，破積聚，息肉，惡瘡，白禿。以上朱字《神農本經》。療寒熱痞結，脇下滿。以上黑字名醫所錄。【名】百足、馬軸、土蟲、飛蚿音玄蟲、馬蚿、刀環蟲。【地】《圖經》曰：生玄菟川谷。陶隱居云：此蟲形長五六寸，狀如大蛩，夏月登樹鳴，冬則蟄。今人呼爲飛蚿蟲也，恐不必是馬陸爾。今有一細黃蟲，狀如蜈蚣而甚長，俗名土蟲，雞食之醉悶亦至死。《唐本》注云：此蟲大如細筆管，長三四寸，斑色，一如蚰蜒，襄陽人名爲馬蚿，亦名馬軸，亦呼刀環，此蟲之死，其身側卧狀如刀環也。有人自毒，服一枚便死也。《衍義》曰：馬陸即今百節蟲也，身如槎節，節有細蹙紋起，紫黑色，光潤，百足，死則側卧如環，長二三寸，尤者麤如小指。西京上陽宫及内城甎墻中甚多，入藥至鮮。【時】生：無時。採：夏月取。【收】暴乾。【用】身。【質】類蜈蚣而麤。【色】紫黑。【味】辛。【性】溫，散。【氣】氣厚於味，陽也。【臭】腥。【主】破堅積，消惡瘡。【製】雷公云：凡使，收得後糠頭炒，令糠頭焦黑，取馬陸出，用竹刮足去頭，研成末用之。

明・王文潔《太乙仙製本草藥性大全》卷八《本草精義》　馬陸　俗呼爲百節蟲，一名百足，一名馬軸。襄陽人呼名爲馬蚿，亦呼馬蟄，又名刀環。生玄菟山谷。此蟲形長五六寸，大如細筆管，狀如大蛩，身如槎，節節有細蹙紋起，紫黑色，光潤。書云：百足之蟲，至死不僵。此蟲足甚多，寸寸斷便寸行，或百足，死則側卧如環也。有人自毒，服一條即死。西京上陽宫及内城磚墻中甚多，入藥甚鮮。李云：夏月登樹鳴，冬則蟄，今人呼爲飛蚿蟲也，蛩不必是馬陸爾。今有一細黃蟲，狀如蜈蚣而甚長，俗名土蟲，雞食之醉悶，亦至死。

明・王文潔《太乙仙製本草藥性大全》卷八《仙製藥性》　馬陸　味辛，氣溫，有毒。主治：破腹中堅癥積聚，去息肉白禿惡瘡。散痞結脇滿，祛寒熱往來。太乙曰：凡使，收得後，糠頭炒，令糠頭焦黑，取馬陸出，用竹刀刮足去頭了，研成末用。

明・李時珍《本草綱目》卷四二蟲部・濕生類　馬陸《本經》下品。

【釋名】百足《本經》　百節《衍義》　千足《炮炙論》　馬蚿音弦。馬蠸音拳。馬蠲郭璞　馬軸《別録》　馬蝼《爾雅》　飛蚿蟲李當之　刀環蟲蘇恭　蛩弘景曰：此蟲〔足〕甚多，寸寸斷之，亦便寸行。故魯連子云百足之蟲，死而不殭，《莊子》蚿憐蛇是矣。

【集解】《別録》曰：馬陸生玄菟川谷。弘景曰：李當之云：此蟲長五六寸，狀如大蛩，夏月登樹鳴，冬則入蟄，今人呼爲飛蚿蟲。今有一種細黃蟲，狀如蜈蚣而甚長，俗名土蟲。雞食之，醉悶至死。方家既不復用，市人亦無取者，未詳何者的是。恭曰：此蟲大如細筆管，長三四寸，斑色，亦如蚰蜒。襄陽人名爲馬蚿，亦呼馬軸，又名刀環蟲，以其死側卧，狀如刀環也。有人自毒，服一枚便死也。斆曰：千足蟲頭上有白肉，面並觜尖。把着，腥臭氣入人頂，能致死也。宗奭曰：百節，身如槎，節節有細蹙文起，紫黑色，光潤，百足，死則側卧如環，長二三寸，大者如小指。古墻壁中甚多，入藥至鮮。時珍曰：馬蚿處處有之。形大如蚯蚓，紫黑色，其足比比至百，而皮極硬，節節有横文如金線，首尾一般大。觸之即側卧局縮如環，不必死也。能毒雞犬。陶氏所謂土蟲，乃蚰蜒也，死亦側踡如環，雞喜食之。當以李當之之説爲準。

【正誤】藏器曰：按土蟲無足，如一條衣帶，長四五寸，身扁似韭葉，背上有黃黑襉，頭如鏟子，行處有白涎，生濕地，雞喫即死。陶云土蟲似蜈蚣者，乃蚰蜒，非土蟲，亦非馬陸也。蘇云馬陸如蚰蜒，亦誤矣。按蚰蜒色黃不斑，其足無數。時珍曰：按段成式《酉陽雜俎》云：度古俗呼土蠱，身形似衣帶，色類蚯蚓，長一尺餘，首如鏟，背上有黃黑襉，稍觸即斷。常趁蚓掩之，則蚓化爲水。有毒，雞食之輒死。據此，則陳藏器所謂土蟲者，蓋土蠱也。陶氏誤以蚰蜒爲馬陸，陳氏亦誤以土蠱爲土蟲矣。

【修治】雷曰：凡收得馬陸，以糠頭炒，至糠焦黑，取出去糠，竹刀刮去頭、足，研末用。

〔氣味〕辛，温，有毒。〔主治〕腹中大堅癥，破積聚息肉，惡瘡白秃《本經》。療寒熱痞結，脇下滿。《别録》。辟邪瘧時珍。

〔發明〕時珍曰：馬陸係神農藥，雷氏備載炮炙之法，而古方鮮見用者，惟《聖惠》逐邪丸用之。其方治久瘧發歇無時。用百節蟲四十九枚，濕生蟲四十九枚，砒霜三錢，粽子角七枚。五月五日日未出時，于東南上尋取兩般蟲，至午時向南研勻，丸小豆大。每發日早，男左女右，手把一丸，嗅之七徧，立效。修時忌孝子、婦人、師尼、雞犬見之。亦合《别録》療寒熱之説。大抵毒物止可外用，不敢輕入丸、散中也。

清・葉志詵《神農本草經贊》卷三 馬陸 味辛，溫。主腹中大堅癥，破積聚息肉，惡創白秃。一名百足。生川谷。即馬蚿，大蜈蚣也。

翠屏摇曳，逃影巖嵌。避蝸涎滑，羡蛇足芟。步噬鼈跛，醉解雞饞。食牛氣壯，鳴鼓聲嚴。

《嶺南異物志》：珠崖人，每晴明，見海中遠山羅列如翠屏，東西不定，悉蜈蚣也。高啟詩：罔兩忌影逃巖嵌。《玉匣記》：蝸牛登蜈蚣背，以涎繞之，其足自落。《莊子》：蚿憐蛇。注：以有而羡無也。黄庭堅詩：百足馬蚿笑鼈跛。東皙記：雞以蜈蚣為酒，食之即醉。《異物志》：東南海中，蜈蚣長數丈，能噉牛。里人秋冬間，鳴鼓燃火炬，以驅逐之。

山蛩蟲

宋・唐慎微《證類本草》卷二二蟲魚部下品〔唐・陳藏器《本草拾遺》〕

山蛩蟲 有大毒。主人嗜酒不已，取一節燒成灰，水下，服之訖，便不喜聞酒氣。過一節則毒人至死。此用療嗜酒人也。亦主蠶白殭死，取蟲燒作灰粉之。以燒令黑，傅惡瘡。烏斑色，長二三寸，生林間，如百足而大。更有大者如指，名馬陸，能登木群吟。已見《本經》。

明・李時珍《本草綱目》卷四二蟲部・濕生類 山蛩蟲《拾遺》

〔集解〕藏器曰：生山林間。狀如百足而大，烏斑色，長二三寸。更有大如指者，名馬陸，能登木群吟，已見《本經》。時珍曰：按《本經》馬陸一名百足，狀如大蛩，而此云狀如百足而大，更大者爲馬陸，則似又指百足爲一物矣。蓋此即馬陸之在山而大者耳，故曰山蛩。雞、犬皆不敢食之。

〔氣味〕有大毒。〔主治〕人嗜酒不已，取一節燒灰，水服，便不喜聞酒氣。過一節則毒人至死。又燒黑傅惡瘡，亦治蠶病白殭，燒灰粉之藏器。

蚰蜒

宋・鄭樵《通志》卷七六《昆蟲草木略》 蚰蜒 關東謂之蟥蛩。故《爾雅》曰：蟥蛩，入耳。以此蟲能入人耳，故得入耳之名。

明・王文潔《太乙仙製本草藥性大全》卷八《仙製藥性》 蜒蚰 如釵股大，色近正黄，足生若蜈蚣多，背無負殼，好油脂，延入人耳竅，故此名，乃使人緊防。《本經》註云：菖蒲去蚤蝨來蜒蚰，亦其氣芬芳所召爾。

明・皇甫嵩《本草發明》卷六 蜒蚰釵股大，色黄，足生若蜈蚣多，但不露，好油脂延入人耳，故名。此使人防之。《本經》註云：菖蒲，去蚤虱，來蜒蚰，以其氣芬芳所召耳。

明・李時珍《本草綱目》卷四二蟲部・濕生類 蚰蜒《拾遺》。時珍曰：處處有之，墻屋爛草中尤多。狀如小蜈蚣，而身圓不扁，尾後秃而無歧，多足，大者長寸餘，死亦踡屈如環，故陶弘景誤以爲馬陸也。其入人耳，用龍腦、地龍、硇砂，單吹之皆效。或以香物引之。《淮南子》云菖蒲去蚤虱而來蚙蛩，即此蟲也。揚雄《方言》云：一名入耳，一名蛈蚭，一名蚰蜒，一名蛸蚷。又一種草鞋蟲，形亦相似而身扁，亦能入人耳中。

清・葉桂《本草再新》卷一〇 蜒蚰味大苦，性大寒，有毒。入肝、脾、肺三經。瀉一切火毒，治痧痘斑疹。敷金瘡。

蜈蚣

宋・李昉《太平御覽》卷九四六 蝍蛆 張揖《廣雅》曰：蝍蛆，蜈蚣也。

《抱朴子》曰：南人入山，皆以竹管盛活蜈蚣，蜈蚣知有蛇之地，便動作於管中，如此則草中便有蛇也。蜈蚣見蛇，能以氣禁之，蛇即死。《淮南子》曰：月照天下，蝕於蟾蜍。螣蛇游霧而殆蝍蛆。蟾蜍，月中蝦蟇也。食月，故曰食於蟾蜍。蝍蛆，蓋蜈蚣也。殆猶畏(者)也。

宋・唐慎微《證類本草》卷二二蟲魚部下品〔《本經・别録》〕 蜈蚣 味辛，溫，有毒。**主鬼疰、蠱毒，噉諸蛇、蟲、魚毒，殺鬼物老精溫瘧，去三蟲，**療心腹寒熱結聚，墮胎，去惡血。生大吳川谷、江南。赤頭、足者良。

〔梁・陶弘景《本草經集注》〕云：今赤足者多出京口，長山、高麗山、茅山亦甚有，於腐爛積草處得之，勿令傷，暴乾之。黄足者甚多，而不堪用，人多火炙令赤以當之，非真也。一名蝍蛆。莊周云：蝍蛆甘帶。《淮南子》云：螣蛇遊霧，而殆於蝍蛆。其性能制蛇，忽見大蛇，便緣而噉其腦。蜈蚣亦嚙人，以桑汁、白鹽塗之即愈。

〔唐・蘇敬《唐本草》〕注云：山東人呼蝍蛛，一名蝍蛆，亦能制蛇，而蝍蛛條無制蛇語。莊周云蝍蛆甘帶，淮南云螣蛇殆於蝍蛆，并言蜈蚣矣。

〔宋・掌禹錫《嘉祐本草》〕按：《蜀本圖經》云：生山南谷土石間，人家屋壁中亦有。形似馬陸，扁身長黑，頭、足赤者良。今出安、襄、鄧、隨、唐等州，七月、八月採。日華子云：蜈蚣，治癥癖，邪魅，蛇毒，入藥炙用。

〔宋・蘇頌《本草圖經》〕曰：蜈蚣，生吳中川谷及江南，今江浙、山南、唐、鄧間皆有之。多在土石及人家屋壁間，以頭、足赤者爲勝。七、八月取之，黃足者最多。人以火炙令赤以當之，不堪用也。其性能制蛇，忽見大蛇，便緣而噉其腦。陶隱居及蘇恭皆以爲《莊子》稱蝍蛆甘帶，《淮南子》云騰蛇殆於蝍蛆，并言蝍蛆是此蜈蚣也。而郭璞注《爾雅》蒺藜，蝍蛆，云：似蝗而大腹，長角，乃又似別種。下有馬陸條，亦與蜈蚣相類，長三四寸，斑色，其死側卧，狀如刀環，故一名刀環蟲。《書傳》云：百足之蟲，至死不殭。此蟲足多，寸寸斷之，亦便寸行是也。胡洽治尸疰、惡氣諸方，皆用蜈蚣。今醫治初生兒口噤不開，不收乳者，用赤足蜈蚣去足，炙，末，以猪乳二合調半錢，分三四服，溫灌之。

〔宋・唐慎微《證類本草》〕雷公云：凡使，勿用千足蟲，真似，只是頭上有白肉，面并觜尖。若誤用并把著，腥臭氣入頂，致死。夫使蜈蚣，先以蜈蚣、木末，不然用柳蚛末，於土器中炒，令木末焦黑後，去水末了，用竹刀刮去足、甲了用。《千金方》：大治射工水弩毒，以蜈蚣大者一枚，炙爲末，和苦酒傅之，亦治口噤。《子母秘録》：治小兒撮口病，但看舌上有瘡如粟米大是也。以蜈蚣汁，刮破指甲，研，傅兩頭肉，差。如無生者，乾者亦得。《抱朴子》云：末蜈蚣以治蛇瘡。

宋・寇宗奭《本草衍義》卷一七　蜈蚣　背光黑綠色，足赤，腹下黃。有中其毒者，以烏雞屎水稠調，塗咬處，效。大蒜塗之，亦效。復能治丹毒瘤。蜈蚣一條乾者，白礬皂子大，雷丸一個，百(步)〔部〕二錢，秤，同爲末，醋調塗之。又畏蛞蝓，不敢過所行之路，觸其身則蜈蚣死，人故取以治蜈蚣毒。桑汁、白鹽亦效。

宋・王繼先《紹興本草》卷一八　蜈蚣　紹興校定：蜈蚣，性味、主治已載《本經》。然但治蟲毒疰毒，驚癇諸方多用之。當從《本經》味辛、溫、有毒是矣。南地多産之。大而赤足者佳。

宋・鄭樵《通志》卷七六《昆蟲草木略》　蜈蚣　《爾雅》曰：蒺藜，蝍蛆。性能制蛇，見大蛇則噉其腦，蛇不動。而畏蚯蚓，每遇蚯蚓，亦不敢動，蚯蚓以涎繞其足，盡落。

宋・洪邁《夷堅志・支丁志》卷一　管道考婦　道州營道村婦，養姑孝謹。姑寡居二十年，因食婦所進肉而死。鄰人有小憾，訴其置毒，縣牒尉薛大圭往驗，婦不能措詞，情志悲痛，願即死。薛疑其非是，反覆扣質，婦曰：尋常得魚肉，必置厨內柱穴間，貴其高燥且近，如此歷年歲已多，今不測何以致斯變？薛趨詣其所，見柱有蠹朽處，命劈取而視，乃蜈蚣無數，結育於中。愀然曰：害人者此也。以實告縣，婦得釋。

宋・劉明之《圖經本草藥性總論》卷下　蜈蚣　味辛，溫，有毒。主鬼疰蠱毒，噉諸蛇蟲魚毒，殺鬼物老精，溫瘧，去三蟲，療心腹寒熱結聚，墮胎，去惡血。日華子云：治癥癖，邪魅蛇毒。入藥炙用。《淮南子》云：騰蛇游霧，而殆於蝍蛆，其性能制蛇，忽見大蛇，便緣而噉其腦。蜈蚣亦嚙人，以桑汁、白鹽塗之，即愈。胡洽治尸疰惡氣，令人治初生兒口噤不開不收乳者。

宋・張杲《醫説》卷六　中蜈蚣毒　有中蜈蚣毒者，以烏雞屎水調塗咬處。大蒜塗亦效。又畏蛞蝓，不敢過所行之路，觸其身即蜈蚣死，故取以治蜈蚣毒。桑汁、白鹽塗亦效《本草衍義》。

宋・陳衍《寶慶本草折衷》卷一七　蜈蚣　一名赤足蜈蚣，一名蝍蛆，一名甘帶。○蝍，子力切。生大吳川谷，及江南、京口、長山、高麗、茅山、江浙、山南，安、襄、鄧、隨、唐州土石屋壁間。○七、八月採，暴乾。○畏蛞蝓、桑汁、白鹽、烏雞屎、大蒜。

味辛，溫，有毒。○主鬼疰蠱毒，療溫瘧，去三蟲，心腹寒熱結聚，墮胎，去惡血。○日華子云：治癥癖，邪魅蛇毒，入藥炙用。○《圖經》曰：頭足赤者為勝，黃足者最多。人以火炙赤當之，不堪用也。治尸疰惡氣，初生兒口噤不乳，取赤足蜈蚣去足炙末，以猪乳貳合調半錢，分叄肆服溫灌。○《抱朴子》云：末蜈蚣，以治蛇瘡。○寇氏曰：背光黑綠色，足赤腹黃，有中其毒者，以烏雞屎水調塗咬處，效。大蒜塗亦效。復能治丹毒瘤。

續說云：張松謂蜈蚣又治小兒急慢驚風潮搐，項背反折，大人中風癱瘓，骨節疼痛，牙疼，偏正頭風。

元・尚從善《本草元命苞》卷八　蜈蚣　有毒，性味辛溫。殺鬼魅老精怪，噉諸蛇蟲魚毒。療心腹寒熱結聚，治痃癖癥瘕堅疾。逐惡血墮胎，去三蟲止瘧。生吳中川谷，今江浙有之，山南、唐、鄧皆有。多在土石壁間，頭足赤為勝。秋後取，陰乾。蜈蚣嚙人，其痛可懼，桑汁、白鹽塗之立愈。

明・王綸《本草集要》卷六　蜈蚣　味辛，氣溫，有毒。赤頭足者良。（十）〔七〕八月採，端午日者尤佳。入藥炙，去頭足用。　主鬼疰蠱毒，噉諸蛇、蟲、魚毒，殺鬼物老精、溫瘧，去三蟲，心腹寒熱積聚，墮胎，去惡血。雞好食之，故中其毒，以烏雞屎水調塗咬處。又畏蛞蝓、蜒蚰，觸之則死，故取以治其毒。大蒜塗之亦效。

明・滕弘《神農本經會通》卷一〇　蜈蚣　赤頭足者良。多在土石及人家屋壁間。七八月間取之，端午日者尤佳。得之勿令傷，暴乾之。黄足者最多，人以火炙令赤以當之，不堪用也。入藥炙去頭足用。

味辛，氣溫，有毒。《本經》云：主鬼疰蠱毒，噉諸蛇蟲魚毒，殺鬼物老精，溫瘧，去三蟲。療心腹寒熱結聚，墮胎，去惡血。陶隱居云：嚙人，以桑汁、白鹽塗之，即愈。《圖經》云：胡洽治尸疰惡氣諸方，皆用蜈蚣。今醫治初生兒口噤不開，不收乳者，用赤足蜈蚣，去足炙末，以猪乳二合，調半錢，分三四服，溫灌之。《集》云：雞好食之，故中其毒，以烏雞屎水調塗咬處。又畏蛞蝓、蜒蚰，觸之則死，故取以治其毒。大蒜塗之亦効。《局》云：蜈蚣能制諸蛇毒，主去三蟲及墮胎。殺鬼除邪攻結聚，嬰兒口噤灌令開。蜈蚣，開小兒口噤，墮胎，制諸蛇毒。

明・劉文泰《本草品彙精要》卷三一　蜈蚣有毒　卵生。

蜈蚣出《神農本經》：主鬼疰，蠱毒，噉諸蛇、蟲、魚毒，殺鬼物，老精，溫瘧，去三蟲。以上朱字《神農本經》。療心腹寒熱結聚，墮胎，去惡血。以上黑字名醫所錄。

【地】《圖經》曰：生吳中川谷及江南，今江浙、山南、唐、鄧間皆有之，多在土石及人家屋壁間。以頭足赤者爲勝。其性能制蛇，見大蛇便緣而噉其腦。若黄足者最多，人以火炙令赤以當之，不堪用也。《衍義》曰：蜈蚣背光黑綠色，足赤，腹下黄者是。畏蛞蝓，遇其所行之路輒不敢過，若觸其身則死，故人取以治蜈蚣毒也。【時】生：無時。採：七月、八月取。【收】暴乾。【用】頭足赤者良。【味】辛。【性】溫，散。【氣】氣之厚者，陽也。【臭】腥。【製】雷公云：凡使蜈蚣，先以木末合柳蚛末於土器中同炒，令木末焦黑後，去木末，用竹刀刮去足、甲，或炙用亦可。【治】療：《圖經》曰：去尸疰，惡氣，諸方皆用。日華子云：除癥結，邪魅。《別錄》云：爲末，治蛇瘡。〇汁，治小兒撮口病，但看舌上有瘡如粟米大者是也。刮破指甲，研，傅兩頭內，瘥。【治】以一條炙黄爲末，合苦酒傅之，大治射工水弩毒，亦治口噤。〇炙黄，去足爲末，合豬乳二合調半錢，分三四服，溫灌之，主初生兒口噤不開，不收乳者。〇以乾者一條，合白礬皂子大，雷丸一個，百部二錢，同爲末，以醋調，塗丹毒瘤。【解】人中其毒，以烏雞屎水稠調，塗咬處。或用大蒜，又桑汁、白鹽塗之，並效。【贋】千足蟲真似，只是頭上有白肉、面并嘴尖。

明・葉文齡《醫學統旨》卷八　蜈蚣　氣溫，味辛。有毒。赤頭足者良。入藥炙去頭足用。　治鬼疰蠱毒，噉諸蛇蟲魚毒，殺鬼物老精溫瘧；　去三蟲，心腹寒熱積聚，墮胎，去惡血；　雞好食之，故中其毒者，取烏雞屎水調塗咬處，大蒜塗之亦効。

明・許希周《藥性粗評》卷四　若問蜈蚣第一，在攔口噤之風。

蜈蚣，百足蟲名。傳曰：百足之蟲，雖死不殭。以其扶之者衆是也。一名蝍蛆。能制蛇。《莊子》曰：蝍蛆甘帶。《淮南子》曰騰蛇遊霧而殆於蝍蛆是也。南北人家牆壁、磚石、古木舊屋中處處有之。畏蛞蝓，不敢過其所行之路。以頭足俱赤者為勝。得之勿令傷損，暴乾，收貯聽用。味辛，性微寒，有毒。主治大人小兒口噤諸風，去頭足焙焦，以五六分甘草湯灌下。此物其毒在頭，人有中其毒者，以烏雞屎傅之；或蛞蝓汁，或桑漿、白鹽亦可。

明・鄭寧《藥性要略大全》卷一〇　蜈蚣　治心腹寒熱結聚，下胎，去惡血，破〔癥〕癖邪魅、蛇毒。　味辛，溫，有毒。入藥炙用。〇用桑汁、白鹽，治蜈蚣咬人。

明・陳嘉謨《本草蒙筌》卷一一　蜈蚣　味辛，氣溫。有毒。牆壁多藏，各處俱有。端午收者美，赤頭足者良。入藥慢火炙黄，去淨頭足研末。噉蛇虺蟲魚惡毒，殺鬼物蠱疰精邪。去瘀血墮胎，逐積聚除瘧。鷄性好食，人若中其毒者，以烏鷄糞水調塗之。又畏蛞蝓、蜒蚰，觸之即死，亦可取敷其毒也。

明・王文潔《太乙仙製本草藥性大全》卷八《本草精義》　蜈蚣　生吳中川谷及江南，今江浙山南唐、鄧間皆有之，多在土石及人家屋壁間。形似馬陸，扁身長，黑頭赤足，以頭足赤者爲勝。七八月取之。黄足者最多，人以火炙令赤以當之，不堪用也。其性能制蛇，忽見大蛇，便緣而噉其腦。陶隱居云今赤足者多出京口、長山、高麗山，茅山亦甚有，於腐爛積草處得之，勿令傷，暴乾之入藥，慢火炙黄，去净頭足研末。

明・王文潔《太乙仙製本草藥性大全》卷八《仙製藥性》　蜈蚣　味辛，氣溫，有毒。　主治：　主心腹寒熱癥癖，去三蟲惡血墮胎。噉蛇虺蟲魚惡毒，殺鬼物蠱疰精邪。去瘀血墮胎，逐積聚除瘧。雞性好食，人若中其毒者，以烏雞糞水調塗之，大蒜亦妙。又畏蛞蝓、蜒蚰，觸之即死，亦可取敷其毒也。　補註：治射工、水弩毒，以蜈蚣大者一炙爲末，和苦酒傅之，亦治口噤。○治小兒撮口病，但看舌上有瘡如粟米大是也。以蜈蚣汁，刮破指甲研傅兩頭肉差。如無生者，乾者亦得。○治丹毒瘤，蜈蚣一條乾者，白礬皂子大，雷丸一個，百部二錢秤，同爲末，醋調塗之。○治初生兒口噤不開，不收乳者，赤足蜈蚣去足，炙末，猪乳二合，調半錢，分三四服，溫灌之。　太乙曰：凡使勿用千足蟲，真似，只是頭上有白肉，面并嘴尖。若誤用，并把著腥臭氣入頂致死。夫使蜈蚣，先以蜈蚣、木末，不然用柳蚛末，於土器中炒令木末焦黑後，去木末了，用竹刀刮去足甲了用。

明·皇甫嵩《本草發明》卷六　蜈蚣下品。氣溫，味辛，有毒。　發明曰：蜈蚣，亦以毒攻毒之藥。故《本草》主鬼疰蠱毒，噉諸蛇虺蟲魚惡毒，殺鬼物精邪，療心腹寒熱結聚，去惡血，除溫瘧，去三蟲，墮胎。又治蛇毒瘡。能制蛇。畏蛞蝓、蜒蚰，觸之即死。亦取敷其毒，即解。端午收，頭足赤者佳。入藥慢火炙黃，去頭足用。中其毒，烏鷄糞水塗，或搗大蒜，或桑汁、白鹽亦可。

明·李時珍《本草綱目》卷四二蟲部·濕生類　蜈蚣《本經》下品

【釋名】蒺藜《爾雅》　蝍蛆《爾雅》　天龍弘景曰：《莊子》：蝍蛆甘帶。《淮南子》云：螣蛇遊霧而殆於蝍蛆。蝍蛆，蜈蚣也，性能制蛇。見大蛇，便緣上噉其腦。恭曰：山東人呼蜘蛛一名蝍蛆，亦能制蛇，而蜘蛛條無制蛇之説。《莊子》《淮南》並謂蜈蚣也。頌曰：按《爾雅》：蒺藜，蝍蛆也。郭註云：似蝗而大腹長角，能食蛇腦。乃别似一物。時珍曰：按張揖《廣雅》及《淮南子》註皆謂蝍蛆爲蜈蚣，與郭説異。許慎以蝍蛆爲蟋蟀，能制蛇，又以蝍蛆爲馬蚿，因馬蚿有蛆蟝之名，並誤矣。

【集解】《别録》曰：蜈蚣生大吴川谷及江南。頭足赤者良。弘景曰：今赤足者，多出京口、長山、高麗山、茅山，於腐爛積草處得之，勿令傷，暴乾。黄足者甚多，而不堪用，人以火炙令赤當之，非真也。《蜈蚣》齧人，以桑汁、白鹽塗之即愈。《蜀圖》曰：生山南川谷，及出襄、鄧、隨、唐等州土石間，人家屋壁中亦有。形似馬陸，身扁而長。黑頭赤足者良。七八月采之。宗奭曰：蜈蚣背光，黑緑色，足赤腹黄。有被毒者，以烏鷄屎，或大蒜塗之，效。性畏蛞蝓，不敢過所行之路，觸其身即死，故蛞蝓能治蜈蚣毒。時珍曰：蜈蚣西南處處有之。春出冬蟄，節節有足，雙鬚歧尾。性畏蜘蛛，以溺射之，即斷爛也。南方有極大者，而《本草》失載。按段成式《酉陽雜俎》云：綏定縣蜈蚣，大者能以氣吸蛇及蜴蜥，相去三四尺，骨肉自消。沈懷遠《南越志》云：南方晋安有山出蜈蚣。大者長丈餘，能啖牛。俚人然炬遂得，以皮輓鼓，肉曝爲脯，美於牛肉。葛洪《遐觀賦》云：南方蜈蚣大者長百步，頭如車箱，肉白如瓠，越人爭買爲羹炙。張耒《明道雜志》云：黄州岐亭有拘羅山，出大蜈蚣，袤丈尺。土人捕得熏乾，商人販入北方貨之，有致富者。蔡絛《叢話》云：嶠南蜈蚣大者二三尺，螫人至死。惟見托胎蟲，則局縮不敢行。蟲乃登首，陷其腦而食之。故被蜈蚣傷者，搗蟲塗之，痛立止也。珍按：托胎蟲即蛞蝓也。蜈蚣能制龍、蛇、蜴蜥，而畏蝦蟆、蛞蝓、蜘蛛，亦《莊子》所謂物畏其天，《陰符經》所謂禽之制在氣也。

【修治】斅曰：凡使勿用千足蟲，真相似，只是頭上有白肉，面并嘴尖。若誤用，并把着，腥臭氣入頂，能致死也。凡治蜈蚣，先以蜈蚣木末或柳蛀末，於土器中炒，令木末焦黑，去木末，以竹刀刮去足甲用。時珍曰：蜈蚣木不知是何木也。今人惟以火炙去頭足用，或去尾、足，以薄荷葉火煨用之。

【氣味】辛，温，有毒。時珍曰：畏蛞蝓、蜘蛛、雞屎、桑皮、白鹽。

【主治】鬼疰蠱毒，噉諸蛇、蟲、魚毒，殺鬼物老精温瘧，去三蟲《本經》。療心腹寒熱積聚，墮胎，去惡血《别録》。治癥癖日華。小兒驚癇風搐，臍風口噤，丹毒秃瘡瘰癧，便毒痔漏，蛇瘕蛇瘴蛇傷時珍。

【發明】頌曰：《本經》云：療鬼疰，故《胡洽方》治尸疰、惡氣、痰嗽諸方多用之。今醫家治小兒口噤不開，不能乳者，以(東走)〔赤足〕蜈蚣去足炙研，用猪乳二合調半錢，分三四服，温灌之，有效。時珍曰：蓋行而疾者，惟風與蛇。蜈蚣能制蛇，故亦能截風，蓋厥陰經藥也。故所主諸證，多屬厥陰。按楊士瀛《直指方》云：蜈蚣有毒，惟風氣暴烈者可以當之。風氣暴烈，非蜈蚣能截能擒，亦不易止，但貴藥病相當耳。設或過劑，以蚯蚓、桑皮解之。又云：瘭瘡一名蛇瘴，蠻烟瘴雨之鄉，多毒蛇氣。人有不伏水土風氣而感觸之者，數月以還，必發蛇瘴。惟赤足蜈蚣最能伏蛇爲上藥，白芷次之。又《聖濟總録》云：嶺南樸蛇瘴，一名鎖喉瘴，項大腫痛連喉。用赤足蜈蚣一二節研細，水下即愈。據此，則蜈蚣之治蛇蠱、蛇毒、蛇瘕、蛇傷諸病，皆此意也。然蜈蚣又治痔漏、便毒、丹毒等病，并陸羽《茶經》載《枕中方》治瘰癧一法，則蜈蚣自能除風攻毒，不獨治蛇毒而已也。

【附方】舊五，新十三。　小兒撮口：但看舌上有瘡如粟米大是也。以蜈蚣汁刮破指甲研，傅兩頭肉即愈。如無生者，乾者亦可。《子母秘録》。　小兒急驚：萬金散：蜈蚣一条全者，去足，炙爲末，丹砂、輕粉等分研勻，陰陽乳汁和丸緑豆大。每歲一丸，乳汁下。《聖惠方》。　天弔驚風：目久不下，眼見白睛，及角弓反張，聲不出者，雙金散主之。用大蜈蚣一条去頭足，酥炙，用竹刀批開，記定左右。又以麝香一錢，亦分左右各記明，研末包定。每用左邊者吹左鼻，右邊者吹右鼻，各少許，不可過多。若眼未下，再吹些須，眼下乃止。《直指》。　破傷中風：欲死。《聖惠》用蜈蚣研末擦牙，追去涎沫，立瘥。○《儒門事親》用蜈蚣頭、烏頭尖、附子底、蠍梢等分，爲末。每用一字或半字，熱酒灌之，仍貼瘡上，取汗愈。　口眼喎斜：口内麻木者。用蜈蚣三條，一蜜炙，一酒浸，一帋裹煨，並去頭足；天南星一個，切作四片，一蜜炙，一酒浸，一帋裹煨，一生用；半夏、白芷各五錢，通爲末，入麝少許。每服一錢，熱酒調下，日一服。《通變要法》。　腹内蛇癥：誤食菜中蛇精，成蛇瘕，或食蛇肉成瘕，腹内常飢，食物即吐。以赤足蜈蚣一條炙，研末，酒服。《衛生易簡方》。 蝮蛇螫傷： 蜈蚣燒末傅之。《抱朴子》。 射工毒瘡： 大蜈蚣一枚，炙研，和酥傅之。《千金方》。 天蛇頭瘡： 生手指頭上。用蜈蚣一條，燒煙熏一二次即愈。或爲末，猪膽汁調，塗之。《奇效》。 丹毒瘤腫： 用蜈蚣一條，白礬一皂子大，雷丸一個，百部二錢，研末，醋調傅之。《本草衍義》。 瘰癧潰瘡： 茶、蜈蚣二味，炙至香熟，擣篩爲末。先以甘草湯洗净，傅之。《枕中方》。 聤耳出膿： 蜈蚣末，吹之。鮑氏。 小兒禿瘡： 大蜈蚣一條，鹽一分，入油内浸七日。取油搽之，極效。《海上方》。 便毒初起： 黄脚蜈蚣一條，瓦焙存性，爲末。酒調服，取汗即散。《濟生秘覽》。 痔瘡疼痛： 《直指》用赤足蜈蚣焙爲末，入片腦少許，唾調傅之。○《孫氏集效》用蜈蚣三四條，香油煮一二沸，浸之，再入五倍子末二三錢，瓶收密封。如遇痛不可忍，點上油，即時痛止，大效。 腹大如箕： 用蜈蚣三五條，酒炙研末。每服一錢，以鷄子二個，打開入末在内，攪勻㡪糊，沸湯煮熟食之。日一服，連進三服瘳。《活人心統》。 脚肚轉筋： 蜈蚣燒，猪脂和傅。《肘後》。 女人趾瘡： 甲内惡肉突出不愈。蜈蚣一條，焙研傅之。外以南星末，醋和傅四圍。《醫方摘要》。

明・梅得春《藥性會元》卷下 蜈蚣 味辛，氣溫，有毒。頭足赤者良。入藥炙去頭足。 主治鬼疰蠱毒，開小兒口噤，噉諸蛇蠱魚毒，殺鬼物老精，溫瘧，去三蟲。心腹寒熱積聚，墮胎，去惡血。雞好食之。若中其毒者，即取雞涎塗傷處，用大蒜塗之亦效。凡使勿用千足蟲，頭上有白肉，面、嘴尖，誤則致死。 製法： 入藥當熟炒，生則令人吐瀉。

明・李中立《本草原始》卷一一 蜈蚣 背光黑綠色，腹黄足赤。性能制蛇，見大蛇便緣上噉其腦。七八月采，熏乾。因生大吳川谷，入藥宜用公者，故曰蜈蚣。 氣味： 辛，溫，有毒。主治： 鬼疰蠱毒，噉諸蛇、蟲、魚毒，殺鬼物，老精溫瘧，去三蟲。○療心腹寒熱積聚，墮胎，去惡血。○治癥癖。○小兒驚癇風搐，臍風口噤，丹毒禿瘡瘰癧，便毒痔漏，蛇瘕蛇瘴蛇傷。《本經》下品。【圖略】 修治： 蜈蚣身扁而長，黑綠色，頭足赤者良。以火炙去頭足用，或去尾、足，以薄荷葉火煨用之。

昔有村店婦人，因用火筒吹火，不知筒中有蜈蚣藏焉，用以吹火，蜈蚣驚逆竄于喉中，不覺下胸臆，婦人求救無措手。 忽有人云： 可討小豬兒一箇，切斷喉取血，與婦人頓吃之，須臾生油一口灌，婦人遂惡心，其蜈蚣滾在血中吐出，繼與雄黄細研，水調服，遂愈。

明・張懋辰《本草便》卷二 蜈蚣 味辛，氣溫，有毒。入藥炙去頭足用。 主鬼疰蠱毒，噉諸蛇蟲魚毒，去三蟲，墮胎，去惡血。 中毒以烏雞屎，水調塗咬處。又畏蛞蝓、蜒蚰觸之則死，故取以治其毒，大蒜塗之效。

明・李中梓《藥性解》卷六 蜈蚣 味辛，性溫，有毒，不載經絡。主小兒口噤，鬼疰蠱毒諸蛇毒，殺精物溫瘧，去三蟲，心腹寒熱結聚，去瘀血，墮胎。去頭足慢火炙黄用，畏蛞蝓、蜒蚰、大蒜、雞屎。 按： 蜈蚣最似百足蟲。第百足蟲足較細密，死而不僵，頭上有白肉，面及尖嘴，其毒更甚，勿宜輕用。

明・繆希雍《本草經疏》卷二二 蜈蚣 味辛，溫，有毒。主鬼疰蠱毒，噉諸蛇蟲魚毒，殺鬼物老精，溫瘧，去三蟲，療心腹寒熱結聚，墮胎，去惡血。赤頭足者良。一名蝍蛆，一名天龍。

〖疏〗蜈蚣稟火金之氣以生，故其味辛，氣溫，有毒。乃屬陽之毒蟲，足厥陰經藥也。善能制蛇，見大蛇便緣上噉其腦。《淮南子》云： 騰蛇游霧，而殆於蝍蛆。正指此也。故《本經》主噉諸蛇蟲魚毒及去三蟲蠱毒也。性復走竄辟邪，所以能療鬼疰溫瘧，殺鬼物老精。辛主散結，溫主通行，故又治心腹寒熱結聚，墮胎去惡血也。今世又以之治小兒驚癇風搐，臍風口噤，與夫瘰癧、便毒、痔漏等證皆用之。 〖主治參互〗金頭蜈蚣，得牛角鰓、象牙末、猪懸蹄、刺蝟皮、蛀竹屑，能去通腸漏管。 《直指方》瘭瘡，一名蛇瘴。蠻烟瘴雨之鄉多毒蛇氣，人有不伏水土風氣而感觸之者，數月以還，必發蛇瘴。惟赤足蜈蚣最能伏蛇，為上藥，白芷次之。 《聖濟總錄》云： 嶺南外蛇瘴，一名瑣喉瘴，項大腫痛連喉。用赤足蜈蚣一二節，研細，水下即愈。 《奇效良方》天蛇頭瘡，生手指頭上。用蜈蚣一條，燒烟熏，一二次即愈。或為末，猪膽汁調塗之。 《濟生秘覽》便毒初起，蜈蚣一條，瓦上焙存性，為末，酒調服。 《圖經》治初生小兒口噤不開，不能乳者，用赤足蜈蚣去足炙，研末，以猪乳二合，調半錢，分三四服，溫灌之，效。 〖簡誤〗蜈蚣性有毒，善走竄，小兒慢驚風，口噤不言； 大人溫瘧，非烟嵐瘴氣所發； 心腹積聚，非蟲結蛇瘕； 便毒成膿將潰，咸在所忌。性畏蛞蝓，不敢過其所行之路。能嚙人痛甚，以蛞蝓搗塗之，痛立止。蜈蚣能制龍蛇而反畏蛞蝓、蜘蛛，即《莊子》所謂物畏其天，《陰符經》所謂禽之制在氣也。又云： 頭上有白肉面并嘴尖可別。若誤用并把著，腥臭氣入頂，能殺人也。

明・倪朱謨《本草彙言》卷一七　蜈蚣　味辛，氣溫，有毒。入手足厥陰經。李氏曰：蜈蚣生南方，處處有之。生土石間及人家屋壁中。形如馬陸而光黑綠色，足赤腹黃，雙鬚，歧尾，節節有足。春出冬蟄。南方山谷中有極大長尺者，能制毒蛇。性畏蜘蛛、蜒蚰，遇之即死。修治：火炙去頭足用。外有千足蟲，真相似，只是頭上有白肉，面并嘴尖，把着腥臭入頂，誤用能致人死。

蜈蚣：治小兒驚癇風搐，李時珍臍風口噤之藥也。金自恒曰：此藥性烈有毒，能驅風攻毒。蓋行而疾者，惟風與蛇。蜈蚣能制蛇，故亦能截風。如楊士行方治風痰風毒，若瘰癧便癰，小兒風癇痰厥，并臍風口噤等疾，咸需用之。《別錄》又治心腹惡血積聚，血癥血癖，寒熱面黃，又能去瘀血也。已上諸證，惟風氣暴烈，血瘀血毒爲患者，可以當之。如屬血虛生風，血熱成毒者，宜斟酌投之。

《聖濟錄》云：嶺南蠻烟瘴雨之鄉，多毒蛇氣，人有觸之，項腫連喉，水漿不利，寒熱頭脹。用赤足蜈蚣一條研細，白湯調服即愈。據此則蜈蚣之治蛇蠱、蛇毒、蛇瘕、蛇傷諸病，皆此意也。

集方：《直指方》治小兒急驚風癇，臍風天吊，眼反白睛，角弓反張，聲不出者。用蜈蚣一條，炙乾爲末，硃砂、輕粉各一錢，麝香五分，共研勻，用乳汁調灌一分，再取一分，吹兩鼻孔。○《枕中方》治瘰癧潰爛不收。用蜈蚣一條，炙乾爲細末，每日用少許，傅之。○《濟生秘要》治便毒初起。用蜈蚣一條，炙乾爲末，酒調空心服。○《衛生方》治腹内有惡血積聚，血瘕血癖，面黃寒熱，腹脹不食。用蜈蚣三條，炙乾爲末，酒調，空心作三次服。○同上治腹内蛇瘕，是誤食菜中蛇精，或食蛇肉成瘕，腹内常飢，食物即吐。以蜈蚣三條，炙乾研末，酒調，空心作三次服。○《活人心統》治無故腹大如箕。用蜈蚣三條，炙乾爲末，入雞子内攪勻，封固，蒸熟食之。

明・顧逢柏《分部本草妙用》卷一肝部・溫瀉　蜈蚣　辛，溫，有毒。畏蛞蝓、蜘蛛、桑白皮、鹽。主治：鬼疰蠱毒，諸蛇、蟲、魚毒，殺鬼精溫瘧，去三蟲，療心腹寒熱積聚，去惡血癥瘕，小兒驚癇，口噤，諸毒瘡蛇瘕瘴傷等。

夫行疾者，惟風與蛇，蜈蚣能制蛇，亦能截風，故風氣暴烈，及蛇瘕蛇瘴蛇傷等毒，非蜈蚣不治。服之過毒，以蚯蚓、桑皮解之。

明・蔣儀《藥鏡》卷一溫部　蜈蚣　治腫毒，而橫痃立退。祛寒熱，而溫瘧自平。去惡血，墮婦人未產之胎。搜邪風，療小兒急搐之悸。炙研水下，解蛇瘴於嶺南。豬膽末調，塗天蛇於手指。

明・張景岳《景岳全書》卷四九《本草正》　蜈蚣一名蝍蛆。赤足者良。味辛，溫，有毒。能噉諸蛇，殺諸蛇蟲魚鬼疰諸毒，去三蟲，攻瘰癧便毒，痔瘻丹毒。亦療小兒驚風臍風，丹毒禿瘡。然此蟲性毒，故能攻毒，不宜輕用。若入藥餌，須去頭足，以火炙熟用之。

明・李中梓《本草通玄》卷下　蜈蚣　辛，溫。　治蛇癥，療小兒驚吊，臍風撮口，墮胎解毒。

清・顧元交《本草彙箋》卷九　蜈蚣　有毒，惟風氣暴烈者可以當之。蓋行而疾者，唯風與蛇。蜈蚣能制蛇，故亦能截風。所主皆厥陰經病。《淮南子》云：騰蛇遊霧而殆於蝍蛆。即此義也。但貴藥病相當，設或過劑，以蚯蚓、桑皮解之。

足赤腹黃者入藥，足黃者不堪用。頭上有白肉，面并嘴尖者，誤用之則殺人。製法以木末於土器中，炒令木末焦黑，以竹刀去足甲用。今人惟以火炙頭足，或去尾足。

蜈蚣能制龍蛇，而反畏蛞蝓、蜘蛛，所謂禽之制在氣也。

清・穆石匏《本草洞詮》卷一八　蜈蚣　能制龍、蛇、蜥蜴，而畏蝦蟆、蜘蛛。《莊子》所謂物畏其天，《陰符經》所謂禽之制在氣也。氣味辛，溫，有毒。療鬼疰，噉諸蛇蟲魚毒，治癥癖。胡洽方治尸疰惡氣，痰嗽多用之。瘭瘡一名蛇瘴，蠻烟瘴雨之鄉，多毒蛇氣，人有不伏水土風氣，而感觸之者，必發蛇瘴。惟赤足蜈蚣為上藥，白芷次之。蓋行而疾者，惟風與蛇，蜈蚣能制蛇，故亦能截風。既以制蛇之故，能治蛇蠱、蛇毒、蛇瘕矣。兼治瘰癧、痔漏、便毒、丹毒諸病，則取其除風攻毒之功也。但蜈蚣有毒，惟風氣暴烈者可以當之，貴藥病相當耳。設或過劑，以蚯蚓、桑皮解之。

清・劉雲密《本草述》卷二七　蜈蚣一名蝍蛆，天龍。　大吳川谷中最廣，江南亦有之。背綠腹黃，頭足赤而大者為公，黃細者為母。用公不用母，故曰公。七八月采之。

氣味：辛，溫，有毒。主治：癘風，破傷風，小兒驚癇風搐，臍風口噤，療心腹寒熱積聚，脹滿癥瘕，治癇譫妄，去惡血，墮胎，散蠱毒，制諸蛇毒，尸疰惡氣，殺三蟲，傳便毒痔漏，瘰癧潰瘡，及蝮蛇螫傷。　頌曰：今醫家治小兒口噤不開，不能乳者，以東走蜈蚣去足，炙研，用豬乳二合，調半錢，分三四服，温灌之，有效。　時珍曰：蓋行而疾者，惟風與蛇。蜈蚣能制蛇，故亦能截風。蓋厥陰經藥也。故所主諸證，多屬厥陰。按楊士瀛《直指方》云：蜈蚣有毒，惟風氣暴烈者可以當之。風氣暴烈，非蜈蚣能截能擒，亦不易止。但貴藥病相當耳，設或過劑，以蚯蚓、桑皮解之。　希雍曰：蜈蚣稟火金之氣以生，故其味辛，氣温，有毒。乃屬陽之毒蟲，足厥陰經藥也。

金頭蜈蚣得牛角䚡、象牙末、豬懸蹄、刺蝟皮、蛀竹屑，能去通腸漏管。

《聖濟總錄》云：嶺南外蛇瘴，一名瑣喉瘴，項大腫痛連喉，用赤足蜈蚣一二節，研細，水下即愈。

愚按：蜈蚣性能制蛇，所謂騰蛇游霧，而殆於蝍蛆，音即蛆。正指此也。夫蛇應於巳，稟巽為風之用，而合於六陽盛氣者也。茲物能制之，以其火合於金也。繆仲淳以茲物稟火金之氣以生，良然。火合於金，是火為金用，則木不能因子之勢以侮金，而風水還受金制，故曰能截風也。或曰雞亦屬巽也，乃更制蜈蚣，何哉？曰：先哲有云，雞在卦屬巽，在星應昴，兑見而巽伏，故曰伏雞。巳酉相見，遂成金局。故曰兑見而巽伏。即斯繹之，則蛇屬巽，而受制於蜈蚣者，固以其雖有火，而反為金之用也。觀《蜀圖》所云：采於七八月。非其金氣專乎？至雞雖在卦屬巽，而不與蛇同厥肖，則雖具木之用，而實從金化也。蓋蜈蚣金火相馭則有毒，雞則金木相媾則適用，雖同氣而以化氣勝專氣矣，可槩論乎？或曰：是物能截風，如癘風，破傷風，及小兒急驚癇證，臍風撮口，皆治，是矣。然能除寒熱積聚，去惡血，治癥瘕者，謂何？曰：氣，陽也；血，陰也。陽壅爲風，風盛而陽不化，則患於寒熱，漸為積聚。陽不化，即病於血，且患惡血，更為癥瘕，是物火金相合以截風，則不病於風者，陽得化而陰亦因之以化矣。故不獨療風證，而男女之積聚脹滿胥治，不獨治惡血癥瘕，舉血之得化者，如陽盛而結為痰涎，以患於癇及譫妄證，悉用之矣。抑更治諸毒者，謂何？曰：前義已悉矣。所謂金火相馭則有毒，即以毒攻毒，庶幾從治以幾於得當乎。如療痔漏、便毒、丹毒等病，寧能外茲義乎？況瘰癧一證，明是風火之結毒以病於陰，是物固其的對者乎。

附方　丹毒瘤腫，用蜈蚣一條，白礬一皂子大，雷丸一個，百部二錢，研末，醋調傅之。　瘰癧潰瘡，茶、蜈蚣二味，炙至香熟，搗篩為末，先以甘草湯洗淨傅之。　便毒初起，黄脚蜈蚣一條，瓦焙存性，為末，酒調服，取汁即散。

希雍曰：蜈蚣性有毒，善走竄，小兒慢驚風，口噤不言，大人温瘧，非烟嵐瘴氣所發，便毒成膿將潰，咸在所忌。是物性畏蛞蝓，能嚙人痛甚，以蛞蝓搗塗之，痛立止。蛞蝓一名附蝸，一名陵蠡，一名鼻涕蟲，又名托胎蟲。

修治　凡使勿用千足蟲，真相似，只是頭上有白肉面，并嘴尖可別。若誤用，并把着腥臭氣入頂，能殺人也。　以火炙去頭足用，或去尾足，以薄荷葉火煨用之。

清·郭章宜《本草匯》卷一七　蜈蚣　辛，溫，有毒。陽也，入足厥陰經。治腹內蛇癥，誤食菜中蛇精，成蛇癥。或食蛇肉，腹內常飢，食物即吐。以赤足蜈蚣一條，炙研，酒服。驚弔瘡甲。趾甲內惡肉突出不愈，蜈蚣一條，焙研敷之，外以南星末，醋和調敷四圍。療臍風撮口，但看舌上有瘡如粟大是也，用東走蜈蚣，以猪乳調半錢，分三四服，溫灌之。或以指甲刮破，研傅兩頭肉，即愈。腹大如箕。蜈蚣五條，酒炙研末，每服一錢，以鷄子二箇，打開入末，攪勻，紙糊，沸湯煑熟，食一服，不過三次瘳。散天蛇蜈蚣，燒烟薰一二次即愈。或為末，猪胆汁塗之。瘰癧瘤腫，墮胎孕蟲毒瘴毒。

按：蜈蚣，禀火金之氣，性善走竄，風氣暴烈能截能擒，疽毒惡焰能散能起，貴乎藥病相當，重在酌量作劑。或過劑，以蚯蚓、桑皮汁服而解之。為瘡科、小兒科緊關藥也。若烟瘴之鄉，多毒蛇氣，人有不服水土，感觸風氣而發蛇瘴者，惟此為上藥耳。善能制蛇，欲噉其腦。《淮南子》云：騰蛇游霧，而殆於蝍蛆。正指此也。驚風非由烟瘴，積聚非由結瘕，咸在所忌。

出京口茅山。取赤足黑頭者，以火炙去頭足尾甲，將薄荷葉火煨用。或酒炙亦可。人中其毒，以桑汁、白鹽、大蒜塗之，或即以黄土水塗，以黄筒紙薰之；立效。畏蛞蝓、音括于。蝸牛類，即托胎蟲。蜘蛛、雞屎、桑皮、白鹽。

清·蔣居祉《本草擇要綱目·溫性藥品》　蜈蚣采得真者，去頭足并尾，以薄荷葉包，火煨用之。犯蜈蚣毒，以烏鷄糞，或大蒜塗之立效。或以火氣薰之亦效，或以蜘蛛吸之亦效，或以蛞蝓搗敷之亦效。　氣味：辛，溫，有毒。　主治：蠱毒，噉諸蛇蟲魚毒。療心腹寒熱積聚，治癥癖，小兒驚癇，臍風口噤，丹毒瘭瘡瘰癧。蓋行而疾者，唯風與蛇。蜈蚣能制蛇，故亦能截風，蓋厥陰經藥也，故所主諸症多屬厥陰。凡用取身扁而長，黑頭赤足者為良。千足蟲與蜈蚣相似，但頭上有白肉，面并嘴俱尖，若誤用并犯其腥臭氣，入腦致死，不可不慎，重選擇之。

清・汪昂《本草備要》卷四　蜈蚣宣，去風。　辛，溫，有毒。入厥陰肝經。善走能散，治臍風噤口，炙末，猪乳調服。驚癎瘰癧，蛇癥能制蛇。瘡甲，趾甲內惡肉突出，俗名鷄眼睛。蜈蚣焙研敷之，以南星末醋調，敷四圍。殺蟲古方治疰嗽多用之。墮胎。　取赤足黑頭者，火炙，去頭足尾甲，將荷葉火煨用，或酒炙。畏蜘蛛、蜒蚰不敢過所行之路，觸着即死，鷄屎、桑皮、鹽。中其毒者，以桑汁、鹽、蒜塗之。被咬者，捕蜘蛛置咬處，自吸其毒。蜘蛛死，放水中，吐而活之。

清・李熙和《醫經允中》卷一七　蜈蚣　畏蛞蝓、蜘蛛、桑白皮、鹽。辛，溫。有毒。　主治去惡血，諸癰毒，制蛇，截風，墮胎孕。中其毒者，以烏雞矢水塗之。又畏蜒蚰，觸之即死，亦可取敷。嶺南有蛇瘴，項大腫痛連喉，用赤足蜈蚣一二節，研末，水送下即愈。

清・馮兆張《馮氏錦囊秘錄・雜症痘疹藥性主治合參》卷一一　蜈蚣一名蝍蛆。稟火金之氣以生。味辛，氣溫，有毒。乃屬陽之毒蟲。足厥陰經藥也。善能制蛇，見大蛇則緣上噉其腦。《淮南子》云騰蛇遊霧而殆於蝍蛆，故主噉諸蛇蟲魚毒，去三蟲蠱毒也。性復走竄，辟邪，所以能療鬼疰溫瘧，殺鬼物老精。辛主散結，溫主通行，故治心腹寒熱結聚，墮胎，去惡血也。今世以治小兒驚癎風搐，臍風口噤，瘰癧，便毒痔漏等證，亦取其以毒攻毒，散結溫行耳。

蜈蚣，噉蛇虺蟲魚惡毒，殺鬼物蠱疰精邪。去瘀血，墮胎。逐積聚，除瘧。去三蟲，逐毒。療心腹寒熱。若被毒者，烏雞糞及蜒蚰並可敷解。

主治痘疹合參：　治痘發毒攻斑，除內臟腹痛。宜去頭、足，炙用。

清・张璐《本經逢原》卷四　蜈蚣　辛，溫，有毒。火炙，去足用。　《本經》主鬼疰蠱毒，噉諸蛇蟲魚毒，殺鬼物老精，除溫瘧，去三蟲。　發明：　蓋行而疾者，惟風與蛇。蜈蚣能制蛇，故亦能截風。厥陰經藥也。嶺南有蛇瘴，項大腫痛連喉，用赤足蜈蚣二節研細，水下即愈。又破傷風欲死，研末，擦牙邊去涎沫立瘥。《本經》言噉諸蛇蟲魚毒，悉能解之。萬金散治小兒急驚，蜈蚣一條去足炙黃，入硃砂、輕粉、乳汁為丸，服少許即安。雙金散治小兒天吊目久不下，口噤反張，蜈蚣一條，酥炙去頭足，入麝香為末，以少許吹鼻，至眼合乃止。若眼未下再吹之。小兒撮口刮破舌瘡，蜈蚣末敷之。《千金》治射工毒瘡，蜈蚣炙黃為末敷之。小兒禿瘡，蜈蚣浸油搽之。《直指方》治痔瘡疼痛，蜈蚣炙末，入片腦少許，唾調敷之。《急救方》治溫瘧洒洒時驚，涼膈散加蜈蚣蠍尾服之。《摘要》治婦人趾瘡，甲內雞眼及惡肉突出，蜈蚣一條去頭足，焙研入麝香少許，去硬蓋，攤烏金紙，留孔貼上，一夕即效。如有惡肉，外以南星末，醋和傅四周，其祛毒之功，無出其右。

清・浦士貞《夕庵讀本草快編》卷五　蜈蚣《本經》　蝍蛆　《淮南子》曰：　騰蛇遊霧而殆於蝍蛆，謂其性能制龍、蛇、蜴蜥，而畏蝦蟆、蛞蝓、蜘蛛者。莊子所謂物畏其天，《陰符經》謂禽之制在氣也。　蜈蚣辛溫有毒，厥陰肝經藥也。專治鬼疰蠱毒，殺精邪，溫瘧化，驚癎定，風搐瘰癧，便毒痔漏，蛇瘕，用之立愈。夫行而疾者，惟風與蛇，此物能制之，故截風散毒有神耳。設或過服，便以蚯蚓、桑皮解之，然亦無大害于人耳。

清・張志聰、高世栻《本草崇原》卷下　蜈蚣　氣味辛，溫，有毒。主治鬼疰蠱毒，諸蛇蟲魚毒，殺鬼物老精，溫瘧，去三蟲。　蜈蚣江以南處處有之，春出冬蟄，節節有足，雙鬚歧尾，頭上有毒鉗。入藥以頭足赤者為良。蜈蚣一名天龍，能制龍蛇蜥蜴，畏蝦蟆、蛞蝓、蜘蛛、雄雞。《莊子》所謂：　物畏其天。《陰符經》所謂：　禽之制在氣也。　蜈蚣色赤性溫，雙鉗兩尾，頭尾咸紅。生於南方，稟火毒之性，故《本經》主治皆是以火毒而攻陰毒之用也。

愚按：　蛇屬金，蜈蚣屬火，故能制之。雞應昴宿，是又太陽出而爝火滅之義矣。

清・王子接《得宜本草・下品藥》　蜈蚣　味辛，溫。主治尸疰惡氣。

清・黃元御《玉楸藥解》卷六　蜈蚣　味辛，微溫。入足厥陰肝經。墜胎破積，拔膿消腫。蜈蚣辛溫，毒悍，能化癖消積，殺蟲解毒蠱。治瘰癧痔瘻，禿瘡便毒。療蛇瘕、蛇咬、蟲瘴、蛇蠱。庸工以治驚癎抽搐，臍風口噤。

清・吳儀洛《本草從新》卷六　蜈蚣宣，去風。　辛，溫，有毒。入厥陰肝經。　善走能散。治臍風撮口，炙末，猪乳調服。驚癎瘰癧，蛇癥能制蛇。瘡甲。趾甲內惡肉突出，俗名鷄眼睛。蜈蚣焙研敷，以南星末，醋調敷四圍。殺蟲墮胎。　取赤足黑頭者，火炙，去頭足尾甲，將薄荷葉火煨用。畏蜘蛛、被咬者，捕蜘蛛置咬處，自吸其毒，蜘蛛死，放水中吐而活之。蜒蚰、不敢過所行之路，觸着即死。鷄屎、桑皮、鹽。中其毒者，桑汁、鹽、蒜塗之。

清・汪紱《醫林纂要探源》卷三　蜈蚣　辛，鹹，寒。一名蝍蛆。赤頭者力雄，或取黑頭，蓋畏赤之毒盛耳。全炙，或去頭足尾，荷葉包煨。被傷者，捕蜘蛛吸其毒，及蜒蚰、雞矢、桑汁、鹽、蒜皆可解。　入肝祛風，入心散瘀，旁達經絡，去毒殺蟲。炙末，乳調服，治小兒臍風噤口，驚癎，殺蟲，解蛇毒。　蜈蚣能食蛇也，外用可傅瘰癧及諸腫毒。若治腳上雞眼，研末敷瘡，更以醋調南星末圍之，則瘡自蛻。然則蜈蚣亦能去死肌生新肉矣。

清・嚴潔等《得配本草》卷八　蜈蚣　畏蛞蝓、蜘蛛、白鹽、雞屎、桑白皮。　辛，溫，有毒。入足厥陰經。能截暴風，消除瘀血。　入雞子白煮，治腹大如箕。入酒煮炙，治腹內蛇癥。常飢，食物即吐，此其症也。　去頭、足用，荷葉包煨，或以柳蚛末於新瓦上同炒，俟蚛黑為度，或酒炙，隨病法製。　百足蟲頭上有白肉，嘴尖，誤服之腥氣入頂而死。　中其毒者，桑樹汁、鹽、蒜塗之。烏雞糞、蜒蚰可敷。蚯蚓、桑皮，亦能解其毒。

題清・徐大椿《藥性切用》卷八　蜈蚣　即百足蟲。辛溫有毒，性走善散，入厥陰肝經。治臍風撮口，驚癇蛇癥。去頭足，炙灰用。被咬，捕蜘蛛吸毒，入水蛛即活。

清・黃宮繡《本草求真》卷三　蜈蚣入肝祛風，通瘀散熱，解毒。　蜈蚣耑入肝。本屬毒物，性善噉蛇，故治蛇癥毒者無越是物。蜈蚣本能刺蛇。且其性善走竄，故瘟疫鬼怪得此則療。又其味辛，辛則能以散風，故凡小兒驚癇風搐，臍風噤口，得此入肝則治。炙末，猪乳調治。又其性溫，溫則能以療結，故凡瘀血墮胎，心腹寒熱結聚，得此則祛。至於瘰癧便毒等症，書載能以調治，如趾甲內有惡肉突出，俗名雞眼睛，用蜈蚣焙乾為末敷上，以南星末醋調敷圍四處。亦是以毒攻毒之意耳！　赤足黑頭者佳，火煨用，畏蜘蛛、蜒蚰、蜘蛛、蜒蚰之路，蜈蚣不敢經過，觸着即死。被蜈蚣咬者，但捕蜘蛛置咬處，自吸其毒，蜘蛛放水中吐而活之。　雞屎、桑皮、鹽。中蜈蚣毒，以桑汁、鹽、蒜塗之即愈。

清・羅國綱《羅氏會約醫鏡》卷一八鱗介蟲魚部　蜈蚣味辛溫，有毒，入肝經。　辛散結，溫能行。治小兒驚癇風搐、臍風瘰癧、便毒痔漏等症。以毒攻毒。療諸蛇蟲魚惡毒，見蛇，便緣上啖其腦。殺鬼物蠱疰邪精，去瘀血，墮胎元。取赤足黑頭者，火炙或酒炙，或荷葉包煨用，去頭足尾甲。畏蜘蛛、蜒蚰，不敢過所行之路。雞屎、桑皮、鹽。中其毒者用桑汁、鹽、蒜塗之；被咬者，以蜘蛛置咬處吸之。

清・張德裕《本草正義》卷下　蜈蚣赤足者良　辛，溫，有毒。殺諸蟲，攻瘰癧便毒，小兒驚風臍風，丹毒禿瘡。性毒，不宜輕用。若入藥，須去頭足，火炙熟用。

清・楊時泰《本草述鉤元》卷二七　蜈蚣　一名蝍蛆。川、廣最多，江南亦有。背綠腹黃，頭足赤而大者為公，黃細者為母，用公不用母，故名。七八月采之。

味辛，氣溫，有毒。足厥陰經藥也。主癘風、破傷風，小兒驚癇風搐，臍風、口噤，治心腹寒熱，積聚脹滿癥瘕，癇證譫妄，去惡血，墮胎，散蠱毒，制諸蛇毒，尸疰惡氣，殺三蟲，傅便毒痔漏，瘰癧潰瘡及蝮蛇螫傷。稟火金之氣以生，辛溫屬陽之毒蟲也仲淳。行而疾者，惟風與蛇，蜈蚣能制蛇，故亦能截風瀕湖。蜈蚣有毒，惟風氣暴烈者，可以當之。風氣暴烈，非蜈蚣擒截，亦不易止，但貴藥病相當耳。通劑解法，載修治前。　得牛角䚡、象牙末、猪懸蹄、刺蝟皮、蛀竹屑，能去通腸漏管。小兒口噤不乳，東走蜈蚣去足炙研，用猪乳二合調半錢，分三四服，溫灌之。鎖喉瘴，項大腫痛連喉，此嶺南外蛇瘴也，用赤足蜈蚣一二節研細，水下即愈。丹毒瘤腫，蜈蚣一條、白礬一皂子大、雷丸一個、百部二錢研末，醋調敷之。瘰癧潰瘡，茶、蜈蚣二味，炙至香熟，搗篩為末，先以甘草湯洗淨，傅之。便毒初起，黃脚蜈蚣一條瓦焙，存性為末，酒調服，取汗即散。

論：　蜈蚣性能制蛇，夫蛇應於巳，稟巽風之用，而合於六陽盛氣者，茲物能制之，以其火合於金也。稟火金之氣而生。火合於金，是火為金用，木不能因子之勢以侮金，而風木還受金制，故能截風。或曰：　雞亦屬巽，乃更能制蜈蚣，何哉？曰：　雞在卦屬巽，在星應昴，昴見而巽伏，故曰伏雞。巳酉相見遂成金局，故云。繹此則知蛇之屬巽而受制於蜈蚣者，以其雖有火而反為金之用也，《蜀圖》謂宜采於七八月，非欲其金氣之專乎。至雞雖屬巽，而不與蛇同厥肖。蓋雖具木之用，而實從金化者，惟蜈蚣金火相馭則有毒，而伏雞金木相媾則適用，雖同氣而以化氣勝專氣矣，可概論乎。夫以截風之物，而治癘風、破傷風及癇風、臍風固已，至於寒熱積聚惡血癥瘕，何以更能除去？蓋氣陽也，血陰也，陽壅為風，風盛而陽不化，則患於寒熱，漸為積聚，陽不化則病於血而患惡血，更為癥瘕。是物火金相合以截風，既不病於風，即陽得化而陰亦因之以化矣。明於陽化之故，則不獨療風，而積聚脹滿之胥治，不獨去癥瘕惡血，而陽盛結為痰涎以患於癇及譫妄者，悉得用之矣。又瘰癧一證，乃風火之結毒以病於血，是物固其的對，若痔漏、便毒、丹毒等病，俱不出以毒攻毒從治之義求之，正以其火金相馭則有毒故也。

繆氏言小兒慢驚，口噤不言，大人溫瘧非瘴氣所發，與便毒成膿將潰，咸在所忌。服蜈蚣過劑，以蚯蚓、桑皮解之。嚙人痛甚，以蛞蝓一名附蝸，又名鼻涕蟲。搗塗之，立止。

辨治：千足蟲真相似，只是頭上有白肉、嘴尖并面可別，若誤用并把着腥臭氣，入頂能殺人。火炙，去頭足用，或去尾足，以薄荷葉裹火煨用之。

清·葉桂《本草再新》卷一　○蜈蚣味辛，性溫，有毒。入肝、脾、腎三經。散風撮口，治驚癇瘰癧，蛇癥瘡甲，殺蟲墮胎。

清·趙其光《本草求原》卷一八蟲部　蜈蚣一名天龍。　蛇應巽巳，屬風。而此能制蛇，善走竄。辛散，溫達，故能截風散結，辟邪，治急驚，炙末，入朱砂、輕粉、乳汁為丸。臍風撮口，炙末，豬乳調下。天吊反張，炙去頭、足，入麝研，吹鼻，至目合乃止。瘰癧，同茶炒香，先以甘草水洗，敷之。丹毒瘤腫，同白礬、雷丸、百部末，醋調塗。便毒初起，炙末酒調下。痔腫，炙末，入冰片少許，唾調塗。通腸瘻管，金頭蜈蚣同牛角䚡、象牙、豬甲、蝟皮、蛀竹屑。蛇瘴一名鎖喉瘴，項大腫痛連喉，用赤足蜈蚣二節，研水下即愈。蛇癥，破傷風欲死，研末擦牙，去涎即活。趾生雞眼，焙研或加麝貼之，以南星末醋調塗四圍。禿瘡，浸油搽。溫瘧，洒洒時驚，同全蠍加入涼膈散服。癘瘋，殺蟲去瘀，墮胎。凡中諸蛇蟲、魚毒、尸疰惡氣、蠱毒，皆可解；以毒祛毒，無出其右。

取赤足黑頭者，火炙去頭足用，或酒炙，或薄荷葉火煨用。中其毒者，以雞屎、桑皮、蚯蚓、八角、鹽、蒜等服之、塗之。臍邊有紅紫圈可證。被咬者，以蚰蜒、鼻涕蟲塗之，或生蜘蛛放咬處，自吸其毒。蜘死放水中，吐而活之。按雞亦屬巽巳而肖於酉，巳會酉，化金以構木，蜈蚣得金木之專氣，故反受制於化氣，而為雞所勝。

清·葉志詵《神農本草經贊》卷三　蜈蚣　味辛，溫。主鬼注蠱毒，噉諸蛇蟲魚毒，殺鬼物老精，溫瘧，去三蟲。生山谷。

冬寒閉蟄，春暖昭蘇。赤連歧尾，黑簇雙鬚。禁施荒虺，畏制垂蛛。誤攫毒螫，桑沃鹽塗。

《左傳》：閉蟄而蒸。《禮》：蟄蟲昭蘇。李時珍曰：蜈蚣冬蟄春出，歧尾雙鬚。韓保昇曰：黑頭，赤足者良。《博物志》：蛇虺見之，而蟠伏似施禁法。沈佺期詩：截荒虺。《鶴林玉露》：蜘蛛以溺射之即死。蘇軾詩：落月出柳看垂蛛。陶弘景曰：被螫者，以桑汁白鹽塗之。

清·文晟《新編六書》卷六《藥性摘錄》　蜈蚣　本屬毒物，性善噉蛇，故治蛇症。○外用治瘰癧，以箝挑雞眼惡肉。○畏蜘蛛、蚰蜒、雞矢、桑皮、鹽。

清·戴葆元《本草綱目易知錄》卷五　蜈蚣　辛，溫，有毒。以其制蛇，故能截風，蓋厥陰經藥也。療溫瘧，除三蟲，去惡血，墮胎妊，解鬼疰蠱毒，噉諸蛇蟲魚毒，殺鬼物老精。治心腹寒熱，積聚癥結，小兒驚癇風搐，臍風噤口，丹毒，禿瘡瘰癧，便毒痔漏，蛇瘕、蛇瘴、蛇傷。【略】天蛇頭瘡生手指頭上，蜈蚣一条，燒烟熏數次，愈。葆驗方：蜈蚣一條，雄黃、白芷各一錢，共末，用鴨子一枚，向頭破眼，取白去黃，用白調末傅，以鴨子殼外套之，早夜一換，愈。

清·陳其瑞《本草撮要》卷九　蜈蚣　味辛，溫，有毒，入足厥陰經，功專治尸疰惡氣。若遇臍風撮口，以之去頭足尾甲，以薄荷葉燒火炙末，猪乳調服甚效。畏蜘蛛、蜒蚰、雞屎、桑皮、鹽、蒜。墮胎。

清·仲昴庭《本草崇原集説》卷下　蜈蚣　【略】仲氏曰：隱庵注釋藥性，全從格物得來，問物類如雞食蜈蚣，雞烹則反噬，猶蛇捕鼠，蛇蟄則反噬，何也？曰：六氣有勝復，物在五行中，亦有報復，此五行為六氣所變動，非物之質性使然。按蜈蚣以火毒為用，當火煅存性。

清·鄭奮揚著，曹炳章注《增訂偽藥條辨》卷四　蘇蜈蚣　蜈蚣以蘇州産者為良。聞蘇人採取生草堆積腐爛，日久便生。曝乾外貨，背光脊綠，足赤腹黄，此易辨物也。舍蘇蚣均不可用，市肆有以本地所産混售。聞有一種千足蟲，一名馬陸，形最相似，若誤用之，并把着腥臭氣入頂，皆能毒發致死，不可不慎。　炳章按：蜈蚣，江蘇蘇州洞庭山出者多。頭紅身黑有光，大者最佳。常州吳江縣鍋山出者少，頭紅身黄色略次。四川出者，頭黄褐色，身黑褐色，小多力薄亦次。浙江餘姚縣出者，頭亦紅，身黑褐色，略次。大抵用者，須擇長大頭尾全，全身黑而有光者為道地。項元麟曰：近時有一種千足蟲，其形相似，惟頭上有白肉，嘴尖者，最毒，不宜作蜈蚣用。

蠼螋

宋·唐慎微《證類本草》卷二一蟲魚部中品〔唐·陳藏器《本草拾遺》〕

蠼螋　雞腸注陶云：雞腸草，主蠼螋溺。按蠼螋能溺人影，令發瘡，如熱沸而大，繞腰匝，不可療。蟲如小蜈蚣，色青黑，長足，山蠼螋溺毒，更猛。諸方中大有主法，其蟲無能，惟扁豆葉傅，即差。

明·李時珍《本草綱目》卷四二蟲部·濕生類　蠼螋《拾遺》。音瞿搜。時珍曰：蠼螋喜伏氍毹下，故得此名。或作蛷螋。按《周禮》赤犮氏，凡隙屋，除其貍蟲蛷螋之屬，乃求而搜之也。其蟲隱居墻壁及器物下，長不及寸，狀如小蜈蚣，青黑色，二鬚六足，足在腹前，尾有叉歧，能夾人物，俗名搜夾子。其溺射人影，令人生瘡，身作寒熱。古方用犀角汁、雞腸草汁、馬鞭草汁、梨葉汁、茶葉末、紫草末、羊髭灰、鹿角末、燕窠土，但得一品塗之皆效。孫真人《千金方》云：予曾六月中得此瘡，經五六日治不愈。有人教畫地作蠼螋形，以刀細取腹中土，以唾和塗之，再塗即愈。方知萬物相感，莫曉其由。

清・吳鋼《類經證治本草・經外藥類》 蠼螋 【略】誠齋曰：俗名蓑衣蟲，足極多，然不甚毒。南方常有之。

溪鬼蟲

宋・唐慎微《證類本草》卷二二蟲魚部下品〔唐・陳藏器《本草拾遺》〕

溪鬼蟲 取其角帶之，主溪毒射工，出有溪毒處山林間。大如雞子，似蛣蜣，頭有一角，長寸餘，角上有四岐，黑甲下有翅，能飛，六月、七月取之。

〔宋・唐慎微《證類本草》〕《百一方》：射工蟲，口邊有角，人得帶之，辟溪毒。《周禮》：壺涿氏掌除水蟲。以炮土之鼓敺之，以禁石投之。注云：投使驚去也。今人過諸山溪，先以石投水，蟲當先去，不著人也。張司空云：江南有射工蟲，甲蟲類也。口邊有弩，以氣射人。《玄中記》云：水狐，蟲也。長四寸，其色黑，背上有甲，其口有角，向前如弩，以氣射人，江淮間謂之短狐、射工，通爲溪病，此既其蟲，故能相壓伏也。

明・李時珍《本草綱目》卷四二蟲部・濕生類 溪鬼蟲《拾遺》

【釋名】射工《拾遺》 射影《詩疏》 水弩同 抱槍《雜俎》 含沙《詩註》 短狐《廣雅》 水狐《玄中記》 蜮音或。時珍曰：此蟲足角如弩，以氣爲矢，因水勢含沙以射人影或成病，故有射弩諸名。《酉陽雜俎》謂之抱槍，云形如蛣蜣，〔稍大〕，腹下有刺似槍，螫人有毒也。《玄中記》云：視其形，蟲也；見其氣，鬼也。其頭喙如狐也。《五行傳》云：南方淫惑之氣所生，故謂之蜮。《詩》云：如鬼如蜮，則不可得。即此物也。【集解】藏器曰：射工出南方有溪毒處山林間。大如雞子，形似蛣蜣，頭有一角長寸餘，角上有四岐，黑甲下有翅能飛。六七月取之。沙氣多，短狐則生。鸊鷉、鸂鶒之屬治之。慎微曰：《玄中記》云：水狐蟲長三四寸，其色黑，廣寸許，背上有甲，厚三分。其口有角，向前如弩，以氣射人，去二三步即中人，十死六七也。《博物志》云：射工，江南山溪水中甲蟲也。長一二寸，口有弩形，以氣射人影，令人發瘡，不治殺人。《周禮》：壺涿氏掌除水蟲，以抱土之鼓驅之，以焚石投之。即此物也。時珍曰：射工長二三寸，廣寸許，形扁，前闊後狹，頗似蟬狀，故《抱朴子》言其狀如鳴蜩也。腹軟背硬，如鼈負甲，黑色，故陸璣言其形如鼈也。六七月甲下有翅能飛，作鉍鉍聲。闊頭尖喙，有二骨眼。其頭目醜黑如狐如鬼，喙頭有尖角如爪，長一二分。有六足如蟹足，二足在喙下，大而一爪；四足在腹下，小而歧爪。或時雙屈前足，抱拱其喙，正如橫弩上矢之狀。冬則蟄於谷間，所居之處，大雪不積，氣起如蒸。掘下一尺可得，陰乾留用。蟾蜍、鴛鴦能食之，鵝、鴨能辟之。故《禽經》云：鵝飛則蜮沉。又有水虎，亦水狐之類。有鬼彈，乃溪毒之類。葛洪所謂溪毒似射工而無物者，皆此屬也。並附之。

角【主治】帶之辟溪毒藏器。陰乾爲末佩之，亦辟射工毒。時珍。出《抱朴子》。

【發明】時珍曰：按葛洪《肘後方》云：溪毒中人，一名中水，一名中溪，一名水病，似射工而無物。春月多病之，頭痛惡寒，狀如傷寒。二三日則腹中生蟲，食人下部，漸蝕五臟，注下不禁，雖良醫不能療也。初得則下部若有瘡，正赤如截肉，爲陽毒，最急；若瘡如蟲嚙，爲陰毒，小緩。皆殺人，不過二十日。方家用藥，與傷寒、溫病相似，或以小蒜煮湯浴之，及諸藥方。又云：江南射工毒蟲，在山間水中。人行或浴，則此蟲含沙射人形影則病。有四種，初得皆如傷寒，或似中惡，一種偏身有黑黶子，四邊悉赤，犯之如刺；一種作瘡，久即穿陷；一種突起如石；一種如火灼熛瘡也。療之並有方法。王充《論衡》云：短狐含太陽毒氣而生，故有弓矢射人，中人如火灼也。

清・穆石匏《本草洞詮》卷一八 溪鬼蟲 江南有溪毒處，其形則蟲，其氣則鬼，其頭有角如弩，以氣為矢，含沙以射人影。一名射工，一名含沙，一名短狐，一名蜮。《周官》壺涿氏除水蟲狐蜮之屬，此也。其毒中人，頭痛惡寒，狀如傷寒，二三日則腹中生蟲，食人下部，漸蝕五臟，注下不禁，醫不能療。病有四種：一種遍身有黑黶子，四邊悉赤，犯之如刺；一種作瘡，久即穿陷；一種突起如石；一種如火灼熛瘡也。方家用藥，與傷寒溫病相似，或以小蒜煮湯浴之。此蟲蟾蜍、鴛鴦能食之，鵝鴨亦食之。故曰鵝飛則蜮沉也。頭喙上角，陰乾為末，帶之辟溪毒。

沙蝨

明・李時珍《本草綱目》卷四二蟲部・濕生類 沙蝨《綱目》

【釋名】蝩蜁音梗旋。《廣雅》。 蓬活《萬畢術》 地脾同上 【集解】時珍曰：按郭義恭《廣志》云：沙蝨在水中，色赤，大不過蟣，入人皮中殺人。葛洪《抱朴子》云：〔沙〕蝨，水陸皆有之。雨後及晨暮踐沙，必着人，如毛髮刺人，便入皮裏。可以針挑取之，正赤如丹。不挑，入肉能殺人。凡遇有此蟲處，行還，以火炙身，則蟲隨火去也。又《肘後方》云：山水間多沙蝨，甚細，略不可見。人入水中，及陰〔雨日〕行草中，此蟲多着人，鑽入皮裏，令人皮上如芒針刺，赤如黍豆。刺三日之後，寒熱發瘡。蟲漸入骨，則殺人。嶺南人初有此，以茅葉或竹葉挑刮去之，仍塗苦苣汁。已深者，針挑取蟲子，正如疥蟲也。愚按溪毒、射工毒、沙蝨毒，三者相近，俱似傷寒，故有挑沙、刮沙之法。今俗病風寒者，皆以麻及桃柳枝刮其遍身，亦曰刮沙，蓋始於刮沙病也。沙病亦曰水沙、水傷寒，初起如傷寒，頭痛、壯熱、嘔惡，手足指末微厥，或腹痛悶亂，須臾殺人者，謂之攪腸沙也。

清・王道純《本草品彙精要續集》卷七 沙蝨

沙蝨《本草綱目》 【名】蝩〔蜁〕、音梗旋，《廣雅》。蓬活《萬畢術》、地牌。

【地】生在水中。【質】大不過蟣。【色】赤。【禁】入人皮中殺人。

【解】葛洪《抱朴子》云：虱，水陸皆有之。雨後人晨暮踐沙，必着人，如毛髮刺人，便入皮裏，可以針挑取之，正赤如丹，不挑入肉，能殺人。凡遇有此蟲處行，還以火炙身，則蟲隨火去也。○《肘後方》云：山水間多沙虱，甚細，略不可見。人入水中及陰行草中，此蟲多着人鑽入皮裏，令人皮上如芒針刺，赤如黍豆，刺三日之後寒熱發瘡，蟲漸入骨則殺人。嶺南人初有此，以茅葉或竹葉挑刮去之，仍塗苦苣汁；已深者，針挑取蟲子，正如疥蟲也。○李時珍云：溪毒、射工毒、沙虱毒，三者相近，俱似傷寒，故有挑沙之法，今俗病風寒者，皆以麻及桃柳枝刮其遍身赤，曰刮沙，蓋始于刮沙病也。沙病亦曰水沙、水傷寒。初起如傷寒，頭痛壯熱，嘔惡，手足指末微厥，或腹痛悶亂，須臾殺人者，謂之攪腸沙也。

沙蟲

明・李時珍《本草綱目》卷四二蟲部・濕生類　沙蟲時珍曰：按《録異記》云：潭、袁、處、吉等州有沙蟲，即毒蛇鱗甲中蟲。蛇被苦，每入急水中碾出。人中其毒，三日即死。此亦沙虱之類也。

鬼彈

明・李時珍《本草綱目》卷四二蟲部・濕生類　鬼彈　又按《南中志》云：永昌郡有禁水，惟十一二月可渡，餘月則殺人。其氣有惡物作聲，不見其形，中人則青爛，名曰鬼彈。

水虎

明・李時珍《本草綱目》卷四二蟲部・濕生類　水虎時珍曰：《襄沔記》云：中廬縣有涑水，注沔。中有物，如三四歲小兒，甲如鯪鯉，射不能入。秋曝沙上，膝頭似虎，掌爪常没水，出膝示人。小兒弄之，便咬人。人生得者，摘其鼻，可小使之。名曰水虎。

淮東子

清・趙學敏《本草綱目拾遺》卷一○蟲部　淮東子　今名跳蝦蟲，生溼土中，形如跳蚤，而大逾倍，色如蝦青，腹下多足如蝦，善跳躍，兒童以器置於水中，捕得輒投入，便不能躍出。秋時鬭蟋蟀家多畜之。凡蛩遇鬭傷及虛羸，必每日以此飼之，云能益蛩力也。其性最竄捷，能達透經絡，皮裏膜外，無不行到。治風痹，去溼腫。

衣魚

宋・李昉《太平御覽》卷九四六　白魚　《本草經》曰：白魚，一名衣魚。治婦人疝瘕，小便不利，小兒頭中風項彊，皆宜摩之。生咸陽。《吳氏本草經》曰：衣中白魚，一名蟫。

《范汪方》曰：治小便不利，取白魚二七，擣之令糜爛，分為數丸，頓服之即通也。

宋・唐慎微《證類本草》卷二二蟲魚部下品〔《本經・別録》〕　**衣魚　味鹹，溫，無毒。主婦人疝瘕，小便不利，小兒中風。項強**巨兩切**背起，摩之。**又療淋，墮胎，塗瘡滅瘢。**一名白魚，**一名蟫音談。生咸陽平澤。

〔梁・陶弘景《本草經集注》〕云：衣中乃有，而不可常得，多在書中，亦可用。小兒淋閉，以摩臍及小腹，即溺通也。

〔宋・掌禹錫《嘉祐本草》〕按：《藥性論》云：衣中白魚，使，有毒，利小便。

〔宋・蘇頌《本草圖經》〕曰：衣魚，生咸陽平澤，今處處有之。衣中乃少，而多在書卷中。《爾雅》所謂蟫蟫尋二音，白魚。郭璞云：衣、書中蟲，一名蛃音丙魚是也。段成式云：補闕張周見壁上瓜子化爲白魚，因知《列子》朽瓜爲魚之言不虛也。古方主小兒淋閉，取以摩臍及小腹，溺即通。又合鷹屎、殭蠶同傅瘡瘢即滅。今人謂之壁魚，俗傳壁魚入道經函中，因蠹食神仙字，則身有五色，人能得而吞之，可致神仙。唐張湯之少子，惑其說，乃多書神仙字，碎剪置瓶中，取壁魚投之，冀其蠹食而不能得，遂致心疾。

〔宋・唐慎微《證類本草》〕《千金方》：治沙石草落目中，眯不出。白魚以乳汁和，注目中。《外臺秘要》：主眼翳。白魚末，注少許於翳上。孫真人：卒患偏風，口喎語澀。取白魚摩耳下。喎向左摩右，向右摩左，正即止。《子母秘録》：治婦人無故遺血溺。衣中白魚三十箇，内陰中。《食醫心鏡》：小兒中客忤。書中白魚十枚，傅乳頭，飲之差。

宋・寇宗奭《本草衍義》卷一七　衣魚　多在故書中，久不動，帛中或有之，不若故紙中多也。身有厚粉，手搐之則落，亦齧毳衣，用處亦少。其形稍似魚，其尾又分二歧，世用以滅瘢痕。

宋・王繼先《紹興本草》卷一八　衣魚　紹興校定：衣魚，生在久不動衣服中，或在舊書冊中多有之。性味、主治已具《本經》，然諸方各具主治之宜，唯外用滅瘢頗驗。當從《本經》味鹹、溫，《藥性論》有毒是矣。

宋・鄭樵《通志》卷七六《昆蟲草木略》　衣魚　亦謂之蠹魚，以能蠹衣裳、書帙，亦謂之蛃魚，亦謂之蟫。《爾雅》云：蟫，白魚。

明・王綸《本草集要》卷六 衣魚 味鹹，氣溫，無毒。多在故書中，即白蠹魚也。 主婦人疝瘕，小便不利。小兒中風項強背起，摩之。小兒淋閉，取以摩臍及小腹，溺即通。又傅瘡滅瘢。

明・滕弘《神農本經會通》卷一〇 衣魚 使也。衣中乃少，而多在書卷中，即白蠹魚。

味鹹，氣溫，無毒。一云：有毒。《本經》云：主婦人疝瘕，小便不利，小兒中風，項強背起，摩之。又療淋，墮胎。塗瘡滅瘢。陶云：小兒淋閉，取以摩臍及小腹，溺即通。《藥性論》云：衣中白魚，使。有毒。利小便。《局》云：衣魚點眼醫離科，風病塗顋正口喎。淋病可通胎可墮，摩瘡能令滅瘢瑕。衣魚，正口眼喎斜，墮胎，點翳。

明・劉文泰《本草品彙精要》卷三一 衣魚無毒 化生。

衣魚出《神農本經》：主婦人疝瘕，小便不利，小兒中風，項強背起，摩之。以上朱字《神農本經》。又療淋，墮胎，塗瘡，滅瘢。以上黑字名醫所錄。【名】白魚、壁魚、蟫潭尋二音。【地】《圖經》曰：生咸陽平澤，今處處有之。衣中乃少，而多在書卷中。《爾雅》所謂蟫，白魚。郭璞云：衣、書中蟲，一名蛃音丙魚是也。《別錄》云：補闕張周見壁上瓜子化爲白魚，因知《列子》朽瓜爲魚之言不虛也。今人謂之壁魚。《衍義》曰：衣魚，多在故書中，久不動，帛中或有之，不若故紙中多也。身有厚粉，手搐之則落，亦齒毳衣，用處亦少。其形稍似魚，其尾又分二岐，世人以滅瘢痕用之。【時】生：無時。採：無時。【色】青白。【味】鹹。【性】溫，輭。【氣】氣薄味厚，陰中之陽。【治】療：《圖經》曰：主小兒淋閉，取以摩臍及小腹，即通。《藥性論》云：利小便。孫真人云：卒患偏風口喎，語澀，取數枚摩耳下，喎向左摩右，向右摩左，正即止。《別錄》云：小兒中客忤，取十枚傅乳頭，飲之瘥。又眼瞖，爲末，注少許於瞖上。又婦人無故遺血溺，取三十個內陰中。【合治】合鷹屎、殭蠶，傅瘡瘢即滅。〇合乳汁注目中，治沙石草落目中，眯不出者。【禁】妊娠不可服。

明・鄭寧《藥性要略大全》卷一〇 衣魚 正口眼喎斜，下胎，點翳。

味鹹，氣溫，無毒。今處處有之。惟衣中者良。

明・王文潔《太乙仙製本草藥性大全》卷八《本草精義》 衣魚 一名白魚，一名蟫，一名蛃魚，一名壁魚。生咸陽平澤，今處處有之。衣魚多在故書中，久不動帛中或有之，不若故紙中多也。身有厚粉，手搐之則落，亦齧毛衣，用處亦少。其形稍似魚，其尾又分二岐，世用以滅瘢痕。段成式云：補闕張周見壁上瓜子化爲白魚，因知《列子》朽瓜爲魚之言不虛也。

明・王文潔《太乙仙製本草藥性大全》卷八《仙製藥性》 衣魚使 味鹹，氣溫，無毒。 主治：主婦人疝瘕，小便不利即通；療口眼喎斜，項強背起立效。淋閉取以摩臍及小腹而溺下。〇傅瘡同合鷹屎白、殭蠶而瘢滅。尤能下胎，善點目瞖。 補註：治沙石草落目中，眯，不出。白魚以乳汁和注目中。〇主眼瞖，白魚末注少許於瞖上。〇卒患偏風，口喎語澁，取白魚摩耳下，喎向左摩右，向右摩左，正即止。〇治婦人無故遺血溺，衣中白魚三十個內陰中。〇小兒中客忤，書中白魚十枚，傅乳頭飲之差。

明・皇甫嵩《本草發明》卷六 衣魚下品。味鹹，溫，無毒。 主婦人疝瘕，小便不利。小兒中風，項強背起，摩之。又療淋，墮胎，塗瘡滅瘢。小兒淋閉，摩臍及小腹，即通。衣中乃有，不可常得。多在書卷中，亦可用。故帋中常多。

明・李時珍《本草綱目》卷四一蟲部・化生類 衣魚《本經》下品

【釋名】白魚《本經》 蟫魚覃、淫、尋三音。 蛃魚郭璞 壁魚《圖經》 蠹魚宗奭曰：衣魚生久藏衣帛中及書紙中。其形稍似魚，其尾又分二歧，故得魚名。時珍曰：白，其色也。壁，其居也。蟫，其狀態也。丙，其尾形也。

【集解】《別録》曰：衣魚生咸陽平澤。頌曰：今處處有之，衣中乃少，而書卷中甚多。身白有厚粉，以手觸之則落。段成式云：補闕張周見壁上瓜子化爲壁魚，因知《列子》朽瓜化魚之言不虛也。俗傳壁魚入道經中，食神仙字，則身有五色。人得吞之，可致神仙。唐張裼之之子，乃多書神仙字，碎剪置瓶中，取〔壁〕魚投之，冀其蠹食而不能得，遂致心疾。書此以解俗説之惑。時珍曰：衣魚，甚蠹衣帛書畫，始則黃色，老則有白粉，碎之如銀，可打紙箋。按段成式言：何諷於書中得一髮長四寸，捲之無端，用力絕之，兩端滴水。一方士云：此名脉望，乃衣魚三食神仙字，則化爲此。夜持向天，可以墜星，求丹。又異於吞魚致仙之説。大抵謬妄，宜辯正之。

【氣味】鹹，溫，無毒。甄權曰：有毒。大明曰：畏芸草、莽草、萵苣。

【主治】婦人疝瘕，小便不利，小兒中風項强，背起摩之《本經》。療淋塗瘡，滅瘢墮胎《別録》。小兒淋閉，以摩臍及小腹即通陶弘景。合鷹屎、殭蠶，同傅瘡瘢即滅蘇頌。主小兒臍風撮口，客忤天弔，風癇口喎，重舌，目翳目眯，尿血轉胞，小便不通時珍。

【發明】時珍曰：衣魚乃太陽經藥，故所主中風項强，驚癇天弔，目翳口喎，淋閉，皆手足太陽經病也。《范汪方》治小便不利，取二七枚擣，分作數丸，頓服即通。《齊書》云：明帝病篤，敕臺省求白魚爲藥。此乃神農藥，古方盛用，而今人罕知也。

【附方】舊五，新七。　小兒胎寒：腹痛汗出。用衣中白魚二七枚，絹包，于兒腹上回轉摩之，以愈爲度。《聖惠方》。　小兒撮口：壁魚兒研末。每以少許塗乳，令兒吮之。《聖惠》。　小兒客忤：項强欲死。衣魚十枚，研傅乳上，吮之入咽，立愈。或以二枚塗母手中，掩兒臍，得吐下愈。外仍以摩項强處。　小兒天弔：目睛上視。用壁魚兒乾者十箇，濕者五箇，用乳汁和研，灌之。《聖惠方》。　小兒癇疾：白魚酒：用衣中白魚七枚，竹茹一握，酒一升，煎二合，温服之。《外臺》。　偏風口喎：取白魚摩耳，左喎摩右，右喎摩左，正乃已。《外臺秘要》。　小兒重舌：衣魚燒灰，傅舌上。《千金翼》。　目中浮翳：書中白魚末，注少許於翳上，日二。《外臺》。　沙塵入目：不出者。杵白魚，以乳汁和，滴目中，即出。或爲末，點之。《千金》。　小便不通：白魚散：用白魚、滑石、亂髮等分，爲散。飲服半錢匕，日三。《金匱要略》。　小便轉胞：不出。納衣魚一枚於莖中。《千金方》。　婦人尿血：衣中白魚二十枚，納入陰中。《子母秘録》。

清·张璐《本經逢原》卷四　衣魚即蠹魚　鹹，溫，無毒，即衣帛書畫中之蠹，碎之如銀，有粉者是。《本經》主婦人疝瘕，小便不利，小兒中風項強，背起摩之。　發明：衣魚主中風項強，摩之即安。驚癇天吊、口喎淋閉，服之即愈，皆手足太陽經病，乃《神農本經》之藥。古方盛用，今人罕知。合鷹屎、白殭蠶敷瘡瘢滅。

清·張志聰、高世栻《本草崇原》卷下　衣魚　氣味鹹，溫，無毒。主治婦人疝瘕，小便不利，小兒中風，項強背起，摩之。　衣魚，一名白魚，即蠹魚也，生衣帛及書紙中，故名衣魚，形略似魚身有白粉，其色光亮如銀，故又名白魚。俗傳衣魚入道經中，食神仙字，則身有五色，人得吞之，可至神仙，此方士謬傳，不可信也。　衣魚色白，碎之如銀，稟金氣也。命名曰魚，氣味鹹溫，稟水氣也。水能生木，故治婦人之疝瘕。婦人疝瘕，肝木病也。金能生水，故治小便之不利。小便不利，水不行也。小兒經脈未充，若中於風，日久不愈，則項強背起，乃督脈為病，督脈合肝部，屬太陽。衣魚稟金水之化，故當用以摩之。

清·嚴潔等《得配本草》卷八　蠹魚　鹹，溫。入手足太陽經。主中風項強，治驚癇天吊，除淋秘尿血。納二十枚於婦人陰戶，尿血自愈。納一枚莖中，治小便轉胞。　燒炭，敷重舌。

清·趙其光《本草求原》卷一八蟲部　衣魚　即衣、書中蠹魚，碎之如銀粉者是。《本經》言其鹹，入小腸、膀胱。溫達肝，無毒。治婦人疝瘕、淋閉、驚癇、天吊口喎，利水，研服。中風項強，摩之即安。滅瘡斑。同鷹屎白、僵蠶敷。

清·葉志詵《神農本草經贊》卷三　衣魚　味鹹，溫，無毒。主婦人疝瘕，小便不利，小兒中風項強，背起摩之。一名白魚。生平澤。

膚黄粉白，歧尾游蟫。朽憐瓜化，靜效魚沉。巧藏衣笥，緣結書林。髮環脈望，空悟鑽尋。

《爾雅》：蟫，白魚。《爾雅翼》：始則黄色，既老則身有粉，視之如銀。寇宗奭曰：其形似魚，尾分二歧。《酉陽雜俎》：張周見壁上瓜子化為壁魚，始知《列子》朽瓜化魚之言不誣也。許渾詩：魚沉水中靜。李時珍曰：白魚喜藏衣帛書紙中。《書》：惟衣裳在笥。元好問詩：書林結後緣。《酉陽雜俎》：脈望如髮卷之無端，乃衣魚三食神仙字所化。《參同契注》：鑽尋故紙，以望得悟。

清·戴葆元《本草綱目易知錄》卷五　衣魚蠹魚　鹹，溫。手足太陽經藥。通淋墜胎，主婦人疝瘕，小便不利，小兒臍風撮口，客忤天弔，風癇口喎，乳汁調服。小兒中風，項強背起，摩之。小兒淋閉，以摩臍及小腹，即通。傅重舌目瞖，轉胞尿血。含鷹屎、殭蠶，同傅瘡瘢，即滅。

清·仲昴庭《本草崇原集説》卷下　衣魚　【略】仲氏曰：《神農本草》三百六十五種，凡胎臚藥石，分為上中下三品，明示人以養生療疾之方，若泛然求之，則天地一藥囊，采不勝采，乃後世博物君子，隨處搜羅，而《本經》雀甕、螢火、衣魚之類，反以主閒冷之藥。極微之蟲，又在下品之下，存其名而已。《崇原》不惟其名惟其實，而後知《神農本草》，直與羲皇卦象。《黄帝内經》皆足發造物之藏，啟苞符之秘矣。

蜻蛉

宋·唐慎微《證類本草》卷二二魚部下品（《別錄》）　蜻音青蛉音零　微寒。　强陰，止精。

〔梁·陶弘景《本草經集注》〕云：此有五六種，今用青色大眼者，一名諸乘，俗呼胡蜊，道家用以止精。眼可化爲青珠。其餘黄細及黑者，不入藥用，一名蜻蜓。

〔宋·掌禹錫《嘉祐本草》〕按：《蜀本》注云：蜻蜓六足四翼，好飛溪渠側。日華子云：蜻蜓，涼，無毒。壯陽，暖水藏。入藥去翼、足，炒用良。

〔宋・蘇頌《本草圖經》〕曰：蜻蛉，舊不載所出州郡，今所在水際多有之。此有數種，當用青色大眼者爲良。其餘黄赤及黑色者不入用。俗間正名蜻蜓，而不甚須也。道家則多用之。

宋・寇宗奭《本草衍義》卷一七 蜻蛉 其中一種最大，京師名爲馬大頭者是，身緑色，雌者，腰間一遭碧色。用則當用雄者。陶隱居以謂青色大眼。一類之中，元無青者，眼一類皆大。此物生化于水中，故多飛水上。唐杜甫云：點水蜻蜓欸欸飛。

宋・王繼先《紹興本草》卷一八 蜻蛉 紹興校定：蜻蛉，世呼蜻蜓是也。《本經》雖具主治，然但固精强陰方中，未聞用驗的據。處處産之，當從日華子凉、無毒為定。

宋・鄭樵《通志》卷七六《昆蟲草木略》 蜻蜓 《爾雅》曰：虰蛵，負勞。亦謂之蜻蛉。

明・王綸《本草集要》卷六 蜻蛉 氣微寒，無毒。此有數種，宜用青色大眼者。去翼足，(妙)〔炒〕用。 强陰，止精，暖水臟。

明・滕弘《神農本經會通》卷一〇 蜻蛉 一名蜻蜓，俗呼胡梨。此有五六種，當用青色大眼者良。六足四翼，好飛溪渠側。 氣微寒。一云：凉，無毒。《本經》云：强陰止精。日華子云：壯陽，暖水藏。入藥去翼足，炒用良。

明・劉文泰《本草品彙精要》卷三一 蜻蛉無毒 化生。

蜻音青蛉音零：主强陰，止精。名醫所録。〔名〕蜻蜓、諸乘、胡蝌、馬大頭。〔地〕《圖經》曰：舊不載所出州郡，今處處有之。六足四翼，其翅輕薄似蟬翼而狹長，取蚊、蝱食之，將雨，多好集款飛溪渠水上。尾端亭午則亭，故名之曰蜻也。然有數種，當用青色大眼者爲良。其餘黄赤及黑者不入藥用。《衍義》曰：其中一種大者，名爲馬大頭，身緑色。雌者腰間一遭碧色。入藥當以雄者，若謂之青色大眼，一類之中元無青者，眼一類皆大，蓋此物生化於水中，故多飛水上也。俗間正名蜻蜓，道家雖多用之，而不甚入藥也。〔時〕生：四月生。採：夏秋取。〔色〕緑。〔性〕微寒。〔氣〕氣之薄者，陽中之陰。〔臭〕腥。〔製〕去翅足，炒用。〔治〕補：日華子云：壯陽，暖水臟。

明・許希周《藥性粗評》卷四 陰强取快於蜻蜓。

蜻蜓，一名晴蛉。有數種，六足四翼，好飛水面。杜詩所謂點水蜻蜓欸欸飛者是也。今以一種青色，大眼，尾稍起拳者入藥。江南池澤處處有之。其雌者腰間有一道碧色。凡用須取雄者。五六月採，去翅足，炒用。味□，性微寒，無毒。主治陰痿不起，壯陽，暖水藏，止精不洩。炒末以溫酒調服。

明・王文潔《太乙仙製本草藥性大全》卷八《本草精義》 蜻蜓 舊本不載所出州郡，今所在水際有之。陶云：此有五六種，今用青色大眼者。一名諸乘，俗呼胡蝌，道家用以止精。眼可化爲青珠。《蜀本》注云：蜻蜓六足四翼，好飛溪渠側。其中一種最大，京師名爲馬大頭者是，身緑色，雌者腰間一遭碧色。用則當用雄者，青色大眼者爲良，其餘黄赤及黑色者不入藥用。俗間正名蜻蜓，而不甚須也，道家則多用之。

明・王文潔《太乙仙製本草藥性大全》卷八《仙製藥性》 蜻蜓 味□氣微寒，無毒。 主治：强陰痿而止精甚效，暖水臟而壯陽殊功。

明・皇甫嵩《本草發明》卷六 蜻蛉名蜻蜓。微寒，無毒。 主强陰，止精，暖水藏。凡用大眼青色者良。多用紅蜻蜓，為取陽。

明・李時珍《本草綱目》卷四〇蟲部・卵生類下 蜻蛉《别録》下品

〔釋名〕蜻虰音丁。蜻蝏亦作蜓。虰蛵音馨。負勞《爾雅》 蟌音怱。諸乘弘景 紗羊《綱目》 赤者名赤卒時珍曰：蜻蟌，言其色青葱也。蛉、虰，言其狀伶仃也。或云其尾如丁也。或云其尾好亭而挺，故曰蝏、曰蜓。俗名紗羊，言其翅如紗也。按崔豹《古今註》云：大而色青者曰蜻蜓；小而黄者，江東名胡黎，淮南名蠊蛜，鄱陽名江雞；小而赤者，名曰赤卒，曰絳綳，曰赤衣使者，曰赤弁丈人；大而玄紺者，遼海名紺轡，亦曰天雞。陶氏謂胡黎爲蜻蛉，未考此耳。〔集解〕弘景曰：蜻蛉有五六種，惟青色大眼，一名諸乘，俗呼爲胡黎者入藥。道家云：眼可化爲青珠，其餘黄細及黑者，不入藥。保昇曰：所在有之。好飛水際，六足四翼。宗奭曰：蜻蜓中一種最大，汴人呼爲馬大頭者是也，身緑色。其雌者，腰間有碧色一遭。入藥用雄者。此物生於水中，故多飛水上。其類眼皆大，陶氏獨言蜻蜓眼大，何也？時珍曰：蜻蛉大頭露目，短頸長腰軃尾，翼薄如紗。食蚊虻，飲露水。《造化權輿》云：水蠆化蟌。羅願云：水蠆化蜻蛉，蜻蛉仍交於水上，附物散卵，復爲水蠆也。張華《博物志》亦言五月五日，埋蜻蛉頭於户内，可化青珠，未知然否。古方惟用大而青者，近時房中術，亦有用紅色者。崔豹云：遼海間有紺轡蟲，如蜻蛉而玄紺色，六七月群飛闇天。夷人食之，云海中青蝦所化也。《雲南志》云：瀾滄蒲蠻諸地，凡土蜂、蜻蛉、蚱蜢之類，無不食之也。

〔氣味〕微寒，無毒。〔主治〕强陰，止精《别録》。壯陽，暖水臟日華。

明・梅得春《藥性會元》卷下　蜻蛉　微寒。　強陰止精。　凡使，當用大眼黃色者良。

明・李中立《本草原始》卷一一　蜻蛉　所在有之。大頭露目，短頸長腰，六足四翼。雄綠色，雌腰間碧色一遭。食蚊虻，飲露水，好飛水際。時珍曰：一名蜻蝍，言其色青葱也。名蜻蛉，又名蜻虰，言其狀伶仃也。其尾好亭而挺，故一名蜻蜓、蜻蜓。其翅如紗，故俗呼紗羊。汴人呼為馬大頭。蜻蛉：　氣味：　微寒，無毒。主治：　強陰止精。○壯陽，暖水臟。房術多用。

《別錄》下品。【圖略】俗呼老蟝。

修治：　入藥去翼足，炒用良。○小而赤者，房中術亦用之。

清・穆石匏《本草洞詮》卷一八　蜻蛉　食蚊䖟，飲露水。微寒，無毒。能強陰止精，暖水臟。

清・张璐《本經逢原》卷四　蜻蛉一名蜻蜓。　赤者名赤卒。微寒，無毒。發明：　蜻蜓生水中，而能暖水藏，強陰濇精，而赤者性猶壯熱，助陽藥用之。

清・何諫《生草藥性備要》卷下　沙谷牛　治瘰癧，照瘡亦用。初起消散破爛，拔毒埋口。仝硼砂、冰片少許搥爛敷瘡，用膏藥蓋之甚妙。此牛生在沙穴中，要鋤掘取之方得。

清・黃元御《玉楸藥解》卷六　綠蜻蜓　味鹹，微溫。入足少陰腎、足厥陰肝經。強筋壯陽，暖水秘精。綠蜻蜓溫暖肝腎，治陽痿精滑。近時房中藥多用紅色者。

清・趙其光《本草求原》卷一八蟲部　蜻蜓　生水中，微寒，濇精。赤者，性熱，暖水臟，壯陽，強陰。

蜚蠊

宋・李昉《太平御覽》卷九四九　蜚廉　《本草經》曰：　蜚廉，味鹹。治血瘀，逐下血，破積聚，喉痺。生晉地山澤中。二月採之。　《吴氏本草》曰：　蜚廉蟲，神農、黃帝云：　治婦人寒熱。

宋・唐慎微《證類本草》卷二一蟲魚部中品〔《本經・別錄》〕　**蜚蠊**音廉　**味鹹，寒，**有毒。**主血瘀癥堅，寒熱，破積聚，喉咽閉，内寒無子，**通利血脉。生晉陽川澤及人家屋間，立秋採。

〔梁・陶弘景《本草經集注》〕云：　形亦似䗪蟲而輕小能飛，本在草中，八月、九月知寒，多入人家屋裏逃爾。有兩三種，以作廉薑氣者爲真，南人亦噉之。

〔唐・蘇敬《唐本草》〕注云：　此蟲，味辛辣而臭，漢中人食之，言下氣，名曰石薑，一名盧蜰，音肥，一名負盤。《别録》云：　形似蠶蛾，腹下赤，二月、八月採，此即南人謂之滑蟲者也。

〔宋・掌禹錫《嘉祐本草》〕按：　《蜀本圖經》云：　金州、房州等山人噉之，謂之石薑，多在林樹間，百十爲聚。《爾雅》云：　蜚，蠦蜰。注云：　蜰即負盤，臭蟲。

〔宋・唐慎微《證類本草》〕《圖經》：　文具木䖟條下。

明・劉文泰《本草品彙精要》卷三〇　蜚蠊有毒

蜚蠊出《神農本經》：　**主血瘀，癥堅，寒熱，破積聚，喉咽痹，内寒無子。**以上朱字《神農本經》。通利血脈。以上黑字名醫所錄。　【名】石薑、負盤、滑蟲、蠦(𡋯)〔蜰〕音肥。　【地】《圖經》曰：　生晉陽川澤及金房等州山中、今人家屋間亦有之。此物多生林樹中，百十爲聚，山人採而啖之，謂之石薑。《爾雅》云：　蜚，蠦(𡋯)〔蜰〕，即負盤臭蟲也。陶隱居云：　形似虻蟲而輕小，能飛，本在草中，八九月知寒，多逃入人家爾。有兩三種，以作廉薑氣者爲真。南人亦食之。《唐本》注云：　形似蠶蛾，腹下赤，其味辛辣而臭。漢中人食之言下氣，即南人謂之滑蟲者是也。　【時】生：　無時。採：　立秋取。　【用】廉薑氣者爲真。　【質】類虻蟲而輕小。　【味】鹹。　【性】寒。　【氣】味厚于氣，陰也。　【臭】臭。　【主】通血脈，破積聚。

明・王文潔《太乙仙製本草藥性大全》卷八《本草精義》　蜚蠊　一名石薑，一名盧蜰，一名負盤，南人謂之滑蟲。生晉陽川澤及人家屋間，形亦似䗪蟲，而輕小能飛。本在草中，八九月知寒，多入人家屋裏逃。有兩三種，以作廉薑氣者爲真，南人亦噉之。又云：　形似蠶蛾，腹下赤，二月、八月採收。此蟲多在樹間，百十爲聚。《爾雅》云：　蜚，蠦蜰。即〔負〕盤、臭蟲。

明・王文潔《太乙仙製本草藥性大全》卷八《仙製藥性》　蜚蠊　味鹹，氣寒，有毒。又云味辛辣而臭。　主治：　破積聚堅癥血瘀，治寒熱寒閉咽喉。腹冷無子即補，血脉澁滯能行。

明・皇甫嵩《本草發明》卷六　蜚蠊味鹹，寒，有毒。　主瘀血，癥堅寒熱，破積聚，喉痺，通利血脉。生晉陽川澤及人家屋間。立秋採，形似䗪蟲，而輕小能飛。

明・李時珍《本草綱目》卷四一蟲部・化生類　蜚蠊費廉。《本經》中品。

〔釋名〕石薑《唐本》　盧(蜰)〔蜚〕音肥。　負盤《唐本》　滑蟲《唐本》　茶婆蟲

《綱目》　香娘子弘景曰：此有兩三種，以作廉薑氣者爲真，南人啖之，故名。恭曰：此蟲辛臭，漢中人食之。名石薑，亦名盧蜚，一名負盤。南人謂之滑蟲。時珍曰：蜚蠊、行夜、𧒂螽三種，西南夷皆食之，混呼爲負盤。俗又訛盤爲婆，而諱而爲香娘子也。〔集解〕《別録》曰：生晉陽山澤，及人家屋間。形似蠶蛾，腹下赤。二月、八月及立秋采。弘景曰：形似䗪蟲，而輕小能飛。本生草中，八九月知寒，多入人家屋裏逃爾。保昇曰：金州、房州等處有之。多在林樹間，百十爲聚。山人啖之，謂之石薑。郭璞註《爾雅》所謂蜚即負盤、臭蟲也。藏器曰：狀如蝗，蜀人食之。《左傳》蜚不能災者，即此。時珍曰：今人家壁間、竈下極多，甚者聚至千百。身似蠶蛾，腹背俱赤，兩翅能飛，喜燈火光，其氣甚臭，其屎尤甚。羅願云：此物好以清旦食稻花，日出則散也。水中一種酷似之。

〔氣味〕鹹，寒，有毒。恭曰：辛辣而臭。〔主治〕瘀血癥堅寒熱，破積聚，喉咽閉，内寒無子《本經》。通利血脉。《别録》。食之下氣。蘇恭。

〔發明〕時珍曰：按徐之才《藥對》云：立夏之先，蜚蠊先生，爲人參、茯苓使，主腹中七節，保神守中。則西南夷食之，亦有謂也。又《吳普本草》載神農云主婦人癥堅寒熱，尤爲有理。此物乃血藥，故宜於婦人。

明・梅得春《藥性會元》卷下　蜚蠊　味酸，性寒，有毒。　主治瘀血癥堅寒熱，破積聚，咽喉閉，内寒無子，通利血脉。生晉陽川澤及人家屋間，立秋採。

明・姚可成《食物本草》卷一一蛇蟲部・蟲類　蜚蠊一名石薑，一名負盤。生晉陽山澤及人家屋間。形似蠶蛾，腹下赤色。陶弘景曰：形似䗪蟲，而輕小能飛。本生草中，八九月知寒，多入人家屋裏逃爾。韓保昇曰：金州、房州等處有之。多在林樹間，百十為聚。山人啖之。陳藏器曰：其狀如蝗，川蜀人多烹食之。〇李時珍曰：今人家壁間、竈下極多，甚者聚至千百。身似蠶蛾，腹背俱赤，兩翅能飛，喜燈火光，其氣甚臭，其屎尤甚。羅願云：此物好以清旦食稻花，日出則散也。　蜚蠊，味鹹，寒，無毒。治瘀血癥堅寒熱，破積聚，喉咽閉，内寒無子。通利血脉。食之下氣。

清・汪紱《醫林纂要探源》卷三　油蚩蟲　辛，苦，鹹，溫。身圓長而扁，色黄赤光潤，大不及寸，甲下有翅能飛，常居廚竈盌架間，食油膩餘瀝，其氣臭穢。健脾行水，輭堅燥濕，解油膩，消食積。炙熟則香，研末，搗飯和丸，以飼小兒，大能健脾。又能治食腫水腫，黃疸諸證。

清・趙學敏《本草綱目拾遺》卷一〇蟲部　竈馬　今之竈馬，俗呼贓郎，又作蟑螂，《綱目》所謂蜚蠊也。《綱目》蟲部亦有竈馬，形如蟋蟀，今人名竈壁雞，又與蟑螂別。瀕湖於蜚蠊條下無治疗瘡諸法，今備錄之。

拔疔：《集聽》：竈上蟑螂不拘多少，搗爛敷之，其疔根自出。　卿子妙方：蟑螂蟲其黄紫色甚臭者，取數個，用患者自吐唾沫幾口，研爛敷瘡四圍，頂上露孔，使毒氣從孔出，一日愈矣。　邵仲達方：治疔瘡，取蟑螂大者七個，去頭足殼，將砂糖少許同搗爛，敷疔四圍，露出頭，晝夜即愈。《藥性考》：竈馬拔刺，搗塗有效。　解諸疔毒：《傳信方》：竈上紅蟑螂五個，研爛，熱酒沖服，取汗為度。　紅絲疔：《傳信方》：蟑螂一個去頭，和青糖搗爛搽上，即效。　白火丹：《葉氏方》：用蟑螂瓦上焙乾為末，白滾湯服一二個，立效。兼治疔瘡。　對口：《活人書》：桂州荔枝肉二三枚，蟑螂二三個，同搗如泥敷，露頭，數次即散。　無名腫毒：《慈航活人書》：蟑螂十個，鹽一撮，同搗爛敷之，留頭。　治諸毒惡瘡：嚴氏家用方：蟑螂搗，石灰敷之。　痧症：周廷園方：活蟑螂蟲二三個，用紙包，竈上焙乾，研細，冷水和灌，或吐或瀉，即愈。　吐血：徐雲生方：取蟑螂五個，止去翅淨，在火盆淨瓦上焙乾為末，紙包安土上，存性，用溼腐皮包一個，滾湯吞下，每日如此，吞五日，不可間斷。　氣虛中滿：《醫宗彙編》：以蟑螂七個為末，用地栝蔞煎湯送，數服愈。　臌脹：《家寶方》：蟑螂一個焙乾，蘿蔔子一撮，共炒為末，好酒吞十日，全愈。　一切兒疳：《集聽》云：凡小兒患疳疾，不拘何等疳，垂死者皆效。取竈上蟑螂焙乾，與之食，患者但聞其香，不知有腥臭之氣，猶中蠱者，食豆無辛，含礬不苦也。有患此症，治之無不效，只須食一二次即愈。愈後體更肥白，且屢試屢驗。《百草鏡》云：兒疳初起，用蟑螂去頭足翅，新瓦焙乾，常與食之，百個病癒。

清・葉志詵《神農本草經贊》卷二　蜚廉　味鹹，寒。主血瘀，癥堅寒熱，破積聚，喉咽痹，内寒，無子。生川澤。

負盤腹赤，名美香娘。稻花朝采，薑味中藏。寒逃屋角，飛愛燈光。中神保守，夷食稱良。　蘇恭曰：一名負盤。名醫曰：腹下赤。李時珍曰：俗呼香娘子。《爾雅翼》：此物好以清旦食稻花，日出則散。陶弘景曰：有兩三種，以作廉薑氣者為真。本生草中，八九月知寒，多逃入人家屋裏。李時珍曰：兩翅能飛，喜燈火光，其氣甚臭。徐之才曰：立夏之先，蜚廉生，為參苓使。主腹中七節，保神守中。西南夷食之，亦有謂也。

清・劉善述、劉士季《草木便方》卷二蟲介鱗甲部　偷油婆　偷油婆鹹

解諸毒，喉痹乳蛾末點服。風火熱癤疔毒瘡，蜈蚣蝎螫蛇毒塗。蜒蚰。

䗪蟲

宋·唐慎微《證類本草》卷二一蟲魚部中品〔《本經·別錄·藥對》〕**䗪**音柘**蟲　味鹹，寒**，有毒。**主心腹寒熱洗洗，血積癥瘕，破堅，下血閉，生子大良。一名地鼈**，一名土鼈。生河東川澤及沙中、人家牆壁下土中濕處。十月暴乾。畏皂莢、昌蒲。

〔梁·陶弘景《本草經集注》〕云：　形扁扁如鼈，故名土鼈，而有甲，不能飛，小有臭氣，今人家亦有之。

〔唐·蘇敬《唐本草》〕注云：　此物好生鼠壤土中及屋壁下，狀似鼠婦，而大者寸餘，形小似鼈，無甲，但有鱗也。

〔宋·掌禹錫《嘉祐本草》〕按：　《藥性論》云：　䗪蟲，使，畏屋遊，味苦、鹹。治月水不通，破留血積聚。

〔宋·蘇頌《本草圖經》〕曰：　䗪蟲，生河東川澤及沙中、人家牆壁下土中濕處，狀似鼠婦，而大者寸餘，形扁如鼈，但有鱗而無甲，故一名土鼈。今小兒多捕以負物爲戲。十月取，暴乾。張仲景治雜病方：　主久瘕積結，有大黄䗪蟲丸。又大鼈甲丸中，并治婦人藥，并用䗪蟲，以其有破堅積下血之功也。

宋·寇宗奭《本草衍義》卷一七　䗪蟲　今人謂之簸箕蟲，爲其像形也。乳脈不行，研一枚，水半合，濾清，服，勿使服藥人知。

宋·王繼先《紹興本草》卷一八　䗪蟲　紹興校定：　䗪蟲，世呼簸箕蟲是也。《本經》已具性味主治，惟行血閉。古方間有用者。然亦非良藥。東地、北地陰濕土中多産，南地罕有之。當從《本經》味鹹、寒、有毒者是矣。

宋·陳衍《寶慶本草折衷》卷一七　䗪音柘。蟲使。　一名地鼈，一名土鼈，一名簸箕蟲。生河東川澤，及牆壁下、沙土中濕處。○十月取，暴乾。○畏皂莢、菖蒲、屋遊。

味鹹、苦，寒，有毒。○主心腹寒熱，血積癥瘕，破堅，下血閉。○《藥性論》云：　治月水不通。○《圖經》曰：　狀似鼠婦而大，形扁如鼈，有鱗無甲。○寇氏曰：　乳脉不行，研壹枚，水半合濾清服，勿使服人知。

元·王好古《湯液本草》卷六　䗪蟲　味鹹，寒，有毒。　《本草》云：　主心腹寒熱洒洒，血積癥瘕，破堅下血閉，生子大良。仲景主治久瘕積結，有大黄䗪蟲丸。　《衍義》云：　乳汁不行，研一枚，水半合，濾清汁服。勿令服藥人知之。

明·王綸《本草集要》卷六　䗪蟲　味鹹，氣寒，有毒。畏皂莢、菖蒲。十月取，曝乾。　主心腹寒熱洗洗，血積癥瘕，破堅下血閉，生子。

明·滕弘《神農本經會通》卷一〇　䗪蟲　使也。畏皂莢、菖蒲。十月取，暴乾。生人家牆壁下濕土中，狀如鼠婦，大者形扁如鼈，今小兒多有以負物為戲。

味鹹，氣寒，有毒。《湯》同。　《本經》云：　主心腹熱洗洗，血積癥瘕，破堅，下血閉，生子大良。《圖經》云：　仲景治雜病方，主久瘕積結，有大黄䗪蟲丸，又大鱉甲丸，并治婦人藥，并用䗪蟲，以其有破堅積下血之功也。《湯》云：　《本草》同《本經》，并仲景。《衍義》云：　乳汁不行，研一枚，水半合，濾清汁服，勿令服藥人知之。《局》云：　䗪蟲土鼈一般名，血積癥瘕最破堅。仲景方中嘗用此，鼠壞牆壁土中生。䗪蟲，破堅癥，磨血積，傷寒方内不曾無。

明·劉文泰《本草品彙精要》卷三〇　䗪蟲有毒。

䗪音柘蟲：　主心腹寒熱洗洗，血積，癥瘕，破堅，下血閉，生子大良。《神農本經》。　〔名〕地鱉、土鼈、簸箕蟲。　〔地〕《圖經》曰：　生河東川澤及沙中人家牆壁下土中濕處。狀似鼠婦而大者，寸餘，形匾如鼈，故名土鼈。但有鱗而無甲，不能飛，小有臭氣。今小兒多捕，以負物爲戲。張仲景治雜病方：　主久瘕積結，有大黄䗪蟲丸。又大鼈甲丸及治婦人藥，並用䗪蟲，以其有破堅積，下血之功也。《衍義》曰：　䗪蟲，今人謂之簸箕蟲，爲其像形也。〔時〕生：　無時。採：　十月取。〔收〕暴乾。〔質〕形匾似鼈而小。〔色〕青紫。〔味〕苦，鹹。〔性〕寒。〔氣〕氣薄味厚，陰也。〔臭〕腥。〔主〕消血積，破癥瘕。〔反〕畏皂莢、菖蒲、屋遊。〔治〕療：　《藥性論》云：　主月水不通，破留血，積聚。《衍義》曰：　研一枚，水半合，濾清服，療乳脈不行，勿使服藥人知，甚效。

明·許希周《藥性粗評》卷四　土鼈微行，踏血癥於内腑。

土鼈，䗪蟲也，一名地鱉，俗名簸箕蟲。狀似鼠婦而大扁，扁如鱉，故名。好生鼠壤土中，有甲，不能飛。人家牆壁下亦有之。十月採，暴乾。畏皂莢、昌蒲、屋遊。味鹹、苦，性寒，有小毒。主治血塊癥瘕，破堅下積，通月水，下乳汁。並研末，溫酒調服。

明·鄭寧《藥性要略大全》卷一〇　䗪蟲　《經史證類》云：　主心腹寒

熱，積血癥瘕，破堅，下血閉。《珠囊》云：破堅癥，磨血利，療傷寒。仲景主治久瘕積結，有大黄䗪蟲丸。《衍義》云：乳汁不行，研一枚，水半合，濾清汁服。勿令服藥人知。味鹹，氣寒，有毒。處處有之。一名土鼈。

明・王文潔《太乙仙製本草藥性大全》卷八《本草精義》 䗪蟲 一名土鼈，一名簸箕蟲。生河東川澤及沙中，人家牆壁下土中濕處，狀似鼠婦，而大者寸餘，形扁如鼈，但有鱗而無甲。今小兒多捕以負物爲戲。十月取暴乾。畏屋遊、皂莢、菖蒲。

明・王文潔《太乙仙製本草藥性大全》卷八《仙製藥性》 䗪蟲 味鹹，氣寒，有毒。主治：主心腹寒熱洗洗，祛堅積癥瘕下乳。治經水不通如神，破流血積聚大效。補註：乳脉不行，研一枚，水半合，濾清服，勿使服藥人知。

明・皇甫嵩《本草發明》卷六 䗪蟲味鹹，寒，無毒。一名地鼈。主心腹寒熱洗洗，血積癥瘕，破堅，下血閉。生砂土中及人家牆壁鼠壤土中下濕處。形扁如鼈，似鼠婦，而大者寸餘。十月收，曝乾用。

明・李時珍《本草綱目》卷四一蟲部・化生類 䗪蟲音蔗。《本經》中品。

【釋名】地鼈《本經》 土鼈《别録》 地蜱蟲《綱目》 簸箕蟲《衍義》 蚵蚾蟲《綱目》 過街弘景曰：形扁扁如鼈，故名土鼈。宗奭曰：今人呼爲簸箕蟲，亦形象也。時珍曰：按陸農師云：䗪逢申日則過街，故名過街。《袖珍方》名蚵蚾蟲。鮑氏方名地蜱蟲。

【集解】《别録》曰：生河東川澤及沙中，人家墻壁下土中濕處。十月采，暴乾。弘景曰：形扁如鼈，有甲不能飛，小有臭氣。恭曰：此物好生鼠壤土中，及屋壁下。狀似鼠婦，而大者寸餘，形小似鼈，無甲而有鱗。小兒多捕以負物爲戲。時珍曰：處處有之，與燈蛾相牝牡。

【氣味】鹹，寒，有毒。甄權曰：鹹、苦。之才曰：畏皂莢、菖蒲、屋游。

【主治】心腹寒熱洗洗音洒，血積癥瘕，破堅，下血閉，生子大良《本經》。月水不通，破留血積聚《藥性》。通乳脉，用一枚，擂水半合，濾服。勿令知之宗奭。行産後血積，折傷瘀血，治重舌木舌口瘡，小兒腹痛夜啼時珍。

【發明】頌曰：張仲景治雜病方及久病積結，有大黄䗪蟲丸，又有大鼈甲丸，及婦人藥並用之，以其有破堅下血之功也。

【附方】新七。大黄䗪蟲丸：治産婦腹痛有乾血。用䗪蟲二十枚，去足，桃仁二十枚，大黄二兩，爲末，煉蜜杵和，分爲四丸。每以一丸，酒一升，煮取二合，温服，當下血也。張仲景方。木舌腫强：塞口，不治殺人。䗪蟲炙五枚，食鹽半兩，爲末。水二盞，煎十沸，時時熱含吐涎。瘥乃止。《聖惠方》。重舌塞痛：地鼈蟲和生薄荷研汁，帛包捻舌下腫處。一名地蜱蟲也。《鮑氏方》。腹痛夜啼：䗪蟲炙、芍藥、芎藭各二錢，爲末。每用一字，乳汁調下。《聖惠方》。折傷接骨：楊拱《摘要方》用土鼈焙存性，爲末。每服二三錢，接骨神效。一方：生者擂汁酒服。《袖珍方》用蚵蚾即土鼈六錢，隔紙砂鍋内焙乾，自然銅二兩，用火煅，醋淬七次，爲末。每服二錢，温酒調下。病在上，食後；病在下，食前，神效。○董炳《集驗方》用土鼈陰乾一箇，臨時旋研入藥。乳香、没藥、龍骨、自然銅火煅醋淬各等分，麝香少許爲末。每服三分，入土鼈末，以酒調下。須先整定骨，乃服藥，否則接挫也。此乃家傳秘方，慎之。又可代杖。

明・梅得春《藥性會元》卷下 䗪蟲 味鹹，性寒，有毒。畏皂莢、菖蒲。主治傷寒，心腹寒熱洗洗，血積癥瘕，破堅，下閉血，生子大良。一名地鼈。又名土鼈。生河東川谷及沙中，人家墻壁下濕處有。十月取，暴乾。

明・李中立《本草原始》卷一一 䗪蟲 生河東川澤及沙中，人家墻壁下土中濕處。背有横紋蹙起，其形扁扁如鼈，故《别錄》名土鼈。《本經》名地鼈。宗奭曰：今人呼為簸箕蟲，亦象形也。陸農師云：䗪逢申日則過街，故一名過街。《袖珍方》名蚵蚾蟲。《鮑氏方》名地蜱蟲。

䗪蟲：氣味：鹹，寒，有毒。主治：心腹寒熱洗洗，血積癥瘕，破堅，下血閉，生子大良。○月水不通，破留血積聚。○通乳汁，用一枚，擂水半合，濾服，勿令知之。○行産後血積，折傷瘀血，治重舌木舌口瘡，小兒腹痛夜啼。

䗪蟲，《本經》中品。【圖略】俗呼土鼈。之才曰：畏皂莢、菖蒲、屋遊。楊拱《摘要方》：治折傷接骨，用土鼈焙存性，為末，每服二三錢，神效。又方：土鼈六錢，隔紙，沙鍋内焙乾，自然銅二兩，火煅醋淬七次，為末，每服二錢，溫酒調下，接骨神效。

明・李中梓《藥性解》卷六 土鼈蟲 味鹹，性寒，有毒，入心、肝、脾三經。主留血壅瘀，心腹寒熱洗洗，祛堅積癥瘕，下乳通經。一名䗪蟲。畏屋遊、皂角、菖蒲。按：土鼈專主血症，心主血，肝藏血，脾裹血，故三入之。今跌打損傷者，往往主此，或不效則加而用之。殊不知有瘀血作疼者，誠為要藥。倘無瘀血，而其傷在筋骨臟腑之間，法當和補。愚者不察，久服弗已，其流禍可勝數耶。

明·繆希雍《本草經疏》卷二一　䗪蟲

味鹹，寒，有毒。主心腹寒熱洗洗，血積癥瘕，破堅，下血閉，生子，大良。一名地鼈。

〔疏〕䗪蟲生於下濕土壤之中，故其味鹹，氣寒。得幽暗之氣，故其性有小毒。以刀斷之，中有白汁如漿，湊接即連，復能行走，故今人以之治跌撲損傷，續筋骨有奇效。乃足厥陰經藥也。夫血者，身中之真陰也。灌溉百骸，周流經絡者也。血若凝滯則經絡不通，陰陽之用互乖，而寒熱洗洗生焉。鹹寒能入血軟堅，故主心腹血積，癥瘕血閉諸證。血和而榮衛通暢，寒熱自除，經脈調勻，月事時至，而令婦人生子也。又治瘧母為必用之藥。

〔主治參互〕同自然銅、血竭、乳香、沒藥、五銖錢、黃荊子、麻皮灰、狗頭骨，治跌撲損傷神效。　仲景方大黃䗪蟲丸，治產婦腹痛有乾血，用䗪蟲二十枚去足，桃仁二十枚，大黃二兩，為末，煉蜜杵和，分為四丸，每以一丸，酒一升，煮取二合，溫服，當下血也。　仲景鼈甲煎丸，治久瘧成癖。

董炳《集驗方》治跌撲閃挫，用土鼈陰乾一箇，臨時旋研，入乳香、沒藥、自然銅、龍骨各等分，麝香少許，為末。每服三分，入土鼈末，以酒調下。須先整定骨乃服，否則接挫也。又可代杖。　〔簡誤〕無瘀血停留者，不宜用。

明·倪朱謨《本草彙言》卷一七　䗪蟲　味鹹，氣寒，有毒。　陶隱居曰：䗪蟲，又名地鱉，因形扁如鱉，故名。生人家墻壁下，土中濕處，無甲而有鱗，八足，圓如碁子。

䗪蟲：破血積癥瘕，《本經》行血閉寒熱之藥也。梁心如曰：此物得濕土之陰，受幽暗之氣，故其性有小毒。以刀斷之，中有白汁如漿，湊接半日，即復聯續而能行動。故今人以之治跌撲損傷、續筋骨，有奇效也。張仲景治雜病方及久病積結，有大黃䗪蟲丸；治瘧疾久發成瘧母，有鱉甲丸并用此，以其有破堅下血之功也。又接骨科治折傷筋骨，先以手整定骨節原位，次用好酒研爛，調服二三枚即完固，亦不痛矣。如無瘀血留積者不宜用。

集方：張仲景治產後腹痛，有乾血癥瘕者。用䗪蟲二十枚去足炒，桃仁二十枚去皮研，大黃一兩酒煮，搗爛成膏，總和爲丸如彈子大，每早服一丸，酒下。○張仲景治久瘧成瘧癖。用䗪蟲、蜣螂、蜂窠俱炒各二兩，桃仁、白芍藥、牡丹皮、厚朴各三兩，桂枝、大黃、紫葳、乾薑、人參、瞿麥、半夏俱炒各一兩，赤硝一兩五錢，共爲末，以鱉甲二斤，酒一斗煮乾，以鱉甲柔爛如膠，和丸梧子大，每日空心服百丸，米湯下。○杨拱《摘要方》治折傷筋骨。用䗪蟲焙燥爲末，每服三錢，酒下立效。一方：用生者和酒研汁服亦可。

明·顧逢柏《分部本草妙用》卷一肝部·寒瀉　地鼈　鹹，寒，無毒。畏皂莢、菖蒲。

主治：血積癥瘕，破堅，下血閉，通月水，行產後瘀血積，折傷瘀血。治重舌木舌口瘡，小兒腹痛夜啼。地鼈，名䗪蟲，能破堅下血，消積除癥，故不敢廢。蜚蝱功相似。

明·李中梓《醫宗必讀·本草徵要下》　䗪蟲味鹹，寒，有毒。畏皂莢、菖蒲、屋遊。

去血積搜剔極周，主折傷補接至妙。煎含而木舌旋消，水服而乳漿立至。即地鼈蟲，仲景大黃䗪蟲丸，以其有攻堅下血之功，虚人斟酌用之。

明·鄭二陽《仁壽堂藥鏡》卷八　䗪蟲　味鹹，寒，有毒。《本草》云：主心腹寒熱洒洒，血積癥瘕，破堅下血閉。仲景主治久瘕積結，有大黃䗪蟲丸。《衍義》云：乳汁不行，研一枚，水半合，濾清汁服。勿令服藥人知之。陶隱居云：今為土鱉蟲。治月水不通。畏菖蒲、皂莢、屋游。

明·盧之頤《本草乘雅半偈》帙五　䗪蟲《本經》中品　氣味：鹹，寒，有毒。主治：主心腹寒熱洗洗，血積癥瘕，破堅，下血閉，〔生子大良〕。

覈曰：生〔河東〕川澤及沙中，人家牆壁下，土中濕處。大者寸餘，無甲而有鱗。修治：十月採，曝乾。

条曰：䗪蟲，一名地鼈，形類鼈也。一名過街，逢申〔日〕過街，立建以衝日破也。蓋䗪者衆多，掌除毒蟲，亦以功用詮名耳。是主寒熱洗洗，致血積癥瘕者。衝其街舍，而破除之，故能破堅，下血閉。

明·李中梓《本草通玄》卷下　䗪蟲　破一切血積，跌打重傷。焙服一二錢，接骨神效。去足炒。

清·顧元交《本草彙箋》卷九　䗪蟲　有破堅下血之功，故留血積聚用之神效。若無瘀血停留者，不宜用也。此物以刀斷之，復能湊接行走。凡治跌撲傷損者，用之以續筋骨。

清·穆石匏《本草洞詮》卷一八　䗪蟲　形扁如鱉，無甲有鱗，與燈蛾相牝牡，俗呼簸箕蟲，象形也。鹹，寒，有毒。治血積癥瘕，通乳脉，治重舌木舌，口瘡，小兒腹痛夜啼。仲景治襍病，及久病積結有大黃䗪蟲丸，又有大鱉甲丸，並用之。取其破堅下血之功也。

清・劉雲密《本草述》卷二七　䗪蟲䗪音這，一名地鼈。　弘景曰：形扁扁如鼈，故名土鼈。　恭曰：是物好生鼠壤土中，及屋壁下，狀似鼠婦，而大者寸餘，形似小鼈，無甲而有鱗。

氣味：鹹，寒，有毒。　甄權曰：鹹、苦。

主治：心腹寒熱洗洗，血積癥瘕，下女子月閉，有子，行產後血積，及折傷瘀血，治重舌木舌，口瘡。　頌曰：張仲景治雜病方及久病積結，有大黃䗪蟲丸，又有大鱉甲煎丸，及婦人藥並用之，以其有破堅下血之功也。　希雍曰：䗪蟲生於下溼土壤之中，故其味鹹氣寒。得幽暗之氣，故其性有小毒。以刀斷之，中有白汁如漿，湊接即連，復能行走，故今人以之治跌撲損傷，續筋骨有奇效，乃足厥陰經藥也。夫血者，身中之真陰也。灌溉百骸，周流經絡者也。血若凝滯，則經絡不通，陰陽之用互乖，而寒熱洗洗生焉。鹹寒能入血軟堅，故主心腹血積癥瘕，血閉諸證，血和而榮衛通暢，寒熱自除，經脈調勻，月事時至，而令婦人生子也。又治瘧母，為必用之藥。

附方　大黃䗪蟲丸治產婦腹痛，有乾血，用䗪蟲二十枚，去足，桃仁二十枚，大黃二兩，為末，煉蜜杵和，分為四丸，每以一丸，酒一升，煮取二合，溫服，當下血也。　木舌，腫强塞口，不治殺人，䗪蟲炙五枚，食鹽半兩，為末，水二盞，煎十沸，時時熱含，吐涎，瘥乃止。　重舌塞痛，地鼈蟲和生薄荷研汁，帛包，捻舌下腫處。　跌撲閃挫，折傷接骨，用土鼈陰乾一個，臨時旋研，入乳香、没藥、自然銅火煅，醋淬。龍骨，各等分，麝香少許，為末，每服三分，入土鼈末，以酒調下，須先整定骨乃服，否則接挫也。又可代杖。

愚按：䗪蟲之治積血，固也，然而折傷接骨又必用之者，似其性味葢以化血，俾完其流行相續之用，非一於破決者。觀治木舌重舌之證，可以知其功矣。夫血本能下，而乃能上者，以三焦之氣也。如茲物徒以破決下行，則焉能令榮氣之流，即應於舌以為功乎？臨病之工，須審證以投，勿滚同而混施也。即如仲景治產婦腹痛有乾血者，仍用抵當湯，內之大黃、桃仁，而却以茲物代水蛭、蝱蟲，其義不可深思乎哉？

又按仲景治畜血用水蛭、蝱蟲，而治虛勞乾血，則前二物外，復加䗪蟲、蠐螬。醫皆知乾血之證，甚於畜血也。第䗪蟲、蠐螬之性味，止於化血導血，能助前二物以成厥功，而不濟其悍，以致其決之烈也。仲景以乾血因於虛勞，加此二味，固有深義，是則未必悉矣。試觀治瘧母一方，止用䗪蟲、蜣螂，而置水蛭、蝱蟲，則可以知破血之功，不任之䗪蟲、蠐螬矣。

希雍曰：無瘀血停留者，不宜用。

修治　十月取，日乾，炒。

清・郭章宜《本草匯》卷一七　䗪音柘蟲即地鼈　味鹹、苦，寒，有毒。入手少陰、足太陰、厥陰經。去血積搜剔極周，主折傷補接至妙。煎含而木舌旋消，用五枚，同食鹽半兩，為末，水煎數沸，時時熱含，取涎。水服而乳漿立至。

按：䗪蟲，專主血症之劑也。以刀斷之，中有白汁如漿，湊即連行。故今人以之治損傷續骨有効。乃足厥陰肝藥也。殊不知有瘀血作疼者，誠為要藥。倘無瘀血，而其傷在筋骨臟腑之間，法當和補者，豈可妄投？仲景有大黃䗪蟲丸，以其有攻堅下血之功耳。若患瘧母者，乃必須之品也。然虛人亦須斟酌用。

似鼈無甲，生於壁牆土壤中。去足，焙存性用。畏皂莢、菖蒲。一名過街，逢申日則過街也。

清・顧靖遠《顧氏醫鏡》卷八　䗪蟲地鱉蟲也。有小毒。去足，炙研。　去血積而搜剔極周，仲景有大黃䗪蟲丸，治乾血積結；鱉甲煎丸治瘧母，以其有攻堅下血之功也。治折損而接續至妙。以刀斷之，中有白漿，湊合復能行走，故接續筋骨有奇效。無瘀血停留者，勿用。

清・李熙和《醫經允中》卷一七　地鱉　即䗪蟲。畏皂莢、菖蒲。鹹，寒，有毒。主治破堅去瘀，通經墮胎，療損傷，續骨有效。性專攻堅，下血。虛人斟酌用之。

清・馮兆張《馮氏錦囊秘錄・雜症痘疹藥性主治合參》卷一一　䗪蟲一名地鱉。生於下濕土壤之中。味鹹，氣寒。得幽暗之氣，故性有小毒。以刀斷之，中有白汁如漿，湊接即連，復能行走，故治跌撲損傷，續筋骨有奇效。乃足厥陰經藥也。夫血者，身中之真陰也，灌溉百骸，周流經絡者也。血若凝滯，則經絡不通，陰陽之用互乖，而寒熱洗洗生焉。鹹寒能入血軟堅，故主心腹血積，癥瘕血閉諸證。血和而榮衛通暢，寒熱自除。經脈調勻，月事時至，而令婦人生子也。又治瘧母，為必用之藥。然血閉由於血枯，而非瘀血停留者，勿服。【略】　䗪蟲，去血積，搜剔極周，主折傷，補接最速。煎含而木舌旋消，水服而乳漿立至。

清・张璐《本經逢原》卷四　䗪蟲《本經》名地鱉。　鹹，寒，有毒。或去足炒用，或酒醉死，去足搗汁用。

《本經》主心腹寒熱洒洒，血積癥瘕，破堅下血閉。　發明：䗪蟲伏土而善攻隙穴，傷之不死，與鯪鯉不殊。故能和傷損，散陽明積血。《本經》治心腹寒熱洒洒，亦是積血所致。《金匱》大黃䗪蟲丸用水蛭、䗪蟲，取其破堅癥、下積血耳。無實結者勿用。跌撲重傷，焙乾為末，酒服二錢，接骨神效。

清・浦士貞《夕庵讀本草快編》卷五　䗪蟲《本經》、地鱉　䗪音蔗。地鱉，皆因其形似也。　䗪蟲氣味鹹寒而有毒，被堅化瘀之藥也。《本經》言其治心腹寒熱，癥瘕血閉，生子大良。夫肝藏血，脾統血，肝血燥則寒熱生，脾血滯則月水斷，用此以疏導之，氣血和而孕自育矣！聖人言外之旨，惟仲景窺之，立大黃䗪蟲丸、大鱉甲丸是也。今人誹其峻而棄之，豈可與言醫哉！若曰接骨續傷，重舌木舌，亦不過散血之義爾。

清・張志聰、高世栻《本草崇原》卷中　䗪蟲　氣味鹹，寒，有毒。主治心腹寒熱洗洗，血積癥瘕，破堅，下血閉，生子大良。　䗪音蔗。　䗪蟲，《本經》名地鱉。《別錄》名土鱉，以其形扁如鱉也。又名簸箕蟲，亦以其形相似也。陸農師云：䗪逢申日則過街，故又名過街。生人家屋下土中濕處及鼠壤中，略似鼠婦而圓，大寸餘，無甲有鱗。李時珍云：處處有之，與燈蛾相牝牡。《金匱》方中治久病結積，有大黃䗪蟲丸。又治瘧痞，有鱉甲煎丸。及婦人下瘀血湯方並用之。今外科，接骨科亦用之。乃攻堅破積，行血散瘧之劑。學者以意會之可也。

清・王子接《得宜本草・下品藥》　䗪蟲　味酸，寒。功專下血行傷。得桃仁、大黃治產婦乾血腹痛，得乳香、沒藥、龍骨、自然銅能去傷接骨。

清・黃元御《長沙藥解》卷二　䗪蟲　味鹹，微寒。入足厥陰肝經。善化瘀血，最補損傷。　《金匱》鱉甲煎丸方在鱉甲用之治病瘧日久，結為癥瘕。大黃䗪蟲丸方在大黃用之治虛勞，腹滿，內有乾血。下瘀血湯方在大黃用之治產後腹痛，內有瘀血。土瓜根散方在土瓜根用之治經水不利，少腹滿痛，以其消癥而破瘀也。　䗪蟲鹹寒疏利，專破癥瘀，兼補傷損。其他主治，療折傷，續筋骨。　炒枯存性，研細用。

清・吳儀洛《本草從新》卷六　䗪蟲〔瀉，破血。〕一名地鱉蟲。　鹹，寒，有毒。去血積，搜剔極周；主折傷，補接至妙。煎含而木舌冰消，水服而乳漿立至。仲景有大黃䗪蟲丸，以其有攻堅下血之功也。　虛人有瘀，斟酌用之。　畏皂莢、菖蒲。

清・嚴潔等《得配本草》卷八　䗪蟲即地鱉蟲。　畏皂莢、菖蒲、屋游。鹹，寒，有毒。破宿血積聚，敷重舌木舌。　配乳香、沒藥、自然銅、龍骨等分，加麝香少許，每服三分，酒下，治折傷接骨。　去足，或炒，或酒醉死用。如無瘀血不宜用。

清・黃宮繡《本草求真》卷八　䗪蟲涼血破積，軟堅接骨。　䗪蟲耑入肝。即屬地鱉，又名土鱉者是也。味鹹性寒，其物生於土中，伏而不出。善攻隙穴，以刀斷之，中有汁如漿，鬬接即連，復能行走。故書載跌撲損傷，續筋接骨，義由此耳，真奇物也。且人陰血貫於周身，雖賴陽和，亦忌燥烈。若熱氣內鬱，則陰陽阻隔而經絡不通，因而寒熱頓生，得此鹹寒入血軟堅，則凡血聚積塊癥瘕，靡不因是而除，而血脈調和，營衛暢達，月事時至，又安有血枯、血閉，而不見其生育者乎？故又能治諸般血症而使挾孕而有子也。是以古人用此以治跌撲損傷，則多合自然銅、龍骨、血竭、乳香、沒藥、五銖錢、黃荊子、麻皮灰、狗頭骨以治。下腹痛、血痛、血閉，則合桃仁、大黃以治。頌曰：張仲景治雜病方，及久病積結。有大黃䗪蟲丸，又有大鱉甲丸，及婦人藥並用之。以其有破堅下血之功。各隨病症所因而用之耳。　陰乾臨時研入。　畏皂莢、菖蒲、屋遊。

清・羅國綱《羅氏會約醫鏡》卷一八鱗介蟲魚部　䗪蟲味鹹寒，有毒，畏皂莢、菖蒲。　肝經藥也。血為真陰凝滯，則經絡不通，諸病生焉。治瘀血停留，經閉癥瘕，令婦人生子，病由血枯而無瘀者不宜。療跌撲傷損如神。方載跌傷。即土鱉蟲也。生於下濕之地，以刀斷之，中有白汁，接之即活，故續筋接骨有奇效。陰乾或焙乾，研末，酒調服。

清・楊時泰《本草述鉤元》卷二七　䗪蟲　一名地鼈。　生下濕土壤中及屋壁下，大者寸餘，形似小鼈而無甲。

味鹹，氣寒，有小毒。足厥陰經藥也。主治心腹寒熱洗洗，血積癥瘕，下女子月閉，有子，行產後血積及折傷瘀血，治重舌、木舌、口瘡。以刀斷之，中有白汁如漿，湊接即連，復能行走，今人以治跌撲損傷續筋骨，有奇效仲淳。夫血者身中之真陰也，灌溉百骸，周流經絡，一有凝滯，則經絡不通，陰陽之用互乖，而寒熱洗洗生焉。䗪味鹹寒，和血軟堅，故治瘧母為必用之藥，而主血積癥瘕，月閉諸證又。大黃䗪蟲丸，治產婦腹痛有乾血，䗪蟲二十枚去足、桃仁二十枚、大黃二兩，為末，煉蜜杵和，分四丸，每以酒一升煮一丸，取二合，溫服，當下血也。木舌腫強塞口，不治殺人，䗪蟲炙五枚、食鹽五錢，為末，水二盞，煎十沸，時時熱含吐涎，瘥乃止。重舌塞痛，䗪蟲和生薄荷研汁，帛包，捻舌下腫處。跌撲閃挫折傷接骨，用地鼈陰乾一個，臨時旋研，入乳香、沒藥、自然銅火煅醋淬、龍骨各等分，麝香少許，為末，每服三分，入土鼈末，以酒調下。須先整定骨乃服，否則接錯也。又可代杖。

論：䗪蟲性味，蓋以化血，俾完其流行相續之用，非一於破決者，是以折傷接骨用之，觀於治木舌、重舌，可以知其功矣。夫血本下而乃能上者，以三焦之氣也，倘茲物徒以破決下行，焉能令榮氣之流上應於舌乎？即如產婦腹痛有乾血者，仲景用抵當之大黃、桃仁，而却以茲物代蝱、蛭，其義可思。又仲景治畜血，用水蛭、蝱蟲，而虛勞、乾血，則前二物外，復加䗪蟲、蠐螬，醫皆知乾血之證甚於畜血也，第䗪蟲、蠐螬之性味，止於化血導血，能助前二物以成厥功，而不濟其悍。試觀瘧母一方，止用䗪蟲、蜣螂，而置水蛭、蝱蟲，可知破血之功，不任之䗪蟲、蠐螬矣。

繆氏：無瘀血停留者，不宜服。

修治：十月取，日乾，炒用。

清・葉桂《本草再新》卷一〇 䗪蟲味辛，性寒，無毒。入肝、脾二經。去血積，主折傷，消水腫，敗毒。

清・趙其光《本草求原》卷一八蟲部 䗪蟲即土鱉。生屋壁及平原暗濕土中，狀似鼠婦，而大者寸餘；形似小鱉，無甲有鱗。鹹寒，入血軟堅。有毒，以刀斷之，中有白漿，湊接即連，復能行走。故破堅血、續筋接骨奇效。治血積而心腹寒熱，血凝則經絡阻而陰陽乖，同大黃、桃仁酒下，破乾血。木舌腫強，同食鹽煎熱含，吐涎。重舌，同生薄荷汁帛包，捻患處。口瘡。俗名山蟑螂是。

清・葉志詵《神農本草經贊》卷二 䗪蟲 味鹹，寒。主心腹寒熱洗洗，血積癥瘕，破堅，下血閉，生子大良。一名地鼈。生川澤。

墉壁濕生，含污漬涅。揚簸張箕，蹣跚跛鼈。緇負兒嬉，街遊壤別。牝牡燈蛾，妍媸媚悅。

名醫曰：生沙中及人家牆壁下土中濕處。《拾遺記》：滯污漬涅，皆如新浣。寇宗奭曰：一名簸箕蟲。《詩》：維南有箕，不可以簸揚。陶弘景曰：形扁如鼈，故名土鼈。《玉篇》：蹣跚，旋行貌。《荀子》：跛鼈千里。蘇恭曰：無甲而有鱗，小兒多捕以負物為戲。《埤雅》：䗪逢申日則過街，故名過街。曹植賦：邦換壤別。李時珍曰：與燈蛾相牝牡。蘇軾詩：妍媸本在君，我豈相媚悅。

清・文晟《新編六書》卷六《藥性摘錄》 䗪蟲 即地鱉，又名土鼈。鹹，寒。入肝。涼血破積，軟堅接骨。○合自然銅、龍骨、血竭、乳香、沒藥、黃荊子等，治跌撲損傷。○陰乾，臨時研入。○畏皂莢、菖蒲。

清・張仁錫《藥性蒙求・蟲部》 䗪蟲、蝱蟲 䗪蟲蝱蟲，性皆有毒。破血功專，攻堅力足。䗪蟲，一名地鱉蟲。鹹，寒。能和傷損，散陽明積血，破堅，下血閉。或去足，炒用。或酒醉死，去足，搗汁用。○蝱蟲，即蜚蟲。苦，微寒。即噉牛血蠅。肝經血分藥也。逐瘀血，破血積堅痞癥瘕。去翅足，炒用。

清・劉善述、劉士季《草木便方》卷二蟲介鱗甲部 土鼈 地烏龜鹹消瘀血，月閉瘕癥通乳脉。產後血積破堅硬，重舌木舌口瘡滅。小兒腹痛夜啼止，跌撲消瘀墮胎烈。

清・戴葆元《本草綱目易知錄》卷五 䗪蟲土鼈 鹹，寒，有毒。治心腹寒熱洗洗，血積癥瘕，破堅下血閉，月水不通，破留血積聚，通乳脈，行產後血積及折傷瘀血。小兒腹痛，夜啼，療重舌木舌，口瘡。血虛者慎用。【略】折傷接骨，䗪虫焙焦末，每服二錢，接骨神效。葆驗方：用鮮公䗪蟲五枚，搗酒沖服，更效。試公母法：將活䗪蟲刀斬兩截，器盛一宿，公者復合，母者不能合。又方，䗪蟲一枚，陰乾，臨用入乳香、沒藥、龍骨、自然銅煅，醋淬，等分，麝香少許，共末，每用藥三分，入䗪蟲一枚，末勻，酒調下，預先整立骨，乃服藥，否恐接(挫)〔錯〕也。

清・陳其瑞《本草撮要》卷九 䗪蟲 味鹹，寒，有毒，入足厥陰經，功專下血行傷。得桃仁、大黃治產婦乾血腹痛，得乳香、沒藥、龍骨、自然銅能去傷接骨。虛人有瘀宜酌用。畏皂角、菖蒲。一名地鼈蟲。

清・鄭奮揚著，曹炳章注《增訂偽藥條辨》卷四 䗪蟲非蔗蟲辨 䗪蟲，《本經》名地鼈，《別錄》名土鼈。形扁如鼈，有甲不能飛，小有臭氣。此物好生鼠壤及屋壁地棚之下。氣味鹹，寒，有毒。專破癥瘕。考仲景《金匱》鼈甲煎丸用之，殆病瘧日久，結為癥瘕。大黃䗪蟲丸用之，治虛勞腹滿，內有乾血。下瘀血湯用之，治產後腹痛，內有瘀血。土瓜根散用之，治經水不利，少腹滿痛，以其消癥而破瘀也。去冬因用蔗蟲，以催痘漿，調查各藥鋪，方知所製鼈甲煎丸，大黃䗪蟲丸，皆用蔗蟲，以訛傳訛，以致貽誤匪少，堪發一嘆。不觀夫古人制字，䗪字其下從蟲，蔗字其上從草，或作樜旁從木。足證蔗蟲由草本而化生，非如䗪蟲之從濕土而出也。又按蔗蟲，氣味甘微寒，為發痘行漿，托癰清毒之妙品。且能化痰醒酒，和中利小便。產廣東潮州，及福建漳、泉蔗田中。形如蠶蛹，食蔗根而化生，土名蔗蛄，其味甘美，土人有用之以佐酒席。考《本草拾遺》及《南京醫學報》，均有發明。古人定方用藥，各有主義，胡得妄行配製，以失效用。可見䗪蟲與蔗蟲，性味不同，形質亦異。　炳章按：王士雄云潮州蔗田接壤，食蔗之蟲，形如蠶蛹而小，味極甘美。性涼，解熱毒，助痘漿，可與蘭蟲並傳。施可齋《閩雜記》云：漳、泉各處，二三月間，市上賣生熟甘蔗蟲。甘蔗老根中生也，生者如蠶而細，灰白色，光潤無茸毛；熟者以油灼過，拳曲如蜂，淡黃色，味極鮮，佐酒尤佳。考甘蔗性寒，故王維《謝賜櫻桃》詩：飽食不須愁內熱，大官還有蔗漿寒。此蟲既生蔗中，宜亦性寒矣。而吾鄉醫者，治小兒痘漿不起多用之。或有云性熱，本草不載，不能辨也。又據《兩般秋雨庵隨筆》載姚承憲詠《甘蔗蟲詩》：蘊隆連日賦蟲蟲，渴念寒漿解熱中。佳境不須愁有蠹，蔗生原可慶斯螽。似誰折節吟腰細，笑彼含花蜜口空。畢竟冰心難共語，一樽愁絕對鑾風。玩詩次句，似亦謂其性寒，惟云蘊隆連日，則是夏月方有。詩在粵中作，豈粵中夏月始賣，而漳、泉獨早在二三月耶？而鄭君出產時期，亦未辨明，惟氣味甘微寒，發痘行漿等效用，確與王施二君發明吻合，鄭君所言，可見皆從實驗。吾於斯益信，惟䗪蟲確是地鼈蟲，即仲景大黃䗪蟲丸等用之，以化癥瘕去瘀血，端不能以甘蔗蟲代之。吾謂以後業藥者，暇時亦閱覽本草，參對方書，庶不致貽誤病家。

白蟻

明・李時珍《本草綱目》卷四〇蟲部・卵生類下　白蟻時珍曰：白蟻，即蟻之白者，一名螱，一名飛螘。穴地而居，蠹木而食，因濕營土，大爲物害。初生爲蟻蝝，至夏遺卵，生翼而飛，則變黑色，尋亦隕死。性畏烰炭、桐油、竹鷄云。蝝音鉛。

蟷螂

宋・李昉《太平御覽》卷九四六　蟷螂　《爾雅》曰：莫貈，蟷蜋，蛑。蟷蜋，有斧蟲。江東呼爲石蜋。蛑，音謀。貈，戶各反。不過，蟷蠰。蟷蠰，蟷蜋別名。堂蠰二音。其子蜱蛸。一名𧐐蟭，蟷蠰卵也。蜱，音裨。𧐐，音搏。蟭，音焦。《吳氏本草經》曰：桑蛸條，蝕肬。一名(害)〔冒〕焦。一名致。神農：鹹，無毒。

宋・唐慎微《證類本草》卷二〇蟲魚部上品〔《本經》・別錄・藥對》〕　桑螵蛸　**味鹹、**甘，**平，**無毒。**主傷中，疝瘕，陰痿，益精生子，女子血閉腰痛，通五淋，利小便水道。**又療男子虛損，五藏氣微，夢寐失精遺溺，久服益氣養神。**一名蝕肬**音尤，**生桑枝上，**螳蜋子也。二月、三月**採蒸之，**當火炙。不爾令人洩。得龍骨，療洩精。畏旋覆花。

〔梁・陶弘景《本草經集注》〕云：俗呼螳蜋爲蚚音石蜋，逢樹便產，以桑上者爲好，是兼得桑皮之津氣。市人恐非真，皆令合枝斷取之爾，僞者亦以膠著桑枝之上也。

〔宋・掌禹錫《嘉祐本草》〕按：《蜀本圖經》云：此物多在小桑樹上，叢荊棘間，并螳蜋卵也。三月、四月中，一枝出小螳蜋數百枚。以熱漿水浸之一伏時，焙乾，於柳木灰中炮令黃色用之。《藥性論》云：桑螵蛸，臣，畏戴椹。主男子腎衰，漏精，精自出。患虛冷者能止之，止小便利。火炮令熱，空心食之。虛而小便利，加而用之。

《圖經》云：桑螵蛸，螗蜋子也。《本經》不載所出州土，今在處有之。螗蜋逢木便產，一枚出子百數，多在小木荊棘間，桑上者兼得桑皮之津氣，故以爲佳。而市之貨者，多非真。須連枝折之爲驗。然僞者亦能以膠著桑枝上，入藥不宜也。三月、四月採。蒸過收之，亦火炙，不爾則令人洩。一法：採得便以熱漿水浸一伏時，焙乾，更於柳木灰中炮令黃用之。《爾雅》云：莫貈戶各切，螗蜋蛑。郭璞云：螗蜋，有斧蟲，江東呼爲石蜋。又云：不過，蟷丁郎切蠰息詳切。蟷蠰，螗蜋別名也。其子蜱音裨蛸音蕭，一名𧐐普莫切蟭音焦，蟷蠰卵也。古今方漏精及主風藥中，多用之。

〔宋・唐慎微《證類本草》〕雷公云：凡使，勿用諸雜樹上生者，螺螺不入藥中用。凡採覓須桑樹東畔枝上者，採得去核子，用沸漿水浸淘七遍，令水遍沸，於甆鍋中熬令乾用。勿亂別修事，卻無效也。《經驗方》：治底耳方：用桑螵蛸一箇，慢火炙及八分熟存性細研，入麝香一字爲末。摻在耳內，每用半字，如神效。如有膿，先用綿包子撚去，次後摻藥末入在耳內。《產書》：治妊娠小便數不禁。桑螵蛸十二枚，擣爲散，分作兩服，米飲下。《楊氏產乳》同。又方：療小便不通及胞轉。桑螵蛸擣末，米飲服方寸匕，日三。

宋・寇宗奭《本草衍義》卷一七　桑螵蛸　自採者真，市中所售者，恐不得盡皆桑上者。《蜀本圖經》浸炮之法，不若略蒸過爲佳。鄰家有一男子，小便日數十次，如稠米泔，色亦白，心神恍惚，瘦瘁食減，以女勞得之。今服此桑螵蛸散，未終一劑而愈。安神魂，定心志，治健忘，小便數，補心氣。桑螵蛸、遠志、菖蒲、龍骨、人參、茯神、當歸、龜甲醋炙，已上各一兩，爲末。夜卧，人參湯調下二錢，如無桑上者，即用餘者，仍須以炙桑白皮佐之，量多少，可也。蓋桑白皮行水，意以接螵蛸就腎經。用桑螵蛸之意如此，然治男女虛損，益精，陰痿，夢失精，遺溺，疝瘕，小便白濁，腎衰，不可闕也。

宋・王繼先《紹興本草》卷一八　桑螵蛸　紹興校定：桑螵蛸，乃桑枝上螳螂成子之殼矣。性味、主治《本經》已載，大抵養陰滋腎、固精之性多矣。今處處有之，唯有來年者佳，入藥當須熟用。今從《本經》味鹹甘、平、無毒者是也。

宋・鄭樵《通志》卷七六《昆蟲草木略》　螗蜋　《爾雅》曰：不過，蟷蠰。其子蜱蛸。又曰：莫貈，蟷蜋，蛑。謂螳蜋有斧。蜱蛸，亦曰食庬，曰螵蟭。

宋・劉明之《圖經本草藥性總論》卷下　桑螵蛸　味鹹、甘，平，無毒。主傷中，疝瘕，陰痿，益精生子，女子血閉腰痛，通五淋，利小便水道。又療男子虛損，五臟氣微，夢寐失精遺溺。《藥性論》云：臣。主男子腎衰，漏精自出，又治姙娠小便數。得龍骨，療洩精。畏旋覆花、戴椹。又名螳螂子。

宋・陳衍《寶慶本草折衷》卷一六　桑螵蛸臣。一名螵蛸，一名蜱蛸，一名螵蟭，一名莫貈，一名蝕肬，一名蚚蜋，一名蟷蠰卵，乃螳蜋子也。○蜱，音卑，一作碑。螵，普莫切；蟭，音焦；貈，戶各切；肬，音尤；蚚，音石；蜋，音郎。蟷，螳，並一切作螗。生蜀州桑枝上，及江東。今在處有之。○二、三、四月採蒸之，火炙乾。○畏旋復花、戴椹。按：黄耆、旋復花皆名戴椹，此戴椹當是黄耆也。

味鹹、甘，平，無毒。○主傷中疝瘕，陰痿，益精，利水道，療男子虛損，五藏氣微，失精遺溺，當火炙，不爾令人洩。○《藥性論》云：主腎衰虛冷。○《圖經》曰：產在桑上者，得桑皮津氣，故為佳。連枝折之為驗。然偽者以膠著桑枝，入藥不宜也。及主風藥中多用。○《經驗方》：治底耳。用螵蛸壹筒，慢火炙存性，細研入麝香壹字為末，如有膿，先用綿包子撚去，後摻藥末入耳內。○《產書》方：小便不通及轉胞，螵蛸擣末，米飲服方寸匕，日三。○寇氏曰：自採者真。如無桑上者，須以炙桑白皮佐之。蓋桑白皮行水，以接螵蛸就腎經。或以桑白皮及螵蛸同剉，同炒焦赤，去桑白皮，單取螵蛸。

續說云：桑螵蛸本秘固之劑，而經註亦言其通利之功，何也？艾氏嘗原此物，本螳蜋之遺體，假桑皮之精氣，陰陽和同，必有妙用，故能秘能通也。治瘡癤方或有取螵蛸和藥煎膏，以止膿收瘡口者，非真得於桑上者不可用。

元・尚從善《本草元命苞》卷八　桑螵蛸　為臣。鹹、甘，平，無毒。主傷中陰痿，益精有子。治女子疝瘕，血閉腰疼。補虛損，五臟氣微。止夢寐失精，遺溺。補腎衰，養神。通五淋，利水。小便數能止，小便閉能通。畏戴椹、旋覆花。淂龍骨，療精洩。桑枝上螳螂子，二三月採，蒸之，又熱漿水浸一伏時，入柳灰中炮令黄色。不爾，令人瀉。風藥尤宜加用之。湏入桑皮，以接螵蛸就腎。

明・王綸《本草集要》卷六　桑螵蛸臣　味鹹甘，氣平，無毒。得龍骨良。畏旋覆花。生桑枝上者良。螳螂子也。二月三月採，蒸之，火炙用。不則令人洩。主傷中疝瘕陰痿，益精，主女子血閉腰痛，通五淋，利小便水道。療男子虛損腎衰，夢寐失精，遺溺白濁，小便自利，不可缺也。

明・滕弘《神農本經會通》卷一〇　桑螵蛸　臣也。得龍骨良。畏旋復花。桑枝上者，兼得桑皮之津，故以為佳。螳蜋子也。二三月採，蒸之，當火炙用，不爾令人洩。偽者，亦以膠著桑枝之上，不宜入藥。《局》云：去頭翅足，炙過用。

味鹹、甘，氣平，無毒。東云：療遺精之洩。《本經》云：主傷中，疝瘕，陰痿，益精生子，女子血閉腰痛，通五淋，利小便水道。又療男子虛損，五藏氣微，夢寐失精遺溺，久服益氣養神。《注》云：得龍骨，療洩精。《藥性論》云：臣。畏戴椹。主男子腎衰漏精，精自出，患虛冷者能止之，止小便利。火炮令熱，空心食之，虛而小便，加而用之。《集》云：白濁，小便不利，不可缺也。《衍義》曰：男子小便日數十次，如稠米泔，色亦白，心神恍惚，瘦瘁食減，以女勞得之，令服此桑螵蛸散末，終一劑而愈。安神魂，定心志，治健忘，小便數，補心氣，桑螵蛸、遠志、菖蒲、龍骨、人參、伏神、當歸、龜甲醋炙，已上各一兩，為末，夜臥人參湯調下二錢。如無桑上者，即用餘者，仍須以炙桑白皮佐之，量多少可也。蓋桑白行水，意以接螵蛸，就腎經用螵蛸之意，如此，然治男女虛損，益精，陰痿，夢失精，遺溺，疝瘕，小便白濁，腎衰不可缺也。《局》云：桑上螵蛸能補腎，專攻遺溺及遺精。炮令黄色方堪用，不爾令人洩病生。桑螵蛸，補腎，主洩精，遺溺。

明・劉文泰《本草品彙精要》卷二九　桑螵蛸無毒　卵生。

桑螵蛸出《神農本經》：**主傷中，疝瘕，陰痿，益精，生子，女子血閉，腰痛，通五淋，利小便水道。**以上朱字《神農本經》。又療男子虛損，五臟氣微，夢寐失精，遺溺。久服益氣養神。以上黑字名醫所錄。　【名】蝕肬、蟷蠰、螳螂子、蚅蛝、蜱蛸、䗔蟭。【地】《圖經》曰：《本經》不載所出州土，今在處有之。螳螂逢木便產，一枚出子百數，多在小木荊棘間。桑上者，兼得桑皮之津氣，故以爲佳，而貨者多非真。須連枝折取爲驗，然僞者亦以膠著桑枝上者，不堪入藥。今出蜀州者佳。【時】生：秋生。採：三月、四月取。【收】焙乾。【用】桑枝上者佳。【色】黃。【味】鹹，甘。【性】平。【氣】味厚氣薄，陰中之陽。【臭】腥。【主】男子腎衰漏精，妊娠小便不禁。【反】畏旋覆花、戴椹。【製】《雷公》云：凡採諸雜樹上生者，不堪入藥。須覓桑樹東畔枝上採得，去核子，用沸漿水浸淘七遍，令水遍沸，於瓷鍋中熬令乾用，勿亂別修事，卻無效也。凡用，採蒸之，當火炙。不爾，令人泄。【治】療：《圖經》曰：消風藥中多用。《藥性論》云：火炮令熟，空心食之，止小便利。因虛而小便利者，加用之。補：《藥性論》云：主男子患虛冷腎衰，精滑自出。《衍義》曰：主男女虛損，益精，陰痿，夢失精，遺溺，疝瘕，小便白濁，腎衰不可闕也。【合治】合龍骨，療泄精。○合遠志、菖蒲、龍骨、人參、茯神、當歸、龜甲醋炙各一兩，爲末，臨臥，以人參湯調服二錢，療男子小便日數十次，如稠米泔，色亦白，心神恍惚，瘦瘁食減，因女勞得之，服此一劑。安神魂，定心志，治健忘，止小便，補心氣，如無桑上者，即用餘者，仍須以炙，桑白皮佐之，量多少可也。蓋桑白皮行水，意以接螵蛸就腎經也。○合米飲調服，療胞轉，小便不通。【禁】生用，令人泄。【贗】別樹枝上者爲僞。

明・葉文齡《醫學統旨》卷八　桑螵蛸　氣平，味鹹、甘。無毒。得龍骨療洩精。畏旋覆花。生桑枝上者良，螳蜋子也。火炙用，否則令人洩。治傷中疝瘕，陰痿，益精生子，女子血閉腰痛；通五淋，利小便水道；療男子虛損腎衰，夢寐失精、遺精，白濁，小便自利不可闕也。

明・許希周《藥性粗評》卷四　桑螵蛸助補元陽。

桑螵蛸，螳蜋子也。逢樹便產，以一枚常出數百枚，桑上得之者佳。如得之他樹入藥，須以桑白皮佐之。三四月採得，焙乾，收貯聽用。得龍骨良，畏旋覆花。味鹹、甘，性平，無毒。主治男子元陽虛損，遺精流白，小便不禁，安神定魄。補心氣，並同遠志、昌蒲、龍骨、茯神、當歸、敗龜板醋炙過，各一兩為末，每以二錢，夜臥，人參湯調服，神效。乃男子補元陽之要藥也。

明・鄭寧《藥性要略大全》卷一〇　桑螵蛸　療男子陰痿，腎虛，益精生子。又治洩精、遺溺白濁，利小便，治五淋及女人血閉腰疼。味甘、鹹，氣平，無毒。得龍骨良。畏旋覆花。即桑枝上螳螂子也。惟桑上者入藥。二三月收，鹽水浸蒸之。火炙用。否則令人瀉。俗呼遺尿窠。

明・陳嘉謨《本草蒙筌》卷一一　桑螵蛸　味鹹、甘，氣平。無毒。係螳蜋所生，逢荊棘俱有。獨取桑樹者入藥，欲得桑津氣引經。桑皮善行水，故能引達腎經，如不得真者，加桑白皮佐之。二三月中，方可收採。曝乾復炙，當中破開炙之。免洩大腸。畏旋覆花，宜白龍骨。主女人血閉腰痛，治男子虛損腎衰。益精強陰，補中除疝。止精泄而愈白濁，通淋閉以利小便。又禁小便自遺，故《本經》註云：凡夢遺方中，不可缺也。俗謂禁尿窠，亦指此焉。

明・王文潔《太乙仙製本草藥性大全》卷八《本草精義》　桑螵蛸　一名（蠋肱）〔蝕肬〕。生桑枝螳蜋子也。《本經》不載所出州土，今在處有之。螳蜋逢木便產，一枚出子百數，多在小木荊棘間，桑上者兼得桑皮之津氣，故以爲佳。而市之貨者多非真，須連枝折之爲驗。然僞者亦能以膠著桑枝上，入藥不宜也。三月、四月採，蒸過收之，亦火炙，不爾則令人洩。一法：採得便以熱漿水浸一伏時，焙乾，更於柳木灰中炮令黃用之。畏旋覆花戴椹，宜白龍骨。

明・王文潔《太乙仙製本草藥性大全》卷八《仙製藥性》　桑螵蛸臣　味鹹、甘，氣平，無毒。主治：主女人血閉腰痛，治男子虛損腎衰。益精強陰，補中除疝。止精泄而愈白濁，通淋閉以利小便。又禁小便自遺，故《本經》註云，凡夢遺方中不可缺也，俗謂禁尿窠亦指此焉。補註：治底耳方：用桑螵蛸一個，慢火炙及八分熟存性，細研入麝香一字，爲末，摻在耳內半字，如神效。如有膿，先用綿包子撚去，次後摻藥末入在耳內。○治妊娠小便數不禁，桑螵蛸十二枚，搗爲散，分作兩服，米飲下。《楊氏產乳》同。○療小便不通及胞轉，桑螵蛸搗末，米飲服方寸〔匕〕，日三服。○安神魂，定心志，治健忘，小便數，補心氣。桑螵蛸、遠志、菖蒲、龍骨、人參、茯神、當歸、龜甲醋炙，已上各一兩，爲末，夜臥人參湯調下二錢。如無桑上者，即用餘者，仍須以炙桑白皮佐之，量多少可也。蓋桑白皮行水，意以接桑螵蛸就腎經，用桑螵蛸之意如此。然治男女虛損，益精陰痿，夢失精遺溺，疝瘕，小便白濁，腎衰不可闕也。太乙曰：凡使勿用諸雜樹上生者，螺螵不入藥中用。凡採覓須桑樹東畔枝上者，採得去核子，用沸漿水浸淘七遍，令水遍沸，於瓷鍋中熬令乾用。勿亂別修事，却無效也。

明・皇甫嵩《本草發明》卷六　桑螵蛸上品。氣平，味甘、鹹，無毒。即螳螂子。惟生桑樹上者入藥。　發明曰：　桑螵蛸，益陰藏之劑。故《本草》主傷中，疝瘕陰痿，益精生子，女人血閉腰疼，治男子虚損，五藏氣微，夢寐失精，遺溺，通五淋，利小水。俗云：　禁尿窠。久服益氣養神。註云：　失精遺濁，腎衰不可缺也。《衍義》方用桑螵蛸、遠志、菖蒲、龍骨、人參、茯神、當歸、龜甲，醋炙，各一兩為末，主安神魂，定心志，健忘，小便數，補心氣，夜卧時人參湯調下一錢。〇二三月收，晒乾，破開炙之，免洩大腸。畏旋覆花、龍骨。獨取桑上者，欲得桑津氣引經，桑皮善行水，故能引達腎經。無真者，以桑皮佐之亦可。

明・李時珍《本草綱目》卷三九蟲部・卵生類上　螳螂、桑螵蛸《本經》上品

【釋名】蟷蜋音當郎。　刀蜋《綱目》　拒斧《説文》　不過《爾雅》　蝕肬音尤其子房名螵蛸音飄綃。　蜱蛸音皮。　蟳蟭音煿焦。　致神《别録》　野狐鼻涕頌曰：《爾雅》云莫貈、蟷蠰、不過，蟷蜋也。其子蜱蛸。郭璞云：　江東呼爲石蜋。時珍曰：　蟷蜋，兩臂如斧，當轍不避，故得當郎之名。俗呼爲刀蜋，兖人謂之拒斧，又呼不過也。代人謂之天馬，因其首如驤馬也。燕趙之間謂之蝕肬。肬即疣子，小肉贅也。今人病肬者，往往捕此食之，其來有自矣。其子房名螵蛸者，其狀輕飄如綃也。村人每炙焦飼小兒，云止夜尿，則蟳蟭、致神之名，蓋取諸此。《酉陽雜俎》謂之野狐鼻涕，象形也。又揚雄《方言》云：　螳蜋或謂之髦，或謂之(羊匕)〔蛑蛑〕。齊兖以東謂之敷常。螵蛸亦名夷冒。　【集解】弘景曰：　螳蜋俗呼石蜋，逢樹便産，以桑上者爲好，是兼得桑皮之津氣也。惟連枝斷取者爲真，僞者亦以膠着桑枝之上也。保昇曰：　螵蛸在處有之，螳蜋卵也。多在小桑樹上，叢荆棘間。三四月中，一枝出小螳蜋數百枚。時珍曰：　螳蜋，驤首奮臂，修頸大腹，二手四足，善緣而捷，以鬚代鼻，喜食人髮，能翳葉捕蟬。或云術家取翳作法，可以隱形。深秋乳子作房，粘着枝上，即螵蛸也。房長寸許，大如拇指，其内重上有隔房。每房有子如蛆卵，至芒種節後一齊出。故《月令》有云：　仲夏螳蜋生也。

【修治】《别録》曰：　桑螵蛸生桑枝上，螳蜋子也。二月三月採，蒸過火炙用。不爾，令人洩。斅曰：　凡使勿用雜樹上生者，名螺螺。須覓桑樹東畔枝上者。采得去核子，用沸漿水浸淘七次，鍋中熬乾用。别作修事，無效也。韓保昇曰：　三四月采得，以熱漿水浸一伏時，焙乾，於柳木灰中炮黄用。

螳蜋　【主治】小兒急驚風搐搦，又出箭鏃。生者能食疣目時珍。

【發明】時珍曰：　螳蜋，古方不見用者，惟《普濟方》治驚風，吹鼻定搐法中用之，蓋亦蠶、蠍定搐之義。古方風藥多用螵蛸，則螳蜋治風，同一理也。又《醫林集要》出箭鏃亦用之。

【附方】新二。　驚風定搐：　中分散：　用螳蜋一箇，蜥蜴一條，赤足蜈蚣一條，各中分之，隨左右研末。記定男用左，女用右。每以一字吹鼻内，搐之。吹左即左定，吹右即右定也。《普濟》。　箭鏃入肉：　不可拔者。用螳蜋一個，巴豆半個，同研，傅傷處。微痒且忍，極痒乃撼拔之。以黄連、貫衆湯洗拭，石灰傅之。

桑螵蛸　【氣味】鹹，甘，平，無毒。之才曰：　得龍骨，療洩精。畏旋覆花戴椹。

【主治】傷中疝瘕陰痿，益精生子，女子血閉腰痛，通五淋，利小便水道《本經》。療男子虚損，五臟氣微，夢寐失精遺溺。久服益氣養神《别録》。炮熟空心食之，止小便利甄權。

【發明】時珍曰：　桑螵蛸，肝、腎、命門藥也，古方盛用之。權曰：　男子腎衰精自出，及虚而小便利者，加而用之。頌曰：　古方漏精及風藥中，多用之。宗奭曰：　男女虚損，腎衰陰痿，夢中失精遺溺，白濁疝瘕，不可闕也。鄰家一男子，小便日數十次，如稠米泔，心神恍惚，瘦瘁食減，得之女勞。令服桑螵蛸散藥，未終一劑而愈。其藥安神魂，定心志，治健忘，補心氣，止小便數。用桑螵蛸、遠志、龍骨、菖蒲、人參、茯神、當歸、龜甲醋炙各一兩，爲末。卧時，人參湯調下二錢。如無桑上者，即用他樹者，以炙桑白皮佐之。桑白皮行水，以接螵蛸就腎經也。

【附方】舊三，新七。　遺精白濁：　盗汗虚勞。桑螵蛸炙、白龍骨等分，爲細末。每服二錢，空心用鹽湯送下。《外臺》。　小便不通：　桑螵蛸炙黄三十枚，黄芩二兩，水煎。分二服。《聖惠》。　婦人胞轉：　小便不通，用桑螵蛸炙爲末，飲服方寸匕，日三。《産書》。　婦人遺尿：　桑螵蛸酒炒爲末，薑湯服二錢。《千金翼》。　妊娠遺尿：　不禁。桑螵蛸十二枚，爲末。分二服，米飲下。《産乳書》。　産後遺尿：　或尿數。桑螵蛸炙半兩，龍骨一兩，爲末。每米飲服二錢。《徐氏胎産方》。　咽喉腫塞：　桑上螳蜋窠一兩，燒灰，馬屁勃半兩，研匀，蜜丸梧子大。煎犀角湯，每服三五丸。〇《總病論》。　咽喉骨哽：　桑螵蛸醋煎，呷之。《經驗良方》。　底耳疼痛：　桑螵蛸一個，燒存性，麝香一字，研末。每用半字摻入，神效。有膿先繳净。《經驗方》。　小兒軟癤：　桑螵蛸燒存性，研末，油調傅之。《危氏方》。

題明・薛己《本草約言》卷二《藥性本草》　桑螵蛸即螳螂子。惟生桑樹上者入藥。　益陰臟之劑，故主女人血閉腰痛，男子虚損失精遺溺。通五淋利小水，久服益氣養神。

明・梅得春《藥性會元》卷下　桑螵蛸　味鹹、甘，氣平，無毒。生桑枝上者良。螳螂子是。　主治傷中疝瘕，陰痿，益精生子，女人血閉、腰痛，通

五淋，利小便水道，療男子腎衰虛損，夢寐失精，遺溺白濁。久服益氣養神。得龍骨，療泄精。　火炙黃色用，不則令人洩。

明・李中立《本草原始》卷一一　螳蜋、桑螵蛸　在處有之。乃螳蜋卵也。一名蟷蜋。兩臂如斧，當輒不避，故得當郎之名，俗呼為刀蜋。兗人謂之拒斧，逢樹便產，以桑上者為好。其子房名螵蛸者，因其狀輕飄如綃也。《酉陽雜俎》謂之野狐鼻涕，象形也。

螳蜋，驤首奮臂，修頸大腹，二手四足，善緣而捷，以鬚代鼻，喜食人髮，能翳葉捕蟬。深秋乳子作房，粘着枝上，即螵蛸也。房長寸許，大如拇指，其內重重有隔房，每房有子如蛆卵，至芒種節後一齊出。故《月令》云：仲夏螳蜋生。

螳蜋：　主治：　小兒急驚風，搐搦。生者能食疣目。〇箭鏃入肉不可拔者，用螳蜋一個，巴豆半個，同研，傅傷處。微痒且忍，極痒乃撼拔之，以黃連貫仲湯洗拭，石灰傅之。　桑螵蛸：　氣味：　鹹、甘，平，無毒。　主治：傷中，疝瘕陰痿，益精生子，女子血閉腰痛，通五淋，利小便水道。〇療男子虛損，五臟氣微，夢寐失精，遺溺。久服益氣養神。〇炮熟，空心食之，止小便利。

【圖略】修治：《別錄》曰：　桑螵蛸生桑枝上，螳蜋子也。二月、三月采，蒸過，火炙用，不爾令人洩。

之才曰：　桑螵蛸得龍骨療洩精。畏旋覆花。　《經驗方》：　治耳底疼痛，有膿，先繳淨，用真桑枝上螵蛸一箇，燒存性，同麝香半字，研末，〔每用半字〕摻入，神效。

明・張懋辰《本草便》卷二　桑螵蛸臣　味鹹、甘，氣平，無毒。得龍骨良，畏旋覆花。生桑枝。　主傷中，疝瘕陰痩，益精生子，女子血閉，腰痛，通五淋，利小便，療男子虛損腎衰，遺溺白濁。

明・繆希雍《本草經疏》卷二〇　桑螵蛸　味鹹、甘，平，無毒。主傷中，疝瘕，陰痿，益精生子。女子血閉腰痛，通五淋，利小便水道，又療男子虛損，五臟氣微，夢寐失精遺溺。久服益氣養神。二月三月採蒸之，當火炙，不爾令人洩。

〔疏〕桑螵蛸，桑樹上螳蜋子也。稟秋金之陰氣，兼得桑木之津液。《本經》味鹹氣平，《別錄》甘無毒。氣薄味厚，陰也。入足少陰、太陽經。人以腎為根本，男子腎經虛損，則五臟氣微，或陰痿，夢寐失精遺溺。鹹味屬水，內合於腎，腎得之而陰氣生長，故能愈諸疾及益精生子也。腎與膀胱為表裏，腎得所養則膀胱自固，氣化則能出，故利水道通五淋也。女子屬陰，肝腎用事，疝瘕血閉腰痛，皆二經為病。鹹能益陰入血軟堅，是以主之。甘能補中，故主傷中益氣。腎足則水自上升，克與心交，故能養神也。〔主治參互〕《外臺秘要》虛勞盜汗，遺精白濁。　桑螵蛸炙，白龍骨等分，為細末。每服二錢，空心鹽湯下。　寇宗奭方桑螵蛸散，治男子房勞，小便日數十次，如稠米泔，心神恍惚，瘦瘁食減。其藥安神魂，定心志，治健忘，補心氣，止小便數。用桑螵蛸、遠志、龍骨、菖蒲、人參、茯神、當歸、龜甲各如法製，各一兩，為末。臥時人參湯調下二錢。　《千金翼》婦人遺尿，桑螵蛸酒炒為末，白湯服二錢。兼治胎前產後遺尿不禁。　〔簡誤〕桑螵蛸氣味雖鹹平，走腎利水道，然得秋時收斂之氣，凡失精遺溺，火氣太盛者，宜少少用之。

明・倪朱謨《本草彙言》卷一七　桑螵蛸　味甘，氣平，無毒。氣薄味厚，陰也。入足少陰、太陽經。　陶隱居曰：　桑螵蛸，螳螂子也。　李氏曰：　螳螂馬首，奮臂長頸，大腹，二手四足，兩臂如斧，善緣而捷，以鬚代鼻，喜食人髮，能翳桑捕蟬。深秋乳子，作房粘着枝上。房名螵蛸者，狀輕飄如綃也。內重重有膈房，每房有子如蛆卵。至芒種節後，一齊俱出。故《月令》有云：　仲夏螳螂生也。　螳螂逢樹便產，以桑上爲妙，兼得桑皮之津氣也。

桑螵蛸：　通血閉，利五淋，《神農經》行小便，止遺溺之藥也。張盛吾曰：　此藥得秋金之陰氣而產，兼得桑木津氣而成，又遇芒種火令當時而生，故前古主通血閉經阻腰痛，若五淋、便閉、遺溺，若疝瘕、遺精、白濁，凡屬肝腎胞絡相火鬱逆，血氣不和諸證，用之立應。

集方：《方脉正宗》治婦人血閉腰痛。用桑螵蛸三十枚，炒研末，酒調服。〇同上治五淋澀痛不通。用桑螵蛸炒黃三十枚，研末，車前子煎湯服。〇同上治小便不通。用桑螵蛸三十枚，炒黃研末，黃芩湯調服。〇《千金翼》治婦人遺尿。用桑螵蛸酒洗、炒黃，龍骨各三錢，共爲末，每服二錢，牡蠣煎湯調服。如妊娠遺尿，用米湯調服。如產後遺尿，用益母葉煎湯調服。〇《聖惠方》治男婦疝瘕作痛。用桑螵蛸一兩，小茴香一兩二錢，共研末。每服二錢，花椒湯調服。〇《方脉正宗》治遺精或白濁。用桑螵蛸一兩，炒黃研末，每服二錢，空心白湯調服。

明·顧逢柏《分部本草妙用》卷五腎部·寒補　桑螵蛸　鹹、甘，微寒，無毒。得龍骨療洩精。畏旋覆花。　主治：男子陰痿，益精遺溺虛損，益氣養神。止小便濁，女子血閉腰痛，通五淋，利小便。　螵蛸為腎家補陰扶陽，填精益神之藥。故失精，遺溺白濁，及便如米泔，心神恍惚等症，并風藥用之如神。

明·李中梓《醫宗必讀·本草徵要下》　桑螵蛸味鹹，平，無毒。入腎經。畏旋覆花，蒸透再焙。　起陽事而痿弱何憂，益精氣而多男可冀。即螳螂之子，必以桑樹上者為佳也。一生九十九子，用一枚即傷百命，仁人君子聞之，且當慘然，況忍食乎？

明·張景岳《景岳全書》卷四九《本草正》　桑螵蛸　即螳螂育子房也。深秋作房，粘著桑枝之上，房長寸許，大如拇指，其內重重有隔，每房有子如蛆卵子是也。味甘、微鹹，性平。能益氣益精，助陽生子，療男子虛損，陰痿夢遺，疝瘕遺尿，治女人血閉腰痛，通五淋，利水道。炮熟空心食之，可止小便不禁。

明·盧之頤《本草乘雅半偈》帙三　桑螵蛸《本經》上品　氣味：鹹、甘，平，無毒。　主治：主傷中，疝瘕，陰痿，益精生子。女子血閉，腰痛，通五淋，利小便水道。

覈曰：桑螵蛸螳螂子也，深秋乳子作房，粘着桑枝上者，入藥用。房長寸許，大如拇指，重重有隔房，每房有子如蛆卵，芒種節後，一齊都出。《月令》有云：螳螂生也，螳螂驤首奮臂，修頸大腹，兩手四足，善緣而捷，以鬚代鼻，喜食人髮，尤善捕蟬。《爾雅》云：不過螳螂，其子螵蛸，捕蟬而食，執木葉以自蔽，蟬將去而未飛，為之一前一却。《莊子》云螳螂執翳而搏之，得見而忘其形，蓋謂是也。斆云：凡使勿用雜樹枝上生者，名曰素螺。須覓桑枝東畔生者。采得，去核子，用沸漿水浸七次，鍋中熬乾用。別作修事無効也。

先人云：房藏久遠，一房百子，有腎之慳，得甲之體，候陰之物，輸精之用者也。

条曰：桑螵蛸，即螳螂秋深產卵，連綴桑枝東畔者良。螵從票，蛸從肖，言勁疾輕舉，肖類母性也。《月令》芒種螳螂生，蓋是月升陰始起，殺蟲應而生焉。不生是謂陰息，唯捕蟬時，有進退勢，餘只知進而已，當入厥陰，具厥陰體用者也。故主厥陰隱深之境，唯知厥退，為疝瘕陰痿，精涸血閉，五淋癃約，此不從升陰而起，反從降陰而息者。對待治之，倘陰殺自強，所當斂避，設不知却，欲仗怒臂以當車轍，恐亦不勝其任也。出世人不肯作此用，世人亦無暇及此。

明·李中梓《本草通玄》卷下　桑螵蛸　興陽益精，固遺泄，攝小便。漿浸一日焙。

清·顧元交《本草彙箋》卷九　桑螵蛸　稟秋金之陰氣，走腎利膀胱，其能事也。以其輕飄如綃，故謂之螵蛸。乃螳螂乳子作房，粘着枝上者。獨取桑螵蛸，以其兼得桑皮之津氣耳。

桑螵蛸散，治男子房勞，小便日數十次，如稠米泔，心神恍惚，瘦瘁食減，此方能安神魂，定心志，治健忘，補心氣，止小便數。用桑螵蛸、遠志、龍骨、菖蒲、人參、茯神、當歸、龜甲，各如法製，各一兩，爲末，臥時人參湯調下二錢。如無桑上者，即用他樹者，以炙桑白皮佐之。桑白皮行水，以接螵蛸就腎經也。

村人每用桑螵蛸炙焦，飼小兒，云止夜尿。

清·穆石匏《本草洞詮》卷一八　螳螂、桑螵蛸　螳螂，兩臂如斧，當轍不避，故名。驤首奮臂，修頸大腹，二手四足，善緣而捷，以鬚代鼻，喜食人髮，能翳桑捕蟬。深秋乳子作房，粘着枝上，房名螵蛸者，狀輕飄如綃也。內重重有隔房，每房有子，芒種後一齊出。故《月令》云：仲夏螳螂生也。螳螂逢樹便產，以桑上為好，兼得桑皮之津氣也。螳螂治小兒驚風搐搦，又出箭簇。桑螵蛸鹹甘，平，無毒。治男女虛損腎衰，陰痿，遺溺白濁，疝瘕。古方漏精及風藥中多用之。一人小便日數十次，如稠米泔，恍惚瘦瘁，得之女勞。令服桑螵蛸散，未終一劑而愈。其藥安神魂，補心氣，止小便數，用桑螵蛸、遠志、龍骨、菖蒲、人參、茯苓、當歸、龜甲醋炙各一兩為末，臥時人參湯調下二錢。如用他樹螵蛸，以炙桑白皮佐之，桑白皮行水，以接螵蛸就腎經也。

清·劉雲密《本草述》卷二七　桑螵蛸　時珍曰：螳蜋深秋乳子作房，粘着桑枝上，即螵蛸也。房長寸許，大如胟指，其內重重有隔房，每房有子如蛆卵，至芒種節後一齊出。《別錄》曰：二三月中方可收采。

氣味：鹹、甘，平，無毒。　主治：傷中，疝瘕，通五淋，利小便水道

《本經》。夢寐失精，或漏精自出，遺溺《別録》。又療陰痿，益精生子。並女子血閉腰痛《本經》。久服益氣養神《別録》。　時珍曰：桑螵蛸，肝腎命門藥也。古方盛用之。　權曰：男子身衰，精自出，及虛而小便利者，加而用之。　頌曰：古方漏精及風藥中多用之。　宗奭曰：男女虛損，腎衰陰痿，夢中失精，遺溺，白濁，疝瘕，不可闕也。鄰家一男子，小便日數十次，如稠米泔，心神恍惚，瘦瘁食減，得之女勞。令服桑螵蛸散藥，未終一劑而愈。其藥安神魂，定心志，治健忘，補心氣，止小便數，用桑螵蛸、遠志、龍骨、菖蒲、人參、茯神、當歸、龜甲醋炙，各一兩，為末，臥時人參湯調下二錢。如無桑上者，即用他樹者，以炙桑白皮佐之，桑白皮行水，以接螵蛸就腎經也。

希雍曰：桑螵蛸稟秋金之陰氣，兼得桑木之津液。《本經》味鹹氣平，《別録》甘，無毒。氣薄味厚，陰也，入足少陰、太陽經。

愚按：桑螵蛸乃螳蜋子也。深秋乳子作房，粘於桑枝者，是其子固蟄於房，至夏芒種後乃奮出焉。猶人身之金火合德以為氣也。何以明之？蓋命門與肺，固丙辛相合以成，其義詳於蜀椒條。但蜀椒是由丙以召辛，而辛應之，以火為主也，氣之陽也。此味乃由辛以趨丙，而丙應之，以金為主也，氣之陰也。夫金得火之用，而金氣乃昌。此味本陰氣所生，然以深秋而生，是大火成功之後也。本陰氣所化，然以芒種而出，是大火秉令之時也。總以始終容平生化之氣，而是物乃偏得之矣。但知陽氣之用，能生化陰血，孰知陰氣之能為陰血生化者更精專乎？故《本經》首言傷中疝瘕，通淋利小水，及女子血閉腰痛，更主丈夫陰痿，益精生子。又《別錄》謂其療夢寐失精遺溺，皆不妄也。祇是陰氣之精專以致其用，故為小水，為血，為精，無不神其能生能化，所以能行能固，適如其精專之氣而已。但行止補泄，求助於他主味者，豈可不細酌乎？時珍謂為肝腎命門藥固然，但不究其入肺而後入三焦命門。《經》曰三焦屬腎，然命門乃三焦元氣之本。《難經》曰三焦者元氣之別使也。故是物之味鹹，《經》曰：三焦者，水瀆之府。又曰：三焦者，足少陰、太陽之所將，太陽之別也。故為三焦之用藥，即於水氣關切。

附方　遺精白濁，盜汗虛勞，桑螵蛸炙、白龍骨，等分，為細末，每服二錢，空心用鹽湯送下。　小便不通，桑螵蛸炙黃三十枚，黃芩二兩，水煎，分二服。　即上二方，止者同龍骨，行者同黃芩，則其主輔之味可參。　婦人胞轉，小便不通，用桑螵蛸炙為末，飲服方寸匕，日用二。　妊娠遺尿不禁，桑螵蛸十二枚，為末，分二服，米飲下。　即此二方，一行一止，皆以此一味，其妙於能行能止者，更可參。　咽喉腫塞，桑上螳蜋窠一兩燒灰，馬屁勃半兩，研勻，蜜丸梧子大，煎犀角湯，每服三五丸。　即此方，則其上由肺而下入腎也，可參。

希雍曰：桑螵蛸氣味雖鹹平，走腎利水道，然得秋時收斂之氣，凡失精遺溺，火氣太盛者，宜少少用之。

修治　熱水浸淘七遍，焙乾，炙令黃色，免令作瀉，或罯蒸過用亦好。

按此味必以結桑枝上者為良。蓋桑乃木星之精，是物秉金氣，由母趨子，故氣精專。寇氏用桑白皮代之，亦是一說。

清・郭章宜《本草匯》卷一七　桑螵蛸　味鹹，氣平，氣薄味厚，陰也，入足少陰、太陽、厥陰經。　止夢寐遺精，療血閉腰痛。　治產後遺尿，理婦人轉胞。

按：桑螵蛸，桑樹上螳螂子也。稟秋金之陰氣，兼得桑木之津液，為肝腎命門之藥。男子以腎為本，腎虛則五臟氣微，陰痿失精。故古方於男女虛損，腎衰遺溺，白濁陰痿，不可闕也。凡失精遺溺，火氣太盛者，少少用之。

凡使勿用雜樹上生者，取桑上者，以熱漿水浸一日，火炙用，不則令人吐。此物一生九十九子，用一枚即傷百命，仁人君子聞之且當慘然，況忍食乎？　得龍骨療泄精。　畏旋覆花。

清・蔣居祉《本草擇要綱目・平性藥品》　桑螵蛸　氣味：鹹、甘，平，無毒。　主治：傷中，疝瘕陰痿，益精生子，女子血閉腰痛，通五淋，利小便水道。乃肝腎命藥也，凡男子身衰精自出及小便自利者加用之。又小便如稠膠米泔，心神恍惚，悴瘦食減，得之女勞者，以桑螵蛸為君，佐以遠志、菖蒲、人參、茯神之屬，無不應效。如無桑上者，即用他樹所生，佐以炙桑白皮，亦可行水，以接螵蛸歸就腎經。

清・王翃《握靈本草》卷九　桑螵蛸即螳螂子。房生桑枝上者佳。炙用，否則令人洩大腸。　主治：桑螵蛸，鹹、甘，平，無毒。主傷中，疝瘕，陰痿，益精，女子血閉，腰痛，通五淋，療失精遺溺。

清・汪昂《本草備要》卷四　桑螵蛸補腎。　甘、鹹。入肝、腎、命門，益精氣而固腎。治虛損陰痿，夢遺白濁，血崩腰痛，傷中疝瘕。肝腎不足。　通五淋，縮小便。能通故能縮。腎與膀胱相表裏，腎得所養，氣化則能出，故能通；腎氣既固，則水道安常，故又能止也。寇宗奭治便數，有桑螵蛸散：桑螵蛸、茯神、遠志、菖蒲、人參、當歸、龍骨、鱉甲醋炙，各一兩，爲末。臥時人參湯下二錢，能補心安神，亦治健忘。炙飼小兒，止夜尿。　螳螂卵也。桑樹産者爲好。房長寸許，有子如蛆。芒種後齊出，故仲夏螳螂生也。如用他樹者，以桑皮佐之。桑皮善行水，能引達腎經。炙黃，或醋煮、湯泡煨用。畏旋覆花。螳螂能出箭鏃。螳螂一個，巴豆半個，研敷傷處。微癢且忍，極癢乃撼拔之。以黃連貫衆湯洗，石灰敷之。《楊氏方》用蜣螂，鏃出後，敷生肌散。螳螂、蜣螂，皆治驚風，今人罕用。蜣螂兼治腹脹便閉、下痢脫肛、瘡疽蟲痔。

清・吴楚《寶命真詮》卷三　桑螵蛸　【略】起陽事而痿弱無憂，益精氣而多男可冀。

清・陳士鐸《本草新編》卷五　桑螵蛸　味鹹、甘，氣平，無毒。主女人血閉腰痛，治男子虛損腎衰，益精強陰，補中除疝，止精泄而愈白濁，通淋閉以利小便，又禁小便自遺。〔此〕物最佳，而難得真者。二三月間，自于桑樹間尋之，見有花斑紋子，在樹條上者，採之，用微火焙乾，存之。若非桑樹上者，無效。或云加桑白皮佐之者，非。

桑螵蛸，三吳最多。土人不知採用，捨近求遠，可勝嘆哉。

或問：桑螵蛸，乃螳螂之子，何以異于他樹耶？不知螳螂食桑葉而生子，其功自是不同。此物可種，採子入于桑樹之間，每年其子必多，不數年即繁，又不壞桑樹，而又可以採其子，至便法也。

清・馮兆張《馮氏錦囊秘錄・雜症痘疹藥性主治合參》卷一一　桑螵蛸　即桑樹上螳螂子也。一生九十九子，用一枚，便傷百命，勿輕用之。稟秋金之陰氣，得桑木之津液。味鹹甘，氣平，無毒。氣薄味厚，陰也。入足少陰、太陽經。蓋人以腎為根本，男子腎經虛損，則五臟氣微，或陰痿，夢寐失精遺溺。鹹味屬水，內合於腎，腎得之而陰氣生長，故能愈諸疾及益精生子也。腎與膀胱為表裏，腎得所養，則膀胱自固，氣化則能出，故利水通淋也。女子屬陰，肝腎用事，疝瘕血閉腰痛，皆二經為病，鹹能益陰，入血軟堅，是以主之。甘能補中，故主傷中益氣，腎足則水自上升，克與心交，故能養神也。〇二月三月採，蒸之，當火炙用，否則令人瀉。

桑螵蛸，治男子虛損腎衰，五臟氣微，疝瘕陰痿，傷中腰痛，精遺白濁，益精強陰，補中固腎，通淋利水。復禁小便自遺，為夢遺方之要藥。久服益氣養神，益精生子。女子血閉腹痛，及胎前產後溺遺不禁，酒炒為末，白湯調服即止。故俗名禁尿窠，即螳螂子也。必以桑樹上者為佳。

清・张璐《本經逢原》卷四　桑螵蛸　甘、鹹，平，無毒。桑枝上螳螂子也，火炙黃用。《本經》主傷中疝瘕、陰痿，益精生子，女子月閉腰痛，通五淋，利小便水道。　發明：桑螵蛸，肝腎命門藥也，功專收濇。故男子虛損，腎衰陽痿，夢中失精，遺溺白濁方多用之。《本經》又言通五淋，利小便水道，蓋取以泄下焦虛滯也。桑螵蛸散治小便頻數，如稠米泔，心神恍惚，瘦悴食少得之女勞者，方用桑螵蛸、遠志、龍骨、菖蒲、人參、茯苓、當歸、龜甲各一兩，臥時人參湯調下二錢，如無桑樹上者，以他樹上者濃煎桑白皮汁佐之。若陰虛多火人誤用，反助虛陽，多致溲赤，莖痛，強中失精，不可不知。生研爛塗之出箭鏃。

清・浦士貞《夕庵讀本草快編》卷五　桑螵蛸《本經》　乃螳螂窠也，螳螂兩臂如斧，當轍不避。《說文》謂之拒斧。深秋時作窠於樹梗以育子，在桑樹者佳。至芒種後，子皆飛去，故《月令》云：仲夏螳螂生。　桑螵蛸味鹹而甘，性平無毒，肝腎命門藥也。夫人腎衰則夢泄遺精，小便不禁，在女則白帶白淫，夢與鬼交。肝虛則陰莖痿弱，白濁瘕疝，婦人則血閉五淋。用此蟲口粘造之物，且感箕星桑液之氣，專能溫命門，緩肝燥，故古方重之。寇宗奭治男女勞怯，心神恍惚，小便日行數十次，或稠如米泔者，佐以遠志、龍骨、菖蒲、人參、茯神、龜甲、當歸立愈。予謂不獨此也。即通命門，益精道，肝腎得滋，生子藥中亦不可缺如。婦人之轉胞，胎前產後之遺尿，亦所當賴矣！非腎主二便者乎？

清・張志聰、高世栻《本草崇原》卷上　桑螵蛸　氣味鹹甘，平，無毒。主治傷中、疝瘕、陰痿，益精，生子，女子血閉腰痛，通五淋，利小便水道。

螵蛸，螳螂子也。在桑樹作房，粘於枝上，故名桑螵蛸。是兼得桑皮之津氣也。其粘在他樹上者，不入藥用。螳螂兩臂如斧，當轍不避，喜食人髮，能翳葉捕蟬，一前一却。其房長寸許，大如拇指，其內重重相隔，隔中有子，其形如蛆卵，至芒種節後，一齊生出，約有數百枚。《月令》云仲夏螳螂生是也。

《經》云：逆夏氣，則太陽不長。又云：午者，五月，主右足之太陽。螳螂生於五月，稟太陽之氣而生，乾則強健，其性怒升。子生於桑，又得桑之金氣，太陽主寒水，金氣屬陽明，故氣味鹹甘。主治傷中，稟桑精而聯屬經脈也。治疝瘕，稟剛銳而疏通經脈也。其性怒升，當轍不避，具生長迅發之機，故治男子陰痿，而益精生子。女子肝腎兩虛，而血閉腰痛。螳螂捕蟬，一前一却，乃升已而降，自然之理，故又通五淋，利小便水道。

清・王道純《本草品彙精要續集》卷七　螳螂　卵生。

螳螂《神農本經》：主小兒急驚風，搐搦。又出箭鏃，生者能食疣目《本草綱目》。

【名】蟷蜋音當郎、刀螂《綱目》、拒斧《說文》、不過《爾雅》、莫貈同上、蟷蠰同上、蝕疣音尤。郭璞云：江東呼爲石螂。李時珍云：蟷螂，兩臂如斧，當輒不避，故得當郎之名。俗呼爲刀螂，燕人謂之拒斧，又呼不過也。蘇頌按《爾雅》云：莫貈、蟷蠰、不過，蟷螂也。燕趙之間謂之蝕疣。疣，即疣子，小肉贅也。今人病疣者，往往捕此食之，其來有自矣。代人謂之天馬，因其首如驤馬也。又揚雄《方言》云：螳螂或謂之髦，或謂之羊匕。齊兗以東謂之傳常。【苗】陶弘景云：螳螂，俗呼石螂。逢樹便產，以桑上者爲好，是兼得桑皮之津氣也。用時宜於桑樹上捕之。【地】處處樹木、花草上有之。

【時】生：三四月中一窠出小螳螂數百枚，至芒種節後一齊出，故《月令》有云仲夏螳螂生也。採：五六七月取之。【用】全用。【質】李時珍云：螳螂，驤首奮臂，修頸大腹，二手四足，善緣而捷，以鬚代鼻，喜食人髮，能翳葉捕蟬。或云術家取翳作法，可以引形。深秋乳子，作房粘著枝上，即螵蛸也。【色】青綠。【治】李時珍云：螳螂，古方不見用者，惟《普濟方》治驚風，吹鼻定搐法中用之。蓋亦蠶蠍定搐之義。古方風藥多用螵蛸，即知螳螂治風，同一理也。又《醫林集要》云：出箭鏃亦用之。【合治】《普濟方》：驚風定搐中分散，用螳螂一個，蜥蜴一條，赤足蜈蚣一條，各中分之，隨左右研末記定，男用左，女用右，每以一字吹鼻內搐之，吹左即左定，吹右即右定也。〇《醫林集要》方：箭鏃入肉不可拔者，用螳螂一個，巴豆半個，同研，傅傷處，微癢且忍，極癢乃撼拔之。以黃連貫衆湯洗拭，石灰傅之。

清・王子接《得宜本草・上品藥》　桑螵蛸　入足少陰、厥陰經。功專固澁。得龍骨療洩精。

清・徐大椿《神農本草經百種錄》上品　桑螵蛸　味鹹，平。主傷中疝瘕，瘀血凝結中焦。陰痿，益精生子，補益腎氣。女子血閉，和通血脈。腰痛，強腎之經。通五淋，利小便水道。通腎之府。

桑螵蛸，桑上螳螂所生之子也。螳螂于諸蟲中最有力，而其子最繁，則其腎之強可知。人之有子，皆本于腎，以子補腎，氣相從也。桑性最能續傷和血，螵蛸在桑者，而得桑之性，故有養血逐瘀之功。

清・黃元御《玉楸藥解》卷六　桑螵蛸　味鹹，氣平。入足少陰腎、足太陽膀胱、足厥陰肝經。起痿壯陽，回精失溺。桑螵蛸溫暖肝腎，疏通膀胱。治遺精失溺、經閉陽痿、帶濁淋漓、耳痛喉痹、瘕疝骨鯁之類皆效。炮研細用。

清・吳儀洛《本草從新》卷六　桑螵蛸〔補腎。〕　甘，鹹，平。入肝、腎、命門。益精氣而固腎。治虛損陰痿，夢遺白濁，血崩腰痛，傷中疝瘕。肝腎不足。通五淋，縮小便。能通故能縮。腎與膀胱相表裏，腎得所養，氣化則能出，腎氣既固水道安常，故又能縮也。寇宗奭治便數有桑螵蛸散，桑螵蛸、茯神、遠志、菖蒲、人參、當歸、龍骨、鱉甲等分為末，臥時人參湯下二錢。能補心安神，亦治健忘。炙飼小兒，止夜尿。螳螂卵也。須用桑樹上者。一生九十九子，用一枚即傷百命。仁人君子聞之，且當慘然，況忍食乎。房長寸許，有子如蛆，芒種後齊出，故月令仲夏螳螂生也。如用他樹者，以桑皮佐之，桑皮善行水，能引達腎經。炙黃，或醋煎，湯泡煨用，或蒸透再焙。畏旋覆花。

螳螂，能出箭簇，螳螂一個，巴豆半個，研敷傷處，微癢且忍，極癢乃撼拔之，以黃連貫眾湯洗，石灰敷之。楊氏方用蜣螂簇出後，敷生肌散。又治驚風。古方治風多用螵蛸，螳螂治風，同一理也。

清・汪紱《醫林纂要探源》卷三　螳螂　甘，鹹，溫。一名天馬。昂頭如虎，細頸長身，前足短，如鋸齒，常舉不下，後有四足，長股長脛，似草蟲而長，翼有赤文，腹中有二鐵線，蟲能繞牛馬尾至斷，用時須去之。補心緩肝，去風熱，定驚癇。色青入肝。仲夏始生，入心而能泄熱氣，散瘀血。　桑螵蛸：甘，鹹，酸，溫。螳螂卵也。附桑上成房，長寸許，房中細子如蛆，芒種後出，半月乃化爲螳螂。他樹亦有之。補心收散，補肺斂精，瀉肝腎之邪熱。乘夏化而敷子，子聚成房，此非獨精交，乃其神所萃。凡不交而孕者，皆由神交，蛟龍、鵁鶄是也。聚子百十，有房包之，待時變化而出，此亦如心之以虛而具萬，且乘一而應萬也。作房有斂之義，夏火而金已伏。肺金者，腎水之母，故凡酸以補肺者，雖輕虛上行，要皆能固腎斂精，金之生水也。故桑螵蛸能補心安神，止夢交，治健忘，通五淋，散瘕疝，又能斂氣固精，起陰痿，愈腰痛，止白濁血崩，縮小便，止小兒夜溺，為春夏之令所由成，秋冬之令所由始。以桑上者良，他樹者則以桑皮、桑葉佐之。或炙或煨，或醋煮，或湯泡用。

清・嚴潔等《得配本草》卷八　桑螵蛸　畏旋覆花、戴椹。鹹、甘，平。入足少陰、厥陰經。益精氣，固腎陰，通五淋，止遺濁。得黃芩，治小便不通。配人參、龍骨，療虛汗遺濁。佐馬勃、犀角，治喉痛。酒炒，研，白湯下，治胎產遺溺，并療血閉不通。熱漿浸一夜，炙黃用。若生用，令人瀉。陰火盛者，用之反助火泄精。

題清・徐大椿《藥性切用》卷八　桑螵蛸　甘鹹性平，入肝腎命門，澀精固腎，治遺濁滯下，止小兒夜尿。炙熟用。

清・黄宫繡《本草求真》卷二　桑螵蛸滋腎利水交心。　桑螵蛸耑入肝、腎、膀胱。即桑枝上螳螂子也。一生九十九子，用一枚便傷百命，勿輕用之。禀秋金之陰氣，得桑木之津液，味鹹甘，氣平無毒，入足少陰腎、足太陽膀胱。蓋人以腎為根本，男子腎經虚損，則五臟氣微，或陰痿夢寐、失精遺溺。螵蛸鹹味屬水，内舍於腎，腎得之而陰氣生長，故能愈諸疾及益精生子。腎與膀胱為表裏，腎得所養則膀胱自固，氣化則能出，故利水道通淋也。宗奭治小便數，用桑螵蛸、遠志、龍骨、菖蒲、人參、茯神、當歸、龜甲，醋炙各一兩為末，卧時人參湯調下而愈。女子疝瘕血閉腰痛，皆肝腎二經為病，鹹能入血軟堅，是以主之。甘能補中，故主傷中益氣，腎足則水自上升，克與心交，故能養神也。至書既言功耑收澀，又言利便。能澀能利。義由是矣。産桑樹者佳，斅曰：雜樹上生者名螵螺，宗奭曰：如無桑上者，即用他樹者，以炙桑白皮佐之，桑白皮行水，以接螵蛸就腎經也。酒炒用，畏旋覆花，其子之母名螳螂，主治小兒驚搐。並出箭鏃入肉。時珍曰：古方風藥，多用螵蛸，則螳螂治風，同一理也。又《醫林集要》出箭鏃，用螳螂一個，巴豆半箇，同研敷傷處，微痒且忍，極痒乃撼拔之，以黄連、貫衆湯洗拭，石灰敷之。

清・羅國綱《羅氏會約醫鏡》卷一八鱗介蟲魚部　桑螵蛸味鹹平，入腎經。畏旋覆花。蒸透再焙。　人以腎為本，味鹹能補，故能起陰痿，止夢遺，益精填髓。治腰痛崩漏，肝腎不足。通五淋，縮小便。腎與膀胱相表裏，腎足則氣化，故能通；腎氣既固，則水道安常，故又能止。即螳螂卵也，桑樹生者良。如他樹生者，以桑皮佐之，桑皮行水能達腎經。一月、二月採，蒸熟炙用，否則令人瀉。

清・陳修園《神農本草經讀》卷二上品　桑螵蛸　氣味鹹，平。主傷中，疝瘕，陰痿，益精生子，女子血閉腰痛，通五淋，利小便水道。

陳修園曰：　螵蛸，螳螂之子也。氣平屬金，味鹹屬水。螳螂於諸蟲中，其性最剛，以其具金性，能使肺之治節申其權，故主疝瘕、女子血閉、通五淋、利小便水道也。又具水性，能使腎之作強得其用，故主陰痿、益精生子、腰痛也。其主傷中者，以其生於桑上，得桑氣而能續傷也。今人專取其縮小便，雖曰能開而亦能闔，然要其本性，在此而不在彼。

清・黄凱鈞《藥籠小品》　桑螵蛸　益固腎，治夢遺白濁，縮小便，即螳螂子也。

清・張德裕《本草正義》卷下　桑螵蛸螳螂房也　甘鹹，性平。能益氣益精，助陽生子，男子夢遺陽痿，女子血閉腰疼，亦能縮小便。

清・楊時泰《本草述鉤元》卷二七　桑螵蛸　螳蜋深秋乳子作房，粘着桑枝上，即螵蛸也。長寸許，大如拇指，其内重重有隔，每房有子如蛆卵，至芒種後齊出瀕湖。二三月方可收采貞白。

味鹹、甘，氣平。氣薄味厚，陰也。入足少陰、太陽經。肝腎命門藥也瀕湖。《本經》治傷中疝瘕，通五淋，利小便水道，並女子血閉腰痛，更主丈夫陰痿，益精生子。《别録》療夢寐失精，或漏精自出遺溺，久服益氣養神。男子身衰精自出及虚而小便利者，加而用之甄權。古方漏精及風藥中多用頌。男女虚損白濁，不可闕。一男子小便如稠泔，日數十次，恍惚瘦瘁，得之女勞，令服桑螵蛸散，未終劑而愈。用桑螵蛸、遠志、龍骨、人參、茯神、菖蒲、當歸、龜甲醋炙各一兩，為末，臨卧，人參湯下二錢。如無桑上者，即用他樹者，以炙桑白皮佐之。桑皮行水以接螵蛸就腎經也。此藥安神魂，定心志，治健忘，補心氣，止小便數。虚勞盜汗，遺精白濁，桑螵蛸炙白龍骨等分，為末極細，每服二錢，空心鹽湯下。小便不通，桑螵蛸炙黄三十枚，黄芩二兩，水煎，分二服。上二方，止者同龍骨，行者同黄芩，則其主輔之味可參。女人胞轉，小便不通，桑螵蛸炙為末，飲服方寸匕，日二。妊娠遺尿不禁，桑螵蛸十二枚為末，分二服，米飲下。此二方，一行一止，皆祇用此一味，其妙於能行能止，更可參。咽喉腫塞，螵蛸一兩燒灰，馬勃半兩，研勻，蜜丸梧子大，煎犀角湯，每下三五丸。按此則上由肺而下入腎也，可參。

論：　桑螵蛸深秋乳子，固蟄於房，交芒種乃奮出，其生在大火成功之後，其出當大火秉令之時，金得火之用，而金氣乃昌，正猶人身金火合德以為氣也。人生命門與肺，本丙辛相合以成，其義詳於蜀椒條，但蜀椒由丙以召辛，而辛應之，以火為主氣之陽也。此味由辛以趨丙，而丙應之，以金為主氣之陰也。瀕湖謂為肝腎命門藥，不究其入肺而後入三焦命門。夫三焦屬腎，腎上連肺，而命門乃三焦元氣之本，三焦者元氣之别使也。故是物味鹹，又三焦者足少陰太陽之所將，太陽之别也，為三焦之用藥，故于水氣最關切。　人知陽氣之用能生化陰血，孰知陰氣之能為陰血生化者，力更精專，所以為小水為血為精，其能生能化，能行能固，適如乎精專之氣而已。但行止補瀉，必酌於他味以主之耳。其氣味雖鹹平，走腎而利水道，然得秋時收斂之氣。凡失精遺溺火氣太盛者，宜少少用之仲淳。

辨治：必以結桑枝上者為良，桑乃水星之精，是物稟金氣，由母趨子氣，故精專也。寇氏用桑白皮代之，亦是一說。熱水浸淘七次，焙乾，炙令黃色，免致作瀉，或略蒸過用，亦好。

清・鄒澍《本經續疏》卷三 桑螵蛸 【略】螳螂作窠生子於深秋，成形出見於仲夏，可謂隨陰之斂謐而藏，隨陽之昌熾而出。何以《本經》《別録》所列功能，殊不與是意符也？蓋螳螂本微物，而其不自量力，賈勇效能，有若強陽之不可遏者。則深秋之所藏，是令陽入陰中，仲夏之所出，是令陽從陰出也。於陰痿之候，能為益精而使生子，非其陽入陰中。於女人之病能行血閉而不腰痛，非其陽從陰出耶。疝瘕本陰氣之結，因傷中而為疝瘕，則是陽氣之結矣。水道不利，本陽氣不化，因五淋而水道不利，則是陽陷陰中，而此曰主傷中疝瘕，通五淋，利小便水道，不可謂非使陽入陰中，陽從陰出矣。雖然，疝瘕之屬傷中者，陰痿之屬陽不入陰者，腰痛、五淋之屬陽陷於陰者，當與凡疝瘕、凡陰痿、凡腰痛、五淋有異，而後可用是物，於何別之？《別録》所謂虛損，五臟氣微，是傷中之狀也。所謂夢寐失精遺溺，是陰痿之源也。由是而推，腰痛、五淋亦必有傷中、陰痿之象兼見焉。則其別亦既瞭然矣。要之是物之氣平味鹹，固具下行歸腎之機，其必取諸桑上者，又具自肺而下之概，一在極上，一在極下，盤旋交引，中氣自得靈通，於是陽之出入，陰之闔闢，自合度焉。因是知傷中二字，實為諸證綱領，由中及外之病，而先轉在外之樞，以定其中，是亦可謂妙於化裁矣。

清・葉桂《本草再新》卷一〇 桑螵蛸味苦、鹹，性平，無毒。入肝、腎二經。益精固腎，治虛損陰痿，遺濁血崩，腰痛疝瘕，通五淋，縮小便。

清・趙其光《本草求原》卷一八蟲部 桑螵蛸 螳螂深秋乳子作房，粘於桑枝，至芒種火旺時，子出而房存。味鹹，氣平，是辛金趨丙火以歸於水，故能申肺金治節之權，運達三焦氣化，使腎之作強得其用。主疝瘕血閉，通淋、利水，三焦者，水瀆之府，太陽之別。治節行而三焦達，則中下之虛滯自除。如用他樹者，以桑皮佐之，桑皮行水達腎，益精生子。治陰痿腰痛，水足火達也。主傷中、桑氣能續傷。失精遺尿。寇宗奭治女勞，尿數如泔，心神恍惚，同參、歸、菖、遠、龍骨、茯神、龜甲醋炙，等分研，人參湯下。能安神定志，治健忘，或曰同黃芩則利水，同龍骨則治遺精、白濁、盜汗、尿數。然觀古方治婦人胞轉、小便不通及妊娠遺尿、小兒夜尿，皆用此一味炙為末米飲下，可知能行即能止，得金水之精專，而水道自安常也。喉腫。同馬屁勃蜜丸，犀角湯下。但鹹平，雖走腎利水，然得秋收之氣，失精遺尿、火太盛者，宜少用。

熱水浸淘七遍，焙乾或醋蒸、湯泡煨用，免作瀉。畏旋覆。生研塗，出箭簇。螳螂同巴豆亦出箭簇，敷後癢極即出，以黃連貫眾湯洗，石灰敷之；今人多用蜣螂，出後，敷生肌散。

清・葉志詵《神農本草經贊》卷一 桑（蜱）〔螵〕蛸 味鹹，平。主傷中，疝瘕陰痿，益精生子，女子血閉，腰痛五淋，利小便水道。一名蝕肬。生桑枝上，采蒸之。

巨偉維桑，蟄蟲依固。細蝘中藏，乳蛆外附。綃狀輕飄，房看分注。蠶稠梅黃，驤首齊鶩。

傅咸賦：以厥樹之巨偉。《詩》：維桑與梓。《禮》：蟄蟲始振。《漢書・傳》：易可依固。《詩疏》：螟蛉，俗謂之桑蝘，色青而細小。李時珍曰：螳螂驤首奮臂，深秋乳子如蛆，粘著樹枝，其狀輕飄如綃，重重有隔房。《後漢書・傳》：羽翼外附。庾信銘：八溪分注。《禮》：仲夏之月螳蜋生。李白詩：五月梅始黃，蠶稠桑柘空。溫庭筠詩：班馬方齊鶩。

清・文晟《新編六書》卷六《藥性摘錄》 桑螵蛸 鹹，平。入肝、腎、膀胱。滋腎利水交心，治男子陰痿，夢寐失精遺溺，利水道，通淋，女子疝瘕血閉，腰痛。〇產桑樹者佳。〇酒炒。畏旋覆花。〇其子之母名螳螂。子，治小兒驚搐，並出箭簇入肉。

清・張仁錫《藥性蒙求・蟲部》 桑螵蛸一錢 桑螵蛸鹹，益精固腎。陰痿夢遺，男人虛損。寇氏曰：腎衰陽痿，夢遺（二）〔白〕濁，不可缺也。若多火人誤用，反助虛陽，多致莖痛溲痛。〇即螳螂卵也。須用桑樹上者良。炙焙用。

清・戴葆元《本草綱目易知錄》卷四 螳蜋 【略】 桑螵蛸：甘、鹹。入肝腎命門。益精生子，固氣養神。治男子腎衰陰痿，五臟氣微，夢寐失精，遺溺白濁，傷中疝瘕，女子血閉，腰疼，胎產遺尿，通五淋，利小便。炮熟空心食之，止小便頻利。

清・黃光霽《本草衍句》 桑螵蛸甘、鹹。 耑斂精而固腎，入肝腎於命門。傷中虛損，益氣補心。起陰痿腰痛遺精，強腎之陰。疝瘕血閉。鹹能益腎軟堅，通血脈。縮小便遺溺不禁，固腎之氣，能通又能縮也。白濁五淋。通腎之府，一男子小便日數次（次），如稠米泔，心神恍惚，瘦瘁食減，得之女勞。令服桑螵蛸散。藥未終一劑而愈。其藥安神魂，定心志，治健忘，補心氣，止小便數。用桑螵蛸、遠志、龍骨、菖蒲、人參、茯神、當歸、龜板炙，各一兩，為末，臥時人參湯下二錢。　遺精白濁，盜汗虛勞，桑螵蛸炙，白龍骨，等分為末，空心鹽湯下二錢。　妊婦遺尿不禁，桑螵蛸為末，米飲下。　產後遺尿，或尿數，桑螵蛸炙，半兩，龍骨一兩，米飲下。

清・陳其瑞《本草撮要》卷九　桑螵蛸　味甘鹹，平，入足少陰、太陽、厥陰經，功專固澁，治小兒夜尿及驚風良。得龍骨療洩精，得茯神、遠志、菖蒲、人參、當歸、龍骨、龜甲治健忘心神不安。以螳螂一個，巴豆半粒，研敷箭簇傷處極痒，痒極乃撼拔之。以黃連貫眾湯洗去，再以石灰敷之，其傷即瘥。炙黃或醋煮湯泡煨用，或蒸透再焙。畏旋覆花。

蛗螽

宋・唐慎微《證類本草》卷二一蟲魚部中品〔唐・陳藏器《本草拾遺》〕

蛗螽　蚯蚓二物異類同穴，爲雄雌，令人相愛。五月五日收取，夫妻帶之。蛗螽如蝗蟲，東人呼爲舴艋，有毒，有黑班者，候交時取之。

宋・唐慎微《證類本草》卷二一蟲魚部中品〔唐・陳藏器《本草拾遺》〕

蚱蜢　石蟹注陶云：石蟹如蚱蜢。形長小，兩股如石蟹，在草頭能飛，蛗螽之類，無別功。與蚯蚓交，在土中得之，堪爲媚藥。入《拾遺記》。

宋・鄭樵《通志》卷七六《昆蟲草木略》　螽之類亦多。《爾雅》云：蛗螽，蠜。草螽，負蠜，蛗螽，蜙蝑。蟿螽，螇蚸。土螽，蠰谿。按蛗螽，蝗也。草螽，草蟲也，亦謂蚱蜢。蜙蝑，一名蜙蜒，即一種大青蚱蜢，股長而鳴甚響。螇蚸，郭云：似蜙蜒而細長，飛翅作聲者。蠰谿，似蝗而小，斑色，多生園中，郭云：今謂之土蠑。以其在土中也。

明・蘭茂撰，清・管暄校補《滇南本草》卷下　⿰虫麻⿰虫造一名穀雀。性溫，味苦、微辛。入肝脾二經。治山嵐瘴氣，瘧疾寒熱往來。不服水土，瘴瘧爐烟，經年不愈者，立效。

附方：⿰虫麻⿰虫造新瓦焙乾，去足翅，每服三個，或五七個，用燒酒服。

明・蘭茂《滇南本草》〔叢本〕卷下　螞蚱　味辛，微甘，性溫。入肝脾二經。治山嵐瘴氣，寒熱往來，不服水土，瘴瘧，爐烟瘴氣，經着未愈，用之良效。螞蚱五七個，新瓦焙乾，為末，滾熱燒酒服效。

明・李時珍《本草綱目》卷四一蟲部・化生類　蛗螽音負終。《拾遺》。校正：併入《拾遺》蚱蜢。

〔釋名〕負蠜音煩。蚱蜢時珍曰：此有數種，蛗螽總名也。江東呼爲蚱蜢，謂其瘦長善跳，窄而猛也。螽亦作蝝。〔集解〕藏器曰：蛗螽狀如蝗蟲。有異斑者，與蚯蚓異類同穴爲雌雄，得之可入媚藥。時珍曰：蛗螽，在草上者曰草螽，在土中者曰土螽，似草螽而大者曰螽斯，似螽斯而細長者曰蟿螽。《爾雅》云：蛗螽，蠜也。草螽，負蠜也。斯螽，蜙蝑也。蟿螽，螇蚸也。土螽，蠰螇也。數種皆類蝗，而大小不一。長角，修股善跳，有青、黑、斑數色，亦能害稼。五月動股作聲，至冬入土穴中。芒部夷人食之。蔡邕《月令》云：其類乳于土中，深埋其卵，至夏始出。陸佃云：草蟲鳴于上風，蚯蚓鳴于下風，因風而化。性不忌而一母百子。故《詩》云：喓喓草蟲，趯趯蛗螽。蝗亦螽類，大而方首，首有王字。沴氣所生，蔽天而飛，性畏金聲。北人炒食之。一生八十一子。冬有大雪，則入土而死。

〔氣味〕辛，有毒。〔主治〕五月五日候交時收取，夫婦佩之，令相愛媚藏器。

明・姚可成《食物本草》卷一一蛇蟲部・蟲類　蛗螽音負終。一名蚱蜢，其形如蝗，大小不一，長角修股，善跳，有青、黑、斑數色，亦能害稼。五月動股作聲，至冬入土穴中。芒部夷人食之。蔡邕《月令》云：其類乳于土中，深埋其〔卵〕，至夏始出。陸佃云：草蟲鳴于上風，蚯蚓鳴〔于〕下風，因風而化。性不忌而一母百子。故《詩》〔云〕：喓喓草蟲，趯趯蛗螽。蝗亦螽類，大而方首，首〔有〕王字，沴氣所生，蔽天而飛，性畏金聲。北〔人〕炒食之。一生八十一子。冬有大雪，則入土而死。　蛗螽，味辛，有毒。五月五日候交時收取，夫婦〔佩〕之，令相愛媚。

附方：治三日瘧，百方不效者。以端午日收蛗螽，陰乾研末。臨發日於五更時酒服方寸匕。極凶者不過三次瘥。

清・趙學敏《本草綱目拾遺》卷一〇蟲部　蚱蜢　《綱目》蛗僅引《拾遺》佩藥一條，並無主治。

按：蚱蜢初夏大火始有，得秋金之氣而繁，性竄烈，能開關透竅。一種灰色而小者，各土磔，不入藥用。大而青黃色者入藥，有尖頭、方頭二種，《救生苦海》五虎丹中用之，治暴疾氣閉，大抵取其竄捷之功為引也。

味辛，平，微毒，性竄而不守，治咳嗽、驚風、破傷，療折損、凍瘡，癍疹不出。

治鸕鷀瘟：《王氏效方》：鸕鷀瘟，其症咳嗽不已，連作數十聲，類哮非哮，似喘非喘。小兒多患此，取穀田內蚱蜢十個，煎湯服，三劑愈。《百草鏡》云：鸕鷀鬱小兒有之，其症如物哽咽，欲吐難出之狀，久之出痰少許，日久必死。治以乾蚱蜢煎湯服。

破傷風：《救生苦海》治破傷風，用霜降

後稻田內收方頭灰色蚱蜢，同穀裝入布袋內，曬乾，勿令受溼致生蟲蛀壞，常曬為要。遇此症，用十數個瓦上煅存性，酒下，立愈。　痧脹：《養素園集驗方》：用蚱蜢五六個，煎湯溫服。　凍瘡：《養素園集驗方》：用方頭黃色蚱蜢風乾煅研，香油和搽，摻亦可。　小兒驚風：《李氏表方》：用蚱蜢不拘多少煅存性，砂糖和服，立愈。　一方，治急慢驚，量大小人多寡用之，煎服。　王立人《易簡方》：用螞蚱焙乾為末，薑湯調服少許，立愈。急慢驚風：《百草鏡》：霜降後，稻田中取方頭黃身蚱蜢，不拘多少，與穀共入布袋內風乾，常曬，勿令受溼蟲蛀。遇此症，用十個或七個，加鈎籐鈎、薄荷葉各一撮，煎湯灌下，渣再煎服，重者三劑愈。李東來常施此藥。據云山東王蟲尤妙，每服只須二個。　王站柱《不藥良方》：急慢驚風，先用白鳳仙花根汁半盞服下，即用方頭蚱蜢焙乾研末，滾水調下，即愈。　產後冒風：　王良生《救急方》：乾蚱蜢數十個，瓦上煅存性，好酒調服。

清·王孟英《隨息居飲食譜·鱗介類》　蝗螽　蝗，從皋，言其生息之緐。螽，從冬，言其子能歷冬不死，必得大雪則入土也。種類不一，形狀稍殊。《春秋》書之以其害稼，實即蝗之屬也。若旱年水涸，魚鰕諸子悉化蝗螽之類而食禾，人始稱為蝗矣。故平時之蝗螽，旱歲之蝗，北人皆炙而食之。辛、甘，溫。暖胃助陽，健脾運食。餵猪最易肥腯。　按：捕蝗雖有法，必得大雨而始息者，蝗得水而復可為魚鰕也。嗚呼！猶之民失教，以為盜賊，誅之必不勝誅，得有善教者，何難復化為民耶？《譜》飲食以水始，以蝗終，讀是書者，毋使民之失教，如魚鰕之失水則蝗飛，何至蔽天？庶不徒為飲食之人矣。　吾師嘗自書楹帖云：　近人情之謂真學問，知書味即是活神仙。開第謂讀破萬卷者多，識此十六字者鮮。必識此十六字，方許讀是書。　受業門人同邑周開第嗣香拜識

蟋蟀

宋·鄭樵《通志》卷七六《昆蟲草木略》　蛬　曰蟋蟀，曰青蛚。楚人謂之王孫，幽州人謂之促織。秋至則鳴，故曰促織鳴，懶婦驚。

明·李時珍《本草綱目》卷四一蟲部·化生類　促織時珍曰：　促織，蟋蟀也。一名蛬，一名蜻蛚。陸璣《詩義疏》云：　似蝗而小，正黑有光澤如漆，有翅及角，善跳好鬬，立秋後則夜鳴。《豳風》云七月在野，八月在宇，九月在户，十月蟋蟀入我牀下是矣。古方未用，附此以俟。

【氣味】缺。　【主治】竹刺入肉，取一枚搗傳時珍。

清·趙學敏《本草綱目拾遺》卷一〇蟲部　蟋蟀　《綱目》於竈馬下附促織，僅列其名，云古方未用。附此以俟考。

性通利，治小便閉。〇《藥性考》：　蟋蟀辛鹹溫，能發痘，勝於桑蟲。治跌蹼傷小肚、尿閉不出。〇《養素園集驗方》：　用蟋蟀一枚，煎服，立驗。　小兒遺尿：　《慈航活人書》：　取全蟋蟀一個焙末，滾水下，照歲服，如兒十一歲者，每次服一個，服至十一個為止。　治男婦小水不通、痛脹不止。〇《集聽》：　用蟋蟀一個，陰陽瓦焙乾為末，白滾湯下，小兒半個即通。　催生：　趙際昌云：　鬬蟲之戲，蟋蟀最盛，其百戰百勝者，俗呼為將軍。其蟲至冬必死，勿輕棄去，留以救產厄，神驗。凡產不下，用乾者一枚，煎湯服即生，并無橫倒之患。許景尼云：　鬬蟋蟀家，冬則封盆，待其自死，成對乾之，留為產科、痘科用。須成對者入藥。　治水蠱：　朱烺齋《任城日鈔》云：　促織可治水蠱，昔有人患水蠱，百治不效，一日偶飲開水，水中先有促織一對在內，其人倉卒一併吞之，越數日，其病漸消，方知促織可治此症。後傳此方數人，無不驗者。一對不足，連服二三對自效。

竈馬

明·李時珍《本草綱目》卷四一蟲部·化生類　竈馬《綱目》

【釋名】竈雞俗　【集解】時珍曰：　竈馬處處有之，穴竈而居。按《酉陽雜俎》云：　竈馬狀如促織，稍大脚長，好穴竈旁。俗言竈有馬，足食之兆。

清·王道純《本草品彙精要續集》卷七　竈馬　化生。

竈馬：　主竹刺入肉，取一枚搗傳《本草綱目》。　【名】竈雞俗名。　【地】處處有之，穴竈而居。　【時】生：　無時。採：　無時。　【用】全身。　【質】按《酉陽雜俎》云：　竈馬，如促織稍大，腳長，好穴竈旁。俗言竈有馬，足食之兆。　【色】黃黑。

清·汪紱《醫林纂要探源》卷三　竈馬　苦，鹹，甘，溫。一名竈雞，即莎雞也。形似蟋蟀而翼短。　健脾消積，行水。可炙飼小兒。然勿輕用。

螻蛄

宋·李昉《太平御覽》卷九四八　螻蛄　葛洪治箭鈎在咽喉不出方曰：　取螻蛄大者二枚，斷取體用螻蛄腦塗之，即出。　范汪治不得小便方曰：　取螻蛄大者二枚，斷取體下，以一升水漬之，去皮飲之，須臾便通。　《本草經》曰：　螻蛄，一名天螻，

一名螌。産難，出刺在肉中潰癰腫，下哽咽，解毒愈惡瘡。　陶弘景《本草經》曰：　螻蛄，味鹹，寒。取自出者，其自腰以前甚澁，主止大小便。

宋・唐慎微《證類本草》卷二二蟲魚部下品〔《本經・别録》〕　螻音婁**蛄**音姑　**味鹹，寒，**無毒。**主産難，出肉中刺，潰癰腫，下哽噎，解毒，除惡瘡。一名蟪蛄，一名天螻，一名螜**音斛。生東城平澤，**夜出者良，**夏至取，暴乾。

〔梁・陶弘景《本草經集注》〕云：　以自出者，其自腰以前甚澁，主止大小便。從腰以後甚利，主下大小便。若出拔刺，多用其腦。此物頗協神鬼，昔人獄中得其蟪力者。今人夜忽見出，多打殺之，言爲鬼所使也。

〔宋・掌禹錫《嘉祐本草》〕按：《蜀本》注云：《爾雅》曰：螜，天螻是也。《圖經》云：夏至取，今所在有之。《爾雅疏》云：一名碩鼠。《夏小正》三月云：螜則鳴是也。日華子云：冷，有毒。治惡瘡水腫，頭面腫，入藥炒用。

〔宋・蘇頌《本草圖經》〕曰：　螻蛄，生東城平澤，今處處有之。穴地糞壤中而生，夜則出求食，人夜行忽見出，多打殺之，言其爲鬼所使也。夏至後取，暴乾，以夜出者良。其自腰以前甚澁，主止大小便，或云止小便。自腰以後甚利，主下大小便。若出拔刺，多用其腦，此一名螜。《爾雅》云：螜，天螻。《夏小正》篇云三月螜則鳴是也。《廣雅》云一名碩鼠，《易》晉如碩鼠。孔穎達《正義》云：有五能而不能成技之蟲也。又引蔡邕《勸學篇》云：碩鼠五能不成一技術。注云：能飛不能過屋，能緣不能窮木，能游不能度谷，能穴不能掩身，能走不能免人。《荀子》云：梧鼠五技而窮。并爲此螻蛄也。而《魏詩》碩鼠刺重斂。《傳》注：皆謂大鼠。則《爾雅》所謂碩鼠，關西呼爲鼩音瞿鼠者。陸璣云：今河東有大鼠，能人立，交見兩脚於頸上，跳舞善鳴，食人禾苗，人逐則走木空中，亦有五技，或謂之雀鼠，其形大，然則螻蛄與此鼠二物而同名碩鼠者也。螻蛄有技而窮，此鼠技不窮，故不同耳。螻蛄又名梧鼠，《本經》未見也。今方家治石淋導水，用螻蛄七枚，鹽二兩，同於新瓦上鋪蓋焙乾，研末。温酒調一錢匕，服之即愈。

〔宋・唐慎微《證類本草》〕《聖惠方》：　治十種水病，腫滿喘促不得卧。以螻蛄五枚，乾爲末。食前湯調半錢匕至一錢，小便通，效。《外臺秘要》：　治鯁。螻蛄腦一物吞，亦治刺不出，傳之刺即出。　孫真人：　治箭鏃在咽喉、胸鬲及針刺不出。以螻蛄擣取汁滴上，三五度箭頭自出。

宋・寇宗奭《本草衍義》卷一七　螻娄蛄姑　此蟲當立夏後，至夜則鳴，《月令》謂之螻蟈鳴者是矣。其聲如蚯蚓，此乃是五伎而無一長者。

宋・王繼先《紹興本草》卷一八　螻蛄　紹興校定：螻蛄，性味、主治雖載《本經》，然但利水方間有用之，餘未聞驗據。處處産之。當云味鹹，冷、有小毒為定。

宋・鄭樵《通志》卷七六《昆蟲草木略》　螻蛄　曰螜，曰天螻，曰蝚，曰蛞螻，亦曰蟪蛄。故《爾雅》云：螜，天螻。又曰：蝚，蛞螻。《方言》云：南楚謂之杜狗。此物頗協神鬼，昔人獄中得其力者，今人夜忽見出，多打殺之，言為鬼所使也。《荀子》所謂梧鼠五技而窮，蔡邕《勸學篇》云：碩鼠五能不成一技者，此物爾。《魏詩》所謂碩鼠者，大鼠也。

宋・陳衍《寶慶本草折衷》卷一七　螻音婁。蛄音姑。汁在内。　一名土狗。見縉雲條例及艾氏云。〇一名天螻，一名螻蟈，一名蟪蛄，一名螜，一名梧鼠，一名碩鼠。又非《毛詩》所謂碩鼠也。〇螜，音斛，又作螜。生東城平澤。今處處穴地糞壤中有之。〇夏至後取，以夜出者良，暴乾。

味鹹，寒，有毒。〇主産難，出肉中莿，潰癰腫，下哽噎，解毒，除惡瘡。〇日華子云：治水腫，頭面腫，入藥炒用。〇《圖經》曰：下大小便，若出枝莿，多用其腦。今治石淋，導水用。〇《孫真人方》：治箭鏃及針刺不出，以螻蛄擣取汁，滴三五度自出。

元・尚從善《本草元命苞》卷八　螻蛄　味鹹，性寒，無毒。潰瘡腫，出肉中之刺，下哽噎。主小便不通，産難用神效，水腫服即消。出東城平澤，今在處有之。糞壤中穴地而生。夏至取夜行者妙。《爾雅》疏云碩鼠。日華子言有毒。

元・徐彦純《本草發揮》卷三　螻蛄　丹溪云：　螻蛄治口瘡甚効。虚人戒勿用之，以其性急故也。

明・蘭茂撰，清・管暄校補《滇南本草》卷下　土狗一名地狗。　性平，味甘。入胃。利小便，消水腫，上半身腫者，用上半節；下半身腫者，用下半節；去足翅，用新鮮新瓦焙乾，每用五個，滚水服。上下俱腫者，全用。

明・蘭茂《滇南本草》〔叢本〕卷下　土狗一名地虎。　味甘，性平。入胃。利小便，消水腫。上節痛者，用頭身上半節；下節痛者，用身子下半節。去足翅方可用。上下俱腫，全用。新瓦焙乾，每服五個，滚水服效。鮮用。

以上諸藥，註全以下遺漏幾補之：

附增補：　久泄不止及水泄妙方：　沙苑蒺藜三錢、吴神麯二錢、炒山查二錢、撫夷錢半、白蔻仁二錢、雞肫皮三錢，炒黄。炙草二錢、蓮子五錢，去心。共為細末，每服二錢，滾水下。　治小兒蟲藥方：　枳殼一錢、厚朴一錢、撫夷一錢、使君子一錢、甘草五分、廣檳榔一錢。胃寒有食加山查、一錢，夏天不用。砂仁五錢。忌香甜、煎炒。　治婦人產後瘀血不淨，或是冷水把注，以成血塊，甚至積久成血鼠，可以走動，面皮焦黃，不飲食，以成危症。　貓骨一兩，點醋，新瓦上焙乾，為末，每服一錢，點燒酒，服三四次效。　外痔瘡，用象屎燒灰存性，搽之效。　治半身不遂，風痰痿耎，筋骨痰火，奇效藥酒方：　秦歸五錢、熟地三錢、秦艽二錢、白茯苓三錢、沙參三錢、千年箭五錢、鑽地風五分、川芎三錢、杭芍錢半、獨活錢半、川牛(夕)〔膝〕二錢、五加皮錢半、懷生地三錢、杜仲二錢、防風一錢、川烏、二錢，炙。　寄生二錢、故紙二錢、木瓜二錢、生草五分，用酒五斤，加龍眼、陝棗不拘多少，文武火煮一柱香時，冷去火毒，早晚臨用，炖熱數杯。忌魚、羊、蛋、蒜、生冷。

附方：　紅索馨尖七個，煎湯，點水酒服，能斷產。

明·王綸《本草集要》卷六　螻蛄　味鹹，氣寒，無毒。一云有毒。夜出者良。夏至取，曝乾，入藥炒用。　主產難，出肉中刺，潰癰腫，下哽噎，解毒，除惡瘡。十種水病，腫滿喘促，小便不利，研末，溫酒或湯調一錢匕。又云：　自腰以前甚澀，主止大小便；　從腰以後甚利，主下大小便。若出拔刺，多用其腦傳之。

明·滕弘《神農本經會通》卷一〇　螻蛄　夜出者良。夏至取，暴乾。入藥炒用。　味鹹，氣寒，無毒。一云：　有毒。　《本經》云：　主產難，出肉中刺，潰癰腫，下哽噎，解毒，除惡瘡。陶隱居云：　自腰以前甚澁，主止大小便，從腰以後甚利，主下大小便。若出拔刺，多用其腦傳之。《聖惠》云：　治十種水病腫滿，喘促不得臥，以螻蛄五枚，乾為末，食前湯調半錢匙，至一錢，小便通効。《局》云：　螻蛄專主產難分，下腫能通大小便。　解毒潰癰罨肉刺，誰知土狗一般名。

明·劉文泰《本草品彙精要》卷三一　螻蛄無毒。日華子云：　有毒。

〔化〕生。

螻蛄：　主產難，出肉中刺，潰癰腫，下更噎，解毒，除惡瘡。夜出者良。《神農本經》。〔名〕螻蛄、天螻、碩鼠、梧鼠、螜音斛。〔地〕《圖經》曰：　生東城平澤，今處處有之。穴地糞壤中而生，夜則出求食。人夜行忽見，多打殺之，言其爲鬼所使也。《爾雅》云：　螜，天螻。《夏小正篇》云：　三月螜則鳴是也。蔡邕《勸學篇》云：　碩鼠五能不成一技術。注云：　能飛不能過屋，能緣不能窮木，能遊不能度谷，能穴不能掩身，能走不能免人。《荀子》云：　梧鼠五技而窮，並爲此螻蛄也。及《魏詩》碩鼠刺重斂。《傳》注：　皆謂大鼠。即《爾雅》所謂碩鼠，關西呼爲鼩音瞿鼠者。陸璣云：　今河東有大鼠，能人立，交見兩脚於頸上，能舞善鳴，食人禾苗，人逐則走木空中，亦有五技，或謂之雀鼠，其形大。然螻蛄與此鼠二物同名碩鼠也，螻蛄有技而窮，此鼠技不窮，故不同耳。螻蛄又名梧鼠，《本經》蓋未見也。《衍義》曰：　此蟲當立夏後，至夜則鳴，《月令》謂之螻蟈，鳴者是矣。其聲如蚯蚓，此乃是五技而無一長者也。　〔時〕生：　春。採：　夏至取。　〔收〕暴乾。　〔用〕腦及身。　〔味〕鹹。　〔性〕寒，輭。　〔氣〕味厚於氣，陰也。　〔臭〕腥。　〔主〕消水腫，除惡瘡。　〔製〕去翅足，炒用。　〔治〕療：　日華子云：　主惡瘡，水腫，頭面腫。孫真人云：　治箭鏃在咽喉、胸膈及鍼刺不出，擣取汁，滴上三五度，箭頭自出。《別錄》云：　治十種水病，腫滿喘促不得臥，用五枚，乾為末，食前湯調下半錢匕至一錢，小便通，效。〇治鯁，用腦吞之，瘥。亦治刺不出，傳之即出。　〔合治〕取七枚合鹽二兩，同於新瓦上鋪蓋焙乾，研末，溫酒下一錢匕，治石淋導水即愈。

明·許希周《藥性粗評》卷四　召土狗以吮癰，鋒當自斂。

土狗，螻蛄也。一名螜。細腰如土蜂形，生磚石下濕處，南北處處有之。立夏後則鳴，夏小正所謂三月螜則鳴，《月令》所謂螻蟈鳴者，是也。一名梧鼠。《荀子》曰：　梧鼠五技而窮。一名碩鼠，蔡邕曰：　碩鼠五能不成一技。皆言其能飛不能過屋，能緣不能窮木，能游不能度谷，能穴不能掩身，能走不能免人。夏至後取自出者，暴乾聽用。　味鹹，性寒，無毒。主治癰疽腫毒惡瘡，石淋，下哽噎，出肉中刺。下十二種水氣，自腰以前則性澁，主斂大小二便；　自腰以後則性滑，主利大小二便。丹溪云：　治口瘡甚速，虛人戒勿用之，以其性急故也。

單方：　骨鯁：　有鯁在喉不下者，土狗頭一枚，吞下，須臾自下。　石淋：　土狗七枚，鹽二兩，同於新瓦上，鋪蓋焙乾，研末，每服一錢匕，空心溫酒調下，其淋湧出。　箭頭在身：　凡患被箭中傷，□□在內，或針木等刺不出者，取生土狗不拘多少，搗絞汁，滴上三五度，自出。　水氣浮腫：　凡患十種水氣腫滿，喘促不得臥者，土狗五枚，乾為末，每服一錢，食前白湯調服，其水從小便出。

明·鄭寧《藥性要略大全》卷一〇　螻蟈　治難產，出肉中刺，潰癰腫，下哽咽。解毒，除惡瘡。　味鹹，性寒，有小毒。自出者佳。自腰以前甚澁，能止大小便；　腰以後甚利，能下大小便。若出拔刺及箭鏃，用其腦。　若治惡瘡水腫，入藥炒用。　一名土狗。

明·陳嘉謨《本草蒙筌》卷一一　螻蛄　味鹹，氣寒。無毒。一云有毒。穴土居，立夏出。翅短不能飛遠，聲鳴只在夜間。《月令》謂螻蟈鳴者，即此是也。俗云土狗，因類狗形。得之文火炙黃，研成細末入藥。治十種水腫立効，分上下左右取功。左令左腫消，右使右腫退。上消上體，下退下焦。又云：　從腰以後利通，為下二便要藥。從腰以前斂澁，為止二便捷方。若拔刺肉中，多取腦敷上。仍治口瘡乳毒，以酒擂服堪瘳。虛人戒勿用之，因其性急故也。

明·王文潔《太乙仙製本草藥性大全》卷八《本草精義》　螻蛄　一名蟪蛄，一名天螻，一名螜。生東城平澤。夜出者良。夏至取，暴乾。穴土居，立夏出。翅短不能飛遠，聲鳴只在夜間，《月令》謂螻蟈鳴即此是也。俗云土狗，因類狗形得之。文火炙黃，研成細末入藥。

明·王文潔《太乙仙製本草藥性大全》卷八《仙製藥性》　螻蛄　味鹹，氣寒，無毒。一云有毒。　主治：　治十種水腫立效，分上下左右取功。左令左腫消，右使右腫退，上消上體，下退下焦。又云從腰以後利通，爲下二便要藥。從腰以前斂澁，爲止二便捷方。若拔刺入肉中，多取腦敷上。仍治口瘡乳毒，以酒擂服〔堪瘳〕。能主產難，亦潰癰疽。退諸腫而下哽咽，解熱毒而除惡瘡。虛人戒勿用之，因其性急故也。　補註：　治十種水病，腫滿喘促，不得睡臥。以螻蛄五枚，乾爲末，食前湯調半錢至一錢，小便通效。○治鯁，螻蛄腦一物吞亦差。○治刺不出，傅之刺即出。○治箭鏃在咽喉、胸膈及針刺不出，以螻蛄搗取汁滴上，三五度箭頭自出。○治石淋導水，用螻蛄七枚，鹽二兩，同於新瓦上鋪蓋焙乾研末，溫酒調一錢，服之即愈。

明·皇甫嵩《本草發明》卷六　螻（姑）〔蛄〕下品。味寒，無毒。　發明曰：　螻蛄性最急，故諸方多主治十種水腫。但《本經》不言治水，主產難，潰癰腫，下哽噎，除惡瘡解毒。然雖不言治水，要之，性急利下，其意同也。五月五日取，焙乾，不可見日，用左令左腫消，用右令右腫消，上消上躰，下退下焦。又云：　從腰以後為通利，為下二便要藥。從腰以前能斂澁，為止二便捷藥。今方家治十淋導水，用螻蛄七枚，鹽二兩，瓦上蓋焙燥，末之，溫酒調一錢，服效。《聖惠方》治十種水病，以五枚乾末之，湯調半錢至一錢，小便通。如此二方，則前云分上下左右之說，不必信，更詳之。○刺肉中，取腦傅上能拔。《直指方》治遍身腫，外腎腫，用生土狗一個，四足全者，研細，砂仁末等分，老酒調下。○居土穴，立夏出翅，夜鳴，因取大者良。虛人勿用，因其性急故也。

明·李時珍《本草綱目》卷四一蟲部·化生類　螻蛄《本經》下品

〔釋名〕蟪蛄《本經》　天螻《本經》　螜音斛。《本經》　螻蟈《月令》　仙姑《古今注》　石鼠《古今注》　梧鼠《荀子》　土狗俗名時珍曰：　《周禮註》云：　螻，臭也。此蟲氣臭，故得螻名。曰姑，曰婆，曰娘子，皆稱蟲之名。蟪蛄同蟬名，螻蟈同蛙名，石鼠同碩鼠名，梧鼠同飛生名，皆名同物異也。　〔集解〕《別録》曰：　螻蛄生東城平澤。夜出者良。夏至取，暴乾。弘景曰：　此物頗協鬼神。昔人獄中得其力，今人夜見多打殺之，言爲鬼所使也。頌曰：　今處處有之。穴地糞壤中而生，夜則出外求食。《荀子》所謂梧鼠五技而窮，蔡邕所謂碩鼠五能不成一技者，皆指此也。魏詩碩鼠乃大鼠，與此同名而技不窮，固不同耳。五技者，能飛不能過屋，能緣不能窮木，能游不能度谷，能穴不能掩身，能走不能免人。宗奭曰：　此蟲立夏後至夜則鳴，聲如蚯蚓，《月令》螻蟈鳴者是矣。時珍曰：　螻蛄穴土而居，有短翅四足。雄者善鳴而飛，雌者腹大羽小，不善飛翔，吸風食土，喜就燈光。入藥用雄。或云（用）火燒地赤，置螻於上，任其跳死，覆者雄，仰者雌也。《類從》云：　磨鐵致蛄，汗鞴引兔。物相感也。

〔氣味〕鹹，寒，無毒。日華曰：　涼，有毒。去翅足，炒用。　〔主治〕產難，出肉中刺，潰癰腫，下哽噎，解毒，除惡瘡《本經》。水腫，頭面腫日華。利大小便，通石淋，治瘰癧骨鯁時珍。治口瘡甚效震亨。

〔發明〕弘景曰：　自腰以前甚澀，能止大小便；　自腰以後甚利，能下大小便。朱震亨曰：　螻蛄治水甚效，但其性急，虛人戒之。頌曰：　今方家治石淋導水，用螻蛄七枚，鹽二兩，新瓦上鋪蓋焙乾，研末。每溫酒服一錢匕，即愈也。

〔附方〕舊一，新二十。　十種水病：　腫滿喘促不得卧。《聖惠方》以螻蛄五枚，焙乾爲末。食前白湯服一錢，小便利爲效。楊氏加甘遂末一錢，商陸汁一匙，取下水爲效。忌鹽一百日。○小便秘者，《聖惠》用螻蛄下截焙研，水服半錢，立通。○《保命集》用螻蛄一箇，葡萄心七箇，同研，露一夜，日乾研末，酒服。○《乾坤秘韞》用端午日取螻蛄陰乾，分頭、尾焙收。治上身，用頭末七箇；　治中，用腹末七箇；　治下，用尾末七箇，食前酒服。　大腹水病：　《肘後》用螻蛄炙熟，日食十箇。○《普濟》半邊散治水病。用大戟、芫花、甘遂、大黃各三錢，爲末。以土狗七枚，五月能飛者，搗葱鋪新瓦上焙之。待乾，去翅足，每箇剪作兩半邊，分左右記收。欲退左，即以左邊七片焙研，入前末二錢，以淡竹葉、天門冬煎湯，五更調服。候左退三日後，服右邊如前法。　嗜鼻消水：　面浮甚者，用土狗一箇，輕粉二分半，爲末。每嗜少許入鼻內，黃水出盡爲妙。《楊氏家藏方》。　石淋作痛：　方見發明下。

小便不通：葛洪方：用大螻蛄二枚，取下體，以水一升漬飲，須臾即通。○《壽域方》用土狗下截焙研，調服半錢。生研亦可。○《談野翁方》加車前草，同搗汁服。○唐氏《經驗方》用土狗後截，和麝搗，納臍中，縛定，即通。○《醫方摘要》用土狗一箇炙研，入冰片、麝香少許，翎管吹入莖内。　大小便閉：經月欲死。《普濟方》用土狗、推車客各七枚，並男用頭，女用身，瓦焙焦爲末。以向南樗皮煎汁飲，一服神效。　胞衣不下：困極腹脹則殺人。螻蛄一枚，水煮二十沸，灌入，下喉即出也。《延年方》。　臍風出汁：螻蛄、甘草等分，並炙爲末，傅之。《總録》。　牙齒疼痛：土狗一箇，舊糟裹定，濕紙包，煨焦，去糟研末，傅之立止。《本事》。　緊唇裂痛：螻蛄燒灰，傅之。《千金方》。　塞耳治聾：螻蛄五錢，穿山甲炮五錢，麝香少許，爲末，葱汁和丸，塞之。外用嗃鼻藥，即通。《普濟》。　頸項瘰癧：用帶殼螻蛄七枚，生取肉，入丁香七粒於殼内，燒過，與肉同研，用紙花貼之。《救急方》。　箭鏃入肉：以螻蛄杵汁滴上，三五度自出。《千金方》。　鍼刺在咽：同上。　誤吞鉤線：螻蛄去身，吞其頭數枚。勿令本人知。《聖惠方》。

明・李中立《本草原始》卷一一　螻蛄　即蟪蛄也。應陰之蟲。生東城平澤，今處處有之。穴地糞壤中而生，夜則出外求食。短翅六足。雄者善鳴而飛，雌者腹大羽小，不能飛翔。吸風食土，喜就燈光。入藥用雄。《月令》螻蟈鳴者是矣。《周禮》註云：螻，臭也。此蟲氣臭，故得螻名。蛄，姑也，稱蟲之名。俗呼土狗，象形也。　螻蛄：氣味：鹹，寒，無毒。主治：產難，出肉中刺，潰癰腫，下哽噎，解毒，除惡瘡。○水腫，頭面腫。○利大小便，通石淋，治瘰癧，骨鯁。○治口瘡甚效。　弘景曰：自腰以前甚澁，能止大小便；自腰以後，能利能下大小便。若出拔刺，多用其腦。　震亨曰：治水甚效，但其性急，虛人戒之。

螻蛄，《本經》下品。【圖略】　修治：去翅足，炒用。或云：火燒地赤，置螻〔蛄〕於上，任其跳死，覆者雄，仰者雌也。

《聖惠方》：治小便不通者，用螻蛄下半截，研，水服半錢，須臾即通。

明・倪朱謨《本草彙言》卷一七　螻蛄　味鹹，氣寒，有小毒。　李氏曰：螻蛄處處有之。穴地居穢壤濕土而生。有短翅四足。立夏後，至夜則鳴，聲如蚯蚓，《月令》四月螻蟈鳴，即此也。雄者善鳴而飛，雌者腹大羽小，不善飛翔，吸風食土，喜就燈火。或云：火燒地赤，置螻蛄於上，任其跳死，覆者雄，仰者雌也。入藥用雄更妙，去翅足。

螻蛄：行水道，龔雲林利大小便之藥也。顧汝琳曰：此得濕土穢壤化生，性善鑽利，故《本草》專主水藏壅逆，水道不通，二便閉脹欲死；或水氣泛溢，致成水腫脹滿，腹大如臌，面浮喘急不得臥者，服此停水大行，脹消喘定。但此物攻利甚急，虛人忌用，必不得已用此，中病即止。水行之後，宜大劑補養藥投之，庶無後患也。

集方：《聖惠方》治十種水病，腹脹喘促不得臥。以螻蛄五枚，焙乾爲末，食前白湯服一錢，小便利爲效。楊氏加甘遂末一錢，商陸汁一匙，取下水爲效，忌鹽一百日。○《楊氏家藏》治嗃鼻消水，面浮甚者。用螻蛄一個，輕粉二分半爲末，每嗃少許入鼻内，黄水出盡爲妙。○葛洪方治小便不通。用大螻蛄二枚，取下體者搗爛，以白湯一盞調飲，須臾即通。○《普濟方》治大小便閉，經月欲死者。用螻蛄五枚，瓦上焙焦爲末，以白湯調飲，一服神效。○《延年方》治胞衣不下，困極腹脹，則殺人。用螻蛄三枚，水煮二十沸，灌下喉即出也。○《方脉正宗》治婦人無病，經血周歲不行。用螻蛄二個搗爛，綿子裹塞陰戶内，一日即通。

明・李中梓《醫宗必讀・本草徵要下》　螻蛄味鹹，寒，無毒。去翅、足，炒。　通便而二陰皆利，逐水而十種俱平。貼痒燥頗效，化骨鯁殊靈。　螻蛄自腰以前，其澁能止二便；自腰以後，其利能通二便。治水甚效，但其性猛，虛人戒之。

明・鄭二陽《仁壽堂藥鏡》卷八　螻蛄　味鹹，性寒，無毒。　丹溪云：螻蛄治口瘡甚效。虛人戒用，以其性急故也。　一名土狗。　《本草》云：主產難，出肉中刺，潰癰腫，下哽噎。入藥妙用。　治水腫分上下、左右取效。左令左腫消，右使右腫退。上消上體，下退下焦。

明・李中梓《本草通玄》卷下　螻蛄　去水甚捷，但虛人難用。兼主瘰癧骨硬，出肉中刺、箭鏃杵，汁滴三五次自出。　去足翅炒。

清・顧元交《本草彙箋》卷九　螻蛄　治水之蟲也。今方家治水腫、石淋、小便秘等症，以之導水。然自腰以前甚澀，能止大小便，腰以後甚利，能下大小便，亦如蟬之下半截，方止兒啼，一體而異用也。

螻蛄，穴土而居，短翅四足，雄者善鳴而飛，雌者腹大羽小，不善飛翔，吸風食土，善就燈光。入藥宜用雄者。或云火燒地赤，置螻於上，任其跳死，覆者雄，仰者雌。

小便不通，用螻二枚，取下體，以水一升，漬飲，須臾即通。或用焙研，調服。或生研俱可。或加車前草，同搗汁服。或用後截，和麝納臍中，縛定，即通。

清・穆石鲍《本草洞詮》卷一八　螻蛄　螻，臭也。此蟲氣臭，故名。《月令》謂之螻蟈，荀子謂之梧鼠。能飛不能過屋，能緣不能窮木，能游不能度谷，能穴不能掩身，能走不能先人，五技而窮，是也。陶隱居謂此物能協鬼神。昔人獄中頗得其力，今人夜見多撲殺之，言為鬼所使也。氣味鹹，寒，無毒。治産難，出肉中刺，潰癰腫，下哽噎，解毒。自腰以前甚濇，能止大小便。自腰以後甚利，能下大小便。但其性急，虚人戒之。

清・劉雲密《本草述》卷二七　螻蛄《月令》作螻蟈，俗名土狗。　覈曰：　螻蛄穴土而居，吸風食土，喜就燈光，立夏後至夜則鳴，聲如蚯蚓。《月令》螻蟈鳴。雄者善鳴而飛。雌者腹大羽小，不善飛翔。入藥用雄，夜出者良，夏至取，曝乾用。

氣味：　鹹，寒，無毒。　日華子曰：　凉，有毒。去翅足，炒用。　主治：　水腫頭面腫，利大小便，通石淋，療胞衣不下，及頸項瘰癧。　丹溪曰：　螻蛄治水甚效，但其性急，虚人戒之。　頌曰：　今方家治石淋導水，用螻蛄七枚，鹽二兩，新瓦上鋪蓋，焙乾研末，每温酒服一錢匕，即愈也。

愚按：　螻蛄穴土而居，所以俗名土狗。於立夏後至夜則鳴，《月令》所謂螻蟈鳴者是也。以兹微物，其鳴亦應乎大火之候，豈非氣之相感，有不得不然者乎？　是非稟質於陰，達氣於陽者乎？　觀其喜就燈光，則其義可思矣。以故用之療水證甚效，正取其從陰達陽之微妙也。抑何以又於夏至取曝乾而用之？　蓋取其乘陽極昌之氣以透陰，如夏至後，則便屬陰氣生長之時，於兹物又無所取財也。且用之更以曝乾，不尤見先哲格物，具有精義乎哉？

附方　十種水病，腹滿喘促，不得臥，《聖惠方》以螻蛄五枚，焙乾為末，食前白湯服一錢，小便利為效。楊氏加甘遂末一錢，商陸汁一匙，取下水為效。忌鹽一百日。　㗜鼻，消水面浮甚者，用土狗一個，輕粉二分半，為末，每㗜少許入鼻内，黄水出盡為妙。　大小便閉，經月欲死，《普濟方》用土狗、推車客各七枚，並男用頭，女用身，瓦焙焦為末，以向南樗皮煎汁飲，一服神效。　胞衣不下，困極腹脹則殺人，螻蛄一枚，水煮二十沸，灌入，下喉即出也。　頸項瘰癧，用帶殼螻蛄七枚，生取肉，入丁香七粒，於殼内燒過，與肉同研，用紙花貼之。

又按《準繩》，此種於治水腫，絕未見用。乃頭痛及奔豚氣各一方，并耳聾外治二方，細尋其入三方，主治何若，皆不越於從陰透陽，以致其用也。如治奔豚氣中用之，正以土狗能利便，導滲熱耳，與治水氣證之義一也。

治頭風餅子，五倍子、全蝎、土狗各七個，為末，醋糊作如錢大餅子，發時再用醋潤透，貼太陽穴上，炙熱貼之，仍用帕子縛之，啜濃茶，睡覺即愈。

治奔豚氣，穿山甲麩炒，破故紙麩炒，香附去毛，各半兩。　土狗十枚，去頭尾，瓦上焙乾。海藻焙，茴香、木香各一兩，黑牽牛頭末四兩，全蠍十五枚，去毒。吳茱萸一兩半，為末。用大蘿蔔一枚，剜去心肉，裝入茱萸，以糯米一碗，同蘿蔔煮，飯爛為度，出茱萸，曬乾，同諸藥為末，次將蘿蔔細切，入米飯搗丸如梧子大，每服二十丸，加至三十丸，食前鹽、酒送下。　外治耳聾通神散，全蠍一枚，地龍、土狗各二個，明礬半生半煅，雄黄各半兩，麝香一字，右為細末，每用少許，葱白蘸藥引入耳中，閉氣面壁坐一時，三日一次。　又通氣散，穿山甲、螻蛄各半兩，麝香一錢，為細末，以葱涎和劑塞耳，或為細末，葱管盛少許，放耳中。

清・郭章宜《本草匯》卷一七　螻蛄一名土狗　鹹，寒，有毒。通便而二陰皆利。逐水而十種俱平。端午日取螻蛄，陰乾，分頭尾焙收。治上身用頭末七個，治中用腹末七個，治下用尾末七個，食前酒服。小便閉者，用下截，焙乾為末，水服半錢，立通。俱要忌鹹一百日。面浮者，用土狗一個，輕粉二分半，為末，每滴少許入鼻内，黄水出盡，為妙。貼瘰癧，治石淋。

按：　螻蛄，自腰以前甚濇，能止大小便。自腰以後甚利，能通二便，治水甚效。但其性急，虚人戒之。

穴地糞壤中生，去翅足，炒用，入藥用雄。雄者，善鳴而飛。雌者，腹大羽小，不善飛翔。吸風食土，喜就燈光，或用火燒地，置蛄於上，任其跳死，覆者雄，仰者雌也。

清・王翃《握靈本草》卷九　螻蛄即土狗。　主治：　螻蛄，氣寒，無毒。治十種水腫立效，分上下左右取效。又云從腰以後能通利二便，從腰以前能斂澁二便甚捷。　以酒搐服，虚人勿用。

清・陳士鐸《本草新編》卷五　螻蛄　即土狗也。味鹹，氣寒，無毒。《本草》言其利水，宜分上下左右，然亦不必拘也。通身用之以利濕，神效。兼能接續骨傷，治口瘡乳毒亦效，但不宜與虚人，因其性急過利也。

清・李熙和《醫經允中》卷二一　螻蛄　鹹，寒，無毒。主治消腫通便，取腦敷肉中刺，即拔出。又云從腰以後通利，為下二便要藥；從腰以前斂濇，為止二便捷方。性甚猛急，虛人戒之。

清・馮兆張《馮氏錦囊秘錄・雜症痘疹藥性主治合參》卷一一　螻蛄味鹹，寒，無毒。去翅足，炒。　螻蛄，一名土狗。治十種水腫立效。分上下左右取功，左令左腫消，右令右腫退。上消上體，下退下焦。又云從腰以後通利，為下二便要藥；從腰以前斂澁，為止二便捷方。仍治口瘡乳毒，以酒研服堪瘳。貼瘰癧頗效，化骨鯁殊靈。虛人戒之，以其性急。

清・张璐《本經逢原》卷四　螻蛄　鹹，寒，小毒。去翅足，炒用。　《本經》主難產，出肉中刺，去潰腫，下哽噎，解毒除惡瘡。　發明：螻蛄性善穴土，故能治水腫。自腰以前甚濇，能止大小便。自腰以後甚利，能通大小便，取以治水最效。但其性急，虛人戒之。《本經》治難產者，取其下半煮湯服之則下也。出肉刺、潰癰腫惡瘡者，生搗塗之，肉刺即出，瘡腫即潰也。下哽噎者，炙末吹之哽噎即下，非噎膈之謂也。《千金》治箭鏃入肉，以螻蛄杵汁滴上三五度自出。延年方治胎衣不下，以螻蛄一枚，水煮數沸，灌下入喉即出。小兒臍風，螻蛄、甘草等分為末敷之效。

清・王子接《得宜本草・下品藥》　螻蛄　味酸。主治水腫癰毒。得蜣螂治大小便閉，得穿山甲塞耳中治聾。

清・黄元御《玉楸藥解》卷六　螻蛄　味鹹，性寒。入足太陽膀胱經。利水消腫，開癃除淋。螻蛄鹹寒，清利膀胱濕熱，消水病脹滿，小便淋澀。下胎衣，平瘰癧，出鍼刺，拔箭鏃。腰前甚濇，能止大小便；腰後甚利，能利大小便。研細，吹鼻中即出黄水。管吹莖內，立開小便，功力甚捷。

清・吴儀洛《本草從新》卷六　螻蛄〔通，行水。〕　鹹，寒，有毒，通便而二陰皆利，逐水而十種俱平。貼瘰癧頗效，化骨哽殊靈。弘景曰：自腰以前甚澀，能止二便；自腰以後甚利，以通二便。治水甚效，但甚性急，虛人戒之。去翅足炒。

清・嚴潔等《得配本草》卷八　螻蛄一名土狗。　鹹，寒，有毒。治水腫石淋，取箭鏃入肉。杵汁，滴三五度自出。　得蜣螂，通二便。得穿山甲，共研末，塞耳聾。　去翅、足，炒熟，用下截勿用上截，宜取雄者有力。善鳴而飛者為雄。　虛人禁用。

題清・徐大椿《藥性切用》卷八　螻蛄　性味酸寒，通經逐水，利大小便。去翅足用。性急下趨，虛人忌之。

清・黄宮繡《本草求真》卷五　螻蛄攻拔水氣壅腫。　螻蛄耑入腸胃。氣味寒鹹，穴土而居。性甚奇特，書言將此分為上下左右四截，若以上截治腫，則腫即見上消。下截治腫，則腫即見下消。左截治腫，則腫即見左消。右截治腫，則腫即見右消。又截自腰以上以治，則能拔水上行而使二便皆濇，自腰以下以治，則能使便立下。弘景曰：自腰以前甚濇，能止大小便，自腰以後甚利，能下大小便。婦人難產，亦可照此以治，而產即解。癰腫瘰癧肉刺，若生搗汁以塗，則刺與腫皆治。骨鯁入喉不下，末吹即能見愈。外此箭簇入肉，用此塗貼患處，則箭即克見拔。又牙齒疼痛，用土狗一個，舊糟裹定，濕紙包煨焦，去糟，研末傅之立止。究其治效，總因性善攻穴，其性急迫，故能如此取效也。頌曰：今方家治石淋導水，用螻蛄七個，鹽二〔兩〕，新瓦上鋪蓋，焙乾研末，每酒服一錢即愈也。味鹹氣寒，俗名土狗。凡用此藥，宜審其體實方可劫取，若使體虛氣薄，但見書載治功，任意妄施，其不傷人性命者鮮矣。朱震亨曰：螻蛄治水甚效，但其性急，虛人戒之。此與蓖麻子等藥同為一類，用時須當細審，取雄或云用火燒地赤，置螻於上，任其跳死，覆者雄，仰者雌也。去翅足炒用。

清・羅國綱《羅氏會約醫鏡》卷一八鱗介蟲魚部　螻蛄一名土狗。味鹹無毒。去翅足，炒。　通二便，消水腫，自腰以前消上腫，自腰以後消下腫，左右亦如之，全用消通身腫。　貼瘰癧，化骨硬。但性急，虛人戒之。

清・吴鋼《類經證治本草・足少陰腎臟藥類》　螻蛄　【略】誠齋曰：從腰至頭，止二便。從腰至足，利二便。專能治水，性猛，挾虛人不可服。並脾虛作腫者，服之轉甚。

清・楊時泰《本草述鉤元》卷二七　螻蛄　俗名土狗。穴土而居，吸風食土，喜就燈光，雄者善鳴而飛，雌者腹大羽小，不善飛翔。入藥用雄，夜出者良。夏至時取，曝乾用。

味鹹，氣寒，日華曰涼，有毒。治水腫頭面腫，利大小便，通石淋，療胞衣不下及頸項瘰癧。螻蛄治水甚效，但其性急，虛人戒之丹溪。石淋導水，用螻蛄七枚、鹽二兩新瓦上鋪蓋，焙乾研末，每溫酒服一錢匕，即愈。十種水病，腹滿喘促不得臥，螻蛄五枚焙乾為末，食前白湯服一錢，小便利為效《聖惠方》。楊氏加甘遂末一錢、商陸汁一匙，取下水為效。忌鹽百日。水腫面浮甚者，用土狗一個、輕粉二分半為末，每嗃少許入鼻內，黃水出盡，為妙。大小便閉，經月欲死者，《普濟方》用之。見上蜣蜋條內。胞衣不下，困極，腹脹則殺人，土狗一枚水煮二十沸，下喉即出。頭頸瘰癧，帶殼螻蛄七枚生取肉，入丁香七粒於殼內，燒過，與肉同研，用紙花貼之。頭風餅子：五倍子、全蠍、土狗各七個為末，醋糊作餅子，如錢大，發時，再用醋潤透，炙熱，貼太陽穴上，仍用帕子縛之，啜濃茶，睡覺即愈。治奔豚氣，穿山甲麸炒、破故紙麸炒、香附各半兩、土狗去頭尾瓦上焙乾十枚，海藻、茴香、木香各一兩，黑牽牛頭末四兩、全蠍去毒十五枚、吳萸一兩半，為末，入剜空大蘿蔔內，同糯米一盌，煮至飯爛為度，出吳萸，晒乾，同諸藥為末，次將蘿蔔細切，入米飯搗丸如梧子大，每服二十丸，加至三十丸，食前鹽酒送下。通神散：外治耳聾，全蠍一枚，地龍、土狗各二個，明礬半生半煅、雄黃各半兩，麝香一字，為細末，每用少許，葱白蘸藥，引入耳中，閉氣面壁坐一時，三日一次。又通氣散：穿山甲、土狗各半兩，麝香一錢，為細末，以葱涎和劑塞耳，或葱管盛少許放耳中。按以上各方，皆不越從陰透陽以致其用。

論：螻蛄立夏後至夜則鳴，物雖微而候應乎火，蓋氣之相感有不得不然者，正稟質於陰達氣於陽之徵也，觀其喜就燈光，則義可思矣。昔人用療水證，取其從陰達陽之微妙，又必於夏至收采，過此則陰長，於茲物無所取。曝乾而用之，為其能乘極昌之氣以透陰也。

修治：去翅足，炒用。

清・趙其光《本草求原》卷一八蟲部 螻蛄即土狗。鹹，寒，下降，穴土而居。故治水腫，取下截同甘遂末，以商陸汁一匙，白湯下。面腫者同輕粉嗃鼻。上半截則澀，反止二便。利二便閉急，同蜣螂研，以向南樗皮湯下。用法見蜣螂。下胎下胞，以下半煮湯服，立下。通石淋，同鹽焙研酒下。下哽噎。炙末吹之。且立夏陽盛則鳴，又能從陰透陽，故治臍風，同甘草研敷。出肉刺，潰癰腫，俱生搗塗之。瘰癧，生研，入炒丁香和貼。止頭風，同五棓、全蠍、醋糊為餅貼。通耳聾。同山甲、麝香，或加地龍、白礬、全蠍、雄黃，以葱涎和，塞耳。其治奔豚，即導水濕之力也。同山甲、故紙、海藻、茴香、木香、黑丑、全蠍、吳萸為末，入蘿蔔心內，加糯米同煮，飯為丸，鹽酒下。夏至收善飛之雄，雌不能飛。曬乾，去翅足，炒用。夏至後則陰氣盛而不能透陽，故無取。

清・葉志詵《神農本草經贊》卷三 螻蛄 味鹹，寒。主產難，出肉中刺，潰癰腫下哽噎，解毒除惡創。一名蟪蛄，一名天螻，一名螜。夜出者良。生平澤。

穢穴聲來，陰生夏至。一技無成，五能徒備。晝伏宵行，雄升雌墜。磨鐵相招，烙驚赤地。

蘇頌曰：穴地糞壤中而生。《禮注》：孟夏螻蟈鳴，陰氣動於夏，應之而鳴也。蔡邕文：碩鼠螻蛄別名。五能，不成一技。注：能飛不能上屋，能緣不能窮木，能游不能度谷，能穴不能藏身，能走不能絕人。《山海經》：鵞鶡宵飛而晝伏。《爾雅正義》：雄者善鳴善飛，雌者不能飛翔。食風與土類，從磨鐵致蛄，物相感也。李時珍曰：燒地令赤，置螻於上，任其跳死，覆者雄，仰者雌也。

清・文晟《新編六書》卷六《藥性摘錄》 螻蛄 氣味寒，鹹。入腸胃。攻拔水氣壅腫，以上截治腫則上消，下截治腫則下消，左截治腫則左消，右截治腫則右消。又云：自腰以前能止大小便，拔水上行。自腰以下甚利能下大小便。並治婦人難產，亦可照此用之。○癰腫瘰癧，肉刺、箭簇入肉，俱生搗敷之。○骨哽，焙乾，研末，吹喉皆効。○取雄者，去翅足，炒用。○體虛氣薄者，禁服。

清・張仁錫《藥性蒙求・蟲部》 螻蛄蟋蟀一隻 螻蛄鹹寒，二便能通。性專行水，立見其功。一名土狗。貼瘰癧甚效，化骨骾殊靈。○螻蛄腰以前甚澀，能止大小便；腰以後甚利，能通大小便。去翅足頭，炒。治水甚效。但其性急，虛人戒之。○唐氏《經驗方》用土狗後半截，和麝香搗，納臍中，傅定即通。○蟋蟀：性通利，亦治小便閉。

清・劉善述、劉士季《草木便方》卷二蟲介鱗甲部 螻蛄 土狗鹹寒能解毒，簽刺箭簇鎗(鈔)〔沙〕出。針鈎骨骾刺咽喉，癰瘍頭面口瘡塗。水腫石淋通二便，催生下胎利產速。

清・戴葆元《本草綱目易知錄》卷五 螻蛄土狗 鹹，寒。其性急，又甚利，能消十種水病，治頭面四肢腹內俱腫，瘰癧，骨骾，下骾噎，通石淋，療產難，下胞衣，潰癰腫，除惡瘡，解毒，利大小便，出肉中刺，治口瘡，甚效。

清・陳其瑞《本草撮要》卷九 螻蛄 味鹹，寒，有毒，入足太陽經，功專治水腫癰毒。得蜣螂治大小便閉，得穿山甲塞耳治聾。性甚急，虛人戒之。去翅足炒。

蚱蟬

宋·唐慎微《證類本草》卷二一蟲魚部中品〔《本經·別錄》〕 **蚱**音笮，又音側。**蟬** **味鹹**、甘，**寒**，無毒。**主小兒驚癇，夜啼，癲病，寒熱**，驚悸，婦人乳難，胞衣不出，又墮胎。**生楊柳上。**五月採，蒸乾之，勿令蠹。

〔梁·陶弘景《本草經集注》〕云：　蚱字音作、笮，即是瘂烏下切蟬。瘂〔蟬〕，雌蟬也，不能鳴者。蟬類甚多。《莊子》云蟪蛄不知春秋，則是今四月、五月小紫青色者。而《離騷》云蟪蛄鳴兮啾啾，歲暮兮不自聊，此乃寒螿爾，九月、十月中，鳴甚悽急。又二月中便鳴者名蟀音寧母，似寒螿而小。七月、八月鳴者名蛁音彫蟟音遼，色青。今此云生楊柳樹上是。《詩》云鳴蜩嘒嘒者，形大而黑，傴僂丈夫，止是掇此，昔人噉之。故《禮》有雀、鷃音晏、蜩、范，范有冠，蟬有緌，亦謂此蜩。此蜩復五月便鳴。俗云五月不鳴，嬰兒多災，今其療亦專主小兒也。

〔唐·蘇敬《唐本草》〕注云：　《別録》云：　殼名枯蟬，一名伏蛸音育。主小兒癇，女人生子不出。灰服之，主久痢。又云蚱者，鳴蟬也，主小兒癇，絕不能言。今云啞蟬，啞蟬則雌蟬也，極乖體用。按諸蟲獸，以雄者爲良也。

〔宋·掌禹錫《嘉祐本草》〕按：　《蜀本圖經》云：　此鳴蟬也，六月、七月收，蒸乾之。陶云是瘂蟬，不能鳴者，雌蟬也。二說既相矛楯。今據《玉篇》云：　蚱者，蟬聲也。如此則非瘂蟬明矣。且蟬類甚多，有蟪蛄、寒螿之名。又《爾雅》云：　蝒，馬蜩；蜺，寒蜩，皆蟬也。按《禮記》云：　仲夏之月，蟬始鳴。《本經》云：　五月採，即是此也，其餘不入藥用。《藥性論》云：　蚱蟬，使。味酸。主治小兒驚哭不止，殺疳蟲，去壯熱，治腸中幽幽作聲。又云：　蟬蛻，使，主治小兒渾身壯熱，驚癇，兼能止渴。

〔宋·蘇頌《本草圖經》〕曰：　蚱音笮又音側。蟬，《本經》不載所出州土，但云生楊柳上，今在處有之。陶隱居以爲啞蟬。蘇恭以爲鳴蟬。二說不同。按字書解蚱字云：　蟬聲也。《月令》仲夏之月，蟬始鳴，言五月始有此蟬鳴也。而《本經》亦云五月採，正與《月令》所記始鳴者同時。如此蘇說得之矣。蟬類甚多，《爾雅》云蝒，馬蜩。郭璞注云：　蜩中最大者爲馬蟬。今夏中所鳴者，比衆蟬最大。陶又引《詩》鳴蜩嘒嘒，云是形大而黑，昔人所噉者。又禮冠之飾附蟬者，亦黑而大，皆此類也。然則《爾雅》所謂馬蜩，詩人所謂鳴蜩，《月令》、禮家所謂蟬，《本草》所謂蚱蟬，其實一種。蟬類雖衆，而爲時用者，獨此一種耳。又醫方多用蟬殼，亦此蟬所蛻殼也，又名枯蟬。本生於土中，云是蜣蜋所轉丸，久而化成此蟲，至夏便登木而蛻。採得當蒸熟，令勿蠹。今蜀中有一種蟬，其蛻殼頭上有一角如花冠狀，謂之蟬花，西人有齎至都下者，醫工云入藥最奇。

〔宋·唐慎微《證類本草》〕陳藏器：　蟪蛄、寒螿、蛁蟟、寧母、蜩、范并蟬注陶云，蟪蛄，四月、五月鳴，小小紫色者。而《離騷》云蟪蛄鳴兮啾啾，此乃寒螿耳。二月鳴者名寧母，似寒螿而小。七月鳴者名蛁蟟，色青。《詩》曰鳴蜩嘒嘒，形大而黑，古人食之。古禮云雀、鷃、蜩、范，范有冠，蟬有緌，按蜩已上五蟲，并蟬屬也。《本經》云：　螻蛄，一名蟪蛄，本功外，其腦煮汁服，主産後胞不出。自有正傳，然蟪蛄非螻蛄，二物名字參錯耳。《字林》云：　蟬，蟪蛄也；　蝘，蟬屬也。《草木疏》云：　蟬，一名蛁蟟。青、徐間謂之蜨蟧，楚人名之蟪蛄，秦、燕謂之蛈蛥。郭璞注云：　俗呼之爲蟬，宋、衛謂之蜩螗，楚謂之蟪蛄，關東謂之蛥蟧。陶又注桑螵蛸云俗呼螳蜋爲蛁蟟，螳蜋即非蟬類，陶誤也。蜩蟟蛻皮研一錢匕，井花水服，主呀病。寒螿、蜩、范，《月令》謂蜺也。寧母亦小蟬。《禮》注云：　蜩，蟬也；范，蜂也。已有《本經》自蜩已上，并無別功也。《聖惠方》：　治風頭旋。用蟬殼一兩，微炒爲末，非時溫酒下一錢匕。《集驗方》：　治風氣客皮膚，瘙痒不已。蟬蛻、薄荷葉等分，爲末，酒調一錢匕，日三服。《御藥院》：　治頭風目眩。蟬蛻末，熟湯下。

宋·寇宗奭《本草衍義》卷一七　蚱蟬　夏月身與聲皆大者是。始終一般聲，仍皆乘昏夜出土中，升高處，背殼坼蟬出。所以皆夜出者，一以畏人，二畏日炙乾其殼而不能蛻也。至時寒則墜地，小兒蓄之，雖數日亦不須食。古人以謂飲風露，信有之，蓋不糞而溺，亦可見矣。西川有蟬花，乃是蟬在殼中不出，而化爲花，自頂中出。又殼治目昏翳。又水煎殼汁，治小兒出瘡瘮不快，甚良。

宋·王繼先《紹興本草》卷一八　蚱蟬　紹興校定：　蚱蟬，性味、主治已載《本經》，然但入方可用者，乃變蟬而脫下者，舊殼用也，故云蟬殼。治風療目疾諸方頗用，非為已成蟬而取其殼用也。故云當云味鹹甘、微寒、無毒是矣。處處園野皆産之。

宋·鄭樵《通志》卷七六《昆蟲草木略》　蟬之類多。《爾雅》及他書多謬悠，惟陶弘景之注近之。《本草》蚱蟬，注云：　瘂蟬也。瘂蟬，雌蟬也，不能鳴者。蟬類甚多。《莊子》云：　蟪蛄不知春秋。則是今四月、五月小紫青色者。而《離騷》云：　蟪蛄鳴兮啾啾，歲暮兮不自聊。此乃寒螿耳，九月、十月中鳴，甚悽急。又二月中便鳴者，名蟀母，似寒螿而小。七月、八月鳴者，名蛁蟟，色青。今此云生楊柳樹上，是《诗》云鳴蜩嘒嘒者，形大而黑，昔人噉之。故《禮》有雀鷃蜩范，范有冠而蟬有緌，亦謂此。蜩復五月鳴。俗云：　五月不鳴，嬰兒多夭。今其療亦專主小兒也。按陶此說，今實考其物，寒螿、蟀母，蛩類也。蛁蟟與蜩，蟬類也。蛩類在階除間及叢薄中，夜鳴日不鳴。蟬類在木上，日鳴夜或鳴。《字林》云：　蟬，蟪蛄也。莊子所謂蟪蛄者，蟬類之別名爾，而正名蟪蛄乃是寒螿。又螻蟈條，《本經》云：一名蟪蛄。寒螿與螻蛄類也，故名號相亂。凡《本草》所載，名號有相亂者，皆是物類近似，故有互名，非若他傳釋有名號相亂者，非互名也，皆是訛謬。蜩蟬一物爾。《方言》云：楚謂蟬為蜩，宋衛謂之螗蜩，陳鄭謂之蜋蜩，秦晉謂之蟬。究而言之，實為二物。《夏小正》云：五月螗蜩鳴，七月寒蟬鳴。是其義也。今就而驗之，有四五種，有大如雀，黑色，其鳴震巖谷者，是《爾雅》所謂蝒、馬蟬是也。五月以前鳴者，似大蠅而差大，青色，或有紅者，夜在草上，日在木上，聲小而清亮，此則正謂之蜩。七月以後鳴者，似虻，色亦斑，此則正謂之蟬，亦名蛁蟟。而陶謂七八月鳴者名蛁蟟，色青，此誤也。立秋已後，青、紅二色者，盡無之矣，獨斑蟬盛焉。有一種如大黃蜂，黑色，倦飛亦倦鳴，故謂之瘂蟬即蟬之雌者爾，《本草》蚱蟬是也，夏秋俱有。蘇恭云：蚱者，鳴蟬也。諸蟲獸以雄者為良。以陶說為誤，後來注釋者，又引《玉篇》云：蚱者，蟬聲也。明蘇說是。且陶謂之瘂蟬，豈妄哉？蓋據當時所用之名物而言之，醫家多用蟬蛻，而希有用蟬者，故不親識其所用之名物，以意測度，又尋經引傳，以釋證之爾。且萬物之理，若非的識其情狀，求之經傳，展轉生訛。況《爾雅》《玉篇》，何可盡信？舊云蟬是蜣蜋所轉丸，久而化成，至夏便登木而蛻。此說非也。蜣蜋轉丸，但成其子，而蟬正是蜣蜋化爾。又糞中蠐螬，及截蟲之類，亦化為蟬也。蟬蛻，曰枯蟬，曰伏蜟。

宋・劉明之《圖經本草藥性總論》卷下　蚱蟬、蟬花　味鹹、甘，寒，無毒。主小兒驚癇夜啼，癲病寒熱驚悸，婦人乳難，胞衣不出。又墮胎。《藥性論》云：使。味酸。主治小兒驚哭不止，殺疳蟲，去壯熱，治腸中幽幽作聲。又云：蟬蛻，使。主治小兒渾身壯熱，驚癇，兼能止渴。蟬花，味甘，寒，無毒。主小兒天吊驚癇，瘈瘲夜啼，心悸。出蜀中。其蛻殼頭上有一角如花冠狀，謂之蟬花，最佳。

元・尚從善《本草元命苞》卷八　蚱音側蟬　為使。味鹹、甘，寒。主小兒驚癇，夜哭不休。療產婦乳難，胞衣不出。殺疳蟲伏熱，除寒熱癲疾。蟬蛻，去頭風目眩，皮膚瘙痒。蟬花，止瘈瘲癲癇，天吊驚風。蜀中有一種蟬，其蛻殼頭上有一角，如花冠狀，故謂蟬花。生所在楊柳枝上，五月採，蒸乾勿蠹。二月鳴為寧母，七月鳴乃蛁蟟。蟪蛄啾啾，形小而紫；鳴蜩嘒嘒，形大而黑。凡五蟲，咸為蟬類。若仲夏始鳴者佳。按《禮記》云：仲夏之月，蟬始鳴。《本經》云：五月採，即是此。

明・王綸《本草集要》卷六　蚱蟬使　味鹹甘，氣寒，無毒。生楊柳上。五月採，蒸乾之，勿令蠹。　主小兒驚癇夜啼，癲病寒熱，婦人乳難，胞衣不出，又墮胎。〇蟬蛻，治目昏翳，頭風目眩。又風氣客皮膚，瘙癢不已，和薄荷為末，酒調一錢，日三服。又水煎汁，治小兒出痘瘮不快良。〇蟬花，有一種蟬，其蛻殼頭上有一角如花冠狀。主小兒天吊，驚癇瘈瘲，夜啼心悸。

明・滕弘《神農本經會通》卷一〇　蚱蟬　使也。生楊柳上，五月採，蒸乾之，勿令蠹。蚱蟬，蟬聲也，與《月令》所記蟬始鳴者同。《局》云：去觜足，洗乾，微炒用。

味鹹、甘，氣寒，無毒。一云：味酸。《本經》云：主小兒驚癇夜啼，癲病，寒熱，驚悸，婦人乳難，胞衣不出。又墮胎。《藥性論》云：使。味酸。主治小兒驚哭不止，殺疳蟲，去壯熱，治腸中幽幽作聲。《局》云：蚱蟬即是枯蟬蛻，主治驚癇作夜啼。非特小兒為要藥，婦人產難亦能醫。

蟬蛻：使也。《別録》云：殼名枯蟬，主小兒癇，女人生子不出。灰服之，主久痢。《藥性論》云：使。治小兒渾身壯熱，驚癇，兼能止渴。《湯》同。《聖惠》云：治風頭旋，用蟬殼二兩，微炒為末，非時溫酒下一錢匕。《集驗》云：治風氣客皮膚，瘙痒不已，蟬蛻、薄荷葉等分，為末，酒調一錢匕，日三服。《御院》云：治頭風目眩，蟬蛻末飲湯下。《心》云：治同蛇蛻，去翳膜用之，取其意也。《衍義》云：治目昏翳，又水煎汁，治小兒出痘瘮不快，良。蟬蛻，消風，斷小兒夜哭。《疌》云：蟬蛻甘寒最定驚，墮胎下乳療腸鳴。殺疳退熱除驚哭，止渴消風總可行。

蟬花：七月採，生苦竹林者良。花出土上。用去甲土。有一種蟬，其蛻殼頭上有一角如花冠狀，謂之蟬花，入藥最佳。　味甘，氣寒，無毒。《本經》云：主小兒天吊，驚癇瘈瘲，夜啼，心悸。《湯》云：《本草》同《本經》。

明・劉文泰《本草品彙精要》卷三〇　蚱蟬無毒。附蟬蛻。　化生。

蚱音笮，又音側**蟬**出《神農本經》：**主小兒驚癇，夜啼，癲病，寒熱。**以上朱字《神農本經》。驚悸，婦人乳難，胞衣不出，又墮胎。以上黑字名醫所錄。【名】蟬、馬蟬、鳴蟬。殼：蟬蛻、枯蟬、蝒、馬蜩、鳴蜩、蟬殼、伏蜟。【地】《圖經》曰：《本經》不載所出州土，但云生楊柳上，今在處有之。陶隱居以爲啞蟬，蘇恭以爲鳴蟬。二説不同，按字書解，蚱字乃蟬聲也。《月令》云：仲夏之月，蟬始鳴。言五月始有此蟬鳴也。而《本經》亦云：五月採，正與《月令》所記始鳴者同時，蘇説得之矣。蟬類甚多，《爾雅》云：蝒，馬蜩。郭璞注云：蜩中最大者爲馬蟬。今夏中所鳴者，比衆蟬最大。陶又引《詩》鳴蜩嘒嘒，云是形大而黑，昔人所啖者。又禮冠之飾附蟬者，亦黑而大，皆此類也。然則《爾雅》所謂馬蜩，詩人所謂鳴蜩，《月令》禮家所謂蟬，《本草》所謂蚱蟬，其實一種。蟬類雖衆，而爲時用者，獨此一種爾。醫方所用蟬殼，亦此蟬所蛻也。又名枯蟬，本生於土中，云是蜣螂所轉丸，久而化成此蟲，至夏便登木而蛻也。《衍義》曰：蚱蟬，夏月身與聲皆大者是。始終一般聲，仍皆乘昏夜方出土中，升高處，背殼拆蟬出，所以皆夜出者，一以畏人，二畏日炙，乾其殼而不能蛻也。至時寒則墜地，小兒蓄之，雖數日亦不須食。古人以爲飲風露，信有之，蓋不糞而溺，亦可見矣。【時】生：四月、五月。採：六月、七月取。【用】殼不蠹佳。【色】土黄。【味】鹹，甘。【性】寒。【氣】氣薄味厚，陰中之陽。【臭】腥。【主】去風熱，殺疳蟲。【製】去土，蒸熟用。【治】療：《唐本》注云：除小兒癎，絶不能言。〇蟬蛻，主女人生子不出。灰服之，止久痢。《藥性論》云：止小兒驚哭不絶，殺疳蟲，去壯熱，並腸中幽幽作聲。〇蟬蛻，療小兒渾身壯熱，驚癎，兼能止渴。《衍義》曰：蟬蛻，治目昏瞖。又水煎汁服，治小兒出瘡疹不快，甚良。【合治】蟬殼微炒爲末，合溫酒，不拘時服一錢，療風頭眩。〇又合薄荷葉等分，爲末，酒調一錢匕，日三服，療風氣客皮膚，瘙癢。

明·陳嘉謨《本草蒙筌》卷一一 蚱蟬 味鹹、甘，氣寒。無毒。夏秋林內，處處有鳴。收取蒸乾，勿令蠹蝕。治産婦胎衣不下，通乳墮胎；主小兒驚癎夜啼，敺邪逐熱。〇蟬蛻係脱換薄殼，翅足須除，去瞖膜侵睛、努肉滿眦，眼科內誠奇；〇蟬花乃狀類花冠，生殼頂上，止天吊瘛瘲、心悸怔忡，幼科中果効。

明·王文潔《太乙仙製本草藥性大全》卷八《本草精義》 蚱蟬 一名爲啞蟬，蘇爲鳴蟬，殼爲枯蟬，一名伏蛸，醫家呼爲蟬蛻。《本經》不載所出州土，但云生楊柳樹上，今處處有之。蟬類甚多，《爾雅》謂之馬蟬，今夏中所鳴者，比衆蟬最大。蜩蟬形大而黑身與聲般大者，六七月乃鳴，始終一般聲，與昔人所啖者，《本草》謂之蚱蟬，其實一種耳。又醫方多用蟬殼，亦此蟬所蛻殼也。本生於土中，云是蜣蜋所轉丸久而化成此蟲，至夏便登木而蛻，乘昏夜方出土中，昇高處，背殼拆蟬出。所以皆夜出者，一以畏人，二畏日炙乾其殼而不能蛻也，至時寒則墜地。採得當蒸熟，令勿蠹餾。今蜀中有一種蟬，其蛻殼頭上有一角如花冠狀，謂之蟬花，生苦竹者良。花出土中，西人有齎至都下者，醫工云入藥最奇。

明·王文潔《太乙仙製本草藥性大全》卷八《仙製藥性》 蚱蟬使 味鹹、甘，氣寒，無毒。 主治： 治産婦胎衣不下，通乳墮胎。 主小兒驚癎夜啼，敺邪逐熱。 治癲疾寒熱驚悸，殺疳蟲腹內幽幽。 蟬蛻使： 味酸，氣寒，無毒。 主治： 去瞖膜侵睛，除努肉滿眦。治小兒癮疹不快甚良，住頭風目眩不止極美。 善理風氣客皮膚，瘙痒不已者服愈。

明·皇甫嵩《本草發明》卷六 蚱蟬氣寒，味鹹、甘，無毒。 主小兒驚癎夜啼，癲病，寒熱驚悸，婦人乳難，胞衣不出，又墮胎。 蟬脱，除翅足用，去翳膜侵睛，努肉滿眦，眼科妙藥。又主風氣客于皮膚，瘙癢不已，和薄荷為末，酒調一錢，日三服。水煎，治小兒痘疹不快，破傷經久，至角弓反張，牙緊，急用此。去頭、足、土淨，五錢為末，好酒一碗，滚服之，立甦。以鳴者為雄蟬，入藥。

明·李時珍《本草綱目》卷四一蟲部·化生類 蚱蟬《本經》中品

【釋名】蜩音調。 齊女時珍曰：按王充《論衡》云：蠐螬化腹蛸，腹蛸拆背出而爲蟬。則是(腹)〔蝮〕蛸者，育于腹也。蟬者，變化相禪也。蚱音窄，蟬聲也。蜩，其音調也。崔豹《古今注》言：齊王后怨王而死，化爲蟬，故蟬名齊女。此謬説也。按詩人美莊姜爲齊侯之子，螓首蛾眉。螓亦蟬名，人隱其名，呼爲齊女，義蓋取此。其品甚多，詳辨見下。

【集解】《別録》曰：蚱蟬生楊柳上。五月采，蒸乾之，勿令蠹。弘景曰：蚱蟬、啞蟬，雌蟬也。不能鳴。蟬類甚多，此云柳上，乃《詩》云鳴蜩嘒嘒者，形大而黑，五月便鳴。俗云：五月不鳴，嬰兒多灾。故其治療亦專主小兒。昔人啖之，故《禮》有雀、鷃、蜩、范，而傴僂丈人掇之也。其四五月鳴而小紫青色者，蟪蛄也。《莊子》云蟪蛄不知春秋是矣。《離騷》誤以蟪蛄爲寒螿爾。寒螿九月、十月中鳴，聲甚凄急。七八月鳴而色青者，名蛁蟟。二月中便鳴者，名蟧母，似寒螿而小。恭曰：蚱蟬，鳴蟬也。諸蟲皆以雄爲良，陶云雌蟬非矣。頌曰：按《玉篇》云：蚱，蟬聲也。正與《月令》仲夏蟬始鳴相合，恭説得之。《爾雅》云：蝒，馬蜩。乃蟬之最大者，即此也。蟬類雖衆，獨此一種入藥。醫方多用蟬殼，亦此殼也。本生土中，云是蜣蜋所轉丸，久而化成此蟲，至夏登木而蛻。宗奭曰：蚱蟬，夏月身與聲俱大，始終一般聲。乘昏夜，出土中，升高處，拆背殼而出。日出則畏人，且畏日炙乾其殼，不能蛻也。至時寒則墜地，小兒畜之，雖數日亦不飲食。古人言其飲風露，觀其不糞而溺，亦可見矣。時珍曰：

蟬，諸蜩總名也。皆自蠐螬、(腹)〔蝮〕蛸變而爲蟬，亦有轉丸化成者，皆三十日而死。俱方首廣額，兩翼六足，以脇而鳴，吸風飲露，溺而不糞。古人食之，夜以火取，謂之耀蟬。《爾雅》、《淮南子》、揚雄《方言》、陸璣《草木疏》、陳藏器《本草》諸書所載，往往混亂不一。今考定於左，庶不誤用也。夏月始鳴，大而色黑者，蚱蟬也，又曰蝒，音綿，曰馬蜩，《豳詩》五月鳴蜩者是也。頭上有花冠，曰螗蜩，曰蝘，曰胡蟬，《蕩詩》如蜩如螗者是也。具五色者，曰蜋蜩，見《夏小正》。並可入藥用。小而有文者，曰螓，曰麥蚻。小而色青緑者，曰茅蜩，曰茅截。秋月鳴而色青紫者，曰蟪蛄，曰蛁蟟，曰蜓蚞，曰螇螰，曰蛥蚗，音舌决。小而色青赤者，曰寒蟬，曰寒蜩，曰寒螿，曰蜺。未得秋風，則瘖不能鳴，謂之啞蟬，亦曰瘖蟬。二三月鳴，而小於寒螿者，曰蟧母。並不入藥。

蚱蟬　【氣味】鹹、甘，寒，無毒。甄權曰：酸。　【主治】小兒驚癇夜啼，癲病寒熱《本經》。驚悸，婦人乳難，胞衣不出，能墮胎《别録》。小兒癇絶不能言蘇恭。小兒驚哭不止，殺疳蟲，去壯熱，治腸中幽幽作聲《藥性》。

【發明】藏器曰：本功外其腦煮汁服之，主産後胞衣不下，自有正傳。時珍曰：蟬主産難、下胞衣，亦取其能退蜕之義也。《聖惠》治小兒發癇，有蚱蟬湯、蚱蟬散、蚱蟬丸等方。今人只知用蜕，而不知用蟬也。

【附方】新三。　百日發驚：蚱蟬去翅足炙三分，赤芍藥三分，黄芩二分，水二盞，煎一盞，温服。《聖惠方》。　破傷風病：無問表裏，角弓反張。秋蟬一箇，地膚子炒，炒八分，麝香少許，爲末。酒服二錢。同上。　頭風疼痛：蚱蟬二枚生研，入乳香、朱砂各半分，丸小豆大。每用一丸，隨左右納鼻中，出黄水爲效。《聖濟總録》。

蟬蜕　【釋名】蟬殻　枯蟬　腹蛸並《别録》　金牛兒

【修治】時珍曰：凡用蜕殻，沸湯洗去泥土、翅、足，漿水煮過，晒乾用。

【氣味】鹹，甘，寒，無毒。　【主治】小兒驚癇，婦人生子不下。燒灰水服，治久痢《别録》。小兒壯熱驚癇，止渴《藥性》。研末一錢，井華水服，治啞病藏器。除目昏障翳。以水煎汁服，治小兒瘡疹出不快，甚良宗奭。治頭風眩運，皮膚風熱，痘疹作癢，破傷風及丁腫毒瘡，大人失瘖，小兒噤風天弔，驚哭夜啼，陰腫時珍。

【發明】好古曰：蟬蜕去翳膜，取其蜕義也。蟬性蜕而退翳，蛇性竄而祛風，因其性而爲用也。時珍曰：蟬乃土木餘氣所化，飲風吸露，其氣清虚。故其主療，皆一切風熱之證。古人用身，後人用蜕，大抵治藏府經絡，當用蟬身；治皮膚瘡瘍風熱，當用蟬蜕，各從其類也。又主啞病、夜啼者，取其晝鳴而夜息也。

【附方】舊二，新十四。　小兒夜啼：《心鑒》：治小兒一百二十日内夜啼。用蟬蜕四十九箇，去前截，用後截，爲末，分四服。釣藤湯調灌之。○《普濟》蟬花散：治小兒夜啼不止，狀若鬼祟。用蟬蜕下半截，爲末，一字，薄荷湯入酒少許調下。或者不信，將上半截爲末，煎湯調下，即復啼也。古人立方，莫知其妙。　小兒驚啼：啼而不哭，煩也；哭而不啼，躁也。用蟬蜕二七枚，去翅足爲末，入朱砂末一字，蜜調與吮之。《活幼口議》。

小兒天弔：頭目仰視，痰塞内熱。用金牛兒即蟬蜕，以漿水煮一日，晒乾爲末。每用一字，冷水調下。《衛生易簡方》。　小兒噤風：初生口噤不乳。用蟬蜕二七枚，全蠍去毒二七枚，爲末。入輕粉末少許，乳汁調灌。《全幼心鑒》。　破傷風病：發熱。《醫學正傳》用蟬蜕炒研，酒服一錢，神效。《普濟方》用蟬蜕爲末，葱涎調，塗破處。即時取去惡水，立效。名追風散。　頭風旋運：蟬殻一兩，微炒爲末。非時酒下一錢，白湯亦可。《聖惠》。　皮膚風癢：蟬蜕、薄荷葉等分，爲末。酒服一錢，日三。《集驗》。　痘瘡作癢：蟬蜕三七枚，甘草炙各一錢，水煎服之。《心鑒》。　痘後目翳：蟬蜕爲末。每服一錢，羊肝煎湯下，日二。錢氏。　聤耳出膿：蟬蜕半兩燒存性，麝香半錢炒，右爲末，綿裹塞之。追出惡物，效。《海上》。　小兒陰腫：多因坐地風襲，及蟲蟻所吹。用蟬蜕半兩，煎水洗。仍服五苓散，即腫消痛止。危氏。　胃熱吐食：清膈散：用蟬蜕五十箇去泥，滑石一兩，爲末。每服二錢，水一盞，入蜜調服。《衛生家寶方》。　丁瘡毒腫：不破則毒入腹。《青囊雜纂》用蟬蜕炒爲末，蜜水調服一錢，外以津和，塗之。○《醫方大成》：用蟬蜕、殭蠶等分，爲末。醋調，塗瘡四圍。候根出，拔去再塗。

明・李中立《本草原始》卷一一

蚱蟬　在處有之。皆自蠐螬、(腹)〔蝮〕蛸變而為蟬。亦有蜣蜋轉丸化成者。夜出升高處，拆背殻而出，方首廣額，兩翼六足，色黑而光，以脇而鳴。吸風飲露，溺而不糞。多在楊柳上。五月採，蒸乾之，勿令蠹。王充《論衡》云：蟬者，變化相禪也。《玉篇》云：蚱者，蟬聲也。

蚱蟬：氣味：鹹、甘，寒，無毒。主治：小兒驚癇夜啼，癲病寒熱。○驚悸，婦人乳難，胞衣不出，能墮胎。○小兒癇絕不能言。○小兒驚哭不止，殺疳蟲，去壯熱。治腸中幽幽作聲。　蟬蜕，俗呼蟬退。　氣味：鹹、甘，寒，無毒。主治：小兒驚癇，婦人生子不下。燒灰水服，治久痢。○小兒壯熱驚癇，止渴。○研末一錢，井華水服，治啞病。○除目昏障翳。以水煎汁服，治小兒瘡疹出不快，甚良。○治頭風眩運，皮膚風熱，痘疹作癢，破傷風及丁腫毒瘡，大人失瘖，小兒噤風天弔，驚哭〔夜〕啼，陰腫。

《本經》中品。【圖略】　修治：蚱蟬去翅足，炙用。○修治：蟬蜕，用沸湯洗去泥土、翅足，漿水煮過晒乾用。

普濟蟬花散：治小兒夜啼不止，狀若鬼祟，用蟬蛻下半截為末一字，薄荷湯入酒少許調下。或者不信，將上半截為末，用前湯調下，即復啼也。古人立方，莫知其妙。　蚱蟬，使。

明・倪朱謨《本草彙言》卷一七　蚱蟬　味甘、鹹，氣寒，無毒。可升，可降，入手太陰、足厥陰經。　李氏曰：蟬，諸蜩總名。夏月始生，自蠐螬（腹育）〔蝮蛸〕，轉相變化。昏夜出土中，拆裂殼背而出。亦有蜣螂轉丸化生者，俱形大而黑，方首廣額，兩翼六足。五月始鳴，其鳴以脇。吸風飲露，溺而不糞，三十日而死也。古人多食之，夜以火取，謂之耀蟬。入藥古人用身，今人用蛻，大抵藏府經絡宜用身，皮膚瘡瘍宜用蛻，物各從其類也。又按陶隱居曰：按《禮記》云仲夏蟬始鳴，即此蚱蟬是也。蚱蟬多息楊柳樹上。蚱者，蟬聲也。蟬者，變化相禪也。其類甚多，惟蚱蟬一物入藥用。其外有蟪蛄、寒螿、蝒蜆、馬蜩。寒螿之名，如形小而色青紫。七八月鳴者，蟪蛄也；九十月鳴而聲甚淒急者，寒螿也；二月中鳴，似寒螿而形更小者，寧母也，俱不入藥用。

蟬蛻：陶隱居祛肝經風熱風毒之藥也。門吉士曰：蟬稟水土之濁氣，化而成形，又得風露之清氣，動而飛鳴。所主所用，純乎厥陰肝木之應兆，故《藥性論》專主小兒驚癇夜啼，壯熱風搐，或天吊口噤，瘡疹不起，兼主大人頭風眩運，目昏翳障，或皮膚瘡疥，癍疿痛癢。已上餘證，皆屬風火風痰爲眚者，必假此清空輕達之劑，以解而散之，發之出之也。《別錄》方又治婦人生子不下，或胎下而胞衣不落，藉此清虛善脫之物，而治胎產血穢未離之疾，蓋以已脫而治未脫之義也。

繆仲淳先生曰：蚱蟬稟水土之精，風露之氣，其鳴清響，能發音聲；其體輕浮，能出瘡疹；其味鹹寒，能解風熱；其性善脫，能脫翳障及女子胎胞不下也。

集方：《方脉正宗》治小兒驚癇夜啼。用蚱蟬蛻四十九個，去前截，用後截，微炒爲細末，每服五分，鈎藤一錢，煎湯調下。如壯熱發搐，薄荷一錢，煎湯調下。天釣口噤，全蠍一錢，煎湯調下。瘡疹不起，葱頭、麻黃一錢，煎湯調下。〇治大人頭風眩暈。用蚱蟬蛻一百二十個，去後截，用前截，微炒爲細末。每服一錢二分，防風二錢，煎湯調下。目翳昏障，木賊二錢，煎湯調下。皮膚瘡疹，癍疿痛癢，用蚱蟬蛻前後截通用，微炒爲細末，每服一錢二分，金銀花三錢，煎湯調下。如婦人胎胞不下，用乳香、沒藥、川芎、當歸、益母草各二錢，煎湯調下。

續補集方：《醫學正傳》治破傷風。用蚱蟬蛻二兩炒研爲細末，每早晚各服一錢，白酒調下。外用葱數株研爛，取涎調蟬蛻末，塗破傷處，即時出惡水立效。〇《全幼心鑑》治痘瘡作癢，取蚱蟬蛻，上身癢用上截，下身癢用下截，通身癢通身用，和甘草等分，微炒爲細末，取梅樹嫩葉，煎湯調搽。〇錢氏方治痘後目翳。用蚱蟬蛻、通身用三錢，和羊肝煮熟，取羊肝食之。〇危氏方治小兒無故陰腫。用蚱蟬蛻五錢，取下半截煎水洗，或微炒爲細末，白酒調搽。〇《清海方》治大人目盲翳障。用蚱蟬蛻上截一兩，蜜蒙花、白蒺藜、草決明、穀精草、甘菊花、懷生地、女貞實各一兩五錢，俱用酒洗，炒研爲末，每服二錢。臨臥飽肚，用熟羊肝蘸食。〇安媽媽家傳治小兒風熱，卒時急驚癇病。取蚱蟬蛻通身用一兩，全蠍、伏神、殭蠶、鈎藤各七錢，俱微炒，研爲細末，配硃砂、天竺黃、犀角、琥珀各三錢，俱研極細末，真牛黃三分，同前藥末，總研勻，再用膽星二兩研末，打糊爲丸如龍眼核大，真金箔爲衣，每服一丸，燈心、生薑泡湯調下。〇《保嬰家秘》治痘瘡血熱出不快。取蚱蟬蛻、通身用三錢，犀角、生地黃、紫草、連翹、金銀花各二錢，甘草一錢，水煎服。〇同上治小兒痧瘮出不透。取蚱蟬蛻通身用三錢，石膏、鼠粘子、西河柳、薄荷葉、玄參、甘草、乾葛、桔梗、前胡各二錢，水煎服。

蟬花：味甘，氣寒，無毒。即蚱蟬之頭上有一角，如花冠狀，入藥較之蛻更奇。《禮記》所謂蟬而有緌者是也。緌，冠纓也。蘇氏曰：蟬花出蜀中。

治一切耳痛。用蟬蛻、石菖蒲各三錢，水煎服。〇耳者腎之竅，心氣亦相通也。腎虛則耳鳴耳聾，加生熟地黃、當歸、白朮、酸棗仁、石菖蒲；耳暴聾者，肝熱氣閉也。加當歸、白芍、石菖蒲、龍膽草、柴胡；耳聾而頭眩目花者，色慾動相火也，加生熟地黃、枸杞子、黃柏、知母、山藥；兩耳腫痛者，肝腎有風熱也，加荊芥、防風、連翹、柴胡、白芷、黃芩；兩耳潰膿不乾者，肝腎有火鬱也，加黑山梔、白芍藥、黃柏、白芷；久潰不斂，加桂枝、黃耆、白芍藥，外用吹耳散，治兩耳濕爛，方見龍骨條下。

明・顧逢柏《分部本草妙用》卷七兼經部・寒瀉　蚱蟬　鹹甘，寒，無毒。用蛻殼。湯洗去土、翅足，乾用。　主治：小兒驚癇，夜啼，癲病，寒熱，下胞衣，墮胎，殺疳，腸鳴。　蟬脫，治難產，驚癇壯熱。研末一錢，井華水服，治啞病。水煎汁服，除目瘴翳，發瘡疹及癢甚良。皮膚風熱，頭風眩運。　按：蚱蟬煎汁服之，能下胞衣，取其退蛻之義也。蟬脫去翳祛風，其飲風吸露，氣甚清虛，故治一切風熱皮膚之症。治大人失音，小兒噤風，以其善鳴也。主夜啼者，以其晝鳴而夜息也。

明・盧之頤《本草乘雅半偈》帙四　蚱蟬《本經》中品　氣味：鹹、甘，寒，無毒。　主治：主小兒驚癇，夜啼，癲病，寒熱。

覈曰：夏月始生，自蠐螬(腹)〔蝮蛸〕，轉相變化，乘昏夜出土中，拆裂殼背而出。亦有蜣螂轉丸化生者，形大而黑，方首廣額，兩翼六足，其鳴以脇，吸風飲露，溺而不糞，三十日而死也。古人多食之，夜以火取，謂之耀蟬。古人用身，今人用蛻。大抵藏府經絡宜用身，皮膚瘡瘍宜用蛻，物各從其類也。

繆仲淳先生云：蚱蟬禀水土之精，風露之氣，化而成形，其鳴清響，能發音聲，其體輕浮，能出瘡瘮，其味甘寒，能除風熱，其性善蛻，能脫翳障，及女子生子不下也。

条曰：蚱蟬，即夏至始鳴之蜩也。《論衡》曰：蠐螬背行，化為蝮蛸，蝮蛸者，育于蝮，蝮蛸背拆，轉為玄蟬，化以離應，舍卑穢而趨高潔者也。《淮南子》云：無口而鳴，其鳴以脇，飲而不食，以息飲也。三十日乃化，蓋自背而腹，自行而拆，此從督及任，循任會督之象也。三十日乃化者，如衛氣日下一節，二十一日而終督，上行九日而終任，則周月之化，如周月之蒸，蒸則變，變則化矣。無口不食者，此亦轉督與任之道歟。故主小兒不能從蒸及變，內逆而為驚癇癲疾寒熱，與不鳴于晝，反啼于夜者，皆厥藏番陰之證也。亦有轉丸背拆，化為玄蟬，運轉任督，以及蒸變，義更明顯。蛻主生子不下，亦取解甲變化之易耳。以一微物，具此至理。若以大小貴賤起見者，是局于知聞之褊淺，觀釋氏詮蛣蜣為六即佛，以其性與三世諸佛同體，無有分釐增減，則形中之類任督，與衛行督二十一度，任九度，彌月環周，積數餘而蒸變作，克肖乎人，便不怪異，即此可推蒸變已周，女二七，男二八，精氣溢瀉，月事以時下之所繇然矣。故古人命名立言，雖極微一物，亦有至理存焉。如蠐螬之背行，先循乎督，蝮蛸之育腹，專依乎任，蝮蛸背拆，化為玄蟬，復循任會督，其如環無端之象。轉展化育，始全蒸變之全局耳。

清・穆石匏《本草洞詮》卷一八　蟬　變化相禪也。蠐螬化(腹)〔蝮〕蛸，(腹)〔蝮〕蛸拆背，出而為蟬，以脇而鳴，吸風飲露，溺而不糞，亦謂之蜩。《月令》：仲夏蟬始鳴。《豳詩》五月鳴蜩是也。五月不鳴，嬰兒多災。故其治療，多主小兒。秋月鳴者曰寒蟬、寒蜩、寒螿，未得秋風則瘖不能鳴，謂之啞蟬也。蟬與蟬蛻，並甘鹹，寒，無毒。治小兒驚癇夜啼，婦人難產，下胞衣，殺赤蟲，去壯熱，治痓病，除目昏翳障，治腸中幽幽作聲。蓋蟬乃土木餘氣所化，止飲風露，其氣清虛，故其主療，皆一切風熱之證。古人用身，後人用蛻。大抵治臟腑經絡當用蟬身，治皮膚瘡瘍風熱當用蟬蛻，各從其類也。主啞病，夜啼者，取其晝鳴而夜息也。

清・劉雲密《本草述》卷二七　蚱蟬　覈曰：夏月始生，自蠐螬(腹)〔蝮〕蛸轉相變化。本出土中，又有云蜣螂轉丸化生者。總之，仲夏則登木而蛻，身與聲俱大。蚱，音窄。蟬，聲也。方首廣額，兩翼六足，以脇而鳴，吸風飲露，溺而不糞。性畏日，至三十日而死也。其類甚多，如仲夏始鳴，大而色黑者，蚱蟬也。又曰：蝒，音綿。曰：馬蜩。《豳風》五月鳴蜩者是也。頭上有花冠，曰螗蜩，曰蝘，曰胡蟬。《蕩》詩如蜩如螗者是也。具五色者，曰蜋蜩。見《夏小正》。入藥用者，此數種也。

氣味：鹹、甘，寒，無毒。　主治：小兒驚癇夜啼《本經》。去壯熱《藥性》。癲病寒熱《本經》。驚悸《別録》。小兒癇絕不能言蘇恭。　時珍曰：蟬主產難，下胞衣，亦取其能退蛻之義。《聖惠》治小兒發癇有蚱蟬湯、蚱蟬散、蚱蟬丸等方，今人只知用蛻，而不知用蟬也。　希雍曰：蟬禀水土之餘氣，化而成形，其飛鳴又得風露之清氣，故能入肝祛風散熱，如《藥性論》主小兒壯熱驚癇是矣。其鳴清響，能發音聲，其體輕浮，能出瘡疹，其味甘寒，能除風熱。今人止知用蛻者，何哉？

同丹砂、茯神、真珠、牛黃、殭蠶、天竺黃、釣藤鈎、犀角、琥珀、全蠍，治小兒風熱，急驚癇病。

附方　頭風疼痛，蚱蟬二枚，生研，入乳香、硃砂各半分，丸小豆大，每用一丸，隨左右納鼻中，出黃水為效。

蟬蛻一名(腹)〔蝮〕蛸。

氣味：鹹：甘，寒，無毒。　主治：頭風眩暈，癮瘮，療目痛目赤，及腫脹並昏花，內外障瞖，用之為多。小兒噤風天弔，瘡疹出不快，痘瘡作癢，婦人生子不下。　好古曰：　蟬蛻去翳膜，取其蛻義也。蟬性蛻而退翳，蛇性竄而祛風，因其性而為用也。　又曰：　補風虛。　時珍曰：　蟬乃土木餘氣所化，飲風吸露，其氣清虛，故主療皆一切風熱證。古人用身，後人用蛻。大抵治臟腑經絡，當用蟬身。治皮膚瘡瘍風熱，當用蟬蛻。各從其類也。　希雍曰：　同羚羊角、密蒙花、白蒺藜、草决明、木賊草、穀精草、甘菊花、夜明沙、生地黃、黃連、女貞實，治目盲障翳。　同犀角、生地黃、紫草、麥門冬、連翹、金銀花，治痘瘡血熱出不快。　同石膏、鼠黏子、赤檉木、薄荷、玄參、甘草、葛根、栝樓根、麥門冬，治大人小兒痧疹。

附方　小兒噤風，初生口噤不乳，用蟬蛻二七枚，全蠍去毒二七枚，為末，入輕粉末少許，乳汁調灌。　疔瘡毒腫，用蟬蛻、殭蠶，等分為末，醋調塗瘡四圍，候根出，拔去，再塗。　治目疾方多，備見目條。

愚按：　蟬本濁陰之氣，絪蘊清陽，故乘仲夏陽盛之候以為變化，既乘清陽以化，而濁陰之質亦歸於清，故吸風飲露，頓發音響。而更畏日，蓋由陰育陽，即由陽暢陰，陰體而陽用也。用此療陽之淫而化風者，可使居先而清其氣之出機矣。從陰化陽，即所謂陰中之少陽，非陽中之太陽也，故曰清陽。日為太陽，所以畏之。按蟬身本濁陰而化清陽，故能清風之化原，不同於諸祛風之味也。若猥以為療風熱，其說是隔靴搔癢。能悉其義，則知治驚風等證，的當用身矣。　愚謂如頭風瘛瘲，及小兒驚癇，噤風天弔，並治啞證。方書中用其蛻，不如用蟬身之為親切也。至蛻止其由陰育陽，復由陽暢陰之氣，前後幻化者。若留此皮殼，以一示現，則即取此為氣結不化、形結不化者之對待矣。如所治目昏障翳，小兒瘡疹出不快，痘瘡作癢，疔瘡腫毒，及婦人生子不下，皆可取其蛻義以為功也。抑蛻於目眚用之獨多，然如內外障固為要劑。至於目痛或赤腫脹，所因氣結不化，亦得用之。如風毒熱衝，以成內外障者，於除風熱劑中，亦藉此蛻以轉清陽之氣矣。唯是用身用蛻，必擇仲夏發聲，更其形大，如前數種，乃為應候，得取其氣，以療所患。若秋月始鳴諸種，用之亦無益也。

又按蟬蛻之用於小兒驚搐，惟慢驚有之。即治癇者，止投於補劑中。然則漫謂蟬蛻能療風熱，是亦未審於轉達清陽之義以治化原，而徒恃此去風也，竟何益哉？

修治　去翅足，水洗去土，蒸過。

清・张璐《本經逢原》卷四　蚱蟬　鹹、甘，寒，無毒。《本經》主小兒驚癇夜啼，癲病寒熱。　發明：　蟬主產難下胎衣，取其能蛻之義。《聖惠》治小兒發癇有蚱蟬湯、散、丸等方。今人只知用蛻而不知用蟬也。　蟬蛻　鹹、甘，寒，無毒。去翅足用。　發明：　蟬蛻去翳膜，取其蛻義也。治皮膚瘡瘍、風熱破傷風者，炒研一錢，酒服神效。痘後目翳，羊肝湯服二錢，則翳漸退。更主痘瘡發癢。若氣虛發癢，又當禁服。小兒夜啼，取蟬蛻四十九枚，去前截，用後截為末，分四服，鉤藤湯服之即止，驚啼加硃砂二字，若用上截即復啼也。小兒驚癇夜啼，癇病寒熱，並用蟬腹，取其利竅通聲，去風豁痰之義，較蛻更捷。

清・浦士貞《夕庵讀本草快編》卷五　蚱蟬《本經》　蜩　蟬者，變化相傳也；蜩者，其音調也。《詩》云：　鳴蜩嘒嘒。　蟬乃土木餘氣所化，吸風飲露，其氣清虛，其味甘鹹，無毒之物也。遺殼為蛻，專治風熱諸症。如小兒驚癇，婦人難產，目昏翳障，皮膚燥癢，皆取其退脫之義，因其性而用之。又主大人喑啞，小兒夜啼者，取其晝鳴夜息，是推其意而治也。以此觀之，則知止驚悸，殺疳蟲，治腸中幽幽作聲。病屬藏府者，宜用蟬肉為當矣！　故《聖惠方》治童癇有蚱蟬湯，凡意可推爾。

清・張志聰、高世栻《本草崇原》卷中　蚱蟬　氣味鹹、甘，寒，無毒。主治小兒驚癇，夜啼，癲病寒熱。　蟬者總名也，其類不一。二三月即先鳴，小而色黑者，名蟳母，今浙人謂之蠻蟲。五月始鳴，大而色黑者，馬蜩也。《毛詩》五月鳴蜩，《月令》仲夏之月，蟬始鳴即是。此種今浙人謂之老蟬，土音訛為老潛，又謂之蠶蝶。《本經》所謂蚱蟬者，正此蟬也。今時藥中所用蟬蛻亦是此蟬之蛻。其頭上有花冠者，曰冠蟬，又曰蜩螗。《毛詩》如蜩如螗是也。小而色青綠者，曰茅蜩，又曰茅蠽，今浙中謂之蜘蟟。秋月始鳴，小而色青紫者，曰蟪蛄。《莊子》蟪蛄不知春秋者是也。未立秋以前喑而不鳴，先謂之啞蟬，又曰喑蟬。入秋而鳴，時天候漸寒，故又謂之寒蟬，又曰寒蜩，又曰寒螿。《月令》孟秋之月，寒蟬鳴，即是此種。其餘顏色少異，音聲略殊，尚有多名，形皆相似。方首廣額，兩翼六足，升高而鳴，鳴不以口而以脇，吸風飲露，溺而不糞，三十日而死，古時用蟬身，今時只用蟬蛻，不復用身。　蟬感秋氣而生，應月周而去，稟金水之氣化也。金能制風，水能清熱，故主治小兒驚癇。　蟬稟金水之精，能啟下焦之水氣，上合心包，故治癲病寒熱。　蚱蟬生於夏月，寒蟬生於秋時，今概謂蟬感秋氣而生，稟金水之氣者，恐未是。繆仲醇曰：　蚱蟬稟水土之精，風露之氣化而成形。其鳴清響，能發音聲。其體輕浮，能出瘡疹。其味甘寒，能除風熱。其性善蛻，能脫翳障及女子生子不下。　蟬蛻附　氣味鹹、甘，寒，無毒。主治小兒驚癇，婦人生子不下。燒灰水服，治久痢《別錄》附。　李時珍曰：　凡用蛻殼，沸湯洗去泥土、翅足，漿水洗過曬乾用。　古人用身，後人用蛻。蛻者，褪脫之義。故眼膜翳障，痘瘄不起，皮膚隱疹，一切風熱之證，取而用之。學者知蟬性之本原，則知蟬蛻之治療矣。

清·徐大椿《神農本草經百種錄》中品　蚱蟬古人用蟬，今人用蛻，氣性亦相近。

味鹹，寒。主小兒驚癇夜啼，癲病寒熱。皆小兒風熱之疾。　蚱蟬感涼風清露之氣以生，身輕而聲嘹亮，得金氣之發揚者也。又脫落皮殼，亦屬人身肺經之位，故其性能清火驅風，而散肺經之鬱氣。若其質輕虛，尤與小兒柔弱之體為宜也。〇蚱蟬日出有聲，日入無聲，止夜啼，取其意也。

清·陳修園《神農本草經讀》卷四中品　蚱蟬古人用蟬，今人用蛻，氣性亦相近。

氣味鹹，寒。主小兒驚癇，夜啼，癲病寒熱。

陳修園曰：　蚱蟬氣寒稟水氣，味鹹得水味，而要其感涼風清露之氣以生，得金氣最全。其主小兒驚癇者，金能平木也。蚱蟬日出有聲，日入無聲，故止夜啼也。癲病寒熱者，肝膽之風火也，蚱蟬具金水之氣，金能制風，水能制火，所以主之。

張隱庵曰：　蟬脫、殭蠶，皆稟金水之精，故《本經》主治大體相同。但蟬飲而不食，溺而不糞；　蠶食而不飲，糞而不溺，何以相同？《經》云：　飲入於胃，上歸於肺。穀入於胃，乃傳之肺。是飲食雖殊，皆由肺氣之通調，則尿糞雖異，皆稟肺氣以傳化矣。

清·楊時泰《本草述鉤元》卷二七　蟬　本出土中，自蠐螬、腹蛸轉相變化，仲夏則登木而蛻，身與聲俱大，其鳴以脇，吸風飲露，溺而不糞，性畏日，至三十日死。其類甚多，如仲夏始鳴，方首廣額，大而色黑者蚱蟬，又曰蝒，曰馬蜩；　頭上有花冠者曰螗蜩，曰蝘，曰胡蟬，具五色者曰蜋蜩，入藥用此數種，若秋月始鳴諸種，用之無益。

味鹹、甘，氣寒。入肝經，祛散風熱。主小兒驚癇夜啼，癇絕不能言，去壯熱，癲病寒熱，驚悸。主產難下胞衣。亦取其能退蛻之義。　其味甘寒，能除風熱；　其鳴清響，能發音聲；　其體輕浮，能出瘡疹。今人止知用蛻，而不知用身，何哉仲淳？　同丹砂、茯神、真珠、牛黃、殭蠶、天竺黃、鉤勾、犀角、琥珀、全蠍，治小兒風熱急驚、癇病。　頭風疼痛，蟬二枚生研，入乳香、朱砂各半分，丸小豆大，每用一丸，隨左右納鼻中，出黃水為效。

蟬蛻：　味鹹、甘，氣寒。治頭風、眩暈，瘛瘲，目痛、目赤及腫脹昏花，內外障翳，小兒噤風天弔，瘡疹出不快，痘瘡作癢，婦人生子不下。補風虛好古。　蟬性蛻而退翳，蛇性竄而祛風，因其性而為用也又。　蟬，古人用身，後人用蛻，大抵治臟腑經絡，當用蟬身，治皮膚瘡瘍風熱，當用蟬蛻，各從其類也。同羚羊角、密蒙花、白蒺藜、草決明、木賊、穀精、甘菊、夜明砂、生地、黃連、女貞，治目盲、障翳。　同犀角、生地、紫草、麥冬、連翹、銀花，治痘瘡血熱出不快。　同石膏、大力子、赤檉木、薄荷、元參、甘草、葛根、蔞根、麥冬，治大人小兒痧疹。　小兒初生口噤不乳，蟬蛻十四枚、全蠍去毒十四枚為末，入輕粉少許，乳汁調灌。　疔瘡毒腫，蟬蛻、殭蠶等分為末，醋調，塗瘡四圍，候根出，拔去再塗。

論：　蟬身本濁陰而化清陽，從陰化陽，乃陰中之少陽，非陽中之太陽也。日為太陽，所以畏之。　陰體而陽用，凡陽之淫而化風者，可使居先而清其氣之出機，不同於諸祛風之味，所治頭風、瘛瘲及小兒癇噤天弔啞證，當用蟬身。　至於蟬蛻，止其由陰育陽，復由陽暢陰之氣，幻此皮殼以示一現，故即取為氣結不化、形結不化者之對待，如拔疔、出疹、除痘癢、下胎，俱當用蛻。　而於眼目之障翳痛腫，用之獨多也。赤痛腫脹，皆因氣結不化，亦得借此以轉清陽之氣，不獨障翳需之。　又蟬蛻治驚，惟慢驚用之，即其治癇，亦止投於補劑中，世醫漫謂能療風熱，是未審於轉達清陽之氣以治化原之義耳。

修治：　去翅足，水洗去土，蒸過用。

清·鄒澍《本經續疏》卷五　蚱蟬　【略】穢濁瀰漫，遏抑清化，清化無以自伸，乃旋與相噓吸，變死為生，得成蠐螬，潔白為體，蠕動其形。然不能出於穢濁之表，猶氣清而質濁者也。由是而鍊清於中，蛻濁於外。清既足以自立，濁遂結而成衣，剖背以出，一旦而高騫於樹，嘹亮揚聲，則已復厥清化矣。是其清化於人為陰中之陽，所以發聰明應萬殊者也。假使因風因痰而生熱，因熱因恐而致驚，因驚因熱而為癇為癲，則固恃以動靜云為者，且為之閉鬱而不得自主，以此神具理足之物，導其噓吸之機，濬其騫揚之路，而授以鍊蛻之方，陰中之清陽既達，裹纈之穢濁自消。然《本經》不直曰主癇癲，而曰主小兒驚癇夜嗁癲病寒熱，何也？夫蠐螬與蟬皆化於春夏，被遏者固屬陽，所遏者亦非陰也。假使清陽為至陰所遏，亦能化蠐螬而成蚱蟬耶。故夜嗁寒熱皆清氣之欲伸而不得伸，濁氣之欲閉而不得閉，有陰陽相爭、清濁相干之道焉。特小兒欲竇未啟，思慮貞淳，濁氣干之而不能入，大人則情緒紛綸，神志龐雜，濁氣干之而竟能入，故有煩擾與不慧之分。惟小兒堅固於神，懦弱於氣；大人無累於神，昌沛於氣。故夜嗁者，神之作用；寒熱者，氣之作用。更當知嗁以夜者，寒熱必於晝。以夜則濁之於愈甚，而晝則氣之昌有加也。至婦人乳難，胞衣不出，則會意其善蛻，並無甚深妙義。然即此推之，其用蓋有不止此者，擴而充之可也。

清·葉志詵《神農本草經贊》卷二　（柞）〔蚱〕蟬　味鹹，寒。主小兒驚癇夜啼，瘨病寒熱。生楊柳上。

柳都美蔭，蛻穢揚清。過枝音曳，抱葉身輕。月斜露飽，風急秋驚。清高冠飾，樂召琴聲。

陸龜蒙詩：全仗柳為都。《莊子》：蟬得美蔭而忘其身。郭璞贊：潛蛻棄穢。曹植賦：惟夫蟬之清素兮。方千詩：蟬曳殘聲過別枝。賈島詩：早蟬孤抱芳槐葉。沈鵬詩：依樹愧身輕。《子夜歌》：斜月垂光照。羅隱詩：風棲露飽今如此。盧照鄰詩：急響送秋風。《漢書·志》注：武冠侍臣附蟬為文者，取其清高。《後漢書·傳》：有以酒食召蔡邕者，至門潛聽客彈琴曰：以樂召我而有殺心何也？客曰：我向鼓弦見螳螂方捕鳴蟬。

清·仲昴庭《本草崇原集說》卷中　蚱蟬　【略】〔批〕草木昆蟲皆六氣所生化，靜中觀物，物理畢呈，心躁人不能得也。琢崖能為。《本經》蚱蟬及《崇原》之釋蚱蟬，確鑿引徵，可謂留心物理矣。

蟬蛻

宋·陳衍《寶慶本草折衷》卷一六　新分蟬殼使。灰在內。　一名蟬退。一名蟬蛻，一名枯蟬，一名伏蛸。○《莊子》云：一名蜩甲。○其蟬一名蜩蟬，一名蟪蛄。○蛻，音稅；蛸，音育；蜩，音彫。生在處楊柳上。今木下土上多有之。○五、六、七月取，蒸乾，勿令蠹。

味甘，寒，無毒張松。○主小兒癇，女人生子不出，灰服之，主久痢。分蚱蟬條。《唐本》註：蚱，音笮。○《藥性論》云：治小兒渾身壯熱，兼止渴。○《聖惠方》：治風頭旋，蟬殼微炒為末，非時溫酒下壹錢匕。○《集驗方》：治風氣瘙痒，蟬蛻、薄苛葉等分為末，酒調壹錢匕，日三服。○寇氏曰：治目昏翳。又水煎汁，治小兒瘡疹不快。分蚱蟬條。

元·王好古《湯液本草》卷六　蟬蛻　《心》云：治同蛇蛻。《藥性論》云：使。治小兒渾身壯熱驚癇，兼能止渴。又云：其蛻殼頭上有一角，如冠狀，謂之蟬花，最佳。味甘，寒，無毒。主小兒天吊，驚癇瘛瘲，夜啼，心悸。

明·葉文齡《醫學統旨》卷八　蟬蛻　氣寒，味鹹、甘。無毒。生楊柳上者良。

治目昏翳膜，頭風目眩，大風瘡癩，風氣客皮膚瘙痒不已，小兒出痘疹不快良。

明·許希周《藥性粗評》卷四　雲起眸中，捲蟬蛇之兩蛻。

蟬蛻，鳴蟬退殼也。入夏而鳴，常退其殼於柳上。五月採，蒸熟暴乾，不蠹。味甘，性寒，無毒。主治時氣壯（勢）〔熱〕，消渴，皮膚風癢，眼目風眩，赤痛雲瞖，小兒驚癇，明目消風，下胎衣。

蛇蛻，蛇退皮也，一名龍子衣。白如銀色者佳，青黃蒼色者不入藥。五月採，得埋屋下地上尺深，次日卯時取出，以醋浸，火上炙乾收貯。畏磁石與酒。味鹹、甘，性平，無毒。主治驚癇瘈瘲，眼痛雲瞖，遍身風癩白駮，小兒重舌重齗，去邪，明目，殺百蟲。

單方：頭目眩暈：蟬蛻為末，熟湯調下一錢匕，佳。皮膚風痒：蟬蛻同薄荷乾者，為末，每服一錢匕，溫酒調下，日三服，自消。遍身疥癩：凡患惡瘡疥癩，風痒不愈者，以蛇蛻一條全者，燒存性，為末，和猪脂塗之，或用溫酒送下，亦妙。小兒重舌：如上燒末，傅之效。

明·鄭寧《藥性要略大全》卷一〇　蟬蛻使　去風明目，除翳。治小兒壯熱，天吊，驚癇瘈瘲，夜啼心悸。《藥性論》云：專治小兒渾身壯熱，驚癇，止渴，去諸風。伊訓云：其蛻殼頭上有一角如冠狀者，為之蟬花，最良。

味甘、鹹，氣寒，無毒。

明·方穀《本草纂要》卷一二　蟬蛻　味鹹、甘，氣寒，無毒。主目內昏澁而翳膜脹痒，或風熱內客而皮膚燥痒，或痘疹血虛而肌體掀痒，或頭面諸風而頭皮痛痒。是皆血氣生痒之症，惟此可以治之。大抵蛻爲蟬之退，有從氣之化也。翳爲目之氣，亦由氣之結也。今將氣化之物，而行氣結之氣，使氣去而翳退也。又痒者，皮膚之痒也，蛻亦皮膚之退也。但氣虚而有所痒，氣實而有所退。今將氣實之物而治氣虚之症，則虚得實補，而痒得蛻治者矣。

明・梅得春《藥性會元》卷下　蟬蛻　味鹹，氣寒，無毒。生楊柳樹枝上。五月取，蒸乾，勿令蠹。　主治目昏翳膜，頭風目痛，大風瘡癩，消風氣，皮膚瘙痒，小兒出痘疹不快，及驚癇夜啼，癲病，寒熱驚悸。

明・杜文燮《藥鑒》卷二　蟬蛻　氣寒，味甘、鹹，無毒。主治小兒驚癇夜啼，大人眼目赤腫。同荊芥能除風熱，入殭蠶又却風痰。用於發散藥中，能清肌表之熱。用於解毒藥中，能除臟腑之火。癰疽外腫者，同麻黄以散之。痘瘡未實者，同麻黄以踈之。

明・張懋辰《本草便》卷二　蟬蛻　治目昏翳，頭風目眩；　又風氣客皮膚瘙痒。

明・李中梓《藥性解》卷六　蟬蛻　味鹹甘，性寒，無毒，不載經絡，主催生下胎衣，通乳汁，止夜啼，定驚癇，逐邪熱，殺疳蟲，亦能止渴。　按：蟬有五種，陳藏器辨之悉，今以形極大而聲極高，一鳴而無所停斷者，入藥最良。西川有一種蟬花，乃蟬在殼中不出，而化為花，自頂中生出，功用略同。故不另載。

明・繆希雍《本草經疏》卷二一　蟬蛻　味鹹、甘，寒，無毒。主小兒癇，女人生子不出。灰服之，主久痢。一名枯蟬，一名金牛兒。凡用洗去泥，并去翅足。漿水煮，晒乾用。

〔疏〕蟬稟水土之餘氣，化而成形，其飛鳴又得風露之清氣，故能入肝袪風散熱，如《藥性論》主小兒壯熱驚癇是矣。其主婦人生子不下者，取其蛻脱之義。治久痢者，以其有甘寒之功也。其鳴清響，能發音聲。其性善蛻，能脱翳障。其體輕浮，能發瘡疹。其味甘寒，能除風熱。故陳藏器主啞病。寇宗奭主目昏障翳，小兒瘡疹出不快。及今人治頭風眩暈，皮膚風熱，痘疹作痒，疔腫毒瘡，大人失音，小兒噤風天弔，驚哭夜啼等證，皆以其有如上諸功能也。　〔主治參互〕同羚羊角、蜜蒙花、白蒺藜、草決明、木賊草、穀精草、甘菊花、夜明沙、生地黄、黄連、女貞實，治目盲障翳。　同丹砂、茯神、真珠、牛黄、殭蠶、天竺黄、鈎藤鉤、犀角、琥珀、全蝎，治小兒風熱急驚癇病。　同犀角、生地黄、紫草、麥門冬、連翹、金銀花，治痘瘡血熱，出不快。　同石膏、鼠黏子、赤檉木、薄荷、玄參、甘草、葛根、栝樓根、麥門冬，治大人小兒痧瘮。　《普濟方》治小兒夜啼不止，狀若鬼祟，以蟬蛻下半截為末，每一字，鈎藤湯調下，或入辰砂少許亦可。并治天弔驚啼。　《全幼心鑑》痘瘡作癢，蟬蛻三七枚，炙甘草各一錢，水煎服。　《錢氏方》痘後目翳，蟬蛻為末，每一錢，羊肝煎湯下，日二服。　《和劑局方》蟬花散，治肝經藴熱，風毒之氣内搏上攻，眼目赤腫，翳膜疼痛昏澀，内外障翳，咸治之。用蟬蛻、穀精草、刺蒺藜、甘菊花、防風、草決明、蜜蒙花、甘草、羌活、黄芩、蔓荊子、川芎、木賊草、荊芥，等分為末。每二錢，茶清調，食後臨卧各一服。　〔簡誤〕痘疹虚寒證不得服。

明・李中梓《醫宗必讀・本草徵要下》　蟬殼　味鹹，寒，無毒。入肺、脾、肝三經。沸湯洗淨，去足、翅，晒乾。　快痘瘮之毒，宣皮膚之風。小兒驚癇夜啼，目疾昏花障翳。　感木土之氣，吸風飲露，其氣清虚，故主療皆風熱之恙。又治音聲不响，及嬰兒夜啼，取其晝鳴夜息之義。按：　痘疹虚寒證禁服。

明・鄭二陽《仁壽堂藥鏡》卷八　蟬蛻　味甘，寒，無毒。　《心》云：治同蛇蛻。　《藥性論》云：使。治小兒渾身壯熱，驚癇，兼能止渴。又云：其蛻殼頭上有一角，如冠狀，謂之蟬花，最佳。主小兒天弔驚癇，瘈瘲，夜啼，心悸。　郭璞云：治風氣客皮膚，瘙痒不已。

明・蔣儀《藥鏡》卷四寒部　蟬蛻　止夜啼，通乳汁。瘡癩皮膚瘙癢，氣之虚也，用茲氣實之物，則補氣虚而癢止。目睛風熱翳淚，氣之結也，用茲氣化之品，則行氣結而翳消。得風木之象類，含楊柳之陰精，消風定驚而催生，殺疳除熱而發痘。入踈散藥中，則清肌表之熱。入解毒藥中，則除臟腑之火。癰疽外腫，同麻黄以散之。痘瘡未實，同麻黄以踈之。

明・張景岳《景岳全書》卷四九《本草正》　蟬脱　味微甘、微鹹，性微凉。此物飲風吸露，氣極清虚，故能療風熱之證。亦善脱化，故可療痘瘡壅滯起發不快。凡小兒驚癇，壯熱煩渴，天吊口噤，驚哭夜啼，及風熱目昏翳障，疔腫瘡毒，風疹癢痛，破傷風之類，俱宜以水煎服。或為末，以井花水調服一錢，可治瘖啞之病。

明・李中梓《本草通玄》卷下　蟬蛻　鹹甘而寒。　開腠理，宣風熱，發痘疹，除目翳，出音聲，止瘡癢，小兒噤風天吊，夜啼驚癇。　蟬乃土木餘氣所化，飡風吸露，其氣清虚，故主療一切風熱。止夜啼者，取其晝鳴而夜息也。去泥、足翅，洗晒。

清·顧元交《本草彙箋》卷九　蟬蜕　蟬，乃土木餘氣所化。吸風飲露，其味甘寒，其氣清虚，故其主療，皆一切風熱之證。古人用蜕，蓋凡風熱之在皮膚者，當用蟬蜕也。其鳴清響，能發音聲，又主小兒夜啼者，取其晝鳴而夜息也。其性善脱，能去翳膜，故云蟬性蜕而退翳，蛇性竄而祛風，因其質而爲用也。又主婦人生子不下，總皆取其蜕脱之義。

蠶食而不飲，蟬飲而不食。飲者，飲風露也。觀其不糞而溺可見矣。

治小兒夜啼，用蟬蜕四十九枚，去前截，用後半截，爲末，分四服，鈎藤湯調灌之。或用薄荷湯，入酒少許調亦可。有不信者，將上半截爲末，煎湯調下，即復啼也。豈蟬以翅鳴，而翅在上半截之故耶？

蟬花散，治肝經蘊熱，風毒之氣内搏，上攻眼目，赤腫翳膜，疼痛昏澀，内外障翳，咸治之，用蟬蜕、穀精草、刺蒺藜、甘菊花、防風、草决明、蜜蒙花、甘草、羌活、黄芩、蔓荊子、川芎、木賊草、荊芥，等分爲末，每茶清調食二錢，食後、臨卧各一服。

清·郭章宜《本草匯》卷一七　蟬蜕　味鹹、甘，寒，入手太陰、足厥陰、太陰經。快痘疹之毒，宣皮膚之風。小兒驚癇夜啼，用四十九箇，去前截，用後截，為末，分四服，釣藤湯或薄荷湯下。若用前截，即復啼矣。目疾昏花翳障。

按：蟬蜕，乃土木之餘氣所化，飲風吸露，其氣清虚，故主療皆一切皮膚風熱之症。蟬性蜕而退翳，蛇性竄而祛風。又主啞病、夜啼者，取其晝鳴而夜息也。痘疹虚寒證，不得服。

凡使，沸湯洗去泥土翅足，漿水煑過，晒乾用。

清·蔣居祉《本草擇要綱目·寒性藥品》　蟬蜕　氣味：鹹、甘，寒，無毒。主治：小兒驚癇夜啼，寒熱驚悸，婦人乳難，胞衣不出。殺疳蟲，去壯熱。治腸中幽幽作聲，瘡疹出不快利，治風熱痘疹作癢。頭風眩運，破傷風及疔腫毒瘡。除目昏障翳。蓋蟬乃土木餘氣所化，飲風吸露，其氣清虚，故其所主，皆療一切風熱之症。古人用身，後人用蜕。大抵治臟腑經絡當用蟬身，治皮膚瘡瘍風熱，當用蟬蜕，各從其類也。又主啞病夜啼者，取其晝鳴而夜息也。

清·王翃《握靈本草》卷九　蟬脱凡用，沸湯洗去泥土翅足，漿水煮過，曬乾用。

主治：蟬脱，鹹、甘，寒，無毒。主小兒驚癇天弔，婦人難産，除目翳，皮膚風熱，痘疹作癢。

清·汪昂《本草備要》卷四　蟬蜕輕，散風熱。　蟬乃土木餘氣所化，飲風露而不食。其氣清虚而味甘寒，故除風熱。其體輕浮，故發痘疹。其性善蜕，故退目翳，催生下胞。其蜕爲殼，故治皮膚瘡瘍癮疹。與薄荷等分爲末，酒調服。其聲清響，故治中風失音。又晝鳴夜息，故止小兒夜啼。蟬類甚多，惟大而色黑者入藥。洗去泥土、翅足，漿水煮，曬乾用。攻毒全用。蚱蟬：治小兒驚癇夜啼，殺疳去熱，出胎下胞。時珍曰：治皮膚瘡瘍風熱，當用蟬蛻；治藏府經絡，當用蟬身。各從其類也。

清·陳士鐸《本草新編》卷五　蟬蜕　去目内翳膜併侵睛胬肉。小兒痘瘡，用之以護目，斷不可少之藥也。

或問：蟬蜕護目，去目内翳膜，有之乎？曰：有。但宜知所以用之。蟬蜕護目者，護痘瘡未出之目，非護痘瘡已壞之目也。凡痘瘡現頭面甚多者，須護其目。先用蟬蜕入于發表之中，則雙目斷無出痘之理。若已見點于目中，又何能救之使消哉。

或問：蟬蜕消翳于目中，宜乎目中之翳無不消之矣，而謂止能護目，使翳之不生，不能消已成之翳。是蟬蜕非消翳之品乎？曰：蟬蜕消翳，古人盛稱之，豈無所驗而云然。然謂消翳者，消凡目之翳，非消痘瘡之翳也。凡目之翳，可少用之以成功，痘瘡之翳，雖多用之亦無益也。

清·顧靖遠《顧氏醫鏡》卷八　蟬殼鹹、甘，寒。入肺脾肝三經。洗淨泥沙，去翅足用。　能發痧疹痘瘡，其體輕浮之故也。可除目昏障翳。其性善脱故也。治大人失音，取共清響，能發音聲。止小兒夜啼。取其晝明夜息。療頭風眩運，去皮膚風熱。入肝祛風散熱之故。

清·李熙和《醫經允中》卷二〇　蟬蜕　湯洗去翅足，乾用。入手太陰、足太陰、厥陰經。　鹹，甘，寒，無毒。主治去目(醫)〔翳〕，産難，胎衣不下，小兒夜啼，皮膚風熱，發痘瘡。

清·馮兆張《馮氏錦囊秘録·雜症痘疹藥性主治合參》卷一一　蚱蟬蟬殼，稟木土之餘氣化而成形，其飛鳴又得風露之清氣，故能入肝祛風散熱，主小兒壯熱驚癇，主婦人生子不下者，取其蜕脱之義。其鳴清響，能發音聲。其性善蜕，能脱翳障。其體輕浮，能發瘡瘮。其味甘寒，能除風熱及皮膚風熱，天吊驚哭，夜啼等證也。　蚱蟬，治産婦胎衣不下，通乳，墮胎。主小兒驚癇夜啼，敺邪逐熱。蟬花，乃生殼頂上，狀類花冠，止天吊瘛瘲，心悸怔忡。蟬退，係脫換薄殼，去瞖膜侵睛，胬肉滿眦，取性之善脫也。療痘病夜啼，取晝鳴夜息也。善發痘疹，取輕浮易透肌膚也。療壯熱驚癇，取味甘鹹而寒，可散風熱也。

主治痘疹合參：蟬退，能發痘疹不快，解毒而退風熱，兼能明目。又治風氣客於皮膚，搔癢不止。凡紅紫熱甚者可用，寒症忌之，又曰不論寒熱虛實皆可用。頭面痘不起，用頭；足不起，用足；身不起，用身。乃退熱止癢之聖藥也。倒陷黑陷者，俱可酒洗研末，湯調服之。兼參、耆同用，則虛癢自愈。但能潤肌滑竅，多服恐泄元氣，以致表虛。

清・王子接《得宜本草・下品藥》 蟬蛻 味鹹、甘。主治風熱。得硃砂治小兒夜啼，得薄荷葉治皮膚風癢。

清・黃元御《玉楸藥解》卷六 蟬蛻 味辛，氣平。入手太陰肺經。發表驅風，退瞖消腫。蟬蛻輕浮發散，專治皮毛，退瞖膜，消腫毒。治大人失音，小兒夜啼，其其晝鳴夜息之意。庸工以治大人頭風眩暈，小兒痘瘡癢塌，則不通矣。眩暈不緣風邪，癢塌全因衛陷，此豈蟬蛻所能治也？又治驚癇噤風，亦殊未然。

清・吳儀洛《本草從新》卷六 蟬蛻〔輕，散風熱。〕 土木餘氣所化，吸風飲露，其氣清虛，而味甘寒，故除風熱；其體輕浮，故發痘疹；其性善蛻，故退目翳，催生下胞；其蛻為殼，故治皮膚瘡瘍癮疹；與薄荷等分為末，酒調服。其聲清亮，故治中風失音；又晝鳴夜息，故止小兒夜啼。蚱蟬，治小兒驚癇夜啼，殺疳去熱，出胎下胞。時珍曰：治皮膚瘡瘍風熱當用蟬蛻，治臟腑經絡當用蟬身，各從其類也。蟬類甚多，唯大而色黑者入藥。洗去泥土翅足，漿水煮，曬乾。

清・汪紱《醫林纂要探源》卷三 蟬蛻 甘，寒。有夏蟬、秋蟬、寒蟬，惟夏最大而色黃黑。朽木根所化，始名蝮蜻，穴土上出，為日色所曝，則背裂而蟬出，出則飛鳴於樹，此所蛻之殼也，入藥用。緩肝養肺，去血熱，除風濕。本木土之餘也。甘則緩肝清肺，本濕熱之氣所化也。蛻則去濕熱以就清高，以善蛻，故去目翳，催生下胎，且及胎產，皆肝所主也。其蛻則膚殼也，故治皮膚風熱，隱疹瘡瘍。皮毛，肺所司也。去穢濁，而就清高，且其體輕虛，故能托痘疹瘡毒，而宣之於表。以清高而發聲，故治中風失音，清肺金也。晝鳴夜息，故治小兒夜啼，此證亦陰分有熱，而心不安，肝膽有熱則驚癇，其止啼，治驚癇，亦以去其熱而已。然用以止啼，須去其腹，取其首，蓋蟬有喙而不鳴，鳴以腹，此又物理之不可不明也。

清・嚴潔等《得配本草》卷八 蟬蛻 鹹，寒。入手太陰經。除風熱，發痘疹，下胞胎，通乳汁，殺疳蟲，治癮疹。得朱砂，止小兒夜啼。配薄荷，治風熱癢。調蔥涎，塗破傷風。入羊肝，治痘後目翳。入寒藥，直達肺經，解熱止渴。洗淨，去翅、足，漿水煮，日乾用。入臟腑經絡，用身。多服泄元氣。

題清・徐大椿《藥性切用》卷八 蟬蛻 即蟬衣。性味甘寒，輕揚善蛻，祛風熱，發痘疹，下胞胎，出聲音。蚱蟬，治小兒驚癇夜啼，殺疳去熱。俱去翅足用。

清・黃宮繡《本草求真》卷三 蟬蛻輕虛入肝散風。 蟬蛻耑入肝，兼入皮膚。止一蟲殼，味甘氣寒，如何主治甚多，蓋蟬本木餘氣所化，飲風露而不食。其言能治肝經風熱者，因體氣輕虛而味甘寒之意也。其言能治婦人生子不下，及退翳膜侵睛胬肉滿眦者，因其性有善脫之意也。其言能治皮膚瘡疥、癮疹者，以其所取在殼之意也。皮以治皮意。時珍曰：治皮瘡瘍風熱，當用蟬蛻。治臟腑經絡，當用蟬身。各從其類也。其言能治中風不語者，以其蟬聲清響之意也。聲以通聲。其言能治小兒夜啼者，以其晝鳴夜息之意也。古人立藥治病，何在不有義存，惟在人細自審用耳！色黑而大者良，入藥洗去泥土翅足，漿水煮，晒乾用。攻毒全用。

清・楊璿《傷寒溫疫條辨》卷六散劑類 蟬蛻 味甘鹹，性寒。土木餘氣所化，升也，陽中之陽也。夫蛻者，退也，脫然無恙也。豈獨能療驚癇，除失音，止夜啼，發痘疹，殺疳蟲，為小兒要藥已哉？又豈獨退翳膜侵睛，祛胬肉滿眵，為眼科要藥已哉？吸風飲露而不食，有小便無大便。余謂人一日不再食則飢，七日不食則死。肺氣不下降，膀胱不氣化則死。腎虛膀胱不約則遺尿亦死。因其不食，而用治不食之病；因其有小便，而用治小便不通之病，短赤淋遺亦治之。以意治病，其義深，其理微，與蠶之食而不飲，有大便無小便，彼此相資，化育流行，天然配偶，此造物神功之妙，皆溫病之聖藥也。宗奭曰：蟬性善脫，胎前禁用。余謂有病則病當之。《內經》云：有故無殞，亦無殞也。孕婦患溫病，余屢用之，每收奇功，未見動胎，此閱歷之言，不必致疑於禁用二字矣。時珍曰：主治頭風眩暈，皮膚壯熱，斑疹作痒。余謂溫病有頭目眩暈者，有皮膚發熱斑疹雜出作痒者，總是熱毒攻衝，所以用之大驗。又曰：主治驚癇狂亂，瘛瘲心悸。余謂風熱生驚，驚則瘛瘲心動，去其風熱，則肝氣和，心神安，驚搐自定，瞤惕自止，發狂奔呌自息矣。又曰：主治頭風疼痛。又曰：去壯熱，治腸中幽幽作聲。余謂蟬乃清虛之品，處極高之上，與肺相似，肺熱移於大腸，肺熱去而大腸之熱自去，而聲亦無矣。頭疼目眩，風熱上攻，故並治之。《衛生方》中有清膈散，治胃熱吐食用蟬蛻、蜂蜜。余謂嘔噦吐食，皆胃熱也，故亦用蟬蛻、蜂蜜，古人有先得我心者，非余之謀也。

清·羅國綱《羅氏會約醫鏡》卷一八鱗介蟲魚部　蟬蛻味鹹寒，入肺、肝、脾三經。洗淨，去足翅，晒乾用。　此物吸風飲露，氣極清虛，故能療風熱之證。治小兒驚癇夜啼、用三個，去前半截不用，留後，研細末，敷乳頭上，令兒咀之，是夜不哭。目昏翳障、疔腫瘡毒、皮膚風疹癢痛，水煎服，以鹹寒可祛風熱。善發痘疹，其體輕而善脫，凡痘不起，在頭用頭，在身用身，在足用足，黑陷者，酒洗研末，湯調服，兼參芪則虛癢自愈。但多服恐泄元氣，致表虛也。催生下胞，取蛻脫也。發聲音，治瘖啞。因鳴清響。

按：虛寒證禁服。

清·黃凱鈞《藥籠小品》　蟬蛻　其體輕清，故除風熱，解肌發痘疹，退翳。治中風失音，洗用。

清·王龍《本草纂要稿·蟲魚部》　蟬蛻　氣味甘鹹而寒。止天弔瘈瘲，消翳膜侵睛。能引藥至肌表，去其風邪。

清·張德裕《本草正義》卷上　蟬蛻　甘，涼。能清風熱，療痘瘡壅滯，起發不快，小兒驚癇壯熱，天吊口噤，驚啼夜啼，風熱癢痛，目赤障翳。

清·葉桂《本草再新》卷一〇　蟬蛻味淡，性寒，有微毒。入肝、脾、肺三經。去風利濕，化熱清涼，明目，目昏有火，清其火，則目明。去翳殺蟲，去瘡疹諸毒。

清·趙其光《本草求原》卷一八蟲部　蟬蛻　稟水氣味而鹹寒。仲夏變化，吸風飲露，不食而生，得清陽以化，故治形氣不化諸病。退目翳，催生，下胞，皆形結不化。治目痛赤腫，發瘡疹，痘癢，疔腫，皆氣結不化，更用殼以行皮也。風熱成內外障，清陽之氣能從陰暢陽。中風失音，其聲清響故。止小兒夜啼。晝鳴夜息故。蟬類甚多，惟大而黑者為仲夏發聲，取其從陰以達清陽。故古方惟慢驚及癇症於補劑中用之，風熱則仍以風熱主劑，略加之以達陽，非徒以金制風、以寒制熱之說。果爾，則古人何以謂秋鳴者無功？

蟬身：治小兒驚癇，天吊噤風，夜啼，用下半截為末二分入辰砂，以藤鉤湯下。癲病，寒熱，音啞，下胞出胎，小兒陰腫。因坐地風襲及蟲蟻所吹，煎水洗後，仍服五苓散。俱取其由陰脫化清陽之效。但皮膚病用蛻，藏府經絡病用身，從其類也。且蟬腹更通聲，豁痰，全用則攻毒。洗淨，去翅足用。

殼同犀、地、冬、翅、紫草、銀花，治痘血熱不起。同蒡、葛、冬、薄、甘、元參、花粉、赤檉柳治痧疹。同全蠍、輕粉、乳汁，治小兒初生噤口不乳。同僵蠶、醋，塗疔瘡，毒腫。炒研酒下，治膚疹、風熱疹、破傷風。羊肚湯下，治痘後目翳。

清·文晟《新編六書》卷六《藥性摘錄》　蟬脫　味甘，氣寒。體輕虛，入肝。散風熱，退目患翳膜努肉。治皮膚瘡疥癮疹，及中風不語，皆全用。○若小兒夜啼，則去頭足，只用下半截方効。

清·張仁錫《藥性蒙求·蟲部》　蟬蛻八分　蟬蛻甘寒，輕宣風熱。痘疹均宜，失音功捷。入肺、脾、肝三經。可療痘疹壅滯，起發不快。又治瘖啞之病。得硃砂治小兒夜啼，得薄荷治皮膚風痒。○去翅足。

清·戴葆元《本草綱目易知錄》卷五　蟬蛻　蟬乃土木餘氣所化，飲風吸露，其氣清虛。所蛻之殼，味甘鹹寒，故主療皆一切風熱症。治頭風眩運，目昏障瞖，皮膚風熱，痘瘮作癢，破傷風病，疔腫惡瘡，大人失音，婦人生子不下，小兒壯熱，驚癇噤風，天弔驚哭，夜啼陰腫，并痘疹出不快。研末，井華水服一錢，治啞病。燒灰水服，治久痢。葆按：此蚱蟬蛻殼，俗名蟲退。時珍曰：凡用蟬蛻，須洗去泥土，古人用身，後人用蛻，大抵治臟腑經絡，當用蟬身，治皮膚風熱瘡瘍，當用蟬蛻。主啞病。夜啼者，取其晝鳴夜息也。

清·黃光霽《本草衍句》　蟬退　甘能緩肝清肺，寒能散熱除風。本濕熱之氣所化，去濕熱以就清高。壯熱驚癇，眩暈頭風。其性善退，故去目翳而摧生下胎。其脫為殼，故治皮膚之瘡痒癮疹。清響發聲，故治失音啞病。晝鳴夜息，故治驚哭夜啼。小兒驚啼，啼而不哭，煩也。哭而不啼，躁也。用蟬退二七枚，去翅足，為末，入硃砂，為末，一字，蜜調，與吮之。破傷風病，蟬退研，酒服錢半。又蟬退為末，葱涎調塗破處，即時取出惡水，名追風散。頭風旋暈，蟬退為末，酒下一錢。皮膚風瘡，蟬退、薄荷為末，酒服。小兒陰腫，多因坐地風襲，及蟲蟻所吹。蟬退半兩，煎洗，仍服五苓散，即腫消痛止。丁瘡毒腫不破，則毒入腹，蟬退為末，蜜調服。又方：用蟬退、殭蠶為末，醋調塗瘍四圍，候丁根出，拔去，再塗。

清·陳其瑞《本草撮要》卷九 蟬蛻 味辛，氣平，入手太陰經，功專發散，除風熱，發痘疹，退目翳，中風失音，催生下胎。得硃砂治小兒夜啼，得薄荷治皮膚風痒。以羊肝湯送蟬蛻末一錢，治痘後目翳。洗淨去翅足，漿水煮曬乾。

青蚨

宋·唐慎微《證類本草》卷二二蟲魚部下品〔唐·陳藏器《本草拾遺》〕 青蚨 味辛，溫，無毒。主補中，益陽道，去冷氣，令人悅澤。生南海，狀如蟬，其子著木，取以塗錢，皆歸本處，一名蝒蝸。《廣雅》云：青蚨也。《搜神記》曰：南方有蟲，名蝍蠋，如蟬大，辛美可食。其子如蠶種，取其子歸，則母飛來，雖潛取，必知處，殺其母塗錢，子塗貫，用錢則自還。《淮南子萬畢》云：青蚨一名魚伯，以母血塗八十一錢，以子血塗八十一錢，置子用母，置母用子，皆自還也。

〔宋·唐慎微《證類本草》〕《海藥》：謹按《異志》云：生南海諸山，雄雌常處不相捨。主祕精，縮小便。青金色相似，人採得，以法末之，用塗錢以貨易，晝用夜歸。亦是人間難得之物也。

宋·鄭樵《通志》卷七六《昆蟲草木略》 青蚨 一名蝒蝸。《搜神記》曰：南方有蟲，名蝍蠋，如蟬大，辛美可食。其子如蠶種，取其子，則母飛來，雖潛取，必知處。殺其母塗錢，子塗貫，用錢則自還。淮南子《萬畢》云：青蚨，一名魚伯，以母血塗八十一錢，以子血塗八十一錢，置子用母，置母用子，皆自還也。或云：自是雄雌不相捨爾。

明·滕弘《神農本經會通》卷一〇 青蚨 味辛，氣溫，無毒。陳藏器云：主補中，益陽道，去冷氣，令人悅澤。生南海。狀如蟬，其子著木，取以塗錢，皆歸本處。一名蝒蝸。《廣雅》云：青蚨也。《搜神記》曰：南方有蟲，名蝍蠋，如蟬大，辛美可食，其子如蠶種，取其子歸，則母飛來，雖潛取，必知處，殺其母塗錢，子塗貫，用錢則自還。《淮南子萬畢》云：青蚨，一名魚伯，以母血塗八十一錢，以子血塗八十一錢，置子用母，置母用子，皆自還也。

明·王文潔《太乙仙製本草藥性大全》卷八《本草精義》 青蚨 味辛，氣溫，無毒。主治：主補中堅，益陽道，去冷氣，悅澤顏色。一名蝒蝸，一名魚伯，其名狀蝍蠋，如蟬大，辛美可食，其子如蠶種著木，生南海諸山，雌雄常不相捨。主秘精，縮小便。青金色相似。人採得取其子歸，則母飛來，雖潛取必知處，殺其母塗錢，子塗貫，用錢則自還。《淮南子萬畢》云：青蚨一名魚伯，以母血塗八十一錢，以子血塗八十一錢，置子用母，置母用子，皆自還也。

明·李時珍《本草綱目》卷四〇蟲部·卵生類下 青蚨《拾遺》

【釋名】蚨蟬 蝒蝸音謀瓜。 蠍蝺音敦隅。 蒲虻音萌。 魚父 魚伯

【集解】藏器曰：青蚨生南海，狀如蟬，其子着木。取以塗錢，皆歸本處。《搜神記》云：南方有蟲名蠍蝺，形大如蟬，辛美可食。子着草葉上如蠶種。取其子，則母飛來。雖潛取之，亦知其處。殺其母塗錢，以子塗貫，用錢去則自還。《淮南子萬畢術》云：青蚨還錢。高誘注云：青蚨一名魚父、魚伯。以其子母各等置甕中，埋東行垣下。三日開之，即相從。以母血塗八十一錢，子血塗八十一錢。留子用母，留母用子，皆自還也。李珣曰：按《異物志》言：蠍蝺生南海諸山。雄雌常處，不相捨。青金色。人采得以法末之，用塗錢，以貨易於人，晝用夜歸。又能祕精、縮小便，亦人間難得之物也。時珍曰：按《異物志》云：青蚨形如蟬而長。其子如蝦子，着草葉上。得其子則母飛來。煎食甚辛而美。《岣嶁神書》云：青蚨一名蒲虻，似小蟬，又如虻，青色有光。生於池澤，多集蒲葉上。春生子於蒲上，八八爲行，或九九爲行，如大蠶子而圓。取其母血及火炙子血塗錢，市物仍自還歸，用之無窮，誠仙術也。其說俱彷佛。但藏器云子着木上，稍有不同。而許氏《說文》亦曰：青蚨，水蟲也。蓋水蟲而產子於草木爾。

【氣味】辛，温，無毒。 【主治】補中，陽道，去冷氣，令人悅澤藏器。秘精，縮小便《海藥》。

明·姚可成《食物本草》卷一一蛇蟲部·蟲類 青蚨一名蠍蝺。生南海。狀如蟬，其子着木。取以塗錢，皆歸本處。《搜神記》云：南方有蟲名蠍蝺，形大如蟬，辛美可食。雄雌常處，不相捨。青金色。人采得以法末之，用塗錢，以貨易於人，晝用夜歸。又能秘精、縮小便，亦人間難得之物也。〇李時珍曰：按《異物志》云：青蚨形如蟬而長。其子如蝦子，着草葉上。得其子則母飛來。煎食甚辛而美。《岣嶁神書》云：青蚨一名蒲虻，似小蝦，又如虻，青色有光。生於池澤，多集蒲葉上。春生子於蒲上，八八為行，或九九為行，如大蠶子而圓。取其母血及火炙子血塗錢，市物仍自還歸，用之無窮，誠仙術也。其說彷佛，恐未足深信耳。 青蚨，味辛，溫，無毒。主補中，益陽道，去冷氣，令人悅澤，秘精、縮小便。

清·穆石匏《本草洞詮》卷一八 青蚨 一名蠍蝺。辛美可食。《搜神記》云：取其子，則母飛來，以母塗錢，以子塗貫，用錢去則自還。《淮南子》云：以母血塗八十一錢，子血塗八十一錢，留子用母，留母用子，皆自還也。辛，溫，無毒。能補中秘精，縮小便。

蘢降

明・李時珍《本草綱目》卷四〇蟲部・卵生類下　蘢降時珍曰：按劉恂《嶺表録異》云：蘢降，生於嶺南，多在橄欖樹上。形如蜩蟬，腹青而薄。其名自呼，但聞其聲而鮮能得之。人以善價求爲媚藥。按此形狀似蟬，可爲媚藥，與李珣《海藥》青蚨雌雄不捨，祕精之説相符。恐亦青蚨之類，在木上者也。

樗雞

宋・唐慎微《證類本草》卷二一蟲魚部中品（《本經・別錄》）　**樗**丑如切**雞**　**味苦，平，**有小毒。**主心腹邪氣，陰痿，益精强志，生子好色，補中輕身。**又療腰痛，下氣，强陰多精，不可近目。生河内川谷樗樹上。七月採，暴乾。

〔梁・陶弘景《本草經集注》〕云：形似寒螿而小，今出梁州，方用至稀，惟合大麝香丸用之。樗樹似漆而臭，今以此樹上爲好，亦如芫菁、亭長，必以芫、葛上爲良矣。

〔唐・蘇敬《唐本草》〕注云：此物有二種，以五色具者爲雄，良；青黑質白斑者是雌，不入藥用。今出歧州，河内無此物也。

〔宋・蘇頌《本草圖經》〕曰：樗雞，生河内川谷樗木上，今近都皆有之。形似寒螿而小，七月採，暴乾。謹按《爾雅》云：螒音翰，天雞。郭璞注云：小蟲，黑身赤頭。一名莎雞，又曰樗雞。李巡曰：一名酸雞。《廣雅》謂之樗鳩。蘇恭云：五色具者爲雄，良；青黑質白斑者是雌，不入藥。然今所謂莎雞者，亦生樗木上，六月後出飛，而振羽索索作聲，人或畜之樊中。但頭方腹大，翅羽外青内紅，而身不黑，頭不赤，此殊不類，蓋別一種而同名也。今在樗木上者，人呼爲紅娘子，頭、翅皆赤，乃如舊説，然不名樗雞，疑即是此，蓋古今之稱不同耳。古今大麝香丸用之，近人少用，故亦鮮別。

宋・寇宗奭《本草衍義》卷一七　樗雞　東、西京界尤多。形類蠶蛾，但頭、足微黑，翅兩重，外一重灰色，下一重深紅，五色皆具。腹大，此即樗雞也。今人又用之，行瘀血血閉。

宋・王繼先《紹興本草》卷一八　樗雞　紹興校定：樗雞，世之呼紅娘子是也。此物性毒，破血頗驗。《本經》云補中益精，實非所宜。形質、出産已載《經》注，當云味苦、有毒者是也。

宋・鄭樵《通志》卷七六《昆蟲草木略》　莎雞　曰酸雞，曰樗雞，曰天雞，曰樗鳩，曰螒。《爾雅》云：螒，天雞。黑身赤頭，似斑猫。

宋・劉明之《圖經本草藥性總論》卷下　樗雞　味苦，平，有小毒。主心腹邪氣，陰痿，益精強志，生子好色，補中輕身。又療腰痛，下氣強陰多精。生河内川谷樗樹上，七月採，暴乾。《唐本》注云：此物有二種，以五色具者為雄，良。青黑質白班者是雌，不入藥用。今出峽州。

宋・陳衍《寶慶本草折衷》卷一七　樗丑如切。雞　一名樗鳩，一名酸雞，一名天雞，一名螒，一名紅娘子。〇螒，音翰。生河内川谷樗木上，及近都、東西京，□梁、岐州。〇七月採，暴乾。

味苦，平，有小毒。〇主心腹邪氣，陰痿，益精强志，補中，療腰痛，下氣。〇《圖經》曰：五色具者為雄，良。青黑質、白斑者是雌，不入藥。然莎雞亦生樗木上，振羽作聲，頭方腹大，翅羽外青内紅，蓋別一種也。〇寇氏曰：樗雞形類蠶蛾，但頭足微黑，翅兩重，外一重灰色，下一重深紅，五色皆具，腹大。又行瘀血月閉。

明・劉文泰《本草品彙精要》卷三〇　樗雞有小毒　化生。

樗丑如切**雞**出《神農本經》：**主心腹邪氣，陰痿，益精，強志，生子，好色，補中輕身。**以上朱字《神農本經》。又療腰痛，下氣，強陰多精，不可近目。以上黑字名醫所錄。

【名】酸雞、樗鳩、螒音翰。　【地】《圖經》曰：生河内山谷樗木上，今近都皆有之。形似寒螿而小。《爾雅》云：螒，天雞。郭璞注云：小蟲，黑身赤頭，一云莎雞，又曰樗雞。李巡曰：一名酸雞。《廣雅》謂之樗鳩。蘇恭云：五色具者爲雄，良；青黑質白斑者是雌，不入藥用。然今所謂莎雞者，亦生樗木上，六月後出飛而振羽，索索作聲，人或出之樊中，但頭方腹大，翅羽外青内紅，而身不黑，頭不赤，此殊不類，蓋別一種而同名也。今在樗木上者，人呼爲紅娘子，頭、翅皆赤，乃如舊説，然不名樗雞，疑即是此，蓋古今之稱不同耳。古方大麝香丸用之，近人少用，故亦鮮別。《衍義》曰：東、西京界尤多，形類蠶蛾，但頭、足微黑，翅兩重，外一重灰色，下一重深紅，五色皆具，腹大，此即樗雞也。【時】生：無時。採：七月取。【收】暴乾。【色】青紅。【味】苦。【氣】味厚于氣，陰中之陽。【主】益精強志。【製】去翅足，火炙乾用。【治】療：《衍義》曰：行瘀血，血閉。

明・王文潔《太乙仙製本草藥性大全》卷八《本草精義》　樗雞　《本經》不載所出州土，生河内川谷樗木上，今近都皆有之。形似寒螿而小，七月採暴乾。《爾雅》：螒，天雞。郭璞云：小蟲，黑身赤頭，一名莎雞，又曰樗雞。李巡曰：酸雞。《廣雅》謂之樗鳩，五色具者爲雄，良。青黑質白斑者是雌，不入藥。又云：類蠶蛾，但頭足微黑，翅兩重，外一重灰色，下一重深紅，五色皆具，腹大。今在樗木上，人呼爲紅娘子，頭翅皆赤，疑即此也。今人用之行瘀血血閉。古方大麝香丸用，近則少用。然今所謂莎雞者，亦生樗木上，六月後出飛而振羽索索作聲，人或畜之樊中，但頭方腹大，翅羽外青内紅，而身不黑，頭不赤，此殊不類，蓋别一種而同名。

明・王文潔《太乙仙製本草藥性大全》卷八《仙製藥性》 樗鷄 味苦，氣平，有小毒。 主治： 主心腹邪氣，治陰痿益精。腰痛下氣即療，補中益氣尤宜。能強志生子，好顔色輕身。

明・皇甫嵩《本草發明》卷六 樗鷄味苦，平，有毒。 主心腹邪，陰痿，益精強志，生子好色，補中。又療腰疼下氣，強陰多精。不可近目。似蠶蛾，頭足微黑，翅兩重，外一重灰色，下一重深紅。雄者五色具，入藥良。生河内樗樹上。七月採，曝乾。古今大麝香丸用之，今人又用之行瘀血血閉。

明・李時珍《本草綱目》卷四〇蟲部・卵生類下 樗鷄《本經》中品

【釋名】紅娘子《綱目》 灰花蛾時珍曰： 其鳴以時，故得鷄名。《廣雅》作樗鳩，《廣志》作犨鷄，皆訛矣。其羽文綵，故俗呼紅娘子、灰花蛾云。 【集解】《别録》曰： 生河内川谷樗樹上。七月采，暴乾。弘景曰： 今出梁州。形似寒螿而小。樗樹似漆而臭，亦猶芫青、亭長在芫、葛上也。恭曰： 河内無此，今出岐州。此有二種： 以五色具者爲雄，入藥良。其青黑質、白班者是雌，不入藥。宗奭曰： 汴洛諸界尤多。形類蠶蛾，但腹大，頭足微黑，翅兩重，外一重灰色，内一重深紅，五色皆具。頌曰：《爾雅》云： 螒，天雞。郭璞注云： 小蟲也，黑身赤頭，一名莎雞，又曰樗雞。然今之莎雞生樗木上，六月中出飛，而振羽索索作聲，人或蓄之樊中。但頭方腹大，翅羽外青内紅，而身不黑頭不赤，此殊不類郭説。樗上一種頭翅皆赤者，乃如舊説，人呼爲紅娘子，然不名樗雞，疑即是此，蓋古今之稱不同爾。時珍曰： 樗即臭椿也。此物初生，頭方而扁，尖喙向下，六足重翼，黑色。及長則能飛，外翼灰黄有班點，内翅五色相間。其居樹上，布置成行。秋深生子在樗皮上。蘇恭、寇宗奭之説得之。蘇頌引郭璞以爲莎雞者，誤矣。莎雞居莎草間，蟋蟀之類，似蝗而斑，有翅數重，下翅正赤，六月飛而振羽有聲。詳見陸璣《毛詩疏義》。而羅願《爾雅翼》以莎雞爲絡緯，即俗名紡絲者。

【修治】時珍曰： 凡使去翅、足，以糯米或用麪炒黄色，去米、麪用。

【氣味】苦，平，有小毒，不可近目《别録》。 【主治】心腹邪氣，陰痿，益精强志，生子好色，補中輕身《本經》。腰痛下氣，强陰多精《别録》。通血閉，行瘀血宗奭。主瘰癧，散目中結翳，辟邪氣，療猘犬傷時珍。

【發明】弘景曰： 方藥稀用，爲大麝香丸用之。時珍曰： 古方辟瘟殺鬼丸中用之。近世方中多用，蓋厥陰經藥，能行血活血也。《普濟方》治目翳撥雲膏中，與芫青、斑蝥同用，亦是活血散結之義也。

【附方】新四。 子宫虚寒： 《杏林摘要》云： 婦人無子，由子宫虚寒，下元虚，月水不調，或閉或漏，或崩中帶下，或産後敗血未盡，内結不散。用紅娘子六十枚，大黄、皂莢、葶藶各一兩，巴豆一百二十枚，爲末，棗肉爲丸，如彈子大。以綿裹留繫，用竹筒送入陰户。一時許發熱渴，用熟湯一二盞解之。後發寒，静睡要安，三日方取出。每日空心以雞子三枚，胡椒末二分，炒食，酒下以補之，久則子宫暖矣。 瘰癧結核： 用紅娘子十四枚，乳香、砒霜各一錢，硇砂一錢半，黄丹五分，爲末，糯米粥和作餅，貼之。不過一月，其核自然脱下矣。《衛生易簡方》。 風狗咬傷： 不治即死。用紅娘子二個，斑蝥五個，並去翅足，若四十歲各加一個，五十歲各加二個，青娘子三個去翅足，四十歲加一個，五六十歲加二個，海馬半個，續隨子一分，乳香、沉香、桔梗各半分，酥油少許，爲末。十歲者作四服，十五歲作三服，二十歲作二服，三十歲作一服。《談野翁方》。 横痃便毒： 雞子一個開孔，入紅娘子六個，紙包煨熟，去紅娘子，食雞子，以酒下。小便淋瀝出膿血即愈。〇陸氏《積德堂方》。

明・梅得春《藥性會元》卷下 樗雞 味苦，氣平，有毒。 主治心腹邪氣，陰痿，益精強志，生子，好色，補中。又療腰痛下氣，強陰多精。 生樗樹上，七月採，暴乾。

明・李中立《本草原始》卷一一 樗雞 生河内川谷樗樹上。其鳴以時，故名樗雞。頭方而匾，尖喙向下，六足重翼，飛而振羽索索作聲。其羽文綵，故俗呼紅娘子。 樗雞： 氣味： 苦，平，有小毒。不可近目。主治： 心腹邪氣，陰痿，益精強志，生子好色，補中輕身。〇腰痛下氣，強陰多精。〇通血閉，行瘀血。〇主瘰癧，散目中結翳，辟邪氣，療猘犬傷。 《本經》中品。【圖略】頭斑眼黄，翅黑腹紅。紅娘子蓋厥陰經藥，能行血活血也。 修治： 紅娘子去翅足，以糯米或麵炒黄色，去米麵用。七月采。

明・倪朱謨《本草彙言》卷一七 樗雞又名紅娘子 味苦、辛，氣平，有小毒。入足厥陰經。 蘇氏曰： 紅娘子出岐州，今汴、洛尤多，形類蠶蛾。李氏曰： 樗即臭椿也。此物初生，頭方而扁，尖喙向下，六足，重翼黑色，及長則能飛。外翼灰黄有斑點，内翅五色相間。居樗樹上，布置成行。秋深生子，六七月取，暴乾用。

紅娘子： 通血閉，行瘀血，寇宗奭破胎孕之藥也。張少懷抄陶隱居曰： 此藥性味猛厲，爲蟲類之最酷者。方藥稀用，惟通經堕胎，草澤醫往往以此私利。戴氏曰： 近世用治瘰癧結核及風狗咬傷，幷一切穢污淫毒，用此見效。與芫青、斑蝥同用，亦是活血散結之義也。何前人集《神農本經》謂爲益精強志、生子補中之説，欺世害民，莫此爲甚，豈仁人濟世之書哉？

集方：《衛生易簡方》治瘰癧結核。用紅娘子十四枚，乳香一錢，黄丹一錢，砒霜、硇砂各六分，糯米粥和作餅貼之，不過一月其核自脱下，外貼長肉膏藥。〇談氏方治風狗咬傷。用紅娘子三個，斑蝥五個，并去翅足，乳香、沉香、桔梗各五分，共爲末。十歲者作四服，十五歲作三服，二十歲作二服，三十歲作一服。用豆腐漿食前調下。〇治横痃便毒。用紅娘子六個去翅足，取雞子一個，開小孔，入紅娘子於內，飯鍋上蒸熟，去紅娘子，只食雞子，以酒過下，小便淋瀝、出膿血即愈。

明・顧逢柏《分部本草妙用》卷一肝部・性平 樗雞即紅娘子 苦，平，有小毒。不可近目。 主治：心腹邪氣，陰痿，益精強志，補中，腰痛，下氣，通血閉，行瘀血。治瘰癧，散目翳，辟邪。療猘犬傷。按：古方辟瘟殺鬼丸用之，能行血活血，治目翳。撥雲膏中與蚖青、斑蝥同用，亦是活血散結之義也。〇芫青、斑蝥、亭長、地膽，俱通水道，去猘犬毒，總出使毒從小便出也。毒出時，痛不可當，須以滑石、木通、燈心等，導之可耳。〇凡中蠱毒，用斑蝥四枚，去翅足，炙熟，端午取桃皮，陰乾，大戟去骨，各為末，如斑蝥一分，二味各二分，合和棗核大，米清服之，蠱自吐出，一服不瘥，十日再服，神方也。〇有一等癌瘡，男發于腹，女發于乳，顆顆累垂，令人昏迷。急用地膽為君，佐以白牽牛、滑石、木通，利小便以去毒，更服童便，洗滌餘邪，可得安也。

清・李熙和《醫經允中》卷一七 樗鷄 即紅娘子。去翅足，元米炒熟用。不可近目。 苦，平，有大毒。主治行瘀血，拔疔腫，墮胎孕。療猘犬傷。 斑蝥近人肌肉即潰爛，毒可知矣。惟被風狗咬，或可如法製度暫施，能使其根從小便出，或如粉片，或如爛肉，皆其驗也。但痛不可當，須以木通、滑石、燈心等導之。雖煅後，猶能嚙人腸胃，發泡潰爛致死，用者慎之。凡中蠱毒，用斑蝥四枚，去翅足，炙熟，端午取桃皮陰乾，大戟去骨，各為末，如斑蝥一分，二味各二分，合和棗核大，米清服之，蠱自吐出，一服不瘥，十日再服，神方也。有一等癌瘡，男發于腹，女發于乳，顆顆累垂，令人昏迷，急用地膽為君，佐以白牽牛、滑石、木通利小便，以去其毒，更服童便洗滌餘邪，可得安也。另有生于芫花上，色純青者，名芫青，其毒尤猛。又黑身赤頭，生葛葉上者，名葛上亭長。又黑頭赤尾，如大螞蝗，生于地中或牆石內者，名地膽。性治皆與斑蝥同，俱是殺命之物，切不可輕用也。靛汁、黄連、黑荳、葱、茶能解其毒。

清・张璐《本經逢原》卷四 樗雞即紅娘子 苦，平，有毒。不可近目。去翅足，同糯米炒，去米用。 發明：樗雞，厥陰經藥也。能活血散血，治目翳。撥雲膏中與芫青、斑蝥同用，亦是活血散結之義。能通血閉，行瘀血，主瘰癧，辟邪氣，療猘犬傷。治偏頭風用紅娘子、青娘子各七枚，去翅足炒為末，同葱莖搗塗痛處，周時起泡去之。孫一奎治血蠱用抵當丸，以樗雞易水蛭三服，血下脹消，形神自復。與薛新甫治水腫，椒仁丸中芫青不殊。一走血而下瘀，一走氣而破水，皆峻劑也。《綱目》以《本經》原蠶蛾主治誤列於此，今正之。

清・張志聰、高世栻《本草崇原》卷中 樗雞 氣味苦，平，有小毒。主治心腹邪氣，陰痿，益精強志，生子好色，補中輕身。樗音話。 樗雞出梁州、岐州、汴洛諸界尤多。生樗樹上，形類蠶蛾而腹大，六足，重翼，外一重灰黄有斑點，內一重深紅，五色相間。有一種頭翅皆赤者，名紅娘子。今樗雞未之用也，而紅娘子間有用者。 樗雞生於木上，味苦色赤，禀木火之氣化。主治心腹邪氣者，禀火氣以治心，禀木氣以治腹也。治陰痿者，火氣盛也。益精強志者，水火相濟也。生子好色者，木生火也。補中輕身者，火生土也。

清・葉志詵《神農本草經贊》卷二 樗雞 味苦，平。主心腹邪氣，陰痿，益精強志，生子，好色，補中，輕身。生川谷。

行列秋梢，寒螿同候。時協雞鳴，氣含樗臭。六足鱗差，雙飛斑糅。莎羽樊中，聲煩色陋。

名醫曰：生河內樗樹上，七月采。陶弘景曰：形似寒螿而小。李時珍曰：其鳴以時，故以雞名。此物六足重翼，翼灰黄有斑點，居樗樹上，布列成行。蘇頌曰：一名莎雞。飛而振羽，索索有聲。人或蓄之樊中。李時珍曰：莎雞居草間，如蟋蟀之類。蘇頌所引殊誤。

清・戴葆元《本草綱目易知録》卷五 紅娘子樗雞 苦，平，有小毒，厥陰經藥。能行血活血，補中輕身，益精志，起陰痿，生子，令好色。治腰痛下氣，強陰多精，通血閉，行瘀血，主瘰癧，辟邪氣，散目中結翳，療猘犬毒。然有毒，通瘀行血，妊婦忌之。

守瓜

宋・鄭樵《通志》卷七六《昆蟲草木略》 守瓜者 瓜瓠之葉上黃甲小蟲能飛者。《爾雅》曰：蠸，輿父，守瓜。

棗猫

明・李時珍《本草綱目》卷四〇蟲部・卵生類下 棗猫《綱目》

【集解】時珍曰：棗猫，古方無考，近世方廣《丹溪心法附餘》治小兒方用之。註云：生棗樹上飛蟲也。大如棗子，青灰色，兩角。采得，陰乾用之。

【氣味】缺。 【主治】小兒臍風。時珍曰：按方廣云：小兒初生，以綿裹臍帶，離臍五六寸扎定，咬斷。以鵝翎筒送藥一二分，入臍大孔，輕輕揉散。以艾炷灸臍頭三壯。結住勿打動，候其自落，永無臍風之患，萬不失一。臍硬者用之，軟者無病，不必用也。其法用陰乾棗猫兒研末三個，珍珠搥研四十九粒，炒黃用五分，白枯礬、蛤粉、血竭各五分，研勻，如上法用。臍有三孔，一大二小也。

清・王道純《本草品彙精要續集》卷七 棗猫

棗猫：主小兒臍風《本草綱目》。【地】生棗樹上，飛蟲也。【時】生：夏秋。採：夏秋取之。【收】採得陰乾用之。【用】全用。【質】大如棗子，有兩角。【色】青灰色。【合治】李時珍云：棗猫，古方無考，近世方廣《丹溪心法附餘》治小兒臍風，初生時以綿裹臍帶，離臍五六寸紮定咬斷，以鵝翎筒送藥一二分，入臍大孔，輕輕揉散，以艾炷灸臍頭三壯，結住勿打動，候其自落，永無臍風之患，萬不失一，臍硬者用之，軟者無病，不必用也。其法用陰乾棗猫研末，三個真珠槌研四十九粒，炒黃丹五分，白枯礬、蛤粉、血竭各五分，研勻如上法用，臍有三孔，一大二小也。

紫鉚

宋・唐慎微《證類本草》卷一三木部中品〔唐・蘇敬《唐本草》〕 紫鉚音礦、騏驎竭 味甘、鹹，平，有小毒。主五藏邪氣，帶下，止痛，破積血，金瘡生肉，與騏驎竭二物大同小異。

〔唐・蘇敬《唐本草》〕注云：紫色如膠。作赤麖音京皮及寶鈿，用爲假色，亦以膠寶物。云蟻於海畔樹藤皮中爲之。紫鉚樹名渴廩，騏驎竭樹名渴留，喻如蜂造蜜。斫取用之。吳録謂之赤膠者。

〔宋・馬志《開寶本草》〕按：《別本》注云：紫鉚、騏驎竭二物同條，功效全別。紫鉚色赤而黑，其葉大如盤，鉚從葉上出。騏驎竭色黃而赤。味鹹，平，無毒。主心腹卒痛，止金瘡血，生肌肉，除邪氣。葉如櫻桃，三角，成竭從木中出，如松脂。《唐本》先附。玉石部今移。

〔宋・掌禹錫《嘉祐本草》〕按：日華子云：紫鉚，無毒。治驢馬蹄漏，可鎔補。又云：騏驎竭，暖，無毒。得蜜陀僧良。治一切惡瘡疥癬，久不合者傳此藥，性急亦不可多使，却引膿。

〔宋・蘇頌《本草圖經》〕曰：騏驎竭，舊不載所出州土，今出南蕃諸國及廣州。木高數丈，婆娑可愛。葉似櫻桃而有三角。其脂液從木中流出，滴下如膠飴狀，久而堅凝乃成竭，赤作血色，故亦謂之血竭。採無時。其味鹹而氣腥者是。海母血不可用。真竭微鹹而甘，作梔子氣味。舊說與紫鉚大都相類，而別是一物，功力亦殊。今按段成式《酉陽雜俎》云：紫鉚出真臘國，國人呼爲勒佉。亦出波斯國。木高丈許，枝幹繁鬱，葉似橘柚，冬不凋落。三月花開，不結子。每有霧露微雨霑濡，其枝條則爲紫鉚。波斯國使人呼及沙利，兩人說如此。而真臘國使人言：是蟻運土上於木端作窠，蟻壤爲霧露所霑，即化爲紫鉚。又《交州地志》亦云：本州歲貢紫鉚，出於蟻壤。乃知與血竭雖俱出於木，而非一物，明矣。今醫方亦罕用，惟染家所須耳。

〔宋・唐慎微《證類本草》〕《海藥》：紫鉚，謹按《廣州記》云：生南海山谷。其樹紫赤色，是木中津液成也。治濕癢瘡疥，宜入膏用。又可造胡燕脂，餘滓則主作家使也。又騏驎竭，謹按《南越志》云：是紫鉚樹之脂也。其味甘、溫，無毒。主打傷折損一切疼痛，補虛及血氣，攪刺內傷血聚，並宜酒服。欲驗真僞，但嚼之，不爛如蠟者上也。雷公云：騏驎竭，凡使勿用海母血，真似騏驎竭，只是味鹹并腥氣。其騏驎竭，味微鹹、甘，似梔子氣是也。欲使，先研作粉重篩過，臨使，安於丸散或膏中，任使用，勿與衆藥同擣，化作飛塵也。《聖惠方》：產後血暈不知人及狂語。麟竭一兩，細研爲末，非時溫酒調二錢匕。《廣利方》：治金瘡血不止兼痛，麟竭末傅之立止。《賈相牛經》：牛馬有漏蹄。以紫鉚少許和猪脂，內入漏處，燒鐵篦烙之。《酉陽雜俎》：紫鉚樹出真臘，國使衝都尉沙門陀沙尼拔陁言：蟻運土於樹下作窠，蟻壤得雨露，結而成紫鉚，崑崙者善，波斯次。《太清伏煉靈妙法》：騏驎竭，出於西胡。稟於熒惑之氣，生於湯石之陰，結而成質，紫鉚形若爛石，其功亦能添益陽精，消陰滯氣。

宋・寇宗奭《本草衍義》卷一四 紫鉚音鑛。如糖霜結於細枝上，累累然，紫黑色，研破則紅。今人用造綿䞓赦，邇來亦難得。餘如《經》。

宋・陳衍《寶慶本草折衷》卷一三 紫鉚或作礦，古猛切。一名勒佉。○其木一名渴廩。○佉，去茄切。生真臘國山谷及南海即交州等地，及波斯、崑崙。○無時連細枝折之。

味甘、鹹，平，有小毒。○主五藏邪氣帶下，止痛，金瘡生肉。○日華子云：治驢馬蹄漏，可鎔補。○《廣州記》云：治濕痒瘡疥，宜入膏用。○寇氏曰：紫鉚結於細枝上，累累然，紫黑色，研破則紅。

明・劉文泰《本草品彙精要》卷一八 紫鉚有小毒。

紫鉚音礦：主五臟邪氣，帶下，止痛，破積血，金瘡，生肉。名醫所錄。

【名】勒佉。樹：渴廩。【苗】《圖經》曰：木高丈許，枝榦繁鬱，葉似橘柚，冬不凋落。三月開花，不結子。每有霧露微雨霑濡其枝條，則爲紫鉚。而真蠟國使人言：蟻運土上於木端作窠，蟻壤爲霧露所霑即化爲紫鉚。又《交州地志》亦云：本州歲貢紫鉚，出於蟻壤。乃知與血竭，雖俱出於木而非一物明矣。今醫方亦罕用，惟染家所須耳。《海藥》云：其樹紫赤色，是木中津液成也。《衍義》曰：如糖霜結於細枝上累累然，紫黑色，研破則紅。今人造綿、胭脂，邇來亦難得也。【地】《圖經》曰：出真蠟國、波斯國、交州、南海山谷。【道地】崑崙者善。【時】生：無時。採：無時。【收】陰乾。【質】類糖霜。【色】赤黑。【味】甘。【性】平。【氣】氣厚于味，陽中之陰。【臭】朽。【主】濕癢，瘡疥。【治】療：《別錄》云：消陰滯氣。驢馬蹄漏，可鎔補之。補：《別錄》云：添益陽精。【合治】合豬脂，入牛馬漏蹄，燒鐵篦烙之即平。

明・王文潔《太乙仙製本草藥性大全》卷三《本草精義》 紫鉚《西陽雜俎》云：紫鉚出真臘國，國人呼爲勒佉。亦出波斯國。木高丈許，枝榦繁鬱，葉似橘柚，冬不凋落。三月花開不結子，每有霧露微雨，霑濡其枝條，則爲紫鉚，波斯國使人呼及沙利。兩人說如此，而真臘國使人言蟻運土上於木端作窠，蟻壤爲霧露所霑，即化爲紫鉚。又《交州地志》亦云：本州歲貢紫鉚出於蟻壤。乃知與血竭雖俱出於木，而非一物明矣。今醫方亦罕用，惟染家所須耳。

明・王文潔《太乙仙製本草藥性大全》卷三《仙製藥性》 紫鉚 味甘，氣溫，無毒。主治：治濕癢疥瘡宜入膏用。主驢馬蹄漏亦可鎔補。又可造胡臙脂，餘滓則玉作家使也。補註：牛馬有漏蹄，以紫鉚少許，和豬脂內入漏處，燒鐵篦烙之。

明・李時珍《本草綱目》卷三九蟲部・卵生類上 紫鉚音礦。唐《本草》。

校正：原與騏驎竭同條，今自木部分入此。

【釋名】赤膠蘇恭 紫梗時珍曰：鉚與礦同。此物色紫，狀如礦石，破開乃紅，故名。今南番連枝折取，謂之紫梗是矣。

【集解】恭曰：紫鉚紫色如膠。作赤麖皮及寶鈿，用爲假色，亦以膠寶物。云蟻於海畔樹藤皮中爲之。紫鉚樹名渴禀，騏驎竭樹名渴留，正如蜂造蜜也。研取用之。吴録所謂赤膠是也。珣曰：《廣州記》云：紫鉚生南海山谷。其樹紫赤色，是木中津液結成，可作胡臙脂，餘滓則玉作家用之。騏驎竭乃紫鉚樹之脂也。志曰：按别本註言紫鉚、騏驎竭二物同條，功效全別。紫鉚色赤而黑，其葉大如盤，鉚從葉上出，騏驎竭色黄而赤，從木中出，如松脂也。頌曰：按段成式《酉陽雜俎》云：紫鉚樹出真臘國，彼人呼爲勒佉。亦出波斯國。木高丈許，枝葉鬱茂，葉似橘柚，經冬不凋。三月開花，白色，不結子。天有霧露及雨沾濡，其枝條即出紫鉚。波斯使者所説如此。而真臘使者言：是蟻運土上於樹端作窠，蟻壤得雨露凝結而成紫鉚。崑崙出者善，波斯次之。又《交州地志》亦云：本州歲貢紫鉚，出於蟻壤。乃知與血竭俱出於木而非一物，明矣。今醫家亦罕用，惟染家須之。宗奭曰：紫鉚狀如糖霜，結於細枝上，累累然，紫黑色，研破則紅。今人用造綿臙脂，邇來亦難得。時珍曰：紫鉚出南番乃細，蟲如蟻、虱，緣樹枝造成，正如今之冬青樹上小蟲造白蠟一般，故人多插枝造之。今吴人用造胭脂。按張勃《吴録》云：九真移風縣，有土赤色如膠。人視土知其有蟻，因墾發，以木枝插其上，則蟻緣而上，生漆凝結，如螳螂螵蛸子之狀。人折漆以染絮物，其色正赤，謂之蟻漆赤絮。此即紫鉚也。血竭乃其樹之脂膏，别見木部。

【氣味】甘，鹹，平，有小毒。大明曰：無毒。【主治】五臟邪氣，金瘡帶下，破積血，生肌止痛，與騏驎竭大同小異蘇恭。濕痒瘡疥，宜入膏用李珣。益陽精，去陰滯氣。《太清伏煉法》。

【附方】新三。齒縫出血：紫礦、乳香、麝香、白礬等分，爲末，摻之，水漱。《衛生易簡方》。産後血運：狂言失志。用紫鉚一兩，爲末。酒服二錢匕。《徐氏家傳方》。經水不止：日漸黄瘦。紫礦末，每服二錢，空心白湯下。《楊氏家藏方》。

明・倪朱謨《本草彙言》卷八 紫鉚 味甘、鹹，氣平，有小毒。按《酉陽雜俎》云：紫鉚樹，出真臘國及波斯國，土人呼爲渴禀，又名勒佉。樹高一丈，枝葉繁盛，宛如橘柚。木與滋液俱赤色，經冬不凋。四月開花，白色，不結實。天有霧露及雨，花濡潤則枝條出鉚，狀如糖霜，纍纍紫赤。破則鮮紅，用造胭脂，作宫女面飾。與麒麟竭相類，實非一種也。

紫鉚：李時珍起痘行漿之藥也。鄭子來稿《唐本草》治痘不作漿，或皮薄欲損，血溢于外者用之。取其象形以從治也。

王紹隆先生曰：男女媾精，淫欲之毒，遂含胞胎，伏藏兩腎。有生之後，發爲痘瘡。始發也，如春氣之升；行漿也，如夏氣之出；回合也，如秋氣之降；剝落也，如冬氣之入。舉世但知始發之欲透，未知毒化之成漿，猶爲切要。何也？如去滓純水，必清必靜，全賴此耳。否則仍含毒種，復歸兩腎，生死存亡，變生不測矣。紫鉚固爲解毒之要品，但可施于化毒之際，不可施于始發之期。更有毒未化而漿不行，反棄鉚液之橫偏，預投保元之降藏，雖不顧淫毒之不攘，獨不念六淫之未散乎？司業者，當留心而熟思之可也。

集方：盧氏方治痘瘡皮破，漿水泛出；或手搔傷損。用紫鉚研極細末，敷之即乾，并不走洩元氣。○同前治痘瘡漿不豐滿，或乾枯，或水塌不透者。用紫鉚一二分，爲細末，糯米湯調灌，或人參湯調，或純酒漿調亦可。

明・徐樹丕《識小錄》卷一　紫草茸　凡小兒患痘死，極酷，惟烏斯藏有草名紫草茸，磨藥中服之，功可起死回生。走番人常有帶來者。

明・盧之頤《本草乘雅半偈》帙九　紫鉚《唐本草》　氣味：甘、鹹，平，有小毒。主治：主五藏邪氣，金瘡，帶下，破積血，生肌，止痛，出痘毒，與麒麟竭大同小異。

覈曰：段成式《酉陽雜俎》云：紫鉚樹，出真臘國，彼人呼為渴禀，又名勒佉。亦生波斯國，樹高盈丈。枝葉鬱茂，宛如橘柚，木液都赤。經冬不凋，三四月開花白色，不結實。天有霧露，及雨沾濡，則枝條出鉚，狀如糖霜，纍纍紫赤，破則鮮紅，用造〔綿〕䞓𧹞，作婦女面飾。

先人云：色赤味鹹而如液，入血分無疑矣。還可堅充其類，第屬形外物，施于痘不作漿，或皮薄欲損，血溢于外者，象形從治之。

紹隆王先生嘗與頤言，男女媾精，淫欲之毒，遂舍胞胎，伏藏兩腎。及痘之始發也，如春氣之升；行漿也，如夏氣之出；回合也，如秋氣之降；剝落也，如冬氣之入。舉世但知始發之欲透，未知毒化之成漿猶為切要，何也？如去滓純水，必清必靜，全賴此耳。否則仍含毒種，復歸兩腎，生死存亡，變生不測矣。紫鉚固為解毒之要品，但可用于化毒之際，不可施于始發之期。更有毒未化而漿不行，反舍鉚液之橫偏，預投保元之降藏，雖不顧淫毒之不攘，獨不念六淫之未散乎，願言珍重珍重。

条曰：紫鉚，渴禀木液也。承霧露之陰液，液溢葉表而鍾鉚，若垂枝布葉，萬物之所以盛長，南方火象耳。故渴者盡其所需，禀者受命自天。紫者木液之赤，呈陰而水色間之；鉚者金膚，効三陽淪膚而至極，三陰膚受而容平，流于四藏而邪逐，五經並行而帶已，血積破，肌生而痘毒出矣。蓋毛膚者，金肺之形藏也。因于邪，使人毫毛畢直，皮膚閉而受之。以次相傳遞侵四形，始必繇于膚，終必從于膚耳。固與麒麟竭大同而小異，較其所自始，小同而大異。鉚屬液溢葉表，竭屬液流趺踵，為迥別也。合麒麟竭条，功力始備。竭則行中止，鉚則止中行。行止止行，大須料簡。

清・張志聰《侶山堂類辯》卷下　紫草茸　按《本草綱目》紫草發明下，李時珍曰：紫草氣味苦寒，如痘疹欲出未出，血熱毒盛，大便閉濇者宜之。已出而紫黑便閉者亦可用。若已出而紅活及白陷，大便利者，切宜忌之。《直指方》云：紫草治痘，能導大便，使發出亦輕。《活幼新書》云：紫草性寒，小兒脾氣實者猶可用，脾氣虚者反能作瀉，故古方惟用紫草茸，取其初得陽氣，以類觸類，所以用發痘瘡。今人不達此理，一概用之，非矣。夫所謂茸者，即初生之蒙茸，非紫草之外，另有茸也。又有如麒麟竭者，謂之紫草茸，非也。乃紫鉚耳，《酉陽雜俎》云：紫鉚樹，出真臘、波斯二國，樹高盈丈，枝葉鬱茂，經冬不凋，天有霧露及雨沾濡，則枝條出鉚，狀如糖霜，纍纍紫赤，破則鮮紅，能出痘毒。此物產于異域，殊不易得。近有市利之徒，以偽物假充，索價甚厚，非徒無益，而反害之，不若用草之為當也。

清・张璐《本經逢原》卷四　紫鉚即紫草茸　甘、鹹，平，小毒。發明：紫鉚乃麒麟竭樹上蟻壤聚其脂液而成，與蜂釀蜜無異。出真臘為上，波斯次之。古方治五藏邪氣，金瘡，崩漏，破積血，生肌止痛。今人專治痘瘡，有活血起脹之功，無鹹寒作瀉之患，其功倍於紫草，故以紫草茸呼之，實非紫草同類也。

清・趙學敏《本草綱目拾遺》卷九器用部　火漆　火漆乃造胭脂紫梗水以染脂胚所漉之渣滓也。紫梗本名紫鉚，出波斯、真臘、南番等處。有小蟲如蟻，緣樹枝造成，正同造白蠟一般。吾杭造胭脂者，藉以染製。然第用紫梗一味，則色不能紅，必須配以黃葉水同煎，色始紅豔，其所餘之渣則火漆也。入藥只須研極細用之，中有枝梗不受研者篩去。

《物理小識》：火漆，一名紫膠。治血崩：《救生苦海》：火漆不拘多少，入無油淨鍋內令化，炒黃烟淨，見白烟起，退火取出，研末，空心時好酒和服三錢，重者不過三服。腸風下血：《不藥良方》：火漆三錢研細末，以豆腐皮分包作三十包，白滚水送下，至重三服即愈。九種心痛：《神方考》：用火漆一味，燒灰存性，每服一錢，送下即愈。

清・趙學敏《本草綱目拾遺》卷五草部下　紫草茸　葉大椿《痘學真傳》云：紫草茸古本不見，近刻但在紫草項下，註明紫草茸染手者為佳，竟不知別有一種。予幼時見世叔華泓卿家有紫草茸，為發痘神丹，乃其高祖學士鴻山公使外國帶歸者。予取而藏之，每遇血熱毒壅，失血煩悶，頂陷不起，痘疔腫脹，於清解藥中研加四五分，無不神效。惜乎方書不載，不敢擅增本草。近見《神應心書》獨標紫草茸，色澹紅，出烏思藏，着大樹枝上如白蠟，其價如千金，不特發痘如神。用酒調服一二錢，能治諸腫毒惡瘡。又云：順手擂一錢，酒下，力能催生，此湫水譚應夢屢獲其效，併請正西番貢僧之語。至近時亦知茸非紫草之嫩苗，復誤認胭脂渣即是紫草茸。此說更謬。

按：紫草，本草諸方皆用根，韋宙《獨行方》治豌豆瘡不發，煮紫草湯飲，後人相承用之。則以之治痘，涼血解毒，自此始也。曾世榮《活幼新書》云：紫草性寒，小兒脾氣實者，猶可用，脾氣虚者，反能作瀉，古惟用茸，取其初得陽氣，以類觸類，所以用發痘瘡，則用茸亦見於此，而亦未聞有烏思藏所出一種。據葉所云，又似紫鉚，亦無的解，以其親試歷效，故存其說，以俟後之博訪。

治痘，及諸腫毒惡瘡，催生。

己亥冬，遇劉挹清少府於餘杭，言其祖曾任蜀藩，家有西藏紫草茸，皆成塊如指頭大，色紅而明透如琥珀，知葉所載為不謬。

翟良《痘科釋義》云：痘科用紫草，古方惟用其茸，取氣輕味薄而有清涼發散之功，凡下紫草，必用糯米五十粒，以制其冷性，庶不損胃氣而致泄瀉，惟大熱便秘者不必加。

清・趙其光《本草求原》卷一八蟲部　紫草茸　麒麟蠍樹上蟻聚其脂液而成。出真臘、波斯。甘、鹹，平。治五臟邪熱氣、金瘡、崩漏，破積血，生肌止痛。今人專治痘，有活血起脹之功，無紫草鹹寒作瀉之患。名曰紫草茸，實非紫草類也。若不得真者，則以紫草嫩苗代之，亦可涼血、升發。又紫草，詳於草部，與此異類。

清・戴葆元《本草綱目易知錄》卷四　紫鉚音礦，赤膠。　甘、鹹，平，有小毒。益陽精，去陰滯氣，治五臟邪氣，金瘡帶下，破積血，生肌止痛，與血竭同功，濕痒瘡疥，宜入膏用。時珍曰：九真移風縣有土赤色如膠，人視土知有蟻，因墾撥以木枝插其上，則蟻緣上生漆膠，即紫鉚也。葆按：今市中名紫草茸，訛傳紫草取汁熬成，治體弱，血分燥熱，用紫草防瀉，以此代之，附此以正訛。

五倍子

宋・唐慎微《證類本草》卷一三木部中品〔宋・馬志《開寶本草》〕　五倍子　味苦、酸，平，無毒。療齒宣疳䘌，肺臟風毒流溢皮膚，作風濕癬瘡，瘙痒膿水，五痔下血不止，小兒面鼻疳瘡。一名文蛤。在處有。其子色青，大者如拳，內多蟲。一名百蟲倉。

〔宋・蘇頌《本草圖經》〕曰：五倍子，舊不著所出州土，云在處有之，今以蜀中者爲勝。生膚木葉上，七月結實，無花。其木青黃色。其實青，至熟而黃。大者如拳，內多蟲。九月採子，暴乾。生津液最佳。

〔宋・唐慎微《證類本草》〕陳藏器序云：五倍子，治腸虛泄痢，熟湯服。《博濟方》：治風毒上攻眼，腫痒澁痛，不可忍者，或上下瞼眥赤爛，浮瞖、瘀肉侵睛。神效驅風散：五倍子一兩，蔓荊子一兩半，同杵末。每服二錢，水二盞，銅、石器內煎及一盞澄滓，熱淋洗。留滓二服，又依前煎淋洗。大能明眼目，去澁痒。《經驗後方》：治小兒吐不定。五倍子二個一生一熟，甘草一握用濕紙裹，炮過。同擣末。每服米泔調下半錢，立差。《丹房鏡源》：五倍子佐鉛。

宋・寇宗奭《本草衍義》卷一二　五倍子　今染家亦用。口瘡，以末摻之，便可飲食。

宋・鄭樵《通志》卷七六《昆蟲草木略》　五倍子　曰文蛤，曰百蟲倉。

宋・劉明之《圖經本草藥性總論》卷下　五倍子　味苦酸，平，無毒。療齒宣疳䘌，肺臟風毒，流溢皮膚，作風濕癬瘡瘙痒膿水，五痔下血不止，小兒面鼻疳瘡。陳藏器云：治腸虛泄痢，熟湯服。《博濟方》：治風毒上攻，眼腫痒澁痛不可忍者，或上下瞼眥赤爛，浮翳瘀血侵睛。《經驗方》治小兒吐不定。

宋・陳衍《寶慶本草折衷》卷一三　五倍子　一名文蛤，一名百蟲倉。〇《炮炙論・序》云：一名草零。生蜀中及洋州。今在處有之。〇九月採子，暴乾。

味苦、酸，平，無毒。〇療齒宣疳䘌，肺藏風毒，流溢皮膚，風濕癬瘡，瘙痒膿水，五痔下血，小兒面鼻疳瘡。〇《圖經》曰：蜀中者勝，結實無花，其實青，至熟黃。大者如拳，內多蟲，生津液最佳。〇陳藏器序云：治腸風泄痢，熟湯服。〇《博濟方》：治風毒上攻眼，腫痒澀痛，浮瞖瘀肉。五倍子壹兩，蔓荊子壹兩半，同杵末，每服貳錢，水貳盞同石器內煎，及壹盞澄滓熱淋洗，大能明眼。〇寇氏曰：　口患瘡，以末摻之。

元・尚從善《本草元命苞》卷六　五倍子　味苦、酸，性平，無毒。　生津最妙，療齒宣疳䘌。　止腸澼泄痢，治肺臟風毒。　流溢皮膚，作風濕瘡癬痒。　療膿水，療五痔下血不止。　治小兒面鼻生疳。　舊不載所產，今蜀中為佳。　其色黃大者如拳，內多蟲。　九月採取。

元・朱震亨《本草衍義補遺》　五倍子　屬金與水。　噙口中，善收頑痰有功。　且解諸熱毒。　〇口瘡，以末摻之，便可飲食。　即文蛤也。　其內多蟲，又名百蟲倉。

元・徐彥純《本草發揮》卷三　五倍子　丹溪云：　五倍子屬金與水。　噙口中，善收頑痰有功，且解諸熱毒。

明・蘭茂撰，清・管暄校補《滇南本草》卷中　（蚊）〔文〕蛤散通治諸腫諸痛，用五棓子炒，為末，醋調敷。　自汗盜汗，用五棓子末，津調，塞臍中。　偏疝，用五棓子炒，為末，好酒空心服。　耳底膿血，用五棓子末，吹入耳中。　久痢腹痛，日夜無度，用五棓子炒，為末，枯礬末等分，和勻，醋麪丸如桐子大，每服三四十丸，空心時米湯下。　赤白帶下，用五棓子炒，為末，桃仁泡去皮尖，為末，等分，以火酒送下。　小兒夜啼，用五棓子末，以津調，塞臍中。　發背瘡，用五棓子醋炙，用猪腦子杵成膏，貼之；　如瘡在左，用左邊腦子，瘡在右，用右邊腦子，方效。　魚口瘡初起，用五棓子炒，為末，入百草霜末，和勻，以醋調塗，一夜即消。

明・王綸《本草集要》卷四　五倍子　味苦酸，氣平，無毒。　療齒宣疳䘌，肺藏風毒流溢皮膚，作風濕癬瘡瘙癢膿水，五痔下血。　小兒面鼻疳瘡，末摻口瘡效。　煎澄汁，洗眼，去熱風濕癢腫痛；　噙口中，治頑痰有功。　又解諸熱毒，又治腸虛泄痢，收斂之劑也。

明・滕弘《神農本經會通》卷二　五倍子　一名文蛤。　九月採子，暴乾。　味苦、酸，氣平，無毒。　《疌》云：　主齒䘌，瘡膿，并五痔，治便血。　洗眼，去熱風。

《本經》云：　療齒，宣疳䘌，肺藏風毒，流溢皮膚，作風濕癬瘡瘙痒膿水，五痔，下血不止，小兒面鼻疳瘡。《圖經》云：　主津液最佳。　陳藏器云：　五倍子，治腸虛泄痢。　熱湯服。　收斂之劑。《博濟方》治風毒上攻，眼腫痒澁痛不可忍者，或上下瞼皆赤爛，浮瞖，瘀肉侵睛，神効。　驅風散，五倍子一兩，蔓荊子一兩半，同為末，每服二錢，水二盞，銅石器內煎及一盞，澄滓，熱淋洗。　留滓二服，又依前煎，淋洗，大能明目，去澁痒。　丹溪云：　屬金與水。　噙口中，善收頑痰有功。　且解諸熱毒。　口瘡，以末摻之，便可飲食。　即文蛤也。　其內多蟲，又名百蟲倉。　劍云：　五倍一名文蛤是，主除齒䘌及瘡膿。　更攻五痔多便血，洗眼猶能去熱風。　即《局方》五倍子，主五痔腸風。

明・劉文泰《本草品彙精要》卷一九　五倍子無毒　寄生。

五倍子：　主齒宣疳䘌，肺臟風毒流溢皮膚，作風濕，癬瘡瘙癢膿水，五痔下血不止，小兒面鼻疳瘡。名醫所錄。　〔名〕文蛤、百蟲倉。　〔苗〕《圖經》曰：　生膚木葉上，於七月間無花結實，木色青黃，其實亦青，至熟而黃。謹按：　五倍子附木葉而生，其木高丈許，青黃色，葉如冬青，厚而光澤，四月開細黃花，有實如豆，人亦取食之。　其葉可以飼豬，故名豬草樹，又名膚木。于五六月露零，葉底凝結成窠，初白漸黃，小者如指，大者如兒拳，經霜採之，久則其中有蟲，及白花茸茸然，蓋稟露氣之精華，鍾木之脈液而成者也。　〔地〕《圖經》曰：　生洋州，今在處有之。〔道地〕蜀中者爲勝。　〔時〕生：　五六月。　採：　九月取。　〔收〕暴乾。　〔用〕子。　〔色〕蒼褐。　〔味〕苦，酸。　〔性〕平，收。　〔氣〕味厚于氣，陰中之陽。　〔臭〕腥。　〔主〕生津液，澀腸胃。　〔製〕去枝梗，搗末用。　〔治〕療：　陳藏器云：　止腸虛洩痢。《衍義》曰：　治口瘡，爲末摻之。　〔合治〕生熟各一枝，合甘草，濕紙裹炮，搗末，治小兒吐不定，每服米泔調下半錢，立瘥。

明・葉文齡《醫學統旨》卷八　五倍子　氣平，味苦、酸。　無毒。　治齒宣疳䘌，肺臟風毒，流溢皮膚，作風濕癬瘡瘙痒膿水，五痔下血；　小兒面鼻疳瘡，末摻口瘡效。　煎澄汁洗眼，去熱風濕痒腫痛；　噙口中，治頑痰有功；　又解諸熱毒；　又治腸虛泄痢，收斂之劑也。

明・許希周《藥性粗評》卷一　熱解諸風於五倍。

五倍子，膚木子也，一名文蛤。　樹高七八尺，葉大如舌，對生，五六月開花作穗，老樹則七月結實，初青熟黃，大者如拳，內多蟲，故一名百蟲倉。　染家以作皂色。　江南處處有之，以蜀中者為勝。　九月採子，暴乾。　所使并所畏惡，《本草》不載。　味苦、酸，性平，無毒。　主治肺風流毒，皮膚瘙癢，面鼻疳蝕，牙齒風䘌，腸風下血，瀉痢痔漏，風眼腫痛，惡瘡流膿，清內解熱，明目化痰。　丹溪云：　噙口中善收頑痰有功，且解諸熱毒。

單方：腸虛瀉痢：煎湯服之，自然收澁。風眼攻疼：不拘腫癢赤爛，五倍子一兩，蔓荊子一兩半，同杵為末，每以二錢，水二盞，銅器內煎取一盞，去滓，待溫洗之，日二三次，自愈，大能明目，去澁癢。

明·鄭寧《藥性要略大全》卷七　五倍子　療腸風五痔，除齒䘌及瘡膿。洗眼，去風熱，生津液。治腸虛瀉痢。味苦、酸澁，氣平，無毒。〇一名文蛤，一名百蟲倉。

明·陳嘉謨《本草蒙筌》卷四　五倍子一名文蛤。味苦、酸，氣平。屬金與水。無毒。在處生，季秋採。形類拳大，色兼青黃。內多小蟲，俗又名百蟲倉也。療齒宣疳䘌，及小兒面鼻疳瘡；治風癬癢瘙，併大人五痔下血。煎湯洗眼目，消赤腫止疼。研末染髭鬚，變皓白成黑。專為收斂之劑，又禁瀉痢腸虛。解消渴生津，卻頑痰去熱。〇百藥煎者，亦此造成。新鮮五倍子十斤，舂搗爛細，磁缸盛，稻草蓋盦，七晝夜，取出復搗，加桔梗、甘草末各二兩，又盦一七，仍搗仍盦，務過七次，捏成餅錠，晒乾任用。如無新鮮，用乾倍子水漬為之。肺脹喘欬不休，噙化數餅即止。

明·王文潔《太乙仙製本草藥性大全》卷三《本草精義》　五倍子　一名文蛤。其子色青，大者如拳，肉多小蟲，一名百蟲倉。舊不著所出州土，王云在處有之，今以蜀中者爲勝。生膚木葉上，七月結實，無花，其木黃青色，其實青，至熟而黃，大者肉內多蟲。九月採子暴乾，生津液最佳。

明·王文潔《太乙仙製本草藥性大全》卷三《仙製藥性》　五倍子　味苦、酸，氣平，屬金與水，無毒。主治：療齒宣疳䘌，及小兒面鼻疳瘡。治風癬癢瘙，併大人五痔下血。煎湯洗眼目，消赤腫止痛。研末染髭鬚變皓白成黑。專爲收斂之劑，又禁瀉痢腸虛。解消渴生津，却頑痰去熱。補註：治風毒上攻，眼腫痒澁痛不可忍者，或上下瞼皆赤爛，浮瞖瘀肉侵睛，五倍子一兩，蔓荊子一兩半，同擣爲末，每服二錢，水二盞，銅石器內煎取一盞，澄滓，乘熱淋洗，留滓再煎淋洗，大能明眼目。治腸虛泄痛，以五倍子煮湯熱服。〇口瘡以末摻之便可飲食。治小兒吐不定，用二個，一生一熟，甘草一握，用濕紙裹炮過，同擣爲末，每服米泔調下。百藥煎者亦此造成。新鮮五倍子十斤，舂擣爛，細磁缸盛，稻草蓋盦七晝夜，取出復擣，加桔梗、甘草末各二兩，又盦一七，仍擣仍盦，務週七次，捏成餅錠，晒乾任用。如無新鮮，用乾倍子，水漬爲之。肺脹喘欬不休，噙化數餅即止。

明·皇甫嵩《本草發明》卷四　五倍子中品，臣。一名文蛤。氣平，味苦、酸，無毒。屬金與水。俗呼百蟲倉，以內多小蟲。發明曰：五倍子，苦能泄散，酸以收斂，故《本草》主齒宣疳䘌，肺藏風毒流溢皮膚，作風濕癬瘡瘙痒膿水，五痔下血，小兒面鼻疳瘡。註云：治風上攻，目赤腫痛澁痒，或赤爛浮瞖，瘀肉侵睛，以能泄散風熱也。又止瀉痢，腸虛消渴，以能收斂津液也。口瘡，以末摻之效。

百藥煎，即倍子造成者，治肺脹喘欬，噙化能斂而降之。造法：用新鮮倍子十斤，舂搗爛細，磁缸盛稻草，蓋畬七晝夜，取出，復搗，加桔梗、甘草末各二兩，又畬倍子一七，仍搗仍畬，務週七次，捏成餅子，晒乾任用。如無新鮮者，用乾倍子，水漬為之。

明·李時珍《本草綱目》卷三一果部·夷果類　古度子出交廣諸州。樹葉如栗，不花而實，枝柯間生子，大如石榴及樝子而色赤，味醋，煮以爲粽食之。若數日不煮，則化作飛蟻，穿皮飛去也。

明·李時珍《本草綱目》卷三九蟲部·卵生類上　五倍子《開寶》。校正：自木部移入此。

【釋名】文蛤《開寶》　百蟲倉《拾遺》　法釀過名百藥煎時珍曰：五倍當作五構，見《山海經》。其形似海中文蛤，故亦同名。百蟲倉，會意也。百藥煎，隱名也。【集解】志曰：五倍子在處有之。其子色青，大者如拳，而內多蟲。頌曰：以蜀中者爲勝。生于膚木葉上，七月結實，無花。其木青黃色。其實青，至熟而黃。九月采子，曝乾，染家用之。時珍曰：五倍子，宋《開寶本草》收入草部，《嘉祐本草》移入木部，雖知生於膚木之上，而不知其乃蟲所造也。膚木，即鹽膚子木也。詳見果部鹽麩子下。此木生叢林處者，五六月有小蟲如蟻，食其汁，老則遺種，結小毬於葉間，正如蛅蟖之作雀甕，蠟蟲之作蠟子也。初起甚小，漸漸長堅，其大如拳，或小如菱，形狀圓長不等。初時青緑，久則細黃，綴於枝葉，宛若結成。其殼堅脆，其中空虛，有細蟲如蠛蠓。山人霜降前采取，蒸殺貨之。否則，蟲必穿壞，而殼薄且腐矣。皮工造爲百藥煎，以染皂色，大爲時用。他樹亦有此蟲毬，不入藥用，木性殊也。

【氣味】酸，平，無毒。【主治】齒宣疳䘌，肺臟風毒流溢皮膚，作風濕癬，瘙癢膿水，五痔下血不止，小兒面鼻疳瘡《開寶》。腸虛泄痢，爲末，熟湯服之藏器。生津液，消酒毒，治中蠱毒、毒藥日華。口瘡摻之，便可飲食宗奭。斂肺降火，化痰飲，止欬嗽、消渴、盜汗、嘔吐、失血、久痢、黃病、心腹痛、小兒夜啼、烏鬚髮，治眼赤濕爛，消腫毒、喉痹，斂潰瘡、金瘡，收脫肛、子腸墜下時珍。

【發明】震亨曰：五倍子屬金與水，噙之善收頑痰，解熱毒，佐他藥尤良。黃昏欬嗽，乃火氣浮入肺中，不宜用涼藥，宜五倍、五味斂而降之。時珍曰：鹽麩子及木葉，皆酸鹹寒涼，能除痰飲咳嗽，生津止渴，解熱毒酒毒，治喉痹下血、血痢諸病。五倍子乃蟲食其津液結成者，故所主治與之同功。其味酸鹹，能斂肺止血化痰，止渴收汗；其氣寒，能散熱毒瘡腫；其性收，能除泄痢濕爛。

【附方】舊二，新七十二。

虛勞遺濁：玉鎖丹：治腎經虛損，心氣不足，思慮太過，真陽不固，漩有餘瀝，小便白濁如膏，夢中頻遺，骨節拘痛，面黧肌瘦，盜汗虛煩，食減乏力。此方性溫不熱，極有神效。用五倍子一斤，白茯苓四兩，龍骨二兩，爲末，水糊丸梧子大。每服七十丸，食前用鹽湯送下，日三服。《和劑方》。

寐中盜汗：五倍子末、蕎麥麪等分，水和作餅，煨熟。夜卧待飢時，乾喫二三個，勿飲茶水，甚妙。《集靈》。

自汗盜汗：常出爲自汗，睡中出爲盜汗。用五倍子研末，津調填臍中，縛定，一夜即止也。同上。

心疼腹痛：五倍子生研末。每服一錢，鐵杓內炒，起烟黑色者爲度。以好酒一鍾，傾入杓內，服之立止。邵真人《經驗方》。

消渴飲水：五倍子爲末，水服方寸匕，日三服。危氏《得效》。

小兒嘔吐：不定。用五倍子二個，一生一熟，甘草一握，濕紙〔裹〕，煨過，同研爲末。每服半錢，米泔調下，立瘥。《經驗後方》。

小兒夜啼：五倍子末，津調，填於臍內。楊起《簡便方》。

暑月水泄：五倍子末，飯丸黃豆大。每服二十丸，荷葉煎水下，即時見效。《余居士選奇方》。

熱瀉下痢：五倍子一兩，枯礬五錢，爲末，糊丸梧子大。每服五十丸，米湯送下。鄧筆峰《雜興方》。

瀉痢不止：五倍子一兩，半生半燒，爲末，糊丸梧子大。每服三十丸。紅痢，燒酒下；白痢，水酒下；水泄，米湯下。○《集靈》。

滑痢不止：用五倍子醋炒七次，爲末。米湯送下。

脾泄久痢：五倍子炒半斤，倉米炒一升，白丁香、細辛、木香各三錢，花椒五錢，爲末。每服一錢，蜜湯下，日二服。忌生冷、魚肉。《集靈方》。

赤痢不止：文蛤炒研末，水浸烏梅肉和丸梧子大。每服七十丸，烏梅湯下。

腸風下血：五倍子、白礬各半兩，爲末，順流水丸梧子大。每服七丸，米飲下。忌酒。《本事方》。

臟毒下血：五倍子不拘多少，爲末，大鯽魚一枚，去腸胃鱗腮，填藥令滿，入瓶內煅存性，爲末。每服一錢，溫酒下。王璆《百一選方》。

糞後下血：不拘大人、小兒。五倍子末，艾湯服一錢。《全幼心鑑》。

腸風臟毒：下血不止。五倍子半生半燒，爲末，陳米飯和丸如梧子大。每服二十丸，食前粥飲送下，日三服。《聖惠》。

酒痢腸風：下血。見百藥煎。

小兒下血：腸風臟毒。五倍子末，煉蜜丸小豆大。每米飲服二十丸。鄭氏。

大腸痔疾：五倍子煎湯熏洗，或燒烟熏之，自然收縮。○《直指方》。

脫肛不收：《三因方》用五倍子末三錢，入白礬一塊，水一椀煎湯，洗之立效。○《簡便》用五倍子半斤，水煮極爛，盛坐桶上熏之。待溫，以手輕托上。內服參、芪、升麻藥。○《普濟方》用五倍子、百草霜等分，爲末，醋熬成膏。鵝翎掃傅上，即入。

產後腸脫：五倍子末摻之。或以五倍子、白礬煎湯熏洗。《婦人良方》。

女人陰血：因交接傷動者。五倍子末摻之，良。熊氏。

孕婦漏胎：五倍子末，酒服二錢，神效。《朱氏集驗方》。

風毒攻眼：腫癢澀痛不可忍者，或上下瞼赤爛，或浮瞖、瘀肉侵睛。神效驅風散：用五倍子一兩，蔓荆子一兩半，爲末。服二錢，水二盞，銅、石器內煎汁去滓，乘熱洗。留滓再煎用。大能明目去澀。《博濟方》。

小便尿血：五倍子末，鹽梅搗和丸梧子大。每空心酒服五十丸。《集簡方》。

風眼赤爛：《集靈方》用五倍子煅存性，爲末。入飛過黃丹少許，傅之。日三上，甚良。○《普濟方》用五倍子研末傅之。名拜堂散。

爛弦風眼：五倍子、銅青、白墡土等分，爲末。熱湯泡開，閉目淋洗。冷即再熱洗之。眼弦不可入湯。《濟急方》。

眼中弩肉：方同上。

耳瘡腫痛：五倍子末，冷水調塗。濕則乾摻之。《海上名方》。

聤耳出膿：《普濟方》用五倍子末吹之。○《經驗》用五倍子焙乾一兩，全蠍燒存性三錢，爲末。摻耳中。

鼻出衄血：五倍子末吹之。仍以末同新綿灰等分，米飲服二錢。

牙縫出血：不止者。五倍子燒存性，研末，傅之即止。《衛生易簡方》。

牙齒動搖：及外物傷動欲落者。五倍子、乾地龍炒等分，爲末。先以薑揩過，然後傅之。《御藥院方》。

牙齦腫痛：五倍子一兩，瓦焙研末。每以半錢傅痛處，片時吐去涎。內服去風熱藥。楊子建《護命方》。

風牙腫痛：五倍子一錢，黃丹、花椒各五分，爲末，摻之即止也。○五倍末，冷水調，塗頰外，甚效。

唇緊作痛：五倍子、訶子等分，爲末，傅之。《端效方》。

天行口瘡：五倍子末摻之，吐涎即愈。龐氏《傷寒論》。

咽中懸癰：舌腫塞痛。五倍子末、白殭蠶末、甘草末等分，白梅肉搗和丸彈子大。噙嚥，其癰自破也。《朱氏經驗方》。

口舌生瘡：《儒門事親》赴筵散：用五倍子、蜜陀僧等分，爲末。(醬)〔漿〕水漱過，乾貼之。《院方》加晚蠶蛾。○《澹寮方》用五倍子一兩，滑石半兩，黃柏蜜炙半兩，爲末。漱淨摻之，便可飲食。

白口惡瘡：狀似木耳。不拘大人、小兒，並用五倍子、青黛等分，爲末。以筒吹之。《端效方》。

走馬牙疳：五倍子、青黛、枯礬、黃蘗等分，爲末。先以鹽湯漱淨，摻之，立效。《便覽》。

牙齦疳臭：五倍子炒焦一兩，枯礬、銅青各一錢，爲末。先以米泔漱淨，摻之。絕效方也。《集簡方》。

疳蝕口鼻：五倍子燒存性，研末，摻之。《普濟方》。

小兒口疳：白礬裝入五倍子內，燒過同研，摻之。《簡便方》。

下部疳瘡：《全幼心鑑》用五倍子、枯礬等分，研末。先以虀水洗過，搽之。○《杏林摘要》用五倍子、花椒去子炒各一錢，細辛焙三分，爲末。先以葱湯洗淨，搽之。一二日生肉也。

陰囊濕瘡：出水不差。用五倍子、臘茶各五錢，膩粉少許，研末。先以葱椒湯洗過，香油調搽，以瘥爲度。

《太平聖惠方》。　魚口瘡毒：　初起，未成膿者。用南五倍子炒黄研末，入百草霜等分，以臘醋調，塗于患處。一日一夜即消。《杏林摘要》。　一切諸瘡：　五倍子、黄蘗等分，爲末，傅之。《普濟方》。　一切腫毒：　五倍子炒紫黑色，蜜調，塗之。〇《簡便》治一切腫毒。初起無頭者，五倍子、大黄、黄蘗等分，爲末。新汲水調塗四圍，日三五次。　一切癬瘡：　五倍子去蟲、白礬燒過各等分，爲末，搽之。乾則油調。《簡便方》。　癩頭軟癤：　及諸熱瘡。用五倍子七個，研末，香油四兩，熬至一半，布絞去渣，搽之。三四遍即可。勿以水洗之。《普濟方》。　風癩濕爛：　五倍子末，津調塗之。同上。　頭瘡熱瘡：　風濕諸毒。用五倍子、白芷等分，研末。摻之，膿水即乾。如乾者，以清油調塗。《衛生易簡方》。　瘡口不收：　五倍焙，研末。以蠟醋脚調，塗四圍效。　一切金瘡：　五倍子、降真香等分，炒研末。傅之，皮肉自痊。名啄合山。《拔萃方》。　金瘡出血：　不止者。五倍子末貼之。若閉氣者，以五倍子末二錢，入龍骨末少許，湯服，立效。《談野翁方》。　杖瘡腫痛：　五倍子去穰，米醋浸一日，慢火炒黄，研末，乾摻之。不破者，醋調塗之。《衛生易簡方》。　手足皸裂：　五倍子末，同牛骨髓，填納縫中，即安也。《醫方大成》。　鷄骨骾咽：　五倍子末，摻入喉中，即化下。《海上名方》。　小兒脱肛：　五倍子爲末。多以艾絨捲倍子末成筒，放便桶内，以瓦盛之。令病者坐于桶上，以火點着，使藥烟燻入肛門，其肛自上。隨後將白礬爲末，復搽肛門，其肛自緊，再不復脱。　魚口便毒：　五倍子不拘多少，以净瓦器盛之，用陳醋熬成膏，用綿布攤貼之。如乾即换，三五次即愈。　偏墜氣痛：　用五倍子一個，放食鹽少許在内，以火帋包定，用水浸濕，放文武火灰内，煨存性，爲末，酒調服。　染烏鬚髮：　《聖濟總録》用針砂八兩，米醋浸五日，炒略紅色，研末。五倍子、百藥煎、没石子各二兩，訶黎勒皮三兩，研末各包。先以皂莢水洗髭鬚，用米醋打蕎麥麪糊，和針砂末敷上，荷葉包，過一夜，次日取去。以蕎麥糊四味敷之，(一)日洗去即黑。〇《杏林摘要》用五倍子一斤，研末，銅鍋炒之，勿令成塊。如有烟起，即提下攪之。從容上火慢炒，直待色黑爲度。以濕青布包扎，足踏成餅，收貯聽用。每用時，以皂角水洗净鬚髮。用五倍子一兩，紅銅末酒炒一錢六分，生白礬六分，訶子肉四分，没石子四分，硇砂一分，爲末。烏梅、酸榴皮煎湯。調匀碗盛，重湯煮四五十沸，待如飴狀。以眉掠刷於鬚髮上，一時洗去，再上包住。次日洗去，以核桃油潤之。半月一染，甚妙。　中河豚毒：　五倍子、白礬末等分，以水調下。出《事林廣記》。

百藥煎　【修治】時珍曰：　用五倍子爲粗末。每一斤，以真茶一兩煎濃汁，入酵糟四兩，擂爛拌和，器盛置糠缸中罯之，待發起如發麪狀即成矣。捏作餅丸，晒乾用。嘉謨曰：入藥者，五倍子鮮者十斤，舂細，用瓷缸盛，稻草蓋，盦七日夜。取出再搗，入桔梗、甘草末各二兩，又盦一七。仍搗仍盦，滿七次，取出捏餅，晒乾用。如無鮮者，用乾者水漬爲之。又方：　五倍子一斤，生糯米一兩，滚水浸過，細茶一兩，上右共研末，入罐内封固，六月要一七，取開配合用。又方：　五倍子一斤，研末，酒麯半斤，細茶一把，研末。右用小蓼汁調匀，入鉢中按緊，上以長稻草封固。另用籮一個，多著稻草，將藥鉢坐草中，上以稻草蓋，置净處。過一七後，看藥上長起長霜，藥則已成矣。或捏作丸，或作餅，晒乾纔可收用。　【氣味】酸、鹹，微甘，無毒。　【主治】清肺化痰定嗽，解熱生津止渴，收濕消酒，烏鬚髮，止下血，久痢脱肛，牙齒宣䘌，面鼻疳蝕，口舌糜爛，風濕諸瘡時珍。　【發明】時珍曰：　百藥煎，功與五倍子不異。但經釀造，其體輕虚，其性浮收，且味帶餘甘，治上焦心肺欬嗽痰飲、熱渴諸病，含噙尤爲相宜。

【附方】新二十一。　斂肺劫嗽：　百藥煎、訶黎勒、荆芥穗等分爲末，薑汁入蜜和丸芡子大。時時噙之。《丹溪心法》。　定嗽化痰：　百藥煎、片黄芩、橘紅、甘草各等分，共爲細末，蒸餅丸緑豆大。時時乾嚥數丸，佳。《瀕湖醫案》。　清氣化痰：　百藥煎、細茶各一兩，荆芥穗五錢，海螵蛸一錢，蜜丸芡子大。每服噙一丸，妙。《筆峰雜興》。　染烏鬚髮：　川百藥煎一兩，鍼砂醋炒、蕎麥麪各半兩。先洗鬚髮，以荷葉熬醋調刷，荷葉包一夜，洗去即黑，妙。《普濟方》。　沐髮除膻：　百藥煎末，乾搽髮上，一夜篦之。同上。　揩牙烏鬚：　川百藥煎半兩，玄胡索三錢，雄黄三錢，爲末。先以薑擦去涎，用此揩牙，以津洗目。日日用之，甚佳。《普濟》。　牙痛引頭：　方同上。　風熱牙痛：　百藥煎泡湯噙漱。《聖濟總録》。　牙齦疳蝕：　百藥煎、五倍子、青鹽煅各一錢半，銅緑一錢，爲末。日摻二三次，神效。《普濟方》。　煉眉瘡癬：　小兒面湮瘡，又名煉銀瘡，乃母受胎時，食酸辣邪物所致。用百藥煎五錢，生白礬二錢，爲末，油調搽之。《外科精義》。　脚肚生瘡：　初起如粟米大，搔之不已，成片包脚相交，黄水出，痒不可忍，久成瘑疾。用百藥煎末唾調，逐瘡四圍塗之，自外入内，先以貫衆煎湯洗之，日一次。《醫林集要》。　乳結硬痛：　百藥煎末。每服三錢，酒一盞，煎數沸，服之取效。《經驗方》。　腸癰内痛：　大棗連核燒存性、百藥煎等分，爲末。每服一錢，温酒服，日一，取效。《直指方》。　大腸便血：　百藥煎、荆芥穗燒存性等分爲末，糊丸梧子大。每服五十丸，米飲下。《聖惠方》。　腸風下血：　百藥煎二兩，半生用，半炒存性，爲末，飯丸梧子大。每服五十丸，米飲下。名聖金丸。王璆《百一選方》。　大腸氣痔：　作痛下血。百藥煎末，每服三錢，稀粥調服，日二次。《集簡》。　腸風臟毒：　下血者，用百藥煎燒存性，烏梅連核燒過，白芷不見火爲末，水糊丸如梧子大。每服七十丸，米飲下。《濟生》。　酒痢下血：　百藥煎、五倍子、陳槐花等分，焙研末，酒糊丸梧子大。每服五十丸，米飲送下。《本事方》。　下痢脱肛：　百藥煎一塊，陳白梅三個，木瓜一握，以水一椀，煎半椀。日二服。《聖濟總録》。　男婦血淋：用真百藥煎、車前子炒、黃連各三錢半，木香二錢，滑石一錢，爲末。空心燈草湯服二錢，日二服。《普濟方》。 消暑止渴：百藥煎、蠟茶等分爲末，烏梅肉搗和丸芡子大。每含一丸。名水瓢丸。《事林廣記》。

五倍子内蟲 【主治】赤眼爛弦。同爐甘石末乳細，點之時珍。

明·佚名氏《醫方藥性·草藥便覽》 五倍子 其性溫。能封疔背。

明·梅得春《藥性會元》卷中 五棓子 味苦、酸，氣平，無毒。一名文蛤，又名百蟲倉。在處有之。 主治齒宣疳䘌，肺臟風毒，流溢皮膚，作風濕癬瘡、瘙痒膿水，五痔下血不止，小兒面鼻疳瘡。為末，摻口瘡效。煎澄洗眼，去熱風濕痒腫痛。佐他藥治頑痰有效，並止夜分多嗽。解諸熱毒及腸虛瀉痢，治脫肛，為末抵而上之。又能傅痔漏，蓋其有收斂之功也。噙口中，善豁頑痰。

明·李中立《本草原始》卷四 五倍子 以蜀中者為勝。生膚木葉上，七月結實，無花，生青熟黃。九月采實，暴乾。因商販此得五倍之利，故名五倍子。形似海中文蛤，一名文蛤。內多小蟲，故一名百蟲倉，會意也。法釀過名百藥煎，隱名也。 氣味：酸，平，無毒。主治：齒宣疳䘌，肺臟風毒，流溢皮膚，作風濕癬，瘙癢膿水，五痔，下血不止，小兒面鼻疳瘡。○腸虛泄痢，為末，熟湯服之。生津液，消酒毒，治中蠱毒毒藥。○口瘡，以末摻之，便可飲食。○斂肺降火，化痰飲，止咳嗽、消渴、盜汗、嘔吐、失血、久痢、黃病，心腹痛，小兒夜啼，烏鬚髮。治眼赤濕爛，消腫毒、喉痹，斂潰瘡、金瘡，脫肛、子腸墜。

五倍子，宋《開寶》。【圖略】五倍子今染家多用。 修治：五倍子，捶破，去內蟲及污穢，或炒或生，各隨方法。

戲術：壁上移字，五倍子肉煎水，寫字在壁上，俟乾，却將水洗之，其字自見。 烏鬚經驗方：五倍子炒一錢，銅末醋炒三分，白礬飛二分，食鹽一分，四味為細末，合一處為一料，為烏黑霜。旱蓮草膏二錢，沒食子雌雄二箇，訶子肉五分，白及五分，川芎五分，遼細辛五分，以上六味，各為細末，搜和一處，名為烏黑霜。前五倍子等四味一料，入烏黑霜二三分，用濃茶調，不稀不稠，盛磁器中，入鍋內水煮鏡面相似為度。每用先以皂角燒水洗鬚淨，令乾，以攪柄塗藥白鬚上，待乾，或茶或水洗去，則鬚柔潤光黑，可耐月餘，幾無摧折之患矣，真佳方也。要炒倍子得法。炒五倍子法：五倍子搥破，去蟲淨，肉小指尖大塊，一次炒。或四兩，或八兩，文武火炒，不住手更易柳條勤攪，令白煙出透熟，用水濕青布一塊，鋪放淨地上，將熟倍子傾于布中包住，以腳一蹍，開之自成一塊，隨用。上等照前方分兩稱入，鬚多，勿拘一料。 百藥煎 氣味：酸、鹹、微甘，無毒。 主治：化痰清肺，定嗽止熱，生津解渴，收濕，消酒。烏鬚髮，止下血，久痢脫肛，牙齒宣䘌，面鼻疳蝕，口舌糜爛，風濕諸瘡。

明·張懋辰《本草便》卷二 五倍子 味苦、酸，氣平，無毒。 療齒，宣疳䘌，肺藏風毒流溢皮膚，作風濕癬瘡瘙痒膿水，五痔下血，小兒面鼻疳瘡，末摻口瘡效；煎澄汁洗眼，去熱，風濕痒腫痛；噙口中治頑痰有功。又解諸熱毒，又治腸虛泄痢。收斂之劑。

明·李中梓《藥性解》卷五 五倍子 味苦、酸，性平，無毒，入大腸經。主齒宣疳䘌，風癬疥痒，腸風五痔，及小兒面鼻口耳疳瘡，明目生津，止瀉濇精。噙口中，治口瘡。善收頑痰，解諸熱毒。百藥煎即五倍造成，主肺脹喘咳，噙化能斂而降之。 按：五倍酸苦之性，耑濇大腸，其收斂甚捷，瀉痢初起者，未宜入劑。

明·繆希雍《本草經疏》卷一三 五倍子 味苦、酸，平，無毒。療齒宣疳䘌，肺藏風毒流溢皮膚，作風濕癬瘡，瘙癢膿水，五痔下血不止，小兒面鼻疳瘡。

〔疏〕五倍子得木氣兼金水之性，其味苦酸澀，氣平無毒。氣薄味厚，斂也，陰也。入手太陰、足陽明經。本經主齒宣疳䘌，風濕癬瘡，及小兒面鼻疳瘡者，皆從外治，取其苦能殺蟲，酸平能斂浮熱，性燥能主風濕瘡癢膿水。五痔下血者，大腸積熱也，大腸與肺為表裏，肺得斂肅則大腸亦自清寧也。藏器：療腸虛泄利。日華子：主生津液，消酒毒。時珍謂其斂肺降火，化痰飲，止咳嗽，消渴，盜汗，斂潰瘡，金瘡，收脫肛，子腸墜下者，悉假其入肺清金，收斂固脫之功耳。 〔主治參互〕同地骨皮、小薊、皮硝、甘草、苦參、葱頭，煎湯洗楊梅結毒。《集靈方》自汗、盜汗，用五倍子研末，津調填臍中，縛定，一夜即止。 化痰生津，噙化丸，用五倍子安大鉢頭內，用煮糯米粥湯浸，蓋好安靜處，七日後常看，待發芽黃金色，又出黑毛，然後將箸試之，若透內無硬，即收入細瓦鉢中。擂如醬，連鉢日中曬至上皮乾了。又擂勻，又曬，曬至可丸，方丸彈子大，曬乾收用。其味甘酸，能化一切膠痰。　又方，脾泄久利，五倍子炒半斤，陳倉米炒一升，丁香、細辛、木香各三錢，川椒五錢，為末，每服一錢，蜜湯下，日二服。忌生冷魚肉。《和劑局方》玉鎖丹，治腎經虛損，心氣不足，思慮太過，真陽不固，溺有餘瀝，小便白濁如膏，夢中頻遺，盜汗虛煩，食減乏力。此方性溫不熱，極有神效。五倍子一斤，白茯苓四兩，龍骨二兩，為末，水糊丸梧子大。每服七十丸，食前鹽湯送下。日三服。《百一選方》臟毒下血，五倍子不拘多少為末，大鯽魚一枚，去腸胃鱗鰓，填藥令滿，入瓶內煅存性，為末。每服一錢，溫酒下。《直指方》大腸痔疾，五倍子煎湯薰洗，或燒煙薰之，自然收縮。《三因方》脫肛不收，用五倍子末三錢，入白礬少許，水一碗，煎湯洗之，立效。《婦人良方》產後腸脫，五倍子末摻之。《博濟方》風毒攻眼，腫癢澀痛不可忍者，或上下瞼赤爛，或浮翳瘀肉侵睛。神效驅風散，五倍子一兩，蔓荊子一兩半，為末，每用二錢，水二盞。銅石器內煎汁，去滓，乘熱洗。大能明目去澀。　楊子建《護命方》牙齦腫痛，五倍子兩許，瓦焙，研末，以半錢傅痛處，片時唾去涎。內服去風熱藥。《端效方》白口惡瘡，狀似木耳。不拘大人小兒，竝用五倍子、青黛等分為末，以筒吹之。《儒門事親》赴筵散，治口舌生瘡。五倍子、蜜陀僧等分，為末。將水漱過，乾貼之。《院方》加晚蠶蛾。《杏林摘要》魚口瘡毒，初起未成膿者，用五倍子炒黃研，入百草霜等分，以臘醋調塗患處，一日一夜即消。《拔萃方》一切金瘡，五倍子、降真香等分，炒，研末。傅之，皮肉自痊。〔簡誤〕五倍子，性燥急而專收斂，咳嗽由於風寒外觸者忌之。瀉利非腸虛脫者忌之。咳嗽由於肺火實甚者忌之。若誤服之，反致壅塞喘滿，以其酸斂太驟，火氣無從泄越故耳。

明·倪朱謨《本草彙言》卷一七

五倍子　味苦、酸，性燥澀，氣平，無毒。氣薄味厚，斂也，陰也。入手太陰、足陽明經。

馬氏曰：五倍子在處有之。　蘇氏曰：當以蜀中爲勝。　李氏曰：樹名膚木，生叢林中，本末俱青。六七月有小蟲如蟻，食其樹滋，老則遺種，結小毬子于葉間，正如蛅蟖之作雀甕，蠟蟲之作蠟子也。初起甚小，漸長如菱，或大如拳，形狀圓長不等。嫩時青綠，老則黃褐色，綴子枝葉間，宛若結成。其殼中空，堅而且脆，內有細蟲如蠛蠓。土人霜降前采取，蒸過貨之，否則蟲必穿破而殼薄且腐矣。染工造爲百藥煎，以染皂色，大爲時用。他樹亦有此蟲毬，不入藥用，木性殊也。

五倍子：澀津收液，方龍潭斂氣止血之藥也。周憶齋曰：此藥結球葉底，小則如黍、如粟，大則如菱、如栗，故名五倍子也。似蟲卵而不屬蟲卵，似果實而不屬果實，此屬假木氣以賦形者矣。如《開寶方》治齒宣疳䘌，口舌生瘡，是斂而去浮腐之氣也。治濕癬瘙癢，膿水淫漬，是斂而去濕熱之氣也。《時珍方》去赤眼濕爛，水淚眵膜，是斂而去火鬱之氣也。治頑痰留滯，咳嗽頻發，是斂而升其清、降其濁也。如《寇氏方》之消五痔下血，摻之即愈。《藏器方》之治腸虛泄利，投之即止。又如日華子之開喉痹，止自汗，化酒積，收脫肛，止欬嗽，生津液者，亦斂而收之，斂而降之，斂而止之，斂而聚之之意也。　然而味之酸澀，質之堅脆，性之燥嗇，如咳嗽由於風寒外感，宜散不宜斂也；　咳嗽由於肺火壅閉，宜清不宜斂也；　瀉利由於食積停滯，宜導不宜斂也；　瀉利由於濕熱痞滿，宜運不宜斂也。若誤服之，反致壅塞喘脹，以其酸斂太驟，火氣無從發越故也。如勞損陰虛，咳嗽動血之證，亦不宜用。謂其性燥能爍肺系故也。觀染家作皂色，必需此用。然絲布服之未久，必致碎裂可見。

集方：《集簡方》治齒牙宣露，疳䘌作臭爛者，或小兒走馬牙疳者。用五倍子炒焦一兩，枯白礬、銅青各一錢，爲極細末，先以髮箒用米泔溫水漱淨，摻之。○同上治濕癬瘙癢，膿水淫漬。用五倍子炒焦，枯白礬各等分，研細末，猪油調搽。○《濟急方》治赤眼濕爛，水淚多膜，或有努肉翻出。用五倍子二錢打碎，銅青三分研碎，川黃連五分同滾湯泡出藥味，以軟帛蘸洗，一日二次。○《方脉正宗》治頑痰留滯，咳嗽頻發者。用五倍子三錢，川貝母二錢，五味子一錢，共研細末，煉蜜丸彈子大，夜臥時口中含化。○《聖惠方》治五痔及藏風下血。用五倍子一兩，枯白礬三錢，共研極細末，煉蜜丸。每早服二錢，白湯下。如五痔下血，外用此藥傅上，或煎湯熏洗亦可。○《方脉正宗》治腸虛泄利久不止。用五倍子、五味子各一兩，白朮、補骨脂、骨碎補各二兩，丁香五錢，俱炒燥爲末，飴糖丸梧子大。每早服三錢，米湯下。○同上治喉痹腫塞不通。用五倍子三錢，杏仁霜二錢，硼砂、膽礬各一錢，共爲細末，吹入喉間，吐痰即通。○《方脉正宗》治自汗盜汗不止。用五倍子研末，米湯調，填臍中，縛定一夜即止○同上治酒積作痛作泄，多在食後發者。用五倍子、甘草、陳皮各一兩，共爲末。每早服二錢，用海蟄頭一塊，煎湯調服。○同上治肛脫不收。用五倍子煎湯溫浸，用軟帛輕輕托上即收。虛人用人參一錢，煎湯服。〇同上治行路作勞之人，口渴少津。用五倍子、五味子、人參各三錢，爲極細末，煉蜜和丸彈子大。隨時噙口內，即生聚津液。

續補集方：宗氏方治暑月水泄。用五倍子研末，飯丸黃豆大。每服三十丸，荷葉煎湯送下。〇朱氏方治孕婦漏胎。用五倍子炒研末，酒服二錢立效。〇《海上方》治耳瘡腫痛。用五倍子炒黃研末，冷水調塗，濕則乾摻。〇《衛生方》治牙縫出血不止。用五倍子炒焦，研末傅之。〇龐氏方治天行口瘡。用五倍子、黃柏各等分，研末摻之。〇《杏林摘要》治魚口便毒，初起未成膿者。用五倍子炒黃研末，以米醋調塗患處，一日夜即消。〇《衛生方》治頭上熱瘡及風濕諸毒。用五倍子、白芷各等分炒黃，研末摻之，膿水即乾。如乾者，以香油調塗。〇同上治諸瘡久不收口。用五倍子，焙燥研末，以米醋調塗瘡口四圍，離瘡數分。〇治烏鬚髮。用五倍子製，方見金石部紅銅條下。

百藥煎：味酸、鹹、甘，氣平，無毒。

陳氏曰：用五倍子鮮者十斤搗細，如乾者亦可，配真茶葉一斤，甘草、桔梗各八兩，俱焙燥，研爲細末，和入五倍子末內，再搗勻，入真酵水五斤，和勻，裝入缸，用石壓實，七日後取出，再搗再壓，計搗壓共七次，計四十九日，捏作餅，曬乾用。

百藥煎：治病功能與五倍子同，但經釀造，其體輕虛，其性浮收，且味帶甘，專治上焦心肺痰嗽熱渴諸病，較之五倍子更精妙。煉蜜和丸，入口含化數分更善。

明・姚可成《食物本草》卷九果部・夷果類 古度子出交廣諸州。樹葉如栗，不花而實，枝柯間生子，大如石榴及樝子而色赤，味酸，煮以為糉食之。若數日不煮，則化作飛蟻，穿皮飛去也。

明・顧逢柏《分部本草妙用》卷四肺部・性平 五倍子 酸，平，無毒。

主治：斂肺，降火化痰飲，止欬嗽，消渴，盜汗，嘔吐失血，久痢黃病，心腹痛，小兒夜啼。烏鬚髮，治眼赤濕爛，消腫毒喉痺，斂潰瘡金瘡。收脫肛，子腸墜下。〇摻口瘡牙疳，風濕癬癢，五痔下疳下血，面瘡諸疳。五倍屬金，善收頑痰，解熱毒，黃昏嗽用之，降火斂肺。時珍曰：鹽麩子木葉酸鹹寒涼，能除痰止嗽，生津，解熱毒酒毒，治喉痺，下血血痢諸病。五倍子是蟲食其津液而結成者，故主治俱同，而尤能除泄痢濕爛，為殺疳要藥。同白礬末水調下，解河豚毒。〇百藥煎，用五倍子為粗末，每斤用茶一兩，煎濃汁，入酵糟四兩，擂爛拌和，器盛，置糠缸中罯之，待發起麪狀即成矣。捏餅晒乾用，噙化亦妙，功與五倍同，而尤輕虛，治上焦心肺火嗽如神。

明・李中梓《醫宗必讀・本草徵要下》 五倍子味苦、酸、澁，平，無毒。入肺、胃二經。 斂肺化痰，故止嗽有效；散熱生律，故止渴相宜。上下之血皆止，陰陽之汗咸瘳。瀉痢久而能斷，腫毒發而能消。糝口瘡須臾可食，洗脫肛頃刻能收。染鬚髮之白，治目爛之疴。按：五倍子性燥急而專收斂，咳嗽由於風寒者忌之，瀉痢非虛脫者忌之，咳嗽由於肺火實者忌之。誤服反致壅滿，以其收斂太驟，火氣無從泄越耳。

明・鄭二陽《仁壽堂藥鏡》卷二 五倍子 丹溪云：五倍子屬金與水。噙口中，善收頑痰有功。且解諸熱毒。《本草》云：味苦、酸，平，無毒。療齒宣疳䘌，肺藏風毒，流溢皮膚，作風濕癬瘡，瘙痒膿水，五痔下血不止。小兒面鼻疳瘡。一名文蛤。在處有之。

明・蔣儀《藥鏡》卷三平部 五倍子 躁急殺蟲，收斂肺氣。從外治風熱，則療疳䘌齒宣。痔癬鼻瘡，燥老痰頑濕。又主生津明目，止瀉澁精。

明・張景岳《景岳全書》卷四九《本草正》 文蛤即五倍子。 味酸、澁，性微涼，能斂能降。故能降肺火，化痰涎，生津液，解酒毒。治心腹疼痛，夢洩遺精。療腫毒喉痹。止欬嗽消渴，嘔血失血，腸風臟毒，滑洩久痢，痔瘻下血不止。解蠱毒蟲毒，婦人崩淋帶濁，子腸不收，小兒夜啼，脫肛，俱可為散服之。若煎湯用，可洗赤眼濕爛，皮膚風濕癬癩，腸痔脫肛。為末，可傅金瘡折傷，生肌斂毒。

百藥煎即五倍子釀造者。 味酸、澁微、甘，功用與五倍子頗同。但經釀造而成，其氣稍浮，其味稍甘而純。故用以清痰解渴止嗽，及收斂耗散諸病，作丸噙化為尤佳，及治下焦滑洩諸病，亦更優也。

明・盧之頤《本草乘雅半偈》帙一〇 五倍子宋《開寶》 氣味：酸，平，無毒。

主治：主齒宣疳䘌，肺藏風毒，流溢皮膚，作風濕癬，瘙癢膿水，五痔，下血不止，小兒面鼻疳瘡。

覈曰：五倍子，在處都有，蜀中者為勝。樹名膚木，生叢林中，本末俱青，六七月無花作子，子生葉底，初起甚小，漸大如菱，嫩時翠綠，老則黃褐。

介甲中虛，堅結頗脆，內有白膜，霜降採子暴乾，用染重玄，遲則殼薄易腐。

粂曰：木以膚名，精專皮外之膚矣。《經》云：夏日在膚，泛泛乎若萬物之有餘。又云五六月陽氣在表，垂枝布葉，皆下曲如鉤，為太陽淪膚之盡，太陰膚受之始，效象陰陽，纍球葉底，小則如黍如粟，大則如菱如栗，名五倍子者以此。假木氣以賦形，中有白膜如蠓蠛，緣濕以合感而應生，木眚自成，非關外物耳。故主肺藏風毒，流溢皮膚面鼻。正皮膚者肺之合，面鼻者肺之候也。若五痔下血，為肺藏之邪，出授大腸府器；若齒宣疳䘌，為燥金上病，假合清肅以濡之；至于清暑止渴，療欬嗽，通喉痹，化痰癖，逐淡陰，主洩痢，收肛脫，此屬肺金府藏之變眚。若小兒尿血，又屬遊溢精氣，通調水(導)〔道〕，下輸膀胱，用泄金氣之鬱矣。木命在皮，各有專精。或果，或仁，或枝葉，或根幹，各備全木之體用。此獨精專于皮。皮復精專于膚，膚更精專于葉膚之膚子，若侵淫膚眚，用主侵淫膚瘡，功必勝于胡粉。不屬蟲卵，不屬果實，此屬假木氣以賦形。又生成葉膚之膚子，濕生亦可，化生亦可。

明·李中梓《本草通玄》卷下　五倍子　酸，平。　斂肺，降火化痰，止嗽，斂汗止痢，解熱毒，生津液，斂潰瘡，收脫肛，摻口瘡，止諸血。凡口齒咽喉，眼鼻皮膚，風濕瘡癬，皆不可缺。

清·顧元交《本草彙箋》卷九　五倍子附百藥煎。　五倍子，乃鹽膚木之上，有小蟲如蟻，食其汁，老則遺種，結小毬於葉間者。鹽膚子及葉皆酸鹹寒涼，能除痰飲咳嗽，生津止渴，解熱毒酒毒，治喉痺下血、血痢諸病。故五倍子所主治，與之同功。其味酸鹹，亦能斂肺止血，化痰止渴，收汗。其氣寒，亦能散熱毒瘡腫。其性收，亦能除泄痢氣脫也。蓋凡黃昏咳嗽者，乃火氣浮入肺中，不宜用涼藥。宜五倍、五味斂而降之。

百藥煎，功與五倍子同。但經釀造，其體輕虛，其性浮收，且味帶餘甘。治上焦心肺咳嗽，痰飲熱渴諸症，含噙爲宜。

膚木子，曝乾，染家用之。故五倍子造爲百藥煎，以染皂色。

自汗盜汗，以五倍子研末，津唾調，填臍中，縛定一夜即止。亦治小兒夜啼。

小兒下血，腸風臟毒，五倍子末，煉蜜丸小豆大，每米飲服二十丸。

脫肛不收，用五倍子、百草霜等分，爲末，醋熬成膏，鵝翎掃傅之，即入。

清·穆石匏《本草洞詮》卷一八　五倍子、百藥煎　五倍子，生膚木上，食其汁老，則結小毬於枝葉間，其殼堅脆，其中空虛，有細蟲如蟻蠓，霜降前採取，蒸殺之。皮工造為百藥煎，以染皂色，大為時用。五倍子酸，平，無毒。鹽麩子及木葉皆酸鹹寒涼，能除痰飲，生津止渴，解熱毒酒毒，治喉痺血痢諸病。五倍子乃蟲食其津液結成者，故所主治與之同功。其味酸鹹，能斂肺，止血化痰，止渴收汗，其氣寒，能散熱毒瘡腫。其性收，能除泄痢濕爛也。百藥煎功亦不異，但經釀造，其體輕虛，其性浮收，而味帶餘甘，故治上焦心肺熱渴諸病，含噙尤為相宜。

清·劉雲密《本草述》卷二七　五倍子頌曰：以蜀中者為勝。蓋各處有此種，而結於鹽膚者乃良，故取蜀所產也。　此乃鹽膚子木上之蟲所造。蟲如蟻，食其汁，老則遺種，結小毬於葉間，法釀過，名百藥煎。

鹽膚子木上，五六月有小蟲如蟻，食汁結毬，猶蠟蟲之作蠟子也。初起甚小，漸漸長堅，大小圓長不等，中有細蟲，山中人霜降前采取，蒸殺貨之。否則，蟲穿壞殼薄朽，不堪用矣。

氣味：酸，平，無毒。主治：斂肺降火，化痰止嗽，消渴盜汗，熱洩久痢，臟毒下血，虛勞遺濁，風眼赤爛，牙齦疳臭，咽中懸癰，療風溼癬疥癢膿水，斂潰瘡金瘡，收脫肛，子腸墜下。丹溪曰：五倍子屬金與水，噙之善收頑痰，解熱毒，佐他藥尤良。黃昏咳嗽，乃火氣浮入肺中，不宜用涼藥，宜五倍、五味斂而降之。之頤曰：木命在皮，各有專精，或果，或仁，或枝葉，或根幹，各備全木之體用。此獨精專於皮，皮復精專於膚，膚更精專於葉，膚之膚子，不屬蟲卵，不屬果實，此屬假木氣以成形，溼生亦可，化生亦可。時珍曰：鹽麩子及木葉皆酸鹹寒涼，能除痰飲咳嗽，生津止渴，解熱毒酒毒，治喉痺下血，血痢諸病。五倍子乃蟲食其津液結成者，故所主治與之同功。其味酸鹹，能斂肺止血，化痰，止渴收汗。其氣寒，能散熱毒瘡腫，其性收，能除泄痢溼爛。

希雍曰：五倍子得木氣而兼金水之性，其味苦酸濇，氣平，無毒。氣薄味厚，斂也，陰也，入手太陰、足陽明經。

同地骨皮、小薊、皮硝、甘草、苦參、葱頭，煎湯洗楊梅結毒。

附方　化痰生津，噙化丸，用五倍子安大鉢頭內，用煮糯米粥湯浸，蓋好，安靜處七日後，常看待發芽黃金色，又出黑毛，然後將箸試之，若透內無硬，即收入細瓦鉢中，擂如漿，連鉢日中曬至上皮乾了，又擂勻，又曬，曬至可丸，方丸彈子大，曬乾收用。其味甘酸，能收一切膠痰。

愚按：五倍子有謂其為手太陰肺藥者，時珍曰鹽膚子、五倍子先走腎肝，有救水之功，其說皆是也。丹溪謂屬金與水，乃為完詣。蓋此味乃鹽膚木葉上之蟲所造也。鹽膚木，即鹽膚子之木也。子曰鹽膚者，其子中有核，狀如腎形，核外薄皮，上有薄鹽，滇、蜀人采為木鹽故也。時珍引《後魏書》云：勿吉國水氣鹹凝，鹽生樹上，即此類也。若然，是則木之鹽以膚名，即其水氣鹹凝，而透出於外者，猶人身之皮，皮之膚歟，其蟲之所自生，與蟲之所結為毬，毋亦皆鹹凝所透，更從溼化而為蟲，即淫氣所化，仍還結聚而為毬歟。之頤所謂木眚自成，非關外物者，是也。若然，則此味之主治，一水氣為之始終而已。但水氣之所透者，直致於金，而水氣之所歸者，亦由於金。如人身之肺屬金，主乎皮毛，而肺金又為後天腎水之化原也。五倍子采於九月，則其由金歸水也可知。抑水之致於金者，似取於從裏達外之義矣。而由金歸水者，其將何以明之？曰：凡味酸者，木之欲達而不能盡達也。故肝喜辛，使其畢達也。濇者，金之欲歛而不得盡歛也。故肺喜酸，使其就歛也。此味嘗之始而濇，繼而苦，終而酸，業已就斂矣。由苦而酸者，所謂非苦無以至地是也。況多取之以造重玄，不尤為下歸於水之明徵乎？雖然，如所主諸證，何以明其以水氣為始終乎？曰：《經》云腎者至陰也，地氣上而生水液也。如病於風毒攻眼，齒宣，走馬牙疳，咽中懸癰，喉痹，咳嗽，風毒癬疥等證，皆陰氣之不周於外者也。如水氣致於金，則金即效其下收之用矣。如消渴飲水，寐中竊汗，熱泄久痢，臟毒下血，虛勞遺濁，脫肛不收，產後腸脫等證，皆陰氣之不周於內者也。如金氣歸於水，則水又即效其上行之用矣，是水氣之始終，又金為之。人身金水相因以為灾眚，即相因以為生化。而茲味有合如此，此婁全善治精遺固脫，謂他劑皆不及者是也。不然，何以能降而收於極上，又能升而固於極下乎？

愚按：五倍子為水氣鹹凝，而透出於外者，其氣之轉化，以有此也。雖味有濇，然轉化之氣已極於表，亦必歸其所始，故其味苦以歸下，如歸下而不兼酸收，則無以裕極表之氣，故就其極於表者，如頭目口齒用之，殊不少也。就其歸於所始者，則入腎而收精之滑脫，是致功於水臟更為專也。然五倍難同於五味之補元，其由透表而後有收裏也。故此種亦非極於酸收之味，與粟殼同論也。若粟殼酸濇，而更得苦味，則丹溪亦無殺人如劍之戒矣。抑止消渴者，而復能除諸溼爛也，謂何？蓋此溼爛諸患，皆風毒之所致，風毒皆熱毒之所化也。況燥收之性味，原與歸於至陰者不相戾乎？所以金得水以致其用，水得金以宅其元陰，精奉之而上收，氣肅之而下，故種種可言其功，使金水不相合以為用，則升降之道窮而生化息，寧獨一物之所稟者哉？

附方　大抵陰氣虛而陽因借於上則風淫，金本水氣以收之。風毒攻眼腫癢，濇痛不可忍者，或上下瞼赤爛，或浮瞖瘀肉侵睛，神效驅風散用五倍子一兩，蔓荊子一兩半，為末，服二錢，水二盞，銅石器內煎汁，去滓，乘熱洗，留滓再煎用，大能明目去濇。走馬牙疳，五倍子、青黛、枯礬、黃蘗，等分為末，先以鹽湯漱淨，摻之立效。咽中懸癰，舌腫塞痛，五倍子末、白殭蠶末、甘草末，等分，白梅肉搗和丸彈子大，噙咽，其癰自破也。如此類不能盡錄。又風溼癬疥溼爛之類，在外者，猶之在上者，亦不能盡錄。陰氣虛，而陽因散於下則氣脫，水借金氣以收之。虛勞遺濁，玉鎖丹治腎經虛損，心氣不足，思慮太過，真陽不固，漩有餘瀝，小便白濁如膏，夢中頻遺，骨節拘痛，面黧肌瘦，盜汗虛煩，食減乏力，此方性溫不熱，極有神效。用五倍子一斤，白茯苓四兩，龍骨二兩，為末，水糊丸梧子大，每服七十丸，食前用鹽湯送下，日三服。脫肛不收，用五倍子半斤，水煮極爛，盛坐桶上薰之，待溫以手輕托上，內服參、芪、升麻藥。脾泄久痢，五倍子炒半斤，倉米炒一升，白丁香、細辛、木香各三錢，花椒五錢，為末，每服一錢，蜜湯下，日二服。忌生冷、魚、肉。如此類不能盡錄。又如盜汗，臟毒下血，腸風臟毒之類，在中者猶之，在下者亦不能盡錄。

希雍曰：五倍子性燥急，而專收斂，咳嗽由於風寒外觸者忌之。瀉痢非腸虛脫者忌之。咳嗽由於肺火實甚者忌之。若誤服之，反致壅塞喘滿，以其酸斂太驟，火氣無從泄越，故耳。

修治　蜀中者佳。去蟲，湯藥生用，丸藥畧炒。染鬚炒至烟起，以濃茶潑之，再炒至烟淨，用青布包，以脚踏石，壓乾為末。

百藥煎　氣味：酸、鹹，微甘，無毒。主治：清肺化痰定嗽，解熱生津止渴，收溼消酒，烏鬚髮，療牙齒宣䘌，面鼻疳蝕，口舌糜爛，風溼諸瘡《綱目》。時珍曰：百藥煎功與五倍子不異，但經釀造，其體輕虛，其性浮收，且味帶餘甘，治上焦心肺咳嗽，痰飲熱渴諸病，含噙尤為相宜。

附方　定嗽化痰，百藥煎、片黃芩、橘紅、甘草，各等分，共為細末，蒸餅丸綠豆大，時時乾咽數丸佳。 清氣化痰，百藥煎、細茶各一兩，荊芥穗五錢，海螵蛸一錢，蜜丸芡子大，每服噙一丸，妙。 時賢曰：滾痰丸中用百藥煎，蓋此丸得此藥乃能收，歛周身頑涎取聚於一處，然後利下，甚有奇功。曰倍若沉者，言五倍子與沉香，非礞倍於沉之謂也。 牙齦疳蝕，百藥煎、五倍子、青鹽煅各一錢半，銅綠一錢，為末，日摻二三次，神效。 大腸便血，百藥煎、荊芥穗燒存性，等分為末，糊丸梧子大，每服五十丸，米飲下。 男婦血淋，用真百藥煎、車前子炒、黃連各三錢半，木香二錢，滑石一錢，為末，空心燈草湯服二錢，日二服。 染烏鬚髮，用百藥煎一兩，鍼砂醋炒，蕎麥麪各半兩，先洗鬚髮，以荷葉熬醋調刷，荷葉包一夜，洗去，即黑妙。

修治 時珍曰：用五倍子為粗末，每一斤以真茶一兩，煎濃汁，入酵糟四兩，擂爛拌和，器盛置糠缸中罯之，待發起如發麪狀，即成矣。 捏作餅丸，曬乾用。 又方：五倍子一斤，研末，酒麴半斤，細茶一把，研末，右用小蓼汁調勻，入鉢中按緊，上以長稻草封固，另用籮一個，多着稻草，將藥鉢坐草中，上以稻草蓋，最淨處過一七後，看藥上長起長霜，藥則已成矣。或捏作丸，或作餅，曬乾纔可收用。

愚按：時珍謂五倍子與鹽膚子同功，其義不妄。 蓋鹽膚之木葉皆鹹酸寒涼，其所結之子，核上有薄鹽，是水氣所凝，包孕於子也。 五倍子雖由蟲而結，亦緣木葉之水氣，鹹凝轉化結形如此也。 謂曰同功，亦近之矣。 唯五倍子釀過為百藥煎者，較與五倍子之功稍異。 時珍所說最確也。 按時珍謂百藥煎體輕虛而性浮收，其用較與五倍子稍異，以治上焦心肺熱嗽熱渴尤宜，誠為確論。 蓋五倍子以酸濇苦，為下歸於水之性，原亦不離於金之母氣。 緣濇者金也。 至釀造輕浮，則於上焦之熱嗽熱渴，誠為對待之劑也。 觀治傷暑者，以百藥煎為君，固以心包絡之熱，上病於肺之元氣也。 然則於心肺之相刑以為嗽者，何以方書用之，止於一二，得勿以其濇味為多，未敢輕投乎，是則猶當審處矣。 後閱瘵膈熱消渴，亦以為君，則此味為上焦熱渴之的劑，固不能易也。

清·郭章宜《本草匯》卷一七 五倍子一名文蛤 味苦、酸，濇，氣薄味厚，歛也，降也，入手太陰、足陽明經。 歛肺化痰，故止嗽有効。 生津降火，斯消渴相宜。 上下之血皆止，陰陽之汗咸瘳。 自盜汗者，用倍末，津調，填臍中，縛住，一夜即止。 瀉痢久而能斷，腫毒發而能消。 初起無頭者，五倍、大黃、黃栢等分，為末，水調塗四圍，或一味蜜調塗。 糝口瘡須臾可食，五倍一兩，滑石半兩，黃栢蜜炙半兩，為末，漱淨摻之，便可飲食。 洗脫肛頃刻能收。 五倍為末，先以艾紙捲五倍末成筒，放便桶內，瓦盛，令病者坐上，以火點着，使藥烟透入肛門，其肛自上，隨後將白礬為末，搽於肛門，即不脫。 染鬚髮之白，《聖濟總錄》用針砂八兩，米醋浸五日，炒略紅色，研末，五倍子、百藥煎、沒食子各二兩，訶藜勒皮三兩，研末，各包，先以皂莢水洗髭鬚，用米醋打蕎麥麪糊，和針砂末傅上，荷葉包過一夜，次日取去，以蕎麥糊四味，敷之一日，脫去即黑。《杏林摘要》用五倍一觔，研末，銅鍋炒之，勿令成塊，如有烟起，即提下攪之，從容上火慢炒，直待色黑為度，以濕青布包扎，足踏成餅，收貯聽用。 每用時，以皂角水洗淨鬚髮，用五倍子一兩，紅銅末酒炒一錢六分，生白礬六分，訶子肉四分，沒食子四分，硇炒一分，為末，烏梅、酸榴皮煎湯調勻，碗盛，重湯煮四五十沸，待如飴狀，掠刷於鬚髮，一時洗去，再上包住，次日洗去，再以核桃油潤之，半月一洗，甚妙。 治目爛之疴。 焙存性，為末，入飛過黃丹少許，傅之，日三上。 或單五倍子研末，傅之。 陰囊濕瘡出水，同蠟茶膩粉葱湯洗，繼以油調。 頭癩熱瘡風癬，偕白芷為末收膿水，乾上清油。

按：五倍子，乃蟲食木之津液結成者，得木氣，而兼金水。 性最急燥，善收頑痰，解熱毒，佐他藥尤良。 其味酸鹹，故能歛肺止嗽，化痰止渴，收汗。 其氣寒，故能散熱毒瘡腫。 其性收，故能除泄痢濕爛。 若咳嗽由於風寒外觸，肺火實盛者，誤服則火氣無從泄越矣。 黃昏咳嗽，乃火氣浮入肺中，不宜用涼藥，宜五倍五味歛而降之。 瀉痢非虛脫者，忌之。 風毒攻眼，癢澀痛爛不可忍者，用五倍一兩，蔓荊一兩，為末，服二錢，餘以水二鍾，銅石器內煎汁，去滓，乘熱洗，查再煎，大能明目去澀。《山海經》作五構，其形似海中文蛤，故亦同名。 又名百蟲（瘡）〔倉〕，會意也。 蜀中者為勝。 生於鹽膚木上，圓長不等，綴於葉間，其殼堅脆中空，有細蟲如蠛蠓，采蒸，去蟲用。 百藥煎，功與五倍子不異。 但經釀造，其體輕虛，其性浮收，且味帶餘甘。 治上焦心肺咳嗽，痰飲熱渴諸病，尤為相宜。 皮工造以染皂色，大為時用。 附造法：用五倍子為粗末，每一觔用真茶一兩，煎濃汁，入酵糟四兩，擂爛拌和，器盛置糠缸中罯之，待發起如發麪狀，即成矣。 捏作餅丸，晒乾用。 又方：以五倍一斤研末，酒麯半觔，細茶一把研末，用小蓼汁調勻，入甆器中蓋緊，以稻草封固，過一七後，長出霜，作餅晒乾用。

清·蔣居祉《本草擇要綱目·溫性藥品》 五倍子 氣味：酸、鹹，平，無毒。 乃蟲食之津液結成者，其味酸鹹。 主治：能歛肺止血，化痰止渴收汗。 其氣寒，能散熱毒瘡腫。 其性收，能除泄痢濕爛。 凡黃昏咳嗽，乃火氣浮入肺中，不宜用涼劑，唯五味、五倍能歛而降之也。 百藥煎，其功與五倍子不異，但經釀過，其體輕虛，其性浮收，且味帶餘甘，治上焦心肺咳嗽痰飲熱渴諸病。

清·王翃《握靈本草》卷九 五倍子在處有之。內多蟲，又云蟲所造也，故名百蟲倉。皮工造為百藥煎，以染皂色，大為時用。功與五倍子不異，但經釀成，其性輕浮，治上焦病尤宜也。 主治：五倍子，酸，平，無毒。主斂肺，化痰止嗽，解渴，盜汗，失血，久痢，黄病，眼赤濕爛，消腫毒，喉痹，斂潰瘡，收脫肛、子腸。

清·汪昂《本草備要》卷四 五倍子濇，斂肺。 酸、鹹。其性濇，能斂肺；其氣寒，能降火。生津化痰，止嗽止血，斂汗鄭贊寰鄭贊寰，奠一孫也。曰：焙研極細，以自己漱口水調敷臍上，治盜汗如神。解酒，療消渴泄痢，斂瘡瘡癬五痔，下血脫肛，膿水濕爛，子腸墜下，散熱毒，消目腫，煎水洗之。斂瘡口。熱散，瘡口自斂。其色黑，能染鬚。丹溪曰：倍子屬金與水，噙之善收頑痰，解熱毒。黄昏咳嗽，乃火浮肺中，不宜用涼藥，宜五倍、五味，斂而降之。《醫學綱目》云：王元圭虛而滑精，屢與加味四物湯，吞河間秘真丸及真珠粉丸，不止。後用五倍子一兩、茯苓二兩，丸服，遂愈。此則倍子斂濇之功，敏于龍骨、蛤粉也。昂按：凡用秘濇藥，能通而後能秘。此方用茯苓倍于五倍，一瀉一收，是以能盡其妙也。 嗽由外感，瀉非虛脫者禁用。生鹽膚木上，乃小蟲食汁，遺種結毬于葉間。故主治之症，與鹽膚子葉同功。 殼，輕脆而中虛，可以染皂。或生、或炒用。

清·吴楚《寶命真詮》卷三 五倍子 【略】斂肺化痰，散熱止嗽，生津止渴，止血收汗，斷瀉痢，消腫毒，糁口瘡，須臾可食。洗脫肛，頃刻能收。染鬚髮，治目爛。 嗽由風寒，瀉非虛脫者，忌之。實嗽亦忌。

清·陳士鐸《本草新編》卷四 五倍子 一名文蛤。味辛、酸，氣平，無毒。入腎經。療齒宣疳䘌，及小兒面鼻疳瘡，治風癬癢瘙，並治大人五痔下血。洗目消赤腫，止疼。染鬚髭變黑。專為收斂之劑，又禁瀉痢腸虛，解消渴，生津，却頑痰，去熱。百藥煎，亦此造成。此藥外治之功居多，內治之功甚少，存之以備瘡毒之用。

或問：五倍子乃收斂之藥，用之外治更宜，然而內治以固滑瀉，未嘗不佳，何子著《本草》，單為外治留之乎？曰：痢無止法，用澁藥以止痢，前人所戒。況五倍子止痢，乃不得已而用之，止痢之品甚多，何必借此不可用之藥。此鐸所以止取外治，而不取內治也。

清·顧靖遠《顧氏醫鏡》卷八 五倍子酸，濇，苦，平。或生，或炒，研末。 自汗盜汗，津調納臍內。口瘡濕瘡，乾末敷患處。君膦黄醋調敷腫毒，佐白礬煎湯洗脫肛。掺濕爛之目，染鬚髮之白。性燥急而專收斂，外治多功。今人濫用治咳嗽瀉痢，使火氣無從洩越，貽禍不淺。

清·李熙和《醫經允中》卷一八 五倍子 即文蛤。 酸，平，無毒。主治斂肺降火，化痰飲，止咳嗽。治眼赤濕爛，消腫毒喉痺，斂潰瘡、金瘡，收脫肛，子腸墮下，掺口瘡牙疳，風濕癬癢，五痔下疳下血，染髭鬚，療面疳。然專于收斂，如咳嗽由于風寒外觸，肺火實盛者，誤服則火氣無由泄越矣。瀉痢非久脫肛者忌之。同白礬末水調下，解河豚毒。百藥煎亦此造成者，治肺脹喘咳諸症。

清·馮兆張《馮氏錦囊秘錄·雜症痘疹藥性主治合參》卷四 五倍子得木氣而兼金水之性，其味苦、酸，氣平，無毒。氣薄味厚，斂也，陰也。入手太陰、足陽明經。取苦能殺蟲。性燥，能主風濕。酸平，能斂浮熱。為化痰滲濕、降火收斂之需。 五倍子，療齒宣疳䘌，小兒面鼻疳瘡。治風癬癢瘙，大人五痔下血。煎湯，洗眼目，消赤腫止疼。研末，染髭鬚，變皓白成黑。肺臟風毒，流溢皮膚，濕瘡膿水，潰爛金瘡，總以酸苦之性，專為收斂之劑。即能斂肺止嗽，又禁瀉痢腸虛，解消渴生津，却頑痰去熱。掺口瘡，洗脫肛，用甘草、桔梗照方盦製，即名百藥煎，肺脹喘咳，噙化即痊。

按：五倍子，性燥急，而專收斂，倘咳嗽由於風寒，瀉痢非係虛滑，收斂太驟，反致壅滿，戒之。

清·张璐《本經逢原》卷四 五倍子即川文蛤 苦、酸、鹹，平，無毒。產川蜀，如菱角者佳。法釀過名百藥煎，每五倍末一觔，入桔梗、甘草、真茶各一兩為末，入酵糟二兩拌和，置糠中窨，待起如發麪狀即成矣，作餅晒乾用。

發明：川文蛤善收頑痰，解熱毒。黄昏欬嗽乃火氣浮於肺中，不宜用涼藥，宜五倍、五味斂而降之。若風寒外觸暴嗽及肺火實勝者禁用，以其專收而不能散也。故痰飲內盛者誤用則聚斂於中，往往令人脹閉而死。為末收脫肛及子腸墜下。〇百藥煎性浮，味帶餘甘，治上焦痰嗽熱渴諸病，含噙尤宜。煅過主下血，烏鬚髮，消腫毒，斂金瘡，治喉痹口瘡掺之，便可進食也。

清·浦士貞《夕庵讀本草快編》卷五 五倍子《開寶》、文蛤 倍或作棓，其形似海中文蛤，故亦同名。其蟲如蟻，生鹽膚子樹，夏月食其汁，老則遺種結小梂于葉間，如拳如卵，中空有細虫，霜降前采取收之。 五倍屬金，味酸而鹹，故能斂肺止血而化痰收汗；其氣微寒，故能散熱消腫而解毒清喉；其性收，故能除泄痢濕爛；其氣凉，故醒酒渴餘酲。大抵虫食樹脂凝結而成，所治之功亦不外乎津液諸症，同氣相求之理然也。若經法造，其體輕虛，其性浮而帶甘，功雖同而性益馴。百藥之號，非無故爾！

清・王道純《本草品彙精要續集》卷七 五倍子內蟲

五倍子內蟲：主赤眼爛弦《本草綱目》。〔合治〕李時珍方：用五倍子內蟲同爐甘石末乳細點之。

百藥煎無毒 百藥煎：主清肺化痰定嗽，解熱生津止渴，收濕消酒，烏鬚髮，止下血，久痢脫肛，牙齒宣䘌，面鼻疳蝕，口舌糜爛，風濕諸瘡《本草綱目》。〔質〕或作餅丸，方圓、大小不拘。〔色〕純黑。〔味〕酸，鹹，微甘。〔性〕凉。〔製〕李時珍云：用五倍子爲粗末，每一斤以真茶一兩，煎濃汁，入酵糟四兩，擂爛拌和，器盛置糠缸中，罯之，待發起如發麵狀即成矣。捏作餅丸，曬乾用。陳嘉謨云：入藥者，五倍子鮮者十斤，舂細，用瓷缸盛，稻草蓋盦七日夜，取出，再搗入桔梗、甘草末各二兩，又盦一七，仍搗，仍盦，滿七次取出捏餅，曬乾用。如無鮮者，用乾者水漬爲之。〇又方：五倍子一斤，生糯米一兩，滾水浸過細茶一兩，上共研末，入罐內封固六月，要一七取開，配合用。〇又方：五倍子一斤研末，酒麴半斤，細茶一把，研末，右用小蓼汁調勻，入缽中按緊。上以長稻草封固，另用籮一個，多着稻草，將藥缽坐草中，上以稻草蓋置淨處，過一七後看藥上長起長霜，藥已成矣。或捏作丸，或作餅，曬乾纔收用。〔治〕李時珍云：百藥煎，功用與五倍子不異，但經釀造，其體輕虛，其性浮收，且味帶餘甘，治上焦心肺欬嗽，痰飲，熱渴諸病，含噙尤爲相宜。〇《普濟方》：沐髮除脂，百藥煎末乾搽髮上一夜，篦之。〇《聖濟總錄》方：風熱牙痛，百藥煎泡湯，噙漱。〇《醫林集要》方：腳肚生瘡，初起粟米大，搔之不已，成片包腳相交，黃水出，癢不可忍，久成痼疾，用百藥煎末唾調，遂瘡四圍塗之，自外入內，先以貫衆煎湯洗之，日一次。〇《經驗方》：乳結硬痛，百藥煎末每服三錢，酒一盞，煎數沸服之，取效。〇王璆《百一選方》：腸風下血，百藥煎二兩半，生用，半炒存性，爲末，飯丸梧子大，每服五十丸，米飲下，名聖金丸。〇《集簡方》：大腸氣痔作痛，下血，百藥煎末，每服三錢，稀粥湯調服，日二次。〔合治〕《丹溪心法》方：斂肺劫嗽，百藥煎、訶黎勒、荊芥穗等分爲末，薑汁入蜜和丸芡子大，時時噙之。〇《瀕湖醫案》方：定嗽化痰，百藥煎、片黃芩、橘紅、甘草各等分，共爲細末，蒸餅丸綠豆大，時時咽數丸，佳。〇《筆峰雜興》方：清氣化痰，百藥煎、細茶各一兩，荊芥穗五錢，海螵蛸一錢，蜜丸芡子大，每服噙一丸，妙。〇《普濟方》：染烏鬚髮，用百藥煎一兩，針砂醋炒，蕎麥麵各半兩，先洗鬚髮，以荷葉熬醋調刷，荷葉包一夜，洗去即黑，妙。〇又方：揩牙烏鬚，用百藥煎半兩，延胡索三錢，雄黃三錢，爲末，先以薑擦去涎，用此揩牙，以津洗目，日日用之，甚佳。此方又治牙痛引頭。〇又方：牙齦疳蝕，百藥煎、五倍子、青鹽煅各一錢半，銅綠一錢，爲末，日摻二三次，神效。〇又方：男婦血淋，用真百藥煎、車前子炒、黃連各三錢半，木香二錢，滑石一錢，爲末，空心燈草湯服二錢，日二服。〇《外科精義》方：煉眉瘡癬，小兒面湮瘡，又名煉銀瘡，乃母受胎時食酸辣邪物所致，用百藥煎五錢，生白礬二錢，爲末，油調搽之。《直指方》：腸癰內痛，大棗連核，燒存性，百藥煎等分爲末，每服一錢，溫酒服，日一，取效。《聖惠方》：大腸便血，百藥煎、荊芥穗燒存性，等分爲末，糊丸梧子大，每服五十丸，米飲下。《濟生方》：腸風臟毒下血者，用百藥煎燒存性，烏梅連核燒過，白芷不見火爲末，水糊丸如梧子大，每服七十丸，米飲下。《本事方》：酒痢下血，百藥煎、五倍子、陳槐花等分焙研末，酒糊丸梧子大，每服五十丸，米飲送下。《聖濟總錄方》：下痢脫肛，百藥煎一塊，陳白梅三個，木瓜一握，以水一碗，煎半碗，日二服。《事林廣記》：消暑止渴，百藥煎、蠟茶等分爲末，烏梅肉搗和丸芡子大，每含一丸，名水瓢丸。

清・王子接《得宜本草・下品藥》 五倍子 味酸。得茯苓、龍骨治虛勞遺濁，得白礬治腸風下血。

清・黃元御《玉楸藥解》卷六 五倍子 味酸，氣平。入手太陰肺、手陽明大腸經。收肺除欬，斂腸止利。五倍子收斂肺腸，墜縮肛脫。消腫毒，平欬逆，斷滑泄，化頑痰，止失紅，斂潰瘡，搽口瘡，吹喉痹，固盜汗，止遺精。治一切腫毒、痔瘻、疥癩、金瘡之類。五倍釀法名百藥煎，與五倍同功。

清・吳儀洛《本草從新》卷六 五倍子〔澀，斂肺。〕一名文蛤。酸澀能斂肺，鹹寒能降火。生津化痰，止嗽止血，斂汗，鄭贊寰曰：焙研極細，以自己漱口水調敷臍，治盜汗如神。解酒。療消渴泄痢，疥癬五痔，下血脫肛，膿水濕爛，子腸墜下。散熱毒，消目腫，煎水洗之。斂瘡口。熱散瘡口自斂。其色黑，能染鬚。

丹溪曰：倍子屬金與水，噙之善收頑痰，解熱毒。黃昏咳嗽，乃火浮於肺，不宜用涼藥，宜五味，五倍斂而降之。《醫學綱目》〔婁全善《醫學綱目》。〕云：王元珪虛而滑精，屢與加四物湯，吞河間秘真丸及真珠粉丸，不止，後用五倍子一兩，茯苓二兩，丸服遂愈。此則倍子斂澀之功敏於龍骨、蛤粉也。訒庵曰：凡用秘澀藥，能通而後能秘，此方用茯苓倍于五倍，一瀉一收，是以能盡其妙也。嗽由外感，瀉非虛脫者禁用。生鹽膚木上。乃小蟲食汁，遺種結毬於葉間。故主治之證，與鹽膚子、葉同功。殼，輕脆而中虛。可以染皂。或生或炒，搗末用。百藥煎，功與五倍子不異，但經造釀，其體輕虛，其性浮收，且味帶餘甘。治上焦心肺，咳嗽痰飲熱渴諸病，含噙尤為相宜。用五倍子為粗末，每一斤以真茶一兩，煎濃汁，入酵糟四兩，擂爛拌和，器盛置糠缸中罨之，待發起如發麵狀即成矣。捏作餅丸，曬乾。

清・汪紱《醫林纂要探源》卷三　五倍子　鹹，酸，寒，濇。倍，當作構，木名，即鹽麩木，乃蟲食木汁，遺子葉間，結房如文蛤，形圓長，大小不一，子化飛去而房存，色黑黃，輕脆中空，可用以染皂。補肺斂氣，補心安神，瀉肝腎之邪熱積濕，功專收斂。此大略同桑螵蛸，而彼固陽氣，有散有收。此斂陰氣，一於收濇。彼合其子為用，生氣存中。此則子去殼遺，獨存斂固之性。又桑木屬陽，膚木屬陰也。其輕虛上行，入肺，清肺金，固肺氣，治虛火上浮之咳嗽吐衄消渴，能生津，去痰，解酒。入心而除妄熱，止一切血熱血妄，諸瘡痛癢，斂瘡口，解虛煩。研末，調口唾傅臍上，止盜汗自汗甚效。又能治腸風痔瘻，脫肛瀉痢，大腸，肺之表也。收一切膿水濕爛，洗目消腫，去肝腎之濕熱也。生用上行，炒用下行。若咳嗽由外感，瀉痢非虛脫者，則不可用。可染鬚髮。

清・嚴潔等《得配本草》卷八　五倍子一名文蛤。百藥煎。　鹹、酸，寒，澀。入大腸經氣分。斂肺止血，收痰止汗，除瀉斂瘡。得鹽梅，治小便尿血。得烏梅，療赤痢不止。配五味子，止黃昏咳嗽。配蔓荊子，治風毒攻眼。配鯽魚，治臟毒。配白礬，治腸風下血。和蕎麥麵，治寐中盜汗。合全蠍，摻聤耳。合黃丹，敷風眼赤爛。合臘茶葉末，搽陰囊濕瘡。加膩粉少許更好。或炒，或生用。　百藥煎即倍子釀過者。　酸、鹹、微甘。清肺化痰。能聚周身頑痰於一處。　得槐花，治酒毒血痢。佐荊炭，治大便下血。合生白礬末，油調，搽小兒煉眉瘡癬。因母孕時，食酸辣邪物所致。

題清・徐大椿《藥性切用》卷八　五倍子　酸澁鹹寒，澁腸斂汗，止嗽化痰。百藥煎，功近五倍，但經釀造，尤能化熱解毒，收斂頑痰，為久嗽痰結劫藥。

清・黃宮繡《本草求真》卷二　五倍子內服斂肺瀉火，除熱止嗽，固脫，外祛風濕，殺蟲。　五倍子耑入肺脾。按書既載味酸而濇，氣寒能斂肺經浮熱，為化痰滲濕降火收濇之劑。汪昂述丹溪謂倍子屬金與水，噙之善收頑痰，解熱毒，黃昏咳嗽，乃火浮肺中，不宜用涼藥，宜五倍五味斂而降之。《醫學綱目》云：王元珪虛而滑精，屢與加味四物湯，吞河間秘真丸及真珍粉丸，不止，後用五倍子一兩，茯苓二兩，丸服遂愈，此則倍子收斂之功。敏於龍骨、蛤粉也。昂按凡用秘濇藥，能通而後能秘，此方用茯苓倍於五倍，一瀉一收，是以能盡其妙也。又言主於風濕。凡風癬癢瘙，眼目赤痛，用之亦能有效。得非又收又散，又升又降之味乎？詎知火浮肺中，無處不形，在上則有痰結咳嗽，汗出口乾、吐衄等症，在下則有泄痢五痔，下血脫肛，膿水濕爛，子腸墜下等症，溢於皮膚，感冒寒邪，則必見有風癬癢瘙，瘡口不斂，攻於眼目，則必見有赤腫翳障，用此內以治臟，則能斂肺止嗽，固脫住汗。常出自汗，睡中出為盜汗，用五倍子研末，津調填臍中，縛定，一夜即止也。外以治膚，薰洗則能祛風，除濕殺蟲。一切癬瘡，用五倍子去蟲，白礬燒過，各等分為末搽之，乾則油調。藥雖一味，而治分內外，用各不同，非謂既能入肺收斂，治黃昏時嗽。又能浮溢於表，而為驅逐外邪之藥耳，書載外感勿用，義實基此。染鬚皂物最妙，生於鹽膚木上。乃小蟲食汁。遺種結毬於葉間。鹽膚木酸寒，除痰生津止嗽，五倍子蟲食其津液結成，故與鹽膚木功同。入藥或生或炒用。

百藥煎斂肺止嗽固脫。　百藥煎耑入肺胃。係五倍子末同藥作餅而成者也。五倍一觔，同桔梗、甘草、真茶各一兩，入酵糟二兩，拌和糖罨，起發如麪。其性稍浮，味酸濇而帶餘甘，五倍子性主收斂，加以甘桔同製，則收中有發，緩中有散。凡上焦痰嗽熱渴諸病，用此含化最宜，加以火煅則治下焦血脫。腫毒金瘡，喉痹口瘡等症，用之即效，以黑能入下焦故也。

清・沈金鰲《要藥分劑》卷九　五倍子　【略】鰲按：滑精夢洩諸病，固宜收濇，然必能通而後能澁。《醫學綱目》載一方，以治虛而滑精者，用五倍子一兩，茯苓二兩，其用茯苓倍于五倍子，瀉多濇少，誠盡製方之妙。

清・楊璿《傷寒溫疫條辨》卷六濇劑類　五棓子炒。　味鹹酸，其性濇斂肺，其氣寒降火，生津化痰止嗽，黃昏咳嗽，乃火浮肺中，宜五棓、五味斂而降之。斂汗。以自己漱口水調末，敷臍上效。療瀉痢五痔，下血脫肛，膿水濕爛，子腸墜下。色黑烏鬚。《醫學綱目》云：王元珪虛而滑精，諸藥不效，後用五棓子一兩，白茯苓二兩，為末，丸服，遂愈。訒菴曰：凡用秘濇藥，必能通而後能秘，此方茯苓倍於五棓，一瀉一收，是以能盡其妙也，世罕知此。

清·羅國綱《羅氏會約醫鏡》卷一七竹木部 五倍子味酸澁，微寒，入肺胃二經。

酸能斂肺，寒能降火，止上下之血，收陰陽之汗。療肺虛久嗽、腸滑久瀉酸澀，生津化痰火降，痔漏脫肛、膿水濕瘡、子腸墜下、眼目赤腫。俱煎水洗。治齒宣疳䘌、面鼻疳瘡，苦以殺蟲。斂瘡口，解消渴。寒以散熱。

按：性主收斂，嗽由外感、瀉非虛脫者禁用。

百藥煎：即五倍子釀造者。味酸澁，微甘。其功與五倍子同，但經釀造而成，其味稍純。能清痰解渴止嗽。凡耗散諸病，俱能收斂。作丸噙化尤佳。及治下焦滑洩，亦更優也。

清·黃凱鈞《藥籠小品》 五棓子 酸澀斂肺，鹹寒降火化痰，治下血脫肛。有外感非虛脫禁用，去蛀屑。

清·王龍《本草纂要稿·木部》 五倍子 氣味苦酸而平。解消渴生津，却頑痰去熱。洗眼目赤腫止疼，染髭鬚皓白成烏。禁腸虛瀉痢，殺齒宣䘌蟲。百藥煎亦此造成，肺脹喘咳不休，噙化數餅立效。

清·張德裕《本草正義》卷下 文蛤即五棓子，乃蟲房也。 酸澁而涼。能降肺火，化痰涎，療喉痺腫毒，帶濁遺精，腸風臟毒。煎湯可洗爛弦赤目，為末可敷損傷。

百藥煎 文蛤釀成，與文蛤頗同，但氣輕而味稍甘。能消痰解渴，止嗽，收斂耗散下焦滑泄諸病。

清·楊時泰《本草述鉤元》卷二七 五倍子 各處有此種，以蜀產結於鹽膚木上者，乃良。鹽膚子木上，五六月有小蟲如蟻，食汁結球，猶蠟蟲之作蠟。初甚小，漸漸堅，大小圓長不等，中有細蟲，山中人霜降前采取，蒸殺貨之，法釀過者，名百藥煎。

味濇而苦酸，氣平。氣薄味厚，斂也，陰也。入足少陰、厥陰、手太陰、足陽明經。斂肺降火，化痰止嗽，治消渴盜汗，熱洩久痢，臟毒下血，虛勞遺濁，風眼赤爛，牙齦疳臭，咽中懸癰，療風濕癬疥癢膿水，斂潰瘡金瘡，收脫肛子腸墜下。木命在皮，此木精專於皮，皮復精專於膚，其膚子假木氣以成形，不屬蟲卵，不屬果實，濕生亦可，化生亦可之頤。鹽膚子及木葉，皆酸鹹寒涼，能除痰飲欬嗽，生津止渴，解熱毒酒毒，治喉痺、下血、血痢諸病，五倍子乃蟲食其津結成者，故所主治，與之同功瀕湖。鹽膚子、五倍子，先走肝腎，有救水之功又。五倍子屬金與水，噙之善收頑痰，解熱毒，佐他藥尤良丹溪。黃昏咳嗽，乃火氣浮入肺中，不宜用涼藥，宜五倍、五味斂而降之又。其氣寒能散熱毒瘡腫，其性收能除泄痢濕爛瀕湖。同地骨皮、小薊、苦參、皮硝、甘草、葱頭煎湯，洗楊梅結毒。化痰生津噙化丸： 五倍子安大缽內，用糯米粥湯浸，蓋好，置靜處七日後，常看。待發芽黃金色，又出黑毛，後將箸試之，若透內無硬，即收入細瓦缽中，擂如漿，連缽日中晒，至上皮乾了，又擂勻，又晒，晒至可丸，方丸如彈，晒乾收用。其味甘酸，能收一切膠痰。大抵陰氣虛，而陽因僭於上，則風淫，此味金本水氣以收之，錄方如左。神效驅風散： 治風毒攻眼，腫癢濇痛不可忍，或上下瞼赤爛，或浮瞖瘀肉侵睛。用五倍子一兩、蔓荊子一兩半為末，水二盞，銅石器內煎汁，去渣，乘熱洗，留渣再煎用，大能明目去濇。走馬牙疳，五倍子、青黛、枯礬、黃蘗等分為末，先以鹽湯漱淨，摻之立效。咽中懸癰，舌腫塞痛，五倍子、白殭蠶、甘草等分為末，白梅肉搗和丸彈子大，噙咽，其癰自破。又風濕癬疥濕爛之類病在外者，猶之在上，不能盡錄。陰氣虛而陽因散於下，則氣脫，茲味水借金氣以收之，錄方如下。虛勞遺濁，玉鎖丹，治腎虛心氣不足，思慮太過，真陽不固，漩有餘瀝，或白濁如膏，夢遺、盜汗，骨節拘痛，煩倦食減，用五倍子一斤、白茯苓四兩、龍骨二兩為末，水糊丸梧子大，每服七十丸，食前鹽湯下，日三服。此方性溫不熱，極有神效。脫肛不收，用五倍子八兩，水煮極爛，盛坐桶上熏之，待溫，以手輕托上，內服參、芪、升麻藥。脾泄、久痢，五倍子炒八兩，倉米炒一升，白丁香、細辛、木香各三錢，花椒五錢，為末，每服一錢，蜜湯下，日二服。忌生冷魚肉。又如盜汗、臟毒、腸風之類病在中者，猶之在下，亦不能盡錄。

論：五倍子乃鹽膚木上之蟲所造，鹽膚木即鹽膚子之木，曰鹽膚者，以子中有核如腎形，核外皮上有薄鹽，滇、蜀人采為木鹽。其即水氣凝鹽而透出於外者，猶人身之皮膚也。凝鹹所透，既從濕化而為蟲，淫氣所結，復由漸聚而為毬，二者皆木眚自成，非關外物。至其主治，一水氣為之始終而已。夫水氣之所透，直致於金，從裏達外。而水氣之下歸，亦由於金，如人身肺主皮毛，而肺金又為後天腎水之化原也。觀其采於九月則由金歸水可知矣。何以明之？凡味酸者，木之欲達而不能盡達也，故肝之喜辛，喜其畢達。濇者，金之欲斂而不能盡斂也，故肺之喜酸，喜其就斂。此味始嘗惟濇，繼而苦，終而酸，濇酸就斂，轉由苦味以至地，況多取之以造重玄，不尤為下歸於水之明徵乎？

所主諸證，或陰氣虛而陽因僭於上，則金本水氣以收之，如風毒攻眼，齒宣、牙疳，懸癰、喉痺，咳嗽、癬疥，皆陰氣之不周於外也。如水氣能致於金，則金即效其下收之用矣。或陰虛而陽因散於下，則水借金氣以收之，如消渴、盜汗，濁遺、瀉痢，臟毒、脫肛，產後腸脫，皆陰氣之不周於內也。如金氣能歸於水，則水又即效其上行之用矣。人身金水相因以為災眚，即相因以為生化，茲味有合如此，故婁全善用治遺精固脫，謂他劑皆不及也。不然，何以能降而收於極上，又能升而固於極下乎？抑其止消渴而復除濕爛於義云何？蓋濕爛皆風毒之所致，風毒由熱毒之所化，況燥收性味，原與歸於至陰者不相戾，故金得水以致其用，水得金以宅其元，陰精奉之而上，收氣肅之而下，種種皆可奏功也已。

其性燥急而專收斂，凡咳嗽由於風寒，抑或肺火實甚者，忌。瀉痢非大腸虛脫者，亦忌仲淳。

修治：蜀中者佳，去蟲，湯藥生用，丸藥略炒。染鬚用者，炒至烟起，以濃茶潑之，再炒至烟淨，用青布包，以脚踏石，壓乾為末。

百藥煎：釀法：取五倍子為粗末，每斤以真茶一兩，煎濃汁，入酵四兩，擂爛拌和，器盛，置糠缸中罯之，待發起如麪狀，即成矣。又法：五倍子一斤研末，酒麴半斤，細茶一把研末，用小蓼汁調勻，入鉢中按緊，上以長稻草封固，另用籮多着稻草，將藥鉢坐草中，蓋以稻草，置淨處，一七後，看藥上起長霜，則成矣。兩法俱揑作丸或餅，晒乾收用。

氣味酸、鹹，微甘。主治清肺化痰，定嗽解熱，生津止渴，收濕消酒，烏鬚髮，療牙齒宣䘌，面鼻疳蝕，舌爛口糜，風濕諸瘡。功同五倍子，但經釀造，其體輕虛，其性浮收，且味帶餘甘，治上焦心肺熱嗽熱渴諸病尤宜瀕湖。滾痰丸中用百藥煎，乃能收斂周身頑涎，聚於一處而利下，甚有奇功。定嗽化痰，百藥煎、片芩、橘紅、甘草各等分，為細末，蒸餅丸綠豆大，時時乾咽數丸。清氣化痰，百藥煎、細茶各一劑，荊芥穗五錢、海螵蛸一錢，蜜丸芡子大，每噙服一丸。牙齦疳蝕，百藥煎、五倍子、青鹽煅各一錢半，銅綠一錢，為末，日摻二三次，神效。便血，百藥煎、荊芥穗燒存性，等分為末，糊丸梧子大，每服五十丸，米飲下。男婦血淋，百藥煎、車前子、黃連各三錢半，木香二錢、滑石一錢，為末，空心，燈草湯服二錢，日二服。染鬚髮，百藥煎一兩，針砂醋炒、蕎麥麵各半兩，先洗鬚髮，以荷葉熬醋調刷，荷葉包一夜，洗去即黑。

論：五倍子以酸濇苦為下歸於水之性。夫濇味金也，歸水者原不離於金之母氣，至釀造輕浮，由於上焦熱病，誠為對待之劑矣。觀治傷暑者，以百藥煎為君，非以心包絡之熱，上病於肺之元氣故乎。然則心肺相刑以為嗽者，何以方書不見多用，得無以其濇而未敢輕投乎？至療膈熱消渴，亦以為君，則此味為上焦熱渴之的劑，固不能易矣。

清·王世鍾《家藏蒙筌》卷一六《本草》 文蛤即五倍子。味酸濇，性微涼。能斂能降，故能降肺火，化痰，生津液，解酒毒，止欬嗽，消渴，盜汗，嘔吐，失血，久痢。解蠱毒、蟲毒，婦人崩淋帶濁，子腸不收，痔漏脫肛，俱可為散服之。若煎湯用，可洗赤眼濕爛，皮膚風濕癬癩，脫肛。為末，可傅金瘡，生肌斂口。丹溪曰：黃昏欬嗽，乃火浮肺中，不宜用涼藥，宜文蛤、五味斂而降之。《醫學綱目》云：王元珪虛而滑精，百藥不效，後用文蛤一兩，茯苓二兩，丸服遂瘥。按：凡用秘濇藥，能通而後能秘，此方用茯苓倍於文蛤，一瀉一收，是以能盡其妙也。但嗽由外感，瀉非虛脫者，禁用。

清·葉桂《本草再新》卷一〇 五倍子味辛，性燥，無毒。入肝、肺、腎三經。澀能斂肺，鹹寒能降水，生津化痰，止欬血，斂汗泄痢，瘡癬，五痔下血，脫肛膿水濕爛，子腸墜下。散熱毒，消目腫，斂瘡口。

清·趙其光《本草求原》卷一八蟲部 五棓子即川文蛤。鹽膚子木上蟲，食其汁，老則遺種，結球於葉間。故治多同鹽膚子葉。味酸、苦，澀，氣平，無毒，是水氣先從木以致於金，而金即效其下收之，用於水木也。鹽膚子皮中有鹽，是水氣凝內而透於外也。治風毒眼腫，癢痛，澀爛，浮翳，瘀肉，同蔓荊為末，煎汁熱洗。齒宣、走馬牙疳，同青黛、枯礬、黃柏研，先以鹽湯漱口摻之。咽中懸癰舌腫、喉痺，同僵蠶、甘草研，白梅肉和丸含咽。咳嗽，五棓善收頑痰，解熱毒。黃昏咳嗽，乃火浮肺中，不宜用涼藥清之，宜合五棓、五味降而斂之。若肺有實火及暴感風寒，勿用。風濕、風毒、疥癬、濕爛，以上皆陰虛陽浮而風淫，宜水氣上奉於金以收之。又熱毒化風以致濕爛，得燥收之以歸陰，而爛自已。心腎陽虛、遺精白濁、小便餘瀝，同茯苓、龍骨丸服。一瀉一補，是能瀉而後能秘也。脫肛，煮爛熏之，內服參、芪、升麻。泄痢，同炒倉米、白丁香、細辛、花椒為末，蜜湯下。忌魚肉。子腸下墜、止血、斂汗，焙研，津唾調塗臍上。解酒、止消渴、斂潰瘡、金瘡，以上皆陰虛而陽散於中下，宜水借金氣以收之於下也。楊梅結毒，同地骨、小薊、皮硝、甘草、苦參、葱頭煎洗。小兒白口惡瘡，狀似木耳。同青黛研吹。其色黑，可染鬚。瀉非虛脫者，勿用。

蜀產，如菱角者佳。去蟲，炒黃研，以濃煎松蘿茶，每棓一斤，用茶半斤。熬攪至稠，又用糯米湯煮一日，如稀糊，俟味不澀止，曬乾。或單用糯米粥湯煮稠，俟七月，發出黃黑毛，再擂曬，略乾又擂又曬，至可丸。其味甘酸，最生津，化一切膠痰。入湯生用，入丸略炒。染鬚炒至煙起，以濃茶潑之，炒至煙盡，布包壓乾為末。

鹽膚葉子：俱酸、鹹，寒。除痰飲咳嗽，生津止渴；解熱毒、酒毒、喉痹，下血、血痢。功同五棓。

百藥煎：五棓每斤入桔梗、甘草、細茶各一兩，為末，入酒麴二兩，酒糟四兩，擂勻，置糠中窨，待起如發麪狀，作餅曬乾。味酸鹹帶甘，性浮升。治上焦痰嗽、熱渴，含噙尤宜。收濕、消酒，治牙齒宣蝕。同五棓、青鹽煅，各錢五，銅綠一錢，研摻之。面鼻疳蝕、便血，同荊穗燒末，米飲下。血淋，煅，同車前、黃連、木香、滑石為末，燈心湯下。口舌糜爛、喉痹、風濕、諸瘡、久痢、脫肛、消腫毒、斂金瘡、染鬚髮。煅一兩，同針砂、醋炒蕎麥麵各五錢，以荷葉熬醋調刷，荷葉包一夜洗去。同黃芩、橘紅、甘草等分，蒸餅丸乾咽，定嗽、化痰。同細茶、荊芥、海螵蛸蜜丸含化，清氣化痰。入滾痰丸中，能收一身頑痰歸於一處，而後利下，最效。

清・文晟《新編六書》卷六《藥性摘錄》　五棓子　酸，濇，氣寒。入肺、脾。內服斂肺，瀉火除熱，止嗽，固脫住汗。○外用，除風濕，殺蟲斂痔。○感冒風寒者，勿用。○入藥或生，或炒用。　百（草）〔藥〕煎：系五棓子末，同桔梗、甘草、真茶各壹兩，入（哮）〔酵〕糟二兩，和糖罨，起發而成。　酸濇而帶餘甘，治上焦痰嗽熱渴，喉痹口瘡，並治金瘡，下焦血脫腫用。

清・張仁錫《藥性蒙求・蟲部》　五倍子一錢　五倍子酸，生津斂肺。下血脫肛，治之有濟。一名文蛤。味酸，寒。又能降火化痰，止嗽止血，治五痔下血脫肛。○嗽由外感，瀉非虛脫者，禁用。或生，或炒，搗末用。○百藥煎：功與五倍子不異，但經釀造，其體輕虛，治上焦心肺欬嗽，痰飲熱渴諸病。用五倍子為粗末，一觔以真茶一兩，煎濃汁，入酵糟四兩，擂爛，拌和，器盛置糠缸中，罨之待發起如發麪狀，即成矣。捏作餅丸，晒乾。

清・屠道和《本草匯纂》卷一寒濇　五倍子　耑入肺、脾。味酸而濇，氣寒能斂。生津液，消酒毒。內服斂肺瀉火，除熱止嗽，固脫。外祛風濕，殺蟲。能斂肺經浮熱，為化痰滲濕，降火收濇之劑。癬疥瘙癢，眼目赤痛，用之皆效。治五痔下血不止，小兒夜啼及面鼻疳瘡，消腫毒喉痺，斂潰瘡金瘡，收脫肛及子腸墜下。口瘡摻之，便可飲食。腸虛泄痢，為末，熱湯服之。治自汗盜汗，用五倍子研末，津調填臍中，縛定，一夜即止。染鬚，皂物最妙。生於鹽膚木上，乃小蟲食汁遺種結毬於葉間。入藥或生或炒用。

清・劉善述、劉士季《草木便方》卷二蟲介鱗甲部　（蚊）〔文〕蛤　五棓酸寒散毒熱，收斂瘡口痔漏滅。腸風下血水濕爛，生津化痰能止咳。

清・戴葆元《本草綱目易知錄》卷四　五倍子文蛤　其味酸鹹，能斂肺化痰，降火收汗，止渴止血。其氣寒，能生津液而解酒毒，腫毒。其性收能除瀉痢而斂濕爛，治肺臟風毒，流溢皮膚，癬疥瘡痒，膿水浸淫，眼赤濕爛，五痔下血，腸風瀉痢，嘔吐失血，久痢黃病，心腹疼痛，消喉痹腫毒，斂潰瘡金瘡，解蠱毒，收脫肛，婦人子臟脫下，小兒夜啼，面鼻疳瘡，齒宣疳䘌。然嗽由外感、瀉非虛脫者禁用。【略】小兒脫肛，五倍子末，先以艾鋪帋上，納末捲筒，放便桶內，以瓦盛，令病者坐於桶上，以火點着帋筒，使烟熏入肛門，其肛自上，隨將白礬末復搽肛門，自緊，再不脫。葆治朱姓兒，五齡，因瀉後脫肛，出寸許，時流血水，叫哭。以麻油二兩，入開水中攪勻，令兒坐桶上先熏，以手將水向肛門頻洒，微拭，用帋抹油，入五倍子、枯礬等分，末於上徐徐用手將末托入，令睡一時，自收，不再脫下。【略】

百藥煎：酸、鹹、微甘。功同倍子，但經釀造，其體輕虛，其性浮收，而味帶微甘。能入上焦心肺，定嗽解熱，清肺化痰，生津止渴。解暑消酒，烏髭髮，止下血血淋，久痢脫肛。牙齒宣䘌，面鼻疳蝕，口舌糜爛，風濕諸瘡。

清・陳其瑞《本草撮要》卷九　五倍子　味酸，氣平，入手太陰、陽明經，功專收肺除咳，斂腸止利。得茯苓、龍骨治虛勞遺濁，得白礬治腸風下血。以自己嗽口水調五倍子末敷臍上，治盜汗如神。糞後下血，五倍末一錢，艾湯下良。婦人陰血傷者摻之效。一名文蛤。

蟲白蠟

明・王綸《本草集要》卷六　白蠟一名蟲蠟。屬金，冬青樹上細蟲，食樹液而生者。

全稟收斂堅凝之氣，外科之要藥。生肌止血定痛，接骨續筋，補虛。與合歡樹皮同入長肌肉藥膏用，神效。

明・滕弘《神農本經會通》卷一○　白（臘）〔蠟〕　使也。一名蟲蠟。屬金。冬青樹上細蟲食樹液而生者。

味甘，氣平，無毒。《本經》云：療久洩澼，後重見白膿，補絕傷，利小兒。久服輕身不飢。《藥性論》云：使。主姙孕婦人胎動，漏下血不絕欲死，以蠟如雞子大，煎消三五沸，美酒半升，投之，服之，差。又和松脂、杏仁、棗肉、茯苓等分合成，食後服五十丸，便不飢。功用甚多。又云：主下痢濃血。《集》云：全禀收斂堅凝之氣，外科之要藥。生肌止血，定痛，接骨續筋，補虛，與合歡樹皮同入長肌肉藥膏用，神效。

明・王文潔《太乙仙製本草藥性大全》卷八《仙製藥性》 白蠟使 味甘，氣平，無毒。主治：療洩澼後重而見白膿，補絕傷。白髮而烊即黑。亦治胎漏，善利小兒。久服不飢，輕身耐老。補註：主姙孕婦人胎動漏下，血不絕欲死。以蠟如鷄子大，煎銷三五沸，美酒半升投之，服之差。〇主白髮，鑷去，消蠟點孔中，即生黑者。和松脂、杏仁、棗肉、茯苓等分合成，食後服五十丸便不飢。功用甚多。又云主下痢膿血。

明・李時珍《本草綱目》卷三九蟲部・卵生類上 蟲白蠟《會編》

〔集解〕機曰：蟲白蠟與蜜蠟之白者不同，乃小蟲所作也。其蟲食冬青樹汁，久而化爲白脂，粘敷樹枝。人謂蟲屎着樹而然，非也。至秋刮取，以水煮溶，濾置冷水中，則凝聚成塊矣。碎之，文理如白石膏而瑩澈。人以和油澆燭，大勝蜜蠟也。時珍曰：唐宋以前，澆燭、入藥所用白蠟，皆蜜蠟也。此蟲白蠟，則自元以來，人始知之，今則爲日用物矣。四川、湖廣、滇南、閩嶺、吴越東南諸郡皆有之，以川、滇、衡、永産者爲勝。蠟樹枝葉狀類冬青，四時不凋。五月開白花成叢，結實纍纍，大如蔓荆子，生青熟紫。冬青樹子，則紅色也。其蟲大如蟣虱，芒種後則延緣樹枝，食汁吐涎，粘於嫩莖，化爲白脂，乃結成蠟，狀如凝霜。處暑後則剥取，謂之蠟渣。若過白露，即粘住難刮矣。其渣煉化濾净，或甑中蒸化，瀝下器中，待凝成塊，即爲蠟也。其蟲嫩時白色作蠟，及老則赤黑色，乃結苞於樹枝。初若黍米大，入春漸長，大如鷄頭子，紫赤色，纍纍抱枝，宛若樹之結實也。蓋蟲將遺卵作房，正如雀甕、螵蛸之類爾。俗呼爲蠟種，亦曰蠟子。子内皆白卵，如細蟣，一包數百。次年立夏日摘下，以箬葉包之，分繫各樹。芒種後苞拆卵化，蟲乃延出葉底，復上樹作蠟也。樹下要潔净，防蟻食其蟲。又有水蠟樹，葉微似榆，亦可放蟲生蠟。甜櫧樹亦可産蠟。

〔氣味〕甘，温，無毒。〔主治〕生肌止血定痛，補虚續筋接骨震亨。入丸散服，殺瘵蟲時珍。

〔發明〕震亨曰：白蠟屬金，禀受收斂堅强之氣，爲外科要藥。與合歡皮同入長肌肉膏中，用之神效，但未試其可服否也。時珍曰：蠟樹葉亦治瘡腫，故白蠟爲外科要藥，正如桑螵蛸與桑木之氣相通也。

〔附方〕新一。頭上禿瘡：蠟燭頻塗，勿令日晒，久則自然生髮。《集玄方》。

明・梅得春《藥性會元》卷下 白蠟 味甘，氣溫，無毒。惡芫花、齊蛤、白蠟。禀收斂堅凝之氣，外科之要藥也。生肌止血，定痛，補虛，續筋接骨。

嘗與合歡同用，長肉，膏有神效。丹溪每言二劑之妙。主療洩澼後重見白膿，補絕。調末服之固命。生於蜜房木石間。

明・倪朱謨《本草彙言》卷一七 蟲白蠟 味甘，氣溫，無毒。李氏曰：蟲白蠟，産四川、湖廣、滇南、閩嶺、吴越，東南諸郡皆有之。以川、滇、衡、永産者爲勝。其樹枝葉狀類冬青，四時不凋。五月開白花成叢，結實纍纍，大如蔓荆子，生青熟紫，若冬青樹子，則紅色少異也。其蟲大如蟣蝨，芒種後，則延缘樹枝，食汁吐涎，粘着樹之嫩莖，化爲白脂，乃結成蠟，狀如凝霜。處暑後即剝取之，謂之蠟渣。過白露即粘實難刮矣。其渣煉化濾淨，或甑中蒸化，瀝下磁器中，待凝成塊即爲蠟也。其蟲嫩時白色，吐涎作蠟，老則赤黑色，乃結苞于樹枝，初若黍米大，入春漸長，大如雞頭子，紫赤色，纍纍抱枝，宛若樹之結實也。蓋蟲將遺卵作房，正如雀甕、桑螵蛸之類，俗呼爲蠟子，白如細蟣，一包數百。次年立夏日摘下，以箬葉包之，分繫各樹。芒種後，苞拆卵化，蟲延出葉底，復上樹吐蠟也。樹下要潔淨，最防蟻蟲食其蠟蟲。又有水臘樹，葉微似榆，亦可放蟲生蠟。又有甜櫧樹，亦可産蠟。又按《類書》云：唐宋以前，澆燭入藥，所用皆蜜蜂蠟也。此蟲白蠟自元時人始製造用之，今則爲日用物矣。

蟲白蠟：止血生肌肉之藥也。朱丹溪曰：此藥色白屬金，禀受收斂堅凝之質，爲外科要藥，與合歡皮同入膏藥料中，爲止痛生肌，長肉斂口之要劑。古方入丸散用，能殺瘵蟲。

集方：杖丹長肉方：用白蠟、黄蠟各二兩，黄連一兩，以猪油一斤，熬黄轉黑色，浮起去渣，入二蠟收之。每遇是患，用軟帛攤貼，紮緊自愈。

明・盧之頤《本草乘雅半偈》帙一〇 蟲白蠟《會編》 氣味：甘，溫，無毒。

主治：主安五藏，美毛髮，生肌，止血，續筋，接骨，補虛，定痛。

覈曰：蟲白蠟，蠟蟲營造女貞木上者也。出川、滇、衡、永者力勝。土人多種之，即名蠟樹，狀似(涷)〔冬〕青，負霜葱翠，振柯淩風，因名女貞。其蟲嫩則色白造蠟，秋深老則紫赤，遺卵作房，營結枝畔，形如黍粟，入春則漸大如豆如芡，纍纍盈枝，若雀甕、螵蛸之類，即名蠟種，亦曰蠟子。内有白卵如蟣，一包數十百，立夏後，逐枝摘取，分繫各樹，越芒種，接夏至，包拆蟲生，延緣枝莖間，吮液吐涎，狀如凝霜，處暑剝取，名曰蠟渣。過白露，粘牢難落矣。采得煉化，濾清，或甑蒸，滴瀝磁器中，俟冷作塊，蠟成矣。辛巳五月，常州郡邑，栽莳豆類，盡為青蟲所啖。八月掘地，每株根底，獲蟲數十條，長四五寸，重三四兩殭白如脂，燒之都成白蠟。父執周湛翁目擊其異，囑筆以紀之。

先人云：女貞之液，蟲腹醞釀，復從口吐，秋成色白，宛如肌腠肉理之脂膏。則凡風毒流溢于外者，莫良于此。

条曰：乳卵于女貞，造蠟于枝上，成始于陰姤，成終于大觀。禀女貞木氣之専精，巽入在中，速于敷化，故主居中之神室，散精于五藏，淫氣于五形。五形者，五藏之所合也。自外合内，繇内合外，維中不息之生機，功勝女貞實矣。羽毛裸鱗介，總呼為蟲。物入陰中，色剝為白，退藏合密，敷化為蠟。精、神、魂、魄、意，為五神。心、腎、肝、肺、脾，為五藏。皮毛、血、肉、筋、骨，為五形。腎藏精，骨者，腎之合也；肝藏魂，筋者，肝之合也；脾藏意，肌肉者，脾之合也；心藏神，血脈者，心之合也；肺藏魄，皮毛者，肺之合也。五月為陰剝，八月為大觀。

清·穆石匏《本草洞詮》卷一八 蟲白蠟 蟲食冬青樹汁，久而化為白脂，粘敷樹枝，至秋刮取，溶化濾淨，瀝下器中，凝聚成塊，以之和油澆燭，大勝蜜蠟也。唐宋澆燭入藥，皆用蜜蠟，自元以來，始知用之。甘，溫，無毒。主生肌止血，定痛補虛，續筋接骨。蓋白蠟屬金，禀受收斂堅強之氣，為外科要藥。與合歡皮同入長肌肉膏中，用之甚效。

清·劉雲密《本草述》卷二七 蟲白蠟 蟲白蠟與蜜蠟之白者不同，乃小蟲食蠟樹汁，吐涎粘於嫩莖，化為白脂，乃結成蠟。唐宋以前，澆燭、入藥所用白蠟，皆蜜蠟也。此蟲白蠟，則自元以來，人始知之，今則為日用物矣。

氣味：甘，温，無毒。 主治：生肌止血定痛，補虛，續筋接骨震亨。

丹溪曰：白蠟屬金，禀受收斂堅強之氣，為外科要藥。與合歡皮同入長肌肉膏中，用之神效。但未試其可服否也。 門亦曰：得合歡樹皮良。補中虛，殺瘵蟲，止咳止瀉，潤肺臟，厚腸胃。 時珍曰：蠟樹葉亦治瘡腫，故白蠟為外科要藥，正如桑螵蛸與桑木之氣相通也。

修治 另研，用外治。亦入丸散服。

清·汪昂《本草備要》卷四 白蠟外用生肌。 甘溫屬金。生肌止血，鄭贊寰曰：汪御章年十六，常患尿血，屢醫不效。予以白蠟加入涼血滋腎藥中，遂愈。 定痛補虛，續筋接骨。外科要藥。

清·张璐《本經逢原》卷四 蟲白蠟 甘，溫，無毒。 發明：蠟樹屬金，性專收斂堅強之氣。其葉能治瘡腫，蟲食其葉而成，與桑螵蛸無異，為外科之要藥，取合歡皮同入長肌肉膏中神效。今人治下疳服之，未成即消，已成即斂，以半兩入鯽魚腹中煮食，治腸紅神效。

清·吴儀洛《本草從新》卷六 蟲白蠟生肌長肉。 甘，溫。生肌止血，定痛補虛，續筋接骨。丹溪曰：白蠟屬金，受收斂堅強之氣，為外科要藥。與合歡皮同入長肌肉膏中，用之神效。 蟲食冬青樹汁，久而化為白脂，粘敷樹枝，至秋刮取，以水煮溶，濾置冷水中則凝聚成塊。人以和油澆燭，大勝蜜蠟。唐宋以前，澆濁入藥所用白蠟皆蜜白蠟也。此蟲白蠟則自元以來人知之，今則為日用物矣。

清·汪紱《醫林纂要探源》卷三 白蠟 甘，淡，溫，濇。蠟蟲如蟣蝨，食冬青葉，吐涎於嫩莖，化為白脂，至秋刮取煮濾，凝塊成蠟，蟲化蝶去，遺卵樹上，作房包子，次年復作蠟，俗呼蠟種。 補肺斂氣，環衛心君。白色入肺，味甘氣濇，大能補肺固氣，且和膻中之氣血，以安護心君，使瘀血驚氣不得而犯之。 堅完肌肉，續筋接骨。外傅能生肌續傷，其膠固凝成之性然也。凝聚之中，實含滋潤資生之意。然今人只知其外著之效，而不知其有內補之功矣。

清·嚴潔等《得配本草》卷八 蟲白蠟俗名白占。 甘，溫。生肌止痛，止血接骨。得鯽魚，治腸紅。配合歡皮為膏，長肌肉。入涼血滋腎藥，療尿血。入丸散，殺瘵蟲。

題清·徐大椿《藥性切用》卷八 蟲白蠟 性味甘溫，生肌止血，定痛益虛，為外科耑藥。

清·羅國綱《羅氏會約醫鏡》卷一八鱗介蟲魚部 白蠟味甘寒，入肝經。 屬金。生肌止血，血涼則止，故入油為燭。 定痛補虛，續筋接骨，為外科要藥。

清·趙學敏《本草綱目拾遺》卷二土部 白蠟塵 此乃白蠟面上，年久積塵，埽下貯用。 治瘵蟲萬邦孚《家抄》。

清·翁藻《醫鈔類編》卷二四《本草》 白蠟 甘溫，屬金。生肌止血。鄭贊寰曰：汪御章年十六，常患尿血，屢醫不效。予以白蠟加入涼血滋腎藥中，遂愈。 定痛補虛，續筋接骨，外科要藥。與合歡皮同入長肌肉膏中，用之神效。此小蟲所作。其蟲食冬青樹汁，久而化為白脂，粘敷樹枝。至秋刮取，濾置冷水中，則凝聚成塊，碎之如白石膏而瑩徹。今人以之和油燒燭，未試其果可服否。

清·楊時泰《本草述鉤元》卷二七 蟲白蠟 與蜜蠟之白者不同，乃小蟲食蠟樹汁，吐涎粘於嫩莖，化為白脂結成。唐宋以前，燒燭入藥，所用皆蜜蠟，此蟲白蠟，則自元以來，人始知之。

氣味甘溫。主治生肌止血定痛，補虛續筋接骨丹溪。補中虛，殺瘵蟲，止咳瀉，潤肺臟，厚腸胃，得合歡樹皮良門。蠟樹葉亦治瘡腫，故白蠟為外科要藥，正如桑螵蛸與桑木之氣相通也瀕湖。白蠟屬金，禀受收斂堅強之氣，為外科要藥，與合歡皮同入長肌肉膏中，用之神效。

修治：外科，另研用。亦入丸散服。

清・趙其光《本草求原》卷一八蟲部 蟲白蠟與蜜白蠟殊。 蠟樹屬金，得收斂堅強之氣。其葉能治瘡腫，蟲食其葉，吐涎成蠟，為生肌、止血、尿水以之加入涼血藥申甚效。定痛、補虛、續筋、接骨要藥。同合歡皮入長肉膏中用，神效。治下疳、服之，未成即消，已成即斂。腸紅，入鯽魚腹中煮食。殺勞蟲，止咳、止瀉、潤肺，厚腸胃。俱宜與合歡皮同用。

清・文晟《新編六書》卷六《藥性摘錄》 白蠟 甘，淡，性濇。入胃絕痢，入肝活血。外科為止痛生肌之要藥。○蟲蠟，生肌活血。不入痢症藥。俱不可與雞肉同食。

清・劉善述、劉士季《草木便方》卷二蟲介鱗甲部 白蠟 白蠟甘溫能補虛，續筋接骨善生肌。金瘡止血定疼痛，爛瘡收口尿血祛。

清・陳其瑞《本草撮要》卷九 蟲白蠟 味甘，溫，入手太陰、足厥陰經，功專生肌止血，定痛補虛，續筋接骨，為外科要藥。與合歡皮同入長肌肉，以蠟頻塗禿瘡並生髮。

九香蟲

明・李時珍《本草綱目》卷三九蟲部・卵生類上 九香蟲《綱目》

【釋名】黑兜蟲 【集解】時珍曰：九香蟲，産于貴州永寧衛赤水河中。大如小指頭，狀如水黽，身青黑色。至冬伏于石下，土人多取之，以充人事。至驚蟄後即飛出，不可用矣。

【氣味】鹹，温，無毒。 【主治】膈脘滯氣，脾腎虧損，壯元陽時珍。

【發明】時珍曰：《攝生方》烏龍丸：治上證，久服益人，四川何卿總兵常服有效。其方：用九香蟲一兩半生焙，車前子微炒、陳橘皮各四錢，白术焙五錢，杜仲酥炙八錢。右爲末，煉蜜丸梧桐子大。每服一錢五分，以鹽白湯或鹽酒服，早晚各一服。此方妙在此蟲。

明・倪朱謨《本草彙言》卷一七 九香蟲 味甘、鹹，氣溫，無毒。 李氏曰：九香蟲産貴州永寧衛赤水河中。大如小指頭，身青黑色，至冬伏石下，取之。至驚蟄後即飛出，不可用。

九香蟲：補脾腎，壯元陽，李時珍通膈脘滯氣之藥也。陸杏園曰：按《攝生方》烏龍丸，治上件諸證，久服益人，妙在此蟲之力也。

清・何其言《養生食鑒》卷下 九香蟲産于貴州永甯衛赤水河中，大如小指頭，狀如水黽，身青黑色，至冬伏于石下，土人取之，以克人事。 味鹹，性溫，無毒。治膈脘滯氣，脾腎虧損，壯元陽。入補丸服之，尤妙。

清・王翃《握靈本草》卷九 九香蟲産於貴州永寧衛。大如小指，狀如水黽，青黑色。近人用此入房術藥。 主治：九香蟲，鹹，溫，無毒。主隔脘滯氣，脾腎虧損，壯元陽。

清・陳士鐸《本草新編》卷五 九香蟲 味甘、辛，氣微溫。入腎經命門。專興陽益精，且能安神魄，蟲中之至佳者。入丸散中，以扶衰弱最宜，但不宜入于湯劑，以其性滑，恐動大便耳。九香蟲亦興陽之物，然外人參、白术、巴戟天、肉蓯蓉、破故紙之類，亦未見其大效也。或問：九香蟲産于西蜀，得其真者為佳，近人不知真假，何能取效乎？曰：九香蟲不止西蜀有之，江南未嘗不生。但生于江南者，無香氣耳，無香氣者即無效。

清・张璐《本經逢原》卷四 九香蟲 鹹，溫，無毒。發明：九香蟲産貴州，治膈脘滯氣，脾腎虧損，壯元陽。《攝生方》烏龍丸用之。

清・王道純《本草品彙精要續集》卷七 九香蟲無毒 卵生。

九香蟲：主膈脘滯氣，脾腎虧損，壯元陽《本草綱目》。 【名】黑兜蟲。 【地】李時珍云：九香蟲産于貴州永甯衛赤水河中。 【時】採：冬月取之。至冬伏于石下，土人多取之以充人事。至驚蟄後即飛出，不可用矣。 【用】全用。 【質】大如小指頭，狀如水黽。 【色】身青黑色。 【味】鹹。 【性】溫。 【合治】《攝生方》烏龍丸，治上證。久服益人。四川何卿總兵，常服有效。其方用九香蟲一兩半，生焙，車前子微炒，陳橘皮各四錢，白术焙五錢，杜仲酥炙八錢，右爲末，煉蜜丸梧桐子大，每服一錢五分，以鹽白湯或鹽酒服，早晚各一服。此方妙在此蟲。

清・張德裕《本草正義》卷下 九香蟲 鹹，溫。治膈脘滯氣，脾腎虧損，壯元陽。此蟲驚蟄後飛走。

清・文晟《新編六書》卷六《藥性摘錄》 九香蟲 産貴州永甯衛赤水河

中，大如小指，身青黑色。鹹，溫。治膈脘滯氣，脾胃虧損，壯元陽，入補丸服之尤妙。

清·張仁錫《藥性蒙求·蟲部》 九香蟲七分 九香蟲溫，散滯寬胸。元陽能壯，脘膈可通。鹹，溫。産貴州永甯衛赤水河中。大如小指，狀如水黽，身青黑色。

清·王孟英《歸硯錄》卷一 包公焯云：黔中出九香蟲，生澗水中。春、夏出游水面者不可用，秋、冬潛伏崖石下，土人掀石得蟲，輒以售人。服之宜子，不但房術之需也。服法用十四枚，將七枚微火炒去殻，翅及足，七枚去殻、翅、足生用，每服一生一熟，作一次嚼食，白湯下，日二三次，用完十四枚而止。愚謂此蟲性溫助陽，而秋、冬潛蟄，故為補腎宜男妙品，若春、夏浮游水面者，勿用也。今藥肆中所售，用者鮮效，豈産非其地乎？抑采非其時乎？

海蠶

宋·唐慎微《證類本草》卷二二蟲魚部中品〔前蜀·李珣《海藥本草》〕

海蠶沙 謹按《南州記》云：生南海山石間。其蠶形大如拇指，沙甚白，如玉粉狀，每有節。味鹹，大溫，無毒。主虛勞冷氣，諸風不遂。久服令人光澤，補虛羸，輕身延年不老。難得真者，多只被人以水搜葛粉、石灰，以梳齒隱成，此即非也，縱服無益，反損人，慎服之。

明·王文潔《太乙仙製本草藥性大全》卷八《仙製藥性》 海蠶砂 味鹹，性大溫，無毒。 主治：主虛勞冷氣，療諸風攣搐。久服補虛羸，悅澤顏色。補虛羸能輕身，耐老延年。生南海山石間。其蠶大如拇指，其砂甚白如玉粉狀，每有節。難得真者，多被人以水搜葛粉、石灰，以梳齒印成者，非縱服而無益，慎之！

明·李時珍《本草綱目》卷三九蟲部·卵生類上 海蠶《海藥》

〔集解〕李珣曰：按《南州記》云：海蠶生南海山石間。狀如蠶，大如拇指。其沙甚白，如玉粉狀。每有節，難得真者，彼人以水搜葛粉、石灰，以梳齒印成僞充之。縱服無益，反能損人，宜慎之。

沙 〔氣味〕鹹，大溫，無毒。 〔主治〕虛勞冷氣，諸風不遂。久服，補虛羸，令人光澤，輕身延年不老李珣。

雪蠶

宋·陸遊《老學庵筆記》卷六 《嘉祐雜志》云：峨眉雪蛆治內熱。予至蜀，乃知此物實出茂州雪山。雪山四時常有積雪，彌遍嶺谷，蛆生其中。取雪時并蛆取之，能蠕動。久之雪消，蛆亦消盡。

明·李時珍《本草綱目》卷三九蟲部·卵生類上 雪蠶《綱目》

〔釋名〕雪蛆 〔集解〕時珍曰：按葉子奇《草木子》云：雪蠶生陰山以北，及峨嵋山北，人謂之雪蛆。二山積雪，歷世不消。其中生此，大如瓠，味極甘美。又王子年《拾遺記》云：員嶠之山有冰蠶，長六七寸，黑色有鱗角。以霜雪覆之，則作繭，長一尺。抽五色絲織爲文錦，入水不濡，投火不燎。堯時海人獻之，其質輕暖柔滑。按此，亦雪蠶之類也。

〔氣味〕甘，寒，無毒。 〔主治〕解內熱渴疾時珍。

明·姚可成《食物本草》卷一一蛇蟲部·蟲類 雪蠶一名雪蛆。案葉子奇《艸木子》云：雪蠶生陰山以北及峨眉山北，人謂之雪蛆。二山積雪歷世不消，其中生此。大如瓠，味極甘美。又王子年《拾遺記》云：員嶠之山有冰蠶，長六七寸，黑色有鱗角。以霜雪覆之則作繭，長一尺，抽五色絲。織為文錦，入水不濡，投火不燎。堯時海人獻之。其質輕暖柔滑。按此亦雪蠶之類也。 〔雪蠶，味〕甘，寒，無毒。主內熱渴疾，退一切火邪狂走，□□毒諸疾。

清·張璐《本經逢原》卷四 雪蠶即雪蛆 甘，寒，無毒。 發明：雪蛆生峨眉山北，積雪歷年不消，其中生此，大如瓠，味極甘美，故能解內熱渴疾，方物中之最益人者也。

清·王道純《本草品彙精要續集》卷七 雪蠶無毒

雪蠶：主解內熱渴疾《本草綱目》。 〔名〕雪蛆。 〔地〕李時珍按：葉子奇《草木子》云：雪蠶，生陰山以北及蛾眉山北，人謂之雪蛆。二山積雪歷世不消，其中生此。 〔時〕採：夏月取之。 〔用〕全用。 〔質〕大如瓠。 〔色〕潔白。 〔味〕極甘美。 〔性〕大寒。

冰蠶《續集》分錄。〇王子年《拾遺記》云：員嶠之山有冰蠶，長六七寸，黑色，有鱗角，以霜雪覆之則作繭，長一尺，抽五色絲，織爲文綿，入水不濡，投火不燎。堯時海人獻之，其質輕暖柔滑。按此亦雪蠶之類也。

水黽

宋·唐慎微《證類本草》卷二二蟲魚部下品〔唐·陳藏器《本草拾遺》〕

水黽 有毒。令人不渴，殺雞犬。長寸許，四脚，群游水上，水涸即飛，亦名水馬。非海中主產難之水馬也。

明・滕弘《神農本經會通》卷一〇　水黽　陳藏器云：有毒，不渴，殺雞犬，長寸許，四脚，群游水上，水涸即飛。亦名水馬，非海中主產難之水馬也。

明・李時珍《本草綱目》卷四二蟲部・濕生類　水黽《拾遺》

〔釋名〕水馬《拾遺》

〔集解〕藏器曰：水黽群游水上，水涸即飛。長寸許，四脚，非海馬之水馬也。時珍曰：水蟲甚多，此類亦有數種。今有一種水爬蟲，扁身大腹而背硬者，即此也。水爬，水馬之訛耳。一種水蠆，長身如蝎，能變蜻蜓。

〔氣味〕有毒。

〔主治〕令人不渴，殺雞犬藏器。

清・趙學敏《本草綱目拾遺》卷一〇蟲部　水馬　《綱目》名水黽，於主治下云：令人不渴，殺雞犬，不知有治痔之功，更為補之。按：水馬四五月內出浮水面，身硬脚長，池沼中甚多，性喜食蠅。予在甌親見小兒捕之嬉戲，用釣竿繫繩，繩頭穿一蠅，擲水面，誘之即來，以四足抱蠅不放，因而獲之。

治痔：《東醫寶鑒》有水馬散：夏月三伏內，於止水中採婆子，一名水馬兒，高脚水面跳走是也。採取三十個，用三個紙包，每包十個，於背陰處懸掛陰乾，每包作一服，研爛，空心酒調下，良久乃吃飯，三日連三服，十日內效，久痔膿血者，二三十服絕根。

雀甕

宋・唐慎微《證類本草》卷二二蟲魚部下品〔《本經・別錄》〕　雀甕　味甘，平，無毒。主小兒驚癇、寒熱、結氣、蠱毒、鬼疰。一名躁舍。生漢中，採蒸之，生樹枝間，蛅音髯蟖音斯房也。八月取。

〔梁・陶弘景《本草經集注》〕云：蛅蟖，蚝七吏切蟲也。此蟲多在石榴樹上，俗爲蚝蟲，其背毛亦螫人。生卵形如雞子，大如巴豆，今方家亦不用此。蚝，一作蛓七吏切爾。

〔唐・蘇敬《唐本草》〕注云：此物紫白間斑，狀似硨磲文可愛，大者如雀卵，在樹間似蟳蛸蟲也。

〔宋・掌禹錫《嘉祐本草》〕按：《蜀本》注云：雀好食之，俗謂之雀兒飯瓮。陳藏器云：雀癰，本功外，主小兒撮口病。先剺小兒口傍，令見血，以癰碎取汁塗之，亦生擣鼠婦并雀癰汁塗。小兒多患此病，漸漸以撮不得飲乳者是。凡產育時，開諸物口不令閉，相厭之也。打破絞取汁，與平常小兒飲之，令無疾。《本經》云：蛅蟖房。蘇云蚝蟲卵也。且蚝蟲身扁，背上有刺，大小如蠶，安有卵如雀卵哉，蘇爲深誤耳。雀癰一名雀甕，爲其形似甕而名之。癰、甕聲近耳。其蟲好在果樹上，背有五色襴毛，刺人有毒。欲老者，口中吐白汁，疑聚漸硬，正如雀卵，子在其中作蛹，以甕爲繭，羽化而出，作蛾放子如蠶子，於葉間，豈有蚝蟲卵如雀卵大也。日華子云：蛓，毛蟲窠，有毒。

〔宋・蘇頌《本草圖經》〕曰：雀甕，蛅蟖房也。生漢中木枝上，今處處有之。蛅蟖，蚝七吏切蟲也，亦曰蛓與蚝同。毛蟲好在石榴木上，似蠶而短，背上有五色斑，刺螫人有毒，欲老者口吐白汁，凝聚漸堅硬，正如雀卵，故名之。一名雀癰，癰、甕聲近耳，其子在甕中作蛹，如蠶之在繭也。久而作蛾出，枝間葉上放子如蠶子，復爲蟲。舊注以甕爲蟲卵，非也。一曰雀好食其甕中子，故俗間呼爲雀兒飯甕，又名棘剛子，又名天漿子。八月採，蒸之。今醫家治小兒慢驚方，以天漿子有蟲者、白殭蠶、乾蠍三物微炒，各三枚，擣篩爲末，煎麻黄湯調服一字，日三，隨兒大小加減之，大有效。

宋・寇宗奭《本草衍義》卷一七　雀甕　多在棘枝上，故又名棘剛子。研其間蟲汁，灌小兒，治驚癇。

宋・王繼先《紹興本草》卷一八　雀甕　紹興校定：雀甕，諸方呼天漿子，乃俗呼八角蟲窠上結者房是也，性味、主治已載《本經》。唯療小兒驚風瘖方中多用之，餘未聞驗據。《本經》曰味甘、平、無毒是矣。

宋・鄭樵《通志》卷七六《昆蟲草木略》　蛓蟲　曰蛅，其毛能螫人。故《爾雅》曰蛅，毛蠹。又曰螵、蛅蟴者，黑毛蟲也，其毛皆能射人。

宋・陳衍《寶慶本草折衷》卷一七　雀甕一作瓮。汁在內。一名天漿子，一名雀癰，一名雀兒飯甕，一名蛅蟖房，一名躁舍，一名棘剛子，一名蚝蟲，一名蛓毛蟲窠。○蛅，音髯；蟖，音斯。蚝，蛓，並七吏切。生漢中，今處處石榴木、果木及棘枝上有之。○八月採，蒸乾。

味甘，平，無毒。○主小兒驚癇，寒熱結氣，蠱毒鬼疰。○陳藏器云：主小兒撮口病，碎取汁，塗之。亦取汁與平常小兒飲之，令無疾。按此蟲新則碎取其汁，若蒸乾者，則微炒入藥。○《圖經》曰：雀甕蟲背有斑莿，欲老者口吐白汁，凝聚漸堅硬。正如雀卵，其子在中作蛹，如蠶在繭。治小兒慢驚。以天漿子有蟲者、白殭蠶、乾蝎微炒，各叁枚擣末，煎麻黄湯調服壹字，隨兒大小加減之。○寇氏曰：研其間蟲汁灌小兒，治驚癇。

續說云：繹《圖經》論天漿子，即雀甕之別名耳。張松兩立其條，初述雀甕，一循經註之說，次陳天漿子，乃言其能化風痰，止嘔吐，解肌熱，療恍惚心忪及五疳瀉痢也。在縉雲及艾氏則皆所不錄，與其要而闕之，寧復焉。

明・劉文泰《本草品彙精要》卷三一　雀甕無毒　卵生。

雀甕：主小兒驚癇，寒熱，結氣，蠱毒，鬼疰。《神農本經》。【名】天漿子、雀兒飯甕、蛓與蚝同毛蟲、棘剛子、蚝七吏切蟲、蛅音髯蟖音新、躁舍、雀癰。【地】《圖經》曰：雀甕，蛅蟖房也。生漢中木枝上，今處處有之。蛅蟖，蚝蟲也，亦曰蛓毛蟲。好在石榴木上，似蠶而短，背上有五色斑，刺螫人有毒。欲老者口吐白汁，凝聚漸堅硬，正如雀卵，故名之。又名雀癰，癰、甕聲相近耳。其子在甕中作蛹，如蠶之在繭也。久而作蛾出，枝間葉上放子如蠶子，復爲蟲也。一曰：雀好食其甕中子，故俗呼爲雀兒飯甕，舊注以甕爲蟲卵，非也。【時】生：無時。採：八月取。【用】窠。【質】類雀卵而小。【色】紫白而斑。【味】甘。【性】平。【氣】氣厚於味，陽中之陰。【臭】腥。【主】小兒驚癇。【製】蒸之或擣汁用。【治】療：陳藏器云：小兒撮口病，先剺力咨切，剺也。小兒口傍，令見血，以甕擊碎，取汁塗之。及與平常小兒飲之，令無疾。【合治】天漿子有蟲者，合白殭蠶、乾蠍，三物各三枚，微炒，擣羅爲末，煎麻黄湯調服一字，治小兒慢驚，日三服之，隨兒大小與之，大效。○合鼠婦生擣汁，塗小兒口傍，治撮口不得飲乳者。

明・王文潔《太乙仙製本草藥性大全》卷八《本草精義》　雀甕　蛓蚝蟲窠也，又云蛅蟖房，一名躁舍，一名棘剛子，又名天漿子。生漢中木枝上，今處處有之。即蛓蚝蟲也，此蟲好在石榴木上，似蠶而短，背上有五色斑，刺螫人有毒，欲老者口吐白汁，旋聚漸堅硬，正如雀卵，故名之雀甕。其子在甕中作蛹，如蠶之在繭也，久而作蛾出，枝間葉上放子如蠶子，復爲蟲。舊注以甕爲蟲卵，非也，一曰雀好食其甕中子，故俗間呼爲雀兒飯甕。八月採蒸之。

明・王文潔《太乙仙製本草藥性大全》卷八《仙製藥性》　雀甕即蛅蟖房

味甘，氣平，無毒。　主治：　主小兒驚癇撮口臍風效方，治寒熱結氣蠱毒鬼疰妙劑。　補註：　小兒撮口病，先剺小兒口傍令見血，以雀甕搗碎取汁塗之，亦生搗鼠婦並雀甕汁塗；　小兒多患此病，漸漸以撮，不得飲乳者是；凡産育時開諸物口不令閉，相厭之也。　打破絞取汁，與平常小兒飲之，令無疾。○治小兒慢驚方：　以天漿子有蟲、白殭蠶、乾蠍三物，微炒各三枚，搗篩爲末，煎麻黄湯調服一字，日三，隨兒大小加減之，大有效。

明・李時珍《本草綱目》卷三九蟲部・卵生類上　雀甕《本經》下品

【釋名】雀兒飯甕《蜀本》　蛅蟖房《別録》。音髯斯。　蚝蟲窠音刺　躁舍《本經》　天漿子《圖經》　棘剛子《衍義》　紅姑娘《綱目》　毛蟲藏器曰：　毛蟲作繭，形如甕，故名雀甕。俗呼雀癰，聲相近也。保昇曰：　雀好食其甕中子，故俗呼雀兒飯甕。弘景曰：　蛅蟖背毛螫人，故名蚝，音刺，與蛓同。時珍曰：　俗呼毛蟲，又名楊瘌子，因有螫毒也。此蟲多生石榴樹上，故名天漿。天漿乃甜榴之名也。宗奭曰：　多在棘枝上，故曰棘剛子。

【集解】《別録》曰：　雀甕出漢中。生樹枝間，蛅蟖房也。八月采，蒸之。弘景曰：　蛅蟖，蚝蟲也。在石榴樹上。其背毛螫人。生卵形如鷄子，大如巴豆。藏器曰：　蚝蟲好在果樹上，大小如蠶，身面背上有五色斑毛，有毒能刺螫人。欲老者，口中吐白汁，凝聚漸硬，正如雀卵。其蟲以甕爲繭，在中成蛹，如蠶之在繭也。夏月羽化而出作蛾，放子於葉間如蠶子。陶言其生卵如鷄子，誤矣。恭曰：　雀甕在樹間，似螵蛸蟲。此物紫白襉斑，狀似硨磲，文可愛也。時珍曰：　蛅蟖處處樹上有之，牡丹上尤多。入藥惟取榴棘上、房内有蛹者，正如螵蛸取桑上者。

【氣味】甘，平，無毒。日華曰：　有毒。

【主治】寒熱結氣，蠱毒鬼疰，小兒驚癇《本經》。頌曰：　今醫家治小兒慢驚。用天漿子有蟲者、白殭蠶、乾蠍三物各三枚，微炒搗末。煎麻黄湯，調服一字，日三服加減，大有效也。藏器曰：　雀甕打破取汁，與小兒飲，令無疾。小兒病撮口者，漸漸口撮不得飲乳。但先剺口傍見血，以甕研汁塗之。或同鼠婦生搗塗之。今人産子時，凡諸物皆令開口不令閉者，蓋厭禳之也。

【附方】新五。

撮口噤風：　用棘科上雀兒飯甕子未開口者，取内物和乳汁研，灌之。○又方：　棘剛子五枚，赤足蜈蚣一條，燒存性，研勻，飯丸麻子大。每服三五丸，乳汁下。亦可末服一字。並《聖惠》。　小兒臍風：　白龍膏用天漿子有蟲者一枚，真殭蠶炒一枚，膩粉少許，研勻。以薄荷自然汁調，灌之。取下毒物神效。《聖惠》。　急慢驚風：　口眼喎斜，搐搦痰盛。用天漿子房去皮生用三枚，乾蠍生用七枚，硃砂一錢，研勻，飯丸粟大。每服二丸，荆芥湯送下。《聖惠方》。　乳蛾喉痹：　用天漿子，即紅姑娘，徐徐嚼嚥。　小兒癇疾：　棘枝上雀甕，研，其間蟲出，取汁灌之。《聖惠方》。

明・倪朱謨《本草彙言》卷一七　雀甕　味甘，氣平，有毒。　陶隱居曰：　雀甕名楊刺子。大小如蠶身，背上有五色斑，狀如硨磲文，可愛也。通身四面皆有毛，能刺螫人。　老者口中吐白汁，凝聚漸硬，結殼形如巴豆，牢結樹上，惟石榴樹上尤多。　殼中成蛹，如蠶之在繭也。　夏月羽化而出放子，如螫人，以毛刺人肉内，癜痛，用新絲綿揩之，毛刺即出。

雀甕子：　治小兒急慢驚風并臍風撮口之藥也。

集方：　《聖惠方》治小兒急慢驚風，口眼喎斜，搐搦痰盛。　用雀甕殼三枚，去殼取汁，全蠍五枚，硃砂研細一錢，再共研勻，飯丸粟米大。　每服三四丸，薑湯下。○治小兒臍風口噤。　用雀甕子五枚取汁，蜈蚣一條燒存性，取汁和勻，每服二分，乳汁調服。一方加真鉛粉一分。

清·张璐《本經逢原》卷四 雀甕一名蛅蟖，俗名蛓毛。 甘，平，小毒。《本經》主寒熱結氣，蠱毒鬼疰，小兒驚癇。 發明： 雀甕，蛅蟖殼也。其蟲夏生葉上，背上有刺螫人，故名蛓毛。秋深葉盡欲老，口吐白沫，凝聚漸硬，在中成蛹如蠶，至夏羽化而出，其形有似蜻蜓而翅黑稍闊，放子葉上而生蛅蟖。謂雀甕者，以雀好食其蛹也。入藥惟取石榴樹上者，連蛹炙焙用之。蘇頌曰： 今醫家治小兒驚癇，用雀甕子連蟲同白殭蠶、全蠍各三枚，微炒搗末，煎麻黄湯調服一字，日三服大效。藏器治小兒撮口不得飲乳，但先剺口傍見血，以雀甕打破取汁塗之。

清·張志聰、高世栻《本草崇原》卷下 雀甕 氣味甘，平，無毒。主治寒熱結氣，蠱毒，鬼疰，小兒驚癇。 雀甕，《本經》謂之躁舍，後人謂之蛅蟖房，乃刺毛蟲所作窠也。其形如甕，雀好啄其甕中之蛹，故名雀甕，又謂之雀兒飯甕。刺毛蟲一名蛅蟖，俗名楊瘌子，因其背上毛有毒，能螫人作痛也。生樹枝間，如蠶而小，背上有五色斑毛。將老者，口中吐白汁，作繭自裹，凝聚漸硬，正如雀卵，紫白襇斑，其蟲在中成蛹，如蠶之在繭也。夏月羽化而出作蛾，放子於葉間，如蠶子。處處樹上有之，牡丹上尤多，入藥唯取石榴樹上及棘上房内有蛹者，正如螵蛸諸樹皆有，入藥唯取桑上者耳，故《圖經》有天漿子之稱。《衍義》有棘剛子之號。天漿乃甜榴之名也。 雀甕多生榴棘樹上，夏月羽化而出，毛蟲有毒，雀甕則無毒矣，氣味甘平，感木火土之氣化，土氣和於内外，則寒熱結氣可治矣。木氣條達，則土氣疏通，而蠱毒可治矣。火氣光明，則鬼疰及小兒驚癇皆可治矣。

清·葉志詵《神農本草經贊》卷三 雀甕 味甘，平。主小兒驚癇，寒熱結氣，蠱毒鬼注。一名躁舍。

五色蛅蟖，白涎凝凍。蛹閉專房，蛾穿破甕。附愛榴甘，墜添棘重。同寄桑蛸，風搖日弄。

名醫曰： 一名蛅蟖房。八月采。陳藏器曰： 背有五色斑毛，能螫人。欲老者，口中吐白汁，凝聚漸堅，正如雀卵，其蟲以甕為繭，在中成蛹，夏月羽化而出，作蛾放子。曹鄴詩： 專房莫相妒。元稹詩： 破甕嫌防路。李時珍曰： 此蟲處處有之，惟取石榴樹上及棘枝上、房内有蛹者，正如螵蛸，取桑上者耳。萬楚詩： 日弄長飛鳥，風搖不卷花。

原蠶

唐·孫思邈《千金要方》卷二六《食治·鳥獸》 原蠶雄蛾 味鹹，溫，有小毒。主益精氣，強男子陽道，交接不倦，甚治泄精。不用相連者。

宋·唐慎微《證類本草》卷二一蟲魚部中品〔《別錄》〕 原蠶蛾 雄者，有小毒。主益精氣，强陰道，交接不倦，亦止精。〔宋·掌禹錫《嘉祐本草》〕按：陰痿通用藥云： 原蠶蛾，熱。《蜀本》云： 原蠶蛾，味鹹，溫。

屎： 溫，無毒。主腸鳴。熱中消渴，風痹癮瘮。

〔梁·陶弘景《本草經集注》〕云： 原蠶是重養者，俗呼爲魏蠶。道家用其蛾止精，其翁繭入术用。屎，名蠶沙，多入諸方用，不但熨風而已也。

〔宋·馬志《開寶本草》〕按： 《陳藏器本草》云： 原蠶屎，一名蠶沙，淨收，取曬乾，炒令黄，袋盛浸酒，去風，緩諸節不隨，皮膚頑痹，腹内宿冷，冷血瘀血，腰脚疼冷。炒令熱，袋盛熱熨之，主偏風，筋骨癱緩，手足不隨及腰脚軟，皮膚頑痹。

〔宋·掌禹錫《嘉祐本草》〕按： 日華子云： 晚蠶蛾，壯陽事，止泄精，尿血，暖水藏。又，蠶蛾，平。治暴風，金瘡，凍瘡，湯火瘡并滅瘡瘢，入藥炒用。又云： 蠶布紙，平。治吐血，鼻洪，腸風瀉血，崩中帶下，赤白痢，傅丁腫瘡。入藥燒用。又云： 蠶沙，治風痹頑疾不仁，腸鳴。

〔宋·蘇頌《本草圖經》〕曰： 原蠶蛾，《本經》不載所出州土，今東南州郡多養此蠶，處皆有之。此是重養者，俗呼爲晚蠶。北人不甚復養，惡其損桑。而《周禮》禁原蠶者，鄭康成注云爲其傷馬，傷馬亦是其一事耳。《淮南子》曰： 原蠶一歲再登，非不利也。然王法禁之者，爲其殘桑是也，人既稀養，市中貨者亦多早蛾，不可用也。至於用蠶沙、蠶蛻，亦須用晚出者，惟白殭蠶不著早晚，但用白而條直者。凡用蠶，并須食桑蠶，不用食柘者。蠶蛾，益陽方中多用之。今方治小兒撮口及發噤者，取二枚炙黄，研末，蜜和，塗口脣内，便差。蠶沙、蠶蛻，並入治風及婦人藥中用。蠶蛻，醫家多用初出蠶殻在紙上者。一說蠶眠時所蛻皮，用之更有效。

〔宋·唐慎微《證類本草》〕《聖惠方》： 治風瘙癮瘮遍身痒成瘡。用蠶沙一升，水二斗，煮取一斗二升，去滓，溫熱得所以洗之。宜避風。《千金方》： 治婦人始覺妊娠，轉女爲男法： 取原蠶屎一枚，井花水服之，日三服。《斗門方》： 治渴疾。用晚蠶沙，焙乾爲末。冷水下二錢，不過數服。《勝金方》： 治刀斧傷，止血生肌。天蛾散： 晚蠶蛾爲末，摻勻絹裹之，隨手瘡合血止。一切金瘡亦治。《簡要濟衆》： 小兒撮口及發噤方： 晚蠶蛾二枚，炙令黄，爲末，蜜和，傅兒口脣内。《子母秘録》云： 倒産難生。原蠶子燒末，飲服三錢。《小兒宫氣方》： 治小兒口瘡及風疳瘡等，晚蠶蛾細研，貼瘡上，妙。

宋・寇宗奭《本草衍義》卷一七 原蠶蛾 有原復敏速之義，此則第二番蛾也。白殭蠶條中已具。屎飼牛，代穀。又以三升醇酒，拌蠶屎五斗，用甑蒸熱，於暖室中鋪於乾油單上，令患風冷氣閉及近感癱風人，就所患一邊卧，看溫熱，厚蓋覆，汗出爲度。若虚人須常在左右，防大熱昏冒。仍令頭面在外，不得壅覆。未全愈，間，再作。

宋・王繼先《紹興本草》卷一八 原蠶蛾 紹興校定：原蠶蛾，《本經》云益精強陰，及世之傳用亦多，但未聞專恃此而取的驗，亦非有毒之物。其屎乃云蠶沙是也，但諸方多外用之，俱當作性溫、無毒是也。

宋・劉明之《圖經本草藥性總論》卷下 原蠶娥 雄者，有小毒。主益精氣，強陰道，交接不倦，亦止精。日華子云：晚蠶娥，壯陽事，止泄精尿血，暖水藏。又治暴風金瘡、凍瘡、湯火瘡。又蠶布紙，平。治吐血鼻洪，腸風瀉血，崩中帶下，赤白痢，傅丁腫瘡。又云：蠶沙，治風痺頑疾不仁、腸鳴。蠶蛻，主血風病，益婦人，治纏喉風。

宋・陳衍《寶慶本草折衷》卷一七 雄原蠶蛾今從《蜀本》加以雄字。一名蠶蛾，一名晚蠶蛾，一名魏蠶蛾，一名天蛾。乃五月重養者。生東南州郡。今處處養夏蠶家有之。○五月收未對者。

味鹹，平，溫，有小毒。○主益精氣，強陰，止精。○日華子云：壯陽，止尿血，暖水藏，治暴風金瘡、凍瘡、湯火瘡，并滅瘡瘢。入藥炒用。○《圖經》曰：原蠶蛾今稀養，貨者多早蛾，不可用，須食桑蠶者。治小兒撮口發噤，取貳枚炙黃，研末，蜜和塗口唇內。○寇氏曰：有原復敏速之義也。○又曰：第二番者，以其敏於生育〔也〕。○分白殭蠶說。

新分原蠶屎蠶布紙附。一名蠶沙。○張松云：一名晚蠶沙。○所出與原蠶蛾同。○附：蠶布紙，又云一名蠶蛻紙，一名蠶連。《是齋方》用者名佛退，乃初出蠶殼在紙上者，並細用之。○並五月收，曬乾。

溫，無毒。○主腸鳴，熱中消渴，風痹癮疹。自前條分。○陳藏器云：炒熱袋盛，浸酒，去風緩，諸節不隨，頑痹宿冷，冷血瘀血，腰脚疼冷。炒熱袋盛，熱熨偏風筋骨癱緩。○《圖經》曰：須食桑蠶，不用食柘者。○寇氏曰：以叁升醇酒拌蠶屎五㪷，用甑蒸熱，於暖室中，鋪油單上。患風冷氣閉及近感癱風人，就所患一邊臥，看溫熱，厚蓋汗出為度，須常在左右，防大熱昏冒。仍令頭面在外，不得壅覆，未全愈，間再作。

附：蠶布紙灰亦晚蠶者。○平。治吐血鼻衄，腸風瀉血，崩中帶下，赤白痢，傅丁腫。又治纏喉風及喉痹，煉蜜丸如雞頭大，含化嚥津。若牙宣牙癰，則指斷上。如口瘡，乾傅患處。或小兒走馬疳，入麝香貼。○兼括蠶蛻條。

續說云：張杲舉《錄驗方》，載沙病一證。江南舊時無此疾，今東西皆有之，其狀寒懍似傷寒及瘧，頭痛身熱，手足厥冷，有灸以得砂出為良。亦或因灸膿血迸流而斃者。但初感，只飲艾湯，試之纔吐者即是也。用五月蠶蛻紙一大片，碎剪入椀中，以熱湯半椀泡之，楪子密蓋，厚紙封固其縫，勿令氣透，良久，乘熱飲其汁，就臥厚衣被蓋，令發汗漸愈。

原蠶蛻今從衆說，加以原字。一名馬鳴蛻，乃夏養晚蠶身所退皮也。○所出與殭蠶、蠶蛾同。○收之曬乾。

主血風，益婦人，微炒和藥。○《圖經》曰：蠶蛻亦須食桑蠶。蠶眠時所退皮，如蛇蛻之義，非蠶布紙也。○分原蠶蛾條。

元・尚從善《本草元命苞》卷八 原蠶蛾 雄有小毒。強陰道，交接不倦。暖水臟，興陽。止泄精尿血。蠶沙，主腸鳴，熱中消渴，治癮疹風痺頑麻。蠶布紙，止吐血鼻洪，崩中帶下，療腸風瀉血，痢下赤白。馬鳴蛻，大益婦人，血風證用之神效。凡此多種，悉出於蠶。

元・吴瑞《日用本草》卷五 蠶蛹子 繰絲後繭內蛹子，今人呼為小蜂兒。

味鹹，性平，無毒。多食動風，則渾身搔痒成癮疹。治風及勞瘦。

明・王綸《本草集要》卷六 原蠶蛾 味鹹，氣溫，有小毒。入藥取雄者。原蠶也，是第二番蠶，以其敏於生育也。主益精氣，強陰道，交接不倦。亦止泄精尿血，又治金瘡、凍瘡、湯火瘡，并滅瘡瘢。○屎，一名蠶沙。氣溫。主腸鳴，熱中消渴，風痹癮疹，癱緩不隨。○蠶蛻，主血風病，益婦人，治吐血鼻洪，腸風下血，帶下赤白痢。傅丁腫瘡，入藥燒用。牙宣牙癰，指齒齦上。口瘡，乾傅患處。小兒走馬疳，入麝香少許，貼患處。醫家多用蠶蛻紙，而東人用蠶欲老，眠起所蛻皮，雖二用各殊，然東人所用為正用，當微炒，和諸藥可作丸散。

明・滕弘《神農本經會通》卷一〇 原蠶蛾 入藥取雄者。原，再也，是第二番蠶，以其敏於生育也。此是重養者，俗呼為晚蠶。用之須晚出者，不用食柘者。入藥炒用。《局》云：去翅足，微炒用。雄者，有小毒。一云：

熱。一云：平。

味鹹，溫。《本經》云：主益精氣，強陰道，交接不倦，亦止泄精。日華子云：晚蠶蛾，壯陽事，止泄精尿血，暖水藏。又治暴風，金瘡，凍瘡，湯火瘡，并滅瘡瘢。入藥炒用。《圖經》云：益陽方中多用之。今方治小兒撮口及發噤者，取二枚，炙黃，研末，蜜和，塗口脣便差。《局》云：蠶蛾性熱強陰道，更治遺精益腎家。若療血風宜用退，痺風癮㽷用蠶沙。原蠶蛾，主洩精，強陰道。

原蠶屎：一名蠶沙。用之須晚出者。入藥炒用。氣溫，無毒。《本經》云：主腸鳴，消渴，風痺癮㽷。陶隱居云：多入諸方用，不但熨風而已。陳藏器云：淨收取，晒乾，炒令黃，袋盛浸酒，去風緩，諸節不隨，皮膚頑痺，腹內宿冷，冷血瘀血，腰脚疼冷。炒令熱，袋盛熱熨之，主偏風，筋骨癱緩，手足不隨，及腰脚軟，皮膚頑痺。日華子云：治風痺頑疾不仁，腸鳴。

蠶退：醫家多用，初出蠶殼在紙上者，一說蠶眠時所退皮，用之更有効。用之當微炒。一名馬鳴退。平。《本經》云：主血風病，益婦人。近世醫家多用蠶退紙，而東方諸醫用蠶，欲老眠起所蛻皮。雖二者之用各殊，然東人所用為正。用之當微炒，和諸藥可作丸散服。日華子云：蠶布紙，治吐血鼻洪，腸風瀉血，崩中帶下，赤白痢，傅丁腫瘡。《圖經》云：蠶沙、蠶退，并入治風，及婦人藥中。《集驗》云：治纏喉風及喉痺，牙宣牙𤺥，口瘡，并小兒赤馬疳，蠶退紙不計多少，燒成灰存性，右煉蜜和丸如雞頭大，含化嚥津，牙宣牙𤺥，揩齦上口瘡，乾傅患處。小兒走馬疳，入(射)〔麝〕香少許，貼患處佳。

明·劉文泰《本草品彙精要》卷三〇 原蠶蛾雄者，有小毒。附蠶砂，無毒。

化生。

原蠶蛾：主益精氣，強陰道，交接不倦，亦止精。〇屎，溫，主腸鳴，熱中消渴，風痹，癮疹。名醫所錄。〔名〕晚蠶蛾、魏蠶、夏蠶、熱蠶。〔地〕《圖經》曰：《本經》舊不載所出州土，今東南州郡養蠶處皆有之。此乃第二番重養者，即晚蠶蛾也，有原復敏速之義。北人不甚復養，惡其損桑。而《周禮》禁原蠶者，鄭康成注云：爲其傷馬，傷馬亦是一事耳。《淮南子》曰：原蠶一歲再登，非不利也。然王者之法禁之，爲其殘桑也，人既稀養，市者亦多早蛾，不可用也。至於用蠶砂，亦須晚而食桑者乃佳，食柘者不堪也。〔時〕生：四月、五月。採：六月、七月取。〔收〕陰乾。〔用〕蛾及屎。〔色〕黃白。〔味〕鹹。〔性〕溫，軟。〔氣〕氣厚于味，陽中之陰。〔臭〕腥。〔主〕壯陽，暖水臟，止血，療金瘡。〔製〕炒去絲用。〔治〕療：日華子云：蛾，止泄精，尿血及暴風，凍瘡，湯火瘡，滅瘡瘢，入藥炒用。〇屎，治風痹頑疾不仁，腸鳴。陳藏器云：屎，炒令熱，以布袋盛，熱熨之，主偏風，筋骨癱緩，手足不隨及腰腳軟，皮膚頑痹。《別錄》云：屎一升，水二斗，煮取一斗二升，去滓，溫熱得所，洗治風瘙癮疹，遍身癢成瘡者，尤宜避風。又焙乾爲末，水服二錢，治渴疾不過數服。又取一枚，井花水下，日三服，治婦人始覺妊娠，轉女爲男法。〔合治〕蛾二枚，炙黃，研末，合蜜，塗口唇內，治小兒撮口及發噤者。

明·葉文齡《醫學統旨》卷八 原蠶蛾 氣溫，味鹹。有小毒。入藥取雄者。

治男子精泄不固，止尿血，益精氣，強陰道，交接不倦；又治金瘡、凍瘡、湯火瘡，并滅瘡瘢。

明·許希周《藥性粗評》卷四 取蠶蛾而逢原精，強陰道。蠶沙附。

原蠶蛾，晚蠶蛾也。再蠶，故謂之原。《周禮》禁原蠶。《淮南子》曰：原蠶一歲再登，非不利也。然王法禁之者，為其殘桑也。此蛾雄者入藥，初蠶力薄不堪。惟殭蠶與蠶沙則不拘早晚可用，如得脫者更妙。採得去其頭足翅，炒乾收貯。味鹹，性溫，雄者有小毒。主治陽衰陰痿，止精益氣，暖水藏，強陰道，交接不倦，炒末，以三四分，溫酒調服，最妙。

蠶沙，蠶屎也，亦以晚者尤為得力。味〔甘、辛〕，性溫，無毒。主治癱瘓頑麻，風痹癮㽷，內冷腸鳴，腰疼脚痛。俱以淨者炒黃，絹袋盛之，浸酒，每日任意溫服，或袋盛乘熱以熨所患，或水煮，去滓，以洗諸風，皆妙。又蠶紙、蠶蛻，所治與前功。

明·鄭寧《藥性要略大全》卷一〇 晚蠶蛾 固牙，補腎，療血風痹，癮㽷。〇蠶砂亦用。 味鹹、辛，氣平，無毒。一云小毒。炒去翅足用。 原蠶蛾雄者有小毒，益精氣，強陰，交接不倦。亦止精。 味鹹，性溫。

明·王文潔《太乙仙製本草藥性大全》卷八《本草精義》 原蠶蛾 《本經》不載所出州土，今東南州郡多養此蠶。處處皆有之，此是重養者，俗呼爲晚蠶。入藥務擇雄蛾，以其敏於生育。折去翅足，微火炒黃，合散爲丸，隨宜使用。北人不甚復養，惡其損桑。而《周禮》禁原蠶者，鄭康成注云爲其傷馬，傷馬亦是其一事耳。《淮南子》曰：原蠶一歲再登，非不利也，然王法禁之者，爲其殘桑是也。人既稀養，市中貨者亦多，早蛾不可用也。至於用蠶沙、蠶蛻，亦須用晚出者，惟白殭蠶不著早晚，但用白而條直者。凡用蠶，並須食桑蠶，不用食柘者。蠶蛾益陽方中多用之。今《衍義》曰：原蠶蛾有原復敏速之義，此則第二番蛾也。白殭蠶條中已具屎飼牛代穀。又以三升醇酒拌蠶屎五斗，用甑蒸熱，於暖室中鋪於油單上，令患風冷氣閉，及近感癱風人，就所患一邊臥，看溫熱厚蓋覆，汗出爲度。若虛人須常在左右，防大熱昏冒，仍令頭面在外，不得壅覆，未全愈間再作。

明・王文潔《太乙仙製本草藥性大全》卷八《仙製藥性》　原蠶蛾　氣溫，味鹹，略有小毒。　主治：強陰道，陰痿必用。交接不倦；益精氣，禁固難來。敷諸瘡滅瘢，能止血暖腎。治暴風尿血，愈火凍金瘡。　補註：治刀斧傷，止血生肌。天蛾散：晚蠶蛾爲末，摻匀，絹裹之，隨手瘡合血止，一切金瘡亦治。〇小兒撮口及發噤方：晚蠶蛾一二枚，炙令黄爲末，蜜和傅兒口唇內。〇兒倒産難生，原蠶子燒末，飲服三錢。〇治小兒口瘡及風疳瘡等，晚蠶蛾細研，貼瘡上妙。　蠶沙：氣溫，無毒。　主治：治濕痹癮疹癱風，主腸鳴熱中消渴。　補註：治風瘙癮疹，遍身痒成瘡，用蠶沙一升，水二斗，煮取一斗二升，去滓，溫熱得所以洗之，宜避風。〇治婦人始覺妊娠，轉女爲男法：取原蠶屎一枚，井花水服之，日三服。〇治渴疾，用晚蠶沙焙乾爲末，冷水下二錢，不過數服。

明・皇甫嵩《本草發明》卷六　原蠶蛾味鹹，溫，有小毒。乃二蠶蛾，擇雄者，以其敏于生育耳。　主益精氣，固止精洩，強陰道，交接不倦。日華子云：止泄漏(屎)〔尿〕血，暖腎。敷諸瘡，滅瘢。又治金瘡，凍瘡，湯火瘡。又刀斧傷，止血生肌。晚蠶蛾為末，摻匀，絹裹之，隨手瘡合血止。小兒撮口及發噤方：蠶蛾二枚，炙黄，為末，蜜和，敷兒口唇內。又治小兒口瘡及風疳等瘡，研細，貼瘡上。〇晚蠶砂，性溫。主腸鳴，熱中消渴，風痺癮疹。註云：炒黄，袋盛浸酒，去風，皮膚頑濕痺，偏風筋骨癱瘓，手足不隨，腰脚軟，腹内宿冷，冷血瘀血。腰脚冷痛，炒令熱，袋盛，乘熱熨之。

明・李時珍《本草綱目》卷三九蟲部・卵生類上　原蠶《別録》中品

【釋名】晚蠶日華　魏蠶《方言》　夏蠶《廣志》　熱蠶弘景曰：原蠶是重養者，俗呼爲魏蠶。宗奭曰：原者，有原復敏速之義，此是第二番蠶也。時珍曰：按鄭玄註《周禮》云：原，再也。謂再養者。郭璞註《方言》云：魏，細也。秦晉人所呼。今轉爲二蠶是矣。

【集解】《永嘉記》云：郡蠶自三月至十月有八輩。謂蠶種爲蛻，再養爲珍，珍子爲愛。頌曰：原蠶東南州郡多養之。此是重養者，俗呼爲晚蠶。北人不甚養之。《周禮》禁原蠶。鄭康成註云：蠶生于火而藏于秋，與馬同氣。物莫能兩大，禁原蠶爲其害馬也。然害馬亦一事耳。《淮南子》云：原蠶一歲再收，非不利也。而王法禁之者，爲其殘桑是也。人既稀養，貨者多是早蛾，不可用也。弘景曰：殭蠶爲末，塗馬齒，即不能食草。以桑葉拭去，乃還食。此見蠶即馬類也。時珍曰：馬與龍同氣，故有龍馬；而蠶又與馬同氣，故蠶有龍頭、馬頭者。蜀人謂蠶之先爲馬頭娘者以此。好事者因附會其説，以爲馬皮卷女，入桑化蠶，謬矣。北人重馬，故禁之。南方無馬，則有一歲至再、至三，及七出、八出者矣。然先王仁愛及物，蓋不忍其一歲再致湯鑊，且妨農事，亦不獨專爲害馬、殘桑而已。

雄原蠶蛾　【氣味】鹹，温，有小毒。時珍曰：按徐之才《藥對》云：熱，無毒。入藥炒，去翅足用。　【主治】益精氣，强陰道，交(精)〔接〕不倦，亦止精《別録》。壯陽事，止泄精、尿血，暖水臟，治暴風、金瘡、凍瘡、湯火瘡，滅瘢痕時珍。

【發明】宗奭曰：蠶蛾用第二番，取其敏於生育也。時珍曰：蠶蛾性淫，出繭即媾，至於枯槁乃已，故强陰益精用之。　【正誤】頌曰：今治小兒撮口及發噤者。用晚蠶蛾二枚，炙黄研末，蜜和塗唇内，便瘥。時珍曰：此方出《聖惠》，乃是白殭蠶。蘇氏引作蠶蛾，誤矣。蠶蛾原無治驚之文，今正之。

【附方】舊二，新八。　丈夫陰痿：未連蠶蛾二升，去頭翅足，炒爲末，蜜丸梧子大。每夜服一丸，可御十室。以菖蒲酒止之。《千金方》。　遺精白濁：晚蠶蛾焙乾，去翅足，爲末，飯丸緑豆大。每服四十丸，淡鹽湯下。此丸常以火烘，否則易糜濕也。《唐氏方》。　血淋疼痛：晚蠶蛾爲末，熱酒服二錢。《聖惠方》。　小兒口瘡：及風疳瘡。《宫氣方》用晚蠶蛾爲末，貼之，妙。〇《普濟方》治小兒口瘡，及百日内口瘡。入麝香少許，摻之。　止血生肌：蠶蛾散：治刀斧傷創，血出如箭。用晚蠶蛾炒爲末，傅之即止，甚效。《勝金方》。　刀斧金瘡：端午午時，取晚蠶蛾、石灰、茅花，搗成團，草蓋令發熱過，收貯。每用，刮下末摻之。　竹刺入肉：五月五日，取晚蠶蛾生投竹筒中，令自乾死，爲末。取少許，津和塗之。《便民圖纂》。　蛇虺咬傷：生蠶蛾研，傅之。《必效方》。　玉枕生瘡：生枕骨上如癰，破後如筋頭。用原蠶蛾炒、石韋等分，爲末。乾貼取瘥。《聖濟總録》。

原蠶沙頌曰：蠶沙、蠶蛾，皆用晚出者良。時珍曰：蠶沙用晒乾，淘净再晒，可久收不壞。　【氣味】甘、辛，温，無毒。時珍曰：伏硇砂、焰硝、粉霜。　【主治】腸鳴，熱中消渴，風痹癮瘮《別録》。炒黄，袋盛浸酒，去風緩，諸節不隨、皮膚頑痹、腹内宿冷、冷血瘀血、腰脚冷疼。炒熱袋盛，熨偏風，筋骨癱緩，手足不隨，腰脚軟，皮膚頑痹藏器。治消渴癥結，及婦人血崩，頭風、風赤眼，去風除濕時珍。

〖發明〗弘景曰：蠶沙多入諸方，不但熨風而已。宗奭曰：蠶屎飼牛，可以代穀。用三升醇酒，拌蠶沙五斗，甑蒸，於暖室中，鋪油單上。令患風冷氣痹及近感癱風人，就以患處一邊卧沙上，厚蓋取汗。若虚人須防大熱昏悶，令露頭面。若未全愈，間日再作。時珍曰：蠶屬火，其性燥，燥能勝風去濕，故蠶沙主療風濕之病。有人病風痹，用此熨法得效。按《陳氏經驗方》一抹膏，治爛弦風眼。以真麻油浸蠶沙二三宿，研細，以篦子塗患處。不問新舊，隔宿即愈。表兄盧少樊患此，用之而愈，親筆於册也。時珍：家一婢，病此十餘年，試用之，二三次頓瘳，其功亦在去風收濕也。又同桑柴灰淋汁，煮鼈肉作丸，治腹中癥結，見鼈條。李九華云：蠶沙煮酒，色味清美，又能療疾。

〖附方〗舊四，新六。　半身不遂：蠶沙二碩，以二袋盛之，蒸熟，更互熨患處。仍以羊肚、粳米煮粥，日食一枚，十日即止。《千金方》。　風瘙癮疹：作痒成瘡。用蠶沙一升，水五斗，煮取一斗二升，去滓，洗浴。避風。《聖惠方》。　頭風白屑：作癢。蠶沙燒灰淋汁洗之。《聖惠方》。　眯目不出：蠶沙揀净，空心以新汲水吞下十枚。勿嚼破。《聖惠》。　消渴飲水：晚蠶沙，焙乾爲末。每用冷水下二錢，不過數服。《斗門方》。　婦人血崩：蠶沙爲末，酒服三五錢。《儒門事親》。　月經久閉：蠶沙四兩，砂鍋炒半黄色，入無灰酒一壺，煮沸，澄去沙。每温服一盞，即通。　轉女爲男：婦人始覺有孕，用原蠶屎一枚，井華水服之，日三。《千金》。　跌撲傷損：扭閃出骨竅等證。蠶沙四兩炒黄，緑豆粉四兩炒黄，枯礬二兩四錢，爲末，醋調傅之，絹包縛定。换三四次即愈。忌産婦近之。邵真人《經驗良方》。　男婦心痛：不可忍者。晚蠶沙一兩，滚湯泡過，濾净，取清水服，即止。《瑞竹堂方》。

明・梅得春《藥性會元》卷下　原蠶蛾　味鹹，氣溫，有小毒。入藥取雄者，去翅足，炒用。　主補腎，療男子泄精不固，止尿血，益精氣，强陰道，能使交合不倦。又治金瘡，凍瘡，湯火瘡，并滅瘡瘢，血風腫，風癮疹。　屎：溫。主治腸鳴，熱中消渴，風痹癮疹。　蠶蛻：主治血風病，益婦人。一名馬鳴蛻。近世醫家多用蠶蛻帋，而東方諸醫用老眠起蠶所蛻皮。二者之用，惟東人用者為是。凡使炒過，和諸藥為丸散。　緣蠶螺：主治脱肛。燒為末，豬膏調傅之，即收縮。此螺全似蝸牛，黄小，雨後好緣桑葉上。

明・張懋辰《本草便》卷二　原蠶蛾　味鹹，氣溫，有小毒。　主益精氣，强陰道，交接不倦，亦止泄精尿血。又治金瘡、凍瘡、湯火瘡，并滅瘡瘢。

明・繆希雍《本草經疏》卷二一　原蠶蛾　雄者有小毒。主益精氣，强陰道，交接不倦，亦止精。

〖疏〗原蠶蛾，乃是晚蠶第一番出者，其子再復出者為二蠶。此二蠶之種，其蛾性最淫，出繭便媾。味鹹氣溫熱，故能強陰益精，令交接不倦也。日華子主壯陽事，止泄精，尿血，暖水臟。蓋取其性淫助陽，鹹溫入腎之功耳。

〖主治參互〗《千金方》丈夫陰痿不起，未連蠶蛾二升，去頭翅足，炒為末，蜜丸梧子大。每夜服一丸，可御十女，以菖蒲酒止之。《聖濟總録》玉枕生瘡，生枕骨上，如癰，破後如筋頭，用原蠶蛾炒、石韋等分，為末，乾貼，瘥。

〖簡誤〗少年陰痿，由于失志者，不宜用。陰虚有火者，鹹忌之。

蠶屎：即原蠶沙。溫，無毒。主腸鳴，熱中消渴，風痹癮瘮。

〖疏〗原蠶沙，即晚蠶所出屎也。其味辛甘，氣溫，無毒。腸鳴者，水火相觸也，甘以和之。消渴者，中氣燥熱也，辛以潤之。蠶屬火，其性燥，燥能勝濕去風，故其沙主療風濕之病。如陳藏器以之炒黄，袋盛浸酒，去風緩諸節不隨，皮膚頑痹，腹内宿冷，瘀血腰腳冷疼，炒熱熨偏風筋骨癱緩、手足不隨等證。

〖主治參互〗寇氏法：治諸風冷，用醇酒三升，拌蠶沙五斗，甑蒸，于暖室中，鋪油單上。令患風冷氣痹及近感癱風人，就以患處一邊卧沙上，厚蓋取汗。若虚人須防大熱昏悶，令露頭面。如未全愈，間日再作。《聖惠方》風瘙癮瘮作痒成瘡，用蠶沙一升，水五斗，煮取二斗，去滓洗浴。避風。《儒門事親》婦人血崩，蠶沙為末，酒服三五錢。

〖簡誤〗癱緩筋骨不隨，由于血虚不能榮養經絡，而無風濕外邪侵犯者，不宜服。

明・顧逢柏《分部本草妙用》卷一肝部・温補　晚蠶沙　甘辛，溫，無毒。伏硇砂、焰硝、粉霜。　主治：風痺癮瘮，浸酒去風，治骨節癱緩不隨，皮膚頑痺。腹冷，冷血瘀血，腰腳冷痛，炒熱熨之。治消渴癥結，婦人血崩，頭風，風赤眼，去風除濕。　按：蠶沙酒拌甑蒸，于暖室中鋪油單上，令癱風人卧上，厚覆取汗。若虚人露頭面，不愈再作。其性燥，燥可勝風去濕。治爛弦風眼，以麻油浸二三宿，研細，塗患處即愈。又同桑柴灰淋汁，煮鼈肉作丸，治腹癥結。見鼈條。

清・劉雲密《本草述》卷二七　原蠶又名晚蠶。一名夏蠶、熱蠶。　《周禮》註云：原，再也。謂再養者。《廣志》謂之夏蠶，正取第二番所養，其時當火令也。用蛾取原蠶者，乃是此義。先哲曰：蠶沙、蠶蛻，亦須用原蠶者。唯殭蠶不拘早晚耳。《淮南子》謂早蠶不適用。即此更推之，南方之三出，以至七八出者，尤為不宜入藥矣。

原蠶蛾取雄者。　氣味：鹹，温，有小毒。　時珍曰：按徐之才《藥對》云：熱，無毒。入藥炒去翅足用。　主治：益精氣，强陰道《別録》。止泄精，尿血，暖水臟時珍。治遺精，赤白濁方書。　希雍曰：原蠶蛾乃是晚蠶第一番出者，其子再復出者為二蠶，此二蠶之種，其蛾性最淫，出繭便媾。味鹹氣温熱，故能强陰益精，又能止泄精尿血，暖水臟。蓋取其性能助陽，鹹温入腎之功也。

愚按：蠶屬火而有金，火固金之主也。乃以食桑葉，合於水土之精氣，如《經》所謂陽中之少陰，肺司之以為氣主，而蠶亦得其氣化，有如斯也，更浴於大火之候，是火中之金，得火令而陽中之陰乃化，陰仍引陽以歸陰。人身命門真陽，乃元氣之根蒂。然其陽本出於陰也，肺氣歸於命門，而仍有以化精者，雖曰還於真陽，其實歸於真陰也。還於真陽，是益精氣歸於真陰，是强陰道。原蠶雄蛾初出之氣化，由陽趨陰為最銳，雖物類相感，却可以為自肺歸命門之一助矣。《別録》《本草》首言其益精氣，乃繼之以强陰道，蓋以益精氣為强陰也。抑方書何以競謂之强陽耶？曰：此味由陽趨陰，即能由陰化陽，方謂之益精氣，固非辛熱一於强陽者也。故就是能止遺精尿血，再以止血生肌思其功，亦可得其微義矣。若偏於陽者，其功曷克臻此哉？

附方　丈夫陰痿，未連蠶蛾二升，去頭翅足，炒為末，蜜丸梧子大，每夜服一丸，可御十女。以菖蒲酒止之。　遺精白濁。晚蠶蛾焙乾，去翅足，為末，飯丸綠豆大，每服四十丸，淡鹽湯下。此丸常以火烘，否則易壓音枚，塵也。溼也。　血淋疼痛，晚蠶蛾為末，熱酒服二錢。　止血生肌。蠶蛾散治刀斧傷創，血出如箭，用晚蠶蛾炒為末，傅之即止，甚效。

希雍曰：少年陰痿，由於失志者，不宜用。陰虛有火者，咸忌之。

原蠶沙　氣味：甘、辛，温，無毒。　主治：腸鳴熱中，消渴《別録》。炒黃袋盛，浸酒，去風，緩諸節不遂，皮膚頑痺，腹內宿冷，冷血瘀血，腰脚冷疼藏器。去風勝溼，療女子血崩血閉時珍。　宗奭曰：用醇酒三升，拌蠶沙五斗，甑蒸，於暖室中鋪油單上，令患風冷氣痺，及近感癱風人，就以患處一邊臥沙上，厚蓋取汗。若虛人須防大熱昏悶，令露頭面，如未全愈，間日再作。　弘景曰：蠶沙多入諸方，不但熨風而已。

或曰：蠶沙在《別録》言其主腸鳴熱中，消渴，而藏器所主内有腹中宿冷，冷血瘀血，腰脚冷疼等證。夫冷熱異治，其誰適主耶？曰：前所謂陽欲趨陰，陰能化陽，二語盡之矣。而又為蠶糞，更得其轉化之氣，故凡陽之不得趨陰，陰之不能化陽者，為熱中消渴固也。即為冷血瘀血等證，胥由於此，如原蠶乘時令氣，是陽趨得乎陰，陰亟化於陽，而蠶沙又為其趨下以轉化者，所以能奏如是之功耳。但方書於消渴證未見槩用，唯中風之史國公酒，鶴膝風之換骨丹，其所治皆溼風之證也。又攣證之酸棗仁丸，其療風毒，亦以溼不化而為風鬱，風鬱久而為毒也。是則如斯三證用之，豈止如東壁氏所言屬火性燥，便足以去風勝溼乎哉？則用當於陰陽之氣化求之。茲雖小物，固亦乘於陰陽之氣者也。

先哲曰：風邪深入，而手足為之緩弛，故曰風緩。又曰：病在陽經，氣行遲而關以緩，病在陰經，氣行疾而關以收。即此義，則藏器所治風緩，宗奭所治風冷痺者，固皆治其病於陽者也。夫風冷為患，由於陽之不能為衛，《經》所謂虛者着而為病，壯者氣行則已也。故緩弛似溼而為陰，然以風即能化溼，溼即能化風，固相因以病，從本而論，先受者為主，是以緩弛之病，止曰風緩也。若蠶沙之陽趨陰化陽，則舉治之矣。

附方　女子血漏，蠶沙炒一兩，伏龍肝半兩，阿膠一兩，為末，空心温酒調服二三錢。治腹中癥瘕，同桑柴灰淋汁，煮鼈肉作丸服。

希雍曰：癱緩，筋骨不隨，由於血虛不能榮養經絡，而無風溼外邪侵犯者，不宜服。

蠶繭蠶衣曰繭，用已出蛾者。　氣味：甘，温，無毒。　主治：燒灰酒服，治癰腫無頭，次日即破。又療頭疳瘡，及下血，血淋血崩，煮汁飲。止消渴，反胃時珍。　時珍曰：蠶繭方書多用，而諸家本草並不言及，誠闕文也。近世用治癰疽代鍼，用一枚，即出一頭，二枚即出二頭，神效無比。煮湯治消渴，古方甚稱之。丹溪朱氏言是物屬火，有陰之用，能瀉膀胱中相火，引清氣上朝於口，故能止渴也。繰絲湯，及絲綿煮汁，功並相同。

附方　腸風，大小便血，淋瀝疼痛，繭黄散用繭黄、蠶蛻紙，並燒存性，晚蠶沙、白殭蠶并炒，等分為末，入麝香少許，每服二錢，用米飲送下，日三服，甚效。

蠶蛻　氣味：甘，平，無毒。　主治：血病《嘉祐》。婦人血風宗奭。治目中醫障及疳瘡時珍。　禹錫曰：蠶蛻，今醫家多用初出蠶子殼在紙上者。東方諸醫用老蠶眠起所蛻皮。功用相近，當以蛻皮為正，入藥微炒用。

蠶連蠶紙曰連。　主治：腸風瀉血，崩中帶下日華子。小便淋閉，及牙宣牙䗔牙疳，喉痹時珍。　時珍曰：蠶蛻皮、蠶連紙，功用相同。亦如蟬蛻、蛇蛻之義。但古方多用蠶紙者，因其易得耳。

愚按：蠶蛻及連，《本草》皆取其治血證，大為合理。蓋血本於火、金、水合，而後生化者也。但須取早蠶者，以其得金水清化之氣，足以勝亢陽之傷陰也。乃方書於血證，未見槩用之，得勿以其脫化，為耗陰乎？聊錄數方，至於治目內外障，方書同多有矣。

附方　崩中不止，蠶故紙一張，剪碎炒焦，槐子炒黃，各等分為末，酒服立愈。　熱淋如血，蠶種燒灰，入麝香少許，水服二錢，極效方也。　走馬牙疳，用蠶蛻紙灰，入麝香少許，貼之。　纏喉風疾，用蠶蛻紙燒存性，煉蜜和丸芡實大，含化咽津。

愚按：蠶用之有三：早蠶則繭也，蛻也，連也。蓋蠶本火中之金，生化於水土精氣，猶人身乾金之氣，由陽歸陰，乃還離中之坎，乾金變化助火以為血焉。丹溪謂蠶繭屬火，有陰之氣，固先得我心矣。又寧獨繭，如蛻如連，《本草》用治血證，第其脫化勝於繭耳，是皆取其陽得陰化，唯早蠶為宜。至原蠶用迥及沙，是又取其陰從陽化，舍夏蠶將焉用之。如殭蠶與早晚蠶之用迥別，然用之似宜早者，以其金氣勝，能化木也。若晚者，火為主矣。總之，用各有宜。試觀繭方，治大小便血。繭蛻、連、沙並用，更入殭蠶，豈非以其各有所治，而殭蠶之用尤有別歟？

繅絲湯附，詳見一卷水部。　主治：消渴，大難驗。

綿　主治：新綿燒灰，主吐血衂血，下血崩中，帶下，疳瘡臍瘡，聤耳時珍。

附方　腸風下血，舊綿燒灰，枳殼麩炒，等分，麝香少許，為末，每服一錢，米飲下。　血崩不止，好綿及婦人頭髮，共燒存性，百草霜等分，為末，每服三錢，温酒下。或加椶灰。　東垣方用白綿子、蓮花心、當歸、茅花、紅花各一兩，以白紙裹定，黃泥固濟，燒存性，為末，每服一錢，入麝香少許，食前好酒服。

絹附　主治：用黃絲絹，乃蠶吐黃絲所織，非染色也。煑汁服，止消渴，產婦脬損，洗痘瘡潰爛，燒灰止血痢、下血、吐血、血崩時珍。

附方　產婦脬損，小便淋瀝不斷，黃絲絹三尺，以炭灰淋汁，煮至極爛，清水洗淨，入黃蠟半兩，蜜一兩，茅根二錢，馬勃末二錢，水一升，煎一盞，空心頓服，服時勿出聲，出聲即不效，名固脬散。

清・郭章宜《本草匯》卷一七　原蠶蛾　味鹹，氣溫，小毒，入足少陰經。止精強陰，交接不倦。助陽起痿，收泄固淋。

按：原蠶蛾，即第二番蠶也。其性最淫，出繭即媾，至於枯槁乃已。故強陰益精用之，取未交雄蛾二升，去頭足翅，炒為末，蜜丸梧子大，每夜服一丸，可御十室。以菖蒲酒止之。

雄者入藥，炒去頭足翅用。

原蠶沙　味甘、辛，溫。熨風痺，及一切關節皮膚不遂。性溫燥，除一切宿冷風濕癱緩。

按：原蠶沙，即第二番蠶所出之屎。蛾與沙俱晚者，為良。屬火，性燥。燥能勝風去濕，故蠶沙主療風濕之病。病風癱緩者，用醇酒三升，拌蠶沙五斗，甑蒸，擇暖室中，鋪油單紙上，令患人臥於沙上，厚蓋取汗，虛人須露頭面，未愈再作。風弦爛眼，以真麻油浸蠶沙二三宿，研細，塗爛處，隔宿即愈。若無外邪風濕侵犯者，忌之。

淘淨晒乾用。以飼牛，可以代穀。

清・蔣居祉《本草擇要綱目・溫性藥品》　晚蠶砂晒乾，淘淨再晒，可久收不壞。

氣味：甘、辛，溫，無毒。　主治：腸鳴，熱中消渴，風痹癮疹。炒黃，袋盛浸酒，去風緩諸節不隨，皮膚頑痹，冷血瘀血，腰脚冷疼及婦人血崩，頭風風赤眼，去風除濕。蓋蠶屬火，其性燥，燥能勝風去濕，故主療風濕之病也。

清・王翃《握靈本草》卷九　晚蠶沙　主治：晚蠶沙，甘辛，溫，無毒。主風痺癮疹。蠶屬火，其性燥，燥能勝風去濕，故蠶沙主療風濕之病。

原蠶即晚蠶蛾出繭，雄而未交者。去翅足，炒用。　主治：原蠶蛾，鹹，溫，有小毒。主益精氣，強陰道，交接不倦，亦止精。

清・汪昂《本草備要》卷四　原蠶砂燥濕，去風。　蠶食而不飲，屬火性燥，燥能去風勝濕。《經》曰：燥勝風，燥屬金，風屬木也。其砂辛、甘而溫。炒黃浸酒，治風濕爲病，支節不隨，皮膚頑痹，腰脚冷痛，冷血瘀血。史國公藥酒中用之。炒熱熨患處亦良。寇氏曰：醇酒三升，拌蠶砂五斗，蒸熱鋪暖室席上，令患冷風氣痹人以患處就臥，厚覆取汗。不愈，間日再作，須防昏悶。麻油調敷，治爛弦風眼。目上下胞屬脾。脾有風濕，則蟲生弦爛。又新瓦炙爲末，少加雄黃，麻油調敷，治蛇串瘡。有人食烏梢蛇，渾身變黑，漸生鱗甲，見者驚縮。鄭奠一令日服晚蠶砂五錢，盡一二斗，久之乃退。

晚蠶矢也。淘淨曬乾。

清·陳士鐸《本草新編》卷五 晚蠶蛾蠶沙　晚蠶蛾：氣溫，微鹹，略有小毒。其性最淫，強陽道，交接不倦，益精氣，禁固難來。敷諸瘡〔滅〕瘢，止尿血，暖腎。

蠶沙，即晚蠶之屎，其性亦溫，治濕痹、癮疹、癱風，主腸鳴熱中泄瀉。按晚蠶蛾勝于春蠶者，以其性淫也。須擇雄者用之，雌則無效。蓋雄則氣溫，勤于交合，敏于生育故耳。但亦宜丸散，而不宜湯劑，嫌其過于動也。

晚蠶娥興陽，又不動火，似可多用，然亦宜同人參、白术、歸、芪之類，用之為佳。蓋無陽則氣不能舉，而氣虛則陽亦不能久振也。

清·顧靖遠《顧氏醫鏡》卷八 雄晚蠶蛾是第二番者，鹹，溫，有小毒。炒去翅足。　強陽不痿，止精不洩。以其性淫，出繭便媾，交接不倦。鹹溫而暖水藏故也。陰虛火旺者勿用。　晚蠶沙味辛、甘，溫。炒。　主療風濕，屬火性燥，能勝風去濕，故主中風癱瘓，皮膚頑痺症疼痛，外兼炒熨有神。可塗目爛。爛弦風眼，用此麻油浸三日，研細，抹患處，不論新舊即愈。

清·李熙和《醫經允中》卷一七 晚蠶沙　伏硇砂、焰硝、粉霜。　甘、辛，溫，無毒。主治去風除濕。炒熱熨骨節癱緩不隨，皮膚頑痺。按：蠶沙酒拌，甑蒸于暖室中，鋪油單上，令癱風人臥上，厚覆取汗，若虛人露頭面，不愈再作。治爛弦風眼，以麻油浸二三宿，塗患處即愈。

清·张璐《本經逢原》卷四 原蠶蛾　鹹，溫，小毒。取未交雄蛾，紙封焙乾，拌椒密藏則不蛀。　《本經》主心腹邪氣，起陰痿，益精氣，強志生子，好顏色，補中輕身。　發明：蠶之性稟淫火，力專助陽。其子在臘月中非以重鹽鹽透，水漬曝乾，則繭不能繅絲，出子之後非桑不食。《本經》主心腹邪氣，皆桑之餘力，猶殭蠶之治風痰，蠶繭之療癰腫，蠶沙之去風濕耳。其起陰痿，益精氣，強志，生子，即《別錄》之益精氣，強陰道，交精不倦，亦能止精，若合符節。好顏色，令人面色好之互辭。補中輕身者，以其善補真陽，陽主輕捷故也。詳參經旨，洵為原蠶主治無疑，奈何集《本草》者誤列樗雞之下，敢力正之。

清·張志聰、高世栻《本草崇原》卷中 原蠶砂附　氣味甘、辛，溫，無毒。主治腸鳴，熱中消渴，風痹，隱疹《別錄》附。　原蠶，晚蠶之母蠶也，故名原蠶，在頭蠶之前先養數百，出蛾生子，俟頭蠶繭後，然後育此子，為二蠶。是原蠶先得桑葉始發之純情，故去風、清熱、續絕之功最大，此沙極少。日華子釋原蠶為晚蠶，此誤釋也。原蠶沙難得，今醫俱用晚蠶沙。夫晚蠶即原蠶所育之二蠶也，與其用原蠶所育之二蠶，不若竟用頭蠶之沙矣。品雖閑冷，不可不知。　按：《周禮》有禁原蠶之文。鄭康成注云：原，再也，謂再養者為原蠶，自古已然。隱庵乃釋爲晚蠶之母蠶，正恐未的，古人於蠶蛾、蠶沙俱用。　晚蠶者，蓋取其得夏時火令深耳。

清·黃元御《玉楸藥解》卷六 原蠶蛾　味鹹，性溫。入足少陰腎、足厥陰肝經。暖腎壯陽，固精斂血。原蠶蛾溫暖肝腎，大壯陽事，治遺精溺血。療金瘡，滅瘢痕，止白濁。

清·吳儀洛《本草從新》卷六 原蠶砂〔燥濕，去風。〕　蠶食而不飲，屬火性燥，燥能去風勝濕。《經》曰：燥勝風，燥屬金，風屬木也。其砂辛甘而溫。炒黃浸酒，治風濕為病，支節不隨，皮膚頑痺，腰脚冷痛。冷血瘀血，炒熱熨患處亦良。寇氏曰：醇酒三升，拌蠶砂五斗，蒸熱，鋪暖室席上，令患冷風氣痹人以患處就臥，厚覆取汗。不愈，明日再作，但須防昏悶。麻油調敷，治爛弦風眼。目上下胞屬脾，脾有風濕則蟲生弦爛。又新瓦炙為末，少加雄黃，麻油調敷，治蛇串瘡。有人食烏梢蛇，渾身變黑，漸生鱗甲，見者驚縮，鄭奠一令日服晚蠶砂五錢，盡二斗，久之乃退。二蠶矢也。淘淨曬乾。原雄蠶蛾，氣熱性淫，主固精強陽。

清·汪紱《醫林纂要探源》卷三 晚蠶沙　甘，辛，鹹，溫。第二番再養之蠶矢，又曰原蠶。原者，有原復敏速之義。　祛風勝濕，治風濕痺痿不仁，及腰腳冷痛，冷血瘀血。又麻油調敷，爛弦風濕。亦桑木之餘氣，且鹹能滲濕也。

清·汪紱《醫林纂要探源》卷三 蠶蛾　辛，鹹，溫。蠶所化蝶，擇用雄者。補君相之火。性淫，故能固精，壯陽事。　蠶蛹：甘，辛，鹹，溫。同繭入湯煮，及出繭，未化蝶有赤殼者。和脾胃，去風濕，長陽氣。小兒宜服。

題清·徐大椿《藥性切用》卷八 晚蠶沙　辛甘性溫，祛風勝濕，理痺治痧。微炒用。

清・黃宮繡《本草求真》卷一　雄蠶蛾入腎補火益精。　雄蠶蛾耑入命門。即二蠶所出之雄者也，味鹹性溫，其性最淫，出繭便媾。諸書皆載能起陰痿，益精強志，敏於生育，交接不倦，并敷諸瘡滅瘢，止尿血，暖腎。蓋取其性淫助陽，鹹溫入腎之功耳。是以《千金方》治丈夫陰痿不起，用此一夜，每服一丸，可御數女。以蠶蛾二升去翅足，微火灼黃為末，蜜丸如梧桐子大，酒下。以菖蒲止之，但此止為陽痿求嗣而見。若使陰虛火盛而用此為淫戲之術，則陰愈竭而火益盛，欲不速斃，其可得乎？故古補方多不具載，恐人藉此以為斲喪之具也。取未交雄者佳，蠶退紙燒灰，可敷走馬牙疳。蠶退紙灰入麝和蜜，敷走馬牙疳，加白礬妙。并治邪祟發狂悲泣。

清・黃宮繡《本草求真》卷四　蠶沙宣皮膚風濕。　蠶沙耑入肝脾，兼入胃。即晚蠶所出之屎也。玩書所著治功，多有祛風除濕之能。所述治症，多是肢節不遂，皮膚頑痹，腰膝冷痛，冷血瘀血，腸鳴消渴，爛弦風眼。緣蠶食而不飲，其食出則氣燥，燥則可以勝濕去風。凡一切皮膚等疾，因於風濕而至者。上症俱就風濕而言。無不得此以為調治，且味辛而兼甘，故凡水火相激而見腸鳴，得此甘以和之。燥熱而見消渴不止，得此辛以潤之。燥渴仍屬風邪，故辛可以得潤。是以用此炒黃，袋盛浸酒，以去風緩不隨，皮膚頑痹。寇氏曰：醇酒三升，拌蠶沙五斗，蒸熱鋪暖室席上，令患冷風氣痹人，以患處就臥，厚覆取汗，不愈，間日再作，須防昏悶。暨爛弦風眼，用此油浸塗患即愈。汪昂曰：目上下胞屬脾，脾有風濕則蟲生弦爛，用新瓦炙為末，少加雄黃，麻油調敷。又治蛇串瘡，有人食烏梢蛇渾身變黑，漸生鱗甲，見者驚縮。鄭奠一令日服晚蠶沙五錢，盡一二斗，久之乃愈。昔史國公用此浸酒。色清味美。以治風痹，義多根此，然惟晚者為良。早蠶者不堪入藥，以飼火烘，故有毒也。

清・羅國綱《羅氏會約醫鏡》卷一八鱗介蟲魚部　晚蠶砂味辛甘，氣溫。蠶食而不飲，屬火性燥，燥則去風勝濕。治支節不隨、皮膚頑痹、腰脚冷痛、冷血瘀血、炒黃浸酒，史國公用之。手足筋骨患處。炒熱鋪席上，以患處就臥，厚覆取汗，忌風。療腸鳴，水火相激也，甘以和之。止消渴，中氣燥熱也，辛以潤之。除爛弦風眼，目上下胞屬脾。脾有濕則蟲生，麻油調敷。解食蛇肉毒。中毒者身黑生鱗，日服蠶砂五錢，盡一二斗愈。

清・楊時泰《本草述鉤元》卷二七　原蠶　原，再也，謂再養也。又名晚蠶、夏蠶、熱蠶。正取第二番所出，時當火令也。用蛾必取原蠶，蠶沙亦當取之原蠶，惟殭蠶不拘早晚耳。其三出以至七八出者，不宜入藥。

味鹹，氣溫熱。主益精氣，強陰道，暖水臟，止洩精、尿血，治遺精、赤白濁。原蠶蛾乃是晚蠶第一番出者，其子再復出為二蠶。此說精審。此二蠶之種蛾性最淫，出繭便媾，鹹溫入腎，性能助陽仲淳。治陽痿，未連蠶蛾二升去頭翅足，炒為末，蜜丸梧子大，每夜服一丸，可御十女。以菖蒲酒止之。遺精白濁，晚蠶蛾焙乾，去翅足，為末，飯丸綠豆大，每服四十丸，淡鹽湯下。此丸常以火烘，否則易壓音枚濕。血淋疼痛，晚蠶蛾為末，熱酒服二錢。蠶蛾散：止血生肌，治刀斧傷創，血出如箭，晚蠶蛾炒為末傅之即止。

論：蠶屬火而有金，火固金之主也，乃以食桑葉者，合於水土之精氣。如《經》所謂陽中之少陰，肺司之以為氣主者，更浴於大火之候，俾火中之金得火令而陽中之陰乃化，陰仍引陽以歸陰。人身命門真陽，乃元氣之根蒂，然其陽本出於陰也，肺氣歸於命門，而仍有以化精者，雖曰還於真陽，其實於真陰也。還於真陽是益精氣，歸於真陰是強陰也。原蠶雄蛾初出之氣化，由陽趨陰為最銳，卻可為自肺下歸命門之一助。《別錄》首言益精氣，繼以強陰道，蓋即以益精氣為強陰也，抑方書何又謂之強陽耶？曰：此味由陽趨陰，即能由陰化陽，方謂之益精氣，固非辛熱而一於強陽者也，就其能治遺精、尿血，再合於止血生肌以思，亦可得其微義矣。

繆氏：少年陰痿，由於失志者，不宜。陰虛有火者忌。

修治：去翅足炒用。

原蠶沙：味辛、甘，氣溫。《別錄》治腸鳴，熱中消渴。炒黃，袋盛浸酒，去風緩諸節不遂，皮膚頑痺，腹內宿冷，冷血瘀血，脚腰冷疼藏器。《綱目》去風勝濕，療女子血崩、血閉。熨風法：用醇酒三升拌蠶沙五斗，甑蒸，於暖室中鋪油單上，令患風冷氣痺及近感癱風人，就以患處臥沙上，厚蓋取汗。若虛人須防大熱昏悶，令露頭面，如未全愈，間日再作。女子血漏，蠶沙炒一兩、伏龍肝半兩、阿膠一兩為末，空心，溫酒調服二三錢。腹中癥瘕，蠶沙同桑柴灰，淋汁煮鼈肉，丸服。

論：蠶沙在《別錄》言主熱中，而藏器療諸冷病。夫冷熱異治，其誰適主耶？曰：前論所謂陽趨陰陰化陽二語盡之矣，凡陽之不得趨陰，陰之不能化陽者，為熱中消渴，亦即為冷血、瘀血、宿冷、冷疼等證。原蠶乘時令以趨化，而蠶沙又即為其趨下以轉化者，所以能奏如是之功。又凡風邪深入，而手足為之緩弛，曰風緩。又病在陰，經氣行疾而關以收，病在陽，經氣行遲而關以緩，即此則知藏器所治風緩，宗奭所治風冷氣痺，皆其病於陽者也。夫風冷為患，由於陽之不能為衛，《經》所謂虛者着而為病，壯者氣行則已也。緩弛本以濕而為陰，然風即能化濕，濕即能化風，風與濕固相因以為病，從本而論，先受者為主，是以緩弛之病，止曰風緩也。若蠶沙之陽趨陰，陰化陽，則舉治之矣。

蠶繭：用已出蛾者。　氣味甘溫。止消渴反胃，療頭瘡及下血、血淋、血崩。治癰腫無頭，燒灰酒服，次日即破。癰疽代鍼，用一枚即出一頭，二枚即出二頭，神妙。煮湯，治消渴，古方甚稱之。丹溪言是物屬火有陰之用，能瀉膀胱中相火，引清氣上朝于口故也。繰絲湯及絲綿煮汁，功並相同。腸風大小便血，淋瀝疼痛，繭黄散。用繭黄、蠶蛻紙並燒存性，晚蠶沙、白殭蠶并炒，等分為末，入麝少許，每服二錢，米飲下，日三服，甚效。

蠶蛻：氣味甘平。主血病，婦人血風，治目中瞖障及疳瘡。

辨治：醫家多用初出蠶子殼在紙上者，其實當用老蠶眠起所蛻皮。入藥微焙用。

蠶連：蠶紙也。治腸風瀉血，崩中、帶下，小便淋閉及牙宣、牙癰，牙疳、喉痺。蠶蛻皮、蠶連紙功用相同，而蠶紙易得，古方用之為多瀕湖。崩中不止，蠶故紙一張，剪碎炒焦，槐子炒黄，各等分為末，酒服立愈。熱淋如血，蠶種燒灰，入麝少許，水服二錢，極效。走馬牙疳，蠶蛻紙灰，入麝少許，貼之。纏喉風，蠶蛻紙燒存性，煉蜜和丸芡實大，含化嚥津。

論：蠶蛻及連，何以取治血證？蓋血本於火，金水合而後生化者也。早蠶得金水清化之氣，足以勝亢陽之傷陰，乃方書未見概用，得無以其脫化為耗陰歟。至於治內外障則夥矣。

總論：蠶之用有三：早蠶得金水清化之氣，而能勝亢陽之傷陰，故繭也，蛻也，連也。《本草》均用以治血證，丹溪謂蠶繭屬火，有陰之氣固已，如蛻，如連，其脫化當有倍勝於繭者，三者均惟早蠶為宜。至原蠶用蛾及沙，是又取其陰從陽化，非夏蠶不為功。殭蠶雖不拘早晚可用，然究其功亦似宜於早者，以其金氣勝，能化木也。若晚蠶則火為主矣。

附繰絲湯：已見卷一水部。治消渴大驗。

絲綿：新綿燒灰，主吐血衄血，下血崩中，帶下，疳瘡臍瘡，聤耳瀕湖。腸風下血，舊綿燒灰，枳殼麩炒，等分，入麝少許，為末，每服一錢，米飲下。血崩不止，好綿及婦人髮共燒存性，百草霜等分為末，每服三錢，溫酒下，可加椶灰。又方：用白綿、蓮花心、當歸、茅花、紅花各一兩，以白紙裹定，黄泥固濟，燒存性，為末，入麝少許，每服一錢，食前好酒服。

黄絲絹：煮汁服，治消渴，並產婦脬損，洗痘瘡潰爛。燒灰，止血痢下血，吐血血崩。固脬散：治產婦脬損，小便淋瀝不斷，黄絲絹三尺，以炭淋汁，煮至極爛，清水洗淨，入黄蠟五錢，蜜一兩，茅根二錢，馬勃末二錢，水一升，煎一盞，空心頓服，服時弗出聲，出聲即不效。

辨治：此乃蠶吐黄絲所織，非染成黄色也。

清·葉桂《本草再新》卷一〇　原蠶砂味辛，性燥，有毒。入肝、脾二經。　治風濕遏伏於脾家，筋骨疼痛，皮膚發腫，腰腿寒痛，血瘀血少。痘科漿靨不起，亦宜用之。

清·趙其光《本草求原》卷一八蟲部　原蠶蛾一名晚蠶，取雄蛾。　性淫，氣熱，浴焙於大火之候而味鹹，是火中之金趨歸於水。食桑而得水土之精。能使肺氣歸於命門，以返真陽於真陰，故益精氣，陽中之陰化則精氣足。強陰道、交接不倦，強志，生子，固精，止尿血，白濁，好顏色，補中輕身。陽主輕捷。

取晚蠶初番出、未交之雄蛾，紙封焙乾，椒拌密藏，則不蛀。去頭足翅，炒研用。早蠶及三四次出者無用。為末蜜丸，常用火焙，勿令塵濕，以酒下，治陰萎，並治血淋疼痛。鹽湯下，治遺精，白濁。又為末，敷刀斧傷，止血生肌。得菖蒲酒，其功即減。觀其止淋濁，則非一於強陽可知。

原蠶沙：即晚蠶屎。　蠶趨陰歸陽，其屎趨下轉化。甘辛而溫，更能歸陽以化陰，為風濕之專藥。主腸鳴，熱中消渴。陽趨於陰之效。凡濕鬱不化，久成風毒，冷痹，關節緩弛，皮膚頑痹，腹內宿冷，腰腳冷痛，冷血內瘀，風在陽經則關緩，在陰經則關收，此以辛燥去風勝濕，使陰化於陽，是治風冷病於陽，而陽不能衛者，宜炒黄袋盛，浸酒服。炒熱，絹包熨之俱可。寇氏以酒拌，甑蒸於暖室中，鋪油單上，令病人以患處臥沙上，露頭面，厚蓋取汗，以防昏悶。未愈，間日再作。治風弦爛眼，麻油浸二三宿，加瓦炙雄黄研塗。目胞屬梢，脾有風濕，則生蟲弦爛。又治蛇串瘡，有人食烏脾蛇，身變黑，漸生鱗甲，以蠶沙日服五錢，盡斗二而愈。血閉、血漏，同伏龍肝、阿膠末溫酒下。腹中癥瘕。同桑柴灰汁煮鱉肉作丸服。陰虛有火勿用。淘淨曬乾按蠶吐絲為經，故走經絡。凡風濕癱緩固宜，即血虛不能養經絡者，亦宜加入滋補藥中。

清・文晟《新編六書》卷六《藥性摘錄》 晚蠶砂　甘辛，入肝脾。宣皮膚風濕，治肢節不遂，腰膝冷痛，冷血活血，腸鳴消渴。又治爛弦風眼，用新瓦炙，為末，浸麻油，調敷効。〇冷風頑痹，用酒三升，拌砂三斗，蒸熟，鋪暖室席上，以患處就臥，厚覆取汗，辟風；若未愈，間日再作。〇惟晚蠶出者入藥。

清・文晟《新編六書》卷六《藥性摘錄》 雄蠶蛾　鹹，溫。入腎，補火益精，陰痿不起者用此。去翅足，微火灼黃，為末，蜜丸如梧子大，每服一錢，可御數女。以菖蒲湯止之。若陰虛火盛者，切忌，恐速其斃也。取未交雌者佳。〇蠶蛻紙，燒灰，入麝和蜜與礬，可敷走馬牙疳，並治邪祟發狂悲泣。

清・張仁錫《藥性蒙求・蟲部》 蠶砂二錢　蠶砂性燥，味帶辛溫。專醫風濕，痺證頗神。辛、甘，溫。二蠶矢也。治風濕痺症，腰脚冷痛，肢節不遂，冷血瘀血。炒焦，包熨患處亦良。〇原雄蠶蛾：氣熱性淫，主固精壯陽。

清・陸以湉《冷廬醫話》卷五藥品 費星甫《西吳蠶略》所述頭二蠶，較本草諸註家為詳備，錄於此。頭二蠶即蚖珍也。《周禮》夏官司馬職禁原蠶，註云：原，再也，字書作蝘。本草有晚蠶沙、晚殭蠶等目，皆未詳辨，遂誤以初蠶再出為晚蠶、原蠶矣，不知其種迥別。凡二蠶繭蛾生種，謂之頭二蠶種，次年清明後即養之，名頭二蠶，時頭蠶尚未出也，其眠其老甚速，纔兩旬即收繭，時頭蠶甫大眠也，出蛾生子，是謂二蠶種，凡養頭二蠶皆甚少，無繅絲者，其繭殼、繭黃、蠶砂皆入藥，其殭者尤不可得，治痘有回生之功。蓋時方春杪，蠶亦得清淑之氣，故堪治疾，殆珍之名所由起歟。本草所載專指此，即《周禮》原字之義，未必不指此。又云：二蠶始稱晚蠶，出於頭蠶登簇之際，飼以二葉，自眠至老，皆值黃梅時候，鬱蒸日甚，蠅蚋蛄嘬，臭穢生蛆，性偏熱有毒，其繭其絲價亦較廉，凡所棄餘，僅以肥田，從未入藥。余按：今藥肆所售蠶砂、殭蠶，大抵皆出於頭蠶耳。藥類鮮真，此其一也。

清・王孟英《隨息居飲食譜・鱗介類》 蠶蛹　甘，溫。補氣，止渴，殺蟲，治疳積童勞，助痘漿乳汁。繅絲後濾乾，曬焙極燥，可以久藏。氣香，最引蜈蚣，故須密收。炙食味佳。患脚氣者忌之。猘犬齩者，終身勿犯，誤食必難免也。

清・田綿淮《本草省常・魚蟲類》 蠶蛹　性熱。助陽事，固精氣。久食夫婦交合不倦。多食生邪熱、令人淫。

清・戴葆元《本草綱目易知錄》卷四 雄原蠶蛾　鹹，溫，有小毒。性淫，出繭即媾，至枯槁乃已，故能益精氣，強陰道，壯陽事，交接不倦。又能暖水臟，止泄精尿血。傅金瘡、凍瘡、湯火瘡，滅瘢痕。【略】

原蠶沙：蠶屬火，性燥，其沙辛甘而溫。能去風除濕，治腸鳴熱中消渴，癥結，風痹癮瘮，頭風眼赤，婦人血崩。炒黃，酒浸服，去風，緩諸節不隨，皮膚頑痹，腹內宿冷，冷血瘀血，腰脚冷痛。炒熱袋盛，熨偏風筋骨癱瘓，手足不隨，腰脚軟弱，皮膚頑痹。爛弦風眼，蠶沙，麻油浸三宿，研細，以篦子塗患處，隔宿即愈。葆驗方，蠶沙一錢，川連五分，煅甘石一錢，瓷椀盛人乳汁半盅，蜜封，飯上蒸二炷香，取濾滓，入硼砂六分，片腦一分，研末，入內和勻，搽眼瞼上，閉目半時，日二次，自愈。

清・黃光霽《本草衍句》 蠶沙　治風濕癮疹癱風，風濕為病，肢節不隨。腰脚冷痛。能去冷血惡血。主腸鳴熱中消渴，風眼爛弦。陳氏《經驗方》一抹膏，治爛弦風眼，以真麻油浸蠶沙二三升一宿，研細，塗患處即驗。男婦心痛不可忍者，晚蠶沙一兩，滾湯泡過，濾淨，取清水服，即止。

清・陳其瑞《本草撮要》卷九 原蠶沙　味辛甘，溫，炒黃浸酒，入手太陰、足厥陰肝經，功專治風濕為病，支節不隨，皮膚頑痹，腰脚冷痛，冷血瘀血，炒熱熨患處。並研末以麻油調敷爛眼弦，均良。原雄蠶蛾，氣熱性淫，固精強陽。蠶退紙，燒存性，入麝少許，蜜和敷走馬牙疳，如加白礬尤妙。又以蠶紙燒灰，酒水任下，能治邪祟發狂悲泣。

蠶

宋・唐慎微《證類本草》卷二二蟲魚部下品〔唐・陳藏器《本草拾遺》〕 烏爛死蠶　有小毒。蝕瘡有根者，亦主外野雞病，并傅瘡上，在簇上烏臭者。白死蠶，主白遊。赤死蠶，主赤遊。并塗之。遊，一名瘮也。

宋・唐慎微《證類本草》卷二二蟲魚部下品〔唐・陳藏器《本草拾遺》〕 繭鹵汁　主百蟲入肉，䘌蝕瘙疥及牛、馬蟲瘡，山蜍、山蛭入肉，蚊子諸蟲咬毒。鹽繭甕下收之，以竹筒盛鹵浸瘡，山行亦可預帶一筒，取一蛭置中，兼持一片乾海苔，則辟諸蛭。蘇恭注《本經》蛭條云：山人自有療法，豈非此乎？亦可爲湯浴小兒，去瘡疥。此汁是繭中蛹汁，故能殺蟲，非爲鹵鹹也。

宋・唐慎微《證類本草》卷二一蟲魚部中品〔宋・掌禹錫《嘉祐本草》〕 蠶蛻　主血風病，益婦人。一名馬鳴蛻。近世醫家多用蠶蛻紙，而東方諸醫用蠶欲老眠起所蛻皮，雖二者之用各殊，然東人所用者爲正。用之當微炒，和諸藥可作丸、散服新定。

〔宋・唐愼微《證類本草》〕《集驗方》：治纏喉風及喉痹，牙宣，牙癰，口瘡并小兒走馬疳。蠶蛻紙不計多少，燒成灰存性，右煉蜜和，丸如雞頭大。含化嚥津。牙宣、牙癰，揩齦上。口瘡，乾傅患處。小兒走馬疳，入麝香少許，貼患處佳。《百一方》：凡狂發欲走，或自高貴稱神，皆應備。諸火灸，乃得永差耳。若或悲泣呻吟者，此爲邪祟。以蠶紙作灰，酒水任下，差。療風癲也。

宋・唐愼微《證類本草》卷二一蟲魚部中品〔《本經・別録》〕 **白殭蠶** **味鹹、辛，平，無毒。主小兒驚癇夜啼，去三蟲，滅黑䵟，令人面色好，男子陰瘍**音亦**病，**女子崩中赤白，產後餘痛，滅諸瘡瘢痕。生(穎)〔潁〕川平澤。四月取自死者，勿令中濕，濕有毒，不可用。

〔梁・陶弘景《本草經集注》〕云：人家養蠶時，有合箔皆殭者，即暴燥都不壞。今見小白色，似有鹽度者爲好。末以塗馬齒，即不能食草，以桑葉拭去乃還食，此明蠶即馬類也。

〔唐・蘇敬《唐本草》〕注云：《別録》云：末之，封丁腫，根當自出，極效。此白殭死蠶，皆白色，陶云似有鹽度，此誤矣。

〔宋・掌禹錫《嘉祐本草》〕按：《蜀本圖經》云：用殭死白色者，再生一生俱用，今所在有之。《藥性論》云：白殭蠶，惡桑螵蛸、桔梗、茯苓、茯神、萆薢，有小毒。治口噤發汗，主婦人崩中，下血不止。與衣中白魚、鷹屎白等分，治瘡滅瘢。日華子云：殭蠶，治中風失音，并一切風疾，小兒客忤，男子陰痒痛，女子帶下。入藥除綿絲并子盡，勻炒用。又云：蠶蛹子，食，治風及勞瘦。又研，傅蠶瘑，惡瘡等。

〔宋・蘇頌《本草圖經》〕曰：白殭蠶，生(穎)〔潁〕川平澤，今所在養蠶處皆有之。用自殭死白色而條直者爲佳。四月取，勿令中濕，濕則有毒，不可用。用時仍去綿絲及子，炒過。今醫家用治中風急喉痹欲死者，擣篩細末，生薑自然汁調灌之，下喉立愈。又合衣魚、鷹屎白等分爲末，面膏和塗瘡瘢疵，便滅。

〔宋・唐愼微《證類本草》〕雷公云：凡使，先須以糯米泔浸一日，待蠶桑涎出如蝸牛涎浮於水面上，然後漉出，微火焙乾，以布淨拭蠶上黃肉毛并黑口甲了，單擣篩如粉用也。《外臺秘要》：治瘰癧。白殭蠶爲散，水服五分匕，日三，十日差。《千金方》：治大風半身不遂。蠶沙兩碩，熟蒸，作直袋三隻，各受七斗，熱盛一袋着患處，如冷即取餘袋，一依前法數數換，一日不禁，差。又須羊肚釀粳米、葱白、薑、豉、椒等爛煮熱喫，日食一枚，十日即止。《肘後方》：治背瘡彌驗。以針挑四畔，白殭蠶爲散，水和傅之，即拔出根。《經驗後方》：下奶藥：白殭蠶末兩錢，酒調下，少頃以脂麻茶一錢熱投之，梳頭數十遍，奶汁如泉。《斗門方》：治卒頭痛。白殭蠶碾爲末去絲，以熟水下二錢匕，立差。《博濟方》：治喉閉。如聖散：子白殭蠶、天南星刮皮等分，并生爲末。每服一字，以生薑汁下，如咽喉大段開不得，即以小竹筒子擘口灌之，涎出後，用大薑一塊，略炙過，含之。小可，只傅唇上，立差。《勝金方》：治風痰。白殭蠶七箇，直者細研。以薑汁一茶脚，溫水調灌之。又方：治風痔忽生，痔頭腫痛，又忽自消，發歇不定者是也。白殭蠶二兩，洗剉，令微黃爲末，烏梅肉爲丸如梧桐子大。每服薑蜜湯下五丸，空心服之。《楊氏產乳》：療野火丹，從背上兩脇起。用殭蠶二七枚，和愼火草擣塗之。《聖惠方》：治風遍身癮疹，疼痛成瘡。用白殭蠶焙令黃色，細研爲末，用酒服之，立差。又方：主偏正頭疼并夾腦風，連兩太陽穴疼痛。以白殭蠶細研爲末，用葱茶調服方寸匕。《小兒宮氣方》：主小兒口瘡通白者及風疳瘡蝕透者。以白殭蠶炒令黃色，拭去蠶上黃肉、毛，爲末，用蜜和傅之，立效。又方：治小兒撮口及發噤者。以白殭蠶二枚爲末，用蜜和傅於小兒唇口內，即差。《斗門方》：主黑䵟，令人面色好。用白殭蠶并黑牽牛、細辛等分爲末，如澡豆用之。又浴小兒胎穢，良。又方：治刀斧所傷及一切金瘡。以白殭蠶不以多少，炒令黃色，細研爲末，傅之立愈。又方：治中風急喉痹欲死者。用白殭蠶以火焙乾令黃色，擣篩爲末。用生薑自然汁調灌喉中，效。《千金方》：治婦人崩中，下血不止。以衣中白魚、殭蠶等分，爲末，以井花水服之，日三服，差。又方：主中風失音并一切風疾，及小兒客忤，男子陰痒痛，女子帶下。以白殭蠶七枚爲末，用酒調方寸匕，立效。

宋・寇宗奭《本草衍義》卷一七 白殭蠶 然蠶有兩三番，惟頭番殭蠶最佳，大而無蛆。治小兒驚風，白殭蠶、蠍梢等分，天雄尖、附子尖共一錢，微炮過，爲細末。每服一字或半錢，以生薑溫水調，灌之。其蠶蛾，則第二番者，以其敏於生育。

蠶退 治婦人血風，此則眠起時所蛻皮是也。其蠶退紙，謂之蠶連，亦燒灰用之，治婦人血露。

宋・王繼先《紹興本草》卷一八 蠶蛻 紹興校定：蠶蛻，云老眠起所蛻皮，雖有主治，而未聞方用驗據，唯蠶紙者，間亦有用，即非專起疾之物。《本經》不載性味，當與蠶同是矣。

白殭蠶 紹興校定：白殭蠶，取自死色白而殭直者。性味主治已載《經》注，但治風諸方用之頗驗。當從《本經》味鹹、辛、平、無毒是矣。

宋・鄭樵《通志》卷七六《昆蟲草木略》　蠶之類多。《爾雅》曰：蟓，桑繭。雔由，樗繭，棘繭，欒繭。蚢，蕭繭。此皆蠶類，吐絲成繭者。食桑葉為繭者，曰蟓，蓋蠶也。或云：野蠶食樗葉、棘葉、欒葉為繭者，曰雔由。食蕭葉為繭者，曰蚢。蕭，蒿也。原蠶者，再熟之蠶也。《淮南子》：原蠶一歲再熟。然王法禁之者，為殘桑也。《周禮》：禁原蠶者。注云：為其傷馬。今以蠶為末，塗馬齒，即不能食草，以桑葉拭去，乃還食。此明蠶馬類也，物莫兩盛。

宋・劉明之《圖經本草藥性總論》卷下　白殭蠶　味鹹辛，平，無毒。主小兒驚癇夜啼，去三蟲，滅黑䵟，令人面色好，男子陰瘍病，女子崩中赤白，產後餘痛。《藥性論》云：有小毒。治口噤發汗。日華子云：中風失音，一切風疾，小兒客忤。又云：蠶蛹子，治風及勞瘦。惡桑螵蛸、桔梗、茯苓、茯神、萆薢。

宋・陳衍《寶慶本草折衷》卷一七　白殭蠶蠶蛹子附。○蛹，音勇。　一名殭蠶。生潁川平澤，及棣州。今所在養蠶處有之。○四月取。暴燥，勿令中濕，濕則有毒。○惡桑螵蛸、桔梗、茯苓、茯神、萆薢。

味鹹、辛，平，有小毒。○主小兒驚癇夜啼，去三蟲，滅黑䵟。男子陰瘍音亦病，女子崩中赤白，產後餘痛，滅諸瘡瘢痕。○《唐本》註云：末之，封丁腫。○《藥性論》云：治口噤，發汗。○日華子云：治中風失音并風疾，小兒客忤，女子帶下。○《圖經》曰：白色而條直者佳。去綿絲及子，炒過。治中風急喉痹，擣篩為末，生薑自然汁調灌之愈。○《聖惠方》：治遍身癮疹，疼痛成瘡，用殭蠶焙黃細研末，酒服之。○又方：主偏正頭疼，并夾腦風，太陽穴痛。以殭蠶細研末，葱茶調服方寸匕。○《斗門方》：治刀斧傷金瘡，炒令黃，細研末，傅之愈。○寇氏曰：惟頭番殭蠶最佳，大而無蛆。

附：蠶蛹子。○治風及勞瘦。又研傅蠶瘑惡瘡。

元・王好古《湯液本草》卷六　白殭蠶　味鹹、辛，平，無毒。《本草》云：主小兒驚癇夜啼，去三蟲。滅黑䵟，令人面色好。男子陰瘍病，女子崩中赤白，產後餘痛。滅諸瘡瘢痕。生潁川平澤，四月取自死者，勿令中濕。濕有毒，不可用。

元・尚從善《本草元命苞》卷八　白殭蠶　味醎、辛，性平，無毒。蛹，醫勞瘦，主小兒驚癇夜啼，療女子崩中帶下。去皮膚風，動若蟲行。除面部䵟，生如漆點。滅諸瘡瘢痕，治中風不語。生潁川平澤，今在處有之。用自殭死色白而直，以四月取，勿令中濕。

元・朱震亨《本草衍義補遺》　白殭蠶　屬火而有土，屬火與木，得金氣，殭而不化。治喉痹者，取其火中清化之氣，從以治相火，散濁逆結滯之痰耳。○殭蠶，然蠶有兩三番，惟頭番蠶，白色而條直者為佳。其蠶蛾則第二番者。以其敏於生育。四月取自死者，勿令中濕，中濕有毒，不可用。

元・佚名氏《珍珠囊・諸品藥性主治指掌》〔見《醫要集覽》〕　白僵蠶　味鹹、辛，平，性微溫，無毒。升也，陰中陽也。其用有二：去皮膚風動如蟲行，主面部䵟生如漆點。

元・徐彥純《本草發揮》卷三　白殭蠶　潔古云：性微溫，味微辛。氣味俱薄，體輕浮而升，陽也。去皮膚諸風。丹溪云：白殭蠶屬火而有土與金木。老得金氣，殭而不化。治喉痺者，取其火中清化之氣，以從治相火，散濁逆結滯之痰耳。

明・王綸《本草集要》卷六　白殭蠶　味鹹辛，氣平，無毒。一云：有小毒。惡螵蛸、桔梗、茯苓、萆薢。自殭死，白色而條直者佳。勿令中濕，濕即有毒，不可用入藥炒。　主小兒驚癇夜啼，去三蟲，滅黑䵟諸瘡瘢痕，令人面色好。男子陰瘍病，女子崩中赤白，產後餘痛。治中風失音，并一切風疾，去皮膚風動如蟲，治喉痹，散痰結。末之，封丁腫，根當自出。中風，急喉痹欲死者，生薑自然汁調灌之。又傅刀斧所傷，一切金瘡。

明・滕弘《神農本經會通》卷一〇　白殭蠶　惡桑螵蛸、桔梗、茯苓、萆薢。用自殭死，白色而條直者為佳。四月取自死者，勿令中濕，濕有毒，不可用。用時仍去綿絲及子，炒過。

味鹹，辛，氣平，無毒。一云：有小毒。《湯》云：有毒。東云：治諸喉痺。又云：升也，陰中陽也。去皮膚風，動如蟲行，主面部䵟，生如漆點。《東》云：治驚癇，諸風，男子陰瘍音亦，女子崩，發汗，治三蟲。《珍》云：能去皮膚風。

《本經》云：主小兒驚癇夜啼，去三蟲，滅黑䵟，令人面色好。男子陰瘍病，女子崩中赤白，產後餘痛，滅諸瘡瘢痕。《藥性論》云：有小毒。治口噤，發汗，主婦人崩中下血不止，與衣中白魚、鷹屎白等分，治瘡滅瘢。日華子云：治中風失音，并一切風疾，小兒客忤，男子陰痒痛，女子帶下。入藥除綿絲并子，盡白炒用。又云：　蠶蛹子，食，治風及勞瘦。又研，傅蠶瘑惡瘡等。《聖惠》云：　治風，遍身癮㽲疼痛成瘡，用白殭蠶焙令黃色，細研為末，用酒服之，立差。《斗門》云：　治刀斧所傷，及一切金瘡，以白殭蠶不拘多少，炒令黃色，細研為末，傅之立愈。丹溪云：　屬火而有土與木，得金氣，殭而不化。治喉痺者，取其火中清化之氣，從以治相火，散濁逆結滯之痰耳。蠶有兩三番，惟頭番白色條直者佳。四月取自死者，勿令中濕，濕中有毒，不可用。《集》云：　去皮膚風動如蟲。劊云：　白殭蠶鹹更辛平，陰內生陽其性溫。去膚風動如蟲狀，治黑䵟生於面門。即《局方》。白殭蠶，治諸風口噤。

明·劉文泰《本草品彙精要》卷三〇　白殭蠶無毒。附蠶蛹。　卵生。

白殭蠶出《神農本經》：　**主小兒驚癇，夜啼，去三蟲，滅黑䵟，令人面色好，男子陰易音亦病。**以上朱字《神農本經》。女子崩中赤白，產後餘痛，滅諸瘡瘢痕。以上黑字名醫所錄。　【地】《圖經》曰：　生潁川平澤，今所在養蠶處皆有之。用自殭死白色而條直者爲佳。《衍義》曰：　然蠶有三番，惟頭番殭者最佳，大而無蛆也。【時】生：　三月。採：　四月取。【收】暴乾。【用】頭眠自殭者佳。【色】白。【味】鹹，辛。【性】平，軟。【氣】味厚氣薄，陰中之陽。【臭】腥。【主】去諸風，消疔腫。【反】惡桑螵蛸、桔梗、茯苓、茯神、萆薢。【製】《雷公》云：　凡使，先用糯米泔浸一日，待蠶桑涎出如蝸牛涎，浮于水上，然後漉出，微火焙乾，以布淨拭蠶上黃肉毛並黑口甲及絲，單搗篩如粉用。【治】療：《唐本》注云：　爲末，封疔腫，根當自出。《藥性論》云：　除口噤，發汗及婦人崩中，下血不止。日華子云：　療中風失音，並一切風疾，小兒客忤，男子陰癢痛，女子帶下。〇蠶蛹子，食，治風及勞瘦，又研傅蠶瘑，惡瘡。《別錄》云：　白殭蠶爲末，水調服五分，治瘰癧及治背瘡，以針挑四畔，水調傅之，即拔出根。〇又炒黃爲末，傅一切金瘡。【合治】合衣中白魚、鷹屎白等分，治瘡滅瘢。〇爲末合生薑自然汁，調灌之，療中風，急喉痹欲死者。〇合蠍稍等分，天雄尖、附子尖共一錢，微炮過，爲細末，每服一字或半錢，以生薑溫水調下，治小兒驚風。〇合酒調兩錢服，少頃，以脂麻茶一錢，熱投之，梳乳數十遍，下奶汁如泉。〇合天南星刮去皮等分，並生爲末，每服一字，以生薑汁下，療喉閉。如咽喉閉緊，即以小竹筒子擘口灌之，涎出後，用大薑一塊，略炙含之。小可，只傅唇上，即瘥。〇直者七個，細研，合薑汁一茶匙，溫水調下，治風痰。〇微炒黃爲末，合烏梅丸如桐子大，每服薑蜜湯下五丸，療風痔忽生，痔頭腫痛，又忽自消，發歇不時者。〇合慎火草搗，塗野火丹，從背上兩脇起。〇炒黃，拭去蠶上黃肉毛，爲末，合蜜，傅小兒口瘡通白者及風疳瘡蝕透者。〇合黑牽牛等分，爲末，如澡豆用之。去黑䵟，令人面色好，及浴小兒胎穢良。【禁】勿令中濕，濕則有毒，不可用。

蠶蛻無毒。附蠶紙布。

蠶蛻：　主血風病，益婦人。名醫所錄。　【名】馬鳴蛻。【地】《圖經》曰：　今東南州郡養蠶處，所在皆有之。近世醫家多用蠶蛻紙，而東方諸醫家用蠶欲老眠起所蛻皮，雖二者之用各殊，然東人所用者爲正。用之當微炒，和諸藥，可作丸、散服也。《衍義》曰：　此則眠起時所蛻皮也。其蠶蛻紙，謂之蠶連，亦燒灰用之。【時】生：　三月。採：　四月、五月取。【用】皮，以晚蠶眠而蛻者佳。【色】黑。【臭】腥。【主】消疳止䘌。【製】燒灰存性用。【治】療：　日華子云：　蠶布紙，止吐血，鼻洪，腸風瀉血，崩中帶下，赤白痢。《衍義》曰：　蠶蛻，燒灰，止婦人血露。《別錄》云：　蠶蛻紙，燒灰存性，揩牙宣，牙癰，並傅口瘡。【合治】蠶蛻紙，燒灰爲末，合蜜丸如雞頭子大，含化咽津，治纏喉風，喉痹，牙宣，牙癰及口瘡。〇合麝香少許，傅小兒走馬疳。〇蠶紙燒灰，合酒水任下，療風癲，狂發欲走，或自高貴稱神，或悲泣呻吟者，瘥。

明·葉文齡《醫學統旨》卷八　白殭蠶　氣微溫，味鹹、辛。無毒。浮而升，陽也。惡螵蛸、桔梗、茯苓、萆薢。自殭死白色而條直者佳。勿令中濕，濕則有毒，不可用。

治中風失音，并一切風疾，去皮膚風動如蟲，療〔風〕痺，散痰結；男子陰易病，女子崩中赤白，產後餘痛，小兒驚癇夜啼；去三蟲，滅黑䵟諸瘡瘢痕，令人面色好；為末傅丁腫，根當自出；中風喉痺欲死者，生薑自然汁調灌之；又傅刀斧所傷，一切金瘡。

明·許希周《藥性粗評》卷四　風生面上，絕癢殭蠶。

殭蠶，自死蠶也。色白者入藥，三月時採，以糯泔浸一日，焙乾，拭淨毛甲，收貯。為末，以塗馬齒，即不食草；以桑葉拭之，復食。蓋蠶即馬類故也。奸者常以是射利。惡桑螵蛸、桔梗、茯苓、茯神、萆薢。　味辛、鹹，性平，無毒。主治頭面風痒，黑䵟瘢痕，男子陰瘍，婦女崩中赤白，小兒驚風夜啼，散風消熱，養肺氣。

單方：遍身風癧：殭蠶焙令黃色，研末，每服溫酒調下一錢匕，日二三，妙。中風失音：殭蠶七枚，焙為末，溫酒調下，須臾自復。背上惡瘡：凡患背上瘡癤，不拘腫毒掀痛，以針挑破四畔，白殭蠶研末，水和傅之，即拔出根。小兒撮口：凡小兒發熱驚風，撮口發噤者，白殭蠶二枚，為末，蜜和塗兒口唇上，即愈。

明・鄭寧《藥性要略大全》卷一○ 殭蠶 治皮膚風動如蟲行，主面部䵟生如黑點，令人好面色，滅諸瘡瘢痕。《珠囊》云：療小兒驚癇夜啼，女人崩漏，赤白帶下，產後餘痛，及口噤、纏喉風。味鹹、辛，平，性微溫，無毒。升也，陰中陽也。去絲觜炒用。惡螵蛸、桔梗、茯苓。

明・賀岳《醫經大旨》卷一《本草要略》 殭蠶 《衍義》云得金氣，故殭而不死，乃火本土中有金氣者也。能助肺金清化之氣，治相火，散濁逆結滯之痰。

明・陳嘉謨《本草蒙筌》卷一一 白殭蠶 味鹹、辛，氣平。升也，陰中陽也。屬火，有土與木，得金氣殭而不化。無毒。一說性溫，有小毒。在人家蠶箔中，取殭直自死者。勿令中濕，犯則棄之。中濕有毒故勿用。務擇白色成條，炒去絲綿及子。惡茯苓、萆薢，暨桔梗、螵蛸桑螵蛸。逐風濕殊功，口噤失音者必用；拔疔毒極効，腫突幾危者急敷。為末敷之。主小兒驚癇夜啼，治婦人崩中赤白。止陰癢，去三蟲。滅黑䵟及諸瘡瘢痕，面色令好；散風痰併結滯痰塊，喉痹使開。丹溪云：治喉痹取其火中清化之氣，以從治相火散濁逆結滯之痰耳。敺分娩罷餘疼，解傷寒後陰易。繭內變化，名原蠶蛾。氣溫味鹹，略有小毒。蓋原釋再字，乃重養晚蠶。入藥務擇雄蛾，以其敏於生育。折去翅足，微火炒黃。合散為丸，隨宜使用。強陰道陰痿必用。交接不倦，益精氣禁固難來。敷諸瘡滅瘢，止尿血暖腎。蠶沙即屎，其性亦溫。治濕痹癮疹癱風，主腸鳴熱中消渴。又有蠶蛻，用宜燒灰。多治血風，甚益女婦。止帶漏崩中，赤白痢疾；除腸風下血，吐衄鼻洪。疔腫取灰敷，牙疳加麝貼。牙宣灰擦齦上，口瘡灰敷患間。又治邪祟風癲，灰調酒下立愈。《本經》又曰：近世醫家多用蠶蛻紙，是初出蠶殼在紙上者。東方諸醫惟用蠶蛻皮。此蠶欲老眠，起所蛻皮也。二用較之，東人為正。須微炒過，堪入散丸。○蠶繭燒研酒調，立使腫癰透孔。一繭一孔，功同茅針。若煎湯液服之，殺蟲止瀉並効。○繅絲湯甕貯，埋土內年深。消渴病來，急宜取飲。引清氣上朝口舌，降相火下泄膀胱，因屬火有金之用故也。

明・方穀《本草纂要》卷一二 白殭蠶 味鹹、辛，氣平，無毒。主小兒驚癇夜啼。治諸風遍行皮膚，封疔腫即時可出；去中風喉閉失音；攻婦室面生黑䵟；拔諸毒痛痒癰疽。是皆氣血風毒之症，惟此驅風解毒之藥用之，無不立驗。大抵此劑真殭者少，近世以爛蠶灰拌作真殭用，故此不效。吾嘗考之，真殭者，其體重實，身直而大，內如瀝青，外似蝶粉，黑白可愛，此真殭也。用之無不立驗。

明・王文潔《太乙仙製本草藥性大全》卷八《本草精義》 白殭蠶 生潁川平澤，今所出養蠶處皆有之。用自殭死白色而條直者爲佳。四月取，勿令中濕，濕則有毒，不可用。炒去絲綿及子。惡茯苓、萆薢，暨桔梗、桑螵蛸。今醫家用治中風急喉痹欲死者，擣篩細末，生薑自然汁調灌之，下喉立愈。又合衣魚、鷹屎白等分爲末，面膏和塗，瘡瘢疪便滅。

蠶蛻 一名馬鳴蛻。近世醫家少用蠶蛻紙，而東方諸醫用蠶欲老眠起所蛻皮，雖二者之所用各殊，然東人所用者爲正，用之當微炒，和諸藥可作丸散服。

明・王文潔《太乙仙製本草藥性大全》卷八《仙製藥性》 白殭蠶 味鹹、辛，氣平，升也，陰中陽也，屬火有土與木，得金氣，殭而不化，無毒。一說性溫，有小毒。主治：主逐風濕殊功，口噤失音者必用。拔疔毒極效，腫突幾危者急敷。主小兒驚癇夜啼，治婦人崩中赤白。止陰癢，去三蟲。滅黑䵟及諸瘡瘢痕，面色令好。散風痰併結滯痰塊，喉痹使開。丹溪云：治喉痹取其火中清化之氣，以從治相火散濁，亦結滯之痰耳。敺分娩罷餘疼，解傷寒後陰易。

補註：治瘰癧，白殭蠶爲散，水服五分差。○治大風半身不遂，蠶沙兩碩，熟蒸，作直袋二隻，各受七斗，熱盛一袋着患處，如冷即取餘袋，一依前法，數數換，一日不禁差。又以羊肚釀粳米、葱白、薑、豉、椒等，爛煮熱喫，日食一枚，十日即止。○治背瘡效驗，以針挑四畔，白殭蠶爲散，水和傅之即拔出根。○下奶藥，白殭蠶末兩錢，酒調下，少頃以脂麻茶一錢熱投之，梳頭十遍，奶汁如泉。○治卒頭痛，白殭蠶碾爲末，去絲，以熟水下二錢差。○治喉閉，白殭蠶、天南星刮皮等分，生爲末，每服一字，以生薑汁下，如咽喉開不得，以小筒子灌之，涎出後用大薑一塊，略炙過含之，小可只傅唇上立差。○治風痰，白殭蠶七個直者，細研，以薑汁一茶脚，溫水調灌。○治風痔忽痛腫，忽消，發渴不定。白殭蠶二兩，洗剉，令微黃爲末，烏梅肉爲丸如梧仁大，每服用薑蜜湯下五丸，空心服。〇療野火丹從背上兩脇起，用殭蠶二七枚，和慎火草擣塗之。〇治風遍身瘾瘮疼痛成瘡，用白殭蠶焙令黄色，細研爲末，用酒服之，立差。〇主偏正頭疼并夾腦風連兩太陽穴疼痛，以白殭蠶細研爲末，用葱茶調服方寸〔匕〕。主小兒口瘡通白者，及風疳瘡蝕透者，以白殭蠶炒黄色，拭去蠶上黄肉毛，爲末，用蜜和傅效。〇治小兒撮口及發噤者，以白殭蠶二枚爲末，用蜜和傅小兒唇口即差。〇主黑鼾，令人面色好，用白殭蠶、黑牽牛、細辛等分爲末，如澡豆用之。又浴小兒胎穢良。〇治刀斧所傷，及一切金瘡，以白殭蠶不計多少，炒令黄色，細研爲末，傅之立愈。〇治中風、急喉痹欲死者，用白殭蠶以火焙乾令黄色，擣篩爲末，用生薑自然汁調灌喉中效。〇治婦人崩中下血不止，以衣中白魚、殭蠶等分爲末，以井花水服，日三服差。〇主中風失音，并一切風痰，及小兒客忤，男子陰痒痛，女子帶下，以白殭蠶七枚爲末，用酒調服方寸〔匕〕效。　太乙曰：凡使，先須以糯米泔浸一日，待蠶桑涎出如蝸牛涎，浮於水面上，然後漉出，微火焙乾，以布净拭蠶上黄肉毛并黑口甲了，單擣篩如粉用也。

蠶布紙　氣平，無毒。　主治：治吐血鼻血，止腸風瀉血。崩中帶下即除，赤白痢疾絶妙。傅疔腫瘡，入藥燒末。　蠶蛻：　多治血風，甚益女婦。止帶漏崩中，赤白痢疾，；除腸風下血，吐衄鼻洪。　疔腫取灰敷，牙疳加麝貼。牙宣灰擦齦上，口瘡灰敷患間。又治邪祟風癲，灰酒調下立愈。　補註：　治纏喉風及喉痹、牙宣、牙癰、口瘡并小兒走馬疳，蠶蛻紙不計多少，燒成灰存性，又煉蜜和丸如雞頭大，含化嚥津。　牙宣、牙癰揩齦上，口瘡乾傅患處。小兒走馬疳入麝香少許，貼患處佳。〇凡狂發欲走，或自高貴稱神，皆應備諸火灸，乃得永差耳。　若或悲泣呻吟者，此爲邪祟，以蠶紙杵灰，酒水任下差。　療風癲也。〇蠶蛻，治婦人血風，此則眠起時所蛻皮是也。　其蠶蛻紙謂之蠶連，亦燒灰用之，治婦人血露。

蠶繭孔　燒研酒調，立使腫癰透孔。　一繭一孔，功同茅針。　若煎湯液服之，殺蟲止瀉並效。　練絲湯：　甕貯埋土内年深，消渴病來急宜取飲。　引清氣上朝口舌，降相火下泄膀胱。　因屬火有金之用故也。　烏爛死蠶：　在簇上烏臭者。　有小毒。　主治：　主外野鷄病效，傅有根蝕瘡良。　白死蠶主白遊，赤死蠶主赤遊，並塗之妙。遊即瘮也。　繭鹵汁：　鹽繭甕下收之，是繭中蛹汁，故能殺蟲，非爲鹵鹹也。　主治：　主山蜍山蛭百蟲咬毒，治䘌蝕瘙疥牛馬蟲瘡。　蚊蛭及諸蟲咬毒浸效。　小兒去瘡疥爲湯浴良。　補註：　治諸蟲入肉，鹽繭甕下收之，以竹筒盛鹵浸瘡，山行亦可預帶一筒，取一蛭置中，兼持一片乾海苔，則辟諸蛭。　蘇恭注《本經》蛭條云，山人自有療法，豈非此乎？

明·皇甫嵩《本草發明》卷六　白殭蠶中品。氣平，味鹹、辛，無毒。升也，陰中陽也。一云性溫，有小毒。　發明曰：　殭蠶，屬火有土與木，得金氣，殭而不化，逐風濕之要藥。　故《本草》主小兒驚癇夜啼，去三蟲，滅黑鼾及諸瘡瘢痕，好顔色，男子陰瘍病，女子崩中赤白，産後餘痛。　註云：　主諸風口噤失音，並一切風痰，去皮膚風動如蟲及遍身瘾疹疼痛成瘡，並炒為末，酒調服。　又治中風，急喉痺欲死，用殭蠶炒末，生薑自然汁調灌之。　丹溪云：　治喉痺，取其火中清化之氣，以從治相火，散（獨）〔濁〕逆結滯之痰，拔疔毒及腫突幾危者，末之，水敷。用白殭死，白色條直者佳。　勿令中濕，濕則有毒。

蠶退　主血風病，益婦人。　又帶漏崩中，赤白痢，腸風下血，吐衄鼻洪，敷疔腫牙宣，擦齦上，敷口瘡，俱燒灰用。　邪祟風癲，俱灰酒服。　大略治療與蠶紙同。〇蠶紙，係蠶子在紙上出，遺于紙，名蠶退紙，醫家多用此為蠶退。　然蠶欲老，眠起所蛻皮是蠶退也，二者不同。　蠶退當微炒，和諸藥作丸散服之。　若蠶退紙，一名之蠶連，入諸藥亦燒灰末用之。　治纏喉風，其喉痺，牙宣牙癰，口瘡，并小兒走馬疳，蠶退紙不計多少，燒灰存性，煉蜜丸雞（豆）〔頭〕大，含津嚥。　牙宣牙癰，揩齒齦上。口瘡，乾敷。　走馬疳，入麝香少許，貼患處佳。〇蠶繭，燒末，酒調，使腫癰透一繭一孔，湯液服，殺蟲止瀉。〇繭鹵汁，主百蟲入肉，䘌蝕瘙疥及馬牛蟲瘡，與諸蟲咬毒。　鹽（璽）〔繭〕甕下收以竹筒盛之，敷洗瘡，亦可作浴湯，浴小兒，去瘡疥。此是繭蛹中汁，能殺蟲，非為鹵鹹也。〇繅絲湯，甕貯，埋土内年深。解清渴，引清風上朝口舌，降相火，下泄膀胱。　因其屬火而有金之用故也。

明·李時珍《本草綱目》卷三九蟲部·卵生類上　蠶《本經》中品。　校正：　《拾遺》烏爛蠶及繭鹵汁，《嘉祐》蠶蛻，今併爲一。

【釋名】自死者名白殭蠶時珍曰：　蠶從朁，象其頭身之形，從䖵，以其繁也。俗作蚕字者，非矣。　蚕，音腆，蚯蚓之名也。　蠶病風死，其色自白，故曰白殭。　死而不朽曰殭。　再養者曰原蠶。　蠶之屎曰沙，皮曰蛻，甕曰繭，蛹曰螝音龜，蛾曰羅，卵曰蛻音兑，蠶初出曰蚢音苗，蠶紙曰連也。　【集解】時珍曰：　蠶，孕絲蟲也。　種類甚多，有大、小、白、烏、斑色之異。　其蟲屬陽，喜燥惡濕，食而不飲，三眠三起，二十七日而老。　自卵出而爲蚢，自妙蛻而爲蠶，蠶而繭，繭而蛹，蛹而蛾，蛾而卵，卵而復妙，亦有胎生者，與母同老，蓋神蟲也。南粤有三眠、四眠、兩生、七出、八出者。其繭有黄、白二色。《爾雅》云：蟓，桑繭也。雔由，樗繭、棘繭、欒繭皆各因所食之葉命名，而蟓即今桑上野蠶也。今之柘蠶與桑蠶並育，即棘繭是也。南海横州有風繭，絲作釣緡。凡諸草木皆有蚖蠋之類，食葉吐絲，不如蠶絲可以衣被天下，故莫得並稱。凡蠶類入藥，俱用食桑者。

白殭蠶　【修治】《别録》曰：生穎川平澤。四月取自死者。勿令中濕，有毒不可用。弘景曰：人家養蠶時，有合箔皆殭者，即暴燥都不壞。今見小白似有鹽度者〔爲好〕。恭曰：蠶自殭死，其色自白。云有鹽度，誤矣。頌曰：所在養蠶處有之。不拘早晚，但用白色而條直、食桑葉者佳。用時去絲綿及子，炒過。宗奭曰：蠶有兩三番，惟頭番殭蠶最佳，大而無蛆。斅曰：凡使，先以糯米泔浸一日，待蠶桑涎出，如蝸涎浮水上，然後漉出，微火焙乾，以布拭淨黄肉、毛，并黑口甲了，搗篩如粉，入藥。

【氣味】鹹、辛，平，無毒。甄權曰：微温，有小毒。○惡桑螵蛸、桔梗、茯苓、茯神、萆薢。

【主治】小兒驚癇夜啼，去三蟲，滅黑（黯）〔皯〕，令人面色好，男子陰癢病《本經》。女子崩中赤白，産後腹痛，滅諸瘡瘢痕。爲末，封丁腫，拔根極效《别録》。治口噤發汗。同白魚、鷹屎白等分，治瘡滅痕《藥性》。以七枚爲末，酒服，治中風失音，并一切風疰。小兒客忤，男子陰癢痛，女子帶下日華。焙研薑汁調灌，治中風、喉痹欲絶，下喉立愈蘇頌。散風痰結核瘰癧，頭風，風蟲齒痛，皮膚風瘮，丹毒作癢，痰瘧癥結，婦人乳汁不通，崩中下血，小兒疳蝕鱗體，一切金瘡，疔腫風痔時珍。

【發明】元素曰：殭蠶性微温，味微辛，氣味俱薄，輕浮而升，陽中之陽，故能去皮膚諸風如蟲行。震亨曰：殭蠶屬火，兼土與金、木。老得金氣，殭而不化。治喉痹者，取其清化之氣，從治相火，散濁逆結滯之痰也。王貺曰：凡咽喉腫痛及喉痹，用此下咽立愈，無不效也。大能救人。吴幵内翰云：屢用得效。時珍曰：殭蠶，蠶之病風者也。治風化痰，散結行經，所謂因其氣相感，而以意使之者也。又人指甲軟薄者，用此燒烟熏之則厚，亦是此義。蓋厥陰、陽明之藥，故又治諸血病、瘧病、疳病也。

【附方】舊十五，新十九。　一切風痰：白殭蠶七個，直者，細研，薑汁調灌之。《勝金方》。　小兒驚風：白殭蠶、蠍稍等分，天雄尖、附子尖各一錢，微炮爲末。每服一字，或半錢，以薑湯調灌之，甚效。寇氏《衍義》。　風痰喘嗽：夜不能卧。白殭蠶炒研、好茶末各一兩，爲末。每用五錢，卧時泡沸湯服。《瑞竹堂方》。　酒後咳嗽：白殭蠶焙研末，每茶服一錢。○《怪證奇方》。　喉風喉痹：《仁存》開關散：用白殭蠶炒、白礬半生半燒等分，爲末。每以一錢，用自然薑汁調灌，得吐，頑痰立效。小兒加薄荷、生薑少許，同調。一方用白梅肉和丸，綿裹含之，嚥汁也。○《朱氏集驗》用白殭蠶炒半兩，生甘草一錢，爲末。薑汁調服，涎出立愈。○《聖惠》用白殭蠶三七枚，乳香一分，爲末。每以一錢燒烟，熏入喉中，涎出即愈。　急喉風痹：王氏《博濟》如聖散：用白殭蠶、天南星等分，生研爲末。每服一字，薑汁調灌，涎出即愈。後以生薑炙過，含之。○《百一選方》無南星。　撮口噤風：面黄赤，氣喘，啼聲不出。由胎氣挾熱，流毒心脾，故令舌强唇青，聚口發噤。用直殭蠶二枚，去觜，略炒爲末。蜜調傅唇中，甚效。《聖惠方》。　大頭風、小兒驚風：並用大蒜七個，先燒紅地，以蒜逐個於地上磨成膏，却以殭蠶一兩，去頭足，安蒜上，椀覆一夜，勿令洩氣，只取蠶研末。每用嗃鼻，口内含水，有效。《普濟方》。　偏正頭風：并夾頭風，連兩太陽穴痛。《聖惠方》用白殭蠶爲末，葱茶調服方寸匕。○葉椿治頭風：用白殭蠶、高良薑等分，爲末。每服一錢，臨卧時茶服，日二服。　卒然頭痛：白殭蠶爲末，每用熟水下二錢，立瘥。《斗門方》。　牙齒疼痛：白殭蠶直者、生薑同炒赤黄色，去薑爲末。以皂角水調擦之，即止。《普濟》。　風蟲牙痛：白直殭蠶炒、蠶蛻紙燒等分爲末，擦之。良久，以鹽湯漱口。《直指方》。　瘧疾不止：白殭蠶直者一個，切作七段，綿裹爲丸，朱砂爲衣，作一服。日未出時，面向東，用桃、李枝七寸煎湯，吞下。《院方》。　腹内龜病：《普濟方》詩云：人間龜病不堪言，肚裏生成硬似磚。自死殭蠶、白馬尿，不過時刻軟如綿。神效。　面上黑黯：白殭蠶末，水和搽之。《聖惠方》。　粉滓面皯：令人面色好。用白殭蠶、黑牽牛、細研等分爲末，如澡豆，日用之。《斗門方》。　癮瘮風瘡：疼痛。白殭蠶焙研，酒服一錢，立瘥。《聖惠》。　野火丹毒：從背上兩脇起者。殭蠶二七枚，和慎火草搗塗。《楊氏産乳》。　小兒鱗體：皮膚如蛇皮鱗甲之狀，由氣血否澀，亦曰胎垢，又曰蛇體。白殭蠶去嘴爲末，煎湯浴之。一加蛇蛻。○《保幼大全》。　小兒久疳：體虚不食。諸病後天柱骨倒，醫者不識，謂之五軟者。用白殭蠶直者，炒研。每服半錢，薄荷酒下。名金靈散。鄭氏方。　小兒口瘡：通白者。白殭蠶炒黄，拭去黄肉、毛，研末，蜜和傅之，立效。《小兒宫氣方》。　風疳蝕瘡：同上方。　項上瘰癧：白殭蠶爲末。水服五分，日三服。十日瘥。《外臺》。　風痔腫痛：發歇不定者，是也。白殭蠶二兩，洗剉，炒黄爲末，烏梅肉和丸梧桐子大。每薑蜜湯空心下五丸，妙。《勝金方》。　一切金瘡：及刀斧傷。白殭蠶炒黄研末，傅之立愈。《斗門》。　乳汁不通：白殭蠶末二錢，酒服。少頃，以脂麻茶一盞投之，梳頭數十遍，奶汁如泉也。《經驗方》。　崩中下血：不止。用白殭蠶、衣中白魚等分，爲末。井華水服之，日二。《千金》。　重舌木舌：殭蠶爲末吹之，吐痰甚妙。○一方：殭蠶一錢，黄連蜜炒二錢，爲末，摻之，涎出爲妙。○陸氏《積德方》。　腸風下血：殭蠶炒去觜足、烏梅肉焙各一兩，爲末，米糊丸梧子大。每服百丸，食前白湯下，一日三服。《筆峰雜興方》。

烏爛死蠶《拾遺》〔氣味〕有小毒。藏器曰：此在簇上烏臭者。〔主治〕蝕瘡有根者，及外野雞病，並傳之。白死者主白遊𤻳，赤死者主赤遊𤻳藏器。

蠶蛹瑞曰：繰絲後蛹子。今人食之，呼小蜂兒。思邈曰：猘犬嚙者，終身忌食，發則難免。〔主治〕炒食，治風及勞瘦。研傅瘑瘡惡瘡大明。爲末飲服，治小兒疳瘦，長肌退熱，除蚘蟲。煎汁飲，止消渴時珍。

〔附方〕新一。消渴煩亂：蠶蛹二兩，以無灰酒一中盞，水一大盞，同煮一中盞，温服。《聖惠方》。

繭鹵汁藏器曰：此是繭中蛹汁，非鹹鹵也。於繭甕下收之。〔主治〕百蟲入肉，𧏾蝕瘙疥，及牛馬蟲瘡。爲湯浴小兒瘡疥，殺蟲。以竹筒盛之，浸山蜍、山蛭入肉，蚊子諸蟲咬毒。亦可預帶一筒，取一蛭入中，并持乾海苔一片，亦辟諸蛭藏器。

〔發明〕藏器曰：蘇恭註蛭云：山人自有療法，蓋此法也。時珍曰：山蛭見蛭條。山蜍音余，蜘蛛也。嚙人甚毒。

蠶繭已出蛾者。〔氣味〕甘，温，無毒。〔主治〕燒灰酒服，治癰腫無頭，次日即破。又療諸疳瘡，及下血血淋血崩。煮汁飲，止消渴反胃，除蚘蟲時珍。弘景曰：繭甕入術用。

〔發明〕時珍曰：蠶繭方書多用，而諸家《本草》並不言及，誠缺文也。近世用治癰疽代鍼，用一枚即出一頭，二枚即出二頭，神效無比。煮湯治消渴，古方甚稱之。丹溪朱氏言此物屬火，有陰之用，能瀉膀胱中相火，引清氣上朝於口，故能止渴也。繰絲湯及絲綿煮汁，功並相同。又黄絲絹能補脬，錦灰止血，並見服器部。

〔附方〕新五。痘瘡疳蝕：膿水不絶。用出了蠶蛾繭，以生白礬末填滿，煅枯爲末，擦之甚效。陳文中《小兒方》。口舌生瘡：蠶繭五個，包蓬砂，瓦上焙焦爲末，抹之。大小便血：繭黄散：治腸風，大小便血，淋瀝疼痛。用繭黄、蠶蛻紙並燒存性，晚蠶沙、白殭蠶並炒，等分爲末，入麝香少許。每服二錢，用米飲送下，日三服，甚效。《聖惠方》。婦人血崩：方法同上。反胃吐食：蠶繭十個煮汁，烹雞子三枚食之，以無灰酒下，日二服，神效。或以繰絲湯煮粟米粥食之。《普濟方》。

蠶蛻〔釋名〕馬明退《嘉祐》佛退〔氣味〕甘，平，無毒。〔主治〕血病益婦人《嘉祐》。婦人血風宗奭。治目中翳障及疳瘡時珍。

蠶連〔主治〕吐血鼻洪，腸風瀉血，崩中帶下，赤白痢。傅疔腫瘡日華。治婦人血露宗奭。牙宣牙痛，牙癰牙疳，頭瘡喉痹，風癲狂祟，蠱毒藥毒，沙證腹痛，小便淋閟，婦人難産及吹乳疼痛時珍。

〔發明〕禹錫曰：蠶蛻，今醫家多用初出蠶子殼在紙上者，東方諸醫用老蠶眠起所蛻皮，功用相近，當以蛻皮爲正。入藥微炒用。宗奭曰：蠶蛻，當用眠起時所蛻皮。蠶連燒灰亦可用。時珍曰：馬明退、蠶連紙，功用相同，亦如蟬蛻、蛇蛻之義，但古方多用蠶紙者，因其易得耳。

〔附方〕舊四，新十五。吐血不止：蠶蛻紙燒存性，蜜和丸如芡實大。含化嚥津。《集驗》。牙宣牙癰：及口瘡。並用蠶蛻紙燒灰，乾傅之。《集驗》。風蟲牙痛：蠶紙燒灰擦之。良久，鹽湯漱口。《直指方》。走馬牙疳：《集驗》用蠶蛻紙灰，入麝香少許，貼之。○《直指》加白殭蠶等分。一切疳瘡：馬明退燒灰三錢，輕粉、乳香少許。先以温漿水洗净，傅之。《儒門事親》。小兒頭瘡：蠶蛻紙燒存性，入輕粉少許，麻油調傅。《聖惠》。纏喉風疾：用蠶蛻紙燒存性，煉蜜和丸如芡實大。含化嚥津。《集驗》。熏耳治聾：蠶蛻紙作撚，入麝香二錢，入筆筒燒烟熏之。三次即開。癲狂邪祟：凡狂發欲走，或自高貴稱神，或悲泣呻吟，此爲邪祟。以蠶紙燒灰，酒、水任下方寸匕。亦治風癲。《肘後方》。沙證壯熱：江南有沙證，狀如傷寒，頭痛壯熱嘔惡，手足指末微厥，或腹痛悶亂，須臾殺人。先用蠶蛻紙剪碎，安于(瓷)〔瓶〕中，以碟蓋之，滚湯沃之，封固良久。乘熱服，暖卧取汗。《活人書》。中蠱藥毒：雖面青脉絶，腹脹吐血者，服之即活。用蠶蛻紙燒存性，爲末。新汲水服一錢。《嶺南衛生方》。中諸藥毒：用蠶紙數張燒灰，冷水服。《衛生易簡方》。小便澀痛：不通。用蠶蛻紙燒存性，入麝香少許，米飲每服二錢。王氏《博濟方》。熱淋如血：蠶種燒灰，入麝香少許，水服二錢，極效方也。《衛生家寶》。崩中不止：蠶故紙一張剪碎炒焦，槐子炒黄各等分，爲末。酒服立愈。《衛生易簡方》。吹奶疼痛：馬明退燒灰一錢五分，輕粉五分，麝香少許，酒服。《儒門事親》。婦人難産：蠶布袋一張，蛇蛻一條，入新瓦中，以鹽泥固，煅爲末。以榆白皮湯調服。《集成方》。婦人斷産：蠶子故紙一尺，燒爲末，酒服。終身不産。《千金》。痔漏下血：蠶紙半張，碗内燒灰，酒服自除。○《奚囊備急〔方〕》。

繰絲湯〔主治〕止消渴，大驗時珍。

題明·薛己《本草約言》卷二《藥性本草》　白僵蠶　味鹹、辛，氣平，微溫，無毒。陰中之陽，升也。去皮膚風動若蟲行，散痰氣結滯如果檳。《發明》云：僵而不化，逐風濕之要藥。

明·梅得春《藥性會元》卷下　白殭蠶　味鹹、辛，氣微溫。浮而升，陽也。無毒。惡螵蛸、桔梗、茯苓、萆薢。用自殭死、白色而條直者佳。勿令中濕，濕則有毒，不可用。　主治中風失音，并一切風疾。去皮膚風動如蟲行，療喉痹風腫之痰結。　主諸風口噤難呼，治驚癇崩漏之病，男子陰瘍，女子帶下，產後餘痛，小兒驚癇，夜啼驚搐，殺三蟲，滅黑䵟，去諸瘡、斑瘡，令人面色好。為末，傅疔瘡，根當自出。中風疾痹欲死者，生薑自然汁調灌之，瘥。又傅刀斧所傷，一切金瘡。丹溪云：　屬火而有土與水并木，得金氣，殭而不化。治喉痹者，取其水中清化之氣，從以治相火，散濁逆結滯之痰。惟頭蠶白色而條直、自死者佳。　製法：　初收時用糯米泔浸一日，待涎出如蝸牛涎浮水面，然後攤起晒乾，或用布拭乾，或微火焙乾。凡用去嘴，薑湯泡洗，切，晒乾，炒用。

明·杜文燮《藥鑒》卷二　殭蠶　氣平，味酸、辛，平，無毒。氣味俱薄，升也，陰之陽也。去皮膚風動如蟲行，主面䵟生如漆點。又能助肺氣，保清化生水之源。治相火，散濁逆結滯之痰。口噤失音者必用，腫突幾危者急傳。主小兒驚癇夜啼，治婦人崩中赤白。除風濕有功，拔疔毒極效。痘家用之於解毒藥中，喉痹用之於甘桔湯裏。

明·李中立《本草原始》卷一一　白殭蠶　時珍曰：　蠶，孕絲蟲也。有大、小、白、烏、斑色之異。其蟲屬陽，喜燥惡濕，食而不飲，三眠三起，二十七日而老，自卵出而為蚕，自蚕蛻而為蠶，蠶而繭，繭而蛹，蛹而蛾，蛾而卵，卵而復蚕。亦有胎生者，與母同老，蓋神蟲也。南粵有三眠、四眠、兩生、七出、八出者，其繭有黃、白二色。蠶從朁，象其頭身之形。從䖵，以其繁也。俗作蚕字者，非矣。蚕音腆，蚯蚓之名也。蠶病風死，其色自白，故曰白殭蠶。死而不朽曰殭。再養者曰原蠶，蠶之屎曰沙，皮曰蛻，甕曰繭，蛹曰螝，蛾曰羅，卵曰蛻，蠶初出曰蚕，蠶紙曰連也。

蠶，《本經》中品。【圖略】

白殭蠶：　氣味：　鹹、辛，平，無毒。主治：　小兒驚癇夜啼，去三蟲，滅黑(黯)〔䵟〕，令人面色好，男子陰(癢)〔瘍〕病。○女人崩中赤白，產後腹痛，滅諸瘡瘢痕。為末，封丁腫拔根，極效。○治口噤發汗，同白魚、鷹屎白等分，治瘡滅痕。○以七枚為末酒服，治中風失音，并一切風疰，小兒客忤，男子陰癢痛，女子帶下。○焙研，薑汁調灌，治中風喉痹欲絕，下喉立愈。○散風痰，結核瘰癧，頭風，風蟲齒痛，皮膚風𤺋、丹毒作癢，痰瘧癥結，婦人乳汁不通，崩中下血，小兒疳蝕鱗體，一切金瘡疔腫、風痔。

修治：　頌曰：　所在養蠶處有之。不拘早晚，但用白色而條直，食桑葉者佳。用時去絲綿及子，炒過。

甄權曰：　微溫，有小毒。惡桑螵蛸、桔梗、茯苓、茯神、萆薢。《聖惠方》：　治撮口噤風，面黃赤，氣喘，啼聲不出，由胎氣挾熱流毒心脾，故令舌強唇青，聚口發噤。用直殭蠶二枚，去觜，略炒為末，蜜調傅唇上，甚效。

【圖略】蠶蛹：　主治：　炒食，治風及勞瘦。研傅瘑瘡惡瘡。○為末飲服，治小兒疳瘦，長肌退熱，除蚘蟲。煎汁飲，止消渴。　蠶繭：　氣味：　甘，溫，無毒。主治：　燒灰酒服，治癰腫無頭，次日即破。又療諸疳瘡，及下血，血淋，血崩。煮汁飲，止消渴及反胃，除蚘蟲。　繭中蛹汁：　主治：　百蟲入肉，䘌蝕瘙疥，及牛馬蟲瘡。為湯浴小兒瘡疥，殺蟲。以竹筒盛之，浸山蜍、山蛭入肉，蚊子諸蟲咬毒。亦可預帶一筒，取一蛭入中，并持乾海苔一片，亦辟諸蛭。

昔人旅店有客消渴，夜求水不得，取釜中湯飲之而愈。次早視之，乃繰絲湯也。丹溪方本此。

【圖略】原蠶蛾，俗呼晚蠶蛾。雄腹小，雌腹大。有黃色、白色者。猘犬咬忌食。

雄原蠶蛾：　氣味：　鹹，有小毒。主治：　益精氣，強陰道，交精不倦，亦止精。○壯陽事，止泄精、尿血，暖水臟，治暴風、金瘡、凍瘡、湯火瘡，滅瘢痕。○入藥炒去翅足用。　鄭玄註《周禮》云：　原，再也，謂再養者。宗奭曰：　原者，有原復敏速之義，此是第二番蠶也。時珍曰：　蠶蛾性淫，出繭即媾，至於枯槁乃已，故強陰益精用之。　蠶蛻：　氣味：　甘，平，無毒。主治：　血病，益婦人。○婦人血風。○治目中翳障及疳瘡。　蠶連：　主治：　吐血鼻洪，腸風瀉血，崩中帶下，赤白痢。傅疔腫瘡。○治婦人血露。

原蠶沙，俗呼晚蠶沙。晒乾淘淨，再晒，可久收不壞。　氣味：　甘、辛，溫，無毒。主治：　腸鳴，熱中消渴，風痹癮𤺋。○炒黃袋盛浸酒，去風緩，諸節不隨，皮膚頑痹，腹內宿冷，冷血瘀血，腰腳冷疼。○炒熱袋盛，熨偏風，筋骨癱緩，手足不隨，腰腳軟，皮膚頑痹。○消渴癥結，婦人血崩，頭風，風赤眼，去風除濕。

明·張懋辰《本草便》卷二　白殭蠶　味鹹、辛，氣平，無毒。一云有小毒。惡螵蛸、桔梗、茯苓、萆薢。自殭死，白色而條直者佳。　主小兒驚癇夜啼，去三蟲，滅黑䵟諸瘡瘢痕；　男子陰瘍病，女子崩中赤白，產後餘痛；　治中風失音，并一切風疾，去皮膚風動如蟲，治喉痹，散痰結。

明·李中梓《藥性解》卷六　白殭蠶　味鹹辛，性微溫，有小毒，入心、肝、脾、肺四經。主風溫口噤失音，疔毒風痰結滯，皮膚風動如蟲行，小兒驚癇夜啼，女子崩中赤白，止陰癢，去三蟲，滅黑䵟。米泔水浸去涎，炒去絲用。惡茯苓、茯神、萆薢、桑螵蛸、桔梗。雄蠶蛾，性熱，主固精強陽，交接不倦。

按：丹溪云：白殭蠶屬火而有土與金水，心肝脾肺之所由入也。凡使須頭番者，力倍，蠶蛾亦然。

明·繆希雍《本草經疏》卷二一　白殭蠶　味鹹、辛，平，無毒。主小兒驚癇夜啼，去三蟲，滅黑䵟，令人面色好，男子陰瘍作瘡病，女子崩中赤白，產後餘痛，滅諸瘡瘢痕。

【疏】蠶屬陽，而殭者又兼金木之化。《本經》味鹹，《別錄》辛平無毒。然詳其用，應是辛勝鹹劣，氣微溫之藥也。氣味俱薄，浮而升，陽也。入足厥陰，手太陰、少陽經。厥陰為風木之位，主藏血。小兒驚癇夜啼，女子崩中赤白，風熱乘肝臟也。產後餘痛，風寒入血分也。辛能祛散風寒，溫能通行血脈，故主如上諸證也。肺主皮毛，而風邪客之，則面色不光潤。辛溫入肺，去皮膚諸風，故能滅黑䵟及諸瘡瘢痕，令人面色好也。男子陰瘍，風濕浸淫也。辛平能散風熱，兼能燥濕，是以主之。三蟲亦濕熱所化，故又能去三蟲也。《藥性論》治口噤發汗，日華子主中風失音，一切風疰，小兒客忤，男子陰痒痛，女子帶下。蘇頌治風喉痹欲絕。元素主皮膚諸風如蟲行，皆取其性屬陽，風熱為陽邪，能入皮膚經絡，發散諸邪熱氣也。【主治參互】同丹砂、牛黃、膽星、全蝎、麝香、釣藤鉤、犀角、金箔、天竺黃、蟬蛻，治小兒急驚客忤。《仁存方》開關散，治急喉風痹，用白殭蠶炒，白礬半生半燒，等分為末。每以一錢，用竹瀝加薑汁調灌，得吐頑痰，立效。小兒加薄荷。一方用白梅和丸，綿裹含之。《聖惠方》小兒撮口噤風，面黃赤，氣喘，啼聲不出，由胎氣挾熱，流毒心脾，故令舌強唇青，撮口發噤。用白殭蠶二枚，去嘴略炒，為末。蜜調傅唇中，甚效。《普濟方》治大人頭風及小兒驚風，並用大蒜七箇，先燒紅地，以蒜逐箇于地上磨成膏。却以殭蠶一兩，去頭足，安蒜上，碗覆一夜，勿令泄氣，只取殭蠶研水。每用嗃鼻，口內含水，有效。　又方，治腹內龜病，詩云：人間龜病不堪言，肚裏生成硬似磚。自死殭蠶白馬溺，不過時刻軟如綿。《藥性論》滅諸瘡瘢痕，白殭蠶、衣魚、鷹屎白等分，傅之。《聖惠方》癮㽷風瘡疼痛，白殭蠶焙研，酒服一錢，立瘥。《小兒宮氣方》小兒口瘡通白者，白殭蠶炒為末，蜜和傅之，效。兼治風疳蝕瘡。【簡誤】殭蠶性辛溫，辛能散，其功長於祛風化痰，散有餘之邪。凡中風口噤，小兒驚癇夜啼，由於心虛神魂不寧，血虛經絡勁急所致，而無外邪為病者，忌之。女子崩中，產後餘痛，非風寒客入者，亦不宜用。今世治小兒驚風，不問虛實，一概混施，誤甚！

蠶蛻　主血風病，益婦人。一名馬（明）〔鳴〕退。近世醫家多用初出蠶子殼在紙上者。東方諸醫用老蠶眠起所蛻皮。功用雖相近，當以蛻皮為正，用之微炒。

【疏】蠶蛻如蟬蛻、蛇蛻之類，各因其本質以為用。蠶蛻得蠶氣之餘，故能治血風病。血熱則生風，婦人以血為主，故尤益婦人也。近世以之療痘瘮，去目中翳障，其義猶蟬蛻也。【主治參互】《集驗方》走馬牙疳，用蠶蛻紙灰，入麝香少許，貼之。并治口瘡。　又方，治纏喉風，蠶蛻紙燒存性，蜜丸芡實大，含化嚥津。　蠶已出蛾，取蛻煅存性為末，服之能排膿、穿毒瘡口。【簡誤】婦人血虛無風濕者，不宜用。

明·倪朱謨《本草彙言》卷一七　白殭蠶　味甘、鹹、辛，氣平，無毒。氣味俱薄，浮而升，陽也。入足厥陰，手太陰、少陽經。

李氏曰：蠶蟲屬陽，喜燥惡濕，食而不飲，三眠三起，二十七日而老。自卵出而爲蚼，自蚼脫而爲蠶，蠶而繭，繭而蛹，蛹而蛾，蛾而卵，卵而復蚼，亦神蟲也。其種東南居多，西方略少，北方則無矣。蠶病風死，其體直殭，其色自白，死且不朽也。今市肆多用中濕死蠶，或用石灰末淹拌令白，服之爲害最深，不可不慎也。　雷氏曰：修治：用米泔浸一日，俟桑涎吐出，浮水上者即掠去之，洗淨，微火焙乾，淨布拭去黃皮毛，并黑口甲，搗細用。

白殭蠶：驅風痰，散風毒，日華子解瘡腫之藥也。夏碧潭曰：殭蠶，蠶之病風者也。挺直屬木，色白屬金，得金木堅清之化，故善治一切風痰相火之疾。如前古之治小兒驚癇搐搦，恍惚夜啼。《李氏方》之治大人中風，痰閉悶絕，人事不省，或喉痹腫塞，水穀不通，或頭風齒痛，腮頰硬脹，或皮膚風癢，斑沙疙瘩，或天行痘瘡，起發不透，或麻疹錯逆，隱約不紅，或痰痞癥塊，寒熱併作。凡諸風、痰、氣、火、風毒、熱毒，濁逆結滯不清之病，投之無有不應。蓋假其風氣相感而用之也。繆氏仲淳曰：此藥性本清散，其功長於祛風化痰，攻走經絡，散有餘之邪。凡大人中風失音，小兒驚癇夜啼，由於心虛神怯不寧，血虛經絡勁急所致，而無外邪爲病者忌之。

盧子繇先生曰：蠶，昆蟲也。食而不飲，三十日乃化。三眠三起，起如衛氣之出行陽道，眠如衛氣之入行陰道。三十日大眠，則衛氣已周，周則變而化，吐絲爲經矣。不化者，風白爲殭，故象形從治。內逆而爲驚癇夜啼，伏匿而爲痰風喉閉，齒痛頰硬，外顯痘疹之不明，及皮膚風癢之欲蜕者，此皆不能從蒸而變，順之使出以從化也。《淮南子》云：蟬飲不食，蠶食不飲。飲滋經氣，食益經隧。咸從任、督，四布經絡，變化相同，功能亦一也。

集方：《勝金方》治一切風痰喘嗽。用白殭蠶七個、直白者，薑汁調服。○寇氏方治小兒驚風搐搦，幷臍風口噤，氣促而聲不出者。用白殭蠶、蠍稍、天雄尖、附子尖各一錢，微炒爲末。每服三分或五分，以生薑湯調灌。○錢氏方治小兒夜啼。用白殭蠶一錢，微炒爲末。每服三分，濃煎燈心湯化下。○《方脉正宗》治大人中風，痰閉悶絕，人事不省。用白殭蠶一兩，人參五錢，俱微炒研細末，生薑十片搗爛，泡湯調服。○《百一選方》治喉痹腫塞，水穀不通。用白殭蠶五錢，膽星一錢五分，共研極細末，每服三分，薑汁和白湯少許調灌。○《方脉正宗》治頭風齒痛，腮頰硬脹。用白殭蠶一兩，薄荷葉、生半夏薑湯泡三次、荆芥、白芷、甘草各五錢，北細辛一錢五分，共研末，白湯調服三錢。○同上治皮膚風癢，斑沙疙瘩。用白殭蠶一兩，連翹、薄荷、荆芥、川芎各五錢，白芷、羌活、黄柏各三錢，共研末。每服三錢，燈心湯調服。○同上治天行痘瘡，起發不透。用白殭蠶、蟬蜕、瑣瑣葡萄各二錢，紅花八分，水煎服。○同上治麻疹錯逆，隱約不紅。用白殭蠶、蟬退各一錢，連翹、桔梗、黄芩、薄荷、天花粉、玄參、石膏、甘草各七分，水煎服。○同上治痰痞癥塊不散，漸成寒熱往來者。用白殭蠶、真紫蘇葉各四兩炒，生半夏二兩切片、薑汁拌炒，玄胡索、木香各一兩六錢，共研細末，真阿膠五錢，酒化成糊，拌入藥內，再加煮紅棗肉，爲丸梧子大。每服二錢，酒下。○《外臺秘方》治項上瘰癧。用白殭蠶二兩炒，研末。每服一錢，白湯調服，日二次。○《普濟方》治小兒龜病，胸腹凸硬如磚。用白殭蠶四兩炒研末，用白馬尿一碗，和拌曬燥，再用半夏麯一兩研末，打糊爲丸梧子大。每服一錢，白湯化下。○《保幼大全》治小兒鱗體，皮膚如蛇皮鱗甲之狀，由氣血否澀，亦屬胎毒。用白殭蠶一斤，蛇蜕四兩，共爲末。夏月每日取一撮，煎湯浴之。

晚蠶沙：味甘，氣溫，無毒。可升可降，可行可散。入手少陽、足太陰經。

蘇氏曰：蠶沙即蠶屎也。以晚蠶者良。李氏曰：須曬燥，用清水淘淨，再曬燥，可久收不壞。

晚蠶沙：祛風暖血之藥也。陸杏園曰：藏器方治緩風皮膚麻木，手足不隨，腰脚痿軟，兼治婦人血閉不通，或癥結腹痛，以此浸酒飲極效。又按陶隱居云：蠶屬火，其性陽，能勝風去濕，故蠶沙主療風濕痹證，能活血舒筋，去瘀行滯，不但去風濕而已也。繆氏曰：如癱緩筋骨不隨，由於血虛不能榮養經絡，而無風濕外邪侵犯者不服。

東鄉老人曰：蠶，神蟲也。卵育紙上，遇冬用食鹽淹拌蠶紙一層，鋪鹽一層，置露屋上，一月收藏，而春後始能發生，亦奇物矣。蠶蛾性淫，出繭即媾，至於枯敗乃已。《別錄》方言强陽道，益精氣，暖水藏，蓋本於此意。

集方：陳藏器方治緩風皮膚麻木，手足不隨，腰脚痿軟。又治婦人血閉，經脉不通，或癥瘕血結腹痛。用晚蠶沙一斤炒黄，浸酒十壺，每日早、午、晚隨量飲數杯，其渣濾乾，再炒燥，用布包熨摸痛處，應效甚捷。

明・姚可成《食物本草》卷一一蛇蟲部・蟲類 〔蠶女〕南人以蠶作繭，成絲後，取蠶油內煎炒食之。云次年大利蠶桑。〔蠶女〕味鹹，辛，平，無毒。治小兒驚癇夜啼，去三蟲，滅黑䵟，令人面色好。男子陰癢病，女子崩中赤白，滅諸疕痕。

右蛇蟲等類，功雖優於療疾，而為饌品恐未盡其宜，茲錄以備稽覈可也，若酷愛而深嗜之，豈善於衛養者乎？

明・顧逢柏《分部本草妙用》卷一肝部・溫瀉 白殭蠶 鹹，辛，微溫，無毒。惡桑螵蛸、桔梗、茯苓、茯神、萆薢。主治：男子陰癢痛，女子崩帶，痰瘧口噤，發汗，中風失音，一切風痓。薑汁調灌，治中風喉痹欲絕。散風痰，拔疔腫，結核瘰癧，皮膚風瘡疳蝕，風痔。按：殭蠶，去病風者也。治風化痰，散結行經，因氣相感而使之也。故治相火，散濁病，解結滯之痰。去皮膚諸風症，喉痺喉痛，下咽立愈，其功甚奇。今吾蘇施喉嚨家，吹喉藥中用之，故效。

明・李中梓《醫宗必讀・本草徵要下》 白殭蠶味鹹、辛，溫，無毒。入肺、脾、二經。惡桑螵蛸、桔梗、茯苓、萆薢。米泔浸一日，待涎浮水上，焙，去絲及黑口。　治中風失音，去皮膚風癢，化風痰，消瘰癧，拔疔毒，滅瘢痕。男子陰癢，女子崩淋。即蠶之病風者，用以治風，殆取其氣相感歟！　雄蠶蛾味鹹，溫，有小毒。炒去足翅。止血收遺泄，強陽益精氣。健於媾精，敏於生育，祈嗣者宜之。

明・鄭二陽《仁壽堂藥鏡》卷八　白殭蠶　味鹹、辛，平，無毒。《本草》云：主小兒驚癇夜啼，去三蟲，滅黑䵟，令人面色好。男子陰瘍病，女子崩中赤白，產後餘痛。滅諸瘡瘢痕。生(穎)〔潁〕川平澤。四月取自死者，勿令中濕。濕中有毒。不可用。　潔古云：性微溫，味微辛，氣味俱薄。體輕浮而升，陽也。去皮膚中風。　丹溪云：白殭蠶，屬火而有土與金木。老得金氣，殭而不化。治喉痹者，取其火中清化之氣以從治相火，散濁逆結滯之痰耳。　《聖惠方》云：治遍身癮疹，焙黃色為末，用酒服之。　《小兒宮氣方》云：治小兒撮口及發噤，用蜜和蠶末敷兒口內即效。　日華子云：治中風失音。　繭內蠶蛾：取雄者，微火炒黃，強陰益精氣，敷諸瘡，滅瘢，止遺精，暖腎。繅絲湯甕貯，埋土內年深，消渴病宜取飲，引清氣上朝口舌，降相火，下泄膀胱。因屬火有金之用故也。

明・蔣儀《藥鏡》卷一溫部　白殭蠶　治中風失音，喉中痰若鋸響。主膚瘡癮瘮，身上癢似蟲行。搐搦定，䵟黑祛。小兒驚癇夜啼，女子崩中赤白。助肺氣，除風濕有功。平相火，拔疔毒極效。痘家用之于解毒藥中，喉痺用之於甘桔湯裏。生熟白礬同吹急喉風痺，炒研入蜜，調敷通白口瘡。晚蠶蛾固精滑而能壯陽，鴛交不倦。兼敷玉枕生瘡，二蠶沙去風濕而起頑痺。癱緩可立，亦治血崩瘀宿。紙上種殼，血熱生風頓和。麝入煅灰，牙疳纏喉俱效。老蠶皮蛻，痘瘮目翳並施。存性末吞，排膿穿毒最速。

明・張景岳《景岳全書》卷四九《本草正》　殭蠶　味辛、鹹，性溫，有小毒。辛能散，鹹能降，毒能攻毒。輕浮而升，陽中有陰。故能散風痰，去頭風，消結核瘰癧，辟痰瘧，破癥堅，消散風熱喉痹危證。尤治小兒風痰急驚客忤，發痘瘡，攻痘毒，止夜啼，殺三蟲。婦人乳汁不通，崩中帶下。為末可傅丹毒疔腫，拔根極效。滅頭面䵟斑，及諸瘡瘢痕，金瘡痔瘻，小兒疳蝕，牙齦潰爛，重舌木舌，及大人風蟲牙痛，皮膚風瘮瘙癢。

明・盧之頤《本草乘雅半偈》帙四　白殭蠶《本經》中品　氣味：鹹、辛，平，無毒。　主治：主小兒驚癇，夜啼，去三蟲，滅黑(黯)〔䵟〕，令人面好，男子陰癢病。

覈曰：白殭蠶，蠶病風死，其色自白，死且不朽也。今市肆多用中溫死蠶，以石灰淹拌令白，服之為害最深。若痘瘮必燥裂黑陷，若瘡毒必黑爛內攻，不可不慎也。修治：用糯米泔浸一日，俟桑涎吐出，浮水上者，即掠去之，洗淨漉起，微火焙乾，淨布拭去黃肉、毛，并黑口甲，搗篩如粉。

条曰：蠶，昆蟲也。見明則食，食而不飲，三十日乃化。有引日多與少者，此寒溫飢飽之為修短耳。三眠三起，起如衛氣之出行陽道，眠如衛氣之入行陰道，三十日大眠，則衛道已周，周則變而化，吐絲為經矣。不化者，風白為殭，故象形從治，內逆而為驚癇夜啼，伏匿而為三蟲鬼疰，外顯黑黯而不明，囊殼欲蛻而作癢者，此皆不能從蒸及變，順之使出以從化也。《淮南子》云：蟬飲不食，蠶食不飲，飲滋經氣，食益經隧，咸從任督，四布經絡，變化相同，功能亦一也。

明・李中梓《本草通玄》卷下　白殭蠶　蠶之病風者也。治風化痰，散結行經，所謂因其氣相感，而以意使之者也。蓋厥陰、陽明之藥，故又治諸血病瘧與疳也。咽喉腫痛及喉痺，下咽，立效，大能救人。去綿并黑口，炒之。　蠶蛾　益精固精，強陽不倦。雄者入藥。炒，去足翅。　蠶沙　熨風痺及治一切關節皮膚。其性溫燥，能勝風去濕。麻油浸研，主爛弦風眼，塗之二三次，頓痊。

清・顧元交《本草彙箋》卷九　白殭蠶合蠶蛻、雄原蠶蛾、原蠶沙。　殭蠶，蠶之病風者，治風化痰，散結行經，所謂因其氣相感，而以意使之者也。其氣味輕薄而升，故能去皮膚諸風之如蟲行者。凡咽喉腫痛及喉痺，用此下咽立愈。又取其清化之氣，從治相火，散濁逆結滯之痰也。然其性辛溫能散，惟祛有餘之客邪。今世治小兒驚風，不問虛實，一概混施者，非也。

蠶蛻，即如蟬蛻、蛇蛻之類，因其本質以爲用。蠶蛻得蠶氣之餘，故能入血治風。近世以之療痘瘮，去目翳，其義猶蟬蛻也。

原蠶，(茅)〔第〕二蠶也。用二蠶蛾，取其敏於生育也。蠶蛾性淫，出繭即媾，至於枯槁乃已。故強陰益精者，用雄原蠶蛾。然觀其後來枯槁之狀，人亦如是，可爲惕然。

蠶沙，亦須用原蠶者。蠶屬火，性燥，燥能勝濕去風。故其沙主療風濕之病。

蠶蟲屬陽，喜燥惡濕，食而不飲，故殭蠶又兼能燥濕也。殭則其色自白，其長而直者爲雄。

蠶蛻，今人多用初出蠶子殼在紙上者。古方惟用老蠶眠起所蛻皮。功用相近，當以蛻皮爲正。入藥微炒用。

痔漏下血，以蠶蛻紙半張，碗内燒灰，酒服自除。

蠶沙酒，用蠶沙炒黄，袋盛，浸酒，去風，緩諸節、皮膚頑痹，手足不遂等證。若因血虚不能榮養經絡，而無風濕外邪侵犯者，又非蠶沙所能愈。

《周禮》禁原蠶，爲其妨馬。養蠶多，即馬不蕃息。龍馬同氣，蠶亦其餘氣也。今以殭蠶末塗馬齒，即不能食。以桑葉拭去，乃還食。豈非蠶馬同類歟？蠶之屬火，爲陽明矣。

清・穆石匏《本草洞詮》卷一八 蠶白殭蠶、雄原蠶蛾、蠶繭、蠶沙 蠶蟲，屬陽，喜燥惡濕，食而不飲，三眠三起，二十七日而老，自卵出而為蚍，自蚍蛻而為蠶，蠶而繭，繭而蛹，蛹而蛾，蛾而卵，卵而復蚍，亦神蟲也。凡諸草木皆有蚑蠋之類，食葉吐絲，不如蠶絲，可以衣被天下。白殭蠶鹹辛，平，無毒。見濕有毒，治喉痺口噤，一切風痓，散結核瘰癧，金瘡疔腫，風痔。取其清化之氣，從治相火，散濁逆結滯之疾。凡咽喉腫痛及喉痺，用此下嚥，無不效者。蓋蠶病風死，殭而不化，用之治風化痰，散結行經，所謂因其氣相感而使之者也。人指甲軟薄者，用此燒烟薰之則厚，亦是金化之義。原蠶是再養者。蠶與馬同氣，物莫能兩大，故《周禮》禁原蠶者，為害馬也。雄原蠶蛾鹹，溫，有小毒。出繭即媾，至於枯槁乃已。故強陰道，益精氣。用第二番者，取其敏於生育也。蠶繭甘，溫，無毒。取已出蛾者，燒灰酒服，治癰腫無頭，次日即破，以代針也。用一枚即出一頭，二枚即出二頭，神效無比。煮汁飲治消渴，此物屬火，何以治渴？蓋能瀉膀胱中相火，引清氣上潮於口，故止渴也。繰絲湯及絲綿煮汁，功並相同。蠶沙甘辛，溫，無毒。蠶屬火，其性燥，燥能勝風去濕，故蠶沙主療風濕之病，用三升醇酒，拌蠶沙五斗，甑蒸於暖室中，鋪油單上，令患風冷氣痺及癱風人，就患處一邊臥沙上，厚蓋取汗，若虚人須防大熱昏悶，令露頭面，若未全愈，間日再作。《聖惠方》治半身不遂，用蠶沙二袋盛之，蒸熱，更互熨患處，甚効。陳氏《經驗方》一抹膏，治爛弦風眼，以真麻油浸蠶沙二三宿，研細，以篦子塗患處，不問新舊，隔宿即愈。觀此，則其去風收濕之功，亦神矣。

清・劉雲密《本草述》卷二七 蠶 時珍曰：蠶，孕絲蟲也。其蟲屬陽，喜燥惡溼，食而不飲，三眠三起，二十七日而老，自卵出而為蚍，音苗。自蚍蛻而為蠶，蠶而繭，繭而蛹，音勇。老蠶化為蛹。蛹而蛾，蛾而卵，卵而復蚍。亦有胎生者，與母同老，蓋神蟲也。凡蠶類入藥，俱用食桑者。

白殭蠶 蠶病風死，其色自白，故曰白殭蠶。死而不朽曰殭。弘景曰：人家養蠶時，有合箔皆殭者，即曝燥都不壞。

按鄭康成曰：蠶與馬同氣。又弘景曰：殭蠶為末，塗馬齒，即不能食草。以桑葉拭去，乃還食。此見蠶為馬類也。愚謂即此，便知殭蠶與蠶之功用，固迥殊矣。

氣味：鹹、辛，平，無毒。甄權曰：微温，有小毒。主治：小兒驚癇夜啼《本經》。治中風失音日華子。急風喉痹欲絶蘇頌。散頭風痛，風痰及痰瘧癥結，風蟲齒痛時珍。

按：治小兒驚風證，《本經》首及，而不及男子，故方書亦屢用於小兒。至男子婦人諸風證用之，猶有別義，詳見論中。時珍曰：殭蠶散風痰結核瘰癧，查方書於此證多用之，然亦合證之藥也。

潔古曰：殭蠶性微温，味微辛，氣味俱薄，輕浮而升，陽中之陽，故能去皮膚諸風如蟲行。海藏曰：補風虚。丹溪曰：白殭蠶屬火而有土與金木，老得金氣，殭而不化。治喉痹者，取其火中清化之氣，以從治相火，散濁逆結滯之痰耳。王貺曰：凡咽喉腫痛及喉痹，用此下咽立愈，無不效也，大能救人。吴开内翰云：屢用得效。時珍曰：殭蠶，蠶之病風者也。治風化痰，散結行經，所謂因其氣相感，而以意使之者也。又人指甲軟薄者，用此燒烟熏之則厚，亦是此義。蓋厥陰、陽明之藥，故又治諸血病，瘧病，疳病也。閬風曰：殭蠶得燥金之剛氣而制木。之頤曰：蠶三眠三起，起如衛氣之出行陽道，眠如衛氣之入行陰道。三十日大眠，則衛道已周，周則變而化，吐絲為經矣。不化者，風白為殭。

按金氏謂燥金能制風木，而盧氏白殭者不能化。細繹其功用，以化不化立論者，其義為中的。

希雍曰：蠶屬陽，而殭者又兼金木之化。《本經》味鹹，《別錄》辛平，無毒。然詳其用，應是辛勝鹹劣，氣微温之藥也。氣味俱薄，浮而升，陽也，入足厥陰、手太陰、少陽經。

同丹砂、牛黃、膽星、全蝎、麝香、釣藤钩、犀角、金箔、天竺黄、蟬蜕，治小兒急驚客忤。

愚按：蠶食桑葉，終始於金。鄭康成云：蠶與馬同氣，所謂生於火，而藏於秋者也。丹溪言得火中清化之氣，誠非臆説。第殭蠶不可與蠶槩論，希雍所謂兼金木之化者是也。請悉言之。在《埤雅》云：蠶，陽物也。《蠶書》：月值大火，則浴其蠶。謂其屬火，良然。第繹入藥之蠶，必取食桑者，因桑稟水土之精，故氣味甘寒。蠶得火土之氣，而火中有金，正所謂燥金也。燥金趨得水土之精氣，以成變化，故三眠三起，正其變化之候，能變能化，故吐絲為經。若殭蠶病乎風者也，病乎風，則不能合於陰陽之氣以為生化矣。何者？以風亦燥陽也。燥金之氣，更合於風燥，舉風木亦化為燥金，似於火中清化之氣未能終始，而金木相化，如希雍之説也。丹溪謂屬火有土與金木者是，潔古謂為陽中之陽，亦不謬也。夫風木盡化為燥金，是木從之矣，故其殭者，金所化之木也，其色白而不朽者，木所從之金也。知此義，不可從以治風木之為病，而其效不視諸味更捷乎？雖然，謂斯物為風劑，而止以祛風目之，則猶不倫也。當就木從金化者以思之，諸方書所治如中風之伏虎丹，蠲風引子，於中用茲味者，固皆治風溼癱瘓等證，非治風淫而以金平治之謂也。又如頭痛證因於風者固不少，然未見其槩用，即如大追風散，雖主消風化痰，清利頭目，乃却因肝臟久虚，血氣衰弱，以成風毒，而製此方，則知方中用此，不止以散風也。至如《普濟》消毒飲子，東垣治大頭疫病而用此味，則其所因又不屬於風矣。又東垣羌活附子湯中用之，為治大寒犯腦而痛，則其不專於風之治益明矣。即此推之，則其他用於治風劑中者，是固別有取爾也。又若嗽證，於外淫内傷之所治，用之亦稀，惟八風丹治風及痰熱為患，致上攻頭目等證，此外於久嗽方乃用之，是則謂其散結氣以消痰，時賢所説微中，而但責以治風，誠非所望也。不治風而風靜，是斯物乃風劑無上妙品，故曰不可責以治風。即簡痰飲方用之，亦不甚多。第有同風劑而用者，亦有不必同風劑而用者，其義更可熟叅也。更就治瘖之發聲散，以治結痰，乃入此味於中，則可通於治痰飲之所用矣。雖然，液不化血而化痰者，是尤宜精究也。如癎證及喉痹，用之較諸證稍多，以為散結氣，化痰涎，非不是也。詎知癎證因腎間動氣，傷於六淫七情，如風如驚，致陰陽乖離，以患厥逆，肝氣亦因之而逆，致經脈阻絕，鬱有痰熱，乃成顛癎耳。又喉痹，唯纏喉風最急，亦因六淫七情傷其三焦元氣，而化火獨光於上，肝亦因之鼓風而上，經脈壅逆，聚血聚痰，以為喉痹也。却皆藉此療之，李東璧氏謂其散結行經，洵善察物哉。蓋主渾身之經絡者，肝也。木從金化，則經脈之結氣散，結散而經氣暢，則熱自清，血自化，痰自消矣。即此義推之，則如瘧瘵之牛黃散，似化陰以達陽。狂證之驚氣丸，似暢陽以化陰。舉皆用之，則散結行經之義，固可思也。至於行痹之桂心散、小烏犀丸，痛痹之烏藥順氣散，雖曰治風，而方内用此者，實以散結行經也。即行痹之虎骨丸，不曰治風，但曰走注疼痛用之，則其義可明矣。唯不專泥於風，而以散結行經求之，即如一顫振證，其星附散專於補陽，而導壅氣之陰。至摧肝丸，又專於鎮火而抑鼓焰之陽，補陽抑陽，其治迥殊，何以用之而咸宜，是豈得漫云治風乎哉？又如前嗽證之八風丹，治諸風痰熱證，投以甘寒及消瘴之瓜蔞根散，治風熱而口燥舌烈，更投苦寒。二方固皆用殭蠶矣，何以前頭痛之麻黃附子湯，及心胃痛之草豆蔻丸，即用温藥而亦入也，是其藉之為用者，乃知不專治風，而能散結行經，故舉寒温而胥得當也。惟木從金化之物，故直入風臟。夫六氣之分屬者，雖各司其職，然而温凉寒熱，無不隨其所病以合之和之，如肝雖屬風臟，固不專以療風為用也。唯此味木從金化而入臟，故隨寒而胥宜，所謂全具風化之體，不偏司療風之用者也。如治風在久不愈者，更宜。或曰：然則，可外風以為治乎？曰：不必盡屬患風是也。但此味之所謂散結行經者，原不離於風臟耳。風臟即血臟，故肝主渾身之經絡，舉凡六淫七情之病，皆不離於經脈，即虛實皆為相干，故《經》謂經脈為内外之合也。所以《類》云茲味為風臟藥耳。其由金化木，木從金化，於行經氣乃為最切。《經》曰傷肺者，脾氣不守，胃氣不清，經氣不為使，真藏壞決，經脈傍絕，更《經》所謂胃中水穀之氣清者上至於肺，而肺中清中之濁者，又下於胃，是即肺陰下降入心而生血，以化於胃，統於脾，歸於肝也，是所謂於經氣最切者耳。細究茲義，然後投殭蠶，不致罔功。若貿貿然止謂其治風，而不究其所以然之用也，則惡乎可。

附方　開關散治急喉風喉痹，用白殭蠶炒，白礬半生半燒，等分為末，每以一錢，用竹瀝加薑自然汁調灌，得吐頑痰，立效。小兒加薄荷。一方用白梅肉和丸，綿裹含之。偏正頭風，并夾頭風連兩太陽穴痛，用白殭蠶為末，葱、茶調服方寸匕。重舌木舌，殭蠶一錢，黃連蜜炒二錢，為末，摻之，涎出為妙。　崩中下血不止，用白殭蠶、衣中白魚，等分為末，井華水服之，日二。

希雍曰：　殭蠶性辛温，辛能散，其功長於袪風化痰。散有餘之邪，凡中風口噤，小兒驚癇夜啼，由於心虛，神魂不寧，血虛經絡勁急所致，而無外邪為病者，忌之。若不問虛實，於驚風一槩混施，誤甚矣。

愚又按：　謂治有餘之邪，繆氏所說誠然。第謂非外邪為病者忌之，似指殭蠶專治外邪也，是則大憒憒矣。夫天氣之有勝有復，有從有化，在人身臟腑之氣一也，既知為金木之兼化，是在物亦有然者，而臟腑之氣獨無從化玄機與之應乎？　故風木之鬱，先哲曰輕則以木香、香附調之，重則以柴胡、撫芎達之，以青皮伐之。若夫直而不曲，則又以芍藥、山巵、龍膽草之類，抑而收之。如是義，謂能盡變矣。更有從化一法，君殭蠶而佐使得宜。此乙未春夏之交，予年七十一，患頭風而有效者也。若然，可謂其治外邪，絕不與施內乎？　即治外邪，發散過劑而不痊，乃用以奏功，其義殊可參也。瀕湖所云，人指甲軟薄，以此燒煙熏之則厚，正與此義相證。蓋非平制風木之劑也。方書有治小兒肺胃受風熱，痰盛咳嗽，喘吐不止，及治久嗽不愈者，山藥、白茯苓、紫蘇葉、黄芩、防風、杏仁去皮尖麸炒、五味子、桔梗、百部，各六分，藿香、百合各五分，白殭蠶二錢，去絲觜炒。即此立方之本指，仍行治外風之藥，乃以殭蠶為君，兼以保固肺胃者，固取金木之化，從風木之本而治之矣。

修治　頌曰：　不拘早晚，俱用白色而條直，食桑葉者佳。用時去絲綿及子，炒過。　或去嘴足微炒，或去絲嘴微炒。　市肆多用中温死蠶，以石灰淹拌令白，服之為害最深。

清・郭章宜《本草匯》卷一七　白殭蠶　味鹹、辛，溫，有毒，氣味俱薄，浮而升，陽中之陽也，入足厥陰、太陰、手太陰、少陽經。治中風失音，逐皮膚蟲癢。散痰氣結滯如果實，療身膚蛇體如甲鱗。此由氣血痞塞，亦名胎垢。殭蠶去嘴，為末，煎湯浴之。一加蛇蜕。理咽喉腫痛及喉痺，下咽立効。祛腹內黽背如磚硬，過時即軟。殭蠶同白馬尿，立軟如綿。

按：　白殭蠶，蠶之病風死者也。死而不朽，故名曰殭。屬火，而兼土與金水。喜燥惡濕，能入皮膚經絡，發散諸邪熱氣，祛風化痰之要藥也。元素曰：　能去皮膚諸風如蟲行。蓋厥陰陽明之藥，故又治諸血病、瘧病、疳病也。有餘之邪及外邪為病者，宜之。今治小兒驚風，不問虛實，一概混施，誤之甚矣。

米泔浸一日，待涎浮水上，焙，去絲及黑口。惡桑螵蛸、桔梗、茯苓、萆薢。薑汁為之佐。頭蠶白直者佳。

蠶繭已出蛾者甘，溫。癰疽無頭者，燒灰，酒服即破。痘瘡膿爛者，填礬，煅末摻良。

按：　蠶繭，屬火，有陰之用，能瀉膀胱中相火，引清氣上朝於口，故能止消渴也。方書多用，而諸家《本草》並不及，誠闕文也。近世用治癰疽代鍼，用一枚即出一頭，二枚即出二頭，神効無比。

清・蔣居祉《本草擇要綱目・平性藥品》　殭蠶　氣味：　鹹、辛，平，無毒。浮而升，陽中之陽也。入厥陰、陽明之藥。　主治：　小兒驚癇夜啼，去三蟲。男子陰痿，女子崩中赤白，產後腹痛。滅諸瘡瘢痕，療一切金瘡疔腫風痔。蓋殭蠶屬火兼土與金木，老得金氣，殭而不化。治喉痹者，取其清化之氣，從治相火者，取其散濁結滯之痰，因其氣相感，而以意使之者也。有枸杞蠶一種，生枸杞樹上，取之曝乾晒用，主治益陽道填精。炙黄，入地黄丸，功長於補腎，治腎家風虛。　惡：　桑螵蛸、桔梗、茯苓、茯神、萆薢。

清・王翃《握靈本草》卷九　白殭蠶自死者曰殭蠶。凡使米泔浸一日，微火焙，拭去黄肉毛並黑口甲，剉粉用。　主治：　白殭蠶，鹹、辛，平，無毒。主中風喉痺，小兒驚癇，風痰結核瘰癧，頭風，風蟲齒痛，皮膚風瘡、丹毒。

清・汪昂《本草備要》卷四　殭蠶輕，宣，去風，化痰。　辛、鹹，微溫。殭而不腐，得清化之氣，故能治風化痰，散結行經。蠶病風作殭，故因以治風，能散相火逆結之痰。其氣味俱薄，輕浮而升，入肺肝胃三經。治中風失音，頭風齒痛，喉痹咽腫，炒爲末，薑湯調下一錢，當吐出頑痰。丹毒瘙癢，皆風熱爲病。瘰癧結核，痰瘧血病，崩中帶下，風熱乘肝。小兒驚疳，膚如鱗甲，由氣血不足，亦名胎垢，煎湯浴之。下乳汁，滅瘢痕。若諸症由于血虛而無風寒客邪者勿服。以頭蠶色白條直者良。糯米泔浸一日，待桑涎浮出，漉起焙乾，拭淨肉毛口甲，搗用。惡桑螵蛸、茯苓、茯神、桔梗、萆薢。　蠶繭：　甘，溫。能瀉膀胱相火，引清氣上朝于口，止消渴。蠶與馬，并屬午，爲離，主心。作繭退藏之際，故繅絲湯飲之，能抑心火而治消渴。癰疽無頭者，燒灰酒服。服一枚出一頭，二枚出二頭。　雄蠶蛾：　氣熱性淫，主固精强陽，交接不倦。蠶蜕紙燒存性，入麝少許，蜜和，敷走馬牙疳，加白礬尤妙。《百一方》：　蠶紙燒灰，酒水任下，能治邪祟、發狂、悲泣。

清・吳楚《寶命真詮》卷三　白殭蠶　【略】治中風失音，去皮膚風癢，化風痰散結，行經消瘰癧，拔疔毒，滅瘢痕，男子陰癢，女子崩淋。

清·王逊《藥性纂要》卷四 蠶 【略】東圃曰：蠶屬陽，喜暖惡寒，喜燥惡濕，食而不飲，三眠三起，二十七日而老。蠶為神蟲，善變之物，殭則當變之際，而化機頓成清肅之令，其所主皆氣機中阻之病，亦對待治法也。

清·陳士鐸《本草新編》卷五 殭蠶 味鹹、辛，氣平，無毒，升也，陰中陽也。逐風濕殊功，口禁失音者必用，拔疔毒極效，腫突幾危者急敷。主小兒驚癇夜啼，治婦人崩中赤白，止陰癢，去三蟲，滅黑䵟及諸瘡瘢痕，面色令好。散風痰併結滯痰塊，喉痹使開，毆分娩，罷餘疼，解傷寒後陰易。功用雖多，然不宜多服，少為佐使可也。

或問：殭蠶功多，豈亦有過乎？夫殭蠶安得無過。多服則小腹冷痛，令人遺溺，以其性下行，利多成寒也。

清·顧靖遠《顧氏醫鏡》卷八 白殭蠶辛、鹹，微溫。入肺肝二經。洗淨，焙去絲及黑口，研。治中風失音，祛風化痰之功。去皮膚風癢。風邪客於皮膚，故癢如蟲行。辛能入肺散邪故也。能療男子陰瘡，風濕侵淫，則生陰瘡癢痛，散風而又能燥濕，故主之。可理小兒驚癇。驚癇夜啼，因風熱乘肝所致者宜之。瘰癧能消，散結化痰故也。雀斑可滅。以風邪客於皮膚，故面生黑斑，諸瘡斑痕並用之。長於祛風化痰，小兒驚癇夜啼，由心虛神魂不寧，血虛經絡勁急所致，及類中失音，非因外邪者，均忌。

清·李熙和《醫經允中》卷一七 白殭蠶 惡桑螵蛸、桔梗、茯苓、萆薢。鹹、辛，微溫，無毒。主散風疾，拔疔腫，治中風口噤，失音，風痓，咽腫喉痺欲絕，小兒驚癇夜啼。按：殭蠶能散邪熱，祛風痰之要藥也。有餘之症宜之，無風寒外邪者弗服。繭內蠶蛾微火炒黃，合散為丸，強陰澁精，助陽起痿。蠶繭被蛾鑽破者，燒研細末，酒服一枚，立使癰疽透孔。

清·馮兆張《馮氏錦囊秘錄·雜症痘疹藥性主治合參》卷一一 白僵蠶 夫蠶屬陽，其僵者又兼金水之化。故味鹹辛，氣微溫，無毒。入足厥陰、手太陰少陽經。辛能祛散風寒，溫能通行血脉，辛溫復能散風燥濕，所以入臟而療崩中陰癢，風痰結滯，喉痹口噤，中風痰壅，驚癇夜啼。在皮膚而療疔腫諸瘡，黑䵟瘢痕，面色令好。內而痰結，外而皮膚，為血、為痰、為風、為濕、為熱，一切諸症也。蠶蛻，如蟬蛻、蛇蛻之類，各因其本質以為用，且得蠶氣之餘，故能治血風諸病。血熱則生風，婦人以血為主，故尤益婦人也。近世以之療痘瘮，去目中翳障，其義猶蟬蛻也。原蠶沙，即晚蠶所出屎也。味辛甘，氣溫，無毒。腸鳴者，水火相觸也，甘以和之。消渴者，中氣燥熱也，辛以潤之。蠶屬火，食而不飲，故其性燥。燥能勝濕去風，故用以炒黃，袋盛浸酒，去風緩不隨，皮膚頑痹，腹內宿冷瘀血，腰脚冷疼。炒熱，熨偏風筋骨癱緩等證。原蠶蛾，乃是晚蠶第一番出者，其子再復出者，為二蠶，此二蠶之種，其蛾性最淫，出繭便媾。味鹹，氣溫熱。故能強陰益精，令交接不倦也。【略】

白僵蠶，逐風濕殊功，口噤失音必用。拔疔毒極效，腫突幾危急敷。中風痰壅，四肢搐搦，皮膚風癢，瘰癧諸瘡。小兒驚癇夜啼，婦人崩中赤白，止陰癢，滅黑䵟，諸瘡瘢痕，面色令好。散風痰，結滯痰塊。托痘瘡，喉痹使開，毆分娩，罷餘疼，解傷寒後陰易。【略】

蠶沙，即屎。治濕痹癮瘮癱風，主腸鳴熱中消渴。【略】

主治痘疹合參：白僵蠶，屬火，有土與木，得金氣殭而不化。須白色成條，酒淨炒用。治驚風痰熱，四肢搐搦，除風熱，解毒發痘，和血貫漿定癢，拔疔毒極效。

清·张璐《本經逢原》卷四 白殭蠶 鹹，辛，平，無毒。色白者良，入藥惟取直者，為雄，去黑口及絲，炒用。《本經》主小兒驚癇、夜啼，去三蟲，滅黑䵟，令人面色好，男子陰癢病。發明：殭蠶，蠶之病風者也。功專祛風化痰，得乎桑之力也。《本經》治驚癇，取其散風痰之力也。去三蟲，滅黑䵟，男子陰癢，取其滌除浸淫之濕，三蟲亦濕熱之蠹也。凡咽喉腫痛及喉痹用此，下咽立愈。其治風痰，結核，頭風，皮膚風瘮，丹毒作癢，疳蝕，金瘡疔腫，風疾，皆取散結化痰之義。蠶繭 甘，溫，無毒。發明：蠶繭治癰腫無頭，燒灰酒服，次日即破。煮湯治消渴。繰絲湯及絲綿煮汁，功用相同。蠶蛻即馬明蛻 甘，平，無毒。即老蠶眠起所蛻皮，入藥微炒用。今以出過蠶之紙為馬明蛻，非也。發明：蠶非桑葉不生，得東方水氣之全，故能治風病、血病。而蛻治目中翳障，較之蟬蛻更捷，惜乎，一時難覓。蠶沙 甘、辛，溫，無毒。微炒用。發明：蠶沙療風濕之專藥。有人病風痹用此，焙熟，絹包熨之。治爛弦風眼，以麻油浸蠶沙二三宿，研細塗患處，過宿即愈。蠶沙置酒罈上泥好，色清味美。然惟晚者為良。早蠶者不堪入藥，以飼時火烘，故有毒也。

清·浦士貞《夕庵讀本草快編》卷五 蠶《本經》 附：原蠶 蠶字從朁，象其頭身之形也；從䖵，以其繁也。俗作蚕，非矣！蚕音腆，乃蚯蚓之名。二番者名原蠶，屎曰蠶沙。殭蠶屬火，味辛微溫，輕浮而升，厥陰陽明藥也。夫蠶病風則殭，以氣相召，故為祛風治痰之要藥。且其得清化之氣，能瀉相火而消喉痺，是以結滯瘧邪無不立效。更如蠶繭可以潰癰腫，治反胃。蠶紙可以療失血，催難產。蠶蛹可以治勞瘦，繅絲湯可以止消渴。至于晚蠶蛾，取其敏于生育，且性最淫，出繭即媾，形槁方已，故能壯陽事而止泄精，暖水藏而療尿血，性熱而無毒，信可重耳！其屎曰沙，屬火而燥，凡風濕痿痺，癥結瘀血者宜之，謂其燥能勝風而祛濕也。寇氏用之以熨癱瘓，史國公用以浸酒，良有旨矣。

清・張志聰、高世栻《本草崇原》卷中　白殭蠶　氣味鹹辛，平，無毒。主治小兒驚癇夜啼，去三蟲，滅黑䵟，令人面色好，男子陰癢病。　蠶處處可育，而江浙尤多，蠶病風死，其色不變，故名白僵，僵者死而不朽之謂。《乘雅》云：今市肆多用中溫死蠶，以石灰淹拌，令白服之，為害最深。若痘疹，必燥裂黑陷。若瘡毒，必黑爛內攻，不可不慎也。　殭蠶色白體堅，氣味廠辛，稟金水之精也。東方肝木，其病發驚駭，金能平木，故主治小兒驚癇。金屬乾而主天，天運環轉，則晝開夜合，故止小兒夜啼。金主肅殺，故去三蟲。水氣上滋，則面色潤澤，故主滅黑䵟而令人面色好。金能制風，鹹能殺癢，故治男子陰癢之病。陰，前陰也。　蟬蛻、殭蠶，皆稟金水之精，故《本經》主治大體相同。但蟬飲而不食，溺而不糞。蠶食而不飲，糞而不溺，何以相同。《經》云：飲入於胃，上歸於肺。穀入於胃，乃傳之肺。是飲是食雖殊，皆由肺氣之通調，則溺糞雖異，皆稟肺氣以傳化矣。又，凡色白而稟金氣之品，皆不宜火炒。殭蠶具堅金之體，故能祛風攻毒。若以火炒，則金體消敗，何能奏功。後人不體物理，不察物性，而妄加炮製者，不獨一殭蠶已也。如桑皮炒黃，麻黃炒黑，杏仁、蒺藜皆用火炒。諸如此類，不能盡述，皆由不知藥性之原，狃於習俗之所致耳。

清・王道純《本草品彙精要續集》卷四　蠶繭無毒

蠶繭：主癰腫無頭，燒灰酒服，次日即破。又療諸疳瘡及下血、血淋、血崩，煮汁飲，止消渴，反胃，除蛔蟲《本草綱目》。【名】繭甕。【地】處處有之。【時】生：於四五月。採：於五月取之。【用】已出蛾者。陶弘景云：繭甕入術用。【質】狀如蛋形，中空如紙薄。【色】白黃。【味】甘。【性】溫。【治】李時珍云：蠶繭，方書多用，而諸家本草並不言及，誠缺文也。近世用治癰疽，代針，用一枚即出一頭，二枚即出二頭，神效無比。煮湯，治消渴，古方甚稱之。丹溪朱氏云：此物屬火，有陰之用，能瀉膀胱中相火，引清氣上朝於口，故能止渴也。繅絲湯及絲綿，煮汁，功並相同。又黃絲絹能補脬，錦灰止血。並見本部蟲魚部內。【合治】陳文中《小兒方》：治痘瘡疳蝕，膿水不絕，用出了蠶蛾繭，以生白礬末，填滿煅枯，爲末擦之，甚效。〇一方：治口舌生瘡，用蠶繭五個包蓬砂，瓦上焙焦爲末，抹之。〇《惠濟方》：治反胃，吐蛔，吐食，用蠶繭十個，煮汁，烹雞子三枚食之，以無灰酒下，日二服，神效。或以繅絲湯煮粟米粥食之。〇《聖惠方》：治大小便血及婦人血崩、血淋疼痛並腸風下血，用𧔥黃蠶蛻紙並燒存性，晚蠶沙、白殭蠶並炒，等分爲末，入麝香少許，每服二錢，米飲送下，日三服，甚效，名𧔥黃散。

清・王子接《得宜本草・中品藥》　白殭蠶　味辛、鹹。入手足厥陰、陽明經。　功專療風痰。得白馬通治癥瘕，得冰片、硼砂、牙硝治諸喉風。

清・徐大椿《神農本草經百種錄》中品　白殭蠶　味鹹。主小兒驚癇夜啼，風痰之病。去三蟲，風氣所生之蟲。滅黑䵟，令人面色好，能去皮膚之風斑，令潤澤。男子陰瘍病。下體風濕。

蠶，食桑之蟲也。桑能治風養血，故其性亦相近。殭蠶感風而殭，凡風氣之疾，皆能治之，蓋借其氣以相感也。〇殭蠶因風以殭，而反能治風者，何也？蓋邪之中人也，有氣而無形，穿經透絡，愈久愈深，以氣類相反之藥投之，則拒而不入，必得與之同類者，和入諸藥，使為鄉道，則藥力至于病所，而邪與藥相從，藥性漸發，邪或從毛空出，或從二便出，不能復留矣，此即從治之法也。風寒暑濕，莫不皆然，此神而明之之道，不專恃正治奏功也。

清・尤氏《尤氏喉科秘書》　製殭蠶法　揀其直細而腹小者為雄，若腹大而粗者為雌，不用。將牙刷蘸水刷去石灰，瓦上慢炙至醬色，要折斷中間無絲連者，研細聽用。

清・黃元御《玉楸藥解》卷六　殭蠶　味辛、鹹，氣平。入足厥陰肝經。滑絡通經，驅風開痹。殭蠶驅逐風邪，治中風不語，頭痛胸痹，口噤牙痛，隱疹風瘙，瘰癧疔毒，䵟斑粉刺，疳痔金瘡，崩中便血。治男子陰癢、小兒驚風諸證。此庸工習用之物。風邪外襲宜發其表，風濕內動宜滋其肝。表裏不治，但事驅風，欲使之愈，復何益也？愈驅愈盛，不通之極矣。殭蠶燒研酒服，能潰癰破頂。又治血淋崩中。蠶蛻紙燒研，治吐衄便溺諸血，小兒淋瀝，諸瘡腫痛。

清·吳儀洛《本草從新》卷六 白僵蠶〔輕，宣，去風化痰。〕 鹹，辛，平。僵而不腐，得清化之氣，故能治風化痰，散結行經。蠶病風則僵，故因以治風，能散相火逆結之痰。其氣味俱薄，輕浮而升。入肺、肝、胃三經。治中風失音，頭風齒痛，喉痺咽腫，炒爲末，薑湯調下一錢。當吐出頑痰。丹毒瘙癢，皆風熱為病。瘰癧結核，痰瘧血病，崩中帶下，風熱乘肝。小兒驚疳，膚如鱗甲。由氣血虛。亦名胎垢，煎湯浴之。下乳汁，滅瘢痕。諸證由於血虛而無風寒客邪者勿用。以頭蠶色白條直者良。糯米泔浸一日，待桑涎浮出，焙乾，去絲及黑口，搗用。惡萆薢、桔梗、茯苓、桑螵蛸。

附：蠶蛹 炒食，治風及勞瘦。為末飲服，治小兒疳瘦，長肌肉，退熱，除蛔蟲。煎汁飲，止消渴。研敷瘑瘡惡瘡。吳瑞曰：繰絲後蛹子，今人食之，呼小蜂兒。孫思邈曰：猘犬咬者，終身忌食，發則難免。蠶繭，甘，溫。能瀉膀胱相火，引清氣上朝於口，止消渴。蠶與馬，并屬午，為離，主心，作繭退藏之際，故繰絲湯飲之，能抑心火而治消渴。癰疽無頭者燒灰酒服。服一枚出一頭，二枚出二頭。

清·汪紱《醫林纂要探源》卷三 殭蠶 甘，辛，鹹，溫。受濕氣，自殭死，色白條直者良。去嘴甲及餘絲淨，泔泡，火炙。補肝和胃，袪風勝濕。桑性本袪風，蠶食其葉，且未至吐繭，則含桑之清液為全故也。蠶病濕殭，而能勝濕者，風終勝濕，其殭不朽，則濕盡矣。亦能除痰。補心安神，清肺瀉熱。氣味形質皆輕，而上行於心肺，色白入肺，辛瀉肺，鹹補心，而去妄熱，輭堅結。通利經絡。凡經絡風寒濕熱阻滯，皆能通之。故治中風失音，頭風齒痛，喉痺咽腫，丹毒瘰癧，結核頑痰，及崩中帶下，小兒驚癇，風熱搐搦，下乳汁，滅瘢痕，止(騷)〔搔〕癢，要其功在於行肝氣，散血熱而已。凡血虛及無積邪者，忌用。蠶蛻紙：解結熱，治邪祟。蠶子著紙，及春蠶已退之紙，自有散結去熱之意。燒灰存性，和麝少許，可治走馬牙疳，及邪祟發狂悲泣諸證。用酒或水下。蠶繭：甘，溫。平相火，利小水，抑君火，潰癰疽。蠶本屬君相二火之氣，與馬同氣，而天駟房星主之。及其吐絲作繭，則火氣已泄，歸於平和，故又能平君相之火。繰絲湯：淡，平。止消渴。亦以能抑心火，而升清氣故也。蠶綿：燒灰，存性。傅凍瘡，補皸裂。

清·嚴潔等《得配本草》卷八 白殭蠶蠶繭、蠶退紙 惡桔梗、茯苓、茯神、萆薢、桑螵蛸。鹹、辛，微溫，有小毒。入手太陰、足厥陰經。平相火逆結之毒痰，治風熱乘肝之惡瘧，袪皮膚風若蟲行，療風溫痰結口噤，治小兒驚疳，止婦人崩帶。得生礬、枯礬、薑汁，治喉風。得薑汁，治一切風痰。得蔥、茶，治頭風。得冰、硼，治喉痺。加牙硝更好。配烏梅，治腸風下血。合蛇蛻，治小兒膚如鱗甲。浸白馬尿，治腹內生蝨。調皂角水，擦牙蟲。取僵直者為雄蠶，折斷腹內黑而光亮者真。糯米泔浸去涎，漉起焙乾，拭淨黃白毛口甲，炒研用。酒淨炒亦可。無風邪者禁用。蠶繭已出蠶蛾者。甘，溫。燒灰酒服，出癰疽頭，療二便血。煮汁服，除蛔蟲，療反胃。蠶退紙 甘，平。療痘疹，袪目翳。入麝香，蜜和，敷疔毒口瘡，療熱淋如血。酒水調服，治邪祟，止崩帶，除痢疾，袪腸風。炒炭存性。雄蠶蛾蠶沙。鹹，溫，有小毒。氣熱。固精強陽。止尿血，敷諸瘡。去頭、足、翅，製法同殭蠶。腎火盛者禁用。蠶沙 制硇砂、焰硝、粉霜。甘、辛，溫。去風濕，熨癱緩。得醇酒，熨風痹。酒三斗，蠶沙五斗，蒸熟，鋪席上令患者就臥，厚覆之取汗，令頭面露出，以防昏悶。如不愈，間日再如法治之，至愈而止。合獨活，治支節不遂。調麻油，敷爛弦風眼。淘淨曬乾用。去風濕，酒拌炒用。

題清·徐大椿《藥性切用》卷八 白嘉蠶 即殭蠶。醎辛性平，入肺肝胃，而祛風化痰，散結行經，為中風失音，痧疹不透耑藥。炒去絲用。

蠶蛹：即蠶豆。炒食殺蟲，亦治疳瘦。蠶繭，甘溫，瀉火止渴。

清·黃宮繡《本草求真》卷四 殭蠶祛散風寒痰溫。 殭蠶耑入肝，兼入肺胃。 辛寒微溫，大率多屬祛風散寒，燥濕化痰，溫行血脈之品。故書載能入肝，兼入肺胃，以治中風失音，頭風齒痛，喉痹咽腫，是皆風寒內入，結而為痰。時珍曰：殭蠶，蠶之病風者也。治風化痰，散結行經，所謂因其氣相感而以意使者也。又人指甲軟薄者，用此燒烟薰之則厚，亦是此義。蓋厥陰陽明之藥，故又治諸血病、瘧病、疳病也。合薑湯調下以吐，假其辛熱之力，以除風痰之害耳。仁存開關散，用白殭(蠶)〔茶〕、炒白礬，半生半燒，等分為末，每以一錢，用自然薑汁調灌，得吐頑痰立效。小兒加薄荷。《聖惠方》用白殭蠶三七枚，乳香一分，為末，每以一錢燒烟，薰入喉中，涎出即愈。《王氏博濟》如聖散：治喉痹用白殭〔蠶〕茶、天南星等分，生研為末，每服一字，薑汁調灌即愈。後以生薑炙過含之。《怪症方》：酒後咳嗽，用白殭蠶焙研末，茶服效。又云能治丹毒瘙癢，亦是風與熱熾，得此辛平之味拔邪外出，則熱自解。又云能治瘰癧結核痰瘧，血病崩中帶下，亦是風木乘肝，得此辛溫之味以行血脉，則血氣安和而病自消。又云能治小兒驚疳，膚如鱗甲，亦是胎元氣血不足，得此辛鹹煎湯除垢，則鱗自去。膚如鱗甲，病名胎垢。即是諸症以推，則知古之用藥，悉從物理勘出，豈有他謬奇巧於其中者哉？但此非由外感而用是藥，則非治耳！頭蠶色白條直者良。米泔浸一日，待桑涎浮出，取起焙乾，拭淨肉毛口甲，搗用，惡桑螵蛸、茯神、茯苓、桔梗、萆薢。

清・楊璿《傷寒溫疫條辨》卷六散劑類 白殭蠶去絲，酒炒。味辛鹹，性平，氣味俱薄，升也，陽中之陽也。三眠三起，生於甲木，成於丙火，胎於午土，殭得金水之化，色白而不腐，喜燥惡濕，食桑葉而不飲，有大便無小便。余因其不飲，而用之不飲之病。邪熱渴飲，非正味之飲也。因其有大便，而用治大便不通之病。火瀉無度亦治之。蓋以天地清化之氣，滌疵癘旱潦之氣，於溫病尤宜。可見溫病乃天地之雜氣為病，非四時風、寒、暑、濕、燥、火之六氣為病也。熱病即溫病，特以春夏分別言之耳，所以世人多誤以為時氣。知此者稀矣。陶弘景曰：人家養蠶，時有合簿皆殭者。余因合簿皆殭之蠶，而用治闔家皆病之疫。李時珍曰：蠶病風，其色白，死不腐，故曰殭。余因病風之蠶，而用治病風之人，古謂因其氣相感，而以意治之者也。又曰：散風痰頭疼，風熱齒疼，咽喉痹疼，皮膚斑疹，風瘡丹毒風痒，一切風熱腫毒。觀此則殭蠶之升陽散火，祛風勝濕，清熱解毒可知。《普濟方》誇其善於治腹內之疼，余謂腹內之風熱火毒可知。《聖惠方》稱其長於去頭上之風，余謂大頭溫、蝦蟆溫，用升降散、加味涼膈散立消，以方有殭蠶、蟬蛻也。張元素曰：此物氣味俱薄，輕浮而升，陽中之陽，故能去皮膚諸風如蟲行。余謂升其清陽之氣，而濁陰之氣自降也，故止渴除煩並驗。朱丹溪曰：此物屬火，兼木與土，老得金氣，殭而不化。上治咽喉，取其清化之氣，從治相火，散濁逆結滯之痰也。余謂春夏多溫病，勢如火炎土燥，焚木灼金，一得秋分之金氣，而炎熱自退，故殭蠶為溫病之聖藥。時珍又曰：蠶屬火，喜燥祛風勝濕，主療溫病風濕之證。余謂若溫病而誤用麻黃、桂枝、羌活、獨活、細辛、白芷、蒼朮等味，辛溫發汗以散風濕，則煩燥益甚，而熱毒愈熾，此麻黃湯、桂枝湯、沖和湯、人參敗毒散治溫病之所以壞事也。千年長夜，萬古遺憾。世人何曾夢見，余經閱歷而悟此。

清・羅國綱《羅氏會約醫鏡》卷一八鱗介蟲魚部 殭蠶味辛鹹，微溫，入肺、肝、胃三經。殭而不腐，得清化之氣，故能治風化痰，散結行經。蠶病風則僵，故因以治風，能散相火逆結之痰。治中風失音、頭風、喉痹，炒為末，薑湯調下一錢，當吐出頑痰。崩中帶下、風熱乘肝。丹毒瘙癢風熱、風痰結滯、驚癇夜啼肝虛。療疔毒瘰癧，滅瘢痕。除陰癢，風濕之病。及小兒驚疳、膚如鱗甲。由氣血不足。亦名胎垢，煎湯浴之。若諸症由於血虛，而無風寒客邪者勿服。以頭蠶色白條直者良。糯米泔浸一日，焙乾，去嘴甲，搗用。亦可解毒，發痘貫漿定癢極效。惡茯苓、桔梗、萆薢。蠶繭，使癰疽透孔。燒灰，酒調服，一繭一孔，功同茅針。繅絲湯，甕埋土中。解消渴，引清氣上升，使相火下降。蠶退紙，燒灰，水調服，甚益婦人。止帶漏崩中、腸風吐衄諸血症。治走馬牙疳，用灰，加麝與白礬，擦齦上。邪祟癲狂。酒調灰下，立愈。雄蠶蛾，補腎益精，敏於生息。用二蠶未交之雄者，微火炒黃，任合丸散，陰痿者服之甚效。

清・陳修園《神農本草經讀》卷四中品 白殭蠶 氣味鹹，平，辛，無毒。主治小兒驚癇、夜啼，去三蟲，滅黑䵟，令人面色好，男子陰癢病。凡稟金氣色白之藥，俱不宜炒。

述：殭蠶氣平為秋氣，味辛為金味，味鹹為水味，稟金水之精也。治驚癇者，金能平木也。治夜啼者，金屬乾而主天，天運旋轉，晝開夜闔也。殺三蟲者，蟲為風木所化，金主肅殺也，滅黑䵟，令人面色好者，俾水氣上滋也。治男子陰癢者，金能制風，鹹能除癢也。

徐靈胎曰：殭蠶感風而殭，凡風氣之疾，皆能治之，蓋借其氣以相感也。

或問：因風以殭，何以反能治風？曰：邪之中人也，有氣而無形，穿經透絡，愈久愈深。以氣類相反之藥投之，則拒而不入，必與之同類者，和入諸藥，使為嚮導，則藥力至於病所，而邪與藥相從，藥性漸發，或從毛孔出，或從二便出，不能復留矣。此即從治之法也。風寒暑濕，莫不皆然。此神而明之之道，不專恃正治奏功矣。

清・黃凱鈞《藥籠小品》 殭蠶 去齒足炒，治風痰之要藥。痧痘症多用之，取其散風消痰也。日本國人有病，殭蠶為上藥，非此不治，猶唐古忒之需大黃也。

清・王龍《本草纂要稿・蟲魚部》 白殭蠶 氣味辛鹹而平。去皮膚風動如蟲行，主面部䵟生如漆點。主小兒驚癇夜啼，療婦人崩中赤白。去陰痒，更殺三蟲。散風痰，尤逐風濕。刼痰塊，喉痺便開。拔疔瘡，腫突立效。驅分娩餘疼，解傷寒陰易。

清・吳鋼《類經證治本草・足厥陰肝臟藥類》　殭蠶　【略】若諸症無風寒客邪，而由於血虛者勿用。〇蠶紙：　治癲狂邪祟，牙疳頭瘡，沙症蠱毒，燒灰水服之。誠齋曰：　取方一尺，行經後即燒灰沖酒服之，斷產。

清・張德裕《本草正義》卷上　殭蠶　辛鹹而溫，輕浮而揚。散風痰，解喉痺，發痘瘡，攻痘毒，消瘰癧結核，小兒風痰急驚，重舌木舌。研末，可敷丹毒疔腫，拔根極效。

清・楊時泰《本草述鉤元》卷二七　白殭蠶　凡蠶類入藥，俱用食桑者。此蟲屬陽，喜燥惡濕，食而不飲，三眠三起，二十七日而老。自卵出為蚃，蚃蛻為蠶，蠶而繭，繭而蛹，蛹而蛾，蛾而卵，卵而復蚃，亦有胎生者，此神蠶也瀕湖。殭蠶乃蠶病風死，其色自白而不朽，有合箔皆殭者，即時曝燥不壞。蠶與馬同氣，隱居云：　殭蠶末塗馬齒，即不能食草，以桑葉拭去，乃還食，此見蠶為馬類，亦可見殭蠶與蠶之功用迥殊。

味辛、微鹹，氣微溫。氣味俱薄，輕浮而升，陽中陽也。入足厥陰、手太陰少陽經。主小兒驚癇夜啼，治中風失音，急風喉痺欲絕，散頭風痛風痰及痰瘧癥結，風蟲齒痛。方書多用以散風痰結核瘰癧。能去皮膚諸風如蟲行潔古。補風虛海藏。治喉痺，取其火中清化之氣，以從治相火，而散濁逆結滯之痰耳丹溪。凡咽喉腫痛及痺用此，下嚥立愈王既。取蠶之病風者，治風化痰，散結行經，殆因其氣相感，而以意使之者也瀕湖。指甲軟薄者，用此燒烟熏之則厚又。厥陰陽明之藥，又治諸血病、瘧病、疳病又。蠶屬陽，而殭者又兼金木之化仲淳。殭蠶屬火而有土與金木，老得金氣，殭而不化丹溪。得燥金之剛氣而制木閬風。蠶三眠三起，起如衛氣之出行陽道，眠如衛氣之入行陰道。三十日大眠，則衛道已周，周則變而化，吐絲為經矣，不化者風白為殭之頤。同丹砂、牛黃、膽星、全蝎、鉤勾、麝香、金箔、犀角、蟬蛻、天竺黃，治小兒急驚客忤。開關散：　治急喉風痺，白殭蠶炒，白礬半生半燒，等分為末，每以錢許，用竹瀝加薑汁調灌，得吐頑痰立效。小兒加薄荷，一方，用白梅肉和丸，綿裹含之。偏正頭風，并夾頭風連兩太陽穴痛者，白殭蠶為末，葱茶調服方寸匕。重舌、木舌，殭蠶一錢、黃連蜜炒二錢，為末摻之，涎出為妙。崩中、下血不止，白殭蠶、衣中白魚，等分為末，井華水服之，日二。

論：　蠶得火土之氣，而火中有金，所謂燥金也，入藥必取食桑者，因桑稟水土之精，而氣味甘寒，蠶以燥金趨得水土之精氣而成變化，故吐絲為經。若殭蠶猝病乎風，則不能合於陰陽之氣，以為生化矣。何者？　風亦燥陽也，燥金之氣，更合於風，燥舉風木亦化為燥金，似乎火中清化之氣未能終始，而金木相化耳。故其殭者，金所化之木也；　色白不朽者，木所從之金也。知此義，不可以從治風木之為病，而取效更捷乎。然當就木從金化以求之，不可以其祛風而止目為風劑也。不治風而風靜，乃風劑無上妙品。蓋主渾身之經絡者肝也，木從金化，則經絡之結氣散，結散而經氣暢，則熱自清，血自化，痰自消。其由金化木，木從金化，乃於經氣之行最為切要。《經》曰：　傷肺者脾氣不守，胃氣不清，經氣不為使，真藏壞決，經脉傍絕。又曰：　胃中水穀之氣清者，上至于肺，而肺中清中之濁者，還下于胃，是即肺陰下降入心而生血，以化于胃，統于脾，歸于肝也。所謂于經氣最切者也。惟其功專主於散結行經，故大頭疫病《普濟》消毒飲用之，大寒犯腦羌活附子湯亦用之，痰熱上攻頭風八風丹、大追風散喉痺用之，即癱瘓伏虎丹、蠲風引子振顫星附散之補陽，摧肝丸之鎮火。癇狂驚氣丸等瘛瘲牛黃散痺痛行痺之桂心散，小烏犀丸；　痛痺之烏藥順氣散，行痺之虎骨丸。消癉瓜蔞根散久嗽八風丹舌瘖發聲散心胃草豆蔻丸頭痛麻黃附子湯舉寒溫之治而胥用之，可忘其散結行經之實用，而貿貿然止謂治風乎哉。以木從金化之物，直入風臟，如肝臟雖屬風，却不專以療風為用也。夫六氣之分屬者，雖各司其職，然溫涼寒熱，無不隨其所病以合之和之。惟此味木從金化而入臟，故隨寒熱而胥宜，所謂全其風化之體，不偏司療風之用者也，如治風則在久不愈者更宜。又殭蠶治有餘之邪，却非專治外邪。夫天氣有勝有復，有從有化，人身臟腑之氣與之相應，故風木之鬱輕則以木香、香附調之，重則以柴胡、撫芎達之，青皮伐之。若夫直而不曲，則又以芍藥、山梔、龍膽草之類抑而收之，是亦可謂盡變矣。更有從化一法，君殭蠶而佐使得宜，乃取金木之化，從風木之本而治之也。

修治：　不拘早晚蠶，但用白色而條直者頌。去嘴足，微炒，或去絲嘴，炒過用。肆中所市，多瘟死蠶，以石灰淹拌令白，服之為害最深。

清・鄒澍《本經續疏》卷五　白殭蠶　【略】論蠶者，當從其儵儵屢化著意，蓋當其為卵，不厭霜雪，及至成蠶。並忌西風，此其在陽固蠕動靈活，在陰則堅貞不搖之一驗也。其自有生以至成繭，僅二十二日之暫，乃眠起三次，起則饕食無度，眠則噤口停茹，此其動必返靜，以靜攝動之一驗也。一眠祇六七日，始生色黑，繼而白，白而青，青而復白，白而黃，黃而更白。黃則停飼，白則慢食，青則緊餵，是白為青黃關鍵，此其能事終始之一驗也。至其所以致殭之故，或因熱而驟令風涼，或因不除沙而沙中生熱，或因小時陰氣蒸損，究竟直而不撓，白而不涅，此其縱自損軀不遭汙染之一驗也。然其驕稚難養，動輒罹患，非特畏寒暖之侵迫，更劇畏聲色之非常，與小兒之易熱易驚何異？受熱受驚而騷擾，則以受熱受驚至死而不騷擾者應之，可知其無與於口噤，反張手足，強直之驚癇矣。能滅黑䵟，即不遭汙染也。令人好顏色，即屢變而終歸於白也。惟男子陰瘍，女子崩中赤白，產後餘痛，則應更體會。夫已上諸病，皆陰在上，不隨陽化，故致陽跌蕩，而陰凝滯。用之是使陰隨陽化也。若陰在下，而陽不與化，則陰焉能不或如泥淖之難釋，或如漏巵之無當？但究是物之所食葉間豈得無津，雖則食而不飲者，固應便而不溺，此則縱使食中含飲，然其津液終留於中，供他日密縷聯緜之化，而無所謂溏便焉。是亦可知其漏之所以止，淖之所以釋矣。又豈陽盛而驅陰，陰窮而自敗者可並耶？夫三眠之蠶，化已不一，然其成繭之後，復有變蛾退連等化，則其性氣又異。惟其自此而化止者，則莫如殭而不腐、白而不汙者為恰如其當，此所以有取於白殭蠶也歟。

清・葉桂《本草再新》卷一〇 白殭蠶 味鹹，性平，有微毒。入肝、肺、胃三經。治中風失音，頭風齒痛，喉痺咽腫，丹毒瘙癢，瘰癧結核，痰瘧血病，崩中帶下，小兒驚疳膚如鱗甲。下乳汁，滅瘢痕。

清・趙其光《本草求原》卷一八蟲部 白僵蠶 桑本水土之精，蠶食之而氣辛平味鹹，是水土歸金矣。乃蠶病風死而僵直。僵者，金化木也，色白者，木從金也。故能清金平木，散經絡之結氣，以除熱化血而消痰。脾胃之清氣上於肺，肺陰入心生血以化於胃，統於脾，歸於肝。肝主一身經絡，若肺傷而脾胃不清，則經脈傍絕，液不化血而化痰。惟木從金化，故直入風臟以行經脈。主小兒驚癇，陰陽濟而肝氣逆，則經脈阻絕，鬱熱成痰而病。夜啼，蠶三眠三起，有合於衛氣出陽入陰之妙。去三蟲，蟲乃風木所化，金主肅殺。滅黑䵟、令人面色好，水上滋金也。男子陰癢，金制風，鹹除癢。咽腫喉痹，三焦之火與肝風上壅，經脈阻逆，聚血成痰之病。風痰，結核，瘰癧，頭風痛，痰瘧，癥結，風蟲牙痛，瘙癢、血病，崩帶，皮如鱗甲，下乳，滅瘢，皮膚風疹如蟲行，丹毒，疳蝕，金瘡，疔腫，皆取其散結行經耳。凡內風外風，無論陰陽，各隨主治而咸宜，因其感風而僵，以之治風，同氣相求也。

頭蠶，色白而直，食桑者良。糯米泔浸一日，待桑涎浮出，去絲綿嘴足，焙或曬乾用。凡色白屬金之藥俱忌炒。若溫死之蠶，以石灰淹白者，用之有害。惡桑蛸、茯苓、桔梗、萆薢。

同白礬、枯礬等分研，以薑汁、竹瀝調灌，或加薄荷，治急喉風、風痹。為末，葱茶調下，治偏正頭風。同蜜炒黃連，摻重舌、木舌妙。同衣中白魚、井華水下，治血崩。同淮、芩、蘇、杏、苓、防、藿、桔、五味、百合，治風熱久嗽。同丹砂、牛黃、膽星、蝎、麝、犀、蟬、藤鉤、竹黃，治急驚客忤。煎湯浴，治小兒膚如鱗甲，名為驚疳，亦名胎垢。崩帶由風熱乘肝者，亦多用之。同炒山甲酒下，治三陰瘧。為末調蜜，治小兒撮口噤風、氣喘及口瘡，並風疳蝕瘡。同衣魚、鷹屎白，滅瘡痕。

蠶繭 甘，溫，屬火。而作繭退藏，得桑之陰精，能瀉膀胱相火，引清氣上朝於口。離中有坎。止消渴。繰絲湯及絲綿煮汁，功亦同。癰疽無頭者，燒灰酒服。用一枚出一頭，二枚出二頭。腸風大小便血，淋痛，同蠶紙並燒灰，蠶沙、僵蠶並炒，等分研，加麝少許，米飲下。血崩。食桑得木氣之全，故入風臟治血。宜早蠶。

蠶蛻皮： 即老蠶眠起所蛻皮。甘，平，治目翳，較蟬蛻更捷。得脫化之妙也。微炒用。主崩下血，同槐子炒末，酒下。熱淋，和麝水下。是金合於水火以生血之義也。但難遽得，今人以出過蠶之紙代之燒灰用。又治走馬牙疳，蠶紙灰，同白礬、麝香、蜜調貼。纏喉風，蜜和灰為丸，含化。小便淋痛，同麝，米飲下。排膿穿毒，按蠶沙宜原蠶，取夏蠶，陰從陽化也。繭與紙宜早蠶，取金氣由陽入陰，還離中之坎，助火以生血也。按蠶沙紙一尺燒灰，食即絕孕，須慎用。

黃絲絹： 即蠶吐黃絲所織未染者。煮汁服，止消渴，產婦脬損、小便淋瀝，以炭灰淋汁煮極爛，洗去灰，加入黃蠟、白蜜、茅根、丹皮、連根木、白及煎服，勿作聲。洗痘爛，燒灰止諸血。

清・葉志詵《神農本草經贊》卷二 白僵蠶 味鹹。主小兒驚癇夜啼，去三蟲，滅黑皯，令人面色好，男子陰瘍病。生平澤。

三起三眠，忽摧風擾。馬首猶瞻，蛾眉罷掃。繭室休營，絲腸自繞。湯鑊辭烹，知幾及早。

李時珍曰： 蠶三起三眠，二十七日而化，病風死者，其色自白。荀卿賦： 此夫身女好而頭馬首者與。《左傳》： 惟余馬首是瞻。趙孟頫詩： 蛾眉何娟娟。杜甫詩： 淡掃蛾眉朝至尊。《埤雅》： 蠶以繭自衣，亦謂之室。釋惠洪歌： 肺腸已作金絲光。《史記・傳》： 藺相如請就湯鑊。蘇軾詩： 不須更說知幾早。

清·文晟《新編六書》卷六《藥性摘錄》　殭蠶　辛，寒，微溫。入肝兼入肺腎。祛風散寒，燥濕化痰，治中風失音，頭風齒痛，喉痹咽腫，是皆風寒內結而為痰，合薑湯調灌以吐之。亦治丹毒瘙癢，瘰癧結核，痰瘧血痛，崩中帶下。及小兒驚疳，膚如鱗甲。○取頭蠶，色白條直者良。米泔浸一日，焙乾，去肉毛，搗用。○惡桑螵蛸、茯苓、桔梗、(蓽)〔萆〕薢。

清·張仁錫《藥性蒙求·蟲部》　白殭蠶二錢　白殭蠶鹹，散結行經。專祛風熱，齒痛咽疼。鹹、辛，平。入肺、肝、胃三經。殭而不腐，得清化之氣，化痰散結核，治頭風喉痺，丹毒搔癢。王晛曰：凡咽喉腫痛用此，下咽立愈，大能救人。○焙乾，去絲及黑口，擣用。血虛無風熱客邪者，勿用。

清·戴葆元《本草綱目易知錄》卷四　殭蠶　辛、鹹，微溫。殭而不腐，得清化之氣，故能治風化痰，散結行經，入肺、肝、胃三經。去皮膚諸風如蟲行，治中風失音，頭風口噤，風蟲齒痛，皮膚風瘡，喉痹咽腫，丹毒作痒，瘰癧結核，痰瘧癥結，大頭天行。男子風痔，陰中痒痛，婦人崩中，赤白，乳汁不通，產後腹痛。小兒夜啼，客忤驚癇，疳蝕鱗體。去三蟲，滅黑黯。為末，封疔腫拔根。同白魚、鷹屎白等分，治瘡，滅瘢痕。【略】

繭鹵汁：【略】以竹筒盛之，浸山蜍、山蛭入肉，蚊子諸蟲咬毒。【略】蘇恭云：山人自有療法，葆採蛭註：山人入山防山蜍、山蛭諸蟲侵咬，以竹筒盛鹵汁，隨身有被囓處，以此汁擦之，則毒解無害。

蠶連：治吐衄腸紅，崩帶下痢，婦人血露，難產斷產，吹乳痔血，牙痛牙宣，牙齦牙疳，頭瘡喉痹，風癲狂祟，沙症腹疼，小便淋閉，解蠱毒、藥毒，傅疔瘡癰腫。時珍曰：蠶蛻、蠶連紙功同，如蟬蛻、蛇蛻類。古方多用蠶連紙者，因其易得耳。葆按附方，未分別，因其功相彷也。

清·黃光霽《本草衍句》　殭蠶甘、辛、鹹，溫。受濕而殭，故能勝濕。含桑之液，故善祛風。得清化之氣，散濁結之痰。瀉熱清肺，喉痺咽痛多功。經絡通行，凡風寒濕熱阻滯經絡者，皆能通之。中風失音並效。散皮膚丹毒，風瘡搔痒可止。《本經》治男子陰痒。除齒痛頭風，結核痰瘧兼施。為肺、肝、胃三經之藥，為末，封丁腫拔根，極效。又能滅諸瘡之瘢痕。喉風喉痺，用開關散，殭蠶炒，白礬半生半熟，燒，等分為末，各一錢，生薑自然汁調灌，得吐頑痰立效。小兒加薄荷、生薑少許，同調服。得冰片、牙硝、硼砂，為細末，吹，治喉諸風。　急喉風痺，如聖散，用白殭蠶、南星等分，生研為末，服一字，薑汁調灌，涎出即愈，後以生薑炙過含之。《〔百一選〕方》無南星。　偏正頭痛，并夾頭風，連兩太陽穴痛。《聖惠方》用殭蠶為末，葱白、茶調，服方寸匕。　腹內龜病，詩云：人間龜病不堪言，肚裏生成硬似磚；自死殭蠶白馬尿，不過時刻軟如綿。　癮疹風瘡疼痛，殭蠶焙研，酒服一錢，愈。小兒鱗體，皮膚如鱗體甲之狀，由氣血痞澀，亦曰胎垢，又曰蛇體。殭蠶去嘴，為煎湯浴之，一加蛇退。

清·陳其瑞《本草撮要》卷九　白殭蠶　味辛鹹，入手足厥陰、陽明經，功專療風痰。得白馬通治癥瘕，得冰片、硼砂、牙硝治諸喉風。煎湯浴治小兒膚如鱗甲。以蠶七個研細，薑湯調灌，吐一切風痰。無風寒客邪者勿服。惡萆薢、桔梗、茯苓、桑螵蛸。蠶蛹炒食，治風及勞瘦。蠶繭甘溫，瀉膀胱相火，引清氣上升止渴。癰疽無頭，燒灰酒服一枚即出頭。黃絲絹得白及能接斷腸，得丹皮、白及治產婦脬損，得棕櫚、貫仲、京墨、荷葉四灰，治婦人血崩。褌襠燒灰，治陰陽易，女用男，男用女。

清·李桂庭《藥性詩解》　賦得殭蠶治諸風之喉閉得喉字。王德潤。　欲使諸風去，殭蠶力最優。開痰舒肺氣，散熱治咽喉。　按：殭蠶性平，而味辛鹹。治風化痰，散結行經，小兒驚癇，去三蟲，滅黑䵟及諸瘡瘢痕，并一切風病，皮膚痒痺，咽腫喉痺，痰瘧血病，漏中帶下。又能下乳汁。諸症由於血虛，而無風寒者勿用。以糯米泔浸去涎浮，薑汁炒用。勿令中濕，濕則有毒。

清·周巖《本草思辨錄》卷四　白殭蠶　蠶者食桑之蟲，桑能去風，蠶性故近之。且感風而殭，更於感風之病為宜。味辛氣溫而性燥，故治濕勝之風痰，而不治燥熱之風痰。朱丹溪謂從治相火，散濁逆結滯之痰者正合。汪訒庵刪去從治字，而以為散相火逆結之痰，則其視殭蠶為何如藥矣。

小兒驚癇夜啼，是肝熱生風，又為痰濕所痼，而陽不得伸，是以入夜彌甚。殭蠶劫痰濕而散肝風，故主之。至男子陰瘍、女子崩中赤白，產後餘痛，無非厥陰之風濕為患，無他奧義。鄒氏謂蠶食桑而有津液留於中，又解之為釋泥淖塞漏卮，不特於殭蠶燥濕去風之義背，據其所言，亦不免自相矛盾。

燈蛾

清·趙學敏《本草綱目拾遺》卷一〇蟲部　燈蛾　今古方無入藥者。《祝氏效方》有治痔管法：用蜣螂一個，同撲燈蛾十個，放罐內一宿，加麝香一錢，陰乾為末，吹入管內，自能出水，水乾即愈。

螟蛉巢

清·何諫《生草藥性備要》卷下　螟蛉巢　不入服劑。治瘡毒，敷爛指頭瘡如神。

石蠶

宋·唐慎微《證類本草》卷二二蟲魚部下品〔《本經·别録》〕　**石蠶　味鹹，寒，有毒。主五癃，破石淋，墮胎。肉：解結氣，利水道，除熱。一名沙蝨。**生江漢池澤。

〔梁·陶弘景《本草經集注》〕云：李云江左無識此者，謂爲草根，其實類蟲，形如老蠶，生附石。傖助庚切人得而食之，味鹹而微辛。李之所言有理，但江漢非傖地爾，大都應是生氣物，猶如海中蠣蛤輩，附石生不動，亦皆活物也。今俗用草根黑色多角節，亦似蠶，恐未是實。方家不用沙蝨，自是東間水中細蟲。人入水浴，著人略不可見，痛如針刺，挑亦得之。今此名或同爾，非其所稱也。

〔唐·蘇敬《唐本草》〕注云：石蠶，形似蠶，細小有角節，青黑色。生江漢側石穴中，岐隴間亦有，北人不多用，採者遂絶爾。今隴州採送之。

〔宋·掌禹錫《嘉祐本草》〕按：《蜀本》注：李云江左無識此者，謂是草根，生附石間，其實如老蠶。如此則合在草部矣！今既在蟲部，又一名沙蝨，則是沙石間所生者一種蟲也。陶云猶如蠣蛤輩，附石而生，近之矣。蘇亦未識，而云似蠶，有節，青黑，生江漢石穴中。此則半似説蟲半似草，更云不採遂絶，妄亦甚也。按此蟲所在水石間有之，取以爲鈎餌者是也。今馬湖石門出此最多。彼人好噉之，云鹹、微辛。李、蘇二説，殆不足憑也。

〔宋·蘇頌《本草圖經》〕曰：石蠶，生江漢池澤，舊注或以爲草根，生石上，似蠶者。或以爲生氣物，猶如海中蠣蛤輩。又《本經》云：一名沙蝨。沙蝨自是水中細蟲，都無定論。《蜀本草》注云：此蟲所在水石間有之，人取以爲鈎餌。馬湖石門出取最多。彼人亦好噉之，云味鹹、小辛。今此類川、廣中多有之。草根之似蠶者，亦名石蠶，出福州及信州山石上，四時當有，其苗青，亦有節，三月採根，焙乾。主走注風，散血，止痛。其節亦堪單用，擣篩取末，酒溫服之。

宋·唐慎微《證類本草》卷三〇有名未用·蟲類〔《别録》〕　石蠹蟲　主石癃，小便不利。生石中。

〔宋·掌禹錫《嘉祐本草》〕按：陳藏器云：伊洛間水底石下，有蟲如蠶，解放絲連綴小石如繭，春夏羽化作小蛾水上飛。一名石下新婦。

宋·寇宗奭《本草衍義》卷一七　石蠶　謂之爲草則繆矣。《經》言肉解結氣。注中更辯不定。此物在處有，附生水中石上，作絲繭如釵股，長寸許，以蔽其身，色如泥，蠶在其中，此所以謂之石蠶也。今方家用者絶稀，此亦水中蟲耳，山河中多。

宋·王繼先《紹興本草》卷一八　石蠶　紹興校定：石蠶，附池澤石而生，其形如蠶，故有是名。《本經》雖具性味、主治，但近世罕入于方，亦未聞驗據矣。

明·劉文泰《本草品彙精要》卷三一　石蠶有毒。附草石蠶。化生。

石蠶：主五癃，破石淋，墮胎。○肉，解結氣，利水道，除熱。《神農本經》。【名】沙蝨。【地】《圖經》曰：生江漢池澤石上。形如蠶，爲生氣之物，猶海中蠣蛤輩，附石而生，不動，皆活物也。所在水石間亦有之，取以爲鈎餌。今馬湖石門出此最多，彼人亦好噉之。福州及信州山石上一種草，四時常有，苗青色，有節，其根亦名石蠶。三月採根，焙乾，主走注風，散血止痛，其節亦堪單用，擣篩取末，酒溫服之。《衍義》曰：草根似蠶，而名石蠶者，别是一種。若以水中石上者謂之草，則謬矣。《經》曰：肉，解結氣，《注》中更辯不定，此物在處有之。附生水中石上，作繭如釵股，長寸許，以蔽其身，色如泥，蠶在其中，此所謂之石蠶也。【時】生：無時。採：無時。【色】灰褐。【味】鹹。【性】寒。【氣】氣薄味厚，陰也。【臭】腥。

明·王文潔《太乙仙製本草藥性大全》卷八《本草精義》　石蠶　一名沙蝨。生江漢池澤，今在處有之。附生水中石上，作絲蠒如釵股，長寸許，以蔽其身，色如泥，蠶在其中，此所以謂之石蠶也。《蜀本草》注云：此蠶所在水石間有之，人取以爲釣餌，馬湖石門出取最多，彼人亦好噉之，云味鹹小辛，今此類川廣中多有之。茅根之似蠶者，亦名石蠶，出福州，今信州山石上四時常有，其苗青，亦有節，三月採根焙乾。主走注風，散血止痛，其節單用擣篩取末，酒溫服之。

明·王文潔《太乙仙製本草藥性大全》卷八《仙製藥性》　石蠶　味鹹、微辛，氣寒，有毒。主治：主五癃妙方，破石淋聖藥。散血，亦能墮胎，極驗。肉：解結氣而除熱，利水道而通淋。

明·李時珍《本草綱目》卷三九蟲部·卵生類上　石蠶《本經》下品。校正：併入有名未用石蠹蟲。

【釋名】沙蝨《本經》　石蠹蟲《别録》　石下新〔婦〕《拾遺》弘景曰：沙蝨乃東

間水中細蟲。人入水浴，着身略不可見，痛如鍼刺，挑亦得之。今此或名同而物異耳。時珍曰：按《吴普本草》沙蝨作沙蜯。【集解】《經》曰：石蠶生江漢池澤。宗奭曰：石蠶在處山河中多有之。附生水中石上，作絲繭如釵股，長寸許，以蔽其身。其色如泥，蠶在其中，故謂之石蠶，亦水中蟲耳。方家用者絶稀。《别録》曰：石蠹蟲生石中。藏器曰：石蠹蟲一名石下新〔婦〕，今伊洛間水底石下有之。狀如蠶，解放絲連綴小石如繭。春夏羽化作小蛾，水上飛。時珍曰：《本經》石蠶，《别録》石蠹，今觀陳、寇二説及主治功用，蓋是一物無疑矣。又石類亦有石蠶，與此不同。

【正誤】弘景曰：李當之云：石蠶江左不識，謂爲草根。其實類蟲，形如老蠶，生附石上。傖人得而食之，味鹹微辛。所言有理，但江漢非傖地。大都是生氣物，如海中蛤、蠣輩，附石生不動，皆活物也。今俗用草根，黑色，多角節，亦似蠶。恐未是實，方家不用。恭曰：石蠶形似蠶，細小有角節，青黑色，生江漢側石穴中。岐、隴間亦有，北人多不用，採者遂絶耳。韓保昇曰：李謂是草根，陶謂是生氣物，蘇恭之説半似草半似蟲，皆妄矣。此蟲所在水石(門)〔間〕有之，取爲鈎餌。馬湖石門最多，彼人啖之，云鹹、微辛。頌曰：石蠶，陶、蘇都無定論，《蜀本》之説爲是。今川、廣中多有之。其草根之似蠶者，亦名石蠶，出福州。今信州山石上，四時常有之，亦采入藥。詳見菜部草石蠶下。

【氣味】鹹，寒，有毒。保昇曰：鹹、微辛。吴普曰：雷公：鹹，無毒。【主治】五癃，破石淋墮胎。其肉：解結氣，利水道，除熱《本經》。石蠹蟲：主石癃，小便不利《别録》。

【發明】宗奭曰：石蠶謂之草者，謬也。經言肉解結氣，註中更不辨定，何耶？時珍曰：石蠶連皮殻用也，肉則去皮殻也。

明・梅得春《藥性會元》卷下 石蠶 味鹹，性寒，有毒。主治五癃，破石淋，墮胎。肉：解結氣，利水道，除熱。一名沙蝨。生江漢地澤。

明・姚可成《食物本草》卷一一蛇蟲部・蟲類 石蠶在處山河中多有之，附生水中石〔上，作絲〕繭如釵股，長寸許，以蔽其身。其色如〔泥，蠶〕在其中。馬湖、石門最多，彼人啖之。又有〔雲師〕、雨虎，出霍山。雲師如蠶，長六寸，有毛似〔兔。雨〕虎如蠶，長七八寸，似蛙。雲雨則出在石内，可炙食之。此亦石蠶之類也。〔石蠶，味〕鹹，寒。主五癃，破石淋，墮胎。其肉解結氣，利水〔道，除〕熱。

清・葉志詵《神農本草經贊》卷三 石蠶 味鹹，寒。主五癃，破石淋，墮胎，内解結氣，利水道除熱。一名沙蝨。生池澤。

蠶形石化，亦育中阿。候無眠起，樂在風波。身環泥繭，羽化灰蛾。雲師雨虎，相盪相摩。

馬志曰：石蠶生海岸石旁，狀如蠶，其實石也。李時珍曰：與此不同。《詩》：在彼中阿。韓保昇曰：此蟲所在，水石間有之。《埤雅》：蠶三眠三起。張志和詞：樂在風波不用仙。寇宗奭曰：作絲繭長寸許，以蔽其身，其色如泥。陳藏器曰：春夏羽化，作小蛾水上飛。李時珍曰：霍山有雲師，狀如蠶，長六寸。雨虎，狀如蠶，長七八寸，皆石蠶之類。《易》：剛柔相摩，八卦相盪。

雲師、雨虎

明・李時珍《本草綱目》卷三九蟲部・卵生類上 雲師、雨虎時珍曰：按《遁甲開山圖》云：霍山有雲師、雨虎。榮氏註云：雲師如蠶，長六寸，有毛似兔。雨虎如蠶長七八寸，似蛭。雲雨則出在石〔上〕。肉〔甘〕，可炙食之。此亦石蠶之類也。

蛺蝶

明・李時珍《本草綱目》卷四〇蟲部・卵生類下 蛺蝶《綱目》

【釋名】蜦蝶蜦音葉。蝴蝶時珍曰：蛺蝶輕薄，夾翅而飛，枼枼然也。蝶美於鬚，蛾美於眉，故又名蝴蝶，俗謂鬚爲鬍也。【集解】時珍曰：蝶，蛾類也。大曰蝶，小曰蛾。其種甚繁，皆四翅有粉，好嗅花香，以鬚代鼻，其交以鼻，交則粉退。《古今註》謂橘蠹化蝶，《爾雅翼》謂綵蟲化蝶，《列子》謂烏足之葉化蝶，《埤雅》謂蔬菜化蝶，《酉陽雜俎》謂百合花化蝶，《北户録》謂樹葉化蝶如丹青，《野史》謂綵裙化蝶，皆各據其所見者而言爾。蓋不知蠹蠋諸蟲，至老俱各蜕而爲蝶、爲蛾，如蠶之必羽化也。朽衣物亦必生蟲而化。草木花葉之化者，乃氣化、風化也。其色亦各隨其蟲所食花葉，及所化之物色而然。楊慎《丹鉛録》云：有草蝶、水蝶在水中。《嶺南異物志》載：有人浮南海，見蛺蝶大如蒲帆，稱肉得八十斤，啖之極肥美。

【氣味】缺 【主治】小兒脱肛。陰乾爲末，唾調半錢塗手心，以瘥爲度時珍。

【發明】時珍曰：胡蝶古方無用者，惟《普濟方》載此方治脱肛，亦不知用何等蝶也。

明・姚可成《食物本草》卷一一蛇蟲部・蟲類 蛺蝶《南海異物志》云：有人浮南海，見蛺蝶大者如蒲帆，小者如紈扇，稱肉得八十斤，啖之極肥美。 蛺蝶，治小兒脱肛。陰乾為末，唾調半錢，塗手心，以瘥為度。

清・王道純《本草品彙精要續集》卷七 蛺蝶 主小兒脱肛。陰乾爲末，唾調半錢，塗手心，以瘥爲度《本草綱目》。 【名】蜦音葉蝶、蝴蝶。李時珍云：蛺蝶，輕薄夾翅而飛，枼枼然也。蝶美於鬚，蛾美於眉。故又名蝴蝶，俗謂鬚爲胡也。【地】《古今注》謂橘蠹化蝶。《爾雅翼》謂菜蟲化蝶。《列子》謂烏足之葉化蝶。《埤雅》謂蔬菜化蝶。《酉陽雜俎》謂百合花化蝶。《北戶錄》謂樹葉化蝶如丹青。《野史》謂彩裙化蝶。皆各據其所見者而言爾。蓋不知蠹蠋諸蟲，至老俱各蛻而爲蝶、爲蛾，如蠶之必羽化也。朽衣物亦必生蟲而化。草木花葉之化者，乃氣化風化也。楊慎《丹鉛錄》云：有草蝶、水蝶在水中。《嶺南異物志》云：有人浮南海見蛺蝶，大如蒲帆，稱肉得八十斤，啖之極肥美。〖時〗生：春夏秋間。〖採〗：春夏秋取之。〖用〗全用。〖質〗李時珍云：蝶，蛾類也。大曰蝶，小曰蛾。其種甚繁，皆四翅，有粉。好嗅花香，以鬚代鼻。其交以鼻，交則粉退。〖色〗有五色，亦各隨其蟲所食花葉及所化之物而然。〖治〗李時珍云：蝴蝶，古方無見用者，惟《普濟方》載此。前方治脫肛，亦不知用何等蝶也。

蛆

明・王文潔《太乙仙製本草藥性大全》卷五《仙製藥性》 屎蛆 布袋撈起，迎急流水漂淨，貯以穢桶，剖癩蝦蟆飼肥，烈日曝蒸，蓋密即死，文火烘燥，研細任留，和白朮作散湯調，治小兒疳脹神效。 飼糞蛆法：淨洗穢桶二隻，將漂過蛆倒在一隻內，復以稻草作把，引蛆升上，移抖別一桶中，則不潔粗細俱去盡矣。剖癩蝦蟆投內，二日使之肥滿。

明・皇甫嵩《本草發明》卷六 糞蛆 和白朮作湯散，治小兒疳脹最妙。洗淨穢桶二只，將急流水漂過，蛆傾在一只桶內，以稻草作把，引蛆升草上，移抖內另一只桶中，則不潔粗細淬盡去矣。取蛆爆用。若更用大癩蝦蟇剖開，投桶子內餵一二日，使蛆肥壯，烈日中蓋密蒸死，用文武火烘燥用妙。

明・李時珍《本草綱目》卷四〇蟲部・卵生類下 蛆《綱目》

〖釋名〗時珍曰：蛆行趑趄，故謂之蛆。或云沮洳則生，亦通。〖集解〗時珍曰：蛆，蠅之子也。凡物敗臭則生之。古法治醬生蛆，以草烏切片投之。張子和治癰疽瘡瘍生蛆，以木香、檳榔散末傅之。李樓治爛痘生蛆，以嫩柳葉鋪卧引出之。高武用猪肉片引出，以藜蘆、貫衆、白斂爲末，用真香油調傅之也。

〖氣味〗寒，無毒。〖主治〗糞中蛆，治小兒諸疳積疳瘡，熱病譫妄，毒痢作吐。

泥中蛆，治目赤，洗淨晒研貼之。

馬肉蛆，治鍼、箭入肉中，及取蟲牙。

蝦蟆肉蛆，治小兒諸疳並時珍。

〖附方〗新十。一切疳疾：《聖濟總録》：六月取糞坑中蛆淘淨，入竹筒中封之，待乾研末。每服一二錢，入麝香，米飲服之。〇又方：用蛆蛻，米泔逐日換浸五日，再以清水換浸三日，晒焙爲末，入黃連末等分。每半兩，入麝香五分，以豶猪膽汁和，丸黍米大。每服三四十丸，米飲下，神效。 小兒熱疳：尿如米泔，大便不調。糞蛆燒灰，雜物與食之。 小兒痹積：用糞中蛆洗浸，晒乾爲末，入甘草末少許，米糊丸梧子大。每服五七丸，米飲下，甚妙。《總微論》。 小兒諸疳：疳積及無辜疳，一服退熱，二服煩渴止，三服瀉痢住。用端午午時取蝦蟆，金眼大腹、不跳不鳴者，搥死，置尿桶中，候生蛆食盡，取蛆入新布袋，懸長流水中三日，新瓦焙乾，入麝香少許，爲末。每空心，以砂糖湯調服一錢。或粳米糊爲丸，每米飲服二三十丸。《直指》。 齒鼻疳瘡：糞蛆有尾者燒灰一錢，褐衣灰五分，和勻。頻吹，神效無比。 熱痢吐食：因服熱藥而致者。用糞中蛆，流水洗淨，晒乾爲末。每服一錢，米飲下。 眼目赤瞎：青泥中蛆淘淨，日乾爲末。令患人仰卧合目，每次用一錢散目上，須臾藥行，待少時去藥，赤瞎亦無。《保命集》。 利骨取牙：《普濟》如神散：取牙。用肥赤馬肉一斤，入硇砂二兩拌和，候生蛆，取日乾爲末。每一兩入粉霜半錢，研勻。先以針撥動牙根，四畔空虛，次以燈心蘸末少許點之，良久自落。〇《秘韞》利骨散：用白馬腦上肉一二斤，待生蛆，與烏骨白雞一隻食之，取糞陰乾。每一錢，入硇砂一錢研勻。用少許擦疼處，片時取之即落。

明・李中梓《藥性解》卷六 屎蛆 味甘、鹹，性平，無毒，入脾經。主小兒疳積脹滿，須水中漂淨，貯於桶中，剖蝦蟆飼肥，烈日曝蒸，蓋密即死，文火烘燥用。 按：蛆本濁陰下降流動不拘之物，有行下之理，故耑入脾經。以療兒疳。

清・穆石匏《本草洞詮》卷一八 蛆 凡物敗臭則生蛆，其行趦趄，故名。氣寒，無毒。糞中蛆治小兒疳積，諸病譫妄，毒痢作吐。古法治醬生蛆，以草烏切片投之。張子和治癰疽瘡瘍生蛆，以木香、檳榔散傅之。李樓治爛痘生蛆，以嫩柳葉鋪卧引出之。

清・郭章宜《本草匯》卷一七 糞中蛆 氣寒。治疳痰疳瘡，療痺積熱痢。

按：蛆，即蠅之子也。凡物敗則生蛆。耑治小兒疳積之病。張子和治癰疽瘡瘍生蛆，以木香、檳榔散末傅之。若生於痘瘡，用猪肉片引出，以黎蘆、貫眾、白斂末，用香油調敷。

清・汪昂《本草備要》卷四 五穀蟲即糞蛆。瀉熱，療疳。 寒。治熱病譫音占，妄語。妄，毒痢作吐，小兒疳積疳瘡。 漂淨曬乾，或炒，或煅爲末用。

清・张璐《本經逢原》卷四　蛆　苦，寒，無毒。漂淨炙黄，搗細末，同糖霜食之。發明：蛆出糞中，故能消積，治小兒諸疳積滯，取消積而不傷正氣也。一法用大蝦蟆十數隻，打死置罈内，取糞蛆不拘多少，河水漬養三五日，以食盡蝦蟆為度，用麻布紮住罈口，倒懸活水中令污穢淨，取新瓦燒紅置蛆於上焙乾。治小兒疳積腹大腳弱，翳膜遮睛，每服一二錢，量兒大小服之，無不驗者，勿以其鄙而忽諸。

清・浦士貞《夕庵讀本草快編》卷五　蛆《綱目》　蛆行趦趄，故名。　蛆乃蠅之子也，凡物臭腐則生。其味鹹寒，無毒，糞中者名五穀虫，謂其得糟粕之性也，故治小兒疳積、疳膨，大人熱病譫妄，毒痢作嘔，脾胃艱於運化，俱可加之，有益無損爾！若蝦蟆、腐蛆治疳雖妙，性則悍矣。此用蛆以療病也。若治蛆之法，不可不知，如癰腫生蛆，子和用木香、檳榔為末，敷之。爛痘生蛆，李樓用柳葉鋪席，令臥引之。醬内生蛆，草烏化之。相制之徵，非人可料也！

清・王道純《本草品彙精要續集》卷七　蛆無毒　化生。

糞中蛆：主小兒諸疳積，疳瘡，熱病，譫妄，毒痢，作吐《本草綱目》。

【名】李時珍云：蛆行趦趄，故謂之蛆，或云沮洳則生，亦通。【地】出糞坑中。【時】生：五六七月。採：五六月取之。【收】用米泔浸洗淨，曬焙收之。【用】全用。【質】與米蟲相類，尾尖。【色】白。【味】鹹。【性】寒。【製】洗淨炙乾爲末，或焙，或曬亦可。【治】小兒熱疳，尿如米泔，大便不調，糞蛆燒灰，雜物與食之。○熱痢吐食，因服熱藥而致者，用糞中蛆，流水洗淨，曬乾爲末，每服一錢，米飲下。【合治】《聖濟總錄方》治一切疳疾，六月取糞坑中蛆淘浸，入竹筒中封之，待乾，研末，每服一二錢，入麝香，米飲服之。○又方：用蛆蛻、米泔，逐日換，浸五日，再以清水換，浸三日，曬焙爲末，入黄連末，等分，每半兩入麝香五分，以豶豬膽汁和丸黍米大，每服三四十丸，米飲下，神效。○《總微論方》：小兒痺積，用糞中蛆洗浸，曬乾，爲末，入甘草末少許，米糊丸梧子大，每服五七丸，米飲下，甚妙。○齒鼻疳瘡，糞蛆有尾者，燒灰一錢，褐衣灰五分，和勻頻吹，神效無比。

泥中蛆：主目赤，洗淨曬研貼之《綱目附錄》。○《保命集》方：眼目赤瞎，青泥中蛆淘淨，曬乾爲末，令患人仰臥合目，每次用一錢散目上，須臾藥行，待少時去藥。

蝦蟆肉蛆：主小兒諸疳《綱目附錄》。○《直指方》：治小兒疳積及無辜疳，一服退熱，二服煩渴止，三服瀉痢住。用端午午時取蝦蟆金眼大腹不跳不鳴者，槌死置尿桶中，候生蛆食盡取蛆，入新布袋，懸長流水中三日，新瓦焙乾，入麝香少許，爲末，每空心以砂糖湯調服，或粳米糊爲丸，每用米飲服二三十丸。

馬肉蛆：主針箭入肉中，及取蟲牙《綱目附錄》。○《普濟如神散》：取牙，用肥赤馬肉一斤，入硇砂二兩，拌和，候生蛆取，曬乾爲末，每一兩入粉霜半錢，研勻，先以針撥動牙根四畔空虛，次以燈心蘸末少許點之，良久自落。○又秘韞利骨散，用白馬腦上肉一二斤，待生蛆，與烏骨白雞一隻食之，取糞陰乾，每一錢入硇砂一錢，研勻，用少許擦疼處，片時取之即落。

清・吴儀洛《本草從新》卷六　糞蛆（瀉熱，療疳。）一名五穀蟲。　寒。治熱病譫妄，毒痢作吐，小兒疳積疳瘡。漂淨曬乾，或炒，或煅為末。

清・汪紱《醫林纂要探源》卷三　五穀蟲　苦，鹹，寒。即糞蛆也。囊置急流中，漂至臭氣盡，晒乾，或炒，或煅用。○此亦化飛蠅而不列羽蟲者，其未化也。化蠅則無用矣。健脾化食，去熱消疳。治小兒疳積食積，及狂熱譫語，毒痢。

清・嚴潔等《得配本草》卷八　五穀蟲　性寒。療熱病，解毒痢，消疳積，進飲食，腐結糞。漂淨，曬乾炒用。

題清・徐大椿《藥性切用》卷八　五穀蟲　即糞蛆。苦寒瀉熱，消疳積腹大，翳膜遮睛。喂蝦蟆一七日，漂淨，炒研用。

清・黄宫繡《本草求真》卷八　穀蟲卵生。消食積。　穀蟲耑入腸胃。味苦性寒，出於糞中。故仍取其入腹消積，俾其不傷正氣也。其法漂淨炙黄，為末調服。又用蝦蟆數十隻，打死置於罈内，取穀蟲入内食盡，然後淘除穢惡，取穀蟲焙乾。凡小兒疳積，腹大脚弱，翳膜遮睛，及大人熱結譫語，毒利作嘔，並宜服之，無不立效。是以鼻齒疳瘡，取此有尾者燒灰一錢，同褐衣灰和勻，頻吹最效。與利骨取牙，用白馬腦上肉壹貳觔，待生蛆，與烏骨白雞一隻食之。取糞陰乾，每一錢入硇砂一錢，研勻，用少許擦疼處，片時即落，皆取穢以入穢，遇骨與肉鑽入之意，無他義也。

清・羅國綱《羅氏會約醫鏡》卷一八鱗介蟲魚部　五穀蟲味寒。　善化積聚。小兒食積，肚硬脹痛。漂淨，晒乾為末用。

清・趙學敏《本草綱目拾遺》卷一〇蟲部　蛆窠　王安《采藥錄》：大

窖坑內有蛆蟲窠，如白繭子樣，挂在蓬堁內者，取來淨去泥灰，曬燥焙用。治臁瘡疳蛀，一切蟲蛀爛孔，外科收口藥用。　疳瘡蛀梗：《柴氏獨妙方》：　用糞坑內蛆蟲窠，在蓬塵內者，形如白繭子而小，取來不拘多少，放在罐中，焙燥為細末，貯小口瓶內，瓶口以細絺紗包紮覆轉，輕輕敲彈少許藥末於瘡口內。如有小蛀眼，藥末不能入，用麥草稈吹藥入細孔內，每日三五次。其蛀爛者，肉孔自能長平，神效無比。

清・葉桂《本草再新》卷一〇　五穀蟲味辛，性溫，無毒。入脾經。　治譫妄，毒痢作吐，小兒疳積疳瘡。

清・趙其光《本草求原》卷一八蟲部　五穀蟲即糞蛆。　苦，寒，無毒，故治熱病譫妄，毒痢作吐。化糞而生，故消積滯，治臁瘡、疳疾、疳瘡。漂淨曬乾，酒炙，或煅為末，同糖霜服。一法用打死蟾蜍，放壇中取蛆，以河水漬養，俟食盡蟾蜍，用疏布紮壇口，倒懸流水中漂淨，焙用。治疳積腹大腳弱、翳膜遮睛神效。

清・文晟《新編六書》卷六《藥性摘錄》　五穀蟲　即糞蛆，漂淨，燒灰。苦，寒。入腸胃。〇凡小兒疳積，腹大脚弱，翳膜遮睛；　大人熱結譫語，毒痢作嘔，服之皆効。〇鼻齒疳瘡，取此有尾者，略漂淨，燒灰一錢，同褐灰和勻，頻吹最効。

清・張仁錫《藥性蒙求・蟲部》　五穀蟲二錢　五穀蟲寒，能療疳積。可治譫語，功由清熱。即糞蛆蟲也。漂淨晒乾，或炒煅為末用。

清・戴葆元《本草綱目易知錄》卷五　糞中蛆五穀蟲　治小兒諸疳積疳瘡，熱病譫妄，毒痢作吐。大人胃氣不和，脾陽難化及病後食復，取其蕩滌疏通之意葆元。【略】

蝦蟆肉蛆：　治小兒諸疳。葆按：　以蝦蟆不拘多少，去皮腸，用物盛，待生蛆，取出晒焙用。

清・陳其瑞《本草撮要》卷九　五穀蟲　味寒，入手足太陰、少陰經，功專治熱病譫語，毒痢作吐，小兒疳積疳瘡。漂淨曬乾，或炒或煅為末。

死人蛀蟲

清・趙學敏《本草綱目拾遺》卷一〇蟲部　死人蛀蟲人蚜　此檢屍場中棺內死蛆也。　唐怡士云：　凡人死後魂魄散盡，其生氣有未盡者，肉爛後悉腐而為蛆，攢噬筋骨，久之蛆亦隨死。故強死者，棺中無不有黑蛆。凡有須問仵作於屍場收之。

治大麻瘋癩疾：　《赤水元珠》治大麻瘋癩疾秘方：　用死人蛆蟲，洗淨，鋼片上焙乾為末，每用一二錢，皂角刺煎濃湯調下。若腫而有疙瘩者，乃陽明經溼熱壅盛，先以防風通聖散服二三帖，然後再服此藥，有補功。以皂鍼為引，故能達表。能久服之，極有神效，非泛常草木可比也。《醫學指南》有治大麻瘋秘方：　用人蛆一升，細布袋盛之，放在急水內流之，乾淨取起，以麻黃煎湯，將蛆連布袋浸之，良久取起，曬乾，再用甘草煎湯浸曬乾，又用苦參煎湯浸曬乾，又用童便浸曬乾，又用葱、薑煎湯，投蛆入內，不必取起，就放鍋內煮乾，焙為末，每一兩加麝二錢、蟾酥三錢，共為一處，入瓷器內。每服一錢，石蘚花煎湯下，花即山中石上生白蘚如錢樣。用蒼耳草煎湯洗浴，然後服藥。七日見效。體壯者一日一服，體弱者二日一服，即愈。　治勞瘵，能驅尸蟲，以賊攻賊之義；　跌撲；　絕邪瘧、尸蛀、石疣。　驅癆蟲：吳秀峰《虛勞論》云：　癆有蟲，為溼鬱所化，在外為蝨，在臟腑為蟲。用死人身上蛆蟲，製令潔淨，焙乾和藥服之，則癆蟲化為水下。

人蚜　陳所安《今見錄》：　近有一種不肖奸徒，輒於攢殯左右，勾賄寄戶。寄戶者，以產賃人厝棺，杭人呼為開寄場。每有七日內之出厝棺木，到場即被昏夜啟棺，竊取人蚜，貨與方術家及走醫，為夾棍藥，并治跌打，絕邪瘧等用。予初不解人蚜為何物，後詢唐博士與宜，博士家有老僕來升曾見之，云：　凡人死七日外，遍身肌肉腐如漿，心氣散漫，蒸為人蚜，形如九龍蟲而小，色赤如血，光滑異常，男女皆有，入藥男棺者佳。其取之法：　用大鑽於棺和頭前鑽一大孔，以香糟塗孔外，內蟲聞糟氣，皆從孔出，其蟲雖有甲而不能飛，用手掇投入小瓶中，燒酒浸，陰陽瓦上焙乾用。

按：　人死血肉腐為蟲，或為蛆，或為蚜，形各不一，或云二物並生，或云一物先後互化。又有云，貧窮者多蛆少蚜，富厚者多蚜少蛆，第勿深考，並存其說，以俟博雅君子折衷焉。

狗蠅

明・李時珍《本草綱目》卷四〇蟲部・卵生類下　狗蠅《綱目》

【集解】時珍曰：　狗蠅生狗身上，狀如蠅，黃色能飛，堅皮利喙，噉咂狗血，冬月則藏狗耳中。

【氣味】缺。　【主治】痰瘧不止，活取一枚，去翅足，麪裹爲丸，衣以黃丹。發日早，米飲吞之，得吐即止。或以蠟丸酒服亦可。又擂酒服，治痘瘡倒靨時珍。

【發明】時珍曰：狗蠅古方未見用者，近世《醫方大成》載治瘧方，《齊東野語》載托痘方，蓋亦鼠負、牛蝨之類耳。周密云：同僚括蒼陳坡，老儒也。言其孫三歲時，發熱七日痘出而倒靨，色黑，唇口冰冷，危證也。遍試諸藥不效，因求卜。遇一士，告以故。士曰：恰有藥可起此疾，甚奇。因爲經營少許，持歸服之，移時即紅潤也。常懇求其方，乃用狗蠅七枚擂細，和醅酒少許調服爾。夫痘瘡固是危事，然不可擾。大要在固臟氣之外，任其自然爾。然或有變證，則不得不資於藥也。

清・张璐《本經逢原》卷四　狗蠅　鹹，溫，無毒。發明：蠅食狗血，性熱而銳，力能拔毒外出。故治痘瘡倒靨色黑、唇口冰冷之證，以數枚擂細，醅酒少許調服。聞人規方也。

清・王道純《本草品彙精要續集》卷七　狗蠅卵生

狗蠅：主痎瘧不止，痘瘡倒靨《本草綱目》。【地】出狗身上。【時】生：夏秋。採：無時。冬月則藏狗耳中。【用】頭身，去翅足。【質】狀如蠅能飛，堅皮利喙，啖咂狗血。【色】黃。【治】李時珍曰：狗蠅，古方未見用者，近世《醫方大成》載治瘧方：痎瘧不止，活取一枚，去翅足，麵裹爲丸，衣以黃丹，發日早米飲吞之，得吐即止。或以蠟丸酒服亦可。〇又《齊東野語》載托痘方，蓋亦鼠負牛虱之類耳。周密云，同僚括蒼陳坡老儒也，言其孫三歲時發熱，七日痘出而倒靨，色黑，唇口冰冷，危證也。遍試諸藥不效，因求卜，遇一士，告以故。士曰：恰有藥可起此疾，甚奇。因爲經營少許持歸，服之，移時即紅潤也。常懇其方，乃用狗蠅七枚，擂細，和醅酒少許調服爾。夫痘瘡固是危事，然不可拘，大要在固臟氣，之外任其自然耳。或有變證則不得不資於藥也。

清・嚴潔等《得配本草》卷八　狗蠅　治痘瘡倒靨。每用七枚，研末酒下。冬月棲於狗耳內，可取用。

清・毛祥麟《對山醫話》卷四　狗蠅、牛虱，古方未嘗用之，而近世醫家每以此治痘，蓋出《齊東野語》。周密言同僚括蒼陳坡，老儒也，其孫三歲出痘，半漿倒靨，勢已不治。遇一士授藥少許，服之移時即紅潤，乃乞其方以壽世。蓋用狗蠅和醅，以酒調服耳。按藥中蟲蟻，不過取其飛揚走散之功，故多施於傷科外症，以通血閉。痘症全賴氣血以成漿結痂，元虛之症，必當以參、只培養元氣，切勿以此為法也。

蠅

明・李時珍《本草綱目》卷四〇蟲部・卵生類下　蠅《綱目》

【釋名】時珍曰：蠅飛營營，其聲自呼，故名。【集解】時珍曰：蠅處處有之。夏出冬蟄，喜暖惡寒。蒼者聲雄壯，負金者聲清括，青者糞能敗物，巨者首如火，麻者茅根所化。蠅聲在鼻，而足喜交。其蛆胎生。蛆入灰中蛻化爲蠅，如蠶、蝎之化蛾也。蠅溺水死，得灰復活。故《淮南子》云：爛灰生蠅。古人憎之，多有辟法。一種小蟢蛛，專捕食之，謂之蠅虎者是也。

【主治】拳毛倒睫，以臘月蟄蠅，乾研爲末，以鼻頻嗅之，即愈時珍。

【發明】時珍曰：蠅古方未見用者，近時《普濟方》載此法，云出《海上名方》也。

清・穆石匏《本草洞詮》卷一八　蠅　蠅飛營營，其聲自呼，故名。蠅聲在鼻，而足喜交，其蛆胎化，蛆入灰中，蛻化為蠅。溺水死者，得灰復活。古方未有用者。《普濟方》云：拳毛倒睫，以臘月蟄蠅，乾研為末，鼻頻嗅之即愈。狗蠅堅皮利喙，啖吮狗血，冬則藏狗耳中。《醫方大成》有治瘧方，《齊東野語》有托痘方，皆用之。一小兒發熱七日，痘出而倒靨，色黑，唇口冰冷，諸藥不效。用狗蠅七枚，擂細，和醅酒少許，調服，移時即紅潤也。夫痘瘡固危事，然不可擾，大要在固臟氣之外，任其自然耳。然或有變証，則不得不資於藥也。

清・王道純《本草品彙精要續集》卷七　蠅卵化生

蠅：主拳毛倒睫，以臘月蟄蠅乾研爲末，以鼻頻嗅之，即愈《本草綱目》。【名】李時珍云：蠅飛營營，其聲自呼，故名。【地】處處有之。夏出冬蟄，喜暖惡寒。蒼者聲雄壯，負金者聲清聒，青者糞能敗物，巨者首如火，麻者茅根所化。蠅聲在鼻，而足喜交。其蛆胎生，蛆入灰中蛻化爲蠅，如蠶蠍之化蛾也。蠅溺水死，得灰復活，故《淮南子》云：爛灰生蠅。古人憎之，多有辟法，一種小蟢蛛專捕食之，謂之蠅虎者是也。【時】生：四、五、六、七月。採：臘月取之。【用】全用。【質】大小不等。【色】有蒼者、青者、金者、麻者。【禁】金者、麻者不宜用。李時珍云：蠅，古方未見用者，近時《普濟方》載此法云，出《海上名方》也。

清・嚴潔等《得配本草》卷八　蒼蠅　治卷毛倒睫，以臘月蟄蠅乾研為末，鼻頻嗃之，即愈。

清・趙學敏《本草綱目拾遺》卷一〇蟲部　飯蒼蠅　謝天士云：　蟲中各種俱入藥用，惟飯蒼蠅無用，故本草不載其主治。予精思十年，求其主治不可得。嘉慶庚申，偶在東江晤柴又升先生云：　昔在台州患面疔，初起即麻木，癢幾入骨，不可忍。山中倉卒無藥，有教以用飯蠅七個、冰片一二釐，同研爛敷之，即不走黄。如言，果癢定，次日漸痊，旬日而愈。　東疔根，不走黄。塗瘡疤，即生髮。　吳秀峰用以塗小兒癬，愈後脱疤不長髮，用此搗塗立生。　塞鼻，治拳毛倒睫《藥性考》。

壁蝨

明・李時珍《本草綱目》卷四〇蟲部・卵生類下　壁蝨。時珍曰：　即臭蟲也。狀如酸棗仁，咂人血食，與蚤皆爲牀榻之害。古人多于席下置麝香、雄黄，或菖蒲末，或蒴藋末，或楝花末，或蓼末；或燒木瓜烟，黄蘗烟，牛角烟，馬蹄烟，以辟之也。

清・王道純《本草品彙精要續集》卷七　壁虱《綱目附録》

李時珍曰：　即臭蟲也，狀如酸棗仁，咂人血食，與蚤虱皆爲牀榻之害。古人多於席下置麝香、雄黄或菖蒲末，或蒴藋末，或楝花末，或蓼末，或燒木瓜煙、黄蘗煙、牛角煙、馬蹄煙以辟之也。

清・趙學敏《本草綱目拾遺》卷一〇蟲部　壁蝨　俗呼臭蟲，以其氣腥穢觸鼻，故名，行必南向，為南方穢溼所產。今江南北人家多有之，稍不潔即生此物，亦有遠行於旅店驛舍中帶入衣被，歸家即生。極易蕃育，一日夜生九十九子，與螽斯同。其形儼如半粒豌豆，老則黑，次則棗皮紅，初生者色黄而細小。其子如蟻子，白色，卵生，與蝨同。初生便噆人，生一二日即能褪殼，愈褪愈大，漸漸而老，色轉紅而黑，老者齧人愈毒。多藏藁薦中及壁內，或桌櫈牀縫間，其身扁而易入。至冬則入蟄，多藏泥沙山穴中，及古樹根下，交春皆啟蟄，而出入人家壁木內藏。性畏蟻，山中有一種紅蟻，喜食之，故近山及山寺僧舍，此物甚少。有帶入者，輒為山蟻銜去。其噆人尤狡黠，不與蚤、蝨同。昔人謂暑時有五大害，乃蠅、蚊、蝨、蚤、臭蟲也，然蠅、蚊迭為晝夜，蠅可揮拂，蚊可設帳，蝨則暑時裸浴，生者絕少，蚤則因土溼而生，夏時土乾，亦不甚患，惟此最可憎，無分晝夜，潛身牀褥及几闌間，善識人氣，伺人一徙倚，即噆其膏血，腫塊纍纍，如貫珠然，愈爬搔則愈大，痛癢難禁，小兒肉嫩，尤遭其苦，輒（虯）〔叫〕號不已。或云其物口有白氣一二寸，噆人能隔席穿膚吮血，索之不可得。在牀褥輒夜聚曉散，率其醜類，待人倦睡而恣噉焉。古方辟除之法甚多，無一驗者，惟席下鋪零陵香草及樟腦，可稍殺其勢，然隔一二日，藥氣減則橫瘧愈甚。惟用真揚州安息香，塗上好銀硃為衣，燃牀下，周圍以席護，令烟薰透，則壁蝨盡死，子亦不能復生。第香氣惡烈，觸鼻令頭痛，須熏後停一二日方可卧宿。貧家何能辦理？古云：　南方淫氣生短狐，此亦淫溼腥穢之氣所感而生，凡勤潔之家鮮有之。閩人云，此蟲滾水泡死者能復生，惟有以冷水浸死不能復生。　《山堂肆考》：　壁蝨身扁而臭，不能跳，善齧人，名曰茭蚤，又名扁蝨。　《五雜俎》：　壁蝨閩人謂之木蝨，多杉木所生。治者以蕎麥藁燒灰水淋之。江南壁蝨多生水中，惟延綏生土中，遍地皆是，入夜則緣牀入幬，噆人遍體成瘡，雖徙至廣夏，懸牀空中，亦自空飛至。　《事物紺珠》：　壁蝨一名壁駝，扁小褐色，殕而噆人。　《六書故》：　扁蝨着牛馬食其血，產薦蓐間差小，噆人膚，俗謂薦蠅，又名茭蝨，今人訛為壁矣。是古人雖有其名，從無入藥者。《綱目》并不列其品，近來治療有用此者，故録之，見天下無棄物也。

氣腥，味微鹹，性平，在土者有毒。凡用壁蝨，須置溫水中令其臭氣洩盡，入藥。

治咽膈：　《集聽》方：　用蝨十枚，滴花，燒酒浸服。　飯饐：　《百草鏡》云：　用臭蟲研塗。　臁瘡臭爛：　西亭《藥鏡》：　用臭蟲同水龍骨搗和，麻油調敷，出盡黄水，立愈。　眼生偷鍼：　臭蟲血點之，即散。　《海上方》有用壁蝨治小兒驚風。用壁蝨於淨水中漂去臭氣，焙乾入藥。　拔疔：　楊氏《經驗方》：　臭蟲同米飯搗勻，搽疔上，能立拔疔根外出。

鮓魚刺戳：　《醫宗彙編》：　凹谷茴香葉，使鹽花燒酒搗糊瘡上。如口久爛，用臭蟲劗去頭傅之。

清・戴葆元《本草綱目易知録》卷五　壁蝨臭蟲　治毒蛇咬傷，取數十枚，生搗，傅咬處，能拔毒出。葆驗。時珍曰：　此物咂人血，與蚤爲床榻之害。於席下置麝香、雄黄、菖蒲末，或燒柧烟、黄柏烟、牛角烟、馬蹄烟，俱可辟。葆驗：　以烟草鋪席下，或新油帋亦可，蟲嗅其氣，老者蟄，新者不生，甚驗。

隊隊

清・趙學敏《本草綱目拾遺》卷一〇蟲部　隊隊　《游宦餘談》：　隊隊形如壁蝨，生有定偶，緬甸有之。夷婦有不得於夫者，飼於枕中，則其情自合，故不惜金珠以易。　詹景鳳《小辨》：　同年蘇侍御民傑按雲南還，語予：　雲南有小蟲，名曰隊隊，狀如蝨，出必雌雄隨。人偶得之，以賣富貴家，價至四五金。富貴家貯以銀匣，置於枕頭內，則夫妻和好無反目，此則物氣之正人也。入媚藥，治夫婦不和。

牛蝨

元·李雲陽《用藥十八辨》〔見《秘傳痘疹玉髓》卷二〕 牛蝨 《經》云：上引經用升麻，下引經用牛蝨。膝與蝨音近而字異，南人遂誤認小兒痘不鼎峻，用牛虱以發之，視為聖劑。殊不知牛蝨之性極惡烈，潰體爛膚者，此物也；澁聲啞喉者，此物也；燥腸賊胃者，此物也。誤痘致死，猶為弥方，流弊到今，良可慨也。評曰：牛蝨原來毒賽砒，南人何故痘中醫。裂膚爛體多流害，送盡嬰兒苦執迷。

明·李時珍《本草綱目》卷四〇蟲部·卵生類下 牛蝨《綱目》

〔釋名〕牛蜱音卑。時珍曰：蜱亦作蜱。按呂忱《字林》云：蜱，囓牛蝨也。〔集解〕時珍曰：牛蝨生牛身上，狀如蓖麻子，有白、黑二色。囓血滿腹時，自墜落也。入藥用白色者。

〔氣味〕缺。〔主治〕預解小兒痘疹毒，焙研服之時珍。

〔發明〕時珍曰：牛蝨古方未見用者，近世預解痘毒方時或用之。按高仲武《痘疹管見》云：世俗用牛蝨治痘，攷之《本草》不載。竊恐牛蝨啖血，例比虻蟲，終非痘家所宜，而毒亦未必能解也。

〔附方〕新二。預解痘毒：《談野翁方》用白水牛蝨一歲一枚，和米粉作餅，與兒空腹食之，取下惡糞，終身可免痘瘡之患。〇一方用白牛蝨四十九枚，焙，綠豆四十粒，朱砂四分九釐，研末，煉蜜丸小豆大，以綠豆湯下。

清·王道純《本草品彙精要續集》卷七 牛虱 卵生。

牛虱：主預解小兒痘疹毒，焙研服之《本草綱目》。〔名〕牛蜱音卑。李時珍云：蜱亦作蜱，按呂忱《字林》云：蜱，齧牛虱也。〔地〕出牛身上。〔時〕生：無時。採：無時。〔用〕入藥用白色者。〔質〕狀如蓖麻子。〔色〕有白、黑二色。〔禁〕李時珍云：牛虱，古方未見用者，近世預解痘毒時或用之。按高仲武《痘疹管見》云：世俗用牛虱治痘，考之《本草》不載，竊恐牛虱囓血滿腹時，自墜落地，啖血之物，例比虻蟲，終非痘家所宜，而毒亦未必能解也。〔解〕譚野翁方：預解痘毒，用白水牛虱，一歲一枚，和米粉作餅，與兒空腹食之，取下惡糞，終身可免痘瘡之患。〇一方用白牛虱四十九枚，焙，綠豆四十粒，朱砂四分九釐，研末，煉蜜丸小豆大，以綠豆湯下。

人蝨

宋·唐慎微《證類本草》卷二二蟲魚部下品〔唐·陳藏器《本草拾遺》〕 虱 主腦裂。人大熱發頭熱者，令腦縫裂開，取黑虱三五百，擣碎傅之。又主丁腫，以十枚置瘡上，以荻箔繩作炷，灸虱上，即根出。反脚指間有肉刺瘡，以黑虱傅，根出也。

〔宋·唐慎微《證類本草》〕《太平廣記》：出《酉陽雜俎》。人將死，虱離身。或云：取病虱於床前，可以卜病之將死，虱行向病者，皆死。

明·王文潔《太乙仙製本草藥性大全》卷八《本草精義》 人蝨 主治：蝨主腦裂，大熱發頭熱者即效。治疔腫，腳指肉刺瘡者殊功。腦縫裂門，取黑蝨三五百，擣碎傅之效。主疔腫，以十枚置瘡上，以荻箔繩作炷灸蝨上，即根出。腳指間有肉刺瘡，以黑蝨傅，根出也。《酉陽雜葅》：人將死蝨離身。或云取病蝨於床前，可以卜，病之將死蝨行向病者死。

明·李時珍《本草綱目》卷四〇蟲部·卵生類下 人蝨《拾遺》

〔釋名〕蝨時珍曰：蝨，從卂從(蟲)〔䖵〕。卂音迅，蟲音昆，蝨行迅疾而昆繁故也。俗作虱。〔集解〕慎微曰：按《酉陽雜俎》云：人將死，蝨離身。云取病人蝨於床前，可卜病。如蝨行向病者必死也。荆州張典兵曾捫得兩頭蝨也。時珍曰：人物皆有蝨，但形各不同。始由氣化，而後乃遺卵出蟣也。《草木子》言其六足，行必向北。《抱朴子》云：頭蝨黑，着身變白；身蝨白，着頭變黑，所漸然也。又有蝨癥、蝨瘤諸方法，可見蝨之爲害非小也。《千金方》云：有人囓蝨在腹中，生長爲癥，能斃人。用敗篦、敗梳，各以一半燒末，一半煮湯調服，即從下部出也。徐鉉《稽神録》云：浮梁李生背起如盂，惟痒不可忍。人皆不識。醫士秦德立云：此蝨瘤也。以藥傅之，一夕瘤破，出蝨斗餘，即日體輕。但小竅不合，時時蝨出無數，竟死。予記唐小説載滑臺一人病此。賈魏公言：惟千年木梳燒灰，及黄龍浴水，乃能治之也。洪邁《夷堅志》云：臨川有人頰生瘤，痒不可忍，惟以火炙。一醫剖之，出蝨無數，最後出二大蝨，一白一黑，頓愈，亦無瘢痕。此蝨瘤也。又今人陰毛中多生陰蝨，痒不可當，肉中挑出，皆八足而扁，或白或紅。古方不載。醫以銀杏擦之，或銀朱熏之皆愈也。

〔氣味〕鹹，平，微毒。畏水銀、銀朱、百部、菖蒲、蝨建草、水中竹葉、赤龍水、大類。

〔主治〕人大發頭熱者，令腦縫裂開，取黑蝨三五百搗傅之。又治疔腫，以十枚置瘡上，用荻箔繩作炷，灸蝨上，即根出也。又治脚指間肉刺瘡，以黑蝨傅之，根亦出也藏器。眼毛倒睫者，拔去毛，以蝨血點上，數次即愈時珍。

〔附方〕新一。脚指雞眼：先挑破，取黑、白蝨各一枚置於上，縛之，數用自愈也。《便民圖纂》。

清·浦士貞《夕庵讀本草快編》卷六 人蝨《拾遺》 卂音迅，蚰音昆，合而名之，謂其行迅疾，而蟣類混繁也，俗作虱。 蝨感人氣而化生，遺子繁育。氣味鹹平而有微毒，生於身而為身患，匿於腹而為腹癥。古人用敗梳舊篦，深得用藥之玄微矣。昔年有孝廉尹珩字石璜，楚中名士也，來遊吳浙，忽覺遍身騷痒，搔下之屑，皆蠕蠕成蝨，遍治不効，叩余求診。右寸關滑大，予曰此無他，乃肥甘致疾也。投勝濕四劑，蝨少減而癢不止。進補中益氣，半月而愈，間有一二遺蟣，令以百部、菖蒲煎浴，盡瘳。石璜再拜而謝曰：身生惡疾，自分不祿。非君洞垣，安能復我有涯之年，但其故必求以晰。予曰：凡治異疾，當以理格。君體肥，供奉厚，濕熱不待言矣。客吳會卑濕之邦，益增其勢。聿內藏尚實，故現于肌膚。《內經》謂肺主皮毛，胃主肌肉，濕熱相煎，變成蟣蝨，氣機所化，不其然而然者也。《夷堅志》載一人額上生瘤，剖蝨而愈。秦德立治李生背上腫塊，出蝨升許而平。今生于皮膚者，乃濕熱在於肺胃也，先用勝濕以疎陽明之邪，癢本屬虛，用補中以升降真氣。城郭固而賊無容身之地矣！石璜作長歌述其事，表予德。

木寅

宋·唐慎微《證類本草》卷二一蟲魚部中品〔《本經·別錄》〕 **木寅**音萌 **味苦，平，有毒。主目赤痛，眦傷淚出，瘀血，血閉，寒熱酸㾭**音西，**無子。一名魂常。** 生漢中川澤，五月取。

〔梁·陶弘景《本草經集注》〕云： 此寅不噉血，狀似寅而小，近道草中不見有，市人亦少有賣者，方家所用，惟是蜚寅也。

〔唐·蘇敬《唐本草》〕注云： 寅有數種，并能噉血，商、淅音昔已南，江嶺間大有。木寅長大綠色，殆如次蟬，咂牛馬，或至頓仆。蜚寅狀如蜜蜂，黃黑色，今俗用多以此也。又一種小寅，名鹿寅，大如蠅，齧牛馬亦猛，市人採賣之。三種體，以療血爲本，餘療雖小有異同，用之不爲嫌。何有木寅而不噉血。木寅倍大蜚寅。陶云似寅而小者，未識之矣。

〔宋·掌禹錫《嘉祐本草》〕按： 陳藏器云： 木寅，陶云此寅不噉血，似寅而小。蘇云江、嶺已南有木寅，長大綠一作艶色者，何有寅而不噉血，陶誤耳。按木寅從木葉中出，卷葉如子，形圓著葉上，破中初出如白蛆，漸大羽化，坼破便飛，即能嚙物。塞北亦有，嶺南極多，如古度花成蟻耳。《本經》既出木寅，又出蜚寅，明知木寅是葉內之寅，飛寅是已飛之蟲，飛是羽化，亦猶在蛹，如蠶之與蛾爾，既是一物，不合二出，應功用不同，後人異注爾。

〔宋·蘇頌《本草圖經》〕曰： 木寅，生漢中川澤。蜚寅生江夏川谷，今并處處有之，而襄、漢近地尤多。寅有數種，皆能啗牛馬血，木寅最大而綠色，幾若蜩蟬。蜚寅狀如蜜蜂，黃色。醫方所用寅蟲，即此也。又有一種小寅，名鹿寅，大如蠅，咂牛馬亦猛。三種大抵同體，俱能治血，而方家相承，只用蜚寅，它不復用，并五月採，腹有血者良。人伺其噉嚙牛馬時腹紅者，掩取乾之用，入藥須去翅足也。《淮南子》曰： 寅散積血，斲木愈齲丘主切，此以類推之者也。然今本草不著斲木之治病，亦漏脫耳。

〔宋·唐慎微《證類本草》〕《肘後方》： 葛氏云： 蛇螫人九竅皆血出方： 取寅蟲初食牛馬血腹滿者三七枚，燒服之。《楊氏產乳》： 療母困篤恐不濟，去胎方： 寅蟲十枚，右擣爲末，酒服之，即下。

宋·寇宗奭《本草衍義》卷一七 木蝱 大小有三種。蜚蝱，今人多用之，大如蜜蜂，腹凹褊，微黃綠色，雄、霸州、順安軍、沿塘濼界河甚多。以其惟食牛馬等血，故治瘀血血閉。

宋·王繼先《紹興本草》卷一八 木虻 紹興校定： 木寅，世之呼寅蟲是也。但方家所用，取形如蜜蜂，色碧者佳，餘不復用。大率破血之功多矣，今當作味苦、微寒、有毒是也。喜吸食牛馬血，處處有之。

元·王好古《湯液本草》卷六 寅蟲 氣微寒，味苦，平，有毒。《本草》云： 主目中赤痛，眦傷淚出，瘀血血閉，寒熱酸㾭，無子。炒，去翅、足。

明·王綸《本草集要》卷六 木寅 味苦，氣平，微寒，有毒。五月採，取噉牛馬時腹有血者良，乾之，去翅、足，炒用。 主目赤痛，眦傷淚出，瘀血血閉，寒熱酸㾭，無子。○蜚寅，寅之能飛者，大如蜜蜂。味苦，氣微寒，有毒。惡麻黃。主逐瘀血，破下血，積堅痞，癥瘕寒熱，通利血脈，及九竅喉痹。

明·滕弘《神農本經會通》卷一〇 木蝱 五月取木蝱、蜚蝱，皆能啗牛馬血，而方相承，只用蜚蝱，它不復用。入藥須炒，去翅足。

味苦，氣平，有毒。 《本經》云： 主目赤痛，眦傷淚出，瘀血血閉，寒熱，酸㾭，無子。

蜚蝱： 即蝱蟲。使也。惡麻黃。五月取腹有血者良。入丸散，除去翅足，炒用之。狀如蜜蜂，黃色。 味苦，氣微寒，有毒。《湯》云同。《本經》云： 主逐瘀血，破下血積，堅痞，癥瘕寒熱，通利血脉及九竅，女子月水不通，積聚，除賊血在胸腹五藏者，及喉痺結塞。陶云： 即今噉牛馬血者，伺其腹滿，掩取乾之，方家呼蝱蟲。日華子云： 破癥結，消積膿，墮胎。入丸散，去翅足，炒用之。《湯》云：《本草》同《本經》。《局》云：蜚蝱元即是蝱蟲，主治陰人月不通。入藥炒除雙翅足，癥瘕血積最能攻。蝱蟲，破癥瘕血積，經閉通渠。

明·劉文泰《本草品彙精要》卷三〇 木䖟有毒

木䖟音萌：主目赤痛，眥傷淚出，瘀血，血閉，寒熱酸㾷音西，無子。《神農本經》。〔名〕魂常。〔地〕《圖經》曰：生漢中川澤，今處處有之，而襄漢近地尤多。䖟有數種，皆能啖牛馬血，木䖟最大而綠色，幾若蜩蟬。蜚䖟狀若蜜蜂，黄色，醫方所用䖟蟲，即此也。又一種小蟲名鹿䖟，大如蠅，咂牛馬亦猛。三種大抵同體，俱能治血，方家相承，只用蜚䖟，它不復用。陳藏器云：木䖟從木葉中出，卷葉如子，形圓，著葉上，破中初出如白蛆，漸大羽化，坼破便飛，即能齧物。塞北亦有，嶺南極多，如古度花成蟻耳。〔時〕生：無時。採：五月取。〔收〕陰乾。〔質〕類蟬而小。〔色〕綠。〔味〕苦。〔性〕平，泄。〔氣〕味厚于氣，陰中之陽。〔製〕去翅足，炒用。

明·陳嘉謨《本草蒙筌》卷一一 木䖟 味苦，氣平、微寒。有毒。見噉牛馬，腹有血者為良；收取陰乾，去淨翅足炒用。逐瘀血血閉，寒熱酸㾷；〔能〕止兩目赤疼，眥傷淚出。蜚䖟亦能飛者，其形大似蜜蜂。氣味不殊，麻黄畏惡。通血脉九竅喉痹，破積血癥瘕痞堅。寒熱亦毆，瘀血更逐。

明·王文潔《太乙仙製本草藥性大全》卷八《本草精義》 木䖟 一名魂常。生漢中山澤。其䖟最大而綠色，幾若蜩蟬，見噉牛馬，腹有血者爲良。收取陰乾，去净翅足炒用。按：木䖟從木葉中出，卷葉如子，形圓，著葉上。破之初出如白蛆，漸大羽化，拆破便飛，即能嚙物。塞北亦有，嶺南極多，如古度化蟻耳。《本經》既出木䖟，又出蜚䖟，明知木䖟是葉內之䖟，飛䖟是已飛之蟲。飛是羽化，亦猶在蛹，如蠶之與蛾爾。既是一物，不合二出，應是功用不同，後人異注爾。

明·王文潔《太乙仙製本草藥性大全》卷八《仙製藥性》 木䖟使 味苦，氣平、微寒，有毒。主治：逐瘀血血閉寒熱酸㾷，止兩目赤疼眥傷淚出。補註：葛氏云蛇螫人九竅皆血出方：取䖟蟲，初食牛馬血腹滿者三七枚，燒服之。○療母困篤，恐不濟，去胎方：䖟蟲十枚，右搗爲末，酒服之即下。

明·李時珍《本草綱目》卷四一蟲部·化生類 木䖟音萌。《本經》中品。

〔釋名〕魂常《本經》時珍曰：䖟以翼鳴，其聲䖟䖟，故名。陸佃云：蟁害民，故曰蟁；䖟害甿，故曰䖟。亦通。〔集解〕《別録》曰：木䖟生漢中川澤，五月取之。頌曰：今處處有之，而襄、漢近地尤多。弘景曰：此䖟狀似䖟而小，不噉血。近道草中不見有之，市人亦少賣者，方家惟用蜚䖟耳。恭曰：䖟有數種，並能噉血，揚浙以南江嶺間大有。木䖟，長大綠色，殆如蜩蟬，咂牛馬或至顛仆。蜚䖟，狀如蜜蜂，黄黑色，今俗多用之。又一種小者名鹿䖟，亦名牛䖟，大如蠅，齧牛馬亦猛。市人采賣之，三種同體，以療血爲本。雖小有異同，用之不爲嫌。木䖟倍大，而陶云似䖟而小，不噉血，蓋未之識耳。藏器曰：木䖟從木葉中出，卷葉如子，形圓，著葉上。破之初出如白蛆，漸大(子)〔羽〕化，拆破便飛，即能齧物。塞北亦有，嶺南極多，如古度化蟻耳。木䖟是葉內者，蜚䖟是已飛者，正如蠶蛹與蛾，總是一物，不合重出，應功用不同。後人異註耳。時珍曰：金幼孜《北征録》云：北虜長樂鎮草間有䖟，大者如蜻蜓，拂人面嘬噆。元稹《長慶集》云：巴蜀山谷間，春秋常雨，五六月至八九月則多䖟，道路群飛，咂牛馬血流，齧人毒劇。而毒不留肌，故無治術。據此，則藏器之説似亦近是。又段成式云：南方溪澗中多水蛆，長寸餘，色黑。夏末變爲䖟，螫人甚毒。觀此，則䖟之變化，有木有水，非一端也。

〔氣味〕苦，平，有毒。〔主治〕目赤痛，眥傷淚出，瘀血血閉，寒熱酸㾷，無子《本經》。

清·馮兆張《馮氏錦囊秘録·雜症痘疹藥性主治合參》卷一一 木䖟蜚䖟，一名䖟蟲。其用大略與䗪蟲相似，此但味苦勝與鹹，性善齧牛馬諸血。苦能泄結，鹹能走血，且色青入肝，性熱，飲血，用以治一切血結為病。今人以其有毒不用。然仲景抵當湯，治太陽病，身黄脉沉結，少腹鞕小便自利，其人如狂者，此蓄血也。用水蛭、䖟蟲。如小便不利者非蓄血也，大黄䗪蟲丸，治虚勞羸瘦，内有乾血，肌膚甲錯，兩目黯黑者，則䗪蟲、䖟蟲咸入之，以其能散臟腑宿血結積，有神效耳。凡毒藥之治病，如刑罰之治盗賊，不如是則不足以祛邪反正也。

木䖟，見噉牛馬，腹有血者為良，逐瘀血血閉。寒熱酸㾷，兩目赤疼，眥傷淚出。破堅痞，癥瘕積聚，除賊血在胸腹五臟。遍行經絡，墮胎甚速。收取陰乾，去淨翅足，炒用。

清·葉志詵《神農本草經贊》卷二 木䖟 味苦，平。主目赤痛，眥傷淚出，瘀血血閉，寒熱酸㾷，無子。一名魂常。生川澤。

蟁為民害，䖟亦甿愁。嶺南霧集，塞北塵浮。卷從木葉，化起溪流。蜩蟬形似，鼓翼鳴秋。

《埤雅》：蟁害民，故曰蟁。䖟害甿，故曰䖟。陳藏器曰：塞北亦有，嶺南極多。從木葉中出，卷葉如子，形圓，著葉上。破之，初出如白蛆，漸大子化，拆破便飛，即能嚙物。揚雄文：霧集雨散。辛德源詩：扇舉細塵浮。《酉陽雜俎》：南方溪澗中多水蛆，長寸餘，色黑，夏末變為䖟。蘇恭曰：綠色如蜩蟬。李時珍曰：以翼鳴，其聲䖟䖟。韓愈序：以蟲鳴秋。

蜚䖟

宋・唐慎微《證類本草》卷二一蟲魚部中品〔《本經・別錄》〕 **蜚䖟** 味**苦，微寒**，有毒。**主逐瘀血，破下血積，堅痞癥瘕，寒熱，通利血脉及九竅**。女子月水不通，積聚，除賊血在胸腹五藏者，及喉痹結塞。生江夏川谷。五月取，腹有血者良。

〔梁・陶弘景《本草經集注》〕云：此即今噉牛馬血者，伺其腹滿掩取乾之，方家皆呼爲䖟蟲矣。

〔唐・蘇敬《唐本草》〕注云：三䖟俱食牛馬，非獨此也，但得即堪用，何假血充然始掩取。如以義求，應如養鷹，飢則爲用，若伺其飽，何能除疾爾。

〔宋・掌禹錫《嘉祐本草》〕按：《藥性論》云：䖟蟲，使，一名蜚䖟，惡麻黃。日華子云：破癥結，消積膿，墮胎。入丸散，除去翅足，炒用。

〔宋・唐慎微《證類本草》〕《圖經》：文具木䖟條下。

宋・鄭樵《通志》卷七六《昆蟲草木略》 牛蝱 蠅類，噉牛馬血。《爾雅》云：強，蚚。

宋・陳衍《寶慶本草折衷》卷一七 蜚蝱使。一名蝱蟲，一名蝱。○俗號牛䖟。生江夏川谷牛馬身上《圖經》。○及雄、霸州、順安軍。○又云：生襄漢，今處處有之。○五月取。候蝱噉嚙牛馬，腹紅，掩取之。或暴乾。○惡麻黃。

味苦，微寒，有毒。○主逐瘀血，破血積堅痞，癥瘕寒熱，通利月水，除賊血在胸腹五藏，及喉痹結塞。○日華子云：消積膿，墮胎，去翅足，炒用之。○《圖經》曰：蝱有數種，木蝱最大，幾若蜩蟬。蜚蝱狀如蜜蜂。又有鹿蝱，如蠅。而方家只用蜚蝱，腹有血者良。分木蝱條，下同。○《肘後方》：蛇螫人，九竅血出，取蝱蟲初食牛馬血腹滿者貳柒枚，燒服之。○寇氏曰：以其食牛馬等血，故治瘀血及血閉。

元・尚從善《本草元命苞》卷八 䖟音萌蟲 味苦，性平，有毒。主目赤痛，眦傷泣出。破瘀血閉，寒熱酸慚音西。生漢中川澤，今雄霸最多。狀似蜜蜂，幾若蜩蟬，能咂牛馬血。入藥去足翅，當五月採取，腹有血尤良。

明・劉文泰《本草品彙精要》卷三〇 蜚䖟有毒

蜚䖟出《神農本經》：**主逐瘀血，破下血積，堅痞，癥瘕，寒熱，通利血脈及九竅**。以上朱字《神農本經》。女子月水不通，積聚，除賊血在胸腹五臟者，及喉痹結塞。以上黑字名醫所錄。〔地〕《圖經》曰：生江夏川谷，今處處有之，而襄漢近地尤多。狀如蜜蜂，黃色，醫方所用䖟蟲即此也。《本經》以腹有血者良，但得之即堪用。然物性能破血，何假充腹用耳。《衍義》曰：䖟蟲，今人多用之，大如蜜蜂，腹凹匾，微黃綠色者，雄霸州、順安軍、沿塘濼界甚多。以其惟食牛、馬等血，故治瘀血血閉也。〔時〕生：無時。採：五月取。〔收〕陰乾。〔用〕腹有血者良。〔質〕類蠅而大。〔色〕黃綠。〔味〕苦。〔性〕微寒。〔氣〕味厚于氣，陰也。〔主〕下血積，通月經。〔反〕惡麻黃。〔製〕去翅足炒用。〔治〕療：日華子云：破癥結，消積膿。〔禁〕妊娠不可服，服之墮胎。

明・葉文齡《醫學統旨》卷八 䖟蟲 氣微寒，味苦。有毒。惡麻黃。治血積堅痞，癥瘕寒熱，逐瘀血，通利血脉及九竅，墮胎，喉痺。

明・許希周《藥性粗評》卷四 血散蚊䖟

蚊䖟，一名蜚䖟。即齧牛馬蚊蟲也，其大如蜜蜂，青綠色者是。伺其棲牛馬上，掩而得之。惡麻黃。入丸散去翅足，炒用。味甘，性寒，有毒。主治瘀血堅痞，通利血脉，下胎及女子月水不通。凡此皆可單用，為末，溫酒調服。

明・鄭寧《藥性要略大全》卷一〇 蜚䖟蟲 逐瘀血，破積血堅痞，癥瘕寒熱，通利血脉及九竅。女子月水不通積聚，除賊血在胸腹五臟者及喉痹結塞。《金匱》云：主目中赤痛，眦傷淚出，破瘀血血閉寒熱。味苦，平，微寒，有毒。五月取腹中有血者良。去翅足炒用。可為丸散，不入湯。

明・王文潔《太乙仙製本草藥性大全》卷八《本草精義》 蜚䖟 一名䖟蟲。亦能飛者，其形大似蜜蜂，氣味不殊。麻黃畢惡，即醫所用䖟蟲是也。又一種小䖟，名鹿䖟，大如蠅，嚙牛馬亦猛。市人採賣之，三種〔同〕體，以療血爲本，餘療雖小有異，同用之不爲嫌。並五月採腹有血者良。人伺其噉嚙牛馬身腹紅者，掩取乾之用，入藥須去翅足。《淮南子》曰：破積血，斲木愈齲丘主切。此以類推之。

明・王文潔《太乙仙製本草藥性大全》卷八《仙製藥性》 蜚䖟使 味微醎，氣微寒，有毒。主治：通血脉九竅喉痹，破積血癥瘕痞堅。寒熱亦祛，瘀血亦逐。消積膿有準，墮胎妊尤能。

明・皇甫嵩《本草發明》卷六

蜚寅味苦，寒，有毒。名寅蟲。　主逐瘀血，破下血，積堅痞，癥瘕寒熱，利血脉及九竅，女人月閉，除賊血在胸腹五臟者及喉閉結塞。形大如蜜蜂，能飛。五月取有血者良。惡麻黄。入藥除去足翅，炒用。木寅生木葉，方家只用寅蟲。

明・李時珍《本草綱目》卷四一蟲部・化生類

蜚寅《本經》中品。

【釋名】寅蟲蜚與飛同。

【集解】《别録》曰：蜚寅生江夏川谷。五月取。腹有血者良。弘景曰：此即方家所用寅蟲，噉牛馬血者。伺其腹滿，掩取乾之。恭曰：木寅、蜚寅、鹿寅，俱食牛馬血，非獨此也。但得即堪用之，何假血充。應如養鷹，飢即爲用。若伺其飽，何能除疾？宗奭曰：蜚寅今人多用之。大如蜜蜂，腹凹褊，微黄緑色。雄霸州，順安軍。沿塘濼界河甚多。以其惟食牛馬等血，故治瘀血血閉也。時珍曰：采用須從陶説。蘇恭以飢鷹爲喻，比擬殊乖。

【修治】入丸散，去翅足，炒熟用。

【氣味】苦，微寒，有毒。之才曰：惡麻黄。

【主治】逐瘀血，破血積，堅痞癥瘕，寒熱，通利血脉及九竅《本經》。女子月水不通，積聚，除賊血在胸腹五臟者，及喉痹結塞《别録》。破癥結，消積膿，墮胎日華。

【發明】頌曰：《淮南子》云：寅破積血，斲木愈齲。此以類推也。時珍曰：按劉河間云：寅食血而治血，因其性而爲用也。成無己云：苦走血。血結不行者，以苦攻之。故治畜血用寅蟲，乃肝經血分藥也。古方多用，今人稀使。

【附方】舊二，新一。

蛇螫血出：九竅皆有者。取寅蟲初食牛馬血腹滿者三七枚，燒研湯服。《肘後》。

病篤去胎：寅蟲十枚炙，擣爲末。酒服，胎即下。《産乳》。

撲墜瘀血：寅蟲二十枚，牡丹皮一兩，爲末。酒服方寸匕，血化爲水也。若久宿血在骨節中者，二味等分。《備急方》。

明・梅得春《藥性會元》卷下

寅蟲　味苦，氣微寒，有毒。惡麻黄。主逐瘀血，破下血積，堅痞癥瘕，寒熱，通利血脉及九竅，女子月水不通，積聚，除賊血在胸腹者，五臟及喉痹結塞。咂牛、馬背出血。炒除足翅，方可入藥。

明・王肯堂《傷寒證治準繩》卷八

䖟蟲　氣平，味苦，有毒。主逐瘀血，破血積堅痞，癥瘕寒熱，通利血脉及九竅。劉河間云：䖟食血而治血，因其性而為用也。成無己云：苦走血，血結不行者，以苦攻之，故治蓄血用䖟蟲。乃肝經血分藥也。去翅足，炒熟用。

明・繆希雍《本草經疏》卷二一

蜚寅　味苦，微寒，有毒。主逐瘀血，破下血積，堅痞癥瘕，寒熱，通利血脈及九竅，女子月水不通，積聚，除賊血在胸腹五臟者及喉痹結塞。一名寅蟲。

【疏】蜚寅，其用大略與䗪蟲相似，而此則苦勝，苦能泄結；性善嚙牛馬諸畜血，味應有鹹，鹹能走血。完素云：寅飲血而用以治血。故主積聚癥瘕，一切血結為病，如經所言也。苦寒又能泄三焦火邪，迫血上壅，閉塞咽喉，故主喉痹結塞也。今人以其有毒，多不用。然仲景抵當湯、丸，大黄䗪蟲丸中咸入之，以其散臟腑宿血結積有神效也。凡毒藥之治病，如刑罰之治盜賊，不如是則不足以祛邪反正。《書》曰：若藥不瞑眩，厥疾不瘳。正此謂也。其與病相乖不宜用者，詳著簡誤中。

【主治參互】入大黄䗪蟲丸，治虚勞羸瘦，内有乾血，肌膚甲錯，兩目黯黑。入抵當湯，治太陽病，身黄，脈沉結，少腹鞕，小便自利，其人如狂者。《備急方》撲墜瘀血，寅蟲二十枚，牡丹皮一兩，為末。酒服方寸匕，血化為水也。

【簡誤】傷寒發黄，脈沉結，少腹鞕，如小便不利者，為無血證，非畜血也，不宜用。瘀血未審的者，不宜用。女子月水不通，由于脾胃薄弱，肝血枯竭，而非血結閉塞者，不宜用。孕婦腹中有癥瘕積聚不宜用。凡病氣血虚甚，形質瘦損者忌之。

明・倪朱謨《本草彙言》卷一七

蜚寅　味苦，氣微寒，有毒。沉也，降也。入足厥陰血分。《别錄》曰：蜚寅生江夏川谷。凡牛馬所在都有之。寇氏曰：形類蜜蜂，腹凹褊，黄而微綠色，嘴鋭而利，若鋒鑽然。春半後，秋半前出，暑月繁多。腹飽有血者良。入藥去翅，炙乾用。

蜚寅：《本經》破逐瘀血之藥也。程君安曰：按此物性善，嚙牛馬及諸畜血，而用以治血瘀、血閉、血脹，除賊血在胸腹五藏者，因其性而爲用也。故《别錄》方治女子月水不通，積聚而成癥瘕痞塊，寒熱疼痛，投此立除。又傷寒畜血發狂，仲景用抵當湯丸；及乾血勞證，用大黄䗪蟲丸。二方中咸入之，以其散藏府宿血結積有神效也。又按：繆氏仲淳曰：蜚寅其用，大略與䗪蟲相似，真毒物也。又按仲景云：如傷寒發黄，脉沉結，小腹鞕，如小便不利者，爲無血非畜血也，不宜用也。瘀血未審的確者，不宜用也。女子月水不通，由於脾胃薄弱，肝血枯竭，而非血結閉塞者，不宜用也。腹中有癥瘕積聚而兼有妊娠者，不宜用也。凡久病氣血虚甚，形質瘦損者，不宜用也。

集方：治傷寒太陽病身黄，脉沉結，少腹鞕，小便自利，其人如狂者，用抵當湯丸。○治血瘀閉，乾血虚勞羸瘦，肌膚甲錯，兩目黯黑者。用大黄䗪蟲丸。二方俱見䗪蟲條下。

明·李中梓《醫宗必讀·本草徵要下》 䖟蟲味苦，寒，有毒。入肝經。去足翅，炒，惡麻黄。攻血遍行經絡，墮胎只在須臾。青色之入肝，專噉牛馬之血，仲景用以逐血，因其性而取用者也。非氣壯之人，實有畜血者，水蛭、䖟蟲，不敢輕與。

明·鄭二陽《仁壽堂藥鏡》卷八 䖟蟲 陶隱居云：䖟蟲即今噉牛馬血者。氣微寒，味苦、平，有毒。《本草》云：主目中赤痛，眥傷淚出，瘀血血閉，寒熱。炒去翅足。日華子云：破癥結，消積膿，墮胎。

明·盧之頤《本草乘雅半偈》帙一一 蜚䖟《本經》中品 氣味：苦，微寒，有毒。主治：逐瘀血，破〔下〕血積、堅痞、癥瘕，寒熱，通利血脈及九竅。

覈曰：生江夏川谷，牛馬所在，都有之。形類蜜蜂，腹(四)〔凹〕褊，微黄緑色，嘴鋭而利，若鋒鐩然。春半後，秋半前出，茂暑繁盛，腹有血者良。法取五月。修治：入丸散去翅足，(熬)〔炒〕熟用。湯法亦同。

条曰：蜚䖟，一名䖟蟲、陸䖟也。飛咂牛馬血，嘴如芒刺然，性頗貪饕，腹滿猶咂不已。用逐瘀血，破血積堅痞，癥瘕而成寒熱者，遂其性，盡出其所留積而後快。蓋血中有眚，乃積乃留，眚去血行，流不盈矣。通利血脈者，概手足二十四經隧而言，十二焉從頭而走足，十二焉自足而走頭，風馬牛不相及者，而概咂焉。則凡經隧逆走頭而逆走足者，乃積乃留，各遂其性，乃行乃流矣。故血失所行，血失所留者，清陽不走上竅而留，濁陰不走下竅而積，而行焉，而流焉，何竅不通，何竅不利。

明·李中梓《本草通玄》卷下 䖟蟲 凡血在臟腑經絡者，祛逐攻下。蓋食血而能治血，因其性而為用也。去足、翅，焙。

清·顧元交《本草彙箋》卷九 蜚蝱 即方家所用蜚蝱，噉牛馬血者。善飲血，而即用以治血，故主積聚癥瘕，一切血結爲病。其功大略似䗪蟲。而此則更以苦勝，苦能泄結也。

清·穆石匏《本草洞詮》卷一八 䖟 䖟，以翼鳴，其聲䖟䖟，故名。有木䖟、蜚䖟、鹿䖟數種。道路群飛，吮牛馬血，螫人亦毒。氣味苦，微寒，有毒。主利血脉及九竅，破癥結喉痺，消積膿，墮胎。蓋苦走血，血結不行者，以苦攻之。且䖟食血，故治血最効也。

清·劉雲密《本草述》卷二七 蜚蝱 即蝱蟲噉牛馬血者，大如蜜蜂，腹凹褊，微黄緑色，伺其腹滿掩取，乾之。

氣味：苦，微寒，有毒。

主治：逐瘀血，破血積、堅痞、癥瘕寒熱，通利血脈及九竅《本經》。除賊血在胸腹五臟者，及喉痹結塞《别録》。時珍曰：按劉河間云：蝱食血而治血，因其性而為用也。成無己云：苦走血，血結不行者，以苦攻之。故治畜血用蝱蟲，乃肝經血分藥也。希雍曰：蜚蝱苦勝，苦能泄結。就其善嚙牛馬諸畜血者，而還以治血，故治一切血結為病。苦寒又能泄三焦火邪迫血上壅閉塞咽喉，故主喉痺結塞也。今人多畏其毒而不用，然仲景抵當湯丸、大黄䗪蟲丸中咸入之，以其散臟腑宿血結積，有神效也。凡用毒藥以治病，《書》所謂若藥不瞑眩，厥疾不瘳是也。其與病相乖，不宜用者，詳著简誤中。

附方：《備急方》撲墜瘀血，蝱蟲二十枚，牡丹皮一兩，為末，酒服方寸匕，血化為水也。若久宿血在骨節中者，二味等分。

愚按：蜚蟲之用，其義與水蛭同。劉河間所謂因其性而為用者是矣。第每以二物同用，其義何居？先哲釋抵當湯有云：《經》曰鹹勝血，血畜於下，必以鹹為主，故以水蛭鹹寒為君。苦走血，血結不行，必以苦為助，是以蝱蟲苦寒為臣。就此數語，亦可明仲景合用之義，非苟然而已也。然不獨畜血，如癘風，如耳中乾耵而鳴者，亦並用之。又如小便不通，係婦人積血，用抵當湯而以朴硝易水蛭，止用蝱蟲，似此三方，俱當細条之。

希雍曰：傷寒發黄，脈沉結，少腹鞭，如小便不利者，為無血證，非畜血也，不宜用。瘀血未審的者，不宜用。女子月水不通，由於脾胃薄弱，肝血枯竭，而非血結閉塞者，不宜用。孕婦腹中有癥瘕積聚，不宜用。凡病氣血虚甚，形質瘦損者，忌之。

修治 入丸散，去翅足，炒熟用。

清·郭章宜《本草匯》卷一七 蜚蟲即䖟蟲 苦，寒，有毒。入足厥陰血分。攻血遍行經絡，墮胎只在須臾。除賊血在胸腹五臟，療喉痺與結塞不通。

按：蜚蟲，青綠，入肝，專噉牛馬之血。仲景用以逐血，因其性而取用者也。故血結不行者，以此攻之。若氣虛之人，實有畜血者，不可輕用也。

取腹有血者，去足翅炒。惡麻黃。

清·陳士鐸《本草新編》卷五　蜚䖟　味苦，氣微寒，有毒。逐瘀血血閉，寒熱酸惭。止兩目赤疼，眦傷淚出。通血脉九竅，〔治〕喉痹，破積血，癥瘕痞堅亦治。此物視之可憎，用之以治瘀血之症，實救命之藥也，藥籠中斷宜預備。

畜血之症，必須水蛭以消之，否則瘀血硬痛，必變發黃之症。今人畏懼水蛭，謝絕不用。當以䖟蟲代水蛭，則畜血病可解也。

或問：蜚蟲食人之血，何仲景夫子以治傷寒之症也。蓋傷寒之變症不同，失于不汗，有氣結、血結之病。氣結，可用草木之藥以散氣。而血結，必須蜚蟲、水蛭以散血也。但氣結與血結，何以辨之？氣結者，小便必不利；血結者，小便必利也。

又問血結者，必須用蜚䖟矣，然何以知是血結之病？大約氣結、血結，身大熱，腸中俱有燥屎作痛。但血結者，止小便利，異于氣結也。舍蜚䖟，又用何物以散其瘀血哉。

清·李熙和《醫經允中》卷二一　䖟蟲　去足翅炒用。　苦，寒，有毒。主治行血，墮胎甚捷。雖氣血壯實之人，亦不宜用。

清·张璐《本經逢原》卷四　蝱蟲即蜚蝱　苦，微寒，有毒。即噉牛血蠅，去翅足，炒用。《本經》逐瘀血，破血積堅痞，癥瘕寒熱，通利血脈九竅。

發明：蝱食血而治血，因其性而為用，肝經血分藥也。《本經》治癥瘕寒熱，是因癥瘕而發寒熱，與蜣螂治腹脹寒熱不殊。其治經閉，用四物加蜚蝱作丸服甚良。仲景抵當湯丸水蛭、蝱蟲雖當並用，二物之純陰懸殊。其以破瘀而不傷血也。苦走血，血結不行者，以苦攻之，其性雖緩，亦能墮胎。

清·浦士貞《夕庵讀本草快編》卷五　蜚䖟《本經》　䖟虫種類頗多，皆食牛馬之血，咂人亦毒。䖟虫味苦而寒，肝經血分藥也。故利血脉而通九竅，逐瘀血而破堅積。成無已曰：苦走血，血結不行者，必以苦攻之，是以仲景治傷寒蓄血用之。河間有云：䖟食血而治血，因其性而為用也。淮南又云：䖟破積血，取其噉血，皆類推爾。

清·張志聰、高世栻《本草崇原》卷中　䖟蟲　氣味苦，微寒，有毒。主逐瘀血，破血積堅痞，癥瘕寒熱，通利血脈及九竅。　䖟蟲一名蜚䖟，大如蜜蜂，腹凹褊，微黃綠色，牲啖牛馬血。　䖟乃吮血之蟲，性又飛動，故主逐瘀血積血，通利血脈、九竅。《傷寒論》：太陽病，表不解，隨經瘀熱在裏，抵當湯主之。內用䖟蟲、水蛭、大黃、桃仁。近時兒醫治痘不起發，每加牛䖟，此外未之用也。

清·黃元御《長沙藥解》卷二　蝱蟲　味苦，微寒。入足厥陰肝經。善破瘀血，能化宿癥。　《金匱》抵當湯方在大黃用之治血結膀胱，少腹鞕滿。大黃蟅蟲丸方在大黃用之治虛勞，腹滿內有乾血，以其破瘀而消癥也。蝱蟲苦寒，專破浮結之血，最墮胎孕。　炒枯，去翅足，研細用。

清·吳儀洛《本草從新》卷六　䖟蟲〔瀉，破血。〕一名蜚蟲。　苦，寒，有毒。攻血遍行經絡，墮胎只在須臾。青色入肝，專啖牛馬之血，仲景用以逐血，因其性而取用者也。非氣足之人，實有畜血者勿輕與。去足翅炒。惡麻黃。

清·汪紱《醫林纂要探源》卷三　蝱　辛，苦，鹹，寒。吮嘬牛馬血者，狀如蠅，大如蜂，常半身鑽入牛皮裏，而不能復出。仲景抵當湯用之。今人或誤以為蚊蟲，失之矣。破瘀血，去蓄血。

清·嚴潔等《得配本草》卷八　䖟蟲即蜚䖟。　苦，微寒，有毒。入足厥陰經血分。遍行經絡，能攻真氣運行不到之血。治兩目赤痛及眦傷淚出。

配丹皮，治撲墜瘀血。宿血在骨者，二味治之。

題清·徐大椿《藥性切用》卷八　蝱蟲　一名蜚蟲。性味苦寒，善攻積血，遍行經絡。力能墮胎，虛人忌之。

清·黃宮繡《本草求真》卷八　蝱蟲破血墮胎。　蝱蟲耑入肝。微苦微鹹，氣寒有毒，善嚙牛馬猪血，因其性以為用，故以之治一切血結諸病。故凡病血蓄而見身黃脈結，腹痛如狂，小便利，並堅瘕積塊瘧母，九竅閉塞者，服之自克有效。以苦泄結，鹹走血故也。且色青入肝，服之宜入肝臟血分而散之矣！河間云：蝱食血而治血，因其性而為用也。仲景合水蛭，用此以治太陽蓄血如狂，亦是此意。但性屬惡毒，以此治病，是猶刑罰之治盜賊，非得已也。去翅足炒用，惡麻黃。

清·羅國綱《羅氏會約醫鏡》卷一八鱗介蟲魚部　䖟蟲味苦寒，有毒，入肝經。去足翅。惡麻黃。　色青入肝。專啖牛馬之血。仲景用以逐血，因性而取用也。破血積癥瘕，遍行經絡，療虛勞羸瘦、內有死血乾結。以肌膚甲錯，兩目黯黑也。䖟蟲䗪蟲，皆入於補血活血藥中，散宿血結積，大有神效。但墮胎甚速。收取陰乾，炒用。非氣壯之人實有蓄血者，水蛭䖟蟲，不敢輕投。

清・王龍《本草纂要稿・蟲魚部》 䖟蟲 味苦，平，氣微寒，有小毒。通血脉，利九竅。療熱結喉痺，破癥瘕痞堅。寒熱亦驅，瘀血立逐。

清・楊時泰《本草述鉤元》卷二七 䖟蟲 大如蜜蜂而扁，微黄緑色，好啖牛馬血。伺其腹滿，掩取乾之。

味苦，氣微寒，有毒。肝經血分藥。主逐瘀血，破血積、堅痞，癥瘕寒熱，通利血脈及九竅，除賊血在胸腹五臟者，並治喉痺結塞。䖟食血而治血，因其性而為用也河間。䖟蟲苦勝，苦能泄結，苦寒又能泄三焦火邪迫血上壅而閉塞咽喉者仲淳。撲墜瘀血，備急方，䖟蟲二十枚、丹皮一兩，為末，酒服方寸匕，血化為水矣。若久宿血在骨節中者，二味等分。

論：用䖟之義，與水蛭同。先哲釋抵當湯云：血畜於下，必以鹹為主，故水蛭鹹寒為君；血結不行，必以苦為助，而䖟蟲苦寒為臣，此亦可明合用之義，非苟然而已。不獨畜血為然，即如癘風并耳中乾耵而鳴者，亦並用之。又以抵當治婦人積血，致小便不通者，其中止用䖟蟲，而以朴硝易水蛭，似此俱當細參。

凡病人氣血虛甚，形質瘦損者，忌之。傷寒發黄，脈沉結，少腹鞕，如小便不利者，為無血，不宜用。瘀未審的者，不宜用。月水不通非血結閉塞者，不宜用。孕婦腹中有癥瘕積聚，不宜用。

修治：入丸散，去翅足，炒熟用。

清・趙其光《本草求原》卷一八蟲部 䖟蟲即啖牛馬血蠅，又名蜚䖟。 苦泄血結，微寒泄三焦迫血上壅之火。蛭治瘀於下，此治瘀於中上。有毒。治一切血積、堅癥、寒熱。因血蓄而發寒熱也。用二十枚，丹皮一兩，酒服，跌墜之血化為水；若久宿血入骨節，二味等分。加入四物為丸，治經閉而不傷血。通血脈，利竅，除喉痺結塞、火迫血上壅。癘風、耳鳴、尿秘、皆血積所致。墮胎。

清・葉志詵《神農本草經贊》卷二 蜚䖟 味苦，微寒。主逐瘀血，破下血，積堅，痞癥瘕，寒熱，通利血脈及九竅。生川谷。

蠶蛹生蛾，營飛逞快。飽飫血腥，猛同針蠆。毒化堅凝，苦攻瘀敗。譬彼多藏，厚亡堪喟。

陳藏器曰：木䖟是葉內者，蜚䖟是已飛者，正如蠶蛹與蛾耳。梁武帝詩：黄鳥營飛時。陶弘景曰：啖牛馬血，因其腹滿，掩取乾之。寇宗奭曰：大如蜜蜂，腹凹褊，微黄緑色。李時珍曰：䖟食血而治血。成無己曰：血結不行者，以苦攻之。《老子》：多藏必厚亡。

清・戴葆元《本草綱目易知錄》卷五 䖟蟲蜚䖟 苦，微寒，有毒。苦走血，血結不行者，以苦攻之，故入肝經，而治畜血之病，通利血脈九竅，逐瘀血，破血積堅痞，癥瘕寒熱。女子月水不通，積聚，除賊血在胸腹五臟及喉痺結塞，消積膿，墮胎。

清・陳其瑞《本草撮要》卷九 䖟蟲 味甘，寒，有毒，入足厥陰經，功專攻血，遍行經絡，墮胎只在須臾，非氣足有畜血者勿服。去足翅炒。惡麻黄。一名蜚蟲。

扁前

宋・唐慎微《證類本草》卷三〇有名未用・蟲類〔《別錄》〕 扁前 味甘，有毒。主鼠瘻癃，利水道。生山陵，如牛䖟，翼赤。五月、八月採。

蚋子

明・李時珍《本草綱目》卷四一蟲部・化生類 蚋子時珍曰：按元稹《長慶集》云：蜀中小蚊名蚋子，又小而黑者爲蠓子，微不可見與塵相浮上下者爲浮塵子，皆巢于巴蛇鱗中，能透衣入人肌膚，嚙成瘡毒，人極苦之。惟擣楸葉傅之則瘥。又祝穆《方輿勝覽》云：雲南烏蒙峽中多毒蛇，鱗中有蟲名黄蠅，有毒，嚙人成瘡。但勿搔，以冷水沃之，擦鹽少許，即愈。此亦蚋、蠓之類也。

蚊子

明・李時珍《本草綱目》卷四一蟲部・化生類 蚊子時珍曰：蚊處處有之。冬蟄夏出，晝伏夜飛，細身利喙，咂人膚血，大爲人害。一名白鳥，一名暑蟁。或作黍民，謬矣。化生于木葉及爛灰中。産子於水中，爲孑孓蟲，仍變爲蚊也。龜、鼈畏之。螢火、蝙蝠食之。故煮鼈入數枚，即易爛也。藏器曰：嶺南有蚊子木，葉如冬青，實如枇杷，熟則蚊出。塞北有蚊母草，葉中有血蟲，化而爲蚊。江東有蚊母鳥，一名鷏，每吐蚊一二升也。

蠓

宋・鄭樵《通志》卷七六《昆蟲草木略》 蠓之類多。《爾雅》云：蠓，蠛蠓。似蚋而小，斜陽則群聚鬬飛。

行夜

宋・唐慎微《證類本草》卷三〇有名未用・蟲類〔《別錄》〕 行夜 療腹

痛，寒熱，利血。一名負盤。

〔梁・陶弘景《本草經集注》〕云：今小兒呼竈音屁盤，或曰竈頻音頻蟲者也。

〔宋・掌禹錫《嘉祐本草》〕按：陳藏器云：竈盤蟲，一名負盤，一名夜行蜚蠊，又名負盤。雖則相似，終非一物，戎人食之，味極辛辣。竈盤蟲有短翅，飛不遠，好夜中出行，觸之氣出也。

宋・唐慎微《證類本草》卷二一蟲魚部中品〔唐・陳藏器《本草拾遺》〕

負蠜　葵注蘇云：戎人重薰渠，猶巴人重負蠜。按飛廉一名負盤，蜀人食之，辛辣也，已出《本經》。《左傳》云：蜚不爲災。杜注云：蜚，負蠜也。如蝗蟲，又夜行。一名負盤，即竈盤蟲也。名字及蟲相似，終非一物也。蠜音煩，蠱螽也。

宋・鄭樵《通志》卷七六《昆蟲草木略》　蜚　《爾雅》曰：蜚，蠦蜰。郭云：蜰，即負盤臭蟲。按此亦謂之負蠜，即草蟲也。《春秋》書蜚，以其能害稼。《本草》謂之蜚蝱，亦謂之蜚蠊。

明・李時珍《本草綱目》卷四一虫部・化生類　行夜《別録》。校正：併入《拾遺》負盤。

【釋名】負盤《別録》　竈盤蟲弘景　氣蠜弘景曰：行夜，今小兒呼竈盤蟲，或曰氣蠜，即此也。藏器曰：竈盤有短翅，飛不遠，好夜中行，人觸之即氣出。雖與蜚蠊同名相似，終非一物。戎人食之，味極辛辣。蘇恭所謂巴人重負蠜是也。時珍曰：負盤有三：行夜、蜚蠊、蠱螽。皆同名而異類。夷人俱食之，故致混稱也。行夜與蜚蠊形狀相類，但以有廉薑氣味者爲蜚蠊，觸之氣出者爲竈盤，作分別爾。張杲《醫説》載鮮于叔明好食負盤臭蟲，每散，〔令〕人采取三五升，浮温水上，洩盡臭氣，用酥及五味熬作餅食，云味甚佳，即此物也。

【氣味】辛，温，有小毒。【主治】腹痛寒熱，利血《別録》。

明・姚可成《食物本草》卷一一蛇蟲部・蟲類　行夜一名負盤，今小兒呼為竈盤蟲。有短翅，飛不遠，好夜中行，人觸之即氣出。雖與蜚蠊同名相似，終非一物。戎人食之，味極辛辣。蘇恭所謂巴人重負盤是也。○李時珍曰：負盤有三：行夜、蜚蠊、蠱螽，皆同名而異類。夷人俱食之，故致混稱也。行夜與蜚蠊形狀相類，但以有生薑氣味者為蜚蠊，觸之氣出者為竈盤，作分別爾。張杲《醫説》載：鮮于叔明好食負盤臭蟲，每令人採捉三五升，浮温水上，洩盡臭氣，用酥及五味熬作餅食，云味甚佳，即此物也。〔行夜，味辛〕，温，有小毒。治腹痛寒熱，利血。下氣消□□。

豉蟲

宋・唐慎微《證類本草》卷二二蟲魚部下品〔唐・陳藏器《本草拾遺》〕

豉蟲　有毒。殺禽獸，蝕息肉，傅惡瘡。

〔宋・唐慎微《證類本草》〕《百一方》：豉蟲，主射工。取一枚致口中便愈，已死者亦起。蟲有毒，應不可吞，云以白梅皮裹含之。

明・李時珍《本草綱目》卷四二蟲部・濕生類　豉蟲《拾遺》。

【釋名】豉母蟲　【集解】時珍曰：陳藏器《拾遺》有豉蟲，而不言出處形狀。按葛洪《肘後方》云：江南有射工蟲，在溪澗中射人影成病，或如傷寒，或似中惡，或口不能語，或惡寒熱，四肢拘急，身體有瘡。取水上浮走豉母蟲一枚，口中含之便瘥，已死亦活。此蟲正黑，如大豆，浮遊水上也。今有水蟲，大如豆而光黑，即此矣。名豉母者，亦象豆形也。

【氣味】有毒。【主治】殺禽獸，蝕息肉，傅惡瘡藏器。白梅裹含之，除射工毒時珍。

砂挼子

宋・唐慎微《證類本草》卷二一蟲魚部中品〔唐・陳藏器《本草拾遺》〕

砂挼子　有毒。殺飛禽走獸，合射罔用之。人亦生取置枕，令夫妻相好。生砂石中，作旋孔，有蟲子如大豆，背有刺，能倒行，一名倒行狗子。性好睡，亦呼爲睡蟲，是處有之。

明・李時珍《本草綱目》卷四二蟲部・濕生類　砂挼子《拾遺》。

【釋名】倒行狗子《拾遺》　睡蟲同上　【集解】藏器曰：是處有之。生砂石中，作旋孔。大如大豆，背有刺，能倒行。性好睡，亦呼爲睡蟲。

【氣味】有毒。【主治】生取置枕中，令夫婦相好。合射罔用，能殺飛禽走獸藏器。

清・趙其光《本草求原》卷一八蟲部　沙牛　生山沙中，形似谷牛，通竅、利水、治淋。炒研，同白糖湯下。

龍蝨

清・趙學敏《本草綱目拾遺》卷一〇蟲部　龍蝨　《閩小記》云：龍蝨形如小蟑螂，又似金龜而黑色，每八月十三至十五日，飛墮漳州海口，餘日絕無。除面上䵳䵟赤氣，食之良。兼美男女顏色，活血。《物理小識》：智少隨老父福甯，曾見龍蝨，後在姚，有僕暑中食此，云自濠鏡來。則他處亦出此，何漳獨異也？蓋是甲蟲，大如指頂，甲下有翅，熏乾油潤，去甲翅啖，似火魚之變味。

葛上亭長

宋·唐慎微《證類本草》卷二二蟲魚部下品〔《本經·別録·藥對》〕 葛上亭長 味辛，微溫，有毒。主蠱毒、鬼疰，破淋結、積聚，墮胎。七月取，暴乾。

〔梁·陶弘景《本草經集注》〕云：葛花時取之，身黑而頭赤，喻如人著玄衣赤幘，故名亭長。此一蟲五變，爲療皆相似，二月、三月在芫花上，即呼芫菁；四月、五月在王不留行上，即呼王不留行蟲；六月、七月在葛花上，即呼爲葛上亭長；八月在豆花上，即呼斑猫；九月、十月欲還地蟄，即呼爲地膽。此是僞地膽爾，爲療猶同其類。亭長，腹中有卵，白如米粒，主療諸淋結也。

〔唐·蘇敬《唐本草》〕注云：今撿本草及古今諸方，未見用王不留行蟲者，若爾，則四蟲專在一處。今地膽出豳音邠州，芫菁出寧州，亭長出雍州，斑猫所在皆有，四蟲出四處，其蟲可一歲周遊四州乎？且芫菁、斑猫形段相似，亭長、地膽貌狀大殊。豳州地膽，三月至十月，草菜上採，非地中取。陶之所言，恐浪證之爾。

〔宋·掌禹錫《嘉祐本草》〕按：《蜀本圖經》云：五月、六月葛葉上採取之，形似芫菁而蒼黑色。凡用斑猫、芫菁、亭長之類，當以糯米同炒，看米色黄黑，即出，去頭、足及翅脚，以亂髮裹，懸屋棟上一宿，然後入藥用。

《圖經》：文附芫菁條下。

宋·王繼先《紹興本草》卷一八 葛上亭長 紹興校定：葛上亭長，乃斑貓、芫青之類，然別是一種。驗其破血之性亦不遠矣。大率破畜血堅積多見用之。《本經》云味辛、微溫、有毒者是矣。注云此一蟲五變，若以一歲，能周遊四洲者，即無據矣。惟山東州郡多產之。

元·尚從善《本草元命苞》卷八 葛上亭長 味辛，微溫性，有毒。破淋結積聚，主蠱毒，殺鬼疰，墮胎。五、六月葛葉上採之。似芫青色蒼而黑，入藥炒製芫青一同。凡此四蟲，出四處，其蟲可一歲周游四州。地膽出邠州，芫青出寧州，亭長出雍州，班貓所在皆有之。

明·劉文泰《本草品彙精要》卷三一 葛上亭長有毒 化生。

葛上亭長：主蠱毒鬼疰，破淋結積聚，墮胎。名醫所録。【地】陶隱居云：葛花開時取之，身黑而頭赤，喻如人著玄衣赤幘，故名亭長。此一蟲五變，爲療皆相似。二月、三月在芫花上，即呼爲芫青；四月、五月在王不留行上，即呼爲王不留行蟲；六月、七月在葛花上，即呼爲葛上亭長；八月在豆花上，即呼爲斑猫；九月、十月欲還地蟄，即呼爲地膽。此是偽地膽爾，主療猶同。《唐本》注云：今檢《本草》及古方諸方，未見用王不留行蟲者。若爾，則四蟲專在一處，今地膽出豳州，芫花出寧州，亭長出雍州，斑猫所在皆有，四蟲出四處，其蟲可一歲週遊四州乎？且芫青、斑猫，形段相似；亭長、地膽，狀大殊。豳州地膽，三月至十月草菜上採，非地中取。陶之所言，恐浪證之爾。紹興校定云：葛上亭長，乃斑猫、芫青之類，然別是一種，驗其破血之性，亦不遠矣。大抵破畜血堅積，多見用之。《本經》云：味辛，微溫，有毒是矣。注云：一蟲五變，若以一歲能週遊四州者，即無據矣。惟山東州郡多產之。【時】生：無時。採：六月、七月取。【收】暴乾。【用】身黑、頭赤者良。【色】黑。【味】辛。【性】微溫，散。【氣】氣厚於味，陽也。【臭】腥。【主】淋。【製】雷公云：凡用亭長之類，當以糯米同炒，看米色黄黑即出，去頭足及翅脚，以亂髮裹懸屋棟上一宿，然後入藥用。【治】療：《圖經》曰：取得折斷腹，腹中有白子如小米，著白板子上，陰乾藥成。久患淋，服三枚或二枚，服時以水著小盃中，內藥盞中，爪甲研，當匾匾見於水中，乃令病人飲之，勿令著牙。藥雖微小，直至下焦淋所，少頃，藥當作煩，隨飲乾麥飯汁，或飲水亦可，則藥勢止也。老、小者服三分之一，當下如膿血。石淋狀如指頭，或青或黄，男女服之皆愈。

【禁】妊娠不可服。

明·王文潔《太乙仙製本草藥性大全》卷八《本草精義》 葛上亭長 舊本不載，今出雍州。陶云其蟲身蒼黑而頭赤，喻如人着玄衣赤幘，故名亭長。葛花開時方有，於葛葉上取之。形如芫青，腹中有白子如小米二三分，取著白板上陰乾，燥二三日藥成。若有人患十年淋症，服三枚，八九年還服二枚。服時以水著小杯中，如棗許內藥盞中，爪甲研，當扁扁見於水中，仰頭乃令人瀉著咽喉中，勿令近牙齒間。藥雖微小，下喉自覺難當，至下焦淋所，少頃藥大作，煩急不可堪者，飲乾麥飯汁，則藥勢止也。若無乾麥飯，但水亦可耳。老小服三分之一，當下淋疾如膿血連連爾，石去者或如指頭，或青或黄，男女服之皆愈。此蟲四五六月爲葛上亭長，七月爲班猫，九十月爲地膽，隨時變耳。亭長時頭當赤身黑，若藥不快，淋不下，以意節度，更增服之。今醫家多只用班猫、芫青，而亭長、地膽稀有使者，人亦少採。

明·王文潔《太乙仙製本草藥性大全》卷八《仙製藥性》 葛上亭長 味辛，氣微溫，有毒。主治：主蠱毒鬼疰而有準，破淋結積聚以何難。能通淋閉，亦且墮胎。太乙曰：凡用斑蝥、芫青、亭長之類，當以糯米同炒，看米色黄黑即出，去頭足及翅脚，以亂髮裹，懸屋棟上一宿，然後入藥用。

明・李時珍《本草綱目》卷四〇蟲部・卵生類下 葛上亭長《别録》下品

〔釋名〕弘景曰：此蟲黑身赤頭，如亭長之着玄衣赤幘，故名也。〔集解〕《别録》曰：七月取，暴乾。弘景曰：葛花開時取之。身黑頭赤，腹中有卵，白如米粒。恭曰：出雍州。保昇曰：處處有之。五六月葛葉上采之。形似芫青而蒼黑色。斅曰：亭長形黑黄，在葛上食蔓膠汁。又有赤頭，身黑色，額上有大紅一點，各有用處。時珍曰：陶言黑身赤頭故名亭長；而雷氏别出赤頭，不言出處，似謬。

〔修治〕同斑蝥。

〔氣味〕辛，微温，有毒。惡、畏同斑蝥。〔主治〕蠱毒鬼疰，破淋結積聚，墮胎《别録》。通血閉癥塊鬼胎。餘功同斑蝥時珍。

〔發明〕頌曰：深師療淋用亭長，説之最詳。云：取葛上亭長折斷腹，腹中有白子，如小米，三二分，安白板上，陰二三日收之。若有人患十年淋，服三枚；八九年以還服二枚。服時以水如棗許着小杯中，爪甲研之，當扁扁見於水中。仰面吞之，勿令近牙齒間。藥雖微小，下喉自覺至下焦淋所。有頃，藥作大。煩急不可堪者，飲乾麥飯汁，則藥勢止也。若無乾麥飯，但水亦可耳。老、小服三分之一，當下淋疾如膿血連連爾。去者，或如指頭，或青或黄，不拘男女皆愈。若藥不快，淋不下，以意節度，更增服之。此蟲五六月爲亭長，頭赤身黑，七月爲斑蝥，九月爲地膽，隨時變耳。

〔附方〕新二。經脉不通：婦人經脉不通，癥塊脹滿，腹有鬼胎。用葛上亭長五枚，以糙米和炒，去翅足，研末。分三服，空心甘草湯下。須臾覺臍腹急痛，以黑豆煎湯服之，當通。《聖惠方》。肺風白癩：方見蝮蛇。

明・梅得春《藥性會元》卷下 葛上亭長 味辛，氣微溫，有毒。主治蠱毒鬼疰，破淋結積聚，墮胎。七月取，暴乾。註云：葛花時取之，身墨而頭赤，喻如人著玄衣赤績，故名亭長。此一蟲五變，為療皆相似。二三月在芫花上，即呼為芫青；四五月在王不留行上，即呼為王不留行蟲；六七月在葛花上，即呼為葛上亭長；八月在豆花上，即呼為斑貓；九月十月欲還地蟄，即呼為地膽。

清・张璐《本經逢原》卷四 葛上亭長 辛，溫，有毒。去翅足，同糯米炒，去米用。發明：亭長大毒。善通淋及婦人經脈不通，以五枚研末服三分，空心甘草湯下，須臾臍腹急痛，以黑豆煎湯服之即通。此蟲五六月為亭長，頭赤身黑，七月斑蝥，九月為地膽，隨時變化，其毒可知。

宋・唐慎微《證類本草》卷二二蟲魚部下品〔《别錄》〕 芫菁 味辛，微溫，有毒。主蠱毒、風疰、鬼疰，墮胎。三月取，暴乾。

〔梁・陶弘景《本草經集注》〕云：芫花時取之，青黑色，亦療鼠瘻。

〔宋・掌禹錫《嘉祐本草》〕按：《蜀本圖經》云：形大小如斑猫，純青綠色，今出寧州也。

〔宋・蘇頌《本草圖經》〕曰：芫菁，《本經》不載所出州土，今處處有之。其形頗與斑猫相類，但純青綠色，背上一道黄文，尖喙。三、四月芫花發時乃生，多就花上採之，暴乾。凡用斑猫、芫菁、亭長之類，當以糯米同炒，看米色黄黑即爲熟，便出之，去頭足及翅翼，更以亂髮裹之，挂屋東榮一宿，然後用之，則去毒矣。舊説斑猫、芫菁、葛上亭長、地膽，皆一類而隨時變，古方皆用之。深師療淋用亭長，説之最詳。云：取葛上亭長折斷腹，腹中有白子如小米二三分，取著白板子上，陰乾燥，二三日藥成。若有人患十年淋，服三枚。八九年以還，服二枚。服時以水著小杯中，水如棗許内藥盞中，爪甲研，當扁扁見於水中，仰頭乃令人寫著咽喉中，勿令近牙齒間，藥雖微小，下喉自覺。當至下焦淋所。有頃藥大作，煩急不可堪者，飲乾麥飰汁，則藥勢止也。若無乾麥飰，但水亦可耳。老小服三分之一當下淋疾如膿血連連爾。石去者或如指頭，或青或黄。男女服之皆愈。此蟲四月、五月、六月爲葛上亭長，七月爲斑猫，九月、十月爲地膽，隨時變耳。亭長時，頭當赤，身黑。若藥不快，淋不下，以意節度，更增服之。今醫家多只用斑猫、芫菁，而亭長、地膽稀有使者，人亦少採捕。既不得其詳，故不備載。

雷公云：芫蜻、斑猫、亭長、赤頭等四件，其樣各不同，所居所食所効，各不同。其芫蜻觜尖，背上有一畫黄。斑猫背上一畫黄、一畫黑，觜尖處一小點赤，在豆葉上居，食豆葉汁。亭長形黑黄，在蔓葉上居，食蔓膠汁，赤頭額上有大紅一點，身黑。用各有處。凡修事，芫蜻、斑猫、亭長、赤頭并用糯米、小麻子相拌同炒，待米黄黑出，去麻子等，去兩翅足并頭，用血餘裹懸於東墻角上一夜，至明取用。

宋・王繼先《紹興本草》卷一八 芫青 紹興校定：芫青乃斑猫之類也，形色别是一種。性味、主治已載《本經》，然但破血之性多矣。《本經》云味辛、溫、有毒是也。處處產之。

宋・陳衍《寶慶本草折衷》卷一七 芫一作蚖。青 出寧州，生芫花上，及南京。今處處有之。〇三四月取，暴乾。

味辛，微溫，有毒。〇主蠱毒，風疰鬼疰，墮胎。〇陶隱居云：療鼠瘻。〇《圖經》曰：芫青頗與斑猫相類，但純青綠色，背上一道黄文，尖喙。以糯米同炒，米色黄黑，即為熟，去頭、足、翼。

續說云：張松謂芫青又治膀胱疝氣，腹痛，及婦人室女經候不通，冷熱，久積水病，大風之疾。

元・尚從善《本草元命苞》卷八　芫青　味辛，微溫，有毒。主風疰鬼疰，療蠱毒墮胎。三四月芫花發時，就花上採之，暴乾。蟲形俱青緑色，背上一道黃文，入藥時糯米炒黃，去足翅，亂髮裹之，掛牆東角一宿，毒去然後可用。三、四月生為芫青，五、六月變為亭長，七、八月乃是班猫，九、十月化為地膽。四蟲形各不同，主療亦有小異。

明・劉文泰《本草品彙精要》卷三一　芫青有毒　化生。

芫青：主蠱毒，風疰，鬼疰，墮胎。名醫所錄。【地】《圖經》曰：本經不載所出州土，今處處有之。其形頗與斑猫相類，但純青緑色，背上有一道黃文，尖喙，三四月芫花發時乃生，多就花上採之。雷公云：芫青、斑猫、亭長、地膽等四件，其樣各不同，所居、所食、所效，亦各不同。其芫青嘴尖，背上有一畫黃；斑猫背上一畫黃，一畫黑，嘴尖處一小點赤，在豆葉上居，食豆葉汁；亭長形黑黃，在蔓葉上居，食蔓膠汁；地膽額上有大紅一點，身黑，用各有處。【時】生：三月、四月。採：三月、四月取。【收】暴乾。【用】身。【質】類斑蝥。【色】碧。【味】辛。【性】微溫，散。【氣】氣厚於味，陽也。【製】雷公云：用糯米、小麻子相拌同炒，待米黃黑出，去麻子等，去頭及翅足，更以亂髮裹之，掛於東壁角上一宿，去毒，至明取用。【治】療：陶隱居云：治鼠瘻瘡。【禁】妊娠不可服。

明・王文潔《太乙仙製本草藥性大全》卷八《本草精義》　芫菁　《本經》不載所出州土，今處處有之。其形頗與班蝥相類，但純青綠色，背上一道黃文，尖喙。今出寧州，三四月芫花發時乃生，多就花上採之，暴乾。凡用班猫、芫青、亭長之類，當以糯米同炒，看米色黃黑即爲熟，便出之去頭足及翅翼，更以亂髮裹之，(柱)〔掛〕屋東(榮)〔牆〕一宿，然後用之，則去毒矣。舊說班猫、芫青、葛上亭長、地膽皆一類之物，而各隨時變易，凡取用，當辨別明白。

明・王文潔《太乙仙製本草藥性大全》卷八《仙製藥性》　芫菁　味辛，微溫，有毒。主治：主瘰癧蠱毒如神，治風疰鬼疰尤驗。墮胎之要藥，止淋之秘方。太乙曰：芫菁、斑蝥、亭長、赤頭等四件，其樣各不同，所居、所食、所效各不同。其芫菁嘴尖，背上有一畫黃。斑蝥背上一畫黃，一畫黑，嘴尖處一小點赤，在豆葉上居，食豆葉汁。亭長形黑黃，在蔓葉上居，食蔓膠汁，赤頭，額上有大紅一點，身黑。用各有處。凡修事芫菁、斑蝥、亭長、赤頭，並用糯米、小麻子相拌同炒，待米黃黑出，去麻子等，去兩翅、足并頭，用血餘裹懸於東牆角上一夜至明，取用。

明・李時珍《本草綱目》卷四〇蟲部・卵生類下　芫青《别録》下品

【釋名】青娘子時珍曰：居芫花上而色青，故名芫青。世俗諱之，呼爲青娘子，以配紅娘子也。

【集解】《别録》曰：三月取，暴乾。弘景曰：二月三月在芫花上，花時取之，青黑色。恭曰：出寧州。頌曰：處處有之。形似斑蝥，但色純青緑，背上一道黃文，尖喙。三四月芫花發時乃生，多就芫花上采之，暴乾。時珍曰：但連芫花莖葉采置地上，一夕盡自出也。餘見斑蝥。

【修治】見斑蝥。

【氣味】辛，微温，有毒。時珍曰：芫青之功同斑蝥，而毒尤猛，蓋芫花有毒故也。○畏、惡同斑蝥。

【主治】蠱毒、風疰、鬼疰，墮胎《别録》。治鼠瘻弘景。主疝氣，利小水，消瘰癧，下痰結，治耳聾目翳，猘犬傷毒。餘功同斑蝥時珍。

【附方】新三。　偏墜疼痛：青娘子、紅娘子各十枚，白麵拌炒黃色，去前二物，熟湯調服，立效也。○《談野翁方》。　目中頑翳：發背膏：用青娘子、紅娘子、斑蝥各二個，去頭足，麪炒黃色，蓬砂一錢，蕤仁去油五個，爲末。每點少許，日五六次，仍同春雪膏點之。膏見黃連下。《普濟方》。　塞耳治聾：芫青、巴豆仁、蓖麻仁各一枚，研，丸棗核大，綿包塞之。○《聖惠方》。

明・梅得春《藥性會元》卷下　芫青　味辛，氣微溫，有毒。主治蠱毒風疰鬼疰，墮胎。三月取暴乾。雷公云：芫青、斑貓、亭長、赤頭等四件，其形各不同，所居、所食、所效各不同。其芫青嘴尖，背上有一畫黃；斑貓背上有一畫黃、一畫黑，嘴尖處一小點赤，在豆葉上居，食豆葉汁；亭長形黑黃，生在蔓葉上居，食蔓膠汁。赤頭，額上有大紅一點，身黑。用各有處，凡修事，此四件並用糯米、小麻子相拌炒，米焦黑度取去，去翅足并頭用。血餘裹，懸于東牆角上一夜，至天明取用之。

清・张璐《本經逢原》卷四　芫青即青娘子　辛，溫，有毒。去翅足，同糯米炒，去米用。發明：芫青居芫花上而色青，故能泄毒、攻積、破血、墮胎，功同斑蝥而毒尤猛，芫花有毒故也。其治瘋犬傷，消目瞖，却偏頭風，塞耳聾，皆取其毒銳也。又治月閉水腫，椒仁丸方用之。

也。

宋·李昉《太平御覽》卷九五一　地膽　《廣雅》曰：地膽、地要，青蠵也。《本草經》曰：元青，春食芫華，故云元青。秋為地膽。地膽，黑頭赤〔尾〕。味辛，有毒。主蠱毒風注。秋食葛華，故名之為葛上亭長。《吳氏本草經》曰：地膽，一名元青，一名杜龍，一名青虹。陶洪景《本草經》曰：地膽，味辛，寒，有毒。一名元青，一名青蠵。眞者出梁州，狀如大螞蟻，有小翼子。偽者，即是班猫所化，狀如大豆。大都治體畧同，必不能得眞，此亦可用。

宋·唐慎微《證類本草》卷二二蟲魚部下品〔《本經·別錄·藥對》〕　**地膽　味辛，寒，**有毒。**主鬼疰、寒熱、鼠瘻、惡瘡、死肌，破癥瘕，墮胎，**蝕瘡中惡肉、鼻中息肉，散結氣石淋，去子，服一刀圭即下。**一名蚖青，**一名青蛙烏蝸切。生汶山川谷，八月取。惡甘草。

〔梁·陶弘景《本草經集注》〕云：眞者出梁州，狀如大馬蟻，有翼。僞者即斑貓所化，狀如大豆。大都療體略同，必不能得真爾，此亦可用，故有蚖青之名。蚖字乃異，恐是相承誤矣。

〔唐·蘇敬《唐本草》〕注云：形如大馬蟻者，今見出邠州者是也。狀如大豆者，未見也。

〔宋·掌禹錫《嘉祐本草》〕按：《蜀本圖經》云：二月、三月、八月、九月，草菜上取之，形倍黑色，芫菁所化也。《藥性論》云：地膽，能宣出瘰癧根，從小便出，上亦吐之。治鼻齆。

〔宋·唐慎微《證類本草》〕《圖經》：文具芫菁條下。

宋·王繼先《紹興本草》卷一八　地膽　紹興校定：地膽亦芫青之類，但分此一種。《本經》雖具性味、主治及載于方，但今未聞用驗之據。性味當同芫青矣。

宋·陳衍《寶慶本草折衷》卷一七　地膽　一名蚖青，一名青蛙。生汶山川谷，及梁、邠州草萊上。〇八九月取。〇又云十月取。今《蜀本》又以二三月取者，乃言前條芫青也。〇惡甘草。

味辛，寒，有毒。〇主鬼疰，寒熱，鼠瘻，惡瘡，死肌，破癥瘕，墮胎，蝕瘡中惡肉，鼻中息肉，散結氣，石淋，去子服。〇陶隱居云：狀如大馬蟻，有翼。〇《藥性論》云：宣瘰癧，治鼻齆。〇《圖經》曰：斑猫、芫青、地膽，皆一類而隨變。古方皆用之。〇分芫青條。

續說云：張松謂地膽又治婦人血積，有似懷孕，連年累月，羸瘦腹大。

元·尚從善《本草元命苞》卷八　地膽　味辛，寒，有毒。惡甘草。主鬼疰寒熱鼠瘻，散結氣惡瘡死肌。去鼻中瘜肉，破癥瘕墮胎。能宣出瘰癧根，亦吐之。治鼻齆。出邠州。形如大馬蟻，八九月草菜上取之。

明·劉文泰《本草品彙精要》卷三一　地膽有毒　化生。

地膽出《神農本經》：主鬼疰，寒熱，鼠瘻，惡瘡，死肌，破癥瘕，墮胎。以上朱字《神農本經》。蝕瘡中惡肉，鼻中瘜肉，散結氣石淋。去子，服一刀圭即下。以上黑字名醫所錄。

【名】蚖青、青蛙烏蝸切。【地】陶隱居云：出梁州及汶山川谷，今邠州亦有之。狀如大馬蟻，有翼。《本經》一名蚖青，蚖字乃異，恐是相(乘)〔承〕誤矣。【時】生：夏。採：八月取。【用】身。【質】類大馬蟻。【色】黑。【味】辛。【性】寒。【氣】氣之薄者，陽中之陰。【主】鼻齆，瘰癧。【反】惡甘草。【禁】妊娠不可服。

明·王文潔《太乙仙製本草藥性大全》卷八《本草精義》　地膽　一名蚖青，一名青蠵。生汶山川谷。陶云：真者出梁州，狀如大馬蟻，有翼；僞者即班猫所化，狀如大豆。大都療體略同，必不能得真爾，此亦可用，故有芫青之名。唐云：形如大馬蟻者，今見出邠州者是也。狀如大豆者，未見也。《蜀本》云：二月、三月、八月、九月草菜上取之，形倍黑色，芫青所化也，此一蟲五變，爲療皆相似。二月、三月在芫花上即呼芫青，四月、五月在王不留行上即呼王不留行蟲，六月、七月在葛花上即呼爲葛上亭長，八月在豆花上即呼班猫，九月、十月欲還地蟄即呼爲地膽，此是僞地膽爾。

明·王文潔《太乙仙製本草藥性大全》卷八《仙製藥性》　地膽　味辛，氣寒，有毒。主治：主鬼疰寒熱鼠瘻，治惡瘡蝕瘡死肌。去鼻齆息肉，散結氣，石淋癥瘕疾立破。懷妊者忌之。補註：結氣石淋服一刀圭即下。〇瘰癧取服，則根從小便出，上亦吐之效。

明·李時珍《本草綱目》卷四〇蟲部·卵生類下　地膽《本經》下品

【釋名】蚖青《本經》。青蠵攜。弘景曰：地膽是芫青所化，故亦名蚖青。用蚖字者，亦承誤爾。時珍曰：地膽者，居地中，其色如膽也。按《太平御覽》引《爾雅》云：地膽、地要，青蠵也。又引《吳普本草》云：地膽一名杜龍，一名青虹。陶弘景以蠵字爲蛙字，音烏蝸切者，誤矣。宋本因之，今俱釐政也。

【集解】經曰：生汶山山谷。八月取之。弘景曰：真地膽出梁州，狀如大馬蟻，有翼；僞者是斑蝥所化，狀如大豆。大抵療體略同，亦難得真耳。恭曰：形如大馬蟻者，今出邠州，三月至十月，草萊上采之，非地中也。狀如大豆者，未見之，陶亦浪證爾。保昇曰：二月、三月、八月、九月，草菜上取之，形倍黑色，芫青所化也。時珍曰：今處處有之，在地中或墻石內，蓋芫青、亭長之類，冬月入蟄者，狀如斑蝥。蘇恭未見，反非陶説，非也。《本經》别名芫青，尤爲可證。既曰地膽，不應復在草萊上矣。蓋芫青，青緑色；斑蝥，黃斑色；亭長，黑身赤頭；地膽，黑頭赤尾。色雖不同，功亦相近。

〔修治〕同斑蝥。

〔氣味〕辛，寒，有毒。〔主治〕鬼疰寒熱，鼠瘻惡瘡死肌，破癥瘕，墮胎《本經》。蝕瘡中惡肉，鼻中瘜肉，散結氣石淋。去子，服一刀圭即下《别録》。宣拔瘰癧，從小便中出，上亦吐出。又治鼻齆《藥性》。治疝積疼痛。餘功同斑蝥時珍。

〔發明〕頌曰：今醫家多用斑蝥、芫青，而稀用亭長、地膽，蓋功亦相類耳。時珍曰：按楊氏《直指方》云：有癌瘡顆顆累垂，裂如瞽眼，其中帶青，由是簇頭各(類)〔露〕一舌，毒深穿孔，男則多發于腹，女則多發于乳，或項或肩，令人昏迷。急宜用地膽爲君，佐以白牽牛、滑石、木通，利小便以宣其毒。更服童尿灌滌餘邪，乃可得安也。

〔附方〕新二。小腸氣痛：地膽去翅足頭微炒、朱砂各半兩，滑石一兩，爲末。每苦杖酒食前調服二錢，即愈。《宣明》。鼻中息肉：地膽生研汁，灌之。乾者酒煮取汁。○又方：細辛、白芷等分爲末，以生地膽汁和成膏。每用少許點之，取消爲度。○並《聖惠》。

明・梅得春《藥性會元》卷下　地膽　味辛，性寒，有毒。惡甘草。主治鬼疰寒熱，鼠瘻惡瘡，死肌，破癥瘕，墮胎，蝕瘡中惡肉，鼻中息肉，散結氣石淋，去子，服一刀圭即下。一名蚖青，又名青蛙。生汶川川谷。八月取。

明・李中立《本草原始》卷一一　地膽　生汶山山谷。是芫青所化，故一名蚖青。狀類斑蝥，黑頭赤尾。二三月、八九月取之。因居地中，其色如膽，故名地膽。　地膽：　氣味：辛，寒，有毒。主治：鬼疰寒熱，鼠瘻惡瘡死肌，破癥瘕，墮胎。○蝕瘡中惡肉，鼻中瘜肉，散結氣石淋。去子，服一刀圭，即下。○宣拔瘰癧根從小便中出，上亦吐出。又治鼻齆。○治疝積疼痛。　餘功同斑蝥。

《本經》下品。【圖略】地膽狀如斑蝥。　修治：地膽，以糯米同炒黃色，去米用。○惡甘草。○在地中或墻石內。蓋芫青青緑色，斑蝥黃斑色，亭長黑身赤頭，地膽黑頭赤尾。色雖不同，功亦相近。

清・张璐《本經逢原》卷四　地膽　辛，溫，有毒。同糯米炒，去米用。

《本經》主鬼疰，寒熱鼠瘻，惡瘡死肌，破癥瘕，墮胎。　發明：地膽有毒而能攻毒。性專破結墮胎，又能除鼻中瘜肉，下石淋功同斑蝥，力能上涌下泄。

清・王子接《得宜本草・下品藥》　地膽　味辛。主治瘡瘍癥瘕。得硃砂、滑石治小腸氣痛，得細辛、白芷治鼻中瘜肉。

清・葉志詵《神農本草經贊》卷三　地膽　味辛，寒。主鬼注，寒熱鼠瘻，惡瘡死肌，破癥瘕墮胎。一名蚖青。生川谷。

寂歷冬心，披尋寒膽。蠢動陽舒，蟄藏陰慘。赬尾霞拖，烏頭雲黮。蟻垤同封，垂精接感。

江淹賦：連悁冬心，寂歷冬暮。朱子詩：肝膽不勝寒。《禮注》：春之言蠢。蠢動，生之貌也。《雲笈七籤》：禽蟲蟄藏，以不食而全。劉峻論：陽舒陰慘。李時珍曰：此芫青、亭長之類，冬月入蟄者，黑頭赤尾。蘇軾詩：霞拖弄修帔。張衡賦：雲師黮以交集。陶弘景曰：出涼州，狀如大馬蟻有翼。《淮南子》：蟻知爲垤。歐陽修跋：垂精接感，分源而流。

斑蝥

宋・唐慎微《證類本草》卷二二蟲魚部下品〔唐・陳藏器《本草拾遺》〕　盤蝥蟲蝥牟二音　有小毒。主傳尸鬼疰。如夜行蟲而小，亦未可輕用也。

宋・李昉《太平御覽》卷九五一　班猫　《本草經》曰：班猫，一名龍尾。味寒。生谷〔中〕。《吳氏本草經》曰：班猫，一名班蚝，一名龍蚝，一名斑菌，一名腃髮，一名晏青。神農：辛。岐伯：鹹。桐君：有毒。扁鵲：甘，有大毒。生河内川谷，或生水石。

宋・唐慎微《證類本草》卷二二蟲魚部下品〔《本經・别録・藥對》〕　**斑猫**　**味辛，寒，**有毒。**主寒熱、鬼疰、蠱毒、鼠瘻、疥癬、惡瘡、疽蝕、死肌，破石癃、**血積，傷人肌，墮胎。**一名龍尾。**生河東川谷。八月取，陰乾。馬刀爲之使，畏巴豆、丹參、空青，惡膚青。

〔梁・陶弘景《本草經集注》〕云：豆花時取之，甲上黃黑斑色如巴豆大者是也。

〔宋・掌禹錫《嘉祐本草》〕按：《蜀本圖經》云：七月、八月，大豆葉上甲蟲，長五六分，黃斑文烏腹者，今所在有之。吳氏云：斑猫，一名斑蚝音刺，一名龍蚝，一名斑菌，一名腃髮，一名盤蛩，一名晏青。神農：辛。岐伯：鹹。桐君：有毒。扁鵲：

甘，有大毒。生河内川谷或生水石。《藥性論》云：斑猫，使，一名龍苗，有大毒。能治瘰癧，通利水道。日華子云：惡豆花。療淋疾，傅惡瘡、瘻爛。入藥除翼、足，熟炒用。生即吐瀉人。

〔宋・蘇頌《本草圖經》〕曰：斑猫，生河東川谷，今處處有之。七月、八月大豆盛時，此蟲多在葉上，長五六分，甲上黄黑斑文，烏腹尖喙，如巴豆大，就葉上採之，陰乾。古方書多有用此，其字或作斑蝥，亦作斑蚝，入藥不可令生，生即吐瀉人。

〔宋・唐慎微《證類本草》〕《外臺秘要》：救急治丁腫方：斑猫一枚捻破，以針劃瘡上，作米字封之，即根乃出。又方：治乾癬積年生痂，搔之黄水出，每逢陰雨即痒。用斑猫半兩，微炒爲末，蜜調傅之。《經驗方》：大治大人、小兒瘰癧内消方：斑猫一兩，去翅、足，用粟米一升，同斑猫炒，令米燋黄，去米不用，細研，入乾薄荷末四兩同研，令匀，以烏雞子清丸如菉豆大。空心臘茶下一丸，加至五丸，卻每日減一丸，減至一丸後，每日服五丸。《肘後方》：治沙蝨毒。斑猫二枚，一枚末服之，一枚燒令煙絶，研末，以傅瘡中。立差。《廣利方》：治瘰癧經久不差。斑猫一枚，去翅、足，微炙，以漿水一盞，空腹吞之，用蜜水下，重者不過七枚差。又方：妊娠或已不活，欲下胎。燒斑猫末，服一枚，即下。

宋・寇宗奭《本草衍義》卷一七 斑猫　須糯米中炒米黄爲度，妊身人不可服。爲能潰人肉，治淋藥多用，極苦，人尤宜斟酌。下條芫青，其用與此不相遠，故附於此。

宋・王繼先《紹興本草》卷一八 斑猫　紹興校定：斑猫，性味、主治具於《本經》，但逐血理痛諸方用之頗驗。《本經》云味辛、寒、有毒是矣。多生窠木間或葉上，處處有。

宋・劉明之《圖經本草藥性總論》卷下 班猫　味辛，寒，有毒。主寒熱鬼疰蠱毒，鼠瘻疥癬，惡瘡疽蝕死肌，破石癃血積，傷人肌，墮胎。《藥性論》云：使。有大毒。能治瘰癧，通利水道。日華子云：療淋疾，傅惡瘡瘻爛。入藥除翼足，熟炒，用生即吐瀉人。馬刀為之使。畏巴豆、丹參、空青。惡膚青。

宋・陳衍《寶慶本草折衷》卷一七 斑猫使。　一名斑蚝，一名斑菌，一名斑蝥，一名龍尾，一名龍蚝，一名龍苗，一名踡髮，一名盤蛩，一名晏青。○蚝，音刺。生河東川谷，及河内。今處處大豆葉上或水石有之。○七、八月取，陰乾。○馬刀為使，畏巴豆、丹參、空青，惡膚青、豆花。

味辛、鹹、甘，寒，有大毒。○主寒熱鬼疰，蠱毒鼠瘻，疥癬惡瘡，疽蝕死肌，破石癃，血積，傷肌墮胎。○《藥性論》云：治瘰癧，利水道。○日華子云：療淋疾，除翼足，熟炒用，生即吐瀉人。○《圖經》曰：此蟲長五六分，甲上黄黑斑文，烏腹尖喙，如巴豆大。○《外臺秘要》：治丁腫。斑猫壹枚捻破，以針劃瘡上，作米字封之，根出。○又方：治乾癬，積年生痂。用斑猫微炒為末，蜜調傅。○寇氏曰：斑猫糯米中炒，米黄為度。能潰人肉，尤宜斟酌。

元・王好古《湯液本草》卷六 斑猫　味辛，寒，有毒。《本草》云：主寒熱，鬼疰蠱毒，鼠瘻，疥癬，惡瘡疽，蝕死肌。破石癃血積，傷人肌，墮胎。畏巴豆。

元・尚從善《本草元命苞》卷八 班猫　為使。辛，寒，有毒。惡豆花。馬刀為使。畏空青、巴豆、丹參。主寒熱鬼疰，蠱毒鼠瘻。療疥癬惡瘡，疽蝕死肌。破石淋血積，傷人肌，墮胎。生河東川谷，今所在有之。秋後大豆盛時，此蟲多在葉上，甲黄黑斑紋形，烏腹尖喙，狀如巴豆大，就葉採，陰乾。入藥炒去足翅，生則令人吐瀉。

明・王綸《本草集要》卷六 斑猫使　味辛，氣寒，有毒。馬刀為之使。畏巴豆、丹參、空青。七八月豆盛時取之，陰乾。除翼足，糯米中炒熟，米黄為（變）〔度〕，生則吐瀉人。主寒熱鬼疰蠱毒，鼠瘻疥癬，瘰癧惡瘡，疽蝕死肌。破石癃，通水道。血積，傷人肌，墮胎。

明・滕弘《神農本經會通》卷一〇 斑猫　使也。馬刀為之使。畏巴豆、丹參、空青，惡膚青、豆花。七八月大豆盛時，此蟲多在葉上，長五六分，甲上黄黑斑文，烏腹尖喙，如巴豆大。就葉上採之，陰乾。用除翼足，糯米中炒熟，米黄為度，生則吐瀉人。《衍義》云：能潰人肉，治淋藥多用。極苦，人尤宜斟酌。

味辛，氣寒，有毒。一云：有大毒。《湯》同。《疌》云：主蠱毒，諸瓥，瘰癧，通經，尤大熱，行水道，墮胎，破血，爛肉，及通腸。《本經》云：主寒熱，鬼疰蠱毒，鼠瘻，疥癬惡瘡，疽蝕死肌，破石癃血積，傷人肌，墮胎。《藥性論》云：使。治瘰癧，通利水道。日華子云：療淋疾，傅惡瘡瘻爛。入藥除翼足，熟炒用。生卽吐瀉人。《經驗》云：治大人小兒瘰癧内消方，斑猫一兩，去翅足，用粟米一升，同斑猫炒令米焦黄，去米不用，細研，入乾薄荷末四兩，同研令勻，以(烏)〔鷄〕子清丸如菉豆大，空心臘茶一丸，加至五丸，却每日減一丸，減至一丸後，每日服五丸。剾云：斑毛主治瘡疽癧，墮胎通淋破血癥。入藥要知當熟炒，令人吐瀉只緣生。卽《局方》斑猫，熟炒，不宜生。通淋墮孕，能宣瘰癧之疵。

明・劉文泰《本草品彙精要》卷三一 斑猫有毒 化生。

斑猫出《神農本經》：主寒熱，鬼疰，蠱毒，鼠瘻，惡瘡，疽蝕，死肌，破石癃。以上朱字《神農本經》。疥癬，血積，傷人肌，墮胎。以上黑字名醫所錄。〔名〕龍尾、晏青、腌髮、斑蚝音刺、龍苗、斑菌、盤蛩、龍蚝。〔地〕《圖經》曰：生河東川谷，今處處有之。七八月大豆盛時，此蟲多在豆葉上，長五六分，甲上黃黑斑文，烏腹尖喙，如巴豆大，就葉上採之。古方書多有用此，其字或作斑蝥，亦作斑蚝也。〔時〕生：四月、五月。採：七八月露中取。〔收〕陰乾。〔用〕身。〔色〕黃黑斑文。〔味〕辛。〔性〕寒，散。〔氣〕氣之薄者，陽中之陰。〔主〕鼠瘻，淋瀝。〔助〕馬刀爲之使。〔反〕畏巴豆、丹參、空青，惡膚青、豆花。〔製〕《衍義》曰：凡使，須在糯米中炒，待米色黃爲度。去翅足用。〔治〕療：《藥性論》云：消瘰癧，利水道。日華子云：療淋疾，傅惡瘡瘻。《別錄》云：治疔腫，以一枚捻破，用鍼劃瘡上作十字封之，即根出。又治沙蝨毒，以二枚，一枚爲末服之，一枚燒令煙絕，研末傅之，立瘥。及妊娠或已不活，欲下胎者，燒末服一枚即下。〔合治〕以半兩微炒爲末，合蜜調傅乾癬積年生痂，搔之黃水出，每逢陰雨即癢者。○以一兩去翅足，用粟米一升同炒，令米焦黃，去米不用，細研入乾薄苛末四兩，同研令勻，合烏雞子清丸，如菉豆大，空心臘茶下一丸，加至五丸，每日減一丸，減至一丸後，每日服五丸，治大人、小兒瘰癧內消。〔禁〕妊娠不可服，爲能潰人肉。治淋藥多用，極苦，人尤宜斟酌。凡入藥不可令生，生即吐瀉人。

明・葉文齡《醫學統旨》卷八 班猫 氣寒，味辛。有毒。馬刀為使。畏巴豆、丹參。七八月豆盛時取之，陰乾，除翼足，糯米中炒熟，米黃為度；生則吐瀉人。治寒熱鬼疰蠱毒，鼠瘻疥癬，瘰癧惡瘡，疽蝕死肌，破石癃，利水道血積。傷人肌，墮胎。

明・許希周《藥性粗評》卷四 放斑猫以入，癧鼠敢為妖？

斑猫，蜂類也。一名般蝥，一名龍尾。其名甚多。江南田野處處有之。黃黑斑文，烏腹尖喙。七八月荳盛時好棲葉上，就葉上採之，不拘多少，去頭翅足，同糯米炒，以米黃為度，去米收貯。馬刀為之使，畏巴豆、丹參、空青。味辛、苦，性寒，有毒。主治鬼疰蠱毒，鼠癧惡瘡，丁腫疥癬，蝕死肌，破石淋，解風犬所傷。

單方：鼠癧：凡患瘰癧，不拘大人小兒，令其內消，斑猫一兩，去翅足，以糯米同炒，製過者細研，入乾薄荷四兩，同研令勻，以烏雞子清丸如菉豆大，空心臘茶下一丸，加至五丸，却每日遞減一丸，減至一丸後，每日常服五丸，久久自消。丁瘡：斑猫不拘多少，生擣傅之，根出。風犬所傷：斑猫製過者二十一枚，研末，以薄荷湯調服，其毒自小便中出，其形如小犬。積年乾癬：凡患乾癬，積年不愈，每逢陰雨即痒，搔之有黃水，斑猫半兩，微炒研末，調傅之差。

明・鄭寧《藥性要略大全》卷一〇 班猫蟲 通淋下胎，宜瘰癧，宣風犬咬毒。味辛，氣寒，有大毒。凡用炒研入藥，一名盤蝥。雷公云：凡用去足翅，以米同炒，至米黃色為度，去米不用，研末入藥。若生用者，即令人吐瀉無休。

明・陳嘉謨《本草蒙筌》卷一一 斑猫 味辛。一云味鹹。氣寒，有大毒。遠近處俱有，七八月方生。夥集交飛，常在豌豆花上；烏腹尖喙，甲多黃黑斑紋。網張取納瓶內陰乾，去翅足同粳米炒熟。生者誤服，吐瀉難當。惡曾青、豆花，畏丹參、巴豆。治寒熱鬼疰蠱毒，療鼠瘻疥癬惡瘡。去疽蝕死肌，除石癃血積。墮胎潰肉，孕婦忌之。

明・王文潔《太乙仙製本草藥性大全》卷八《本草精義》 斑蝥 一名盤蝥，一名龍苗，一名龍蚝，一名斑菌，一名腌髮，一名晏青。生河東川谷，今處處有之。七八月方生，夥集交飛，常在菀豆花葉上，長五六分，甲上黃黑斑文，烏腹尖喙，如巴豆大。就葉上採之，或網張取，納瓶內陰乾，去翅足。惡曾青、豆花，畏巴豆、丹參、空青。

明・王文潔《太乙仙製本草藥性大全》卷八《仙製藥性》 斑蝥使 味辛，一云味鹹，氣寒，有大毒。馬刀爲之使。主治：治寒熱鬼疰蠱毒，療鼠瘻疥癬惡瘡。去疽蝕死肌，除石癃血積，祛瘰癧而大效，利水道最爲奇。潰肉墮胎，孕婦忌食。補註：救急治疔腫方：斑蝥一枚捻破，以針劃瘡上，作米字封之，即根乃出。○治乾癬積年生痂，搔之黃水出，每逢陰雨即痒。用斑蝥半兩，炒爲末，蜜調傅之。○治大人、小兒瘰癧內消方：斑蝥一兩，去翅、足，用粟米一升，同斑蝥炒令米焦黃，去米不用，細研，入乾薄荷四兩同研勻，以烏鷄子清丸如菉豆大，空心臘茶下三丸，加至五丸，却每日減一丸，減至三丸後，每日服五丸。○治沙虱毒，斑蝥二枚，一枚末服之，一枚燒令煙絶，研末，以傅瘡中立差。治瘰癧經久不差，斑蝥一枚，去翅、足微炙，以漿水一盞，空腹吞之，用蜜水下，重者不過七枚差。妊娠或已不活欲下胎，燒斑蝥，末，服一枚即下。太乙曰：凡用去翅、足，以米同炒，至米黄色爲度，去米不用，研細末入藥。若生用者，即令人吐瀉無休。

明・皇甫嵩《本草發明》卷六

斑猫下品。味辛，寒，有毒。發明曰：斑猫，以毒攻毒之用。主寒熱鬼疰蠱毒，鼠瘻疥癬惡瘡，去疽蝕死肌，破石淋血積，傷人肌，墮胎。《經驗方》治瘰癧內消。用斑猫一兩，去翅足，以粟米一升，同炒，米焦黄，去米不用，研細，入薄荷末四兩，同研令勻，烏鷄子清丸菉豆大，空心臘茶下一丸，加至五丸，每日再減一丸，後再加五丸。凡用去翅足，同粳米炒熟，生者服之，令人吐瀉。惡曾青、豆花。畏丹參、巴豆。○黑腹烏頭，甲多黑黄斑紋，此一蟲五變，二三月在芫花，名芫青；四五月在王不留行者，即以此名之；六七月在葛上，名為葛上亭長；八月在豌豆花上，即呼斑猫；九月蟄地，呼為地膽。名異而療病則同。

明・李時珍《本草綱目》卷四〇蟲部・卵生類下

斑蝥《本經》下品。校正：陳藏器盤蝥蟲係重出，今並爲一。

【釋名】斑猫《本經》　盤蝥蟲《拾遺》　龍蚝音刺　斑蚝時珍曰：斑言其色，蝥刺言其毒，如矛刺也。亦作盤蝥，俗訛爲斑猫，又訛斑蚝爲斑尾也。《吴普本草》又名斑菌，曰腃髮，曰晏青。

【集解】《别録》曰：斑猫生河東山谷。八月取，陰乾。吴普曰：生河內山谷，亦生木石。保昇曰：斑猫所在有之，七八月大豆葉上甲蟲也。長五六分，黄黑斑文，烏腹尖喙。就葉上采取，陰乾用。弘景曰：此一蟲五變，主療皆相似。二三月在芫花上，即呼爲芫青；四五月在王不留行草上，即呼爲王不留行蟲；六七月在葛花上，即呼爲葛上亭長；八九月在豆花上，即呼爲斑蝥；九月十月復還地蟄，即呼爲地膽，此是僞地膽耳，爲療猶同也。其斑蝥大如巴豆，甲上有黄黑斑點；芫青，青黑色；亭長，身黑頭赤。斅曰：芫青、斑蝥、亭長、赤頭四件，樣各不同，所居、所食、所效亦不同。芫青觜尖，背上有一畫黄，在芫花上食汁；斑蝥背上一畫黄，一畫黑，觜尖處有一小赤點，在豆葉上食汁；亭長形黄黑，在葛葉上食汁；赤頭身黑，額上有大紅一點也。頌曰：四蟲皆是一類，但隨時變耳。《深師方》云：四月、五月、六月爲葛上亭長，七月爲斑猫，九月、十月爲地膽。今醫家知用芫青、斑蝥，而地膽、亭長少使，故不得詳也。恭曰：本草、古今諸方，並無王不留行蟲。若陶氏所言，則四蟲專在一處。今地膽出豳州，芫青出寧州，亭長出雍州，斑蝥所在皆有。四蟲出四處，可一歲周遊四州乎？芫青、斑蝥形段相似，地膽狀貌大殊。且豳州地膽三月至十月采自草萊上。陶蓋浪言爾。時珍曰：按《本經》《别録》，四蟲采取時月，正與陶説相合。《深師方》用亭長，所註亦同。自是一類，隨其所居、所出之時而命名爾，蘇恭强闢，陶説亦自欠明。按《太平御覽》引《神農本草經》云：春食芫花爲芫青，夏食葛花爲亭長，秋食豆花爲斑蝥，冬入地中爲地膽，黑頭赤尾。其説甚明，而唐宋校正者反失收取，更致紛紜，何哉？陶氏之王不留行蟲，雷氏之赤頭，方藥未有用者。要皆此類，固可理推。餘見地膽。

【修治】斅曰：凡斑蝥、芫青、亭長、地膽修事，並(漬)〔用〕糯米、小麻子相拌炒，至米黄黑色取出，去頭、足、兩翅，以血餘裹，懸東墻角上一夜用之，則毒去也。大明曰：入藥須去翅、足，糯米炒熟，不可生用，即吐瀉人。時珍曰：一法用麸炒過，醋煮用之也。

【氣味】辛，寒，有毒。普曰：神農：辛。岐伯：鹹。扁鵲：甘，有大毒。○馬刀爲之使，畏巴豆、丹參、空青，惡膚青、甘草、豆花。時珍曰：斑猫、芫青、亭長、地膽之毒，靛汁、黄連、黑豆、葱、茶，皆能解之。

【主治】寒熱，鬼疰蠱毒，鼠瘻，瘡疽，蝕死肌，破石癃《本經》。血積，傷人肌。治疥癬，墮胎《别録》。治瘰癧，通利水道甄權。療淋疾，傅惡瘡瘻爛日華。治疝瘕，解疔毒、猘犬毒、沙虱毒、蠱毒、輕粉毒時珍。

【發明】宗奭曰：妊娠人不可服之，爲潰人肉。治淋方多用，極苦人，須斟酌之。時珍曰：斑蝥，人獲得之，尾後惡氣射出，臭不可聞。故其入藥亦專主走下竅，直至精溺之處，蝕下敗物，痛不可當。葛氏云：凡用斑蝥，取其利小便，引藥行氣，以毒攻毒是矣。楊登甫云：瘰癧之毒，莫不有根，大抵以斑蝥、地膽爲主。制度如法，能使其根從小便中出，或如粉片，或如血塊，或如爛肉，皆其驗也。但毒之行，小便必澀痛不可當，以木通、滑石、燈心輩導之。又葛洪《肘後方》云：席辯刺史傳云，凡中蠱毒，用斑蝥蟲四枚，去翅足，炙熟，桃皮五月初五日采取，去黑皮陰乾，大戟去骨，各爲末。如斑蝥一分，二味各用二分，合和棗核大，以米清服之，必吐出蠱。一服不瘥，十日更服。此蠱洪州最多，有老嫗解療之，一人獲縑二十匹，秘方不傳。後有子孫犯法，黄華公若于則時爲都督，因而得之也。

【附方】舊六，新九。

内消瘰癧：不拘大人小兒。《經驗方》用斑蝥一兩，去翅足，以粟一升同炒，米焦去米不用，入薄荷四兩爲末，烏鷄子清丸如緑豆大。空心臘茶下三丸，加至五丸，却每日減一丸，減至一丸後，每日五丸，以消爲度。○《廣利》：治瘰癧經久不瘥。用斑蝥一枚，去翅足，微炙，以漿水一盞，空腹吞之。用蜜水亦可。重者，不過七枚瘥也。

瘻瘡有蟲：八月中多取斑蝥，以苦酒浸半日，晒乾。每用五個，銅器炒熟爲末，巴豆一粒，黄犬背上毛二七根炒研，朱砂五分，同和苦酒頓服，其蟲當盡出也。

癰疽拔膿：癰疽不破，或破而腫硬無膿。斑蝥爲末，以蒜搗膏，和水一豆許，貼之。少頃膿出，即去藥。《直指》。

疔腫拔根：斑蝥一枚捻破，以針劃瘡上，作米字形樣，封之，即出根也。《外臺》。

血疝便毒：不拘已成、未成，隨即消散。斑蝥三個，去翅足炒，滑石三錢，同研，分作三服。空心白湯下，日一服，毒從小便出。如痛，以車前、木通、澤瀉、猪苓煎飲，名破毒飲，甚效。東垣方。　積年癬瘡：《外臺》用斑蝥半兩，微炒爲末，蜜調傅之。○《永類》用斑蝥七個，醋浸，露一夜，搽之。　面上痞癗：大風，面上有紫痞癗未消。用乾斑蝥末，以生油調傅。約半日，痞癗脹起。以軟帛拭去藥，以棘針挑破，近下，令水出乾。不得剥其瘡皮，及不可以藥近口、眼。若是尖痞癗子，即勿用此，别用膽礬末合藥以治之。《聖濟總録》。

疣痣黑子：斑蝥三個，人言少許，以糯米五錢炒黃，去米，入蒜一個，搗爛點之。　風狗咬傷：《衛生易簡方》云：此乃九死一生之病。急用斑蝥七枚，以糯米炒黃，去米爲末，酒一盞，煎半盞。空心温服，取下小肉狗三四十枚爲盡。如數少，數日再服。七次無狗形，永不再發也，累試累驗。○《醫方大成》用大斑蝥三七枚，去頭翅足，用糯米一勺，略炒過，去斑蝥。别以七枚如前炒，色變，復去之。别以七枚如前，至青烟爲度，去蝥，只以米爲粉。用冷水入清油少許，空心調服。須臾再進一服，以小便利下毒物爲度。如不利，再進。利後肚疼，急用冷水調青靛服之，以解其毒，否則有傷。黃連水亦可解之。但不宜服一切熱物也。　中沙虱毒：斑蝥二枚，一枚末服，一枚燒至烟盡，研末，傅瘡中，立瘥。《肘後方》。　塞耳治聾：斑蝥炒二枚，生巴豆去皮心二枚，杵丸棗核大，綿裹塞之。《聖惠方》。　妊娠胎死：斑蝥一枚，燒研水服，即下。《廣利方》。

明・梅得春《藥性會元》卷下　斑猫　味辛，氣寒，有毒。馬刀為使。畏巴豆、丹參、空青。惡膚青。　主治寒熱鬼疰蠱毒，鼠瘻瘰癧，疥癬，惡瘡疽，蝕死肌，破石癃，利水道，通淋，消血積，婦人產難，胞衣不下，墮胎，傷人肌。七八月豆盛時取之，陰乾。　製法：除去翅足，糯米泔浸，夾糯米炒熟，米黃為度。生則令人吐瀉。

明・李中立《本草原始》卷一一　斑蝥　生河内山谷，今所在有之。甲蟲也。七八月在大豆葉上。長五六分，黃黑斑文，烏腹尖喙。就葉上采取，陰乾。時珍曰：斑，言其色；蝥，言其毒如矛也。俗訛為斑貓。斑蝥：氣味：辛，寒，有毒。主治：寒熱，鬼疰蠱毒，鼠瘻瘡疽，蝕死肌，破石癃。○血積傷肌，治疥癬，墮胎。○治瘰癧，通利水道。○療淋疾，傅惡瘡瘻爛。○治疝瘕，解疔毒、猘犬毒、沙蝨毒、〔蠱毒〕、輕粉毒。

《本經》下品。【圖略】入炮藥多用。　修治：大明曰：斑蝥入藥，須去翅足，糯米炒熟，不可生用，即吐瀉人。妊身人不可服，為能潰人肉。

斑蝥，馬刀為之使，畏巴豆、丹參、空青，惡膚青、甘草、豆花。　中其毒者，靛汁、黃連、黑豆、葱、茶皆能解之。　《廣利方》：治妊娠胎死腹中，斑蝥一枚，燒灰研末，水服即下。　斑蝥，使。

明・張懋辰《本草便》卷二　斑猫使　味辛，氣寒，有毒。畏巴豆、丹參、空青。　主寒熱鬼疰，蠱毒鼠瘻，疥癬瘰癧，惡瘡疽蝕，死肌，破石癃，通水道、血(精)〔積〕，傷人肌，墮胎。

明・李中梓《藥性解》卷六　斑猫　味辛、鹹，性寒，有大毒，不載經絡。主寒熱鬼疰，蠱毒鼠漏，疥癬惡瘡，疽蝕死肌，破石癃血積，利水道墮胎。凡使去足翅，拌糯米炒，米黃為度，馬刀為使，畏巴豆、丹參、空青，惡曾青、豆花。　按：班猫入腹，有開山鑿嶺之勢，最稱猛烈，故輒致腹痛不可忍。余見里中一壯年患痞疾，服班猫數劑，初則大瀉不止，煩悶欲絶，斷則二便來紅，三日而死。自非百藥不效之病，可輕使哉。

明・繆希雍《本草經疏》卷二二　斑猫　味辛，寒，有毒。主寒熱，鬼疰蠱毒，鼠瘻，疥癬，惡瘡疽，蝕死肌，破石癃血積，傷人肌，墮胎。馬刀為之使。畏巴豆、丹參、空青、甘草。

〔疏〕斑猫稟火金相合之氣，故其味辛氣寒。扁鵲云：有大毒。近人肌肉則潰爛，毒可知矣。入手陽明、手太陽經。性能傷肌肉，蝕死肌，故主鼠瘻、疽瘡、疥癬。辛寒能走散下泄，故主破石癃血積及墮胎也。至於鬼疰蠱毒，必非極辛大毒之藥所能療，此《本經》之誤。甄權主瘰癧，通利水道。以其能追逐腸胃垢膩，復能破結走下竅也。　〔主治參互〕治瘰癧，用肥皂二斤，去核，每肥皂一莢，入斑猫四枚，線縛蒸，取出，去斑猫并肥皂皮筋，得淨肉十兩，入貝母二兩，栝樓根、玄參、甘草、薄荷葉各一兩五錢，共為末，以肥皂搗如泥，為丸梧子大。每服一錢，白湯吞。服後腹疼，勿慮，此藥力追毒之故。　治癲犬咬方，用斑猫七箇，去頭足并翅，酒洗，和濕糯米銅杓内炒，米熟為度，隨將二物研成細末，加六一散三兩，分作七服，每清晨一服，白湯調下。本人頭頂心必有紅髮二三根，要不時尋覓拔去。《經驗方》内消瘰癧，不拘大人小兒。用斑猫一兩，去頭足翅，以粟米一升同炒，米焦去米，入薄荷四兩，為末，烏雞子清丸如菉豆大。空心臘茶下三丸，加至五丸，卻每日減一丸，減至一丸後，復日增一丸，以消為度。　〔簡誤〕斑猫，性有大毒，能潰爛人肌肉。惟瘰癧、癲犬咬，或可如法暫施。此物若煆之存性，猶能嚙人腸胃，發泡潰爛致死。即前二證，亦不若用米同炒，取氣而勿用質為穩。餘證必不可餌。切戒！切戒！

明・倪朱謨《本草彙言》卷一七　斑蝥　味辛，氣平，有毒。　韓氏曰：

斑蝥所在皆有之。陶氏曰：此一蟲有四變：二三月在芫花上，呼爲芫青；四五六月在葛花上，呼爲葛上亭長；七八九月在豆花上，呼爲斑蝥；十月十一月，復還地蟄，呼爲地膽。按：芫青嘴尖，身青綠色，背上有一畫黄；葛上亭長頭赤身黑，額上有一點大紅色；斑蝥形如巴豆，背上有一畫黄一畫黑，又有黄黑斑點，嘴尖，尖處有一小赤點；地膽冬月入蟄在地中或墻石内，狀如大螞蟻，頭黑尾赤者。四蟲乃是一類，但隨時隨寓變狀耳，且治療亦相同也。再以地界分之，芫青處處皆有，惟寧州者上；葛上亭長處處皆有，出雍州者良；斑蝥處處皆有，出河東河内山谷者妙；地膽處處皆有，出汶山及梁州者佳。

斑蝥：化瘰癧，《本經》托鼠瘻，爛疥癬，《别録》墮胎娠，通淋閉，潰死肌，解狂犬咬，以毒攻毒之藥也。李氏瀕湖曰：此藥專主走泄下竅而潰化筋膜死肌，故瘰癧、鼠瘻、癬瘡、淋結不通諸證用之。且瘰癧有根使之拔出，瘡癬使之攻潰，淋結使之直至精溺之處，或如魚睛出，或如粉片出，或如翳膜出，或如血塊出，或如爛肉出，或如膠膿出，皆其驗也。但毒之在小便，必澀痛不可忍，當以木通、滑石、燈心、甘草、川黄連，煎湯導之。倘用之不善，如潰傷肌肉，攻害藏府，崩敗血氣，爲禍有不可勝言者，宜詳慎用之可也。

集方：瞿秉元方治瘰癧連串。用斑蝥一百個去翅足，巴豆肉三顆去殼、研去油，蜜陀僧一兩火燒，郁李仁肉三兩，共研極細末，麪糊爲丸如粟米大，每大人三分，童子二分，俱食後白湯吞下，日二次。未潰即消，已潰即收斂矣。治多年瘻瘡服法同。○治多年頑癬。用斑蝥十個，微炒爲末，蜜調敷一次即退。○《廣利方》治經閉有娠，不欲生育者。用斑蝥三個，微炒研末，粥飲爲丸，清晨白湯吞下即下。○《外科方》治穢毒内脹，小便淋閉不通。用斑蝥三個去翅足，微炒研末，白湯調服。○同上治癰毒内潰，外不破，或破而内膿不出。用斑蝥爲末，以蒜肉一片搗膏，拌和如豆許，貼毒上，少頃膿出即去藥。○同上治便毒不拘已成未成。用斑蝥三個去翅足炒，滑石三錢同研，分作三服，空心白湯下之。一服毒從小便出，即消散。如小便痛澀者，以車前、木通、澤瀉、甘草各二錢，水煎服。○《衛生易簡方》治風狗咬傷垂死者。用斑蝥三七個，去翅足，用糯米一勺，拌斑蝥七個，略炒微黄，去斑蝥；再以七個如前拌炒，復去之；再以七個，如前拌炒，炒至米焦青烟起爲度，去斑蝥，只以焦米研細，用冷水調入清油五六匙，攪勻服之，以小便利下毒物爲度。如不利，再如法製炒服。如利後肚疼者，用冷水調靛青一塊服，即解其毒。或煎川黄連一錢冷服亦解，否則有傷人。一晝夜不宜飲熱湯酒也。

明・李中梓《醫宗必讀・本草徵要下》 斑貓味辛，寒，有毒。入肺、脾二經。畏巴豆、丹參、甘草、豆花，惟黄連、黑豆、葱、茶能解其毒。破血結而墮胎兒，散癥癖而利水道。拔疔疽之惡根，下猘犬之惡物。中蠱之毒宜求，輕粉之毒亦化。直走精溺之處，蝕下敗物，痛不可當，不宜多用，痛時以木通等導之。

明・鄭二陽《仁壽堂藥鏡》卷八 斑猫 味辛，寒，有毒。《本草》云：主寒熱，鬼疰蠱毒，鼠瘻疥癬，惡瘡疽蝕，死肌。破石癃血積，傷人肌，墮胎。畏巴豆。隱居云：豆花時取之。甲上黄黑斑。去翅足，以粟米同炒。米炒焦，去米不用。治大人小兒瘰癧。生者悮服，吐瀉難當。

明・蔣儀《藥鏡》卷四寒部 斑蝥 傷膚肉，蝕死肌，瘰癧疥癬消，并醫狗咬。逐腸胃，走下竅，石癃血積破，兼墮懷胎。

明・張景岳《景岳全書》卷四九《本草正》 斑蝥 味辛，性熱，有大毒。能攻鼠瘻瘰癧瘡疽，破血積疝瘕，墮胎元。解疔毒，猘犬毒，沙虱蠱毒，輕粉毒。亦傅惡瘡，去死肌敗肉。製用之法，須去翅足，同糯米炒熟，然後可用。或同麩炒，或同醋煮皆可。若中其毒，惟黑豆、緑豆汁、靛汁、黄連、濃茶、葱汁可以解之。

明・李中梓《本草通玄》卷下 班蝥 攻血積，利水道，治疝瘕，解疔毒，猘犬毒、蠱毒、輕粉毒。治癧墮胎。按：班蝥專主走下竅，直至精溺之處，蝕下敗物，但痛不可當。虚者大禁。麩炒醋煮。

清・顧元交《本草彙箋》卷九 斑蝥 人獲得之，尾後惡氣射出，臭不可聞。故其入藥，亦專主走下竅，直至精溺之處，蝕下敗物也。惟瘰癧、癲犬咬二症，或可暫施，餘證必不可餌。戒之！

治瘰癧，用肥皂二觔，去核，每莢入斑蝥四枚，線縛，蒸取出，去斑蝥，并肥皂皮筋，得淨肉十兩，入貝母二兩，栝樓根、玄參、甘草、薄荷葉各一兩五錢，共末，以肥皂搗如泥，丸梧子大，每服一錢，白湯吞服。後腹疼勿慮，此藥力追毒之故。蓋瘰癧之毒，莫不有根。大抵以斑蝥、地膽爲主，制度如法，能使其根從小便中出，或如粉片，或如血塊，或如爛皮，皆其驗也。但毒之行，小便必澀痛不可當，以木通、滑石、燈心輩導之。

治癲犬咬方，斑蝥七個，去頭足翅，酒洗，和濕糯米，銅杓内炒米熟爲度，隨將二物研成細末，加六一散三兩，分作七服，每清晨一服，白湯調下。本人頭頂心必有紅髮二三莖，要不時尋覓摘去。

斑蝥，乃大豆葉上甲蟲也。長五六分，黄黑斑文，烏腹尖喙。蓋一物而四季各異，春食芫花爲芫青，夏食葛花爲亭長，秋食豆花爲斑蝥，冬入地中爲地膽。四蟲色亦不同，芫青色青，故名青娘子，以配紅娘子。葛上亭長黑身赤頭，如亭長之着玄衣赤幘也。地膽其色如膽。芫青功同斑蝥，今醫家多用斑蝥、芫青，而稀用亭長、地膽也。

清·穆石匏《本草洞詮》卷一八 斑蝥 斑言其色，蝥言其毒，如矛刺也。此一蟲五變，二三月在芫花上，爲芫青；四五月在王不留行草上，爲王不留行蟲；六七月在葛花上，爲葛上亭長；八九月在豆花上，爲斑蝥；九月十月復還地蟄，爲地膽。隨其所居所出而命名也。斑蝥辛，寒，有毒。治鬼疰蠱毒，鼠瘻疝瘕，解疔毒，猘犬毒，沙虱毒，療淋疾，傅惡瘡。斑蝥尾後惡氣射出，臭不可聞。故入藥專主走下竅，直至精溺之處，蝕下敗物，痛不可當。取其引藥行氣，以毒攻毒是矣。瘰癧之毒，莫不有根，用斑蝥、地膽攻之，能使其根從小便中出，或如粉片，或如血塊，或如爛肉，皆其驗也。但毒行必澀痛，以木通、滑石、燈心輩導之。妊娠人不可服，爲潰人肉。凡斑蝥、芫青、亭長、地膽之毒，靛汁、黄連、黑豆、葱、茶，皆能解之。

清·劉雲密《本草述》卷二七 斑蝥名盤蝥。盤，音班。蝥，音茅。俗訛作斑貓。 一名斑貓。黄斑色，大如巴豆，甲上有青黑斑點，八九月在豆葉上食其汁。

氣味：辛，寒，有毒。普曰：神農：辛。岐伯：鹹。扁鵲：甘，有大毒。 諸本草主治：瘰癧，破石癃並血疝便毒，拔疔毒，療猘犬傷。方書主治：脹滿畜血，痿厥，前陰諸疾，疝蠱毒。 時珍曰：斑蝥人獲得之，尾後惡氣射出，臭不可聞，故多言其有毒。能至精溺之處，蝕下敗物。故《本經》破石癃用之，但痛不可當。葛氏云：凡用斑蝥，取其利小便，引藥行氣，以毒攻毒是矣。楊登甫云：瘰癧之毒，莫不有根。大抵以斑貓、地膽爲主，制度如法，能使其根從小便中出，或如粉片，或如血塊，或如爛肉，皆其驗也。但毒之行，小便必澁痛不可當，以木通、滑石、燈心輩道之。 希雍曰：斑貓稟火金相合之氣，故其味辛氣寒，性能追逐，腸胃垢膩，復能破結走下竅也。

附方 治瘰癧，用肥皂二斤，去核，每肥皂一莢入斑貓四枚，線縛，蒸，取出去斑貓，并肥皂皮筋，得淨肉十兩，入貝母二兩，栝樓根、玄參、甘草、薄荷葉各一兩五錢，共爲末，以肥皂搗如泥，爲丸梧子大，每服一錢，白湯吞服後，腹疼勿慮，此藥力追毒之故。 血疝便毒，不拘已成未成，隨即消散。斑貓三個，去翅足，炒，滑石三錢，同研，分作三服，空心白湯下，日一服，毒從小便出。如痛，以車前、木通、澤瀉、豬苓煎飲，名破毒散，甚效。

愚按：斑蝥之用，於外治爲多。而用之於内者，止有破石癃，亦云治血積。大抵能破陰結，而且直潰其所結之毒，謂其出毒而痛難勝者，正其力之能逐毒也，方書畜血證固亦用之矣。更治癱瘓諸證，有左經丸用此煮黑豆，其方用豆爲君，而他味佐之，具云常服通經絡，活血脈，此語殊非妄也。即如癱瘓一證，其血脈結泣，致經絡有阻，由來非日夕矣，匪是潰結達陰者，能奏效乎哉？但臨證貴有酌量耳。

希雍曰：斑貓性有大毒，扁鵲云是物能潰爛人肌肉，惟瘰癧、癲犬咬，或可如法暫施，是物若煆之存性，猶能嚙人腸胃，發泡潰爛致死。即前二證，亦不若用米同炒取氣而勿用質爲稳，餘證必不可餌也。

修治 七八月豆盛時采，陰乾，去翅足，入糯米中炒，米黄爲度。生則令人吐瀉。

清·郭章宜《本草匯》卷一七 斑蝥 味辛、鹹，寒，大毒，入手太陰、陽明、太陽、足太陰經。破血結而墮胎孕，散癥癖而破石癃。拔疔腫之毒根，下風狗之惡物。九死一生，急用斑蝥七個，以大米炒黄，去米爲末，酒一盃煎，空心温服，取下小狗爲度，如少，數日再服。《本經》主鼠瘻疽瘡疥癬，以其性能傷肌肉，蝕死肌也。

按：斑蝥，稟火金相合之氣，近人肌肉，即爲潰爛，毒可知矣。能追逐腸胃垢膩，復能破結，走下竅，直至精溺之處，蝕下敗物，惟瘰癧，顛狗被咬，或可制度，如法暫施，能使其根從小便中出，或如粉片，或如爛肉，皆其驗也。但痛不可當，以木通、滑石、燈心輩道之，雖煆，性猶能嚙人腸胃，發泡潰爛致死。用者斟酌，切戒！切戒！

七、八月間生大豆葉上，黄黑斑文，尾後惡氣射出，臭不可聞。凡使用糯米拌炒，至米黄黑色，去頭翅足用。一法：用麩炒過，醋煮用。然不若用米取氣，勿用質爲穩。另有芫青即青娘子，其毒尤猛，色純青，綠背，生於芫花上。產寧州。又葛上亭長，黑身赤頭，腹中有卵，白如米粒，葛葉上採之。出雍州。又地膽，如大螞蟻，黑頭赤尾，在地中或牆石內。性治功用，皆與斑蝥無別，故不存文案，皆是殺命之藥，用者慎之。畏巴豆、丹參、甘草、豆花。惟靛汁、黃連、黑豆、葱、茶，能解其毒。

清・王翃《握靈本草》卷九　斑蝥所在有之。七八月在大豆葉上，有甲長五六分，黃黑斑文，烏腹尖喙，九、十月即為地膽，蟄藏土中。凡使，去翅足，糯米炒熟，生用即吐瀉。　主治：　斑蝥，辛，寒，有毒。主寒熱，鬼疰蠱毒，鼠瘻，瘡疽，蝕死肌，破石癃。

清・汪昂《本草備要》卷四　斑蝥大瀉，以毒攻毒。　辛，寒，有毒。外用蝕死肌，敷疥癬惡瘡；　內用破石淋，拔瘰癧疔腫，楊登甫云：　瘰癧之毒，莫不有根。大抵治以斑蝥、地膽爲主。制度如法，能令其根從小便出，如粉片血塊爛肉，此其驗也。以木通、滑石、燈心輩導之。　斑蝥捕得，屁射出，臭不可聞。故奔走下竅，直至精溺之處，能下敗物，痛不可當，用須斟酌。　下猘犬毒，九死一生之候，急用斑蝥七枚，去頭翅足，糯米炒黃爲末，酒煎，空心下，取下小狗三四十枚，如數少再服。又方，糯米一勺，斑蝥廿一枚，分三次，炒至青烟爲度。去蝥，取米爲粉，冷水入清油少許，空心下。取利下毒物，如不利再進。愈後忌聞鐘鼓聲，復發則不可治。服之肚痛急者，靛汁或黃連水解之。　潰肉肌肉近之則爛。　墮胎。　豆葉上蟲，黃黑斑文。去頭足，糯米炒熟，生用則吐瀉人。亦有用米取氣不取質者。　畏巴豆、丹參，惡甘草、豆花。　斑蝥、蚖青、葛上亭長、地膽四蟲，形色不同，功略相近。食芫花爲芫青，青綠色尤毒，春生；　食葛花爲亭長，黑身赤頭，夏生；　食豆花爲斑蝥，斑色，秋生；　冬入地爲地膽，黑頭赤尾。陶隱居云：　乃一物而四時變化者。蘇恭云：　非也，皆極毒，須慎用。

清・吴楚《寶命真詮》卷三　斑蝥　【略】破血結而墮胎，散癥癖而利水，拔疔毒，下猘犬毒。有走下竅至精溺之處，蝕下敗物也。　解蠱毒、輕粉毒。　服斑蝥，溺處痛不可當，木通導之。

清・馮兆張《馮氏錦囊秘錄・雜症痘疹藥性主治合參》卷一一　斑猫稟火金相合之氣，故味辛，氣寒，有大毒。近人肌肉則潰爛，毒可知矣。入手陽明、手太陽經。性能傷肌肉，蝕死肌，故主鼠瘻疽瘡疥癬。辛寒能走散下泄，故主破石癃血積及墮胎也。主瘰癧，通利水道，以其能追逐腸胃垢膩，復能破結走下竅也。直走精溺之處，蝕下敗物，痛不可當，不宜多用，痛時以木通等導之。【略】　斑猫，同粳米炒用，生服吐瀉難當。破血結，散癥癖，利水道。拔疔疽惡根，下猘犬惡物。治寒熱鬼疰蠱毒，療鼠瘻疥癬惡瘡。去疽蝕死肌，除石癃血積，墮胎潰肉。孕婦忌之。

清・张璐《本經逢原》卷四　斑蝥　辛、鹹，溫，有毒。去翅足，同糯米炒熟，或醋煮用。　《本經》主寒熱鬼疰蠱毒，鼠瘻瘡，疽蝕死肌，破石癃。　發明：　斑蝥，人獲得時，尾後惡氣射出，臭不可聞。其性專走下竅，利小便，故《本經》言破石癃，能攻實結而不能治虛秘，不過引藥行氣，以毒攻毒而已。但毒行小便必澀痛，當以木通、滑石導之，其性猛毒，力能墮胎，虛者禁用。瘋犬傷，先於患人頭上拔去血髮二三莖，以斑蝥七枚，去翅足炙黃，同蟾蜍搗汁服之，瘡口於無風處搠去惡血，小便洗淨，髮灰敷之，服後小便當有瘀毒泄出，三四日後當有肉狗形，三四十枚為盡，如數少，再服七枚。若早服雖無狗形，永不發也。

清・浦士貞《夕庵讀本草快編》卷五　斑蝥　斑言其色，蝥言其毒如矛刺也，俗訛傳為斑猫。《神農經》云：　春食芫花為芫青，夏食葛花為亭長，秋食豆花為斑蝥，冬入地中為地胆，皆同體而別名耳。　斑蝥辛溫，其毒在尾。凡人獲之，便泄惡氣，臭不可聞，故其入藥亦專走下竅，引諸藥開精溺之路，所謂以毒攻毒也。楊登甫云：　瘰癧之毒，莫不有根，若用斑蝥、地膽，使其根從小便而出，或如血塊，或如爛肉，猶恐毒行，小便必作澀痛，當以木通、滑石導之，免其壅塞。凡癰疽惡毒亦可用之。孕婦宜忌。

清・張志聰、高世栻《本草崇原》卷下　斑蝥　氣味辛，寒，有毒。主治寒熱鬼疰蠱毒，鼠瘻惡瘡，疽蝕，死肌，破石癃。　斑蝥甲蟲也，斑言其色，言蝥其毒，如矛刺也。所在有之，七八月在大豆葉上，長五六分，大者寸許，黃黑斑紋，烏腹尖喙。《太平御覽》引《神農本草經》云：　春食芫花為芫青，夏食葛花為亭長，秋食豆花為斑蝥。冬入地中為地膽，其斑蝥甲上有黃黑斑點。芫青青綠色，亭長黑身赤頭，地膽黑頭赤尾，色雖不同，功亦相近。　斑蝥感秋氣，食豆花，氣味辛寒，色兼黃黑，蓋稟金水之化而為毒蟲，故主散惡毒，消惡瘡，攻死肌，破石癃，乃以毒而攻毒也。

清・王子接《得宜本草・下品藥》　斑(毛)〔蝥〕　味辛，寒。功專入下竅，利水去毒。得糯米治風狗咬傷，得滑石治便毒。

清・黃元御《玉楸藥解》卷六　斑蝥　味辛，微寒。入足厥陰肝經。消腫敗毒，利水通淋。斑蝥辛寒毒烈，墜胎破積，追毒利水，止瘰癧疥癬，癰疽瘕疝。下蠱毒，開癃淋，點疣痣，消痞癌，解瘋狗傷。斑蝥、糯米同炒，去斑蝥，用米研細，清油少許，冷水調服，治瘋狗傷，小便利下毒物而瘥。利後腹痛，冷水、青靛解之。瘰癧每服一枚，不過七枚，毒從小便出，如粉片血塊而瘥。下小便痛瀝不堪，宜滑石、燈心等引之使下。

清・吴儀洛《本草從新》卷六　斑猫大瀉，以毒攻毒。一名斑蝥。　辛，寒，有毒。外用蝕死肌，敷疥癬惡瘡。内用破石淋，拔瘰癧疔腫，楊登甫云：瘰癧之毒，莫不有根，大抵治以斑蝥、地膽為主，制度如法，能使其根從小便出，如粉片，血塊，爛肉，此其驗也。以木通、滑石、燈心輩導之，斑蝥捕得，屁射出臭不可聞，故專走下竅，直至精溺之處。能下敗物，痛不可當，用須斟酌。下猘犬毒，九死一生之候。急用斑蝥七枚，去頭、翅、足，糯米炒黄為末，酒煎，空心下，取下小狗三四十枚。如數少，再服。又方：糯米一勺，斑蝥廿一枚，分三次炒至清烟為度，去蝥，取米為粉，冷水入清油少許，空心下，取利下毒物。如不利，再進。愈後，忌聞鍾鼓聲，復發則不可治。服之肚痛急者，用靛汁或黄連水解其毒。潰肉，肌肉近之則爛。墮胎。斑蝥、蚖青、葛上亭長、地膽，四蟲形色不同，功略相近。食芫花為蚖青，青綠色尤毒；春生食葛花為亭長，黑身赤頭；夏生食豆花為斑蝥，斑色；秋生冬入地為地膽，黑頭赤尾。陶隱居云：乃一物而四時變化者，皆極毒，慎用。豆葉上蟲，黄黑斑文。去頭足，糯米炒熟。生用則吐瀉人。亦有用米取氣不取質者。畏丹參、巴豆。惡豆花、甘草。

清・汪紱《醫林纂要探源》卷三　斑蝥　辛，寒。大毒。牛馬誤食之則脹死。形似螢火，甲色黄褐，有斑紋，有翅，常食豆花。陶宏景云：春食芫花，為芫青，色青綠。夏食葛花，為葛上亭長。黑身赤頭，秋食豆花，為斑蝥。色斑，冬入地為地膽，黑頭赤尾，乃一物而隨時變化。蘇恭云不然。下猘犬咬毒，拔瘰癧疔毒，破石淋。猘犬毒重者，用七枚，去頭翅足，合糯米炒黄，去米為末，空心酒服，能逐毒自小便出，皆作犬形。或用此蟲二十一枚，糯米一勺，炒至煙盡為度，去蟲用米，冷水入清油少許，調米粉，空心服，愈後忌聞鐘鼓聲。以治石淋瘰癧，制法同。此蟲被捕，捕則放屁，臭不可聞，故鋭於下行。然能爛肉墮胎，非大不得已，勿用。中其毒者，靛汁、黄連湯解之。外傅疥癬惡瘡，蝕惡肉。凡芫青、葛上亭長、地膽，功用同。

清・嚴潔等《得配本草》卷八　斑蝥　馬藺為之使。畏巴豆、丹參、空青。惡甘草、豆花。　辛，寒，有毒。專走下竅，直至精溺處，引藥氣下行，取其以毒攻毒也。　惟瘰癧、癲犬傷者可暫用，餘皆禁用。　得糯米一勺，拌炒斑蝥七枚，研末，或加六一散四錢，白湯下，不利再服，治癲犬咬。頂心必有紅髮二三根，宜拔去。配薄荷，共為末，雞子清調敷，能消瘰癧。　八月豆葉上收取陰乾，去頭、足、翅，酒浸洗，和糯米炒焦黄，去米研用。　如法製度，服之毒行，小便澀通，不可當以木通、滑石、燈心輩導之，利後腹急痛，急用冷水、靛汁、黄連水及黑豆、葱、茶冷飲，解之。　亦有單用米，取氣不取質者。愈後忌一切熱物，并忌聞一切鑼鼓聲，復發則不可治。

題清・徐大椿《藥性切用》卷八　班猫　即班蝥。辛寒有毒，直入精溺之竅。内服破石淋，下猘犬毒。外治蝕死肌，敷惡癬瘡。去頭足，糯米粉炒熟用。孕婦大忌。

清・黄宫繡《本草求真》卷八　斑蝥卵生，破惡氣惡毒。　斑蝥耑入下部。最屬惡物。聞人捕捉，即於屁尾射出惡氣，令人臭不可聞。近人肌肉則潰，入胎則墮，其毒概可知矣！《神農本草經》云：春食芫花為芫青，夏食葛花為亭長，秋食荳花為斑蝥，冬入地中為地膽。按芫青，青綠，花尤毒，亭長黑身赤頭，斑蝥斑色，地膽黑頭赤足。其味辛，其氣寒，其性下走而不上。專走下竅，直至精溺之處，蝕下敗物，痛不可當。故書言外用止可以蝕死肌，敷疥癬惡瘡，内治止可以破石淋，拔瘰癧疔腫，下犬傷惡毒而已，取其以毒攻毒也。然惟實者可用，其拔瘰癧毒，則以斑蝥法製，使令毒根從便出，如粉片血塊爛肉之形。楊登甫曰：瘰癧之毒，莫不有根，大抵治以斑蝥、地膽為主，制度如法，能令其根從小便出如粉片血塊爛肉。次以木通、滑石、燈心草輩導之，但下犬毒之初，先於患人頭上拔去血髮二三莖，以斑蝥七枚，去翅足炙黄，用蟾蜍搗汁服之。瘡口於無風處嗍去惡血，小便洗淨，髮炙敷之。服後小便當有瘀毒泄出，三四日當有狗肉三四十枚為盡，如數少，再服七枚。若愈後，忌聞鐘聲。復發則不可治矣。去頭足，糯米炒熟，生用則吐瀉。人亦有用米取氣不取質者。畏巴豆、丹參。惡甘草、芫花。

清・羅國綱《羅氏會約醫鏡》卷一八鱗介蟲魚部　斑猫味辛寒，有毒，入肺脾二經。畏巴豆、丹參、甘草、豆花。惟黄連、黑豆、葱、茶能解其毒。　辛寒。能走散下洩，以毒攻毒，勢不少停。善用之有再造之功。外用之，蝕死肌，敷惡瘡。内用之，破口淋，拔瘰癧、疔腫，墮胎元，下猘犬癲犬毒。有方在諸毒門。荳葉上蟲，黄黑斑文，去翅足，同糯米炒用；　亦有用米取氣不取質者；　或以醋煮用，皆可。斑猫，荳葉上蟲；　蚖青，食芫花者，青綠色，尤毒；　亭長，春生，食葛花者，黑身赤頭；　地膽，秋生，冬入地，黑頭赤尾。四蟲不同，功略相近。皆有極毒，須當慎用。

按：　斑猫内服下敗物，痛甚，以木通導之。

清・吴鋼《類經證治本草・經外藥類》　斑蝥　【略】中其毒者，靛汁、黄連、黑豆、葱、茶皆能解之。誠齋曰：　糯米能制斑蝥毒，古用糯米拌炒，實此意也。

清·張德裕《本草正義》卷下 斑蝥 辛，熱，有大毒。破血瘀癥瘕，攻鼠瘻瘰癧，墮胎元，解疔毒、狂犬毒。研末，敷瘡，腐死肌敗肉。去翅足，糯米炒熟用。

清·楊時泰《本草述鉤元》卷二七 斑蝥 斑應作盤，因甲上有青黑斑點，俗又名斑貓。大如巴豆，八九月在豆葉上食其汁。

氣味辛寒，有大毒。主瘰癧，破石癃並血疝，便毒，拔疔毒，療猘犬傷。方書治畜血脹滿，痿厥，前陰諸疾，蟲毒。獲時，尾後出氣甚惡。斑蝥稟火金相合之氣，性能追逐腸胃垢膩，破結而走下竅仲淳。能至精溺之處，蝕下敗物，故《本經》破石癃用之，但痛不可當瀕湖。瘰癧之毒，莫不有根，以斑蝥、地膽為主，制度如法，能使其根從小便出，或如粉片，如血塊，如爛肉，皆其驗也。但毒之行，必澀痛不可當，須以木通、滑石、燈心輩導之楊登甫。治瘰癧，用肥皂二斤，去核，每莢入斑蝥四枚，線縛蒸過，去斑蝥并肥皂皮筋，得淨肉十兩，入貝母末二兩，栝蔞根、元參、甘草、薄荷葉各末一兩半，以肥皂搗丸梧子大，每白湯服一錢，服後腹疼，勿慮，此藥力追毒之故。破毒散：治血疝、便毒，不拘已成未成，斑蝥三個去翅足炒，滑石五錢，同研，分作三服，空白湯下，日一服，毒從小便出。如痛，以車前、木通、猪苓、澤瀉煎飲，甚效。

論： 斑蝥多用於外治，內服者止以破石癃，逐血積，大抵能破陰結而直潰其所結之毒，故毒出而痛難勝者，正其力之能逐毒也。方書治癱瘓諸證有左經丸，用此煮黑豆，而以豆為君，他味佐之。蓋因血脈結泣，致經絡久阻，非是潰結達陰者，不能奏效耳。

其性大毒，能潰爛人肌肉，若煅之存性，猶能嚙人腸胃，發泡潰爛致死。如瘰癧瘋犬咬者，當如法暫施，惟用米同炒取氣而勿用質，為法甚穩仲淳。

修事： 七八月豆盛時采陰乾，去翅足，入糯米中，炒至米黃為度，生則令人吐瀉。

清·葉桂《本草再新》卷一〇 斑蝥味辛，性寒，有毒。入肝、脾、腎三經。治疥癬惡瘡，破石淋，拔疔腫，下犬毒，墮胎。

清·趙其光《本草求原》卷一八蟲部 斑蝥俗作斑貓。 辛，寒，有毒。破陰結，潰毒，攻瘀，治瘰癧。肥皂二斤去核，每莢入斑蝥四粒，線紮蒸，去斑並皂皮筋，得皂肉十兩，入川貝二兩，花粉、元參、甘草、薄荷各兩半，為末，以肥皂搗為丸； 白湯下後，腹痛勿慮。 蓋瘰癧必有毒根，治以斑蝥、地膽為主，製度如法，令其根從小便出，如粉片血塊爛肉，是其驗也。 但小便必澀痢，以木通、滑石、燈心等導之。 斑蝥捕得，尿射出，臭不可聞，故直走溺竅，利水下敗物。 一方每一兩，用米一升同炒，至米焦，去米，入薄荷四兩研，烏雞子清為丸，蠟茶下三丸至五丸，日減一丸後，又日加一丸。 破石癃、血積、血疝便毒。 每三個入滑石五錢，白湯下。 毒出小便痛，以車、澤、豬苓、木通飲。 下癲犬咬毒。 先於患人頭上拔去紅髮二三莖，以斑蝥七枚，糯米同炒熟並研末，加六一散三兩，分七次白湯下，或加蟾蜍汁更妙。 瘡口於無風處去惡血，小便洗淨，髮灰敷之，俟小便泄下如狗肉形三四十枚，毒始盡。 腐爛死肉，煅之存性，猶能爛人腸胃，故前二症用米同炒，宜去質用米，但取其氣更穩。 墮胎。

夏秋生，食豆花，青黑斑者為斑蝥，色赤者為紅娘子； 食芫花，色青綠者為青娘子，又名芫青。 食芫花，尤毒。 春生，食葛花，頭赤身黑為亭長； 冬入地，頭黑、尾赤，為地膽。 四蟲本一物，而隨時變化，其功略同。 但紅娘更破血蟲、下瘀； 功同水蛭。 芫青尤走氣、破水，二者皆消目翳。 亭長通經絡，甘草湯下。 腹痛食黑豆湯。 地膽除鼻瘜，下石淋。 其餘悉同斑蝥，俱去翅足，糯米炒，去米用。

清·葉志詵《神農本草經贊》卷三 斑蝥 味辛，寒。主寒熱鬼注，蠱毒鼠瘻，惡創疽蝕，死肌，破石癃。一名龍尾。生川谷。

四時變化，螫刺當秋。喙尖赤注，甲畫斑留。豆花涼晚，藍汁香浮。曾聞採葛，亭長前修。

《古詩》： 四時更變化。李時珍曰： 一名盤蝥。言其毒如矛刺也。《春秋繁露》： 怒氣為清而當秋。雷斅論： 斑蝥甲上一畫黃，一畫黑，嘴尖處有一小赤點，在豆葉上食豆汁。孟淑卿詩： 豆花雨過晚生涼。李時珍曰： 中斑蝥毒者，以藍靛汁解之。范成大詩： 生香風外浮。《太平御覽》： 春食(莞)〔芫〕花為(莞)〔芫〕青，夏食葛花為亭長，秋食豆花為斑蝥，冬入地中為地膽。蘇頌曰： 四蟲皆是一類，隨時變化耳。賈逵書： 景仰前修。

清·文晟《新編六書》卷六《藥性摘錄》 斑蝥 有毒。入下部。外用，蝕死肌，敷惡瘡。〇內服，治〔瘋〕犬咬傷，以七枚，去翅足，同糯米炒，去斑蝥，用米煮服，當有惡血肉從小便出，三四十枚未盡，再服一次。〇治此，先於患人頭上拔出紅髮。〇避風洗淨瘡口惡血。〇初愈百日，勿聞鐘。〇久後忌犬肉。

斑貓毒　黑豆汁服之，有効。

清·龍之章《蠢子醫》卷二　斑蝥引子贊每用二枚，研入藥中。　小腸不透用斑蝥，糯米炒黃糯米同炒，以米黃為度。毒自消。腰疼腿疼無出路，淋閉腫滿受監牢。非得此藥不貫串，焉能上下氣迢迢。

清·戴葆元《本草綱目易知錄》卷五　斑蝥　辛，寒，有毒。內用通水道，破石癃，消瘰癧，解疔毒，墜生胎，下死胎。治疝瘕便毒，鼠瘻蠱毒，風狗咬毒，沙蝨毒，輕粉毒，皆取其以毒攻毒，直走溺處，蝕下惡敗物從小便而出。外用蝕死肌，傅疥癬惡瘡。【略】風狗咬傷，乃九死一生。斑蝥七箇，糯米炒黃，去糯米為末，酒煎，空心溫服，取下小狗三四十枚為盡。如數少，再服七次，無狗形，永不發。又方，斑蝥三七枚，去頭翅足，糯米一筒，略炒，去斑蝥，別加七枚，如前炒色變，去斑蝥，又加七枚，如前炒至青烟為度，去斑蝥，只以糯米研，用冷水入清油少許，空心調一半服，須臾再進一服，小便利下毒物，如不利，再照法進，利後肚疼，急用冷水調青黛服，解之，黃連水亦解之，忌食一切熱物。葆按：此方為體弱者設，似嫌性緩，然既受大毒，藥有病當是有故無隕，何須慮體之強弱，當以前方佳。

清·陳其瑞《本草撮要》卷九　斑貓　味辛，寒，入足厥陰經，功專入下竅，利水去毒。得糯米治風狗咬傷，得滑石治便毒。性毒，潰肉墮胎。去頭足糯米炒熟，生用則吐瀉，人亦有用米取氣不足質者。畏丹參、巴豆，惡豆花、甘草。一名斑蝥。

叩頭蟲

明·李時珍《本草綱目》卷四一蟲部·化生類　叩頭蟲。時珍曰：蟲大如斑蝥而黑色，按其後則叩頭有聲。能入人耳，灌以生油則出。按劉敬叔《異苑》云：叩頭蟲，形色如大豆，呪令叩頭，又令吐血，皆從所教。殺之不祥，佩之令人媚愛。晉傅咸有賦。

清·趙學敏《本草綱目拾遺》卷一〇蟲部　叩頭蟲　形黑如大豆，以手按其身，其頭能俯屈，剝剝有聲，出南方者小而力微，北土者大而力厚，小兒捕之為戲，入藥用大者。試法：取蟲置桌，翻其背令仰，少頃便跳起三四寸，有跳起過五六寸及尺許者，力更大。《綱目》以之附阜螽後，亦不言主治之功。此蟲北人謂之跳百丈。

治腰脚無力，與山螞蟻子并入壯藥用。《百草鏡》云：外用可絕瘧，叩頭蟲一個，安眉心，蟲頭向上，膏藥蓋住，過時自愈。

大力丸：《彙集》：此馮嘉寶方，蒺藜酒洗炒去刺，白茯苓、白芍、蓯蓉酒洗、杜仲酥油炒、菟絲子酒煮、續斷、當歸、覆盆子、威靈仙、破故紙、薏苡仁各一兩五錢；牛膝酒洗、無名異、自然銅醋煅七次各一兩，乳香、沒藥、硃砂飛過、血竭、青鹽各五錢，天雄二兩童便浸五日，象鱉一個去頭足翅，如無，用土鱉代之，跳百丈十個去足，虎骨二兩酥油炙，上藥俱為細末，煉蜜丸，二錢半重，早晚鹽湯或黃酒送下。少時用力行功，散於四肢。

螢

宋·李昉《太平御覽》卷九四五　螢　崔豹《古今注》曰：螢，一名輝夜，一名景輝天，一名熠燿，一名燐，一名丹良，一名夜光，一名宵燭。腐草為之，食蚊蚋焉。《本草經》曰：螢，一名夜光，一名即照，一名熠燿。

宋·唐慎微《證類本草》卷二二蟲魚部下品（《本經·別錄》）　**螢火**　**味辛，微溫，無毒。主明目、小兒火瘡、傷熱氣、蠱毒、鬼疰，通神精。一名夜光，**一名放光，一名熠以入切燿以灼切，一名即炤音照。生階地池澤。七月七日取，陰乾。

〔梁·陶弘景《本草經集注》〕此是腐草及爛竹根所化，初猶未如蟲，腹下已有光，數日便變而能飛。方術家捕取內酒中令死，乃乾之，俗藥用之亦稀。〔宋·掌禹錫《嘉祐本草》〕按：《蜀本》注云：《爾雅》云，螢火，即炤。《注》曰，夜飛，腹下有火，按此蟲是朽草所化也。《呂氏春秋》云腐草化爲螢是也。《藥性論》云：螢火，亦可單用，治青盲。

宋·寇宗奭《本草衍義》卷一七　螢　常在大暑前後飛出，是得大火之氣而化，故如此明照也，今人用者少。《月令》雖曰腐草所化，然非陰濕處終無。

宋·王繼先《紹興本草》卷一八　螢火　紹興校定：螢火，世呼夜明蟲是矣。性味、主療雖載《本經》，然古方亦載，今罕見用。此乃腐草所化，固非起疾之物也。處處有之。

宋·鄭樵《通志》卷七六《昆蟲草木略》　螢火　《爾雅》云：螢火，即炤。《本草》一名夜光，一名放光，一名熠燿。《詩》云：熠燿宵行。《呂氏春秋》云：腐草化為螢。

宋·陳衍《寶慶本草折衷》卷一七　螢火　一名螢，一名夜光，一名放光，一名熠燿，一名即炤。○熠，以入切；燿，以照切。生階地池澤，及陰濕處。○七月取，陰乾。

味辛，微溫，無毒。○主小兒火瘡熱氣，蠱毒鬼疰。○《蜀本》註云：螢夜飛，腹下有火也。○《藥性論》云：治青盲。○寇氏曰：螢常在大暑前後飛出，得大火火星也之氣而化，故明照也。

明·劉文泰《本草品彙精要》卷三一 螢火無毒 化生。

螢火：主明目，小兒火瘡，傷熱氣，蠱毒，鬼疰，通神精。《神農本經》。

【名】夜光、放光、挾火、即炤音照、據火、育燭、熒然、炤熒、熠以入切燿以灼切。

【地】《圖經》曰：生階地池澤，及陰濕地處處有之。陶隱居云：此是腐草及爛竹根所化，初猶未如蟲，腹下已有光，數日遂變而能飛。方術家捕取，內酒中令死，乃乾之。醫家用之亦少。《衍義》曰：螢，常在大暑前後飛出，是得大火之氣而化，故如此明照也。《呂氏春秋》云：腐草化爲螢。《月令》亦曰：腐草所化，然非陰濕處，終無有也。【時】生：六月生。採：七月七日取。【收】陰乾。【色】黃。【味】辛。【性】微溫。【氣】氣之厚者，陽也。【臭】朽。【治】療：《藥性論》云：治青盲。

明·王文潔《太乙仙製本草藥性大全》卷八《本草精義》 螢火 一名夜光，一名放光，一名熠燿，一名即炤。生階地池澤。陶云此是腐草及爛竹根所化，初猶未如蟲，腹下已有光，數日便變而能飛。方術家捕取內酒中令死，乃乾之。俗藥用之亦稀。《衍義》曰：螢，嘗在大暑前後飛出，是得大火之氣而化，故如此明照也。今人用者少，《月令》雖曰腐草所化，然非陰濕處終無。

螢火 味辛，氣微溫，無毒。主治：主青盲，明眼目。治小兒大瘡傷。驅蠱毒而逐鬼疰，解熱氣而通神精。

明·李時珍《本草綱目》卷四一蟲部·化生類 螢火《本經》下品

【釋名】夜光《本經》 熠燿音熠躍。即炤音照。夜照 景天 救火 據火 挾火並吳普 宵燭《古今注》 丹鳥宗奭曰：螢常在大暑前後飛出，是得大火之氣而化，故明照如此。時珍曰：螢從熒省。熒，小火也，會意。《豳風》：熠燿宵行。宵行乃蟲名，熠燿其光也。詩注及本草，皆誤以熠燿爲螢名矣。【集解】《別録》曰：螢火生階地池澤。七月七日取，陰乾。弘景曰：此是腐草及爛竹根所化。初時如蛹，腹下已有光，數日變而能飛。方術家捕置酒中令死，乃乾之。俗用亦稀。時珍曰：螢有三種：一種小而宵飛，腹下光明，乃茅根所化也，呂氏《月令》所謂腐草化，謂螢者是也；一種長如蛆蠋，尾後有光，無翼不飛，乃竹根所化也，一名蠲，俗名螢蛆，《明堂月令》所謂腐草化謂蠲者是也，其名宵行，茅竹之根，夜視有光，復感濕熱之氣，遂變化成形爾；一種水螢，居水中，唐李子卿《水螢賦》所謂彼何爲而化草，此何爲而居泉是也。入藥用飛螢。

【氣味】辛，微温，無毒。【主治】明目《本經》。療青盲甄權。小兒火瘡傷，熱氣蠱毒鬼疰，通神精《別録》。

【發明】時珍曰：螢火能辟邪明目，蓋取其照幽夜明之義耳。《神仙感應篇》載務成螢火丸事蹟甚詳，而龐安常《總病論》亦極言其效驗。云：曾試用之，一家五十餘口俱染疫病，惟四人帶此者不病也。許叔微傷寒歌亦稱之。予亦恒欲試之，因循未暇耳。龐翁爲蘇、黃器重友，想不虛言。○《神仙感應篇》云：務成子螢火丸，主辟疾病、惡氣百鬼、虎狼蛇虺、蜂蠆諸毒、五兵白刃、盜賊兇害。昔漢冠軍將軍武威太守劉子南，從道士尹公受得此方。永平十二年，於北界與虜戰敗績，士卒略盡。子南被圍，矢下如雨，未至子南馬數尺，矢輒墮地。虜以爲神，乃解去。子南以方教子弟，爲將皆未嘗被傷也。漢末青牛道士得之，以傳安定皇甫隆，隆以傳魏武帝，乃稍有人得之。故一名冠將丸，又名武威丸。用螢火、鬼箭羽、蒺藜各一兩，雄黃、雌黃各二兩，羖羊角，煅存性一兩半，礬石火燒二兩，鐵錘柄入鐵處燒焦一兩半，俱爲末。以雞子黃、丹雄雞冠一具，和搗千下，丸如杏仁。作三角絳囊盛五丸，帶於左臂上，從軍繫腰中，居家掛户上，甚辟盜賊也。

【附方】新二。 黑髮：七月七日夜，取螢火蟲二七枚，撚髮自黑也。《便民圖纂方》。 明目：勞傷肝氣目暗方：用螢火二七枚，納大鯉魚膽中，陰乾百日爲末。每點少許，極妙。一方用白犬膽。《聖惠》。

明·梅得春《藥性會元》卷下 螢火 味辛，氣微溫，無毒。主明目，治小兒火瘡，傷熱氣，蠱毒鬼疰，通神明。一名夜光。七月七日取，陰乾。

清·穆石匏《本草洞詮》卷一八 螢火 螢，腐草所化，大暑前後飛出，得大火之氣，故光能夜照。氣味辛，微溫，無毒。主辟邪，明目。取其照幽夜明也。《神仙感應篇》載：務成子螢火丸，主辟疾，病惡氣百鬼，虎狼、蛇虺、蜂蠆諸毒，五兵白刃，盜賊諸害。昔漢冠軍將軍劉子南，從道士尹公受此方，永平年北戰敗績，士卒略盡，子南被圍，矢下如雨，未至馬數尺，矢輒墮地，敵以為神，乃解去。子南以方教子弟，為將皆未嘗被傷也。漢末青牛道士得之，以傳皇甫隆，隆以傳魏武帝，乃稍廣，一名冠將丸，一名武威丸。用螢火、鬼箭羽、蒺藜各一兩，雄黃、雌黃各二兩，羚羊角煅存性兩半，礬石二兩，鐵柄入鐵處燒焦一兩半，俱為末，以丹雄雞冠一具，雞子黃和搗千下，丸如杏仁，作三角，絳囊盛五丸，帶左臂上，從軍繫腰中，居家掛戶，甚辟盜賊。龐安常云：曾試用之，一家五十餘口，俱染疫病，惟四人帶此者不病也。龐公為蘇黃器重友，當無妄言。

清・张璐《本經逢原》卷四　螢火即熠耀，《本經》名夜光。　辛，溫，無毒。《本經》明目。　發明：　螢火本腐草所化，得大火之餘氣而成。入胞絡三焦，能辟邪、明目，取其照幽夜明之義。務成子螢火丸，辟五兵白刃，虎狼蛇虺之毒，惡鬼疫癘之邪。龐安常亦極言其效，惜乎，世鮮備用。

清・張志聰、高世栻《本草崇原》卷下　螢火　氣味辛，微溫，無毒。主明目。　螢火，《本經》名夜光，《別錄》云螢火，生階地池澤，七月七日取陰乾。螢有三種：　一種小而宵飛，腹下光明，乃茅根所化，《呂氏月令》所謂腐草化為螢者是也；　一種長如蛆蠋，尾後有光，無翼不飛，乃竹根所化，其名曰蠋，《明堂月令》所謂腐草化為蠋者是也；　一種水螢，居水中；　唐李子卿《水螢賦》所謂彼何為而草化，此何為而居泉是也。入藥用飛螢。　潤下作鹹，其臭腐，腐草為螢，稟水氣也。螢為火宿，名曰螢火，稟火氣也。生於七月，其時大火西流，故氣味辛溫。水之精，火之神，共湊於目，故《本經》主明目，而《別錄》又云：　通神精。

清・王子接《得宜本草・下品藥》　螢火　味辛。主治溫疫，務成子有螢火丸。

清・嚴潔等《得配本草》卷八　螢火　辛，微溫。主明目。療青盲，辟鬼疰，通精神。

清・趙其光《本草求原》卷一八蟲部　螢火　腐草所化，得大火之餘氣，辛，溫，無毒。入胞絡三焦，極明目，夜明之功。務成子螢火丸，辟五兵白刃，虎狼蛇虺毒，邪鬼疫癧，以其有照幽之能。龐氏極言其效，惜世罕用。

清・葉志詵《神農本草經贊》卷三　螢火　味辛，微溫。主明目，小兒火創傷熱氣，蠱毒鬼注通神。一名夜光。生池澤。

開闔光浮，悠揚腐化。雙影池中，獨征月下。羅扇輕颺，斑簾疎罅。冠將和丸，武威扶藉。

蘇軾詩：　惟有孤螢自開闔。葛長庚詩：　俯仰浮光幾點星。劉禹錫詩：　千門九陌飛悠揚。《禮》：　季夏之月，腐草為螢。紀少瑜詩：　臨池影更雙。潘岳賦：　翩翩獨征。駱賓王詩：　含暉疑泛月。杜牧詩：　輕羅小扇撲流螢。杜甫詩：　簾疎巧入坐人衣。《神仙感應篇》：　務成子螢火丸，主辟疾病，諸毒兵刃，盜賊凶害。一名冠將丸，又名武威丸。郝經詩：　扶藉不絕聖。

清・陳其瑞《本草撮要》卷九　螢火　味辛，入手太陰經，功專治溫疫。務成子有螢火丸。

洋蟲

清・趙學敏《本草綱目拾遺》卷一〇蟲部　洋蟲糞　一名九龍蟲，出外洋，明末年始傳入中國。或云，出大西洋，康熙初年始有此物。形如米蛘子，初生蟻如小蠶，久則變黑如豆瓣，有雌雄，今人用竹筒置，穀花飼之。性極畏寒，天冷須藏之懷袖中，夜則置衾褥間，否則凍死，得人氣則生。極蕃衍，有飼以茯苓屑、紅花、交桂末者，則色紅而光澤可愛，入藥尤良。

性溫，行血分，暖脾胃，和五臟，健筋骨，去溼摻風，壯陽道，治怯弱。

附治各症兼引：　老人不寐，茯苓引；　小兒夜啼，硃砂引；　女童夜溺，枸杞引；　少婦陰寒，附子引；　癰疽發背，沉香末引；　舌燥作渴，麥冬引；眼目閉痛，甘草引；　耳鳴耳聾，當歸引；　感冒風寒，防風引；　中溼瘟毒，蒼術引；　跌打損傷，全蠍引；　酒醉傷人，葛花引；　怒氣傷人，沉香引；絞腸痧痛，青蒿引。以上十四症，俱用蟲十四個，好陳酒沖服。

治刀斧傷，用蟲搗敷即愈。　瘋癱，用蟲九個，木香湯送。　打傷，用九個，黑棗、薄荷湯送。　黃疸痧，用十二個，薄荷、燈心湯送。　哮喘，用九個，薄荷湯送。　眼脹，用七個，薄荷湯送。　傷食，用九個，薑湯送。　水毒，用九個，薄荷、燈心湯送。　氣痛，用九個，檳榔湯送。　中風不語，用二十四個，薄荷、燈心湯送。　小肚痛，用九個，薑湯送。　急慢驚風，用九個，薄荷、杏仁湯送。　喉痛，用二十四個，薄荷、銀花湯送。　脾風，用二十四個，酒送。　胃痛心疼，用七個，木香末沖酒服。　無名腫毒，用十六個，陳酒送，五更服。　痘疹，用七個，米湯沖服。　膨脹，用二十四個，薄荷、陳皮湯送。　嘔吐痰水，用七個，淡薑湯送。　乍寒乍熱，口乾舌燥，用七個，陳皮、半夏煎酒沖服。　五勞七傷，白茯苓三錢，用七個，搗爛，每日空心酒沖服，以復元為止。　瘧後寒熱不調，用七個，以未發之先沖酒服，三次即止。夢遺、白濁、血淋、白帶，以芡實三錢微炒研末，白果五枚去皮心，先將藥搗爛，再加淫羊藿一錢去邊，廣皮一錢，韭子三錢，同煎，用蟲七個，酒沖服。赤白帶及產後等症，以香附、炙芪、烏鯽骨各八分，酒煎，用蟲七個，沖服即愈。　氣急咳嗽，以川貝母二錢，牛蒡子、當歸、陳皮、淮牛膝各八分，水煎服。如婦人，去牛蒡子，加益母，炒香附各三錢，水煎沖服三次，神效。　腰痛，以破故紙二錢，雄豬腰一對，竹刀剖開去衣，將破故紙内入，酒蒸熟爛，加桔梗二錢為末，用七個，搗沖酒服，神效。　痢疾，白痢用紅糖，紅痢用白糖，陳酒沖蟲七個服。　水瀉不止，豬苓、白术各一錢，陳酒煎沖七個服之，忌油膩、魚腥等物。　偏正頭風，以川芎、防風，荆芥、蟬蛻各一錢，細辛八分，陳酒煎沖七個服之，忌生冷、葱、韭等物。　骨節酸痛、胃寒等症，以川芎、白术各八分，酒煎沖蟲七個服，三次即愈。　吐血不止、喘息燥熱等症，以古墨研濃，貝母三分研末，蟲七個，陳酒沖服，七次愈。　小便不通，以燈心、車前各七根，蟲七個，陳酒沖服。　飽悶成痞，肚腹腫脹，用酒沖七個，服三次。　翻胃膈食，以生薑七片，裝布袋内，入糞坑，浸七日，取起，清水洗淨埋土中，一層薑，一層土，七日取起，用陰陽瓦焙乾研末，每次一分，用蟲七個沖酒服，三次愈。　吐血，以藕節、茅草根洗淨酒煎，用人乳、酒各半，沖七個服，三次愈。　筋骨疼痛，以核桃肉三錢，陳酒沖蟲七個服。　勞嗽，以牛骨髓三錢，核桃肉三錢，共為末，入蟲七個，再搗為丸，每丸三錢，每日五更銜化一丸，九日見效。　瘘症，蛇牀子三錢，煎湯沖蟲九個服，三次即愈。　久服延年種子。　經水不調，以香附、陳皮、益母草、當歸、元胡索各八分，水煎和酒沖蟲七個，服之即愈。　久遠者連服數次，其效如神。　産後崩症，以香附、白芍、益母草、當歸、陳皮、茯苓、白果、蘇木各八分，酒沖蟲七個服，三次即愈。《藥性考》：洋蟲色黑，形如壁蝨，活吞數枚，止血勞怯。

糞：如蠶砂狀。金御乘云：研末敷金刃傷，立結痂止血，最效。

天牛

宋·鄭樵《通志》卷七六《昆蟲草木略》　蠰　俗呼山羊。有長角，斑黑色，喜齧桑葉及橘柚。《爾雅》曰：蠰，齧桑。

明·李時珍《本草綱目》卷四一蟲部·化生類　天牛《綱目》

【釋名】天水牛《綱目》　八角兒同上　一角者名獨角仙時珍曰：此蟲有黑角如八字，似水牛角，故名。亦有一角者。　【集解】藏器註螃蠐云：蝎〔一名〕蠹，在朽木中，食木心，穿如錐刀，口黑，身長足短，節慢無毛。至春雨後化爲天牛，兩角狀如水牛，亦有一角者，色黑，背有白點，上下緣木，飛騰不遠。時珍曰：天牛處處有之。大如蟬，黑甲光如漆，甲上有黄白點，甲下有翅能飛。目前有二黑角甚長，前向如水牛角，能動。其喙黑而扁，如鉗甚利，亦似蜈蚣喙。六足在腹，乃諸樹蠹蟲所化也。夏月有之，出則主雨。按《爾雅》：蠰，嚙桑也。郭璞註云：狀似天牛長角，體有白點，善嚙桑樹，作孔藏之。江東呼爲嚙髮。此以天牛、嚙桑爲二物也。而蘇東坡天水牛詩云：兩角徒自長，空飛不服箱。爲牛竟何益？利吻穴枯桑。此則謂天牛即嚙桑也。大抵在桑樹者，即爲嚙桑爾。一角者，名獨角仙。入藥，並去甲、翅、角、足用。

【氣味】有毒。　【主治】瘧疾寒熱，小兒急驚風，及疔腫箭鏃入肉，去痣靨時珍。

【發明】時珍曰：天牛、獨角仙，《本草》不載。宋、金以來，方家時用之。《聖惠》治小兒急驚風，吹鼻定命丹，《宣明方》點身面痣靨芙蓉膏中，俱用獨角仙，蓋亦毒物也。藥多不録。蝎化天牛有毒，螃蠐化蟬無毒，又可見螃蠐與蝎之性味良惡也。

【附方】新三。　疔腫惡毒：透骨膏：用八角兒楊柳上者，陰乾去殼，四箇。如冬月無此，用其窠代之。蟾酥半錢，巴豆仁一箇，粉霜、雄黄、麝香少許。先以八角兒研如泥，入溶化黄蠟少許，同衆藥末和作膏子，密收。每以針刺瘡頭破出血，用榆條送膏子麥粒大入瘡中，以雀糞二箇放瘡口。瘡回即止，不必再用也。忌冷水。如針破無血，繫是着骨疔。即男左女右中指甲末，刺出血糊藥。又無血，即刺足大拇血糊藥。如都無血，必難醫也。　箭鏃入肉：用天水牛取一角者，小瓶盛之，入硇砂一錢，同水數滴在内。待自然化水，取滴傷處，即出也。　寒熱瘧疾：猪膏丸：治瘧疾發渴，往來不定。臘猪膏二兩，獨角仙一枚，獨頭蒜一箇，樓葱一握，五月五日三家粽尖。於五月五日五更時，净處露頭赤脚，舌拄上齶，回面向北，搗一千〔杵〕，丸皂子大。每以新綿裹一丸，繫臂上，男左女右。《聖惠》。

清·张璐《本經逢原》卷四　天牛　甘，溫，小毒。　發明：天牛乃水中蠹石所化。楊樹中最多，桑樹中獨勝。長鬚如角，故有天牛之名。利齒善嚙，是有嚙桑之號。其性最鋭，取治疔腫惡瘡，出箭鏃、竹木刺最捷。與螻蛄不殊，一嚙木而飛，一穴土而出，其穎脱之性則一。如無嚙桑，他樹上者，亦可焙乾為末，蜜調傅之。

清·王道純《本草品彙精要續集》卷七　天牛有毒　化生。

天牛：主瘧疾寒熱，小兒急驚風及疔腫、箭鏃入肉，去痣靨《本草綱目》。

【名】天水牛《綱目》、八角兒同上。一角者名獨角仙。李時珍云：此蟲有黑角如八字，似水牛角，故名。亦有一角者。　【地】處處有之，云是蠍蠹所化者。　【時】生：春雨後夏月有之，出則主雨。採：春夏秋時取之。　【用】春夏秋用天牛身，冬月用其窠。　【質】陳藏器注螃蠐云：蠍蠹，在朽木中食木心，穿如錐刀，身長足短，節慢無毛。至春雨後化爲天牛，兩角狀如水牛。亦有一角者，上下緣木，飛騰不遠。李時珍云：大如蟬有甲，甲下有翅，能飛。目前有二角甚長，前向如水牛角，能動其喙，扁如鉗，甚利，亦似蜈蚣，六足，乃諸樹蠹蟲所化也。按《爾雅》：蠰，齧桑也。郭璞注云：狀似天牛，長角，善齧桑樹，作孔藏之。江東呼爲齧髮，此以天牛齧桑爲二物也。考蘇東坡《天水牛詩》云：兩角徒自長，空飛不服箱，爲牛竟何益，利吻穴枯桑。此又謂天牛即齧桑也。大抵在桑樹者，即爲齧桑爾。一角者名獨角仙也。〔色〕身有甲，黑光如漆，甲上有黄白點。兩角黑色，口黑喙亦黑，一角者色黑，背有白點。〔製〕去甲、翅、角、足，焙乾。〔代〕如冬月無此，用其窠代之。〔治〕李時珍云：天牛，獨角仙。《本草》不載，宋金以來方家時用之。《聖惠》：治小兒急驚風，吹鼻，定命丹。《宣明方》點身面痣靨，芙蓉膏中俱用獨角仙，蓋亦毒物也。藥多不錄蠍化天牛有毒，蠐螬化蟬無毒。又可見蠐螬與蠍之性味良惡也。〔合治〕治疔腫惡毒，透骨膏用八角兒楊柳上者，陰乾去殼，四個，巴豆仁一個，粉霜、雄黄、麝香少許，蟾酥半錢，先以八角兒研如泥，入溶化黄蠟少許，同衆藥末和作膏子，密收，每以針刺瘡頭破出血，用榆條送膏子麥粒大入瘡中，以雀糞二個放瘡口，瘡回即止，不必再用也。如針破無血，繫是着骨疔，即男左女右中指甲末刺出血，糊藥。又無血，即刺足大拇血，糊藥。如都無血，必難醫也。〇治箭鏃入肉，用天水牛取一角者，小瓶盛之，入硇砂一錢，同水數滴在內，待自然化水，取滴傷處，即出也。〇《聖惠方》：治寒熱瘧疾發渴，往來不定，用豬膏丸，豬膏二兩，獨角仙一枚，獨頭蒜一個，樓葱一握，五月五日三家粽尖，於五月五日五更時，淨處露頭赤腳，舌拄上齶，回面北向，搗一千丸，皂子大，每以新綿裹一丸，繫臂上，男左女右，其瘧即止。〔忌〕如用透骨膏時，應忌冷水。

清・趙其光《本草求原》卷一八蟲部 天牛 楊樹中蠹蟲，有鬚如角，故名。利齒善嚙，性最鋭，甘，溫，小毒。治疔腫、惡瘡，出箭簇、竹木刺最捷。焙末，蜜調敷。他樹上者亦可用，用功薄。

飛生蟲

宋・唐慎微《證類本草》卷二二蟲魚部下品〔唐・陳藏器《本草拾遺》〕 飛生蟲 無毒。令人易産，取角，臨時執之亦得，可燒末服少許。蟲如齧髮，頭上有角。

明・李時珍《本草綱目》卷四一蟲部・化生類 飛生蟲《拾遺》。藏器曰：狀如齧髮，頭上有角。其角無毒，主難産，燒末水服少許，亦可執之。時珍曰：此亦天牛別類也。與鼺鼠同功，故亦名飛生。

木蠹蟲

宋・唐慎微《證類本草》卷二二蟲魚部下品〔唐・陳藏器《本草拾遺》〕

木蠹 味辛，平，小毒。主血瘀勞積，月閉不調，腰脊痛，有損血及心腹間疢。桃木中有者，殺鬼，去邪氣。桂中者，辛美可噉，去冷氣。一如蠐螬，節長足短，生腐木中，穿木如錐刀，至春羽化，一名蝎。《爾雅》云：蝎，蛣蜛。注云：木蠹也。蘇恭證云蠐螬，深誤也。

宋・鄭樵《通志》卷七六《昆蟲草木略》 蝎 木中蠹蟲也。《爾雅》曰：蝎，蛣蜛。

蝤蠐 《爾雅》云：蝤蠐，蝎。木中蠹蟲也。《方言》：關東謂之蝤蠐。梁、益之間謂之蝎。

蠖 屈伸蟲也。《爾雅》云：蠖，蚇蠖。

明・滕弘《神農本經會通》卷一〇 木蠹 陳藏器云：味辛，平，小毒。主血瘀，勞積，月閉不調，腰脊痛，有損血及心腹間疢。桃木中有者，殺鬼，去邪氣。桂木者，辛美可噉，去冷氣。去冷氣一如蠐螬，節長足短。生腐木中，穿木如錐刀。至春羽化。蘇恭證云蠐螬，深誤也。

明・李時珍《本草綱目》卷四一蟲部・化生類 木蠹蟲《拾遺》

〔釋名〕蝎音曷。蝤蠐音囚齊。蛣蜛音乞屈。蛀蟲時珍曰：蠹，古文作螙，食木蟲也，會意。《爾雅》云：蝤蠐，蝎也。蝎，蛣蜛也。郭璞云：凡木中螙蟲，通名爲蝎。但所居各異耳。〔集解〕藏器曰：木蠹一如蠐螬，節長足短，生腐木中，穿木如錐，至春雨化爲天牛。蘇恭以爲蠐螬，深誤矣。詳蠐螬下。時珍曰：似蠶而在木中食木者，爲蝎；似蠶而在樹上食葉者，爲蠋；似蠋而小，行則首尾相就，屈而後伸者，爲尺蠖；似尺蠖而青小者，爲螟蛉。三蟲皆不能穴木，至夏俱羽化爲蛾。惟穴木之蠹，宜入藥用。〔氣味〕辛，平，有小毒。〔主治〕血瘀勞損，月閉不調，腰脊痛，有損血，及心腹間疾藏器。

〔發明〕時珍曰：各木性味，良毒不同，而蠹亦隨所居、所食而異，未可一概用也。古方用蠹，多取桑、柳、構木者，亦各有義焉。

柳蠹蟲

明・李時珍《本草綱目》卷四一蟲部・化生類 柳蠹蟲《綱目》

〔集解〕時珍曰：柳蠹生柳木中甚多，內外潔白，至春夏化爲天牛。諸家註蠐螬多取之，亦誤矣。

【氣味】甘，辛，平，有小毒。　【主治】瘀血，腰脊瀝血痛，心腹血痛，風癮風毒，目中膚翳，功同桑蠹時珍。

糞　【主治】腸風下血，産後下痢，口瘡耳腫，齒齦風毒時珍。

【附方】新三。　口瘡風疳：小兒病此，用柳木蛀蟲矢，燒存性爲末，入麝香少許搽之。雜木亦可。《幼幼新書》。　齒齦風腫：用柳蠹末半合，赤小豆炒、黑豆炒各一合，柳枝一握，地骨皮一兩。每用三錢，煎水熱漱。《御藥院方》。　耳腫風毒：腫起出血。取柳蟲糞化水，取清汁，調白礬末少許，滴之。《肘後》。

清・王道純《本草品彙精要續集》卷七　柳蠹蟲有小毒　化生。

柳蠹蟲：　主瘀血，腰脊瀝血痛，心腹血痛，風疹風毒，目中膚翳，功同桑蠹。〇糞，主腸風下血，産後下痢，口瘡，耳腫，齒齦風毒《本草綱目》。　【名】柳蛀蟲。　【地】出柳木中，甚多。　【時】生：夏秋。採：秋冬取之。李時珍曰：至春夏間化爲天牛。　【用】柳蠹末及屎。　【質】狀類蠐螬。【色】内外潔白。　【味】甘，辛。　【性】平。　【合治】《幼幼新書》方：治口瘡，風疳，小兒病，用柳木蛀蟲屎，燒存性，爲末，入麝香少許搽之。雜木亦可。《御藥院方》：治齒齦風腫，用柳蠹末半合，赤小豆炒、黑豆炒各一合，柳枝一握，地骨皮一兩，每用三錢，煎水熱漱。〇《肘後方》治耳腫風毒，腫起出血，取柳蠹蟲糞化水，濾清汁，調白礬末少許滴之。　【贋】李時珍云：諸家注蠐螬，多取此，亦誤矣。

桂蠹蟲

明・李時珍《本草綱目》卷四一蟲部・化生類　桂蠹蟲《綱目》

【集解】藏器曰：此桂樹中蟲，辛美可啖。時珍曰：按《漢書・陸賈傳》：南越尉陀獻桂蠹二器。又《大業拾遺録》云：隋時始安獻桂蠹四瓶，以蜜漬之，紫色，辛香有味。啖之，去痰飲之疾。則此物自漢、隋以來，用充珍味矣。

【氣味】辛，温，無毒。　【主治】去冷氣藏器。除寒痰澼飲冷痛時珍。

糞　【主治】獸骨鯁，煎醋漱嚥時珍。

清・王道純《本草品彙精要續集》卷七　桂蠹蟲無毒　化生。

桂蠹蟲：　主去冷氣《本草拾遺》。除寒痰澼飲，冷痛。〇糞，主獸骨鯁，煎醋漱咽《本草綱目》。　【名】桂蛀蟲。　【地】陳藏器云：此桂樹中蟲，辛美可啖。　【用】全身及糞。　【色】紫。　【味】辛。　【性】溫。　【臭】香。【治】李時珍：按《漢書・陸賈傳》南越尉陀獻桂蠹二器。又《大業拾遺録》云：隋時始安獻桂蠹四瓶，以蜜漬之，紫色，辛香有味，啖之去痰飲之疾。則此物自漢隋以來用充珍味矣。

桃蠹蟲

明・李時珍《本草綱目》卷四一蟲部・化生類　桃蠹蟲日華。校正：《本經》原附桃核仁下，今分入此。

【集解】《别録》曰：食桃樹蟲也。藏器曰：〔桑蠹去氣〕，桃蠹辟鬼，皆隨〔所〕出而各有功也。

【氣味】辛，温，無毒。　【主治】殺鬼、邪惡不祥《本經》。食之肥人，悦顔色日華。

糞　【主治】辟温疫，令不相染。爲末，水服方寸匕《子母秘録》。

清・张璐《本經逢原》卷四　桃蠹蟲　辛，溫，無毒。《本經》殺鬼邪惡不祥。　發明：桃實中蟲，食之令人美顔色，與桃蠹不異。其蟲屎能辟瘟疫，令不相染，為末水服方寸匕。

清・趙其光《本草求原》卷一八蟲部　桃蠹蟲　與桃實中蟲，皆辛，溫，無毒。殺鬼、辟邪、實中。蟲屎，辟瘟疫，令人不染。為末水服。

桑蠹蟲

宋・唐慎微《證類本草》卷三〇有名未用・蟲類〔《别録》〕　桑蠹蟲　味甘，無毒。主心暴痛，金瘡，肉生不足。

〔宋・掌禹錫《嘉祐本草》〕按：陳藏器云：桑蠹去氣，桃蠹辟鬼，皆隨所出，而各有功。又主小兒乳霍。

明・王文潔《太乙仙製本草藥性大全》卷三《仙製藥性》　桑上蠹蟲　主卒心痛。金瘡潰爛，亦可生肌。　補註：治落胎下血不止，以桑木中蝎蟲燒末，酒服方寸匕，日二服。　桑樹根旁行出地者，名爲伏蛇，治心痛一絕。《本經》云桑根出土者殺人，此用治心痛，宜更可妨。〇飲食中蠱毒，令人腹内堅痛，面黄青淋，露骨立病變無常，取桑木心，剉得一斛，煮釜中，以水淹之令上有，三斗煮取二斗，澄取清，微火煎得五升，宿勿食，旦服五合則吐蠱毒出。〇血露不絕，鋸截桑根取屑，五指撮，取醇酒服之，日三。

明・李時珍《本草綱目》卷四一蟲部・化生類　桑蠹蟲《别録》。校正：自有名未用移入此。

【釋名】桑蝎音曷。

〔氣味〕甘，温，無毒。　〔主治〕心暴痛，金瘡肉生不足《别録》。胸下堅滿，障翳瘀腫，治風瘮日華。治眼得效《蜀本》。去氣，補不足，治小兒乳霍藏器。小兒驚風，口瘡風疳，婦人崩中，漏下赤白，墮胎下血，產後下痢時珍。

〔附方〕新二。　崩中漏下：赤白。用桑蝎燒灰，温酒服方寸匕，日二。《千金》。　墮胎下血：不止。桑木中蝎蟲，燒末，酒服方寸匕，日二。蟲屎亦可。《普濟方》。

糞　〔主治〕腸風下血，婦人崩中產痢，小兒驚風胎癬，咽喉骨鯁時珍。

〔附方〕新四。　腸風下血：枯桑樹下蟲矢，燒存性，酒服一錢。《聖惠》。　產後下痢：日五十行。用桑木裏蠹蟲糞，炒黄，急以水沃之，稀稠得所，服之。以瘥爲度。此獨孤訥祭酒方也。《必效方》。　小兒胎癬：小兒頭生瘡，手爬處即延生，謂之胎癬。先以葱鹽湯洗净，用桑木蛀屑燒存性，入輕粉等分，油和敷之。《聖惠》。　咽喉骨鯁：桑木上蟲糞，米醋煎呷。《永類鈐方》。

清・穆石匏《本草洞詮》卷一八　桑蠹蟲　凡木皆有蠹蟲。木之性味良毒不同，而蠹亦隨所居所食而異。惟桑蠹為最良也。甘，溫，無毒。治風瘮目中翳障，胸下堅滿，金瘡肉生不足，小兒驚風，口瘡風疳，婦人崩漏，墮胎下血，產後下痢。今吳中俗，凡小兒出痘，不論寒熱虛實，俱捉桑蟲食之，起發灌漿皆効。而諸家不載。蓋桑蟲補而能發，故服之往往有功。然亦惟氣虛熱微者宜之，若熱甚者，非所宜也。

清・张璐《本經逢原》卷四　桑蠹蟲　甘，溫，小毒。色白帶黄而腹中無穢，捼之無水者為真。若頭硬而腹中不淨者，即雜樹內蠹也。如一時難覓真者，則以截毛殼煅灰存性代之。　發明：　桑蠹蟲食木，柔能勝堅，故治痘瘡毒盛，白陷不能起發者，用以絞汁，和白酒釀服之即起。但皮薄腳散及泄瀉畏食者服之，每致駁裂而成不救，不可不慎。《千金》治崩中漏下赤白，桑蠹燒灰溫酒服，亦治胎漏下血效。

清・朱純嘏《痘疹定論》卷三　桑蟲論　桑之桑椹，以及桑葉、桑枝、桑根白皮，俱皆入藥。且又有桑上寄生，又稱上品。而桑中之蛀蟲，食桑之木，吸桑之津液，豈不可以助痘之長漿成漿者乎？然揆之於理，似大有效驗，考之於行漿之時，順症以二三條，入於磁鍾內研爛，又加熟水、白酒三五匙調服，果然行漿。若遇險症不能行漿，即再服亦不能行漿。險症既不能取效，逆症又豈能奏功乎？以此觀之，桑蟲亦屬無用之物，至於京都傳聞桑蟲大能補助痘漿，及至出痘長漿之時，醫者曰桑蟲好。患痘之家，以兒女為重，急令家人尋覓桑蟲，或挾銀急為購買。若得真桑木內者，猶可曰桑蟲。彼乃向劈柴局內，凡得白蟲，以鋸末養之，以為奇貨可居，及有人買，則曰要幾錢幾兩一條，若不如數，彼必不賣。夫買桑蟲者，主人之命。要桑蟲者，醫者之方，出於醫者之口也。差去買者，無可奈何，只得重價買來應用，毫無效驗。且桑蟲必於桑樹內取來，猶可言真。若於劈柴局內，則凡雜木之有蟲，皆可混入桑蟲名色，且又得其重價，不幾令此薄惡之徒，開一趁錢大法門乎？予故筆之於此，以告同志。

清・黄元御《玉楸藥解》卷六　桑蟲　味苦，氣平。入手少陰心、足厥陰肝經。止崩，除帶，消脹。　桑蟲行瘀破滯，治口瘡目瞖，崩中帶下。庸工以起小兒痘瘡塌陷，不通之至。

清・吳儀洛《本草從新》卷六　桑蟲〔宣，祛風。〕古名桑蠹蟲，又名桑蝎。以下化生類。

甘，溫，有毒。時珍曰：蝎化天牛有毒，蠐螬化蟬無毒，又可見蠐螬與蝎之性味良惡也。祛風。治障翳瘀腫，小兒驚風，口瘡風疳，婦人崩中漏下赤白，墮胎下血，產後下痢。今人多用以發痘。景岳曰：桑蟲，亦名桑蠶，不知創自何人用以發痘，予嘗遍考本草及痘證諸書，俱所不載，及審其質性，不過為陰寒濕毒之蟲爾。唯其有毒，所以亦能發痘。唯其寒濕，所以最能敗脾。顧發痘不從氣血而從毒藥，此與揠苗者何異？矧其濕毒侵脾，弱稚何堪？故每見多服桑蟲者，毒發則唇俱裂，脾敗則泄瀉不止，人但見痘證之死，而不知其敗在蟲毒也。前之既覆，後可鑒矣。其奈蒙蒙者率猶長夜之不醒何！予欲呼之，用斯代柝，而并咎夫作俑者之可恨。洛按：桑蟲能祛風而走竄經絡，其性大約與穿山甲相近，故均能發痘。然起發不由根本，元氣為毒所傷，今人治痘無不用之，其為害不知若干人矣。吾鹽馮楚瞻有《錦囊秘錄》，其書龐雜淺鄙，全無足取。內有云：大桑蟲有人參之功。噫，此黄口小兒之言也。何物匪才，敢無知妄作耶！　蟲矢，功用略同。俱燒存性研末，酒調。按：牛蝨啖血，例比虻蟲，尤非痘家所宜，而世習用之。傷人多矣。〔桑蟲，即桑蠹蟲。《別錄》、《日華》、《蜀本》、藏器、時珍俱所收載，何景岳以為不載耶？但并未言其治痘，痘證諸書從未有用之者。〕

題清・徐大椿《藥性切用》卷八　桑蟲　古名桑蠹蟲，又名桑蝎。甘溫有毒，祛風除障翳，痘疹濕熱毒盛，可暫用以發痘灌漿。蟲矢功用略同，而力稍遜。宜燒存性，研細，酒調。脾虛血氣弱者，均大忌。

清・陳啟運《痘科摘要》卷四　桑蟲　味甘，微寒。主治一切怪痘，貫珠攢簇。貫珠攢簇者，梟毒衝突氣血，不能駕馭，一任毒之縱横，結成條者。外見連串貫珠，團結成塊，堆聚攢簇，誠中形外，信不誣也。細密隱隱，梟毒深藏，氣血錮閉，毒無領載，痘不得透。能令毒鬆透，活血提漿。血活而毒化矣。凡痘之初起，大能發痘，或隨出隨沒者，神妙。若氣虛塌陷，不能灌漿者，亦可用，有人參之功。但已發透者，并貫漿足者，及瀉泄者，不可過用。其用法必須覓得活大者，方能有力。死桑蟲勿用。剪去頭，取汁，兌入煎劑內服之。或用糯米酒釀合服亦可。歌曰：桑蟲氣味本甘寒，主治怪痘貫珠攢。細密隱隱能鬆透，活血提漿此為先。

清·葉桂《本草再新》卷一〇　桑蟲味甘，性溫，有小毒。入肝、脾、肺三經。祛風，治目障瘀腫，小兒驚風，能去風，則驚無從生矣。痔瘡痘症，婦人崩漏，產後下痢。

棗蠹蟲

明·李時珍《本草綱目》卷四一 蟲部·化生類　棗蠹蟲《綱目》

【集解】時珍曰：此即蛣蟦之在棗樹中者。

屎【主治】聤耳出膿水。研末，同麝香少許吹之。時珍。《普濟》。

清·王道純《本草品彙精要續集》卷七　棗蠹蟲　化生。

棗蠹蟲：屎，主聤耳出惡水《本草綱目》。【名】棗蛀蟲。【地】出棗樹中。【時】生：無時。採：無時。【用】糞。【質】李時珍云：此即蛣蟦之在棗樹中者。【色】白。【味】甘。【性】溫。【治】《普濟方》治耳中出膿水，用屎研末，同麝香少許吹之。

柘蠹蟲

宋·唐慎微《證類本草》卷二一 蟲魚部中品〔唐·陳藏器《本草拾遺》〕

柘蟲屎　詹糖注陶云：詹糖僞者，以柘蟲屎爲之。按即今之柘木蟲，在木間食木注爲屎。其屎破血，不香。詹糖燒之香也。既不相似，不堪爲類。

明·李時珍《本草綱目》卷四一 蟲部·化生類　柘蠹蟲《拾遺》

【集解】藏器曰：陶註詹糖云：僞者以柘蟲屎爲之。此即柘蠹在木間食木之屎也。詹糖燒之香，而此屎不香。既不相似，亦難僞之。

屎【主治】破血藏器。

蒼耳蠹蟲

明·李時珍《本草綱目》卷四一 蟲部·化生類　蒼耳蠹蟲《綱目》

【釋名】麻蟲　【集解】時珍曰：蒼耳蠹蟲，生蒼耳梗中，狀如小蠶。取之但看梗有大蛀眼者，以刀截去兩頭不蛀梗，多收，線縛掛檐下，其蟲在內經年不死。用時取出，細者以三條當一用之。

【氣味】缺。【主治】疔腫惡毒，燒存性研末，油調塗之，即效。或以麻油浸死收貯，每用一二枚擣傅，即時毒散，大有神效時珍。

【發明】時珍曰：蒼耳治疔腫腫毒，故蟲亦與之同功。古方不見用，近時方法每用之。

【附方】新三。一切疔腫：及無名腫毒惡瘡。劉松石《經驗方》用蒼耳草梗中蟲一條，白梅肉三四分，同搗如泥，貼之立愈。〇《聖濟總録》用麻蟲即蒼耳草內蟲炒黃色、白殭蠶、江茶，各等分爲末，蜜調塗之。〇又用蒼耳節內蟲四十九條搥碎，入人言少許，搥成塊。刺瘡令破，傅之。少頃以手撮出根，即愈。

清·王道純《本草品彙精要續集》卷七　蒼耳蠹蟲　化生。

蒼耳蠹蟲：主疔腫惡毒《本草綱目》。【名】麻蟲。【地】生蒼耳梗中。【時】生：夏月。採：春夏秋冬多可取之。【收】取之時，但看梗有大蛀眼者，以刀截去兩頭不蛀梗。多收，線縛掛簷下，其蟲在內經年不死，用時取出，細者以三條當一用之。【用】全身。【質】狀如小蠶。【色】青。【治】李時珍方：治疔腫惡瘡，用蒼耳蠹蟲燒存性，研末，油調塗之即效。或以麻油浸死收貯，每用一二枚搗傅，即時毒散，大有神效。【合治】劉松石《經驗方》治一切疔腫及無名腫毒，惡瘡，用蒼耳草梗中蟲一條，白梅肉三四分，同搗如泥，貼之立愈。〇《聖濟總錄》方：用麻蟲炒黃色，白殭蠶，紅茶各等分爲末，蜜調塗之。〇又方：用蒼耳節內蟲四十九條，捶碎，入人言少許，捶成塊，刺瘡令破，傅之，少頃以手撮出根，即愈。【解】李時珍云：蒼耳，解疔腫腫毒，故蟲亦與之同功。古方不見用，近時方法每用之。

清·嚴潔等《得配本草》卷八　蒼耳蠹蟲即蒼耳梗內蟲。專治一切疔腫惡瘡，及無名腫毒。燒存性，研末油調塗，或以麻油浸死，收貯。每用一二枚搗敷，即時毒散，大有神效。　得白梅肉，搗貼惡瘡。配白殭蠶、江茶，等分為末，蜜調塗腫毒。入砒少許，搗敷疔毒。刺瘡令破，敷之少頃，以手撮出疔根即愈。

清·陸以湉《冷廬醫話·補編》　蒼耳子蟲　蒼耳子草，夏秋之交，陰雨後梗中霉爛生蟲，取就熏爐上烘乾，藏小竹筒內，隨身攜帶，或藏錫瓶，勿令出氣。患疔毒者，以蟲研細末，置治疔膏藥上貼之，一宿疔即拔出而愈。貼時須先以針微挑疔頭出水。余在台州，僕周錦種之盈畦，取蟲救人，屢著神效。比在杭郡學舍旁，蒼耳草蟲甚多，以療疔毒，無不獲效。同邑友人鄭拙言學博鳳鏘，攜至開化，亦救治數人，彼地無蒼耳草，書來索種以傳。又青蒿蟲，治小兒驚風最靈，余孫榮霖，曾賴此得生。此二方皆見《本草綱目》，而世罕知其效，特誌之。青蒿蟲亦在梗中焙乾研末，和燈心灰，湯調送下。

炳章按：蒼耳蟲，不獨治疔瘡有特效，凡陽癰紅腫已成膿，以此蟲一條，放於瘡頂，外用清涼膏蓋貼八小時，毒即咬通，余常於八九月採取，用麻油浸藏備用，可代刀鍼，真奇效也。

蘆蠹蟲

宋・唐慎微《證類本草》卷二二蟲魚部下品(唐・陳藏器《本草拾遺》)

蘆中蟲　無毒。主小兒飲乳後吐逆，不入腹亦出。破蘆節中，取蟲二枚，煮汁飲之。蟲如小蠶。小兒嘔逆與哯乳不同，宜細詳之。哯乳，乳飽後哯出者是。

明・李時珍《本草綱目》卷四一蟲部・化生類　蘆蠹蟲《拾遺》

【集解】藏器曰：出蘆節中，狀如小蠶。

【氣味】甘，寒，無毒。【主治】小兒飲乳後，吐逆不入腹，取蟲二枚煮汁飲之。嘔逆與哯乳不同，乳飽後哯出者，爲哯乳也藏器。

黄麻梗蟲

清・趙學敏《本草綱目拾遺》卷一〇蟲部　黄麻梗蟲　須秋時先收取，以葱管藏之。《百草鏡》：麻蟲生麻梗近根上一節中，二月化為飛蟲，穿穴去。山左人每於刈麻時，將蟲連麻梗寸斷，布袋裝盛，帶至南方，貨與養禽鳥家，飼畫眉、百翎之用。云其蟲性暖，去風行血，鳥食之可以禦寒。蟲形如小蠶，細長明淨。入藥須連麻梗蒸焙用。如用生者，須以葱藏。治疔：程林《即得方》用黄麻梗內蟲，以葱葉包貯，挂風頭令乾，將疔瘡挑破，以麻蟲少許，入於所挑之處，瘡即化為水而愈。陶節菴治疔蜣螂膏：用蜣螂三個，肚白者佳，黄麻蟲十個，二味搗勻，撥破患處貼之。如患在手足，有紅絲上臂，絲盡處，將針挑斷出血，仍用前藥。毒重者更服敗毒藥。《葉氏方》用黄麻梗中蟲一條，焙乾為末，酒調服下，疔化為水。

芝麻蟲

清・趙學敏《本草綱目拾遺》卷一〇蟲部　芝麻蟲　生芝麻梗中，三更輒從下而上，至頂食露，五更輒下，取之以夜。性熱助陽，入幃箔用。去痔管：用芝麻蟲，如蠶綠色，取焙乾為末，開水送下，每日一錢。服七日，其管自出。

青蒿蠹蟲

明・李時珍《本草綱目》卷四一蟲部・化生類　青蒿蠹蟲《綱目》

【集解】時珍曰：此青蒿節間蟲也。狀如小蠶，久亦成蛾。

【氣味】缺。【主治】急慢驚風。用蟲搗，和朱砂、汞粉各五分，丸粟粒大。一歲一丸，乳汁服時珍。

【發明】時珍曰：古方不見用者。《保嬰集》用治驚風，云十不失一。其詩云：一半朱砂一半雪，其功只在青蒿節。任教死去也還魂，服時須用生人血。

清・穆石匏《本草洞詮》卷一八　青蒿蠹蟲　治急慢驚風，用蟲搗和硃砂、汞粉各五分，丸粟粒大，一歲一丸，乳汁服。《保嬰集》中載之，詩云：一半硃砂一半雪，其功只在青蒿節。任教死去也還魂，服時須用生人血。生人血，謂乳汁也。

清・王道純《本草品彙精要續集》卷七　青蒿蠹蟲　化生。

青蒿蠹蟲：主急慢驚風《本草綱目》。【名】青蒿蛀蟲。【地】出青蒿節間蟲也。【時】生：四五六月。採：五六月取之。【收】或曬乾或焙乾，陰乾亦可。【用】全身。【質】狀如小蠶，久亦成蛾。【色】青白。【合治】李時珍云：治急慢驚風，用蟲搗，和朱砂、汞粉各五分，丸粟粒大，一歲一丸，乳汁服。此蟲古方不見用者。《保嬰集》用治驚風，云十不失一，其詩云：一半朱砂一半雪，其功只在青蒿節，任教死去也還魂。服時須用生人血。

清・嚴潔等《得配本草》卷八　青蒿蠹蟲即青蒿節間蟲。專治急慢驚風。用蟲搗和朱砂、輕粉各五分，丸。一歲一丸，人乳化下。

清・陸以湉《冷廬雜識》卷一　青蒿蟲治小兒驚風最靈，余孫榮霖曾賴此得生。【略】青蒿蟲亦在梗中，焙乾研末，和燈心灰，湯調送下。

清・毛祥麟《對山醫話》卷四　嘗見幼科取青蒿中蟲和藥，以治小兒急慢驚風，云有奇驗。徧閱古方，未見用此。惟《保嬰集》極言其功效，并有詩云：一半硃砂一半雪，其功只在青蒿節。任教死去也還魂，服時須用生人血。蓋用硃粉和之，乳汁點服也。

穀蠹

宋・鄭樵《通志》卷七六《昆蟲草木略》　穀蠹　米穀中小黑蟲也。《爾雅》曰：蛄䗐，強蛘。建平人呼為蛘子。

清・王學權《重慶堂隨筆》卷下　藥字從草，故神農辨藥之書曰《本草經》，則本草宜以草部居先。草類甚多，孔子曰：蘭為王者之香，則蘭之於草，亦猶麒麟之於走獸，鳳凰之於飛鳥，後之修本草者，苟折衷於聖人，自當以蘭為冠矣。蘭以素心者為貴，舒思慮之鬱結，蠲蘊伏之濁邪，稀痘催生，清神養液，稟天地至清之氣而生，故昔人有吹氣如蘭之喻。曉嵐先生《筆記》云：苗峒地界值蘭開時，有食蘭蕊之蟲，形似蜈蚣而色青，取置杯中，灑以鹽末少許，覆之以蓋，須臾化為水，湛然淨綠，澈如琉璃，蘭氣撲鼻。用以代醯，香沁齒頰，半日後尚留餘味。然蘭謝時即死，殊不易得，彼地亦甚珍也，惜不知其何名。愚謂此蟲可與脈望、鞠通相鼎立，洵稱仙品，宜其不易得也。夫蟲而食蘭，猶得仙致，施之於人，效自可知。乃有以省頭草當之者，抑何陋耶？

食蔗之蟲

清・趙學敏《本草綱目拾遺》卷一〇蟲部　蔗蛄　漳泉種蔗田中，出一種蟲如蠶，食蔗根，名蔗蛄。土人食之，味甚甘美。

發痘行漿，托癰清毒，化痰醒酒，和中利小便。

清・王學權《重慶堂隨筆》卷下　〔王孟英〕刊：　潮州蔗田接壤，食蔗之蟲形如蠶蛹而小，味極甘美，性涼，解熱毒，助痘漿，可與蘭蟲并傳。

清・梁紹壬《兩般秋雨盦隨筆》卷八　蔗蟲　蔗蟲性涼，吾杭極貴，出痘險者，賴以助漿，然不可多得也。廣東潮州，蔗田接壤，蔗蟲往往有之，形似蠶蛹而小，味極甘美，居人每炙以佐酒。

茄稞蟲

清・趙學敏《本草綱目拾遺》卷一〇蟲部　茄稞蟲　此蟲生茄稞內，梗上有蛀眼，內即有蟲。其蟲帶綠色黑嘴者是。

治男女童癆：劉羽儀《經驗方》云：男女童癆，其症不必如大人咳嗽吐血洩精，只是身體瘦弱，皮毛焦枯，肌膚微熱，急宜早治。用野茄稞內蟲，取數十條，私和在食物之內，與病者吃，數次即愈。

清・趙其光《本草求原》卷一八蟲部　茄根上蛀蟲　辛，溫，小毒。殺蟲，敗毒，治楊梅惡瘡。

茶蛀蟲

明・李時珍《本草綱目》卷四一蟲部・化生類　茶蛀蟲《綱目》

〔集解〕時珍曰：此裝茶籠內蛀蟲也，取其屎用。

蛀屑　〔主治〕聤耳出汁。研末，日日繳淨摻之時珍。出《聖惠》。

清・王道純《本草品彙精要續集》卷七　茶蛀蟲　化生。

茶蛀蟲蛀屑，主聤耳出汁《本草綱目》。〔地〕李時珍云：此裝茶籠內蛀蟲也。〔時〕生：夏秋。採：無時。〔用〕屎並蛀屑。〔色〕青。〔治〕《聖惠方》：治耳中出惡汁，研末，日日繳淨摻之，收濕自愈。

皂莢蠹蟲

明・李時珍《本草綱目》卷四一蟲部・化生類　皂莢蠹蟲《綱目》

〔氣味〕辛。〔主治〕蠅入耳害人。研爛，同鱓魚血點之《危氏》。

清・王道純《本草品彙精要續集》卷七　皂莢蠹蟲　化生。

皂莢蠹蟲：主豁痰，通關格，功同皂莢，祛風痹《品彙續集》。〔名〕皂莢蛀蟲。〔地〕出皂莢中。〔時〕生：八九月中。採：九十月取之。〔用〕全身。〔質〕狀如草葉上青蟲，微黑便出，所以不見。俗人見其有蟲孔而未嘗見蟲形，皆言不可近，令人惡病，殊不爾也。若不待時候細心採之，恐難得耳。〔色〕始青色，後黑色。〔味〕辛。〔性〕溫。〔治〕危氏《得效方》治蠅入耳害人，研爛，同鱔魚血點之。

清・趙學敏《本草綱目拾遺》卷一〇蟲部　牙皂樹蟲《救生苦海》云：此樹大如錢，粗者方得有蟲。但取之有法，以利刀速砍其樹，遲則蟲即下行入根，不可得。其蟲子時下行，過午則上行，須午後伐取。

治一切腫毒初起。其蟲有大小，大者用一條，小者用二條。證輕者用一條，證重者用二條或三條，擂爛酒調服。已膿者不治。

枸杞蟲

宋・唐慎微《證類本草》卷二二蟲魚部下品〔唐・陳藏器《本草拾遺》〕

苟杞上蟲　味鹹，溫，無毒。主益陽道，令人悅澤有子。作繭子爲蛹時取之，曝乾，炙令黃，和乾地黃爲丸服之，大起陽，益精。其蟲如蠶，食苟杞葉。

明・李時珍《本草綱目》卷三九蟲部・卵生類上　枸杞蟲《拾遺》

〔釋名〕蠋《爾雅》〔集解〕藏器曰：此蟲生枸杞上，食枸杞葉，狀如蠶，作繭。爲蛹時取之，曝乾收用。時珍曰：此《爾雅》所謂蚅，烏蠋也。其狀如蠶，亦有五色者。老則作繭，化蛾孚子。諸草木上皆有之，亦各隨所食草木之性。故《廣志》云：藿蠋香，槐蠋臭。

〔氣味〕鹹，温，無毒。〔主治〕益陽道，令人悦澤有子。炙黄和地黄末爲丸，服之，大起陽益精藏器。治腎家風虚。時珍。《普濟方》。

蘹香蟲

明・李時珍《本草綱目》卷三九蟲部・卵生類上　蘹香蟲《綱目》

〔集解〕時珍曰：生蘹香枝葉中。狀如尺蠖，青色。

〔主治〕小腸疝氣時珍。

清・王道純《本草品彙精要續集》卷七　蘹香蟲

蘹香蟲：主小腸疝氣《本草綱目》。〔地〕李時珍云：生蘹香枝葉中。〔時〕生：四、五、六、七、八月。採：七八月取之。〔用〕全用。〔質〕狀如尺蠖。〔色〕青。〔味〕甘，辛。〔性〕溫。〔臭〕香。

清・劉善述、劉士季《草木便方》卷二蟲介鱗甲部　茴香蟲　茴香蟲入小腸經，主治疝氣痛攻心。奔豚癋瘕伏梁痛，反胃噎膈末酒吞。

牛膝蚞

清・趙學敏《本草綱目拾遺》卷一〇蟲部　牛膝蚞　《李氏草秘》：蟲生牛膝草節中，香油浸製。

治指頭毒，晝夜痛不可忍者，敷上即愈。

蠐螬

宋・唐慎微《證類本草》卷二一蟲魚部中品〔《本經》・別録・藥對》〕　**蠐螬**　**味鹹，微溫**、微寒，有毒。**主惡血，血瘀痹氣，破折血在脇下堅滿痛，月閉，目中淫膚，青瞖白膜，**療吐血在胸腹不去及破骨踒折，血結，金瘡内塞，産後中寒，下乳汁。**一名蟦**扶文切**蠐**，一名蜰音肥齊，一名教齊。生河内平澤及人家積糞草中。取無時，反行者良。蜚蠊爲之使，惡附子。

〔梁・陶弘景《本草經集注》〕云：大者如足大指，以背行，乃駃於脚，雜猪蹄作羹，與乳母不能別之。《詩》云領如蝤蠐，今此別之，名以蠐字在下，恐此云蠐螬倒爾。

〔唐・蘇敬《唐本草》〕注云：此蟲有在糞聚，或在腐木中。其在腐柳樹中者，内外潔白；土糞中者，皮黄内黑黯。形色既異，土木又殊，當以木中者爲勝。採雖無時，亦宜取冬月爲佳。按：《爾雅》一名蝎，音曷，一名蛣蝠，一名蝤蠐。

〔宋・馬志《開寶本草》〕按：《陳藏器本草》云：蠐螬，主赤白遊疹。以物發疹，破碎蠐螬取汁塗之。

〔宋・掌禹錫《嘉祐本草》〕按：《蜀本》注云：今據《爾雅》蟦，蠐螬。注云：在糞土中。《本經》亦云：一名蟦蠐。又云生積糞草中，則此外恐非也，今諸朽樹中蠹蟲，俗通謂之蝎，莫知其主療，惟桑樹中者，近方用之，治眼得效。又《爾雅》：蝎，蛣蝠。又蝎，桑蠹。注云：即蛣蝠也。又據有名未用、存用未識部蟲類中有桑蠹一條云：味甘，無毒。主心暴痛，金瘡内生不足，即此是也。蘇云：當以木中者爲勝，今獨謂其不然者，謂生出既殊，主療亦別。雖有毒、無毒易見，而相使、相惡難知。又蝎不共號蠐螬，蟦不兼名蛣蝠，几以處療，當自審之也。《藥性論》云：蠐螬，臣。汁，主滴目中去瞖障。主血止痛。日華子云：蠐螬蟲，治胸下堅滿，障瞖瘀膜，治風疹。桑、柳樹内收者佳，餘處即不中。糞土中者，可傳惡瘡。

〔宋・蘇頌《本草圖經》〕曰：蠐螬，生河内平澤及人家積糞草中，今處處有之。大者有如足大指，以背行反駃於脚，採無時。反行者良。此《爾雅》所謂蟦，蠐螬。郭璞云：在糞土中者是也。而諸朽木中蠹蟲，形亦相似，但潔白於糞土中者，即《爾雅》所云蝤蠐，蝎。又云：蝎，蛣蝠。又云：蝎，桑蟲。郭云：在木中雖通名蝎，所在異者是此也。蘇恭以謂入藥當用木中者，乃與《本經》云生積糞草中相戾矣。有名未用中，自有桑蟲條。桑蟲即蛣蝠也，與此主療殊別。今醫家與蓐婦下乳藥用之，乃是掘糞土中者，其效殊速。乃知蘇說未可據也。張仲景治雜病方，大䗪蟲丸中用蠐螬，以其主脇下堅滿也。《續傳信方》治喉痹，取蟲汁點在喉中，下即喉開也。

〔宋・唐慎微《證類本草》〕：陳藏器《本經》云：生糞土中。陶云：能背行者。蘇云：在腐木中、柳木中者皮白，糞中者皮黄，以木中者爲勝。按蠐螬居糞土中，身短足長，背有毛筋。但從水入秋，蜕爲蟬，飛空飲露，能鳴高潔。蝎在朽木中，食木心，穿如錐小刀。一名蠹，身長足短，口黑無毛，節慢。至春羽化爲天牛，兩角狀如水牛，色黑背有白點，上下緣木，飛騰不遙。二蟲出處既殊，形質又別，蘇乃混其狀，惣名蠐螬，異乎蔡謨彭蜞，幾爲所誤。蘇敬此注，乃千慮一失矣。《爾雅》云：蟦，蠐蝤，蠐蝎。郭注云：蠐螬在糞土中，蝎在木中，桑蠹是也。飾通名蝎，所在異也。又云：蠽桑。注云：似蝎牛，長角，有白點，喜囓桑樹作孔也。雷公云：凡使，桑樹、柏樹中者妙。凡收得後陰乾，乾後與糯米同炒，待米燋黑爲度，然後去米，取之，去口畔并身上肉毛并黑塵了，作三四截，碾成粉用之。《外臺秘要》：《刪繁》：丹走皮中浸淫，名火丹。方取蠐螬末傳之。《千金方》：治稻、麥芒入眼。取蠐螬，以新布覆目上，持蠐螬從布上摩之，其芒出着布上，良也。《百一方》：諸竹木刺在肉中不出，蠐螬碎之傳刺上，立出。《子母秘録》：治癰疽、痔漏、惡瘡及小兒丹。末蠐螬傳上。治口瘡截頭筋，翻過拭瘡，效。

宋・寇宗奭《本草衍義》卷一七　蠐螬　此蟲諸腐木根下有之。構木津甘，故根下多有此蟲，其木身未有完者。亦有生於糞土中者，雖肥大，但腹中黑，不若木中者，雖瘦而稍白。生研，水絞汁，濾清飲，下奶。

宋・王繼先《紹興本草》卷一八 蠐螬 紹興校定：蠐螬，《本經》云微溫，復云微寒，既能行血脈，即非性寒。主治已載《經》注，然世之下乳汁多用，但亦非良方。糞草中多產之。今當作味鹹、微溫、有小毒者是矣。

宋・鄭樵《通志》卷七六《昆蟲草木略》 蠐螬 《爾雅》云：蟦蠐，螬。糞土中大白蟲也。《本草》一名蟦蠐，一名蜰蠐，一名勃齊。

宋・陳衍《寶慶本草折衷》卷一六 蠐螬臣。汁在內。 一名蠐螬蟲，一名蟦蠐，一名蜰齊，一名教齊，一名蝤蠐，一名蝎，一名蛣蝠。○蟦，扶文切；蜰，音肥；蝎，音曷。生河內平澤。今處處糞草及腐木根下有之。○取無時，以冬月取桑、柏、柳木者妙。○蜚蠊為使，惡附子。

味鹹、甘，微寒，有毒。○主惡血血瘀痹氣，月閉，目青瞖白膜，及破骨踒折，金瘡內塞，產後中寒，下乳汁。○陳藏器曰：主赤白遊瘮，以物發瘮，破碎蠐螬汁塗。○《藥性論》云：汁滴目中，主血，止痛。○日華子云：治胸下堅滿，破惡瘡。○《圖經》曰：大者如足大指。治喉痹，取汁點喉中即開也。○寇氏曰：生糞土中者雖肥大，但腹中黑，不若木中者，雖瘦而猶白。

元・王好古《湯液本草》卷六 蠐螬 微寒、微溫，味鹹，有毒。《本草》云：主惡血血瘀，痹氣破折，血在脇下，堅滿痛，月閉，目中淫膚，青翳白膜，吐血，在胸中不去，及破骨踒折血結，金瘡血塞。產後中寒，下乳汁。仲景治雜病方，大黃䗪蟲丸中用之，以其主脇下堅滿也。《續傳信方》治喉痹，取蟲汁點在喉中，下即喉開也。《時習》補入。

元・尚從善《本草元命苞》卷八 蠐螬 為臣。味醎，微溫。惡附子。蜚蠊為使。性有毒，反行者良。破惡血，血疼月閉。療骨踒，折血金瘡。治胸下堅滿，退目中障翳。下乳汁如神，止吐血有效。生河內平澤，今所在有之。糞草中生者，皮黃。腐木內產之為勝。

明・王綸《本草集要》卷六 蠐螬臣 味鹹，氣微溫，有毒。生河內平澤及人家積糞草中，及行者良。 主惡血血瘀痹氣，破折血在脇下堅滿痛，月閉。目中淫膚青翳白膜，取汁滴目中。又傅癰疽痔漏惡瘡。又治喉痹，取汁點喉中，即開。

明・滕弘《神農本經會通》卷一〇 蠐螬 臣。蜚蠊為之使。惡附子。生河內平澤，及人家積糞草中。反行者良。

味鹹，氣微溫，微有毒。《本經》云：主惡血，血瘀，痺氣，破折血下，脇下堅滿痛，月閉，目中淫膚，青瞖白膜。療吐血，在胸腹不(云)〔去〕，破骨踒折血結，金瘡內塞。產後中寒，下乳汁。《藥性論》云：汁，主滴目中，去瞖障，主血，止痛。日華子云：治胸下堅滿，障瞖瘀膜。治風瘮。桑樹內收者佳，餘處即不中。糞土中者，可傅惡瘡。《圖經》云：仲景治雜病方，大䗪丸中用蠐螬，以其主脇下堅滿也。續《傳信方》治喉痺，取蟲汁點喉中，下即喉開也。《子母秘錄》：治癰疽痔漏惡瘡，及小兒丹，末蠐螬，傅上。《湯》云：《本草》同《本經》，并仲景方、《傳信方》。《局》云：蠐螬汁點瞖遮睛，生在枯桑腐柳中。若療金瘡竹木刺，可宜堆糞土中尋。蠐螬，點眼瞖，離科割金瘡，出肉中刺。

明・劉文泰《本草品彙精要》卷三〇 蠐螬有毒 濕生。

蠐螬出《神農本經》：**主惡血，血瘀，痹氣，破折血在脇下堅滿痛，月閉，目中淫膚，青瞖白膜。**以上朱字《神農本經》。療吐血在胸腹不去，及破骨踒折，血結，金瘡內塞，產後中寒，下乳汁。以上黑字名醫所錄。

【名】蟦扶文切蠐、蜰音肥齊、教齊。

【地】《圖經》曰：生河內平澤及人家積糞草中，今處處有之。大者有如足大指，以背行，反駃於腳，用之，以反行者良。《爾雅》所謂蟦，蠐螬，郭璞云：在糞土中者是也，而諸朽木中蠹蟲，形亦相似，但潔白於糞土中者，即《爾雅》所云蝤蠐，蝎。又云蝎，蛣蝠。又云：蝎，桑蠹。郭云：在木中，雖通名蝎，所在異者，是此也。蘇恭以謂入藥當用木中者，乃與《本經》云生糞草中相戾矣。有名未用中自有桑蠹條，桑蠹即蛣蝠也，與此主療殊別。今醫家與蓐婦下乳藥用之，乃是掘糞土中者，其效殊速，乃知蘇說未可據也。張仲景治雜病方大䗪蟲丸中用蠐螬，以其主脇下堅滿也。陳藏器云：蠐螬居糞土中，身短足長，背有毛筋。但從水入，秋蛻爲蟬，飛空飲露，能鳴，高潔。蝎在朽木中，食木心，穿如錐刀。一名蠹，身長足短，口黑無毛，節慢。至春，羽化爲天牛，兩角狀如水牛，色黑背有白點，上下緣木，飛騰不遙。二蟲出處既殊，形質又別，蘇乃混其狀，總名蠐螬，異乎蔡謨彭蜞，幾爲所誤。蘇注乃千慮一失矣。《衍義》曰：此蟲諸腐木根下有之，構木津甘，故根下多有此蟲。其木身未有完者，亦有生於糞土中者，雖肥大但腹中黑，不若木中者，雖瘦而稍白。生研，水絞汁，濾清飲，下奶女蟹切乳也。 【時】

生：無時。採：無時。一云：冬月取者佳。〔收〕陰乾。〔用〕反行者良。〔色〕白。〔味〕鹹。〔性〕溫，一云：微寒。〔氣〕味厚于氣，陰中之陽。〔臭〕腥。〔主〕下乳汁，傅惡瘡。〔助〕蜚蠊爲之使。〔反〕惡附子。〔製〕《雷公》云：凡使，與糯米同炒，待米燋黑爲度，然後去米取之，去口畔並身上肉、毛及黑塵了，作三四截，碾成粉用之。〔治〕療：《圖經》曰：除喉痹。《藥性論》云：取汁滴目中，去瞖障，主血，止痛。日華子云：去目中瘀膜。○桑、柳木內者，去風疹。陳藏器云：汁，塗赤白遊疹。○桑蠹，主心暴痛並金瘡。《別錄》云：取末，傅治丹走皮中浸淫，名火丹瘡。○又搗，塗竹木刺在肉中不出，及傅癰疽，痔漏，惡瘡，效。〔合治〕以青布覆目中，取蠐螬在布上摩之，治稻麥芒入眼，最良。

明·許希周《藥性粗評》卷四 撥眼瞖於蠐螬。

蠐螬，一名蟦蠐，一名蜰蠐。其形似蠶而肥大，生糞草中濕處，其皮稍黃。生木中及枯木根下者，名蝎，一名蝤蠐，稍長而潔白，《碩人》之詩所謂領如蝤蠐者是也。《雷公》云：凡使桑樹梧樹中者妙。要之不可太泥類，皆入藥有功，收得陰乾，與糯米同炒，以米焦為度，去米研粉，收貯聽用。蜚廉為之使，惡附子。味鹹，性微寒，有毒。主治目中淫膚，青瞖白膜，癰疽痔漏，惡瘡血瘀，(血)〔破〕折損諸血，婦女月閉，大人小兒赤丹風瘮。張仲景入大䗪蟲丸中，以治胸脇堅滿。

單方：眼瞖：凡患目痛，眼霧昏澁者，採生蠐螬，取汁滴目中，日三四次，殊有功力。癰疽：生搗蠐螬，傅之拔毒。小兒赤丹：生搗蠐螬，遍身傅之。諸刺在肉：凡患竹木諸刺在肉，或稻麥諸芒在眼，採生蠐螬取汁，滴患處，即出。

明·王文潔《太乙仙製本草藥性大全》卷八《本草精義》 蠐螬 一名蟦蠐，一名蜰蠐，一名敎蠐，俗呼爲蛀水蟲。生河內平澤及人家積糞草中，今處處有之。取無時。反行者良。惡附子。其形大者如足大指大，郭璞所謂在糞中是也。而諸朽木中蠹蟲，形亦相似，但潔白於糞土中者，即《爾雅》所謂蝤蠐，蝎。又云：蝎，蛣蝠。又云：蝎，桑蠹。郭云在木中雖通名蝎，所在異者是此也。蘇恭以謂入藥當用木中者，乃與《本經》生積糞草中相戾矣。生桑木中自有桑蠹條，桑蠹即蛣蝠也，與此主療殊別。今醫家與産婦下乳藥用之，乃是掘糞土中者，其效速。

明·王文潔《太乙仙製本草藥性大全》卷八《仙製藥性》 蠐螬臣 味鹹，氣微溫，有毒。又云味甘，微寒，無毒。蜚蠊爲之使。主治：主惡血血瘀痹氣，散折血脇下堅滿。破骨踒血結而療金瘡，理産後中寒而下乳汁。青瞖白膜，汁滴口中尤良；喉嚨痹寒，漿點下咽即除。傅癰痔漏惡瘡，止吐血在胸腹不去。補註：《刪繁》丹走皮中浸淫，名火丹，方：取蠐螬末傅之。○治稻芒入眼，取蠐螬，以新布覆目上，持蠐螬從布上摩之，其芒出着布上良也。○治竹木刺在肉中不出，蠐螬碎之，傅刺上立出。○治癰疽痔漏惡瘡，及小兒丹。末蠐螬傅上差。○治口瘡，截頭筯，翻過拭瘡效。太乙曰：凡使桑樹、柏樹中者妙。凡收得後陰乾後，與糯米同炒，待米焦黑爲度，然後去米取之。去口畔并身上肉毛及黑塵了，作三四截碾成粉用之。《衍義》云：蠐螬，此蟲諸腐木根下有之，構木津甘，故根下多有此蟲，其木身未有完者。亦有生於糞土中者，雖肥，但大腹中黑，不若樹木中生者，雖瘦而稍白。生研，水絞汁，濾清飲，下奶。

明·皇甫嵩《本草發明》卷六 蠐螬中品。味鹹，微溫，有毒。主惡血，血瘀痹氣，破折血在脇下堅滿痛，金瘡內塞及月閉，下乳汁。目中淫膚，青翳白膜，取汁滴目中。治喉痺，取汁點喉中。又傅癰疽，痔漏惡瘡。醫方破傷風，初覺有風，急取一二箇，捏住，待蟲口吐水，就抹破處，即着厚衣，少得瘡口覺麻，兩肋微汗風出，立效。如風緊急，速取三五箇，剪去尾，黄水自出，塗瘡口，再滴些入熱酒內，飲之，汗出立效。蜚(廉)〔蠊〕為之使。惡附子。諸朽木中皆有，桑柏樹中者更佳。糞土中生者，雖肥，皮黃內闇，可傅惡瘡，不如木中者潔白為妙。

明·李時珍《本草綱目》卷四一蟲部·化生類 蠐螬《本經》中品

〔釋名〕蟦蠐音墳。《本經》。 蜰蠐音肥。《別録》。 乳齊弘景 地蠶郭璞 應條吴普

時珍曰：蠐螬，《方言》作蟦螬，象其蠹物之聲。或謂是齊人曹氏之子所化，蓋謬説也。蟦、蜰，言其狀肥也。乳齊，言其通乳也。《別録》作教齊，誤矣。

〔集解〕《別録》曰：蠐螬生河內平澤，及人家積糞草中。取無時，反行者良。弘景曰：大者如足大趾，以背滚行，乃駃於脚。雜猪蹄作羹於乳母，不能別之。時珍曰：其狀如蠶而大，身短節促，足長有毛。生樹根及糞土中者，外黃內黑；生舊茅屋上者，外白內黯。皆濕熱之氣熏蒸而化，宋齊丘所謂燥濕相育，不母而生，是矣。久則羽化而去。

〔正誤〕弘景曰：《詩》云：領如蝤蠐。今以蠐字在下，恐倒爾。恭曰：此蟲一名蝤蠐。有在糞聚中，或在腐木中。其在腐柳中者，內外潔白；糞土中者，皮黃內黑黯。形色既異，土木又殊，當以木中者爲勝。宜冬月采之。宗奭曰：諸腐木根下多有之。構木津甘，故根下尤多。亦有生于糞土中者，雖肥大而腹中黑，不若木中者，雖瘦而稍白，研汁可用。斆曰：蠐螬須使桑樹、柏樹中者妙。韓保昇曰：按《爾雅註》云：蟦，蠐螬，在糞土中。蝤

蠐，蝎。蝎，蛣蝠。又云：蝎，桑蠹。並木中蠹也。正與《本經》蟦蠐生積糞草中相合。蘇恭言當以木中者爲勝，則此外恐非也。竊謂不然。今諸朽樹中蠹蟲，通謂之蝎，莫知其主療。惟桑樹中者，近方用之。而有名未用，曾用未識類中，有桑蠹一條即此也。蓋生産既殊，主療亦别。雖有毒、無毒易見，而相使、相惡難知。且蝎不號蠐螬，蟦不名蛣蝠，自當審之。藏器曰：蠐螬居糞土中，身短足長，背有毛筋。但從夏入秋，蜕而爲蟬，飛空飲露，能鳴高潔。蝤蠐一名蝎，一名蠹，在朽木中食木心，穿木如錐。身長足短，口黑無毛，節慢。至春雨後化爲天牛，兩角如水牛，色黑，背有白點，上下緣木，飛騰不遥。出處既殊，形質又别，陶、蘇乃混註之，蓋千慮一失也。惟郭璞注《爾雅》，謂蠐螬在糞土中，蝤蠐、桑蠹在木中，蠹桑，似蝸牛長角，喜齧桑樹者爲是也。頌曰：今醫家與蓐婦下乳藥，用糞土中者，其效殊速，乃知蘇恭之説不可據也。

【修治】斅曰：凡收得後陰乾，與糯米同炒，至米焦黑取出，去米及身上、口畔肉毛并黑塵了，作三四截，研粉用之。時珍曰：諸方有乾研及生取汁者，又不拘此例也。

【氣味】鹹，微温，有毒。《别録》曰：微寒。之才曰：蜚蠊爲之使，惡附子。

【主治】惡血血瘀，痹氣破折，血在脇下堅滿痛，月閉，目中淫膚、青翳、白膜《本經》。療吐血在胸腹不去，及破骨踒折血結，金瘡内塞，産後中寒，下乳汁《别録》。取汁滴目，去翳障。主血止痛《藥性》。傅惡瘡日華。汁主赤白遊瘮，瘮擦破塗之藏器。取汁點喉痹，得下即開蘇頌。主唇緊口瘡，丹瘮，破傷風瘡，竹木入肉，芒物眯目時珍。

【發明】弘景曰：同猪蹄作羹食，甚下乳汁。頌曰：張仲景治雜病，大䗪蟲丸，方中用之，取其去脇下堅滿也。時珍曰：許學士《本事方》治筋急養血，地黄丸中用之。取其治血瘀痹也。按陳氏《經驗方》云：《晋書》吴中書郎盛冲母王氏失明。婢取蠐螬蒸熟與食，王以爲美。冲還知之，抱母慟哭，母目即開。與《本草》治目中青翳白膜、《藥性論》汁滴目中去翳障之説相合。予嘗以此治人得驗，因録以傳人。又按魯伯嗣《嬰童百問》云：張太尹傳治破傷風神效方，用蠐螬，將駝脊背捏住，待口中吐水，就取抹瘡上，覺身麻汗出，無有不活者。子弟額上跌破，七日成風，依此治之，時間就愈。此又符療踒折，傅惡瘡、金瘡内塞，主血止痛之説也。蓋此藥能行血分，散結滯，故能治已上諸病。

【附方】舊五，新四。小兒臍瘡：蠐螬研末傅之。不過數次。《千金方》。小兒唇緊：蠐螬研末，猪脂和，傅之。《千金方》。赤白口瘡：蠐螬研汁，頻搽取效。《大觀》。丹毒浸淫：走串皮中，名火丹。以蠐螬搗爛塗之。《删繁方》。癰疽痔漏：蠐螬研末傅之，日一上。《子母秘録》。虎傷人瘡：蠐螬搗爛塗之，日上。唐瑶《經驗方》。竹木入肉：蠐螬搗塗之，立出。《肘後》。麥芒入眼：以新布覆目中，持蠐螬從布上摩之，芒着布上出也。《千金方》。斷酒不飲：蠐螬研末，酒服，永不飲。《千金方》。

明・梅得春《藥性會元》卷下 蠐螬 味甘、鹹，温，氣微寒，有毒。蜚蠊為使。惡附子。主治惡血，血瘀痹氣，破折血在脇下堅滿痛，月閉，目中淫膚，青翳白膜。療吐血在胸脇腹不去及破骨，金瘡内塞，産中寒，下乳汁。生河内平澤及積糞草中，反行者良。取無時。一云即諸朽木中蠹蟲，但潔白。

明・李中立《本草原始》卷一 蠐螬 生河内平澤，及人家積糞草中。取無時。反行者良。時珍曰：蠐螬，《方言》作蟦蠐，象其蠹物之聲。或謂齊人曹氏之子所化，蓋謬説也。《本經》名蟦蠐。《别錄》名蜰蠐，言其狀肥也。弘景名乳蠐，言其通乳也。郭璞名地蠶，言其形似也。 蠐螬：氣味：鹹，微溫，有毒。主治：惡血血瘀，痹氣破折，血在脇下堅滿痛，月閉，目中淫膚，青翳白膜。○療吐血在胸腹不去，及破骨踒折血結，金瘡内塞，産後中寒，下乳。汁，滴目中去翳障。主血止痛。○傅惡瘡。○汁主赤白遊瘮，瘮，擦破塗之。○取汁點喉痹，得下即開。○主唇緊口瘡，丹瘮，破傷風瘡，竹木入肉，芒物眯目。

蠐螬，《本經》中品。【圖略】時珍曰：狀如蠶而大，身短節促，足長有毛，生樹根下及糞土中者，外黄内黑；生舊茅屋上者，外白内黯，皆濕熱之氣熏蒸而化。宋齊丘所謂燥濕相育，不母而生是已，久則羽化而去。頌曰：今醫家與蓐婦下乳藥，用糞土中者，其效殊速。修治：斅曰：凡收得後陰乾，與糯米同炒至米焦黑，取出去米及身上口畔肉毛并黑塵了，作三四截，研粉用之。時珍曰：諸方有乾研及生取汁者，又不拘此例也。之才曰：蜚蠊為之使，惡附子。

晉盛彦之母失明，食必自哺。母既病久，婢僕數見捶撻，心懷忿焉。伺彦他往，取蠐螬炙而飼之，母食以為美，出以示彦。彦見之，抱母痛哭，母目豁然而開，若有神者。蓋蠐螬能攻惡血，若目中血障者用之，自然神良。

明・倪朱謨《本草彙言》卷一七 蠐螬 味鹹、微甘，氣溫，有毒。可升，可降，入足厥陰肝經。《别錄》曰：蠐螬，生人家堆積糞土腐草朽木中。大如趾，身短節促，背有毛筋，足長有毛，以背滚行，更捷如足。係濕熱之氣，熏蒸而化，所謂燥濕相育，不母而生是也。從夏入秋，蜕而爲蟬，飛空飲露，鳴聲高潔，此氣極則變也。

蠐螬：治惡血瘀血，《本經》血閉不通之藥也。湯濟庵曰：前古治血瘀痹氣，如《仲景方》之大黄䗪蟲丸用此，取其去脇下堅滿而痛。《本事方》之養血地黄丸用此，取其活血痹不通。如《藥性論》之取汁滴目中，而開翳障之復明，滴喉間而通喉痹之腫閉。又如魯嗣伯之取蠐螬，捏其脊背，待口中吐出涎水，用抹諸潰瘡成破傷風以致垂死者，覺身麻汗出，無不生活。又同猪蹄作羹食之，通血道而下乳汁。蓋此藥能行血分，散結行滯，即活血瘀痹氣之意。如已上諸證，非關血瘀血痹不通爲病者，勿與也。

集方：仲景方治惡血血瘀痹氣，脇下堅滿而痛，以大黄䗪蟲湯。用蠐螬、䗪蟲、䖟蟲各一兩俱微炒，水蛭十枚油煎燥，乾漆、甘草各一兩二錢俱微炒，桃仁、杏仁各二兩俱去皮研，生地黄、白芍藥各三兩，黄芩、大黄各一兩二錢，俱酒洗炒，共爲末，煉蜜丸梧子大。每服七丸，早晚溫酒下。〇《本事方》治血痹不通，爲月閉不行，爲癱瘓，爲攣掣，爲脚氣，爲鶴膝風，以養血地黄丸。用蠐螬、黑狗脊、地膚子、白朮、乾漆、車前子、川萆薢、山藥、澤瀉、牛膝、蔓荆子、山茱萸各一兩二錢，俱酒洗炒，天雄、懷熟地黄各一兩俱切碎，童便和酒煮爛，搗成膏，和前藥再加煉蜜少許，爲丸梧子大。每早晚各服三錢，溫酒下。〇唐瑶方治諸惡獸傷人成瘡。用蠐螬不拘多少，搗爛塗之。

明·顧逢柏《分部本草妙用》卷一肝部·寒瀉　蠐螬　鹹，微寒，有毒。蜚蠊為使，惡附子。　主治：惡血瘀血，破折血，月閉，去目瞖膜，脇下堅滿痛，吐血結，金瘡。同猪蹄下乳汁，塗赤白遊瘮。點喉痺，唇緊口瘡，破傷風瘡，竹木入肉，芒物瞇目。　昔吳中書郎盛沖，母失明，婢以蠐螬蒸熟與食。沖知，抱母而哭。母目反明。《藥性》云：汁滴目中，能去障瞖，相符矣。張太尹治破傷風用之，將駝脊背捏住，持口中吐水，即取沫瘡身麻，汗出而愈。跌破成風，亦依此治，皆止吐散血，破結止痛之説也。塗小兒臍瘡，更良。〇蒼耳蠹蟲，狀如小蠶，燒存性，研末，油調塗疔拔毒。或用麻油收貯，用一二枚，搗傳。　茶籠蛀蟲屑，研末，摻聤耳出汁，甚妙。

明·鄭二陽《仁壽堂藥鏡》卷八　蠐螬　微寒，微溫，味鹹，有毒。《本草》云：主惡血血瘀，痹氣，破折，血在脇下堅滿痛，月閉，目中淫膚，青翳白膜。吐血，在胸中不去，及破骨踒折血結，金瘡血塞，產後中寒。下乳汁。仲景治雜病方，大黄䗪蟲丸中用之，以其主脇下堅滿也。《續傳信方》治喉痹，取蟲汁點在喉中，下即喉開。《本草》云：畏附子。其在腐柳木中者勝。禹錫云：治心暴痛，去目翳障。

明·盧之頤《本草乘雅半偈》帙一一　蠐螬《本經》中品　氣味：鹹，微溫，有毒。　主治：惡血，血瘀，痹氣，破折血，在脇下堅滿痛，月閉，目中淫膚，青翳白膜。

覈曰：生河内平澤，及人家積糞腐草朽木間。大如〔足〕趾，身短節促，足長有毛，以背滾行，乃捷于脚，久之化蟬而去。生木根桑樹中者，曰木蠹，曰桑（蝎）〔蠹〕，身長足短，口黑無毛，春雨後，化為天牛，大腹兩角，在沙磧中，到走頗捷，平陸則不行矣。此屬異類，宜早辨也。修治：採無時，陰乾，同糯米拌炒，至米焦黑，去身口肉分茸毛，并黑塵，分作三四截，研粉用；亦可生用，取汁。用下乳汁，雜猪蹄作羹，兩無別也。

条曰：蠐諧齊，齊，垣屋兩旁隰阪處也。螬諧曹，曹，庭樹東畔棘壤所也。故蠐螬濕生無母，多在垣屋庭樹積壤腐木間。《爾雅》所謂蟦蠐；《列子》所謂烏足之根，是也。色黑褐亦有外黄内黑者，身不及寸，腹文如蝎若蟬，故一名蝎，化復育、轉玄蟬，離卑穢，應高潔，吸風飲露，好鳴種子也。行以背，駛于足，復育腹行，玄蟬足行矣。《本草》指内外潔白之木蠹、桑蝎，表裏灰色之地蠶、蝤蠐者，謬矣。蓋木蠹桑蝎行以腹，地蠶若屈蠖之求伸，蝤蠐類蟋蟀之促蹶，皆非行于背也。然則行身之背者督，起于下極之俞，並脊裏，上風府入屬于腦，與任脈會于巔，蠐螬功力，力主督不會任，任内苦結，為惡血、為血瘀、為痹氣、為折血在脇下堅滿痛，男子為七疝，女子為血閉瘕聚，仍使之任督交通，環周會極。蓋肝開竅于目。肝，木藏也，蠐螬兼木為食，若淫膚翳膜，皆目餘眚，如木蘖栭菌然。螬食其餘，何眚之有？且也（木）〔目〕系係風府，循督會任，故功用特著。昔仲子食螬剩者半李，遂使耳有聞，目有見，信有之矣。

清·穆石匏《本草洞詮》卷一八　蠐螬　生糞上中，身短節促，背有毛筋，係濕熱之氣熏蒸而化，所謂燥濕相育，不母而生是也。從夏入秋，蛻而為蟬，飛空飲露，能鳴高潔，此氣極則變也。氣味鹹，微溫，有毒。治瘀血痺氣，赤白遊軫，破傷風。取汁滴目，去翳障。點喉痺即開。同猪蹄作羹食，下乳汁。仲景大黄䗪蟲丸中用之，取其去脇下堅滿也。《本事方》養血地黄丸中用之，取其治血瘀痺也。《晉書》盛沖母王氏失明，婢取蠐螬蒸熟與食，王以為美，沖還知之，抱母慟哭，母目即開。此與《本經》治目中青翳白膜之語相符。魯伯嗣云：破傷風神効方，用蠐螬將駝脊背捏住，待口中吐水，就取抹瘡上，覺身麻汗出，無不活者。蓋此藥能行血分，散結滯，故治已上諸病也。

清・劉雲密《本草述》卷二七 蠐螬一名地蠶 時珍曰：其狀如蠶而大，身短節促，足長有毛。生樹根及糞土中者，外黃內黑；生舊茅屋土者，外白內黯。皆溼熱之氣熏蒸而化。宋齊丘所謂燥溼相育，不母而生是矣。久則羽化而去。

按蠐螬屬糞土中所生，或誤以為蛣蠐音遒齊，又誤以為蝎音曷，為蠹者，不知此三種皆出朽木中也。在前哲亦辨之悉矣。苐言其入夏變而為蟬，《月令》所謂仲夏蟬始鳴者也。及考王充《論衡》云：蠐螬化腹蜟，腹蜟折背出而為蟬。再考《玉篇》云：腹蜟，蟬皮也。是蟬未蜕者。宗奭曰：至夏乘昏夜出土中，升高處，折背殼而出。若是，則腹蜟即是蟬蜕。謂之腹蜟者，出於背而育於腹也。不可誤指蠐螬所化之腹蜟，又另是一種也。觀者不以辭害義，可耳。

氣味：鹹，微温，有毒。《別錄》曰：微寒。

主治：惡血，血瘀破折，血在脇下，堅滿痛，虚勞乾血，血結筋攣，血瘀着痺，女子月閉。目中淫膚青瞖白膜。取汁點，喉閉即開。赤白遊疹，疹擦破塗之。《湯液》云：仲景治雜病方，大黃䗪蟲丸中用之，以其主脇下堅滿也。《續傳信方》治喉痺，取蟲汁點在喉中下，即喉開也。時珍曰：許學士《本事方》治筋急養血地黃丸中用之，取其治血瘀痺也。按陳氏《經驗方》云：《晉書》吳中書郎盛冲母王氏失明，婢取蠐螬蒸熟與食，王以為美，冲還知之，抱母慟哭，母目即開。與《本草》治目中青瞖白膜，《藥性論》汁滴目中去瞖障之說相合。予嘗以此治人得驗，因録以傳人。

愚按：蠐螬生於糞土中，故其味鹹。蓋非泛泛之土味也，故為溼氣所蘊，還以化熱。熱與燥同氣，燥者清化也。始由於陰氣，故復歸清化，而其展轉相化以生者，乃謂之燥溼相育。蓋化則育也，唯其本於陰氣而味鹹，故入血分。唯其展轉相化，無母而生，故能解血分之結滯。如仲景大黃䗪蟲丸，用之治虚勞內有乾血；如養血地黃丸，用之以治筋攣。筋攣者，血弱且結也。又如用於萆薢丸中，以治血痹。即此類推，則知兹物之用，固藉其展轉幻化之氣，以為血中之先導者，豈得例以破決之味？視之不然，破決之味固多矣，而何以必需於此？試一条之。

修治 所主諸方，有乾研，及生取汁之不同，臨用酌之。

清・李熙和《醫經允中》卷一七 蠐螬 惡附子。鹹，微寒，有毒。主治破惡血瘀血，療破傷風。取汁滴目中，能去瞖膜如神。稻芒入眼，將青布覆眼，以蠐螬于布上揩磨，其芒自出。

清・张璐《本經逢原》卷四 蠐螬 鹹，微溫，有毒。《本經》主惡血血瘀痺氣，破折血在脇下堅滿，通月閉，目中淫膚，青瞖白膜。發明：蠐螬穴土而居，與蚯蚓不異，故《本經》所治皆瘀血之證。《金匱》治虚勞瘀血，大黃䗪蟲丸方用之，取其去脇下堅滿也。許學士治筋急，養血地黃丸中用之，亦取其治血瘀也。取汁滴目去瞖障，散血止痛。《千金》研末敷小兒臍瘡，加豬脂調治小兒脣緊，《經驗方》治瘀傷腫痛。《肘後》搗塗竹木刺。蘇頌搗汁點喉痺，得下即開。藏器塗遊風丹疹。又治麥芒入眼，以蠐螬在目上隔布摩之，芒著布上即出。

清・黃元御《長沙藥解》卷二 蠐螬 味鹹，微寒。入足厥陰肝經。能化瘀血，最消癥塊。《金匱》大黃䗪蟲丸方在大黃用之治虛勞，腹滿內有乾血，以其破瘀而化積也。炒枯存性，研細用。

清・嚴潔等《得配本草》卷八 蠐螬 蜚蠊為之使。惡附子。微溫，有毒。治折傷惡血瘀在脇下堅滿。

清・楊時泰《本草述鉤元》卷二七 蠐螬 一名地蠶。其狀如蠶而大，身短節促，足長有毛。生樹根及糞土中者，外黃內黑；生舊茅屋上者，外白內黯。宋齊邱謂燥濕相育，不母而生，久則羽化去。按蠐螬或誤以為蛣蠐，又誤以為蝎為蠹，不知此三種，皆出朽木中，而蠐螬則糞土中所生也。王充《論衡》：蠐螬化腹蜟，腹蜟拆背出而為蟬。然則腹蜟即蟬蛻也。

味鹹，氣微溫、微寒，有毒。主惡血血瘀，破折血在脇下堅滿痛，虛勞、乾血，血結筋攣，血瘀着痺，女子月閉，目中淫膚，青瞖白膜，取汁滴目中。赤白遊疹。擦破塗之。治喉痺，取蟲汁點喉中，即開《續傳信方》。《晉書》載盛沖母失明，婢取蠐螬蒸熟與食，母以為美，沖還知之，抱母慟哭，母目即開，此與治青瞖白膜之説合。

論：蠐螬生於糞土中，本陰氣而味鹹，故入血分，其展轉相化，無母而生，濕氣所蘊，還以化熱，熱與燥同氣，燥者清化也，始由陰氣，復歸清化，故其展轉化生，謂之燥濕相育。能解血分之結滯。古人或治虛勞內有乾血，如大黃䗪蟲丸。或治筋攣，如養血地黃丸。筋攣者，血弱且結也，或治血痺，如萆薢丸。皆藉其展轉幻化之氣以為血中先導，未得例以破决之味視之。

修治：　諸方有乾研及生取汁之不同，臨用酌之。

清·葉志詵《神農本草經贊》卷二　蠐螬　味鹹，微溫。主惡血血瘀，痹氣，破折血在脇下堅滿痛，月閉，目中淫膚，青翳白膜。一名蟦蠐。生平澤。

不母而生，蟦蜸僂俯。濕鬱根株，熱蒸糞土。變食還明，雜羹通乳。莫誤蝤蠐，殊形柳腐。

李時珍曰：　宋齊邱言，蠐螬不母而生，久埡則羽化，其狀如蠶，生樹根及糞土中，皆濕熱之氣薰蒸而化。言蟦蜸者，其狀肥也。《晉書·傳》：　中書郎盛沖母王氏失明，婢取蠐螬蒸熟與食，母目即開。陶弘景曰：　同猪蹄作羹食，下乳汁。蘇恭曰：　一名蝤蠐，生腐柳中。韓保昇曰：　以木中所生者為勝。生產既殊，主療亦別。

清·戴葆元《本草綱目易知錄》卷五　蠐螬　鹹，溫，有毒。入血分，散結滯。治惡血血瘀，氣痹，破折血在脇下，堅滿痛，女子月閉。目中淫膚，青翳白膜。療吐血在胸腹不去，破骨踒折血結。金瘡內寒，產後中寒，和猪蹄作羹食。下乳汁，傅惡瘡，散血止痛，及搗塗竹木入耳，芒物入目。取汁點喉痹，得下即開。滴目內，去翳障。赤白遊瘮，擦破塗之。

清·周巖《本草思辨錄》卷四　蠐螬　蠐螬生於糞壤，糞壤猶人身之惡血；迨其變蟬，則吸風飲露，最為清潔，猶人身之目不容纖塵。故其破瘀血，則蠐螬之出於糞壤也。主目中淫膚青翳白膜，則蠐之變蟬，化穢濁為清潔也。仲景䗪蟲丸，正以其兩目黯黑而用之，然虛勞而非有血瘀者不宜。

乳蟲

宋·鄭樵《通志》卷七六《昆蟲草木略》　土蛹　《爾雅》曰：　國貉，蟲蠁。郭云：　今呼蛹蟲為蠁。

明·李時珍《本草綱目》卷四一蟲部·化生類　乳蟲《綱目》

【釋名】土蛹　【集解】時珍曰：　按《白獺髓》云：　廣中韶陽屬邑鄉中，有乳田。其法：　掘地成窖，以粳米粉鋪入窖中，蓋之以草，壅之以糞。候雨過氣蒸則發開，而米粉皆化成蛹，如蠐螬狀。取蛹作汁，和粳粉蒸成乳食，味甚甘美也。此亦蠐螬之類，出自人爲者。《淮南萬畢術》所謂置黍溝中，即生蠐螬，《廣雅》所謂土蛹，蠁蟲者，皆此物也。服食用此代蠐螬，更覺有功無毒。

【氣味】甘，温，無毒。　【主治】補虛羸，益胃氣，温中明目時珍。

清·王道純《本草品彙精要續集》卷七　乳蟲無毒　化生。

乳蟲：　主補虛羸，益胃氣，溫中，明目《本草綱目》。　【名】土蛹《廣雅》、蠁蟲同上。　【地】李時珍：　按《白獺髓》云：　廣中韶陽屬邑鄉中有乳田，其法掘地成窖，以粳米粉鋪入窖中，蓋之以草，壅之以糞，候雨過，氣蒸則發開，而米粉皆化成蛹。　【時】生：　無時，製即成。採：　候化成取之。　【用】全用。　【質】狀如蠐螬。　【色】白。　【味】甘。　【性】溫。　【製】取蛹作汁，和粳粉蒸成乳食，味甚甘美也。此蠐螬之類，出自人爲者。《淮南萬畢術》所謂置黍溝中，即生蠐螬。《廣雅》所謂土蛹、蠁蟲者，皆此物也。　【代】服食用此代蠐螬，更覺有功，無毒。

椶蟲

清·趙學敏《本草綱目拾遺》卷一〇蟲部　椶蟲　滇南各甸土司記：　椶蟲產騰越州外各土司中，穴居椶櫚木中，食其根脂汁，狀如海參，粗如臂，色黑。土人以為珍饌。土司餉貴客，必向各峒丁索取此蟲作供，連椶木數尺解送，剖木取之，作羹味絕鮮美，肉亦堅韌而腴，絕似遼東海參。云食之增髓益血，尤治帶下。彼土婦人無患帶者，以食此蟲也。　治赤白帶，腸紅血痢。其行血而又能補血，功同當歸。

桐蛀

清·趙學敏《本草綱目拾遺》卷一〇蟲部　桐蛀　《李氏草秘》：　生桐油樹中，即木蠹也。最治惡腫毒，取七根焙末沖酒服，即愈。

椰柑蟲

清·趙其光《本草求原》卷一八蟲部　椰柑蟲　椰柑汁赤，而味斂澀，其子中之蟲最活血。治瘡疽散大不收，並消腫，神效。止牙痛、心氣痛。搗酒服。其子名朱卷皮，連皮用，亦與蟲同功。牙痛用醋煎含。其葉寒澀，消食、消積疳、殺蟲。其蕻，浸疳洗疔妙。

竹蠹蟲

明·李時珍《本草綱目》卷四一蟲部·化生類　竹蠹蟲《綱目》

【集解】時珍曰：　竹蠹生諸竹中，狀如小蠶，老則羽化爲硬翅之蛾。

【氣味】缺。　【主治】小兒蠟梨頭瘡。取慈竹內者，搗和牛溺塗之時珍。

【發明】時珍曰：　竹蠹蟲，古方未見用者，惟《袖珍方》治小兒蠟梨用之。按《淮南萬畢術》云：　竹蟲飲人，自言其誠。高誘註云：　以竹蟲三枚，竹黃十枚，和勻。每用一大豆許，燒入酒中，令人飲之，勿至大醉。叩問其事，必得其誠也。此法傳自古典，未試其果驗否，姑載之。

蛀末　〖主治〗聤耳出膿水，湯火傷瘡時珍。

〖附方〗新六。　聤耳出水：苦竹蛀屑、狼牙、白斂等分，爲末和勻，頻摻之。《朱氏集驗》。　耳出臭膿：用竹蛀蟲末、胭脂坯子等分，麝香少許，爲末吹之。《聖惠》。　耳膿作痛：因水入耳內者。如聖散：用箭簳內蛀末一錢，膩粉一錢，麝香半錢，爲末。以綿杖繳盡，送藥入耳，以綿塞定，有惡物放令流出，甚者三度必愈。《普濟》。　湯火傷瘡：竹蠹蛀末傅之。《外臺秘要》。　濕毒臁瘡：枯竹蛀屑、黃檗末等分。先以葱、椒、茶湯洗浄，搽之，日一上。　牙齒疼痛：蛀竹屑、陳皮各一兩，爲末，烏梅肉同研如泥，傅之。《救急方》。

明・繆希雍《本草經疏》卷三〇　蛀竹屑　年久枯竹中蠹屑也。竹之餘氣尚存，其氣味必甘平無毒。甘能解毒，平則兼散，故可用為蝕膿長肉之藥也。

〖主治參互〗同象牙末、真珠、白礬等藥，能消漏管。方見象牙條下。朱氏《集驗方》耳出臭膿，用蛀竹屑、臙脂胚子等分，麝香少許，為末，吹之。《普濟方》耳膿作痛，因水入耳中者，蛀竹屑一錢、膩粉一錢、麝香五分，為末。以綿杖絞淨，送藥入耳，以綿塞定。有惡物，放令流出，甚者三度必愈。又方濕毒臁瘡，蛀竹屑、黃蘗末等分，先以葱椒茶湯洗淨，搽之。日一次，效。《外臺秘要》湯火灼瘡，蛀竹屑末，傅之愈。

明・蔣儀《藥鏡》卷三平部　竹蛀屑　甘能解毒，平則兼散。陽火漏管，蝕膿長肉，麝香膩粉同吹，聤子耳膿消□。黃蘗細研調抹，臁瘡濕毒無虞。

清・王道純《本草品彙精要續集》卷七　竹蠹蟲　化生。

竹蠹蟲：主小兒蠟梨頭瘡。〇蛀末，主聤耳出膿水，湯火傷瘡《本草綱目》。　〖名〗竹蛀蟲。　〖地〗出諸竹中。　〖時〗生：無時。採：無時。

〖用〗全身及蟲蛀末。　〖質〗狀如小蠶，老則羽化爲硬翅之蛾。　〖色〗黃白。

〖治〗李時珍曰：竹蠹蟲，古方未見用者，惟《袖珍方》治小兒蠟梨頭瘡，取慈竹內者搗，和牛溺塗之。《外臺秘要》方湯火傷瘡，竹蟲蛀末傅之，良。

〖合治〗《朱氏集驗方》：治耳出臭膿，用竹蛀蟲末，胭脂坯子等分，麝香少許爲末，吹之。〇《聖惠方》：聤耳出水，苦竹蛀屑、狼牙、白斂等分爲末，和勻頻摻之。〇《普濟方》：耳膿作痛，因水入耳內者，如聖散用箭簳內蛀末一錢，膩粉一錢，麝香半錢，爲末，以綿杖繳盡，送藥入耳，以綿塞定，有惡物，放令流出，甚者三度必愈。〇《救急方》：牙齒疼痛，蛀竹屑、陳皮各一兩，爲末，烏梅肉同研如泥，傅之。〇又方：治濕毒臁瘡，用枯竹蛀屑、黃蘗末等分，先以葱椒茶湯，洗淨，搽之，日一上。〇按《淮南萬畢術》云：竹蟲飲人，自言其誠。高誘注云：以竹蟲三枚，竹黃十枚，和勻，用一大豆許燒，入酒中，令人飲之，勿至大醉，叩問其事，必得其誠。此法傳自古典，未試其果驗否，姑載之。

清・戴葆元《本草綱目易知錄》卷五　竹蠹蟲　【略】　蛀末：治聤耳出水，湯火傷瘡。【略】湯火傷瘡。竹蠹蛀末，研傅。葆驗，加腦片尤效。

竹蝨

明・李時珍《本草綱目》卷四一蟲部・化生類　竹蝨《綱目》

〖釋名〗竹佛子《綱目》　天厭子　〖集解〗時珍曰：竹蝨生諸竹，及草木上皆有之。初生如粉點，久便能動，百十成簇。形大如蝨，蒼灰色。或云濕熱氣化，或云蟲卵所化。古方未有用者。惟南宮從《岣嶁神書》云：江南、巴邛、吳越、荆楚之間，春秋竹內有蟲似蝨而蒼，取之陰乾，可治中風。即此也。

〖氣味〗有毒。　〖主治〗中風，半身不遂，能透經絡，追涎時珍。

〖附方〗新一。　中風偏痹：半身不遂者。用麻黃，以湯熬成糊，攤紙上，貼不病一邊，上下令遍，但除七孔，其病處不糊。以竹蝨焙爲末三錢，老人加麝香一錢，研勻，熱酒調服，就臥。須臾藥行如風聲，口吐出惡水，身出臭汗如膠。乃急去糊紙，別温麻黃湯浴之。暖臥將息，淡食十日，手足如故也。《岣嶁神書》。

清・王道純《本草品彙精要續集》卷七　竹虱有毒

竹虱：主中風，半身不遂，能透經絡，追涎《本草綱目》。　〖名〗竹佛子《綱目》。天厭子。　〖地〗出諸竹及草木上皆有之，古方未見用者，惟南宮從《岣嶁神書》云江南、巴邛、吳越、荊楚之間，春秋竹內有蟲，似虱而蒼，可治中風，即此竹虱也。　〖時〗生：春秋。採：不時取之。　〖收〗取之陰乾。

〖用〗全用。　〖質〗初生如粉點，久便能動，百十成簇，形大如虱。或云濕熱氣化，或云蟲卵所化。　〖色〗蒼灰色。　〖治〗《岣嶁神書》方：中風偏痹、半身不遂者，用麻黃以湯熬成糊，攤紙上，貼不病一邊，上下令遍，但除七孔，其病處不糊，以竹虱焙爲末三錢，老人加麝香一錢，研勻，熱酒調服，就臥須臾，藥行如風聲，口吐出惡水，身出臭汗如膠，乃急去糊紙，別溫麻黃湯浴之，暖臥將息，淡食十日，手足如故也。

清・趙學敏《本草綱目拾遺》卷一〇蟲部　桃絲竹蝨　此桃絲竹上所生竹蝨。《李氏草秘》云：罨疔瘡痘疔最妙。

蜣螂

宋・唐慎微《證類本草》卷二二蟲魚部下品〔《本經・别錄・藥對》〕　蜣蜋　味鹹，寒，有毒。主小兒驚癇、瘈瘲、腹脹、寒熱、大人癲疾狂易音羊、手足端寒、肢滿賁豚。**一名蛣**音詰**蜣**音羌。火熬之良。生長沙池澤。五月五日取，蒸藏之，臨用當炙，勿置水中，令人吐。畏羊角、石膏。

〔梁・陶弘景《本草經集注》〕云：《莊子》云：蛣蜣之智，在於轉丸。其喜入人糞中，取屎丸而卻推之，俗名爲推丸。當取大者，其類有三四種，以鼻頭扁者爲真。

〔唐・蘇敬《唐本草》〕注云：《别録》云：擣爲丸，塞下部，引痔蟲出盡，求差。

〔宋・掌禹錫《嘉祐本草》〕按：《蜀本圖經》云：此類多種，取鼻高目深者，名胡蜣蜋，今所在皆有之。《藥性論》云：蜣螂，使，主治小兒疳蟲蝕。日華子云：能墮胎，治疰忤，和乾薑傅惡瘡，出箭頭，其糞窒痔瘻出蟲。入藥去足炒用。

〔宋・蘇頌《本草圖經》〕曰：蜣蜋，生長沙池澤，今處處有之。其類極多，取其大者。又鼻高目深者，名胡蜣蜋，用之最佳。五月五日取，蒸而藏之，臨用當炙，勿置水中，令人吐，小兒疳蟲方多用之。蜣蜋心，主丁瘡。而《本經》不著，唐劉禹錫纂《柳州救三死方》云：元和十一年得丁瘡，凡十四日，日益篤，善藥傅之皆莫能知，長樂賈方伯教用蜣蜋心，一夕而百苦皆已。明年正月食羊肉又大作，再用亦如神驗。其法：一味貼瘡，半日許可再易，血盡根出遂愈。蜣蜋心，腹下度取之，其肉稍白是也。所以云食羊肉又大作者，蓋蜣蜋畏羊肉故耳。用時須禁食羊肉。其法蓋出葛洪《肘後方》。又主箭鏃入骨不可拔者，微熬巴豆與蜣蜋并研勻，塗所傷處，斯須痛定必微痒，且忍之，待極痒不可忍，便撼動箭鏃拔之立出。此方傳於夏侯鄆。鄆初爲閬州録事參軍，有人額上有箭痕，問之。云：隨馬侍中征田悦中射，馬侍中與此藥，立可拔鏃出，後以生肌膏藥傅之，遂無苦，因并方獲之。云：諸瘡亦可療。鄆得方後，至洪州逆旅，主人妻患瘡，呻吟方極，以此藥試之，立愈。又主沙塵入眼不可出者，取生蜣蜋一枚，手持其背，遂於眼上影之，沙塵自出。

〔宋・唐慎微《證類本草》〕陳藏器：治蜂瘻。燒死蜣蜋末，和醋傅之。《聖惠方》：治一切惡瘡及沙蝨、水弩、惡疽，并皆治之。用蜣蜋十枚，端午日收乾者佳。杵末油調傅之。《外臺秘要》：治癧瘍風。取塗中死蜣蜋杵爛之，當揩令熱，封之，一宿差。《肘後方》：若大赫瘡已灸之，以蜣蜋乾者末之，和鹽水傅瘡四畔周回，如韮葉闊狹。《子母秘録》：治小兒重舌。燒蜣蜋末，和唾傅舌上。又方：小兒、大人忽得惡瘡，未辨識者。取蜣蜋杵，絞取汁，傅其上。劉涓子：治鼠瘻。死蜣蜋燒作末，苦酒和傅之，數過即愈，先以鹽湯洗。又方：治附骨疽。蜣蜋七枚，和大麥爛擣封之。

宋・寇宗奭《本草衍義》卷一七　蜣螂　大小二種：一種大者爲胡蜣螂，身黑光，腹翼下有小黄，子附母而飛行，晝不出，夜方飛出，至人家庭戶中，見燈光則來。一種小者，身黑暗，晝方飛出，夜不出。今當用胡蜣螂，其小者研三十枚，以水灌牛馬，治脹結，絕佳。狐遇而必盡食之。

宋・王繼先《紹興本草》卷一八　蜣螂　紹興校定：蜣螂，《本經》雖載性味、主治，但外傅瘡腫等疾，及古方間有服餌，唯登木而蛻殼，謂之蟬殼。故治風家諸風多用之。作蜣螂者固有毒，已變蟬殼，用之即無毒矣。蚱蟬條下已具證之。

宋・鄭樵《通志》卷七六《昆蟲草木略》　蜣蜋　《爾雅》曰：蛣蜣，蜣蜋。《莊子》曰：蜣蜋之智，在於轉丸。

宋・陳衍《寶慶本草折衷》卷一七　蜣蜋使。一名蛣蜣，一名推丸。大者名胡蜣蜋。○艾氏云：一名天水牛。○蛣，音詰。生長沙池澤，今處處有之。○五月取，蒸藏之。○得火良，畏羊角、石膏，忌羊肉及水。

味鹹，寒，有毒。○主小兒驚癇瘈瘲，腹脹寒熱，大人癲疾狂易音羊。○《藥性論》云：主小兒疳蟲蝕。○日華子云：能墮胎，治疰忤。和乾薑傅惡瘡。入藥去足炒用。○《圖經》曰：蜣蜋取大者，鼻高目深最佳。勿置水中，令人吐。用蜣蜋心，主丁瘡。貼瘡半日許，再易，血盡根出。蜣蜋心，腹下度取之。其肉稍白，須禁食羊肉。又主箭鏃入骨。微熬巴豆與蜣蜋，並研塗。待極痒，撼動箭鏃，拔之。○寇氏曰：大小二種，大者為胡蜣蜋，身黑，光腹，翼下小黄。晝不出，夜飛出，見燈光則來。小者身黑暗，晝飛出，夜不出。今當用胡蜣蜋。其小者研，以水灌牛馬，治脹結，絕佳。

元・王好古《湯液本草》卷六　蜣螂　氣寒，味酸，有毒。《本草》云：治小兒驚風瘛瘲，腹脹寒熱，大人癲疾狂易。手足端寒，支滿奔豚。日華子云：墮胎，治疰忤。和乾薑傅惡瘡，出箭頭。《圖經》云：心，主丁瘡。《衍義》云：大小二種。一種大者，為胡蜣螂，身黑光，腹翼下有小黄子，附母飛行，晝不出，夜方飛至人家戶庭中，見燈光則來；一種小者，身黑暗，晝方飛出，夜不出。今當用胡蜣螂，以其小者，研三十枚，以水灌牛馬腸結，佳。

元・尚從善《本草元命苞》卷八　蜣螂　為使。醎，寒，有毒。畏石膏、羊角。殺疳蟲，墮胎。主小兒驚癇瘈瘲，腹脹寒熱。療大人癲證狂易，音羊。肢滿賁豚。生長沙池澤，今所在有之。取鼻高目深為妙。以五月五採，蒸藏，臨用當炙。勿置水中，其糞塞痔瘻出蟲。巴豆同蜣螂撥箭，葛洪《肘後方》主箭鏃入骨，不可拔者，微熬巴豆與蜣螂，並研勻，塗所傷處，斯須痛定，必微痒，且忍之，待極痒不可忍，便撼動箭鏃，拔之立出。小兒重舌，唾調末傳之。女人鼠瘻，燒作灰，醋塗。

明・王綸《本草集要》卷六　蜣螂使　味鹹，氣寒，有毒。畏羊角、石膏。五月五日取，蒸藏之，臨用火炙良。去足，勿置水中，令人吐。　主小兒驚癇瘈瘲，腹脹寒熱，疳蟲，大人癲癇狂易。搗為丸，塞下部，引痔蟲出盡差。　丁瘡，取蜣螂心腹下稍白者，研，貼半日許，再易，血盡根出，愈如神。忌食羊肉。一切惡瘡疽，鼠瘻，取十數(枝)〔枚〕，杵爛傅之；或乾者，杵末，油調傅。箭鏃入骨，微熬，巴豆並研勻，塗傷處，待極癢不可忍，便撼動箭鏃，拔出之。塵沙入眼不可出。生取一枚，手持其背，於眼上影之，塵沙自出。

明・滕弘《神農本經會通》卷一〇　蜣蜋　使也。畏羊角、石膏。火熬之良。五月五日取，蒸藏之，臨用當炙。勿置水中，令人吐。入藥去足，炒用。取鼻高目深者，名胡蜣蜋。

味鹹，氣寒，有毒。《本經》云：主小兒驚癇瘈瘲，腹脹，寒熱，大人癲疾，狂易，手足端寒，肢滿，賁豚。《別録》云：搗為丸，塞下部，引痔蟲出盡，差。《藥性論》云：使。主治小兒疳蟲蝕。日華子云：能墮胎，治疰忤，和乾薑傅惡瘡，出箭頭。其糞，痔瘻出蟲。入藥去足，炒用。《圖經》云：蜣蜋心，主丁瘡。《湯》云：《本草》同《本經》，并日華子云。《衍義》云：大小二種，大者為胡蜣蜋，身黑光，腹翼下有小黃子，附母飛行，晝不出，夜方飛至人家戶庭中，見燈火則來。一種小者，身黑暗，晝方飛出，夜不出。今當用胡蜣蜋，以其小者，研三十枚，以水灌牛馬腸結，佳。《局》云：蜣蜋轉糞號推丸，能療兒驚瘈瘲癇。鼠瘻瘡瘍并附骨，箭頭入肉出何難。蜣蜋，出箭頭入肉，醫附骨鼠瘻。

明・劉文泰《本草品彙精要》卷三一　蜣蜋有毒　化生。

蜣螂出《神農本經》：主小兒驚癇，瘛瘲，腹脹，寒熱，大人癲疾狂易音羊。以上朱字《神農本經》。手足端寒，肢滿，賁豚。以上黑字名醫所錄。〔名〕蛣蜣、推丸、胡蜣蜋。〔地〕《圖經》曰：生長沙池澤，今處處有之。其類極多，取其大者。又鼻高目深者，名胡蜣蜋，用之最佳。陶隱居云：蛣蜣之智在於轉丸，其喜入人糞中，取糞丸而却推之，俗名爲推丸，當取大者。其類有三四種，以鼻頭匾者爲真。《衍義》曰：有大小二種，一種大者爲胡蜣蜋，身黑光，腹翼下有小黃，子附母而飛行，晝則不行，夜方飛出，至人家庭戶中，見燈光則來。一種小者，身黑暗，晝方飛出，夜則不飛。今當用胡蜣蜋。其小者，研三十枚，以水灌牛、馬，治脹結，絕佳。狐遇而必盡食之。〔時〕生：無時。採：五月五日取。〔收〕蒸過藏之。〔色〕黑。〔味〕鹹。〔性〕寒。〔氣〕味厚於氣，陰也。〔臭〕腥。〔反〕畏羊肉、羊角、石膏。〔製〕《圖經》曰：凡使，去足，炒用。〔治〕療：《圖經》曰：擣爛，貼疔瘡，半日許可再易，血盡根出遂愈。又沙塵入眼不可出者，取一枚，手持其背，遂於眼上影之，沙塵自出。《唐本》注云：擣爲丸，塞下部，引痔蟲出盡，永瘥。《藥性論》云：治小兒疳蟲蝕。日華子云：治疰忤。○糞，窒痔瘻出蟲。《別錄》云：治癧瘍風，取途中自死者杵爛，當揩令熱，封之一宿，瘥。又治大人、小兒忽得惡瘡，未辨識者，杵絞取汁，傅其上，良。〔合治〕合乾薑，傅惡瘡及出箭頭。○以巴豆微炒並研勻，塗箭鏃入骨不可拔者，罯所傷處，斯須痛定必微痒，且忍之，待極痒不可忍，便撼動箭鏃，拔之立出。○以自死者燒爲末，和醋傅，治蜂瘻。○端午日收乾者十枚，杵末合油調，傅一切惡瘡及沙蝨水弩，惡疽。○用七枚和大麥爛擣封之，治附骨癰。○燒末，以唾調傅小兒舌上，療重舌。〔禁〕妊娠不可用之。勿置水中飲，飲之令人吐。

明・許希周《藥性粗評》卷四　延推車之客，解熱毒於諸瘡。

推車客，蜣蜋也，一名蛣蜣。黑殼能飛，好入牛馬諸糞中，作丸轉推，故名。《莊子》所謂蛣蜣之智，在於轉丸，是也。處處有之。五月五日取，去足，蒸而藏之。入丸散以火炙。使亦有宜，生用者但勿着水，令人嘔吐。亦畏羊肉、石膏。味鹹，性寒，有毒。主治熱毒顛狂，腹脹肢滿，鼠瘻惡瘡丁毒，小兒驚癇瘈瘲，重舌，療箭鏃入骨。

單方：諸色惡瘡：凡患熱毒丁腫，瘰癧癰疽，諸色惡瘡，勢可危迫者，蜣蜋十枚，端午日收乾者，杵末，猪脂調傳之；或臨時採生者，去殼，搗爛封之，無不立驗。箭鏃入骨：凡被鐵箭中入頭面及諸骨內，痛不可拔者，巴豆三四粒，熬過，同蜣蜋并研勻，塗患處，須臾痛定而痒，待極痒，方搖動拔之立出，隨意將生肌藥傳之，無痕迹。

明・鄭寧《藥性要略大全》卷一〇　天仙子一名蜣蜋。日華子云：極能下胎，破血通經，逐瘀血，治痓忤。《局方》云：治小兒驚風瘈瘲，腹脹寒熱，大人顛狂，手足端寒，支滿奔豚。《圖經》云：可治疔瘡。和乾薑傅惡瘡，出箭鏃。《衍義》云：有大小二種。大者為蜣蜋，佳；小者氣劣，可以灌牛。味苦、鹹、辛、酸，氣臭，性寒，無毒。一云小毒。即推糞黑殼蟲也。凡用去翅足，火炙良。畏羊角、羊肉、石膏。

明·王文潔《太乙仙製本草藥性大全》卷八《本草精義》 蜣蜋 一名天仙子，一名蛣蜣，俗名推屎蟲。生長沙池澤，今處處有之。其類極多，取其大者，又鼻高目深者，名胡蜣蜋，用之最佳。有大小二種，一種大者爲胡蜣蜋，身黑光，腹翼下有小黄子，附母而飛行，晝不行，夜方飛出，至人家庭戶中，見燈光則來；一種小者，身黑暗，晝方飛出，夜不飛，可以灌牛。《莊子》云蛣蜣之智在於轉丸，其喜入人糞中取屎丸而却推之。五月五日取蒸藏之，臨用去翅足，火炙，勿置水中，令人吐。畏羊角、羊肉、石膏。擣爲丸塞下部，引痔蟲出盡永差。

明·王文潔《太乙仙製本草藥性大全》卷八《仙製藥性》 蜣蜋使 味鹹、酸，氣臭性寒，有毒。主治：主小兒驚風瘈瘲，治大人癲疾狂易。□□逐瘀血破血，通經閉下胎。療手足端寒肢滿，愈腹脹寒熱奔豚。治疔瘡惡瘡，出箭頭鐵鏃。小兒疳蝕，用治而立效。補註：治一切惡瘡及沙風、水弩惡疽，並皆治之。用蜣蜋十枚，端午日收乾者佳，杵末油調傅之。○治瘰癧瘍風，取塗中死蜣蜋杵爛之，當指令熱，封之一宿差。○治蜂瘻，燒死蜣蜋末，和醋傅之。○若大赫瘡已灸之，以蜣蜋乾者爲末，和鹽水傅瘡四畔周迴如韭葉闊狹。○治小兒重舌，燒蜣蜋末，和唾傅舌上。○小兒、大人忽得惡瘡，未辨識者。取蜣蜋杵絞取汁，傅其上。○治鼠瘻，死蜣蜋燒作末，苦酒和傅之，數遍即愈，先以鹽湯洗。治附骨癰，蜣蜋七枚，和大麥爛擣封之。○疔瘡，取蜣蜋心腹下稍白者，研貼半日許，再易，血盡根出愈如神，忌食羊肉。○一切惡瘡疽，鼠瘻，取十數枚杵爛傅之，或乾者杵末，油調傅。○箭鏃入骨，微熬巴豆並研勻，塗傷處，待極痒不可忍，便撼動箭鏃拔出之。○塵沙入眼不可出，生取一枚，手持其背於眼上影之，塵沙自出。

明·皇甫嵩《本草發明》卷六 蜣螂下品。味鹹，寒，有毒。即推屎蟲。主小兒驚瘈瘲，腹脹寒熱，疳蟲，大人癲疾狂易，手足端寒肢滿，賁豚。諸方云：一切惡瘡疽，鼠瘻，取十數枚，擣爛傅之。乾者，油調傅。或死蜣螂燒末，和醋傅鼠瘻及蜂瘻，數過即愈。又取心腹下肉，稍白者，研貼疔瘡，半日許再易，血盡根出愈。為丸，塞下部，引痔蟲出盡，瘥。又研，塗箭頭入肉，傷處斯須痛定，必微痒，忍至痒極，撼之拔出。又治附骨癰，蜣螂七枚，和大麥爛擣封之。忌食羊肉。畏石膏。五月五日取蒸藏之，臨炙用，勿置水中，令人吐。瓦焙之，雙行，不用單行良。鼻頭扁為真。

明·李時珍《本草綱目》卷四一蟲部·化生類 蜣螂《本經》下品

【釋名】蛣蜣音詰羌。推丸弘景 推車客《綱目》 黑牛兒同上 鐵甲將軍同上 夜遊將軍弘景曰：《莊子》云：蛣蜣之智，在於轉丸。喜入糞土中取屎丸而推却之，故俗名推丸。時珍曰：崔豹《古今注》謂之轉丸、弄丸，俗呼推車客，皆取此義也。其蟲深目高鼻，狀如羌胡，背負黑甲，狀如武士，故有蜣螂、將軍之稱。【集解】《别録》曰：蜣螂生長沙池澤。弘景曰：其類有三四種，以大而鼻頭扁者爲真。韓保昇曰：此類多種，所在有之。以鼻高目深者入藥，名胡蜣螂。宗奭曰：蜣螂有大、小二種，大者名胡蜣螂，身黑而光，腹翼下有小黄，子附母而飛，晝伏夜出，見燈光則來，宜入藥用；小者身黑而暗，晝飛夜伏。狐並喜食之。小者不堪用，惟牛馬脹結，以三十枚研水灌之，絶佳。時珍曰：蜣螂以土包糞，轉而成丸，雄曳雌推，置于坎中，覆之而去。數日有小蜣螂出，蓋孚乳于中也。

【修治】《别録》曰：五月五日采取蒸藏之，臨用去足火炙。勿置水中，令人吐。

【氣味】鹹，寒，有毒。好古曰：酸。之才曰：畏羊角、羊肉、石膏。【主治】小兒驚癇瘈瘲，腹脹寒熱，大人癲疾狂(陽)〔易〕《本經》。手足端寒，肢滿賁豚。擣丸塞下部，引痔蟲出盡，永瘥《别録》。治小兒疳蝕《藥性》。能墮胎，治痓忤。和乾薑傅惡瘡，出箭頭日華。燒末，和醋傅蜂漏藏器。去大腸風熱權度。治大小便不通，下痢赤白，脱肛，一切痔瘻丁腫，附骨疽瘡，癧瘍風，灸瘡出血不止，鼻中息肉，小兒重舌時珍。

【發明】時珍曰：蜣螂乃手足陽明、足厥陰之藥，故所主皆三經之病。《總微論》言：古方治小兒驚癇，蜣螂爲第一。而後醫未見用之，蓋不知此義耳。頌曰：箭鏃入骨不可移者。《楊氏家藏方》用巴豆微炒，同蜣螂擣塗。斯須痛定，必微痒，忍之。待極痒不可忍，乃撼動拔之立出。此方傳於夏侯鄆。鄆初爲閬州録事參軍，有人額有箭痕，問之。云：從馬侍中征田悦中箭，侍中與此藥立出，後以生肌膏傅之乃愈。因以方付鄆，云：凡諸瘡皆可療也。鄆至洪州逆旅，主人妻患瘡呻吟，用此立愈。《翰院叢記》云：李定言：石藏用，近世良醫也。有人承檐溜浣手，覺物入爪甲内，初若絲髮，數日如線，伸縮不能，始悟其爲龍伏藏也。乃叩藏用求治。藏用曰：方書無此，以意治之耳。末蜣螂塗指，庶免震厄。其人如其言，後因雷火遶身，急針挑之。果見一物躍出，亦不爲灾。《醫説》亦載此事。

〔附方〕舊七，新十六。　小兒驚風：不拘急慢。用蜣螂一枚杵爛，以水一小盞，於百沸湯中盪熱，去滓飲之。　小兒疳疾：土裹蜣螂煨熟，與食之。韓氏《醫通》。

小兒重舌：蜣螂燒末，唾和，傅舌上。《子母秘録》。　膈氣吐食：用地牛兒二箇，推屎蟲一公一母，同入罐中，待蟲食盡牛兒，以泥裹煨存性。用去白陳皮二錢，以巴豆同炒過。去豆，將陳皮及蟲爲末。每用一二分，吹入咽中，吐痰三四次，即愈。孫氏《集效方》。　赤白下痢：黑牛散：治赤血痢、禁口痢及泄瀉。用黑牛兒即蜣螂，一名鐵甲將軍，燒研。每服半錢或一錢，燒酒調服，小兒以黄酒服，立效。李延壽方。　大腸脱肛：蜣螂燒存性，爲末，入冰片研勻。摻肛上，托之即入。《醫學集成》。　大小便閉：經月欲死者。《本事》推車散：用推車客七箇，男用頭，女用身，土狗七箇，男用身，女用頭，新瓦焙，研末。用虎目樹南向皮，煎汁調服。只一服即通。〇楊氏《經驗方》：治大小便不通。六七月尋牛糞中大蜣螂十餘枚，線穿陰乾收之。臨時取一箇全者，放净磚上，四面以灰火烘乾，當腰切斷，如大便不通，用上截，小便不通，用下截，各爲細末，取井華水服之。二便不通，全用，即解。　大腸秘塞：蜣螂炒，去翅足，爲末，熱酒服一錢。《聖惠》。　小便轉胞：不通。用死蜣螂二枚燒末，井華水一盞調服。《千金》。　小便血淋：蜣螂研水服。鮑氏。

痔漏出水：《唐氏方》用蜣螂一枚陰乾，入冰片少許，爲細末，紙撚蘸末入孔内。漸漸生肉，藥自退出，即愈。〇《袖珍方》用蜣螂焙乾研末。先以礬湯洗過，貼之。　一切漏瘡：不拘蜂瘻、鼠瘻。蜣螂燒末，醋和傅。《千金》。　附骨疽漏：蜣螂七枚，同大麥擣傅。《劉涓子方》。　一切惡瘡：及沙虱、水弩、惡疽。五月五日取蜣螂蒸過，陰乾爲末，油和傅之。《聖惠》。　丁腫惡瘡：楊柳上大烏殼硬蟲，或地上新糞内及泥堆中者，生取，以蜜湯浸死，新瓦焙焦爲末，先以燒過針撥開，好醋調，傅之。《普濟方》。　無名惡瘡：忽得不識者，用死蜣螂杵汁塗之。《廣利》。　灸瘡血出：不止。用死蜣螂燒研，猪脂和塗。《千金方》。　大赫瘡疾：急防毒氣入心。先灸，後用乾蜣螂爲末，和鹽水傅四圍，如韭葉闊，日一上之。《肘後》。　瀝瘍風病：取塗中死蜣螂杵爛，揩瘡令熱，封之。一宿差。《外臺秘要》。　鼻中息肉：蜣螂十枚，納青竹筒中，油紙密封，置厠坑内，四十九日取出晒乾，入麝香少許，爲末塗之。當化爲水也。《聖惠》。　沙塵入目：取生蜣螂一枚，以其背，於眼上影之，自出。《肘後方》。　下部䘌蟲：痛痒膿血，旁生孔竅。蜣螂七枚，五月五日收者，新牛糞半兩，肥羊肉一兩炒黄，同擣成膏，丸蓮子大，炙熱，綿裹納肛中，半日即大便中蟲出，三四度永瘥。董炳《集驗方》。

心　〔主治〕丁瘡。頌曰：按劉禹錫纂《柳州救三死方》云：元和十一年得丁瘡，凡十四日益篤，善藥傅之莫效。長慶賈方伯教用蜣螂心，一夕百苦皆已。明年正月食羊肉，又大作，再用如神驗。其法：用蜣螂心，在腹下度取之，其肉稍白是也。貼瘡半日許，再易，血盡根出即愈。蜣螂畏羊肉，故食之即發。其法蓋出葛洪《肘後方》。

轉丸見土部。

明·李中立《本草原始》卷一一　蜣螂　生長沙池澤，今處處有之。有大小二種：大者身黑而光，腹翼下有小黄子，附母而飛，晝伏夜出，宜入藥用；小者身黑而暗，晝飛夜伏，不堪入藥。《莊子》云：蛣蜣之智，在於轉丸。喜入糞土中，取屎丸而推却之，故弘景名推丸。《綱目》名推車客。其蟲深目高鼻，狀如羌胡，故有蜣螂之稱。背負黑甲，狀如武士，故有鐵甲將軍之譽。

蜣螂氣味：鹹，寒，有毒。主治：小兒驚癇瘈瘲，腹脹寒熱，大人癲疾狂(陽)〔易〕。〇手足端寒，肢滿賁豚。擣丸塞下部，引痔蟲出盡，永瘥。〇治小兒疳蝕。〇能墮胎，治疰忤。和乾薑傅惡瘡，出箭頭。〇燒末，和醋傅蜂漏。〇去大腸風熱。〇治大小便不通，下痢赤白，脱肛，一切痔瘻、丁腫，附骨疽瘡，癧瘍風，灸瘡出血不止，鼻中息肉，小兒重舌。

蜣螂，《本經》下品。【圖略】俗呼屎蜣螂。　修治：蜣螂，《别錄》曰：五月五日采取，蒸藏之，臨用去足火炙，勿置水中，令人吐。

之才曰：畏羊角、羊肉、石膏。〇時珍曰：手足陽明、足厥陰之藥。頌曰：箭頭入骨不可移者，《楊氏家藏方》用巴豆微炒，同蜣螂擣塗，斯須痛定，必微痒，忍之，待極痒不可忍，乃撼動拔之，立出。此方傳於夏侯鄆，鄆初為閬州，有人額有箭痕，問之，云：從馬侍中征田悦中箭，侍中與此藥立出，後以生肌膏傅之乃愈。因以方付鄆云：凡諸瘡皆可療也。鄆至洪州逆旅，主人妻患瘡呻吟，用此立愈。

明·李中梓《藥性解》卷六　蜣螂　味鹹、酸，性寒，有小毒，不載經絡。主小兒驚風瘛瘲，大人癲狂疰忤，破血墮胎，通腸治脹。又主疔惡諸瘡，出箭頭入肉。去足翅火炙，勿置水中，令人吐，畏羊肉、羊角。按：《莊子》云蜣螂之智，在于轉丸，宜其皮血通腸之功矣。驚狂皆屬炎，亦賴之以洩其亢耳。其性猛驟，最能傷脾，勿得概用。

明·繆希雍《本草經疏》卷二二　蜣蜋　味鹹，寒，有毒。主小兒驚癇瘈瘲，腹脹寒熱，大人癲疾狂易音羊，手足端寒，支滿，賁豚。

〔疏〕蜣螂稟陰濕之氣以生，故其味鹹氣寒有毒。入足厥陰、手足陽明經。小兒驚癇瘈瘲，腹脹寒熱，大人癲疾狂易，皆肝、胃、大腸三經風熱壅盛所致。鹹寒除三經之邪熱，則諸證自瘳。《别錄》主手足端寒、支滿者，以脾胃主四肢而治中焦。脾氣結滯，則血液不能通行灌溉於手足。胃家熱壅及大腸結實，則中焦不治而氣逆支滿。行三經之壅滯，則所苦減除矣。鹹能軟堅入腎，故又主奔豚也。古今方書以之治一切痔瘻及疔腫疽瘡，出箭鏃之用。

【主治參互】《本事方》推車散，治大小便經月不通欲死者，用推車客七個，男用頭，女用身；螻蛄七箇，男用身，女用頭，新瓦焙，研末。用虎目樹南向皮煎汁調服，只一服，立通。一方，大腸脫肛，蜣蜋燒存性，為末，入冰片研勻，摻上托之即入。唐氏方腸漏出水，用蜣蜋一枚，陰乾，入冰片少許，為細末。紙撚蘸末入孔內，漸漸生肉，藥自退出，即愈。

劉涓子方附骨疽瘡。蜣蜋七枚，同大麥擣傅。《廣利方》無名惡瘡，忽得不識者，用蜣蜋杵汁塗之。劉禹錫纂《柳州救三死方》云：元和十一年得丁瘡，凡十四日益篤，善藥傅之莫救。長慶賈方伯教用蜣蜋心，一夕百苦皆已。明年正月，食羊肉又大作，再用如神驗。其用蜣蜋心，在腹下度取之，其肉稍白是也。貼瘡半日許，再易，血盡根出即愈。蜣蜋畏羊肉，故食之即發。其法蓋出葛洪《肘後方》。《楊氏家藏方》箭鏃入骨不可移者，用巴豆微炒，同蜣蜋擣塗，斯須痛定，必微癢，忍之。待極癢不可忍，乃撼動拔之立出。凡諸瘡皆可療也。擣為丸，塞下部，引痔蟲出盡，永差。

【簡誤】蜣蜋有毒，外用易臻厥功。內服非虛人所宜。非不得已，勿輕試。

明・倪朱謨《本草彙言》卷一七 蜣螂 味鹹，氣寒，有毒。沉也，陰也，入手足陽明、足厥陰經。《別錄》曰：蜣螂生長沙池澤。其類有三四種：以大而鼻頭高者，目深，背有玄甲者爲真。

李氏曰：以土包糞，轉而成丸，雄曳雌推，置于坎中，覆之而去。數日後，小蜣螂孚乳于中也。腹翼下有小黃子，附母而飛，晝伏夜出，見燈光則來，狐喜食之。宜入藥用。小者身黑而暗，晝飛夜伏者不堪用。修治：以五月五日收之良，臨用去足，火炙乾用。

蜣螂：《本經》去奔豚瘕積之藥也。梁心如曰：此物禀水濕陰垢糞土之氣而生，吐唾推弄成丸，化生之物也。故農皇主奔豚瘕積，緣血氣留據而成病者，假此氣化爲形之物，而治氣化摶結者，投之立解。如《別錄》方之塞下部，引出痔蟲；日華方之傅惡瘡，拔呼疔毒；藏器方之行血墮胎；李時珍方之化鼻中息肉，小兒重舌諸證，皆取其鹹能軟堅，毒能攻毒，化生以成形，而治化生以成病者。如奔豚瘕積，痔蟲疔毒，息肉重舌，自消解矣。繆氏仲淳曰：此藥外用易臻厥功，內服非虛人所宜，有毒故也。非不得已，勿輕試。

集方：《方脉正宗》治奔豚瘕積，舉發不常者。用蜣螂三枚去翅足，火炙乾爲末，酒調服。○同上治五痔有蟲者。用蜣螂擣爛，塞穀道痔旁，引蟲盡出，痔永瘥。○《廣利方》治一切惡瘡疔毒，忽得人不識者。用蜣螂擣汁塗之。○劉氏方治疔瘡欲死。用蜣螂心貼半日，再換貼，血散疔自出即愈。蜣螂心在腹下，度取之，其肉稍白是也。○同上治鼻中息肉，幷小兒重舌。用蜣螂三個，炙乾爲末，入冰片五釐研細，傅之即消。○唐瑤方治腸漏出水。用蜣螂十枚陰乾，入冰片少許研細末，用紙捻蘸末入孔內，漸漸生肉，藥自退出即愈。不拘蜂瘻鼠瘻，亦可用此。○《千金方》治轉胞、大小不通欲死。用蜣螂炙乾爲末，白湯調服，立通。○《萬病回春》治氣隔臌脹，幷翻胃噎食。用土裘一個，即蜣螂所滾之彈丸，凡糞土之下皆有，用彈中有白蟲者，如指大，如蠐螬一樣，將彈丸少破一點，仍蓋住，用火煅過大黃色，存性，不要燒焦，再配孩兒茶二分，金絲黃礬三分，麝香一分，硃砂四分，將土彈共四味藥，一幷總研爲極細末，燒酒調，空心服。如覺飢，用稀爛薄米粥，漸漸少進。一日二三次，不可多吃。一日徐徐進一二碗足矣。俟五七日漸漸加進粥食。忌生冷煎炒，葱、蒜、酒、麪，炙煿厚味，肥甘之物及氣惱。五十歲後二服即效。

明・顧逢柏《分部本草妙用》卷七兼經部・寒瀉 蜣蜋 鹹，寒，有毒。畏羊角、羊肉、石膏。入手足陽明、足厥陰三經。主治：驚癇瘈瘲，腹脹，癲疾狂陽。擣丸，安下部，引痔蟲出盡永瘥。和乾薑，傅惡瘡，出箭頭。燒末，和醋傅蜂漏，大腸風熱，小兒疳蝕，一切痔瘻疔腫，骨疽癧瘍風，灸瘡出血，鼻息，小兒重舌。古方為驚癇要藥，而今醫少用，未知此義耳。及其治箭鏃入骨，不可緩者，巴豆微炒，同蜣蜋擣塗，定痛發癢，癢極拔鏃，立愈。

明・鄭二陽《仁壽堂藥鏡》卷八 蜣螂 氣寒，味酸，有毒。《本草》云：治小兒驚風瘈瘲，腹脹寒熱，大人癲疾狂易，手足端寒，支滿奔豚。日華子云：墮胎。治疰杵，和乾薑傅惡瘡，出箭頭。《圖經》云：心主丁瘡。《衍義》云：大小二種。一種大者為胡蜣螂，身黑光，腹翼下有小黃子，附母飛行。晝不出，夜方飛至人家戶庭中，見燈光則來；一種小者，身黑暗，晝方飛出，夜不出。今當用胡蜣螂，以其小者研三十枚，以水灌牛馬腸結佳。《本草》云：大者佳。畏羊角、石膏。入藥去足。

明・蔣儀《藥鏡》卷四寒部　蜣螂　除肝胃之風熱，而驚癲支滿自平。瀉大腸之滯壅，而便秘奔豚俱解。引痔蟲漸出，摻肛脫徐收。冰片少加，撚紙蘸末，入漏孔而肉生。腹下度取，心肉稍白，貼疔瘇而痛已。微炒巴豆，搗貼癢生，入骨箭鋒，拔之即出。

明・盧之頤《本草乘雅半偈》帙一一　蜣蜋《本經》下品　氣味：鹹，寒，有毒。　主治：　主［小兒驚癇瘈瘲］，腹脹，寒熱，［大人癲疾狂易］。隱居云：治奔豚瘕積。

覈曰：蜣蜋，生長沙池澤，所在有之。以土包糞，轉而成丸，雄曳雌推，置于坎中，覆之而去。數日後，小蜣蜋孚乳于中也。有二種：鼻頭扁，背襲玄甲，因有武士之稱，腹翼下有小黃子，附母而飛，晝伏夜出，見燈光則來，狐並喜食之，宜入藥用。小者身黑而暗，晝飛夜伏不堪用。修治：五月五日採取，蒸之，臨用去足，火炙，勿置水中，令人吐。

參曰：蜣蜋，蛣蜣也，一名轉丸、推車客，此濕生也。合糞壤水土，吐唾弄丸而感，樞輪之用乎。故主輪脫而脹腹，樞廢而熱寒。至若奔豚之下而上，瘕積之非其所據而據者，爰彼奮臂舉負而奔，則化無停機，推車客為用大矣。釋典詮蛣蜣具六即佛號，凡屬有知，毋自墮，毋自棄也。

清・顧元交《本草彙箋》卷九　蜣螂　蜣螂，稟陰濕之氣，氣味鹹寒。故所主手足陽明、足厥陰邪熱之症。古方治小兒驚癇，蜣螂爲第一。今人以治一切痔瘻，及疔腫疽瘡，出箭鏃之用。

蜣螂之智，在於轉丸，以土包糞，轉而成丸，雄曳雌推，置於坎中，覆之而去，數日有小蜣螂出，蓋孚乳于中也。俗呼推車客，其狀深目高鼻，有類羌胡，故名蜣螂。其類有三四種，以大而鼻頭扁者爲真。此物有毒，外用易於臻功。若內服，大不宜於虛人也。痔漏出水，以蜣螂一枚，入冰片少許，爲細末，紙撚蘸末，入孔內，漸漸生肉，藥自退出，即愈。又方：一切漏瘡，以蜣螂燒末，醋和敷。

清・穆石匏《本草洞詮》卷一八　蜣蜋　蜣蜋以土包糞，轉而成丸，雄曳雌推，置於坎中，覆之而去，數日有小蜣蜋出。《莊子》所謂蛣蜣之智，在於轉丸，是也。深目高鼻，狀如羌胡，背負黑甲，狀如武士，故有將軍之號。氣味鹹，寒，無毒。乃手足陽明、足厥陰之藥。所主皆三經之病，治小兒驚癇瘈瘲，腹脹寒熱，大人癲疾狂（陽）［易］，能墮胎，治大小便不通，下痢，脫肛痔瘻，疔腫，附骨疽，瘡癧瘍風，鼻中息肉，小兒重舌。楊氏《家藏方》治箭鏃入骨不可移者，用巴豆微炒，同蜣蜋搗塗，斯須痛定，必微痒，忍之，待極痒不可忍，乃撼動拔之立出，後以生肌膏傅之。《翰院叢記》云：有人承簷溜浣手，覺物入爪甲內，初若絲髮，數日如線，伸縮不能，始悟為龍伏藏也。石藏用曰：方書無此，以意治之耳。末蜣蜋塗指，庶免震厄。如其言，後火雷繞身，果見一物躍出，亦不為災。劉禹錫云：曾得疔瘡，凡十四日益篤。賈方伯教用蜣蜋心，一夕百苦皆已。明年食羊肉，又大作，再用如神。蜣蜋心在腹下，其肉稍白，是也。貼瘡半日許，再易，血盡根出，即愈。蜣蜋畏羊肉，故食之再發耳。已上諸治，皆取轉丸之妙也。

清・劉雲密《本草述》卷二七　蜣蜋一名蛣蜣，推丸。畏羊角、羊肉、石膏。

弘景曰：《莊子》云蛣蜣之智，在於轉丸。喜入糞土中，取屎丸而推却之，故俗名推丸。　時珍曰：蜣蜋以土包糞，轉而成丸。雄曳雌推，置於坎中，覆之而去，數日有小蜣蜋出，蓋孚乳於中也。

氣味：鹹，寒，有毒。　好古曰：酸。

主治：小兒驚癇瘈瘲，及疳蝕疳積，腹脹寒熱，大人癲疾狂（陽）［易］，並風癇瘧母，膈氣吐食，大小便閉，下痢赤白，噤口，并一切痔瘻，及疔腫疽瘡，附骨疽瘡。　時珍曰：蜣蜋乃手足陽明、足厥陰之藥，故所主皆三經之病。《總微論》言：古方治小兒驚癇，蜣蜋為第一。而後醫未見用之，蓋不知此義耳。　希雍曰：蜣蜋稟陰溼之氣以生，故其味鹹，氣寒，有毒。入足厥陰、手足陽明經。

附方　小兒驚風，不拘急慢，用蜣蜋一枚，杵爛，以水一小盞，於百沸湯中盪熱，去滓飲之。　膈氣吐食，用地牛兒二個，推屎蟲一公一母，同入罐中，待蟲食盡地牛兒，以泥裹煨存性，用去白陳皮二錢，以巴豆同炒過，去豆，將陳皮及蟲為末，每用一二分，吹入咽中，吐痰三四次，即愈。　赤白下痢及噤口痢，用蜣蜋燒研，每服半錢或一錢，燒酒調服。小兒以黃酒服，立效。　大小便閉，經月欲死者，《本事》推車散用推車客即蜣蜋別名。七個，男用頭，女用身，土狗七個，男用身，女用頭，新瓦焙，研末，用虎目樹南向皮煎汁，調服，只一服即通。　痔漏出水，用蜣蜋一枚，陰乾，入冰片少許，為細末，紙撚蘸末，入孔內，漸漸生肉，藥自退出，即愈。　下部䘌蟲痛癢，膿血，旁生孔竅，蜣蜋七枚，五月五日收者，新牛糞半兩，肥羊肉一兩，炒黄，同搗成膏，丸蓮子大，炙熱，綿裹，納肛中半日，即大便中蟲出，四度永瘥。

按：　蜣蜋畏羊肉，而此方乃合用之，蓋取其相反，使其氣發以奏功也。

愚按：　蜣蜋喜入糞土中，取屎丸而推之，乃漆園謂其智在此。夫水穀入胃，化精微上升而為氣血，化糟粕下降而為屎溺。升者從其陽，降者從其陰也。故每用人身濁陰之物，治(陽)〔易〕狂，解諸毒，蓋本其根於胃者，還返於胃，以對待胃之為熱為毒，最親切也。乃兹物以土包之，曳推不已，似能令此陰濁之物，還依土以神其生化，而孚乳於此以生生者，果從此出，是非微物而其智之所稟有異歟？　即是条之，則蜣蜋之用，固不獨以其能散熱毒，更取其由土以能推轉，而妙於生化也。知斯義以用之，則庶幾收其轉運除熱之功，以治中土所生所合之病，如上所主諸證，皆有益而無咎矣。

蜣蜋心　主治：　疔瘡。　劉禹錫纂《柳州救三死方》云：　元和十一年得疔瘡，凡十四日益篤，善藥傅之，莫效。長慶賈方伯教用蜣蜋心，一夕百苦皆已。明年正月食羊肉又大作，再用如神驗。其法：　用蜣蜋心，在腹下度取之，其肉稍白是也。貼瘡半日許，再易，血盡根出，即愈。蜣蜋畏羊肉，故食之即發。其法蓋出葛洪《肘後方》。　希雍曰：　蜣蜋有毒，外用易臻厥功，内服非虚人所宜，非不得已勿輕試。

愚按：　每於小兒有積滯者，土裹燒食之，良驗。初不損胃，然則希雍之言過當矣。

修治　《别録》曰：　五月五日采取，蒸藏之。臨用去足，火炙，勿置水中，令人吐。

清・李熙和《醫經允中》卷二〇　蜣螂　入手足陽明、足厥陰三經。鹹，寒，有毒。主治小兒驚癇瘈瘲，大人癲疾陽狂，破血墮胎，通腸治漏，治箭鏃入骨不可拔者，巴荳微炒，同蜣螂搗塗定痛，癢極拔鏃立愈。其性猛烈，最能傷脾，弗得概用。

清・馮兆張《馮氏錦囊秘録・雜症痘疹藥性主治合參》卷一一　蜣蜋一名推車客，稟陰濕之氣以生。味鹹，氣寒，有毒。入足厥陰、手足陽明經。以鹹寒軟堅降下之性，故為驚癇癲疾，奔豚，痔瘻疔腫之需。【略】　蜣蜋，主小兒驚癇瘛瘲，腹脹寒熱，大人癲疾狂易，手足端寒，支滿賁豚等症，皆鹹寒軟堅降下之功。故又治一切痔瘻，及疔腫疽瘡，出箭鏃之用也。但性有毒，外用易臻厥功，内服非虚人所宜。

清・张璐《本經逢原》卷四　蜣螂　鹹，寒，有毒。去足，火炙用。勿置水中，令人吐。　《本經》主小兒驚癇瘈瘲，腹脹寒熱，大人癲疾狂(瘍)〔易〕。

發明：　蜣螂，手足陽明、足厥陰藥也。《本經》等治，總不離三經之證。其治暴噎、吐食，用二枚入生薑内煨，以陳橘皮二錢同巴豆炒過，去巴豆，將蜣螂、陳皮為末，每服二分，吹入喉中，吐痰二三次即愈。又治箭鏃入骨，用巴豆微炒同蜣螂搗塗，痛定必癢，忍之，待極癢不可忍乃撼動拔之。又燒灰入冰片少許，治大腸脱肛，摻上托入，搗丸塞下部，引痔蟲出盡永瘥。其蜣螂心貼疔瘡拔疔，貼半日許，血盡根出則愈。然蜣螂最畏羊肉，食之即發。

清・張志聰、高世栻《本草崇原》卷下　蜣螂　氣味鹹，寒，有毒。主治小兒驚癇瘈瘲，腹脹寒熱，大人癲疾狂陽。　蜣螂所在有之，有大小二種，小者身黑而暗，不堪入藥。大者身黑而光，名胡蜣螂。腹翼下有小黄子，附母而飛，見燈光則來，宜入藥用。蜣螂以土包糞，轉而成丸，雄曳雌推，置於壩中覆之而去，數日有小蜣螂出，蓋孚乳於中也，故一名推丸，又名推車客。深目高鼻，狀如羌胡，背負黑甲，狀如武士，故一名鐵甲將軍，晝伏夜出，故又名夜游將軍。　蜣螂甲蟲也，出於池澤，以土包轉而成生育。氣味鹹寒，是甲蟲而稟水土之氣化。甲蟲屬金，金能制風，故主治小兒驚癇瘈瘲。稟土氣，故治腹脹之寒熱。稟水氣，故治大人癲疾之狂(陽)〔易〕。

清・王子接《得宜本草・下品藥》　蜣螂　味鹹，寒。入足厥陰經。主治寒熱驚癇，用其白心治疔瘡垂斃。

清・黄元御《長沙藥解》卷二　蜣螂　味鹹，微寒。入足厥陰肝經。善破癥瘕，能開燥結。　《金匱》鱉甲煎丸方在鱉甲用之治病瘧日久，結為癥瘕，以其破癥而開結也。　炒枯存性，研細用。

清・汪紱《醫林纂要探源》卷三　蜣螂　鹹，寒。一名蛣蜣，俗曰滚屎蟲，又曰車屎客。身圓長，色黑有甲，甲下有翅能飛。生糞壤中，好雌雄共團糞作丸，冬以兩足團之，圓如彈。　瀉大腸血分濕熱，輭堅拔毒。炙，去淨穢氣，研。治腸癰腹痛，便閉，下痢。外傳脱肛，去瘡疽蟲痔。能拔肉中箭簇。人或用螳螂者，誤也。

清・嚴潔等《得配本草》卷八　蜣螂　畏石膏、羊角、羊肉。　鹹，寒，有毒。入足厥陰經。治驚癇，散風熱，療下痢，破畜血，敷疔毒，消重舌。配巴豆，炒，敷箭頭入骨，待癢極拔之。　五月五日取，蒸炒，去足、翅用。勿置水中，以使人吐。其性猛急，最易傷脾，勿輕用。俗呼推車客。以土包糞，能轉而成丸，山上頗多。

清·羅國綱《羅氏會約醫鏡》卷一八鱗介蟲魚部 蜣螂一名推車客。味鹹，氣寒，有毒，入肺、肝、脾、胃四經。以鹹寒軟堅潤下之性，治小兒驚癇、大人癲狂、內服非虛人所宜，外用易臻厥功。腸漏出水，加冰片少許，為末，納入孔內，即愈。拔疔毒，用蜣螂心，在腹下度取之，其肉稍白是也，貼半日再易，立痊。凡鐵入骨，同巴豆微炒，搗塗，極癢時拔之。除痔蟲。搗為丸，納之，蟲盡出。炙黃用。畏羊肉。

清·楊時泰《本草述鉤元》卷二七 蜣螂 一名蛣蜣。莊子云：蛣蜣之智，在於轉丸。喜入糞土中，取屎丸而推却之，故俗名推丸貞白。蜣螂以土包糞轉而成丸，雄曳雌推，置於坎中，覆之而去，數日有小蜣螂出，蓋孚乳於中也瀕湖。

味鹹，氣寒，有毒。入足厥陰、手足陽明經。畏羊角羊肉、石膏。主小兒驚癇瘛瘲及疳蝕疳積，腹脹寒熱，大人癲疾狂(陽)〔易〕，風癇瘧母，膈氣吐食，大小便閉，下痢赤白噤口，并一切瘧瘻及疔腫、附骨疽瘡。小兒急慢驚風，蜣螂一枚杵爛，以水一小盞於百沸湯中盪熱，去渣飲之。膈氣吐食，蜣螂一公一母，同地牛兒二個，置罐中，待食地牛盡，以泥裹煨存性，取陳皮去白二錢，同巴豆炒過去豆，將陳皮及蟲為末，每用一二分，吹入咽中，吐痰三四次，即愈。赤白下痢、噤口，蜣螂燒研，每服半錢或一錢，燒酒調服，小兒以黃酒服，立效。推車散，治大小便閉經月欲死者，蜣螂七個，男用頭，女用身，土狗七個，男用身，女用頭，新瓦焙，研末，用樗樹南向皮煎汁調服，一服便通。痔漏出水，蜣螂一枚陰乾，入冰片少許，為細末，紙撚蘸末入孔內，漸漸生肉，藥自退出愈。下部蟲䘌，痛癢膿血，旁生孔竅，蜣螂七枚五月五日收者，新牛糞半兩肥羊肉一兩炒黃，同搗成膏，丸蓮子大，炙熱綿裹，納肛中半日，即大便中蟲出，四度永瘥。按蜣螂畏羊肉，而此方合用之，正取相反者，以發其氣也。

論：夫水穀入胃，化精微，上升而為氣血；化糟粕，下降而為屎溺。升者從乎陽，降者從乎陰也。方書每用人身濁陰之物治陽狂，解諸毒，蓋本其根於胃者，還返於胃，以對待胃之為熱為毒者。蜣螂以土包糞推曳成丸，似能令陰濁之物，還依乎土以神其生化，而孚乳果從此出，則其可收轉運除熱之功，以治中土所生所合之病，明矣。

蜣螂心：主治疔瘡。附案：劉禹錫得疔瘡，凡十四日，益篤，善藥敷之莫效，次用蜣螂心，一夕百苦皆已。明年，食羊肉，創大作，再用如神驗。其法：在蜣螂腹下度取之，其肉稍白是也，貼半日許，再易，血盡根出愈。蜣螂畏羊肉，故食之即發，本葛洪《肘後方》。

繆氏言蜣螂有毒，外用易臻厥功，內服非不得已勿試。按小兒有積滯者，土裹燒食之，良驗，初不損胃。

修治：五月五日采取，蒸過藏之，臨用去足，火炙。勿置水中，令人吐。

清·趙其光《本草求原》卷一八蟲部 蜣螂 鹹，寒，有毒。喜入糞土中取屎丸而推轉之。故又名推丸。能入腸胃推轉熱毒，為癲狂、驚癇、瘈瘲仙品。以一枚為末入水，於滾湯中燉熱，去渣飲，治急慢驚風。治暴噎，吐食，以二枚入生薑內煨。又陳皮二錢同巴豆炒，去豆用皮同研，吹喉中，吐痰二三次愈。噤口赤白痢，燒研酒服。二便久閉欲死，男用頭、女用身七個，同土狗七個；男用身、女用頭，焙研，水調下。脫肛，燒灰，入冰片少許摻托入。引痔蟲，為丸，塞下部，蟲出盡永瘥。止痔瘻出水，陰乾，入冰片少許，紙捻蘸插入，漸漸生肉，藥自退出而愈。敷附骨疽、疔腫，同大麥搗。出箭簇入骨，同巴豆微炒搗塗，待痛定癢極，乃撼動可拔。小兒積滯。土包燒食甚效。畏羊肉、石膏。一方肛門痔瘻有蟲，痛癢膿血，取七枚，同新牛屎五錢，肥羊肉一兩，搗為丸，綿包塞肛中，蟲即隨大便出。其與羊肉合用者，取其相反，激其氣以奏功也。

五月五日采，蒸藏之，去足，火炙用。勿置水中，令人吐。按貼疔瘡用螂腹下肉，稍白者為螂心，更效。但食羊即復發。

清·葉志詵《神農本草經贊》卷三 蜣螂 味鹹，寒。主小兒驚癇瘈瘲，腹脹寒熱。大人瘨疾狂易。一名蛣蜣。火熬之良。生池澤。

深睛昂鼻，附母飛行。圓催丸轉，光撲燈明。久諳飽穢，忽化飢清。野狐覓食，暗聽鐘聲。

韓保昇曰：此類多種，以鼻高目深者入藥。《莊子》：蛣蜣之智，在於轉丸。陶弘景曰：俗名推丸。寇宗奭曰：腹翼有小黃，子附母而飛，晝伏夜出，見燈光則來，狐喜食之。《抱朴子》曰：鳴蟬潔飢，不羨蜣螂穢飽。李時珍曰：柞蟬有轉丸化成者。蘇軾詩：洪鐘起暗室，能作殷牀聲。

清·戴葆元《本草綱目易知錄》卷五 蜣螂推車客 鹹，寒，有毒。乃手足陽明、足厥陰藥。治小兒驚癇瘛瘲，腹脹寒熱及疳蝕。大人癲疾狂(陽)〔易〕，手足端寒，肢滿賁豚，去大腸風熱，二便不通，下痢赤白，脫肛。治痓忤，墜生胎，療一切痔瘻丁腫，附骨疽，瘡癧瘍風。炙瘡血出不止，鼻中息肉，小兒重舌。擣丸塞下部，引痔蟲出盡，永瘥。和乾薑擣，傅惡瘡，出箭頭。燒末，和醋傅蜂漏。凡用火炙去足。【略】

心：治疔瘡百藥不效危篤，取蜣蜋心，貼半日許，血出再貼，血盡根出，即愈。

清・陳其瑞《本草撮要》卷九 蜣螂 味鹹，寒，入足厥陰經，功專治寒熱驚癇。用其白心，治疔瘡垂斃。

沙雞母

清・趙學敏《本草綱目拾遺》卷一〇蟲部 沙雞母 《物理小識》：土鼈是象房屎中所生。或以旋土成窩者充之，不知旋土窩者乃沙雞母，非土鼈也。同金墨磨，塗口瘡。

蜉蝣

宋・鄭樵《通志》卷七六《昆蟲草木略》 蜉蝣 似蜣蜋而小，有文彩。《爾雅》曰：蜉蝣，渠略。又曰：蛂，蟦蛢。郭璞云：江東呼蟦蛢。以有金色。

明・李時珍《本草綱目》卷四一蟲部・化生類 蜉蝣時珍曰：蜉蝣一名渠略，似蛣蜣而小，大如指頭，身狹而長，有角，黃黑色，甲下有翅能飛。夏月雨後叢生糞土中，朝生暮死。猪好啖之。人取炙食，云美於蟬也。蓋蜣螂、蜉蝣、腹蛸、天牛，皆蠐螬、蠹、蝎所化。此亦蜣螂之一種，不可不知也。或曰：蜉蝣，水蟲也。狀似蠶蛾，朝生暮死。

清・汪紱《醫林纂要探源》卷三 蜉蝣 鹹，寒。一名略渠，一名獨角犀牛。似蜣螂而狹，長甲，色黃黑，光如漆，有翅能飛，頭上角長寸許，角端分歧如刺。骨朵亦蜣螂類也。功用同蜣螂。力更猛。

天社蟲

宋・唐慎微《證類本草》卷三〇有名未用・蟲類〔《別錄》〕 天社蟲 味甘，無毒。主絕孕，益氣。如蜂，大腰，食草木葉。三月採。

明・李時珍《本草綱目》卷四一蟲部・化生類 天社蟲《別録》有名未用曰：味甘，無毒。主絶孕，益氣。蟲狀如蜂，大腰，食草木葉，三月采。時珍曰：按張揖《廣雅》云：天社，蜣螂也。與此不知是一類否？

吉丁蟲

宋・唐慎微《證類本草》卷二一蟲魚部中品〔唐・陳藏器《本草拾遺》〕

吉丁蟲 功用同前，人取帶之。甲蟲背正綠，有翅在甲下。出嶺南賓、澄州也。

金龜子

明・李時珍《本草綱目》卷四一蟲部・化生類 金龜子時珍曰：此亦吉丁之類，媚藥也。大如刀豆，頭面似鬼，其甲黑硬如龜狀，四足二角，身首皆如泥金裝成，蓋亦蠹蟲所化者。段公路《北户録》云：金龜子，甲蟲也。出嶺南。五六月生草蔓上，大如榆莢，背如金貼，行則成雙，死則金色隨滅，故以養粉，令人有媚也。竺法真《登羅浮山疏》云：山有金花蟲，大如斑蝥，文采如金，形似龜，可養玩數日。宋祁《益部記》云：利州山中有金蟲，其體如蜂，綠色，光若泥金，俚人取作婦女釵鐶之飾。鄭樵《通志》云：《爾雅》蛂，蟦蛢也。甲蟲，大如虎豆，綠色似金。四書所載皆一物也。南土諸山中亦時有之。

腆顆蟲

宋・唐慎微《證類本草》卷二一蟲魚部中品〔唐・陳藏器《本草拾遺》〕 腆顆蟲一作顯 功用同前，人取帶之。似窠盤，褐色，身扁。出嶺南，人重之也。

媚蝶

明・李時珍《本草綱目》卷四一蟲部・化生類 媚蝶時珍曰：《北户録》云：嶺表有鶴子草，蔓花也。當夏開，形如飛鶴，翅、羽、觜、距皆全。云是媚草，采曝以代面靨。蔓上春生雙蟲，食葉。收入粉奩，以葉飼之，老則蛻而爲蝶，赤黃色。女子收而佩之，如細鳥皮，令人媚悦，號爲媚蝶。《洞冥記》云：漢武時勒畢國獻細鳥，大如蠅，狀如鸚鵡，可候日晷，後皆自死。宫人佩其皮者，輒蒙愛幸也。

蠮螉

宋・唐慎微《證類本草》卷二二蟲魚部下品〔《本經・別錄》〕 **蠮**音噎**螉**烏紅切 **味辛，平，無毒。主久聾，欬逆，毒氣出刺，出汗，**療鼻窒陟栗切。其土房主癰腫，風頭。一名土蜂。生熊耳川谷及牂牁，或人屋間。

〔梁・陶弘景《本草經集注》〕云：此類甚多，雖名土蜂，不就土中爲窟，謂摙力展切土作房爾。今一種黑色，腰甚細，銜泥於人室及器物邊作房，如併竹管者是也。其生子如粟米大置中，乃捕取草上青蜘蛛十餘枚滿中，仍塞口，以擬其子大爲糧也。其一種入蘆竹管中者，亦取草上青蟲，一名蜾蠃。詩人云：螟蛉有子，蜾蠃負之。言細腰物無雌，皆取青蟲，教祝，音呪，便變成己子，斯爲謬矣。造詩者乃可不詳，未審夫子何爲因其僻邪。聖人有闕，多皆類此。

〔唐・蘇敬《唐本草》〕注云：土蜂，土中爲窠，大如烏蜂，不傷人，非蠮螉，蠮螉不入土中爲窠。雖一名土蜂，非蠮螉也。

〔宋・馬志《開寶本草》〕按：李含光音義云：呪變成子，近亦數有見者，非虛言也。

〔宋・掌禹錫《嘉祐本草》〕按：《蜀本》注云：按《爾雅》果臝，蒲盧。注云：即細腰蜂也，俗呼爲蠮螉。《詩》云：螟蛉之子，蜾蠃負之。注曰：螟蛉，桑蟲也。蜾蠃，蒲盧也。言蒲盧負持桑蟲，以成其子，乃知蠮螉即蒲盧也。蒲盧即細腰蜂也。據此，不獨負持桑蟲，以他蟲入穴，摙泥封之，數日則成蜂飛去。陶云是先生子如粟在穴，然捕他蟲以爲之食。今人有候其封穴了，壞而看之，果見有卵如粟在死蟲之上，則如陶說矣。而詩人以爲喻者，蓋知其大而不知其細也。陶又說此蜂黑色，腰甚細，能摙泥在屋壁間作房，如并竹管者是也。亦有入竹管中、器物間作穴者，但以泥封其穴口而已。《圖經》云：摙泥作窠，或雙或隻，得處便作，不拘土石竹木間，今所在皆有之。日華子云：蠮螉，有毒。治嘔逆。生研，署竹木刺。入藥炒用。

〔宋・蘇頌《本草圖經》〕曰：蠮螉，生熊耳川谷及牂牁，或人家屋間，今處處有之。黑色而細腰，雖一名土蜂，而不在土中作穴，但摙土於人家壁間或器物傍作房，如比竹管者是。謹按郭璞注《爾雅》果臝，蒲盧，云：即細腰蜂也。俗呼爲蠮螉。又《詩・小雅》云：螟蛉有子，蜾蠃負之。注：螟蛉，桑蟲也。蜾蠃，蒲盧也。言蒲盧取桑蟲之子，負持而去，嫗養之，以成其子。又揚雄《法言》云：螟蛉之子殪，而逢果臝，祝之曰類我類我。注云：蜾蠃遇螟蛉而受化，久乃變成蜂爾。據諸經傳，皆言此蜂取他蟲而化爲己子。陶隱居乃謂生子如粟米大，在其房中，乃捕取草蟲以擬其子大爲糧耳。又有人壞其房而看之，果見有卵如粟在死蟲之上，皆如陶之說。又段成式云：書齋中多蠮螉，好作窠於書卷，或在筆管中，祝聲可聽，有時開卷視之，悉是小蜘蛛，大如蠅虎，旋以泥隔之，乃知不獨負桑蟲也。數說不同，人或疑之。然物類變化，固不可度，蚱蟬生於轉丸，衣魚生於瓜子，龜生於蛇，蛤生於雀，白鵠之相視，負螽之相應，其類非一。若桑蟲、蜘蛛之變爲蜂，不爲異矣。如陶所說卵如粟者，未必非祝蟲而成之也。宋齊丘所謂蠮螉之蟲，孕螟蛉之子，傳其情，交其精，混其氣，和其神，隨物大小，俱得其真，蠢動無定情，萬物無定形，斯言得之矣。

〔宋・唐慎微《證類本草》〕陳藏器云：土蜂，蠮螉注蘇云：土蜂，土中爲窠，大如烏蜂。按土蜂赤黑色，燒末油和傅蠅竈咬瘡，此物能食蠅竈，亦取其相伏也。《聖惠方》：治小兒霍亂吐瀉方：用蠮螉窠，微炙爲末，以乳汁調下一字，止。

宋・寇宗奭《本草衍義》卷一七 蠮噎螉烏紅〔切〕 諸家所論備矣，然終不敢捨《詩》之意。嘗析窠而視之，果有子，如半粟米大，其色白而微黄，所負蟲亦在其中，乃青菜蟲，却在子下，不與蟲相着。又非葉蟲及草上青蟲，應是諸蟲皆可也。陶隱居所說近之矣。人取此房，研細，醋調，塗蜂蠆。

宋・王繼先《紹興本草》卷一八 蠮螉 紹興校定：蠮螉乃蜂之別種，注云細腰蜂是也。《本經》雖有性味、主治，然未聞入方驗據。即非無毒之物，當作有毒是矣。

宋・鄭樵《通志》卷七六《昆蟲草木略》 蠮螉 曰土蜂，曰蜾蠃，曰蒲盧。俗謂之蠮螉。摙泥入於屋壁間及器物旁作房，或雙或隻，亦入竹管中，以泥封其口。其類不一也。凡蜂、蟻皆不能生子，只取他物呪成。而陶隱居乃謂此生子如粟米大，在房內，仍取他蟲置其中，以擬其子大為糧也。以《詩》云螟蛉有子，蜾蠃負之為謬矣。後來人有壞其房而看之，果見有卵如粟，在死蟲之上，皆如陶所說。此蓋不究其義也。諸蟲在蟄尚不食，況其形體未定，猶在窠中時，何得有飢飽也？壞其房而見卵與死蟲者，是變與未變耳。將其故房看之，其蟲殼皆如蛻形，則非為物所食明爾。且蚱蟬生於蜣蜋，衣魚生於瓜子，龜生於蛇，蛤生於雀，白鵠之相視，負螽之相應，其類不一。然則螟蛉蜾蠃，不為異矣。

宋・陳衍《寶慶本草折衷》卷一七《蟲魚部下品》新分蠮音噎。螉烏紅切。土房 一名蠮螉窠，其蟲一名土蜂，一名蜾蠃，一名蒲盧。生熊耳川谷，及牂牁。今在處屋壁或器物傍有之。平，無毒。用蠮螉云。○主癰腫風頭。自蠮螉條分。○《圖經》曰：蠮螉摙力煎切。泥作房，如比一作並。竹管。○《聖惠方》：治小兒霍亂吐瀉，用窠微炙為末，以乳汁調下壹字。○寇氏曰：研細，醋調塗蜂蠆。

明・滕弘《神農本經會通》卷一〇 蠮螉 一名土蜂。而不在土中作穴，但摙土於人家壁間或器物傍作房，如并竹管者，是蜾(羸)〔蠃〕。蒲盧，即細腰蜂也，俗呼為蠮螉。《詩》云：螟蛉有子，蜾(羸)〔蠃〕負之。螟蛉，桑蟲也。蜾(羸)〔蠃〕，蒲盧也。言蒲盧取桑蟲之子，負持而去，嫗養之以成其子，祝之曰：類我類我。受化久乃變成蜂，則飛去。 味辛，氣平，無毒。《本經》云：主久聾，欬逆，毒氣，出刺出汗。療鼻窒。其土房，主癰腫風頭。

明・劉文泰《本草品彙精要》卷三一 蠮螉無毒 化生。

蠮音噎螉烏紅切：主久聾，欬逆，毒氣出刺，出汗。以上朱字《神農本經》。療鼻窒陟栗切。○土房，主癰腫，頭風。以上黑字名醫所錄。 【名】土蜂、蜾蠃。

【地】《圖經》曰：生熊耳川谷及牂牁，或人家屋間，今處處有之。黑色細腰，雖一名土蜂，而不在土中作穴，但摙刀展切土於人家壁間或器物傍作房，如竹管者是也。郭璞注《爾雅》云：蜾蠃，蒲蘆，即細腰蜂也。俗呼爲蠮螉。《詩·小雅》云：螟蛉有子，蜾蠃負之。注：螟蛉，桑蟲也。蜾蠃，蒲蘆也。言蒲蘆取桑蟲之子負持而去，嫗養之，以成其子。又揚雄《法言》云：螟蛉之子殪，而逢蜾蠃祝之曰：類我類我。注云：蜾蠃遇螟蛉而受化，久乃變成蜂爾。陶隱居乃謂生子如粟米大，在其房中，乃捕取草蟲以擬其子大爲糧耳。又有人壞其房而看之，果見有卵如粟在死蟲之上，皆如陶說。又段成式云：書齋中多蠮螉，好作窠於書卷，或在筆管中，祝聲可聽。有時開卷視之，悉是小蜘蛛，大如蠅虎，旋以泥隔之，乃知不獨負桑蟲也。數說雖不同，人或疑之，然物類變化，固不可度。蚱蟬生於轉丸，衣魚生於瓜子，龜生於蛇，蛤生於雀，白鶂之相視，負螽之相應，其類非一。若桑蟲、蜘蛛之變爲蜂，不爲異矣。如陶所說卵如粟者，未必非祝蟲而成之也。宋齊丘所謂蠮螉之蟲，孕螟蛉之子，傳其情，交其精，混其氣，和其神，隨物大小，俱得其真。蠢動無定情，萬物無定形，斯言得之矣。【收】陰乾。【用】身及房。【質】類蜂而小。【色】黑。【味】辛。【性】平，散。【氣】氣之薄者，陽中之陰。【臭】腥。【主】癰腫。【製】炒碾入藥用。【治】療：日華子云：除嘔逆。生研，罯竹木刺。【合治】窠微炙爲末，合乳汁調下一字，治小兒霍亂吐瀉，立止。○房合醋調塗蜂蠆。○土蜂燒末合油，傅蜘蛛咬瘡。

明·王文潔《太乙仙製本草藥性大全》卷八《本草精義》 蠮螉 一名螟蛉，一名土蜂。生熊耳川谷及牂牁，或人家屋間，今處處有之。黑色而細腰，而不在土中作穴，但摙土於人家壁間，或器物傍作房，如比竹管是也。《詩》云：螟蛉有子，蜾蠃負之。螟蛉，桑蟲也。蜾蠃，蒲蘆也。言蒲蘆取桑蟲之子，負持而去，嫗養之，以成其子。又揚雄《法言》云：螟蛉之子殪，而逢蜾蠃祝之曰：類我，類我。注云：蜾蠃遇螟蛉而受化，久乃變成蜂爾。陶云：生卵如粟米大者，未必非祝蟲而成之也。宋齊丘所謂蠮螉之蟲，孕螟蛉之子，傳其情，交其精，混其氣，和其神，隨物大小，俱得其真，蠢動無定情，萬物無定形，斯言得之矣。

明·王文潔《太乙仙製本草藥性大全》卷八《仙製藥性》 蠮螉 味辛，氣〔平〕，無毒。主治：主久聾欬逆如神，療鼻窒嘔吐大效。生研汁罯竹木刺立出，燒和油傅蜘蛛咬即安。亦能出汗，霍亂尤良。

明·皇甫嵩《本草發明》卷六 蠮螉味辛、苦，無毒。主久聾，欬逆毒氣，出刺出汗，療鼻窒。其土房主癰腫風頭。色黑細腰，雖名蜂，不在土中作穴，但摙土于人家屋壁間作房，如併竹管者。宋齊丘所謂蠮螉之蟲，孕螟蛉之子，傳其情，交其精，混其氣，和其神，物隨大小，俱得其具，蠢動無定情，萬物無定形也。

明·李時珍《本草綱目》卷三九蟲部·卵生類上 蠮螉音噎翁。《本經》下品。

【釋名】土蜂《別録》 細腰蜂《莊子》 蜾蠃《詩經》 蒲蘆《爾雅》弘景曰：此類甚多。雖名土蜂，不就土中作窟，謂摙土作房爾。時珍曰：蠮螉，象其聲也。

【集解】《別録》曰：蠮螉生熊耳川谷及牂牁，或人屋間。弘景曰：今一種蜂，黑色，腰甚細，啣泥於人屋及器物邊作房，如併竹管者是也。其生子如粟米大，置中，乃捕取草上青蜘蛛十餘枚，滿中，仍塞口，以待其子大爲糧也。其一種入蘆管中者，亦取草上青蟲。《詩》云：螟蛉有子，蜾蠃負之。言細腰之物無雌，皆取青蟲教祝，便變成己子，斯爲謬矣。造詩者未審，而夫子何爲因其僻耶？豈聖人有缺，多皆類此。韓保昇曰：按《詩疏》云：螟蛉，桑蟲也。蜾蠃，蒲盧也。言蒲盧負桑蟲以成其子也。亦負他蟲封之，數日則成蜂飛去。今有人候其封穴，壞而看之，見有卵如粟，在死蟲之上，果如陶說。蓋詩人知其大而不知其細也。此蜂所在有之，隨處作窠，或隻或雙，不拘土石竹木間也。

【正誤】李含光曰：祝變成子，近有數見者，非虛言也。頌曰：《詩》言：螟蛉之子，蜾蠃負之。揚雄《法言》亦云：螟蛉之子殪，而逢蜾蠃，祝之曰：類我類我。久之變爲蜂。陶氏、蜀本皆以爲生子如粟，捕諸蟲爲糧。段成式亦云：書齋多蠮螉窠，祝聲可聽，開而視之，悉是小蜘蛛，以泥隔之，乃知不獨負桑蟲也。數說不同。然物類變化，固不可度。蚱蟬生於轉丸，衣魚生於瓜子之類，非一。桑蟲、蜘蛛之變爲蜂，不爲異也。如陶所說卵如粟者，未必非祝蟲而成之也。宋齊丘所謂蠮螉之蟲，孕螟蛉之子，傳其情，交其精，混其氣，和其神，隨物大小，俱得其真，蠢動無定情，萬物無定形。斯言得之矣。宗奭曰：諸家之說，終不敢捨《詩》之義。嘗拆窠視之，果有子如粟米大，色白而微黃。所負青菜蟲，却在子下，不與蟲相着。陶說近之。時珍曰：蠮螉之說各異。今通考諸說，并視驗其卵，及蜂之雙雙往來，必是雌雄。當以陶氏、寇氏之說爲正，李氏、蘇氏之說爲誤。按《解頤新語》云：蜾蠃自有卵如粟，寄在蟲身。其蟲不死不生，久則漸枯，子大食之而出。正如蠅卵寄附於蠶身，久則卵化，穴繭而出也。《列子》言純雄無雌，其名稚蜂，《莊子》言細腰者化，則自古已失之矣。羅願《爾雅翼》云：陶說實當物理。但以此疑聖人，則不知《詩》之本旨矣。《詩》云：螟蛉之子，蜾蠃負之。教誨爾子，式穀似之。蓋言國君之民，爲他人所取爾。說者不知似字，乃似續之似，誤以爲如似之似，遂附會其說爾。猶云鴟鴞鴟鴞，既取我子，亦可謂鴞以衆鳥爲子乎？今屢破其房，見子與他蟲同處，或子已去而蟲存空殼，或蟲成蛹而子尚小。蓋蟲終不壞，至其成蛹，子乃食之而出也。近時王浚川著《雅述》亦云：年年驗之，皆如陶氏之說焉。

〔氣味〕辛，平，無毒。大明曰：有毒。入藥炒用。〔主治〕久聾，欬逆毒氣，出刺出汗《本經》。療鼻窒《別録》。治嘔逆。生研，能罯竹木刺大明。《峋嶁書》云：五月五日，取蠮螉陰乾爲末，用兵死人血丸，置衣領中，云令人畏伏。

土蜂窠見土部。

清・张璐《本經逢原》卷四 蠮螉一名果赢，細腰蜂也。 辛，平，小毒。《本經》治久聾欬逆毒氣，出刺出汗。 發明：《詩》言：螟蛉有子，果赢負之。言細腰之蜂，取青蟲之子，教祝變化成子也。大明治嘔逆。生研能罨竹木刺，即《本經》出刺出汗取其毒之鋭，以出其刺也。

清・趙其光《本草求原》卷一八蟲部 果赢細腰蜂，俗名缸瓦蜂。《詩》曰：螟蛉有子，果赢負之。言其取青蜂之子，教祝化成子也。辛平入肺，止咳嘔。其毒鋭，能出竹木刺，生研敷。治久聾。其巢象鼻，能去瘜肉。煅吹。

清・葉志詵《神農本草經贊》卷三 蠮螉 味辛，平。主久聾，欬逆，毒氣出刺出汗。生川谷。

咽咽薨薨，情殷負子。穴地纖腰，撲花小尾。本異末同，情傳精委。蛛網塵封，營巢蘆葦。

唐闕名賦：薨薨鼓翅，咽咽傳意。《詩》：螟蛉有子，果赢負之。《墨客揮犀》：穴地為巢者，名蠮螉。元稹詩：纖腰軟無力。李賀詩：黄蜂小尾撲花歸。唐闕名賦：諒末同而本異。齊邱文：蠮螉之蟲，螟蛉之子。傳其情，交其精。薛道衡詩：暗牖懸蛛網。柳宗元詩：硯匣留塵盡日封。陶弘景曰：一種蜂，黑色，腰甚細，銜泥於人屋及器物邊作房，生子如粟米大，捕取草上青蜘蛛十餘枚，滿中仍塞口。其一種入蘆管中者，亦取草上青蟲也。

雄黄蟲

宋・唐慎微《證類本草》卷三〇有名未用・蟲類〔《別錄》〕 雄黄蟲 主明目，辟兵不祥，益氣力。狀如蠮螉。

明・李時珍《本草綱目》卷三九蟲部・卵生類上 雄黄蟲《別録》〔曰〕：有名未用曰：明目，辟兵不祥，益氣力。狀如蠮螉。

蜂蜜

唐・孫思邈《千金要方》卷二六《食治・鳥獸》 石蜜 味甘，平、微寒，無毒。主心腹邪氣、驚癇、痓，安五藏，治諸不足，益氣補中，止腹痛，解諸藥毒，除眾病，和百藥，養脾氣，消心煩、食飲不下，止腸澼，去肌中疼痛，治口瘡，明耳目。久服強志輕身，不飢耐老，延年神仙。一名石飴，白如膏者良，是今諸山崖處蜜也。青赤蜜：味酸，喻食之令人心煩。其蜂黑色，似虻。黄帝云：七月勿食生蜜，令人暴下，發霍亂。蜜蠟：味甘，微溫，無毒。主下利膿血，補中，續絕傷，除金瘡，益氣力，不飢耐老。白蠟：主久泄澼差後重見血者，補絕傷，利小兒，久服輕身不飢。生於蜜房或木石上。惡芫花、百合。此即今所用蠟也。

宋・李昉《太平御覽》卷八五七 蜜 張璠《易注序》曰：蜜蜂以兼採為味。《韻集》曰：蜜蜂，百草華所作也。《漢武帝故事》曰：西王母曰太上之藥，有中華紫蜜，雲山朱蜜。《續漢書》曰：天竺國出石蜜。《唐書》曰：蕃胡國出石蜜，中國貴之。上遣使至摩伽池國取其法，令揚州煎諸蔗之汁，於中厨自造焉。色味逾於西域所出。《神仙傳》曰：飛黄子服中嶽石蜜及紫粱，得仙。王孚《安城記》曰：郡東有山，百姓呼曰蜜崗，〔産〕蜜焉。《仙經》云：蜜爲衆口芝。《異物志》曰：交阯草滋，大者數寸，煎之凝如冰，破如博棋，謂之石蜜。《涼州異物志》曰：石蜜之茲，甜於浮萍，非石之類，假石之名，實出甘柘，變而凝輕。甘柘似竹，味甘。煮而曝之，則凝如石而甚輕。《范子》曰：白蜜出隴西天水。《本草經》曰：石蜜，一名飴。《吴氏本草》曰：食蜜生武都谷。劉根《墨子枕中記鈔》曰：百花醴蜜。又與朝臣詔曰：南方龍眼、荔枝，寧比西國蒲桃、石蜜。又曰：新城孟太守道，蜀猪肫雞鶩，味皆淡，故蜀人作食喜著飴蜜。

宋・李昉《太平御覽》卷第九八八 石蜜 《神仙傳》曰：羡門止中岳，滄石蜜、紫粱。《西京雜記》曰：閩越王獻高祖石蜜二斛。《本草經》曰：石蜜，一名石飴。味甘，平。生山谷。治心邪，安五藏，益氣補中，止痛解毒，久服輕身不老。生武都。《吴氏本草》曰：石蜜，神農、雷公：甘，氣平。生河原或河梁。

宋・唐慎微《證類本草》卷二〇蟲魚部上品〔《本經・別錄》〕 **石蜜 味甘，平**，無毒，微溫。**主心腹邪氣，諸驚癇痓，安五藏諸不足，益氣補中，止痛解毒，除衆病，和百藥**，養脾氣，除心煩，食飲不下，止腸澼，肌中疼痛，口瘡，明耳目。**久服强志輕身，不飢不老**，延年神仙。**一名石飴。** 生武都山谷、河源山谷及諸山石中。色白如膏者良。

〔梁・陶弘景《本草經集注》〕云：　石蜜即崖蜜也，高山巖石間作之，色青赤，味小醶，食之心煩，其蜂黑色似䖟。又木蜜，呼爲食蜜，懸樹枝作之，色青白。樹空及人家養作之者亦白而濃厚味美。凡蜂作蜜，皆須人小便以釀諸花，乃得和熟，狀似作飴須糵也。又有土蜜，於土中作之，色青白，味醶。今出晉安檀崖者多土蜜，云最勝。出東陽臨海諸處多木蜜。出於潛、懷安諸縣多崖蜜。亦有雜木及人家養者。例皆被添，殆無淳者，必須新自看取之，乃無雜爾。且又多被煎煮，其江南向西諸蜜，皆是木蜜，添雜最多，不可爲藥用。道家丸餌，莫不須之。仙方亦單煉服之，致長生不老也。

〔唐・蘇敬《唐本草》〕注云：　上蜜出氐、羌中并勝。前說者，陶以未見，故以南土爲證爾。今京下白蜜如凝酥，甘美耐久，全不用江南者。說者今自有以水牛乳煎沙糖作者，亦名石蜜。此既蜂作，宜去石字。後條蠟蜜，宜單稱爾。

〔宋・馬志《開寶本草》〕按：　《陳藏器本草》云：　蜜，主牙齒疳䘌，脣口瘡，目膚赤障，殺蟲。

〔宋・掌禹錫《嘉祐本草》〕按：　陳藏器云：　按尋常蜜，亦有木中作者，亦有土中作者。北方地燥，多在土中；　南方地濕，多在木中。各隨土地所有而生，其蜜一也。崖蜜別是一蜂，如陶所說出南方巖嶺間，生懸崖上，蜂大如䖟，房著巖窟，以長竿刺令蜜出，承取之，多者至三四石，味醶色綠，入藥用勝於凡蜜。蘇恭是荆襄間人，地無崖險，不知之者，應未博聞。今云石蜜，正是巖蜜也，宜改爲巖字。甘蔗、石蜜，別出《本經》。張司空云：　遠方山郡幽僻處出蜜，所著巉巖石壁，非攀緣所及。惟於山頂，籃輿自懸掛下，遂得採取。蜂去餘蠟著石，鳥雀群飛來啄之盡。至春蜂歸如故，人亦占護其處。宣州有黄連蜜，色黄，味苦。主目熱。蜂銜黄連花作之。西京有梨花蜜，色白如凝脂，亦梨花作之，各(逐)〔遂〕所出。《藥性論》云：　白蜜，君。治卒心痛及赤白痢，水作蜜漿，頓服一椀止。又生薑汁、蜜各一合，水和頓服之。又常服，面如花紅，神仙方中甚貴。治口瘡，浸大青葉含之。

〔宋・蘇頌《本草圖經》〕曰：　蜜，《本經》作石蜜，蘇恭云當去石字。生武都山谷、河源山谷及諸山中，今川蜀、江南、嶺南皆有之。蠟、白蠟，生武都山谷，出於蜜房木石間，今處處有之，而宣、歙、唐、鄧、伊洛間尤多。石蜜即崖蜜也。其蜂黑色，似䖟，作房於巖崖高峻處，或石窟中，人不可到。但以長竿刺令蜜出，以物承之，多者至三四石，味醶，色綠，入藥勝於它蜜。張司空云：　遠方山郡幽僻處出蜜，所著絕巖石壁，非攀緣所及，惟於山頂籃輿，自垂掛下，遂得採取。蜂去餘蠟著石，有鳥如雀，群飛來啄之殆盡，至春蜂歸如舊，人亦占護其處，謂之蜜塞。其鳥謂之靈雀。其蜜即今之石蜜也。食蜜有兩種，一種在山林木上作房，一種人家作窠檻收養之，其蜂甚小而微黄，蜜皆濃厚而味美。又近世宣州有黄連蜜，色黄，味小苦。雍、洛間有梨花蜜，如凝脂。亳州太清宫有檜花蜜，色小赤。南京柘城縣有何首烏蜜，色更赤。并以蜂採其花作之，各隨其花色，而性之溫涼亦相近也。蠟，蜜脾底也，初時香嫩，重煮治乃成。藥家應用白蠟，更須煎煉，水中烊十數過即白。古人荒歲多食蠟以度飢。欲噉當合大棗咀嚼，即易爛也。劉禹錫《傳信方》云：　甘少府治脚轉筋兼暴風，通身水冷如攤緩者，取蠟半斤，以舊帛絁絹并得約闊五六寸，看所患大小加減闊狹，先銷蠟塗於帛上，看冷熱，但不過燒人，便承熱纏脚，仍須當脚心便著襪裹脚，待冷即便易之，亦治心躁驚悸。如覺是風毒，兼裹兩手心。

〔宋・唐慎微《證類本草》〕《食療》：　微溫。主心腹邪氣，諸驚癇，補五藏不足氣，益中止痛，解毒。能除衆病，和百藥，養脾氣，除心煩悶，不能飲食。治心肚痛、血刺腹痛及赤白痢，則生擣地黄汁，和蜜一大匙服，即下。又，長服之，面如花色，仙方中甚貴此物。若覺熱，四肢不和，即服蜜漿一椀，甚良。又能止腸澼，除口瘡，明耳目，久服不飢。又，點目中熱膜，家養白蜜爲上，木蜜次之，崖蜜更次。又，治癩，可取白蜜一斤，生薑二斤擣取汁。先秤銅鐺，令知斤兩，即下蜜於鐺中消之。又秤，知斤兩，下薑汁於蜜中，微火煎，令薑汁盡。秤蜜，斤兩在即，休藥已成矣。患三十年癩者，平旦服棗許大一丸，一日三服，酒飲任下。忌生冷、醋、滑臭物。功用甚多，世人衆委，不能一一具之。雷公云：　凡煉蜜一斤，只得十二兩半，或一分是數。若火少、火過，并用不得。《外臺秘要》：　比歲有病天行斑發瘡頭面及身，須臾周匝，狀如火瘡，皆戴白漿，隨決隨生。不即療，數日必死。差後瘡瘢黯，一歲方滅，此惡毒之氣。世人云：　建武中，南陽擊虜，仍呼爲虜瘡。諸醫条詳療之，方取好蜜通摩瘡上，以蜜煎升麻，數數拭之。又方：　陰頭生瘡。以蜜煎甘草塗之，差。《肘後方》：　丹者，惡毒之瘡，五色無常。蜜和乾薑末傅之。《葛氏方》：　目生珠管。以蜜塗目中，仰卧半日，乃可洗之。生蜜佳。又方：　食諸魚骨鯁、雜物鯁。以好蜜匕抄，稍稍服之，令下。又方：　誤吞錢。煉服二升，即出矣。又方：　湯火灼已成瘡。白蜜塗之，以竹中白膜貼上，日三度。《梅師方》：　治年少髮白。拔去白髮，以白蜜塗毛孔中，即生黑者。髮不生，取梧桐子擣汁塗上，必生黑者。又方：　肛門主肺，肺熱即肛塞腫縮生瘡。白蜜一升，猪膽一枚相和，微火煎令可丸，丸長三寸作梃。塗油内下部，卧令後重。須臾通泄。又方：　治中熱油燒外痛，以白蜜塗之。《孫真人食忌》云：　七月勿食生蜜，若食則暴下，發霍亂。又方：　治面䵟。取白蜜和茯苓末塗之，七日便差矣。《食醫心鏡》：　主噫不下食。取崖蜜含，微微嚥下。《廣利方》同。《傷寒類要》：　陽明病，自汗者，若小便自利，此爲津液内竭，雖爾，不可攻之，當須自欲大便，宜蜜煎導以通之。取蜜七合，於銅器中微火煎可丸，捻作一梃，如指許大，得令以内穀道中，須臾必通矣。《産書》：　治産後渴。蜜不計多少煉過，熟水溫調服，即止。

宋・寇宗奭《本草衍義》卷一七　石蜜　《嘉祐本草》石蜜收蟲魚部中，又見果部。新書取蘇恭說，直將石字不用。石蜜既自有本條，煎煉亦自有法，今人謂之乳糖，則蟲部石蜜自是差誤，不當更言石蜜也。《本經》以謂白如膏者良。由是知石蜜字，乃白蜜字無疑。去古既遠，亦文字傳寫之誤，故今人尚言白沙蜜。蓋經久則陳白而沙，新收者惟稀而黃。次條蜜蠟故須別立目，蓋是蜜之房，攻治亦別。至如白蠟，又附於蜜蠟之下，此又誤矣。本草是續上文敘蜜蠟之用，及注所出州土，不當更分之爲二。何者？白蠟本條中蓋不言性味，止是言其色白爾。既有黃白二色，今止言白蠟，是取蠟之精英者，其黃蠟直置而不言。黃則蠟陳，白則蠟新，亦是。蜜取陳，蠟取新也。《唐注》云：除蜜字爲佳。今詳之：蜜字不可除，除之即不顯蠟自何處來。山蜜多石中，或古木中，有經三二年，或一得而取之，氣味醇厚。人家窠檻中蓄養者，則一歲春秋二取之。取之既數，則蜜居房中日少，氣味不足，所以不逮陳白者日月足也。雖收之，纔過夏亦酸壞。若龕于井中近水處則免。湯火傷，塗之痛止。仍擣薤白相和，雖無毒，多食亦生諸風。

宋·王繼先《紹興本草》卷一八　石蜜　紹興校定：石蜜乃蜂作成之物。性味、主治已載《本經》，固非專起疾之物。但以和百藥，用之無害而所益無多，又云久服不飢不老，延年神仙，未見的驗。今當作味甘、平、無毒為定。色白者佳，處處有之。蓋在於石崖中作窩而成者，故有石蜜之稱。

宋·劉明之《圖經本草藥性總論》卷下　石蜜　味甘，平、微溫，無毒。主心腹邪氣，諸驚癇痓，安五藏，諸不足，益氣補中，止痛解毒，除衆病，和百藥，養脾氣，除心煩食飲不下，止腸澼，肌中疼痛，口瘡，明耳目。《藥性論》云：君。治卒心痛，及赤白痢疾。《外臺秘要》：治陰頭生瘡，以蜜煎甘草，塗之，差。《梅師方》：肛門主肺，肺熱即(肚)〔肛〕塞腫縮生瘡，白蜜壹升，猪膽壹枚，相和，微火煎令可丸，丸長叁寸，作挺，塗油內下部，臥令後重，須臾通泄。

宋·陳衍《寶慶本草折衷》卷一六　白蜜君，諸蜜在內。○蜜霜及蜂子續附。○此條舊號石蜜，今從寇氏等，以石為白字立條。　一名蜜，一名白沙蜜。○一名上蜜，一名巖蜜，一名崖蜜，一名山蜜，一名石蜜，一名石飴，一名食蜜，一名木蜜，一名土蜜。○《新安志》云：一名蜂糖。○又云其蜂，一名蜜蜂。○飴，音貽。生武都山谷及南京、西京，即伊洛間。○及河源、蜀中、江南、嶺南、晉安、檀崖、荊襄、東陽、臨海、於潛、懷安、氐羌及雍、宣、歙、亳、唐、鄧州巖石中，或木土中。北方地燥，多在土中。南方地濕，多在木中。今處處養蜂人家亦有之。○高峻處生者，採人俟蜂去時，用長竿刺蜂房破，令蜜出，以物承貯。若人所養之蜂，則春秋取之，收龕於井中近水處過夏，則免酸壞之失。○續附：蜜霜，以蜜緘藏器中，冰凍凜烈之時，蜜氣凝鬱，結為霜塊。又別有方法，製成蜜霜，不及自然結就者勝也。

味甘，平，微溫，無毒。○主心腹邪氣，諸驚癇痓音熾，安五藏諸不足，益氣補中止痛，解毒，和百藥，養脾氣，除心煩，食飲不下，止腸澼肌痛，明耳目。色白如膏者良。○陳藏器云：主牙齒疳䘌，脣口瘡，目膚赤障，殺蟲。○《藥性論》云：治卒心痛及赤白痢。○《圖經》曰：巖崖石窟中蜜，多者至三四石，色綠，入藥勝他蜜。宣州有黃蓮蜜，色黃。雍、洛間有梨花蜜，如凝脂。亳州有檜花蜜，色小赤。南京有何首烏蜜，色更赤。並蜂採其花作之，而性亦相近也。○《外臺秘要》：天行斑，發瘡頭面及身周匝，呼為虜瘡。取蜜通摩瘡上，以蜜煎升麻，數數拭之。○孫真人云：七月勿食生蜜，則暴下，發霍亂。○《傷寒類要》：陽明病屬胃經也，津液內竭，須欲大便通，取蜜於器中微火煎捻作梃，如指許大，內穀道中，須臾通矣。○此名蜜導，又曰蜜兌。更以酥或麻油塗之，應風虛冷熱諸秘，悉可施也。○《產書》：治產後渴，蜜煉過，熟水溫調服。○煉法：以蜜入鍋內，火上煎熟，撩上沫，掠之多少，隨蜜精麄。○寇氏曰：《本經》謂白如膏者良，由是知白蜜無疑。蓋久則白而沙，新者稀而黃也。蜜多石中或木中，有經二三年而取之，氣味醇厚。人家窠檻養者，春秋二取，氣味不足，不逮陳白者。湯火傷塗之，痛止，仍擣薤白相和。多食亦生諸風。

續說云：舊經以石蜜立條者，此言巖崖間之蜜耳。然蜂或作房於木上，或窠養於人家，而蜜非但巖崖間有之。《圖經》又謂蜂採之花蜜，隨花而為色，此尤不多見。惟白則蜜之本色也。故寇氏特以白蜜定其條焉。或雜以他物，非藥所取矣。昝子感切殷《產寶》方有蜜煎散，治產後驟瀉，以白蜜壹匙，生薑壹片同煎，候其黃赤，投童子小便壹大盞，去薑更煎兩叁沸，分叁服。或嘔逆，則多入生薑。凡小兒最忌生蜜。當食之際，忽爾發嗽，即成蜜哮，難以治療。更有蜜霜，形塊或小或大，黃白瑩澈，其性差涼。佐藥點眼，其效優於白蜜也。繼此元有蜂子條，陶隱居謂頭足未成者，可炒而食。至今遺俗，製為果饌，謂之蜂脯。然蜂蠆有毒，且無美味，徒殘物命，抑何濟歟？又有別種石蜜，具於果部。

元·王好古《湯液本草》卷六　蜜　氣平，微温，味甘，無毒。《本草》

云：　主心腹邪氣，諸驚癇痓。安五臟諸不足，益氣補中，止痛解毒，除眾病，和百藥。養脾氣，除心煩，飲食不下，止腸澼，肌中疼痛，口瘡，明耳目。《液》云：　凡煉蜜，必須用火熬開，以紙覆，經宿，紙上去蠟盡，再熬色變，不可過度，令熟入藥。

元・忽思慧《飲膳正要》卷三　蜜　味甘，平，微溫，無毒。主心腹邪氣，諸驚癇。補五藏不足，益中氣，止痛，解毒，明耳目，和百藥，除衆病。

元・尚從善《本草元命苞》卷八　白蜜　為君。味甘，平，微溫。補中益氣，安五臟不足，解諸毒，能除眾病。入丸散，調和百藥。養脾氣，為緩中之劑。除心煩，為潤燥之方。療心腹邪氣，諸驚癇痓。止腸澼洩痢，肌中疼痛。治牙齒疳䘌，點目中熱膜，醫口瘡殺蟲，明耳目強志。生武都山谷，今蜀、漢、江南，蜂作房於巖崖，色白如膏，最妙。入藥熳火溶熬，一斤惟耗四兩。

元・吳瑞《日用本草》卷八　蜜霜　蜜糖中凝結成塊，色明白如水晶，性同蜜。

元・吳瑞《日用本草》卷五　蜜糖　味甘，平，微溫，無毒。同葱食殺人。青、赤、酸者，食之心煩。有赤白二色，白者良，入藥用。　主心腹邪氣，諸驚癇痓，安五臟，諸不足，益氣補中，止痛，解毒，除眾病，和百藥，養脾氣。諸病津液內竭，大便秘，宜蜜熬可丸，捻作梃子如指大，候冷，以內穀道中，須臾必通。

明・寇平《全幼心鑒》卷一　蜜　蜜味甘，平，微溫，無毒。平安五臟，調和百藥，除諸病。凡煉蜜，每一斤秪煉得十二兩半，或一分是數，若火少，若火過，並用不得也。

煉蜜法：　須是好白蜜，以綿濾過，入甆罐內，用油單紙三兩重緊縛定，入釜內重湯煮一日，却取出，再煎數沸，出水氣，經年不動。

明・王綸《本草集要》卷六　石蜜君　味甘，氣平，微溫，無毒。生山谷岩崖間，色白如膏者良。　主心腹邪氣，諸驚癇痓，安五臟諸不足，益氣補中，止痛解毒，除眾病和百藥。養脾胃，止腸澼，除口瘡。久服強志，輕身不飢不老。

明・滕弘《神農本經會通》卷一〇　石蜜　君也。生山谷岩崖間，色白如膏者良。其人養作之者，亦白而濃厚，味美。一云：　家養白蜜為上，木蜜次之，崖蜜更次。惡芫花、齊蛤。

味甘，微溫，無毒。《湯》同。《疌》云：　安五藏，養脾氣，除心煩，和百藥，補中益氣，止痛及腸澼。

《本經》云：　主心腹邪氣，諸驚癇痓，安五藏，諸不足，益氣補中，止痛，解毒，除眾病，和百藥，養脾氣，除心煩，食飲不下，止腸澼，肌中疼痛，口瘡，明耳目，久服強志，輕身不飢，不老延年神仙。陳藏器云：　主牙齒疳䘌脣口瘡，目膚赤障，殺蟲。《藥性論》云：　君。治卒心痛，及赤白痢，水作蜜漿，頓服一椀，止。又生薑汁、蜜各一合，水和頓服之。又常服，面如花紅，神仙方中甚貴。治口瘡，浸大青葉合之。《梅師方》：　肛門主肺，肺熱即肛塞腫縮生瘡，白蜜一升，猪膽一枚，相和，微火煎令可丸，丸長三寸，作挺，塗油，內下部，卧令後重，須臾通泄。雷公云：　凡煉蜜一斤，只得十二兩。若火少火過，并用不得。《湯》云：　《本草》同《本經》。《液》云：　凡煉蜜，必須用火熬開，以紙覆經宿，紙上去蠟盡，再熬色變，不可過度，令熟入藥。丹溪云：　甘喜入脾，其多之害必生於脾。而西北人得之有益，東南人得之未有不病者，亦氣之厚薄不同耳。雖然，東南地下多濕，宜乎其為害也。西北地高多燥，宜乎得之為益也。《本草》云：　除眾病，和百藥。劊云：　石蜜甘平安五臟，補中止痛養心脾。調和百藥兼益氣，止痢須知蠟更宜。即《局方》。

明・劉文泰《本草品彙精要》卷二九　石蜜無毒。

石蜜出《神農本經》：　**主心腹邪氣，諸驚癇痓，安五臟諸不足，益氣，補中止痛，解毒，除衆病，和百藥。久服強志輕身，不飢不老。**以上朱字《神農本經》。養脾氣，除心煩，食飲不下，止腸澼，肌中疼痛，口瘡，明耳目，延年神仙。以上黑字名醫所錄。　【名】黃連蜜、石飴、土蜜、木蜜、梨花蜜、崖蜜、巖蜜、食蜜、檜花蜜、白蜜、何首烏蜜、白沙蜜、山蜜。　【地】《圖經》曰：　生武都山谷及河源諸山谷中，今川蜀、江南、嶺南處處皆有之。石蜜，即崖蜜也。其蜂黑色，似虻，作房于巖崖高峻處，或石窟中，人不可到。但以長竿刺令蜜出，以物承之，多者至三四石，味醇色綠，入藥勝於他蜜。張司空云：　山郡幽僻處出蜜，所著絕巖石壁，非攀緣所及，惟於山頂籃輿自垂掛下，遂得採取。蜂去，餘蠟著石，有鳥如雀，群飛來，啄之殆盡。至春，蜂歸如舊，人亦占護其處，謂之蜜塞。其鳥謂之靈雀，其蜜即今之石蜜也。亦有木中作者，有土中作者。北方地燥，多在土中；南方地濕，多在山林木上作房。亦有一種在人家，作窠檻收養之，其蜂甚小而微黃，蜜皆濃厚而味美。又近世宣州有黃連蜜，色黃，味小苦；雍、洛間有梨花蜜，如凝脂；亳州太清宮有檜花蜜，色小赤；

南京柘城縣有何首烏蜜，色更赤。並以蜂採其花作之，各隨其花色，而性之溫涼亦相近也。

謹按：石蜜出山巖、石窟中，經二三年者，則氣味醇厚而色自白，愈久不變，故《本經》云：白如膏者良。今人家作房於簷楣間蓄養者，一歲春秋二取之，則蜜居房日少，氣味不足而色黃，所以不逮白者，過夏則酸壞矣。此種由作窩于石崖中而成，故稱其爲石蜜也。【時】生：無時。採：八九月取。【收】瓷器盛貯。【用】白如膏者良。【色】黃白。

【味】甘。【性】平，微溫，緩。【氣】氣厚于味，陽中之陰。【臭】香。

【主】安五臟，潤腸胃。【反】葱。【製】《雷公》云：凡煉蜜一斤，只得十二兩半。或一分是數。若火少、火過並用不得。【治】療：陳藏器云：主牙齒疳䘌，唇口瘡，目膚赤障，殺蟲。《藥性論》云：白蜜，療卒心痛及赤白痢，水和作蜜漿，頓服一碗，即止。《食療》云：除心肚痛，血刺腹痛。點目中，去熱膜。《別錄》云：食諸魚骨並雜物鯁及誤吞錢，稍稍服之即下。又治虛弱人大便不通，蜜導法：以四兩微火煎，可丸，捻作挺子，如手指大，令納穀道中，須臾即通。【合治】合生薑汁各一合，水和，頓服之，主赤白痢。○合浸大青葉，含之，治口瘡。○以一斤合生薑二斤，取汁，先下蜜於鐺中，次下薑汁於蜜中，微火煎，以薑汁盡爲度，治患癩三十年者。平旦服棗許大一丸，一日三服，酒飲任下，忌生冷、醋、滑臭物，功用甚多。○合甘草煎，塗陰頭生瘡。○合升麻煎，治天行斑發瘡，頭面及身，須臾周匝，狀如火瘡，皆戴白漿，隨決隨生，不即療之，數日必死。先用蜜通摩瘡上，後用此頻頻拭之，效。○合竹中白膜，貼火灼成瘡。○合茯苓末，塗面皯，七日便瘥。○以一升合豬膽一枚，相和，微火煎令可丸，捻長三寸作挺，塗油，內穀道中，治肺熱肛門塞腫，縮生瘡。令臥覺後重，須臾通泄。【忌】七月勿食生蜜，若食則暴下，發霍亂。不宜與薤白相和食，生諸風。

明・盧和、汪穎《食物本草》卷四味類　蜜　味甘，平，無毒，微溫。主心腹邪氣，安五臟，益氣補中，止痛解毒，除衆疾，和百藥，養脾氣，明耳目，除心煩，飲食不下，腸澼，肌痛，口瘡。有出崖石上者、樹木上者、土中者、人養者，皆隨地土人事，所出不同，諸家辯論未的。要之，當以花為主。山野之中，花色良毒甚雜，蜂必採其糞穢，方得成蜜，其間必有制伏之妙，不得而知。故夏冬為上，秋次之，春則易變而酸。閩、廣蜜極熱，以其龍、荔、草果、檳榔花類熱多，雪霜亦少故也。川蜜溫，西南之蜜則涼矣。色白味甜，汁濃而砂，所以入藥。忌葱、萵苣。丹溪云：蜜喜入脾，食多之害，必生於脾。東南地卑濕，稟氣薄，土生火宜也。

明・葉文齡《醫學統旨》卷八　石蜜　氣平、微溫，味甘。無毒。生山谷岩崖間，色白如膏者良。治心腹邪氣，諸驚癇痓，安五臟諸不足，益氣補中，止痛解毒；除眾病，和百藥，養脾胃，止腸澼，除口瘡；久服強志。

明・許希周《藥性粗評》卷三　乳糖開胃，殆有邁於飴糖。

乳糖，蜂蜜也。蜂所作有石蜜、有土蜜、有木蜜，隨其竅之所便說者，謂隨風土所宜，蜂自知所擇也。今觀江南出蜜等處，雖一郡而三蜜，皆備則不盡係於風土，可知蜜有青白不同，其白如凝酥者，未煉而收貯者也。陶隱居謂蜂之作蜜，須人小便以釀諸花乃得，和熟狀似作飴須蘗也，理或然焉。夫蜂房大者，常取蜜數斗，彼採百花經年始成一，以為育子之地一，以為度歲之計，人取之乃盡所有，而不少留焉，可以觀德矣。南北處處有之。冬初採之入藥，以石蜜為勝。採獲慢火煉過成稠，如一斤以十二兩為率，以甆收貯柰久。餘說《本草》不載。味甘，性平、微溫，無毒。入足太陰脾、陽明胃經。主治內冷邪氣，驚癇煩躁，風痓腸澼，心痛痢疾，瘡腫丹毒，翻胃，飲食不下，開胃養脾，補中益氣，定心火，安五臟，和百藥，解一切毒。丹溪云：蜜能生胃中之火，此損齒之因也。愚嘗見病人有嗜蜜者，久久其齒盡脫，乃知丹溪之說不誣。小兒尤宜戒之，必動牙疳。

明・鄭寧《藥性要略大全》卷一〇　蜂蜜君　《局方》云：主心腹邪熱，諸驚癇痓，安五臟，補諸不足，益氣補中，止痛解毒，除眾病，和百藥，養脾，除心煩，進飲食，止腸澼，肌中疼痛，口瘡，明耳目，止諸瘡痛，治痢。久服不飢不老。味甘、微苦，性平，無毒。一云生涼、熟溫。與葱相反。《湯液》云：凡煉蜜，必須火化開，以帋覆經宿。帋上去蠟盡，再熬色變，不可過度，令熟入藥。

明・陳嘉謨《本草蒙筌》卷一一　石蜜　味甘，氣平、微溫。無毒。大小成群，居止弗一。江南地濕，多附木石間；江北地燥，悉入土穴內。人家作桶收養，亦結房壘于中。日逐交飛，採花釀汁。久久和熟，凡蜂作蜜必須人小便以釀諸花，乃得和熟似飴。一說：以匽豬之水注之蠟房而後蜜成，故謂蠟者蜜之蹠也。是謂蜜糖。三年一取者氣味濃，一年一取者氣味薄。故《本經》以石蜜優，家蜜劣也。入藥煉熟，滴水成珠。煉法詳載總論欵中。益氣補中，潤燥解毒。養脾胃，卻癇痓，止腸澼，除口瘡。心腹卒痛即毆，五臟不足俱補。補陰丸用，取甘緩難化，可達下焦；　點眼膏攙，因百花釀成，能生神氣。　蜜導通大便久閉，蜜漿解虛熱驟生。　食多亦生諸風，七月忌食生蜜。○蜜蠟味淡，天下之味莫甜于蜜，莫淡于蠟。厚于此者必薄于彼，理自然也。　煎蜜得之。　陳則色黃，新則色白。《本經》條中，只言白蠟，不言黃蠟者，蓋用蜜宜陳，用蠟宜新也。一說：蠟熔納水中，十數過即白，乃蠟之精英，故入藥勝。《本經》所取，亦或在此。　益氣止瀉痢，補中續絕傷。　熔裹大黃丸，隔寒涼脾胃無損；　嚼為斷穀藥，度荒歉腸胃不飢。

明·方穀《本草纂要》卷一二　蜜　味甘，氣平，微溫，無毒。　主安五臟，補不足，益氣補，止痛解毒，除百病，和百藥，養脾胃，止泄澼，清痰涎，利咽膈之聖藥也。　但生於山谷間者良，名之曰石蜜。　其色白如膏者佳，又名之曰白蜜。　大抵蜜從百花所化，而治百病，和百藥，而解百毒，然自百物精華之成，能助元氣，悅顏色，安五臟，補不足，非若他藥行此經而治此臟也；　非若他藥益於此而補於彼也，惟此不然，有爲三焦十二經，充和補養之良劑，故難盡舉之哉。　嘗見丸藥之中用蜜，而和之意亦在其中矣。

明·寧源《食鑒本草》卷上　蜂蜜　味甘，微溫，無毒。　治心腹邪氣，驚癇痓熱，脾虛飲食不下，肌中疼痛，赤白痢疾，口舌生瘡。　明耳目，安五臟，補不足，解諸毒，除衆疾，和百藥。　久服輕身悅容，不飢不渴。　《外臺秘要》：　治諸惡瘡不愈，用白蜜傅之。　《千金方》：　治陰頭生瘡，以白蜜調甘草末傅之。　《產寶方》：　治產後作渴，以蜜和湯飲之。

明·王文潔《太乙仙製本草藥性大全》卷八《本草精義》　石蜜　一名石飴。　生武都山谷、河〔源〕山谷及諸山中，今川廣、江南、嶺南俱有。　色白如膏者良。　大小成群，居止弗一。　江南地濕，多附木石間；　江北地燥，悉入土穴中。　人家作桶收養，亦結房壘於中，日逐交飛採花釀汁，久久和熟。　凡蜂作蜜，必須人小便以釀諸花，乃得和熟似飴。　一說以匽豬之水注之蠟房而後蜜成，故謂蠟者蜜之蹠也。　是謂蜜糖三年一取者氣味濃，一年一取者氣味薄，故《本經》以石蜜優，家蜜劣也。　入藥煉熟滴水成珠。　畏生葱，惡芫花。　張司空云：　遠方山郡幽僻處出蜜，所著絕岩石壁，非攀緣所及，惟於山頂籃輿自垂掛下，遂得採取。　蜂去餘蠟著石，有鳥如雀群飛來啄之殆盡。　至春蜂歸如舊，人亦占護其處，謂之蜜塞。　其鳥謂之㤿雀，其蜜即今之石蜜也。　蜂蜜有兩種，一種在山林木上作房，一種人家作窠檻收養之，其蜂甚小而微黃，蜜皆濃厚而味美。　又近世宣州有黃連蜜，色黃味小苦；　雍洛間有梨花蜜，如凝脂；　亳州太清宮有檜花蜜，色小赤；　南京柘城縣有何首烏蜜，色更赤。　並以蜂採其花作之，各隨其花色，而性之溫涼亦相近也。

明·王文潔《太乙仙製本草藥性大全》卷八《仙製藥性》　石蜜君　味甘，氣平、微溫，無毒。　主治：　益氣補中，潤燥解毒。　養脾胃，却癇痓，止腸澼，除口瘡。　心腹卒痛即驅，五臟不足俱補。　補陰丸用取甘緩難化，可達下焦。　點眼膏攙因百花釀成，能生神氣。　蜜導通大便久閉，蜜漿解虛熱驟生。　食多亦生諸風。　七月忌食生蜜。　久服強志輕身，聰耳明目，不老不飢，延年益筭。　補註：　治天行斑發瘡，頭面及身須臾周匝狀如火瘡，皆戴白漿，隨決隨生，不即療，數日必死，取好蜜通摩瘡上，以蜜煎升麻散數拭之。○目生珠管，以蜜塗目中，〔仰〕臥半日乃可洗之，生蜜〔佳〕。○治面䵟，取白蜜和茯苓末塗之，七日便差矣。○食諸魚骨鯁、雜物鯁，以蜜抄，稍稍服之即下。○頭生瘡，以蜜煎甘草，塗之差。○誤吞錢，煉服二升即出矣。○丹者，惡毒之瘡，五色無常，蜜和乾薑末傅之。○湯火灼已成瘡，白蜜塗之，以竹中白膜貼上，日三度。○治中熱油燒外痛，以白蜜塗之。○治年少髮白，拔去白髮，以白蜜塗毛孔中，即生黑髮。　髮不生，取梧桐子搗汁塗上，必生黑者。○肛門主肺，肺熱即肛塞腫縮生瘡，白蜜一升，猪膽一枚相和，微火煎令可丸，丸長三寸作挺，塗油內下部，臥令後重，須臾通潤。○主噫不下食，取崖蜜含，微微嚥下。○《廣利方》同。○陽明病自汗者，若小便自利，此爲津液內竭，雖爾，不可攻之，當須自欲大便，宜蜜煎藥以通之。　取蜜七合，於銅器中微火煎可丸，捻作一挺如指許大，得冷以內穀道中，須臾必通矣。○治產後發渴，蜜不計多少煉過，熟水溫調服即止。○治癩，可取白蜜一斤，生薑二斤，搗取汁，先稱銅鐺，令知斤兩，即下蜜於鐺中消之，又稱知斤兩，下薑汁於蜜中微火〔毒〕煎令薑汁盡。　稱蜜斤兩在即，休藥已成矣。　患三十年癩者，平旦服棗許大一丸，一日三服，酒飲下。　忌生冷、醋、滑、臭物，功用甚多，世人衆委，不能一一具之。　太乙曰：　凡煉蜜一斤，只得十二兩半，或一分是數，若火少、火過，並用不得。

明·張四維《醫門秘旨》卷一五《煅煉門》　陽煉蜂蜜　用生蜂蜜一斤，以水四兩同入銅鍋內，先文後武煉之。　蜜內泡黃色，以筯蘸蜜，滴水成珠，不散為度。

陰煉蜂蜜　用好蜜不拘多少，入碗內，不用水，入重湯，頃將火徐徐燒水，碗內蜜沸，滴水成珠為度。

明・皇甫嵩《本草發明》卷六　石蜜上品。氣平，微溫，味甘。　發明曰：　石蜜，益氣補中，潤燥解毒。故《本草》云：　養脾胃，安五藏諸不足，除心煩，心腹邪氣，止痛，解毒，卻驚癇痓，止腸澼，除口瘡，明目，和百藥，除眾病。久服強志，輕身延年。補陰丸，用取甘緩難化，可達下焦。○蜜煎，通潤大便。蜜漿，解虛熱，又主牙齒疳䘌，目膚赤障，殺蟲。食多生風。○七月食生蜜，恐暴霍亂。○三年取者，氣味濃，一年取者，氣味劣。石蜜優，家蜜劣，色白如膏者良。合藥為妙。

明・李時珍《本草綱目》卷三九蟲部・卵生類上　蜂蜜《本經》上品

【釋名】蜂糖俗名　生巖石者名石蜜《本經》　石飴同上　巖蜜時珍曰：　蜜以密成，故謂之蜜。《本經》原作石蜜，蓋以生巖石者爲良耳，而諸家反致疑辯。今直題曰蜂蜜，正名也。

【正誤】恭曰：　上蜜出氐、羌中最勝。今關中白蜜，甘美耐久，全勝江南者。陶以未見，故以南土爲勝耳。今以水牛乳〔煎〕沙糖作者，亦名石蜜。此蜜既蜂作，宜去石字。宗奭曰：《嘉祐本草》石蜜有二：　一見蟲魚，一見果部。乳糖既曰石蜜，則蟲部石蜜，不當言石矣。石字乃白字誤耳，故今人尚言白沙蜜。蓋新蜜稀而黃，陳蜜白而沙也。藏器曰：　巖蜜出南方巖嶺間，入藥最勝，石蜜宜改爲巖字。蘇恭是荆襄間人，地無崖險，不知石蜜之勝故也。時珍曰：　按《本經》云：　石蜜生諸山石中，色白如膏者良。則是蜜取山石者爲勝矣。蘇恭不考山石字，因乳糖同名而欲去石字；　寇氏不知真蜜有白沙而僞蜜稀黃，但以新久立説，並誤矣。凡試蜜以燒紅火筯插入，提出起氣是真，起烟是僞。

【集解】《別録》曰：　石蜜生武都山谷、河源山谷及諸山石間。色白如膏者良。弘景曰：　石蜜即崖蜜也。在高山巖石間作之，色青，味小酸，食之心煩，其蜂黑色似虻，其木蜜懸樹枝作之，色青白。土蜜在土中作之，色亦青白，味醶。人家及樹空作者亦白，而濃厚味美。今出晉安檀崖者多土蜜，云最勝。出東陽臨海諸處，及江南向西者多木蜜。出於潛、懷安諸縣者多崖蜜。亦有樹木及人家養者，諸蜜例多添雜及煎煮，不可入藥。必須親自看取，乃無雜耳。凡蜂作蜜，皆須人小便以釀諸花，乃得和熟，狀似作飴須蘗也。藏器曰：　尋常蜜亦有木上作者、土中作者。北方地燥，多在土中；　南方地濕，多在木中。各隨土地所宜，其蜜一也。崖蜜別是一蜂，如陶所説出南方崖嶺間，房懸崖上，或土窟中。人不可到，但以長竿刺令蜜出，以物承取，多者至三四石，味醶色緑，入藥勝於凡蜜。張華《博物志》云：　南方諸山，幽僻處出蜜蠟。蜜蠟所着，皆絶巖石壁，非攀緣所及。惟於山頂以（藍）〔籃〕輿懸下，遂得采取。蜂去餘蠟在石，有鳥如雀，群來啄之殆盡，名曰靈雀，至春蜂歸如舊，人亦占護其處，謂之蜜塞。此即石蜜也。頌曰：　食蜜亦有兩種：　一在山林木上作房，一在人家作窠檻收養之，蜜皆濃厚味美。近世宣州有黃連蜜，色黃，味小苦，主目熱。雍、洛間有梨花蜜，白如凝脂。亳州太清宮有檜花蜜，色小赤。柘城縣有何首烏蜜，色更赤。並蜂采其花作之，各隨花性之溫涼也。宗奭曰：　山蜜多在石中木上，有經一二年者，氣味醇厚。人家者，一歲二取，氣味不足，故不及，且久收易酸也。時珍曰：　陳藏器所謂靈雀者，小鳥也。一名蜜母，黑色。正月則至巖石間尋求安處，群蜂隨之也。南方有之。

【修治】斅曰：　凡煉蜜一斤，只得十二兩半是數。若火少、火過，並用不得。時珍曰：　凡煉沙蜜，每斤入水四兩，銀石器內，以桑柴火慢煉，掠去浮沫，至滴水成珠不散乃用，謂之水火煉法。又法：　以器盛，置重湯中煮一日，候滴水不散，取用亦佳，且不傷火也。

【氣味】甘，平，無毒。《別録》曰：　微溫。穎曰：　諸蜜氣味，當以花爲主。冬、夏爲上，秋次之，春則易變而酸。閩、廣蜜極熱，以南方少霜雪，諸花多熱也。川蜜溫，西蜜則涼矣。劉完素曰：　蜜成於蜂，蜂寒而蜜溫，同質異性也。時珍曰：　蜂蜜生涼熟溫，不冷不燥，得中和之氣，故十二臟腑之病，罔不宜之。但多食亦生濕熱蟲䘌，小兒尤當戒之。王充《論衡》云：　蜂蠆禀太陽火氣而生，故毒在尾。蜜爲蜂液，食多則令人毒，不可不知。煉過則無毒矣。宗奭曰：　蜜雖無毒，多食亦生諸風也。朱震亨曰：　蜜喜入脾。西北高燥，故人食之有益；　東南卑濕，多食則害生於脾也。思邈曰：　七月勿食生蜜，令人暴下霍亂。青赤酸者，食之心煩。不可與生葱、萵苣同食，令人利下。食蜜飽後，不可食鮓，令人暴亡。

【主治】心腹邪氣，諸驚癇痓，安五臟諸不足，益氣補中，止痛解毒，除衆病，和百藥。久服，强志輕身，不飢不老，延年神仙《本經》。養脾氣，除心煩，飲食不下，止腸澼，肌中疼痛，口瘡，明耳目《別録》。牙齒疳䘌，唇口瘡，目膚赤障，殺蟲藏器。治卒心痛及赤白痢，水作蜜漿，頓服一椀止；　或以薑汁同蜜各一合，水和頓服。常服，面如花紅甄權。治心腹血刺痛，及赤白痢，同生地黃汁各一匙服，即下孟詵。同薤白搗，塗湯火傷，即時痛止宗奭。○《肘後》用白蜜塗上，竹膜貼之，日三。和營衛，潤臟腑，通三焦，調脾胃時珍。

【發明】弘景曰：　石蜜道家丸餌，莫不須之。仙方亦單服食，云致長生不老也。時珍曰：　蜂采無毒之花，釀以（大）〔小〕便而成蜜，所謂臭腐生神奇也。其入藥之功有五：　清熱也，補中也，解毒也，潤燥也，止痛也。生則性涼，故能清熱；　熟則性溫，故能補中。甘而和平，故能解毒；　柔而濡澤，故能潤燥。緩可以去急，故能止心腹、肌肉、瘡瘍之痛；　和可以致中，故能調和百藥，而與甘草同功。張仲景治陽明結燥，大便不通，蜜煎導法，誠千古神方也。詵曰：　但凡覺有熱，四肢不和，即服蜜漿一椀，甚良。又點目中熱膜，以家養白蜜爲上，木蜜次之，崖蜜更次之也。與薑汁熬煉，治癩甚效。

【附方】舊十三，新六。

大便不通：　張仲景《傷寒論》云：　陽明病，自汗，小便反利，大便硬者，津液内竭也，蜜煎導之。用蜜二合，銅器中微火煎之，候凝如飴狀，至可丸，乘熱捻作挺，令頭銳，大如指，長寸半許。候冷即硬，納便道中，少頃即通也。○一法：加皂角、細辛爲末少許，尤速。　噎不下食：取崖蜜含，微微嚥下。《廣利方》。　產後口渴：用煉過蜜，不計多少，熟水調服，即止。《産書》。　難産橫生：蜂蜜、真麻油各半椀，煎減半服，立下。《海上方》。　天行虜瘡：比歲有病天行斑瘡，頭面及身，須臾周匝，狀如火瘡，皆戴白漿，隨決隨生。不即療，數日必死。差後瘡瘢黯色，一歲方滅，此惡毒之氣。世人云：建武中，南陽擊虜所得，仍呼爲虜瘡。諸醫參詳療之，取好蜜通摩瘡上，以蜜煎升麻數匕，拭之。《肘後方》。　痘疹作癢：難忍，抓成瘡及疱，欲落不落。百花膏：用上等石蜜，不拘多少，(陽)〔湯〕和，時時以翎刷之。其瘡易落，自無瘢痕。《全幼心鑒》。　癮瘙癢：白蜜不以多少，好酒調下，有效。　五色丹毒：蜜和乾薑末傅之。《肘後》。

口中生瘡：蜜浸大青葉含之。《藥性論》。　陰頭生瘡：以蜜煎甘草塗之瘥。《外臺》。

肛門生瘡：肛門主肺，肺熱即肛塞腫縮生瘡。白蜜一升，猪膽汁一枚相和，微火煎令可丸，丸三寸長作挺，塗油納下部，卧令後重，須臾通泄。《梅師》。　熱油燒痛：以白蜜塗之。《梅師》。　疔腫惡毒：用生蜜與隔年葱研膏，先刺破塗之。如人行五里許，則疔出，後以熱醋湯洗去。《濟急仙方》。　大瘋癩瘡：取白蜜一斤，生薑二斤搗取汁。先秤銅鐺斤兩，下薑汁於蜜中消之。又秤之，令知斤兩。即下蜜於鐺中，微火煎令薑汁盡，秤蜜斤兩在，即藥已成矣。患三十年癩者，平旦服棗許大一丸，一日三服，温酒下。忌生冷醋滑臭物。功用甚多，不能一一具之。《食療方》。　面上䵟點：取白蜜和茯苓末塗之，七日便瘥也。孫真人《食忌》。　目生珠管：以生蜜塗目，仰卧半日，乃可洗之。日一次。《肘後方》。　諸魚骨鯁：以好蜜稍稍服之令下。《葛氏》。

誤吞銅錢：煉蜜服二升，可出矣。《葛氏方》。　拔白生黑：治年少髮白。拔去白髮，以白蜜塗毛孔中，即生黑髮。不生，取梧桐子搗汁塗上，必生黑者。《梅師方》。

題明・薛己《本草約言》卷二《藥性本草》　蜜糖　味辛，氣平，微溫，無毒。益氣補中，潤燥解毒，養脾胃而却癇痓，止腸澼而除口瘡，心腹卒痛即𢿘，五臟不足俱補。補陰丸用，取甘緩能化，可達下焦。點眼膏攙，因百花釀成，能生神氣。蜜導通大便久閉，蜜漿解虛熱驟生。食多亦生諸風，七月忌食生蜜。

明・梅得春《藥性會元》卷下　蜜　味甘，氣平，微溫，無毒。主治心腹邪氣，諸驚癇痓，安五臟諸不足，益氣補中，止痛解毒，除眾病，和百藥，養脾胃，止腸澼，療口瘡，久服強志。孫真人云：七月勿食生蜜，食則暴霍亂。

製法：雷公云：凡生蜜一斤，煉得十二兩者佳。若火太過與不及，皆不為美，不可用和藥。

明・王肯堂《傷寒證治準繩》卷八　食蜜　氣平，味甘，無毒。珍：蜂采無毒之花，釀以(大)〔小〕便而成蜜，所謂臭腐生神奇也。其入藥之功有五：清熱，補中，解毒，潤燥，止痛也。生則性涼，故能清熱。熟則性溫，故能補中。甘而和平，故能解毒。柔而濡澤，故能潤燥。緩可以去急，故能止心腹、肌肉、瘡瘍之痛。和可以致中，故能調和百藥，而與甘草同功。仲景治陽明結燥，大便不通，蜜煎導法，誠千古神方也。

明・穆世錫《食物輯要》卷八　蜂蜜　味甘，性微溫，無毒。能解毒，和百藥，安五臟，潤腸胃，明耳目，治心煩不欲食及腸澼。多食動脾。凡取蜜，夏冬為上，秋次之，春則易發酸。閩廣蜜性熱，川蜜溫，西南蜜涼。色白味甜，汁濃而沙，堪入藥。凡蜜餞、黃梅等果，用細辛置於頂，不生蟲。

明・李中立《本草原始》卷一一　蜂蜜　生山石間，有經一二年者，氣味醇厚。人家作窠檻養者，一歲二取，氣味不足，且久收易酸也。凡用以山石者為勝，故《本經》稱石蜜，又呼巖蜜。時珍曰：蜂尾垂鋒，故謂之蜂；蜜以密成，故謂之蜜。

蜜蠟：乃蜜脾底也。取蜜後煉過，濾入水中候凝取之。色黃者為黃蠟；煎煉極淨，色白者為白蠟；非新則白而久則黃也。弘景曰：生於蜜中，故曰蜜蠟。蠟，獵也，蜂獵百花釀蜜，故查為蠟也。　蟲白蠟：以川、滇、衡、永產者為勝。蠟樹枝葉狀類冬青。其蟲大如蟣虱，芒種後則延緣樹枝，食汁吐涎，粘於嫩莖，化為白脂。至秋刮取，以水煮溶，濾置冷水中，凝聚成塊，碎之文理如白石遇膏而瑩澈。自元以來，人始知澆燭入藥，俗通呼白蠟。

蜜蠟：氣味：甘，微溫，無毒。主治：下痢膿血，補中，續絕傷金瘡，益氣，不飢耐老。　白蠟：療人洩澼後重，見白膿，補絕傷，利小兒。久服輕身不飢。○孕婦胎動，下血不絕欲死，以雞子大，煎三五沸，投美酒半升服，立瘥。又主白髮，鑷去，消蠟點孔中，即生黑者。　之才曰：惡芫花、齊蛤。係白色蜜蠟。　蟲白蠟：氣味：甘，溫，無毒。主治：生肌止血定痛，補虛，續筋接骨。入丸散服，殺瘵蟲。

其蟲嫩時白色，作蠟及老則赤黑色，乃結苞於樹枝。初若黍米大，入春漸長大如雞頭子，紫赤色，纍纍抱枝，宛若樹之結實也。俗呼蠟種，亦曰蠟子。子內白卵如細蟣，一包數百，次年立夏日摘下，以箬葉包之，繫卵樹上。

芒種後苞拆卵化，蟲乃延出葉底，復上樹作蠟也。

蟲白蠟為外科要藥，同合歡皮入長肌肉膏中，用之神效。

明・張懋辰《本草便》卷一　石蜜君　味甘，氣平，微溫，無毒。　主心腹邪氣，諸驚癇痓，安五臟諸不足，益氣補中，止痛解毒，除衆病，和百藥，養脾胃，止腸澼，除口瘡。

明・吴文炳《藥性全備食物本草》卷四　蜂蜜　味甘，性平，無毒。　有木中作者，有土中作者，有石上作者，有人家養者，其蜜一也。但土蜜味醶，家養者取之數，而氣味不足，山蜜多石中古木中，經一二年得者，氣味純厚。《衍義》云蠟取新，蜜取陳也。　新收者稀黃，經久則白而砂。　甘喜入脾，故能養脾氣，補中虛不足，止腹痛，治腸澼赤白痢，諸驚癇痓，除心煩悶，不能飲食，潤肺燥消渴，便難及肛門腫塞。　又治目生珠管，膚翳赤腫，口舌生瘡，牙齒疳䘌，火燒湯泡，熱油燒，丹毒，陰頭生瘡，諸惡瘡癩俱外傅之。　兼和百藥解諸毒，安五臟，久服強志不老。　惟中寒有濕者禁用。　孫真人云：　七月勿食生蜜，令暴下發霍亂，多食亦生諸風。

凡煉蜜必須用火熬開，以紙覆經宿，紙上去蠟盡，再熬變色，大約一斤只得十二兩為佳，不可過度。　蜜與葱相反，忌同食。

明・趙南星《上醫本草》卷四　蜂蜜　崖蜜別是一蜂，如陶所說，出南方崖嶺間，房懸崖上，或土窟中，人不可到，但以長竿刺令蜜出，以物承取，多者至三四石。　味醶，色綠，入藥勝于凡蜜。　張華《博物志》云：　南方諸山幽僻處，出蜜蠟。　蜜蠟所著，皆絕巖石壁，非攀緣所及。　惟于山頂以籃輿下，遂得采取。　蜂去，餘蠟在石，有鳥如雀，群來啄之殆盡，名曰靈雀。　至春，蜂歸如舊，人亦占護其處，謂之蜜塞，此即石蜜也。　頌曰：　食蜜亦有兩種：　一在山林木上作房，一在人家作窠檻收養之。　蜜皆濃厚味美。　近世宣州有黃連蜜，色黃，味小苦，主目熱。　雍洛間有梨花蜜，白如凝脂。　亳州太清宫有檜花蜜，色小赤。　柘城縣有何首烏蜜，色更赤。　並蜂采其花作之，各隨花性之溫涼也。　陳藏器所謂靈雀者，小鳥也。　一名蜜母，黑色，正月則至巖石間，尋求群蜂隨之也。　南方有之。　時珍曰：　蜂蜜，生涼熟溫，不冷不燥，得中和之氣。　甘，平，無毒。　主治：　心腹邪氣，諸驚癇痓，安五臟諸不足，益氣補中，調脾胃，養脾氣，和營衛，通三焦，除衆病及心煩，飲食不下，止腸澼，肌中疼痛，牙齒疳䘌，唇口瘡，目膚赤瘴，明耳目，殺蟲解毒，和諸藥。　久服強志輕身，面如花紅，不飢不老，延年神仙。　時珍曰：　多食生濕熱蟲䘌，小兒尤當戒之。　思邈曰：　七月勿食生蜜，令人暴下霍亂。　青赤酸者，食之心煩。　不可與生葱、萵苣同食，令人利下。　食蜜飽後不可食鮓，令人暴亡。

附方　治卒心痛及赤白痢：　水作蜜漿，頓服一椀止。　或以薑汁同蜜各一合，水和頓服。　治心腹血刺痛及赤白痢：　同生地黃汁各一匙服，即下。　面上䵟點：　取白蜜和茯苓末塗之，七日便瘥也。

明・李中梓《藥性解》卷六　蜂蜜　味甘，性平，無毒，入脾、肺二經。　主益氣補中，潤燥解毒，祛邪定經，養脾氣，除心煩，通便閉，解虚熱，療心疼，悅顏色，和百藥，除衆病。　畏生葱，惡芫花。　每觔煉至十二兩半用，蠟主痢下諸瘡。　按：　蜂蜜甘宜歸脾，潤宜歸肺，其用最多。　良有百花之精，且取人溺以釀之故也。　七月勿食生蜜，令人暴下霍亂。

明・繆希雍《本草經疏》卷二〇　石蜜　味甘，平，無毒，微溫。　主心腹邪氣，諸驚癇痓，安五藏諸不足，益氣補中，止痛解毒，除衆病，和百藥，養脾氣，除心煩，食飲不下，止腸澼，肌中疼痛，口瘡，明耳目。　久服強志輕身，不飢不老，延年神仙。

［疏］石蜜，蜂採百花釀成。　故《本經》味甘，氣平。《別錄》微溫無毒。　得草木群英之精華，合露氣以釀成。　故其氣清和，其味純甘。　施之精神、氣血、虚實、寒熱、陰陽、內外諸病，罔不相宜。《經》曰：　裏不足者，以甘補之。　甘為土化，土為萬物之母。　石蜜具天地間至甘之味，故能安五藏諸不足，及益氣補中除衆病也。　心經有熱，則為諸驚癇痓，得甘緩之氣則心火降，煩熱除，諸驚癇痓平矣。　諸痛癢瘡瘍，皆屬心火，故又能止肌中疼痛及口瘡也。　甘主解毒，故能和百藥。　甘主入脾，故能養脾氣。　脾氣得所養，而飲食自下，腸澼止矣。　五臟足，氣血充，則耳目聰明，不飢不老，輕身強志，延年神仙所自來矣。　［主治參互］同蘆根汁、梨汁、人乳、牛羊乳、童便，治噎膈，大便燥結，用此潤之。　有痰加竹瀝。　煉熟和諸丸藥及膏子，主潤五藏，益血脈，調脾胃，通三焦，塗火灼瘡能緩痛。　仲景方蜜導煎，治陽明病自汗，小便反利，大便鞕者，用蜜二合，銅器中微火熬之，候凝如飴狀至可丸，乘熱捻作挺，令頭鋭大如指，長寸半許，候冷，納穀道中，少頃即通也。　一法：　加皂角細末二分，攪勻，尤速。　《產書》產後口渴，用熟蜜不計多少，熟水調服即止。　《全幼心鑑》痘瘮作癢難忍，抓成瘡及痂，欲

落不落，百花膏主之。用上等石蜜，不拘多少，湯和，時時以翎刷之，效。《肘後方》天行虜瘡，頭面及身須臾周匝，狀如火瘡，皆戴白漿，隨決隨生。不即療，數日必死，差後瘡瘢黯色，一歲方滅。此惡毒之氣深入也。用蜜入升麻煎過，數數拭之。『簡誤』石蜜雖稱補五藏，益脾胃，然而生者性寒滑，能作泄。大腸氣虛完穀不化者，不宜用。嘔家、酒家，不宜用。中滿蠱脹不宜用。濕熱腳氣不宜用。生者有小毒，尤不宜食。青赤酸者，食之令人心煩。不可與生葱同食，害人。若與萵苣同食，令人利下。食蜜飽後，不可食鮓，令人暴亡。

明・倪朱謨《本草彙言》卷一七　蜂蜜　味甘，氣寒，性潤，無毒。沉也，降也。入手足太陰、陽明經。按：類書云：蜜蜂，一名蜜蠭。《爾雅翼》云：蜜蠭，似蠭而小，工作蜜也。《山海經》云：穀城之上，足蜂蜜之廬。今土木之蠭亦各有蜜。北方地燥，多在土中，故多土蜜。南方地濕，多在木中，故多木蜜。又如杭之於潛縣，及金陵、懷安諸處山巖石壁中，有岩蜜、石蜜也。今人家所畜之蜂，小而微黃，大率腰腹相稱如蠅、蟬也。喜事此者，以窾木容數斛，置蜂其中養之。開小孔，纔容出入。《永嘉記》云：七八月中，常有蜜蜂群過。有一二小蜂先飛覓止泊處，人知輒置一木桶，以蜜塗桶內，飛者聞蜜臭，便舉群悉至矣。盧氏曰：今人家養蜂，或群逸以百千萬數中有大者爲王，群蜂翼之，從其所往。人收養之，多在穀雨、春分時也。蜂采取百花，醖釀造蜜，其房謂之蜜脾。王之所居，疊積如亭。蜂無王則盡死，君臣之體，生死不移也。一日兩出而聚鳴齊號，爲兩衙。其出采花者，取花鬚上粉置兩髀，惟牡丹、芍藥、蘭蕙之粉，或負於背，或戴於首。如采無所得者，經宿花間，一不敢歸。或螫毒人，蜂亦尋死，故古稱蜂蠆有毒。近其房則群起攻人。寒冬無花，深藏房內，即以釀蜜爲食。春暖花朝，復出捲采矣。蘇氏曰：宛陵有黃連蜜，色黃而味小苦。雍、洛間有梨花蜜，色如凝脂。亳州太清宮有檜花蜜，色小赤。柏城縣有何首烏蜜，色更赤。各隨所采花色，性之溫涼亦相近也。蜜脾之底爲蠟。《埤雅》云：蠟生于蜜，而天下之味，莫甘于蜜，莫淡于蠟。蓋厚于此者，必薄于彼，理之固然也。西方之書曰：味如嚼蠟。舊說蜂之化蜜，必取匽豬之水，注之蠟房，而後蜜成。故蠟者，蜜之蹠也。《方言》云：其大而蜜謂之壺蜂，即今黑蜂也，蓋亦釀蜜。《楚詞》所謂赤蟻若象，玄蜂若壺者是也。李氏曰：試蜜真僞，以燒紅火筯插入蜜中，提出起氣者爲真，起烟者爲僞。修治：每沙蜜一斤，用水四兩，入銀石器內，桑柴火慢煮，掠去浮沫，至滴水成珠不散乃用。又法：以器盛貯，重湯中煮一日，候滴水不散，取用方佳，且不傷火也。孫思邈曰：七月勿食生蜜，令人暴下霍亂。味酸、色青赤者，食之心煩。不可共葱及萵苣同食，令人下利。食蜜飽後，不可食鮓，令人暴泄。沈氏曰：四方之蜜，氣味當殊。閩廣少霜雪，諸花多熱，蜜性則熱。川蜜性溫，西蜜性涼也。

蜂蜜：潤臟腑，和營衛，李時珍通三焦燥火之藥也。陸平林曰：蜜蜂，采百花精英，醖釀而成，得草木雨露清陰之氣，故味甘，氣寒，性潤，質柔而利，久藏不壞。草木之華，水之精也。如前古主心腹邪結及驚癇煩悶。甄氏主赤白痢疾，澀滯不通。日華子主腎陰虛燥，二便不行諸證。凡和百藥，治衆病之因風、因火、因燥結者，用之甚佳。繆仲淳雖稱甘平補益之劑，但寒滑潤下之勢居多。如胃寒食少者，脾寒作泄者，大腸氣虛、完穀不化者，嘔吐涎痰及中滿腹脹者，俱不宜用。生者有毒，尤不宜食。與生葱、萵苣同食，令人利下，亦能損人。

集方：仲景方治傷寒陽明病，自汗，小便反利，大便硬者，津液內燥也。以蜜煎導之。用生蜜二合，銅器中微火煎之，候凝如飴狀，入水內乘熱捻作挺，令頭銳大如指頭，長寸半許，候硬，納入穀道中，少頃即通也。○《方脉正宗》治心腹邪結及胃脘作痛者。用蜂蜜熬熟半盞，薑湯沖服。○同上治心虛內熱，以致驚癇煩悶者。用生蜂蜜滾湯調服五錢。○同上治赤白痢疾，脹滯不通。用白芍藥、川黃連、甘草、大黃各一錢五分，白蜜十匙，水煎服。○《海上方》治產後口渴。用蜂蜜煉熟，白湯調服三錢。○同上治橫生難產。用蜂蜜、麻油各半碗，煎滾，白湯和服，立下。○《濟急仙方》治一切惡毒疔腫。用生蜜少許，同葱白搗膏，塗患上一時許則疔出，後以醋湯洗去。

明・應慶《食治廣要》卷七　蜂蜜

氣味：甘，平，無毒。主治：心腹邪氣，諸驚癇，安五藏諸不足，益氣補中，止痛解毒，除衆病，和百藥，養精氣，除心煩，和營衛，潤臟腑，通三焦，調脾胃。丹溪曰：蜜喜入脾，西北高燥，故人食之有益，東南卑濕，多食則害生於脾。汪穎曰：閩廣蜜極熱，以南方少霜雪，諸花多熱。川蜜溫，西蜜涼。李時珍曰：蜂采無毒之花，釀以(大)〔小〕便而成蜜，所謂臭腐生神奇也。其功有五：清熱也，補中也，解毒也，潤燥也，止痛也。但多食亦生濕熱蟲䘌，小兒尤當慎與。孫真人曰：七月勿食生蜜，令人暴下霍亂。不可與生葱、萵苣、魚鮓同食。

明·姚可成《食物本草》卷一六味部·雜類 苦蜜產浙江遂昌縣匡山之巔。上多北風，植物之味皆苦，野蜂巢其間，采眾蕊作蜜，味苦。 苦蜜，味苦、辛，無毒。主涼心、明目，潤腸胃。

明·姚可成《食物本草》卷一六味部·雜類 蜂蜜生巖石者名石蜜。生武都山谷、河源山谷及諸山石間，色白如膏者良。○陶弘景曰：石蜜即崖蜜也。在高山崖石間作之，色青，味小酸，食之心煩。其蜂黑色，似虻。其木蜜懸樹枝作之，色青白。土蜜在土中作之，色亦青白，味醶。人家及樹空作者，亦白而濃厚味美。今出晉安檀崖者多土蜜，云最勝。出東陽臨海諸處，及江南向西者多木蜜。出於潛、懷安諸縣者多崖蜜。亦有樹木及人家養者。諸蜜例多添雜，及煎煮，必須親自看取，乃無雜耳。凡蜂作蜜，皆須人小便以釀諸花，乃得和熟，狀似作飴須蘖也。○陳藏器曰：尋常蜜，亦有木上作者，土中作者。北方地燥，多在土中；南方地溼，多在木中。各隨〔土〕地所宜，其蜜一也。崖蜜別是一蜂，如陶所〔說〕出南方崖嶺間，房懸崖上，或土窟中。人不〔可〕到，但以長竿刺令蜜出，以物承取，多者至〔三〕四石，味醶色綠，入藥勝於凡蜜。張華《博物志》云：南方諸山幽僻處，出蜜蠟。蜜蠟所着，皆絕巖石壁，非攀緣所及。惟於山頂以籃輿懸下，遂得采取。蜂去餘蠟在石，有鳥如雀群來啄之殆盡，名曰靈雀。至春蜂歸如舊，人亦占護其處，謂之蜜塞，此即〔石〕蜜也。○蘇頌曰：食蜜亦有兩種：一在山林木上作房，一在人家作窠檻收養之，蜜皆濃厚味美。近世宣州有黃連蜜，色黃，味小苦，主目熱。雍洛間有梨花蜜，白如凝脂。亳州太清宮有檜花蜜，色小赤。柘城縣有何首烏蜜，色更赤。竝蜂采其花作之，各隨花性之溫涼也。○寇宗奭曰：山蜜多在石中木上，有經一二年者，氣味醇厚。人家者，一歲二取，氣味不足，故不及，且久收易酸也。○李時珍曰：陳藏器所謂靈雀者，小鳥也。一名蜜母，黑色。正月則至巖石間尋求安處，群蜂隨之也。南方有之。○凡試蜜，以燒紅火筯插入提出，起煙是真，無煙是偽。○凡煉沙蜜，每斤入水四兩，銀石器內，以桑柴火慢煉，掠去浮沫，至滴水成珠不散乃用，謂之水火煉法。又法：以器盛，置重湯中，煮一日，候滴水不散，取用亦佳，且不〔湯〕〔傷〕火也。

蜂蜜，味甘，平，無毒。治心腹邪氣，諸驚癇痓，安五臟諸不足，益氣補中，止痛解毒，除眾病，和百藥。久服，強志氣，輕身，不飢不老，延年神仙。養脾氣，除心煩，飲食不下，止腸澼，肌中疼痛，口瘡，明耳目。牙齒疳䘌，唇口瘡，目膚赤障，殺蟲。治卒心痛及赤白痢，水作蜜漿，頓服一碗止，或以薑汁同蜜各一合，水和頓服。常服面如紅花。治心腹血刺痛及赤白痢，同生地黃汁各一匙服，即下。同薤白搗塗湯火傷，即時痛止。和營衛，潤臟腑，通三焦，調脾胃。○汪穎曰：諸蜜氣味，當以花為主。冬夏為上，秋次之，春則易變而酸。閩廣蜜極熱，以南方少霜雪，諸花多熱也；川蜜溫；西蜜則涼矣。○劉完素曰：蜜成於蜂，蜂寒而蜜溫，同質異性也。○李時珍曰：蜂蜜生涼熟溫，不冷不燥，得中和之氣，故十二臟腑之病，罔不宜之。但多食之生溼熱蟲䘌，小兒尤當戒之。王充《論衡》云：蜂蠆稟太陽火氣而生，故毒在尾。蜜為蜂液，〔食多則令〕人毒，不可不知。煉過則無毒矣。○寇宗奭曰：蜜雖無毒，多食亦生諸風也。○朱丹溪曰：蜜喜入脾。西北高燥，故人食之有益，東南卑溼，多食則害生於脾也。○孫思邈曰：七月勿食生蜜，令人暴下霍亂。青赤酸者，食之心煩。不可與生葱、萵苣同食，令人利下。食蜜飽後，不可食鮓，令人暴亡。○陶弘景曰：石蜜，道家丸餌莫不須之。仙方亦單服食，云〔長〕生不老也。 李時珍曰：蜂采無毒之花，釀以〔大〕〔小〕便而成蜜，所謂臭腐生神奇也。其入藥之功有五：清熱也，補中也，解毒也，潤燥也，止痛也。生則性涼，故能清熱；熟則性溫，故能補中；甘而和平，故能解毒；柔而濡澤，故能潤燥；緩可以去急，故能止心腹、肌肉、瘡瘍之痛；和可以致中，故能調和百藥，而與甘草同功。張仲景治陽明結燥，大便不通，蜜煎導法，誠千古神方也。○孟詵曰：但凡覺有熱，四肢不和，即服蜜漿一碗，甚良。又點目中熱膜，以家養白蜜為上，木蜜次之，崖蜜更次之也。與薑汁熬煉，治癩甚效。

附方：治大便不通，蜜煎導之：用蜜二合，銅器中微火煎之，候凝如飴狀，至可丸，乘熱捻作挺，令頭銳，大如指，長寸半許。候冷即硬，納便道中，少頃即通也。○一法：加皂角、細辛為末少許，尤速。治難產橫生。用蜂蜜、真麻油各半碗，煎減半，服立下。治誤吞銅錢。煉蜜服二升，可出矣。

治諸魚骨鯁。以好蜜稍稍服之，令下。

明·顧逢柏《分部本草妙用》卷三脾部·寒補 蜂蜜 甘，平、微寒，無毒。甘入脾，得中和之氣，治十二經臟腑病。 主治：清熱補中，解毒潤燥，止痛，除眾病，和百藥。殺一切疳蟲。和榮衛，通三焦，潤臟腑，調脾胃。

夫蜜生用性寒，故能清熱。熟則性溫，故能補中。甘而和平，故能解毒。柔而濡澤，故能潤燥。緩可去急，故能止心腹肌肉瘡瘍之痛。和可以致中，故能調和百藥，而與甘草同功。陽明結燥，大便不通，蜜煎導法，神妙千古。

明·李中梓《醫宗必讀·本草徵要下》 蜂蜜味甘，平，無毒。入脾經。忌生葱。凡蜜一觔，入水四兩，磁器中煉去沫，滴水不散為度。 和百藥而解諸毒，安五臟而補諸虛；潤大腸而悅顏色，調脾胃而除心煩。同薑汁行初成之痢，同薤白塗湯火之瘡。採百花之英，合雨露之氣釀成，其氣清和，其味甘美，虛實寒熱之證，無不相宜也。按：大腸虛滑者，雖熟蜜亦在禁例。酸者食之令人心煩，同葱食害人，同萵苣食令人利下。食蜜飽後，不可食鮓，令人暴亡。蠟性濇，止久痢，止血，生肌定痛，火熱暴痢者忌之。

明·鄭二陽《仁壽堂藥鏡》卷八　蜜　氣平，微溫，味甘，無毒。《本草》云：主心腹邪氣，諸驚癇痓，安五臟諸不足，益氣補中，止痛解毒，除眾病，和百藥，養脾氣，除心煩，飲食不下，止腸澼，肌中疼痛，口瘡，明耳目。水火煉蜜法：金華師最惡，以鍋煎煉，非古法授。此以白砂蜜一斤，大磁碗盛，重湯煮，不住攪，文武火，湯乾加水。以蜜滴水不散為度；大率一斤，煉成半斤，罐封，埋土七日，凡和丸劑，止以藥末一半，入蜜舂萬餘杵，乾糝，以布包裹，入甑蒸軟，又加末盡之末。如此三次，則丸劑可以久收，不復回潤。用川蜜良，因食椒花之故。補陰丸用之，取其甘緩難化，可達下焦。熬蜜導煎，入穀道，可通大便艱難。

明·蔣儀《藥鏡》卷三平部　蜂蜜　甘歸脾，除煩熱。潤歸肺，悅容顏。煉熟水調，產後渴煩可止。醮生翎刷，褪落痘後抓痂。煎滾入升麻，治天行虜瘡遍體。細末加牙皂，導陽明大腸燥結。夫蜜性緩質柔，故主潤臟腑經絡。而蠟性濇質堅，故又能療久痢洩澼焉。同阿膠與黃連，治痢後之腹痛。同阿膠兼歸連者，產後下痢，乃多功也。

明·賈九如《藥品化義》卷一〇燥藥　蜂蜜　采百花之精，味甘主補，滋養五臟。體滑主利，潤澤三焦。如怯弱咳嗽不止，精血枯槁，肺焦葉舉，致成肺燥之症，寒熱均非，諸藥鮮效，用老蜜日服兩許約月，未有不應者。是燥者潤之之義也。生用通利大腸，老年便結更宜服之。

明·盧之頤《本草乘雅半偈》帙一　蜂蜜《本經》上品　氣味：甘，平，無毒。

主治：主心腹邪氣，諸驚癇痓，安五藏諸不足，益氣，補中，止痛，解毒，除衆病，和百藥。久服強志，輕身，不飢不老，延年神仙。

覈曰：蜜蜂，一名蜜蠭。《爾雅翼》云：蜜蠭似蠭而小，工作蜜也。《說文》蜜作蠠，云蜂甘飴也。蓋若鼎器而幕之。《山海經》云：穀城之上，足蜂蜜之廬，今土木之蠭，亦各有蜜。北方地燥，多在土中，故多土蜜。南方地濕，多在木中，故多木蜜。又有巖蜜、石蜜，俱在巖石間也。今人家所畜之蜂，小而微黃，大率腰腹相稱，如蠅蟬也。喜事者，以竅木容數斛，置蜂其中養之，開小孔，纔容出入。《永嘉地記》云：七八月中，嘗有蜜蜂群過，有一二小蜂，先飛覓止泊處，人知輒內桶中，以蜜塗桶內，飛者聞蜜臭，或停不過，三四往來，便舉群悉至矣。今人家養蜂，或群逸以百千萬數，中有大者為王，群蜂羿之，從其所往，人收而養之，多在穀雨春分時也。採取百芳，醞釀造蜜。其房謂之蜜脾，王之所居，疊積如臺。語云蜂臺蟻樓，言蜂居如臺，蟻居如樓。《自然論》云：蜂無王則盡死，君臣之體，生死不移也。一日兩出，而聚鳴號為兩衙，其出採花者，取花鬚上粉置兩髀，唯牡丹、芍藥、蘭蕙之粉，或負于背，或戴于首，或採無所得者，經宿花間，一不敢歸，或螫毒人，蜂亦尋死，故古稱蜂蠆有毒。近其房則群起攻人，故戰國有蠭旗，軍行用之，云若蠭起之將也。寒冬無花，深藏房內，即以釀蜜為食。春暖花朝，復出捲採矣。宛陵有黃連蜜，色黃，而味小苦。雍雒間有梨花蜜，色如凝脂。（毫）〔亳〕州太清宮有檜花蜜，色小赤。南京柘城縣有何首烏蜜，色更赤。各隨所採花色，性之溫涼，亦相近也。蜜脾之底為蠟。《埤雅》云：蠟生于蜜，而天下之味，莫甘于蜜，莫淡于蠟。蓋厚于此者，必薄于彼，理之固然也。西方之書曰味如嚼蠟，舊說蜂之化蜜，必取匽豬之水，注之蠟房，而後蜜成，故蠟者蜜之蹠也。《方言》云：其大而蜜，謂之壺蜂。即今黑蜂也。蓋亦釀蜜，《楚辭》所謂赤蟻若象，玄蜂若壺者是也。試蜜真偽，以燒紅火筯，插入蜜中，提出起氣者為真，起煙者為偽。修治：每沙蜜一觔，用水四兩，入銀石器內，桑柴火慢煮，掠去浮沫，至滴水成珠，不散，乃用。又法以器盛貯重湯中，煮一日，候滴水不散，取用亦佳，且不傷火也。七月勿食生蜜，令人暴下霍亂。味酸色青赤者，食之心煩。不可與葱，及萵苣同食，令人利下。食蜜飽後，不可食鮮，令人暴亡。

繆仲淳先生云：集草木群英之精，合水土風露之氣，醞釀成蜜，故其氣清和，其味甘純，施之精神氣血，陰陽內外，罔不相宜。

先人云：蜜本萬卉之黃，採集醞化于蜂，巖石土木，出處之端，蓺連烏檜，生成之自。

条曰：垂穎如鋒，故名蜂。傳云：蜂蠆垂芒，主之所在，衆蜂旋繞，飛舞如衛，政令甚嚴，蜂有臣禮者是也。蜂有君道，乃得主維九上用滅不格。集採百芳，退藏于密，吹鼓醞釀，而蜜成矣，故謂之蜜。其房如脾，謂之蜜脾。儼如胃，形受盛水穀，醞釀以成精血也。甘平色黃，當判入脾，故補中而益中氣。蓋萬物莫不資始於脾，故主諸不足耳。設土大頑頹，則木無所倚，遂成驚駭癇痙。蜂蜜敦土化用，厚德載物，則上逆下陷之氣，旋歸於本位矣。安五藏者，安五藏之形。有形歸土，脾所司耳。心腹居中，為邪所薄，則中宮不安，安中所以逐邪。未有中不安，而能剪除外侮者。；和百藥解毒者，以甘性能緩，則無躁暴漂涆之峻。脾藏志，故久服強志，輕身不飢不老，總屬脾土事耳。

明·李中梓《本草通玄》卷下　蜂蜜　甘，平。和營衛，潤臟腑，通三焦，理脾胃，解諸毒，和百藥，導便結。生能清熱，熟則補中。丹煉蜜一觔，入水四兩，銀石器內慢火煉，掠去浮沫，至滴水不散為度。蠟主下痢，貼瘡生肌止痛。

清·顧元交《本草彙箋》卷九　蜂蜜合黃、白蠟。　蜂，采無毒之花，釀以糞穢而成蜜，所謂臭腐爲神奇也。又朝得露氣之清華，晝得太陽之和煦，故能補中，又能清熱，又能潤燥，又能解毒而止痛，施之內外虛實諸病，罔不相宜。

蜜蠟者，蜜之凝結於底者也。莫甘於蜜，莫淡於蠟。蜜性緩，質柔，故主潤臟腑。蠟性嗇，質堅，故能療久痢洩澼，後重下膿血也。若火熱暴痢者，不宜遽用。

蜂性寒，蜜之性溫。又蜜生涼而熟溫，或清或補，分別爲用。又諸蜜氣味，當以花爲主。冬夏爲上，秋次之，春則易酸。閩廣蜜極熱，以南方少霜雪，諸花多熱也。川蜜溫，西蜜則涼矣。近世宣州有黃連蜜，色黃，味小苦，主目熱。雍洛間有梨花蜜，白如凝脂。亳州太清宮有檜花蜜，色小赤。柘城縣有何首烏蜜，色更赤。並蜂採其花作之，各隨花性之溫涼也。

醫家宜用白蠟，蠟固蜜底，取蜜後煉過，濾入水中，候凝取之。色黃者名黃蠟，煎煉極淨，色白者爲白蠟。若以黃蠟烊內水中十餘遍，亦能令白。與今時所用蟲造白蠟不同。

蟲造白蠟，今人爲澆燭之用。其蟲大如蟣虱，生蠟樹上，芒種後延緣樹枝，食汁吐涎，粘於嫩莖，化爲白脂。處暑後人剝取，煉淨成塊，其色雪白，若蜜蠟之白蠟，不過白色勝於黃蠟耳。

清·穆石匏《本草洞詮》卷一八　蜂蜜蜜、蠟　蜂尾垂針，故謂之蜂，蜜以密成，故謂之蜜。蜂群居有王，一日兩衙，應潮上下。蜂嗅花則以鬚代鼻，采花則以股抱之，釀以(大)〔小〕便而成蜜。所謂臭腐生神奇也。蜂王無毒，窠之始營，必造一臺，王居臺上，生子於中，王之子復為王，歲分其族而去。王之所居，蜂不敢螫。若失其王，眾潰而死。凡取其蜜，多則蜂飢而不蕃，少則蜂惰而不作。夫王之無毒，似君德也，營窠如臺，似建國也。子復為王，似分定也。擁王而行，似衛主也。王所不螫，似遵法也。王失則潰，守臣節也。蜂之義，大矣哉！蜂子甘，平微寒，無毒。一云有毒。古人以充饌品，除蠱毒，補虛羸，治心腹痛，面目黃。《聖濟總錄》治大風癘疾，用諸蜂子，取其清熱解毒殺蟲之功也。蜜甘，平，無毒。道家丸餌，莫不須蜜。仙方亦單服食。四方之蜜，氣味當殊。閩廣少霜雪，諸花多熱，蜜性宜熱。川蜜則溫，西蜜則涼。入藥之功有五：清熱也，補中也，解毒也，潤燥也，止痛也。生則性涼，故能清熱。熟則性溫，故能補中。甘而和平，故能解毒。柔而濡澤，故能潤燥。緩可以去急，故能止心腹肌肉瘡瘍之痛。和可以致中，故能調和百藥，而與甘草同功。蜜蠟甘，微溫，無毒。與蜜同出一源，而萬物之至味，莫甘於蜜，莫淡於蠟。蜜之氣味俱厚，屬乎陰也，故養脾。蠟之氣味俱薄，屬乎陽也，故養胃。厚者性緩質柔，故潤臟腑。薄者性嗇質堅，故止洩痢。其續絕傷，止胎動，下血，皆取其嗇堅也。古人儉歲多食蠟以度饑，但合大棗咀嚼，即易爛也。

清·丁其譽《壽世秘典》卷四　蜜有二種，一在山林木上作房，一在人家作窠收養之。但人家者一歲二取，氣味不足，故不及，且久收易酸也。蘇頌曰：宣州有黃連蜜，色黃味小苦，主目熱。雍洛間有梨花蜜，白如凝脂。亳州太清宮有檜花蜜，色小赤。柘城縣有何首烏蜜，色更赤。並蜂采其花作之，各隨花性之溫涼也。汪穎曰：諸蜜氣味當以花為主，冬夏為上，秋次之，春則易變而酸。閩廣蜜極熱，以南方少霜雪，諸花多熱也。川蜜溫，西蜜則涼矣。李時珍曰：真蜜有白沙而偽蜜稀黃。寇宗奭言新蜜稀而黃，陳蜜白而沙，誤矣。凡試蜜以燒紅火筯插入提出，起氣是真，起煙是偽矣。

氣味：甘，微溫，無毒。治心腹邪氣，安五臟，益氣補中，止痛，解毒，除眾疾，和百藥《本經》。和營衛，潤臟腑，通三焦，調脾胃《綱目》。

發明李時珍曰：蜂蜜之功有五，清熱也，補中也，解毒也，潤燥也，止痛也。生則性涼，故能清熱；熟則性溫，故能補中；甘而和平，故能解毒；柔而濡澤，故能潤燥；緩可以去急，故能止心腹、肌肉、瘡瘍之痛。和可以致中，故能調和百藥，而與甘草同功。但食亦生濕熱蟲䘌，小兒尤當戒之。王充《論衡》云：蜂蠆稟太陽火氣而生，故毒在尾，蜜為蜂液，食多則令人毒，不可不知，煉過則無毒矣。 繆希雍曰： 蜜生者有小毒，性寒滑，能作泄，大腸氣虛，完穀不化者不宜用，嘔家、酒家不宜用，中滿蠱脹不宜用，濕熱腳氣不宜用。 不可與生葱同食，害人。 與萵苣同食，令人利下。 食蜜飽後，不可食鮓，令人暴亡。

修治凡煉蜜，每觔入水四兩，銀石器內，以桑柴火慢煉，掠去浮沫，至滴水成珠不散乃用，謂之水火煉法。 又法以器盛置重湯中煮一日，候滴水不散，取用亦佳，且不傷火也。

清・劉雲密《本草述》卷二七　蜂蜜　采取百芳醖釀成蜜，其房如脾，謂之蜜脾。 蜜脾之底為蠟。

生巖石上者，名曰石蜜。

不可與生葱、萵苣同食。

氣味： 甘，平，無毒。　劉完素曰： 蜜成於蜂，蜂寒而蜜温，同質異性也。

主治： 養脾氣，補中，和榮衛，潤臟腑，通三焦，調脾胃，除心煩虛熱，通大便秘結，止痛解毒，除眾病，和百藥。　時珍曰： 蜂采無毒之花，釀以(大)〔小〕便而成蜜，所謂臭腐生神奇也。 其入藥之功有五： 清熱也，補中也，解毒也，潤燥也，止痛也。 生則性涼，故能清熱。 熟則性温，故能補中。 甘而和平，故能解毒。 柔而濡澤，故能潤燥。 緩可以去急，故能止心腹肌肉瘡瘍之痛。 和可以致中，故能調和百藥，而與甘草同功。 張仲景治陽明結燥，大便不通，蜜煎導法，誠千古神方也。　詵曰： 但凡覺有熱，四肢不和，即服蜜漿一椀，甚良。 又點目中熱膜，以家養白蜜為上，木蜜次之，崖蜜更次之也。 與薑汁熬煉，治癩甚效。　嘉謨曰： 蜜漿解虛熱驟生。　希雍曰： 蜜蜂采百花釀成，故《本經》味甘氣平，《別錄》微温，無毒。 集草木群英之精，合水土風露之氣，醖釀成蜜，故其氣清和，其味甘純，施之精神氣血，虛實寒熱，陰陽内外諸病，罔不相宜。

同蘆根汁、梨汁、人乳、牛羊乳、童便，治噎膈。 大便燥結，用此潤之。 有痰加竹瀝。　煉熟，和諸丸藥及膏子，主潤五臟，益血脈，調脾胃，通三焦，塗火灼瘡，能緩痛。

愚按： 萬物之至味莫過於甘，蜂采百花之英，釀以成蜜，是和羣味以成其甘也。 甘屬土，故能養脾。 甘能解毒，況其集羣味以為甘，是醖釀之中大有變化，故其解毒為最。 甘味屬陽，故所益者脾氣。 然《經》曰： 陰為味而歸於形，形歸於氣。 蓋尤能和陰而諧榮衛，故潤臟腑，通三焦。 唯其潤臟腑，通三焦，故脾氣益暢，而虛熱能解。 時賢諸說不妄。 如繆氏所謂其氣清和，其味甘純，施之陰陽内外，罔不相宜者，亦庶幾近之矣。

附方　傷寒大便不通，用蜜導法，見張仲景《伤寒論》。　產後口渴，用煉過蜜，不計多少，熟水調服，即止。　難產橫生，蜂蜜、真麻油各半椀，煎減半，服立下。　天口鹵瘡，比歲有病，天行斑瘡，頭面及身須臾周匝，狀如火瘡，皆戴白漿，隨決隨生，不即療數日必死，差後瘡瘢黯色一歲方滅，此惡毒之氣。 相傳漢光武帝建武中興師擊鹵所染，仍呼為鹵瘡。 後醫糸詳療之，取好蜜通摩瘡上，以蜜煎升麻數匕，拭之。　疔腫惡毒，用生蜜與隔年葱研膏，先刺破塗之，如人行五里許，則疔出，後以熱醋湯洗去。

丹溪曰： 蜜喜入脾，西北高燥，故人食之有益。 東南卑溼，多食則害生於脾也。　宗奭曰： 多食亦生諸風。　時珍曰： 多食生溼熱，蟲䘌，音匿，小蟲也。 小兒尤當戒之。　希雍曰： 石蜜雖稱補五臟，益脾胃，然而生者性寒滑，能作泄，大腸氣虛、完穀不化者，不宜用； 嘔家、酒家，不宜用； 中滿蠱脹不宜用； 溼熱脚氣不宜用。 生者有小毒，尤不宜食。

修治　時珍曰： 凡煉沙蜜，每斤入水四兩，銀石器内以桑柴火慢煉，掠去浮沫，至滴水成珠不散乃用，謂之水火煉法。 又法： 以器盛置重湯中，煮一日，候滴水不散取用，亦佳，且不傷火也。

清・郭章宜《本草匯》卷一七　蜂蜜　味甘，溫，平，入手太陰、足太陰經。 和榮衛，潤臟腑。 通三焦，調脾胃。 潤口瘡，和百藥。 除煩燥，導便結。

按： 蜂蜜，採百花之英，合雨露之氣而釀成，其氣清和，其味甘美，得中和之氣，故氣血虛實，寒熱溫涼之症，十二藏之病，無不宜之。 生則清熱，熟則補中。 甘則解毒，柔則潤燥。 張仲景治陽明燥結，大便不通，蜜煎導法，誠千古神方也。 性喜入脾，宜於西北高燥，而不宜於東南卑濕。 然多食亦生諸風濕熱蟲䘌。 大腸虛滑者，雖熟蜜亦在禁例。 同葱食害人。 同萵苣食，令人下利。 食蜜飽後，不可食鮓，令人暴亡。 與薑汁熬煉，治癩極効。

凡煉蜜一觔，入水四兩，銀石器內，慢火煉，掠去浮沫，至滴水不散為度。 生者有毒，酸者勿食。 色白如膏者良。 試蜜，以燒紅火筯插入提起，出氣是真，起烟是偽。 川蜜溫，西蜜涼，閩廣蜜熱。

清・朱本中《飲食須知・味類》　蜂蜜　味甘，性微溫。 多食動脾。 凡取蜜夏冬為上，秋次之，春則易發酸。川蜜溫，閩廣性熱，西南蜜涼。色白，味甜。七月勿食生蜜，令人暴下霍亂。青赤酸者，食之心煩。與李子、生葱、韭、薤、萵苣同食，令人利下。勿同黍米食。食蜜飽後，不可食鮓，令人暴亡。多食發濕熱病，生蟲䘌，小兒尤宜少食。凡蜜餞諸果，用細辛置於頂，不蟲蛀。

清・何其言《養生食鑒》卷下　蜂蜜俗名蜜糖，白如膏者佳。凡試蜜，以燒紅火筋插入，提出，起氣真，起煙偽。

味甘，性平，無毒。和百藥，解諸毒，安五臟，潤腸胃，除心煩、飲食不下，治腸澼、肌痛、口瘡。多食動濕，傷脾。不可與生葱、萵苣同食。

清・蔣居祉《本草擇要綱目・平性藥品》　蜂蜜蜜以密成，故謂之蜜。《本經》原作石蜜，蓋以生巖石者為良耳。而諸家反致疑辨，今直題曰蜂蜜，正名也。凡試蜜，以燒紅火筋插入提出，起氣是真，起烟是偽。　氣味：甘，平，無毒。　主治：心腹邪氣，諸驚癇痓。安五臟諸不足，益氣補中。止痛解毒，除眾病，和百藥，久服強志輕身，不飢不老延年。養脾氣，除心煩，飲食不下，止腸澼，肌中疼痛，口瘡，明耳目，牙齒疳䘌，唇口瘡，目膚赤障，殺蟲。治卒心痛及赤白痢。水作蜜漿，頓服一椀止，或以薑汁同蜜各一合，水和頓服，常服面如花紅。治心腹血刺痛及赤白痢，同生地黃汁各一匙，服即下。同薤白搗，塗燙傷，即時痛止。和營衛，潤臟腑，通三焦，調脾胃。夫蜂采無毒之花，釀以(大)〔小〕便而成蜜，所謂臭腐生神奇也。其入藥之功有五：清熱也，補中也，解毒也，潤燥也，止痛也。生則性涼，故能清熱。熟則性溫，故能補中。甘而和平，故能解毒。柔而濡澤，故能潤燥。緩可以去急，故能止心腹肌肉瘡瘍之痛。和可以致中，故能調和百藥，而與甘草同功。張仲景治陽明結燥，大便不通，蜜煎導法，誠千古神方也。凡覺有熱，四肢不和，即服蜜漿一椀甚良。

清・王翃《握靈本草》卷九　蜂蜜處處有之。出山中，色白如膏者良。凡煉蜜，每斤入水四兩，慢火煉，掠去沫，至滴水成珠乃用。反生葱。　主治：蜂蜜，甘，平，無毒。主心腹邪氣，安五臟諸不足，益氣補中。止痛解毒，和營衛，潤臟腑，通三焦，調脾胃，和百藥。

清・汪昂《本草備要》卷四　蜂蜜亦名石蜜、岩蜜。補中，潤燥，滑腸。　草木精英，合露氣以釀成。生性涼，能清熱；熟性溫，能補中。甘而和，故解毒。柔而滑，故潤燥。甘緩可以去急，故止心腹肌肉、瘡瘍諸痛。甘緩可以和中，故能調營衛，通三焦，除衆病，和百藥，故丸藥多用之。而與甘草同功。止嗽治痢，解毒潤腸，最治痢疾。薑汁和服甚佳。明目悅顏。同薤白搗，塗湯火傷。煎煉成膠，通大便秘。乘熱納穀道中，名蜜煎導。然能滑腸，泄瀉與中滿者忌用。以白如膏者良。汪穎曰：蜜以花爲主。閩廣蜜熱，川蜜溫，西蜜涼。按：宣州有黃連蜜，味小苦，點目熱良。西京有梨花蜜，色白如脂。用銀石器，每蜜一斤，入水四兩，桑火慢熬，掠出浮沫，至滴水成珠用。忌葱、鮓、萵苣同食。昂按：生葱同蜜食殺人，而萵苣蜜漬點茶者頗多，未見作害，豈腌過則無患乎？抑藥忌亦有不盡然者乎？黃蠟：甘，溫。止痛生肌，療下痢，蜜質柔性潤，故滑腸胃；蠟質堅性濇，故止瀉痢。續絕傷。按：蜜、蠟皆蜂所釀成，而蜜味至甘，蠟味至淡。故今人言無味者，謂之嚼蠟。

清・吳楚《寶命真詮》卷三　蜂蜜　【略】和百藥，解諸毒，安五臟，補諸虛，調脾胃，潤大腸，除心煩，悅顏色。

清・陳士鐸《本草新編》卷五　〔蜂〕蜜　蜜：味甘，氣平、微溫，無毒。益氣溫中，潤燥解毒，養脾胃，却癇痓，止腸澼，除口瘡、心腹卒痛，補五臟不足，通大便久閉。此蜂採百花而釀成，自然補益。但可丸藥中用之，入湯劑內，止潤大腸也。

或問：蜜有黃、白之分，其功用同乎？夫世人以白蜜為上。殊不知採黃花則蜜黃，採白花則蜜白。黃勝于白，世人未知也。蓋花黃者得中州之氣，花白者得西方之氣耳。

清・顧靖遠《顧氏醫鏡》卷八　蜂蜜甘，平。入脾胃二經。忌生葱。凡蜜一斤，入水四兩同煉，去沫，滴水不散為度。青赤酸者，不堪入藥。　調和百藥，化解諸毒。潤能滑腸，可行初痢之積滯。生地汁、生蜜漿和勻，頓服一碗，積自潤下。甘能緩急，善止諸般之疼痛。如心腹肌肉，及瘡毒、丹毒、湯火諸痛。又諸魚骨鯁，噙之令下。同生葱、萵苣食，令人利下。同鮓食，令人暴亡。

清・李熙和《醫經允中》卷一八　蜂蜜　甘入脾，得中和之氣，治十二經臟腑病。　甘，平，微寒，無毒。主治補中，解毒潤燥，和百藥，潤臟腑，調脾胃。夫蜜生用性寒，故能解毒清熱；熟則性溫，故能補中；柔而濡澤，故能潤燥；緩可去急，故能止心腹瘡瘍之痛；和可致中，故能調和百藥。大便燥結，蜜煎導法神効。七月忌食生蜜。食蜜後不可食鮓，令人暴亡。酸者食之令人心煩。同葱食殺人。同萵苣食令人下利。

清・馮兆張《馮氏錦囊秘録・雜症痘疹藥性主治合參》卷一一 石蜜蜂採百花草木群英之精華，合清潤春生之露氣，朝夕嘘以陽和，遂得釀成華液。故氣清和，味甘純粹，施之精神，氣血虚實寒熱，陰陽内外諸病，罔不相宜。《經》曰：裏不足者，以甘補之。甘為土化，土為萬物之母，且諸毒遇土則化。夫石蜜具天地間至甘之味，故能安五臟，補諸虚，除眾病，解諸毒，和百藥也。〇白蠟，味甘淡，微温，無毒。乃石蜜之凝結於底者也。蜜性緩質柔，氣味俱厚，而屬於陰。故補脾，主潤臟腑經絡。蠟性濇質堅，氣味俱薄，而屬乎秋，故養胃，能療久痢洩澼後重，下膿血也。甘能益血補中，濇能通行經脉，故主續絶補傷，生肌定痛及金瘡也。若與生葱同食，害人。與萵苣同食，下利。食蜜飽後食鮓，令人暴亡。

石蜜，清熱益氣，補中潤燥，解毒止痛，五臟俱補，能生神氣。除眾病，和百藥，潤臟腑，調脾胃，和榮衛，殺疳蟲。多食生風中滿，腸滑者忌食。白蠟，益氣止瀉痢，補中續絶傷，金瘡瘫腫，止痛生肌。凡蕩滌下焦之藥，以此裹丸，免傷上部。

主治痘疹合參：石蜜和麻油，拭潤乾靨，牢粘痘痂，又可調滅瘢散用之。

清・张璐《本經逢原》卷四 蜂蜜 甘，平，無毒。入調補藥用白蜜，瀉火藥用赤蜜。味酸者不堪入藥，不可與生葱、獨蒜、萵苣同食，令人下利。凡煉蜜，炭火慢煉，掠去浮沫至滴水成珠為度。煉成每觔入陳酒四兩再熬沸，和藥為丸，則藥力易化。《本經》主心腹邪氣，諸驚癇痓，安五藏，補不足，益氣補中，止痛解毒，除眾病，和百藥，久服强志輕身，不飢不老。發明：蜂采無毒之花醞釀而成。生則性涼清熱，故能治心腹之邪氣。熟則性温補中，安五藏諸不足，甘而和平，故能解毒。柔而潤澤，故能潤燥。緩以去急，故能主心腹肌肉瘡瘍之痛。仲景治陽明結燥，大便不通，用蜜煎導法，取其能通結燥而不傷腸胃也。凡滋補藥俱用煉白蜜丸，取其和脾潤肺也。赤蜜味酸，食之令人心煩，惟降火藥用之。白蜜雖補脾肺，然性涼潤，脾胃不實，腎氣虚滑，及濕熱痰滯，胸痞不寛者，咸須忌之。故瓊玉膏用糖霜，枳术丸用荷葉裹飯，(佐)〔左〕金丸用米飲，牛黄丸用蒸餅，黑錫丹用酒麯，磁硃丸用神麯，虎潛丸用酒，香連丸用醋，茸珠丹用紅棗，滚痰丸用水泛，各有所宜。今人製丸劑概用蜂蜜，殊失先哲用方之義。

清・汪啟賢等《食物須知・諸葷饌》 石蜜 味甘，氣平，微温，無毒。大小成群，居止弗一。江南地濕，多附木石間。江北地燥，悉入土穴内。人家作桶收養，亦結房纍于中。日逐交飛，採花釀汁，久久和熟。凡蜂作蜜，必須人小便以釀，諸花乃得和熟似飴。一説以匽豬之水注之蠟房，而後蜜成，故謂蠟者，蜜之蹠也，是謂蜜糖。三年一取者氣味濃，一年一取者氣味薄。故《本經》以石蜜優，家蜜劣也。入藥煉熟，滴水成珠。益氣補中，潤燥解毒。養脾胃，卻癇痓，止腸澼，除口瘡。心腹卒痛即驅，五臟不足俱補。補陰丸用，取汁緩難化，可達下焦。點眼膏攙，因百花釀成，能生神氣。蜜導通大便久閉，蜜漿解虚熱驟生。食多亦生諸風，七月忌食生蜜。

清・浦士貞《夕庵讀本草快編》卷五 蜂蜜《本經》 附：蜜蠟 蜜以密固而成，故曰蜜。蜂采無毒之花，釀以(大)〔小〕便而成蜜，所謂臭腐生神奇也。入藥之功，生則性涼，故能清熱，熟則性温，故可保中。甘而和平，故能解毒；柔而濡澤，故能潤燥；緩可去急，故能止心腹、肌肉、瘡瘍之痛；和可致中，故能悦脾肺、和百藥，而與甘艸同功，是以諸補丸膏必加用之，傷寒便結，煎捻導之是也。至若川蜜温，而西蜜涼，閩廣之蜜則熱，此因地而然也。梨花蜜白，檜花蜜赤，黄連花之蜜則苦，此又隨性而成也。仙家服食，獨稱石蜜，取其得山谷之氣爾。夫蠟即蜜之房高，蜜甜而蠟淡，非同質而異性乎？蓋蜜之氣味俱厚，屬于陰也，故養脾；蠟之氣味俱薄，屬乎陽也，故養胃。味甘則性緩，質柔故潤藏府；味淡則性嗇，質堅故止洩痢。仲景調氣飲、千金膠蠟飲，皆治痢之神藥也。可不服膺哉？

清・張志聰、高世栻《本草崇原》卷上 蜂蜜 氣味甘，平，無毒。主治心腹邪氣，諸驚癇痓，安五臟諸不足，益氣補中，止痛，解毒，除眾病，和百藥。久服强志輕身，不飢不老，延年神仙。蜂居山谷，蜜從石岩下流出者，名石蜜。蜂居叢林，蜜從樹木中流出者，名木蜜，皆以色白如膏者佳。若人家作桶，收養割取者，是為家蜜，此蜜最勝。春分節後，蜂採花心之粉，置之兩髀而歸，醞釀成蜜。如遇牡丹、蘭蕙之粉，或負於背，或戴於首歸，以供王蜂。王所居層疊如臺，有君臣之義。寒冬無花，深藏房内，即以釀蜜為食，春暖花朝後，復出採花也。草木百卉，五色咸具，有五行之正色，復有五行之間色，而花心只有黄白二色，故蜜色有黄白也。春夏秋集采群芳，冬月退藏於密，得四時生長收藏之氣，吸百卉五色之精。主治心腹邪氣者，甘味屬土，滋養陽明中土，則上下心腹之正氣自和，而邪氣可治也。諸驚癇痓，乃心主神氣内虚，蜂蜜花心釀成，能和心主之神，而諸驚癇痓可治也。安五臟諸不足者，花具五行，故安五臟之不足。益氣補中者，氣屬肺金，中屬胃土，蜂采黄白金土之花心，故益氣補中也。止痛解毒者，言蜂蜜解毒，故能止痛也。除眾病，和百藥者，言百藥用蜂蜜和丸，以蜂蜜能除眾病也，久服強志，金生水也。輕身不飢，土氣盛也。輕身不飢，則不老延年，神仙可冀。

清·姚球《本草經解要》卷四　石蜜　氣平，味甘，無毒。主心腹邪氣，諸驚癇痓，安五藏諸不足，益氣補中，止痛，解毒，除眾病，和百藥。久服強志輕身，不飢不老，延年神仙。火煉。　石蜜氣平，稟天秋收之金氣，入手太陰肺經。味甘無毒，得地中正之土味，入足太陰脾經。氣味升多於降，陽也。心腹，太陰經行之地也。氣味甘平，故主邪氣。諸驚癇痓，肝熱而氣逆也。驚者平之，癇痓者緩之。甘平之味，平之緩之也。甘為土化，土乃萬物之母，五藏諸不足，補之以甘也。真氣者，得於天，充於穀，甘味益脾，脾和則穀納，所以益氣補中也。蜜乃採百花釀成，而得至甘之正味，所以止痛解毒，除眾病，和百藥也。久服氣平益肺，肺主氣，味甘益脾，脾統血，血氣和調，所養剛大，所以強志輕身，不飢不老，延年神仙也。　製方：　蜜同蘆根汁、梨汁、人乳、牛乳、童便、竹瀝，治膈噎。煉熟和諸丸藥膏子，塗火灼瘡。煉鞕，加皂角末，作挺，納便道中，治大便硬結。

清·楊友敬《本草經解要附餘·考證》　石蜜　即蜂蜜。以生山石中，色白如膏者良。今用河南白蜜，蓋採梨花釀成，殊勝他產。《綱目》果部別載石蜜，即今冰糖也。

清·葉盛《古今治驗食物單方》　蜂蜜　產後口渴，熟蜜調滾水服。

產難橫生，蜂蜜、真麻油各半碗，煎一碗服，即下。　痘瘡作癢，白蜜湯和，時時掃之。　五色丹毒，蜜拌乾薑末掃之。　口瘡，蜜浸大青葉含之。　陰頭生瘡，蜜煎甘草塗之。

清·王子接《得宜本草·上品藥》　蜂蜜　性溫。功專潤臟腑。得薤白搗塗湯火傷痛立止。得生薑治大頭癩瘡，得升麻敷天口膚瘡神效。

清·徐大椿《神農本草經百種錄》上品　石蜜石蜜，野蜂于崖間石隙中采花所作也，疑古時未有養蜂之法，則以崖蜜為上，而土木中之蜜不用。今人養蜂收蜜，其法最良，功同石蜜也。　味甘，平。主心腹邪氣，養胃和中。諸驚癇，定心平肝。安五藏諸不足，益氣補中，百花之精，藏府經絡皆受益也。止痛，甘能緩痛。解毒，香能辟穢惡之毒。除眾病，諸花之性俱全。和百藥。諸花之性俱全。久服強志輕身，不飢不老。精神充足故也。　蜜者，采百花之精華而成者也。天地春和之氣，皆發于草木，草木之和氣，皆發于花。花之精英，釀而為蜜，和合眾性則不偏，要去糟粕則不滯。甘以養中，香以理氣，真養生之上品也。但其性極和平，于治疾則無速效耳。〇凡天地之生氣，皆正氣也。天地之死氣，皆邪氣也。正則和平，邪則有毒。毒者，敗正傷生之謂。蜜本百花之蘂，乃生氣之所聚，生氣旺，則死氣不能犯，此解毒之義也。

清·黃元御《長沙藥解》卷一　白蜜　味甘、微鹹，入足陽明胃、足太陰脾、手陽明大腸經。滑秘澀而開結，澤枯槁而潤燥。　《傷寒》蜜煎導法，蜜七合。煉乾，作挺如指，長二寸，內穀道中，欲大便時去之。治陽明病，自汗出，小便自利，津液內竭，大便鞕者。以汗尿亡津，而致便鞕，非胃熱便難之比，不可攻下，蜜煎潤燥而滑腸也。　《金匱》大半夏湯方在半夏用之治反胃嘔吐，以腸竅閉塞，糟粕不得下傳，白蜜潤大腸而通傳道也。《傷寒》大陷胸丸方在大黃用之治結胸項強，以其滑胸膈下瘀濁也。《金匱》烏頭湯方在烏頭用之治歷節疼痛，以其滑經絡而止寒濕也。大烏頭煎方在烏頭用之治寒疝繞臍痛，以其潤筋脈而緩急迫也。甘草粉蜜湯方在甘草用治蚘蟲為病，吐涎心痛，以其滋乙木而息風燥也。甘遂半夏湯方在甘遂用之治留飲欲去，心下續堅滿，以其滑腸胃而泄水飲也。　蜂蜜濃郁滑澤，滋濡臟腑，潤腸胃而開閉澀，善治手足陽明燥盛之病。太陰濕旺，大便滑溏者勿服。

清·吳儀洛《本草從新》卷六　蜂蜜（補中，潤燥滑腸。）俗名蜂糖。生岩石者，名岩蜜，亦名石蜜。以下卵生類。　采百花之精英，合露氣以釀成。生，性涼，能清熱；熟，性溫，能補中；甘而和，故能解毒；柔而滑，故能潤燥；甘緩可以去急，故止心腹肌肉瘡瘍諸痛；甘緩可以和中，故能調營衛，通三焦，安五臟，和百藥，而與甘草同功。止嗽治痢，解毒潤腸，最治痢疾，用薑汁和服甚佳。明目悅顏。同薤白搗塗湯火傷。煎煉成膠，通大便秘。乘熱納穀道中，名蜜煎導。大腸虛滑者，雖熟蜜亦在禁例。酸者食之，令人心煩。同葱食害人。食蜜飽後，不可食鮓，令人暴亡。白如膏者良。汪穎曰：蜜以花為主。閩廣蜜熱，川蜜溫，西蜜涼。安宣州有黃連蜜，味小苦，點目熱良。西京有梨花蜜，色白如脂。用銀石器，每蜜一斤，入水四兩，桑火慢熬，掠去浮沫，至滴水成珠用。黃蠟，甘淡而澀，微溫。止痛生肌，療下痢，蜜，質柔性潤，故滑腸胃。蠟，質堅性澀，故止瀉痢。續絕傷。蜜與蠟皆蜂所釀成，而蜜味至甘，蠟味至淡，故今人言無味者，謂之嚼蠟。

清·汪紱《醫林纂要探源》卷三　蜂蜜　甘，寒。春與夏取者，多採芸薹、桃李之花，性味不能醕。季秋取者，多採荷、桂、菊花，性甚醕好。閩廣者有酸味，不寒。川中者亦不甚寒。徽寧及蜀，有採黄連之蜜，味微苦。西凉有梨花蜜，色白如脂，性皆寒。又人家木桶及山木穴中者，性平，微寒。石巖取得者，則大寒。挹草木之英，含清露之氣，沖和滋潤，柔滑膠凝。而甘無不補，補脾和胃，緩肝潤肺，調營衛，通經絡，滋血養氣，通利三焦，解百毒，和百藥。生用清熱，熟用補中，以入肺則止嗽潤燥，止渴生津。下行大腸，治痢通閉。以入脾則和中止痛，調和陰陽，通利水道。以入血分，則去熱凉血，去妄血，和經絡。以外用則潤肌膚，悦顔色，止瘡瘍諸痛，生長肌肉，治湯火傷。其解百毒，和百藥，同於甘草，又能固斂藥氣，故凡丸藥多用之。性滑腸，寒瀉及中滿者忌。中滿忌甘。忌葱。同葱食，能殺人。蓋一上升，一下降，其勢相逆也。古人云忌萵苣，則殊不然。

清·嚴潔等《得配本草》卷八　蜂蜜　忌與生葱同食。　甘，平。入手足太陰經。潤燥生津。除心煩，通便秘，能緩燥急之火，并解諸般之毒。得薑汁，治初痢。和生地汁，治心腹刺痛。拌薤白，塗湯火傷。入牙皂，通便結。將蜜煎膏，入牙皂末少許，作錠塞糞門，便自下。　每斤入水四兩，桑柴火熬，掠去浮沫，至滴水成珠用。

題清·徐大椿《藥性切用》卷八　蜂蜜　性味甘凉。生用則性凉，而瀉熱解毒。熟則性溫，而潤燥補中。腸滑均忌。蜜煎導法，通大腸虚閉。黄蠟，甘淡微溫，濇腸止利，并能解毒護心。

清·黄宫繡《本草求真》卷一　蜂蜜蜂白蜜和胃潤肺，通結；赤蜜性凉降火；蜂房清熱軟堅，散結解腸胃毒。　蜜耑入脾肺，兼入腸胃。本花木精英，春生露氣噓得釀而成，生則性凉清熱，熟則性溫補中，為至純至粹之味。凡人五臟不足，燥結不解，營衛不調，三焦失職，心腹急痛，肌肉瘡瘍，咳嗽熱痢，眼目眩花，形色枯槁，無不借其潤色以投。如仲景治陽明燥結大便不解，用蜜煎導。乘熱納入穀道。取其能通結燥而不傷脾胃也。滋補藥俱用白蜜為丸，取其和胃潤肺也。至於赤蜜食之使人心煩，以其味酸者，故惟降火藥用之。白蜜雖補脾肺，然性凉質潤。若脾氣不實，腎氣虚滑，及濕熱痰滯，胸痞不寬者，咸須忌之。白如膏者良。李時珍曰：凡試蜜以燒紅火筯插入，提出起氣是真，起烟是偽。用銀石器，每蜜一觔，入水四兩，桑火慢熬，掠去浮沫，至滴水成珠用，忌葱、鮓萵苣同食。　蜂房味苦鹹辛，氣平有毒，為清熱軟堅散結要藥。是以驚癇蟲毒、癰疽瘰癧、痔痢風毒等症，得此則除。時珍曰：蜂露房陽明藥也。外科、齒科及他病用之者，亦皆取其以毒攻毒，殺(蟲)〔蟲〕之功耳！　以其辛能散結，苦能泄熱，鹹能軟堅，且取其氣類相從，以毒攻毒之義也。有同亂髮、蛇皮三物合燒灰酒服，治惡瘡、附骨癰，根在臟腑。歷節腫出，疔腫惡脉諸毒者，又以煎水漱齒，止風蟲疼痛，洗乳癰、蜂疔、惡瘡者，皆以取其攻毒散邪殺蟲之意。並得陰露之寒及蜕脱之義耳。但癰疽潰後禁用，去外粗皮，酒淨炒用。

清·李文培《食物小録》卷下　蜂蜜石蜜、岩蜜。　草木精英合露氣以釀成。生凉，能清熱；熟溫，能補中。甘和，故解毒；柔滑，故潤燥，故能調營衛，除眾病，和百藥，功同甘草。不可同葱食。

清·楊璿《傷寒溫疫條辨》卷六潤劑類　蜂蜜七月勿食生蜜，令人霍亂暴下。　味甘，性平。入脾、肺經。益氣補中，潤燥解毒，除心煩，通便閉，止瀉痢，悦顔色，潤藏府，和百藥，却衆病。蜜酥等分，熔化一處，或湯或酒，日數調服不拘時，治久病血枯，並潤燥止渴。

清·羅國綱《羅氏會約醫鏡》卷一八鱗介蟲魚部　蜂蜜味甘平，入脾經。忌生葱、鮓。蜜一斤入水四兩，磁器中煉，滴水不散用。　採百花之精英，朝夕噓以陽氣，釀成華液，氣清味甘，凡寒熱虚實之證，無不相宜。調榮衛，甘緩和中。解諸毒，甘為土化，毒遇土則解。安五臟，和百藥。甘溫而補。止欬潤肺，止痢，薑汁和服。通大便秘，煉熟納穀道中。除湯火傷，同薤白搗塗。止心腹肌肉瘡瘍諸痛。甘緩可以去急。調脾胃，甘能補中。潤腸燥柔滑。然能滑腸，泄瀉者、中滿者甜能滿中。忌用。性重下墜，入水下沉。欲上升藥勿用調炒。

黄蠟：味淡。無味者謂之嚼蠟。止瀉痢性澀，續絶傷，生肌定痛及金瘡也。甘能調血，溫能行絡。凡蕩滌下焦之藥，以此裹之，免傷上部。

清·陳修園《神農本草經讀》卷二上品　石蜜　氣味甘，平，無毒。主心腹邪氣，諸驚癇痓，安五臟諸不足，益氣補中，止痛解毒，除眾病，和百藥。久服強志輕身，不飢不老。

陳修園曰：石蜜氣平，稟金氣而入肺。味甘無毒，得土味而入脾。心腹者，自心下以及大小腹與脇肋而言也；邪氣者，六淫之氣自外來，七情之氣自内起，非固有之氣，即爲邪氣也，其主之者，甘平之用也。諸驚癇痓者，厥陰風木之為病也，其主之者，養胃和中，所謂厥陰不治，取之陽明是也。脾為五臟之本，脾得補而安，則五臟俱安，而無不足之患矣。真氣者，得於天而充於穀，味甘益脾，即所以益氣而補中也。止痛者，味甘能緩諸急。解毒者，氣平能勝諸邪也。諸花之精華，采取不遺，所以能除眾病；諸花之氣味，醞釀合一，所以能和百藥也。久服強志輕身、不飢不老者，皆調和氣血，補養精神之驗也。

清·趙學敏《本草綱目拾遺》卷一〇蟲部 苦蜜 出處州。劉基《苦齋記》：匡山之巔，四面峭壁，風從北來，大率不能甘而善苦。故植物中性之苦者，莫不布族而羅生焉。野蜂巢其間，采花髓作蜜，味亦苦，山中方言謂之黃杜，初食頗難，久則彌覺其甘。

按：《綱目》言蜜有黃連蜜，味苦，而知更有天成自然之苦蜜，故補之。

除積熱，已煩渴，解熱痢暑積，驅風丸藥中用之，更佳。老人腸燥，以一盞和酒食，尤宜。

清·黃凱鈞《藥籠小品》 蜂蜜 祕蜜之謂也，潤腸胃，和百藥，不可同葱食，殺人。黃蠟止痛生肌，凡被毆或跌傷，見風多致不救。一方用荊芥黃蠟魚鰾炒黃色各五錢，艾葉三片，入無灰酒一碗，重湯煮一炷香，熱飲之，汗出立愈。惟百日內，不得食雞肉。

清·章穆《調疾飲食辯》卷六 蜂蜜 《本經》名石蜜，又名巖蜜，又名石飴，以其生於巖石間也。《拾遺》曰：《博物志》云：南方諸山幽僻處出蜜蠟，在絕巖石壁，非攀緣所及，於山頂以籃轝懸下取之。蜂去，有小鳥如雀啄食其餘，名靈雀。至春蜂歸如舊。人占護其處，各有主者，謂之蜜塞。《綱目》曰：陳氏所謂靈雀者，每正月則於巖石間尋求安處，雀止，蜂亦隨而止，故呼為蜜母。

按：閩、廣天氣不寒，故有野蜜。他處皆家畜之。入藥以野蜜為勝，故《本草》多言石蜜、巖蜜，入食料則不拘。《圖經》曰：近世宣州有黃連蜜，色黃味微苦。雍、洛間有梨花蜜，白如凝脂。亳州太清宮有檜花蜜，色微赤。柘城有何首烏蜜，色更赤。並蜂採花作之，蜜性各隨花性之溫涼也。愚極謬極。蜂無處不到，其於諸花無時不採，豈有一歲之中，專俟某花開放之數日，守此一樹採以釀蜜，他樹毫無沾惹，他時絕不採釀之理乎？黃連、檜花、梨花、何首烏者，因蜜敗變色變味，巧立名色以求售，著書立說者亦墮其術中乎？諸家論蜜，有云色青色綠者，有云味酸味蔹者，不知蜜以味甘、色白或黃赤、帶沙者為正，不沙者偽也，味雜色改者敗也。採割之時，秋冬為上，味既醇正，又可久留。春夏易敗不堪，而《食物本草》謂冬夏為上，誤也。一種微苦者，石蜜也，入藥最佳，俗呼廣蜜。其餘諸蜜，《別錄》云微溫，劉完素云蜂寒而蜜溫，有謂其性涼者，大誤也。蓋蜜成於群蜂所釀，其勢叢雜有火之象，斷無不熱之理。而蜂本有毒之物，聚眾毒而為蜜，尤斷無反涼之理。《綱目》曰生涼熟溫，尤為大誤。《食療》曰西蜜涼，南蜜熱，川蜜溫，亦誤也。王充《論衡》曰：蜂蠆稟太陽火氣而生，故毒在尾。蜜為蜂液，食多則有毒，煉過則無毒矣。此見理之言也。生蜜之熱，猶生酒之酷烈。熟蜜之平，猶酒之得煮沸而平。試觀生蜜食多，令人咽間作熱火嗽者，或動血，或失音，或唇舌咽喉作腫，熟蜜則無此害，可云生涼熟溫乎。凡熱在脾肺及中滿，並內有蟲䘌之人，概不宜食。每見世醫治嗽誤於性涼之說，用以潤肺，反以助火傷肺，願切戒之。孫思邈曰：同生葱、萵苣食令人下利，同鮓食令人暴亡。其功用有四：和中、解毒、緩急、潤燥。《本經》曰：安五藏，益氣補中，止痛解毒，和百藥。《別錄》曰：養脾氣，除心煩。《傷寒論》有蜜煎導法，治久熱津枯，大便秘結。《產書》治產後作渴，熱水調熟蜜飲。《海上方》治胎乾難產：蜂蜜、真香油各一椀，煎數沸服。《心鏡》治痘痂不落作癢：湯調石蜜，時時刷之，加大黃末更佳。又治癮疹瘙癢，酒和熟蜜飲。觀其所治諸病，用雖有四，潤燥之力為多也。而《本經》有和百藥三字，後世丸藥遂無不用之，亦誤也。蓋《本經》所謂和者，猶甘草之和也。若腎虛症、中滿，及蟲症、諸濕熱忌滋潤等症，所主之藥皆蜂蜜之仇家敵國，豈可一例用之。或水丸，或米麪糊，或蒸餅，或阿膠、鹿膠等化水均可和丸。古丸藥法皆如此，其書具在，可以檢閱。後世拘拘此物，小則減藥力，大或與病相反，令人加病。至於炮製諸藥，蜜炙者無非取其滋潤，肺燥欬嗽之用沙參，上氣喘促之用桑皮，蜜炙宜也。若黃耆則固衛陽、實肌表，甘草則建中氣、助脾元，安所取於蜜乎。古法皆以水潤透黃耆，或以酒潤透炙之，於固表托裏之劑為更宜也。今則定用蜜炙，吾不知始自何人。附論於此，願舉世醫人三反之。

其渣滓為蠟。《本經》曰：主下利膿血，補中，續絕傷。《別錄》曰：療泄澼後重見白膿。此症有數年不愈者，失調或至於死。但煉黃蠟服之，病愈為度。妙法也。《藥性本草》曰：治孕婦胎動下血欲死，黃蠟四五錢，好酒煎化服，立瘥。《千金方》治熱利及產後熱利：黃蠟棋子大二塊，阿膠二錢，當歸二錢，黃連三錢，黃栢一錢，陳廩米半升，水三升，先煎米至一升，入藥再煎，溫服。熱不甚者，黃連酌減。華佗治下利食入即吐：蜜蠟方寸大一塊，雞子黃一個，石蜜、苦酒、髮灰、黄連末各半雞子殼，先煎蜜蠟、苦酒、雞子令勻，乃納連、髮，熬至可丸，二日服盡。又治肺虚熱欬，煩滿乾渴，體倦肌瘦，發熱減食：黄蠟八兩，溶作一百二十丸，蛤粉四兩為衣，試蛤粉味不鹹者，乃淡水蚌蛤，不堪用，以牡蠣粉代之。胡桃半個細嚼，溫水下一丸。出《普濟方》。又治肝虚雀目：黄蠟不拘多少，溶化，入蛤粉相和不如石決明，每用三四錢，以猪肝二兩批開，摻藥在內，麻線紥定煮熟，乘熱蒸眼，至溫食之，飲汁盡，日二次，病愈為度。出《集〔驗〕方》。又治臁脛爛瘡：桃、柳、槐、椿、楝五枝，同荊芥煎湯洗，拭乾，以黄蠟攤油紙上宜略加陳脂麻油，比瘡略寬，貼十層，每三日一洗，除去靠裏一層，一月全愈。出《醫林集要》。

按：蠟與蜜同出於蜂，蜜味至甘，蠟味至淡，故云淡如嚼蠟。而淡者功用反勝於濃，奇物也。《洗冤錄》曰：黄蠟炒雞食，令人脹悶，三日而死。解法，用冬葵子一二合，研碎煎，飲之即下。

蜂子，一名范。又作蝱。《禮》曰：范則冠而蟬有緌。《圖經》曰：即蜜蜂之子，如蠶蛹而色白，在蜜脾中。蜂之釀蜜，有鬣層層比附，如牛羊腹內百葉，又有孔，故曰蜜脾。嶺南人油炒食之。《綱目》曰：蜂蛹未生翅足時，古人以供食。《禮記》有雀、鷃、蜩、范是也。

按：蜂蛹今不聞有食者，古人饞口，乃至是乎。況其性有毒，土蜂、黄蜂諸蛹，古皆食之，性尤毒。雖《本經》《別錄》言其功用，不足錄也。

清・王龍《本草纂要稿・蟲魚部》 石蜜 味甘平。養脾胃，五臟不足能補。止腸澼，心腹卒痛即驅。除口瘡潤燥解毒，却癎痓益氣補中。

清・吴鋼《類經證治本草・足太陰脾臟藥類》 蜂蜜 【略】蟲白臘【略】誠齋曰：臘字當從蟲字邊。

清・張德裕《本草正義》卷下 蜂蜜 甘，涼。能益脾，生津潤燥。亦能解毒，痘家用其助結痂，亦易落痂。

清・楊時泰《本草述鉤元》卷二七 蜂蜜 蜂采無毒之花，釀以(大)〔小〕便而成。生巖石者，名石蜜。

氣味甘平。生者有小毒。蜜成於蜂，蜂寒而蜜溫，同質異性也守真。生者性涼，故能清熱，熟則性溫，故能補中瀕湖。主治養脾氣，和營衛，潤臟腑，通三焦，除心煩虚熱，止痛解毒，通大便秘結，傷寒更有蜜煎導法。和百藥，煉熟和丸及膏，主通潤而益血脈，調脾胃。點目中熱膜，以家養白蜜為上，木蜜次之，崖蜜更次之。與薑汁熬煉，治癩甚效。塗火灼瘡，能緩痛。凡覺有熱，四肢不和，服蜜漿一盌，能解虚熱驟生，甚良。同蘆根汁、梨汁、人乳、牛羊乳、童便，治噎膈、大便燥結，有痰加竹瀝。產後口渴，用煉蜜不計多少，熟水調服即止。難產橫生，蜂蜜、真麻油各半碗，煎減半，服立下。天口鹵瘡，相傳漢武帝興師擊鹵所染，頭面及身，須臾周匝，狀如火瘡，皆戴白漿，隨決隨生，不即療，數日死。差後瘡瘢黯色，一歲方滅，此天行惡毒氣也，取好蜜通摩瘡上，以蜜煎升麻，數數拭之。疔腫惡毒，用生蜜與隔年葱研膏，先刺破，塗之，如人行五里許，則疔出，後以熱醋湯洗去。

論：萬物之至味，莫過於甘，蜂采百花之英，釀以(大)〔小〕便而成蜜，是和群味而以臭腐生神奇者。甘屬土，故能養脾。集群味以為甘，更由醞釀而成變化，故解毒為最。甘味屬陽，故所益者脾氣，雖《經》曰陰為味，然味歸於形而歸氣，是先能和陰以諧榮衛。俾臟潤，三焦通，脾氣於是乎益暢，而虚熱能解也。繆氏謂其氣清和，其味甘純，施之陰陽內外，罔不相宜，洵然。丹溪云：西北高燥，故人食之有益，東南卑濕，多食則害生於脾。多食生濕熱蟲䘌瀕湖。亦生諸風宗奭。小兒尤當戒。生者性寒滑，能作泄，大腸氣虚完穀不化者，弗服。嘔家，酒家，中滿、蟲脹，濕熱脚氣，俱不宜用仲淳。不可與生葱、萵苣同食。

修治：水火煉法，每斤入水四兩，銀石器內以桑火慢熬，掠去浮沫，至滴水成珠，乃用。又法，以器盛置，重湯中煮一日，自不傷火。候滴水不散取用，亦佳。

清・葉桂《本草再新》卷一〇 蜂蜜味甘，性涼，無毒。入心、脾、肺三經。生能清熱，熟可溫中。其滋液可以潤肺，甘潤可以和脾，止欬兼補氣，明目帶生津，可安五臟，可通三焦，無方不可用，殆與甘草同功。

清・趙其光《本草求原》卷一八蟲部 蜂蜜 合群花之味以成甘，有變化之妙。得露霧而氣平，故入胃脾。生則清涼，熟則溫補。主心腹邪氣、味為陰歸形，形歸氣，甘平和陰以調營衛，通三焦。故心以下及大小腹、脇肋，凡六淫七情之邪氣可除。諸驚癇痓。皆厥陰風木之病。所謂厥陰不治。取之陽明也。安五臟諸不足，氣清和而味甘，施之陰陽內外皆宜。況脾為五臟之長，脾溫潤則皆潤。止咳，明目，益氣補中，氣充於穀，陰為中守，潤五臟以通三焦，則脾氣暢而虚熱除，中自得補。止痛，甘能緩急。解毒，變化甘平之用。除眾病，和百藥，合諸花英華醞釀合一故也。潤燥，通大便，仲景有蜜導法。治痢，薑汁和服，解毒潤腸。產後口渴，熱水調服。難產、横產、同麻油煎服。天行𪖙瘡，斑瘡忽然遍身如火瘡，皆戴白漿，隨決隨生，不治，數日死。以蜜搽之，兼合升麻煎拭之。湯火傷，同薤白搗塗。疔腫。刺破，同葱研塗，疔出，以熱醋洗。但性滑潤，脾虚腸滑，及濕熱痰滯，嘔家、酒家並忌。故瓊玉膏用糖霜，枳术丸用荷葉包飯，佐金丸用米飲，牛黄丸用蒸餅，黑錫丹用酒麴，磁珠丸用神麴，虎潛丸用酒，香連丸用醋，茸珠丹用紅棗，滾痰丸用水泛，各有所宜，今人概用白蜜，殊失製方之意。

白如膏者良，點眼明目。味微苦者，點眼。去熱膜；味酸者，不堪用。用銀石器，每蜜一斤入水四兩，慢火熬，掠去浮沫，至滴水成珠為度。每乾蜜一斤入酒四兩，再熬沸為丸，則藥力易化。以薑汁煉，治癩。虚熱忽生，四肢不和，飲蜜良。同蘆根汁、梨汁、人牛羊乳、童便，治噎膈、便燥。忌與生葱同食。

清·葉志詵《神農本草經贊》卷一 石蜜 味甘，平。主心腹邪氣，諸驚癇痓。安五藏諸不足，益氣補中，止痛解毒，除眾病，和百藥。久服強志輕身，不飢不老。一名石飴。生山谷。

倒懸家室，供課尊王。分喧潮應，申喙花忙。甜珍一滴，暖割千房。諧和旨味，百藥攢芳。

《魏書·傳》：管輅射覆卦成曰：家室倒懸，此蜂窠也。黄庭堅詩：稺蜂趨衙供蜜課。蘇軾詩：中有王子蜂中尊。謝翱詩：分喧刺蜜烟。《埤雅》：蜂有兩衙應潮。柳宗元對：不足以申吾喙。李商隱詩：蜂亦為花忙。《冷齋夜話》：仲殊曰：錢如蜜，一滴也甜。陸游詩：花殘新蜜釀千房。《唐書·傳》：門下充旨味者多矣。元禛詩：蜂連宿露攢芳久。

清·文晟《新編六書》卷六《藥性摘錄》 蜂白蜜 和脾胃，潤肺通結。生則性涼，熟則性溫，補中治燥結不解，心腹急痛。凡肌肉瘡瘍，咳嗽痰滯，胸痞不寬者，皆忌之。〇反萵苣、魚鮓。與葱同食殺人。〇赤蜜，性涼降火。多食之心煩，以其味酸故也。〇蜂房，味苦鹹辛，氣平，有毒。為清熱軟堅散結要藥。外科、齒科、蟲毒癰疽，瘰癧痔痢，驚癇用之。但癰疽潰後禁用。去外粗皮，酒浸炒用。

清·文晟《新編六書》卷六《藥性摘錄》 蜜 蜂白蜜，和脾胃，潤肺通結。生用涼，熟則溫中。治燥結，心腹急痛，咳嗽熱痢。〇若泄瀉，濕痰，皆忌。〇赤蜜，性涼降火。俱忌與蔥同食。〇餘詳藥部。

清·張仁錫《藥性蒙求·蟲部》 蜂蜜黄臘、白臘 蜂蜜甘平，熟用性溫。滑能潤燥，清熱宜生。大腸虚滑者，雖熟蜜亦在禁例。白如膏者良。〇蜜與蠟皆蜂所釀成，而蜜味至甘，蠟味至淡。〇黄臘甘淡而濇，微温。止痛生肌，止瀉痢，續絶傷。〇白臘甘淡，而功專調氣。得茯苓治陽虚遺濁帶下。

清·王孟英《隨息居飲食譜·調和類》 蜜 蜜者，密也。味甘。質潤而性主固，密護內，故能補中益氣，養液安神，潤肺和營，殺蟲解毒。生者涼，熟者平。以色白起沙，而作梨花香者為勝。煉法以器盛置，重湯中煑一日，候滴水不散為熟蜜。或以蜜一斤，入水四兩，放砂石器內，桑柴火慢熬，掠去浮沫，至滴水成珠亦可。但經火煉，其性溫也。若果餌肴饌，漬製得宜，味皆甘美，洵神品哉。忌同葱食。痰濕內盛，脹滿嘔吐者亦忌。以之丸藥，須察其宜，顢頇濫用，焉能濟事哉。湯火熱油傷，蜜塗。產後口渴，煉蜜，調白湯服。

清·田綿淮《本草省常·魚蟲類》 蜂蜜（酸蜜） 生巖石者名巖蜜，又名石蜜，俗名蜂糖。生，性涼；熟，性溫。宜煉熟食。補中益氣，潤肺滑腸，止嗽定喘，聰耳明目，通三焦，除眾病，安五臟，和百藥。久服強志輕身，不飢，不老，面如花紅。多食生諸風並溫熱、蟲䘌，生食尤甚。同葱、韭、薤、蒜食殺人，四日內犯之令人心痛。同魚鼈鰕蟹食，令人暴亡。同鮮萵苣、苜蓿食，令人利下。同李子食，傷經絡。小兒忌之。酸蜜，不宜食，食之令人心煩。

清·戴葆元《本草綱目易知錄》卷四 蜂蜜 甘，平，微溫。采無毒之花，釀以大便而成蜜。有臭腐生神奇之妙。生性涼能清熱；熟性溫能補中。甘而和平，能解毒，柔而濡澤能潤躁，緩以去急，故止心腹肌肉瘡瘍之毒。甘以和中，故除眾病，和百病，而與甘草同功。和營衛，潤臟腑，通三焦，調脾胃，除心煩，止腸澼，益氣強志，明目定驚，療心腹邪氣，諸驚癇痓，牙齒疳䘌，唇口生瘡，目膚赤障。同生地汁服，除心腹血刺痛及赤白痢。同薤白搗，塗湯火傷即時痛止。熬煉作挺，導肛，通大便。然能滑腸作壅，瀉瀉中滿者忌之。多食亦生濕熱蟲䘌，小兒尤當戒。

清·陳其瑞《本草撮要》卷九 蜂蜜 味甘，性溫，入手足太陰、厥陰、陽明經，功專潤臟腑。得薤白搗塗，湯火傷痛立止。得生薑治大頭癩瘡，得升麻敷天口虜瘡神效。納穀道中通大便。同葱食害人。同葱搗塗癰疽痔瘡良。同鮓魚食令人暴亡。

清・吳汝紀《每日食物却病考》卷下　蜜糖　甘，平，無毒，微溫。治心腹邪氣，安五臟，補中，止痛，解毒，和百藥，養脾明目，除心煩，進飲食，療赤白痢及口瘡。有出崖石上者、樹上者、土中者、家養者，各隨地土之不同。諸家辨論雖多，不必過泥。要之，以地之花為主，以採取之時為別也。山野之花良毒甚雜，蜂必採其糞穢，方得成蜜，如作飴須蘗，作酒須麴。昔人有謂：其臭腐生神奇也。其中必有制伏之妙，不得而知。閩、廣蜜熱，以南方少霜雪，諸花多熱也。川蜜溫，西南蜜則涼矣。其採取以冬夏為上，秋次之，春則易變而酸。崖蜜，則有經一二年者，故堪入藥。李時珍曰：蜜入藥之功有五：一曰清熱，以生則性涼也；二曰補中，以熟則性溫也；三曰解毒，以甘而和平也；四曰潤燥，以柔而濡澤也；五曰止痛，緩可以去急也。又得中和之氣，故能調和百藥，而十二臟腑之病罔不宜之。仲景治陽明結燥，大便不通，製蜜煎導引之法，最為奇妙。王充《論衡》云：蜂稟太陽火氣而生，故毒在尾，蜜為蜂液，食多亦有毒，但煉過則無毒矣。不可不知。又多食傷脾，小兒宜戒。不可與生葱、萵苣及鮓同食。入藥須用崖蜜，及色白、味甜、汁濃而砂者佳。

清・仲昴庭《本草崇原集說》卷一　蜂蜜　【略】仲氏曰：經方蜜入湯丸，或作挺子納穀道，具有聖法可征。若傷燥咳吐痰血，甚至下痢痰血。喻氏清燥救肺湯不中與，應將《千金》五味子湯，除赤豆、續斷、生地，依修園加葳蕤、門冬、乾姜、細辛，又依秘旨加白蜜一匙煎服以救之。不可執時書腸滑忌蜜之說以誤之，然此難為荒經者道也。

清・周巖《本草思辨錄》卷四　蜂蜜　蜂蜜生性涼，能清熱，熟性溫，能補中。甘而和故解毒，甘而滑故潤燥，甘緩可以去急，故止心腹肌肉瘡瘍諸痛，甘潤可以泄澤養正，故通三焦，除眾病，和百藥。

仲聖以蜜煎導通大便，蜜當為下利之所忌矣。然下利有用之者，一為猪膚湯，少陰伏邪內發，陰下泄而陽上乘，致下利，咽痛，胸滿心煩，液傷而脾亦困矣。以猪膚從陽引陰而平邪熱，陽不至上乘矣。白粉扶脾而止利，陰不至下泄矣。白蜜則佐猪膚潤液，助白粉安中，故加之。一為甘遂半夏湯，脈伏者有留飲在內，欲自利，利反快者，利不即利，即利則快。心下續堅滿者，利後滿減，過時又續，是為飲在上而腸則燥，致飲欲去不去，幾與滯下無異。故以半夏、白芍，消飲於上而降之。甘遂、甘草，借其相反之勢以激之。白蜜則潤液化燥以速其去，猶滯下之用阿膠，此二方用蜜之意也。

蜜蠟

宋・唐慎微《證類本草》卷二〇蟲魚部上品〔《本經・別錄・藥對》〕　**蜜蠟**　**味甘，微溫，無毒。主下痢膿血，補中，續絕傷，金瘡，益氣，不飢，耐老。**白蠟：療久洩澼後重見白膿，補絕傷，利小兒。久服輕身不飢。生武都山谷，生於蜜房木石間。惡芫花、齊蛤。

〔梁・陶弘景《本草經集注》〕云：此蜜蠟爾，生於蜜中，謂蜜蠟。蜂皆先以此爲蜜蹠，音隻，煎蜜亦得，初時極香軟。人更煮煉，或加少醋、酒，便黃赤，以作燭色爲好。今藥家皆應用白蠟，但取削之，於夏月日暴百日許，自然白。卒用之，亦可烊，內水中十餘過，亦白。俗方惟以合療下丸，而《仙經》斷穀最爲要用，今人但嚼食方寸者，亦一日不飢也。

〔唐・蘇敬《唐本草》〕注云：除蜜字爲佳，蜜已見石蜜條中也。

〔宋・掌禹錫《嘉祐本草》〕按：《藥性論》云：白蠟，使，味甘，平，無毒。主妊孕婦人胎動，漏下血不絕，欲死。以蠟如雞子大，煎消三五沸，美酒半升投之，服之差。主白髮，鑷去，消蠟點孔中，即生黑者。和松脂、杏人、棗肉、茯苓等分合成，食後服五十丸，便不飢，功用甚多。又云：主下痢膿血。

〔宋・唐慎微《證類本草》〕《圖經》：文具石蜜條下。

《葛氏方》：治犬咬人重發。療之火炙蠟，灌入瘡中。又方：治狐尿刺人腫痛。用熱蠟着瘡中，又煙熏之令汁出，即便愈。《千金翼》：療伐指。以蠟、松膠相和，火炙籠伐指，即差。《經驗方》：湖南押衙顏思退傳頭風掣疼。蠟二斤，鹽半斤相和，於鏒鑼中熔令相入，捏作一兜鍪，勢可合腦大小，搭頭至額，頭痛立止。《集驗方》：治雀目如神。黃蠟不以多少，器內熔成汁，取出，入蛤粉相和得所成毬。每用以刀子切下二錢，以猪肝二兩批開，摻藥在內，麻繩扎定。水一椀，同入銚子內煮熟，取出乘熱熏眼。至溫冷并肝食之，日二，以平安爲度。姚和衆：治小兒脚凍，如有瘡，即濃煎蠟，塗之。

宋・王繼先《紹興本草》卷一八　白蠟　紹興校定：蠟即蜜之脚也。雖有黃白二種，然其性一矣。《本經》雖具性味、主治，固無驗據。但諸方家多以用匱毒藥而不化，或以合油藥而塗傅，皆非專恃此而取功效也。今當作味甘、平、無毒者是矣。

宋・劉明之《圖經本草藥性總論》卷下　蜜蠟　味甘，微溫，無毒。主下痢膿血，補中，續絕傷，金瘡，益氣，不飢耐老。白蠟，療久洩澼後重見白膿，補絕傷，利小兒。《藥性論》云：使。味甘，平，無毒。主孕婦人胎動漏下，血不絕欲死。惡芫花、齊蛤。生武都。

宋・陳衍《寶慶本草折衷》卷一六　蜜蠟使。　一名蠟。白者名白蠟，黃者名黃蠟。〇又云：　蠟即蜜脾底也。〇所出與白蜜同。〇今諸有蜂處，皆取蜜房滓，煮治成蠟。〇惡芫花、齊蛤。〇又與大棗相宜。

味甘，平，微溫，無毒。〇主下痢膿血，補中，續絶傷金瘡，益氣，療久洩澼，後重白膿。〇《藥性論》云：　主胎動漏下血，以蠟和雞子大，煎消三五沸，美酒半升投之服。〇《圖經》曰：　蜜蠟欲噉，當合大棗嚼即易爛。治脚轉筋，兼暴風身冷如癱緩。以舊帛看所患大小，加減闊狹，先銷蠟，塗帛上，便承熱纏脚，仍當脚心，便著襪裹脚，冷即易之。亦治心躁驚悸、風毒。兼裹兩手心。〇分白蜜條。〇姚和衆：　治小兒脚瘃才亦切，瘦病也。有瘡，濃煎蠟塗之。〇寇氏曰：　黃則蠟陳，白則蠟新，是蜜取陳，蠟取新也。亦分白蜜條。

續說云：　《是齋方》治耳暴聾，以蠟和茯苓，或和栗肉，每服叁錢，同嚼細，津液嚥下。又可用蠟并乾棗，入粳米中煮稀粥，乘熱而啜。以二方於食後、臨臥，相間服之，久而耳聰矣。

元・尚從善《本草元命苞》卷八　蠟　甘，微溫，無毒。為使。主下痢膿血，續絶傷，補中，斷穀不飢，輕身耐老。治姙婦漏胎下血。療雀目視物不明。《集驗方》：　治雀目，黃蠟不以多少，溶成汁，取出，入蛤粉相和，淂所成毬，每用刀子切二錢，以猪肝二兩，批開，摻藥在內，麻縷札定，水一椀，同煮熟，取出，乘熱熏眼，至溫冷，並肝食之，日二，以平安為度。

明・王綸《本草集要》卷六　蜜蠟使　味甘，氣微溫，無毒。惡芫花。　蠟成於蜜，蜜出於蜂。主下痢膿血，補中，續絶傷，金瘡，益氣，不飢耐老。

明・滕弘《神農本經會通》卷一〇　蜜蠟　使也。　惡芫花、齊蛤。　即蜜脾底也。初時香嫩，重煮治乃成，藥家應用。

味甘，氣微溫，無毒。　《本經》云：　主下痢膿血，補中，續絶傷，金瘡，益氣，不飢耐老。

明・劉文泰《本草品彙精要》卷二九　蜜蠟無毒。附白蠟。

蜜蠟出《神農本經》：　**主下痢膿血，補續絶傷，金瘡，益氣不飢，耐老。**以上朱字《神農本經》。　白蠟，味甘，平，無毒，療久泄澼，後重，見白膿，補絶傷，利小兒。久服輕身，不飢。以上黑字名醫所錄。　【名】蜜蹠。　【地】《圖經》曰：　生武都山谷及河源諸山谷中，今川蜀、江南、嶺南處處皆有之。　蜜蠟者，蜜脾底也。因生於蜜中，故謂之蜜蠟。初時香嫩，重煮治乃成。藥家應用白蠟，更須煎煉，水中烊十數過即白。古人荒歲多食蠟以度飢，欲啖之，當合大棗咀嚼，即易爛也。　謹按：　一種蠟樹，即冬青樹也。高及丈，時畜蠟蟲於上，食其津液，日漸成膏，纏積枝榦，于白露前採之，如法煎煉，遂成白蠟。其質堅瑩，非蜜房中取蠟烊製之精華者也。朱丹溪云：　白蠟屬金，全稟收斂至凝之氣，爲外科之要藥。生肌止血，定痛接骨，續筋補虛，與合歡皮同入長肉膏藥，用之有神效。但未嘗試其可餌否，合歡皮嘗試之矣。服之大有妙理，且有速效，不可不知也。　【時】生：　無時。採：　春秋取。　【收】陰乾。　【用】堅淨者佳。　【色】黃、白。　【味】甘。　【性】微溫，緩。　【氣】氣之薄者，陽中之陰。　【臭】香。　【主】下痢膿血。　【反】惡芫花、齊蛤。

【製】熔化，濾去粗滓。　【治】療：　《別錄》云：　療犬咬人重發，及小兒脚凍，如有瘡，並熔化塗傅即瘥。又療狐尿刺人腫痛，用熱蠟着瘡中，並煙熏之，令汁出即愈。〇白蠟主白髮，鑷去，銷蠟點孔中，即生黑者。　【合治】白蠟如雞子大一塊，煎三五沸，合美酒半升投入服之，療孕婦胎動，漏下，血不絶欲死。〇合松脂、杏仁、棗肉、茯苓等分，爲丸，食後服五十丸，便不飢，功用甚多，亦主下痢膿血。〇以二升合鹽半斤，熔化，相和，捏作一兜鍪，勢可合腦大小，搭頭至額，治頭風掣疼即止。〇合蛤粉，熔和得所成毬，每用二錢，以豬肝二兩批開，裝藥在內，麻線紮定，水一碗，同入銚子內，煮熟取出，乘熱熏，治雀目。至溫冷並肝食之，其效如神。

明・鄭寧《藥性要略大全》卷一〇　蜂蠟　治下痢膿血，補中益氣，續絶傷，療金瘡，久服不飢延年耐老。傅毒瘡。　味甘、淡，氣平、微溫，無毒。惡芫花。

白蠟使　即蜂蠟之白者。治妊婦胎漏，下血不止。治久瀉後重，下白膿，補絶傷，利小兒。久服輕身不飢。　味甘，平，無毒。　惡芫花、齊蛤。　即蜜蠟也。

明・寧源《食鑒本草》卷上　黃蠟　味甘，微溫。　治下痢膿血。　補中益氣，續絶傷金瘡，耐老不飢。　白蠟：　味平淡。療久泄痢白膿。補絶傷，利小兒，久服輕身不飢。　《海上方》：　治婦人有孕，動胎下血。用白蠟鷄子一大塊，煎三四滾，以好酒半升，投入服之。　古方：　治犬咬人成瘡常發，以蠟火溶化，灌入瘡口中，紥定則愈。

明・王文潔《太乙仙製本草藥性大全》卷八《本草精義》　蜜蠟　出武都

山谷，生於蜜房木石間。蠟，蜜脾底也。初時極香，蹠重煮治乃成，其味淡，天下之味莫甜於蜜，莫淡於蠟。厚於此者，必薄於彼，理自然也。煎蜜得之，陳則色黃，新則色白。《本經》條中只言白蠟，不言黃蠟者，蓋用蜜宜陳，用蠟宜新也。一說蠟熔納水中十數過即白，乃蠟之精英，故入藥勝。《本經》所取，亦或在此。畏惡芫花、齊蛤。古人荒歲多食蠟以度飢，欲效當合大棗咀嚼，即易爛也。劉禹錫《傳信方》云：甘少府治腳轉筋兼暴風，通身冰冷如癱緩者，取蠟半斤，以舊帛絁絹並得藥，闊五六寸，看所患大小，加減闊狹，先銷蠟塗於帛上，看冷熱，但不過燒人，便承熱纏腳，仍須當腳心，便著襪裹腳，冷即便易之。亦治心躁驚悸，如覺是風毒，兼聚兩手心。

又種白蠟，人家多栽種冬青樹，二三月多買蠟蟲掛於樹上，至九十月將枝上白殼皮刮下，用甑久蒸，滴下鍋內者即白蠟也。

明・王文潔《太乙仙製本草藥性大全》卷八《仙製藥性》 蜜蠟 味甘，氣微溫，無毒。主治：益氣止瀉痢，補中續絕傷。熔裹大黃丸，隔寒涼脾胃無損。嚼爲斷穀藥，度荒歉腸胃不飢。補註：治狐尿刺人腫痛，用熱蠟著瘡中，又蠟熏之令汁出，即便愈。○療代指，以蠟、松膠相和，火炙籠代指，即差矣。○治小兒脚凍如有瘡，即濃煎蠟塗之。○湖南押衙顏思退傳頭風掣疼：蠟二斤，鹽半斤相和，於鍟羅中熔令相入，捏作一兆鏊，勢可合腦大小，搭頭至額頭，痛立止。○治犬咬人重發，療之火炙蠟，灌入瘡中。○治雀目如神，黃蠟不以多少，器內熔成汁，取出入蛤粉相和，得所成毬，每用以刀子切下二錢，以猪肝二兩批開，摻藥在內，麻繩紮定，水一椀，同入銚子內煮熟，取出乘熱熏眼。至溫冷，并肝食之，日二，則以平安爲度。

明・皇甫嵩《本草發明》卷六 蜜蠟 主下痢膿血，補中續絕傷，金瘡，益氣，不飢耐老。俗云：黃蠟味淡，夫莫甜于蜜，莫淡于蠟。厚于此，則薄于彼，理勢之自然也。

白蠟，氣味治療，大略同黃蠟。又利小兒，久服輕身。又云：主孕婦胎動，漏下血不止欲死，以蠟如雞子大，煎消三五沸，美酒半升，投之，服之差。仙經藉此斷穀，荒歲用之，合大棗咀嚼，易爛，可度飢也。○註云：白蠟者，新則白，陳則黃。用蜜宜陳，用蠟宜新。一說蠟，熔納水中十數遍即白，乃蠟之精英，故為《本經》所取，或在是歟。

明・李時珍《本草綱目》卷三九蟲部・卵生類上 蜜蠟《本經》上品

【釋名】弘景曰：生於蜜中，故謂蜜蠟。時珍曰：蠟，猶鬣也。蜂造蜜蠟而皆成鬛也。

【集解】《別録》曰：蠟生武都山谷蜜房木石間。弘景曰：蜂先以此爲蜜蹠，煎蜜亦得之。初時極香軟。人更煮煉，或少加醋酒，便黃赤，以作燭色爲好。今醫家皆用白蠟，但取削之，於夏月暴百日許，自然白也。卒用之，烊內水中十餘遍，亦白。宗奭曰：新蠟色白，隨久則黃。白蠟乃蠟之精英者也。時珍曰：蠟乃蜜脾底也。取蜜後煉過，濾入水中，候凝取之，色黃者俗名黃蠟，煎煉極净色白者爲白蠟，非新則白而久則黃也。與今時所用蟲造白蠟不同。

【氣味】甘，微温，無毒。之才曰：惡芫花、齊蛤。

【主治】蜜蠟：主下痢膿血，補中，續絶傷金瘡，益氣，不飢，耐老《本經》。權曰：和松脂、杏仁、棗肉、茯苓等分合成，食後服五十丸，便不飢。頌曰：古人荒歲多食蠟以度飢，但合大棗咀嚼，即易爛也。

白蠟：療人洩澼後重見白膿，補絶傷，利小兒。久服，輕身不飢《別録》。孕婦胎動，下血不絶，欲死。以鷄子大，煎三五沸，投美酒半升服，立瘥。又主白髮，鑷去，消蠟點孔中，即生黑者甄權。

【發明】時珍曰：蜜成於蠟，而萬物之至味，莫甘於蜜，莫淡於蠟。得非厚於此，必薄於彼耶？蜜之氣味俱厚，屬乎陰也，故養脾；蠟之氣味俱薄，屬乎陽也，故養胃。厚者味甘，而性緩質柔，故潤臟腑；薄者味淡，而性嗇質堅，故止洩痢。張仲景治痢有調氣飲，《千金方》治痢有膠蠟湯，其效甚捷，蓋有見於此歟？又華佗治老少下痢，食入即吐。用白蠟方寸匕，鷄子黄一個，石蜜、苦酒、髮灰、黃連末，各半鷄子殼。先煎蜜蠟、苦酒、鷄子四味令勻，乃納連、髮，熬至可丸乃止。二日服盡，神效無比也。此方用之，屢經效驗，乃知《本經》主下痢膿血之言，深當膺服也。

【附方】舊十八，新十五。

仲景調氣飲：治赤白痢，小腹疠痛不可忍，下重，或面青手足俱變者。用黃蠟三錢，阿膠三錢，同溶化，入黃連末五錢攪勻，分三次熱服，神妙。《金匱》。

千金膠蠟湯：治熱痢，及婦人産後下痢。用蠟二棋子大，阿膠二錢，當歸二錢半，黃連三錢，黃蘗一錢，陳廩米半升，水三鍾，煮米至一升，去米入藥，煎至一鍾，温服神效。《千金方》。

急心疼痛：用黃蠟燈上燒化，丸芡子大，百草霜爲衣。井水下三丸。

肺虛咳嗽：立效丸，治肺虛膈熱，咳嗽氣急煩滿，咽乾燥渴，欲飲冷水，體倦肌瘦，發熱減食，喉音嘶不出。黃蠟溶濾令净，漿水煮過八兩，再化作一百二十丸，以蛤粉四兩爲衣養藥。每服一丸，胡桃半個，細嚼温水下，即卧，閉口不語，日二。《普濟方》。

肝虛雀目：黃蠟不俱多少，溶汁取出，入蛤粉相和得所。每用刀子切下二錢，以猪肝二兩批開，摻藥在内，麻繩札定。水一椀，同入銚子内煮熟，取出乘熱蒸眼。至温，并肝食之，日二，以平安爲度。其效如神。《集驗方》。

頭(瘋)〔風〕掣疼：湖南押衙顏思退傳方：用蠟二斤，鹽半斤相和，於鍟羅中溶令相入，捏作一兜鏊，勢可合腦大小。搭頭至額，其痛立止也。《經驗方》。

脚上轉筋：劉禹錫《續傳信方》用蠟半斤銷之，塗舊絹帛上，隨患大小闊狹，乘熱纏脚，須當脚心，便着襪裹之，冷即易。仍貼兩手心。《圖經》。 暴風身冷：暴風，通身冰冷如癱緩者。用上方法，隨所患大小闊狹攤貼，并裹手足心。 風毒驚悸：同上方法。 破傷風濕：如瘧者。以黄蠟一塊，熱酒化開服，立效。與玉真散對用，尤妙。《瑞竹堂方》。 代指疼痛：以蠟、松膠相和，火炙籠指，即瘥。《千金翼》。 脚上凍瘡：濃煎黄蠟塗之。姚和衆。 狐尿刺人：腫痛。用熱蠟着瘡，并烟熏之，令汁出即愈。《肘後方》。 犬咬瘡發：以蠟炙溶，灌入瘡中。葛氏方。 蛇毒螫傷：以竹筒合瘡上，溶蠟灌之，效。徐王方。 湯火傷瘡：焮赤疼痛，毒腐成膿。用此拔熱毒，止疼痛，斂瘡口。用麻油四兩，當歸一兩，煎焦去滓。入黄蠟一兩，攪化放冷，攤帛貼之，神效。《醫林集要》。 臁脛爛瘡：用桃、柳、槐、椿、楝五枝，同荆芥煎湯，洗拭净。以生黄蠟攤油帋上，隨瘡大小貼十層，以帛拴定。三日一洗，除去一層不用，一月痊愈。《醫林集要》。 妊娠胎漏：黄蠟一兩，老酒一碗，溶化熱服，頃刻即止。 呃逆不止：黄蠟燒烟熏，二三次即止。《醫方摘要》。 霍亂吐利：蠟一彈丸，熱酒一升化服，即止。《肘後方》。 諸般瘡毒：臁瘡、金瘡、湯火等瘡。用黄蠟一兩，香油(三)〔二〕兩，黄丹半兩，同化開，頓冷，瓶收，攤貼。王仲勉《經驗方》。

題明・薛己《本草約言》卷二《藥性本草》 蜜蠟 味甘，氣微溫，無毒。益氣止瀉痢，補中續絶傷。熔裹牛黄丸，隔寒涼脾胃無損；嚼為斷穀藥，度荒歉腸胃不飢。〇煎蜜，得之陳則色黄，新則色白，《本經》條中只言白，不言黄者，蓋用蜜宜陳，用蠟宜新也。一説蠟熔納水中十數遍即白，乃蠟之精英，故入藥勝，《本經》所取亦或在此。

明・梅得春《藥性會元》卷下 黄蠟 味甘，氣微溫，無毒。 主治下痢膿血，續絶傷金瘡，益氣不飢，耐老延年。和白礬作丸，名蠟礬丸，大治魚口瘡，腫毒癰疽。然滯腸胃，不宜多服。

明・張懋辰《本草便》卷一 白蠟 全稟收斂堅凝之氣，外科之要藥。生肌止血，定痛接骨，續筋補虚。

蜜蠟使 味甘，氣微溫，無毒。 主下痢膿血，補中，續絶傷，金瘡，益氣。

明・繆希雍《本草經疏》卷二〇 蜜蠟 味甘，微溫，無毒。 主下痢膿血，補中，續絶傷、金瘡，益氣，不飢耐老。

白蠟：療久洩澼、後重，見白膿，補絶傷，利小兒。久服輕身不飢。

〔疏〕蠟，石蜜之凝結於底者也。蜜性緩，質柔，故主潤臟腑經絡； 蠟性濇，質堅，故能療久痢，洩澼後重，下膿血也。甘能益血補中，溫能通行經脈，故主續絶傷及金瘡也。中得補則氣自益，故久服能不飢輕身耐老也。男子女人，大小内外皆可施。而《別録》獨云利小兒者，非也。 〔主治參互〕得象牙末等，能去漏管長肉，見象牙條下。 得膩粉、真珠末、黄檗末、龍腦香、鉛丹、蛀竹屑、葱白、猪脊髓，治陰蝕惡瘡。 同孩兒茶、鉛丹、胡粉、水龍骨粉、霜龍骨、黄檗、猪膽汁、炙猪脂作膏，治内外臁瘡久不愈。《金匱》方調氣飲，治赤白痢，少腹痛不可忍，後重，或面青手足俱變者，用黄蠟三錢，阿膠三錢同溶化，入黄連末五錢，攪匀，分三次熱服，神效。《千金方》膠蠟湯，治熱痢及婦人產後下痢。用蠟二棊子大，阿膠二錢，當歸二錢半，黄連三錢，黄檗一錢，陳廩米半升，水三升，煮至一升，去米入藥，煎至一鍾，溫服神效。 〔簡誤〕火熱暴痢不宜用。

明・倪朱謨《本草彙言》卷一七 蜜蠟俗名黄蠟。 味甘淡，氣溫，無毒。氣味俱薄，陽也。入手足陽明經。 陶隱居曰：蠟生蜜中，故謂蜜蠟。蜂先以此爲蜜蹠，取蜜時得之。煉過，濾入水中，候凝取之。初時極香軟而白，久則轉黄色矣。如烊化内水中，十餘遍亦轉白色。外有一種白蠟，係小蟲延樹吐白涎結成，與此蜂蜜蠟不同也。

蜜蠟：濇腸止痢，丹溪方托毒收膿之藥也。范玉成抄李氏曰：蠟，蜜之凝結於底者也。與蜜同出一源，而萬物之至味，莫甘於蜜，莫淡於蠟。蜜之氣味俱厚，屬乎陰也，故入脾。蠟之氣味俱薄，屬乎陽也，故入腸胃。蜜性緩而質柔，故潤藏府而利大便，蠟性嗇而質堅，故吸膿解毒而止洩痢。一類二物，有各異如此。古人儉歲以此度饑，但合大棗咀嚼即易爛也。《仲景方》治痢有調氣飲，《千金方》治痢有調血湯，其效甚捷。但性本收濇，治虚寒久痢者宜之。倘暴痢火積不清者，不宜用也。

集方：《金匱》調氣飲治赤白痢，小腹痛不可忍，下重，或面青手足俱變者。用黄蠟、阿膠各三錢，同溶化，入黄連末一錢，和熱湯一盞攪匀，分三次服立驗。〇《千金》調血湯治熱痢及婦人產後下痢。用黄蠟、阿膠各三錢，同溶化，入當歸末二錢，和熱湯一盞攪匀，分三次服立驗。〇《外科方》治諸瘡毒久爛，膿血泄而瘡口不斂。用黄蠟一兩溶化，將凝，入枯礬細末三錢，熬熟香油數匙，攪匀，揺成細小丸子，每服二錢。毒在上，食後服；在下，食前服，俱用熱酒送下。〇同上治陰蝕瘡。用黄蠟、猪油各一兩，同溶化，加鉛粉、真珠、冰片、蛀竹屑，俱研細末，葱白搗爛化，各三錢，同調入蠟油內，用鵝羽蘸藥搽之。〇治內外臁瘡。用黄蠟一兩，猪油五錢，同溶化，入孩兒茶、鉛粉、龍骨、粉霜，共研極細末，調入蠟油內，作夾紙膏貼之。〇姚氏方治脚上凍瘡，風裂疼痛。用黄蠟溶化，塗入裂中。〇葛氏方治犬咬瘡發。用黄蠟溶化，灌入瘡中。〇《醫林集要》治妊娠胎漏下血。用黄蠟五錢溶化，熱湯一碗，沖入即服，立止。

蜂子：味甘，氣平，微有毒。

周子曰：乃蜜蜂子也。食之者，須用冬瓜、生薑、紫蘇制其毒。〇按：蜜蜂有土、石、木三種，俱能釀蜜，其子皆可食，以充饌用。外有胡蜂，較蜜蜂稍大，其色有黄黑二種，於人家屋角上結房小者如升，大者如斗。結山林大樹間者，有大如巨鍾，其房孔數百層。土人采時，着草衣蔽身，以捍其攢螫。復以烟火熏房，蜂母飛去，斷其蒂持歸。入甑蒸熟，取出蜂子，計五六斗，或一石者，取出形如蠶蛹瑩白者，以薄鹽微淹，暴乾，京洛以爲方物。如翅足具者，不堪食矣。然胡蜂子皆可食。大抵治病功能以蜜蜂子，性味亦不相遠也。外有一種七里蜂，黑頭鐵嘴，其窠如鵝卵皮厚，蒼黄色，只有一個蜂，大如小燕子，其毒最猛，人馬被螫立死也。又一種蛒蜂，出巴中，在蛇穴內，其毒倍常，中人手足輒斷，中人心胸即圮裂而死，非藥可療，故元稹詩云：巴蛇蟠窟穴，穴下有巢蜂。近樹禽垂翅，依山獸絶蹤。微遭斷手足，厚毒裂心胸。昔有招魂客，應憐倉卒逢。此胡蜂之毒如此。

蜂子：李時珍去大風癘疾之藥也。范玉成抄《聖濟總錄》方：治大風癩疾，用諸攻毒藥，兼用蜂子，蓋亦足陽明太陰引經之劑。古人充饌品以進賓客，而《本經》《别錄》言能補虛羸、傷中諸證。

集方：治大風癘疾，鬚眉墮落，指節開裂，皮肉已爛成瘡者。用蜜蜂子五錢炒，白花蛇、烏稍蛇俱酒浸去皮骨，炙乾，全蠍、殭蠶、地龍去土、蠍虎、赤足蜈蚣各十五枚，俱炒，硃砂五錢，雄黄三錢，俱研極細末，冰片五分，共研匀，每服一錢，蜜湯調下，日二次。

明・顧逢柏《分部本草妙用》卷三脾部・温補　蜜白蠟　甘，微温，無毒。惡芫花、齊蛤。主治：下痢後重，續絶傷金瘡。孕婦胎動，下血不絶欲死，以雞子大白蠟煎三五沸，投美酒中半升，服立瘥。白蠟味濇質堅，故止洩痢。仲景調氣飲，思邈膠蠟湯，蓋有見于此也。華佗治老少下痢，食入即吐，用白蠟方寸匕，雞子黄一個，石蜜、苦酒、髮灰、黄連末各半个雞子殻，先煎蜜、蠟、苦酒、雞子四味令匀，乃納連、髮，熬至可丸乃止，二日服盡，神效無比，用之果驗不虛。蠟子《聖濟方》治大風疾，古人以充饌品，亦以陽明、太陰藥也。〇另有一種，號白蠟，善收斂，與合歡皮同入肌肉膏中，用之如神，為外科要藥，不可服食。

明・盧之頤《本草乘雅半偈》帙三　蜜蠟《本經》上品　氣味：甘，微温，無毒。主治：主下痢濃血，補中，續絶傷金瘡，益氣，不飢，耐老。覈曰：蠟，蜜脾也。《埤雅》云：其房如脾，故謂之蜜脾。一名蠟蜂，蠟生于蜜，而天下之味莫甘于蜜，莫淡于蠟，舊說蜂之化蜜，必取匽猪之水，注之蠟房，而後蜜成，故謂之蠟。蠟者，蜜之蹠也。修事：取蜜後，緩火煉化，濾入水中，其色黄，俗名黄蠟。更用水煮化，以好緜紙摺作數層，入冷水中蘸濕，遂貼蠟上，一吸即起，仍投冷水中，有蠟凝紙上者，即剝取之，再吸再剝，以盡為度。鋪竹扁內，日中暴之，乾則頻洒以水，久之則色白如練，因名白蠟，非新白而久黄也。與蟲造白蠟不同類。惡芫花、齊蛤。

參曰：蜜，密也。蠟，合也。蠟為蜜房，合密以成醞釀者也。味甘氣温，居中色黄。對治胃不合密，遂痢膿血，更續金瘡之不合密，肉理肌膚，胃府之所司爾。益氣者，益胃土之氣；補中者，補中央之胃，中央合密，故不飢，耐老。蠟為蜜脾，裨助百芳以化蜜也。蜜甘而蠟淡，非厚彼而薄此，猶夫瓜甜而蒂苦，所以見中樞之别于本末內外也。《月令》定五行，作五味，歸五藏，《素問》另出淡味為五味本。凡形藏不足者，各以其味以補之。傾頹者，專以淡味以維之。《本經》判味曰甘，此指着舌時，猶有蜜味在，嚼之蜜味去，真味現矣。淡不厭，質可久，不飢耐老者以此。

清・劉雲密《本草述》卷二七　蜜蠟　蠟乃蜜脾底也。取蜜後煉過，濾入水中，候凝取之，色黄者俗名黄蠟。更用水煮化，以好緜紙摺作數層，入冷水中蘸溼，遂貼蠟上，一吸即起，仍投冷水中，有蠟凝紙上者，即剝取之，再吸再剝，以盡為度。鋪竹扁內，日中曝之，乾則頻灑以水，久之則色白如練，因名白蠟。非新白而久黄也，與蟲造白蠟不同類。惡芫花、齊蛤。

氣味：甘，微温，無毒。

蜜蠟主治：下痢膿血，補中續絶，傷金瘡，益氣《本經》。白蠟療人洩澼後重見白膿，補絶傷，利小兒《别録》。孕婦胎動，下血不絶欲死，以雞子大煎三五沸，投美酒半升，服立瘥甄權。時珍曰：蜜成於蠟，而萬物之至味，莫甘於蜜，莫淡於蠟，得非厚於此，必薄於彼耶。蜜之氣味俱厚，屬於陰也，故養脾。蠟之氣味俱薄，屬乎秋也，故養胃。厚者味甘而性緩質柔，故潤臟腑。薄者味淡而性濇質堅，故止洩痢。張仲景治痢有調氣飲，《千金方》治痢有膠蠟湯，其效甚捷，蓋有見於此歟。又華佗治老少下痢，食入即吐，用白蠟方寸匕，雞子黄一個，石蜜、苦酒、髮灰、黄連末各半雞子殼，先煎蜜蠟、苦酒、雞子四味，令勻，乃納連、髮，熬至可丸乃止，二日服盡，神效無比也。此方用之，屢經效驗，乃知《本經》主下痢膿血之言深當服膺也。　之頤曰：蠟為蜜脾，裨助百芳以化蜜也。蜜甘而蠟淡，非厚彼而薄此，猶夫瓜甜而蒂苦，所以見中樞之別於本末内外也。《月令》定五行，作五味歸五臟。《素問》另出淡味為五味。本凡形臟不足者，各以其味以補之，傾頽者專以淡味以維之，《本經》判味曰甘，此指着舌時猶有蜜味在，嚼之，蜜味去，真味現矣。

希雍曰：蠟乃蜜之凝結於底者也。能益血補中，而行經脈。得象牙末等能去漏管，長肉。

得膩粉、真珠末、黄蘗末、龍腦香、鉛丹、蛀竹屑、葱白、豬脊髓，治陰蝕惡瘡。同孩兒茶、鉛丹、胡粉、水龍骨、粉霜、龍骨、黄蘗、豬膽汁，炙豬膽汁，炙豬脂作膏，治内外臁瘡久不愈。

愚按：蜜蠟其味初嘗之覺有微甘，即轉而為淡，所謂如嚼蠟者是，誠如之頤說也。夫五味以淡為本，乃此味之淡，却先有甘，於此可思，是固從中土而為扶危救困之味也。先哲曰：蠟者，蜜之蹠。愚謂淡為甘之先，由甘而淡，是返其始也。夫淡以養陰，此味入中土之甘，而返之於元陰，其續絕傷而益氣者，固專於脾胃之陰氣，而能續其絕傷也。抑何以不等於諸淡味之滲泄乎？蓋味以淡成，且凝密為質，不等於諸淡，而有以完元陰之氣。即仲景及《千金》二方，觀其與蜜蠟同用者，可以思矣。至如華佗方用之治下痢不納食者，是非能還脾陰之一證乎？又如蠟礬丸，治背疽者用以護膜，非能護其陰氣，而得諧礬之收陰以奏功歟？乃憒憒者止知其能治痢，輒曰此味性嗇而收脫也，則亦不察之甚矣。

附方　《金匱方》調氣飲，治赤白痢，少腹痛不可忍，後重，或面青手足俱變者，用黄蠟三錢，阿膠三錢，同溶化，入黄連末五錢，攪勻，分三次熱服，神效。《千金方》膠蠟湯，治熱痢及婦人產後下痢，用蠟二碁子大，阿膠二錢，當歸二錢半，黄連三錢，黄蘗一錢，陳廩米半升，水三升，煮至一升，去米入藥，煎至一鍾，温服神效。　立效丸治肺虚膈熱，咳嗽氣急煩滿，咽乾燥渴，欲飲冷水，體倦肌瘦，發熱減食，喉音嘶不出，黄蠟溶，濾令淨，漿水煮過八兩，再化作一百二十丸，以蛤粉四兩為衣，養藥每服一丸，胡桃半個，細嚼，温水下，即臥閉口不語，日二。　蠟礬丸和白礬為丸，治一切腫毒有神。凡治癰疽，常服之以護膜，膜茍不破，雖劇必瘥。　蠟礬丸，合二味如分兩，鎔化為丸。但大熱則手難丸，稍冷則硬不能丸，惟旁置冷水一盆，待二味鎔化之極，乘熱傾入冷水中，便可隨手取為丸矣。　蠟鎔須漉盡細渣，礬末須極細方好。

　裹大黄丸，膈寒凉，脾胃無損。

希雍曰：火熱暴痢不宜用。

清·郭章宜《本草匯》卷一七　黄白蠟　味淡濇，温。黄者治下痢膿血，白者療洩瀉後重。

按：蠟，即蜜之凝結於底者也。萬物之味，莫甘於蜜，莫淡於蠟。蜜之氣味俱厚，而屬於陰，故養脾。蠟之氣味俱薄，而屬乎秋，故養胃。厚者味甘而性緩質柔，故潤臟腑。薄者味淡而性濇質堅，故止洩痢。張仲景治痢有調氣飲，黄蠟三錢，阿膠三錢，同化，黄連末五錢，分三次熱服。《千金方》治痢有膠蠟湯，用蠟二碁子大，阿膠二錢，當歸二錢半，黄連三錢，黄蘗一錢，陳米半升，煑米熟，去米入藥，煎一鍾，温服。効甚捷。蓋有見於此，火熱暴痢不宜用。貼瘡，生肌止痛。合大棗咀嚼，即易爛。惡芫花。

清·王翃《握靈本草》卷九　蜜蠟生於蜜中，故名蜜蠟，俗名黄蠟。煎煉淨者，色白。蟲造者，則名白蠟，其蟲食冬青汁，蟲屎着樹，取以和油造燭，亦入瘡腫藥中。主治：蜜蠟，甘，微温，無毒。主下痢膿血，補中，續絕傷。

清·李熙和《醫經允中》卷一八　蜜白蠟　煎蜜得之，陳則色黄，新則色白。惡芫花、齊蛤。甘，微温，無毒。主治益氣，止瀉痢，補中，續絕傷，治孕婦胎動下血不絕欲死，以雞子大白蠟，煎三五沸，投美酒中服之立瘥。對口下疳，酒下四五錢可愈。另有一種蟲白蠟，生肌長肉，止血定痛，接骨續筋，用之如神，為外科要藥。

清·张璐《本經逢原》卷四　蜜蠟　淡，平，無毒。《本經》主下痢膿血，補中，續絕傷金瘡，益氣不飢耐老。　發明：蜜成於蠟。萬物之至味，莫甘於蜜，莫淡於蠟，得非厚此薄彼耶。仲景治痢有調氣飲，《千金》治痢有膠蠟湯。蓋有見於《本經》之義也。淡為五味之本，胃為五藏之源，故能補中續傷，蓋有得於太極也。甄權治孕婦胎動下血不絕欲死，以雞子大一枚煎三五沸，投美酒半升服立瘥。又能解毒，故蠟礬丸用之為君。華陀治下痢，食入即吐，用白蠟方寸匕，雞子黃一枚，石蜜、苦酒、髮灰、黃連末各半，雞子殼，先煎蜜、蠟、苦酒、雞子四味令勻，乃納連末、髮灰熬至可丸乃止，二日服盡神效。

清・汪啟賢等《食物須知・諸葷饌》 蜜蠟 謂：天下之味莫甜於蜜，莫淡於蠟。厚於此者必薄於彼，理自然也，煎蜜得之。陳則色黃，新則色白。《本經》條中只言白蠟不言黃蠟者，蓋用蜜宜陳，用蠟宜新也。一說，蠟熔十數過即白，乃蠟之精英。益氣止泄痢，補中續絕傷。熔裹大黃丸，膈寒涼，脾胃無損；嚼為斷穀藥，度荒歉，腸胃不飢。

清・張志聰、高世栻《本草崇原》卷上 蜜蠟 氣味甘，微溫，無毒，主治下痢膿血，補中，續絕傷金瘡，益氣，不飢耐老。蜜蠟乃蜜脾底也，取蜜後將底煉過，濾入水中候凝，取之即成蠟矣。今人謂之黃蠟，以其生自蜜中，故名蜜蠟。黃蜜之底，其色則黃，白蜜之底，其色則白，但黃者多，而白者少，故又名黃蠟。汪機《本草會編》：一種蟲白蠟，乃是小蟲，所作其蟲食冬青樹汁，葉涎粘嫩莖上，化為白脂，至秋刮取，以水煮溶，濾置冷水中，則凝聚成塊，此蟲白蠟也，與蜜蠟之白者不同。蜂採花心，釀成蜜蠟，蜜味甘，蠟味淡，稟陽明太陰土金之氣，故主補中益氣。蜜蠟味淡，今曰甘者，淡附於甘也。主治下痢膿血，補中，言蜜蠟得陽明中土之氣，治下痢膿血，以其能補中也。續絕傷金瘡，益氣，言蜜蠟得太陰金精之氣，續金瘡之絕傷，以其能益氣也。補中益氣，故不飢耐老。

清・王子接《得宜本草・上品藥》 蜜蠟 白蠟味淡。功專調氣。得茯苓治陽虛遺濁帶下。黃蠟得黃連、阿膠治痢下腹痛，面青肢冷神效；得當歸、阿膠、黃連、黃蘗、陳倉米治產後下痢。

清・黃元御《玉楸藥解》卷六 黃蠟 味淡，氣平。入手太陰肺、足厥陰肝經。斂血止痢，接骨續筋。黃蠟凝聚收濇，治泄痢便膿，胎動下血，跌打金刃，湯火、蛇咬、凍裂，一切諸瘡，愈破風。白蠟 味淡，氣平。入手太陰肺、足厥陰肝經。止血生肌，補傷續絕。白蠟堅凝斂聚，能消腫止痛，長肉合瘡，接筋續骨，外科要品也。白蠟即黃蠟之殊色者，此是蠟樹蟲吐白如胡粉也。

清・汪紱《醫林纂要探源》卷三 黃蠟 甘，淡，平，濇。取蜜後餘渣。功同白蠟，而補暖脾氣，止瀉痢。色黃，故入脾。蜜令人瀉，而蠟止瀉，以其凝而氣濇。餘功同白蠟。

清・嚴潔等《得配本草》卷八 黃蠟 惡芫花、齊蛤。忌與生葱同食。味澀，微溫。入足陽明經。止痛生肌。療下痢，續絕傷。凡蕩滌下焦之藥，裹丸吞之，免傷上部。配川連、阿膠，治下痢腹痛。烊化，入水十餘次，色變為白，亦名白蠟。調陽氣，安胎漏。暴痢者禁用。

清・黃宮繡《本草求真》卷一 蠟 卯蜜蠟入胃絕痢，入肝活血，蟲蠟生肌活血。蠟耑入肝脾。本有二，一出於蜂蜜之滓而成，即蜜凝結之粗者也。其蠟有黃、有白，一出於樹之蠟，其蠟由木之蟲而得，故又名蟲白蠟。白蠟有二。二者氣味不同，性亦微別，如蜜蠟味淡性平，其蠟本由蜜成，蜜本潤物，則蠟亦潤，故能主潤臟腑經絡，而有絕續補傷生肌之妙。甄權治孕婦胎動下血不絕欲死，以雞子大一枚煎三五沸，投美酒半升立瘥。蠟止存蜜粗粕，其性最濇，故又能止瀉絕痢。仲景治痢有調氣飲，《千金》治痢有膠蠟湯，華陀治下痢食入即吐，用白蠟方寸匕，雞子黃一枚，石蜜、苦酒、髮灰、黃連末各半雞子殼，先煎蜜蠟、苦酒、雞子四味令勻，乃納連末、灰髮，熬至可丸乃止，二日服盡，神效。今人以情不投而曰嚼蠟，即味淡之意也。又凡蕩除下焦之藥，以此裹丸，亦其免傷上部之意，蜜蠟之用如此。至於蟲蠟，係生蠟樹所產，蠟樹屬金，性最堅強，蟲食其葉而成，味甘氣溫，按甘益血補中，溫能通經活絡。故書載能止痛生肌，補虛絕續，與桑螵蛸同有補虛之意，可為外科聖藥。是以鄭贊寰云：汪御章尿血，用白蠟加於涼血滋腎藥中，遂愈。又書云：用此合合歡皮，同入長肉膏中神效。又治下疳，服之未成即消，已成即斂，以半兩入鯽魚腹中煮食，治腸紅神效，則知蟲蠟亦皆生肌活血之味。但蜜蠟味甘淡濇微溫，蟲蠟則味甘不淡而溫也。蜜蠟因有濇性，可以止瀉治痢，蟲蠟濇性差減，而痢則鮮用也。蜜蠟本於蜂蜜之氣，僅得甘之餘氣而成，而所主在胃，蟲蠟得樹收斂堅強之氣，而所治專在筋肉骨血也。二者微似之中，恍惚之際，不可不知。

清・楊璿《傷寒溫疫條辨》卷六潤劑類 蠟 味淡滲。去陳積，主下痢。古方蠟匱巴豆丸治一切寒澼宿食，積滯瘧痢。巴豆去心膜油，杏仁炒，各四十九粒，為末，熔蠟和丸，菉豆大，水下三五丸。灸瘡固膜。蠟礬丸，護膜托裏，解毒成膿。心煩，加雄黃。

清・楊時泰《本草述鉤元》卷二七 蜜蠟 蜂房如脾，謂之蜜脾，蜜脾之底為蠟。取蜜後，煉過，濾入水中，候凝取之，色黃者，名黃蠟；更用水煮化，以好綿紙摺作數層，入冷水蘸濕，遂貼蠟上，一吸即起，仍投冷水中，有蠟凝紙上，即剝取之，再吸再剝，以盡為度。鋪竹器中曝之，乾則頻灑以水，久之色白如練，因名白蠟，非新白而久黃也。與蟲造白蠟不同類。

氣味甘淡，微溫。惡芫花、齊蛤。《本經》主下痢膿血，補中，續絕傷，能益血而行經脈。金瘡，益氣。《別錄》療洩澼後重見白膿，利小兒。蜜氣味俱厚，性緩質柔，故潤臟腑而養脾；蠟氣味俱薄，性濇質堅，故養胃而止瀉痢瀕湖。蜜甘而蠟淡，猶瓜甜而蒂苦，所以見中樞之別於本末內外也。《月令》五味歸五臟，《素問》另出淡味為五味本，凡形臟不足者，各因其味以補之，傾頹者專取淡味以維之之頤。孕婦胎動，下血不絕欲死，以蜜蠟、雞子大煎三五沸，投美酒半升，服立瘥甄權。裹大黃為丸，膈寒涼者，脾胃無損，得象牙末等，能去漏管長肉。得膩粉、真珠、黃檗、龍腦、鉛丹、蛀竹屑、葱白、猪脊髓，治陰蝕、惡瘡。同孩兒茶、鉛丹、胡粉、龍骨、黃檗、猪膽汁、炙猪脂作膏，治內外臁瘡久不愈。華佗治老少下痢，食入即吐，用白蠟方寸匕，雞子黃一個，石蜜、苦酒、髮灰、黃連末各半、雞子殼，先煎蠟蜜、醋、雞黃令勻，後納連髮，熬至可丸乃止，二日服盡，神效無匹。《金匱》調氣飲：治赤白痢，少腹痛不可忍，後重，或面青手足俱變者。用黃蠟三錢、阿膠三錢，同溶化，入黃連末五錢，攪勻，分三次熱服，神效。《千金》膠蠟湯：治熱痢及婦人產後下痢，用蠟二碁子大，阿膠二錢、當歸二錢半、黃連三錢、黃檗一錢、陳廩米半升，水三升，煮至一升，去米，入藥，煎至一鍾，溫服神效。立效丸：治肺虛膈熱，咳嗽音嘶，氣急煩滿，咽燥飲冷，體倦肌瘦，發熱減食。用黃蠟溶濾令淨，漿水煮過，八兩化作一百二十丸，以蛤粉四兩為衣養藥，每服一丸，胡桃半個，細嚼，溫水下，即臥，閉口不語，日二。蠟礬丸：凡治一切癰疽腫毒，服之以護膜，膜苟不破，雖劇必瘥。惟二味溶化後，太熱則手難丸，稍冷則硬，須待溶化極時，乘熱傾冷水中，便可隨手取丸矣。蠟取鎔淨去渣者，白礬極細末，等分。

論：蠟味初嘗微甘，即轉為淡，五味以淡為本，今淡先有甘，是從中土而為扶危救困之味也。夫淡本以養陰，入中土之甘而返之於元陰，固宜專於脾胃之陰氣，而續其絕傷。蓋此物凝蜜為質，不等於諸淡滲之淡，觀《金匱》《千金》治痢二方，蠟、蜜同用，可以思矣。至華佗用治痢不納食，更為能還脾陰之一證。而蠟、礬護膜，亦由護其陰氣，得諧礬石之收陰以奏功也。昧者謂其性濇而收脫，不察甚矣。

繆氏云：火熱暴痢，不宜用。

清·葉桂《本草再新》卷一〇 黃蠟味甘，性溫，無毒。入肺、腎二經。止痛生肌，療下利，續絕傷。○白蠟，兼能止血補虛，治跌折骨節，消腫完口，為外科要藥。

清·趙其光《本草求原》卷一八蟲部 黃白蠟 黃蠟曬百日，或烊入水中十餘遍即白。蠟淡，得五味之元，故入中土以返於元陰。蜜甘蠟淡，猶瓜甜蒂苦，見物之樞也。《素問》以淡為五味本，此味由甘而淡，是返其始也。各臟不足，各取本味以調之，虛甚則取淡以維之。氣平，又得五味之全，以和中不偏。

黃者，益血補中，行經脈，治下痢、膿血，《千金》同阿膠、連、柏、當歸末，陳倉米飲下，治熱痢及產後痢。一方去歸、柏，加羊脂、烏梅、髮灰，治虛中留滯久痢。華佗用雞子去白入蜜，醋、蠟煮令勻，納黃連、髮灰末，熬為丸，治痢膿血，食入即吐，是皆還脾陰之元，補中寓瀉也。俗以蠟為收濇者謬。續絕傷，生肌、止痛，胃為五臟之原，脾主肌肉，完其元陰之氣則然。護膜解毒。蠟礬丸，取蠟護陰，白礬收陰也。肺虛膈熱，咳嗽而燥渴音嘶。淨蠟溶為丸，蛤粉為衣，臨臥，先嚼胡桃，後服之。

白蠟功同，止血，消腫，而痢白膿者，用之較勝。溶化和酒服，治胎動下血欲死。茯苓淡而輕，故主滲泄；蠟淡而堅重，故止痢。火熱暴痢勿用。又威喜丸治濕熱，白濁，遺精亦用之。同阿膠三錢溶化，入連末五錢，勻服，仲景名調氣飲，治赤白痢，腹痛後重面青。此方與前三方皆治痢之神劑。

同輕粉、珠片、黃柏、鉛丹、蛀竹屑、葱白、豬脊髓，治陰蝕惡瘡。同兒茶、鉛丹、胡粉、粉霜，及水龍骨、黃柏、豬膽汁、豬脂熬為膏，治內外臁瘡。包大黃為丸，涼脾，不損胃，胃寒脾熱宜之。

清·葉志詵《神農本草經贊》卷一 蜜蠟 味甘，微溫。主下利膿血，補中續絕傷金創，益氣，不飢耐老。生山谷。

荒崖采采，蒙纊纏腰。支飢淡泊，嚼味寂寥。技羞梔貌，奢戒薪燒。何來靈雀，蜜塞相招。

顧況序：採蠟怨奢也，荒巖之間，纊蒙其身，腰藤造險。又《詩》：采采者蠟。《博物志》：食蠟半斤，支十日飢。高駢詩：淡泊供需不在求。《楞嚴經》：味如嚼蠟。李商隱詩：紅壁寂寥崖蜜盡。柳宗元文：梔其貌，蠟其言，以求賈技於朝。《晉書·傳》：石崇奢靡相尚，以蠟代薪。《博物志》：南方諸山，餘蠟在石，有鳥群來啄之殆盡，名曰靈雀，人謂之蜜塞。

清·劉善述、劉士季《草木便方》卷二蟲介鱗甲部　黃蠟　黃蠟甘溫療瘡，止痛生肌接續傷。爛瘡斂口治瀉痢，蜜餹滑胎塗火湯。

清·戴葆元《本草綱目易知錄》卷四　黃蠟蜜蠟，白蠟。　甘，溫。補中益氣，續絕傷金瘡，治下痢膿血，腸澼後重白膿，妊婦胎動，下血不絕欲死。以雞子大許，煎化，投美酒半斤，服立瘥。入藥須水煮數次，去脚，其色轉白者佳。【略】燙火傷瘡，焮赤腐膿，此能拔毒斂瘡。麻油四兩，當歸一兩，煎焦去滓，入黃蠟一兩，溶化，攤帛上，貼之效。葆驗方，內加黑猪毛一兩，仝化。

清·陳其瑞《本草撮要》卷九　蜜蠟　味淡，入手太陰、足厥陰經，功專調氣。得茯苓治陽虛遺濁帶下。黃蠟得黃連、阿膠治痢下腹痛，面青肢冷效。得當歸、阿膠、黃連、黃蘗、陳倉米，治產後下痢。

蜜蜂

宋·唐慎微《證類本草》卷二〇蟲魚部上品《本經·別錄·藥對》　**蜂子**　**味甘，平**、微寒，無毒。**主風頭，除蠱毒，補虛羸，傷中**，心腹痛，大人、小兒腹中五蟲口吐出者，面目黃。**久服令人光澤好顏色，不老**，輕身益氣。

大黃蜂子：主心腹脹滿痛，乾嘔，**輕身益氣**。

土蜂子：主癰腫，嗌音益，喉也。痛。**一名蜚零**。生武都山谷。畏黃芩、芍藥、牡蠣。

〔梁·陶弘景《本草經集注》〕云：前直云蜂子，即應是蜜蜂子也。取其未成頭足時炒食之。又酒漬以傅面，令面悅白。黃蜂則人家屋上者及觚〔音侯〕甊蜂也。

〔宋·馬志《開寶本草》〕按：《陳藏器本草》云：蜂子，主丹毒，風疹，腹內留熱，大小便澀，去浮血，婦人帶下，下乳汁，此即蜜房中白如蛹者。其穴居者名土蜂，最大，螫人至死，其子亦大，白，功用同蜜蜂子也。

〔宋·掌禹錫《嘉祐本草》〕按：陳藏器云：按土蜂赤黑色，燒末油和傅蜘蛛咬瘡。此物能食蜘蛛，亦取其相伏也。日華子云：樹蜂、土蜂、蜜蜂，涼，有毒。利大小便，治婦人帶下病等。又有食之者，須以冬瓜及苦蕒、生薑、紫蘇，以制其毒也。

〔宋·蘇頌《本草圖經》〕曰：蜂，《本經》有蜂子、黃蜂、土蜂，而土蜂下云生武都山谷，今處處皆有之。蜂子，即蜜蜂子也。在蜜脾中，如蛹而白色。大黃蜂子，即人家屋上作房及大木間觚〔音侯〕甊〔音婁〕蜂子也。嶺南人亦作饌食之。蜂并黃色，比蜜蜂更大。土蜂子，即穴土居者，其蜂最大，螫人或至死。凡用蜂子，并取頭足未成者佳。謹按《嶺表錄異》載宣、歙人取蜂子法，大蜂結房於山林間，大如巨鍾，其中數百層，土人採時，須以草衣蔽體，以捍其毒螫，復以煙火熏散蜂母，乃敢攀緣崖木，斷其蒂。一房蜂子或五六斗至一石，以鹽炒暴乾，寄入京洛，以為方物。然房中蜂子，三分之一翅足已成，則不堪用。詳此木上作房，蓋觚甊類也。而今宣城蜂子乃掘地取之，似土蜂也。故郭璞注《爾雅》土蠭云：今江東呼大蠭在地中作房者，為土蠭，啖其子，即馬蠭。荆、巴間呼為蟺，音憚。又注木蠭云：似土蠭而小，在木上作房，江東人亦呼木蠭，人食其子。然則二蜂子皆可食久矣。大抵蜂類皆同科，其性效不相遠矣。

《禮記》曰：爵、鷃、蜩、范。注云：蜩，蟬也。范，蜂也。

宋·王繼先《紹興本草》卷一八　蜂子　紹興校定：蜂子乃未成翅足土產者，然分三種，性味即一。《本經》雖具主治，固非起疾之物。今世之多作果饌，當作味甘、平、無毒者是矣。

宋·鄭樵《通志》卷七六《昆蟲草木略》　蜂之類多。《本草》：蜂，即蜜蜂也。大黃蜂即土蜂也，一名蜚零。穴土以居。今宣城所生蜂兒者，土蜂也。木蜂，即觚甊蜂也，結窠如甑在木上者。

元·吳瑞《日用本草》卷五　蜂兒　取樹上蜂房，內如蛹，以頭足不成者，鹽淹暴乾。　味甘，性平、微寒，無毒。冬瓜、苦蕒、生薑、紫蘇，以制其毒。

主風頭痛，除蠱毒，補虛羸及治大人小兒腹中五蟲。

明·滕弘《神農本經會通》卷一〇　蜂子　畏黃芩、芍藥、牡蠣。即蜜蜂子也。在蜜脾，子如蛹而白色。

味甘，氣平，微寒，無毒。一云：涼，有毒。《本經》云：主風頭，除蠱毒，補虛羸傷中，心腹痛，大人小兒腹中五蟲，口吐出者，面目黃。久服令人光澤，好顏色，不老輕身，益氣。陶隱居云：取其未成頭足時，炒食之。又酒漬，以傅面，令面悅白。陳藏器云：蜂子，主丹毒風疹，腹內留熱，大小便澁，去浮血，婦人帶下，下乳汁。日華子云：樹蜂、土蜂、蜜蜂，涼，有毒。利大小便，治婦人帶下病等。又有食之者，須以冬瓜及苦蕒、生薑、紫蘇，以制其毒也。

明·劉文泰《本草品彙精要》卷二九　蜂子無毒。附大黃蜂子、土蜂子。

化生。

蜂子出《神農本經》：**主風頭，除蠱毒，補虛羸，傷中。久服令人光澤，好顏色，不老。○大黃蜂子，主心腹脹滿痛，輕身，益氣。○土蜂子，主癰腫。**

以上朱字《神農本經》。蜂子，治心腹痛，大人、小兒腹中五蟲口吐出者，面目黃，輕身益氣。〇大黃蜂子，乾嘔。〇土蜂子，嗌痛。以上黑字名醫所錄。【名】蜚零。【地】《圖經》曰：生武都山谷，今處處有之。蜂子，即蜜蜂子也。在蜜脾中，如蛹而白。一種大黃蜂子，及人家屋上作房及大木間瓠音侯甊音婁蜂子也。嶺南人亦作饌食之。蜂並黃色，比蜜蜂更大。又有土蜂子，即穴土居者，其蜂最大，螫人或至死。郭璞注《爾雅》土螽云：今江東呼大螽，在地中作房者，爲土螽，啖其子，即馬蜂。荊、巴間呼爲蟺音憚。又注木螽云：似土螽而小，在木上作房，江東人亦呼木螽，人食其子。然則三蜂子皆可食，大抵蜂類皆同，故其性效不遠矣。【時】生：二月。採：三四月取。【收】暴乾。【用】頭足未成者。【色】白。【味】甘。【性】平，微寒。

【氣】氣之薄者，陽中之陰。【臭】腥。【主】丹毒，風疹，腹內留熱。【反】畏黃芩、芍藥、牡蠣。【製】以鹽拌炒乾。【治】療：陳藏器云：治大小便澀，去浮血，婦人帶下及下乳汁。【合治】合酒漬，以傅面悅白。〇土蜂赤黑色者，燒末，合油和，傅蜘蛛咬瘡。此物能食蜘蛛，亦取其相伏也。

【解】冬瓜、苦蕒、生薑、紫蘇，以制蜂毒。

明・鄭寧《藥性要略大全》卷一〇 蜂子 主風頭，除蟲毒。日華子云：補虛羸傷中，心腹痛。久服令人光澤，好顏色，不老輕身益氣。味甘，平，微寒，無毒。

大黃蜂子 主心腹脹滿疼痛，乾嘔，輕身益氣。

土蜂 此蜂最大，螫人或有至死者。主治癰腫咽痛。凡取用蜂子，並在蜂房中。取頭足未成者佳。以鹽炒暴乾用。即大蜂，一名蜚零，一名螽蜂，俗呼為麻布螻。

明・王文潔《太乙仙製本草藥性大全》卷八《仙製藥性》 蜂子 味甘，平，氣微寒，無毒。主治：治風頭而除蠱毒，補虛羸而療傷中。理心腹疼痛，主風瘮遊丹。腹中留熱可祛，大小便澁即利。調婦人赤白帶下，又下乳汁去浮血。療小兒腹中五蟲，口吐出者，面目黃。久服光澤好顏色，益氣不老又輕身。

明・皇甫嵩《本草發明》卷六 蜜蜂子味甘，平，微寒，無毒。主風頭，除蠱毒，補虛羸傷中，心腹痛，顏色不老，服久亦然。註云：主丹毒風疹，腹內留熱，婦人帶下，下乳汁。即蜜房中子，如蛹米。大人小兒心腹五蟲口吐出者，又以酒漬，傅面令光澤。成頭足者，色白，炒食之。

大黃蜂子，主心腹脹滿痛，乾嘔，益氣。人家屋上作窠，或在樹林間。

明・李時珍《本草綱目》卷三九蟲部・卵生類上 蜜蜂《本經》上品。

【釋名】蠟蜂《綱目》 䖟時珍曰：蜂尾垂鋒，故謂之蜂。蜂有禮範，故謂之䖟。《禮記》云：范則冠而蟬有緌。《化書》云蜂有君臣之禮，是矣。 【集解】《別録》云：蜂子生武都山谷。頌曰：今處處有之，即蜜蜂子也。在蜜脾中，如蠶蛹而白色。嶺南人取頭足未成者，油炒食之。時珍曰：蜂子，即蜜蜂子未成時白蛹也。《禮記》有雀、鷃、蜩、范，皆以供食，則自古食之矣。其蜂有三種：一種在林木或土穴中作房，爲野蜂；一種人家以器收養者，爲家蜂，並小而微黃，蜜皆濃美；一種在山巖高峻處作房，即石蜜也，其蜂黑色似牛虻。三者皆群居有王。王大於衆蜂，而色青蒼。皆一日兩衙，應(潮)〔朝〕上下。凡蜂之雄者尾鋭，雌者尾歧，相交則黃退。嗅花則以鬚代鼻，采花則以股抱之。按王元之《蜂記》云：蜂王無毒。窠之始營，必造一臺，大如桃李。王居臺上，生子於中。王之子盡復爲王，歲分其族而去。其分也，或鋪如扇，或圓如罌，擁其王而去。王之所在，蜂不敢螫。若失其王，則衆潰而死。其釀蜜如脾，謂之蜜脾。凡取其蜜不可多，多則蜂飢而不蕃；又不可少，少則蜂惰而不作。嗚呼！王之無毒，似君德也。營巢如臺，似建國也。子復爲王，似分定也。擁王而行，似衛主也。王所不螫，似遵法也。王失則潰，守義節也。取惟得中，似什一而稅也。山人貪其利，恐其分而刺其子，不仁甚矣。

蜂子 【氣味】甘，平、微寒，無毒。大明曰：涼，有毒。食之者須以冬瓜、苦蕒、生薑、紫蘇制其毒。之才曰：畏黃芩、芍藥、牡蠣、白前。 【主治】頭風，除蠱毒，補虛羸傷中。久服令人光澤，好顏色，不老《本經》。輕身益氣，治心腹痛，面目黃，大人小兒腹中五蟲從口吐出者《別録》。主丹毒風瘮，腹內留熱，利大小便澀，去浮血，下乳汁，婦人帶下病藏器。大風癘疾時珍。

【發明】時珍曰：蜂子，古人以充饌品，故《本經》《別録》著其功效。而《聖濟總録》治大風疾，兼用諸蜂子，蓋亦足陽明、太陰之藥也。

【附方】新一。 大風癘疾：鬚眉墮落，皮肉已爛成瘡者。用蜜蜂子、胡蜂子、黃蜂子並炒各一分，白花蛇、烏蛇並酒浸去皮骨炙乾，全蠍去土炒、白殭蠶炒各一兩，地龍去土炒半兩，蝎虎全者炒、赤足蜈蚣全者炒各十五枚，丹砂一兩，雄黃醋熬一分，龍腦半錢，右爲末。每服一錢匕，溫蜜湯調下，日三五服。《總録》。

明・梅得春《藥性會元》卷下 蜂 味甘，平，氣微寒，無毒。主治頭風，除蠱毒，補虛羸傷中，心腹痛，大人小兒腹中五蟲、口吐出者，面目黃。久服益氣。

明・吳文炳《藥性全備食物本草》卷三　蜂子　味甘平，性微寒，無毒。治頭風，除蟲毒，補虛羸，療傷中，理心腹疼痛，主風瘮遊丹，祛腹中留熱，利大小便，調婦人赤白帶下，通乳汁，去浮血，療小兒腹中五蟲口中出者，面黃羸瘦。久服光澤，好顏色，益氣不老延年。凡用蜂子，並取頭足未成者佳。歛人取蜂子法：大蜂結房于山林間，大如巨鍾，其如數百層。土人採時，須以草衣蔽體，以捍其毒螫，復以煙火熏散，其蜂母乃敢拔緣崖木，斷其蒂，取黃蜂子，以鹽炒曝乾，寄入京洛以為方物。然房中蜂子三分之一翅足已成，則不堪用。食之者，須以冬瓜、苦蕒、薑、蘇以制其毒。

大黃蜂即人家屋上及大木間作房者，專主乾嘔，心腹脹，利大小便。

土蜂即土穴居者，主癰腫嗌痛。又燒灰，油調傅蜘蛛咬，此物能食蜘蛛，亦取其相制也。

露蜂房：味苦、鹹，性平，無毒。主顛疾，蟲毒，鬼精驚癇，瘈瘲寒熱，解蜂毒，乳毒，止赤白痢，治牙疼，瘰癧癰腫。

大抵蜂類性効皆不相遠。畏黃芩、芍藥、牡蠣。

蠮螉：處處有之，黑色而細腰，雖名土蜂，而不在土中作穴，但摙土於人家壁間，或器物傍作房如竹管，取他蟲於房中化為己子，《詩》云螟蛉有子，蜾蠃負之是也。味辛，有毒。主久聾，欬逆嘔逆，毒氣，出汗，療鼻窒。生搗署竹木刺。入藥炒用。

清・趙學敏《本草綱目拾遺》卷一〇蟲部　蜜蜂　《綱目》止用子，云入足陽明、太陰，而無用蜂者。《赤水元珠》有治瘰癧方用之，為補於後。《赤水元珠》云：蜜蜂同杏仁葉、蝙蝠、蛇蛻，治瘰癧神效。

清・葉志詵《神農本草經贊》卷一　蜂子　味甘，平。主頭風，除蟲毒，補虛羸傷中。久服令人光澤，好顏色，不老。大黃蜂子，主心腹(復)〔脹〕滿痛。輕身益氣。土蜂子，主癰腫。一名蜚零。生山谷。

類自殊形，尾皆垂穎。馮木虛懸，摙泥幽屏。毒菌生光，叢桑匿影。白蛹蠶瑩，餽來荒憬。

歐陽修賦：異類殊形。《埤雅》：蜂毒在尾，垂穎如鋒。曹植賦：上不馮木。陶弘景碑：七度虛懸。蘇頌曰：大黃蜂子作房在大木間。《埤雅》：土蜂好摙泥作房。韓愈詩：即此是幽屏。《酉陽雜俎》：嶺南毒菌，夜有光，經雨即腐，化為蜂。《水經注》：延水有桑林，為叢桑河。《雲笈七籤》：隱地八術，一曰藏形匿影。《詩疏》：蒲蘆負桑蟲，以成其子。《嶺表錄異》：蜂兒揀狀如蠶蛹，瑩白者鹽炒暴乾，寄京洛以為方物。賀知章詩：荒憬盡懷忠。

清・戴葆元《本草綱目易知錄》卷四　蜜蜂子　甘，微寒。足陽明、太陰藥。治頭風，除蟲毒，去浮血，下乳汁，補虛羸，輕身益氣，利大小便澁，療心腹痛，面目黃，大人小兒腹中五蟲從口吐出及丹毒風瘮，腹內留熱，大風癘疾，婦人帶下病。

土蜂

元・吳瑞《日用本草》卷五　土蜂子　主癰腫，嗌痛。

明・滕弘《神農本經會通》卷一〇　土蜂子　即穴土居者，其蜂最大，螫人或至死。其子亦大白。功用同蜜蜂子也。《本經》云：主癰腫嗌。音嗌，喉也。凡用蜂子，并取頭足未成者佳。翅足已成，則不堪用。須以鹽炒，暴乾。亦可寄人以為方物。

明・王文潔《太乙仙製本草藥性大全》卷八《本草精義》　土蜂　蜂，《本經》有蜂子、黃蜂、土蜂，而土蜂下云生武都山谷，今處處皆有之。蜂子即蜜蜂子也，在蜜脾中如蛹而白色。大黃蜂即人家屋上作房，及大木間㑶音侯甂音婁蜂子也。嶺南人亦作饌食之。蜂並黃色，此蜜條。更大土蜂子，即穴土居者，其蜂最大，螫人或至死。凡用蜂子，並取頭足未成者佳。謹按：《嶺表録異》載：宣、歙人取蜂子法：大蜂結房於山林間，大如巨鍾，其中數百層，土人採時須以草衣蔽體，以捍其毒螫，復以煙火熏散蜂母，乃敢攀緣崖木斷其蒂，一房蜂子或五六斗至一石，以鹽炒暴乾，寄入京洛，以爲方物。然房中蜂子三分之一翅足已成，則不堪用。詳此木上作房，蓋㑶甂類也。而今宣城蜂子乃掘地取之，似土蜂也。故郭璞注《爾雅》：土蠭，云今江東呼大蠭在地中作房者爲土，啖其子，即馬，荊巴間呼爲蟺音憚。又注　木蠭云似土蠭而小，在木上作房，江東人亦呼木蠭，人食其子。然則二蜂子皆可食久矣，大抵蜂類皆同科，其性效不相遠矣。

明・王文潔《太乙仙製本草藥性大全》卷八《仙製藥性》　土蜂子一名蜚零。

主癰腫神氣，療嗌痛秘訣。補註：利大小便，治婦人帶下病等。又有食之者，須以冬瓜及苦蕒、生薑、紫蘇，以解其毒也。〇蜂，《本經》有蜂子、黃蜂、土蜂，生武都山谷，今處處皆有之。蜂子即蜜蜂子也，在蜜脾中如蛹而白色。大黄蜂子即人家屋上作房，及大木間觚甊蜂子也。嶺南人亦作饌食之。蜂並黄色。蜜蜂更大，土蜂子即穴土居者，其蜂最大，螫人或至死。凡用蜂子，並取頭足未成者佳。歙人取蜂子法：大蜂結房於山林間，大如巨鍾，其如數百層，土人採時須以草衣蔽體，以捍其毒螫，復以烟火熏散蜂母，乃敢攀緣崖木斷其蒂，一房蜂子或五六斗至一石，以鹽炒暴乾，寄入京洛以爲方物。然房中蜂子三分之一翅足已成，則不堪用。今宣城蜂子乃掘地取之，似土蜂也。今江東呼大蜂在地中作房者爲土蜂，啖其子，即馬蜂，荊巴間呼爲蟺。又木蜂，云似土蜂而小，在木上作房，江東人亦呼木蜂，人食其子。然則二蜂子皆可食久矣，大抵蜂類者同科，其性效不相遠矣。

明·皇甫嵩《本草發明》卷六　土蜂子　主癰腫，嗌痛。黑色，土穴中居，最大，螫人或致死。俱取頭足未成者用之。凡蜂子皆有小毒，有食之者，須以冬瓜及苦蕒、生薑、紫蘇，以制其毒。畏黄芩、芍藥、牡蠣。

明·李時珍《本草綱目》卷三九蟲部·卵生類上　土蜂《别録》。校正：舊與蜜蜂子同條，今分出。

【釋名】蜚零《本經》　蟺蜂音蟬。同上。馬蜂頌曰：郭璞註《爾雅》云：今江東呼大蜂在地中作房者爲土蜂，即馬蜂也。荊、巴間呼爲蟺蜂。　【集解】《别録》曰：土蜂生武都山谷。藏器曰：土蜂穴居作房，赤黑色，最大，螫人至死，亦能釀蜜，其子亦大而白。頌曰：土蜂子，江東人亦啖之。又有木蜂似土蜂，人亦食其子。然則蜜蜂、土蜂、木蜂、黄蜂子俱可食。大抵蜂類同科，其性效不相遠矣。

蜂　【主治】燒末，油和，傅蜘蛛咬瘡。藏器曰：此物能食蜘蛛，取其相伏也。

蜂子　【氣味】甘，平，有毒。大明曰：同蜜蜂。○畏亦同也。　【主治】癰腫《本經》。嗌痛《别録》。利大小便，治婦人帶下日華。功同蜜蜂子藏器。酒浸傅面，令人悦白時珍。

【附方】新一。　面黑令白：土蜂子未成頭翅者，炒食，并以酒浸傅面。《聖惠方》。

房　【主治】癰腫不消。爲末，醋調塗之，乾更易之。不入服食《藥性》。療丁腫瘡毒時珍。

【附方】新一。　疔腫瘡毒：已篤者，二服即愈，輕者一服立效。用土蜂房一個，蛇蜕一條，黄泥固濟，煅存性，爲末。每服一錢，空心好酒下。少頃腹中大痛，痛止，其瘡已化爲黄水矣。《普濟》。

大黄蜂

元·吴瑞《日用本草》卷五　大黄蜂子　主心腹脹滿痛，乾嘔，益氣。

明·滕弘《神農本經會通》卷一〇《蟲魚部》　大黄蜂子　即人家屋上作房，及大木間，觚甊蜂子也。嶺南人亦作饌食之。《本經》云：心腹脹滿痛，乾嘔，輕身益氣。

明·王文潔《太乙仙製本草藥性大全》卷八《仙製藥性》　大黄蜂子　主心腹脹滿疼痛，止乾嘔，益氣輕身。

明·李時珍《本草綱目》卷三九蟲部·卵生類上　大黄蜂《别録》。校正：舊與蜜蜂同條，今分出。

【釋名】黑色者名胡蜂《廣雅》　壺蜂《方言》　觚甊蜂音鈎婁。　玄瓠蜂時珍曰：凡物黑色者，謂之胡。其壺、瓠、觚甊，皆象形命名也。觚甊，苦瓠之名。《楚辭》云玄蜂若壺是矣。大黄蜂色黄，觚甊蜂色黑，乃一類二種也。陶説爲是。蘇頌以爲一種，非矣。然蜂蛹、蜂房，功用則一，故不必分條。　【集解】弘景曰：大黄蜂子，乃人家屋上者及觚甊蜂也。頌曰：大黄蜂子，在人家屋上作房及大木間即觚甊蜂之子也。嶺南人取其子作饌食之。其蜂黄色，比蜜蜂更大。按《嶺表録異》云：宣、歙人好食蜂兒。山林間大蜂結房，大者如巨鐘，其房數百層。土人采時，着草衣蔽身，以捍其毒螫。復以烟火熏(房)[散]蜂母，乃敢攀緣崖木斷其蒂。一房蜂兒五六斗至一石。揀狀如蠶蛹瑩白者，以鹽炒暴乾，寄入京洛，以爲方物。然房中蜂兒三分之一翅足已成，則不堪用。據此，則木上作房，蓋觚甊之類。然今宣城蜂子，乃掘地取之，似土蜂也。郭璞註《爾雅》云：土蜂乃大蜂，在地中作房；木蜂似土蜂而小，江東人並食其子。然則二蜂皆可食久矣。大抵性味亦不相遠也。

蜂子　【氣味】甘，凉，有小毒。大明曰見蜜蜂下。　【主治】心腹脹滿痛，乾嘔，輕身益氣《别録》。治雀卵斑，面皰。餘功同蜜蜂子時珍。

【附方】新一。　雀斑面皰：七月七日取露蜂子，於漆椀中水酒浸過，濾过，調胡粉傳之。《普濟方》。

清·趙學敏《本草綱目拾遺》卷一〇蟲部　藥蜂鍼　《物理小識》：取黄蜂尾鍼，合硫煉，加冰麝為藥，置瘡瘍之頭，以火點之，灸瘡上，《本草》未載此法。須先以溼紙覆瘡，先乾者，即瘡頭灸之。

竹蜂

宋·唐慎微《證類本草》卷二二蟲魚部下品〔唐·陳藏器《本草拾遺》〕

留師蜜　味甘，寒。主牙齒䘌痛。口中瘡，含之。蜂如小指大，正黑色。嚙竹爲窠，蜜如稠糖，酸甜好食。《方言》云：留師，竹蜂也。

明・李時珍《本草綱目》卷三九蟲部・卵生類上　竹蜂《拾遺》

【釋名】留師郭璞作笛師。　【集解】藏器曰：《方言》云：竹蜂，留師也。蜂如小指大，正黑色，嚙竹而窠，蜜如稠糖，酸甜好食。時珍曰：《六帖》云：竹蜜蜂出蜀中。于野竹上結窠，紺色，大如鷄子，長寸許，有蒂。窠有蜜，甘倍常蜜。即此也。按今人家一種黑蜂，大如指頭，能穴竹木而居，腹中有蜜，小兒撲殺取食，亦此類也。又《杜陽編》言：外國鸞蜂大十餘斤，其蜜碧色，服之成仙。此亦不經言之，未足深信。又有刺蜜、木蜜，生草木上，俱見果部本條。木蜜即枳椇。

留師蜜　【氣味】甘，酸，寒，無毒。　【主治】牙齒䘌痛及口瘡，並含之良藏器。

獨脚蜂

宋・唐慎微《證類本草》卷二二蟲魚部下品〔唐・陳藏器《本草拾遺》〕

獨脚蜂　所用同前。似小蜂，黑色，一足。連樹根不得去，不能動搖。五月採取，出嶺南。又有獨脚蟻，功用同蜂。亦連樹根下，能動搖，出嶺南。

明・李時珍《本草綱目》卷三九蟲部・卵生類上　獨脚蜂《拾遺》

【集解】藏器曰：出嶺南。似小蜂黑色，一足連樹根不得去，不能動搖，五月采之。又有獨脚蟻，亦連樹根下，能動搖，功用與蜂同。時珍曰：嶺南有樹小兒、樹蛺蝶，及此蜂、蟻，皆生於樹，是亦氣化，乃無情而生有情也。《酉陽雜俎》云：嶺南毒菌，夜有光，經雨則腐化爲巨蜂，黑色，其喙若鏍，長三分〔餘〕，囓人甚毒。物類之變化不一有如此。

【主治】疔腫癰疽，燒研和油塗之藏器。

蠬蜂

清・趙學敏《本草綱目拾遺》卷一〇蟲部　蠬蜂　《粵志》：陽春有蠬蜂，嘗附橄欖樹而生，雖有首足，與木葉無別，須木葉凋落乃得之。土人以置篋笥，每遇蠱毒必鳴，鳴則自呼。又以其聲之清濁卜禍福，佩之辟蠱。

蜜虎

清・趙學敏《本草綱目拾遺》卷一〇蟲部　蜜虎　似蜂而大，首尖身圓，狀如橄欖形。有兩翼，亦如蜂翅。遍身生毛，花斑色。尾有短毫，鋪張如鵝尾。鼻上有鬚二根，喜入花心中，以鬚鉤取花蕊而出，其鬚能伸縮屈曲，如象鼻然以捲物，登州人呼古路哥子，安徽人呼為蜜虎，養蜜者最忌之。《臺灣府志》：蜂虎蟲屬，狀似燈蛾而大，頭有斑點，入蜜蜂窠則盡食其蜂。汪杭葦言：蜜虎多喜入鳳仙花叢中，散子於葉背，日久生小灰色蟲，如青蠖，體上有黑白斑暈，食其花葉長大。及老則下根底，變為蛹，頭粗尾尖如海螄狀，作老黃色。久則蛹出為蛾，即成蜜虎。如此循環，生生不已。

治咽喉腫痛生蛾：陳良翰云：蜜虎登州最多，人捕得裝入布袋，懸掛檐下陰乾，遇有咽喉腫痛或生單蛾、雙蛾，取一枚瓦上火焙去其週身絨毛，翦去頭足尾翅，再用火焙為末，加冰片少許，吹入喉中即愈，此神方也。又入壯藥用。　治心痛：鞠子靜方：用嘓嚕哥，即蜜虎，五六月飛行牆壁，山東甚多，取置竹筒中，此物難死，必待二十日，方乾死在筒中，自能撲打，體上絨毛盡落，有患心痛者及腹痛者，瓦焙研末，酒服一二枚即止。

諸城王遜亭云：古路哥有雌雄，雄者身瘦小，雌者腹大，入藥用雄者，以線穿陰乾，可合房術藥用。其老僕王三云：此蟲山東極多，能食蜂，養蜂家最忌之。其蟲口中有黑絲，常捲，若入蜂窩，即吐直其絲以刺蜂，蜂即斃，然後食之。蓋蜂鍼在尾，而此蟲之鍼在首，想亦有毒。鍼在尾者陰，在首者陽，以陽剋陰，故蜂為所刺，無不立斃。其蟲於初秋散子，在豆莢中，則為豆蟲，如青蠖狀，食豆；在黍穰上，則為朝天猴，如刺螯狀，後黍葉自下食而上，最為莊田之患。然可食，莊人候日未出時，此蟲着露體重翅輕，不能飛，易於撲取。人捕得，去其翅，群置瓦罐內，令其自相撲擲，其體上細毛自落，然後以油鹽椒薑炒食之，味勝蠶蛹。但其體上毛不可着人眼，着眼即損目。

露蜂房

宋・唐慎微《證類本草》卷二一蟲魚部中品〔《本經》・別錄・藥對〕　**露蜂房　味苦、鹹，平，有毒。主驚癇瘈瘲，寒熱邪氣，癲疾，鬼精蠱毒，腸痔。火熬之良。**又療蜂毒，毒腫。**一名蜂腸**，一名百穿，一名蜂勳音窠。生牂牁山谷。七月七日採，陰乾。惡乾薑、丹參、黃芩、芍藥、牡蠣。

〔梁・陶弘景《本草經集注》〕云：此蜂房多在樹腹中及地中，今此曰露蜂，當用人家屋間及樹枝間苞裹者。乃遠舉牂牁，未解所以。

〔唐・蘇敬《唐本草》〕注云：此蜂房，用樹上懸得風露者。其蜂黃黑色，長寸許，蠆馬、牛、人乃至欲死者，用此皆有效，非人家屋下小小蜂房也。《別録》云：亂髮、蛇皮三味合燒灰，酒服方寸匕，日二，主諸惡疽、附骨癰，根在藏腑，歷節腫出丁腫，惡脉諸毒皆差。又水煮露蜂房，一服五合汁，下乳石，熱毒壅悶服之，小便中即下石末，大效。灰之酒服，主陰痿。水煮洗狐尿刺瘡。服之，療上氣、赤白痢、遺尿失禁也。

〔宋・掌禹錫《嘉祐本草》〕按：《蜀本圖經》云：樹上大黃蜂窠也。大者如甕，小者如桶。今所在有，十一月、十二月採。《藥性論》云：土蜂房亦可單用，不入服食，能治臃腫不消，用醋、水調塗乾即便易。日華子云：露蜂房，微毒。治牙齒疼、痢疾、乳癰、蜂叮、惡瘡，即煎洗入藥并炙用。

〔宋·蘇頌《本草圖經》〕曰：露蜂房，生牂牁山谷，今處處山林中皆有之。此木上大黄蜂窠也。大者如甕，小者如桶，其蜂黑色，長寸許，螫牛、馬及人乃至欲死者，用此尤效。人家屋間亦往往有之，但小而力慢，不堪用，不若山林中得風露氣者佳。古今方書治牙齒湯多用之，七月七日採。又云十一月、十二月採者佳，亦解蠱毒。又主乳石發動，頭痛，煩熱口乾，便旋赤少者，取十二分炙，以水二升，煮取八合，溫再服，當利小便，諸惡毒隨便出。又療熱病後毒氣衝目，用半大兩，水二升，同煎一升，重濾洗目三四過。又瘰癧成瘻作孔者，取二枚炙末，臘月猪脂和塗孔上，差。

〔宋·唐慎微《證類本草》〕雷公云：凡使，其窠有四件：一名革蜂窠；二名石蜂窠；三名獨蜂窠；四名草蜂窠是也。大者一丈二丈圍，在大樹膊者，内窠小膈六百二十箇，圍大者有一千二百四十箇蜂。其窠粘木蒂，是七姑木汁，是牛糞沫，隔是葉蘂。石蜂窠，只在人家屋上，大小如拳，色蒼黑，内有青色蜂二十一箇，不然只有十四箇，其是石垢，粘處是七姑木汁，隔是竹蚛。次有獨蜂窠，大小只如鵝卵大，皮厚蒼黄色，是小蜂肉并蜂翅，盛向裏只有一箇蜂，大如小石鷰子許，人、馬若遭螫着立亡。凡使革蜂窠，先須以鴉豆枕等同拌蒸，從巳至未出，去鴉豆枕了，曬乾用之。《千金方》：蜂螫人，用蜂房末、豬膏和傅之。《楊氏產乳》：蜂房煎湯洗亦得。又方：崩中，漏下青黄赤白，使人無子。蜂房末三指撮，酒服之，大神效。又方：卒癇。蜂房大者一枚，水三升，煮令濃赤，以浴小兒，日三四，佳。《外臺秘要》：治眼翳。煮蜂房、細辛各等分，含之即差。《肘後方》：治苦鼻中外查瘤，膿水血出。蜂房，火炙燋末，酒服方寸匕，日三。又方：治風瘻。蜂房一枚，炙令黄赤色爲末，每用一錢，臘月猪脂匀調傅瘡上。《經驗方》：解藥毒上攻。如聖散：蜂房、甘草等分，用麩炒令黄色，去麩爲末。水二椀，煎至八分，一椀令溫，臨卧頓服。明目取下惡物。《梅師方》：治風癮瘮方：以水煮蜂房，取二升入芒消傅上，日五度，即差。《食醫心鏡》：小兒喉痹腫痛。蜂房燒灰，以乳汁和一錢匕服。《簡要濟衆》：治婦人乳癰汁不出，内結成膿腫，名妬乳。方：蜂房燒灰，研，每服二錢，水一中盞，煎至六分，去滓溫服。又方：小兒重舌。蜂房燒灰，細研，酒和爲膏。傅兒舌下，日三四次用之。《勝金方》：治小兒欬嗽。蜂房二兩淨洗，去蜂糞及泥土，以快火燒爲灰。每服一字，飯飲下。《廣利方》：治頭痛，煩熱口乾，小便赤少。蜂房十二分炙，水二升，煎取八合，分爲二服。當利小便，諸惡石毒隨小便出。又方：治熱病後毒氣衝目痛。蜂房半兩，水二升，煮取一升，重濾洗目，日三四度。治赤白瞖。《集驗方》：治風氣客於皮膚，瘙痒不已。蜂房炙過，蟬蛻等分，爲末，酒調一錢匕，日三二服。《子母秘録》：小兒赤白痢。蜂房燒末，飲服。又方：小兒大小便不通。蜂房燒末，酒服三錢，日再服。又方：小兒臍風濕腫久不差。燒末傅之。

宋·寇宗奭《本草衍義》卷一七　露蜂房　有兩種，一種小而其色淡黄，窠長六七寸至一尺者，闊二三寸，如蜜脾下垂，一邊是房，多在叢木鬱翳之中，世謂之牛舌蜂。又一種或在高木上，或屋之下，外作固，如三四斗許，小者亦一二斗，中有窠，如瓠之狀，由此得名。蜂色赤黄，其形大於諸蜂，世謂之元瓠蜂。《蜀本圖經》言十一月、十二月採者，應避生息之時也。今人用露蜂房，兼用此兩種。

宋·劉明之《圖經本草藥性總論》卷下　露蜂房　味苦、鹹，平，有毒。主驚癇瘈瘲，寒熱邪氣，癲疾，鬼精蠱毒，腸痔。《藥性論》云：土蜂房，亦可單用。能治癰腫不消，用醋水調塗，乾即易之。日華子云：露蜂房，微毒。治牙齒疼，痢疾，乳癰，蜂叮惡瘡，即煎洗。入藥並炙用，亦解蠱毒，又主乳石發頭痛煩熱。口乾便旋赤少者，取拾貳分，炙，以水貳升，煮取捌合，溫再服，當利小便，諸惡毒隨便出。又療熱病後毒氣衝目。又瘰癧成瘻作孔者。惡乾薑、丹參、黄芩、芍藥、牡蠣。

宋·張杲《醫説》卷一〇　治瘡久不合　露蜂房、蛇蛻皮、亂髮，各燒灰存性，取一錢匕，酒服，治瘡久不合。《東坡大全》。

宋·陳衍《寶慶本草折衷》卷一六　露蜂房灰在內。　一名土蜂房，一名蜂房，一名蜂腸，一名蜂𧒂，一名黄蜂窠，一名革蜂窠，一名石蜂窠，一名獨蜂窠，一名草蜂窠，一名百穿。○𧒂，音窠；獨，或恐作毒。生牂音藏牁音歌山谷，及蜀州。今處處山林中木石上，或屋間有之。○七、十一、十二月採，陰乾。○得火良。惡乾薑、丹參、黄芩、芍藥、牡蠣。

味苦、鹹，平，微毒。○主驚癇瘈瘲，寒熱邪氣，癲疾，蠱毒，腸痔。療蜂毒腫。○《唐本》註云：主諸惡疽附骨，癰根在藏腑歷節腫出，丁腫，惡脉，諸毒，下乳石，熱毒壅悶。灰之，主陰痿。水煮，療上氣、赤白痢、遺尿。○《藥性論》云：治臃一作癰腫，用醋調塗，乾即易。○日華子云：治牙齒疼，乳癰惡瘡，即煎洗，入藥，並炙用。○《圖經》曰：大者如甕。其蜂螫人，用此尤效。人屋間亦有，但小而力慢。山林中得風露氣者佳。又療熱病後，毒氣衝目，水煎，重濾洗目。又瘰癧成瘻孔，炙末，臘月猪脂和塗。○《梅師方》：治風癮瘮，以水煮蜂房，入芒消傅差。○寇氏曰：有兩種，一種如蜜脾下垂，一種如瓠狀。今人兼用。蜜脾者，蜜蜂房也。

元・尚從善《本草元命苞》卷八　露蜂房　味苦、鹹，平，有微毒。亦療蜂螫。猪脂和勻，塗之。治驚癇瘈瘲，癲疾。殺鬼精蠱毒。腸痔、乳癰腫痛，燒灰，水煮溫服。牙齒蟲疼，細辛同煎，熱漱。漏下崩中，燒末，三指撮，酒服。風燥癮疹，煎汁，內芒硝末，傅上。生牂牁山谷，今在處有之，山林中得露氣為妙。七月七採，陰乾乃佳。

明・王綸《本草集要》卷六　露蜂房　味苦鹹，氣平，有毒。惡乾薑、丹參、黄芩、芍藥、牡蠣。七月七日採，陰乾。有大小二種，俱可用入藥，炙。　主驚癇瘈瘲，寒熱邪氣，癲疾，鬼精蠱毒。腸痔，火熬之良。又療蜂毒腫毒，炙末，猪脂調塗之；亦可煎湯洗。水煮服，下諸惡物。　崩中漏下赤白，使人無子，炙末三指撮，酒服之效。乳癰，汁不出，燒灰，研，每服一錢，水一盞，煎六分，溫服。

明・滕弘《神農本經會通》卷一〇　露蜂房　用樹上懸得風露者。惡乾薑、丹參、黄芩、芍藥、牡蠣。七月七日採，陰乾。有大小二種。入藥并炙用。《局》云：　炙過，微炒，方可用。

味苦、鹹，平，有毒。《衷》云：　主驚癇瘈瘲，癲邪蠱毒，齒痛，乳疼腫毒，腸癰，瘰癧。

《本經》云：　主驚癇瘈瘲，寒熱邪氣，癲疾，鬼精，蠱毒，腸痔，火熬之良。又療蜂毒毒腫。《别録》云：　亂髮、蛇皮三味合燒，酒服方寸匕，日三，主惡疽附骨癰，根在藏腑，歷節腫，出丁腫，惡脉諸毒，皆差。又水煮一服五合汁，下乳石熱毒，壅悶，服之，小便中即下石末，大效。灰之酒服，主陰痿。《藥性論》云：　土蜂房，亦可單用，不入服食。能治癰腫不消，用醋、水調塗，乾即更易。日華子云：　微毒。治牙齒疼，痢疾，乳癰，蜂丁，惡瘡，即煎洗入藥，并炙用。《圖經》云：　古今方書，治牙齒湯多用之。亦解蠱毒，又主乳石發動，頭痛煩熱，口乾，便旋赤少者，取十二分，炙，以水二升，煮取八合，分溫再服，當利小便，諸惡毒隨便出。又瘰癧成瘻作孔者，取二枚，炙末，臘月猪脂和塗孔子，差。《局》云：　露蜂房治蜂丁腫，蟲痔驚癇火熬良。更療乳癰除痢疾，煎湯灌齒洗疽瘡。

明・劉文泰《本草品彙精要》卷三〇　露蜂房有毒。附土蜂房。

露蜂房出《神農本經》：　**主驚癇，瘈瘲，寒熱邪氣，癲疾，鬼精，蠱毒，腸痔，火熬之良。**以上朱字《神農本經》。　又療風毒，毒腫。以上黑字名醫所錄。　【名】石蜂窠、蜂腸、獨蜂窠、革蜂窠、百穿、草蜂窠、蜂勦音窠、大黄蜂窠。　【地】《圖經》曰：　生牂牁山谷，今處處山林中皆有之。此木上大黄蜂窠也。大者如甕，小者如桶，其蜂黑色，長寸許，螫牛馬及人，乃至欲死者，用此多效。人家屋間亦往往有之，但小而力慢，不堪用，不若山林中得風露氣者最佳。《衍義》曰：　露蜂房有兩種，一種小而色淡黄，窠長六七寸至一尺者，闊三四寸，如蜜脾不垂，一邊是房，多在叢木鬱翳之中，世謂之牛舌蜂；　又一種或在高木上，或屋之下作房，大如三四斗許，小者亦一二斗，中有窠如瓠之狀，由此得名，蜂色赤黄，其形大於諸蜂，世謂之玄瓠蜂也。　【時】生：　無時。採：　七月七日，十一月，十二月取。　【收】陰乾。　【用】樹上得風露氣者佳。【色】青黑。　【味】苦，鹹。　【性】平，泄。　【氣】味厚于氣，陰中之陽。【臭】腥。　【主】牙疼，癰腫。　【反】惡乾薑、丹參、黄芩、芍藥、牡蠣。【製】火炙微黄。　【治】療：　《圖經》曰：　取十二分炙，以水二升，煮取八合，溫分再服，主乳石發動，頭痛，煩熱，口乾，小便赤少者，服後當利，諸惡毒隨小便出，瘥。又以半兩水煎，重濾，洗目三四過，療熱病後毒氣衝目。《唐本》注云：　水煮汁，每服五合，下乳石熱毒壅悶，小便中即下石末，大效。又療上氣，赤白痢，遺尿失禁，並洗狐尿刺瘡。日華子云：　乳癰，蜂叮，惡瘡，即煎洗入藥並炙用。《别録》云：　大者一枚，水三升，煮令濃赤，浴小兒，日三四次，療卒癇。　【合治】合豬膏調，傅蜂螫人。○以三指撮末，合酒調服，治崩中，漏下青黄赤白，使人無子者，服之。○合細辛等分，含之，治眼瞖。○火炙焦爲末，合酒服方寸匕，日三，治鼻中外查瘤，膿水血出。○燒灰，合酒服，治陰痿。○合亂髮、蛇皮燒灰，酒服方寸匕，日三，療諸惡疽，附骨癰根在臟腑，歷節腫，出疔腫，惡脈諸毒，皆瘥。○以二枚炙末，合臘月豬脂和，塗瘰癧成風瘻作孔者。○土蜂房合醋，塗癰腫，乾即易之，瘥。　【解】蠱毒。

明・葉文齡《醫學統旨》卷八　露蜂房　氣平，味苦，鹹。有毒。惡乾薑、丹參、黄芩、芍藥、牡蠣。入藥炙用。　治驚癇瘈瘲，寒熱邪氣，癲疾，蠱毒腸痔，火熬之良。又療蜂毒腫毒，炙末猪脂調塗。水煮服，下諸惡物及瘰癧，乳癰，惡瘡；　齒痛煎漱。

明・許希周《藥性粗評》卷四　宿蜂房而得露，根拔腸癰。

露蜂房，蜂窩在樹林間，當露氣者。此大蜂所作，俗名虎頭蜂，黄黑色，其螫人畜有欲死者是也。秋冬取者氣全，入藥有力，得之炙焦收貯。惡乾薑、丹參、黄芩、芍藥、牡蠣。　味苦、鹹，性平，有毒。主治惡疽、附骨疽，腸癰，歷節，丁毒蠱毒，並與亂髮、蛇皮燒末，酒調一錢匕，或水煮單服，其根自拔，內消從小便中出。

單方：眼瞖：露蜂房、細辛等分，相和含之，即差。風瘻：凡患鼠瘻成瘻者，露蜂房炙令黃焦，為末，每用一錢，臘月猪脂調勻，傅瘡上，乾又易之，即差。小兒臍風：凡患小兒臍風濕腫，久不差者，露蜂房燒末，傅之，日二三次，即差。婦人乳腫：凡患婦人乳癰內結或膿，號為妬乳者，露蜂房燒灰，每服二錢，水一盞，煎至六分，去滓，食後溫服。

明・鄭寧《藥性要略大全》卷一〇 露蜂房 主驚癇瘈瘲，寒熱邪氣，癲狂、鬼精、蠱毒，腸痔，牙痛，乳癰，痢疾。治蜂毒腫毒。味鹹，平，有小毒。火炙之良。惡乾薑、丹參、黃芩、芍藥。

明・陳嘉謨《本草蒙筌》卷一一 露蜂房 味苦、鹹，氣平。無毒。各處山中，多營樹上。七月七日，收取陰乾。去外包裹麄皮，用內房壘炙燥。惡芩芍牡蠣，及乾薑丹參。主癲疾蠱毒鬼精，治驚癇瘛瘲寒熱。蜂毒乳毒並解，赤痢白痢總除。水煎汁服治齒疼，酒調灰服主陰痿。瘰癧作孔，研和猪脂塗差；癰腫不消，磨以釅醋敷效。熱病後毒氣熏目，可煎水頻頻洗之。

明・王文潔《太乙仙製本草藥性大全》卷八《本草精義》 蜂房 露蜂房 一名蜂腸，一名百穿，一名蜂勦音窠。生牂牁山谷，各處山中，多營樹上，七月七日收取陰乾，去外包裹麄皮，用內房壘，炙燥。惡黃芩、芍藥、牡蠣及乾薑、丹參。其窠大者如甕，小者如桶。其蜂黑色，長寸許，螫牛馬及人乃至欲死者，用此尤效。人家屋間亦往往有之，但小而力慢，不堪用，不若山林中得風露氣者佳。古今方書治牙齒湯多用之。七月七日採。又云十一月、十二月採者佳。亦解蠱毒。又主乳石發動，頭痛，煩熱口乾，便旋赤少者，取十二分炙，以水二升，煮取八合，分溫再服，當利小便，諸惡毒隨便出。又療熱病後毒氣衝目，用半大兩，水二升同煎一升，重濾洗目三四過。又瘰癧成瘻作孔者，取二枚炙末，臘月猪脂塗孔上差。

明・王文潔《太乙仙製本草藥性大全》卷八《仙製藥性》 露蜂房 味苦、鹹，氣平，無毒。主治：主癲疾蠱毒鬼精，治驚癇瘈瘲寒熱。蜂毒乳毒並解，赤痢白痢總除。水煎汁服治齒疼，酒調灰服主陰痿。瘰癧作乳，研和猪脂塗差。癰腫不消，磨以釅醋敷效。熱病後毒氣熏目，可煎水頻頻洗之。補註：蜂螫人，用蜂房末，猪膏和傅之。〇《楊氏產乳》蜂房煎湯洗亦得。〇崩中，漏下青黃赤白，使人無子，蜂房末三指撮，酒服之神效。〇卒癇，蜂房大者一枚，水三升，煮令濃赤以浴小兒，日三四佳。〇治眼瞖，煮蜂房、細辛各等分含之即差。〇治苦鼻中外查瘤，膿水血出，蜂房火炙焦末，酒服方寸匕，日三。〇治風瘻，蜂房一枚，炙令黃赤色，爲末，每用一錢，臘月猪脂令調傅瘡上。〇解藥毒上攻，如聖散：蜂房、甘草等分，用麩炒令黃色，去麩爲末，水二碗，煎至八分一碗，令溫，臨臥頓服，明日取下惡物。〇治風癮瘮方：以水煮蜂房，取二升入芒消，傅上，日五度即差。〇治婦人乳壅汁不出，內結成膿腫，名妬乳。方：蜂房燒灰研，每服二錢，水一中盞，煎至六分，去滓溫服。〇小兒赤白痢，蜂房燒末飲服。小兒大小便不通，蜂房燒末，酒服三錢，日再服。〇小兒重舌，蜂房燒灰細研，酒和爲膏，傅兒舌下，日三四次用之。〇小兒臍風濕腫久不差，燒末傅之。〇治小兒咳嗽，蜂房二兩，净洗去蜂糞及泥土，以快火燒爲灰，每服一字，飯飲下。〇小兒喉痹腫痛，蜂房燒灰，以乳汁和一錢服。〇治頭痛煩熱，口乾，小便赤少，蜂房十二分炙，水二升，煎取八合，分爲二服，當利小便，諸惡石毒，隨小便出。〇治熱病後毒氣衝目痛，蜂房半兩，水二升，煮取一升，重濾洗目，日三四度，治赤白瞖。〇治風氣客於皮膚，瘙痒不已，蜂房炙過，蟬蛻等分，爲末，酒調一錢匕，日三二服之。太乙曰：凡使其窠有四件，一名革蜂窠，二名石蜂窠，三名獨蜂窠，四名草蜂窠是也。大者一丈二丈圍，在大樹膊者，內窠小隔六百二十個，圍大者有一千二百四十個蜂。其窠粘木蒂，是七姑木汁，蓋是牛糞沫，隔是葉蘂。石蜂窠只在人家屋上，大小如拳，色蒼黑，內有青色蜂二十一個，不然只有十四個，其蓋是石垢，粘處是七粘木汁，隔是竹蛀。次有獨蜂窠，大小只如鵝卵大，皮厚蒼黃色，是小蜂肉并蜂翅，盛向裏只有一個蜂，大如小石燕子許，人馬若遭螫着立亡。凡使革蜂窠，先須以鵶豆枕等同拌蒸，從巳至未出，去鵶豆枕了，熬乾用之。

明・皇甫嵩《本草發明》卷六 露蜂房中品。味苦、鹹，平，無毒。一云有毒。主驚癇瘈瘲，寒熱邪氣，癲疾，鬼精蠱毒，腸痔，火熬之良。又療蜂毒腫毒。《別錄》云：合亂髮、蛇皮、三味燒灰，酒服方寸匕，日二。主諸惡疽、附骨癰，根在藏府，歷節腫，出疔毒惡沫，諸毒皆差。又水煮汁，乳石熱毒壅悶，服之小便即下石。末灰之，酒服，主陰痿。水洗狐尿刺瘡。又醋磨，敷癰腫。又熱病後毒氣熏目，煎水頻洗。又療齒痛。〇《藥性》云：土蜂房亦可單用，不入服食。能治癰腫不消。〇生山林中，得風露氣者佳。大如甕桶者尤妙。七月七日採。又云十一月、十二月採者妙。

明·李時珍《本草綱目》卷三九蟲部·卵生類上　露蜂房《本經》中品。

〔釋名〕蜂腸《本經》　蜂勦勦與窠同。　百穿並《別録》　紫金沙　〔集解〕《別録》曰：露蜂房生牂牁山谷。七月七日采，陰乾。弘景曰：此蜂房多在樹木中及地中。今曰露蜂房，當用人家屋間及樹枝間苞裹者。乃遠舉牂牁，未解所以。恭曰：此房懸在樹上得風露者，其蜂黄黑色，長寸許，螫馬、牛及人，乃至欲死。非人家屋下小小蜂房也。韓保昇曰：此樹上大黄蜂窠也。所在皆有，大者如甕，小者如桶。十一二月采之。宗奭曰：露蜂房有二種：一種小而色淡黄，窠長六七寸至一尺，闊二三寸，如蜜脾下垂一邊，多在叢木深林之中，謂之牛舌蜂；一種多在高木之上，或屋之下，外面圍如三四斗許，或一二斗，中有窠如瓠狀，由此得名玄瓠蜂，其色赤黄，大於諸蜂。今人皆兼用之。斅曰：蜂房有四件：一名革蜂窠，大者一二丈圍，在樹上，内窠小隔六百二十六個，大者至一千二百四十個，其裏粘木蒂是七姑木汁，其蓋是牛糞沫，其隔是葉蕋也；二名石蜂窠，只在人家屋上，大小如拳，色蒼黑，内有青色蜂二十一個，或只十四個，其蓋是石垢，其粘處是七姑木汁，其隔是竹蛀也；三名獨蜂窠，大小如鵝卵大，皮厚蒼黄色，是小蜂并蜂翅，盛向裏只有一個蜂，大如小石燕子許，人馬被螫着立亡也；四名是草蜂窠也。入藥以革蜂窠爲勝。時珍曰：革蜂，乃山中大黄蜂也，其房有重重如樓臺者。石蜂、草蜂，尋常所見蜂也。獨蜂，俗名七里蜂者是矣，其毒最猛。

〔修治〕斅曰：凡使革蜂窠，先以鵶豆枕等同拌蒸，從巳至未時，出鵶豆枕了，晒乾用。大明曰：入藥並炙用。

〔氣味〕苦，平，有毒。《別録》曰：鹹。之才曰：惡乾薑、丹參、黄芩、芍藥、牡蠣。

〔主治〕驚癇瘈瘲，寒熱邪氣，癲疾，鬼精蠱毒，腸痔。火熬之良《本經》。療蜂毒、毒腫。合亂髮、蛇皮燒灰，以酒日服二方寸匕，治惡疽、附骨癰，根在臟腑，歷節腫出，丁腫惡脉諸毒皆瘥《別録》。療上氣赤白痢，遺尿失禁。燒灰酒服，主陰痿。水煮，洗狐尿刺瘡。服汁，下乳石毒蘇恭。煎水，洗熱病後毒氣衝目。炙研，和猪脂，塗瘰癧成瘻蘇頌。煎水漱牙齒，止風蟲疼痛。又洗乳癰、蜂(疔)〔叮〕、惡瘡大明。

〔發明〕時珍曰：露蜂房，陽明藥也。外科、齒科及他病用之者，亦皆取其以毒攻毒，兼殺蟲之功焉耳。

〔附方〕舊十五，新二十。　小兒卒癇：大蜂房一枚，水三升，煮濃汁浴之，日三四次佳。《千金方》。　臍風濕腫：久不瘥者。蜂房燒末，傅之效。《子母秘録》。　手足風痹：黄蜂窠大者一個，小者三四個，燒灰，獨頭蒜一盌，百草霜一錢半，同搗傅上。一時取下，埋在陰處。忌生冷、葷(醒)〔腥〕。○《乾坤秘韞》。　風氣瘙痒：及癮疹。蜂房炙，蟬蜕等分，爲末。酒服一錢，日三服。○《梅師方》用露蜂房煎汁〔二升〕，入芒硝傅之，日五次。　風熱牙腫：連及頭面。用露蜂房燒存性，研末，以酒少許調，噙漱之。《十便良方》。　風蟲牙痛：露蜂房煎醋，熱漱之。○《袖珍方》用草蜂房一枚，鹽實孔内燒過，研末擦之，鹽湯漱去。或取一塊咬之。秘方也。○《普濟方》用露蜂房一個，乳香三塊，煎水漱之。○又同細辛煎水漱之。○又露蜂房、全蠍同研，擦之。○《聖惠》用蜂房蒂，綿包咬之效。　喉痹腫痛：露蜂房灰、白殭蠶等分，爲末。每乳香湯服半錢。○《食醫心鏡》用蜂房燒灰。每以一錢吹入喉内。不拘大人、小兒。　重舌腫痛：蜂房炙研，酒和傅之，日三四次。《聖惠方》。　舌上出血：竅如針孔。用紫金沙即露蜂房頂上實處一兩，貝母四錢，蘆薈三錢，爲末，蜜和丸雷丸大。每用一丸，水一小盞，煎至五分，温服。吐血，温酒調服。《雲臺方》。　吐血衄血：方同上。　崩中漏下：五色，使人無子。蜂房末三指撮，温酒服之，大神效。張文仲方。　小兒下痢：赤白者。蜂房燒末，飲服五分。張傑《子母秘録》。　小兒咳嗽：蜂房二兩，洗净燒研。每服一字，米飲下。《勝金方》。　二便不通：蜂房燒末，酒服二三錢，日二服。不拘大人、小兒。《子母秘録》。　陰痿不興：蜂窠燒研，新汲井水服二錢，可御十女。《岣嶁神書》。　陰寒痿弱：蜂房灰，夜傅陰上，即熱起。《千金方》。　陰毒腹痛：露蜂房三錢，燒存性，葱白五寸，同研爲丸。男左女右，着手中，握陰卧之，汗出即愈。　寸白蚘蟲：蜂窠燒存性，酒服一匙。蟲即死出。《生生編》。　乳石熱毒：壅悶，頭痛口乾，便漩赤少者。用蜂房煮汁五合服，乳石末從小便中下，大效。○《圖經》云用十二分炙，以水二升，煮八合，分服。　藥毒上攻：如聖散：用蜂房、甘草等分，麩炒黄色，去麩爲末。水二盌，煎八分，臨卧頓服。明日取下惡物。《經驗方》。　鼻外皶瘤：膿水血出。蜂房炙研，酒服方寸匕，日三服。《肘後方》。　頭上瘡癬：蜂房研末，臘猪脂和，塗之效。《聖惠方》。　軟癤頻作：露蜂房二枚，燒存性。以巴豆二十一粒，煎清油二三沸，去豆。用油調傅，甚效。《唐氏得效方》。　女人妬乳：乳癰汁不出，内結成腫，名妬乳。用蜂房燒灰，研。每服二錢，水一小盞，煎六分，去渣温服。《濟衆方》。　風瘻不合：露蜂房一枚，炙黄研末。每以一錢，臘猪脂和塗。《肘後方》。　下部漏痔：大露蜂房燒存性研，摻之。乾則以真菜子油調。唐氏《經驗方》。　蜂螫腫疼：蜂房爲末，猪膏和傅，或煎水洗。《千金方》。

明·梅得春《藥性會元》卷下　露蜂房

味苦、鹹，氣平，有毒。惡乾薑、丹參、黄芪、芍藥、牡蠣。　其窠有四，一名革蜂窠，一名石蜂窠，一名獨蜂窠，一名草蜂窠是也。大者一二丈，圍在樹上膊者，内窠小隔六百三十個，圍大者有一千二百四十個蜂。其裏粘米蒂，是七姑木汁，蓋是牛糞沫，隔是葉蓮。石蜂窠是在人家屋上，大小如拳，色蒼黑，內有青色蜂二十一個或十四個。次有獨蜂窠，只有鵝卵大，皮厚，蒼黑色，只有一個蜂，大如小石燕子許，人馬若遭螫著，立亡。凡使革蜂窠，先以鵶豆枕等同拌蒸，從巳至未，晒乾用。一法炙用。　主治驚癇瘈瘲，寒熱邪氣，癲疾，殺精蟲毒，腸痔，療蜂毒，腫毒。七月七日取，炙末，猪脂調塗。水煮服，下諸惡物，及療瘰癧、乳癰惡瘡。如齒痛，煎而漱之，勿咽。

明・李中立《本草原始》卷一一　露蜂房　宗奭曰：有二種，一種蜂小而色淡黃，窠長六七寸，如蜜脾下垂一邊，多在叢木深林之中，謂之牛舌蜂；一種多在高木之上，或屋之下，外面圍如三四斗許，或一二斗，中有窠如瓠狀，由此得名玄瓠蜂。其色赤黃，大於諸蜂。今人皆兼用之，謂之露蜂房。係懸樹上，得風露者。　露蜂房：　氣味：　苦，平，有毒。　主治：　驚癇瘈瘲，寒熱邪氣，癲疾，鬼精蠱毒，腸痔。火熬之良。○療蜂毒，毒腫。合亂髮、蛇皮燒灰，以酒日服二方寸匕，治惡疽，附骨癰，根在臟腑，歷節腫出，丁腫惡脈諸毒，皆瘥。○療上氣，赤白痢，遺尿失禁。燒灰酒服，主陰痿。水煮，洗狐尿刺瘡。服汁，下乳石毒。○煎水，洗熱病後毒氣衝目。炙研，和猪脂塗瘰癧成瘻。○煎水漱牙齒，止風蟲疼痛。又洗乳癰、蜂疔惡瘡。

露蜂房，《本經》中品。【圖略】如蜜脾下垂，蜂房。　修治：　露蜂房十一二月采之，入藥并炙用。

之才曰：　惡乾薑、丹參、黃芩、芍藥、牡蠣。　《子母秘錄》：　治臍風濕腫久不瘥者，露蜂房燒灰，研末，傅之效。

明・張懋辰《本草便》卷二　露蜂房　味苦、鹹，氣平，有毒。惡乾薑、丹參、黃芩、芍藥、牡蠣。　主驚癇瘈瘲，寒熱邪氣，癲疾，鬼精蠱毒，腸痔。

明・繆希雍《本草經疏》卷二一　露蜂房　味苦、鹹，平，有毒。　主驚癇瘈瘲，寒熱邪氣，癲疾，鬼精蠱毒，腸痔。火熬之良。又療蜂毒、毒腫。

【疏】蜂性有毒，螫人則痛極，以其得火氣之甚也。故蜂房味苦，氣平，性亦有毒。《別錄》言鹹，當作辛鹹。辛散苦泄，鹹可軟堅，故主驚癇瘈瘲，寒熱邪氣，癲疾，鬼精蠱毒，腸痔等證也。療蜂毒、毒腫者，取其氣類相從，以毒攻毒之義也。蘇恭以亂髮、蛇皮，三物合燒灰，酒服方寸匕，治惡疽附骨癰，根在臟腑，歷節腫，出丁腫惡脈諸毒。大明煎水漱齒，止風蟲疼痛，洗乳癰，蜂疔惡瘡。皆取其攻毒散邪殺蟲之功耳。　【主治參互】《子母秘錄》臍風濕瘡久不瘥者，蜂房燒末，傅之效。　《袖珍方》風蟲牙痛，蜂房一枚，鹽實孔內，燒過研末，擦之，鹽湯漱去。一方同細辛煎，水漱之。　又方，喉痹腫痛，露蜂房灰、白殭蠶等分，為末，吹入喉內，或用乳香湯服半錢。　《濟眾方》女人妬乳，乳癰，汁不出，內結成腫，名妬乳。　用蜂房燒灰研末，每服二錢，水一盞，煎六分，去滓溫服。　《經驗方》治漏痔，蜂房燒存性，研細摻之。乾則菜油調傅。　【簡誤】蜂房主驚癇瘈瘲及諸癰疽惡毒，正取其攻散邪惡，以毒攻毒之意。若病屬氣血虛，無外邪者，與夫癰疽潰後元氣乏竭者，皆不宜服。

明・倪朱謨《本草彙言》卷一七　露蜂房　味甘、苦、鹹，性平，有毒。

蘇氏曰：　露蜂房，懸山林大樹上，得風露者。其蜂黃黑色，長寸許，螫人及牛馬皆至死，非人家屋下小蜂房也。小者如甕、如斗，大者如巨鐘。色淡黃，有層叠雲頭斑紋。其窽有數百及千眼者。　修治：　剪碎酒浸一宿，火上炙用。

露蜂房：　驅風攻毒，散疔腫惡毒之藥也。梁心如曰：　蜂性有毒，螫人則痛極欲死，以其得火氣之甚也。故蜂房係胡蜂吐沫結成，亦非良物。如《別錄》方治風痹腫痛，及附骨惡疽，內癰疔腫，根在藏府，及歷節風疼，痛如虎咬。蓋取其以毒治毒之義云。若病屬氣血兩虛，無風毒外邪者，與癰疽潰後元氣虛乏者，皆不宜服。

集方：《乾坤秘韞》治風痹手足腫痛。用蜂房一兩，炒焦爲末，蒜肉五錢切片，醋浸七日，取出，同蜂房搗傅患上。○《袖珍方》治風蟲牙痛。用蜂房一塊，細辛一錢，煎湯漱之。○《聖惠方》治重舌腫痛。用蜂房、白殭蠶各等分，俱炒燥爲末，酒調傅。○《方脉正宗》治疔腫惡毒。用蜂房、半枝連各等分，煎湯飲。○同上治附骨惡疽，及歷節風痛。用蜂房數兩，炒，搗末，酒調厚傅患上。○唐氏方治小兒頭上軟癤頻作。用蜂房二兩切碎搗末，巴豆肉二十粒，香油內煎滾，俟豆枯浮，濾出清油，調蜂房末敷之○《聖惠方》治頭上癬瘡。用蜂房搗末，臘猪油和塗之，立效。○《外科方》治乳癰內結腫硬，不散不潰。用蜂房五錢，炒，水煎服，三四次愈。

明・顧逢柏《分部本草妙用》卷三脾部・性平　蜂房　甘平，無毒。惡乾薑、丹參、黃芩、芍藥、牡蠣。　主治：　驚癇邪氣，鬼疰蠱毒，腸痔腫毒，骨癰歷節。又洗乳癰，蜂疔惡瘡，牙痛。　蜂房，為陽明胃藥也。外科齒科及他病用之者，皆取其以毒攻毒，兼殺蟲之功耳。

明・李中梓《醫宗必讀・本草徵要下》 露蜂房味甘，溫，有毒。惡乾薑、丹參、黄芩、芍藥、牡蠣。炙。 拔疔瘡附骨之根，治風蟲牙齒之痛；　起陰痿而止遺尿，洗乳癰而塗瘰癧。蜂房乃黄蜂之窠，蜂大房大，且露天樹上者為勝。

按：其用以毒攻毒，若癰疽潰後禁之。

明・蔣儀《藥鏡》卷三平部 露蜂房　辛散苦泄，固主驚癇瘈瘲。癲疾蠱毒，而味鹹又能軟堅。故牙疼蟲腫，瘰癧腸癰，亦可治也。

明・張景岳《景岳全書》卷四九《本草正》 蜂房　味微甘、微鹹，有毒。療蜂毒腫毒。合亂髮、蛇蛻燒灰，以酒服二方寸匕，治惡疽附骨疽疔腫諸毒。亦治赤白痢，遺尿失禁，陰痿。煎水可洗狐尿瘡，乳癰，蜂螫惡瘡，及熱病後毒氣衝目。漱齒牙，止風蟲牙痛。炙研，和猪脂，塗瘰癧成瘻。

明・盧之頤《本草乘雅半偈》帙一一 露蜂房《本經》中品　氣味：甘，平，有毒。　主治：驚癇瘈瘲，寒熱邪氣，癲疾，鬼精，蠱毒，腸痔。

覈曰：露蜂房，一名蜂腸，一名蜂𥰭，一名百穿，一名紫金（砂）〔沙〕。生牂牁山谷，所在皆有。凡四種：一曰革蜂窠，大者一二丈，圍樹上，內窠小者，隔六百二十六箇，大者隔一千二百四十箇，其窠粘木蔕，採七姑木汁，其蓋採牛糞沫，其隔采葉蓝也。二曰石蜂窠，附人家屋上，大小如拳，色蒼黑，內有青色蜂二十一箇，或十四箇，其蓋石垢，其粘處七姑木汁，其隔竹蛀也。三曰獨蜂窠，大如鵝卵，皮厚，色蒼黄，內有小蜂，頭翅內向，僅大蜂一隻，如石燕，獨據外向，人馬被螫，則立亡也。四曰草蜂窠，亦入藥用。以革蜂窠為勝，今人多用檐前樹枝上者。修治：同鴉豆枕等拌蒸，從巳至未出豆，炙鬆脆用。

条曰：黄蜂露處于顯，其房倒垂而旋覆。顯者密之，蜜蜂退藏于密，其房橫列于四隅密者顯之，動者靜，靜者動，開者闔，闔者開，樞機之為用乎。故主氣上而驚，氣下而癇，倒置開闔而瘈瘲，乖錯陰陽而寒熱。陽重者狂，陰重者癲，有陰無陽者鬼精，有陽無陰者蠱毒。顯者密而密者顯，行布不礙圓通，圓通不礙行布矣。至若腸澼為痔，通因塞用，蜂腸百穿，象形對待法也。

清・顧元交《本草彙箋》卷九 露蜂房　露蜂房，陽明藥也。故以治婦人乳病。其外科齒科多用之，亦皆取其以毒攻毒，散邪殺蟲之功耳。入藥宜草蜂房，大如拳者。山蜂房大有一二丈，圍樹上，重重如樓臺，有厚毒，服食塗抹，皆非所宜。

清・劉雲密《本草述》卷二七 露蜂房又名紫金沙，即露蜂房頂上實處是。蘇恭曰：此房懸在樹上得風露者，其蜂黄黑色，長寸許，螫馬、牛及人，乃至欲死。非人家屋下小小蜂房也。

氣味：甘，平，有毒。《別錄》曰：鹹。　希雍曰：味苦氣平，性亦有毒。

主治：驚癇瘛瘲，寒熱邪氣，癲疾，鬼精蠱毒，腸痔。火熬之良《本經》。治惡疽，附骨癰，邪在臟腑，歷節腫出，疔腫惡脈諸毒皆瘥。療上氣及遺尿，失禁。燒灰酒服，主陰痿。炙研和豬脂，塗瘰癧成瘻。同熱燒酒浸一刻，頻漱，治風牙腫痛以上諸本草。　方書主治：積痰久嗽，風驚顫掉，神昏錯亂。療痔證為多，并止風齒痛。

愚按：露蜂房之用，如時珍謂其以毒攻毒，而希雍亦踵其說，蓋止就癰疽惡瘡之治以為言耳。夫兹物豈曰無毒？然閱《本經》首主驚癇瘛瘲，寒熱邪氣，癲疾，是證若止以攻毒，而冀其收捷得之效也，能乎哉？蓋《本經》數言，統是癇證之治，就癇以索其病因，蓋原於陰中之陽虚也。此趙以德所謂癇病之本，因元氣虚弱，或外感內傷之邪，由經脈引入於兩腎動氣中，致陰陽分離，脈道不通，以為厥逆，即《經》所謂精氣并居，發為癲疾之説也。細繹趙説，以合於《本經》之治癇，專屬此味，豈非謂其賦物雖微，而於陰陽分離，精氣并居之癇證，固有以奪其精氣之并，而合其陰陽之離者乎？或者以為不必然。試取《別錄》所治惡疽，附骨癰，根在臟腑者，一細繹之，是豈僅僅治其血氣之末，而不深入臟腑以為理者乎？然後知《本經》主治驚癇之義，固不妄也。又取蘇恭所云，療上氣及遺尿失禁，更主陰痿，然後知用此味以歸陽於陰，殆有如《本經》治癇，奪其精氣之并，而合其陰陽之離也。蓋陰中陽虚者，多原於陰虚，故感於邪，則陽離陰之位以上逆，此所謂陰陽分離也。是陰氣固為陽所并，亦隨之而上逆矣。此所謂精氣并居也，然何以明其原於陰虚？蓋腎間動氣，固在至陰之中，所謂傷其陰中之陽者，原不得離陰以為言也。再条證於諸方，如在下者治女子崩中漏下，所謂歸陽於陰，不使陰離於陽也。治男子之陰痿不興，男女之陰毒腹痛，亦所謂歸陽於陰，不使下之陽并於陰也。如在上者治喉痹腫痛，牙風腫痛，所謂歸陽於陰，不使陽離於陰也。治舌上出血，竅如針孔，所謂歸陽終陰，不使上之陰并於陽也。種種玄詣，不越於治驚癎之義以推求之。故《本經》以治驚癎，專屬茲味耳。統而繹之，則以毒攻毒一語，於茲味主治之精義何當也？不亦大憒憒乎哉？

附方　治五癎得效，露蜂房焙、石綠各一兩，桂心、遠志去心、人參各半兩，硃砂一錢，右為末，粥丸如梧子大，每服二三十丸，白湯下。　崩漏，京墨為末，二錢匕，同燒露蜂房為末，三指撮，酒調服。　又崩漏五色，使人無子，蜂房末三指撮，温酒服之，大神效。　陰痿不興，蜂窠燒研，新汲井水服二錢，可御十女。　陰毒腹痛，露蜂房三錢，燒存性，葱白五寸，同研為末，男左女右，着手中握，陰卧之汗出即愈。　喉痹腫毒，露蜂房灰、白殭蠶等分，為末，每乳香湯服半錢。　牙風腫痛，草蜂房一枚，鹽實孔內，燒過，研末擦之，鹽湯漱去。　舌上出血，竅如針孔，用紫金沙即露蜂房頂上實處是也。一兩，貝母四錢，盧會三錢，為末，蜜和丸雷丸大，每用一丸，水一小盞，煎至五分，温服。

希雍曰：　病屬氣血虛，無外邪者，與夫癰疽潰後，元氣乏竭者，皆不宜服。

修治　凡使，須十二月采，洗去蜂糞泥土，蒸半日，曬乾，炙令焦黃，細研。　然亦當因各證之原方，如其修治，不得執一也。

清·郭章宜《本草匯》卷一七　露蜂房　味鹹、甘，溫，有毒，入陽明經。拔疔腫附骨之根，合亂髮、蛇皮燒灰，為末，以酒日服。止風蟲牙齒之痛。用鹽實蜂房孔內，燒末擦之，鹽湯漱去。或用房蒂綿包咬之。或同醋煎，熱漱之。起陰痿蜂房燒灰，新汲水服，可御十女。陰寒痿弱，房灰傅陰上，即熱起。而治風氣，蜂房、蟬蜕等分為末，酒服一錢，日三。洗乳癰而塗瘰癧。

按：　蜂房，即黃蜂之窠也。性有毒，以其得火氣之甚也。外科方多用之者，皆取其以毒攻毒，兼殺蟲之義耳。若病屬氣血虛，與夫癰疽潰後元氣乏竭者，皆不宜服。

清·蔣居祉《本草擇要綱目·平性藥品》　露蜂房　氣味：　甘，平，有毒。

露天樹上者為最。炙末用，惡乾薑、丹參、黃芩、芍藥、牡蠣。

主治：　陽明藥也。外科齒科及他病用之者，亦皆取其以毒攻毒，兼殺蟲之功耳。

清·王翃《握靈本草》卷九　露蜂房此蜂房在樹木間，蜂黃黑色，長寸許，如甕如桶者，不必在牂牁山谷者乃真也。入藥炙用。　主治：　露蜂房，甘、鹹，有毒。治惡疽、附骨疽，根在臟腑。　主陰痿，赤白痢，風蟲齒痛，遺尿失禁。

清·汪昂《本草備要》卷四　露蜂房宣，解毒，殺蟲。　甘，平，有毒。治驚癎瘈瘲，附骨癰疽，根在藏府。和蛇蜕、亂髮，燒灰酒服。按：　附骨疽不破，附骨成膿，故名。不知者誤作賊風治。附骨疽痛處發熱，四體乍熱乍寒，小便赤，大便秘而無汗，瀉熱發散則消。賊風痛處不熱，亦不發寒熱，覺身冷，欲得熱熨則小寬，時有汗，宜風藥治之。　塗瘰癧成瘻，音漏。炙研，猪脂和塗。　止風蟲牙痛。煎水含漱。　時珍曰：　陽明藥也，取其以毒攻毒，兼殺蟲之功耳。　敷小兒重舌，燒灰酒和敷舌下，日數次。　起陰痿。燒灰敷陰上。取懸于樹、受風露者，炙用。治癰腫，醋調塗。洗瘡，煎用。

清·吴楚《寶命真詮》卷三　露蜂房　【略】起陰痿，止遺尿，洗乳癰，塗瘰癧。　止風蟲齒痛，拔疔瘡附骨之根。

清·李熙和《醫經允中》卷一八　蜂房　惡乾薑、丹參、黃芩、芍藥、牡蠣。

甘，平，有毒。　主治腸痔腫毒，疔瘡惡瘡，牙痛，取其以毒攻毒，兼殺蟲之功耳。　若血氣虛，與癰疽已潰弗服。

清·馮兆張《馮氏錦囊秘録·雜症痘疹藥性主治合參》卷一一　露蜂房　蜂性有毒，螫人則痛極，以其得火氣之甚也。故蜂房味苦鹹辛，氣平，有毒。苦能泄熱，辛能散結，鹹可軟堅，故主驚癎蠱毒，乳癰瘰癧，腸痔痢疾。療風毒毒腫者，取其氣類相從，以毒攻毒之義也。有以同亂髮、蛇皮三物合燒灰酒服，治惡疽附骨癰根在臟腑，歷節腫出，疔腫，惡脉諸毒者。又以煎水漱齒，止風蟲疼痛；　洗乳癰，蜂疔惡瘡者，皆取其攻毒散邪殺蟲。且得陰露之寒，亦有蜕脱之義，稠密痘瘡，用以分窠者，取其象也。癰疽潰後，禁之。

露蜂房去外粗皮，酒淨炒入劑，治驚癎邪氣，鬼疰蠱毒，赤白痢疾，蜂毒乳癰，瘰癧作孔，癰疽腸痔，惡瘡牙痛。

主治痘疹合參：　去風解毒，利熱稀痘，善分窠粒，痘密者二三四朝，用以分窠。

清·张璐《本經逢原》卷四　露蜂房　苦、鹹，平，有毒。　《本經》主驚癎瘈瘲，寒熱邪氣，癲疾鬼精，蠱毒腸痔，火熬之良。　發明：　露蜂房，陽明藥也。《本經》治驚癎癲疾，寒熱邪氣，蠱毒腸痔，以其能祛滌痰垢也。瘡瘍齒痛及他病用之者，皆取其以毒攻毒殺蟲之功耳。

清·張志聰、高世栻《本草崇原》卷中　露蜂房　氣味甘，平，有毒。主治驚癎瘈瘲，寒熱邪氣，癲疾，鬼精蠱毒，腸痔。火熬之良。　蜂房是胡蜂所結之窠，懸於樹上，得風露者，故名露蜂房，乃水土所結成。大者如甕，小者如桶，十二月採之。　蜂房水土結成，又得霧露清涼之氣，故主祛風解毒，鎮驚清熱。仲祖鱉甲煎丸用之，近醫用之治齒痛，褪管，攻毒，解毒，清熱祛風。學者以意會之可也。

清・黃元御《長沙藥解》卷二　蜂窠　味鹹，入足厥陰肝經。能化結鞕，善破堅積。　《金匱》鱉甲煎丸方在鱉甲用之治病瘧日久，結為癥瘕，以其消結而破堅也。　炒枯存性，研細用。

清・吳儀洛《本草從新》卷六　露蜂房　甘，平，有毒。治驚癇瘈瘲，附骨癰疽根在臟腑，和蛇蛻、亂髮燒灰，酒服。按：附骨疽不破，附骨成膿，故名。不知者誤作賊風治。附骨疽痛處發熱，四體乍熱乍寒，小便赤，大便秘而無汗，瀉熱發散則消。賊風痛處不熱，亦不發寒熱，覺身冷，欲得熱熨則小寬，宜風藥治之。塗瘰癧成瘻，炙研，猪脂和塗。止風蟲牙痛，煎水含嗽。時珍曰：陽明藥也。取其以毒攻毒，兼殺蟲之功爾。敷小兒重舌。燒灰酒和，敷舌下，日數次。其用以毒攻毒。癰疽潰後禁之。取露天樹上者。洗瘡煎用。治癰腫，醋調塗。

清・汪紱《醫林纂要探源》卷三　露蜂房　甘，平。蜂類不一，有腰細身長，足長，色黃赤者，曰長足蜂，多穴野亭磚壁。有身圓色黑者，曰蛀蜂，好穴人家木壁梁柱。有身小色黑，腰細如縷者，曰蠮螉，又曰蜾蠃，此負螟蛉為子者，好居牆隙，或几案筆筒中。惟身圓大，色赤黃者，曰桃蜂，又曰壺蜂，最螫毒，能食小蜂及螽蝝之類，吸取木汁以作房，一縷懸樹，其下漸大，如蓮房，如斗，當暑則群居土穴，隆冬反在樹上房中。故諺云：壺蜂天倒拗。緩肝，平相火，祛風殺蟲，和胃，益心肺，能拔臟腑及骨髓之毒，又能壯陽起陰痿。夏不畏濕熱，冬不畏風寒，故能平相火，治驚癇瘈瘲。能吸取木汁成窠，故無堅不拔，而又能強陽，起陰痿。以能平君相之火，故治瘰癧及小兒重舌，兼能和胃。煎水洗瘡，能殺蟲。含漱，治風蟲牙毒。炙過，醋調，塗癰疽。有毒。甘草和用。

清・嚴潔等《得配本草》卷八　露蜂房　惡乾薑、丹參、黃芩、芍藥、牡蠣。　甘，平，有毒。入足陽明經。驅肝風毒犯於胃，治外瘍毒根於臟，兼使痘粒分窠，能療驚癇痢疾。　得蛇蛻、髮炭，酒下，消疔腫。填鼠粘子煅炭，酒下，治乳癰。燒炭和酒，敷重舌。入鹽煅炭，擦蟲牙。　懸於樹上，受風露者佳。草蜂房，大如拳，可用。山蜂房，大有尺餘至一二丈，大有毒，不宜用。賊風感者，用之無效。　癰疽潰後禁用。

題清・徐大椿《藥性切用》卷八　露蜂房　甘辛有毒，解毒消腫，洗瘡殺蟲。微炙用。

清・沈金鰲《要藥分劑》卷二　露蜂房　【略】鰲按：賊風與附骨疽，本自不同，附骨疽痛處必發熱，四肢乍寒乍熱，小便赤，大便秘，却無汗，治之之法，只須瀉熱發散，其毒自消。若賊風，則其病處不熱，亦不發寒熱，但覺身冷，欲得熱熨則稍寬，并時有汗，此宜風藥以治之。蘇恭治附骨疽，以蜂房、蛇皮、亂髮燒灰，酒服方寸匕，良方也。

清・羅國綱《羅氏會約醫鏡》卷一八鱗介蟲魚部　露蜂房味苦鹹，辛，有毒。惡乾薑、丹參、黃芩、芍藥、牡蠣。炙用。　苦泄熱，辛散結，鹹軟堅。得火氣之甚，有毒而能攻毒。拔疔瘡附骨疽之根、毒在臟腑。骨疽，附骨成膿，痛處發熱而無汗，四體乍寒乍熱，大便秘，小便赤。瀉熱發散，治之早則消。用蜂房、蛇蛻、亂髮燒灰，酒調服，妙。塗瘰癧成漏，炙研，猪脂調服。止風蟲牙痛，煎水含漱。起陰痿煎水洗，解乳癰。用末，醋調敷。取懸於樹，受風露者佳。

清・張德裕《本草正義》卷下　蜂房　苦鹹，有毒。消腫毒，解蜂毒。同亂髮、蛇蛻燒灰，酒服，可療惡疽、附骨疽，及疔腫諸毒。水煎，可洗狐水瘡、乳癰，或熱病後毒氣衝目。炙研，和猪油，可塗瘰癧成瘻。此露蜂房也，俗呼長腳蜂，其房多結樹枝。

清・楊時泰《本草述鉤元》卷二七　露蜂房　此房懸樹頂上得風露者，其蜂黃黑色，長寸許，螫馬牛及人欲死，非人家屋下小小蜂房也。其頂上實處，名紫金沙。

氣味苦、甘、鹹，平，有毒。《本經》主驚癇瘛瘲，寒熱邪氣，癲疾鬼精，蠱毒腸痔。諸本草治惡疽附骨癰邪在臟腑，歷節腫出，疔腫惡脈諸毒，療上氣及遺尿失禁，燒灰酒服，主陰痿。炙研和猪脂，塗瘰癧成瘻。同熱燒酒浸一刻，頻漱治風牙腫痛。五癇得效方：露蜂房焙、石綠各一兩，桂心、遠志肉、人參各五錢，朱砂一錢，為末，粥丸如梧子大，每服二三十丸，白湯下。崩漏，京墨為末二錢匕，露蜂房燒為末三指撮，酒調服。又崩漏五色，使人無子，蜂房末三指撮，溫酒服之，神效。陰痿，蜂窠燒研，新汲井水服二錢，可御十女。陰毒腹痛，露蜂房三錢存性，葱白五寸，同研為末，男左女右，着手中握陰卧之，汗出即愈。喉痺腫毒，露蜂房灰、白殭蠶等分為末，每乳香湯服半錢。牙風腫痛，草蜂房一枚，鹽實孔內，燒過，研末擦之，鹽湯漱去。舌上出血，竅如針孔，紫金沙一兩、貝母四錢、蘆薈三錢為末，蜜和丸彈子大，每用一丸，水一盞，煎至五分溫服。

論：露蜂房之用，《本經》首主驚癇、瘈瘲、寒熱、邪氣、癲疾，非止如後世以毒攻毒之說。夫癇原於陰中之陽虛，趙以德謂元氣虛弱，或外感內傷之邪，由經脈入於兩腎動氣中，致陰陽分離，脉道不通而為厥逆，即《經》所云精氣并居發為癲疾也。蜂房賦物雖微，妙能以歸陽於陰者，合陰陽之離，而奪精氣之并。觀《別錄》取治附骨惡疽根在臟腑者，是豈僅奏功於血氣之末，而不深入臟腑以為理乎？蘇恭療上氣及遺尿失禁，更主陰痿，則知此味歸陽於陰之功矣。蓋陰中陽虛者，多原於陰虛，故感於邪，而陽乃離陰之位以上越，明其原於陰虛者，以腎間動氣，固在至陰之中也。再參在下如女子崩漏之治，不使陰離於陽也，男子陰痿及男女陰毒腹痛之治，不使陽并於陰也。在上更如喉痺、牙風之治，不使陽離於陰也。又如舌上出血竅如針孔之治，不使陰并於陽也，種種不越驚癇之義，以推求之，《本經》故以治癇專屬此味耳。

繆氏云：凡病氣血虛而無外邪者，與夫癰疽潰後元氣乏竭者，皆不宜服。

修治：須十二月采，洗去蜂糞泥土，蒸半日，晒乾，炙令焦黃，細研。當因各證原方，如其修治，不得執一。

清·葉桂《本草再新》卷一〇　露蜂房味甘，性平，有小毒。入肝、肺二經。治驚癇瘈瘲，附骨癰疽，止風蟲牙痛。敷小兒重舌，兼營痘症。

清·趙其光《本草求原》卷一八蟲部　露蜂房　蜂，黃黑，能螫人致死，故房有小毒，而能攻毒。且房懸樹上，屋中小蜂房無用。得風露陰陽交蒸之氣，以治陰陽分離之病。味苦、鹹，能降陽歸陰。氣平。屬金，散陰以扶陽，兼殺蟲。主驚癇癲疾，陰虛而陽離以上逆，則陰陽相並，發為癲癇。瘈瘲寒熱，金平風水以散邪。邪氣鬼精，陰陽和合，則邪鬼自退。蠱毒、腸痔、風露之氣能滌痰垢，且取其攻毒也。附骨疽、根於臟腑之陰虛也。惡疽、歷節腫，疔腫，皆攻毒之用。上氣、遺尿不禁、燒灰酒服。崩漏無子、為末酒服。陰萎，燒灰，新汲水服，最興陽。陰毒腹痛，燒灰，同葱白研，放男左，女右手，握陰臥，汗出即愈。瘰癧成瘻，炙研，豬膏調搽。牙風腫痛，酒浸含漱；或以鹽實房孔，燒過擦之，鹽湯漱去。痰積久嗽，小兒重舌，酒和，敷舌下。殺牙蟲，同鹽、細辛水煎含。治喉痹腫痛、燒，同僵蠶為末吹，或以乳香湯下。妒乳。燒灰，水煎二錢，去渣服。

房蒂，名紫金沙，治舌上出血。同川貝、蘆薈蜜丸，溫水下八分。諸症屬血氣虛，無外邪及瘡潰後勿用。

焙同石、綠、桂、遠、參、朱砂，以粥為丸，白湯下，治五癇。同京墨酒服，治崩漏。同髮灰、蛇蛻燒酒服，治惡疽、附骨疽、疔腫、歷節腫。塗癰腫醋調，洗瘡煎用。

十二月采，洗去泥，蒸半日，曬乾炙黃，或不炙，各從原方修治。

清·葉志詵《神農本草經贊》卷二　露蜂房　味苦，平。主驚癇瘈瘲，寒熱邪氣，癲疾鬼精蠱毒，腸痔火熬之良。一名蜂腸。生山谷。

育毒藏精，倒懸固圉。一寸樓臺，四開門戶。偃月斜縈，抱香分貯。雀卵莫容，稷神託輔。

《魏志·傳》：管輅射覆，家室倒懸，藏精育毒，此蜂房也。《左傳》：亦聊以固吾圉也。《元亭涉筆》：蜂房為一寸樓臺。劉詵賦：千門萬戶，環向四開。又：斜縈偃月。溫庭筠詩：蜂重抱香歸。《淮南子》：蜂房不容雀卵。《韓詩外傳》：稷蜂不螫，社鼠不燻，非以稷蜂社鼠之神也。其所託者，然也，故聖人求賢者以自輔。

清·劉善述、劉士季《草木便方》卷二蟲介鱗甲部　蜂房　蜂窩甘平療骨疽，風火牙痛把蟲驅。潰瘍成瘻末油塗，驚癇重舌陰痿希。

清·戴葆元《本草綱目易知錄》卷四　露蜂房　甘，平，有毒。陽明經藥。治驚癇瘈瘲，寒熱邪氣，癲疾，鬼精，蠱毒腸痔，火炙之良。合亂髮、蛇皮燒灰，酒服，治惡瘡附骨根在臟腑，歷節腫出，丁腫惡脉，蜂毒毒腫。燒灰，酒服，療上氣赤白痢，遺尿失禁，主陰痿，下乳石毒。煎洗，熱病後毒氣衝目，狐尿刺瘡及乳癰，蜂疔惡瘡。煎漱牙齒，止風蟲牙痛。燒研，猪脂調塗瘰癧成瘻。

清·陳其瑞《本草撮要》卷九　露蜂房　味甘，平，有毒，入手太陰、足厥陰經，功專塗瘰癧成瘻。炙研猪脂和塗良。取露天樹上者佳。

清·仲昴庭《本草崇原集說》卷中　露蜂房　【略】〔批〕《崇原》凡教人以意會之者，所謂法可言傳，巧由心悟也。

赤翅蜂

宋·唐慎微《證類本草》卷二一蟲魚部下品〔唐·陳藏器《本草拾遺》〕

赤翅蜂　有小毒。主蜘蛛咬及丁腫、疽病瘡，燒令黑，和油塗之。亦取蜂窠土，酢和爲泥，傅蜘蛛咬處，當得絲。出嶺南，如土蜂，翅赤，頭黑，穿土爲窠，食蜘蛛，大如螃蟹，遥知蜂來，皆狼狽藏隱，蜂以預知其處，相食如此者無遺也。

明・王文潔《太乙仙製本草藥性大全》卷八《仙製藥性》 赤翅蜂 有小毒。出嶺南，如土蜂，翅赤，頭黑，穿土爲窠，食蜘蛛，蜂來皆隱避。 主治：主蜘蛛咬毒良方，治疔腫疽瘡妙劑。 補註：治蜘蛛咬，疔腫疽瘡，燒令黑，和油塗之，取蜂窠出醋和爲泥，傅咬處效。

明・李時珍《本草綱目》卷三九蟲部・卵生類上 赤翅蜂《拾遺》

〔集解〕藏器曰：出嶺南。狀如土蜂，翅赤頭黑，大如螃蟹，穿土爲窠，食蜘蛛。蜘蛛遥知蜂來，皆狼狽藏隱。蜂以預知其處，食之無遺。時珍曰：此毒蜂穿土作窠者。一種獨蜂作窠於木，亦此類也。其窠大如鵝卵，皮厚蒼黄色。只有一個蜂，大如小石燕子，人馬被螫立亡也。又一種蛒蜂，出巴中，在褰鼻蛇穴内。其毒倍常，中人手足輒斷，中心胸即圮裂，非方藥可療，惟禁術可制。故元稹詩云：巴蛇蟠窟穴，穴下有巢蜂。近樹禽垂翅，依原獸絶蹤。微遭斷手足，厚毒破心胸。昔甚招魂句，那知眼自逢。此蜂之毒如此，附見于此。養生遠害者，不可不知。

〔主治〕有毒。療蜘蛛咬，及疔腫疽病，燒黑和油塗之。或取蜂窠土，以酢和塗之，蜘蛛咬處，當得絲出藏器。

蟻

宋・鄭樵《通志》卷七六《昆蟲草木略》 蟻之類多。《爾雅》曰：蚍蜉，大螘。小者，螘。蠪，朾螘。螱，飛螘。其子蚳。按蟻亦作螘。大螘，即馬蟻也，大而黑，郭云：俗呼馬蚍蜉。小螘，謂小黄蟻也，以其種極多，故專其名。朾螘，是一種大蟻，赤色斑駁者。飛蟻，有翅而飛者。凡蟻，老則皆生翅，能飛，遂化為他類矣。蚳，蟻卵也，似飯粒，亦可為醬。《周禮》醢人：蜃蚳醢。

明・李時珍《本草綱目》卷四〇蟲部・卵生類下 蟻《綱目》

〔釋名〕玄駒亦作蚼 蚍蜉時珍曰：蟻有君臣之義，故字從義。亦作螘。大者爲蚍蜉，亦曰馬蟻。赤者名蠪，飛者名螱。揚雄《方言》云：齊魯之間謂之蚼蟻，梁益之間謂之玄蚼，幽燕謂之蟻蛘。《夏小正》云十二月，玄蚼奔，謂蟻入蟄也。大蟻喜酣戰，故有馬蚼之稱，而崔豹《古今注》遂以蟻妖附會其説，謬矣。今不取。

〔集解〕時珍曰：蟻處處有之。有大、小、黑、白、黄、赤數種，穴居卵生。其居有等，其行有隊。能知雨候，春出冬蟄。壅土成封，曰蟻封，曰及蟻垤、蟻塿、蟻冢，狀其如封、垤、塿、冢也。其卵名蚳，音遲，山人掘之，有至斗石者。古人食之，故《内則》《周官》饋食之豆有蚳醢也。今惟南夷食之。劉恂《嶺表録異》云：交廣溪峒間酋長，多取蟻卵，淘浄爲醬，云味似肉醬，非尊貴不可得也。又云：嶺南多蟻，其窠如薄絮囊。連帶枝葉，彼人以布袋貯之，賣與養柑子者，以辟蠹蟲。《五行記》云：後魏時，兖州有赤蟻與黑蟻鬬，長六七步，廣四寸，赤蟻斷頭死。則《離騷》所謂南方赤蟻若象、玄蜂若壺者，非寓言也。又按陳藏器言：嶺南有獨脚蟻，一足連樹根下，止能動摇，不能脱去。亦一異者也。

清・穆石匏《本草洞詮》卷一八 蟻 蟻，有君臣之義，故字從義。亦名馬蟻。亦名玄駒。蟻喜酣戰，故有馬駒之稱也。穴居卵生，其居有等，其行有隊，能知雨候，春出冬蟄，壅土成封，曰蟻封、蟻垤、蟻塿、蟻塚也。其卵名蚳，掘之有至斗石者，古人食之。故周官饋食之豆有蚳醢也。後魏時兖州有赤蟻，長六步，廣四寸，則《離騷》所謂赤蟻若象，玄蜂若壺者，非寓言矣。氣味主治方書並闕。

清・王道純《本草品彙精要續集》卷七 蟻 卵生。

蟻《本草綱目》：獨腳蟻，主疔腫疽毒，搗塗之《本草拾遺》。 〔名〕黑駒亦作蚼、蚍蜉。李時珍云：蟻有君臣之義，故字從義，亦作螘。大者爲蚍蜉，亦曰馬蟻，赤者名蠪，飛者名螱。揚雄《方言》云：齊魯之間謂之蚼蟻，梁益之間謂之黑駒，幽燕之間謂之蟻蛘。大蟻喜酣戰，故有馬駒之稱，而崔豹《古今注》遂以蟻妖附會，其説謬矣，今不取。 〔地〕處處有之。穴居卵生，其居有等，其行有隊，能知雨候，壅土成封，曰蟻封，又曰蟻垤、蟻塿、蟻塚、壯其如封垤塿塚也。其卵名蚳，音遲，山人掘之，有至斗石者，古人食之，故《内則》《周官》饋食之豆，有蚳醢也。今惟南夷食之。劉恂《嶺表錄異》云：交廣溪峒間酋長多取蟻卵，淘淨爲醬，云味似肉醬，非尊貴不可得也。又云：嶺南多蟻，其窠如薄絮囊，連帶枝葉，彼人以布袋貯之，賣與養柑子者，以辟蠹蟲。《五行記》云：後魏時兖州有赤蟻，與黑蟻鬥，長六七步，廣四寸，赤蟻斷頭死。則《離騷》所謂南方赤蟻若象，黑蜂若壺者，非寓言也。又按陳藏器言：嶺南有獨腳蟻，一足連樹根下，止能動搖，不能脫去，亦一異者也。 〔時〕生：無時。採：無時。按《夏小正》云，十二月黑蚼奔，謂蟻入蟄也。春出冬蟄。 〔用〕全用。 〔質〕有大小不等。 〔色〕有黑、白、黄、赤四種。

清・趙學敏《本草綱目拾遺》卷一〇蟲部 山螞蟻窩子 朱樂只云：山草中有之，係草樹之葉結成，大者如斗，冬月取之，蟻在土而不在窠矣。

《救生苦海》：　山蟻窠，深山內大樹根中有之，十一月或正月草枯時尋取。有二種，一種大如升斗，色黃柔軟，形如乾黃爛葉，又若柔皮紙，窠皮上層層有刷紋成暈，若虎頭，俗呼虎頭螞蟻窠，不知何物所造，惟內中多筋，其筋係松毛草莖之類也，抽去內中筋及泥土用之。一種色白，係是泥土所為，其形有類松皮，研用入藥。

久不收口爛瘡：　貼之即收口。　治刀傷出血：　《救生苦海》：　用山蟻窠，抽去內中筋及泥土，包裹傷處，再用布縛，即血止收口。　沈氏傳云：冬月用之，有驗如神。　禿瘡：　周氏傳方：　山螞蟻窠中土，鹽滷調敷，數日即愈。　生皮結靨：　凡瘡膿腐已盡，新肉已生，不肯收口，用山蟻窠搓去草泥等物，扯開貼之，即結靨生肉。　張聖來云：　山蟻生深山窮谷中，頭如虎，有牙鉗甚銛利，有翼能飛。凡虎食人過飽則醉，醉後即吐，蟻食其唾餘，則形變虎頭而生翼。即以其所吐涎嚙樹汁草漿，和山土釀如泥，緣樹枝成窠。其窠重疊如蜂窩，內有臺，外則黃白紋，大如斗，挂樹枝上。山人見其窠，以烟熏去蟻，採之入藥。　窠敷金刃傷，止血定痛，生肌收口。　窠中臺，治發背、百鳥朝王毒。　窠上緣枝，治蛀脊。

子　白如粞米，俗呼狀元子，大力丸用之。然微有毒，食之作脹。《綱目》蟻下僅存其名，無主治。近行伍中營醫以此合壯藥，頗效。　益氣力，澤顏色。

敏按：　蟻有各種，入藥用窠，則取山蟻窠。蓋山蟻形大，在草中或樹根內作窠。其子粗如粒米，入藥力太猛。用子以黃色細蟻所生子為佳，蓋此蟻力最大，能舉等身鐵，故人食其子，亦力大也。

《宦遊筆記》：　廣人美味有蟻子醬，於山間收蟻卵，淘淨滓垢，鹵以為醬。詫為珍品，則其子亦無毒矣。

清・章穆《調疾飲食辯》卷六　蚳醢　此蟻卵所作之醬，見《周禮》饋食之豆，蜃蚳鹽醢。《綱目》曰：　蟻亦作螘，又名元駒，大者曰蚍蜉，亦曰馬蟻，赤者名蠪，飛者名螱。揚子《方言》曰：　齊、魯謂之蚼蟻，梁、益謂之元蚼，幽、燕謂之蟻蛘。《夏小正》：　十二月，元蚼奔。　蟻喜酣戰，故有馬駒之稱。有大、小、黑、白、黃、赤數種。穴居卵生。其居有等，行有隊。能知雨候，春出冬蟄，壅土成坌，曰蟻封、蟻垤、蟻塿、蟻塚。卵名蚳，山人掘之，可至斗石。古人食之，今惟南夷食之。　劉恂《嶺表錄異》云：　交、廣谿峒，酋長取以為醬，云味甚鮮美。

按：　天生萬物，幺麽至蟻極矣，乃亦以人之口腹，使不得安其生。谿峒蠻夷無足深怪，不知古昔聖人何以亦出於此耶？稱此以求，嗜壁蝨、嗜瘡痂、嗜爪甲、嗜糞浸脂麻、嗜婦人月水，均非異事矣。或曰蚳醢不宜食固已，然古人既已充饌，安必後人之不食。其性究竟何如，曰天下力大莫過於蟻，聚最小者二三十頭，不及一分之重，而一蟻能舉二三分重之物。準此為率，人有七尺之軀，拔山扛鼎易易耳。故習武之人，舊有擂赤蟻和酒服之方，云使人多力。然少年曾服此藥，至老死時停屍不得過一日，過一日則筋肉腐敗不能治手，其毒何如，可以例蚳醢矣。《綱目》又曰：《北史・五行志》：　拓拔魏時，兗州有赤蟻與黑蟻鬪，長六七步，闊四寸。觀此，則《離騷》所謂南方赤蟻若象，元蜂若壺者，非寓言也。大誤之極，夫史所謂長闊者，謂其攢聚之多也，豈謂一蟻有如許之長闊乎。信如此云，請問若象之蟻，生於何地，誰曾見之乎。

青腰蟲

宋・唐慎微《證類本草》卷二二蟲魚部下品〔唐・陳藏器《本草拾遺》〕

青腰蟲　有大毒。著皮肉腫起，殺癬蟲，食惡瘡瘜肉，剝人面皮，除印字，印骨者亦盡。　蟲如中蟻大，赤色，腰中青黑，似狗猲，一尾尖，有短翅，能飛，春夏時有。

蛔蟲

宋・唐慎微《證類本草》卷二二蟲魚部中品〔唐・陳藏器《本草拾遺》〕

蚘蟲汁　大寒。主目膚赤熱痛。取大者淨洗，斷之，令汁滴目中，三十年膚赤亦差。

明・王文潔《太乙仙製本草藥性大全》卷五《仙製藥性》　蚘蟲　亦從糞出，其性大寒。大者洗净，斷折取汁，流滴多年赤眼，點入即差。《經》云鹽能消蚘，功同蚯蚓。

明・李時珍《本草綱目》卷四二蟲部・濕生類　蚘蟲《拾遺》

〔釋名〕蛕音回。俗作蛔，並與蚘同。　人龍《綱目》　〔集解〕時珍曰：　蚘，人腹中長蟲也。　按巢元方《病源》云：　人腹有九蟲，伏蟲長四分，群蟲之主也；　蚘蟲長五六寸至一尺，發則心腹作痛，〔去來〕上下，口喜吐涎及清水，貫傷心則死；　白蟲長一寸，色白頭小，生育轉多，令人精氣損弱，腰脚疼，長一尺，亦能殺人；　肉蟲狀如爛杏，令人煩悶；　肺蟲狀如蠶，令人咳嗽，成勞殺人；　胃蟲狀如蝦蟆，令人嘔逆喜噦；　弱蟲又名鬲蟲，狀如瓜瓣，令人多唾；　赤蟲狀如生肉，動作腹鳴；　蟯蟲至微，形如菜蟲，居胴腸中，令人生癰疽、疥癬、瘑癘、痔瘻、疳䘌、齲齒諸病。諸蟲皆依腸胃之間，若人臟腑氣實，則不爲害，虚則侵蝕，變生諸疾也。又有尸蟲，與人俱生，爲人大害。其狀如犬、馬尾，或如薄筋，依脾而居，三寸許，有頭尾。凡服補藥，必須先去此蟲，否則不得藥力。凡一切癥瘕，久皆成蟲。紫庭真人云：九蟲之中，六蟲傳變爲勞瘵，而胃、蚘、寸白三蟲不傳。其蟲傳變，或如嬰兒，如鬼形，如蝦蟆，如守宮，如蜈蚣，如螻蟻，如蛇如鱉，如蝟如鼠，如蝠如蝦，如猪肝，如血汁，如亂髮、亂絲等狀。凡蟲在腹，上旬頭向上，中旬向中，下旬向下。服藥須於月初四五日五更時，則易效也。張子和云：巢氏之衍九蟲詳矣，然蟲之變不可勝窮，要之皆以濕熱爲主。蟲得木氣乃生，得雨氣乃化，豈非風木主熱，雨澤主濕耶？故五行之中皆有蟲。諸木有蠹，諸果有蠆，諸菽有蚄，五穀有螟、螣、蝥、蠈，麥朽蛾飛，栗破蟲出，草腐螢化，皆木之蟲也。烈火有鼠，爛灰生蠅，皆火之蟲也。穴蟻、墻蝎，田螻、石蝎，皆土之蟲也。蝌斗、馬蛭，魚、鱉、蛟、龍，皆水之蟲也。昔有冶工破一釜，見其斷處臼中，有一蟲如米蟲，色正赤，此則金中亦有蟲也。

〔氣味〕大寒。〔主治〕目中膚赤熱痛，取大者洗净斷之，令汁滴目中，三十年膚赤亦瘥藏器。治一切眼疾，及生膚翳赤白膜，小兒胎赤、風赤眼，燒末傳之。或以小兒吐出者，陰乾爲末，入汞粉少許，唾津調塗之。又治一切冷瘻時珍。

〔附方〕新三。　玉筋煎：　治小兒胎赤眼、風赤眼。用小兒吐出蚘蟲二條，磁盒盛之，紙封埋濕地，五日取出，化爲水，磁瓶收。每日以銅筋點之。《普濟方》。　遠年風眼：　赤暗，用蚘蟲五條，日乾爲末，膩粉一錢，石膽半錢，爲末。點之，日二三度。《普濟方》。　一切冷瘻：　人吐蚘蟲燒灰，先以甘草湯洗净塗之，無不瘥者，慎口味。《千金方》。

明・黄承昊《折肱漫録》卷二　予幼時患風弦爛眼，甚受其累，百藥罔效。遇一陳姓醫士，於長安邸授予白末藥，令敷於眼眦患處，隨敷隨愈，取效如神，不肯傳方。予略訪之，云有吐蛔在內。吐蛔者，小兒口中吐蛔蟲，收乾候用，其中想更有製就蘆甘石配之者，真奇方也。

清・穆石匏《本草洞詮》卷一八　蚘蟲　蚘，人腹中長蟲也。人腹有九蟲，伏蟲長四分，群蟲之主也。蚘蟲長五六寸至一尺，發則心腹作痛上下，口喜吐涎及清水，貫傷心則死。白蟲長一寸，色白頭小，生育轉多，令人精氣損傷，腰腳疼。長一尺亦能殺人。肉蟲狀如爛唇，令人煩悶。肺蟲大如蠶，令人咳嗽成勞，殺人。胃蟲狀如蝦蟆，令人嘔逆喜噦，弱蟲又名鬲蟲，狀如瓜瓣，令人多唾。赤蟲狀如生肉，動作腹鳴。蟯蟲至微，形如菜蟲，居胴腸中，令人生癰疽癬疥，瘍癘，痔漏，疳䘌，齲齒諸病。諸蟲皆依腸胃之間，若人臟腑氣實，則不為害。虚則侵蝕，變生諸疾也。又有尸蟲，與人俱生，狀如馬尾，依脾而居，三寸許，有頭尾，凡服補藥，必須先殺此蟲，否則不得藥力。紫庭真人云：九蟲之中，六蟲傳變為勞瘵，而胃蚘、寸白、三蟲不傳。其蟲傳變，或如嬰兒，如鬼形，如蝦蟇，如守宫，如蜈蚣，如瘻蟻，如蛇，如鱉，如蝟，如鼠，如蝠，如蝦，如猪肝，如亂髮、亂絲等狀。凡蟲在腹，上旬頭向上，中旬向中，下旬向下，服藥須於月初四五日五更時，則易効也。諸蟲之生，皆由濕熱，蟲得木氣乃生，得雨氣乃化。風木主熱，雨澤主濕也。然五行之中，皆有蟲，諸木有蠹，諸果有蠆，諸菽有蚄，五穀有螟，螣，蝥，蠈。麥朽蛾飛，草腐螢化，木之蟲也。烈火有鼠，爛灰生蠅，火之蟲也。穴蟻墻蝎，田螻石蝎，土之蟲也。蝌斗馬蛭，魚鱉蛟龍，水之蟲也。金不生蟲，昔人冶工，破一釜，中有一蟲如米蟲，色正赤，則是金中亦有蟲矣。蚘蟲大寒，治一切眼疾及生膚翳赤白膜，小兒胎赤，風赤熱痛。陰乾為末，傅之。或以汁滴目中，皆瘥。

清・張志聰《侶山堂類辯》卷下　蚘蟲　余于南軒臨窗註書十有餘歲矣，自晨至暮，未嘗離此窗前，堦砌雖小而甚清潔，每于夏月大風雨後，即有蜒蚰如母指大者，蝸牛如田螺者，生長極易。此感天地之風濕而生，所謂四生中之濕生也。人秉天地之五行六氣而生，身中亦具此六氣。如傷寒病在厥陰，感厥陰之風氣。而蚘生于土中，蓋亦因風濕所生，一時即能長大，亦如蚰蝸之易生易大者也。又常聞人之藏府，與猪相似，余因見剖猪處，稍住足觀之，偶見一猪小腸内，有蚘蟲長尺許，盤旋于内，與人之蚘蟲無異。要知人病蚘厥作痛，或常吐蚘便蚘，多因脾胃濕熱而生。無病之人，未常有蚘也。俗人相沿云：胃中有蚘，故能消食。謬矣！

風驢肚内蟲

明・李時珍《本草綱目》卷四二蟲部・濕生類　風驢肚内蟲《綱目》

〔集解〕時珍曰：凡人、畜有風病、瘡病，腸肚内必有蟲也。《聖惠方》治目翳用此物，云以烏驢者爲良也。

〔主治〕目中膚翳。取三七枚曝乾，入石膽半錢同研，磁盒收盛，勿令見風。每日點三五次，其翳自消《聖惠》。

清・王道純《本草品彙精要續集》卷七　風驢肚内蟲　濕生。

風驢肚內蟲：　主目中膚翳《本草綱目》。　〔地〕李時珍云：　凡人畜有風病、瘡病，腸肚內必有蟲也。此生風驢肚中。　〔時〕生：　無時。採：　無時。　〔用〕以烏驢肚內者爲良。　〔合治〕《聖惠方》：　治目翳，用此蟲三七枚，曝乾，入石膽半錢，同研，瓷盒收，勿令見風，每日點三五次，其翳自消。

清・趙學敏《本草綱目拾遺》卷一〇蟲部　驢龍　《物理小識》：　驢腹中蚘也，方體方目，有足，可以小使，入房術用，與阜厭、黑兜蟲、瓦雀卵、衛子莖、墮蛤蚧、吉弔脂同功。

蠱蟲

宋・唐慎微《證類本草》卷二一蟲魚部中品〔唐・陳藏器《本草拾遺》〕

蠱蟲　敗鼓皮注陶云：　服敗鼓皮，即喚蠱主姓名。按古人愚質，造蠱圖富，皆取百蟲甕中盛，經年間開之，必有一蟲盡食諸蟲，即此名爲蠱。能隱形，似鬼神，與人作禍，然終是蟲鬼，咬人至死者。或從人諸竅中出，信候取之曝乾。有患蠱人，燒爲黑灰，服少許立愈。亦是其類，自相伏耳。新注云：　凡蠱蟲療蠱，是知蠱名，即可治之。如蛇蠱用蜈蚣蠱蟲，蜈蚣蠱用蝦蟇蠱蟲，蝦蟇蠱病復用蛇蠱蟲。是互相能伏者，可取治之。

明・李時珍《本草綱目》卷四二蟲部・濕生類　蠱蟲《拾遺》

〔釋名〕時珍曰：　造蠱者，以百蟲置皿中，俾相啖食，取其存者爲蠱，故字從蟲從皿。皿，器也。

〔集解〕藏器曰：　古人愚質，造蠱圖富，皆取百蟲入甕中，經年開之，必有一蟲盡食諸蟲，即此名爲蠱，能隱形似鬼神，與人作禍，然終是蟲鬼。咬人至死者，或從人諸竅中出，信候取之，曝乾。有患蠱人，燒灰服之，亦是其類自相伏耳。又云：　凡蠱蟲療蠱，是知蠱名即可治之。如蛇蠱用蜈蚣蠱蟲，蜈蚣蠱用蝦蟆蠱蟲，蝦蟆蠱用蛇蠱蟲之類，是相伏者，乃可治之。時珍曰：　按蠱毒不一，皆是變亂元氣，多因飲食行之。與人爲患，則蠱主吉利，所以小人因而造之。南方又有蝪蜥蠱、蜣螂蠱、馬蝗蠱、金蠶蠱、草蠱、挑生蠱等毒，諸方大有主治之法，不能悉紀。

〔主治〕蠱毒，燒灰服少許，立愈藏器。

金蠶

明・李時珍《本草綱目》卷四二蟲部・濕生類　金蠶《綱目》

〔釋名〕食錦蟲　〔集解〕時珍曰：　按陳藏器云：　故錦灰療食錦蟲蠱毒，註云蟲屈如指環，食故緋帛錦，如蠶之食葉也。今攷之，此蟲即金蠶也。蔡絛《叢話》云：　金蠶始於蜀中，近及湖、廣、閩、粵浸多。狀如蠶，金色，日食蜀錦四寸。南人畜之，取其糞置飲食中以毒人，人即死也。蠶得所欲，日置他財，使人暴富，然遣之極難，水火兵刃所不能害。必倍其所致金銀錦物，置蠶於中，投之路傍。人偶收之，蠶隨以往，謂之嫁金蠶。不然能入人腹，殘嚙腸胃完然而出，如尸蟲也。有人守福清，民訟金蠶毒，治求不得。或令取兩刺蝟，入其家捕之必獲，猥蝟果於榻下墻隙擒出。夫金蠶甚毒，若有鬼神，而蝟能制之何耶？又《幕府燕閑録》云：　池州進士鄒閬家貧，一日啓户，獲一小籠，內有銀器，持歸。覺股上有物，蠕蠕如蠶，金色爛然，遂撥去之，仍復在舊處。踐之斫之，投之水火，皆即如故。閬以問友人。友人曰：　此金蠶也。備告其故。閬歸告妻云：　吾事之不可，送之家貧，何以生爲？遂吞之。家人謂其必死。寂無所苦，竟以壽終。豈至誠之盛，妖不勝正耶？時珍竊謂金蠶之蠱，爲害甚大。故備書二事，一見此蠱畏蝟，一見至誠勝邪也。《夷堅志》言：　中此蠱者，吮白礬味甘，嚼黑豆不腥，以石榴根皮煎汁吐之。《醫學正傳》用樟木屑煎汁吐之，亦一法也。愚意不若以蝟皮治之，爲勝其天。

清・王道純《本草品彙精要續集》卷七　金蠶大毒

金蠶《本草綱目》。　〔名〕食錦蠶。　〔地〕蔡絛《叢談》云：　金蠶，始於蜀中，近及湖、廣、閩、粵浸多。　〔質〕狀如蠶。　〔色〕金色。　〔治〕陳藏器云：　故錦灰，療食錦蟲。《蠱毒注》云：　蟲屈如指環，食故緋帛錦如蠶之食葉也。今考之，此蟲即金蠶也。　〔禁〕此蠶日食蜀錦四寸，南人畜之，取其糞置飲食中以毒人，人即死也。蠶得所欲，日置他財，使人暴富。然遣之極難，水火兵刃所不能害，必倍其所致金銀錦物，置蠶於中，投之路旁，人偶收之，蠶隨以往，謂之嫁金蠶，不然能入人腹，殘嚙腸胃，宛然而出，如屍蟲也。有人守福清，民訟金蠶毒，治求不得，或令取兩刺蝟入其家捕之，必獲。蝟果於榻下牆隙擒出。夫金蠶甚毒，若有鬼神，而蝟能制之，何耶？又《幕府燕閑錄》云池州進士鄒閬，家貧，一日啟戶獲一小籠，內有銀器，持歸，覺股上有物蠕蠕如蠶，金色爛然，遂撥去之，仍復在舊處。踐之、斫之、投之水火，皆即如故。閬以問友人，友人曰：　此金蠶也。備告其故。閬歸告妻云：　吾事之不能，送之家貧，何以生爲。遂吞之。家人謂其必死，寂無所苦，竟以壽終。豈至誠之盛，妖不勝正也。　〔解〕李時珍謂金蠶之蠱爲害甚大，故備書二事，一見此蠶畏蝟，一見至誠勝邪也。《夷堅志》言：　中此蠱者，吮白礬味甘，嚼黑豆不腥，以石榴根皮煎汁吐之。《醫學正傳》用樟木屑煎汁吐之，亦一法也。李時珍意不若以蝟皮治之，爲勝其天。

海參

明・穆世錫《食物輯要》卷七　海參　味甘、鹹滑，性微寒，無毒。潤五臟，補益人。患泄瀉痢下者，勿食。

明・姚可成《食物本草》卷一一蛇蟲部・蟲類　海參生東南海中。其形如蠶，色黑，身多瘣瘰。一種長五六寸者，表裏俱潔，味極鮮美，功能補益，殽品中之最珍貴者也；一種長二三寸，剖開腹内多沙，雖刮剔難盡，味亦差短。今北人又有以驢皮及驢、馬之陰莖贋為海參。雖略相同，形帶微扁者是也。固是惡物。神識者，不可不知。　海參，味甘，鹹，平，無毒。主補元氣，滋益五臟六腑，去三焦火熱。同鴨肉烹治食之，止勞怯虛損諸疾；　同鴨肉煮食，治肺虛欬嗽。

清・丁其譽《壽世秘典》卷四　海參生東南海中，其形如蠶，色黑，身多魄磊。一種長五六寸者，表裏俱潔，味極鮮美，功擅補益，殽品中之珍貴者。一種長二三寸者，剖開腹内多沙，雖刮剔難盡，味亦差短。今人有以驢皮及驢馬之陰莖贋為狀，味雖略相同，形帶微扁者是也，博識者不可不知。　氣味：　鹹，平，無毒。主補元氣，滋益臟腑，去三焦火熱。同鴨肉烹食，治勞怯虛損諸疾。同猪肉煮食，治肺虛咳嗽。

清・朱本中《飲食須知・魚類》　海參　味甘、鹹，性寒滑。患泄瀉痢下者勿食。

清・何其言《養生食鑒》卷下　海參　味甘、鹹，滑性，微寒，無毒。潤五臟，補益人。患泄瀉、痢下者，勿食。

清・王遜《藥性纂要》卷四　海參東圃　出海中長岐島，夷人稱海蛆。有黑白二色，長二三寸，大寸許，周身有肉刺而黑者為佳。一種無肉刺，色帶白，名為肥皂參，次之。

味甘，氣平。補陰益精，與猪肉同煑食，味美。

清・吳儀洛《本草從新》卷六　海參〔補腎。〕　甘，溫。補腎益精，壯陽療痿。《閩小記》云：　閩中海參，色獨白，類撐以竹簽，大如掌，與膠州遼海所出異，味亦淡劣。海上人復以牛革偽為之以愚人，不足尚也。濰縣醫語予云：　參益人，沙參、苦參性尚異，然皆兼補，海參得名，亦以能溫補也。人以腎為海，此種生北海鹹水中，色又黑，以滋腎水，求其類也。　遼海產者良。有刺者名刺參。無刺者名光參。

清・汪紱《醫林纂要探源》卷三　海參　甘，鹹，溫。形圓長，無頭足，腹中含沙，似水蛭而色黑。出閩廣者大而無刺，曰光參。遼東者小而多刺，曰墨刺，尤珍貴。此物古所未聞，明朝始尚之。或謂即蜛蝫。但古云蜛蝫，一首數尾，遼東人食之，此則無尾，或者指其多刺為尾而言，未之審歟。稱參者，以其補人如人參也。　補心益腎，養血滋陰，補虛羸，靖勞熱。黑入腎，甘補腎。

清・嚴潔等《得配本草》卷八　海參　甘，溫。補胃益精，壯陽療痿。

題清・徐大椿《藥性切用》卷八　海參　甘鹹性平，滋陰補腎，潤燥添精。虛損挾熱人宜煑食之。

清・李文培《食物小錄》卷下　海參　鹹，平、微澀，無毒。其名有大烏、刺參、開片、草鞋底之名，然其性味皆同。惟大烏為上，刺參次之。清火化痰，養腎氣，補血養肝，明目。長合燕窩、黃雌雞、白鴨食之，大有功益於人。

清・趙學敏《本草綱目拾遺》卷一〇蟲部　海參　《閩小記》云：　閩中海參色獨白，類撐以竹簽，大如掌，與膠州遼海所出異，味亦淡劣。入藥以產遼海者良，紅旗街出者更勝於綠旗街。有刺者名刺參，無刺者名光參，入藥用大而有刺者佳。一名海男子，有粳、糯二種，而黑膩者尤佳。人以腎為海，此種生北海鹹水中，色又黑，以滋腎水，求其類也。　《百草鏡》云：　南海泥塗亦產海參，色黃而大，無刺，肉亦硬，不中食品，土人名曰海瓜皮，言其如瓜皮之粗韌也。以其充庖熓豬肉食，可健脾。入滋補陰分藥，必須用遼東產者，亦可熬膏作膠用。　《藥鑒》：　海參出盛京奉天等處者第一，色黑肉糯多刺，名遼參刺參；　出廣海者名廣參，色黃；　出福建者皮白肉粳，糙厚無刺，名肥皂參；　光參出浙江甯波者，大而軟無刺，名瓜皮參，品更劣矣。　關東韓子雅言：　海參生東海中，大小不一，體滑如蜒蝣，能伸縮，群居海底，游行迅疾。取參者用海狗油滴水，海水乃清見底，見有海參，即入水取之。此物沾人氣便不動，先以兩手探握，置頸兩傍，再取置肋下，次及兩腿胯下膝，皆可夾取，此物一沾人氣即不動，然後出水，以刀剳去腸胃，石灰醃去腥涎，令體肉緊密，乾之乃縮至寸許，其實生者大如瓜，長尺許也。若乾者寸外，生時體更大可知。　蓬萊李金什言：　海參亦出登州海中，與遼東接壤，所產海參亦佳。彼土人言海參多伏海中大石上，水深不可見，取參者必用海狗油滴入水中，則有一暈散開，清澈見底，然後入水取之。每每遭鯊魚毒害，故其價亦不廉。其體生者身多滑涎，去腸胃以灰醃去腥涎，乾之出售，每多灰鹹氣也。　福山陳良翰云：　海參生北海者佳，為天下第一。其參潛伏海底，至二三月東風解凍時，多浮出水面，在海塗淺沙中孳乳，入水易取。然腹中出子後，惟有空皮，皮薄體鬆，味不甚美，價亦廉，識者賤之，名曰春皮。四五月則入大海深水抱石而處，取之稍難，體略肥厚。至伏月則潛伏海中極深處石底或泥穴中，不易取，其質肥厚，皮刺光澤，味最美，此為第一，名曰伏皮，價頗昂，入藥以此種為上。若秋冬時，則又蟄入海底不可得矣。　《五雜俎》：　海參遼東海濱有之，一名海男子，其狀如男子勢然，淡菜之對也，其性溫補，足敵人參，故名曰海參。《藥性考》：海參遼產者佳，吳、浙、閩、粵者肥大無味。虛火燥結，同木耳切爛，入豬大腸煮食。歌云：海參鹹寒，降火滋腎，通腸潤燥，除勞怯症。遼產小佳，刺密脆硬，南產厚大，肉味稍遜。甘溫。《食物宜忌》：味甘、鹹，補腎經，益精髓，消痰涎，攝小便，壯陽療痿，殺瘡蟲。

生百脈血：臨安儒醫盛天然語予云：曾往青山里視一婦人病，眼、鼻、口、耳、髮根皆出血，下部亦然，其人已昏不知人。詢其夫得症之由，數日前受驚而起。時天酷暑大旱，又中燥烈之氣，致血溢奔騰，上下散出，即不救矣，諸醫皆斂手無策。盛有叔曾於都中得一方，專治此症，幸尚記憶。逐急喚人取山泉一桶，燒酒一觔，挾婦起坐，裸其小腿，先以燒酒淋之，俾酒從踝下即滴入水桶內。淋訖，然後將腿置水中一飯頃，其上下血即止，婦亦甦，面色如粉。急叫人覓壯年乳婦，以乳哺之。再用海參半觔，切片焙為末，每次調服三錢，日三服。蓋海參能生百脈之血，若失血過多，必須以此補之，其生血之功，捷於歸芎也。 治休息痢：宋春暉云：餘姚有孝子某，其父患休息痢，經年垂危，孝子日走神廟，祈求醫藥，如是月餘。一日，途遇老人，教以用海參，每日煎湯服，不數日，全愈。 治潰瘍生蛆：慈谿楊靜山云：曾有人患癰破爛，內生蟲蛆，纍纍千百計，治以殺蟲藥無效。一老醫以海參片焙末敷之，蛆皆化黃水，然後以生肌膏貼之，愈。據言，凡一切金創及疽毒破爛，交暑內潰生蛆，惟海參末可療。《不藥良方》：夏月潰瘍生蛆，係陰溼所化，海參為末摻之，或皂礬飛過為末摻之，皆化為水。

清・黃凱鈞《藥籠小品》 海參 色黑補腎。產北洋者大而刺密，沿緣石上，一擒而獲，若再取之，寧敗不移。便滑者莫多食。

清・章穆《調疾飲食辯》卷六 海參 此不知海中何蟲。俗云蛭，非也。形相似耳。有數種，以曝乾色黑，堅如木石，一枚重半觔以上者為佳，名大烏，肉厚味美。其次則偏身生刺，一枚重二三兩者，肉不及大烏之厚，味則相等，名刺參，又名鸜哥嘴。雖乾而不甚堅硬形扁者，名草鞵底，肉薄無味。生北海遼瀋者為上，登、萊、青州者次之，其東南閩、粵所出下矣。性能養血養陰，補諸虛百損。凡人參、沙參、丹參、元參之類皆補，此亦肉食之補者，故命以參名也。虛勞咯血欬嗽，同老鴨煮。婦人產後蓐勞，同羊肉煮食，並飲其汁。老人風秘，及中風癱瘓，肌膚羸瘦，筋骨無力，同羖、猪蹄脚煮食，火腿尤佳。《說鈴》曰：海參形似男陽，可以補腎興陽。信如其說，當同雞或羊肉或大鮮蝦煮。蓋其性雖養陰，而不寒冷，故輔以陽分之味，亦能助陽也。又風秘，內食海參，宜外用導法，肥皂莢杵爛，塞入肛門。

清・翁藻《醫鈔類編》卷二四《本草》 海參 甘溫。補腎益精，壯陽療痿。濰縣一醫云：參皆兼補，海參得名，亦以能溫補也。人以腎為海，此種生北海鹹水中，色又黑，以滋腎水，求其類也。遼海產者良。有刺者名刺參，無刺者名光參。

清・葉桂《本草再新》卷一〇 海參味甘，性溫，無毒。入心、腎二經。 補腎壯陽，益精療痿。

清・趙其光《本草求原》卷一七介部 海參 甘、鹹，微寒而滑，無毒。潤五臟，滋精利水。但瀉痢、遺滑人忌之。宜配澀味而用。烏色者良，紅者損血。

刺參：甘，溫。暖胃益精，治痿。

清・梁章鉅《浪跡叢談》卷八 服海參 余撫粵西時，桂林守興靜山體氣極壯實而手不舉杯，自言二十許時，因縱酒得病幾殆，有人教以每日空心淡喫海參兩條而愈，已三十餘年戒酒矣。或有效之者，以淡食艱於下嚥，稍加鹽酒，便不甚效。有一幕客年八十餘，為余言海參之功，不可思議，自述家本貧儉，無力購買海參，惟遇親友招食，有海參，必喫之淨盡，每節他品以抵之，已四五十年不改此度，親友知其如是，每招食亦必設海參，且有頻頻餽送者，以此至老不服他藥，亦不生他病云。

清・文晟《新編六書》卷六《藥性摘錄》 海參 甘鹹，滑，性微寒。潤五臟，補益人。患泄瀉下痢者，勿食。

清・張仁錫《藥性蒙求・魚鱗介部》 海參三錢 海參甘溫，補腎益精。壯陽治痿，遼海為珍。入藥以遼海產者良。有刺者名刺參，無刺者名光參。入藥用大而有刺者佳。一名海男子。〔粳〕、糯二種，黑膩者佳。

清・王孟英《隨息居飲食譜・鱗介類》 海參 鹹，溫。滋腎補血，健陽潤燥，調經養胎，利產。凡產虛、病後、衰老尪孱，宜同火腿或猪羊肉煨食之。種類頗多，以肥大肉厚而稬者，膏多力勝。脾弱不運，痰多便滑，客邪未淨者，均不可食。

清・田綿淮《本草省常・魚蟲類》 海參 性溫。補腎益精，壯陽療痿。

多食令人熱中。

清・陳其瑞《本草撮要》卷九　海參　味甘鹹，溫，入手足太陰、少陰經，功專補腎益精，壯陽療痿。

清・徐士鑾《醫方叢話》卷二　服海參　【略】以上《浪迹叢談》。　《閩小記》記載，閩中海參色獨白，與膠州遼海所出異味，亦薄劣不足尚也。濰縣一醫語予云：參益人，沙、元、苦參性各異，然皆兼補。海參得名，亦以能溫補也。人以腎為海，此種生北海鹹水中，色又黑，以滋腎水，求其類也。生於土者為人參，生於水者為海參。故海參以遼海產者為良，人參像人，海參像人，勢其力不在參下，說亦近理。

兩栖分部

綜述

蟾蜍

宋・鄭樵《通志》卷七六《昆蟲草木略》　蝦蟆之類多，以蟾蜍為上。曰䵷，曰去甫，曰苦蠪。昔張暢弟收為猘犬所傷，醫云，宜食蝦蟆鱠。收甚難之。暢含笑先嘗。蓋此物但入藥用，而非可食也。其肪塗玉，刻之如蠟。或不可得，但取肥者，剉，煎膏，以塗玉亦軟。古玉器有奇特，非彫琢人功者，多是昆吾刀及蝦蟆肪所刻也。《爾雅》：蟼，蟆。有一種生於田中，大者三四枚重一斤，南人名為水雞，亦名蛤。又一種生山谷中，黑色，肉紅，名石鱗魚，並可食。其小者名鼃，其大於鼃而青色者，曰青鼃。凡蝦蟆之類，皆不交合，惟雌雄相對吐沫，漸成魚子，遂變而成科斗。《爾雅》云：科斗，活東。亦曰活師。古人科斗書，蓋取象於此。

宋・陳衍《寶慶本草折衷》卷一七　新分蟾十詹切。蜍常余切。臣。汁、灰、鱠在内。○酥及山蛤附。　一名蟾。○《爾雅》云：一名蟾諸。○《吳珽方》用者名蚵蚾。俗號癩虼蚾。○蚵，胡多切；蚾，薄碑切；虼，居一切。生陸地下濕處。五月取，去腹中物，暴乾或火乾。○附：眉酥，一名眉脂，一名蟾酥，乃蟾眉中白汁也。以油單裹眉裂取之。或蟾乾則汁凝堅，當破眉刮取。○又附：山蛤，俗號蛤螺，一名山蠬，一名山𧕮，多生於山石間，以六月取者良。○蠬，音壟；𧕮，步降切。

味辛，用蝦蟆云。涼，微毒。○殺疳蟲，治鼠漏惡瘡。分前條《藥性論》。○陳藏器云：主溫病，生搗絞汁服之，亦燒末服。主狂犬咬，作鱠頻食。○日華子云：破癥結，治小兒面黃癖氣，入藥炙用。○《圖經》曰：蟾蜍，形大，背多痱扶非切。磊，其腹下有丹書八字。

附：眉酥。○溫張松。治孩子腦疳，以奶汁調，滴鼻中。又治腰腎冷，助陽氣，和牛酥，摩傅腰眼，并陰囊。又治蚛牙及齒縫中血出，以紙紝蘸乾蟾酥少許，於血出處按之立止。○紝，音壬，紙撚條也。

附：山蛤。○味辛，涼，微毒。用蟾蜍云。○主小兒勞瘦疳疾，其形大色黃。吞氣飲風露，山中人亦食之。○亦有青黑色者。

續說云：《爾雅釋》謂蟾非蝦蟆矣，故《局方》兼以合保童元，而寇氏、繆雲并二物為一條，今析而為兩。夫蟾蜍非仙家之三足蟾，即吳珽名方所用蚵蚾也。其背丁莿，其腹斑駁如癩，故俗以癩虼蚾稱之。眉隆而起，中有白酥。張松以此酥治小兒急慢驚風，天吊撮口，搐搦女卓切。奶癇諸疾。凡蝦蟆等類，至秋後皆服氣滿腹，如患心腹脹急擁悶者，最忌食之。

元・尚從善《本草元命苞》卷八　蝦蟇　一名蟾蜍。性味辛，寒，有毒。為臣。能殺疳蟲。單用可辟百惡，主邪氣，破癥堅血，消癰腫，療疽癘瘡。癘，音賴。治鼠瘻陰蝕，醫疳黃勞瘦。生江湖池澤，今處處有之。五月五日採取，陰乾。腹大形小，東行者妙。眉間脂，世謂蟾酥，摩腰眼，助陽暖腎。

元・吳瑞《日用本草》卷五　蟾蜍　蚵蚾是也。形大背黑，多痱磊，行跳極遲，腹下有丹書八字者，真也。世人收三足枯蟾以罔眾。但以水沃半日，盡見其偽。蓋本無三足者。　味甘，性涼，微毒。五月五日取。眉間裂破，取汁，名蟾酥。以朱砂、麝香為丸，如麻子大，治小兒疳瘦，空心一丸。如腦疳，以奶汁調〔滴〕鼻中。　蟾酥　主牙蛀痛，殺疳蟲，治鼠瘻惡瘡，小兒面黃癖氣。

明・劉文泰《本草品彙精要》卷三一　蝦蟆有毒。附蟾蜍、山蛤、田父。卵生。

蝦蟆出《神農本經》：主邪氣，破癥堅血，癰腫，陰瘡，服之不患熱病。以上朱字《神農本經》。療陰蝕，疽癘音賴惡瘡，猘犬傷瘡，能合玉石。以上黑字名醫所錄。〔名〕去甫、苦蠪音龍、䗇䶑音鼈秋。〔地〕《圖經》曰：生江湖池澤，今處處有之。腹大形小，皮上多黑斑點，能跳接百蟲食之，時作呷呷聲，在跛澤間，舉動極急，入藥以東行者良。《本經》以蟾蜍與此爲一物，似非的也。郭璞注云：蟾蜍，似蝦蟆，居陸地。又蝌蚪注云：蝦蟆子也。是非一物明矣。且蟾蜍形大，背上多痱瘟。其肪塗玉則輭，刻削如蠟。行極遲緩，不能跳躍，亦不解鳴，多在人家下濕處。其腹下有丹書八字者爲真。蟾蜍，其屎謂之土檳榔也。二物雖一類，而功用小別，亦當分而用之。又一種大者，名田父，能食蛇。蛇行，田父逐之，蛇不得去，田父銜其尾，良久，蛇死也。又有一種大而黃色，多在山石中藏蟄，能吞氣，飲風露，不食雜蟲，謂之山蛤。山中人亦食之，主小兒勞瘦及疳疾等最良。《衍義》曰：蝦蟆品類甚多，蟾蜍最大者也。遇陰雨或昏夜即出，食取眉間白汁，謂之蟾酥，以油單裹眉裂之，酥出單上，入藥用。〔時〕生：無時。採：五月五日取。〔收〕陰乾。

〔用〕肉。蟾蜍：屎，眉酥。〔色〕青黑。〔味〕辛。〔性〕微寒。

〔氣〕氣之薄者，陽中之陰。〔臭〕腥。〔主〕消惡瘡，祛邪氣。〔製〕雷公云：日乾及火乾。一法剝去皮腸，酒浸一宿，又用黃精自然汁浸一宿，塗酥炙乾用。〔治〕療：《圖經》曰：蝦蟆眉酥，主蚛牙及小兒疳瘦。《唐本》注云：腦，主明目，療青盲。《藥性論》云：蝦蟆，主辟百邪鬼魅，塗癰腫及熱結腫。○蟾蜍，殺疳蟲，治鼠漏，惡瘡，及燒灰，傅一切有蟲癢滋胤瘡。日華子云：蝦蟆，治犬咬及熱狂，貼惡瘡，解煩熱。○蟾蜍，破癥結，治疳氣，小兒面黃，癖氣。陳藏器云：蟾蜍，主溫病身斑者，取一枚生搗絞汁服，亦燒末服，及狂犬咬，發狂欲死，作鱠食之，差。○土檳榔，主惡瘡。《別錄》云：治蝮蛇螫，用蝦蟆一枚，爛杵傅之，愈。又小兒臍風及臍瘡，久不差者，以乾者燒末傅之，日三四度，差。小兒口瘡，以五月五日收者，杵末傅瘡上，亦治小兒蓐瘡。〔合治〕端午日取蟾酥，合朱砂、麝香爲丸如麻子大，小孩子疳瘦者，空心服一丸。如腦疳，以奶汁調滴鼻中亦可。○糞炒，合吳茱萸苗汁調，傅惡瘡，疔腫，雜蟲咬。○糞合油調，傅瘰癧，瘻瘡。○乾蝦蟆燒灰，合朱砂等分爲末，水調服一錢，日三四次，治風邪。○燒杵末合酒服方寸匕，日三，治卒狂言，鬼語。○以五月收者燒，杵末合豬膏，傅小兒初得月蝕瘡。○取長股青背者一枚，合雞骨一分，燒爲灰，內入下部，令深，治蟲食穀道，肛盡腸穿者，數用有驗。○燒末合米飲，調服方寸匕，療小兒洞泄，下痢。○蟾蜍眉酥，合牛酥，摩傅腰眼并陰囊，治腰腎冷，并助陽氣。○燒灰爲末，和豬脂傅癬瘡。

明・鄭寧《藥性要略大全》卷一〇　蟾酥　止痛，去惡肉，治癰腫諸毒。

味苦、辛，有毒。即老蛤蟆眉間脂汁也。取出用輕粉收之，日乾用也。

明・鄭寧《藥性要略大全》卷一〇　癩蛤蟆臣　破癥堅，積血癰腫，陰瘡陰蝕，疽癘惡瘡及犬傷瘡。解熱毒，消肚脹。　味甘、鹹、辛，性寒。有毒。一名老蛤蟆。

明・陳嘉謨《本草蒙筌》卷一一　蟾蜍俗呼癩蝦蟆。　味辛，氣涼。屬土與水。微毒。狀同蝦蟆，形獨胖大。又呼石蚌。背多痱磊黑癩，腹有八字丹書。不解聲鳴，不能跳躍。行極遲緩，得此纔真。卑濕處生，陰雨時出。五月五日，收取陰乾。東行者良，炮製過用。治小兒洞瀉下痢，炙研水調吞之；療大人跌撲損傷，活搗泥爛罯上。風淫生癬，燒灰和豬脂敷；瘟疫發斑，取汁攙井水服。煨熟啖殺疳蝕成癖，小兒疳瘦成癖幾危者，取蟾蜍去頭皮臟腑，以桑葉包裹，外加厚紙再包，火內煨熟，日啖二隻，十餘日全愈。若口渴嚥梨汁解之。作膾食敺犬咬發狂。一切鼠瘻惡瘡，末敷亦自消釋。肪塗玉軟滑易截，如肪得不多，取肥者剉，煎膏塗之，刻石亦如蠟。凡玉器奇巧者，固雕琢工多，非此肪及昆吾刀不能刻也。腦點眼明澈勝常。糞取狀如檳榔，敷諸瘡毒亦驗。蟾食百蟲，故亦殺諸毒也。○眉間白汁，乃名蟾酥。刺取之時，先防射目。沾之即瞎。針穿桑葉遮隔，連刺憑射葉間。拌荳粉晒乾，為外科要藥。攙膏和散，去毒如神。

一種蝦蟆，腹大身小。背有黑點，呷呷聲鳴。跳接百蟲，舉動極急。與蟾蜍自別，故名立亦殊。《本經》云：蝦蟆一名蟾蜍，誤矣。主邪氣破堅血可用，解結熱貼癰腫當求。○仍有數名，亦各品類。形純青嘴尖者名青鼃音蛙，殺癆蟲屍疰；背拖黃腹細者名金線鼃，退時疫瘟黃。病人面赤項頸大者名蝦蟆瘟，服此極効，曾活數人。並搗汁水調，須空腹頓飲。長肱背綠者名石鴨，大腹脊青者名水雞。二煮烹之，味最爽口。浙東閩蜀，俱為珍饈。疳瘦能調，虛損亦補。尤宜產婦，女科當知。

又蝌蚪子，係蝦蟆子。初曳腸水，除草上如索繳纏；漸見點日，逐黑深似豆磊粒。春來水暖，鳴以聒之，乃謂聒其子也。書云（鼃）〔鸛〕影抱，蝦蟆聲抱者是焉。始出色黑頭圓，有尾無足；稍大足生尾脫，聚夥成群。俗呼蝦蟆黏，亦入方藥用。子正黑多取，合桑椹染鬚，永不皓白；詳載桑根白皮條中。形已成爛搗，為火瘡敷藥，絕無瘢痕。其卵得之，亦主明目。

明·王文潔《太乙仙製本草藥性大全》卷八《本草精義》 蟾蜍 一名苦蠪，一名石蠪。舊本不載所出州土，今江湖田野山岡處皆有之。狀同蝦蟆，形獨胖大，又呼石蚌。背多痱磊黑癩，腹有八字丹書，不解聲鳴，不能跳躍，行極遲緩，得此纔真。下濕處纔生，陰雨時即出。其皮汁甚有毒，犬嚙之口皆腫。人得溫病斑出困者，生食一兩，並無不差者。五月五日取東行者五枚，反縛着密室中閉之，明日視自解者，取爲術用，能使人縛亦解。燒灰傅瘡立驗。

蟾酥： 舊本俱不載。即眉間白漿汁，刺取之時，先防射目，沾之即瞎。針穿桑葉遮隔，連刺憑射葉間，或拌豆粉晒乾，以爲外科要藥，或攙膏和散，去風毒如神。又法： 以油單紙裹眉，裂之酥出紙上，入藥用。有人病齒縫中血出，以紙紝子蘸乾蟾酥少許，內血出處立止。

明·王文潔《太乙仙製本草藥性大全》卷八《仙製藥性》 蟾蜍俗呼癩蝦蟆。 味辛，氣涼，屬土與水，微毒。 主治： 主邪氣而破癥堅，理陰瘡而散癰腫。治小兒洞瀉下痢，炙研水調吞之。療大人跌撲損傷，活搗泥爛罯上。風淫生癬，燒灰和猪脂敷。瘟疫發班，取汁攙井水服。煨熟啖殺疳蝕成癖，作膾食袪犬咬發狂。一切鼠瘻惡瘡，末敷亦自消釋。 補註： 治小兒疳瘦成癖幾危者，取去頭、皮、臟腑，桑葉包裹，外加厚紙再包，入火煨熟，日食二隻，十餘日全愈。若口中作渴，煎汁解之。○治癬瘡方： 取蟾蜍燒爲末，以猪脂和傅之妙。○治蝮蛇咬，用生者一枚，搗爛傅之。○治風邪，蝦蟆燒灰，硃砂等分，每服一錢調下，三四服差。○治卒狂言鬼語，燒蝦蟆杵末，酒服方寸匕，日三。○治小兒初得月蝕瘡，五月蝦蟆燒杵末，猪脂和傅之。○治小兒患風臍及臍瘡久不差者，燒蝦蟆杵末傅之，日三四度差。○腸頭挺出，以皮一片，瓶內燒熏挺處。○治疳䘌無問去處，皆治之。以蝦蟆燒灰，好醋和傅，日三五度傅之差。○小兒洞洩下痢，燒蝦蟆末，飲調方寸〔匕〕服。○治小兒口瘡，五月五日蝦蟆炙杵末，傅瘡上即差，兼治小兒蓐瘡。 太乙曰： 有多般，勿誤用。有黑虎，有蚼黃包，有黃蚖，有螻蟈，有蟾，其形各別。其蝦蟆皮上腹下有斑點，脚短，即不鳴叫。黑虎，身小黑，嘴脚小斑。蚼黃，斑色，前脚大後腿小，有尾子一條。黃蚖，遍身黃色，腹下有臍帶，長五七分已來，所住立處，帶下有自然汁出。螻蟈，即夜鳴，腰細口大，皮蒼黑色。蟾，即黃斑，頭有肉角。凡使蝦蟆，先去皮并腸及爪子，陰乾，然後塗酥炙令乾。每修事一個，用牛酥一分，炙盡爲度。若使黑虎，即和頭、尾皮、爪并陰乾，酒浸三日，漉出焙乾用。 肪： 塗玉軟滑而易截。 補註： 肪塗玉則刻之如蠟，如肪得不多，取肥者剉煎〔膏〕塗之，雕刻亦如蠟丸； 古之玉器，非雕琢人雕刻之功，多是昆吾刀及此肪所刻也。 腦： 主明目良方，療青盲妙法。 糞： 傅疔腫惡瘡，傅鼠瘻瘰癧。 補註： 治雜蟲咬及前症，取狀如檳榔者爲末，油調塗傅極有效驗。 蟾酥： 治蚛牙。傅腰眼治腰腎冷，助陽氣。傅蟲惡痒，滋胤瘡。 補註： 端午日取眉脂漿，以硃砂、麝香爲丸如麻子大小，孩兒疳瘦者，空心一丸。如腦疳，以奶汁調，滴鼻中。燒灰，傅一切有蟲惡癢滋胤瘡。主瘡，用雄黃潤末拌，丸如針樣。治風蚛牙痛，和牛酥摩。傅腰眼并陰囊，治腰腎冷，并助陽氣，以吳茱萸苗汁調妙。

明·皇甫嵩《本草發明》卷六 蟾蜍下品。氣涼，辛，微毒。 發明曰： 蟾蜍，屬土與水。辛涼解毒之物，諸方主治，與小兒洞泄下利，炙研，水調服。活搗泥爛，療大人跌撲損傷。取汁，和井水服，治瘟疫發斑。煨炙，治小兒疳蝕尤妙。燒灰，和猪脂，敷風癬。狂犬咬發狂欲死，作膾，頻頻食之。小兒疳瘦成癖者，取之去頭，并皮與腸肚物淨，以桑葉裹包，外加原帋再包，火內煨熟，日啖一只，十餘日全愈。若口渴，(黎)〔梨〕汁解之。要之，下條蝦蟇，《本經》雖云主治與此小別，均一解熱毒之意也。○蟾眉間酥，外科專用，治疔腫毒，又治蚛牙。○蟾糞，名土檳榔。下濕處多有之。亦主敷惡瘡瘰癧，痔瘻，油調敷。愚家傳試驗方： 用大癩蝦蟇一二隻，折其足，死寘缸內，用糞蛆一杓入缸中，令其鑽食蝦蟇肉空，其蛆肥壯，傾水入缸，蛆浮水面，以草束引之上，取之，瓦上焙燥，研末，或入藥散丸中，或拌飯與兒食之，諸疳瘂至危者，皆立效。

明·李時珍《本草綱目》卷四二蟲部·濕生類 蟾蜍《別録》下品

〔釋名〕𪓰䵹音蹙秋。䵹䵸音施。𧊕鼀踧蹴。苦蠪音籠。蚵蚾何皮。癩蝦蟆 時珍曰： 蟾蜍，《説文》作詹諸。云其聲詹諸，其皮鼀鼀，其行䵹䵹。《詩》云： 得此𪓰䵹。《韓詩》註云： 戚施，蟾蜍也。戚音蹴。後世名苦蠪，其聲也。蚵蚾，其皮礧砢也。 〔集解〕《別録》曰： 蟾蜍生江湖池澤。五月五日取東行者，陰乾用。 弘景曰： 此是腹大、皮上多痱磊者。其皮汁甚有毒，犬齧之，口皆腫。五月五日取東行者五枚，反縛着密室中閉之。明旦視自解者，取爲術用，能使人縛亦自解。 蕭炳曰： 腹下有丹書八字，以足畫地者，真蟾蜍也。頌曰：今處處有之。《别録》謂蝦蟆一名蟾蜍，以爲一物，非也。按《爾雅》：鼃黽，蟾蠩也。郭璞云：似蝦蟆居陸地。則非一物明矣。蟾蜍多在人家下濕處，形大，背上多痱磊，行極遲緩，不能跳躍，亦不解鳴。蝦蟆多在陂澤間，形小，皮上多黑斑點，能跳接百蟲，舉動極急。二物雖一類，而功用小别，亦當分而用之。蟾蜍屎，謂之土檳榔，下濕處往往有之，亦能主疾。宗奭曰：世傳三足者爲蟾，人遂爲三足枯蟾以罔衆。但以水沃半日，其僞自見，蓋無三足者也。時珍曰：蟾蜍鋭頭皤腹，促眉濁聲，土形，有大如盤者。《自然論》云：蟾蜍吐生，擲糞自其口出也。《抱朴子》云：蟾蜍千歲，頭上有角，腹下丹書，名曰肉芝，能食山精。人得食之可仙。術家取用以起霧祈雨，辟兵解縛。今有技者，聚蟾爲戲，能聽指使。物性有靈，於此可推。許氏《説文》謂三足者爲蟾，而寇氏非之，固是。但黽、鼈皆有三足，則蟾之三足非怪也。若謂入藥必用三足，則謬矣。《岣嶁神書》載蟾寶之法：用大蟾一枚，以長尺鐵釘四箇釘脚，四下以炭火自早炙至午，去火，放水一盞於前，當吐物如皂莢子大，有金光。人吞之，可越江湖也。愚謂縱有此術，誰敢吞之？方技誑説，未足深信。漫記於此，以備祛疑。

【修治】《蜀圖經》曰：五月五日取得，日乾或烘乾用。一法：去皮、爪，酒浸一宿，又用黄精自然汁浸一宿，塗酥，炙乾用。時珍曰：今人皆於端午日捕取，風乾，黄泥固濟，煅存性用之。《永類鈐方》云：蟾目赤，腹無八字者不可用。崔寔《四民月令》云：五月五日取蟾蜍，可治惡瘡。即此也。亦有酒浸取肉者。錢仲陽治小兒冷熱疳瀉如聖丸，用乾者，酒煮成膏丸藥，亦一法也。

【氣味】辛，凉，微毒。

【主治】陰蝕，疽癘惡瘡，猘犬傷瘡，能合玉石《别録》。燒灰傅瘡，立驗。又治温病發斑困篤者，去腸，生搗食一二枚，無不差者弘景。藏器曰：搗爛絞汁飲，或燒末服。殺疳蟲，治鼠漏惡瘡。燒灰，傅一切有蟲惡癢滋䘌瘡《藥性》。治疳氣，小兒面黄癖氣，破癥結。燒灰油調，傅惡瘡日華。主小兒勞瘦疳疾，最良蘇頌。治一切五疳八痢，腫毒，破傷風病，脱肛時珍。

【發明】時珍曰：蟾蜍，土之精也。上應月魄而性靈異，穴土食蟲，又伏山精，制蜈蚣，故能入陽明經，退虚熱，行濕氣，殺蟲䘌，而爲疳病癰疽諸瘡要藥也。《别録》云治猘犬傷，《肘後》亦有方法。按沈約《宋書》云：張牧爲猘犬所傷，人云宜噉蝦蟆膾，食之遂愈。此亦治癰疽疔腫之意，大抵是物能攻毒拔毒耳。古今諸方所用蝦蟆，不甚分别，多是蟾蜍。讀者當審用之，不可因名迷實也。

【附方】舊七，新十七。

腹中冷癖：水穀癊結，心下停痰，兩脇痞滿，按之鳴轉，逆害飲食。大蟾蜍一枚，去皮、腸，支解之，芒硝强人一升，中人七合，弱人五合，水七升，煮四升，頓服，得下爲度。《肘後方》。

小兒疳積：治小兒疳積腹大，黄瘦骨立，頭生瘡結如麥穗。用立秋後大蝦蟆，去首、足、腸，以清油塗之，陰陽瓦炙熟食之，積穢自下。連服五六枚，一月之後，形容改變，妙不可言。

五疳八痢：面黄肌瘦，好食泥土，不思乳食。用大乾蟾蜍一枚，燒存性，皂角去皮弦一錢，燒存性，蛤粉水飛三錢，麝香一錢，爲末，糊丸粟米大。每空心米飲下三四十丸，日二服。名五疳保童丸。《全嬰方》。

小兒疳泄：下痢。用蛤蟆燒存性研，飲服方寸匕。《子母秘録》。

走馬牙疳：侵蝕口鼻。乾蚵蚾黄泥裹固煅過、黄連各二錢半，青黛一錢，爲末，入麝香少許和研，傅之。《鄭氏小兒方》。

疳蝕顋穿：金鞭散：治疳瘡，顋穿牙落。以抱退雞子軟白皮包活土狗一箇，放入大蝦蟆口内，草縛泥固煅過，取出研末，貼之。以愈爲度。《普濟方》。

小兒口瘡：五月五日蝦蟆炙研末，傅之即瘥。《秘録》。

一切疳䘌：無問去處，皆能治之。蝦蟆燒灰，醋和傅，一日三五度。《梅師方》。

陰蝕欲盡：蝦蟆灰、兔屎等分爲末，傅之。《肘後》。

月蝕耳瘡：五月五日蝦蟆燒末，猪膏和傅。《外臺方》。

小兒蓐瘡：五月五日取蟾蜍炙研末，傅之即瘥。《秘録》。

小兒臍瘡：出汁，久不瘥。蝦蟆燒末傅之，日三，甚驗。一加牡蠣等分。《外臺》。

一切濕瘡：蟾蜍燒灰，猪脂和傅。《千金方》。

小兒癬瘡：蟾蜍燒灰，猪脂和傅。《外臺方》。

癩風蟲瘡：乾蝦蟆一兩炙，長肥皂一條，炙，去皮子，蘸酒再炙，爲末。以竹管引入羊腸内，繫定，以麸鋪甑内，置藥麸上蒸熟，入麝香半錢，去麸同搗，爲丸如梧子大。每温酒服二十一丸。《直指》。

附骨壞瘡：久不瘥，膿汁不已，或骨從瘡孔中出。用大蝦蟆一箇，亂頭髮一雞子大，猪油四兩，煎枯去滓，待凝如膏。先以桑根皮、烏頭煎湯洗，拭乾，煅龍骨末糁四邊，以前膏貼之。《錦囊秘覽》。

發背腫毒：未成者。用活蟾一箇，繫放瘡上，半日蟾必昏憒，置水中救其命。再易一箇，如前法，其蟾必踉蹌，再易一箇，其蟾如舊，則毒散矣。累驗極效。若勢重者，以活蟾一箇或二三箇，破開，連肚乘熱合瘡上，不久必臭不可聞，再易二三次即愈。慎勿以物微見輕也。《醫林集要》。

腫毒初起：大蝦蟆一箇剁碎，同炒石灰研如泥，傅之。頻易。《余居士方》。

破傷風病：用蟾二兩半，切剁如泥，入花椒一兩，同酒炒熟，再入酒二盞半，温熱服之。少頃通身汗出，神效。

猘犬咬傷：《肘後》：治猘犬傷，每七日一發。生食蝦蟆膾，絶良。亦可燒炙食之。勿令本人知之。自後再不發也。《袖珍》：治風犬傷。即用蝦蟆後足搗爛，水調服之。先於頂心拔去血髮三兩根，則小便内見沫也。

腸頭挺出：蟾蜍皮一片，瓶内燒烟燻之，并傅之。《孫真人》。

佩禳瘧疾：五月五日收大蝦蟆晒乾，紙封，絳囊貯之，男左女右繫臂上，勿令知之。《楊氏家藏方》。

折傷接骨：大蝦蟆生研如泥，劈竹裹縛其骨，自痊。《奚囊備急方》。

大腸痔疾：蟾蜍一箇，以磚砌四方，安於内，泥住，火煅存性爲末。以猪廣腸一截，扎定兩頭，煮熟切碎，蘸蟾末食之。如此三四次，其痔自落也。

頭【主治】功同蟾蜍。

蟾酥【修治】宗奭曰：眉間白汁，謂之蟾酥。以油單紙裹眉裂之，酥出紙上，陰乾用。時珍曰：取蟾酥不一，或以手捏眉棱，取白汁於油紙上及桑葉上，插背陰處，一宿即自乾白，安置竹筒内盛之，真者輕浮，入口味甜也。或以蒜及胡椒等辣物納口中，則蟾身白汁出，以竹篦刮下，麪和成塊，乾之。其汁不可入人目，令人赤、腫、盲，或以紫草汁洗點即消。

【氣味】甘，辛，温，有毒。【主治】小兒疳疾、腦疳。甄權曰：端午日取眉脂，以朱砂、麝香爲丸，如麻子大。治小孩子疳瘦，空心服一丸。如腦疳，以奶汁調，滴鼻中，甚妙。酥同牛酥，或吴茱萸苗汁調，摩腰眼、陰囊，治腰腎冷，并助陽氣。又療蟲牙日華。治齒縫出血及牙疼，以紙絍少許按之，立止宗奭。發背、疔瘡，一切惡腫時珍。

【附方】新九。拔取疔黄：蟾酥，以麪丸梧子大。每用一丸安舌下，即黄出也。《青囊雜纂》。拔取疔毒：蟾酥，以白麪、黄丹搜作劑，每丸麥粒大。以指爬動瘡上插入。重者挑破納之。仍以水澄膏貼之。《危氏方》。疔瘡惡腫：蟾酥一錢，巴豆四箇，搗爛，飯丸錠子如緑豆大。每服一丸，薑湯下。良久，以萹蓄根、黄荆子研酒半椀服，取行四五次，以粥補之。○《乾坤秘韞》。諸瘡腫硬：針頭散：用蟾酥、麝香各一錢，研匀，乳汁調和，入罐中待乾。每用少許，津調傅之。外以膏護住，毒氣自出，不能爲害也。《保命集》。

一切瘡毒：蟾酥一錢，白麪二錢，朱砂少許，井花水調成小錠子如麥大。每用一錠，井花水服。如瘡勢緊急，五七錠。葱湯亦可，汗出即愈。喉痺乳蛾：等證。用癩蝦蟆眉酥，和草烏尖末、猪牙皂角末等分，丸小豆大。每研一丸，點患處，神效。《活人心統》。

一切齒痛：疳蝕、齲齒、瘀腫。用蚵蚾一枚，鞭其頭背，以竹篦刮眉間，即有汁出。取少許點之，即止也。《類編》。風蟲牙痛：不可忍。《聖惠》用蟾酥一片，水浸軟，入麝香少許研匀。以粟米大，綿裹咬定，吐涎愈。一方用胡椒代麝香。一方用蟾酥染絲綿上，剪一分，絍入齒縫根裏。忌熱物，半日效。乾者，以熱湯化開。破傷風病：蟾酥二錢，湯化爲糊，乾蝎酒炒、天麻各半兩，爲末，合搗，丸緑豆大。每服一丸至二丸，豆淋酒下。《聖惠方》。

明·李詡《戒庵老人漫筆》卷三　取蟾酥法，將活蝦蟆眉稜上，用手裹捻油紙上或是黄桑葉上，便有蟾酥。用竹蔑青刮離紙葉上，便於原刮竹篾上，插在背陰處，經宿酥自然乾，收用之。

明·杜文燮《藥鑒》卷二　蟾酥　氣熱，味辛，有毒。破癥結，散癰毒，治惡瘡，踈九竅，發臭汗，驅諸毒，俱從毛竅中出也。故痘家用蟾酥五分，大辰砂二錢，梅花、桃花各一錢半，苦參五錢，研細末，濃煎麻黄湯為餅，發熱時及放標時，葛根湯磨化一錢，服之，通身臭汗即出，自然熱退身涼，痘自轉危為險，易險為順好。痘出不快者，用大力子、桔梗，入乾葛湯煎磨服之，則為透痘丹。如痘出稠密及血不歸根者，用白芍入乾葛湯煎磨，則為斂痘丹。如痘色紫黑血不活者，用紫背天葵，入乾葛湯煎磨，則為活血丹。

明·李中立《本草原始》卷一一　蟾蜍　生江湖池澤。今處處有之，多在人家下濕處。形大，背上多痱磊，行極遲緩，不能跳躍，亦不解鳴。時珍曰：蟾蜍，《説文》作詹諸，云其聲詹諸。其皮鼁鼁，其行鼀鼀。《詩》云：得此鼀鼀。《韓詩》註云：戚施，蟾蜍也。後世名苦蠪，其聲也。名蚵蚾，其皮礧砢也。俗呼癩蝦蟆。　氣味：辛，涼，微毒。主治：陰蝕，疽癘惡瘡，猘犬傷瘡，能合玉石。○火燒灰，傅瘡立驗，治温病發斑困篤者，去腸，生搗食一二枚即瘥。○殺疳蟲，治鼠漏惡瘡，燒灰傅一切有蟲惡癢滋𤻲瘡。○治疳氣，小兒面黄癖氣，破癥結。燒灰油調，傅惡瘡。○主小兒勞瘦疳疾最良。○治一切五疳八痢，腫毒，破傷風瘡，脱肛。

《別録》下品。【圖略】修治：蟾蜍，《蜀圖經》曰：五月五日取得，日乾或烘乾用。一法：去皮、爪，酒浸一宿，又用黄精自然汁浸一宿，塗酥炙乾用。

《永類鈐方》云：蟾目赤，腹無八字者不可用。○有大如盤者。陶隱居云：五月五日取東行者五枚，反縛着密室中閉之，明旦視自解者，取為術用，能使人縛亦自解。　治小兒疳積腹大，黄瘦骨立，頭生瘡結如麥穗，用立秋後大蝦蟆，去首、足、腸，以清油塗之，陰陽瓦炙熟食之，積穢自下。連服五六枚，一月之後，形容改變，妙不可言。

蟾酥：采治：宗奭曰：眉間白汁，謂之蟾酥。以油單紙裹眉裂之，酥出紙上，陰乾用。○時珍曰：以手捏眉稜，取白汁于油紙上，及桑葉上，插背陰處，一宿即自乾白，收用。或以蒜及胡椒等辣物納口中，則蟾身白汁出，以竹篦刮下，麪和成塊，乾之。其汁不可入目，令人赤腫盲，以紫草汁洗點即消。

今市賣者，皆係圓餅，以紫赤色，舔之，白汁出者為良。

蟾酥：氣味：甘、辛，溫，有毒。主治：小兒疳疾，腦疳。○同牛酥或吴茱萸苗汁調，摩腰眼、陰囊，治腰腎冷，并助陽氣。又療蟲牙。○治齒縫出血及牙疼，以紙絍少許按之立止。○發背疔瘡，一切惡腫。

《活人心統》：治喉痹、乳蛾，用癩蝦蟆眉酥，和草烏尖末、猪牙皂角末等分，丸小豆大，每研一丸，點患處，神效。

明・羅周彥《醫宗粹言》卷四　取蟾酥法　長夏時捉取大癩蝦蟆，用蛤蜊殼未離帶者，合蝦蟆眉上，用力一捻，則酥出于殼內，收在油明紙上，乾收貯用，蝦蟆仍活，放去而酥復生。

明・張懋辰《本草便》卷一　蟾酥　治癰疽丁腫，蚛牙齒縫中血出。

明・陳實功《外科正宗》卷三　取蟾酥法第一百五十三　蟾無大小俱有酥，用鬧銅鑷鑷蟾眉稜高肉上微緊，拔出酥來，凝聚鑷裏，多則括下，陰乾聽用。其取過之蟾，避風一日，仍送青草園中，自然不傷其生。如取之便見風下水，俱成破傷風，顛狂而死。

明・繆希雍《本草經疏》卷二二　蟾酥　甄權云：端午日，取眉脂，以朱砂、麝香為丸，如麻子大，治小兒疳瘦，每日一丸。如腦疳，以乳汁調，滴鼻中。日華子云：眉酥治蚛牙。和牛酥摩傅腰眼并陰囊，治腰腎冷，并助陽氣。蘇頌云：主蚛牙及小兒疳瘦。觀諸家所主，但言其有消積殺蟲，溫暖通行之功。然其味辛甘，氣溫，善能發散一切風火抑鬱、大熱癰腫之候，為拔疔散毒之神藥。第性有毒，不宜多用。人發汗散毒藥中服者，尤不可多。

【主治參互】同鐵鏽、桑磠、麝香、牛黃、冰片，用金鍼鍼入疔根，抹入前藥，其疔根即爛出。治疔丸同硃砂、冰片、牛黃、明礬、白殭蠶、麝香、黃蠟，溶化作丸，麻子大。用葱頭、白酒吞下取汗，不過二三小丸。《青囊雜纂》拔取疔黃，蟾酥，以麵丸梧子大。每用一丸，安舌下，即黃出也。危氏方拔取疔毒，蟾酥，以白麪、黃丹搜作劑，每丸麥粒大。挑破納入，仍以水澄膏貼之。《保命集》一切瘡毒，蟾酥一錢，白麵二錢，硃砂少許，井水調成小錠子如麥大。每用一錠，葱湯服，汗出即愈。如瘡勢緊急，用三四錠。《萬氏家抄》凡癰疽發背，無名腫毒初起者，急取蟾酥三五分，廣膠一塊，米醋一二碗，入銚內火化開，用筆蘸，乘熱令人不住手周圍潤之。以散為度。【簡誤】蟾雖有毒，與病無害。其眉酥有大毒，不宜多服。諸家咸云治小兒疳瘦，恐非正治，不宜漫嘗也。即用亦煅過者。予親見一人，因齒痛，以蟾酥納牙根，誤吞入，頭目俱脹大而斃。即陶注云：其皮汁甚有毒，犬嚙之，口皆腫之驗也。惟疔腫服之者，取其以毒攻毒之義。然其劑亦甚小，不能為害耳。外治殊有神效，若欲內服，勿過三釐。慎毋單使，必與牛黃、明礬、乳香、沒藥之類同用乃可。如瘡已潰，欲其生肌長肉之際，得之作痛異常，不可不知也。

明・倪朱謨《本草彙言》卷一七　蟾酥　味辛、苦烈，氣熱，有毒。可升，可降，通行十二經絡，藏府膜原，溪谷關節諸處。李氏曰：蟾蜍，鋭頭大腹，促眉濁聲，皮上多癩瘰，生江湖陂澤及人家園囿陰濕處。五月五日取得，用繩縛倒懸乾死，剉碎用。〇古人取蟾酥，以油單紙裹蟾眉擠之，酥在紙上，陰乾用。今人取蟾酥，用蒜肉及胡椒末納蟾口內，則蟾身白汁出，以竹篦刮下，麪和成塊，乾之亦可用。其汁不可入目，令人赤腫、盲。

蟾酥：療疳積，消臌脹，解疔毒之藥也。湯濟庵曰：按李時珍言：蟾蜍，土之精也，上應月魄而性靈異，穴土食蟲，辟伏山精，故能化解一切瘀鬱壅滯諸疾，如積毒、積塊、積脹，內疔癰腫之證，有攻毒拔毒之功也。然味辛辣而麻，入口舌即癡木，有毒之物耳，不可多用。

集方：《千金方》治疳積骨瘦面黃，腹大肢細，或好食泥土。用真蟾酥一錢，酒二三匙浸化，硃砂一錢，麝香五分，俱研細，和入蟾酥，研爲丸如麻子大，空心服一丸，白湯吞下三十丸，全愈。〇治一切臌脹方：見本部蜒蚰條下。〇《古今醫鑒》治一切疔毒垂死。用蟾酥一錢，取酒二三匙浸化，硃砂、銅青、乳香、沒藥各一錢二分，研極細，取大蜒蚰二十個，共研丸如麻子大。每遇此患，服五七丸，葱頭湯吞下。

明・姚可成《食物本草》卷一一　蛇蟲部・蟲類　蟾蜍生江湖池澤。今處處有之。或謂蟾蝦與蝦蟆為一物，非也。蟾蜍多在人家下溼之地。形大，背上有疿磊，行動遲緩，不能跳躍，亦不解鳴。蝦蟆多在陂澤間。形小，皮上多黑斑點，能跳接百物，舉動極急。二物雖一類，而舉其功用，不無分別。〇李時珍曰：蟾蜍鋭頭皤腹，促眉濁聲，土形，有大如盤者。《抱朴子》云：蟾蜍千歲，頭上有角，腹下丹書，名曰肉芝，能食山精。人得食之可仙，術家取用以起霧祈雨，辟兵解縛。今有技者聚眾蟾為戲，能聽指使。物性有靈，於此可推矣。

蟾蜍，味辛，涼，微毒。主陰蝕，疽癘惡瘡，猘犬傷，能合玉石。又治溫病發斑困篤者，去腸，生搗食一二枚，無不瘥者。殺疳蟲，治鼠瘻。小兒勞瘦疳疾，面黃癖氣，破癥結。燒灰，傅一切有蟲惡瘡。

蟾酥眉間白汁，謂之蟾酥。以油單紙裹眉裂之，酥出紙上，陰乾用。　李時珍曰：取蟾酥不一，或以手捏眉稜，取白汁於油紙上及桑葉上，插背陰處，一宿即自乾白，安置竹筒內盛之，真者輕浮，入口味甜也；或以蒜及胡椒等辣物納口中，則蟾身白汁出，以竹篦刮下，麪和成塊，乾之。其汁不可入人目，令人赤、腫、盲。或以紫草汁洗點即消。　味甘，辛，溫，有毒。治小兒疳疾、腦疳。又治發背疔瘡，一切腫毒。

附方：　治脫肛。蟾蜍皮燒烟熏之，甚妙。

明・李中梓《醫宗必讀・本草徵要下》　蟾酥味辛，溫，有毒。入胃、腎二經。發背疔疽，五疳羸弱，立止牙疼，善扶陽事。入外科方有奪命之功，然輕用能爛人肌肉。

明・蔣儀《藥鏡》卷二熱部　蟾酥　疏九竅，發臭汗。消積殺蟲，力主溫暖。通行拔疔散癰，義取以毒攻毒。入藥依方，外治殊有神效。煅製如法，內服勿過三釐。

明・蔣儀《藥鏡》卷四寒部　蟾蜍　治小兒疳腹作脹，煅食立消。療丈夫疔瘇出血，取酥點治。發背逢初起，捉蟾連肚子破開，乘熱罨瘡頭，更易三四翻即愈。若蝦蟇者，另是一種，僅能攻熱毒、散血滯而已。

明・張景岳《景岳全書》卷四九《本草正》　蟾蜍俗名癩蝦蟇。　眉間有兩囊，遍身有顆磊，其中俱有蟾酥，行極遲緩，不能跳躍，亦不解鳴者是也。此物受土氣之精，上應月魄，賦性靈異，穴土食蟲，能制蜈蚣。入足陽明胃經。消癖氣積聚，破堅癥腫脹。治五疳八痢，及小兒勞瘦疳熱，殺疳蟲，消癰腫鼠瘻，陰疽惡瘡。若治破傷風，宜同花椒剁爛，入酒煮熟飲之，通身汗出即愈。亦解猘犬毒。燒灰油調，傅有蟲諸惡頑瘡，極效。又治瘟毒發班危劇者，去腸生擣一二枚，絞汁飲之，無不即瘥。或燒灰湯送亦良。

蟾酥：　味辛麻，性熱，有毒。主治發背癰疽疔腫一切惡毒。若治風蟲牙痛，及齒縫出血，以紙撚蘸少許點齒縫中，按之即止。

明・李中梓《本草通玄》卷下　蟾酥　甘、辛，入足陽明少陰。　治發背疔腫，脉絡風邪惡血。

清・顧元交《本草彙箋》卷九　蟾蜍　稟土金之氣，上應月魄。性亦靈異，味辛氣寒。主散熱解毒，療小兒勞瘦疳疾最良。且辛能發汗，能使邪氣散而不留。治廣瘡，有金蟾脫甲酒，即此一物也。

其眉酥，爲發背疔瘡之要藥。外用之能拔能攻，內用之能發能解。但其性有毒，不宜多用。即入發汗散毒藥中，服者尤不可多。

其肪塗玉，則刻之如蠟。近世治小兒疳疾多用之，以其走陽明，而能消積滯也。

蟾蜍、蝦蟇，功用雖不甚遠，實二物也。古人多用蟾蜍，今人亦只用蟾蜍甚效，而蝦蟇不復入藥。蓋蟾蜍在人家下濕處，形大，背多痱癗(磊)，行極遲緩，不能跳躍，亦不解鳴。蝦蟇多在陂澤間，形小，皮上多黑斑點，能跳接百蟲，舉動極急，以此辨之。

其青蛙亦能解熱毒，利水氣，但係熱化之物，其骨性復熱，而今人每同辛辣及脂油煎炙。抱薪救火，安能有益。

蝦蟇青蛙之子，是名蝌斗。二三月蛙蟇曳腸于水際草上，纏繳如索，日見黑點，漸至春水發時，則鳴以聒之，蝌斗皆出，謂之聒子。所謂蝦蟇聲抱是矣。

清・穆石匏《本草洞詮》卷一八　蟾蜍　銳頭皤腹，促肩濁聲。陶氏謂蝦蟇，一名蟾蜍，以為一物。郭璞云：　似蝦蟇，居陸地，則非一物明矣。蟾蜍在人家下濕處，身大青黑，無點，背多痱癗，行極遲緩，不能跳躍，亦不解鳴。蝦蟇在陂澤中，背有黑點，身小，能跳躍，解作呷呷聲，舉動極急。二物同類而二種也。《抱朴子》云：　蟾蜍千歲，頭上有角，腹下丹書，名曰肉芝，人得食之可仙。術家取以起霧祈雨，辟兵解縛。今人聚蟾為戲，能聽指使。物性有靈，此可推矣。陶通明云：　五月五日取東行蟾蜍五枚，反縛置密室中，明旦視自解者，取用，能使人縛亦自解。《岣嶁神書》云：　用大蟾蜍一枚，以鐵釘釘其四足，炭火炙之，自早至午，去火，放水一盞於前，當吐物如皂莢子大，有金光，人吞之，可越江湖也。蟾蜍辛涼無毒。治陰蝕疽癘惡瘡，又治溫病發斑，去腸生搗，食一二枚，無不瘥者。蓋蟾蜍土之精也，上應月魄，而性靈異，穴土食蟲，又伏山精，故能入陽明經，退虛熱，行濕氣，殺蟲䘌，而為疳病惡瘡要藥。沈休文云：　一人為猘犬傷，啗蝦蟇膾遂愈。此亦治癰疽疔腫之意，要之是物能攻毒拔毒故也。蟾酥甘辛溫，有毒。治發背疔瘡，一切惡腫，同牛酥或吳茱萸苗調敷腰眼腎囊，治腰腎冷，並助陽氣。又齒縫出血及牙疼，以紙絍少許，按之立止。

清・丁其譽《壽世秘典》卷四　蟾蜍即癩蝦蟆，在下濕處，銳頭皤腹，促眉濁聲，背上多痱磊，行極遲緩，不能跳躍，亦不解鳴，世傳三足者為蟾，人遂為三足枯蟾以罔眾。但以水沃半日，其偽自見，蓋無三足者也。眉間白汁，謂之蟾酥。以手捏眉稜，取白汁于油紙上及桑葉上，插背陰處，一宿即乾，置竹筒內盛之。真者輕浮，入口即甜。或以蒜及胡椒等辣物納口中，則蟾身白汁出，以竹篦刮下，麪和成塊，乾之。其汁不可入人目，令人腫盲，以紫草汁洗點，即消。

氣味：辛，涼，微毒。治陰蝕疽癘，惡瘡，猘犬傷瘡。能合玉石。陶隱居云：其肪塗玉，則刻之如蠟，故云能合玉石。治一切疳痢腫毒，破傷風病，脱肛。

蟾酥：氣味：甘、辛，溫，有毒。治小兒疳疾腦疳，發背疔瘡，一切惡腫。

發明繆希雍曰：蟾酥有大毒，不宜多用。諸家咸云：治小兒疳瘦，恐非正治，不宜漫嘗也，即用亦煅過者。余親見一人，因齒痛以蟾酥納牙根，誤吞入，頭目即脹大而斃。即陶隱居云：皮汁甚有毒，犬嚙之，口皆腫之騐也。惟疔腫服之者，取其以毒攻毒之義。外治殊有神効，若欲內服，勿過三釐，慎毋單使，必與牛黄、明礬、乳香、沒藥之類同用，乃可。如瘡已潰，欲其生肌長肉之際得之，作痛異常，不可不知也。日華子云：蟾酥助陽氣，房術多用之。

清・劉雲密《本草述》卷二七

蟾蜍一名癩蝦蟇。似蝦蟇而實不同。崔寔《四民月令》云：五月五日取蟾蜍，可治惡瘡。即此也。頌曰：今處處有之。《別録》謂蝦蟇。一名蟾蜍。以為一物，非也。按《爾雅》：鼁鱦，蟾蠩也。郭璞云似蝦蟇居陸地，則非一物明矣。蟾蜍多在人家下溼處，形大，背上多痱磊，行極遲緩，不能跳躍，亦不解鳴。蝦蟇多在陂澤間，形小，皮上多黑斑點，能跳接百蟲，舉動極急。二物雖一類，而功用小別，亦當分而用之。

氣味：辛，涼，微毒。《仙製本草》曰：屬土與水，微毒。

主治：小兒勞瘦疳疾最良。殺疳蟲，燒灰傅一切有蟲惡癢，滋䘌瘡。治陰蝕疽癘惡瘡，附骨壞瘡。療小兒疳瀉，及面黄癖氣，破癥結，消發背腫毒，治破傷風病。時珍曰：蟾蜍，土之精也。上應月魄而性靈異，穴土食蟲，又伏山精，制蜈蚣，故能入陽明經，退虚熱，行溼氣，殺蟲䘌，而為疳病癰疽諸瘡要藥也。希雍曰：蟾蜍稟土金之精氣，其氣味辛涼，故《別録》首主陰蝕疽癘惡瘡。葢屬陽毒之為陰厲者，而是物能擅救護之功也。故幼科於疳證為要藥。

附方　五疳八痢，面黄肌瘦，好食泥土，不思乳食，用大乾蟾蜍一枚，燒存性，皂角去皮弦一錢，燒存性，蛤粉水飛三錢，麝香一錢，為末，糊丸粟米大，每空心米飲下三四十丸，日二服，名五疳保童丸。　小兒疳泄下痢，用蝦蟇燒存性，研飲服方寸匕。　走馬牙疳，侵蝕口鼻，乾蚵蚾黄泥裹固，煅過，黄連各二錢半，青黛一錢，為末，入麝香少許，和研傅之。　疳蝕顋穿，金鞭散治疳瘡顋穿牙落，以抱退雞子軟白皮包活土狗一個，放入大蝦蟇口內，草縛泥固，煅過，取出研末，貼之，以愈為度。　一切疳䘌，無問去處，皆能治之。蝦蟇燒灰，醋和，傅，一日三五度。

愚按：蟾蜍一物，先哲類以為治小兒勞瘦疳疾最良。余閱《保嬰全書》，為吴中薛鎧編集，薛鎧乃太醫院使，薛己，立齋氏之父。其治小兒無辜疳證，投蚵蟆丸，一服虚熱退，二服煩渴止，三服瀉痢住。又一小兒患疳，虚證悉具，熱如火炙，病狀不能盡述，朝用異功散，夕用四味肥兒丸，月餘諸證稍愈，佐以九味地黄丸，自能行立，遂朝以六味地黄丸，夕以異功散及蚵蟆丸而痊。若然，則兹物其治疳之善物哉。苐觀其所投丸散，皆療其虚者也，而蚵蟆丸乃療虚中之熱者也。夫所謂小兒疳病，固由於脾陰虚，不能為胃行其津液者也。亡其津液，則真陰愈虚，而內熱日滋。是謂疳證，小兒之腎原不足，惟賴脾陰以為生化之元，脾陰虚不能為胃行其津液，致胃陽益亢，而脾陰不絕者，將盡化於虚陽，是生化之元欲窮也。而兹物之有功於疳證者，似專稟乎土之精氣，有由陰達陽之功，不致陰氣之潰敗，可以達陽，因不致陽邪之横噬，可以全陰。故《別録》《本草》言其辛涼，辛合於涼，則可以達陽而行之，即可以救陰而全之。此在足太陰有專功，不等於泛然益陰之諸味也。夫脾陰足，而萬邪息，何況於表裏之脾胃，不能收功於補虚之丸散中哉？寧止疳證而止耶，即《別録》主治陰蝕疽癘惡瘡，皆不越此義也。

蚵蟆丸，蟾蜍一枚，夏月溝渠中，腹大不跳不鳴，身多癩瘟者，取糞蛆一杓，置桶中，以尿浸之，桶上要乾，不令蟲走出，却將蟾蜍撲死，投蛆中食一晝夜，以布袋盛置，浸急水中一宿，取出，瓦上焙為末，入麝一字，粳米飯揉丸麻子大，每服二十丸，米飲下。

又薛鎧云：按前方治無辜疳證，面黄壯熱不食，舌下有蟲，或腦後有核，軟而不痛，中有粉蟲，隨氣流散，侵蝕臟腑，便滑膿血，日漸黄瘦，頭大髮豎，手足細軟，變生天瘸猢猻，鵝口木舌，懸癰重腭，口噤，臍風撮口，重舌，龜背龜胸，一十二種敗證，急用蟾蜍丸、大蕪荑湯治之，多有生者。

愚按：此種不惟療陰之為陽毒所蝕者，如《別錄》所云，陰蝕諸證，亦且療陰之為陽毒所結者。如日華子所云小兒面黄癖氣，破癥結云云。更時珍謂兹物為土之精，而希雍云稟土金之精氣者更勝。蓋其能瘳破傷風證，則其義可糸也。至如附骨壞瘡之治，可以思其能由至陰以化陽。又如發背腫毒之治，可以思其能從至陽而全陰。蓋人身之背屬陽，腹屬陰也。

附方　附骨壞瘡久不瘥，膿汁不已，或骨從瘡孔中出，用大蝦蟇一個，亂頭髮一雞子大，豬油四兩，煎枯，去滓，待凝如膏，先以桑根皮、烏頭煎湯洗，拭乾，煅龍骨末摻四邊，以前膏貼之。　發背腫毒未成者，用活蟾一個，繫放瘡上半日，蟾必昏憒，置水中救其命，再易一個，如前法。其蟾必踉蹡，再易一個，其蟾如舊，則毒散矣。累驗極效。

修治　《太乙》云：　有多般，勿誤用，有黑虎，有蚼黃，有黃蚼，有蔞蟈，有蟾，其形各別，其蝦蟇皮上腹下有斑點，脚短，即不鳴別。黑虎身小黑，嘴脚小斑。蚼虫旬黃斑色，前大，後腿小，有尾子一條。黃蚼偏身黃色，腹下有臍帶，長五七分已来，所住立處，带下有自然汁出。蔞蟈即夜鳴，腰細口大，皮蒼色。黑蟾即黃斑，頭有肉角。凡使蝦蟇，先去皮并腸及爪子，陰乾，然後塗酥炙令乾，每修事一個，用牛酥一分，炙盡為度。若使黑虎，即和頭尾皮爪並陰乾，酒浸三日，漉出焙乾用。

《永類鈐方》云：　蟾目赤，腹無八字者不可用。

蟾酥　氣味：　甘、辛，温，有毒。

主治：　甄權曰：　端午日取蟾酥，以硃砂、麝香，為丸如麻子大，治小孩子疳瘦，空心服一丸。如腦疳以奶汁調滴鼻中，甚妙。　日華子云：　同牛酥調摩腰眼、陰囊，治腰腎冷，并助陽氣。　《仙製本草》云：　攙膏和散，去風毒如神。治風蟲牙痛。　《秘蘊》云：　治疔瘡毒腫并一切瘡毒。　方書主治齒縫出血，大小便不通，及治鼻塞，口瘡，牙齒動搖，口舌生瘡。

希雍曰：　大都諸家所主，未必悉其所對待者，於何證的有專功？試以其味辛甘氣温，是善能發散一切風火抑鬱，大熱癰腫之候，為拔疔散毒之神藥。第性有毒，不宜多用。入發汗散毒藥中服者，尤不可多。

附方　同鐵鏽、桑硇、麝香、牛黃、冰片，用金鍼鍼入疔根，抹入前藥，其疔根即爛出。　治疔丸同硃砂、冰片、牛黃、明礬、白殭蠶、麝香、黃蠟溶化作丸麻子大，用葱頭、白酒吞下，取汗，不過二三小丸。　《青囊雜纂》拔取疔黃，蟾酥以麪丸梧子大，每服一丸，安舌下，即黃出也。按疔瘡有黃，患此者瘡腫肉不腫為順，肉腫瘡不腫為險惡證。以其瘡毒走散不住，乃疔走黃也。治另有方。　《危氏方》拔取疔毒，蟾酥以白麪、黃丹搜作劑，每丸麥粒大，挑破納入，仍以水澄膏貼之。　《保命集》一切瘡毒，蟾酥一錢，白麪二錢，硃砂少許，井水調成小錠子如麥大，每用一錠，葱湯服，汗出即愈。如瘡勢緊急，用三四錠。　《萬氏家抄》凡癰疽發背，無名腫毒初起者，急取蟾酥三五分，廣膠一塊，米醋一二碗，入銚内火化開，用筆蘸，乘熱令人不住手周圍潤之，以散為度。

愚按：　方書治疳證，蟾酥之用，亦不大減於蟾蜍。雖其味辛甘，其氣温，似與蟾蜍之辛凉宜別。但温者不可與熱例，凉者不可與寒例，曰温曰凉，皆禀其寒熱之中和氣也。故蟾酥之治疳，較蟾蜍亦不甚減也。特其温凉不無有差，故蟾酥之治，其功以發散風火抑鬱，大熱癰腫，如希雍所云，良不謬也。取專門外科書条之，謂有五疔，相應五臟，俱用蟾酥條插入孔内，以膏蓋之，内服汗藥散之，自愈。且分三陽三陰受毒，有可灸不可灸之殊，而用蟾酥則一也。然則繆氏謂此品為散毒拔疔之神藥，豈不然哉？又如方書所治證，如牙齒動摇，與大小便不通，屬大實大滿者，二證似宜異治，何以俱用蟾酥也？蓋均取其裕陰暢陽之功，何以曰裕陰？蟾之全形辛凉是也。何以曰暢陽？蟾酥之辛甘温是也。於繆氏發散風火抑鬱，大熱癰腫之治不殊，第繆氏未能明於裕陰之義耳。

蟾酥條即蟾酥丸用之為條者，以便入孔中也。丸方見後。

蟾酥丸　治疔瘡發背，腦疽乳癰，附骨臀腿等疽，一切惡證歹瘡，不痛或麻木，或嘔吐，病重者必多昏憒，此藥服之，不起發者即發，不痛者即痛，痛甚者即止，昏憒者即甦，嘔吐者即解，未成者即消，已成者即潰，真有回生之功，乃惡證中至寶丹也。

蟾酥二錢酒化，輕粉五分，枯礬、寒水石煅，銅綠、乳香、没藥、膽礬、麝香各一錢，雄黃二錢，蝸牛二十一個，硃砂三錢，以上各為末，稱準，於端午日午時，在淨室中先將蝸牛研爛，再同蟾酥和研稠粘，方入各藥，共搗極匀，丸如綠豆大，每服三丸，用葱白五寸，患者自嚼爛，吐於男左女右手心，包藥在内，用無灰熱酒一茶鍾送下，被蓋，如人行五六里，出汗為效。甚者再進一服。修合時婦人、雞、犬等忌見。

希雍曰：　蟾雖有毒，與病無害。其眉酥有大毒，不宜多服。諸家咸云治小兒疳瘦，恐非正治，不宜漫嘗也。繆氏不明於裕陰暢陽之義，故疑其非正治耳。然《本草》亦謂其有毒，似用之亦不可不慎也。即用亦煅過者。予親見一人，因齒痛以蟾酥納牙根，誤吞入，頭目俱腫大而斃。即陶注云其皮汁甚有毒，犬嚙之口皆腫，是其驗也。惟疔腫服之者，取其以毒攻毒之義，然其劑亦甚小，不能為害耳。外治殊有神效，若欲內服，勿過三釐，慎毋單使，必與牛黃、明礬、乳香、沒藥之類同用乃可。如瘡已潰，欲其生肌長肉之際得之，作痛異常，不可不知也。

修治　用蟾不拘大小，其酥俱有。用闊銅鑷，鑷蟾眉稜高肉上，微緊拔出，酥來凝聚鑷裏，多則括下，陰乾聽用。其取過之蟾，避風二日，仍送青草園中，自然不傷其生。如取之便見風下水，俱成破傷風，顛狽而死。

清・郭章宜《本草匯》卷一七　蟾蜍音除　辛，涼，微毒。入陽明經。主小兒勞瘦疳疾，治一切五疳八痢。用大蟾蜍一枚，存性，皂角去皮弦一錢，存性，蛤粉水飛三錢，麝香一錢，為丸，空心飲下，名五疳保童丸。又治疳積骨立，用立秋後大蝦蟇，去首足腸，以清油塗之，瓦上炙熟，食之，積穢自下，連服五六枚，一月之後，自愈。消時瘡發背之毒，未成者，用活蟾蜍一箇，繫放瘡上半日，蟾必昏憒，置水中救其命，再易，如前法，三者之後，其蟾如舊，則毒散矣。若勢重者，以活蟾破開，連肚乘熱合瘡上，不久必臭不可聞，如此二三易，其腫自愈。勿以微物見輕也。　理冷癖食土之病。

按：蟾蜍，屬土與水，應月魄而性靈異，濕化之物也。過用能發濕助火，為疳病疽瘡之要藥，以其能攻拔疔毒也。

《別錄》謂蝦蟇，一名蟾蜍，誤矣。蟾蜍多在人家下濕處，形大，背多痱磊，行遲，不能跳躍，亦不解鳴，銳頭皤腹，腹下有丹書八字，促眉濁聲。蝦蟇多陂澤間，形小，作呷呷聲，皮上多黑點，能跳躍，極急。今世用者，皆蟾蜍，而非蝦蟇也。其味大辛，善能發汗，其毒在眉稜皮汁中。去皮腸爪，酒浸一宿，酥炙乾用。目赤，腹下無丹書八字者，不可用。　膽治小兒失音不語，取汁點舌，立愈。

蟾酥　味甘、辛，溫，有毒。入足陽明、少陰經。治一切發背疔瘇，療脈絡風邪惡血。

按：蟾酥，即蟾蜍眉間之白汁也。有大毒，不宜多食。諸家咸云治小兒疳瘦，恐非正治也。若齒痛，誤入牙根，頭目即脹大而斃。觀陶氏云其皮汁大毒，犬嚙之，唇口皆腫，此其驗矣。惟疔毒服之，勿過二三釐，亦不過取其以毒攻毒之義耳。然必與牛黃、明礬、乳香、沒藥之類同用乃可。雖外科方有奪命之功，如輕用，亦能爛人肌肉。若瘡已潰，欲其生肌長肉之際，得之作痛異常，不可不知也。

取酥法：以蒜及胡椒等辣物，納其口中，則蟾身白出，以竹篦刮下，乾用。真者輕浮，入口味甜。不可入目中，令人赤盲。或以紫草汁洗點，即消。

清・蔣居祉《本草擇要綱目・寒性藥品》　蟾蜍凡蟾目赤、腹無八字者，不可用。

氣味：辛，涼，微毒。　主治：蓋蟾蜍，土之精也，上應月魄，而性靈異，穴土食蟲，又伏山精，制蜈蚣。故能入陽明經，退虛熱，行濕氣，殺蟲䘌，而為疳病癰疽諸瘡要藥也。大抵此物能攻毒拔毒。錢氏治小兒疳瀉痼熱，如聖丸用之為君，妙甚。

清・蔣居祉《本草擇要綱目・溫性藥品》　蟾酥　氣味　甘、辛，溫，微毒。即蟾蜍眉間之白汁也，以油單紙裹眉裂之，酥出紙上，陰乾用。真者輕浮，入口味甜。其汁不可入人目，令人赤腫目盲，急以紫草汁洗點即消。主治：小兒疳積腦疳。治腰腎冷，并助陽氣，及療蟲牙齒縫出血，拔發背疔瘡，一切惡腫。

清・王翃《握靈本草》卷九　蟾蜍今俗名蝦蟇，或云二物。其頭上有白漿，即酥也，有毒，不宜多用。　主治：蟾蜍，辛，涼，微毒。治陰蝕疽癘惡瘡，猘犬，小兒勞瘦疳疾。

蟾酥蟾蜍眉間白汁。　主治：蟾酥，甘、辛，溫，有毒。小兒疳疾，齒疼，疔腫。

清・汪昂《本草備要》卷四　蟾蜍即癩蝦蟆。瀉，殺疳，拔毒。　蟾，土精而應月魄。辛，涼，微毒。入陽明胃。發汗退熱，除濕殺蟲。治瘡疽發背，未成者，用活蟾蜍繫瘡上。半日，蟾必昏憒。置水中救其命，再易一個，三易則毒散矣。勢重者，剖蟾蜍合瘡上，不久必臭不可聞。如此二三易，其腫自愈。小兒勞瘦疳疾。　蟾酥：辛，溫，大毒。助陽氣，治疔腫發背，小兒疳疾腦疳。即蟾蜍眉間白汁，能爛人肌肉，惟疔疳或合他藥服一二釐，取其以毒攻毒。腦疳，乳和滴鼻中。外科多用之。蟾蜍肪塗玉，刻之如蠟。肪，音方，脂也。

清・吳楚《寶命真詮》卷三　蟾酥　【略】扶陽事，立止牙疼。治發背疔疽，五疳羸弱。輕用能爛人肌肉。

清・陳士鐸《本草新編》卷五　蟾酥　去毒如神，以毒制毒也。消堅破塊，解瘀化癰。雖皆外治之功，而藥籠中斷不可缺。

蟾酥有大毒，似不宜服，而諸家皆云可服，不可信也。雖曰以毒攻毒，亦宜于外治，而不宜于內治。

清・李熙和《醫經允中》卷一八　蟾蜍　辛，涼，微毒。主治小兒勞瘦疳疾,大人發背,狂犬傷毒。治發背重者,以活蟾蜍破開,連肚乘熱合瘡上,不久必臭不可聞,如此二三易,其腫自愈。蟾酥乃眉間白汁也。辛,溫,有毒。入胃腎二經。治一切發背疔毒,服一二釐,去毒如神。輕用能爛人肌肉,入目令人赤盲,惟紫草汁點洗可解。治狂犬傷,先于頂心拔去紅髮三四莖,即以蟾蜍一枚,搗汁生食,小便内見沫,其毒自解。蟾蜍與蝦蟇各別,形獨肥大,腹有八字丹書,不解聲鳴,不能跳躍,行極遲緩者為蟾蜍;腹大身小,呷呷聲鳴,跳接百蟲,舉動極急者為蝦蟇,解熱破血。又形純青嘴尖者名青蛙,殺勞蟲屍蛀。背拖黄腹細者,名金線蛙,退時疫瘟。黄長肱,背緑者,名石鴨;大腹脊青者名水鷄,疳瘦能調,虚損亦補,尤宜產婦,女科當知。《廣仁編》載:崇禎初年,吾邑有商曉行,至海子口,見攜蛙一巨筐,探囊金買釋之。捕蛙者見商挾貲甚厚,乃誘之曰:商早晨行,尚未晨炊,吾家有腐漿,可奉一甌。客從至家,即與妻子協謀,掰商之喉,用泥塞却口耳鼻,反縛兩手,沉之河中,以腐磨一片壓之,盡取其資。時天未明,無知者。侵晨適兵憲船自上流而下,忽群蛙繞船競噪,聲極哀楚。兵憲怪之,纔啟倉門,群蛙穿簾入案,大相聒叫,驅逐不去,兵憲曰:爾等有冤,求雪乎?可導吾隸人往,以示冤狀。蛙果入水,且鳴且躍,若相引者,二隸登岸尾之,行至新闕支河内,一巨蛙躍入水底,唧青衣裙漾水面,復大叫。二隸隨撈起一人,負石磨,七竅皆泥,已死而心尚溫。兵憲舟亦至,謂被謀害無疑,但不得行兇者,因便服行村落,間見一腐店,石磨有底而無蓋,舉河中一片合之若券,遂擒其人。客亦救甦,追行李給還,斃捕蛙者于杖下。由此觀之,語云蠢動含靈,皆有佛性,信不誣也。豈得為細微物命,可肆行殺害耶?

清·馮兆張《馮氏錦囊秘錄·雜症痘疹藥性主治合參》卷一一 蟾蜍蝦蟆、蟾蜍,本是二物。《經》云一名蝦蜍者,蓋古人通稱蟾為蟾蟆耳。《經》文雖名蝦蟆,其用實則蟾蜍也。蝦蟆,稟土金之精氣,上應月魄,性亦靈異。味辛,氣寒。其大毒在眉稜皮汁中,是即酥也。主癰腫陰瘡,陰蝕疽癘,惡瘡,猘犬傷瘡者,蓋以諸熱毒留害肌肉,得此辛寒散熱解毒。且其性急速,以毒攻毒,則毒易解,肌肉和,諸證去矣。凡瘟疫邪氣,得汗則解,其味大辛,性善發汗。辛主散毒,寒主除熱,故能使邪氣散而不留,胃氣安而熱病退矣。破癥堅血者,亦以其辛寒,能散血熱壅滯也。總能發散一切風火抑鬱,大熱癰腫,為拔疔散毒之神藥。但性有毒,不宜多用,入發汗散毒藥中,服者,不過三釐而已,並慎勿單使,必與牛黄、明礬、乳香、沒藥之類同用乃可,況劑甚小,不能為害。若外治惟有神效,無所慮也。但瘡已潰,欲生肌長肉之際,得之作痛異常,不可不知。【略】

蟾似蝦蟆,形獨胖大,行極緩遲。治小兒洞瀉下痢,炙研水服。大人跌撲損傷,活搗爛署。風淫生癬,燒灰,和猪脂敷。瘟疫發斑,取汁,攙井水服。煨熟啖,殺疳蝕成癖。作膾食,毆犬咬發狂,一切鼠瘻惡瘡,(未)〔末〕敷自能消解。眉間白汁,乃名蟾酥,攙膏和散,去毒如神。發背疔疽,五疳羸弱。立止牙疳,善助房術。外科有奪命之功。然輕用爛人肌肉。一種蝦蟆,腹大身小,舉動極急,吞接百蟲。主邪氣,破堅血,解結熱,貼癰腫,理疳積。又種水雞,味最爽口,疳瘦能調,虚損亦補,尤宜産婦,女科當知。又蝌蚪子,係蝦蟆子,合桑椹染鬚,永不皓白。搗爛為火瘡敷藥,絕無瘢痕。

主治痘疹合參:蟾酥,治痘解毒。發毒點疔,拔毒之聖藥。

清·张璐《本經逢原》卷四 蟾蜍 皮,辛,涼,微毒;肉,甘,平,無毒。捕取風乾,泥固,煅存性用,其目赤嘴赤者有毒。〇一種色青而生陂澤中者曰鼃,與此不同。發明:蟾蜍,土之精也,習土遁者賴之,其形大而背多痱磊者是。土性厚重,其行極遲,土生萬物,亦能化萬物之毒。故取以殺疳積,治鼠瘻陰蝕疽癘,燒灰傅惡瘡並效。弘景治溫病發斑困篤,用以去腸,生搗一二枚,啜其汁,無不瘥者。治猘犬傷,先於頂心拔去血髮三四莖,即以蟾蜍一二枚搗汁生食,小便内見沫,其毒即解。又破傷風用二枚,生切如泥,入椒一兩,同酒炒熱,入酒二盞,乘熱飲之,少頃通身汗出而愈。發背疔腫初起,以活蟾一隻繫定放腫上半日,蟾必昏憒,即放水中以救其命。再換一隻如前,蟾必踉蹡。再易一隻,其蟾如舊,則毒散矣。其金蟾丸治腫脹腹滿,并治小兒疳勞,腹大脛細,方用大蟾一隻,以砂仁入腹令滿,鹽泥固濟,煅存性,黑糖調服一二錢匕,下盡青黄積糞即愈。未盡,過二三日再服,以腹減熱除為度。若糞便不能濺注而淋漓不前者,此元氣告匱,不可救也。蟾酥辛,溫,有毒。發明:蟾酥辛溫,其性最烈,凡用不過一分。齒縫出血及牙疼,以紙絍少許,撚之即止。蟾酥丸治發背疔腫一切惡瘡,拔取疔毒最捷,入外科有奪命之功。然輕用能爛人肌肉。

清·浦士貞《夕庵讀本草快編》卷五 蟾蜍《别録》 《說文》作詹諸,云似其聲也。蟾蜍,土之精也,上應月魄,而性靈異。穴土食蟲,又伏山精,制蜈蚣。味辛而涼,入陽明胃經物也。故能退虚熱而行濕氣,殺蟲蠶而療疳癆,惡瘡癰腫,風病脱肛,並皆宜之,蓋以毒攻毒也。其酥則性熱,治亦相同。但摩腰可以治陰寒腎冷,并助陽道,貼之可以治牙疼,拔疔毒,稍為異爾。

清·修竹吾廬主人《得宜本草分類·下部補養並瘍科感症門》 蟾蜍 氣味辛,涼,微毒。主治猘犬傷瘡,燒灰敷瘡,立驗。又治瘟病發斑困篤者。殺疳蟲,治鼠瘻惡瘡,小兒面黄癖氣,破癥結,治一切五疳,八痢腫毒。

月蝕耳瘡。五月五日取蟾蜍，燒灰敷之。　一切濕瘡，蟾蜍燒灰，猪脂和敷。

小兒癬瘡，燒灰和猪脂敷。　蟾蜍頭功同蟾酥。

取蟾酥法：　以蒜及胡椒等辣物納口中，則蟾身白汁出，以竹篦刮下，和麵成塊，陰乾。其汁不可入目，令目赤腫，煎紫草濃汁，洗點即消。〇真者輕浮，入口味甜。一切腫毒，及傷寒遺毒，發於牙，牙前後及項下腫硬，見腫消芽，生白及、生白斂、土大黃、生大黃、大薊根、野苎麻根，搗成餅，入芒硝一錢，和敷留，乾即易之，加入金線重樓、山茨菇尤妙。

清·黃元御《玉楸藥解》卷六　蟾酥　味辛，微溫。入手太陰肺、足少陰腎經。濇精助陽，敗毒消腫。蟾酥研塗磨塵頂，治精滑夢遺。磨點瘡頭，治疔毒癰腫。摩腰暖腎，揩牙止痛，辛烈殊常。入鉢擂研，氣衝鼻孔嚏不止，沾脣麻辣，何能當者？外科家因作小丸服，甚非良善之法也。

清·吴儀洛《本草從新》卷六　蟾蜍（瀉，療疳，拔毒。）一名癩蝦蟆。以下濕生類。

蟾，土精而應月魄。辛，涼，微毒。退虛熱，行濕氣，殺蟲䘌，治瘡疽發背，未成者，用活蟾蜍繫瘡上半日，蟾必昏憒，置水中，救其命，再易一個，三易則毒散矣。勢重者，剖蟾蜍合瘡上，不久必臭不可聞，如此二三易，其腫自愈。小兒勞瘦疳積。蟾酥，辛，溫，有毒。治發背疔腫，小兒疳積腦疳。即蟾蜍眉間白汁，能爛人肌肉，唯疔毒或服二三厘，取其以毒攻毒，外科多用之。蟾蜍肪塗玉，刻之如蠟。

清·汪紱《醫林纂要探源》卷三　蟾蜍　辛，甘，鹹，寒。大於蝦蟆，多疙瘩如癩，善怒，人履之則氣脹滿腹如鼓。能穴土，善遁居土下，食百蟲。人言其精應月，又言有三足者，千歲蟾蜍腹下有丹書八字，是皆未敢知云。能散能行，能輭能滲，而銳於攻毒，主治癰疽疔毒，殺小兒疳積。剖其腹，合腫毒上，稍久必臭不可聞，如此三易，則毒可消。或取其肝敷之，數易亦愈。蓋以怒氣去毒甚銳也。作脯食，小兒治疳積羸瘦，且能健脾胃，消食，亦以其能食百蟲也。蟾酥：　辛，鹹，溫。捕蟾蜍，緊握之，以針刺眉間，則怒不得舒，併出精於刺處，以蜆殼刮取之，初出白色，久則黑，或煎荊芥湯傾甕中，多捕投之，須俟湯溫，使跳躑不得出，則并酥浮湯面，少頃放之，傾湯掠取其酥。然不如刺出者為佳。有大毒。略點舌上，則口盡麻。功專治毒。功用與肉大同而更銳。　脂：　輭堅。塗玉，則刻之如蠟。

清·嚴潔等《得配本草》卷八　蟾蜍一名癩蛤蟆。蟾酥、蟾肝、蟾膽。　辛，涼，微毒。入足陽明經。散熱解毒。行濕氣，殺蟲䘌，除疳病，消堅積。　取汁，和井水，治溫疫發斑。犬咬鼠瘻，末可敷。洞瀉下痢，炙研水服。跌撲損傷，活搗爛罨。疳蝕成癖，作膾食。和豬脂燒，敷風淫生癬。　陰乾，酒浸三日，焙乾用。形大背多磊，行遲不跳不鳴者，為蟾蜍。若小而能跳，舉動極急者，名蝦蟆，不入藥。　蟾酥　辛，熱，有毒。疔瘡發背，外用能拔，內用能攻。　配朱砂、白麵，成錠，葱湯下，治惡瘡。汗出即愈。配朱砂、麝香、人乳，滴鼻中，治腦疳。配廣膠、米醋，溶化圍腫毒。以散為度。疔毒甚者，合他藥服二三釐，取以毒攻毒也。瘡毒已潰，欲生肌肉，用之作痛異常。誤服，頭目張大而死。酥能爛人肌肉，不可輕用。　蟾酥入目則腫盲，用紫草汁洗點即消。　蟾肝　專治蛇螫人，牙入肉中，痛不可忍，敷之立出。　蟾膽　汁點舌，療小兒臍風失音。

題清·徐大椿《藥性切用》卷八　蟾蜍　一名癩蝦蟆。性味辛涼，瀉熱解毒，治疳積殺蟲。蟾酥，即眉間白汁。辛溫有毒，攻毒拔疔。

清·黃宮繡《本草求真》卷八　蟾酥蟾酥拔風火熱毒之邪，蟾蜍散熱瀉熱外拔內攻。

蟾酥耑入肌肉。即蟾蜍俗名癩蝦蟆。眉間內有白汁者是也。味辛氣溫，有毒。能拔一切風火熱毒之邪使之外出。蓋邪氣着人肌肉，鬱而不解，則或見為疔腫發背，陰瘡陰蝕，疽癘惡瘡，故必用此辛溫以治。蓋辛主散，溫主行，使邪盡從汗發，不留內入，而熱自可以除矣。但性有毒，止可外治取效。如發背未成者，用活蟾蜍繫瘡上，半日，蟾必昏憒，置水中救其命，再易一個，三易則毒散矣！勢重者剖蟾蜍合瘡上，不久必臭不可聞，再易二三次即愈。慎勿以微物見輕也。即或用丸劑，亦止二三四釐而已。多則能使毒人，其用作丸投服，亦宜雜他藥內入，如牛黃、明礬、乳香、沒藥之類，毋單服也。故書載拔諸毒，只宜用酥一錢，白麵二錢，硃砂少許，作錠。諒病輕重酌與，不可盡服。又治背發無名等毒，取酥三五分，廣膠水化，米醋入銚火化，乘熱手刷不已，以散為度，刻玉塗之，等於刻蠟。房術用之更善，總皆外科奪命之功。一句括盡。輕用爛人肌肉，至若蟾蜍氣味辛寒。凡癥瘕積塊，風犬咬傷，小兒疳積，瘟疫發斑，瘡疽發背，用之與酥略同，以其辛有發散之能，寒有逐熱之功，外敷固見神功，內服除去頭足腹腸垢，亦能去積除熱，如風狗咬傷，用蟾蜍後足搗汁生食。先於患人頂心拔去血髮三四莖，於小便內見沫，其毒即解。發背初腫，用活蟾數個更易繫於腫上法詳上。則其毒亦散矣！時珍曰：　蟾蜍土之精也，上應月魄而性靈異，穴土食蟲，又伏山精。制蜈蚣，故能入陽明經退虛熱，行濕氣，而為疳病癰疽諸瘡要藥也。總皆具有拔內攻之力，勿輕用也。蟾酥以油單紙裹眉裂之，酥出紙上，陰乾用。蟾蜍焙乾，去皮爪，酒浸去肉用。

清・羅國綱《羅氏會約醫鏡》卷一八鱗介蟲魚部 蟾蜍俗名癩蝦蟆。味辛溫有毒，入胃經。酒浸一宿，去皮腸炙用。 屬土之精，上應月魄。治瘡疽發背、勢重者，剖蟾蜍合瘡上，不久必臭，如此二三易，其毒自解。小兒勞瘦疳蟲殺蟲，療破傷風、同花椒、酒煮服，即愈。瘟疫發斑危劇者、燒灰存性，酒送。一切有蟲諸惡頑瘡。油調灰敷。

蟾酥： 即蟾蜍眉間白汁。 辛溫有大毒，助陽解毒。治疔腫惡毒，合他藥服一二厘，解毒如神。療陰蝕、厲風、猘犬惡傷。外用無慮，不得內服。外科有奪命之功。然輕用爛人肌肉。若瘡已潰，當生肌長肉之際用之，作痛異常，不可不知。一種蝦蟆，腹大身小，舉動極急，吞接百蟲，剖貼癰腫熱結。蝌蚪子，係蝦蟆子，合桑椹染鬚，永不皓白。搗爛為火瘡敷藥，絕無瘢痕。蟾蜍肪即脂塗玉，刻之如蠟。

清・趙學敏《本草綱目拾遺》卷一〇蟲部 蟾皮舌 此乃癩蝦蟆皮也，能拔大毒外出，又能回毒，攻效不可殫述。《綱目》蟾蜍條主治皆全用，無單用其皮者，惟附方引孫真人《千金方》中治腸頭推出，用蟾皮一片，燒熏并傅，僅錄其些小功用，反遺其大者，故特著明補之。

貼大毒，能拔毒、收毒。〇黃汝良《行篋檢秘》方載： 指頭紅腫生毒，用活蟾一隻，生剝皮，將皮外面向患處包好，明日，其毒一齊拔出。或發背、對口等症，毒忽收內，如又起再貼。切記不可將其皮裏面着肉，即咬牢難揭，凡痘疹後回毒，亦可用此治。 瘰癧斂口膏藥： 治瘰癧膿已盡，腫已平，瘡口未斂，以此貼之。〇蝦蟆皮二個要活剝者，鼠皮二張，蛇蛻二條，蜂房大者一個，右四味，俱煅灰。將水膠一兩，用井花水一酒鍾化開後加蜜一兩，蜈蚣煎麻油一小鍾，攪勻。前四味灰臨起，入麝香一分，將絹攤來，不溼為度。《靈秘丹藥》云： 凡患癰疽瘡毒者，用土中大蝦蟆一個，剝全身癩皮，蓋貼瘡口。於蟆皮上，用鍼將皮刺數孔，以出毒氣，自覺安靜。且能爬住瘡口，不令長大。又可免蜈蚣聞氣來侵，神妙神妙。

舌 拔疔： 《外科全書》： 夏月患疔，用蝦蟆舌一個，研爛，蟾肚皮蓋貼，其根自出。

土檳榔 《粵西叢載》： 狀如檳榔，在孔穴間，得之新者猶軟，相傳蟾蜍矢也，不常有之。 主治惡瘡。

清・黃凱鈞《藥籠小品》 蟾蜍 微毒，入胃退虛熱，行濕氣，治小兒勞瘦疳疾。

清・章穆《調疾飲食辯》卷六 蟾蜍 一名鼁䵷，一名䵹䵶，一名蝌鼁，俗呼癩蝦蟆。《圖經》曰： 蟾蜍多在籬落卑濕處，形大，背有痱癗，行極遲鈍，不能躍，亦不能鳴。而《別錄》云蝦蟆一名蟾蜍，非也。蝦蟆多在陂澤，形小，皮上無痱癗，有黑斑點，能跳接百蟲。二物雖同類而各種。且《爾雅》：鼁䵷，(詹)〔蟾〕諸。郭注云： 似蝦蟆，居陸地。則非一物，明矣。《綱目》曰： 詹諸，或作蟾蠩。其聲詹諸，其皮鼁鼁，其行䵶䵶。《詩》云： 得此鼁䵶。《韓詩》注云： 蟾蜍也。《(金)新臺》篇作戚施，非此二字。後世名苦蠪，其聲也。又名蚵蚾，其皮砢礧也。《說文》云： 三足者為蟾。《抱朴子》云： 三足者能食山精鬼魅。至千歲，頭上有角，腹下有丹書，食之可仙。凡三足及異形之物皆有毒殺人，慎不可食。術家取以起霧祈雨，辟兵解縛。陶隱居云： 五月五日取蟾蜍五枚，反縛置室中，明旦視縛自解者，取為術用，能使人縛亦自解。

按： 蟾蜍本有靈異，其三足及有角有丹書者，非常有之物，可無深論。而尋常四足之蟾，聚置密器，任如何覆蓋，必能漸次逸去。惟置高處不近土，則不能去，故俗傳其能土遁，術家用之，或以此乎。論其充饌，似非所宜。而能為用於病。陶隱居曰： 溫病發斑困篤者，去腸生搗食一二枚，無不愈者。《拾遺》曰： 不能食，搗爛絞汁服。入酒一二盞同搗，乃有汁，且於斑症更為親切。或燒末服。《全嬰方》治小兒疳利，腹大黃瘦，頭生瘡結羊核也： 用大蟾蜍去首、足、腸，清油塗，陰陽瓦炙熟食，酒烹，或醋烹更佳。服五六枚必形容改變而愈。《外臺》方治小兒臍瘡出水久不愈者： 蟾蜍燒末，同牡蠣等分摻。《錦囊秘覽》治附骨壞疽膿血不已： 大蟾蜍一枚，亂髮如雞子大一團，猪油四兩，熬枯去渣，冷定，先以川烏、桑白皮煎水洗，拭乾，龍骨末摻四圍，此物難得，海螵蛸、爐甘石可代。前膏貼之。《醫林集要》治發背初起： 用大蟾蜍縛置瘡上，蟾必昏憒，放水中救其命，再易一枚，至三四枚，蟾久伏不昏憒，則毒散矣。勢重者，破開乘熱連腸肚合瘡上，少頃必臭，再易二三次愈。或剝皮剪小孔，乘熱貼。余居士用大蟾蜍同石灰搗爛敷，頻易取瘥。此方宜酌用，恐石灰傷肉後難合口。然堅腫過甚，或四圍麻木，非此無功。《肘後方》治猘犬咬傷，每七日一發，咬時急視頭上，有血髮一二莖拔去，生食蟾蜍膾，亦可燒炙食，勿令本人知，後不再發。《備急方》治閃折骨傷：

大蟾蜍搗爛敷，劈竹裹縛。又治痔瘡：蟾蜍火煅存性為末，猪廣腸一段，紮定兩頭，煮熟切碎，蘸蟾末食，三四次愈。《得效方》治大風癘疾：蟾蜍泥包煨熟，煎酒盡量飲，不拘次數。又蟾腹碩大，由其自運氣鼓之，欲其脹則頃刻而脹，欲其消亦頃刻而消，故可治氣腫。或乾蟾入湯劑，或為末，或煮炙其肉食，皆佳。但性能閉小便，凡諸病小便短赤者，藥餌、飲食皆不宜犯此。又凡腹下無八字者，赤者，皆有毒，不可食。又眉間白汁名蟾酥，入外科方，能拔毒去死肌，又能治喉痹、乳蛾。《活人心鏡》用真蟾酥、草烏尖、牙皂等分為末，每用半分，點患處立效。

清·張德裕《本草正義》卷下　蟾蜍俗名癩蝦蟆　苦，辛。入胃。消癖氣積聚，破癥堅腫脹，治五疳八痢，癰腫惡瘡。療破傷風。同花椒剁爛，入酒煎，熟飲之。燒灰，可敷有蟲諸惡頑瘡，極效。

蟾酥　辛麻而熱，有毒。治發背癰疽疔腫，一切惡毒。

清·葉桂《本草再新》卷一〇　蟾蜍味辛，性涼，有微毒。入心、肝、脾、肺四經。入陽明胃，退虛熱，行濕氣，殺蟲䘌，治瘡疽發背，小兒脾胃不和，肝旺火甚，動風驚厥。

清·趙其光《本草求原》卷一八蟲部　蟾蜍即癩蝦蟆，形大而背多痱磊者是。本土之精，厚重行遲。甘，平，無毒。上應月魄入腸胃。退熱行濕、解毒殺蟲，土能生物，亦能化毒。為疔腫、癰疽諸瘡要藥。初起，以活蜍繫瘡上，半日蜍必昏憒，放水中救之；再易一蟾，似蜍如舊，毒始盡。勢重者，剖蟾合瘡上，不久則臭不可聞。如此二三易即消。治溫病發斑、生搗汁飲。腫脹及疳勞腹大，砂仁入蜍腹內，泥包煅存性，黑糖調服，下盡青黃糞即愈。若糞不能濺注而淋漓不前者，元氣已乏，不治。疳痢黃瘦，一枚，同皂角去皮弦一錢，俱燒存性，加蛤粉、麝香為丸，米飲下。狂犬傷，先去頂心紅髮，杵汁生飲，小便見沫即解。破傷風。二枚生杵，同川椒一兩，炒酒服，取汗。

其皮辛涼有毒。貼瘡瘰，艾灸甚妙。內服，去皮生搗，或風乾，煅存性用。

目赤、嘴赤者，有毒。蟾蜍燒灰，敷鼠瘻、陰蝕、疽癧，破癥瘕，俱效，蟾蜍脂塗玉，刻之如蠟。

蟾酥：即蟾蜍眉間白汁。辛，溫，發散一切風火鬱抑，為拔疔散毒、消腫仙品。蟾酥丸為外科之仙方。一法以銀針刺入疔根，同牛黃、冰、麝、鐵銹、丁香抹而爛之；再同牛黃、冰、礬、麝、僵蠶、朱砂溶蠟為丸，麻子大，葱、酒下，取汗；再同黃丹面為丸，納入疔，黃盡出，貼水澄膏。消疳疾、腦疳，通關竅。但大毒，能爛人肌肉。外科用之，取其以毒攻毒，腦疳，乳和滴鼻中。亦止用一二釐，仍須與牛黃、明礬、乳、沒等同用方可。生肌時用之，則反痛。

清·文晟《新編六書》卷六《藥性摘錄》　蟾酥　辛，溫，有毒。入肌肉，能拔一切風火熱毒之邪。〇治疔腫發背，陰蝕疽癘惡瘡，只可合藥外敷。〇或用丸劑，亦宜雜他藥數兩，入此數分而已。〇入藥內服，不得過半分。〇外合藥，每次只用三四分。〇輕用，爛人肌肉。　蟾蜍：辛，寒，微毒。瀉熱，外拔內攻。〇凡癥瘕積塊，風犬咬傷，小兒疳積，瘟疫發斑，瘡疽發背，用之與酥略同。發背初腫，用活蟾蜍數個更易繫之以腹貼患處，其腫毒即散。〇內服，除頭足，腹腸垢。亦能去積除熱。〇俗名癩蝦蟆。

清·張仁錫《藥性蒙求·蟲部》　蟾蜍　蟾蜍辛涼，能清虛熱。行濕殺蟲，小兒疳疾。皮：辛，涼。肉：甘，平。無(處)〔毒〕。泥固，煅存性用。其目赤嘴赤者有毒。或去頭足，酥炙。

清·王孟英《隨息居飲食譜·水飲類》　蟾蜍　甘、苦，涼。清熱，殺蟲，消疳化毒，平驚，散癖，行濕除黃，止痢療溫，愈諸惡瘡及猘犬齩。凡小兒瘡家、疫癘，竝宜食之，其肝尤良。其眉間白汁有大毒，名蟾酥，為外科要藥。

發背腫毒初起，取活蟾蜍一隻，繫放瘡上半日，蟾必昏憒，置水中救其命，再易一隻如前法，蟾必踉蹌，再易一隻，必俟蟾如故，則毒散矣。

清·劉善述、劉士季《草木便方》卷二蟲介鱗甲部　癩蛤蟆　癩客保甘治疳痢，久瘧癘風驚癇易。小兒勞瘦蟲疳疾，癰疽疔瘍發背利。眉漿曰蟾酥。

清·戴葆元《本草綱目易知錄》卷五　蟾蜍　辛，涼，微毒。土之精也，上應月魄而性靈異，穴土食蟲，伏山精而制蜈蚣，故能入陽明經。退虛熱，行濕氣，破癥結，殺蠆蟲，為疳病癰瘍要藥。治陰蝕疽癘，鼠瘻惡瘡，五疳八痢，脫肛挺出，破傷風病，猘犬傷瘡，能合玉石。主小兒勞瘦面黃，癖氣疳疾，最良。又治溫病發斑困篤者，去腸，生擣，食一二枚立瘥。燒灰傅瘡，立驗，及傅一切有蟲惡瘡，滋胤瘡，端午日取乾用。【略】

蟾酥：甘，辛，溫，有毒。其氣辛烈。嗃鼻立嚏，故能通經絡，引諸藥，而利關竅。治小兒驚風及解山嵐障癘，發痧等證葆元。治小兒疳疾，腦疳。和牛酥，或吴茱萸苗汁，調摩腰眼陰囊，治腰腎冷，并助陽氣。蟲牙牙疼及齒縫出血，以紙紙少許，按之立止。傅發背疔瘡，一切惡毒。小兒疳瘦。蟾酥、硃砂、麝香為丸麻子大，空心開水送二丸。如腦疳，以乳汁調滴鼻中，甚妙。葆按：蟾酥，生蟾眉間取法，以小瓷碟二面，合口刮之，其漿入碟內，封乾。又有作銅鉗刮之，更便。時珍曰：其酥不可入目，令人赤腫目盲，以紫草浸汁洗，點之即消。

清・陳其瑞《本草撮要》卷九 蟾蜍 味辛，凉，微毒，入足陽明經。功專退虚熱，行濕氣，殺蟲䘌。瘡疽發背未成者，用繫瘡上半日，再易一個，三易則毒散。重者剖之合瘡上，三易必愈。治單腹鼓脹，以蟾蜍一個，用砂仁填滿腹中，外用鹽水拌黄土泥，厚塗遍身，文火煨透，再去泥，陰陽瓦上炙炭存性研細。每用一錢，陳皮湯下，三四服即愈。蟾酥辛溫有毒，治發背疔腫，小兒疳疾腦疳。一名蝦蟆。

清・鄭奮揚著，曹炳章注《增訂偽藥條辨》卷四 蟾蜍 生江湖池澤間。其眉間白汁謂之蟾酥，以油單紙裹眉裂之，酥出紙上，陰乾用。或以蒜及胡椒等辣物納口中，則蟾身白汁出，以竹篾刮下，麵和成塊，乾之。聞有一種假酥，係麵粉及別藥偽造，萬不可用。 炳章按：鮑叔真《醫方約說》云：蟾酥乃治諸毒之要藥也。製合得宜，傅服皆可用。蛤蚆皮即蟾皮也，大能收毒外貼，不可缺也。《嘉興縣志》云：宫中用蟾酥錠，於每年端午日修合，各坊車蝦蟇至醫院者億萬計，往時取用後率斃，蓋兩目俱廢，不能跳躍也。東山朱公典院事，命止刺其一偏，得甦者甚多。此事似微，然發念甚真，為德不淺。王文謨《碎金方》取蟾酥法：先將牙皂角三兩，煎水三沸，旋候冷，用大口甕或缸盛水，將癩蝦蟇不拘多少入中，以稀物覆之，勿令跳出，過一宿其酥即浮水面。若未浮，其酥即在身上矣，可用竹刀刮下用之。《本草明辨》云：端午日以大蛤殼未離帶者，合於蝦蟇眉上腫處，用力一捻，則酥出殼内，貯於油紙候乾。江南出者為杜酥，要無麵塊神色起亮光者佳。無錫出者，中有竹節痕。浙江杭紹出者，為片子酥，粉質少者亦佳。山東出者為東酥，色黄黑味麻辣，不上三層之貨。蓋酥本無定色，但驗其粉之輕重以為衡。如看成色，以水一碗將酥化開，放入水，如烏見水即變色，水面有泡沫者真。偽者見水不動，而粉質漸露矣。

清・何景才《外科明隱集》卷三 蟾酥、麝香敷毒論 疔毒之證，無論麻癢木疼，其患總屬迅速。初小形惡，變發急促，若待走黄，十傷八九。醫治之法，勿可遲悞。但見初發形險，即將蟾酥丸之原料，倍加麝香。蟾酥預研為麵，如瘀滯色紫，用醋調塗。如風寒色白或暗，患處不熱，用薑汁調塗週傍，勿臨患近，厚至分許，乾則以餘汁勤潤方妙。此乃外治束毒之第一法也。古法雖多，余今擇要錄備，惟恐臨疾不效，而悞生命。但以此法為信，百無一失，其藥得效，盡在蟾酥、麝香之力。疔之一患，止于毒邪，蟾酥束毒，麝香逐邪，毒邪既難漫染，走黄之患決無憂矣。毒黄不能走散，原患不過寸許，傷害何足道哉？繼之内服之法，使以氣血通活，膿生疼見，毒邪全解，證得效愈。醫若辨明此理，豈有枉死之患？若遇初發疔毒，表裏相現之際，用蟾酥丸熱葱湯送服，見汗之後，毒解邪散，患自減半；潰後患内上之，化腐消堅，其功亦仗麝、蟾之力也。

蛤蟆

宋・李昉《太平御覽》卷九四九 蝦蟇 《宋書》曰：張暢弟收，嘗為猘犬所傷。醫云：食蝦蟇膾。收甚難之，暢含笑先嘗，收因此乃食，創亦即愈。《南史・孝義傳》曰：丘傑，字偉畤，吴興烏程人也。年十四，遭母喪。以熟菜有味，不嘗於口。歲餘，忽夢見母曰：死亡是分别耳，何事乃爾荼苦。汝噉生菜，遇蝦蟆毒。靈牀前有三丸藥，可取服之。傑驚起，果得甌，甌中有藥。服之，下科斗子數升。

宋・唐慎微《證類本草》卷二二蟲魚部下品〔《本經・別錄》〕 蝦音遐蟇音麻。 **味辛，寒，**有毒。**主邪氣，破癥堅血，癰腫，陰瘡，服之不患熱病，**療陰蝕疽癘音賴惡瘡，猘犬傷瘡，能合玉石。一名去甫，一名苦蠪音龍又音籠。生江湖池澤。五月五日取，陰乾，東行者良。一名蟾十占切蜍常余切，一名䵹音秋，

〔梁・陶弘景《本草經集注》〕云：此是腹大、皮上多痱蒲罪切磊來罪切者，其皮汁甚有毒。犬嚙之，口皆腫。人得溫病斑出困者，生食一兩枚，無不差者。五月五日取東行者五枚，反縛著密室中閉之，明旦視自解者，取爲術用，能使人縛亦自解。燒灰傅瘡立驗。其肪塗玉則刻之如蠟，故云能合玉石，但肪不可多得。取肥者，剉，煎膏，以塗玉，亦軟滑易截。古玉器有奇特，非雕琢人功者，多是昆吾刀及蝦蟇肪所刻也。

〔唐・蘇敬《唐本草》〕注云：《别録》云：腦，主明目，療青盲也。

〔宋・掌禹錫《嘉祐本草》〕按：《蜀本圖經》云：今所在池澤皆有。取日乾及火乾之。一法：刳去皮、爪，酒浸一宿，又用黄精自然汁浸一宿，塗酥炙乾用之。蕭炳云：腹下有丹書八字者，以足畫地，真蟾蜍也。《藥性論》云：蝦蟇，亦可單用。主辟百邪鬼魅，塗癰腫及治熱結腫。又云：蟾蜍，臣。能殺疳蟲，治鼠漏惡瘡。端午日取眉

脂，以朱砂、麝香爲丸，如麻子大小，孩子疳瘦者，空心一丸。如腦疳，以奶汁調，滴鼻中。燒灰，傅一切有蟲惡痒滋胤瘡。陳藏器云：蝦蟇、蟾蜍，二物各别，陶將蟾蜍功狀注蝦蟇條中，遂使混然。採取無别。今藥家所賣，亦以蟾蜍當蝦蟇，且蝦蟇背有黑點，身小，能跳接百蟲，解作呷呷聲，在陂澤間，舉動極急。《本經》書功，即是此也。蟾蜍身大，背黑無點，多痱磊，不能跳，不解作聲，行動遲緩，在人家濕處。本功外，主温病身斑者，取一枚生擣，絞取汁服之。亦燒末服，主狂犬咬發狂欲死。作鱠食之，頻食數頓。矢主惡瘡，謂之土檳榔，出下濕地處，往往有之。術家以肪軟玉及五月五日收取，即是此也。又有青蛙、鼃蛤、螻蟈、長肱、石榜、蠼子之類，或在水田中，或在溝渠側，未見别功，故不具載。《周禮·掌蟈氏》：去鼃黽，焚牡菊，灰洒之則死。牡菊，無花菊也。《本經》云：蝦蟇一名蟾蜍，誤矣。日華子云：蝦蟇，冷，無毒。治犬咬及熱狂，貼惡瘡，解煩熱，色斑者是。又云：蟾，涼，微毒。破癥結，治疳氣，小兒面黄，癖氣。燒灰油調傅惡瘡，入藥并炙用。又名蟾蜍。眉酥治蚛牙，和牛酥摩，傅腰眼并陰囊，治腰腎冷并助陽氣。以吴茱萸苗汁調妙。糞傅惡瘡、丁腫、雜蟲咬。油調傅瘰癧、痔瘻瘡。

〔宋·蘇頌《本草圖經》〕曰：蝦蟇，生江湖，今處處有之。腹大形小，皮上多黑斑點，能跳接百蟲食之，時作呷呷聲，在陂澤間，舉動極急，五月五日取，陰乾，東行者良。《本經》云一名蟾蜍，以爲一物，似非的也。謹按《爾雅》鼁起據切䵸，蟾蜍。郭璞注云：似蝦蟇，居陸地。又科斗注云：蝦蟇子也。是非一物明矣。且蟾蜍形大，背上多痱磊，行極遲緩，不能跳躍，亦不解鳴，多在人家下濕處。其腹下有丹書八字者，真蟾蜍也。陶隱居所謂能解犬毒及温病斑生，生食之，并用蟾蜍也。《本經》云：主邪氣，破堅血之類，皆用蝦蟇。二物雖一類，而功用小别，亦當分别而用之。《洽聞記》云：蝦蟇大者，名田父，能食蛇。蛇行，田父逐之，蛇不得去，田父銜其尾，久之，蛇死，尾後數寸皮不損，肉已盡也。世傳蛇噉鼃，今乃云田父食蛇，其説頗怪，當是别有一種如此耳。韋宙《獨行方》治蠶咬，取田父脊背上白汁和蟻子灰塗之，差。蟾蜍矢，謂之土檳榔，下濕處往往有之。亦主惡瘡。眉酥，主蚛牙及小兒疳瘦藥所須。又有一種，大而黄色，多在山石中藏蟄，能吞氣飲風露，不食雜蟲，謂之山蛤。山中人亦飡之，此主小兒勞瘦及疳疾等，最良。

〔宋·唐慎微《證類本草》〕雷公云：有多般，勿誤用。有黑虎，有蚼黄，有黄蚖，有螻蟈，有蟾，其形各别。其蝦蟇，皮上腹下有斑點，脚短，即不鳴叫。黑虎，身小黑，觜脚小斑。蚼黄，斑色，前脚大，後腿小，有尾子一條。黄蚖，遍身黄色，腹下有臍帶，長五七分已來，所住立處，帶下有自然汁出。螻蟈，即夜鳴，腰細口大，皮蒼黑色。蟾，即黄斑，頭有肉角。凡使蝦蟇，先去皮并腸及爪了，陰乾，然後塗酥炙令乾。每修事一箇，用牛酥一分，炙盡爲度。若使黑虎，即和頭、尾、皮、爪，并陰乾，酒浸三日，漉出，焙乾用。《聖惠方》：治風邪。蝦蟇燒灰、朱砂等分，每服一錢，水調下，日三四服，甚有神驗。又方：治蝮蛇螫方：用生蝦蟇一枚，爛杵碎，傅之。《外臺秘要》：治卒狂言鬼語。燒蝦蟇杵末，酒服方寸匕，日三。又方：治小兒初得月蝕瘡。五月蝦蟇燒杵末，猪膏和傅之。又方：治小兒患風臍及臍瘡，久不差者。燒蝦蟇杵末，傅之，日三四度，差。又方：蟲已食下部，肛盡腸穿者。取長股蝦蟇青背者一枚，雞骨一分，燒爲灰，合吹下部，令深入。又云數用大驗。又方：治癬瘡方：取蟾蜍燒灰末，以猪脂和傅之。孫真人：腸頭挺出，以皮一片，瓶内燒熏挺處。《梅師方》：治疳䘌無問去處，皆治之。以蝦蟇燒灰，好醋和傅，日三五度，傅之，差。《子母秘録》：小兒洞泄下痢。燒蝦蟇末，飲調方寸匕服。又方：治小兒口瘡。五月五日蝦蟇炙杵末，傅瘡上即差。兼治小兒蓐瘡。《南北史》：張暢弟收，嘗爲猘犬所傷，醫云：宜食蝦蟇膾。收甚難之，暢含笑先嘗，收因此乃食。

宋·寇宗奭《本草衍義》卷一七　蝦蟇　多在人家渠塹下，大腹，品類中最大者是，遇陰雨或昏夜即出食。取眉間有白汁，謂之蟾酥，以油單裹眉裂之，酥出單上，入藥用。有人病齒縫中血出，以紙紝子蘸乾蟾酥少許，於血出處按之，立止。世有人收三足枯蟾以罔衆，但以水沃半日，盡見其僞，蓋本無三足者。

宋·王繼先《紹興本草》卷一八　蝦蟆　紹興校定：蝦蟆，性味、主治已載《本經》。然但療小兒疳方頗用，餘未聞驗據。種類形質不一，唯色青者，南人多作食品，即蛙之類也。後自有條。土色者堪入藥用。今當作味甘、冷、無毒是矣。其眉間白膏謂之蟾酥，性微毒，治齒痛，殺疳蟲亦多用之。

宋·劉明之《圖經本草藥性總論》卷下　蝦蟆　味辛，寒，有毒。主邪氣，破癥堅血，癰腫陰瘡，療陰蝕疽癘惡瘡，猘犬傷瘡。能合玉石。《藥性論》云：主辟百邪鬼魅，塗癰腫及治熱腫。又云：臣。能殺疳蟲，治鼠漏惡瘡。日華子云：冷，無毒。治犬咬及熱狂，貼惡瘡，解煩熱。又名蟾蜍，微毒。破癥結，治疳氣癖氣，治腰腎冷，并助陽氣。

宋·陳衍《寶慶本草折衷》卷一七　蝦蟆音遐蟆音麻，一作蟇。灰在内。　一名䵸，一名去甫，一名苦蠪，其大者名田父。○其子名科斗。○按陳藏器辨蝦蟆：舊一名蟾蜍者，非也。○䵸，音秋；蠪，音籠。生江湖池澤，今處處濕塹下有之。○五月取東行者良。去腹中物，暴乾或火乾。
味辛，寒，無毒。○主邪氣，破癥堅，血癰腫，陰瘡，熱病，療陰蝕疽癘音賴，惡瘡，猘犬傷瘡。○《蜀本》云：去皮爪，酒浸一宿，塗酥炙乾。○《藥性論》云：治熱結腫。○日華子云：解煩熱。○《圖經》曰：蝦蟆腹大形小，皮多黑斑點。〇《聖惠方》：治蝮蛇螫，生蝦蟆爛杵碎傅之。〇《子母秘錄》：小兒洞洩下痢，燒蝦蟆末，飲調方寸匕服。

元・吴瑞《日用本草》卷五 蝦蟆 則水雞也。 味辛，寒，有毒。又一種長肱，石雞也。亦名錦襖子。六、七月山谷間有之，性味皆同。 主邪氣，破癥堅血，消癰腫陰瘡，食之不患熱病。療陰蝕疽癩惡瘡，猘犬傷瘡。端午日取，陰乾，東行者良。燒灰水飲調下，可止小兒洞洩下痢。猪膏調傅背蝕瘡。加朱砂，水調服，治風邪狂語。

元・朱震亨《本草衍義補遺》 蝦蟇 屬土與水。味甘，性寒。南人多食之。《本草》明言可食，不患熱病，由是病人喜食之矣。《本草》之義，蓋是或炙、或乾、或燒、或灰，和在藥劑用之，非若世人煮為羹入鹽醬而啜其湯。此物〔本〕濕化，（火）〔大〕能發濕，久則濕以化熱。此（七氣原）〔因土氣厚〕，自然有火也。《衍義》謂解勞熱〔藥〕之謂也，非羹之謂也。戒之！〇凡用，五月五日取東行者良。取眉間有白汁，謂之蟾酥。以油單裹眉，裂之，酥出單上，收之入藥。又，人患齒縫中血出，以紙紝子蘸乾蟾酥少許，於血出處按之，立止。

元・徐彦純《本草發揮》卷三 蝦蟇 丹溪云：蝦蟇屬土與水。性寒，味甘。南方多食之。《本草》明言可不患熱病，由是病人喜食之。《本草》之意，蓋是或炙、或乾、或燒、或灰，和在藥劑中用之，非若世人煑為羹入鹽椒而啜其湯也。此物本濕化，大能發濕，久則濕亦化熱，此因土氣厚，自然生火。《衍義》謂解勞熱藥之謂也，非羹之謂也。戒之。

明・王綸《本草集要》卷六 蝦蟇臣 味辛甘，氣寒，有毒。五月五日取，陰乾。東行者良。入藥炙，或燒灰用。 主邪氣，破癥堅血，癰腫陰瘡。服之，不患熱病。治小兒疳氣，殺疳蟲，鼠瘻惡瘡，蟲食下部，猘犬傷瘡，狂犬咬，發狂欲死。能合玉石，取肪塗玉，刻之如蠟。丹溪云：煮食發濕，不宜食之。小兒洞洩下痢，燒末，飯調方寸匕。癬瘡，燒末，猪脂和傅之。跌折損傷，生搗爛罯之，駁取皮貼，亦效。瘟病發斑困者。取一枚，生搗絞汁，服之。 眉間白脂，名蟾酥。治癰疽疔腫，蚛牙，齒縫中血出，以紙紝子蘸乾末少許，血出處按之，立止。以朱砂、麝香為丸如麻子大，小兒疳瘦者，空心一丸。如腦疳，以乳汁調，滴鼻中。

明・滕弘《神農本經會通》卷一〇 蝦蟇 臣也。一名蟾蜍。五月五日取，陰乾。東行者良。入藥或炙或乾，或燒灰用。《局》云：酥塗，或酒浸炙黃焦，去皮骨，用肉。

味辛，氣寒，有毒。一云：蝦蟇，冷，無毒。一云：蟾蜍，涼，微毒。

《本經》云：主邪氣，破癥堅，癰腫，陰瘡，服之不患熱病。療陰蝕，疽癘，惡瘡，猘犬傷瘡，能合玉石。陶隱居云：其肪塗玉，則刻之如蠟，故云能合玉石。《別錄》云：腦，主明目，療青盲也。《藥性論》云：蝦蟇，亦可單用。主辟百邪鬼魅，塗癰腫，及治熱結腫。又云：蟾蜍，臣。能殺疳蟲，治鼠漏惡瘡。端午日取眉脂，以朱砂、麝香為丸如麻子大，小孩子疳瘦者，空心一丸。如腦疳，以乳汁調，滴鼻中。燒灰，傅一切有蟲惡痒，滋胤瘡。陳藏器云：蝦蟇、蟾蜍，二物各別。陶將蟾蜍功狀注蝦蟇條中，遂使混然。採取無別。今藥家所賣，亦以蟾蜍當蝦蟇。且蝦蟇，背有黑點，身小，能跳接百蟲，解作呷呷聲，在陂澤間，舉動極急。《本經》書功，即是此也。蟾蜍，身大背黑，無點，多痱磊，不能跳，不解作聲，行動遲緩，在人家濕處。本功外，主溫病身斑者，取一枚，生搗絞取汁，服之。亦燒末服，主狂犬咬，發狂欲死。作鱠食之，頻食數頓。矢，主惡瘡，謂之土檳榔，出下濕地處，往往有之。術家以肪軟玉，及五月五日收取，即是此也。又有青蛙、（蠅）〔鼃〕蛤、螻蟈、長肱、石榜、蠼子之類，或在水田中所生，或在溝渠側所生，未見別功，故不具載也。而《本經》云謂蝦蟇，一名蟾蜍，誤矣。蕭炳云：腹下有丹書八字者，以足畫地，真蟾蜍也。日華子云：蝦蟇，冷，無毒。治犬咬及熱狂，貼惡瘡，解煩熱，色斑者是。又云：蟾，涼，微毒。破癥結，治疳氣，小兒面黃癖氣。燒灰，油調，傅惡瘡。入藥并炙用。又名蟾蜍。眉酥，治蚛牙，和（斗）〔牛〕酥摩傅腰眼并陰囊，治腰腎冷，并助陽氣，以吴茱萸苗汁調炒。《圖經》云：眉酥，主蚛牙，及小兒疳瘦藥所須。又有一種大而黃色，多在山石中藏蟄，能吞氣，飲風露，不食雜蟲，謂之山蛤，山中人亦食之。此主小兒勞瘦及疳疾等，最良。丹溪云：屬土與水，味甘，性寒。南人多食之。《本草》明言可食，不患熱病，由是病人喜食之矣。《本草》之義，蓋是或炙或乾灰，和在藥劑用之，非若世人煮為羹入鹽味而啜其湯。此物濕化，（火）〔大〕能發濕，久則濕以化熱，此土氣（原）〔厚〕，自然（生）火也。《衍義》謂解勞熱之謂也，非羹之謂也。又取眉間有白汁，謂之蟾酥，以細單裹眉裂之，酥出單上，收之入藥。又人患齒縫中血出，以紙紝子蘸乾酥少許，於血出處按之，立止。《局》云：蝦蟇一本即蟾蜍，邪氣堅癥可破除。明目治疳攻犬咬，惡瘡鼠漏取酥塗。蝦蟇，補打撲損傷，療兒疳昏眼。

明·盧和、汪穎《食物本草》卷四魚類 蝦蟆 辛，寒，有毒。主邪氣，破癥堅血，癰腫陰瘡。服之不患熱病。肪，可合玉。子科斗，用胡桃肉皮和為泥，染髭髮不變。

明·葉文齡《醫學統旨》卷八 蝦蟆 氣寒，味辛、甘。有毒。五月五日取，陰乾，東行者良。入藥炙或燒灰用。治邪氣，破癥堅，血癰腫毒，發背陰瘡，揭皮敷蓋其毒腫水消；小兒疳氣骨熱，殺疳蟲，鼠瘻惡瘡，蟲食下部；猘犬傷瘡，狂犬咬發狂欲死，煮食；發濕不宜食之。〇眉間白脂名蟾酥，治癰疽丁腫；蚛牙齒縫中血出，以少紙裹少許，按之立止。

明·許希周《藥性粗評》卷四 熱潮宜解於蝦蟆。

蝦蟆，俗名石蜯也。生近水石穴之中，江南處處有之，呷呷而鳴，足長能跳，大腹，背多痱磊。可烹食之，與人家濕處所生麻癩者不同。又有一種，差小，青綠色，無痱而善鳴者，其名為鼃，亦可烹食，與此不同。其腹下金色，有丹書八字者，亦同此種，名為蟾蜍，可取酥用。凡使去皮腸，洗淨，炙焦為末。味甘、辛，性寒，無毒。主治邪氣熱病，癰腫陰瘡疽癘，猘犬傷毒，消疳散血，破癥瘕。烹食，其味最美。大抵諸病多以末用。丹溪戒其不可烹湯劇食，以為本於濕化，亦能動火。

單方：風邪：蝦蟆燒灰，朱砂等分，為末，每服一錢，清水調下，日三四，甚效。

諸癬：蝦蟆金色者，燒灰為末，和猪脂塗之，日三四，妙。

明·鄭寧《藥性要略大全》卷一〇 蝦蟆 屬土與水。味甘，性寒，無毒。食之不患熱病。或炙、或燒，或乾、或灰，和藥劑用之，可解勞熱。非如今人煮以椒鹽為羹也。此物本濕，濕多亦能化火也。

明·王文潔《太乙仙製本草藥性大全》卷八《本草精義》 蝦蟆 一名鼃，一名蛙，一名鼁，一名去甫。《本經》不載所出州土，生江湖田野，今池澤水中在處有之。腹大形小，皮上多黑斑點，能跳接百蟲食之，時時作呷呷聲者。陶云：蜂蟻鼃蟬，其類最多。背青而綠色者，俗謂之青鼃，又名青蛙；背作黃紋者，人謂之金線鼃；大腹而脊青者，俗名水鴨，其鳴甚忙；黑色者南人呼爲蛤子，食之至美；長肱而又背綠，亦曰石鴨；一種小形色青，腹細，嘴尖，後腳長，致善躍能鳴喚者，即藥中所用鼃是也。其餘螻蟈、石榜、蠼子之類，非藥中所用，不復悉載。《周禮·掌蟈氏》云：鼃黽，焚牡菊，灰洒之則死。牡菊，無花菊也。蝦蟆、蟾蜍雖皆一類，而功用小別，亦當別用之。《洽聞記》云：蝦蟆大者名田父，能食蛇，蛇行田父逐之，蛇不得去，田父啣其尾，久之蛇死，尾後數寸皮不損肉已盡也。世傳蛇噉鼃，今乃云田父食蛇，其說類怪，當時別有一種如此耳。韋宙《獨行方》治蠶咬，取田父脊背上白汁，和蟻子灰塗之差。

明·王文潔《太乙仙製本草藥性大全》卷八《仙製藥性》 蝦蟆 味甘，氣寒，無毒。主治：主邪氣，破堅血可用；解結熱，貼癰腫當求。

明·皇甫嵩《本草發明》卷六 蝦蟇腹大身小，背有黑點，呷呷聲鳴，跳舉甚急，與蟾蜍自別。但蟾蜍形胖大，背多痱磊，黑黃癩，腹下有丹書八字紋，不跳不叫，行最緩，俗呼癩蝦蟇。端午收東行者良。蝦蟇，《本草》主邪氣，破堅血癰腫陰瘡，食之不患熱病，療陰蝕瘮疾，惡瘡，猘犬傷瘡。此與蟾蜍治功大略相似。丹溪煮食發濕，或炙或燒灰，和藥劑用。

明·李時珍《本草綱目》卷四二蟲部·濕生類 蝦蟆《本經》下品

【釋名】蟼蟆蟼音驚，又音加。時珍曰：按王荆公《字説》云：俗言蝦蟆懷土，取置遠處，一夕復還其所。雖或遐之，常慕而返，故名蝦蟆。或作蝦蟇，蝦言其聲，蟇言其斑也。《爾雅》作蟼蟆。

【集解】藏器曰：《别録》蝦蟆一名蟾蜍，誤矣。蝦蟆、蟾蜍，二物各別。陶氏以蟾蜍註蝦蟆，遂致混然無別，今藥家亦以蟾蜍當蝦蟆矣。蝦蟆在陂澤中，背有黑點，身小能跳接百蟲，解作呷呷聲，舉動極急。蟾蜍在人家濕處，身大，青黑無點，多痱癗，不能跳，不解作聲，行動遲緩。又有鼃蝦、螻蟈、長肱、石榜、蠼子之類，或在水田中，或在溝渠側，未見別功。《周禮》蟈氏掌去鼃黽，焚牡菊，以灰洒之則死。牡菊乃無花菊也。斆曰：蝦蟆有多般，勿誤用。有黑虎，身小黑，觜脚小斑。有蚼黄，前脚大，後腿小，斑色，有尾子一條。有黄蚝，遍身黄色，腹下有臍帶長五七分，住立處帶下有自然汁出。有螻蟈，即夜鳴，腰細口大，皮蒼黑色者。有蟾，即黄斑，頭上有肉角。其蝦蟆，皮上腹下有斑點，脚短，即不鳴叫者是也。時珍曰：蝦蟆亦能化鶉，出《淮南子》。蝦蟆、青鼃畏蛇，而制蜈蚣。三物相值，彼此皆不能動。故《關尹子》云：蝍蛆食蛇，蛇食鼃，鼃食蝍蛆。或云：《月令》螻蟈鳴，反舌無聲，皆謂蝦蟆也。吴瑞曰：長肱，石雞也，一名錦襖子，六七月山谷間有之，性味同水雞。

【修治】斆曰：凡使蝦蟆，先去皮並腸及爪子，陰乾。每箇用真牛酥一分塗，炙乾。若使黑虎，即連頭尾皮爪並陰乾，酒浸三日，漉出焙用。

【氣味】辛，寒，有毒。大明曰：温，無毒。

【主治】邪氣，破癥堅血，癰腫陰瘡。服之不患熱病《本經》。主百邪鬼魅，塗癰腫及熱結腫《藥性》。治熱狂，貼惡瘡，解煩熱，治犬咬日華。

【發明】頌曰：　蝦蟆、蟾蜍，二物雖同一類，而功用小别，亦當分而用之。時珍曰：　古方多用蝦蟆，近方多用蟾蜍，蓋古人通稱蟾爲蝦蟆耳。今攷二物功用亦不甚遠，則古人所用多是蟾蜍，且今人亦只用蟾蜍有效，而蝦蟆不復入藥矣。按張杲《醫説》載《摭青雜説》云：　有人患脚瘡，冬月頓然無事，夏月臭爛，痛不可言。遇一道人云：　爾因行草上，惹蛇交遺瀝，瘡中有蛇兒，冬伏夏出故也。以生蝦蟆搗傅之，日三即换。凡三日，一小蛇自瘡中出，以鐵鉗取之。其病遂愈。朱震亨曰：　蝦蟆屬土與水，味甘性寒，南人喜食之。《本草》言服之不患熱病，由是病人亦煮食之。本草之意，或炙、或乾、或燒，入藥用之，非若世人煮羹椒鹽而啜其湯也。此物本濕化，大能發濕，久則濕化熱。此乃土氣厚，自然生火也。

【附方】舊三，新三。　風熱邪病：　蝦蟆燒灰、朱砂等分，爲末。每服一錢，酒服，日三，甚有神驗。《外臺秘要》。　狂言鬼語：　卒死。用蝦蟆燒末，酒服方寸匕，日三。《外臺秘要》。　噎膈吐食：　用蛇含蝦蟆，泥包，煅存性，研末。每服一錢，酒下。《壽域方》。　瘰癧潰爛：　用黑色蝦蟆一枚，去腸焙研，油調傅之。忌鐵器。　頭上軟癤：　蝦蟆剥皮貼之，收毒即愈。《活幼全書》。　蝮蛇螫傷：　生蝦蟆一枚，搗爛傅之。《外臺》。

肝　【主治】蛇螫人，牙入肉中，痛不可堪，搗傅之，立出。時珍。出《肘後》。

膽　【主治】小兒失音不語，取汁點舌上，立愈時珍。出孫氏《集效方》。

腦　【主治】青盲，明目《别録》。

題明・薛己《本草約言》卷二《藥性本草》　蝦蟆　屬土與水，味甘，性寒。南人多(飲)〔食〕之。《本草》言可食解勞熱者，蓋是或炙、或乾、或燒灰，和藥用之，非若世人煮之為美，以助濕火。此物久則濕以化熱，土氣自然有火也。人患齒縫中出血，以紙紝子蘸乾酥少許，按之立止。　丹溪亦云：　煮食發濕，不宜食之。

明・李詡《戒庵老人漫筆》卷五　鶴膝風，以蝦蟆用碗鋒略破腹有縫，不可穿，縛置患處，待動脇移時，受毒輒死。如前再易一枚，不過二三枚愈。鎮江外科史姓者，曾醫一人甚效。又云：　發背亦可照此治。

明・梅得春《藥性會元》卷下　蝦蟆　味辛、甘，氣寒，有毒。　主補打撲傷損，邪氣，破癥堅血，癰毒發背，陰瘡，揭皮敷蓋，其毒腫立消。明目，治小兒疳氣，骨熱，殺疳蟲、鼠瘻惡瘡，蟲食下部，猘犬傷瘡，狂犬咬，發狂欲死，煮食。發濕，不宜食之。眉間白脂名蟾酥，治癰疽疔腫，蚛牙，齒縫中出血，以帋裹少許，按之立止。　製法：　其物有多般，勿誤用，有黑虎，有蚼黄，有黄蚚，有螻蟈，有蟾，其形各别。一名蟾蜍，一名𪓰音秋，一名去甫，一名苦蠪音龍。生江湖池澤，五月五日取東行者良。其蝦蟆，皮上腹下有斑點，脚短，即不鳴；　黑虎，身小黑，嘴脚小斑；　蚼黄，斑色，前脚大，後腿存小尾子一條；　黄蚚，遍身黄色，腹下有臍，長五七分，所住立處，帶下有自然汁出；　螻蟈，即夜鳴，腰細口大，皮蒼黑色；　蟾，即黄斑，頭有肉角。　凡使蝦蟆，先去皮腸及爪，陰乾，然後塗酥，炙令焦。每一個用酥一錢，炙盡為度。若使黑虎，即和頭、尾、皮、爪並用，陰乾，酒浸三日，漉出，焙乾用之。

明・李中立《本草原始》卷一　蝦蟆　在陂澤中，背有黑點，身小，能跳接百蟲，解作呷呷聲，舉動極急。按王荊公《字説》云：　俗言蝦蟆懷土，取置遠處，一夕復還其所。雖或遐之，常慕而返，故名蝦蟆。或作蝦蟖。蝦，言其聲；　蟖，言其斑也。　氣味：　辛，寒，有毒。　主治：　邪氣，破癥堅血，癰腫陰瘡。服之不患熱病。〇主百邪鬼魅，塗癰腫及熱結腫。〇治熱狂，貼惡瘡，解煩熱，治犬咬。

蝦蟆身小，背有黑點，能跳。蟾蜍身大，背多痱磊，不能跳。　頌曰：　蝦蟆、蟾蜍二物雖同一類，而其功用小别，亦當分而用之。《本經》下品。【圖略】【修治】：　斆曰：　凡使蝦蟆，先去皮并腸及爪子，陰乾，每箇用真牛酥一分塗，炙乾。若使黑虎，即連頭尾皮爪並陰乾，酒浸三日，漉出焙用。

張杲云：　有人患脚瘡，冬月頓然無事，夏月臭爛，痛不可言。遇一道人云：　爾因行草上惹蛇交遺瀝，瘡中有蛇兒，冬伏夏出故也。以生蝦蟆搗〔破〕傅之，日三即换，凡三日，一小蛇自瘡中出，以鐵鉗取之，病遂愈。

明・張懋辰《本草便》卷二　蝦蟇臣　味辛、甘，氣寒，有毒。　主邪氣，破癥堅血，癰腫陰瘡，服之不患熱病；　治小兒疳氣，殺疳蟲，鼠瘻惡瘡，蟲食下部，猘犬傷瘡。

明・吳文炳《藥性全備食物本草》卷三　蝦蟆即田雞，一名鼃，一名青蛙，種類有數種。　但背青腹細，觜尖，後脚長，善鳴，即今人所食者。味甘，寒，無毒。去勞劣，解熱毒勞熱，殺尸疰勞蟲，治小兒赤毒熱瘡，臍傷腹疼，胃氣虚乏，取以五味淹炙，酒食之良。　風蛤：　似蛙而色黑，味至美，補虚損，宜産婦。《延壽書》云：　蛙骨熱，食之令小便淋。一云多食小蛙令尿閉，臍下酸痛，有至死者急擂車前水飲可解。

明・李中梓《藥性解》卷六　蝦蟆　味甘，性寒，無毒，入脾經。　主除邪氣，破堅血，解結熱，療兒疳，貼癰腫，療犬傷。凡使去皮及腸并爪，陰乾，塗牛酥炙用。眉酥，主蚛牙惡瘡疔腫，瘰癧痔漏，助陽。其肪塗玉，則刻之如蠟。按：蝦蟆歸脾，甘之故也，形狀與蟾蜍相似，《本經》未嘗分析。自陳藏器極口分殊。以為蝦蟆背有黑點，身小，能跳接百蟲，在陂澤間，舉動極急。蟾蜍身大嘴黑，點多痱磊，不能跳，不解作聲，行動遲緩，腹下有丹書八字者。然意其功用，無甚差別，想有牝牡之分，而種類之異也。

明・繆希雍《本草經疏》卷二二　蝦蟆　味辛，寒，有毒。主邪氣，破癥堅血，癰腫陰瘡。服之不患熱病。療陰蝕，疽癘惡瘡，猘犬傷瘡，能合玉石。一名蟾蜍。

〔疏〕蝦蟆，蟾蜍，本是二物。經云一名蟾蜍者，蓋古人通稱蟾為蝦蟆耳。經文雖名蝦蟆，其用實則蟾蜍也。今世所用者皆蟾蜍，而非蝦蟆，其功益可見矣。稟土金之精氣，上應月魄，性亦靈異，其味辛氣寒，毒在眉稜皮汁中。其主癰腫陰瘡，陰蝕，疽癘惡瘡，猘犬傷瘡者，皆熱毒氣傷肌肉也。辛寒能散熱解毒，其性急速，以毒攻毒則毒易解，毒解則肌肉和，諸證去矣。凡瘟疫邪氣，得汗則解。其味大辛，性善發汗，辛主散毒，寒主除熱，故能使邪氣散而不留，邪去則胃氣安而熱病退矣。破癥堅血者，亦以其辛寒能散血熱壅滯也。陶隱居云：其肪塗玉，則刻之如蠟，故云能合玉石。近世治小兒疳疾多用，以其走陽明而能消積滯也。〔主治參互〕《全嬰方》五疳保童丸，治五疳八痢，面黃肌瘦，好食泥土，不思乳食，用大乾蟾蜍一枚，燒存性，皂角去皮弦一錢，燒存性，蛤粉水飛三錢，麝香一分，糊丸粟米大。空心米飲下三四十丸，日二服。鄭氏小兒方走馬牙疳，侵蝕口鼻。乾蚵蚾，黃泥裹固，煅過，黃連，各二錢半，青黛一錢，入麝香少許，和研傅之。《錦囊秘覽》附骨壞瘡久不瘥，膿汁不已，或骨從瘡孔中出。用大蝦蟆一箇，亂髮一雞子大，猪油四兩，入二物煎枯去滓，待凝如膏。先以桑根皮，烏頭煎湯洗，拭乾，煅龍骨末糝四邊，以前膏貼之。《醫林集要》發背腫毒初起勢重者，以活蟾一箇，破開，連肚乘熱合瘡上。不久必臭不可聞，再易，三四次即愈。《袖珍方》治風犬傷，即用蟾蜍後足擣爛，水調服之。先於頂心拔去血髮三兩根，則小便內見沫也。

明・應麐《食治廣要》卷七　蝦蟆　氣味：辛，寒，有毒。主治：邪氣，破癥堅血，癰腫，陰瘡，熱狂，結腫。丹溪云：《本草》言服之不患熱病，此以入藥用之而言，非若世人煮羹，入椒、鹽而啜其湯也。此物本濕化，大能發濕，久則濕化為熱而生火也。

明・姚可成《食物本草》卷一一蛇蟲部・蟲類　蝦蟆在陂澤中，背有黑點，身小能跳接百蟲，解作呷呷聲，舉動極急。蟾蜍，在人家濕處，身大，青黑無點，多痱癗，不能跳，不解作聲，行動遲緩。今人不識，誤為一物。又有鼃蛤、螻蟈、長肱、石榜、蠼子之類，或在水田中，或在溝渠側。《周禮》蟈氏掌去鼃黽，焚牡菊以灰灑之則死。牡菊乃無花菊也。蝦蟆、青鼃畏蛇，而制蜈蚣。三物相值，彼此皆不能動。或云：《月令》螻蟈鳴，反舌無聲，皆謂蝦蟆也。

蛤蟆，味辛，寒，有毒。主邪氣，破癥堅血，癰腫陰瘡。服之不患熱病。治熱狂及犬咬。〇《摭青雜說》云：有人患脚瘡，冬月頓然無事，夏月臭爛，痛不可言。遇一道人云：爾因行草上，惹蛇交遺瀝，瘡中有蛇兒，冬伏夏出故也。以生蝦蟆擣傅之，日三換。凡三日，一小蛇自瘡中出，以鐵鉗取之，其病遂愈。　肝，治蛇螫人，牙入肉中，痛不可忍，擣傅之，立出。膽，治小兒失音不語，取汁點舌上，立愈。　腦，主青盲，明目。

附方：　治蝮蛇螫傷。生蝦蟆一枚，擣爛傅之，立出其毒。　治喉痺乳蛾。用癩蝦蟆眉酥，和草烏尖末，猪牙皂角末等分，丸小豆大，每研一丸點患處，神效。　治狂犬咬傷。食蝦蟆膾。亦可燒炙食之。勿令本人知之，永不舉發。〇昔張收為狂犬所傷，人云宜噉蝦蟆膾，食之果愈。　治小兒疳積腹大，黃瘦骨立，頭生瘡結如麥穗。用立秋後大蝦蟆，去首、足、腸，以清油塗之，陰陽瓦炙熟食之，積穢自下，連服五六枚。一月之後，形容改變，妙不可言。　治小兒疳泄下痢。用蝦蟆燒存性，研服方寸匕。　治走馬牙疳，侵蝕口鼻。用蝦蟆黃泥裹煅，黃連，各二錢半，青黛一錢，為末，入麝香少許，和研傅之。

明・李中梓《醫宗必讀・本草徵要下》　蝦蟆味辛，溫，有毒。酒浸一宿，去皮、腸、爪，炙乾。　發時瘡之毒，理疳積之痾，消制猘犬之毒，枯腸痔之根。屬土之精，應月魄而性靈異，過用發濕助火。

明・鄭二陽《仁壽堂藥鏡》卷八　蝦蟆　《本草》云：有毒。主破癥瘕，能殺疳蟲。　丹溪云：蝦蟆屬土與水，性寒，味甘。南方多食之。《本草》明言，可不患熱病，由是病人喜食之。《本草》之意，蓋是或炙、或乾、或燒、或灰，和在藥劑中用之，非若世人煮為羹入鹽、椒而啜其湯也。此物本濕化，大能發濕，久則濕亦化熱。此因土氣厚自然生火。《衍義》謂解勞熱，藥之謂也，非羹之謂也。戒之！

清・穆石匏《本草洞詮》卷一八　蝦蟇　蝦蟇懷土，取置遠處，一夕復還其所。雖或遐之，常慕而返，故名蝦蟇。蜈蚣制蛇，蝦蟇畏蛇而制蜈蚣，三物相值，彼此不能動也。氣味辛，寒，有毒，一云無毒。主邪氣，破癥堅，治熱狂。貼惡瘡，治犬咬。東垣云：有人患脚瘡，冬月無事，夏月臭爛，痛不可言。一道士云：爾行草上，惹蛇交遺瀝，瘡中有蛇冬蟄夏出，故也。以生蝦蟆搗傅之，一小蛇自瘡中出，其病遂愈。按古方多用蝦蟇，近方多用蟾蜍。然古人通稱蟾為蝦蟇，疑古人所用，亦是蟾蜍。今人用蟾蜍有効，而蝦蟇不復入藥矣。《本經》言服蝦蟆不患熱病。然亦或炙或乾入藥用之，非謂煮羹入椒鹹而啜其湯也。此物本濕化，久之則濕化熱，此土氣厚，自然生火也。

清・丁其譽《壽世秘典》卷四　蝦蟆一名蝦蟆。《別錄》蝦蟆，一名蟾蜍，誤矣。蝦蟆、蟾蜍，二物各別，今藥家亦以蟾蜍當蝦蟆矣。蝦蟆在陂澤中，背有黑點，身小能跳接百蟲，解作呷呷聲，舉動極急，與蟾蜍形各不同，則非一物明矣。　氣味：甘，寒，有毒。治邪氣，破癥堅血，癰腫陰瘡。

清・张璐《本經逢原》卷四　蝦蟆　甘，寒，小毒。《本經》主邪氣，破癥堅、癰腫、陰瘡，服之不患熱病。　發明：蟾蜍、蝦蟆同類異種。故其功用亦不甚相遠，服之不患熱病。即弘景治溫病發斑困篤之意。時珍言古方多用蝦蟆，近方多用蟾蜍。蓋古人通稱蟾為蛤蟆，而蝦蟆不復入藥矣。

清・張志聰、高世栻《本草崇原》卷下　蝦蟆　氣味辛，寒，有毒。主治邪氣，破瘕堅血，癰腫陰瘡，服之不患熱病。　《本經》下品有蝦蟆，《別錄》下品有蟾蜍，乃一類二種也。蝦蟆生陂澤中，背有黑點，身小能跳，作呷呷聲，舉動極急。蟾蜍在人家濕處，身大青黑，無點多痱癗，不能跳，不解作聲，行動遲緩，功用大同小異。李時珍曰：古方多用蝦蟆，今方多用蟾蜍，考二物功用亦不甚遠，今人只用蟾蜍有效，而蝦蟆不復入藥，疑古人所用者，亦多是蟾蜍，蓋古時通稱蟾蜍為蝦蟆耳。王荊公《字說》云：俗言蝦蟆懷土，取置遠處，一夕復還其所，雖或遐之，常慕而返，故名蝦蟆。今俗傳其能作土遁，蓋亦有所本云。　蝦蟆生於陰濕阪澤，能作土遁，其色黃黑，氣味辛寒，蓋稟土金水之氣化所生。主治邪氣者，辛以散之也。稟金氣，故破癥堅血。稟土氣，故治癰腫陰瘡。稟水氣，故服之不患熱病。

清・王子接《得宜本草・下品藥》　蝦蟇　味平。主治小兒五疳。

清・汪紱《醫林纂要探源》卷三　蝦蟆　甘、辛、鹹，溫。色綠而黑斑及青黑者，皆可食。色麻而小，及綠而手足長，作鬼聲者，不可食。功同石⿰虫寧。腿間交骨，及大且老者勿食，令人小便閉。助陽道。

清・李文培《食物小錄》卷下　蝦蟇俗呼水雞。　甘，平，有小毒。助脾氣，開胃進食。肝能解毒。

清・章穆《調疾飲食辯》卷六　蝦蟆　《爾雅》曰螫蟆，一作蝦蟆。《拾遺》曰：陶氏以蟾蜍注蝦蟆，遂致混無區別。蝦蟆居水，背有黑點，身小，能跳能鳴。蟾蜍居陸，身大，背無黑點而有痱癗，不能鳴跳。又有鼃蛤、螻蟈、長肱、石版、蠼子諸類，或生陂澗，或在溝渠。《周禮》：蟈人掌去鼃黽。注云：焚牡蘜灰洒之則死。

按：蛙黽與人無害，何故殺之。若惡其聒耳，則其聲皆在田野，宮禁深沉，諒必無此，何至以此等瑣事上塵廟謨，且為之設官，明係漢人攙雜，不足信也。《炮炙論》曰：蝦蟆有數種：一種黑虎，身小嘴黑，脚有斑；一種蚼黃，脚前大後小，斑色，有尾；一種黃蚝，偏身黃，有臍帶，帶中常出水；一種螻蟈，即夜鳴，腰細口大，蒼黑色；一種蟾，即黃斑，頭上有肉角；其蝦蟆腹下有斑，脚短不能鳴。

按：蝦蟆，《拾遺》謂能鳴，《炮炙論》謂不能鳴，蓋此物繁多，有能鳴，有不能鳴。其名亦隨人所命，大抵蝦蟆之類鳴聲小而長，蛙之類鳴聲大而短也。《月令》：孟夏螻蟈鳴，仲夏反舌無聲。注謂皆指蝦蟆，不如今訓詁家以反舌屬鳥為是。其性較蟾更熱，閉人水道尤甚詳見下蛙條。平人且不宜食，何況病人。《本經》謂食之不患熱病，《藥性本草》謂能治熱腫、熱結，《日華本草》謂其解煩熱、治熱狂，皆大誤，不可信。惟生搗敷蛇咬，腹中肝治蛇咬人，牙在肉中，痛不可忍，搗爛敷之立出。癩蝦蟆更佳。剝下皮，乘熱貼小兒癖毒。膽治小兒忽然失音，不啼不乳，點舌上即出聲取善鳴者。

清・葉志詵《神農本草經贊》卷三　蝦蟆　味辛，寒。主邪氣，破癥堅血癰腫，陰創，服之不患熱病。生池澤。

拖紫紆青，池泓閣閣。禮掌焚灰，仙傳竊藥。食鷓身痊，背芝光爍。五日良儲，辟兵祛瘧。

卞彬賦：紆青拖紫。石介詩：數尺流水滿池泓。洪駒父詩：閣閣已在茲。《周禮》：蟈氏掌去鼃黽，焚牡蘜以灰灑之。張衡文：羿請不死之藥於西王母，嫦娥竊之以奔月，是為蟾蜍。《投荒雜錄》：南方水族，狀如蛙，食之味美如鷓鴣，治虛勞。道書：蟾蜍萬世，背生芝草為世瑞。《抱朴子》：肉芝者，萬歲蟾蜍。五月五日午時取之，陰乾帶於身，辟五兵。《物類相感志》：五月五日收蝦蟆治瘧。蘇軾詩：爭儲百藥良。張詠詩：劇談夜祛瘧。

田父

明·李時珍《本草綱目》卷四二蟲部·濕生類　田父宋《圖經》。校正：原附蝦蟆下，今分出。

【釋名】蝙音論。【集解】頌曰：按《洽聞記》云：蝦蟆大者名田父，能食蛇。蛇行被逐，殆不能去。因銜其尾，久之蛇死，尾後數寸皮不損，肉已盡矣。世傳蛇噉蛙黽，今此乃食蛇。其説頗怪，當別是一種也。時珍曰：按《文字集略》云：蝙，蝦蟆也，大如屨，能食蛇。此即田父也。竊謂蛇吞鼠，而有食蛇之鼠；蛇制豹，而有噉蛇之貘。則田父伏蛇，亦此類耳，非怪也。

【主治】蠶咬，取脊背上白汁，和蟻子灰，塗之。蘇頌。出韋宙《獨行方》。

清·李文培《食物小錄》卷下　石蝙俗呼老蛤。甘，溫，有小毒。助腸胃，補肺氣。肝能解毒。然此二物，名雖不一，而總謂之蛙，蓋以殺哇哇然而得名也。今人食之者甚眾，況其形狀怪異而類人形，然終屬蟲類。或依腐草，或居蛇窟，專食蟲蟻，豈能無毒？又云：不食水雞，令小兒稀痘，可知此物甚無益于人也。

雪蝦蟆

清·趙學敏《本草綱目拾遺》卷一〇蟲部　雪蝦蟆　《憶舊遊詩話》：巴里坤雪山中有之，醫家取作性命根源之藥，軍中人爭買之，一枚價至數十金，且不易得也。〇朱退谷曾於吳門見之，云遍身有金線紋，其形絕似蝦蟆。內性大熱，補命門，益丹田，能回已絕之陽，功兼參、附，火盛者不可服。

造伏虎丹：《秘方集腋》：興陽種子，強腎助神，用真川貝母四兩，須四製：第一次用大附子一個，童便一湯盌蒸，切細，乾，燒酒三湯盌，韭菜汁三湯盌，同入砂鍋，將貝母煮乾，去附子不用。第二次用雪蝦蟆一兩，無則以大蛤蚧一對代之，用石敲碎，亦用燒酒、韭汁各三盌，同貝母煮乾，去蛤蚧不用。第三次用吳茱萸一兩，亦用酒、韭汁各三盌，用貝母煮乾，去茱萸不用。第四次用公丁香五錢，亦用酒、韭汁各三盌，同貝母煮乾，去丁香不用，製完，其貝母爛如泥，置石臼中舂，再入真阿芙蓉一錢，乳製蟾酥三錢，麝香五分，拌勻作條，焙乾收貯，用時唾津磨搽。雪裏蝦蟆，性熱微辛。壯陽却冷，痿弱能興《藥性考》。

風蛤

清·趙學敏《本草綱目拾遺》卷一〇蟲部　風蛤　《職方考》：閩邵武府出風蛤，類蝦蟆。峨嵋峰麓之數村，每春初東南風起，則此物滿牀廚間，土人取而脯之。性溫暖，治風及手足拘攣折傷。

蛙

宋·唐慎微《證類本草》卷二二蟲魚部下品〔《別錄》〕　鼃音蛙　味甘，寒，無毒。主小兒赤氣、肌瘡、臍傷，止痛，氣不足。一名長股。生水中，取無時。

〔梁·陶弘景《本草經集注》〕云：凡蜂蟻鼃蟬，其類最多，大而青脊者，俗名土鴨，其鳴甚壯。又一種黑色，南人名爲蛤子，食之至美。又一種小形善鳴，喚名鼃子。此則是也。

〔宋·掌禹錫《嘉祐本草》〕按：《蜀本》注云：蝦蟇屬也，居陸地，青脊善鳴，聲作鼃者是。日華子云：青鼃性冷，治小兒熱瘡。背有黃路者，名金線。殺尸疰病蟲，去勞劣，解熱毒，身青綠者是。

〔宋·蘇頌《本草圖經》〕曰：鼃，《本經》不載所出州土。云：生水中，今處處有之。似蝦蟇，而背青綠色，俗謂之青蛙。亦有背作黃文者，人謂之金線鼃。陶隱居云：蜂蟻鼃蟬其類最多，大腹而脊青者，俗名土鴨，其鳴甚壯，即《爾雅》所謂在水曰黽者是也。黑色者，南人呼爲蛤子，食之至美，即今所謂之蛤，亦名水雞是也。閩蜀浙東人以爲珍饌。彼人云：食之補虛損，尤宜產婦。即此也。小形善鳴喚者，名鼃子，即藥中所用鼃是也。其餘螻蟈、長肱、蠼子之類，非藥中所須，不復悉載也。

宋·寇宗奭《本草衍義》卷一七　鼃音蛙　其色青，腹細，觜尖，後脚長，故善躍。大其聲則曰蛙，小其聲則曰蛤。《月令》所謂雀入大水，化爲蛤者也。唐韓退之詩一夜青蛙啼到曉者是此。食之性平，解勞熱。

宋·王繼先《紹興本草》卷一八　蛙　紹興校定：蛙乃青綠蝦蟆，其性一矣。《本經》雖具性味、主治，然療小兒疳方亦用之。此一種南地人多以為食品，當云味甘，微寒，無毒是矣。

宋·陳衍《寶慶本草折衷》卷一七　鼃音蛙。諸蛙在內。〇略註風蛤於後。一名鼃子，一名青鼃，一名青蛙。背作黃文者名金綫鼃；大腹脊青者名土鴨；黑色者名蛤子，一名長股，一名水雞。〇張松云，一名田雞。〇《泊宅編》云：褐色者名旱渴，晴則鳴，皆蝎蠆屬也。生閩、蜀水中，及浙東陸地。〇《泊宅編》又云：其小者名青鳧，鳴則雨。生山間，今並處處有之。〇並取無時。

味甘，平，寒，無毒。〇主小兒赤氣，肌瘡，臍傷，止痛，氣不足。〇日華子云：殺尸疰病蟲，去勞劣，解熱毒。〇《圖經》曰：似蝦蟆，補虛損，尤宜產婦也。其餘螻蟈、長肱、蠼子之類，非藥所須，不復悉載。〇蟈，古麥切。〇寇氏曰：色青，腹細，觜尖，後脚長。鼃多青色。其黑者名蛤子。今山鄉僻野又有風蛤，每早春遇寅日，千百為群而出，世人捕食，多發風瘙瘡疥。此蛤至春凡數次出，出則風寒，經風吹，形體即大。

元・尚從善《本草元命苞》卷八 鼃音蛙 味甘，寒，無毒。浙人呼曰田雞。似蝦蟇，背青色綠，善能鳴，聲鼃者是。主小兒赤氣肌瘡，補大人虛損勞劣。殺尸疰病蟲，解熱毒止痛。生水中，捕取無時。又土鴨，脊青大腹。

元・吴瑞《日用本草》卷五 鼃音蛙 背青綠色者名青蛙，背有黃紋者名金線蛙，腹大而脊青者名土鴨。其鳴甚壯，在水曰蛙者是也。則田中水雞也。

主補虛損氣不足，殺尸疰病，解熱毒，小兒赤氣臍瘡。

明・滕弘《神農本經會通》卷一〇 鼃 似蝦蟇而背青綠色，俗謂之青蛙。亦有背作黃文者，人謂之金線鼃。陶云：大腹而脊青者，俗名土鴨，其鳴甚壯，即《爾雅》所謂在水曰鼃者是也。黑色者，南人呼為蛤子，食之至美，即今所謂之蛤，亦名水雞是也。閩、蜀、浙東人以為珍饌，病人云食之補虛，尤宜產婦，即此也。小形善鳴喚者，名鼃子，即藥中所用鼃是也。

味甘，氣寒，無毒。《本經》云：主小兒赤氣，肌瘡，臍傷，止痛，氣不足。日華子云：青鼃性冷，治小兒熱瘡。背有黃路者，名金線，殺尸疰病蟲，去勞劣，解熱毒。身青綠者是。《衍義》曰：其色青，腹細觜尖，後脚長，故善躍，大其聲則曰蛙，小其聲則曰蛤，《月令》所謂雀入大水，化為蛤者也。食之性平，解勞熱。《局》云：善鳴長股水中鼃，補損祛勞殺疰邪。一種水雞為美饌，正宜產婦益虛家。蛙，能補損祛勞。一種水雞，為美饌，專補產婦之虛。

明・劉文泰《本草品彙精要》卷三一 鼃無毒 卵生。

鼃音蛙：主小兒赤氣，肌瘡，臍傷，止痛，氣不足。名醫所錄。【名】長股、青蛙、水雞、金線鼃、土鴨、鼃子。【地】《圖經》曰：本經不載所出州土，云生水中，今處處有之。似蝦蟆而背有青綠色，俗謂之青蛙。背有黃文者，謂之金線鼃。陶隱居云：蜂、蟻、鼃、蟬，其類最多。大腹而脊青者，俗名土鴨，其鳴甚壯，即《爾雅》所謂在水曰鼃者是也。又一種黑色者，南人呼爲蛤子，食之至美，即今所謂之蛤，亦名水雞也。閩、蜀、浙東人以爲珍饌。彼人云：食之補虛損，產婦尤宜食之，即此也。又一種形小善鳴者，名蛙子，即藥中所用鼃是也。《衍義》曰：鼃，其色青，腹細嘴尖，後脚長，故善躍。其聲大則曰蛙，其聲小則曰蛤也。【時】生：夏生。採：無時。【用】肉。【質】類蝦蟆而小。【色】青綠。【味】甘。【性】寒。【氣】氣之薄者，陽中之陰。【臭】腥。【主】去勞熱，補虛損。【治】療：日華子云：青鼃，除小兒熱瘡。〇金線蛙，殺尸疰病蟲，去勞劣，解熱毒。

明・盧和、汪穎《食物本草》卷四魚類 鼃 味甘，寒，無毒。主小兒赤氣，肌瘡臍傷，止痛，氣不足。取以五味醃炙，酒食之良。

明・寧源《食鑒本草》卷上 蛙 味甘，微凉，無毒。江南呼名田鷄，江北呼名水鷄，其味甚美。治小兒赤毒熱瘡，臍腸腹痛，胃氣虛乏。《食療》云：治小兒疳瘦肚大，虛勞煩熱，心中邪熱，腹內水氣。稠調食。

明・王文潔《太乙仙製本草藥性大全》卷八《仙製藥性》 金線鼃 味甘，氣凉，無毒。主治：殺尸疰病蟲，退時疫瘟黃。去勞劣捷徑，解熱毒神方。補註：病人面赤，頸項大者，名蝦蟆瘟。並搗汁水調空心服，此方極效，曾活數名。青鼃：味甘，氣寒、冷，又云性平，無毒。主治：主小兒赤氣，肌瘡臍傷大效；解勞熱止痛，治氣不足仙方。補註：蟲已食下部肛盡腸穿者，取長股蝦蟆青背者一枚，鷄骨一分，燒灰，合吹下部，數用大驗。石鴨：亦名土鴨。其形長肱背綠者，其鳴甚壯。水鷄，南人呼爲蛤子。《月令》所謂雀入大水爲蛤者，其形大，腹脊青者。《衍義》云：大其聲則曰蛙，小其聲則曰蛤，二者烹之，味最爽口。浙東閩蜀俱爲珍饈。疳瘦能調，虛損亦補。尤宜產婦，女科當知。

明・皇甫嵩《本草發明》卷六 鼃純青色，善鳴。味甘，寒，無毒。主小兒赤氣，肌瘡，臍傷，止痛，氣不足。日華子云：殺屍疰勞劣癆蟲，解熱毒。水鷄，蛙類，背青，聲小于蛙，身黑。一名蛤雀入水而變者。能調疳瘦，補虛損尤宜。產婦烹食之，味美。金線鼃，背艷黃，亦鼃類。惜《本經》未悉。退時疫瘟黃。搗汁，水調，空腹飲之。又病人面赤項頸大者，名蝦蟇瘟，服此屢效，解熱。

明・李時珍《本草綱目》卷四二蟲部・濕生類 鼃《別録》下品

〔釋名〕長股《別録》 田雞《綱目》 青雞同上 坐魚同上 蛤魚宗奭曰：鼃後脚長，故善躍。大其聲則曰鼃，小其聲則曰蛤。時珍曰：鼃好鳴，其聲自呼。南人食之，呼爲田雞，云肉味如雞也。又曰坐魚，其性好坐也。按《爾雅》蟾、鼃俱列魚類，而東方朔傳云：長安水多蛙魚，得以家給人足。則古昔關中已常食之如魚，不獨南人也。鼃亦作蛙字。

〔集解〕《別録》曰：鼃生水中，取無時。弘景曰：凡蜂、蟻、鼃、蟬，其類最多。大而青脊者，俗名土鴨，其鳴甚壯。一種黑色者，南人名蛤子，食之至美。一種小形善鳴者，名鼃子，即此也。保昇曰：鼃，蝦蟆之屬，居陸地，青脊善鳴，聲作蛙者，是也。頌曰：今處處有之。似蝦蟆而背青緑色，尖觜細腹，俗謂之青蛙。亦有背作黄路者，謂之金線鼃。陶氏所謂土鴨，即《爾雅》所謂在水曰黽者是也。俗名石鴨。所謂蛤子，即今水雞是也，閩、蜀、浙東人以爲佳饌。時珍曰：田雞、水雞、土鴨，形稱雖異，功用則一也。四月食之最美，五月漸老，可采入藥。《考工記》云：以脰鳴者，鼃黽之屬。農人占其聲之早晚大小，以卜豐歉。故唐人章孝標詩云：田家無五行，水旱卜蛙聲。蛙亦能化爲鴽，見《列子》。

〔氣味〕甘，寒，無毒。宗奭曰：平。時珍曰：按《延壽書》云：蛙骨熱，食之小便苦淋。妊娠食蛙，令子壽夭。小蛙食多，令人尿閉，臍下酸痛，有至死者，擂車前水飲可解。吴瑞曰：正月出者名黄蛤，不可食。

〔主治〕小兒赤氣，肌瘡臍傷，止痛，氣不足《別録》。小兒熱瘡，殺尸疰病蟲，去勞劣，解熱毒日華。食之解勞熱宗奭。利水消腫。燒灰，塗月蝕瘡時珍。饌食，調疳瘦，補虚損，尤宜產婦。擣汁服，治蝦蟆瘟病嘉謨。

〔發明〕頌曰：南人食鼃蛤，云補虚損，尤宜產婦。時珍曰：鼃產於水，與螺、蚌同性，故能解熱毒，利水氣。但係濕化之物，其骨性復熱，而今人食者，每同辛辣及脂油煎煠，是抱薪救火矣，安能求其益哉？按戴原禮《證治要訣》云：凡渾身水腫，或單腹脹者，以青鼃一二枚，去皮炙食之，則自消也。嘉謨曰：時行面赤項腫，名蝦蟆瘟。以金線鼃擣汁，水調，空腹頓飲，極效。曾活數人。

〔附方〕新六。

蛤饌：治水腫。用活蛙三箇，每箇口内安銅錢一箇，上着胡黄連末少許。以雄猪肚一箇，茶油洗凈，包蛙札定，煮一宿。取出，去皮腸，食肉并猪肚，以酒送下。忌酸、鹹、魚、麪、雞、鵝、羊肉，宜食猪、鴨。《壽域神方》。

水蠱腹大：動摇有水聲，皮膚黑色。用乾青蛙二枚以酥炒，乾螻蛄七枚炒，苦壺蘆半兩炒，右爲末。每空心温酒服二錢，不過三服。《聖惠方》。

毒痢禁口：水蛙一箇，并腸肚擣碎，瓦烘熱，入麝香五分，作餅，貼臍上，氣通即能進食也。

諸痔疼痛：青蛙丸：用青色蛙長脚者一箇，燒存性，爲末，雪糕和丸如梧子大。每空心先喫飯二匙，次以枳殼湯下十五丸。《直指方》。

蟲蝕肛門：蟲蝕腎府，肛盡腸穿。用青蛙一枚，雞骨一分，燒灰吹入，數用大效。《外臺》。

癌瘡如眼：上高下深，顆顆纍垂，〔裂〕如瞽眼，其中帶青，頭上各露一舌，毒孔透裏者，是也。用生井蛙皮，燒存性爲末，蜜水調傳之。《直指方》。

明・梅得春《藥性會元》卷下 鼃音蛙。味甘，性寒，無毒。主補損，祛勞，衛產虚，并殺產邪，及療小兒赤氣，肌瘡、臍傷，止痛，氣不足。生水中，其樣最多，大而青。又一種黑色，食之美味。有一種形小善鳴，喚名蝸，又名水雞。

明・穆世錫《食物輯要》卷七 田鷄即青蛙。味甘，性寒，無毒。主勞熱疳瘦，利水消腫，補虚損，宜產婦。《延壽書》云：蛙骨熱，食之令小便淋。一云：多食小蛙，令尿閉，臍下酸痛，有至死者，急擂車前水飲，可解。

明・李中立《本草原始》卷一一 鼃 《別錄》云：生水中。今處處有之。似蝦蟆而背青緑色，尖觜細腹，俗謂之青蛙。亦有背作黄路者，謂之金線鼃。陶隱居云：大而青脊者，俗名土鴨，其鳴甚壯，即《爾雅》所謂在水曰黽者是也。黑色者，南人呼為蛤子，食之至美，即今所謂之蛤，亦名水雞是也。小形善鳴喚者，名鼃子，即藥中所用鼃是也。宗奭曰：鼃後脚長，故善躍。大其聲則曰鼃，小其聲則曰蛤。《月令》所謂雀入大水化為蛤者也。唐韓退之詩一夜青蛙啼到曉是此。氣味：甘，寒，無毒。主治：小兒赤氣，肌瘡臍傷，止痛，氣不足。○小兒熱瘡，殺尸疰病蟲，去勞劣，解熱毒。食之解勞熱。○利水消腫。燒灰，塗月蝕瘡。○饌食，調疳瘦，補虚損，尤宜產婦。擣汁服，治蝦蟆瘟病。

鼃，《別錄》下品。【圖略】一名石雞，一名田雞，一名長股。今人多取其腿食之。

嘉謨曰：時有面赤項腫，名蝦蟆瘟，以金線鼃擣汁，水調空腹頓飲，極效，曾活數人。《外臺方》：治蟲蝕腎府，肛盡腸穿，用青鼃一枚，雞骨一分，燒灰吹入，數用大效。

明・趙南星《上醫本草》卷四 鼃□□□ 四月食之最美，五月漸老，可採入藥。《考工記》云：以脰鳴者，鼃黽之屬。農人占其聲之早晚大小，以卜豐歉。故唐人章孝標詩云：田家無五行，水旱卜鼃聲。蛙亦能化為鴽，見《列子》。甘，寒，無毒。主治：利水消腫。燒灰，塗月蝕瘡。饌食，解勞熱，調疳瘦，補虚損，尤宜產婦。擣汁服，治蝦蟆瘟病，治小兒赤氣，肌瘡臍傷，止痛，氣不足，熱瘡。殺尸疰病蟲，去勞劣，解熱毒。按《延壽書》云：

蛙骨熱，食之小便苦淋。妊娠食蛙，令子壽夭。小蛙食多，令人尿閉，臍下酸痛，有至死者，擂車前水飲可解。吴端曰：正月出者名黄蛤，不可食。

附方　毒痢禁口：水蛙一個，并腸肚搗碎，瓦烘熱，入麝香五分，作餅，貼臍上，氣通，即能進食也。　時行面赤項腫：名蝦蟆瘟，用金線鼃搗汁，水調，空腹頓飲，極効。

明・應廛《食治廣要》卷七　鼃一作蛙字，即田雞。　氣味：甘，寒，無毒。主治：小兒熱瘡，利水消腫。饌食，調疳瘦，補虛損，解熱毒，殺尸疰、蟲病。《延壽書》云：蛙骨熱，食之小便苦淋。妊娠食蛙，令子壽夭。小蛙多食，令人尿閉，臍下酸痛，有至死者，擂車前水飲可解。《證治要訣》云：凡渾身水腫，或單腹脹者，以青蛙一二枚，去皮，炙食之，即消。此亦利水消腫之徵也。

明・姚可成《食物本草》卷一一蛇蟲部・蟲類　蛙一名田雞，一名坐魚。肉味如雞，其性好坐。東方朔傳云：長安水多蛙魚，得以家給人足。則古昔關中已常食之如魚，不獨南人也。蘇頌曰：今處處有之。似蝦蟆而背青綠色，尖嘴細腹，俗謂之青蛙。亦有背作黄路者，謂之金線鼃。四五月食之最美，閩、蜀、浙東人以為佳饌。《考工記》云：以脰鳴者，鼃黽之屬。農人占其聲之早晚大小，以卜豐歉。故唐人章孝標詩云：田家無五行，水旱卜鼃聲。鼃亦能化鴽。　鼃，味甘，寒，無毒。治小兒赤氣，肌瘡臍傷，止痛，氣不足。解勞熱，利水消腫。饌食，調疳瘦，補虛損，尤宜產婦。搗汁服，治蝦蟆瘟病。〇李時珍曰：按《三元延壽書》云：蛙骨熱，食之小便苦淋。妊娠食蛙，令子夭。小蛙食多，令人尿閉，臍下酸痛，有至死者，擂車前水飲可解。正月出者名黄蛤，不可食。〇蘇頌曰：南人食鼃，云補虛損，尤宜產婦。

明・顧逢柏《分部本草妙用》卷一〇水族部　水雞　甘，寒，無毒。主清骨蒸熱，去勞瘵虛勞，宜常食。無病人多食寒腹，使腹痛。

清・穆石鉋《本草洞詮》卷一八　鼃　後脚長而善躍，俗呼田雞，肉味如雞也。農人占其聲之早晚大小，以卜豐歉。詩云田家無五行，水旱卜蛙聲是矣。鼃，甘，寒，無毒。解熱毒，利水氣，調疳瘦，補虛損。時行面赤項腫，名蝦蟆瘟，以金線蛙搗汁，水調空腹頓飲，甚効。蓋取其清熱解毒之功也。但係濕化之物，其骨性復熱，而今人每用辛辣煎煮，是抱薪益火矣。多食久食，亦宜戒之。

清・丁其譽《壽世秘典》卷四　鼃亦作蛙字。似蝦蟆而背青綠色，尖嘴細腹，後脚長，故善躍，其鳴甚壯，俗謂之青蛙。亦有背作黄路者，謂之金線蛙。一名田雞，云肉味如雞也。又曰坐魚，其性好坐也。黑色者名旱蛤，即今水雞。其類最多，大腹而脊青者，俗名土鴨。農人占其聲之早晚大小，以卜豐歉。其味最美，閩、蜀、浙東人以為佳饌。子生水中，謂之蝌蚪。二三月，鼃、蟆曳腸于水際草上，纏繳如索，日見黑點漸深，至春水時，鳴以聒之，則蝌蚪皆出，謂之聒子，所謂蝦蟆聲抱是也。蝌蚪狀如河豚，頭圓，身青黑色，始出有尾無足，稍大則足生尾脱。　氣味：甘，寒，無毒。主利水消腫，調疳瘦，補虛損，解勞熱，尤宜產婦。搗汁服，治蝦蟆瘟病。　發明《延壽書》云：妊娠食蛙，令子壽夭。李時珍曰：蛙產于水，與螺、蚌同性，故能解熱毒，利水氣。但係濕化之物，其骨性復熱，而食者每同辛辣及脂油煎煠，是抱薪救火矣，安能求其益哉。按戴原禮《證治要訣》云：凡渾身水腫或單腹脹者，以青蛙一二枚，去皮，炙食之，則自消也。《北戶錄》注：蛙性熱甚補人，人有折其足于瓶中以水養之，數日如故。亦有以酥煎食者。

清・劉雲密《本草述》卷二七　鼃弘景曰：此類大而有青脊者，俗名土鴨。其一種黑色者，南人名蛤子，食之至美。　頌曰：處處有之。似蝦蟇而背青綠色，尖嘴細腹，俗謂之青蛙。亦有背作黄路者，謂之金線鼃。陶氏所謂土鴨，即《爾雅》所謂在水曰黽者是也。俗名石鴨。所謂蛤子，即今水雞是也。閩、蜀、浙東人以為佳饌。

氣味：甘寒，無毒。　宗奭曰：平。

主治：食之去勞劣，解熱毒，利水消腫。饌食調疳瘦，補虛損，尤宜產婦。搗汁治蝦蟇瘟病。　時珍曰：鼃產於水，與螺蚌同性，故能解熱毒，利水氣。　戴原禮曰：凡渾身水腫，或單腹脹者，以青鼃一二枚，去皮，炙食之，則自消也。　陈嘉謨曰：時行面赤項腫，名蝦蟇瘟，以金線鼃搗汁，水調空腹頓飲，極效，曾活數人。

愚按：鼃之用，亦以為能利水消腫，似乎與螻蛄同功，而不知其有異也，何以故？蓋觀日華子所云去勞劣解熱毒，宗奭又謂食之解勞熱，嘉謨且謂其調疳瘦補虛損。合諸説以繹是物之用，似不同於螻蛄之由陰達陽，蓋別具一益陰氣之質與性，而直補陽中之陰，故謂其解勞熱補虛損也，是此之利水氣者，蓋令陰得暢於陽中，而陽即得以致陰之用。有如是爾，試觀方書治水蠱腹大一方，用乾青蛙二枚，復用乾螻蛄七枚，則知其用之各有所取，而實藉以相濟也，其義更明矣。即取治毒痢噤口，諸痔疼痛，蟲蝕肛门三證，亦當思此義以明其功，又何疑於水氣之治乎哉？至如時珍指稱水族之物與螺蚌同性，即是以為能解熱毒利水者，亦大鹵莽矣。

附方　水蠱腹大，動摇有水聲，皮膚黑色，用乾青蛙二枚，以酥炒乾，螻蛄七枚，炒，苦壺蘆半兩，炒，為末，每空心温酒服二錢，不過三服。　毒痢噤口，水蛙一個，并腸肚搗碎，瓦烘熱，入麝香五分，作餅貼臍上，氣通即能進食也。　諸痔疼痛青蛙丸，用青色蛙，長脚者一個，燒存性，為末，雪糕和丸如梧子大，每空心先吃飯二匙，次以枳殼湯下十五丸。　蟲蝕肛门，蟲蝕腎腑，肛盡腸穿，用青蛙一枚，雞骨一分，燒灰，吹入，數用大效。　時珍曰：此係溼化之物。又李延壽云其骨性熱，則食者亦宜酌量。

修治　四月食之，味佳。五月漸老，可取入藥。

清·朱本中《飲食須知·魚類》　蛙　味甘，性寒。即田雞。其骨熱，食之，令小便淋。妊婦食之，令子聲啞壽夭。小蛙食多，令人尿閉，臍下酸痛，有至死者，擂車前水飲可解。正月出者，名黃蛤，不可食。漁人多以蟾蜍去皮偽充，有毒，勿食。

清·何其言《養生食鑒》卷下　田雞俗名蛤魚，狀魚蟾身，其色黑。一種嘴尖，皆有青黃一線，名鞅青，一名青鼃。　味甘，性溫，無毒。暖胃氣，補虛損，解酒毒。有瘡患人，忌之。

青鼃　味甘，性平，無毒。治小兒疳瘦，大人勞熱虛火，利水消腫，解熱毒，殺尸疰病蟲。取得養淨，食之良。

清·张璐《本經逢原》卷四　鼃俗作蛙。　甘，寒，無毒。　發明：時珍曰：鼃產於水，與螺、蚌同性，故能解熱毒，利水氣。但係濕生之物，其骨性復熱，食之小便苦淋。妊娠食鼃令子壽夭。小鼃多食令人尿閉，臍下酸痛，擂車前水飲之可解。戴原禮云：凡渾身水腫或單腹脹者，以青蛙一二枚去皮炙熟食之，則自消也。嘉謨曰：時行面赤項腫名蝦蟆瘟，以金線鼃搗汁水調，空腹頓飲極效。

清·汪啟賢等《食物須知·諸葷饌》　石鴨　一名水雞，生河岸及池塘。腹脊青，取來烹之，味最爽口。浙東閩蜀俱為珍饈。疳瘦能調，虛損亦補，尤宜產婦女科，可不知乎！

清·浦士貞《夕庵讀本草快編》卷五　鼃《別錄》、田鷄、蛤魚　鼃後股長于前，故善躍。大其聲曰鼃，小其聲曰蛤。《考工記》云：以脰鳴者，鼃黽之屬。農人占其聲以卜豐歉。唐章孝標詩云：田家無五行，水旱卜蛙聲。田雞甘寒，補虛益損之物也。產于水而與螺、蛤同性，故能解勞熱，殺尸疰，利水氣，化疳蠶。產婦猶宜，功非不美也。但濕化之物，其體必熱，今人作饌，每同辛辣或油脂煎煠，是抱薪救火矣，安能望其化熱解毒哉？

清·葉盛《古今治驗食物單方》　田鷄　噤口痢，水蛙一個，連腸搗碎，瓦焙熱，入麝香五分，作餅貼臍上，氣通即能進飲食也。　水蠱，皮膚黑色，腹大有聲，乾青蛙二枚，以酥炒乾，螻蛄七枚炒，苦葫蘆半兩炒，又為末，每空心溫酒送三錢，不過三服愈。　蟲食肛門，肛盡腸穿，青蛙一枚，鷄骨一分，燒灰吹入，數次效。　乳巖，青蛙皮燒存性末之，蜂蜜調敷。

清·吴儀洛《本草從新》卷六　田鷄〔解熱毒，利水。〕一名蛙。　甘，寒。解勞熱熱毒，利水消腫。饌食調疳瘦，補虛損，尤宜產婦。搗汁服，治蝦蟆瘟病。《證治要訣》〔戴原禮《證治要訣》。〕云：凡渾身水腫或單腹脹者，以青蛙一二枚，去皮炙食之則自消也。嘉謨云：天行面赤項腫，名蝦蟆瘟，以金絲蛙搗汁，水調，空腹頓飲極效，曾活數人。

清·嚴潔等《得配本草》卷八　田雞　甘，寒。消水腫，治疳瘦。搗爛加麝香貼臍，治毒痢噤口。　青蛙　汁解熱毒，利水氣，治蝦蟆瘟。煅炭，蜜調敷癌瘡。　蛙骨性熱，食之小便苦淋，臍下酸痛，有至死者，擂車前水飲之可解。

題清·徐大椿《藥性切用》卷八　田鷄　小者名青蛙。性味甘寒，瀉熱解毒，利水消腫。生搗絞汁，治蝦蟆溫。

清·黃宮繡《本草求真》卷九　蛙清熱利水閉氣。　蛙耑入膀胱腸胃。與螺蚌皆產於水，其味雖甘而性則寒，故能清熱利水解毒。如水蠱腹大，用乾青蛙二枚以酥炒，乾螻蛄七枚炒，苦葫蘆半兩，為末，空心酒服三錢即愈。通身水腫，以青蛙一二枚，去皮炙熟，食之即治。毒痢噤口，以水蛙一個，並肚腸搗碎，瓦焙，入麝香五分，作餅貼臍上，即通。時行面赤，項腫瘟毒，用金線搗汁水調，空腹頓服，即效。然肉雖寒而骨善跳則熱，性雖動而氣善蓄則閉，食之令人作淋，及或多食令人尿閉，臍下酸痛，治須擂以車前頓水，或燒酒行氣之類以解。臟熱者須用車前，臟寒者須用燒酒以通。至於孕婦，食尤有忌。令子壽夭。不可不知。

清·章穆《調疾飲食辯》卷六　蛙　《別錄》名長股，俗名田雞，又名水雞，又名青雞。《爾雅》曰：在水曰黽。郭注曰：耿黽似青蛙，一名土鴨。在山巖名石蛤，又名石雞，又名蛤魚，又名哇魚，又名石鴨。《圖經》曰：處處有之。似蝦蟆，背色青綠，故曰青蛙。亦有背上作黃路者，謂之金線蛙。鳴聲壯大，不相接續，亦不群噪。今俗混呼蝦蟆。《漢書》：武帝元鼎元年秋，蛙與蝦蟆群鬥。明明二種矣。《綱目》曰：諸物形稱雖異，功用則同。

按：蛙與蝦蟆各種，性皆大熱有毒，無甚功用。日華子、寇宗奭皆謂其能解毒，《綱目》至云性同螺蚌。其熱似魚，而魚不過助火。即鮎鱯之類，亦不過動風發毒。此物助熱，至閉人水道，使熱內結而不可解，猥云寒同螺蚌乎。小蛙，蘇頌云能補虛損宜產婦，盡屬謬談。《延壽書》云：蛙骨熱食之，小便苦淋，小蛙食多令人尿閉，有至死者。娠妊食蛙，令人短壽。此係正論，惜骨熱二字，又開疑竇。食蛙尿閉者，何嘗食骨，可見肉寒骨熱之說皆誤。《近效方》曰：食蝦蟆尿閉，濃煎豆豉湯，頻飲可解。而陳嘉謨謂天行面赤項腫名蝦蟆瘟，生搗金線蛙，水調絞汁空腹飲，極效。此乃惡症，若能救療，誠為至美，但恐以熱濟熱，遂至不可挽回。如果他藥不效，不得不一試之，故存其方以備急。若其充饌適口，嗜食者甚多，暗受其害者亦極不少。杳雲以其死可慘，不忍食；性熱害人，不敢食。而《綱目》引《東方朔傳》云長安水多蛙魚得以家給人足，謂古昔已常食之如魚。秦中自古帝王州，四塞河山，土肥地廣，藉借區區之蛙以為足乎。一種小而有尾者，名溪狗，性大毒。一種大者《文字集略》曰：大如屨。名田父，能食蛇。蛇本食蛙，此反食蛇，性尤毒，殺人。其子名蝌蚪，《山海經》曰活師，《爾雅》曰活東，又曰懸針，俗名水仙子，又曰蝦蟆臺。《綱目》曰：蝌蚪，亦名蛞斗，蝦蟆、青蛙之子也。初春蛙、蟆曳腸於水際草上，纏繞如索，漸見黑點，至春水生，鳴以聒之，則蝌蚪出，謂之聒子，故曰蝦蟆聲抱也。其子似河豚，青黑色。古有蝌蚪書，其點畫似之，故曰蟲書。始則有尾無足，漸大則足生尾脫。《古今注》曰元魚聞雷則尾脫，非也。陸佃《農書》曰：二月大盡則先生前足，小盡則先生後足。觀此，知蛙黽之鳴，即蛙黽之生也。先王之世，乃設官以殺之，其於不殀夭、不殺胎之義謂何哉。且也每鳴在分前，必復有春寒，播種宜遲；在分後則寒氣已盡，播種宜早。鳴聲多而達旦，歲必豐；少而中宵即止，歲必歉。今夜不鳴，來日必雨。久雨忽鳴，來日必晴。故章孝標詩云：田家無五行，水旱卜蛙聲。范石湖詩曰：薄暮蛙聲連晚鬧，今年田稻十分收。是乃天之所以鼓盪陽氣，預報凶豐者也。聖人明於物理，肯盡族而殲之乎。又《考工記》謂蛙黽之屬以脰鳴，亦非也。

清·楊時泰《本草述鉤元》卷二七 鼃 處處有之。似蝦蟇而嘴尖腹細，背青綠色者，為青蛙。背上作黃路者，為金線蛙，俗名土鴨、石鴨，又謂蛤子，即今水雞也。

味甘，氣平寒。主解熱毒，利水消腫，饌食去勞劣，調疳瘦尤宜，產婦搗汁，治蝦蟇瘟。凡渾身水腫，或單腹脹者，以青蛙一二枚，去皮炙，食之自消。水蠱腹大，動搖有水聲，皮膚黑色，乾青蛙二枚，以酥炒乾，土狗七枚炒，苦胡蘆半兩炒，為末，每空心溫酒服二錢，不過三服。時行面赤項腫，名蝦蟇瘟，以金線蛙搗汁，水調，空腹頓飲，極效。毒痢噤口，水蛙一個，并腸肚搗碎，瓦烘熱，入麝五分，作餅貼臍上，氣通，即能進食。諸痔疼痛，青色蛙長脚者一個，燒存性為末，雪糕和丸梧子大，每空心，先吃飯二匙，次以枳殼湯下十五丸。蟲蝕肛門，或蝕臀腑，肛盡腸穿，用青蛙一枚，雞骨一分，燒灰吹入，大效。

論：蛙之利水消腫，似與螻蛄同功，而不知有異。蓋別具一益陰氣之質性，而直補陽中之陰，故能解勞熱，補虛損，此之利水氣者，陰得暢於陽中，而陽即得以致陰之用也。此係濕化之物，李延壽云：其骨性熱，則食者亦宜酌量瀕湖。

清·趙其光《本草求原》卷一八蟲部 蛙 背青綠，尖嘴、細腹者為青蛙；背有黃線者，為金線蛙；背黑者，名蛤子，即田雞。俱甘，平，微寒。得金、水、土之精，大益肺脾之陰。螻蛄由陰達陽，此則由陽暢陰。利水，解酒，解毒，消腫。肺陰降則二便調。時珍謂其甘寒，與螺、蚌同功，猶屬偏見。青蛙尤治水腫及水蠱、單腹脹，去皮炙熟食，或加炒螻蛄、炒苦壺蘆，為末酒下。調疳瘦勞熱、尸疰，益產婦，治痔痛，取長脚者燒存性，雪糕和丸，飯半飽後，枳殼湯下。肛門蟲蝕腸瘻。同雞骨燒灰吹入。金線蛙，治蝦蟆瘟。時行面赤項腫是也。杵汁，水調下。田雞，治噤口毒痢，並腸肚搗碎，瓦烘熱，加麝貼臍。消酒積。但其骨性熱，妊娠多食則苦淋，令子壽夭。宜去骨用。小蛙，俗名蛤蚂。破瘀。多食則尿閉、臍痛。車前能解。

清·文晟《新編六書》卷六《藥性摘錄》 田雞 即蛙也。甘，溫。暖胃氣，補虛損，解酒消毒。有瘡患人忌之。○青鼃，甘，寒。治小兒疳瘦，大人勞熱虛損，利水消腫，解熱毒，殺屍疰病蟲。取得養淨食之良。○蟾蜍，即癩蝦蟇。詳藥部。

清·王孟英《隨息居飲食譜·鱗介類》 田雞一名水雞。 甘，寒。 清熱，行水，殺蟲解毒，愈瘡消疳，已痔。 多食助濕生熱，且肖人形。 而殺之甚慘，孕婦最忌。 其骨食之患淋。

清·戴葆元《本草綱目易知錄》卷五 鼃田雞、長股。 甘，寒。 產於水，與螺、蚌同性，故能利水消腫，饌食補虛損，調疳瘦，解勞熱，尤宜產婦。 小兒赤氣肌瘡，熱瘡臍傷，止痛，殺尸疰病生，去勞劣，解熱毒。 燒灰傅月蝕瘡。 擣汁服，治蝦蟆瘟病。

清·陳其瑞《本草撮要》卷九 田雞 味甘，寒，入手足太陰經，功專解勞熱熱毒，利水消腫。 饌食調疳瘦，補虛損，尤宜產婦。 擣汁服，治蝦蟆瘟。 凡渾身水腫或單腹脹，以一二枚去皮炙食自消。 燒灰並塗月蝕瘡。 治毒痢禁口，以田雞一個擣爛，瓦上烘熱，加麝香少許，作餅貼臍上，氣通即能進食。 一名水蛙。

清·吳汝紀《每日食物却病考》卷下 鼃附蝦蟆、蟾蜍。 俗稱田雞，其生石澗。 身大聲宏者，曰石鴨。 俱甘，寒，無毒。 治小兒熱瘡，調疳瘦，解勞熱，利水消腫，產婦尤宜。 時行面赤項腫，名蝦蟆瘟，以金線蛙搗汁，水調，空腹飲，極效。 又蝦蟆，與相似，皮腹俱有斑點，脚短，善鳴。 辛，寒，微毒。 塗惡瘡及熱腫，服之不患熱，然能發濕。 又蟾蜍，與蝦蟆相似而不叫，青黑多痲，主治亦相近。

蝌斗

宋·唐慎微《證類本草》卷二二蟲魚部下品〔唐·陳藏器《本草拾遺》〕 活師 主火飆熱瘡及疥瘡，并擣碎傅之，取青胡桃子上皮，和爲泥，染髭髮，一染不變。 胡桃條中有法，即蝦蟇兒，生水中，有尾如鯲音余魚，漸大脚生，尾脫。 卵主明目。 《山海經》云：活師，科斗蟲也。

明·王文潔《太乙仙製本草藥性大全》卷八《仙製藥性》 蝌蚪蟲 係蝦蟆仔。 初曳腸水際草上如索繳纏，漸見點日逐黑深似豆磊粒。 春來水暖，鳴以聒之，乃謂聒之子也。 書云鼉影抱，蝦蟆聲抱者是焉。 始出色黑頭圓，有尾無足，稍大足生尾脫，聚夥成群。 俗呼蝦蟆黏，亦入方藥用。 子正黑，多取合桑椹染鬚，永不皓白。 詳載桑根白皮條中。 形已成爛搗，爲大瘡敷藥，絕無瘢痕。 其卵得之，亦主明目。

明·皇甫嵩《本草發明》卷六 科蚪蝦蟇子也。 始出其子正黑，取一斤，和黑紫桑椹一斤，瓶盛封口，懸屋東頭，百日化為黑水泥，染鬚永不白。 若其形已成科蚪鷄，爛敷火瘡。

明·李時珍《本草綱目》卷四二蟲部·濕生類 蝌斗《拾遺》

【釋名】活師《山海經》 活東《爾雅》 玄魚《古今注》 懸針同上 水仙子俗名 蝦蟆臺時珍曰：蝌斗，一作蛞斗，音闊。 按羅願《爾雅翼》云：其狀如魚，其尾如針，又并其頭、尾觀之，有似斗形。 故有諸名。 玄魚言其色，懸針狀其尾也。 【集解】藏器曰：活師即蝦蟆兒，生水中，有尾如鯲魚，漸大則脚生尾脫。 時珍曰：蝌斗生水中，蝦蟆、青鼃之子也。 二三月鼃、蟆曳腸於水際草上，纏繳如索，日見黑點漸深，至春水時，鳴以聒之，則蝌斗皆出，謂之聒子，所謂蝦蟆聲抱是矣。 蝌斗狀如河豚，頭圓，身上青黑色，始出有尾無足，稍大則足生尾脫。 崔豹云聞雷尾脫，亦未必然。 陸農師云：月大盡則先生前兩足，小盡則先生後兩足。

【主治】火飆熱瘡及疥瘡，並搗碎傅之。 又染髭髮，取青胡桃子上皮，和搗爲泥染之，一染不變也藏器。

【發明】時珍曰：俚俗三月三日，皆取小蝌斗以水吞之，云不生瘡，亦解毒治瘡之意也。 按《危氏得效方》：染髭髮，用蝌斗、黑桑椹各半斤，瓶密封，懸屋東百日化泥，取塗鬚髮，永黑如漆也。 又《岣嶁神書》云：三月三日，取蝌斗一合陰乾，候椹熟時取汁一升浸，埋東壁下，百日取出，其色如漆。 以塗髭髮，永不白也。

卵 【主治】明目藏器。

明·倪朱謨《本草彙言》卷一七 蝌蚪 李氏曰：蝌蚪，蝦蟆、青鼃之子也。 二三月，蟆、鼃肖子于水際草上，纏繳如索，有黑點，漸至春水時，鳴以聒之則蝌蚪皆出，大如匙背，狀如河豚，頭圓身黑。 始出有尾無足，稍大則足生尾退。

蝌蚪：染鬚髮之藥也。 趙天民曰：按韋氏方取蝌蚪千枚，和青胡桃皮八兩研細，和搗如泥，染鬚髮即黑，百日不變。 又方：取蝌蚪、黑桑椹各半斤，和勻入磁瓶內，密封埋土百日，化泥取塗鬚髮即黑如漆也。

清·陳士鐸《本草新編》卷五 蝌蚪 蝦蟆子也。 治火傷與湯火傷，搗爛敷之止痛，如皮破，且無傷痕。 同桑椹汁染鬚亦佳，但必須加入冰片耳。

清·张璐《本經逢原》卷四 蝌蚪 發明：蝌蚪生水中，蝦蟆子也。 有尾如魚，漸大則脚生尾脫，因其所稟之毒未化，故藏器取治火颷熱毒及腫瘍瘡，並搗碎敷之，或化水塗之，或配入敷藥中並效。 又《得效方》，多用蝌蚪陰乾，待桑椹熟，等分，置瓶中密封懸屋東，或搗汁浸埋東壁下，百日化泥，取塗鬚髮永黑如漆。

清・劉漢基《藥性通考》卷四　蝌蚪即蝦蟆子。　治火傷與湯火傷，搗爛敷之止痛，如皮破，且無傷痕。同桑椹汁染鬚亦佳。但必須加入冰片。

清・嚴潔等《得配本草》卷八　蝌蚪即蝦蟆兒。　治火飆熱瘡及疥瘡，并搗敷之。　配黑桑椹，各半斤，瓶密封，懸屋東百日，化泥，取染鬚髮，永黑如漆。

清・趙其光《本草求原》卷一八蟲部　蝌蚪即蝦蟆子，有尾如魚，漸大則生脚脫尾，而成蝦蟆。　治火飆熱毒，一切瘡癬，搗敷或化水搽，或取一斤淘淨，加舊石灰、或紅毛火石白灰半斤，調成水，日曬，調加三黃散攪勻，再曬至乾收藏。臨時加冰麝，七月七水開搽。　烏鬚髮。搗汁，埋東壁下，和桑椹汁塗之。

石鱗魚

明・姚可成《食物本草》卷一一蛇蟲部・蟲類　石鱗魚產閩地及南直徽歙、寧國諸山巖穴。形似青蛙而大，可斤許。味極佳美，土人捕之。有獸類狗，俗呼獨脚鬼，能解人意，輒〔往〕前追逐，魚即避匿。將捕時，先以青蛙一二誘之，使戀於嚙食，然後可捕也。　石鱗魚，味甘，無毒。　主補虛損，健脾氣，滋養腎元。　治小兒疳熱骨瘦，毛髮焦乾，小便淋濁如泔，大人白濁，女人崩漏。

溪狗

宋・唐慎微《證類本草》卷二二蟲魚部下品〔唐・陳藏器《本草拾遺》〕

溪狗　有小毒。　主溪毒及遊蠱，燒末，服一二錢匕。似蝦蟇，生南方溪石間，尾三四寸。

山蛤

元・吳瑞《日用本草》卷五　黄蛤　正月出者，味辛，寒，有毒。或悞食骨，則小便難而痛。孕婦多食，令子夭壽。　主殺疳蟲，治疳瘦。

明・李時珍《本草綱目》卷四二蟲部・濕生類　山蛤宋《圖經》。　校正：　原附蝦蟆下，今分出。

【集解】頌曰：　山蛤在山石中藏蟄，似蝦蟆而大，黄色。能吞氣，飲風露，不食雜蟲。山人亦食之。

【主治】小兒勞瘦及疳疾最良蘇頌。

明・姚可成《食物本草》卷一一蛇蟲部・蟲類　山蛤在山石中藏蟄，似蝦蟆而大，色黄如金。〔能〕吞氣，飲風露，不食雜蟲。山人亦食之，味〔如〕雞肉。　山蛤，治小兒勞瘦及疳疾，最良。又治女子瘰癧□□，瘻腫流注。

清・汪紱《醫林纂要探源》卷三　黄蛤　苦、鹹，平。亦名白蛤，似石𧓍而色黄白，身瘦而手足長，常以暮春寅日，雌雄群聚而交，相抱甚緊，任人拾取。山中多作脯。殺疳蟲。助陽道。

清・戴葆元《本草綱目易知錄》卷五　山哈俗名。　治小兒勞瘦及疳疾最良，瀉痢者忌食。葆驗。頌曰：　山哈，在山石中藏蟄，似蝦蟆而大，青色，能吞氣，飲風露，不食雜蟲，山人取食。葆按：　審其形藏，俗名石雞，但其性沉寒，瀉痢病忌。

石𧓍

清・汪紱《醫林纂要探源》卷三　石𧓍　甘、辛、鹹，溫。生深山石澗中，似蟾蜍，無疙瘩，色青黑，體滑口方，能食蛇虺。徽饒浙閩皆有之。土人訛呼為石蝓，又曰石雞。味甚滑美。　滋陰助陽，補陰中之陽。　補虛羸，健脾胃，殺疳積。亦有毒，而能解毒。

蟲部存疑

綜述

唼臘蟲

明・李時珍《本草綱目》卷四二蟲部・附生諸蟲　唼臘蟲時珍曰：　按裴淵《廣州記》云：　林任縣有甲蟲，嗜臭肉。人死，食之都盡，紛紛滿屋，不可驅〔殺〕。張華《博物志》云：　廣州西南數郡，人將死，便有飛蟲，狀如麥，集入舍中，人死便食，不可斷遣，惟殘骨在乃去。惟以梓板作器，則不來。《林邑國記》云：　廣西南界有唼臘蟲，食死人。惟豹皮覆屍，則不來。此三說皆一物也。其蟲雖不入藥，而爲人害，不可不知。

清・王道純《本草品彙精要續集》卷七　唼臘蟲音霎

唼臘蟲《綱目》總附諸蟲內。　【地】裴淵《廣州記》云：　林任縣有甲蟲，嗜臭肉，人死食之都盡，紛紛滿屋不可驅。　【質】張華《博物志》云：　廣州西南數郡，人將死，便有飛蟲狀如麥集入舍中，人死必食，不可斷遣，惟剩殘骨乃去。　【解】用梓板作器，此蟲即不來。《林邑國記》云：　廣西南界有唼臘蟲，食死人，惟豹皮覆屍，則不來。按此三說，皆一物也。其蟲雖不入藥而爲人害，不可不知。

灰藥

宋・唐慎微《證類本草》卷二一蟲魚部中品〔唐・陳藏器《本草拾遺》〕

灰藥　令人喜好相愛。出嶺南陶家，如青灰。彼人以竹筒盛之，云是蟯蟯，音蛔，蟲也。所作，以灰拭物皆可。喜損小兒、雞、犬等，不置家中，未知此事虛實。

黃蟲

宋・唐慎微《證類本草》卷三〇有名未用・蟲類〔《別錄》〕　黃蟲　味苦。療寒熱。生地上，赤頭，長足，有角，群居。七月七日採。

地防

宋・唐慎微《證類本草》卷三〇有名未用・蟲類〔《別錄》〕　地防　令人不飢不渴。生黃陵，如濡，居土中。

梗雞

宋・唐慎微《證類本草》卷三〇有名未用・蟲類〔《別錄》〕　梗雞　味甘，無毒。療痹。

益符

宋・唐慎微《證類本草》卷三〇有名未用・蟲類〔《別錄》〕　益符　療閉。一名無舌。

蜚厲

宋・唐慎微《證類本草》卷三〇有名未用・蟲類〔《別錄》〕　蜚厲　主婦人寒熱。

麋魚

宋・唐慎微《證類本草》卷三〇有名未用・蟲類〔《別錄》〕　麋魚　味甘，無毒。主痹，止血。

虹蟲

清・趙學敏《本草綱目拾遺》卷一〇蟲部　虹蟲　《物理小識》：虹為淫氣。方士於東海見虹處掘地得蟲，紅色，得之入術用。　媚藥，益幃箔，同紫稍花。功力更大。

介甲部

題解

明・李時珍《本草綱目》卷四五介部　李時珍曰：介蟲三百六十，而龜爲之長。龜蓋介蟲之靈長者也。《周官》鼈人取互物以時簎昌角切，春獻鼈蜃，秋獻龜魚。祭祀供蠯排贏螺蚳池以授醢人。則介物亦聖世供饌之所不廢者，而況又可充藥品乎？唐宋本草皆混入蟲魚，今析爲介部。凡四十六種，分爲二類，曰龜鼈，曰蚌蛤。

題明・薛己《本草約言》卷二《藥性本草》　蛤、蚌、螄、蜆大同小異，屬金而有水木土。《衍義》言冷而不言濕，多食發痰，以其濕中有火，久則氣上升而不降。因濕生痰，痰生熱，熱生風矣。何冷之有？

清・穆石匏《本草洞詮》卷一七　介部　介蟲三百六十，而龜為之長。《周官》鱉人取互物以時簎，春獻鱉蜃，秋獻龜魚，祭祀供蠯蠃蚳以授醢人。則介亦供饌所不廢矣。以充藥品，大抵多養陰者也。而性味功用，應分條云。

清・沈李龍《食物本草會纂》卷八　沈雲將曰：天壤間生物之奇，之富，之味美而易取者，至水族盡之矣。然魚之美雖多，不過曰鮮，曰肥，曰肉細，曰肉鬆，四者盡之矣。合而論之，魚味不甚相遠，總不出此四美而已。獨水族之介部，黿、鼈之味，判乎不同于蟹之味。蟹之味判乎不同于蛤、蚌之味。至如海東之蠣黃，浙東之蟶、之蚶，淮海之車螯，青溪之碧螺，奉化之江瑤柱，種種異味，筆難盡述。詎可恣意快啖，而不窮其物理乎？況《周官》鼈人取互物以時簎昌角切，春獻鼈蜃，秋獻龜魚，祭祀供蠯音排蠃音螺、蚳音池以授醢人。則知介之為物，亦聖世供饌之所不廢者。爰輯水族之介蟲，凡三十有一種為介部。

清・汪紱《醫林纂要探源》卷三　介部　有殼者皆介蟲，無殼而附在介蟲者，居在水石間，則皆介蟲。且羽毛鱗介中皆有裸者，猶土之分寄四時也。

蚌螺蝦蟹分部

綜述

石決明

宋·李昉《太平御覽》卷九八八　決明　《本草經》曰：石決明，味酸。草決明，味鹹。理自珠精。《吳氏本草》曰：決明子，一名草決明，一名羊明。【略】

附：日·丹波康賴《醫心方》卷三〇　石決明　《本草》云：味鹹，平，無毒。主目白翳痛，青盲。久服益精輕身。陶〔弘〕景注云：是鰒魚甲者。蘇敬注云：七孔者良。崔禹〔錫〕云：溫。主腰脚諸病，補五藏，安中，益精氣。貎細孔離離，或九或七，以鰒為真，或作鮑字，亦為誤。食之利九竅，心目聰了，故有決明之名。亦附石生，故呼曰石決明耳。秦皇之世，不死之藥覓東海者，豈謂於斯歟。

宋·唐慎微《證類本草》卷二〇蟲魚部上品〔《別錄》〕　石決明　味鹹，平，無毒。主目障瞖痛，青盲。久服益精輕身。生南海。

〔梁·陶弘景《本草經集注》〕云：俗云是紫貝，定小異，亦難得。又云是鰒步角切魚甲，附石生，大者如手，明耀五色，內亦含珠。人今皆水漬紫貝，以熨眼，頗能明。此一種，本亦附見在決明條，甲既是異類，今爲副品也。

〔唐·蘇敬《唐本草》〕注云：此物是鰒魚甲也，附石生，狀如蛤，惟一片無對，七孔者良。今俗用者紫貝，全別，非此類也。今注：石決明，生廣州海畔。殼大者如手，小者如三兩指。其肉，南人皆噉之，亦取其殼，以水漬洗眼。七孔、九孔者良，十孔已上者不佳，謂是紫貝及鰒魚甲，并誤矣。

〔宋·掌禹錫《嘉祐本草》〕按：《蜀本》云：石決明，寒。又注云：鰒魚，主欬嗽，噉之明目。又《圖經》云：今出萊州，即墨縣南海內。三月、四月採之。日華子云：石決明，涼，明目。殼磨障瞖。亦名九孔螺也。

〔宋·蘇頌《本草圖經》〕曰：石決明，生南海，今嶺南州郡及萊州皆有之。舊說或以爲紫貝，或以爲鰒魚甲。按紫貝即今人砑螺，古人用以爲貨幣者，殊非此類。鰒魚，王莽所食者，一邊著石，光明可愛，自是一種，與決明相近耳。決明殼大如手，小者三兩指，海人亦噉其肉，亦取其殼，漬水洗眼，七孔、九孔者良，十孔者不佳。採無時。

〔宋·唐慎微《證類本草》〕《海藥》云：主青盲、內障，肝肺風熱，骨蒸勞極，并良。凡用先以麵裹熟煨，然後磨去其外黑處，并麄皮了，爛擣之，細羅，於乳鉢中再研如麵，方堪用也。雷公云：凡使，即是真珠母也，先去上麄皮，用鹽并東流水於大甆器中煮一伏時了，漉出拭乾，擣爲末，研如粉，卻入鍋子中，再用五花皮、地榆、阿膠三件，更用東流水於甆器中，如此淘之三度，待乾，再研一萬匝，方入藥中用。凡修事五兩以鹽半分，取則第二度煮用地榆、五花皮、阿膠各十兩。服之十兩，永不得食山桃，令人喪目也。《勝金方》：治小腸五淋。石決明去麄皮甲，擣研細，右件藥如有軟硬物淋，即添朽木細末，熟水調下二錢匕服。

宋·寇宗奭《本草衍義》卷一七　石決明　《經》云：味鹹，即是肉也。人採肉以供饌，及乾致都下，北人遂爲珍味。肉與殼兩可用，方家宜審用之。然皆治目，殼研，水飛，點磨外障瞖，登、萊州甚多。

宋·王繼先《紹興本草》卷一七　石決明　紹興校定：石決明，採殼為用。形質、出產、性味、主治備載《經》注，然治目疾諸方多用之。《本經》云味鹹，平，無毒是矣。其肉世作食品，但多食亦動風氣，而未聞療疾。

宋·劉明之《圖經本草藥性總論》卷下　石決明　味鹹，平，無毒。主目障瞖痛、青盲，久服益精。日華子云：涼。明目。殼，磨障瞖。《海藥》云：主青盲內障，肝肺風熱，骨蒸勞極並良。《勝金方》治小腸五淋，石決明去麄皮甲，擣研細，右件藥如有軟硬物淋，即添朽木細末，熟水調下貳錢匕服。

宋·陳衍《寶慶本草折衷》卷一六　石決明肉附。　一名真珠母。一名九孔螺，乃出珠空殼也。○又云：是蚌蛤類。生南海即廣地海畔，附石上生，及嶺南，登、萊、雷州。○又云：生豫章。○採無時，亦三、四月採。○忌山桃。

味鹹，平，寒，無毒。○主目障瞖痛，青盲，益精。○《唐本》注云：惟一片，無對。○《圖經》曰：大如手，小者如三兩指。漬水洗眼。七孔、九孔者良。十孔者不佳。○《海藥》云：主肝肺風熱，骨蒸。○雷公云：先去上麄皮，用鹽水煮一伏時，別研如粉服之。不得食山桃，令人喪目。○《勝金方》：治五淋，研細，熟水調下貳錢。○寇氏曰：研水飛，點磨外障瞖。

附：肉。○味鹹。可供饌。及乾為珍味。

續説云：天地間物有母斯有子。真珠生於石決明之中，則石決明為母而真珠為子顯矣！故雷公及艾氏皆言石決明是真珠母焉。然方書母或稱未鑽之真珠為〔真〕珠母者，不亦謬乎？

元・尚從善《本草元命苞》卷八　石決明　味鹹，平。主青盲障瞖目痛，治肝肺風熱骨蒸。生南海、嶺南州郡。取七孔、九孔者良。入藥水飛，點磨外障。

元・吴瑞《日用本草》卷五　石決明　一名紫貝，如蛤，一片無對，內亦含珠，明耀五色。肉名鰒魚。從海舶來，以竹木穿串。殼，磨水點外障瞖。味鹹，性平，無毒。多食發風動氣。　主目障瞖痛青盲，益精氣，能明目。

明・王綸《本草集要》卷六　石決明　味鹹，氣平，寒，無毒。七孔、九孔者良，已上者不佳。凡用，先磨去上麄皮，用鹽并東流水瓷器中煮一伏時，搗末。　主目障翳痛，青盲，久服益精輕身。

明・滕弘《神農本經會通》卷一〇　石決明　亦名九孔螺。生南海，殼大者如手，小者如三兩指。其肉南人皆噉之。附石生，狀如蛤，惟一片，無對，七孔九孔者良，十孔已上者不佳。明耀五色，內亦含珠，謂是紫貝及鰒魚甲，并誤。採無時。雷云：即是真珠母也。凡使，先磨去外黑處，并上粗皮，用鹽并東流水於大瓷器中煮一伏時了，漉出，拭乾搗末研如粉。　味鹹，氣平，無毒。一云：寒。一云：涼。《本經》云：主目障瞖痛，青盲，久服益精輕身。日華子云：涼。明目。殼，磨障瞖。《圖經》云：其殼，漬水洗眼。《局》云：南海生來石決明，味鹹無毒性寒平。去除肝肺經風熱，主治青光內障盲。石決明，瀉肝，主黑障，青盲。

明・劉文泰《本草品彙精要》卷二九　石決明無毒。

石決明：主目障瞖痛，青盲。久服益精輕身。名醫所錄。　【名】九孔螺。　【地】《圖經》曰：生南海，今嶺南州郡及登萊州皆有之。舊説或以爲紫貝，或以爲鰒步角切魚甲。按紫貝即今人砑螺，古人用以爲貨幣者，殊非此類。鰒魚，王莽所食者，一邊著石，光明可愛，自是一種，與決明相近耳。決明附石而生，殼大者如手，小者三兩指。海人亦啖其肉，亦取其殼漬水洗眼。七孔、九孔者良，十孔者不佳。《衍義》曰：《經》云味鹹，即是肉也。人採肉以供饌，及乾致都下，北人遂爲珍味。肉與殼兩可用，方家宜審用之。　【時】生無時。採無時。　【用】殼。　【色】白。　【味】鹹。　【性】平，軟。　【氣】味厚于氣，陰中之陽。　【臭】腥。　【主】明目，磨瞖。　【製】雷公云：凡使，先去上粗皮，用鹽泥並東流水於大瓷器中煮一伏時了，漉出拭乾，搗末，研如粉，卻入鍋子中再用五花皮、地榆、阿膠三件，更用東流水於瓷器中，如此淘之三度，待乾，再研一萬匝，方入藥中用。凡修事五兩，以鹽半分，取則第二度煮，用地榆、五花皮、阿膠各十兩。又云：細研，水飛用。　【治】療：《海藥》云：除青盲，內障，肝肺風熱，骨蒸勞極，並良。《別錄》云：止小腸五淋。　【合治】合朽木細末，熟水調服，療有軟硬物淋。　【忌】服此後永不得食山桃，令人喪目。

明・盧和、汪穎《食物本草》卷四魚類　石決明　味鹹，平，寒，無毒。主目翳痛障，青盲。久服益精輕身。

明・許希周《藥性粗評》卷四　磨石決之明障開眼暗。

石決明，與螺、蛤、珠、牡同類。附石而生，惟一片無對。出南海諸澤中，其肉以入食品，其殼以入藥。七竅至九竅者良。凡用以麵裹煨熟，去其麄皮，乳鉢中研細收貯。　味鹹，性微寒，無毒。主治肝肺風熱，青盲內障，或研水以點眼，或漬水以洗之，或以末入點眼藥內用之，皆善。

明・鄭寧《藥性要略大全》卷一〇　石決明　和肝氣而明目，去障翳，久服益精，去肝絡黑翳。　味鹹，氣平、寒，無毒。七孔、九孔者良。十孔以上者不佳。凡使磨去粗皮，用鹽、東流水煮，搗末用。　七潭云：嘗見王友治眼科，只以火煅通紅，取出為末入藥。

明・王文潔《太乙仙製本草藥性大全》卷八《本草精義》　石決明　亦名九孔螺。生南海，今嶺南州郡及萊州皆有，亦出海內。單片不生對合，光耀無忝真珠，由此得名。眼科專用，或疑珠母，此大差違。氣味寒鹹。擇七孔、九孔方取，十孔以上者不佳。或以為紫貝，或以爲鰒魚甲。按：紫貝即今人砑螺，古人用以爲貨幣者，殊非此類。鰒魚，王莽所食者，一邊著石，光明可愛，自是一種，與決明相近耳。決明殼大如手，小者三兩指，海人亦啖其肉，亦取其殼漬水洗眼。又注云：鰒魚主欬嗽，啖之明目無時。

明・王文潔《太乙仙製本草藥性大全》卷八《仙製藥性》　石決明　味鹹，氣平，無毒。　主治：主青盲內障目瞖痛，治肝肺風熱骨蒸癆。久服輕身益精，去肝絡黑瞖。漬水洗眼亦妙。　決明肉：採供饌，乾可久留，遠行饋人。並爲珍珠。　補注：治小腸五淋，石決明去麄皮甲，搗研細，右件藥如有軟硬物淋，即添朽木細末，熟水調下二錢服。　太乙曰：　凡使，即是真珠母也。先去上麁皮，用鹽并東流水於大瓷器中煮一伏時了，漉出拭乾，搗爲末，研如粉，却入鍋子中，再用五花皮、地榆、阿膠三件，更用東流水於瓷器中，如此淘之三度，待乾再研一萬匝，方入藥中用。凡修事五兩，以鹽半分，取則第二度煮用地榆、五花皮、阿膠各十兩。服之十兩，永不再食山桃，令人喪目也。《海藥》云：　凡用，先以麪裹熱煨，然後磨去其外黑處並麁皮了，爛搗之，細羅，於乳鉢中再研如麪，方堪用也。

明・皇甫嵩《本草發明》卷六　石決明味鹹，平。　主目障翳，青盲。　漬水洗眼亦妙。久服益精輕身。　又云：　服此永不得食山桃，令人喪明。光輝如珠母，擇七孔九孔者，用麪裹煨熟，磨去外粗黑皮，搗細末如粉。《炮製》云：　用鹽并東流水于大甕中煮一伏時，漉出拭乾，為末，研極細用。

明・李時珍《本草綱目》卷四六介部・蚌蛤類　石決明《別録》上品

【釋名】九孔螺日華　殻名千里光。時珍曰：　決明、千里光，以功名也。九孔螺，以形名也。

【集解】弘景曰：　俗云是紫貝。人皆水漬，熨眼頗明。又云是鰒魚甲。附石生，大者如手，明耀五色，內亦含珠。恭曰：　此是鰒魚甲也。附石生，狀如蛤，惟一片無對，七孔者良。今俗用紫貝，全非。頌曰：　今嶺南州郡及萊州海邊皆有之，采無時。舊注或以爲紫貝，或以爲鰒魚甲。按紫貝即今砑螺，殊非此類。鰒魚乃王莽所嗜者，一邊着石，光明可愛，自是一種，與決明相近也。決明殻大如手，小者如三兩指大，可以浸水洗眼，七孔、九孔者良，十孔者不佳。海人亦噉其肉。宗奭曰：　登、萊海邊甚多。人采肉供饌，及乾充苞苴。肉與殻兩可用。時珍曰：　石決明形長如小蚌而扁，外皮甚粗，細孔雜雜，內則光耀，背側一行有孔如穿成者，生於石崖之上，海人泅水，乘其不意，即易得之。否則緊粘難脱也。陶氏以爲紫貝，雷氏以爲真珠母，楊倞註《荀子》以爲龜脚，皆非矣。惟鰒魚是一種二類，故功用相同。吴越人以糟決明、酒蛤蜊爲美品者，即此。

【修治】珣曰：　凡用以麪裹煨熟，磨去粗皮，爛搗，再乳細如麪，方堪入藥。斅曰：　每五兩，用鹽半兩，同東流水入瓷器內煮一伏時，搗末研粉。再用五花皮、地榆、阿膠各十兩，以東流水淘三度，日乾，再研一萬下，入藥。服至十兩，永不得食山龜，令人喪目。時珍曰：　今方家只以鹽同東流水煮一伏時，研末水飛用。

殻　【氣味】鹹，平，無毒。保昇曰：　寒。宗奭曰：　肉與殻功同。　【主治】目障翳痛，青盲。久服，益精輕身《別録》。明目磨障日華。肝肺風熱，青盲內障，骨蒸勞極李珣。水飛，點外障翳寇宗奭。通五淋時珍。

【附方】舊一，新四。　羞明怕日：　用千里光、黄菊花、甘草各一錢，水煎，冷服。《明目集驗方》。　痘後目翳：　用石決明火煅研、穀精草各等分，共爲細末。以猪肝蘸食。《鴻飛集》。　小便五淋：　用石決明去粗皮，研爲末，飛過。熟水服二錢，每日二服。如淋中有軟硬物，即加朽木末五分。《勝金方》。　肝虚目翳：　凡氣虚、血虚、肝虚，眼白俱赤，夜如鷄啄，生浮翳者。用海蚌殻燒過成灰、木賊焙各等分爲末。每服三錢，用薑、棗同水煎，和渣通口服。每日服二次。《經驗方》。　青盲雀目：　用石決明一兩，燒過存性，外用蒼朮三兩，去皮爲末。每服三錢，以猪肝批開，入藥末在內扎定，砂罐煮熟，以氣熏目。待冷，食肝飲汁。《龍木論》。　解白酒酸：　用石決明不拘多少數個，以火煉過，研爲細末。將酒燙熱，以決明末攪入酒內，蓋住一時。取飲之，其味即不酸。

明・穆世錫《食物輯要》卷七　石決明　肉，味鹹，平，無毒。益精明目，清肝肺熱，通五淋。殻，同功。

明・李中立《本草原始》卷一一　石決明　今嶺南州郡及萊州海邊皆有之。采無時。形長如小蚌而扁，外皮甚粗，內則光耀，背側一行有孔如鑽成者。附石而生。功能明目，故稱石決明。

九孔決明圖、七孔決明圖。【圖略】殻　氣味：　鹹，平，無毒。主治：　目障翳痛，青盲。久服益精輕身。明目磨障。肝肺風熱，青盲內障，骨蒸勞極。水飛，點外障翳。通五淋。

修治：　珣曰：　石決明以麪裹煨熟，磨去粗皮，爛搗，再乳細如粉，方堪入藥。時珍曰：　以鹽同東流水煮一伏時，研末水飛用。

明・張懋辰《本草便》卷二　石決明　味鹹，氣平、寒，無毒。凡用磨去黑麁皮，用鹽并東流水煮一時，搗末。　主目障翳，青盲。久服益精輕身。

明・吴文炳《藥性全備食物本草》卷三　石決明　亦名九孔螺。生南海，今嶺南諸郡及萊州皆有，亦出海內。單片不生對合，光耀不忝真珠。肉味甘，可久食，明目。

決明：　味鹹，性平，無毒。主青盲內障目翳，肝肺風熱骨蒸勞極。生七孔、九孔者良。凡用先磨去麁皮，用鹽水入瓦罐中煮一伏時，取出，為細末，研如粉，水飛點之。五淋，水調服，服後永不得喫山桃，犯之令人喪明。

明・李中梓《藥性解》卷六　石決明　味鹹，性平，無毒，入肝經。主風熱青盲內障，骨蒸勞熱，久服益精。九孔、七孔者良。以麪裹煨，磨去其外黑處并粗皮，搗細，於乳鉢中再研細極，永忌山桃。　按：　石決明本水族也，宜足以生木而制陽光，故獨入肝家，為眼科要藥。命曰決明者，丹溪所謂以能而名也。

明・繆希雍《本草經疏》卷二〇 石決明 味鹹，平，無毒。主目障翳痛，青盲。久服益精輕身。凡用以麪裹煨熟，磨去粗皮，搗細如飛麪，方堪入藥。一名千里光。得龍骨療洩精。畏旋覆花。

〔疏〕石決明得水中之陰氣以生，故其味鹹，氣應寒，無毒。乃足厥陰經藥也。足厥陰開竅於目，目得血而能視，血虚有熱，則青盲赤痛障翳生焉。鹹寒入血除熱，所以能主諸目疾也。鹹寒又能入腎補陰，故久服益精輕身也。研細水飛，主點外障翳。〔主治參互〕得甘菊花、生地黄、木賊草、穀精草、羚羊角、人爪、蟬蜕、空青、蜜蒙花、決明子、夜明沙，治青盲障翳。《明目集驗方》羞明怕日，用千里光、甘菊花、甘草各二錢，水煎冷服。《鴻飛集》痘後目翳，用石決明火煅研，穀精草各等分，為細末，以猪肝蘸食。目疾外，他用甚稀，故無篇誤。

明・倪朱謨《本草彙言》卷一九 石決明 味鹹，氣平，無毒。沉也，降也。入足厥陰肝經。 陶氏曰：石決明是鰒魚甲，附石生，狀如蛤，惟一片無對，七孔者良。今嶺南州郡及登、萊州海邊皆有之。 李氏曰：形長如小蚌而匾，外皮甚粗，有細孔如粟泡，內有光耀如鈿之青紅緑色，背側一行有孔如鑽成者。生于石崖之上。海人泅水，乘其不意即易得之，否則緊粘難脱也。 陶言是鰒魚甲，與石決明一種二類，功用兩相通用。

石決明：日華去目翳赤障之藥也。葛小溪曰：此藥氣味鹹寒，得水石清陰之氣而生，凝着石上，單片無偶合，又得一陽清貞之化。故《别録》、日華、李珣三家，皆言專療肝肺風熱，治目疾，磨翳障，內服、外點，無不相宜。須研極細、水飛過，方可入藥用。

集方：《方脉正宗》治風熱傷血，成翳障青盲。用石決明火燒通赤，研極細，水飛過三錢，羚羊角、人指甲切碎微炒各二錢，甘菊花、生地黄、木賊草、穀精草、蟬蜕、密蒙花、決明子俱微炒各一兩，研爲細末。共十味，總和勻，用生羊肝七個，搗爛成膏，和爲丸梧子大。每早晚食後各服三錢，白湯下。○李時珍治目生翳障。用石決明火燒通赤，研細水飛過，曬乾，再碾千匝，磁瓶收貯，點兩目眦。○治鎖喉風。用石決明火燒、醋淬三次，研細末，用米醋調，鵝羽蘸搽喉內，即吐痰立愈。汪玄通傳。

明・姚可成《食物本草》卷一一介部・蚌蛤類 石決明嶺南州郡及萊州海邊皆有之。大者如手，小者如二三指。可以浸水洗眼，七孔、九孔良，十孔次之。海人噉其肉。寇宗奭曰：登、萊海邊甚多。人采肉供饌及乾充苞苴。○李時珍曰：石決明形長如小蚌而扁，外皮甚粗，細孔雜雜，內則光耀，背側一行有孔如穿成者。生於石崖之上，海人泅水，乘其不意，即易得之。否則緊粘難脱也。吴越人以糟決明、酒蛤蜊為美品者，即此。

石決明肉：味鹹，平，無毒。治目障翳痛，青盲。久服，益精輕身。除肝肺風熱，骨蒸勞極。通五淋。 殼，功用與肉相同。

附方：解白酒味酸。用石決明不拘多少，以火煅過，研為細末。將酒湯熱，以決明末攪入酒內，蓋住一時。取飲之，其味即不酸。

明・顧逢柏《分部本草妙用》卷一肝部・寒瀉 石決明 鹹，微寒，無毒。

主治：目障青盲要藥，去肝肺風熱。

明・孟笨《養生要括・介類》 石決明 殼：鹹，平，無毒。治目障翳痛，青盲，久服益精輕身。肝肺風熱，骨蒸勞極，通五淋。肉與殼功同。

明・李中梓《醫宗必讀・本草徵要下》 石決明味鹹，平，無毒。入肝、腎二經。鹽水煮，水飛。 內服而障翳潛消，外點而赤膜盡散。 七孔、九孔者良，十孔者不佳。久服令人寒中。

明・施永圖《本草醫旨・食物類》卷五 石決明殼名千里光。登萊海邊甚多，人采肉供饌及乾充苞苴，肉與殼兩可用。○凡用，以麪裹煨熱，磨去粗皮，爛搗，再乳細如麪，方堪入藥。每五兩，用鹽半兩，同東流水入瓷器內，煮一伏時，搗末研粉，再用五花皮、地榆、阿膠各十兩，以東流水淘三度，日乾，再研一萬下，入藥，服至十兩，永不得食山龜，令人喪目。今方家只以鹽同東流水煮一伏時，研末，水飛用。 殼：味：鹹，平，無毒。肉與殼同功。 治：目障翳痛，青盲。久服益精輕身。明目磨障。肝肺風熱，青盲內障，骨蒸勞極。水飛，點外障翳。通五淋。

附方 羞明怕日：用千里光、黄菊花、甘草各一錢，水煎冷服。 痘後目翳：用石決明火煅研，穀精草各等分，共為細末，以豬肝蘸食。 小便五淋：用石決明去粗皮，研為末，飛過，熟水服二錢，每日二服。如淋中有軟硬物，即加朽木末五分。

明・李中梓《本草通玄》卷下 石決明 鹹，寒，入足厥陰、少陰經。內服而翳障消除，外點而赤膜盡散。清肝肺之風熱，解白酒之味酸。火煆研末，以酒湯熱，入末調勻，蓋一時飲之不酸。又名千里光，以其功效名之，可以浸水洗眼，目病之外無他用也。久服令人寒中。鹹水煮或麪裹煨，磨去粗皮，研萬遍，水飛用。七孔、九孔者良。

清・顧元交《本草彙箋》卷九　石決明　乃足厥陰經藥。能入血除熱，故目疾外，他用甚稀。小兒疳積亦用之，以其爲肝經病也。石決明殼名千里光。附石生，惟一片，無對，乘其不意，即易得之。否則，緊粘難脱。入藥用七孔九孔者，故又名九孔螺。宜以東流水，入鹽煮一伏時，研末，水飛用。今人多煅研者，非法。

清・穆石匏《本草洞詮》卷一七　石決明　形如小蚌，生石崖上。鹹，平，無毒。治目障翳痛，水飛點外障。亦通五淋。

清・丁其譽《壽世秘典》卷四　鰒魚殼即石決明也，一名九孔螺，又名千里光。附石生，形長如小蚌而扁，外皮甚粗，細孔雜雜，内則光耀，背側一行有孔如穿成者，生于石崖之上，惟一片無對，七孔九孔者良。登萊海邊甚多，人采肉供饌，及乾充苞苴，肉與殼兩可用，此即王莽所嗜者。《本草》云：石決明，一名鰒魚。《通雅》云：石決明，九孔螺也。舊説肉爲鰒魚非也。《本草》以鰒魚附石而生，其石有孔，即石決明。白安石司理登州言，鰒魚自一物，不附石也，未詳孰是。　氣味：鹹，平，無毒。治肝肺風熱，青盲内障，骨蒸勞極，通五淋。

殻即石決明：　功用與肉相同。

修治凡用，以鹽同東流水，煮一伏時，研末，水飛用。

清・郭章宜《本草匯》卷一七　石決明　鹹，寒，入足厥陰、少陰經。内服而翳障消除，外點而赤膜盡散。清肝肺之風熱，解白酒之味酸。火煅研末，以酒盪熱，攪入酒，蓋住一時，取飲。

按：石決明，得水中之陰氣以生，形長如小蚌而扁，外粗内光，細孔雜雜，背側一行有孔如穿成者。生於石崖之上，能入肝腎補陰，主諸目疾，又名千里光，以功名之也。可以浸水洗眼目病，之外無他用也。久服，令人寒中。

鹽水煑，或以麪裹煨熟，磨去粗皮，研一萬下，水飛用。七孔、九孔者良。

清・王翃《握靈本草》卷九　石決明登萊海邊甚多，形長，如小蚌而扁，外皮甚粗，背側有孔。生於石崖之上，海人乘其不意得之，否則緊粘難脱。以為紫貝、龜甲者，非。主治：石決明，味鹹，平，無毒。主目障翳。水飛，可點外障。

清・汪昂《本草備要》卷四　石決明瀉風熱，明目。　鹹，平。除肺肝風熱，青盲内障。水飛點目外障。亦治骨蒸勞熱，通五淋，能清肺肝故也，古方多用治瘍疽。解酒酸。爲末，投熱酒中，即解。　如蚌而扁，唯一片無對，七孔、九孔者良。鹽水煮一伏時，或麪裹煨熟，研粉極細，水飛用。惡旋覆。

清・顧靖遠《顧氏醫鏡》卷八　石決明鹹，寒。入肝腎二經。鹽水煮研。七孔、八孔者佳，十孔者不佳。　内服退翳，外點赤膜。

清・李熙和《醫經允中》卷一七　石決明　煅過，搗如粉霜用。　鹹，微寒，無毒。主治目障青盲，斂瘡口，療疳積要藥。

清・馮兆張《馮氏錦囊秘録・雜症痘疹藥性主治合參》卷一一　石決明　一名千里光。得水中之陰氣以生，味鹹，氣寒，無毒。入足厥陰經。厥陰開竅於目，血虚有熱則青盲，赤痛障翳。鹹寒入血除熱，所以能主諸目疾，入腎補陰益精也。研細，水飛，點目，亦消外障。痘後眼目生翳，用石決明、穀精草等分，研細，猪肝蘸食即退。〇七孔九孔者良，十孔者不佳。凡用以麪裹煨熟，磨去粗皮，搗細如飛麪，方堪入藥。得龍骨，療洩精。　石決明，内服開青盲消翳障。外點赤膜退外障除。又治骨蒸癆熱，兼通五淋，久服亦能益精。　主治痘疹合參：　治痘後目中障翳。

清・张璐《本經逢原》卷四　石決明一名珍珠母。　鹹，平，無毒。九孔者佳。麪裹煨熟，水飛用。反雲母。　發明：　石決明味鹹，軟堅，入肝腎二經，為磨翳消障之專藥。又治風熱入肝，煩擾不寐，遊魂無定。《本事方》珍珠母丸與龍齒同用，取散肝經之積熱，須與養血藥同用。不宜久服，令人寒中，非其性寒，乃消乏過當耳。

清・浦士貞《夕庵讀本草快編》卷六　石決明《别録》、千里光　名皆美其功也。　決明鹹平而無毒，抑肝風、清肺熱之藥也。凡目昏翳痛，青盲内障，得非肝之所主者乎？骨蒸勞極，五淋五秘，得非鹹能入腎者乎？以此廣之，則瘻氣癩疝亦可療矣！且水飛可以點翳，久服更可輕身，千里光之譽，其虚立哉？

清・楊陳允《眼科指掌》　製石決明法　用滾水泡，削去粗皮，分作四製，一分乳淬，一分童便浸淬，一分三黄淬，一分生礬水淬，俱淬七次，陰乾聽用。

清・王子接《得宜本草・中品藥》　石決明　味鹹。入足厥陰經。功專清熱補肝。得枸杞、甘菊治頭痛目昏。

清・黄元御《玉楸藥解》卷六　石決明　味鹹，氣寒。入手太陰肺、足太陽膀胱經。清金利水，磨翳止淋。石決明清肺開鬱，磨翳消障。治雀目夜昏，青盲晝暗，膀胱濕熱，小便淋漓。服點並用，但須精解病源，新製良方用之乃效。若庸工妄作眼科諸方，則終身不靈，久成大害，萬不可服。麪煨去粗皮，研細水飛。

清·吳儀洛《本草從新》卷六　石决明〔瀉肝熱，明目。〕　鹹，涼。除肺肝風熱。內服療青盲內障，外點散赤膜外障，亦治骨蒸勞熱，通五淋，能清肺肝。愈瘍疽。多服令人寒中。如小蚌而扁，唯一片無對。七孔、九孔者良。鹽水煮一伏時，或麪裹煨熟，研粉極細，水飛。惡旋覆。

清·汪紱《醫林纂要探源》卷三　鏡面魚　甘、鹹，平。一邊附石而生，一邊有殼如蚌而扁，厚而瑩白，裏邊有孔，或五，或七，或九，肉中亦或含有珠。補心緩肝，滋陰明目。又曰明月魚。可治骨蒸勞熱，解妄熱，療癰疽，通五淋，治黃疸。　石决明：鹹，平。即鏡面魚殼。鹽水煮，或麪裹煨，研細，水飛。去風熱，明目，除骨熱，通淋。主治明目，內服除青盲內障，及骨蒸勞熱，利小便，去淋瀝。外點退翳。投末甕中，可治酒酸。

清·嚴潔等《得配本草》卷八　石决明　鹹，平。入足厥陰經血分。能生至陰之水，以制陽光。清肝肺之風熱，以療內障。除骨蒸，通五淋。得龍骨，止泄精。得穀精草，治痘後目翳。得杞子、甘菊，治頭痛目暗。地榆汁同煮研，水飛用。煅，童便淬研，水飛用。麪裹煨熟，水飛用。

題清·徐大椿《藥性切用》卷八　石决明　性味鹹涼，平肝清熱，明目去翳。生研用。肉亦同功。

清·黃宮繡《本草求真》卷六　石决明入肝除熱，磨翳。　石决明耑入肝。一名千里光。得水中陰氣以生，其形如蚌而扁，味鹹氣寒無毒，入足厥陰肝經除熱。為磨翳消障之品。緣熱熾則風必生，風生則血被風阻而障以起，久而固結不解，非不用此鹹寒軟堅逐瘀清熱祛風，則熱何能祛乎？故本事真珠母丸與龍齒同用，皆取清散肝經積熱也，但此須與養血藥同入，方能取效。且此氣味鹹平，久服消伐過當，不無寒中之弊耳，亦治骨蒸勞熱五淋。汪昂曰：能清肝肺故也。研細水飛點目，能消外障，痘後眼翳，可同穀精草等分細研，猪肝蘸食即退。七孔、九孔者良。鹽水煮，麪裹煨熟，為末水飛。惡旋覆。

清·沈金鰲《要藥分劑》卷七　石决明　【略】鰲按：石决明大補肝陰，肝經不足者，斷不可少。

清·羅國綱《羅氏會約醫鏡》卷一八鱗介蟲魚部　石决明味鹹平，入肝腎二經。鹽水煮，細研。　鹹寒入血，除肝經風熱。內服治目青盲內障；細研水飛點目，消外障、目者肝之竅，肝火清則目病悉平。痘後目翳。同穀精草等分研細，猪肝蘸食即退。亦療勞熱，並洩精，同龍骨服。解酒酸。為末投熱酒中即解。得水中之陰氣以生，如蚌而扁，惟一片無對，七孔、九孔者佳。

清·黃凱鈞《藥籠小品》　石决明　鹹涼，除肺肝風熱，療目疾內外障。亦治骨蒸勞熱。煅研。

清·章穆《調疾飲食辯》卷六　石决明　《日華本草》名九孔螺，殼名千里光。《圖經》曰：七孔、九孔者良。《衍義》曰：登、萊海邊甚多。肉與殼兩可用，功力相同。

按：石决明為眼科聖藥，退肝熱，補肝虛，治青盲瞖障，內服、外點。而《別錄》謂久服益精輕身，《海藥本草》謂能治骨蒸勞極，《綱目》曰通五淋，皆不虛也。惜乎遠海之地，但得其殼，不能食其肉也。

清·張德裕《本草正義》卷上　石决明　鹹，涼。能明目磨障，清肝肺風熱。

清·鄒澍《本經續疏》卷三　石决明　【略】障，目病總稱也。瞖多屬痰，痛多屬火，痰火阻於精明之道，上引之氣遂不能達精明，而反達痰火於目，所以為瞖痛也，此為外障。青盲則精明虧乏，無以上榮，故黑白分明，瞳子無異，直不能鑑物耳，此為內障。然是二者致病有先後之殊，或由痰火久溷，精明遂不上朝；或由精明衰減，痰火乘機上擾。今曰目障、瞖痛、青盲，乃因痰火而致青盲，非因青盲而痰火竊出。石决明之麤皮外蒙，正如痰火之隔蔽，去粗皮而光耀煥發，正如精明之遂得上朝。目者肝竅，目中精明，則腎家陰中之陽，故其光藏於黑珠之內，肝特襄以發生升舉之氣而奉之於目耳。是則石决明之用，不過撥蕪累而發精光，乃目之曰鎮肝清肺，其意何謂？

清·葉桂《本草再新》卷一〇　石决明味鹹，性涼，無毒。入肝、肺二經。　除肺肝風熱，內服療青盲內障，外點散赤膜外障。亦治骨蒸，清而能潤，故治骨蒸，通五淋，愈瘍疽。

清·趙其光《本草求原》卷一七介部　石决明　即九孔螺。一名珍珠母。鹹，平，無毒。軟堅，滋腎，除肝肺風熱，為磨翳障要藥。同穀精草末、豬肝點食，治痘後翳；同木賊焙末，薑、棗湯下，治肝虛翳。治青盲、雀目，同蒼朮末，入豬肝內煮，先熏後食。羞明怕日，同黃菊、甘草煎。五淋，單為末，水下。淋中有軟硬物，加朽木粉。痔瘻、風熱入肝、煩擾不寐、遊魂無定，同龍齒及養血藥用。解酒酸，將酒湯熱，以末攪入。骨蒸勞熱，益水之功。點外障。但消伐太過，不宜多服。　如蚌而扁，片殼無對，七孔、九孔者良。鹽水煮一時，研細，水飛用。反雲母，惡旋覆。

清·文晟《新編六書》卷六《藥性摘錄》　石決明　味鹹，氣寒。入肝。除熱，磨翳消障，須與養血藥同入方効。○痘後眼翳，可同穀精草、豬肝等分，細研，豬肝蘸食，即退。○研極細，水飛，點目能消外障。○亦治骨蒸勞熱，五淋。○七孔、九孔者良。鹽水煮，麪裹煨熟，水飛用。○惡旋覆花。

清·張仁錫《藥性蒙求·魚鱗介部》　石決明四錢、八錢　石決明涼，瀉肝風熱。明目益陰，骨蒸可泄。鹹，涼。除肝風熱服。療青盲內障，外點散赤膜外障。亦治骨蒸勞熱。沈金鰲謂補養肝陰，喻嘉言謂（近）〔僅〕為鎮肝補濇之藥，張路玉謂入肝腎二經，為磨翳消障之專藥。又治風熱入肝，煩擾不寐，遊魂無定。不宜久服，令人寒中，非其性寒，乃消乏過當耳。○四七孔者良。或生，或煅。

清·戴葆元《本草綱目易知錄》卷五　石決明千里光、九孔螺。　鹹，平。益精明目，磨障輕身，清肝肺風熱。治青盲內障，骨蒸勞熱，通五淋，解酒酸。研水飛，點外障翳。

清·黃光霽《本草衍句》　石決明鹹，平。　補肝清熱，入足厥陰。　益精滋陰。內障勞熱骨蒸，磨翳明目，利便通淋。得枸杞、甘菊花治頭痛目昏，得穀精草治痘後目翳。　解白酒酸，用石決明不拘多少數個，以火煅，研，將白酒燙熱，以決明末攪入酒內，蓋住一時，取飲之，其味即不酸。

清·陳其瑞《本草撮要》卷九　石決明　味鹹，入足厥陰經，功專清熱補肝。得枸杞、菊花治頭痛目昏。多服令人寒中。惡旋覆。

清·李桂庭《藥性詩解》　賦得決明和肝氣治眼之劑得明字。田春芳。　欲立和肝劑，須求石決明。養陰堪瀉熱，治目最清睛。前題李慶霖　治眼又清睛，因之號決明。養陰和肺氣，瀉熱理肝榮。

按：　決明性本鹹涼，除肝經風熱，療青盲內障。亦治骨蒸勞熱，通五淋。如小蚌而扁，一片無對，七孔、九孔者良。

鮑魚

元·吳瑞《日用本草》卷五　鮑魚　冬後去腸，淡乾者頗臭，鹽淹者名鹹魚。漢陽來者極厚。《素問》有治血枯，飲汁以利腸中。　主墜墮、踒蹶、踠折，瘀血不散，女子崩中不止。

清·汪紱《醫林纂要探源》卷三　抱魚　鹹，寒。海蛤之更圓大者，其肉中實，不似淡菜之含沙，中亦時含有珠。今訛曰鮑魚。功同淡菜。

清·王孟英《隨息居飲食譜·鱗介類》　鰒魚　甘、鹹，溫。補肝腎，益精明目，開胃養營，已帶濁崩淋，愈骨蒸勞極。體堅難化，脾弱者飲汁為宜。殼入藥，名石決明，主鎮肝，磨障。

甲香

宋·唐慎微《證類本草》卷二二蟲魚部下品〔唐·蘇敬《唐本草》〕　甲香　味鹹，平，無毒。主心腹滿痛，氣急，止痢，下淋。生南海。

〔唐·蘇敬《唐本草》〕注云：　蠡大如小拳，青黃色，長四五寸，取厴燒灰用之。南人亦煮其肉噉，亦無損益也。《唐本》先附。

〔宋·蘇頌《本草圖經》〕曰：　甲香，生南海，今嶺外、閩中近海州郡及明州皆有之。海蠡音螺之掩也。《南州異物志》曰：　甲香，大者如甌面，前一邊直攙長數寸，圍殼岨峿有刺。其掩雜衆香燒之使益芳，獨燒則臭。一名流螺。諸螺之中，流最厚味是也。其蠡大如小拳，青黃色，長四五寸。人亦噉其肉。今醫方稀用，但合香家所須。用時先以酒煮去腥及涎，云可聚香，使不散也。《傳信方》載其法云：　每甲香一斤，以泔一斗半，於鐺中，以微煻火煮經一復時，即換新泔。經三換即漉出，衆手刮去香上惡物訖，用白蜜三合，水一斗，又煻火煮一復時，水乾，又以蜜三合，水一斗，再煮都三復時，以香爛止，炭火熱燒地，灑清酒令潤，鋪香於其上，以新瓷瓶蓋合密，浬一復時，待香冷硬，即臼中，用木杵擣令爛，以沉香三兩，麝香一分和合，略擣，令相亂，入即香成，以甆瓶貯之，更能埋之，經久，方燒尤佳。凡燒此香，須用大火爐，多著熱灰及剛炭，至合翻時，又須換火，猛燒令盡訖，去之，爐傍著火暖水，即香不散。甲香須用台州小者佳。此法出於劉兗奉禮也。凡蠡之類亦多，絕有大者。珠蠡瑩潔如珠，鸚鵡蠡形似鸚鵡頭，并堪酒盃者。梭尾蠡如梭狀，釋輩所吹者，皆不入藥，故不悉錄。

〔宋·唐慎微《證類本草》〕《海藥》云：　和氣清神，主腸風瘻痔。陳氏云：　主甲疽，瘻瘡，蛇蝎蜂螫，疥癬，頭瘡，饞瘡。甲煎，口脂用也。《廣州記》云：　南人常食，若龜鼈之類。又有小甲香，若螺子狀。取其蒂而修成也。雷公云：　凡使，須用生茅香、皂角二味煮半日卻，漉出，於石臼中擣，用馬尾篩篩過用之。《經驗方》：　甲香脩製法：　不限多少，先用黃土泥水煮一日，以溫水浴過；　次用米泔或灰汁煮一日，依前浴過；　後用蜜、酒煮一日，又浴過；　煿乾任用。

宋·李昉《太平御覽》卷九八二　甲香　《廣志》曰：　甲香出南方。《南州異物志》曰：　甲香，螺屬也。大者如甌，面前一邊直攙長數寸，圍殼岨峿有刺，其掩可合衆香燒之，皆使益芳。獨燒則臭。甲香一名流螺，謂之中流最厚味。

宋・寇宗奭《本草衍義》卷一七 甲香 善能管香煙，與沉、檀、龍、麝用之，甚佳。

宋・王繼先《紹興本草》卷一七 甲香 紹興校定：甲香乃海生一種螺之(黶)〔厴〕也。《本經》雖具性味、主治，在古方間用之，然近世罕入於藥。但世人多和諸香，甚益芳。其性味以《本經》為正。

宋・劉明之《圖經本草藥性總論》卷下 甲香：味鹹，平，無毒。主心腹滿痛氣急，止痢下淋。《海藥》云：和氣清神，主腸風瘻痔。陳氏云：主甲疽瘻瘡，蛇、蝎、蜂螫，疥癬頭瘡。生南海。

宋・陳衍《寶慶本草折衷》卷一七 甲香灰在內。○諸螺肉續附。 此海蠡掩也。○其蠡名流螺。○《炮炙論》云：一名海□蟲。○蠡，音螺。 生南海，及嶺外、閩中近海州郡，及明、台、泉州。

味鹹，平，無毒。○主心腹滿痛，氣急，止痢，下淋。○《唐本》註云：燒灰用之。○《圖經》曰：甲香前一邊直攙，殼岨峿有刺。其掩雜衆香燒，使益芬。台州小者佳。凡蠡類亦多，皆不入藥，故不悉錄。○攙，初銜切；峿，午乎切。○《海藥》云：和氣清神，主瘻痔，甲疽，瘻瘡，蛇蝎蜂螫，疥癬頭瘡嚵鋤鹹切。瘡。此後元有海螺、蓼螺，味辛辣如蓼，今皆刪之。

續說云：甲香亦螺也，品彙繁夥。凡海族諸螺之肉，甘而冷利。其頭肉堅白，能解蘊熱，亦可鹽淹酒浸為蝺、為醬，以供饌。其尾肉青軟而微苦，無益於脾也。

明・劉文泰《本草品彙精要》卷三一 甲香無毒 胎生。

甲香：主心腹滿痛，氣急，止痢，下淋。名醫所錄。〔名〕流螺。〔地〕《圖經》曰：甲香，海蠡音螺之掩也，生南海，今嶺外閩中近海州郡及明州皆有之。《南州異物志》曰：甲香，大者如甌，面前一邊直攙長數寸，圍殼岨峿有刺，其掩雜衆香燒之使益芳，獨燒則臭。一名流螺，諸螺之中，流最厚味是也。其蠡大如小拳，青黃色，長四五寸，人亦噉其肉而無損益。今醫家稀用，但合香家所須。用時先以酒煮，去腥及涎，云可聚香，使不散也。台州小者尤佳。凡蠡之類亦多，絕有大者。珠蠡瑩潔如珠，鸚鵡蠡形似鸚鵡頭，並堪酒杯者。梭尾蠡如梭狀，釋輩所吹者。皆不入藥，故不悉錄。《海藥》云：南人常食，若龜、鼈之類。又有小甲香，若螺子狀，取其蒂而修成也。《衍義》曰：甲香，善管香煙，與沉、檀、龍、麝用之，甚佳。〔時〕生無時。採無時。〔用〕厴。〔色〕青黃。〔味〕鹹。〔性〕平。〔氣〕味厚於氣，陰中之陽。〔臭〕腥。〔製〕雷公云：凡使，須用生茅香、皂角二味煮半日，却漉出，於石臼中擣，用馬尾篩篩過用之。《別錄》云：甲香修製法：不限多少，先用黃土泥水煮一日，以溫水浴過，次用米泔或灰汁煮一日，依前浴過，後用蜜酒煮一日，又浴過，煿乾任用之。〔治〕療：《別錄》云：和氣清神，主腸風痔瘻及甲疽，瘻瘡，蛇、蠍、蜂螫，疥癬，頭瘡，嚵瘡。

明・王文潔《太乙仙製本草藥性大全》卷八《本草精義》 甲香 一名流螺。生南海，今嶺外閩中近海州郡，及明州皆有之。海蠡音螺之掩也。《南州異物志》曰：甲香，大者如甌，面前一邊直攙長數寸，圍殼岨峿有刺。其厴，雜衆香燒之，使益芳，獨燒則臭。一名流螺，諸螺之中流最厚味是也。其蠡大如小拳，青黃色，長四五寸，人亦噉其肉。凡蠡之類，亦多絕有大者。珠蠡瑩潔如珠，鸚鵡蠡形似鸚鵡頭，並堪酒盃者。梭尾蠡如梭狀，釋輩所(甲香善能管香煙與吹)〔用〕者，皆不入藥。〔甲香善能管香煙，與〕沉檀龍麝用之甚佳。今醫家稀用，但合香家所用，先以酒煮去腥及涎，云可聚香使不散也。

明・王文潔《太乙仙製本草藥性大全》卷八《仙製藥性》 甲香 味鹹，氣平，無毒。 主治：主心腹滿痛氣急神方，祛腸風下血痔漏妙劑。和氣清神，下淋止痢。疥癬瘡癩即療，蛇蠍蜂螫並治。 補註：甲香修製法：不限多少，先用黃土泥水煮一日，以溫水浴過，次用米泔或灰汁煮一日，依前浴過，後用蜜、酒煮一日，又浴過，煿乾用之。 太乙曰：凡使，須用生茅香、皂角二味煮半日，却漉出於石臼中搗，用馬尾篩篩過用之。

明・吳文炳《藥性全備食物本草》卷三 甲香一名 流螺。生南海。今嶺外閩中近海州郡及明州皆有之。《異物志》曰：甲香大者如甌，面前一邊直攙長數寸，圍殼岨峿有刺，其掩雜眾香燒之使益芳，獨燒則臭，諸螺之中最厚味是也。其螺大如小拳，青黃色，長四五寸，人亦噉其肉。凡螺之類極多，絕有大者。珠螺瑩潔如珠，鸚鵡螺形如鸚鵡頭，並堪酒盃者。梭尾螺如梭狀。釋輩所吹者，皆不入藥。甲香善能管香煙，與沉、檀、龍、麝用之甚佳。今醫家稀用，但合香家所用，先以酒煮去腥及涎，云可聚香使不散也。味鹹，平，無毒。主心腹滿痛氣急，痔漏，腸風下血，治淋，止痢，及疥癬瘡癩，蛇蝎蜂螫。

甲煎

宋・唐慎微《證類本草》卷一〇草部下品〔唐・陳藏器《本草拾遺》〕 甲煎 味辛，平，無毒。主甲疽瘡及雜瘡難差者，蟲蜂蛇蠍所螫疼，小兒頭瘡，吻瘡，耳後月蝕瘡，並傅之。合諸藥及美果花燒成灰，和蠟成口脂，所主與甲煎略同。三年者治蟲雜瘡及口旁䘌瘡、甲疽等瘡。

明・李時珍《本草綱目》卷四六介部・蚌蛤類 甲煎《拾遺》

【集解】藏器曰：甲煎，以諸藥及美果、花燒灰和蠟成口脂。所主與甲香略同，三年者良。時珍曰：甲煎，以甲香同沉麝諸藥花物治成，可作口脂及焚爇也。唐李義山詩所謂沉香甲煎爲廷燎者，即此也。

【氣味】辛，温，無毒。【主治】甲疽，小兒頭瘡吻瘡，口旁䘌瘡，耳後月蝕瘡，蜂蛇蠍之瘡，並傅之藏器。

蝸螺

宋・唐慎微《證類本草》卷三〇有名未用・蟲類〔《別錄》〕 蝸籬 味甘，無毒。主燭館，明目。生江夏。

〔宋・掌禹錫《嘉祐本草》〕按：陳藏器云：一名師螺。小於田螺，上有稜，生溪水中。寒，汁主明目，下水。亦呼爲螺。

元・吴瑞《日用本草》卷五 螺螄 生水田中及湖瀆溪河岸側。味甘，性寒，無毒。煮而食之，其汁療熱，醒酒止渴，壓丹石。主利大小便，去腹中結熱，目下黄，脚氣上衝，脚手浮腫。熱瘡，生鹽汁傅之。反胃，胃冷，殼燒灰為末，服之則瘥。治連飲酒，喉爛，舌上生瘡，螺蚌肉、葱、豉、椒、薑，煮汁飲三兩盞即瘥。

明・寧源《食鑒本草》卷上 螺螄肉 性冷。解熱毒。治酒疸，利小水，消瘡腫。食多發寒濕氣痼疾。

明・李時珍《本草綱目》卷四六介部・蚌蛤類 蝸螺《別録》

【釋名】螺螄時珍曰：師，衆多也。其形似蝸牛，其類衆多，故有二名。爛殼名鬼眼睛。

【集解】《別録》曰：蝸螺生江夏溪水中，小于田螺，上有稜。時珍曰：處處湖溪有之，江夏、漢沔尤多。大如指頭，而殼厚於田螺，惟食泥水。春月，人采置鍋中蒸之，其肉自出，酒烹糟煮食之。清明後，其中有蟲，不堪用矣。藏器曰：此物難死，誤泥入壁中，數年猶活也。

肉 【氣味】甘，寒，無毒。【主治】燭館，明目下水《別録》。止渴藏器。醒酒解熱，利大小便，消黄疸水腫，治反胃痢疾，脱肛痔漏時珍。〇又曰：燭館二字疑訛誤。

【附方】新七。

黄疸酒疸：小螺螄養去泥土，日日煮食飲汁，有效。《永類》。

黄疸吐血：病後身面俱黄，吐血成盆，諸藥不效。用螺十個，水漂去泥，搗爛露一夜，五更取清服。二三次，血止即愈。一人病此，用之經驗。《小山怪證方》。

五淋白濁：螺螄一盌，連殼炒熱，入白酒三盌，煮至一盌，挑肉食之，以此酒下，數次即效。《扶壽精方》。

小兒脱肛：螺螄二三升，鋪在桶内坐之，少頃即愈。《簡便》。

痘疹目瞖：水煮螺螄，常食佳。《濟急仙方》。

白遊風腫：螺螄肉，入鹽少許，搗泥貼之，神效。葉氏《摘玄方》。

爛殼時珍曰：泥中及墻壁上年久者良。火煅過用。【氣味】同。【主治】痰飲積及胃脘痛震亨。反胃膈氣，痰嗽鼻淵，脱肛痔疾，瘡癤下疳，湯火傷時珍。

【發明】時珍曰：螺乃蚌蛤之屬，其殼大抵與蚌粉、蛤粉、蚶、蜆之類同功。合而觀之，自可神悟。

【附方】新十。

卒得欬嗽：屋上白螺或白蜆殼，搗爲末，酒服方寸匕。《肘後方》。

濕痰心痛：白螺螄殼洗净，燒存性，研末，酒服方寸匕，立止。《正傳》。

膈氣疼痛：白玉散：用壁上陳白螺螄燒研。每服一錢，酒下，甚效。孫氏。

小兒軟癤：用鬼眼睛，即墻上白螺螄殼，燒灰，入倒掛塵等分，油調塗之。《壽域》。

陰頭生瘡：用溪港年久螺螄燒灰，傅之。《奇效》。

湯火傷瘡：用多年乾白螺螄殼煅研，油調傅。《澹寮》。

楊梅瘡爛：古墻上螺螄殼、辰砂等分，片腦少許，爲末，搽之。

小兒哮疾：向南墻上年久螺螄爲末，日晡時以水調成，日落時舉手合掌皈依，吞之即效。葉氏《摘玄方》。

瘰癧已破：土墻上白螺螄殼爲末，日日傅之。《談埜翁方》。

痘瘡不收：墻上白螺螄殼，洗净煅研，摻之。《醫方摘要》。

明・倪朱謨《本草彙言》卷一九 螺螄肉 味甘、微苦，氣寒，有毒。李氏曰：螺螄，處處湖河池澤皆有，惟江夏漢沔尤多。大如指頭而殼厚於田螺，惟食泥水。春月采，置鍋中煮熟，以針挑肉食之。清明後其中有蟲，不堪食矣。

螺螄：解酒熱，消黄疸，李時珍清火眼，利大小腸之藥也。顾汝琳曰：此物食土居水，體性大寒，善解一切熱瘴，因風、因燥、因火者，服用見效甚速。惟堪煮熟，挑出殼，以油、醬、椒、韭調和食之，不雜藥料劑中。但寒而有毒，如胃中有冷飲，腹中有久泄不實，并有冷瘕宿疝，或有久潰癰瘡未歛，及痔漏、瘰癧破爛諸疾，不宜食之。食之恐生努肉。〇治諸瘡爛濕不收。用墻內白螺螄殼，火燒存性，敲碎，去殼內泥土，研極細，摻之即收。

明·應譽《食治廣要》卷七　蝸蠃即螺螄。　氣味：　甘，溫，無毒。主治：　明目，下水，止渴，醒酒，解熱，利大小便，消黃疸水腫，治反胃，痢疾，脫肛，痔漏。

明·姚可成《食物本草》卷一一介部·蚌蛤類　蝸蠃一名螺螄。處處湖溪有之，江夏、漢沔尤多。大如指頭而殼厚於田螺，惟食泥水。春月，人采置鍋中蒸之，其肉自出，酒烹糟煮食之。清明後其中有蟲，不堪用矣。此物難死，誤泥入壁中，數年猶活也。蝸蠃，味甘，寒，無毒。主燭暗，明目下水。止渴。醒酒解熱，利大小便，消黃疸水腫，治反胃痢疾，脫肛痔漏。多食，令人腹痛不消。　殼，治痰飲及胃脘痛，反胃膈氣，痰嗽鼻淵，脫肛痔疾，瘡癧下疳，湯火傷。

附方：　治黃疸酒疸。小螺螄養去泥土，日日煮食飲汁，自愈。　五淋白濁。用螺螄一碗，連殼炒熱，入白酒三碗，煮至一碗，挑肉食之，以此酒下，數次即愈。　治小兒脫肛。螺螄二三升，入桶內坐之，即愈。　治瘰癧已破。土墻上白螺殼為末，日日傅之。　治小兒哮疾。向南墻上年久螺螄為末，日晡時以水調成，日落時舉手合掌皈依，吞之甚效。

明·顧逢柏《分部本草妙用》卷一〇水族部　螺螄　甘，寒，無毒。主明目，下水止渴，醒酒解熱，利大小便，消黃疸水腫，治反胃，痢疾脫肛。　爛殼，治膈氣，敷下疳、湯火傷極妙。

明·孟筌《養生要括·介類》　螺螄　肉：　味甘，寒，無毒。明目下水，止渴，醒酒解熱，利大小便，消黃疸水腫，治反胃、痢疾、脫肛、痔漏。　殼火煅過用：　治痰飲積及胃脘痛，反胃膈氣，痰嗽鼻淵，脫肛痔疾，瘡癧下疳，湯火傷。

明·施永圖《本草醫旨·食物類》卷五　螺螄爛殼名鬼眼睛。清明後其中有蟲不堪用矣。此物難死，誤泥入壁中，數年猶活也。　肉：　味：　甘，寒，無毒。治：　燭館，明目，下水，止渴，酒醒解熱，利大小便，消黃疸水腫。治反胃，痢疾，脫肛，痔漏。

附方　黃疸酒疸：　小螺螄養去泥土，日日煮食飲汁，有效。　黃疸吐血：　病後身面俱黃，吐血成盆，諸藥不效，用螺十箇，水漂去泥，擣爛露一夜，五更取清，服二三次，血止即愈。一人病此，用之經驗。　五淋白濁：　螺螄一盌，連殼炒熟，入白酒三盌，煮至一盌，挑肉食之，以此酒下，數次即效。　小兒脫肛：　螺螄二三升，鋪在桶內坐之，少頃即愈。　痘疹目翳：　水煮螺螄，常食佳。　白遊風腫：　螺螄肉入鹽少許，搗泥，貼之神效。

爛殼：　泥中及牆壁上年久者良，火煅過用。　味：　同肉。　治：　痰飲積及胃脘痛，反胃膈氣，痰嗽鼻淵，脫肛痔疾，瘡癧下疳，湯火傷。

附方　卒得咳嗽：　屋上白螺或白蜆殼，搗為末，酒服方寸匕。　濕痰心痛：　白螺螄殼洗淨，燒存性，研末，酒服方寸匕，立止。　膈氣疼痛：　用壁上陳白螺螄，燒研，每服一錢，酒下甚效。　小兒軟癤：　用鬼眼睛即牆上白螺螄殼，燒灰，入倒掛塵等分，油調塗之。　陰頭生瘡：　用溪港年久螺螄，燒灰傅之。　湯火傷瘡：　用多年乾白螺螄殼，煅研，油調傅。　楊梅瘡爛：　古牆上螺螄殼、辰砂等分，片腦少許，為末搽之。　瘰癧已破：　土牆上白螺螄殼，為末，日日傅之。　痘瘡不收：　牆上白螺螄殼洗淨，煅研，摻之。

清·丁其譽《壽世秘典》卷四　螺螄大如指頭而殼厚于田螺，惟食泥水，酒烹、糟煮食之。清明後，其中有蟲不堪食，此物難死，誤泥入壁中數年猶活也。　氣味：　甘，寒，無毒。　主醒酒，解熱，利大小便，消黃疸、水腫，治反胃、痢疾、脫肛痔漏。

爛殼：　氣味同。　治反胃、膈氣、痰嗽、鼻淵、脫肛、痔疾、瘡癧、下疳、湯火傷。泥中及墻壁上，年久者良，火煅過用。

清·劉雲密《本草述》卷二九　蝸蠃即螺螄。處處溪湖有之。大如指頭，而殼厚於田螺。後所列白螺螄殼，又非溪湖中所生者也。　白螺螄殼：　或屋上、牆上、壁上年久者良。

氣味：　甘，寒。　主治：　痰飲積及胃脘痛震亨。　反胃膈氣，痰嗽時珍。

附方　溼痰心痛，白螺螄殼洗淨，燒存性，研末，酒服方寸匕，立止。　膈氣疼痛白玉散，用壁上陳白螺螄，燒研，每服一錢，酒下甚效。　痘瘡不收，墻上白螺螄殼洗淨，煅研，摻之。

愚按：　田螺之性味，繆氏謂其產於水田中，稟水土之陰氣，故其汁大寒，不知產於泥水中如蚌、蛤、蜆、螄諸物，寧有異乎？　而此味功用似有殊者，謂何？　時珍曰：　螺、蚌屬其殼旋文，其肉視月盈虧，故王充云月毀於天，螺消於淵。　夫月乃水之精，故海潮與月相應，而玆物又應於月，即此論之，則其物雖小，或亦乘至陰之精氣而化生歟。　故蚌、蛤、螺、蜆之肉，皆謂其清熱行溼。　而細繹此味所用，如開禁口痢等病，皆搗爛和他藥貼臍之上下。　夫臍固兩腎所夾，為至陰之所居也，豈非取乘至陰之化者，即用之以化陰中之氣，更能開陽之結歟？　況取其自然汁以瘳疾者，在蚌、蛤、蜆、螄未可等也，烏得槩以水土之陰論哉？至蚌、蛤、蜆之殼，與田螺大同小異，固皆言其治心胸痰飲，及痰熱反胃之證矣。唯朱丹溪先生所用白螺殼，乃不生於泥水中，而陳朽粘於或屋或墻者，是又少異。蓋其不生於泥水中，感地中陰溼之氣以生，乃上升於屋墻，或又乘於他氣之化。諸殼皆取其金氣以破痰結，而此殼色白，更得金氣之專矣。以溼土始而以燥金終，先生言其治痰飲積及胃脘痛，豈非其的對乎？夫痰飲皆因溼化而畜其正氣者也，第此味似止治溼痰之結者，不比於蛤、蚌、田螺之殼能開溼熱之痰也。姑揣其理如是，用者察之。

清・李熙和《醫經允中》卷二三　螺螄　甘，寒，無毒。主明目，下水，止渴醒酒，解熱毒，利大小便，消黃疸水腫，痢疾脫肛。爛殼敷下疳，湯火傷極妙。

清・王道純《本草品彙精要續集》卷七　蝸𧑊音羅。無毒。原本名蝸蘺，未詳，《綱目》改蝸𧑊甚悉。

蝸𧑊肉：主燭館，明目，下水，止渴《名醫別錄》。〇上燭館二字，疑訛誤。醒酒解熱，利大小便，消黃疸，水腫，療反胃，痢疾，脫肛，痔漏《本草綱目》。爛殼，主痰飲積，及胃脘痛《本草衍義補遺》。反胃，膈氣痰嗽，鼻淵，脫肛，痔疾，瘡癤，下疳，湯火傷《本草綱目》。【名】螺螄。李時珍云：師，衆多也，其形似蝸牛，其類衆多，故有二名。爛殼，名鬼眼睛。【地】陶隱居云：生江夏溪水中。李時珍云：處處湖溪有之，江夏漢沔尤多。【時】採：二三月取之，春月人採，置鍋中蒸之，其肉自出，酒烹糟煮食之。清明後，其中有蟲，不堪用矣。【用】肉並爛殼。【質】小於田螺，上有稜，大如指頭，而殼薄於田螺。【色】青白。【味】甘。【性】寒。惟食泥水。【臭】腥。

【製】用肉。隨方製法，用爛殼。李時珍云：泥中及牆壁上年久者良，火煅過用。陳藏器云：此物難死，誤泥入壁中，數年猶活也。【治】《永類方》：黃疸、酒疸，小螺螄養去泥土，日日煮食、飲汁有效。〇《小山怪證方》：黃疸吐血，病後身面俱黃，吐血成盆，諸藥不效，用螺十個，水漂去泥，搗爛露一夜，五更取清服二三次，血止即愈。一人病此，用之經驗。〇《扶壽精方》：五淋白濁，螺螄一碗，連殼炒熟，入白酒三碗，煮至一碗，挑肉食之，以此酒下，數次即效。〇《簡便方》：小兒脫肛，螺螄二三升，鋪在桶內坐之，少頃即愈。〇《濟急仙方》：痘疹目翳，水煮螺螄，常食佳。〇《葉氏摘元方》：白遊風腫，螺螄肉，入鹽少許，搗泥貼之，神效。〇《肘後方》：卒得欬嗽，屋上白螺或白蜆殼，搗爲末，酒服方寸匕。〇《正傳方》：濕痰心痛，白螺螄殼，洗淨，燒存性，研末，酒服方寸匕，立止。〇《孫氏方》：膈氣疼痛白玉散，用壁上陳白螺螄燒研，每服一錢，酒下甚效。〇《澹寮方》：湯火傷瘡，用多年乾白螺螄殼煅研，油調傅。〇《奇效方》：陰頭生瘡，用溪港年久螺螄，燒灰傅之。〇《葉氏摘元方》：小兒哮疾，向南牆上年久螺螄，爲末，日晡時以水調成，日落時舉手合掌皈依，吞之即效。〇《談野翁方》：瘰癧已破，土牆上白螺螄殼爲末，日日傅之。〇《醫方摘要》：痘瘡不收，牆上白螺螄殼，洗淨煅研摻之。【合治】《壽域方》：小兒軟癤，用鬼眼睛即牆上白螺螄殼燒灰，入倒掛塵等分，油調塗之。〇治楊梅瘡爛，古牆上螺螄殼、辰砂等分，片腦少許爲末，搽之。〇李時珍云：螺，乃蚌蛤之屬，其殼大抵與蚌粉、蛤粉、蚶蜆之類同功，合而觀之，自可神悟。

清・葉盛《古今治驗食物單方》　螺螄　能去酒積，煮而食之，酒疸發黃，無不愈也。牆上白螺螄殼，洗淨燒存性，治膈氣疼痛、濕痰心痛，皆愈。小兒頭上軟癤，白螺殼燒灰，入倒掛塵等分，研油調敷。楊梅瘡并瘰癧，螺灰、冰片敷。

清・黃元御《玉楸藥解》卷六　螺螄　味甘，性寒。入足太陽膀胱經。清金止濁，利水泄熱。螺螄清金利水，泄濕除熱。治水脹滿，療脚氣、黃疸、淋瀝、消渴、疥癬、瘰癧、眼病、脫肛、痔瘻、痢疾，一切疔腫之證。水田、江湖、溪澗諸螺性同，敷飲皆效。

清・吴儀洛《本草從新》卷六　螺螄〔瀉熱。〕一名蝸𧑊。甘，寒。明目下水，止渴醒酒，解熱，利大小便，消黃疸水腫。治反胃痢疾，脫肛痔漏。

螺螄殼〔瀉濕熱。〕治痰飲積及胃脘痛，反胃膈氣，痰嗽鼻淵，脫肛痔疾，瘡癤下疳，湯火傷。時珍曰：螺乃蛤蚌之屬，大抵與蚌粉、蛤粉、蚶、蜆之類同功。合而觀之，自可神悟也。泥中及牆壁上年久者良。火煅。凡煅螺、蚌、蠣、蛤之灰壅田則草死而禾茂，若用糞壅田則禾草皆茂。

清・嚴潔等《得配本草》卷八　蝸𧑊即螺螄。殼。甘，寒。止渴解毒。利二便，消黃疸，治水腫，療痢疾。脫肛、痔瘻，亦皆可愈。入白酒煮食，治五淋白濁。入鹽少許搗，貼白游風腫。殼一名鬼眼睛。甘，寒。治痰飲胃痛，療疳毒火傷。配倒掛塵，油塗小兒軟癤。配辰砂、片腦，搽楊梅瘡。

泥中及牆壁上年久者良。煅用。

題清・徐大椿《藥性切用》卷八　螺螄　一名蝸贏。性味甘寒，瀉熱明目，利水消腫。螺螄殼，化痰消積，治胃脘作痛。煅研用。

清・楊時泰《本草述鉤元》卷二九　白蝸螺殼　非溪湖中所生，或屋上牆壁上，年久者良。

氣味甘寒。主痰飲積及胃脘痛，治反胃膈氣，痰嗽。濕痰，心痛，白螺螄殼洗淨，燒存性，研末，酒服方寸匕，立止。膈氣疼痛白玉散，用壁上陳白螺螄燒研，每服一錢，酒下甚效。痘瘡不收，牆上白螺螄殼洗淨，煅研摻之。

論：田贏產於水田中，非海贏。其殼旋文，其肉視月盈虧。王充云：月毀於天，螺消於淵。夫月乃水之精，故海潮與月相應，而茲物又應於月，是亦乘至陰之精氣以化生者。觀噤口痢等病，皆搗爛和他藥貼臍上下，非取其乘至陰之化者，用以化陰中之氣而開陽結歟。至蚌、蛤、蜆之殼與田螺大同小異。惟丹溪所用白螺殼，乃不生泥水中，而陳朽粘於牆屋者。蓋其感地中陰濕之氣以生，乃上升於牆屋，或又乘於他氣以化。凡用諸殼，本皆取其金氣以破痰結，而此殼色白，更得金氣以專，以濕土始而以燥金終，宜為痰飲積及胃脘痛之的對矣。夫痰飲皆因濕化而畜其正氣，此白螺殼似當止治濕痰之結，不比於蛤、蚌、田贏之殼能開濕熱之痰也。

清・趙其光《本草求原》卷一七介部　白螺螄殼　生於屋下陰濕之地，升於牆壁之上，朽腐而粘於牆屋間，風日吹曝，其色大白，氣味雖甘寒，而金氣尤厚。凡蛤殼皆外剛，屬金，而此尤足於金。故能燥濕運脾以開痰結。凡痰蓄肺氣而為心痛，膈痛，胃脘痛，或反胃，皆宜燒存性酒下。

清・王孟英《隨息居飲食譜・鱗介類》　螺螄　甘，寒。清熱，功遜田螺。過清明不可食。

清・戴葆元《本草綱目易知錄》卷五　蝸贏水螺螄　肉，甘，寒。煮食，明目止渴，解熱醒酒，下水氣，通淋濁，利大小便，消黃癉水腫。治反胃痢疾，脫肛痔漏，痘疹後目瞖。【略】

爛殼：治痰飲積及胃脘痛，反胃膈氣，痰嗽，鼻淵，脫肛痔疾。研末，敷下疳瘡癬。油調，塗湯火傷瘡。

石上螺螄

明・蘭茂撰，清・管暄校補《滇南本草》卷下　旱螺　性微寒，味鹹，無毒。治瘰癧，癰疽毒瘡。生山岩者，殼治反胃病，肉入冰片，治痔瘡。昔一人得反胃病，胸膈飽脹，飲食不下，下喉即吐，口涎并出。後得此方服之，服即愈。旱螺殼新瓦焙乾，為末，每服一錢，好春茶送下。

明・蘭茂《滇南本草》〔叢本〕卷下　漢螺　味酸，有毒。療癰疽毒瘡。生山岩者，殼治反胃症。入冰片治痔漏症。一人得反胃病，胸膈飽脹，飲食不下，口吐痰涎，後得此方，用殼放新瓦上焙乾，共為細末，每服一錢，用好春茶湯下。

清・趙學敏《本草綱目拾遺》卷一〇介部　石上螺螄　俗名鬼螺螄，形如海螄而小，秋冬常在牆脚石隙中，夏月在溼地青苔上，取用洗去土。

治黃疸：《慈航活人書》：取石上螺螄半盌，搗如泥，無灰白酒頓熱沖服之。疔：《濟世良方》：黃風膏治疔瘡，及頭面熱毒瘡。雄黃一兩，釘銹、白梅肉各五錢，消風散一兩，夏月加鬼螺螄二十個，共研細末，苦鹽滷調勻，貯瓷罐內。凡患疔腫毒瘡，用銀鍼挑破毒頂，敷上此藥，以綿紙蓋定，其毒收斂不走，三日後即愈。《黃氏醫抄》：取細長小鬼螺螄搗爛，連殼敷患處，露頭出膿，次日即可消。拔疔：《保合堂秘方》：鬼螺螄一個，荔枝核三個，煅存性，白梅肉六個，共搗爛成膏，貼之。取出疔根後用八寶丹收功。鼻疔：《慈航活人書》：花盆中青螺二三個，同鹽搗塗，立效。白火丹：《集聽》：丹有五種，青、黃、赤、白、黑，黃白易治，黑丹莫救，青丹十日內可治，赤丹亦然，俱不可見燈火，食鹽物。治法：取溪澗中鬼螺螄，酒煮食，即消。痕瘇氣悶者，食數次愈。三漏丸：《活人書》：治穿屁漏、通腸漏、瓜藤漏，皆溼熱之邪毒，殺蟲退管穩當之劑。土蜂窩煅、鬼螺螄煅、蟬蜕煅各七錢，乳香、沒藥、川萆薢酥炙、陳棕煅、管仲煅各五錢，豬懸蹄甲煅十個，刺蝟皮炙一個，雷丸三錢，黃蠟四兩化開，加麻油六七匙，入藥為丸桐子大，每服六七十丸，空心白湯下。通經：《周氏家寶》：鬼螺螄十四個研碎，油紙攤貼臍上，縛定週時。此螺生在陰處。

田螺

宋・李昉《太平御覽》卷九四一　螺　《淮南子》曰：贏蠬愈蠋睆，贏，附螺也。蠬，細長螺也。蠋睆，目中疾。此皆治目之藥也。人無故而求此物者，必有蔽其明也。

附：日・丹波康賴《醫心方》卷三〇　田中螺汁　《本草》云：大寒。

主目熱赤痛，止渴。陶〔弘〕景注云：生田水中及湖瀆岸側，形圓大如梨柿者，人亦煮食之。療熱，醒酒止渴。患眼痛，取真珠并黄連，內(㕓)〔靨〕裏，久汗出，取以注目中，多差。蘇敬注云：殼，療尸注，心腹痛。又主失精。《拾遺》云：煮食，利之大小便，去腹中結熱，目黄，脚氣衝上，少腹急硬，小便赤澀，手脚浮腫。生水浸取汁飲之，止消渴。此物至難死，有誤泥於壁中卄歲猶活。崔禹〔錫〕云：田中贏子，味鹹，小冷，無毒。主醒酒。冷補之。

宋・唐慎微《證類本草》卷二二蟲魚部下品〔《别録》〕 田中螺汁　大寒。主目熱赤痛，止渴。

〔梁・陶弘景《本草經集注》〕云：生水田中及湖瀆岸側，形圓大如梨、橘者，人亦煮食之。煮汁，亦療熱，醒酒，止渴。患眼痛，取真珠并黄連内其中，良久汁出，取以注目中，多差。

〔唐・蘇敬《唐本草》〕注云：《别録》云：殼，療尸疰、心腹痛，又主失精。水漬飲汁，止瀉。

〔宋・馬志《開寶本草》〕按：《陳藏器本草》云：田中螺，煮食之，利大小便，去腹中結熱，目下黄，脚氣衝上，小腹急硬，小便赤澀，脚手浮腫。生浸取汁飲之，止消渴，碎其肉，傅熱瘡。爛殼燒爲灰末服，主反胃。

〔宋・掌禹錫《嘉祐本草》〕按：《蜀本圖經》云：生水田中，大如桃李，狀類蝸牛而尖長，青黄色，夏秋採之。《藥性論》云：田螺汁，亦可單用。主治肝熱，目赤腫痛。取大者七枚，洗淨，新汲水養去穢泥，重换水一升浸洗，仍旋取於乾淨器中，著少鹽花於口上，承取自出者，用點目。逐箇如此用了，卻放之。日華子云：田螺，冷，無毒。治手足腫及熱瘡，生研汁傅之。

〔宋・唐慎微《證類本草》〕陳藏器云：在水田中，圓大者是。小小泥有稜名螭螺，亦止渴，不能下水。食之當先米泔浸去泥，此物至難死，有誤泥在壁中，三十年猶活，能伏氣飲露唯生，穿散而出即死。爛殼燒爲灰末服，主反胃、胃冷，去卒心痛。《食療》云：大寒。汁飲療熱、醒酒、壓丹石。不可常食。《聖惠方》：治連月飲酒咽喉爛，舌上生瘡。水中螺、蚌肉、葱、豉、椒、薑煮，飲汁三兩盞，差。《食醫心鏡》：主消渴，飲水日夜不止，口乾，小便數。田中螺五升，水一斗，浸經宿，渴即飲之。每日一度易水换生螺爲妙。又方云：以水三升煮，取汁，渴即飲之，螺即任喫。

宋・王繼先《紹興本草》卷一七 田中螺　紹興校定：田中螺汁，乃田螺汁是也。主治已具《本經》而不載有無毒，但云大寒，當作性凉、無毒為定。處處田澤皆産之。然但陳久者，殼(曉)〔燒〕粉傅瘡，近世用之頗驗。

宋・洪邁《夷堅志・三志辛》卷五 螺閉結　饒醫熊彦誠，年五十五歲，病前後便溲不通伍日，腹脹如鼓，同輩環坐候視，皆不能措力。與西湖妙果僧慧月相善，遣信邀至訣别。月驚馳而往，過釣橋，逢一異客，風姿瀟洒出塵，揖之曰：方外高士，何孑孑趨走如此？月曰：一善友久患閉結，勢不可料，急欲往問之。客曰：此易事耳，待奉施一藥。即脱靴入水，探一大螺而出，曰：事濟矣。持抵其家，以鹽半匕和殼生擣碎，置病者臍下三寸三分，用寬帛緊繫之，仍辦濁器以須其通。月未深以為然，姑巽謝之而前。及見熊，昏不知人，妻子聚泣，諸醫知無他策，漫使試之，曾未安席，砉然暴下，醫媿歎而散。

宋・陳衍《寶慶本草折衷》卷一七 田螺汁肉及殼附。　小者名螭螺。生水田，及湖瀆岸側。○夏秋採，亦無時。收大者洗淨，新汲水養，去穢泥，重换水浸洗，漸取於乾淨器中，著少鹽花於口處，取自出之汁而用。用了放之。○或以黄連末入口，取其汁亦得。

大寒，無毒。○主目熱赤痛，止渴。○《蜀本》云：大如桃李，狀類蝸牛而尖長，青黄色。○《藥性論》云：治肝熱，目赤腫痛，取點目。○日華子云：治手足腫及熱瘡，生汁傅之。○《食療》云：醒酒，壓丹石。

附：肉。○利大小便，去腹中熱結，目黄，脚氣衝上，小腹急硬，小便赤澀，脚手浮腫，及飲酒咽喉爛痛，治以葱、豉、椒、薑，煮飲汁差。又傅熱瘡，碎其肉傅。

附：殼灰在內。○療尸疰，心腹痛，失精，止泄。反胃，胃冷心痛，燒為灰服。

續說云：田螺殼燒存性，宜入藥，以治□瘡。或收田池中自然空殼尤妙，經煮者力劣。食其肉過多，則發腸胃間冷疾。

元・忽思慧《飲膳正要》卷三 螺　味甘，大寒，無毒。治肝氣熱，止渴，解酒毒。

明・蘭茂撰，清・管暄校補《滇南本草》卷下 田螺　性大寒，味微鹹。解酒毒，止嘔吐惡心，反胃。

附單方：治單腹脹良效。田螺一個，葱頭三個，(射)〔麝〕香二分，共搗爛，填臍內，上用帕束定，過一宿，以利為度。又方：治體臭。田螺一個，冰片二分，將田螺入磁器內，入冰片，隔一宿，化為水，將水搽兩腋上，臭自止。此方治好數十人兩腋體臭氣，立效。

明・蘭茂撰，清・管暄校補《滇南本草》卷上　南螺　味甘。滋陰降火，清肺理氣。

明・蘭茂撰，清・管暄校補《滇南本草》卷下　白螺　性溫，味鹹。治痞積，治五積六聚，肚腹冷寒久痛，噎隔，飲食不下。引用燒酒，服。

明・蘭茂《滇南本草》〔叢本〕卷下　田螺絲　單方：治單腹脹疼，效驗。田螺一個、葱頭三錢、（射）〔麝〕香二錢，共搗爛，填臍上，用油帕包，過一宿，以痢為度。搽腋臭方：田螺二錢、冰片二分，將田螺搗爛，入磁罐內，加冰片，露一宿，化為水，搽兩腋下，臭氣必止。

明・蘭茂《滇南本草》〔叢本〕卷下　白螺粉　味鹹，性溫。消痞積，五積六聚，肚腹寒冷，飲食不下。燒酒為引，冲服。

明・王綸《本草集要》卷六　田中螺　氣大寒。生水田，大如桃李者。主目熱赤痛，取黃連末，內其中良久，汁出，取以注目中。生浸取汁飲之，止消渴。碎其肉，傅熱瘡。爛殼，燒末服，主反胃。煮汁飲，療熱醒酒。

明・滕弘《神農本經會通》卷一〇　田中螺汁　生水田，大如桃李者是。小者不能下水。

　氣大寒，一云：冷，無毒。　《本經》云：主目熱赤痛，止渴。陶隱居云：煮汁，亦療熱，醒酒，止渴。患眼痛，取真珠并黃連末，內其中，良久汁出，取以注目中，多差。《别録》云：殼，療尸疰心腹痛，又主失精。水漬飲汁，止瀉。陳藏器云：田中螺，煮食之，利大小便，去腹中熱結，目下黃，脚氣衝上，小腹急硬，小便赤澁，脚手浮腫。生浸水汁飲之，止消渴。碎其肉，傅熱瘡。爛殼，燒為灰，末服，主反胃。《藥性論》云：田螺汁，亦可單用。治肝熱，目赤腫痛，取大者七枚，洗淨，新汲水養，去穢泥，重換水一升，浸洗，仍旋取於乾淨器中，著少鹽花於口上，承取自出者，用點目，逐箇如此，用了却放之。日華子云：田螺，冷，無毒。治手足腫及熱瘡，生研汁，傅之。《局》云：田螺無毒性寒過，專治雙眸赤熱多。肉傅熱瘡反胃殼，汁能醒酒渴同科。田螺，去目熱。殼，主反胃。

明・劉文泰《本草品彙精要》卷三一　田中螺無毒。附蝸尸揚切螺。胎生。

　田中螺汁：主目熱赤痛，止渴。名醫所錄。　〔地〕陶隱居云：狀類蝸牛，形圓而極高大，小者如桃、李，大者如梨、橘，人亦煮食之。今湖濱岸側多有，入藥以水田中者佳。一種小而有棱者，名螪螺，亦止渴，不能下水。此物至難死。爛殼燒灰爲末服，主反胃，胃冷。及卒心痛，或用之。〔時〕生：無時。採：夏秋取。〔色〕青黃。〔味〕甘。〔性〕寒。〔氣〕氣之薄者，陽中之陰。〔臭〕腥。〔治〕療：陶隱居云：汁，除熱，醒酒。《唐本》注云：殼，療尸疰，心腹痛。又主失精，水漬飲汁，止瀉。日華子云：田螺，治手足腫及熱瘡，生研汁，傅之。陳藏器云：田中螺，煮食之，利大小便，去腹中結熱，目下黃，脚氣衝上，小腹急硬，小便赤澀，手脚浮腫。〇碎其肉，傅熱瘡。《食療》云：汁，服之，壓丹石。〔合治〕水中螺、蚌肉合葱、豉、椒、薑煮汁飲三兩盞，治連月飲酒咽喉爛，舌上生瘡。〇田中螺大者七枚，洗淨，新汲水養去穢泥，重換水一升浸洗，旋取於乾淨器中，著少鹽花於口上，承取自出者，用點目中，治肝熱，目赤腫痛。〔禁〕不可常食。

明・盧和、汪穎《食物本草》卷四魚類　田螺　氣大寒，主目熱赤痛，取黃連末內其中，汁出，用以點目。生浸，取汁飲之，治消渴，又利大小便，腹中結熱，脚氣上衝，脚手浮腫，解酒過多喉舌生瘡。碎其肉，傅熱瘡。爛殼燒末，主反胃。煮汁，治急黃。螺螄用同海螺，治目痛。

明・許希周《藥性粗評》卷四　熱煩大簡於田螺。

田螺，螺螄也。生水田池澤中。一種生砂石水中，頭尖緊小者，俗名石螺。皆可烹食。採得先以淨水浸一二日，頻頻換水，臨烹錐透眼底，然後入鍋。味甘，性寒，無毒。主治結熱煩亂，脚氣浮腫，目黃，大小便不利，醒酒止渴，及連日飲酒舌爛口瘡，並以五味調煮食而飲之。

單方：胃冷翻食：螺螄殼不拘多少，燒存性，研末，每服一錢匕，薑湯調服，日二三次，差。目赤生翳：生螺螄三四枚，以鹽着其口上，承取其汁，以滴目中，日三四次，甚妙。

明・鄭寧《藥性要略大全》卷一〇　田螺　去目熱，止反胃。汁能醒酒，洗瘀血惡瘡。味甘，苦，性寒，無毒。

明・陳嘉謨《本草蒙筌》卷一一　田螺　性冷。無毒。生水田中，及湖瀆岸側。如桃李大，類蝸牛尖長。色則青黃，採于秋夏。濁酒煮熟，挑肉食之。利大小便，消浮腫甚捷；去臟腑熱，壓丹石尤良。仍治脚氣上衝，小腹急硬；更毆肝熱上擁，兩目赤疼。醒酒殊功，止渴立効。爛殼多取，燒末湯吞。主反胃胃寒，溢遺精精滑。卒暴心痛，服下即除。又大海螺，汁亦明目。

明・王文潔《太乙仙製本草藥性大全》卷八《本草精義》 田螺 生水田中及湖瀆岸側。如桃李大，類蝸牛尖長，色則青黄。採于秋夏，濁酒煮熟，挑圓大者是。小小泥有稜，名螭螺，亦止渴，不能下水。食之當先米泔浸去泥。此物至難死，有誤泥在壁中，三十年猶活，能伏氣飲露唯生，穿散而出即死，爛殼燒爲灰末服。

明・王文潔《太乙仙製本草藥性大全》卷八《仙製藥性》 田螺 味甘，性冷，無毒。主治：利大小便，消浮腫甚捷；去臟腑熱，壓丹石尤良。仍治脚氣上衝，小腹急硬。敺肝熱上擁，兩目赤疼。醒酒殊功，止渴立效。

補註：治連月飲酒，咽喉爛，舌上生瘡。水中螺蚌肉，葱、豉、椒、薑煮，飲汁三兩盞差。〇主消渴飲水，日夜不止，口乾，小便數，田中螺五升，水一斗，浸經宿，渴即飲之，每日一度，易水換生螺爲妙。〇又以水三升，煮取汁，渴即飲之，螺即任喫。〇患眼痛，取真珠并黄連内其中，良久汁出，取以注目中多差。〇療尸疰，心腹痛，又主失精。水漬飲汁，止瀉大效。〇主治肝熱，目赤腫痛，取大者七枚，洗净，新汲水養去穢泥，重換水一升浸洗，仍旋取於乾净器中，着少鹽花於口上，承取自出者，用點目，逐個如此，用了却放之。〇治手足腫及熱瘡，生研汁傅之。〇爛殼多取燒末，湯吞，主反胃胃寒，溢遺精精滑，卒暴心痛，服下即除。

明・皇甫嵩《本草發明》卷六 田螺下品。性冷。主目熱赤痛，止渴。夏秋間濁酒煮食，利大小便，消浮腫，去藏府熱，壓丹石，治目黄，脚氣上衝，小腹急硬及肝熱上壅，兩目赤疼，醒酒止渴。取黄連末，内其中，良久汁出，取注目中，除目赤痛。碎其肉，傅熱瘡。爛殼多取，燒末，湯調服，主反胃胃寒，溢遺精，卒（心）心痛。〇蝸籬，一名螺螄。味甘，性凉。主燭館，明目下水。

明・李時珍《本草綱目》卷四六介部・蚌蛤類 田螺《别録》上品

【集解】弘景曰：田螺生水田中，及湖瀆岸側。形圓，大如梨、橘，小者如桃、李，人煮食之。保昇曰：狀類蝸牛而尖長，青黄色，春夏采之。時珍曰：螺，蚌屬也。其殼旋文。其肉視月盈虧，故王充云：月毁於天，螺消於淵。《説卦》云：離爲螺，爲蚌，爲龜，爲鼈，爲蟹。皆以其外剛而内柔也。

肉【氣味】甘，大寒，無毒。【主治】目熱赤痛，止渴《别録》。煮汁，療熱醒酒。用真珠、黄連末内入，良久，取汁注目中，止目痛弘景。煮食，利大小便，去腹中結熱，目下黄，脚氣衝上，小腹急硬，小便赤澀，手足浮腫。生浸取汁飲之，止消渴。擣肉，傅熱瘡藏器。壓丹石毒孟詵。利濕熱，治黄疸。擣爛貼臍，引熱下行，止噤口痢，下水氣淋閉。取水，搽痔瘡胡臭。燒研，治瘰癧癬瘡時珍。

【附方】舊二，廿一。消渴飲水：日夜不止，小便數者。《心鏡》用田螺五升，水一斗，浸一夜，渴即飲之。每日一換水及螺。或煮食飲汁亦妙。〇《聖惠》用糯米二升，煮稀粥一斗，冷定。入田中活螺三升在内，待食粥盡，吐沫出，乃收飲之，立效。肝熱目赤：《藥性論》用大田螺七枚洗净，新汲水養去泥穢，換水一升浸洗取起。於净器中，着少鹽花於甲内，承取自然汁點目。逐個用了，放去之。爛弦風眼：方法同上，但以銅緑代鹽花。飲酒口糜：螺、蚌煮汁飲。《聖惠》。酒醉不醒：用水中螺、蚌，葱、豉煮食飲汁，即解。《肘後》。小便不通：腹脹如鼓。用田螺一枚，鹽半匕，生擣，傅臍下一寸三分，即通。熊彦誠曾得此疾，異人授此方果愈。《類編》。噤口痢疾：用大田螺二枚擣爛，入麝香三分作餅，烘熱貼臍間。半日，熱氣下行，即思食矣，甚效。丹溪。腸風下血：因酒毒者。大田螺五個，燒至殻白肉乾，研末，作一服，熱酒下。《百一》。大腸脱肛：脱下三五寸者。用大田螺二三枚，將井水養三四日，去泥。用鷄爪黄連研細末，入靨内，待化成水。以濃茶洗净肛門，將鷄翎蘸掃之。以軟帛托上，自然不再復發也。《德生堂經驗方》。反胃嘔噎：田螺洗净水養，待吐出泥，澄取晒半乾，丸梧子大。每服三十丸，藿香湯下。爛殼研服亦可。《經驗方》。水氣浮腫：用大田螺、大蒜、車前子等分，擣膏攤貼臍上，水從便旋而下。象山縣民病此，得是方而愈。仇遠《稗史》。酒疸諸疸：用田螺將水養數日，去泥，取出生擣爛，入好酒内，用布帛濾過，將汁飲之，日三服，日效。《壽域》。脚氣攻注：用生大田螺擣爛，傅兩股上，便覺冷趨至足而安。又可傅丹田，利小便。董守約曾用有效。《稗史》。痔漏疼痛：《乾坤生意》用田螺一個，入片腦一分在内，取水搽之。仍先以冬瓜湯洗净。〇孫氏：用田螺二枚，用針刺破，入白礬末同埋一夜，取螺内水掃瘡上，又善能止痛也，甚妙。〇《袖珍》用馬齒莧湯洗净，擣活螺螄傅上，其病即愈。腋氣胡臭：《乾坤生意》用田螺一個，水養，俟靨開，挑巴豆仁一個在内，取置盃内，夏一夜，冬七夜，自然成水。常取搽之，久久絶根。〇又方：大田螺一個，入麝香三分在内，埋露地七七日，取出。看患洗拭，以墨塗上，再洗，看有墨處是患竅，以螺汁點之，三五次即瘥。瘰癧潰破：用田螺連肉燒存性，香油調搽。《集要方》。疔瘡惡腫：用田螺入冰片，化水點瘡上。《普濟》。風蟲癬瘡：用螺螄十個，槿樹皮末一兩，同入碗内蒸熟，擣爛，入礬紅三錢，以鹽水調搽。孫氏。　繞指毒瘡：生手足指上。以活田螺一枚，生用擣碎縛之，即瘥。《多能鄙事》。　妬精陰瘡：大田螺二個，和殼燒存性，入輕粉同研，傅之，效。《醫林集要》。

殼　【氣味】甘，平，無毒。　【主治】燒研，主尸疰心腹痛，失精，止瀉《別録》。爛者燒研水服，止反胃，去卒心痛藏器。爛殼研細末服之，止下血，小兒驚風有痰，瘡瘍膿水時珍。

【附方】新三。　心脾痛：不止者，水甲散主之。用田螺殼，溪間者亦可，以松柴片層層疊上，燒過火，吹去松灰，取殼研末。以烏沉湯、寬中散之類，調服二錢，不傳之妙。《集要》。　小兒頭瘡：田螺殼燒存性，清油調，摻之。《聖惠》。　小兒急驚：遠年白田螺殼燒灰，入麝香少許，水調灌之。《普濟》。

明・梅得春《藥性會元》卷下　田中螺　大寒，無毒。　主治目中熱赤腫，止渴。不可多食。　其肉：　敷熱瘡。　殼：　主治反胃。　汁：　能醒酒。

明・穆世錫《食物輯要》卷七　田螺　味甘，性大寒，無毒。壓丹石毒，解酒，去濕熱，利小水，治目病黃疸、脚氣。有冷積人勿食。小者名螺螄。性味、功用相同。

明・李中立《本草原始》卷一一　田螺　《別録》曰：田贏，生水田中，狀類蝸牛，圓大如桃李。時珍曰：蚌屬也。《證類本草》載名田中螺。肉氣味：甘，大寒，無毒。主治：目熱赤痛，止渴。○煮汁，療熱醒酒。用真珠、黃連末內入，良久，取汁注目中，止目痛。煮食，利大小便，去腹中結熱，目下黃，脚氣衝上，小腹急硬，小便赤澀，手足浮腫。擣肉傅惡瘡。○壓丹石毒。○利濕熱，治黃疸。擣爛貼臍，引熱下行，止噤口痢，下水氣淋閉。取水搽痔瘡、胡臭。燒研，治瘰癧癬瘡。　田螺殼　主治：燒研，主尸疰心腹痛，失精止瀉。○爛者燒研水服，止反胃，去卒心痛。　《聖惠方》：治小兒頭瘡，田螺殼燒存性，清油調摻之。田螺，《別錄》下品。田螺似蝸牛，負殼而大。

蝸牛、蛞蝓、田螺，三者功用不大相遠。

明・張懋辰《本草便》卷二　田螺　氣大寒。　主目熱赤痛，取黃連末內其中，良久汁出，取以注目中。生浸取汁飲之，止消渴；碎其肉傅熱瘡；爛殼燒末服，主反胃；煮汁飲，療熱醒酒。

明・吳文炳《藥性全備食物本草》卷三　田螺　味甘，性冷，無毒。利大小便，消浮腫，去臟腑熱，壓丹石毒，解酒去濕熱，治目病，黃疸脚氣。有冷積人勿食。

明・繆希雍《本草經疏》卷二二　田中螺汁　大寒。主目熱赤痛，止渴。

【疏】田螺，產於水田中，稟水土之陰氣，故其汁大寒，味應甘，性無毒。陶隱居以真珠、黃連末內入，良久取汁點目痛，神效。以其寒能除熱也。解一切有餘之熱，故能止渴及醒酒。　【主治參互】丹溪方治噤口痢疾，用活大田螺二枚，擣爛，入麝香三分，作餅，烘熱貼臍間。半日熱氣下行，即思食矣。甚效。　又方，治小便不通，腹脹如鼓。用田螺一枚，鹽半匕，生擣，傅臍下一寸三分，即通。　《經驗方》大腸脫肛墜下三五寸者，用大田螺二三枚，將淨水養去泥，用雞爪黃連研細末，入靨內，待化成水，以濃茶洗淨肛門，將雞翎蘸水刷之，以軟帛托上，自然不再發也。　《乾坤生意》痔漏疼痛，用田螺一箇，入龍腦一分在內，取水搽之效。　【簡誤】目病非關風熱者，不宜用。

明・倪朱謨《本草彙言》卷一九　田螺肉　味微苦，氣大寒，無毒。　陶氏曰：螺，生水田中及湖塘岸側。狀類蝸牛而尖長，較蝸牛稍大。其色青黃，其文左旋。

田螺肉：　去腹中結熱，日華子利大小腸之藥也。吳養元曰：　按李時珍云：螺，蚌屬也。其殼文旋左，其肉靨隨月盈虧，月盈則肉靨滿，月虧則肉靨陷，純乎得太陰至陰之清氣也。故諸家本草，統治一切熱疾，《別錄》如目痛腫赤，大便結閉，陳藏器小便不通，李時珍禁口痢疾，日華子黃疸濕熱，陶隱居水氣浮腫，消渴熱中，孟詵丹石毒發，《千金翼》痔瘡痛脹等證。或內服食，或外掩貼，一用即平。如病非關火閉氣結者勿用。

集方：《藥性論》治時行風火暴發赤眼，痛澀難忍。用大田螺七枚洗淨，新汲水養去泥穢，再換水養，先取一個于淨碗內，着少鹽花於靨內，承取自然汁點目，逐個用了，隨放水中。如治爛弦風眼，本方再加銅綠末數釐，和鹽花內。○《食療方》治老人大便秘結不通。以田螺數枚，水煮熟去殼，以原湯少許，調和葱、椒、油、醬食之。○《類編方》治小便不通，腹脹如臌。用田螺一枚，連殼擣爛，和食鹽三分、麝香五釐，烘熱，敷臍下一寸即通。此法兼治禁口痢疾，能使積毒下行，即思食矣。○《壽域方》治黃疸濕熱。用田螺二枚，水養一日，去泥，取出連殼生搗，入好酒一鍾，布帛濾過，將汁飲之，三服效。〇仇氏方治水氣浮腫。用田螺二個，大蒜肉一個去衣，芥辣子二錢，三味同搗勻，隔帛貼臍上二寸，一周時，水從小便旋旋而下。〇《聖惠方》治上消渴飲不厭。用田螺十個，和糯米作粥，去螺，食粥盡，吐涎沫，乃收飲之，立效。〇《方脉正宗》治丹石發毒。用田螺十個，和綠豆五合煮食并汁盡，作五製即解。〇《小品方》治痔瘡腫痛。用田螺一個，揭開靨，入冰片五釐，取水塗痔即消。〇治大小便不通。用田螺三枚搗爛，入青鹽三分，攤成膏，貼在臍下一寸即愈。用蝸牛亦可。此方治熱閉者極效。

明・姚可成《食物本草》卷一一介部・蚌蛤類　田蠃音螺。生水田中及湖瀆岸側。形圓，大者如梨、橘，小者如桃、李，人煮食之。〇李時珍曰：螺，蚌屬也。其殼旋文。其肉視月盈虧，故王充云：月毀於天，螺消於淵。《說卦》〔云〕：離為蠃，為蚌，為龜，為鼈，為蟹。皆以其外剛而內柔也。　田蠃肉，味甘，大寒，無毒。治目熱赤痛，止渴。煮汁，療熱醒酒。用真珠、黃連末內入，良久，取汁注目中，止目痛。煮食，利大小便，去腹中結熱，目下黃，脚氣衝上，小腹急硬，小便赤澀，手足浮腫。利溼熱，治黃疸，壓丹石毒。生浸取汁飲之，止消渴。搗肉，傅熱瘡。搗爛貼臍，引熱下行，止禁口痢，下水氣淋閉。取水，搽痔瘡胡臭。燒研，治瘰癧癬瘡。不可多食，令腹中痛。

附方：治小便不通，腹脹如鼓。用田螺一个，鹽半匕，生搗傅臍下一寸三分，即通。熊誠彥曾得此疾，異人授此方，用之果愈。　治禁口痢疾。用大田螺二枚，搗爛，入麝香三分作餅，烘熱貼臍間。半日，熱氣〔下〕行，即思食矣。　治酒醉不醒。用水中螺、蚌，葱、豉煮食飲汁，即消。　治大腸脫肛。用大田螺三五枚，將井水養一二日，去泥。用雞爪黃連研細末，入靨內，待化成水，以濃茶洗淨肛門，將雞翎蘸掃之。以軟帛托上，即愈。　治妬精陰瘡。大田螺二个，和殼燒存性，入輕粉同研，傅之，效。　治腋氣胡臭。用田螺一个，水養，俟靨開，挑巴豆仁一个在內，取置盃中，夏一夜，冬七夜，自然成水。常取塗之，久久絕根。〇又方：用大田螺一个，入麝香三分在內，埋露地七七日，取出。看患洗拭，以墨塗上，再洗，看有墨處是患竅，以螺汁點之，三五次即瘥。

明・顧逢柏《分部本草妙用》卷一〇水族部　田蠃　甘，大寒，無毒。主治：目熱赤痛，止渴，醒酒。用真珠、黃連末入良久，取汁點目中，止痛。利大小便，腹中結熱，脚氣冲上，小腹急硬，小便赤澀。或取汁飲，或搗爛，入麝少許，貼臍見効。利濕熱，除黃疸，貼臍引熱下行。止噤口痢，治瘰癧癬瘡。

明・孟笨《養生要括・介類》　田蠃　味甘，大寒，無毒。治目熱赤痛，止渴。煮食，療熱醒酒。用真珠、黃連末納入良久，取汁注目中，止目痛。煮食，利大小便，去腹中結熱，目下黃，脚氣衝上。小腹急硬，小便赤澀，手足浮腫，生浸取汁飲之。搗肉，傅熱瘡。壓丹石毒，利濕熱，治黃疸。搗爛貼臍，引熱下行，止噤口痢，下水氣淋閉。取水搽痔瘡、胡臭。燒研，治瘰癧癬瘡。

明・蔣儀《藥鏡》卷四寒部　田螺汁　止渴能停痔痛，醒酒更提脫肛。痢疾禁口必危，爛搗入麝，烘貼臍間，過半日自然思食。尿閉腹脹難忍，生搗加鹽，傅紮臍下約寸餘，俄頃流通。納真珠與黃連，悠閒取汁，點風熱之目痛，豁亮無虞。

明・施永圖《本草醫旨・食物類》卷五　田螺生水田中。　肉：味：甘，大寒，無毒。治：目熱赤痛，止渴。煮汁，療熱醒酒。用真珠、黃連末，內入良久，取汁注目中，止目痛。煮食，利大小便，去腹中結熱，目下黃，脚氣衝上，小腹急硬，小便赤澀，手足浮腫。生浸取汁飲之，止消渴。搗肉，傅熱瘡。壓丹石毒，利濕熱，治黃疸。搗爛貼臍，引熱下行，止禁口痢，下水氣淋閉。取水，搽痔瘡、胡臭。燒研，治瘰癧癬瘡。

附方　飲酒口糜：螺蚌煮汁飲。酒醉不醒：用水中螺、蚌，葱、豉煮食，飲汁即解。小便不通：腹脹如鼓，用田螺一枚，鹽半匕，生搗，傅臍下一寸三分，即通。禁口痢疾：用大田螺二枚，搗爛，入麝香三分，作餅，烘熱貼臍間半日，熱氣下行，即思食矣。甚效。腸風下血：因酒毒者，大田螺五箇，燒至殼白肉乾，研末，作一服，熱酒下。反胃嘔噎：田螺洗淨水養，待吐出泥，澄取，晒半乾，丸梧子大，每服三十丸，藿香湯下。爛殼，研服亦可。瘰癧潰破：用田螺連肉燒存性，香油調搽。疔瘡惡腫：用田螺入冰片，化水點瘡上。風蟲癬瘡：用螺螄十箇，槿樹皮末一兩，同入碗內，蒸熟搗爛，入礬紅三錢，以鹽水調搽。繞指毒瘡：生手足指上，以活田螺一枚，生用搗碎，縛之即瘥。

殼：味：甘，平，無毒。治：燒研，主尸疰心腹痛，失精，止瀉。爛者燒研水服，止反胃，去卒心痛。爛殼研細末服之，止下血，小兒驚風有痰，瘡瘍膿水。

附方　小兒頭瘡：田螺殼燒存性，清油調摻之。小兒急驚：遠年白田螺殼燒灰，入麝香少許，水調灌之。

清·顧元交《本草彙箋》卷九 田蠃 俗稱田螺。其汁大寒，寒能除熱，故解一切有餘之熱。 治噤口痢，以活大田螺二枚，搗爛，入麝香三分，作餅烘，熱貼臍間，半日熱氣下行，即思食矣。 治小便不通，腹脹如鼓者，用田螺一枚，鹽半匕，生搗，傅臍下一寸三分，即通。

清·穆石匏《本草洞詮》卷一七 田蠃 蠃，蚌屬也。其殼旋文，其肉視月盈虧，故王充云：月毀于天，蠃消于淵也。肉甘，大寒，無毒。治目赤痛，止渴，利大小便，治黃疸。搗爛貼臍，引熱下行，止禁口痢。取水搽痔瘡、胡臭。燒研治瘰癧癬瘡。

清·丁其譽《壽世秘典》卷四 田蠃生水田中及湖瀆岸側，狀類蝸牛而尖長，其殼旋文，青黃色，其肉視月盈虧。 氣味：甘，大寒，無毒。治目熱赤痛，止渴，醒酒，利大小便，去腹中結熱，治黃疸。搗爛貼臍，引熱下行，止噤口痢，下水氣，淋閟。取水，搽痔瘡、胡臭。燒研，治瘰癧、癬瘡。

清·劉雲密《本草述》卷二九 田蠃 前蛤蚌，海產與江湖所產但少有異耳。田蠃指水田及湖濱之蠃，其用殊迴於海蠃，未可例視也。

肉：氣味：甘，大寒，無毒。 主治：去腹中結熱，利溼熱。搗爛貼臍間，引熱下行。開禁口痢，並治小便不通，小腹急硬及水氣浮腫。取其汁治下消渴，肝熱目赤，大腸脫肛，痔漏疼痛及黃疸。 希雍曰：田螺產於水田中，稟水土之陰氣，故其汁大寒，味應甘，性無毒，解一切有餘之熱。

附方 禁口痢疾，用大田螺二枚，搗爛，入麝香三分，作餅烘熱，貼臍間，半日熱氣下行，即思食矣，甚效。 小便不通，腹脹如鼓，用田螺一枚，鹽半匕，生搗，傅臍下一寸三分，即通。 水氣浮腫，用大田螺、大蒜、車前子等分，搗膏攤貼臍上，水從便旋而下。 消渴飲水，日夜不止，小便數者，用糯米二升，煮稀粥一斗，冷定，入田中活螺三升在內，待食粥盡，吐沫出，乃收飲之，立效。 消渴而小便數者，乃下消也，唯治此而不槩治上中，則其化於至陰之氣也可思。 肝熱目赤，用大田螺七枚，洗淨，新汲水養，去泥穢，換水一升，浸洗，取起於淨器中，着少鹽花於甲內，承取自然汁，點目，逐個用了放去之。 大腸脫肛，脫下三五寸者，用大田螺二三枚，將井水養三四日，去泥，用雞爪黃連研細末，入靨內，待化成水，以濃茶洗淨肛門，將雞翎蘸掃之，以軟帛托上，自然不再復發也。 痔漏疼痛，用田螺一個，入片腦一分在內，取水搽之，仍先以冬瓜湯洗淨。 希雍曰：目病非關風熱者不宜用。

殼：氣味：甘，平，無毒。

附方 心脾痛不止者，水甲散主之。用田螺殼以松柴片層層疊上，燒過火，吹去松灰，取殼研末，以烏沉湯、寬中散之類調服二錢，不傳之妙。 小兒驚風有痰，遠年白田螺殼燒灰，入麝香少許，水調灌之。 此乃田螺白殼者，與白殼蝸蠃有別。 反胃吐食，用田螺殼并黃蜆殼，皆取久在泥中者，各等分，炒成白灰，每二兩入白梅肉四個，搗和為丸，再入砂合子內，蓋定泥固，煅存性，研細末，每服二錢，用人參縮砂湯調下。不然用陳米飲調服亦可。凡覺心腹脹痛，將發反胃，即以此藥治之。

愚按：田螺殼曰甘平，而蜆殼曰鹹溫，蚌殼粉又曰鹹寒，然則功用彷彿，而不無少殊，用者宜審病因，如槩以為無別，何以治反胃者，田螺殼與蜆殼並用，而不止用其一哉？蜆，音顯。小蛤也。多生溪湖中，漁家類食之。

清·尤乘《食鑒本草·介類》 田螺 大寒，治目赤，醒酒。

螺螄：功同上。

清·朱本中《飲食須知·魚類》 田螺螺螄、海螄 味甘，性大寒。其肉視月盈虧，有冷積人勿食。小者名螺螄，性味相同。清明後其中有蟲，不可食用也。細長者名海螄，味鹹，性寒，肉綠色。

清·何其言《養生食鑒》卷下 田螺有大口，光身、花身二種。 味甘，性大寒，無毒。解酒毒，去積熱，利大小便，治目赤熱、黃疸、脚氣、熱瘡。有冷積人勿食。

清·王翃《握靈本草》卷九 田蠃即螺。 主治：田蠃，甘，大寒，無毒。主目熱赤痛，止渴醒酒，利大小便，去結熱。

清·汪昂《本草備要》卷四 田螺瀉熱。 味甘，大寒。利濕清熱，止渴醒酒，利大小便。能引熱下行。熊彥誠病前後不通，腹脹如鼓，衆醫莫措。遇一異人曰：此易耳，奉施一藥。即脫靴入水，探得一大螺，曰：事濟矣。以鹽和殼搗碎，帛繫臍下一寸三分。曾未安席，砉然暴下。歸訪異人，無所見矣。董守約以脚氣攻注，或教捶數螺繫兩股，便覺冷氣趨下至足，既而亦安。治脚氣黃疸，噤口毒痢，用螺加少麝搗餅，烘熱貼臍下，引熱下行，自然思食。目熱赤痛。入鹽花，取汁點之。搽痔瘡狐臭。

清·顧靖遠《顧氏醫鏡》卷八 田中螺汁甘，大寒。膈症宜投，取其甘寒清胃。黃疸可服。以其能利濕熱也。點目熱赤痛，塗痔瘡腫疼。寒能除熱也。大腸脫肛，雞翎刷之托上而如神。小便不通，同鹽搗敷臍下而立應。

清·李熙和《醫經允中》卷二三 田(羸)〔蠃〕 甘，大寒，無毒。主治目赤痛，止渴醒酒。用真珠、黄連末入，良久取汁，點眼中止痛。利大小便，腹中結熱，小腹急硬，小便赤澀，搗爛入麝少許，貼臍見効。

清·馮兆張《馮氏錦囊秘錄·雜症痘疹藥性主治合參》卷一一 田螺肉 産於水田之中，稟水土之陰氣，故汁大寒，性甘，無毒。以真珠、黄連末納入良久，取汁點目痛神效，以寒能除熱也。解一切有餘之熱，故能止渴醒酒。治噤口痢疾，用活大田螺二枚，搗爛，入麝香三分，作餅烘熱，貼臍間半日，熱氣下行，即思食矣。又治小便不通，腹脹如鼓，田螺一枚，鹽半匕，生搗，敷臍下一寸三分，即通。 田螺肉，利大小便，消浮腫甚捷。更敺肝熱上壅，兩目赤疼。醒酒殊功，止渴立效。爛殼，主反胃胃寒，澀遺精精滑。卒暴心痛，燒末湯服並除。又大海螺汁，亦明目。

清·张璐《本經逢原》卷四 蠃即螺螄。 甘，寒，無毒。 發明：蠃、蚌、蛤、蟹、黿、鼈之類，皆外剛內柔，稟離火之象。雖居泥水而性寒，治火熱之毒最捷。用珍珠、黄連嵌入良久，取汁注目中，止熱壅目痛。生搗絞汁，和無灰酒飲，治黄疸、小便不利。田中大螺去掩入冰片少許，埋土中一伏時化水，療痔瘡。又搗爛和麝香貼臍上引濕熱下行，治噤口痢。土牆上爛殼燒灰敷痘瘡及臁瘡濕毒。生田中者得土氣多而形大，生水中者得水氣多而形小，其治水腫黄癉，目赤腫痛，痔腫脫肛，消渴解酒之功則一。産徽州溪澗中者，其肉青碧可愛，土人取肉焙乾以充方物。但性冷利人，過食令人腹痛泄瀉，急磨木香酒解之。

清·汪啟賢等《食物須知·諸葷饌》 螺 性冷，無毒。生水田中及湖瀆岸側。大如桃李，小如指頂。類蝸牛尖長，色則青黄，採於冬春。濁酒、椒，煮熟，挑肉食之。利大小便，消浮腫甚捷；去臟腑熱，壓丹石尤良。仍治脚氣上衝，小腹急硬；更敺肝熱上壅，兩目赤疼。醒酒殊功，止渴立效。爛殼，多取燒末，湯吞。主反胃胃寒，澀遺精精滑。卒暴心痛，服下即除。又，大海螺汁，亦明目。

清·葉盛《古今治驗食物單方》 田螺 消渴，日夜不止，小便數者，田螺五升，水一斗浸過夜，渴即飲之。 小便不通，田螺一個，鹽少許，生搗爛，敷臍下一寸三分，即通。 噤口痢，田螺二枚，麝香三分，同研作餅貼臍，引熱下行，即思食矣。 脫肛，大田螺三枚，井水養三四日去泥，以黄連細末實入靨內化水，另以濃茶洗淨肛門，將螺水掃之，即可托入。 水氣浮腫，大田螺、大蒜、車前子等分搗膏，攤貼臍上，水從便出。 生田螺搗汁酒服，治酒癉。 痔瘡腫痛，入冰片于田螺靨內，化水頻塗。 狐臭，大田螺入麝香三分在內，埋露地七七日取出，看患洗拭，以墨塗上，再洗挹乾，看有墨處，即是臭竅，以螺汁點之，三五次愈。 陰瘡，大田螺二枚，和殼燒存性，加輕粉同研，傅之效。

清·吴儀洛《本草從新》卷六 田螺〔瀉熱。〕 味甘，大寒。利濕清熱，止渴醒酒，利大小便。能引熱下行。《類編》截熊彦誠病前後不通，腹脹如鼓。遇一異人曰：此易爾。即入水得一大螺，曰：事濟矣。以鹽和殼搗碎，帛繫臍下一寸三分，即砉然暴下。歸訪異人，不見矣。治脚氣，《稗史》〔仇遠《稗史》。〕載董守約以脚氣攻注，或教捶數螺繫兩股，便覺冷氣趨下至足而安。黄疸，噤口毒痢，用螺加少麝，搗餅烘熱，貼臍下，引熱下行，自然思食。目熱赤痛。入鹽花，取汁點之。搽痔瘡、狐臭。

清·汪紱《醫林纂要探源》卷三 黄螺 甘、鹹，寒。田螺也。形圓殼薄而黄，肉不黄。益脾胃，除濕熱，利三焦，通水道。生於土而味甘，故益脾胃。鹹故滲濕，去熱。殼形盤曲，而肉能脫殼以出，且多涎滑，故通利三焦水道，止渴醒酒，治脚氣濕腫，療黄疸，利大小便。搗碎，入鹽少許，敷臍下寸三分，通便閉甚效。敷兩股脚氣，隨愈。加麝少許，敷臍下，以火熨之，治噤口痢，令思食。點目，去赤腫。搽痔及狐臭，皆效。

清·嚴潔等《得配本草》卷八 田蠃殼 甘，大寒。煮汁療熱，醒酒利濕熱。除黄疸，脚氣上衝，小腹急硬，俱此治之。連肉燒存性，研末，香油調，搽瘰癧潰破。 入冰片化水，治痔漏疔腫。入川連末，良久取汁，點目止痛，及大腸脫肛。搗大蒜、車前子，罨臍下，治水氣浮腫。搗爛入麝香貼臍，使熱氣下降。噤口痢亦治。 水缸養久者，更佳。 殼 止遺精，治心痛。燒研水服。

題清·徐大椿《藥性切用》卷八 田螺 味甘大寒，清熱止渴，利水消腫。搗爛，入麝塗臍，能通小便。

清·黄宫繡《本草求真》卷五 田螺清熱利水。 田螺耑入膀胱、腸、胃。味甘大寒，産於水田，性稟至陰，故能引熱下行。凡人目患赤痛，只取田螺，以珍珠末、黄連末納入良久，取汁點目神效，以寒能除熱也。且治噤口痢疾，用活大田螺二枚搗爛，入麝香三分，作餅烘熱，貼臍間半日，熱氣下行，即思食矣！至治熊彦誠小便腹脹如鼓，只取田螺一枚，鹽匙連殼搗碎，敷臍下一寸三分，即通。並能止渴醒酒，以除餘熱，此雖止屬外治，亦見其性引下行之力耳！

清・李文培《食物小錄》卷下　田螺　甘，大寒，無毒。止渴，利小便，去腹中結熱。諸螺螄性味皆同。

青螺　甘、鹹，涼、平，無毒。平肝腎，理五痔。

清・羅國綱《羅氏會約醫鏡》卷一八鱗介蟲魚部　田螺味甘，大寒。清熱利濕止渴。利二便，前後不通，腹脹如鼓，以鹽和殼搗碎，帛繫臍下即通，引熱下行，凡一切邪熱俱可外用。治脚氣，搗敷螺繫兩股，自冷氣趨下而安。療噤口毒痢，用螺加麝少許，搗餅烘熱貼臍下，自熱下思食。目熱赤腫，入鹽花，取汁點之。解黃疸，搽痔瘡。濕熱為病。

清・趙學敏《本草綱目拾遺》卷一〇介部　田螺涎　《保元方》：田螺涎能去水腫，用田螺不拘多少，水漂，加香油一盞於水內，其涎自然吐出，取曬乾為末，每服不過三分，酒調下，水自小便下，氣自大便出，腫即消。再服養脾胃藥，全愈。

清・楊時泰《本草述鉤元》卷二九　田蠃肉　前蚌蛤海產，與江湖所產，但少有異，此田蠃則指水田及湖濱之蠃，其用迥殊於海蠃，未可例視也。

味甘，氣大寒。主去腹中結熱，利濕熱。搗爛點臍間，引熱下行，開噤口痢，並治小便不通，小腹急硬及水氣浮腫。取其汁，治下消渴，肝熱目赤，大腸脫肛，痔漏疼痛及黃疸。稟水土之陰氣，解一切有餘之熱仲淳。噤口痢，大田螺二枚搗爛，入麝三分作餅，烘熱，貼臍間，半日，熱氣下行，即思食，甚效。小便不通，腹脹如鼓，田螺一枚、鹽半匕生搗傅臍下一寸三分，即通。水氣浮腫，大田螺、大蒜、車前子，等分搗膏，攤貼臍上，水從便旋而下。消渴飲水不止，小便數者，糯米二升，煮稀粥一斗，冷定，入田中活螺三升在內，待食粥盡，吐沫出，乃收飲之，立效。此方惟治下消，渴而小便數者。而不槩治中上，則其化於至陰之氣也可思。肝熱目赤，非關風熱者弗用。大田螺七枚洗淨，新汲水養去泥穢，換水一升，浸洗，取置淨器中，着少鹽花於甲內，承取自然汁，點目，逐個用了，放去之。脫肛墜下三五寸者，大田螺二三枚井水養三四日，去泥，用雞爪黃連，研細，入甲內，待化成水，以濃茶洗淨肛門，將雞翎蘸掃之，軟帛托上，自不再發。痔漏疼痛，田螺一個，入片腦一分在內，取水搽之，先以冬瓜湯洗淨。

田蠃殼：　氣味甘平。心脾痛不止者，水甲散主之。田蠃殼以松柴片層層疊上，燒過火，吹去松灰，取殼研末，以烏沉湯、寬中散之類調服二錢，神妙。小兒驚風有痰，遠年白蠃殼燒灰，入麝少許，水調灌之。此乃田蠃白殼者，與下條白殼蝸蠃有別。反胃吐食，田蠃殼、黃蜆殼小蛤也，皆取久在泥中者，各等分炒成白灰，每二兩入白梅肉四個，搗和為丸，再入砂盒子內，泥固，煅存性，研細，每服二錢，人參縮砂湯下，或陳米飲調服亦可，凡覺心腹脹痛，將發反胃，即以此藥治之。

總論蠃、蜆、蚌：　田蠃殼甘平，蜆殼則鹹溫，蚌殼粉又鹹寒，功用雖彷彿，而不無少殊，用者宜審病因。

清・葉桂《本草再新》卷一〇　田螺味甘，性寒，無毒。入肝、脾二經。　瀉熱清痰，利濕行水，通大小便，治諸惡毒。

清・趙其光《本草求原》卷一七介部　田蠃　即田螺。　肉視月盈虧。甘，大寒，無毒，得至陰之水精入腎，以開熱結。治肝熱目赤，養去泥，入鹽於內，取自然汁點。或入珍珠、黃連末於內，取汁點。風弦爛眼，入銅綠入內取汁點。醒酒，葱、豉煮食。通尿閉，同鹽生杵，敷臍下寸三。治噤口痢，搗，烘熱入麝貼臍。酒毒口糜下血，燒至殼白肉乾研，酒下。脫肛，養淨泥，入黃連末於內取水，先以茶洗淨點之。反胃嘔噎，取養螺所吐泥曬乾，藿香湯下；枯殼研服亦可。水腫，同大蒜、車前子搗貼臍上。諸黃疸，杵爛入酒內，浸汁飲。脚氣，搗敷兩股。痔痛，入冰片於內，或入白礬於內，取水搽，先以馬齒莧湯或冬瓜湯洗。瘰癧潰破，連殼燒存性，開油搽。疔瘡、惡腫，入冰片取水點。手足指瘡，生搗敷。妒精陰瘡。和殼燒存性，入輕粉研敷。煮食，利二便，去腹熱。浸汁飲，止渴，解丹石毒。其靨，煅存性，去目翳。其殼，甘，平，燒存性，治尸疰、心腹痛，為末，以烏沉湯、寬中散之類調下絕妙。反胃，方見蜆殼。急驚，取年遠白殼燒，入麝，水調灌。止上下血，取枯殼研服。小兒頭瘡、瘡瘍膿水。燒摻，或油開搽。

蜆殼鹹，溫；　蚌殼鹹寒，此則甘平。功雖近而少殊，故反胃方蜆殼與蠃殼同用，用者審之。溪澗螺螄，形小而殼厚，得水氣多，與田螺得土氣多者似異。但其殼肉皆旋轉，皆有轉運濕熱下行，功用無別。徽州溪澗中，螺肉青碧可愛，焙乾以充方物。但冷利，多食則腹痛、泄瀉，急磨木香酒解之。

清・文晟《新編六書》卷六《藥性摘錄》　田螺　甘，大寒。入膀胱、腸、胃。清熱利水。〇外治噤口痢，大者二枚，連殼搗爛，加麝香三分，作餅烘

熱，貼臍間半日，熱氣下行，即思食矣。〇又治小便閉，腹脹如鼓，取大田螺
一枚，鹽一匙，連殼搗碎，敷臍下一寸三分，即通。

田螺　甘，大寒。解酒毒，利大小腸，去積熱，治目赤熱，黄疸，脚氣熱
瘡。有冷積人勿食。詳藥部瀉水。

清・王孟英《隨息居飲食譜・鱗介類》　田螺　甘，寒。清熱，通水利
腸，療目赤黄疸，脚氣，痔瘡。多食寒中。脾虚者忌。性能澄濁，宜畜水缸。
小便不通，腹脹如鼓，大田螺，鹽半匕，生搗，傅臍下一寸三分。亦治水氣
浮腫，同大蒜、車前搗，貼。　噤口痢，大田螺二枚，杵爛，入麝香三分，作餅
烘熱，貼臍間，半日即思食矣。　脚氣上衝，大田螺杵爛，傅兩腿上。　疔毒
痔瘡，田螺入冰片化水，點之。

清・劉善述、劉士季《草木便方》卷二蟲介鱗甲部　螺螄　田螺殼甘解
痢毒，反胃心痛驚風除，遺精止瀉治下血，瘡瘍膿水五痔塗。

清・戴葆元《本草綱目易知錄》卷五　田贏田螺　肉，甘，大寒。煮食，
清熱醒酒，利大小便，去腹中結熱，脚氣衝上，小腹急硬，小便赤澁，手足浮
腫。生擣汁飲，止消渴，利濕熱，消黄疸，壓丹石毒，傅熱瘡。擣爛傅臍上，引
熱下行，治禁口毒痢，下水氣淋閉。取汁水搽痔瘡、胡臭。納珍珠、黄連末入
內，取汁，點目赤痛。燒研，傅瘰癧癬瘡。【略】

殼：甘，平。燒研水(腹)〔服〕，主尸疰，心腹痛，反胃，下血失精，止瀉，
去卒心痛，小兒驚風有痰，瘡瘍膿水。

清・陳其瑞《本草撮要》卷九　田螺　味甘，大寒，入手足太陰、陽明、厥
陰經，功專利濕清熱，止渴醒酒，利大小便。腹脹大小便不通，以鹽少許，與
螺擣爛，用帛繫臍下一寸三分，即便通脹消。若脚氣以之繫兩股，冷氣下趨
至足即愈。點目赤亦妙。以殼煅研，油調搽痔瘡狐臭、瘰癧潰破。用螺加麝
少許，擣餅烘熱貼臍下，治黄疸噤口毒痢。

清・吴汝紀《每日食物却病考》卷下　螺　生田澤者曰田螺。甘，寒，無
毒。治目熱赤痛，醒酒，利大小便，去腹中結熱。搗爛，加麝貼臍，引熱下行，
止禁口痢。取水，治痔瘡。燒研陳白殼，治瘰癧及陰濕瘡。

石蛇

宋・蘇頌《本草圖經》〔見《證類》卷四玉石部中品〕　石蛇出南海水傍山石
間，其形盤屈如蛇也，無首尾，內空，紅紫色，又似車螺，不知何物所化？大抵與石蟹同類，功
用亦相近。尤能解金石毒，以左盤者良。採無時。味鹹，性平，無毒。

宋・寇宗奭《本草衍義》卷五　石蛇　《本經》不收，始自《開寶本草》添
附。其色如古墻上土，盤結如楂梨大，中空，兩頭巨細一等，無蓋，不與石蟹
同類。蟹則真蟹也，蛇非真蛇也，今人用之絶少。

明・劉文泰《本草品彙精要》卷四　石蛇無毒。　石生。

石蛇：　主解金石毒。名醫所錄。　【地】《圖經》曰：　出南海水傍山石
間，其形盤屈如蛇，無首尾，內空，紅紫色，又如車螺，不知何物所化，大抵與
石蟹同類，功用亦相近。《衍義》曰：《本經》不收，自《開寶本草》添附，其色
如古墻上土，盤結如楂梨大，中空，兩頭巨細一等，不與石蟹同類。蟹則真蟹
也，蛇非真蛇，今人用之絶少。　【時】採：　無時。　【用】左盤者爲好。
【質】類蛇而無首尾。　【色】紅、紫。　【味】鹹。　【性】平，軟。　【氣】味厚
于氣，陰中之陽。　【臭】朽。　【製】研細，水飛用。

明・王文潔《太乙仙製本草藥性大全》卷六《本草精義》　石蛇　出南海
水傍山石間，其形蟠屈如蛇也。無首尾，內空，紅紫色，又似東螺，不知何物
所化。以左盤者良。採無時。

明・王文潔《太乙仙製本草藥性大全》卷六《仙製藥性》　石蛇　味鹹，
性平，無毒。　主治：　功用與石蠏同，尤能解金石毒。

明・李時珍《本草綱目》卷一〇金石部・石類下　石蛇宋《圖經》

【集解】頌曰：石蛇出南海水旁山石間，其形盤屈如蛇，無首尾，內空，紅紫色，以左盤
者良。又似車螺，不知何物所化。大抵與石蟹同類，功用亦相近。宗奭曰：石蛇色如古墻
上土，盤結如查梨大，空中，兩頭巨細一等。不與石蟹同類，蟹則真蟹所化，蛇非真蛇。今人
用之絶少。時珍曰：按姚寬《西溪叢話》云：南恩州海邊有石山觜，每蟹過之則化爲石，蛇
過亦然。此説不知果否？若然，則石蛇亦真蛇所化。

【氣味】鹹，平，無毒。　【主治】解金石毒蘇頌。

紫貝

宋・唐慎微《證類本草》卷二二蟲魚部中品〔唐・蘇敬《唐本草》〕　紫貝
明目，去熱毒。

〔唐・蘇敬《唐本草》〕注云：形似貝，圓，大二三寸。出東海及南海上，紫斑而骨
白。《唐本》先附。

〔宋・掌禹錫《嘉祐本草》〕按：陳士良云：紫貝，平，無毒。

〔宋・蘇頌《本草圖經》〕曰：紫貝，《本經》不載所出州土。蘇恭注云：出東海及南海上，今南海多有之，即砑螺也。形似貝而圓，大二三寸，儋振夷黎採以爲貨幣，北人惟畫家用砑物。謹按郭璞注《爾雅》云：餘貾直其切，黃白文。謂以黃爲質，白爲文點。餘泉，白黃文。謂以白爲質，黃爲文點。今紫貝則以紫爲質，黑爲文點也。貝之類極多，古人以爲寶貨，而此紫貝尤爲世所貴重。漢文帝時，南越王獻紫貝五百是也。後世以多見賤，而藥中亦稀使之。又車螯之紫者，海人亦謂之紫貝。車螯，近世治癰疽方中多用，其殼燒煆爲灰，傅瘡。南海、北海皆有之，採無時。人亦食其肉，云味鹹，平，無毒。似蛤蜊，而肉堅硬不及。亦可解酒毒。北中者殼麤，不堪用也。

宋・寇宗奭《本草衍義》卷一七　紫貝　大二三寸，背上深紫有點，但黑。《本經》以此燒存性，入點眼藥。

宋・王繼先《紹興本草》卷一七　紫貝　紹興校定：紫貝，乃世之呼砑螺是矣。《本經》雖云明目、去熱毒，但未聞方用驗據。產海中。當從《本經》味平、無毒是矣，或云車螯為紫貝者，非矣。

明・滕弘《神農本經會通》卷一〇　紫貝　形似貝，員大二三寸，紫斑而骨白，即砑螺也。平，無毒。《本經》云：明目，去熱毒。《圖經》云：儋振夷黎，採以為貨幣。又車螯之紫者，海人亦謂之紫貝。車螯近世治癰疽方中多用，其殼燒煆為灰，傅瘡。南海、北海皆有之，採無時。人亦食肉，云味鹹，平，無毒。似蛤蜊，而肉堅硬不及。亦可解酒毒。北中者殼粗，不堪用。

明・劉文泰《本草品彙精要》卷三〇　紫貝

紫貝：主明目，去熱毒。名醫所錄。【名】砑螺。【地】《圖經》曰：《本經》不載所出州土。蘇恭注云：出東海及南海，南海多有之，即砑螺也。形似貝而圓，大二三寸，儋振夷黎採以爲貨幣，北人惟畫家用研物。按《爾雅》云：餘貾直其切，黃白文。謂以黃爲質，白爲文點。餘泉，白黃文。謂以白爲質，黃爲文點。今紫貝則以紫爲質，黑爲文點也。貝之類極多，古人以爲寶貨，而此紫貝尤爲世所貴重。漢文帝時，南越王獻紫貝五百。後世以多見賤，而藥中亦稀用之。【時】生：無時。採：無時。【用】肉及殼。【色】紫。【味】鹹。【性】軟。【氣】味厚于氣，陰也。【臭】腥。

明・皇甫嵩《本草發明》卷六　紫貝　明目去熱，功用不如貝子。形似貝，圓大，紫斑，骨白，可以研帋物。入藥燒灰存性，古以貝為寶，紫貝尤珍，但療病不如貝子。

明・李時珍《本草綱目》卷四六介部・蚌蛤類　紫貝《唐本草》

【釋名】文貝《綱目》　砑螺時珍曰：《南州異物志》云：文貝甚大，質白文紫，無姿自然，不假外飾而光彩煥爛。故名。頌曰：畫家用以砑物。故名曰砑螺也。【集解】恭曰：紫貝出東、南海中。形似貝子而大二三寸，背有紫斑而骨白。南夷采以爲貨市。宗奭曰：紫貝背上深紫有黑點。頌曰：貝類極多，古人以爲寶貨，而紫貝尤貴。後世以多見賤，而藥中亦希使之。時珍曰：按陸璣《詩疏》云：紫貝，質白如玉，紫點爲文，皆行列相當。大者徑一尺七八寸。交趾、九真以爲盃盤。

【修治】同貝子。

【氣味】鹹，平，無毒。【主治】明目，去熱毒《唐本》。小兒癍疹目瞖時珍。

【附方】新一。癍疹入目：紫貝一個，即砑螺也，生研細末，用羊肝切片，摻上紥定，米泔煮熟，瓶盛露一夜，空心嚼食之。《嬰童百問》。

明・穆世錫《食物輯要》卷七　紫貝　肉，味鹹，平，無毒。可食。明目，消熱毒及癍疹目翳。胃寒者，勿多食。

明・姚可成《食物本草》卷一一介部・蚌蛤類　紫貝出東南海中。形似貝子而大，二三寸，背有紫斑而骨白。南夷采以為貨幣。〇李時珍曰：按陸璣《詩疏》云：紫貝質白如玉，紫點為文，皆行列相當。大者徑一尺七八寸。交趾、九真以為盃盤。　紫貝，味鹹，平，無毒。主明目，去熱毒。治小兒癍疹入目目瞖。

附方：　治小兒癍疹入目。紫貝一箇，生研細末，用羊肝一具，利刀批開，摻貝末在內，紥定，米泔煮熟，瓶盛露一夜，空心嚼食之。

明・施永圖《本草醫旨・食物類》卷五　紫貝名文貝。出東南海中。形似貝子而大，背上深紫有黑點。治同貝子。　味：鹹，平，無毒。治：明目，去熱毒，小兒癍疹目翳。

附方　癍疹入目：紫貝一箇，即砑螺也，生研細末，用羊肝切片，摻上紥定，米泔煮熟，瓶盛露一夜，空心嚼食之。

清・黃宮繡《本草求真》卷五　紫貝利水通道，逐蠱下血。　紫貝耑入脾肝。即貝子之色赤者也。味鹹氣平，其物出於雲南，白入氣，紫入血。紫斑而骨白。功耑利水通道，逐蠱下血。凡人症患脚氣，小兒斑疹目翳，五癃水腫，蠱毒鬼疰，用此的能解除。蓋因鹹有軟堅之力，脚症濕熱，用此得以透骨逐邪。貝骨堅硬，故能透骨。和以諸藥，使其蒸蒸作汗，次第而解也。目翳用此粉點，亦以能除濕熱而使血得上營。但與貝子相類甚多，如砑贏之類皆能相混，分別用之。頌曰：貝類極多，古人以為寶貨，而紫貝尤貴。後世不用貝錢，而藥中亦希使之。背上深紫有黑點者良，生研細末用。

清・文晟《新編六書》卷六《藥性摘錄》 紫貝 鹹，平。入脾肝，利水道，逐蠱下血，治脚氣目翳，五癃，水腫蠱毒鬼疰，小兒斑疹。○出雲南。研細末用。

貝子

附：日・丹波康賴《醫心方》卷三〇 河貝子 崔禹〔錫〕云： 味鹹，冷，無毒。主黄疸，消渴。

宋・唐慎微《證類本草》卷二二蟲魚部下品〔《本經・別錄》〕 貝子 味鹹，平，有毒。主目翳，鬼疰，蠱毒，腹痛下血，五癃，利水道，除寒熱溫疰，解肌，散結熱。**燒用之良。**一名貝齒。生東海池澤。

〔梁・陶弘景《本草經集注》〕云： 此是今小小貝子，人以飾軍容服物者，乃出南海。燒作細屑末，以吹眼中，療瞖良。又真馬珂擣末，亦療盲瞖。

〔宋・掌禹錫《嘉祐本草》〕按：《蜀本圖經》云： 蝸類也，形若魚，齒潔者良。《藥性論》云： 貝子，使。能破五淋，利小便，治傷寒狂熱。日華子云： 貝齒，涼。治瞖障并鬼毒、鬼氣，下血。又名白貝。

〔宋・蘇頌《本草圖經》〕曰： 貝子，生東海池澤，今南海亦有之。貝類之最小者，又若蝸狀。而《交州記》曰： 大貝出日南，如酒杯；小貝，貝齒也。善治毒，俱有紫色是也。潔白如魚齒，故一名貝齒。古人用以飾軍容服物，今稀用，但穿之與小兒戲，髭頭家以飾鑒帶，畫家亦或使砑物。採無時。珂亦似此而大，黄黑色，其骨白，可以飾馬。

〔宋・唐慎微《證類本草》〕《海藥》云： 雲南極多，用爲錢貨易。主水氣浮腫及孩子疳蝕，吐乳。并燒過入藥中用。雷公云： 凡使，勿用花蟲殼，其二味相似，只是用之無效。凡使，先用苦酒與蜜相對秤，二味相和了，將貝齒於酒、蜜中蒸，取出，卻於清酒中淘令淨，研用。《聖惠方》： 治射罔在諸肉中有毒及漏脯毒。用貝子末，水調半錢服，效。或食麵臛毒，亦同用。《千金方》： 點小兒黑花眼瞖，澁痛。用貝齒一兩燒作灰，研如麵，入少龍腦，點之妙。又方： 去目瞖。貝子十枚，燒灰細篩，取一胡豆大，著瞖上，卧如炊一石米久乃滅。瘜肉者加真珠與貝子等分。孫真人： 治食物中毒。取貝子一枚，含，自吐。

宋・寇宗奭《本草衍義》卷一七 貝子 今謂之貝齒，亦如紫貝，但長寸餘，故曰貝子。色微白，有深紫黑者，治目中翳，燒用。北人用之氈帽上爲飾及綴衣，或作蹀躞下垂。

宋・王繼先《紹興本草》卷一七 貝子 紹興校定： 貝子，乃海螺之類，別一種矣。性味、主治已載《本經》，然利小水方中多用之，呼貝齒是也。產海中。當云味鹹、有小毒是矣。

宋・鄭樵《通志》卷七六《昆蟲草木略》 貝即瑇瑁也。《説文》云： 貝，海介蟲也。其甲人之所寶，古人以為錢貨交易。

宋・劉明之《圖經本草藥性總論》卷下 貝子 味鹹，平，有毒。主目瞖，鬼疰蠱毒，腹痛下血，五癃，利水道，除寒熱溫疰，解肌散結熱。燒用良。《藥性論》云： 使。能破五淋，利小便，治傷寒狂熱。日華子云： 貝齒，涼。治瞖障，並鬼毒蠱氣下血。《海藥》云： 主水氣浮腫，孩子疳蝕及吐乳，並燒用。亦名⿰貝八子。

宋・陳衍《寶慶本草折衷》卷一七 貝子使。 一名貝齒，一名白貝。生東海池澤，及南海、日南、雲南。○採無時。

味鹹，平，涼，無毒縉雲。○主目瞖，鬼疰蠱毒，腹痛下血，五癃，利水道，除寒熱溫疰，解肌散結熱，燒用之。○《藥性論》云： 治傷寒狂熱。○《圖經》曰： 善治毒。○《海藥》云： 主水氣浮腫，孩子疳蝕吐乳，並燒入藥。○寇氏曰： 如紫貝。紫貝更大。元條刪訖。但長寸餘，故曰貝子。色微白，有深紫黑者。

明・王綸《本草集要》卷六 貝子 味鹹，氣平，有毒。燒用之良。 主目翳，鬼疰蠱毒，腹痛下血，五癃，利水道，解肌散結熱。

明・滕弘《神農本經會通》卷一〇 貝子 一名貝齒。生東海池澤。此是今小小貝子。形若魚齒潔者良。古人用以飾軍容服物，今亦稀用。但穿之，與小兒戲。雲南極多，用為錢貨易。燒用之良。

味鹹，氣平，有毒。一云： 涼。《本經》云： 主目瞖，鬼疰蠱毒，腹痛，下血，五癃，利水道，除寒熱溫疰，解肌，散結熱。陶隱居云： 燒作細屑末，以吹眼中，療瞖良。《藥性論》云： 貝子，使。能破五淋，利小便，治傷寒狂熱。日華子云： 貝齒，涼。治瞖障，并鬼蠱毒氣，下血。《海藥》云： 主水氣浮腫，及孩子疳蝕，吐乳，并燒過，入藥中用。孫真人云： 治食物中毒，取貝子一枚，含，自吐。

明・劉文泰《本草品彙精要》卷三一 貝子有毒。

貝子出《神農本經》： **主目瞖，鬼疰，蠱毒，腹痛，下血，五癃，利水道，燒用**

之良。以上朱字《神農本經》。除寒熱，溫疰，解肌，散結熱。以上黑字名醫所錄。

【名】貝齒、白貝。【地】《圖經》曰：生東海池澤，今南海亦有之，乃貝類之最小者，其中肉如蝌蚪而有首尾。《交州記》曰：大貝出日南，如酒杯。小貝，貝齒也。貝皆紫色，此則潔白如魚齒，故名貝齒。古人用飾軍容服物，今亦稀用，但穿之與小兒戲。髦達計切頭家以飾鑒帶，畫家以研物用之。蓋獸二爲友，貝二爲朋。《詩》曰錫我百朋是也。【時】生：無時。採：無時。【用】殼。【質】類紫貝而小。【色】白。【味】鹹。【性】平。【氣】氣味俱薄，陰中之陽。【臭】腥。【製】雷公云：凡使，勿用花蟲殼，其二味相似，只是用之無效。凡用，先以苦酒與蜜相對稱，二味相和了，將貝齒於酒、蜜中蒸，取出，却於清酒中淘令淨，研用之。【治】療：《藥性論》云：能破五淋，利小便，治傷寒狂熱。日華子云：除目中瞖障并鬼毒，鬼氣，下血。《海藥》云：主水氣浮腫及孩子疳蝕，吐乳，並燒過入藥用。《別錄》云：治食物中毒，取一枚含之，自吐。【合治】以十枚燒灰，合珠子等分細研，除目中瘜肉，取一胡豆大點上，仰臥如炊一石米飲久乃滅。〇以一兩燒灰，研如麵，合龍腦少許，點小兒黑花眼瞖，澀痛。【解】食麵臛毒、漏脯毒、射罔在諸肉毒。

明・盧和、汪穎《食物本草》卷四魚類 貝子 鹹，平，有毒。主目瞖，鬼疰蠱毒，腹痛，下血，五癃，利水道，除寒熱溫疰，解肌，散結熱。一種紫貝，圓大，明目去熱毒。

明・陳嘉謨《本草蒙筌》卷一一 貝子 味鹹，氣平，有毒。一名貝齒，亦產海涯。皆紫黑蝸殼略同，腹潔白魚齒近似。畫者每用研紙，嬰兒常帶壓驚。俗又呼壓驚螺。上古珍之，以為寶貨，故賄賂貢賦賞賜，凡屬于貨者，字皆從貝，意有在矣。至今雲南猶作錢用，蓋亦不違古也。醫家入藥，製法須知，醋蜜等分，和蒸清酒，淘淨研末。解肌散結熱，利水消腫浮。去男婦赤目生瞖無休，點上即愈；除孩子疳蝕吐乳不止，服下立安。鬼疰善敺，蠱毒並解。

明・王文潔《太乙仙製本草藥性大全》卷八《本草精義》 貝子 一名貝齒。生東海池澤，亦產海涯。大貝如酒盃，出日南；小貝，貝齒也。背紫黑蝸殼略同，腹潔白魚齒近似。畫者每用研紙，嬰兒常帶壓驚，俗又呼壓驚螺。上古珍之，以爲寶貨，故賄賂貢賦賞賜，凡屬于貨者，字皆從貝，意有在矣。至今雲南猶作錢用。又名海肥，蓋亦不違古也。醫家入藥，製法須知，醋蜜等分和蒸，清酒淘净研末用。

明・王文潔《太乙仙製本草藥性大全》卷八《仙製藥性》 貝子使 味鹹，氣平，有毒。主治：解肌散結熱，利水消腫浮。去男婦赤目生瞖無休，點上即愈。除孩子疳蝕吐乳不止，服下立安。鬼疰善敺，蠱毒並解。補註：治射罔在諸肉中有毒及漏脯毒，用貝子末，水調半盞服效，或食麵臛毒亦同用。〇點小兒黑花眼瞖澁痛，用貝齒一兩燒作灰，研如麵，入少龍腦，點之妙。〇去目瞖，十枚貝子燒灰，細篩，取一胡豆大，著瞖上，臥如炊一石米久乃滅。若有息肉者，加真珠與貝子等分。〇治食物中毒，取貝子一枚，含自吐。太乙曰：凡使勿用花蟲殼，其二味相似，只是用之無效。凡使先用苦酒與蜜相對秤，二味相和了，將貝子齒於醋、蜜中蒸，取出却於清酒中淘令净，研用。

明・皇甫嵩《本草發明》卷六 貝子下品。味鹹，平，有毒。 主目翳，鬼疰蠱毒腹痛，下血，五癃，利水道，除寒熱溫疰，解肌散結熱。燒入藥。雷公云：凡使先用醋與蜜等分和蒸，取出，于清酒中淘淨，研末用。貝子，貝類之極小者，一名貝齒。

明・李時珍《本草綱目》卷四六介部・蚌蛤類 貝子《本經》下品

【釋名】貝齒《別録》 白貝日華 海肥俗作叭，音巴。時珍曰：貝字象形。其中二點，象其齒刻；其下二點，象其垂尾。古者貨貝而寶龜，用爲交易，以二爲朋。今獨雲南用之，呼爲海肥。以一爲莊，四莊爲手，四手爲苗，五苗爲索。頌曰：貝腹下潔白，有刻如魚齒，故曰貝齒。

【集解】《別録》曰：貝子生東海池澤。采無時。弘景曰：出南海。此是小小白貝子，人以飾軍容服物者。珣曰：雲南極多，用爲錢貨交易。頌曰：貝子，貝類之最小者。亦若蝸狀，長寸許。色微白，亦有深紫黑者。今多穿與小兒戲弄，北人用綴衣及氈帽爲飾，剃頭家用以飾鑒，畫家用以研物。時珍曰：貝子，小白貝也。大如拇指頂，長寸許，背腹皆白。諸貝皆背隆如龜背，腹下兩開相向，有齒刻如魚齒，其中肉如蝌蚪，而有首尾。故魏子才《六書精蘊》云：貝，介蟲也。背穹而渾，以象天之陽；腹平而拆，以象地之陰。貝類不一。按《爾雅》云：貝在陸曰贆，音摽；在水曰蜬，音函；大曰魧，音杭；小曰鰿，音脊；黑曰玄；赤曰貽；黄質白文曰餘貾，音池；白質黄文曰餘泉；博而頯曰蚆，音巴；大而險曰蜠，音囷；小而狹曰蟦，音責。又古有《相貝經》甚詳。其文云：朱仲受之於琴高，以遺會稽太守嚴助曰：徑尺之貝，三代之正瑞，靈奇之秘寶。其次則盈尺，狀如赤電黑雲者，謂之紫貝。素質紅章，謂之珠貝。青地緑文，謂之綬貝。黑文黄畫，謂之霞貝。紫貝愈疾，珠貝明目，綬貝消氣障，霞貝伏蛆蟲。雖不能延齡增壽，其禦害一也。復有下此者，鷹喙蟬脊，但逐濕去水，無奇功也。貝之大者如輪，可以明目。南海貝如珠礫白駁，性寒味甘，可止水毒。浮貝使人寡慾，勿近婦人，黑白各半是也。濯貝使人善驚，勿近童子，黄唇〔點〕齒有赤駁是也。雖貝使人病瘧，黑鼻無皮是也。嚼貝使人胎消，勿示孕婦，赤帶通脊是也。惠貝使人善忘，赤熾内殼有赤絡是也。醬貝使童子愚、女人淫，青唇赤鼻是也。碧貝使人盜，脊上有縷勾唇，雨則重，霽則輕是也。委貝使人惡，夜行能伏鬼魅百獸，赤而中圓，雨則輕，霽則重，是也。

〔修治〕珣曰：凡入藥，燒過用。斅曰：凡使，勿用花蟲殼，真相似，只是無效。貝子以蜜、醋相對浸之，蒸過取出，以清酒淘，研。

〔氣味〕鹹，平，有毒。〔主治〕目瞖，五癃，利水道，鬼疰蠱毒，腹痛下血《本經》。温疰寒熱，解肌，散結熱《别録》。燒研，點目去瞖弘景。傷寒狂熱甄權。下水氣浮腫，小兒疳蝕吐乳李珣。治鼻淵出膿血，下痢，男子陰瘡，解漏脯、麪臛諸毒、射罔毒、藥箭毒時珍。

〔附方〕舊四，新四。目花瞖痛：貝子一兩，燒研如麪，入龍腦少許點之。若有瘜肉，加真珠末等分。《千金》。鼻淵膿血：貝子燒研。每生酒服二錢，日三服。二便關格：不通悶脹，二三日則殺人。以貝齒三枚，甘遂二銖，爲末，漿水和服，須臾即通也。《肘後方》。小便不通：白海肥一對，生一個，燒一個，爲末，温酒服。田氏方。下疳陰瘡：白海肥三個，煅紅研末，搽之。《簡便單方》。食物中毒：貝子一枚，含之自吐。○《聖惠》：治漏脯毒、麪臛毒，及射罔在諸肉中有毒。並用貝子燒研，水調半錢服。中射罔毒：方同上。藥箭鏃毒：貝齒燒研，水服三錢，日三服。《千金方》。

明・穆世錫《食物輯要》卷七　貝子　味鹹，平，無毒。止鼻淵膿血，消浮腫，下水氣，除結熱下痢，小兒疳蝕。殼，煅末，去目翳。

明・李中立《本草原始》卷一一　貝子　生東海池澤。亦出南海，乃小白貝也。大如指頂，背隆如龜背，腹下兩開相向，有齒刻如魚齒，其中肉如蝌蚪而有首尾。其貝上古珍之，以為寶貨，故賄賂貢賦，凡屬于貨者，字從貝，意有在矣。至今雲南猶作錢用，蓋亦不違古也。時珍曰：貝字象形。其中二點，象其齒刻；其下二點，象其垂尾。俗作海肥。

貝子　氣味：鹹，平，有毒。主治：目瞖，五癃，利水道，鬼疰蠱毒，腹痛下血。○溫疰寒熱，解肌，散結熱。○燒研，點目去瞖。○傷寒狂熱。○下水氣浮腫，小兒疳蝕，吐乳。○治鼻淵出膿血，下痢，男子陰瘡，解漏脯、麪臛諸毒。射罔毒，藥毒箭。

《本經》下品。【圖略】背上一圈黄色。修治：燒過用，或蜜、醋相對浸之，蒸過取出，以清酒淘，研。

《簡便單方》：治陰下疳瘡，用貝子三枚，火煅紅，研成細塵，搽之，良。

明・張懋辰《本草便》卷二　貝子　味鹹，氣平，有毒。燒用之良。主目瞖，鬼疰蠱毒，腹痛下血，五癃，利水道，解肌散結熱。

明・吴文炳《藥性全備食物本草》卷三　貝子　一名貝齒。生東海池澤，亦産海涯。大貝如酒榼，小貝即貝齒也。背紫黑，腹潔白。嬰兒帶之壓驚，俗又呼為壓驚螺。上古珍之以為寶貨，故賄賂貢賦賞賜，凡屬于貨者，字皆從貝，意有在矣。至今雲南猶作錢用。又名海巴。味鹹，性平，有毒。解肌散結熱，利水消浮腫，去目中赤翳，消孩子疳蝕吐乳，安鬼疰，毆蠱毒。以醋蜜等分同蒸，清酒淘淨，研末用之。

明・姚可成《食物本草》卷一一　介部・蚌蛤類　貝子生東海池澤，今雲南極多。用為錢貨交易，或穿與小兒戲弄。北人用綴衣帽為飾，畫家用以砑物。○李時珍曰：貝子，小白貝也。大如拇指頂，長寸許。背隆如龜背，腹下兩開相向，有齒刻如魚齒，其中肉如蝌蚪而有首尾，土人食之。魏子才《六書精藴》云：貝，介蟲也。背穹而渾，以象天之陽；腹平而拆，以象地之陰。古時又有《相貝經》，甚詳。其文云：朱仲受之於琴高，以遺會稽太守嚴助曰：徑尺之貝，三代之正瑞，靈奇之秘寶。其次則盈尺，狀如赤電黑雲者，謂之紫貝。素質紅章，謂之珠貝。青地緑文，謂之綬貝。黑文黄畫，謂之霞貝。紫貝愈疾，珠貝明目，綬貝消氣障，霞貝服蛆蟲。雖不能延齡增壽，其禦害一也。復有下此者，鷹喙蟬脊，但逐溼去水，無奇功也。貝之大者如輪，可以明目。南海貝如珠礫白駁，性寒味甘，可止水毒。浮貝使人寡慾，勿近婦人，黑白各半是也。濯貝使人善驚，勿近童子，黄唇齒有赤駁是也。雖貝使人病瘧，黑鼻無皮是也。嚼貝使人胎消，勿示孕婦，赤帶通脊是也。惠貝使人善忘，赤熾内殼有赤絡是也。醬貝使童子愚，女人淫，青唇赤鼻是也。碧貝使人盜，脊上有縷勾唇，雨則重，霽則輕是也。委貝使人惡，夜行能伏鬼魅百獸，赤而中圓，雨則輕，霽則重是也。　貝子，味鹹，平，有毒。主目瞖，五癃，利水道，鬼疰蠱毒，腹痛下血。溫疰寒熱，解肌散結熱，傷寒狂熱。下水氣浮腫，小兒疳蝕吐乳。治鼻淵出膿血，下痢，男子陰瘡。解漏脯、麪臛諸毒，射罔毒，藥箭毒。　殼，燒研，點目，去瞖。

附方：治二便關格不通，悶脹二三日則殺人。以貝子三枚，甘遂二銖，為末，漿水和服，須臾即通也。　治下疳。貝子三枚，煅紅研末，搽之。　治小便不通。生一箇，熟一箇，為末，溫酒下。　治食物中毒。貝子一枚，含之自吐。　治藥箭鏃毒。貝子煅研，水服三錢，每日三服。

明・施永圖《本草醫旨・食物類》卷五　貝子名貝齒。生東海池澤，采無時。

雲南極多，用為錢貨交易。今多穿與小兒戲弄，畫家用以砑物。〇凡入藥，燒過用。凡使貝子，以蜜醋相對浸之，蒸過取出，以清酒淘研。 味：鹹，平，有毒。 治：目翳，五瘻，利水道，鬼疰蠱毒，腹痛下血。溫疰寒熱，解肌，散結熱。燒研，點目去翳。傷寒狂熱，下水氣浮腫，小兒疳蝕吐乳。治鼻淵出膿血，下痢，男子陰瘡，解漏脯、麵臛諸毒，射罔毒，藥箭毒。

附方 目花翳痛：貝子一兩，燒研如麵，入龍腦少許，點之。若有瘜肉，加真珠末等分。 鼻淵膿血：貝子燒研，每生酒服二錢，日三服。 下疳陰瘡：白海肥三箇，煅紅，研末搽之。 食物中毒：貝子一枚，含之自吐。〇治漏脯毒、麵臛毒及射罔在諸肉中有毒，並用貝子燒研，水調半錢，服。 中射罔毒：方同上。 藥箭簇毒：貝齒燒研，水服三錢，日三。

清・馮兆張《馮氏錦囊秘録・雜症痘疹藥性主治合參》卷一一 貝子 解肌散結熱，利水消腫浮。去男婦赤目生瞖無休，點上即愈。塗孩子疳蝕吐乳不止，服下立安。鬼疰善毆，蠱毒竝解。

清・张璐《本經逢原》卷四 貝子 鹹，平，小毒。燒赤搗細如麪，以清酒淘過用。白者入氣分，紫者入血分，花者兼入血氣。 《本經》主目瞖五瘻，利水道，鬼疰蠱毒，腹痛下血。 發明：貝生南海，雲南極多，土人用為錢貨交易。因其味鹹軟堅，故《本經》專主目瞖，其治五瘻等病，取鹹潤走血之力。《千金》脚氣丸中用之，專取鹹能破堅之意，雖數十年之疾，靡不克效，以其透入骨空，搜逐濕淫之氣，和諸藥蒸蒸作汗，次第而解也。古方點目用貝子粉入龍腦少許，有瘜肉加珍珠末吹點，亦入老瞖諸方。紫貝治小兒癍疹、目瞖。今人用以砑紙謂之砑蠃，大者曰珂，亦名馬軻螺。治目消瞖，去筋膜瞖，肉與貝子相類，分紫、白，煅灰用之。

清・汪紱《醫林纂要探源》卷三 貝 鹹，寒。大小、厚薄，紫黑黄白斑駁不一。古用為貨，以之買賣。肉亦可食。 功頗近珠。煅灰用。鎮心安神，墜痰明目。

清・嚴潔等《得配本草》卷八 貝子 鹹，平，有毒。 解肌以散結熱，利水以消浮腫，點赤翳，除疳蝕。 吐乳者下嚥即止。

清・葉志詵《神農本草經贊》卷三 貝子 味鹹，平。 主目翳，鬼注蠱毒，腹痛下血，五癃，利水道。燒用之。 生池澤。

水陸居分，陰陽象審。 儀錫百朋，貨區五品。 文瑩羅珠，言成織錦。 禦害靈奇，天然異稟。

《爾雅》：貝居陸贆，在水蜬。《六書精藴》：背穹而渾以象天之陽，腹平而拆以象地之陰。《詩箋》：貨貝，五貝為朋，錫百朋，得祿多也。《漢書・志》：王莽為貨貝五品。《南州異物志》：文若羅珠，不磨而瑩。《詩》：成是貝錦。《相貝經》：徑尺之貝，靈奇之祕寶，其次則禦害一也。陳琳牋：此乃天然異稟。

清・戴葆元《本草綱目易知録》卷五介部 貝子貝齒 鹹，平，有毒。解肌，散結熱，利水道，鬼疰蠱毒，腹痛下血。治傷寒熱狂，溫疰寒熱，五癃下痢，下水氣浮腫，療鼻淵出膿血，男子陰瘡，小兒疳蝕吐乳，解漏脯麵臛諸毒、射罔毒、藥箭毒。燒研，點目去瞖，入藥煅用。

海角

清・劉善述、劉士季《草木便方》卷二蟲介鱗甲部 海角 海角鹹平能清神，腸風痔瘻止痢淋，心腹滿脹緩氣急，疥癬頭瘡甲疽靈。

海叭

清・劉善述、劉士季《草木便方》卷二蟲介鱗甲部 海叭 海叭鹹平點目瞖，鼻淵膿血止下痢，小兒疳蝕男陰瘡，解漏脯麪藥箭易。

蓼螺

宋・唐慎微《證類本草》卷二二蟲魚部下品〔唐・陳藏器《本草拾遺》〕 蓼螺 無毒。主飛尸遊蠱。生食，以薑、醋進之，彌佳。生永嘉海中，味辛辣如蓼，故名蓼螺。

明・李時珍《本草綱目》卷四六介部・蚌蛤類 蓼螺《拾遺》 【集解】藏器曰：蓼螺生永嘉海中。味辛辣如蓼。時珍曰：按《韻會》云：蓼螺，紫色有斑文。今寧波出泥螺，狀如蠶豆，可代充海錯。 肉 【氣味】辛，平，無毒。 【主治】飛尸遊蠱，生食之。浸以薑、醋，彌佳藏器。

明・姚可成《食物本草》卷一一介部・蚌蛤類 蓼蠃生永嘉海中。紫色，有斑文。味辛辣如蓼。今寧波出泥螺，狀如蠶豆，可代充海錯者。 蓼蠃肉 味辛，平，無毒。主飛尸遊蠱，生食之。

郎君子

宋・唐慎微《證類本草》卷二一蟲魚部中品〔前蜀・李珣《海藥本草》〕 郎君子 謹按《異志》云：生南海。有雄雌，青碧色，狀似杏人。欲驗真假，先於口內含，令熱，然後放醋中，雄雌相趁，逡巡便合，即下其卵如粟粒狀，真也。主婦人難産，手把便生，極有驗也。乃是人間難得之物。

明・李時珍《本草綱目》卷四六介部・蚌蛤類 郎君子《海藥》

【集解】珣曰：郎君子生南海。有雌雄，狀似杏仁，青碧色。欲驗真假，口內含熱放醋中，雌雄相逐，逡巡便合，即下卵如粟狀者，真也。亦難得之物。時珍曰：顧玠《海槎録》云：相思子狀如螺，中實如石，大如豆，藏篋笥積歲不壞。若置醋中，即盤旋不已。案此即郎君子也。

【氣味】缺。【主治】婦人難産，手把之便生，極驗。

明・施永圖《本草醫旨・食物類》卷五 郎君子生南海。有雌雄，狀似杏仁。味：缺。治：婦人難産，手把之便生，極驗。亦難得之物，若置醋中，即盤旋不已。

清・张璐《本經逢原》卷四 郎君子即相思子。發明：相思子狀如螺中之子，大如小豆，藏篋笥積歲猶活，置醋中即盤旋不已。婦人難産，手把之便生，屢驗。

海螺

宋・唐慎微《證類本草》卷二二蟲魚部下品〔唐・陳藏器《本草拾遺》〕

海螺《百一方》：治目痛累年或三四十年方：取生螺一枚，洗之，內燥抹螺口開，以黄連一枚，內螺口中，令其螺飲黄連汁，以綿注取汁，著眦中。〔宋・唐慎微《證類本草》〕孫真人：合菜食治心痛。

宋・鄭樵《通志》卷七六《昆蟲草木略》 蠃之類多。《爾雅》云：蠃，小者蜬。郭云：螺大者如斗，出日南漲海中，可以為酒杯。按今所謂鸚鵡杯者，出南海。

明・滕弘《神農本經會通》卷一〇 海螺 陳藏器餘云：《百一》云治目痛累年，或三四十年方：取生螺一枚，洗之，內燥抹螺口開，以黄連一枚，內螺口中，令其螺飲黄汁，以綿注取汁，著眥中。

明・王文潔《太乙仙製本草藥性大全》卷八《仙製藥性》 大海螺 出海中。汁亦明目，尤治心疼。補註：治目痛累年或三四十年方：取生螺一枚，洗之內燥，抹螺口開，以黄連一枚內螺口中，令其螺飲黄連汁，以綿注取汁，著於眦中。〇合菜食尤治心痛。

明・李時珍《本草綱目》卷四六介部・蚌蛤類 海螺《拾遺》。校正：時珍曰：《唐本》甲香，今併爲一。

【釋名】流螺《圖經》 假猪螺《交州記》 厴名甲香。時珍曰：蠃與螺同，亦作蠡。蠃從虫，蠃省文，蓋蟲之蠃形者也。厴音掩，閉藏之貌。

【集解】頌曰：海螺即流螺，厴曰甲香，生南海。今嶺外、閩中近海州郡及明州皆有之，或只以台州小者爲佳。其螺大如小拳，青黄色，長四五寸。諸螺之中，此肉味最厚，南人食之。《南州異物志》云：甲香大者如甌，面前一邊直攙長數寸，圍殼岨峿有刺。其厴，雜衆香燒之益芳，獨燒則臭。今醫家稀用，惟合香者用之。又有小甲香，狀若螺子，取其蒂修合成也。海中螺類絶有大者。珠螺瑩潔如珠，鸚鵡螺形如鸚鵡頭，並可作杯。梭尾螺形如梭，今釋子所吹者。皆不入藥。時珍曰：螺，蚌屬也。大者如斗，出日南漲海中。香螺厴可雜甲香，老鈿螺光彩可飾鏡背者，紅螺色微紅，青螺色如翡翠，蓼螺味辛如蓼，紫貝螺即紫貝也。鸚鵡螺質白而紫，頭如鳥形，其肉常離殼出食，出則寄居蟲入居，螺還則蟲出也。肉爲魚所食，則殼浮出，人因取之作杯。

肉

【氣味】甘，冷，無毒。【主治】目痛累年，或三四十年。生螺，取汁洗之；或入黄連末在內，取汁點之藏器。合菜煮食，治心痛孫思邈。

甲香

【修治】斅曰：凡使，用生茅香、皂角同煮半日，石臼擣篩用之。《經驗方》曰：凡使，用黄泥同水煮一日，温水浴過。再以米泔或灰汁煮一日，再浴過。以蜜、酒煮一日，浴過焨乾用。頌曰：《傳信方》載其法云：每甲香一斤，以泔斗半，微火煮一復時，换泔再煮。凡二换漉出，衆手刮去香上涎物。以白米三合，水一斗，微火煮乾。又以蜜三合，水一斗，煮三伏時。乃以炭火燒地令熱，洒酒令潤，鋪香於上，以新瓦蓋上一伏時，待冷硬，石臼木杵擣爛。入沉香末三兩，麝一分，和擣印成，以瓶貯之，埋過經久方燒。凡燒此香，須用大火爐，多着熱灰、剛炭猛燒令盡，去之。爐旁着火暖水，即香不散。此法出於劉兖奉禮也。宗奭曰：甲香善能管香烟，與沉、檀、龍、麝香用之，尤佳。【氣味】鹹，平，無毒。【主治】心腹滿痛，氣急，止痢下淋《唐本》。和氣清神，主腸風痔瘻李珣。瘻瘡疥癬，頭瘡嚵瘡甲疽，蛇、蠍、蜂螫藏器。

明・穆世錫《食物輯要》卷七 海蠃 肉，味甘，性冷，無毒。同菜煮食，止心腹痛。腸胃虚寒者，勿食。

明・吴文炳《藥性全備食物本草》卷三 大海螺 出海中。治目痛累年或三四十年者，取海螺一枚，洗之內燥，抹螺口開，以黄連一枚內螺口中，令其螺飲黄連汁，以綿注取汁點眼，令目明。合菜食治心痛。

明・姚可成《食物本草》卷一一介部・蚌蛤類 海螄生海中。比之螺螄，身細而長，殼有旋文六七曲，頭上有厴。每春初蜒起，矴海崖石壁。海人設網於下，乘其不測，一掠而取，貨之四方。治以鹽、酒、椒、桂烹熟，擊去尾、尖，使其通氣，吸食其肉。烹煮之際，火候太過不及，皆令殼肉相粘，雖極力吸之，終不能出也。海螄，味鹹，寒，無毒。主治瘰癧結核，胸中鬱氣不舒。

海嬴音螺。生南海。今嶺外、閩中近海州郡皆有之。其螺大如拳，青黄色，長四五寸。諸螺之中，此肉味最厚，南人食之。其厴名甲香。《南州異物志》云：甲香大者如甌，面前一邊直攙長數寸，圍殼岨峿有刺。其厴，雜衆香燒之益芳，獨燒則臭，合香者用之。又有珠螺瑩潔如珠，鸚鵡螺形如鸚鵡頭，竝可作盃。梭尾螺，形如梭子。○李時珍曰：螺，蚌屬也。大者如斗，出日南漲海中。香螺厴可雜甲香，老鈿螺光彩可飾鏡背者，紅螺色微紅，青螺色如翡翠，蓼螺味辛如蓼，紫貝螺即紫貝也。鸚鵡螺頭如鳥形，其肉常離殼出食，出則寄居蟲入居，螺還則蟲出也。肉為魚所食，則殼浮出，人因取之作盃。海嬴肉，味甘，冷，無毒。主目痛累年，或一二十年。生嬴，取汁洗之；或入黄連末在內，取汁點之。合菜煮食，治心痛。甲香，味鹹，平，無毒。主心腹滿痛，氣急，止痢下淋。和氣清神，主腸風痔瘻。疥癬頭瘡瘻瘡，甲疽，蛇、蠍、蜂螫。○寇宗奭曰：甲香善能管領香烟，與沉、檀、龍、麝香用之，尤佳。

明·孟笨《養生要括·介類》 海嬴 味甘，冷，無毒。治目痛累年，或三四十年，生嬴取汁洗之，或入黄連末，取汁點之。合菜煮食，治心痛。

明·施永圖《本草醫旨·食物類》卷五 海螺閩中近海皆有之，以台州小者為佳。肉：味甘，冷，無毒。治：目痛累年或三四十年，生嬴取汁洗之，或入黄連末在內，取汁點之。合菜煮食，治心痛。甲香：味鹹，平，無毒。治：心腹滿痛，氣急。止痢，下淋，和氣，清神。主腸風痔瘻，瘻瘡疥癬，頭瘡，甲疽，蛇蠍蜂螫。

清·丁其譽《壽世秘典》卷四 海嬴嬴與螺同。螺蚌屬也，其類不一，大者如斗。香螺，厴可雜甲香；老鈿螺，光彩可飾鏡背者；紅螺，色微紅；青螺，色如翡翠；蓼螺，味辛如蓼；紫貝螺，即紫貝也；珠螺，瑩潔如珠；鸚鵡螺，質白而紫，文如鳥形。螺之有文者，曰雲螺，其肉常離殼出食，出則有蟲寄居殼中，螺還則蟲出也。肉為魚所食，則殼浮出，人因取之作杯。又有梭尾螺，形如梭，今釋子所吹者，皆不入藥。○海螺鳴主大風，吐光主陰雨。氣味：甘，冷，無毒。治目痛累年，生螺取汁洗之，或入黄連在內取汁點之。

厴：名甲香音掩。氣味：鹹，平，無毒。主和氣清神，治腸風痔瘻。

修治《傳信方》載其法云：甲香以泔水，微火煮一伏時，換泔水再煮，凡二換漉出，刮去香上涎物，以白米合水，微火煮乾，又以蜜合水，煮一伏時，乃以炭火燒地令熱，洒酒令潤，鋪香于上，以新瓦蓋上一伏時，待冷硬，石臼木杵搗爛，每觔入沉香末三兩，麝一分，和搗印成，以瓶貯之，埋過經久，方燒。善能管香煙，雜衆香燒之益芳，獨燒則臭。今醫稀用，惟合香者用之。

清·何其言《養生食鑒》卷下 海螺肉大者如拳，青黄色，長四五寸，殼可為酒器。味甘，性冷，無毒。同菜煮食，治心腹痛。諸螺之中，此肉味最厚。腸胃虚寒者，勿食。

清·張璐《本經逢原》卷四 海嬴厴名甲香。鹹，平，無毒。發明：海嬴肉甘寒，食之能止心痛。生螺汁洗眼止痛，經二三十年者輒應，入黄連末點之尤良。○厴性閉藏，能斂香氣經月不散，獨燒則臭。與沉、麝諸香及諸花和蠟煎成者曰甲煎，可作口脂。《千金方》用之，唐李義山詩所謂沉香甲煎為庭燎者是也。其殼五色璀璨，為鈿最精，燒過點眼能消宿瞖。惜乎，專目科者罕知。

清·吴儀洛《本草從新》卷六 海螄〔瀉熱。〕鹹，寒。治瘰癧結核，胸中鬱悶不舒。比螺螄身細而長，殼有旋紋六七屈，頭上有靨。初春蜒起，矴海崖石壁。海人設網於下，一掠而取。治以鹽、酒、椒、桂。

題清·徐大椿《藥性切用》卷八 海螄 性味鹹寒，瀉熱散結，舒鬱消瘿。鹽水煮用。

清·趙學敏《本草綱目拾遺》卷一〇介部 海螄 《杭州府志》：海螄，杭俗立夏以為應時之味，以花椒灑之，麻油拌食。《從新》云：比螺螄身細而長，殼有旋紋六七屈，頭上有靨，春初蜒起，矴海崖石壁，海人設網於下，一掠而取，治以鹽酒椒桂。按：海螄有大如指長一二寸許者，名釘頭螺，溫、台沿海諸郡多有之。海螄螺生海塗中，立夏後，有人見其群變為虻，今人所稱豆娘是也。或云，此螺能跳丈許，蓋遷其處。此物又能食蚶。明州奉化多蚶田，皆取苗於海塗種之，久則自大，時田者不時耨視，恐有海螄苗，蓋蚶不畏他物，惟畏海螄，蚶田中一有此物，蚶無遺種，皆被其吮食盡。玉環出者大如指，名釘頭螺。

辟蛆：《雲客傳方》：立夏日食海螄後，以殼七枚，勿令人見，撒廁中或馬桶內，暑日不生蛆蟲，頗驗。

鹹寒，治瘰癧結核，能降鬱氣。

清·趙其光《本草求原》卷一七介部 海螺 大者如拳，青黄色。殼可為酒器。其肉比諸螺尤美。治心腹熱痛。但甘寒而冷，腸胃虚寒忌。

清·文晟《新編六書》卷六《藥性摘錄》 海螺 大者如拳，青黄色，殼可為酒器。甘，冷。同菜煮食，治心腹痛，諸螺惟此味勝。腸胃虚寒者勿食。

清・王孟英《隨息居飲食譜・鱗介類》 海螄 鹹，涼。舒鬱，散結熱，消瘰癧。

海螺 甘，冷。明目，治心腹熱痛。厴名甲香，主管領諸香。

清・田綿淮《本草省常・魚蟲類》 麥螺 一名海螺，一名吐鐵。性平。補肝腎，聰耳明目。

清・吳汝紀《每日食物却病考》卷下 海螺 生南海，今嶺外、閩中近海州郡皆有之，大小不等，形類甚多。閩中一種大如拳，青黄斑色，長四五寸，謂之香螺。其肉味甘美，性冷，無毒。大抵螺類，皆能療目赤結熱等患，而多食亦寒胃也。

靈蠃子

附：日・丹波康賴《醫心方》卷三〇 靈蠃子 崔禹〔錫〕云：味鹹、甘，小冷，無毒。主下氣，補肝膽氣，明目。東海多。貌似橘而圓，其甲紫色，生芒角，以角為脚，口似人臍，臍中有物，如馬齒而堅白，腸如蛭，色赤黑。殊療喉痹，利丈夫。

辛蠃子

附：日・丹波康賴《醫心方》卷三〇 辛蠃子 崔禹〔錫〕云：味辛螫，大熱，無毒。貌似甲螺，而口有蓋，蓋似甲，香色如虎魄，薄光薄光是也。噉之為快味，師門得此而將食之，聞夜中耳聞數十尼唄聲，及覺而不聞，門即放生，不噉矣。

甲蠃子

附：日・丹波康賴《醫心方》卷三〇 甲蠃子 崔禹〔錫〕云：味澀，鹹，小冷，無毒。主蛄毒，補中。貌似辛螺，而口有角蓋，蓋上甲錯，似鮫魚皮，而膍膨膍膨者是也。昔烈真到於東海之碣陂，而獲巨螺，其大如十升器，將食之間，夜中化成女人，語云為夫婦，十日共俱遊之，忽然不見，受真視蠃中有光物，即敗見有大珠作，未食之，登仙。

小蠃子

附：日・丹波康賴《醫心方》卷三〇 小蠃子 崔禹〔錫〕云：味澀，鹹，少冷，無毒。主赤白下利，補中。貌似甲蠃而細小。口有白玉之蓋，煮噉之。

口廣大辛螺

附：日・丹波康賴《醫心方》卷三〇 口廣大辛螺 《七卷經》云：肉，味甘，冷。其膽味辛。形似大辛螺，而稍小，其甲少薄，色小青黑。

石陰子

附：日・丹波康賴《醫心方》卷三〇 石陰子 崔禹〔錫〕云：味酸，小冷，無毒。主消渴，渴利，黄疸，癰瘡，明目補中。貌似人足，而表黯黑，生毛。是物生海中，有陰精，故名曰石陰子。

龍蹄子

附：日・丹波康賴《醫心方》卷三〇 龍蹄子 崔禹〔錫〕云：味鹹、辛，冷，無毒。主黄疸，消渴，渴利，醒酒。貌似大蹄，而附石生肉，頭生黑髮，白卷曲者是也。

吐鐵

明・姚可成《食物本草》卷一一 介部・蚌蛤類 吐鐵生海中。螺屬也。大如指頂者，則有脂如凝膏。色青，外殼亦軟。其肉黑色如鐵，吐露殼外。人以腌藏糟浸，貨之四方，以充海錯。 吐鐵，味鹹，寒，無毒。食之補腎明目，益精髓。

右介類諸物，雖云或長於適口，或勝於充腸。然黿鼉之屬多靈，螺蚌之屬性冷。非慈愛仁人及攝養君子所宜深嗜，衛生家宜樽節之斯為善矣。

清・丁其譽《壽世秘典》卷四 吐鐵 出寧波，螺屬也。大如指頂者，則有脂如凝膏，色青，外殼亦軟，其肉色黑如鐵，吐露殼外，淹藏、糟浸以充海錯。一種生沙土中者，形亦相似，名泥螺，殼厚肉硬而味短，中多夾沙，遠不及也。 氣味：鹹，平，無毒。主補腎明目，益精髓。

清・何其言《養生食鑒》卷下 沙螺大五六分，長二三寸，兩頭一樣大，殼青黑色，生沙中。 味甘，性寒冷，無毒。清火調中，解酒止渴，去積熱。胃冷人忌之。

清・沈李龍《食物本草會纂》卷八 吐鐵生海中，螺屬也。大如指頭者則有脂如凝膏，自其殼中吐出，則膏大于本身，光明潔白可愛，且可口，每個植青蚨數枚，蘇人享客，佐下酒小盤，為海錯上品。色青，外殼亦軟，肉黑如鐵，吐露殼外，人以腌藏，糟浸，貨之四方。別有小如菉豆者，桃花時方有，名桃花吐鐵。 味鹹，寒，無毒。食之補腎，明目，益精髓。

清・吳儀洛《本草從新》卷六 吐鐵〔補陰。〕 甘、酸、鹹，寒。補肝腎，益精髓，明耳目。産寧波者，大而多脂。鄞縣南田者為第一，閩中者，肉磈礧，無脂膏，不中食。沈雲將〔沈雲將《食物本草會纂》〕曰：吐鐵，海中螺屬也，有如指頭大者，則有脂如凝膏，自其殼中吐出，膏大於本身，光明潔白可愛。姑蘇人享客，佐下酒小盤，為海錯上品。一名麥螺。一名梅螺。

清・汪紱《醫林纂要探源》卷三　土螺　鹹，寒。生海濱泥濘中。浙人曰上蚨。殼扁薄如豆殼，肉色青綠。生醃食之，亦鮮美。除煩醒酒。

題清・徐大椿《藥性切用》卷八　吐鐵　一名麥螺，一名梅螺。甘酸鹹寒，瀉熱益陰，聰耳明目。鹽水煮。

清・李文培《食物小錄》卷下　泥螺　甘，寒，無毒。清火解煩渴。今人以糟藏之，可久留。

清・趙學敏《本草綱目拾遺》卷一〇　吐鐵　沈雲將《食物本草》曰：吐鐵，海中螺屬也，大如指，中有脂如凝膏白，其殼中吐膏，大於本身，光明潔白可愛，姑蘇人享客，佐下酒小盤，為海錯上品，一名麥螺，一名梅螺。産甯波者，大而多脂，餘姚者不及。生食之令人頭痛，土人以鹽漬之，去其初次涎，便縮可食。《海味索隱》曰：土鐵一名泥螺，出甯波南田者佳，五月梅雨後收製。《會稽志》：吐鐵歲時含以沙，沙黑似鐵，至桃花時，鐵始吐盡。見《只編》云：九月可食，蓋此物産泥塗，以泥為食，八月至九月不復食泥，吐白脂，晶瑩塗上，比他月出者佳。《福州府志》：吐鐵為海錯上品，色青，外殼亦軟，肉黑如鐵，吐露殼外，人以醃藏糟浸，貨之四方。別有小如菉豆者，桃花時方有，名桃花吐鐵。産泉州者，名曰麥螺。楷弟《覿頤錄》云：吐鐵出海甯者，無脂多泥，肉韌不堪食。出甯波者，極大，多脂無泥，肉脆，水洗三次，用甜生白酒浸半日，待鹽味出，換白酒釀，加燒酒或單用燒酒浸亦可，必多入白糖，藏久不壞。《柑園小識》：吐鐵生海中，微似扁螺，殼薄而白，肉青黑色，大者多脂，以鹽漬之，可以致遠。

甘，酸，鹹，寒，補肝腎，益精髓，明耳目。

按：吐鐵色青，得甲木之氣，以斥鹵為食，不復他食，更得土之餘潤而生脂膏，八九月不食土者，以秋金盛而木氣衰，故吐泥而不食，其能補肝腎益精髓，亦猶脾土得養，化津液上升，而并及耳目也。東璧以蓼螺為泥螺，味酸入肝，二物形質不同，性味亦異，則強合為一，誤矣。此物又能潤喉燥生津，予庚申歲二月，每患燥火，入夜喉咽乾燥，舌枯欲裂，服花粉生津藥，多不驗。一日市吐鐵食之，甘，至夜咽乾亦愈，可知生津液養脾陰之力大也。

清・趙其光《本草求原》卷一七介部　沙螺　生沙中，大五六分，長二三寸，兩頭一様大，殼青黑色。甘，寒，無毒。消火，解酒，止滑，去積熱。

清・文晟《新編六書》卷六《藥性摘錄》　沙螺　大數分，長二三寸，兩頭一様大，青黑色，生沙中。甘，寒冷。清火調中，解酒止渴，去積熱。胃冷人忌之。

清・王孟英《隨息居飲食譜・鱗介類》　吐鐵　鹹，寒。補腎，明目析酲。以大而肉嫩無泥，拖脂如凝膏大如本身者佳。産南洋，醃者味勝。更以蔥、酒醉食，味益佳。

指甲螺

清・何其言《養生食鑒》卷下　指甲螺　形似沙〔白〕〔螺〕，但殼白而薄，生泥中，性頗同而功味劣。泄瀉者勿食。

青螺

清・汪紱《醫林纂要探源》卷三　青螺　苦，鹹，寒。生溪澗中沙石上。殼肉汁色皆青綠，形尖長如小指頂，味苦而鮮美。補心氣，瀉心火，平相火，解暑熱，明目散血，利三焦，通水道。味苦瀉火，色青入肝，除煩解渴，醒酒，利大小便。尤平暑暍。大抵功同田螺，而效更捷，但不利脾胃。

海粉

明・王文潔《太乙仙製本草藥性大全》卷八《仙製藥性》　海石　海粉，海石即海蛤異名同類，海粉又海石火煅研成。總因鹹軟堅之名，但治頑痰塊必用之。按：丹溪曰：海粉即海石。熱痰能降，濕痰能燥，結痰能軟，頑痰能消。宜爲丸散，勿煎湯液。又治帶下，云無海石，以蛤粉亦可。可見海石、蛤粉明是二物。《衍義》又以海石功用盡註蛤粉條下。則海石、蛤粉雖是二物，亦可相通治也。又云：蛤粉乃燒蛤蜊殼爲之，今考《本經》諸註，並指海蛤即海石。夫海蛤而謂之海石者，蓋海蛤非有肉之蛤，乃蛤殼也。殼在海中久被風濤礲礪，廉稜消盡，其所存者，無復形質光瑩，礧塊雜於泥沙，有似碎石，故曰海石。煉治爲粉，故曰海粉。其蛤粉乃燒蛤蜊殼而成。蓋蛤蜊人所常食，其殼多而易取，海石必須臨海淘沙收之，其功稍難，舍難就易，比比皆然。是以蛤粉多，海粉少，不可必得，故乃曰如無海石，以蛤粉亦可。然蛤粉之新，終不及海石之陳，正如爛蜆蚌殼與生者，自不同耳。

清・丁其譽《壽世秘典》卷四　海粉出海中沙石間，狀如線粉，色綠，得水則易爛。　氣味：鹹，寒，無毒。主解熱醒酒，化痰耎堅。

清・何其言《養生食鑒》卷下　海粉成結綠色者佳，帶黃色者次之。　味鹹，性寒，無毒。治肺燥鬱脹，咳喘熱痰，能降濕痰，能燥塊痰，能軟頑痰，能消渴。湯、酒泡食良。胃寒、虛弱人忌之。

清・李熙和《醫經允中》卷二三　海粉　鹹，寒，無毒。主散癭瘤，解熱毒。但性寒滑，腸虛者弗服。

清・张璐《本經逢原》卷四　海粉　鹹，寒，無毒。　發明：海粉色碧微鹹，專行肝腎，云是海中介屬，得東南水土之氣而成，與蜂之釀蜜無異。土人採得而貨之，以供食品。能散癭瘤，解毒熱，但性寒滑，脾胃虛人勿食。

清・吳儀洛《本草從新》卷四　海粉〔潤，化痰。〕甘寒而鹹。清堅頑熱痰，消癭瘤積塊。景岳曰：熱痰能清，濕痰能燥，堅痰能軟，頑痰能消。可入煎藥，亦可入丸藥。　治熱煩，養陰氣。

清・汪紱《醫林纂要探源》卷三　海粉　鹹，寒，滑。海濱作池，養海粉母於中，則粉生焉。其形如參而色白，體多粘沙。充貨曰白參，味濇不美，粉如菉豆索粉，色青綠，味鮮滑。　解渴醒酒。

清・嚴潔等《得配本草》卷五　海粉　鹹，寒。行肝腎二經。散癭瘤，解熱毒。

題清・徐大椿《藥性切用》卷六　海粉　甘鹹性寒，軟堅化痰，散結消癭。與紫菜功力相近。

清・趙學敏《本草綱目拾遺》卷八諸蔬部　紅海粉　《蟲語》：海珠生嶺南，狀如蛞蝓，大如臂，所茹海菜，於海濱淺水吐絲，是為海粉。鮮時或紅或綠，隨海菜之色而成，或曬晾不得法，則黃。有五色者，可治痰。或曰：此物名海珠，母如墨魚，大三四寸，海人冬養於家，春種之。瀕湖：田中遍插竹枝，其母上竹枝吐出，是為海粉，乘溼舒展之，始不成結。以點羹湯佳，治赤痢風痰。

疳積壞眼：《慈航活人書》：穀精草、小青草俱炒，青黛水飛，海粉、刺蒺藜，使君子肉各一兩，為末，早用羊肝七片拌藥三錢，蒸熟食。

清・王龍《本草纂要稿・蟲魚部》　海粉　熱痰能降，濕痰能燥。結痰能軟，頑痰能消。宜為丸散，勿煎湯液。

清・葉桂《本草再新》卷六　海粉味甘、鹹，性寒，無毒。入肺、腎二經。　潤肺滋腎，化痰瀉熱，消癭瘤積塊。

清・趙其光《本草求原》卷一七介部　海粉　是海中介物吐沫於沙石而成，如蜂之釀蜜不殊。形如粉線，色碧。鹹，寒，無毒，入肝腎養陰。清散頑痰、癭瘤、積塊、熱毒。景岳曰：熱痰能清，濕痰能燥，堅痰能軟，頑痰能消。可煎，可入丸藥。

清・文晟《新編六書》卷六《藥性摘錄》　海粉　鹹，寒。治肺燥欝脹咳喘，熱痰能降，濕痰能燥，塊痰能軟，頑痰能消。湯酒泡食良。胃寒虛弱忌之。○成結綠色者佳，帶黃色次之。

清・王孟英《隨息居飲食譜・蔬食類》　海粉　甘，涼。清膽熱，去濕，化頑痰，消癭瘤，愈瘰癧。

清・田綿淮《本草省常・菜性類》　海粉　性寒。清煩熱，養陰氣，化堅頑濕痰，消癭瘤。服甘草者忌之。

清・陳其瑞《本草撮要》卷四　海粉　味甘寒鹹，入手太陰、足陽明經，功專清堅頑熱痰，消癭瘤積塊，治熱煩，養陰氣。

海牛

明・李中立《本草原始》卷一一　海牛　生東海。海蠃之屬。頭有角如牛，故名海牛。海牛：　氣味：鹹，溫，無毒。主治：益腎，固精，興陽。

【圖略】角硬尖銳有紋，身蒼色，有龜背紋，腹黃白色，有筋，頂花點，魚尾。今房術中多用。

緣桑螺

宋・唐慎微《證類本草》卷二一蟲魚部中品　緣桑螺　主人患脫肛，燒末和豬膏傅之，脫肛立縮。此螺全似蝸牛，黃小，雨後好緣桑葉。○《范汪》：脫肛，緣桑樹螺燒之，以豬脂和傅之，立縮。亦可末傅之。

明・王綸《本草集要》卷六　緣桑螺似蝸牛黃小，雨後好緣桑葉。　主患脫肛，燒末，和諸膏傅之，立縮。

明・滕弘《神農本經會通》卷一〇　緣桑螺　全似蝸牛，黃小，雨後出緣桑葉。　《本經》云：主人患脫肛，燒末和猪膏，傅之立縮。亦可末傅之。

明・劉文泰《本草品彙精要》卷三〇　緣桑螺無毒。

緣桑螺：　主人患脫肛。燒末，和豬膏傅之，脫肛立縮。名醫所錄。

〔地〕《圖經》曰：此螺全似蝸牛而黃小，雨後好緣桑葉者，謂之緣桑螺也。今所在皆有之。〔時〕採：無時。〔收〕陰乾。〔用〕殼、肉。〔質〕類蝸牛而黃小。〔色〕黃。〔臭〕腥。〔製〕燒爲末用之。

明・王文潔《太乙仙製本草藥性大全》卷八《仙製藥性》 緣桑螺 此螺全似蝸牛，黃小，雨後好緣桑葉。 主治：主人患脫肛立縮，燒末和猪膏傅良。 補註：脫肛，緣桑樹螺燒之，以猪脂和傅之立縮，亦可末傅之。

明・皇甫嵩《本草發明》卷六 緣桑螺 緣桑螺似蝸牛而小，雨後好緣桑。主人患脫肛，燒末，猪脂和傅之，立縮。

明・李時珍《本草綱目》卷四二蟲部・濕生類 緣桑蠃《證類》

〔釋名〕桑牛 天螺《綱目》 〔集解〕慎微曰：此蠃全似蝸牛，黃色而小，雨後好緣桑葉。 時珍曰：此蠃諸木上皆有，獨取桑上者，正如桑螵蛸之意。

〔氣味〕缺。 〔主治〕大腸脫肛，燒研和猪脂塗之，立縮。慎微。 出《范汪方》。治小兒驚風，用七枚焙研，米飲服。時珍。 出《宮氣方》。

〔發明〕震亨曰：小兒驚風，以蜜丸通聖散服之，間以桑樹上牛兒陰乾，焙研爲末服之，以平其風。 時珍曰：桑牛、蝸牛、蛞蝓三物，皆一類而形略殊，故其性味功用皆相仿佛。而桑牛治驚，又與殭蠶、螵蛸同功。皆食桑者，其氣能入肝平風也。

清・吳鋼《類經證治本草・手陽明大腸腑藥類》 桑牛 【略】誠齋曰：此桑樹上蝸牛也。黃色而小，雨後好援桑葉上，故別名緣桑蠃。他樹皆有，不入藥用。

蝸牛

宋・唐慎微《證類本草》卷二一蟲魚部中品《別錄》 蝸牛 味鹹，寒。主賊風喎僻，踠跌，大腸下脫肛，筋急及驚癇。

〔梁・陶弘景《本草經集注》〕云：蝸牛，字是力戈反，而俗呼爲瓜牛。生山中及人家，頭形如蛞蝓，但背負殼爾。前以注說之。海邊又一種，正相似，火炙殼便走出，食之益顏色，名爲寄居。方家既不復用，人無取者，未詳何者的是也。

〔宋・馬志《開寶本草》〕注：蝸牛條，《唐本》編在田中螺之後。今詳陶隱居云：形似蛞蝓而背負殼。《唐本》注云：蛞蝓乃無殼，蝸蠡即二種，當近似一物，主療頗同，今移附蛞蝓之下。

〔宋・掌禹錫《嘉祐本草》〕按：《藥性論》云：蝸牛亦可單用，一名蠡牛，有小毒，能治大腸脫肛，生研取服，止消渴。日華子云：冷，有毒。治驚癇等。入藥炒用，此即負殼蜒蚰也。

〔宋・唐慎微《證類本草》〕《圖經》：文具蛞蝓條下。《聖惠方》：治齒䘌并有蟲。用蝸牛殼二十枚，燒灰細研，每用揩齒，良。又方：治蜈蚣咬方。用蝸牛搒取汁，滴入咬處。又方：治大腸久積虛冷，每因大便脫肛收不得。用蝸牛一兩燒灰，猪脂和傅之，立縮。《集驗方》：治發背。以蝸牛一百箇活者，以一升淨瓶入蝸牛，用新汲水一盞，浸瓶中封繫，自晚至明，取出蝸牛放之，其水如涎，將真蛤粉不以多少，旋調傅，以雞翎掃之瘡上。日可十餘度，其熱痛止，瘡便愈。《小兒宮氣方》：治小兒一切疳疾。取蝸牛殼七箇，淨洗不得有塵土，令乾，向酥蜜中蘸合盛卻用紙糊，於飯甑內蒸之，下饋即安之，至飯熟取出，細研，漸漸喫，一日食盡之。

宋・王繼先《紹興本草》卷一八 蝸牛 紹興校定：蝸牛，雖別分此一種，所主與上條蛞蝓同矣。大率形質小大少異，其實一也，然非起疾良藥矣。今當作味鹹、寒、無毒為定。

宋・鄭樵《通志》卷七六《昆蟲草木略》 蝸牛 曰蛞蝓，曰陵蠡，曰土蝸，曰附蝸。《爾雅》：蚹蠃，螔蝓。凡蠃之類，皆負殼，惟此能脫殼而行，頭有兩角，故曰蝸牛。

宋・陳衍《寶慶本草折衷》卷一七 蝸牛 蝸牛蛞蝓在內。〇蛞，音闊。蝓，音俞。一名瓜牛，一名蠡牛，一名蝸蠡，乃負殼蜒蚰也。〇蠡，力戈切。蜒，以然切；蚰，夷周切。 生山中。又云：生竹林池沼間。今處處有之。〇久雨新晴收。味鹹，寒，有小毒。〇主賊風喎僻，踠跌，大腸脫肛，筋急驚癇。〇《藥性論》云：止消渴。〇《圖經》曰：圓大者勝，扁小者無力。蝸牛入嬰孺藥為最。分蛞蝓條。〇《集驗方》：治發背。以蝸牛壹百箇活者，新汲水壹盞浸，瓶中封，自晚至明，取蝸牛放之，其水如涎。將真蛤粉旋調傅，以雞翎掃瘡，日十餘度愈。〇寇氏曰：蛞蝓、蝸牛二物，蛞蝓身肉止一段，蝸牛背上別有肉，以負殼行。其治療亦大同小異。兩者可代用。〇蛞蝓刪訖。

元・李雲陽《用藥十八辨》〔見《秘傳痘疹玉髓》卷二〕 蝸牛 范豉仙製蝸牛膏，振痘之不起發者。徒知蝸牛能祛諸毒，而不知其性寒冷而滑，兼用香油調服尤不可也。況傷脾胃作瀉，痘難治乎？ 評曰：雖云諸毒覓蝸牛，用治天花未必優。浪咲豉仙稱絕妙，致傷脾胃瀉難收。

明・滕弘《神農本經會通》卷一〇 蝸牛 蝸牛、蛞蝓，當近似一物，主療頗同。今下濕處有一種蟲，大於蝸牛，無殼而有角，云是蝸牛之老者，以形員而大者為勝，扁而小者無力，不堪用。

味鹹，氣寒。一云：有小毒。一云：冷，有毒。《本經》云：主賊風喎僻，踠跌，大腸下脫肛，筋急及驚癇。《藥性論》云：亦可單用。又名蠡牛，有小毒。治大腸脫肛，生研取服，止消渴。日華子云：冷，有毒。治驚癇等，入藥炒用。此即負殼蜒蚰也。《圖經》云：方書蝸牛涎，主消渴。《海上方》取蝸牛十四枚，以水三合，浸之瓷瓶中，以器覆之一宿，其蟲自沿器上，取水飲，不過三劑已。

明・劉文泰《本草品彙精要》卷三〇　蝸牛無毒。濕生。

蝸牛：主賊風喎僻，踠跌，大腸下脫肛，筋急及驚癇。名醫所錄。

【名】蠡牛。【地】《圖經》曰：生泰山池澤及陰地沙石人家牆垣下，今處處有之。陶隱居注云：蝸牛，形似蛞蝓，但背上負殼耳。《莊子》所謂戰於蝸角是也。久雨晴，竹林池沼間多有出者。其城牆陰處一種，匾而小者，無力，不堪用。蝸牛入嬰孺藥爲最勝，其殼亦堪用。《蜀本》注云：形似小螺，白色，生池澤草樹間，頭有四角，行則出，驚之則縮，首尾俱能藏入殼中。【時】生：無時。採：無時。【用】形圓大者爲勝。【質】類蛞蝓而負殼。【色】青白。【味】鹹。【性】寒，軟。【氣】氣薄味厚，陰也。【臭】腥。【主】祛風熱，消瘡腫。【製】入藥炒用，或搗取汁用。【治】療：《圖經》曰：蝸牛涎，主消渴。《別錄》云：蝸牛殼二十枚，燒灰細研，每用揩齒，療齒䘌有蟲。○蝸牛，取汁，治蜈蚣咬痛不可忍，滴入即瘥。【合治】蝸牛一兩，燒灰，合豬脂和，傅大腸久積虛冷每因大便脫肛不收。○蝸牛二百個，入小淨瓶中，用新汲水一盞，浸瓶中封繫，自晚至明，取蝸牛放，其水如涎，合真蛤粉不以多少，旋調傅，以雞翎掃，治發背瘡，日可十餘度，其熱痛止，瘡愈矣。○蝸牛殼十枚，洗去塵土，令乾，內酥蜜中，瓷盒盛之，卻用紙糊，於飯甑內蒸之，下饋即安之，至飯熟取出，細研，漸漸吃，一日食盡之，治小兒一切疳疾。

明・許希周《藥性粗評》卷四　蝸牛一鬪，逐風賊於斜途。

蝸牛，俗名野螺螄，一名蜒蚰。負殼而行，常出於牆壁、樹林陰翳之間，有四角。《莊子》所謂戰於蝸角者是也。別有一種，無殼，二角而稍大者，謂之蛞蝓，自有本條，主療大同小異。八月採殼，收貯。味鹹，性寒，無毒。主治賊風喎斜，驚癇筋急，內熱消渴，並取其涎，水飲之。取涎之法：以淨水一大碗，捉蝸牛十餘條，納其中，以物蓋之，一日去蝸，其水如涎，隨大人小兒，加減飲之二三次，即效。

又方：齒䘌：蝸牛殼數十條，燒灰為末，頻擦之妙。背疽：以蝸牛所浸涎水，調蛤粉，傅其上，乾復易之，朝夕當愈。

明・鄭寧《藥性要略大全》卷一〇　蝸牛　主賊風喎僻，筋急，驚癇，脫肛。○生研服，止消渴。味鹹，性寒，有毒。入藥炒用。《證類本草》云：即負殼蜒蚰也。

明・陳嘉謨《本草蒙筌》卷一一　蝸牛　味鹹，氣寒。有小毒。末春雨霽，多生池澤草間；盛夏日炎，自懸樹木葉下。蝸懸葉下往往升高，涎沫既盡，隨即枯死。頭有四角，故以牛名。背負殼而行，行則頭角並出；遇物驚便縮，縮乃首尾俱藏。藏入殼中。劑擇圓大者取功，製宜火炒過殺毒。主賊風口眼喎僻，治驚癇筋脉拘攣。收脫肛，止消渴。嬰兒方內，每每擅名。殼治疳最靈，涎止渴亦効。○蛞蝓亦係蝸類，氣味並與前同。背殼無頭角二，謂即蝸之老者，老則殼蛻而然。據物理難明，但主治無異。○蜒蚰如釵股大，色近正黃；足生若蜈蚣多，背無負殼。好油脂延入人耳竅，故名此乃使人緊防。《本經》註云：菖蒲去蚤蝨，來蜒蚰，亦其氣芬芳所召爾。

明・王文潔《太乙仙製本草藥性大全》卷八《本草精義》　蝸牛　一名蠡牛，俗呼爲瓜牛。生山中或人家。末春雨霽，多生池澤草間；盛夏日炎，自懸樹木葉下。蝸懸葉下，往往升高，涎沫既盡，隨即枯死。頭有四角，故以牛名。背負殼而行，行則頭角並起，遇物驚便縮，縮乃首尾俱藏。劑擇圓大者取功，製宜火炒過殺毒。殼名天羅，色白，入藥治病猶宜。又一種名號寄，名形正相似，火炙殼即便走出，食之大益顏色。

明・王文潔《太乙仙製本草藥性大全》卷八《仙製藥性》　蝸牛　味鹹，氣寒，有小毒。主治：主賊風口眼喎僻，治驚癇筋脉拘攣。收大腸脫肛，止踠跌消渴。嬰兒疳疾，每每擅名。殼：治疳最靈。涎：止渴亦效。

補註：治齒䘌并有蟲，用蝸牛殼二十枚燒灰，細研，每用揩齒良。○治蜈蚣咬方：用蝸牛搾取汁，滴入咬處。○治大腸久積虛冷，每因大便脫肛收不得。用蝸牛一兩燒灰，猪脂和傅之立差。○治發背，以蝸牛二百個活者，以一升净瓶入蝸牛，用新汲水一盞浸瓶中，封繫自晚至明，取出蝸牛放之，其水如涎，將真蛤粉不以多少，旋調傅，以鷄翎掃之瘡上，日可十餘，其熱痛止，瘡便愈。治小兒一切疳疾，取蝸牛殼七個，净洗，不得有塵土，令乾，向酥蜜中甆合盛，却用紙糊於飯甑內蒸之，下饋即安之，至飯熟取出，細研，漸漸喫，一日食盡之。〇主消渴，取蝸牛十四枚，以水三合浸之，瓮甌中以器覆之一宿，其蟲自沿器上，取水飲，不過三劑。

明·皇甫嵩《本草發明》卷六 蝸牛下品。味鹹，寒，有小毒。取圓大者，炒過殺毒。主賊風，口眼喎斜，筋急踠跌，大腸下脱肛。《藥性》云：生研，止消渴。又嬰兒方中多用之治疳病。又方：齒䘌并有蟲，用蝸牛二十枚，燒灰，細研，用指齒良。又云：殼治疳，涎止渴。似蛞蝓，頭有四角，背負殼而行，夏日炎，自懸樹葉下，涎(未)〔沫〕盡枯死。

明·李時珍《本草綱目》卷四二蟲部·濕生類 蝸牛瓜、媧、渦三音。〇《別録》中品。

【釋名】蠡牛蠡音螺。《藥性》。蚹蠃《爾雅》。音附螺。螔蝓《爾雅》。音移俞。山蝸弘景 蝸蠃《山海經》作倮蠃。 蜒蚰蠃俗名 土牛兒弘景曰：蝸牛，山蝸也。形似瓜字，有角如牛，故名。《莊子》所謂戰於蝸角是矣。時珍曰：其頭偏戾如喎，其形盤旋如渦，故有媧、渦二者，不獨如瓜字而已。其行延引，故曰蜒蚰。《爾雅》謂之蚹蠃。孫炎註云：以其負蠃殼而行，故名蚹蠃。

【集解】弘景曰：蝸牛生山中及人家。頭形如蛞蝓，但背負殼耳。大明曰：此即負殼蜒蚰也。保昇曰：蝸牛生池澤草樹間。形似小螺，白色。頭有四黑角，行則頭出。驚則首尾俱縮入殼中。頌曰：凡用蝸牛，以形圓而大者爲勝。久雨乍晴，竹林池沼間多有之。其城墻陰處，一種扁而小者，無力，不堪用。時珍曰：蝸身有涎，能制蜈、蝎。夏熱則自懸葉下，往往升高，涎枯則自死也。

蝸牛 【氣味】鹹，寒，有小毒。畏鹽。【主治】賊風喎僻，踠跌，大腸脱肛，筋急及驚癇《別録》。生研汁飲，止消渴甄權。治小兒臍風撮口，利小便，消喉痹，止鼻衄，通耳聾，治諸腫毒痔漏，制蜈蚣蝎蠆毒，研爛塗之時珍。

【發明】頌曰：入嬰孩藥最勝。時珍曰：蝸牛所主諸病，大抵取其解熱消毒之功耳。

【附方】舊三，新十九。 小便不通：蝸牛搗貼臍下，以手摩之。加麝香少許更妙。《簡易》。 大腸脱肛：《聖惠》治大腸久積虚冷，每因大便脱肛。用蝸牛一兩燒灰，猪脂和傅，立縮。〇又治上證及痢後脱肛。用乾蝸牛一百枚，炒研。每用一錢，以飛過赤汁磁石末五錢，水一盞，煎半盞調服，日三。 痔瘡腫痛：丹溪用蝸牛浸油塗之，或燒研傅之。〇《濟生》用蝸牛一枚，入麝香少許在內，碗盛，次日取水塗之。 發背初起：活蝸牛二百個，以新汲水一盞，湯瓶中封一夜，取涎水，入真蛤粉旋調，掃傅瘡上。日十餘度，熱痛止則瘡便愈。《集驗方》。 瘰癧未潰：連殼蝸牛七個，丁香七粒，同燒研，紙花貼之。危氏。 瘰癧已潰：蝸牛燒研，輕粉少許，用猪脊髓調，傅之。危氏方。 喉痹腫塞：用蝸牛綿裹，水浸含嚥，須臾立通。〇又用蝸牛七枚，白梅肉三枚，研爛，綿裹含嚥，立效。 喉風腫痛：端午日午時，取蜒蚰十餘條，同鹽三四個小瓶内封固，俟化成水，收水點之。唐氏。 喉塞口噤：蜒蚰炙二七枚，白梅肉炒二七枚，白礬半生半燒二錢，研爲末。每水調半錢服，得吐立通。《聖惠方》。 耳腮痄腫：及喉下諸腫。用蝸牛同麪研，傅之。 面上毒瘡：初起者。急尋水蜒蚰一二條，用醬少許共擣，塗帋上，貼之，即退。帋上留一小孔出氣。此乃凌漢章祕傳極效方也。《談野翁試驗方》。 赤白翳膜：生蝸牛一枚，擣丹砂末於內。火上炙沸，以綿染汁傅眦中，日二。《聖惠方》。 鼻血不止：蝸牛焙乾一枚，烏賊骨半錢，研末吹之。《聖濟總録》。 撮口臍風：乃胎熱也。用蝸牛五枚去殼，研汁塗口，取效乃止。〇又方：用蝸牛十枚，去殼研爛，入蒔蘿末半分研匀，塗之，取效甚良。 滴耳聾閉：蝸牛膏，用蝸牛一兩，石膽、鍾乳粉各二錢半，爲末，瓷盒盛之，火煅赤，研末，入片腦一字。每以油調一字，滴入耳中，無不愈者。並《聖惠方》。 蚰蜒入耳：蝸牛椎爛，置于耳邊，即出也。《瑞竹堂方》。 染鬚方：用蜒蚰四十條，以京墨水養之三日，埋馬矢中一月取出，以白絲頭試之，如即黑到尾，再入馬矢中埋七日，再取試之，性緩乃以撚鬚，庶不致黑皮膚也。《普濟方》。 消渴引飲：不止。崔元亮《海上方》用蝸牛十四枚形圓而大者，以水三合，密器浸一宿。取水飲之，不過三劑愈。〇《聖惠》用蝸牛焙半兩，蛤粉、龍膽草、桑根白皮炒各二錢半，研末。每服一錢，楮葉湯下。

蝸殼 【主治】一切疳疾頌。牙䘌，面上赤瘡，鼻上酒齇，久利下脱肛時珍。

【附方】舊二，新一。 一切疳疾：用自死蝸殼七枚，皮薄色黄白者，洗净，不得少有塵滓，日乾，内酥蜜于殼中。以瓷盞盛之，帋糊盞面，置炊飯上蒸之。下饋時，即坐甑中，仍裝飯又蒸，飯熟取出，研如水澱，漸漸與喫，一日令盡，取效止。《韋丹方》。 牙䘌作痛：蝸牛殼三十枚，燒研。日日揩之，良。《聖惠》。 大腸脱肛：蝸牛殼去土研末，羊脂溶化調塗，送入即愈。《李延壽方》。

明·梅得春《藥性會元》卷下 蝸牛 味鹹，性寒。主治賊風喎僻，踠跌，大腸脱肛，筋急及驚癇。一名蛞蝓。治背疽，用涎沫塗。一名蜞螺，處處有。

明·李中立《本草原始》卷一一 蝸牛 生山中及人家墻垣陰處。頭形如蛞蝓，但背負殼耳。色白，頭有二角，行則頭出，驚則首尾俱縮入殼中。涎畫屋壁，悉成銀迹。弘景曰：山蝸也。形似瓜字，有角如牛，故名。《莊子》所謂戰於蝸角是矣。《爾雅》謂之蚹蠃以其負蠃殼而行。

蝸牛：氣味：鹹，寒，有小毒。 主治：賊風喎僻，踠跌，大腸脱肛，筋急及驚癇。〇生研汁飲，止消渴。〇治小兒臍風撮口，利小便，消喉痹，止鼻衄，通耳聾，治諸腫毒痔漏，制蜈蚣蠍蠆毒，研爛塗之。

《簡易方》：　治小便不通，蝸牛去殼，搗貼臍下，以手摩之，加麝香少許更妙。

蝸牛，《別錄》中品。【圖略】蝸牛似蛞蝓，背上有殼。

明・李中梓《藥性解》卷六　蝸牛　味醎性寒，有小毒，不載經絡。主賊風口眼喎斜，驚風筋脉拘攣，收大腸脱肛痔痛，消渴兒疳。火炒過用。

按：　蝸牛之名，以頭有角似牛也。夏月往往升高，涎盡即枯死，必用火炒者，誠欲去其寒毒爾，是即蛞蝓也。《圖經》攷之甚核，《本草》分為兩種，恐非。有一種田螺，主眼赤熱瘡，醒酒渴，點痔瘡。類分數種，功約相同，兹不多贅。

明・繆希雍《本草經疏》卷二一　蝸牛　味鹹，寒。主賊風喎僻，踠跌，大腸下脱肛，筋急及驚癇。蛞蝓、蝸牛，《本經》分二條，今按其氣味相同，主療無別，惟形質稍異，故併為一。蝸牛負殼，蛞蝓無殼耳。

〔疏〕蛞蝓、蝸牛，稟陰濕之氣而生，故味鹹氣寒無毒。經曰：　清靜則肉腠閉拒，雖大風苛毒，弗能害也。如陰血虧竭，陽氣躁擾，則腠理不密，賊風乘虚而入。風主搖動，中于經絡故喎僻攣縮，軟筋、筋急所自來矣。又風為陽邪，筋脉得之皆燥急，鹹寒能益陰潤燥軟堅，則筋脉舒緩，經絡通達而諸證除矣。驚癇者，風熱也。脱肛者，大腸熱也。踠跌者，血脉傷必發熱也。鹹寒總除諸熱，所以主之。蜈蚣性畏二物，不敢過其所行之路，觸其身即死。故人取以治蜈蚣毒。　〔主治參互〕《聖惠方》治大腸因熱脱肛，用蝸牛一兩燒灰，猪脂和傅，立縮。　《濟生方》痔瘡腫痛，用蝸牛一枚，入麝香少許，以碗盛，次日取水塗之。丹溪方用蝸牛浸油塗之，或燒灰傅亦可。　《集驗方》發背初起，活蝸牛二百箇，以新汲水一盞，瓶內封一宿，取涎水，入真蛤粉，旋調掃傅瘡上。日十餘度。　《大全良方》痔熱腫痛，用大蛞蝓一箇，研泥，入片腦一字，燕脂坯子半錢，同傅之。　〔簡誤〕其氣大寒，非有風熱者不宜用。小兒薄弱多泄者不宜用。

明・張景岳《景岳全書》卷四九《本草正》　蝸牛　負殼而行者。　味鹹，性寒，有小毒。能清火解熱。生研汁飲，消喉痹，止消渴鼻衄，通耳聾，治腫毒痔漏，療小兒風熱驚癇。加麝香擣罨臍間，大利小便，亦傅脱肛。及治蜈蚣蠆毒，俱宜研爛傅之。

無殼者，名蜒蚰。治熱瘡癰毒腫痛。少入冰片，研塗痔漏脱肛熱痛最良，解蜈蚣毒尤捷。

清・穆石匏《本草洞詮》卷一八　蝸牛　形如瓜字，有角如牛。《莊子》所謂戰於蝸角是矣。其行延引，亦名蜒蚰。鹹，寒，有小毒。治賊風喎僻，脱肛，筋急驚癇，小兒臍風撮口，利小便，消喉痺，治諸腫毒，制蜈蚣、蝎蠆毒。皆取其清熱消毒之功也。

清・郭章宜《本草匯》卷一七　蝸音哇牛　醎，寒，有毒。治小兒臍風撮口，喉痺。消諸腫痄腮，蜈蚣蠍毒。

按：　蝸牛，即圓殼蜒蚰也。身有涎，能制蜈蠍。夏熱則自懸葉下，升高涎枯，則自死也。入嬰兒藥最勝。其所主病，大抵皆解熱消毒之功耳。

生池澤草樹間。形似小螺，白色，頭有四黑角，以形圓而大者為勝。其一種扁小者，不堪用。

清・蔣居祉《本草擇要綱目・寒性藥品》　蝸牛狀類蛞蝓，但背另負殼也。

氣味：　鹹，寒，有小毒。　主治：　小兒（腫）〔臍〕風撮口，利小便，消喉痺。研敷，治蜈蚣蝎蠆毒。所主諸病，大抵有解熱消毒之功也。蝸牛殼，治一切疳疾，療面上赤瘡，鼻上酒皶，久利下脱肛。

清・陳士鐸《本草新編》卷五　蝸牛　味鹹，氣寒，有小毒。殺蟲，主賊風口眼喎斜，治驚癇筋脉拘攣，收脱肛，止消渴。〔此物治病亦神〕，然必須製。用甘草些須，同火炒焙乾，存于藥籠之中，以治前症實奇。　蝸牛善殺蟲，以活者投麻油中，自化為油，以油塗蟲瘡，效如神。

或問：　蝸牛治楊梅瘡毒有神，何子不言也？　蓋蝸牛解毒，而氣過寒涼，楊梅熱毒，似乎相宜，然則楊梅熱毒，實出諸腎，用蝸牛未免直入腎中以瀉火，火去而寒留，往往有陽痿不振，不能生子之憂。予所以略而不言也。

清・李熙和《醫經允中》卷二一　蝸牛　鹹，寒，有毒。主治腫毒痔漏，制蜈蚣蝎蠆諸毒，研爛敷之。悮服終身陰痿無解。

清・馮兆張《馮氏錦囊秘錄・雜症痘疹藥性主治合參》卷一一　蝸牛蛞蝓、蝸牛，《本經》分作二條，今按其氣味主療無別，惟形質稍異，故併為一。但蝸牛負殼，蛞蝓無殼耳。稟陰濕之氣而生，故味鹹，氣寒，無毒。《經》曰：　肉腠閉拒，雖大風疴毒，弗能害也。如陰血虧竭，腠理不密，賊風乘虚而中於經絡，故喎僻，攣縮筋急。鹹寒能益陰，潤燥軟堅，則筋脉舒緩，經絡通達，而諸證除矣。驚癇者，風熱也；脱肛者，大腸熱也；疔腫者，火毒熱結也。鹹寒總除諸熱，所以主之。蜈蚣性畏二物，不敢過其所行之路，觸其身即死，故人取以治蜈蚣毒。【略】　蝸牛，即帶殼大蜒蚰，入劑擇圓大者取功。製宜火炒過殺毒，主賊風，口眼喎斜。治驚癇，筋脉攣拘。收脫肛，止消渴。敷熱毒，愈疔腫。

清·张璐《本經逢原》卷四　蝸牛　鹹，寒，小毒。　發明：　蛞蝓、蝸牛生下濕地，陰雨即出，至陰類也。治諸腫毒痔漏，制蜈蚣蠍蠆諸毒，研爛塗之，取其解熱消毒之功耳。其形尖小而緣桑上者，謂之緣桑蠃。治大腸脫肛，和豬脂塗之立縮。此蠃諸木上皆有，獨取桑上者，正如桑螵蛸之義。

清·張志聰、高世栻《本草崇原》卷中　蝸牛附　氣味鹹，寒，有小毒。主治賊風喎辟，踠跌，大腸脫肛，筋急及驚癇。《別錄》附。　蛞蝓、蝸牛一種二類，背負殼者名蝸牛，無殼者名蛞蝓，主治功用相同。　蝸牛一名蝸蠃，感雨濕化生而成介蟲之類，氣味鹹寒，能清熱解毒。甲蟲屬金，能去風定驚。大腸屬陽明，寒則收縮，熱則縱馳，故主治如此。

清·劉漢基《藥性通考》卷四　蝸牛　味鹹，氣寒，有小毒。殺蟲，主賊風口眼喎斜，治驚癇筋脉拘攣，救脫肛，止消渴。然必須用甘草些須，同火炒焙乾，存於藥籠中。蝸牛善殺蟲，以活者投麻油中，自化為油，以油塗蟲瘡甚神。又可治楊梅瘡毒。第氣過寒，楊梅熱毒實出諸腎，用蝸牛未免直入腎中以瀉火，火去寒留，往往有陽痿不振之虞。

清·修竹吾廬主人《得宜本草分類·下部補養並瘍科感症門》　(牯)〔蝸〕牛　氣味醎寒，有小毒。畏鹽。主治賊風喎僻，踠跌，大腸脫肛，筋急及驚癇。生研汁飲，止消渴，治小兒臍風撮口，利小便，消喉痺，止鼻衄，通耳聾，治諸腫毒痔漏。制蜈蚣蠍蠆毒，研爛塗之。大抵取其消熱解毒之功。

小便不通，(牯)〔蝸〕牛搗爛，加麝香少許，塗臍下，以手摩之。　大腸脫肛，用(牯)〔蝸〕牛一兩，燒灰，猪脂和敷，立縮。　痔瘡腫痛，(牯)〔蝸〕牛浸油，塗之。或燒研敷之《濟生》。　用牯牛，入麝少許，放碗中，次日取水點之。

發背初起，活(牯)〔蝸〕牛二百箇，以新水一盞，湯瓶中封一夜，以涎水入真蛤粉，旋調，掃傅瘡上，十餘度，熱痛止，瘡便愈。　瘰癧未潰，連殼(牯)〔蝸〕牛七箇，丁香七粒，同燒研，帋花貼之。已潰用(牯)〔蝸〕牛燒研，輕粉少許，猪脊髓調敷之。　喉痺腫痛塞，用(牯)〔蝸〕牛綿裹水浸，含嚥，須臾立通。

喉風腫痛，端午日午時取(牯)〔蝸〕牛十餘枚，同鹽放小瓶內，封固，俟化成水，取水點之。　耳腮痄腫及喉下諸腫，用(牯)〔蝸〕牛同麵研敷之。

清·黃元御《玉楸藥解》卷六　蝸牛　味鹹，性寒。入足太陽膀胱、足厥陰肝經。利水泄火，消腫敗毒。蝸牛去濕清熱，治痔瘻瘰癧，發背脫肛，耳聾鼻衄，喉痹腮腫，目瞖面瘡。解蜈蚣、蚰蜒、蜂、蝎諸毒。生搗，燒研，塗敷皆良。

清·汪紱《醫林纂要探源》卷三　蝸牛　鹹，寒。生牆壁及山石上。一名蜒蚰螺，殼圓而扁薄，肉角二，故有牛名。目在角上，負殼而行，行則有涎布地，好緣草木，居葉下，涎盡則枯死。亦有生而無殼者，直名蜒蚰，能食蠍及蜈蚣。療毒瘡血熱，搗和酒服，或龍眼肉包而吞之，治血瘋瘡及楊梅瘡。蟲蠍螫毒。搗塗蠍及蜈蚣咬傷。

清·嚴潔等《得配本草》卷八　蝸牛即負殼蜒蚰。　畏鹽。　鹹，寒，有小毒。主消渴脫肛，筋急驚癇。入嬰兒藥，大有解熱消毒之功。　得蟾酥、麝香、藤黃，塗消癰毒。入麝香化水，塗痔瘡腫痛。和麵，搗敷痄腮腫痛。和白梅肉、生礬、枯礬，治喉塞口噤。加麝香，搗貼臍下，治小便不通。

清·黃宮繡《本草求真》卷八　蝸牛瀉風邪經絡，腸胃熱毒。　蝸牛嵩入經絡、大腸、胃。　即帶殼大蜒蚰是也。生下濕地，陰雨即出，性稟至陰，味鹹小毒。故古方用此以治真陰虧損，腠理不密，致風中於經絡，而見口眼喎斜，筋脉攣拘，及風熱脫肛，痔瘡腫痛，癰疽發背、疔腫等症，皆能見效。頌曰：　入嬰孩藥最勝。總以取其鹹寒，解其諸熱之性耳。並解蜈蚣毒，取形尖小，緣桑木佳。無殼名蜒蚰。

清·羅國綱《羅氏會約醫鏡》卷一八鱗介蟲魚部　蝸牛味鹹，性寒，有小毒。　清火解熱。治脫肛、大腸熱也，用蝸牛燒灰，猪脂和敷，立縮。　痔瘡腫痛、用蝸牛入麝香，化為水塗之，或浸油塗之，或燒灰敷之。　疔腫發背。火毒結熱也，用蝸牛搗，加〔冰〕片敷之。　解蜈蚣毒。不敢過蝸牛所過之路，觸其身即死。　負殼而行者名蝸牛，無殼者名蜒蚰，又名蛞蝓。古分為二，而其氣味主療無異，今併為一。

清·吳鋼《類經證治本草·手陽明大腸腑藥類》　蝸牛　【略】誠齋曰：此負殼蜒蚰也。生池澤草樹間，形似小螺，白色，頭有四黑角，行則頭出，驚則首尾俱縮入殼中。

清·張德裕《本草正義》卷下　蝸牛　鹹，寒，有小毒。能清火解熱。研汁飲，消喉痺，治腫毒，小兒風熱急驚。同麝香研，罨臍中，大利小便。亦可敷脫肛腫痛。負殼而行者名蝸牛，無殼者名蜒蚰。

清·趙其光《本草求原》卷一八蟲部 蝸牛、蛞蝓 蝸牛負殼，一名蚰蜒。蛞蝓無殼，一名鼻涕。皆生濕土，陰雨即出。鹹，寒，無毒。治諸腫毒、痔瘡。入麝取水搽，或浸油塗，或燒灰敷之。制蠍蠆蜈蚣嚙毒。二物所行之路，蜈蚣過之即死。入冰片研敷。其形尖小而緣桑上者，名緣桑蠃，與蝸牛俱治腸熱、脫肛。燒灰，和豬脂塗。各木皆有蠃，獨取桑上者，正如桑螵蛸之義。三者皆潤燥、軟堅，主賊風喎僻，驚癇攣縮。更治喉中各病。

清·文晟《新編六書》卷六《藥性摘錄》 蝸牛 性至陰，味鹹，有小毒。瀉經絡腸胃熱毒。〇治風邪中於經絡，而見口眼喎斜，筋脈攣拘，及風熱脫肛，痔瘡腫痛，癰腫發背疔腫等症，皆効。〇並解蜈蚣毒。〇取形尖小緣桑木者佳。無殼，名蜒蚰。

清·劉善述、劉士季《草木便方》卷二蟲介鱗甲部 蝸牛 山螺殼寒治面瘡，一切疳疾久痢方。五痔脫肛鼻渣，風火牙䘌湯火傷。

蛞蝓

宋·唐慎微《證類本草》卷二一蟲魚部中品〔《本經》·《別錄》〕 **蛞**音闊**蝓**音俞 **味鹹，寒，**無毒。**主賊風喎**口乖切**僻，軼**音益**筋及脫肛，驚癇攣縮。一名陵蠡，**一名土蝸，一名附蝸。生太山池澤及陰地沙石垣下。八月取。

〔梁·陶弘景《本草經集注》〕云：蛞蝓無殼，不應有蝸名，其附蝸者，復名蝸牛。生池澤沙石，則應是今山蝸，或當言其頭形類猶似蝸牛蟲者。俗名蝸牛者，作瓜字，則蝸字亦音瓜。《莊子》所云，戰於蝸角也。蛞蝓入三十六禽限，又是四種角蟲之類。(熒)〔營〕室星之精矣，方家殆無復用乎。

〔唐·蘇敬《唐本草》〕注云：三十六禽。亥上有三家、貐、豪猪，亦名蒿猪，毛如蝟，簪搖而射人，其肚合屎乾燒爲灰，主黃疸，猪之類也。陶謂爲蝓，誤極大矣。又《山海經》云：貐，彘身人面，音如嬰兒，食人獸。《爾雅》云：猰烏八切貐，類貙音樞。迅走食人，并非蛞蝓也。蛞蝓乃無殼蝸蠡也。

〔宋·掌禹錫《嘉祐本草》〕按：《蜀本》注云：此即蝸牛也。而新附自有蝸牛一條，雖數字不同，而主療與此無別，是後人誤剩出之。亦如《別録》草部已有雞腸，而新附又有蘩蔞在菜部。按《爾雅》云：附蠃，螔蝓。注云：蝸牛也。而《玉篇》蝓字下注亦云：螔蝓，蝸牛也。此則一物明矣。形似小螺，白色，生池澤草樹間，頭有四角，行則出，驚之則縮，首尾俱能藏入殼中。而蘇注云：無殼蝸牛，非也。今據《本經》一名陵蠡，又有土蝸之名。且蝸，蠡者。皆蠃殼之屬也。陶云若無殼則不合有蝸名是也。又據今下濕處有一種蟲，大於蝸牛，無殼而有角，云是蝸牛之老者。

〔宋·蘇頌《本草圖經》〕曰：蛞音闊蝓音俞，生泰山池澤及陰地沙石垣下。蝸牛，《本經》不載所出州土，今并處處有之。陶隱居注云：蝸牛，形如蛞蝓，但背負殼耳。則《莊子》所謂戰於蝸角是也。又云：俗名蝸牛者，作瓜字形，故蝸字亦音瓜。《本經》蛞蝓，一名附蝸，蛞蝓無殼，不應有蝸名，或以其頭形類猶似蝸牛，故以名之。或云：都是一物有二名，如雞腸、蘩蔞之比。謹按郭璞注《爾雅》：蚹蠃，螔蝓，蝸牛也。字書解蝓字，亦云螔蝓，蝸牛也。如此是一物明矣。然今下濕處，有種大於蝸牛，亦有角而無殼，相傳云是蝸牛之老者。若然，本一物，而久蛻殼者爲異耳。并八月採。方書蝸牛涎，主消渴。崔元亮《海上方》著其法云：取蝸牛十四枚，以水三合，浸之瓷甌中，以器覆之一宿，其蟲自沿器上取水飲，不過三劑已。凡用蝸牛，以形圓而大者爲勝。久雨晴，竹林池沼間多有出者，其城牆陰處有一種扁而小者，無力，不堪用。蝸牛入嬰孺藥爲最勝，其殼亦堪用。韋丹主一切疳。取舊死殼七枚，皮薄色黃白者真，淨洗，不得小有塵滓，漉乾，內酥於殼中，以瓷盞盛之，紙糊盞面，置炊飯上蒸之。下饋時，即坐甑中，裝飯又蒸，飯熟即已，取出細研如水淀，漸漸與喫，令一日盡，爲佳。

宋·寇宗奭《本草衍義》卷一七 蛞蝓、蝸牛二物矣。蛞蝓，其身肉止一段。蝸牛，背上別有肉，以負殼行，顯然異矣。若爲一物，《經》中焉得分爲二條也。其治療亦大同小異，故知別類。又謂蛞蝓是蝸牛之老者，甚無謂。蛞蝓有二角，蝸牛四角，兼背有附殼肉，豈得爲一物也。

宋·王繼先《紹興本草》卷一八 蛞蝓 紹興校定：蛞蝓，性味、形質、主治已載《經》注。或云乃蝸牛一物，或云別是一種。然但形質頗相類，其所治亦無大異，即非專起疾之物。產池澤土濕處。當從《本經》味鹹、寒、無毒是矣。

明·王綸《本草集要》卷六 蛞蝓 味鹹，氣寒，無毒。形類蝸牛。蛞蝓二角，蝸牛四角，兼背有肉附殼而行。主賊風喎僻軼筋及脫肛，驚癇攣縮。〇蝸牛，主治同。生研，水服，止消渴。取一兩，燒灰，猪脂和傅脫肛，立縮。又研，和真蛤粉，傅發背。

明·滕弘《神農本經會通》卷一〇 蛞蝓 生太山池澤，及陰地沙石垣下。八月取。此即蝸牛。形似小螺，白色，生池澤草樹間，頭有四角，行則出，驚之則縮，首尾俱能藏入殼中。《集》云：形類蝸牛，蛞蝓二角，蝸牛四角，兼背有肉附殼而行。蛞蝓其身肉止一段，豈得為一物也，即行。

味鹹，氣寒，無毒。《本經》云：主賊風，喎僻軼音益筋，及脫肛，驚癇，攣縮。《局》云：蛞蝓《本草》即蝸牛，池澤垣籬濕處求。風賊喎斜肛下脫，背疽涎抹竟無憂。蛞蝓，主風賊喎斜，脫肛。

明・劉文泰《本草品彙精要》卷三〇 蛞蝓無毒。

蛞音闊蝓音俞：主賊風喎口乖切僻，軼音益筋及脫肛，驚癇，攣縮。《神農本經》。

〔名〕陵蠡、土蝸、附蝸、蛞蝸。〔地〕《圖經》曰：生泰山池澤及陰地沙石垣下，今處處有之。《本經》蛞蝓一名附蝸，蛞蝓無殼，不應有蝸名，或以其頭形相類，猶似蝸牛，故以名之。或云：多是一物有二名，如雞腸、蘩蔞之比。按郭璞注《爾雅》：附蠃力果切、螔思移切蝓，蝸牛也。字書解蝓字亦云：螔蝓，蝸牛也。如此，一物明矣。然今下濕處有一種，大於蝸牛，亦有角而無殼，相傳云是蝸牛之老者，若然，本一物而久脫殼者爲異耳。《衍義》曰：蛞蝓、蝸牛爲二物矣。蛞蝓，其身肉止一段。蝸牛，背上別有肉，以負殼而行，顯然異矣。若爲一物，《經》中焉得分爲二條也？其治療亦大同小異，故知別類。又謂：蛞蝓，是蝸牛之老者，甚無謂。蛞蝓二角，蝸牛四角，兼背負殼，豈得謂一物哉。〔時〕生：無時。採：八月取。〔質〕類蝸牛而無殼。〔色〕青黑。〔味〕鹹。〔性〕寒，軟。〔氣〕氣薄味厚，陰也。〔臭〕腥。〔主〕諸風。〔解〕能辟蜈蚣、蚰蜒，若蜈蚣、蚰蜒遇其涎圍之，則不得出。

明・王文潔《太乙仙製本草藥性大全》卷八《本草精義》 蛞蝓 一名陵蠡，一名土蝸，一名附蝸。生泰山池澤及陰地沙石垣下，今在處有之。其頭形類猶似蝸牛蟲者，頭有二角，但背負殼耳。蘇云無殼蝸牛，非也。今據《本經》一名陵蠡，又有土蝸之名，且蝸、蠡者，皆蠃殼之屬也。陶云若無殼則不合有蝸名，是也。又據今下濕處有一種蟲，大於蝸牛，無殼而有角，云是蝸牛之老者。

明・王文潔《太乙仙製本草藥性大全》卷八《仙製藥性》 蛞蝓 味鹹，氣寒，無毒。主治：主賊風喎僻軼筋良方，療脫肛驚癇攣縮妙劑。

明・皇甫嵩《本草發明》卷六 蛞蝓無附殼，肉身，頭有二角，亦蝸類。氣味主治並與前蝸牛同。或云：即蝸牛之老者，久而脫殼。恐未必是一物也。

明・李時珍《本草綱目》卷四二蟲部・濕生類 蛞蝓音闊俞。《本經》中品。

〔釋名〕陵蠡音螺。《本經》。附蝸《別録》 土蝸同 托胎蟲俗 鼻涕蟲俗 蜒蚰螺詳下文。

〔集解〕《別録》曰：蛞蝓生太山池澤及陰地沙石垣下。八月取之。弘景曰：蛞蝓無殼，不應有蝸名。附蝸，即蝸牛也。豈以其頭形似蝸牛，故亦名蝸歟？保昇曰：蛞蝓即蝸牛也，而《別録》復有蝸牛一條。雖數字不同，而主療無別，是後人誤出。正如草部有雞腸，而復出蘩縷也。按《爾雅》云：蚹蠃，螔蝓。郭註云：蝸牛也。《玉篇》亦云：螔蝓，蝸牛也。此則一物明矣。形似小螺，白色，生池澤草樹間。頭有四角，行則角出，驚之則縮，首尾俱能藏入殼中。蘇恭以蛞蝓爲無殼蝸牛，非矣。今《本經》一名陵蠡，《別録》又有土蝸之名。蝸、蠡皆蠃殼之屬，不應無殼也。今下濕處有一種蟲，大於蝸牛，無殼而有角者，云是蝸牛之老者也。宗奭曰：蛞蝓、蝸牛，二物也。蛞蝓二角，身肉止一段。蝸牛四角，背上別有肉，以負殼行。若爲一物，經中焉得分爲二條。《蜀本》又謂蛞蝓爲蝸牛之老者，甚無謂也。時珍曰：按《爾雅》無蛞蝓，止云蚹蠃，螔蝓。郭注云：蝸牛也。《別録》無螔蝓，止云蛞蝓一名附蝸。據此，則螔蝓是蚹蠃，蛞蝓是附蝸。蓋一類二種，如蝦蟆與鼃。故其主治功用相似，而皆制蜈、蝎；名謂稱呼相通，而俱曰蝸與蜒蚰螺也。或以爲一物，或以爲二物者，皆失深攷。惟許慎《說文》云：蚹蠃背負殼者曰蝸牛，無殼者曰蛞蝓。一言決矣。

〔正誤〕弘景曰：蛞蝓入三十六禽限，又是四種角蟲之類，營室星之精。方家無復用者。恭曰：陶說誤矣。三十六禽亥上有壁水貐，乃豪猪，毛如猬簪。《山海經》云：貐，彘身人面，音如嬰兒。《爾雅》云：猰貐類貙，迅走食人。三者並非蛞蝓。蛞蝓乃無殼蝸蠡也。

〔氣味〕鹹，寒，無毒。〔主治〕賊風喎僻，軼筋及脫肛，驚癇攣縮。《本經》。○喎，苦乖切，口戾也。軼音跌，車轉也。蜈蚣、蝎毒《衍義》。腫毒焮熱，熱瘡腫痛時珍。

〔發明〕宗奭曰：蜈蚣畏蛞蝓，不過所行之路，觸其身即死，故人取以治蜈蚣毒。時珍曰：按蔡絛《鐵圍山叢話》云：嶠南地多蜈蚣，大者二三尺，螫人覓死不得，惟見托胎蟲則局促不行。蟲乃登其首，陷其腦而死。故人以此蟲生擣塗蜈蚣傷，立時疼痛止也。又《大全良方》云：痔熱腫痛者，用大蛞蝓一個研泥，入龍腦一字，燕脂坯子半錢，同傳之。先以石薛煮水熏洗尤妙。五羊大帥趙尚書夫人病此，止以蛞蝓京墨研塗亦妙。大抵與蝸牛同功。

〔附方〕新一。 脚脛爛瘡：臭穢不可近。用蜒蚰十條，瓦焙研末，油調傳之，立效。《救急方》。

明・李中立《本草原始》卷一一 蛞蝓 氣味：鹹，寒，無毒。生太山池澤，及陰地沙石垣下，似蝸牛，無殼，有二角。故許慎《說文》云：蚹蠃背負殼者曰蝸牛，無殼者曰蛞蝓，俗呼托胎蟲。主治：賊風喎僻，軼筋及脫肛，驚癇攣縮。○蜈蚣、蝎毒。○腫毒焮熱，熱瘡腫痛。《救急方》：治脚脛爛瘡，臭穢不可近，蛞蝓十箇，瓦焙研末，油調傳之，立效。

蛞蝓，《本經》中品。蛞蝓似蝸牛，背無負殼。

明・繆希雍《本草經疏》卷二一 蛞蝓 味鹹，寒，無毒。主賊風喎僻，軼筋及脫肛，驚癇攣縮。

明·倪朱謨《本草彙言》卷一七 蜒蚰又名蝸牛。 味鹹，氣寒，有毒。

蘇氏曰：蜒蚰，生人家墻垣石磡間。春夏間，陰雨即生，形如蠶，頭有兩角，背黑有花斑點，肚白，身多涎。涎能制蜈蚣。見鹽即化爲水。

蜒蚰：解一切熱毒之藥也。蔡心吾曰：此物禀地中陰濕之氣而生，水土之精也。善治一切風熱火燥爲眚，一切風熱火痰爲病。如《本經》治賊風喎僻，筋攣腸結；甄氏治丹毒疔腫，喉痹癰毒；李氏治溲秘消渴，痰脹蠱臌，研爛入諸丸藥，效驗甚速。然其氣大寒，非真有風熱火燥者，不宜服。

集方：《方脉正宗》治陽火躁擾，陰血虧竭，賊風乘虚入中經絡，至成口喎身僻，四肢攣縮者。用五加皮六兩，當歸身四兩，共酒炒，研細末，蜒蚰百枚，研爛爲丸梧子大。每服五錢，人參湯下。○同上治一切丹毒癰毒，疔腫喉痹。用生明礬二錢研細末，以蜒蚰十枚，研和爲丸如芡實大，白湯吞下。○《簡易方》治小便秘脹不通。用蜒蚰五個搗爛，加麝香五釐，貼臍上立通。○崔元亮方治消渴引飲。用蜒蚰十四粒，以溫湯吞之。○《方脉正宗》治一切臌脹蠱脹。用蜒蚰五十枚，蓖麻子肉四兩，巴豆肉一錢，俱研去油，生半夏一兩研細，蟾酥三錢，真牛黄二錢，用酒半鍾浸化，和入蓖麻、巴豆、半夏末內，拌匀，隨將蜒蚰、蟾酥、牛黄和匀，總研成膏，爲丸如麻子大，每早午晚各服十丸，以津唾嚥下。

清·張志聰、高世栻《本草崇原》卷中 蛞蝓 氣味鹹，寒，無毒。主治賊風喎僻，跌筋，及脱肛，驚癇，攣縮。蛞蝓音闊俞。 蛞蝓即蜒蚰也，大者如人手指，肥澤有涎，頭有二角，行則角出，驚之則縮，以其身涎塗蜈蚣蝎蠆毒，疼痛即止。 蜒蚰感雨濕之氣而生，故氣味鹹寒。主定驚清熱，解毒輸筋。寇宗奭曰：蛞蝓能解蜈蚣毒。近時治咽喉腫痛，風熱喉痹，用醬脚揜之，內入喉中，令吞下，即愈。

清·嚴潔等《得配本草》卷八 蛞蝓即蜒蚰螺。 畏鹽。 鹹，寒。主治賊風，喎僻，軼筋及脱肛，驚癇，攣縮，消痰核。 生搗，塗蜈蚣咬傷。得京墨研，塗痔瘡腫痛。

清·吴鋼《類經證治本草·手陽明大腸腑藥類》 蛞蝓 【略】誠齋曰：此即兩角無殻蝸牛也，俗名蜒蚰。在濕土墻壁上。

清·張德裕《本草正義》卷下 蜒蚰 鹹，寒，有小毒。治熱瘡癰毒腫痛。入冰片研，塗痔漏脱肛熱痛最良。亦解蜈蚣毒。

清·葉志詵《神農本草經贊》卷二 蛞蝓 味鹹，寒。主賊風喎僻，軼筋及脱肛，驚癇攣縮。一名陵蠡。生池澤。

蝸螺寄殻，名假形殊。屈伸雙角，澒涊單軀。迹留涎滑，胎托腥汙。毒蟲局促，鹽腦噆膚。

《説文》：附蠃背負殻者為蝸牛，無殻者曰蛞蝓。寇宗奭曰：蝸牛四角，蛞蝓二角，身肉只一段，毒蟲行所過之路，觸其涎即死。《博雅》：澒涊，垢濁也。《宋書·傳》：王僧達單軀弱嗣。李時珍曰：俗名托胎蟲。《鐵圍山叢談》：嶠南多蜈蚣，見托胎蟲即局促不行，蟲乃登其首，陷其腦。王孝籍書：毒螫噆膚。

清·戴葆元《本草綱目易知録》卷五 蛞蝓蜒蚰螺 鹹，寒。治賊風喎僻，軼筋及脱肛，驚癇攣縮，塗蜈蚣蠍毒，腫毒焮熱，熱瘡腫痛。【略】許慎《説文》云：與蝸牛相似，背負殻者曰蝸牛，無殻者曰蛞蝓，一言決矣。葆元按：蝸牛，又名蜒蚰蠃。蛞蝓，又名蜒蚰螺，蓋同類而實分。許慎文決矣。鄉間俗名蜒蚰，生人家陰濕處，説春夏秋間天雨則出布墻間，至冬伏而不出，凡取用者，於濕處板底得之。有訛以蚰蜒名此者，但性殊，形亦異，附載於下，以明其訛。并附驗案：一婦年五旬，由七情不舒，缺盆處結核，漸破流水，牽連數核，諸藥不愈，教以蜒蚰三枚，古銅錢一枚，仝搗爛敷，日換，漸愈。又治喉科，凡喉腫、喉痹、乳蛾等症俱效。鮮青梅肉去核，鋪以蜒蚰蓋面上，一層梅，一層蜒蚰，候蚰化水，取梅起，留原汁，將梅晒，浸汁又晒，浸以汁盡為度，曝乾，瓶盛，硼砂一錢，牙硝五分，直殭蠶四條，洗乾，梅肉二錢，片腦七分，共研細末，密藏，用時以竹管吹，屢效驗。○痔熱腫痛。取蜒蚰一条，搗泥，入臙脂坯半錢，龍腦半分，和傅。○脚脛爛瘡，臭穢難近。蜒蚰十条，瓦焙末，麻油調傅，立效。

海錯

元·吴瑞《日用本草》卷八 海錯 一應海味鮝蠘之類是也。 味鹹。凡血虚人，消渴，肺痿咳嗽，哮喘，産婦，並忌食之。

瓦楞子

宋·李昉《太平御覽》卷九四二 蚶火甘切。《嶺表録異》曰：瓦屋子，蓋蚌蛤之類也。南中舊呼為蚶音憨子。頃因盧鈞尚書作鎮，遂改為瓦屋子。以其殻上有稜如瓦壠，故名焉。殻中有肉，紫色而滿腹。廣人尤重之，多燒以薦酒，俗呼為天臠炙。喫多即壅氣，背膊煩疼，未測其本性也。

宋·唐慎微《證類本草》卷二〇蟲魚部上品〔《別録》〕 魁蛤 味甘，平，無毒。主痿痹，洩痢便膿血。一名魁陸，一名活東。生東海。正圓兩頭空，表有文，取無時。

〔梁・陶弘景《本草經集注》〕云：形似紡軖音狂小，狹長，外有縱橫文理，云是老蝙蝠化爲，用之至少。而《本經》海蛤，一名魁蛤，與此爲異也。

〔宋・掌禹錫《嘉祐本草》〕按：《蜀本圖經》云：形圓長，似大腹檳榔，兩頭有孔，今出萊州。

〔宋・唐慎微《證類本草》〕《圖經》：文具海蛤條下。

《食療》：寒。潤五藏，治消渴，開關節。服丹石人食之，使人免有瘡腫及熱毒所生也。

宋・唐慎微《證類本草》卷二二蟲魚部下品〔宋・掌禹錫《嘉祐本草》新分條〕 蚶 溫，主心腹冷氣，腰脊冷風，利五藏，健胃，令人能食，每食了，以飯壓之，不爾令人口乾。又云：溫中，消食，起陽，時最重，出海中。殼如瓦屋。又云無毒，益血色。殼，燒以米醋三度淬後，埋令壞，醋膏丸，治一切血氣、冷氣、癥癖。新見陳藏器、蕭炳、孟詵、日華子。

〔宋・唐慎微《證類本草》〕《圖經》：文具馬刀條下。

宋・陳衍《寶慶本草折衷》卷一七 蛤 一名瓦屋。○《海物異名志》云：一名瓦壠，一名天臠炙。出海中。

溫，無毒。○主心腹冷氣，腰脊冷風，利五藏，建胃溫中，消食起陽。

元・尚從善《本草元命苞》卷八 蚶 溫，無毒。益陽補中，利五臟，健胃，除腰脊冷風。食後令食壓下，不爾使人口乾。

元・吳瑞《日用本草》卷五 蚶子 大者名蚶子，小者名瓦(弄)〔壟〕子。其味性同。味甘，溫，無毒。主益血，發風致痰，動腎氣，心腹氣，利五臟，健胃，令人能食。

明・滕弘《神農本經會通》卷一〇 蚶 出海中，殼如瓦屋。氣溫。又云：無毒。《本經》云：主心腹冷氣，腰脊冷風，利五臟，健胃，令人能食。每食了，以飯壓之，不爾令人口乾。又云：溫中消食，起陽，味最重。又云：主心腹、腰腎冷風，可火上暖之，令沸，空腹食十數箇，以飯壓之，大妙。又云：無毒。益血色。殼，燒，以米醋三度淬後，埋令壞，醋膏丸，治一切血氣冷氣癥癖。《圖經》云：補中益陽。所謂瓦屋是也。

明・劉文泰《本草品彙精要》卷二九 魁蛤無毒 化生。

魁蛤：主痿痹，泄痢，便膿血。名醫所錄。〔名〕魁陸、瓦屋子、瓦壟子。

〔地〕《圖經》曰：生東海、南海，今登、萊、滄、密諸州皆有之。其形正圓，亦曰大腹檳榔，兩頭有孔，表有文者是也。陶隱居云：一種形似紡軖音恁，小狹長，外有縱橫文耳。〔時〕生：無時。採：無時。〔用〕殼正圓，兩頭空者。〔色〕青白。〔味〕甘。〔性〕平，緩。〔氣〕氣之薄者，陽中之陰。〔臭〕腥。〔主〕止消渴，開關節。〔製〕洗去土，研細如粉用。

〔治〕療：《食療》云：潤五臟。服丹石人食之，不生熱毒瘡腫。

明・劉文泰《本草品彙精要》卷三一 蚶無毒。

蚶：主心腹冷氣，腰脊冷風，利五臟，健胃，令人能食。每食了，以飯壓之，不爾令人口乾。又云：溫中，消食，起陽，益血色。○殼燒，以米醋三度淬後，埋令壞，醋膏丸，治一切血氣，冷氣，癥癖。名醫所錄。〔名〕瓦壟子。

〔地〕《圖經》曰：出海中，今浙人畜種於田而生，是謂之蚶田。其形似蜆，殼有文理，橫直如瓦屋稜，故名瓦壟子，時亦重之。〔時〕生：無時。採：無時。〔用〕肉及殼。〔色〕白。〔味〕鹹。〔性〕溫。〔氣〕氣薄味厚，陰中之陽。〔主〕補中益陽。

明・盧和、汪穎《食物本草》卷四魚類 蚶 味甘，溫，無毒。主心腹冷氣，腰脊冷風，利五臟，益血溫中，起陽，消食健脾，令人能食。

明・許希周《藥性粗評》卷四 瓦壟蚶殼，寧容癥塊之停。蚶殼，蚶、蛤、馬刀之類也。一名瓦壟子。其殼如瓦壟然，故名。出高麗國，大如拳以上者佳。味甘，性溫，無毒。主治心腹冷氣，腰脊冷風，血氣癥瘕，溫中消食，起陽，利五臟，令人能食。每食了以飯壓之，不爾口乾。

明・陳嘉謨《本草蒙筌》卷一一 瓦壟子 味鹹，氣溫。無毒。生海水中，即蚶子殼。狀類瓦屋，故名瓦壟。大如人拳者力優，小若栗子者力少。火煅淬釅醋三度，研細篩密絹兩遭。務賽粉霜，纔入藥劑。消婦人血塊立効，雖癥瘕並消；逐男子痰癖殊功，凡積聚悉逐。肉藏殼內，為世所珍。醒酒固宜，卻病亦用。主心腹冷氣，治腰脊冷風。益血駐顏，健胃消食。凡啖須飯壓下，不爾令人口乾。

明・寧源《食鑒本草》卷上 蚶 性溫，無毒。利五臟，健胃氣，消食，除心腹冷氣，去腰脊冷風，興陽事。新增益血色，令人能〔食〕。以飯壓之，不爾令人口渴。殼：即瓦壟子。治一切冷疾、癥癖、氣塊、血積。火煅米醋淬三次，埋土中一月用。

明・王文潔《太乙仙製本草藥性大全》卷八《本草精義》 蚶殼 蚶殼一

名瓦壟子。舊本不載所出州郡。生海水中，狀類瓦屋，故名瓦壟。大如人拳者力優，小若栗子者力少。火煅過用醋〔淬〕三度，細研篩密絹兩遭，務賽粉膩入藥。

魁蛤　一名魁陸，一名活東。舊本不載所出州土，生東海，今登、萊諸州皆有之。形正圓，兩頭空，表有文，取無時。《蜀本》云：形圓長似大腹檳榔，兩頭有孔。陶云：小狹長，外有縱橫文理，云是老蝙蝠化爲，用之至少。而《本經》海蛤，一名魁蛤，與此爲異也。

明・王文潔《太乙仙製本草藥性大全》卷八《仙製藥性》　蚶殼即瓦壟子。味鹹，氣溫，無毒。　主治：消婦人血塊立效，雖癥瘕並消。逐男子痰積殊功，凡積聚悉逐。　蚶肉：味甘，氣溫，無毒。肉藏殼內，爲世所珍，醒酒固宜，却病亦用。　主治：主心腹冷氣，治腰脊冷風。利五臟而健胃，消宿食而溫中。益血氣神方，駐顔益陽事。凡啖須飯壓下，不爾令人口乾。　補註：治一切血氣冷氣癥癖，取殼和瓦壟燒灰爲末，以米醋淬三度後，埋令壞，醋膏丸梧仁大，酒送下。

魁蛤　味甘，氣平，無毒。　主治：主瘻痹洩痢而膿血即止，潤五臟消渴而關節疎通。服丹石人食之免生瘡腫熱毒。

明・皇甫嵩《本草發明》卷六　瓦壟子下品。即蚶子殼，狀如瓦屋，故名。　主消婦人血塊冷氣，癥瘕，逐男子痰癖及積聚。火煅醋(染)〔淬〕三度，研細末，方入藥。○肉，主心腹冷氣，腰脊冷風，利五藏，健胃消食，益血駐顔，起陽。凡啖，須飯壓下，不爾令人口乾。

明・李時珍《本草綱目》卷四六介部・蚌蛤類　魁蛤《別録》上品。校正：時珍曰：宋《嘉祐》別出蚶條，今據郭璞説合併爲一。

【釋名】魁陸《別録》　蚶一作魽。　瓦屋子《嶺表録》　瓦壟子時珍曰：魁者羹斗之名，蛤形肖之故也。蚶味甘，故從甘。案《嶺表録異》云：南人名空慈子。尚書盧鈞以其殼似瓦屋之壟，改爲瓦屋、瓦壟也。廣人重其肉，炙以薦酒，呼爲天臠。廣人謂之蜜丁。《名醫別録》云一名活東，誤矣。活東，蝌斗也。見《爾雅》。伏老　頌曰：《説文》云：老伏翼化爲魁蛤，故名伏老。

【集解】《別録》曰：魁蛤生東海。正圓，兩頭空，表有文。采無時。弘景曰：形似紡軒，小狹長，外有縱橫文理，云是老蝠所化，方用至少。保昇曰：今出萊州。形圓長，似大腹檳榔，兩頭有孔。藏器曰：蚶生海中。殼如瓦屋。時珍曰：按郭璞《爾雅註》云：魁陸即今之蚶也。狀如小蛤而圓厚。《臨海異物志》云：蚶之大者徑四寸。背上溝文似瓦屋之壟，肉味極佳。今浙東以近海田種之，謂之蚶田。

肉　【氣味】甘，平，無毒。鼎曰：寒。炳曰：溫。凡食訖，以飯壓之，否則令人口乾。時珍曰：按劉恂曰：炙食益人。過多即壅氣。　【主治】痿痹，洩痢便膿血。《別録》。潤五臟，止消渴，利關節。服丹石人宜食之，免生瘡腫熱毒鼎。心腹冷氣，腰脊冷風，利五臟，健胃，令人能食藏器。溫中消食起陽蕭炳。益血色日華。

殼　【修治】日華曰：凡用，取陳久者炭火煅赤，米醋淬三度，出火毒，研粉。　【氣味】甘、鹹，平，無毒。　【主治】燒過，醋淬，醋丸服，治一切血氣、冷氣、癥癖日華。消血塊，化痰積震亨。連肉燒存性研，傅小兒走馬牙疳有效時珍。　【發明】時珍曰：鹹走血而耎堅，故瓦壟子能消血塊，散痰積。

明・梅得春《藥性會元》卷下　蚶　性溫。　主治心腹冷氣，腰脊冷風，利五藏，健胃，令人能食。每食畢以飰壓之，不則令人口乾。又云：溫中消食，起陽。時最重，出海內，殼如瓦屋。又云：無毒，益血色。久年牆壁間陳殼，燒令通赤，以米醋淬煅三次，治一切卒心疼，及一切血氣，冷氣，癖癥瘕。其殼名瓦壟子，醋淬三次，埋令壞，醋膏丸，治一切氣血瘕癥。

明・穆世錫《食物輯要》卷七　蚶　肉，味甘，性微溫，無毒。開胃消食，和五臟，利關節，起陽道，止心腹腰脊冷氣風痛。多食，令人壅氣。同飯食，不口乾。殼，燒過醋淬，為末，消血塊，化痰積。即瓦壟子。

明・李中立《本草原始》卷一一　瓦壟子　生東海，今出萊州。狀如小蛤而圓厚。《別錄》名魁蛤。味甘，故一名蚶，俗呼蚶子。其殼有縱橫文理，似瓦屋之壟，故名瓦壟子。《嶺表錄》名瓦屋子。

肉　氣味：甘，平，無毒。　主治：痿痹，洩痢，便膿血。○潤五臟，止消渴，利關節。服丹石人宜食之，免生瘡腫熱毒。○心腹冷氣，腰脊冷風，利五臟，健胃，令人能食。○溫中消食，起陽。○益血色。○炙食，益人。

殼　氣味：甘、鹹，平，無毒。　主治：燒過醋淬，醋丸服，治一切血氣冷氣，癥癖。○消血塊，化痰積。○連肉燒存性，研，傅小兒走馬牙疳有效。

瓦壟子，《別錄》上品。【圖略】色白有壟。修治：瓦壟子，取陳久者，炭火煅紅，米醋淬三度，出火毒，研粉用。

明・吴文炳《藥性全備食物本草》卷三　蚶　即瓦壟子。肉味甘，性溫，無毒。主心腹冷氣，腰脊冷風，利五臟而健胃，消宿食而溫中，益血氣神方，駐容顏，益陽事。凡啖須飯壓下，不爾令人口乾。

殼：味鹹，性同，消婦人癥瘕血塊，逐男子痰癖積聚。燒過醋淬，細研為末，米飲下或酒送下。

明・繆希雍《本草經疏》卷二二 蚶 溫。主心腹冷氣，腰脊冷風，利五臟，健胃，令人能食。又云溫中消食，起陽，益血色。殼：燒過，以米醋三度淬後，埋令壞，醋膏丸。治一切血氣，冷氣，癥癖。

【疏】蚶得水中之陽氣，故其味甘，氣溫，性亦無毒。《經》曰：裏不足者，以甘補之。又曰：形不足者，溫之以氣。甘溫能益氣而補中，則五臟安，胃氣健，心腹腰脊風冷俱瘳矣。胃健則食自消，臟暖則陽自起，氣充則血自華也。殼味鹹，走血而輭堅，故能治血氣冷氣癥癖。丹溪用以消血塊，化痰積，以此也。今世糟其肉為侑酒之物，罕有入藥者。殼惟消癥癖之外，無他用。故竝不著主治及簡誤。

明・應麐《食治廣要》卷七 魁蛤一名蚶，即瓦壟子。 肉：氣味：甘，平，無毒。主治：瘺痹，洩痢，便膿血，潤五藏，止消渴，健胃消食。 殼：甘、鹹，平，無毒。燒過醋淬，丸服，治一切血氣、冷氣、癥癖、血塊、痰積。連肉燒存性，研，傅小兒走馬牙疳，有効。

明・姚可成《食物本草》卷一一介部・蚌蛤類 魁蛤一名蚶，一名瓦屋子，一名瓦壟子。狀如小蛤而圓厚。《臨海異物志》云：蚶之大者徑四寸，背上溝文如瓦屋之壟，肉味極佳。今浙東以近海田種之，謂之蚶田。糟藏以貨四方，為海中珍品。 魁蛤，味甘，平，無毒。主瘺痹，洩痢便膿血。潤五臟，止消渴，利關節。服丹石人宜食之，免生瘡腫熱毒。心腹冷氣，腰脊冷風。利五臟，健胃，令人能食。溫中消食起陽。益顏色。凡食訖，以飯壓之，否則令人口乾。炙食益人，過多即壅氣。 殼，味甘、鹹，無毒。燒過，醋淬，醋丸服，治一切血氣、冷氣、癥癖。消血塊，化痰積。連肉燒存性，研，傅小兒走馬牙疳。

明・孟笨《養生要括・介類》 魁蛤即蚶也。 肉：味甘，平，無毒。治瘺痹、洩痢、便膿血。潤五臟，止消渴，利關節。服丹石人宜食之，免生瘡腫熱毒。治心腹冷氣，腰脊冷風。健胃，溫中，消食，起陽，益血色。

明・李中梓《醫宗必讀・本草徵要下》 瓦楞子味鹹，平，無毒。火煅，醋淬，研。 消老痰至效，破血癖殊靈。鹹走血而軟堅，故主治如上。瓦楞子即蚶殼。

明・施永圖《本草醫旨・食物類》卷五 魁蛤名蚶。味甘，生海中。殼如瓦屋。近海田種之，謂之蚶田。 肉：味：甘，平，無毒。炙食益人，過多即壅氣。治：瘺痹，洩痢，便膿血，潤五臟，止消渴，利關節。服丹石人宜食之，免生瘡腫熱毒。心腹冷氣，腰脊冷風，利五臟，健胃，令人能食，溫中消食，起陽，益血色。 殼：凡用，取陳久者，炭火煅赤，米醋淬三度，出火毒，研粉。味：甘、鹹，平，無毒。治：燒過醋淬，醋丸服，治一切血氣，冷氣，癥癖，消血塊，化痰積。連肉燒存性，研，傅小兒走馬牙疳，有效。

清・顧元交《本草彙箋》卷九 瓦壟子 即蚶殼也。鹹走血而耎堅，故能消血塊而散痰積。其肉味甘，氣溫。故并能益氣補中，安五臟而健胃氣。

清・丁其譽《壽世秘典》卷四 蚶狀如小蛤，圓而厚，殼上有稜似瓦屋之壟，故一名瓦屋子，殼中有紫色肉滿腹。廣人重之，炙以薦酒，呼為天臠，又謂之蜜丁。浙東以近海田種之，謂之蚶田。今世糟藏為侑酒之物，罕有入藥者。殼惟消癥癖之外，無他用。大者名車渠，長二三尺，闊尺許，殼外溝壟如蚶殼而深，又如瓦溝無橫文，殼內白皙如玉，其功用亦相彷彿。○《嶺表錄異》云：食多即壅氣，背膊煩疼。 氣味：甘，平，無毒。主溫中消食，健胃起陽，服丹石人食之，免生瘡腫熱毒。

殼：氣味：甘、鹹，平，無毒。煅過醋淬出火毒，研粉醋丸服，消一切血塊、冷氣癥癖。連肉燒存性，研敷小兒走馬牙疳，有効。

清・劉雲密《本草述》卷二九 魁蛤一名魁陸、蚶、瓦壟子。 時珍曰：郭璞《爾雅註》云：魁陸即今之蚶。狀如小蛤而圓厚。《臨海異物志》云：蚶之大者徑四寸，背上溝文似瓦屋之壟，肉味極佳。浙東種於近海田，謂之蚶田。

肉：氣味：甘，平，無毒。鼎曰：寒。炳曰：溫。希雍曰：蚶得水中之陽氣，故其味甘，氣温，性亦無毒。今人糟其肉為侑酒之物，鮮有入藥者。

殼：氣味：甘、鹹，平，無毒。

主治：消血塊，化痰積震亨。燒過醋焠，醋丸服，治一切血氣、冷氣，癥癖日華子。連肉燒存性，研傅小兒走馬牙疳有效時珍。

愚按：時珍言其鹹走血而耎堅，故能消血塊，散痰積。但蚶之肉甚甘，甘能和血，殼甘而兼以鹹平，其效當更甚於諸鹹味乎。

修治　凡用取陳久者，炭火煅赤，米醋淬三度，出火毒，研粉。

清·朱本中《飲食須知·魚類》　蚶肉　味甘，性微溫。多食令人壅氣，同飯食不口乾。車渠，蓋瓦壟之大者。作盃注酒，滿過一分不溢。

清·何其言《養生食鑒》卷下　蚶殻如瓦屋，又名瓦壟(字)〔子〕，俗名敢蚶。肉，味甘，性溫，無毒。開胃消食，和五臟，利關節，起陽道，止心氣痛，冷氣風痛。多食令人壅氣。　殻，燒過，醋淬，為末，消血塊，化痰積。

清·汪昂《本草備要》卷四　瓦楞子即蚶殻。瀉，消癥，散痰。　甘，鹹。消血塊，散痰積。煅紅，醋淬三次，爲末，醋膏丸，治一切氣血癥瘕。

清·顧靖遠《顧氏醫鏡》卷八　瓦楞子鹹，平。火煅，醋淬。　化痰積至效，血塊殊靈。鹹走血而軟堅也。

清·馮兆張《馮氏錦囊秘錄·雜症痘疹藥性主治合參》卷一一　瓦壟子蚶得水中之陽氣，味甘，氣溫，無毒。甘溫能益氣而補中，則五臟安，胃氣健，心腹腰脊風冷俱瘳矣。胃健則食自消，臟暖則陽自起，氣充則血自華也。殻，味鹹，走血而耎堅，故能治血氣冷氣癥癖。丹溪用以消血塊，化痰積者，此也。今世糟其肉，為侑酒之物。　瓦壟子，即蚶子殻。消婦人血塊癥瘕，逐男子痰癖積聚。肉，能醒酒，更主心腹冷痛，治腰脊冷風，利五臟，令人進食，益中氣，暖臟起陽，益氣駐顏，健胃消食。

清·张璐《本經逢原》卷四　魁蛤殻俗名蚶子，即瓦楞子。　肉，甘，平；殻，鹹，平。無毒。　發明：　蚶肉僅供食品，雖有溫中健胃之功，方藥曾未之及。其殻煅灰，則有消血塊、散痰積、治積年胃脘瘀血疼痛之功。與鼈甲、䗪蟲同為消瘧母之味，獨用醋丸則消胃脘痰積。觀製蚶餅者，以蚶殻灰泡湯搜糯粉則發鬆異常，耎堅之力可知。

清·汪啟賢等《食物須知·諸葷饌》　蚶子　一名瓦壟子。味鹹，氣溫，無毒。生海水中，狀類瓦屋，故名瓦壟。大如人拳者力優，小若栗子者力少。肉藏殻內，為世所珍。醒酒固宜，卻病亦用。主心腹冷氣，治腰脊冷風。益血駐顏，健胃消食。凡啖，須飯咽下，不爾令人口乾。　殻，火煅醋淬，釅醋三度，研，細篩密絹兩遍，務賽粉霜，纔入藥劑。消婦人血塊立效，雖癥瘕並消；　逐男子痰癖殊功，凡積聚悉逐。

清·吳儀洛《本草從新》卷六　魁蛤〔瀉，消癥，散痰。〕一名瓦楞子。　甘，鹹，平。消老痰，破血癖。燒赤醋淬，醋丸服，治一切血氣、冷氣、癥癖。其殻似瓦屋之壟，故又名瓦屋子。火煅醋淬，研。

清·汪紱《醫林纂要探源》卷三　蚶　甘，鹹，平。亦蚌蛤也。殻形圓厚，有溝楞如瓦屋，故又名瓦楞子。肉含血而色赤。補心血，散瘀血，除煩醒酒，破結消痰。蚌類無血，此獨有血。　殻：　甘，鹹，平。火煅，醋淬三次，研末。攻堅破瘀。去一切痰積血積氣塊，破癥瘕，攻瘰癧。

清·嚴潔等《得配本草》卷八　魁蛤即瓦壟子。　甘、鹹。消血塊，散痰積。治血氣冷痛。　連肉燒存性，研敷小兒走馬牙疳。　配醋丸，治一切氣血癥瘕。先煅，醋淬三次，醋丸服。

題清·徐大椿《藥性切用》卷八　瓦楞子　一名魁蛤。殻俗名蚶子。甘鹹性平，消老痰血塊。醋淬，煅研用。瓦楞肉，甘平健胃。

清·黃宮繡《本草求真》卷八　瓦楞子瀉肝經血分積塊。　瓦楞子耑入肝。即今所謂蚶子殻者是也。味鹹而甘，性平，故治多主消血、化痰、除積。為婦人血塊癥瘕，男子痰癖積聚要藥。積者陰氣也，五臟所生，其始發有常處，其痛不離其部。上下有所終始，左右有所窮處，謂之積。聚者陽氣也，六腑所成，其始發無根本，上下無所留止，其痛無常處，謂之聚。積聚之症，非止根於偶爾食積不化之可用以化氣消導之劑。緣經有言，卒然飽食多飲，則腸滿，起居不節，用力過度，則絡脈傷，傷於陽絡，則血外溢，血外溢則衄血。傷於陰絡，則血內溢，血內溢則後血，傷於腸胃之絡，則血溢於腸外。腸外有寒汁沫與血相搏，則并合凝聚不得散，而積成矣！　且以胃之大絡，名曰虛裏。貫膈絡肺，出於左乳之下，其動應衣，是即陽明宗氣所出之道。凡人飲食不節，漸以留滯，而致痞積成於左脇膈膜之外者，即此候也。是以昔人有云，此與鱉甲、䗪蟲同為一類，皆能消瘧除積。但䗪蟲其性最迅，此與鱉甲其性稍緩耳。　煅紅醋淬三次用。

清·羅國綱《羅氏會約醫鏡》卷一八鱗介蟲魚部　瓦壟子即蚶子。味甘、鹹，氣溫，無毒。　消血塊，散痰癖。鹹能軟堅，故消血積；　溫能補中，故散痰積。用殻，煅紅醋淬三次，為末，醋膏糊丸。治一切氣血癥瘕。肉益中氣，健脾胃，有益無損。

清·章穆《調疾飲食辯》卷六　魁蛤　即《爾雅》注之蚶，一作魽，《爾雅》曰魁陸。《綱目》曰：　魁者，羹斗之名，蛤形肖之，故名。故字從斗從鬼，詭聲也。北斗魁杓，亦取其形似也。《嶺表錄異》曰：　南人名空慈子，尚書盧鈞以其殻似瓦屋之壟，改名瓦屋子，又名瓦壟子。廣人重其肉，呼為天臠，又曰蜜丁。《說文》曰：　老伏翼即蝙蝠化為魁蛤，故又名伏老。《臨海異物志》曰：　蚶之大者，徑四寸，肉味極佳。浙東以田種之，名蚶田。其性，張鼎曰：　寒能潤五藏，止消渴，利關節。《拾遺》曰：　溫，能治腰脊冷風，利五藏，健胃，令人能食。《四聲本草》曰：　溫中消食，起陽，凡食訖以飯壓之，否則令人口乾。

三說寒溫互異。然日華子用其殼，火煅醋淬，治血氣、冷氣、癥癖，性溫確矣。而又能潤燥止渴者，海物味鹹，能益陰滋血，故雖溫不燥耳。其殼可飾器物，今名螺鈿，蓋即車渠、貝子之同類也。《書》大傳西伯既戡黎，紂囚之羑里，散宜生之江漢之濱，得大貝如大車之渠，以贖其罪，故名車渠。並附於左。

車渠，見《韻會》。劉積《霏雪錄》名海扇。《綱目》曰：此瓦壟之大者，長二三尺，闊尺許，厚二三寸。殼外溝壟如蚶而深大，皆縱文如瓦溝，無橫文。殼內白皙如玉，番人以飾器物。《丹鉛錄》曰：車渠作盃，注酒滿過一分不溢。性大寒，能安神鎮心，解百藥毒及蟲螫，同玳瑁、人乳磨，等分服。出《海藥本草》。

貝子，《別錄》名貝齒，日華子名白貝，俗名海肥。《圖經》曰：今多穿與小兒戲弄，畫家用以砑物。《綱目》曰：古者貨貝為寶龜，用為交易，以二為朋。《詩・菁莪》：錫我百朋。注曰：兩貝為朋。一為庄，四庄為手，四手為苗，五苗為索。貝形大如拇指，長寸許，腹背皆白，背隆如龜，腹下兩開，相向有齒刻如魚齒，其中肉如蝌蚪，有首尾。《爾雅》云：貝在陸曰贆，在水曰蜬，大曰魧，小曰鰿，黑曰元，曰貽，黃質白文曰餘貾，白質黃文曰餘泉，博而頯曰蚆，大而險曰蜠，小而橢曰鰿。又古有《相貝經》云：朱仲受之於琴高，以遺會稽太守嚴助曰：徑尺之貝，三代正瑞，靈奇秘寶。次則盈尺，狀如赤電黑雲者為紫貝，素質紅章為朱貝，青地綠文為綬貝，黑文黃畫為霞貝。紫貝愈疾，朱貝明目，綬貝消氣障，霞貝服蛆蟲。雖不能延齡增壽，其禦害一也。復有下此者，鷹喙蟬脊，但逐濕去水，無奇功也。貝之大者如輪，可以明目。南海貝如珠礫白駁，性寒味甘，可止水毒。浮貝使人寡慾，勿近婦人，果爾，何以反勿近婦人，豈欲其多慾乎。黑白各半是也。濯貝使人善驚，勿近童子，黃唇齒有赤駁是也。雖貝使人病瘧，黑鼻無皮是也。嶼貝使人胎消，勿近孕婦，赤帶通脊是也。惠貝使人善忘，赤熾內殼有赤絡是也。醬貝使童子愚，女人淫，青唇赤鼻是也。碧貝使人盜，脊上有縷勾唇，雨則重，霽則輕是也。委貝使人惡，夜行能辟百獸鬼魅，赤而中圓，雨則輕，霽則重是也。其性，陶隱居謂點目去瞖，《藥性本草》謂能治傷寒狂熱，《海藥本草》謂能下水氣，消浮腫。又有紫貝，《唐本草》曰：形如貝子而大，背有紫斑，南夷以為貨布。《綱目》曰：《詩疏》云：紫貝質白如玉，紫點為文，行列相當。大者徑一尺七八寸。交趾、九真以為杯盤。性能去目瞖，消小兒斑疹。

按：貝子、車渠皆瓦壟之別種，而瓦壟肉可食，且益人。貝子、車渠之肉，醫書、本草未嘗道及，或者不可食歟。抑殼可寶，肉遂為其所掩，因置而弗道歟。至於車渠之列於七寶，車渠、玳瑁、珠、貝、珊瑚、猫兒眼、瑟瑟為七寶，加祖母綠為八寶，加火齊為九寶，加通天犀為十寶。今猶有能辨之者。貝子之用於交易，在古為然，觀財、貨、寶、貫、買、賈、賣、價、販、貯、貴、賤、質、貸、贈、貺、賂、遺、賞、賜、賵、贐、賚、賫等字皆從貝，可知矣。後世惟雲南用之。明沐英之開府滇黔也，史臣贊曰：不獨貝、金、象、齒來自殊方，抑且金馬、碧雞入參侍從。然古之用貝，夏、殷以前不可考已。《說文》曰：古者以貝為貨，至秦始廢貝行錢。然周已有太公九府圜法【闕】

清・王龍《本草纂要稿・蟲魚部》 瓦壟子　氣味鹹溫。消婦人血塊癥瘕，並消男子痰癖，積聚悉逐。

清・楊時泰《本草述鉤元》卷二九　魁蛤殼　魁蛤即今之蚶，其殼名瓦壟子。狀如小蛤而圓厚，背上溝文似瓦屋之壟。浙東種於近海田，謂之蚶田，肉味極佳，得水中之陽氣，味甘氣平，可槽其肉為侑酒之物，鮮有入藥者。

瓦楞子：味甘、鹹，氣平。主消血塊，化痰積。燒過醋淬，醋丸服，治一切血氣、冷氣、癥癖。連肉燒存性，研傅小兒走馬牙疳，有效。

論：蚶之肉甚甘，甘能和血，殼甘而兼以鹹平，其效當更甚於諸殼之但鹹味者。

修治：取陳久者，炭火煅赤，米醋淬三度，出火毒，研粉用。

清・葉桂《本草再新》卷一〇　瓦楞子　味苦、酸，性涼，無毒。入肝經。治肝經氣血，解熱化痰。

清・趙其光《本草求原》卷一七介部　瓦壟子　一名魁蛤，一名蚶，又名瓦屋。甘溫，無毒。其肉紅，益肺胃血，溫中、健胃、起陽。治心氣痛、冷氣風痛、痿痹、痢膿血，血調之功。潤臟、止渴、利關節，服丹石人食之，免生瘡腫熱毒。其殼，如瓦屋之壟，故名瓦屋。俗名毛蚶。又於其殼之略厚大者，名血螺。蚶，音欽。甘、鹹，無毒。燒通，醋淬成灰，消血塊，治跌打、積年胃脘瘀血疼痛，散痰積，單用，醋丸，消胃脘痰積。鹹軟堅故也。以殼灰泡湯，醃糯粉，則發鬆異常。連肉燒，敷走馬牙疳妙。同鱉甲，消瘧母，化痰瘀。惟血螺殼功大。

清・文晟《新編六書》卷六《藥性摘錄》　瓦楞子　即蚶子殼。鹹甘，性平。瀉肝經血分積塊，為婦人血閉癥瘕，男子痰癖積聚之要藥。〇能消瘧除積。與鱉甲署同。〇火煆紅，醋淬三次用。

蚶　殼如瓦屋，又名瓦蝨子。甘，溫。開胃消食，利關節，起陽道，止心氣痛及冷氣風痛。多食令壅氣。〇殼，燒過，醋淬為末，消血塊，化痰積。詳藥部下血。

清・張仁錫《藥性蒙求・魚鱗介部》　瓦楞子二錢　瓦楞子鹹，血塊堪消。老痰堅積，脘痛可療。一名魁蛤，俗名蚶子。肉：甘，平。殼：鹹，平。其殼煆用，則有消血塊，散痰積，治積年胃脘疼痛，因痰因瘀者。肉不入藥，雖有溫中健胃之功，僅供食品。〇吳瑞曰：瓦楞消痰，其功最大，凡痰膈病，用之如神。

清・王孟英《隨息居飲食譜・鱗介類》　蚶　甘，溫。補血潤藏，生津，健胃暖腰，息風，解毒，治泄痢膿血，痿痹不仁。產奉化者佳。可炙可鮓。多食壅氣，濕熱盛者忌之。殼名瓦楞子，入藥滌飲消癖，破血止疼，傅牙疳皆有效。

清・戴葆元《本草綱目易知錄》卷五　瓦壟子魁蛤、蚶　肉，甘，平。溫中消食，健胃壯陽，益血色，潤五臟，止消渴，利關節。治痿痹，瀉痢，便下膿血，心腹冷氣，腰脊冷風，服丹石人宜食，免生瘡腫熱毒。雖益人，多食亦壅氣。【略】

殼：甘、鹹，平。走血分而軟堅，故能消血塊，化痰積，治一切血氣，冷氣，癥癖，心脾氣痛。連肉燒炭研，傅小兒走馬牙疳。凡用，炭火煆，醋淬研粉。葆按：治一婦五旬，心氣痛日久，諸藥罔效，由七情鬱逆症起，以新方逍遙煎加瓦壟子煆三錢，服數劑，愈。

清・陳其瑞《本草撮要》卷九　瓦楞子　味甘鹹，平，入足厥陰經。功專消老痰，破血癖。燒過醋淬，醋丸服，治一切血氣冷氣癥癖。一名魁蛤。

清・吳汝紀《每日食物却病考》卷下　蚶　味甘，平，無毒。潤五臟，止消渴，利關節，開胃，令人能食，溫中起陽。俗名瓦壟子。燒，醋淬三次為末，治一切癥瘕，消血塊，化痰積，極效。

淡菜

宋・唐慎微《證類本草》卷二二蟲魚部下品〔宋・掌禹錫《嘉祐本草》新分條〕　淡菜　溫。補五藏，理腰脚氣，益陽事，能消食，除腹中冷氣，消痃癖氣。亦可燒，令汁沸出食之。多食令頭悶目闇，可微利即止。北人多不識，雖形狀不典，而甚益人。又云：溫，無毒。補虛勞損，產後血結，腹內冷痛，治癥瘕，腰痛，潤毛髮，崩中帶下。燒一頓令飽，大效。又名殼菜，常時頻燒食即苦，不宜人。與少米先煮熟後，除肉內兩邊鏁及毛了，再入蘿蔔，或紫蘇或冬瓜皮同煮，即更妙。新見孟詵、日華子。

〔宋・唐慎微《證類本草》〕《圖經》：文具馬刀條下。

陳藏器：東海夫人，味甘，溫，無毒。主虛羸勞損，因產瘦瘠，血氣結積，腹冷，腸鳴，下痢，腰疼，帶下，疝瘕。久服令人髮脫。取肉作臛宜人，發石令腸結。生南海，似珠母，一頭尖，中銜少毛，海人亦名淡菜。新注云：此名殼菜，大甘美，南人好食，治虛勞傷憊，精血少者及吐血，婦人帶下漏下，丈夫久痢，并煮食之，任意。出江湖。

宋・陳衍《寶慶本草折衷》卷一七　淡菜一名殼菜，一名東海夫人。生東南海，及江湖。

味甘，溫，無毒。〇補五藏，理腰脚，益陽消食，除冷氣痃癖。多食令煩悶目暗。又補虛勞損。〇陳藏器云：主因產瘦瘠，血氣結積，腹冷腸鳴下痢，腰疼帶下疝瘕。生似珠母。一頭尖，中銜少毛。

元・尚從善《本草元命苞》卷八　淡菜　溫，無毒。消食，益陽事，補五臟，主勞損虛羸。消痃癖，除腹中冷氣。潤毛髮，止帶下崩中。破癥瘕，理腰脚重痛。治產後血結瘦瘠，下痢腸鳴。療男子腎經傷憊，精血衰少。生南海。形似珠母，一頭尖，中銜少毛。又名為東海夫人，形不典。食之甚益之妙。

元・吳瑞《日用本草》卷五　淡菜　又名殼菜。同蘿蔔、紫蘇、冬瓜煮食味甘，溫，無毒。多食令人頭悶，目暗。可微利則止。動風脚（痰）〔氣〕。

主補五臟，理腰脚氣，益陽事，消食，除腹中冷氣，消痃癖氣，止下痢，婦人帶下、漏下。

明・王綸《本草集要》卷六　淡菜　味甘，氣溫，無毒。又名東海夫人。補五臟虛損，理腰脚氣，益陽事。治產後血結，腹內冷痛，消痃癖癥瘕，婦人帶下漏下，丈夫久痢，並煮食之。雖形狀不典，而甚益人。

明・滕弘《神農本經會通》卷一〇　淡菜　又名蛤菜。一名東海夫人。生東海。似珠母，一頭尖，中銜少毛。

氣溫。又云：溫，無毒。一云：味甘，溫。一云：大甘美。《本經》云：補五臟，理腰脚氣，益陽事，能消食，除腹中冷氣，消痃癖氣。亦可燒令汁沸出，食之，多食少煩悶，目闇，可微利即止。北人多不識，雖形狀不典，而甚益人。又云：溫，無毒。補虛勞損，產後血結，腹內冷痛，治癥瘕，腰痛，潤毛髮。崩中帶下，燒一頓令飽，大効。又名殼菜，常時頻燒食，即苦，不宜人。與少米先煮熟，後除肉內兩邊鑠及毛了，再入蘿蔔，或紫蘇，或冬瓜皮同煮，即更妙。陳藏器云：味甘，溫，無毒。主虛羸勞損，因產瘦瘠，血氣結積，腹冷腸鳴，下痢，腰疼，帶下，疝瘕，久服令人髮脫。取肉作臛宜人，發石令腸結。《新注》云：此名殼菜，大甘美，南人好食。治虛勞傷憊，精血少者，及吐血，婦人帶下漏下，丈夫久痢，并煮食之。

明・劉文泰《本草品彙精要》卷三一 淡菜無毒。化生。

淡菜：主補五臟，理腰脚氣，益陽事，能消食，除腹中冷氣，消痃癖氣。亦可燒令汁沸出，食之。補虛損，產後血結，腹內冷痛，治癥瘕腰痛，潤毛髮，崩中帶下，燒食一頓令飽，大效。名醫所錄。【名】殼菜、東海夫人。【地】陳藏器云：出東南，海隅間多有之。其形似珠母，一頭尖，中銜少毛。然有二種，肉赤者屬陽，肉白者屬陰，形雖不典而甚益人，其味甘美，人好食之。浙人謂之殼菜也。【時】生：無時。採：十月、十一月取。【收】焙乾。【用】肉。【色】土褐。【味】甘。【性】溫，緩。【氣】氣厚於味，陽也。【臭】腥。【主】虛羸勞損，血氣結聚。【製】《圖經》曰：常時頻燒食即苦，不宜人。與少菜先煮熟後，除肉內兩邊鑠及毛，再入蘿蔔或紫蘇或冬瓜皮同煮，即更妙。【治】療：陳藏器云：除腹冷，腸鳴下痢，腰疼，婦人帶下，漏下，疝瘕，及吐血，丈夫久痢。補：陳藏器云：主產婦瘦瘠，及虛勞傷憊，精血少者。【禁】多食令頭悶，目闇，可微利即止。久食，令人髮脫。

明・盧和、汪穎《食物本草》卷四魚類 淡菜 溫，無毒。補五臟虛損勞，理腰脚氣，益陽事，消食，除腹中冷，消痃癖，潤毛髮，產後血結冷痛，崩中帶下，漏下，男子久痢並宜食之。煮以五味更妙。雖形狀不典，甚益人。

明・王文潔《太乙仙製本草藥性大全》卷八《本草精義》 淡菜 一名殼菜。舊本俱不載。生閩廣及南海。似水母，一頭尖，中銜少毛。海人亦名淡菜，北人多不識。雖形狀不典而甚益人。南人好食，亦可燒令汁沸出食之。多食令頭悶目闇，可微利即止。常時頻燒食即苦，不宜人，與少米先煮熟後，除肉內兩邊鑠及毛了，再入蘿蔔，或紫蘇，或冬瓜皮同煮即更妙。

明・王文潔《太乙仙製本草藥性大全》卷八《仙製藥性》 淡菜 味甘美，氣溫，無毒。主治：主虛羸勞損及精血少者，治癥瘕痃癖與腹中冷氣。婦人崩漏帶下神方，丈夫久痢吐血捷劑。療產女血結，腹內冷痛。能消食積，除下痢腰疼。取肉作臛宜人，發石能令腸結。大益陽事，尤潤毛髮。

明・皇甫嵩《本草發明》卷六 淡菜 藏名殼菜。溫補五藏，理腰脚氣，益陽事，能消食，除腹中冷氣，消痃癖氣。又云：止虛勞損，產後血結腹內冷痛，癥瘕，腰痛，崩中帶下，丈夫久痢。雖形狀不典，而多益人。亦可下燒令汁沸出食。多食令人頭悶目闇，可微利即止。

明・李時珍《本草綱目》卷四六介部・蚌蛤類 淡菜宋《嘉祐》

【釋名】殼菜浙人所呼。海蜌音陛。東海夫人時珍曰：淡以味，殼以形，夫人以似名也。【集解】藏器曰：東海夫人，生東南海中。似珠母，一頭小，中啣少毛。味甘美，南人好食之。詵曰：常時燒食即苦，不宜人。與少米先煮熟，後除去毛，再入蘿蔔，或紫蘇，或冬瓜同煮，即更妙。日華曰：雖形狀不典，而甚益人。時珍曰：按阮氏云：淡菜生海藻上，故治癭與海藻同功。

【氣味】甘，溫，無毒。日華曰：不宜多食。多食令人頭目悶闇，得微利即止。藏器曰：多食發丹石，令人腸結。久食脱人髮。【主治】虛勞傷憊，精血衰少，及吐血，久痢腸鳴，腰痛疝瘕，婦人帶下，產後瘦瘠藏器。產後血結，腹內冷痛，治癥瘕，潤毛髮，治崩中帶下，燒食一頓令飽孟詵。煮熟食之，能補五臟，益陽事，理腰脚氣，能消宿食，除腹中冷氣痃癖。亦可燒汁沸出食之日華。消癭氣時珍。

明・梅得春《藥性會元》卷下 淡菜 性溫。補五臟，理腰脚氣。益陽事，能消食，除腹中冷氣并痛，消痃癖氣。多食令人頭悶目闇，可微利即止。北人多不識，雖形狀不典，而甚益人。補虛勞損，產後血結，崩中帶下，癥瘕腰痛，潤毛髮。

明・穆世錫《食物輯要》卷七 淡菜 味甘，性溫，無毒。煮熟食，補五臟，起陽道，消痃癖癭氣，治腰脚冷痛，女人帶下，產後血結。多食，令頭目悶，得微痢可已。食久，脫人髮。服丹石人食之，令腸結。崔浩云：以少米先煮熟，後去毛，再入蘿蔔、或紫蘇、或冬瓜同煮，尤佳。

明・張懋辰《本草便》卷二 淡菜 味甘，氣溫，無毒。又名東海夫人。補五臟虛損，理腰脚氣，益陽事。治產後血結，腹內冷痛，消痃癖癥瘕，婦人帶下漏下，丈夫久痢，竝煮食之。雖形狀不典，而甚益人。

明・吳文炳《藥性全備食物本草》卷三 淡菜 一名殼菜。生閩廣及南海，似水母，一頭尖，中銜少毛。海人亦名淡菜，北人多不識，雖形狀不典而甚益人，南人好食，亦可燒令汁沸出食之。多食令頭悶目闇，可微利即止。常時頻燒食即苦，不宜人。與少米先煮熟後，除肉內兩邊鏁及毛了，再入蘿蔔或紫蘇，或冬瓜皮同煮更妙。味甘美，性溫，無毒。主虛羸勞損，益陽事，補五臟虛損，吐血，理腰脚氣，潤毛髮，消食，除腹中冷，破痃癖癥瘕，治產後血結冷痛，崩中帶下漏下，男子久痢，並宜以五味煮食之。

明·趙南星《上醫本草》卷四　淡菜　一名海蜌音陛，一名東海夫人。生東南海中，似珠母，一頭小，中啣少毛，味甘美，南人好食之。常時燒食即苦，不宜人。與少米先煮熟，後除去毛，再入蘿蔔，或紫蘇，或冬瓜同煮即更妙。雖形狀不典，而甚益人。淡菜生海藻上，故治癭，與海藻同功。　甘，溫，無毒。主治：　虛勞傷憊，精血衰少及吐血，久痢腸鳴，腰痛疝瘕，婦人帶下，產後瘦瘠，產後血結，腹內冷痛。治癥瘕，潤毛髮，治崩中帶下，燒食一頓令飽。煮熟食之，能補五臟，益陽事，理腰脚氣，能消宿食，消癭氣，除腹中冷氣痃癖，亦可燒汁沸出食之。　多食令人頭目悶闇，發丹石，令人腸結。久食脫人髮。

明·倪朱謨《本草彙言》卷一九　淡菜　味甘，氣寒，無毒。沉也，降也。入足陽明、太陽經。　陳氏曰：　生東南海中，似珠母。一頭小，中啣細毛。雖形狀不典，然味甘美，頗能益人。曬乾收藏，食時以滚湯泡軟，去鬚用。按阮氏云：　淡菜生海藻上，故治癭氣，與海藻同功。

淡菜：　補虛養腎之藥也。蔡心吾曰：　此物本屬介類，原其氣味甘美而淡，性本清凉，故藏器方善治腎虛有熱，及熱鬱吐血、痢血、便血，及血鬱成癭留結筋脉諸疾。惟堪和冬瓜、茭白、白蘿蔔同煮，調油、醬、葱、韭食之，足以療已上諸疾。不和藥料同用。

明·應廩《食治廣要》卷七　淡菜　氣味：　甘，溫，無毒。主治：　虛勞傷憊，吐血，久痢，疝瘕，崩帶。益陽事，理腰脚，治痃癖癭氣。《日華》曰：雖形狀不典而甚益人。多食令人頭目悶闇，得微利即止。

明·姚可成《食物本草》卷一一介部·蚌蛤類　淡菜一名海蜌，音陛。生東南海中。似珠母，一頭小，中銜少毛。味甘美，南人好食之。雖形狀不典，而甚益人。○淡菜常時燒食即苦，不宜人。與少米先煮熟，後除去毛，再入蘿蔔，或紫蘇，或冬瓜同煮，即更妙。　淡菜，味甘，溫，無毒。主虛勞傷憊，精血衰少及吐血久痢，腸鳴腰痛，疝瘕，婦人帶下，產後瘦瘠，產後血結，腹內冷痛。治癥瘕，潤毛髮，治崩中帶下，燒食一頓令飽。煮熟食之，能補五臟，益陽事，理腰脚氣，消宿食，除腹中冷氣痃癖，亦可燒汁沸出食之。消癭氣。不宜多食，令人頭目悶闇，腸結，發丹石。久食脫人髮。

明·孟笨《養生要括·介類》　淡菜　味甘，溫，無毒。治虛勞傷憊，精血衰少及吐血，久痢腸鳴，腰痛疝瘕，婦人帶下，產後瘦瘠，產後血結，腹內冷痛，治癥瘕，潤毛髮，治崩中。煮食之，能補五臟，益陽事，理腰脚氣，能消宿食，消癭氣。〔多食令人頭目悶暗，發丹石，令人腸結，久食脫髮。〕

明·施永圖《本草醫旨·食物類》卷五　淡菜生東南海中。似珠母，一頭小，中啣少毛。味甘美，南人好食之。　味：　甘，溫，無毒。不宜多食，多食令人頭目悶，得微利即止。多食發丹石，令人腸結。久食脫人髮。　治：　虛勞傷憊，精血衰少及吐血，久痢腸鳴，腰痛疝瘕，婦人帶下，產後瘦瘠，產後血結，腹內冷痛。治癥瘕，潤毛髮。治崩中帶下，燒食，一頓令飽。煮熟食之，能補五臟，益陽事，理腰脚氣。能消宿食，除腹中冷氣痃癖，亦可燒汁沸出食之。消癭氣。

清·穆石匏《本草洞詮》卷一七　淡菜　淡菜生海藻上。甘，溫，無毒。治虛勞傷憊，精血衰少，及吐血久痢，腸鳴腰痛，疝瘕，亦消癭氣。雖形狀不典，而甚益人。

清·丁其譽《壽世秘典》卷四　淡菜生海石上，以苔為根，殼長而堅硬，肉如人牝，中啣少毛，有紅、白二種。一名殼菜，又名海夫人，常時燒食即苦，不宜人。與少米先煮熟，後除去毛，再入蘿蔔，或紫蘇，或冬瓜同煮，方佳。又有烏蛤，似淡菜而極小，中無毛。李長吉詩淡菜生寒日，言生處在日出時也，贊云東海夫人。淡菜有殼，形雖不典，而益帷箔，求以象類，堪為一噱。　氣味：　甘，溫，無毒。主補五臟，益陽事，理腰脚氣，消宿食，散癭氣，除腹中冷氣痃癖，產後血結冷痛，崩中帶下。　發明日華子云：不宜多食，令人頭目悶暗，得微利即止。陳藏器曰：　多食發丹石，令人腸結。久食，脫人髮。

清·尤乘《食鑒本草·介類》　淡菜　治虛勞吐血，婦人帶下。多食令人煩悶，發丹石毒。

清·朱本中《飲食須知·魚類》　淡菜　味甘，性溫。多食令頭目昏悶，得微利可已。久食脫人髮。服丹石人食之，令腸結。燒食即苦，不宜人。以少米先煮熟，後去毛，再入蘿蔔，或紫蘇，或冬瓜同煮，尤佳。

清·何其言《養生食鑒》卷下　淡菜一名海夫人，似珠母，一頭小，中銜小毛，海之菜皆鹹，唯此味淡，故名。　味甘，性溫，無毒。益陽事，補五臟虛損，吐血，理腰脚氣，潤毛髮，消食，除腹中冷，去痃癖癥瘕，治產後血結冷痛，崩中帶下，漏下，男子久痢，並宜以五味煮食之。去毛良。

清・张璐《本經逢原》卷四　淡菜　甘，溫，無毒。發明：淡菜生鹹水，而味不沾鹹，為消瘦之善藥，兼補陰虛勞傷，精血衰少，及婦人帶下，理腰脚氣。不宜多食、久食，令人陽痿不起及脫人髮。一切海中苔菜皆然，不獨淡菜也。

清・浦士貞《夕庵讀本草快編》卷六　淡菜《嘉祐》、東海夫人　淡以味，夫人以形似也。淡菜生於海而味反淡，益胃助陽之物明矣。夫胃為一身根本，胃不和則冷氣乘之，痛猶自作，宿食不化，聚為癥瘕。胃為氣血之海，胃傷則血上溢，下為泄痢，在女則帶下而崩中。此品專補陽明，使轉輸得職，病自痊爾。

清・吳儀洛《本草從新》卷六　淡菜〔補陰。〕　甘，鹹，溫。補五臟，益陽事，理腰脚氣。治虛勞傷憊，精血衰少及吐血久痢，腸鳴腰痛，婦人帶下，產後瘦瘠。又能消癭氣。

清・汪紱《醫林纂要探源》卷三　淡菜　鹹，寒。海蛤之稍圓大者，一名鹹蜌，一名東海夫人。隨波動盪，進而不退，肉形圓長，中拆而含微毛，或有珠。補心瀉腎，養血滋陰。餘功同蛤蜊。治勞熱骨蒸，多食乃見功。若數兩作丸散，未有大效也。

清・嚴潔等《得配本草》卷八　淡菜　甘，溫。補五臟，益陽事，除腹冷，治帶下。產後瘠瘦，食之而肥。煮汁煎藥亦可。

題清・徐大椿《藥性切用》卷八　淡菜　即貢乾。甘鹹性涼，益陰除熱，為虛勞退熱耑藥。多食久食，令人陽痿。

清・李文培《食物小錄》卷下　淡菜　甘、鹹，平、溫，無毒。熟食，補五臟，益陽事，理腰脚氣，能消宿食。不宜多食，令頭目闇。

清・黃凱鈞《藥籠小品》　淡菜　味鹹，補陰潛陽，凡虛火易升者宜之。

清・吳鋼《類經證治本草・足少陰腎臟藥類》　淡菜　【略】誠齋曰：專能補女子房勞，益婦人陽事，暖子宮，已女人陰痛，陰內諸疾。

清・葉桂《本草再新》卷一〇　淡菜味苦，性寒，無毒。入肝、脾、腎三經。補五臟，益陽事，理腰脚氣，治虛勞傷憊，精血衰少，及吐血久痢，腸鳴腰痛，婦人帶下，產後瘦瘠。又能消癭氣。

清・趙其光《本草求原》卷一七介部　淡菜　甘，寒，無毒，生鹹水中，而味淡。補陰虛勞損，精血衰少，治婦人崩中、漏下、帶下、吐血、久痢、血結、疝瘕，消宿食、冷痛、腸鳴、腰痛、產後瘦瘠，理腰脚氣，為消癭上品。但多食令人陽痿、脫髮。一切海中苔菜皆然，不獨此也。一名海夫人。去毛良。

清・文晟《新編六書》卷六《藥性摘錄》　淡菜　甘，溫。益陽事，補五臟虛損，吐血，理肝脾，消食，除腹中冷，去痃癖癥瘕，治產後血結冷痛，崩中帶下漏下，男子久痢，并宜以五味煮食之。去毛，不宜多食久食。

清・張仁錫《藥性蒙求・魚鱗介部》　淡菜　鹹溫，補陰養血。帶下虛勞，消癭可啜。生鹹水，浸而淡，不沾鹹。為消癭之善藥，兼補陰虛勞傷，精血衰少，及婦人帶下，理腰脚氣。不宜多食久食，令人陽痿不起，及脫人髮。一切海中苔菜皆然，不獨淡菜也。〇去毛。

清・王孟英《隨息居飲食譜・鱗介類》　淡菜　甘，溫。補腎，益血填精，治遺帶崩淋，房勞產怯，吐血久痢，膝耎腰疼，痃癖癥瘕，臟寒腹痛，陽痿陰冷，消渴癭瘤。乾即可以咀食，味美不腥。產四明者肉厚味重，而鮮大者彌勝。

清・田綿淮《本草省常・魚蟲類》　海蜌　一名淡菜。性溫。補虛理血，除腹中冷氣。多食令人煩悶，久食落人髮。服丹石者忌之。

清・戴葆元《本草綱目易知錄》卷五　淡菜海蜌、東海夫人。　甘，溫。煮食，補五臟，益陽事，消癭氣，理腰脚氣，能消宿食，除腹中冷氣，痃癖癥瘕，補虛勞傷憊，精血衰少，吐血，久痢，腸鳴腹痛，婦人崩帶，產後瘦瘠，血結冷痛。

清・陳其瑞《本草撮要》卷九　淡菜　味甘，溫，入手太陰、陽明經。功專治虛勞傷憊，吐血下痢，腸鳴腰痛，婦人帶下，產後瘦瘠，並消癭氣。一名珠菜。

清・吳汝紀《每日食物却病考》卷下　淡菜　甘，溫，無毒。治虛勞，補五臟，益陽事，理腰脚氣，消宿食，除腹中冷氣。產後血結冷痛，崩中帶下，男子久痢，並宜食之，甚益人。

真珠

宋・唐慎微《證類本草》卷二〇蟲魚部上品〔宋・馬志《開寶本草》〕　真珠　寒，無毒。主手足皮膚逆臚，鎮心。綿裹塞耳，主聾。傅面令人潤澤好顏色。粉點目中，主膚瞖障膜今附。

〔宋・掌禹錫《嘉祐本草》〕按：《藥性論》云：真珠，君。治眼中瞖障白膜，七寶散用磨瞖障，亦能墜痰。日華子云：真珠子，安心，明目，駐顔色也。

〔宋・蘇頌《本草圖經》〕曰：真珠，《本經》不載所出州土，今出廉州，北海亦有之。生於珠牡俗謂之珠母。珠牡，蚌類也。按《嶺表録異》：廉州邊海中有洲島，島上有大池，謂之珠泡。每歲刺史親監珠戶入池採老蚌，剖取珠以充貢。池雖在海上，而人疑其底與海通，池水乃淡，此不可測也。土人採小蚌肉作脯食之，往往得細珠如米者。乃知此池之蚌，隨大小皆有珠矣。而今取珠牡，云得之海傍，不必是珠池中也。其北海珠蚌，種類小別。人取其肉，或有得珠者，但不常有，其珠亦不甚光瑩，藥中不堪用。又蚌屬中有一種似江珧者，其腹亦有珠，皆不及南海者奇而且多。入藥須用新完未經鑽綴者爲佳。

〔宋・唐慎微《證類本草》〕《海藥》云：謹按《正經》云：生南海，石決明産出也。主明目，除面䵟，止洩，合知母療煩熱，消渴。以左纏根，治兒子麩豆瘡入眼。蜀中西路女瓜亦出真珠，是蚌蛤産，光白甚好，不及舶上彩耀。欲穿須得金剛鑽也。爲藥須久研如粉麪，方堪服餌。研之不細，傷人藏府。雷公云：須取新淨者，以絹袋盛之。然後用地榆、五花皮、五方草三味各四兩，細剉了，又以牡蠣約重四五斤已來，先置於平底鐺中，以物四向搘令穩，然後著真珠於上了，方下剉了三件藥，籠之，以漿水煮三日夜。勿令火歇，日滿出之，用甘草湯淘之，令淨後，於臼中擣令細，以絹羅重重篩過，卻更研二萬下了，用。凡使，要不傷破及鑽透者，方可用也。《外臺秘要》：療子死腹中方：真珠二兩，爲末，酒調服盡，立出。《千金方》：治兒胞衣不出，苦酒服真珠末一兩。又方：難産。取真珠末一兩，和酒服之，立出。《肘後方》：卒忤停尸不能言。真珠末以雞冠血和丸小豆大，以三四粒内口中。又方：主鎮安魂魄。珠蜜方：煉真珠如大豆，以蜜一蜆殼，和一服與一豆許，日三。大宜小兒矣。《抱朴子》：真珠徑寸已上可服，服之可以長久。酪漿漬之，皆化如水銀，亦可以浮石水蜂窠（䖟）化，包彤蛇黄合之，可以引長三四尺，丸服之，絶穀得長生。

宋・寇宗奭《本草衍義》卷一七 真珠 小兒驚熱藥中多用。河北塘濼中，亦有圍及寸者，色多微紅，珠母與廉州珠母不相類。但清水急流處，其色光白；水濁及不流處，其色暗。餘如《經》。

宋・王繼先《紹興本草》卷一七 真珠子 紹興校定：真珠子，性與主治出産已載《經》注，但破毒定志、利經絡，用之頗驗。當云微寒、無毒者是矣。

宋・劉明之《圖經本草藥性總論》卷下 真珠 寒，無毒。主手足皮膚逆臚，鎮心。綿裹塞耳，主聾。《藥性論》云：君。治眼中翳障白膜，七寶散用磨翳障，亦能墜痰。日華子云：安心明目，駐顔色。《外臺秘要》治難産及子死腹中，胞衣不出。《肘後方》治卒忤停尸，不能言者，真珠末，以雞冠血和丸小豆大，以叁肆粒内口中。

宋・陳衍《寶慶本草折衷》卷一六 真珠君。粉在内。 一名珠，一名真珠子。○俗號藥珠。出廉州北海蚌類中，及南海諸州石決明中。○及蜀中西路女瓜、河北塘濼中，亦從舶上來。

寒，無毒。○主手足皮膚逆臚，鎮心。綿裹塞耳，主聾。傅面，潤澤顔色。粉點目中，主膚瞖障膜。○《藥性論》云：能墜痰。○《圖經》曰：真珠，廉州珠池採以充貢，而細珠如米。又蚌屬似江珧者，其腹亦有珠。入藥須新完未鑽者佳。○《海藥》云：除面䵟。合知母療煩熱消渴，治麩豆瘡入眼。為藥須久研如粉麪，不細傷人藏腑。○《外臺秘要》：療子死腹中，真珠貳兩為末，酒調，服盡立出。○《千金方》：治兒胞衣不出，苦酒服末壹兩。○又方：難産，取末壹兩，和酒服之立出。○《肘後方》：卒忤停尸不能言，真珠末以雞冠血和丸，小豆大，以叁肆粒内口中。○又方：主鎮安魂魄。○寇氏曰：小兒驚熱藥中多用。亦有圍及寸者，色多微紅。但清水急流處，其色光白，水濁及不流處，其色暗。

續說云：諸方以真珠為鎮心要劑，而許叔微又取為入肝之第一也。夫心主火，肝主木，火炎則暴擾，木病則枯槁。珠生於水，禀水之性，以水降火，則成既濟之功；以木得水，則有相生之益。荀卿言淵生珠而崖不枯者，以喻珠之潤澤，非常物比也，惟娠婦忌服耳。凡珠以未鑽、氣魄不散者為有力。出珠之殼名真珠母，後條石決明之類是也。

元・尚從善《本草元命苞》卷八 真珠 為君。性寒，無毒。點目中膚翳障膜，除面上䵟黯光澤。安心明目，墜痰下涎。合知母療煩熱消渴，和酒服治子死腹中。綿裹塞耳，醫聾。煉蜜調服，定魄。出廉州、北海。採老蚌，取珠。未經鑽，完白者佳。研不細，傷人臟腑。

明・王綸《本草集要》卷六 真珠君 氣寒，無毒。用新完未經鑽綴者佳。須研極細。 主鎮心。綿裹塞耳，主聾。傅面，令人潤澤好顔色。粉點目中，主膚翳障膜。小兒驚熱藥中亦用之。

明・滕弘《神農本經會通》卷一〇 真珠 君也。入藥須用新完，未經鑽綴者佳。用須久研，極細如粉麪，方堪服餌，研之不細，傷人臟腑。蚌産珠，謂之珠母。

氣寒，無毒。《疌》云：潤澤鎮心志，傅面好顏容，粉點目中瞖，綿裹塞耳聾。《本經》云：主手足皮膚逆臚，鎮心。綿裹塞耳，主聾。傅面，令人潤澤，好顏色。粉點目中，主膚瞖障膜。《藥性論》云：君。治眼中瞖障白膜，七寶散用磨瞖障，亦能墜痰。日華子云：安心，明目，駐顏色。《海藥》云：主明目，除面䵟，止洩。合知母，療煩熱，消渴。以左纏根，治兒子麩豆瘡入眼。《衍義》云：小兒驚熱藥亦用之。劊云：真珠潤澤安心志，傅面令人好面容。粉點目中磨瞖障，裹綿塞耳可除聾。即《局方》。真珠，安心志，磨翳障。

明·劉文泰《本草品彙精要》卷二九　真珠無毒。

真珠：主手足皮膚逆臚，鎮心。綿裹塞耳，主聾。傅面，令人潤澤，好顏色。粉點目中，主膚瞖，障膜。名醫所錄。【名】真珠子。【地】《圖經》曰：出廉州、北海，生於珠牡，俗謂之珠母。珠牡，蚌類也。按《嶺表錄異》：廉州邊海中有洲島，島上有大池，謂之珠池。每歲刺史親監珠戶入池採老蚌，割取珠以充貢。池雖在海上，而人疑其底與海通，池水乃淡，此不可測也。土人採小蚌肉，作脯食之，往往得細珠如米者，乃知此池之蚌，隨大小皆有珠矣。而今取珠牡，云得之海傍，不必是珠池中也。其北海珠蚌種類小別，人取其肉，或有得珠者，但不常有，其珠亦不甚光瑩，藥中不堪用。又蚌屬中有一種似江珧者，其腹亦有珠，皆不及南海者奇而且多，入藥須用新完未經鑽綴者爲佳。《海藥》云：生南海，石決明產出也。蜀中西路女瓜亦出真珠，是蚌蛤，光白甚好，不及舶上者彩耀，欲穿透，須得金剛鑽也。《衍義》曰：河北塘濼中亦有圍及寸者，色多微紅，珠母與廉州者不相類。但清水急流處，其色光白；水濁及不流處，其色暗也。【時】生：無時。採：無時。【用】珠未經鑽綴者。【色】紅、白。【味】淡。【性】寒。【氣】氣味俱薄，陰也。【臭】腥。【主】安心，明目。【製】《雷公》云：須取新淨者，以絹袋盛之，然後用地榆、五花皮、五方草三味各四兩，細剉了，又以牡蠣約重四五斤已來，先置於平底鐺中，以物四向搘令穩。然後著真珠于上，方下剉了三件藥，籠之。以漿水煮三日夜，勿令火歇，日滿出之。用甘草湯淘淨，於臼中搗細，似絹羅重重篩過，卻更研二萬匝，方可用。如研不細，傷人臟腑。【治】療：《藥性論》云：退眼中瞖障白膜，亦能墜痰。日華子云：駐顏色。《衍義》曰：小兒風熱藥中多用之。《海藥》云：除面䵟，止泄。【合治】合知母，療煩熱，消渴。○合左纏根，治小兒麩豆瘡入眼。○二兩爲末，合酒服盡，治妊婦子死腹中，立出。減半服之，亦主難產。○末合雞冠血，和丸如小豆大，以三四粒內口中，療卒忤停尸不能言。○末一兩，合苦酒服，主胞衣不出。

明·葉文齡《醫學統旨》卷八　真珠　氣寒。無毒。用新完未經鑽綴者佳。須研細。　治小兒驚熱鎮心，去目中膚翳障膜；綿裹塞耳主聾，傅面令人潤澤好顏色；療瘡久不收口。

明·許希周《藥性粗評》卷四　慘淡顏衰，合真珠而復潤。

真珠，老蚌所生也。其蚌謂之珠母，亦名珠牡。出南海廣州。割取其肉，而珠附焉。牡有大小，而珠隨之。入藥以新完未經鎖綴者佳。味甘，性寒，無毒。細研如粉，入藥傅面，令人潤澤，好顏色。又點眼，以去膚瞖障膜。和酒調服，以治難產。煉蜜丸服，以治小兒驚忤。和雞冠血為丸，納口中，以治卒死不醒。皆佳。

明·鄭寧《藥性要略大全》卷八　珍珠君　安心志，摩翳障，主潤澤皮膚，悅顏色。綿包塞耳治聾。味淡，氣寒，無毒。出廉州。凡用無孔者良。須淡肉汁煮過，水洗淨入藥。

明·陳嘉謨《本草蒙筌》卷一一　珍珠　氣寒，無毒。老蚌生者，蚌即珠母，惟老者生多，小者少有。出廉州海島大池；屬廣東，海中有州島，島上有池謂之珠池。人疑其底與海通，池水乃淡，此不可測也。刺史掌之，督珠戶歲採充貢。圓大寸圍為上，光瑩不暗纔優。得此售人，價值難估。欲穿孔眼，非金剛鑽不能；求入醫方，惟新完者可用。瓷鉢極研，薄紙重篩。為丸鎮心神，敷面潤顏色。作散點目去膜，綿裹塞耳除聾。小兒驚熱風癇，和藥作錠摩服。尤堪止渴，亦能墜痰。蚌肉味甘，作脯可食。功惟醒酒，去熱毆煩。又石決明，出南海內。單片不生對合，光耀無忝真珠。由此得名，眼科專用。或疑珠母，此大差違。氣味寒鹹，擇七孔九孔方取；又名九孔螺，十孔以上者不佳。麵裹煨熟，將皮外麄黑盡摩。搗細末務如粉霜，開青盲兼除瞖障。漬水洗眼亦妙。肉採供饌，乾可久留。遠行饋人，並為珍味。

明·方穀《本草纂要》卷一二　真珠　氣寒，無毒。主鎮心定志，安魂養魄，與琥珀人參同功。但鎮驚之藥不可缺，且如小兒血氣未定，精神未足，故常多驚，與此神光保足之物，而驚何有不鎮乎？又有治目之症不可無，且如目之瞳人，反背翳膜昏澁，與此光明開結之藥，而目何有不見乎？又有宮女研末而與之傅面，令其好色，皆因光潔之美，精神可加者也。

明・王文潔《太乙仙製本草藥性大全》卷八《本草精義》 真珠牡 《本經》不載所出州土。即老蚌生者，又名真珠牡，蚌即珠母，惟老者生多，小者少有。出廉州海島大池，屬廣東，海中有州島，島上有池，謂之珠池，人疑其底與海通，池水乃淡，此不可測也。刺史掌之，督珠戶歲採充貢，圓大寸圍爲上，光瑩不暗纔優，得此售人價值難估，欲穿孔眼，非金剛鑽不能。求入醫方，惟新完者可用。土人採小蚌肉作脯食之，往往得細珠如米者，乃知此池之蚌，隨大小皆有珠矣。而今取珠牡云得之海傍，不必是珠池中也。其北海珠蚌種類小別。人取其肉，或有得珠者，但不常有，其珠亦不甚光瑩，藥中不堪用。又蚌屬中有一種似江珧者，其腹亦有珠，皆不及南海者奇而且多，不及舶上彩耀，欲穿須得金剛鑽也。爲藥須久研如粉麪方堪服食，研之不細，傷人臟腑。

明・王文潔《太乙仙製本草藥性大全》卷八《仙製藥性》 真珠君 氣寒，無毒。即老蚌生者，名曰真珠牡。主治：主手足皮膚逆臚，安魂魄，明目定心。磁鉢極研，薄紙重篩。爲丸鎮心神，敷面潤顏色。作散點目去膜，綿裹塞耳除聾。小兒驚熱風癇，和藥作錠摩服。尤堪止渴，亦能墜痰。

明・皇甫嵩《本草發明》卷六 真珠氣寒。主鎮心，手足皮膚逆臚。傳面，令人潤澤好顏色。點眼，去膚翳障膜。綿裹塞耳，主聾。《衍義》云：止小兒風癇驚熱，和藥作錠，摩服，能墜痰止渴。取新珠，研極細，任為丸散。

明・李時珍《本草綱目》卷四六介部・蚌蛤類 真珠宋《開寶》

【釋名】珍珠《開寶》 蚌珠《南方志》 蠙珠《禹貢》

【集解】李珣曰：真珠出南海，石決明産也。蜀中西路女瓜出者是蚌蛤産，光白甚好，不及舶上者采耀。欲穿須得金剛鑽也。頌曰：今出廉州，北海亦有之。生於珠牡，亦曰珠母，蚌類也。按《嶺表録異》云：廉州邊海中有洲島，島上有大池，謂之珠池。每歲刺史親監珠户，入池採老蚌，剖取珠以充貢。池雖在海上，而人疑其底與海通，池水乃淡，此不可測也。土人採小蚌肉作脯食，亦往往得細珠如米。乃知此池之蚌，大小皆有珠也。而今之取珠牡者，云得之海旁，不必是池中也。其北海珠蚌種類小別。人取其肉，或有得珠者，不甚光瑩，亦不常有，不堪入藥。又蚌中一種似江珧者，腹亦有珠，皆不及南海者奇而且多。宗奭曰：河北溏濼中，亦有圍及寸者，色多微紅，珠母與廉州者不相類。但清水急流處，其色光白；濁水及不流處，其色暗也。時珍曰：按《廉州志》云：合浦縣海中有梅、青、嬰三池。蜑人每以長繩繫腰，攜籃入水，拾蚌入籃即振繩，令舟人急取之。若有一線之血浮水，則葬魚腹矣。又熊太古《冀越集》云：《禹貢》言淮夷蠙珠，後世乃出嶺南。今南珠色紅，西洋珠色白，北海珠色微青，各隨方色也。予嘗見蜑人入海，取得珠子樹數擔。其樹狀如柳枝，蚌生於樹，不可上下。樹生於石，蜑人鑿石得樹以求蚌，甚可異也。又《南越志》云：珠有九品，以五分至一寸八九分者爲大品，有光彩；一邊小平似覆釜者，名璫珠；次則走珠、滑珠等品也。《格古論》云：南番珠色白圓耀者爲上，廣西者次之。北海珠色微青者爲上，粉白、油黃者下也。西番馬價珠爲上，色青如翠，其老色夾石粉青油烟者下也。凡蚌聞雷則産業瘷瘦。其孕珠如懷孕，故謂之珠胎。中秋無月，則蚌無胎。左思賦云蚌蛤珠胎與月盈虧，是矣。陸佃云：蚌蛤無陰陽牝牡，須雀蛤化成，故能生珠，專一於陰精也。龍珠在頷，蛇珠在口，魚珠在眼，鮫珠在皮，鼈珠在足，蚌珠在腹。皆不及蚌珠也。

【修治】李珣曰：凡用，以新完未經鑽綴者研如粉，方堪服食。不細則傷人臟腑。斅曰：凡用以新者絹袋盛之。置牡蠣四兩於平底鐺中，以物四向支穩，然後着珠於上。乃下地榆、五花皮、五方草各剉四兩，籠住，以漿水不住火煮三日夜。取出，用甘草湯淘净，於臼中擣細重篩，更研二萬下，方可服食。慎微曰：《抱朴子》云：真珠徑寸以上，服食令人長生。以酪漿漬之，皆化如水銀，以浮石、蜂巢、蛇黄等物合之，可引長三四尺，爲丸服之。時珍曰：凡入藥，不用首飾及見尸氣者。以人乳浸三日，煮過如上擣研。一法：以絹袋盛，入豆腐腹中，煮一炷香，云不傷珠也。

【氣味】鹹、甘，寒，無毒。【主治】鎮心。點目，去膚瞖障膜。塗面，令人潤澤好顏色。塗手足，去皮膚逆臚。綿裹塞耳，主聾《開寶》。磨瞖墜痰甄權。除面䵟，止洩。合知母，療煩熱消渴。合左纏根，治小兒麩豆瘡入眼李珣。除小兒驚熱宗奭。安魂魄，止遺精白濁，解痘疔毒，主難産，下死胎胞衣時珍。

【發明】時珍曰：真珠入厥陰肝經，故能安魂定魄，明目治聾。

【附方】舊三，新九。安魂定魄：真珠末豆大一粒，蜜一蜆殼，和服，日三。尤宜小兒。《肘後》。卒忤不言：真珠末，用鷄冠血和丸小豆大。以三四粒納口中。《肘後》。灰塵迷目：用大珠拭之則明也。《格古論》。婦人難産：真珠末一兩，酒服，立出。《千金》。胞衣不下：真珠一兩研末，苦酒服。《千金》。子死腹中：真珠末二兩，酒服。立出。《外臺》。癍痘不發：珠子七枚爲末，新汲水調服。《儒門事親》。痘瘡疔毒：方見穀部豌豆下。肝虛目暗：茫茫不見。真珠末一兩，白蜜二合，鯉魚膽二枚，和合，銅器煎至一半，新綿濾過瓶盛，頻點取瘥。《聖惠方》。青盲不見：方同上。小兒中風：手足拘急。真珠末水飛一兩，石膏末一錢。每服一錢，水七分，煎四分，温服，日三。《聖惠方》。　目生頑瞖：真珠一兩，地榆二兩，水二大盌煮乾，取真珠以醋浸五日，熱水淘去醋氣，研細末用。每點少許，以愈爲度。

明·梅得春《藥性會元》卷下　真珠牡　味鹹，氣溫，無毒。用不傷破、完全新者，為佳。　主治手足皮膚逆臚，鎮心。綿裹塞耳治聾。傅面令人潤澤好顏色。粉點目中，主治膚翳障膜。能瀉肝經風熱，故明目。出南海。製法：取淨新者，以絹袋盛之，然後用地榆皮、五花皮、五方草三味，各四兩，細剉，又以牡蠣約重四五兩，以米先置于平底鍋中，四邊塞穩，方下真珠牡于上。又下剉碎三草，籠之，以漿煮三日夜，勿令火歇。出時用甘草湯淘之令淨，于石臼搗令細，以絹重羅篩過，更[研]二三萬下用。

真珠　氣寒，無毒。用新完未經有眼者良。其鑽透俱不堪用也。　主治小兒驚癇，發熱，鎮心，去目中翳障。塞耳綿裹治聾。傅面令人潤澤，悅人皮膚顏色，療瘡久不收口。出廉州。　製法：用磁碗二個，放珠于碗中，上下合蓋，四面用炭火燒，珠在碗中燥碎存性，研細入藥，不則爆散無遺。

明·李中立《本草原始》卷一一　真珠　出南海。今出廉州海島大池，謂之珠池。每歲刺史親監珠戶入池，採老蚌，剖取珠以充貢。圓大光瑩者優。欲穿孔眼，非金剛鑽不能也。入藥須用新完未經鑽綴者為佳。《南方志》名蚌珠。俗呼珍珠。

真珠　氣味：鹹、甘，寒，無毒。　主治：鎮心，點目去膚翳障膜。塗面令人潤澤好顏色，塗手足，去皮膚逆臚，綿裹塞耳主聾。〇磨瞖墜痰。除面䵟，止洩。合知母，療煩熱消渴。合左纏根，治小兒麩痘瘡入目。〇除小兒驚熱。〇安魂魄，止遺精白濁，解痘疔毒，主難產，下死胎胞衣。

蚌珠形，宋《開寶》。【圖略】龍珠在頷，蛇珠在口，魚珠在目，鮫珠在皮，鼈珠在足，蚌珠在腹。　修治：真珠以新完未經鑽綴者，研如粉，方堪服食。不細則傷人臟腑。〇時珍曰：入藥不用首飾及見屍氣者。以人乳汁浸三日，煮過，搗細重篩，更研萬遍用。一云以絹袋盛，入豆腐腹中煮一炷香，云不傷珠也。　入厥陰肝經。

明·張懋辰《本草便》卷二　真珠君　氣寒，無毒。須研極細。　主鎮心。綿裹塞耳，主聾。傅面，令人潤澤好顏色。粉點目中，主膚瞖障膜。小兒驚熱藥中亦用之。

明·吴文炳《藥性全備食物本草》卷三　蚌　生珠，老蚌名真珠牡。真，珍重也；　珠，圓明也。生南海，採老蚌剖珠充貢。無毒。主手足皮膚逆臚，鎮心墜痰，止泄。為粉點目中生膚翳障膜，用綿裹塞耳主聾，傅面令潤澤好顏色。合知母療煩熱消渴，合左纏根治小兒麩瘡入眼。為末酒下，治難產，下胞衣及子死腹中，小兒驚熱藥中多用之。取新淨未經鑽綴者，研極細方可餌服，不爾傷人臟腑。肉味甘，能醒酒，去熱毆煩，作脯食之佳。

明·盧復《芷園臆草題藥》　川澤　藏珠而色媚，子女飾珠而姿妍，皆宣于燈月之下。其所稱夜光者，珠之德乎？中秋有月則蚌孕珠，是至陰精華所成。余意老婦不成孕者，合服之于秋，宜常乘月色，必成孕(盲)〔育〕。古方有以治產難，蓋取其從胎生而流利，因以及胎毒之痘瘡，有以治盲昧，蓋取其光明而象形，因以及眼中之翳障。李懷伊先生有不夜膏方治目疾，內用珠子，謂之海不夜；　古鏡取月華，謂之天不夜；　晒人乳粉淘夜明砂，謂之人蟲不夜。四味合成，可服可點，真玅義神異方也。

明·李中梓《藥性解》卷六　真珠　味無攷，性寒，無毒，入心經。主手足皮膚逆臚，鎮心潤顏，止渴墜痰，點目去膜，塞耳除聾，催生下死胎，又主小兒驚熱風癲。須未經鑽眼者，研細篩過，再研二萬下方用。　按：真珠為水精所孕，崇能制火，且其性鎮重，心經之所由入也。研之不細，傷人臟腑，功未獲奏，害已隨之。

明·繆希雍《本草經疏》卷二〇　真珠　寒，無毒。主手足皮膚逆臚，鎮心，綿裹塞耳主聾，傅面令人潤澤好顏色。粉點目中主膚瞖障膜。

〔疏〕珠稟太陰之精氣而結，故中秋無月則蚌無胎。其體光明，其性堅硬，大小無定，要以新完未經鑽綴者為上。味甘、微鹹，氣寒，無毒。入手少陰、足厥陰經。心虛有熱，則神氣浮越；肝虛有熱，則目生膚瞖障膜。除二經之熱，故能鎮心去目中障瞖也。耳聾本屬腎虛有熱，所以主之。逆臚者，臚脹也，胸腹脹滿氣逆以及於手足皮膚皆腫也。《經》云：諸濕腫滿，屬脾土。又云：諸腹脹大，皆屬於熱。此因脾虛有熱，兼有積滯所致。真珠味甘，亦能益脾氣，寒能除熱，體堅能磨積消滯，故主手足皮膚逆臚也。古人未發斯義，所以方書敘論不詳，亦為闕略也。珠藏於澤，則川自媚，況塗面，寧不令人潤澤好顏色乎？凡小兒驚熱風癇，為必須之藥。

〔主治參互〕同丹砂、牛黃、犀角、天竺黃、茯神、遠志、鈎藤鉤、琥珀、金箔，治小兒驚癇風熱，大人失志癲狂等證。　同爐甘石、龍腦香、白鵬砂、空青、人爪，點目能去瞖障。　同鍾乳石、象牙末、牛黃、冰片、白殭蠶、紅鉛、天靈蓋、蛀竹屑、樺皮灰、沒藥、明礬，治廣瘡結毒及陰蝕瘡有奇效。　同人中白、黃蘗、青黛、鵬砂，和冰片少許，治口疳。　加入雞內金、膩粉治下疳。　《格古論》灰塵迷目，用大珠揩之則消。　《千金方》婦人難產，或胞衣不下。　真珠末一兩，酒服，立出。　《聖惠方》肝虛目暗，真珠末一兩，白蜜二合，鯉魚膽二枚，和合，銅器煎至減半，新綿濾過，瓶盛，頻點取瘥。痘瘡發疔毒方，見穀部豌豆下。　［簡誤］真珠，體最堅硬，研如飛麪，方堪服食，不細能傷人臟腑。　病不由火熱者勿用。

明・倪朱謨《本草彙言》卷一九　真珠　味鹹，氣寒，無毒。可升，可降。入手少陰、足厥陰經。　沈氏曰：　珠出海上池澤。　按《嶺表錄異》云：　廉州北海生珠母，乃老蚌也。　海旁有洲島，島上有大珠池。　每歲刺史親監珠戶入池，採老蚌取珠以充貢。　池雖在海上，而池水味淡，亦一異也。　即採小蚌肉作脯食，亦得細珠如米。　則此池之蚌，大小皆有珠也。　其他海旁亦有珠蚌，人取珠，不甚光瑩，皆不及南海、北海池中之珠多而且奇。　但清水急流處，其色光白。　若濁水及緩流處，其色多暗也。　又按《廉州志》云：　合浦縣海中有梅、青、嬰三池，池水亦不甚鹹，蜑人每以長繩繫腰，攜筐箣入水取蚌母，得一二枚即振繩，令舟人急掣繩起。　設有一條血色浮水上，則人葬魚腹矣。　又按《格古論》云：　南珠色微紅，西洋珠色純白，北海珠色微青，各隨方色也。　南番珠色白、圓耀爲上，廣西者次之。　北海珠色微青者爲上，粉白油黃者下也。　西番馬價珠，色青如翠爲上，其老色夾石粉青、油烟者下也。　又龍珠在頷，蛇珠在目，魚珠在眼，鮫珠在皮，鱉珠在足，黿珠在肋，蚌珠在腹也。　凡蚌聞雷則瘦，其生珠如懷孕，故謂之珠胎。　中秋無月則蚌無胎矣。　如入藥用，以新珠未經鑽綴者，以人乳浸三日，再入豆腐腹中煮一炷香，和燈心草研如粉，以二萬碾方細，堪入服食。　如婦人作首飾過者，或在死尸中者，皆不可入藥。

真珠：　鎮心定志，安魂養魄，解結毒，龔雲林化惡瘡，收內潰破爛之藥也。　黃正暘曰：　珠生于蚌，而得中秋明月映之乃孕，得中天太陰之精，水土至陰之清氣也。　故寇氏方用此治驚悸怔忡，癲狂恍惚，神志不寧，魂魄散亂，及小兒血氣未定，精神不足，嘗多驚恐，以此神光寶足之物，而驚亂可鎮，神明自安矣。　甄氏方用此治一切諸毒疽瘡，穿筋潰絡，爛肌損骨，破通關節，膿血淋漓，潰久不收之證。　以此清明瑩潔之物，而惡毒自解，潰膿自收，肌肉自長矣。　又若目生翳障，研末點之即消；　瞳仁反背，研漿點之即正。　以此日受水精月華之氣，含光內媚之物，而目可明矣。　但體質堅硬，入藥須裹豆腐煮熟，拌燈草研如飛麪，方堪服食、敷點。　倘研製不細，用之能傷人藏府，攻吸生肉，爲害匪輕。

集方：　《方脉正宗》治大人驚悸怔忡，癲狂恍惚，神志不寧，魂魄散亂；治小兒血氣未定，遇觸即驚；　或急慢驚風，癇痓搐搦等證。　用真珠一錢，以豆腐裹煮一時許，拌燈草同研如飛麪極細末，配丹砂、琥珀、犀角、瑇瑁、天竺黃各五錢，以鐵碾研極細末，再加茯苓、鈎藤、半夏麴各一兩，甘草、人參各六錢，同炒黃，研極細末。　三末總和勻，煉蜜丸龍眼核大。　每服一丸，生薑湯化下。　○瓦氏秘傳治一切諸毒疽瘡，穿筋潰絡，爛肌損骨，破通關節，膿血淋漓，潰久不收之證。　方名油蠟膏：　用真珠一錢，製法同前，研極細末，頭生兒胞衣一具，以銀簪穿孔數十，清水滌洗惡血淨，火烘乾燥不可焦，研極細末。　如不細，再烘再研，務宜細如飛麪者佳。　如內有筋皮堅紉，研不細者，去之。　白蠟一兩，猪脂油一兩，火上共熔化，和入胞衣末，并真珠末調勻，磁器收貯。遇是患，以猪蹄湯淋洗毒瘡淨，將蠟油藥以軟抿子脚挑取，輕輕敷上，再以鉛粉麻油膏藥貼之。　○譚春臺方治目生翳障。　用真珠三分，製法同前，研極細末，爐甘石、白硼砂各一錢，人手指甲五分，三味共研極細，和入真珠末內，小磁瓶封貯。　每日點粞許于兩眦內，閉眼半時許，點三四次，翳障自退。　○牛御史方治痘瘡有疔，或紫黑而大，或黑爛而臭，或中有紫血綫，此證十死八九。用真珠一錢，製法同前，研極細末，豌豆四十九粒燒存性，頭髮灰三分，再取好油臙脂二錢，同搗成膏。　先以銀簪挑破疔毒，咂去惡血，以少許點之，即時變紅活色。　真奇方也！　○《廣筆記》治痘後翻瘢，不拘上下部分，腫爛淋漓者俱效。　用真珠末、象牙末、孩兒茶各三錢，白殭蠶二錢，總和爲極細末，以濟寧胭脂調敷，毒水如注，漸漸收口。　○同上治下疳蛀梗。　用珍珠生研細，象牙末、牛黃、冰片各一錢，牙皂二錢，滴乳石一兩，研極細如飛麪，共再研。　每服一分，土茯苓湯調下。

明・顧逢柏《分部本草妙用》卷一肝部・寒瀉　真珠　鹹，甘，寒，無毒。研細粉用，不細傷臟腑。　主治：　鎮心，安魂定魄，明目治聾，去瞖障，除面鼾。　同知母，療煩熱消渴。　合左纏根，治痘瘡入眼。　止遺濁，主難產，下死胎胞衣。入外科藥，能斂瘡長肌。

明·李中梓《醫宗必讀·本草徵要下》 真珠味鹹，寒，無毒。入肝經。絹包，入荳腐中煮一番，研極細。 安魂定悸，止渴除蒸，收口生肌，點睛退翳。稟太陰之精氣而結，故中秋無月則蚌無胎。宜其主用多入陰經。按：珠體最堅，研如飛麵方用，不細，傷人臟腑。病不由火熱者忌之。

明·蔣儀《藥鏡》卷四寒部 真珠 去心熱而定驚癎，散肝火而除目翳。益脾消積，而皮膚上逆臚自退。補腎開聾，而結毒中陰蝕兼攻。研抹瘙疳，涼生肌腐。

明·張景岳《景岳全書》卷四九《本草正》 真珠 味微甘、微鹹。能鎮心明目，去翳磨障。塗面可除䵟班，令人潤澤好顏色。亦除小兒驚熱，安魂魄。為末可傅痘疔痘毒。

明·施永圖《本草醫旨·食物類》卷五 真珠名蚌珠。出南海，石決明產也。龍珠在頷，蛇珠在口，魚珠在眼，鮫珠在皮，鼈珠在足，蚌珠在腹，皆不及蚌珠也。凡用以新完未經鑽綴者，研如粉，方堪服食。○真珠徑寸以上，服食令人長生。以酪漿漬之皆化。 味：鹹、甘，寒，無毒。治：鎮心。點目，去膚翳障膜。塗面，令人潤澤好顏色。塗手足，去皮膚逆臚。綿裹塞耳，主聾。磨翳墜痰，除面䵟，止洩。合知母，療煩熱，消渴。合左纏根，治小兒麩豆瘡入眼。除小兒驚熱。安魂魄，止遺精白濁，解痘疔毒，主難產，下死胎、胞衣。真珠入厥陰肝經，故能安魂定魄，明目治聾。

附方 安魂定魄：真珠末豆大一粒，蜜一蜆殼，和服，日三。尤宜小兒。 卒忤不言：真珠末，用雞冠血和丸小豆大，以三四粒納口中。 灰塵迷目：用大珠拭之則明也。 婦人難產：真珠末一兩，酒服，生出。 胞衣不下：真珠一兩，研末，苦酒服。 子死腹中：真珠末二兩，酒服，立出。 癍痘不發：珠子七粒，為末，新汲水調服。 肝虛目暗：真珠末一兩，白蜜二合，鯉魚膽二枚，和合，銅器煎至一半，新綿濾過，瓶盛，頻點取瘥。 青盲不見：方同上。 小兒中風：手足拘急，真珠末水飛一兩，石(羔)〔膏〕末一錢，每服一錢，水七分，煎四分，溫服，日三。

明·盧之頤《本草乘雅半偈》帙八 真珠《別錄》上品 氣味：甘，溫，無毒。 主治：主鎮心，安魂魄，去膚翳障膜，塗面令人潤澤好顏色，塗手足去皮膚逆臚，綿裹塞耳主聾。

覈曰：《禹貢》〔言〕淮夷蠙珠，後世乃出南北海、川蜀西路女瓜、河北溏濼，江南湖泖間亦時有之。《嶺表錄異》云：廉州邊海中有洲島，島上有大池，池水淡潔，謂之珠池。每歲刺史親監珠戶入池，採老蚌剖珠以充貢。《廉州志》云：合浦縣海中有梅、青、嬰三池。蜑人每以長繩繫腰，携籃入水，拾珠母納其中，即振繩，令舟人急起之，設有線血浮水上，其人即葬魚腹矣。熊太古《冀越集》云：余嘗見蜑人入海，取得珠子樹數擔，狀如柳枝，蚌生于樹，樹生于石，鑿石得樹以求蚌，甚可異也。李珣云：南海之珠，多產石決明；女瓜者，則蚌蛤耳。《錄異》云：北海之蚌，種類小別。其中一種似江珧者，腹亦有珠，咸不及海南者奇幻且多也。宗奭云：河北溏濼中，珠圍及寸，色微紅，其珠母亦與廉州者不相類。但清流水處者，色光白；止濁水處者，色黑暗。南珠色紅，西洋珠色白，北海珠色微青，各隨方色也。《格古論》云：南番珠，色白圓耀者為上，廣以西者次之；北海珠，色微青者為上，粉白、油黃者下矣；西番馬價珠為上，色青如翠，老色夾石粉青油烟者下矣。《南越志》云：珠品之上者有九，以五分至寸八分者為大品。有光彩，一邊似度金者，名璫珠；次則走珠、滑珠、琭珠、肖象珠、子母珠、浮屠珠、北帝子珠等品也。《埤雅》云：鱉孚乳以夏，蚌孚乳以秋，聞雷聲則痳，其孕珠若懷妊然，故謂之珠胎，與月盈虧。《淮南子》所謂日至而麋角解，月死而螺蚌膲，蚌一名蜃。《墨子》云：周之靈珪，出于上石；楚之明月，生于蚌蜃。由是觀之，士之賢不肖，豈有種哉。蓋物有非其類而化者，若牡蠣、蚌蛤，無陰陽牝牡，須雀鴿以化，故蚌之久者能生珠焉，一于陰也。《易》曰：離為蚌，為螺。蓋螺之形銳，蚌之形剡，且皆外剛內柔，而性又善麗故也。《荀子》云：鳥無胃肺，蛤蜃無藏，蛭以空中而生，蠶以無胃而育。陸佃云：龍珠在頷，蛇珠在口，魚珠在眼，鮫珠在皮，鱉珠在足，蚌珠在腹。《抱朴子》云：真珠徑寸以上，服之令人長生；以酪漿漬之，皆化如(永)〔汞〕；以浮石、蜂巢、蛇黃等物合之，可引長三四尺，為丸以啖之。雷斆云：凡用以新採未經鑽綴者，絹囊盛之，置牡蠣四兩於平底鐺中，將物四向支穩，然後着珠于上。乃下地榆、五花皮、五方草各四兩，籠住，用漿水不住火煮三日夜。取出，甘草湯淘淨，石柏中搗細，重篩，復研二萬下。時珍云：一法用人乳浸三日，煮過，如上搗研；又法貯之繒袋，入豆腐腹裹，煮一炷香，云不傷珠。忌用曾作首飾，及見尸氣者。

条曰：真者，仙化通乎天；珠者，木一在中，胞胎之象，指生成功行為名耳。故中秋月滿，海蚌食其光而孕珠。蓋月各有望，唯中秋主維四氣之樞鍵，處三秋之正中，交兩弦之噓噏，烹金水之華藏時也。食其光而柔麗乎中者，此以坎填離，神丹金液耳。是故神室根身，因形而易，點餌塗塞，咸歸化成。所謂神用無方，不與覺時同也。

明・李中梓《本草通玄》卷下　珍珠　鎮安心神，點除目翳。　絹包，入腐中煮研。

清・顧元交《本草彙箋》卷九　真珠　味甘，微鹹，氣寒，無毒。入手少陰、足厥陰二經。心虛有熱，則神氣飛越。肝虛有熱，則目生膚翳障膜。除二經之熱，故能鎮心，去目中翳障也。耳聾，本屬腎虛，以其有熱，故亦主之。諸濕腫滿，本屬脾土，以其脾虛有熱，故亦用真珠之甘以益脾，寒以除熱。質堅能磨積消滯耳。　珠稟太陰之精氣而結。中秋無月則蚌無胎。其體光明，其性堅硬，大小無定，要以新完未經鑽綴者爲上。

清・穆石匏《本草洞詮》卷一七　真珠　蚌孕珠如懷孕，故謂珠胎。中秋無月，則蚌無胎。左思賦云蚌蛤珠胎與月盈虧是矣。陸佃云：蚌蛤無陰陽牝牡，須雀化成，故能生珠，專一于陰精也。龍珠在頷，蛇珠在口，魚珠在眼，鮫珠在皮，鼈珠在足，蚌珠在腹，皆不及蚌珠也。真珠甘鹹，寒，無毒。入厥陰肝經。能安魂定魄，鎮心墜痰，療煩熱消渴，解痘疔毒，主難產，下死胎。點目去翳障，塗面令人潤澤，塗手足去皮膚逆臚，綿裹塞耳主聾。

清・劉雲密《本草述》卷二九　真珠　《禹貢》淮夷蠙珠，後世乃出南北海。川蜀西路女瓜，河北溏濼，江南湖泖間亦時有之。　珠池，廣東廉州珠池者四，曰楊梅，曰青鶯，曰平江，曰永安。出雷州者，一曰樂明。實皆海而島嶼環圍，故稱池云。　《後漢書》云：珠，蚌中陰精也。陸佃曰：牡蠣、蛤蚌無陰陽牝牡，須雀蛤以化，故蚌之久者，能生珠焉，專一於陰也。《管子》云：珠者，陰之陽也，故勝火。玉者，陽之陰也，故勝水。其化若神。《埤雅》曰：鼈孚乳以夏，蚌孚乳以秋，聞雷聲則瘷，其孕珠若懷妊然，故謂之珠胎。中秋無月，則蚌無胎。左思賦云蚌蛤珠胎與月盈虧是矣。又《淮南子》所謂日至而麋角解，月死而螺蚌膲音焦也。

氣味：　鹹，甘，寒，無毒。　諸本草主治：　清心，安魂魄，明目，去膚瞖障膜，除小兒驚熱，解痘疔毒，主難產，下死胎、胞衣。　方書主治：　中風熱痹驚，内外障，目昏目淚。　時珍曰：　真珠入厥陰肝經，故能安魂定魄，明目治聾。　之頤曰：　中秋月滿，海蚌食其光而孕珠。蓋月各有望，唯中秋主維四氣之樞鍵，處三秋之正中，交兩弦之噓噏，烹金水之華藏時也。食其光而柔麗乎中者，此以坎填離，神丹金液耳，是故神室根身，因形而易，點餌塗塞咸歸化成。　後數語指《別錄》所云，塗面及手足云云也。　希雍曰：珠稟太陰之精氣而結，故中秋無月則蚌無胎，其體光明，其性堅硬。　味甘微鹹，氣寒，無毒。入手少陰、足厥陰經。　心虛有熱，則神氣浮越。肝虛有熱，則目生膚瞖障膜。除二經之熱，故能鎮心，去目中障瞖也。　同丹砂、牛黄、犀角、天竺黄、茯神、遠志、釣藤鉤、琥珀、金箔，治小兒驚癇風熱，大人失志癲狂等證。　同爐甘石、龍腦香、白鵬砂、空青、人爪，點目能去瞖障。同鍾乳石、象牙末、牛黄、冰片、白殭蠶、紅鉛、天靈蓋、蛀竹屑、樺皮灰、没藥、明礬，治廣瘡結毒及陰蝕瘡有奇效。　同人中白、黄檗、青黛、鵬砂，和冰片少許，治口疳。加入雞内金、膩粉，治下疳。

愚按：　蚌之產珠，陸佃言其專一於陰者，似是矣。第蛤蚌珠胎，與月盈虧。而詎知月之盈虧，又係於日？是先哲所謂月本無光，日耀之乃光也。然則《淮南》月死而螺蚌膲之説，豈非指陰不得陽之故歟？其食月之光而後孕珠者，又豈非陰必藉於陽之義歟？是珠誠為陰中之陽，有如《管子》所云矣。本至陰之精，乃分至陽之光，麗至陽之光，乃凝至陰之質。然則如方書主治諸證，豈徒取其純陰，如草木中苦寒之味哉？即療中風之活命金丹，又療中風之至聖保命金丹，及熱痹之石楠散，投此於諸隊中，固有轉陽入陰，而神其清化者也。即治驚者率以為鎮怯，不觀方書真珠母丸，其主治者乃因肝虛而内受風邪，臥則寬散不收，有似驚悸，然此味固逐隊以益肝者也。又如目眚諸方，率以為其質堅凝，能去瞖障，是固然矣。然在目昏之真珠煎，云治肝虛寒，目茫茫不見物者。又目風淚出，有真珠散，云因於肝虛者。細推諸治之益肝虛，不有由陰育陽，即由陽暢陰，有合於厥陰之肝，屬陰中之少陽乎？至謂其鎮怯，謂其磨瞖，實藉此品為之先，為之樞，似不以鎮怯磨瞖為其能事也。且諸治多有并及風者，瀕湖謂入厥陰肝經，良不謬矣。如之頤所云中秋月滿，海蚌食其光而孕珠，謂中秋為烹金水之華藏時也。此義與入肝之諸治相合，蓋唯金能合水火之氣，俾陰陽交媾，如明珠之胎，因於烹金水之華，以媾陰陽之精，非所謂有木始之，更得金終之，乃為金木之交媾，而大益肝臟乎？是猶得謂之純陰乎？試思療肝虚寒而目昏者，豈得用純陰之味以相對待乎？或曰：然則於清熱無當耶。曰：固謂其得陰陽呼吸之玄，隨而因其主輔以濟之，有妙於其先者矣。

附方　婦人難産，真珠末一兩，酒服立出。　胞衣不下，真珠一兩，研末，苦酒服。　子死腹中，真珠末二兩，酒服立出。

時珍曰：凡入藥不用首飾及見尸氣者。珣曰：研如粉，方堪服食。不細，則傷人臟腑。

修治　用豆腐一塊，入珠於腐腹，煮一炷香，取出，將洗淨無漿白棉布二三重包珠，於石上杵爛為細末。

清・郭章宜《本草匯》卷一七　真珠　味鹹、甘，寒，入手少陰、足厥陰經。鎮心定悸，磨翳墜痰。收口生肌，除驚拔毒。

按：珠，禀太陰之精氣而結，故中秋無月，則蚌無胎，其體光明，其性堅硬。要以新完未經鑽綴者為上。《本草》所云逆臚者，臚，脹也，胸腹脹滿氣逆，以及於手足皮膚皆腫也。《經》云：諸濕腫滿，屬脾土。又云：諸腹脹大，皆屬於熱。此因脾虚有熱，兼有積滯所致。真珠味甘，能益脾氣，寒能除熱，體堅能磨積，故手足皮膚逆臚皆治。古人未及斯義，所以方書敘論不詳，亦闕略也。病不由火熱者，勿用。

人乳浸三日，絹包，入豆腐中煮一炷香，搗碎，研二萬餘，如飛麵，方堪用，不細傷人臟腑。

清・王翃《握靈本草》卷九　真珠嶺南、西洋、北海皆有之。以新而完好，未經穿綴者入藥，以人乳浸三日，煮過，擣細，更研一萬下，方可服食。　主治：真珠，鹹、甘，寒，無毒。鎮心，點目，安魂定魄，産難，痘疔。

清・汪昂《本草備要》卷四　真珠瀉熱，定驚。　甘、鹹，性寒。感月而胎，語云：上巳有風梨有蠹，中秋無月蚌無胎。水精所孕。水能制火，入心肝二經。鎮心安魂，肝藏魂。昂曰：雖云瀉熱，亦藉其寶氣也。大抵寶物多能鎮心安魂，如金箔、琥珀、真珠之類。龍齒安魂，亦假其神氣也。墜痰拔毒，收口生肌。治驚熱痘疔，下死胎胞衣，珠末一兩，苦酒服。塗面好顔色，點目去翳膜，綿裹塞耳治聾。取新潔未經鑽綴者，乳浸三日，研粉極細用。不細傷人藏府。陸佃曰：蛤蚌無陰陽牝牡，須雀化成，故能生珠，專一于陰精也。

清・吴楚《寶命真詮》卷三　真珠　【略】安魂定悸，止渴除蒸，收口生肌，點睛退翳。珠禀太陰之精氣而結，故中秋無月，蚌無珠。

清・陳士鐸《本草新編》卷五　真珠　氣寒，無毒。鎮心神，潤顔色。點目去膜，塞耳治聾，治小兒驚癇，尤堪止渴，亦能墜痰。然内治絶少，存之以為外治之需。　真珠，生肌最良，瘡毒中必用之藥。　然内毒未淨，遽用真珠以生肌，轉難收口已。

清・顧靖遠《顧氏醫鏡》卷八　真珠鹹，寒。入肝經。絹包入豆腐中，煮一炷香，研細方可用。　安魂定悸，除熱解毒。痘毒、疔毒皆效。　眼科用以點目退瞖，外科用以收口生肌。

清・李熙和《醫經允中》卷一七　真珠　研細粉用，不細傷臟腑。　鹹、甘，寒，無毒。主治鎮心安魂定魄，磨翳墜痰，能斂瘡長肌。

清・馮兆張《馮氏錦囊秘録・雜症痘疹藥性主治合參》卷一一　珍珠珠禀太陰之精氣而結，故中秋無月，則蚌無胎，是以功用多入陰經。其色光明，其體堅硬，大小無定，要以新完未經鑽綴者為上。味甘微鹹，氣寒，無毒。入手少陰、足厥陰經。心虚有熱，則神氣浮越，肝虚有熱，則目生翳障。除二經之熱，故能鎮心明目也。耳聾，本屬腎虚有熱，甘寒所以主之。逆臚者，臚脹也，胸腹氣逆脹滿以及手足皮膚皆腫矣。《經》云：諸濕腫滿，皆屬脾土。諸腹脹大，皆屬於熱。此脾虚有熱，兼有積滯所致。珍珠味甘既能益脾，寒能除熱，體堅復能磨積消滯，故亦主之。珠藏於澤，則川自媚。況塗於面，甯不令人潤澤顔色乎？至於疔毒癰腫，長肉生肌，尤臻奇效。但體最堅硬，研如飛麵，方堪服食。否則，内服傷人臟腑，外摻肌肉作疼。蛤蚌無陰陽牝牡，須雀化成，故珠專一於陰精也。

珍珠，鎮心神，涼肝熱。手足皮膚逆臚，小兒風熱驚癇。綿裹塞耳聾，傅面令潤澤。墜痰止渴，去翳明目，收口生肌。蚌，即珠母，其肉功能醒酒，去熱除煩。

主治痘疹合參：珍珠，細研成粉，主小兒驚熱，鎮心明目。痘中疔毒癰毒，俱入摻藥，用之神效。

清・张璐《本經逢原》卷四　真珠　鹹、甘，寒，無毒。　發明：真珠入手足厥陰二經，故能安魂定神，明目退瞖。解痘疔毒及痘瘡入眼，治耳暴聾，出水研細末吹之，待其乾脱自愈。煅灰入長肉藥，及湯火傷敷之最妙。然不可著水，著水則反爛肉。

清・浦士貞《夕庵讀本草快編》卷六　真珠宋《開寶》　珠字從玉謂珍，從朱謂美。　真珠氣味甘寒，入手少陰、足厥陰藥也。故能安魂魄而解煩渴，止遺精而下死胎，塗面悦顔，點目去翳，墮痰治聾，療驚鎮心，稱神物也。且其甘能益脾，寒能除熱，體堅能磨積消滯，故凡逆臚氣滿手足皆腫者，用之極効，方書所未發也。陸佃云蚌蛤無陰陽牝牡，須雀蛤化成，故能生珠，專一於陰精者。如龍珠在頷，蛇珠在口，魚珠在眼，鮫珠在皮，鱉珠在足，蚌珠在腹，入藥之功，皆不及蚌珠也。若鮫人揮淚成珠，治目更効。

清・黃元御《玉楸藥解》卷六　真珠　味甘、鹹，微涼。入手太陰肺、足厥陰肝經。明目去瞖，安魂定魄。真珠涼肺清肝。磨瞖障，去驚悸。除遺精白濁，下死胎胞衣。塗面益色，敷疔拔毒。止渴除煩，滑胎催生。

清・汪紱《醫林纂要探源》卷三　珠　甘，鹹，寒。蚌類皆生珠。雖河淮江湖中者，亦時有之。古人珠取於淮浦，漢以後取於交廣。蚌含月精，月明生則肉日滿。月魄生則肉日消。其孕而有珠，則更毓明月之精而成者。陸農師云：蚌無陰陽牝牡，須雀化成，故能生珠，專一於陰(陽)也。愚按：蚌無陰陽牝牡固也，然雉化為蜃，雀化為蛤，亦一時偶有耳。水中自有蜃蛤，乃氣化而生。若必待雉雀之化，則溪澗污澤中，此物不少，安得許多雉雀化此也。補心緩肝，養肺清腎，定魄拘魂，保精安神，聰明耳目，除熱毒，去浮痰。月之體黑，其魄也，腎水也，精也，受日光之而生明。其魂也，心火也，神也。蚌之毓精於月，而月明亦猶是，毓而成珠，則其以魄拘魂而不散，以精凝神而不離，是如老子之所謂載營魄抱一能無離，魏伯陽之所謂坎離交媾矣。故珠能鎮心安神，定驚去癇，洗濯肺金，澄清腎水。以點目則去翳膜，以綿裹塞耳則通耳聾；以傅面則去斑痕，悅顏色；以傅癰疽，則去瘀肉，生新肉，斂瘡口；以治產難，則下死胎、胞衣。但須新潔未經鑽綴，圓白如菉豆大之珠，乳浸三日七日，然後研細用。若藥肆中細碎水花珠，只宜瘡科，未能有補心安神諸大功也。

清・嚴潔等《得配本草》卷八　真珠　鹹，寒。入足厥陰經。安魂定魄，聰耳明目。療遺精，解痘毒。取新珠未經鑽綴者，以人乳浸三日，煮，搗研用。

題清・徐大椿《藥性切用》卷八　真珠　甘鹹性寒，水精所結，入心經而鎮心，清熱安神定驚。人乳磨汁，點目去翳。

清・黃宮繡《本草求真》卷六　珍珠除心肝熱邪，及脾腎濕熱。　珍珠耑入心肝，兼入脾胃。即蚌所生之珠也，珠稟太陰精氣而成。故中秋無月，則蚌即無珠也。此藥馮楚瞻辨論最詳，謂其功用多入陰經，其色光明，其體堅硬，大小無定，要以新完未經鑽綴者為尚。味甘微鹹，氣寒無毒，入手少陰心經、足厥陰肝經。蓋心虛有熱，則神氣浮游；肝虛有熱，則目生翳障。目為肝竅。除二經之熱，故能鎮心明目也。耳聾本屬腎虛有熱。耳為腎竅。甘寒所以主之，逆臚者，臚脹也，胸腹氣逆脹滿以及手足皮膚皆腫也。《經》曰：諸濕腫滿，皆屬脾土，諸滿脹大，皆屬於熱。此脾虛有熱，兼有積滯所致，珍珠味甘既能益脾，寒能除熱，體堅復能磨積消滯，故亦主之。珠藏於澤，則川自媚，況塗於面，寧不令人潤澤顏色乎？至於疔毒癰腫，長肉生肌，尤臻奇效。但體最堅硬，研如飛麵，方堪服食，否則傷人臟腑，外摻肌肉作疼。蚌蛤無陰陽牝牡，須雀化成，故珠耑一於陰精也。

清・羅國綱《羅氏會約醫鏡》卷一八鱗介蟲魚部　真珠味鹹寒，入肝經。乳浸三日，或用絹包入豆腐中，煮用。　感月而胎，若中秋無月，則蚌無胎。水精所孕。安魂定悸，寶物多能鎮心，如琥珀、金銀之類。墮痰鎮驚，止渴除蒸，拔毒生肌，鹹寒之效。點目退翳。

按：珠體最堅，研如飛麪方用，否則傷人。病不由熱者忌之。

清・王學權《重慶堂隨筆》卷下　珍珠　補陰明目，鎮逆安神，皆取蚌性純陰，感月而胎之效也。今肆中所售皆粵產蛇珠，但可以治風痰，通經絡，理癇痙，與蚌珠動靜殊，不可以之治心病也，用者辨之。

清・黃凱鈞《藥籠小品》　珍珠　固心消熱痰，清神明，治驚癇。所以至寶丹用之。

清・章穆《調疾飲食辯》卷六　珍珠牡　一作真珠，《禹貢》作蠙珠。

按：珠古出於合浦，今則閩、粵沿海各有珠池，蜑人以採珠為業，取之於海，亦不盡取於池。漢馬援征交趾徵則、徵貳，立銅柱於珠崖，為華夷之界。珠崖隸粵西，或作朱崖，古採珠之地也。初，援之出也，後車載薏苡辟瘴。及其歸也，梁松以薏苡為明珠，因以得謗。究之，珠亦非盡出於海，處處老蚌中皆有。即《禹貢》淮夷蠙珠，言淮夷所貢，未嘗言他處不產。且蠙亦諸蚌、諸蛤總名，亦未言何蚌所出，但光明圓大者為難得耳。《冀越集》《格古論》《埤雅》諸書，各有所考，均未能詳，且不甚確，不足錄也。大抵蚌陰類而生於水，感月之光彩而孕珠，故古諺云：上巳有風梨有蠹，中秋無月蚌無胎。此農家候某日陰晴以卜歲之意，未必以中秋一夕之月為胎也。惟其如此，故珠為水月之精華。其用於除煩退熱，安神鎮驚，皆陰分之病，宜有驗也。眼科用以點目去瞖者，藉其光明瑩徹也。而外科生肌藥亦用之，殊無取矣。其肉食之，養陰退熱之效，加速動風助冷之害，亦與諸蚌同也。

清·王龍《本草纂要稿·蟲魚部》 珍珠 味甘，寒。鎮心神，潤顏色。消目翳，除耳聾。却熱驚，驅風癇。尤堪止渴，亦克墜痰。

清·張德裕《本草正義》卷下 真珠 甘，鹹。能鎮心明目，磨障翳，安魂魄，治小兒驚熱。為末，可敷痘疔痘毒。

清·楊時泰《本草述鉤元》卷二九 真珠 出南北海、川蜀西路女瓜、河北溏濼、江南湖泖間，亦時有之，廣東廉州珠池四，雷州一，實皆海而島嶼環圍，故稱池也。 珠，蚌中陰精也。牡蠣、蛤蚌，無陰陽牝牡，須雀蛤以化，故蚌之久者能生珠，專一於陰也陸佃。珠者，陰之陽也，故勝火。玉者，陽之陰也，故勝水，其化若神管子。鼈孚乳以夏，蚌孚乳以秋，聞雷聲則痳，其孕珠若懷妊然，故謂之珠胎，中秋無月則無胎。

味甘，微鹹，氣寒。入手少陰、足厥陰經。清心安魂魄，明目去膚翳障膜，除小兒驚熱，解痘疔毒，主難產，下死胎、胞衣。方書更治中風、熱痺，目淚、耳聾。《別錄》塗面及手足。月各有望，惟中秋主維四氣之樞鍵，處三秋之正中，交兩弦之噓噏，烹金水之華藏時也。海蚌食其光而孕珠，此以坎填離，比於神丹金液之頤。心虛有熱則神氣浮越，肝虛有熱則目生障翳，真珠稟太陰精氣，除二經之熱仲淳。同丹砂、牛黃、犀角、天竺黃、茯神、遠志、鉤勾、琥珀、金箔，治小兒驚癇風熱，大人失志癲狂等證。同爐甘石、龍腦香、硼砂、空青、人爪，點目去翳障。同鍾乳石、象牙末、牛黃、冰片、白僵蠶、紅鉛、天靈蓋、蛀竹屑、樺皮灰、沒藥、明礬，治廣瘡結毒及陰蝕瘡，有奇效。同人中白、黃檗、青黛、硼砂，和冰片少許，治口疳。加入雞內金、膩粉，治下疳。難產，真珠末一兩，酒服，立出。胞衣不下，真珠一兩，研細，苦酒服。子死腹中，真珠末二兩酒服，立出。

論：蚌珠與月盈虧，而月之盈虧又係於日。《淮南子》云：月死而螺蚌膲，正指陰不得陽之故，然則珠為陰中之陽，當如管子所云矣。本至陰之精，乃分至陽之光，麗至陽之光，乃凝至陰之質，所治中風、熱痺諸證，類有轉陽入陰而神其清化者，豈徒取其純陰如草木中苦寒之味哉？即如治驚不止於鎮怯，有因肝虛而內受風邪，臥則寬散不收，似乎驚悸者。真珠丹丸主之。治目不止於去翳，有因肝臟虛寒目茫茫不見物者，又有目風淚出因於肝虛者。真珠煎、真珠散治之。細推諸治之益，謂非由陰育陽，即由陽暢陰，有合於厥陰之屬陰中少陽者乎。蓋五行惟金能合水火之氣，俾陰陽交媾，明珠胎於秋月，烹金水之華，以媾陰陽之精，所謂木始之，更得金終之，乃為金木之交媾而大益肝臟，是猶得謂之純陰乎。不然，彼療肝臟虛寒而目昏者，固不得用純陰之味以相對待矣。

修治：凡入藥，不用首飾及見尸氣者。用豆腐一塊，入珠於內，紮定，煮一炷香取出，將洗淨白棉布包二三重，置石上擊碎研，須研如膩粉，方堪服食，不則傷人臟腑。

清·葉桂《本草再新》卷一〇 真珠味甘，鹹，性寒，無毒。入心、肝二經。鎮心安魂，墜痰，拔毒，收口生肌。治驚熱痘疔，下死胎胞衣。點目，去翳膜。綿裹，塞耳治聾。

清·趙其光《本草求原》卷一七介部 珍珠 蚌，色蒼，入肝。感中秋月光而孕珠，其體光明，象離。入心。其性堅白，象金。入肺。味甘，入脾。鹹，氣寒，入腎。無毒。主鎮心，安魂魄，除驚熱，去心、肝、肺虛熱之功。止遺濁，腎虛熱也。解痘疔，同豌豆、髮灰油、胭脂點。去翳，肝熱則生翳。同甘石、硼砂、人爪甲、冰片點。墜痰，拔毒，治癲癇狂，同朱砂、牛黃、竺黃、血珀、犀角、(茯)神、遠(志)、藤鉤、金箔。陰蝕瘡、楊梅結毒，俱同鍾乳、象牙、牛黃、沒藥、明礬、僵蠶、蛀竹屑、樺皮灰、冰片，奇效。下疳，人中白、黃柏、青黛、硼砂、雞內金、膩粉、冰片。下難產、死胎，俱為末酒下。胞衣，為末醋下。明目，治聾。研末吹。煆灰生肌，治湯火傷。忌着水，着水則肉爛。入豆腐內煮過，布包或同燈心研細服，不細則傷臟腑。

清·文晟《新編六書》卷六《藥性摘錄》 珍珠 甘，微鹹，寒。入心肝，兼入脾腎。除心肝熱邪，及脾腎虛熱。治目翳耳聾，臚脹胸膈，氣逆脹滿，以及手足皮膚皆腫。〇至於疔毒癰腫，長肌生肉尤效。以未經鑽綴者，研極細如飛麪，乃堪服食。

清·張仁錫《藥性蒙求·魚鱗介部》 真珠五鳌 真珠甘寒，鎮心定驚。墜痰瀉熱，又可安魂。入心、肝二經。取新潔未經鑽綴者，乳浸三日，研粉極細。病不由火熱忌之。〇寶物多能鎮心安魂。

清·戴葆元《本草綱目易知錄》卷五 真珠珍珠、蚌珠 甘鹹而寒。感月而胎，水精所孕，入厥陰肝經。鎮心安神，墜痰磨翳，止瀉定驚，安魂魄，止遺精白濁。主產難，下死胎胞衣。解痘疔毒，除小兒驚熱。合知母，療煩熱消渴。合左纏根，治小兒麩痘瘡入眼。點目去膚翳障膜。塗面，除皮皯，令人潤澤。塗手足，去皮膚逆臚。棉裹塞耳，治聾。

清・陳其瑞《本草撮要》卷九　真珠　味甘鹹，入手太陰、足厥陰經。功專鎮心安魂，墜痰拔毒，收口生肌，治驚熱痘疔，下死胎胞衣，點目去翳膜。綿裹塞耳，治耳聾。病不由火熱者忌。乳浸三日，研極細如飛麪，方不傷臟腑。

清・鄭奮揚著，曹炳章注《增訂僞藥條辨》卷四　珍珠　僞名藥珠。每用上海假珠，或廣東料珠僞充。若研為粉，更難辨識。按珠類不一，入藥當以蚌珠為貴。不用首飾及見屍氣者，宜揀新完未經鑽綴之珠。以人乳浸三日，煮過，方可搗研。一法以絹袋盛入豆腐內，煮一炷香，不傷珠質，研細如粉，方堪服食。不細則傷人臟腑。古方外症多用，湯藥罕用。近人湯劑喜用蘇珞珠，又豈料為假珠所欺誑乎？　用者慎之。　炳章按：　范成大《蟲魚志》云：　珍珠出合浦，海中有珠池，蜑戶投水採蚌取之。相傳海底有處所如城郭，大蚌居其中，有怪物守之不可近，蚌之細碎蔓延於外者，始得而採之。《嶺表錄異》云：　珠池在廉州邊，海中有洲島，島上有大池，謂之珠池。每年刺史親監珠戶入池採珠，以充貢賦，皆採老蚌取而剖珠。池在海上，其底與海通，其水乃淡，深不可測也。土人採小蚌肉作脯食，亦往往得細珠如粱粟。即今之廉珠也。乃知珠池之蚌，隨其大小，悉胎中皆有珠矣。而今之取珠蚌者，云得之海邊，不得於池中也。其北海珠蚌種類小，土人取其肉，或有得珠者，色黃白不甚光瑩。或即今之藥珠也。蚌中又有一種江瑤者，腹亦有珠，皆不及南海者奇而且多。　宗奭曰：　河北溏濼中亦有珠，圓及寸者，色多微紅，珠母與廉州者亦不相類。但清水急流處，其色光白，濁水及不流處，其色暗也。熊太古《冀越集》云：　《禹貢》言淮夷蠙珠，後世乃出嶺南，今南珠色紅，西洋珠色白，北海珠色微青，各隨方色也。予嘗見蜑人入海，取得珠子樹數株，狀如柳枝，蚌生於樹，不可上下，樹生於石，蜑人鑿石得樹以求蚌，甚可異也。《南越志》云：　珠有九品，以五分至一寸八九分者，為大品。有光彩，一邊似鍍金者名璫珠。次則走珠、滑珠等品也。《格古論》云：　南番珠色白圓耀者為上，廣西者次之，北海珠即藥珠色微青者為上，粉白油黃者下也。西番馬價珠為上，色青如翠，其老色夾石粉青油烟者下也。凡蚌聞雷則瘷瘦，其孕珠如懷孕，故謂之珠胎。中秋無月，則蚌無胎。左思賦云蚌蛤珠胎與月盈虧是矣。　陸佃云：　蚌蛤無陰陽牝牡，須雀蛤化成，故能生珠，專一於陰精也。　龍珠在頷，蛇珠在口，魚珠在眼，鮫珠在皮，鼈珠在足，蚌珠在腹，皆不及蚌珠也。據近市上所通用，最上者為廉珠，即廉州合浦縣珠池所產，粒細如粱如粟，色白光滑有寶光。其次曰藥珠，種類甚多，即北海所產，色白黃有神光者亦佳。惟色黑質鬆者，為最次，不入藥用。

江珧柱

清・何其言《養生食鑒》卷下　角帶子　味甘，性平，無毒。止消渴，下氣調中，利五臟，止小便，消腹中宿物。煮食甚益人。

清・吳儀洛《本草從新》卷六　江珧柱〔消食。〕甘，鹹，微溫。下氣調中，利五臟，療消渴。消腹中宿食，令人能食易飢。產四明奉化者佳。《異物名記》云：　厥甲美如瑤玉，肉柱膚寸，名江珧柱。屠本畯〔屠本畯《閩中海錯疏》〕曰：　江珧殼色如淡菜，上銳下平，大者長尺許，肉白而紉，柱圓而脆。沙蛤之美在舌，江珧之美在柱。《嶺表錄》〔劉恂《嶺表錄》。〕作海月者，誤也。海月圓如鏡，見後。

清・汪紱《醫林纂要探源》卷三　江瑤柱　甘，鹹，寒。肉柱突起，形如寶塔，味甚甘脆鮮美，為海菜中第一。功用無可考。

題清・徐大椿《藥性切用》卷八　江珧柱　甘鹹微溫，調中消食。令人易飢。鹽水煮。

清・趙其光《本草求原》卷一七介部　角帶子　甘，平，無毒。治消渴，下氣調中，利五臟，滋真陰，止小便，消腹中宿物。產新安縣九龍者佳，別產少益。

清・文晟《新編六書》卷六《藥性摘錄》　江鰩柱　即海月。名玉珧。甘，平。治消渴，下氣調中，利五臟，止小便，消腹中宿物，令人易飢能食。得生薑、醬同食良。　角帶子：　甘，平。止消渴，下氣調中，利五臟，止小便，消腹中宿物，煮食甚益人。

清・王孟英《隨息居飲食譜・鱗介類》　江瑤柱　甘，溫。補腎，與淡菜同，鮮脃勝之，為海味冠。乾者咀食，味美不醒，嬌嫩異常，味重易化，周櫟園比之梅妃骨。其殼色如淡菜，上銳下平，大者長尺許，肉白而韌，不中食，美惟在柱也。瀕湖以為海月者，謬已。

清・田綿淮《本草省常・魚蟲類》　江珧柱　性平。下氣調中，利五臟，止小便數，消腹中宿物。同薑醬食之，令人易飢。

海月

宋・唐慎微《證類本草》卷二二蟲魚部下品〔唐・陳藏器《本草拾遺》〕

海月　味辛，平，無毒。主消渴，下氣，令人能食，利五藏，調中。生薑、醬食之，銷腹中宿物，令易飢，止小便。南海水沫所化，煮時猶變爲水，似半月，故以名之。海蛤類也。

〔宋·唐慎微《證類本草》〕《食療》云：平。主消痰，辟邪鬼毒。以生椒、醬調和食之良，能消諸食，使人易飢。又，其物是水沫化之，煮時猶是水。入腹中之後，便令人不小便，故知益人也。又，有食之人，亦不見所損。此看之，將是有益耳。亦名以下魚。

附：日·丹波康賴《醫心方》卷三〇　海月　崔禹〔錫〕云：味辛，大冷，無毒。主利大小腸（腹），除關格，黄疸，消渴。貌似月在海中，故以名之。又有凝月，味鹹苦，冷。主黄疸消渴。似海月在海中，煮時即凝，故以名之。一名水母。

明·滕弘《神農本經會通》卷一〇　海月　味辛，氣平，無毒。陳藏器云：主消渴，下氣，令人能食。利五臟，調中。生薑、醬食之，消腹中宿物，令易飢，止小便。南海水沫所化，煮時猶變為水，似半月，故以名之。

明·王文潔《太乙仙製本草藥性大全》卷八《仙製藥性》　海月　味辛，氣平，無毒。即南海水沫所化，煮時亦化爲水，海蛤類也。　主治：主消渴下氣，令人能食。利五臟調中，能使易飢。消宿物仙方，止小便秘藥。用生薑、醬食之。

明·李時珍《本草綱目》卷四六介部·蚌蛤類　海月《拾遺》

【釋名】玉珧音姚。　江珧　馬頰　馬甲藏器曰：海月，蛤類也。似半月，故名。水沫所化，煮時猶變爲水。時珍曰：馬甲、玉珧皆以形色名。萬震贊云厥甲美如珧玉，是矣。

【集解】時珍曰：劉恂《嶺表録（異）》云：海月大如鏡，白色正圓，常死海旁。其柱如搔頭尖，其甲美如玉。段成式《雜俎》云：玉珧形似蚌，長二三寸，廣五寸，上大下小。殼中柱炙食，味如牛頭肱項。王氏《宛委録》云：奉化縣四月南風起，江瑶一上，可得數百。如蚌稍大，肉腥韌不堪。惟四肉柱長寸許，白如珂雪，以鷄汁瀹食肥美。過火則味盡也。

【氣味】甘、辛，平，無毒。　【主治】消渴下氣，調中利五臟，止小便，消腹中宿物，令人易飢能食。生薑、醬同食之藏器。

明·穆世錫《食物輯要》卷七　海月　味甘辛，平，無毒。利五臟，下氣消食，解消渴，止小便。宜用薑、醋同食。一名鏡魚。

明·吴文炳《藥性全備食物本草》卷三　海月一名鏡魚。　味甘、辛，平，無毒。消食下氣，利五臟，解消渴，止小便。宜用薑醋同食。即南海水沫所化，煮時月化為水。海蛤類也。

明·姚可成《食物本草》卷一一介部·蚌蛤類　海月劉恂《嶺表錄（異）》云：海月大如鏡，白色正圓，常死海旁。其柱如搔頭尖，其甲美如玉。段成式《襍俎》云：玉珧形似蚌，長二三寸，廣五寸，上大下小。殼中柱炙食味美。王氏《宛委錄》云：奉化縣四月南風起，江瑤一上，可得數百。如蚌稍大，肉腥韌不堪。惟四肉柱長寸許，白如珂雪，以雞汁瀹食肥美。過火則味盡也。又有一種鏡魚，一名瑣蛣，生南海。兩片相合成形，殼圓如鏡，中甚瑩滑，映日光如雲母。內有肉如蚌胎。腹有寄居蟲，大如豆，狀如蟹。鏡魚飢則出食，入則鏡亦飽矣。郭璞賦云，瑣蛣腹蟹，水母目鰕，即此。　海月，味甘、辛，平，無毒。主消渴下氣，調中，利五臟六腑，止小便，消腹中宿食，令人易飢能食。

清·丁其譽《壽世秘典》卷四　江珧音姚。一名海月，似半月故名，如蚌而大，上大下小，中肉腥而韌。惟四肉柱，長寸許，圓白如珂雪，以雞汁瀹食，一沸即起，甘鮮脆美，過火則味盡也。《福州府志》云：殼包如淡菜，柱圓而脆，或曰江瑤柱，其肉香而脆。言腥而韌者非。　氣味：甘，平，無毒。治消渴，下氣調中，利五臟，止小便，消腹中宿物，令人易飢能食，生薑、醬同食之。

清·沈李龍《食物本草會纂》卷八　海月一名江瑤，其四肉柱，名江瑤柱。味極美，為海錯上品。

清·吴儀洛《本草從新》卷六　蜊殼片〔瀉濕熱。〕　鹹，大寒。煎湯洗鶴膝風有效，煅研為粉塗濕爛瘡如神。《嶺表錄異》云：海月，廣人呼為膏藥，兩片合而成形，殼圓，中甚瑩滑白，照如雲母，殼內有小肉，如蚌蛤。腹中有蟹子甚小，飢則蟹出食，蟹飽亦飽。近之以火，則蟹走出，離腸腹立斃。或生剖之，則蟹子活在腹中，逡巡亦斃。屠本畯曰：海月，形圓如月，亦謂之蠣鏡，土人多磨礪其殼，使之通明，鱗次以蓋天窗，嶺南謂之海鏡，又曰明瓦。按：此即海月殼也。一名璅蛣，郭璞所謂璅蛣腹蟹，謝靈運詩有掛席拾海月者是也。時珍以此作江瑤柱，誤矣。〔又有石華附石而生，亦可作戶窗。〕

清·趙學敏《本草綱目拾遺》正誤　瀕湖以海月為江瑤柱，復附海鏡。不知海月即海鏡，而江瑤非海月也。此乃承《嶺表錄》之誤。屠本畯《海物疏》云：海月形圓如月，亦謂之蠣鏡，土人磨其殼以為明瓦者是也。嶺南謂之海鏡，又呼膏藥盤。江瑤殼色如淡菜，上銳下平，大者長尺許，肉白而韌，柱圓而脆，與海月絕不相類，何可牽為一物耶。

清·戴葆元《本草綱目易知錄》卷五　海月江珧柱、玉珧。　甘、辛，平。下氣調中。治消渴，利五臟，止小便，消腹中宿物，令人易飢能食，以薑醬和食，良。

海鏡

明·李時珍《本草綱目》卷四六介部·蚌蛤類　海鏡時珍曰：一名鏡魚，一名瑣蛣，一名膏藥盤，生南海。兩片相合成形，殼圓如鏡，中甚瑩滑，映日光如雲母。內有少肉如蚌胎。腹有寄居蟲，大如豆，狀如蟹。海鏡飢則出食，入則鏡亦飽矣。郭璞賦云瑣蛣腹蟹，水母目鰕，即此。

清·趙學敏《本草綱目拾遺》正誤　瀕湖以海鏡附在海月條下，註引郭璞《江賦》瑣蛣腹蟹，以為即此物，則又大誤。不知瑣蛣又非海鏡也。《海南志》瑣蛣狀如珠蚌，殼青黑色，長寸許，大者二三寸，生白沙中，不污泥淖，海物之最潔者也。有兩肉柱，能長短，又有數白蟹子在腹中，狀如榆莢，合體共生，常從其口出，為之取食。然瑣蛣清潔不食，但寄其腹於蟹，蟹為瑣蛣而食，食在蟹而飽在瑣蛣。故一名共命嬴。又曰：月蛣，每冬大雪，則肥瑩如玉，日映如雲母，味甘以柔，蓋海錯之至珍者。又有海鏡，二殼相合甚圓，肉亦瑩潔，有紅蟹子居其腹，為取食。一名石鏡，其腹小蟹曰蚌孥，任昉謂之筯。據此說明是二物，在瑣蛣腹者則白蟹子，在海鏡腹者則紅蟹子，又各不同。予曾寓明州奉化，其鮚埼亭出瑣蛣，親見形狀，迥與海月別，何能強合耶？

清·王孟英《隨息居飲食譜·鱗介類》　瑣(珪)〔蛣〕　甘，平。開胃，滋液補虛，化濁升清，聰耳明目。

海蛸

附：日·丹波康賴《醫心方》卷三〇　海蛸　崔禹〔錫〕云：味鹹，溫，無毒。主虛勞內損，諸不足，及下利，補中，安五藏。又大者長一二丈，名海肌子；小者長尺餘寸，名海蛸子，江東呼曰觸妾子。《七卷經》云：味辛，平，生冷乾溫。人有內瘴者，食此生者有利。

蝙蠚

附：日·丹波康賴《醫心方》卷三〇　蝙蠚　《七卷經》云：味甘，微寒。食之無損益。或云補中，去煩熱，狀如大蚯，生海邊池泥中，甚似大蛤也。湖往後，人視其穴掘取之，以蘆刀挫之，去其腹中土沙，以豉鹽醬□食美。

牡蠣

附：日·丹波康賴《醫心方》卷三〇　蠣　《本草》云：牡蠣味鹹，平，微寒，無毒。主傷寒寒熱，溫瘧，除拘緩，鼠瘻，女子下血赤白，心痛氣結，止渴，除老血。療喉痹，咳嗽。久服強骨節，延年。陶〔弘〕景注云：是百歲鵰所化作。《拾遺》云：天生萬物，皆有牝牡，唯蠣是鹹水結成，塊然不動，牝牡之事，何從而生？《經》言牡者，應非其雄也。崔禹〔錫〕云：殺魘魅，治夜不眠，鬼語錯亂，志意不定。冬時者為優，夏時者為劣，煮蒸食之。孟詵云：火上令沸，去殼，食甚美。令人細潤肌膚，美顏色。《七卷經》云：有癩瘡不可食。

宋·唐慎微《證類本草》卷二〇蟲魚部上品〔《本經·別錄·藥對》〕　**牡蠣　味鹹，平**、微寒，無毒。**主傷寒寒熱，溫瘧洒洒，驚恚怒氣，除拘緩鼠瘻，女子帶下赤白，**除留熱在關節榮衛，虛熱去來不定，煩滿，止汗，心痛氣結，止渴，除老血，澀大小腸，止大小便，療洩精，喉痹欬嗽，心脅下痞熱。**久服強骨節，殺邪鬼，延年。一名蠣蛤，**一名牡蛤。生東海池澤。採無時。貝母爲之使，得甘草、牛膝、遠志、蛇牀良，惡麻黃、吳茱萸、辛夷。

〔梁·陶弘景《本草經集注》〕云：是百歲鵰所化。以十一月採爲好。去肉，二百日成。今出東海，永嘉、晉安皆好。道家方以左顧者是雄，故名牡蠣，右顧則(牡)〔牝〕蠣爾。生著石，皆以口在上，舉以腹向南視之，口邪向東則是，或云以尖頭爲左顧者，未詳孰是，例以大者爲好。又，出廣州南海亦如此，但多右顧，不用爾。丹方以泥釜，皆除其甲口，止取朏朏如粉處爾。俗用亦如之，彼海人皆以泥煮鹽釜，耐水火而不破漏。

〔宋·馬志《開寶本草》〕按：陳藏器《本草》云：牡蠣擣爲粉。粉身，主大人、小兒盜汗。和麻黃根、蛇牀子、乾薑爲粉，去陰汗。肉煮食，主虛損，婦人血氣，調中，解丹毒。肉於薑、醋中生食之，主丹毒，酒後煩熱，止渴。天生萬物皆有牝牡。惟蠣是鹹水結成，塊然不動，陰陽之道，何從而生？《經》言牡者，應是雄者。

〔宋·掌禹錫《嘉祐本草》〕按：《蜀本》云：又有蝁音㮧蠣，形短，不入藥用。《圖經》云：海中蚌屬，以牡者良。今萊州昌陽縣海中多有，二月、三月採之。《藥性論》云：牡蠣，君。主治女子崩中，止盜汗，除風熱，止痛，治溫瘧。又和杜仲服止盜汗。末蜜丸，服三十丸，令人面光白，永不值時氣。主鬼交精出，病人虛而多熱，加用之，并地黃、小草。孟詵云：牡蠣火上炙令沸，去殼食之甚美，令人細肌膚，美顏色。又藥家比來取左顧者，若食之即不揀左右也，可長服之。海族之中惟此物最貴，北人不識，不能表其味爾。段成式《酉陽雜俎》云：牡蠣言牡，非謂雄也。

〔宋·蘇頌《本草圖經》〕曰：牡蠣，生東海池澤，今海傍皆有之，而南海、閩中及通泰間尤多。此物附石而生，塊礧相連如房，故名蠣房，讀如阿房之房。一名蠔山。晉安人呼爲蠔莆。初生海邊才如拳石，四面漸長，有一二丈者，嶄巖如山。每一房內有蠔肉一塊，肉之大小隨房所生，大房如馬蹄，小者如人指面。每潮來，則諸房皆開，有小蟲入，則合之以充腹。海人取之，皆鑿房以烈火逼開之，挑取其肉，而其殼左顧者雄，右顧者則牝蠣耳。或曰以尖頭爲左顧。大抵以大者爲貴，十一月採左顧者入藥。南人以其肉當食品。其味尤美好，更有益，兼令人細肌膚，美顏色，海族之最可貴者也。

〔宋・唐慎微《證類本草》〕《海藥》云：按《廣州記》云：出南海水中。主男子遺精，虛勞乏損，補腎正氣，止盜汗，去煩熱，治傷熱疾，能補養安神，治孩子驚癇。久服身輕。用之，炙令微黃色，熟後研令極細，入丸散中用。雷公云：有石牡蠣、石魚蠣、真海牡蠣。石牡蠣者，頭邊背大，小甲沙石，真似牡蠣，只是圓如龜殼。海牡蠣使得，只是丈夫不得服，令人無髭。真牡蠣，火煅白炮，并用瑿試之，隨手走起可認真。是萬年珀號曰瑿，用之妙。凡修事，先用二十箇，東流水、鹽一兩，煮一伏時，後入火中燒令通赤，然後入鉢中研如粉用也。《肘後方》：大病差後小勞便鼻衄。牡蠣十分，石膏五分，搗末。酒服方寸匕，日三四，亦可蜜丸如梧子大，服之。《經驗方》：治一切渴。大牡蠣不計多少，於臘日、端午日黃泥裹煅通赤，放冷取出，爲末。用活鯽魚煎湯調下一錢匕，小兒服半錢匕，只兩服差。又方：治一切丈夫、婦人瘰癧經效。牡蠣用炭一秤煅通赤取出，於濕地上用紙襯，出火毒一宿，取四兩，玄參三兩，都搗羅爲末，以麵糊丸如梧桐子。早晚食後、臨卧各三十丸，酒服。藥將服盡，癧子亦除根本。又方：除盜汗及陰汗。牡蠣爲末，有汗處粉之。《勝金方》：治甲疽，弩肉裹甲，膿血疼痛不差。牡蠣頭厚處，生研爲末，每服二錢，研靛花酒調下。如癰盛已潰者，以末傅之，仍更服藥，并一日三服。初虞世：治瘰癧發頸項，破、未破甚效如神。牡蠣四兩，甘草二兩，爲末。每服一大錢，食後臘茶同點，日二。又方：治水癩偏大，上下不定疼痛。牡蠣不限多少，鹽泥固濟，炭三斤，煅令火盡，冷取二兩，乾薑一兩炮，又爲細末，用冷水調稀稠得所，塗病處，小便大利即愈。《集驗方》：治癰，一切腫未成膿，拔毒。牡蠣白者爲細末，水調塗，乾更塗。《傷寒類要》：療髓疽，日睡深，嗜卧。牡蠣、澤瀉主之。

宋・寇宗奭《本草衍義》卷一七　牡蠣　須燒爲粉用，兼以麻黃根等分同擣，研爲極細末，粉盜汗及陰汗。本方使生者，則自從本方。左顧，《經》中本不言，止從陶隱居說。其《酉陽雜俎》已言：牡蠣言牡，非爲雄也。且如牡丹，豈可更有牝丹也？今則合於地，人面向午位，以牡蠣頂向子視之口，口在左者爲左顧。此物本無目，如此焉得更有顧盼也。

宋・王繼先《紹興本草》卷一七　牡蠣　紹興校定：牡蠣乃海生之物，採殼燒粉為用。性味、主治《本經》具載。大率固澀之性，用之取效多矣，而療熱未聞的驗。今當作味鹹、平、無毒為定。其肉非起疾之物矣。

金・張元素《潔古珍珠囊》〔見元・杜思敬《濟生拔粹》卷五〕　牡蠣鹹　耎痞積，又治帶下，溫瘧瘡腫。為耎堅收澀之劑。

宋・劉明之《圖經本草藥性總論》卷下　牡蠣　味鹹，平、微寒，無毒。主傷寒寒熱，溫瘧洒洒，驚恚怒氣，除拘緩，鼠瘻，女子帶下赤白，除留熱在關節，榮衛虛熱往來不定，煩滿，止汗，心痛氣結，止渴，除老血，澁大小腸，止大小便。療洩精，喉痺欬嗽，心脅下痞熱。久服強骨節，殺邪鬼。貝母為之使。得甘草、牛膝、遠志、蛇床良。惡麻黃、吳茱萸、辛夷。《藥性論》云：君。主女子崩中，止盜汗，除風熱，止痛，治溫瘧。

宋・陳衍《寶慶本草折衷》卷一六　牡蠣君。粉在內。〇肉附。　一名牡蛤，一名蠣蛤，一名蠣房，一名蠔山，一名蠔蒲。〇又云：一名左顧牡蠣。生東海池澤，附石而生，及南海。即廣地。〇及永嘉、晉安、閩中及通、泰、萊、泉州。今海傍有之。〇採殼無時。或二、三、十一月採。〇貝母為使，惡麻黃、吳茱萸、辛夷，得甘草、牛膝、遠志、蛇牀良。〇附：肉，一名蠔肉。

味鹹，平，澀序例，微寒，無毒。〇主傷寒寒熱溫瘧，驚恚怒氣。除拘緩鼠瘻，女子帶下赤白，除留熱在關節，榮衛虛熱，煩滿。止汗止渴，澀大小腸，止大小便。療洩精欬嗽，心脅下痞熱，強骨節。〇《藥性論》云：治崩中，除風熱，主鬼交精出，虛而多熱。〇《廣州記》云：主虛勞乏損，補腎正氣，治孩子驚癇。〇《圖經》曰：磈礌相連，以大者為貴，用頭厚處。〇寇氏曰：牡蠣燒為粉，兼麻黃根等分，同擣末，粉盜汗及陰汗。本方使生者，則從本方。言牡，非爲雄也。且如牡丹，豈可更有牝丹？今則合於地，人面向午，以牡蠣頂向子視之，口在左者為左顧。

附：蠣肉。〇主丹毒，酒後渴，宜薑醋生食之。主虛損血氣，調中，宜煮食之。每房肉塊大如馬蹄，小者如人指面。

元・王好古《湯液本草》卷六　牡蠣　氣微寒，味鹹、平，無毒。入足少陰經。

《象》云：治傷寒寒熱溫瘧，女子帶下赤白，止汗，止心痛氣結。澀大小腸，治心脅痞。燒白研細用。

《珍》云：能軟積氣之痞。《經》曰：鹹能軟堅。

《心》云：鹹，平。熬，泄水氣。

《本草》云：主傷寒寒熱，溫瘧洒洒，驚恚怒氣。除拘緩，鼠瘻，女子帶下赤白。除留熱在關節，榮衛虛熱，往來不定，煩滿。止汗，心痛氣結，止渴，除老血，澀大小腸，止大小便。

療泄精，喉痹欬嗽，心脇下痞熱。能去瘰癧，一切瘡腫。入足少陰。鹹為軟堅之劑，以柴胡引之，故能去脇下之硬；以茶引之，能消結核；以大黃引之，能除股間腫；地黃為之使，能益精收濇，止小便，本腎經之藥也。久服，強骨節，殺邪鬼，延年。貝母為之使。得甘草、牛膝、遠志、蛇床子良。惡麻黃、吳茱萸、辛夷。《藥性論》云：君主之劑。治女子崩中，止血及盜汗，除風熱，定痛。治温瘧。又和杜仲服，止盜汗。為末蜜丸，服三十丸，令人面光白，永不值時氣。又治鬼交精出，病人虛而多熱加用之，并地黃、小草。陳士良云：牡蠣擣粉粉身，治大人小兒盜汗。和麻黃根、蛇床子、乾薑為粉，粉身，去陰汗。《衍義》意同。

元・尚從善《本草元命苞》卷八　牡蠣　為君主之藥，醎，寒，入少陰之經。惡麻黃、茱萸、辛夷。貝母為使。淂甘草、牛膝、遠志、蛇床者良。主傷寒寒熱洒洒，治榮衛虛熱去來。消心脇下熱痞，除關節中熱留。療驚恚怒氣，及女子赤白帶下。除拘緩鼠瘻，及男子夢寐遺精。濇大便小便，止虛汗盜汗。生東海池澤。十一月採之。入藥燒令通赤，鉢中細研如粉。段成式《酉陽雜俎》云：牡蠣言牡，非謂雄也。又陳藏器《本草》云：天生萬物皆有牝牡，惟蠣是鹹水結成，塊然不動，陰陽之道何從而生？《經》言牡者，應是雄者。

元・吳瑞《日用本草》卷五　牡蠣肉　如決明，附石而生，亦一片，口向上，海族中惟此最貴。　味鹹，微寒，無毒。人炙食，不擇左右。　主虛損，婦人血氣，帶下赤白，傷寒寒熱往來，留熱在關節，榮衛虛損，除煩滿，止汗，療泄精。

元・朱震亨《本草衍義補遺・新增補》　牡蠣　鹹。耎痞。又治帶下，温瘧瘡腫。為耎堅收斂之劑。

元・佚名氏《珍珠囊・諸品藥性主治指掌》（見《醫要集覽》）　牡蠣　味鹹，平，性寒，無毒。可升可降，陰也。其用有四：男子夢寐遺精，女子赤白崩中；榮衛往來虛熱，便滑大小腸同。

元・徐彥純《本草發揮》卷三　牡蠣　成聊攝云：鹹以耎之。牡蠣之鹹，以消胸脇之滿。又云：牡蠣之鹹，以泄水氣。又云：牡蠣味鹹寒，加之則痞者消，鞕者耎。　潔古云：能軟痞積。燒白，擣細用。　東垣云：牡蠣，味鹹，平。主傷寒寒熱，温瘧，驚恚怒氣，瘻瘡鼠瘻，女子帶下赤白，治泄精，耎堅積。　海藏云：治脇下痞滿，能去瘰癧，一切瘡腫。入足少陰經。鹹為軟堅之劑。以柴胡引之，故去脇下硬。以茶引之，能消結核。以大黃引之，能消股間腫。以地黃為使，能益精，收濇，止小便。本腎經之藥也。

明・王綸《本草集要》卷六　牡蠣君　味鹹，氣平，微寒，無毒。入足少陰經。貝母為之使。得甘草、牛膝、遠志、蛇床良。惡麻黃、吳茱萸、辛夷。　主傷寒寒熱，温瘧洒洒，驚恚怒氣，除拘攣，瘰癧癰腫，喉痹鼠瘻，女子帶下赤白，心脇氣結痛，除老血，軟積痞，鹹能軟堅也。濇大小腸，止大小便。療鬼交洩精，久服強骨節，殺邪鬼，延年。和杜仲服，止盜汗。和麻黃根、蛇床子、乾薑為粉，去陰汗。引以柴胡，能去脇下之硬。引以茶清，能消結核。引以大黃，能除股間腫。地黃為之使，能益精，收濇，止小便，本腎經藥也。

明・滕弘《神農本經會通》卷一〇　牡蠣　君也。貝母為之使。得牛膝、甘草、遠志、蛇牀良。惡麻黃、吳茱萸、辛夷。一名蠣蛤，一名牡蛤。入藥火煅用。以左顧者是雄，故名。以腹向南視之，口邪向東，則是。或云：以尖頭為左顧者。未詳孰是。

味鹹，氣平，微寒，無毒。《湯》云同。入足少陰經。東云：濇精，收虛汗。又云：可升可降，陰也。男子夢寐遺精，女子赤白崩中，榮衛往來虛熱，便滑大小腸同。《珍》云：主傷寒寒熱，温瘧身洒洒，驚恚怒氣，及泄精，女子赤白帶下。味鹹，尤能軟堅積。鼠瘻癰瘡，皆治之。熬用，又能瀉水氣。《衍》云：止汗，療崩，兼除熱，帶下崩漏，及遺精，濇腸，破血，脇痛皆平。

《本經》云：主傷寒寒熱，温瘧洗洗，驚恚怒氣，除拘緩，鼠瘻，女子帶下赤白，除留熱在關節，榮衛虛熱去來不定，煩滿，止汗，心痛氣結，止渴，除老血，濇大小腸，止大小便。療洩精，喉痺，欬嗽，心脇下痞熱。久服強骨節，殺邪鬼，延年。陳藏器云：擣為粉，粉身，主大人小兒盜汗，和麻黃根、蛇床子、乾薑為粉，去陰汗。肉，煑食，主虛損，婦人血氣，調中，解丹毒。肉於薑、醋中生食之，主丹毒，酒後煩熱，止渴。《藥性論》云：君。主治女子崩中，止血及盜汗，除風熱，止痛，治温瘧。又和杜仲，止盜汗，為末蜜元，服三十丸，令人面光白，永不值時氣。又治鬼交精出，病人虛而多熱，加用之，并地黃、小草。孟詵云：牡蠣，火上炙令沸，去殼食之甚美，令人細肌膚，美顏色。又藥比來取左顧者，若食之，即不揀左右，切可長食之。海族之中，惟此物最貴，此人不識，不能表其味爾。《海藥》云：主男子遺精，虛勞乏損，補腎，正氣，止盜汗，去煩熱，治傷熱疾，能補養安神，治孩子驚癇，久服身輕。

《象》云：治傷〔寒〕寒熱，溫瘧，女子帶下赤白，止汗，止心痛氣結，澀大小腸，治心脇痞，燒白，杵細用。《珍》云能軟積氣之痞，《經》曰鹹能軟堅。《心》云：鹹，平。熬，泄水氣。《湯》云：《本草》同《本經》。又云：能去瘰癧，一切瘡腫。入足少陰。鹹為軟堅之劑，以柴胡引之，故能去脇下之硬。以茶引之，能消結核。以大黄引之，能除股間腫。地黄為之使，能益精，收澀，止小便。本腎經之藥也。貝母為之使。得甘草、牛膝、遠志、蛇床子良。惡麻黄、吳茱萸、辛夷。陳藏器云：《衍義》意同，餘同《藥性論》云。丹溪云：耎痞，治帶下，溫瘧瘡腫，為耎堅收斂之劑。《衍義》云：須燒為粉用，兼以麻黄根等分，同搗，研為極細末，粉盜汗及陰汗。今以牡蠣合於地，人面向午位，以牡蠣頂向子，視之口，口在左者為左顧。劊云：牡蠣鹹寒治便滑，除榮衛虛往來熱。女人赤白帶崩中，男子夢寐精遺洩。《局》云：牡蠣主除寒熱瘧，補虛止汗更除驚。女人漏血能收血，男子遺精可澀精。牡蠣，固漏血遺精，補虛止汗。

明・劉文泰《本草品彙精要》卷二九　牡蠣無毒。

牡蠣出《神農本經》：**主傷寒寒熱，溫瘧洒洒，驚恚怒氣，除拘緩，鼠瘻，女子帶下赤白。久服強骨節，殺邪鬼，延年。**以上朱字《神農本經》。除留熱在關節，榮衛虛熱，去來不定，煩滿，止汗，心痛氣結，止渴，除老血，澀大小腸，止大小便，療泄精，喉痹，欬嗽，心脇下痞熱。以上黑字名醫所錄。【名】蠣蛤、牡蛤、蠣房、真海、牡蠣、蠔山、蠔莆、石牡蠣、石魚蠣。【地】《圖經》曰：生東海池澤，今海傍皆有之，而南海、閩中及通泰間尤多。此物附石而生，磈礧相連如房，故名蠣房。初生海邊，纔如拳石，四面漸長，有一二丈，嶄巖如山，每一房內有蠔肉一塊，肉之大小隨房所生，大房如馬蹄，小者如人指面，每潮來則諸房皆開，有小蟲入則合之，以充腹。海人取之皆鑿房，以烈火逼開之，挑取其肉，而其殼左顧者爲雄，右顧者則牝蠣耳。或曰：以尖頭爲左顧，大抵以大者爲貴。南人以其肉當食品，其味甚美，更有益，兼令人細肌膚，美顏色，海族之最可貴者也。《衍義》曰：牡蠣，《經》中不言左顧，止從陶隱居說。其《酉陽雜俎》云：牡蠣言牡，非爲雄也，且如牡丹，豈可更有牝丹也。此物本無目，如此，焉得更有顧盼也。【時】生：無時。採：無時。【用】左顧者入藥。【色】青白。【味】鹹。【性】平，微寒。【氣】氣薄味厚，陰中之陽。【臭】腥。【主】斂盜汗，止泄精。【行】足少陰經。【助】貝母爲之使，得甘草、牛膝、遠志、蛇牀良。【反】惡麻黄、吳茱萸、辛夷。【製】《雷公》云：凡修事，二十個用鹽一兩，以東流水煮一伏時後，入火中燒令通赤，然後入鉢中，研如粉用。【治】療：《藥性論》云：除女子崩中，止盜汗，消風熱，定痛，祛溫瘧。陳藏器云：搗爲粉撲之，治大人、小兒盜汗。《海藥》云：去煩熱，並小兒驚癇。《湯液本草》云：能軟積氣之痞，及泄水氣。《別錄》云：白者爲末，水調塗，療一切癰腫未成膿者，效。【合治】以柴胡引之，去脇下硬。〇以茶引之，能消結核。〇以大黄引之，能除股間腫。〇合地黄爲之使，能益精，收澀，止小便。久服強骨節，殺邪鬼，延年。〇合麻黄根、蛇牀子、乾薑爲粉，去陰汗。〇肉，于薑醋中生食之，主丹毒，酒後煩熱渴。〇和杜仲服，止盜汗，蜜丸服三十丸，令人面光白，永不值時氣。主鬼交精出，加地黄、小草。〇以十分合石膏五分，搗末，酒服方寸匕，日三四服，或蜜丸如梧子大服，療大病瘥後小勞鼻衄。〇臘日、端午日黄泥裹，煅通赤，爲末，用活鯽魚煎湯，調下一錢匕，小兒服半錢匕，治一切渴。〇以四兩火煅過，出火毒，合玄參三兩，搗羅爲末，糊丸梧子大，食後臨臥各三十丸，酒下，治丈夫、婦人瘰癧，最效。〇以二兩火煅過，合炮乾薑一兩，爲細末，冷水調塗，治水癩，偏大小不定，疼痛。【解】肉：解丹毒。

明・盧和、汪穎《食物本草》卷四魚類　牡蠣　味鹹，氣平，微寒，無毒，入足少陰經。主傷寒寒熱，溫瘧洒洒，驚恚怒氣，除拘緩，瘰癧、癰腫、喉痹、鼠瘻，女子帶下赤白，心脇氣結痛。除老血軟積痞，鹹能軟堅也。澁大小腸，止大小便，療鬼交洩精。久服強骨節，殺邪鬼，延年。和杜仲服，止盜汗。和麻黄根、蛇床子、乾薑為粉，去陰汗。引以柴胡，能去脇硬。引以茶清，能消結核。引以大黄，能除股腫。地黄為之使，能益精收澁，止小便。本腎經藥也。

明・葉文齡《醫學統旨》卷八　牡蠣　氣微寒，味鹹、平。無毒。入足少陰經。貝母為之使。得甘草、牛膝、遠志、蛇床良。惡麻黄、吳茱萸、辛夷。燒白杵細用。治男子遺精，虛勞乏損，補腎正氣，女子崩中赤白帶下；止盜汗，泄水氣；主傷寒寒熱溫瘧洒洒，驚恚怒氣；除拘緩瘰癧癰腫，喉痺鼠瘻；心脇氣結痛，軟積消痞，澁大小腸，以柴胡引之，故去脇下硬；以茶引之，能消結核；以大黄引之，能除股間腫；地黄為使，能益精收澁，止小便，本腎經之藥也。

明・許希周《藥性粗評》卷四 堅積可消於牡蠣。

牡蠣，一名牡蛤。蚌蛤之類也。出閩、廣海邊，附石而生，磈礧相連，待而如山。以頭尖左傾者為牡。其肉入食品，海族之最貴者也。凡用取殼，以東流水入鹽煮一伏，入火燒紅，鉢中研成粉。貝母為之使，得甘草、牛膝、遠志、蛇床子良。惡麻黃、吳茱萸、辛夷。味鹹，性平、微寒，無毒。入足少陰腎經。主治傷寒寒熱，溫瘧，關節留熱，驚恚煩滿，洩精，喉痹，欬嗽，鼠瘻結核，大能軟堅除積，止汗，清氣補虛，養腎，強筋骨，澀大小腸，止大小便，利女子血氣諸病。久食其肉，令人肌膚細膩。海藏云：鹹為軟堅之劑。以柴胡引之，能去脇下硬；以茶引之，能消結核；以大黃引之，能消腹間腫；以地黃為使，能益精收澀，止小便。本腎經之藥也。

單方：瘰癧：凡患鼠瘻結核，腫痛不消者，牡蠣火內煅過，放濕地上，紙襯過夜，以出火毒，取四兩，玄參三兩，共擣為末，以麵糊丸，如梧桐子大，每早并晚臥時各三十丸，溫酒送下，服盡而根亦除矣。癰腫：凡患腫毒未成膿，但紅硬焮痛者，白牡蠣研成粉，水調塗腫上，乾復易之，即差。

明・鄭寧《藥性要略大全》卷一〇 牡蠣君 澁精，收虛汗，能軟積氣之痞。○《經》曰：鹹能軟堅。《經史證類》云：除關節留熱，榮衛虛熱，往來不定，煩滿，止渴，除老血，止大小便利，療泄精，喉痹咳嗽，心脇下痞熱。去瘰癧，一切瘡腫。東垣云：入少陰。鹹能軟堅之劑。以柴胡引之，去脇下之硬。以茶引之，能消結核。以大黃引之，能除股間腫。地黃為之使。益精收澁，止小便。本腎經之藥，久服強骨節，延年。《湯液》云：治女人崩中，止血及盜汗，除風熱定痛。治鬼交精出，殺鬼邪。《象》云：治傷寒寒熱溫瘧，女子赤白帶下，止汗，止心痛氣結，澁大小腸，治心脇痞。陳士良云：杵粉摻身，治大人小兒盜汗。和麻黃根、蛇床子、乾薑，為粉撲身，去陰汗。《衍義》同。味鹹，氣寒，無毒。入足少陰腎經。貝母為之使。得甘草、牛膝、遠志、蛇床良。惡麻黃、吳茱萸、辛夷，鹽泥固濟，入火煉通紅取出，去泥研末入藥。成無已云：龍骨、牡蠣、鉛丹，皆收斂神氣以鎮驚。凡用皆燒通紅，為粉入藥。

明・陳嘉謨《本草蒙筌》卷一一 牡蠣一名蠣蛤。味鹹，氣平、微寒。無毒。係鹹水結成，居海傍不動。天生萬物皆有牝牡，惟蠣是鹹水結成，塊然不動，陰陽之道何從而生？《經》言牡者，非指為雄，正猶牡丹之牡同一義也。小乃磈礧，大則嶄巖。始生不如拳石，四面漸長，一二丈者如山嶄巖。口向上如房相連，肉藏中隨房漸長。每一房有蠔肉一塊，肉之大小隨房漸長。海潮輒至，房口悉開。湧入小蟲，合以充腹。海人欲取其肉，鑿房火迫得之。以錐鑿房，用烈火迫開，方得挑取其肉。入藥拯痾，除甲併口。採朏朏如粉之處，得左顧大者尤良。左顧之說諸註不同。一云：取蠣向南視之，口斜向東者是。一云：頭尖者是。俱無證據，惟大者為上品。火煅微紅，杵羅細末。宜蛇床、牛膝、甘遠甘草、遠志，惡吳茱、麻黃、辛夷。入少陰腎經，以貝母為使。能軟積癖，總因味鹹。茶清引消結核疽，柴胡引去脇下硬。同大黃瀉熱，焮腫即平；同熟芐益精，尿遺可禁。麻黃根共作散，斂陰汗如神；川杜仲共煎湯，固盜汗立効。髓疸日深嗜臥，澤瀉和劑頻調。又單末蜜丸水吞，令面光時氣不染。摩宿血，消老痰。閉塞鬼交精遺，收澁氣虛帶下。肉炙令沸，去殼食佳。海族之中，亦為上品。美顏色，細肌膚，補虛勞，調血氣。若和薑醋生啖，酒後煩渴亦敺。

明・方穀《本草纂要》卷一二 牡蠣 味醎，氣平，微寒，無毒。入足少陰經。主女子赤白帶下，男子遺精夢泄；又軟積去痞，開結下氣之要藥也。吾聞和杜仲服可止盜汗，和黃芪服可止自汗，和乾薑服可止陰汗，和麻黃根〔服〕可止頭汗。至若柴胡爲引，能去脇痛；茶清爲引，能消結核；三稜爲引，能破弦氣；蓬术爲引，能除痃癖；大黃爲引，能療股間之痛；甘草爲引，能治瘰癧之核。又若益精止泄而不辭，莫非地黃爲使可也；澁腸去澼而不繼，亦非防風爲使然也。大抵此劑生則味醎，醎能軟堅故也。煅則味澁，澁則止泄是也。以海水所化之物，而治痰涎鬱結之症，則化可去結，而醎亦下氣者矣，豈精汗之症，有不治之然乎。

明・王文潔《太乙仙製本草藥性大全》卷八《本草精義》 牡蠣 一名蠣蛤，一名牡蛤。生東海池澤，係醎水結成，居海傍不動。天生萬物皆有牝牡，惟蠣是醎水結成，塊然不動，陰陽之道何從而生。《經》言牡者，非指爲雄，正猶牡丹之牡同一義也。小乃磈礧，大則嶄巖，始生小如拳，四面漸長一二丈者，如山嶄石，口向上如房相連，肉藏中隨房漸長，每一房有蠔肉一塊，肉之大小隨房漸長。海潮輙至，房口悉開，湧入小蟲，合以充腹。海人欲取其肉，鑿房火逼得之，以錐鑿房，用烈火逼開，方得挑取其肉。入藥拯痾，除甲併口，採朏朏如粉之處。得左顧大者猶良。左顧之說諸註不同，一云取蠣向南視之，口斜向東者是；一云頭尖者是，俱無證據。如大者爲上品，火煅微紅，杵羅細末。宜蛇床、牛膝、甘遂、甘草、遠志，惡吳茱萸、麻黃、辛夷。入少陰腎經。十一月採左顧者入藥。南人以其肉當食品，其味猶美好，更有益。兼令人細肌膚，美顏色，海族之最可貴者。

明・王文潔《太乙仙製本草藥性大全》卷八《仙製藥性》　牡蠣君　味鹹，氣平、微寒，無毒。貝母爲之使。　主治：能軟積癖，總因味鹹。茶清引消結核疽，柴胡引去脇下硬。同大黃瀉熱，焮腫即平；同熟苄益精，尿遺可禁。麻黃根共作散，斂陰汗如神。川杜仲共煎湯，固盜汗立效。髓疽日深嗜臥，澤瀉和劑頻調。又單味蜜丸水吞，令面光時氣〔不染〕。主傷寒寒熱溫瘧，除驚恚怒氣拘攣。祛留熱關節榮衛，療虛熱煩滿往來。治喉痹而止咳嗽，摩宿血又消老痰。閉塞鬼交精遺，收澁氣虛帶下。久服強骨節，殺邪鬼延年。　牡蠣肉：炙令沸，去殼食佳。海族之中亦爲上品。美顏色，細肌膚，補虛勞，調血氣。若和薑醋生啖，酒後煩渴亦驅。　補註：治一切渴，大牡蠣不計多少，於臘日、端午日黃泥裹煅通赤，放冷，取出爲末，用活鯽魚煎湯調下一錢，小兒半錢，只兩服差。〇大病差後小勞便鼻衄，牡蠣十分，石膏五分，搗末，酒服方寸匕，日三四，亦可蜜丸如梧桐子大。〇治一切丈夫婦人瘰癧經效，牡蠣用炭一秤煅通赤取出，於濕地上用紙襯出火毒一宿，取四兩，玄參三兩，都搗羅爲末，以麵糊丸如梧桐子，早晚食後、臨臥各三十丸酒服，藥將服盡，癧子亦除根本。〇除盜汗及陰汗，牡蠣爲末，有汗處粉之。〇療髓疽日深嗜臥，牡蠣、澤瀉主之。〇治甲疽，胬肉裹甲，膿血疼痛不差。牡蠣頭厚處生研爲末，每服二錢，研〔澱〕花酒調下。如癰盛已潰者，以末傅之，仍更服藥，並一日三服。〇治癰，一切腫未成膿，拔毒，牡蠣白者爲細末，水調塗，乾更塗。〇治瘰癧發頸項破、未破，甚效如神，牡蠣四兩，甘草二兩，爲末，每服一大錢，食後臘茶同點，日二。〇治水癩偏大，上下不定，疼痛。牡蠣不限多少，鹽泥固濟，炭三斤，煅令火盡，冷取二兩，乾薑一兩炮，又爲細末，用冷水調稀稠得所，塗病處，小便大利即愈。　太乙曰：有石牡蠣、石魚蠣、真海牡蠣。石牡蠣者，頭邊皆大，小甲沙石，真似牡蠣，只是圓如龜殼。海牡蠣使得，只是丈夫不得服，令人無髭。真牡蠣火煅白炮，并用璺試之，隨手走起可認真。是萬年珀，號曰璺，用之妙。凡修事先用二十個，東流水、鹽一兩，煮一伏時，後入火中燒令通赤，然後入鉢中研如粉用也。

明・皇甫嵩《本草發明》卷六　牡蠣上品。味鹹，平，微寒。　發明曰：牡蠣，鹹，寒。入足少陰經藥。能軟堅瀉熱，亦能收澁。故《本草》主傷寒寒熱，溫瘧洒洒，驚恚怒氣留熱在關節榮衛，虛熱往來不定，煩滿喉痺，咳嗽，心下痞熱等，以其能瀉熱也。除拘緩，鼠瘻老血，心痛氣結。心云：鹹以泄水氣。又云：消老痰。《珍》云：能軟積氣之痞，去瘰癧結核，是鹹能軟堅也。主女子帶下赤白，澁大小腸，止大小便及遺精，固盜汗虛渴，以其主收澁也。〇以貝母為使，能消積癖痰結。清茶為引，消結核。柴胡為引，去脇硬。同大黃瀉熱結焮腫。同熟地黃益精禁遺，遺精遺溺。同麻黃根作散，斂陰汗。共杜仲煎湯固盜汗。和澤瀉為劑，主髓疽日深嗜臥。又單末蜜丸，水吞，令面光，時氣不染。久服強骨節，殺鬼邪，延年。要之，專主腎經之藥也。〇肉炙令沸，去殼食，味甚佳，美顏色，細肌膚，補虛勞，調血氣。若和薑、醋生啖，解酒後煩渴。附石生海傍。磈礧相連如房，故名蠣房，一名牡蛤。肉隨房長，大小不同。入藥除甲并口，採胐如粉之處，惟大者為上品。火煅，微杵細末，隨用。

明・李時珍《本草綱目》卷四六介部・蚌蛤類　牡蠣《本經》上品

【釋名】牡蛤《別録》　蠣蛤《本經》　古賁《異物志》　蠔弘景曰：道家方以左顧是雄，故名牡蠣，右顧則牝蠣也。或以尖頭爲左顧，未詳孰是。藏器曰：天生萬物皆有牝。惟蠣是鹹水結成，塊然不動，陰陽之道何從而生？《經》言牡者，應是雄耳。宗奭曰：《本經》不言左顧，止從陶說。而段成式亦云：牡蠣言牡，非謂雄也。且如牡丹，豈有牝丹乎？此物無目，更何顧盼？時珍曰：蛤蚌之屬，皆有胎生、卵生。獨此化生，純雄無雌，故得牡名。曰蠣曰蠔，言其粗大也。【集解】《別録》曰：牡蠣生東海池澤。采無時。弘景曰：今出東海，永嘉、晉安。云是百歲鵰所化。十一月采，以大者爲好。其生著石，皆以口在上。舉以腹向南視之，口斜向東，則是左顧。出廣州南海者亦同，但多右顧，不堪用也。丹方及煮鹽者，皆以泥釜，云耐水火，不破漏。皆除其甲口，止取胐胐如粉耳。頌曰：今海旁皆有之，而通、泰及南海、閩中尤多。皆附石而生，磈礧相連如房，呼爲蠣房。晉安人呼爲蠔莆。初生止如拳石，四面漸長，至一二丈者，嶄巖如山，俗呼蠔山。每一房內有肉一塊，大房如馬蹄，小者如人指面。每潮來，諸房皆開，有小蟲入，則合之以充腹。海人取者，皆鑿房以烈火逼之，挑取其肉當食品，其味美好，更有益也。海族爲最貴。時珍曰：南海人以其蠣房砌墻，燒灰粉壁，食其肉謂之蠣黃。保昇曰：又有蛶蠣，形短，不入藥用。斅曰：有石牡蠣，頭邊皆大，小夾沙石，真似牡蠣，只是圓如龜殼。海牡蠣可用，只丈夫服之，令人無髭也。其真牡蠣，用火煅過，以璺試之，隨手走起者是也。璺乃千年琥珀。

【修治】宗奭曰：凡用，須泥固燒爲粉。亦有生用者。斅曰：凡用牡蠣，先用二十個，以東流水入鹽一兩，煮一伏時，再入火中煅赤，研粉用。時珍曰：案（温）〔陶〕隱居云：牡蠣將童尿浸四十九日，五日一换，取出，以硫黄末和米醋塗上，黄泥固濟，煅過用。

〔氣味〕鹹，平、微寒，無毒。之才曰：貝母爲之使，得甘草、牛膝、遠志、蛇牀子良。惡麻黄、辛夷、吴茱萸。伏硇砂。

〔主治〕傷寒寒熱，温瘧洒洒，驚恚怒氣，除拘緩鼠瘻，女子帶下赤白。久服，强骨節，殺邪鬼，延年《本經》。除留熱在關節營衛，虚熱去來不定，煩滿心痛氣結，止汗止渴，除老血，療洩精，澀大小腸，止大小便，治喉痹欬嗽，心脇下痞熱《别録》。粉身，止大人、小兒盜汗。同麻黄根、蛇牀子、乾薑爲粉，去陰汗藏器。治女子崩中，止痛，除風熱風瘧，鬼交精出孟詵。男子虚勞，補腎安神，去煩熱，小兒驚癇李珣。去脇下堅滿，瘰癧，一切瘡好古。化痰耎堅，清熱除濕，止心脾氣痛，痢下赤白濁，消疝瘕積塊，癭疾結核時珍。

〔發明〕權曰：病虚而多熱者，宜同地黄、小草用之。好古曰：牡蠣入足少陰，爲耎堅之劑。以柴胡引之，能去脇下硬；以茶引之，能消項上結核；以大黄引之，能消股間腫；以地黄爲使，能益精收澀，止小便，腎經血分之藥也。成無己曰：牡蠣之鹹，以消胸膈之滿，以泄水氣，使痞者消，硬者耎也。元素曰：壯水之主，以制陽光，則渴飲不思。故蛤蠣之類，能止渴也。

〔附方〕舊七，新十四。

心脾氣痛：氣實有痰者，牡蠣煅粉，酒服二錢。《丹溪心法》。

瘧疾寒熱：牡蠣粉、杜仲等分爲末，蜜丸梧子大。每服五十丸，温水下。《普濟方》。

氣虚盜汗：上方爲末。每酒服方寸匕。《千金方》。

虚勞盜汗：牡蠣粉、麻黄根、黄芪等分爲末。每服二錢，水二盞，煎七分，温服，日一。《本事方》。

産後盜汗：牡蠣粉、麥麩炒黄等分。每服一錢，用猪肉汁調下。《經驗》。

消渴飲水：臘日或端午日，用黄泥固濟牡蠣，煅赤研末。每服一錢，用活鯽魚煎湯調下，只二三服愈。《經驗方》。

百合變渴：傷寒傳成百合病，如寒無寒，如熱無熱，欲卧不卧，欲行不行，欲食不食，口苦，小便赤色，得藥則吐利，變成渴疾，久不瘥者。用牡蠣熬二兩，栝樓根二兩，爲細末。每服方寸匕，用米飲調下，日三服取效。張仲景《金匱玉函方》。

病後常衄：小勞即作。牡蠣十分，石膏五分，爲末，酒服方寸匕，亦可蜜丸，日三服。《肘後方》。

小便淋閟：服血藥不效者。用牡蠣粉、黄檗炒等分爲末。每服一錢，小茴香湯下，取效。《醫學集成》。

小便數多：牡蠣五兩燒灰，小便三升，煎二升，分三服。神效。《乾坤生意》。

夢遺便溏：牡蠣粉，醋糊丸梧子大。每服三十丸，米飲下，日二服。丹溪方。

水病囊腫：牡蠣煅粉二兩，乾薑炮一兩，研末，冷水調糊掃上。須臾囊熱如火，乾則再上。小便利即愈。一方：用葱汁、白麵同調。小兒不用乾薑。初虞世《古今録驗方》。

月水不止：牡蠣煅研，米醋搜成團，再煅研末，以米醋調艾葉末熬膏，丸梧子大。每醋湯下四五十丸。《普濟方》。

金瘡出血：牡蠣粉傅之。《肘後》。

破傷濕氣：口禁强直。用牡蠣粉，酒服二錢，仍外傅之，取效。《三因方》。

發背初起：古賁粉灰，以鷄子白和，塗四圍，頻上取效。《千金方》。

癰腫未成：用此拔毒。水調牡蠣粉末塗之，乾更上。姚僧坦《集驗方論》。

男女瘰癧：《經驗》用牡蠣煅研末四兩，玄參末三兩，麪糊丸梧子大。每服三十丸，酒下，日三服。服盡除根。○初虞世云：瘰癧不拘已破未破。用牡蠣四兩，甘草一兩，爲末。每食後，用臘茶湯調服一錢。其效如神。

甲疽潰痛：弩肉裹趾甲，膿血不瘥者。用牡蠣頭厚處，生研爲末。每服二錢，紅花煎酒調下，日三服。仍用敷之，取效。《勝金方》。

面色黧黑：牡蠣粉研末，蜜丸梧子大。每服三十丸，白湯下，日一服。并炙其肉食之。《普濟方》。

肉

〔氣味〕甘，温，無毒。

〔主治〕煮食，治虚損，調中，解丹毒，婦人血氣。以薑、醋生食，治丹毒，酒後煩熱，止渴藏器。炙食甚美，令人細肌膚，美顔色蘇頌。

題明・薛己《本草約言》卷二《藥性本草》 牡蠣粉　味鹹，氣平，微寒，無毒。陰也，可升可降，入足少陰經。固女子赤白帶下，澁男子夢寐遺精。軟實玄府不實汗泄，軟積血不軟堅癥。燒白搗細用。○能軟積血，是鹹能軟堅也。軟堅收斂之劑，以柴胡引之，能去脇下硬；以茶引之，能消結核；以大黄引之，能消股間腫；以貝母為使，能消積癖痰結；以地黄为使，能益精、收澁、止便多。本腎經之藥也。東垣云：牡蠣澁精而收虚汗，擣粉粉身治大人小兒盜汗。

明・梅得春《藥性會元》卷下 牡蠣　味鹹、平，氣微寒。可升可降，陰也。無毒。貝母為使。得甘草、牛膝、遠志、蛇床良。惡麻黄、吴茱萸、辛夷。主療男子夢寐遺精，虚勞乏力，補腎氣，女子崩漏，赤白帶下，榮衛往來虚熱，止盜汗虚汗，泄水氣，療傷寒寒熱，溫瘧洒洒，驚恚怒氣，除拘攣，瘰癧，癰腫，喉痹，鼠瘻，心下脇氣挾痛，軟積消痞，澁大小腸滑及精氣。以柴胡引之，能去脇下硬；以茶引之，可消結核；以大黄引之，能除股間腫；用地黄為使，能益精收澁，止小便。製法：有石牡蠣，頭邊皆大小。又有石魚蠣，夾沙石。還有海牡蠣，令人無髭。用真牡蠣，用鹽水煮後，入火煅通赤存性，出火氣，研如粉用。

明・王肯堂《傷寒證治準繩》卷八 牡蠣　氣平，微寒，味鹹，無毒。主治傷寒寒熱，温瘧洒洒，止汗，止心痛，澀大小腸，去脇下堅滿。垣：能軟積氣之痞。《經》曰：鹹能耎堅。入足少陰，鹹為耎堅之劑。以柴胡引之，能去脇下之鞕。以茶引之，能消結核。以大黃引之，能除股間腫。地黃為之使，能益精，收澁，止小便。本腎經之藥也。火煅，童便淬，搗羅用。

明・穆世錫《食物輯要》卷七 牡蠣 肉，味甘，性溫，無毒。調中，治虛損，解丹毒。同薑醋生食，止酒後煩渴。炙食亦佳，美顏澤肌。殼，味鹹，性寒，無毒。止汗澀精，化痰，去濕熱，泄水氣，消瘧痞疝瘕，久痢淋濁，小兒驚癇。

明・李中立《本草原始》卷一一 牡蠣 生東海池澤，今海傍皆有之，而南海閩中及通、泰間尤多。以大者為好。其生著石，皆以口在上。舉以腹向南視之，口斜向東，則是左顧，左顧者牡也。入藥用牡而大者，故名牡蠣。雄曰牡，粗大曰蠣。牡蠣：氣味：鹹，平、微寒，無毒。主治：傷寒寒熱，溫瘧洒洒，驚恚怒氣。除拘緩鼠瘻，女子帶下赤白。久服強骨節，殺邪鬼，延年。○除留熱在關節，營衛虛熱，去來不定，煩滿，心痛氣結。止汗止渴，除老血，療洩精，澀大小腸，止大小便，治喉痹欬嗽，心脇下痞熱。○粉身，止大人小兒盜汗。同麻黃根、蛇床子、乾薑為粉，去陰汗。○治女子崩中，止痛，除風熱風瘧，鬼交精出。○男子虛勞，補腎安神，去煩熱，小兒驚癇。○去脇下堅滿，瘰癧，一切瘡。○化痰軟堅，清熱除濕，止心脾氣痛，痢下赤白濁，消疝瘕積塊，癭疾結核。

牡蠣，《本經》上品。【圖略】左顧牡蠣形。修治：宗奭曰：凡用須泥固為粉，亦用生者。斅曰：凡真牡蠣二十個，以東流水入鹽一兩，煮一伏時，再入火中煅赤，研粉用。

之才曰：貝母為之使。得甘草、牛膝、遠志、蛇床子良。惡麻黃、辛夷、吳茱萸，伏硇砂。牡蠣，君。

明・張懋辰《本草便》卷二 牡蠣君 味鹹，氣平，微寒，無毒。入足少陰經。得甘草、牛膝、遠志、蛇床良，惡麻黃、吳茱萸、辛夷。 主傷寒寒熱，溫瘧洒洒，驚恚怒氣，除拘緩，瘰癧，癰腫，喉痹鼠瘻，女子帶下赤白，心脇氣結痛，除老血，軟積痞，鹹能軟堅也。澁大小腸，止大小便。療鬼交洩精。久服強骨節，殺邪鬼。地黃爲使，益精收澁，本腎經藥也。

明・吳文炳《藥性全備食物本草》卷三 牡蠣 肉味甘，性溫，無毒。海味之上品。美顏色，細肌膚，補虛勞，調血氣，解丹毒。和薑醋生食止酒後煩渴，炙食亦佳。

殼：味鹹，氣平、微寒，無毒。貝母為之使。惡麻黃、吳茰、辛夷，得甘草、牛膝、遠志、蛇床子良。《本草》云：牡，雄也，鹹水結成。又云：百歲鵰化成。入足少陰經。主傷寒寒熱，溫瘧洒洒，除留熱在關節，及榮衛虛熱去來不定，止煩渴，療咳嗽，除心痛氣結，脇下痞熱，定驚恚怒氣，止盜汗，瀉水氣，除老血，澁大小腸；男子虛勞乏損，遺精夢泄，補腎正氣，病人虛而多熱者加而用之；女子崩中，赤白帶下；療一切癰腫，鼠瘻瘰癧，喉痺，甲疽膿血疼痛，小兒驚癇，久服強骨節，除拘攣，殺鬼，延年。又鹹為軟堅之劑，以柴胡引之，故能去脇下硬。以茶引之能消結核。以大黃引之能除股間腫。以麻黃根、蛇床子、乾薑為佐，能去陰汗。以地黃為使能益精收澁，止小便，本腎經藥也。取殼以頭向北，腹向南視之，口斜向東者為左顧，尖頭大者勝。先用鹽水煮一時，後入火煅紅，研粉用。

明・李中梓《藥性解》卷六 牡蠣 味醎，性微寒，無毒，入腎經。主遺洩帶下，喉痹咳嗽，榮衛虛熱，去來不定，心脇下老痰痞積，宿血溫瘧，瘡腫結核。貝母為使，喜甘草、牛膝、遠志、蛇床，惡麻黃、吳茱萸、辛夷。火煅微紅，杵絕細用。按：牡蠣本是醎水結成，故專歸腎部，軟堅收斂之劑也。

明・繆希雍《本草經疏》卷二〇 牡蠣 味鹹，平、微寒，無毒。主傷寒寒熱，溫瘧洒洒，驚恚怒氣，除拘緩鼠瘻，女子帶下赤白，除留熱在關節，榮衛虛熱去來不定，煩滿，止汗，心痛氣結，止渴，除老血，濇大小腸，止大小便，療洩精，喉痹，咳嗽，心脇下痞熱。久服強骨節，殺邪鬼，延年。貝母為之使。得甘草、牛膝、遠志、蛇牀子良。惡麻黃、細辛、吳茱萸。

〔疏〕牡蠣得海氣結成，故其味鹹平，氣微寒無毒。氣薄味厚，陰也，降也。入足少陰、厥陰、少陽經。其主傷寒寒熱，溫瘧洒洒，驚恚怒氣，留熱在關節，去來不定，煩滿氣結心痛，心脇下痞熱等證，皆肝膽二經為病。二經冬受寒邪，則為傷寒寒熱。夏傷於暑，則為溫瘧洒洒。邪伏不出，則熱在關節，去來不定。二經邪鬱不散，則心脇下痞熱。邪熱甚，則驚恚怒氣，煩滿氣結心痛。此藥味鹹氣寒，入二經而除寒熱邪氣，則榮衛通，拘緩和，而諸證無不瘳矣。少陰有熱，則女子為帶下赤白，男子為洩精，解少陰之熱而能斂濇精氣，故主之也。鹹屬水，屬陰而潤下，善除一切火熱為病，故又能止汗止渴，及鼠瘻、喉痹、咳嗽也。老血者，宿血也，鹹走血而軟堅，所以主之。其性收斂，故能濇大小腸，止大小便利也。腎主骨，入腎益精，則骨節自強。邪本因虛而入，肝腎足則鬼邪自去。人以腎為根本，根本固，則年自延矣。更能止心脾氣痛，消疝瘕積塊，癭瘤結核，脇下堅滿等證，皆寒能除熱，鹹能軟堅之功也。【主治參互】同生地黃、黃耆、龍眼、五味子、酸棗仁、麥門冬、白芍藥、茯神、黃蘗、當歸，治心腎虛，盜汗。同黃蘗、五味子、地黃、山茱萸、枸杞子、車前子、沙苑蒺藜、蓮鬚、杜仲，治夢遺泄精。加牛膝則兼治赤白濁。同地黃、黃蘗、阿膠、木耳、炒黑香附、白芍藥、地榆、麥門冬、續斷、青蒿、鼈甲、蒲黃，止婦人崩中下血及赤白帶下。仲景方同龍骨入柴胡、桂枝各湯內，取其收斂浮越之陽氣，固脫而鎮驚，更能除胸脇中痞硬。藏器方：同麻黃根、蛇牀子為粉，去陰汗。《本事方》虛勞盜汗，牡蠣粉、麻黃根、黃耆，等分為末。每服二錢，水煎服。仲景《金匱玉函方》傷寒傳成百合病，如寒無寒，如熱無熱，欲臥不臥，欲行不行，欲食不食，口苦，小便赤色，得藥則吐，變成渴疾，久不瘥者。用牡蠣煅二兩，栝樓根二兩，為細末。每服方寸匕，用米飲調下，日三服。《古今錄驗方》水病囊腫，牡蠣粉二兩，乾薑炮一兩，研細，冷水調稠掃上。須臾囊熱如火，乾則再上。小便利即愈。一方用葱汁、白麪同調。小兒不用乾薑。《經驗方》男女瘰癧，用牡蠣粉四兩，玄參末三兩，甘草一兩，麪糊丸梧子大。每三十丸，酒下，日三服。服盡除根，不拘已破未破，皆效。《普濟方》月水不止：牡蠣煅，研細，米醋搜成團，再煅，研末，以米醋調艾葉末熬膏，丸梧子大。每用醋湯下四五十丸。【簡誤】凡病虛而多熱者宜用。虛而有寒者忌之。腎虛無火，精寒自出者非宜。

明·倪朱謨《本草彙言》卷一九　牡蠣　味鹹，氣寒，無毒。氣薄味厚，陰也，降也。入足少陰、厥陰、少陽經。

《別錄》曰：牡蠣生東海池澤及南海、閩、廣間。今永嘉海旁皆有之。

蘇氏曰：初生時假水沫，傍石砂，向日色，漸結成形。純雄无雌，故得牡名。大如拳而四面漸長至數尺，磈礧相連如房，房中有肉，大者如馬蹄，小者如人指，名曰蠣黃。每潮來房開，潮去房闔。闔時吸小蟲以充腹。海人取者，皆以烈火逼之，鑿房挑取其肉，食之味美。以房層叠，可以砌墻。燒灰水和，可以粉壁。雷氏曰：一種形圓如龟殼，大小皆夾砂石。男子服之，令無髭也。溫氏曰：修治：以童便浸七日，取出米醋浸一日，以鹽泥固濟，火煅紅，研極細用。

牡蠣：澀精氣，止崩帶之藥也。顧汝琳曰：此得海水浮沫附石結成，乃濕生也。本以水凝爲質，應潮開闔，體類堅金，生則味鹹，鹹能軟堅。《別錄》所以化積去痞、消癭散瘰癧也。煅則味澀，澀能止泄，農皇所以止婦人赤白帶下；孟詵所以止男子遺精夢泄也。大抵此海水所化之物，實無情而致有情也。遺精淋帶，感無情之氣，致損有形之質也。如失精與失血者，投此旋定。但味鹹氣寒，凡病虛而有熱者宜用，虛而有寒者忌之。腎虛無火、精寒自出者，亦非宜矣。《本草發明》云：和杜仲服，可止盜汗；和黃耆服，可止自汗；和乾薑服，可止陰汗；和麻黃根服，可止頭汗。柴胡引之，能去脇下痞硬；茗茶引之，能消項上結核；大黃引之，能去股間腫痛；歸、朮、白薇引之，能止血淋白帶。又通淋止濁，車前、瞿麥爲使可也。澀腸去澼，防風、白芷爲佐可也。

集方：《方脉正宗》治久年痞積及癥瘕堅塊。用牡蠣八兩，生搗極細，重羅篩過，配乾薑十兩、於白朮一斤，俱用酒拌炒，共研極細末，飴糖爲丸梧子大。每食前早晚各服二錢，好酒吞下。○初虞世方治瘰癧瘻核，不拘已破、未破。用牡蠣四兩，甘草一兩研極細，每早飯後用一錢，茶湯調服。○《方脉正宗》治婦人赤白帶下，男子遺精夢泄。用牡蠣、龍骨各二兩，俱火煅通紅，研極細末，配芡實、白朮各五兩，俱酒拌炒，研細末，總和勻，飴糖爲丸梧子大。每早飯前用二錢，米湯吞下　治心虛自汗，盜汗，經月不止。用牡蠣火煅五錢，麥門冬、黃耆、白朮、石斛各三錢，半夏、陳皮各二錢，甘草、北五味各一錢，水二碗，煎八分，侵晨一服，臨睡一服，半月即愈。○同上治痢疾窘急脹痛。用牡蠣生搗一兩，大黃酒煮五錢，枳殼麩炒一兩，三味共爲極細末，紅麴打糊爲丸如黍米，每服一錢，白湯下。三四服即止。按：牡蠣火煅即澀而止積，生搗即行而消積，不可不知。○《方脉正宗》治陽虛自汗。用牡蠣火煅五錢，人參三錢，麥門冬五錢，北五味二錢，煎湯飲立止。外再用牡蠣火煅數兩，搗細粉，布包撲身上，亦可收汗。

明·姚可成《食物本草》卷二一介部·蚌蛤類　牡蠣一名蠔。蛤蚌之屬，皆有胎生、卵生，獨此化生，純雄無雌，故得牡名。曰蠣曰蠔，言其粗大也。今海旁皆有之。而通、泰及南海、閩中尤多。皆附石而生，磈礧相連如房，呼為蠣房。初生止如拳石，四面漸長，至二二丈者，嶄巖如山，俗呼蠔山。每一房內有肉一塊，大房如馬蹄，小者如人指面。每潮來，諸房皆開，有小蟲入，則合之以充腹。海人取者，皆鑿房以烈火逼之，挑取其肉當食品，其味美好，更有益也。海俗為珍貴。

牡蠣肉：味甘，溫，無毒。煮食，治虛損調中，解丹毒，婦人血氣。以薑、醋生食，治丹毒，酒後煩熱，止渴。炙食甚美，令人細肌膚，美顏色。

殼：味鹹，平，微寒，無毒。主傷寒寒熱，溫瘧洒洒，驚恚怒氣，除拘緩鼠瘻，女子帶下赤白。久服，強骨節，殺邪鬼，延年。除留熱在骨節榮衛，虛熱去來不定，煩滿心痛氣結，止汗止渴，除老血，療洩精，澀大小腸，止大小便，治喉痹欬嗽，心脇下痞熱。粉身，止大人、小兒盜汗。同麻黃根，蛇牀子、乾薑為粉，去陰汗。又治風瘧，鬼交精出。男子虛勞，補腎安神，去煩熱，小兒驚癇。去脇下堅滿，瘰癧，一切瘡。化痰耎堅，清熱除溼，消疝瘕積塊，癭疾結核。

附方：治夢遺及大便溏，俱用此方。牡蠣粉，醋糊丸梧子大，每服三十丸，米飲下。治女人月水不止。牡蠣煅研，米醋捜成團，再煅研，米醋調艾葉末熬膏，丸梧子大。每醋湯下四五十丸。癰腫未成。水調牡蠣粉塗之，乾再上，以拔其毒。

明・孟笨《養生要括・介類》 牡蠣 味鹹，平，微寒，無毒。治傷寒寒熱，溫瘧洒洒，驚恚怒氣，除拘緩，鼠瘻，女子帶下赤白。久服強骨節，殺邪鬼，延年，除渴，熱在關節，營衛虛熱，去來不定，煩滿，心痛氣結，止汗止渴，除老血。療泄精，澀大小腸，止大小便。治喉痹欬嗽，心脇下痞熱。粉身，止大人小兒盜汗。同麻黃根、蛇床子、乾薑為粉，去陰汗。治女子崩中，除風熱風瘧，鬼交精出。男子虛勞，補腎安神，去小兒驚癇，去脇下堅滿瘰癧，一切瘡。化痰，消疝瘕積塊，癭疾結核。

明・李中梓《醫宗必讀・本草徵要下》 牡蠣 味鹹，寒，無毒。入腎經。貝母為使，惡麻黃、辛夷、吳茱萸。火煅，童便淬之。 消胸中之煩滿，化痰凝之瘰癧。固精澁二便，止汗免崩淋。按：寒者禁與，虛熱者宜之。

明・鄭二陽《仁壽堂藥鏡》卷八 牡蠣 陶隱居云：牡蠣是百歲鵰所化，以尖左顧者佳。大者為好。出廣州、海南。 氣微寒，味鹹，平，無毒。入足少陰經。 《珍》云：能軟積氣之痞。 《心》云：鹹，平。熬，泄水氣。 《本草》云：主傷寒寒熱，溫瘧洒洒，驚恚怒氣，除拘緩，鼠瘻，女子帶下赤白。除留熱在關節，榮衛虛熱，往來不定，煩滿：止汗，心痛氣結，止渴，除老血，澁大小腸，止大小便，療泄精，喉痹，欬嗽，心脇下痞熱；能去瘰癧，一切瘡腫。入足少陰。鹹為軟堅之劑。以柴胡引之，故能去脇下之硬；以茶引之，能消結核；以大黃引之，能除股間腫。地黃為之使，能益精收澁，止小便。本腎經之藥也。久服強骨節，殺邪鬼延年。貝母為之使。得甘草、牛膝、遠志、蛇床子良。惡麻黃、吳茱萸、辛夷。《藥性論》云：君主之劑。治女子崩中，止血及盜汗。除風熱，定痛。治溫瘧。又和杜仲服，止盜汗。為末蜜丸，服三十丸，令人面光白，永不值時氣。又治鬼交精出，病人虛而多熱加用之。陳士良云：牡蠣擣粉粉身，治大人小兒盜汗。和麻黃根、蛇床子、乾薑為粉，粉身，去陰汗。按：牡蠣鹹寒，入腎壯水之主，以制陽光。久服必有寒中不快之患。

明・蔣儀《藥鏡》卷四寒部 牡蠣 療遺精，旋施帶下。善固澁，又治崩中。鹹以軟堅，故墜凝痰于脇肋。寒以歛熱，故消瘰癧于喉嚨。若乃水腫陰囊，須臾可療，必須乾薑為末，冷水同調。欲止盜汗，則佐以杜仲；欲止自汗，則佐以黃耆；欲止頭汗，則佐以麻黃。欲消脇硬，則引以茈胡；欲消項核，則引以芽茶；欲消股腫，則引以大黃。

明・李中梓《頤生微論》卷三 牡蠣 味鹹，性寒，無毒。入腎經。貝母為使。畏麻黃、辛夷、吳茱萸。醋調黃泥，固濟煅透，童便淬之。澁精止帶化痰軟堅，去熱止渴，歛汗消疝，固二便，化瘰癧。按：牡蠣鹹寒，宜其歸腎壯水之主，可制陽光。久服必有寒中之患。

明・張景岳《景岳全書》卷四九《本草正》 牡蠣 味微鹹，微澁，氣平。用此者，用其澁能固歛，鹹能耎堅。專入少陰腎藏，隨藥亦走諸經。能解傷寒溫瘧寒熱往來，消瘀血，化老痰，去煩熱，止驚癇心脾氣痛，解喉痹欬嗽，疝瘕積塊，痢下赤白，澁腸止便。禁鬼交遺瀝，止滑精帶下，及婦人崩中帶漏，小兒風痰虛汗。同熟地，固精氣，禁遺尿。同麻黃根，歛陰汗。同杜仲，止盜汗。同白朮，燥脾利濕。同大黃，善消癰腫。同柴胡，治脇下硬痛。同天花茶，消上焦癭瘤瘰癧結核。

明・盧之頤《本草乘雅半偈》帙二 牡蠣《本經》上品 氣味：鹹，寒，無毒。 主治：主傷寒寒熱，溫瘧洒洒，驚恚怒氣，除拘緩鼠瘻，女子帶下赤白。久服強骨節，殺邪鬼，延年。

覈曰：出東海池澤，及南海廣、閩、永嘉，海旁皆有之。初生時，假水沫傍石，向日者漸結成形，大如拳石，四面漸長至數丈，或數十丈。磈礧如房，房多左顧，嶄巖如山，連絡不動，房中有肉，大者如馬蹄，小者如指面，名曰蠣黃。潮來房開，潮去房闔，闔時納小蟲以充腹。一種形圓如龜殼，大小皆夾砂石。丈夫服之令無髭也。修治：每用左顧者二十四枚，以東流水一斗，入鹽二兩，煮一伏時，再入火中煅赤，研粉，以琥珀吸引，隨手便起。

先人云：牡蠣單生無偶，而左顧者，當屬一陽，故《本經》所主，皆少陽所生病也。然須水飲之因，成堅固之象者，始相合也。又評藥云：假無成有，泡幻立堅，水中之金，闢津之鍵。

參曰：此濕生也。濕以合感，斂水之融，攝山之結，合感成形者也。但磈礧連絡，堅固不遷，宛若山水之附贅懸疣耳。其啟閉候潮，誠應開闔之闢鍵，陰陽之樞紐者，故名牡。牡者，門牡也。蠣者，金堅之用也。味鹹氣寒，體于水而用于水，不離水相故爾。《經》云：骨氣以精，謹道如法，長有天命。傷寒寒熱者，一陽樞象之是動。溫瘧洒洒者，一陽樞象之所生；驚恚怒氣者，一陽上逆之從開；帶下赤白者，一陽下逆之不闔；拘緩鼠瘻者，一陽之不能從開從闔也。所謂門牡自亡，則開闔不得。久服強骨節者，假水融結，儼如人骨，象形巽入，骨氣以精。殺邪鬼者，奇生無偶，玉衡左旋，生陽偏勝，陰屈自斂。延年者，須留成丹，餌之則仙，水凝為質，自可延年。有言百歲鵰所化，則亦化生矣。然百歲鵰不易得，何牡蠣之多也。如雀之為蛤，特一端之變現，非嘗也。牡，有因無牝而名者，有因不生子蔓而名者，有生子而根乃生苗而名者。此屬濕生，亦屬化生，即謂無雄亦可。段成式以牡丹駁之，又謂無目，更何顧盼，不知情意之所向即為顧，豈必定以目睞，此皆拘執不圓通，不可以格物論古者。天道左旋，蠣房左顧，揆度奇衡，道在于一，樞機之象乎。所主諸疾，咸屬去來不定，蓋去來不定，正從開從闔之樞象也。不獨入少陽，亦入少陰矣。故《內經》鼠瘻淡陰痎瘧淋露之疾，皆名曰寒熱病，則《本經》寒熱兩字，當貫通章，樞機之義，昭然可見矣。

明・李中梓《本草通玄》卷下　牡蠣　鹹，寒。化痰軟堅，清熱除濕。止泄精腸滑，小便多，盜汗，心痺病，赤白濁崩帶，疝瘕積塊，癭癧。好古曰：牡蠣入足少陰，為軟堅之劑。以柴胡引之，去脇下硬；以茶引之，消項上核；以大黃引之，消股間腫；以地黃為使，能益精收澁，止小便。黃泥固濟，煅之。

清・顧元交《本草彙箋》卷九　牡蠣　入足少陰，爲耎堅之劑。以柴胡引之，能去脇下硬。以茶引之，能消項上結核。以大黃引之，能消股間腫。以地黃爲使，能益精收澀，止小便。今人每以之合龍骨，治夢遺滑精。亦有腎虛無火寒精自出者，不可不辨。蛤蚌之屬，皆有胎生卵生，獨此係鹹水結成，附石而生，磈礧相連，塊然不動。陰陽之道，何從而生？故總名牡蠣，別無牝蠣也。

清・穆石匏《本草洞詮》卷一七　牡蠣蠣粉、蠣肉　蛤蚌之屬，皆有胎生卵生。蠣是化生，純雄無雌，故得牡名。南海人以其蠣房砌牆，燒灰粉壁。食其肉，謂之蠣黃。蠣粉鹹，平，無毒。入足少陰經。鹹能潤下，以消胸膈之滿，以泄水氣，故能消痞耎堅。以柴胡引之，能去脇下硬。以茶引之，能消項上結核。以大黃引之，能消股間腫。壯水之主，以制陽光。故又能止渴，以地黃為使，能益精澀滑，止小便也。蠣肉甘，溫，無毒。煮食治虛損，解丹毒，令人細肌膚，美顏色。

清・丁其譽《壽世秘典》卷四　牡蠣萬物皆有牝牡，惟蠣是鹹水結成，塊然不動，陰陽之道何從而生，故得牡名，曰蠣，曰蠔，言其粗大也。《異物志》云：古賁灰，牡蠣殼也。道家以左顧者是雄。《本經》不言左顧，而段成式亦云牡蠣，言牡非謂雄也，且如牡丹豈有牝丹乎？此物無目更何顧盼？其生著石磈礧，相連如房，呼為礪房。初生止如拳石，四面漸長，至一二丈，嶄巖如山，俗呼蠔山。每一房有一肉，大小如房廣狹。大者如馬蹄，小者如人指面。每潮來，諸房皆開，有小蟲入，則合之以充腹。取者，皆鑿房以烈火逼開，挑取其肉當食品，其味美好，更有益也，最為珍貴。李時珍曰：南海人有以蠣房砌墻，燒灰粉壁，食其肉，謂之蠣黃。《後漢書》鰒魚注云：鰒無鱗有殼，一面附石，細孔雜雜，或七或九，即以狀蠣房，何所不可。南蠣北鰒，故是造化介生別搆。　氣味：鹹，平，微寒，無毒。除熱補傷，澀精益血，化痰耎堅，清熱除濕，止心脾氣痛，痢下赤白濁。消疝瘕積塊，癭疾結核。　發明王好古曰：牡蠣入足少陰，為耎堅之劑。以柴胡引之，能去脇下硬；以茶引之，能消項上結核；以大黃引之，能消股下腫；以地黃為使，能益精收澀，止小便。腎經血分之藥也。雷斅曰：凡用牡蠣，先以東流水入鹽，煮一伏時，再入火中煅赤，研粉用。

肉：氣味：甘，溫，無毒。煮食治虛損，調中，解丹毒。薑醋生食，除煩熱，止渴。炙食甚美，令人細肌膚，美顏色。

清・劉雲密《本草述》卷二九　牡蠣　出東海池澤，及南海，廣、閩、永嘉海旁皆有之。初生時假水沫傍石，向日者漸結成形，大如拳石，四面漸長至數丈，或數十丈，磈礧如房，房多左顧，嶄巖如山，連絡不動，房中有肉，大者如馬蹄，小者如指面，名曰蠣黃。潮來房開，潮去房闔，闔時納小蟲以充腹。海人欲取其肉，鑿房火迫得之，以錐鑿房，用烈火迫開，方得挑取其肉。

氣味：鹹，平，微寒，無毒。　諸本草主治：益腎清熱，固精收濇，氣虛崩帶，斂虛汗，止虛熱渴，除煩滿，心脇下痞熱堅滿，除留熱在關節，營衛虛熱，去來不定，利水溼，化老痰，軟積氣之痞，消疝瘕積塊，癭疾結核。　方書主治：遺精，赤白濁，自汗盜汗，小便數及不禁，消癉，泄瀉，瘧，脇痛積聚，癲癇，洩血虛勞，中風惡寒。　復曰：牡蠣單生無偶，而左顧者當屬一陽，故《本經》所主，皆少陽所生病也。　之頤曰：此溼生也。溼以合感，斂水之融，攝山之結，合感成形者也。但磈礧連絡，堅固不遷，宛若山水之附贅懸疣耳。其啟閉候潮，誠應開闔之關鍵，陰陽之樞紐者。味鹹氣寒，體於水而用於水，不離水相故爾。　潔古曰：壯水之主，以制陽光。則渴飲不思，故蛤蠣之類，能止渴也。　《類明》曰：成聊攝云牡蠣收斂浮越之正氣，不使其正氣浮散也。又謂其益精氣。蓋藏精者腎，此味入腎，其能益精氣者，即其收濇不泄之功也。　無已曰：牡蠣之鹹，以消胸膈之滿，以泄水氣，使痞者消，硬者耎也。　權曰：病虛而多熱者，宜同地黃、甘草用之。　海藏曰：牡蠣入足少陰，為耎堅之劑。以柴胡引之，能去脇下硬。以茶引之，能消項上結核。以大黃引之，能消股間腫。以地黃為使，能益精收濇，止小便。腎經血分之藥也。　述曰：以貝母為使，能消積癖痰結。同麻黃根作散，斂陰汗。共杜仲煎湯，固盜汗。和澤瀉為劑，主髓疸日深嗜臥。　希雍曰：牡蠣得海氣結成，故其味鹹平，氣微寒，無毒。氣薄味厚，陰也，降也，入足少陰、厥陰、少陽經。　鹹屬水屬陰，而潤下，善除一切留熱為病。　同生地黃、黃芪、龍眼、五味子、酸棗仁、麥門冬、白芍藥、茯神、黃檗、當歸，治心腎虛盜汗。　同黃檗、五味子、地黃、山茱萸、枸杞子、車前子、沙苑蒺藜、蓮鬚、杜仲，治夢遺泄精，加牛膝則兼治赤白濁。　同地黃、黃檗、阿膠、木耳炒黑、香附、白芍藥、地榆、麥門冬、續斷、青蒿、鼈甲、蒲黃，止婦人崩中下血，及赤白帶下。

愚按：牡蠣為鹹水結成，磈然不動，固無情者也。然其漸長也，不可謂無情。其房因潮來而悉開，潮不至則合，是更在化機中，無情而大有情者。雖是物亦不知其所以然也，何以故？蓋潮汐之消長應月，月屬陰，乃水之精也。然先哲云，日者，眾陽之母，陰生於陽，潮固依於月，而亦附於日，是故隨日而應月，依陰而附陽，盈於朔望，消於朏魄，虛於上下弦，息於輝朒，故潮有大小焉。即此繹之，則牡蠣之結成也，毋亦屬於潮氣，所以開合俱應於潮歟？夫潮本應陰精之月，而又假無成有，泡幻立堅，豈非得陰氣之最厚者歟？得陰凝之厚，仍隨潮以為開合，則其陰附於陽，陽化於陰之氣機，不宛然在茲味歟？先哲云海中有魚獸，取皮而懸之，潮水至則毛皆起，蓋氣盛而類應，亦不知其所以然耳。是則無情乃更有情，如牡蠣者，亦猶是也。先哲謂入足少陰經，為腎經血分之藥，又有云鹹屬水屬陰而潤下，善除一切留熱，似皆指其入腎益陰之功，然而未能明其所以然也，試暢言之。蓋其因潮而結者，本於陰中有陽，即陰亦原資生於陽也。故其開合復應於潮者，雖質屬陰，與海水之諸生化者同，然却有陰能召乎陽以歸陰，而歸陰者，是能化其陰以清陽，其召陽歸陰之功，即《本草》所謂能收能濇者也。其化陰清陽之功，即《本草》所謂能耎堅消結，清熱除溼者也。蓋其能召陽以歸陰，故陰得陽以化，能化陰以宅陽，故陽由陰而清。閱方書諸證主治，如病於陽虛，投以益陽之味，或兼以除溼，即以茲味之召陽而歸陰者，使陰化於陽。如病於陽實，投以清陽之味，或兼以滋陰，即以茲味之化陰而清陽者，使陽宅於陰。在陽虛之治，若遺精之桂枝龍骨牡蠣湯、玉華白丹、內固丸。又如赤濁之王瓜散、龍骨湯、大茴香丸、固精丸、子午丸。又如小便不禁之菟絲子散、阿膠飲、澤瀉散、桑螵蛸散，小便數之菟絲子散，瀉泄之五味子丸，又如自汗之牡蠣散，盜汗之柏子仁散，皆因陽虛而陰召之者也。在陽實之治，若洩血之牡蠣散，癇證之《金匱》風引湯，消癉之天門冬丸，皆因陽實而陰化之者也。又如宜補陽而陰亦虛者，則補陽又恐其益燥，若虛勞之豬䐗丸，即以其化陰者而歸陽。又如宜補陰而陽亦虛者，則補陰轉慮其滋滯，若惡寒之巴戟丸，即以其召陽者而化陰，若是之變化主治，即二方可以類推也。蓋人之生也，本於天一之水，陰陽固為互根，而潮具有依陰附陽之氣化，此味秉其氣化，以為人身氣化之治，即以療其水液痰血，其根陰而和陽，即之頤不離水相之義也。乃粗者於收濇則止以固脫言之，於開結則止以軟堅言之，詎知其能收濇者固召陽歸陰之功，能軟堅者乃化陰清陽之功？是歷觀方書主治，多有益陽之虛，以是召之歸陰而為益陰地者，即止言益陰，尚未悉其所以然也。況遺其至能而言其近似，果為察物者歟。試以《本草》所云益腎治男子虛勞，及除留熱在關節，營衛虛熱去來不定，則知茲味潤下為功，固超於海水之諸所凝結，又即以收濇與耎堅破結者相對，以叅其不相謀之功，則亦知茲味之召陽歸陰，化陰清陽，乃其所以超於海水之諸凝結者也。可僅以固脫軟堅之說，為的然之義乎哉？

附方並論　牡蠣地黄丸，生地黄三兩，牡蠣一兩燒存性，天門冬二兩半，人參一兩半，當歸二兩半，童便浸一宿燒。車前子三兩，栝蔞一兩，為細末，生薑自然汁糊丸梧子大，每空心服五十丸。如足腫，炒葶藶湯下。如脇下滿，鹽、薑湯下。如潮熱，小便赤，梔豉湯下。如腹痛，芍藥、甘草湯間服。如飲食少，無味，人參湯下。論曰：火多水少亡精血損之源，火少水多陽竭停液之本。精遇水衰者，熱退而愈，精衰熱盛者，脇滿而痛。《經》云：尺內兩傍以候脇，尺外以候腎。注云：脇之上，腎之分。脇之內，腹之分。若脾胃得積溼塞其水路，肝臟不足，無血漬其腎熱也。又曰：仗穀氣以生精，托鹹寒以追熱，若服此味，養命延年。

愚按：此王海藏《醫壘元戎》方也。方書於補陽虛而投此味者頗多，其入此於補陰劑如茲方固不數見也。據其立論主治，在滋陰追熱是矣。然有行溼之義存焉，即同於車前可見矣。所云脾胃積溼，塞其水路，肝臟血少，以漬腎臟，故熱也。味此數語，是溼之為病，不徒病陽，亦能病陰。然則此味益精，不徒以純陰為功，蓋有妙於化陰者矣。

增損理中丸治結胸，服大小陷胸湯不效，宜此丸。乾薑炮半兩，人參、瓜蔞、甘草、牡蠣各三兩，枳實炒二十四個，黄芩去皮栝一兩，白术二兩，為細末，煉蜜丸彈子大，白湯半盞，煎服，不歇復與之，不過五六，胸中豁然矣。本方渴加瓜蔞根，不渴者除之。汗者加牡蠣，不汗者勿用。

愚按：結胸而大小陷胸湯丸不效者，緣下傷其胃氣，致胃氣不能任驅邪之劑，而邪熱仍結也。故增損理中湯用參、术、乾薑理中，而以牡蠣、栝蔞、黄芩導邪下行，固以潤下者導之。然胃之三脘，皆在任脈，牡蠣補腎中之陰氣者也，用此於理中內，則陽得至陰以召之而歸元矣。虛勞之豬賭丸，可與此相參也。小便淋閉，服血藥不效者，用牡蠣粉、黄檗炒，等分為末，每服一錢，小茴香湯下，取效。

小便數多，牡蠣五兩燒灰，小便三升，煎二升，分三服，神效。

愚按：淋閉者，用黄檗同牡蠣，以滋陰除熱，是矣。至小便數多，却止用此味，但同小便煎，此可見有召陽歸陰之義，特借小便以調水化，而出之原也，是猶可以滋陰論乎。至如治大病後水氣，仲景有牡蠣澤瀉散，百合病渴不瘥者，仲景以牡蠣栝蔞根主之，同一牡蠣也，引以益水之原，與更以導水之壅者，何其迥殊，而此味皆奏功也，其熟思之。

希雍曰：凡病虛而多熱者宜用。虛而有寒者忌之。腎虛無火，精寒自出者，非宜。

愚按：據繆氏所謂虛而多寒者忌之，其義近似，而實不中肯也。蓋方書主治虛寒諸證，用補陽之劑而投茲味者不少矣，何虛寒之宜忌耶？就如遺精一證，有冷補濇者，有熱補濇者，皆入牡蠣，而用於冷補濇者，且差少焉。不可以思其召陽歸陰，是尤為療虛寒者之所先乎？試以取左顧之義合叅，則其義當不爽矣。至於虛而多熱者宜用，固確論也。

修治　取殼，以頂向北，腹向南，視之口斜向東者為左顧，尖頭大者勝。先用鹽水煮一時，後入火煅紅，研粉用。大抵天左旋，而日月亦因之左旋。前哲論辨甚晰。潮依月附日者也。故牡蠣之因潮而結者，亦左顧也。

附潮依月附日義　朔則日月相會，望則日月相對，故潮勢大。月弦之際，日月不相會相對，故潮勢小。《月賦》有朒音訥脁音挑朏音斐魄，晦而月見西方謂之脁疾行貌，朔而月見東方謂之朒行遲貌。其曰輝朒者，舉朔後月將漸圓之義，故曰息於輝朒。朏，月未成明也。魄，月始生魄然也。蓋朔後則明漸生，望後則魄漸生，故曰消於朏魄。沈括曰：月本無光，猶一銀丸，日曜之乃光。光之初生，日在其旁，故光側而所見纔如鈎。日漸遠，則斜照而光稍滿。大抵如一彈丸，以粉塗其半，側視之，則粉處如鈎，對視之則正圓也。或問上弦下弦之義，邵康節先生曰：上弦是月盈及一半，如弓之上弦。下弦是月虧及一半，如弓之下弦。

清·郭章宜《本草匯》卷一七　牡蠣　味鹹，微寒，氣薄味厚，陰也，降也，入足少陰、厥陰、少陽經。固女子赤白帶下，少陰熱也。澁男子夢遺精滑。實玄府，不實汗泄。軟積血，不軟堅癥。鹹能軟堅也。消胸中之煩滿，化痰凝之瘰癧。

按：牡蠣，海氣結成者也。蛤蚌之屬，皆有胎生卵生，獨此化生，純雄無雌，故得牡名。為輭堅之劑，以柴胡引之，去脇下硬。以茶引之，消項上核。以大黄引之，消股間腫。以貝母為使，能消積結。以地黄為使，能益精收濇，止小便。腎經血分之藥也。張元素曰：壯水之主，以制陽光。則渴飲不思，故蛤蠣之類，能止渴也。其性收歛，故能濇大小腸，止大小便利。擣粉粉身，亦治盗汗。凡病虚而熱者宜之。腎虚無火，精寒自出者忌用。同生地、黄耆、龍眼、五味子、棗仁、門冬、白芍、茯神、黄栢、當歸，治心腎虚盗汗。同麻黄根、蛇床子為粉，去陰汗。先將童尿浸透，以黄泥固濟，煅之。貝母為之使。得甘草、牛膝、遠志、蛇床子良。惡麻黄、辛夷、吳茱萸。伏硇砂。

清・朱本中《飲食須知・魚類》　牡蠣肉　味甘，性溫。俗呼鮑魚。海牡蠣可用。丈夫服之，令人無髭。

清・何其言《養生食鑒》卷下　蠔即牡蠣。粤中取殼，以為墻屋。　蠔肉：味甘、鹹，性微寒，無毒。清火調中，令人細肌膚，美顔色，解丹石毒。治酒後煩熱作渴，煮食，微和薑良。脾虚精滑者，忌之。　殼：燒灰，名牡蠣粉，澁精收汗。調雞子白，塗惡瘡良。

清・蔣居祉《本草擇要綱目・寒性藥品》　牡蠣　氣味：鹹，平，微寒，無毒。入足少陰經。　主治：化痰耎堅，清熱除濕，止心脾氣痛，痢下赤白濁，消疝瘕積塊，癭疾結核。以柴胡引之能去脇下硬，以茶引之能去項上結核，以大黄引之能消股間腫，以地黄引之能益精收澀止小便多，乃腎經血分之藥也。故成無已云牡蠣之鹹，以消胸膈之滿，以泄水氣。又云：壯水之主，以制陽光，則渴飲不思，故牡蠣又能止渴也。

清・王翃《握靈本草》卷九　牡蠣海濱(地)〔池〕澤皆有之。不論左右顧，取大者入藥。須泥固燒為粉。亦有生用者。　主治：牡蠣，鹹，平，微寒，無毒。主傷寒寒熱，溫瘧洒洒，女子帶下，止汗止渴，療洩精，澁大小腸，止大小便，治喉痺欬嗽，化痰耎堅。

清・汪昂《本草備要》卷四　牡蠣濇腸，補水，軟堅。　鹹以軟堅、化痰，消瘰癧結核，老血瘕疝。濇以收脱，治遺精崩帶，止嗽歛汗，或同麻黄根、糯米爲粉撲身，或加入煎劑。固大小腸。微寒以清熱補水，治虚勞煩熱，溫瘧赤痢，利濕止渴，爲肝腎血分之藥。王好古曰：以柴胡引之，去脇下硬；茶引之，消頸核；大黄引之，消股間腫。以地黄爲使，益精收濇，止小便利；以貝母爲使，消積結。　鹽水煮一伏時，煅粉用。亦有生用者。貝母爲使，惡麻黄、辛夷、吳茱萸，得甘草、牛膝、遠志、蛇床子良。海氣化成，純雄無雌，故名牡。

清・陳士鐸《本草新編》卷五　牡蠣　味鹹，氣平、微寒，無毒。左顧者良，火煅末用。入少陰腎經。軟積癖，消結核，去脇下硬，瀉熱焮腫，益精，遺尿可禁，歛陰汗如神，摩宿血，消老痰，絶鬼交，收氣滯。但止可為佐使。佐之補則補，佐之攻則攻，隨藥轉移不能自主也。

或疑牡蠣乃澁精之藥，先生何獨削而不談，〔何也〕？曰：牡蠣澁精，而精愈遺，雖非牡蠣之故，殊不知牡蠣澁精，而精必利而後可止，非澁精之可止也。　或謂牡蠣非澁藥也，使牡蠣為止澁之藥，如何？仲景張公傷寒書中載大病差後，腰已下有水氣者，用牡蠣澤瀉漆散之乎？曰：大病之後，水不能下行，原宜用補以消水。但傷寒經汗、吐、下之餘，元氣不能驟生，補之則功緩，故因勢利導，而用澤瀉。又恐水勢甚大，單用澤瀉未免太洩其水，而元氣隨水而盡泄。故用牡蠣于利之中以澁之也。利中帶澁，則水泄而元氣無虧，是澁中有補之道，真善用利者耳。誰謂牡蠣非澁藥哉。　或疑牡蠣既可于利中用澁，安在止精不可與利水並用耶？曰：水可于利中用澁，而精不可於澁中兼利也。蓋精愈澁而愈遺，補精而帶澁，則徒補無益，故遺精之病，斷不可用牡蠣耳。然亦有用之而效者，乃玉關大開，不得已而用之，以閉精于一時，而終不可恃之為長服之劑也。

清・沈李龍《食物本草會纂》卷八　牡蠣名蠔。閩中最多。附石而生，磈礧如房，曰蠣房。初如拳，漸大一二丈，如山，曰蠔山。每房有肉，大如馬蹄，小如指面，潮至房開，小蟲入則合，以充腹。鑿房者以烈火逼之，挑取其肉。　肉，味甘，溫，無毒。煮食，治虚損調中。薑、醋生食，解丹毒。婦人血氣，酒後煩熱，止渴，炙食甚美，能細肌膚，美顔色。　殼，味鹹，平，微寒，無毒。治寒熱溫瘧，驚怒，鼠瘻，赤白帶。久服強骨節，殺邪鬼，除留熱，虚熱煩滿，心痛氣結，洩精。喉(脾)〔痺〕欬嗽，痞熱，盗汗，止大小便。同麻黄根、蛇床子、乾薑為粉，去陰汗。治風瘧虚勞，小兒驚癇，脇下堅滿，消一切瘡濕痰塊，疝瘕癭核。〇附方：夢遺，大便溏，蠣粉醋糊丸桐子大，每米飲下三十丸。月經不止，蠣粉煅研，米醋搜成團，再煅研，醋調，艾末熬膏，丸桐子大，醋湯下四五十丸。癰腫未成，水調蠣粉塗之，乾再上，以拔其毒。

清・顧靖遠《顧氏醫鏡》卷八　牡蠣鹹，寒。入肝腎二經。火煅，或童便，或醋淬之。　盗汗夢遺便濁均求，溺頻帶下崩淋並簡。皆取其鹹能走血，鹹能入腎，寒能除熱，濇能固脱也。又鹹能軟堅，故又有化痰，消瘰癧積塊之功。　虚而熱者宜之。有寒者勿用。

清·李熙和《醫經允中》卷一九　牡蠣　貝母為使。得甘草、遠志、牛膝、蛇床子良。　鹹，寒，無毒。主治軟堅癖，化痰核癰疽，固盜汗，濇精滑尿遺。凡病虛熱者宜之，陰寒精自出者忌用。

清·馮兆張《馮氏錦囊秘録·雜症痘疹藥性主治合參》卷一一　牡蠣粉　得海氣結成，味鹹，氣微寒，無毒。入肝、膽、腎三經。為清熱軟堅、化痰散結、收濇固脱之用。主療雖多，然味鹹獨勝，走腎斂濇之功居多耳。【略】　牡蠣粉，專入腎經，鹹能消癖。禁遺尿遺精，斂陰汗盜汗。　老痰老血可消，氣虛帶下皆治。　鼠瘻喉痹，咳嗽可除。　煩滿心痛，氣結亦却。　能止渴濇腸，散瘻癧溺濁。　總鹹濇而微寒，為消痰軟堅，收斂固濇之劑。　然久服亦能寒中。

清·张璐《本經逢原》卷四　牡蠣　鹹，平，微寒，無毒。煅赤用，左顧者良。

《本經》主傷寒寒熱，溫瘧洒洒，驚恚怒氣，除拘緩鼠瘻，女子帶下赤白。　發明：　牡蠣入足少陰，為軟堅之劑。以柴胡引之去脇下痛。以茶引之消項上結核。以大黃引之消股間腫。以地黃引之益精收濇，止小便。腎經血分藥也。《本經》治傷寒寒熱，溫瘧洒洒，是指傷寒發汗後寒熱不止而言，非正發汗藥也。仲景少陽病犯本，有柴胡龍骨牡蠣湯。《金匱》百合病變渴，有栝蔞牡蠣散，用牡蠣以散內結之熱，即溫瘧之熱從內蘊，驚恚之怒氣上逆，亦宜鹹寒降泄為務。　其拘緩鼠瘻，帶下赤白，總由痰積內滯，端不出軟堅散結之治耳。　今人以牡蠣濇精，而治房勞精滑則慮其鹹降，治亢陽精傷，又恐其斂濇。　惟傷寒亡陽汗脱，溫粉之法最妙。　其肉糟製，即蠣黃醬也。

清·浦士貞《夕庵讀本草快編》卷六　牡蠣《本經》　此物非卵非胎，化生而成，純雄無雌，故曰牡蠣。《別録》云左顧者為雄，恐非確議也。　牡蠣鹹寒，為軟堅之劑，乃足少陰藥也。　故能強骨節而除拘緩，濇大小腸而止精帶。傷寒寒熱，濕瘧洒淅，痞疝瘻結，頑痰咳嗽，無不宜之。　得柴胡則去脇下之痞硬，得茶引能消項上之結核，得大黃則消股間之腫，得地黃則益精而收濇，得艾則固月水之不止，粉身可以止盜汗，水服可以解消渴，乃壯水之物，木得水而榮，故俱療也。　其肉名蠣黃，為食饌之珍，生食治丹毒而解酒，炙乾久餌，細肌膚，美顏色，功非淺也。

清·張志聰、高世栻《本草崇原》卷上　牡蠣　氣味鹹，平，微寒，無毒。主治傷寒寒熱，溫瘧洒洒，驚恚怒氣，除拘緩，鼠瘻，女子帶下赤白。久服強骨節，殺邪鬼，延年。　牡蠣出東南海中，今廣、閩、永嘉、四明海旁皆有之，附石而生，磈礧相連如房，每一房內有肉一塊，謂之蠣黃，清涼甘美，其腹南向，其口東向。純雄無雌，故名曰牡，粗大而堅，故名曰蠣。　牡蠣假海水之沫，凝結而成形，稟寒水之精，具堅剛之質。　太陽之氣，生於水中，出於膚表，故主治傷寒寒熱，先熱後寒，謂之溫瘧。　皮毛微寒，謂之洒洒。　太陽之氣，行於肌表，則溫瘧洒洒可治也。　驚恚怒氣，厥陰肝木受病也。　牡蠣南生東向，得水中之生陽，達春生之木氣，則驚恚怒氣可治矣。　生陽之氣，行於四肢，則四肢拘緩自除。　鼠瘻乃腎臟水毒，上淫於脈。　牡蠣味鹹性寒，從陰泄陽，故除鼠瘻。　女子帶下赤白，乃胞中濕熱下注。　牡蠣稟水氣而上行，陰出於陽，故除帶下赤白。　具堅剛之質，故久服強骨節。　純雄無雌，故殺邪鬼。　骨節強而邪鬼殺，則延年矣。

清·姚球《本草經解要》卷四　牡蠣　氣平，微寒，味鹹，無毒。　主傷寒寒熱，溫瘧洒洒，驚恚怒氣，除拘緩鼠瘻，女子帶下赤白。　久服強骨節，殺邪鬼，延年。　鹽泥固煅。　牡蠣氣平微寒，稟天秋冬金水之氣，入手太陰肺經、足太陽寒水膀胱經。　味鹹無毒，得地北方之水味，入足少陰腎經。　氣味俱降，陰也。　冬不藏精，水枯火旺，至春木火交熾，發為傷寒熱病，病在太陽寒水，所以寒熱。　其主之者，鹹寒之味入太陽，壯水清火也。　夏傷於暑，但熱不寒者，名為溫瘧，溫瘧陰虛。　陰者，中之守。　守虛，所以洒洒然也。　其主之者，鹹寒可以消暑熱，氣平入肺，肺平足以制瘧邪也。　肝虛則驚，肝實則恚怒。驚者平之，恚怒降之。　氣平則降，蓋金能制木也。　味鹹足以耎堅，平寒可除拘緩，故主鼠瘻。　濕熱下注於腎，女子則病帶下。　氣平而寒，可清濕熱，所以主之。　久服強骨節，鹹平益肺腎之功也。　殺邪鬼，氣寒清肅熱邪之力也。　能延年者，固濇精氣之全功也。　製方：　牡蠣同龍骨、桂枝、白芍、甘草、薑、棗，治夢洩。　同黃耆、麻黃根，治盜汗。　同元參、甘草丸，治瘰癧。　煅研，米醋搜成團，再煅研，以米醋調艾末，熬膏丸，醋湯下，治月水不止。

清·葉盛《古今治驗食物單方》　牡蠣　男女瘰癧，牡蠣煅四兩，玄參四兩，為末，麵糊丸桐子大，每服三十丸，酒下，服盡除根。　月水不止，牡蠣煅，醋搜成團，再煅研末，以米醋調艾葉末熬膏，丸桐子大，每醋湯下四五十丸。　金瘡出血，牡蠣粉敷之。　心氣痛，牡蠣煅粉，酒服二錢，又止夢遺。

清·王子接《得宜本草·上品藥》　牡蠣　味鹹。入足少陰經。功專降逆止汗。得柴胡去脇下硬，得松蘿茶能消項上結核，得大黄能消股間腫，得地黄能澁精，得元參、甘草、臘茶治瘰癧奇效。

清·黄元御《長沙藥解》卷四 牡蠣 味鹹，微寒，性濇。入手少陰心、足少陰腎經。降膽氣而消痞，斂心神而止驚。《金匱》牡蠣澤瀉湯，牡蠣、澤瀉、海藻、蜀漆、葶藶、商陸根、栝蔞根，等分為散，白飲和服方寸匕，小便利止服。治大病差後，腰以下有水氣者。大病新瘥，汗下傷中之後，脾陽未復，不能行水，從腰以下，漸有水氣。牡蠣、栝蔞清金而泄濕，蜀漆、海藻排飲而消痰，澤瀉、葶藶、商陸決州都而泄積水也。 傷寒小柴胡湯方在柴胡治少陽傷寒，脇下痞鞕，去大棗，加牡蠣，以其軟堅而消痞也。 柴胡桂枝乾薑湯方在乾薑用之治少陽傷寒，汗下後胸脇滿結。以其化結而消滿也。《金匱》栝蔞牡蠣散方在栝蔞用之治百合病，渴不差者。以其涼金而泄熱也。白术散方在白术用之養妊娠胎氣，以其消瘀而除煩也。《金匱》桂枝龍骨牡蠣湯，《傷寒》桂枝甘草龍骨牡蠣湯，桂枝去芍藥加蜀漆龍骨牡蠣湯，柴胡加龍骨牡蠣湯諸方並在龍骨皆用之，以其斂神而止驚也。 牡蠣鹹寒降濇，秘精斂神，清金泄熱，安神魂而保精液。凡心悸神驚，遺精盜汗之證皆醫，崩中帶下，便滑尿數之病俱療，善消胸脇痞熱。緣少陽之經，逆而不降，則胸脇鞕滿，而生瘀熱。牡蠣降攝，君相之火甲木下行，經氣鬆暢，鞕滿自消。一切痰血癥瘕，癭瘤瘰癧之類，得之則化，軟堅消痞，功力獨絕。粉身止汗最良。 煅粉，研細用。

清·吴儀洛《本草從新》卷六 牡蠣〔澀腸，補水，軟堅。〕以下蛤蚌類。 鹹以軟堅化痰，消瘰癧結核，老血瘕疝；澀以收脱，治遺精崩帶，止嗽斂汗，或同麻黄根為粉撲身，或加入煎劑。固大小腸；微寒以清熱補水，治虚勞煩熱，溫瘧赤痢，利濕止渴；為肝腎血分之藥。好古曰：以柴胡引之，去脇下硬；茶引之，消頸核；大黄引，消股間腫；以地黄為使，益精收澀，止小便利；以貝母為使，消結積。虚而熱者宜之，有寒者禁與。海氣化成，純雄無雌，故名牡。鹽水煮一伏時，煅粉。亦有生用者。貝母為使。惡吴萸、細辛、麻黄。得蛇床、遠志、牛膝、甘草良。

清·汪紱《醫林纂要探源》卷三 牡蠣 甘，鹹，微寒。海濱石岸，鹹水激沸凝成如石，是為蠣房，形如蚌房，有泡子稍起，房中含肉，採者以鐵鉤破其泡，就鉤取其肉，朝取夕生，夕取朝生，此取彼生，彼取此生，晝夜不息，水濱恒嘖嘖有聲。肉作湯食鮮美，醃之貨四方，曰蠣房醬。清肺補心，滋陰養血。得金水之精，以入心而滋陰養血，能解渴醒酒，去熱除煩。閩人言海濱食蠣房者，少疾多壽，養心血之功，蓋不誣云。 殼： 鹹，濇，寒。附石而生，駢聯如岡阜。殼即海石耳。然房中藏肉處，如有曲穴而光滑若螺蚌。採者連房斲取以入藥，即牡蠣殼，醫家每云左顧牡蠣，亦無所辨為左顧也。或生用，或煅粉，隨宜制之。補心斂神，補肺固氣，瀉肝和血，清腎去熱。散有形之結聚，斂無形之氣化。止汗安神，止嗽解渴，大補心肺之虚。止遺精崩帶，治溫瘧，止虚勞煩熱，退骨蒸，大瀉肝腎之邪。破結痰，消瘰癧結核，散老血，除血痢癥瘕，厚大腸，止瀉去瘀，利小便，能縮能通。

清·嚴潔等《得配本草》卷八 牡蠣 得甘草、牛膝、遠志、蛇床子良。貝母為之使。惡麻黄、吴茱萸、辛夷。伏硇砂。 鹹，平、微寒，濇。入足少陰經血分。主泄精帶下，逐虚痰宿血，除鬼交，治溫瘧，止遺溺，散喉痹。收往來潮熱，消胃膈脹滿。凡肝虚陽升於頂者，得此降之，而陽自歸也。 得杜仲，止盜汗。加麻黄根更好。得玄參，治男女瘰癧。得柴胡，治腹痛。配大黄，消癰腫。配鱉甲，消脇積。和貝母，消痰結。合花粉，消癭瘤，并治傷寒百合變渴。 同乾薑末，水調，塗陰囊水腫。熱如火，若乾燥再塗之，小便利自愈。 煅研。久服寒中。

題清·徐大椿《藥性切用》卷八 左牡蠣 性味鹹寒，入肝腎而澁精斂汗，潛熱益陰，為虚熱上浮耑藥。又能軟堅消癭，隨所引而施。潛熱生研，澁脱火煅。

清·黄宫繡《本草求真》卷二 牡蠣入腎濇精，固氣化痰，軟堅。 牡蠣耑入腎，兼入肝。鹹濇微寒，功耑入腎，軟堅化痰散結，收濇固脱，故瘰癧結核，血瘕遺精崩帶，咳嗽盜汗，遺尿滑泄，燥渴、溫瘧、赤痢等症，皆能見效。權曰：病虚而多熱，宜同地黄、小草用之。好古曰：牡蠣入足少陰為軟堅之劑，以柴胡引之，能去脇下硬。以茶引之，能消項上結核。以大黄引之，能消股間腫。以地黄為使，能益精收濇，止小便。腎經血分之藥也。成無己曰：牡蠣之鹹，以消胸膈之滿，以泄水氣，使痞者消硬者軟也。元素曰：壯水之主以鎮陽光，則渴飲不思，故蛤蠣之類能止渴也。然鹹味獨勝，走腎斂濇居多，久服亦能寒中，或生〔用〕，或鹽水煮，煅成粉用，此本海氣化成，純雄無雌，故曰牡蠣。貝母為使，得甘草、牛膝、遠志、蛇床子良。惡麻黄、辛夷、吴茱萸。伏硇砂。

清·楊璿《傷寒溫疫條辨》卷六濇劑類 牡蠣煅粉。 味鹹濇，入腎。濇收斂，鹹軟堅。同熟地、山萸肉固精秘氣；同杜仲、麻黄根補陰止汗；柴胡為引，療脇下硬疼；茶芽為引，消頸下結核。禁夢交淋瀝，止精滑崩帶。牡蠣粉兩半，苦參二兩，雄猪肝煮爛，搗末和丸，酒下二錢，治婦女赤白帶下。

清·羅國綱《羅氏會約醫鏡》卷一八鱗介蟲魚部　牡蠣辛鹹寒，性澁，入腎經。貝母為使，惡麻黃、辛夷、吳茱萸。火煅，童便淬，研粉用。　專入腎經，亦隨藥以走諸經。化老痰、結血、瘰癧、有方在瘰癧門。結核，頸核用茶調服，上焦癭瘤同天花粉茶葉用。凡屬結積，同貝母用。去脇下積塊，同柴胡用。消癰腫，同大黃用。皆鹹能軟堅也。治遺精、崩帶性澀，止嗽，肺虛可用。斂汗，用麻黃根、黃芪等分末服，止虛汗。禁遺尿，同熟地用。皆澁以收脫也。療虛勞煩熱，利濕，同白术用。水病囊腫，牡蠣粉二兩，乾薑炮五錢，為末，水調，或葱汁白麫調敷，乾則頻上，囊大熱，小便消即愈。截瘧，化瘧痞。止渴，皆微寒清熱以補水也。按：虛而熱者宜用，有寒者忌之。海氣化成，純雄無雌。

清·陳修園《神農本草經讀》卷二上品　牡蠣　氣味鹹，平，微寒，無毒。主傷寒寒熱，溫瘧洒洒，驚恚怒氣，除拘緩，鼠瘻，女子帶下赤白，久服強骨節，殺邪鬼，延年。按：補陰則生搗用，若煅過則成灰，不能補陰矣。方書注云：用者皆取粉，外治之法。荒經者誤收，遂相沿不改矣。

陳修園曰：牡蠣氣平者，金氣也，入手太陰肺經；微寒者，寒水之氣也，入膀胱經；味鹹者，真水之味也，入足少陰腎經。此物得金水之性。凡病起於太陽，皆名曰傷寒。傳入少陽之經，則為寒熱往來，其主之者，藉其得秋金之氣，以平木火之遊行也。溫瘧者，但熱不寒之瘧疾，為陽明經之熱病；洒洒者，即陽明白虎證中背微寒、惡寒之義，火欲發而不能徑達也，主以牡蠣者，取其得金之氣，以解炎暑之苛。白虎湯命名，亦同此意也。驚恚怒氣，其主在心，其發在肝。牡蠣氣平，得金之用以制木。味鹹，得水之用以濟火也。拘者筋急，緩者筋緩，為肝之病。鼠瘻即瘰癧之別名，為三焦膽經火鬱之病，牡蠣之平以制風，寒以勝火，鹹以軟堅，所以咸主之。止帶下赤白與強骨節二句，其義互見於龜板注中，不贅。殺鬼邪者，補肺而申其清肅之威。能延年者，補腎而得其益精之效也。

清·黃凱鈞《藥籠小品》　牡蠣　生能補肝滋腎，斂精止汗。凡應表之症，用龍牡貽害非細。

清·王龍《本草纂要稿·蟲魚部》　牡蠣　氣味鹹寒。磨宿血，消老痰閉塞。治鬼交精遺，收澁氣虛帶下。同熟地益精，尿遺可禁。同大黃瀉熱，焮腫即平。柴胡為引，去脇下硬。清茶為引，消結核疽。

清·張德裕《本草正義》卷下　牡蠣　鹹，澁，氣涼。用其澁能固斂，鹹能耎堅。專入肝，隨藥走諸經。消瘀化痰，去濕止驚，解喉痺，療溫瘧，澁便腸，止精帶。同熟地固精氣，同麻黃根斂陰汗，同杜仲止盜汗，同白术燥脾利濕，同大黃消癰毒，同柴胡治脇下硬塊，同花粉消上焦瘰癧癭瘤。

清·楊時泰《本草述鉤元》卷二九　牡蠣　海旁皆有。初生假水沫傍石，向日者漸結成形，至數十丈，磈礧如房，房多左顧，隨潮開闔，納小蟲以充腹。房中有肉，如馬蹄，如指面，名曰蠣黃。海人欲取其肉，鑿房，火迫得之。

味鹹平，氣微寒。氣薄味厚，陰也，降也。入足少陰、厥陰、少陽經。益腎清熱，固精收濇，治氣虛崩帶，斂虛汗，止虛渴，除煩滿，心脇下痞熱堅滿，祛留熱在關節營衛，虛熱去來不定，利水濕，化老痰，軟積氣之痞，消疝瘕積塊，癭疾結核。方書更治遺精赤白濁，小便數及不禁，洩血，消癉脇痛，癲癇，瘧。牡蠣單生無偶而左顧者，當屬一陽，故《本經》所主，皆少陽所生病復。啟閉候潮，誠應開闔之關鍵，陰陽之樞紐者之頤。收斂浮越之正氣，又益精氣，蓋入腎而能收濇不泄之功無已。病虛而多熱者，宜同地黃、甘草用之權。入足少陰為耎堅之劑，以柴胡引之，能去脇下硬；以茶引之，能消項上結核；以大黃引之，能消股間腫；以地黃為使，能益精收濇止小便，腎經血分藥也海藏。以貝母為使，能消積癖痰結。同麻黃根作散，斂陰汗。共杜仲煎湯，固盜汗。和澤瀉為劑，主髓疽日深嗜臥述。同生地、黃芪、龍眼、棗仁、麥冬、五味、白芍、茯神、黃蘗、當歸，治心腎虛盜汗。同黃蘗、五味、地黃、山萸、枸杞、車前、沙苑、蓮鬚、杜仲，治夢遺洩精。加牛膝，兼治赤白濁。同地黃、黃蘗、阿膠、木耳炒黑、香附、白芍、地榆、麥冬、續斷、青蒿、鼈甲、蒲黃，止婦人崩中及赤白帶下。牡蠣地黃丸：生地三兩、牡蠣煅一兩、天冬二兩半、人參一兩半、當歸童便浸一宿燒二兩半、車前子三兩、栝蔞一兩為細末，薑汁糊丸梧子大，每空心服五十丸。如足腫，炒葶藶湯下；脇下痛，鹽薑湯下；潮熱小便赤，梔豉湯下；腹痛，芍藥甘草湯問服，飲食少無味，人參湯下。此海藏《醫壘元戎》方也。凡補陽虛而投牡蠣者頗多，其入於補陰劑中殊不數見，據其立論主治，固在滋陰追熱矣。然又有行濕之義存焉。同車前用可見。所云脾胃積濕，塞其水路，肝臟血少，以漬腎臟，故熱也，數語見濕之為病，不獨病乎陽，亦能病乎陰。然則此味益精，不徒以純陰為功，蓋有妙於化陰者矣。增損理中丸，治結胸服大小陷胸不效者，人參三兩、白术二兩、炮薑五錢，甘草、栝蔞、牡蠣各三兩，枳實炒二十四個，黃芩一兩，為細末，煉蜜丸彈子大，白湯半盞煎服，不歇，復與之不過五六，胸中豁然矣。本方渴加栝蔞根，不渴者除之；汗者加牡蠣，不汗者勿用。按結胸服大小陷胸而不效者，緣下傷胃氣，不能任祛邪之劑，而邪熱仍結也，故用參、术、乾薑理中，而以牡蠣、栝蔞、黃芩導邪下行。要知胃之三脘，皆在任脈，牡蠣補腎中之陰氣者也，用此於理中內，則陽得至陰以召之而歸元矣。虛勞之豬肚丸可與相參。小便淋閉，服血藥不效者，牡蠣粉、黃檗炒，等分為末，每服一錢，小茴香湯下取效。小便數，牡蠣五兩燒灰，小便三升，煎二升，分三服神效。按淋閉用黃檗、牡蠣，滋陰除熱是矣。至便數，却止同小便煎，此可見有召陽歸陰之義，特借小便以調水化而出之原耳。至如大病後水氣，仲景有牡蠣澤瀉散；百合病渴不瘥，又以牡蠣、栝蔞根主之。同一牡蠣，或引以益水之原，或更以導水之壅，其功可思。

論：牡蠣為鹹水結成，塊然無情之物也，然其房因潮來而開，潮不至則合，是在化機中無情而大有情者。夫潮汐之消長應月，月屬陰，陰生於陽，日者眾陽之母也，潮固依於月，而亦附於日，是故盈於朔望，消於朏魄，朔後月未成明曰朏，望後月始生魄曰魄。虛於上下弦，息於輝朒。月將漸圓曰輝，朔而月見東方曰朒。而潮有大小焉，使牡蠣之結，不屬於潮氣，何以開合俱應於潮歟？天左旋，日月亦因之左旋，潮依月附日者也，故牡蠣之因潮而結者亦左顧。其應陰精之月，而假無成有，泡幻立堅，則所得陰氣最厚，得陰凝之厚，乃隨潮以為開合，則其陰附於陽，陽化於陰之氣機宛然在矣。海中有魚獸，取其皮懸之，潮至則毛皆起，蓋氣盛而類應，有不知其所以然者。繆氏謂其味鹹，屬水屬陰而潤下，善除一切留熱，為腎經血分藥，試本其所以然者暢言之。蓋因潮而結者，緣於陰中有陽，陰固資生於陽也，開合復應於潮者，質雖屬陰，却由陰能召陽而歸於陰者，即能化其陰以清陽也，本召陽歸陰之功而能收濇，本化陰清陽之功而能耎堅消結，清熱除濕，陰召陽以歸，復得陽以化，而陽即由陰而清。是以病於陽虛者，遺濁、洩瀉、自汗、盜汗、小便數及不禁之類。投益陽之味，或兼除濕，即以茲味之召陽而歸陰者，使陰化於陽。病於陽實者，溲血、消癉、癎證之類。投清陽之味，或兼滋陰，即以茲味之化陰而清陽者，使陽宅於陰。又或宜補陽而陰亦虛，補陽恐其益燥，則若虛勞之猪賭丸，即以其化陰者而歸陽，宜補陰而陽亦虛，補陰慮其滋滯，則若惡寒之巴戟丸，即以其召陽者而化陰。若是之變化，舉二方可以類推也。人生本於天一之水，陰陽固為互根，而潮具有依陰附陽之氣，化此味秉其氣化以為人身氣化之治，即以療夫水液痰血之病，其根陰而和陽，即之頤不離水相之義也。歷觀方治，多有益陽之虛，以是召之歸陰而為益陰地者，即止言益陰，尚未悉其所以然也。若於收濇而止以固脫言之，於開結而止以軟堅言之，則試即收濇與耎堅破結參其不相謀之功，亦知茲味之召陽歸陰，所以能收濇。化陰清陽，所以能耎堅。乃其所以超於海水之諸凝結者歟。凡病虛而多熱者，宜用仲淳。即虛寒諸證，用補陽之劑而投此，不忌，以其召陽歸陰，尤為療虛寒者之所先也。

辨治：取殼以頂向北、腹向南視之，口斜向東為左顧，尖頭大者勝，先用鹽水煮一時，後入火煅紅，研粉用。

清・葉桂《本草再新》卷一〇 牡蠣味鹹，性溫，無毒。入心、肝、腎三經。治遺精崩帶，止嗽斂汗，化痰消核，固大小腸，清熱滋水，治虛勞煩渴，溫瘧赤痢，為肝腎血分之藥。

清・趙其光《本草求原》卷一七介部 牡蠣 鹹潮所結，水氣最厚，故氣微寒而平。金水合德，能制木火之浮越，且單生偶，而口左顧，又入一陽膽經，故治少陽寒熱，傷寒傳入少陽，而寒熱往來，仲景有柴胡龍骨牡蠣湯。溫瘧洒洒，單熱瘧背洒洒然，即白虎證中背微惡寒，為火欲發而不能徑達，宜鹹寒泄之。驚恚怒氣，怒在心而發在肝。筋急筋緩，肝病。鼠瘻，即瘰癧，是三焦與膽木火鬱也。骨節留熱，寒入膀胱、腎故。血虛營熱。肝主營，金能制。其開，應潮長；其闔，應潮退：得開合之樞機。又鹹能降陽歸陰，寒能化陽益陰。陽歸陰益，則水火調而開閉合度。故治遺濁、崩淋、尿血、泄瀉、尿數或不禁、自汗盜汗，陽虛證：遺精有桂枝龍蠣湯，赤濁有子午丸，尿血有牡蠣散，泄瀉有五味子丸，自汗有牡蠣散，盜汗有柏仁散，尿數有菟絲子散，尿不禁有桑螵蛸散，皆用之。又陰虛證：同杞、地、車、柏治遺濁；同地、柏、芍、榆、蒲黃、青蒿、鱉甲治崩帶；同地、冬、芪、芍、神、棗、黃柏止盜汗；同黃柏炒末，小茴湯下治淋閉；燒灰用水煎，止尿數；同麻黃根作散，收陰汗；同杜仲煎，固盜汗；又同蛤粉、糯米粉，撲亡陽汗多，隨陽之虛實皆可用。世人但以收澀目之，何以陽虛者不慮其鹹降，陽亢者不患其斂澀耶？虛勞虛熱，營虛惡寒。陰陽兩虛，補陽則燥，補陰則滯，惟收陽以益陰為宜。故虛勞症有豬肚丸，惡寒有巴戟丸，並用之。又水濕所生，能利水濕化痰。論見龍骨。味鹹能軟堅，故入血而治赤痢，消疝瘕、痞積、塊瘻、結核、同貝母，消積癖痰結；同柴胡，去脇下硬；同茶，消項上結核；同大黃，消股間腫。心脇下堅滿痛。脾胃濕積，塞其水路，則肝無血以漬腎，致熱壅液停而病。同參、歸、地、蔞、天冬、車前，薑汁糊丸，鹽薑湯下。足腫加葶藶炒，尿赤加梔、豉，腹痛加芍、甘。結胸服陷胸湯無效。誤下傷胃，不堪大小陷胸之攻伐，宜理中湯理其中州，加苓、枳、花粉，牡蠣蜜丸，導邪下行。止渴，益水則止，仲景有牡蠣栝蔞根湯。去大病後水氣。仲景牡蠣澤瀉散以導水壅。久服強骨節，魂礨堅固，主堅強。殺邪鬼，平補肺，則清肅之威申也。延年。鹹寒益精之效。補陰，生研，外治煅粉。今人概用煅灰，灰豈能益陰哉？ 得甘草、牛膝、遠志、蛇床良。惡麻黃、吳萸。煅粉，敷金瘡、癰腫，雞子白調。撲自汗。

牡蠣肉俗名蠔。 甘，鹹，寒，無毒。調中解酒，止渴，治丹毒。以薑、醋生食。煮食，肥膚美顏。脾虛、精滑忌。

清・葉志詵《神農本草經贊》卷一 牡蠣 味鹹，平。主傷寒寒熱，溫瘧洒洒，驚恚怒氣，除拘緩，鼠瘻，女子帶下赤白。久服強骨節，殺邪氣，延年。一名蠣蛤。生池澤。

榮悴不知，止渴推厲。窋窱房分，嵯峨山勢。纖指紛柔，圓蹄懸綴。鯤化何殊，神鵬百歲。

《南史・傳》：車螯、蚶蠣，不悴不榮。張元素曰：蛤蠣之屬，能止渴也。張衡賦：望窋窱以徑廷。《說文》：嵯峨，山高貌。蘇頌曰：海旁附石而生，魂礨相連如房，呼為蠣房。初生止如拳石，漸長嶄巖如山，俗名蠔山。每房有肉，大者如馬蹄，小者如人指面。潘岳賦：冉弱紛柔。《汎舟錄》：鵝管懸綴。《莊子》：北冥有魚，其名曰鯤，化而為鳥，其名曰鵬。陶弘景曰：云是百歲鵰所化。

清・文晟《新編六書》卷六《藥性摘錄》 牡蠣 鹹，濇，微寒。入腎，濇精固氣，化痰軟堅，治瘰癧結核，血瘕，遺精崩帶，咳嗽盜汗，遺溺滑泄等症。或生用，或鹽水煮，煅成灰用。惡麻黃、細辛、吳萸、硇砂。

蠔肉 甘鹹，微寒。清火，調中，令人細肌膚，美顏色，解丹石毒。治酒後煩熱作渴者，食微加薑良。〇脾虛精滑者忌之。〇殼，燒灰，名牡蠣粉。濇精收汗，調雞子白，塗惡瘡良。並詳藥部。

清・張仁錫《藥性蒙求・魚鱗介部》 牡蠣四錢 牡蠣微寒，濇精止汗。消結化痰，育陰功擅。鹹以軟堅化痰，消瘰癧結核；濇以收脫，治遺精帶崩宜之。固大小腸。微寒以清熱補水，治虛勞煩熱。為肝腎血分之藥，虛而熱者宜之。鹽水煮一伏時，煅用。亦有生用者。〇得松羅茶能消項上結核，得地黃能濇(類)[精]。

清・王孟英《隨息居飲食譜・鱗介類》 蠣黃 甘，平。補五藏，調中，解丹毒，析酲止渴，活血充肌。味極鮮腴，海錯珍品，周亮工比為太真乳。殼名牡蠣，入藥。

清・屠道和《本草匯纂》卷一寒濇 牡蠣 耑入腎，兼入肝。鹹，濇，微寒。功耑入腎，軟堅化痰散結，收濇固脫。治傷寒寒熱，溫瘧洒洒，驚恚怒氣，除鼠瘻，強骨節，殺鬼，延年。除留熱在關節，營衛虛熱，去來不定，煩滿心痛氣結，除老血，濇大小腸，止大小便，去脇下堅滿，止心脾氣痛，小兒驚癇。凡瘰癧結核，血瘕，遺精，崩帶，咳嗽盜汗，遺尿滑泄，燥渴，溫瘧，赤痢等症，皆能有效。然鹹味獨勝，走腎斂濇居多，久服亦能寒中。煅成粉用。此屬海氣化成。

清・戴葆元《本草綱目易知錄》卷五 牡蠣蠔 鹹，平，微寒。能消胸膈煩滿，以瀉水氣，使痞者消，硬者耎，入少陰經血分。生用，散邪，強骨節，殺邪鬼，清熱除濕，化痰耎堅。治傷寒寒熱，溫瘧洒洒，咳嗽喉痹，驚恚怒氣。消項肥瘰癧鼠瘻，散脇肋堅滿氣痹。除留熱在關節，營衛虛熱，去來不定，煩滿氣結，風熱風瘧。煅用，止汗澁精，補腎安神，治男子虛勞煩悶，消渴飲水，自汗盜汗，夢遺便溏，鬼交精出。止心脾氣痛，痢下赤白，消疝瘕積塊，澁大小腸，止大小便。女子崩中帶下，小兒驚癇。同龍骨粉身，止大人小兒盜汗。麻黃根、蛇床子、乾薑為粉，撲陰汗。【略】

肉：甘，溫。煮食，解丹毒，治虛損，止渴調中，婦人血氣。以薑、醋生食，療酒後煩熱。炙食甚美，令人細肌膚，美顏色。

清・黃光霽《本草衍句》 牡蠣 和血瀉肝，清腎去熱。為肝腎血分之藥。補心肺之虛，瀉腎肝之邪。斂無形之氣，化散有形之聚結。寒能清熱補水，止渴除煩。降逆除濕。鹹可消痰軟堅，瘰癧結核。疝瘕老血。澀固肺氣，縮小便而厚大腸。收斂心神，止虛汗而療夢洩。帶濁崩中，溫瘧寒熱。去脇下之堅滿，咳嗽癇驚。退骨熱之虛勞，心痛氣結。味鹹入足少陰經，功耑降逆止汗。得柴胡去脇下硬，得松羅茶能消項上結核，得大黃能消股間腫，得地黃能澀精，得元參、甘草、臘茶治瘰癧奇效。 百合變渴，傷寒傳成百合病，如寒無寒，如熱無熱，欲臥不臥，欲行不行，飲食不食，口苦便赤，得藥則吐，利變成渴疾，久不痊者，用牡蠣熬二兩，天花粉二兩，為末服。 心脾氣痛，氣實有痰者，牡蠣煅粉，酒服二錢。 虛勞盜汗，牡蠣粉、麻黃根、黃耆，等分為末，煎水溫服。 水病囊腫，牡蠣煅粉三兩，乾薑炮一兩，研末，調糊掃上，須臾囊熱如火，乾即再上，小便利即愈。一方：葱汁、白麵同調。小兒不用乾薑。

清・陳其瑞《本草撮要》卷九　牡蠣　味鹹，入足少陰經，功專軟堅降逆止汗。得柴胡去脇下硬，得松蘿茶消項上結核，得大黃消股間腫，得地黃澀精，得元參、甘草、臘茶治瘰癧奇效，亦有加貝母者。有寒者忌用。煅用生用俱可。貝母為使，惡吳萸、細辛、麻黃，得蛇床、遠志、牛膝、甘草良。肉名蠣黃，甚美。

清・李桂庭《藥性詩解》　賦得牡蠣澀精而虛汗收得收字。李慶霖。　牡蠣消痰嗽，培陰使汗收。澀精功最大，補腎力偏優。

前題田春芳　牡蠣鹹寒品，消痰使嗽瘳。滑精尤可澀，虛汗倍能收。

按：牡蠣本蛤蚌之類，性味鹹寒，功專化痰止嗽，斂汗養陰，澀精補腎，益榮軟堅，為肝腎血分之藥。虛熱者宜，有寒者禁。用鹽水煮，煅粉用。

清・仲昴庭《本草崇原集說》卷一　牡蠣　【略】仲氏曰：物理有淺深兩層，《崇原》闡聖教故深，《經讀》導後學故淺，以深包淺，以淺形深，看似分途，實係合轍。然必熟讀《靈》《素》《論》《略》者，始足以知之。又曰：牡蠣內服生用，外敷煅開取粉。又曰：牡蠣從形性解到主治，而後仲景聖法昭然。此理惟唐人孫思邈、明人喻嘉言，或能索解，曲高寡和，斯之謂歟！

清・毛祥麟《對山醫話》卷四　牡蠣一名蠔山，附石而生，磈礧相連如房，故亦名蠣房。以是海氣所化，體用皆陰，本草故言能治虛損煩熱。余嘗用以潛陽，較勝於鰒。陶隱居本《通典》：老雕入海化為珬。云是百歲雕所化。按：珬即螺類，然蠣生石間，堅實不動，類雖屬介，迥異螺蚌。說恐未然，近人疎方，每書左牡蠣，蓋以左顧為牡也。陳海藏嘗非之，謂是鹹水結成，塊然不動，陰陽之道，何由而生？考《南州志・蠣房贊》，亦有牝牡異斑句，似牝牡又可以斑辨矣。顧余嘗驗之，所謂左右者，以其附石不移，順流旋轉，水激成紋，非真有雌雄之別也。

蚌

宋・唐慎微《證類本草》卷二二蟲魚部下品〔宋・掌禹錫《嘉祐本草》新分條〕　蚌　冷，無毒。明目，止消渴，除煩，解熱毒，補婦人虛勞，下血并痔瘻，血崩帶下，壓丹石藥毒。以黃連末內之，取汁，點赤眼并暗，良。爛殼粉，飲下，治反胃，痰飲。此即是寶裝大者。又云：蚌粉，冷，無毒。治疳，止痢并嘔逆。癰腫，醋調傳，兼能制石亭脂。新見日華子。

〔宋・唐慎微《證類本草》〕《圖經》：文具馬刀條下。

陳藏器：據陶云大蛤乃蜯。按蜯，寒，煮之，主婦人勞損，下血，明目，除濕，止消渴。老蜯含珠，殼堪爲粉，爛殼爲粉，飲下，主反胃，心胸間痰飲。生江溪渠瀆間。陶云大蛤，誤耳。《食療》云：蜯，大寒。主大熱，解酒毒，止渴，去眼赤。動冷熱氣。《丹房鏡源》：蜯粉制硫黃。

宋・王繼先《紹興本草》卷一七　蚌蛤　紹興校定：蚌，《本經》雖具主治，而有服餌、外用之說，皆非所宜。惟以殼燒粉外用塗傅瘡腫者，間亦用之，餘無驗據。《本經》云性冷、無毒者是矣。海多產之。

宋・鄭樵《通志》卷七六《昆蟲草木略》　蚌之類多。《爾雅》云：蜃，小者珧。即小蚌也。一名玉珧，可飾佩刀削。《詩傳》云天子玉琫而珧珌是也。《山海經》：激女水中多蜃珧。今廣州東南道極多，人取以摩作碁子鬻之。

宋・劉明之《圖經本草藥性總論》卷下　蚌蛤　冷，無毒。明目，止消渴，除煩解熱毒，補婦人虛勞下血，并痔瘻，血崩帶下，壓丹石藥毒，以黃連末內之。取汁，點赤眼並暗眼。爛殼粉飲下，治反胃痰飲。又云：蚌粉，冷，無毒。治疳止痢并嘔逆。癰腫，醋調傳，兼能制石亭脂。《食療》云：大寒。主大熱，解酒毒，止渴，去眼赤，動冷熱氣。

宋・陳衍《寶慶本草折衷》卷一七《蟲魚部中品》　蚌一作蜯。汁在內。一名蚌蛤。○又云：一名蝏蛢。○俗號蛢。○蝏，音亭；蛢，蒲幸切。生江溪渠瀆間。

冷，無毒。○明目，止消渴，除煩，解熱毒，補婦人血，并痔瘻帶下，壓丹石毒。以黃連末內之取汁，點赤眼暗，良。○《食療》云：解酒毒，動冷熱氣。

新分蚌一作蜯。粉　用爛蚌殼研製。亦有燒成者。○所出與蚌同。

冷，無毒。○治反胃痰飲，治疳止痢，嘔逆。癰腫，醋調傳。兼制石亭脂。自前條分。

續說云：宥師《必效方》治脾疼，以真蚌粉研細，沸湯點貳錢服之。或用醋調服，忌食生冷。又暑月發熱痱音沸，偏體赤瘟，或疼或痒，以此粉裛傳，最涼肌除痱。近世多以南康軍出者為勝。

元・忽思慧《飲膳正要》卷三　蚌　冷，無毒。明目，止消渴，除煩，解熱毒。

元·尚從善《本草元命苞》卷八　蚌　冷，無毒。除煩解熱，止消渴，明目，斷下痢，治疳。補婦人虛勞下血，療痔漏帶下崩中。蜆肉壓丹石藥毒，蛤粉墜痰涎反胃。

元·吴瑞《日用本草》卷五　蚌　味甘，冷，無毒。螺、蚌同芥菜食，令人心氣痛。　主止消渴，除煩解熱，補婦人虛勞下血，痔漏，血崩帶下。　殼：煅白，名蚌粉。無毒。治疳，止痢，并嘔逆。癰腫，醋調傅之。

明·王綸《本草集要》卷六　蚌　性冷，無毒。丹溪云：　濕中有火。主婦人虛勞下血，并痔瘻血崩帶下。又止消渴，除煩熱，壓丹石毒。以黄連末納之，取汁點赤眼并暗良。○爛殼粉飲下治反胃痰飲，又蚌粉治疳止痢，醋調傅癰腫。

明·滕弘《神農本經會通》卷一〇　蚌　氣冷，無毒。一云：　寒。《本經》云：　明目，主消渴，除煩，解熱毒。補婦人虛勞，下血，并痔瘻，血崩帶下。壓丹石藥毒。以黄連末內之，取汁點赤眼并暗，良。爛殼粉，飲下，治反胃痰飲，此即是寶裝大者。又云：　蚌粉，冷，無毒。治疳止痢，并嘔逆。癰腫，醋調傅。兼能制石亭脂。陳藏器云：　據陶云，大蛤乃蜯。按蜯寒，煮之，主婦人勞損下血，明目，除濕，止消渴。老蚌含珠，殼堪為粉。爛蛤為粉，飲下，主反胃，心胸間痰飲。生江溪渠瀆間。陶云大蛤，誤耳。《食療》云：　蜯，大寒。主大熱，解酒毒，止渴，去眼赤。動冷熱氣。《丹房鏡源》云：　蜯粉，制硫黄。丹溪云：　濕中有火。

明·劉文泰《本草品彙精要》卷三一　蚌蛤無毒。

蚌蛤：　主明目，止消渴，除煩，解熱毒，補婦人虛勞下血，并痔瘻血崩，帶下。○爛殼粉飲下，治反胃，痰飲。○蚌粉，冷，無毒。治疳，止痢并嘔逆。癰腫，醋調傅。兼能制石亭脂。名醫所錄。　【名】蜃。　【地】《圖經》曰：　生江湖池澤，及東海間皆有之，此即寶裝大者也。○謹按《埤雅》云：　蚌孚乳以秋，聞雷聲則瘷，其孕珠若懷妊然，故謂之珠胎。一名蜃，乃蚌之大者也。物有非其類而化者，若牡蠣、蚌蛤，無陰陽牝牡，須雀、鴿以化，故蚌之久者能生珠，專一於陰也。《海物異名記》曰：　蜃，布泥有疆界，其蒸氣爲樓臺。《月令》云：　雉入大水爲蜃是也。　【時】生：　十月。採：　無時。　【用】殼及肉。　【質】類馬刀而闊大。　【色】青白。　【味】微甘。　【性】冷。　【氣】味厚於氣，陰也。　【臭】腥。　【主】止煩渴，消酒毒。　【治】療：《別錄》云：　除濕，清大熱。　【合治】以黄連末內蚌中，取汁點赤眼并暗，良。　【禁】多食動冷病。　【解】壓丹石藥毒。

明·盧和、汪穎《食物本草》卷四魚類　蚌　性冷，無毒。主婦人虛勞下血并痔瘻，血崩，帶下，止消渴，除煩熱，壓丹石毒。以黄連末內之，取汁，點赤暗眼良。爛殼飲下，治反胃痰飲。又蚌粉，治疳，止痢，醋調傅癰腫。

明·鄭寧《藥性要略大全》卷一〇　蚌蛤　止消渴，除煩，解熱毒，補女婦虛勞不足，併痔瘻血崩，壓丹石藥毒。以黄連末納之取汁，搽赤眼。其爛殼粉，飲下治翻胃、痰飲。其蛤粉又治疳，止痢併嘔逆。又醋調傅癰腫。

明·寧源《食鑒本草》卷上　蚌蛤　性大冷，無毒。明目，止消渴，解大熱毒，消瘡腫痔瘻，補婦人虛勞下血、赤白帶下，解丹石藥毒。新增治疳，止痢并嘔逆。癰腫，醋調傅，兼能制石亭脂。以黄連末內之，取汁點赤眼并暗，良。爛殼飲下，治翻胃痰飲。

明·王文潔《太乙仙製本草藥性大全》卷八《本草精義》　蜯蛤　生江湖池澤、東海，今在處有之。陶云：　大蛤蜯也。按：　蜯性寒，其類最多，俱蜯也。主大熱，解酒毒。

明·王文潔《太乙仙製本草藥性大全》卷八《仙製藥性》　蚌蛤　味甘、鹹，性冷，無毒。　主治：　止消渴除煩而解熱毒，補婦女虛勞損傷不足。血崩帶下堪止，丹石藥毒服良。治痔瘻捷劑，明眼目神方。以黄連末納口內取汁，能點赤眼并盲。爛殼粉米飲調下，翻胃痰飲相當。

蚌肉　味甘，作脯可食，功惟醒酒，去熱驅煩。　補註：　治兒胞衣不出，苦酒服真珠一兩。○療子死腹中方：　真珠二兩爲末，酒調服盡立出。○難産，取真珠末一兩，和酒服之立産。卒忤停尸不能言，真珠末，以鷄冠血和丸小豆大，以三四入口中。○主鎮安魂魄，珠蜜方：　煉真珠如大豆，以蜜一蜆殼，和一服與一豆許，日三，尤宜小兒矣。　太乙曰：　須取新净者，以絹袋盛之，然後用地榆、五花皮、五方草三味各四兩，細剉了，又以牡蠣約重四五斤已來，先置於平底鐺中，以物四向搘令穩，然後著真珠於上了，方下剉了三件藥，籠之，以漿水煮三日夜，勿令火歇，日滿出之，用甘草湯淘之令净，後於臼中擣令細，以絹羅重重篩過，却更研二萬下了用。凡使，要不傷破及鑽透者，方可用也。

明·皇甫嵩《本草發明》卷六

蚌蛤冷，無毒。　主明目，消渴，除煩解熱毒。補婦人虛勞下血，并痔瘻血崩，下壓丹石藥毒。以黃連末納之，取汁點赤眼并暗良。○老蚌爛殼粉，飲下，治反胃痰飲。又治疳止痢，并嘔逆。醋調，傅癰腫，兼能治石亭脂。蚌蛤之類最多。

明·李時珍《本草綱目》卷四六介部·蚌蛤類

蚌宋《嘉祐》

【釋名】時珍曰：蚌與蛤同類而異形。長者通曰蚌，圓者通曰蛤。故蚌從丰，蛤從合，皆象形也。後世混稱蛤蚌者，非也。

【集解】弘景曰：雀入大水爲蜃。蜃即蚌也。藏器曰：生江漢渠瀆間，老蚌含珠，殼堪爲粉。非大蛤也。時珍曰：蚌類甚繁，今處處江湖中有之，惟洞庭、漢沔獨多。大者長七寸，狀如牡蠣輩；小者長三四寸，狀如石決明輩。其肉可食，其殼可爲粉。湖沔人皆印成錠市之，謂之蚌粉，亦曰蛤粉。古人謂之蜃灰，以飾墻壁，闉墓壙，如今用石灰也。

肉　【氣味】甘、鹹，冷，無毒。宗奭曰：性微冷。多食，發風動冷氣。震亨曰：馬刀、蚌、蛤、螄、蜆，大同小異。寇氏止言冷，而不言濕。濕生熱，熱久則氣上升而生痰生風，何冷之有。

【主治】止渴除熱，解酒毒，去眼赤孟詵。明目除濕，主婦人勞損下血藏器。除煩，解熱毒，血崩帶下，痔瘻，壓丹石藥毒。以黃連末納入取汁，點赤眼、眼暗日華。

蚌粉　【氣味】鹹，寒，無毒。日華曰：能制石亭脂。《鏡源》曰：能制硫黃。

【主治】諸疳，止痢并嘔逆。醋調，塗癰腫日華。爛殼粉治反胃，心胸痰飲，用米飲服藏器。解熱燥濕，化痰消積，止白濁帶下痢疾，除濕腫水嗽，明目，搽陰瘡濕瘡疿痒時珍。

【發明】時珍曰：蚌粉與海蛤粉同功，皆水產也。治病之要，只在清熱行濕而已。日華言其治疳。近有一兒病疳，專食此粉，不復他食，亦一異也。

【附方】新六。　反胃吐食：用真正蚌粉，每服稱過二錢，搗生薑汁一盞，再入米醋同調送下。《急救良方》。　痰飲咳嗽：用真蚌粉新瓦炒紅，入青黛少許，用淡虀水滴麻油數點，調服二錢。《類編》云：徽宗時，李防禦爲入內醫官時，有寵妃病痰嗽，終夕不寐，面浮如盤。徽宗呼李治之，詔令供狀，三日不效當誅。李憂惶技窮，與妻泣別。忽聞外叫賣：咳嗽藥一文一帖，喫了即得睡。李市帖視之，其色淺碧。恐藥性獷悍，併二服自試之，無他。乃取三帖爲一，入內授妃服之。是夕嗽止，比曉面消。內侍走報，天顏大喜，賜金帛直萬緡。李恐索方，乃尋訪前賣藥人，飲以酒，厚價求之，則此方也。云自少時從軍，見主帥有此方，剽得以度餘生耳。　癰疽赤腫：用米醋和蚌蛤灰塗之。待其乾，即易之。《千金》。　雀目夜盲：遇夜不能視物。用建昌軍螺兒蚌粉三錢，爲末，水飛過，雄猪肝一葉，披開納粉扎定，以第二米泔煮七分熟，仍別以蚌粉蘸食，以汁送下。一日一作。與夜明砂同功。《直指方》。　脚指濕爛：用蚌蛤粉乾搽之。《壽域》。　積聚痰涎：結于胸膈之間，心腹疼痛，日夜不止，或乾嘔噦食者，炒粉丸主之。用蚌粉一兩，以巴豆七粒同炒赤，去豆不用，醋和粉丸梧子大，每服二十丸，薑酒下。丈夫臍腹痛，茴香湯下。女人血氣痛，童便和酒下。孫氏《仁存方》。

明·梅得春《藥性會元》卷下

蚌蛤　性冷，無毒。　主明目，止消渴，除煩，解熱毒。補婦人虛勞下血，并痔瘻，血崩帶下，壓丹石藥毒。以黃連末內之，取汁點赤眼并暗昏良。　爛殼粉：　飲下，治反胃痰飲，此即是寶裝大者。止疳及痢，并嘔逆、癰腫，醋調傅。兼能制石亭脂。蚌、蜆二味，大同小異。《衍義》言其冷，不言其濕。多食則發痰，以其濕中有火，久則氣上升而不降，因生痰多熱，熱則生風，何之？

明·穆世錫《食物輯要》卷七

蚌　肉，味甘、鹹，性冷，無毒。壓丹石藥毒，解酒除熱，止渴去濕。治目赤，五痔，崩漏。

明·張懋辰《本草便》卷二

蚌　性冷，無毒。濕中有火。　主婦人虛勞下血，并痔瘻，血崩帶下。又止消渴，除煩熱，壓丹石毒。爛殼粉飲下，治反胃，痰飲。又蚌粉治疳止痢，醋調傅癰腫。

明·吳文炳《藥性全備食物本草》卷三

蚌蛤　味甘鹹，性冷，無毒。止消渴，除煩解熱，補婦女虛損勞傷不足，止血崩帶下，壓丹石藥毒，療痔瘻，明眼目。

殼：　用陳爛者，研細末，米飲下，治翻胃痰飲累効。

明·倪朱謨《本草彙言》卷一九

蚌殼粉　味鹹，氣寒，無毒。沉也，降也。入手太陰、足陽明經。　李氏曰：蚌類繁多，今處處江湖間有之，惟洞庭、漢、沔獨多。與蛤同類而異形。長者通曰蚌，圓者通曰蛤。故蚌從丰，蛤從合，皆象形也。後世蛤、蚌渾稱者非。蚌大者長七寸，狀如牡蠣，小者長三四寸，狀如石決明。其肉可食，老者內有真珠。其殼可爲粉。湖、沔人水和印成錠子市貨，謂之蚌粉。用以飾墻壁、闉墓壙，甚堅固。

蚌殼粉：　化痰積，定咳嗽，解濕熱，李時珍止白濁白帶之藥也。釋醫臨水曰：蚌，水產也。殼研爲粉，其體沉墜，其性寒潤而滑。治病之要，只在行濕、清熱、化痰而已。如宋醫李防禦治濕痰咳嗽，肺氣壅閉，面浮喘腫者；

而日華子治膀胱濕熱不清，爲淋、爲癃、爲濁、爲帶；或小兒脾熱疳積，爲痢、爲脹諸證。膀胱爲水府，此藥味鹹水化，氣類相從，故兼用之。但性惟寒降，諸病屬脾肺虚寒而無火者，須禁用之。

集方：《類編》方治濕痰發嗽，終夕不寐，喘促，面浮腫如盤。用蚌殼粉研極細一兩，真青黛三錢，共研勻，每蚤晚各食前服一錢五分，白湯調服。○《方脉正宗》治男婦小便淋瀝、痛澀，或白濁白帶。用蚌殼粉研極細一兩，車前子六錢炒黄，同研細，每早晚各食前服二錢，燈心湯調下。

續補方：孫仁存方治痰涎積聚，結于胸膈心腹作疼，日夜不止，或乾嘔噦食者。用蚌殼細粉一兩，巴豆仁十粒同炒，豆焦黑，去豆不用，以紅麯六錢作末，醋打糊丸梧子大。每服三十丸，薑酒下。○《方脉正宗》治湯泡火燒疼痛。用蚌殼細粉，不拘多少，用香油調塗患上，不痛不瘢而愈。

明・應麐《食治廣要》卷七 蚌 氣味：甘、鹹，冷，無毒。主治：止渴除熱，解酒毒，去眼赤，明目。丹溪曰：馬刀、蚌、蛤、螄、蜆，大同小異。

明・姚可成《食物本草》卷二一介部・蚌蛤類 蚌 蚌類甚繁。今處處江湖中有之，惟洞庭、漢沔獨多。大者長七寸，狀如牡蠣；小者如石決明。其肉可食。其殼可為粉，湖沔人皆印成錠市之，謂之蚌粉。古人謂之蜃灰，以飾墻壁，闉墓壙，如今用石灰也。

蚌肉：味甘、鹹，冷，無毒。止渴除熱，解酒毒，去眼赤。明目除溼，主婦人勞損下血，帶下，痔瘻，壓丹石毒。以黄連末納入，取汁，點赤眼、眼暗。

蚌粉：味鹹，寒，無毒。治諸疳，止〔痢竝嘔〕逆。醋調，塗癰腫。爛殼粉：治反胃，心胸痰飲，解〔熱燥〕溼，化痰消積，止白濁帶下痢疾，除溼腫水嗽，明目，搽陰瘡溼瘡痱痒。○宋徽宗時，李防禦為入内醫官時，有寵〔妃〕病痰嗽，終夕不寐，面浮如盤。徽宗呼李治之，詔令供狀，三日不效當誅。李憂惶技窮，與妻泣別。忽聞外叫賣：咳嗽藥一文一貼，喫了即得睡。李市一貼視之，其色淺碧。恐藥性獷悍，併二服自試之，無他。乃取三貼為一，入内授妃服之，是夕嗽止，比曉面消，内侍走報，天顔大喜，賜金帛值萬緡。李恐索方，乃尋訪前人，飲以酒，厚價求之。云自少時從軍，見主帥有此方，竊得以度餘生耳。其方見左。

附方：治痰飲欬嗽。即前宋徽宗妃服驗方也。用蚌粉新瓦炒紅，入青黛少許，用淡虀水滴麻油數點，調服二錢。治反胃吐食。用蚌粉二錢，薑汁一盞，米醋同調送下，立效。治癰疽赤腫。用米醋和蚌粉塗之，乾則再易，以消為度。治雀盲，夜視不明。用建昌軍螺兒蚌粉三錢，水飛過，雄猪肝一葉，批開納粉扎定，以第二米泔煮熟，仍別以蚌粉蘸食，以汁送下。一日一作。與夜明砂同功。治脚指濕爛。用蚌粉摻之，雖日久不愈者，用此即痊。

明・顧逢柏《分部本草妙用》卷一〇水族部 蚌 甘，鹹，冷，無毒。東垣曰：蚌冷而濕，濕生熱，熱久氣上升而生痰生風，何冷之有？主治：止渴除熱，去眼赤，解酒毒，崩帶痔瘻。以黄連末納入，取汁點眼妙。其粉治諸疳止利，塗腫毒，解熱燥濕，化痰消積，白湯下。搽陰瘡濕瘡痱癢。

按：蚌粉與海蛤同功，治病只在清熱行濕而已。同薑汁服蚌粉，可治反胃。再入米醋，同調送下。

明・孟笨《養生要括・介類》 蚌 味甘、鹹，冷，無毒。止渴除熱，解酒毒，去眼赤。明目除濕，主婦人勞損下血。除煩，解熱毒，血崩帶下，痔瘻，壓丹石藥毒。以黄連末納入取汁，點赤眼眼暗。蚌粉，治諸疳，止痢并嘔逆，醋塗癰腫。〔多食發風，動冷氣。雀入大水，即蚌也。〕

爛殼粉：治反胃，心胸痰飲，用米飲服。化痰消積，止白濁，帶下痢疾，除濕腫水嗽，明目，搽陰瘡、濕瘡、痱癢。

明・施永圖《本草醫旨・食物類》卷五 蚌 蚌與蛤同類而異形。長者通曰蚌，圓者通曰蛤。○雀入大水為蜃，蜃即蚌也。 肉：味：甘、鹹，冷，無毒。多食發風，動冷氣。治：止渴除熱，解酒毒，去眼赤。明目，除濕，主婦人勞損下血。除煩，解熱毒，血崩帶下，痔瘻，壓丹石藥毒。以黄連末納入取汁，點赤眼、眼暗。

蚌粉：味：鹹，寒，無毒。能制石亭脂，能制硫黄。治諸疳，止痢并嘔逆。醋調塗癰腫。爛殼粉，治反胃，心胸痰飲，用米飲服。解熱燥濕，化痰消積，止白濁、帶下、痢疾，除濕腫水嗽，明目，搽陰瘡、濕瘡、痱痒。蚌粉與海蛤粉同功，皆水產也。

附方 反胃吐食：真正蚌粉，每服稱過二錢，搗生薑汁一盞，再入米醋同調，送下。癰疽赤腫：用米醋和蚌蛤灰塗之，待其乾即易之。脚指濕爛：用蚌蛤粉乾搽之。

清・顧元交《本草彙箋》卷九 蚌粉 與海蛤粉同功，皆水產也。治病之要，只在清熱行濕而已。雀入大水爲蜃。蜃，即蚌也。老蚌含珠，殼堪爲粉。蚌長而蛤圓。痰飲咳嗽，用真蚌粉，新瓦炒紅，入青黛少許，每用淡虀水，滴麻油數點，調服。癰疽赤腫者，用米醋和蚌蛤灰塗，乾即易之。或加冰片。

清・穆石匏《本草洞詮》卷一七　蚌　蚌與蛤同類異形，長者曰蚌，圓者曰蛤。雀入大水為蜃，蜃即蚌也。蚌肉甘鹹，蚌粉鹹，並寒，無毒。主解熱燥濕，化痰消積，明目止嘔，治白濁帶下，痢疾。蓋濕生熱，熱久則氣上升，而生痰生風。蚌粉與蛤粉同功，惟在清熱行濕而已。

清・丁其譽《壽世秘典》卷四　蚌　《月令》雉入大水為蜃，蜃即蚌也。其類甚繁，處處江湖中有之，惟洞庭、漢沔獨多。大者長七八寸，狀如牡蠣；小者長三四寸，狀如石決明。其肉可食，其殼可為粉。湖沔人皆印成錠，市之，謂之蚌粉。古人謂之蜃灰，以飾牆壁，如今用石灰也。　氣味：鹹，冷，無毒。止渴除熱，解酒毒，去眼赤，壓丹石毒。

蚌粉　氣味：鹹，寒，無毒。治諸疳，止痢，醋調塗癰腫《日華本草》。解熱燥濕，化痰消積，止白濁、帶下、痢疾，除濕腫水嗽，明目，搽陰瘡、濕瘡、痱癢《本草綱目》。　發明寇宗奭曰：蚌性冷，多食發風濕，動冷氣。蚌粉與海蛤粉同功，清熱行濕而已。

清・張志聰《侶山堂類辯》卷下　蚌蛤　介蟲三百六十，皆具堅甲之象。感金氣而生，金生水也，外剛內柔，離之象也。故蚌蛤之肉，皆主清涼；在外之殼，又能燥濕，是一物而有水火寒熱之分焉，非惟蚌蛤之為然也。如坎為水，水生木，其于木也，為堅多心，是木皮之清涼者，其心則熱，又非惟木之為然也。凡物之極寒者必有熱，極熱者必有寒。蓋物極則變，變則生化。〇玉師曰：如麻黃大發汗，而根節又能止汗；西瓜大涼，而子性大熱。

清・劉雲密《本草述》卷二九　蚌　時珍曰：蚌與蛤同類而異，形長者通曰蚌，圓者通曰蛤。故蚌從中，蛤從合，皆象形也。後世混稱蛤蚌者，非也。

蚌粉　氣味：微鹹，寒，無毒。　主治：反胃，心胸痰飲，用米飲服藏器。解熱燥溼，化痰消積，止白濁帶下時珍。　時珍曰：蚌粉與海蛤粉同功，皆水產也。治病之要，只在清熱行溼而已。日華子言其治疳，近有一兒病疳，專食此粉，不復他食，亦一異也。

附方　反胃吐食，用真正蚌粉，每服稱過二錢，搗生薑汁一盞，再入米醋同調，送下。　痰飲咳嗽，用真蚌粉新瓦炒紅，入青黛少許，用淡虀水滴麻油數點，調服二錢。　此方即宋徽宗時，李防禦得之軍卒者。防禦為內醫官時，有寵妃病痰嗽，終夕不寐，面浮如盤。徽宗呼李治之，令供狀三日不效，當誅。李憂惶技窮，忽聞外叫賣咳嗽藥，言服此即得睡。李市二貼，自服之無他，乃取三貼為一進妃服之，是夕嗽止，比曉面消。上甚喜，賜金帛無算。李恐索方，尋前賣藥人，以厚價求之而得。　積聚痰涎，結於胸膈之間，心腹疼痛，日夜不止，或乾嘔噦食者，炒粉丸主之，用蚌粉一兩，以巴豆七粒同炒赤，去豆不用，醋和粉丸梧子大，每服二十丸，薑酒下。丈夫臍腹痛，茴香湯下。女人血氣痛，童便和酒下。

愚按：蚌不分湖海，俱應月而胎珠。夫月乃至陰之精，然借光於日，是則至陰之中，固有至陽也。應氣以生者蚌，謂其殼粉不因至陰之氣以清熱，而陰中有陽者以利溼乎？　時珍云：江湖蚌粉與海蛤粉同功，但無鹹水浸漬，止能清熱利溼而已。雖然，蚌殼粉亦有微鹹，以俱原於水也。第其收陰歸陽之功，實不及海粉，投劑宜酌之。

清・尤乘《食鑒本草・介類》　蚌　止渴除熱，解酒明目，去赤脈，女人下血。

清・朱本中《飲食須知・魚類》　蚌肉　味甘、鹹，性冷。多食發風，動冷氣。馬刀肉，有毒。

清・何其言《養生食鑒》卷下　蚌肉大者長六七寸，小者長三四寸，狀如石決明類。　味甘，鹹，性冷，無毒。止渴，除熱，解酒毒，去眼赤，治痔瘻，壓丹石毒，止婦人血崩帶下。虛寒人忌之。多食動風痰，冷氣。

清・王翃《握靈本草》卷九　蚌粉即蛤粉。　主治：蚌粉，鹹，寒，無毒。主諸疳，止痢，嘔逆，解熱燥濕，化痰消積，止濁帶、下痢。

清・李熙和《醫經允中》卷二三　蚌　甘，鹹，冷，無毒。主治止渴除熱，去眼赤，解酒毒，痔瘻。以黃連末納入，點眼妙。其粉治諸疳，塗腫毒，解熱燥濕，化痰消積，白湯下，與海蛤同功。搽陰瘡、濕瘡、痱癢。

清・张璐《本經逢原》卷四　蚌　肉，甘，寒；殼，鹹，寒。無毒。　發明：蚌與蛤皆水產，而蛤則生鹹水，色白，入肺，故有軟堅積化頑痰之功。蚌生淡水，色蒼，入肝，故有清熱行濕，治雀目夜盲之力。蓋雀目則肝腎之病也。初生小兒啞驚，活蚌水磨墨滴入口中，少頃下黑糞而愈。生蚌炙水，治湯火傷甚效。古方用治諸水，清神定魄，以大蚌向月取水是也。

清・葉盛《古今治驗食物單方》　蚌　反胃，蚌殼煅二錢，薑汁、米醋同調下。　痰飲咳嗽，蚌粉炒紅，入青黛少許，用淡齏水，滴麻油數點，調服二錢。　脚縫爛瘡，蚌粉摻之。

清・王子接《得宜本草・下品藥》　蚌水功專止渴除煩。　蚌粉治久嗽不止。

清・吴儀洛《本草從新》卷六　蚌粉〔清濕熱。〕　鹹，寒。解熱燥濕，化痰消積，明目療疳。治反胃，心胸痰飲。米飲調服。除濕腫火嗽，《類編》方：蚌粉新瓦炒紅，入青黛少許，用淡齏水滴麻油數點，調服二錢。止痢并嘔逆。塗癰腫，醋調。搽陰瘡、濕瘡、痱癢。肉，鹹，冷。除熱止渴，去濕解酒，明目去赤。治下血血崩，帶下痔瘻。　蜆粉、蜆肉與蚌同功。

清・汪紱《醫林纂要探源》卷三　蚌　鹹，寒。即江湖池澤中蛤蚌之大者。清熱滲濕，解渴除煩，醒酒，利小便。凡蚌類，皆有鹹味，皆能輭堅，不必在海中者。

殼：　鹹，寒。煅灰，治頑痰，止咳嗽，清心保肺。煅灰則味兼辛苦，故瀉肺降逆，加以鹹之能消頑痰，則咳嗽無不自愈矣。

清・嚴潔等《得配本草》卷八　蚌殼粉　制石亭脂、硫黄。　甘、鹹，冷。止渴除熱。解酒毒，去赤眼。　多食發風動氣。　殼粉制石亭脂、硫黄。　鹹，寒。清熱行濕。　得青黛、齏菜水，治痰飲咳嗽。配米醋，調塗癰疽赤腫。

題清・徐大椿《藥性切用》卷八　蚌粉　性味鹹寒，清熱利濕，明目療疳。蚌肉，甘冷，清熱明目。多食寒中。蜆粉、蜆肉，與蚌同功。

清・李文培《食物小錄》卷下　蚌　甘，鹹，冷，無毒。止渴，除熱，解酒毒。多食發風，動冷氣。　馬刀、蚌、蛤、蝛、蜆大同小異。

清・趙學敏《本草綱目拾遺》卷一〇介部　蚌淚　蚌中水也。蚌生淡水中，色蒼入肝，故有清熱行溼治雀目夜盲之力。《綱目》載蚌肉及蚌粉功用，獨遺其殼內所含之水，不知此水乃真陰天一之精，入藥最廣，特為補其缺。

清熱安胎，消痰除溼，解酒積，丹石藥毒。

初生小兒啞驚：　《逢原》云：　用活蚌水磨墨滴入口中，少頃下黑糞而愈。

湯火傷：　用生蚌炙水塗之。

清・章穆《調疾飲食辯》卷六　蚌　陶隱居曰：　雉入大水為蜃，即蚌也。

按：　蜃有二，一蛟蜃，一蛤蜃。雉能化蛇，又產蛟，其所化乃蛟蜃，非蛤蜃也。陶説誤。但雀入大水為蛤，乃蚌屬耳。《綱目》曰：　蚌類甚多，長者曰蚌，圓者曰蛤。今混呼蚌蛤，非也。其肉，日華子曰：　除煩，解熱毒，治血崩帶下。入黄連末，取汁點眼赤。《洗冤錄》曰：　入冰片末少許，化汁塗湯火傷。《食療》曰：　除熱，解酒毒。《拾遺》曰：　明目，除濕，主婦人勞損下血有熱者。然性偏冷，故《衍義》曰：　多食發風動冷氣。凡諸蚌蛤肉，性皆冷，能動風，中寒及風損人忌之。而《拾遺》所謂除濕者，凡水生之物皆能勝濕也。劉因曰：　魚、鼈、蠃、蜆治濕氣而生於水，麝香、羚羊治石氣而生於山。朱震亨乃云：　寇氏止言冷不言濕，濕生熱，熱久則氣上升而生痰生風，何冷之有。夫蚌能勝濕，豈反生濕；性本冷，豈反生熱。《綱目》於此等邪説不知駁正，乃復混同引入，使稂莠亂苗，可謂無識。蓋震亨全然聾瞽，其於百病，盡扯入痰字，故先着濕字，輾轉牽引，可鄙可惡。殼，燒研為粉，名蚌灰，用飾墻垣，闉墓壙，如用石灰。亦可入藥。日華子曰：　治諸疳，止利。醋調敷癰腫。《綱目》曰：　解熱燥濕，止白濁帶下，除濕腫水嗽，欬而面腫，小便不利，胸膈間有水氣者，為水嗽。明目，擦陰瘡、濕瘡、痱癢。《壽域神方》用治脚指間濕爛。癢者加枯礬，痛甚者加滑石。

清・楊時泰《本草述鉤元》卷二九　蚌粉　長者通曰蚌，圓者通曰蛤，混稱非是瀕湖。

味微鹹，氣寒。主反胃心胸痰飲，用米飲服。解熱燥濕，化痰消積，止白濁帶下。其治要只在清熱行濕而已，日華子更言治疳。反胃吐食，真正蚌粉每服二錢，搗薑汁一盞，入米醋同調下。痰飲咳嗽，終夕不寐，面浮如盤，真蚌粉新瓦炒紅，入青黛少許，用淡齏水滴麻油數點調服二錢，得睡嗽止，面腫亦消。痰涎結於胸膈間，心腹疼痛不止，或乾嘔噦食者，炒粉丸主之。蚌粉一兩以巴豆七粒同炒赤，去豆，醋和粉丸梧子大，每服二十丸，薑酒下，丈夫臍腹痛，茴香湯下，女人血氣痛，童便和酒下。

論：　蚌不分江湖，俱應月而胎珠。夫月以至陰之精，借光於日，是至陰之中固有至陽也，應氣以生諸蚌，則其殼粉詎不因至陰之氣以清熱，而陰中有陽者以利濕乎。蓋江湖蚌粉，其味亦有微鹹，第其收陰歸陽之功，實不及海粉，投劑宜酌之。

清・葉桂《本草再新》卷一〇　河歪味甘、鹹，性寒，無毒。入肝、腎二經。治肝熱腎衰，托斑疹，解痘毒，清涼止渴。

蚌粉味鹹，性寒，無毒。入肝、肺、胃三經。　解熱燥濕，化痰破積，明目消翳。治反胃，開心胸痰飲，止痛止嘔。

清・趙其光《本草求原》卷一七介部　蚌肉　色青入肝，甘、鹹，冷，入脾腎，無毒。清熱行濕。治雀目、夜盲，肝腎病。小兒啞驚，活蚌水磨墨，滴口中，得下黑糞即愈。目赤昏，以黃連納入取汁點。血崩帶下，皆濕熱病。痔瘻、湯火傷。生炙水塗。解酒熱、丹砒石毒。生研灌。古人取方諸水以清神魂，用蚌向月取水也。凡海中牡蠣、蛤蜊、蜆肉功用俱略同。

蚌殼粉：　枯殼生研，治反胃、生薑汁、醋調下。雀目、同夜明砂入豬肝內煮食。痰嗽、炒紅，同青黛末，用齏汁、麻油調下。痰積胸膈痛嘔。同巴豆炒，去豆，醋為丸。以薑酒下。臍腹痛，茴香湯下。明目消翳、止痢。煅灰，塗癰腫，醋塗。摻脚趾濕爛，皆清熱利濕也。其功與蛤粉相似。

清・文晟《新編六書》卷六《藥性摘錄》　蚌肉　甘鹹，性冷。止渴除熱，解酒毒，去眼赤，治痔瘻。虛寒忌之。多食動風痰冷氣。

清・王孟英《隨息居飲食譜・鱗介類》　蚌　甘、鹹，寒。清熱滋陰，養肝，涼血息風，解酒，明目，定狂，崩帶痔瘡，竝堪煨食。大者為勝。多食寒中，外感未清、脾虛便滑者皆忌。

清・劉善述、劉士季《草木便方》卷二蟲介鱗甲部　蚌殼　長蚌殼鹹治痢疳，赤白帶濁痰咳餐，心胸反胃解濕熱，諸淋陰瘡痱痒丹。蛤殼，火煅名蛤粉。

清・戴葆元《本草綱目易知錄》卷五　蚌　肉，甘、鹹，微冷。煮食，止渴，清熱明目，除濕去煩，解酒毒，去眼赤，解熱毒，主婦人勞損，下血崩帶，痔瘻，壓丹石毒。以黃連末納入，取汁點赤眼，眼暗。多食發風，動冷氣，停濕化熱而生痰。【略】

蚌粉：　鹹，寒。解熱燥濕，消積化痰，明目止痢。米飲服，治反胃吐食，心胸痰飲，白濁帶下，水嗽嘔逆，除濕腫，療諸疳。醋調，塗癰腫，擦陰瘡，濕瘡，痱痒。

清・陳其瑞《本草撮要》卷九　蚌粉　味鹹，寒，入手足太陰、足厥陰經。功專解熱，燥濕化痰，消積明目。久嗽不止，治嗽以粉新瓦上炒紅，入青黛少許，用淡齏水滴麻油數點，調服神效。蚌水功專止渴除煩。蜆粉、蜆肉與蚌同功。生蜆肉浸水洗痘癰無瘢。蜆粉塗濕瘡。

清・吳汝紀《每日食物却病考》卷下　蚌　性冷，無毒。止渴，除煩熱，解酒毒，治婦人虛勞、下血，并痔瘻、血崩、帶下。蚌粉與蛤粉同功。陶弘景曰：　雀入大水化為蜃。蜃即蚌也。

馬刀

宋・李昉《太平御覽》卷第九九三　馬刀　《本草經》曰：　馬刀，味辛，微寒。生池澤。治補中，漏下赤白，留寒熱，破石淋，殺禽獸賊鼠。生江漢。《范子計然》曰：　馬刀出河東。《吳氏本草經》曰：　馬刀，一名齊蛤古納切。神農、岐伯、桐君：　鹹，有毒。扁鵲：　小寒，大毒。生池澤江海。採無時也。

宋・唐慎微《證類本草》卷二一蟲魚部中品〔唐・陳藏器《本草拾遺》〕

齊蛤　遠志注陶云：　遠志畏齊蛤。蘇云：　《藥録》下卷有蛤，而不言功狀。注又云：　蠟畏齊蛤。按齊蛤如蛤，兩頭尖小，生海水中。無別功用，海人食之。

宋・唐慎微《證類本草》卷二二蟲魚部下品〔《本經・別錄》〕　**馬刀**　**味辛，微寒，**有毒。**主漏下赤白，寒熱，破石淋，殺禽獸賊鼠，**除五藏間熱，肌中鼠鼷蒲剝切，止煩滿，補中，去厥痹，利機關。用之當鍊，得水爛人腸。又云得水良。一名馬蛤。生江湖池澤及東海。取無時。

〔梁・陶弘景《本草經集注》〕云：　李云生江漢中，長六七寸，漢間人名爲單音善姥，亦食其肉，肉似蜯。今人多不識之，大都似今蜯音亭蜭蒲辛切而非。方用至少。凡此類皆不可多食，而不正入藥，惟蛤蜊煮之醒酒。蜆殼陳久者止痢。車螯音敖、蚶火甘切蠣、蝛乎咸切蜼音進之屬，亦可爲食，無損益，不見所主。雉入大水變爲蜃，蜃音腎云是大蛤，乃是蜯爾，煮食諸蜊蝸與菜，皆不利人也。

〔宋・掌禹錫《嘉祐本草》〕按：　《蜀本圖經》云：　生江湖中，細長，小蚌也。長三四寸，闊五六分。

〔宋・蘇頌《本草圖經》〕曰：　馬刀，生江湖池澤及東海，今處處有之。蜯蜭亦謂之蚌，蚌與蜯同之類也。長三四寸，闊五六分以來，頭小銳，多在沙泥中，江漢間人名爲單姥，亦食其肉，大類蚌，方書稀用。蚌蛤之類最多，蚌肉壓丹石毒。殼爲粉，以傅癰腫，又可制石亭脂。爛殼研飲，主翻胃及胃中痰。蛤蜊，主老癖，能爲寒熱者。蜆殼，陳久者止痢。蚶，補中益陽，所謂瓦屋是也。蝛蜼似蛤而長扁，殼主痔。蟶，主胸中邪熱，與丹石人相宜。淡菜，補五藏，益陽，浙江謂之殼菜，此皆有益於人者。餘類實繁，藥品所不取，不可悉數也。

宋・寇宗奭《本草衍義》卷一七　馬刀　京師謂之⿰火臿岸，春夏人多食，然發風痰，性微冷。又順安軍界河中亦出蝛，大抵與馬刀相類，肉頗澹。人作鮓以寄鄰左，又不能致遠。亦發風。此等皆不可多食。今蛤粉皆此等衆蛤灰也。

宋・王繼先《紹興本草》卷一七　馬刀　紹興校定：馬刀，如蚌蛤之類，別是一種之物。《本經》雖具性味、主治，然非起疾良藥，况未聞入方用驗。當云性冷，有毒是矣。江海多產之。

元・尚從善《本草元命苞》卷八　馬刀　味辛，微寒，有毒。主漏下赤白寒熱，去厥痺，能利機關。殺禽獸賊鼠，止煩滿，補中，除五臟間熱。壓丹石藥毒。生江湖池澤，今在處有之。長三四寸，闊五六分，頭小銳。多在沙泥。江漢人謂之單姥。音善母。

元・朱震亨《本草衍義補遺》　馬刀　與蛤、蚌、螄、蜆大同小異，屬金而有水、木、土。《衍義》言其冷而不言濕。多食發疾，以其濕中有火，久則氣上升而不降，因生痰，痰生熱，熱生風矣。何冷之有？

明・王綸《本草集要》卷六　馬刀　味辛，氣微寒，有毒。丹溪云：濕中有火。主漏下赤白寒熱，破石淋，殺禽獸、賊鼠。

明・滕弘《神農本經會通》卷一〇　馬刀　一名馬蛤。

味辛，氣微寒，有毒。《本經》云：主漏下赤白，寒熱，破石淋，殺禽獸賊鼠，除五臟間熱，肌中鼠鼷，止煩滿，補中，去厥痺，利機關。用之當鍊，得水爛人腸。又云得水良。丹溪云：與蛤、蚌、螄、蜆大同小異，屬金而有水木土。《衍義》言其冷，而不言濕，多食發痰，以其濕中有火，久則氣上升而不降，因生痰多，熱則生風矣。而謂其冷乎，何冷之有？

明・劉文泰《本草品彙精要》卷三一　馬刀有毒。　化生。

馬刀出《神農本經》：主漏下赤白，寒熱，破石淋，殺禽獸賊鼠。以上朱字《神農本經》。除五臟間熱，肌中鼠鼷蒲利切，止煩滿，補中，去厥痹，利機關。用之當鍊。得水爛人腸。又云得水良。以上黑字名醫所錄。【名】馬蛤。【地】《圖經》曰：生江湖池澤及東海，今處處有之。蝏音亭蛢蒲幸切，亦謂之蚌。之類也。長三四寸，闊五六分，頭小銳多，在沙泥中，江漢間人名爲單姥音母，亦食其肉，方書稀用也。《衍義》曰：馬刀，京師人謂之⿰火臿丑涉切岸，春夏人多食。又順安軍界河中亦出蝛，大抵與馬刀相類，此等皆不可多食，過多則發風也。【時】生：無時。採：無時。【用】肉。【質】類蚌而狹銳。【色】青黃。【味】辛。【性】微寒。【氣】氣之薄者，陽中之陰。【臭】腥。【主】臟熱，石淋。【禁】多食發風疾。

明・盧和、汪穎《食物本草》卷四魚類　馬刀　味辛，微寒，有毒。主漏下赤白，寒熱石淋。殺禽獸賊鼠。

明・王文潔《太乙仙製本草藥性大全》卷八《本草精義》　馬刀　一名馬蛤，京師謂之⿰火臿岸。生江湖池澤中及東海，在處皆有之。細長小蚌也，長三四寸，闊五六分以來，頭小銳，多在沙泥中，江漢間人名爲單姥，亦食其肉，大類蚌。方書稀用。

明・王文潔《太乙仙製本草藥性大全》卷八《仙製藥性》　馬刀　味辛，氣微寒，有毒。主治：主漏下赤白寒熱，破石淋，殺禽獸賊鼠，肌中鼠鼷。除五臟間熱，止煩渴補中，去厥痹功多，利機關驗準。

明・皇甫嵩《本草發明》卷六　馬刀味辛、鹹，微寒。丹溪云：濕中有火，主漏下赤白寒熱，破石淋，殺禽獸賊鼠，除五藏熱，肌中鼠主漏下赤白寒熱，破石淋，殺禽獸賊鼠，肌中鼠鼷，止煩滿，補中，去厥痺，利機關。用之當鍊。得水爛人腸。又云得水良。

明・李時珍《本草綱目》卷四六介部・蚌蛤類　馬刀《本經》下品。校正：併入《拾遺》齊蛤。

【釋名】馬蛤《別録》　齊蛤吴普　蜌《爾雅》。音陛。　𧊅品、脾、排三音。出《周禮》。　蝏蛢音亭𧊅。　單姥音善母。　⿰火臿岸⿰火臿音掣。時珍曰：俗稱大爲馬，其形象刀，故名。曰蛤、曰𧊅、皆蚌字之音轉也，古今方言不同也。《説文》云：圓者曰蠣，長者曰𧊅。江漢人呼爲單姥，汴人呼⿰火臿岸。《吴普本草》言馬刀即齊蛤，而唐宋本草失收，陳藏器重出齊蛤，今併爲一。

【集解】《別録》曰：馬刀生江湖池澤及東海。取無時。弘景曰：李當之言：生江漢，長六七寸，食其肉似蚌。今人多不識，大抵似今蝏蛢而未見方用。韓保昇曰：生江湖中細長小蚌也。長三四寸，闊五六分。頌曰：今處處有之。多在沙泥中，頭小銳，人亦謂之蚌。藏器曰：齊蛤生海中。狀如蛤，兩頭尖小。海人食之，別無功用。時珍曰：馬刀似蚌而小，形狹而長。其類甚多，長短大小，厚薄斜正，雖有不同，而性味功用大抵則一。

殼煉粉用。　【氣味】辛，微寒，有毒。得水，爛人腸。又云得水良。恭曰：得火良。時珍曰：按吴普云：神農、岐伯、桐君：鹹，有毒。扁鵲：小寒，大毒。藏器曰：遠志、蠟，皆畏齊蛤。　【主治】婦人漏下赤白，寒熱，破石淋，殺禽獸，賊鼠《本經》。能除五藏間熱，肌中鼠鼷，止煩滿，補中，去厥痹，利機關《别録》。消水瘻、氣瘻、痰飲時珍。

肉同蚌。

明・梅得春《藥性會元》卷下 馬刀 味辛，微寒，有毒。 主治漏下赤白，寒熱，破石淋，殺禽獸賊鼠，除五藏間熱，肌中鼠鼷，止煩滿補中，利肌關。用之當鍊，得水爛人腸。又云得水良。一名馬蛤。

明・穆世錫《食物輯要》卷七 馬刀 肉，功用同。

明・吴文炳《藥性全備食物本草》卷三 馬刀 在處有之，長三四寸，闊五六分，頭小鋭形如斬馬刀，多在沙泥中，即蚌之類也。味辛，微寒，有毒。破石淋，主漏下赤白寒熱，殺禽獸鼠莽毒，除五臟間熱、肌中鼠鼷，止煩滿，補中，去厥痺，利機關。用之當鍊，得水爛人腸。肉可為鮓，然發風痰。

丹溪云：馬刀與蚌、蛤、蚶、蜆、螺螄大同小異，屬金而有水木土。《衍義》言其冷，而不言濕。多食發疾，以其濕中有火，久則氣上升而不降，因生痰多，熱則生風矣。何冷之有？今蛤粉皆此類為之。

明・姚可成《食物本草》卷一一介部・蚌蛤類 馬刀生江湖中，今處處有之，細長小蚌也。長三四寸，闊五六分，有類於刀。亦多在泥沙中。海人捕而烹之。 馬刀肉：味甘，寒，無毒。主明目除熱，止渴，解酒毒。治婦人勞損下血，功用大抵與蚌相同。 殼：主婦人漏下赤白，寒熱，破石淋，殺禽獸、賊鼠。除五臟間熱，肌中鼠鼷，止煩滿，補中，去厥痹，利機關，消水瘻、氣瘻、痰飲。

明・孟笨《養生要括・介類》 燔岸 肉：功同蚌。

殼煉粉用：治婦人漏下赤白，寒熱，破石淋，殺禽獸賊鼠。能除五臟間熱，肌中鼠鼷，止煩滿，補中，去厥痹，利機關，消水瘻、氣瘻、痰飲。真珠，龍珠在頷，蛇珠在口，魚珠在眼，鮫珠在足，蚌珠在腹，鱉珠亦在足，真珠入厥陰肝經，故能安魂定魄，明目。治聾，又止遺精白濁，解痘疔毒，下死胎胞衣。

清・丁其譽《壽世秘典》卷四 馬刀《爾雅》曰蜌，《周禮》曰蠯，即江湖中細長小蚌也。似蚌而小，形狹而長。其類甚多，長短大小，厚薄斜正，雖有不同，而性味功用，大抵則一。

殼煉粉用：氣味：辛，微寒，有毒。得水爛人腸。主消水瘻、氣瘻、痰飲。

清・何其言《養生食鑒》卷下 馬刀長三四寸，闊五六分，頭小鋭，形如斬馬刀，多在沙泥中。 馬刀肉：味甘，性微寒，無毒。止煩滿，去五臟間熱，消水瘻、痰飲。 殼：有毒。化粉得水，能爛人腸。

清・章穆《調疾飲食辯》卷六 馬刀 《綱目》曰：《爾雅》曰：蜌，蠯。《説文》曰：修為蠯，圓為蠇。《周禮》曰：脾折蠯醢。江漢人呼單母，汴人呼燔岸，《吴普本草》曰齊蛤，《别錄》曰馬蛤，陶隱居曰蜌蛀。形似蚌而小，狹長。其殼粉有毒。得水爛人腸，又曰得水良。《唐本草》曰：得火良。既係毒物，得水、得火皆不得云良。 肉性同蚌肉。

按：馬刀殼粉，既云能爛人腸，合諸《本經》能殺禽獸賊鼠之語，明明大毒之物，肉又安能如蚌肉之無毒乎，不宜輕食。

清・葉志詵《神農本草經贊》卷三 馬刀 味辛，微寒。主漏下赤白，寒熱，破石淋，殺禽獸賊鼠。生池澤。即齊蛤。

喧撈泥浦，巧類刀裁。夜侵燈影，寒孕珠胎。瓊研粉細，紫吐唇開。短長狹正，眾體兼該。

元稹詩：泥浦喧撈蛤。蘇頌曰：多生沙泥中。張蠙詩：夜蚌侵燈影。《埤雅》：蚌孚乳以秋，其孕珠若懷妊然，謂之珠胎。蘇恭曰：殼煉粉得火良。孔平仲詩：報君以淮南紫唇之蛤。李時珍曰：其形像刀，其類甚多，長短斜正，性味功用皆同。傅咸賦：體該眾妙。

清・文晟《新編六書》卷六《藥性摘錄》 馬刀 長三四寸，闊數分，頭小鋭，生沙泥中。甘，微寒。止煩滿，去五臟間熱，消鼠瘻、痰飲。○殼，有毒。化粉，得水，能爛人腸。

清・戴葆元《本草綱目易知錄》卷五 馬蛤馬刀、蠯。 鹹，微寒，有毒。補中，去厥痹，利機關，止煩滿，破石淋。治婦人漏下赤白，寒熱，消水瘻，氣瘻，痰飲，能除五臟間熱。殺禽獸賊鼠。其肉性同蚌肉。

蝛蜼

宋・唐慎微《證類本草》卷二二蟲魚部下品〔宋・掌禹錫《嘉祐本草》新分條〕 蝛蜼 殼燒作末服之，主痔病。新見陳藏器〔宋・唐慎微《證類本草》〕《圖經》：文具馬刀條下。

陳藏器：蝛呼咸切蜼音進，一名生進。有毛似蛤，長扁，殼燒作末服之，主野雞病。人食其肉，無功用也。

宋・陳衍《寶慶本草折衷》卷一七 蝛蜼殼灰肉附。○今從本條服用，綴以灰字。一名生進。生東海《圖經》。

主痔病。〇陳藏器云：　有毛似蛤，長扁。

附：　肉。〇無功用。

明・滕弘《神農本經會通》卷一〇　蝛蠘　有毛，似蛤長扁。《本經》云：　殼，燒作末服之，主痔病。陳藏器云：　殼，燒作末服之，主野雞病。人食其肉，無功用也。

明・劉文泰《本草品彙精要》卷三一　蝛蠘無毒。

蝛火咸切蠘：　殼燒作末服之，主痔病。名醫所錄。　【名】生進。　【地】《圖經》曰：　此種亦蚌屬，其形似蛤，長匾而有毛，生江海，及湖澤中有之，人取殼爲藥，食其肉無功用也。　【時】生：　無時。採：　無時。　【用】殼。【色】青黑。　【臭】腥。　【製】燒灰爲末用。　【治】療：　陳藏器云：　主野雞病，燒作末服之，效。

明・王文潔《太乙仙製本草藥性大全》卷八《本草精義》　蝛蠘：　一名生蠘。舊本俱不載所出州土，今在處有之。其形有毛，似蛤而長扁，殼燒作末服之，主野雞病。人食其肉，無功用也。

明・王文潔《太乙仙製本草藥性大全》卷八《仙製藥性》　蝛蠘　似蛤。殼燒灰作末服之，主痔疾之神方。

明・李時珍《本草綱目》卷四六介部・蚌蛤類　蝛蠘音咸進。宋《嘉祐》。

【釋名】生蠘《嘉祐》　蝛蛤《水土記》　【集解】藏器曰：　蝛蠘生東海。似蛤而扁，有毛。頌曰：　似蛤而長，身扁。宗奭曰：　順安軍界河中亦有之。與馬刀相似。肉頗冷，人以作鮓食，不堪致遠。

殼　【主治】燒末服，治痔病藏器。

肉宗奭曰：　多食發風。

明・吴文炳《藥性全備食物本草》卷三　蝛蠘　似蛤而長扁，有毛。肉味淡，性冷，人食之無功用。殼燒灰作末，米飲下，治痔疾神効。

明・姚可成《食物本草》卷一一介部・蚌蛤類　蝛蠘音咸進。生東海，順安軍界河中亦有之。似蛤而扁，有毛。亦與馬刀相似。肉頗冷，人以作鮓食，不堪致遠。

蝛蠘，味鹹，平，無毒。主利大、小腸，多食發風。

殼　燒末服，治痔病。

清・章穆《調疾飲食辯》卷六　蝛蠘　《嘉祐本草》曰生蠘。《水土記》曰蝛蛤。《衍義》曰：　形似馬刀，肉性冷。多食發風，亦非佳物也。

蜆

宋・唐愼微《證類本草》卷二二蟲魚部下品〔宋・掌禹錫《嘉祐本草》新分條〕　蜆音顯　冷，無毒。治時氣，開胃，壓丹石藥及丁瘡，下濕氣。下乳，糟煮服，良。生浸取汁，洗丁瘡。多食發嗽并冷氣，消腎。陳殼，治陰瘡，止痢。蜆肉，寒，去暴熱，明目，利小便，下熱氣，脚氣，濕毒，解酒毒，目黃。浸取汁服，主消渴。爛殼，溫，燒爲白灰飲下，主反胃吐食，除心胸痰水。殼陳久，療胃反及失精。新見《唐本》注、陳藏器、日華子。

〔宋・唐愼微《證類本草》〕《圖經》：　文具馬刀條下。

陳藏器：　小於蛤，黑色，生水泥中，候風雨，能以殼爲翅飛也。《聖惠方》：　治卒欬嗽不止。用白蜆殼不計多少，擣研極細，每服米飲調下一錢匕，日三四服，妙。

宋・陳衍《寶慶本草折衷》卷一七　蜆音顯。汁在內。〇殼附。　生東海《圖經》水泥中。

冷，無毒。〇治時氣，開胃，壓丹石藥，下濕氣。下乳，糟煮服良。生浸取汁，洗丁瘡。多食發嗽并冷氣，消腎。去暴熱，明目，利小便，下熱氣，脚氣濕毒，解酒毒，目黃。浸汁服，主消渴。〇陳藏器云：　小於蛤，黑色。亦有白者。

附：　殼灰在內。〇溫。療胃反及失精，治陰瘡，止痢。又主反胃吐食，除心胸痰水，以爛殼燒白灰，飲下。又治卒欬嗽，用白蜆殼擣研極細，米飲調下壹錢匕，日三四服。以陳殼良。

元・尚從善《本草元命苞》卷八　蜆　冷，無毒。治風開胃。生浸取汁，洗丁瘡。糟煮食之，下乳汁。陳殼，療陰蝕，止渴，胃反失精。蜆肉，去暴熱，明目，濕毒脚氣。蜆殼，溫，燒為白灰，飲下，除心胸痰水。

明・滕弘《神農本經會通》卷一〇　蜆音顯　小於蛤，黑色，生於水中。用者宜辨之。

氣冷，無毒。　《本經》云：　治時氣，開胃，壓丹石藥及丁瘡，下濕氣，下乳，糟煮服良。生浸取汁，洗丁瘡。多食發嗽，并冷氣，消腎。陳殼，治陰瘡，止痢。蜆肉，寒。去暴熱，明目，利小便，下熱氣，脚氣濕毒，解酒毒目黃。浸取汁服，主消渴。爛殼，溫。燒為白灰，飲下，主反胃吐食，除心胸痰水。殼陳久者，療胃反及失精。丹溪云：　濕中有火。

明・劉文泰《本草品彙精要》卷三一　蜆無毒。

蜆音顯： 主時氣，開胃，壓丹石藥及疔瘡。下濕氣，下乳，糟煮服良。生浸取汁，洗疔瘡。○陳殼，治陰瘡，止痢。○肉，寒，去暴熱，明目，利小便，下熱氣，脚氣，濕毒，解酒毒目黄。浸取汁服，主消渴。○爛殼，溫，燒爲白灰飲下，主反胃，吐食，除心胸痰水。殼陳久，療胃反及失精。名醫所錄。

【地】《圖經》曰： 生江湖池澤，及水泥中處處有之。陳藏器言： 候風雨，亦能以殼爲翅飛也。【時】生： 無時。採： 無時。【收】暴乾。【用】肉、殼。【質】類蛤蜊而小。【色】青黑。【味】甘。【性】冷。【氣】味厚於氣，陰中之陽。【臭】腥。【合治】白蜆殼不計多少，擣研極細，合米飲調服一錢匕，日三四服，治卒欬嗽不止。【禁】多食發嗽，並冷氣，消腎。【解】肉，解酒毒。

明・盧和、汪穎《食物本草》卷四魚類 蜆 冷，無毒。辟時氣，開胃，壓丹石，去暴熱，明目，利水，下脚氣濕毒，解酒毒目黄。多食發嗽并冷氣，消腎。

明・鄭寧《藥性要略大全》卷一○ 蜆子 治時氣，開胃，下乳汁，去腳氣濕氣，糟煮食之良。多食發嗽併冷氣，消腎，去暴熱，明目，利小便，解酒毒、目黄。浸汁服，治消渴。又生浸汁，洗疔瘡。 味甘、鹹，性冷，無毒。其陳殼，治陰瘡、止痢及反胃失精。

明・寧源《食鑒本草》卷上 蜆肉 性冷，無毒。按《圖經》云： 小於蛤，黑色，生泥水中，候風雨，能以殼為翅飛也。治時行熱病，開胃口，行乳汁，利小便，去暴熱目病，消濕毒脚氣，解酒毒目黄。新增浸取汁服，主消渴。多食發嗽。 《外科集要》： 治疔疽惡毒，以蜆肉杵爛，塗之立消。 孫真人云： 治消渴，浸水飲之。 殼： 曾經風雨日久者尤佳。新增陳殼止陰瘡，止痢。 《神仙秘法》： 治翻胃吐食及化胸中痰涎，燒為白灰，米飲調方寸匕。

明・王文潔《太乙仙製本草藥性大全》卷八《本草精義》 蜆肉 舊本俱不載，今川澤處皆有之。陳藏器云： 小似蛤，黑色，多生在泥沙。每候風雨作時，以殼爲翅飛起。

明・王文潔《太乙仙製本草藥性大全》卷八《仙製藥性》 蜆肉 味甘、鹹，性冷，無毒。 主治： 肉取洗浄，糟煮服良。解酒毒濕毒面黄，去熱氣時氣目赤。開胃脘，壓丹石，下乳汁，利小便。生浸取汁盆盛，頻洗疔瘡尤效。消渴飲下，亦能解除。多食勿宜，發嗽消腎。爛殼燒白灰水飲，主反胃吐食，除寒膈積痰。陳殼杵細末湯吞，止邪夢失精，治陰瘡下痢。 補註： 治卒欬嗽不止，用白蜆殼不計多少，搗研極細，每服用米飲調下一錢匕，日三四服甚妙。

明・皇甫嵩《本草發明》卷六 蜆小，色黑，冷。 治時氣暴熱，解酒毒目黄，壓丹石藥，下乳汁。糟煮服良。生浸煮汁，洗丁瘡，解消渴。多食發嗽冷氣，消腎。○陳殼，杵細湯服，止遺精，止痢，治陰瘡。○爛殼，燒白灰，水飲，主反胃吐食，除心膈痰水。

明・李時珍《本草綱目》卷四六介部・蚌蛤類 蜆宋《嘉祐》 【釋名】扁螺時珍曰： 蜆，晛也。殼内光耀，如初出日采也。《隋書》云： 劉臻父顯嗜蜆，呼蜆爲扁螺。

【集解】藏器曰： 處處有之。小如蚌，黑色。能候風雨，以殼飛。時珍曰： 溪湖中多有之。其類亦多，大小厚薄不一。漁家多食之耳。

肉 【氣味】甘、鹹，冷，無毒。藏器曰： 微毒。多食發嗽，及冷氣消腎。【主治】治時氣，開胃，壓丹石藥毒及疔瘡，下濕氣，通乳，糟煮食良。生浸取汁，洗丁瘡蘇恭。去暴熱，明目，利小便，下熱氣脚氣濕毒，解酒毒目黄。浸汁服，治消渴日華。生蜆浸水，洗痘癰，無瘢痕時珍。

爛殼 【氣味】鹹，溫，無毒。【主治】止痢弘景。治陰瘡蘇恭。療失精反胃日華。燒灰飲服，治反胃吐食，除心胸痰水藏器。化痰止嘔，治吞酸心痛及暴嗽。燒灰，塗一切濕瘡，與蚌粉同功時珍。

【附方】舊一，新二。 卒嗽不止： 用白蜆殼擣爲細末，以熟米飲調，每服一錢，日三服，甚效。出《急救良方》。 痰喘咳嗽： 用白蜆殼多年陳者，燒過存性，爲極細末。以米飲調，每服一錢，日三服。《急救方》。 反胃吐食： 用黄蜆殼并田螺殼，并取久在泥中者，各等分，炒成白灰，每二兩，入白梅肉四個，搗和爲丸，再入砂盒子内，蓋定泥固，煅存性，研細末。每服二錢，用人參、縮砂湯調下。不然，用陳米飲調服亦可。凡覺心腹脹痛，將發反胃，即以此藥治之。《百一方》。

明・梅得春《藥性會元》卷下 蜆音顯。 性冷，無毒。 主治時氣，開胃，壓丹石藥及疔瘡，下濕氣，下乳，糟煮服良。生浸取汁洗疔瘡。多食發嗽并冷氣，消腎。 陳殼： 治陰瘡，止痢。 肉： 寒。明目，去暴熱，利小便，下熱氣脚氣，濕毒，解酒毒目黄。浸取汁服，主消渴。 爛殼： 燒為白灰，飲下，治反胃，吐食，除心胸痰水及失精。可用陳久者，良。

明・穆世錫《食物輯要》卷七　蜆　味甘、鹹，性冷，無毒。壓丹石毒，開胃，解酒，明目，治疔，去暴熱，利小水，通乳汁。多食，發嗽消腎，動冷氣。昝殷云：糟煮食，良。

明・吴文炳《藥性全備食物本草》卷三　蜆　小於蛤，黑色，生水泥中，候風雨能以殼為翅飛者。肉冷，無毒。去暴熱，明目，利小便，下熱氣，脚氣濕毒，開胃，解酒毒目黄。多食發嗽，并冷氣消腎。又煮汁飲，治時氣，壓丹石藥，下乳汁。生浸取汁服，止消渴，洗疔瘡。陳爛殼溫，燒灰飲下，主反胃吐食，除心胸痰水咳嗽不止，止痢及失精，治下痢。

明・姚可成《食物本草》卷一一介部・蚌蛤類　蜆處處有之。小如蚶，黑色。能候風雨，以殼飛。今蘇州之東北五湖曰陽城，出蜆甚多，漁人捕取，挖肉棄殼湖濱，堆積日久，巇嶫如山岩。

蜆肉　味甘、鹹，冷，無毒。治時氣，開胃，壓丹石毒及疔瘡，下溼氣，通乳汁，糟煮食良。生浸取汁，洗疔。去暴熱，明目，利小便，下熱氣脚氣溼毒，解酒毒目黄。浸汁服，治消渴。　殼　味鹹，溫，無毒。止痢，治陰瘡，療失精，反胃。燒灰服，治反胃吐食。除心胸痰水，化痰止嘔，治吞酸心痛及暴嗽。燒灰，塗一切溼瘡。

明・孟笨《養生要括・介類》　蜆〔多食發嗽及冷氣，消腎。〕　味甘、鹹，冷，無毒。治時氣，開胃，壓丹石藥毒及疔瘡，下濕氣。通乳，糟煮食良。生浸取汁，洗疔瘡。去暴熱，明目，利小便，下熱氣脚氣濕毒，解酒毒目黄。浸汁服，治消渴。生蜆浸水，洗痘癰無瘢痕。　殼　止痢，治陰瘡，療失精反胃。燒灰飲服，治反胃吐食，除心胸痰水。化痰止嘔，治吞酸心痛及暴嗽。燒灰，塗一切濕瘡，與蚌粉同。

明・施永圖《本草醫旨・食物類》卷五　蜆名扁螺。　肉：　味：　甘、鹹，冷，無毒。多食發嗽及冷氣，消腎。　治：　時氣，開胃，壓丹石藥毒及疔瘡，下濕氣。通乳，糟煮食良。生浸取汁，洗疔瘡。去暴熱，明目，利小便，下熱氣，脚氣濕毒，解酒毒目黄。浸汁服，治煩渴。生蜆浸水，洗痘癰無瘢痕。　爛殼：　味：　鹹，溫，無毒。　治：　止痢，治陰瘡，療失精反胃。燒灰飲服，治反胃吐食，除心胸痰水。化痰止嘔，治吞酸心痛及暴嗽。燒灰，塗一切濕瘡，與蚌粉同功。

附方　卒嗽不止：　用白蜆殼，搗為細末，以熟米飲調，每服一錢，日三服，甚效。　痰喘咳嗽：　用白蜆殼多年陳者，燒過存性，為極細末，以米飲調，每服一錢，日三服。　反胃吐食：　用黄蜆殼并田螺殼，並取久在泥中者，各等分，炒成白灰，每二兩入白梅肉四箇，搗和為丸，再入砂合子內蓋定，泥固，煅存性，研細末，每服二錢，用人參縮砂湯調下。不然，陳米飲調服亦可。

清・穆石匏《本草洞詮》卷一七　蜆　蜆，晛也。腹内光耀，如初出日采也。蜆肉甘鹹，寒，無毒。一云微毒。去暴熱，下濕氣，壓丹石毒，及疔瘡。多食發嗽，消腎。

清・丁其譽《壽世秘典》卷四　蜆溪湖中多有之，小如蚌，黑色，其類亦多，大小不一。　肉：　氣味：　鹹，冷，無毒。　主開胃，辟時氣，壓丹石毒，去暴熱，明目，利水，下脚氣濕毒，解酒毒，去目黄，通乳汁。搗汁塗疔瘡，浸水洗痘癰，無瘢痕。

爛殼：　氣味：　鹹，溫，無毒。　主化痰止嘔，治吞酸心痛及暴嗽。　燒灰塗一切濕瘡，與蚌粉同功。　發明陳藏器曰：　微毒，多食發嗽及冷氣，消腎。

清・尤乘《食鑒本草・介類》　蜆　多食發嗽及冷氣，消腎，功似蚌同。

清・朱本中《飲食須知・魚類》　蜆肉　味甘、鹹，性冷，微毒。多食發嗽及冷氣，消腎。

清・何其言《養生食鑒》卷下　蜆有黑、黄、大、小數種。　味甘、鹹，性冷，無毒。辟時氣，開胃，治丹石毒，去暴熱，明目，利水，下脚氣濕毒，通乳汁，治目黄，解酒毒，多飲發嗽并冷氣，消食。有白濁夢遺症，不宜食。服水土不相宜面黄者，忌之。酒後有色事，食之成虚損。　白蜆形小而殼薄，臘月内肥美，性頗同而不發病。

清・汪啟賢等《食物須知・諸葷饌》　蜆　小，色黑，多在泥沙。每候風雨作，以殼為翅飛起。肉取洗淨，糟煮服良。解酒毒濕毒面黄，去熱氣時氣目赤。開胃脘，壓丹石，下乳汁，利小便。生浸取汁盆盛，頻洗疔瘡尤效。消渴飲下，亦能解除。多食勿宜，發咳消腎。　殼，研為末，陰瘡下痢，邪夢失精，以湯調服二錢。

清・汪紱《醫林纂要探源》卷三　蜆　鹹，寒。行潦山澗中蛤蚌之圓而小者。與蚌同。　殼灰：　除血熱，斂虚汗。殼中色紫，故兼入血分。餘同蚌。

清・嚴潔等《得配本草》卷八　蜆殼　甘、鹹，冷。去熱利便，除濕開胃。生搗汁，塗疔瘡。多食發嗽，且使冷氣消腎。　殼，鹹，溫。治陰瘡，止痢疾，療失精，化痰飲，止嘔吐，除吞酸。

清·李文培《食物小錄》卷下　蜆　甘、鹹，冷，無毒。通乳，解酒毒。糟煮食良。

清·趙學敏《本草綱目拾遺》卷一〇介部　蜆腊　蜆生沙泥中，江湖溪澗多有，其類不一，有黄蜆、黑蜆、白蜆、金口、玉口等名。黄蜆殼薄肉肥，黑蜆殼厚肉薄。又番禺韋涌地方産無耳蜆，更甘美異常。凡蛤之屬皆能孕子，而黄蜆化蛾而散卵，白蜆藉霧以生形，則又一異。

《海南介語》：蜆在沙者黄，在泥者黑。蜆老則肉出小蛾而蜆死，小蛾復散卵水上為蜆。凡南風霧重，則多白蜆，北風霧則否。蓋白蜆之生，生於霧。霧味鹹，鹹為白蜆所生之本。始生時，白蜆之形如霧，自空而下，若無若有，人見以為霧也。漁人知之，以為天雨蜆子也。蜆子即成，以天暖而肥，寒而瘠。在茭塘沙灣二都江水中，積厚至數十百丈，是曰蜆塘，其利頗大。《綱目》蜆下集解，尚欠詳晰，且其主治下殼肉蜆水皆載，而蜆腊無聞焉，特采《介語》以補。解蠱，并治不服水土《介語》。

清·章穆《調疾飲食辯》卷六　蜆　《綱目》曰：蜆，晛也。《詩》：見晛曰消，見晛曰流。注：日初出也。此蚌殼內光耀，故名。《隋書》：劉臻父顯，嗜蜆，呼扁螺。大、小、厚、薄不一。《拾遺》曰：殼外黑色能候風雨，以殼飛。《圖經》曰：下濕氣，通乳。糟食，或糟煮食良。日華子曰：去熱明目，利小便，解濕毒、酒毒目黄，並煮食。生浸汁飲，止消渴。殼粉，治火鬱頸眩，吞酸及火嗽，摻一切濕瘡。

清·趙其光《本草求原》卷一七介部　蜆　似扁螺而小。甘、鹹，冷，無毒。治時氣，開胃，利水，下暴熱氣、濕氣，脚氣，明目，通乳，解酒毒目黄，糟煮食良。浸汁食，止渴，制丹石藥毒。生浸取水，洗疔瘡、痘癰。多食，發嗽消腎；遺濁勿食。飲食中毒，黄蜆湯可解。

枯蜆殼：鹹，溫，無毒。取陳久者佳。止痢，化痰，止嘔，治吞酸、心痛。白蜆殼更治卒嗽痰喘，為末，米飲下。黄蜆殼尤治反胃。同田螺殼研，又白梅肉搗為丸，煅存性，人參砂仁湯，或陳米飲下。醋煮研用。煅灰，塗一切濕瘡，功同蚌粉。

清·文晟《新編六書》卷六《藥性摘錄》　蜆　甘鹹，性冷。辟時氣，開胃，去暴熱，明目，利水，下脚氣濕毒，通乳汁，治目黄。多食發嗽，並冷氣消腎，有白濁夢遺症忌之。〇白望形小，殼薄，性味較良。

清·王孟英《隨息居飲食譜·鱗介類》　蜆　甘、鹹，寒。清濕熱，治目黄、溺澀，脚氣，洗疔毒、痘癰諸瘡。殼黄而薄者佳。多食發嗽積冷。

清·戴葆元《本草綱目易知錄》卷五　蜆　肉：甘、鹹，冷。明目，通乳，去暴熱，利小便，止消渴。治時氣，開胃，下濕氣，熱氣，脚氣，濕毒。解酒毒目黄，壓丹石藥毒。生者浸水取汁，洗疔瘡及洗痘癰，無瘢痕。【略】爛殼：鹹，溫。燒灰飲服，治失精反胃，除心胸痰水，止嘔止痢，化痰，療暴嗽，及吞酸心痛。燒灰，塗陰瘡，一切濕瘡。功同蚌粉。

清·吳汝紀《每日食物却病考》卷下　蜆　性冷，無毒。辟時氣，開胃，壓丹石，去暴熱，明目，利水，下脚氣，解酒毒。多食，發嗽及冷氣，消腎。

蠕

清·何其言《養生食鑒》卷下　蠕肉形如蜆而大，殼青黄色。味甘，性溫，無毒。壓丹食，解酒毒，去濕熱。多食動風氣，發瘡疥。咳嗽人忌之。

清·趙其光《本草求原》卷一七介部　蠕形如蜆而大，殼青黄色。甘，溫，無毒。壓丹石，解酒。但濕熱動風、發瘡疥，咳嗽人忌。

沙白

清·何其言《養生食鑒》卷下　沙白肉形如蠕而大些，殼光滑，黄白色。味甘，性溫，無毒。清熱補虛，除煩解渴，令人肥健，煮食最宜。

清·趙其光《本草求原》卷一七介部　沙白　如蠕而大，殼黄白、光滑。甘，溫，無毒。補虛，除煩熱，止渴。令人肥健。

清·文晟《新編六書》卷六《藥性摘錄》　沙白　形似蠕，亦似蜆而大，殼光滑，黄白色。甘，溫。清熱補虛，除煩解渴，令人肥健。煮食最宜。〇蠕似沙白而差小，殼青黄色，多食動風發瘡。

車螯

宋·唐慎微《證類本草》卷二二蟲魚部下品〔宋·掌禹錫《嘉祐本草》新分條〕　車螯　冷，無毒。治酒毒，消渴，酒渴并壅腫。殼，治瘡癤腫毒。燒二度，各以醋(鍜)〔煅〕，擣爲末。又甘草等分，酒服，以醋調傅腫上，妙。車螯是大蛤，一名蜄。能吐氣爲樓臺，海中春夏間依約島溆，常有此氣。新見陳藏器、日華子。

〔宋·唐慎微《證類本草》〕《食療》：車螯，蝤螯類，并不可多食之。

宋·王繼先《紹興本草》卷一七　車螯　紹興校定：車螯，《本經》云治酒毒消渴之說，顯非所宜。然多食之動風致痰者固有之。產海中。當從《本經》性冷、無毒者是矣。其殼又未聞入方驗據。

宋・陳衍《寶慶本草折衷》卷一七　車螯殼附。　一名大蛤，一名蜄。○《博濟方》用者名車螺，一名昌娥。○又云：紫者名紫貝。○蜄，市刃切。生南、北海《圖經》。○又云：採無時。

味鹹，平《圖經》，冷，無毒。○治酒毒，消渴，并壅一作癰。腫。○《圖經》曰：似蛤蜊而堅硬。分紫貝條。

附：殼。○治瘡癤腫毒。燒二度，各以醋煅，擣為末，甘草等分，酒服。又以醋調傅腫上。

續說云：藥中所用車螯，即大黄蛤之殼也。以紫脣光厚者為上。

元・吴瑞《日用本草》卷五　車螯　味甘，冷，無毒。同楹桲食，患大疝。主解酒毒，消渴，消癰腫。

明・滕弘《神農本經會通》卷一〇　車螯　是大蛤，一名蜄。能吐氣為樓臺，海中春夏間，依約島溆，常有此氣。

氣冷，無毒。《本經》云：治酒毒，消渴，酒渴，并壅腫。殼，治瘡癤腫毒，燒二度，各以醋鍛，擣為末，又甘草等分，酒服，以醋調傅腫。《食療》云：車螯，(蝪)[蛸]螯類也，不可多食之。陶隱居云：亦可為食，無損益，不見所主。

明・劉文泰《本草品彙精要》卷三一　車螯無毒　化生。

車螯：主酒毒，消渴，酒渴并癰腫。○殼，治瘡癤，腫毒，燒二度，各以醋淬擣爲末，又甘草等分，酒服，以醋調傅腫上，妙。名醫所錄。【地】《圖經》曰：是大蛤，能吐氣爲樓臺，海中春夏間依約島溆，常有此氣。【時】生：無時。採：無時。【收】暴乾。【用】肉及殼。【味】鹹。【性】冷。【氣】味厚於氣，陰也。【製】擣碎用。【禁】不可多食。

明・盧和、汪穎《食物本草》卷四魚類　車螯　冷，無毒。解酒毒、酒渴、消渴。不可多食。

明・王文潔《太乙仙製本草藥性大全》卷八《本草精義》　車螯　車螯，蜃名，係蛤之至大者。春夏吐氣儼若樓臺，變態頃刻多端，土人稱爲海市。有肉可薦，有珠可穿。殼可嵌飾屏風，凡器俱可嵌飾。灰可堙壙墻壁，亦可爲粉飾面用。

明・王文潔《太乙仙製本草藥性大全》卷八《仙製藥性》　車螯　性冷，無毒。

主治：肉，主酒毒酒渴神方，解消渴壅腫大效。殼，入藥治癤瘡腫毒彌佳。火煅兩遭，以醋淬，搗末絕細，甘草對和，酒送下咽，又以醋調敷於腫處。

明・皇甫嵩《本草發明》卷六　車螯，係蛤之大者，名蜃。雉入水變者。春夏吐氣如樓臺，頃刻變態多端，土人稱海市，在海島未可憑。性味冷。用殼入藥，治瘡癤腫毒，燒二度，以醋煅，搗末，甘草和，酒服。又以醋調，敷毒處。○肉治酒毒，消酒渴，并壅腫渴。肉内珠殼，可作飾具。為粉可飾面，灰可堙壙牆壁。

明・李時珍《本草綱目》卷四六介部・蚌蛤類　車螯宋《嘉祐》

【釋名】蜃音腎。時珍曰：車螯俗訛爲昌娥。蜃與蛟蜃之蜃，同名異物。《周禮》鼈人掌互物，春獻鼈蜃，秋獻龜魚。則蜃似爲大蛤之通稱，亦不專指車螯也。【集解】藏器曰：車螯生海中，是大蛤，即蜃也。能吐氣爲樓臺，春夏依約島溆，常有此氣。頌曰：南海、北海皆有之，采無時。其肉，食之似蛤蜊，而堅硬不及。近世癰疽多用其殼，北中者不堪用。背紫色者，海人亦名紫貝，非矣。時珍曰：其殼色紫，璀粲如玉，斑點如花。海人以火炙之則殼開，取肉食之。鍾岏云：車螯、蚶、蠣，眉目内缺，獷殼外緘。無香無臭，瓦礫何殊。宜充庖廚，永爲口食。羅願云：雀入淮爲蛤，雉入海爲蜃。大蛤也，肉可以食，殼可飾器物，灰可闉塞墻壁，又可爲粉飾面，俗呼蛤粉，亦或生珠，其爲用多矣。又《臨海水土記》云：似車螯而角不正者曰移角。似車螯而殼薄者曰姑勞。似車螯而小者曰羊蹄，出羅江。昔人皆謂雉化者，乃蛟蜃之蜃，而陳氏、羅氏以爲蛤蜃之蜃，似誤。詳鱗部蛟龍下。

肉【氣味】甘、鹹，冷，無毒。詵曰：不可多食。【主治】解酒毒消渴，并癰腫藏器。

殼【氣味】同肉。【主治】瘡癤腫毒。燒赤，醋淬二度爲末，同甘草等分酒服。并以醋調傅之日華。消積塊，解酒毒，治癰疽發背焮痛時珍。

【發明】時珍曰：車螯味鹹，氣寒而降，陰中之陰也。入血分，故宋人用治癰疽，取惡物下，云有奇功。亦須審其氣血虛實老少如何可也。今外科尠知用者。

【附方】新二。車螯轉毒散：治發背癰疽，不問淺深大小，利去病根，則免傳變。用車螯即昌娥，紫背光厚者，以鹽泥固濟，煅赤出火毒，一兩，生甘草末二錢半，輕粉五分，爲末，每服四錢，用栝樓一個，酒一盌，煎一盞，調服。五更轉下惡物爲度，未下再服。甚者不過二服。《外科精要》。　六味車螯散：治症同上。用車螯四個，黃泥固濟，煅赤出毒，研末。燈心三十莖，栝樓一個，取仁炒香，甘草節炒二錢，通作一服。將三味入酒二盌，煎半盌，去滓，入蜂蜜一匙，調車螯末二錢，膩粉少許，空心温服。下惡涎毒爲度。《本事》。

明・梅得春《藥性會元》卷下　車螯　性冷，無毒。治酒毒，消渴，消酒并癰腫。殼：治瘡癤腫毒，燒二度，各以醋煅搗為末。又甘草等分酒服，以醋調傅腫上，妙。車螯是大蛤，一名蜃，能吐氣為樓臺。海中春夏間，依約島溆，常有此氣。

明・吴文炳《藥性全備食物本草》卷三　車螯　蜃名，係蛤之至大者。春夏吐氣儼若樓臺，變態頃刻多端，土人稱為海市。有肉可薦，有珠可穿。殼可嵌飾屏風。肉性冷，無毒。解酒毒，止消渴，治壅腫。

殼：治癤毒惡瘡，火煅醋淬，研細末，醋調敷効。

明・倪朱謨《本草彙言》卷一九　車螯殼　味甘、鹹，氣寒，無毒。沉而降，陰中陰也。入足三陰經血分。　李氏曰：車螯，其殼色紫，璀璨如玉，斑點如花。海人以火炙之則殼開，取肉食之。似蛤蜊而堅硬。　羅氏曰：其殼可飾器物，燒灰可封墻壁。羅細粉可飾面。　蘇氏曰：南海、北海皆有之。　陳氏曰：車螯是海中大蛤，即蜃類也。殼廣數尺，有徑丈者。亦或生珠，亦能吐氣爲樓臺。春夏依約島溆，常有此景。

車螯殼：日華子解癰毒，化酒積之藥也。蔡心吾曰：按日華方治癰癤腫毒，用此燒赤。米醋淬二次，研極細粉，米醋調敷，可止痛減毒。又治酒積癖塊，以車螯粉每早用二錢，白湯調服。

明・應廖《食治廣要》卷七　車螯釋名蜃，俗訛名昌娥。　肉：氣味：甘、鹹，冷，無毒。主解酒毒，消渴，癰腫。　按羅願云：雀入淮為蛤，雉入海為蜃。大蛤也。肉可以食，殼可釋器物，灰可堙塞墻壁，又可為粉飾面，俗呼蛤粉。亦或生珠，其為用多矣。

明・姚可成《食物本草》卷一一介部・蚌蛤　車螯一名蜃，音腎。生東海中，是大蛤也。能吐氣為樓臺，春夏依約島溆，常有此氣。其肉食之似蛤蜊，而堅硬不及。〇李時珍曰：其殼色紫，璀璨如玉，斑點如花。海人以火炙之則殼開，取肉食之。鍾屼云：車螯、蚶、蠣，眉目內缺，獱殼外緘。無香無臭，瓦礫何殊？宜充庖廚，永為口食。羅願云：雀入淮為蛤，雉入海為蜃。大蛤也，肉可以食，殼可飾器物，灰可闉塞墻壁，又可為粉飾面，亦或生珠，其為用多矣。

車螯肉：味甘、鹹，冷，無毒。主解酒毒，消渴并癰腫，不可多食。

殼：治瘡癤腫毒，燒赤，醋淬二度為末，同甘草等分酒服，并以醋調傅之。消積塊，解酒毒。

附方：六味車螯散，治發背癰疽，不問淺深大小。用車螯四箇，黃泥固濟，煅赤出毒，研末。燈心三十莖，栝樓一箇取仁炒香，甘草節炒二錢，通作一服。將三味入酒二盌，煎半盌，去滓，入蜂蜜一匙，調車螯末二錢，膩粉少許，空心溫服。下惡涎毒為度。此方神效，經驗過者。

明・孟笨《養生要括・介類》　車螯　肉：甘、鹹，冷，無毒。解酒毒，消渴，并癰腫。〔多訛為昌娥，是大蛤，即蜃也。〕　殼：治瘡癤腫毒，燒赤醋淬二度，為末，同甘草等分，酒服，並以醋調傅之。消積塊，治癰疽發背焮痛。

明・施永圖《本草醫旨・食物類》卷五　車螯名蜃。海中大蛤，能吐氣為樓臺。

肉：味：甘、鹹，冷，無毒。不可多食。治：解酒毒，消渴，并癰腫。

殼：味同肉。治：瘡癤腫毒，燒赤醋淬二度，為末，同甘草等分，酒服，并以醋調傅之。消積塊，解酒毒，治癰疽發背焮痛。車螯味鹹氣寒而降，陰中之陰也。入血分，故宋人用治癰疽，取惡物下，云有奇功。亦須審其氣血虛實，老少如何，可也。

清・丁其譽《壽世秘典》卷四　車螯俗訛為昌娥，其肉似蛤蜊而堅硬，其殼色紫，璀粲如玉，斑點如花，可飾器物，燒灰可闉塞牆壁，又可為粉飾面，其為用多矣。　氣味：鹹，冷，無毒。主解酒毒、消渴並癰腫。

殼：主消積塊，治癰疽發背焮痛。

清・张璐《本經逢原》卷四　車螯一名蜃。鹹，冷，無毒。　發明：車螯是海中大蛤，以其吐氣成樓，故名曰蜃。所謂雀入淮為蛤，雉入海為蜃者是也。其肉解酒毒，消渴。殼治瘡腫癰毒，燒赤醋淬為末，同甘草等分酒服，并以醋調敷之，日華法也。

清・汪啟賢等《食物須知・諸葷饌》　車（鰲）〔螯〕　以蜃名，係蛤至大者，春夏吐氣，儼若樓臺，變態頃刻多端，土人稱為海市。有肉可薦，有珠可穿。殼可嵌飾屏風，灰可堙壙牆壁。

清・李文培《食物小錄》卷下　蜱螯　甘、鹹，無毒。利腸胃，解酒毒。多食令人發瘡疥。

清・章穆《調疾飲食辯》卷六　車螯　俗訛為昌蛾，又名蜃。《綱目》曰：《周禮》：鼈人掌互物，介蟲名互。春獻鼈、蜃，秋獻龜、魚。則蜃似為諸蛤通名，不專指車螯。故郭注《爾雅》：蚌，含漿。云：即蜃也。《拾遺》曰：生海中是大蛤。能吐氣成樓臺，春夏島溆間，常有此氣。蜃樓海市，蛟蜃也，非蛤蜃。《爾雅翼》曰：雀入淮為蛤，雉入海為蜃。蜃，大蛤也。雉所化亦是蛟屬，且《呂氏月令》祗云入水，未嘗分別淮、海，今《戴記》因之。肉可食。殼可飾器物，色紫，璀燦如玉，斑點如花，故屬之小者名玉珧。《圖經》曰：肉似蛤蜊而堅硬。《食療本草》曰：性冷，不宜多食。

按：車螯性雖冷，而能解毒，癰腫初起宜食。《水土記》曰：似車螯而角不正者名移角，殼薄者名姑勞，小者名羊蹄，肉性皆與車螯彷彿。

清・文晟《新編六書》卷六《藥性摘錄》 車螯 甘鹹，冷。解酒毒，消渴。殼，煅赤，醋淬二度，為末，同甘草末等分，酒服。並以醋調傅，消積，治癰疽發背(掀)〔焮〕痛。

車渠

宋・唐慎微《證類本草》卷三玉石部上品〔前蜀・李珣《海藥本草》〕 車渠 《集韵》云：生西國。是玉石之類，形似蜯蛤，有文理。大寒，無毒。主安神鎮宅，解諸毒藥及蟲螫。以玳瑁一片，車渠等同，以人乳磨服，極驗也。又《西域記》云：重堂殿梁檐皆以七寶飾之，此其一也。

明・鄭寧《藥性要略大全》卷八 琿璖 是玉石之類，形似蚌蛤，有紋理。大寒，無毒。生用安神鎮宅，解諸藥毒及蟲螫毒。入眼藥。此七寶中之一寶也。

明・王文潔《太乙仙製本草藥性大全》卷六《本草精義》 車渠 生自西國，玉石類同。形如蚌蛤，外多紋理。亦出海中，得者珍藏不忝金玉。《西域記》云：重堂殿梁楹皆以七寶飾之，此其一也。

明・王文潔《太乙仙製本草藥性大全》卷六《仙製藥性》 車渠 氣大寒，無毒。主治：實安神鎮宅之靈符，解諸毒蟲螫之妙藥。以玳瑁一片，同車渠一倍，人乳摩之極有效。

明・皇甫嵩《本草發明》卷五 車渠大寒，無毒。上品。主安神鎮宅，解諸毒藥及蟲螫。以玳瑁一片，車渠等同，以人乳磨服，極驗也。形如蚌蛤，有文理。出海中，珍重。《西域記》云：重堂殿梁檐，皆以七寶飾之。七寶：金、銀、琉璃、車渠、瑪瑙、真(珍)〔珠〕、玻瓈是也。

明・李時珍《本草綱目》卷四六介部・蚌蛤類 車渠《海藥》。校正：自玉石部移入此。

〔釋名〕海扇時珍曰：按《韻會》云：車渠，海中大貝也。背上壟文如車輪之渠，故名。車溝曰渠。劉績《霏雪録》云：海扇，海中甲物也。其形如扇，背文如瓦屋。三月三日潮盡乃出。梵書謂之牟婆洛揭拉婆。〔集解〕李珣曰：車渠，云是玉石之類。生西國，形如蚌蛤，有文理。西域七寶，此其一也。時珍曰：車渠，大蛤也。大者長二三尺，闊尺許，厚二三寸。殼外溝壟如蚶殼而深大，皆縱文如瓦溝，無橫文也。殼內白皙如玉。亦不甚貴，番人以飾器物，謬言爲玉石之類。或云玉中亦有車渠，而此蛤似之故也。沈存中《筆談》云：車渠大者如箕，背有渠壟如蚶殼，以作器，緻如白玉。楊慎《丹鉛録》云：車渠作盃，注酒滿過一分不溢。試之果然。

殼 〔氣味〕甘、鹹，大寒，無毒。〔主治〕安神鎮宅，解諸毒藥及蟲螫。同玳瑁等分，磨人乳服之，極驗珣。

〔發明〕時珍曰：車渠蓋瓦壟之大者，故其功用亦相彷彿。

明・穆世錫《食物輯要》卷七 車渠 味甘、鹹，性寒，無毒。解酒毒，止消渴。殼，與瓦壟子同功。

明・姚可成《食物本草》卷一一介部・蚌蛤類 車渠 味甘、鹹，大寒，無毒。食之，主潤五臟，止消渴，利關節，治瘻痹，洩痢便膿血。服丹石人宜之，免生瘡腫熱毒。殼：主安神鎮宅，解諸毒藥及蟲螫。同玳瑁等分，磨人乳服之，極驗。

清・汪紱《醫林纂要探源》卷三 車渠 鹹，寒。海中大螺也。

海蛤

附：日・丹波康賴《醫心方》卷三〇 海蛤 《本草》云：味苦、鹹，平，無毒。主欬逆上氣，喘煩滿，胸痛寒熱，主陰瘻。陶〔弘〕景注云：從鷹矢中得也。《說文》云：千歲鷰化為海蛤、魁蛤。一名伏老。伏翼化為蛤，亦生子滋長。《拾遺》云：案海蛤是海中爛殼，久在泥沙，風波陶灑，自然圓淨。文蛤是未爛時殼，猶有紋者。崔禹〔錫〕云：冷。主氣勞，補氣力。貌小者似巨勝而潤澤，然鶉鷹所吞食。大者圓二三寸及五六寸，殼上有文理，而紫斑或彤黃彤黃，或淥斑淥斑，或蔽黑蔽黑，以純黑為良。

宋・李昉《太平御覽》卷第九八八 海蛤 《博物志》曰：東海有蛤，鳥嘗啖之肉，消盡，殼起出，浮泊在沙岸，潮水往來，揩蕩白如雪，入藥最良勝。取自死者。《本草經》曰：海蛤，味苦，平。生池澤。治欬逆上氣，喘煩，胸痛寒熱。文蛤，主惡瘡蝕，五痔。生東海。《吳氏本草經》曰：海蛤，神農：苦。岐伯：甘。扁鵲：鹹。大節頭有文，文如磨齒。採無時。

宋・沈括《夢溪筆談》卷二六《藥議》 按文蛤即吳人所食花蛤也，魁蛤即車螯也。海蛤今不識其生時，但海岸泥沙中得之，大者如棊子，細者如油麻粒，黃白或赤相雜，蓋非一類。乃諸蛤之房，為海水礱礪光瑩，都非舊質蛤之屬，其類至多。房之堅久瑩潔者皆可用，不適指一物，故通謂之海蛤耳。

宋・唐慎微《證類本草》卷二〇蟲魚部上品〔《本經・別錄・藥對》〕 海蛤 **味苦、鹹，平，無毒。主欬逆上氣，喘息煩滿，胸痛寒熱，**療陰痿。**一名魁蛤。**生東海。蜀漆爲之使，畏狗膽、甘遂、芫花。

〔唐・蘇敬《唐本草》〕注云：此物以細如巨勝，潤澤光淨者好，有麤如半杏人者，不入藥用。亦謂爲豘耳蛤，麤惡不堪也。

〔宋・馬志《開寶本草》〕按：別本注云：鴈腹中出者極光潤，主十二水滿急痛，利膀胱、大小腸。麤者如半片郁李仁，不任用，亦名豘耳。

〔宋・掌禹錫《嘉祐本草》〕按：《蜀本圖經》云：今萊州即墨縣南海沙湍中。四月、五月採，淘沙取之。當以半天河煮五十刻，然〔後〕以枸杞子汁和，篁竹筒盛，蒸一伏時。勿用遊波蟲骨，似海蛤而面上無光，悮食之令人狂眩，用醋蜜解之即愈。吳氏云：海蛤：神農，苦；岐伯，甘；扁鵲，鹹。大節頭有文，文如磨齒。採無時。蕭炳云：止消渴，潤五藏，治服丹石人有瘡。《藥性論》云：海蚧亦曰海蛤，臣。亦名紫薇。味鹹，有小毒。能治水氣浮腫，下小便，治嗽逆上氣。主治項下瘤癭。日華子云：治嘔逆，陰痿，胸脇脹急，腰痛，五痔，婦人崩中帶下病。此即鮮蛤子。鴈食後糞中出，有文彩者爲文蛤，無文彩者爲海蛤。鄉人又多將海岸邊爛蛤殼，被風濤打磨瑩滑者，僞作之。

〔宋・蘇頌《本草圖經》〕曰：海蛤、文蛤并生東海，今登、萊、滄州皆有之。陶隱居以細如巨勝，潤澤光淨者爲海蛤。云經鴈食之，從糞中出過數多，故有光澤也。以大而有紫斑文者爲文蛤。陳藏器以爲海蛤是海中爛殼，久爲風波濤洗，自然圓淨，此有大小而久遠者爲佳，不必鴈腹中出也。文蛤是未爛時殼，猶有文理者，此乃新舊不同，正一物而二名也。然海蛤難得真爛久者。海人多以它蛤殼經風濤摩盪瑩滑者僞作之，殊無力。又有一種游波骨，極類海蛤，但少瑩澤，誤食之令人狂眩，用醋、蜜解之則愈。《本經》海蛤一名魁蛤。又別有魁蛤條云形正圓，兩頭空，表有文，乃別是一種也。按《說文》曰：千歲鸗化爲海蛤，魁蛤即是伏翼所化，故一名伏老。并採無時。張仲景《傷寒論》曰：病在陽，應以汗解，反以冷水潠之，若水灌之，其熱被卻，不得去，彌更益煩，皮上粟起，意欲水，反不渴者，文蛤散主之。文蛤五兩，一味擣篩，以沸湯和一方寸匕服，湯用五合。此方醫家多用，殊效。

〔宋・唐慎微《證類本草》〕雷公云：凡使，勿用遊波蟲骨。其蟲骨真似海蛤，只是無面上光。其蟲骨誤餌之，令人狂走擬投水，時人爲之犯鬼心狂，并不是緣曾誤餌此蟲骨。若服着，只以醋解之，立差。凡修事一兩，於漿水中煮一伏時後，卻以地骨皮、柏葉二味，又煮一伏時後出，於東流水中淘三遍，拭乾，細擣研如粉，然後用。凡一兩，用地骨皮二兩，并細剉，以東流水淘取用之。

宋・寇宗奭《本草衍義》卷一七 海蛤 文蛤：陳藏器所說是。今海中無雁，豈有食蛤糞出者？若蛤殼中有肉時，尚可食，肉既無，焉得更有糞中過數多者？必爲其皆無廉稜，乃有是說。殊不知風浪日夕淘汰，故如是。治傷寒汗不溜，搐却手脚，海蛤、川烏頭各一兩，川山甲二兩，爲末，酒糊和丸，大一寸許，捏褊，置所患足心下。擘葱白蓋藥，以帛纏定。於暖室中，取熱水浸脚至膝上，久則水溫，又添熱水，候遍身汗出爲度。凡一二日一次浸脚，以知爲度。

宋・王繼先《紹興本草》卷一七 海蛤 紹興校定：海蛤，採殼為用。性味、主治、形質、出產已載《經》注，然治咳嗽諸方亦間用之。今從《本經》味鹹、平、無毒是矣。

宋・陳衍《寶慶本草折衷》卷一六 海蛤臣。一名魁蛤，一名海蚧，一名豘耳，一名紫薇，一名伏老，乃文蛤之殼浪濯而滑澤者也。生東海，及登、萊、滄州。○採無時，或四、五月採。○蜀漆為使，畏狗膽、甘遂、芫花。

味苦、鹹，平，無毒。○主欬逆上氣，喘息煩滿，胸痛寒熱，療陰痿。○別本註云：主十二水滿急痛，利膀胱、大小腸。○蕭炳云：止消渴，潤五藏，治服丹石人有瘡。○《藥性論》云：下小便，治項下瘤癭。○日華子云：治嘔逆，胸脇脹急，腰痛，五痔，崩中帶下。○《圖經》曰：海蛤是殼，久為風波淘灑，自然圓淨，有大小而久遠者為佳。海人多以他蛤殼經風濤摩盪瑩滑者偽作之。

元・尚從善《本草元命苞》卷八 海蛤 為臣。亦名紫薇。苦、鹹，有小毒。蜀漆為之使。畏狗膽、甘遂、芫花。主欬逆上氣喘息，治煩滿胸脇急脹，療陰痿五痔崩中。止消渴，潤五臟。下水腫，利小便。出東海，登、萊、滄州。乃爛殼，風波淘洒。又云：經鴈食之，從糞中出過數多，故有光澤也。陳藏器以海蛤是海中爛殼，久為風波淘洗而為之，不必鴈腹中出也。自然圓淨，大小不齊，久遠最佳。新為文蛤。又一種游波骨極類，比海蛤但少瑩澤，誤食之，令人狂眩，用醋蜜解之即愈。

明・王綸《本草集要》卷六 海蛤臣 味苦鹹，氣平，寒，無毒。蜀漆為之使。畏狗膽、甘遂、芫花。此是海中爛殼，久在泥沙，風波淘灑，自然圓淨，以小而久遠者為佳。　主咳逆上氣，喘息煩滿，胸痛寒熱，療陰痿。

明・滕弘《神農本經會通》卷一〇　海蛤　臣也。蜀漆為之使。畏狗膽、甘遂、芫花。以大而有紫斑文者為文蛤，而海蛤，海中爛蛤，久在泥沙，為風波淘洗，自然員淨。此有大小，而以小者久遠為佳。不必一一鴈腹中出也。文蛤，是未爛殼，猶有文理者，此乃新舊不同，止一物而二名也。然海蛤難得真爛久者，海人多以它蛤殼，經風濤摩盪瑩滑者，偽作之，殊無力。

味苦、鹹，氣平，無毒。一云：味鹹，有小毒。《本經》云：主欬逆上氣，喘息煩滿，胸痛寒熱，療陰痿。別本注云：主十二水滿急痛，利膀胱、大小腸。蕭炳云：止消渴，潤五臟，治服丹石人有瘡。《藥性論》云：臣。能治水氣浮腫，下小便，治嗽逆上氣，主治項下瘤癭。日華子云：治嘔逆，陰痿，胸脇脹急，腰痛，五痔，婦人崩中帶下病。此即鮮蛤。又鴈食後糞中出，有文彩者為文蛤，無文彩者為海蛤。鄉人多將海岸邊爛蛤者，被風濤打磨瑩滑者，偽作之。《圖經》云：仲景《傷寒論》曰：病在陽，應以汗解，反以冷水潠之，若水灌之，其熱被却不得去，彌更益煩，皮上粟起，意欲飲水，反不渴者，文蛤散主之，文蛤五兩，一味搗末，以沸湯和一方寸匕，湯用五合，此方多用殊效。《局》云：海蛤即同文蛤是，主除水氣四肢浮。喘煩欬逆還須用，項下猶能去癭瘤。海蛤，消水氣，去癭瘤。

明・劉文泰《本草品彙精要》卷二九　海蛤無毒　化生。

海蛤出《神農本經》：**主欬逆上氣，喘急煩滿，胸痛寒熱。**以上朱字《神農本經》。療陰痿。以上黑字名醫所録。【名】魁蛤、伏老。【地】《圖經》曰：生東海，今登、萊、滄州皆有之。陶隱居以細如巨勝，潤澤光淨者爲海蛤，云：經雁食之，從糞中出過數多，故有光澤也。陳藏器云：海蛤是海中爛殼，久在泥沙，風波淘洗，自然圓淨。此有大有小，以小爲久遠者佳，非雁腹中出也。然海蛤難得真爛久者，海人多以他蛤殼，經風濤摩盪瑩滑者偽作之，殊無力。又有一種遊波骨，極類海蛤，但少瑩澤，誤食之令人狂眩，用醋、蜜解之則愈。按《說文》曰千歲鷰化爲海蛤是也。《衍義》曰：陳藏器所說是，今海中無雁，豈有食蛤糞出者？若蛤殼中有肉時，尚可食肉，既無，焉得？更有糞中過數多者，必爲其皆無廉稜，乃有是說，殊不知風浪日久淘汰，故如是也。【時】生：無時。採：四月、五月取。【用】殼。【色】青白。【味】苦，鹹。【性】平，泄。【氣】味厚于氣，陰也。【臭】腥。【主】止消渴，潤五臟。【助】蜀漆爲之使。【反】畏狗膽、甘遂、芫花。【製】《雷公》云：此修事一兩，于漿水中煮一伏時，卻以地骨皮、柏葉二味，又煮一伏時後出，於東流水中淘三遍，拭乾，細搗，研如粉，然後用。凡一兩，用地骨皮二兩，並細剉，以東流水淘取用之。【治】療：《唐本》注云：去十二種水滿急痛，利膀胱，大小腸。《藥性論》云：消水氣浮腫，下小便及項下癭瘤。日華子云：止嘔逆，胸脇脹及腰痛，五痔，婦人崩中帶下。孟詵云：止消渴，潤五臟，及服丹石人有瘡。【合治】二兩先研三日，合漢防己、杏仁、棗肉各二兩，葶藶子六兩，研成脂，爲丸，一服十丸，利水，主水癃。【贋】遊波骨爲偽。誤食之，使人狂眩，以醋、蜜解之。

明・盧和、汪穎《食物本草》卷四魚類　海蛤　味苦、鹹，平，無毒。主欬逆上氣，喘息煩滿，胸膈寒熱，療陰痿。與文蛤、魁蛤用稍同。

明・許希周《藥性粗評》卷四　脹滿獨寬於海蛤。

海蛤，此與文蛤一類，或謂自沙土中出，日久為風濤所磨，光澤無稜。或謂自鴈屎中出，曾經鴈食數次，而光澤者是也。未知孰是。凡用以地骨皮、柏葉入水煮過，又以東流水洗淨，待乾，研粉。蜀漆為之使，畏狗膽、甘遂、芫花。味苦、鹹，性平，無毒。入足少陰腎經。主治水氣浮腫，欬逆上氣，喘息煩滿，胸脇脹急，腰痛，男子陰痿，婦人崩中帶下，及消項下癭瘤。並以粉一錢匕，沸湯調攪，待溫服下俱以差為度。張仲景亦以治傷寒熱毒，止消渴，潤五臟。

明・鄭寧《藥性要略大全》卷一〇　海蛤　消水氣，破癭瘤，治浮腫、咳逆，定喘消煩。味苦、鹹，氣寒，無毒。

明・王文潔《太乙仙製本草藥性大全》卷八《本草精義》　海蛤　生東海，今登州、萊州、滄州皆有之。畏狗膽、甘遂、芫花。唐云：此物以細如巨勝，潤澤光净者好，有麄如半杏仁者不入藥。亦謂爲㹠耳蛤，麄惡不堪也。又云：鴈腹中出者，一二三過極光潤。主十二水滿急痛，利膀胱、大小腸。麄者如半片郁李仁，不任用，亦名㹠耳。《蜀本》云：今萊州即墨縣南海沙湍中，四月、五月採淘沙取之，當以半天河煮五十刻，然以枸杞子汁和，篁竹筒盛蒸一伏時。勿用游波蟲骨，似海蛤而面上無花，誤食之令人狂。取用醋蜜解之即愈。今人多取相擟，令磨蕩似之爾。陳藏器以爲海蛤是海中爛殼，久爲風波濤洗，自然圓净，皆有大小，而久遠者爲佳，不必鴈腹中出也。按：《說文》曰千歲鷰化爲海蛤是也。

明·王文潔《太乙仙製本草藥性大全》卷八《仙製藥性》 海蛤臣 味苦、鹹，氣寒，無毒。蜀漆爲之使。 主治： 主嘔逆上氣，治項下癭瘤。能潤五臟，亦消浮腫。利膀胱大小二腸，消水腫脹滿。降胸脇逆壅邪氣，定喘息欬痰。陰痿可堅，喉渴堪止。 補註： 治傷寒汗不溜，搐却手脚。海蛤、川烏頭各一兩，川山甲二兩，爲末，酒糊和丸大一寸許，捏褊，置所患足心下，擘葱白蓋藥，以帛纏定，於暖室中取熱水浸脚至膝上，久則水溫又添熱水，候遍身汗出爲度。凡一二日一次浸脚，以知爲度。○主水癊，取二兩，先研三日，漢防己、棗肉、杏仁三兩，葶藶子六兩，熬研成脂爲丸，一服十丸，利下。

太乙曰： 凡使勿用游波蟲骨，其蟲骨真似海蛤，只是無面上光。其蟲骨若誤餌之，令人狂走欲投水，時人爲之犯鬼心狂，並不是緣曾誤餌此蟲骨。若服著，只以醋解之，立差。凡修事一兩，於漿水中煮一伏時後，却以地骨皮、柏葉二味又煮一伏時後出，於東流水中淘三遍，拭乾，細搗研如粉，然後用。凡一兩，用地骨皮二兩，並細剉，以東流水淘取用之。

明·皇甫嵩《本草發明》卷六 海蛤味苦、鹹，平。係海中蛤，爛久在(妙)〔沙〕泥中，被波淘洗，自然圓淨，而小久遠者佳。 息煩滿，胸痛欬痰。療陰痿。又云：利膀胱大小腸，消水腫，下小水。只宜火煅作散用。

明·李時珍《本草綱目》卷四六介部·蚌蛤類 海蛤《本經》上品

【釋名】時珍曰： 海蛤者，海中諸蛤爛殼之總稱，不專指一蛤也。舊本云一名魁蛤，則又指是一物矣。係是誤書，今削之。 【集解】《別録》曰： 海蛤生東海。保昇曰： 今登、萊、滄州海沙湍處皆有，四五月淘沙取之。南海亦有之。恭曰： 海蛤細如巨勝子，光净瑩滑者好。其粗如半杏人者爲𤝤耳蛤，不堪入藥。時珍曰： 按沈存中《筆談》云： 海蛤即海邊沙泥中得之。大者如棋子，小者如油麻粒，黄白色，或黄赤相雜。蓋非一類，乃諸蛤之殼，爲海水礲礪，日久光瑩，都無舊質。蛤類至多，不能分別其爲何蛤，故通謂之海蛤也。餘見下條。

【正誤】吳普曰： 海蛤頭有文，文如鋸齒。時珍曰： 此乃魁蛤，非海蛤也。蓋誤矣，今正之。弘景曰： 海蛤至滑澤，云從雁屎中得之，二三十過方爲良。今人多取相類者磨蕩之。日華曰： 此是雁食鮮蛤糞出者，有文彩爲文蛤，無文彩爲海蛤。鄉人又以海邊爛蛤殼，風濤打磨瑩净者，僞作之。藏器曰： 二説皆非也。海蛤是海中爛殼，久在沙泥，風波淘洗，自然圓净無文，有大有小，以小者爲佳，非一一從雁腹中出也。文蛤是未爛時殼猶有文者。二物本同一類。正如爛蜆、蚌殼，所主亦與生者不同也。假如雁食蛤殼，豈擇文與不文耶。宗奭曰： 海蛤、文蛤，陳説極是。今海中無雁，豈有糞耶？ 蛤有肉時，猶可食也； 肉既無矣，安得更糞過二三十次耶？ 陶説謬矣。時珍曰： 海蛤是諸蛤爛殼，文蛤自是一種。陳氏言文蛤是未爛時殼，則亦泛指諸蛤未爛者矣，其説未穩。但海中蛤蚌名色雖殊，性味相類，功用亦同，無甚分別也。

【修治】斅曰： 凡使海蛤，勿用游波蟲骨。真相似，只是面上無光。誤餌之，令人狂走欲投水，如鬼祟，惟醋解之立愈。其海蛤用漿水煮一伏時，每一兩入地骨皮、柏葉各二兩，同煮一伏時，東流水淘三次，搗粉用。保昇曰： 取得，以半天河煮五十刻，以枸杞汁拌勻，入簞竹筒內蒸一伏時，擣用。

【氣味】苦、鹹，平，無毒。吳普曰： 神農： 苦。岐伯： 甘。扁鵲： 鹹。權曰： 有小毒。之才曰： 蜀漆爲之使。畏狗膽、甘遂、芫花。 【主治】欬逆上氣，喘息煩滿，胸痛寒熱《本經》。療陰痿《別録》。主十二水滿急痛，利膀胱大小腸唐注。治水氣浮腫，下小便，治嗽逆上氣，項下瘤癭甄權。療嘔逆，胸脇脹急，腰痛五痔，婦人崩中帶下日華。止消渴，潤五臟，治服丹石人有瘡蕭炳。清熱利濕，化痰飲，消積聚。除血痢，婦人結胸，傷寒反汗搐搦，中風癱瘓時珍。

【附方】舊二，新七。 水癊腫滿： 藏器曰： 用海蛤、杏仁、漢防己、棗肉各二兩，葶藶六兩，爲末研，丸梧子大。一服十丸，服至利下水爲妙。 水腫發熱： 小便不通者，海蛤湯主之。海蛤、木通、猪苓、澤瀉、滑石、黄葵子、桑白皮各一錢，燈心三分，水煎服，日二。《聖惠方》。 石水肢瘦： 其腹獨大者，海蛤丸主之。海蛤煅粉、防己各七錢半，葶藶、赤茯苓、桑白皮各一兩，陳橘皮、郁李仁各半兩，爲末，蜜丸如梧子大。每米飲下五十丸，日二次。《聖濟總録》。 氣腫濕腫： 用海蛤、海帶、海藻、海螵蛸、海昆布、鳧茨、荔枝殼等分，流水煎服，日二次。何氏。 血痢內熱： 海蛤末，蜜水調服二錢，日二。《傳信》。 傷寒血結： 胸脹痛不可近，仲景無方，宜海蛤散主之。并刺期門穴。用海蛤、滑石、甘草各一兩，芒硝半兩，爲末。每服二錢，鷄子清調服。更服桂枝紅花湯，發其汗則愈。蓋膻中血聚則小腸壅，小腸壅則血不行。服此則小腸通，則血流行而胸膈利矣。朱肱《活人書》。 傷寒搐搦： 寇宗奭曰： 傷寒出汗不徹，手脚搐者。用海蛤、川烏頭各一兩，穿山甲二兩，爲末，酒丸如彈子大，捏扁，置所患足心下。別擘葱白蓋藥，以帛纏定。於暖室中熱水浸脚至膝上，水冷又添，候遍身汗出爲度。凡一二日一作，以知爲度。 中風癱瘓： 方同上。又具鮫鯉甲下。 衄血不止： 蛤粉一兩，羅七遍，槐花半兩炒焦，研勻。每服一錢，新汲水調下。《楊氏家藏方》。

明·梅得春《藥性會元》卷下 海蛤 味苦、鹹，氣平，無毒。蜀漆為使。畏狗膽、甘遂、芫花。 主消水氣，去癭瘤，消浮腫，除咳逆，定喘急，除煩燥。療胸前痛，退寒熱，並蠲陰痿，久服可令陽起。生東海。 製法： 凡使，勿用遊波篳骨，其蟲蛤真似海蛤，只是無面上光。若誤餌，令人狂走，擬投水，時人為之犯鬼心狂，以醋解之，立瘥。凡修事，用漿水煮一伏時，却以地骨皮、柏葉二味，又煮一伏時，畢，用東流水淘二遍，拭乾細搗，研如粉，每一兩用地骨皮二兩，並剉碎，以東流水淘用。

明・李中立《本草原始》卷一一　海蛤　小者如細麻，大者若棊子，海蛤也。時珍曰：海蛤，海中諸蛤爛殼之總稱。不專指一蛤也。

海石：蛤殼在海中，久被風濤打磨礲礪，廉稜消盡，無復形質光瑩。礧塊雜于泥沙，有似碎石者，海石也。海粉：海石煅治為麪者，海粉也。

海蛤：氣味：苦、鹹，平，無毒。主治：欬逆上氣，喘息煩滿，胸痛寒熱。○療陰痿。○主十二水滿急痛，利膀胱大小腸，項下瘤癭。清熱利濕，化痰消積，療五痔，止血痢。海石、海粉功同海蛤，治頑痰更捷。

明・倪朱謨《本草彙言》卷一九　海蛤　味苦、鹹，氣寒，無毒。沉也、降也。入手足太陽、陽明經。　李氏曰：海蛤生登、萊、滄州，海沙湍處皆有。大者如棊子，小者如麻粒。其色黃白，或帶赤色。乃諸蛤之殼，爲海水磨蕩日久，光瑩明潔。其類至多，巨細不能分別，故通謂之海蛤。　雷氏曰：以漿水煮一伏時，研細成粉，水飛過用。

海蛤粉：李時珍化痰飲，農皇下逆氣，甄權定喘腫，消胸脇滿脹之藥也。馬繼高曰：此屬海水沙沫結而成形，又隨海水奔聚沙磧，日暴而肉消，僅存空殼也。其體堅潔，日隨湍水奔蕩不已，故《本草》專主積痰留飲，停滯經絡、藏府、胸臆之間，遏逆氣道不行，而爲腫、爲喘、爲脹滿、爲大小不通。假此堅潔潤下、汩蕩通流之物，而治閉逆不通之證，則熱可清，痰可化，濕可利矣。病因熱邪痰結氣閉者宜之，若氣虛有寒、中陽不運而爲此證者，切勿輕授。

集方：《聖濟錄》治痰飲停滯中焦，逆氣不下，喘促成腫，以致胸脇滿脹，甚則大小不通，坐臥不寧等證。用海蛤粉、漢防已、葶藶子各七錢，赤茯苓、桑白皮各一兩，陳廣皮、郁李仁各六錢，共爲末，紅麴、薑汁打糊丸梧子大。每早晚各服二錢，米湯下。○《傳信方》治血痢因內熱者。用海蛤粉，早晚各用二錢，蜜湯調服。○朱肱《活人書》治傷寒血結胸脹痛，手不可近。用海蛤粉、滑石各七錢，甘草三錢，芒硝五錢，共爲末，每服三錢。白湯調服。蓋膻中血聚，則小腸壅；小腸壅則血愈不行。服此則小腸通，血脉流行而胸膈利矣。

明・施永圖《本草醫旨・食物類》卷五　海蛤海中諸蛤爛殼之總稱，不專指一蛤也。○海蛤頭有文，文如鋸齒。　味：苦、鹹，平，無毒。蜀漆為之使，畏狗膽、甘遂、芫花。治：欬逆上氣，喘息煩滿，胸痛寒熱。療陰痿，主十二水滿急痛，利膀胱、大小腸。治水氣浮腫，下小便，治嗽逆上氣，項下瘤癭。療嘔逆，胸脇脹急，腰痛五痔，婦人崩中帶下。止消渴，潤五臟，治服丹石人有瘡。清熱利濕，化痰飲，消積聚。除血痢，婦人血結胸，傷寒反汗搐搦，中風癱瘓。

附方　水癊腫滿：用海蛤、杏仁、漢防已、棗肉各二兩，葶藶六兩，為末研，丸梧子大，一服十丸，服至利下水為妙。水腫發熱：海蛤湯主之。海蛤、木通、猪苓、澤瀉、滑石、黄葵子、桑白皮各一錢，燈心三分，水煎服，日二。氣腫濕腫：用海蛤、海帶、海藻、海螵蛸、海昆布、鳧茨、荔枝殼等分，流水煎服，日二次。血痢內熱：海蛤末，蜜水調服二錢，日二。

明・李中梓《本草通玄》卷下　海蛤　鹹，平。　主水腫，利大小腸，止喘嘔欬逆，清熱去濕，化痰消積及癭瘤。

清・劉雲密《本草述》卷二九　海蛤　時珍曰：海蛤者，海中諸蛤爛殼之總稱，不專一蛤也。又有所謂文蛤者，或另是一種，陳藏器謂即為未爛時殼，恐猶未穩。但海中蛤蚌，名色雖殊，性味相類，功用亦同，無甚分別也。

氣味：苦、鹹，平，無毒。普曰：神農：苦。岐伯：甘。扁鵲：鹹。

主治：咳逆上氣，喘息煩滿，胸痛寒熱，療十二水滿急痛，并水氣浮腫，止消渴，潤五臟，利膀胱、大小腸，療痰飲，胸脇脹急，腰痛，及傷寒血結，項下瘤癭，五痔疝證，婦人血結胸，並崩中帶下。

愚按：海蛤之用，在《本經》謂其治咳逆上氣喘息，煩滿胸痛，寒熱，葢所主治，固治陰氣虛而上逆者也。夫腎乃氣之元，氣陽也，出於陰中。《內經》曰：陰者，陽之守也。陰不能為陽之守，故有種種如上諸證。即《別錄》謂其療陰痿，則知其歸陽於陰矣。然《唐本草》又謂其主十二水滿急痛，並甄權治水氣浮腫者，云何？在《內經》曰：腎者，牝藏也。地氣上者，屬於腎而生水液也。又曰：出地者，陰中之陽，陽予之正，陰為之主。若然，但病於陰之不為陽守，而陽乃上逆，則至陰之生水液者，不得陽以為正，亦即隨陽汎濫四出矣。雖然，在《本經》已包舉而言之，如《內經》曰陽明，所謂上喘而為水者，陰氣下而復上，上則邪客於藏府間，故為水也。所謂胸痛少氣者，水氣在藏府也。水者，陰氣也，陰氣在中，故胸痛少氣也。

即此条之，在《本經》所主治不已悉其未言之證乎？抑已既病於水，而蕭炳何以又謂其止消渴，潤五臟也？曰：《內經》明言其邪客於藏府矣，是真陰實大損也。兹味之治，固導邪水而益真陰，以還其生水液之原也。真陰益，則陽不孤行，而消渴除，五臟潤矣。陽不孤行，即附於陰，故在下焦之膀胱及大小腸，所謂氣化斯出者，先受其益，以其開竅於二陰之故也。且并陰之已成血者，陰得陽化，而亦不病於孤行，如傷寒血結之類是也。推而療痰飲及胸膈脹急，為水液之所結，更血之所結，如癭瘤類，何莫非此不孤行之陰陽以奏功乎？至於婦人崩中帶下，固亦以其陽不孤行者守之，婦人血結，並以其陰不孤行者化之矣。或曰：兹物以其鹹也，如鹹味固侈，何獨如是之功乃在兹歟？曰：海鹹之異於河淡者，明明猶之人身水臟也。而其氣所生化之物，如兹種無情而有情，更與人身之氣化相感，先聖取之以療如上諸證，豈苟然哉？雖然，取鮮蛤而用之，唯濱海諸郡易耳，即療水腫證，亦多有取蛤殼煅成粉者，臨證從其權宜可也。

愚按：水之原在腎，然水之主在土，治斯證者，固宜条酌於胃腎以投劑矣。然如斯味為補腎歸陽要藥，乃方書治水證用之亦寥寥也，何哉？

附方　石水肢瘦，其腹獨大者，海蛤丸主之，海蛤煅粉、防己各七錢半，葶藶、赤茯苓、桑白皮各一兩，陳橘皮、郁李仁各半兩，為末，蜜丸如梧子大，每米飲下五十丸，日二次。　傷寒血結，胸脹痛不可近，仲景無方宜海蛤散主之，并刺期門穴，用海蛤、滑石、甘草各一兩，芒硝半兩，為末，每服二錢，雞子清調服，更服桂枝紅花湯，發其汗則愈。蓋膻中血聚，則小腸壅，小腸壅則血不行，服此則小腸通，則血流行，而胸膈利矣。

清・王子接《得宜本草・上品藥》　海蛤　味苦、鹹。主治欬逆上氣。得滑石、甘草、芒硝治傷寒血結。

清・楊時泰《本草述鉤元》卷二九　海蛤　海中諸蛤爛殼之總稱，不專一蛤也。總之海中蛤蚌，名色雖殊，性味相類，功用亦同。又文蛤，或另是一種。

氣味苦，鹹，平。主治咳逆上氣，喘息煩滿，痰飲胸脇脹急，胸痛寒熱，腰痛及傷寒血結，療十二水滿急痛，水氣浮腫，止消渴，潤五臟，利膀胱大小腸，治項下瘤癭，五痔疝證，婦人血結胸，並崩中帶下。《別錄》療陰痿。斯味為補腎歸陽要藥。傷寒、血結、胸脹痛不可近，仲景無方，宜服海蛤散。并刺期門穴，海蛤、滑石、甘草各一兩，芒硝五錢，為末，每服二錢，雞子清調服，更服桂枝紅花湯，發其汗則愈。蓋膻中血聚則小腸壅，小腸壅則血不行，服此則小腸通，血流行而胸膈利矣。

論：海蛤在《本經》治咳逆上氣，喘息煩滿等證，皆陰氣虛而上逆者。夫腎乃氣之元氣，陽也，出於陰中，陰者陽之守也，陰不能為陽之守，故有如上諸證。即《別錄》之療陰痿，則知其能歸陽於陰矣。《唐本草》又主十二水滿急痛，甄權並治水氣浮腫，其意云何？蓋凡病於陰之不為陽守，而陽乃上逆，其至陰之生水液者，不得陽以為正，亦即隨陽而汎濫四出耳。《經》曰：腎者牝藏也，地氣上者屬於腎而生水液也。又曰：出地者陰中之陽，陽予之正，陰為之主。雖然，在《本經》已包舉而言之，如曰：陽明所謂上喘而為水者，陰氣下而復上，上則邪客於臟腑間，故為水也。所謂胸痛少氣者，水氣在臟腑也。水者陰氣也，陰氣在中，故胸痛少氣也。即此參之，在《本經》所主治，不已悉其未言之證乎？顧何以又止消渴而潤五臟？曰：兹味導邪水而益真陰，以還其生水液之原，真陰益則陽不孤行，而消渴除，五臟潤矣。陽不孤行，即附於陰，而膀胱大小腸之所謂氣化斯出者，先受其益。且并陰之已成血者，亦得陽化而不病於孤行，如傷寒、血結之類胥治矣。推之水液所結，如痰飲胸膈脹急，血之取結，如癭瘤類，何莫非陰陽之不孤行以奏厥效乎？至於婦人崩帶，固亦以陽不孤行者守之，婦人血結，並又以陰不孤行者化之矣。

海蛤粉：此海中諸蛤之粉，以別於江湖之蛤粉、蚌粉也。近世獨取蛤蜊粉入藥，大抵海中蚌、蛤、蚶、蠣，味鹹性散，功用略同，非若江湖蚌蛤無鹽水浸漬，但能清熱利濕而已。肆中更有一種狀如線粉者，謂之海粉，得水則易爛，出海中沙石間，其功亦能化痰軟堅。

味鹹，氣平。腎經血分藥。治喘息咳逆，肺燥鬱脹咳喘。化痰飲，解結氣，軟堅積，熱痰能降，濕痰能燥，塊痰能耎，頑痰能消。愈心脾疼痛，消水腫，利小便，止遺精、白濁，療癩疝癭核，散腫毒，治婦人帶下血病，油調塗湯火傷。主濕嗽、腎滑之疾好古。治濕痰為要藥，以腎主水液，而痰為水液所化，病於濕者更切也。石水肢瘦，其腹獨大者，海蛤丸主之。海蛤煅粉、防己各七錢半，葶藶、赤苓、桑白皮各一兩，陳皮、郁李仁各半兩，為末，蜜丸梧子，每米飲下五十丸，日二次。氣虛水腫，大蒜十個，搗如泥，入蛤粉，丸如梧子，每食前，白湯下二十丸，服盡，小便下數桶，愈。此方垂死皆治。心氣疼痛，真蛤粉炒過，佐以香附末等分，白湯淬服。白濁遺精，潔古云：陽盛陰虛，故精泄也。真珠粉丸主之，蛤粉一斤，黄蘗炒一斤，研細，白水丸梧子大，每服百丸，空心溫酒下，日二次。血痢，玉粉散，海蛤粉研細，每用二錢，蜜水調服，能解臟腑積熱之毒。按此味同氣於腎陰之清化故也。

附案：戊戌冬深，歲氣寒濕相合，肺主受邪，陽不施化，而水中陽化更微，致濕痰聚胃，愈覆其陽，熱鬱口燥，上焦不爽，且移於所合之大腸。是宜麻杏散寒，薑朮除濕，第恐薑朮適增熱鬱之勢，乃入蛤粉於二陳加南星中，以歸陰僭而散陽鬱，其痰漸化而熱亦行，徐用乾薑枳朮理中，愈。

論：用蛤粉者，不究其合於人身元陰之氣，更不究其能於陰中歸陽，遂於丹溪所謂能降能消叓能燥者，槩以為寒則降、鹹則軟耳。試問消且燥者，更屬何說？夫元陰之氣，非偏於寒者也，陰中有陽，故陰氣所至，而陽之浮者自還其宅，如喘息嗽逆之治是曰降也。真陰得歸，則陽亦歸於陰，凡陰邪之所聚以成形者，自由有形而化無形，如浮腫之類，是曰消也。陰邪之所鬱者，畜陽於中，陽即依陰為堅核，為積塊，陰邪消則陽不得畜，故曰叓也。陰邪漸歸消化，則陽即行其化，而水濕之氣皆淨，如治水腫、白濁之類，故曰燥也。由是參之，則可知其主治諸證之故矣。如徒以為氣寒味鹹而已，彼嗽血、溲血者，曾何堅之待軟，而必取於此氣之寒乎？彼風熱上攻眩暈者，何又入此味於諸除風熱藥中乎？是蓋取夫真陰之原為陽守者以化陽耳。至參硃丸之療風癇，與人參、硃砂同用。取其配真陽於真陰，以化陽狂之邪也。化水丹之療消癉，用此為君治兩少陰之渴。取其真陰之化氣也。又與穿山甲同療滯下之裏急後重者，是取元陰之化氣，以暢大腸之收氣也。大凡治熱之法，可以寒藥直折者，惟實熱為然，至於虛熱鬱熱，不若從真陰以化陽之為得也，尤不若從陰中有陽者，以歸失守之陽為得也。如執寒鹹以定蛤粉之功，即用治痰飲，尚未得其肯綮，況投之各證哉。且《本經》於海蛤，尚曰鹹平，而殼用火煅，反得鹹寒，抑又未信矣。凡脾胃虛寒者，須與益脾胃藥同用仲淳。

修治：不入煎劑丹溪。凡治燥痰，取紫口蛤蜊殼，炭火煅成，以熟栝蔞連子同搗，和成團，風乾用，最妙吳球。餘痰之治不必然，至療他證，更宜專用。

清·葉志詵《神農本草經贊》卷一 海蛤 味苦，平。主欬逆上氣，喘息煩滿，胸痛寒熱。一名魁蛤。

秋深爵化，海錯叢殘。盈窺月滿，貯拾潮寒。飾糊成帳，護汁堆盤。靈稱白水，王母中餐。

《禮》：季秋之月，爵入大水為蛤。孔平仲詩：鮮蛤實海錯。《新論》：叢殘小語。《呂氏春秋》：月望，則蚌蛤實，群陰盈。梅堯臣詩：拾貯寒潮退。《飛燕外傳》：以蛤糊五成金霞帳。蘇軾詩：我哀籃中蛤，閉口護殘汁。歐陽修詩：纍纍盤中蛤。《漢武內傳》：西王母曰：次藥有白靈蛤。釋卿雲詩：挑薺備中餐。

清·劉東孟傳《本草明覽》卷一〇 海蛤 【略】按：丹溪云：海粉即海石，以蛤粉亦可。可見海石、蛤粉，雖是二物，可相通為治者也。海蛤殼在海中，風濤礲礪，廉稜消盡，有似碎石，故曰海石。煉治成粉，故曰海粉。其蛤粉乃燒蛤蜊殼而成，故蛤粉之新，終不及海石之陳也。

清·戴葆元《本草綱目易知錄》卷五 海蛤 苦、鹹，平。清熱利濕，化痰飲，消積聚，潤五臟，起陰痿，止消渴，療嘔逆。治咳逆上氣，喘息煩滿，胸痛寒熱，脇脹腰疼，項下癭瘤，血痢五痔，傷寒搐搦，中風癱瘓。主十二水滿急痛，利膀胱大小腸。療水氣浮腫，從下小便。婦人帶下崩中及血結胸，服丹石人有瘡。

清·陳其瑞《本草撮要》卷九 海蛤 味苦鹹，入足少陰經，功專治咳逆上氣。得滑石、甘草、芒硝，治傷寒血結。

文蛤

宋·唐慎微《證類本草》卷二〇蟲魚部上品〔《本經》·《別錄》〕 文蛤 味鹹，平，無毒。**主惡瘡，蝕五痔，**欬逆胸痹，腰痛脇急，鼠瘻大孔出血，崩中漏下。生東海。表有文，取無時。

〔梁·陶弘景《本草經集注》〕云：海蛤至滑澤，云從鴈屎中得之，二三十過方爲良。今人多取相擁，令磨蕩似之爾。文蛤小大而有紫斑，此既異類而同條，若別之，則數多，今以爲附見，而在副品限也。凡有四物如此。

〔唐·蘇敬《唐本草》〕注云：文蛤，大者圓三寸，小者圓五六分。若今婦人以置燕脂者，殊非海蛤之類也。夫天地間物，無非天地間用，豈限其數爲正副耶！

〔宋·馬志《開寶本草》〕按：陳藏器《本草》云：海蛤，主水癊。取二兩先研三日，漢防己、棗肉、杏人二兩，葶藶子六兩，熬研成脂爲丸，一服十丸，利下水。

〔宋·掌禹錫《嘉祐本草》〕按：《蜀本圖經》云：背上有斑文者，今出萊州掖縣南海中，三月中旬採。蕭炳云：出密州。陳藏器云：按海蛤，是海中爛殼，久在泥沙，風波淘漉，自然圓淨，有大有小，以小者久遠爲佳，亦非一一從鴈腹鴈中出也。文蛤是未爛時殼，猶有文者。此乃新舊爲名，二物元同一類。假如鴈食蛤殼，豈擇文與不文。蘇恭此言殊爲未達，至如爛蜆蚌殼，亦有所主，與生不同。陶云副品，正其宜矣。《說文》曰千歲鷰化爲海蛤，一名伏老。伏翼化爲，今亦生子滋長也。

〔宋·唐慎微《證類本草》〕《圖經》：文具海蛤條下。

《千金翼》：治急疳蝕口鼻數日盡，欲死。燒文蛤灰，臘月脂和，塗之。

宋·李昉《太平御覽》卷九四二 蛤 《三國典略》曰：徐之才初還豫章王綜國常侍。隨綜入北，有人患足跟痛，諸醫咸莫能識。之才視之，曰：蛤，精疾也。得之，當由乘船入海，垂脚入水中？疾者曰：實曾如此。之才為剖之，得蛤子二，大如榆莢。崔豹《古今注》曰：島鴈常在河邊沙上，食沙石悉皆銷爛，唯食蛤不銷，隨其糞出，用以為藥，倍勝常者。《本草經》曰：文蛤有文，味鹹，無毒。主除陰蝕惡創五痔，大孔出血。生東海。

宋·王繼先《紹興本草》卷一七 文蛤 紹興校定：文蛤，主治已具《本經》，與海蛤性味無異多矣。但古方亦用之，未聞的驗。當從《本經》味鹹、平、無毒為正。

宋·陳衍《寶慶本草折衷》卷一六 文蛤灰在內。○肉續附。 沈存中云：一名花蛤。○所出與海蛤同。又生密州。○取無時，或三月採。

味鹹，寒仲景，平，無毒。○主惡瘡蝕，五痔，欬逆胸痹，腰痛脅急，鼠瘻出血，崩中漏下。○《圖經》曰：文蛤是未爛時殼猶有文理者。分海蛤條。○《千金翼》：治急疳蝕口鼻，燒文蛤灰，臘月脂和塗。

續說云：海蛤、文蛤本一物也，風濤磨盪，有遠近耳。艾原甫編二蛤為一條，其中剖析功用，皆祖述經註之旨。按木部五倍子亦名文蛤。詳玩張仲景方文蛤散，即此文蛤也。若《三因方》文蛤散，乃五倍子也。今文蛤之肉，味甘而寒，可解酒熱，除渴及丹石毒，並煮汁飲。惟風疾瘡痍瀉痢人忌食之。或鹽淹久藏，尤發嗽疾。

元·王好古《湯液本草》卷六 文蛤 氣平，味鹹，無毒。《本草》云：主惡瘡，蝕五痔，欬逆胸痹，腰痛脅急，鼠瘻，大孔出血，崩中漏下。能利水。治急疳蝕口鼻，數日盡欲死，燒灰，臘猪脂和塗之。墜痰軟堅，止渴，收澀固濟，蛤粉也。鹹能走腎，可以勝水。文蛤尖而有紫斑。

元·尚從善《本草元命苞》卷八 文蛤 味鹹，性平，無毒。走腎，可以勝水，軟堅而能開結。主惡瘡疳蝕五痔，療鼠瘻大孔出血。除胸痺腰痛，治漏下崩中。生東海。表有班文。急疳蝕燒灰，脂傅。《千金翼》：治急疳蝕口鼻，數自盡欲死，燒灰，臈月脂和。

元·徐彥純《本草發揮》卷三 文蛤 成聊攝云：文蛤，鹹走腎，則可以勝水氣。

海藏云：能利水，治急疳蝕口鼻，數日欲死。燒灰，臘脂和塗之。能墜痰軟堅，止渴，收澀固濟。鹹能走腎，可以勝水。文蛤尖而紫斑者，即蛤粉也。丹溪云：馬刀、蚌蛤、螂、蜆，大同而小異，屬金而有水木土。《衍義》云：其冷而不言其濕，多食其肉，則發痰，以其濕中有火，久則氣上升而不降，因生痰則生熱，熱則生風，何冷之有？

明·王綸《本草集要》卷六 文蛤 味鹹，氣平，無毒。生東海，表有文。此是未爛時殼猶有文者。二蛤同類，惟分新舊耳。主惡瘡蝕五痔，咳逆胸痹，腰痛脅急，鼠瘻大孔出血，崩中漏下，墜痰軟堅，止渴燥濕，收澀固濟。治急疳蝕口鼻，數日盡欲死，燒灰，臘猪脂和塗之。又治疝痛，能降能消，能軟能燥，同香附末、薑汁調服。

明·滕弘《神農本經會通》卷一〇 文蛤 生東海，表有文，海蛤、文蛤二物，元同一類，但以新舊為名。文具海蛤條下。

味鹹，氣平，無毒。《本經》云：主惡瘡蝕，五痔，欬逆胸痺，腰痛脅急，鼠瘻大孔出血，崩中漏下。《千金翼》云：治急疳蝕口鼻，數日盡欲死，文蛤粉，臘月脂和塗之。《湯》云：《本草》同《本經》。《千金》又云：能利水，墜痰軟堅，止渴，收澁固濟，蛤粉也。鹹能走腎，可以勝水。文蛤尖而有紫斑。丹溪云：蛤粉治疝氣，能降能消，能軟能燥，同香附末、薑汁調服，以治痛。以蛤蜊殼，火煅過，研為粉，不入煎劑。

明·劉文泰《本草品彙精要》卷二九 文蛤無毒 化生。

文蛤出《神農本經》：**主惡瘡蝕，五痔。**以上朱字《神農本經》。欬逆，胸痹，腰痛，脅急，鼠瘻大孔出血，崩中，漏下。以上黑字名醫所錄。

【地】《圖經》曰：生東海、南海，今登、萊、滄、密諸州皆有之。此有大小，其大者圓二三寸，小者圓五六分。殼表有紫斑文者，非北海蛤久在泥沙風波中，淘洗圓淨而無文也。因其有文，故名文蛤也。【時】生：無時。採：三月中旬取。【用】殼有斑文者佳。【色】紫白。【味】鹹。【性】平，軟。【氣】味厚于氣，陰也。【臭】腥。【主】墜痰，止渴。【製】煅存性，研末用。【合治】燒灰，合臘月脂和，塗之，治急疳蝕口鼻數日盡，欲死者。

明・葉文齡《醫學統旨》卷八　文蛤　氣平，味鹹。無毒。生東海，表有文者是。未爛時殼猶有文者。二蛤同類，惟分新舊耳。治惡瘡蝕，五痔，欬逆胸痺，腰痛脇急，鼠瘻大孔出血，崩中漏下，墜痰軟堅，止渴燥濕，收澁固濟；療急疳蝕口鼻數日盡欲死，燒灰臘猪脂和塗之。又治疝痛，能降能消，能軟能燥，同香附末，薑汁調服。

明・許希周《藥性粗評》卷四　文蛤拯牙疳之急。

文蛤，與海蛤同類，背有斑文。生東海，今出登萊等州。或曰海蛤，敗蛤也。從砂土中出，文蛤則其活者也。取無時。凡用取殼，燒灰為末。味鹹，性寒，無毒。入足少陰腎經。主治惡瘡痔漏，鼠瘻，血崩，急疳蝕口。海藏云：文蛤即蛤粉也。能利水墜痰，軟堅止渴，收澁固濟。鹹能走腎，可以勝水。

單方：急疳蝕口：凡患牙疳數日，蝕盡則死，速取文蛤燒灰為末，以臘月猪脂塗之，甚妙。

明・陳嘉謨《本草蒙筌》卷一一　文蛤　味苦、鹹，氣平、寒。無毒。係新蛤殼未爛，臨東海岸可收。斑紫形尖，表多文彩。僉名文蛤，貴之之辭。仲景傷寒方中，曾用研為散末。有文蛤散。利水為鹹走腎，墜痰因鹹軟堅。毆脇急腰疼，除喉欬脇痹。收澁崩中帶下，消平鼠瘻痔瘡。走馬疳蝕口鼻將危，和臘猪脂為膏敷貼。㿗疝氣引小腸吊痛，同香附末薑汁調吞。〇海蛤乃爛殼混雜泥沙，被風濤打磨礲礪。廉稜都盡，礧塊不勻。小者如細麻，大者若棋子。宜火煅作散，勿和劑煎湯。利膀胱大小二腸，消水腫脹滿；降胸脇逆壅邪氣，定喘息欬痰。陰痿可堅，喉渴堪止。〇海石即海蛤，異名同類。〇海粉又海石火煅研成。總因鹹軟堅之名，但治頑痰塊必用。

謨按：丹溪曰：海粉即海石，熱痰能降，濕痰能燥，結痰能軟，頑痰能消。宜為散丸，勿煎湯液。又治帶下，云無海石以蛤粉亦可。可見海石、蛤粉明是二物。寇氏《衍義》又以海石功用盡註蛤粉條下，則海石、蛤粉雖是二物，亦可相通為治也。又云：蛤粉乃燒蛤蜊殼為之。今考《本經》海蛤條下諸註，並指海蛤即海石。夫海蛤而謂之海石者，蓋海蛤非有肉之蛤，乃蛤殼也。殼在海中，久被風濤礲礪，廉稜消盡。其所存者，無復形質光瑩，礧塊雜于泥沙，有似碎石，故曰海石。煉治為粉，故曰海粉。其蛤粉乃燒蛤蜊殼而成。蓋蛤蜊人所常食，其殼多而易取。海石必須臨海淘沙收之，其功稍難。舍難就易，比比皆然。是以蛤粉多，海石少，不可必得，故思其次。乃云：如無海石，以蛤粉亦可。然蛤粉之新，終不及海石之陳。正如爛蜆蚌殼亦有所主，與生自不同爾。

明・王文潔《太乙仙製本草藥性大全》卷八《本草精義》　文蛤　舊本不載所出州土，今登萊諸州亦有之。係新蛤殼未爛，臨東海岸可收。斑紫形尖，表多文彩，僉名文蛤，貴之之辭。仲景傷寒方中曾用研爲散末，有文蛤散。《唐本》云：文蛤大者圓三寸，小者圓五六分。若今婦人以置臙脂者，殊非海蛤之類也。夫天地間物，無非天地間用，豈限其數爲正副耶！陳藏器云：文蛤是未爛蛤殼猶有文者。此乃新舊爲名，二物元同一類，假如鴈食蛤殼，豈擇文與不文？蘇恭此言殊爲未達，至如爛蜆蚌殼，亦有所主，與生不同。陶云副品，正其宜矣。《說文》曰千歲鸛化爲海蛤，一名伏老，伏翼化爲，今亦生子滋長也。

明・王文潔《太乙仙製本草藥性大全》卷八《仙製藥性》　文蛤　味苦、鹹，氣平、寒，無毒。主治：利水爲鹹走腎，墜痰因鹹軟堅。驅脇急腰疼，除喉欬脇痹。收澀崩中帶下，消平鼠瘻痔瘡。走馬疳蝕口鼻將危，和臘猪脂爲膏敷貼。㿗疝氣引小腸吊痛，同香附末薑汁調吞。補註：治急疳蝕口鼻，數日盡欲死。燒文蛤灰，臘月脂和塗之。〇《傷寒論》：〔病〕在陽應以汗解，反以冷水潠之，若水灌之，其熱被却不得去，彌更益煩，皮上粟起，意欲水，反不渴者，文蛤散主之：文蛤五兩，一味擣篩，以沸湯和一方寸匕服，湯用五合。此方醫家多有殊效。

明・皇甫嵩《本草發明》卷六　文蛤上品。氣平，寒，味苦、鹹，無毒。發明曰：文蛤，鹹以走腎，能勝水，而其用能軟能降，能消能固。故《本草》（至）〔治〕惡瘡蝕，五痔，欬逆胸痺，腰痛脇急，崩中漏下，鼠瘻大孔，去血，又利水道。〇治急疳蝕口鼻，數日盡欲死，燒文蛤，和臘猪油塗之。又㿗疝，引小腸吊痛，同香附末，薑汁調服。仲景傷寒方文蛤散利水，為鹹能走腎也。係新蛤殼未爛，斑紫形尖有文，故云文蛤。伏翼所化。

明・李時珍《本草綱目》卷四六介部・蚌蛤類　文蛤《本經》上品

【釋名】花蛤時珍曰：皆以形名也。【集解】《別録》曰：文蛤生東海，表有文。取無時。弘景曰：小大皆有紫斑。保昇曰：今出萊州海中。三月中旬采。背上有斑文。

恭曰：大者圓三寸，小者圓五六分。時珍曰：按沈存中《筆談》云：文蛤即今吴人所食花蛤也。其形一頭小，一頭大，殼有花斑的便是。【修治】同海蛤。

【氣味】鹹，平，無毒。【主治】惡瘡，蝕五痔《本經》。欬逆胸痹，腰痛脇急，鼠瘻大孔出血，女人崩中漏下《别録》。能止煩渴，利小便，化痰軟堅，治口鼻中蝕疳時珍。

【發明】時珍曰：按成無己云：文蛤之鹹走腎，以勝水氣。

【附方】舊一，新一。傷寒文蛤散：張仲景云：病在陽，當以汗解，反以冷水噀之，或灌之，更益煩熱，欲〔飲〕水，不渴者，此散主之。文蛤五兩爲末，每服方寸匕，沸湯下，甚效。疳蝕口鼻：數日欲盡。文蛤燒灰，以臘猪脂和，塗之。《千金翼》。

明·梅得春《藥性會元》卷下 文蛤 味鹹，氣平，無毒。主治惡瘡蝕，五痔，欬逆胸痹，腰痛脇急，鼠瘻大孔出血，崩中漏下，墜痰軟堅，止渴燥濕，收澁固濟。療急疳蝕口鼻，數日盡欲死，燒灰臘猪脂和塗之。又治疝痛，能降能消，能軟能燥，同香附末、薑汁調服。生東海，表有文，取無時。未爛時殼猶有文。二蛤同類，惟分新舊耳。一名伏老，伏翼化為之也。又有魁蛤，味甘，平，無毒。主瘻痹，洩痢便膿血。一名魁陸，又名活東。正圓，兩頭空，表亦有文，形似紡軖。

明·王肯堂《傷寒證治準繩》卷八 文蛤 氣平，味鹹，無毒。主惡瘡蝕，五痔。傷寒病在陽，當以汗解，反以冷水噀之，或灌之，其熱鬱遏不得出，而反增者，以文蛤散主之。蛤，水族也，其性寒，故用以利水而勝熱。以為草木之液，莫之能尚云爾。《夢溪筆談》云：即今吴人所食花蛤也。

明·穆世錫《食物輯要》卷七 文蛤 味鹹，平，無毒。可食。化痰軟堅，利小水，治咳逆煩渴，胸痹腰脇痛，及崩帶疳瘡。

明·李中立《本草原始》卷一一 文蛤 生東海。大者圓三寸，小者圓五六分。一頭大，一頭小，背上有花斑文者，文蛤也。

文蛤 氣味：鹹，平，無毒。主治：惡瘡，蝕五痔。○欬逆胸痹，腰痛脇急，鼠瘻大孔出血，女人崩中漏下。○能止煩渴，利小便，化痰軟堅，治口鼻疳蝕。

明·吴文炳《藥性全備食物本草》卷三 文蛤 味苦、鹹，性平、寒，無毒。出東海，表相合而生。《説文》云：千歲燕化為海蛤，伏翼化為魁蛤。雁食海蛤從糞中出，大如巨勝，有紫文彩，未爛者為文蛤，無文彩已爛者為海蛤，二蛤同類，主治大同，惟分新久。無毒。主欬逆胸痺，腰痛脇急，墜痰軟堅，止渴燥濕，止澁固濟之劑也。止大孔出血，崩中漏下，惡瘡鼠瘻、五痔等症。又治疝痛，能降能消，能軟能燥。同香附末、薑汁調服。療急疳蝕口鼻盡欲死，燒灰臘猪脂和塗之。凡修事一兩，用漿水煮一時後，以地骨皮、栢葉各二兩，又煮一時，取出，東流水淘三遍，拭乾，火煅研粉用，不入湯藥。蜀漆為使。惡狗膽、甘遂、芫花。

海蛤：無毒。主欬逆上氣，喘息煩滿，胸痛寒熱，療陰瘻，利大小腸。《液》云：蛤粉，鹹能走腎，可以勝水，共治十二水氣浮腫；治項下癭瘤，餘同文蛤。

魁蛤：形圓，長似檳榔，兩頭有孔，外有縱横紋理。味甘，平，無毒。主瘻痺，洩痢便膿血。《食療》云：潤五臟，止消渴，開關節。服丹石人食之，免有熱毒瘡腫。

明·繆希雍《本草經疏》卷二〇 文蛤 味鹹，平，無毒。主惡瘡蝕，五痔，欬逆胸痹，腰痛脇急，鼠瘻大孔出血，崩中漏下。

【疏】文蛤即花蛤，大小背上有班文。得陰水之氣，故其味鹹，氣平，無毒。《經》曰：硬則氣堅，鹹以軟之。文蛤之鹹，能消散上下結氣，故主欬逆胸痹，腰痛脇急也。惡瘡蝕，五痔，鼠瘻大孔出血，崩中漏下，皆血熱為病，鹹平入血除熱，故主之也。更能止煩渴，化痰，利小便。【主治參互】仲景方傷寒在陽，當以汗解，反以冷水噀之或灌之，其熱被却不得去，更益煩熱，皮上粟起，欲飲水，反不渴者，文蛤散主之。文蛤五兩，為末。每服方寸匕，沸湯下，甚效。《千金翼》疳蝕口鼻，數日欲盡。文蛤燒灰，以臘、猪脂和塗之。【簡誤】病屬邪熱痰結者宜之。氣虛有寒者，不得用。

明·倪朱謨《本草彙言》卷一九 文蛤 味鹹，氣平，無毒。韓氏曰：文蛤生登、萊州海沙處。大者圓二三寸，小者圓七分，形如海蛤，有斑文。修治：用酒煮一時，乘熱搗細用。

文蛤粉：止欬逆，《别錄》消胸痹，時珍化痰軟堅之藥也。吴養元曰：按成無己云：文蛤之鹹走腎，以勝水氣。凡病水濕痰飲，膠結不化，致成中宫否隔，升降失調，滯于氣而爲欬逆，滯于血而爲胸痹者，以此鹹寒軟堅之物，如氣之逆而不下，痹而不通者，可迎刃而解矣。又如仲景書論傷寒病在陽，當以汗解，反以冷水噀之或灌之，其熱被却不得出，彌更益煩，皮上粟起，意欲飲水、反不渴者，以文蛤散主之。此藥生聚海湍急流，搗研成散，用沸湯調服數錢，能分利水濕之邪，壅遏陽道。昔仲景用之，爲因寒鬱熱，假此分利表間水氣故耳。則知此爲清熱消飲之輕劑，且必于欲飲水、反不渴者用之，則知能洩偶鬱之熱，而不能勝實結之熱矣。

集方：《方脉正宗》治痰飲膠結不化，爲欬逆，爲胸痹者。以文蛤一兩、燒存性，研極細末，配薑製半夏、膽星、厚朴、廣陳皮、白芥子、於白朮、枳實各一兩，俱同麩皮拌炒，研爲末，每蚤晚各服一錢，食後白湯調服。

明・姚可成《食物本草》卷一一介部・蚌蛤類 文蛤沈存中《筆談》云：文蛤，即今吳人所食花蛤也。出萊州海中。其形一頭小，一頭大，殼有花斑的便是。 文蛤，味鹹，平，無毒。主惡蝕五痔，欬逆胸痹，腰痛脇痛，鼠瘻大孔出血，女人崩中漏下。能止煩渴，利小便，化痰軟堅，治口鼻中蝕疳。

明・鄭二陽《仁壽堂藥鏡》卷八 文蛤 隱居云：今出萊州、南海中。三月中旬採未爛殼。 氣平，味鹹，無毒。《本草》云：主惡瘡，蝕五痔。欬逆胸痹，腰痛脇急，鼠瘻大孔出血，崩中漏下。能利水，治急疳蝕口鼻，數日盡，欲死，燒灰，臘猪脂和塗之。墜痰軟堅，止渴收澁固濟，蛤粉也。鹹能走腎，可以勝水。文蛤尖而有紫斑。丹溪云：蛤粉治疝氣，能降能消，能軟能燥。同香附末、薑汁調服，以治心痛。以蛤蜊殼火煆過，研為粉用之。不入煎劑。丹溪云：蚌、蛤、蛳、蜆，大同而小異，屬金而有水、木、土。《衍義》云：其冷而不言其濕，多食則發痰。以其濕中有火，久則氣上升而不降，因生痰。痰則生熱，熱則生風，何冷之有？

明・施永圖《本草醫旨・食物類》卷五 文蛤小大皆有紫斑，今出萊州海中。

味：鹹，平，無毒。治：惡瘡，蝕五痔。欬逆胸痹，腰痛脇急，鼠瘻大孔出血，女人崩中漏下。能止煩渴，利小便，化痰軟堅，治口鼻中蝕疳。

附方 疳蝕口鼻：文蛤燒灰，以臘猪脂和塗之。

明・盧之頤《本草乘雅半偈》帙一一 文蛤《本經》上品。 氣味：鹹，平，無毒。主治：主惡瘡，蝕五痔。

覈曰：文蛤，生東海，登、萊、滄州，海沙湍水處。大者圓二三寸，小者五七分，形如海蛤及紫貝，獨表文斑彩陸離猶可愛也。采無時。修治：每兩用漿水煮一伏時，更用枸杞根皮、側栢葉，各二兩，煮一伏時。擣用，力轉勝也。

条曰：文蛤，生海湍沙磧，濕生也。濕以合感，故蟲偕合，表彩陸離，復名文蛤。兩瓣函合，中含靈液，可菡可萏，流而不盈，故主火亢浸淫而蝕瘡，水鬱腸澼而五痔，至水亡潤，火失炎，體用兩竭，坎窞化息者，功力捷如影響。

清・劉雲密《本草述》卷二九 文蛤 時珍曰：按沈存中《筆談》云：文蛤，即今吳人所食花蛤也。其形一頭小，一頭大，殼有花斑的便是。先哲有云即海蛤粉，河間、丹溪多用之。

氣味：鹹平，無毒。主治：咳逆胸痹，腰痛脇急，利小便，止煩渴，化痰軟堅，療口鼻中蝕疳，鼠瘻大孔出血，女人崩漏。

附方 仲景方傷寒在陽當以汗解，反以冷水噀之或灌之，其熱被鬱，却不得去，更益煩熱，皮上粟起，欲飲水反不渴者，文蛤散主之。文蛤五兩，為末，每服方寸匕，沸湯下，甚效。

希雍曰：文蛤之鹹，能消散上下結氣。故《別錄》主治胸痹，腰痛脇急。又謂治鼠瘻大孔出血，崩漏，皆血熱為病，鹹平入血除熱，故並主之。

愚按：張仲景先生治傷寒在陽明未入府者，固宜汗解，乃有因其煩燥，誤以水噀及灌之，遂使寒轉鬱，而鬱中增熱，所以更益煩熱，然皮上却有粟起，此外寒鬱熱之徵，故欲飲水者，中有熱也，不渴者，非真熱，乃鬱而成也。如是證，先生乃以文蛤散主之，是為其能開寒鬱於陽明，而使陽之結氣得散，故此證亦列之結胸例也。愚妄揣蛤粉能開鬱熱，謂其陽鬱於陰中者，藉同氣之陰，引之歸下，而所結之陽亦逐之以散也。初意以為創，及閱先生文蛤散之治，大獲我心矣。然則此味又豈但如丹溪所云能降能消能耎能燥，而其功僅僅在一痰飲乎哉？

附案：愚於戊戌歲，冬深終之氣，主氣寒水，既與司天相合，而客氣溼土又與在泉相合，更加於主氣寒水之上，其病於陽氣甚矣。氣乃肺主之，故肺易受寒邪，既病於主氣之肺，則陽氣益不得施化，而水中之陽化更微，致溼淫滋患，故溼痰生聚於胃而不行，是溼痰愈覆其陽，則肺之鬱熱，遂口舌為燥，而肺所治之上焦，亦俱不爽，且移於所合之大腸而化風矣。治之者宜麻黃杏仁輩以散寒，炒乾薑、製白术以除溼，第所鬱之熱，驟以乾薑、白术投之，適益其鬱熱之勢耳。愚散寒以麻黃杏仁，而除溼暫用二陳加南星，乃入蛤粉於中，以歸陰僭而散陽鬱，其痰漸化，而熱亦行，徐以乾薑、白术、枳實輩理中，乃得全愈。 希雍曰：病屬邪熱痰結者宜之。氣虛有寒者審之。

清·郭章宜《本草匯》卷一七　文蛤　味鹹，氣平。利水為鹹走腎，墜痰因鹹軟堅。療欬逆，止煩渴。

按：文蛤，即今花蛤，大小不等，背上有斑文者，得陰水之氣，故走腎以勝水氣。張仲景云：病在陽，當以汗解。反以冷水噀之，或灌之，更益煩熱欲飲水。不渴者，文蛤散主之。文蛤五兩，為末，每服方寸匕，沸湯下，甚効。凡病屬邪熱痰結者，宜之。氣虛有寒者，不得用也。

火煅，研粉用。不入湯藥。蜀漆為之使。畏狗膽、甘遂、芫花。

清·陳士鐸《本草新編》卷五　文蛤　味苦、鹹，氣平、寒，無毒。利水墜痰，敺脇急腰疼，除喉欬胸痹，收澁崩中帶下，消平鼠瘻痔瘡。仲景夫子用之于傷寒方中，亦取其利水走腎，墮痰軟堅也。

清·馮兆張《馮氏錦囊秘錄·雜症痘疹藥性主治合參》卷一一　文蛤即花蛤也。背上有斑文，得陰水之氣。味鹹，氣平，無毒。鹹能消散結氣，咳逆胸痹，腰痛脇急，瘡蝕痔瘻，崩中漏下，皆血熱為病。鹹平入血除熱，故主之也。更止煩渴，化痰，利小便，皆軟堅潤下之功也。　文蛤，係新蛤殼未爛，臨東海岸可收。利水墜痰，敺脇急腰疼，除喉咳肋痹，收澁崩中帶下，消平鼠瘻痔瘡。走馬疳蝕口鼻將危，和臘猪脂為膏敷貼。疝氣引小腸弔痛，同香附末，薑汁調吞。海蛤乃爛殼混雜泥沙，宜火煅作散，利膀胱、大小二腸，消水腫脹滿，降胸脇逆壅邪氣，定喘息欬痰，陰痿可堅，喉渴堪止。

清·张璐《本經逢原》卷四　文蛤　鹹，平，微寒，無毒。即蛤蜊之殼厚口光有紫斑文者。用醋漿水或醋煮半日許，搗粉用。　《本經》主惡瘡蝕五痔。　發明：文蛤鹹寒，走足少陰經，為潤下之味，故能止渴，利小便。《別錄》治欬逆胸痹，腰痛脇急，鼠瘻崩中，即《本經》主惡瘡蝕五痔之義，取鹹能軟堅入血分也。仲景傷寒太陽病用水却益煩，意欲飲水反不渴者，及《金匱》渴欲飲水不止，並用文蛤散，其治反胃吐後渴欲飲水而貪飲者，則有文蛤湯，總取鹹寒滌飲之義。

清·汪啟賢等《食物須知·諸葷饌》　文蛤　味苦、鹹，氣平、寒，無毒。係新蛤殼未爛，臨東海岸可收。斑紫形尖，其文不一。表多文彩，僉名文蛤，貴之之辭。仲景傷寒方中曾用，研為散末。利水，為鹹走腎；墜痰，因鹹軟堅。驅脇急腰疼，除喉咳脇痹。收澀崩中帶下，消平鼠瘻痔瘡。走馬疳蝕口鼻，將危，和臘猪脂為膏，敷貼。癩疝氣引小腸吊痛，同香附末，薑汁調吞。

清·張志聰、高世栻《本草崇原》卷中　文蛤　氣味鹹，平，無毒。主治惡瘡蝕，五痔。　文蛤生東海中，背上有斑文，大者圓三寸，小者圓五六分。沈存中《筆談》云：文蛤即今吳人所食花蛤也，其形一頭小，一頭大，殼有花斑者是。《開寶》《藥性》有五倍子，亦名文蛤，乃是蜀中鹽膚子樹上之蟲窠也，以象形而稱之，與水中所產文蛤不同。　蛤乃水中介蟲，禀寒水之精，故主治惡瘡蝕。感燥金之氣，主資陽明大腸，故治五痔。五痔解，見黃芪條下。《傷寒太陽篇》曰：病在陽，應以汗解之，反以冷水潠之，若灌之，其熱被却不得去，彌更益煩，肉上粟起，意欲飲水，反不渴者，服文蛤散。文蛤五兩為末，每服方寸匕，沸湯下，甚效。　文蛤外剛內柔，象合離明，能燥水濕，而散熱邪也。

清·何諫《生草藥性備要》卷下　蛤屎屈　味腥，性平。生肌，止血。治痢疾發狂。治外科最效。

清·黃元御《長沙藥解》卷四　文蛤　味鹹，微寒。入手太陽肺、足太陽膀胱經。清金除煩，利水泄濕。　《傷寒》文蛤散，文蛤為散，沸湯和服方寸匕。治太陽中風，應以汗解，反以冷水噀灌，經熱被卻，而不得去，彌更益煩，肉上起粟，意欲飲水，反不渴者。表病不以汗解，反以冷水閉其皮毛，經熱莫泄，煩躁彌增，衛鬱欲發，升于汗孔，衝突皮膚，凝起如粟。煩熱鬱隆，意欲飲水，而熱在經絡，非在臟腑，則反不覺渴，是其己土必當濕旺，若使非濕，表鬱燥動，未有不渴者。文蛤除煩而泄濕也。《金匱》治渴欲飲水不止者，以濕土堙鬱，乙木不得升泄，則膀胱熱癃，辛金不得降斂，則胸膈煩渴，文蛤清金而泄水也。　文蛤湯，文蛤五兩，石膏五兩，生薑三兩，杏仁五十枚，麻黃三兩，甘草三兩，大棗十二枚，溫服一升，汗出即愈。治吐後，渴欲得水，而貪飲者。以水飲既吐，胃氣上逆，肺金格鬱，刑於相火，是以渴而貪飲。甘草、大棗補土而益精，石膏、文蛤清金而泄濕，杏、薑破壅而降逆，麻黃發表而達鬱也。　文蛤鹹寒，清金利水，解渴除煩，化痰止嗽，軟堅消痞，是其所長。兼醫痔瘡鼠瘻，胸痺腰疼，鼻口疳蝕，便溺血脫之證。　煅粉，研細用。

清·汪紱《醫林纂要探源》卷三　文蛤粉　鹹，寒。即蛤蜊殼之有花紋者。功同牡蠣。見後。

清·王龍《本草纂要稿·蟲魚部》　文蛤　味苦、鹹，氣平，寒，無毒。利水為鹹走腎，墜痰因鹹軟堅。驅脇急腰疼，除喉咳助痹。消鼠瘻痔瘡，澁崩中帶下。

清・楊時泰《本草述鉤元》卷二九　文蛤　其形一頭大，一頭小，有花斑。

氣味鹹平。主咳逆胸痺，腰痛脇急，利小便，止煩渴，化痰軟堅，療口鼻中蝕疳，鼠瘻大孔出血，女人崩漏。鹹平入血除熱，能消上下結氣仲淳。傷寒外寒鬱熱者，文蛤散主之。文蛤五兩為末，每服方寸匕，沸湯下，甚效。

論：傷寒在陽，當以汗解，乃因煩燥，誤以水噀及灌之，遂使寒轉鬱，而鬱中增熱，所以更益煩熱，皮上粟起，此外寒鬱熱之徵，欲飲水者，中有熱也，不渴者，非真熱，乃鬱而成也，文蛤散主之。蓋蛤粉能開鬱熱，俾陽鬱於陰中者，藉同氣之陰，引之歸下，而所結之陽，亦逐之以散。然則此味，豈但能降能消，能耎能燥，其功僅在痰飲而已哉？　繆氏言氣虛有寒者，慎用。

清・趙其光《本草求原》卷一七介部　文蛤　即海蛤之殼，厚有光彩紫花斑者，鹹，微寒，入腎血分，滌飲軟堅。平，入肺，散外寒鬱結陽熱於陰分。治咳逆、是指肺熱內鬱言。胸痹、腰痛、脇急、瘰癧、下血，崩漏，皆熱結陰血中，藉陰寒同氣導之下歸。利水，治惡瘡、五痔。軟堅。仲景治傷寒，本應汗，反灌冷水，致熱鬱，欲飲水而不渴，是鬱熱，非真熱。皮上粟起。《金匱》治渴欲飲水，並用文蛤散。為末，沸湯下。治反胃後渴飲，有文蛤湯。皆散鬱、開結、除飲之義。塗疳蝕口鼻。煅灰，豬脂開搽。凡肺虛感寒，致濕熱內鬱，痰結舌燥者，悉宜主之。加入麻、杏、二陳中，以清散，隨後溫養腸胃。醋煮半日，搗粉用。

清・葉志詵《神農本草經贊》卷一　文蛤　主惡瘡蝕，五痔。

種別沙田，潮汐增暈。虹采開明，錦囊充牣。風愛來薰，雷驚驟震。節物新時，吳鄉饋贐。

周必大詩：東海沙田種蛤珧。《西溪叢語》：文蛤一潮生一暈。曹植詩：蚌蛤被濱涯，光采如錦虹。李涉詩：元蚌初開影暫明。盧綸詩：彩蛤攢錦囊。《山棲志》：充牣崖巘。戴表元詩：莎坂南風寅蛤來。《史記・紀》：南風之薰兮。《南越志》：凡蛤開口，聞雷不復閉口。孔武仲詩：新時節物故依然。《夢溪筆談》：文蛤即吳人所食花蛤。《孟子》：辭曰饋贐。

清・戴葆元《本草綱目易知錄》卷五　文蛤花蛤　鹹，平。化痰軟堅，止煩渴，利小便，療惡瘡，蝕五痔。治咳逆胸痹，腰疼脇急，鼠瘻大孔出血，女人崩中漏下，傅口鼻中蝕疳。

清・周巖《本草思辨錄》卷四　文蛤　考仲聖文蛤散、文蛤湯，渴不用栝蔞之屬，有表邪不用桂枝之屬，而獨用文蛤，幾莫明其故。迨即所治之三證細究之，而後知宜文蛤不宜他藥者，固自有至精至切之義焉。蛤者，雀所化，具自外飛入水之概。殼有文彩，又其精氣所注。用在殼而味鹹，則為由表以入裏；氣寒性燥，則能清熱而勝濕。其清裏熱，只清上焦心肺之熱；以鹹平無深入之能，氣復走表，又分其勢也。《活人書》治血結胸，李防禦治痰嗽面腫，皆治在心肺之明徵。而仲聖又有精者焉。病在陽，應汗解而不汗解，則熱邪遺留於表。以冷水潠之灌之，內心煩而外粟起，則其寒為外附之寒，不必治寒而止須治熱治濕，文蛤治表間熱濕，恰與證合。若不差，必熱已退而鹹寒不克任之。與五苓散者，取其淡辛化氣，而表邪得盡也。吐後渴欲得水而貪飲，貪飲由心肺熱熾，渴飲在於吐後，必表間尚有餘邪。故以麻、杏發汗，即以文蛤協石膏清熱，甘草和之於中，薑、棗調之於表，麻、杏止三兩，而蛤、膏各用至五兩，意自在於清熱。麻、杏力微，故兼主微風，此湯實非為風寒設也。至渴欲飲水不止，亦主以文蛤散。不止即貪飲之謂，而無吐後之餘邪，則止其熱渴，已足療病。文蛤治表熱不必有渴，治心肺之裏熱，則正能止渴。蓋其渴非津虧與小便不利也。

西施舌

清・丁其譽《壽世秘典》卷四　西施舌殼似蛤而長，肉白如乳，闊約大指，長及二寸，如舌，極脆美，舌本有數肉條如鬚，然是其飲處。氣味：甘，溫，無毒。極鮮美。

清・吳儀洛《本草從新》卷六　西施舌〔補陰。〕　甘，鹹，平。益精，潤臟腑，止煩渴。生溫州海泥中。似車螯而扁，常吐肉寸餘，類舌，故名。屠本畯曰：沙蛤，上匙也。產吳航，似蛤蜊而長大，有舌白色，名西施舌。《閩部疏》曰：海錯出東四郡者，以西施舌為第一，蠣房次之。西施舌本名車蛤，以美見謚，產長樂灣中。

清・汪紱《醫林纂要探源》卷三　西施舌　甘，鹹，寒。肉色黃白，形如人舌，味甚鮮美。

題清・徐大椿《藥性切用》卷八　西施舌　甘鹹性平，益陰潤燥，止渴除煩。鹽水煮。

清・趙學敏《本草綱目拾遺》卷一〇介部　西施舌　屠本畯曰：沙蛤土匙也，產吳航，似蛤蜊而長大，有舌白色，名西施舌。《閩部疏》曰：海錯出東四郡者，以西施舌為第一，蠣房次之。西施舌本名車蛤，以美見諡，產長樂灣中。《本草從新》：西施舌，浙溫州有之，生海泥中，似車螯而扁，常吐肉寸餘，類舌，故名。

敏按：臨安館劉芳洲明府署中，劉為諸城相國胞姪，據言介屬之美無過西施舌，天下以產諸城黃石瀾海濱者為第一。此物生沙中，仲冬始有，過正月半即無。取者先以石碌碡磨沙岸，使沙土平實，少頃視沙際見有小穴出泡沫，即知有此物，然後掘取之。《綱目》海蛤蛤蜊條中獨遺此，今依吳氏《從新》本補之。甘、鹹，平，益精，潤臟腑，止煩渴，為補陰要藥《從新》。《宦遊筆記》：西施舌似車螯而扁，生海泥中，一名沙蛤，長可二寸，常吐肉寸餘，類舌，俗以其甘美，故名。

清·文晟《新編六書》卷六《藥性摘錄》 西施舌　形似舌尖。味過車螯。產福建。《本草》無考。

清·王孟英《隨息居飲食譜·鱗介類》 西施舌　甘，平。開胃，滋液養心，清熱息風，涼肝明目。海錯美品。得此嘉名，實即車蛤也。

清·田綿淮《本草省常·魚蟲類》 沙蛤　一名車蛤，一名西施舌。性平。益精氣，潤五臟，止煩渴。屠本畯曰：沙蛤之美在舌，江珧之美在柱。

珂

宋·唐慎微《證類本草》卷二二蟲魚部下品〔唐·蘇敬《唐本草》〕 珂　味鹹，平，無毒。主目中瞖，斷血，生肌。貝類也，大如鰒，皮黃黑而骨白，以爲馬飾。生南海，採無時。《唐本》先附。

〔宋·唐慎微《證類本草》〕《海藥》：謹按《名醫别録》云：生南海，白如蜯。主消瞖膜及筋弩肉，并刮點之。此外無諸要用也。雷公云：要冬採得色白膩者，并有白旋水文。勿令見火，立無用處。夫用，以銅刀刮作末子，細研，用重絹羅篩過後，研千餘下用。此物不入婦人藥中用。

宋·王繼先《紹興本草》卷一七 珂　紹興校定：珂乃海生螺屬是也。性味、主治雖載《本經》，但未聞諸方驗據。《本經》云味鹹、平、無毒是矣。

明·劉文泰《本草品彙精要》卷三一 珂無毒。

珂：主目中瞖，斷血，生肌。名醫所錄。〔地〕《圖經》曰：珂，貝類也，生南海，大如鰒，皮黃黑而骨白，人取以爲飾也。〔時〕生：無時。採：無時或冬月取。〔用〕殼及骨。〔質〕類蚌。〔色〕皮黃黑，骨白。〔味〕鹹。〔性〕平。〔氣〕味厚於氣，陰中之陽。〔臭〕腥。〔製〕雷公云：採得白色膩者，并有白旋水文，勿令見火。凡用，以銅刀刮作末，細研，用重絹羅篩過後，再研千餘下，用之。〔治〕療：《别錄》云：主消瞖膜及筋窩肉，並刮點之。〔禁〕不入婦人藥中用。

明·李時珍《本草綱目》卷四六介部·蚌蛤類 珂《唐本草》

〔釋名〕馬軻螺《綱目》　珬𧵓。時珍曰：珂，馬勒飾也。此貝似之，故名。徐表作馬軻。《通典》云：老鵰入海爲珬。即(軻)〔珂〕也。〔集解〕《别録》曰：珂生南海。采無時。白如蚌。恭曰：珂，貝類也。大如鰒，皮黃黑而骨白，堪以爲飾。時珍曰：按徐表《異物志》云：馬軻螺，大者圍九寸，細者圍七八寸，長三四寸。

〔修治〕斅曰：珂，要冬采色白膩者，並有白旋水文。勿令見火，即無用也。凡用以銅刀刮末研細，重羅再研千下，不入婦人藥也。

〔氣味〕鹹，平，無毒。〔主治〕目瞖，斷血生肌《唐本》。消瞖膜，及筋胬肉，刮點之李珣。去面黑時珍。

〔附方〕新二。目生浮瞖：馬珂三分，白龍腦半錢，枯過白礬一分，研勻點之。《聖惠方》。面黑令白：馬珂、白附子、珊瑚、鷹矢白等分，爲末。每夜人乳調傅，旦以漿水洗之。同上。

明·姚可成《食物本草》卷一一介部·蚌蛤類 珂生南海，白如蚌。蘇恭曰：珂，貝類也。大如鰒，皮黃黑而骨白，堪以為飾。○李時珍曰：按徐表《異物志》云：珂，大者圍九寸，細者圍七八寸，長三四寸。　珂，味鹹，平，無毒。主目瞖，止血生肌。消目中努肉，刮點之。去面黑。

蛤蜊

宋·唐慎微《證類本草》卷二二蟲魚部下品〔宋·掌禹錫《嘉祐本草》新分條〕 蛤蜊音梨　冷，無毒。潤五藏，止消渴，開胃，解酒毒，主老癖，能爲寒熱者及婦人血塊，煮食之。此物性雖冷，乃與丹石相反，服丹石人食之，令腹結痛。新見陳藏器、日華子。

〔宋·唐慎微《證類本草》〕《圖經》：文具馬刀條下。

初虞世：療湯火傷神妙。蛤蜊殼灰火燒研爲末，油調塗之。《集驗》同。

宋·陳衍《寶慶本草折衷》卷一六 新增蛤粉　又云：衆蛤灰也。○所出亦與海蛤同。冷，無毒。○療癰腫，主心胸間痰飲。○集許洪《局方》牛黃膏註。

宋·陳衍《寶慶本草折衷》卷一七　蛤蜊音梨。○殼附。　生東海《圖經》。冷，無毒。○潤五藏，止消渴，開胃，解酒毒，主老癖寒熱。服丹石人食之，令腹結痛。

附：　殼灰，以口鬆紫者勝。○療湯火傷，研末油調塗。○不煮者良。陳猪脂調最妙。

元·忽思慧《飲膳正要》卷三　蛤蜊　味甘，大寒，無毒。潤五藏，止渴，平胃，解酒毒。

元·尚從善《本草元命苞》卷八　蛤蜊　性冷，無毒。主老癖能為寒熱，潤五臟，止消渴，開胃氣，解酒毒。與丹石相反，食之令腹痛。

元·吴瑞《日用本草》卷五　蛤蜊　白殼紫唇。蛤之大者，乃雀入大水化而為之。　味甘，冷，無毒。服丹石人不宜食，令腹結痛。老癖，能為寒熱，婦人血塊。　主潤五臟，止消渴，開胃，解酒毒。湯火瘡，殼燒灰，麻油調傅之。

元·朱震亨《本草衍義補遺》　蛤粉　治痰氣，能降能消，能軟能燥。同香附末、薑汁調服，以治痛。以蛤蜊殼火煅過，研為粉。不入煎劑。

明·王綸《本草集要》卷六　蛤蜊　性冷，無毒。丹溪云：　濕中有火。止消渴，開胃，解酒毒。　主老癖，為寒熱者，及婦人血塊，煮食之。此物雖冷，然與丹石相反，服丹石人不宜食。療湯火傷，取殼，灰火燒，研為末，油塗之神妙。

明·滕弘《神農本經會通》卷一〇　蛤蜊　氣冷，無毒。　《本經》云：潤五臟，止消渴，開胃，解酒毒。　主老癖能為寒熱者，及婦人血塊，煮食之。此物性雖冷，乃與丹石相反，服丹石人食之，令腹結痛。陶隱居云：　煮而食之，能醒酒。初虞世云：　療湯火傷，取殼，灰火燒，研為細末，油調塗之，有神效。丹溪云：　蛤蜊，濕中有火。

明·劉文泰《本草品彙精要》卷三一　蛤蜊無毒　化生。

蛤蜊：　主潤五臟，止消渴，開胃，解酒毒。主老癖，能爲寒熱者及婦人血塊，煮食之。此物性雖冷，乃與丹石相反，服丹石人食之，令腹結痛。名醫所錄。　〖地〗《圖經》曰：　生東海，及登、萊、滄州皆有之。其形正圓一二寸，大小不一，背表有文理，其肉鮮美，人多啖之。　〖時〗生：　九月。採：　正月，二月、三月取。　〖用〗殼、肉。　〖質〗類蚌而圓小。　〖色〗青白。〖味〗甘，微鹹。　〖性〗冷。　〖氣〗氣薄味厚，陰中之陽。　〖臭〗腥。　〖主〗老痰，血積。　〖製〗殼燒灰，以瓜蔞仁和，再煅，研細用。　〖合治〗殼煅灰爲末，合油調，塗湯火傷，效。　〖禁〗服丹石人不可食。　〖解〗酒毒。

明·盧和、汪穎《食物本草》卷四魚類　蛤蜊　性冷，無毒。丹溪云：濕中有火。　止消渴，開胃，解酒毒，主老癖能為寒熱者及婦人血塊，煮食之。此物雖冷，然與丹石相反，食之令腹結痛。湯火傷，殼燒灰，油調搽，神効。

明·許希周《藥性粗評》卷四　疝氣升沉消蛤粉。

蛤粉，蛤蜊殼以火煅研為細末，不入煎劑。味鹹，性寒，無毒。　主治老癖，能為寒熱，開胃止渴，解酒毒，潤五臟。同香附子末、生薑汁調服，以治疝氣。亦以治心痛並佳。

明·陳嘉謨《本草蒙筌》卷一一　蛤蜊　性冷。無毒。川澤俱生，似蚌略小。殼圓而薄，白腹紫唇。《月令》云：　雉入大水為蜃，乃後車螯；雀入大水為蛤，即此是也。　肉煮食，潤五臟止消渴，解酒毒開胃殊功；　殼研末，主老癖化頑痰，消血塊去熱立効。並與丹石相反，凡服丹石人誤食，令腹結痛，切宜戒之。　車螯以蜃名，係蛤至大者。春夏吐氣，儼若樓臺。變態頃刻多端，土人稱為海市。有肉可薦，有珠可穿。殼可嵌飾屏風，凡器俱可嵌飾。灰可堊壙牆壁。亦可為粉飾面。用殼入藥，治瘡瘍腫毒彌佳；　火煅兩遭，以醋淬搗末絕細。甘草對和酒送下咽，又以醋調敷於毒處。　蜆音顯小色黑，多在泥沙。每候風雨作時，以殼為翅飛起。肉取洗淨，糟煮服良。解酒毒濕毒面黄，去熱氣時氣目赤。開胃脘壓丹石，下乳汁利小便。生浸取汁盆盛，頻洗疔瘡尤効。消渴飲下，亦能解除。多食勿宜，發嗽消腎。爛殼燒白灰水飲，主反胃吐食，除塞膈積痰；　陳殼杵細末湯吞，止邪夢失精，治陰瘡下痢。

明·寧源《食鑒本草》卷上　蛤蜊　味鹹，寒，無毒。潤五臟，止消渴，開胃脘，解酒毒。治老癖作寒熱者，及消女人血塊，食之甚宜。　此物性冷，修養服丹石之士勿食，食之令腹中結痛。　殼：　《海上方》：　治湯火燎成瘡。以殼火煅，放土上出火毒，碾為末，香油調敷。

明·王文潔《太乙仙製本草藥性大全》卷八《本草精義》　蛤蜊　舊本俱不載，今川澤俱有之。多似蚌略小，殼圓而薄，白腹紫唇。《月令》云雉入大水爲蜃，乃後車螯，雀入大水爲蛤是也。

明·王文潔《太乙仙製本草藥性大全》卷八《仙製藥性》　蛤粉　性冷，

無毒。　主治：　治疳止痢大效，住嘔除逆神方。醋調傅癰腫毒，兼能利石停痰。

蛤蜊　性冷，無毒。　主治：　肉煮食，潤五臟，止消渴如神；　解酒毒，開腸胃殊功。殼研末，主老癖，化頑痰有準；　消血塊，去寒熱立效。並與丹石相反，凡食丹石人誤食，令腹結痛，切宜戒之。　補註：　療湯火傷神妙，蛤蜊殼灰火燒，研爲末，油調塗之。《集驗》同。

明・皇甫嵩《本草發明》卷六　蛤粉　乃新海蛤所燒，終不及海石之陳。《衍義》云如無海石，以蛤粉亦可，是可見海石、蛤粉雖二物，亦可相通用。

蛤蜊殼圓小而白薄，紫唇。性冷。　肉，主潤五藏，止消渴，解酒毒，開胃。○殼，研末，主老癖，化頑痰，消血塊，去熱。凡服丹石人誤服之，令腹結痛。與丹石反。

明・李時珍《本草綱目》卷四六介部・蚌蛤類　蛤蜊梨。宋《嘉祐》。

【釋名】時珍曰：　蛤類之利於人者，故名。　【集解】機曰：　蛤蜊，生東南海中，白殼紫唇，大二三寸者。閩、浙人以其肉充海錯，亦作爲醬醯。其殼火煅作粉，名曰蛤蜊粉也。

肉　【氣味】鹹，冷，無毒。藏器曰：　此物性雖冷，乃與丹石人相反，食之令腹結痛。

【主治】潤五臟，止消渴，開胃，治老癖爲寒熱，婦人血塊，宜煮食之禹錫。煮食醒酒弘景。

【發明】時珍曰：　按高武《痘疹正宗》云：　俗言蛤蜊海錯能發疹，多致傷損脾胃，生痰作嘔作瀉，此皆嘻笑作罪也。又言痘毒入目者，以蛤蜊汁點之可代空青。夫空青得銅之精氣而生，性寒可治赤目。若痘毒是臟腑毒氣上衝，非空青可治。蛤蜊雖寒，而濕中有火，亦不可不知矣。

蛤蜊粉　【釋名】海蛤粉時珍曰：　海蛤粉者，海中諸蛤之粉，以別江湖之蛤粉、蚌粉也。今人指稱，但曰海粉、蛤粉，寇氏所謂衆蛤之灰是矣。近世獨取蛤蜊粉入藥，然貨者亦多衆蛤也。大抵海中蚌、蛤、蚶、蠣，性味鹹寒，不甚相遠，功能軟散，小異大同；　非若江湖蚌蛤，無鹹水浸漬，但能清熱利濕而已。今藥肆有一種狀如線粉者，謂之海粉，得水則易爛，蓋後人因名售物也。然出海中沙石間，故功亦能化痰軟堅。

【修治】震亨曰：　蛤粉，用蛤蜊燒煅成粉，不入煎劑。時珍曰：　按吳球云：　凡用蛤粉，取紫口蛤蜊殼，炭火煅成，以熟栝樓連子同搗，和成團，風乾用，最妙。

【正誤】機曰：　丹溪有言，蛤粉即是海石，寇氏以海石註蛤粉，則二物可通用矣。海石即海蛤，蛤粉即蛤蜊殼燒成也。時珍曰：　海石乃海中浮石也，詳見石部。汪氏誣引朱、寇之説爲證，陳嘉謨《本草》又引爲據。今考二公本書，並無前説，今正其誤。

【氣味】鹹，寒，無毒。　【主治】熱痰濕痰，老痰頑痰，疝氣白濁帶下。同香附末，薑汁調服，主心痛震亨。清熱利濕，化痰飲，定喘嗽，止嘔逆，消浮腫，利小便，止遺精白濁，心脾疼痛，化積塊，解結氣，消癭核，散腫毒，治婦人血病。油調，塗湯火傷時珍。

【發明】震亨曰：　蛤粉能降能消，能耎能燥。時珍曰：　寒制火而鹹潤下，故能降焉；　寒散熱而鹹走血，故能消焉；　堅者耎之以鹹，取其屬水而性潤也；　濕者燥之以滲，取其經火化而利小便也。好古曰：　蛤粉乃腎經血分之藥，故主濕嗽腎滑之疾。

【附方】舊一，新三。　氣虛水腫：　昔滁州酒庫攢司陳通，患水腫垂死，諸醫不治。一嫗令以大蒜十個搗如泥，入蛤粉，丸梧子大。每食前，白湯下二十丸。服盡，小便下數桶而愈。《普濟方》。　心氣疼痛：　真蛤粉炒過白，佐以香附末等分，白湯淬服。《聖惠方》。

白濁遺精：　潔古云：　陽盛陰虛，故精泄也，真珠粉丸主之。用蛤粉煅一斤，黄栢新瓦炒過一斤，爲細末，白水丸如梧子大。每服一百丸，空心用溫酒下，日二次。蛤粉味鹹而且能補腎陰，黄栢苦而降心火也。　雀目夜盲：　真蛤粉炒黄爲末，以油蠟化和丸皂子大，內於猪腰子中，麻紮定，蒸食之。一日一服。《儒門事親》。

明・梅得春《藥性會元》卷下　蛤蜊　性冷，無毒。　主潤五臟，止消渴，開胃，解酒毒。能治癖，除寒熱，及婦人血塊，煮食之。與丹石相反，服丹石人食，腹結痛。　殼：　火煅過，研為粉，名蛤粉，同香附末以薑汁調服，能治疝氣痛。取其能降能消、能軟能燥也。

明・穆世錫《食物輯要》卷七　蛤蜊　味鹹，性冷，無毒。醒酒開胃，潤五臟，止消渴，治痃癖血塊作寒熱。蛤性雖冷，濕中有火者，服丹石人忌食。紫口蛤殼，煅為末，名蛤粉。腎經血分藥，治腎滑濕嗽，消頑痰、癭核、白濁。李達云：　用枇杷核同煮，脱丁。

明・李中立《本草原始》卷一一　蛤蜊　生東海。似蚌而小，白腹紫唇，兩片相合而生，故曰蛤。食之有利于人，故曰蜊。肉：　氣味：　鹹，冷，無毒。主治：　潤五臟，止消渴，開胃。治老癖為寒熱。婦人血塊，宜煮食之。○煮食醒酒。藏器曰：　肉性雖冷，乃與丹石人相反，食之令腹結痛。

蛤蜊，宋《嘉祐》。【圖略】修治：　蛤粉，以蛤蜊燒煅成粉。一方：　蛤蜊殼火煅成，以熟栝樓連子同搗，和成團，風乾用，最妙。

蛤蜊粉，俗呼蛤粉。氣味：　鹹，寒，無毒。主治：　熱痰濕痰，老痰頑痰，疝氣，白濁帶下。同香附末、薑汁調服，治心痛。○清熱利濕，化痰飲，定喘嗽，止嘔逆，消浮腫，利小便，止遺精白濁，心脾疼痛，化積塊，解結氣，消癭核，散腫毒，治婦人血病。油調，塗湯火傷。

明・張懋辰《本草便》卷二　蛤蜊　性冷，無毒。濕中有火。　止消渴，開胃，解酒毒。主老癖，能爲寒熱者，及婦人血塊煮食之。

明・吳文炳《藥性全備食物本草》卷三　蛤蜊肉　性冷，無毒。似蚌略小，殼圓而薄，白腹紫唇。《月令》云雉入大水為蜃，雀入大水為蛤是也。潤五臟，止消渴，解酒毒，開腸胃。　殼：　主老癖，化頑痰，消血塊，去寒熱，療湯火傷。與丹石藥相反，服丹石人誤食，令腹結痛不止，切宜戒之。李達云：　用枇杷葉同煮脫丁。

明・趙南星《上醫本草》卷四　蛤蜊　生東南海中，白殼紫唇，大二三寸者，閩浙人以其肉充海錯，亦作為醬醯。其殼火煅作粉，名曰蛤蜊粉也。肉：　鹹，冷，無毒。主治：　潤五臟，止消渴，開胃，治老癖為寒熱。煮食，醒酒及治婦人血塊。　此物性雖冷，乃與丹石人相反，食之令腹結痛。

明・繆希雍《本草經疏》卷二二　蛤蜊　冷，無毒。潤五藏，止消渴，開胃，解酒毒，主老癖能為寒熱者及婦人血塊，煮食之。

〔疏〕蛤蜊稟水中之陰氣以生，其味鹹，氣冷，無毒。入足陽明經。五臟皆屬陰，得水氣之陰者，其性滋潤而助津液，故能潤五臟，止消渴，開胃也。鹹能入血軟堅，故主婦人血塊及老癖為寒熱也。煮食更能醒酒。

蛤粉：　丹溪云：　味鹹，寒，無毒。主熱痰、濕痰、老痰、頑痰、疝氣、白濁、帶下。同香附末，薑汁調服，主心痛。

〔疏〕此即蛤殼煅成粉者，其味鹹，氣寒，無毒，為諸痰證之要藥。蓋痰未有不由火氣上炎，煎熬津液而成。鹹能軟堅潤下，得之則火自降，痰結自消矣。疝氣、白濁、帶下，皆腎經為病也。腎屬水，鹹為水化，氣類相從，故能入腎以除其所苦也。心痛者，心虛而熱邪客之也。五臟苦欲補瀉云：　心欲軟，急食鹹以軟之。此之謂也。更有消浮腫，利小便，散癭核腫毒，婦人血塊，湯火傷瘡等用。〔主治參互〕《普濟方》氣虛水腫，用大蒜十箇，搗如泥，入蛤粉丸梧子大。每食前白湯下二十丸，服盡，小便下數桶而愈。

潔古方治白濁遺精，真珠粉丸，用蛤粉煅一斤，黃蘗蜜炙一斤，為末，水跌為丸梧子大。每服一百丸，空心溫酒下，日二次。蓋蛤粉味鹹，而能補腎陰，黃蘗苦而降心火，堅腎故也。　〔簡誤〕肉氣味雖冷，乃與丹石人相反，食之令腹結痛。殼粉善消痰積血塊，然脾胃虛寒者，宜少用，或加益脾胃藥同用為宜。

明・倪朱謨《本草彙言》卷一九　蛤蜊粉　味鹹，氣寒，無毒。沉也，降也。入足少陰血分。　汪氏曰：　蛤蜊，生東南海中。白殼紫唇，大二三寸。閩浙人以其肉充海錯，亦可作醬醯。此蛤蜊粉係海中諸蛤之粉，以別江湖中之蛤蜊粉也。大抵海中蚌蛤蚶蠣之類，性味鹹寒，不甚相遠。功能大同小異，專化痰而軟堅也。若江湖蚌蛤粉，無鹹水浸漬，專能清熱利濕而已。修治：　火煅作粉用。

蛤蜊粉：　主熱痰、濕痰、老痰、頑痰之藥也。蔡心吾曰：　此藥生成海濱，味鹹氣寒，體燥性潤。按丹溪翁言：　此藥治頑痰，能降能消，能耎能燥，寒制火而鹹潤下，故能降焉；　寒散熱而鹹走血，故能消焉。堅者耎之以鹹，取其屬水而性潤也；　濕者燥之以滲，取其經火煅而消水腫、利小便也。如陰虛火勝，肺燥葉傷而成欬嗽痰涎者勿用。

集方：《于氏家傳》治一切頑痰老痰，如綿絮、如梅核、如桃膠、如蜆肉形者，其爲病狀，爲咳嘔，爲痞塞，爲脹滿，爲疼痛。用海上蛤蜊火燒赤，研極細粉，每早用指頭蘸數分擦牙，用白湯汩口，隨嚥下。如此用半月，全愈。能日日用之，終身無痰患，能延壽。〇古方治遺精白濁。用海上蛤蜊一斤，火燒赤，研極細粉，川黃柏十兩，鹽水炒，研細末，和勻，用米糊丸梧子大。每早服三錢，空心溫酒送下。〇《普濟方》治氣虛水腫垂危者。用海上蛤蜊三兩，火燒赤，研極細粉，用大蒜肉火煨熟，去衣淨，搗爛爲丸如梧子大，每早晚各食前服百丸，白湯下。

明・應慶《食治廣要》卷七　蛤蜊　氣味：　鹹，冷，無毒。主治：　潤五藏，止消渴，開胃醒酒。

明・姚可成《食物本草》卷一一介部・蚌蛤類　蛤蜊生東南海中。白殼紫唇，大二三寸。閩、浙人以其肉充海錯，亦作為醬醯糟藏，貨之四方，以為佳品。〇蛤蜊穴於海濱沙泥中，沙上有孔如針孔。人掘取之，出其不意，一掘便得。否則深入，終不能獲也。

蛤蜊：　味鹹，冷，無毒。主潤五臟，止消渴，開胃，治老癖為寒熱，婦人血塊，宜煮食之。又能醒酒。　殼粉：　味鹹，寒，無毒。主熱痰、老痰、溼痰、頑痰，疝氣，白濁帶下，定喘嗽，止嘔逆，消浮腫，利小便，止遺精，化積塊，解結氣，消癭核，散腫毒。治婦人血病。油調，塗湯火傷。同香附末、薑汁調服，止心痛。

附方：治雀盲夜視不明。蛤粉炒黃為末，以油蠟化和皂子大，內於猪腎中紮定，蒸食之。一日一服。治白濁遺精。潔古云：陽盛陰虛，故精泄也，真珠粉丸主之。用蛤粉煅一斤，黃栢新瓦炒過一斤，為細末，白水丸如梧子大。每服百丸，空心溫酒下，日二次。蛤粉味鹹而且能補腎陰，黃栢苦而降心火也。依此服之，無不愈者。

明・顧逢柏《分部本草妙用》卷一〇水族部　蛤蜊　鹹，冷，無毒。與丹石人相反，食之腹痛。　主治：潤五臟，止消渴，開胃，治老癖為寒熱，婦人血塊宜煮食之。又能醒酒。汁，點目中痘瘡。　按：蛤汁可代空青。不知空青得銅之精而性寒，故可治赤目。蛤則濕者有火，不可不知也。　蛤粉能降火消燥，寒制火，而鹹潤下也。乃腎經血分之藥，故主濕嗽腎滑之疾，而遺濁者獨宜之，結核癭瘤，獨軟而消之。

明・顧逢柏《分部本草妙用》卷五腎部・寒瀉　蛤粉　鹹，寒，無毒。主治：熱濕，老頑等痰，疝氣帶濁。同香附末調服，主心痛，化積耎堅，消癭核腫毒，婦人血病。油調，塗湯火傷。　按：蛤粉，寒制火，而鹹潤下，故能降焉。寒散熱，而鹹走血，故能消焉。堅者耎之以鹹，取其屬水而性潤也。濕者燥之以滲，取其經火化而利小便也。實腎經血分，治濕嗽腎滑之疾者也。

明・孟笨《養生要括・介類》　蛤蜊　肉：味鹹，冷，無毒。潤五臟，止消渴，開胃，治老癖為寒熱，婦人血塊，宜煮食之，醒酒。〔其殼火煉作粉，名曰蛤蜊粉。又有一種狀如線粉，謂海粉，功亦能化痰軟堅。〕

海蛤粉：治熱痰、濕痰、老痰、頑痰、疝氣、白濁、帶下。同香附末、薑汁調服，主心痛。清熱利濕，化痰飲，定喘嗽，止嘔逆，消浮腫，利小便，止遺精白濁、心痹疼痛，化積塊，解結氣，消癭核，散腫毒，治婦人血病。油調，塗湯火傷。

明・蔣儀《藥鏡》卷四寒部　蛤粉　總理諸痰，疝氣帶下。友香附以和虛熱心疼，朋大蒜而利氣虛水腫。時偕黃蘗，則于白濁遺精，厥有裨也。

明・施永圖《本草醫旨・食物類》卷五　蛤蜊煅作粉，名曰蛤蜊粉也。肉：味：鹹，冷，無毒。此物性雖冷，乃與丹石人相反，食之令腹結痛。治：潤五臟，止消渴，開胃。治老癖為寒熱，婦人血塊，宜煮食之。煮食，醒酒。痘毒入目者，以蛤蜊汁點之，可代空青。　蛤蜊粉：名海蛤粉。有一種狀如線粉者，謂之海粉。得水則易爛，蛤粉用蛤蜊燒煅成粉，不入煎劑。凡用蛤粉，取紫口蛤蜊殼，炭火煅成，以熟栝樓連子同搗，和成團，風乾用，最妙。味：鹹，寒，無毒。治：熱痰濕痰，老痰頑痰，疝氣，白濁帶下。同香附末、薑汁調服，主心痛。清熱利濕，化痰飲，定喘嗽，止嘔逆，消浮腫，利小便，止遺精白濁，心脾疼痛，化積塊，解結氣，消癭核，散腫毒。治婦人血病，油調塗湯火傷。蛤粉能降，能消，能耎，能燥，乃腎經血分之藥，故主濕嗽腎滑之疾。

附方　心氣疼痛：真蛤粉炒過白，佐以香附末等分，白湯淬服。雀目夜盲：真蛤粉炒黃為末，以油蠟化和丸皂子大，內於猪腰子中，麻紮定，蒸食之，一日一服。

清・顧元交《本草彙箋》卷九　蛤蜊合蛤粉。　蛤蜊，稟水中之陰，其性滋潤，而助津液，故有止渴開胃之能。其主婦人血塊，及老癖爲寒熱者，以鹹能入血而軟堅也。殼煅成粉，爲諸痰證之要藥。蓋痰未有不由火氣炎上，煎熬津液而成。鹹能軟堅潤下，得之則火自降，痰結自消。疝氣白濁帶下，皆腎經爲病。鹹爲水化，氣類相從，故能入腎，以除其所苦。其主心痛者，心虛而熱邪客之則痛。五臟苦欲補瀉云，心欲軟，急食鹹以軟之，此之謂也。蛤粉，須用紫口者。　白濁遺精，無非陽盛陰虛所致。宜真珠粉丸，用蛤粉一觔，黃柏蜜炙一觔，爲末，水跌丸梧子大，每服百丸，空心溫酒下，日二次。蓋蛤粉味鹹而能補腎陰，黃柏苦而降心火，堅腎故也。

清・穆石匏《本草洞詮》卷一七　蛤蜊　蛤類之利于人者，故名。鹹，寒，無毒。主潤五臟，止消渴，開胃解酒，治老癖為寒熱。高武謂痘毒入目者，以蛤蜊汁點之，可代空青。夫空青得銅之精氣而生，性寒，可治赤目。若痘毒是臟腑毒氣上沖，非空青可治。蛤蜊雖寒，而濕中有火，豈可以點痘毒入目哉？海中蛤殼煅粉，名海蛤粉，能降能消，能耎能燥。寒制火而鹹潤下，故能降焉；寒勝熱而鹹走血，故能消焉。堅者耎之以鹹，取其屬水而性潤也。濕者燥之以滲，取其經火化而利小便也。故能化積塊，解結氣，消癭核，散腫毒，一切老痰頑痰，並皆治之。大抵海中蚌、蛤、蚶、蠣，性味鹹寒，故能耎散。江湖蚌蛤，無鹽水浸漬，但能清熱利濕而已。今市肆一種，狀如線粉者，謂之海粉，出海中沙石間，亦能化痰耎堅。名同物異，然功用亦同也。

清・丁其譽《壽世秘典》卷四　蛤蜊白殼紫脣，大二三寸。其肉可充海錯，亦作為醬醯。其殼火煅用粉，名曰蛤粉。　氣味：鹹，冷，無毒。治消渴，開胃，解酒毒，主老癖為寒熱，婦人血塊煮食之。　發明王海藏曰：此物性雖冷，與丹石相反，食之令腹中結痛。

蛤蜊粉：即蛤蜊殼炭火煅成粉也。氣味：鹹，寒，無毒。主清熱利濕，化痰飲，定喘嗽，止嘔逆，消浮腫，利小便，止遺精白濁，心脾疼痛，化積塊，解結氣，消癭核，散腫毒。治婦人血病，菜油調塗湯火傷。　發明李時珍曰：蛤粉寒制火而鹹潤下，故能降焉；寒散熱而鹹走血，故能消焉。堅者軟之以鹹，取其屬水而性潤也；濕者燥之以滲，取其經火化而利小便也。大抵海中蚌蛤蚶蠣，性味鹹寒，不甚相遠，功能軟堅散腫，小異大同。非若江湖蚌蛤，無鹹水浸漬，但能清熱利濕而已。

清・劉雲密《本草述》卷二九

海蛤粉近世以蛤蜊殼火煅成粉，曰蛤蜊粉。蛤蜊，即閩、浙人以作醬者是。　時珍曰：海蛤粉者，海中諸蛤之粉，以別江湖之蛤粉、蚌粉也，今人指稱但曰海粉、蛤粉。寇氏所謂眾蛤之灰是矣。近世獨取蛤蜊粉入藥，然貨者亦多眾蛤也。大抵海中蚌、蛤、蚶、蠣性味鹹寒，不甚相遠，功能軟散，小異大同，非若江湖蚌蛤，無鹹水浸漬，但能清熱利溼而已。今藥肆有一種狀如線粉者，謂之海粉，得水則易爛，蓋後人因名售物也，然出海中沙石間，故功亦能化痰軟堅。

氣味：鹹，寒，無毒。謂寒者，誤。　主治：喘息嗽逆，化痰飲，解結氣，軟堅積，愈心脾疼痛，消水腫，利小便，止遺精白濁，療癩疝，消癭核，散腫毒，治婦人血病，油調塗湯火傷。

丹溪曰：海蛤粉治肺燥鬱脹咳喘，熱痰能降，溼痰能燥，塊痰能軟，頑痰能消，治疝氣，白濁帶下。同香附末、薑汁調服，主心痛。　時珍曰：寒制火，而鹹潤下，故能降焉。寒散熱，而鹹走血，故能消焉。堅者軟之以鹹，取其屬水而性潤也。溼者燥之以滲，取其經火化而利小便也。此語謬甚。好古曰：蛤粉乃腎經血分之藥，故主溼嗽腎滑之疾。海蛤粉為腎經血分之藥，誠如海藏所云。然則此味治溼痰為要藥，以腎主水液，而痰為水液所化，病於溼者更切也。

愚按：蛤粉之用，其所主治不一而足。然都不究其有合於人身元陰之氣，更不究其能於陰中歸陽，故丹溪之所謂能降能消，能耎能燥者，槩以為其義在寒則降，鹹則耎耳。試問消且燥者當屬何說哉？即時珍亦強作解耳。夫《本經》於海蛤，其氣味屬鹹平矣。而其殼用火煅者，反得鹹寒乎？夫元陰之氣，非偏於寒者也。陰中有陽，故此味陰氣之所至，而陽之浮者自還其宅。如喘息嗽逆之類，是曰降也。由真陰得歸，則陽亦歸於陰。凡陰邪之所聚以成形者，自由有形而化無形，如浮腫之類，故曰消也。陰邪之所鬱者，畜陽於中，陽即依陰邪以為堅核，為積塊，陰邪消歸無形，則陽不得畜於中，不能依陰以為堅核，為積塊，故曰耎也。陰邪漸歸消化，則陽即行其化，而水溼之氣皆淨，如水腫白濁之類，故曰燥也。由是叅之，則可以知其主治諸證之故矣。如徒以為氣寒味鹹而已，然則治嗽血溲血，固不得謂鹹能軟堅矣。若但取其氣之寒乎，彼清熱者其同隊不少，何得贅此？是蓋取真陰之原為陽守者，以化陽也。又如風熱邪氣上攻以為眩暈，於諸除風熱劑中而入此味，猶得謂其以寒降熱乎？又如療風癇之參硃丸，人參、硃砂與此同用，豈非配真陽於真陰，以化陽狂之邪乎？至消癉化水丹，以此味為君，治兩少陰之渴，是取真陰之氣化明矣。又療滯下之裏急後重者，此味與穿山甲同用，是取元陰之化氣，以暢大腸之收氣，蓋腎陰原主二便，不獨膀胱也。遺精二方，一取其補陰，同於黃檗，名珍珠粉丸；一取其能補陰中之陽，同平補元陽諸味，乃以為君，是更可叅也。猶不止於益陰，況可徒謂其寒能除熱乎？但就數證推之，可以妙用矣。蓋凡治熱，可以寒直折者，在實熱宜然。如虛熱鬱熱，不若從真陰以化陽之為得，尤不若從陰中有陽者以歸失守之陽為得也。如執寒鹹二字以為功，即用治痰飲，尚未得其肯綮，況投於他證，不倀倀然不知其所由來乎？至清熱除溼似是而非，恐庸工執此四字投劑，大有錯誤，癡人前豈可說夢耶？

附方　氣虛水腫，昔滁州酒庫攢司陳通患水腫垂死，諸醫不治。一嫗令以大蒜十個，搗如泥，入蛤粉丸梧子大，每食前白湯下二十丸，服盡小便下數桶而愈。

心氣疼痛，真蛤粉炒過白，佐以香附末等分，白湯淬服。　白濁遺精，潔古云陽盛陰虛，故精泄也，真珠粉丸主之。用蛤粉煅一斤，黃柏新瓦炒過一斤，為細末，白水丸如梧子大，每服一百丸，空心用溫酒下，日二次。蛤粉味鹹而且能補腎陰，黃柏苦而降心火也。　玉粉散以海蛤為細末，每服二錢，蜜水調服，治血痢，解臟腑積熱毒。　即此觀之，則此類亦同氣於人身腎陰之清化，故能解臟腑之積熱，乃知此義者殊少也。　希雍曰：蛤粉善消痰積血塊，然脾胃虛寒者宜少用，或加益脾胃藥同用為宜。

修治　丹溪曰：蛤粉用蛤蜊殼燒煅成粉，不入煎劑。　時珍曰：按吳球云，凡用蛤粉，取紫口蛤蜊殼，炭火煅成，以熟栝樓連子同搗，和成團，風乾用最妙。愚按：治痰之燥者，可如吳球之治。其餘痰之治，則不必然。

至療他證，更宜專用。　時珍曰：汪機以海中浮石名海石者，謂即蛤粉，殊大誤也，今正之。

清·郭章宜《本草匯》卷一七　蛤蜊粉　味鹹，氣寒，入足少陰經。治氣虛水腫，大蒜十箇，搗如泥，入蛤粉，丸梧子大，食前白湯下十二丸。療白濁遺精。潔古云：陽盛陰虛，故泄精也。蛤粉一斤，黃栢新瓦炒過一斤，為末，白水丸，每服百丸，空心溫酒下，日二次。蛤粉味鹹而且能補陰，黃栢苦而能降心火也。清熱利濕，化結消癭。散浮腫，利小便。

按：蛤粉，能降能消，能軟能燥。寒制火而鹹潤下，故能降焉。寒散熱而鹹走血，故能消焉。堅者輭之以鹹，取其屬火而性潤也。濕者燥之以滲，取其經火化而利小便也。乃腎經血分之藥，故主濕嗽腎滑之疾。其肉鹹冷，止消渴，解酒毒。但濕中有火，不可不知。

取紫口蛤蜊殼，炭火煆成，以熟栝樓連子肉，搗和成團，風乾用。

清·尤乘《食鑒本草·介類》　蛤蜊　止渴解酒，開胃，痘毒入目，以蛤蜊中水點之，可代空青。反丹石。燒煆成粉，同香附末治心氣疼，白湯服。

清·朱本中《飲食須知·魚類》　蛤蜊　味醎，性冷。與丹石人相反，食之令腹結痛。以枇杷核同煮，脫丁。

清·何其言《養生食鑒》卷下　蛤蜊白殼，紫唇，大二三寸。　味鹹，性冷，無毒。醒酒開胃，潤腸止渴。治痃癖血塊，為寒為熱，宜煮食之。服丹石人，勿食。

殼：燒灰，名蛤粉。治湯火傷，油調塗之效。

清·王翃《握靈本草》補遺　蛤粉即蛤蜊殼煆成者。　鹹，寒，無毒。主清熱利濕，化痰定喘，消浮腫，利小便，止遺精白濁，心脾疼痛。

清·汪昂《本草備要》卷四　蛤粉濇。　蛤蜊殼煆爲粉，與牡蠣同功。海藏曰：腎經血分藥。宋徽宗寵妃病痰嗽，面腫不寐。李防禦治之，三日不效，當誅。李技窮憂泣，忽聞市人賣嗽藥，一文一帖，吃了今夜得睡，色淡碧。李市之。恐藥獷悍，先自試，覺無害，遂并三貼爲一以進。妃服之，是夕寢安嗽止，面腫亦消。帝大悅，賜直萬金。李不知其方，懼得罪，伺得市人，重價求之，乃蚌殼煆粉，少加青黛也。以淡虀水，加麻油數滴，調服。《聖惠方》：白蜆殼研粉，米飲調，治咳嗽不止。　肉：鹹，冷。止渴解酒。牡蠣、蛤蜊、海蛤、文蛤，幷出海中。大抵海物鹹寒，功用略同。江湖蛤蚌，無鹹水浸漬，但能清熱利濕，不能軟堅。　文蛤：背有花紋，兼能除煩渴，利小便。

清·李熙和《醫經允中》卷一九　蛤粉　鹹，寒，無毒。主治熱濕老痰。同香附末調服，止心痛，化積耎堅，消癭核腫毒。油調敷湯火傷。

清·李熙和《醫經允中》卷二三　蛤蜊　與丹石人相反，食之腹痛。鹹，冷，無毒。主治止消渴，開胃。治老癖為寒熱，婦人血塊宜之。又能醒酒。汁點目中痘瘡，軟結核癭瘤。

清·馮兆張《馮氏錦囊秘錄·雜症痘疹藥性主治合參》卷一一　蛤蜊稟水中之陰氣以生，味鹹，氣冷，無毒。入足陽明經。五臟皆屬陰，凡得水氣之陰者，其性滋潤而助津液，故能潤五臟，止消渴，開胃也。鹹能入血軟堅，故主婦人血塊及老癖為寒熱也。煮食能醒酒者，亦以入陽明而除熱也。【略】　蛤蜊殼，去老癖頑痰血塊，并能去熱立效。肉，煮食能開胃，潤五臟，止消渴，解酒毒，老癖寒熱，婦人血塊。蜆，小而色黑，其肉解酒毒濕毒面黃，去熱氣時氣目赤，開胃脘，壓丹石，下乳汁，利小便。生搗汁，塗疔瘡。

清·张璐《本經逢原》卷四　蛤蜊　鹹，寒，無毒。紫口者良。　發明：大都鹹寒之物皆能清熱、開胃、止渴。其殼煆赤，杵粉，能清肺熱，滋腎燥，降痰清火，止欬定喘，消堅癖，散癭瘤，無不宜之。炒阿膠、鰾膠用之，以其味鹹能發滯性也。單方治乳癰，每三錢入皂角刺末半錢，溫酒調服。治肺癰，一味童便煆研，甘桔湯日進三服，屢驗。然須冬時取栝蔞實和穰子同搗，仍入殼中，懸當風處陰乾，以供一歲之用，否則難於取應也。

清·汪啟賢等《食物須知·諸葷饌》　蛤蜊　性冷，無毒。川澤俱生，似蚌略小，殼圓而薄，白腹紫唇。《月令》云：雉入大海為蜃，雀入大海為蛤，即此是也。肉煮食之，潤五臟，止消渴，解酒毒，開胃殊功。　殼，能治疾。研末，主老癖，化頑痰，消血塊，去熱立效。並與丹石相反，凡服丹石人誤食，令腹結痛，切宜戒之。

清·浦士貞《夕庵讀本草快編》卷六　蛤蜊宋《嘉祐》　蛤類中之利於人者，故名。殼以紫口者良。　蛤蜊性冷味鹹，潤五臟，解消渴，開胃醒酒之物也。男子痞癖寒熱，女人血塊癥瘕，宜頻食之。若殼煆粉，古人謂其入腎經血分。丹溪謂其有降火耎燥之功。瀕湖釋之曰：寒制火而鹹潤下，故能降焉；寒散熱而鹹走血，故能消焉。堅者耎之以鹹，取其屬水而潤下也；濕者燥之以滲，取其經火化而利小便也。故痰涎咳喘，遺精帶渴，積聚癭核並皆治之。

清·葉盛《古今治驗食物單方》　蛤蜊　氣虛水腫，大蒜十個，搗如泥，入蛤蜊殼粉，丸桐子大，食前服二三十丸，服完，小便下數桶，愈。　心氣痛，真蛤粉，香附末和，白湯下。

清・黃元御《玉楸藥解》卷六　蛤粉　味鹹，性寒。入手太陰肺、足太陽膀胱經。清金利水，化痰止嗽。蛤粉鹹寒清利，涼金退熱，利水泄濕。治欬嗽氣逆，胸滿痰阻，水脹溺癃，崩中帶下，瘿瘤積聚。煅研。

清・吳儀洛《本草從新》卷六　蛤粉〔瀉〕　與牡蠣同功。蛤蜊肉，鹹，冷。止渴解酒。文蛤，背有花紋，兼能除煩渴，利小便，大抵海物鹹寒，功用略同。江湖蛤蚌，無鹹水浸漬，但能清熱利濕，不能軟堅。治口鼻中蝕疳。

清・汪紱《醫林纂要探源》卷三　蛤蜊　鹹，寒。海蛤之小而肉色黃白，形如鉞斧者。功同蚌、蜆，滋陰明目。

清・嚴潔等《得配本草》卷八　蛤蜊殼肉　鹹，寒。入足陽明、少陰經血分。利濕化痰，去浮腫，散瘿瘤，治疝氣白濁，療陰痿心痛。　得大蒜，治水腫。配芒硝，治傷寒血結。配川柏，治白濁遺精。煅，研粉用。　丹石人食之，令腹結痛。　肉：鹹，冷。潤五臟，止消渴，解酒毒，除血積。

題清・徐大椿《藥性切用》卷八　生蛤粉　性味鹹寒，化痰利水，潛熱益陰。火煅亦能軟堅收濕。蛤蜊肉，鹹冷，止渴解酒。

題清・徐大椿《藥性切用》卷八　蜊殼片　味鹹大寒，煎湯洗鶴膝風症，煅粉塗濕爛瘡瘍。

清・黃宮繡《本草求真》卷二　蛤蜊粉解毒化痰，止嗽斂寒。

蛤蜊粉　耑入腎，兼入肺肝。　即海內水蚌殼煅而為粉也。與江湖淡水蚌殼不同，功與牡蠣相似，但此止有斂濇化堅解熱之力，時珍曰：寒制火而鹹潤下，故能降焉。寒散熱而鹹走血，故能消焉。堅者軟之以鹹，取其屬水而性潤也。濕者燥之以滲，取其經火化而利小便也。故能消痰止嗽治腫。昔宋徽宗寵妃患此，李防禦覓得市人海蚌蛤粉，少加青黛，以淡齏水加麻油數滴調服而愈。亦是斂肺清熱之意，無他治也。昔滁州酒庫攢司陳通患水腫垂死，諸醫不治。一嫗令以大蒜十個搗如泥，入蛤粉丸，食前白湯下，服盡小便下數桶而愈。　肉鹹冷，解酒熱。　文蛤背有紫斑紋，較此蛤蜊殼稍厚，性味主治頗近。但此性兼利水止渴除煩，並治血熱崩中帶下，總以取其寒鹹滌飲之義耳！　成無己曰：文蛤之鹹走腎，以勝水氣，如仲景傷寒太陽病，用水劫益煩，意欲飲水反不渴，及《金匱》渴欲飲水不止，反胃吐後，渴欲飲水而貪飲者，皆用文蛤湯以治。　海蛤係海內爛殼，混雜沙泥，火煅為粉，亦屬利水消腫止嗽之品。然總不類牡蠣，功專收濇固脫，解熱為事也。

清・羅國綱《羅氏會約醫鏡》卷一八鱗介蟲魚部　蛤粉　蛤蜊殼煅為灰，味鹹冷。　止咳嗽。凡咳者諸藥不效，用蛤粉少加青黛，麻油數滴，水調服。若勞咳，未必大效。　肉，止渴，解酒。牡蠣、蛤蜊、海蛤、文蛤並出海中，功用略同。出江湖者，但能清熱利濕，無鹹水浸漬，不能軟堅。凡一切炒阿膠、鹿膠等俱用之。

清・趙學敏《本草綱目拾遺》卷一〇介部　蛤蜊肉　厚殼紫口而圓者曰蛤蜊。《綱目》本條下，載其肉性寒，而闢高武宗《痘疹正宗》以為可發疹及治痘毒入目取其汁點之説為謬，不知其肉惟性寒，方能解熱藥之毒，正取其與丹石相反為用耳。　治癰疔痘毒：《集聽》載一捻金方，治一切癰疽腫毒初起最驗，兼治疔瘡喉風、蛇傷犬咬，及小兒痘毒。乳香一錢，雄黃三錢，血竭錢半，此三味不必製。沒藥一錢，明礬一錢，硃砂三錢，紅信六錢，麝香六分，蟾酥一錢，蛤蜊肉二錢，蜈蚣三錢，甲片炒三錢，殭蠶一錢，川烏一錢，牙皂四錢，共為末，以磁罐貯之。大人一分五釐，小人七釐，強者二分亦可，將葱白三寸搗爛，和藥為丸，好酒服下，取汗。再服，不必汗。

清・章穆《調疾飲食辯》卷六　蛤蜊　《本草會編》曰：生東南海中，紫唇白殼，大二三寸。閩、浙人以充海錯，曝乾貨之遠方。掌禹錫曰：肉久食能潤五藏，止消渴，治婦人血塊。蓋海物味鹹能益血，故潤燥；能輭堅，故破塊。而《綱目》混引高武《痘疹正宗》之説，曰海錯發疹，多致傷損脾胃，生痰作嘔，作瀉，大謬。海錯發疹，見於何書；傷損脾胃，是何理解。且謂古方痘毒入目以蛤蜊汁點之者，大為不可。古方生蛤蜊入黃連末一分，候水出點目眦。遠海之地用蚌蛤或田螺。癢者入膽礬一分，同黃連末取水點。此不專治痘毒，一切赤眼腫痛皆佳，惟寒眼忌用。云蛤蜊雖寒，而濕中有火，既云寒，何以又有火，且水生者皆能勝濕，此何以又有濕，又何以生痰，與前條朱震亨之言如出一口。因思古人良法美意，遭後世聾瞽敗壞者，不知凡幾，可勝浩歎。蛤粉，《綱目》曰：能解熱利濕，定喘嗽，消浮腫，利小便，解結氣，消瘿核，及婦人一切血病。又曰：蛤粉，《衍義》謂衆蛤之灰，近乃專用蛤蜊，然貨者亦多雜治蚌、蛤、蚶、蠣諸殼為之。但性味鹹寒，不甚相遠，功能輭散，小異大同。不比江湖淡水所出，僅能清熱利濕而已也。此論可謂周知物理，洞悉病情。何以引用各書，遂至不分美惡，糠粃混收，不可解也。

清・王龍《本草纂要稿・蟲魚部》　蛤蜊　肉潤五臟，止消渴，解酒毒，開胃殊功。殼主老癖，化頑痰，定喘嗽立效，消血塊殊功。

清・葉桂《本草再新》卷一〇 蛤粉味鹹，性涼，無毒。入心、脾二經。 除煩止渴，利大小便。

清・趙其光《本草求原》卷一七介部 蛤粉 鹹，寒，無毒，走腎經血分。潤燥清熱，降痰定喘，止嗽利濕，治陰氣虛，上氣喘逆，陰不為陽守，則陽上逆。水滿胸急心痛。炒，同香附末，白湯下。氣虛水腫，同大蒜搗丸，白湯下。遺精，白濁，煅同炒黃柏，水為丸，酒下。雀目，夜盲。研炒，黃蠟為丸，入豬腰內蒸食。消堅癖，散癭瘤核腫，鹹軟堅。塗湯火傷，寒清火。腹單腫肢瘦，同防己、葶藶、赤茯、桑白、陳皮、郁李仁蜜丸，米飲下。血痢內熱，為末蜜下。血結胸脹痛，同甘草、滑石、芒硝末，雞子清調下，更服桂枝紅花湯。衄血，同炒槐花末，新汲水下。乳癰，每三錢入皂刺末半錢酒下。肝癰，童便煅，甘桔湯日三服。解鰾阿膠滯，故用之同炒。熱痰能降，寒潤之故。堅痰能消，鹹以軟之。濕痰能滲，火煅則滲。燥痰能潤。煅粉於冬時，取瓜蔞連子搗成團，風乾用。

按：蛤粉，古人取鹹海中諸蛤之粉，凡牡蠣、蚌、蜆之類，均可並用。故李防禦得市人嗽藥，以治痰嗽面腫立愈，方用蚌粉，少加青黛，以淡齏水和麻油數滴服，立愈。而各本有以蚌粉為蛤粉者。《聖惠方》又以米飲，調白蜆殼粉治咳嗽。大抵海中諸蛤鹹寒，功用略同。江湖蛤蚌，亦利濕清熱，但無鹹水浸漬，不能軟堅耳。今人則但取白殼紫唇者，為蛤蜊殼用，間有諸蛤充賣，究亦無礙。煎劑，取枯殼生研；入丸散，煅用。

蛤蜊肉：鹹，冷，無毒。止渴開胃，潤腸，治老癖為寒熱，去血塊，醒酒，煮食。服丹石毒，消水腫，利水，化痰。治崩帶，瘤癭，五痔。諸海蛤肉功同。

清・文晟《新編六書》卷六《藥性摘錄》 蛤蜊粉 海肉蚌殼，煅為粉。能解毒，化痰止嗽，斂肺清熱，消腫。〇肉，鹹，冷。解酒。〇文蛤，背有紫斑紋，殼稍厚。主治頗近，兼利水，止渴除煩，并治血熱崩中帶下。〇海蛤，係海內爛殼，煅為粉。亦可利水消腫，止嗽。然總不類牡蠣功專收濇固脫，解熱為事也。

蛤蜊 鹹，冷。醒酒開胃，潤腸止渴，治痃癖血塊為寒為熱，宜煮食之。〇殼，燒灰，名蛤粉。治湯火傷，油調塗之効。並詳藥部。

清・張仁錫《藥性蒙求・魚鱗介部》 蛤殼三錢 蛤粉治痰，功同牡蠣。海蛤軟堅，河江清熱。大抵海物鹹寒，功同于牡蠣。江河無鹽水浸漬，但能清熱利濕，不能軟堅。蛤粉，即海蛤粉也。煅研，治痰。

清・王孟英《隨息居飲食譜・鱗介類》 蛤蜊 甘、鹹，寒。清熱，解酒，止消渴，化癖除癥。多食助濕生熱。

清・戴葆元《本草綱目易知錄》卷五 蛤蜊 肉，鹹，冷。煮食，潤五臟，止消渴，開胃醒酒。治老癖為寒熱，婦人血塊。【略】蛤蜊殼粉海蛤粉：鹹，寒。清熱利濕，化痰飲，定喘嗽，止嘔逆，消浮腫，利小便，化積塊，解結氣，消癭核，散腫毒。治熱痰，濕痰，老痰，頑痰，疝氣，白濁帶下。同香附等分末，薑汁調服，主心氣痛，止遺精白濁，治婦人血痞。油調，塗湯火傷。

清・陳其瑞《本草撮要》卷九 蛤粉 性濇，與牡蠣同功。肉鹹冷，入足陽明、少陰經，功專止渴解酒。文蛤背有花紋，兼能除煩渴，利小便，口鼻中蝕疳。惟五倍子亦名文蛤，開方須慎之。

清・吳汝紀《每日食物却病考》卷下 蛤蜊 味鹹，冷，無毒。止渴開胃，解酒毒。療老癖作寒熱者及婦人血塊，宜煮食之。湯火傷，用殼燒灰，油調搽，神效。

蟶

宋・唐慎微《證類本草》卷二二蟲魚部下品〔宋・掌禹錫《嘉祐本草》新分條〕 蟶 味甘，溫，無毒。補虛，主冷利。煮食之，主婦人產後虛損。生海泥中，長二三寸，大如指，兩頭開。主胸中邪熱，煩悶氣。與服丹石人相宜。天行病後不可食，切忌之。新見陳藏器、蕭炳、孟詵。

〔宋・唐慎微《證類本草》〕《圖經》：文具馬刀條下。

宋・陳衍《寶慶本草折衷》卷一七 蟶。生海泥中。〔味〕甘，寒，無毒。〇補虛，主產後虛損。長二三寸，大如指。主胸中邪熱，煩悶氣。與服丹石人相宜。天行病後不可食。又止渴，在飯後食之。

元・吳瑞《日用本草》卷五 蟶 生海中，長二三寸，大如拇指，兩頭開。味甘，溫，無毒。服丹石人相宜。 主補虛冷痢，婦人產後虛損，胸中邪熱。天行病後不可食。

明・滕弘《神農本經會通》卷一〇 蟶 生海泥中，長二三寸，大如指，兩頭開。

味甘，氣溫，無毒。又云：寒。《本經》云：補虛，主冷利，煮食之。主婦人產後虛損，主胸中邪熱煩悶氣。與服丹石人相宜。天行病後，不可食，切忌之。又云：蟶，寒。主胸中煩悶邪氣，止渴，須在飯後食之佳。

明·劉文泰《本草品彙精要》卷三一　蟶無毒　化生。

蟶：主補虛，冷利。煮食之，主婦人產後虛損，又主胸中邪熱，煩悶氣，與服丹石人相宜。名醫所錄。〔地〕《圖經》曰：生海泥中，長二三寸，大如指，而兩頭開者是也。〔時〕生：無時。採：無時。〔用〕肉。〔色〕青白。〔味〕甘、鹹。〔性〕溫，又云寒。〔氣〕氣薄味厚，陰中之陽。〔臭〕腥。〔主〕胸中邪氣。〔治〕療：《圖經》曰：飯後食之，止渴。〔禁〕天行病後不可食。

明·盧和、汪穎《食物本草》卷四魚類　蟶　甘，溫，無毒。補虛，產後虛損，主冷痢，邪熱煩悶。疫後忌食。

明·寧源《食鑑本草》卷上蟲魚部　蟶　味甘，溫，無毒。補虛補勞，治冷痢，產婦宜煮食之。

明·王文潔《太乙仙製本草藥性大全》卷八《本草精義》　蟶肉　舊本俱不載。生海中及閩廣。其形亦似蚌，長二三寸，大如指，兩頭開。但天行病後不宜食，切忌之。

明·王文潔《太乙仙製本草藥性大全》卷八《仙製藥性》　蟶　味甘，氣溫，無毒。　主治：主冷痢而補虛勞，療胸中邪熱煩悶。治婦人產後虛損殊功，與服丹石人大效。

明·皇甫嵩《本草發明》卷六　蟶味甘，溫。　補虛，止冷利。煮食之，主產後虛損。又主胸中邪熱煩悶氣。丹石人相宜，天行病後切忌食之。

明·李時珍《本草綱目》卷四六介部·蚌蛤類　蟶丑真切。宋《嘉祐》。

〔釋名〕〔集解〕藏器曰：蟶生海泥中。長二三寸，大如指，兩頭開。時珍曰：蟶乃海中小蚌也。其形長短大小不一，與江湖中馬刀、蝛、蜆相似，其類甚多。閩、粵人以田種之，候潮泥壅沃，謂之蟶田。呼其肉爲蟶腸。

肉〔氣味〕甘，溫，無毒。詵曰：天行病後不可食。〔主治〕補虛，主冷痢，煮食之。去胸中邪熱煩悶，飯後食之，與服丹石人相宜。治婦人產後虛損《嘉祐》。

明·穆世錫《食物輯要》卷七　蟶　味甘，性溫，無毒。解丹石毒，去胸中邪熱煩悶，治赤痢。疫病後者，忌食。

明·吳文炳《藥性全備食物本草》卷三　蟶　生海中及閩廣。其形亦似蚌，長二三寸，大如指，兩頭開。但天行病後不宜食，切忌之。肉味甘，性溫，無毒。主冷痢，補虛勞，療胸中邪熱煩悶，治婦人產後虛損，服丹石人最宜。

明·趙南星《上醫本草》卷四　蟶　乃海中小蚌也。閩粵人以田種之，候潮泥壅沃，謂之蟶田，呼其肉為蟶腸。　肉：甘，溫，無毒。主治：補虛，主冷痢，煮食之。去胸中邪熱煩悶，飯後食之。與服丹石人相宜，治婦人產後虛損。　天行病後不可食。

明·應廔《食治廣要》卷七　蟶丑真切。　肉：氣味：甘，溫，無毒。主治：補虛，去胸中邪熱煩悶，婦人產後虛損。與服丹石人相宜。蟶，即海中小蚌也。其形長短大小不一，與江湖中馬刀蝛蜆相似，其類甚多。閩粵人以田種之，候潮泥壅沃，謂之蟶田，呼其肉為蟶腸。天行病後不可食。

明·姚可成《食物本草》卷一一介部·蚌蛤類　蟶丑真切。生海泥中。長二三寸，大如指，兩頭開。〇李時珍曰：蟶乃海中小蚌也。其形長短大小不一，與江湖中馬刀、蝛、蜆相似，其類甚多。閩、粵人以田種之，候潮泥壅沃，謂之蟶田。呼其肉為蟶腸。糟藏致遠，以為海錯。

蟶腸：味甘，溫，無毒。主冷痢，補虛。煮食之，去胸中邪熱煩悶，治婦人產後虛損，與服丹石人相宜。疫病後不可食之。　擔羅蛤類也。生新羅國，彼人食之。　擔羅，味甘，平，無毒。主清熱消食。雜昆布作羹，解鬱結之氣。

明·孟笨《養生要括·介類》　蟶　肉：味甘，溫，無毒。補虛，主冷痢，煮食之，去胸中邪熱煩悶，飯後食之。與服丹石人相宜，治婦人產後虛損。〔天行病後不可食。〕

明·施永圖《本草醫旨·食物類》卷五　蟶生海泥中，長二三寸，大如指，兩頭開。　肉：味：甘，溫，無毒。天行病後不可食。治：補虛，主冷痢，煮食之。去胸中邪熱煩悶，飯後食之。與服丹石人相宜。治婦人產後虛損。

清·穆石匏《本草洞詮》卷一七　蟶　蟶乃海中小蚌也。肉甘，溫，無毒。補虛，止冷痢，去胸中邪熱煩悶。

清·丁其譽《壽世秘典》卷四　蟶生海泥中，長二三寸，大如指，兩頭開者名竹蟶。大如小指，殼薄，其肉下截有分叉，如人形者俗呼女兒蟶，其味短不及也。　氣味：甘，溫，無毒。主補虛勞，治冷痢，去胸中邪熱煩悶，治婦人產後虛損。與服丹石人相宜，天行病後忌食。

清·尤乘《食鑑本草·介類》　蟶肉　治虛，主冷痢，女人產後虛損煮食之。天行病後不可食。

清・朱本中《飲食須知・魚類》　蟶　味甘，性溫。天行病後，不可食之。

清・何其言《養生食鑒》卷下　蟶肉生海泥中，長二三寸，大如指，兩頭開。味甘，性溫，無毒。壓丹石毒，解酒，去胸中熱邪煩悶，治赤痢。時病後，忌食之。

清・张璐《本經逢原》卷四　蟶　甘，平，無毒。　發明：　蟶生江湖中，與蚌蛤相類。閩人以田種之，謂之蟶田。其肉可為淡乾，腸鼻糟之，以充海錯。婦人產後虛熱宜之。

清・吳儀洛《本草從新》卷六　蟶〔補虛。〕　甘，鹹，平。補虛，主冷痢。煮食之，去胸中邪熱煩悶。飯後食之。與丹石人相宜。治婦人產後虛損。

清・汪紱《醫林纂要探源》卷三　蟶　甘，鹹，寒。海蚌之狹長者，大如指，肉分兩歧如箝，色赤。閩有竹蟶，殼形如小竹管，味尤鮮美。　解渴醒酒，除煩去熱。　生食大寒，令人瀉。乾食稍平，能補心滋陰。

題清・徐大椿《藥性切用》卷八　蟶肉　甘鹹性寒，益陰清熱。煑食治痢。

清・黃宮繡《本草求真》卷九　蟶解胸中煩熱。　蟶耑入腎，兼入肝。乃海中小蚌耳，與江湖蚌蛤相類，閩人以田種之，候潮泥壅沃，謂之蟶田。其肉可為蟶腸乾淡以充海錯。蟶生海泥中二三寸，大如指，兩頭開。　味甘性平，煮食可治胸中邪熱煩悶。飯後食之。與服丹石人適合。並治婦人產後虛熱。可知性體屬陰，故能解熱滌煩，然惟水衰火盛者則宜。若使脾胃素冷，服之必有動氣泄瀉之虞矣！　書言可治冷痢。似屬巧說，未可深信。

清・李文培《食物小録》卷下　蟶　甘，鹹，平，溫，無毒。　清痰降火。　天行病後不可食。

清・趙學敏《本草綱目拾遺》卷一〇介部　蟶殼　《綱目》蟶條止載其肉，云治冷痢，補蓐勞，不及其殼之功用。

治喉風急痹：　《萬選方》：　用蟶殼置瓦上，日曬夜露，經年取下，色白如雪，擣細，水漂淨末，曬乾，同冰片吹喉，專治咽喉一切急症，立愈。

清・章穆《調疾飲食辯》卷六　蟶　《綱目》曰：　海中小蚌也，形長短大小不一，與馬刀、蝛、蜆相似。　閩、粵人以田種之，名蟶田。　小者為蟶苗，曝者名蟶乾。《嘉祐本草》曰：　蟶性補虛，止冷利，治婦人產後虛損。按：　此養陰益血之功也，海物均有而蟶為最。《食療本草》曰：　天行熱病及傷寒後，慎不可食。

清・葉桂《本草再新》卷一〇　蟶乾味甘、鹹，性寒，無毒。入心、腎二經。補陰滋水，解胸中煩熱，治婦人產後諸虛。

清・趙其光《本草求原》卷一七介部　蟶　生江湖中，似蚌、蛤，閩、粵以海田種之，謂之蟶腸。甘，溫，無毒。主治冷痢，制丹石，治產後虛熱。但性動濕，天行病後忌。

清・文晟《新編六書》卷六《藥性摘録》　蟶　甘，溫。壓丹石毒，解酒，去胸中熱邪煩悶，治赤痢。時病後忌之。

清・王孟英《隨息居飲食譜・鱗介類》　蟶　甘，平。清胃，治痢，除煩，補產後虛，解丹石毒。可鮮可腊，時病忌之。

清・田綿淮《本草省常・魚蟲類》　海蟶　性平。補虛，去胸中邪熱煩悶。

清・陳其瑞《本草撮要》卷九　蟶　味鹹甘，寒，入足少陰經，功專補陰，治熱痢及婦人產後虛熱。

清・吳汝紀《每日食物却病考》卷下　蟶　味甘，溫，無毒。　補虛，治冷痢，去胸中邪熱，治婦人產後虛損。疫後忌食。

擔羅

宋・唐慎微《證類本草》卷二二蟲魚部下品〔唐・陳藏器《本草拾遺》〕

擔羅　味甘，平，無毒。　主熱氣，消食。雜昆布爲羹，主結氣。生新羅，蛤之類，羅人食之。

明・穆世錫《食物輯要》卷七　擔羅　肉，味甘，平，無毒。消食解熱。同昆布作羹食，散結氣。亦蛤類。

石蜐

明・李時珍《本草綱目》卷四六介部・蚌蛤類　石蜐音劫。《綱目》。

〔釋名〕紫蛣音劫，與蜐同。　紫蘮音枵。　龜脚俗名

〔集解〕時珍曰：　石蜐生東南海中石上，蚌蛤之屬。形如龜脚，亦有爪狀，殼如蟹螯，其色紫，可食。《真臘記》云：　有長八九寸者。江淹《石蜐賦》云：　亦有足翼，得春雨則生花。故郭璞賦云：　石蜐應節而揚葩。《荀子》云東海有紫蛣、魚、鹽是矣。或指爲紫貝及石

决明者，皆非矣。

〖氣味〗甘、鹹，平，無毒。 〖主治〗利小便時珍。

明・穆世錫《食物輯要》卷七 龜脚 肉，味甘、醎，平，無毒。可食。利小水。小兒勿食。

明・吴文炳《藥性全備食物本草》卷三 龜脚 味甘、醎，性平，無毒。可食。利小水。小兒勿食。又名仙人掌。

明・姚可成《食物本草》卷一一介部・蚌蛤類 石蜐一名龜脚。生東南海中石上，蚌蛤之屬。形如龜脚，亦有爪狀，殼如蟹螯，其色紫，可食。糟醃致遠，以充海珍。《真臘記》云：有長八九寸者。江淹《石蜐賦》云：亦有足翼，得春雨則生花。故郭璞賦云：石蜐應節而揚葩。

石蜐，味甘、鹹，平，無毒。主利小便。

明・孟笨《養生要括・介類》 龜脚 味甘、鹹，平，無毒。利小便。

清・丁其譽《壽世秘典》卷四 石蛣俗名龜脚，生海中石上，形如龜脚，亦有爪狀，殼如蟹螯，其色紫可食，得春雨則生花。郭璞賦云：石蛣應節而揚葩。 氣味：甘、鹹，平，無毒。主利小便。

清・何其言《養生食鑒》卷下 龜脚蚌蛤之屬，形如龜脚，亦有爪肱，殼如蟹螯，其色紫，可食。 味甘、鹹，性平，無毒。利小水，小兒勿食。

清・张璐《本經逢原》卷四 石蜐一名龜脚 甘、鹹，無毒。 發明：石蜐生東南海中石上，蚌蛤之屬，形如龜脚，殼似海螯，與吐(蚨)〔鐵〕等同為海錯，而此稍遜。然其有利小便之功，吐(蚨)〔鐵〕不如也。

清・王道純《本草品彙精要續集》卷七 石蜐音刦。無毒。 石蜐：主利小便《本草綱目》。 〖名〗紫蛣、音劫，與蜐同。紫囍音枵、龜脚俗名。 〖地〗李時珍云：石蜐，生東南海中石上，蚌蛤之屬。 〖質〗形如龜腳，亦有爪狀，殼如蟹螯。《真臘記》云：有長八九寸者。江淹《石蜐賦》云：亦有足翼，得春雨則生花。故郭璞賦云：石蜐應節而揚葩。《荀子》云東海有紫蛣、魚鹽是矣。 〖色〗其色紫，可食。 〖味〗甘，鹹。 〖性〗平。 〖贋〗或指爲紫貝及石決明者，皆非矣。

清・趙學敏《本草綱目拾遺》卷一〇介部 石蜐 俗呼龜脚蟶，海濱多有之。古未聞入藥，瀕湖獨增比品，止載其能利小便，不知其别有功用，今依《介語》補之。 朱排山《柑園小識》：龜脚蟶形似龜脚，生海中石上，殼如蟹螯，其色紫可食，即石蜐也。江淹有《石蜐賦》。 下寒澼，消積痞溼腫脹，虛損人以米酒同煮食，最補益《介語》。

海蝦

明・滕弘《神農本經會通》卷一〇 大紅蝦鮓 陳藏器云：味甘，平，小毒。主飛尸，蚘蟲，口中疳䘌，風瘙身癢，頭瘡牙齒，去疥癬。塗山蜍蚊子入人肉，初食瘡發，後而愈。生臨海會稽，大者長一尺，鬚可為簪。虞嘯父答晉帝云：時尚溫，未及以貢。即會稽所出也。盛密器及熱飦作鮓，毒人至死。

明・李時珍《本草綱目》卷四四鱗部・魚類 海鰕《拾遺》

〖釋名〗紅鰕藏器 鰝浩。《爾雅》。 〖集解〗藏器曰：海中紅鰕長一尺，鬚可爲簪。崔豹《古今注》云：遼海間有飛蟲如蜻蛉，名緇紺。七月群飛闇天。夷人食之，云鰕所化也。時珍曰：按段公路《北户録》云：海中大紅鰕長二尺餘，頭可作盃，鬚可作簪杖。其肉可爲鱠，甚美。又劉恂《嶺表録》云：海鰕皮殼嫩紅色，前足有鉗者，色如朱，最大者長七八尺至一丈也。閩中有五色鰕，亦長尺餘。彼人兩兩乾之，謂之對鰕，以充上饌。

〖氣味〗甘，平，有小毒。時珍曰：同猪肉食，令人多唾。

鮓 〖主治〗飛尸蚘蟲，口中甘䘌，齲齒頭瘡，去疥癬風瘙身痒，治山蚊子入人肉，初食瘡發則愈藏器。

明・穆世錫《食物輯要》卷七 海蝦 味甘，平，有小毒。作鱠食，甚佳。去飛尸蟲，口中疳䘌。同猪肉食，令人多唾。閩中有五色蝦，長尺餘，曝乾，為對蝦，功用同。

明・趙南星《上醫本草》卷四 海鰕 一名紅鰕，一名鰝音浩。時珍曰：按段公路《北戶錄》云，海中大紅鰕，長二尺餘，頭可作盃，鬚可作簪杖，其肉可為鱠，甚美。閩中有五色鰕，亦長尺餘，彼人兩兩乾之，謂對鰕，以充上饌。 甘，平，有小毒。同猪肉食，令人多唾。

明・姚可成《食物本草》卷一〇鱗部・無鱗魚類 海鰕海中大紅鰕長二尺餘，頭可作杯，鬚可作簪。其肉可為鱠，甚美。劉恂《嶺表錄》云：海鰕皮殼嫩紅色，前足有鉗者，色如朱，最大〔者長七〕八尺至一丈也。閩中有五色鰕，亦長尺餘。彼人兩兩乾之，謂之對鰕，以充上饌。

海鰕：味甘，平，有小毒。作鮓，主飛尸蚘蟲，口中甘䘌，齲齒頭瘡，去疥癬風瘙身痒，治山蚊子入人肉，初食瘡發則愈。

明・施永圖《本草醫旨・食物類》卷五　海蝦海中大紅蝦，長二尺餘，頭可作盃，鬚可作簪，其肉可為鱠，甚美。乾之謂之對蝦，以充上饌。　味：甘，平，有小毒。同猪肉食，令人多唾。　鮓：　治：飛尸，蚘蟲，口中甘䘌齲齒，頭瘡，去疥癬，風瘙身癢。治山蚊子入人肉，初食瘡發則愈。

清・朱本中《飲食須知・魚類》　海蝦　味甘、鹹，性平，有小毒。同猪肉食，令人多唾。閩中有五色蝦，長尺餘，曝乾為對蝦，功用相同。

清・吳儀洛《本草從新》卷六　海蝦〔祛風，殺蟲。〕甘，鹹，平。治飛尸蚘蟲，口中甘䘌，齲齒頭瘡。去疥癬，風癢，濕癢。療山蚊子入人肉，初食瘡發則愈。

題清・徐大椿《藥性切用》卷八　海蝦　味甘鹹平，功近河蝦，而性更發，瘡疥人忌之。

清・李文培《食物小錄》卷下　海蝦　甘，平，有小毒。去疥癬風瘙，身痒初食，瘡發則愈。同猪肉食，令人多唾。

清・趙學敏《本草綱目拾遺》卷一〇介部　對蝦

《粵志》：蟳蝦產鹹水中，大者長五六寸，出水則死。漁人以黏網，其深四尺有五寸六寸者，仄立海中，絲柔而輕，蟳蝦至則鬚尾穿罥，弗能脫也。兩兩乾之為對蝦，鮮者肉肥白而甘。　朱排山《柑園小識》：海蝦磔鬚鉞鼻，背有斷節，尾有硬鱗，多足而好躍，大於溪河所生，長尺餘，鬚可為簪。土人兩兩乾之，謂之對蝦，以充上饌。　《宦遊筆記》：淮海產對蝦，長數寸，兩兩乾之，勾結如環，烹以為羹，味鮮美，居人往往以享客，且可致遠。或曰：以雌雄為對，但當懷子，即散之後，雌雄亦無從辨。至其出時，自正月望後始，二三四月大盛，端陽而後即杳不可得，亦物理之不可推者也。

補腎興陽，燒酒浸服。　治痰火後半身不遂，筋骨疼痛：《醫學指南》：核桃仁、棉花子仁、杜仲炒、巴戟、硃砂、骨碎補、枸杞子、續斷、牛膝各二兩，大蝦米四兩，菟絲餅四兩，用燒酒二十觔煮服，如年高者，加附子、肉桂各一兩，酒服完，將渣曬乾為細末，蜜丸，每服二錢，酒送下。

清・章穆《調疾飲食辯》卷六　海蝦　《綱目》曰：《爾雅》名鰝，《拾遺》謂之紅蝦。小者長一二尺，大者可至丈餘。其殼每節可作大燈籠一枚。《嶺表錄〔異〕》云：其色如朱。又閩中有五色蝦，長尺餘。彼人兩兩乾之，名對蝦，用供上饌。

按：海蝦，肆中乾者長不過二三寸，味極鮮美，性有小毒。而生於鹹水，則能養陰益血，故助熱生風發毒之害，與淡水蝦不同。《拾遺》曰：治頭瘡，去癬疥、風瘙、身癢。蓋此數者皆血中風熱，蝦性動風，而出鹹水者能益血，故反以治風，理可信也。又閩中一種龍蝦，長二三尺，首全似龍。周櫟園先生曰：望之如錢塘破陣，擘青天飛去時令人敬畏。初不敢食，後見群食，亦嘗試之，味殊淡耳。

清・戴葆元《本草綱目易知錄》卷五　海蝦　鮓，甘，平，有小毒。治飛尸蚘蟲，口中疳䘌，齲齒頭瘡，去疥癬風瘙身痒。

清・陳其瑞《本草撮要》卷九　海蝦　味甘鹹，平，入手足太陰、少陰、厥陰經，功專祛風殺蟲，治疥癬風痒濕痒。以生蝦殼曬乾研末，加白糖拌塗禿瘡神效。同猪肉食，令人多唾。

蝦

附：日・丹波康賴《醫心方》卷三〇　蝦　《七卷經》云：味甘，平。食之無損益，不可合梅、李、生菜，皆令人病。《養生要集》云：蝦無鬚，又亦腹下通黑，食之殺人。又云：蝦煮當赤而反白者，勿食之，腹中生蟲。

宋・唐慎微《證類本草》卷二二蟲魚部下品〔宋・掌禹錫《嘉祐本草》新分條〕　蝦　無鬚及煮色白者，不可食。謹按：小者生水田及溝渠中，有小毒。小兒患赤白遊腫，擣碎傅之。鮓內者甚有毒爾。新見孟詵。

〔宋・唐慎微《證類本草》〕陳藏器：食主五野雞病，小兒患赤白遊瘮，擣碎傅之。煮熟色正赤，小兒及雞、狗食之，脚屈不行。江湖中者稍大，煮之色白。陶云白者煞人，非也。海中有大者。已出《拾遺》條中。以熱飯盛密器中，作鮓食之，毒人至死。

《食療》云：平。動風，發瘡疥。

宋・鄭樵《通志》卷七六《昆蟲草木略》　鰕之類多。《爾雅》曰：鰝，大鰕。郭云：鰕大者出海中，長二三丈，鬚長數尺。今青州呼蝦為鰝。

宋・陳衍《寶慶本草折衷》卷一七　蝦諸蝦及螐續附。　生水田、溝渠，及江湖中。○續附：諸蝦生海中。○又云：生臨海、會稽。○無鬚及煮色白者不可食也。

平，有小毒。○小兒患赤白遊腫，擣碎傅之。○《食療》云：動風，發瘡疥。

續說云：本條所紀功用，乃生於田溝湖中之蝦也。其生於海者，巨則盈尺，細則半寸，極細纔如蟣蝨。又有殼硬蒴多，謂之蝦蛄，雖有青、黃、赤、白之色，其動風發瘡之性則均爾。或鹽淹作鰝，或為醬、為鮓。凡瀉痢、痰嗽、瘡腫者，甚忌之也。

元·忽思慧《飲膳正要》卷三　蝦　味甘，有毒。多食損人。無鬚者，不可食。

元·吳瑞《日用本草》卷五　蝦　大者名海蝦，小者生水田中。無鬚，煮之色白者，勿食。　味甘，平，有毒。作鮓尤毒，發風之驗甚捷，發瘡疥。主小兒患赤白遊瘮，搗研傅之。

明·蘭茂原撰，范洪等抄補《滇南本草圖說》卷七　滇池赤蝦　與下江性不同。氣味甘溫，有小毒。主治：小兒火風遊腫，敷之可愈。作羹治鱉癥及痘瘡不起。烏頭，服之最良。下乳汁亦效。男子陽縮可解。白蝦能降氣定喘，作羹止腦痛，而去胃中痰涎。

明·滕弘《神農本經會通》卷一〇　蝦　小者生水田及溝渠中。有小毒。鮓肉者，甚有毒。陶隱居云：腹下通黑者，不可食。生蝦鱠，亦不可合鷄肉食之，亦損人。一云：平。《本經》云：無鬚，及煮色白者，不可食。小兒患赤白遊瘮，擣碎傅之。陳藏器云：食，主五野雞病，小兒患赤白遊瘮，擣碎傅之。煮熟色正赤，小兒及雞犬食之，脚屈不行。江湖中者稍大，煮之色白。陶云白者殺人，非也。海中有大者，已出《拾遺》條中。以熱飯盛密器中，作鮓食之，毒人至死。《食療》云：平。動風，發瘡疥。

明·劉文泰《本草品彙精要》卷三一　鰕　卵生。

鰕：主小兒患赤白遊腫，擣碎傅之。名醫所録。〔地〕謹按：生江湖池澤水田，及溝渠中處處皆有之。種類雖有大小、青白之分，其形皆似蜻蛉，背傴僂有節，蟹目，長鬚，頭多芒刺，游則冉冉而進退捷速。又謂之長鬚蟲也。〔時〕生：無時。採：無時。〔色〕青白。〔味〕甘。〔性〕微寒。〔氣〕氣薄味厚，陰中之陽。〔臭〕腥。〔製〕生擣爛用。〔治〕療：陳藏器云：除五野雞病。〔禁〕作鮓食之，毒人至死。小兒及雞、狗食之，脚屈不能行。又動風，發瘡疥，多食損人。又鰕無鬚者，不可食。

明·盧和、汪穎《食物本草》卷四魚類　鰕　平，主五野鷄病。動風發疥。小兒食之，令脚屈不能行。生水田溝渠中小者，有小毒。海鰕長一尺，作鮓毒人至死。

明·許希周《藥性粗評》卷四　乳通蝦汁。

蝦，大小不一，其生水田溝澗者則小，生江海中者則大。食品中□或有取，然亦不甚利人，無鬚與煮之色白者不可食，亦不可作鮓，動風有毒。味甘，性平，有小毒。主治小兒赤白遊腫，生擣傅之。產婦無乳，生擣，投以熱酒，濾去渣，劇飲一碗，其乳自下。尋常不必食，發瘡甚捷。

明·寧源《食鑒本草》卷上　蝦　味辛、甘，無毒。新增雷公云：無鬚及煮色白者不可食。謹按：小者，生田及溝中、渠中，有小毒。食不益人，動風熱，發瘡疥。有病忌食。《圖經》云：治小兒赤白遊疹，生搗汁塗之良。

明·王文潔《太乙仙製本草藥性大全》卷八《本草精義》　蝦公　河澗俱生，善游好躍。其字從假，蓋以水母假之而動也。活則色綠，煮熟鮮紅。爲饌不宜食多，發瘡動風甚驗。小兒及雞犬勿食，誤犯則脚屈難行。又種無鬚，腹下通黑，煮之色白，並有毒藏，急棄溝渠。

明·王文潔《太乙仙製本草藥性大全》卷八《仙製藥性》　蝦　味甘，氣平，有小毒。　主治：搗生者如泥，敷赤白遊腫、口疳、齒䘌，過宿盡消。又動風氣，最發疥瘡。　蝦鮓：洒熱飯拌造，同食忌鷄肉須知。《衍義》：史説晉滕修不信，其後有至東海者，取鬚長四尺四寸，封以寄之。

明·皇甫嵩《本草發明》卷六　蝦味甘，平。有小毒。　不宜多食，發瘡動風。小兒及雞犬勿食，誤犯則脚屈難行。搗生者如泥，小兒患赤白游腫，以此傳之。又云：品疳齒䘌，過宿盡消。

又種無鬚蝦，及煮色白、腹下通黑者，并有毒。作鮓能毒人。

明·李時珍《本草綱目》卷四四鱗部·魚類　蝦《别録》下品

〔釋名〕時珍曰：鰕音霞，俗作蝦，入湯則紅色如霞也。〔集解〕時珍曰：江湖出者大而色白，溪池出者小而色青。皆磔鬚鉞鼻，背有斷節，尾有硬鱗，多足而好躍，其腸屬腦，其子在腹外。凡有數種：米鰕、糠鰕，以精粗名也；青鰕、白鰕，以色名也；梅鰕，以梅雨時有也；泥鰕、海鰕，以出産名也。嶺南有天鰕，其蟲大如蟻，秋社後，群墮水中化爲鰕，人以作鮓食。凡鰕之大者，蒸曝去殼，謂之鰕米，食以薑、醋，饌品所珍。

〔氣味〕甘，温，有小毒。詵曰：生水田及溝渠者有毒，鮓内者尤有毒。藏器曰：以熱飯盛密器中作鮓食，毒人至死。弘景曰：無鬚及腹下通黑，并煮之色白者，并不可食。小兒及鷄、狗食之，脚屈弱。鼎曰：動風，發瘡疥冷積。源曰：動風熱。有病人勿食。

【主治】五野鷄病，小兒赤白遊腫，擣碎傅之孟詵。作羹，治鼈瘕，托痘瘡，下乳汁。法製，壯陽道；煮汁，吐風痰；擣膏，傅蟲疽時珍。

【附方】新五。鼈瘕疼痛：《類編》云：陳拱病鼈瘕，隱隱見皮内，痛不可忍。外醫洪氏曰：可以鮮鰕作羹食之。久久痛止。明年又作，再如前治而愈，遂絶根本。補腎興陽：用鰕米一斤，蛤蚧二枚，茴香、蜀椒各四兩，並以青鹽化酒炙炒，以木香粗末一兩和勻，乘熱收新缾中密封。每服一匙，空心鹽酒嚼下，甚妙。宣吐風痰：用連殼鰕半斤，入葱、薑、醬煮汁。先喫鰕，後喫汁，緊束肚腹，以翎探引取吐。臁瘡生蟲：用小鰕三十尾，去頭、足、殼，同糯米飯研爛，隔紗貼瘡上，别以紗罩之。一夜解下，掛看皆是小赤蟲。即以葱、椒湯洗净，用舊茶籠内白竹葉，隨大小剪貼，一日二换。待汁出盡，逐日煎苦楝根湯洗之，以好膏貼之。將生肉，勿换膏藥。忌發物。《直指方》。血風臁瘡：生鰕、黄丹擣和貼之，日一换。《集簡方》。

明・梅得春《藥性會元》卷下 蝦 無鬚及煮色白、腹中通黑，皆不可食。生水田溝渠中者，有小毒。治小兒患赤白遊腫，擣碎傅之。

明・穆世錫《食物輯要》卷七 蝦 味甘，性溫，微毒。解野鷄病，消鱉瘕，下乳汁，托痘瘡，助陽氣。多食，動風助火，發瘡疾。有冷積者勿食。切勿以熱飯盛密器内作鮓食，害人。鰕無鬚者，有腹下黑色，煮熟變白者，忌食。小兒食之，令脚弱；鷄犬亦然。生水田、溝渠中者，有毒，勿食。

明・李中立《本草原始》卷一一 鰕 時珍曰：江湖出者，大而色白；溪池出者，小而色青。皆磔鬚鉞鼻，背有斷節，尾有硬鱗，多足而好躍，其腸屬腦，其子在腹外。劉恂《嶺表錄》云：海鰕皮殻嫩紅色，前足有鉗者，色如朱，最大者長七八尺至一丈也。閩中有五色鰕，亦長尺餘，彼人兩兩乾之，謂之對鰕，以充上饌。鰕音霞，入湯則紅色如霞也。俗作蝦。蒸熟去殻者，俗呼蝦米。

鰕：氣味：甘，溫，有小毒。主治：五野雞病，小兒赤白遊腫，擣碎傅之。○作羹，治鱉瘕，托痘瘡，下乳汁。法製，壯陽道；煮汁，吐風痰；擣膏，傅蟲疽。

鰕，《別錄》下品。【圖略】多足而善跳。

海鰕：氣味：甘，溫、平，有小毒。鮓：主治：飛尸蚘蟲，口中甘䘌，齲齒頭瘡，去疥癬，風瘙身痒，治山蚊子入人肉，初食瘡發則愈。藏器曰：以熱飯盛密器中作鮓食，毒人至死。弘景曰：無鬚及腹下通黑，并煮之色白者，並不可食。小兒及雞狗食之，脚屈弱。鼎曰：動風，發瘡疥冷積。源曰：動風熱，有病人勿食。

明・吴文炳《藥性全備食物本草》卷三 蝦 味甘，性平，有小毒。食之不益人。主五痔，引風動瘻，發疥瘡，小兒食之令脚屈不能行。有風疾嗽病者忌食。小兒赤白遊腫，生擣汁塗之。生水田溝渠中。海蝦長一尺，作鮓毒人至死。有無鬚及煮白色者不可食喫。蝦鮓，迺熱飯拌造同食，忌雞肉。

明・趙南星《上醫本草》卷四 鰕音霞，俗作蝦。 凡鰕之大者，蒸曝去殼，謂之鰕米。食以薑醋，饌品所珍。甘，溫，有小毒。主治：法制壯陽道。煮汁吐風痰，擣膏傅蟲疽。動風熱，發瘡疥，冷積有病人勿食。生水田及溝渠者有毒，鮓内者尤有毒。以熱飯盛密器中作鮓食，毒人至死。無鬚及腹下通黑，并煮之色白者，並不可食。小兒及雞狗食之，腳屈弱。

附方 補腎興陽：用鰕米一斤，蛤蚧二枚，茴香、蜀椒各四兩。並以青鹽化酒炙炒，以木香粗末一兩和勻，乘熱收新缾中密封。每服一匙，空心鹽酒嚼下，甚妙。宣吐風痰：用連殼鰕半斤，入葱、薑、醬煮汁。先喫鰕，後喫汁，緊束肚腹，以翎探引取吐。

明・倪朱謨《本草彙言》卷一九 鰕 味甘鮮，氣溫，有小毒。李氏曰：鰕，出江湖者，大而色白；出溪池者，小而色青。鬚直爪長，背有斷節，尾有硬鱗，多足而好躍。其腸近腦，其子在腹外。有米鰕、糠鰕，以精粗名也。青鰕、白鰕，以色名也。梅鰕以梅雨時名也。泥鰕、海鰕以出產名也。嶺南有蟲，大如蟻，秋後群聚水中，化爲鰕，名曰天鰕。凡鰕之大者，蒸曝去殼，謂之鰕米。以薑、醋拌食極鮮。

鰕肉：孟詵《本草》生擣汁，和白湯飲，宣吐風痰。李時珍煮湯食之，托痘瘡，下乳汁。外科方乘活擣膏，塗癰疽將潰，速出膿頭。

明・應麐《食治廣要》卷七 鰕音霞，俗作蝦。 氣味：甘，溫，有小毒。作羹，治鼈瘕，托痘瘡，下乳汁，壯陽道，吐風痰。孟詵曰：生水田及溝渠者有毒。陶氏曰：無鬚及腹下通黑、煮之色白不紅者，不可食。小兒食，脚屈弱。甯源曰：動風熱，發瘡疥，有病人不宜食。海蝦：長尺許者。氣味：甘，平，有小毒。同猪肉食，令人多唾。按：段公路《北戶錄》云：海中大紅蝦，長二尺餘，頭可作杯，鬚可作簪，杖。其肉，可為鱠，甚美。又劉恂《嶺表錄》云：海鰕皮殻嫩紅色，前足有鉗者，色如朱。最大者，長七八尺至一丈也。閩中有五色鰕，亦長尺餘，彼人兩兩乾之，謂之對鰕，以充上饌。

明・姚可成《食物本草》卷一〇鱗部・無鱗魚類　鰕江湖出者，大而色白；溪池出者，小而色青。皆磔鬚鉞鼻，背有斷節，尾有硬鱗，多足而好躍。其腸屬腦，其子在腹外。凡有數種：米鰕、糠鰕，以精粗名也；青鰕、白鰕，以色名也；梅鰕，以梅雨時有也；泥鰕、海鰕，以出產名也。嶺南有天鰕，其蟲大如蟻，秋社後，群墮水中化為鰕，人以作鮓食。江陰有銀鉤鰕，色白如銀。又有鷹爪鰕，大如鷹爪。皆味之鮮美，人所珍貴者也。凡鰕蒸曝去殼，謂之鰕米，拌以薑、醋，食品所宜。

鰕，味甘，溫，有小毒。主五野雞病。小兒赤白遊腫，搗碎傅之。作羹，治鼈瘕，托痘瘡，下乳汁。法製，壯陽道；煮汁，吐風痰；搗膏，傅蟲疽。生水田及溝渠者有毒，鮓內者尤有毒。以熱飯盛密器中作鮓食，毒人至死。無鬚及腹下通黑，并煮之色白者，竝不可食。小兒及雞、狗食之，脚屈弱。猫食之，腰屈曲。有病人多食之，動風發〔瘡〕。

明・顧逢柏《分部本草妙用》卷一〇水族部　鰕　甘，溫，有小毒。主治：五野雞病。小兒赤白遊腫，搗碎傅之。作羹治鼈瘕，托痘瘡，下乳汁，壯陽道，吐風痰。搗膏敷蟲疽。多食動風發瘡。

明・孟笨《養生要括・鱗類》　蝦〔有數種。海蝦極大，去殼名蝦米，作羹亦鮮，能動風發疥。〕　味甘，溫，有小毒。治五野鷄病。小兒赤白游腫，搗碎傅之。作羹，治鼈瘕。托痘瘡，下乳汁。法製壯陽道，煮汁吐風痰，搗膏傅蟲疽。

明・施永圖《本草醫旨・食物類》卷五　蝦子在腹外，凡蝦之大者，蒸曝去殼，謂之蝦米。食以薑、醋，饌品所珍。　味：　甘，溫，有小毒。以熱飯盛密器中作鮓食，毒人至死。無鬚及腹下通黑并煮之色白者，並不可食。小兒及雞、狗食之，脚屈弱。動風，發瘡疥冷積，動風熱，有病人勿食。　治：　五野雞病。小兒赤白遊腫，搗碎傅之。作羹，治鼈瘕，托痘瘡，下乳汁。法制，壯陽道。煮汁，吐風痰。搗膏，傅蟲疽。

附方　補腎興陽：　用蝦米一斤，蛤蚧二枚，茴香、蜀椒各四兩，並以青鹽化酒炙炒，以木香粗末一兩，和匀，乘熱收新瓶中，密封，每服一匙，空心鹽酒嚼下，甚妙。　宣吐風痰：　用連殼蝦半斤，入葱、薑、醬煮汁，先喫蝦，後喫汁，緊束肚腹，以翎探引取吐。　臁瘡生蟲：　用小蝦三十尾，去頭、足、殼，同糯米飯研爛，隔紗貼瘡上，别以紗罩之一夜，解下掛看，皆是小赤蟲，即以葱椒湯洗净，用舊茶籠內白竹葉，隨大小剪貼，一日二换，待汁出盡，逐日煎苦楝根湯洗之，以好膏貼之。將生肉，勿换膏藥。忌發物。　血風臁瘡：　生蝦、黄丹擣和，貼之，日一换。

清・穆石匏《本草洞詮》卷一六　鰕　鰕，入湯則紅，色如霞，故名。甘，溫，有小毒。作羹治鱉瘕，托痘瘡，下乳汁，法製壯陽道。多食動風，發瘡疥。海中大鰕長一尺餘，頭可作杯，鬚可作簪杖，肉可作鱠，最大者長至一丈也。

清・丁其譽《壽世秘典》卷四　蝦江湖出者，大而色白；溪池出者，小而色青。皆磔鬚鉞鼻，背有斷節，尾有硬鱗，多足而好躍，其腸屬腦，其子在腹外，形小大不等。蒸曝去殼，謂之鰕米。大者兩兩乾之，謂之對鰕。海鰕盈尺者，有大毒，殺人。　氣味：　甘，溫，有小毒。作羹，治鼈瘕，托痘瘡，下乳汁。法制，壯陽道。煮汁，吐風痰。搗膏，敷蟲疽。　發明陶弘景曰：　鰕無鬚及腹下通黑，并煮之色白者，並不可食。小兒食之，脚屈弱不能行。孟詵曰：　生水田及溝渠者有毒，鮓內者尤有毒，動風甚捷，更發瘡疥，有病人勿食。李時珍曰：　鰕米一觔，蛤蚧二枚，茴香、蜀椒各四兩，並以青鹽化酒炙炒，以木香粗末一兩和匀，乘熱，收新瓶中，密封，每服一匙，空心鹽酒嚼下，補腎興陽。

清・尤乘《食鑒本草・介類》　蝦　發風動火。無鬚者勿食。小兒及雞犬食之，並脚弱。煮之腹下通黑，殼反白者勿食。小兒赤白遊腫，搗碎敷之。作湯下乳托痘，吐風痰，法製壯陽道，搗膏傅蟲疽。

清・朱本中《飲食須知・魚類》　鰕肉　味甘、鹹，性溫，有小毒。多食動風助火，發瘡疾。有病人及患冷積者，勿食。小兒食之，令脚弱。雞犬食之，亦令脚屈弱。生水田溝渠中者有毒。切勿以熱飯盛密器內，作鮓食，毒人至死。鰕無鬚者、腹下通黑及煮熟色變白者，並有毒，不可食。勿與鹿麞肉、猪肉、雞肉同食。妊婦食之，令子難產。

清・何其言《養生食鑒》卷下　鰕有海鰕、沙鰕、白鰕、塘鰕，大小數種，味有精粗，其性頗同。　味甘，性溫，有小毒。食之不益人，引風痰，發瘡疥。小兒多食，令足軟弱。有嗽病者，最忌。有無鬚及煮色白者，不可食。

清・汪昂《本草備要》卷四　蝦補陽。　甘，溫。托痘瘡，下浮汁，吐風痰，中風症，以蝦半斤，入薑、葱、醬料水煮，先吃蝦，次吃汁，以鵝翎探引，吐出痰涎，隨症用藥。壯陽道。

清・李熙和《醫經允中》卷二三　鰕　鰕無鬚，腹下通黑色者，食之傷人。　甘，溫，有小毒。主治小兒赤白遊腫，搗碎敷之。托痘瘡，下乳汁，壯陽道，吐風痰，搗膏敷蟲疽。多食動風發瘡，小兒多食令脚屈不能行。

清・张璐《本經逢原》卷四　鰕俗作蝦。　甘，溫，小毒。蝦無鬚、腹下通黑色者，食之傷人。　發明：　鰕性跳躍，生青熟赤，風火之象。生搗敷小兒赤白遊風。絞汁入藥，托腫吐風痰，皆取風能勝濕也。製藥壯陽，取熱能助火也。白者下乳汁，專入氣分也。

清·汪啟賢等《食物須知·諸葷饌》 蝦 味甘，氣平，小毒。河澗俱生，善游好躍。其字從假，蓋以水母假之而動也。活則色綠，煮則鮮紅。為饌不宜多食，發瘡動風甚驗。小兒及雞、犬勿食，誤犯急脚屈難行。搗生者如泥，敷赤白遊腫、口疳齒䘌，過宿盡消。又種無鬚，腹下通黑，煮之色白，並有毒藏，急棄溝渠，庶免害及。蝦鮓乃熱飯拌造。同食，忌雞肉，須知。大紅蝦，出自海中，身肥大，鬚長丈許。《史》說：晉不信，其後有至東海者，取鬚長四尺四寸，封而寄之。土人捕獲，烈日曝乾，殼厚用作酒器，鬚勁截為策丈。非得善價，不輕貿人。主治忌宜同前弗異，其略鹹不甚美口。

清·浦士貞《夕庵讀本草快編》卷六 鰕《別錄》。附：海馬。 鰕，俗作蝦，謂入湯紅色如霞也。生於海者形似馬，故名。 蝦味鮮美，甘溫而有小毒，乃補腎興陽之上味也。且能托金瘡而治鼈瘕，下乳汁而吐風痰，取其溫中扶元，邪自出爾。蒸曝去殼，名曰鰕米，不獨為食饌之佳，補腎益精，功更妙也。但小兒及有風熱人勿食，恐脚軟而發瘡。若海馬則雌雄成對，有交感之義。故難產佩之而即下，陽痿服之而即興，功更勝於常鰕矣。

清·葉盛《古今治驗食物單方》 蝦 大蝦公活者，燒酒浸食一枚，能令陽事不倒。 血風臁瘡，生蝦、黃丹，搗和，貼之。

清·汪紱《醫林纂要探源》卷三 鰕 甘，鹹，溫。最細者曰米鰕，稍大有長股二支者曰公鰕，大者曰對鰕。游水中，數退而善躍。生則色青，死則色赤。其孕，子附腹外。壯陽道，助血熱，下乳汁。居水中而性躁急，色赤好動，動命門火，壯陽道，發瘡毒，托痘瘡。多汁而滑，又子附腹外，故能下乳。性亦滑腸，可湧吐風痰。

清·嚴潔等《得配本草》卷八 蝦 甘，溫，有小毒。壯陽道，下乳汁，托痘瘡，治鼈瘕。 生搗敷，赤白游風。配黃丹，生搗，貼血風臁瘡。入薑、蔥、醬煮，探吐風痰。和糯米搗膏，敷蟲疽。

題清·徐大椿《藥性切用》卷八 河蝦 性味甘溫，祛風托痘，下乳吐痰。多食動風。

清·黃宮繡《本草求真》卷一 鰕補火，助風動氣。 鰕耑入心、肝、肺。味最甘，席品所尚，然性善跳躍，風火易動，是以書載小兒切勿妄食。恐其發瘡動氣也，陰虛火動者尤忌，以其性易涸陰也。惟乳汁不下，及風痰不吐，與製藥壯陽為差宜耳。時珍曰：同猪肉食，令人多唾。 海馬種亦鰕屬，雌雄勿離，首類馬，身似浮於水面。亦主下胎催產，及佐房術之用也。

清·李文培《食物小錄》卷下 鰕 甘，溫，有小毒。下乳汁，補腎興陽，動風。無鬚及腹下通黑、煮之白色者，皆不可食。

清·李文培《食物小錄》卷下 鰕米 功同鮮鰕，味略次之。

清·羅國綱《羅氏會約醫鏡》卷一八鱗介蟲魚部 蝦味甘溫。 托痘瘡，下乳汁。多食發瘡動氣。小兒勿食。

清·趙學敏《本草綱目拾遺》卷一〇介部 乾鰕鰕米、鶩爪、蝦子、對蝦。 鰕生淡水者色青，生鹹水者色白。溪澗中出者殼厚氣腥，以其得土氣薄也；湖澤池沼中者殼薄肉滿，氣不腥，味佳；海中者色白肉粗，味殊劣。入藥以湖澤中者為第一。以鰕煮曬乾去殼，大者曰鶩爪，小者曰鰕米，又鰕子名曰鰕春。錢塘八月潮盛時，江濱人俟潮退後，率於江沙淺水處撈取鰕子，入市貨賣。黠者以腐渣攙和，須取少許置銅銚中，和鹽炒之，色純紅者乃真。多醃藏貯作來春食品。《綱目》鰕及海鰕分條明晰，於鰕內集解下載鰕米，海鰕集解下載對鰕，皆不立主治，僅云充饌品而已，故悉為補正其缺。

鰕米 味甘，性平，逐風痰。胡濬《法製編》有蛤蚧鰕製法，云食之補腎益陽。鰕米一斤，蛤蚧二枚，茴香、蜀椒各四兩，並以青鹽化酒炙炒，以木香末一兩和勻，乘熱收新缾中，密封，每服一匙，空心鹽酒嚼下，甚妙。

鶩爪 味甘，性平，治疣去癬《食物宜忌》。治無乳及乳病，鰕米酒：鮮鰕米一片，取淨肉搗爛，黃酒熱服，少時乳至，再用豬蹄湯飲之，一日幾次，其乳如泉。 宣吐風痰：《不藥良方》：連殼鰕米半斤，入葱薑醬煮汁，先吃蝦，後吃汁，緊束肚腹，以雞翎探引取吐。 赤白遊風：《不藥良方》：鰕米搗碎傅之。

蝦子 鮮者味甘，醃者味鹹甘，皆性溫助陽，通血脈俱見《食物宜忌》。

敏按：《粵語》云：鰕春，非鰕子也。江中有水蝨，大僅如豆，其卵散布，取之不窮，然則鰕春之性當與鰕性有別。陳芝山助陽之說，或未加精核耳。

鰕醬 《粵語》：鰕醬以香山所造為美，曰香山鰕，其出新甯大襟海上下二川者，亦香而細，頭尾與鬚皆紅，白身黑眼。初醃時，每百觔用鹽三觔，卦定缸口，候鰕身潰爛，乃加至四十觔鹽，於是味大佳，可以久食。 解毒樹蠱。廣有毒樹蠱，其樹無花，結子如牛奶，食之立死，以鰕醬解之。《宦遊筆記》：遼東大凌河出鰕醬、鰕油，皆甘美。平海又出一種小鰕，名紅毛子，作鰕醬尤佳。今浙江甯波及蘇，皆有鰕醬，味亦佳。

清・章穆《調疾飲食辯》卷六　鰕　一作蝦。介蟲之小者。首似龍，身似蚱蜢，磔鬚鉞鼻，皆有斷節，尾有硬鱗，前四小足兩鉗，後兩大足善躍。每九十月有霧，則蝦出必廣。蓋有一種飛蟲名天蝦，霧時則群墮水中，化為蝦也。然亦自生子，子在腹下，兩邊排列。味甚鮮美。性則動風發毒，助火生蟲。數十年前，鄰居取蝦為業者，冬月每頓食之。一夜腹痛不可忍，吐出小蟲，急煮苦楝根皮服之，吐瀉交作，下血數升，血中有天蝦蟲千百。平人不宜過食，癰瘍、風損、血疾、目疾人尤忌之。糟藏最美。蒸曝去殼名蝦米者次之。陶隱居曰：無鬚及腹下通黑煮之色白者，並不可食。《拾遺》曰：和熱飯作鮓，味雖美，能毒人至死。其用則能托痘瘡：凡真正虛寒塌陷者，大鮮蝦數頭搗爛，熱酒和服。如山居不可卒得，乾蝦米亦可，但力緩耳。內有毒火者，慎不可用。又能下乳汁，方同上，但宜多食耳。又能補腎興陽並出《綱目》。又外治血風、臁瘡，同黃丹搗貼，日一換。出《集簡方》。

清・吳鋼《類經證治本草・足少陰腎臟藥類》　蝦　【略】誠齋曰：生蝦，搗和酒服，立下乳汁。

清・葉桂《本草再新》卷一〇　蝦味甘，性溫，有微毒。入肝、胃二經。托痘瘡，能敗毒，下乳汁，吐風痰，壯陽道。〇蝦頭，可去風。

清・趙其光《本草求原》卷一六鱗部　蝦俗作蝦。性跳躍。生青，熟赤，風火之象。甘，溫，小毒。治小兒赤白遊風，生搗敷。吐風痰，同薑、葱、醬煮食，束肚，以翎探吐。托痘，絞汁入藥。除鱉瘕、皮內隱痛，作羹食。敷蟲疽、血風臁瘡。同黃丹搗。壯陽補腎，蝦米一斤，蛤蚧二對，茴香、川椒各四兩，並以青鹽炒木香一兩研，鹽酒下。是風能勝濕，熱能助火也。蝦頭去風，白者入血分，下乳汁。無鬚，腹中通黑者毒，能傷人。風痰、喘嗽人忌，小兒多食則足軟。

清・文晟《新編六書》卷六《藥性摘錄》　鰕　甘，溫。補火，助風動氣，惟乳汁不下，風痰不吐，與製藥壯陽為差宜。小兒勿妄食。〇海馬，性畧同。

清・王孟英《隨息居飲食譜・鱗介類》　鰕　甘，溫，微毒。通督壯陽，吐風痰，下乳汁，補胃氣，拓痘瘡，消鼈瘕，傳丹毒。多食發風動疾，生食尤甚，病人忌之。海鰕性味相同，大小不一。產東洋者尤佳。鹽漬暴乾，乃不發病。名式甚夥，厥味皆鮮，開胃化痰，病人可食。其子可醃可暴，味亦鮮美。

清・劉善述、劉士季《草木便方》卷二蟲介鱗甲部　鰕子　鰕子甘溫搽遊丹，小兒赤白痘瘡餐，通經下乳壯陽道，中風吐風痰涎安。

清・田綿淮《本草省常・魚蟲類》　鰕　性寒，有毒。吐風痰，壯陽道，動風熱，發瘡疥冷積。同荊芥、蜂蜜食殺人，同雞、豬肉食令人多唾。小兒食之，足屈不能行。病人忌之。無鬚者及腹下通黑並煮之色白者，食之殺人。海蝦，性略同，祛風殺蟲。

清・戴葆元《本草綱目易知錄》卷五　蝦　甘，溫，有小毒。作羹食，治鼈瘕，托痘瘡，下乳汁，壯陽道，吐風痰。擣傅五野雞病，小兒赤白游腫及傅蟲疽。能動風，熱發瘡疥冷積，宜勿食。

清・陳其瑞《本草撮要》卷九　蝦　味甘，溫，入手足太陰、少陰、厥陰經，功專托痘瘡，下乳汁，吐風痰。中風證以蝦半斤，入葱、薑、醬料水煮，先吃蝦，次吃汁，以鵝翎探引吐出痰涎即愈。能壯陽道，動風發瘡。

清・吳汝紀《每日食物却病考》卷下　蝦　味甘，溫，有小毒。發痘瘡，下乳汁，壯陽道。多食動風，發瘡疥。生水田溝渠者有毒。無鬚及腹下通黑者，並不可食，作鮓食有毒。

望燈魚

清・汪紱《醫林纂要探源》卷三　望燈魚　甘，鹹，平。出溫台海濱。色赤似鰕，不滿半寸，見燈則群出，因而取之。

寄居蟲

附：日・丹波康賴《醫心方》卷三〇　寄居　崔禹（錫）云：味鹹，冷，無毒。主渴，醒酒，去煩熱。貌似蜘蛸。是物好容他殼中居，負殼行，人犯驚即縮足轉墜似死乃過，人物行，行掇取噉之，以殼炙火，即走出，亦拾掇食之。《拾遺》云：食之益顏色。

宋・唐慎微《證類本草》卷二一蟲魚部中品〔唐・陳藏器《本草拾遺》〕

寄居蟲　蝸牛注陶云：海邊大有，似蝸牛，火炙殼便走出。食之益顏色。按寄居在殼間，而非螺也。候螺、蛤開，當自出食，螺、蛤欲合，已還殼中，亦名寄生，無別功用。海族多被其寄。又南海一種似蜘蛛，入螺殼中，負殼而走，一名辟，亦呼寄居，無別功用也。

明・李時珍《本草綱目》卷四六介部・蚌蛤類　寄居蟲《拾遺》

〔釋名〕寄生蟲　〔集解〕藏器曰：陶註蝸牛云：海邊大有，似蝸牛，火炙殼便走出，食之益人。按寄居在螺殼間，非螺也。候螺蛤開，即自出食；螺蛤欲合，已還殼中。海族多被其寄。又南海一種似蜘蛛，入螺殼中，負殼而走。觸之即縮如螺，火炙乃出。一名䗅，無别功用。時珍曰：按孫愐云：寄居在龜殼中者名曰蜎。則寄居非一種也。

〔氣味〕缺。　〔主治〕益顔色，美心志弘景。

明・姚可成《食物本草》卷一一介部・蚌蛤類　寄居蟲海邊有蟲，似蝸牛。火炙殼便走出，食之益人。按寄居在螺殼間，非螺也。候螺蛤開，即自出食；螺蛤欲合，已還殼中。海族多被其寄。又南海一種似蜘蛛，入螺殼中寄居，仍負殼而走。觸之即縮如螺，火炙乃出。　寄居蟲，主益顔色，美心志。

清・张璐《本經逢原》卷四　寄居蟲　甘，溫，無毒。　發明：藏器曰：寄居蟲在螺殼間，非螺也。候螺蛤開即自出入，螺蛤欲合已還殼中，海族多被其寄。南海一種似蜘蛛，入螺中負殼而行，觸之即縮入螺，火炙乃出。婦人難産，以七枚擣酒服之，或臨産兩手各握一枚，與相思子無異。弘景云：食之益顔色，美心志。惜乎，一時不易得也。

蟕蠵

宋・陳衍《寶慶本草折衷》卷一六　新分蟕蠵一作蟕。　一名蟳，一名撥棹子。生嶺南及淮海。八月取。　冷，無毒。〇主小兒閃痞，煮食之。兩螯至強。分前條藏器說。〇日華子云：解熱氣。〇《圖經》曰：蟳隨潮退殼，一退一長。其大者如升，小者如盞碟。

明・王文潔《太乙仙製本草藥性大全》卷八《本草精義》　蟕蠵　一名蟳。其殼扁而最大，後足甚闊。嶺南人謂之撥棹子，以後脚形如棹也。隨潮退殼，一退一長，其大者如升，小者如盞楪，兩螯舞拜，所以異於蟹。其力至強，能與虎鬬，往往虎不能勝。

明・王文潔《太乙仙製本草藥性大全》卷八《仙製藥性》　蟕蠵蟹　主小兒閃癖，煮與食之良。

明・吴文炳《藥性全備食物本草》卷三　蟕蠵一名蟳。　其殼扁而最大，後足甚闊，嶺南人謂之撥棹子，以後脚形如棹也，隨潮退殼，一退一長。其大者如升，小者如盞楪。兩螯舞拜，所以異於蠏。其力至強，能與虎鬬，往往虎不能勝。　性冷，無毒，解熱，散小兒痞氣。

山螃蟹

明・蘭茂撰，清・管暄校補《滇南本草》卷下　山螃蠏　性微寒，味鹹。強壯筋骨，併能横行絡分。爪甲，破血催生，治難産，治癥瘕，瘀血積塊疼痛。腹中子取出，名縱横子，壯藥中用之。　附單方：山螃蠏搗爛，敷棒瘡立效。　又方：治婦人産後兒枕疼，山螃蠏不拘多少，用新瓦焙乾，熱燒酒服，良效。

明・蘭茂《滇南本草》〔叢本〕卷下　山螃蠏　味鹹，性寒。强壯筋骨，走經絡，横行絡分。爪甲，破血摧生，治癥瘕瘀血塊積疼痛，腹中有子，名縱横子。壯藥中用之。單方：山螃蠏搗爛，敷棒瘡疼立效。單方：治婦人産後兒枕瘀血疼，良效。山螃蠏不拘多少，新瓦焙乾，燒酒炖熱服之。

蟹

唐・孫思邈《千金要方》卷二六《食治・鳥獸》　蟹殼　味酸，寒，有毒。主胸中邪熱，宿結痛，喎僻，面腫，散漆，燒之致鼠。其黄解結散血，愈漆瘡，養筋益氣。黄帝云：蟹目相向足斑者，食之害人。十二月勿食蟹、鼈，損人神氣。又云：龜鼈肉共猪肉食之害人。秋果菜共龜肉食之，令人短氣。飲酒食龜肉，并菰白菜，令人生寒熱。六甲日勿食龜鼈之肉，害人心神。螺、蚌共菜食之，令人心痛，三日一發。蝦鱠共猪肉食之，令人常恶心多唾，損精色。蝦無鬚，腹下通烏色者，食之害人，大忌！勿輕！十一月、十二月，勿食蝦、蚌著甲之物。

宋・李昉《太平御覽》卷九四二　蟹　《淮南子》曰：磁石引鐵，蟹之敗漆，置蟹漆中，則漆敗也。雖在明知，弗能然也。　《抱朴子》曰：若蟹之化漆，麻之壞酒，此不可以理推者也。《博物志》曰：蟹漆相合成水。《神仙服食方》云。　又曰：秋蟹毒者，無藥可療。目相向者，尤甚。　《本草經》曰：蟹，味鹹。治胸中邪氣熱結痛。

附：日・丹波康賴《醫心方》卷三〇　擁劒　《膳夫經》云：不入藥用。《七卷經》云：《廣志》云以蟹色黄，方二寸，其一螯偏長三寸餘，特有光，其短食物着口。一云其大螯和利如劒，其愛如寶也。

附：日・丹波康賴《醫心方》卷三〇　蟹　《本草》云：味鹹，寒，有毒。主療胸中邪熱氣結痛，喎僻面腫，散血氣，愈漆瘡。崔禹〔錫〕云：主皶鼻惡血，明目醒酒。蟹類亦多。蔡謨初渡江不識，而喫蟹幾死，乃歎云：讀

《爾雅》不熟，為勸學所誤耳。孟詵云：蟹脚中髓及腦，能續斷筋骨。人取蟹腦髓微熬之，令內瘡中，筋即連續。《七卷經》云：蟹目在下者，食傷人。馬琬云：蟹有六足，腹下無毛，並殺人。《養生要鈔》云：蟹目相向，及目赤足斑，不可食，殺人。《食經》云：率皆冷利，動嗽，不可多食。

宋・唐慎微《證類本草》卷二一蟲魚部中品〔《本經・別錄・藥對》〕　蟹

味鹹，寒，有毒。**主胸中邪氣熱結痛。喎僻，面腫，敗漆，燒之致鼠，**解結散血，愈漆瘡，養筋益氣。

爪：主破胞，墮胎。生伊、洛池澤諸水中。取無時。殺莨菪毒、漆毒。

〔梁・陶弘景《本草經集注》〕云：蟹類甚多，蝤音遒蝶音謀、擁劍、彭蜎音越皆是，并不入藥。惟蟹最多有用，仙方以化漆爲水，服之長生。以黑犬血灌之三日，燒之，諸鼠畢至。未被霜甚有毒，云食水茛音建所爲，人中之，不即療多死。目相向者亦殺人，服冬瓜汁、紫蘇汁及大黄丸皆得差。海邊又有彭蜞、擁劍，似彭蜎而大，似蟹而小，不可食。蔡謨初渡江，不識而噉之，幾死。嘆曰：讀《爾雅》不熟，爲勸學者所誤。

〔宋・馬志《開寶本草》〕按：《陳藏器本草》云：蟹脚中髓及腦并殼中黃，并能續斷絶筋骨。取碎之微熬内瘡中，筋即連也。八月腹内有芒，食之無毒，其芒是稻芒，長寸許，向東輸海神，開腹中猶有海水。《本經》云：伊、洛水中者石蟹，形段不同。其黃傅久疽瘡，無不差者。

〔宋・掌禹錫《嘉祐本草》〕按：陳藏器云：蝤蝶，主小兒閃痞，煮食之。大者長尺餘，兩螯至强，八月能與虎鬭，虎不如也。隨大潮退殼，一退一長。擁劍，一名桀步。一螯極小，以大者鬭，小者食，别無功。彭蜞有小毒，膏主濕癬疽瘡，不差者塗之。食其肉，能令人吐下至困。蔡謨渡江，誤食者。彭蜎如小蟹，無毛，海人食之，别無功。孟詵云：蟹，主散諸熱。治胃氣，理經脉，消食。八月輸芒後食好，未輸時爲長未成。就醋食之，利肢節，去五藏中煩悶氣。其物雖形狀惡，食甚宜人。日華子云：螃蟹，涼，微毒。治産後肚痛，血不下，并酒服。筋骨折傷，生擣，炒罯，良。脚爪，破宿血，止産後血閉、肚痛，酒及醋湯煎服，良。又云：蝤蝶，冷，無毒。解熱氣，治小兒痞氣。

〔宋・蘇頌《本草圖經》〕曰：蟹，生伊、洛池澤諸水中，今淮海、京東、河北陂澤中多有之，伊、洛乃反難得也。八足二螯，大者箱角兩出，足節屈曲，行則旁横。今人以爲食品之佳味，獨螯、獨目及兩目相向者，皆有大毒，不可食。其黃能化漆爲水，故塗漆瘡用之。黃并肉熬末，以内金瘡中，筋斷亦可續。黃并螯燒煙，可以集鼠於庭。爪入藥最多。胡洽療孕婦僵仆，胎轉上搶心困篤，有蟹爪湯之類是也。《經》云：取無時。俗傳蟹八月一日，取稻芒兩枚，長一二寸許，東行輸送其長，故今南方捕得蟹，差早則有銜稻芒者，此後方可食之。以前時長未成就，其毒尤猛也。蟹之類甚多，六足者名蛫音跪，四足者名北，皆有大毒，不可食，誤食之，急以豉汁可解。闊殼而多黃者名蠘，生南海中，其螯最鋭，斷物如芟刈焉，食之行風氣。扁而最大，後足闊者，爲蝤蛑，嶺南人謂之撥棹子，以後脚形如棹也。一名蟳。隨潮退殼，一退一長。其大者如升，小者如盞楪。兩螯無毛，所以異於蟹。其力至彊，能與虎鬭，往往虎不能勝。主小兒閃癖，煮與食之良。一螯大、一螯小者，名擁劍，又名桀步。常以大螯鬭，小螯食物。一名執火，以其螯赤故也。其最小者名彭蜎音滑，吳人語訛爲彭越。《爾雅》云：蜎蠌音澤，小者蟧力刀切。郭璞云即彭蜎也，似蟹而小，其膏可以塗癬，食之令人吐下至困。彭蜞亦其類也，蔡謨渡江誤食者，是此也。

〔宋・唐慎微《證類本草》〕《食療》云：蟹，足斑、目赤不可食，殺人。又，堪治胃氣，消食。又，八月前，每箇蟹腹内有稻穀一顆，用輸海神。待輸芒後，過八月方食即好。經霜更美，未經霜時有毒。又，鹽淹之作蝑，有氣味。和酢食之，利肢節，去五藏中煩悶氣。其物雖惡形容，食之甚益人。爪，能安胎。《百一方》：疥瘡，杵蟹傅之亦效。又方：金瘡方續筋多取蟹黃及腦并足中肉熬末，内瘡中。孫真人：十二月勿食蟹，傷神。《簡要濟衆》：小兒解顱不合。生蟹足骨半兩，焙乾，白斂半兩，爲末。用乳汁和，貼骨縫上，以差爲度。《楊氏産乳》：妊娠人不得食螃蟹，令兒横生也。荀卿云：蟹，六跪而二螯，非蛇、鱔之穴無所寄託。凡食鱔毒，可食蟹解之，鱔畏蟹。蟹，鱔類也。類聚相解，其效速於他耳。《沈存中筆談》：關中無螃蟹，土人惡其形狀，以爲怪物。秦州人家，收得一乾蟹，有病瘧者，則借去懸門上，往往遂差。不但人不識，鬼亦不識。

宋・唐慎微《證類本草》卷五玉石部下品〔唐・陳藏器《本草拾遺》〕　蟹膏

投漆中化爲水，仙人用和藥。《博物志》亦載。又蚯蚓破之去泥，以鹽塗之化成水，大主天行諸熱，小兒熱病，癇癲等疾。新注云：塗丹毒并傅漆瘡，效。

宋・寇宗奭《本草衍義》卷一七　蟹　伊、洛絶少，今多自京師來，京師亦自河北置之。今河北沿邊滄、瀛州等處所出甚多，徐州亦有，但不及河北者。小兒解(臚)〔顱〕，以螯并白及爛擣，塗顖上，(臚)〔顱〕合。此物極動風，體有風疾人，不可食，屢見其事。河北人取之，當八九月蟹浪之時，直於塘濼岸上，伺其出水而拾之。又夜則以燈火照捕，始得之。時黃與白滿殼，凡收藏十數日，不死亦不食。此物每至夏末秋初，則如蟬蛻解。當日名蟹之意，必取此義。

宋・王繼先《紹興本草》卷一七　蟹　紹興校定：蟹，《本經》雖具有主治，唯爪古方間亦用之。其肉與殼中黃，但食之發風、動痼疾，顯有驗據，即非起疾之物。當從《本經》味鹹、寒、有毒是矣。

宋・鄭樵《通志》卷七六《昆蟲草木略》 蟹之類多，而螃蟹為勝。其螯上有毛，仙方以化漆為水，服之長生。以黑犬血灌之，三日，燒之，諸鼠畢至。雖云取無時，然未被霜以前甚有毒，不可食。或曰：八月一日，每蟹取稻芒，長寸許，東行輸送海神。過八月，乃可取也。又有彭蜞、彭蜎、擁劒、蝤蛑、蠘，並生海中，唯彭蜞不擇地生，多於溝渠間，其膏可塗濕癬疽瘡，肉不可食，令人吐下至困。蔡謨誤食者，此也。彭蜎，吳人語訛為彭越，南人謂之林禽，可食，作蝑尤佳。小者名擁劒，一名桀步，一名執火，其螯赤。此三種，皆如小蟹。而蝤蛑一名蟳，大者徑尺，小者如螃蟹大，隨潮退殼，一退一長，兩螯至彊，故云能與虎鬬。蠘如升大，頗似蝤蛑而殼銳。

宋・洪邁《夷堅志・丙志》卷一三 蟹治漆 乾道五年，襄陽有劫盜當死，特旨貸命黥配。州牧慮其復為人害，既受刑，又以生漆塗其兩眼。因行至荊門，盲不見物，寄禁長林縣獄，以待傳送。時里正適以事在獄中，憐而語之曰：汝去時，倩防送者往蒙泉側，尋石蟹，搗碎之，濾汁滴眼內，漆當隨汁流散，瘡亦愈矣。明日，賂送卒，得一小蟹，用其法，經二日目睛如初，略無少損。予妹壻朱晞顏時以當陽尉攝邑令，親見之。

宋・陳衍《寶慶本草折衷》卷一六 新分螃蟹爪附。○殼入消風散法續附。 俗號毛蟹，謂兩螯有毛也。○生河水中。○生田中者，俗號田蟹。○並秋取。

涼，微毒。○治產後肚痛，血不下，並酒服。筋骨折傷，生擣，炒署。分前條日華說。○《楊氏產乳》云：妊娠人不得食，令兒橫生。

附：爪。○破宿血，止產後血閉肚痛，酒及醋湯煎服。

續說云：蝤蝥似蟹而色青，螯足無毛。日華子雖云無毒，而坡仙又云多食則發風動氣，有疾者自當忌也。此螃蟹亦似蟹而形短，螯足皆毛。《究原方》治寒濕脚氣，用螃蟹殼，未經煮者，燒之存性。以《局方》消風散，每服各壹錢，灰和末細，空心溫酒調下。

蟹 蝑及爪、黃附。○石蟹等類續附。 闊殼多黃者名蠘。生伊洛池澤及海淮、南海、京東、河北、沿邊、滄、瀛、徐州諸水中。○取無時。亦八、九月蟹浪時拾之。○畏豉汁，殺莨菪及漆毒。○附：蝑，以鹽淹作。○續附：石蟹，俗號石蝤蝥，生海水。○蝑，音寫；蝥，一作蛑。

味鹹，寒，有毒。○主胸中邪氣熱結痛，解結散血，愈漆瘡。○孟詵云：散諸熱，治胃氣，理經脈，消食。○《圖經》曰：蟹八足二螯，為食品之佳。獨螯、獨目，及兩目相向者，其六足者名蛫，四足者名比，皆大毒，不可食。誤食之，豉汁可解。○蛫，音跪。○《食療》云：過八月方食好，經霜更美。○寇氏曰：蟹，動風。

附：蝑。○利肢節，去五藏中煩悶氣，和酢食之。

附：爪螯足在內。○主破胞墮胎。又小兒解顱，以螯并白及爛搗，塗顱上。又以生蟹足骨焙乾，白斂各半兩為末，乳汁和，貼骨縫，以差為度。○顖，音信。

附：脚髓及腦並殼中黃。○並續筋骨斷，碎之微熬內瘡中。

續說云：《食療》方以鹽作蟹蝑，《周禮》註以醬為蟹蝑，雖〔曰〕美饌而患瀉痢瘡癧痰嗽者，不可食也。蟹類十餘種，陳藏器所說石蟹者，非玉石部中之石蟹也。其狀頗似蝤蝥，色赤褐而性不毒，諸病及產婦煮食，皆無忌焉。更有擁劒、彭蜎音越之屬，冷而動氣。又彭蜞音奇膏，可塗濕癬疽瘡。或誤食其肉，則吐人困極。

元・忽思慧《飲膳正要》卷三 蟹 味鹹，有毒。主胸中邪熱結痛，通胃氣，調經脈。

元・尚從善《本草元命苞》卷八 螃蟹，味鹹，性寒，微毒。愈漆瘡證，殺莨菪毒。主胸中邪氣熱結，去五臟煩悶不安。能解結散血，善理胃消食。爪，墮胎續筋。黃，傅疽消腫。產後血閉肚脹，共酒醋湯煎服。小兒解顱不合，同白斂末調貼。用足骨，焙乾，同白斂等分，為末，使乳汁和，貼骨縫上，以差為度。妊娠餌之，橫產。足班目赤，殺人。螯燒煙，可集鼠。冬食之乃傷神。生江淮、京東、河北。以八足二螯者佳。六足名蛫音跪，四足為北，咸有大毒。不可服餌。又蝤蜞、彭蜎、擁劍，並一類，不堪入藥。

元・吳瑞《日用本草》卷五 蟹 八足、二螯，旁橫者名旁蟹。一種殼闊者，多黃，名蠘。小者名彭蜞。性味一同。又有大者名蝤蛑，冷，無毒，解熱氣。

味鹹，性寒，有毒。霜後食之益人，餘月食之，發風動氣癇疾。與紅柿同食，令人吐血，後生膈氣病。與椑柿同食，患泄瀉。同橘食，發風氣，宜戒之。

主胸中邪氣，熱結痛。散血，養筋，益氣。背上及頭頂上有星點，爪不全，兩目相向者，有大毒。悮中毒者，急用大黃汁、冬瓜汁、紫蘇汁解之，即瘥。

蟹脚爪：主療孕婦僵仆，胎轉上搶心，困篤，用蟹爪煎湯治之。金瘡，用蟹黃及爪中肉為末，傅之，筋斷亦可續。　蟹黃：主患漆瘡，塗之即愈。

明・蘭茂原撰，范洪等抄補《滇南本草圖説》卷七　蟹　氣味鹹寒，有小毒。主治：胸中邪氣熱結痛，喎僻面腫，解結散血。療漆瘡，養精益氣。散諸熱，治胃氣，理經脉。消食，以醋食之利。去五臟中煩悶氣，益人。産後肚疼，瘀血不下者，以酒食之。筋骨損傷者，生搗，炒罯之。可解鱓魚毒。治瘧疾及黃疸。塗疥瘡，滴耳内可醫聾。生不可同柿及荊芥食之，發霍亂動風，惟木香汁可解。

明・王綸《本草集要》卷六　蟹即螃蟹　味鹹，氣寒，有毒。八月後食之良。霜後更美。　主胸中邪氣，熱結痛，喎僻面腫，敗漆，燒之致鼠。解結散血，愈漆瘡，其黃能化漆為水。脚中髓，并殼中黃，熬為末，内金瘡中，能續斷筋。○爪，主墮胎，破宿血。産後血閉，酒煮及煎湯服良。

明・滕弘《神農本經會通》卷一〇　蟹　即螃蟹。殺莨菪毒、漆毒。蟹類甚多，蝤蛑、擁劍皆是，并不入藥。闊殼而多黃者，名蠘。生南海中。扁而最大，後足闊者，為蝤蛑。後脚形棹，一名蟳。隨潮退殼，一退一長，兩螯無毛，所以異於蟹。過八月食即好，經霜更美，未經霜時有毒。

味鹹，氣寒，有毒。一云：涼，微毒。《本經》云：主胸中邪氣熱結痛，喎僻面腫，敗漆。燒之，致鼠。解結，散血，愈漆瘡。養筋，益氣。爪，主破胞墮胎。取無時。陶隱居云：仙方以化漆為水，服之長生。以黑犬血灌之三日，燒之，諸鼠畢至。陳藏器云：蟹脚中髓及腦，並殼中黃，并能續斷絕筋骨，取碎之，微熬，内瘡中，筋即連也。又云：彭蜞，有小毒。似蟹而小，膏主濕癬疽瘡，不差者，塗之。食其肉，能令人吐下至困。孟詵云：蟹，主散諸熱，治胃氣，理經脉，消食。八月輸芒後食好，未輸時為長未成。就醋食之，利肢節，去五臟中煩悶氣。其物雖形狀惡，食其宜人。日華子云：螃蟹，涼，微毒。治産後肚痛，血不下，并酒服。筋骨折傷，生搗，炒罯良。脚爪，破宿血，止産後血閉肚痛，酒及醋湯煎服良。又云：蝤蛑，冷，無毒。解熱氣，治小兒痞氣。《圖經》云：獨螯、獨目及兩目相向者，皆有大毒，不可食。其黃能化漆為水，故塗漆瘡用之。黃并肉熬末，以内金瘡中，筋斷亦可續。黃并螯燒煙，可以集鼠於庭。爪，入藥最多，胡洽療孕婦僵仆，胎轉上搶心困篤，有蟹爪湯之類是也。《楊氏産乳》云：妊娠人不得食螃蟹，令兒橫生。《衍義》云：小兒解顱，以螯并白及爛搗，塗顱上，顱合。此物極動風，體有風疾人不可食。《局》云：蟹主胸中邪熱結，爪能破血墮胞胎。續筋敗漆仍消食，(大)〔犬〕血和燒致鼠來。蟹，主熱結胸。黃，能化漆為水。血，燒集鼠於庭。

明・劉文泰《本草品彙精要》卷三〇　蟹有毒。附爪。

蟹出《神農本經》：**主胸中邪氣，熱結痛，喎僻，面腫，敗漆，燒之致鼠。**以上朱字《神農本經》。解結散血，愈漆瘡，養筋益氣。○爪，主破胞，墮胎。以上黑字名醫所錄。　【名】蛫、蠘、蝤蛑、桀步、彭螖、蟳、蟧、擁劍、執火、彭蜞、撥棹子、螖蠌音澤。　【地】《圖經》曰：生伊、洛池澤諸水中，今淮海、京東、河北陂澤中多有之，伊、洛反難得也。其蟹八蛫二螯，大者箱角兩出，足節屈曲，行則旁横，今人以爲食品中之佳味。蟹於八月一日後方可食之，則味全，以前時長未成就，其毒尤猛也。然蟹之類甚多，六足者名蛫音跪，及四足者皆有大毒，不可食。闊殼而多黃者名蠘，生南海中，其螯最鋭，斷物如芟刈焉，食之動風氣。扁而最大，後足闊者爲蝤蛑，嶺南人謂之撥棹子，以後脚形如棹也。一名蟳，隨潮退殼，一退一長，其大者如斗，小者如盞碟，兩螯無毛，所以異於蟹，其力至強，世傳與虎鬥者，此也。一螯大一螯小者名擁劍，又名桀步，常以大螯鬥，小螯食物。一名執火，以其螯赤故也。其最小者，名彭螖音滑，吳人語訛爲彭越。《爾雅》云：螖蠌音澤，小者蟧力刀切。郭璞云：即彭螖也。似蟹而小，其膏可以塗癬，食之令人吐下至困。彭蜞亦其類，蔡謨度江誤食之，即此也。《衍義》曰：伊、洛絕少，今河北沿邊滄、瀛州等處所出甚多，徐州亦有，但不及河北者。河北人取之，當八九月蟹浪之時，夜以燈火照，皆出，遂捕得之。此物每至夏末秋初，則如蟬蛻解，當日名蟹之意，必取此義爾。　【時】生：無時。採：八月、九月經霜後取。　【用】殼、肉、爪、黃。　【色】青黑。　【味】鹹。　【性】寒，軟。　【氣】味厚于氣，陰也。【臭】腥。　【主】療漆瘡，破宿血。　【治】療：《圖經》曰：蠘，食之行風氣。○蟹爪，療孕婦僵仆，胎轉上搶心，困篤。日華子云：蟹，生搗，炒罯療筋骨折傷。○蝤蛑，解熱氣，並小兒痞氣。陳藏器云：蟹腳中髓及腦與殼中黃，並能續繼絕筋骨，取碎之，微熬，内瘡中，筋即相連也。○彭蜞，主濕癬疽瘡不瘥者，塗之。孟詵云：蟹，主散諸熱，理脾胃氣，調經脈，消宿食。《別錄》云：蟹搗爛，傅瘡疥，效。　【合治】蟹合醋食之，利肢節，去五臟中煩悶氣。○合酒服，療産後肚痛，血不下。○爪合酒及醋湯煎服，破宿血，止産後血閉，肚痛。○生蟹足骨，焙乾爲末，合白歛末等分，用乳汁和，貼小兒解顱不合。〔禁〕獨螯、獨目及兩目相向者，皆有大毒，不可食。其有六足、四足者，不可食，誤食，急以豉汁解之。又蟹足斑目赤者，誤食之殺人。十二月食之，傷神。妊娠食之，令兒橫生。俱不可食。未經霜時，甚有毒。云食水莨音建所爲，人中之，不速療即死。〔解〕中蟹毒，服冬瓜汁，紫蘇汁，瘥。殺莨菪毒。

明·盧和、汪穎《食物本草》卷四魚類　蟹　類甚多。螃蟹，味甘，寒，有毒。一云：涼。主胸中熱，解結散血，愈漆瘡，養筋，益氣理經脉，乃食品之佳味，最宜人。須是八月一日，蟹吃稻芒後，方可食，霜後更佳。已前食之有毒。獨螯、獨目、兩目相向者，皆有大毒，不可食。有風疾人并孕婦不可食。藕蒜汁、冬瓜汁、紫蘇，俱解蟹毒。蠘蟹，殼闊多黃，其螯無毛最鋭，食之行風氣。蝤蛑蟹，匾而大，性冷，無毒。解熱氣，小兒痞氣。蟛蜞蟹，小毒，食之令人吐利，與蟛蜎蟹同。擁劍蟹，一大螯待鬭，一小螯供食。餘者皆有毒，不可食。誤中者，急以黑豆汁解之。其黃能化漆為水，脚中髓并殼中黃熬為末，内金瘡中，能續斷筋。爪，主墮胎，破宿血，産後血悶，酒及煮湯煎服良。

明·許希周《藥性粗評》卷四　蟹黃漆毒之平。

螃蟹黃，腹中黃也。蟹類甚多，其名各異，惟八足二螯，出淮海、伊洛中，常取市賣者，可食，經霜後取之無毒。其物八月後食稻芒，先取一二寸長者，東行以輸送其長，然後自食，亦物之暗合於禮者也。凡得之或入酒糟，或以薑醋烹食皆可。尖臍為雄，團臍為雌，世貴團臍者，以其黃多也。姙娠不可食，令兒橫生。味甘、鹹，性寒，有小毒。八月食稻芒後無毒。主治漆瘡面腫，以蟹黃塗之，立愈。其黃入漆，漆皆化為水，其功可知。

又方：疥瘡：生螃蟹搗爛，取汁傅之妙。　鼠耗：蟹入黑犬血，三日取出，燒之，能集群鼠於庭，但不可盡誅耳。

明·鄭寧《藥性要略大全》卷一〇　螃蟹　味鹹，性寒，有毒。解結熱，散血，療漆瘡，養筋益氣。

明·陳嘉謨《本草蒙筌》卷一一　螃蟹　味鹹，氣寒。一云氣平。有毒。生陂澤中穴于沮洳，遇八九月出食稻芒。深稻熟時，盡出田内，各持一穗以朝其魁，然後從其所之至長江而奔，自江轉海，其形益大，或謂持稻以輸海神也。行旁橫，有八跪二螯八足；　殼黃褐，現十二星點微紅。如鯉之三十六鱗，大小相類。腹虛實應月盛衰，種雌雄在臍大小。雌者臍圓而大，雄者臍尖而小。漁人捕取，霜後益佳。未經霜取者有毒，不可食。酒醋醉死藏留，饌品亦為珍味。凡取食忌見燈火，犯則發燒易壞。散血解結，益氣養筋。除胸熱悶煩，去面腫喎僻。愈漆瘡化漆成水，仙方以化漆水服之長生。續筋骨使筋即連。足中、髓殼中黃併腦碎之，微熬納筋斷處即連。風疾人食之，其病復發；懷孕婦食下，令子橫生。爐内燒煙，可集群鼠。形狀異者，有毒中藏。其足斑、目赤、獨螯、獨目、或兩目相向、腹下有毛、腹中有骨、六足四足者，並有大毒，不可食。儻誤入喉，未免被害。豉蒜冬瓜黑豆，煎汁並可解除。爪主破胞墮胎，亦通産後血閉。餘種主治，各有所長。蠘蟹殼闊多黃，兩螯最鋭，行大人風氣亦宜。○蝤音由蛑音謀蟹殼匾極大，兩螯無毛，去小兒痞氣堪用。○蟛蜞蟹略小，食多吐利損人。○蟛蜎音越蟹至微，膏塗濕癬殺毒。不宜食。○擁劍蟹者，大小兩螯。大螯待鬭常伸，小螯供食每縮，亦有毒蓄，不宜食之。　蝦味甘，氣平。小毒。河澗俱生，善游好躍，其字從假，蓋以水母假之而動也。活則色綠，煮熟鮮紅。為饌不宜食多，發瘡動風甚驗。小兒及雞犬勿食，悮犯則脚屈難行。搗生者如泥，敷赤白遊腫。口疳齒䘌，過宿盡消。又種無鬚，腹下通黑。煮之色白，並有毒藏。急棄溝渠，庶免害及。蝦鮓迺熱飯拌造，同食忌雞肉須知。　大紅蝦出自海中，身肥大鬚長丈許。史說晉滕條不信，其後有至東海者，取鬚長四尺四寸封而寄之。土人捕獲，烈日曝乾。殼厚用作酒盃，鬚勁截為策杖。非得善價，不輕貿人。主治忌宜，同前弗異。　海馬種亦蝦屬，二三寸長；　雌雄相對不離，色則黃褐。首類馬仍係蝦身，背有紋彷彿竹節。布網水面，每每得之。下胎易來，果難産聖藥；臨産時帶于身傍，或燒末酒服並効。興陽不痿，誠取樂春方。　蜡音搓。又作蛇，一名水母。樗蒲魚。形如白沫濛濛，東海多生，大小不等；　無腹而頭眼藏閉，倚蝦為目，游水如飛。蝦見人勿驚，隨則沉沒。故曰：蝦動蛇沉。又曰水母目蝦是也。調味作饌，薑醋務加。主婦人生産勞損血凝，治小兒風疾火熛丹毒。

明·方穀《本草纂要》卷一二　蟹　味甘、鹹，氣寒，有小毒。主滑腸利氣，行血墮胎。又清中脘，解結氣，愈漆瘡，破宿血，爲要藥也。又與薑同食，則能實脾；　與醋同食，則能養胃；　與紫蘇同煮，則能解小毒。是以多食不製之蟹，則嘔吐、泄瀉，胸脹、腹痛等症生也。與之二陳理中之劑，加以紫蘇，治無不痊。大抵蟹生水中，能行水最多；　蟹食沙土，能動沙氣最勝。得薑製之，可散土氣，得醋製之，可驅水氣。然無薑醋，切勿食也。此古製之法。

明・寧源《食鑒本草》卷上 螃蟹 味甘，寒，微鹹，有小毒。中蟹毒，煎紫蘇汁飲之或搗冬瓜汁飲之。治胸中邪熱結聚，火氣熾鬱，口喎面偏，通氣散血，養筋益氣。《圖經》云：生投漆中，則漆敗而散。古語云：燒之而群鼠至。新增雷公云：可殺莨菪毒、漆毒。爪：能破血，傷胞，墮胎。孕婦忌食。《海上方》：治漆瘡延及滿身，搗薄傅之即愈。《百一方》：治疥瘡濕癬久不愈，杵蟹傅之。《食忌》云：蟹莫與紅柿同食，食之發痼疾，成冷疾。

明・王文潔《太乙仙製本草藥性大全》卷八《本草精義》 螃蟹 生陂澤中穴于沮洳，遇八九月出食稻芒，稻熟時盡出田內，各持一穗以朝其魁，隨小從其所之，晝夜而奔，望長江而去，自江轉海，其形益大。或謂持稻以輸海神也。行旁橫，有八跪，二螯八足，殼黃褐，現十二星點微紅，如鯉之三十六鱗，大小相類。腹虛實應月盛衰，種雌雄在臍大小，雌者臍圓而大，雄者臍尖而小。漁人捕取，霜後益佳，未經霜取者有毒，不可食。酒糠醉死，藏留饌品，亦爲珍味。凡取食忌見燈火，犯則發燒易壞。十二月勿食蟹，傷神，能殺莨菪毒。

明・王文潔《太乙仙製本草藥性大全》卷八《仙製藥性》 擁劍蟹 大小兩螯，大螯待鬥常伸，小螯供食每縮。亦有毒畜，不宜食之。又名桀，一名執火，以其螯赤故也。

螃蟹 味鹹，氣寒，有毒。又云微毒。主治：散血解結，益氣養筋。除胸熱悶煩，去面腫喎僻。愈漆瘡化漆成水，仙方以化漆水，服之長生。續筋骨使筋即連。足中、髓殼中黃併腦碎之，微熬就筋斷處即連。風疾人食之，其病復發；懷孕婦食下，令產橫生。爐內燒煙，可集群鼠。形狀異者有毒中藏。其足斑、目赤、獨螯、獨目，或兩目相向者，又有肚腹有骨、六足者名蛫，四足者名北，並有大毒，不可食。倘誤入喉，未免被害，豉、蒜、冬瓜、黑豆煎汁並可解除。爪，主破胞墮胎，亦通產後血閉。餘種主治各有所長。補註：疥瘡杵蟹傅之效。〇小兒解顱不合，生蟹足骨半兩，焙乾，白歛半兩爲末，用乳汁和貼骨縫上，以差爲度。〇金瘡方，續筋多取蟹黃及腹并足中肉熬末入瘡中。〇妊娠婦人不得食螃蟹，令兒橫生也。蠘蟹：殼濶多黃，兩螯最銳，行大人風〔氣亦宜〕。螯最銳，斷物如芟刈。

明・皇甫嵩《本草發明》卷六 螃蟹中品。味鹹，寒，有毒。主散血解結，益氣養筋，除胸中邪氣熱結痛，喎僻面腫。愈漆瘡，敗漆，燒之致鼠。註云：化漆成水。甲中髓并殼中黃，並能續斷絕筋骨，碎之，微熬，內傷中，筋即連也。多食發風疾，孕婦勿食。未經霜者，食之有毒。足斑、目赤、獨螯、獨目、或兩目相向、腹下有毛、腹中有骨、六足四足，並有毒，俱不可食。中其毒，豉、蒜、東瓜、黑豆、紫蘇煎之，並可解。〇爪，主宿血，止產後血閉，酒及醋湯煎服良。又破胞墮胎。〇蝤蛑，殼扁極大，兩螯，無毛。去小兒痞氣。〇蠘蟹，殼闊，多黃，兩螯最銳。食之行風氣。〇蟛蜞，似蟛蜎而大。食之多令人吐利。〇蟛蜎音越，至小，膏塗濕癬，殺毒。亦不宜食。蔡謨渡江食蟛蜞而幾死，嘆曰：讀《爾雅》不熟，為勸學者所誤也。〇擁劍，大小兩螯，大螯待鬥，小螯供食，每縮。亦有毒蓄，不宜食。

明・李時珍《本草綱目》卷四五介部・魚鱉類 蟹《本經》中品

〔釋名〕螃蟹《蟹譜》 郭索揚雄《方言》 橫行介士《蟹譜》 無腸公子《抱朴子》 雄曰蜋螘，雌曰博帶。《廣雅》宗奭曰：此物之來，秋初如蟬蛻殼，名蟹之意。必取此義。時珍曰：按傅肱《蟹譜》云：蟹，水蟲也，故字從蟲。亦魚屬也，故古文從魚。以其橫行，則曰螃蟹。以其行聲，則曰郭索。以其外骨，則曰介士。以其內空，則曰無腸。

〔集解〕《別録》曰：蟹生伊洛池澤諸水中。取無時。弘景曰：蟹類甚多，蝤蛑、擁劍、蟛蜎皆是，並不入藥。海邊又有蟛蜞，似蟛蜎而大，似蟹而小，不可食。蔡謨初渡江，不識蟛蜞，啖之幾死。嘆曰：讀《爾雅》不熟，爲學者所誤也。頌曰：今淮海、汴京、河北陂澤中多有之，伊洛乃反難得也。今人以爲食品佳味。俗傳八月一日取稻芒兩枝，長一二寸許，東行輸送其長。故今南方捕蟹，差早則有銜芒。須霜後輸芒方可食之，否則毒尤猛也。其類甚多。六足者名蛫，音跪，四足者名北，皆有大毒，不可食。其殼闊而多黃者名蠘，生南海中，其螯最銳，斷物如芟刈也，食之行風氣。其扁而最大，後足闊者，名蝤蛑，南人謂之撥棹子，以其後脚如棹也。一名蟳。隨潮退殼，一退一長。其大者如升，小者如盞楪。兩螯如手，所以異於衆蟹也。其力至強，八月能與虎鬥，虎不如也。一螯大、一螯小者，名擁劍，一名桀步。常以大螯鬥，小螯食物。又名執火，以其螯赤也。其最小無毛者，名蟛蜎，音越，吴人訛爲彭越。《爾雅》云：蜎蠌，小者蟧。郭璞註云：即蟛蜎也。時珍曰：蟹，橫行甲蟲也。外剛內柔，於卦象離。骨眼蜩腹，蛭腦鱟足，二螯八跪，利鉗尖爪，殼脆而堅，有十二星點。雄者臍長，雌者臍團。腹中之黃，應月盈虧。其性多躁，引聲噀沫，至死乃已。生於流水者，色黃而腥；生於止水者，色紺而馨。佛書言：其散子後即自枯死。霜前食物故有毒，霜後將蟄故味美。所謂入海輸芒者，亦謬談也。蟛蜞大於蟛蜎，生於陂池田港中，故有毒，令人吐下。似蟛蜞而生於沙穴中，見人便走者，沙狗也，不可食。似蟛蜞而生海中，潮至出穴而望者，望潮也，可食。兩螯極小如石者，蚌江也，不可食。生溪澗石穴中，小而殼堅赤者，石蟹也，野人食之。

又海中有紅蟹，大而色紅。飛蟹能飛。善苑國有百足之蟹。海中蟹大如錢，而腹下又有小蟹如榆莢者，蟹奴也。居蚌腹者，蠣奴也，又名寄居蟹。並不可食。蟹腹中有蟲，如小木鼈子而白者，不可食，大能發風也。宗奭曰：取蟹以八九月蟹浪之時，伺其出水而拾之，夜則以火照捕之，時黄與白滿殼也。

【修治】時珍曰：凡蟹生烹，鹽藏糟收，酒浸醬汁浸，皆爲佳品。但久留易沙，見燈亦沙，得椒易膭。得皂莢或蒜及韶粉可免沙膭。得白芷則黄不散。得葱及五味子同煮則色不變。藏蟹名曰蝑蟹，音瀉。

蟹　【氣味】鹹，寒，有小毒。弘景曰：未被霜，甚有毒，云食水茛所致。人中之，不療多死也。獨螯獨目，兩目相向，六足四足，腹下有毛，腹中有骨，頭背有星點，足斑目赤者，並不可食，有毒害人。冬瓜汁、紫蘇汁、蒜汁、豉汁、蘆根汁，皆可解之。鼎曰：娠婦食之，令子横生。宗奭曰：此物極動風，風疾人不可食，屢見其事。時珍曰：不可同柿及荆芥食，發霍亂動風，木香汁可解。詳柿下。　【主治】胸中邪氣，熱結痛，喎僻面腫，能敗漆。燒之致鼠《本經》。弘景曰：仙方用之，化漆爲水，服之長生。以黑犬血灌之，三日燒之，諸鼠畢至。頌曰：其黄能化漆爲水，故塗漆瘡用之。其螯燒烟，可集鼠於庭也。解結散血，愈漆瘡，養筋益氣《別録》。散諸熱，治胃氣，理經脉，消食。以醋食之，利肢節，去五臟中煩悶氣，益人孟詵。産後肚痛血不下者，以酒食之。筋骨折傷者，生搗炒罯之日華。能續斷絶筋骨。去殼同黄搗爛，微炒，納入瘡中，筋即連也藏器。小兒解顱不合，以螯同白及末搗塗，以合爲度宗奭。殺莨菪毒，解鱓魚毒、漆毒，治瘧及黄疸。搗膏塗疥瘡、癬瘡。搗汁，滴耳聾時珍。

蝤蛑　【氣味】鹹，寒，無毒。　【主治】解熱氣，治小兒痞氣，煮食日華。

蟛蜞　【氣味】鹹，冷，有毒。　【主治】取膏，塗濕癬、疽瘡藏器。

石蟹　【主治】搗傅久疽瘡，無不瘥者藏器。

【發明】慎微曰：蟹非蛇鱓之穴無所寄，故食鱓中毒者，食蟹即解，性相畏也。沈括《筆談》云：關中無蟹，土人怪其形狀，收乾者懸門上辟瘧。不但人不識，鬼亦不識也。時珍曰：諸蟹性皆冷，亦無甚毒，爲蝑最良。鮮蟹和以薑、醋，侑以醇酒，咀黄持螯，略賞風味，何毒之有？饕嗜者乃頓食十許枚，兼以葷羶雜進，飲食自倍，腸胃乃傷，腹痛吐利，亦所必致，而歸咎於蟹，蟹亦何咎哉？洪邁《夷堅志》云：襄陽一盜，被生漆塗兩目，發配不能覩物。有村叟令尋石蟹，搗碎濾汁點之，則漆隨汁出而瘡愈也。用之果明如初。漆之畏蟹，莫究其義。

【附方】新三。　濕熱黄疸：蟹燒存性研末，酒糊丸如梧桐子大。每服五十丸，白湯下，日服二次。《集簡方》。　骨節離脱：生蟹搗爛，以熱酒傾入，連飲數椀，其渣塗之。半日内，骨内谷谷有聲即好。乾蟹燒灰，酒服亦好。唐瑶《經驗方》。　中鱓魚毒：食蟹即解。董炳《驗方》。

蟹爪　【主治】破胞墮胎《別録》。破宿血，止産後血閉，酒及醋湯煎服良日華。能安胎鼎。頌曰：《胡洽方》治孕婦僵仆，胎上搶心，有蟹爪湯。墮生胎，下死胎，辟邪魅時珍。

【附方】新二。　《千金》神造湯：治子死腹中，并雙胎一死一生，服之令死者出，生者安，神驗方也。用蟹爪一升，甘草二尺，東流水一斗，以葦薪煮至二升，濾去滓，入真阿膠三兩令烊，頓服或分二服。若人困不能服者，灌入即活。　下胎蟹爪散：治妊婦有病欲去胎，用蟹爪二合，桂心、瞿麥各一兩，牛膝二兩，爲末。空心温酒服一錢。《千金》。

殻　【主治】燒存性，蜜調，塗凍瘡及蜂蠆傷，酒服，治婦人兒枕痛及血崩腹痛，消積時珍。

【附方】新二。　崩中腹痛：毛蟹殼燒存性，米飲服一錢。《證治要訣》。　蜂蠆螫傷：蟹殼燒存性，研末。蜜調塗之。同上。　熏辟壁虱：蟹殼燒烟熏之。《摘玄》。

鹽蟹汁　【主治】喉風腫痛，滿含細嚥即消時珍。

明・梅得春《藥性會元》卷下　蟹　味鹹，氣寒，有毒。殺莨菪毒、漆毒。紫蘇能解此毒。　主治胸中邪氣，熱結痛，喎僻面腫。　黄：能化漆為水血。燒，能集鼠，招鶡，故能散血而愈漆瘡，并養筋益氣。　爪：主破血胞，墮胎。

明・穆世錫《食物輯要》卷七　蟹　味甘、鹹，性寒，微毒。生薑能制。解漆毒，理經脉，養筋骨，散惡血，去胸中結熱。多食，動風，發霍亂。服木香汁，可解。同柿食，成冷積。有獨目、四足、六足、兩目相向、腹下有毛有骨、頭背有星點、足斑目赤，並有毒，忌食。蝤蛑蟹，扁，性冷，無毒。解熱，散小兒痞氣。蟛蜞蟹，有毒。多食，發吐痢。又劍蟹之類，並有毒，不可食。脚髓，殼内黄，熬為末，納金瘡，續斷筋。爪，墮胎破血。酒煮汁服，止産後血悶。凡蟹，交八月吃，稻後可食，霜降後尤佳；如未經霜者，有毒。傅肱云：凡中蟹毒，用紫蘇汁、蒜汁、蘆根汁，多服可解。一云：糟蟹罈上放皂莢半錠，可留久不壞；罈底入炭一塊，不沙。

明・李中立《本草原始》卷一一　蟹　生伊洛池澤諸水中，今淮海、京東、河北陂澤中多有之。八九月出食稻芒，八跪二螯，利鉗尖爪，外骨内肉，殼堅而脆，有十二星點。團臍者牝，尖者牡也。漁人捕取，霜後益佳。足節屈曲，行則旁橫，故今里語謂之螃蟹。性走，明漆見之而解，名之為蟹，似出乎此。宗奭曰：此物每至夏末秋初，則如蟬蛻解，當日名蟹之意，必取此義。

蟹：氣味：鹹，寒，有小毒。　主治：胸中邪氣熱結痛，喎僻面腫，能敗漆，燒之致鼠。○解結散血，愈漆瘡，養筋益氣。○散諸熱，治胃氣，理經脉，消食。以醋食之，利肢節，去五臟中煩悶氣，益人。○產後肚痛不下食，以酒食之。筋骨折傷者，生搗炒罯之，能續斷絕筋骨。去殼同黄搗爛，微炒，納入瘡中，筋即連也。○小兒解顱不合，以螯同白及末搗塗，以合為度。○殺莨菪毒，解鱓毒、漆毒，治瘧及黄疸。搗膏，塗疥瘡癬瘡。搗汁，滴耳聾。

蟹，《本經》中品。【圖略】未被霜，獨螯獨目，六足四足，腹中有骨，頭有星點，足斑目赤，有毒害人，並勿食。　時珍曰：不可同柹及荊芥食，發霍亂動風。木香汁可解。　修治：凡蟹生烹，鹽藏糟收，酒浸醬汁浸，皆為佳品。但久留易沙，見燈亦沙，得椒易膖。得皂莢或蒜及韶粉，可免沙膖。得白芷則黄不散。得葱及五味子同煮，則色不變。

殼，燒存性，蜜調，塗凍瘡。酒服，治婦人兒枕痛，及血崩腹痛，消積。

明・張懋辰《本草便》卷二　蟹　味鹹，氣寒，有毒。　主胸中邪氣熱結痛，喎僻面腫，解結散血，愈漆瘡。其黄能化漆爲水，脚中髓并殼中黄，熬爲末，內金瘡中，能續斷筋。　爪主墮胎，破宿血，產後血閉，酒及煮湯，煎服良。

明・吴文炳《藥性全備食物本草》卷三　擁劍蠏　大小兩螯，大螯待鬬常伸，小螯供食常縮，亦有毒畜，不宜食之。又名桀，一名執火，以其螯赤故也。《集驗》云：其足骨焙乾，和白蘞等分為末，乳汁調塗小兒頭縫不合。其螯和犬血燒煙，可以禁鼠於庭。大抵蟹類甚多，殼闊多黄者名蠘，其螯最銳，食之行風氣。

明・吴文炳《藥性全備食物本草》卷三　螃蠏　生陂澤中，穴於沮洳，遇八九月出食稻芒，稻熟時盡出田內，各持一穗以朝其魁，隨小從其所之，晝夜觱沸，望長江而去，自江轉海，其形益大，或謂持稻以輸海神也。行旁橫，有八跪，二螯八足，殼黄褐，現十二星點微紅，如鯉之三十六鱗，大小相類，腹虛實應月盛衰。雌者臍丸而大，雄者臍尖而小。漁人採捕，霜後益佳，未經霜取者有毒，不可食。酒糠醉死，藏留饌品，亦為珍味。凡取食忌見燈火，犯則發燒易壞。十二月勿食蠏，傷神。味甘、鹹，性寒，微毒。生薑能制。愈漆瘡，化漆成水。續筋骨，取足中髓、殼中黄併腦碎之，微熬，就筋斷處即連。散惡血，去胸中結熱。多食動風，發霍亂，服木香汁可解。同柹食成冷痢。有獨目、四足、六足、兩目相向、腹下有毛有骨、頭背有星點、足斑目赤並有毒，誤食以豉、蒜、冬瓜、黑豆煎汁並可解。爪墮胎破血，酒煮汁服，止產後血悶。傅肱云：凡中蟹毒，用紫蘇汁、蒜汁、蘆汁多服可解。一云糟蟹罈上放皂莢半錠，可留久不壞，罈底入炭一塊不沙。

明・趙南星《上醫本草》卷四　蟹　一名螃蠏音蟹。凡蟹生烹、鹽藏、糟收、酒浸、醬汁浸，皆為佳品。但久留易沙，見燈亦沙。得椒易膖。得皂莢，或蒜，及韶粉，可免沙膖。得白芷則黄不散。得葱及五味子同煮，則色不變。藏蟹名曰蝑蟹音瀉。　鹹，寒，有小毒。主治：胸中邪氣，熱結痛，喎僻面腫，解結散血，愈漆瘡，養筋益氣，散諸熱，治胃氣，理經脉，消食。以醋食之，利肢節，去五臟中煩悶氣，益人。以酒食之，治產後肚痛血不下者。去殼同黄搗爛，微炒，能續斷絕筋骨，納入瘡中，筋即連也。　娠婦食之，令子橫生。此物極動風，風疾人不可食，屢見其事。不可同柹及荊芥食，發霍亂動風，木香汁可解，詳柹下。未被霜甚有毒。獨螯獨目、兩目相向、六足四足、腹下有毛、腹中有骨、頭背有星點、足斑、目赤者，並不可食，有毒害人。冬瓜汁、紫蘇汁、蒜汁、蘆根汁，皆可解之。

明・李中梓《藥性解》卷六　蟹　味醎，性寒，有微毒，不載經絡。主散血破結，益氣養筋，除胸熱煩悶，搗塗漆瘡。爪，耑主破血墮胎，惡柿子。按：蟹者解也，故其用主散不主斂。過食令人傷脾吐瀉，風疾食之再發，孕婦食之橫生，狀異者能殺人。悮中其毒，用頭水冬瓜黑豆煎湯，並可解之。

明・繆希雍《本草經疏》卷二一　蟹　味鹹，寒，有毒。主胸中邪氣熱結痛，喎僻面腫，敗漆，燒之致鼠。解結散血，愈漆瘡，養筋，益氣。　爪：主破胞墮胎。

【疏】蟹稟水氣以生，故其味鹹氣寒。《本經》雖云有毒，然今人多食之卒無害。其有害者，大抵形質怪異，如後文所載諸種，始有大毒耳。外骨內肉，陰包陽也。入足陽明、足厥陰經。《經》曰：熱淫於內，治以鹹寒。故主胸中邪氣熱結痛也。喎僻者，厥陰風熱也。面腫者，陽明熱壅也。解二經之熱，則筋得養而氣自益，喎僻、面腫俱除矣。鹹走血而軟堅，故能解結散血。漆得蟹則化為水，燒之可集鼠于庭，此物性之相感相制，莫能究其義也。愈漆瘡者，以其能解漆毒故也。爪性迅利，故能破胞墮胎也。〔主治參互〕日華子：產後肚痛，血不下者，以酒食之。筋骨折傷者，生搗炒罯之。　陳藏器：續斷絕筋骨，去殼同黃，搗爛微炒，納入瘡中，筋即連也。　寇宗奭：小兒解顱不合，以蟹螯同白及末搗塗，以合為度。　唐瑤《經驗方》骨節離脫，生蟹搗爛，以熱酒傾入，連飲數碗，其查塗。半日內，骨肉谷谷有聲即好。　董炳《驗方》中鱓魚毒，食蟹即解。　胡洽方治孕婦僵仆，胎上搶心，有蟹爪湯。　《千金方》神造湯，治子死腹中，或雙胎一死一生，服之令死者出，生者安，神驗。用蟹爪一升，甘草二尺，東流水一斗，以葦薪煮至二升，濾去滓，入真阿膠三兩，令烊，頓服，或分二服。若人困不能服者，灌入即活。〔簡誤〕蟹性冷，能散血熱為病，故跌撲損傷，血熱瘀滯者宜之。若血因寒凝結，與夫脾胃寒滑腹痛，喜熱惡寒之人，咸不宜食。有獨螯、獨目、兩目相向、六足、四足、腹下有毛、腹中有骨、頭背有星點、足斑目赤者，並有毒，不可食，能害人。被其毒者，冬瓜汁、紫蘇、蒜、豉、蘆根汁，皆可解之。不可與柿及荊芥食，發霍亂動風，木香汁可解。

明・應慶《食治廣要》卷七　蟹釋名螃蟹。　氣味：鹹，寒，有小毒。主治：　胸中邪氣，熱結痛，喎僻面腫。多食動風。未被霜者有毒。又獨螯、獨目、六足、四足、腹下有毛、腹中有骨、頭背有星點、足斑目赤者，並不可食。中毒者，紫蘇汁、蒜汁、豉汁、蘆根汁，皆可解之。中漆毒生瘡者，以蟹黃塗之，愈。不可同柿及荊芥食，能發霍亂，動風。按：蟹類甚多，如蝤蛑、蟛蜞諸名，不能具述。大抵性味皆冷，亦無甚毒。和以薑、醋，侑以醇酒，咀黃持螯，略賞風味，何毒之有？饕嗜者，乃頓食十許枚，兼以葷羶褍進，飲食自倍，腸胃乃傷，腹痛吐利，亦所必致。而歸咎於蟹，蟹亦何咎哉？《夷堅志》載：襄陽一盜，被生漆塗兩目，發配不能睹物。有村叟令尋石蟹，搗碎，濾汁點之，則漆隨汁出而瘡愈。用之，果明如初。漆之畏蟹，莫究其義，以俟博識。

明・姚可成《食物本草》卷一一介部・龜鼈類　蟹一名螃蟹。江河陂澤處處多有之。今人以為食品佳味。其類甚多：六足者名蛫，四足者名北，皆有大毒，不可食。其殼闊而多黃者名蠘，生南海中，其螯最銳，斷物如芟刈也，食之行風氣。其扁而最大、後足闊者，名蝤蛑，南人謂之撥棹子，以其後脚如棹也，一名蟳。隨潮退殼，一退一長。其大者如升，小者如盞楪。兩螯如手，所以異於眾蟹也。其力至強，八月能與虎鬭，虎不如也。一螯大，一螯小者，名擁劒。常以大螯鬭，小螯食物。其最小無毛者，名蟛蜎。每於春暮，人以鹽、酒、蔥、椒醃成，鬻諸市肆者也。〇李時珍曰：蟹，橫行甲蟲也。外剛內柔，於卦象離。骨眼蜩腹，蛭腦鱟足。二螯八足，利鉗尖爪，殼脆而堅，有十二星點。雄者臍長，雌者臍團。腹中之黃，應月盈虧。其性多躁，引聲噀沫，至死乃已。生於流水者，色黃而腥；生於止水者，色紺而馨。霜前食物，故有毒，霜後將蟄，故味美。蟛蜞，大於蟛蜎，生於陂池田港中，故有毒，食之令人吐下。似蟛蜞而生於沙穴中、見人便走者，沙狗也，不可食。似蟛蜞而生海中、潮至出穴而望者，望潮也，可食。兩螯極小如石者，蚌江也，不可食。生溪澗石穴中，小而殼堅赤者，石蟹也，野人食之。又海中有紅蟹，大而色紅。飛蟹，能飛。善花國有百足之蟹。海中蟹大如錢，而腹下又有小蟹如榆莢者，蟹奴也。居蚌腹者，蠣奴也，又名寄居蟹。竝不可食。蟹腹中有蟲，如小〔木鼈〕子而白者，不可食，大能發風也。寇宗奭曰：取蟹以八、九月蟹浪之時，伺其出水而拾之，夜則以火照捕之，黃與白滿殼也。〇李時珍曰：凡蟹生烹，鹽藏糟收，酒浸醬汁浸，皆為佳品。但留久易沙，見燈亦沙，得椒易䐈。得皂或蒜及韶粉，可免沙䐈。得白芷則黃不散，〔得葱〕及五味子同煮則色不變壞。

蟹，味鹹，寒，有小毒。主胸中邪氣，熱結痛，喎僻面腫。能敗漆。燒之致鼠。養筋益氣。產後肚痛血不下者，以酒食之。筋骨折傷者，生搗炒罯之。小兒解顱不合，以螯同白及末搗塗，以合為度。殺莨菪毒，解鱓魚毒。治瘧及黃疸。搗膏，塗疥瘡癬瘡。搗汁，滴耳聾。〇蟹未被霜，甚有毒，食水莨所致。人中之，多死也。獨螯，兩目相向，獨目，六足四足，腹下有毛，腹中有骨，背有星點，足斑目赤者，竝不可食，有毒害人。冬瓜汁、紫蘇汁、蒜汁、豉汁、蘆根汁皆可解之。娠婦食之，令子橫生。此物極動風氣，風疾人不可食。不可同柹子、荊芥食，令人霍亂，惟木香汁可解。

蝤蛑　味鹹，寒，無毒。解熱氣。煮食，治小兒痞氣。

蟛蜞　味鹹，冷，有毒。取膏，塗溼癬疽瘡。

石蟹　搗傅久疽瘡，無不瘥者。

蟛蜎　味鹹，寒，有小毒。不宜多食，能損脾洩痢。

蟹爪　主破胞墮胎，下死胎，破邪魅。

殼　燒存性，蜜調，塗凍瘡及蜂蠆傷。酒服，治婦人兒枕痛及血崩腹痛，消積。

鹽蟹汁　治喉風腫痛，滿含細嚥即消。〇唐慎微曰：蟹非虵鱓之穴無所寄。故食鱓中毒者，食蟹即解，性相畏也。沈括《筆談》云：關中無蟹，土人怪其形狀，收乾者辟瘧。不但人不識，鬼亦不識也。〇李時珍曰：諸蟹性皆冷，亦無甚毒，充饌甚佳。和以薑、醋，侑以醇酒，咀黃持螯，略嘗風味，何毒之有？饕嗜者乃頓食十餘枚，兼以葷羶雜進，飲食自倍，腸胃乃傷，腹痛吐利，亦所必致，而歸咎於蟹，蟹亦何咎哉？《夷堅志》云：襄陽一盜，被生漆塗兩目發配，不能覩物。有邨叟令尋石蟹，搗碎濾汁點之，則漆隨汁出而瘡愈也。又有一富室新娶，其婦忽身熱不食，面目腫脹焦紫，勢甚危險，人莫能措。延醫診視間，見床椅奩具之類，皆金彩炫燿，知其為漆之所中也，必矣。潛用生蟹、青黛同搗傅之，立愈。

附方：治骨骱離脫。用生蟹擣爛，以熱酒傾入，連飲數椀，其渣塗之，半日內，骨節間谷有聲，即好。《千金》神造湯：治子死腹中，并雙胎，一死一生，服之令死者出，生者安，神驗方也。用蟹爪一升，甘草二尺，東流水一斗，以葦薪煮至(一斗)〔二升〕，濾去滓，入真阿膠三兩，令烊。頓服，或分二服。若人困不能服者，灌入即活。

明・顧逢柏《分部本草妙用》卷一〇水族部　蟹　鹹，寒，有小毒。不可同柿子、荊芥食，發風、霍亂，惟木香可解。　主治：胸中邪熱結痛，愈漆瘡，消面腫。食之去臟中煩悶。筋骨打傷，生搗炒罯之。生食酒下，可去打傷，續筋連骨。去殼搗爛，微炒，納入瘡中，筋即連也。白及同搗，塗小兒解顱。　蟛蜞，取膏，塗濕癬疽瘡。

明・孟笨《養生要括・介類》　蟹　味鹹，寒，有小毒。治胸中邪氣，熱結痛，喎僻面腫，能敗漆。燒之致鼠。解結散血，養筋益氣，散諸熱，治胃氣，理經脉。消食，以醋食之。利肢節，去五臟中煩熱氣，益人。產後肚痛，血不下者，以酒食之。筋骨折傷者，生搗炒罯之。能續斷絕筋骨，去殼同黃搗爛微炒，納入瘡中，筋即連也。小兒解顱不合，以螯同白及末搗塗，以合為度。殺莨菪毒，解鱔魚毒，治瘧及黃疸。搗膏塗疥瘡、癬瘡，搗汁滴耳聾。〔有獨螯、獨目、兩目相向、大足、四足、腹下有毛、腹中有骨、頭背有星點、足斑目赤者，有毒害人，冬瓜汁、紫蘇、豉汁、蘆根汁皆可解之。妊婦食之，令子橫生。〕

蝤蛑：解熱氣，治小兒痞氣，煮食。

蟛蜞：取膏，塗濕癬、疽瘡。殼燒存性，蜜調，塗凍瘡及蜂蠆傷。酒服，治婦人兒枕痛及血崩腹痛消〔積〕。

明・李中梓《醫宗必讀・本草徵要下》　蟹味鹹，寒，有小毒。畏紫蘇、大蒜、木香，忌柿。　和經脉而散惡血，清熱結而續筋骨。合小兒之顱，解漆毒之瘡。爪能墮胎。性寒，能發風，能薄藥力。孕婦食之，令兒橫生。

明・施永圖《本草醫旨・食物類》卷五　蟹名螃蟹。又有蟛蜞，似蟛蜎而大，似蟹而小，不可食。六足者名蛫，音跪，四足者名比，皆有大毒，不可食。凡蟹生烹、鹽藏、糟收、酒浸、醬汁浸，皆為佳品。但久留易沙，見燈亦沙，得椒易脂，得皂莢或蒜及韶粉，可免沙脂，得白芷則黃不散，得葱及五味子同煮，色不變。　蟹：味：鹹，寒，有小毒。未被霜甚有毒。云食水莨所致，人中之，不療多死也。獨螯、獨目、兩目相向、腹下有毛、腹中有骨、頭背有星點、足斑、目赤者，並不可食，有毒，害人。冬瓜汁、紫蘇汁、蒜汁、豉汁、蘆根汁，皆可解之。妊婦食之，令子橫生。此物極動風，風疾人不可食。不可同柿及荊芥食，發霍亂動風，木香汁可解。　治：胸中邪氣，熱結痛，喎僻面腫，能敗漆，燒之致鼠。仙方用之化漆為水，服之長生。以黑犬血灌之，三日燒之，諸鼠畢至。其黃能化漆為水，故塗漆瘡用之。其螯燒烟，可集鼠於庭也。　解結散血，愈漆瘡，養筋益氣，散諸熱，治胃氣，理經脉，消食。以醋食之，利肢節，去五臟中煩悶氣，益人。產後肚痛，血不下者，以酒食之。筋骨折傷者，生搗炒，罯之。能續斷絕筋骨，去殼，同黃搗爛，微炒，納入瘡中，筋即連也。小兒解顱不合，以螯同白及末搗塗，以合為度。殺莨菪毒，解鱓魚毒、漆毒。治瘧及黃疸。搗膏塗疥瘡、癬瘡。搗汁，滴耳聾。　蝤蛑：味：鹹，寒，無毒。治：解熱氣，治小兒痞氣，煮食。

蟛蜞：味：鹹，冷，有毒。治：取膏，塗濕癬疽瘡。　石蟹：治：搗傅久疽瘡，無不瘥者。食鱓中毒者，食蟹即解，性相畏也。

附方　濕熱黃疸：蟹燒存性，研末，酒糊丸如梧桐子大，每服五十丸，白湯下，日服二次。骨節離脫：生蟹搗爛，以熱酒傾入，連飲數椀，渣塗之半日，骨內谷有聲即好。乾蟹燒灰，酒服亦好。中鱓魚毒：食蟹即解。

蟹爪：治：破胞墮胎，破宿血，止產後閉，酒及醋湯煎服良。能安胎，治孕婦僵仆上搶心，有蟹爪湯。墜生胎，下死胎，辟邪魅。　殼：治：燒存性，蜜調塗凍瘡及蜂蠆傷。酒服，治婦人兒枕痛及血崩腹痛，消積。

附方　崩中腹痛：毛蟹殼，燒存性，米飲服一錢。蜂蠆螫傷：蟹殼燒存性，研末，蜜調塗之。　熏辟壁虱：蟹殼，燒烟熏之。

鹽蟹汁：治：喉風腫痛，滿含細嚥，即消。

明・李中梓《本草通玄》卷下　蟹　味鹹性寒。散結血，通經脉，退諸熱，療漆瘡，續筋骨。爪破血，墮胎。最能動風，亦能寒胃。

清・穆石匏《本草洞詮》卷一七　蟹　蟹，外剛內柔，腹中之黃，應月盈虧。以其橫行，曰螃蟹。以其行聲，曰郭索。以其外骨，曰介士。以其內空，曰無腸。蟹類甚多，蠘、蟳、蝤蛑、擁劍、蟛蜞、石蟹皆是。蔡謨初渡江不識蟛蜞，啖之幾死。嘆曰：讀《爾雅》不熟也。蟹，鹹，寒，有小毒。主解結散熱，養筋益氣。蟹能敗漆，仙方用之化漆為水，故治漆瘡甚效。一盜被生漆塗兩目發配，以石蟹搗碎，濾汁點之，漆隨汁出，遂明如初也。其螯燒烟，集鼠於庭。食鱓中毒者，食蟹即解。蟹極動風，風疢人禁之。蟹未被霜不可食。不可同柿及荊芥食。中蟹毒者，冬瓜汁、紫蘇汁、蒜汁皆可解之。

清・丁其譽《壽世秘典》卷四　蟹　一名螃蠏，水蟲也，故字從蟲，亦魚屬也，故古文從魚，骨眼蜩腹，蛭腦鱟足。二螯八足，利鉗尖爪，殼脆而堅，有十二星點。雄者臍長，雌者臍團。腹中之黃，應月盈虧。其性多躁，引聲噀沫，至死乃已。生於流水者，色黃而腥。生於止水者，色紺而馨。佛書言：其散子後，即自枯死。霜前食物，故有毒。霜後將蟄，故味美。種類甚多，殼潤多黃，其螯無毛而最銳者，名蠘，生南海中，食之行風氣。形扁而大，殼純青色，有兩尖橫出，螯足無毛，兩螯八足，後二足扁而俯，名蝤蛑，一名蟳，隨潮退殼，一退一長。大者如升，小者如盞碟，兩螯如手，所以異于眾蟹，其力至強，八月能與虎鬬。一螯大、一螯小者，名擁劍，一名桀步，常以大螯待鬬，小螯食物。其最小無毛者，名彭蜞。音越。似彭蜞而有毛者，名蟛蜞。生于陂池田港中，故有毒，令人吐下。生溪澗石穴中，小而殼堅，赤者名石蟹，野人食之。寇宗奭曰：取蟹以八九月蟹浪之時，伺其出水而拾之，夜則以火照捕之，時黃與白滿殼也。或云：蟹月黑則肥，月明則瘦。

氣味：鹹，寒，有小毒。治胸中邪熱，解結散血，治胃氣，理經絡，愈漆瘡，養筋益氣《名醫別錄》。殺莨菪毒，解鱓魚毒、漆毒。治瘧及黃疸。能續斷絕筋骨，去殼同黃搗爛，微炒，納入瘡中，筋即相連。搗汁，滴耳聾《本草綱目》。

發明陶弘景曰：蟹未經霜者有毒，必于八月中，吃稻芒後乃佳。獨螯獨目，兩目相向，六足四足，腹下有毛，腹中有骨，頭背有星點，足斑目赤者並有毒，不可食。中其毒者，豉、蒜、黑豆、冬瓜、紫蘇煎飲，皆可解。妊婦食之，令子橫生。蘇頌曰：其黃能化漆為水，故塗漆瘡用之。其螯燒煙，可集鼠于庭。李時珍曰：諸蟹性皆冷，亦無甚毒，為蝑最良。鮮蟹和以薑、醋，侑以醇酒，咀黃持螯，略賞風味，何毒之有？饕嗜者恣意飽餐，兼以葷膻雜進，腸胃乃傷，腹痛吐利，亦所必致，而歸咎于蟹。蟹亦何咎哉？但不可同柿及荊芥食，發霍亂動風，木香汁可解。〇凡蟹，生烹、鹽藏、糟收、酒浸皆為佳品，但久留易沙。見燈亦沙，得椒易膗。以皂莢半挺置其中，則可藏之，經歲不沙。或蒜及韶粉亦可免沙膗，得白芷則黃不散，得葱及五味子同煮，則色不變。藏蟹名曰蝑蟹。鹽蟹汁能治喉風腫痛，滿含細嚥即消。〇《蟹譜》今之採捕者，夜則燃火以照，咸附明而至焉，醃蟹若以火照之，則蟹膏成沙矣。

蟹爪：性迅利，能破胞墮胎。

蟹殼：燒存性，蜜調，塗凍瘡及蜂蠆傷，酒服治婦人兒枕痛及血崩、腹痛，消積。

清・郭章宜《本草匯》卷一七　蟹

鹹，寒，陰包陽也，入足陽明、厥陰經。和經脈而散惡血，清熱結而續筋骨。合小兒之顱，以螯同白及，搗塗。解漆毒之瘡。爪能墮胎，殼辟壁虱。

按：蟹，禀水氣而生，性寒發風，能薄藥力。寄於蛇鱓之穴，故食鱓中毒者，食之即解，性相畏也。其黃能化漆為水，故塗漆瘡，用以解之。燒其螯，烟可集鼠於庭，物必之相感相制，莫能究其義也。雖能散跌撲損傷之血，惟血熱者相宜。若因寒凝結，與夫脾胃寒滑之人，咸不宜服。千金神造湯治子死腹中，用蟹爪一升，甘草二尺，煑濾，入真阿膠三兩，頓服，或分二服，若人困，灌服。

獨螯、獨目、兩目相向，六足、四足，腹下有毛，腹中有骨，頭背有星點，足斑目赤者，並不可食。誤中其毒，以冬瓜汁、紫蘇、蒜、豉、蘆根汁解之。不可與柿及荊芥食，發霍亂動風，木香汁可解。醃醬藏者，久留易沙，見燈亦沙，得皂莢或蒜可免。得白芷則黃不散。得葱及五味子同煑，則色不變。孕婦食之，令子橫生。

清・尤乘《食鑒本草・介類》　蠏　性極冷，令人腹疼，動風疾。背有星點，脚生不全，獨螯獨目，足斑目赤，腹下有毛，腹中有骨，俱殺人。孕婦忌之。未破霜者，有食水莨者甚毒害人，紫蘇汁、木香、蒜汁、蘆根汁並解。

清・朱本中《飲食須知・魚類》　螃蟹　味甘、鹹，性寒，有小毒。多食動風，發霍亂，風疾人不可食。妊婦食之損胎，令子頭短及橫生。不可同橘、棗、荊芥食。同柿食，令成冷積腹痛，服木香汁可解。未經霜蟹有毒。腹中有蟲如小木鼈子而白者，不可食，大能發風。有獨螯、獨目、四足、六足、兩目相向、腹下有毛、殼中有骨、頭背有黑點、足斑、目赤者，並有毒，不可食。中其毒者，服冬瓜汁、豉汁、紫蘇汁、蒜汁、蘆根汁，皆可解之。糟蟹罈上放皂莢半錠，可久留不壞。罐底入炭一塊，不沙。見燈易沙。得椒易膗，得皂莢或蒜及韶粉可免沙膗。得白芷則黃不散。得葱及五味子同煮，則色不變。其黃能化漆為水，其螯燒烟，可集鼠。蟛蜞，有毒，食多發吐痢。又有劍蟹之類，並有毒，不可食。雄者臍長，雌者臍圓，腹中之黃，隨月盈虧。流水生者，色黄而腥；　止水生者，色紺而馨。

清・何其言《養生食鑒》卷下　蟹紅膏者為上，名母蟹；　肉實者，次之，名肉蟹；　無肉者，為下，名水蟹。　味甘、鹹，性寒，微毒。去胸中邪熱，解結散血，養筋益氣，理經脈，利關節，除五臟中煩悶，消食。食品中之佳味，最宜人。須是八月一日，蟹吃稻芒後，方可食，霜後更佳。二月食之，傷神。多食動風，發霍亂、瘡疥。姙婦忌食。有獨目、四足、六足、兩目相向者，皆有大毒，不可食。悮中者，惟藕、蒜汁、冬瓜汁、紫蘇、黑豆、豉汁，可解。

脚髓、殼内黄　搗爛，納金瘡中，續斷筋。

爪　墮胎，破血，酒煮汁服，止産後血悶。

清・王翃《握靈本草》卷九　蟹須霜後者可食。　主治：　蟹，鹹，寒，有小毒。主胸中邪氣熱結痛，續斷絶筋骨，解結散血，愈漆瘡。

清・汪昂《本草備要》卷四　蟹瀉，散血。　鹹，寒。除熱解結，散血通經，續筋骨，筋絶傷者，取蟹黄、足髓熬，内瘡中，筋即續生。骨節脱離者，生搗，熱酒調服，渣塗，半日，骨内谷谷有聲即好。塗漆瘡。能敗漆。然寒胃動風。　蟹爪墮胎。産難及子死腹中者，服蟹爪湯即出。其螯燒烟，能集鼠于庭。中蟹毒者，搗藕節，熱酒調服。腌蟹中入蒜則不沙。

清・陳士鐸《本草新編》卷五　螃蟹　味鹹，氣寒，有毒。散血解瘀，益氣養筋。除胸熱悶煩，去面腫喎僻，愈漆瘡。續筋骨。夙疾人食之，其病復發。懷孕婦食下，令人横生。此物最不利人，而人最喜噉。然得此以解散胸熱，亦有可取。若入藥，則止用之于跌損之内也。　或問：　蟹爪主破胞墮胎，豈以其爪性過利耶？　夫蟹性最動，而爪尤動之至者。子死腹中，胞不能破，用之實神，正取其動也。

清・顧靖遠《顧氏醫鏡》卷八　蟹鹹，寒。治病宜搗去殼用。形狀怪異者，有毒，勿食。蘆根汁、冬瓜汁、紫蘇汁，解蟹毒。　和經脉而散惡血，血熱瘀滯者宜之。　理折傷以續筋骨。生搗酒飲，外用炒熱。塗敷，能續斷絶筋骨有神。　解漆毒之瘡，其黄能化漆為水故也。合小兒之顱。顖門不合，同白及塗之，以合為度。　爪能破胎墮胎，孕婦忌食。

清・李熙和《醫經允中》卷二三　蟹　不可同柿子、荆芥食，發霍亂，惟木香可解。　鹹，寒，有小毒。主治胸中邪熱，愈漆瘡，消面腫，醋食之去臟中煩悶。筋骨打傷，生搗炒罯之，生食酒下可愈。打傷續筋，連骨去殼，搗爛微炒，納入瘡中，筋即連也。白及同搗，塗小兒解顱。孕婦食之，令子横生。殼灰散乳癰硬腫。爪為催生，下死胎、胞衣要藥。蟹性喜入蛇穴，得其毒則驟長，故重一觔以上者，悮食殺人。又兩目相向，獨螯獨目，足斑目赤者大毒，不可食。

清・馮兆張《馮氏錦囊秘録・雜症痘疹藥性主治合參》卷一一　螃蟹稟水氣以生，味鹹，氣寒，《經》云有毒。然今人食之多無害。其有毒者，大抵形質怪異，如後文所載耳。外骨内肉，陰包陽也。入足陽明、足厥陰經。《經》曰：　熱淫於内，治以鹹寒。故主胸中邪氣熱結痛也。喎僻者，厥陰風熱也。面腫者，陽明熱壅也。解二經之熱，則筋得養而氣自益，喎僻面腫俱除矣。鹹走血而軟堅，故能解結散血。【略】

螃蟹，散血解結，益氣養筋，除胸熱悶煩，去面腫喎僻。愈漆瘡，化漆成水。續筋骨，使筋即連。風疾人食，其病復發。懷孕婦食，令子横生。殼能合小兒之顱，爪能墮婦人之胎。鰕，生搗敷赤白遊腫。為饌不宜多食，能發瘡動氣。小兒，鰕蟹雞犬，尤勿與食。海馬種亦鰕屬，雌雄勿離，首類馬，身似鰕，布網於水面。主下胎易來，果難産聖藥。興陽不痿，助房術春方。水母即名海蜇，東海多生，形如白沫，游水倚鰕為目。主婦人生産勞損血凝，小兒風疾火熛丹毒。

清・张璐《本經逢原》卷四　蟹　鹹，寒，小毒。未被霜者有毒。多食腹痛泄瀉，生薑、紫蘇、豉汁、蘆根汁並可解之。其性喜入蛇穴，得其毒則驟長，故重一觔以上者，誤食殺人。又兩目相向、足斑目赤者大毒，不可食。《本經》主胸中邪氣熱結痛，喎僻面腫，能敗漆，燒之致鼠。　發明：　蟹之外骨内肉，生青熟赤，陰包陽象無疑。性耑破血，故能續斷絶筋骨。《本經》主胸中邪氣熱結痛，喎僻面腫，皆是瘀血為患。性能敗漆，令人生搗治漆瘡，塗火燙，皆取散血之意。《日華》治筋骨折傷，生擣罨之。藏器云能續斷筋，去殼用黄，搗爛微炒，納入瘡中，筋即連也，可知其功不獨散而能和血矣。凡物之赤者皆熱，惟蟹與柿性寒，所以二物不宜同食，令人泄瀉發癥瘕。妊娠忌食，以其性專逆水横行也。其爪為催生下死胎胞衣專藥。《千金》神造湯，治子死腹中並雙胎一死一生，服之令死者出，生者安，神驗方也。但以一邊運動，一邊沉著者，即是無疑，方用蟹爪一升，甘草一尺，東流水一斗，以葦薪煮至二升，去滓，入真阿膠二兩，令烊，頓服或分二服。若人困不能服，灌入即活。《丹方》治蓄血發黄、取蟹之散血，而爪觸之即脱也，然必生脱者連足用之。

胸脇結痛而不浮腫者，蟹殼煅存性，黑糖調，無灰酒下三錢，不過數服效。若浮腫者為氣病，無藉於蟹之散血也。婦人乳癰硬腫，蟹殼灰一服即散。又以塗硃燒烟辟臭蟲，薰之即斃，則殺蟲之功從可知矣。○蟹之相類多種，如蝤蛑、擁劍不常見外，其蟛蜞、蟛蚏春時甚多。蟛蜞螯光無毒，可醢而食。蟛蚏螯毛有毒，悮食令人吐下。又有一種生沙穴中，見人則避者，沙狗也。時珍雖言不可食，今海錯中用之，非蟛蜞之可比也。

清·汪啟賢等《食物須知·諸葷饌》　螃蟹　味寒，氣鹹，一云涼，有毒。生陂澤中，穴於沮洳。遇八九月出，食稻芒，稻熟時盡出，田內各持一穗，以朝其魁。然後從其所之至長江而奔，自江轉海，其形益大。或謂持稻以輪海神也。行旁橫，有八跪、二螯、八足。殼黃褐，現十二星點，微紅腹。虛實應月盛衰，種雌雄在臍大小。雌者臍圓，雄者臍尖。漁人捕取霜後益佳，未經霜者有毒。酒醴醉死，留藏饌品，亦為珍味。凡取食物，見燈火發燒易壞。散血解結，益氣養筋。除胸熱煩悶，去面腫喎僻。愈漆瘡，化漆成水。仙方以化漆水服之，長生。風疾人食之，其病復發。懷孕婦食下，令子橫生。爐內燒烟，可集群鼠。形狀異者，有毒中藏。其足斑目赤，獨螯、獨目或兩目相向，腹下有毛，腹中有骨，六足、四足，並有大毒。養生宜戒，倘誤入喉，為害不淺。○急用豆豉或蒜、冬瓜、黑豆煎汁，益可解除。　又種，蟙蟹，殼闊多黃，兩螯最鋭，行大人風氣亦宜。

清·浦士貞《夕庵讀本草快編》卷六　蟹　水蟲也，故字從蟲，亦魚屬也。古文從魚，至秋如蟬蛻殼，故名蟹。以其横行則曰螃蟹，以其行聲則曰郭索，以其外骨則曰介士，以其內空則曰無腸。種類不一，傳肱譜之詳矣！

蟹性鹹寒而有小毒，入足陽明厥陰。能化胸中邪氣，熱結作痛，喎僻面腫，散血續傷之藥也。且其非蛇鱓之穴不居，故能解蛇鱓之毒。又化漆為水，凡受漆蠹者塗之立愈。焚燒可以集鼠，爪性可以墮胎，皆物性之相畏，莫可究其義也。

清·張志聰、高世栻《本草崇原》卷中　蟹　氣味鹹，寒，有小毒。主治胸中邪氣熱結痛，喎辟面腫，能敗漆，燒之致鼠。　蟹，山東、淮陽、江浙、閩廣近海諸處及水鄉多有之。有螃蟹、郭索、横行、介士、無腸公子諸名。雄者臍長，雌者臍圓，腹中之黃，應月盈虧，其性多躁，引聲噀沫，至死乃已。霜降前食物，故有毒，霜降後可食。　今人以蟹為肴饌，未嘗以之治病，唯面有漆瘡，多用蟹黃敷之。　蟹殼附：燒存性，蜜調，塗凍瘡及蜂蠆傷，酒服治婦人兒枕痛，及血崩，腹痛，消積。《本草綱目》附。　今外科多用蟹殼，搗細篩末，為鐵箍敗毒散。大抵蟹殼為攻毒散風，消積行瘀之用。學者以意會之可也。

清·葉盛《古今治驗食物單方》　蟹　濕熱發黃，蟹燒存性，研末，酒糊丸如桐子大，每服五十丸，白湯下。　烏鬚，活螃蟹二隻，生漆二兩，京墨一錢，研末，同貯一器，俟蟹化成水，以猪胆套指，蘸藥水于上，搽鬚尖即黑，名上樹猴猻。　骨節脫離，生蟹搗爛，熱酒沖飲，其渣敷之，十日內骨中有聲谷谷，即好。　千金神造湯，治子死腹中，雙胎一死一生，服之令死者出，生者安，神驗方也。用蟹爪一升，甘草二尺，以葦薪煮至二升，去渣，入阿膠三兩令化，頓服；或分二服，若人困不能服者，灌入即活。

清·吳儀洛《本草從新》卷六　蟹（瀉，散血。）　鹹，寒，有小毒。除熱解結，散血通經，續筋骨，骨節脱離者，生搗，熱酒調服數碗，渣塗半日，骨內谷谷有聲即好，乾蟹燒灰酒服亦好。塗漆瘡。能敗漆。性寒傷中敗胃，動風，大傷陰血，孕婦食之，令兒横生。中其毒者，搗藕節，熱酒調服。　蟹爪，墮胎。產難及子死腹中者，服蟹爪湯即出。

清·汪紱《醫林纂要探源》卷三　蟹　鹹，寒。其類不一，大者蝤蛑，曰青蟹，曰毛蟹，曰稻蟹。小者石蟹，曰金錢蟹。皆可食。惟蟛蜞、長足蟹，及獨螯、六足、無毛，皆不可食。溫台間有輭殼蟹，曰蠔，味尤美。食蟹忌荊芥，烹蟹不可食其湯，令人瀉。中其毒腹痛瀉泄者，紫蘇、藕節皆可解。凡醃蟹，見燈即沙，入蒜則不沙。補心瀉腎，除熱去瘀，輭堅散血，續絕除傷。其輭堅，即其瀉腎也。其散血，即其補心也。蟹以善解得名。凡八足二螯之類，皆善解散。其抱子也，子出而母成空殼，身足解散矣。壁蟢、螳蠨、蜘蛛之類皆然。且鹹主輭堅，故能敗漆。其破結散血，解熱去瘀之功，可想矣。然善解則又善續，二螯八足中，皆髓所充滿連屬，蓋其布散，無所不通，則連貫無所不合，故筋絕者取蟹黃足髓，熬納瘡中，筋即復續；骨節脫離者，生搗蟹，合熱酒服之，以渣罨傷處，半日可復合。又性横行，故能強四肢筋力，大力丸用之。但多食寒胃，能墮胎催產，下死胎，有蟹爪湯。○人云其螯燒煙，能集鼠於中庭，未知果否。

清·嚴潔等《得配本草》卷八　螃蟹　鹹，寒，有小毒。能解鱔魚毒，治筋骨折傷。帶黃，去殼搗爛，微炒罯之。　黃塗漆瘡即愈。蟹能化漆成水。　殼治兒枕作痛。爪破宿血，下死胎。　妊婦忌食。食之臨盆恐横生。

題清·徐大椿《藥性切用》卷八　河蟹　酸寒散結，破血通經。味最鮮潔，多食傷中動風。生搗可塗漆瘡。蟹爪墮胎。海蟹，味濁性重，動風傷胃尤甚，孕婦均當禁忌。

清・黃宮繡《本草求真》卷八 螃蟹龜除血熱、血滯，化血為水。 螃蟹耑入胃肝。最屬陰寒。故書所述利弊，大令人駭。如蟹與柿同食則令人泄瀉及發癥瘕，與孕婦食，則能使胎即下，鼎曰：孕婦食之，令子橫生。而爪尤甚。以蟹燒烟則能集鼠於庭。弘景曰：以黑犬血灌蟹三日燒之，諸鼠畢至。同銀硃燒烟喝，則能使臭蟲即斃。蟹近於漆，則能化漆為水。筋骨損斷，用蟹搗爛微炒，納入瘡中，則能使筋即連。他如胸中熱結，喎辟面腫，及蓄血發黃。婦人乳癰硬腫，小兒顱解，凡因熱結熱滯而成者，無不用之立效。其化血為水，逐熱消瘀，未有若是其神者矣！沈括《筆談》云關中無蟹，土人收乾者懸門上辟瘧，不但人不識，鬼亦不識也。總緣性屬鹹寒，外骨內肉，生青熟赤，陽包陰象，陰氣純佈，故克見其迅利耳。若血因寒滯，及腹中疼痛，喜熱惡寒者，其切忌焉。醃蟹宜入蒜，投則不沙蔽。中蟹毒者，宜搗藕節，熱酒調服。宗奭曰：此物極動風，風疾人不可食，屢見其事。 雜劑殺蟲，發蟲，解毒，毒物。

清・李文培《食物小錄》卷下 蟹 鹹，冷，有小毒。生烹、鹽藏、糟酒浸、醬汁浸，皆為佳品。但久留易沙，見灯亦沙，得椒易膩。得皂角或蒜及韶粉，可免沙膩。得白芷，則黃不散。得葱及五味子同煮，則色不變。獨螯獨目、兩目相向、六足、四足、腹下有毛、腹中有肉、頭背有星點，足斑目赤者，皆不可食，有毒害人。冬瓜汁、紫蘇汁、蒜豉汁、蘆根汁皆可解其毒。妊婦食之，令子橫生。今人以為食中佳品，然亦不可多食。 蟛蜞，似蟹而小，鹹，冷，有毒。 節蟹，似蟹而大，性味不如蟹。

清・羅國綱《羅氏會約醫鏡》卷一八鱗介蟲魚部 螃蟹 味鹹，氣寒，入胃肝二經。 胸中熱結疼痛性寒，散血通經鹹走腎，善續筋骨，筋絕者，取黃搗爛，微炒，納傷中，筋即連也；骨斷者，生搗熱酒調服，渣敷外用，扎好，半日，骨內谷谷有聲，即好。塗漆瘡，漆得蟹化為水。下死胎，多用蟹爪，甘草煎就，入阿膠服。合小兒之顖，用殼、白及末搗塗。去面腫胃熱，正喎僻。肝經風熱。【略】風疾人食，其病復發。蟹性冷，若血因寒凝、胃寒滑洩而痛，忌食。蟹有獨螯、獨目、六足、四足、腹下有毛、腹中有骨、頭背有星點、足斑目赤者，有毒勿食。中毒者，冬瓜、紫蘇可解。

清・章穆《調疾飲食辯》卷六 蟹 蟹足名跪，六跪雙螯，殼名匡。《禮》：蠶則績而蟹有匡。《綱目》曰：傅肱《蟹譜》云：蟹，水蟲也，故字從蟲，亦魚屬也，故亦從魚。以其橫行，則曰螃蟹。以其行聲，則曰郭索。出揚子《方言》。以其外骨，則曰介士。以其內空，則曰無腸公子。見《抱朴子》。雄曰蜋螘，雌曰博帶。見《廣雅》。《清異錄》曰含黃伯。《詩人玉屑》曰內黃侯。曾文清《謝路憲送蟹》評：從來歎賞內黃侯，風味尊前第一流。只合蹣跚付湯鼎，不須辛苦上糟邱。種類極多。《圖經》云：六足者名蛫，四足者名北，皆有大毒。殼闊而多黃者，名蠘，螯最利，斷物如芟。扁而大，後足闊者，名蝤蛑，南人謂之撥棹子，一名蟳。兩螯如手，力至強，能與虎鬬，虎不如也。一螯大一螯小者，名擁劍，一名桀步。常以大螯鬬，小螯食。又名執火，螯赤也。最小無毛者，名蟛蜎。《爾雅》曰：蜎蠌，小者蟧。似蟛蜎而大，名蟛蜞，不可食。蔡謨初渡江，誤食幾死。嘆曰：讀《爾雅》不熟，為學者所之也。雄者臍長，雌者臍團。腹黃應月盈虧。生沙穴中，見人便走者，名沙狗。兩螯極小如石者，名蚌江。海中蟹大如錢，腹下復有小蟹如榆莢者，名蟹奴，又名寄居蟹。腹內有白蟲如木鼈子者，及居蚌腹者，名蠣奴。以上並不可食。似蟛蜞而生海中，潮至則出穴者，名望潮。生谿澗石中，小而殼堅赤者，名石蟹，並可食。

按：蟹之類既繁，則識之難盡。《圖經》《綱目》雖各有考訂，亦未能全。其諸蟹之性，俱動風發毒，在蝦之上，雖詩詞中以把盞持螯為韻事，而病人概不宜食。癰瘍、風損及血疾、目疾人，尤不宜。其色生青熟赤，與蝦同。宋人詩曰：水清詎免雙螯黑，秋老難逃一背紅。蓋譏朱勔之貪橫必敗也。其用能續絕傷。跌折筋絕骨脫者，《唐瑤方》：生蟹搗爛，和熱酒，連飲數碗，渣敷之，半日許骨內谷谷有聲即愈。乾者煆存性，研末服，亦佳。又能開血閉，消兒枕，墮死胎。《千金》蟹爪散：蟹爪研末二合，桂心、瞿麥各一兩，牛膝二兩，俱為末，空心酒服一錢似太少。又能安生胎，《千金》神造湯：蟹爪敲碎一升，甘草二尺，流水一斗，葦薪煮至三升，入阿膠三兩烊盡，頓服。困不能服者，灌入即效。此方治閃折傷胎，子死腹內，或雙胎一死一生，服之令死者出，生者安。又解鱓魚毒，《集驗方》曰：食蟹即愈。又治漆瘡，鮮者搗塗，乾者研末水調敷。又治小兒解顱不合，《衍義》用蟹螯同白及末搗敷，以愈為度。仍內服肝腎補藥。又鹽蟹汁淡，喉痹腫痛，含口內細細嚥之。殼，燒烟能熏壁蝨。陶隱居曰：獨螯、獨目、兩目相向、六足、四足、腹下有毛、腹中生骨、頭背有星點、足斑、目赤者，並殺人。冬瓜汁、紫蘇汁、蒜汁、豉汁、蘆根汁、藕汁，皆可解之。張鼎曰：孕婦食蟹，令子横生。《綱目》曰：同柿食動風。蝑蟹法：藏蟹曰蝑。鹽藏、糟藏、酒浸、醬汁浸，皆佳，久留易沙，見燈亦沙。蟹性夜喜就光，取之者然燈於水次，則群蟹自來，故見燈即沙。蝑法不拘日夜，必點燈炤而蝑之，則已後見燈不沙。得椒易䏣。得皂莢或蒜可免沙䏣。得白芷則黄不散。取蟹之時，《衍義》曰：八九月為蟹浪，其黄滿腹。陶隱居曰：未被霜者甚有毒，究之此物本有毒，春夏固不宜，霜後亦未嘗不毒也。

清·吳鋼《類經證治本草·足厥陰肝臟藥類》 螃蟹 【略】誠齋曰：凡跌打重傷，骨斷筋折者，取生蟹，以童便、燒酒沖搗服，渣敷患處，日日服之，能接續筋骨。如無生蟹，乾者燒灰酒服亦可。丹溪曰：有毒，又能解莨菪毒、鱓魚毒、漆毒。但未經霜及獨目、六足、四足、腹下有毛、腹中有骨、頭背有星、足斑目赤者，俱不可食。若中其毒者，以紫蘇、蒜、豉、蘆根、藕汁，皆可解之。

清·葉桂《本草再新》卷一〇 蟹味鹹，性寒，無毒。入心、肝、腎三經。除熱解結，續筋骨，塗漆瘡。

清·趙其光《本草求原》卷一七介部 石蟹 生溪澗穴中，小而殼堅赤。蟛蜞螯光，若有毛者，名蟛蚏，有毒，令人吐下。其生沙穴中、見人即避者，沙狗也，功味勝於蟛蜞。時珍謂不可食，非。

蟹 生青、熟赤。鹹，寒，小毒，入心、肝、腎。除熱，散結，破血。主胸中邪氣熱結痛，喎僻面腫，皆瘀血為患。能敗漆，生搗塗漆瘡。塗湯火傷，散血之功。續筋，去殼用黄，搗爛微炒，罯瘡中筋即連。接骨，生搗以熱酒沖入飲醉，以渣塗之，半日骨內谷谷有聲即好。乾蟹燒灰，酒下亦可。養筋益氣，醋煮，利筋節。理經脈，消食，產後血滯腹痛。酒煮食。治解顱，以螯同白及末搗塗。螯，俗作擒。解鱓毒，蟹居蛇鱓穴，蛇鱔畏之，故食鱔中毒，食之即解。治疥癬，搗膏塗。耳聾，搗汁滴。瘧疸。燒研，酒糊丸，白湯下。和血解濕熱。妊娠忌食。性逆水横行故。凡赤物多熱，惟蟹獨寒，清胃動風，跌折、熱瘀宜之。若血寒結忌，又忌與柿同食。又單螯、獨目，六足、四足，腹有毛，背有點，足斑、目赤者，毒，能傷人。冬瓜、紫蘇、蒜、豉、蘆根各汁可解。蟹爪肉及殼內黄，納金瘡，可續斷筋。蟹爪，破胞、催生、下胎。同甘草、阿膠、東流水煮服。如一手脈活動，一手沉者，是雙胎一生一死，服之，則死者出，生者安。一方同玉桂、瞿麥、牛膝末酒下，即墜胎，以爪易脱而又散血也。止產後血閉。酒醋煮。殼煅存性，治崩中腹痛，米飲下。凍瘡及蜂蠆傷，蜜調塗。蓄血發黄、胸脇痛而不浮腫者，黑糖調酒下。若浮腫為氣病，不可散血。兒枕痛，乳癰硬腫，酒下。辟蟲虱。燒煙熏。鹽蟹汁，治喉風腫痛。細咽之。

清·葉志詵《神農本草經贊》卷二 蟹 味鹹，寒。主胸中邪氣熱結痛，喎僻面腫，敗漆，燒之致鼠。生池澤。

集浪搖江，秋風乍起。聳衛雙敖，横行八跪。月孕金膏，霜酣丹髓。杯藥分香，藏風忌柿。

《蟹譜》：濟鄆人，夜執火紛集水濱，謂之蟹浪，江側對引兩舟，施網徐行，謂之搖江。江淹賦：乍秋風兮暫起。沈約歌：八神聳衛。《爾雅翼》：八足折而容俯，謂之跪；兩敖倨而容仰，謂之敖。黄魯直詩：怒目横行與虎爭。羅氏曰：蟹腹虛實，應月盛衰。徐陵碑：金膏未鎔。黄庭堅詩：想見霜臍當大嚼。《龍虎經》：丹髓流為汞。陸龜蒙詩：藥杯應阻蟹敖香。李時珍曰：同柿食動風。

清·文晟《新編六書》卷六《藥性摘錄》 螃蟹 鹹，寒。入胃、肝。除血熱血滯，化血為水，能續筋接骨。○他如胸中熱結，喎斜，面腫，及蓄血發黄，婦人乳腫硬痛，小兒顱解，凡因熱結熱滯而成者，用之皆効。○若因寒滯，及腹痛喜熱惡寒者，切忌。而蟹爪尤甚。○有風疾人不可食。○中蟹毒，宜搗藕節，熱酒調服。○醃蟹入蒜，則不沙蔽。

蟹 甘鹹，性寒，微毒。去胸中邪熱，解結散血，養筋益氣，理筋脈，利關節，除五臟中煩悶，消食。味佳。八月至十二月良，二月後勿食。多食動風，發霍亂瘡疥。姙婦忌食。獨目四足、六足，兩目相向，皆有大毒。悮中者，藕汁、東瓜汁、紫蘇、黑豆汁，均可解。○脚腿殼內黄，搗爛，納金瘡，續斷筋。○爪，墮胎破血。酒煮汁服，止產後血悶。○詳藥部下血。

清·王孟英《隨息居飲食譜·鱗介類》 蟹 甘，鹹，寒。補骨髓，利肢節，續絶傷，滋肝陰，充胃液，養筋活血，治疽愈痎，療跌打骨折筋斷諸傷，解鱓魚、莨菪、漆毒。殼主辟邪，破血。爪可催產墮胎。種類甚繁，名號不一，以吳江烏程、秀水、嘉興、海昌等處河中所產，霜後大而脂滿者勝。和以薑、醋，風味絶倫。多食發風積冷。孕婦及中氣虛寒，時感未清，痰嗽、便瀉者，均忌。別種更寒，尤不益人。中其毒者，紫蘇、冬瓜、蘆根、蒜汁，皆可解之。又忌同柹食，誤犯則腹痛吐利，急以丁香、木香解之。海產者黄，堅滿而無膏，不鮮，並可鹽漬、酒浸、糟醬久藏。得皂莢則不沙。

清·劉善述、劉士季《草木便方》卷二蟲介鱗甲部 螃蟹 螃蟹殼煅塗凍瘡，疥癬漆瘡蜂蠆傷，婦人兒枕腹疼痛，血崩積聚耳聾方。

清·田綿淮《本草省常·魚蟲類》 螃蟹 一名郭索，一名橫行介士，一名無腸公子。性冷，有毒。瀉熱散血。傷中動風。八月以後，立春以前，方可食，餘月毒大不可食。同荊芥、蜂蜜食殺人。同柿子食，令人瀉痢腹疼，難救。同橘子食，令人患軟癱。房事破身者忌之，孕婦尤忌。

清·戴葆元《本草綱目易知錄》卷五 蟹 鹹，寒，有小毒。去胸中邪氣熱結痛，喎僻面腫，消食通經，解結散血，養筋益氣，散諸熱，治胃氣，理經脈，利肢節。除五臟中煩悶氣，療瘧疾黃疸。產後肚痛血不下，以酒服之。筋骨折傷者，生搗，炒，罯之，能續斷絕筋骨，去殼，同黃搗爛，微炒，納入患處，筋即連也。小兒解顱不合，同白及末搗塗，以合為度。能敗漆，搗汁傅漆瘡。滴耳聾，塗疥癬。殺莨菪毒，解鱔魚毒。然性寒，極動風，風疾人忌。嗜食，令人腹痛。【略】蟹爪：破胞墮胎，辟邪魅，墮生胎，下死胎，破宿血，止產後血閉，酒，醋湯煎服。

清·陳其瑞《本草撮要》卷九 蟹 味鹹，寒，有小毒，入手足太陰、厥陰經，功專除熱結，通經脈，續筋骨。生擣熱酒調服，治跌打損傷。汁塗漆瘡，能敗漆。爪墮胎。性寒傷胃動風。

清·吳汝紀《每日食物却病考》卷下 蟹附各蟹 種類甚多，而常用者名螃蟹。味甘，寒，有小毒。解胸中熱結，散血，愈漆瘡，養筋益氣。搗膏，塗濕癬疥瘡良。乃食之佳品，過八月方可食，霜降後更佳。以霜後將蟄，故毒無而肥美也。獨螯、獨目及兩目相向、腹下有毛、有斑、目赤者，並不可食。孕婦及有風疾人，不可食。六足、四足者，皆有大毒。藕、蒜、冬瓜汁、紫蘇，俱解蟹毒。 又一種相類而殼闊多黃，其螯無毛最銳者，名蠘，主行風氣。又一種扁而最大，後足闊者，名蝤蛑，又謂之蟳，其力最強，大者能與虎鬭。性冷，無毒。解熱，療小兒痞氣。 又一種兩螯大小，大螯待鬭，小螯供食。螯赤色，名擁劍蟹，俱可食。 又蟛蜞，生於田港中，有小毒，食之令人吐痢。又蟛螖，小於蟛蜞而無毛，俗稱彭越，與蟛蜞同。 餘種如沙狗、望潮之類，皆有毒，宜慎之。中其毒者，急以菉豆汁解之。

清·毛祥麟《對山醫話》卷四 蟹為江鄉美品，而吳俗尤多嗜之，每至三秋，不撤此味。昔人言蟹能解結散血，故其字從解言。考其性味鹹寒，能動風耗血，味雖美，多食恰能損人。《埤雅》言未被霜者不可食。昔余家治屋，工人掘地疏溝，獲一巨蟹，重斤餘。烹食之，夜半腹大痛，洞泄而死。《蟹譜》：震澤漁者，網得螃蟹，其大如頭斗。以螯剪網皆斷，怒欲烹之。其侶有老於漁者曰：嘗聞龜蟹之殊類者，是江湖之使，烹必有禍。乃令釋之。然凡物之異於常者，食多殺人，豈獨龜蟹而已哉。

蟛蜞

明·王文潔《太乙仙製本草藥性大全》卷八《仙製藥性》 蟛蜞蟹 略小，食多吐利損人。 蟛螖蟹：至微，膏塗濕癬殺毒，食則令人吐至困。

明·吳文炳《藥性全備食物本草》卷三 蟛蜞蟹 略小，多食發吐痢。又蟛螖蟹至微，膏塗濕癬殺毒。食則令人吐。

清·李熙和《醫經允中》卷二三 蟛蜞 取膏塗濕癬疽瘡。

清·趙學敏《本草綱目拾遺》正誤 蟹下集解，瀕湖引述諸種云：蟛蜞大於蟛螖，生陂池田港中，有毒，令人吐下，不可食。故蟛蜞主治惟取其膏塗濕癬疽瘡，外治而已。又云：似蟛蜞而生沙穴中，見人便走者，沙狗也，不可食。不知二種皆可食。按《介譜》生毛者曰毛蟛蜞，有毒，多食發吐痢，而潮州人無日不食，以當園蔬。故諺有曰：水湖蟹，食鹹解。解者以毛蟛蜞入鹽水中，經兩月，熬水為液，投以柑橘之皮，其味佳絕，蓋不用渣滓而用其精華，故曰解也。則是蟛蜞可食明矣。又《海錯疏》：松江上海出沙狗，即沙中小蟹，土人取之，以酒糟釀食，殼軟，內含脂膏。凡食，置盞中，以沸酒沃之，少頃則殼內脂漿盡浮於外，惟剩空殼，酒更甘美，食之益人。吳淞人以為珍品，呼為沙裏狗，則沙狗不特可食，又為珍饌也。瀕湖僅據呂亢圖所言，以為不可食，未免為古人所愚耳。

清·趙其光《本草求原》卷一七介部 蟛蜞 鹹，冷，有毒。解河豚毒；取膏，塗濕癬，疽瘡。

鱟魚

宋·唐慎微《證類本草》卷二一蟲魚部中品〔宋·掌禹錫《嘉祐本草》〕

鱟 平，微毒。治痔，殺蟲，多食發嗽并瘡癬。殼入香，發衆香氣。尾，燒焦，治腸風瀉血并崩中帶下及產後痢。脂，燒集鼠。已上二種新補。見孟詵、日華子。

〔宋·唐慎微《證類本草》〕陳藏器：味辛，無毒。主五野雞病，殺蟲，發嗽。殼發衆香，尾灰斷産後痢，膏燒集鼠矣。生南海，大小皆牝牡相隨，牝無目，得牡始行，牡去牝死。以骨及尾，尾長二尺，燒爲黑灰，米飲下，大主産後痢。先服生地黄、蜜等煎訖，然後服尾，無不斷也。

宋·陳衍《寶慶本草折衷》卷一七　鱟胡侯切。尾附。○略註醬於後。《臨海志》云：一名媚鱟。生南海。或云畏苦蕒汁，及以葱水磨浮石，皆可殺其毒也。妊婦尤不可食之。○蕒，埋解切。

味辛，平，微毒。○治痔，殺蟲。多食發嗽并瘡癬。○陳藏器云：大者如舟，牝牡相隨。

附：尾。灰在內。○治腸風瀉血，崩中帶下，燒焦用。及産後痢，燒黑灰末，酒下。其尾長二尺。○《玉篇》云：鱟子如麻，可作醬。今人以其子并肉，入料為醬。多食亦發風癬瘡疥。

元·吴瑞《日用本草》卷五　鱟音候。形如車，文青黑色，十二足，長五六尺，似蟹。雌常負雄，漁人取之，必得其雙。味平，無毒。子可為醢，名鱟醬。多食發嗽、瘡癬，動風氣。主五痔腸風瀉血，殺蟲。

明·滕弘《神農本經會通》卷一〇　鱟　大者如扇，牝牡相隨，牡無目，得牝始行，牝去牡死。氣平，微毒。《本經》云：治痔殺蟲。多食發嗽并瘡癬。殻入香，發眾香氣。尾燒焦，治腸風瀉血，并崩中帶下，及産後痢。脂，燒，集鼠。陳藏器云：以骨及尾，尾長二尺，燒為黑灰末，酒下，大主産後痢，先服生地黄、蜜等煎訖，然後服尾，無不斷也。

明·劉文泰《本草品彙精要》卷三〇　鱟微毒。陳藏器云：無毒。卵生。

鱟：主痔，殺蟲。殻，入香，發衆香氣。尾，燒焦，治腸風瀉血，並崩中帶下及産後痢。脂，燒，集鼠。名醫所録。【地】陳藏器云：生南海，大小皆牝牡相隨。牝無目，得牡始行，牡去牝死，以骨及尾，長二尺。按《山海經》云：形如車，文青黑色，十二足，長五六尺，似蟹，雌常負雄，漁者必得其雙。子如麻子，南人爲醬食之。【時】生：無時。採：無時。【用】肉、殼、尾、脂。【色】青黑。【味】辛。【性】平，散。【氣】氣厚于味，陽中之陰。【臭】腥。【合治】尾燒黑灰，米飲下，大主産後痢。先服地黄、蜜等煎訖，然後服尾，無不斷也。【禁】多食，發嗽並瘡癬。

明·盧和、汪穎《食物本草》卷四魚類　鱟魚　平，微毒，療痔殺蟲，多食發嗽并瘡癬。

明·李時珍《本草綱目》卷四五介部·魚鱉類　鱟魚音后。宋《嘉祐》。

【釋名】時珍曰：按羅願《爾雅翼》云：鱟者，候也。鱟善候風，故謂之鱟。【集解】藏器曰：鱟生南海。大小皆牝牡相隨。牝無目，得牡始行。牡去則牝死。時珍曰：鱟狀如惠文冠及熨斗之形，廣尺餘。其甲瑩滑青黑色。鏊背骨眼，眼在背上，口在腹下，頭如蜣蜋。十二足，似蟹，在腹兩旁，長五六寸，尾長一二尺，有三稜如椶莖。背上有骨如角，高七八寸，如石珊瑚狀。每過海，相負於背，乘風而遊，俗呼鱟帆，亦曰鱟簰。其血碧色。腹有子如黍粟米，可爲醯醬。尾有珠如粟。其行也雌常負雄，失其雌則雄即不動。漁人取之，必得其雙。雄小雌大，置之水中，雄浮雌沉，故閩人婚禮用之。其藏伏沙上，亦自飛躍。皮殼甚堅，可爲冠，亦屈爲杓，入香中能發香氣。尾可爲小如意。脂燒之可集鼠。其性畏蚊，螫之即死。又畏隙光，射之亦死，而日中暴之，往往無恙也。南人以其肉作鮓醬。小者名鬼鱟，食之害人。

肉【氣味】辛，鹹，平，微毒。藏器曰：無毒。詵曰：多食發嗽及瘡癬。

【主治】治痔殺蟲孟詵。

尾【主治】燒焦，治腸風瀉血，崩中帶下，及産後痢日華。

【發明】藏器曰：骨及尾燒灰，米飲服，大主産後痢。但須先服生地黄、蜜煎等訖，然後服此，無不斷也。

膽【主治】大風癩疾，殺蟲時珍。

【附方】新一。鱟膽散：治大風癩疾。用鱟魚膽、生白礬、生緑礬、膩粉、水銀、麝香各半兩，研不見星。每服一錢，井華水下。取下五色涎爲妙。《聖濟總録》。

殼【主治】積年呷嗽時珍。

【附方】新一。積年咳嗽：呀呷作聲。用鱟魚殼半兩，貝母煨一兩，桔梗一分，牙皂一分去皮酥炙，爲末，煉蜜丸彈子大。每含一丸，嚥汁。服三丸，即吐出惡涎而瘥。《聖惠》。

明·梅得春《藥性會元》卷下　鱟　平，微毒。治痔，殺蟲。多食發嗽并瘡癬。其殼入香，能發眾香氣。尾：燒焦，治腸風瀉血，并崩中帶下及産後痢。脂：燒，能集鼠。

明·穆世錫《食物輯要》卷七　鱟魚　味甘，平，無毒。和中。多食，令咳嗽，發瘡疾。治濕痹脚氣。睛珠，明目。頭枕骨，磨服，止心腹痛。膽，明目，貫礬治喉痹，効。小者為鬼鱟，食之害人。

明·趙南星《上醫本草》卷四　鱟魚音后　生南海，大小皆牝牡相隨，牝無目，得牡始行。雄小雌大，雌常負雄，失其雌，則雄即不動。故閩人婚禮用之，南人以肉作鮓醬。肉： 辛、鹹，平，微毒。主治： 治痔，殺蟲。多食發嗽及瘡癬。小者名鬼鱟，食之害人。

明・姚可成《食物本草》卷一一介部・龜鼈類 鱟魚鱟音后。生南海。大小皆牝牡相隨。牝無(口)〔目〕，得牡始行。牡去則牝死。〇李時珍曰： 鱟狀如惠文冠及熨斗之形，廣尺餘。其甲瑩滑青黑色。鏊背骨眼，眼在背上，口在腹下，頭如蜣蜋。十二足，似蟹，在腹兩旁，〔足〕長五六(尺)〔寸〕。尾長一二尺，有三棱如椶莖。背上有骨如角，高七八寸，如石珊瑚狀。每過海，相負於背，乘風而遊。其血碧色。腹有子如黍米，可為醯醬。尾有珠如粟。其行也，雌常負雄，失其雌，則雄即不動。漁人取之，必得其雙。雄小雌大，置之水中，雄浮雌沉，故閩人婚禮用之。其藏伏沙上，亦自飛躍。皮殼甚堅，可為冠，亦屈為杓，入香中能發香氣。脂燒之可集鼠。其性畏蚊，叮之即死。又畏隙光，射之亦死。而日中曝之，往往無恙也。南人以其肉作鮓醬。小者名鬼鱟，食之害人。

鱟魚肉　味辛、鹹，平，微毒。治痔殺蟲。多食發嗽及瘡癬。

尾　燒焦，治腸風瀉血，崩中帶下及產後痢。

膽　治大風癩疾，殺蟲。

殼　治積年咳嗽。

附方： 治大風。用鱟膽、生白礬、生綠礬、膩粉、水銀、麝香各半兩，研不見〔星〕。每服一錢，井花水下。取下五色涎為妙。

明・孟笨《養生要括・介類》 鱟　味辛、鹹，平，微毒。治痔，殺蟲。尾燒焦，治腸風瀉血，崩中帶下及產後痢。

清・丁其譽《壽世秘典》卷四 鱟音候。形如覆釜及熨斗之形，廣尺餘，其甲瑩滑，青黑色，鏊背骨眼，眼在背上，口在腹下，頭如蜣蜋，十二足，似蟹，在腹兩旁，長五六寸，尾勁而尖，長一二尺，有刺能觸傷人，尾中有珠如粟色黃，帶之，云利市。其殼堅硬，腰間橫紋一線，軟可屈折，每一屈一行。牝常負牡，大小皆牝牡相隨，牝者背有目，牡者則無，失牝則牡即不動。漁人取之，必得其雙，雄小雌大置之水中，雄浮雌沉。每海中群行，輒相積于背，高尺餘，乘風而游，俗呼鱟帆，亦曰鱟簰。其血碧色，腹有子如黍米，可為醯醬。皮殼入香中能發香氣，尾可為小如意，脂燒之可集鼠。其性畏蚊，螫之即死，又畏隙光，射之亦死，而日中曝之無恙。南有以其肉作鮓醬。小者名鬼鱟，食之害人。　肉： 氣味： 辛、鹹，平，微毒。療痔殺蟲，多食發嗽及瘡癬。或云： 此物得陰氣甚益人陰。

清・朱本中《飲食須知・魚類》 鱟魚　味辛、鹹，性平，微毒。多食令咳嗽，發瘡癬。其行雌常負雄，失雌，雄即不動，取必雙得。其血碧色，尾有珠如粟。燒脂可以集鼠，蚊螫即死。小者名鬼鱟，食之害人。

清・何其言《養生食鑒》卷下 鱟魚音後。形廣尺餘，如覆箕樣，其甲瑩滑，青黑色，眼在背上，口在腹下，頭如蝶，脚足似蟹而大，雌常負雄，其血碧色。

鱟肉　味辛、鹹，性平，微毒。療痔殺蟲。多食發嗽及瘡癬。小者名鬼鱟，及單隻者，勿食。

子　如珠粒，其性同，糟食頗美。

殼　燒灰，調麻油，搽子粒瘡效。

清・张璐《本經逢原》卷四 鱟　辛、鹹，平，微毒。　發明： 鱟善候風，外殼內肉，與蟹無異。其血蒼色，其肉鬆脆，亦如蟹臍。能散肝腎結血，故產後痢不止，及腸風瀉血，崩中帶下，用尾燒灰，米飲服即止。《聖惠方》治積年欬嗽呀呷作聲，用鱟魚殼半兩、貝母、桔梗，入牙皂末少許，蜜丸，噙一丸嚥汁，服三丸即吐出惡涎而瘥。

清・汪紱《醫林纂要探源》卷三 鱟　鹹，寒。鱟，音侯。海中介蟲。如蟹，八足聚腹下，長尾如鐵鞭，形又似木杓，其殼當脊中橫斷，可屈伸俯仰，雌大雄小，常負雄，故謂之鱟媚。血色青如藍靛。

清・趙其光《本草求原》卷一七介部 鱟音後子　善候風，甲青，血蒼，其肉鬆脆。辛、鹹，平，微毒。散肝腎血結，治痔殺蟲。尾及骨，治產後痢，腸風下血，崩中帶下，燒灰米飲下，須先服生地蜜煎等。久嗽呀呷有聲。殼同川貝、桔梗、牙皂蜜丸，含化，吐出惡血即愈。膽，治大瘋，殺蟲，同白礬、綠礬、輕粉、水銀、麝末，井華水下，取下五色涎為妙。子，如珠粒，糟食功同於肉。殼灰，開油。搽子粒瘡。

清・文晟《新編六書》卷六《藥性摘錄》 鱟魚　辛鹹，性平，微毒。療痔殺蟲。多食發嗽及瘡癬。小者及單支者勿食。〇子，如珠粒，糟食頗美。〇殼，燒灰，調麻油，搽子粒瘡効。

清・王孟英《隨息居飲食譜・鱗介類》 鱟　辛、鹹，平。殺蟲療痔。多食發嗽及癬瘡。醃以為鮓，俗呼鱟醬。

清・吳汝紀《每日食物却病考》卷下 鱟　味辛，平，微毒。療痔殺蟲，多食發嗽。生東南海隅，今閩、粵皆有之。眼在背上，口在腹下，十二足在腹兩旁。其血碧色，熟之白如腐。腹中有子如黍。皮殼甚堅，閩人以為杓，入香中能發香氣。尾可為小如意，脂燒之可集鼠。土人以其肉作醬食。

海燕

明・李時珍《本草綱目》卷四六介部・蚌蛤類 海燕《綱目》

〔集解〕時珍曰：海燕出東海。大二寸，狀扁面圓，背上青黑，腹下白脆，似海螵蛸，有紋如蕈菌。口在腹下，食細沙。口旁有五路正勾，即其足也。《臨海水土記》云：陽遂足，生海中，色青黑，腹白，有五足，不知頭尾。生時體耎，死即乾脆。即此物也。《臨海異物志》載燕魚長五寸，陰雨則飛起丈餘，此或同名者也。

〔氣味〕鹹，温，無毒。〔主治〕陰雨發損痛，煮汁服，取汗即解。亦入滋陽藥時珍。

明・李中立《本草原始》卷一一　海燕　出東海。形扁，大二三寸，色青腹白，似海螵蛸，有紋，五角，不知頭尾，口在腹下。陰雨則飛。生時體軟，死則乾脆。其形彷彿燕子，故名。

海燕：氣味：鹹，溫，無毒。〔主〕治：陰雨發損痛，煮汁服，取汗即解。入滋陽藥中用之。海膽，治心疼，燒研，酒服一枚。功同海燕。

海燕形，有五角。海盤車形，海膽形。【圖略】

海燕、海盤車、海膽，俱生海中。鹹能軟堅，功亦不甚相遠。

明・施永圖《本草醫旨・食物類》卷五　海燕出東海。大二寸，狀扁面圓，似海螵蛸，有紋。　味：鹹，溫，無毒。治：陰雨發損痛，煮汁服，取汗即解。亦入滋陽藥。

清・丁其譽《壽世秘典》卷四　海燕出東海，大一寸，狀扁面圓，背上青黑，腹下白，脆似海螵蛸，有紋如蕈菌，口在腹下，食細沙，口旁有五路正勾，即其足也，不知頭尾，生時體耎，死即乾脆。　氣味：鹹，溫，無毒。主陰雨發損痛，煮汁服，取汗即解，亦入滋陽藥。

清・王道純《本草品彙精要續集》卷七　海燕無毒。

海燕：主陰雨發損痛，煮汁服。取汗即解，亦入滋陽藥《本草綱目》。

〔地〕李時珍云：海燕出東海。〔質〕大一寸，狀扁面圓，身上有紋如蕈菌，口在腹下，食細沙，口旁有五路正勾，即其足也。〔色〕背上青黑，腹下白脆似海螵蛸。〔味〕鹹。〔性〕溫。《臨海水土記》云：陽遂足生海中，色青黑，腹白，有五足，不知頭尾，生時體耎，死即乾脆，即此物也。《臨海異物志》載燕魚長五寸，陰雨則飛起丈餘，此或同名者也。

龜鱉分部

綜述

龜

宋・李昉《太平御覽》卷九三一　龜　《抱朴子》曰：千歲靈龜，五色具焉。其雄，額上兩骨起似角，解人言。浮於蓮葉之上，或在叢蓍之下，以（來朱）〔羊血〕浴之，乃剔取其甲，火炙擣服方寸匕，三盡一具，壽千歲。又曰：郄儉少時行獵，墮空冢中，飢餓，見（冢）〔冢〕中有大龜，數數迴轉，所向無常，張目吞氣，或俛或仰。素聞龜能導引，乃試隨龜所為，遂不復飢。百餘日後，竟能咽氣斷穀。魏王棄置土室中，閉試之，一年不食，顏色悦懌，氣力自若。《博物志》曰：人有出行墜深澗者，無出路，飢餓分死。左右見龜虵甚多，朝暮引頸向東方。人因伏地學之，遂不復飢，體殊輕便，能登巖岸，經數年後，試竦身舉臂，遂超出澗上，即得還家，顏色悦懌，頗更黠慧勝故。還，食穀啖滋味，百餘日中，復其本質。

宋・唐慎微《證類本草》卷二〇蟲魚部上品〔《本經・別錄・藥對》〕　**龜甲**　**味鹹**、甘，**平**，有毒。**主漏下赤白，破癥瘕痎**音皆**瘧，五痔陰蝕，濕痹四肢重弱，小兒顖**音信**不合，**頭瘡難燥，女子陰瘡及驚恚氣心腹痛，不可久立，骨中寒熱，傷寒勞復，或肌體寒熱欲死，以作湯，良。**久服輕身不飢。**益氣資智，亦使人能食。**一名神屋。**生南海池澤及湖水中。採無時。勿令中濕，中濕即有毒。惡沙參、蜚蠊。

〔梁・陶弘景《本草經集注》〕云：此用水中神龜，長一尺二寸者爲善。厭可以供卜，殼可以充藥，亦入仙方。用之當炙。生龜溺甚療久嗽，亦斷瘧。肉作羹臛，大補而多神靈，不可輕殺。書家載之甚多，此不具說也。

〔唐・蘇敬《唐本草》〕注云：龜，取以釀酒。主大風緩急，四肢拘攣，或久癱緩不收攝，皆差。

〔宋・掌禹錫《嘉祐本草》〕按：《蜀本》注《圖經》云：江、河、湖水龜也。湖州、江州、交州者，皆骨白而厚，色分明，并堪卜，其入藥者得便堪用。今所在皆有，肉亦堪釀酒也。蕭炳云：殻主風脚弱，炙之，末，酒服。《藥性論》云：龜甲，畏狗膽，無毒。燒灰治小兒頭瘡不燥。骨帶入山，令人不迷。血治脫肛。灰亦治脫肛。日華子云：卜龜小者，腹下可卜，鑽遍者，名敗龜。治血麻痹。入藥酥炙用，又名敗將。

〔宋・唐慎微《證類本草》〕《圖經》：文具秦龜條下。《食療》云：溫，味酸。主除溫瘴氣，風痹，身腫，踒折。又，骨帶入山林中，令人不迷路。其食之法，一如鼈法也。其中黑色者，常噉蛇，不中食之。其殼亦不堪用。其甲能主女人漏下赤白，崩中，小兒顖不合，破癥瘕，痻瘧，療五痔，陰蝕，濕痹，女子陰隱瘡，及骨節中寒熱，煮汁浴漬之良。又，已前都用水中龜，不用噉蛇龜。五月五日取頭乾末服之，亦令人長遠入山不迷。又方：卜師處鑽了者，塗酥炙，細羅，酒下二錢，療風疾。《肘後方》：治卒得咳嗽。生龜三枚，治如食法，去腸，以水五升，煮取三升以漬麴，釀米四升如常法，熟飲二升，令盡此，則永斷。《經驗方》：治產後產前痢。敗龜一枚，用米醋炙，搗爲末，米飲調下。孫真人云：治小兒龜背。以龜尿摩胸背上，差。《孫真人食忌》：十二月勿食龜肉，損命，不可輒食，殺人。《子母秘録》：令子易產。燒龜甲末，酒服方寸匕。《抱朴子》云：千歲靈龜五色具焉，其雄額上兩骨起似角，以羊血浴之，乃剔取其甲，炙搗，服方寸匕，日三盡一具。

宋・唐慎微《證類本草》卷二〇蟲魚部上品〔唐・陳藏器《本草拾遺》〕

水龜　無毒。主難產。產婦戴之，亦可臨時燒末酒下。出南海，如龜，長二三尺，兩目在側傍。

宋・鄭樵《通志》卷七六《昆蟲草木略》　龜之類多。《爾雅》：一曰神龜，二曰靈龜，三曰攝龜，四曰寶龜，五曰文龜，六曰筮龜，七曰山龜，八曰澤龜，九曰水龜，十曰火龜。神龜，龜之最神者。靈龜，《本草》謂之秦龜，亦曰蟕蠵，其甲有文似瑇瑁而差薄耳，故名龜皮。此龜一名蟕蠵，俗呼靈蠵，能鳴，多出涪陵，其甲可以卜。攝龜，小龜也，一名蠳龜，一名來蛇龜，好食蛇，故亦謂之呷蛇龜。郭云：腹甲曲折解能自張閉，江東呼為陵龜。或言此龜乃蛇所化，故頭尾似蛇，俗呼鼂龜即此。寶龜，傳國者所寶。文龜，甲有文彩者。《河圖》曰：靈龜負書，丹甲青文。筮龜，常在蓍叢下者，《龜策傳》曰：蓍滿百莖，其下必有神龜守之。山、澤、水、火之龜，皆其所生之處也。火龜，蓋生於火者，亦猶火山國所出火鼠是也。郭氏謂物有含異氣者，不可以常理推。龜溺，醫家謂之石腦油，最難得，惟以鑒照之，龜見影則失溺，急以荷葉承之。又法，以紙炷火上焫熱，以點其尾，亦致失溺。

宋・陳衍《寶慶本草折衷》卷一六　龜甲酒及灰在內。一名敗龜，一名敗將，一名神屋。○又云：一名神龜，一名漏天機。○張松立條名龜殼。生南海池澤，及湖、江、交州。今所在湖水中有之。○採無時，勿令中濕，中濕即有毒。○惡沙參、蜚蠊，畏狗膽。

味鹹、甘，平，有毒。○主漏下赤白，破癥瘕痎音皆瘧，五痔陰蝕。濕痹，四肢重弱。小兒顖音信不合，頭瘡，女子陰瘡，及驚恚氣、心腹痛，骨中寒熱，傷寒勞復，肌體寒熱。○《唐本》註云：釀酒，主大風緩急，四肢拘攣癱緩。○蕭炳云：主風脚弱，炙末酒服。○《藥性論》云：燒灰治脫肛。○日華子云：治血麻痹，入藥酥炙。○《圖經》曰：殻圓者為陽龜，形長者為陰龜。陰人用陽，陽人用陰。今亦不復分別也。○分秦龜條。○《爾雅》云：龜三足者名賁，以毒不入服食用。○《經驗方》：治產後產前痢，敗龜壹枚，米醋炙，擣末，米飲調下。○《子母秘錄》：令子易產，燒龜甲末，酒服方寸匕。○寇氏曰：龜靈於物，故補心有驗。亦分秦龜條。

續說云：《局方》烏犀元、返魂丹，悉用敗龜。敗龜者，日華子取鑽卜十遍者，此不能常有。今但以水龜，或鬪噬，及為物傷而斃，其腸肉敗盡，惟甲獨存於水滸，收燥而不腥者入藥足矣。

元・尚從善《本草元命苞》卷八　龜甲　味鹹，甘，平，有毒。畏狗膽，惡沙參、蜚蠊。入藥用神龜。可以瘟。殻當心前，透明如琥珀。陽龜，頭方殼圓脚短；陰龜，形長頭尖脚長。陰人用陽，陽人用陰。依法採取，決病至靈。臘月食肉，損命殺人。主漏下赤白，破癥瘕痎瘧，治頭瘡難燥，及小兒顖門不合。療傷寒勞復，或肌體寒熱欲死。除濕痺四肢重弱，醫陰蝕五痔脫肛。龜肉釀酒，主大風癱瘓。敗龜酥炙，醫血痺頑麻。帶骨入山不迷。用秦龜前臑之骨。滴尿入耳，治聾。出湖海池澤，以生脫為上。

元・朱震亨《本草衍義補遺》　敗龜板　屬金而有水。陰中陽也。大有補陰之功而《本草》不言，惜哉。其補陰之功力猛，而兼去瘀血，續筋骨，治勞倦。其能補陰者，蓋龜乃陰中至陰之物，稟北方之氣而生，故能補陰，治陰血不足，止血，治四肢無力。酥、酒、猪脂皆可炙用。○龜，以其靈於物，方家故用以補心，然甚有驗。

明・王綸《本草集要》卷六　龜甲　味鹹甘，氣平，無毒。惡沙參，畏狗膽。卜師鑽過者名敗龜版，大者良。入藥用生脫者。勿令中濕，中濕即有毒。凡用酥炙，猪脂、酒皆可炙。　主漏下赤白，破癥瘕，痎瘧，五痔陰蝕濕癢，癱緩，四肢重弱，小兒顖不合，頭瘡難燥，女子陰瘡，心腹痛，腰背酸疼，骨中寒熱，傷寒勞復，或肌體寒熱欲死，大有補陰之功，力猛。兼去瘀血，續筋骨，治勞倦，久服輕身不飢，益氣資智，亦使人能食。龜乃陰中至陰之物，稟北方之氣而生，故能補陰血不足。又方家以其靈於物，故用以補心甚驗。

明・滕弘《神農本經會通》卷一〇　龜甲　水中神龜也。惡沙參、蜚(廉)〔蠊〕，畏狗膽。卜師鑽過多者，名敗龜板。大者良。入藥用生脫者，勿令中濕，濕即有毒。凡用酥、猪脂、酒皆可炙。

味鹹、甘，氣平，有毒。一云：無毒。東云：堅筋骨，療崩疾。《疌》云：治痎瘧，五痔，傷寒勞復，并陰蝕，主癥瘕，漏下，小兒合顖及頭瘡。《本經》云：主漏下赤白，破癥瘕，痎瘧，五痔，陰蝕，濕痺，四肢重弱，小兒顖不合，頭瘡難燥。女子陰瘡及驚恚氣，心腹痛，不可久立，骨寒，中熱，傷寒勞復，或肌體寒熱欲死。以作湯良。久服輕身不飢，益氣資智。亦使人能食。陶隱居云：用之當炙。生龜溺甚療久嗽，亦斷瘧。肉，作羹臛，大補而多神靈。不可輕殺。《唐本》注云：龜，取以釀酒，主大風緩急，四肢拘攣，或久癱緩，不收攝，皆差。蕭炳云：殼，主風脚弱，炙之，末，酒服。《藥性論》云：龜甲，無毒。燒灰，治小兒頭瘡不燥。骨，帶入山，令人不迷。血，治脫肛。灰，亦治脫肛。日華子云：卜龜鑽遍者，名敗龜，治血麻痺。入藥酥炙用。孫真人云：十二月勿食龜肉，損命，不可輒食，殺人。《圖經》云：方書中用敗龜，取鑽灼之多者，一名漏天機。入藥須用神龜，神龜底殼當心前有一處四方透明，如琥珀色者是矣。陳藏器云：龜溺，主耳聾，滴耳中差。《北夢瑣言》云：龜之性妬，而與蛇交，或雌蛇至有相趂鬪噬，力小者或至斃。採時，取雄龜於瓷盌中，或小盤中置之，於後以鑒照，龜既見鑒中影，往往淫發而失尿，急以物收取。《集》云：主腰背酸疼，大有補陰之功，力猛，兼去瘀血，續筋骨，治勞倦。又云：龜，乃陰中至陰之物，稟北方之氣而生，故能補陰血不足。又方家以其靈於物，故用以補心甚驗。劊云：龜甲破癥除漏下，小兒合顖治頭瘡。更攻瘧痔并陰蝕，勞復傷寒用作湯。即《局方》。

明・劉文泰《本草品彙精要》卷二九　龜甲有毒　卵生。

龜甲出《神農本經》：**主漏下赤白，破癥瘕，痎瘧，五痔，陰蝕，濕痹，四肢重弱，小兒顖不合。久服輕身，不飢。**以上朱字《神農本經》。頭瘡難燥，女子陰瘡及驚恚氣，心腹痛，不可久立，骨中寒熱，傷寒勞復，或肌體寒熱欲死。以作湯，良。益氣資智，亦使人能食。以上黑字名醫所錄。

〔名〕神屋、神龜。灼過者名敗龜、敗將、漏天機。

〔地〕《圖經》曰：龜甲，乃水中神龜也。生南海池澤及湖水中，今江湖間皆有之。其龜骨白而厚，色至分明，所以供卜及入藥用，以長一尺二寸爲善。敗龜，乃鑽灼之多者，一名漏天機，一說入藥須用神龜。神龜，底殼當心前有一處四方透明，如琥珀色者是矣。其頭方、殼圓、脚短者爲陽龜；形長、頭尖、脚長者爲陰龜。陰人用陽，陽人用陰，今醫家當如此分別而用之。

〔時〕生：無時。採：無時。

〔用〕殼。

〔色〕黃黑。

〔味〕鹹、甘。

〔性〕平，緩。

〔氣〕味厚于氣，陰中微陽。

〔臭〕腥。

〔主〕滋陰。

〔反〕惡沙參、蜚蠊，畏狗膽。

〔製〕刮去皮，酥塗炙黃，研細入藥。

〔治〕療：《藥性論》云：甲，燒灰塗，療小兒頭瘡不燥及脫肛。〇血，亦主脫肛。日華子云：敗龜板，治麻痹，入藥酥炙用。《食療》云：肉，主除溫瘴氣，風痹，身腫，踒折。補：陶隱居云：肉，作羹臛，大補人。

〔合治〕肉釀酒，主大風緩急，四肢拘攣，或久癱緩，不收攝者，並效。〇殼末合酒服，主風脚弱。〇敗龜板末合酒服二錢，療風疾。〇敗龜板米醋炙，擣爲末，米飲調下一錢匕，療産前後痢。

〔禁〕勿令中濕，中濕則有毒。十二月勿食龜肉，食之殺人。

明・盧和、汪穎《食物本草》卷四魚類　龜　肉，味鹹、甘，平。一云：酸，溫。食之，令人身輕不飢，益氣資智，令人能食。釀酒，主風脚軟弱并脫肛。溺，主耳聾，又療久嗽，斷瘧。甲，止漏下赤白，破癥瘕，痎瘧，五痔，陰蝕濕痒，癱緩，四肢重弱，小兒顖不合，頭瘡難燥，女子陰瘡，心腹痛，腰背酸疼，骨中寒熱，傷寒勞復或肌體寒熱欲死。大有補陰之功，力猛，兼去瘀血，續筋骨，治勞倦。蓋龜乃陰中至陰之物，稟北方之氣而生，故能補陰血虧，補心，竝効。

明・吴球《諸症辨疑》卷二　論補陰丸用敗龜板　先賢用敗龜板補陰，最得其理。蓋因龜能養陰，故人用之。論曰：鶴以養陽氣而升於上，龜能養陰氣而運於下。龜壞得板，氣性存焉。故借其性氣，導引諸藥達其本源，用者驗矣。今人每以鑽龜卦板，用之無益。蓋卦板皆鄉人生採煮爛取肉食之板以貨人。煮過氣脫，性何存焉？入藥用之故少効也。嘗考敗龜板出靈山諸谷，因風墜自敗者最佳。其池中、田中、磡中伏氣自敗者次之。家養金井溝有打壞者，又次之。按古人用藥，或有用其氣味者，或有用其性氣者，因其所施，故不同焉。假如諸香，羌活、細辛、皂角之類，用其氣也；大黃、黄芩、甘草、熟黄之類，用其味也。虎骨、龜板之類，用其性也。蜈蚣、蛇蝎、班猫之類，用其毒也。今後取之，修合擇用得宜，不然則悮人也。

明・鄭寧《藥性要略大全》卷一〇 龜板 堅筋骨，療崩漏。大有補陰之功。 味甘、鹹，氣平，無毒。惡沙參，畏狗膽。灼卜過者名敗龜，大者良。凡用以酥油或猪脂、酒皆可塗炙。

明・賀岳《醫經大旨》卷一《本草要略》 敗龜板 大能補陰，又能補心。其陰虛發熱骨蒸，骨痰勞倦，皆當用之。或酥或酒，或猪脂炙用。東垣言其治崩強陰故也，《補遺》言其去瘀血，蓋由陰強而氣血調和，則瘀血自去也。

明・陳嘉謨《本草蒙筌》卷一一 龜甲 味鹹、甘，氣平。有毒。一云屬金，有水，陰中陽也。無毒。深澤陰山，處處俱有。得神龜甲為上，神龜產水中，底甲當心前有一處四方透明，如琥珀色者是也。分陰陽取用纔靈。頭方、殼圓、脚短者為陽龜，形長、頭尖、脚長者為陰龜。陰人用陽，陽人用陰，今醫不復分別。殺死煮脫者力微，自死肉敗者力猛。只取底版，悉去傍弦。精製擇真酥油，或用猪脂醇酒。(荐)〔旋〕塗(荐)〔旋〕炙，直待脆黄。杵細末作丸，十二月忌食。犯則損命。 畏狗膽，惡沙參。專補陰衰，借性氣引達諸藥；善滋腎損，仗功力復足真元。漏下崩帶並敺，癥瘕痎瘧咸卻。傷寒勞復，或肌體寒熱欲死者殊功；腰背痠疼，及手足重弱難舉者易効。治小兒顖門不合，理女子濕癢陰瘡。逐瘀血積凝，續筋骨斷絶。因其性靈於物，方家多用補心。久服輕身，益氣資智。肉煮啖，除風痹身腫瘴氣及踒折並奇；又釀酒，主風痛拘攣緩急併癱瘓皆妙。作成羹臛，尤補虛羸。血塗脫肛縮腸，溺止久嗽斷瘧。滴耳中，治耳聾亦驗。溺最難得，採時置雄龜于磁盤中，以鏡照之，龜見影往往淫發而失溺，急以物收。又法：以紙炷火上焫熱以點其尻，亦致失溺，然不及鏡照快也。 頭骨可帶入水，身骨堪帶入山，並令不迷，未為無益。餘多種類，亦各有能。 千歲靈龜五色全具，額端骨起似角，剔甲食最延年。〇秦龜產秦地山中，大小無定；甲服主濕痹體重，四肢攣蜷。 鴦龜一名呷蛇龜。 腥臭食蛇，陸地常有；身狹尾長色黑，大木能登。取肉搗糜，惟敷蛇咬。〇蟕音茲蠵音夷乃山龜極大，人立背上，可負而行；其甲係黄色通明，俗謂龜筒，堪為器皿。毒箭傷悶絶，刺血飲立痊。 瘧龜一名鶚龜。 高山石下生，嘴如鶚鳥；能治老瘧無時發，燒灰湯調。服下二錢，微利而止。〇綠毛龜蘄州出產，浮水面綠毛鮮明。包縛額端，能禁邪瘧。收藏書笥，堪辟蠹蟲。

謨按：方藥用敗龜版者，乃龜死深山之中，形肉爛滲甲內，人或撿拾，因有此名。奈何《本經》欵下註係卜師鑽灼者為是？取名漏天機，則甚誤矣。夫龜稟北方陰氣而生，為陰中至陰之物，大能補陰而治陰血不足。是以下焦滋補丸藥，多用為君。惟此敗者，血肉滲盡，性氣具全。匪特補足真元，抑且引達諸藥。空腹吞服，反掌成功。故諸明醫方中，但用此味，不書曰龜版，而特曰敗龜版者，蓋亦真知功力健捷，使人必求得之而弗略也。若以鑽灼過者為然，不過棗核作炷，燒炙焦燥而已。較生者何殊，用治病何益，又何取義，特加敗字諄諄以示人耶！

明・方穀《本草纂要》卷一二 龜甲 味鹹、甘，氣平，無毒。主陰虛不足，骨蒸勞熱；或勞力過度，腰背酸折；或傷寒勞復，肌體寒熱；或跌撲傷損，續筋接骨；或諸瘡腫毒，瘀積惡血；或婦室癥瘕，漏下赤白；或小兒胎薄，頭顖不合。是皆氣血俱虛傷損之症也，惟此可以治之。蓋龜爲陰中至陰之物，稟北方之氣而生，故滋陰之功甚大。又龜爲物中至靈之物，知人間之事而神，故補心之功甚驗。又龜爲氣中養氣之物，氣滿而不思食，故壯氣之功甚美。

明・寧源《食鑒本草》卷上 龜肉 味酸，溫，有小毒。純黑者食蛇有毒不入藥。大補陰虛，作羹臛，斷久瘧不愈。 劉禹錫方：以龜一箇煮酒服，治筋緩急不能收攝，妙。 吳下風俗：以龜肉火煨，飼猫則肥壯。 龜甲： 味鹹、甘，平，無毒。主漏下赤白，破癥瘕痎瘧。治五痔、陰蝕、濕痹、四肢虛弱。治小兒顖不合、頭瘡燥痛、女子陰瘡及驚恚氣、心腹疼、腰膝酸軟、不能久立，骨中寒熱，傷寒勞復。又益氣資智，使人能食。《野人閑錄》：治諸風癱瘓等，以敗龜甲以酥炙為末，每服一錢，酒調下。《子母秘錄》：治婦人難產，以敗龜甲以酥炙為末，酒調，服方寸匕。 又方：治胎前產後痢疾，以敗龜板米醋炙為末，水飲調下。

明・王文潔《太乙仙製本草藥性大全》卷八《本草精義》 龜甲 一名神屋。舊本俱不載。生南海池澤湖中。云屬金有水，陰中陽也，無毒。深澤陰山處處俱有。得神龜甲爲上。神龜產水中，底殼當心前有一處四方透明如琥珀色者是也。分陰陽用龜靈，頭方殼圓脚短者爲陽龜，形長頭尖脚長者爲陰龜。陰人用陽，陽人用陰。今醫不復分別，殺死煮脱者力微，自死肉敗者力猛。只取底版，悉去旁弦，精製擇真酥油，或用猪脂醇酒，旋塗旋炙，直待脆黄，杵細末作丸。十二月忌食，犯則損命。畏狗膽，惡沙參。水中龜其骨白而厚，色至分明，所以供卜人及入藥用，以長一尺二寸爲善。

明・王文潔《太乙仙製本草藥性大全》卷八《仙製藥性》　龜甲　味鹹、甘，氣平，有毒。　主治：　主驚恚氣，心腹疼痛；　療風濕痹，骨肉熱寒。專補陰衰，借性氣引達諸藥。善滋腎損，仗功力復足真元。漏下崩帶並毆，癥瘕痎瘧咸却。傷寒勞復或肌體寒熱欲死者殊功。腰背痠疼及手足重弱難舉者易效。治小兒顖門不合，理女子濕癢陰瘡。逐瘀血積凝，續筋骨斷絶。因其性靈於物，方家多用補心。久服輕身，益氣資智。　補註：　令子易産，燒龜甲末，酒服方寸匕。〇治小兒頭瘡不燥，燒灰爲末，麻油調搽效。　龜肉：　煮啖除風痹身腫瘴氣及踒折並奇，又釀酒主風痛拘攣緩急併癱瘓皆妙。作成羹臛，尤補虚羸。　龜血：　塗脱肛縮腸。　補註：　治卒得咳嗽，生龜三枚，治如食法，去腸，以水五升，煮取三升，以漬麴，釀米四升，如常法熟飲二升令盡，此則永斷。　龜溺：　止久嗽斷瘧。　補註：　治小兒龜背，以尿摩胸背上，差。〇滴耳中，治耳聾亦驗。溺最難得，採時置雄龜於磁盤中，以鏡照之，龜見影往往淫發而失溺，急以物收。又法：　以紙燭火上熁熱，以點其尻，亦致失溺，然不及鏡照快也。　龜頭骨：　宜帶入水。　身骨：　堪帶入山，並令不迷，未爲無益。　補註：　五月五日取頭令乾，爲末服之，亦令人長遠入山不迷。　敗龜：　又名敗板，又曰龜板，一名漏天機。　治血麻痹神方，療風癱瘓秘旨。　補註：　用卜龜小者，〔腹〕下可卜，鑽遍，塗酥炙，細羅，酒下二錢。　千歲靈龜：　五色全具，額端骨起似角，剔甲食最延年。　補註：　《抱朴子》云：　千歲靈龜，五色具焉。其雄額上兩骨起似角，以羊血浴之，乃剔取其甲，炙搗，服方寸〔匕〕，日三盡具。

明・皇甫嵩《本草發明》卷六　龜甲上品。味鹹、甘，平，有毒。一云屬金有水，陰中陽也。無毒。　發明曰：　龜禀北方陰氣而生，大補陰，治陰血不足，補丸用此為佐，引達諸藥，以補下焦。故《本草》主漏下崩帶，四肢重弱，不可久立，骨中寒熱，傷寒勞復，或肌躰寒熱欲死，破癥瘕，痎瘧，濕痺癱緩，女子濕癢陰瘡，五痔蝕及驚恚氣心腹痛。又治小兒顖門不合，頭瘡不乾。久服益氣資智。註云：　主腰背疾疼，逐瘀血積，續筋骨斷絶。炙之酒服，主風脚弱。因其性靈，方家多用補心。色黑者正，自死者血肉盡滲甲中，氣性〔其〕〔具〕全，故自敗者因云敗龜板，方書中多用。鑽灼之多者，名漏天機，不〔知〕〔如〕自死為佳。〇按：　神龜，産水中，底脚當心前，有處透明如琥珀色，此為上品。用底板，去旁弦，酥炙透裹，如炙不透，生寸白蟲。勿令中濕，即有毒。　肉除風痺身腫瘴氣及踒折。釀酒服，又主痛風，拘攣緩急癱瘓。作羹，補虚羸。〇血，塗肛縮腸。〇溺，止久嗽。截瘧，染鬚。

明・李時珍《本草綱目》卷四五介部・魚鱉類　水龜《本經》上品

【釋名】玄衣督郵時珍曰：　按許慎《説文》云：　龜頭與蛇同。故字上從它，其下象甲、足、尾之形。它即古蛇字也。又《爾雅》龜有十種，郭璞隨文傅會，殊欠分明。蓋山、澤、水、火四種，乃因常龜所生之地而名也。其大至一尺已上者，在水曰寶龜，亦曰蔡龜，在山曰靈龜，皆國之守寶而未能變化者也。年至百千，則具五色，而或大或小，變化無常，在水曰神龜，在山曰筮龜，皆龜之聖者也。火龜則生炎地，如火鼠也。攝龜則呷蛇龜也。文龜則蟕蠵、瑇瑁也。後世不分山、澤、水、火之異，通以小者爲神龜，年久者爲靈龜，誤矣。《本經》龜甲止言水中者，而諸注始用神龜。然神龜難得，今人惟取水中常龜入藥。故今總標水龜，而諸龜可該矣。

【集解】時珍曰：　甲蟲三百六十，而神龜爲之長。龜形象離，其神在坎。上隆而文以法天，下平而理以法地。背陰向陽，蛇頭龍頸。外骨内肉，腸屬於首，能運任脉。廣肩大腰，卵生思抱，其息以耳。雌雄尾交，亦與蛇匹。或云大腰無雄者，謬也。今人視其底甲，以辨雌雄。龜以春夏出蟄脱甲，秋冬藏穴導引，故靈而多壽。《南越志》云：　神龜，大如拳而色如金，上甲兩邊如鋸齒，爪至利，能緣樹食蟬。《抱朴子》云：　千歲靈龜，五色具焉，如玉如石，變化莫測，或大或小，或游於蓮葉之上，或伏於蓍叢之下。張世南《質龜論》云：　龜老則神，年至八百，反大如錢。夏則游於香荷，冬則藏於藕節。其息有黑氣如煤煙，在荷心，狀甚分明。人見此氣，勿輒驚動，但潛含油管噀之，即不能遁形矣。或云：　龜聞鐵聲則伏，被蚊叮則死。香油抹眼，則入水不沉。老桑煮之則易爛。皆物理制伏之妙也。

龜甲　【釋名】神屋《本經》　敗龜版日華　敗將日華　漏天機《圖經》時珍曰：　並隱名也。

【集解】《别録》曰：　龜甲生南海池澤及湖水中，采無時。勿令中濕，濕即有毒。陶弘景曰：　此用水中神龜，長一尺二寸者爲善。厴可供卜，殼可入藥，亦入仙方。當以生龜炙取。韓保昇曰：　湖州、江州、交州者，骨白而厚，其色分明，供卜、入藥最良。大明曰：　卜龜小而腹下曾鑽十遍者，名敗龜版，入藥良。蘇頌曰：　今江湖間皆有之。入藥須用神龜。神龜版當心前一處，四方透明，如琥珀色者最佳。其頭方脚短，殼圓版白者，陽龜也；　頭尖脚長，殼長版黄者，陰龜也。陰人用陽，陽人用陰。今醫家亦不知如此分別。時珍曰：　古者取龜用秋，攻龜用春。今之采龜者，聚至百十，生鋸取甲，而食其肉。彼有龜王、龜相、龜將等名，皆視其腹背左右之文以别之。龜之直中文，名曰千里。其首之横文第一級左右有斜理皆接乎千里者，即龜王也。他龜即無此矣。言占事帝王用王，文用相，武用將，各依等級。其説與《逸禮》所載天子一尺二寸、諸侯八寸、大夫六寸、士庶四寸之説相合，亦甚有理。若夫神龜、寶龜，世所難得，則入藥亦當依此用之可也。日華用卜龜小甲，蓋取便耳。又按《經》云：龜甲勿令中濕。一名神屋。陶言厴可供卜，殼可入藥。則古者上下甲皆用之。至日華始用龜版，而後人遂主之矣。

【正誤】吴球曰：先賢用敗龜版補陰，借其氣也。今人用鑽過及煮過者，性氣不存矣。惟靈山諸谷，因風墜自敗者最佳，田池自敗者次之，人打壞者又次之。時珍曰：按陶氏用生龜炙取，日華用灼多者，皆以其有生性神靈也。曰敗者，謂鑽灼陳久如敗也。吴氏不達此理，而反用自死枯敗之版，復謂灼者失性，謬矣。縱有風墜自死者，亦山龜耳。淺學立異誤世，鄙人據以爲談，故正之。

【修治】以龜甲鋸去四邊，石上磨净，灰火炮過，塗酥炙黄用。亦有酒炙、醋炙、猪脂炙、燒灰用者。

【氣味】甘，平，有毒。甄權曰：無毒。時珍曰：按《經》云：中濕者有毒，則不中濕者無毒矣。之才曰：惡沙參、蜚蠊，畏狗膽。瘦銀。

【主治】甲：治漏下赤白，破癥瘕痎瘧，五痔陰蝕，濕痹四肢重弱，小兒顖不合。久服，輕身不飢《本經》。驚恚氣，心腹痛，不可久立，骨中寒熱，傷寒勞役，或肌體寒熱欲死，以作湯，良。久服，益氣資智，使人能食。燒灰，治小兒頭瘡難燥，女子陰瘡《别録》。溺：主久嗽，斷瘧弘景。殼：炙末酒服，主風脚弱蕭炳。版：治血麻痹日華。燒灰，治脱肛甄權。下甲：補陰，主陰血不足，去瘀血，止血痢，續筋骨，治勞倦，四肢無力震亨。治腰脚酸痛，補心腎，益大腸，止久痢久洩，主難産，消癰腫。燒灰，傅臁瘡時珍。

【發明】震亨曰：敗龜版屬金、水，大有補陰之功，而《本草》不言，惜哉！蓋龜乃陰中至陰之物，禀北方之氣而生，故能補陰、治血、治勞也。時珍曰：龜、鹿皆靈而有壽。龜首常藏向腹，能通任脉，故取其甲以補心、補腎、補血，皆以養陰也。鹿鼻常反向尾，能通督脉，故取其角以補命、補精、補氣，皆以養陽也。乃物理之玄微，神工之能事。觀龜甲所主諸病，皆屬陰虚血弱，自可心解矣。又見鼈甲。

【附方】舊二，新十二。

補陰丸：丹溪方用龜下甲酒炙、熟地黄九蒸九晒各六兩，黄柏鹽水浸炒、知母酒炒各四兩，石器爲末，以猪脊髓和丸梧子大。每服百丸，空心温酒下。一方：去地黄，加五味子炒一兩。

瘧疾不止：龜版燒存性，研末。酒服方寸匕。《海上名方》。

抑結不散：用龜下甲酒炙五兩，側柏葉炒一兩半，香附童便浸炒三兩，爲末，酒糊丸梧子大。每空心温酒服一百丸。

胎産下痢：用龜甲一枚，醋炙爲末。米飲服一錢，日二。《經驗方》。

難産催生：《秘録》用龜甲燒末，酒服方寸匕。〇《摘玄》：治産三五日不下，垂死，及矮小女子交骨不開者，用乾龜殼一個酥炙，婦人頭髮一握燒灰，川芎、當歸各一兩。每服秤七錢，水煎服。如人行五里許，再一服。生胎、死胎俱下。

腫毒初起：敗龜版一枚，燒研，酒服四錢。小山。

婦人乳毒：同上方。

小兒頭瘡：龜甲燒灰敷之。《聖惠方》。

月蝕耳瘡：同上。

口吻生瘡：同上。

臁瘡朽臭：生龜一枚取殼，醋炙黄，更煅存性，出火氣，入輕粉、麝香。葱湯洗净，搽敷之。《急救方》。

人咬傷瘡：龜版骨、鼈肚骨各一片，燒研。油調搽之。葉氏《摘玄》。

猪咬成瘡：龜版燒研，香油調搽之。葉氏《摘玄》。

肉 【氣味】甘、酸，温，無毒。弘景曰：作羹臛大補，而多神靈，不可輕殺。書家所載甚多，此不具説。思邈曰：六甲日、十二月俱不可食，損人神。不可合猪肉、菰米、瓜、莧食，害人。

【主治】釀酒，治大風緩急，四肢拘攣，或久癱緩不收，皆瘥蘇恭。治筋骨疼痛及一二十年寒嗽，止瀉血、血痢時珍。

【發明】時珍曰：按周處《風土記》云：江南五月五日煮肥龜，入鹽、豉、蒜、蓼食之，名曰葅龜。取陰内陽外之義也。

【附方】舊一，新六。

熱氣濕痹：腹内積熱。用龜肉同五味煮食之。微泄爲效。《普濟方》。

筋骨疼痛：用烏龜一個，分作四脚。每用一脚，入天花粉、枸杞子各一錢二分，雄黄五分，麝香五分，槐花三錢，水一椀煎服。《纂要奇方》。

十年欬嗽：或二十年醫不效者。生龜三枚，治如食法，去腸，以水五升，煮取三升浸麴，釀秫米四升如常，飲之令盡，永不發。〇又方：用生龜一枚着坎中，令人溺之，浸至三日，燒研。以醇酒一升，和末如乾飯，頓服。須臾大吐，嗽囊出則愈，小兒減半。

痢及瀉血：烏龜肉，以沙糖水拌，椒和，炙煮食之，多度即愈。《普濟方》。

勞瘵失血：田龜煮取肉，和葱、椒、醬、油煮食。補陰降火，治虚勞失血咯血，欬嗽寒熱，累用經驗。吴球《便民食療》。

年久痔漏：田龜二三個，煮取肉，入茴香、葱、醬，常常食，累驗。此疾大忌糟、醋等熱物。《便民食療》。

血 【氣味】鹹，寒，無毒。

【主治】塗脱肛甄權。治打撲傷損，和酒飲之，仍擣生龜肉塗之時珍。

膽汁 【氣味】苦，寒，無毒。

【主治】痘後目腫，經月不開，取點之，良時珍。

溺 【採取】頌曰：按孫光憲《北夢瑣言》云：龜性妬而與蛇交。惟取龜置瓦盆中，以鑒照之。龜見其影，則淫發失尿。急以物收取之。又法：以紙炷火，以點其尻，亦致失尿，但差緩耳。時珍曰：今人惟以猪鬃或松葉刺其鼻，即尿出。似更簡捷也。【主治】滴耳，治聾藏器。點舌下，治大人中風舌瘖，小兒驚風不語。摩胸、背，治龜胸、龜背時珍。

【發明】時珍曰：龜尿走竅透骨，故能治瘖、聾及龜背，染髭髮也。按《岣嶁神書》言：龜尿磨瓷器，能令軟；磨墨書石，能入數分。即此可推矣。

【附方】舊一，新二。小兒龜背：以龜尿摩其胸背，久久即差。孫真人。中風不語：烏龜尿點少許於舌下，神妙。《壽域》。鬚髮早白：以龜尿調水蛭細末，日日撚之，自黑。末忌粗。《談野翁方》。

題明·薛己《本草約言》卷二《藥性本草》　龜甲　味鹹、甘，氣平，無毒。陰中之陽也。專補陰衰，借性氣引達諸藥；善滋腎損，仗功力復足真元。漏下崩帶並敺，癥瘕痎瘧咸却。傷寒勞復，或肌體寒熱欲死者殊功；腰背痠痛，及手足重弱難舉者立效。治小兒顖門不合，理女人濕癢陰瘡。逐瘀血積凝，續筋骨斷絕。因其性靈於物，方家多用補心。補陰力猛，而兼去瘀血。〇夫龜稟北方陰氣而生。為陰中至陰之物，故能大補陰，而治陰血不足，是以下焦滋補丸藥多用為君。惟自敗者血肉滲盡，性氣全具，非特補足真元，抑且引達諸藥，若鑽灼過者，不足取也。凡用，酥炙或猪脂、醇酒皆可。惡沙參，畏狗膽。十二月忌食，犯則傷人。

明·陳楚良《武林陳氏家傳仙方佛法靈壽丹》　龜殼：大而新灼過可用。以松子油、柏子油入銅鍋內煠之令黃酥脆熟為止。待冷打碎入藥。久服輕身不飢，益氣資智，令人能食，除五痔，健腰脚，補諸虛。古人各方中皆用敗龜。夫龜之朽敗者，氣味絕矣，何功之有？卜人灼過者可用也。此物妙在松柏子油煠之耳。

明·梅得春《藥性會元》卷下　敗龜板　味鹹，氣甘。陰中陽也。無毒。卜師鑽過者良。惡沙參。畏狗膽、蜚蠊。勿令中濕，中濕即有毒。主療崩中漏下赤白，破癥瘕痎瘧，五痔陰蝕，濕痹四肢重弱，癱緩，小兒顖不合，頭瘡難燥，心腹痛，腰背酸疼，骨中寒熱，傷寒勞復，或肌體寒熱欲死。大有補陰之功，力猛，兼去瘀血，續筋骨，治勞倦。其能補陰者，蓋龜乃至陰之物，稟北方之氣而生，故能補陰，治陰血不足，止血，主四肢無力。因其至靈于物，故用以補心甚驗。方家以此照鹿角膠煎法熬成，名玄武膠，入藥尤快捷。　製法：凡用版，以酥炙，或用猪脂、酒炙黃皆可。如熬膏，每龜板十斤，用茵陳二兩，如煎鹿角膠法仝。

明·杜文燮《藥鑒》卷二　敗龜板　氣平，味鹹甘，無毒。陰之陰也。此劑稟北方陰氣而生，為陰中至陰之物，大能補陰，而治陰血不足。是以下焦滋補丸藥多用為君。雖曰補陰，又能補心，其陰虛發熱，骨蒸骨瘻，皆當用之。東垣以為強陰，治崩補遺，以為去瘀血，何哉？蓋由陰強而氣血調和，則瘀血自去也。總是一意。又能理小兒顖門不合，又治女子濕痒陰瘡。

明·穆世錫《食物輯要》卷七　龜　肉，味酸，性溫，無毒。通任脈，補血，資智慧，治風濕痹症，久年寒嗽，赤痢失血。釀酒飲，治大風踒折，筋攣骨痛。六甲日，人食之損神。同猪肉、菰米、瓜、莧食，害人。膽，點痘後目腫不開者，良。尿，滴耳內，治聾。點舌下，治中風舌瘖及驚風不語。一云：取龜尿，以猪鬃，或以松葉刺鼻，尿即下。甲，無毒。滋陰，散麻痹癥瘕，治腰腿痛，排膿血。

明·李中立《本草原始》卷一一　龜　生南海池澤及湖水中，今江湖間多有之。蛇頭龍頸，外骨內肉，腸屬于首，能運任脈。廣肩大腹，卵生思抱，其息以耳。雌雄尾交，亦與蛇匹。甲蟲三百六十，而神龜為之長。許慎《說文》云：龜頭與蛇同，故字上從它，其下象甲、足、尾之形。它，古蛇字也。

龜甲：氣味：甘，平，有毒。主治：漏下赤白，破癥瘕痎瘧，五痔陰蝕，濕痹，四肢重弱，小兒顖不合。久服輕身不飢。〇驚恚氣，心腹痛不可久立，骨中寒熱，傷寒勞役，或肌體寒熱欲死。以作湯良。久服，益氣資智，使人能食。燒灰，治小兒頭瘡難燥，女子陰瘡。殼，主久嗽，斷瘧。〇殼，炙末酒服，主風脚弱。版，治血麻痹。〇燒灰，治脫肛。下甲補陰，主陰血不足，去瘀血，止血痢，續筋骨，治勞倦，四肢無力。治腰脚酸痛，補心腎，益大腸，止久痢久洩，主難產，消癰腫。燒灰，傅臁瘡。〇大有補陰之功。《本經》上品。【圖略】古人上下甲皆用之。今人惟用底版入藥。龜版，水龜。修治：龜甲，鋸去四邊，石上磨淨，灰火炮過，塗酥炙黃用。亦有酒炙、醋炙、猪脂炙，燒灰用者。

龜溺滴耳中，治聾。和銀朱寫字，入木極深。術士嘗用此，書神仙于漆桌或漆門上惑人。溺最難得，採時置雄龜于磁盤中，以鏡照之，龜見影，往往淫發而失溺，急以物收之。今人惟以猪鬃或松葉刺其鼻，即溺出，更簡捷也。

其龜頭骨帶入水，身骨帶入山，並令不迷。

時珍曰：按陶氏用生龜炙用。日華用灼多者，皆以其有生性、神靈也。曰敗者，謂鑽灼陳久如敗也。吳氏不達此理，而反用自死枯敗之版，復謂灼者失性，謬矣！縱有風墜自死者，亦山龜耳。淺學立異誤世，鄙人據以為談，故正之。

在水曰神龜，在山曰靈龜。入藥宜用水中神龜。

明・張懋辰《本草便》卷二　龜甲　味鹹，氣平，無毒。惡沙參，畏狗膽。敗者良。　主漏下赤白，破癥瘕痎瘧，五痔，陰蝕濕痒，癱緩，四肢重弱，小兒顖不合，頭瘡難燥；女子陰瘡，心腹痛，腰背酸疼，骨中寒熱，傷寒勞復，或肌體寒熱欲死。大有補陰之功，力猛兼去瘀血，續筋骨，治勞倦。

明・吳文炳《藥性全備食物本草》卷三　龜甲　龜，收藏義也；甲，函也。氣平，無毒。主內傷陰虛骨蒸寒熱及勞倦，骨痿，傷寒勞復，肌體寒熱欲死。力猛，能去瘀血，破癥瘕，痎瘧五痔，血分濕痺，四肢重弱不能久立，婦人漏下赤白，陰瘡，難產及產前後痢，又治驚恚氣，心腹痛，腰背疼，兼治小兒顖不合，頭瘡不燥，燒灰傅之。久服益氣資智，且能食。丹溪云：龜乃陰中至陰之物，稟北方之氣而生，故能補陰血不足，陰足而血氣調和，則瘀血自去，癥瘕、崩痔、瘧痢、痺疾自消，筋骨自健，故曰大有補陰之功。以其靈於物，故用以補心甚驗，令人有靈。入湯作丸，取江湖中水龜，生脫未中濕者良。其次卜師鑽過名敗龜板，大者亦佳，酥炙或猪脂酒皆可。惡沙參、蜚蠊。畏狗膽。　肉：除風痺身腫，瘴氣及踒折風痛，拘攣緩急癱瘓，補虛羸。　血：塗脫肛縮腸。　尿：止久嗽斷瘧，治小兒龜胸。滴耳中治聾。然尿最難得，採時置雄龜于磁盤中，以鏡照之，龜見影往往淫發而失溺，急以物收。又法：以紙炷火上熁熱以點其尻，亦致失尿，然不及鏡照取快也。　頭骨：宜帶入水，身骨宜帶入山，令人不迷路。　千歲靈龜：五色全具，雄者額上兩骨起似角，以羊血浴之，乃剔取其甲，酥炙搗為末，服方寸匕，日三服，最延年。　秦龜：秦地所產。　山龜：極大而壽，今四方亦有之。味苦，無毒。主除濕痺身重，四肢關節不可動搖。　綠毛龜：蘄州出產，浮水面，綠色鮮明。包縛額端，能禁邪瘧，收藏書笥，堪辟蠹蟲。

明・李中梓《藥性解》卷六　龜甲　味鹹、甘，性平，無毒，入心、脾、肝三經。主陰虛不足，骨蒸勞熱，癥瘕瘧痎，五痔陰蝕，四肢重弱，血麻痹風疾，產前後痢疾，驚恚氣心腹痛，傷寒勞復，肌體寒熱欲死，小兒顖門不合及頭瘡，女子赤白漏下及陰癢。逐瘀血，續筋骨，催生益智。自敗者更佳，酥炙用。龜尿，主耳聾久嗽，斷瘧。俱畏狗膽。惡沙參、蜚蠊。　按：龜甲稟壬癸之氣而生，其補陰也甚捷，心主血，肝藏血，脾裹血，故並入之。骨蒸云云等症，靡非陰虛所致，用此主之，不亦宜哉？欲取其尿者，取龜置磁器中，以鏡照之，既見鏡中影，則淫發而失尿。另有一種夾蛇龜中心折者，不堪服食。生搗其肉，罯傅蛇毒最良。敗龜版及自死之龜，形肉滲爛，甲內性氣具全，故其功力較倍，今《本經》以卜師鑽灼過者為是，恐非，灼者不過燒炙焦黑而已，與生者何異？又何取義，特加敗字，諄諄以示人耶。

明・繆希雍《本草經疏》卷二〇　龜甲　味鹹、甘，平，有毒。主漏下赤白，破癥瘕，痎瘧，五痔，陰蝕，濕痹四肢重弱，小兒顖不合，頭瘡難燥，女子陰瘡，驚恚氣，心腹痛，不可久立，骨中寒熱，傷寒勞復，或肌體寒熱欲死，以作湯良。久服輕身不飢，益氣資智，亦使人能食。勿令中濕，中濕即有毒。

〔疏〕介蟲三百六十，而龜為之長。稟金水之氣。故味鹹而甘，氣平。其性神靈能變化，凡入藥，勿令中濕，中濕則遂其變化之性而成癥瘕於腹中，故言有毒也。氣味俱陰，入足少陰經。方家多入補心藥用，以心藏神，而龜性有神，借其氣以相通，且得水火既濟之義，實非補心之正藥也。其主骨中寒熱，及傷寒勞復，肌體寒熱欲死，痎瘧者，皆陰虛而邪熱為病。《經》曰：傷於濕者，下先受之。濕痹四肢重弱，亦腎陰虛而邪氣易犯。腎主骨，腎虛則小兒顖門不合。腎為五臟陰中之陰，陰虛則火熱偏至，而為驚恚氣、心腹痛。此藥補腎家之真陰，則火氣自降而寒熱邪氣俱除矣。益陰除熱軟堅，故主漏下赤白，癥瘕，五痔，陰蝕陰瘡及小兒頭瘡也。經曰：邪熱不殺穀。熱去故令人能食，能食則脾胃得所養而能思，思作睿，故資智。久服益氣輕身不飢者，除熱益陰之功也。　〔主治參互〕丹溪方補陰丸，用龜下甲酒炙，熟地黃蒸曬，各六兩，黃檗、知母各四兩，為末，以猪脊髓和丸梧子大。每百丸，空心溫酒下。　《摘玄方》治產三五日不下，垂死，及短小女子交骨不開者，用乾龜殼一箇酥炙，頭髮一握燒灰，川芎、當歸各一兩，為末和勻，每服七錢，水煎服。如人行五里許，再一服。生胎、死胎俱下。　〔簡誤〕按：龜、鼈二甲，《本經》所主大略相似。今人有喜用鼈甲，惡用龜甲者；有喜用龜甲，惡用鼈甲者，皆一偏之見也。二者咸至陰之物，鼈甲走肝益腎以除熱，龜甲通心入腎以滋陰。第鼈甲無毒可多用，龜甲非千年自死者，則有毒。故方書所用曰敗龜板者，取其長年則得陰氣多，故有益陰之功用耳。若今新剖之甲，斷乎有毒，不宜頻使用者，不可不詳辨也。妊婦不宜用。病人虛而無熱者不宜用。凡入藥，須研極細，不爾，留滯腸胃能變癥瘕也。

明·倪朱謨《本草彙言》卷一九

龜版　味鹹、甘，氣平，無毒。氣味俱陰。入足少陰經。《別錄》曰：龜甲，生南海池澤及江湖中。韓氏曰：今取江州、湖州、交州者，骨白肉厚，其色分明，供卜入藥最良。《論衡》云：春啓冬蟄，食于清而遊于濁，龜也。《爾雅翼》云：甲蟲三百六十，龜爲之長。《廣雅》云：神龜者，玄文五色，神靈之精也。《說苑》云：靈龜千二百歲，文五色，似金似玉。背陽向陰，上隆象天，下平象地，槃衍象山。四足轉運應四時，文著象二十八宿。蛇頭龍頸，左睛象日，右睛象月。《博議》云：廣肩巨腰，內肉外骨。雌雄尾交，卵生而思抱。轉旋任脉，呼吸以耳。周人云：凡取龜用秋時，攻龜用春時。《類考》云：蔡國君之守龜，蔡氏因以爲名。長尺有二寸。《三正記》云：天子龜長一尺二寸，諸侯一尺，大夫八寸，士六寸。龜陰，故數偶也。陰之老也。以火灼之何？以陽動陰也。《龜書》云：春占後右，寅卯木兆也；夏占前右，巳午火兆也。秋占前左，申酉金兆也；冬占後左，亥子水兆也。或云：龜聞鐵聲則伏，菜油抹眼，則入水不沉。老桑煮之則易爛。蘇氏曰：頭尖脚長，殼長版黃者，陰龜也；頭方脚短，殼圓版白者，陽龜也。陰人用陽，陽人用陰。又云：龜甲勿令中濕。陶氏言：厴可供卜，殼可入藥。古者上下甲皆通用。日華僅用其版，後世遂主之矣。李氏曰：按陶氏用生龜炙取，日華用灼過者，皆以其有生氣神靈也。曰敗者，謂鑽灼陳久如敗也。吴氏以自死枯敗之殼取版用，反謂灼者失性，謬甚矣！雷氏曰：修治：取版，鋸去四邊，石上磨淨，或酥炙、酒炙、醋炙、猪脂炙，以黃色爲度。如得神龜當版心透明如琥珀色者最佳。凡入丸散，須炙透研極細用，不然渣滓留滯腸胃，能致癥瘕腹痛，腸癰內潰諸疾。入煎劑無妨。

龜版：補腎滋陰之藥也。程君安曰：龜性神靈，體靜息伏，能變化吉凶，延年多壽，故古方於陰虛有火之證專主之。如《別錄》方治虛勞骨蒸，發熱惡寒，或痎瘧久纏，陰氣衰乏；或淋帶赤白，漏下不收；朱丹溪或痢疾留連，滯痛不止，皆陰虛而邪熱爲病者。用龜版外剛內柔之具，借其氣以相通，且得水火既濟之義，而陰虛瘧痢、淋帶諸病自少矣。

集方：治虛勞骨蒸，發熱惡寒。用龜版、童便浸炙，配沙參、知母、地骨皮、牡丹皮、銀柴胡、懷熟地、白芍藥。〇治痎瘧久纏，陰氣衰乏，熱多寒少。用龜版醋浸炙，配白朮、半夏、牛膝、當歸、何首烏、枸杞子。〇治血淋白帶，滲漏不止。用龜版酒浸炙，配當歸、川芎、白朮、茯苓、續斷、杜仲、牡丹皮。〇治痢疾留連不止，下後而積滯轉生，疼痛轉加，延久不愈者。用龜版醋浸炙，配川黃連、吴茱萸、白芍藥、木香、甘草、芡實、陳皮、當歸。已上集程松谷《家乘》。

龜膠：滋陰助水之藥也。程君安曰：龜稟金水之氣而生，得陰土之氣而養，感北方玄武之精而成，乃陰中至陰之物也。大有補陰補血之功。如古方主陰虛不足而發熱口乾，或咳咯血痰而骨蒸勞熱；或腰膝痿弱而筋骨痠疼；或寒熱久發而瘧疾不已；或婦人崩帶淋漏而赤白頻來。凡一切陰虛血虛之證，并皆治之。又按李氏方云：龜、鹿皆靈而有壽，龜首常藏向腹，能通任脉，故取其版煎膠，以補心、補腎、補血，用以養陰也。鹿鼻常反向尾，能通督脉，故取其角煎膠，以補命、補精、補氣，用以養陽也。觀龜甲所主諸病，皆屬陰虛血弱成勞之證，自可心解矣。

集方：治已上諸虛不足之證。如陰虛不足，發熱口乾；或咳咯血痰，骨蒸勞熱；或腰脊痿弱，筋骨痠疼等證。用龜膠四兩切碎，麥麪一兩拌炒，北沙參、麥門冬、懷熟地、銀柴胡、地骨皮、牛膝、木瓜、薏苡仁、知母、貝母、桑皮各二兩，分作二十帖，煎服。〇治寒熱久發，瘧疾不止。用龜膠一兩，肉桂五錢，於白朮土拌炒二兩，分作五帖服。〇治婦人淋帶赤白不止。用龜膠三錢，酒溶化，每日清晨調服。〇如病人陰虛者用龜膠，陽虛者用鹿膠。陰陽兩虛者，龜鹿二膠合用。每蚤各用二錢，切碎，酒溶化服。不飲酒者白湯服。

治產後瘧疾主方：用龜板、鱉甲俱用酒炙各五錢，當歸、柴胡、茯苓、陳皮、生薑皮、炮薑各二錢，白朮、白芍藥各三錢，牛膝一兩，水二碗，煎八分，五更服。如口渴，加麥門冬、竹葉各五錢；渴甚，加知母、天花粉各三錢；痰多，加川貝母、製半夏各二錢五分；元虛氣弱，加人參五錢或至一兩；肺熱，去人參，加沙參、桑皮各二錢；汗多，加黃耆二錢，北五味八分；寒甚，加桂枝、乾薑各一錢；熱甚，加青蒿四錢；惡露未盡，加桂枝、桃仁、玄胡索各一錢五分。○治三陰瘧，三日一發者。用龜板、鱉甲俱酒炙各五錢，白朮一兩，肉桂三錢，當歸二錢，附子童便製一錢，烏梅三個，水二碗，煎一碗，五更溫和服。渣再煎，天明服。

明・應麐《食治廣要》卷七 龜　肉：氣味：甘、酸，溫，無毒。主治：釀酒，治大風緩急，四肢拘攣，癱緩不收。煮食，除濕痹、風痹，身腫，踒折筋骨疼痛，年久寒嗽，止瀉血、血痢。孫真人曰：六甲日及十二月不可食。又不可合猪肉、菰米、瓜、莧食。陶弘景曰：作羹臛大補。然多神靈，不可輕殺。諸家所載甚多，此不具說。

明・姚可成《食物本草》卷一一介部・龜鼈類 水龜甲蟲三百六十，而神龜為之長。龜形象〔離〕，其神在坎。上隆而文以法天，下平而理〔以〕法地。背陰向陽，蛇頭龍頸，外骨內肉，腸屬〔於〕首，能運任脈。廣肩大腰，卵生思抱，其息〔以〕耳。雌雄尾交，亦與蛇匹。以春夏出蟄脫甲，秋冬藏穴導引，故靈而多壽。《南越志》云：神龜大甲而色如金，上甲兩邊如鋸齒，爪至利，能〔緣〕樹食蟬。《抱朴子》云：千歲靈龜，五色具焉，如石。變化莫測，或大或小，或游於蓮葉之〔上〕，或伏於蓍叢之下。張世南《質龜論》云：龜老〔則〕神，年至八百，反大如錢。夏則游於香荷，冬藏於藕節。其息有黑氣如煤煙在荷心，狀分明。人見此氣，勿輒驚動，但潛含油管噀〔之〕，即不能遁形矣。或云：龜聞鐵聲則伏，被蚊〔噆〕則死。香油抹眼，則入水不沈。老桑煮之則爛。皆物理制伏之妙也。○龜有龜王、龜相、龜將之名，皆視其腹背左右之文以別之。龜之直中文，名曰千里。其首之橫文第一級左右有斜理，皆接乎千里者，即龜王也。他龜即無此矣。言占事，帝王用王，文用相，武用將，各依等級。其說與《逸禮》所載天子一尺二寸，諸侯八寸，大夫六寸，士庶四寸之說相合，亦甚有理。若夫神龜、寶龜，世所難得，則入藥亦當依此用之可也。

龜肉　味甘、酸，溫，無毒。一云：味甘、鹹，平。食之，令人輕身不飢，益氣資智，能食。釀酒，主大風緩急，四肢拘攣，或久癱緩不收，皆瘥。煮食，除溼痹風痹，身腫踒折。治筋骨疼痛及一二十年寒嗽。止瀉血血痢。

龜甲　治漏下赤白，破癥瘕痎瘧，五痔陰蝕，溼痹，四肢重弱，小兒顖不合。久服，輕身不飢。驚恚氣，心腹痛，不可久立，骨中寒熱，傷寒勞役，或肌體寒熱欲死，以作湯，良。燒灰，治小兒頭瘡難燥，女子陰瘡。

殼　主嗽，斷瘧。炙末酒服，主風脚弱。

版　治血麻痹。燒灰，〔治〕脫肛。

下甲　補陰，主陰血不足，去瘀血，止血痢，續〔筋〕骨，治勞倦，四肢無力。治腰脚酸痛，補心腎，益大腸，止久痢久洩，主難產，消癰腫。燒灰，傅臁瘡。○龜肉作羹臛，雖云大補，而多神靈，不可輕殺。人曾食之，則蔡卜不靈，勿食為良。孫真人曰：六甲日、十二月俱不可食，損人神。不可合猪肉、菰米、瓜、莧食，害人。○李時珍曰：龜、鹿皆靈而有壽。龜首常藏向腹，能通任脈，故取其補心腎血虛，皆以養陰也；鹿鼻常反向尾，能通督脈，故取其補精氣命門，皆以養陽也。乃物理之玄微，神功之能事，格物者不可不知。

〔龜血　味〕鹹，寒，無毒。塗脫肛。治打撲傷損，和酒飲之。

龜膽　味苦，寒，無毒。主痘後目腫，經月不開，取汁點之，良。

龜溺置龜荷葉上，以鏡照之，其尿自遺。　滴耳，治聾。點舌下，治大人小兒中風，驚邪不語。摩胸背，治小兒龜胸、龜背。○李時珍曰：按《峋嶁神書》言：龜尿磨瓷器，能令軟；磨墨書石，能入數分。即此而推，故能治以上諸病。《風土記》云：江南五月五日，煮肥龜入鹽豉蒜蓼食之，名曰葅龜。取陰內陽外之義也。

明・顧逢柏《分部本草妙用》卷五腎部・寒補 龜版　甘，微寒，無毒。惡沙參、蜚蠊。　主治：補陰，去瘀血，止血痢，續筋骨，治腰脚痛，補心腎。治漏下赤白，陰蝕濕痺。治血麻痺，難產，消癰。灰，傅臁瘡頭癩。殼，主久嗽斷瘧。炙末酒服，主風脚弱。　按：敗版屬金水，有助補之功。稟北方至陰而有壽，能通任脈，故補心腎與血。凡屬陰虛血少之症，皆宜用之。以肉釀酒，可治大風，與濕痺痛，拘攣癱緩，踒折筋骨疼痛，血痢，及久寒嗽者。

明・孟笨《養生要括・介類》 水龜　甲：味甘，平，有毒。治漏下赤白，破癥瘕、痎瘧、五痔、陰蝕，濕痹，四肢重弱，小兒顖不合，久服輕身不飢。驚恚氣，心腹痛，不可久立，骨中寒熱，傷寒勞役，或肌體寒熱欲死，以作湯，良。久服益氣資智，使人能食。燒灰，治小兒頭瘡難燥，女子陰瘡。　殼：主久嗽，斷瘧。殼炙，末，酒服，主風脚弱。版，治血淋痹。燒灰，治脫肛。下甲補陰不足，去瘀血，止血痢，續筋骨，治勞倦，四肢無力，治腰脚酸痛，補心腎，益大腸，止久痢久洩，主難產，消癰腫。燒灰，傅臁瘡。　肉：釀酒，治大風緩急，四肢拘攣，或久癱緩不收，皆瘥。煮食除濕痹、風痹、身腫踒折。治筋骨疼痛及一二十年寒嗽，止瀉血痢血。〔龜肉作羹大補。六甲日、十二月俱不可食，損人神。〕龜、鹿皆靈而有壽。龜首常藏向腹，能通任脈，故取其甲以補心、補腎、補血，皆以養陰也。鹿鼻常反向尾，能通督脈，故取其角，以補命、補精、補氣，皆以養陽也。觀龜甲所主諸病，皆屬陰虛血弱，自可心解矣。

明・黃承昊《折肱漫録》卷三　敗龜板　取其自死者，血肉盡滲甲中，氣性全具，故佳耳。予聞之王宇泰先生云：龜性最戀軀殼，故死後其甲尚靈，可占吉凶。有人久服龜板腹中滋生小龜無數，以此病死，確有證驗，故王先生用藥多不用龜板。

明・李中梓《醫宗必讀・本草徵要下》　龜甲味鹹，寒，有毒。入心、腎二經。惡沙參、蜚蠊。去肋酥炙。　補腎退骨蒸，養心增智慧。固大腸而止瀉痢，除崩漏而截痎瘧。小兒顖門不合，臁瘡朽臭難聞。龜稟北方之氣，故有補陰之功。若入丸散，須研極細，恐着人腸胃，變為瘕也。煎成膠良，龜鹿皆永年，龜首藏向腹，能通任脉，取下甲以補腎補血，皆陰也；鹿鼻反向尾，能通督脉，取上角以補火補氣，皆陽也。按：腎虛而無熱者不用。

明・鄭二陽《仁壽堂藥鏡》卷八　龜甲敗龜板　味甘、鹹，性寒，有毒。入腎經。惡沙參、蜚蠊。去皮膜，酥炙。《經》曰：漏下赤白，癥瘕痎瘧，五痔陰蝕，小兒顖不合。隱居曰：驚恚，勞役，陰瘡，資智。丹溪曰：補陰，去瘀血，止血痢，續筋骨。時珍曰：龜、鹿皆靈而壽。龜首常藏向腹，能通任脉，故取以養陰；鹿鼻常反向尾，能通督脉，故取以養陽。物理之玄微也。按：龜稟北方之至陰，故能補陰。《格物考》曰：天有先春之震，山多自死之龜。龜聞雷則口所含以蟄者便吐而昂首。時令尚早，無蟲可食，多餓死。血肉滲入下甲，此真敗龜板也。而以灼師用過者當之，誤矣！陽龜殼圓板白，陰龜殼長板黃。陰人用陽，陽人用陰。丹溪曰：屬金而有水，陰中陽也。大有補陰之功，而本草不言，惜哉！其補陰之力，而兼去瘀血，續筋骨，治勞倦。其能補陰者，蓋龜乃陰中至陰之物，稟北方之氣而生，故能補陰，治陰血不足，止血利，治四肢無力。酥、酒、猪脂，皆可炙之。《藥性論》云：龜甲，畏狗膽。蕭炳云：龜甲，主風緩脚弱。

明・蔣儀《藥鏡》卷三平部　龜板　上補心血有虧，因而降火。下補腎元不足，所以滋陰。攻痔漏，膿乾肉長。治腸風，痛止血消。令健忘之多記，使不睡之安寢。續筋骨而顖門自合，逐瘀血而難產催生。亦止血痢，兼治骨蒸。

明・李中梓《頤生微論》卷三　龜甲　味鹹，性寒，有毒。入心、腎二經。惡沙參、蜚蠊。自敗者良。去肋及背，刮去黑皮，酥炙。補腎除蒸，養心益智，續筋骨，去瘀血，止瀉痢及漏下赤白，痎瘧癥瘕，小兒顖門不合，諸瘡久不收口。

按：龜甲北方之至陰，故能補陰。若入丸散，須研極細，恐着人腸胃，變為瘕也。夫龜鹿皆永年，龜首藏向腹，能通任脉，取下甲以補腎補血，皆陰也。鹿首反向尾，能通督脉，取上角以補火補氣，皆陽也。《格物考》云：天有先春之震，山多自死之龜。龜聽雷音，則口中所含以蟄者，便吐而昂首，時令尚早，無蟲可食，多致餓死，血肉腐爛，滲入下甲，此真敗龜板也。又陽龜殼圓板白，陰龜殼長板黃。陰人用陽，陽人用陰。

明・張景岳《景岳全書》卷四九《本草正》　龜板　味微甘、微鹹，性微寒，陰也。能治痎瘧，破癥堅，祛濕痹傷寒勞役骨中寒熱，消五痔陰蝕諸瘡。下甲能補陰血，清陰火，續筋骨，退勞熱。療腰脚痠痛，去瘀血，止血痢漏下赤白，利產難，消癰毒。燒灰可傅小兒頭瘡難燥，婦人陰瘡臁瘡，亦治脫肛。龜板膏：功用亦同龜板，而性味濃厚，尤屬純陰。能退孤陽陰虛勞熱，陰火上炎。吐血衄血，肺熱欬喘，消渴煩擾，熱汗驚悸譫妄狂躁之要藥。然性稟陰寒，善消陽氣，凡陽虛假熱，及脾胃命門虛寒等證，皆切忌之，毋混用也。若誤用，久之則必致敗脾妨食之患。

明・賈九如《藥品化義》卷七　龜甲　屬純陰有土水與金，體堅，色內白外膚皮有黑有黃，氣膻臭，味鹹，性寒，能沉，力補陰，性氣與味俱厚，入腎肝二經。　龜甲，龜之性喜靜，常居土中近水澤，遇陰水則出行，其頭常縮，眼耳口鼻皆伏於地，得地之陰氣最厚，取其底甲純陰，氣味厚濁，為濁中濁品，專入腎臟。主治咽痛口燥，氣喘咳嗽，或勞熱骨蒸，四肢發熱，產婦陰脫發燥病，由腎水虛，致相火無依，此非氣柔貞靜者不能息其炎上之火，古云至靜而能制群動，誠為妙理。又取其汁潤滋陰，味鹹養脈，主治朝寒夜熱，盜汗遺精，神疲力怯，腰痛腿酸，癱瘓拘攣，手足虛弱，久瘧血枯，小兒腮顱不合，病由陰臟衰，致元陰不生，非此味濁純陰者不能補其不足之陰，古云寒養腎精，職此義耳。取甲中血筋多，滋潤厚大者佳。用鐵絲作帚，洗刷筋膜極淨，以酒潤之，炭火暖炙至脆為度。如煎膠用，倍有力，但脾虛者恐滑腸，慎之。醫者仁術，恐傷生命，鹿取自解之角，龜有灼過之甲，故名敗龜板，奈有認作自敗者，不思病龜乃為自敗，甲必枯槁，不惟無益，而反有損，特為訂正。

明・施永圖《本草醫旨・食物類》卷五　水龜龜形象離，其神在坎，上隆而文以法天，下平而理以法地，背陰向陽，蛇頭龍頸，外骨內肉，腸屬於首，能運任脉，廣肩大腰，卵生思抱，其息以耳，雌雄尾交，亦與蛇匹。〇千歲靈龜，五色具焉。〇被蚊叮則死，香油抹眼則入水不沉，老桑煮之則易爛。皆物理制伏之妙也。　龜甲卜龜小而腹下曾鑽十遍者，名敗龜版，入藥良。其頭方脚短殼圓版白者，陽龜也。頭尖脚長殼長版黃者，陰龜也。陰人用陽，陽人用陰。今醫家亦不知如此分別。彼有龜王、龜相、龜將等名，皆視其腹背左右之文以別之。言占事，帝王用王，文用相，武用將，各依等級。〇修治：以龜甲鋸去四邊，石上磨淨，灰火炮過，塗酥炙黃用，亦有酒炙、醋炙、猪脂炙、燒灰用者。　味：甘，平，有毒。中濕者有毒，則不中濕者無毒矣。惡沙參、蜚蠊。畏狗膽。瘦銀。治：漏下赤白，破癥瘕痎瘧，五痔陰蝕，濕痹四肢重弱，小兒顖不合。久服輕身不飢。驚恚氣，心腹痛，不可久立，骨中寒熱，傷寒勞役，或肌體寒熱欲死，以作湯良。久服，益氣資智，使人能食。燒灰，治小兒頭瘡難燥，女子陰瘡。　殼：主久嗽，斷瘧。酒服，主風脚弱。版，治血麻痹。燒灰，治脫肛。下甲，補陰，主陰血不足，去瘀血，止血痢，續筋骨，治勞倦，四肢無力，治腰脚酸痛，補心腎，益大腸，止久痢久洩。主難產，消癰腫。燒灰，傅臁瘡。敗龜版屬金水，大有補陰之功。龜乃陰中至陰之物，稟北方之氣而生，故能補陰，治血，治勞也。〇龜、鹿皆靈而有壽。龜首常藏向腹，能通任脉，故取其甲以補心、補腎、補血，皆以養陰也；鹿鼻常反向尾，能通督脉，故取其角以補命、補精、補氣，皆以養陽也。

附方　補陰丸：用龜下甲酒炙，熟地黃九蒸九晒，各六兩，黃柏鹽水浸炒，知母酒炒，各四兩，石器為末，以豬脊髓和丸梧子大，每服百丸，空心溫酒下。一方去地黃，加五味子炒，一兩。　瘧疾不止：龜殼燒存性，研末，酒服方寸匕。　抑結不散：用龜下甲酒炙五兩，側柏葉炒一兩半，香附童便浸炒三兩，為末，酒糊丸梧子大，每空心溫酒服一百丸。　胎產下痢：用龜甲一枚，醋炙，為末，米飲服一錢，日二。　難產催生：用龜甲燒末，酒服方寸匕。〇用乾龜殼一箇，酥炙，婦人頭髮一握，燒灰，川芎、當歸各一兩，每服秤七錢，水煎服，如人行五里許，再一服，生胎、死胎俱下。　腫毒初起：敗龜版一枚，燒研，酒服四錢。　婦人乳毒：同上方。　小兒頭瘡：龜甲，燒灰傅之。　月蝕耳瘡：同上。　口吻生瘡：同上。　臁瘡朽臭：生龜一枚，取殼，醋炙黃，更煅存性，出火氣，入輕粉、麝香，葱湯洗淨，搽敷之。　人咬傷瘡：龜版骨、鼈肚骨各一片，燒研，油調搽之。　豬咬成瘡：龜版燒研，香油調搽之。

肉：　味：甘、酸，溫，無毒。六甲日、十二月，俱不可食，損人神。不可合猪肉、菰米、瓜、莧食，害人。治：　釀酒，治大風緩急，四肢拘攣，或久癱緩不收，皆瘥。煮食，除濕痹風痹，身腫踒折，治筋骨疼痛及一二十年寒嗽，止瀉血血痢。

附方　熱氣濕痹：用龜肉同五味煮食之，微泄為效。　筋骨疼痛：用烏龜一箇，分作四脚，每用一脚，入天花粉、枸杞子各一錢二分，雄黃五分，麝香五分，槐花三錢，水一碗，煎服。　十年欬嗽：生龜三枚，治如食法，去腸，以水五升，煮取三升，浸麴釀秫米四升如常，飲之令盡，永不發。〇又方，用生龜一枚，着坎中，令人溺之，浸至三日，燒研，以醇酒一升，和末如乾飯，頓服，須臾大吐，嗽囊出則愈。小兒減半。　痢及瀉血：烏龜肉以沙糖水拌，椒和，炙熟，食之，多度即愈。　癆瘵失血：用龜煮取肉，和葱、椒、醬油煮食，補陰降火。治虛勞失血咯血，咳嗽寒熱，累用經驗。　年久痔漏：用龜一三箇，煮取肉，入茴香、葱、醬，常當食，累驗。此疾大忌糟醋。

血：　味：鹹，寒，無毒。治：　脫肛，打撲傷損，和酒飲之，仍擣生龜肉塗之。

膽汁：　味：苦，寒，無毒。主治：　病後目腫，經月不開，取點之良。

溺：　今人惟以豬鬃，或常常刺其鼻，即尿出，似更簡捷也。治：　滴耳，治聾。點舌下，治大人中風舌瘖，小兒驚風不語。摩胸背，治龜胸龜背。龜尿走竅透骨，故能治瘖聾及龜背，染髭髮也。

附方　小兒龜背：以龜尿摩其胸背，久久即瘥。　中風不語：烏龜尿點少許於舌下，神妙。　鬚髮早白：以龜尿調水蛭細末，日日撚之，自黑。末忌粗。

明·盧之頤《本草乘雅半偈》帙二

龜甲《本經》上品　氣味：　酸，平，無毒。

主治：　主漏下赤白，破癥瘕痎瘧，五痔，陰蝕，濕痹，四肢重弱，小兒顖不合。久服輕身不飢。

覈曰：　生南海池澤，及江湖。近取江州、湖州、交州者，骨白肉厚，其色分明，供卜、入藥最良。《論衡》云：　春啟冬蟄，食于清而遊于濁者，龜也。《尚書中候》云：　堯沉璧于雒，玄龜負書而出，背有赤文綠字。《史記》云：　禹治水時，神龜負書出于雒，其數皆九，是作九疇。《述異記》云：　堯時越裳，獻千歲龜，背有科斗文，紀開闢以來事，帝錄之曰龜曆。《廣雅》云：　王者不偏黨，尊耆老，則玄龜出。《白虎通》云：　龜者，天地間壽考物也。故問之龜象也。《爾雅翼》云：　甲蟲三百六十，神龜為之長。《廣雅》云：　神龜者，玄文五色，神靈之精也。《說苑》云：　靈龜千二百歲，文五色，似金似玉，背陰象陽，上隆象天，下平象地，槃衍象山，四足轉運應四時，文著象二十八宿，蛇頭龍頸，左精象日，右精象月。《博議》云：　廣肩巨腰，內肉外骨，雌雄尾交，卵生而思抱。《乘雅》云：　轉旋任脈，呼吸以耳。或云：　腸屬于首者謬矣。《爾雅翼》云：　千歲之化，下氣上通，長尺二寸，浮于蓮葉之上，或藏于叢著之下，可卜天地之終始，能知存亡吉凶之變。寧則申申如也，動則著矣。《漢書》云：元龜距形，一尺二寸，直一千一百六十，為尺貝十朋；公龜九寸以上，直五百，為壯貝十朋；侯龜七寸以上，直三百，為公貝十朋；子龜五寸以上，直百，為小貝十朋，是為寶四品。《周易》或益之十朋之龜。蓋龜者，決疑之物，或益而得十朋之龜，則盡天人之助也。《類攷》云：蔡國君之守龜，蔡氏因以爲名，長尺有二寸。《漢書》云：諸侯以龜寶，家不藏龜。《三正記》云：天子龜長一尺二寸，諸侯一尺，大夫八寸，士六寸，龜陰，故數偶也。陰之老也，龜以火灼之何，以陽動陰也。《周禮》云：龜人掌六龜之屬，各有名物。天龜曰靈屬，地龜曰繹屬，東龜曰果屬，西龜曰靁屬，南龜曰獵屬，北龜曰若屬，各以其方之色，與其體辨之。凡取龜用秋時，攻龜用春時，各以其物，入于龜室，上春釁龜，華人掌燋契，以待卜事。《龜策傳》云：龜一曰北斗，二曰南辰，三曰五星，四曰八風，五曰二十八宿，六曰日月，七曰九州，八曰玉龜。凡八名龜，龜圖各有文于腹下，此龜不必滿尺二寸，得長七八寸，亦可寶矣。又曰：龜有五色，以時用之。青靈之龜，春宜用，西坐而東向；赤靈之龜，夏宜用，北坐而南向；白靈之龜，秋宜用，東坐而西向；玄靈之龜，冬宜用，南坐而北向；黃靈之龜，四時之季用，坐中央而隨時向。《龜書》云：春占後右，寅卯木兆也；夏占前右，巳午火兆也；秋占前左，申酉金兆也；冬占後左，亥子水兆也。《乘雅》云：天子占鼎耳，曰土兆，遵帝域也。諸侯占輔弼，曰木兆，人生于寅也。卜歲時占天垣，亦曰木兆，帝出乎震也。各有定穴，毋踰位次，然後觀象察變，數往知來。順竅穴之骨理而著文者，曰食墨；逆竅穴之骨理而著文者，曰危墨。五兆雨霽蒙繹克，而貞悔于斯見矣。更条方隅之五鄉，定位之生制。六神主客之加臨，三重形體之嘗變，左右輕重之權衡，主事本源之宜忌，更辨色聽聲，必齋必敬，庶幾乎吉凶可判，克應可憑也。或云：龜聞鐵聲則伏，老桑煮之易爛。蘇頌云：頭方脚短，殼圓版白者，陽龜也；頭尖脚長，殼長版黃者，陰龜也。陰人用陽，陽人用陰。《經》云龜甲勿令中濕，陶言靨可供卜，殼可入藥。古者上下甲皆用之，日華僅用龜版，後世遂主之。時珍云：按陶氏用生龜炙取，日華用灼多者，皆以其有生氣神靈也。靨可供卜以垂象者，大效法者地，故取諸腹靨，日華用靨亦本于此。曰敗者，謂鑽灼陳久如敗也。吳氏反用自死枯敗之版，復謂灼者失性，謬甚矣。修治：須用神龜，神龜版，當心前一處，四方透明如琥珀色者，最佳。鋸去四邊，石上磨淨，灰火炮過，塗酥炙黃用。亦有酒炙、醋炙、猪脂炙，及炮灰用者，各有所宜。惡沙參、蜚蠊。畏（胸貼）〔狗膽〕。瘦銀。

条曰：龜運任脈，而脈通于首，非腸也，會督脈于巔，交督脈于尾閭耳。龜運任脈，服天氣以通神明也。如鹿會任脈于尾閭，交任脈于巔耳。故以督會任者，陽外而陰內，以任會督者，陽內而陰外。信夫龜形象離，而神在坎也。漏下癥瘕，五痔陰蝕，任之為病也，即坎失剛中用，離失虛中體耳。痎瘧，則經脈縱橫，致任督不能維持于經脈，濕痹四肢重弱，則經脈緩解，致經脈不能依循于任督，小兒顖不合，此任不會督于巔，龜蓋以骨為表，顖合固宜。

明・李中梓《本草通玄》卷下 龜甲 鹹，平，腎經藥也。稟北方純陰之氣而生，大有補水制火之功，故能強筋骨，益心智，止欬嗽，截久瘧，去瘀血，止新血。大凡滋陰降火之藥，多是寒涼損胃，惟龜甲益大腸，止泄瀉，使人進食，真神良之品也。龜、鹿皆靈而壽。龜首藏向腹，能通任脉，故取其甲以養陰。鹿鼻反向尾，能通督脉，故取其角以養陽。去脇用底，去黑皮，酥炙。

清・顧元交《本草彙箋》卷九 龜甲 龜，爲陰中之至陰，其底甲又屬純陰，氣味厚濁。專入腎臟，方家用入補心藥。蓋以心藏神，而龜性有神，借其氣以相通。且得水火既濟之義，實非補心之正藥也。其主咽痛口燥，乾咳喘嗽，勞熱骨蒸，及產婦陰脫發躁者，皆由腎虛相火無依，此非氣柔貞靜者，不能息其炎上之火，所謂靜能制動，誠爲至理。其主潮熱盜汗，遺精，腰痛腿酸，癱瘓拘攣，久瘧血枯，小兒顖顱不合者，皆由真臟衰，致元陰不生，非此味厚純陰者，不能補其不足之陰。所云寒養腎精，職是義耳。

甲蟲三百六十，而神龜爲之長。龜形象離，其神在坎。上隆而文以法天，下平而理以法地，背陰向陽，蛇頭龍頸，外骨內肉。腸屬於首，能運任脈，廣肩大腰，卵生思抱，其息以耳，雌雄尾交，亦與蛇匹。或云大腰無雄者，謬也。今人視其底甲，以辨雌雄。敗龜版者，乃經灼過之龜版。若謂自死枯敗之龜，不惟甲已枯槁，而病龜自死之甲，反爲有損。龜性神靈，能變化，凡入藥勿令中濕，中濕則遂其變化之性，而成癥瘕於腹中。且用宜研之極細，不爾，留滯腸胃，亦能變瘕。龜、鱉二甲，主用略同。二者咸至陰之物，但鱉甲走肝益腎以除熱，龜甲通心入腎以滋陰。第鱉甲無毒，可多用。龜甲則未免有毒。凡難產，三五日不下，垂危，及短小女子交骨不開者，用乾龜殼一個，酥炙，頭髮一握，燒灰，川芎、當歸各一兩，爲末，和勻，每服七錢，水煎服，如人行五里許，再一服，生胎、死胎俱下。　腫毒初起，敗龜版燒研，酒服四錢。婦人乳毒亦同。

清·穆石匏《本草洞詮》卷一七　龜甲、肉、溺　龜，有山、澤、水、火四種，大一尺以上者，國之守龜，未能變化。年至百千，則具五色，而或大或小，變化無常也。火龜則生炎地，如火鼠也。攝龜則呷蛇龜也。文龜則蠵蠵，瑇瑁也。龜形象離，其神在坎，上隆而文以法天，下平而理以法地。能運任脉，其息以耳。年至八百，反大如錢，夏則游於香荷，冬則藏於藕節，息有黑氣，如煤烟在荷心也。聞鐵聲則伏，被蚊嚕則死。香油抹眼，則入水不沉。老桑煮之則易爛。皆物理之妙也。龜甲甘，平，有毒，一云無毒。主益氣資志。治漏下赤白，破癥瘕痎瘧，五痔陰蝕，濕痺，四肢重弱，小兒顖不合，久服不飢。龜鹿皆靈而有壽，龜首常藏向腹，能通任脉，故取其甲，以補心、補腎、補血，皆以養陰也。鹿鼻常反向尾，能通腎脉，故取其角，以補命、補精、補氣，皆以養陽也。所謂敗龜板者，謂鑽灼陳久如敗，以其有生性神靈也。吳球用自死枯敗之板，反謂灼者失性，謬矣。龜肉甘酸，溫，無毒。釀酒治大風緩急，四肢拘攣，或久癱緩不收，皆瘥。煮食除濕痺風痺，筋骨疼痛，及一二年寒嗽，止血痢。《綱目》云咳嗽十年或二十年醫不効者，生龜三枚，治如食法，去腸，以水五升，煮取三升，浸麴釀秫米四升，如常飲之令盡，永不發也。龜溺滴耳治聾；點舌下治大人中風舌瘖，小兒驚風不語；摩胸背治龜胸龜背。其取溺法：以龜置瓦盆中，以鏡照之，龜見其影，則淫發失尿，龜尿走竅透骨，故能治瘖聾及龜背，染髭鬚也。《岣嶁神書》云：龜尿磨瓷器能令軟，磨墨書石，能入數分。此可推矣。

清·丁其譽《壽世秘典》卷四　龜而龜為之長，背陰向陽，蛇頭龍頸，外骨內肉，腸屬于首，能運任脉，廣肩大腰，卵生思抱，其息以耳，雌雄尾交，亦與蛇匹。或云大腰無雄者，謬也。今人視其底甲，以辨雌雄。春夏出蟄脱甲，秋冬藏穴導引，故靈而多壽。一種生山中者，極大而壽，冬月藏土中，春、夏、秋即出遊溪谷，名山龜。古人獨取秦地者名秦龜，其占卜、入藥、飾器，功用相同。一種生于海邊，山居水食，瑇瑁之屬，名蠵龜，非若山龜不能入水也。一種綠毛龜，出蘄州，取自溪澗，畜水缸中，飼以魚鰕，甲上有綠毛茸生，出水則斂，入水則披拂如海苔，然毛中有金線，脊骨有三稜，底甲如象牙色，其大如五銖錢者為真，此龜古方無用者，近時滋補方用之，大抵與龜甲同功。或云：龜聞鐵聲則伏，被蚊嚕則死，香油抹眼則入水不沉，老桑煮之則易爛。皆物理制伏之玅也。

龜甲：一名敗龜版。氣味：甘，平，有毒。治漏下赤白，破癥瘕，痎瘧，五痔，陰蝕，濕痹，四肢重弱，小兒顖不合，久服輕身不飢《本經》。補陰，主陰血不足，去瘀血，止血痢，續筋骨，治勞倦四肢無力《丹溪》。治腰脚酸痛，補心腎，益大腸，止久痢久洩，主難產，消癰腫。燒灰傅臁瘡《綱目》。

發明陶弘景曰：此用水中龜，長一尺二寸者為善。厴可供卜，殼可入藥，當以生龜炙取。日華子曰：卜龜小而腹下曾鑽十遍者，名敗龜版，入藥良。又按《經》云：龜甲勿令中濕，中濕則遂其變化之性而成癥瘕于腹中。陶言厴可供卜，殼可入藥，則古者上下甲皆用之。至日華始用龜版，而後人遂主之矣。然陶用生龜炙取，日華用灼多者，皆以其有生性神靈也。曰敗者，謂鑽灼陳久如敗也。吳球不達此理，而反用自死枯敗之版，復謂灼者失性，謬矣。李時珍曰：龜、鹿皆靈而有壽，龜首常藏向腹，能通任脉，故取其甲以補心、補腎、補血，皆以養陰也。鹿鼻常反向，尾能通督脉，故取其角以補命、補精、補氣，皆以養陽也。乃物理之精微，神工之能事。觀龜甲所主諸病，皆屬陰虛血弱，自可心解矣。王肯堂云：古人用龜甲入藥，必取自死朽敗者，防其得人生氣則復活也，活則以人之氣血脂膜為糧，竭即及臟腑而死矣。《本草》稱龜甲所主，大率治漏下赤白，破癥瘕痎瘧、陰蝕、濕痹，不言補心腎。自丹溪有補陰之說，而後世煎膠製丸服之，無纖毫之益，且有害，可不戒乎？《紫桃軒雜綴》云：龜性難死而易生。余畜一綠毛者，偶為孩童所虐，已僵挺，首尾俱出，且作枯蜡矣，不忍腐露，令埋之竹下，踰冬歷春業忘之矣。至四月大雷雨，此物忽蹣跚行草間，急發故埋處，則成空坎，以得土氣伏藏，再活也。昔潤州一大老，性喜服食所製補劑，中用敗龜板餌之，垂十年頗健朗。晚歲忽患蠱膈，奄奄就盡，乃謁白飛霞。飛霞診視良久，曰：此瘕也，公豈餌龜板藥耶？今滿腹皆龜，吾藥能逐之。其在骨節、膚腠中者，非吾藥所能也。公可速治後事。乃與赤丸數粒，服之，下龜如豆大者升餘，得稍寬。不數月，仍斃。易簀時，驗小遺，悉有細蟲彷佛龜形。其得氣而傳化，如此可畏哉。繆希雍曰：新剖之甲，斷乎有毒，不宜頻使。妊婦不宜用。凡入藥鋸去四邊，石上磨淨，灰火炮過，塗酥，炙黃用，亦有酒炙、醋炙者，須研極細，不爾留滯腸胃能變癥瘕。觀此，可以證龜之難死易生，入腹成癥。養生者信方書為補陰之上劑，終日服食，荏苒不悟，遂致傷生，可不慎歟。按：《醫學正印》云：龜版、龜膠不宜單用，蓋龜性不交，與牝龜隔水相視而得孕。《種子方》中配以虎脛骨、鹿角膠，得陰陽之義可用，若單用能瘻陽寒精，交不成孕，不可不知。

龜肉：氣味：酸，溫，無毒。煮食，除濕痹風痹，身腫，踒折，筋骨疼痛，多年寒嗽，止瀉血、瀉痢。

發明孫思邈曰：六甲日、十二月俱不可食，損人神，不可合猪肉、菰米、瓜莧食，害人。

龜溺：滴耳，治聾。點舌下，治大人中風舌瘖，小兒驚風不語。摩胸背，治龜胸、龜背。

發明孫光憲《北夢瑣言》云：龜性妬而與蛇交，惟取龜置瓦盆中，以鑑照之，龜見其影，則淫發失尿，急以物收取之。又法，以紙炷火以點其尻，亦致失尿，但差緩耳。今人惟以猪鬃或松葉刺其鼻即尿出，似更簡捷也。李時珍曰：龜尿走竅透骨，故能治瘖聾及龜背，染髭髮也。按《岣嶁神書》言，龜尿磨瓷器能令軟，磨墨書石能入數分，即此可推矣。

清・劉雲密《本草述》卷二九　龜惡沙參、蜚蠊，畏〔狗貼〕〔狗膽〕。瘦銀。

水龜甲一名敗龜板。　氣味：甘，平，有毒。甄權曰：無毒。時珍曰：按《經》云：中溼者有毒。則不中溼者無毒矣。

下甲　主治：補陰，陰血不足，去瘀血震亨。破癥瘕，痎瘧《本經》。止血痢震亨。五痔陰蝕，溼痹，四肢重弱《本經》。及血麻痹日華子。續筋骨震亨。補心腎時珍。除驚恚氣，心腹痛，骨中寒熱《別錄》。並治女子漏下赤白，小兒顖不合《本經》。燒灰傅臁瘡時珍。久服益氣《別錄》。

丹溪曰：敗龜板屬金而有水，陰中陽也。大有補陰之功，而《本草》不言，惜哉！其補陰之力，而兼去瘀血，續筋骨，治勞倦。其能補陰者，蓋龜乃陰中至陰之物，稟北方之氣而生，故能補陰，治陰血不足，止血利，治四肢無力。時珍曰：龜、鹿皆靈而有壽，龜首常藏向腹，能通任脈，故取其甲以補心，補腎，補血，皆以養陰也。鹿鼻常反向尾，能通督脈，故取其角以補命門，補精，補氣，皆以養陽也。乃物理之玄微，神工之能事。觀龜甲所主諸病，皆屬陰虚血弱，自可心解矣。愚按：能通任脈使會督，會督而後任脈通，是陰中有陽也。能通督脈使會任，會任然後督脈通，是陽中有陰也。希雍曰：介蟲三百六十，而龜為之長，稟金水之氣，故味鹹而甘，氣平，氣味俱陰，入足少陰經。方家多入補心藥用，以得水火既濟之義，而借其氣以相通，實非補心之正藥也。

愚按：龜能閉息，其首常藏向腹，使任脈常合於督也。鹿鼻常反向尾，使督脈常合於任也。蓋任督二脈，原同源而分，龜、鹿能使分者常合，此其所以壽也。龜板固能補陰，詎知其所補者陰氣，其所以能補陰氣者，為其陰中含陽也。觀《本經》主治小兒顖不合，其不合者，由於腎氣之不足也。夫腦為髓海，而足太陽入絡於腦，乃督脈固附足太陽膀胱之脈者，則其能治解顱，豈非任之合於督，以為腎氣哉？丹溪謂為陰中陽，亦為能察物矣。故其破癥瘕，破瘀血，續筋骨，益勞倦等證，皆其益陰氣之功。丹溪曰陰足而血氣調和，則瘀血癥瘕自消，崩帶血痢自治，筋骨自健。若然，是朱先生之所謂主陰血不足者，蓋從補陰氣中而血自足者也。原理云：痛風證，氣虚者主方加參、朮、龜板。然則破癥瘕等種種之功，不必借陽以行陰之滯，乃即陰而達陽之用，此所謂大能補陰者，如以純陰為補，庸可幾乎？蓋少陰腎，《經》曰陰中之至陰，然又曰陰中之少陰，以此合於龜之使任常合腎者，則又曰為陰中至陰之物，先生猶似察焉而未精者歟。

附方　抑結不散，用龜下甲，酒炙五兩，側柏葉炒一兩半，香附童便浸炒一兩，為末，米糊丸梧子大，每空心温酒服一百丸。胎產下痢，用龜甲一枚，醋炙為末，水飲服一錢，日一。臁瘡朽臭，生龜一枚，取殼醋炙黄，更煅存性，出火氣，入輕粉、麝香，葱湯洗淨，搽敷之。

龜肉：氣味：甘，酸，温，無毒。主治：釀酒治風痛緩急，四肢拘攣，或久癱緩不收皆效蘇恭。

愚按：龜板為治痛風要藥，丹溪於陰火痛風必用之，蓋因其多屬血虚。而血臟即風木之臟也。然實取其能益陰氣，故《本經》云治溼痺，乃陰氣不足之溼以成痹者也。若屬於感受之溼，以是投治，可乎？不觀其更用之治食積而肩腿痛者乎？《經》曰：陰之所生，本於五味，陰之五宫，傷於五味。夫五臟之傷，屬於味之陰矣，不從陰氣之所生者以為治，而漫然謂其益血，為能中的也，不同於夢哉？

附方　筋骨疼痛，用烏龜一個，分作四脚，每用一脚，入天花粉、枸杞子各一錢二分，雄黄五分，麝香五分，槐花三錢，水一椀，煎服。

龜溺以豬鬃或松葉刺其鼻，即尿出。　主治：滴耳治聾藏器。點舌下，治大人中風舌瘖，小兒驚風不語。摩胸背，治龜胸、龜背時珍。　時珍曰：龜尿走竅透骨，故能治瘖聾及龜背，染髭髮也。按《岣嶁神書》言：龜尿磨瓷器能令軟，磨墨書石能入數分。即此可推矣。

附方　小兒龜背，以龜尿摩其胸背，久久即差。中風不語，烏龜尿點少許於舌下，神妙。　希雍曰：龜甲，妊婦不宜用。病人虚而無熱者，不宜用。

修治　中梓曰：按《格物考》云：天有先春之震，山多自死之龜。龜聽雷音，則口中所含以蟄者，便吐而昂首，時令尚早，無蟲可食，多致餓死，血肉腐爛，滲入下甲，此真敗龜板也。又陽龜殼圓板白，陰龜殼長板黄，陰人用陽，陽人用陰。　時珍曰：以龜甲鋸去四邊，石上磨淨，灰火炮過，塗酥炙黃用。亦有酒炙、醋炙、豬脂炙、燒灰用者。　希雍曰：　凡入藥須研極細，不爾留滯腸胃，能變癥瘕也。

清・郭章宜《本草匯》卷一七　龜甲　味鹹、甘，平，氣味俱陰，陰中之陰也，入足少陰經。專補陰衰，借性氣引達諸藥。善滋腎損，仗功力復足真元。續筋治勞，四肢無力者有驗。腰背酸痛，手足重弱者殊功。退骨蒸，截痎瘧。小兒顖門不合，臁瘡杇音烏臭難聞。醋炙存性，出火氣，入輕粉、麝香，葱湯洗淨，搽敷。

按：　龜，禀北方之氣而生，為陰中至陰之物。其形象離，其神在坎，大補陰分，而主陰血不足。時珍曰：　先賢用敗龜版，惟靈山諸谷因風墜自敗者最佳。若人打壞者，次也。陶弘景用生龜炙，日華用灼多者，皆以其有生性神靈也。所謂敗者，乃鑽灼陳久如敗也。愚意敗者，恐還指自敗者，是其血肉滲盡，氣味全足，方為有用。若鑽灼者，已經燒炙焦燥，津液耗去，何益之有哉？　是以下焦滋補丸藥多用為君，方家亦入補心藥中用。以心藏神而龜性有神，借其氣以相通，且得水火既濟之義，實非補心之正藥也。第降火滋陰之物，大都寒凉損胃，惟龜甲益大腸，止泄瀉，使人進食，真稱神良之品。其性與鼈甲相類，今人喜用鼈甲，而惡用龜甲者，皆一偏之見耳。不知鼈甲走肝益腎以除熱，龜甲通心入胃以滋陰。陰性雖同，所用略異。靈而長壽，與鹿相等。龜首藏腹，能運任脈，故取其甲以養陰。鹿鼻向尾，能通督脈，故取其角以養陽。病人腎虚而無熱，與妊婦，俱不宜用。丹溪補陰丸用龜下甲，酒炙，熟地黄各六兩，黄栢、知母鹽水浸炒各四兩，石器為末，以猪脊髓和丸，空心溫酒下。一方去地黄，加五味子炒一兩。又抑結不散，用龜甲酒炙五兩，側栢葉炒兩半，香附童便酒炒一兩，為末，米糊丸，空心溫酒下。若難産不下，及交骨不開，用龜甲一箇，婦人頭髮一握，燒灰，川芎、當歸各一兩，用七錢水煎服，約人行五里許，再服取効。痘後目腫不開，取龜胆汁點之，最良。小兒龜胸龜背，以龜尿摩其胸背，久久即瘥矣。又滴耳治聾，點舌下，治中風不語，蓋走竅透骨故也。取尿法：　以龜置荷葉上，將鏡炤之，尿即出。或以猪鬃、松葉刺其鼻，亦出。《岣嶁神書》言，龜尿磨瓷器能令軟，磨墨書石能入數分。取四方透黃者，去肋用底，刮去黑皮，或酒、醋、猪脂旋塗旋炙，或以酥銚中熬黃，須研極細，否則沾人腸胃，能變癥瘕。勿令中濕，有毒。畏狗胆。惡沙參。要肉爛，老桑煑之。頭方殼圓脚短者，為陽龜。形長頭尖脚長者，為陰龜。陰人用陽，陽人用陰。今人不復分別。

清・朱本中《飲食須知・魚類》　龜肉　味酸，性溫。此物神靈，不可輕殺。六甲日、十二月俱不可食，損人神。同猪肉、菰米、瓜、莧食，害人。神龜版當心前一處四方透明，如琥珀色者佳。頭方脚短殼圓版白為陽，頭尖脚長殼長版黄為陰。其息以耳，腸屬於首，雌雄尾交，亦與蛇匹。龜老則神，年至八百，反大如錢。龜聞鐵聲則伏，蚊嚼則死。香油抹眼，入水不沉。老桑煮之易爛。龜尿磨瓷器，能令軟。磨墨書石，能入數分。取龜尿，以猪鬃或松葉刺其鼻即出。金線綠毛龜，置書笥辟蠹。呷蛇龜，甲肉俱毒，不可食之。

清・何其言《養生食鑒》卷下　龜有大、小數種，然功用頗同。神廟中切勿殺之。

龜肉：　味酸，性溫，無毒。補血，通血脈，資智慧，治風濕痹症，久年寒嗽，赤痢失血。釀酒飲，治大風踒折，筋攣骨痛。陶弘景云：　作羹臛大補。而多神靈，不可輕殺。六甲日、十二月，俱不可食，損人神。不可合猪肉、菰米、瓜、莧食，害人。甲：　無毒。滋陰，散麻痹癥瘕。膽：　點痘後目腫不開者良。　尿：　滴耳內，治聾。點舌下，治中風舌瘖及驚風不語。凡取龜尿，用磁器盛住，以猪鬃刺鼻，尿即下。

清・蔣居祉《本草擇要綱目・平性藥品》　龜甲凡使鋸去四邊，石上磨淨，炭火炮過，醋塗酥炙，或以酒炙用。　氣味：　甘，平，有毒。　主治：　血滯麻痹，久嗽虚瘧。屬金水，功長於補陰，治血治勞。蓋龜、鹿皆靈而有壽。龜首常藏向腹，能通任脈，故取其版，以補心、補腎、補血以養陰也。鹿鼻常反向尾，能通督脈，故取其角，以補命、補精、補氣以養陽也。古人製龜鹿二仙膏，見神工之能事矣。龜下甲治漏下赤白，破癥瘕，去瘀血，止血痢，續筋骨，療勞倦，四肢無力，腰脚酸痛。

清・褚人獲《堅瓠秘集》卷三　龜板膏不可多食　《紫桃軒雜綴》：　龜能辟火，其性難死而易生。曾畜一綠毛者，大如當三錢，爲孩兒所虐，已經僵挺，首尾俱出，且作枯腊矣。戲埋之竹下，踰冬歷春，至四月大雷雨，龜忽蹣跚行草間。急發埋處，則成空坎，是其得土氣，伏藏再活也。昔潤州一紳性喜服食，補劑中用龜板膏餌之，垂十年頗強健。晚歲，忽患蠱膈，厭厭就盡，乃謁茅山白飛霞求診。〔白診〕視良久，曰：　此瘕也，公豈餌龜板膏耶？　今滿腹皆龜，吾藥能逐之。其在骨節膚腠中者，非吾藥所能下也。可速歸，治後事。與赤丸數粒。服之下龜如菽大者升餘，得以稍寬，不數月仍卒。

清・王翃《握靈本草》卷九　龜甲有山、澤、水、火四種，今惟取水中者。自死肉敗者力強，鑽灼者不用。只取底板，悉去旁沿。酥炙，或酒炙用。　主治：　龜甲，甘，平，有毒。主補陰血不足，治漏下赤白，癥瘕痎瘧，腰背痠疼，手足重弱，骨中寒熱，小兒顖門不合，女子濕癢陰瘡。止久痢，療難產。

清・汪昂《本草備要》卷四　龜板補陰，益血。　甘，平，至陰，屬金與水。補心益腎，滋陰資智。性靈，故資智通心、益腎以滋陰。治陰血不足，勞熱骨蒸，腰脚痠痛，久瀉久痢，能益大腸。久嗽痎瘧，老瘧也。或經數年，中有痞塊，名瘧母。癥瘕崩漏，五痔産難，爲末酒服，或加芎、歸、煅髮。陰虛血弱之症。益陰清熱，故治之。時珍曰：　龜、鹿皆靈而壽。龜首常藏向腹，能通任脉，故取其甲，以補心、補腎、補血，以養陰也。鹿首常返向尾，能通督脉，故取其角，以補命、補精、補氣，以養陽也。昂按：《本草》有鹿膠而不及龜膠，然板不如膠，誠良藥也。合鹿膠，一陰一陽，名龜鹿二仙膏。　大者良。上下甲皆可用。酥炙或酒炙、猪脂炙，煅灰用。洗淨搥碎，水浸三日用。桑柴熬膏良。自死敗龜尤良，得陰氣更全也。惡人參。　龜尿：　走竅透骨，染鬚髮，治啞聾。以鏡照之，龜見其影，則淫發而尿出。或以猪鬃、松毛刺其鼻，尿亦出。

清・吳楚《寶命真詮》卷三　龜甲　【略】補腎退骨蒸，養心增智慧，強筋骨，止咳嗽，截久瘧，去瘀血，(止)〔生〕新血。

清・陳士鐸《本草新編》卷五　龜甲千歲靈龜　味鹹、甘，氣平，有毒，陰中陽也。專補陰衰，善滋腎損，復足真元，皷漏下崩帶，却癥瘕痎瘧。傷寒勞復或肌體寒熱欲死者殊功，腰背痠疼及手足重弱難舉者易效。治小兒顖門不合，理女子濕癢陰瘡，逐瘀血積凝，續筋骨斷絶，補心輕身，益氣資智。

千歲靈龜，身上五色全具，額端骨起似角，和身用之最能延齡。按龜乃至陰之品，活用全身，死用龜板。用全身而加入參、术之中，則其毒自解。惟死龜板取之煎膏，必須用灼過者，名曰敗龜，則毒隨火化可用。倘用自死者煎膏，未有不毒者也。龜年最永，何能自死，非受蛇傷，必為毒中。用之入藥，得免無損，幸矣。安望其補益哉。

千歲靈龜，何能易見，非德高道重者，斷不可得也。鐸著《本草》，知千歲之龜可以延年，烏敢隱而不告乎，夫千歲靈龜，自知趨避，豈肯輕露于沙洲、塘渚之間，以招人物色，輕投于鼎鑊之中。然而天地之大，實有此種，使道德之士，無心獲之，而益算亦未可知也。但得千歲之龜，而不知修合之法，終屬無益。鐸受異人之傳，並將製法奇方附後，方名千歲靈膏。

千歲靈龜一個，紙包，用火煨死。然後，用桑木用水煮熟，約一晝，連身甲搗碎。入人參一觔，白术二觔，熟地二觔，桑葉二觔，山茱萸、薏仁、茯苓、巴戟天各一觔，五味子四兩，柏子仁六兩，杜仲半觔，各為末，同龜搗爛，加蜜為丸。每日白滾水服五錢，服後，精神還少，鬚髮重烏，壽至百歲外，猶身如少年也。

或問：　龜至靈，人放之宜延齡，烏有食龜而延年者乎？況龜千歲，其靈更甚，食之作祟，未必不反促壽。嗟乎！　世間安得千歲之龜哉，一旦為人所獲，此天厭之也。夫龜壽萬年，深藏于江湖之內，原不予人以易得，況千歲之龜，尤鍾至靈之氣，世俗人生之事尚且深知，豈己身生死反不知之。即數宜為人所得，其必有趨避之方，以脱于難也。然而可以趨避而趨避不能者，必深獲罪于天而不可逭耳。夫龜潛乎淵，何罪之有？　不知物性好淫，淫心一動，託其至靈之氣，以迷男女，盜人之精氣以私益其軀殼，或淫極而殺心生，久且惟知取樂，而不知修省，天安得而不加誅戮哉。然而上帝好生殺，長生之物，置之于無用之地，何若助修德之士作延齡之丹。此異人之傳鐸，而鐸又不敢倖獲，必公傳之天下，使道高德重者，得之以為益算之資也。

或謂介蟲三百六十，龜為之長，神靈變化，凡入藥中，勿令中濕，則遂其變化之性，而成癥瘕于腹中。先生制龜之方，仍用水煮，萬一生瘕，奈何？曰：　用滾水煮熟，安能作祟，況又用桑柴以制之乎。然而用龜以補陰者，正取其有神也，蓋中多是補心之藥，夫心藏神，而龜性有神，借其氣以相通，心腎兩接，水火有既濟之妙也。

清・顧靖遠《顧氏醫鏡》卷八　龜甲鹹，寒。入心腎二經。或酥、或酒、或醋、或豬脂、或黃蠟塗炙，搗小塊用。若煅末入丸散，恐中濕，則隨其變化之性，成癥瘕於腹中，故《經》言中濕有毒。煎膠用良。　補腎退骨蒸，稟北方之氣，至陰之物，故所主陰虛血弱，腰脚痠疼，骨蒸寒熱諸病。《别錄》謂其能令人食者，除熱之功也。養心增智慧。心藏神，龜性神靈，借其氣以相通，且得水火既濟之義，實非補心之正藥。截痎瘧，理傷寒勞復寒熱。久瘧則陰傷，勞復寒熱，由陰虛而邪熱為病，故皆用以補陰。續筋骨，治勞倦四肢無力。補陰血之功也。《本經》治濕痺，四肢重弱者，亦腎陰虛而邪氣易犯，養正則邪自除。泄痢久而能止，腎司二便，久泄久痢不止，下多亡陰，當求責腎。且其性又能益大腸也，産後下痢尤宜。腫毒起而可消。婦人乳毒，陰蝕陰瘡甚效。一方治發背初起，以龜甲黃蠟炙透，内服外敷有神。治小兒顖門不合，腎主骨，以腎虛故不合。醫婦人漏下赤白。

叔和云：　崩中日久為白帶，漏下多時腎水枯，此有大補陰之功。療五痔如神，益陰除熱故也。敷臁瘡至效。小兒頭耳口吻諸瘡，並煅末敷之。龜鹿皆永年，龜首藏向腹，能通任脉，取下甲以補陰血。鹿鼻反向尾，能通督脉，取上角以補精氣。腎虛無熱者忌之。孕婦亦忌。

清·馮兆張《馮氏錦囊秘錄·雜症痘疹藥性主治合參》卷一一　龜甲介蟲三百六十，而龜為之長。稟金水之氣，味鹹而甘，氣平，有毒。其性神靈，能變化。凡入藥，勿令中濕，中濕則遂其變化之性，而成癥瘕於腹中，故言有毒也。氣味俱陰，入足少陰經。方家多入補心藥用，以心藏神，而龜性有神，借其氣以相通，且得水火既濟之義，實非補心之正藥。其主骨中寒熱，傷寒勞復，肌體寒熱欲死，腰背酸疼，手足重弱，五痔陰蝕，濕痹，頭瘡，痎瘧者，皆陰虛而邪熱為病也。又主驚恚氣心腹痛者，亦陰虛而火偏盛也。不能久立，顖門不合者，皆腎氣虧而骨氣不足也。至陰能除大熱，而諸證自退矣，且有鹹寒軟堅潤下之性，則癥瘕崩漏之疾，何慮不瘳？但今人有喜用鱉甲，惡用龜甲者；有喜用龜甲，惡用鱉甲者，皆偏見也。二者皆至陰之物，鱉甲走肝益腎以除熱，龜甲通心入腎以滋陰。但鱉甲無毒，可多用。龜甲非千年自死者，則有毒也，故方書所載，曰敗龜板者，取其長年則得陰氣最深，故有益陰之功耳。若新剖之甲有毒，不宜輕使。妊婦不宜服，病人虛而無熱者，不宜服。凡入藥更須研極細，勿令中濕，不爾，留滯腸胃，能變癥瘕也。

龜甲，十二月忌服，專補陰衰，善滋腎損，復足真元，五痔陰蝕，濕痹頭瘡。驚恚氣，心腹痛。骨中寒熱，不可久立。漏下崩帶，癥瘕痎瘧，傷寒勞復，肌體寒熱欲死。腰背痠疼，手足重弱難舉，小兒顖門不合，女子濕癢陰瘡。逐瘀血積凝，續筋骨斷絕。以性靈於物，用補心益智。至陰柔順之氣，能衰亢烈之火。寒以養精，至靜而能制群動也。性與鱉甲相類，但鱉甲色青應木，走肝益腎以除熱，龜甲色黑應水，通心入腎以滋陰。然皆至陰大寒，多用必傷脾土。肉煮啖，除風痹身腫，瘴氣踒折。釀酒，主風痛拘攣，緩急癱瘓。

主治痘疹合參：　龜板，痘中有用之者，以其大有補陰之功也。

按：　龜稟北方之至陰，其華在甲。取以補心補血補腎，皆以養陰也。《格物考》云：　天有先春之震，山多自死之龜。龜聽雷音，則口中所含以蟄者，便吐而昂首，時令尚早，無蟲可食，多致餓死。血肉腐爛，滲入下甲，此真敗龜板也。陽龜殼圓板白，陰龜殼長板黃。陰人用陽，陽人用陰。

清·张璐《本經逢原》卷四　龜版《本經》名曰神屋。　鹹、甘，平，小毒。入藥取腹去背，酒浸酥炙，或熬膠用。色黑、產水中者為水龜，其色黃、出山中者為秦龜，秦龜不入補腎藥。一種呷蛇龜，腹折，見蛇則呷而食之，其性最毒，不可誤用。方書皆用灼過敗龜之版，取其用過無關生命也。世以自死龜殼為敗，既死精氣已脫，取用何益，悮服反受其毒，以其為蛇虺所傷也。今藥肆所賣龜膠，每以鹿角膠脚沖入則易凝結，亦有以黃明膠和入者。凡製膠，須去背甲，以淨腹版，水浸去外衣，則膠無腥濁之氣。《本經》主漏下赤白，破癥瘕，痎瘧，五痔，陰蝕濕痹，四肢重著，小兒顖不合。　發明：　龜稟北方之氣而生，乃陰中至陰之物。耑行任脈，上通心氣，下通腎經，故能補陰治血治勞。大凡滋陰降火之藥，多寒涼損胃。惟龜版炙灰則益大腸，止泄瀉，故漏下赤白亦能療之。其治小顖不合，專取滋水堅骨之功，皆龜之所主。其破癥瘕，痎瘧，五痔，陰蝕，濕痹重著，皆秦龜之功用，以能入脾經治風濕也。時珍云：　龜鹿靈而壽，龜首常藏向腹，能通任脈，故取其腹以補心、補腎、補血，皆養陰也。鹿鼻常反向尾，能通督脈，故取其角以補命門、補精、補氣，皆養陽也。觀龜版所主之病，皆屬陰虛精弱，腰脚痠痿，可心解矣。燒灰酒服，治痘瘡。又合鹿角灰等分，入四物湯服治血崩。炙末酒服主風痹脚弱。燒灰傅小兒頭瘡、婦人陰瘡。鱓魚血調塗湯火濕瘡。但胃虛少食，大便不實及妊娠禁用，以其無陽生之力耳。膽汁苦寒，治痘後目腫，經月不開，取汁點之良。溺滴耳治聾。點舌下治大人中風舌瘖，小兒驚風不語。摩胸背治龜胸龜背。欲取其溺，以豬鬃刺其鼻即出。

清·浦士貞《夕庵讀本草快編》卷六　水龜《本經》　龜頭與蛇同，故字上從它。其下象甲足尾之形。　龜乃甲蟲之長，其形象離，其神在坎。殼隆而文以法天，腹平而理以法地。能以首運在脈，故靈而多壽。古云龜足以獻臧否則寶之是也。其甲取自敗，并鑽灼過者。予謂血肉之物，用其異類有情，若久敗焚炙，失其本性矣，何功之有哉？況《本經》《別錄》俱以統用，曰甘平無毒，治漏下赤白，破瘕癥痎瘧，心腹急痛，骨中寒熱。久服益氣資智，令人能食，從未言止用腹版也。至日華始言版治血麻痺。丹溪云下甲補陰，主陰血不足，去瘀止痢，續骨治勞，以及腰脚酸痛，四肢無力者。夫龜乃至陰之物，甲亦屬骨，故能補心、補腎、補血，皆取其養陰也。凡久泄、久痢、久嗽、久熱無不愈者，蓋謂其腎主二便，腎固則子令母實，熱嗽可寧爾。若煎成膠，力雖勁而易動大便，故古人配鹿膠為二仙，意可知矣！　其溺能治中風舌瘖，小兒驚啞，滴耳療聾涕，鬒令黑。《岣嶁書》云龜尿磨磁則軟，磨墨書石能入數分，則其走竅透骨可心會焉！

清·張志聰、高世栻《本草崇原》卷上　龜甲　氣味甘，平，無毒。主治漏下赤白，破癥瘕痎瘧，五痔，陰蝕，濕痹，四肢重弱，小兒囟不合。久服輕身不飢。

龜凡江湖間皆有之，近取湖州、江州、交州者為上。甲白而厚，其色分明，入藥最良。有出於水中者，有出於山中者，入藥宜用水龜。古時上下甲皆用，至日華子只用下板，而後人從之。陶弘景曰：入藥宜生龜炙用。日華子曰：腹下曾灼十通者，名敗龜板，入藥良。吳球曰：先賢用敗龜板補陰，借其氣也。今人用鑽過及煮過者，性氣不存矣。唯靈山諸谷，因風墮自敗者最佳。田池自敗者次之。人打壞者又次之。愚謂：龜通靈神而多壽，若自死者，病龜也。灼過者，靈性已過。唯生龜板炙用為佳。　介蟲三百六十，而龜為之長，龜形象離，其神在坎，首入於腹，腸屬於首，是陽氣下歸於陰，復通陰氣上行之藥也。主治漏下赤白者，通陰氣而上行也。破癥瘕痎瘧，介蟲屬金，能攻堅也。痎瘧，陰瘧也。陽氣歸陰，則陰寒之氣自除，故治痎瘧。五痔、陰蝕者，五痔潰爛缺傷，如陰蟲之蝕也。陽入於陰，則陰蟲自散。腸屬於者，則下者能舉，故五痔陰蝕可治也。濕痹四肢重弱者，因濕成痹，以致四肢重弱。龜居水中，性能勝濕，甲屬甲冑質主堅強，故濕痹而四肢之重弱可治也。小兒囟不合者，先天缺陷，腎氣不充也。龜藏神於陰，復使陰出於陽，故能合囟。久服則陰平陽秘，故輕身不飢。《本經》只說龜甲，後人以甲熬膠，功用相同，其質稍滯。甲性堅勁，膠性柔潤，學者以意會之，而分用焉，可也。

清·姚球《本草經解要》卷四　龜甲　氣平，味甘，有毒。主漏下赤白，破癥瘕，痎瘧，五痔，陰蝕，濕痹，四肢重弱，小兒顖不合。久服輕身不飢。

龜甲氣平，稟天秋收之金氣，入手太陰肺經。味甘得地中正之土味，入足太陰脾。北方之神，介蟲之長。性復有毒，稟陰寒之性，入足少陰腎經。氣味降多於升，陰也。脾統血，脾血不統，則漏下赤白。其主之者，味甘益脾也。瘧而至於有癥瘕，濕熱之邪已痼結陰分矣。龜甲陰寒，可以清熱，氣平可以利濕，所以主之也。火結大腸，則生五痔。濕濁下注，則患陰蝕。肺合大腸，腎主陰戶。性寒可去熱，氣平可消濕，所以主之也。脾主四肢，濕勝則重弱。龜甲味甘益脾，氣平去濕，濕行四肢健也。腎主骨，小兒腎虛則顖骨不合。其主之者，補腎陰也。久服益腎。腎者，胃之關，關門利，能去脾濕，所以身輕不飢也。　製方：龜甲同熟地、黃蘗、知母、豬脊髓丸，名補陰丸，治陰虛相火熾。同髮、川芎、歸身，治難產及短小女子交骨不開。

清·葉盛《古今治驗食物單方》　黿甲　瘰癧久不愈，破爛臭穢，用黿甲酒炙黃，浸酒飲之，能殺瘡中之蟲而愈；未破者，更可服。

龜　胎產下痢，龜板一枚，醋炙為末，水飲服二錢，日三。　治產三五日不下，或交骨不開，龜殼一個酥炙，婦人頭髮一握燒灰，川芎、當歸各一兩，每服七錢，水煎服；如人行五里許，再一服，生胎、死胎俱下。　勞瘵失血，田龜煮取肉，和葱、椒、醬油煮食，補陰降火，亦治虛勞寒熱往來。　年久痔漏，田龜二三個，煮取肉，以茴香、葱、椒、醬，調和常食，忌糟、醋。

清·王子接《得宜本草·上品藥》　龜甲　味鹹。入足少陰經。主通任脉。得黃柏、知母治陰虛勞熱，得側柏、香附治鬱結，得婦人髮、川芎、當歸能下死胎。

清·黃元御《玉楸藥解》卷六　龜版　味鹹，性寒。入手少陰腎經。泄火滋陰，寒胃滑腸。龜版鹹寒泄火，敗脾傷胃，久服胃冷腸滑，無有不死。朱丹溪以下庸工，作補陰之方，用龜版、地黃、知母、黃柏治內傷虛勞之證，剷滅陽根，脫泄生氣。俗子狂夫廣以龜鹿諸藥，禍流千載，毒遍九州，深可痛恨也。燒研敷飲，治諸癰腫瘍甚靈。

清·吳儀洛《本草從新》卷六　龜板〔補腎陰。〕以下龜鱉類。　鹹寒至陰，屬金與水。補心資智，益腎滋陰。性靈故資智，通心入腎以滋陰。治陰血不足，勞熱骨蒸，腰脚痠痛，久瀉久痢，能益大腸。久嗽痎瘧，老瘧也。或經數年，中結痞塊，名曰瘧母。癥瘕崩漏，五痔產難，為末，酒服，或加芎、歸、煅髮。陰虛血弱之證。益陰清熱，故治之。時珍曰：龜鹿皆靈而壽，龜首常藏向腹，能通任脈，故取其甲以補心、補腎、補血，以養陰也。鹿首常返向尾，能通督脈，故取其角以補命、補精、補氣，以養陽也。雖腎虛而無熱者勿用。大者力勝。自死敗龜良，得陰氣更全也。酥炙，或酒炙，醋炙，猪脂炙，煅灰用。若入丸散，須研極細，否則恐着人腸胃，變為瘕也。洗淨搥碎，水浸三日，用桑柴熬膠，補陰之力更勝。合鹿膠，一陰一陽，名龜鹿二仙膏。惡沙參。龜尿，走竅透骨，染鬚髮，治啞聾。以鏡照之，龜見其影，則淫發而尿出。今人或以猪鬃、松毛刺其鼻，溺亦出。

清·汪紱《醫林纂要探源》卷三　龜　甘，鹹，寒。《周禮》掌取互物，以時籍魚鱉龜蜃，則龜之供食，古人以為常矣。清腎補心，滋陰養陽，通心靈，靖妄熱，行諸血，平百脈。首常縮入腹，不食不飢，故以為能通任脈。然介蟲屬水，而此味鹹，則瀉腎補心，何也？曰：凡介蟲之類多鹹，水之潤下作鹹也，故多補心，鹹則輭堅而補心，此化極而反，其固然矣。心則屬火，乃補心。而又曰滋陰除熱，何也？曰：心，少陰火也。處陰而靜則神明宣著而不熱，逐陽而動，則神明偏著而反暗，妄熱生矣。故補心則能除妄熱。鹹輭堅，何以補心？曰：輭堅者，調和布散之意。心之神明偏著，則苦其堅，堅則窒，心用血而主脈者，有所窒而生熱，則血或瘀或妄，而百脈失其和，故輭堅所以補心。凡介蟲中虛，陽而含陰，陰麗於陽，皆有心象，故離為鼈，為龜，為蟹，為蠃，為蚌。龜肉之補心，無容疑矣。治骨蒸勞熱，吐血衄血，腸風血痔，凡陰虛血熱之症。予族姪患瘵，日以此供食，朞年而愈。　殼：甘，鹹，寒。殼皆可用，今重腹甲，謂之龜板，以腹尤至陰也。又以自死者為敗龜板，謂得陰氣之全。愚意不然。凡只用數片入煎劑，則宜龜板。若丸散，則當全用，何必敗龜板。或醋，或酒，或酥，隨宜炙用。其甲外周，得氣之全，功用與肉同，而力尤貞固。入丸散必用甲。

膠：甘，鹹，寒。熬法如鹿角膠。滋補尤宜，且兼養肺。

清·嚴潔等《得配本草》卷八　龜甲肉、龜膠　畏狗膽。惡沙參、蜚蠊。甘、微鹹，平。入足少陰經血分。通血脈，療蒸熱。治腰脚血結，及瘧邪成痞。得婦人頭髮、芎、歸，治難產。得枳殼，開產門。配杜仲，止瀉痢。配鱉板，燒研，治人咬傷瘡。酒、醋、豬脂，隨症炙用。陰虛燥熱者禁用。血虛滯於經絡，得此可解。其結邪氣鬱於隧道，得此可通其塞。開骨節，辟陰竅，是其所能。如謂滋陰補血，則未之有得。

肉　溫。止寒嗽，療血痢，除筋骨痛。

龜膠　甘，平。入足少陰經。鎮腎中之火，收孤陽之汗，安欲脫之陰，伏衝任之氣。得丹皮、地膚，止淋瀝。佐北沙參、玄參，止燥咳。止嗽，牡蠣粉炒。養血，酒蒸化。脾胃虛寒，真精冷滑，二者禁用。

題清·徐大椿《藥性切用》卷八　敗龜板　性味鹹寒，入腎而益陰壯水，退熱除蒸。鹽水炙。陰虛無熱，大便不實者均忌。煎煉龜膠，其益陰退熱之功更勝。龜肉，滋陰，除內熱勞瘦。龜尿，透竅，治聾啞染鬚。

清·黃宮繡《本草求真》卷二　龜板滋腎通心。　龜板耑入腎，兼入心。甘鹹微寒，稟北方之氣而生，乃陰中至陰之物，入足少陰腎經，兼龜性有神，故能入心以通腎。遠志補火以通心陽，龜板補水以通心陰。凡陰虛血弱而見勞熱骨蒸，蒸及於骨，必得至陰骨藥以治。腰脚酸疼、老瘧痞塊、老瘧必有痞塊。癥瘕、崩漏瀉痢、五漏難產、小兒顖門不合等症，骨症必藉骨理。服此皆能見效。時珍云：龜鹿靈而壽，龜首常藏向腹，能通任脈。任脉行腹。故取其腹以通心補腎補血，皆養陰也。鹿鼻常反向尾，能通督脈。督脉行背。故取其角以補命補精補氣，皆養陽也。龜性治與鱉甲相類，但鱉甲色青應木，走肝益腎以除熱；龜甲色黑應水，通心入腎以滋陰，然皆至陰大寒，多用必傷脾土。龜大自死者良，酥炙煅灰用。惡人參、龜尿，以猪鬃松毛刺龜鼻，其尿即出。走竅透骨，染鬚髮，治啞聾。若寒痰塞肺聲啞者，忌服。服板不宜中濕，中濕則板末變為癥瘕。

龜膠滋陰功勝龜板，專治勞熱骨蒸。　龜膠耑入腎。經板煎就，氣味益陰，故本草載板不如膠之說，以板炙酥煅用，氣味尚淡，猶茸力能補陽。茸經水熬成膠，其性亦緩者故耳，故補陽分之陽督脈，用膠不如用茸；補陰分之陰任脈，用板不如用膠。然必審屬陽臟，於陰果屬虧損，凡屬微溫不敢雜投，得此濃雲密雨以為頓解，則陽得隨陰化，而陽不致獨旺，否則陰虛仍以熟地為要，服之陰既得滋，而陽仍得隨陰而不絕也。是以古人滋陰，多以地黃為率，而龜板、龜膠止以勞熱骨蒸為用，其意實基此矣！使不分辨明晰，僅以此屬至陰，任意妄投，其不損陽敗中者鮮矣！因并記之。用自死敗龜得陰全氣。洗淨搗碎，浸三日，用桑火熬二晝夜，其膏始成。今人熬膠，止在釜中煎一晝夜，曷能成膠？

清·李文培《食物小錄》卷下　龜　甘、酸，溫，無毒。作羹臛大補，然多神靈不可輕殺。六甲日、十二月俱不可食，損人神。同猪肉、菰米、瓜莧食，害人。時珍曰：甲蟲三百六十，而神龜為長。龜形象離，其神在坎。上隆而文以法天，下平而理以法地。背陰向陽，蛇頭龍頸，外骨內肉。腸屬於首，能運任脈。廣肩大腰，卵生思抱，其息以耳。雌雄尾交，亦與蛇匹。春夏出蟄脫甲，秋冬藏土導引，故靈而多壽。但其功用，俱在自死敗甲。若殺而食之取甲用者，亦無效，必自死者，方為有益。余屢觀默記世之殺龜打蛇者，往往受其險惡之報，養生者可戒諸。

清·楊璿《傷寒溫疫條辨》卷六補劑類　龜版膠河水洗淨，搥碎入水，桑柴火熬成膏。　味甘，氣平。屬金與水，純陰無陽。補心益腎，養陰資智。主骨蒸勞熱，腰脚痿軟，一切陰虛血弱之證。

版酥炙，或猪油炙。　與膠功同而力微。

清·羅國綱《羅氏會約醫鏡》卷一八鱗介蟲魚部　龜版味鹹寒，入肝經。惡礬。酒浸炙黃。　性至陰。治血虛勞傷、骨蒸、腰背痠痛，破癥瘕鹹軟堅，止崩漏鹹潤下、久欬虚火、痎瘧。老瘧也，中有痞塊，名瘧母。至陰能除虚熱，無慮陰火之亢烈也。熬膏用大者洗淨搥碎，水浸三日，以桑柴火熬膏。性味濃厚，尤屬純陰，能退孤陽。凡陰虚勞熱，陰火上炎，為吐血衄血、肺熱欬喘、消渴煩擾、蒸汗狂妄之要藥。滋陰以除邪火。然性寒，善消陽氣，若陽虚假熱，及脾胃命門虚寒者忌之。

清·陳修園《神農本草經讀》卷二上品 龜板 氣味甘，平，無毒。主漏下赤白，破癥瘕痎瘧，五痔陰蝕，濕痹，四肢重弱，小兒囟不合。久服輕身不飢。陳修園曰：龜甲諸家俱說大補真水，為滋陰第一神品，而自余視之亦不盡然。大抵介蟲屬陰，皆能除熱。生於水中，皆能利濕。其甲屬金，皆能攻堅，此外亦無他長。《本經》云主治漏下赤白者，以濕熱為病，熱勝於濕則漏下赤色，濕勝於熱則漏下白色，龜甲專除濕熱，故能治之也。破癥瘕者，其甲屬金，金能攻堅也。痎瘧，老瘧也，瘧久不愈，濕熱之邪痼結陰分，唯龜甲能入陰分而攻之也。火結大腸則生五痔，濕濁下注則患陰蝕，肺合大腸，腎主陰戶，龜甲性寒以除其熱，氣平以消其濕也。脾主四肢，因濕成痹以致重弱，龜居水中，性能勝濕，甲屬甲胄，質主堅強，故能健其四肢也。小兒囟骨不合，腎虚之病，龜甲主骨，故能合之也。久服身輕不飢者，言陰精充足之效也。

清·黃凱鈞《藥籠小品》 龜板 鹹寒，至陰之品，益腎滋陰，治真水不足，勞熱骨蒸，腰脚痠痛之症。腎虚無熱勿用。去牆酒炙搗。

清·章穆《調疾飲食辯》卷六 龜 非宜食之物，而古人用以治病，摘錄於左。色黑者良，黃者劣，故《古今注》名元衣督郵。《唐本草》曰：龜肉釀酒服，治大風緩急，四肢拘攣，多年癱瘓不收。《便民食療方》曰：和葱、醬煮食，補陰降火，治虚勞欬血、咯血，欬嗽寒熱。又主久嗽不瘥。膽汁治痘後目腫，及一切熱眼。尿滴耳治聾，點目退赤熱，點舌下治中風不語。甲補陰益血。今人惟取下版熬膠用，以龜運任脈，故能補陰。任脈行身之前，故不用上甲，而用下版也。又治產難交骨不開，《子母秘錄》用龜甲燒存性，研末，酒服方寸匕。《摘元方》用全具酥炙不如酒炙，婦人髮一握燒灰，川芎、當歸各一兩，同研末，每服七錢，人行五里許再服必生。蓋婦人胎產以衝任二脈為主，交骨不開用龜版，一取其通任脈，一以骨治骨也。龜版有縱橫縫，生卵時，其近後直縫自開，卵始得出。嘗目覩之，始知古人製方用藥煞精理。而陳飛霞云：陽開陰闔，交骨不開宜用附、桂等陽藥，不宜用龜版陰藥。是為不知醫理。其性雖補陰，卻偏於陰而消敗陽氣，凡食龜肉，服龜版膠，必十分陰虚陽盛始可。若陰陽兩虚，切勿輕試。且也麟、鳳、龜、龍稱為四瑞，亦曰四靈，故其為物神靈而多壽。其色黑，元也；其身介，武也。故北方龜、蛇，星象命名元武。而凡有生之物，生前有此軀殼，死則如蛻去之，龜則死猶戀形。故其朽甲，先王用以鑽灼而卜，可以觀兆決疑。藥中用之過劑，往往成癥瘕，生怪病，戀形故也。非甚不得已，不宜妄殺也。

《大戴禮》曰：甲蟲三百六十，而龜為長。其名號頗多，《爾雅》龜有十種，後人亦未能考其全。《綱目》曰：其形象離，其神應坎。上隆而文以法天，下平而理以法地。蛇頭龍頸，外骨內肉，腸屬於首，能通任脈。廣肩大腰，卵生思抱，其息以耳。此說不然，龜納鼻息，故能通任。若息以耳，則與任脈不相涉矣。雌雄交尾，亦與蛇相匹。或云大腰無雄者，謬也。古有大腰無雄，細腰無雌之說，謂龜鼈之類皆雌，蜂蠆之類皆雄，非定論也。今人視其底以別雌雄。《抱朴子》云：千歲靈龜，五色具焉。如玉如石，變化莫測。或大或小，或游蓮葉之上，或伏蓍叢之下。至《搜神記》謂黃赭入山迷路，為鄱陽故事，恐屬子虚。凡龜聞鐵聲則伏，被蚊嚼則死，香油塗眼則入水不沉，老桑煮則易爛，故云禍桑樹以烹老龜，皆物理相制也。甲，《本經》名神屋，《圖經》曰漏天機。上下甲俱全曰龜筒。生於山者，西秦最廣，故又名秦龜。一種名靈龜，即《爾雅》之蟕蠵，《漢書》謂之靈蠵，又名鼂鼊。其大者名屓贔一作贔屓，又名蚆蝮，又作霸下，多力，人立背上，可負以行。今碑趺刻作此狀，取其力能負重也。或云此乃龍生九子之一，非龜也。甲黃而光瑩，用嵌器物，可亂玳瑁。血治毒箭傷悶絕者，和酒飲之。出《日華本草》。

一種綠毛龜，古以為神物，南齊永明中有獻者，今則可以畜養而得，非神也。蘄州以充方物，養者取自谿澗，畜水缸中，飼以魚蝦，冬則去水。久久生毛，中有金線，脊骨三稜，底如象牙色，大如錢。他龜久養亦生毛，但大而無金線。劉氏先天丸用之，云通任脈，補陰陽，未免好奇，方不錄。但置額上，可斷邪瘧。收書笥可辟蠹。出《蒙筌》。一種呷蛇龜，日華子作夾蛇。《爾雅》曰攝龜，注曰陵龜。《抱朴子》作蠳龜。陶隱居作鴦龜，云：小龜也，狹身長尾。用卜吉凶，與他龜相反。《唐本草》云：其腹折，見蛇則呷而食之。肉與甲均有毒不堪食，但佩之辟蛇而已。一種三足龜，名賁。《山海經》

云：任水西注伊水中，多三足龜，食之無大疾，可以已腫。《唐書》云：先天二年，江州獻六眼龜。《宋書》云：太始二年，東陽太守劉勰獻六目龜。郭景純《江賦》有之。《爾雅》注亦有之。敬新磨口號曰：睡一覺抵別人三覺。《明會典》云：暹羅國貢六足龜。《宋史》云：趙霆獻兩頭龜。皆不常有之物，遇之不宜輕食也，雖三足龜《山海經》有已腫之言，例以三足鼈之殺人，其說詎可信乎。一種名鶚龜，生南海，與《山海經》所云杻陽之山，怪水出焉，中多旋龜，鳥首蛇尾者，蓋同類也。旋龜，云佩之已聾。鶚龜，《拾遺》用治產難，臨月佩之，臨時用甲燒研酒服。其肉性味無考，必非佳品也。以上並出《本草綱目》。

至《爾雅》以俯仰、前後、左右釋其形狀，有靈、謝、果、獵類。若之名，《周禮》有天地四方之屬。《春秋》：盜竊寶玉大弓。《公羊傳》釋寶為龜。《周易》或益之十朋之龜。《漢書》釋之曰：元龜尺二寸，直一千百六十，為尺貝；公龜九寸，直五百，為壯貝；侯龜七寸，直三百，為公貝；子龜五寸，直一百，為小貝，皆十朋為寶，四品。王梅溪字龜年，名十朋，取此義。古人之重龜如此。若其用以卜也，古者國有守龜，名之曰蔡，有疑則灼之。故曰：蔡，祭也，致敬於鬼神，以決所疑也。或曰：蔡，察也，卜而察其疑也。《史記・龜策傳》曰：略聞夏、殷欲卜者，乃取蓍、龜，已則棄去之，以為龜藏則不靈，蓍久則不神。至周之卜官，乃寶藏蓍、龜。灼龜觀兆，變化無窮。是以周公卜三龜，而武王有瘳。紂為暴虐，而元龜不吉。晉文將定襄王之位，卜得黃帝之兆，《左傳》曰：得黃帝戰於阪泉之兆。卒受彤弓之命。獻公貪驪姬之色，卜而兆有口象，其禍竟流五世。奚齊、卓子、惠、懷，至文公乃定，共五主，非五代也。楚靈將背周室，卜而龜逆，《左傳》曰：靈王卜曰：余尚得天下。不吉，投龜。詢天而呼曰：是區區者，而不余畀，余必自取之。終受乾谿之敗。君子謂夫輕卜筮，無神明者，悖。故《書》建稽疑，五謀而卜筮居其二，五占從其多，明有而不專之道也。其措辭析理為至當。而褚先生續之云：能得名龜者，財物歸之，家必大富至千萬。一曰北斗龜，二曰南辰龜，三曰五星龜，四曰八風龜，五曰二十八宿龜，六曰日月龜，七曰九州龜，八曰玉龜。凡八名龜，各有文在腹下，文云云者，某龜也。取此龜不必滿尺二寸，民人得長七八寸，可寶矣。又云：神龜出江水中，盧江郡歲時取生龜尺二寸者二十枚獻於太卜官。龜千歲乃滿尺二寸。又云：取前足臑骨穿佩之，取龜置室西北隅懸之，入深山大林不惑。又云：南方老人取龜支牀足二十餘年，老人死移牀，龜尚生不死。龜能行氣導引。近世江上有得名龜，畜置之，家因大富。欲遣去，人教殺之勿遣，遣之破人家。龜見夢曰：送我水中，無殺我也。其家終殺之。後，身死，家不利。又云：宋元王時，漁者得神龜，龜見夢元王求脫，王召博士衛平，告以夢，平與王反復數千言，勸王留神龜，殺而藏之，以為國重寶。其後戰勝攻取，莫如元王。元王之時，衛平相宋，宋國最強，龜之力也。其祝龜之辭，稱為玉靈夫子。且託為孔子之言贊歎之曰：神龜知吉凶。而見殺骨植空枯，猶日辱於三足之烏，月見食於蝦蟆。荒誕之言，不足信也。

清・王龍《本草纂要稿・蟲魚部》 龜板 氣味甘寒而平。補陰衰，專滋腎損。復真元，善治腰疼。却癥瘕痎瘧，驅漏下崩帶。療傷寒勞復，治手足重弱。愈小兒顖門不合，理女子濕痒陰瘡。逐瘀血積凝，續筋骨斷絕。

清・吳鋼《類經證治本草・足少陰腎臟藥類》 龜板 【略】誠齋曰：腎虛而無熱者，不必用之。熬作膏，入丸散佳。【略】誠齋曰：燒灰，麻油調塗口吻生瘡。大而自敗者良。上下甲皆可用。酥炙、酒炙、醋炙、猪脂炙、煅灰、熬膏，皆可。洗淨，搥碎，浸三日，煎湯劑用。

清・張德裕《本草正義》卷上 龜板 甘鹹，微寒。治痎瘧，破癥堅，消五痔〔漏〕下。甲能補陰血，清陰火，退勞熱。氣味腥羶而寒，胃虛忌用。

龜膠 甘鹹，味厚，性寒。純陰。退孤陽，除勞熱，陰火上炎吐血衄血，肺熱咳喘，煩擾驚悸。為滋陰清火要藥。善消陽氣，若火虛假熱，及脾胃寒皆忌。

清・翁藻《醫鈔類編》卷二四《本草》 龜膠 經板煎就，氣味益陰，故《本草》載板不如膠。以板炙酥煅用，氣味尚淡，猶茸力能補陽。茸經水熬成膠，其性亦緩故耳，故補陰分之陽督脈，用膠不如用茸；補陰分之陰任脈，用板不如用膠。然必審是陽藏於陰，果屬虧損，得此濃雲密雨，以為頓解，則陽得隨陰化而陽不致獨旺。否則陰虛仍以熟地為要，服之陰既得滋而陽仍得隨陰而不絕也。用自死敗龜得陰全氣。洗淨搗碎，浸三日，用桑火熬數晝夜，其膠始成。今人熬膏，止在釜中煎一晝夜，曷能成膠？

清・楊時泰《本草述鉤元》卷二九 龜甲 一名敗龜板。《格物考》云：天有先春之震，山多自死之龜，龜聽雷音，則口中所含以蟄者，便吐而昂首。時令尚早，無蟲可食，多致餓死，血肉腐爛，滲入下甲，此真敗龜板也士材。

取水龜者，當用下甲。

味鹹、甘，氣平。中濕者有毒，不中濕者無毒。氣味俱陰，入足少陰經。惡沙參。補陰，主陰血不足，續筋骨，補心腎，主瘀血，止血痢，破癥瘕痎瘧，治五痔陰蝕，濕痺四肢重弱及血麻痺，除驚恚氣，心腹痛，骨中寒熱，並治女子漏下赤白，小兒顖不合，燒灰敷臁瘡，久服益氣。敗龜板屬金而有水，陰中陽也丹溪。方家多入補心藥，用以得水火即濟之義，借其氣以相通，實非補心正藥仲淳。龜、鹿皆靈而有壽，龜首常藏向腹，能通任脉，故取其甲以補心補腎補血，皆以養陰也。鹿鼻常反向尾，能通督脉，故取其角以補命門補精補氣，皆以養陽也瀕湖。按龜首常藏向腹，能通任脉使會督，會督而後任脉通，是陰中有陽也。鹿鼻常反向尾，能通督脉使會任，會任然後督脉通，是陽中有陰也。抑結不散，龜下甲酒炙五兩，側柏葉炒一兩半，香附童便浸炒一兩，為末，米糊丸梧子大，每空心溫酒服百丸。胎產下痢，龜甲一枚醋炙為末，每服一錢。臁瘡朽臭，生龜取殼，醋炙黃，更煅存性，出火氣，入輕粉、麝香，葱湯洗淨，搽敷之。痛風證氣虛者，主方加朮、參、龜板。

論：任督二脈同源而分歧，龜、鹿能使分者常合，此其所以壽。龜板補陰，所補者陰氣，為其陰中含陽也。觀於能治兒顖不合，其不合者，由於腎氣之不足耳。夫腦為髓海，足太陽入絡於腦，而督脈固附足太陽之脈者，則其能治解顱，非任之合於督以為腎氣者乎？至於破癥瘕、瘀血，續筋骨，益勞倦，皆其益陰氣之功，丹溪所謂陰足而血氣調和，則瘀血、癥瘕自消，崩帶、血痢自治，筋骨自健，蓋不必借陽以行陰之滯，乃可即陰而達陽之用，此所以為大能補陰也。　妊婦不宜用，病人虛而無熱者，不宜用仲淳。

辨治：陽龜殼圓板白，陰龜殼長板黃，陰人用陽，陽人用陰。鋸去四邊，石上磨淨，灰火炮過，塗酥炙黃用，亦有酒炙，醋炙，猪脂炙，燒灰用者瀕湖。凡入藥，須研極細，不爾留滯腸胃能變癥瘕也仲淳。

龜肉：味甘、酸，氣溫。釀酒，治風痛緩急，四肢拘攣，或年久癱緩不收，皆效。筋骨疼痛，烏龜一個，分作四脚，每用一脚，入天花粉、枸杞子各一錢二分，雄黃五分、麝香五分、槐花三錢，水一椀，煎服。

論：龜肉為治痛風要藥，丹溪於陰火痛風必用之，蓋因是證多屬血虛，而血臟即風木之臟也。然實取其能益陰氣。《本經》云治濕痺，乃陰氣不足之濕以成痺者也，若屬於感受之濕，以是投治可乎？不觀其更治食積而肩腿痛者乎。《經》曰：陰之所生，本於五味；陰之五宮，傷於五味。夫五臟之傷，屬於味之陰矣，不從陰氣之所生者以為治，而漫然冀其益血也，不同夢夢哉？

龜溺：以猪鬃或松葉刺其鼻，即出。滴耳，治聾；點舌下，治大人中風舌瘖，小兒驚風不語；摩胸背，治龜胸龜背。摩之久久乃瘥。染髭髮。《岣嶁神書》言，龜尿磨瓷器能令軟，磨墨書石能入數分，即此可推其走竅透骨之用矣。

清・鄒澍《本經續疏》卷三　龜甲　【略】水族離水則殭，陸蟲沒水輒斃。惟龜常湛於水可生，終令居陸亦生，此所以能治水之病人，亦能治火之病人，并能治水火相齧而病人也。輕狡者遲重則殆，遲重者不能輕狡。惟龜背腹自遲重，首尾四支自輕狡，此所以能治中病應外，外病應中，并能治中外有病而不相謀也。衷甲者以其堅為蔽，以其裹為衛。惟龜雖有甲而縱橫成理，片片可掰，雖可掰而上下緊裹，無稍罅隙，此所以能治當開不開之病，當闔不闔之病，并能治開闔參爭之病也。漏下赤白，小兒顖不合，非不闔乎？癥瘕非不開乎？痎瘧非開闔之參爭乎？五痔、陰蝕非水火之相齧乎？濕痹、四支重弱，非中外病之相應乎？此《本經》之所臚也。若《別録》之所增骨中寒熱，傷寒勞復，肌體寒熱欲死，驚恚氣，心腹痛，不能久立，猶中外之相應矣。頭瘡難燥，女子陰瘡猶水火之相齧矣。雖然舉《本經》《別録》所列之證，均可不別其因，盡用龜甲治之歟，則非矣！夫龜生理之異，在乎無間水火，而人之一身，無不以水火為樞機。諸證者，能審明水火之參差進退以為患，則又何不可知其所主之病之別耶？蓋氣張而體不隨之開者，此能助之開，氣翕而體不隨之闔者，此能助之闔。火無水養而亡命奔迸者，得此能使水存於中，而招火外歸。水為火格而延緣遊溢者，得此能使火熄於外，而引水內濟。以至水停關節，而火之途徑難通，火燔骨幹而水之滋溉難及，均藉此以交互聳動之。曰龜甲善滋陰，亦淺視龜甲甚矣。

清・葉桂《本草再新》卷一〇　龜板味鹹，性寒，有小毒。入心、肝、腎三經。補心益腎，降火滋陰，治陰血不足，勞熱骨蒸，腰脚酸痛。療久瀉久痢，痎瘧癥瘕，崩漏五痔，產難，陰虛血弱之證。

清・趙其光《本草求原》卷一七介部　龜板　凡介蟲屬陰，皆能滋陰、益血、除熱，使陽氣下潛。生於水中，皆能利水；其甲屬金，皆能攻堅。而龜能伏息，首藏向腹，使任脈常通於督，是由陰達陽以補陰中之氣。鹿鼻向尾，使督通於任，由陽以行陰之滯，而益陽中之血。主漏下赤白，熱勝濕則漏赤，濕勝熱則漏白。破癥瘕、金能攻堅也。痎瘧濕熱痼結陰分，則老瘧不愈。五痔、火結大腸也。陰蝕、濕濁下注也。俱燒灰塗。肺合大腸，腎主陰戶。龜板性寒除熱，甘平消濕也。濕痹、四肢重弱。肝入脾，走四肢。甲屬甲胄，主堅強。破瘀結，酒炙，同炒側柏、香附，童便浸炒為末，米糊丸，溫酒下。止久痢血痢、血麻痹、血崩，同鹿角燒灰，入四物湯服。皆陰氣充而血自調，濕熱自走也。時珍以為純陰豈能走濕哉。且甲屬骨，又入腎而主骨，故續筋骨，治小兒囟骨不合。督脈附足太陽入絡於腦，腦為髓海，唯任合督以為腎氣者治之。且龜有神靈，借其神氣，得水火既濟之義，故補心，除驚恚、心腹痛、骨蒸寒熱。又血藏即風水之臟，陰氣不足則血熱生風，故陰火痛風用為要藥。炙末酒服。其治痘瘡，燒灰酒下。難產、交骨不開。炙同髮灰、芎、歸水煎，生胎、死胎皆下。胎產下痢。醋炙飲服。塗臁瘡、醋炙，再煅存性，入輕粉、麝，以葱湯先洗搽之。小兒頭瘡乾燥、燒灰油搽。流火濕瘡。鱔血調塗。

取年久枯敗腹板，久則陰氣全，新剮者有毒。世以自死者為敗板，既死精氣已脫，況恐為蛇所傷，何益？水浸三日，去外衣熬膏，則無腥臭氣，或酒炙、醋炙、酥炙、豬脂炙、燒灰隨用。入丸散須飛細，免滯腸胃。水龜板黑白，功專滋陰堅骨。山龜板黃，長於風濕攻堅。胃弱、便滑及妊娠勿用。

肉：亦益陰氣，補血通脈，久痢失血、寒嗽宜之。甘、酸，溫，無毒。釀酒治痛風、拘急癱緩、是陰氣虛而成風濕，非外受之風濕。同花粉、杞子、雄黃、槐花、麝煎服，治筋骨痛。食積、肩腿痛。五味屬陰，傷於五臟之陰，必須益陰氣乃可。

尿：走竅透骨，治聾、滴耳。中風舌喑、點舌下。驚風不語、小兒龜胸、龜背。用摩胸背。取尿法：以豬鬃刺其鼻，或以鏡照之，龜見影則淫發尿出。

膽汁：苦，寒。治痘後目腫，久不開。取汁點。

清・葉志詵《神農本草經贊》卷一　龜甲　味鹹，平。主漏下赤白，破癥瘕痎瘧，五痔陰蝕，濕痹，四肢重弱，小兒顖不合。久服輕身不飢。一名神屋。生池澤。

列前重寶，藏六懷靈。守著雲覆，致墨炎熒。質兼金玉，神炳丹青。圖形捍難，借氣益齡。

《禮》：龜為前列。《史記・傳》：留神龜以為重寶。《雜阿含經》：如龜藏六。《宋書・傳》：謝靈運稟氣懷靈。《史記・傳》：滿百莖，神龜守之，青雲覆之。《周禮》：揚火以作，龜致其墨。《說苑》：熒熒不絕，炎炎奈何。又靈龜文五色，似玉似金。《孝經援神契》：效象洛龜，擢書丹青。《周禮疏》：龜蛇為旐，龜有甲能捍難。吳球曰：龜版補陰，借其氣也。唐明皇詩：益齡仙井合。

清・文晟《新編六書》卷六《藥性摘錄》　龜板　甘鹹，微寒。凡心虛血弱，而見勞熱骨蒸，腰脚酸痛，老瘧痞塊，崩漏瀉痢，五漏難產，小兒顖門不合等症，服者皆見効。然多服恐傷脾土。○酥炙、煅灰用。惡人參。服板不宜中濕，中濕則板化為癥瘕。○龜尿，走竅透骨，染鬚髮，治啞聾。若寒痰濕熱，忌服。○以豬鬃或松毛刺龜鼻，尿即出。　龜膠：滋陰功勝龜板，耑治勞熱骨蒸。○用自死敗龜，洗淨搗碎，浸三日，用桑柴火熬兩日夜，膠始成。○生龜亦可煎膠，力稍差。

龜　酸，溫。補血，通血脈，治風濕痹症，久年寒嗽，赤痢失血。作羹臛大補。不可合豬肉、秫米、莧菜同食。○龜尿，滴耳治聾。點舌下，治中風舌瘖。取龜尿用磁片盛佳，以豬鬃刺鼻，尿即下。○龜板、龜膠，見藥部滋水。

清・劉東孟傳《本草明覽》卷一〇　龜甲　【略】按：丹溪云：大有補陰之功而力猛，兼祛瘀血，續筋骨，治勞倦，益氣資智，使人能食。龜乃陰中至陰之物，稟北方之氣而生，故能補陰血不足，匪特補足真元，抑且引達諸藥。又方家以其靈于物，故用以補心，甚驗。

清・張仁錫《藥性蒙求・魚鱗介部》　龜板四錢　龜板鹹寒，滋陰補腎。勞熱骨蒸，潛陽妙品。能通任脈至陰，補心益腎，陰虛血弱之證為宜。若腎虛而無熱者，勿用。大者力勝，炙用。

清・王孟英《隨息居飲食譜・鱗介類》　龜　四靈之一，變化通神，本非食品，亦與蛇匹。有殺之而得禍者，有食之而即死者，書家所載甚多，兹不具贅。不但為孕婦所忌也。其殼入藥，但可煎熬，末而服之，能遠本質。

清・屠道和《本草匯纂》卷一滋水　龜板　耑入腎，兼入心。甘、鹹，微寒。入心通腎，補心資智，益腎滋陰。治陰血不足，勞熱骨蒸，腰脚疼痛，久瀉久痢，久嗽，痎瘧，癥瘕，崩漏，五痔，產難，小兒顖門不合，服皆有效。首向腹，故通任脈。通心入腎以滋陰。至陰大寒，多用必傷脾土。腎雖虛無熱者，亦勿用。尿走竅透骨，染鬚髮，治啞聾。

清・劉善述、劉士季《草木便方》卷二蟲介鱗甲部　龜　龜甲甘平能滋陰，久咳瀉痢止帶崩，五痔陰蝕血風痹，癥瘕老瘧除骨蒸，煅塗臁瘡頭陰瘡，脫肛損傷續骨筋。

清・戴葆元《本草綱目易知錄》卷五　龜板　甘，平。至陰之物而性靈，屬金與水。補腎寧心，益氣資智。主陰氣不足而通任脈，續筋骨，主產難。去瘀血，消癰腫，益大腸，止血痢。治漏下赤白，驚恚氣，心腹痛，不可久立，骨中寒熱，傷寒勞復，或肌體寒熱。久嗽瀉痢，癥瘕痎瘧，濕痹肢重，腰脚酸痛。五痔陰蝕，小兒顖不合。燒灰，傅脫肛，女人陰瘡，小兒頭瘡及臁瘡。集注：古法上殼下甲通用，《日華》始用下甲為龜板，後人宗之。時珍曰：陶氏用生龜炙取，《日華》用灼多者，皆以其有生性神靈也。曰敗者，謂鑽灼陳久如敗也。吳氏不達此理，而用自死枯敗之版，復謂灼者失性，謬矣，立異悞世，故正之。【略】

殼：主久嗽，斷瘧。炙末酒服，主風脚弱。葆按：殼者，係龜之上甲下板統稱，俱用也。肉：甘、酸，溫。煮食，除濕痹風痹，身腫踒折，筋骨疼痛，及一二十年寒嗽，勞瘵失血，年久痔漏，止瀉血血痢。釀酒飲，治大風緩急，四肢拘攣，癱瘓不收，皆瘥。

清・黃光霽《本草衍句》　龜板　大有補陰之功，陰虛血熱，陰血不足之症。稟鹹寒潤下之性。為制群動之物，具純陰至靜之能。益腎而清腎熱，補心而通溼靈。益氣資智，滋陰養精。治漏下之赤白，破痎瘧與瘕癥。小兒顖門不合，腎氣虧而骨氣不足也。女子陰蝕瘡生。陰虛而邪熱為病。勞熱骨蒸，腸風五痔，腰脚酸痛，能續筋骨。吐衂血崩。去瘀血。止久嗽兮瀉痢，通任脈兮催生。膠尤宜滋補，且兼養肺。　抑結不計散，用龜心甲酒炙五兩，側柏葉炒五兩半，香附童便浸二宿，炒二兩，米和丸，空心溫酒服。　難產催生，用龜板燒灰，酒服。　《(文)摘(玄)》云：治產三五時不下，垂死，及矮小女子交骨不開者，用千年龜板殼二個，炙，婦人頭髮一握，燒灰，川芎、當歸各二兩，每服七錢，水煎服。　小兒頭瘡，月蝕耳瘡，中吻生瘡，俱用龜板燒灰，傅之。　人咬傷，龜板骨、鱉肚骨各十片，燒研，油調搽之。

清・陳其瑞《本草撮要》卷九　龜板　味鹹，入足少陰經，功專通任脈。得黃柏、知母治陰虛勞熱，得側柏、香附治鬱結，得婦人髮、芎、歸治交骨不開，下死胎。得鹿膠陰陽並補，腎虛無熱者忌。陰囊腫爛異常，先用蘇梗煎湯洗淨污垢，以龜板一個煅研，加孩兒茶，少加冰片調敷即愈。惡沙參。尿染鬚治啞聾。龜胸龜背，以尿摩之瘥。

清・吳汝紀《每日食物却病考》卷下　龜　《易》言含而靈龜，不食之物也。雖云無毒，補陰，除風痹，然惟間有因病而食，未有殺而供饌者。但取其甲，可以入藥，可以卜筮耳。其種甚多，有在水、在山，有瑇瑁，有綠毛等之不同。然以藥、以卜，惟水龜與山龜之大者為佳。

清・仲昴庭《本草崇原集說》卷一　龜甲　【略】〔批〕龜甲又名龜板，乃古今稱謂不同，後人誤以在上為甲，在下為板，實由形象傳會不足征信。【略】　仲氏曰：造物妙用，《本經》言之，至《崇原》則和盤托出。按：《金匱淺注》浸淫瘡下，修園有楊梅、棉花等瘡方，治其房欲傳染之瘡毒，又加龜板、鹿角、黃柏等藥，無非取龜板入任，鹿角入督，為脈道作引，非以龜鹿補之也。故不熬膠。又曰：膠，後人將龜板熬膠，名元武膠，是專藉龜板補陰，而失《本經》主治之意矣。故凡時方用元武膠者，不但功用迂緩，且多流弊。惟龜鹿二仙膠配合較妥，可補任、督精虛。

清・周巖《本草思辨錄》卷四　龜甲　水族離水則殭，陸蟲沒水輒斃。惟龜常湛於水固生，終令居陸亦生，所以能治水火相嚙之病。輕狡者遲重則殆，遲重者不能輕狡，惟龜腹背自遲重，首尾四肢自輕狡，所以能治中外不相應之病。衷甲者，以其堅為蔽，以其裏為衛，惟龜雖有甲，而縱横成理，片片可掰。雖可掰而上下緊裹，無少罅隙，所以能治當開不開當闔不闔、並開闔參爭之病。漏下赤白、小兒囟不合，非不闔乎？癥瘕非不開乎？瘧非開闔之參爭乎？五痔、陰蝕、小兒頭瘡難燥，非水火之相嚙乎？濕痹四肢重弱，非中外之不相應乎？蓋人之一身，無不以水火為樞機。水與火相違，則氣張而體不隨之張，氣翕而體不隨之翕，此能助之張，助之翕。火無水養者，此能滋其水；水為火格者，此能熄其火。以至水停幽隱，而火之途徑難通，火善萌動，而水之滋溉不及，均借此以增損維繫之。此鄒氏之論，自來注家無此精當，為略更數字而存之。

龜甲所治之水，非流動之水；所治之火，非披猖之火。鄒氏所論之水火，正須善會。張氏云：龜甲能引陽氣下歸，復通陰氣上行。可與鄒說並參。惟陰陽以理言，水火以證言耳。

凡人靜則明生，龜居四靈之一，而靜鎮不擾，故能收攝囂浮，而靈明自浚。諸家謂為滋，原非不是，要不如《別錄》資智二字品題之妙。

秦龜

宋・唐慎微《證類本草》卷二〇蟲魚部上品〔《別錄》〕 秦龜 味苦，無毒。主除濕痹氣，身重，四肢關節不可動搖。生山之陰土中。二月、八月取。

〔梁・陶弘景《本草經集注》〕云： 此即山中龜不入水者。形大小無定，方藥不甚用。龜類雖多，入藥正有兩種爾。又有鵞龜，小狹長尾，乃言療蛇毒，以其食蛇故也。用以卜則吉凶正反，帶秦龜前臑乃到切骨令人入山不迷。廣州有蟕〔子夷切〕蠵〔以規切〕，其血甚療俚人毒箭傷。

〔唐・蘇敬《唐本草》〕注云： 鼄龜腹折，見蛇則呷而食之。荆楚之間謂之呷蛇龜也。秦龜即蟕蠵是，更無別也。

〔宋・馬志《開寶本草》〕按： 陳藏器《本草》云： 龜溺，主耳聾，滴耳中差。

〔宋・掌禹錫《嘉祐本草》〕按： 《蜀本圖經》云： 今江南、嶺南并有。冬月藏土中，春夏秋即遊溪谷。今據《爾雅》攝龜，即小龜也。腹下曲折，能自開閉，好食蛇，江東呼爲陵龜，即夾蛇龜也。又靈龜出涪陵郡，大甲可以卜，似瑇瑁，即蟕蠵龜也。一名靈蠵，能鳴，今蘇言秦龜即蟕蠵，非爲通論。且陶注蟕蠵但療箭毒，則與《本經》主治不同。又陶注： 秦龜即山中龜不入水者，而云秦龜應以地名爲別故也。陳藏器云： 蘇云秦龜即是蟕蠵。按蟕蠵生海水中，生山陰者非蟕蠵矣。今秦龜是山中大龜，如碑下者。食草根、竹笋，深山谷有之，卜人取以占山澤。《漢書》十朋有山龜，即是此也。揭取甲，亦如蟕蠵堪飾器物。陳士良云： 鼄龜腹下横折，秦人呼蟕蠵，山龜是也。肉寒，有毒。主筋脉。凡撲損，便取血作酒食。肉生研厚塗，立效。日華子云： 蟕蠵，平，微毒。治中刀箭悶絶，刺血飲便差。皮甲名鼉皮，治血疾，若無生血，煎汁代之，亦可寶裝飾物。又云： 夾蛇龜，小，黑，中心折者無用，不可食。肉可生擣罯傳蛇毒。

〔宋・蘇頌《本草圖經》〕曰： 秦龜，山中龜，不入水者是也，生山之陰土中。或云秦以地稱，云生山之陰者是秦地山陰也。今處處有之。龜甲，水中神龜也，生南海池澤及湖水中，今江湖間并皆有之。山中龜，其形大小無定，大者有如碑趺，食草根、竹萌，冬月藏土中，至春而出，遊山谷中。今市肆間人或畜養爲玩，至冬而埋土穴中。然藥中稀用，卜人亦取以占山澤，揭取其甲，亦堪飾器物。《爾雅》所謂山龜者，豈是此歟。水中龜，其骨白而厚，色至分明，所以供卜人及入藥用，以長一尺二寸爲善。《爾雅》亦有水龜，又一種鼄龜，小狹長尾，腹下有横折，見蛇則呷而食之，江東人謂之陵龜，即《爾雅》所謂小龜也，亦入藥用，能療蛇毒。又一種蟕〔子夷切〕蠵〔以規切〕，大甲，可以卜，即《爾雅》所謂靈龜也。陶、蘇以此爲秦龜。按《嶺表録異》云： 蟕蠵，俗謂之兹夷，蓋山龜之大者，人立背上，可負而行。潮、循間甚多，鄉人取殼，以生得全者爲貴。初用木楔出其肉，龜被楚毒，鳴吼如牛，聲動山谷，工人以其甲通明黄色者，煮拍陷瑇瑁爲器，今所謂龜筒者是也。據此乃别是一種山龜，未必是此秦龜也。其入藥亦以生脱者爲上。凡龜之類甚多，而時人罕復遍識，蓋近世貨幣所不用，而知卜术者亦稀，惟醫方時用龜甲，故爾弗貴矣。方書中又多用敗龜，取鑽灼之多者，一名漏天機。一說入藥須用神龜，神龜底殼當心前有一處四方透明如琥珀色者是矣。其頭方，殼圓，脚短者爲陽龜。形長，頭尖，脚長者爲陰龜。陰人用陽，陽人用陰。今醫家亦不復如此分別也。又藥中用龜尿，最難得。孫光憲《北夢瑣言》載其說云： 道士陳釗，言龜之性妬，而與蛇交，或雌蛇至，有相趁鬬噬，力小者或至斃。採時取雄龜，於瓷盌中，或小盤中置之，於後以鑒照，龜既見鑒中影，往往淫發而失尿，急以物收取。又以紙炷火上爝熱，以點其尻，亦致失尿，然不及鑒照之駃也。

〔宋・唐慎微《證類本草》〕陳藏器： 蟕蠵，秦龜。注： 陶云廣州有蟕蠵，其血主俚人毒箭。按蟕蠵，人被毒箭傷，煩悶欲死者，剖取血傅傷處，此是焦銅及螯汁毒，南人多養用之。似龜，生海邊，有甲文，堪爲物飾。《海藥》云： 謹按《正經》云： 生在廣州山谷。其殼，味帶苦。治婦人赤白漏下，破積癥，頑風冷痹，關節氣壅，或經卜者更妙。凡甲炙令黄，然後入藥中。《抱朴子》： 蠳龜噉蛇，南人皆帶蠳龜之尾以辟蛇。蛇中人，刮此物以傅之，其瘡亦使愈。

宋・寇宗奭《本草衍義》卷一七 秦龜 即生於秦者。秦地山中多老龜，極大而壽。龜甲即非止秦地有，四方皆有之，但取秦地所出，大者爲勝。今河北獨流釣臺甚多。取龜筒治療，亦入衆藥。止此二種，各逐本條，以其靈于物，方家故用以補心，然甚有驗。

宋・王繼先《紹興本草》卷一七 秦龜 紹興校定： 秦龜以秦地稱之，產山土中。性味、主治大率與龜甲無異多矣。謂其非水中生，故又立此一條，亦非專起疾之物也。

明・滕弘《神農本經會通》卷一〇 秦龜 生山之陰土中。二月八月取。即山中大龜，有如碑趺。不入水者，形大小無定，方藥不甚用。龜類甚多，入藥止有兩種。食草根、竹笋，深山谷有之。冬月藏土中，至春而出遊山谷。今市肆間人或畜養為玩，至冬而埋土穴中。龜甲，水中神龜也。其骨白而厚，色至分明，所以供卜人及入藥用，亦以生脱者為上。

味苦，無毒。一云： 肉，有毒。《本經》云： 主除濕痹氣，身重，四肢關節不可動搖。陳藏器云： 龜溺，主耳聾，滴耳中差。陳士良云： 肉，寒，有毒。主筋脉，凡撲損，便取血作酒食，肉生斫，厚塗。

明・劉文泰《本草品彙精要》卷二九 秦龜 無毒。附龜尿、龜筒、鼄龜、蟕蠵、蠳龜。卵生。

秦龜：主除濕痹氣，身重，四肢關節不可動搖。名醫所錄。〔名〕山龜。〔地〕《圖經》曰：秦龜，山中龜，不入水者是也，生山之陰土中。或云秦以地稱，云生山之陰者，是秦地山陰也。其形大小無定，大者有如碑趺，食草根、竹萌，冬月藏土中，至春而出遊山谷中。今市肆間人或畜養爲玩，至冬而埋土穴中。然藥中稀用。卜人亦取以占山澤，揭取其甲，亦堪飾器物。又一種龕龜，小夾長尾，腹下有横折，見蛇則呷而食之，故肉寒，有毒，江東人謂之陵龜，即夾蛇龜也。《爾雅》所謂水龜，又謂攝龜。日華子云：呷蛇龜是也，能療蛇毒。又有蟕蠵，平，微毒，大甲可以卜，即《爾雅》所謂靈龜也。按《嶺表錄異》云：蟕蠵，俗謂之茲夷，又名靈蠵。蓋山龜之大者，人立背上，可負而行，潮、循間甚多。鄉人取殼，以生得全者爲貴，初用木楔出其肉，龜被楚毒，鳴吼如牛，聲動山谷，工人以其甲通明黄色者煮，拍陷瑇玳爲器，今所謂龜筒者是也。據此，乃别是一種山龜，未必是此秦龜也。其入藥亦以生脱者爲上。凡龜之類甚多，而時人罕復遍識，蓋近世貨幣所不用，而知卜術者亦稀。又藥中用龜尿，最難得，孫光憲《北夢瑣言》載其說云：龜之性妒而與蛇交，或雌蛇至，有相趁鬥噬，力小者或至斃。採時取雄龜，於瓷碗中或小盤中置之，於後以鑒照，龜既見鑒中影，往往淫發而失尿，急以物收取。又以紙炷火上熁熱，以點其尻，亦致失尿，然不及鑒照之駃也。《衍義》曰：秦龜，生秦地，山中多老龜，極大而壽，其大者爲勝。取龜筒治療，亦入衆藥，以其靈於物，醫家故用補心，然甚有驗。〔時〕生：無時。採：二月、八月取。〔用〕甲、肉、血、溺。〔色〕黄黑。〔味〕苦。〔性〕泄。〔氣〕味厚于氣，陰也。〔臭〕腥。〔主〕壯筋骨，除濕痹。〔製〕甲，酥炙令黄用。肉、血、溺生用。肉或熟用。〔治〕療：陶隱居云：蟕蠵血，塗俚人毒箭傷。○龜溺，治久嗽，亦斷瘧。日華子云：蟕蠵血，療中刀箭悶絶，飲之即瘥。皮甲名龞皮，治血疾，若無生血，煎汁代之。○夾蛇龜肉，生搗，罯傅蛇毒。《海藥》云：山龜殼，治婦人赤白漏下，破積癥，頑風冷痹，關節氣壅，或經卜者更妙。陳士良云：龕龜肉，主筋脈，凡撲損，生研厚塗之，或取血作酒飲之，立效。陳藏器云：溺滴耳中，主耳聾。《抱朴子》云：蠳龜尾，人帶之以辟蛇。蛇中人，刮此傅之，其瘡亦愈。《别錄》云：溺，治小兒龜背，塗摩胸背上即瘥。

明・鄭寧《藥性要略大全》卷一〇　秦龜　除濕痹風氣，身重、四肢關節不能動者。

明・王文潔《太乙仙製本草藥性大全》卷八《本草精義》　秦龜　秦龜，山中龜，不入水者是也。生山之陰土中。或云秦以地稱，云生山之陰者，是秦地山陰。山中龜，其形大小無定，大者有如碑趺，食草根、竹萌，冬月藏土中，至春而出，遊山谷中。今市肆間人或畜養爲玩，至冬而埋土穴中，而藥中稀用。卜人亦取以占山澤，揭取其甲，亦堪飾器物。《爾雅》所謂山龜者，豈是此與，亦有水龜。

龕龜：又一種龕龜，小狹長尾，腹下有横折，見蛇則呷而食之。江東人謂之陵龜，即《爾雅》所謂小龜也。亦入藥用，能療蛇毒。

明・王文潔《太乙仙製本草藥性大全》卷八《仙製藥性》　秦龜　味苦，無毒。

主治：甲，主濕痹身體軟重，療四肢關節攣跛。

明・李時珍《本草綱目》卷四五介部・魚鱉類　秦龜《别録》上品

〔釋名〕山龜宗奭曰：龜則四方皆有。但秦地山中多老龜，極大而壽，故取爲用，以地别名。

〔集解〕《别録》曰：秦龜生山之陰土中。二月、八月采。保昇曰：今江南、嶺南處處有之，冬月藏土中，春夏秋即出游溪谷。古人獨取秦地者耳。弘景曰：此即山中龜不入水者。其形大小無定，方藥稀用。恭曰：秦龜即蟕蠵，更無别也。士良曰：秦人呼蟕蠵爲山龜，是矣。藏器曰：蟕蠵生海水中。秦龜生山陰，是深山中大龜，如碑下趺者。食草根竹萌，冬蟄春出。卜人亦取以占山澤，揭甲亦可飾器物。頌曰：蟕蠵生嶺南，别是一種山龜，非秦龜也。龜類甚多，罕能遍識。蓋近世貨幣不用，知卜者稀，故爾弗貴也。時珍曰：山中常龜，鹿喜食之。其大而可卜者，曰靈龜；年至百歲能變化者，曰筮龜。或伏於蓍草之下，或游於卷耳、芩葉之上。《抱朴子》所謂山中巳日稱時君者爲龜，即此也。其蟕蠵或以爲山龜，或云生海水中，其說不定。按《山海經》蠵龜生深澤中。應劭注《漢書》云：靈蠵，大龜也。雌曰蟕蠵，雄曰玳瑁。觀此則秦龜是山龜，蟕蠵是澤龜，與《爾雅》山龜、澤龜、水龜相合。蓋一種二類，故其占卜、入藥、飾器，功用尤同耳。

甲〔修治〕李珣曰：經卜者更妙。以酥或酒炙黄用。〔氣味〕苦，温，無毒。

〔主治〕除濕痹氣，身重，四肢關節不可動摇《别録》。頑風冷痹，關節氣壅，婦人赤白帶下，破積癥孟詵。補心宗奭。治鼠瘻時珍。

〔發明〕宗奭曰：大龜靈於物，故方家用以補心，然甚有驗。時珍曰：見鼈甲。

〔附方〕新一。鼠瘻：劉涓子用山龜殼炙、狸骨炙、甘草炙、雄黄、桂心、乾薑等分爲末，飲服方寸匕，仍以艾灸瘡上，用蜜和少許，入瘡中，良。

頭〔主治〕陰乾炙研服，令人長遠入山不迷孟詵。弘景曰：前臑骨佩之亦然耳。

明・姚可成《食物本草》卷一一介部・龜鼈類 秦龜生秦地山中，或云生海水中。按《山海經》蠵龜生深澤中。觀此，則秦龜是山龜，蠵龜是澤龜。蓋一種二類，故其功用相同。

秦龜肉： 補陰益血。 頭： 陰乾炙研服，令人長遠入山〔不〕迷。 甲： 除濕痹氣身重，四肢關節不可動搖。 頑風〔冷〕痹，關節氣壅，婦人赤白帶下，破積癥，補心。 治鼠〔瘻〕。

明・顧逢柏《分部本草妙用》卷三脾部・温補 秦龜 苦，溫，無毒。色黃。 主治： 濕痺身重，四肢不可動，頑風破癥，赤白帶下，補心，治鼠瘻，皆主太陰血分症。

清・李熙和《醫經允中》卷一八 秦龜 色黃。苦，溫，無毒。主治濕痺身重，四肢不可動，赤白帶下。主治皆太陰血分症。

攝龜

明・鄭寧《藥性要略大全》卷一〇 山龜一名夾蛇龜。 專治諸般大風瘡毒。 味甘、鹹，氣溫，無毒。煮汁可洗風瘡及諸瘡毒。

明・王文潔《太乙仙製本草藥性大全》卷八《仙製藥性》 鴦龜一名呷蛇龜。 肉寒，有毒。 主治： 肉搗糜爛，惟敷蛇咬。生筋脉良方，治撲損妙劑。專治諸般大風瘡毒如神。 補註： 治撲打損傷，取血作酒食，肉生研厚塗立效。

明・李時珍《本草綱目》卷四五介部・魚鱉類 攝龜《蜀本草》

〔釋名〕呷蛇龜日華作夾蛇。 陵龜郭璞 鴦龜陶弘景 蠳龜《抱朴子》恭曰： 鴦龜腹折，見蛇則呷而食之，故楚人呼呷蛇龜。江東呼陵龜，居丘陵也。時珍曰： 既以呷蛇得名，則攝亦蛇音之轉，而蠳亦鴦音之轉也。 〔集解〕弘景曰： 鴦，小龜也，處處有之，狹小而長尾。用卜吉凶，正與龜相反。保昇曰： 攝龜腹小，中心橫折，能自開闔，好食蛇也。

肉 〔氣味〕甘，寒，有毒。 詵曰： 此物噉蛇，肉不可食，殼亦不堪用。 〔主治〕生搗，罯蛇傷，以其食蛇也陶弘景。

尾 〔主治〕佩之辟蛇。 蛇咬，則刮末傅之便愈《抱朴子》。

甲 〔主治〕人咬瘡潰爛，燒灰傅之。 時珍。出《摘玄》。

明・姚可成《食物本草》卷一一介部・龜鼈類 攝龜一名呷蛇龜。其腹版中心橫折，能自開闔，見蛇則呷斷而食之。

攝龜肉： 味甘，寒，有毒。不可食。生研，塗撲損筋脉傷。罯蛇咬傷。 尾： 佩之，辟蛇。 蛇咬則刮末傅之，便愈。 甲： 主人咬瘡潰爛，燒灰傅之。

蠵龜

明・王文潔《太乙仙製本草藥性大全》卷八《本草精義》 蠵蠵 一名茲夷。出廣州海邊。山龜之大者，人立背上可負而行，潮循間甚多，鄉人取殼，以生得全者爲貴，初用木楔出其肉，龜被楚毒鳴吼如牛，聲動山谷。工人以其甲通明黃色者，煮拍陷瑇瑁爲器，今人所謂龜筒，據此乃別是一種也。

明・王文潔《太乙仙製本草藥性大全》卷八《仙製藥性》 蠵蠵 氣平，有微毒。其殼味帶苦。 主治： 中刀箭悶絕欲死，取血飲敷傷立差。殼治婦人赤白漏下，破積癥冷痺，頭風關節氣壅良方，經水過下更妙。

明・李時珍《本草綱目》卷四五介部・魚鱉類 蠵龜《綱目》

〔釋名〕蠵蠵音茲夷。 靈蠵《漢書》 靈龜郭璞注 𪓰鼊音拘壁。一作蚼蠯。 贔屓音戲備。《雜俎》作係臂者非。 皮名龜筒。 時珍曰： 蠵蠵鳴聲如茲夷，故名。𪓰鼊者，南人呼龜皮之音也。贔屓者，有力貌，今碑趺象之。或云大者爲蠵蠵、贔屓，小者爲𪓰鼊。甚通。 〔集解〕弘景曰： 蠵蠵生廣州。恭曰： 即秦龜也。藏器曰： 蠵蠵生海邊。甲有文，堪爲物飾。非山龜也。保昇曰： 蘇恭之説，非通論也。按郭璞《爾雅注》云： 蠵蠵出涪陵郡，大龜也。其緣甲文似瑇瑁，能鳴。甲亦可卜，俗呼靈龜是矣。頌曰： 蠵蠵別是一種山龜之大者，非秦龜也。《嶺表録〔異〕》云： 潮、循間甚多。人立背上，可負而行。鄉人取殼，以生得全者爲貴。初用木換出其肉。龜被楚毒，鳴吼如牛，聲振山谷。古人謂生龜脱筒，指此。工人以其甲通明黃色者，煮拍陷瑇瑁爲器，謂之龜筒。入藥亦以生脱爲主。日華曰： 蠵蠵即𪓰鼊也。皮可寶裝飾物。時珍曰： 蠵龜諸説不一。按《山海經》云： 蠵龜生深澤中。注云： 大龜也。甲有文采，似瑇瑁而薄。應劭注《漢書》云： 靈蠵，大龜也。雄曰瑇瑁，雌曰蠵蠵。據此二説，皆出古典。質以衆論，則蠵蠵即𪓰鼊之大者，當以藏器、日華爲準也。生於海邊，山居水食，瑇瑁之屬。非若山龜不能入水也。故功用專於解毒，與瑇瑁相同，自可意會。劉欣期《交州記》云： 蚼蠯似瑇瑁，大如笠，四足縵胡無指爪。其甲有黑珠文采，斑似錦文。但薄而色淺，不任作器，惟堪貼飾。今人謂之鼊皮。《臨海水土記》云： 其形如龜鼈身。其甲黃點有光。廣七八寸，長二三尺。彼人以亂瑇瑁。肉味如黿可食。卵大如鴨卵，正圓，生食美於鳥卵。《酉陽雜俎》云： 係臂狀如龜，生南海。捕者必先祭後取之。

肉 〔氣味〕甘，平，無毒。 〔主治〕去風熱，利腸胃時珍。

血 〔氣味〕鹹，平，微毒。 〔主治〕療俚人毒箭傷弘景。 中刀箭悶絕者，刺飲便安日華。藏器曰：南人用燋銅及蛇汁毒，亦多養此用。

龜筒【釋名】䗂皮 【氣味】甘、鹹，平，無毒。【主治】血疾，及中刀箭毒，煎汁飲大明。解藥毒、蠱毒時珍。

明·姚可成《食物本草》卷一一介部·龜鱉類 蠵龜蠵音夷。蠵龜生於海邊，山居水食，瑇瑁之屬。非若山龜不能入水也。《臨海水土記》云：其形如龜鱉身，其甲黃點有光。廣七八寸，長二三尺。彼人以亂瑇瑁。肉味如黿可食。卵大如鴨卵，正圓，生食美於鳥卵。《酉陽雜俎》云：係臂狀如龜，生南海。捕者必先祭後取之。

蠵龜肉：味甘，平，無毒。主去風熱，利腸胃。血：味鹹，平。治毒箭傷。中刀箭悶絶者，刺飲便安。龜筒：味甘、鹹，平，無毒。治血疾及中刀箭毒。煎汁飲，解藥毒蠱毒。

陰𪓟

清·汪紱《醫林纂要探源》卷三 陰𪓟 甘，鹹，寒。山龜也。頭扁大，難縮入腹。居山。滋陰清熱，治久瀉久痢，痎瘧，去瘧母，殺疳䘌。補心清腎之功不如龜，以其陸處也。然能治久痢老瘧。凡瘧痢皆起於暑，此能滋陰清暑，為治其原。又鹹能輭堅，以破其寒熱之結聚。在山常食蛇蟲，故治疳䘌。

瑇瑁

宋·李昉《太平御覽》卷九四三 玳瑁 《嶺表録異》曰：玳瑁，形狀如龜，唯腹背甲有紅點，其大者悉似盤蓋。《本草經》云：玳瑁解毒，兼云辟邪。余寄居廣南，日見盧亭海島夷人獲活玳瑁龜一枚，以獻連帥嗣薛王，王令生取背甲小者二片，帶於左臂上，以辟毒。龜被生揭其甲，亦甚苦楚。後養於使宅後北池，伺其揭處漸生，後遣盧亭，送於海畔。或云玳瑁，若生帶之，有蠱毒，玳瑁甲即自摇動，若死無此驗。

宋·唐慎微《證類本草》卷二〇蟲魚部上品〔宋·馬志《開寶本草》〕 瑇瑁 寒，無毒。主解嶺南百藥毒。俚人刺其血飲，以解諸藥毒。大如帽，似龜，甲中有文。生嶺南海畔山水間。今附。

〔宋·掌禹錫《嘉祐本草》〕按：陳士良云：瑇瑁，身似龜，首觜如鸚鵡。肉，平。主諸風毒，行氣血，去胸膈中風痰，鎮心脾，逐邪熱，利大小腸，通婦人經脉。甲殻亦似肉，同療心風邪，解煩熱。日華子云：破癥結，消癰毒，止驚癇等疾。

〔宋·蘇頌《本草圖經》〕曰：瑇瑁，生嶺南山水間，今亦出廣南。蓋龜類也。惟腹、背甲皆有紅點斑文，其大者有如盤。入藥須生者乃靈，帶之亦可以辟蠱毒。凡遇飲食有毒，則必自摇動，死者則不能，神矣。昔唐嗣薛王之鎮南海，海人有獻生瑇瑁者，王令揭取上甲二小片，繫於左臂，欲以辟毒。瑇瑁甚被楚毒，復養於使宅後池，伺其揭處復生，還遣送舊處，并無傷矣。今人多用雜龜筒作器皿，皆殺取之，又經煮拍，生者殊不易得。頃有自嶺表罷官，得生瑇瑁畜養且久，攜以北歸，北人多有識者。又有一種𪓟䗂，亦瑇瑁之類也。其形如笠，四足縵胡無指，其甲有黑珠，文采亦好，但薄而色淺，不任作器，惟堪貼飾耳。今人謂之䗂皮，不入藥用。

〔宋·唐慎微《證類本草》〕陳藏器云：大如扇，似龜，甲有文，餘并同。楊氏産乳：療中蠱毒。生玳瑁以水磨如濃飲，服一盞即解。

宋·寇宗奭《本草衍義》卷一七 瑇瑁 治心經風熱，生者入藥，蓋性味全也。既入湯火中，即不堪用，爲器物者是矣，與生熟犀其義同。

宋·王繼先《紹興本草》卷一七 玳瑁 紹興校定：玳瑁，形如龜之類，採殻為用。出産、形質及性與主治《經》注已載。但解諸毒，退風熱用之頗驗。今當作味鹹、微寒、無毒為定。其血肉雖分所療，而未聞驗據矣。

宋·劉明之《圖經本草藥性總論》卷下 瑇瑁 寒，無毒。主解嶺南百藥毒，俚人刺其血飲，解諸藥毒。陳士良云：主諸風毒，行氣血，去胸膈風痰，鎮心脾，逐邪熱，利大小腸，通婦人經脈。甲殻似肉，同療心風邪，解煩熱。日華子云：破癥結，消癰毒，止驚癇等疾。

宋·陳衍《寶慶本草折衷》卷一六 瑇與玳同瑁 乃龜類也。生嶺南海畔山水間，及廣南。平張松，寒，無毒。○主解嶺南百藥毒。○陳士良云：療心風邪，解煩熱。○日華子云：破癥結，消癰毒，止驚癇。○《圖經》曰：瑇瑁腹背甲皆有紅點斑文，大者如盤。又有𪓟䗂，其甲有黑珠文采，薄而色淺，不入藥用。○𪓟，其拘切。䗂，音壁。○《楊氏産乳》：療中蠱毒，生玳瑁以水磨濃，服壹盞，解。○寇氏曰：治心經風熱，生者入藥，蓋性味全也。入湯火中，即不堪用。

明·滕弘《神農本經會通》卷一〇 瑇瑁 身似龜，首嘴如鸚鵡。氣寒，無毒。一云：肉，平。《本經》云：主解嶺南百藥毒，俚人刺其血飲，以解諸藥毒。大如帽，似龜甲，中有文。陳士良云：肉，主諸風毒，行氣血，胸膈中風痰，鎮心脾，逐邪熱，利大小腸，通婦人經脉。甲殻亦似肉，同療心風邪，解煩熱。日華子云：破癥結，消癰毒，止驚癇等疾。《圖經》云：入藥須生者乃靈，帶之可以辟蠱毒。凡遇飲食有毒，則必自搖動，死者則不能神矣。《衍義》云：治心經風熱，生者入藥，蓋性味全也。既入湯火中，即不堪用，為器物者是矣，與生犀義同。

明・劉文泰《本草品彙精要》卷二九 瑇瑁無毒。附蠵鼊。 卵生。

瑇瑁：主解嶺南百藥毒。俚人刺其血飲，以解諸藥毒。名醫所錄。

【名】玳瑁。【地】《圖經》曰：生嶺南山水間，今亦出廣南，蓋龜類也。惟腹、背甲皆有紅點斑文，其大者如盤，身似龜，首、嘴如鸚䳇者是也。入藥須生者爲靈，帶之亦可以辟蠱毒。凡遇飲食有毒，則必自搖動，其自死及煮拍爲器者則不能，神矣。昔唐嗣薛王之鎮南海，海人有獻生瑇瑁者，王令揭取上甲二小片，繫于左臂，欲以辟毒。瑇瑁甚被楚毒，復養於使宅後池，伺其揭處復生，還遣送舊處，並無傷矣。今人多用雜龜筒作器皿。又有一種蠵鼊，亦瑇瑁之類也，其形如笠，四足縵胡無指，其甲有黑珠，文彩亦好，但薄而色淺，不任作器，惟堪貼飾耳，今人謂之鼊皮，不堪入藥用。【時】生：無時。採：無時。【用】甲，生取者佳。【質】類龜而有斑。【色】黃黑。【味】鹹。【性】寒。【氣】味厚于氣，陰也。【臭】臭。【主】消癰毒，止驚癇。【製】剉碎入藥，或水磨服亦可。【治】療：日華子云：破癥結，止驚癇等疾。陳士良云：去諸風毒，行氣血，去胸膈中風痰，鎮心脾，逐邪熱，利大小腸，通婦人經脈。○甲殼亦似肉，同療心風邪，解風熱。《行義》曰：治心經風熱。《別錄》云：水磨濃汁，服一盞，療中蠱毒。

明・盧和、汪穎《食物本草》卷四魚類 瑇瑁 寒，無毒。主解百藥毒。血可生飲。

明・鄭寧《藥性要略大全》卷一〇 玳瑁一名瑇瑁。 寒，平，無毒。解嶺南百藥毒，刺血飲之，身似龜首，觜如鸚䳇。 肉味甘，平，無毒。主〔諸〕風毒，〔行〕氣血，〔去〕胸膈中風痰。鎮心脾，利大小腸，逐邪熱，通女經。甲殼與肉同功，治心風邪，解煩熱，破癥結，消癰毒，止驚癇。

明・王文潔《太乙仙製本草藥性大全》卷八《本草精義》 瑇瑁 一名玳瑁。生嶺南山水間，今亦出廣南。蓋龜類也。身似龜，首如鸚䳇，惟腹背甲皆有紅點斑文，其大者有如盤。入藥須生者乃靈，帶之亦可以辟蠱毒。凡遇飲食有毒，則必自搖動，死者則不能神矣。昔唐嗣薛王之鎮南海，海人有獻生瑇瑁者，王取上甲一小片繫於左臂，欲以辟毒。瑇瑁甚被楚毒，復養於使宅後池，伺其揭處復生，還遣送舊處，並無傷矣。又一種蠵鼊，亦瑇瑁之類也，其形如笠，四足縵胡無指，其甲有黑珠，文采亦好，但薄而色淺，不任作器，惟堪貼飾耳，今人謂之鼊皮，不入藥用。

明・王文潔《太乙仙製本草藥性大全》卷八《仙製藥性》 瑇瑁即玳瑁。 氣寒，肉味甘，氣平，無毒。 主治：肉主風毒，行氣血，去胸膈中之風痰；鎮心脾，逐邪熱，利大小腸之赤澁。治心內風邪，通女人經脉。解煩熱而止驚癇，消腫毒而破癥結。飲血解百藥毒，甲殼與肉同功。 補註：療中蠱毒，生玳瑁以水磨如濃飲，服一盞即解。○解百藥毒，刺其血飲之即效。

按：方藥用敗龜版者，及龜死深山之中，形肉爛滲甲內，人或撿拾，因此有名。奈何《本經》卜師鑽灼者爲是。〔夫龜禀〕北方陰氣而生，爲陰中至陰之物，大能補陰而治陰血不足，是以下焦滋補丸藥多用爲君。惟此敗者，血肉滲盡，性氣具全，匪特補足真元，抑且引達諸藥。空腹吞服，反掌成功，故諸明醫方中，但用此味，不書曰龜版，而特曰敗龜版者，蓋亦真知功力健捷，使人必求得之而弗略也。若以鑽灼過者爲然，不過棗核作炷，燒炙焦燥而已，較生者何殊？用治病何益？又何取義？特加敗字諄諄以示人耶？

明・皇甫嵩《本草發明》卷六 瑇瑁上品。性寒，無毒。 主解嶺南百藥毒，俚人刺其血，飲以解毒。○註云：肉，平。主諸風毒，行氣血，去心膈中風痰，鎮心脾，逐邪熱，利大小腸，通經脉。○甲殼，亦似肉，同療心風邪，解煩熱，又破癥結，消癰毒，止驚癇。生者入藥，經湯火不堪藥用。生致者帶之，可辟蠱毒。

明・李時珍《本草綱目》卷四五介部・魚鱉類 瑇瑁宋《開寶》

【釋名】玳瑁音代昧，又音毒目。時珍曰：其功解毒，毒物之所娼嫉者，故名。

【集解】藏器曰：瑇瑁生嶺南海畔山水間。大如扇似龜，甲中有文。士良曰：其身似龜，首、嘴如鸚䳇。頌曰：今廣南皆有，龜類也。大者如盤，其腹、背甲皆有紅點斑文。入藥須用生者乃靈。凡遇飲食有毒，則必自搖動，死者則不能，神矣。今人多用雜龜筒作器皿，皆殺取之，又經煮拍，故生者殊難得。時珍曰：按范成大《虞衡志》云：玳瑁生海洋深處，狀如龜黿，而殼稍長，背有甲十二片，黑白斑文，相錯而成。其裙邊缺如鋸齒。無足而有四鬣，前長後短，皆有鱗，斑文如甲。海人養以鹽水，飼以小魚。又顧玠《海槎録》云：大者難得，小者時時有之。但老者甲厚而色明，小者甲薄而色暗。世言鞭血成斑，謬矣。取時必倒懸其身，用滾醋潑之。則甲逐片應手落下也。《南方異物志》云：大者如籧篨。背上有鱗大如扇，取下乃見其文。煮柔作器，治以鮫魚皮，瑩以枯木葉，即光輝矣。陸佃云：瑇瑁不再交，望卵影抱，謂之護卵。

甲 【氣味】甘，寒，無毒。宗奭曰：入藥用生者，性味全也。既經湯火，即不堪用，與生、熟犀義同。〔主治〕解嶺南百藥毒藏器。破癥結，消癰毒，止驚癇日華。療心風，解煩熱，行氣血，利大小腸，功與肉同士良。磨汁服，解蠱毒。生佩之，辟蠱毒蘇頌。解痘毒，鎮心神，急驚客忤，傷寒熱結狂結時珍。

〔發明〕時珍曰：玳瑁解毒清熱之功同於犀角。古方不用，至宋時至寶丹始用之也。又見鼊甲。

〔附方〕舊一，新三。解蠱毒：生玳瑁磨濃汁，水服一盞即消。楊氏《產乳》。預解痘毒：遇行時服此，未發內消，已發稀少。用生玳瑁、生犀角各磨汁一合，和勻。溫服半合，日三服，最良。《靈苑方》。痘瘡黑陷：乃心熱血凝也。用生玳瑁、生犀角同磨汁一合，入猪心血少許，紫草湯五匙，和勻，溫服。聞人規《痘瘡論》。迎風目淚：乃心腎虛熱也。用生瑇瑁、羚羊角各一兩，石燕子一雙，爲末。每服一錢，薄荷湯下，日一服。《鴻飛集》。

肉〔氣味〕甘，平，無毒。〔主治〕諸風毒，逐邪熱，去胸膈風熱，行氣血，鎮心神，利大小腸，通婦人經脉士良。

血〔主治〕解諸藥毒，刺血飲之《開寶》。

明・梅得春《藥性會元》卷下 瑇瑁 性寒，無毒。主解嶺南百藥毒。大如帽，似龜，甲中有文。生嶺南海畔山水間。俚人刺其血飲，以解諸藥毒。

明・穆世錫《食物輯要》卷七 瑇瑁 肉，味甘，平，無毒。可食。鎮心神，行氣血，去風毒邪熱，利大小腸，通月水。血，解藥毒，預解痘毒。一用生瑇瑁、生犀角，磨汁和服，尤良。

明・吴文炳《藥性全備食物本草》卷三 瑇瑁 一名玳瑁。生廣南，似龜，首如鸚鵡，惟腹中背甲皆有紅點斑文，其大者有如盤。入藥須用生者乃靈。佩帶辟蠱毒，凡遇飲食有毒則必自搖動，死者則不能，神矣。肉味甘，性平，無毒。主風毒，行氣血，去胸膈中之風痰，鎮心脾，逐邪熱，利大小腸之赤澁。治心內風邪，通女人經脉。解煩熱而止驚癇，消腫毒而破癥結。血解百藥毒。刺血飲之良。

明・繆希雍《本草經疏》卷二〇 瑇瑁 寒，無毒。主解嶺南百藥毒。一名玳瑁。

〔疏〕瑇瑁，龜類也。得水中至陰之氣，故氣寒無毒，而解一切熱毒。其性最靈，凡遇飲食有毒，則必自搖動，然須用生者乃靈，死者則不能矣。嶺南人善以諸毒藥造成蠱，人中之則昏憒悶亂，九竅流血而死。惟用活瑇瑁，刺其血飲，或生者磨濃汁服之可解。日華子主破癥結，消癰腫，止驚癇。陳士良主心風，解煩熱，行氣血，利大小腸。以其性稟純陰，氣味至寒，故治如是等病也。又能解痘毒，神效。

〔主治參互〕楊氏《產乳方》解一切蠱毒。生玳瑁磨濃汁，服一盞即消。《靈苑方》預解痘毒，遇時行痘瘮，服此未發內消，已發稀少。用生玳瑁、生犀角，各磨濃汁一合，和勻溫服半合，日三，最良。聞人規《痘瘮論》：痘瘮黑陷，乃心熱血凝也。法同上，加入猪心血少許，紫草汁五匙，和勻溫服。《鴻飛集》：迎風目淚，乃肝腎虛熱也，用生玳瑁、羚羊角各一兩，石燕一雙，為末，每一錢，薄荷湯下，日二服。

〔簡誤〕痘瘡虛寒不起發者，不宜服。

明・倪朱謨《本草彙言》卷一九 瑇瑁甲 味甘，氣寒，無毒。入手少陰、足厥陰經。

李氏曰：其首嘴如鸚鵡，其身似龜、黿而殼稍長。背有甲十數片，黑、白、紅、綠斑文相錯而成，明亮可愛。其裙邊有花缺如鋸齒。無足而有四鬣，前長後短，皆有細鱗斑文。海人養以鹽水，飼以小魚。大者如盤，小者如碗碟。大者難得，小者常有之。但老者甲厚而色明，小者甲薄而色暗。取時必倒懸，用滚醋潑之，則甲逐片應手自落。入藥須用生剝者乃靈，若經湯煮，力即減少，與犀角義同。雌雄不交，相望而卵。其功解蠱化毒甚靈。毒物之所媢嫉者，故名。

瑇瑁：陳藏器解嶺南百蠱、百藥諸毒，陳士良安神定驚，解熱化痰之藥也。翟秉元曰：瑇瑁，龜類也。得水中至陰之氣，寒而無毒，善解一切百蠱百藥熱毒，及傷寒熱煩狂言，小兒驚風客忤，胎毒痘毒，乾枯火疔諸證，其功力與犀角相等。繆仲淳先生曰：此物其性最靈，凡遇飲食有蠱毒者，必自搖動。須用生者乃靈，死者則不能矣。嶺南人善以諸毒藥造成蠱，人中之則昏憒悶亂，九竅流血而死，惟用活瑇瑁刺其血飲，或用生甲磨濃汁，服之可解。其性稟純陰，氣味至寒。如諸病虛寒無火毒者勿用。

集方：楊氏方解一切蠱毒。用生瑇瑁磨濃汁服一盞，即消。○《靈苑方》預解痘毒，遇時行痘疹服此，未發者內消，已發者稀少。用生瑇瑁、生犀角，合磨濃汁一盞，和勻，作三四次溫和服。○聞人規方治痘疹黑陷，乃心熱血凝也。方同上，加入猪心血、紫草汁各五匙，溫服。

明・姚可成《食物本草》卷一一介部・龜鼈類 瑇瑁一作玳瑁。生海洋深處。狀如龜黿而殼長，背有甲十二片，黑白斑文相錯而成。裙邊缺如鋸齒，無足而有四鬣，前長後短，有鱗，斑文如甲。海人養以鹽水，飼以小魚。又顧玠《海槎錄》云：大者難得，小者時時有〔之〕。但老者甲厚而色明，小者甲薄而色黯。世〔言〕鞭血成斑，謬矣。取時必倒懸其身，用滾醋潑之，則甲逐片應手落下。〇《南方異物志》云：其身、首似龜，嘴如鸚鵡。大者如籧篨，背上有〔鱗〕大如扇，取下乃見其文。煮柔作器，治以鮫魚皮，瑩以枯木葉，即光輝矣。

瑇瑁肉：味甘，平，無毒。治諸風毒，逐邪熱，去胸膈風熱，行氣血，鎮心神，利大小腸，通婦人經脉。血：解諸藥毒，刺飲之。甲：味甘，寒，無毒。主解嶺南百藥毒。破癥結，消癰毒，止驚癇。療心風，解煩熱，行氣血，利大小腸，功與肉同。磨汁服，解蠱毒。生佩之，辟蠱毒。煮服，解痘毒，鎮心神，急驚客忤，傷寒熱結狂言。

附方：治痘瘡黑陷，乃心熱血凝也。用生玳瑁、生犀角，同磨汁一合，入豬心血少許，紫草湯五匙。和勻溫服，即時紅潤起發。

明·顧逢柏《分部本草妙用》卷二心部·寒瀉 瑇瑁 甘，寒，無毒。

主治：解熱除毒，散結消癰，鎮驚，行氣血，解百藥毒、痘毒，傷寒熱結狂言。

瑇瑁色赤，象心，而性反寒涼，解毒清熱之功，同于犀角。近用犀角，而不用瑇瑁，何哉？

清·穆石匏《本草洞詮》卷一七 瑇瑁 狀如龜黿，生海洋邊。雄曰瑇瑁，雌曰蠵蠵。其性解毒。毒物之所娼嫉者，故名。氣味甘，平，無毒。去風熱，利腸胃。其清熱解毒之功，與犀角同也。

清·劉雲密《本草述》卷二九 瑇瑁一名玳瑁。音代昧。 甲：氣味甘寒，無毒。 主治：解嶺南百藥毒。 希雍曰：瑇瑁，龜類也。得水中至陰之氣，故氣寒無毒，而解一切熱毒。其性最靈，凡遇飲食有毒，則必自搖動。然須用生者乃靈，死者則不能矣。嶺南人善以諸毒藥造成蠱，人中之則昏憒悶亂，九竅流血而死。惟用活瑇瑁，刺其血飲，或生者磨濃汁服之可解。日華子主破癥結，消癰腫，止驚癇。陳士良主心風，解煩熱，行氣血，利大小腸。以其性稟純陰，氣味至寒，故治如是等病也。又能解痘毒，神效。

宗奭曰：入藥用生者，性味全也。既經湯火，即不堪用。與生熟犀義同。

附方 預解痘毒，遇行時服此，未發內消，已發稀少。用生玳瑁、生犀角，各磨汁一合，和勻温服半合，日三服，最良。 痘瘡黑陷，乃心熱血凝也。用生玳瑁、生犀角同磨汁一合，入豬心血少許，紫草湯五匙，和勻温服。

愚按：是物誠為良藥，但療病唯用生者。生者難得，在邊海之地，容或有之。而遠海諸郡，絕不能獲生者，猶之不得其用也，故未及詳論。 希雍曰：痘瘡虛寒，不起發者不宜服。

清·沈李龍《食物本草會纂》卷八 瑇瑁一作玳瑁。出海洋。似龜，裙邊如鋸齒，無足，有四鬣，背甲十三片，黑白斑文相錯。海人養以鹽水，飼以小魚，倒懸其身，用滾醋潑之，則甲應手落下如扇。煮柔作器，治以鮫皮，瑩以枯葉則光輝。 肉，味甘，平，無毒。治諸風毒，逐邪熱，行氣血，鎮心神，利大小腸，通婦人經脉。 血，治諸藥毒，刺飲之。 甲，味甘，寒，無毒。治解嶺南百藥毒，消癰毒，止驚癇。療心風，解煩熱，行氣血，功與肉同。磨汁服，解蠱毒，生佩之，辟蠱毒。煮服，解痘毒，急驚，傷寒熱結，狂言，鎮心神。〇附方：痘瘡黑陷，乃心熱血凝也，用生玳瑁、生犀角，同磨汁一合，入猪心血少許，紫草湯五匙，和勻溫服，即紅潤起發。

清·李熙和《醫經允中》卷一七 瑇瑁 心經血分。 甘，寒，無毒。主治解熱除毒，散結消癰，傷寒熱結狂言，小兒風驚狂熱，痘瘡癰腫。《分部》云：瑇瑁解毒清熱之功同於于角不知用，深可惜也！

清·馮兆張《馮氏錦囊秘錄·雜症痘疹藥性主治合參》卷一一 瑇瑁一名玳瑁。 龜類也。得水中至陰之氣，故氣寒，無毒。而解一切熱毒。其性最靈，凡遇飲食蠱毒之類，則必身自搖動。然須用生者乃靈，死者則不能矣。中蠱毒者，刺活玳瑁血飲之，或生者磨濃汁，服之立解。主心風驚癇，解煩熱，行氣血，破癥結，消癰腫，利大小腸，以其性稟純陰，氣味至寒，故治如是等病。又解痘毒神效，凡遇時行痘症，服此未發內消，已發稀少，用生玳瑁、生犀角各磨濃汁一合，和勻溫服半合，日三最良。若痘黑陷者，乃心熱血凝也，照此再加入猪心血少許，紫草汁五匙，和勻溫服。

清·张璐《本經逢原》卷四 玳瑁即瑇瑁。 甘，寒，無毒。入藥生者良。

發明：玳瑁入心主血，有解毒解熱之功。故蘇頌以之磨汁服解蠱毒。《日華》破癥結，消癰毒，止驚癇。士良療心風，解煩熱，行血氣，利大小腸。時珍治傷寒熱結狂言，解毒清熱之功等於犀角，同犀角解痘毒。痘瘡黑陷，乃心熱血凝，用生犀、玳瑁磨汁，入豬心血少許，紫草湯調服，則熱解血和而陷痘起矣。但虛寒而陷者勿用。

清·汪紱《醫林纂要探源》卷三 瑇瑁 甘，鹹，寒。亦龜類。六足，肉可食，殼薄，可飾器物。

清・羅國綱《羅氏會約醫鏡》卷一八鱗介蟲魚部 玳瑁 得水中至陰之氣，性寒，解一切熱毒。治心風驚癇，利大小腸。又解痘毒，神效。凡遇時行痘症，用生玳瑁、生犀角各磨濃汁一合，和勻，服半合，日三服。未發內消，已發稀少。若痘黑陷者，乃心熱血凝也，照此，加入猪心血少許，紫草汁五匙，溫服，可以起死回生。

清・章穆《調疾飲食辯》卷六 瑇瑁 即玳瑁，龜之別種也。《虞衡志》曰：生海洋深處，似龜而殼稍長，背有甲十二片，黑白斑文相錯，裙邊缺如鋸齒，無足而有四鬣，鬣有鱗，斑文如甲。海人養以鹽水，飼以小魚。每月必有一日不食，或云遇庚申日則不食，曰玳瑁齋。《埤雅》曰：玳瑁不再交，卵生影抱，謂之護卵。《南方異物志》曰：大者如籧篨，背上有鱗大如扇，煮柔作器，光輝有色，古人以為笄。豪貴者或以飾梁棟，沈佺期詩：海燕雙棲玳瑁梁。《開寶本草》曰：生飲其血，解百藥毒。陳士良曰：肉煮食，逐邪熱，利大小腸，行氣血。《日華本草》曰：生取甲入藥必須生者，凡作成器物，皆經蒸煮，用之無效。磨汁服，消癰毒，止驚癇。《綱目》曰：治急驚客忤，傷寒熱結狂言。又治時行熱病發斑，聞人規《痘疹論》曰：仝生犀角磨汁一合，入猪心血少許，紫草汁五匙，治痘疹血熱黑陷。亦可預解痘毒。

清・楊時泰《本草述鉤元》卷二九 瑇瑁 入藥必用生者，性味全也，既經湯火，即不堪用，與生熟犀義同。甲：氣味甘寒。

主解嶺南百藥毒。日華子破癥結，消癰腫，止驚癇。陳士良主心風，解煩熱，行氣血，利大小腸。又能解痘毒，神效。玳瑁龜類，稟水中至陰之氣，故氣寒而解一切熱毒，其性最靈，凡遇飲食有毒，必自搖動，然須生者乃靈，嶺南人中蠱毒者，惟用活瑇瑁刺其血飲，或生者磨濃汁，服之可解仲淳。預解痘毒，未發內消，已發稀少，生玳瑁、生犀角各磨汁一合，和勻，溫服半合，日三服。痘瘡黑陷，乃熱血凝也，生玳瑁、生犀角同磨汁一合，入猪心血少許，紫草湯五匙，和勻，溫服。按是物療病，惟用生者，在邊海之地，容或有之，遠海諸郡，絕不能獲，猶不得其用也，故未詳論。繆氏：痘瘡虛寒不起發者，不宜服。

清・趙其光《本草求原》卷一七介部 玳瑁 甘，寒，無毒，入心脾。涼血、解毒，破癥結，消癰腫，止驚癇、心風，除煩熱，行血氣，利大小腸，解蠱毒、磨汁服，或刺其血飲，最效。百藥毒，治傷寒、熱結狂言，解毒清熱之功等於犀角。預解痘毒，及痘瘡黑陷、心熱血凝也，同犀角俱生磨汁，入豬心血少許，紫草湯下。迎風目淚。心腎虛熱也，同羚羊角、石燕為末，薄荷湯下。生用，過湯火則無功。

清・戴葆元《本草綱目易知錄》卷五 瑇瑁玳瑁 甲，甘，寒。鎮心神，止驚癇，療心風，解煩熱，行氣血，破癥結，消癰毒，利大小腸，功與肉同。治小兒急驚客忤，傷寒熱結狂言。解嶺南百藥毒。磨汁服，解痘毒蠱毒。生佩之，辟蠱毒。

䵢䵣

明・李時珍《本草綱目》卷四五介部・魚鱉類 䵢䵣音迷麻。時珍曰：按《臨海水土記》云：黿鼊，狀似黿鼊而甲薄，形大如龜，味極美，一枚有膏三斛。

明・姚可成《食物本草》卷一一介部・龜鼈類 䵢䵣音迷麻。《臨海水土記》：䵢䵣，狀似黿鼊而甲薄，形大如龜，味極美，一枚有膏三斛。又有鼂，亦如黿鼊，腹如羊胃，可供噉嚼。竝生海邊沙壤中。 䵢䵣肉：味甘美，食之補陰。

鼂

明・李時珍《本草綱目》卷四五介部・魚鱉類 鼂音朝。時珍曰：又有鼂，亦如黿鼊，腹如羊胃，可啖。並生海邊沙中。

明・姚可成《食物本草》卷一〇鱗部・魚類 鼉生南海地澤。皮可冒鼓。性至難死，沸湯沃口，入腹良久〔乃剝〕之。鼉性嗜睡，恒閉目。力至猛，能攻江〔岸。人〕于穴中掘之，百人掘，須百人牽之；一人〔掘，亦〕一人牽之。不然，終不可出。今江湖極〔多。形似〕壁虎、穿山甲輩，而長一二丈，背尾俱〔有鱗甲〕。夜則鳴吼，舟人畏之。〇李時珍曰：鼉穴極〔深〕，漁人以篾纜繫餌探之，候其吞鉤，徐徐引〔出。性〕能橫飛，不能上騰。其聲如鼓，夜鳴應更，〔謂〕之鼉鼓，亦曰鼉更。俚人聽之以占雨。其枕〔瑩〕淨，勝于魚枕。生卵甚〔多〕至百，亦自食之。南〔人〕珍其肉，以為嫁娶之敬。陸佃云：鼉身具十〔二〕生肖肉，惟蛇肉在尾最毒也。

鼉肉：味甘，有小毒。主〔少〕氣吸吸，足不立地及溼氣邪氣，諸（蟲）〔蠱〕，腹內癥瘕，惡瘡。多食發冷氣（癎）〔痼〕疾。梁周興嗣嗜此肉，後為鼉所噴，便生惡瘡。此物有靈，不食更佳。其涎最毒。甲：味酸，微溫，有毒。主心腹癥瘕，伏堅積聚，寒熱，女子小腹陰中相引痛，崩中下血五色及瘡疥死肌。五邪涕泣時驚，腰中重痛，小兒氣癃眦潰。小腹氣疼及驚恐。除血積，婦人帶下，百邪魍魎。療牙齒〔疳〕䘌宣露。殺蟲，治瘰癧瘻瘡，風頑瘙疥惡瘡。炙燒，酒浸服之，功同鼈甲。治陰瘧。脂：主摩風及惡瘡。

肝：治五尸病，用一具炙熟，同蒜齏食。

明・姚可成《食物本草》卷一一介部・龜鼈類　鼉　味甘，功同鼂鼊。

撒八兒

明・李時珍《本草綱目》卷四五介部・魚鱉類　撒八兒時珍曰：按劉郁《西使記》云：出西海中。乃玳瑁遺精，蛟魚吞食吐出，年深結成者，其價如金。僞作者，乃犀牛糞也。竊謂此物貴重如此，必有功用，亦不知果是玳瑁遺精否。亦無所詢證。姑附於此，以俟博識。

綠毛龜

明・王文潔《太乙仙製本草藥性大全》卷八《仙製藥性》　綠毛龜　蘄州出產，浮水面綠色鮮明。包縛額端，能禁邪瘧。收藏書笥，堪辟蠹蟲。

明・李時珍《本草綱目》卷四五介部・魚鱉類　綠毛龜《蒙筌》

【釋名】綠衣使者《綱目》　【集解】時珍曰：綠毛龜出南陽之內鄉及唐縣，今惟蘄州以充方物。養蓄者取自溪澗，畜水缸中，飼以魚蝦，冬則除水。久久生毛，長四五寸。毛中有金綫，脊骨有三稜，底甲如象牙色，其大如五銖錢者，爲真。他龜久養亦生毛，但大而無金線，底色黄黑爲異爾。《南齊書》載永明中有獻青毛神龜者，即此也。又《録異記》云：唐玄宗時，方士獻徑寸小龜，金色可愛。云置椀中，能辟蛇虺之毒。此亦龜之異者也。

【修治】時珍曰：此龜古方無用者。近世滋補方往往用之，大抵與龜甲同功。劉氏先天丸用之，其法用龜九枚，以活鯉二尾安釜中，入水，覆以米篩，安龜在篩上蒸熟，取肉晒乾。其甲仍以酥炙黄，入藥用。又有連甲、肉、頭、頸俱用者。

【氣味】甘、酸，平，無毒。　【主治】通任脉，助陽道，補陰血，益精氣，治痿弱時珍。縛置額端，能禁邪瘧；收藏書笥，可辟蠹蟲嘉謨。

明・姚可成《食物本草》卷一一介部・龜鼈類　綠毛龜出南陽之內鄉及唐縣，今惟蘄州以充方物。養鬻者取自溪澗，畜水缸中，飼以魚鰕，冬則除水。久久生毛，長四五寸。毛中有金線，脊骨有三稜，底甲如象牙色，其大如五銖錢者，為真。他龜久養亦生毛，但大而無金線、底色黄黑為異耳。《南齊書》載永明中有獻青毛神龜，即此也。又《録異記》云：唐玄宗時，方士獻徑寸小龜，金色可愛。云置椀中能辟蛇虺之毒。此亦龜之異也。綠毛龜，味甘、酸，〔平〕，無毒。主通任脉，助陽道，補陰血，益精氣，治痿弱。縛置額端，能禁邪瘧。收藏書笥，可辟蠹蟲。

明・施永圖《本草醫旨・食物類》卷五　綠毛龜出南陽之內鄉，能辟蛇虺之毒，大抵與龜甲同功。其法：用龜九枚，以活鯉二尾安釜中，入水，覆以米篩，安龜篩上蒸熟。取肉晒乾，其甲仍以酥炙黄，入藥用。又有連甲、肉、頭、頸俱用者。　味：甘、酸，平，無毒。治：通任脉，助陽道，補陰血，益精氣，治痿弱。縛置額端，能禁邪瘧。收藏書笥，可辟蠹蟲。

清・王道純《本草品彙精要續集》卷七　綠毛龜無毒。

綠毛龜：主通任脈，助陽道，補陰血，益精氣，治痿弱《本草綱目》。

【名】綠衣使者《綱目》、金線綠毛龜俗名。　【地】李時珍云：綠毛龜出南陽之內鄉及唐縣，今惟蘄州以充方物。養鬻者，取自溪澗，畜水缸中，飼以魚蝦，冬則除水，久久生毛。　【用】甲、肉、頭、頸俱用。　【質】毛長四五寸，毛中有金線，脊骨有三稜。其大如五銖錢者，爲真。池龜，久養亦生毛，但大而無金線、底色黄黑爲異爾。《南齊書》載永明中有獻青毛神龜者，即此也。又《録異記》云：唐元宗時，方士獻徑寸小龜，金色可愛，云置碗中，能辟蛇虺之毒，此亦龜之異者也。　【色】身上綠毛，底甲如象牙色。　【味】甘，酸。　【性】平。　【製】其法用龜九枚，以活鯉二尾安釜中，入水，覆以米篩，安龜在篩上蒸熟，取肉曬乾。其甲仍以酥炙黄，入藥用。　【治】陳嘉謨云：縛置額端，能禁邪瘧；收藏書笥，可辟蠹蟲。〇李時珍云：此龜古方無用者。近世滋補方往往用之，大抵與龜甲同功。劉氏先天丸用之。

鶚龜

明・李時珍《本草綱目》卷四五介部・魚鱉類　鶚龜《拾遺》

【集解】藏器曰：生南海。狀如龜，長二三尺，兩目在側如鶚。亦呼水龜，非前水龜也。

【氣味】無毒。　【主治】婦人難産，臨月佩之，臨時燒末酒服藏器。

明・姚可成《食物本草》卷一一介部・龜鼈類　鶚龜生南海。狀如龜，長二三尺，兩目在側如鶚，亦呼曰水龜。　鶚龜，無毒。主婦人難産，臨月佩之，臨時燒末酒服。

清・王道純《本草品彙精要續集》卷七　鶚龜無毒。

鶚龜：主婦人難産，臨月佩之，臨時燒末，酒服《本草拾遺》。　【地】生南海中。　【質】陳藏器云：狀如龜，長二三尺，兩目在側如鶚，亦呼水龜，非前水龜也。

瘧龜

宋・唐慎微《證類本草》卷二〇蟲魚部上品〔唐・陳藏器《本草拾遺》〕

瘧龜　無毒。主老瘧發無時者，亦名痻瘧，下俚人呼爲妖瘧。燒作灰，飲服一二錢匕，當微利，取頭燒服彌佳。亦候發時煮爲沸湯，坐中浸身。亦懸安病人卧處。生高山石下，身偏頭大，觜如鶚鳥，亦呼爲鶚龜。

明・王文潔《太乙仙製本草藥性大全》卷八《仙製藥性》 瘧龜一名鶚龜。高山石下生，嘴如鶚鳥，能治老瘧無時發，燒灰湯調服下一錢，微利而止。

明・李時珍《本草綱目》卷四五介部・魚鱉類 瘧龜《拾遺》

【集解】藏器曰：生高山石下，偏頭大嘴。

【氣味】無毒。【主治】老瘧發作無時，名痻瘧，俚人呼爲妖瘧。用此燒灰，頓服二錢，當微利。用頭彌佳。或發時煮湯坐於中，或懸於病人卧處藏器。

明・姚可成《食物本草》卷一一介部・龜鼈類 瘧龜生高山石下。偏頭大嘴。

瘧龜，無毒。治老瘧發作無時，名痻〔瘧〕，俚人呼為妖〔瘧〕。用此燒灰，頓服二錢，當微利。用頭彌佳。或發時〔煮〕湯坐於中，或懸於病人卧處。

明・施永圖《本草醫旨・食物類》卷五 瘧龜生高山石下，偏頭大嘴。

味：無毒。治：老瘧發作無時，名痻瘧，俚人呼為妖瘧。用此燒灰，頓服二錢，當微利，用頭彌佳。或發時煮湯坐於中，或懸於病人卧處。

旋龜

明・李時珍《本草綱目》卷四五介部・魚鱉類 旋龜 時珍曰：按《山海經》云：杻陽之山，怪水出焉。中多旋龜，鳥首虺尾，聲如破木，佩之已聾。亦此類也。

明・姚可成《食物本草》卷一一介部・龜鼈類 旋龜《山海經》云：杻陽之山，怪水出焉。中多旋龜，鳥首虺尾，聲如破木，佩之可以已聾。其亦鶚龜之類也歟。旋龜，無毒。食之益慧，佩之已聾。

賁龜

明・李時珍《本草綱目》卷四五介部・魚鱉類 賁龜音奔。《綱目》。

【釋名】三足龜《爾雅》 【集解】時珍曰：按《山海經》云：狂水西〔南〕注伊水，中多三足龜。食之無大疾，可以已腫。《唐書》云：江州獻六眼龜。《大明會典》云：暹邏國獻六足龜。《宋史》云：趙霆獻兩頭龜。此又前人所未知者也。

肉 【氣味】 【主治】食之，辟時疾，消腫。《山海經》。

明・姚可成《食物本草》卷一一介部・龜鼈類 賁龜賁音奔。《山海經》云：狂水西注伊水，中多三足龜，人食之，可以已腫。 賁龜肉：食之，辟時疾，消腫。

清・王道純《本草品彙精要續集》卷七 賁龜音奔。 【名】三足龜《爾雅》。 【地】李時珍：按《山海經》云：狂水西注伊水中，多三足龜，食之無大疾，可以已腫。《唐書》云：江州獻六眼龜。《宋史》云：趙霆獻兩頭龜。《大明會典》云暹羅國獻六足龜，此又前人所未知者也。

賁龜肉：主食之辟時疾，消腫《山海經》。

蟯螂魚

清・趙學敏《本草綱目拾遺》卷一〇鱗部 蟯蜋魚 《三才藻異》：產撫仙湖，狀如龜殼，青大如盤，無尾，八足，腹白。食之辟瘴毒。

黿

宋・唐慎微《證類本草》卷二一蟲魚部中品〔唐・陳藏器《本草拾遺》〕

黿 鱓魚注陶云：黿肉，補。此老者，能變化爲魅。按黿甲，功用同鼈甲。炙浸酒，主瘰癧，煞蟲，逐風惡瘡瘻，風頑疥瘙。肉，主濕氣，諸邪氣蟲，消百藥毒。張鼎云：膏塗鐵摩之便明，膏摩風及惡瘡。子如雞卵，正圓，煮之白不凝。今時人謂藏卵爲黿子，似此非爲木石机也。至難死，剔其肉盡，頭猶咬物，可以張鳶鳥。

〔宋・唐慎微《證類本草》〕《食療》云：微溫。主五藏邪氣，煞百蟲蠱毒，消百藥毒，續人筋。又，膏塗鐵，摩之便明。淮南術方中有用處。

明・盧和、汪穎《食物本草》卷四魚類 黿 肉，補虛，味佀鼉。鼉肉，主少氣(及)〔吸〕吸，足不立地。甲，俱入藥。

明・王文潔《太乙仙製本草藥性大全》卷八《本草精義》 黿甲 黿甲亦係鼈之最大者。生南海池澤，今江湖極多。即鼉也，形似守宮、陵鯉輩而長一二丈，背尾俱有鱗甲，善攻埼岸，夜則鳴吼，舟人甚畏之。南人亦捕而食，煮之白不凝之，云其肉有五色而白似雞，但發冷疾。其卵大如雞鴨子，一産一二百枚，人亦掘取，以鹽淹可食。其甲亦主五臟邪氣，婦人血熱。又下有鮀，其皮亦中冒鼓皮。及骨燒灰研末，米飲服，主腸風痔疾。今醫方鮮有用黿甲者。

明・王文潔《太乙仙製本草藥性大全》卷八《仙製藥性》 黿甲臣 味鹹，氣平，無毒。肉甘，極冷。 主治 甲：功用與鼈甲同。 肉：能發冷疾、痼疾。 皮骨：燒灰米飲調，主腸風痔疾。 脂：塗摩鐵燒，淮南王用驗。　補註：　腸風痔，取皮骨燒灰，研末，米飲服。　甚者入紅鷄冠花末、白礬杵末和，空心服效。

明・皇甫嵩《本草發明》卷六　黿甲係鼈類之極大者，生江海。　主治功力與鼈相同。〇肉，亦補，殺蠱毒藥毒。

明・李時珍《本草綱目》卷四五介部・魚鱉類　黿《拾遺》

【釋名】時珍曰：　按《説文》云：　黿，大鼈也。甲蟲惟黿最大，故字從元。元者，大也。

【集解】頌曰：　黿生南方出江湖中。大者圍一二丈。南人捕食之。肉有五色而白者多。其卵圓大如鷄、鴨子，一産一二百枚。人亦掘取以鹽淹食，煮之白不凝。藏器曰：　性至難死，剔其肉盡，口猶咬物。可張鳥鳶。弘景曰：　此物老者能變爲魅，非急弗食之。時珍曰：　黿如鱉而大，背有腽䏲，青黄色，大頭黄頸，腸屬於首。以鼈爲雌，卵生思化，故曰黿鳴鼈應。《淮南子》云：　燒黿脂以致鼈。皆氣類相感也。張鼎云：　其脂摩鐵則明。或云：　此物在水食魚，與人共體，具十二生肖肉，裂而懸之，一夜便覺垂長也。

甲　【氣味】甘，平，無毒。　【主治】炙黄酒浸，治瘰癧，殺蟲逐風，惡瘡痔瘻，風頑疥瘙，功同鼈甲藏器。五臟邪氣，殺百蟲毒、百藥毒，續筋骨日華。婦人血熱蘇頌。

肉　【氣味】甘，平，微毒。　【主治】濕氣、邪氣、諸蟲藏器。食之補益陶弘景。

脂　【主治】摩風及惡瘡孟詵。

膽　【氣味】苦，寒，有毒。　【主治】喉痹，以生薑、薄荷汁化少許服，取吐時珍。

明・穆世錫《食物輯要》卷七　黿　肉，味甘，平，微毒。　補益人，殺諸蟲，去濕痹邪氣。脂，治麻風惡瘡。甲，與鱉甲同功。

明・吴文炳《藥性全備食物本草》卷三　黿　亦係鱉之最大者，形似守宫、鯪鯉輩，而長一二丈，背尾俱有鱗甲，善攻埼岸，夜則鳴吼，舟人甚畏之。南人亦捕而食，煮之白不凝。又云其肉有五色而白似雞。但發冷疾。多卵，大如雞鴨子，一産一二百枚，人亦掘取以鹽淹，可食。

甲：　功用與鱉甲同，醫方亦鮮有用者。　皮骨：　燒灰米飲調，主腸風痔疾。　膏：　塗摩鐵能令白。

明・姚可成《食物本草》卷一一介部・龜鼈類　黿黿，大鼈也，甲蟲惟黿最大，故字〔從元。元者，大〕也。生南方江湖中。大者圍一二〔丈。南人捕食〕之。肉有五色而白者多。性至難死，〔剔其肉〕盡，口猶咬物。可張鳥鳶。其卵圓大，一産一二百枚。人取食之，白不凝。〇〔李時珍〕曰：　黿如鼈而大，背有腽䏲，黄青色，腸屬於首。以鼈為雌，卵生思化，故〔曰黿鳴鼈〕應。《淮南子》云燒黿脂以致鼈，皆氣類〔相感也〕。張鼎云：　其脂摩銕則明。或云：　此物在〔水食魚〕，與人，共體具十二生肖肉，裂而懸之，〔一夜便〕覺垂長也。

黿肉：　味甘，平，微毒。食之補益，治溼氣、邪氣，諸蟲。　甲：　味甘，平，無毒。炙黄酒浸，治瘰癧，殺蟲逐風，惡瘡痔瘻，風頑疥瘙，功同鼈甲。又治五臟邪氣，殺百蟲毒、百藥毒，續筋骨。治婦人血熱。　脂：　主摩風及惡瘡。　膽：　味苦，寒，有毒。治喉痹，以生薑、薄荷汁化少許服，取吐便瘥。

明・施永圖《本草醫旨・食物類》卷五　黿大鼈也。　甲：　味甘，平，無毒。治：　炙黄酒浸，治瘰癧，殺蟲逐風，惡瘡痔瘻，風頑疥瘙，功同鼈甲。五臟邪氣，殺百蟲毒、百藥毒，續筋骨，婦人血熱。　肉：　味甘，平，微毒。治：　濕氣邪氣，諸蟲。食之補益。　脂：　治摩風及惡瘡。　膽：　味苦，寒，有毒。治喉痹，以生薑、薄荷汁化，少許服，取吐。

清・穆石匏《本草洞詮》卷一七　黿　甲蟲惟黿最大，故字從元。老能變魅，以鼈為雌，卵生思化，故曰黿鳴鼈應。性至難死，剔其肉盡，口猶咬物。肉裂而懸之，一夜便垂長也。黿甲甘，平，無毒。殺蟲逐風，功同鼈甲。肉甘，平，微毒。亦治邪濕諸蟲。

清・丁其譽《壽世秘典》卷四　黿黿，大鼈也，甲蟲惟黿最大，故字從元，元者大也。背有腽䏲青黄色，大頭黄頸，腸屬于首，以鼈為雌，卵生思化，故黿鳴而鼈應。《淮南子》云：　燒黿致鼈，皆氣類相感也。性至難死，剔其肉盡，口猶咬物。肉有五色，而白者多。其卵圓，大如雞鴨子，一産一二百枚，人亦掘取，以鹽淹煮食之。其白不凝脂，塗鐵摩之即明。極有力，善攻岸，人以鉤索鉤之，黿吞鉤任其曳舟而走，俟力盡乃得之。頭有疙瘩者，名癩頭黿。　黿甲：　氣味：　甘，平，無毒。功同鼈甲。　黿肉：　氣味：　甘，平，微毒。治濕氣及諸邪氣，補虚，殺百蟲毒。

清・朱本中《飲食須知・魚類》　黿肉　味甘，性平，微毒。裂而懸之，一夜便覺垂長至地，聞人聲則收。腸屬於首，以鼈為雌，其脂摩鐵則明。老能變魅。非急弗食之。

清・何其言《養生食鑒》卷下　黿肉似鱉而大，背有腽䏲，青黄色，頭有花點，俗名花頭文。　味甘，性平，微毒。治濕氣邪氣，諸蟲，食之補益，稍與鱉肉同功。

清・张璐《本經逢原》卷四　黿甲　甘，平，無毒。　發明：　黿甲炙黄，酒浸，治瘰癧，殺蟲，逐風，惡瘡痔瘻，風頑疥瘡，功同鼈甲。但鼈走肝，而黿走脾，故其主治稍有不同。

清・汪紱《醫林纂要探源》卷三　黿　甘，溫。形如大鼈，頭多疙瘩，紅白如癩，故曰癩頭黿。巨者廣博丈餘。然此自一類。或謂以鼈為雌，則妄也。死不瞑目，斷其頭懸之，猶能顧盼，口尚囓物，掛肉架上，惕惕而動，下垂及地，偶有所觸，驟縮而上，必烹之至爛肉乃死。益氣力，強筋骨，明耳目。黿、鼈皆無耳，以目聽，目雖死皆不瞑，偶動則聞，故食其肉，皆能聰明耳目。

清・李文培《食物小錄》卷下　黿　甘，平，微毒。食之難尅化，發病，不可食。狀如鱉，但背高腹長耳。

清・章穆《調疾飲食辯》卷六　黿　亦名河伯從事，俗呼癩團魚。《說文》曰：黿，大鼈也。《圖經》曰：生南方江湖中，大者圍一二丈。南人捕食之。肉五色而白處最多。卵圓大如雞、鴨卵，產山崖或洲渚土窟中，人尋得輒有數百枚，煮之其白不凝。《拾遺》曰：性至難死，剔其肉至盡，口猶咬物，可張烏鳶。《綱目》曰：介蟲惟黿最大，故字從元，形似鼈，背有腽肭，大頭黃頸，腸屬於首。其誕育也，雄鳴上風，雌鳴下風，風化而孕。其賦形也，頸足皆方，口如血盆。隨月浮水，月沉則沒。其脂摩銕則明，得火可以融銕。《月令》：季夏之月，命漁師伐蛟取鼉，登龜取黿，以其為人害也。

按：黿，水族巨物，冬則蟄於江水深處，至清明後散而之諸大澤中，如楚之洞庭，吾鄉之彭蠡，游行覓食。其出也，千百為群，蔽江而上。此數日往來舟楫皆停泊小港避之。至霜降時，水涸天寒，仍入江潛伏不出矣。此數月，舟行夜不敢露坐，晝不敢濯足於水。又不敢炙(博)〔煿〕腥羶，黿聞其氣即出。蓋此物能食人，故呼為水老虎。其力之大，莫與比倫，又且便捷過於猿猱，萬斛之舟能壞之，竹木簰筏長百餘丈者，能折之。舟人遇此，皆拋撒米粒，焚香羅拜，寂不敢譁。操舟為業暨貿敢江湖者，終身不敢食其肉，並不敢食鼈肉。雖至遠方，不敢斥其名，稱為老爺，並鼈亦呼老爺。蓋黿與鼈同類，故亦與鼈交。論其食人，大為人害，然榜人嘗語予曰：凡舟子謀害孤客取財者，不愁天理王法不容，但恐老爺難見。是乃神道設教，可借以儆凶頑。無怪左蠡之濱，老爺廟香火之盛，血食所宜有也。乾隆庚辰，青湖夏姓戚家嘗獲大黿，予曾食之，腥羶無味，此或烹飪失宜。黿羹為八珍味之一。《左傳》：楚人獻黿於鄭靈公，子公之食指動，示子家，曰必嘗異味，公故弗與，子公染指於鼎而食，遂釀弒君之禍。

其性有毒，病人概不宜食。陶隱居曰：食之補益。此物多力而趫健，又且多毒，揆諸熊肉振羸之義，所言或當不謬。又云能變為魅，非魅也，黿為靈物，不甘鼎俎，復仇也。凡臠割其肉，偶一落地沾泥，任洗濯百遍，食之必至殺人。即醃熏乾肉，任懸掛甚高，無人時能垂長至地沾惹泥土，聞人聲遽縮如初，此肉食之無得免者，其靈異何如。又肉色黃者有大毒。鄰邑都昌江姓邨疃，地濱彭蠡，乾隆辛亥夏，見大黃黿浮游稻田淺水，群以火器擊斃。村中男婦食者百十人，皆患黃汗症，以常法治之不愈，死者五人，其餘皆委頓數月，老弱者至連年始愈。戒之戒之。

清・王孟英《隨息居飲食譜・鱗介類》　黿　甘，平，有毒。難死，通靈，異味，損人，勿輕染指。

清・戴葆元《本草綱目易知錄》卷五　黿　甲，甘，平。炙黃酒浸，療瘰癧，續筋骨，殺蟲逐風。治五臟邪氣，惡瘡痔漏，風頑疥瘙，婦人血熱。功同鱉甲，殺百蟲毒、百藥毒。

清・吳汝紀《每日食物却病考》卷下　黿　大鱉也，介類惟黿最大，故字從元。其大者，圍一二丈。肉有五色而白者多。味甘，平，有毒。治溫邪氣，殺諸蟲。陶弘景曰：此物老而能變為魅，非急弗(能)〔食〕之。性極難死，剔其肉盡，口猶咬物。卵如鴨子，一產百餘。人取以醃食，煮之白不凝。裂肉而懸之，一夜垂長數尺，則非良物可知，不食可也。

鱉

唐・孫思邈《千金要方》卷二六《食治・鳥獸》　鼈肉　味甘，平，無毒。主傷中益氣，補不足，療脚氣。黃帝云：五月五日以鼈子共鮑魚子食之，作瘅黃。鼈腹下成五字，不可食。鼈肉、兔肉和芥子醬，食之損人。鼈三足，食之害人。鼈肉共莧、蕨菜食之，作鼈瘕，害人。

宋・唐慎微《證類本草》卷二一蟲魚部中品〔《本經》・別錄・藥對》〕　**鼈甲**　味鹹，平，無毒。**主心腹癥瘕，堅積，寒熱，去痞息肉，陰蝕痔惡肉，**療溫瘧、血瘕、腰痛、小兒脇下堅。肉：味甘，主傷中，益氣，補不足。生丹陽池澤。取無時。惡礬石。

〔梁・陶弘景《本草經集注》〕云：生取甲，剔去肉爲好，不用煮脫者。今看有連厴及乾巖便好，若上有甲，兩邊骨出，已被煮也，用之當炙。夏月剉鼈，以赤莧包置濕地，則變化生鼈。人有裹鼈甲屑，經五月，皆能變成鼈子。此其肉亦不足食，多作癥瘕。其目陷者，及合雞子食之，殺人。不可合莧菜食之。其厴下有如王字形者，亦不可食。

〔唐・蘇敬《唐本草》〕注云：鼈頭燒爲灰，主小兒諸疾，又主産後陰脱下墜，尸疰，心腹痛。

〔宋・馬志《開寶本草》〕按：《陳藏器本草》云：鼈，主熱氣濕痹，腹中激熱。細擘，五味煮食之，當微洩。膏，脱人毛髮，拔去塗孔中即不生。若欲重生者，以白犬乳汁塗拔處，當出黑毛也。頷下有軟骨如龜形，食之令人患水病。

〔宋・掌禹錫《嘉祐本草》〕按：《蜀本》云：以綠色仍重七兩已上者，置醋五升於中，緩火逼之令盡，然後去裙擣入。《藥性論》云：鼈甲，使，惡理石。能主宿食，癥塊痃癖氣，冷瘕勞瘦，下氣，除骨熱，骨節間勞熱，結實擁塞。治婦人漏下五色羸瘦者，但燒甲令黄色，末，清酒服之方寸匕。日二服。又方：訶梨勒皮、乾薑末等分爲丸，空心下三十丸，再服，治癥癖病。又治痃癖氣，可醋炙黄，末，牛乳一合，散一匙，調，可朝朝服之。又和琥珀、大黄作散，酒服二錢匕，少時惡血即下。若婦人小腸中血下盡，即休服。又：白頭血塗脱肛。孟詵云：鼈，主婦人漏下，羸瘦。中春食之美，夏月有少腥氣。其甲，岳州昌江者爲上。赤足不可食，殺人。日華子云：鼈，益氣調中，婦人帶下，治血瘕腰痛。鼈甲，去血氣，破癥結惡血，墮胎，消瘡腫，并撲損瘀血，瘧疾，腸癰。頭燒灰療脱肛。

〔宋・蘇頌《本草圖經》〕曰：鼈，生丹陽池澤，今處處有之。以岳州、沅江其甲有九肋者爲勝。取無時，仍生取甲，剔去肉爲好，不用煮脱者，但看有連厴及乾巖便真，若上兩邊骨出，是已被煮也。古今治瘕癖虚勞方中用之最多。婦人漏下五色羸瘦者，燒甲令黄色，篩末，酒服方寸匕，日二。又：合訶梨勒皮、乾薑，三物等分爲丸，空腹三十丸，治癖最良。又：醋炙令黄擣末，以牛乳一合，調一匙，朝日服之，主痃氣。其肉食之亦益人，補虚，去血熱。但不可久食，則損人，以其性冷耳。當胸前有軟骨謂之醜，食當去之。不可與莧菜同食，令生鼈瘕，久則難治。又：其頭、足不能縮及獨目者，并大毒，不可食，食之殺人。其頭燒灰，主脱肛。南人養魚池中，多畜鼈，云令魚不隨霧起。鼈之類，三足者爲能奴來切，大寒而有毒，主折傷，止痛，化血。生擣其肉及血傅之。道家云：可辟諸厭穢死氣，畫像亦能止之。無裙而頭足不縮者名鰰，食之令人昏塞，誤中其毒，以黄耆、吳藍煎湯服之，立解。其殼亦主傳尸勞及女子經閉。其最大者爲黿，江中或有闊一二丈者，南人亦捕而食之。云其肉有五色而白多，卵大如雞、鴨子，一産一二百枚，人亦掘取，以鹽淹可食。其甲亦主五藏邪氣，婦人血熱。又下有鮀音駝甲條云：生南海池澤，今江湖極多，即鼉也。形似守宫、陵鯉輩，而長一二丈，背、尾俱有鱗甲，善攻碕岸，夜則鳴吼，舟人甚畏之。南人食其肉，云色白如雞，但發冷氣痼疾。其皮亦中冒鼓。皮及骨燒灰，研末，米飲服。主腸風痔疾，甚者入紅雞冠花末、白礬灰末和之。空腹服便差。今醫方鮮有用黿、鮀甲者。

〔宋・唐慎微《證類本草》〕雷公曰：凡使，要綠色、九肋、多裙、重七兩者爲上。治氣破塊，消癥，定心藥中用之。每箇鼈甲以六一泥固濟瓶子底了，乾，於大火以物搘於中，與頭醋下火煎之，盡三升醋爲度，仍去裙并肋骨了，方炙乾，然入藥中用。又治勞去熱藥中用，依前泥，用童子小便煮晝夜，盡小便一斗二升爲度，後去裙留骨，於石上搥，石臼中擣成粉了以雞肶皮裹之，取東流水三兩斗，盆盛，閣於盆上一宿，至明任用，力有萬倍也。《聖惠方》：治久患勞瘧瘴等。方用鼈甲三兩，塗酥炙令黄，去裙爲末。臨發時溫酒調下二錢匕。又方：治小兒尸疰勞瘦，或時寒熱方：用鼈頭一枚，燒灰杵末，新汲水下半錢匕。《千金方》：妊娠勿食鼈肉，令子項短。又方：治脱肛歷年不愈。死鼈頭一枚，燒令煙絶，杵末，以傅肛上，手按挼之。《千金翼》：治丈夫陰頭癰，師所不能醫。鼈甲一枚，燒令末之，以雞子白和傅之，良。《肘後方》：治篤病新起，早勞食飲，多致復欲死。燒鼈甲，服方寸匕。又方：治老瘧。炙鼈甲杵末，服方寸匕。至時令三服盡，用火炙，無不斷。又方：卒腰痛不得俛仰。鼈甲一枚擣末，服方寸匕。又方：治人心孔昏塞，多忘喜誤。丙午日取鼈甲，着衣帶上。又方：石淋者，取鼈甲杵末，以酒服方寸匕，日二三，下石子，差。《梅師方》：鼈目凹陷者煞人，不可食。又方：難産，取鼈甲燒末，服方寸匕，立出。孫真人：鼈腹下成五字，食之作瘕。鼈肉合芥子作惡疾。《傷寒類要》：治瀋脣緊方：鼈甲及頭燒灰作末，以傅之。《子母秘録》：治小兒癇。鼈甲炙令黄，擣爲末，取一錢乳服。亦可蜜丸如小豆大，服。《楊氏産乳》：療上氣急滿，坐卧不得方：鼈甲一大兩令黄，細擣爲散。取燈心一握，水二升，煎取五合。食前服一錢匕，食後蜜水服一錢匕。姚和衆：小兒因痢脱肛，鼈頭、甲燒灰末，取粉撲之。《左傳》云：三足謂之能，不可食也。

宋・寇宗奭《本草衍義》卷一七　鼈甲　九肋者佳，煮熟者不如生得者，仍以釅醋炙黄色用，《經》中不言治勞，惟蜀本《藥性論》云：治勞瘦，除骨熱，後人遂用之。然甚有據，亦不可過劑。頭血塗脱肛，又燒頭灰，亦治。

宋・王繼先《紹興本草》卷一七　鱉　紹興校定：鱉甲乃殼也。性味主治已載《本經》。然治蒸勞諸方頗用之，當從《本經》味鹹、平、無毒是矣。其肉雖有主治，但罕入于方，唯作食品，多食即發痼疾。處處池澤有之。

宋・劉明之《圖經本草藥性總論》卷下　鼈甲　味鹹，平，無毒。主心腹癥瘕，堅積寒熱，去痞息肉，陰蝕痔惡肉。療溫瘧血瘕，腰痛，小兒脇下堅。肉，味甘。主傷中，益氣補不足。《藥性論》云：鼈甲，使。能下氣，除骨熱，治婦人漏下五色、羸瘦。頭血，塗脱(肚)〔肛〕。日華子云：去血氣惡血，墮胎，消瘡腫，并撲損瘀血，瘧疾腸癰，療脱肛。惡礬石、理石。

宋・陳衍《寶慶本草折衷》卷一六 鼈甲使。肉及頭附。 古方用者名敗鼈，一名傷鼈。〇今有甲有足，亦以魚稱，故俗號團魚。生丹陽池澤，及岳州、江陵府。今處處有之。〇取無時，去肉，或暴乾。〇惡礬石、理石，忌莧菜。〇附：肉等，尤忌莧菜、雞子、芥子。畏黃耆、吳藍。

味鹹，平，無毒。〇主心腹癥瘕，堅積寒熱。去痞息肉，陰蝕痔惡肉。療溫瘧、血瘕、腰痛。〇《藥性論》云：主宿食痃癖勞瘦，下氣，除骨節間勞熱結擁，婦人漏下五色。〇日華子云：去血氣，墮胎，消瘡腫，并撲損瘀血。〇《圖經》曰：岳州沅江一作昌江其甲九肋者勝。生剔去肉為好，不用煮脫者。若兩邊骨出，是已被煮也。〇《肘後方》：石淋者，鼈甲杵末，酒服方寸匕，日二三，下石子，差。〇寇氏曰：鼈甲醋炙黃色用之。亦不可過劑。

附：肉。〇味甘，平縉雲。主傷中益氣，補不足，及主熱氣濕痹，腹中激熱，婦人帶下，血瘕腰痛，去血熱，不可久食。不與莧菜同食，生鼈瘕。合雞子、芥子，作惡疾。凡鼈獨目及目陷，并赤足者，其三足者為能，皆大毒，殺人。又無裙而頭足不縮者，名鮋，食之令昏塞，誤中其毒，以黃耆、吳藍煎湯服，解之。〇能，奴來切。鮋，奴答切。

附：頭灰。〇主小兒諸疾，及產後陰脫下墜，尸疰心腹痛，脫肛。

附：頭血。〇塗脫肛。

續說云：鼈甲者，蓋鼈或為獺齧呷食腸肉，或交鬭致斃，肉已蠹腐中空，而甲殼尚全，久則枯燥而腥穢斷除，名曰敗鼈，亦曰傷鼈，皆宜用也。大要以巨而厚者力壯，或朽薄臊惡者，不足任矣。

元・王好古《湯液本草》卷六 鼈甲 氣平，味鹹，無毒。《本草》云：主心腹癥瘕堅積，寒熱。去鼻中息肉，陰蝕，痔，惡肉。療温瘧，血瘕，腰痛，小兒脇下堅。《衍義》云：治勞瘦，除骨中熱，極佳。

元・忽思慧《飲膳正要》卷三 鼈 肉，味甘，平，無毒。下氣，除骨節間勞熱，結實壅塞。

元・尚從善《本草元命苞》卷八 鱉甲 為使。醎，平，無毒。惡礬石、理石。治勞瘧瘴瘧，主心腹癥瘕堅積。除冷氣，骨蒸勞瘦。療婦女帶下，血瘕腰痛。醫男子陰蝕，內痔脫肛。肉，味甘，平，補益不足。生丹陽池澤，今在處有之，以岳州沅江九肋者勝。如目陷赤足，食之殺人。莧菜、雞子不可同食。狀若龜形，令患水病。

元・吳瑞《日用本草》卷五 鱉肉 味甘，性平，無毒。不可與莧菜、蕨菜同食，令人生鱉瘕。目陷者，肉下有王字者，三足者，赤足者，皆不可食。又不可同雞、鴨子食。孕婦食，令子項縮。同雞肉食成瘕疾。同馬肉食，令人心氣痛。同芥菜食，生惡瘕。主傷中，益氣，補不足。婦人帶下羸瘦，腰痛，除骨節間勞熱。甲：有九肋者勝。生取甲，剔去肉者，可入藥用。

元・朱震亨《本草衍義補遺》 鱉甲、鱉肉 補陰。〇鱉，《左傳》云：三足者為之能奴萊切，不可食。凡使，須九肋者佳。《藥性》云：治勞瘦，除骨熱，釅醋炙黃用。又，治心腹癥瘕堅積，尤效。

元・徐彥純《本草發揮》卷三 鱉 丹溪云：鱉魚，補氣。

明・王綸《本草集要》卷六 鱉甲使 味鹹，氣平，無毒。惡礬石。生取甲良。九肋者佳。釅醋浸，炙黃色用。主心腹癥瘕，堅積寒熱，去痞息肉，陰蝕痔惡肉，消瘡腫，療溫瘧勞瘦骨蒸，小兒脇下堅，婦人漏下五色，羸瘦，墮胎。〇頭，燒灰，主小兒諸疾。又治脫肛，血亦可塗之。〇肉，甘溫。主傷中，益氣，補不足。忌與莧菜同食。又三足者為能，不可食。丈夫陰頭癰，取甲一枚，燒末，以雞子白和傅之良。產難。取甲燒灰，服方寸匕，立出。

明・滕弘《神農本經會通》卷一〇 鼈甲 使也。惡礬石、理石。生取甲，剔去肉良，不用煮脫。須釅醋浸，炙黃色用。凡使要綠色，九肋，多裙，重七兩者為上，要去裙。不可合莧菜食。其肉下有如王字形者，不可食。又赤足及頭足不能縮，并獨目者，有大毒，殺人。

味鹹，氣平，無毒。東云：治勞瘧，破癥瘕。《疌》云：破血瘕，療血下氣，主崩漏，消腫，墮胎，除瘀血。塗肛，去痞。

《本經》云：主心腹癥瘕堅積，寒熱，去痞，息肉，陰蝕，痔惡肉。療溫瘧，血瘕，腰痛，小兒脇下堅。《藥性論》云：鼈甲，使。主宿食，癥塊痃癖氣，冷瘕，勞瘦，下氣，除骨熱，骨節間勞熱，結實擁塞。治婦人漏下五色，羸瘦者，但燒甲，令黃色，末，清酒服之方寸匕，日二服。又方：訶梨勒皮、乾薑末，等分，為丸，空心下三十丸，再服，治癥癖病。又治痃癖氣久，醋炙黃，末，牛乳一合，調一匙，可朝朝服之。又和琥珀、大黃作散，酒服二錢匕，少時惡血即下。若婦人小腸中血下盡，即休服。日華子云：鼈甲，去血氣，破癥結惡血，墮胎，消瘡腫，并撲損瘀血，瘧疾，腸癰。《圖經》云：鼈甲，古今治瘕癖，虛勞方中用之最多。雷公云：治氣，破塊消癥。又治勞去熱。《聖惠》云：治久患勞瘧瘴等方，用鼈甲三兩，塗酥炙令黃，去裙，為末，臨發時溫酒調下二錢。梅師云：難產，取鼈甲燒末，服方寸匕，立出。《湯》云：《本草》同《本經》。《衍義》云：治勞瘦，除骨熱極佳。丹溪云：鼈肉，補陰。《左傳》云三足者為能，不可食。凡使，須九肋者佳。《藥性》云治勞瘦，除骨熱，釅醋炙黃用。又治心腹癥瘕堅積，尤效。劊云：鼈甲治崩仍療瘧，癥瘕痃癖用尤奇。又除骨節間勞熱，雞子同飡却不宜。即《局方》鼈甲，主勞熱骨蒸。

鼈肉：目陷者，及合雞子食之，殺人。不可合莧菜食之。赤足亦不可食。味甘。一云：冷。《本經》云：主傷中，益氣，補不足。陳藏器云：鼈，主熱氣濕痺，腹中激熱，細擘，五味煮食之，當微洩。孟詵云：鼈，主婦人漏下，羸瘦。中春月食之美，夏月有少腥氣。日華子云：鼈，益氣調中，婦人帶下，治血瘕腰痛。《圖經》云：肉，食之亦益人，補虛，去血熱。但不可久食，則損人，以其性冷耳。《千金》云：妊娠勿食鼈肉，令子項短。

鼈頭《唐本》注云：頭，燒為灰，主小兒諸疾。又主產後陰脫下墜，尸疰，心腹痛。《藥性論》云：頭，燒灰，療脫肛。日華子云：頭血，塗脫肛。《千金》云：治脫肛歷年不愈，死鼈頭一枚，燒令煙絕，搗末，以傅肛上，手按挼之。《千金翼》云：治丈夫陰頭癰，鼈甲一枚，燒灰末之，以雞子白和傅之，良。

明・劉文泰《本草品彙精要》卷三〇 鼈甲 無毒。附肉、能、魶。卵生。

鼈甲出《神農本經》：**主心腹癥瘕，堅積，寒熱，去痞，息肉，陰蝕，痔，惡肉。**以上朱字《神農本經》。療溫瘧，血瘕，腰痛，小兒脇下堅。〇肉，味甘，主傷中，益氣，補不足。以上黑字名醫所錄。【地】《圖經》曰：生丹陽池澤，今處處有之。以岳州沅江其甲有九肋者爲勝。仍生取甲，剔去肉爲好，不用煮脫者，但看有連厴及乾巖便真。若上兩邊骨出者，是已被煮熟過者，不堪入藥。南人養魚池中多畜鱉，云令魚不隨霧起。鱉之類，三足者爲能奴來切，大寒而有毒，主折傷，止痛，化血，生搗其肉及血傅之。道家云：可辟諸厭穢死氣，畫像亦能止之。無裙而頭足不縮者名魶奴來切，食之令人昏塞，誤中其毒，以黃芪、吳藍煎湯服之，立解。其殼亦主傳屍勞及女子經閉病也。【時】生：無時。採：無時。【收】陰乾。【用】甲生脫、九肋、多裙、重七兩者爲上。【色】青綠。【味】鹹。【性】平，軟。【氣】味厚于氣，陰也。【臭】腥。【主】消癥瘕，去勞熱。【反】惡礬石、理石。【製】《雷公》云：治氣破塊，消癥，定心藥中用之。每個鼈甲以六一泥固濟瓶子底，待乾，入於大火，以物搘於中，下頭醋三升同煎之，以醋盡爲度。去裙並肋骨，方炙乾，然入藥用。又治勞熱藥中用，依前泥，以童子小便一斗二升，晝夜煮，盡童便爲度，取出，去裙，留骨于石臼中，搗成粉，以雞脞皮裹之，取東流水三兩斗，盛於盆內，將此閣於盆上一宿，至明任用，力有萬倍，常用酥炙黃色。【治】療：《圖經》曰：鼈甲，療瘕癖虛勞方中多用之。〇能奴來切，生搗其肉及血傅折傷，止痛，化血。又搗肉血，塗壁，道家云辟厭穢。〇魶殼，主傳屍勞，女子經閉。《唐本》注云：鱉頭，燒灰，主小兒諸疾及產後陰脫，脫肛下墜，屍疰，心腹痛。《藥性論》云：消宿食，癥塊，痃癖氣，冷瘕，勞瘦，下氣，除骨熱，骨節間勞熱，結實壅塞。日華子云：鼈甲，去血氣，破癥結，惡血，墮胎，消瘡腫，並撲損瘀血，瘧疾，腸癰。陳藏器云：鱉，主熱氣，濕痹，腹中激熱，細擘，五味煮食之，當微泄。孟詵云：鱉，主婦人漏下，羸瘦。《別錄》云：鼈甲，燒灰服方寸匕，療篤病新起，早勞食飲多致復欲死者。【合治】鼈甲合訶梨勒皮、乾薑末等分爲丸桐子大，空心下三十丸，再服，療癥癖病。〇又醋炙黃爲末，合牛乳一合，調一匙，朝朝服之，治痃癖氣。〇又合琥珀、大黃作散，酒服二錢下，婦人畜積惡血，血盡即休服。〇又合雞子白和，傅丈夫陰頭癰。〇又合酒服方寸匕，療石淋。〇又合蜜丸如小豆大，服，療小兒癇。〇又以一大兩，炙黃爲末，食前合燈心一握，水二升，煎取五合，服一錢匕，食後合蜜水服一錢匕，療上氣急滿，坐臥不得。【禁】目陷者及厴下有王字形者，亦不可食。鱉膏脫人毛髮，塗孔中即不生。鱉頷下有軟骨如龜形，食之令人患水病。又赤足者並獨目者並有大毒，食之殺人。妊娠不可食其肉，令子項短。鱉腹下成王字，食之作瘕。其三足者謂之能奴來切，不可食。【忌】合雞子食之殺人。合莧菜食之生鱉瘕。合芥子同食生惡疾。

明・盧和、汪穎《食物本草》卷四魚類 鼈 味甘，主補陰，調中益氣，去熱氣、血熱、濕痹、腹中癥熱、婦人帶下羸瘦。然性冷，久食損人。妊娠不可食，忌莧菜。又頭足不縮、獨目、目陷、腹下紅及有卜字、五字、王字等形者，俱有大毒，不可食。誤中者，以黃芪、吳藍煎湯解之。甲，味鹹，平，無毒。主心腹癥瘕，堅積寒熱，去痞、息肉、陰蝕痔，惡肉，消瘡腫，療瘟瘧，勞瘦骨熱，小兒尸疰，婦人漏下五色，弱瘦，墮胎。頭，燒灰，主小兒諸疾。脫肛，頭血塗之。丈夫陰頭癰，取甲一枚，燒灰，和鷄卵白傅之。產難，食灰立出。

明・葉文齡《醫學統旨》卷八 鼈甲 氣平，味鹹、甘。無毒。惡礬石。生取甲良；九肋者良。釅醋浸黃色用。 治心腹癥瘕堅積寒熱，去痞，鼻中瘜肉，消瘡腫陰蝕痔惡肉，濕瘧勞瘦骨熱，小兒脇下堅，婦人漏下五色，羸瘦，墮胎。

明・許希周《藥性粗評》卷四 團魚充氣戸之虛

團魚，鼈也。處處水中有之。其甲入藥甚多，以九肋者勝。煮熟取者，不如生剝為良。得甲以釅醋炙黃，或燒灰隨宜，為末收貯聽用。惡理石。味甘，性平，無毒。主治癆熱濕痹，婦人帶下羸瘦，破塊消癥，調中益氣，補不足。不可與莧、蕨、芥菜并雞、鴨子同食，令人生瘕。或目凹陷，或腹下有王字，或赤足，或三足者，皆不可食。三足，《春秋》謂之能，食之令人化為水。妊娠食鱉令兒項縮。

單方：老瘧：凡患瘧疾日久不愈者，鱉甲炙焦，杵為末，將發之前，東流水調下方寸匕，未愈再服。石淋：鱉甲杵為末，每服方寸匕，空心溫酒調下，日二三，下石子差。脫肛：歷年不愈者，鱉頭骨一枚，燒過，杵末，以傅肛上，手按挼之，差。尸疰：凡患尸疰，不拘大人小兒，寒熱癆瘦，鱉頭骨一枚，燒過，杵為末，每服半錢匕，新汲水調下，差。腰痛：卒患腰痛，不得俛仰者，鱉甲燒過，杵末，溫酒調下方寸匕，差。

明・鄭寧《藥性要略大全》卷一〇 鱉甲 散癥瘕堅積，治勞瘧，鼻中息肉，陰蝕痔漏惡肉，腰痛。《衍義》云：治勞瘦，除骨蒸熱，極效。 味鹹，氣平，無毒。惡礬石。生取甲，九肋者佳。醋浸，炙黃色用。

明・陳嘉謨《本草蒙筌》卷一一 鼈甲 味鹹，氣平。無毒。深潭生，岳州屬湖廣。勝。池塘亦蓄，守魚不飛。色綠七兩為佳，大者有毒，殺人。裙多九肋益妙。煮脫効少，生剔性全。製宗雷公，去裙并肋。治勞熱漬童便，摩堅積漬釅醋。週晝夜文火炙脆，入石臼杵細成霜。所惡須知，理石礬石。散痃癖癥瘕，及息肉陰蝕痔疽；除勞瘦骨蒸，併溫瘧往來寒熱。愈腸癰消腫，下瘀血墮胎。肉味頗甘，其性極冷。常居水底故也。項下有軟骨如鼈，須預撿除；食雖涼血熱補陰，不可過度。因性冷，宜少食。患癥瘕勿食，防證反增；肉主聚，甲主散，故食肉反增，食甲能散也。懷妊娠食之，生子項短。合雞肉食成瘕，合雞子食殺人。合莧菜食，鼈瘕即生。合芥子食，惡疾驟發。形狀異者尤毒，得之深穽急埋。三足者、赤足者，腹下有十字、王字、五字形者，頭足不縮者，獨目者，目凹陷者，俱有毒，不可食。腹下紅，有蛇紋者，是蛇變，尤大毒，急埋深穽，免又害于後人也。悞食過喉，藍汁可解。頭燒灰存性，收脫肛如神。頭血塗脫肛亦効。卵鹽淹煮吞，補陰虛亦驗。膏塗拔髮孔內，永使絕根；眼睫倒毛簽人，可資除害。〇又有黿甲，係鼈極大者別名；《本經》註云：鼈最大者為黿，其甲一二丈許，老者亦能為魅。常在長江，每至兩岸上曝腹。漁夫伺便接竹掣之，難竟反身，為人所制。主治功力，與鼈甲同。膏塗鐵火燒便明，摩風瘡惡瘡易愈。肉微溫煮食亦補，殺蟲毒藥毒更佳。卵如雞子正圓，一產二三百箇。鹽淹可食，任煮不凝。

明・方穀《本草纂要》卷一二 鱉甲 味鹹，氣平，無毒。主瘧疾久截不住；或勞瘦骨蒸虛熱；或心腹癥瘕堅積；或婦人漏下五色；或傷中內損不足；或產難，燒服立出。是皆破血平氣之劑。但忌與莧菜同食，惟用九肋者最佳。

明・寧源《食鑒本草》卷上 鱉肉 味甘，平，無毒。補勞傷，壯陽氣，峻補陰不足。惡礬石。 甲：味鹹，平，無毒。主治心腹癥瘕堅積。去寒熱，消瘧、痞、息肉、陰蝕、痔瘻、惡肉。《姚和衆方》：治下痢脫肛，取鱉頭一枚燒令煙盡，為末，以鞋底托上。《子母秘錄》：治婦人難產，以鱉甲燒存性為末，酒調服方寸匕。孫真人云：治男女骨熱勞瘦，用鱉甲以醋炙黃，入胡黃連二錢，為末，青蒿煎湯，服方寸匕。《左傳》云：三足者為能，神物也。肉不可食，甲不可用。日華子云：大補陰之不足。凡使，須九肋者最佳。 新增又諺云：有三四斤者不可食。

明・王文潔《太乙仙製本草藥性大全》卷八《本草精義》 鼈甲 出江河湖海，丹陽池澤，今處處有之，以岳州沅江、洞庭湖色綠七兩爲佳。大者有毒，殺人。裙多九肋益妙。惡礬石。取無時。乃生取甲剔去肉爲好。不用煮脫者，但看有連厴，及乾巖者便真，若上兩邊骨出，是已被煮也。古今治瘕癖虛勞方中用之最多。婦人漏下五色，羸瘦者燒甲令黃色，篩末酒服方寸匕，日二。又合訶梨勒皮、乾薑三物等分爲丸，空腹二十丸，治癖最良。又醋炙令黃，搗末，以牛乳一合，調一匙，朝日服之，主痃氣。其肉食之亦益人，補虛，去血熱，但不可久食，則損人，以其性冷耳。魚池多畜，守魚不隨霧起。〔三足者為能〕奴來切，大寒而有毒。主折傷，止痛化血，生搗其肉及血傅之。道家云：可辟諸厭穢死氣，畫像亦能止之。無裙而頭足不縮者，名納，食之令人昏塞，誤中其毒，以黃耆、吳藍煎湯服之立解。其殼亦主傳尸勞及女子經閉。

明・王文潔《太乙仙製本草藥性大全》卷八《仙製藥性》

鼈甲 使 味鹹，氣平，無毒。　主治：　治勞熱，漬童便；　摩堅積，漬釅醋。　週晝夜文火炙脆，入石臼杵細成霜。　所惡須知，理石礬石。　散痃癖癥瘕及息肉陰蝕痔疽，除勞瘦骨蒸併溫瘧往來寒熱。　愈腸癰消腫，下瘀血與墮胎。　補註：　治久患勞瘧瘴等方，用鼈甲二兩塗酥炙令黄，去裙爲末，臨發時溫酒調下二錢。〇治人心孔昏塞，多忘喜誤，丙午日取鼈甲着衣帶上。〇治難産，取鼈甲燒灰，服方寸匕立出。〇石淋者，取鼈甲杵末，以酒服方寸匕，日二三，下石子差。〇治瀋唇緊方：　鼈及頭燒灰作末以傅之。〇治小兒癇，鼈甲炙令黄，搗爲末，取一錢，乳服，亦可蜜丸如小豆大服。〇療上氣急滿，坐卧不得方：　鼈甲一兩，炙令黄，細搗爲散，取燈心一握，水二升，煎取五合，食前服一錢匕，食後蜜水服一錢。〇卒腰痛不得俛仰，鼈甲一枚，搗末服方寸匕。〇治丈夫陰頭癰，師所不能醫。　鼈甲一枚，燒令末之，以鷄子白和傅之良。〇治篤病新起，早勞食飲，多致復欲死。　燒鼈甲服方寸〔匕〕效。〇治老瘧，炙鼈甲杵爲末，服方寸匕，致時令三服盡，用火炙，無不斷。　鼈肉：　味甘，性極冷。　項下有軟骨如龜，須檢除食。　主治：　雖凉血熱補陰，不可過度。因性冷，宜少食。　患癥瘕勿食，防證反增。肉主聚，甲主散，故食肉反增，食甲能散也。懷妊娠食之，生子項短。　合鷄肉食成瘕，合鷄子食殺人。　合莧菜食，鼈瘕即生；　合芥子食，惡疾驟發。　形狀異者尤毒，得之深穽急埋。　三足者爲能，赤足者，腹下有十字、王字、五字形者，頭足不縮者，獨目者，目凹陷者，俱有毒，不可食。　腹下紅者，有蛇紋，是蛇變，尤大毒，急埋深穽，免又害於後人也。　悮食過喉，藍汁可解。　鼈頭：　燒灰存性，收脱肛如神。　頭血塗脱肛亦驗。　療小兒尸疰勞瘦諸疾尤良。　治婦人産後陰脱下墜絶妙。　補註：　治小兒尸疰勞瘦，或時寒熱方：用鼈頭一枚，燒灰杵末，新汲水下半錢。〇治脱肛歷年不愈，死鼈頭二枚，燒令烟絶，杵末以敷肛上，手按挼之。　鼈卵：　鹽淹煮吞，補陰虚亦驗。　鼈膏：　塗拔髮孔内，永使絶根。　眼睫倒毛簽人，可資除害。　補註：　膏，脱人毛髮，拔去塗孔中即不生。　若欲重生者，以白犬乳汁塗拔處，當出黑毛。

太乙曰：　凡使，要緑色、九肋、多裙，重七兩者爲上。〇治破塊消癥，定心藥中用之。　每個鼈甲以六一泥固濟瓶子底了，乾，於大火以物搘於中，與頭醋下火煎之，盡三升醋爲度，仍去裙并肋骨了，方炙乾，然入藥中用。　又治勞去熱藥中用，依前泥，用童子小便煮晝夜，盡小便一斗二升爲度，後去裙留骨，于石上搥，石臼中搗成粉了，以鷄肶皮裹之，取東流水三兩斗，盆盛，閣於盆上一宿至明任用，力有萬倍也。

明・皇甫嵩《本草發明》卷六

鼈甲 中品。味鹹，平，無毒。　發明曰：　鼈甲，亦滋陰除熱，解毒之用。　故《本草》主心腹癥瘕堅積，去痞血瘕，腰痛，小兒脇下堅及瘜肉，陰蝕痔疽，惡肉瘡腫，溫瘧寒熱。　註云：　主勞瘦骨蒸，婦人漏下五色，下瘀血，墮胎，治腸癰。　丈夫陰頭癰，取甲一枚，炒灰，雞子白和傅之。産難，取甲燒灰，服方寸匕，立下。　又方：　炙甲，同訶子皮、乾薑等分為丸，空心服二十丸，治癥癖最良。　又醋炙，末之，和牛乳調一匙，朝日服之，治痞氣。〇頭，燒灰存性，主小兒諸疾。小兒因痢脱肛，鼈頭甲燒灰，末，取粉撲之。　又主産後陰脱下墜。　頭血，亦塗脱肛效。〇卵，鹽醃煮食，補陰。〇肉，食之，亦益人，主傷中補虚，去血熱。　多食患癥瘕。　懷孕食之，生子短項。　合烏鷄肉食成瘕，合鷄子食殺人，合莧菜食生（虌）〔鼈〕瘕，合芥子食發惡疾。　三足者、赤足者、腹下有十字王字五字形者、頭足不縮者、獨目者、目凹陷者，有毒。　腹下紅，有蛇紋者及生旱地者，俱有毒，不可食。　誤食中其毒，藍汁可解。

明・李時珍《本草綱目》卷四五介部・魚鱉類

鼈《本經》中品

【釋名】團魚俗名　神守時珍曰：　鼈行蹩躄，故謂之鼈。《淮南子》曰：　鼈無耳而守神。　神守之名以此。　陸佃云：　魚滿三千六百，則蛟龍引之而飛，納鼈守之則免。　故鼈名守神。　河伯從事《古今注》

【集解】時珍曰：　鼈，甲蟲也。　水居陸生，穹脊連脇，與龜同類。　四緣有肉裙，故曰龜，甲裹肉；　鼈，肉裹甲。　無耳，以目爲聽。　純雌無雄，以蛇及黿爲匹。　故《萬畢術》云：　燒黿脂可以致鼈也。　夏月孚乳，其抱以影。《埤雅》云：　卵生思抱。其狀隨日影而轉。　在水中，上必有浮沫，名鼈津。　人以此取之。　今有呼鼈者，作聲撫掌，望津而取，百十不失。《管子》云：　涸水之精名曰蝺。　以名呼之，可取魚鼈。　正此類也。《類從》云：　鼉一鳴而鼈伏。　性相制也。　又畏蚊。　生鼈遇蚊叮則死，死鼈得蚊煮則爛，而熏蚊者復用鼈甲。　物相報復如此，異哉。《淮南子》曰：　膏之殺鼈，類之不可推也。

鼈甲　【修治】《别録》曰：　鼈甲生丹陽池澤。　采無時。　頌曰：　今處處有之，以岳州沅江所出甲有九肋者爲勝，入藥以醋炙黄用。　弘景曰：　采得，生取甲，剔去肉者，爲好。　凡有連厴及乾巖者便真。　若肋骨出者是煮熟，不可用。　斅曰：　凡使，要緑色、九肋、多裙、重七兩者爲上。　用六一泥固瓶子底，待乾，安甲於中，以物搘起。　若治癥塊定心藥。　用頭醋入瓶内，大火煎，盡三升，乃去裙、肋骨，炙乾入用。　若治勞去熱藥，不用醋，用童子小便煎，盡一斗二升，乃去裙留骨，石臼搗粉，以鷄肶皮裹之，取東流水三斗盆盛，閣於盆上，一宿取用，力有萬倍也。　時珍曰：　按《衛生寶鑒》云：　凡鼈甲，以煅竈灰一斗，酒五升，浸一夜，煮令爛如膠漆用，更佳。　桑柴灰尤妙。

【氣味】鹹，平，無毒。　之才曰：　惡礬石、理石。　【主治】心腹癥瘕，堅積寒熱，去痞疾息肉，陰蝕痔核惡肉《本經》。療温瘧，血瘕腰痛，小兒脇下堅《别録》。宿食，癥塊痃癖，冷瘕勞瘦，除骨熱，骨節間勞熱，結實壅塞，下氣，婦人漏下五色，下瘀血甄權。去血氣，破癥結惡血，墮胎。消瘡腫腸癰，並撲損瘀血日華。補陰補氣震亨。除老瘧瘧母，陰毒腹痛，勞復食復，斑痘煩喘，小兒驚癇，婦人經脉不通，難産，産後陰脱，丈夫陰瘡石淋，斂潰癰時珍。

【發明】宗奭曰：經中不言治勞，惟《藥性論》治勞瘦骨熱，故虚勞多用之。然甚有據，但不可過劑耳。時珍曰：鼈甲乃厥陰肝經血分之藥，肝主血也。試常思之，龜、鼈之屬，功各有所主。鼈色青入肝，故所主者，瘧勞寒熱，痃瘕驚癇，經水癰腫陰瘡，皆厥陰血分之病也。瑇瑁色赤入心，故所主者，心風驚熱，傷寒狂亂，痘毒腫毒，皆少陰血分之病也。秦龜色黄入脾，故所主者，頑風濕痹，身重蠱毒，皆太陰血分之病也。水龜色黑入腎，故所主者，陰虚精弱，腰脚痠痿，陰瘧洩痢，皆少陰血分之病也。介蟲陰類，故並主陰經血分之病，從其類也。

【附方】舊十三，新六。

老瘧勞瘧：用鼈甲醋炙研末，酒服方寸匕。隔夜一服，清早一服，臨時一服，無不斷者。入雄黄少許，更佳。《肘後》。

奔豚氣痛：上冲心腹。鼈甲醋炙三兩，京三稜煨二兩，桃仁去皮尖四兩，湯浸研汁三升，煎二升，入末，煎良久，下醋一升，煎如餳，以缾收之。每空心酒服半匙。《聖濟録》。

血瘕癥癖：甄權曰：用鼈甲、琥珀、大黄等分作散，酒服二錢，少時惡血即下。若婦人小腸中血下盡，即休服也。

痃癖癥積：甄權曰：用鼈甲醋炙黄研末，牛乳一合，每調一匙，朝朝服之。

婦人漏下：甄權曰：鼈甲醋炙研末，清酒服方寸匕，日二。○又用乾薑、鼈甲、訶黎勒皮等分爲末，糊丸。空心下三十丸，日再。

婦人難産：鼈甲燒存性，研末。酒服方寸匕，立出。《梅師》。

勞復食復：篤病初起，受勞傷食，致復欲死者。鼈甲燒研，水服方寸匕。《肘後方》。

小兒癇疾：用鼈甲炙研，乳服一錢，日二，亦可蜜丸服。《子母録》。

卒得腰痛：不可俛仰。用鼈甲炙研末，酒服方寸匕，日二。《肘後方》。

沙石淋痛：用九肋鼈甲醋炙研末，酒服方寸匕，日三服。石出瘥。《肘後方》。

陰虚夢泄：九肋鼈甲燒研。每用一字，以酒半盞，童尿半盞，葱白七寸同煎。去葱，日晡時服之。出臭汗爲度。《醫壘元戎》。

吐血不止：鼈甲、蛤粉各一兩，同炒色黄，熟地黄一兩半，晒乾，爲末。每服二錢，食後茶下。《聖濟録》。

癍痘煩喘：小便不利者。用鼈甲二兩，燈心一把，水一升半，煎六合，分二服。凡患此，小便有血者，中壞也。黑厭無膿者，十死不治。龐安時《傷寒論》。

癰疽不斂：不拘發背一切瘡。用鼈甲燒存性，研摻甚妙。李樓《怪症奇方》。

腸癰内痛：鼈甲燒存性研，水服一錢，日三。《傳信方》。

陰頭生瘡：人不能治者。鼈甲一枚燒研，鷄子白和傅。《千金翼》。

瀋唇緊裂：用鼈甲及頭，燒研傅之。《類要》。

人咬指爛：久欲脱者。鼈甲燒灰傅之。葉氏《摘玄方》。

肉

【氣味】甘，平，無毒。頌曰：久食，性冷損人。藏器曰：《禮記》食鼈去醜，謂頸下有軟骨如龜形者也。食之令人患水病。凡鼈之三足者，赤足者，獨目者，頭足不縮者，其目四陷者，腹下有王字、卜字文者，腹有蛇文者是蛇化也，在山上者名旱鼈，並有毒殺人，不可食。弘景曰：不可合鷄子食、莧菜食。昔有人剉鼈，以赤莧同包置濕地，經旬皆成生鼈。又有裹鼈甲屑，經五月皆成鼈者。思邈曰：不可合猪、兔、鴨肉食，損人。不可合芥子食，生惡瘡。妊婦食之，令子短項。時珍曰：案《三元參贊書》言：鼈性冷，發水病。有冷勞氣、癥瘕人不宜食之。《生生編》言：鼈性熱。戴原禮言：鼈之陽聚于上甲，久食令人生發背。似與性冷之説相反。蓋鼈性本不熱，食之者和以椒、薑熱物太多，失其本性耳。鼈性畏葱及桑灰。凡食鼈者，宜取沙河小鼈斬頭去血，以桑灰湯煮熟，去骨甲换水再煮，入葱、醬作羹膳食乃良。其膽味辣，破入湯中，可代椒而辟腥氣。李九華云：鼈肉主聚，鼈甲主散。食鼈，剉甲少許入之，庶幾稍平。又言：薄荷煮鼈能害人。此皆人之所不知者也。

【主治】傷中益氣，補不足《别録》。熱氣濕痹，腹中激熱，五味煮食，當微泄藏器。婦人漏下五色，羸瘦，宜常食之孟詵。婦人帶下，血瘕腰痛日華。去血熱，補虚。久食，性冷蘇頌。補陰震亨。作臛食，治久痢，長髭鬚。作丸服，治虚勞痃癖脚氣時珍。

【附方】新三。

痃癖氣塊：用大鼈一枚，以蠶沙一斗，桑柴灰一斗，淋汁五度，同煮如泥，去骨再煮成膏，擣丸梧子大。每服十丸，日三。《聖惠方》。

寒濕脚氣：疼不可忍。用團魚二個，水二斗，煮一斗，去魚取汁，加蒼耳、蒼术、尋風藤各半斤，煎至七升，去渣，以盆盛熏蒸，待温浸洗，神效。《乾坤生意》。

骨蒸欬嗽：潮熱。團魚丸：用團魚一個，柴胡、前胡、貝母、知母、杏仁各五錢，同煮，待熟去骨、甲、裙，再煮。食肉飲汁，將藥焙研爲末，仍以骨、甲、裙煮汁，和丸梧子大。每空心黄芪湯下三十丸，日二服。服盡，仍治參、芪藥調之。《奇效方》。

脂

【主治】除日拔白髮，取脂塗孔中，即不生。欲再生者，白犬乳汁塗之藏器。

頭陰乾。

【主治】燒灰，療小兒諸疾，婦人産後陰脱下墜，尸疰心腹痛恭。傅歷年脱肛不愈日華。

【附方】舊一，新二。

小兒尸疰：勞瘦，或時寒熱。用鼈頭一枚燒灰，新汲水服半錢，日一服。《聖惠方》。

産後陰脱：《千金》用鼈頭五枚燒研，井華水服方寸匕，日三。《録驗》加葛根二兩，酒服。

大腸脱肛：久積虚冷。以鼈頭炙研，米飲服方寸匕，日二服。仍以末塗腸頭上。《千金》。

頭血

【主治】塗脱肛。出甄權。風中血脉，口眼喎僻，小兒疳勞潮熱時珍。【發明】時珍曰：按《千金方》云：目瞤唇動口喎，皆風入血脉，急以小續命湯服之。外用鼈血或鷄冠血，調伏龍肝散塗之，乾則再上，甚妙。蓋鼈血之性，急縮走血，故治口喎、脱肛之病。

【附方】新二。　中風口喎：鼈血調烏頭末塗之。待正，則即揭去。《肘後方》。

小兒疳勞：治潮熱往來，五心煩燥，盗汗咳嗽，用鼈血丸主之。以黄連、胡黄連各稱二兩，以鼈血一盞，吴茱萸一兩，同入内浸過一夜，炒乾，去茱、血研末。入柴胡、川芎、蕪荑各一兩，人參半兩，使君子仁二十個，爲末，煮粟米粉糊和，爲丸如黍米大。每用熟水，量大小，日服三。《全幼心鑑》。

卵　【主治】鹽藏煨食，止小兒下痢時珍。

爪　【主治】五月五日收藏衣領中，令人不忘《肘後》。

題明・薛己《本草約言》卷二《藥性本草》　鱉甲　療虚勞而去骨中之熱，理溫瘧而消腹内之癥。　江云：截瘧消癥，必須醋炙。　《發明》云：亦滋陰除熱解毒之用。其肉益肺補金。其甲九肋者，治勞嗽，除骨熱。醋炙黄用。○亦不宜與雞子同食。

明・梅得春《藥性會元》卷下　鼈甲　味鹹，氣平，無毒。惡礬石。三足者不可食，不可與雞子並食，合莧菜食傷人。　主療心腹癥瘕堅積，寒熱，去痞，鼻中息肉，陰蝕痔惡肉，消瘡腫，溫瘧勞瘦，骨蒸勞熱，小兒脇下堅，婦人漏下血瘕，腰痛，五般羸瘦，墮胎。　肉：　味甘。主傷中益氣，補不足。製法：　凡使綠色、九肋、多裙、重七兩者，用如治破癥、消塊、定心，每用米醋下火煎之。若治勞去熱，用童便晝夜煮，俱用六一泥固濟瓶口，煮畢去裙，留骨于石上，搥碎，石臼内搗成粉，以雞皮裹之，取東流水三兩斗，盆盛，閣于盆上一宿，至于明，任用，力有萬倍。

明・穆世錫《食物輯要》卷七　鱉　肉，味甘，性冷，無毒。滋陰補虚乏，益氣血，長鬚髮，治血熱久痢。同豬、兔、鴨肉食，損人。同芥菜子、汁食，生惡瘡。勿同鷄子食。忌莧菜。《禮記》云：食鱉去頭。謂頸下軟骨，食之患水病。凡鱉目大者，目白者，三足者，赤足者，獨目者，頭足不縮者，目四陷者，腹下似王字形者，十字紋者，蛇文者，並有毒。夏天亦有蛇化，食者慎之！山上生者，名旱鱉，食之殺人。省曾曰：鱉，肉主聚，甲主散。消癥瘕，療溫瘧，破宿血，生新血，治小兒疳瘦。

明・李中立《本草原始》卷一一　鼈　甲蟲也。水居陸生，穹脊連脇，與龜同類。四緣有肉裙裹甲，無耳，以目為聽。純雌無雄，以蛇及黿為匹，卵生思抱。時珍曰：鼈行蹩躄，故謂之鼈。俗呼團魚。　鱉甲：　氣味：　鹹，平，無毒。　主治：　心腹癥瘕堅積，寒熱，去痞疾息肉，陰蝕痔核，惡肉。○療溫瘧，血瘕腰痛，小兒脇下堅。宿食，癥塊痃癖，冷瘕勞瘦，除骨熱，骨節間勞熱，結實壅塞，下氣。婦人漏下五色，下瘀血，去血氣，墮胎，消瘡腫腸癰，并撲損瘀血。○補陰補氣。○除老瘧瘧母，陰毒腹痛，勞復食復，斑痘煩喘，小兒驚癇，婦人經脉不通，難產，產後陰脱，丈夫陰瘡石淋，斂潰癰。

鼈，《本經》中品【圖略】。九肋鼈甲圖，今人呼九齒。　鼈頭項類蛇。　食肉忌莧菜。　修治：　鼈甲，頌曰：　處處有之，以岳州沅江所出，甲有九肋者為勝。　入藥以醋炙黄用。

之才曰：　鼈甲惡礬石、理石。　時珍曰：　厥陰肝經血分之藥。　李樓《怪症奇方》治發背癰疽，一切瘡不斂口，鼈甲燒存性，研末摻之，甚妙。

肉　氣味：　甘平，無毒。　主治：　傷中益氣，補不足。○熱氣濕痹，腹中激熱，五味煮食，當微泄。○婦人漏下五色，羸瘦，宜常食之。○婦人帶下血瘕，腰痛。○去血熱，補虚。久食，性冷。○補陰。○作臛食，治久痢，長髭鬚。作丸服，治虚勞，痃癖，脚氣。　弘景曰：　不可合雞子食、莧菜食。昔有人剉鼈，以赤莧同包置濕地，經旬皆成鼈。又有裹鼈甲屑，經五月皆成鼈者。

脂：　主治：　除日拔白髮，取脂塗孔中即不生，欲再生，白犬乳汁塗。

頭：　主治：　燒灰，療小兒諸疾，婦人產後陰脱下墜，尸疰心腹痛。傅歷年脱肛不愈。　爪：　主治：　五月五日收藏衣領中，令人不忘。　《肘後方》：　治中風口喎，鼈血調烏頭末，塗之，待正，則即揭去。

明・張懋辰《本草便》卷二　鼈甲使　味鹹，氣平，無毒。惡礬石。生取甲良，九肋者佳。　主心腹癥瘕，堅積寒熱，去痞息肉，陰蝕痔惡肉，消瘡腫；　療溫瘧勞瘦骨熱，小兒脇下堅，婦人漏下五色，羸瘦墮胎。

明・吴文炳《藥性全備食物本草》卷三　鱉甲　其聽以眼，故稱守神。甲介蟲之甲亟也。　無毒。　主尸疰勞瘦骨熱，療溫瘧、勞瘧、老瘧，心腹癥瘕堅積寒熱，止上氣急滿，消惡血並撲損瘀血，去鼻中瘜肉、陰蝕痔、惡肉，消瘡腫腸癰，婦人漏下五色羸瘦，催生墮胎，女子經閉，小兒驚癇。　又治卒腰痛及石淋，杵末酒下。　多忘善誤，丙午日取甲着衣帶上。　丈夫陰頭癰腫，醫不能治，取鱉頭燒灰，雞子白調傅之。歷年脫肛及產後陰脫，取灰乾糝托上。用九肋多裙重七兩者，生剔去肉，取甲，釅醋炙黃色，去勞熱，用小便煮一日夜。惡礬石。　肉：　主補中益氣，峻補陰，去血熱及濕痺。但不可久食，則損人，以其性冷耳。有獨目者，壓下有如王字者，頭足不縮者，三足、獨足者，目四陷者，皆不可食。胸前有軟骨謂之醜，食之令人水腫。若誤中其毒，令人昏塞，以黃芪、吳藍煎湯服之立解。又合莧菜食之生鱉瘕，合雞子食之殺人。　卵：　鹽淹煮食補陰虛。　膏：　脫人毛髮，拔去塗孔中，即不生；　若欲重生者，以白犬乳汁塗拔處，當出黑毛。

明・趙南星《上醫本草》卷四　團魚　一名鼈。《類從》云：　鼉一鳴而鼈伏，性相制也。又畏蚊，生鼈遇蚊叮則死，死鼈得蚊煮則爛，而熏蚊者復用鼈甲，物性報復如此異哉。凡食鼈者，宜取沙河小鼈，斬頭去血，以桑灰湯煮熟，去骨甲，換水再煮，入葱、醬作羹膳食，乃良。其膽味辣，破入湯中，可代椒而辟腥氣。鼈肉主聚，鼈甲主散，食鼈剉甲少許入之，庶幾稍平。　肉：　甘，平，無毒。　主治：　傷中。益氣，補不足，去血熱，補虛，補陰。作臛食，治久痢，長髭鬚。作丸服，治虛勞，痃癖，脚氣。常食之，治婦人漏下五色，羸瘦，帶下，血瘕，腰痛。　久食性冷損人。《禮記》食鼈去醜，謂頸下有軟骨如龜形者也，食之令人患水病。凡鼈之三足者、赤足者、獨目者、頭足不縮者、其目四陷者、腹下有王字卜字文者、腹有蛇文者是蛇化也、在山上者名旱鼈，並有毒殺人，不可食。忌猪、兔、鴨肉、雞子、莧菜、芥子、薄荷。妊婦食鼈，令子短項。

明・李中梓《藥性解》卷六　鱉甲　味鹹，性平，無毒，入肺、脾二經。主骨蒸勞嗽，積聚癥瘕，瘜肉陰蝕痔疽，瘡腫瘀血，催生墮胎，婦人五色漏下，九肋者佳。童便浸一宿，濾起酥炙用，其肉益肺補金，大涼血熱。奇形異狀者有大毒，悞食者，以黃耆、吳藍煎湯解之。俱惡理石、礬。　按：　丹溪云：　鱉甲屬金與土，肺脾之所以入也，須生取之，煮脫者不堪用。肉性大冷，過食傷脾，癥瘕勿食，恐益其疾。孕婦勿食，恐短子項。同雞食成瘕，同雞子食能殺人，同莧菜食生血鱉，同芥子食發惡疾，不可不慎。

明・繆希雍《本草經疏》卷二一　鼈甲　味鹹，平，無毒。主心腹癥瘕，堅積寒熱，去痞，息肉，陰蝕，痔，惡肉，療溫瘧，血瘕腰痛，小兒脇下堅。　肉：　味甘。主傷中，益氣補不足。惡礬石。

【疏】鼈甲全稟天地至陰之氣，故其味鹹平無毒。潤下作鹹，象水明矣。本乎地者親下，益陰何疑？　甲主消散者，以其味兼乎平，平亦辛也。鹹能軟堅，辛能走散，故《本經》主癥瘕堅積寒熱，去痞疾、息肉、陰蝕、痔核、惡肉。《別錄》療溫瘧者，以瘧必暑邪為病，類多陰虛水衰之人，乃為暑所深中，邪入陰分，故出併於陽而熱甚，入併於陰而寒甚，元氣虛羸則邪陷而中焦不治，甚則結為瘧母。甲能益陰除熱而消散，故為治瘧之要藥，亦是退勞熱在骨及陰虛往來寒熱之上品。血瘕腰痛，小兒脇下堅，皆陰分血病，宜其悉主之矣。勞復、女勞復為必須之藥。勞瘦骨蒸，非此不除。產後陰脫，資之尤急。　【主治參互】仲景鼈甲煎丸，治瘧母之要藥。　得牛膝、當歸，佐以橘皮、何首烏、知母、麥門冬，治久瘧。　同知母、石膏、麥門冬、貝母、竹葉，治溫瘧熱甚、渴甚，無肺熱病者加人參。若瘧發熱甚、渴甚，又寒甚汗多，發時指甲黯，狀若欲死，并加桂枝，有神。去桂枝，治瘴瘧良。得青蒿、麥門冬、五味子、地黃、枸杞、牛膝，治骨蒸勞熱。甚則加銀柴胡、地骨皮、胡黃連。

肉：　主傷中，益氣補不足，腹中結熱，婦人漏下，陰虛羸瘦，性冷，補一切陰虛人，宜常食之。

【簡誤】鼈甲，妊娠禁用。凡陰虛胃弱，陰虛泄瀉，產後泄瀉，產後飲食不消，不思食及嘔惡等證，咸忌之。

明・倪朱謨《本草彙言》卷一九　鱉甲　味鹹，氣平，無毒。沉也，降也。入足厥陰、少陰經。　《別錄》曰：　鱉甲，生池澤，今處處有之，以岳州沅江者，甲有九肋者勝。　李氏曰：　鱉甲，蟲也。水居陸生，穹脊連脇，與龜同類。四緣有肉如裙，故曰龜甲裹肉，鱉肉裹甲。無耳以目爲聽。純雌無雄。以蛇及黿爲匹。夏月孕乳，其抱以影。　陸氏曰：　魚滿三百六十，則蛟龍引之而飛。納鱉守之則免。故一名守神。性畏蚊，遇蚊叮即死。又熏蚊者，復用鱉甲燒烟，蚊即遁迹。物理相報復如此。修治：　以滾湯泡洗去油垢、蟲蟻淨，用醋炙、酒炙、童便浸炙，隨病置宜可也。

鱉甲：　除陰虛熱瘧，方龍潭解勞熱骨蒸之藥也。魏景山曰：　鱉甲，蟲也。與龜同類而異種，亦禀至陰之性。色青入肝，統主厥陰血分爲病。如農皇治心腹癥瘕，堅積寒熱；《別錄》之治老瘧瘧母，寒熱痞積；　甄權之治骨蒸勞瘦，骨節煩熱；　瀕湖之治婦人血閉，淋瀝，經脉不通，或五色漏下，或產難不順，產後寒熱，癥瘕惡血諸證，悉屬厥陰血閉，邪結漸至寒熱，爲癥瘕，爲痞脹，爲瘧疾，爲淋瀝，爲骨蒸者，咸得主之。倘陽虛胃弱，食飲不消，嘔惡泄瀉者；陰虛胃弱，吞嚥不下，欬逆短氣，升降不足息者，用此無益也。

集方：甄氏家乘心腹癥瘕血積。用鱉甲一兩，湯泡洗淨，米醋浸一宿，火上炙乾，再淬再炙，以甲酥爲度，琥珀三錢，俱研極細末，大黃五錢，酒拌炒，共研細作散。每早服二錢，白湯調下。〇《肘後方》治老瘧瘧母將成瘧勞。用鱉甲二兩醋淬火炙同前，白朮一兩土拌炒，明雄黃五錢，共研極細末，每早晚各服二錢，白湯調下。〇《方脉正宗》治骨蒸夜熱勞瘦，骨節煩熱，或咳嗽有血者。用鱉甲一斤，滚湯泡洗、去油垢淨，北沙參四兩，懷熟地、麥門冬、天門冬各六兩，白茯苓三兩，陳廣皮一兩，水五十碗，煎十碗，渣再煎，濾出清汁，微火熬膏，煉蜜四兩收。每蚤晚各服數匙，白湯調下。〇《產寶方》治婦人血閉不通，或淋瀝不淨，或臨產艱難不順，或產後惡血不行，留結成癥瘕痞積，漸發寒熱，幾成勞者。臨產須豫服此，可免產後一切血患。用鱉甲一斤，製法同前，乳香、沒藥各二兩，俱用瓦上焙出汗，白朮、當歸、川芎、白芍藥、乾薑、肉桂、川黃連、牡丹皮、玄胡索、木香、甘草各一兩，俱用酒拌，曬乾微炒，共十四味，俱研極細末，煉蜜丸彈子大，重三錢。妊娠九月，隨宜服之。臨產、產後俱可服。俱用白湯調下。

續補集方：《肘後方》治卒得腰痛，不可俯仰。用鱉甲三兩，製法同前，研末，早晚各服二錢，白湯調下。〇《梅師方》治婦人五色淋帶。用鱉甲二兩，製法同前，每早服二錢，白湯調下。〇《傳信方》治一切癰疽或腸癰內毒。用鱉甲一斤，製法同前，研細末，再重羅篩過，再研極細，瘡口日摻少許，但不可多。內服二錢，白湯調。毒在上，食後服；在下，食前服。治脇痛：和肝飲加減方：用鱉甲、柴胡、當歸、川芎、半夏、白芍藥、枳殼各二錢，水煎服。〇左脇痛者，怒傷血滯也，加青皮、桃仁。右脇痛者，氣逆挾痰也，加桔梗、白芥子。左右脇俱痛者，肝火盛而痰氣結也，加龍膽草、香附、貝母、白芥子。兩脇走注痛而有聲者，是痰飲也，加蒼朮、白芥子、膽星、瓜蔞仁。痛延日久，作塊不移者，是死血留痰。如咳嗽氣急而失治，必成脇癰。外有肝氣極虛，真陰損乏成脇痛者，宜十全大補湯，加鱉甲、牛膝。

明・應麐《食治廣要》卷七 鱉即團魚。

肉：氣味：甘，平，無毒。主治：傷中。益氣，補不足，熱氣濕痹，婦人帶漏，去血熱，補陰虛久痢，痃癖，脚氣。按：《生生編》言：鼈性熱。考之，鼈性本不熱。今食之者，和以椒、薑熱物太多，失其成性故耳。其膽味辣，破入湯中，可代椒而辟腥氣。李九華云：鼈肉主聚，鼈甲主散。食鼈，剉甲少許入之，庶幾稍平。又言：薄荷煮鼈，能害人。此皆人之所不知者也。忌莧之說不驗，不必致疑。有三足、赤足、獨目者，頭足不縮者，目四陷者，腹下有王字、卜字者，並有毒，殺人，不可食之。

明・姚可成《食物本草》卷一一介部・龜鼈類 鱉一名團魚，一名神守。陸佃云：池中魚滿三〔千〕六百，則蛟龍引之而飛，納鼈守之則免，故名神守。李時珍曰：鼈，甲蟲也。水居陸生，〔穹〕脊連脇，與龜同類。四緣有肉裙。故曰：龜，甲〔裹〕肉；鼈，肉裹甲。無耳，以目為聽。純雌無雄，以〔蛇〕及黿為匹。故《萬畢術》云：燒黿脂，可以致鼈也。鼈在水中，上必有浮沫，名鼈津，人以此取〔之〕。今有呼鼈者，作聲撫掌，望津而取，百不失〔一〕。《管子》云：涸水之精名曰蝸。以名呼之，可以取鼈。正此類也。《類從》云：鼉一鳴而鼈伏。性〔相制〕也。又畏蚊。生鼈遇蚊叮則死，死鼈得蚊煮〔則〕爛，而熏蚊者復用鼈甲。物相報復如此，異哉。

鼈肉：味甘，平，無毒。主傷中益氣，補不足。熱氣溼痹，腹中激熱，五味煮食，當微泄。婦人漏下五色，羸瘦，〔血〕瘕腰痛，宜常食之。去血熱，補陰虛。作臛食，治久痢，長髭鬚。作丸服，治虛勞痃癖脚氣。鼈甲：味鹹，平，無毒。主心腹癥瘕，堅積寒熱，去痞疾息肉，陰蝕痔核惡肉。療溫瘧，血瘕腰痛，小兒脇下堅。宿食，癥塊痃癖，冷瘕勞瘦，除骨熱，骨節間勞熱，結實壅塞，下氣，婦人漏下五色，下瘀血。去血氣，破癥結惡血，墮胎，消瘡腫腸癰，并撲損瘀血。補陰補氣，除老瘧瘧母，陰毒腹痛，勞復食復，斑痘煩喘，小兒驚癇，婦人經脉不通，難產，產後陰脫，丈夫陰瘡石淋，斂潰癰。脂：除日拔白髮，取塗孔中，即不生。欲再生者，白犬〔乳〕汁塗之。頭：燒灰，療小兒諸疾，婦人產後陰脫下〔墜〕，尸疰心腹痛。傅歷年脫肛不愈。卵：鹽藏煨食，止〔小〕兒下痢。爪：五月五日收藏衣領中，令人不忘。〇《〔禮〕記》云食鼈去醜，謂頸下有軟骨如龜形者也。食之令人患水病。凡鼈之三足者，赤足者，獨目者，頭足不縮者，目四陷者，腹下有王字、卜字文者，腹有蛇文者，是蛇化也。在山上者，名旱鼈。竝有毒殺人。凡鼈不可合雞子食，莧菜食。昔有人剉鼈，同赤莧包置溼地，經旬皆成生鼈。孫真人曰：不可合猪、兔、鴨肉食，損人。不可合芥子食，生惡瘡。妊婦食之，令子項縮。

〇李時珍曰：　案《三元參贊書》言鼈性冷，發水病。有冷勞氣、癥瘕人不宜食之。《生生編》言鼈性熱。戴原禮言鼈之陽聚於上甲，久食令人生發背。似與性冷之說相反。蓋鼈性本不熱，食之者和以〔椒〕、薑熱物太多，失其本性耳。鼈性畏葱及桑灰。凡〔食〕鼈者，宜取沙河小鼈，割去血，以桑灰湯煮熟，〔去骨〕甲換水再煮，入葱、醬作羹膳食，乃良。其膽味辣，入湯中，可代椒而辟腥氣。李九華云：鼈肉主聚，甲主散。食鼈，剉甲少許入之，庶幾稍平。又言：薄〔荷〕煮鼈能害人，此皆人之所不知也。

附方：　治痃癖氣塊，用大鼈一箇，蠶沙一斗，桑柴灰一〔斗〕，淋汁五度，同煮如泥。去骨再煮成膏，擣丸梧子大。每日三服，每服十丸。　治寒溼脚氣，痛不可忍。用鼈二枚，水二斗，煮一斗。去魚取汁，加蒼耳、蒼术、尋風藤各半斤，煎至七升，去渣，以盆盛薰蒸，待溫浸洗。　治癰疽不收口，不拘發背一切瘡。用鼈甲燒存性，研摻甚妙。　治婦人難產。用鼈甲燒存性，研末。酒服方寸匕，立出。　治陰頭生瘡，人不能醫者。鼈甲一枚燒研，雞子白和傅之。　治小便沙石淋痛。用九肋鼈甲醋炙，研末。酒服方寸匕，日三服，石出瘥。　治產後陰脫。用鼈頭五枚燒研，井華水服方寸〔匕〕，日三。或加葛根二兩。　治大腸脫肛。鼈頭炙研。米飲服方寸匕，日二服。〔仍〕以末塗腸頭上。

明·顧逢柏《分部本草妙用》卷一〇水族部　鼈名神守　鹹，平，無毒。

主治：心腹堅積寒熱，去痞疾，息肉陰蝕痔（什）〔核〕惡肉。治勞瘦淋漏痔瘡，除老瘧陰毒，滋陰補腎。　按：鼈乃厥陰血分之藥，故功有所主。瑇瑁色赤入心，故所主者風驚熱狂，痘毒癰腫，皆主少陰血分也。秦龜黃入脾，故主頑風濕痺，身重蠱毒，乃太陰血分之病也。水龜色黑，所主陰虛精弱，乃少陰血分，各從其類也。　宜乎鼈之專理肝經，甲之治瘧為靈矣。

明·顧逢柏《分部本草妙用》卷一肝部·溫補　鼈甲　鹹，溫，無毒。惡礬石、理石。　主治：心腹癥瘕，陰蝕痔核，溫瘧血瘕，脇下堅，勞瘦骨蒸熱。漏帶，去瘀血，墮胎，消腫。補陰益氣，除瘧母，勞復食復。斑痘煩喘。通經難產，產後陰脫，男子陰瘡。石淋，斂潰癰。　按：鼈甲，為肝家血分之藥，故主瘧勞寒熱，痃瘕驚癇，經水、癰腫、陰瘡之症，皆厥陰血分病也。老瘧勞瘧，用之尤妙。〇肉雖補陰益中，除濕去熱，止痢，治虛勞痃癖，脚氣，久食性冷。

明·孟笨《養生要括·介類》　鱉　肉：　味甘，平，無毒。治傷中益氣，補不足。熱氣濕痹，腹中激熱，五味煮食，當微洩。婦人漏下，五色羸瘦，宜常食之。治婦人帶下，血瘕腰痛。去血熱，久食性冷。作臛食，治久痢，長髭鬚。作丸服，治虛勞，痃癖脚氣。〔有三足者、赤足者、獨目者、頭足不縮者，其目四陷者，腹下有王字卜字文者，有此文者皆蛇化也，在山上者，並有毒，殺人，不可食。〕

甲：　治心腹癥瘕，堅積寒熱，去痞疾息肉，陰蝕痔核，惡肉。療溫瘧，血瘕腰痛，小兒脇下堅。消瘡腫、腸癰，并撲損瘀血，補陰補氣。除老瘧瘧母，陰毒腸痛，勞復食復，斑痘煩喘，小兒驚癇，婦人經脉不通，難產、產後陰脫，丈夫陰瘡、石淋，斂潰癰。

明·李中梓《醫宗必讀·本草徵要下》　鱉甲味鹹，寒，無毒。入肝經。惡礬。酒浸一宿，炙黃。　解骨間蒸熱，消心腹癥瘕。婦人漏下五色，小兒脇下堅疼。肉冷而難消，脾虛者大忌。　鱉色青，主治皆肝證；　龜色黑，主治皆腎證。同歸補陰，實有分別。龜甲以自敗者為佳，鼈甲以不經湯煮者為佳。肝無熱者忌之。

明·鄭二陽《仁壽堂藥鏡》卷八　鱉甲　氣平，味辛，無毒。入肝經。

《本草》云：主心腹癥瘕堅積，寒熱，去痞，去瘜肉，陰蝕，痔，惡肉。療溫瘧，血瘕腰痛，小兒脇下堅。《衍義》云：治勞瘦，除骨熱。　按：鱉性至陰，大寒，又能破血。不可認其補，多用必傷土也。《衍義》云：鱉甲九肋者佳。以釅醋塗，炙黃色。　姚和眾云：脫肛，鱉頭燒灰搽撲之。　鱉肉：懷妊婦食之，子項短。合雞肉食，成瘕。合莧菜食，成鱉瘕。合芥子食，痰症發。悞食過喉，藍汁可解。

明·蔣儀《藥鏡》卷三平部　鱉甲　益陰虛而去骨蒸之熱，治溫瘧而消腹內之癥。陰脫在分娩，須之無代。女勞兼復病，在所必資。

明·李中梓《頤生微論》卷三　鱉甲　味鹹，性寒，無毒。入肝經。惡礬石、理石。九肋者良，未經湯煮者佳。酥炙。　主癆熱骨蒸，心腹癥瘕，瘧母，瘀血漏下，陰蝕痔核。　按：鱉色青，主治皆肝症。龜色黑，主治多腎症。同歸補陰，實有分別。性皆至陰太寒，多用必傷土也。

明·張景岳《景岳全書》卷四九《本草正》　鱉甲　味鹹，氣平。此肝、脾、腎血分藥也。能消癥瘕堅積。療溫瘧，除骨節間血虛勞熱，婦人血癥惡血，漏下五色，經脉不通。治產難，能墮胎，及產後寒熱陰脫，小兒驚癇，班痘煩喘，亦消瘡腫腸癰，撲損瘀血，斂潰毒，去陰蝕痔漏惡肉。然須取活鱉大者，去肉，用醋煮乾，炙燥用之。若諸煮熟肋骨露出者不甚用。

明·施永圖《本草醫旨·食物類》卷五

鼈名團魚，俗名神守。魚滿三千六百，則蛟龍引之而飛，納鼈守之則免，故鼈名神守。無耳，以目為聽，純雌無雄。以蛇及黿為匹。鼈遇蚊叮則死，死鼈得蚊煮則爛，而熏蚊者，復用鼈甲，物相報復如此異哉。

鼈甲：入藥以醋炙黃用。凡使，要綠色、九肋、多裙、重七兩者為上。凡鼈甲以煆竈灰一斗，酒五升，浸一夜，煮令爛如膠漆，用更佳。桑柴灰尤妙。　味鹹，平，無毒。惡礬石、理石。　治：心腹癥瘕，堅積寒熱，去痞疾息肉，陰蝕痔核惡肉。療瘟瘧，血瘕腰痛，小兒脇下堅。宿食癥塊，痃癖冷瘕，勞瘦，除骨熱，骨節間勞熱，結實壅塞下氣，婦人漏下五色，下瘀血，去血氣，破癥結惡血，墮胎，消瘡腫，腸癰，并撲損瘀血。補陰補氣，除老瘧瘧母，陰毒腹痛，勞復食復，斑痘煩喘，小兒驚癇，婦人經脉不通，難產後陰脫，丈夫陰瘡石淋，斂潰癰。鼈甲乃厥陰肝經血分之藥，肝主血也，鼈色青，入肝，故所主者，瘧勞寒熱，痃瘕，驚癇，經水，癰腫，陰瘡，皆厥陰血分之病也。瑇瑁色赤入心，故所主者，心風驚熱，傷寒狂亂，痘毒腫毒，皆少陰血分之病也。秦龜色黃，入脾，故所主者，頑風濕痹，身重蠱毒，皆太陰血分之病也。水龜色黑，入腎，故所主者，陰虛精弱，腰脚痠痿，陰瘧洩痢，皆少陰血分之病也。介蟲陰類，故並主陰經血分之病，從其類也。

附方　老瘧勞瘧：用鼈甲，醋炙，研末，酒服方寸匕，隔夜一服，清早一服，臨時一服，無不斷者。入雄黃少許更佳。　血瘕癥癖：用鼈甲、琥珀、大黃等分，作散，酒服二錢，少時惡血即下。若婦人小腸中血下盡即休服也。　痃癖癥積：用鼈甲醋炙黃，研末，牛乳一合，每調一匙，朝朝服之。　婦人漏下：鼈甲醋炙，研末，清酒服方寸匕，日二。〇又用乾薑、鼈甲、訶黎勒皮等分，為末，糊丸，空心下三十丸，日再。　婦人難產：鼈甲燒存性，研末，酒服方寸匕，立出。　小兒癇疾：用鼈甲炙研，乳服一錢，日二。亦可蜜丸服。　卒得腰痛：不可俯仰，用鼈甲炙，研末，酒服方寸匕，日二。　陰虛夢泄：九肋鼈甲，燒研，每用一字，以酒半盞，童尿半盞，葱白七寸，同煎，去葱，日晡時服之，出臭汗為度。　吐血不止：鼈甲、蛤粉各一兩，同炒色黃，熟地黃一兩半晒乾，為末，每服二錢，食後茶下。　癰疽不斂：用鼈甲燒存性，研摻，甚妙。　腸癰內痛：鼈甲燒存性，研，水服一錢，日三。　陰頭生瘡：鼈甲一枚，燒研，雞子白和傅。　人咬指爛：鼈甲燒灰，傅之。

肉：味甘，平，無毒。久食性冷損人，食之令人患水病。凡鼈之三足者、赤足者、獨目者、頭足不縮者、其目內陷者、腹下有王字卜字文者、腹有蛇文者皆蛇化也，在山上者名旱鼈，並有毒，殺人，不可食。不可合雞子食、莧菜食。昔有人剉鼈，以赤莧同包，置濕地，經旬皆成生鼈。又有裹鼈甲屑，經五月皆成鼈者。不可合猪、兔、鴨肉食，損人。不可合芥子食，生惡瘡。妊婦食之，令子短項。鼈性畏葱及桑灰。凡食鼈者，宜取沙河小鼈，斬頭去血，以桑灰湯煮熟，去骨甲，換水再煮，入葱、醬作羹臛食乃良。治：傷中，益氣，補不足。熱氣濕痹，腹中激熱，五味煮食，當微泄。婦人漏下五色，羸瘦，宜常食之。婦人帶下，血瘕腰痛，去血熱，補虛。久食性冷，補陰。作臛食，治久痢，長髭鬚。作丸服，治虛勞，痃癖脚氣。　附方　痃癖氣塊：用大鼈一枚，以蠶沙一斗，桑柴灰一斗，淋汁五度，同煮如泥，去骨，再煮成膏，擣丸梧子大，每服十丸，日三。

脂：治：除日拔白髮，取脂塗孔中，即不生，欲再生者，白犬乳汁塗之。

頭：治：燒灰，療小兒諸疾，婦人產後陰脫下墜，尸疰心腹痛。傅歷年脫肛不愈。　附方　產後陰脫：用鼈頭五枚，燒研，井華水服方寸匕，日三。　大腸脫肛：久積虛冷，以鼈頭炙研，米飲服方寸匕，日二服。仍以末塗腸頭上。

頭血：治：塗脫肛，風中血脉，口眼喎僻，小兒疳癆潮熱。　附方　中風口喎：鼈血調烏頭末塗之，待正則即揭去。

卵：治：鹽藏煨食，止小兒下痢。

爪：治：五月五日收藏衣領中，令人不忘。

明·盧之頤《本草乘雅半偈》帙四

鼈甲《本經》中品　氣味：鹹，平，無毒。

主治：主心腹癥瘕堅積，寒熱，去痞疾，息肉，陰蝕，痔核，惡肉。

覈曰：鼈，介蟲也。水居陸生，穹脊連脇，與龜同類。四緣有肉如裙，故曰龜甲裹肉，鼈甲裹骨，無耳，以目為聽，與蛇黿為匹。夏月孕乳，其抱以影。陸佃云：魚滿三千六百，則蛟龍引之而飛，納鼈守之則免，故一名守神，亦名河伯從事。修治：取綠色九肋，重七兩者為上，用六一泥，固瓶子底，待乾，置甲于中。欲治癥塊，及寒心，用頭醋三升，入瓶內，大火煎盡，去裙留骨，炙乾用。欲治勞熱，以童便一斗二升，煎盡，去裙留骨，焙乾，石臼中搗成粉，以雞脞皮裹之，取東流水三斗，以盆盛水，閣于盆上一宿取用，力有萬倍也。惡礬石、理石。

条曰：鼈無耳，以眼聽，故其目不可瞥，識精于明，復識精于聽也。不唯精專肝竅，膽亦異衆而味大辛，穹脊連脇，脇亦少陽膽府所屬，此木金交互，故得聲色疊用，而肝為膽藏，取決更相親耳。以余条之，若以膽開聾瞽，必色斯明聲斯聽，彼施諸房術者，風斯下矣。味鹹走血軟堅，為厥陰肝、少陽膽血分之氣藥也。蓋肝藏血，設所藏非精，所守非神，致陰凝至堅，為癥瘕痞積、息肉惡肉、陰蝕痔核者，軟之，決之，亦藉膽斷使去者也。

明·李中梓《本草通玄》卷下　鼈甲　鹹，平，肝經藥也。　截久瘧，消瘧母，破癥瘕，行瘀血，退煩熱，補新血。　按：　龜、鼈皆主養陰滌熱，鼈色青，故入東方而理肝家諸症。　龜色黑，故走北方而理腎部諸症。　七肋者佳。不經湯煮者，醋炙黄，研細。

清·顧元交《本草彙箋》卷九　鼈甲　鼈色青，入肝，故所主者，瘧勞寒熱，痃癖驚癇，經水、癰腫、陰瘡，皆厥陰血分之病也。　其甲用七肋九肋者，取陰中之陽也。　凡陰虚水衰之人，爲暑所中，邪入陰分，故出併於陽而熱甚，入并于陰而寒甚，元氣虚羸，則邪陷而中焦不治，甚則結爲瘧母。　鼈甲益陰除熱而消散，故爲治瘧之要藥。　其勞熱在骨，及血瘕腰痛，小兒脇下堅，皆陰分血病，宜其悉主之矣。　龜甲裹肉，鼈肉裹甲，鼈無耳，以目爲聽，入藥宜生，取甲剔去肉。　今皆用煮熟者，非法也。　鼈肉性冷，發水病，凡冷勞氣癥瘕人不宜食，食之者和以椒、薑熱物太多，失其本性耳。　性本不熱也，其膽味辣，破入湯中，可代薑、椒辟腥氣。

清·穆石匏《本草洞詮》卷一七　鼈甲、肉　鼈行蹩躄，故謂之鼈。　魚滿三千六百，則蛟龍引之而飛，納鼈守之則免，故鼈名守神。　純雌無雄，以蛇及黿為匹，故燒黿脂可致鼈。　鼈遇蚊叮則死，蚊煮則爛，而熏蚊者復用鼈甲，物相報復如此。　鼈甲鹹，平，無毒。　治癥結痞疾，療溫瘧瘧母，除骨節間勞熱，補陰氣。　鼈肉甘，平，無毒。　益氣，補不足，治痃癖脚氣，當微泄。《三元參贊書》言：　鼈性冷，發水病。《生生編》言：　鼈性熱。　戴原禮言：　鼈之陽聚於上甲，久食令人生發背。　似與性冷之説相反。　然介蟲無一熱者，豈鼈獨熱耶？《本經》言鼈甲治癥瘕堅積，不言治勞，惟《藥性論》言治勞，而虚勞用之多効。　夫介蟲陰類，所主治皆陰經血分之病。　然龜鼈各有所屬，鼈色青，入肝，所主者瘧勞寒熱，痃瘕，驚癇，經水，癰腫陰瘡，皆足厥陰血分之病也。　瑇瑁色赤，入心，所主者心風驚熱，傷寒狂亂，痘毒腫毒，皆手少陰血分之病也。　秦龜色黄，入脾，所主者頑風，濕痺身重，蠱毒，皆足太陰血分之病也。　肉與甲功用相近，而鼈肉主聚，鼈甲主散，故食鼈肉，挫甲少許入之，庶得其平。凡腹有蛇文者，有王字、卜字文者，是蛇化也，有毒，殺人。　不可合雞子、猪肉、鴨肉食，亦不可合莧菜、芥子食。　昔有人剉鼈，同莧置濕地，經旬皆成生鼈也。

清·丁其譽《壽世秘典》卷四　鼈俗名團魚，一名神守。　陸佃云：　魚滿三千六百則蛟龍引之而飛，納鼈守之則免，故鼈名神守。　水居陸生，穹脊連脇，與龜同類，四緣有肉裙，無耳，以目為聽。　純雌無雄，以蛇及黿為匹。　故《萬畢術》云：　燒黿脂可以致鼈也。《埤雅》云：　卵生思抱，其伏隨日光所轉，朝首東向，夕首西向。　鼈之所在，其上必有浮沫名鼈津，捕者以此占之。《類從》云：　鼉一鳴而鼈伏，性相制也。　鼈遇蚊叮則死，炮鼈得蚊煮則爛，而熏蚊者復用鼈甲，物相報復如此。

鼈甲：　氣味：　鹹，平，無毒。　治心腹癥瘕，堅積寒熱，去痞疾息肉，陰蝕痔核，惡肉。　療溫瘧，血瘕，腰痛，小兒脇下堅。　發明陶弘景曰：　采得生取，剔去肉者為好，煮熟者不可用。　九肋者勝。　入藥以醋炙黄用。《衛生寶鑒》云：　凡鼈甲以桑柴灰和酒浸一夜，煮令爛如膠漆用，更佳。　李時珍曰：　龜鼈之功，各有所主，鼈色青入肝，故所主者，瘧勞、寒熱、痃瘕、驚癇、經水、陰腫、陰瘡，皆厥陰血分之病也。　鼈色黑入腎，故所主者，陰虚精弱、腰脚痠痿、陰瘧洩痢，皆少陰血分之病也。　介蟲陰類，故並主陰精血分之病，從其類也。　妊娠禁用。　凡陰虚、胃弱、泄瀉、産後泄瀉、飲食不消、不思食及嘔惡等症，咸忌之。

鼈肉：　氣味：　甘，平，無毒。　主傷中益氣，補不足，腹中結熱，婦人帶下，血瘕腰痛，陰虚羸瘦，宜食之。　發明蘇頌曰：　鼈居水底，性甚冷，久食損人。陳藏器曰：《禮記》食鼈去醜，謂頸下有軟骨如龜形者，食之令人患水病。　凡鼈三足者為能音台，甲蟲之有神者，人食之化為血水。　赤足者、獨目者、頭足不縮者、目凹陷者、腹下有王字卜字文者、有蛇文者，及生旱地者，俱有毒，不可食。　不可合雞子食，莧菜食，生瘕。　昔人剉鼈以赤莧同包，置濕地經旬，皆成生鼈。　孫思邈曰：　不可合猪、兔、鴨肉食，損人。　不可合芥子食，生惡瘡。　妊婦食之，令子項縮。　李時珍曰：　按《三元參贊書》言：　鼈性冷，有冷氣、癥瘕人不宜食。《生生編》言：　鼈性熱。　戴原禮言：　鼈之陽氣聚于上甲，久食令人生發背。　似與性冷之説相反。　蓋鼈性本不熱，食之者和以椒、薑熱物太多，失其本性耳。　鼈性畏葱及桑灰。　凡食鼈者，宜取沙河小鼈，斫頭去血，以桑灰湯煮熟，去骨甲，换水再煮，入葱、醬作羹食，乃良。　其膽味辣，破入湯中，可代椒而辟腥氣。　卵鹽藏煨食，止小兒下痢。　李九華云：　鼈肉主聚，鼈甲主散，食鼈剉甲少許入之，庶幾稍平。　又言：　薄荷煮鼈能害人。　此皆人之所不知者也。《養生雜纂》云：　六甲日，不可食鼈。

清·劉雲密《本草述》卷二九　鼈　鼈甲：　氣味：　鹹，平，無毒。　諸本草主治：　益陰補氣，除老瘧瘧母，療勞瘦骨熱，骨節間勞熱，結實壅塞，除心腹癥瘕堅積寒熱，血瘕腰痛，小兒脇下堅，療勞復，女勞復，斑痘煩喘，小兒驚癇，婦人産後陰脱，去息肉陰蝕，痔核惡肉。　方書主治：　虚勞瘧證，積聚，脚氣，咳嗽血，盗汗，中風往來寒熱，痞證，咳嗽不得臥，消癉，小便不禁，痔。　宗奭曰：《經》中不言治勞，惟《藥性論》言治勞瘦骨熱，故虛勞多用之。然甚有據，但不可過劑耳。　時珍曰：鼈亦龜類，然功各有所主。鼈甲乃足厥陰血分之藥也。鼈色青，入肝，故所主者，瘧勞寒熱，痃瘕驚癇，經水，癰腫，陰瘡，皆厥陰血分之病也。水龜色黑，入腎，故其甲所主者，陰虛精弱，腰脚痠痿，陰瘧洩痢，皆少陰血分之病也。介蟲陰類，並主陰經血分之病，從其類耳。　希雍曰：鼈甲其味鹹平潤下，作鹹象水明矣。本乎地者，親下益陰何疑？然《本經》甲之主治癥瘕堅積寒熱，去息肉陰蝕，痔核惡肉，是本於益陰，而更以鹹能軟堅之故歟。《別錄》除瘧者，以瘧邪為病，類病於陰虛之人，乃為暑所深中，邪入陰分，故出併於陽而熱甚，入併於陰而寒甚，至元氣虛羸，則邪陷而結為瘧母。甲能益陰除熱而消散，故為治瘧之要藥，亦是退勞熱在骨，及陰虛往來寒熱之上品。血瘕腰痛，小兒脇下堅，皆陰分血病，宜其悉主之矣。勞復，女勞復，為必須之藥。勞瘦骨蒸，非此不除。產後陰脫，資之尤急。

　仲景鼈甲煎丸，治瘧母之要藥。　得牛膝、當歸，佐以橘皮、何首烏、知母、麥門冬，治久瘧。　同知母、石膏、麥門冬、貝母、竹葉，治溫瘧熱甚渴甚，無肺熱病者加人參。若瘧發熱甚渴甚，又寒甚汗多，發時指甲黯狀若欲死，并加桂枝，有神去桂枝，治瘴瘧良。　得青蒿、麥門冬、五味子、地黄、枸杞、牛膝，治骨蒸勞熱，甚則加銀柴胡、地骨皮、胡黄連。

　愚按：鼈甲類言其益陰，是矣。第不細繹丹溪之云補陰而更云補氣也。蓋氣有陽氣陰氣之殊，先哲頗能言之，且本於《內經》可證也。《經》曰：陰虛則無氣，無氣則死。蓋唯是真陰之氣，有化乃有生，有生即有化，故《本經》首云主治心腹癥瘕堅積寒熱，即《別錄》暨甄權、日華子《本草》，無不以溫瘧血瘕，宿食冷塊，痃癖冷瘕，及破癥結為言也。至丹溪乃揭出補陰補氣以為言，可謂探其要領矣。宗奭所謂《經》中不言治勞，然治虛勞多用之，亦甚有據者，以是言合於方書之主治，良不謬也。如先哲曰：五臟雖皆有勞，而心腎為多。心主血，腎主精，精竭血燥，則勞生焉。即斯以思其所治之方，有用鼈甲者，如清骨散，固謂其治骨蒸勞熱也。如扶羸湯，是除骨蒸勞熱，而兼以益精血之味也。又麥煎散，云治少男室女骨蒸黄瘦，口臭肌熱，盗汗。即此条之，則此證乃先哲所謂七情之為病也。先哲又云：虛勞發熱，未有不由瘀血者，而瘀血未有不由內傷者。又云：凡虛勞證，大抵心下引脇俱痛，蓋滯血不消，新血無以養之也。故麥煎散中用鼈甲，而同於乾漆以化積者，只是故耳。仲景《金匱》治五勞羸瘦等證，有大黄䗪蟲丸，蓋以此丸先行乾血，乾血去，病根已剗，而後可從事於滋補之劑耳。詎如茲味即以通壅為滋補，所以謂勞瘦骨蒸，非此不除也。又虛勞方中亦用大黄，因此證有熱者，暫用此味，折其炎上之勢，而引之下行也。又有清熱之味，同於歸、地，而復投白朮者，使中土不受困，而藥味得行於經也。又秦艽鼈甲散，此透肌退熱，在諸劑中之一方也。以上數方，是皆同鼈甲而用者，雖其佐助之義各有所主，而其用鼈甲以入諸味者，不外於補陰氣以為功也。又如治瘧，按《金匱》問曰：瘧以月一日發，當十五日愈。設不愈，當月盡日解也。如其不差，當云何？師曰：此結為癥瘕，名曰瘧母。治之宜鼈甲煎丸。又瘧母丸服之積消，及半而止。又諸久瘧及處暑後冬至前後瘧，及非時之間日瘧，並用瘧母丸法治之，以鼈甲為君。又云瘧之間日發者，其氣之舍深，內薄於陰，陽氣獨發，陰邪內着，陰與陽爭不得出，故間日而作也。統前義而繹之，則鼈甲之治瘧，固益陰氣者也。且治瘧母尤專。所名瘧母，即結為癥瘕者，更可見諸本草之用鼈甲，無不以療血瘕癥塊云云為言者，固有見於茲味陰氣之專，即化以為生也。更治脚氣，按脚氣證，唯是陰不升而陽不降耳。蓋足為三陰所起之地，然此即三陽所歸之地，以陰為陽之原也。如三陰有不足，不能上而召陽之歸，則三陽失所守，不能下而和陰之滯，故陰壅於下，而陽逆於上，此脚氣之病所由也。如方書治脚氣，有大鼈甲湯，云治脚弱攣痹氣，上及溫毒熱毒，四肢痹弱，非由於陰不足而不能升，致陽失所守而不能降之故乎？觀其以鼈甲為君可知矣。又鼈甲散及木香散，皆云治脚氣，心腹脹滿，但一則云并治小便不利，一則云治堅硬不消。夫脚氣而曰心腹脹滿，則由於陰不升，以致陽不降也。其小便不利，非陽不得陰以歸而達於下乎？即心腹之堅硬不消，非陰不能得陽以化而暢於上乎？二證雖鼈甲與諸味等分，然以和陰陽之升降，固與鱉甲為同氣相求者矣。至於積聚之所治，按《靈樞》言積皆生於風雨寒暑清溼喜怒，喜怒不節則傷臟，臟傷則病起於陰，陰既虛矣，則風雨襲陰之虛，病起於上而生積，清溼襲陰之虛，病起於下而生積，此《經》言積所由生之要領也。故方書之用鼈甲，同諸味以治積者，如鼈甲丸之於肝積為肥氣，乾漆丸及半夏散之於心積為伏梁，又鼈甲丸之於脾積為痞氣，四方雖各有不同，然總歸於入足厥陰、手少陰、足太陰之臟也。以鱉甲陰氣之專入三陰而行其積，固有得於氣之相應者矣。又削堅丸之治五積六聚，由於氣結成塊，食積癖瘕者，雖不專藉鱉甲，然亦同乾漆、三稜為君，則積之本於陰虛而生者，其義不爽，固不能舍專於陰氣之味以奏效也。次而咳嗽血，及盜汗證，如嗽血有二方，一黃芪鱉甲散，一人參黃芪散，皆是治虛勞有客熱者。第前證其客熱為甚，而後證乃其未甚者也。甚則熱結，正甄權所云骨節間勞熱，結實壅塞，故加凉血散結之味。然鱉甲不分甚與不甚而皆用之，緣但屬客熱，而益陰氣之味不可少也。又盜汗證二方，一麥煎散首云榮衛不調，夜多盜汗；一青蒿散首云虛勞盜汗，是固大有別矣，況後方之勞證畢具乎。臨病者不可例視盜汗而誤投劑，然用鱉甲則一也。雖然，若茲味入諸味中以療所患者，但止以上數證哉，是舉其主治尤切者，明悉其治義，俾用者推類以盡其變，而更尋其要領耳。要領云何？總不外於補陰補氣也。即如遺精證方，書中治其虛而無熱者，唯此一種，則凡用茲種之微義，不可想見乎？又即女子漏下，而鱉甲療之，却又用行瘀血，是豈謂其能止復能行乎？蓋此味專補陰氣，如漏下，屬陰氣虛而不能固也。如瘀血亦屬陰氣虛，而不能流貫於經絡也。但就女子經血一證，可以推其所治之諸證，固惟是專補陰氣，如《經》所謂知其要者，一言而終也。知要然後可以盡變，又寧惟是鱉甲一種乎哉？

附方於左　陰虛夢遺不禁，用九肋音勒，脇骨也。鱉甲，不以多少，去裙襴淨，洗過，燒灰存性，研為細末，每服一字，用清酒小半盞，童便小半盞，陳葱白七八寸，同煎至七分，去葱白和滓，日西時服，須臾得粘臭汗為度。次日進粟米粥。忌食他物。　奔豚氣痛，上沖心腹，鱉甲醋炙三兩，京三稜煨二兩，桃仁去皮尖四兩，湯浸研汁三升，煎二升，入末，煎良久，下醋一升，煎如餳，以瓶收之，每空心酒服半匙。　血瘕癥癖，甄權曰用鱉甲、琥珀、大黃等分作散，酒服二錢，少時惡血即下。若婦人小腸中血下盡，即休服也。　婦人漏下，甄權曰鱉甲醋炙，研末，清酒服方寸匕，日二。　又用乾薑、鱉甲、訶黎勒皮等分，為末，糊丸，空心下三十丸，日再。　婦人難產，鱉甲燒存性，研末，酒服方寸匕，立出。　沙石淋痛，用九肋鱉甲醋炙，研末，酒服方寸匕，日三服，石出瘥。　吐血不止，鱉甲、蛤粉各一兩，同炒色黃，熟地黃一兩半，曬乾為末，每服二錢，食後茶下。　癍痘發喘，小便不利者，用鱉甲二兩，燈心一把，水一升半，煎六合，分二服。凡患大小便有血者，中壞也，黑厭無膿者，十死不治。

鱉肉：　氣味：　甘，平，無毒。　主治：　傷中益氣，補不足《別錄》。去血熱，益陰補虛蘇頌。作丸服，治虛勞痃癖，脚氣時珍。婦人帶下，血瘕腰痛日華子。

鱉頭　主治：　脫肛。　附方：　蝟皮散治肛門脫出不收，蝟皮、磁石、桂心、鱉頭，為細末，服。　伏龍肝散，治陰證脫肛，伏龍肝、鱉頭骨、百藥煎，為末，紫蘇湯温洗，清油調塗。　此證前內治，後外治，皆用鱉頭。後云陰證者，以其有陽證另用他藥也。

頭血　主治：　塗脫肛甄權。風中血脈，口眼喎僻，小兒疳勞潮熱時珍。　時珍曰：　按《千金方》云：　目瞤，唇動口喎，皆風入血脈，急以小續命湯服之，外用鱉血或雞冠血，調伏龍肝散塗之，乾則再上，甚妙。蓋鱉血之性急縮走血，故治口喎、脫肛之病。　附方：　小兒疳勞，治潮熱往來，五心煩躁，盜汗咳嗽，用鱉血丸主之。以黃連、胡黃連各稱二兩，以鱉血一盞，吳茱萸一兩，同入內浸過一夜，炒乾，去茱、血，研末，入柴胡、川芎、蕪荑各一兩，人參半兩，使君子仁二十個，為末，煮粟米粉糊和為丸如粟米大，每用熟水，量大小，日三服。

合論龜、鱉　希雍曰：　按二甲《本經》所主大略相似。第二者咸至陰之物，而其所入稍異。鱉甲走肝益腎以除熱，龜甲通心入腎以滋陰。惟鱉甲無毒，可多用耳。

愚按：　龜鱉二甲，咸屬至陰是矣。第其用實有不同者，龜能旋轉任脈以會督，猶人身任脈之為用，原不離乎元陽，如龜之運陰以會陽，是還乎真陰之元也。鱉則無耳以眼聽，蓋其精專肝竅，即膽亦異眾，而味大辛。之頤所謂金木交互，肝固喜辛，為其從陰升陽也。然與膽為表裏，謂其為厥陰肝、少陽膽血分之氣藥者，良然，是達乎真陰之用也。《經》曰一陰為獨使，先哲云任脈附足厥陰為生化之元，之二語者可叅龜鱉之用焉。夫任脈司人身生化之元，然不會於督，則陰非真陰，而陰無以化，故龜之補陰者，為其本於真陰之元也。任司生化之元，而附於足厥陰以行其化，所以三陰之脈，唯足厥陰與督脈會於巔焉。《經》所謂一陰為獨使者也。故鱉之益陰者，為達其真陰之用也。知乎此，則體用動靜，大有區別，審證察脈，隨所宜以投之，庶不致槩言益陰而奏效少也。

簡誤曰：　鼈甲妊娠禁用。凡陰虚胃弱，陰虚泄瀉，產後泄瀉，產後飲食不消，不思食，及嘔惡等證，咸忌之。

修治　斅曰：　凡使，要綠色、九肋、多裙、重七兩者為上。用六一泥固瓶子底，待乾，安甲於中，以物搘音支，搘，拄也。起。若治癥塊定心藥，用頭醋入瓶內，大火煎，盡三升，乃去裙、肋骨炙乾入用。若治勞去熱藥，不用醋，用童子小便煎，盡一斗二升，乃去裙留骨，石臼擣粉，以雞胵皮裹之，取東流水三升盆盛，閣於盆上一宿，取用，力有萬倍也。　時珍曰：　按《衛生寶鑑》云：　凡鼈甲以煅竈灰一斗，酒五升，浸一夜，煮令爛如膠漆，用更佳。桑柴灰尤妙。

清・郭章宜《本草匯》卷一七　鼈甲　鹹，平，入足厥陰血分。解骨間蒸熱，消心腹癥瘕。婦人漏下五色，小兒脇下堅疼。截久瘧，消瘧母，行瘀血，補陰氣。勞瘦痞疾，非此不除。產後陰脱，資之尤要。《別録》療瘟瘧者，以瘧必暑邪為病，類多陰虚水衰之人，暑邪中入陰分，故出併於陽而熱甚，入於陰而寒甚，元氣虚羸，則邪陷而中焦不治，甚則結為瘧母。甲能益陰，除熱消散，故為治瘧之要藥。　按：　鼈甲，全禀天地至陰之氣，有養陰滌熱之用。與龜同類，而功各有主。鼈色青，故入東方，而理肝家諸症。龜色黑，故走北方，而理腎部諸疾。陰虚，往來寒熱，勞復，女勞復，皆為必須之劑。凡陰虚胃弱泄瀉，併妊娠，及肝無熱者，忌之。目瞤唇動口喎，皆風入血脈，急以小續命湯服之，外用鼈血或鷄冠血，調伏龍肝散塗之，乾則再上，甚効。蓋鼈血之性，急縮走血也。又五月五日收爪，藏衣領中，令人不忘。

七肋、九肋，不經湯煑者佳。治癥塊用醋炙，治勞熱用童便煎，炙黄，研細。　鼈肉主聚，鼈甲主散。食鼈，剉少許甲食之。性畏葱及桑灰。惡礬石。其膽味辣，破入湯中，可代椒而辟腥氣。不可合鷄子、莧菜、薄荷食。

清・尤乘《食鑒本草・介類》　鱉　清熱去勞。背殼單稜者為鱉，雙稜者為團魚，不益人。夏月燒頭骨於床下，木虱皆死；置其骨於衣箱及氈衣中不生蛀。一切魚忌荊芥，能殺人。凡魚有異色者不可食。凡鱉目赤，三足，獨目，頭足不縮，腹下紅或王字、卜字形及蛇紋者，皆蛇化也，不可食。

清・朱本中《飲食須知・魚類》　鼈肉　味甘，性冷。同猪、兔、鴨肉食損人。同芥子食，生惡瘡。同莧菜食，令腹中成肉鼈，害人。不可同桃子、鴨子、雞子食。《禮記》云：　食鼈去醜。謂頸下有軟骨如龜形，食之令人患水病。有冷氣癥瘕人，不宜食之。凡鼈三足者、赤足者、獨目者、頭足不縮者、目四陷者、腹下有王字形卜字文者、腹有蛇紋者、目白者、山上生者名旱鼈，並有毒，食之殺人。夏天亦有蛇化者，食須慎之。妊婦食之，令子短項。薄荷煮鼈能害人。鼈無耳，以目為聽。純雌無雄，以蛇、黿為匹，故燒黿脂可以致鼈。遇蚊叮則死，得蚊煮則爛。熏蚊者，又用鼈甲，物相報復如此。鼉一鳴而鼈伏，性相制也。池中有鼈，魚不能飛。其膽味辛辣，破入湯中，可代椒而辟腥。其性畏葱及桑灰。甲無裙而頭足不縮者，名曰納鼈，有毒，食之令人昏塞。以吳藍煎湯，服之立解。甲亦有毒。三足者名曰能鼈，有大毒，誤食殺人。

清・何其言《養生食鑒》卷下　鱉即圓魚，小者味佳。　鱉肉：　味甘，性平，無毒。滋陰調中，補虚乏，益氣血，去熱氣。血熱久痢，婦人漏下帶下，血瘕腰痛，虚勞形瘦，宜常食之。忌莧菜。姙婦勿食。不可與雞子、芥菜同食。無裙而頭足不縮者名納，三足者名能音奈，并赤足者、獨目者、腹下有王字、卜字紋者，皆有毒，食之殺人。　卵：　鹽藏煨食，止小兒瀉痢。　頭：　燒灰，治脱肛，用米飲調服，并摻之。　甲：　用生脱者。養陰治瘧。去癖積，醋炙，為末服之。　膽：　味辣，破入湯中，可代椒而辟腥氣。

清・蔣居祉《本草擇要綱目・平性藥品》　鱉甲凡使要綠色，九肋，多裙，重七兩者為上。　氣味：　鹹，平，無毒。　主治：　鱉甲乃厥陰肝經血分之藥，肝主血也。試常思之，龜、鱉之屬，功各有所主。鱉色青入肝，故所主者，瘧勞寒熱，痃瘕驚癇，經水，癰腫陰瘡，皆厥陰血分之病也。瑇瑁色赤入心，故所主者心風驚熱，傷寒狂亂，痘毒腫毒，皆少陰血分之病也。秦龜色黄入脾，故所主者頑風濕痹，身重蠱毒，皆太陰血分之病也。水龜色黑入腎，故所主者陰虚精弱，腰脚酸痿，陰瘧洩痢，皆少陰血分之病也。介蟲，陰類，故並主陰經血分之病，各從其類。

清・王翃《握靈本草》卷九　鼈甲處處有之。綠色九肋，多裙，重七兩者為上。酒浸一夜，煮爛如膠漆，用桑柴煮，或醋炙脆，杵細成霜用。　主治：　鼈甲，鹹，平，無毒。主心腹癥瘕寒熱，療溫瘧瘧母，除骨節間勞熱，下瘀血，墮胎，婦人經脈不通，產後陰脱尤良。

清・汪昂《本草備要》卷四　鱉甲補陰，退熱。　鹹，平，屬陰，色青入肝。

治勞瘦骨蒸，往來寒熱，溫瘧瘧母，瘧必暑邪，類多陰虛之人，瘧久不愈，元氣虛羸，邪陷中焦，則結爲瘧母。鱉甲能益陰除熱而散結，故爲治瘧要藥。腰痛脇堅，血瘕痔核，鹹能軟堅。經阻產難，腸癰瘡腫，驚癇斑痘，厥陰血分之病。時珍曰：介蟲陰類，故皆補陰。或曰：本物屬金與土，故入脾肺而治諸症。色綠九肋，重七兩者爲上。醋炙。若治勞，童便炙，亦可熬膏。鱉肉：涼血補陰，亦治瘧痢。煮作羹食，加生薑、砂糖，不用鹽、醬，名鱉糖湯。惡礬石，忌莧菜、鷄子。鱉色青，故走肝益腎而除熱。黿色黑，故通心入腎而滋陰。陰性雖同，所用略別。鱉膽味辣，可代椒解腥。

清·陳士鐸《本草新編》卷五　鱉甲　味鹹，氣平，無毒。醋炙用之。散痃癖癥瘕及息肉、陰蝕、痔疽，除癆瘦骨蒸併溫瘧往來寒熱，愈腸癰消腫，下瘀血墮胎。肉，性亦不冷，項下有軟骨，亦不必撿去。鱉甲善能攻堅，又不損氣，陰陽上下，有痞滯不除者，皆宜用之，但宜研末調服，世人俱炙片，入湯藥中煎之，則不得其功矣。

或疑鱉肉補陰，鱉甲攻堅，一物而兩相反，恐未必然之說也。夫鱉陰物，以陰補陰，又何疑乎？君之所疑者，以鱉甲之攻堅也。不知鱉性善藏，凡小有隙地，必用甲以鑽入之。是其力全在于甲，故用甲以攻堅，原有至理，非私臆也。或問：鱉甲可多用乎？不可多用也，雖其性善攻，而其味仍補。但肉則補多而攻少，甲則補多而攻亦多也。或問：鱉甲善殺癆蟲，有之乎？曰：不殺癆蟲，何以能除癆瘦骨蒸。骨蒸之病，何以有蟲乎？蓋蟲得濕熱而自生，非盡由于傳染，因熱而得汗，因汗而又熱，絕似潮水之無差，陰陽之有準，安得而不生蟲乎？且此蟲又不生于腸胃之間，偏生于骨髓之內，不用鱉甲，安得入至陰之中，引群陰之藥以滋其髓乎？倘止大補其陰，而不用殺蟲之味，則所生之髓，止足供蟲之用。然殺蟲之藥又多耗髓，蟲死而骨髓空虛，熱仍未去，熱未去，而蟲又生，病終無已時也。鱉甲殺蟲，而又補至陰之水，所以治骨蒸之病最宜。或問：鱉甲殺骨中之蟲，不知助之何藥，殺蟲而又補髓也？曰：殺骨中之蟲，止消鱉甲一味足矣，佐之補陰者宜商。鐸受異人之傳，欲與天下共商之。方用鱉甲一觔，醋炙，益之地骨皮半觔，丹皮四兩，熟地一觔，山茱萸半觔，地栗粉半觔，白芍、白朮、薏仁各四兩，玄參三兩，北五味子二兩，沙參六兩，各為末，山藥一觔，為糊，打為丸。久服蟲盡死，而骨蒸亦愈。〔鐸觀〕其方，妙在用鱉甲為君，地栗粉、山茱萸為佐使，以攻殺其內外之蟲。又妙在群陰之藥不寒不熱，涼骨中之熱，即生骨中之精，補攻兼施，似可常服而收功〔者也〕。世不少明眼之人，必能知此方之妙也。或疑黿甲可以煎膏，而鱉甲獨無煎膏者，豈不可以為膏乎。然而黿、鱉實皆陰物，何以古人絕無論及之者？曰：鱉甲不可作膏，前人亦嘗論及，但略舉其端而不暢論，今請大彰其義。夫黿與鱉，雖同是陰類，而性實不同。黿性喜出，而鱉性喜入，黿性靜而不動，而鱉性動而不靜。故黿長于補而鱉長于攻，黿可為膏以滋陰，而鱉可為末以攻堅也。滋陰者，可以久服受益；攻堅者，可以暫用成功。雖鱉甲入之補陰之中、攻堅之內，未嘗不久用以滋陰，而終不可如黿之煎膏單用之而常服，此古人所以取黿作膏，而不取鱉甲也。

清·顧靖遠《顧氏醫鏡》卷八　鼈甲鹹，寒。入肝經。或酒、或醋炙黃，搗碎。除陰虛寒熱往來之要藥，主勞瘦骨蒸吐血之上劑。陰虛，即精血虛也。凡寒熱屬陰虛者皆用，故產後血虛發熱最宜，勞熱骨蒸，則飲食不為肌膚，此能益陰除熱，故悉主之。凡陰治吐血者，以其為肝經血分之藥，兼能下瘀血也。瘧疾勞復，癥瘕堅積咸收用。凡陰虛人，或坐勞，或房勞，瘧發於陰，或瘧疾多熱久不解者，必用之以益陰除熱而消散，故勞復，女勞復，亦為必須之藥。食復，及小兒脇下堅，亦用。瘧母必需者，以其有鹹能軟堅，破積消瘀之功。經行先期，漏下五色共尋求。皆益陰除熱之功。鼈色青，主治皆肝症。黿色黑，主治皆腎症。同歸補陰，實有分別。凡陰虛人，胃弱嘔惡，脾虛洩瀉者，勿用。能墮胎，孕婦亦忌。

清·李熙和《醫經允中》卷一七　鱉甲　惡礬石、理石。鹹，寒，無毒。主治：除瘧母，補陰，止勞瘦骨蒸，去瘀血，墮胎，斂潰癰消腫。頭燒灰，療婦人產後陰脫，敷多年脫肛。肝家血分藥也。但至陰之物，如陰虛胃弱洩瀉，併胎娠忌之。

清·李熙和《醫經允中》卷二三　鼈　主骨蒸勞熱，陰蝕痔瘡。鼈肉合鷄子食殺人，合莧菜食鼈瘕即生。三足者，赤足者，腹下有十字、王字、五字形者，頭足不縮者，獨目者，目四陷者俱有毒；腹下紅，有蛇紋者尤大毒，不可食；悞食過喉，藍汁可解。鼈肉鹹平無毒，味頗甘，其性極冷，雖涼血補陰，不可過度。患癥瘕勿食，防證反增；妊婦食之，生子項短。吾邑西鄉有富翁，素嗜凍鼈，至寒天則蔓買大鼈，加料烹炮，凍數篋以供常饌。康熙戊申冬，多收數十鼈，藏于瓮中，及用啓視之，一無有矣，是年遂暴卒。意此神明顯異，（動）〔勸〕人悔悟耳。諺云：人無壽夭，祿盡即亡。彼貪饕厚味，不顧傷生者，非惟致病之由，且折福減算也。

清・馮兆張《馮氏錦囊秘錄・雜症痘疹藥性主治合參》卷一一　鱉甲全得天地至陰之氣，故味鹹，平，無毒。象水明矣。但甲色青而應木，故專入肝益腎，為軟堅除熱，補虛除癥，溫瘧寒熱，癥瘕堅積，痞疾息肉，陰蝕痔瘡，瘧母勞熱，血瘕骨蒸，勞復，產後蓐勞之要藥。

鱉甲，勞瘦骨蒸，溫瘧往來寒熱，痃癖瘕癥，息肉陰蝕痔疽。退伏熱於骨中，長陰氣於肝腎。小兒脇下堅，婦人產後癆。去痞化積，血瘕腰痛。愈腸癰，消腫下瘀血，墮胎。肉，味甘而性冷，主傷中益氣，涼血熱，補陰虛。不宜過度，以其性冷。孕婦食之，生子項短。若肝腎無熱者，忌之。按：龜甲，以自敗者為佳。鱉甲，以不經湯煮者方勝。

清・张璐《本經逢原》卷四　鼈甲一名上甲。　鹹，平，無毒。九肋七肋者佳，以其得陽數也。但多有摘去下肋，偽充七肋者；亦有半邊雙肋、半邊雙肋者，此團魚與鼈交合而生，不若純隻肋者為優。醋煅酥炙，各隨本方。治瘧母，淋灰湯煮糜如飴用。龜用大者力勝，鼈用小者力優。妊娠勿食鼈肉。與莧菜、鴨卵合食尤忌。　《本經》主心腹癥瘕堅積寒熱，去痞疾息肉，陰蝕痔核，惡肉。　發明：　鼈色青，入厥陰肝經及沖脈，為陰中之陽。陽奇陰偶，故取隻肋為肝經之嚮導。其所主者，痎瘧、瘧母，虛勞寒熱，癥瘕痞疾，經水陰瘡，不出《本經》主治也。凡骨蒸勞熱自汗皆用之，為其能滋肝經之火也。與龜甲同類，並主陰經血分之病。龜用腹，腹屬腎。鼈用肋，肋屬肝，然究竟是削肝之劑，非補肝藥也。妊婦忌用，以其能伐肝破血也。肝虛無熱禁之。煅灰研極細末，療湯火傷、皮綻肉爛者並效，乾則麻油調敷，濕則乾摻，其痛立止。其解火毒，療骨蒸，殺瘵蟲之功可默悟矣。鼈頭燒灰酒服，療小兒脫肛，婦人陰脫下墜，取其善縮之性也，生血塗之尤效。〇沈聖符曰：食品中惟鼈最為叵測，其間多有大毒不減河豚者，如三足兩頭，人所共棄，項強腹赤，毒可傷人。予鄰余子坦曾見蛇盤屢跌而成鼈者，四生之中物物皆有變化，無足異也。且有鼈寶生鼈腹中之說，說者以為誕妄，姑置罔聞。近日楓江吳氏買一鱉，烹之，輒作人言。其家以為怪也，添火烹之，剖腹果得一物約長三寸，鬚眉宛然。聖符邀予往看，驗其鼈形背高聳起，稍異尋常。聖符屬筆命記，以為嗜味傷生之警。

清・汪啟賢等《食物須知・諸葷饌》　鼈　生深潭，岳州勝。池塘亦蓄，守魚不飛。色綠，七兩為佳，大者有毒。裙多、九肋，益妙。肉味頗甘，性極冷，常居水底故也。項下有軟骨如鼈，須預檢除食。雖涼血熱，補陰，不可過度。性冷宜少食，患癥瘕勿食，防證反增。肉主聚，甲主散也。懷妊娠食之，生子項短。合雞肉食，成瘕。合雞子食，殺人。合莧菜食，鼈瘕即生。合芥子食，惡疾驟發。形狀異者尤毒，得之深穽急埋。三足者、赤足者，腹下有十字、王字、五字形者，頭足不縮、獨目凹陷者，俱有毒，不可食。腰腹下有紅蛇紋者，是蛇變，尤大毒，急深埋之，免又害於後人也。造飲饌者可不慎乎！倘中其毒，飲藍汁可解。

清・浦士貞《夕庵讀本草快編》卷六　鼈《本經》、神守　鼈行蹩躠，故謂之鼈。陸佃云：魚滿三千六百則蛟龍引之而飛，納鼈守之則免，又號神守。《類從》云：鼉一鳴而鼈伏。又畏蚊，叮之則死。煮鼈得蚊則易爛，皆性相制也。　鼈甲色青屬木，味鹹而平，肝經血分藥也。痎瘧寒熱，心腹瘕痞，婦人漏下五色，月水不調，小兒脇下堅積，驚癇少睡，皆厥陰本症，用之宜矣。如勞瘦骨蒸，陰虛發熱，卒得腰痛，勞復食復，夢泄吐血，亦統治之者，蓋鹹能益腎，水木相生，亦俱効爾。予嘗治尸（瘵）〔瘵〕，用其煎膏，配清骨散，或入八珍，無不奏捷。取其鹹而不寒，平而多益，非若龜膠潤滑也。其肉可以治勞嗽，其頭可以收脫肛。口眼喎斜，用血塗之。令人不忘，將爪被之。道家稱為水厭，而功用及廣，可忽諸乎？

清・張志聰、高世栻《本草崇原》卷中　鱉甲　氣味鹹，平，無毒。主治心腹癥瘕，堅積寒熱，去痞疾，息肉，陰蝕，痔核，惡肉。　鱉，水中介蟲也，江河池澤處處有之。水居陸生，穹脊連脇，與龜同類。夏日孚乳，其抱以影。《埤雅》云：卵生思抱，其狀隨日影而轉，在水中上必有浮沫，名鱉津，人以此取之。《淮南子》曰：鱉無耳，以目聽，名曰神守。陸佃云：魚滿三千六百，則蛟龍引之而飛，納鱉守之則免，故一名神守。《管子》云：鱉畏蚊，生鱉遇蚊叮則死，老鱉得蚊煮而爛。熏蚊者，復用鱉甲，物性相報復，如是異哉。甲以九肋者為勝，入藥以醋炙黃用。　鱉生池澤，隨日影而轉，在水中必有津沫上浮，蓋稟少陰水氣，而上通於君火之日。又，甲介屬金，性主攻利，氣味鹹平，稟水氣也。主治心腹癥瘕，堅積寒熱者，言心腹之內，血氣不和，則為癥為瘕，內堅積而身寒熱。鱉稟少陰之氣，上通君火之神，神氣內藏，故治在內之癥瘕堅積。又曰：去痞疾者，言癥瘕堅積，身發寒熱。若痞疾，則身無熱寒，而鱉甲亦能去也。夫心腹痞積，病藏於內。若息肉，陰蝕，痔核，惡肉，則病見於外。鱉甲屬金，金主攻利，故在外之惡肉陰痔，亦能去也。

清・姚球《本草經解要》卷四 鼈甲 氣平，味鹹，無毒。主心腹癥瘕，堅積寒熱，去痞疾、息肉、陰蝕、痔核惡肉。醋炙。 鼈甲氣平，稟天秋收之金氣，入手太陰肺經。味鹹無毒，得地北方之水味，入足少陰腎經。氣味俱降，陰也。心腹者，厥陰肝經經行之地也。積而有形可徵謂之癥，假物而成者謂之瘕。堅硬之積，致發寒熱，厥陰肝氣凝聚，十分亢矣。鼈甲氣平入肺，肺平可以制肝，味鹹可以耎堅，所以主之也。痞者，肝氣滯也，鹹平能制肝而耎堅，故亦主之。息肉、陰蝕、痔惡肉，一生于鼻，鼻者，肺之竅也；一生于二便，二便，腎之竅也。入肺腎而耎堅，所以消一切惡肉也。 製方： 鼈甲同牛膝、當歸、陳皮、首烏、知母、麥冬，治久瘧。同知母、石膏、麥冬、貝母、竹葉，治溫瘧。同青蒿、麥冬、五味、生地、杞子、牛膝，治骨蒸勞。

清・葉盛《古今治驗食物單方》 鱉 治瘧，鱉甲醋炙研末，入雄黃末少許，日三服。 血瘕癥癖，鱉甲、琥珀、大黃等分，作散，酒服二錢，惡血即下。 婦人漏下，鱉甲醋炙，研末酒下。 沙石淋，九肋鱉甲，醋炙黃，末之，酒送。 吐血不止，鱉甲、蛤粉各一兩，同炒黃色，熟地一兩半，晒乾為末，和勻，每服二錢，茶下。 陰頭生瘡，鱉甲燒灰，鷄子清敷之。 產後脫肛，鱉頭五枚燒研，井華水服。

清・王子接《得宜本草・中品藥》 鼈甲 味鹹。入足厥陰、少陰經。主治痎瘧痃瘕。得青蒿治骨蒸勞熱，得桃仁治賁豚氣痛。

清・黃元御《長沙藥解》卷二 鱉甲 味鹹，氣腥。入足厥陰肝、足少陽膽經。破癥瘕而消凝瘀，調癰疽而排膿血。 《金匱》鱉甲煎丸，鱉甲十二分，柴胡六分，黃芩三分，人參一分，半夏一分，桂枝三分，芍藥五分，阿膠三分，乾薑三分，大黃三分，厚朴三分，葶藶一分，石韋三分，瞿麥二分，赤硝十二分，桃仁二分，丹皮三分，烏扇五分，紫葳三分，蜣螂六分，鼠婦三分，蜂窠四分，䗪蟲五分，為末，煅，竈下灰一斗，清酒一斛五斗，浸灰，候酒盡一半，入鱉甲，煎化，取汁，入諸藥中煎，為丸梧桐子大，空心服七丸，日進三服。治病瘧一月不差，結為癥瘕。以寒濕之邪，客于厥陰少陽之界，陰陽交爭，寒熱循環，本是小柴胡加桂薑證，久而不解，經氣痞塞，結於脇下，而為癥瘕，名曰瘧母。從此瘧邪埋根，不可不急治之也。鱉甲行厥陰而消癥瘕，半夏降陽明而鬆痞結，柴胡、黃芩清泄少陽之表熱，人參、乾薑溫補太陰之裏寒，此小柴胡之法也。桂枝、膠、芍疏肝而潤風燥，此桂枝之法也。大黃、厚朴泄胃而清鬱煩，此承氣之法也。葶藶、石韋、瞿麥、赤硝利水而泄濕，丹皮、桃仁、烏扇、紫葳、蜣螂、鼠婦、蜂窠、䗪蟲破瘀而消癥也。升麻鱉甲湯方在升麻用之治陽毒陰毒，以其排膿穢而行血瘀也。鱉甲化瘀凝，消癥瘕而排膿血。其諸主治，下奔豘，平腸癰，療沙淋，治經漏，調腰痛，傅唇裂，收口瘡不斂，消陰頭腫痛。 醋炙焦，研細用。

清・吳儀洛《本草從新》卷六 鱉甲〔補陰退熱。〕 鹹寒屬陰，色青入肝。治勞瘦骨蒸，往來寒熱，溫瘧瘧母，瘧必暑邪。類多陰虛之人，日久不愈，元氣虛羸，邪陷中焦則結為瘧母。鱉甲能益陰除熱而散結，故為治瘧要藥。 腰痛脇堅，血瘕痔核，鹹能軟堅。 經阻產難，腸癰瘡腫，驚癇斑痘，厥陰血分之病。 時珍曰：介蟲陰類，故皆補陰。龜色黑，主治皆腎經；鱉色青，主治皆肝經；同屬補陰，實有分別。 肝無熱者忌。 色綠，九肋，重七兩者為上。醋炙。若治勞，童便炙，亦可熬膏。 鱉肉涼血補陰，亦治瘧痢。煮作羹食，加生薑、沙糖，不用鹽醬，名鱉糖湯。 冷而難消，脾虛者大忌。惡礬石。忌莧菜、鷄子。

清・汪紱《醫林纂要探源》卷三 鱉 甘，鹹，寒。腹下純黑者佳，純白、純赤、或黑點者，均可食。黑點成五字、王字，及三足，與山鼈，均不可食。忌莧菜、雞子同食。 緩肝補心，滋陰和血，保肺潤燥。鼈亦介蟲。補陰而色青入肝，故能清血分之熱，除瘀散結，兼能清補肺金，長於治瘧治痢。蓋肝肺持平者，凡瘧痢之起，皆先傷於暑，繼傷於清。傷暑則肺氣促，傷清則肝血凝，二者交爭，清勝則瘧，暑勝則痢，故治此宜和陰陽，亦持平之法也。其滋陰則能勝暑，行血則可勝清，故古人有糖鼈湯，煮鼈加生薑、沙糖食之，勿加鹽、豉，以治瘧痢，此與薑茶散之意同，亦良法也。 殼： 鹹，寒。殼色綠，甲止八肋，古云九肋為勝。醫家難其辭以示異耳。 或醋、或童便，隨宜炙用。 瀉腎水之邪熱，輭肝血之堅積。治陰虛鬱怒，房勞積濕之勞熱骨蒸，元氣久虛，氣窒血凝之瘧母，更治脇痛腰痛，積血癥瘕，及經阻經妄，亦治腸癰腸風痔瘻及諸瘡腫斑痘。蓋鼈甲雖色青入肝，多主血病，而形穹上覆，分布八肋，則實有肺朝百脈之象。其斂陰和血而通百脈，又能無所不周也。亦可治驚癇。 卵： 鹹，寒。治久瀉久痢。醃藏久愈佳。〇膽味辛，不須去，可以去腥氣。《內則》：鼈去醜。醜，鼈竅也。或云：頸間有骨，形如小鼈，能毒人。 又能清暑氣。

清・嚴潔等《得配本草》卷八 鱉甲肉、頭 惡礬石、理石。忌薄荷。鹹，平。入足厥陰經血分。治勞瘧，除脇堅，袪腰痛，療斑痘。凡暑邪中於陰分，出并於陽而熱，入并於陰而寒者，得此治之，自無不愈。 得青蒿，治骨蒸。配牡蠣，消積塊。佐桃仁、三稜，治奔豚氣痛。調雞〔子〕白，敷陰瘡。消積，醋炙。治骨蒸勞熱，童便炙。治熱邪，酒炙。宜煎服，不宜入丸。如誤服甲末，久則成鱉瘕。冷勞癥瘕人不宜服。其性燥，血燥者禁用。肉涼血補陰，亦治瘧痢。不用鹽、醬，加生薑、沙糖，名鱉糖湯，作羹食之，痢自止。同雞子食，殺人。同莧菜食，成血鱉。頭治婦人陰墜，小兒脫肛。

題清・徐大椿《藥性切用》卷八 鼈甲 性味鹹寒，色青入肝，益陰散結，治溫瘧瘧母，癆熱骨蒸。鼈肉益陰涼血。鼈血，養血益陰。鼈頭，治脫肛陰挺。

清・黃宮綉《本草求真》卷七 鱉甲瀉肝分積熱，除勞嗽骨蒸。 鱉甲耑入肝。味鹹氣平，色青，書雖載屬補肝。青入肝。與龜載屬補腎黑入腎。各別。然究皆屬除熱削肝之品，介蟲皆屬陰寒，故能除熱。非真滋肝藥也。凡厥陰血分積熱，而見勞嗽骨蒸，寒熱往來，溫瘧瘧母，及腰腹脇堅，血瘕痔核，經阻產難，瘍癰瘡腫，驚癇斑痘等症，服此鹹平，能以消除。諸症皆就陰虛邪入而論，故用鱉甲入陰除熱散結。若肝虛無熱，切忌。鱉以七肋九肋者佳，以其得陽之數耳！其用必取乎肋，以肋屬肝故耳。但食品中惟鱉叵測，如三足兩頭，並項強腹赤，皆有大毒。能以殺人，不可不慎。

清・黃宮綉《本草求真》卷九 鱉肉涼肝血熱。 鱉肉耑入肝。止有雌無雄，與蛇與黿為匹，形多變幻。故書有言鱉有三足、赤足者不宜食，獨目者不宜食，頭足不縮者不宜食，目凹陷者不宜食，腹下有王字卜字文、蛇文者不宜食，生於山上者名旱鱉不宜食，腹赤如血者名硃鱉不宜食，此有毒殺人，不宜食鱉之說也。又言鱉合雞子、莧菜食則令人生鱉，同猪兔鴨食則能損人，同芥子食則生惡瘡，與妊婦食則生子項短，同薄荷食則能殺人，此合他味同食之有見害於人也。至於冷癆食之則能發冷水病，須合葱與椒薑同煮。並剉鱉甲少許以入，可知鱉性冷，故須假以薑椒以為之制。鱉肉聚，故須假以鱉甲之散以為之佐耳。鱉項下有軟骨如龜形者，食之令人患水病，須去之。然惟婦人素挾血熱症，見血瘕、血漏，並瘧痢諸症，服之得宜。若使中氣有虧，謂可補中益氣，縱出《別錄》，亦屬膚語，不足信也。

清・李文培《食物小錄》卷下 鱉 鹹，平，有微毒。治傷中，益氣滋陰，補不足。膽，味辣，破入湯中可代椒，解腥氣。《禮記》云：食鱉去醜。謂頸下有軟骨如鱉形者，食之令人患水病。凡鱉之三足者、赤足者、獨目者、頭足不縮者、其目內陷者、腹下有王字者、腹有蛇紋者是蛇化也，在山者名旱龜，皆有毒殺人，不可食。不可同雞子、莧菜食。妊婦食之，令子短項。然此物雖有補益于人而終有毒，嘗見嗜食者，往往生大毒腰疽等證。養生者勿食為上。

清・楊璿《傷寒溫疫條辨》卷六攻劑類 鼈甲忌馬齒莧，酥炙，醋炙。味鹹，性屬金與土。色青入肝，並入肺、脾。主骨蒸勞嗽，化積聚癥瘕，除息肉陰蝕，痔疽血瘀，且愈腸癰消腫。並治溫瘧寒熱，及婦人五色漏下，催生墜胎。時珍曰：介蟲陰類，故皆補陰。謙甫鼈甲秦艽散：鼈甲、歸身、柴胡、地骨皮二錢，牡丹皮、知母、秦艽、元參、青蒿一錢，烏梅一枚。汗多加黃耆，此勞嗽骨蒸，退熱斂汗之劑也。

清・羅國綱《羅氏會約醫鏡》卷一八鱗介蟲魚部 鱉甲味鹹平，入肝經。色綠屬陰。治勞瘦骨蒸、往來寒熱、瘟瘧瘧母。元氣虛，邪陷中焦，則結為瘧母。鱉甲能益陰除熱而散結，故為治瘧要藥。凡癥痔、經阻產難、厥陰血分之病皆治。鱉色青應木，故走肝益腎而除熱；龜色黑應水，故通心入腎以滋陰。陰性雖同，所用略別。色青而綠，九肋者良。醋炙。若治勞，童便炙。亦可熬膏。鱉肉：涼血補陰，亦治瘧痢。惡礬石，忌莧菜、雞子。鱉膽：味辣，可代椒解腥。

清・陳修園《神農本草經讀》卷四中品 鱉甲 氣味酸，平，無毒。主心腹癥瘕，堅積寒熱，去痞疾、蝕肉、陰蝕、痔核惡肉。

述：鱉甲氣平，稟金氣而入肺。味鹹，無毒。得水味而入腎。心腹者，合心下大腹小腹以及脇肋而言也。癥瘕堅硬之積，致發寒熱，為厥陰之肝氣凝聚，鱉甲氣平，可以制肝，味鹹可以軟堅，所以主之也。痞者，肝氣滯也，鹹平能制肝而軟堅，故亦主之。蝕肉、陰蝕、痔核、惡肉，一生於鼻，鼻者肺之竅也；一生於二便，二便者腎之竅也，入肺腎而軟堅，所以消一切惡肉也。

清・趙學敏《本草綱目拾遺》卷一〇介部 白鼈 《粵志》：白鼈可以治痰火，其初得之神授，廣人甚珍之。有口號曰：烏耳鱓、白甲魚，滋陰降火只須臾。一名玉鼉龍，以其背上僂起如鼉龍也。連首白者良，甲白而首足仍青者，不及。補虛勞，愈痰火，滋陰降氣，養血益精。鼈膽：盧之頤云：鼈無耳，以眼聽，故其目不可瞥，識精於明，復識於聰也。不惟精專肝竅，膽亦異眾而味大辛，穹脊連脇，脇亦少陽膽府所屬，此木金交互，故得聲色疊用。而肝為膽藏，取決更相親耳。《本草乘雅》云：味辛，開聾瞽，除癥瘕痞積瘜肉，惡陰蝕痔核，今人以入房術用，風斯下矣。

痔瘡痔漏：《家寶方》：鼈膽一個，取汁磨香墨，入麝香、冰片少許，雞毛蘸塗。

《物理小識》云：鼈膽最辣，通竅尤捷，此人所未知者。

清·王學權《重慶堂隨筆》卷下 鱉　一名神守，故鱉甲乃安神妙藥。

清·章穆《調疾飲食辯》卷六 鼈　《綱目》曰：鼈行蹩躠，故名。俗呼團魚。《淮南子》曰：鼈無耳而神守，故名神守。《埤雅》曰：魚滿三千六百，則蛟龍引之而飛，置鼈守之則免，故名神守。《古今注》名河伯從事。陸生水居，穹脊連脇，四緣有肉裙，以目為聽，純雌無雄，以蛇及黿為匹。鼈有雌雄，亦視腹文為別，但與蛇及黿交耳。故《萬畢術》云：燒黿脂可以致鼈。燒蛇脂不能致鼈，然則氣相感召，非以其與黿交也。卵生，其抱以目，隨日影而望之。在水中，上必有浮沫，名鼈津，人望津撫掌作聲取之。性畏蚊，叮之則死。入蚊煮則易爛，而其骨甲又可熏蚊，令化為水。肉，《圖經》云：性冷損人。《拾遺》用治熱氣濕痺。戴元禮云：性熱，其陽氣聚於上甲，久食令人生發背。按：鼈背，青木之色也。木性善升，故冬月蟄於沙泥，其背上如盞大一塊常燥不濕，人以是尋得之，陽氣聚於上甲之說，不為無見。性有毒，孫思邈謂同芥子食，令人生惡瘡，則生發背之言，不為無本。戴氏所論確矣。俗醫反云滋陰，大謬。雖作臛為八珍味之一，然癰疽、痘後、熱病後，平素血熱、陰虛火旺及癥瘕之人，概不宜食。孕婦食之，令子短項，多食或竟生鼈。《拾遺》曰：《內則》食鼈去醜，謂項下輭骨如龜形者也。凡三足、赤足、獨目者，頭足不縮者，目凹陷者，無裙者，腹下有王字、十字、蛇紋者，旱鼈在山上者，並殺人。究之此物本有毒，其不犯此數種而外，亦間有能害人者。平人亦宜少食，病人不食為是。中其毒者，蘆筍煮汁解之，無則用蘆根。《折肱漫錄》曰：中鼈毒，藍汁可解，無則以染布缸內靛花代之。又不可同莧菜食。陶隱居曰：剉鼈肉，包以赤莧，置濕地經旬，皆成小鼈。此說雖未必盡然，而同食必有害則確也。又同薄荷食亦害人。小者味美而毒輕，愈大愈毒無味。洪容齋所謂沙地馬蹄鼈是也。而《國語》：公父文伯飲南宮敬叔酒，露睹父為客，羞鼈焉小，睹父怒，曰將使鼈長而後食之，遂出。蓋北人遠於水，不知水族之味也。甲能治老瘧，攻瘧母，及痃癖癥積：生取醋炙黃色，研末服。出《肘後方》。又治骨蒸發熱：童便浸二三日煮，再用酒炙黃，研末服。又治癰疽久不收口，用生肌藥不效者，燒存性，研末摻。出《怪症奇方》。又治人咬指欲脫，方同上，龜殼亦可。出《摘元方》。頭治產後陰脫，及脫肛不收，燒灰傅。出《千金方》。取其善縮也。卵鹽藏煨食，止久痢出《綱目》。

一種無裙，頭足不縮者名納，一作鈉與鯢同名。一種三足者，《爾雅》曰：鼈三足，能。《山海經》曰：從山多三足鼈，食之無蠱疫。切不可信。一種小如錢，赤如血者，《淮南子》曰朱鼈，浮水必有大雨。《拾遺》曰佩之刀劍不能傷，女人有媚色，未必然也。此三種皆有毒殺人。一種六足者，能吐珠，《山海經》《呂氏春秋》《一統志》皆有其語。然《埤雅》曰：蚌珠在腹，鼈珠在足。果爾，何以能吐也。《綱目》曰：食之辟疫癘。此豈尋常之物，惡得而食之也。至於鼈之抱卵以目，聽亦以目，是其精神全注於目也。故多年老鼈，腹內聚成鼈寶，如一二寸小人，眉目、衣冠、履襪悉具。紀曉嵐先生《灤陽消夏錄》言親見之，予外氏家亦有，先慈氏亦親見之。其他得此者，吾鄉有數處，皆以殺鼈而得。舊傳生得此者，劃人臂上皮納入之，可以洞見地下之物，以鼈之精華在目也。此說未知果否，然其為物則極奇矣。鼈腹中有寶，其背必隆起，較他鼈獨高。舊傳殺此鼈者，其禍必至滅門，驗之吾鄉數處，信然。積善之家，諒不遇此，然食鼈者則當知之也。《夷堅志》曰：乾道中，昆山有老叟夢大舟內無數縲絏罪人哀呼求救。次早啟戶，隄下果有泊舟，視之皆鼈也。問其值，索錢三萬，如數與之，盡放諸河。夜復夢數百披甲人列拜門外，謝再生恩。且曰：令翁一生無疾，壽終升天，子孫大富。五世後如其言。又聞數十年前，吾鄉有嚴翁者，素稱好善。一夕夢綠衫白裙女子，拜牀下求救。明日鄰人得大鼈招翁飲，翁至其家，鼈尚未烹，向翁延頸點頭，翁恍疑昨夢，贖而縱之，遂終身不食鼈。今其子孫數十人皆不食，尚雲礽繁盛，書香奕葉也。以此推之，鼈能聚精會神，結為奇寶，是水族有靈之物也。故於臨危能知求救，則其死後必解尋仇，且非肴饌必需之品，可以少食，可以不食，不宜肆恣，以口腹結冤家也。冤家二字，非杏雲摭拾外氏迂談。醫家本有來生對報之訓，見《金匱玉函經》解飲食之毒條，又陶隱居亦云妄殺雞、犬、牛、羊，於亡魂皆有愆責，皆古醫書之語。仁愛之人，自不以為河漢也。

清·王龍《本草纂要稿·蟲魚部》 鱉甲　氣味鹹平。散痃癖癥瘕及瘜肉疽痔陰蝕，除癆瘦骨蒸並瘟瘧寒熱往來。療腸風消腫，下瘀血墮胎。肉：性極冷。雖能涼血補陰，食之不可過度。癥瘕勿食，防症又增。因肉主聚，甲主散也。

清・張德裕《本草正義》卷上 鱉甲 鹹，平。肝、脾、腎血分藥。消癥瘕積聚，除溫瘧，退骨節間血虛勞熱。亦能消瘡腫，通經水。用須活鱉，去肉，醋煮炙，若熟食之，露骨者，不堪用。 鱉甲膠：煎釀味重。其退血虛勞熱之功，倍於鱉甲。

清・楊時泰《本草述鉤元》卷二九 鼈甲 味鹹，氣平。足厥陰血分藥也。主治益陰補氣，除老瘧瘧母，療勞瘦骨熱，骨節間勞熱，結實壅塞，除心腹癥瘕，堅積寒熱血瘕，腰痛，勞復，女勞復，小兒脇下堅及驚癇，斑痘煩喘，婦人產後陰脫，去瘜肉陰蝕，痔核惡肉。方書更治脚氣，嗽血盜汗，中風，痞證，咳嗽不得臥，消瘴，小便不禁。虛勞證多用之，但不可過劑宗奭。鼈色青入肝，故所主瘧勞寒熱，癥瘕，驚癇，經水，癰腫，陰瘡，皆厥陰血分病。水龜色黑入腎，故其甲所主陰虛精弱，腰脚痠痿，陰瘧，瀉痢，皆少陰血分病瀕湖。鼈甲味鹹，潤下益陰何疑，《本經》之主癥瘕堅積，瘜肉痔核，殆本於益陰，而鹹以軟堅之故歟仲淳。瘧疾類病於陰虛之人，暑邪深入陰分，出併於陽而熱，入併於陰而寒，至元氣虛羸，邪始內陷而結為瘧母。鼈甲益陰除熱而能消散，故為治瘧要藥，即是退勞熱及陰虛寒熱往來之上品又。得牛膝、當歸、橘皮、首烏、知母、麥冬，治久瘧。同知母、石膏、麥冬、貝母、竹葉，治溫瘧熱甚渴甚。無肺病者，加人參。若發時指甲黯，狀若欲死，熱甚渴甚，又寒甚汗多，并加桂枝，有神。去桂枝，治瘴瘧良。得青蒿、麥冬、五味、地黃、牛膝、枸杞，治骨蒸勞熱，甚則加銀柴胡、地骨皮、胡黃連。陰虛夢遺不禁，九肋鼈甲，不拘多少，去裙襴，淨洗燒灰存性，研細，每用清酒、童便各半盞，陳葱白七八寸，同鼈甲末，煎至七分，去渣，晡時服，須臾得粘臭汗為度，次日進粟米粥。忌食他物。奔豚氣痛，上沖心腹，鼈甲醋炙三兩，三稜煨二兩，桃仁去皮尖四兩，湯浸，研汁三升，煎二升，入末煎，良久下醋一升，煎如餳，以瓶收之，每空心酒服半匙。血瘕癥癖，鼈甲、琥珀、大黃等分作散，酒服二錢，少時，惡血即下。若婦人小腸中血下盡即休服。漏下，鼈甲醋炙研末，清酒服方寸匕，日二。又方：乾薑、鼈甲、訶黎勒皮，等分為末，糊丸，空心下三十丸，日再。沙石淋痛，九肋鼈甲，醋炙研末，酒服方寸匕，日三服，石出瘥。吐血不止，鼈甲、蛤粉各一兩同炒色黃，熟地一兩半曬乾，為末，每服二錢，食後茶下。斑痘發喘，小便不利者，鼈甲二兩、燈心一把水升半，煎六合，分二服。凡大小便有血者，中壞也；黑靨無膿者，死不治。

論：鼈甲益陰，丹溪更云補氣。夫氣有陽氣陰氣之殊，其說本於《內經》。《經》曰：陰虛則無氣，無氣則死。蓋惟是真陰之氣，有化乃有生，有生即有化。故《本經》首主癥瘕堅積，《別錄》、甄權、日華子並以溫瘧、血瘕、宿食冷塊、痃癖癥結為言也，丹溪揭出補陰補氣而言可謂探其要矣。《本經》不言治勞，然虛勞多用之，蓋勞雖五臟皆有，而心腎為多，心主血，腎主精，精竭血燥，則勞生焉。所以清骨扶羸之除蒸熱必用，而麥煎散，又以治少男室女骨蒸黃瘦，口臭、盜汗，七情為病也。又虛勞發熱，未有不由瘀血者，瘀血未有不由內傷者。凡心下引脇俱痛，皆滯血不消，新血無以養，故麥煎散中用鼈甲，并同於乾漆以化積者，由茲味能以通壅為滋補也。鼈甲之治瘧，尤專於瘧母，瘧母即邪之結為癥瘕者，可見諸本草無不以血瘕癥塊為言，固有見於茲味陰氣之專，即化以為生矣。其次更治脚氣，脚氣之起，惟是陰不升而陽不降耳。足為三陰所起之地，即三陽所歸之地，陰為陽之原。如三陰不足，不能上而召陽之歸，則三陽失守，不能下而和陰之滯，故陰壅於下，陽逆於上，脚氣所由病也。陰不足而不能升，致陽失守而不能降，故大鼈甲湯，以鼈甲之補陰者為君，又鼈甲散、木香散，皆治脚氣心腹脹滿。一則并治小便不利，一則云治堅硬不消。夫心腹脹滿，非陰不升以致陽不降乎；小便不利，非陽不得陰以歸而達於下乎；堅硬不消，非陰不得陽以化而暢於上乎。二證皆用鼈甲以和陰陽之升降，則其專精於陰氣可知矣。至於積聚之治，《靈樞》言喜怒不節則傷臟，臟傷則陰虛，虛則風雨襲之，病起於上而生積，清濕襲之，病起於下而生積，此積所由生之要領也。方書治肝積肥氣鼈甲丸，心積伏梁乾漆丸及半夏散，脾積痞氣又鼈甲丸，統以鼈甲為之君，則積之本於陰虛而生者，固不能舍專於陰氣之味以奏效也。又次而治嗽血，黃芪鼈甲散、人參黃芪散。盜汗，麥煎散、青蒿散。凡虛勞之有客熱者，再如男子遺精，女子漏下，皆用鼈甲療之，却又以行瘀血，總由此味專補陰氣，如漏則陰氣虛而不能固也，瘀亦陰氣而不能流貫於經絡也。但就女子經血一證推所治，即可知其味要以盡其變矣。 《簡誤》云：妊娠禁用。凡陰虛胃弱泄瀉，產後泄瀉，飲食不消，不思食及嘔惡等證，咸忌。 辨治：凡使，要綠色，九肋多裙，重七兩者，為上。用六一泥固瓶子底，待乾，安甲於中，以物搘起。若治癥塊定心藥，用頭醋入瓶內，大火煎盡三升，乃去裙肋骨，炙乾入用。若治勞去熱藥，不用醋，用童便煎盡一斗二升，乃去裙留骨，石臼搗粉，以雞肶皮裹之，取東流水三升盆盛，閣於盆上一宿取用，力有萬倍也雷公。以煅竈灰一斗，酒五升，浸一夜，煮令爛如膠漆，用更佳，桑柴灰尤妙《衛生寶鑒》。

肉：氣味苦平。主治傷中益氣，補不足，去血熱，益陰補虛。作丸服，治虛勞痃癖，脚氣，婦人帶下血瘕，腰痛。頭：主脫肛。蝟皮散，治肛門脫出不收，蝟皮、磁石、桂心、鼈頭為細末服。伏龍肝散，治陰證脫肛。陽證另用他藥。伏龍肝、鼈頭骨、百藥煎為末，紫蘇湯溫洗，清油調塗。頭血：治風中血脈，口眼喎僻，塗脫肛，療小兒疳勞潮濕。《千金方》目瞤唇動口喎，皆風入血脈，急服小續命湯，外用鼈血或雞冠血，調伏龍肝散塗之，乾則再上，甚妙。蓋鼈血之性急縮走血，故治口喎、肛脫之病。小兒疳勞，潮熱往來，五心煩躁，盜汗咳嗽，鼈血丸主之。黃連、胡黃連各二兩，以鼈血一盞，吳萸一兩，同二連浸，經宿，去萸血，炒乾研末，入柴胡、川芎、蕪荑各一兩，人參五錢、使君子二十個，為末，煮粟米粉糊和丸如粟米大，每用熟水，量大小，日三服。

龜、鼈甲合論：龜、鼈二甲，所主大略相似，第鼈甲走肝益腎以除熱，龜甲通心入腎以滋陰，其用實有不同者。龜能旋轉任脉以會督，猶人身任脉之用，不離乎元陽，龜之運陰以會陽，是還乎真陰之元也。鼈無耳，以眼聽，精專肝竅，其膽味大辛，亦異於眾，之頤所謂金互木交，以肝膽相表裏，肝之喜辛，為其從陰而升陽也，鼈甲為肝膽血分之氣藥，是達乎真陰之用也。《經》曰一陰為獨使，昔賢云任脉附足厥陰爲生化之元之二語者，可參龜、鼈之用焉。夫任脉司人身生化之元，然不會於督，則陰非真陰，而陰無以化，故龜之補陰者，為其本於真陰之元也。任司生化之元，而附於足厥陰以行其化，所以三陰之脉，惟足厥陰與督脉會於巔，《經》所謂一陰為獨使也，鼈之益陰者，為達其真陰之用也。知乎此，則體用動靜，大有區別，審證察脉，隨所宜以授之，庶不致槩言益而奏效少耳。

清・鄒澍《本經疏證》卷九 鼈甲 【略】鼈無雄，以蛇為匹。蛇迅疾善竄，鼈則蹣跚不前而色青，是斂風於木也。鼈無耳，以視為聽，是并水於木也。夫熱不以風不清，風不以雨不息，以熱生風者，因雨而遂和，此其性謂之水木之化。肉者，柔也，陰也。甲者，剛也，陽也。以肉裹甲，此其形為柔中有剛、陰中有陽，水木之化，乃鍾於柔中有剛、陰中有陽之內，是故癥瘕堅積之在心腹者可除，痞疾之外有寒熱者可去。凡竅之能開能闔者屬陽，口目是也。不能開闔者屬陰，耳鼻前後陰是也。鼻生息肉，後陰生痔核，前陰遭蝕腐，非柔中有剛，陰中有陽而何，故亦能去之。

仲景用藥在處宗法《本經》，又在處別出心裁，擴充物理精奥，以啓悟後學。如病於外根據於內者，用鼈甲煎丸。煮鱉甲令泛爛如膠漆，然後同諸藥熬令成丸，是化剛為柔法。欲使剛者不倚巖附險、隨柔俱盡也。邪盛於中達於上而不得洩，用升麻鼈甲湯，則鼈甲與諸藥不分次第，一概同煎，是以剛摧柔法，欲使柔者隨剛通降也。何則？雖結為癥瘕，所苦仍在瘧之不止，則可知昔日之有外無內，今日之重外輕內者，他時必至重內輕外，有內無外也，故於外仍不離桂枝湯、大茈胡湯、小茈胡湯、大承氣湯之治。其葶藶、石韋、瞿麥之通水，四蟲、桃仁、紫葳、牡丹之通血，猶不過隨行逐隊，去其閉塞，未有能使內者仍外，分者仍合者。故主以堅鞕之物，煮令稀稠，統率眾品，并歸於外之寒熱，寒熱遂亦差也。熱毒壅結，無論在陰在陽，皆咽與喉俱痛，惟驗其面發赤，斑斑如錦文，且唾膿血者為在陽。面目青，且身痛者為在陰。竝用升麻鼈甲湯治之者，以其病雖由於氣不得升降，其源實由於血壅結不行。升麻之通，通其氣耳。故必以水木并化，自下而上，直通於目之鼈甲以并之。且其味鹹性平，清血熱而主降主開，但得喉中之結解，則上下通和，邪熱自然透達也。於此更可悟血以熱結不通，熱以血阻更增者，并宜鼈甲主之。推之後人所謂補陰補氣，除癖行瘀，莫不由此矣。

清・葉桂《本草再新》卷一〇 鼈甲味鹹，性寒，有微毒。入肝、腎二經。 治勞瘦骨蒸，往來寒熱，溫瘧瘧母，腰痛脇堅，血瘕痔核，經阻產難，腸癰瘡腫，驚癇斑痘，厥陰血分之病。

清・趙其光《本草求原》卷一七介部 鱉甲 肋，色青入肝，龜用板屬腎，鱉用肋屬肝。鹹入腎，平入肺。能疏達肝氣，使腎經之真陰由衝任以上至於肺，衝任為陰中之陽，附於肝以行真陰之化。故三陰脈唯足厥陰與督脈會於巔。龜運任陰以會督陽，是還真陰之元，陰根陽以生也。鱉達腎陰於肺，是達真陰之用，陰從陽以化也。故鱉無耳，以眼聽。其膽大辛，皆專精於木，而上從乎金也。《經》曰：一陰為獨使。從陰升陽也。為肝膽血分之氣藥。是疏肝，非補肝。主心以下至腹癥瘕堅積，致發寒熱。肝氣凝聚也。平以制之，鹹以軟之。去痞、亦肝氣滯也。瘜肉、肺竅病。陰蝕、痔核、惡肉、二便者，腎之竅也，入肺腎以行陰氣軟堅，故治一切惡肉。勞瘦骨蒸、往來寒熱老瘧、陰虛血燥而瘀結，則勞生；陰虛而邪薄於陰，陰與陽爭，則為瘧，久而不愈則結成癥瘕而成瘧母。行陰氣以除熱散結，故為治瘧要藥。血瘕、腰痛、脇下堅。血結不消則新血無以養，而心下引腰脇俱堅痛。治腳氣、足為三陰所起，陰虛不升，則不能召陽下降以和陰滯。尿不利、陽不得陰歸則下阻。尿不禁、夢遺、陰氣不充則不固。燒存性，酒、童便、葱湯下，取臭汗。漏下，炙末，酒醋服。或醋炙，加乾薑、訶子皮糊丸。咳嗽血、蛤粉等分炒，加熟地以茶下。瘀結而客熱不散之病。盜汗、陰氣不流貫，則營衛不和。沙石淋、難產、俱炙末酒下。奔豚氣沖、醋炙，同三稜末、桃仁泥，水醋煎稠，酒調下。斑痘發喘、同燈心煎。湯火傷爛、煅灰摻搽。驚癎、癰腫，殺瘵蟲，皆肝血結滯也。行經阻，治腸癰，是皆以行散肝經血熱瘀結為益陰。故妊婦及肝虛無結熱、胃弱或嘔、脾滑均忌。同血珀、大黃酒服，治血瘕癥積。九肋、七肋得陽數，世有去下肋偽充者。重七兩者為上。龜宜小，鱉宜大。醋煮，去裙炙，治勞。童便煮搗炙，或再以灶灰淋汁浸一宿，煮爛熬膏用。

肉：涼血，益陰，治瘧痢。同生薑、砂糖煮羹，不用鹽。作丸服，治虛勞、腰痛、痃癖、脚氣、漏下、帶下、血瘕。惡礬石。忌莧、芥菜、鴨雞卵。頭：善縮，燒灰酒服，治陰虛脫肛，婦人陰脫下墜。或同猬皮、磁石、桂心為末服，外用紫蘇湯洗淨。煅灰，同百藥煎、伏龍肝開油搽。頭血：塗脫肛，尤妙。及風中血脈目瞤、唇動、口喎。服小續命湯後，以生血調伏龍肝、百藥煎塗，雞冠血調亦可。卵：鹽藏煨食，止瀉痢。

清・葉志詵《神農本草經贊》卷二 鼈甲 味鹹，平。主心腹癥瘕堅積，寒熱，去痞、息肉、陰蝕、痔、惡肉。生池澤。

浮津穹脊，慕臭紛紛。知希九肋，願妄重裊。形還沃莧，烟解驅蚊。魚飛神守，擐甲策勳。

《埤雅》：鼈之所在，上有浮沫，名鼈津。《爾雅翼》：形圓而穹脊。皮日休紀：群小茸茸，如慕臭之鼈。《摭言》：沅江鼈甲，九肋者希。《五代史補》：僧謙光曰：但願得鼈長兩重裊。《唐類函》：鼈甲包置濕地，以赤莧汁沃之，即化生。李時珍曰：燒烟薰蚊即化。《埤雅》：魚滿三百六十，龍即引飛出水內，鼈則魚不復去，故一名神守。鍾會文：擐甲厲兵。潘岳文：誄德策勳。

清・文晟《新編六書》卷六《藥性摘錄》 鱉甲 味鹹，氣平。凡肝經血分積熱，而見勞嗽骨蒸，寒熱往來，溫瘧瘧母，及腰腹脇堅，血瘕痔核，經阻產難，腸癰瘡腫，驚癎，斑疽等症，治皆有効。○若肝虛無熱，切忌。○以九肋、七肋者佳。最忌莧葉。○如三足兩頭，並項強腹赤，皆有大毒，食之殺人。

清・文晟《新編六書》卷六《藥性摘錄》 鱉魚 即團魚。甘，平。滋陰調中，補虛益氣，去熱氣，血熱久痢，婦人漏下，帶下血瘕，腰痛，虛勞形瘦。最忌莧菜。姙婦勿食。不可與雞子、芥菜同食。○無裙而三足者，並赤足者，獨目者，腹下有王字、卜字紋者，皆有毒，殺人。○甲，詳藥性。

清・張仁錫《藥性蒙求・魚鱗介部》 鼈甲肉三錢 鼈甲鹹寒，育陰退熱。瘧母虛勞，骨蒸久疾。入肝經。治勞瘦往來寒熱，溫瘧，厥陰血分之病。○時珍曰：介蟲陰類，故皆補陰。○龜板色黑，主治皆腎經。鼈色青，治皆肝經。同為陰，實有分別耳。肝無熱者忌。○醋炙。若治勞，童便炙。○鼈肉：涼血補陰，亦治瘧痢。脾虛者忌。

清・王孟英《隨息居飲食譜・鱗介類》 鼈 一名團魚，亦曰甲魚。甘，平。滋肝腎之陰，清虛勞之熱，主脫肛、崩帶、瘰癧、癥瘕。以湖池所產，背黑而光澤，重約斤許者良。宜蒸煮食之，或但飲其汁，則益人。多食滯脾，且鼈之陽聚於上甲，久嗜令人患發背。孕婦及中虛寒濕內盛時邪未淨者，切忌之。又忌與莧同食。回回不食鱓、鼈，謂之無鱗魚。凡鼈之三足者、赤腹者、赤足者、獨目者、頭足不縮者、其目凹陷者、腹下有王字卜字文者、過大者、在山上者、有蛇文者，竝有毒，殺人。或云薄荷煑鼈亦害人。其殼入藥，亦不可作丸散服。

人齩指爛，久而欲脫，及陰頭生瘡，諸藥不愈者，鼈甲煅存性，研，雞子清調傅。

清・屠道和《本草匯纂》卷二平瀉 鱉甲 耑入肝。味鹹，氣平，無毒。瀉肝分積熱，除勞嗽骨蒸。治心腹癥結，宿食，癥塊堅積，去痞疾息肉，溫瘧老瘧瘧母，寒熱往來。血瘕腰痛，陰毒腹痛，脇下撲損血瘀，痔核惡肉。婦人經阻產難，經脈不通，漏下五色，產後陰脫。療陰蝕墮胎，消陰瘡腸癰，瘡腫，小兒驚癎，斑痘煩喘，補陰補氣。肝虛無熱者忌。

清・劉善述、劉士季《草木便方》卷二蟲介鱗甲部 鱉 團魚補陰治瘧痢，久嗽失尿止汗易，口流清唾消渴妙，甲治瘧母勞瘦利。

清・田綿淮《本草省常・魚蟲類》 鼈 一名神守，一名河泊從事，俗名團魚。性冷，有毒。涼血滋陰。發水病冷積。脾虛者忌之，孕婦忌之，服礬石者尤忌。同荊芥、薄荷及豬、兔、鴨肉、雞子、蜂蜜食俱殺人，同芥菜、芥子食生惡瘡，同諸莧菜食生小鼈。昔有人剉鼈，以赤莧同包，置濕地，經旬，皆成生鼈。或曰，鼈甲亦然。頭足不縮，或目赤、腹下紅及有蛇文者，皆蛇化也，食之殺人。

清・戴葆元《本草綱目易知錄》卷五 鼈甲 鹹，平。屬陰，色青，入肝厥陰血分藥。治勞瘦骨蒸，結實壅塞，心腹癥瘕，堅精寒熱，下瘀血，化痞疾息肉，陰蝕痔核，去血氣，破癥結惡血，痃癖冷瘕，宿食癥塊，下氣墜胎。消瘡腫腸癰，撲損瘀血，老瘧瘧母，溫瘧血瘕，腰痛脇堅，陰毒腹痛。勞復食復，斑痘煩喘。小兒驚癇，婦人漏下五色，經閉產難，產後陰脫，丈夫陰瘡石淋。斂潰癰，醋抹炙用。九肋者良。若治勞退熱，童便炙用。【略】肉：甘，平。煮食，益氣補陰，療久痢，去血熱，治熱氣濕痹，腹中激熱，虛勞痃癖，寒濕脚氣。婦人漏下五色，羸瘦，帶下，血瘕腰疼。久食，性冷損人。忌莧菜、雞子。

清・黃光霽《本草衍句》 鱉甲 色青入肝，肝經血分之藥。鹹寒益腎。和血滋陰，瀉水腎之邪熱。潤燥保肺，軟肝血之積堅。癥瘕痃癖，脇痛腰疼。陰虛鬱怒，寒熱勞瘦骨蒸；元氣久虛，氣窒血凝瘧母。瘧必暑邪，邪陷中焦，則結為瘧母。鱉能勝暑，散結去痞，為治瘧之要藥也。陰蝕息肉，痔核腸癰。退伏熱於胃中，長陰氣於肝腎。止驚癇，緩肝補心。下瘀血，墮胎難產。得青蒿治骨蒸勞熱。　老瘧勞瘧，用鱉甲炙，研，酒服，入雄黃少許。　奔豚氣痛，正冲心腹，鱉甲炙三兩，三稜煨二兩，桃仁四兩，湯浸研汁，煎良久，下醋服。　血瘕癥癖，用鱉甲、琥珀、大黃，為末，酒服二錢，少時惡血即下。若婦人小腸冲血，下盡即休服也。　吐血不止，鱉甲、蛤粉各二兩，同炒色黃，熟地兩半，晒乾為末，每服二錢，食後茶下。　陰頭生瘡，人不能治者，用鱉二枚，研，鷄子白和敷。

清・陳其瑞《本草撮要》卷九 鼈甲 鹹寒，屬陰，入足厥陰、少陰經，功專治痎瘧痃瘕。得青蒿治骨蒸勞熱，得桃仁治賁豚氣痛。無肝熱者忌服。醋炙治石淋賁豚，童便炙治勞病。肉涼血補陰，以生薑、沙糖作羹食，不用鹽、醬治瘧痢。脾虛者大忌。惡礬石，忌莧菜、雞子。

清・吳汝紀《每日食物却病考》卷下 鱉 味甘，平。補陰，調中益氣，去濕熱，治腹中癥熱，婦人帶下羸瘦。然性冷，多食損人，妊娠不可食。頭足不縮、獨目、赤足、其目四陷者及腹下有十字、王字、卜字文者，腹有蛇文者，皆蛇化也。又在山上者名旱鱉，三足者名能，并大毒殺人。不可合雞子、莧菜及薄荷食，能害人。中其毒者，以黃芪、吳藍煎湯解之。其膽最辣。其甲入藥功用甚多，須生取者佳，熟不可用。

清・周巖《本草思辨錄》卷四 鱉甲、牡蠣 鱉甲、牡蠣之用，其顯然有異者，自不致混於所施。惟其清熱耎堅，人每視為一例，漫無區分。不知此正當明辨而不容忽者。甲介屬金，金主攻利，氣味鹹寒則入陰，此二物之所同，清熱耎堅之所以並擅，而其理各具，其用亦因而分。鱉有雌無雄，其甲四圍有肉裙，以肉裹甲，是為柔中有剛，陰中有陽。蠣有雄無雌，磈礧相連如房，房內有肉，是為剛中有柔，陽中有陰。鱉介屬而卵生色青，則入肝而氣沉向裏。蠣介屬而化生色白，且南生東向，得春木之氣，則入肝而氣浮向外。向裏則下連腎，向外則上連膽。《本經》於鱉甲主心腹癥瘕堅積，於牡蠣主驚恚怒氣拘緩。仲聖用鱉甲於鱉甲煎丸，所以破癥瘕。加牡蠣於小柴胡湯，所以除脇滿。所謂向裏連腎、向外連膽者，正即此可推其耎堅不能無銛鈍之差，清熱亦大有深淺之別也。由斯以觀，凡鱉甲之主陰蝕、痔核、骨蒸者，豈能代以牡蠣？牡蠣之主盜汗、消渴、瘰癧頸核者，豈能代以鱉甲？鱉甲去惡肉而亦斂潰癰者，以陰既益而陽遂和也。牡蠣治驚恚而又止遺泄者，以陽既戢而陰即固也。

納鱉

明・姚可成《食物本草》卷一一介部・龜鼈類 納鼈 鼈之無裙而頭足不縮者，名曰納鼈。　納鼈肉：有毒。人誤食之，昏塞悶亂。以黃耆、吳藍煎〔湯〕服之，立解。　甲：有小毒。治傳尸勞及女子經閉。

明・施永圖《本草醫旨・食物類》卷五 納鼈 鼈之無裙而頭足不縮者。　肉：味有毒。食之令人昏塞，以黃耆、吳藍煎湯服之，立解。　甲：味有小毒。治：傳尸癆及女子經閉。

能鱉

明・李時珍《本草綱目》卷四五介部・魚鱉類 能鼈 奴來切。《綱目》。

【釋名】三足鼈

【集解】時珍曰：《爾雅》云：鼈三足爲能。郭璞云：今吳興陽羨縣君山池中出之。或以鯀化黃熊即此者，非也。

肉 【氣味】大寒，有毒。頌曰：食之殺人。　時珍曰：按姚福《庚己編》云：太倉民家得三足鼈，命婦烹，食畢入臥，少頃形化爲血水，止存髮耳。鄰人疑其婦謀害，訟之官。時知縣黃廷宣鞫問不決，乃別取三足鼈，令婦如前烹治，取死囚食之，入獄亦化如前人。遂辨其獄。竊謂能之有毒，不應如此。然理外之事，亦未可以臆斷也。而《山海經》云：從水多三足鼈，食之無蟲〔疫〕。近亦有人誤食而無恙者，何哉？蓋有毒害人，亦未必至於骨肉頓化也。

〖主治〗折傷，止痛化血，生搗塗之。道家辟諸厭穢死氣，或畫像止之蘇頌。

明・姚可成《食物本草》卷一一介部・龜鼈類 能鼈能音耐。一名三足鱉。《爾雅》云：鼈之三足為能。郭璞云：今吳興陽羨縣君山〔池〕中出〔之〕。或以鯀化黃熊即此者，非也。 能鼈肉 大毒。誤食之，殺人。惟折傷，止痛化血，生擣塗之。道家辟諸厭穢死氣，或畫像止之。○《庚己編》：太倉民家得三足鼈，命婦烹，食畢入臥，少頃形化為血水，止存髮耳。鄰人疑其婦謀害，訟之官。〔知〕縣黃廷宣鞫問不決，乃别取三足鼈，令婦如〔前烹〕治，取死囚食之，入獄亦化為血水。其冤遂〔決〕。

朱鱉

宋・唐慎微《證類本草》卷二二蟲魚部下品〔唐・陳藏器《本草拾遺》〕 朱鼈 帶之主刀刃不傷。亦云令人有媚。生南海山水中，大如錢，腹下赤如血。云在水中著水馬脚，皆令仆倒耳。

明・王文潔《太乙仙製本草藥性大全》卷八《仙製藥性》 朱鼈 生南海中，大如錢，腹下赤如血。又云在水〔中着水〕馬脚，皆令仆倒耳。 主治：帶之刀刃不傷，佩之亦令人有媚。

明・李時珍《本草綱目》卷四五介部・魚鱉類 朱鼈《拾遺》

〖集解〗藏器曰：生南海。大如錢，腹赤如血。云在水中着水馬脚，皆令仆倒也。時珍曰：按《淮南子》云：朱鼈浮波，必有大雨。

〖主治〗丈夫佩之，刀劍不能傷。婦女佩之，有媚色藏器。

明・吳文炳《藥性全備食物本草》卷三 朱鱉 生南山(下)〔中〕，大如錢，腹下(血)赤如血。又云着水馬脚皆令仆倒耳。帶之主刀刃不傷，佩之亦令人有媚。

明・姚可成《食物本草》卷一一介部・龜鼈類 朱鼈生南海，大如錢，腹赤如血。在水中着水馬脚，令仆倒也。又朱鼈浮波，必有〔大雨〕。 朱鼈，丈夫佩之，刀劍不能傷。婦女佩之，增媚。不聞可食。

清・王道純《本草品彙精要續集》卷七 珠鼈無毒

珠鼈肉：主食之辟疫癘《本草綱目》。〖地〗李時珍：按《山海經》云：葛山澧水有珠鼈。《一統志》云：生高州海中，常吐珠。〖質〗《山海經》云：狀如肺而有目，六足，有珠。《一統志》云：狀如肺，四目六足而吐珠。《呂氏春秋》云：澧水魚之美者，名曰珠鼈，六足有珠。《淮南子》云：蛤、蟹、珠鼈，與月盛衰。《埤雅》云：鼈珠在足，蚌珠在腹，皆指此也。

〖味〗甘酸。

珠鱉

明・李時珍《本草綱目》卷四五介部・魚鱉類 珠鼈《綱目》

〖集解〗時珍曰：按《山海經》云：葛山澧水有珠鼈。狀如肺而有目，六足有珠。《一統志》云：生高州海中。狀如肺，四目六足而吐珠。《呂氏春秋》云：澧水魚之美者，名曰珠鼈，六足有珠。《淮南子》云：蛤、蟹、珠鼈，與月盛衰。《埤雅》云：鼈珠在足，蚌珠在腹。皆指此也。

〖氣味〗甘、酸，無毒。 〖主治〗食之，辟疫癘時珍。

明・姚可成《食物本草》卷一一介部・龜鼈類 珠鼈李時珍曰：按《山海經》云：葛山澧〔水有珠鼈〕。狀如肺而有目，六足有珠。《一統〔志〕》云：生高州〕海中，口中吐珠。《埤雅》云：鼈珠在足，蚌珠在腹。皆指此也。 珠鱉肉： 味甘、酸，無毒。食之，辟疫癘。

介甲龜鱉有毒

明・吳文炳《藥性全備食物本草》卷三 諸蟲有毒不可食者，鱉目白殺人，腹下有卜字及五字不可食，頷下有骨如鱉不利人。鱉三足食之害人。鱉肉共莧蕨菜食之成鱉瘕。鱉肚下成王字不可食。鱉肉與雞肉共食成瘕疾。食鱉須看肚下有蛇盤紋者是蛇，不可食。蟹目赤者殺人。蟹肚下有毛有骨不利人。蟹目相向，足斑者食之害人。食蟹食紅花及荊芥令人動風，緣黃者有風蟲，去蟲食之不妨。蟹未被霜食有毒。秋蟹毒者無藥可療。蟹極動風，體有風疾人勿食。蟛蜞不可食，蔡謨渡江，誤噉之幾死。牡蠣火上炙，令勿去殼，食之美極，令人肌膚細美顏色。蛤蜊性冷甚，與丹石相反，服丹石人食之，令肚內結痛。螺大寒，療熱醒酒，壓丹石，不可常食。螺不可共菜食，令人心痛。蚌冷無毒，明目除煩，壓丹石藥毒。蟶與服丹石人相宜，天行病後不可食，切忌之。又云主胸中煩悶邪熱，止消渴，須在飯後食之佳。蜆多食發嗽。蝦無鬚及肚中通黑煮之反白者不可食。蝦動風發瘡疥。不可食生蝦鱠。蝦不可合雞肉食，損人。已上禁忌衛生者切宜戒之。

蛇蜥部

論說

諸蛇

宋・李昉《太平御覽》卷九三三 虵上

《抱朴子》曰：虵類雖多，惟有蝮虵中人至急，一日不治則殺人。若不曉方術，而為此虵所中者，但以刀割瘡肉投地，其肉沸如火，須臾燋盡，而人得活也。　《列仙傳》曰：玄俗者，自言河間人餌巴豆、雲母，賣藥於都市，七丸一錢，治百病。河間王病，買服之，下虵十餘頭。

宋・李昉《太平御覽》卷九三四 虵下

《外國圖》曰：圓丘有不死樹，食之多壽；有赤泉，飲之不老；有大虵，多為人害，不可得居。帝遊圓丘，以雌黄精厭大虵。　《吴氏本草經》曰：虵蜕，一名龍子單衣，一名弓皮，一名虵附，一名虵筋，一名龍皮，一名龍單衣。

宋・鄭樵《通志》卷七六《昆蟲草木略》

蛇之類多。《爾雅》曰：鴃，蝁。郭云：蝮屬，大眼，最有毒，今淮南人呼蝁子。又曰：螣，螣蛇。螣，音滕。郭云：龍類也，能興雲霧，而游其中。《淮南子》云：蟒蛇，螣。又曰：蟒，王蛇。蟒，蛇之大者，謂之王蛇。又曰：蝮虺，博三寸，首大如擘。江淮以南曰蝮，江淮以北曰虺。

明・李時珍《本草綱目》卷四三鱗部・蛇類 諸蛇《綱目》

【釋名】時珍曰：蛇字古作它，俗作虵也，有佘、移、佗三音。篆文象其宛轉屈曲之形。其行委佗，故名。嶺南人食之，或呼爲訛，或呼爲茅鱓。按《山海經》云：海外西南人以蟲爲蛇，號蛇爲魚。則自古已然矣。

【集解】時珍曰：蛇類瑣語，不可類從者，萃族於左，以便考閱。蛇在禽爲翼火，天文象形，居南方。在卦爲巽風，巳爲蛇。在神爲玄武，北方之神，玄龜、纏蛇相合也。在物爲毒蟲。出《說文》。有水、火、草、木、土五種，出《北户録》。青、黄、赤、白、黑、金、翠、斑、花諸色。見各條。毒蟲也，而有無毒者；金蛇、水蛇無毒。鱗蟲也，而有生毛者；蝮蛇文間有毛。《山海經》云：長蛇毛如彘毫也。卵生也，而有胎産者；蝮蛇胎生。腹行也，而有四足者。鱗蛇、千歲蝮、苟印、蜥蜴皆有足。又有冠者，鷄冠蛇，頭上有冠，最毒。角者，三角蛇，有角。翼者，《西山經》云：太華山有蛇，六足四翼，名曰肥鱧。飛者，《山海經》云：柴桑多飛蛇。《荀子》云：螣蛇無足而飛。獸首者，《大荒經》云：肅慎國有琴蛇，獸首蛇身。人面者，《江湖紀聞》云：嶺表有人面蛇，能呼人姓名，害人。惟畏蜈蚣。兩首者，枳首蛇。兩身者，《北山經》云：渾夕之山，有蛇曰肥遺，一首兩身，見則大旱。《管子》曰：涸水之精，名曰蟡，狀如蛇，一首兩身長八尺。呼其名可取魚鼈。歧尾者，《廣志》云：出雲南。鈎尾者，張文仲云：鈎蛇，尾如鈎，能鈎人獸入水食之。熇尾者；葛洪云：熇尾蛇似青蝰，其尾三四寸有異色，最毒。柂形者，張文仲云：柂蛇，形似柂，長七八尺，中人必死。削船柂，煮汁浸之。杵形者，即合木蛇。又有青蝰、即竹根蛇。白蝰、蒼虺、文蝮、白頸、黑甲、赤目、黄口之類。張文仲云：惡蛇甚多，四五月青蝰、蒼虺、白頸、大蝪，六七月白蝰、文蝮、黑甲、赤目、黄口、反鈎、三角之類，皆毒之猛烈者。又南方有呴蛇，人若傷之不死，終身伺其主。雖百衆人中，亦來取之。惟百里外乃免耳。蛇出以春，出則食物；蛇以春夏爲晝，秋冬爲夜。其蟄以冬，蟄則含土。至春吐出，即蛇黄石。其舌雙，《物理論》云：舌者心苗，火旺于巳，巳爲蛇，故蛇雙舌。其耳聾。《埤雅》云：蛇聾虎齆。其聽以目。《埤雅》。其蟠向壬。《淮南子》。其毒在涎，弄蛇洗净涎，則無毒也。蛇涎着人，生蛇漠瘡。吐涎成絲，能害人目。段成式云：蛇怒時，毒在頭尾。其珠在口。陸佃云：龍珠在頷，蛇珠在口，懷珠之蛇，多喜投暗，見人張口，吐氣如燼。其行也紆，《淮南子》云：蛇屬紆行。其食也吞。有牙無齒。皮數解蜕，《變化論》云：龍易骨，蛇易皮。性曉方藥。出《稽聖賦》。又《異苑》云：田父見蛇被傷，一蛇啣草傅之，遂去。其人采草治瘡，名曰蛇啣。蛇交蛇，則雄入雌腹；交已即退出也。段成式云：人見蛇交，三年死。李(廷)〔鵬〕飛云：人見蛇交，主有喜。蛇交雉，則生蜃及蟂。詳見蛟龍。魯至剛云：蛇交雉生卵，遇雷入土，久則成蛟。不入土，但爲雉耳。《述異記》云：江淮中有獸名能，乃蛇精所化也。冬則爲雉，春復爲蛇。蛇以龜、鼈爲雌，《埤雅》云：大腰純雌，以蛇爲雄。蛇求於龜鼈，則生龜鼈；蛇求於雉，則生蜃蛟。物異而感同也。又與鱧、鱓通氣。見本條。入水，交石斑魚；見本條。入山，與孔雀匹。《禽經》云：鵲見蛇則噪而奔，孔見蛇則喜而躍。竹化蛇，蛇化雉。《異苑》云：大元中，汝南人伐木，見一竹，中央已成蛇形，而枝葉如故。又桐廬民伐竹，見蛇化雉，頭項已〔就〕，身猶蛇也。乃知竹化蛇，蛇化雉。夔憐蛇，蛇憐風。出《莊子》。水蛇化鱓，名蛇鱓，有毒。螣蛇化龍。神蛇能乘雲霧，而飛游千里。螣蛇聽孕，出《變化論》。又《抱朴子》云：螣蛇不交。蟒蛇目圓。出《述異記》。大蛇曰蟒。巴蛇吞象，《山海經》云：巴蛇食象，三年而出其骨。蚺蛇吞鹿，詳本條。玄蛇吞麈。大鹿也。出《山海經》。活褥蛇，能捕鼠；《唐書》云：貞觀中，波斯國獻之。狀同鼠，色正青，能捕鼠。食蛇鼠，能捕蛇。《唐書》云：罽賓國有食蛇鼠，尖喙赤尾，能食蛇。被蛇螫者，以鼠嗅而尿之，立愈。蛇吞鼠，而有嚙蛇之鼠狼；寇曰：嘗見一烏蛇，長丈餘。有鼠狼嚙蛇頭，曳之而去，亦相畏伏耳。蛇吞蛙，而有制蛇之田父。《洽聞記》云：蝦蟆大者名田父，見蛇則啣其尾。良久蛇死，尾後數寸，皮不損而肉已盡矣。蛇令豹止，而有食蛇之貘；《淮南子》云：蛇令豹止，物相制也。貘乃白豹，食蛇及鐵。龜蛇同氣，而有呷蛇之龜。見攝龜。玄龜食蟒，王起云：以小制大，禽之制在氣也。蝍蛆甘帶。出《莊子》。蝍蛆，蜈蚣也。帶，蛇也。陸佃云：蜈蚣見大蛇，能以氣禁之，啖其腦、眼，蟾蜍食蝍蛆，蝍蛆食蛇，蛇食蟾蜍，物畏其天也。《墨客揮犀》云：蜈蚣逐蛇，蛇即張口，乃入其腹食之。鴆步則蛇出，鵙鳴則蛇結。出《禽經》。鴆鳥能禹步禁呪，使大石自轉，取蛇食之，蛇入口即糜也。鸛亦然。鵙，伯勞也。鸛、鶴、鷹、鶻、鵟，皆鳥之食蛇者也；蛇鷹、蛇鶻。餘見本條。虎、猴、麂、麝、牛，皆獸之食蛇者也。玃猴食蛇。牛食蛇，則獨肝有毒。蛇所食之蟲，則蛙、鼠、燕、雀、蝙蝠、烏雛；所食之草，則芹、茄、石楠、茱萸、蛇粟。噇子也。所憎之物，則蘘荷、菴蕳、蛇網草、鵝糞；所畏之藥，則雄黃、雌黃、羖羊角、蜈蚣。《千金》云：入山佩武都雄黃、雌黃，或燒羖羊角烟，或筒盛蜈蚣，則蛇不敢近。誤觸萵菜，則目不見物；出《續墨客揮犀》。灸以桑薪，則足可立出。藏器曰：蛇有足，見之不佳。惟桑薪火炙之則見，不足怪也。陶弘景曰：五月五日燒地令熱，以酒沃之。置蛇于上則足見。蛇蟠人足，淋以熱尿，或沃以熱湯，則自解；蛇入人竅，灸以艾炷，或辣以椒末，則自出。以艾炷灸蛇尾，或割破蛇尾塞以椒末，即出。內解蛇毒之藥，則雄黃、貝母、大蒜、薤白、蒼耳；外治蛇蟲之藥，則大青、鶴虱、苦苣、堇菜、射罔、薑黃、乾薑、白礬、黑豆葉、黃荆葉、蛇含草、犬糞、鵝糞、蔡苴机屎。

清・穆石匏《本草洞詮》卷一六　蛇　蛇在禽為翼火，在卦為巽風，在神為玄武，在物為毒蟲。有水、火、草、木、土五種，青、黃、赤、白、黑、金、翠、斑花諸色。毒蟲也而有無毒者，鱗蟲也而有生毛者，卵生也而有胎產者，腹行也而有四足者，又有冠者、角者、翼者、飛者、獸首者、人面者、兩首者、兩身者、歧尾者、鉤尾者、熇尾者、柂形者、杵形者，又有青蝰、白蝰、蒼虺、文蝮、白頸、黑甲、赤目、黃口之類。其出以春，其蟄以冬，其舌雙，其耳聾，其聽以目，其蟠向壬，其毒在涎，其珠在口，其行也紆，其食也吞。皮數解蛻，性曉方藥。蛇交蛇，則雄入雌腹，蛇交雉，則生蜃及蟂。蛇以龜、鱉為雌，又與鱧鱓通氣。入水交石斑魚，入山與孔雀匹。竹化蛇，蛇化雉。夔憐蛇，蛇憐風。水蛇化鱓，螣蛇化龍，螣蛇聽孕。蟒蛇目圓，巴蛇吞象，蚺蛇吞鹿，玄蛇吞麈。蛇吞鼠而有嚙蛇之鼠狼。蛇吞蛙而有制蛇之田父。蛇令豹止而有食蛇之貘。龜蛇同氣而有呷蛇之龜。玄龜食蟒，蝍蛆甘帶。鴆步則蛇出，鵙鳴則蛇結。鸛、鶴、鷹、鶻、鵟，皆鳥之食蛇者也。虎、猴、麂、麝、牛，皆獸之食蛇者也。蛇所食之蟲，則蛙、鼠、燕、雀、蝙蝠、烏雛。所食之草，則芹、茄、石楠、茱萸、蛇粟。所憎之物，則蘘荷、菴蕳、蛇芮草、鵞糞。所畏之藥，則雄黃、雌黃、羖羊角、蜈蚣。誤觸萵菜，則目不見物，灸以桑薪，則足可立出。蛇蟠人足，淋以熱尿，或沃以熱湯，則自解。蛇入人竅，灸以艾炷，或辣以椒末，則自出。內解蛇毒之藥，則雄黃、貝母、大蒜、薤白、蒼耳，外治蛇螫之藥，則大青、鶴虱、苦苣、堇菜、射罔、薑黃、乾薑、白礬、黑豆葉、黃荊葉、蛇含草、犬糞、鵞糞、蔡苴（雞糞）〔机屎〕是也。

清・浦士貞《夕庵讀本草快編》卷六　蛇總論　蛇字古作它，俗作虵。篆文象其宛轉屈曲之形也。蛇在禽為翼火，在卦為巽風，在神為玄武，在物為毒蟲。有水、火、草、木、土五種，青、黃、赤、白、黑、金、翠、斑、花諸色。毒蟲也，而有無毒者；鱗蟲也，而有生毛者；卵生也，而有胎產者；腹行也，而有四足者；又有冠、有角、有翼、有飛，諸如此類，不可枚舉。蛇出以春，出則食物，其蟄以冬，蟄則含土。其舌雙，其耳聾，其聽以目，其蟠向壬，其毒在涎，其珠在口，其行也纖，其食也吞。皮數解蛻，性曉方藥。蛇交蛇，則雄入雌腹；蛇交雉，則生蜃及蟂。蛇以龜鼈為雌，又與鱧鱓通氣。入水交石斑魚，入山與孔雀匹。竹化蛇，蛇化雉。夔憐蛇，蛇憐風。水蛇化鱓，螣蛇化龍。螣蛇聽孕，蟒蛇目圓。巴蛇吞象，蚺蛇吞鹿，玄蛇吞麈。活褥蛇能捕鼠，食蛇鼠能捕蛇。蛇吞鼠而有齧蛇之鼠狼，蛇吞蛙而有制蛇之田父。蛇令豹止而有食蛇之貘，龜蛇同氣而有呷蛇之龜。玄龜食蟒，蝍蛆甘帶。鴆步則蛇出，鵙鳴則蛇結。鸛、鶴、鷹、鶻、鵟，皆鳥之食蛇者也，虎、猴、麂、麝、牛，皆獸之食蛇者也。蛇所食之虫則蛙、鼠、燕、雀、蝙蝠、烏雛。所食之草則芹、茄、石楠、茱萸、蛇粟。所憎之物則蘘荷、菴蕳、芮草、鵝糞。所畏之藥則雄黃、雌黃、羚羊角、蜈蚣。誤觸萵菜則目不見物，灸以桑薪則足可立出。蛇蟠人足，淋以熱尿，或沃以熱湯則自解；蛇入人竅，艾灸其尾，或辣以椒，則自出。內解蛇毒之藥，則雄黃、貝母、蒜、薤、蒼耳；　外治蛇螫之藥，大青、薑黃、白礬、乾薑、鵝犬糞也。人惡其毒，殊不知用其毒以治人，功亦不細。如蚺蛇產於百粵，其性最淫。捕者粧飾為婦，或以女內衣投之，蟠旋不動，逼而殺之。其肉甘美，堪充珍饌。《山海經》云巴蛇食象而出其骨，君子服之無心腹之疾，謂其稟己土之氣，能辟瘟疫，除瘴癘、麻瘋死肌、疥癬惡瘡者神効。其胆苦中帶甘，專主厥陰太陰之病，小兒五疳八癇，男女血痢蟲毒。驅翳障，療癩風。偽者居多，剔少許於水而浮遊旋走者為真。白花蛇生於蘄地，花文方勝，其鼻向上者為真，味甘鹹而有毒，得酒則良。治中風濕痺，半身不遂，筋脉拘急，口眼喎斜，筋骨疼痛，麻風瘙痒，癮瘮白癜，投之立愈。烏稍蛇處處有之，性善而不食生命，亦不螫人，惟吸南風與花氣而生。故味甘溫無毒，諸風頑痺，鬚眉脫落，或風熱毒甚，皮膚潰爛，非此不除。且堪久服。赤楝、黃頷，家常有之。螫人雖毒，療之即愈。丐兒養以索錢，剝煮可充飲食。若釀酒作丸，俱能治貓兒野狐、喜笑不時、瘋癩久瘧，婦人妬乳，猘犬咬傷，俱可備用。若諸蛇所吞之鼃，專開噎膈；　所吞之鼠，可敷瘰癧。若蝮若虺，一類二種，蝮大而虺小，形色如土。諸蛇卵生，此獨胎產。抱朴云：　蝮若螫人，當即割咬肉投地，沸熱如火，須臾焦盡，人乃得活。猛毒之性可知。若釀酒治痢，惟麻瘋、頑痺、惡毒、諸蟲及半身枯死者，亦須封藏馬溺處一載後方可取用。不然，病未効而毒先中矣！夫善行而數變者風也，蛇亦疾行而竄，性類相通，專能透骨搜風，截驚定搐，內走臟腑，外徹皮毛，更以他藥輔佐，建功大矣！若其皮從口退出，眼睛亦退，味鹹平而有微毒，入藥有四義焉。一能辟惡者，以其變化性靈也，故主邪僻、鬼魅、蠱毒、五邪。二能驅風者，以其屬巽性竄也，故主驚癇瘈瘲，唇緊喉風。三能殺蟲，故惡瘡、痔漏、疔腫、疥癬宜之，是用其毒也。四能退脫，故眼生翳膜，胎產橫逆，小便不通，取其會意從類也。《南裔志》蚺蛇贊曰：　蚺惟大蛇，既洪且長。采色駮映，其文錦章。食麋吞鹿，腴成養瘡。賓饗嘉食，是豆是觴。

清・章穆《調疾飲食辯》卷六〔蛇〕　第蛇之類，不下百餘種，加以各處土產不同，一種之中又有多種。可食者假其毒以攻毒，治大風疥癩，中風癱瘓，疔瘡惡腫，發背癰疽，風瘙癮瘮，驚風搐搦，瘰癧漏瘡，楊梅結毒，痘瘡倒陷，半身枯死，骨節痹痛不仁，筋急屈伸不遂，筋軟無力，不能履地，不能久立，皆有奇功。蓋蛇與鰻、鱓同氣，其形長瘦，似人身上之筋，故能強筋而治筋病，與本草藤蔓諸物皆能強筋通脉絡者理同也。又善竄善鑽，故能攻堅散結，治一切癰瘍疔腫。皮數脫，故能治皮膚瘡疥癮瘮。不可食者能毒人至死，無藥可解。且化人血肉為水，僅存白骨，辨之不可不審也。然種類既多，萬難盡識，如遇惡症不得不用，宜博訪本土之人，遠方來者其言未可遽信，恐土產不同也。一家之書不可盡信，恐臨時檢閱，所見不多，難免耳食也。第一能辨者弄蛇之丐，次則山中慣食蛇肉之人，再證以本草醫書，然後用之，慎無輕率從事也。予生長城市，見蛇本少，平素諮詢本土可食不可食之蛇，略具梗概如左。天下之大，未知可以相例否。

一種色蒼，身有黑斑，腹下白者，俗名笥殼斑，毒最輕。一種色蒼無斑，腹下微黃，首無冠，眉心無王字，俗名灰色蛇，毒亦輕。此二種肉可食，又可以攻病。一種狀如灰色蛇，眉間有王字，大者首有冠，見人則昂首噴涎，人不避則豎立數尺與人相比，避之則又逐人，其頷怒張闊五七寸，夜則嗛火，俗名犁頭蛇，又名煽頭風，毒極重，螫人至死，食之化人血肉，至惡之物也。一種色全黑，腹下白如銀；　一種色深黑而闇，腹下黃，俗皆呼烏蛇。此二種，大者頭亦有冠，螫人至死，即不死亦百藥不能治，潰爛終身。蛇類黑色者毒必重，而烏稍蛇能治病，乃另是一種奇物，詳見後。慎毋以他黑色者例之，凡色黑即萬不可食也。一種小如指，長僅數寸，色蒼麻，俗名麻七寸，又名爛肚蛇，因其腹下常有血如爛瘡，極喜螫人，幸猶易治，然不可食，能殺人。一種紅黑節節相間，即《本草》之赤蝀蛇；　一種黃黑節節相間，即《本草》之黃頷蛇，俗皆名竹節蛇。《綱目》言二蛇最為不毒，《肘後》《千金》《外臺》《梅師》諸方，皆用為藥，且用其所吞蛙、鼠，甚不可信。食其肉，皆殺人，螫人亦死。一種青黑節節相間，即《肘後》之竹節蛇。一種色全青，即《肘後》之青蝰蛇。一種色青，近尾三四寸有紅黑點，即《綱目》之熇尾蛇。此三種極毒，螫人立死。若螫手足指，勿俟其腫，急斷去之。不可斷，剮去其肉，可以保命，否則不能解救。一種青黑相雜，不分竹節，名菜花蛇，毒亦重，不可食。古方亦用之，切不可信。凡此皆衆說相同，其言的的不謬。至若醫書、本草，雖不能盡無訛誤，而合理可從者亦不少。是皆古人嘉惠後人之盛心也，備列於編，俾資考訂焉。

清・章穆《調疾飲食辯》卷六　《本草綱目》蛇說曰：　蛇字古作它，俗作虵此亦古字，有佘、移、佗三音。嶺南人長食，呼為茅鱓。《山海經》云：　海外西南人呼蟲為蛇，以蛇為魚。蛇在禽為翼火，在卦為巽風，在神為元武，在物為毒蟲，有水、火、草、木、土五種出《北戶錄》，青、黃、赤、白、黑、金、翠、斑、藍諸色。毒蟲也，而有無毒者金蛇、水蛇。鱗蟲也，而有生毛者。蝮蛇，見前。又《山海經》云：長蛇毛如彘。卵生也，而有胎生者蝮蛇。腹行也，而有四足者。鱗蛇、千歲蝮，並見前。又有冠者、如雞冠，黑色不拘何種，有冠者即能殺人，慎不可食。角者、一種名三角蛇，有角。一種名骨咄犀，又曰骨篤犀。《唐書》載古都國產此，則骨咄、骨篤乃古都之訛也。《輟耕錄》曰：骨咄犀，大蛇之角也。能解蠱毒如犀角，故名。《松漠紀聞》曰：骨咄犀，文如象牙，帶黃色，無價之寶也。《明會典》曰：蛇角出哈密衛。《西域記》曰：骨篤犀出西番。曹昭《格古論》曰：骨篤犀，色如碧玉，微黃，扣之聲亦如玉，嗅之有香，燒之不臭，最貴重。能消腫解毒。按：此另是一種異蛇，非諸蛇大者皆有角也。其蛇大如蚺，數十步觸其毒氣立死。西人設弩取之。不拘癰疽惡毒，以角一片安患處，即牢不可脫，少頃毒為所吸，角熱如火，毒盡角自落，即愈。以角浸冷水中去其毒，可以復用。真無價之寶也。見《說鈴》。翼者、《西山經》云：大華山有蛇，六足四翼，名肥𧔥。飛者、《海內南經》曰：柴桑多飛蛇。獸首者、《大荒西經》曰：出肅慎國，名琴蛇。人面者、《江湖紀聞》曰：出嶺表，能呼人姓名，害人，惟畏蜈蚣。兩首者，見前。兩身者、《北山經》曰：渾渾之山，有蛇曰肥𧔥，一首兩身，見則大旱。《管子》曰：涸水之精名曰蝺，狀如蛇，一首兩身。歧尾者、《廣志》曰：出雲南。鉤尾者、張文仲曰：能鉤人、獸入水食之。熇尾者，見前。桅形者、張文仲曰：嚙人必死。杵形者。即合木蛇，見前。又有青蝰、白蝰、蒼虺、文蝮、白頸、黑甲、赤目、黃口。張文仲曰：此皆蛇之至毒者。又南方有蚼蛇，人若傷之不死，終身俟其主，雖百衆人中能取之，必避百里外乃免。其舌雙，《物理論》曰：舌者心苗，心火旺於巳，故蛇舌雙。按：此解蒙混，是為不知物理。蓋造物賦形，只有四象，曰圓，曰扁，曰尖，曰長。任奇形怪狀，萬變不同，總不出乎四者之外。圓象金，扁象水，尖象火，長象木。火善上，水善下，金善合，木善分。蛇身長，木也。木在天為風，故中蛇毒為風毒。木在體為筋，在竅為目，故被螫者，其腫痛不漫延肌肉，隨筋而行。若不急加紮縛，縱傷在足趾，頃刻過膝，頃刻上股，入腹傷肝則死。初螫時腫痛未形，目即茫無所見，視一物皆有數形，一人皆有數體，甚者一物為十餘物，一人為十餘人。木之分，舌之所以雙也。試觀木由一本而幹，由幹而枝，枝復有孫枝，孫枝又有無數小枝。大樹一章，其分也不可以計。故治蛇傷，雄黃、羖羊角、白芷、蒼耳、荊芥、穿山甲、蜈蚣均治風之藥，而用蛇治病，亦能主大風癘疾、中風風痹、半身枯死者，以風治風，同氣相求也。然則其舌雙者，分之象也。猥云巳火，火何以必雙乎。知此，而蛇之所以毒與解蛇毒，皆得其理乎。其耳聾，《埤雅》曰：蛇聾虎鼸。其聽以目，出《埤雅》。其蟠向壬，出《淮南子》。其毒在涎，弄蛇者對其口唾之，則以後永不噬人，或云洗去其涎，或云去其齒，皆謬也。其珠在口，《埤雅》曰：龍珠在頷，蛇珠在口，懷珠蛇必喜投暗，見人張口，吐氣如燼。其行也紆，草行則徑直如矢，亦不盡紆。其食也吞，有齒無牙。皮數解脫，《變化論》曰：龍易骨，蛇易皮。性曉方藥。出《異苑》。蛇交則雄入雌腹。非也，其交雌先豎，雄昂首向上就之，相紐結如繩狀，可立人行十步之久，倒地復如之，至三四次，則雄尾入雌尾內數寸。段成式曰：人見蛇交，三年死。李（廷）〔鵬〕飛曰：主有喜慶。交雉則生蟂生蜃。又以黿、鼉為雌，與鱓、鱧通氣，入水交石斑魚，入山與孔雀匹。《禽經》曰：鵲見蛇則噪而奔，孔見蛇則喜而躍。竹化蛇。見《異苑》。蛇化雉。見雉條。夔憐蛇，蛇憐風。出《莊子》。水蛇化鱓。能通身浮水面，慎不可食。螣蛇化龍。螣蛇聽孕。出《變化論》。《抱朴子》亦曰螣蛇不交。元蛇吞麈，巴蛇吞象。鴆步則蛇出。出《禽經》，〔鴆〕能禹步禁咒，使大石自轉，取蛇食之。鵙鳴則蛇結伯勞也。鸛、鶴、鷹、鶻、鷲，鳥之食蛇者也；虎、猴、麂、麝、牛，獸之食蛇者也。玃猴食蛇，他種猴皆極畏蛇。牛食蛇，則獨肝有毒，殺人。內解蛇毒之藥，則雄黃、蜈蚣、穿山甲、貝母、大蒜、薤白、蒼耳、蒲公英。尤莫如白芷、荊芥，或煎酒，或為末。毒重者，不住服之，免使入腹。如潰爛日久，藥中無白芷，萬不能愈。外敷蛇毒之藥，則人津唾、齒垽、韭汁、細辛、薑黃、豆葉、苧葉，酒煎汁服，渣敷患處。黃荊葉、慈姑葉、雄黃、蜈蚣，燒，研末塗。蝦蟆搗爛敷是也。亦不可離白芷、荊芥。近有一藥，螫時冷水洗淨，鉗去蛇齒，以烟筒內油烟屎擦之，擦久又洗，洗淨又擦，最佳。若有親人，尤不如令其口噙釅燒酒吮之。吮數口吐去，勿使一滴入喉。又噙又吮，以痛減為度。得多人更換吮咂尤妙。《肘後方》云：用雞卵輕敲一小孔，合瘡口甚佳。又蚤休，一名紫河車，俗名七葉一枝花，生深山不聞金鼓聲者，醋磨頻搽，亦外解蛇毒聖藥。但極難得，人家栽蒔者不甚效也。有歌云：七葉一枝花，深山是我家，有人尋得見，那怕斗大蛇。《肘後方》云：被毒蛇螫，急掘地作坑埋傷處，緊築其土，毒即入土中，良久痛減乃出。蛇瘡未愈，禁熱食，食之即發。又被蛇螫，不可渡水，渡水則痛加甚。若乘舡渡，可殺人。以上雜蟲類。

按：黿蛇上應北方星象，且能變化，是靈物也，無故誠不宜輕殺。然黿不為人害，蛇中有千歲蝮，居樹間無因肆毒，必聽哭聲乃始快意；人面妖蛇，呼人姓名，致人於死。世間惡物，至於此極，其害較諸魑魅魍魎，奚啻十倍。不知大禹鑄鼎象，以辟神奸，亦曾及此物否。又有蚼蛇，偶被人傷，雖百里猶尋主者，是知有冤仇報復也。人靈於物，且貴於物者也，獨不知冤仇報復耶。鄙性不喜殺生，每以此物雖死，不蔽厥辜，見輒殺之，自以為非過舉也。近聞良友之規曰：蛇之能起惡疾，子所知也。嚙人者，以人逐之急，或誤踐之，嚙以求脱，非害人也。徒以人面、蝮虺之數種，遷怒於多蛇，何度量之不廣也。且子言鼎象，抑亦聞神禹之碑乎。昔者禹跡遍於九州，見蛇為人害，立碑西土，以制其毒。迄今碑所烈焰熾騰之夕，詰旦視之，其前後數百步，積蛇骨尺有咫。此其妙用，較九金鑄魑為尤鉅也。然四千餘歲矣，蝮虺未絶於天下，子欲使舉世盡無蛇患，不知天生千百如子者，能殺盡天下之蛇否。予聞之汗赧，因思理有偏全，又有精粗，不學面墻之人，見其偏未見其全，自以為有見；知其粗不知其精，自以為能知。如予者，適成其識趣之卑且陋也，附此以識愧。解魚蟲諸毒並辨毒法，散見各條。

綜述

蛤蚧

宋·李昉《太平御覽》卷九五一　蛤蚧　《嶺表録異》曰：蛤蚧，首如蝦蟆，背有細鱗如蠶子，土黃色，身短尾長，多巢於樹中。端州子墻內，有巢於廳署城樓間者，旦暮則鳴，自呼蛤蚧，或云鳴一聲是一年者。里人採之，鬻於市為藥。能治肺疾。醫人云藥力在尾，尾不具者無功。

宋·唐慎微《證類本草》卷二二蟲魚部下品〔宋·馬志《開寶本草》〕　蛤蚧　味鹹，平，有小毒。主久肺勞傳尸，殺鬼物邪氣，療欬嗽，下淋瀝，通水道。生嶺南山谷及城墻或大樹間。身長四五寸，尾與身等。形如大守宮，一雄一雌，常自呼其名曰蛤蚧。最護惜其尾，或見人欲取之，多自嚙斷其尾，人即不取之。凡採之者，須存其尾，則用之力全故也。《方言》曰：桂林之中，守宮能鳴者，謂蛤蚧。蓋相似也今附。

〔宋·掌禹錫《嘉祐本草》〕按：《嶺表録異》云：蛤蚧，首如蝦蟆，背有細鱗，如蠶子，土黃色，身短尾長。多巢於榕樹中。端州子墻內，有巢於廳署城樓間者，旦暮則鳴，自呼蛤蚧。或云鳴一聲是一年者。俚人採之鬻於市爲藥，能治肺疾。醫人云藥力在尾，尾不具者無功。日華子云：無毒。治肺氣，止嗽，并通月經，下石淋及治血。又名蛤蟹，合藥去頭、足，洗去鱗鬣內不淨，以酥炙用，良。

〔宋·蘇頌《本草圖經》〕曰：蛤蚧，生嶺南山谷及城墻或大木間，今嶺外亦有之。首若蝦蟇，背有細鱗如蠶子，色黃如土，長四五寸，尾與身等，蓋守宮、蝘蜓之類也。故揚雄《方言》云桂林之中，守宮能鳴者，俗謂之蛤蚧，言其鳴自呼其名也。藥力全在尾，人捕之，則自嚙斷其尾，因得釋去。巢穴多依榕木，亦有在古屋城樓間者，人欲得其首尾完者，乃以長柄兩股鐵叉，如粘黐竿狀，伺於榕木間，以叉刺之，皆一股中腦，一股著尾，故不能嚙也。行常一雄一雌相隨，入藥亦須兩用之。或云陽人用雌，陰人用雄。

〔宋·唐慎微《證類本草》〕《海藥》云：謹按《廣州記》云：生廣南水中，有雌雄，狀若小鼠，夜即居於榕樹上，投一獲二。《嶺外録》云：首如蝦蟆，背有細鱗，身短尾長，且暮自鳴蛤蚧。俚人採之，割腹以竹開張，曝乾，鬻於市，力在尾，尾不全者無效。彼人用療折傷。近日西路亦出，其狀雖小，滋力一般。無毒。主肺痿上氣、咯血、咳嗽，并宜丸散中使。凡用，炙令黃熟，熟擣，口含少許，奔走令人不喘者，是其真也。雷公云：凡使，須認雄雌。若雄爲蛤，皮麤口大，身小尾麤；雌爲蚧，口尖，身大尾小。男服雌，女服雄。凡修事服之，去甲上、尾上并腹上肉毛，毒在眼。如斯修事了，用酒浸，纔乾，用紙兩重，於火上緩隔焙紙炙，待兩重紙乾，燋透後，去紙，取蛤蚧於甆器中盛，於東舍角畔懸一宿，取用，力可十倍。勿傷尾，效在尾也。

宋·寇宗奭《本草衍義》卷一七　蛤蚧　補肺虛勞嗽，有功，治久嗽不愈。肺間積虛熱，久則成瘡，故嗽出膿血，曉夕不止，喉中氣塞，胸膈噎痛，蛤蚧、阿膠、生犀角、鹿角膠、羚羊角一兩，除膠外，皆爲屑，次入膠，分四服。每服用河水三升，於銀石器中，慢火煮至半升，濾去滓，臨卧微溫細呷，其滓候服盡再擣，都作一服，以水三升，煎至半升，如前服。若病人久虛不喜水，當遞減水。張刑部子臯病極，田樞密況送此方，遂愈。

宋·王繼先《紹興本草》卷一八　蛤蚧　紹興校定：蛤蚧形如蠍虎，但頗大數倍矣。性味、主治已載《本經》，然但療勞嗽方中多用。《本經》云味鹹、平、有小毒是矣。嶺南多產之。

宋·陳衍《寶慶本草折衷》卷一七　蛤蚧　一名蛤蟹。又以雄者名蛤，雌者名蚧。生嶺南山谷及廣南水中，及嶺外端州或桂林城墻屋間。〇採之須存其尾，割開以竹張，暴乾。

味鹹，平，有小毒。〇主久肺勞、傳尸、欬嗽，下淋瀝，通水道。〇《嶺表録異》云：藥力在尾，尾不具者無功。〇日華子云：通月經，治血。去頭足，洗鱗鬣內不淨，以酥炙用。〇艾氏云：其毒在眼，當去之。〇《圖經》曰：蛤蚧首若蝦蟆，背有細鱗，色黃如土，長四五寸，尾與身等也。一雄一雌，須兩用之。〇《廣州記》云：療折傷，主肺痿，上氣咯血。〇雷公云：

雄為蛤，皮麄口大，身小尾麄。雌為蚧，口尖，身大，尾小。〇寇氏曰：補肺虛勞嗽，肺積虛熱成瘡，嗽出膿血，氣塞胸膈噎痛。蛤蚧、阿膠、生犀角、鹿角膠、羚羊角各壹兩，除膠外皆為屑，次入膠，分肆服，每服河水叁升，銀石器中慢火煮至半升，濾去滓，臨臥微溫細細呷。其滓候服盡再搥，都作壹服，以水叁升，煎至半升，如前服。若病人久虛，不喜水，當遞減水。

續說云：寇氏所述之方，謂其止勞嗽，解肺間虛熱者，全是蛤蚧之本功，餘皆泛劑耳。凡欲以蛤蚧治勞嗽者，當別選要藥增減佐使，則效倍勝之矣。

元·尚從善《本草元命苞》卷八　蛤蚧　味醎，平，有小毒。補肺虛，傳尸勞嗽。殺鬼物，邪氣欬逆。下五淋，通利水道。療肺痿，嗽出膿血。生嶺南山谷，或大樹之間。形長四五寸，尾與身相等，如守宮，有雌雄。蓋守宮、蝘蜓之類也。故揚雄《方言》云，桂林之中守宮能鳴者，俗謂之蛤蚧。常自呼名蛤蚧。雄者為蛤，口大身小，尾麄。雌者為蚧，口尖身大，尾小。陽人用雌，陰人用雄。又曰雌雄相隨，入藥亦須兩用。酥炙者良，尾全為妙。

明·王綸《本草集要》卷六　蛤蚧　味鹹，氣平，有小毒。一雌一雄常相隨，形如大守宮。凡採之，須存其尾，功力全在尾也。入藥去頭足，洗出鱗鬣內不淨，以酥炙用良。　主久肺勞嗽傳尸，殺鬼物邪氣，療咳嗽出血，下淋瀝，通水道。入藥兩用。又云：男服雌，女服雄。

明·滕弘《神農本經會通》卷一〇　蛤蚧　生嶺南山谷及城牆，或大樹間，身長四五寸，尾與身等，形如(在)〔大〕守宮，一雄一雌，行常相隨，常自呼其名曰蛤蚧。最護惜其尾，或見人欲取之，多自嚙斷其尾，人即不取之。凡採之者，須存其尾，則用之力全故也。合藥去頭足，洗去鱗鬣內不淨，以酥炙用良。入藥亦須兩用之，或云陽人用雌，陰人用雄。雄為蛤，皮粗，口大身小，尾粗。雌為蚧，口尖身大，尾小。首如蝦蟇，背有細鱗如蠶子，色黃如土，然擣口含少許，奔走不喘者，是其真也。藥力全在尾，勿傷尾。

味鹹，氣平，有小毒。一云：無毒。《本經》云：主久肺勞，傳屍，殺鬼物邪氣，療欬嗽，下淋瀝，通水道。日華子云：治肺氣，止嗽，并通月經，下石淋及治血。《海藥》云：主肺痿上氣，咯血咳嗽，并宜丸散。《衍義》曰：補肺虛勞嗽有功，治久嗽出膿血不止。《局》云：蛤蚧鹹平殺鬼邪，傳尸止嗽入淋家。通經補肺兼調氣，藥力全歸近尾些。蛤蚧，主傳尸，止嗽補肺，殺鬼邪。

明·劉文泰《本草品彙精要》卷三一　蛤蚧有小毒　卵生。

蛤蚧：主久肺勞，傳尸，殺鬼物，邪氣，療欬嗽，下淋瀝，通水道。名醫所錄。

〔地〕《圖經》曰：生嶺南山谷及城牆或榕樹間。首若蝦蟆，背有細鱗如蠶子，色黃如土，長四五寸，尾與身等，形如大守宮，一雄一雌，常自呼其名。蛤蚧最護惜其尾，或見人欲取之，多自囓斷其尾，人即不取之。凡採之者，須存其尾，則用之力全在尾故也。人欲得其首尾完者，乃以長柄兩股鐵叉，如黏黐丑知切竿狀，伺於榕木間，以叉刺之，皆一股中腦，一股著尾，故不能囓也。行常雌雄相隨，入藥亦須兩用之。或云陽人用雌，陰人用雄。〔時〕生：無時。採：無時。〔收〕暴乾。〔用〕首尾全者佳。〔質〕類守宮而大。〔色〕土黃。〔味〕鹹。〔性〕平，輭。〔氣〕味厚氣薄，陰中之陽。〔臭〕腥。〔主〕肺痿。〔製〕雷公云：凡使，須認雌雄。雄者爲蛤，皮粗口大，身小尾麤；雌者爲蚧，口尖身大尾小。凡修事服之，去甲上、尾上并腹上肉毛，毒在眼，如斯修事了，用酒浸，纔乾，以紙兩重於火上緩焙紙炙，待兩重焦乾透後，去紙，取蛤蚧于瓷器中盛，於東舍角畔懸一宿，取用，力可十倍。勿傷尾，效在尾也。日華子云：去頭足，洗去鱗鬣內不淨，以酥炙用良。〔治〕療：日華子云：清肺氣，止嗽，并通月經，下石淋及治血。《海藥》云：除肺痿上氣，咯血，咳嗽。補：《衍義》曰：補肺虛，勞嗽有效。〔合治〕合阿膠、生犀角、鹿角膠、羚羊角各一兩，除膠外皆爲屑，次入膠，分四服，每服用河水三升，於銀石器中慢火煮至半升，濾去滓，臨臥微溫細細呷，其滓候服盡再搥，都作一服，以水三升煎半升，如前服。治久嗽不愈，肺間積虛熱，久則成瘡，故嗽出膿血，曉夕不止，喉中氣塞，胸膈噎痛。

明·盧和、汪穎《食物本草》卷四魚類　蛤蚧　鹹，平，小毒。主久肺勞傳尸，殺鬼邪，療嗽，下淋，通水道。

明·葉文齡《醫學統旨》卷八　蛤蚧　氣平，味鹹。有小毒。男服雌，女用雄。藥力在尾，尾不具者無功。去頭足，洗去鱗鬣內不淨，以酥炙用良。　治久肺勞嗽傳尸，殺鬼物邪氣，咳嗽出血，下淋瀝，通水道，壯陽補虛有功。

明·許希周《藥性粗評》卷四　禳尸傳於蚧蛤。

蚧蛤，狀如守宮，稍大，首如蝦蟇，背有細鱗，土黃色，一雌一雄，好巢於人家廳署，及城牆大樹之間，鳴則自呼其名，曰蚧蛤。最護惜其尾，見人欲取之，遂自囓斷其尾，蓋藥力全在尾上，凡採須得其全可也。雄為蛤，皮麄口大，身小尾麄，女病所服也。雌為蚧，口尖，身大尾小，男病所服也。採得去頭足、鱗鬣，酒浸一日，取出拭乾，用重紙緩隔，焙焦，貯入甆器中，懸東舍角畔一宿，研末，收貯聽用。味鹹，性平，有小毒。主治鬼疰邪氣，癆病傳尸，肺虛久嗽，胸膈喘塞，下石淋，通水道。各入丸散中用之。凡以口含少許，令人奔走不喘者，是其治嗽之驗也。

明·鄭寧《藥性要略大全》卷一〇 蛤蚧 治勞嗽出血，下淋瀝，通水道。味鹹，氣平。有小毒。一雌一雄，常相隨。形如大守宫。凡取須存其尾，去頭足，洗去鱗鬣，酥炙用。○又云：男用雌，女用雄。○上言守宫，即蜥蜴也。形與蛤蚧相似，每自呼其名。

明·陳嘉謨《本草蒙筌》卷一一 蛤蚧 味鹹，氣平。有小毒。一云無毒。嶺南山中有，城牆樹底多。首類蝦蟆，背如蠶子。尾長身短，顔色土黄。一雌一雄，自以名喚。行走無異蝘蜓，時常護惜尾稍。見欲取之，輒自嚙斷。採須全具，入藥方靈。製宗雷公，去頭足鱗鬣；雌雄並用，以酥炙研成。儻或鬻諸市家，務預口含少許。奔走百步，不喘方真。主肺虛聲欬無休，治肺痿血咯不已。傳屍勞疰悉逐，着體邪魅咸祛。仍通月經，更利水道。

明·王文潔《太乙仙製本草藥性大全》卷八《本草精義》 蛤蚧 生嶺南山中，有城墻樹底多。首類蝦蟆，背如蠶子，尾長身短，顔色土黄，一雌一雄，自以名喚，行走無異蝘蜓，時常護惜尾稍，人見欲取之，輒自嚙斷其尾，因得釋去。巢穴多依榕木，亦有在古屋城樓間者。人欲得其首尾完者，乃以長柄兩股鐵叉如粘黐竿狀，伺於榕木間，以叉刺之，皆一股中腦一股著尾，故不能嚙，則入藥乃靈。製宗雷公云：頭足鱗鬣，雌雄並用，男用陽，女用陰，以酥炙黄熟研末。倘或鬻諸市家，務預口含少許，奔走百步不喘方真。

明·王文潔《太乙仙製本草藥性大全》卷八《仙製藥性》 蛤蚧 味鹹，氣平，有小毒。一云無毒。主治：主肺虛聲欬無休，治肺痿血咯不已。傳屍勞疰悉逐，着體邪魅咸祛。仍通月經，更利水道。殺鬼物邪氣立效，療淋滴折傷尤良。補註：治久嗽不愈，肺間積虛熱，久則成瘡，故嗽出膿血，曉夕不止，喉中氣塞，胸膈噎痛。蛤蚧、阿膠、生犀角、鹿角膠、羚羊角一兩，除膠外皆爲屑，次入膠，分四服。每服用河水三升，於銀石器中慢火煮至半升，濾去滓，臨卧微溫細細呷，其滓候服盡再搥，都作一服，以水三升，煎至半升，如前服，若病人久虛，不喜水，當遞減水。太乙曰：凡使須認雌雄。若雄爲蛤，皮麄口大，身小尾麄；雌爲蚧，口尖，身大尾小。男服雌，女服雄。凡修事服之，去甲上、尾上并腹上肉毛，毒在眼，如斯修事了，用酒浸，方乾用紙兩重，於火上緩隔焙紙炙，待兩重紙乾燋透後，去紙取蛤蚧於甆器中盛，於東舍角畔懸一宿取用，力可十倍。勿傷尾，效在尾也。

明·皇甫嵩《本草發明》卷六 蛤蚧下品。味醎，平，有小毒。一云無毒。主久肺勞欬嗽，傳屍鬼疰邪氣，仍下淋瀝，通經利水。《衍義》云：補虛勞嗽有功。凡用，去頭足鱗鬣，雌雄並用，酥炙之。效全在尾，須尾全者方靈。頭似蝦蟇，背如蠶子，尾長身短，色土黄，雌雄自名呼曰蛤蚧。最愛護尾，見人取，多自齧其尾。雄為蛤，皮粗，口大，身小尾粗。雌為蚧，口尖，身大尾小。

明·李時珍《本草綱目》卷四三鱗部·龍類 蛤蚧宋《開寶》

【釋名】蛤蟹日華 僊蟾志曰：一雌一雄，常自呼其名。時珍曰：蛤蚧因聲而名，僊蟾因形而名。嶺南人呼蛙爲蛤，又因其首如蛙、蟾也。雷斆以雄爲蛤，以雌爲蚧，亦通。

【集解】志曰：蛤蚧生嶺南山谷，及城墻或大樹間。形如大守宫，身長四五寸，尾與身等。最惜其尾，見人取之，多自囓斷其尾而去。藥力在尾，尾不全者不效。揚雄《方言》云：桂林之中，守宫能鳴者，俗謂之蛤蚧，蓋相似也。禹錫曰：按《嶺表録異》云：蛤蚧首如蝦蟆，背有細鱗，如蠶子，土黄色，身短尾長。多巢於榕木及城樓間，雌雄相隨，旦暮則鳴。或云鳴一聲是一年者。俚人採鬻，云治肺疾。珣曰：生廣南水中，夜即居於榕樹上。雌雄相隨，投一獲二。近日西路亦有之，其狀雖小，滋力一般。俚人采之割腹，以竹張開，曝乾鬻之。頌曰：人欲得首尾全者，以兩股長柄鐵叉，如粘黐竿狀，伺於榕木間，以叉刺之，一股中腦，一股着尾，故不能囓也。入藥須雌雄兩用。或云陽人用雄，陰人用雌。斆曰：雄爲蛤，皮粗口大，身小尾粗；雌爲蚧，皮細口尖，身大尾小。時珍曰：按段公路《北户録》云：其首如蟾蜍，背緑色，上有黄斑點，如古錦紋，長尺許，尾短，其聲最大，多居木竅間，亦守宫、蜥蜴之類也。又顧玠《海槎録》云：廣西横州甚多蛤蚧，牝牡上下相呼累日，情洽乃交，兩相抱負，自墮于地。人往捕之，亦不知覺，以手分劈，雖死不開。乃用熟稿草細纏，蒸過曝乾售之，煉爲房中之藥甚效。尋常捕者，不論牝牡，但可爲雜藥及獸醫方中之用耳。

【修治】斆曰：其毒在眼。須去眼及甲上、尾上、腹上肉毛，以酒浸透，隔兩重紙緩焙令乾，以甆器盛，懸屋東角上一夜用之，力可十倍，勿傷尾也。日華曰：凡用去頭足，洗去鱗鬣内不净，以酥炙用，或用蜜炙。李珣曰：凡用須炙令黄色，熟搗。口含少許，奔走不喘息者，爲真也。宜丸散中用。

【氣味】鹹，平，有小毒。日華曰：無毒。

【主治】久咳嗽，肺勞傳尸，殺鬼物邪氣，下淋瀝，通水道《開寶》。下石淋，通月經，治肺氣，療欬血日華。肺痿咯血，欬嗽上氣，治折傷《海藥》。補肺氣，益精血，定喘止嗽，療肺癰消渴，助陽道時珍。

〖發明〗宗奭曰：補肺虚勞嗽有功。時珍曰：昔人言補可去弱，人參、羊肉之屬。蛤蚧補肺氣，定喘止渴，功同人參；益陰血，助精扶羸，功同羊肉。近世治勞損痿弱，許叔微治消渴，皆用之，俱取其滋補也。劉純云：氣液衰、陰血竭者，宜用之。何大英云：定喘止嗽，莫佳於此。

〖附方〗舊二。　久嗽肺癰：宗奭曰：久嗽不愈，肺積虚熱成癰，欬出膿血，曉夕不止，喉中氣塞，胸膈噎痛。用蛤蚧、阿膠、鹿角膠、生犀角、羚羊角各二錢半，用河水三升，銀石器内文火熬至半升，濾汁。時時仰卧細呷，日一服。張刑部子臯病此，田樞密況授方，服之遂愈。　喘嗽面浮：并四肢浮者。蛤蚧一雌一雄，頭尾全者，法酒和蜜塗之，炙熟，紫團人參似人形者，半兩爲末，化蠟四兩，和作六餅。每煮糯米薄粥一盞，投入一餅攪化，細細熱呷之。《普濟》。

明・梅得春《藥性會元》卷下　蛤蚧　味鹹，平，有小毒。主療肺久虚勞嗽，堪止傳尸，殺鬼物邪氣，咳嗽出血，下淋瀝，通水道，壯陽補虚有功。註曰：生嶺南山谷及城牆或大樹間，身長四五寸，尾與身等，形如大守宫。一雄一雌，常自呼其名曰哈蚧。最護惜其尾，或見人欲取之，多自嚙斷其尾，人即不收之矣。凡捕之，即存其尾，用之則力全也。《方言》曰：桂林之中守宫能鳴者，謂蛤蚧。蓋相似者。　製法：凡使，須用雌雄。若雄為蛤，皮粗口大，身小尾粗；雌為蚧，口尖，身大尾小。男服雌，女服雄。去甲上、尾上、腹上肉毛，毒在眼。用酒浸，方乾，將帋兩重，於火上緩隔帋焙炙，待帋乾焦透，取放甆器中盛。于舍東角畔懸一宿，取用，力可十倍。勿傷尾，功在尾也。

明・李中立《本草原始》卷一一　蛤蚧　生嶺南山谷，及城墻或大樹間，形如壁虎，首如蝦蟆，背有鱗甲，如蠶子，土黄色，身短尾長，一雄一雌，常自呼其名曰蛤蚧，人遂因其聲而名之。一名僊蟾，廼因其形而名之也。蛤蚧：氣味：鹹，平，有小毒。　主治：久咳嗽，肺勞傳尸，殺鬼物邪氣，下氣下淋瀝，通水道。〇下石淋，通月經，治肺氣，療欬血。〇肺痿咯血，咳嗽上氣，治折傷。〇補肺氣，益精血，定喘止嗽，療肺癰消渴，助陽道。

蛤蚧，宋《開寶》。【圖略】梅花爪，與石龍子大不同。背有細鱗，彷佛沙魚皮。乾蛤蚧形。【圖略】藥力在尾，尾不全不效。醫獸勞損，痿弱喘嗽良。雌皮細嘴尖，身大尾小；雄皮粗嘴大，身小尾粗。雌雄交合捕之，用熟稿草細纏，蒸過晒乾，入房術藥甚〔妙〕。修治：蛤蚧，日華曰：凡用去頭足，洗去鱗鬣内不淨，以酥炙或用蜜炙。

明・繆希雍《本草經疏》卷二二　蛤蚧　味鹹，平，有小毒。主久肺勞傳尸，殺鬼物邪氣，療欬嗽，下淋瀝，通水道。生嶺南山谷及城牆或大樹間。身長四五寸，尾與身等，形如大守宫，一雌一雄，常自呼其名曰蛤蚧。最護惜其尾，或見人欲取之，多自嚙斷其尾，人即不取之。凡採之者，須存其尾，則用之力全故也。

〖疏〗蛤蚧得金水之氣，故其味鹹，氣平，有小毒。入手太陰、足少陰經。其主久肺勞傳尸、鬼物邪氣、欬嗽、淋瀝者，皆肺腎為病，勞極則肺腎虚而生熱，故外邪易侵，内證兼發也。蛤蚧屬陰，能補水之上源，則肺腎皆得所養而勞熱咳嗽自除，邪物鬼氣自去矣。肺朝百脈，通調水道，下輸膀胱，肺氣清，故淋瀝水道自通也。又顧玠《海槎錄》云：廣西横州甚多蛤蚧，牝牡上下，相呼累日，情洽乃交，兩相抱負，自墮於地。人往捕之亦不知覺，以手分劈，雖死不開。乃用熟稿草細纏，蒸過暴乾，售之，煉為房中之藥甚效。尋常捕者，不論雌雄，但可為雜藥用。〖主治參互〗寇氏《衍義》治久嗽不愈，肺積虚熱成癰，欬出膿血，曉夕不止，喉中氣塞，胸膈噎痛，用蛤蚧、阿膠、鹿角膠、犀角、羚羊角，各二錢半，用河水三升，銀石器内文火熬至半升，濾汁。時時仰臥細呷，日一服。〖簡誤〗咳嗽由風寒外邪者，不宜用。雷公曰：其毒在眼，須去眼及甲上、尾上、腹上肉毛，以酒浸透，隔兩重紙緩焙令乾，以磁器盛，懸屋東角上一夜，用之力可十倍。勿傷尾。

明・倪朱謨《本草彙言》卷一八　蛤蚧　味鹹，氣平，有小毒。可升，可降。入手太陰、厥陰經。　馬氏曰：蛤蚧，生嶺南山谷及城墻或大樹間。形如守宫而大，首如蝦蟆，背綠色，有細鱗如蠶子。身長四五寸，尾與身等，雌雄相隨，旦暮則鳴。近日廣南及陝西亦有之，其狀稍小，滋力一般。土人采之，開腹去腸肚，以竹條張開，暴乾用。　雷氏曰：雄爲蛤，雌爲蚧。雄者皮粗、口大、身小、尾粗，雌者皮細、口尖、身大、尾小。其聲最大，多居木竅間。　顧氏曰：廣西横州甚多，雄雌上下相呼，累日情洽乃交，兩相抱負，自墮于地。人往捕之，亦不知覺。以手分劈，雖死不開。　雷氏曰：去頭足鱗鬣，雌雄并用。以酒炙，研細用。試法：口含少許，奔走百步，不喘方真。

蛤蚧： 清肺熱，補肺虛，《開寶本草》定咳嗽、止傳尸之藥也。陸平林曰： 此物居不獨處，出必雙行。鳴則牡牝相呼，得陰陽相合之義。故《海藥本草》療肺痿肺癰，咯血咳血，欬逆息急而喘者，投此立定。按《十劑》云： 補可去弱，人參羊肉之屬。蛤蚧補肺定喘，生津退熱，功幷人參； 益陰血、扶羸弱、止傳尸，功同羊肉。凡氣液衰、陰血竭者，宜加用之。

集方： 楊氏《鳴山集》治一切陰虛勞損，吐血咳嗽，及骨蒸夜熱、盜汗諸證。用蛤蚧一對酒潤，火上炙黃，研細末，配諸補劑，丸散膏丹，隨方加入。

明・姚可成《食物本草》卷一〇鱗部・魚類 蛤蚧生嶺南山谷及城墻或大樹間。形如壁虎，身長四五寸，尾與身等。最惜其尾，見人取之，多自齧斷其尾而去。藥力在尾，尾不全者不效。按《嶺表錄異》云： 蛤蚧首如蝦蟆，背有如蠶子細鱗，土黃色，身短尾長。多巢於榕木及城樓間，雌雄相隨，旦暮則鳴。或云鳴一聲是一年者。俚人采鬻，云治肺疾。〇李時珍曰： 按段公路《北戶錄》云： 蛤蚧首如蟾蜍，背淺綠色，上有黃斑點，如古錦紋，長尺許，尾短，其聲最大，多居木竅間，亦壁虎、蜥蜴之類也。又顧玠《海槎錄》云： 廣西橫州甚多蛤蚧，牝牡上下相呼累日，情洽乃交，兩相抱負，自墮於地。人往捕之，亦不知覺，以手分擘，雖死不開。乃用熟稿草細纏，蒸過曝乾售之，煉為房中之藥甚效。

蛤蚧，味鹹，平，有小毒。主久欬嗽，肺勞傳尸，殺鬼物邪氣，下淋瀝，通水道及月經。療欬血咯血，肺痿肺癰，消渴。治折傷，助陽道。〇李時珍曰： 補可去弱，人參、羊肉之類。蛤蚧補肺氣，定喘止渴，功同人參； 益陰助精扶羸，功同羊肉。近世治勞損痿弱消渴，皆〔用〕之。俱取其滋補也。劉純云： 氣液衰、精血竭者，宜用之。何大英云： 定喘止嗽，莫佳於此。

明・顧逢柏《分部本草妙用》卷四肺部・温補 蛤蚧 鹹，平、微溫，小毒。主治： 久欬嗽，肺勞傳尸，殺鬼邪。下淋瀝，通水道。補肺益精，定喘止渴，功同人參。更止嗽，助陽。 昔人言補可去弱，人參、羊肉之屬。蛤蚧補肺定喘止渴，功似人參； 益助陰精扶羸，功同羊肉。勞損消渴，血少氣虛，竝宜之。

清・顧元交《本草彙箋》卷九 蛤蚧 屬陰，能補水上之源，故爲肺腎之聖藥。凡勞熱咳嗽，諸藥不效者，用之有神功。其治消渴及淋瀝，或水道不通者，肺朝百脈，通調水道，下輸膀胱，肺氣清，則諸症自愈也。 試法： 口含少許，奔走不喘息者爲真。故爲定喘要品。 廣西橫州甚多，牝牡上下相呼，累日情洽乃交，兩相抱負，自墮於地，人往捕之，亦不知覺，以手分劈，雖死不開。乃用熟稿草細纏，蒸過曝乾，售之煉爲房中之藥。尋常捕者，不論雌雄，但可爲雜藥用。雄爲蛤，皮粗口大，身小尾粗。雌爲蚧，皮細口尖，身大尾小。其毒在眼，須去眼及甲上、尾上、腹上肉毛，以酒浸透，隔兩重紙，緩焙令乾，以瓷器盛，懸屋東角上一夜用之，力可十倍。勿傷尾也，其功在尾。

久嗽不愈，肺積虛熱成癰，欬出膿血，曉夜不止，喉中氣塞，胸膈噎痛，用蛤蚧、阿膠、鹿角膠、生犀角、羚羊角各二錢半，用河水三升，銀石器內文火熬至半升，濾汁，時時仰臥，細呷，日一服。

清・穆石匏《本草洞詮》卷一六 蛤蚧 因聲而名。形如守宮，尾與身等，最惜其尾，見人取之，多自嚙斷其尾而去。藥力在尾，尾不全者不効。牝牡相呼累日，情洽乃交，兩相抱負，自墮於地，人往捕之，亦不知覺，以手分劈，雖死不開，煉為房中之藥。尋常捕者，不論牝牡，但可為雜藥耳。凡用須炙黃熟，擣，口含少許，奔走不喘息者為真也。氣味鹹，平，有小毒。治肺虛勞嗽，通月經，助陽道。《十劑》云： 補可去弱，人參、羊肉之屬。蛤蚧補肺氣，定喘止渴，功仝人參。益陰血，助精扶羸，功同羊肉。凡氣液衰，陰血竭者，宜用之。

清・劉雲密《本草述》卷二八 蛤蚧 首如蟾蜍，背有細鱗如蠶子，土黃色，故附於鱗部。生嶺南山谷，及城墻或大樹間。身長四五寸，尾與身等，形如大守宮，見人欲取之，多自嚙斷其尾，人即不取之，故用者須有尾，其力乃全。 顧玠《海槎錄》云： 廣西橫州甚多蛤蚧，牝牡上下相呼，累日情洽乃交，兩相抱負，自墮於地。人往捕之，亦不知覺，以手分劈，雖死不開。乃用熟稿草細纏，蒸過曝乾售之，煉為房中之藥甚效。尋常捕者，不論雌雄，但可為雜藥用。

氣味： 鹹，平，有小毒。 主治： 久嗽肺勞傳尸，療肺痿咯血，止咳，定喘逆上氣，通月經，下石淋，利水道，止渴。

宗奭曰： 補肺虛勞嗽有功。 時珍曰： 補可去弱，人參、羊肉之屬。蛤蚧補肺氣，定喘止渴，助精血，扶羸，其功庶幾近之。每見用之治勞損痿弱，并治消渴，俱取其滋補也。劉純云： 氣液衰，陰血竭者宜用之。何大英云： 定喘止嗽，莫佳於此。 宗奭曰： 久嗽不愈，肺積虛熱成癰，欬出膿血不止，喉中氣塞，胸膈噎痛，用蛤蚧、阿膠、鹿角膠、生犀角、羚羊角各二錢半，用河水三升，銀石器內文火熬至半升，濾汁，時時仰臥細呷，日一服。此經驗方也。　希雍曰：　蛤蚧得金水之氣，故其味鹹氣平，有小毒。　入手太陰、足少陰經。　性味屬陰，能補水之上源，故肺腎皆得所養，而勞熱久咳自除，并能療諸證，如《本草》所云也。

愚按：　蛤蚧之用，類以為補肺氣，益精血耳。詎知如斯功用，何獨一蛤蚧為然，而乃以之治勞嗽有專功也。　試思是物雌雄相媾，果如《海槎錄》所說，則以合於含此少許，雖急奔百步不喘者，亦不謬也。　夫在人者，神凝則氣聚，氣聚則精完，是物雖微，而精氣亦有合於斯理矣。　故用治勞嗽，誠不與諸味之補肺氣、益精血者可同語也。　夫氣聚精完，則咳血咯血於何不除？　月經於何不通？　肺氣既完，則通調水道，下輸膀胱，又何淋瀝之不下而消渴之不愈也？　但於肺疾有殊功，餘證皆由治肺以及之者耳。

希雍曰：　咳嗽由風寒外邪者，不宜用。

修治　雷斅曰：　雄為蛤，皮麄，口大身小，尾麄。　雌為蚧，口尖身大，尾小。　李珣曰：　只含少許，急奔百步不喘者真。　凡修事服之，其毒在眼，須去眼，及去甲上、尾上、腹上肉毛，炙令黃色。　勿傷尾，效在尾也。

清・郭章宜《本草匯》卷一七　蛤蚧　味鹹，氣平，有小毒。　入手太陰、足少陰經。　補肺虛之勞嗽，治上氣之喘促。　壯元陽而解傳屍，止咯血而下石淋。《開寶》治肺勞傳屍，欬嗽淋瀝者，皆肺腎為病也。　勞極則肺腎虛而生熱，故外邪易侵，內證兼發也。　蛤蚧屬陰，補水之上源，則肺腎皆得所養，而勞熱欬嗽自除。　肺氣清，則水道通，而淋瀝亦止。

按：　蛤蚧得金水之氣，治久嗽有功。　肺積虛熱，成癰欬血，曉夕不止，喉中氣塞，胸膈噎滯者，服之頗効。　何大英云：　定喘止嗽，莫佳於此。　昔人云：　補可去弱，人參、羊肉之屬。　蛤蚧補肺氣，定喘止渴，功同人參。　益陰血，助精扶羸，功同羊肉。　近世治勞損痿弱，許叔微治消渴，俱取其滋補也。　劉純云：　氣液衰，陰血竭者宜用之。　若風寒外邪咳嗽者，不當用。

其毒在眼，用酒洗，去頭足鱗鬣，以酥炙研用。　口含少許，奔走百步不喘息者，乃為真也。　生廣南水中，夜居榕樹上，形如守宮，尾與身等，雌雄相隨，藥力在尾，而此物最惜其尾，每見人取之，多自嚙斷尾而去。　採之須以兩股鐵叉刺之為得，入藥須用雌雄。　雄為蛤，皮粗口大，身小尾粗。　雌為蚧，皮細口尖，身大尾小。　宜丸散中用。

清・蔣居祉《本草擇要綱目・平性藥品》　蛤蚧凡用須炙令黃色熟搗。口含少許，奔走不喘息者乃為真也。可入丸散。　其毒在眼，須去眼及甲上、尾上、腹上肉毛。　雄為蛤，雌為蚧，身長四五寸，尾與身等，藥力在尾，尾不全者不效。　氣味：　鹹，平，有小毒。　主治：　積久咳嗽，肺痿咯血，肺癰急，通水道。　昔人言補可去弱，人參、羊肉之屬。　蛤蚧補肺氣，定喘止渴，功同人參。　益陰血，助精扶羸，功同羊肉。

清・王翃《握靈本草》卷九　蛤蚧出嶺南。尾不全者不效。形如守宮，有細鱗如蠶子，土黃色，身短尾長，口含少許，奔走不喘息者真也。毒在眼，凡用先去眼，及遍身肉毛，酒浸，隔兩重紙焙。　主治：　蛤蚧，鹹，平，有小毒。　主欬嗽肺勞，療肺癰，消渴，助陽道。

清・汪昂《本草備要》卷四　蛤蚧補肺潤腎，定喘止嗽。　鹹，平。　補肺潤腎，益精助陽。　治渴通淋，定喘止嗽，肺痿咯血，氣虛血竭者宜之。　能補肺，益水上源。時珍曰：　補肺止渴，功同人參。益氣扶羸，功同羊肉。《經疏》曰：　咳嗽由風寒外邪者不宜用。　出廣南。　首如蟾蜍，背綠色，斑點如錦紋。　雄爲蛤，鳴聲亦然，因聲而名。　皮粗口大，身小尾粗；　雌爲蚧，皮細口尖，身大尾小。　雌雄相呼，屢日乃交，兩兩相抱，捕者擘之，雖死不開。　房術用之甚效，不論牝牡者，只可入雜藥。　口含少許，奔走不喘者真。　藥力在尾。見人捕之，輒自嚙斷其尾，尾不全者不效。　凡使去頭足。雷斅曰：　其毒在眼，用須去眼。　洗去鱗內不淨及肉毛，酥炙，或蜜炙，或酒浸焙用。

清・陳士鐸《本草新編》卷五　蛤蚧　味鹹，氣平，有小毒。　主肺虛聲欬無休，治肺痿，〔定喘止嗽，益精血，助陽道〕，血咯不已，逐傳尸癆疰，却著體邪魅，仍通月經，更利水道。　至神功用，全在于尾，尾損則無用也。　然亦必得人參、麥冬、五味、沙參乃奇。

蛤蚧生于西粤者佳，夜間自鳴聲至八九聲者為最勝。　捕得之須護其尾，尾傷即有毒，所斷之尾反可用也。　蛤蚧，善能固氣，含其尾急趨，多不動喘，故止喘實神。

清・李熙和《醫經允中》卷一八　蛤蚧　鹹，平，微溫，小毒。　主治肺虛久嗽，肺痿咯血，助陽道，益陰氣，定喘止渴。　氣衰血少者宜用之，若風寒外邪咳嗽者不當用。

清・馮兆張《馮氏錦囊秘錄・雜症痘疹藥性主治合參》卷一一　蛤蚧得金水之氣，味鹹，氣平，有小毒。入手太陰、足少陰經。屬陰。能補水之上源，則肺腎皆得所養，勞熱咳嗽自除，邪物鬼氣自去。且下輸膀胱，則水道自通矣。出於廣西橫州，牝牡上下自呼累日，情恰乃交，兩相抱負墮地，人捕亦不知覺，以手分劈，雖死不開，乃用熟稿草細纏，蒸過曝乾，售之。煉為房中之藥，甚效。尋常捕者，不論雌雄，但可為雜藥用耳。其性最護惜其尾，見人欲取之，多自囓斷其尾，人即舍之。故取之者，須存其尾，則用之力大。其毒在眼，凡用須去眼及甲上、尾上、腹上肉毛，以酒浸透，隔兩重紙緩焙令乾，以瓷器盛，懸屋東角上一夜，用之力可十倍，勿傷去尾。蛤蚧，雌雄並用。主肺虛聲咳無休，治肺痿血咯不已。傳屍勞疰悉逐，着體邪魅咸祛。仍通月經，更利水道。

清·张璐《本經逢原》卷四　蛤蚧　甘、鹹，溫，小毒。生嶺南城垣榕樹間，及粵西橫州等處者長七八寸，蜀中產者不過五寸。頭圓肉滿，鱗小而厚，形似守宮，鳴則上下相呼，雌雄相應，情洽乃交，兩相抱負，自墮於地，人往捕之，亦不知覺，以手劈之，至死不開，取以曝乾，為房中要藥。即尋常捕得者，功用亦相髣髴。但驗其囫圇成對，捲榕樹皮中者即真無疑。入藥去頭留尾，酥炙用之。口含少許，疾走不喘者，是其益氣之驗也。　發明：蛤蚧味鹹歸腎經，性溫助命門，色白補肺氣，功兼人參、羊肉之用。而治虛損痿弱，消渴喘嗽，肺痿吐沫等證，專取交合腎肺之氣，無以逾之。愚按：蛤蚧、龍子性皆溫補助陽，而舉世藥肆中皆混稱不分，醫者亦不辨混用。龍子則剖開如皮，身多赤斑，偏助壯火，陽事不振者宜之。蛤蚧則纏束成對，通身白鱗，專溫肺氣，氣虛喘乏者宜之。虛則補其母也。

清·浦士貞《夕庵讀本草快編》卷六　蛤蚧《開寶》　雄曰蛤，雌曰蚧，互相倚托，自呼其名。蛤蚧氣味鹹辛，無毒之物也。久嗽成癆，肺虛咯血者，非此莫療。今人以其性淫，採入房術中，是昧其功矣！古云補可去弱，人參、羊肉之屬，殊不知蛤蚧補肺氣定喘渴，不亞于人參。益陰血，助精扶羸，功更勝于羊肉，故劉純謂其專治氣液衰，陰血竭。何大英謂其定喘止嗽，消渴猶宜。蓋以其味雖鹹，其性不寒，能于金中滋水。凡癆瘵方中，不可缺者也。

清·王子接《得宜本草·中品藥》　蛤蚧　味醎。入手太陰、足少陰經。功專補氣益血。得人參治喘嗽，勞損痿弱。

清·修竹吾廬主人《得宜本草分類·下部補養並瘍科感症門》　蛤蚧　味醎。入手太陰、足少陰經。功專補氣益血，并治肺痿。

清·黃元御《玉楸藥解》卷六　蛤蚧　味鹹，氣平。入手太陰肺、足太陽膀胱、足少陰腎、足厥陰肝經。斂血止嗽，利水助陽。蛤蚧收降肺氣，疏通水府。治喘嗽吐血，消渴癃淋，通經行血，起痿及虛勞羸弱之病。去頭眼、鱗爪，酒浸酥炙黃，研細，口含少許，馳百步不喘，止喘甯嗽功力甚捷。其毒在頭足，其力在尾。如蟲蛀其尾者，不足用。

清·汪紱《醫林纂要探源》卷三　蛤蚧　甘，鹹，平。出廣南。首如蝦蟆，背綠色，而斑點如錦。雄皮粗口大，身小尾粗，其鳴蛤；雌皮細口尖，身大尾小，其鳴蚧，故以為名。相呼累日乃交，交則緊抱，雖捕而擘之，死不開。去頭足，洗淨，去肉上毛，或酥蜜炙，或酒浸焙用。益氣血，助陽道。能定喘，止嗽止渴，治肺痿咯血，亦能通淋，鹹瀉腎及膀胱也。凡肺氣不足者可用之。蓋觀其善以脰鳴，而知其肺氣之足。蛤蚧雖有尾，亦蛙黽之類，皆善淫，壯陽道。然即此能傷人矣。

清·嚴潔等《得配本草》卷八　蛤蚧　鹹，平、溫，有小毒。入手太陰、足少陰經血分。助陽益精，定喘止嗽。逐傳尸，辟鬼邪。　配參、蠟、糯米，治虛寒喘嗽。配人參、熟地，補陽虛痿弱。　功用在尾，其毒在眼。去眼，或去頭足，洗去鱗鬣內不淨，以酥炙，或以蜜炙，或以酒浸透隔紙緩焙熟令黃色，研用。口含少許，奔走不喘息者為真。宜丸散中用。　陰虛火動、風邪喘嗽，二者禁用。

題清·徐大椿《藥性切用》卷八　蛤蚧　性味醎溫，補肺滋腎，止嗽定喘，虛乏久病宜之。外邪初起勿服。

清·黃宮繡《本草求真》卷一　蛤蚧補命門相火，溫肺氣喘乏。　蛤蚧喘入命〔門〕，兼入肺。絕與蛤蜊不類，生於廣南，身長七八寸，首如蟾蜍，背綠色斑，頭圓肉滿，鱗小而厚，鳴則上下相呼，雌雄相應，情洽乃交，兩相抱負，自墜於地，往捕劈之，至死不開，大助命門相火，故書載為房術要藥。且色白入肺，功兼人參、羊肉之用，故用能治虛損痿弱，消渴喘嗽，肺痿吐沫等症。專取交合肺腎諸氣，入藥去頭留尾，酥炙，口含少許，雖疾走而氣不喘，則知益氣之功為莫大焉！但市多以龍子混冒，舉世亦不深辨。如龍子則剖開而身多赤斑，皮喘助陽火，雖治陽痿，性少止濇。蛤蚧則纏束多對，通身白鱗，兼溫肺氣，故肺虛喘乏最宜。外感喘嗽勿用。其藥不論牝牡皆可，即非相抱時捕之，功用亦同，但其藥力在尾，見人捕之，輒自斷尾。尾不全者不效。去頭足，因毒在眼，須去其頭。洗去鱗內不淨，乃肉毛，酥炙，或蜜炙，或酒浸焙用。

清·王龍《本草纂要稿·蟲魚部》　蛤蚧　氣味鹹平。主肺虛聲咳無休，治肺瘻血咯不已。傳尸勞疰悉逐，着體邪魅咸驅。口噙少許，奔走不喘者為真。

清·張德裕《本草正義》卷下 蛤蚧 雄名蛤，雌名蚧。《綱目》言其能補肺氣，益精血，止嗽定喘，療肺瘻，助陽道。

清·楊時泰《本草述鉤元》卷二八 蛤蚧 生嶺南山谷及城牆，或大樹間。身長四五寸，背有細鱗如蠶子，土黃色，尾與身等，見人欲取之，多自囓斷其尾，故用者須有尾，其力乃全。廣西橫州甚多，牝牡相呼累日，情洽乃交，相抱墮地，人往捕之，亦不知覺，以手分劈，雖死不開。乃用熟稿草細纏，蒸過曝乾售之，此種專為房中藥。其尋常捕者，不論雌雄，但可為雜藥用《海槎錄》。雄為蛤，皮麁口大，身小尾麁；雌為蚧，口尖身大尾小雷公。口含少許，急奔百步，不喘者真李珣。

味鹹，氣平，有小毒。入手太陰、足少陰經。主治久嗽、肺勞、傳尸，肺瘻、咯血，定喘逆上氣，通月經，下石淋，利水道止渴。補肺虛勞嗽有功宗奭。補可去弱，人參、羊肉之屬，蛤蚧之功，庶幾近之瀕湖。定喘止欬，莫佳於此何大英。氣液衰，陰血竭者，宜之劉純。并治消渴，取其滋補也瀕湖。久嗽不愈，肺積虛熱成癰，欬出膿血不止，喉中氣塞，胸膈噎痛，用蛤蚧、阿膠、鹿角膠、生犀角、羚羊角各二錢半，河水三升，銀石器內，文火熬至半升，濾汁，時時仰臥細呷，日一服宗奭。

論： 蛤蚧得金水之氣，性味屬陰，能補水之上源，故肺腎皆得所養，而勞熱久欬之治，自有專功。試即雌雄相媾分劈不開，口含少許急奔不喘，其精氣之凝聚完固，至於如斯。夫在於人，神凝則氣聚，氣足則精完，氣聚精完則咳血、咯血，於何不除，月經於何不通。而且肺氣既完，則通調水道以輸膀胱，又何淋瀝之不下，而消渴之不愈耶。但厥功最著於肺疾，餘證皆由治肺以及之者耳。 咳嗽由風寒外邪者，弗用仲淳。

修治： 其毒在眼，須去眼及甲上尾上腹上肉毛，炙令黃色，弗傷其尾，效在尾也。

清·葉桂《本草再新》卷一〇 蛤蚧味鹹，性熱，有微毒。入心、腎二經。 溫中益腎，固精助陽，通淋行血。○蛤蚧尾，能治疝。

清·趙其光《本草求原》卷一六鱗部 蛤蚧 味鹹，益精。氣平，補肺。有小毒。牝牡相呼，情洽交抱，雖劈不開，是神凝而氣聚，氣聚而精完，為交合肺腎精氣之妙品。定喘，止久咳、肺勞傳尸，同阿膠、鹿、犀、羚濃煎，時時臨臥細呷，治久嗽、肺積虛熱成癰、咳膿血、喉中氣塞、胸膈噎痛。肺萎、咳咯血，通月經，氣聚則精完也。下石淋。利水止渴。肺氣完則水道通調。氣液衰，陰血竭者宜之。希雍曰：氣味俱陰，能補肺，益水上源。咳嗽由風寒外邪者勿用，其尾治疝。

按： 蛤蚧之類有四： 真蛤蚧頭圓身細，長五六寸，背褐色，微有黑綠斑，如大守宮，腹白如銀。雄為蛤，皮粗口大，身小尾粗； 雌為蚧，皮細口尖，身大尾小，見人欲捕之，多自嚙其尾。尾不全者無效。出廣南、粵西城垣榕樹間，川產更勝。捕得成對、卷榕樹皮中者，即真無疑，線纏蒸曬乾。若常捕，不論牝牡，只可入雜藥。口含少許，奔走不喘者真。凡用，去鱗甲肉毛及頭足，其毒在眼。酥炙，或蜜炙，或酒焙令黃，勿傷尾，功在尾也。一是石龍子，又名蜥蜴。生石巖間，頭扁，身長，尾與身等，長七八寸，大者尺餘，其狀若蛇，脚似梅花，鱗目五色，多赤斑者，腹多紅紫。為雄； 色黃身短者，為雌。鹹溫，偏助壯火，陽事不振者宜之。以其吞霾吐雹則雨，有陰陽析易之義，故亦治癃淋，利水，下血，除癥結，水腫留飲、《千金》蜥蜴丸是。陰潰，《外臺》方用之。能祈雨，故長於利水。雌雄並用，酒浸炙，去頭足。一曰守宮，又名蝘蜓，又名壁虎，俗名四脚蛇。生屋壁間，形小身細，長二三寸，色褐斑黑，食蠆及蠍蠆，故治風。鹹寒小毒。入血分，治血病，滋陰降痰。其尾善動，打死仍動。尾研細末，彈熟肉上，肉即蠕動。故瘡生致命之處，痘出眼目及要害之地，用之移於別處甚捷。麻城移痘方用之。生斬蒸肉食，為瘰癧症妙品。兼服六味滋陰之劑，且毒能攻毒，故治癰疽。世說以朱飼之，滿三斤，乾末，以塗婦人臂，有交接始脫，故名守宮。此必別有術，今不傳矣。守宮祛風，移瘡，而石龍利水、壯陽，功用自別。用針揉曲為鈎，以蠅作餌，在灶縫中引之即得。一曰水蜥蜴，又名蛇醫母。生草澤間，頭大，尾短，身粗，色青黃，能入水與石斑魚合，不入藥用。

清·文晟《新編六書》卷六《藥性摘錄》 蛤蚧 補命門相火，溫肺氣喘乏，治虛損瘻弱，消渴喘嗽，肺瘻吐沫等，耑取交合肺腎諸氣入藥。去頭留尾，洗去鱗內不淨，酥炙，或酒浸焙用。口含少許，雖疾走而氣不喘。○龍子，剖開而身多赤斑，皮耑助陽火，性少止濇。○蛤蚧則纏束多對，通身白鱗，兼溫肺氣。

蛤蚧 補命門相火，溫肺氣喘乏。○瓦壟子性畧同。餘詳藥部補火。

清·張仁錫《藥性蒙求·魚鱗介部》 蛤蚧三錢 蛤蚧鹹平，滋陰補肺。嗽喘吐紅，虛勞為利。時珍曰：補肺止渴，功同人參。益氣扶羸，功同羊肉。○凡使，去頭足，洗去鱗，酥炙，或蜜炙，或酒浸（培）〔焙〕。藥力在尾，口含少許，奔走不喘者真。出廣南。首如蟾蜍，背綠色斑點。雄為蛤，皮粗口大，身小尾粗。雌為蚧，皮細口尖，身大尾小。雌雄相呼，（屢）〔累〕日乃交，兩兩相抱，捕者擘之，雖死不問。房術用之甚效。

清·屠道和《本草匯纂》卷一補火 蛤蚧 耑入命門，兼入肺。補命門相火，溫肺氣喘乏，亦房術要藥。治久咳嗽，肺勞傳尸，殺鬼物邪氣，下淋瀝，通水道，下石淋。通月經，治肺氣，療欬血。肺痿咯血，咳嗽上氣，治折傷。補肺氣，益精血，定喘止嗽，療肺癰消渴，助陽道。入藥去頭留尾，酥炙。口含少許，雖疾走而氣不喘者真，可知益氣之功為莫大焉。但市多以龍子混冒。龍子則剖開而身多赤斑皮，耑助陽火，性少濇。蛤蚧則纏束多對，通身白鱗，雌雄相呼屢日乃交，兩兩相抱，捕者擘之，雖死不開。藥力在尾，尾不全者不效。去頭足，洗去鱗內砂土及肉毛，酥炙，或蜜炙，或酒浸焙用。風寒咳嗽者不宜。

清·戴葆元《本草綱目易知錄》卷五 蛤蚧 鹹，平。補肺氣，益精血，療欬血，助陽道，定喘止嗽，利水通淋。治久咳嗽，肺勞傳尸，肺痿咯血，欬嗽上氣，肺癰消渴，殺鬼物邪氣，下石淋，通月經，治折傷。凡氣液衰、陰血竭者，宜之。其功在尾，其毒在眼，入藥去頭、鱗甲，酒浸焙用。【略】喘嗽面浮并四肢浮。蛤蚧雄雌一對，酒蜜微火炙，人參半兩，末，化蠟四兩，和作六餅，每煮糯米稀粥一盞，投一餅化，細細溫呷之。頌曰：雄為蛤，皮粗口大，身小尾粗；雌為蚧，皮細口尖，身大尾小。葆按：世俗因閱顧玠《海槎錄》，云蛤蚧為房中術助陽藥。病虛損者，恐其強陽，畏不敢服，又不細審，其所云者取其情洽交合雖死不開者之義，並非統言尋常所取也。果爾，李時珍何註其功也！故誌之。

清·陳其瑞《本草撮要》卷九 蛤蚧 味鹹，溫，入手太陰、足少陰經，功專補氣益血。得人蔘治喘嗽勞損瘵弱。咳由風寒外邪者勿用。酥炙或蜜炙，或酒浸焙。

清·徐士鑾《醫方叢話》卷二 蛤蚧出蜀中，雌雄相抱。婦人臨蓐握掌中，兒即易下。《檐曝雜記》載，蛤蚧蛇身，而四足形如虢虎，身有瘢，五色俱備。其疥處又似蝦蟆，最醜惡。余初入鎮安，路旁見之，疑為四足蛇，甚惡之。問土人，乃知為蛤蚧也。其鳴一聲曰蛤，一聲曰蚧，能叫至十三聲者方佳。其物每一年一聲，十三聲則年久而有力也。能潤肺，補氣，壯陽，其力在尾，而頭足有毒，故用之者，必尾全而去其頭足。

清·鄭奮揚著，曹炳章注《增訂偽藥條辨》卷四 蛤蚧 蛤蚧生嶺南山谷，及城牆，或大樹間。形如大守宮，身長四五寸，尾與身等，自惜其尾，見人取之，多自嚙斷其尾而去。藥力在尾，尾不全者不效。《北戶錄》云其首如蟾蜍，背綠色，上有黃斑點，如古錦紋，其聲最大。蘇頌云入藥肆須雌雄兩用最靈。或云陽人用雄，陰人用雌。雷斅曰：雄為蛤，身小尾粗。雌為蚧，皮細口尖，身大尾小。氣味鹹平，有小毒。治虛勞嗽喘，助陽益精，大有奇功。李珣曰：凡用須炙令黃色，熟搗，口含少許，奔走不喘息者為真也。今市肆有一種紅點蛤蚧者，有大毒，萬不可服。用者須揀尾全者，細驗皮色，有無紅點，方可入藥。炳章按：《檐曝雜記》云：蛤蚧蛇身而四足，形如虢虎，身有瘢，五色俱備，其瘢處又似蝦蟇，最臭惡。余初入鎮安，路傍見之，疑為四足蛇，甚惡之。問土人乃知為蛤蚧也。郡衙傍山，處處有之，夜輒聞其鳴，一聲曰蛤，一聲曰蚧，能叫至十三聲方止者乃佳。其物每年一聲，十三聲則年久而有力也。能潤肺納氣，壯陽益氣。口咬物則至死不釋，故捕者輒以小竹片嬲之使咬，即携之來。雖已入石縫中，亦可乘其咬而掣出也。遇其雌雄相接時取之，則有用於房中術，然不易遇也。藥肆中所售兩兩成對者，乃取其兩身聯屬之耳。其力在尾，而頭足有毒，故用之者，必尾全而去其頭足。鄭君云紅點，或指活時言，其活時身上五色俱備，在市上通行者，皆青綠色，有鱗靨而無紅點也。

清·方仁淵《倚雲軒醫案醫話醫論》 蛤蚧 以能叫十三聲者乃佳。其物每年多一聲，十三聲則年久而有力，能潤肺補氣，壯陽定喘。口咬物則至死不釋。捕者輙以小竹片嬲之使咬，即携以歸。雖入石縫中，亦可乘其咬而掣出之。遇其雌雄接時取之，則有用房中術，然不易遇耳。其力在尾，頭足有毒。用者必尾全而去其頭足。

鹽龍

明·李時珍《本草綱目》卷四三鱗部·龍類 鹽龍《綱目》

【集解】時珍曰：按何薳《春渚紀聞》云：宋徽宗時，將軍蕭注破南蠻，得其所養鹽龍，長尺餘，藉以銀盤，中置玉盂，以玉筯摭海鹽飼之。每鱗中出鹽則收取，云能興陽事，每以溫酒服一錢匕。後龍爲蔡京所得，及死，以鹽封，數日取用亦有力。愚按此物生于殊方，古所不載，而有此功，亦希物也。因附于此以俟。

清・王道純《本草品彙精要續集》卷七　鹽龍

鹽龍：鹽，主興陽益腎《品彙續集》。【地】出南蠻地。【收】以海鹽飼之，每鱗中出鹽則收取。【用】鹽龍鹽。【質】長尺餘。【味】鹹，苦。【性】大熱。【行】走腎經。【治】鹽龍鱗中所出之鹽，每以溫酒服一錢匕，云能興陽事。〇李時珍：按何薳《春渚紀聞》云宋徽宗時，將軍蕭注破南蠻，得其所養鹽龍，長尺餘，藉以銀盤中置玉盂，以玉箸摭海鹽飼之。每鱗中出鹽，則收取用。後龍爲蔡京所得，及死以鹽封數日，取用亦有力。愚按：此物生於殊方，古所不載，而有此功用，亦希物也。因附於此，以俟識者。

十二時蟲

明・李時珍《本草綱目》卷四三鱗部・龍類　十二時蟲時珍曰：十二時蟲，一名避役，出容州、交州諸處，生人家籬壁、樹木間，守宮之類也。大小如指，狀同守宮，而腦上連背有肉鬣如冠幘，長頸長足，身青色，大者長尺許，尾與身等，嚙人不可療。《嶺南異物志》言其首隨十二時變色，見者主有喜慶。《博物志》言其陰多緗綠，日中變易，或青或綠，或丹或紅。《北户録》言不能變十二色，但黄、褐、青、赤四色而已。竊按陶弘景言石龍五色者爲蜥蜴。陸佃蜥蜴能十二時變易，故得易名。若然，則此蟲亦蜥蜴矣，而生籬壁間，蓋五色守宮爾。陶氏所謂守宮螫人必死，及點臂成誌者，恐是此物。若尋常守宮，既不堪點臂，亦未有螫人至死者也。

守宮

宋・李昉《太平御覽》卷九四六　守宮　《毛詩・節・正月》曰：哀今之人，胡為虺蜴。蜴，螈也。虺蜴之性，見人則走。　陸璣《毛詩疏義》曰：蜴，一名蠑螈，水蜴也。或謂之虒蜼，音口。一名蛇醫。如蜥蜴，青綠色，大如指，形狀可惡也。　《春秋考異郵》曰：土勝水，故守宮食蠆。宋均曰：守宮生於土，蠆藏物，屬坎，水也。　揚雄《方言》曰：秦晉西夏謂之守宮，其在澤者謂之蜥蜴，南楚謂之蛇醫，或謂之蠑螈，北燕謂之祝蜓，桂林之中守宮大能鳴者謂之蛤蟹。　許慎《說文》曰：榮蚖，蛇毉，以注鳴者也。在壁曰蝘蜓，在草曰蜥蜴。蜥蜴，守宮也。　《淮南萬畢術》曰：守宮塗臍，婦人無子。取守宮一枚，置甕中，及蛇衣，以新布密裹之，懸於陰處百日，治守宮、蛇衣，分等以唾和之，塗婦人臍，磨令温，即無子矣。　又曰：守宮飾女臂，有文章。取守宮新合陰陽者，牝牡各一，藏之甕中，陰乾百日，以飾女臂，則生文章。與男子合陰陽，輒滅去。　又曰：取七月七日守宮，陰乾之，治合，以井花水和，塗女人身有文章，則以丹塗之，不去者不淫，去者有姦。　《吴氏本草經》曰：石龍子，一名守宮，一名石(暢)〔蜴〕，一名石龍子。

明・李時珍《本草綱目》卷四三鱗部・龍類　守宮《綱目》

【釋名】壁宮蘇恭　壁虎時珍　蝎虎蘇恭　蝘蜓音偃殄。弘景曰：蝘蜓喜緣籬壁間，以朱飼之，滿三斤殺，乾末以塗女人身，有交接事便脱，不爾如赤誌，故名守宮，而蜥蜴亦名守宮，殊難分別。按東方朔云若非守宮則蜥蜴是矣。恭曰：蝘蜓又名蝎虎，以其常在屋壁，故名守宮，亦名壁宮。飼朱點婦人，謬説也。時珍曰：守宮善捕蝎、蠅，故得虎名。《春秋考異郵》云：守宮食蠆，土勝水也。點臂之説，《淮南萬畢術》、張華《博物志》、彭乘《墨客揮犀》皆有其法，大抵不真。恐别有術，今不傳矣。揚雄《方言》云：秦、晋、西夏謂之守宮，亦曰蠦蠼，南陽人呼爲蝘蜓，在澤中者謂之蜥蜴，楚人謂之蠑螈。【集解】時珍曰：守宮，處處人家墻壁有之。狀如蛇醫，而灰黑色，扁首長頸，細鱗四足，長者六七寸，亦不聞噬人。南方有十二時蟲，即守宮之五色者，附見於下。【氣味】鹹，寒，有小毒。【主治】中風癱瘓，手足不舉，或歷節風痛，及風痓驚癇，小兒疳痢，血積成痞，癘風瘰癧，療蝎螫時珍。

【發明】時珍曰：守宮舊附見于石龍下，云不入藥用。近時方術多用之。楊仁齋言驚癇皆心血不足，其血與心血相類，故治驚癇，取其血以補心。其説近似，而實不然。蓋守宮食蝎蠆，蝎蠆乃治風要藥。故守宮所治風痓驚癇諸病，亦猶蜈、蝎之性能透經絡也。且入血分，故又治血病瘡瘍。守宮祛風，石龍利水，功用自别，不可不知。

【附方】新十四。　小兒臍風：用壁虎後半截焙爲末，男用女乳，女用男乳，調勻，入稀鷄矢少許，摻舌根及牙關。仍以手蘸摩兒，取汗出，甚妙。《筆峰雜興方》。　久年驚癇：守宮膏：用守宮一個，剪去四足，連血研爛，入珍珠、麝香、龍腦香各一字，研勻，以薄荷湯調服。仍先或吐或下去痰涎，而後用此，大有神效。《奇效方》。　小兒撮口：用朱砂末安小瓶内，捕活蝎虎一個入瓶中，食砂末月餘，待體赤，陰乾爲末。每薄荷湯服三四分。方廣《附餘》。　心虚驚癇：用褐色壁虎一枚，連血研爛，入朱砂、麝香末少許，薄荷湯調服。繼服二陳湯，神效。《仁齋直指》。　癱瘓走痛：用蝎虎即蝘蜓一枚炙黄，陳皮五分，罌粟殼一錢，甘草、乳香、没藥各二錢半，爲末。每服三錢，水煎服。《醫學正傳》。　歷節風痛：不可忍者。壁虎丸：用壁虎三枚生研，蠐螬三枚，〔濕〕紙包煨研，地龍五條生研，草烏頭三枚生研，木香五錢，乳香末二錢半，麝香一錢，龍腦五分，合研成膏，入酒糊搗丸如梧桐子大。每日空心乳香酒服三十丸，取效。《總録》。　破傷中風：身如角弓反張，筋急口噤者，用守宮丸治之。守宮炙乾去足七枚，天南星酒浸三日晒乾一兩，膩粉半錢，爲末，以薄麵糊丸綠豆大。每以七丸，酒灌下，少頃汗出得解，更與一服，再汗即差。或加白附子一兩，以蜜丸。《聖惠方》。　癘風成癩：　祛風散：　用東行蝎虎一條焙乾，大蠶沙五升水淘炒，各爲末，以小麥麵四升，拌作絡索，曝乾研末。每服一二合，煎柏葉湯下，日三服，取效。《衛生寶鑒》。　瘰癧初起：　用壁虎一枚，焙研。每日服半分，酒服。《青囊》。

血積成塊：　用壁虎一枚，白麵和一鴨子大，包裹研爛，作餅烙熟食之，當下血塊。不過三五次即愈，甚驗。《青囊》。　小兒疳疾：　蝎虎丹：　治一切疳瘦、下痢，證候全備，及無辜疳毒，如邪病者。用乾雄蝎虎一個微炙，蝸牛殼、蘭香根、靛花、雄黃、麝香各一分，龍腦半分，各研爲末，米醋煮糊丸黍米大。每脂麻湯下十丸，日二服，取效。《奇效良方》。　蠆蝎螫傷：　端午日午時收壁虎一枚，以鷄膽開一竅盛之，陰乾。每以一星敷上即止，神效。《青囊》。　反胃膈氣：　地塘蟲即壁虎也，七個，砂鍋炒焦，木香、人參、朱砂各一錢半，乳香一錢，爲末，蜜丸梧子大。每服七丸，木香湯下，早晚各一服。《丹溪摘玄》。　癰瘡大痛：　壁虎焙乾研末，油調傅之，即止。《醫方摘要》。

糞　【主治】爛赤眼時珍。

【附方】新一。　胎赤爛眼：　昏暗。用蝎虎數枚，以罐盛黄土按實，入蝎虎在內，勿令損傷。以紙封口，穿數孔出氣。候有糞數粒，去糞上一點黑者，只取一頭白者，唾津研成膏，塗眼睫周回，不得揩拭。來早以温漿水洗三次，甚效。《聖濟總録》。

明・倪朱謨《本草彙言》卷一八

守宫又名蠍虎。　味鹹，氣寒，有小毒。

李氏曰：　蠍虎，生人家墻壁間，狀如蛇醫，灰黑色，扁首長頸，細鱗四足，長者五六寸，亦不聞噬人。南方有十二時蟲，即蠍虎之狀，但黄褐青赤四色，十二時中更時變易，亦狀守宫。〇李氏曰：　生山石間，曰石龍子，即蜥蜴。似蛇有四足，頭扁尾長形細，大者長尺，小者五六七八寸。有細鱗金碧色。生草澤間者曰蛇醫。頭大尾短形粗，其色青黄，亦有白斑者。又能入水與魚合，不入藥用。主產壁間者曰守宫，即蠍虎也。似蛇醫而短小，身褐色，尾亦短。三種并不螫人。又按《夷堅志》云：　刘子見山中有蜥蜴百枚，長二三尺，色金碧光膩如脂，吐雹如彈丸者數十枚。行未數里，俄頃風雷雨雹大作。今道家取此祈雨，蓋取此義。

守宫：　治風癇急驚，李時珍瘰癧流注之藥也。沈孔庭曰：　守宫善食蠍蠆，蠍蠆乃治風要药，故李氏方言守宫所治風痓驚癇諸病，亦猶蜈、蠍之性，能透經絡、化痰涎也。且入血分，如癧瘍流注，及疳積食痞，亦屬血分凝結於經絡，故延生不已。用此攻散凝結之血，所以兼主之也。倘病屬血虛氣弱，非關風痰風毒所感者，宜斟酌用之。

集方：　鄧筆峰方治小兒臍風。用蠍虎後半截焙爲末，用人乳汁調勻，入雄雞矢一分，搽舌根及牙關，再以熱手輕摩病兒胸腹背間，取汗出，甚妙。〇《奇效良方》治久年風癇。用蠍虎一個，剪去四足及尾，研爛，珍珠二分和豆腐煮，研細，麝香、冰片各三分，共研勻。大人服三分，小兒服一分，用薄荷湯下。〇《青囊》治瘰癧初起。用蠍虎一枚，焙燥研末，每日食後服五釐，酒調下。或乘活搗爛，敷癧漸消。〇同上治男婦大小人血積成塊。用蠍虎一枚研爛，白乾麪五錢，和丸梧子大。每早服三錢，白湯下，當下血塊，不過一二次即愈。〇《奇效良方》治小兒疳積羸瘦，面黄腹大，及無辜疳毒。用蠍虎一個微炙乾，蝸牛殼三個，靛青二錢，雄黃一錢，俱研細，麝香、冰片各一分，再總研勻，米醋打神麯糊爲丸黍米大。每服五丸，白湯化下，早晚各一服。〇《聖濟録》治歷節風痛不可忍。用蠍虎三個，白頸蚯蚓五條，俱生研爛，蠐螬蟲三個紙包煨研爛，草烏三個，酒煮一時辰，木香五錢，乳香出汗、沒藥出汗各二錢，麝香、冰片各五分，俱研細，再總研勻，酒打麥麪作糊，爲丸梧子大。每早晚各服二十丸，漸效。〇《衛生寶鑑》治大麻風成癩。用蠍虎五個生搗爛成膏，生半夏二兩研細末，和入蠍虎膏內，丸梧子大。每服五十丸，濃煎綠豆湯吞下。〇《醫方摘要》治癰瘡大痛。用蠍虎焙乾研末，脂麻油調傅即止痛。

蜥蜴味鹹，氣寒，有小毒。　利水道，通小便，《別録》下瘀血，破胎娠之藥也。翟秉元曰：　按寇、李二氏方云：　蜥蜴能聚雹致雨，故能治癃淋，利水道，下瘀血。其功長于利水，故《千金方》治血瘀癥結，血閉水腫，尸疰留飲諸疾。

治翻胃方：　用蠍虎三五個，取公雞一隻籠住，餓二日，只與水吃，或頻灌水數十匙，换淨肚腸。將蠍虎切碎，與雞食之。取糞焙乾爲末，每服一錢，燒酒送下。〇又方，只用活蠍虎一個，燒酒半壺，入蠍虎浸七日，將酒頓熱，去蠍虎，只飲酒即愈。治蠱亦同《萬病回春》。

清・穆石匏《本草洞詮》卷一六

蝘蜓　喜緣屋壁間，善捕蝎蠅，故稱壁虎，亦名守宫。扁首長頸，細鱗，四足。氣味鹹寒，有小毒。治中風癱瘓，歷節風痛，及驚癇小兒疳痢，血積成痞，癘風瘰癧。楊仁齋言：　驚癇皆心血不足，蝘蜓之血與心血相似，取其血以補心，故治驚癇。其說近似，而實不然。蓋蝘蜓食蝎蠆，蝎蠆乃治風要藥，故蝘蜓所治風瘇驚癇諸病，亦猶蜈蝎之性，能透經絡也。蜥蜴利水，蝘蜓祛風，功用自殊，不可不辨。

清・张璐《本經逢原》卷四　守宫一名蝘蜓，俗名壁虎。　鹹，寒，小毒。

發明：　守宫食蠍蠆，蠍蠆乃治風要藥。詳守宫所治風痓驚癇諸病，猶蜈蚣之性能透經絡也；　且入血分，故又治血病、瘡瘍，以毒攻毒，皆取其尾善動之義。麻城移痘方治痘出眼目及正面稠密，用以移痘於不傷命處，其效最捷。觀術士以守宫尾杵為細末，彈熟肉上，其肉便翕翕蠕動，移痘方得非從此悟出。陶弘景云：　蝘蜓喜緣籬壁間，以硃飼之滿三觔，殺，乾末，以塗婦人臂，有交接事便脱，故名守宫。蘇恭曰：　飼硃點婦人臂，謬說也。張華言：　必別有術，今不傳矣。　時珍曰：　守宫祛風，石龍利水，功用自別，不可不知。

清・浦士貞《夕庵讀本草快編》卷六　守宫《綱目》、壁虎　善捕蠍蠅，故以虎名。蜥蜴亦號守宫，能吐雹祈雨，名曰石龍。乃水旱二種，語云：　守宫驅風，石龍利水。　守宫氣味鹹寒而有小毒，疎肝風、走心絡之藥也。故治中風癱瘓，手足不隨，白虎歷節，驚癇風痓，以及反胃格食，小兒疳痢，血痞，撮口，臍風。取其善食蠍蠆，故能透達經絡，且血肉之品，異類相感耳！楊仁齋謂驚癇乃心血不足，專用其血以補心。恐非確論。獨不思肝乃心母，肝風靜則心亦自寧矣！　陶云：　以朱飼令肥，殺，乾為末，點印。女人遇交即脱。守宫之號，義更深矣！

清・王道純《本草品彙精要續集》卷七　守宫有小毒。原本注石龍子内，《綱目》分條。

守宫：　主中風癱瘓，手足不舉，或歷節風痛，及風痓，驚癇，小兒疳痢，血積成痞，癘風瘰癧，療蠍螫《本草綱目》。　【名】壁宫蘇恭、蠍虎同上、壁虎時珍、蝘蜓音偃殄。　陶弘景云：　蝘蜓，喜緣籬壁間，以朱飼之，滿三斤殺，乾，末，以塗女人身，有交接事便脱，不爾如赤誌，故名守宫。而蜥蜴亦名守宫，殊難分別。按東方朔云若非守宫，則蜥蜴是矣。蘇恭云蝘蜓，又名蠍虎，以其常在屋壁，故名守宫，亦名壁宫，飼朱點婦人，謬說也。李時珍云：　守宫，善捕蠍蠅，故得虎名。《春秋考異郵》云：　守宫，食蠆，土勝水也。點臂之說，《淮南萬畢術》、張華《博物志》、彭乘《墨客揮犀》皆有其法，大抵不真，恐別有術，今不傳矣。揚雄《方言》云：　秦晉、西夏謂之守宫，亦曰蠦蠷。南陽人呼爲蝘蜓，在澤中者謂之蜥蜴，楚人謂之蠑螈。　【地】守宫，處處人家牆壁有之。　【時】採：　諸方應用，隨時取之。　【收】《青囊方》云：　端午日午時收壁虎一枚，以雞蛋開一竅盛之，陰乾，蠆蠍螫傷，每以一星傅上，止疼神效。　【用】有全用者，有去足者，有用後半截者，有連血生研者，有陰乾者，有用糞者。　【質】狀如蛇醫，扁首長頸，細鱗四足，長者六七寸，亦不聞噬人。南方有十二時蟲，即守宫之五色者，並附於下。　【色】灰黑色。　【味】鹹。　【性】寒。　【主】糞，主治爛赤眼。　【製】有用朱砂末養之，或焙炙乾用。　【治】李時珍曰：　守宫，云不入藥用，近時方術多用之。楊仁齋言，驚癇，皆心血不足，其血與心血相類，故治驚癇，取其血以補心。其説近似而實不然。蓋守宫食蠍蠆，蠍蠆乃治風要藥，故守宫所治風痓驚癇諸病，亦猶蜈蠍之性能透經絡也，且入血分，故又治血病瘡瘍。守宫祛風，石龍利水，功用自別，不可不知。〇方廣《附餘》治小兒撮口，用朱砂末安小瓶内，捕活蠍虎一個入瓶中，食砂末月餘，待體赤陰乾爲末，每服薄荷湯，調下三四分。〇《醫方摘要》云：　瘰癧初起，用壁虎一枚，焙研，每日服半分，用酒下。〇《青囊雜纂方》：　癰瘡大痛，壁虎焙乾研末，油調傅之，即止。　【合治】鄧筆峰《雜興方》，小兒臍風，用壁虎後半截，焙爲末，男用女乳，女用男乳，調匀，入稀雞屎少許，摻舌根及牙關，仍以手蘸摩兒取汗出，甚妙。〇《奇效方》：　守宫膏，治年久驚癇，用守宫一個，剪去四足，連血研爛，入珍珠、麝香、龍腦香各一字，研匀，以薄荷湯調服，仍先或吐或下，去痰涎而後用此，大有神效。〇《仁齋直指方》：　心虚驚癇，用褐色壁虎一枚，連血研爛，入朱砂，麝香末少許，薄荷湯調服，繼服二陳湯，神效。〇《醫學正傳》云：　癱瘓走痛，用蠍虎一枚，炙黄，陳皮五分，罌粟殻一錢，甘草、乳香、沒藥各二錢半，爲末，每服三錢，水煎服。〇《聖濟總錄方》：　歷節風痛不可忍者，壁虎丸，用壁虎三枚，生研，蠐螬三枚，紙包煨研，地龍五條生研，草烏頭三枚生研，木香五錢，乳香末二錢半，麝香一錢，龍腦五分，合研成膏，入酒糊搗丸如梧桐子大，每日空心乳香酒服三十丸，取效。〇《聖惠方》：　破傷中風，身如角弓反張，筋急口噤者，用守宫丸治之。守宫炙乾去足七枚，天南星酒浸三日曬乾一兩，膩粉半錢，爲末，以薄麵糊丸綠豆大，每服七丸，酒灌下，少頃汗出得解。更與一服，再汗即瘥。或加白附子一兩，用蜜丸。〇《衛生寶鑑》：　祛風，散癘風，成癩，用東行蠍虎一條，焙乾，大蠶砂五升，水淘炒，各爲末，以小麥麵四升，拌作絡索，曝乾，研末，每服一二合，煎柏葉湯下，日三服，取效。〇《青囊雜纂》方：　血積成塊，用壁虎一枚，白麵和一鴨子大，包裹研爛，作餅烙熟食之，當下血塊，不過三五次即愈，甚驗。○《奇效良方》：　蠍虎丹，治小兒一切疳疾，消瘦下痢，證候全備，及無辜疳毒，如邪病者，用乾雄蠍虎一個，微炙，蝸牛殼、蘭香根、靛花、雄黃、麝香各一分，龍腦半分，各研爲末，米醋煮糊丸黍米大，每用脂麻湯下十丸，日三服，取效。○朱丹溪《摘元方》：　反胃膈氣，用地塘蟲，即壁虎也，七個，砂鍋炒焦，木香、人參、朱砂各一錢半，乳香一錢，爲末，蜜丸梧子大，每服七丸，木香湯下，早晚各一服。○《聖濟總錄》云：　胎赤爛眼昏暗，用蠍虎數枚，以罐盛黃土按實，入蠍虎在內，勿令損傷，以紙封口，穿數孔出氣，候有糞數粒，去糞上一點黑者，只取一頭白者，唾津研成膏，塗眼睫周圍，不得揩拭，來早，以溫漿水洗三次，甚效。

清·汪紱《醫林纂要探源》卷三　守宮　鹹，寒。守宮、蠑螈、蜥蜴、蝘蜓，《爾雅》只反覆相釋，不及細別。今考居人家壁間而色黑褐，能食蠍及白蟻者，守宮也。居草澤中而色黃赤體肥大者，蠑螈也。居草石間，色黃赤而尾青綠者，蜥蜴、蝘蜓也。蜥蜴能食蜈蚣，而蛇有受傷者，蜥蜴輒採藥救之，故俗曰蛇醫。詩人以虺蜴並數之。其色黃赤而尾不綠者，蠻人捕食，謂之山鰍。此一種，而有毒無毒分焉，特分別錄之。　祛風痰，補心血，治驚癇。

清·嚴潔等《得配本草》卷八　守宮即蝘蜓。　鹹，寒，有小毒。入手少陰經血分。治中風驚癇，癘風瘰癧。　配蠶沙、麥麵，炒研，柏葉湯下，治風癩。　童便、酒、鹽，隨方法製。

清·劉善述、劉士季《草木便方》卷二蟲介鱗甲部　守虎　壁虎鹹寒除癘風，中風癱瘓驚癇攻。手足不遂歷節痛，疳痢瘍勞血積通。

石龍子

宋·唐慎微《證類本草》卷二一蟲魚部中品〔《本經·別錄·藥對》〕　**石龍子**　**味鹹，寒**，有小毒。**主五癃邪結氣，破石淋下血，利小便水道。一名蜥**音錫**蜴**音亦，一名山龍子，一名守宮，一名石蜴。生平陽川谷及荆山石間。五月取，著石上令乾。惡硫黃、斑猫、蕪荑。

〔梁·陶弘景《本草經集注》〕云：　其類有四種：　一大形，純黃色，爲蛇醫母，亦名蛇舅母，不入藥；　次似蛇醫，小形長尾，見人不動，名龍子；　次有小形而五色，尾青碧可愛，名斷蜴，并不螫人；　一種喜緣籬壁，名蝘音偃蜓音電，形小而黑，乃言螫人必死，而未常聞中人。按東方朔云是非守宮，則蜥蜴，如此蝘蜓名守宮矣。以朱飼之，滿三斤，殺，乾末，以塗女子身，有交接事便脫，不爾如赤誌，故謂守宮。今此一名守宮，猶如野葛、鬼臼之義也，殊難分別。

〔唐·蘇敬《唐本草》〕注云：　此言四種者，蛇師，生山谷，頭大尾短小，青黃或白斑者是。蝘蜓，似蛇師，不生山谷，在人家屋壁間，荆楚及江淮人名蝘蜓，河濟之間名守宮，亦名榮螈音元，又名蠍虎，以其常在屋壁，故名守宮，亦名壁宮，未必如術飼朱點婦人也，此皆假釋爾。其名龍子及五色者，并名蜥蜴，以五色者爲雄而良，色不備者爲雌，劣爾，形皆細長，尾與身相類，似蛇著四足，去足便直蛇形也。蛇醫則不然。按《爾雅》亦互言之，并非真說。又云朱飼滿三斤，殊爲謬矣。

〔宋·掌禹錫《嘉祐本草》〕按：　《蜀本圖經》云：　長者一尺，今出山南襄州、安州、申州。以三月、四月、八月、九月採，去腹中物，火乾之。

〔宋·蘇頌《本草圖經》〕曰：　石龍子，生平陽川谷及荆山山石間，今處處有之。一名蜥音錫蜴音亦。謹按《爾雅》云：　蠑螈，蜥蜴。蜥蜴，蝘蜓。蝘蜓，守宮也。疏釋曰：《詩·小雅·正月》云胡爲虺蜴，蜴爲此也。四者一物，形狀相類而四名也。《字林》云：蠑螈，蛇醫也。《說文》云：　在草曰蜥蜴，在壁曰蝘蜓。《方言》云：　秦、晉、西夏謂之守宮，或謂之蠦音盧蟺音廛，或謂之刺易，南陽人呼蝘蜓。其在澤中者，謂之易蜥，楚謂之蛇醫，或謂之蠑螈。又東方朔云：　非守宮，即蜥蜴。按此諸文，即是在草澤中者名蠑螈、蜥蜴，在壁者名蝘蜓、守宮也。然則入藥當用草澤者，以五色具者爲雄而良，色不具者爲雌，乃劣耳。五月取，著石上令乾。

宋·寇宗奭《本草衍義》卷一七　石龍子　蜥蜴也，今人但呼爲蜴蜥，大者長七八寸，身有金碧色。仁廟朝，有一蜥蜴在古掖門西濬溝廟中，此真是蜥蜴也。鄭狀元有詩。有樵者於澗下行，見一蜥蜴自石罅中出，飲水訖而入。良久，凡百十次，尚不已。樵者疑，不免翻石視之，有冰雹一二升。樵人訝而去，行方三五里，大雨至，良久風雹暴作。今之州縣依法，用此祈雨。《經》云治五癃，破石淋，利水道，亦此義乎。

宋·王繼先《紹興本草》卷一八　石龍子　紹興校定：　石龍子，乃蜥蜴，或稱蛇師是矣。性味、主治已載《本經》，但治淋方家亦間有用者。山石草土間，處處產之。當從《本經》味鹹、寒、有小毒是矣。

宋·鄭樵《通志》卷七六《昆蟲草木略》　蜥蜴之類多。《爾雅》云：　蠑螈，蜥蜴。蝘蜓，守宮也。今按小而青者曰蜥蜴，大而黃者曰蝘蜓，最小在牆間砌下者曰守宮。種類既異，而此釋為一物，恐亦未審也。又按《本草》，蜥蜴謂之石龍子，一名山龍子，一名石蜴。楚人謂之蛇醫，或謂之蠑螈，青尾，有五彩。蝘蜓似蜥蜴而大，黃色，亦謂之蠦蟺也。守宮，似蜥蜴而小，在屋壁間，故名守宮。故東方朔謂非守宮則蜥蜴也。守宮又名蠍虎。舊云，以朱飼之，滿三斤，殺之，乾末，塗女子身，有交接事便脫，不爾如赤誌，故謂之守宮。

宋・劉明之《圖經本草藥性總論》卷下 蜥蜴 味鹹，寒，有小毒。主五癃邪結氣，破石淋下血，利小便水道。惡硫黃、班猫、蕪荑。一名蝘蜓。

宋・陳衍《寶慶本草折衷》卷一七 石龍子。一名山龍子，一名龍子，一名石蝎，一名蜥蜴，一名蜴蜥，一名虺蜴，一名刺易，一名守宮，一名榮螈，一名螈蝶，一名蠍虎，一名蠦蟺。其黃色者名蛇醫，一名蛇舅；其小而黑者名蝘蜓。○蜴，音亦；蜥，音錫；榮，一作蠑；螈，音元；蠦，音盧；蟺，音廛；蝘，音偃；蜓，音電。生平陽川谷山石間，及荊楚、江淮、河濟、山南、秦晉、西夏、南陽，襄、安、申州。今處處草澤中，或籬壁上有之。○三、四、五、八、九月採，去腹中物，火乾。○惡硫黃、斑猫、蕪荑。

味鹹，寒，有小毒。○主五癃邪結氣，破石淋下血，利小便水道。○《圖經》曰：以五色具者為雄而良。色不具者為雌，力劣。○寇氏曰：身有金碧色。

明・王綸《本草集要》卷六 石龍子 味鹹，氣寒，有小毒。惡硫黃、斑猫、蕪荑。大者長七八寸，金碧色。生川谷。五月取著石上，令乾。有四名，在草澤者名螈蠑、蜥蜴；在屋壁者名蝘蜓、守宮。主五癃邪結氣，破石淋下血，利小便水道。

明・滕弘《神農本經會通》卷一〇 石龍子 惡硫黃、斑貓、蕪荑。生川谷山石間。五月取著石上，令乾。以五色具者為雄而良。色不備者為雌，劣爾。形皆細長，尾與身相類，似蛇著四足。四者一物，形狀相類而四名也。在草澤中者名蠑螈、蜥蜴。在壁者名蝘蜓、守宮。入藥當用草澤者。

味鹹，氣寒，有小毒。《本經》云：主五癃邪結氣，破石淋，下血，利小便水道。《局》云：蠑螈、蜥蜴、蝘蜓同，四種相形及守宮。破血除淋并下血，須知入藥辨雌雄。石龍子，除熱淋，止血，蜥蜴殊途。

明・劉文泰《本草品彙精要》卷三〇 石龍子有小毒 卵生。

石龍子：主五癃邪結氣，破石淋，下血，利小便水道。《神農本經》。

〔名〕蜥音錫蜴音亦、守宮、石蜴、蠑螈、蝘音偃蜓音電、蛇醫、虺蜴、刺易、蠦音盧蟺音廛、易蜥、山龍子。〔地〕《圖經》曰：生平陽川谷及荊山山石間，今處處有之。《爾雅》云：蠑螈，蜥蜴，蝘蜓，守宮，四者一物，形狀相類而異名也。《字林》云：蠑螈，蛇醫也。《說文》云：在草曰蜥蜴，在壁曰蝘蜓。秦、晉、西夏謂之守宮，或謂之蠦蟺，或謂刺易，南陽人呼蝘蜓，在澤中者謂之易蜥，楚謂之蛇醫。東方朔云：非守宮即蜥蜴。按此諸說，蓋在草澤中者名蠑螈、蜥蜴，在壁者名蝘蜓、守宮也。漢武於午日取蜥蜴，飼以丹砂，其體盡赤，次年此日搗之，塗宮人臂，如赤痣，有犯即消，故謂之守宮。《衍義》曰：大者長七八寸，身有金碧色。仁廟朝有一蜥蜴在右掖門西浚溝廟中，是真蜥蜴也。鄭狀元有詩。昔有樵者於澗下行，見一蜥蜴自石罅中出，飲水訖而入，良久，凡百十次尚不已，樵者疑之，不免翻石視之，有冰雹一二升，樵人訝而去，行方三五里，大雨至，風雹暴作，今用祈雨。《經》云：治五癃，破石淋，利水道，亦此義爾。〔時〕生：無時。採：三月、四月、五月、八月、九月取。〔用〕身有金碧色者。〔色〕青。〔味〕鹹。〔性〕寒。〔氣〕氣薄味厚，陰也。〔臭〕腥。〔主〕破諸淋，消結氣。〔反〕惡硫黃、斑蝥、蕪荑。

〔製〕去腹內物，火炙乾，研細。或著石上，令乾用。

明・許希周《藥性粗評》卷四 石龍子攻通淋血。

石蠪子，一名守宮，一名蝘蜓，一名蜥蜴。《正月》之詩曰胡為虺蜴是也。蛇形，四足，長可五六寸餘，好遊草澤及人家屋壁之間，以金碧色可愛者為佳，入藥或謂飼以朱砂，取血塗女子身，便為赤痣，一遇交接則脫去，可以防守宮妾闈名守宮，漢武帝嘗為之，未知然否。取得去腸穢，炙乾聽用。味鹹，性寒，有小毒。主破癃閉淋血，利小便，通水道。或入藥，或單末以酒調服。

明・王文潔《太乙仙製本草藥性大全》卷八《本草精義》 石龍子 一名蜥蜴，一名山龍子，一名守宮。生平陽川谷及荊山石間，今在處有之。五月採，著石上令乾。惡硫黃、班猫、蕪荑。《爾雅》云蠑螈、蜥蜴、蝘蜓、守宮四者一物，形狀相類而四名也。《字林》云：蠑螈，蛇醫也。《說文》云：在草曰蜥蜴，在壁曰蝘蜓。唐云：蛇師，生山谷，頭大尾短小，青黃或白斑者是。蝘蜓，似蛇師，不生山谷，在人家屋壁間。荊楚江淮人名蝘蜓，河濟之間名守宮，亦名蠑螈，又名蠍虎。以其常在屋壁，故名守宮，亦名壁宮。未必如術飼朱點婦人也。其名龍子及五色者，並名蜥蜴。五形皆細，長尾與身相類，似蛇著四足，去足便直蛇形也。蛇醫則不然。按此諸文即是在草澤中也，名蠑螈、蜥蜴；在壁者名蝘蜓、守宮也。然則入藥當用草澤者，以五色具者爲雄而良，色不具者爲雌，力劣耳。

明・王文潔《太乙仙製本草藥性大全》卷八《仙製藥性》 石龍子 味鹹，氣寒，有小毒。主治：破石淋下血，利小便水道。主五癃閉之神方，祛邪結氣之妙劑。

明・皇甫嵩《本草發明》卷六　石龍子中品。味鹹，寒，有小毒。主五癃，邪熱結氣，破石淋，下血，利小便水道。狀略似蛤蚧，在草澤者名蜥蜴，在屋壁者名守宮。用之惟取川澤者。五色者為雄，而良；色不具者為雌，力劣。五月取，着石上，令乾。惡硫黄、斑猫、蕪荑。

明・李時珍《本草綱目》卷四三鱗部・龍類　石龍子《本經》中品

【釋名】山龍子《别録》　泉龍《繁露》註　石蜴音易。　蜥蜴《别録》　猪婆蛇《綱目》　守宮時珍曰：此物生山石間，能吐雹，可祈雨，故得龍子之名。蜥蜴本作析易。許慎云：易字篆文象形。陸佃云：蜴善變易吐雹，有陰陽析易之義。《周易》之名，蓋取乎此。今俗呼爲猪婆蛇是矣。弘景曰：守宫，蝘蜓也。而此亦名守宫，殊難分别。詳見守宫條。

【集解】《别録》曰：石龍子生平陽川谷，及荆州山石間。五月取，着石上令乾。保昇曰：山南襄〔州、安〕中處處有之。三四八九月采，去腹中物，熏乾。弘景曰：其類有四種：形大純黄者爲蛇醫母，亦名蛇舅，不入藥用；似蛇醫而形小尾長，見人不動者，爲龍子；形小而五色，尾青碧可愛者，爲蜥蜴，並不螫人；一種緣籬壁，形小色黑者，爲蝘蜓，言螫人必死，亦未聞中之者。恭曰：龍子即蜥蜴，形細而長，尾與身類，似蛇有四足，去足便是蛇形。以五色者爲雄，入藥良；色不備者〔爲雌〕，力劣也。蛇師生山谷，頭大尾小而短，色青黄或白斑也。蝘蜓生人家屋壁間，似蛇師，即守宫也，一名蠑螈。《爾雅》互言之，並非真説。頌曰：《爾雅》以蠑螈、蜥蜴、蝘蜓、守宫爲一物。《方言》以在草爲蜥蜴、蛇醫，在壁爲守宫、蝘蜓。《字林》蠑螈爲蛇醫。據諸説，當以在草澤者爲蠑螈、蜥蜴，在屋壁者爲蝘蜓、守宫也。入藥以草澤者爲良。時珍曰：諸説不定。大抵是水、旱二種，有山石、草澤、屋壁三者之異。《本經》惟用石龍，後人但稱蜥蜴，實一物也。且生山石間，正與石龍、山龍之名相合，自與草澤之蛇師、屋壁之蝘蜓不同。蘇恭言蛇師生山谷，以守宫爲蠑螈，蘇頌以草澤者入藥，皆與《本經》相戾。術家祈雨以守宫爲蜥蜴，謬誤尤甚。今將三者攷正于左，其義自明矣。生山石間者曰石龍，即蜥蜴，俗呼猪婆蛇；似蛇有四足，頭扁尾長，形細，長七八寸，大者一二尺，有細鱗金碧色；其五色全者爲雄，入藥尤勝。生草澤間者曰蛇醫，又名蛇師、蛇舅母、水蜥蜴、蠑螈，俗亦呼猪婆蛇；蛇有傷，則啣草以敷之，又能入水與魚合，故得諸名；狀同石龍而頭大尾短，形粗，其色青黄，亦有白斑者，不入藥用。生屋壁間者曰蝘蜓，即守宫也，似蛇醫而短小，灰褐色，並不螫人，詳本條。又按《夷堅志》云：劉居中見山中大蜥蜴百枚，長三四尺，光膩如脂，吐雹如彈丸，俄頃風雷作而雨雹也。宗奭曰：有人見蜥蜴從石罅中出，飲水數十次，石下有冰雹一二升。行未數里，雨雹大作。今人用之祈雨，蓋取此義。

【修治】時珍曰：古方用酥炙或酒炙。惟治傳尸勞瘵天靈蓋丸，以石蜥蜴連腸肚，以醋炙四十九遍用之，亦一異也。

【氣味】鹹，寒，有小毒。之才曰：惡硫黄、蕪荑、斑蝥。

【主治】五癃邪結氣，利小便水道，破石淋下血《别録》。消水飲陰㿉，滑竅破血。娠婦忌用時珍。

【發明】宗奭曰：蜥蜴能吐雹祈雨，故能治癃淋，利水道。時珍曰：其功長於利水，故《千金》治癥結水腫，尸疰留飲，有蜥蜴丸。《外臺》治陰〔小兒〕陰㿉用之，皆取其利水也。劉涓子用同斑蝥、地膽治瘻疾，取其利小便，解二物之毒也。

【附方】新二。　小兒陰㿉：用蜥蜴一枚燒灰，酒服。《外臺秘要》。　諸瘻不愈：用蜥蜴炙三枚，地膽炒三十枚，斑蝥炒四十枚，爲末，蜜丸小豆大。每服二丸，白湯下。治諸法不效者。《劉涓子鬼遺方》。

肝　主治缺。

【附方】新一。　去生胎：蜥蜴肝、蛇脱皮等分，以苦酒和匀，摩妊婦臍上及左右令温，胎即下也。《聖惠》。

明・李中立《本草原始》卷一一　石龍子　即蜥蜴也。生平陽川谷，及荆州山石間。形細而長，尾與身類，似蛇有四足。以五色者為雄，入藥良。昔有人見此物從石罅中出，飲水數次，石下有冰雹一二升，行未數里，雨雹大作。今人用之祈雨，故得龍子之名。蜥蜴本作析易。許慎云：易字篆文象形。陸佃云：蜴善變，易吐雹，有陰陽析易之義。《周易》之名，蓋取乎此。石龍子：氣味：鹹，寒，有小毒。主治：五癃邪結氣，利小便水道，破石淋下血。〇消水飲陰㿉，滑竅破血。妊婦忌用。

石龍子，《本經》中品。【圖略】市賣乾石龍子形，爪尖長，腹有細鱗。脊露骨，尾比身長。修治：石龍子三、四、八、九月采，去腹中物，以竹棒撑之，熏乾入藥。或酥炙，或酒炙。惟治傳尸勞瘵天靈蓋丸，以石蜥蜴連腸肚，以醋炙四十九遍用之。陸佃云：石龍子以朱飼之，其體盡赤，搗之萬杵，以點婦人終身不滅如赤誌，偶則落。

之才曰：惡硫黄、蕪荑、斑蝥。《外臺秘要》：治小兒陰㿉，用蜥蜴一枚燒灰為末，酒服。

清・穆石匏《本草洞詮》卷一六　蜥蜴　生山石間，能吐雹，可祈雨。《本經》謂石龍子，俗呼豬婆蛇。形似蛇而四足，頭扁尾長，有細鱗，金碧色。《夷堅志》云：劉居中見山中大蜥蜴，長三四尺，吐雹如彈丸，俄頃風雷作而雨雹也。今人用之祈雨，蓋取此義。氣味鹹，寒，有小毒。治五癃邪結氣，利小便，滑竅破血。《千金方》治癥結水腫，尸注留飲，有蜥蜴丸，《外臺》治陰

(漬)〔瘠〕用之，皆取其利水也。

清・张璐《本經逢原》卷四　石龍子　鹹，溫，小毒。《綱目》作鹹寒，誤。產平陽山谷荊襄等處，其類有四。一種生岩石間，頭扁身長，尾與身等，長七八寸，大者尺餘，其狀若蛇而脚似梅花，鱗目五色者為雄，色黃身短者為雌。此物最惜鱗甲，故見人不動，捕之亦不螫人。以其生岩石間，故《本經》謂之石龍子，以其善於變易，吞霾吐雹，有陰陽析易之義，故《字林》謂之蜥蜴，楚人名為蠑螈，實一物也。入藥雌雄並用，去頭足酒浸酥炙用之。入傳尸藥，醋炙用之。一種生草澤間，頭大尾短身粗，其色青黃，有傷則啣草自敷，故謂之蛇醫母，能入水與石斑魚合，故又名水蜥蜴，不入藥用。一種生人家屋壁，形小身細，長三四寸，色褐斑黑者謂之蝘蜓，吳俗名為壁虎，以其居壁而善捕蠍蠅也。或云，飼之以朱，點宮娥臂，故名守宮。一種似守宮而頭圓身細，長五六寸，色白如銀，通身細鱗，雌雄上下相應而鳴，情洽乃交者，蛤蚧也。荊襄嶺澤皆有，而西川產者最勝。捕得成對線纏，炙乾，捲榕樹皮中者是也。以此明辨，方無悞用之失。　發明：石龍子為《本經》中品，而《綱目》主治中有《別錄》而無《本經》，豈《本經》之文有所殘缺歟，抑《本經》之文誤註《別錄》歟？其治五癃邪結氣，利小便水道，破石淋下血者，以蜥蜴能吐雹祈雨，故治癃淋利水道，是其本性。《千金》治癥結水腫，尸疰留飲，有蜥蜴丸，《外臺》治陰㿗方用之，皆取其長於利水道耳。按：蜥蜴即是石龍。今房術藥中用之，以其興發助陽而無止濇之患也。

清・黃元御《玉楸藥解》卷六　蜥蜴　味鹹，性寒。入手太陰肺、足太陽膀胱、足少陰腎、足厥陰肝經。消癧通淋，破水積，治瘻瘡。亦名石龍子。能吐雹祈雨，故善通水道。酥炙研細用。

清・葉志詵《神農本草經贊》卷二　石龍子　味鹹，寒。主五癃邪結氣，破石淋下血，利小便水道。一名蜥蜴。生山谷。

析易陰陽，荊山盈數。魚躍浮交，蟬棲巧捕。召雨含冰，興雲擁霧。從壁上觀，守宮丹注。

《埤雅》：蜴善變易，有陰陽析易之義。《名醫》曰：生荊州山石間。《抱朴子》：虺蜴盈數。《異物志》：魚跳躍，蜥蜴從草中下依，近共浮水而相合。《古今注》：善於樹上捕蟬食之。《卦爻名義注》：與龍通氣，故可祈雨，與蛇同形，故能吐雹。《倦遊雜錄》：京師久旱以甕貯水，插柳枝泛蜥蜴，小兒呼曰：蜥蜴蜥蜴，興雲吐霧。《說文》：在壁者曰蝘蜓。《史記・紀》：諸將皆從壁上觀。《博物志》：蜥蜴食以硃砂，體盡赤，擣點女人支體，終身不滅，故曰守宮。

清・戴葆元《本草綱目易知錄》卷五　石龍子蜥蜴、猪婆蛇。　鹹，寒，有小毒。其功長於利水。治癥結水腫，尸疰留飲，五癃邪結氣，利小便水道，破石淋下血，消水飲陰㿗。滑竅破血，下胎，妊婦忌之。時珍曰：石龍，名蜥蜴，俗呼猪婆蛇，似蛇，有四足，頭扁尾長，形細，長七八寸，大者一二尺，有細鱗，金碧色，其五色全者為雄，入藥尤勝。葆按：山人俗名迅蜓，謂其疾走迅速意。

脆蛇

清・趙學敏《本草綱目拾遺》卷一〇鱗部　脆蛇　《雲南志》：順甯府出脆蛇，見人則斷，人去復續。取而乾之，可治腫毒。《滇黔記遊》：出滇黔土司，長尺餘，伏草莽，見人輒躍起跌數段，頃復合一，色如白金光亮，悞拾之，觸毒即斃。陳鼎《蛇譜》：脆蛇產貴州土司中，長尺有二寸，圓如錢，嘴尖尾禿，背黑腹白，暗鱗點點可玩，見人輒躍起數尺，跌為十二段，須臾復合為一。不知者悞拾之，即寸斷，兩端俱生頭，齧人即斃。出入往來恒有度，捕之者置竹筒於其逕側，則不知而入其中，急持之方可完，稍緩則碎矣，故名曰脆。予家多蓄奇藥，曾購得其腊，見寸斷處皆光潤如新截然，亦一異也。　查慎行《人海記》：脆蛇出崑崙山，聞人聲即寸斷，人伺其斷，鉗取之，須寸各異處，待風乾入藥；若少頃無人聲，寸寸仍續成蛇。

治色癆及驚疑喪膽諸症《玉鏡新談》。肉熬膏，箍癰疽，去風癘。其骨醋磨圍腫毒，良。　接斷骨：《滇黔記遊》：脆蛇人得而腊之，用接斷骨，價值兼金，視其上、中、下，治頭腹脛股，無不效。　大麻風、痢：《滇略》：脆蛇，一名片蛇，產順甯大侯山中，長二尺許，遇人輒自斷為三四，人去復續，乾之色如黃金，治惡疽，腰以上用首，以下用尾，又治大麻風及痢，近人貨之為夾棍藥。

清・方仁淵《倚雲軒醫案醫話醫論》　碎蛇　孟良邊外有碎蛇，每日必上樹，跌而下至地，則散如粉，俄又合成一蛇，蜿蜒而去。蓋其生氣欝勃，必散以洩之也。為接骨治傷之勝藥。又有淫鳥，其精可助房中術，有得於石者，以銅裹之如鈴，謂之緬鈴。皆出緬甸國。

蚺蛇

宋·唐慎微《證類本草》卷二二蟲魚部下品〔《本經·別錄》〕 蚺音髯蛇膽　味甘、苦，寒，有小毒。主心腹䘌痛，下部䘌瘡，目腫痛。膏：平，有小毒。主皮膚風毒，婦人産後腹痛餘疾。

〔梁·陶弘景《本草經集注》〕云：此蛇出晉安，大者三二圍。在地行住不舉頭者，是真；舉頭者，非真。形多相似，彼土人以此别之。膏、膽又相亂也。真膏纍纍如梨豆子相著，他蛇膏皆大如梅、李子。真膽狹長通黑，皮膜極薄，舐之甜苦，摩以注水即沉而不散，其僞者并不爾。此物最難得真，真膏多所入藥用，亦云能療伯牛疾。

〔唐·蘇敬《唐本草》〕注云：此膽剔取如米粟，著淨水中，浮游水上，迴旋行走者爲真，多著亦即沉散。其少着逕沉者，諸膽血并爾。陶所説真僞正反。今出桂、廣已南，高、賀等州大有。將肉爲膾，以爲珍味。難死似鼉，稍截食之。其形似鱧魚，頭若鼉頭，尾圓無鱗，或言鱧魚變爲之也。

〔宋·掌禹錫《嘉祐本草》〕按：《蜀本圖經》云：出交、廣二州，嶺南諸州。大者徑尺，長丈許，若蛇而麄短。《藥性論》云：蚺蛇膽，臣。渡嶺南，食此膾，瘴毒不侵，世人皆知之。膽，主下部䘌，殺小兒五疳。孟詵云：蚺蛇膏，主皮肉間毒氣。肉作膾食之，除疳瘡。小兒腦熱，水漬注鼻中。齒根宣露，和麝香末傅之。其膽難識，多將諸膽代之。可細切於水中，走者真也。又，猪及大蟲膽亦走，遲於此膽。陳藏器云：蚺蛇，本功外，膽主破血，止血痢，蠱毒下血，小兒熱丹，口瘡疳痢。肉主飛尸，遊蠱。喉中有物，吞吐不得出者，作膾食之。其膾著醋，能卷人筋，以芒草爲筋，不然終不可脱。至難死，開肋邊取膽放之猶能生，三五年平復也。段成式《酉陽雜俎》云：蚺蛇長十丈，嘗吞鹿，鹿消盡，乃繞樹出骨。養瘡時肪腴甚美，或以婦人衣投之，則蟠而不起。其膽上旬近頭，中旬在心，下旬近尾。

〔宋·蘇頌《本草圖經》〕曰：蚺蛇膽，《本經》不載所出州土，陶隱居云出晉安，蘇恭云出桂、廣以南高、賀等州，今嶺南州郡皆有之。此蛇極大，彼土人多食其肉，取其膽及膏爲藥。《嶺表録異》云：雷州有養蛇戶，每歲五月五日即擔舁蚺蛇入官以取膽，每一蛇皆兩人擔舁，致大籃籠中，藉以軟草屈盤其中，將取之，則出置地上，用杈枒十數，翻轉蛇腹，旋復按之，使不得轉側，約分寸，於腹間剖出肝膽，膽狀若鴨子大，切取之，復内肝腹中，以線縫合創口，蛇亦復活。舁歸放於川澤。其膽暴乾，以充土貢。或云：蛇被取膽，它日見捕者，則遠遠側身露腹瘡，明已無膽，以此自脱。或云：此蛇至難死，剖膽復能活三年，未知的否耳？此物極多僞，欲試之，剔取如粟米許，著淨水上，浮游水上，回旋行走者爲真。其徑沉者，諸膽血也。試之不可多，多亦沉矣。膏之真者，礫礫如梨豆子，他蛇膏皆大如梅、李子，此爲别也。下條又有蝮蛇膽，其蛇黄黑色，黄頷尖口，毒最烈，取其膽以爲藥，主䘌瘡。肉釀作酒，以治大風及諸惡風瘡，瘡瘻，瘰癧，皮膚頑痹等。然今人不復用此法。此蛇多在人家屋間，吞鼠子及雀雛，見其腹大破取鼠乾之，療鼠瘻。陳藏器説：蛇中此蛇獨胎産，形短鼻反，錦文。其毒最猛，著手斷手，著足斷足，不爾合身糜潰矣。蝮蛇至七、八月毒盛，時常自齧木，以洩其毒，其木即死。又吐口中沫於草木上，着人身成瘡，名曰蛇漠，卒難療治，所主與衆蛇同方。又下蛇蜕條云：生荆州川谷及田野。五月五日、十五日取之良。今南中於木石上及人家屋栱間多有之。古今方書用之最多。或云：蛇蜕無時，但著不淨物則脱矣。古今治蛇毒方甚多。葛洪、張文仲并言其形狀。文仲云：蝮蛇形乃不長，頭扁口尖，頭斑身赤文斑，亦有青黑色者，人犯之，頭足貼著是也。東間諸山甚多，草行不可不慎之。又有一種，狀如蝮而短，有四脚，能跳來齧人，東人名爲千歲蝮，人或中之必死。然其齧人已，即跳上木作聲，其聲云斫木斫木者，不可救也。若云博叔博叔者，猶可急療之。其療之方：細辛、雄黄等分，末，以内瘡中，日三四易之。諸蛇及虎傷亦主之。又以桂、栝樓末，著管中，密塞之帶行，中毒急傅之，緩乃不救。葛氏云：青蜂蛇，緑色，喜緣木及竹上，大者不過四五尺，色與竹木一種，其尾三四寸。色異者名熇尾蛇，最毒。中之急灸瘡中三五壯，毒則不行，又用雄黄、乾薑末，以射罔和之，傅瘡。又辟衆蛇方云：辟蛇之藥雖多，惟以武都雄黄爲上，帶一塊古稱五兩者於肘間，則莫敢犯。他人中者，便磨以療之。又帶五蛄黄丸，以其丸有蜈蚣故也。其方至今傳之。亦可單燒蜈蚣，末，傅著瘡上，皆驗。

〔宋·唐慎微《證類本草》〕《海藥》云：謹按徐表《南州記》云：生嶺南。《正經》云：出晉安及高、賀州，彼人畜養而食之。膽，大寒，毒。主小兒八癇，男子下部䘌。欲認辨真假，但割膽看，内細如粟米，水中浮走者是真也。沉而散者非也。《食療》：膽，主䘌瘡瘻，目腫痛，疳䘌。肉，主溫疫氣。可作鱠食之。如無此疾及四月勿食之。膏，主皮膚間毒氣。小兒疳痢，以膽灌鼻中及下部。《聖惠方》：治小兒急疳瘡。用蚺蛇膽細研，水調傅之。《楊氏産乳》：療溫痢久不斷，體瘦，昏多睡，坐則閉目，食不下。蚺蛇膽大如豆二枚，煮通草汁研膽，以意多少飲之，并塗五心并下部。又方：療齒疳，蚺蛇膽末傅之。顧含：養嫂失明，含嘗藥視膳，不寢不食，嫂目疾須用蚺蛇膽，含計盡求不得。有一童子以一合授含。含開，乃蚺蛇膽也。童子出門，化爲青鳥而去。嫂目遂差。《朝野僉載》：泉州盧元欽患大風，唯鼻未倒。五月五日取蚺蛇膽，欲進。或云肉可治風。遂一截蛇肉食之，三五日頓覺漸可，百日平復。

宋·王繼先《紹興本草》卷一八　蚺蛇膽　紹興校定：蚺蛇膽及膏，《本經》雖各分性味、主治，但近世未聞用驗之據。産廣南，其性俱有毒者是矣。

宋·張杲《醫説》卷三　蚺蛇治風　泉州有客盧元欽，染大風，唯鼻根未倒。屬五月五日，官取蚺蛇膽欲進。或言肉可治風，遂取一截蛇肉食之，三五日頓漸可，百日平復。

明·王綸《本草集要》卷六 蚺蛇膽 味甘苦，氣寒，有小毒。割膽，看內細如粟米，著水中浮走者是真，沉而散者非也。 主心腹䘌痛，下部䘌瘡，目腫痛，小兒五疳。

明·滕弘《神農本經會通》卷一〇 蚺音髯蛇膽 大者三二圍，在地行住，不舉頭者是，舉頭者非。此膽剔取如米粟，著淨水上，浮游水上，廻旋行走者為真。多著亦即沉散，其少著徑沉者，諸膽血并爾。

味甘、苦，氣寒，有小毒。《本經》云：主心腹䘌痛，下部䘌瘡，目腫痛。膏，氣平，有小毒。主皮膚風毒，婦人產後腹痛餘疾。陶云：膏，療伯牛疾。《藥性論》云：膽，臣。主下部䘌，殺小兒五疳。孟詵云：膏，主皮肉間毒氣。肉，作鱠食之良。除疳瘡，小兒腦熱，水漬，注鼻中。齒根宣露，和(射)〔麝〕香末傅之。其膽難識，多將諸膽代之。可細切，於水中走者，真也。又猪及大蟲膽亦走，遲於此膽。陳藏器云：膽，主破血，止血痢，蠱毒，下血，小兒熱丹，口瘡，疳痢。肉，主飛尸遊蠱，喉中有物，吞吐不出者，作鱠食之。《朝野僉載》云：肉，治大風，食之三五日，頓覺漸可，百日平復。

明·劉文泰《本草品彙精要》卷三一 蚺蛇膽有小毒。附膏。

蚺音髯蛇膽：主心腹䘌痛，下部䘌瘡，目腫痛。○膏，主皮膚風毒，婦人產後腹痛餘疾。名醫所錄。【地】《圖經》曰：本經不載所出州土。蘇恭云：出桂廣以南，高賀等州，今嶺南州郡有之。此蛇極大，牙有長五六寸者，彼土人多食其肉，取其牙辟邪，以利遠行。其膽及膏爲藥用也。《嶺表錄異》云：雷州有蛇戶，每歲五月五日即擔舁蚺蛇入官以取膽，每一蛇兩人擔舁，致大籠中藉以輭草屈盤於內，將取之，則出置地上，用杈枴十數，翻轉蛇腹，旋復按之，使不得轉側，約分寸，於腹間剖出肝膽。其膽狀若鴨卵，剖取之，復內肝於腹中，以線縫合瘡口，仍放於川澤，蛇亦復活。其膽暴乾，以充上貢。此物極多僞，欲試之，剔取如粟米許，著淨水上，浮游水上，回旋行走者爲真，其經沉者，諸膽血也。試之不可多，多亦沉矣。其膏真者，磥磥如梨豆子，他蛇膏皆大如梅、李子，此爲別也。《埤雅》云：大蛇可食，尾圓，無鱗，身有斑文如故暗錦纈，難死似鼉。行地常俯其首，膽隨日轉，上旬近頭，中旬在心，下旬近尾。南人云：俗取其膽以充藥材，即以線合其瘡，縱之，後遇捕者，輒自見金瘡以明無膽，亦其知也。【時】生：無時。採：五月五日取膽。【收】暴乾。【用】膽、膏、肉。【色】青黃。【味】甘，苦。【性】寒。【氣】氣薄味厚，陰中之陽。【臭】腥。【主】䘌瘡瘻，目腫痛。【治】療：《藥性論》云：膽，主下部䘌，殺小兒五疳。陳藏器云：膽，主破血，止血痢，蠱毒，下血，小兒熱丹，口瘡，疳痢。○肉，主飛尸遊蠱，喉中有物，吞吐不得出者，作膾食之。孟詵云：膏，主皮肉間毒氣。○肉，作膾食之，除疳瘡，及主小兒腦熱，水漬注鼻中，良。《食療》云：肉，主瘟疫氣，可作膾食。○膏，主小兒疳痢。《海藥》云：膽，主小兒八癇。《別錄》云：肉，治風。【合治】膏合麝香末，傅齒根宣露。○膽如豆大二枚，合通草汁研，以意多少飲之，并塗五心及下部，治溫痢久不斷，體瘦，昏多睡，坐則閉目，飲食不下者。【禁】四月勿食之。

明·王文潔《太乙仙製本草藥性大全》卷八《本草精義》 蚺蛇膽 舊本不載所出州土。出交廣二州，嶺南諸州，今出桂廣已南高、賀等州。大者徑尺，〔長〕丈餘許而麄短，其形似鱧魚，頭若鼉頭，尾圓無鱗，或言鱧魚變爲之也。大者三二圍，在地行住不舉頭者是真，舉頭者非真，形多相似，彼土人以此別之。膏、膽又相亂也，真膏纍纍如梨豆子相著，他蛇膏皆大如梅李子。真膽狹長，通黑，皮膜極薄，舐之甜苦，剔取如米粟，著浄水中，浮游水上迴旋行走者爲真，多著亦即沉散。其少著逕沉者，〔諸膽血并爾。〕《嶺表録異》云：雷州有養蛇戶，每歲五月五日即擔舁蚺蛇入官以取膽，每一蛇皆兩人擔舁致大籃籠中，藉以軟草屈盤其中，將取之，則出置地上，用杈枴十數翻轉蛇腹，旋復按之，使不得轉側，約分寸於腹間剖出肝膽，膽狀若鴨子，刀切取之，復內肝腹中，以線縫合創口，蛇亦復活，舁歸放於川澤。其膽暴乾，以充土貢。或云：蛇被取膽，他日見捕者，則遠遠側身，露腹瘡明已無膽，以此自脫。或云此蛇至難死，剖膽復能活三年，未知的否耳。

明·王文潔《太乙仙製本草藥性大全》卷八《仙製藥性》 蚺蛇膽臣：味甘、苦，有小毒。主治：膽，主心腹䘌痛，治疳䘌瘡瘻，眼目腫痛用之立效。小兒八癇服之即止。肉，主瘟疫氣良，可膾食尤妙。膏，治皮膚闇毒風氣神效，療產後腹痛餘疾。補註：治小兒急疳瘡，用蚺蛇膽，細研水調傅之。○療瘟痢久不斷，體瘦，昏多睡，坐則閉目，食不下。蚺蛇膽大如豆二枚，煮通草汁，研膽，以意多少飲之，并塗五心并下部。○療齒疳，蚺蛇膽末傳之。○顧含嫂失明，嘗藥視膳，不冠不食，嫂曰須用蚺蛇膽點良，含計盡求不得。忽一童子以一合授含，含開視乃蚺蛇膽也，後嫂目遂差。○盧元欽患大風，唯鼻未倒，五月五日取蚺蛇膽，欲進，或云肉可治風，遂一截蛇肉食之，百日平復。

明・皇甫嵩《本草發明》卷六　蚺蛇膽味甘，寒，有小毒。　主心腹䘌痛，下部䘌瘡，目腫痛。又療小兒五疳。今人用之，散損傷惡血瘀痛。婦人經後，用些少磨，入陰戶中，能絕產。男子一月忌與房，令陽痿。其膽難識，割膽看內細如粟米，着水浮走方真，沉水非也。

明・李時珍《本草綱目》卷四三鱗部・蛇類　蚺蛇蚺音髯。《別録》下品。

〖釋名〗南蛇《綱目》　埋頭蛇時珍曰：蛇屬紆行，此蛇身大而行更紆徐，冉冉然也，故名蚺蛇。或云鱗中有毛如髯也。產於嶺南，以不舉首者爲真，故世稱爲南蛇、埋頭蛇。

〖集解〗頌曰：蚺蛇，陶弘景言出晉安，蘇恭言出桂廣以南高、賀等州，今嶺南諸郡皆有之。弘景曰：大者二三圍。在地行不舉頭者是真，舉頭者非真。其膏、膽能相亂。韓保昇曰：大者徑尺，長丈許，若蛇而粗短。恭曰：其形似鱧，頭似鼉，尾圓無鱗，性難死。土人截其肉作膾，謂爲珍味。藏器曰：其膾着醋，能卷人筋，終不可脫，惟以芒草作筋乃可。段成式《酉陽雜俎》云：蚺蛇長十丈。嘗吞鹿，鹿消盡，乃遶樹，則腹中之骨穿鱗而出，養瘡時肪腴甚美。或以婦人衣投之，則蟠而不起。時珍曰：按劉恂《録異記》云：蚺蛇，大者五六丈，圍四五尺；小者不下三四丈，身有斑紋，如故錦纈。春夏于山林中伺鹿吞之，蛇遂羸瘦，待鹿消乃肥壯也。或言一年食一鹿也。又顧玠《海槎録》云：蚺蛇吞鹿及山馬，從後脚入，毒氣呵及，角自解脫。其膽以小者爲佳。《王濟手記》云：橫州山中多蚺蛇，大者十餘丈，食麞鹿，骨角隨腐。土人採葛藤塞入穴中，蛇嗅之即靡，乃發穴取之，肉極腴美，皮可冒鼓，及飾刀劍樂器。范成大《虞衡志》云：寨兵捕蚺蛇，滿頭插花，蛇即注視不動，乃逼而斷其首，待其騰擲力竭乃斃，舁歸食之。又按《山海經》云：巴蛇食象，三年而出其骨，君子服之，無心腹之疾。郭璞注云：今蚺蛇即其類也。《南裔志》蚺蛇贊曰：蚺惟大蛇，既洪且長。采色駁映，其文錦章。食灰吞鹿，腴成養瘡。賓饗嘉食，是豆是觴。

膽段成式曰：其膽上旬近頭，中旬近心，下旬近尾。頌曰：《嶺表録〔異〕》云：雷州有養蛇戶，每歲五月五日即舁蛇入官，取膽暴乾，以充土貢。每蛇以軟草藉于籃中，盤屈之。將取，則出於地上，用杈枴十數，翻轉蛇腹，按定，約分寸，于腹間剖出肝膽。膽狀若鴨子大，取訖，內肝於腹，以線縫合，舁歸放之。或言蛇被取膽者，他日捕之，則遠遠露腹瘡，以明無膽。又言取後能活三年，未知的否。時珍曰：南人嗜蛇，至于發穴搜取，能容蚺之再活露腹乎？弘景曰：真膽狹長通黑，皮膜極薄，舐之甜苦，摩以注水，即沉而不散。恭曰：試法：剔取粟許着淨水中，浮游水上回旋行走者爲真；其徑沉者，諸膽血也。勿多着，亦沉散也。陶未得法耳。詵曰：人多以猪膽、虎膽僞之，雖水中走，但遲耳。

〖氣味〗甘、苦，寒，有小毒。

〖主治〗目腫痛，心腹䘌痛，下部䘌瘡《別録》。小兒八癇甄權。殺五疳。水化灌鼻中，除小兒腦熱，疳瘡䘌漏。灌下部，治小兒疳痢。同麝香，傅齒疳宣露孟詵。破血，止血痢，蟲蠱下血藏器。明目，去翳膜，療大風時珍。

〖發明〗時珍曰：蚺禀己土之氣，其膽受甲乙風木，故其味苦中有甘，所主皆厥陰、太陰之病，能明目涼血，除疳殺蟲。慎微曰：顧含養嫂失明，須用蚺蛇膽，含求不得。有一童子以一合授含。含視之，蚺蛇膽也。童子化爲青鳥而去。含用之，嫂目遂明。

〖附方〗舊二，新二。　小兒急疳瘡：水調蚺蛇膽，傅之。《聖惠》。　小兒疳痢：羸瘦多睡，坐則閉目，食不下。用蚺蛇膽豆許二枚，煮通草汁研化，隨意飲之。并塗五心、下部。楊氏《產乳》。　齒䘌宣露：出膿血。用蚺蛇膽三錢，枯白礬一錢，杏仁四十七枚，研勻。以布揩齦，嗍令血盡。日三摻之，愈乃止。《聖惠》。　痔瘡腫痛：蚺蛇膽研，香油調塗，立效。《醫方摘要》。

肉〖氣味〗甘，溫，有小毒。四月勿食。

〖主治〗飛尸游蠱，喉中有物，吞吐不出藏器。除疳瘡，辟瘟疫瘴氣孟詵。除手足風痛，殺三蟲，去死肌，皮膚風毒癘風，疥癬惡瘡時珍。

〖發明〗權曰：度嶺南，食蚺蛇，瘴毒不侵。時珍曰：按柳子厚《捕蛇說》云：永州之野產異蛇，黑質白章，觸草木盡死，無禦之者。然得而腊之以爲餌，可已大風攣踠瘻癘，去死肌，殺三蟲。又張鷟《朝野僉載》云：泉州盧元欽患癘風，惟鼻〔根〕未倒。五月五日，取蚺蛇進貢，或言肉可治風，遂取食之。三五日頓可，百日平復。

〖附方〗新三。　蚺蛇酒：治諸風攤緩，筋攣骨痛，痹木瘙痒，殺蟲辟瘴，及癘風疥癬惡瘡。用蚺蛇肉一斤，羌活一兩，絹袋盛之。用糯米二斗蒸熟，安麴於缸底，置蛇於麴上，乃下飯密蓋，待熟取酒。以蛇焙研和藥，其酒每隨量溫飲數盃。忌風及慾事。亦可袋盛浸酒飲。《集簡方》。　急疳蝕爛：蚺蛇肉作膾食之。《聖惠方》。　狂犬囓人：蛇脯爲末，水服五分，日三服。無蚺蛇，他蛇亦可。《外臺秘要》。

膏弘景曰：真膏纍纍如梨豆子相着，他蛇膏皆大如梅、李子也。〖氣味〗甘，平，有小毒。〖主治〗皮膚風毒，婦人產後腹痛餘疾《別録》。多入藥用，亦療伯牛疾。弘景。癩也。綿裹塞耳聾。時珍。出《外臺》。

牙長六七寸。〖主治〗佩之，辟不祥，利遠行。時珍。《異物志》。

明・吴文炳《藥性全備食物本草》卷三　蚺蛇　蚺，髯也，頷有鬚也。大蛇，迆也，形迆長也。似鱧魚，頭若鼉頭，尾圓無鱗。或言鱧魚變為之也。大者二三圍，在地行住不舉頭者是真，舉頭者非真，形多相似，彼土人以此別之。出交廣二州，嶺南諸州，今桂廣高賀等州皆有。

肉膏：味甘，平，有小毒。可作膾食，釀酒治大風及諸瘡瘰癧膚頑，婦人產後腹痛。　膽：味苦、甘，性寒，有小毒。主心腹䘌痛，下部䘌瘡，目痛齒痛，小兒五疳，熱丹口瘡，久痢。其膽以刀切開，內細如粟米，着水中浮走者真，沉散者非也。《紀異錄》云：雷州有養蛇戶，每歲五月五日即（檐）〔擔〕舁南蛇入官，以取膽，每一蛇皆兩人（檐）〔擔〕舁致大籃籠中，藉以敷草屈盤其中，將取之則出置地上，用杈枴十數翻轉蛇腹，旋復按之使不得轉側，約分寸於腹間剖出肝膽，膽狀若鴨子大，切取之，復納肝腹中，以線縫合創口，蛇亦復活，舁歸放於川澤，其膽曝乾，以充土貢。或云蛇被取膽，他日見捕者，則遠遠側身露腹瘡，明已無膽，以此自脫。或云此蛇至難死，剖膽復能活三年，未知的否。

明・繆希雍《本草經疏》卷二二　蚺蛇膽　味甘、苦，寒，有小毒。主心腹䘌痛，下部䘌瘡，目腫痛。

〔疏〕蚺蛇稟火土之氣，其膽為甲乙風木之化，故其味苦中有甘，氣寒有小毒。氣薄味厚，陰也。降也。入手少陰，足厥陰、陽明經。心腹䘌痛者，蟲在內攻嚙也。下部䘌瘡者，蟲在外侵蝕也。濕熱則生蟲，苦寒能燥濕殺蟲，故內外施之皆得也。肝開竅於目，肝熱則目腫痛，入肝泄熱，則腫痛除矣。今人受杖時，用此噙化，可得不死。其功能護心止痛，使惡血不上薄心，有神力也。〔主治參互〕同血竭、乳香、沒藥、狗頭骨灰、䗪蟲、天靈蓋、象牙末、麻皮灰、丹砂，作丸。臨杖服一丸，護心止痛，多杖無害。《聖惠方》小兒急疳瘡，水調蚺蛇膽傅之。《醫方摘要》痔瘡腫痛，蚺蛇膽研，香油調塗，立效。　真膽絕難得，狹長，通黑，皮膜極薄，舐之甜苦，剔取粟許，著淨水中，浮游水上，回旋行走者為真。其徑沉者，非也。勿多著，亦沉散也。今世惟為受杖人所需，餘甚稀使，故不著簡誤。

明・倪朱謨《本草彙言》卷一八　蚺蛇膽　味苦、微甘，氣寒，有小毒。氣薄味厚，陰也，降也。入手少陰，足厥陰、陽明經。　劉氏曰：蚺蛇，長十丈，小者四五丈。行而紆徐，冉冉然，非若諸蛇行疾而速也。其蛇身有斑文如故綿纈。春夏于深山中伺鹿吞之，蛇遂羸瘦，待鹿消盡，乃復肥壯。或言一年食一鹿，鹿消盡，乃繞樹，則腹中之骨穿鱗而出。又按王氏曰：橫州山中多蚺蛇，大者長十餘丈，圍週一丈，食麞鹿及山獸，骨角隨腐而出。土人采葛藤塞入穴中，蛇嗅之即靡，乃命多人發穴取之，肉極腴美，皮可冒鼓及飾刀劍樂器，甚精巧。又《虞衡志》云：寨兵捕蚺蛇，滿頭插花，蛇即注視不動。或以婦人衣投之，則蟠而不起。乃逼而斷其首，待其騰擲力竭乃斃，舁歸食之，可供官饌。　陶氏：蚺蛇膽如鴨子大，狹長通黑，皮膜極薄，舐之味苦微甜，剔取粟許，著清水中，浮游水上，回旋行走者爲真。如徑沈而不走者，諸色膽也。然亦勿多着，多着亦沈也。市人以猪、牛、虎膽僞充，入水亦走散，但遲而不速耳。其膽上旬在頭，中旬在心，下旬在尾。

蚺蛇膽：退目翳，定癇疾，日華子治小兒疳積成勞之藥也。魏景山曰：蚺蛇稟火土之氣，其膽爲甲乙風木之化，故《別錄》主目赤腫痛、翳障昏蒙，或五癇陡發，暴仆痰迷，或疳積久困，黃瘠成勞；或跌撲杖打，血悶垂死，或癘風瘡癩、血潰肉崩、關節傾敗、腐穢臭爛等證。用蚺蛇膽二三分，入口即安。功能化痰活血，護心止痛。受杖人服此，能使惡血流通，不上薄心，真救急之神丹也。

集方：已下五方出顧朽匏《醫集》治目赤、目腫、目障、目昏不明。用蚺蛇膽半豆許，水化，點些須于兩目眦內，立效。○治五癇痰厥，昏迷卒仆。用蚺蛇膽一分，酒化灌服立甦。每日服一次，連服五次，癇疾永不復發。○治小兒疳積成勞。用蚺蛇膽一錢，每日用一分，胡黃連一分，煎湯調服。服十次全愈。○治杖打血脹垂危，幷跌撲極重者。用蚺蛇膽五錢，血竭、乳香、沒藥、狗頭骨、䗪蟲、天靈蓋、麻皮灰、象牙末各一錢五分，共爲末，煉蜜丸彈子大，每丸重三錢，臨杖服一丸，護心止痛。○治癘風癩瘡，皮肉崩潰者。用蚺蛇膽每日服二分，白湯化服，一月全安。○《醫方摘要》治痔瘡腫痛。用蚺蛇膽研爛，菜油調塗立效。

蚺蛇肉味甘，氣溫，有小毒。四月勿食。　治癘風，龔雲林殺三蟲，辟瘟瘴之藥也。《本草發明》曰：按柳子厚云：嶺南、永州山野多產異蛇，黑質白章，觸草木盡死，無禦之者。其肉腊之爲餌，可已大風癘毒，攣踠，瘻漏諸瘡，去死肌，殺三蟲。又泉州盧元欽患癘風，遍身惡癩，惟鼻未損。五月五日取蚺蛇肉煮食，三五日頓可，百日平復。又《集簡方》治諸風癱瘓，筋攣骨痛，痿痹麻木，及皮肉瘙癢，膿癩疥癬惡瘡。用蚺蛇肉炙十兩，皂角刺三兩，好酒十五壺，浸蒸一日，每日隨量飲。

明·姚可成《食物本草》卷一一蛇蟲部·蛇類　蚺蛇其形似鱧，頭似鼉，尾圓無鱗，性難死。土人截其肉作膾，謂為珍味。〇李時珍曰：按劉恂《錄異記》云：蚺蛇，大者五六丈，圍四五尺；小者不下三四丈。身有斑紋，如故錦纈。春夏于山林中伺鹿吞之，蛇遂羸瘦，待鹿消乃肥壯也。或言一年食一鹿也。又顧玠《海槎錄》云：蚺蛇吞鹿及山馬，從後脚入，毒氣呵及，角自解脫。其膽以小者為佳。王濟《手記》云：橫州山中多蚺蛇，大者十餘丈，食麞鹿，骨角隨腐。土人採葛藤塞入穴中，蛇嗅之即靡，乃發穴取之，肉極腴美，皮可冒鼓及飾刀劍樂器。范成大《虞衡志》云：寨兵捕蚺蛇，滿頭插花，蛇即注視不動，乃逼而斷其首，待其騰擲力竭乃斃，舁歸食之。又按《山海經》云：巴蛇食象，三年而出其骨。君子服之，無心腹之疾。郭璞注之云：今蚺蛇即其類也。《南裔志·蚺蛇贊》曰：蚺惟大蛇，既洪且長。采色駮映，其文錦章。食灰吞鹿，腴成養瘡。賓饗嘉食，是豆是觴。《酉陽雜俎》云：蚺蛇出嶺南，長十丈，嘗吞鹿，鹿消盡，乃遶樹，則腹中之骨穿鱗而出，養瘡時肪腴甚美。或以婦人衣投之，則蟠而不起。段成式曰：其膽上旬近頭，中旬近心，下旬近尾。《嶺表錄〔異〕》云：雷州有養蛇戶，每歲五月五日即舁蛇入官，取膽暴乾，以充土貢。每蛇以軟草藉於籃中，盤屈之。將取，則出於地上，用杈枴十數，翻轉蛇腹，按定，約分寸，於腹間剖出肝膽。膽狀若鴨子大，取訖，內肝於腹，以線縫合，舁歸放之。或言蛇被取膽者，他日捕之，則遠遠露腹瘡，以明無膽。又言取後能活三年，未知的否。李時珍曰：南人嗜蛇，至於發穴搜取，能容蚺之再活露腹乎？陶弘景曰：真膽狹長通黑，皮膜極薄，舐之甜苦，摩以注水，即沉而不散。蘇恭曰：試法：剔取粟許着淨水中，浮游水上迴旋行走者為真；其徑沉者，非也。勿多着，亦沉散也。陶未得法耳。人又以虎膽偽之，雖水中走，但遲耳。〇《一統志》云：蚺蛇生西南夷孟艮府界內，相去雲南八千餘里。夷人欲捕者，先以雞骨卜，吉則入山求之。蛇見人輒伏不動。語之曰：中國皇帝求爾膽，可伏死，否則亦不汝貰，是不昭汝靈也。蛇乃反背就剖。今人言膽去猶活，謬耳。膽凡三等，生頷下者，以傅毒矢；居腹中，入藥治疽，以童便研一合吞，又以少許傅瘡孔，立愈；居尾者，不堪用，人亦不取。

蚺蛇肉　味甘，溫，有小毒。主飛尸游蠱，喉中有毒，吞吐不出。除疳瘡，辟瘟疫瘴氣及手足風痛，殺三蟲，去死肌，皮膚風毒癘風，疥癬惡瘡。四月勿食。〇孟詵曰：度嶺南，食蚺蛇，瘴毒不侵。〇李時珍曰：按柳子厚《捕蛇說》云：永州之野產異蛇，黑質白章，觸草木盡死，以嚙人無禦之者。然得而腊之以為餌，可以已大風攣踠瘻癘，去死肌，殺三蟲。《朝野僉載》云：泉州盧元欽患癘風，惟鼻未倒。五月五日，取蚺蛇進貢，或言肉可治風，遂取食之。三五日頓可，百日平復。蚺蛇膽：味甘、苦，寒，有小毒。主目腫痛，心腹䘌痛，下部䘌瘡。小兒八癇。殺五疳。水化灌鼻中，除小兒腦熱，疳瘡䘌漏。灌下部，治小兒疳痢。同麝香，傅齒疳宣露。明目，去瞖膜，療大風。〇唐慎微曰：顧含養嫂失明，須用蚺蛇膽，含求不得。有一童子以一合授含。含視之，蚺蛇膽也。童子化為青鳥而去。含用之，嫂目遂明。

膏：亦療伯牛疾。牙：佩之，辟不詳。

附方：蚺蛇酒，治諸風癱緩，筋攣骨痛，痹木瘙痒，殺蟲辟瘴及癘風疥癬惡瘡。用蚺蛇肉一斤，羌活一兩，絹袋盛之。用糯米二斗蒸熟，安麴於缸底，置蛇於麴上，乃下飯密蓋，待熟取酒。以蛇焙研和藥，其酒〔每〕隨量溫飲數盃，忌風及慾事。亦可袋盛浸酒飲。效驗如神。治狂犬嚙人。蛇脯為末，水服五分，日三服。無蚺蛇，他蛇亦可。

明·顧逢柏《分部本草妙用》卷七兼經部·性平　蚺蛇即南蛇。甘，溫，有小毒。即柳子厚《捕蛇說》云永州之野產異蛇，黑質白章，可以大風，攣踠瘻癘，去死肌，殺三蟲。膽，能明目涼血，除疳殺蟲。失明者含之，即復明。

清·顧元交《本草彙箋》卷九　蚺蛇膽　蚺，稟己土之氣，其膽受甲乙風木之化，故其味苦中有甘，所主皆厥陰、太陰之病。能明目涼血，除疳殺蟲。今世惟爲受杖人所需，他症稀使。蓋人受杖時，用此噙化，可得不死。其功能護心止痛，使惡血不上薄心，有神力也。真膽絕難得，狹長通黑，皮膜極薄，舐之甜苦，剔取粟許，着淨水中，浮游水上，迴旋行走者爲真。其徑沉者，非也。勿多着，亦令沉散。雷州有養蛇戶，每端午日即舁蛇入官，取膽暴乾，以充土貢。每先以軟草藉蛇于籃中，盤屈之，將取則出於地上，用杈枴十數，翻轉蛇腹，按定約分寸，於腹間剖出肝膽，膽狀若鴨子大，取訖，內肝於腹，以線縫合，舁放之，他日再相值，則遠遠露腹瘡，以明無膽。或云：肉極腴美，皮可冒鼓，及飾刀劍樂器，豈有取膽而復縱之？

清·穆石匏《本草洞詮》卷一六　蚺蛇　蚺蛇，行更紆徐，冉冉然也。長者十丈，小亦三四丈，嘗吞鹿，鹿消盡，乃繞樹，則腹中之骨穿鱗而出。《山海經》云：巴蛇食象，三年而出其骨，君子服之，無心腹之疾。郭璞註云：蚺蛇即其類也。《虞衡志》云：寨兵捕蚺蛇，滿頭插花，蛇即注視不動，乃逼而斷其首，待其騰擲力竭乃斃，舁歸食之。其膽上旬近頭，中旬近心，下旬近尾。試法：剔取粟許，着水中，浮游水上，迴旋行走者真。其徑沉者，偽也。蚺蛇肉甘，溫，有小毒。治飛尸遊蠱，辟瘟疫瘴氣，除手足風痛，殺三蟲，去死肌，癘風惡瘡。蚺蛇膽甘苦，寒，有小毒。殺五疳，治八癇，明目去翳膜，療大風。柳子厚云：永州產異蛇，黑質白章，觸草木盡死，無禦之者。然得而腊之以為餌，可已大風。張鷟云：盧元欽患癘風，惟鼻未倒，五月五日取蚺蛇進貢，或言肉可治風，遂取食之，三五日頓可，百日全愈。

清·劉雲密《本草述》卷二八 蚺蛇蚺，音髯。一名南蛇，埋頭蛇。 弘景曰：大者二三圍，在地行不舉頭者是真，舉頭者非真。其膏、膽能相亂。又曰：真膽狹長通黑，皮膜極薄，舐之甜苦，摩以注水，即沉而不散。恭曰：試法，剔取粟許，着淨水中，浮游水上，回旋行走者為真。其徑沉者，豬膽血也。勿多着，亦沉散也。陶未得法耳。詵曰：人多以豬膽、虎膽偽之，雖水中走，但遲耳。

膽：氣味：甘、苦，寒，有小毒。主治：心腹䘌痛，下部䘌瘡《別錄》。明目，去翳膜時珍。療目腫痛《別錄》。止血痢，蟲蠱下血藏器。並小兒五疳，熱丹口瘡，疳痢孟詵。時珍曰：蚺稟己土之氣，其膽受甲乙風木故其味苦中有甘。所主皆厥陰、太陰之病，能明目涼血，除疳殺蟲。希雍曰：蚺膽之味苦中有甘，氣寒，有小毒。氣薄味厚，陰也，降也，入手少陰，足厥陰、陽明經。同血竭、乳香、沒藥、狗頭骨灰、䗪蟲、天靈蓋、象牙末、麻皮灰、丹砂，作丸，臨杖服一丸，護心止痛，多杖無害。

附方 小兒疳痢，羸瘦多睡，坐則閉目，食不下，用蚺蛇膽豆許二枚，煮通草汁，研化，隨意飲之，并塗五心下部。 齒䘌宣露，出膿血，用蚺蛇膽三錢，枯白礬一錢，杏仁四十七枚，研勻，以布揩齦，㗰令血盡，日三摻之，愈乃止。

愚按：諸蛇類稟風火之氣，唯蚺蛇獨稟於己土，而肝膽風木正藉土以為用者也。此舐之其味甜苦，乃其徵矣。故風臟之血，因風木得土以全其生化，如用以護心，而無上薄之患者，心固血之主也。用以明目去翳，療腫痛，止血痢，固肝臟之所司也。又方書類以治小兒五疳證，蓋土為木用，何疳病之不瘳乎？亦不獨以其殺蟲也，蟲因風木不化所生，得土為用，而蟲無生理矣。然則所云甜苦者誠確，不當以諸膽皆苦之義求之也。

肉：氣味：甘，溫，有小毒。主治：辟瘴氣，除手足風痛，殺三蟲，去死肌，皮膚風毒癘風，疥癬惡瘡，療小兒疳瘡。權曰：度嶺南，食蚺蛇，瘴毒不侵。時珍曰：按柳子厚《捕蛇說》云：永州之野產異蛇，黑質白章，觸草木盡死，無禦之者。然得而腊之以為餌，可已大風，攣踠瘻癘，去死肌，殺三蟲。又張鷟《朝野僉載》云：泉州盧元欽患癘風，惟鼻未倒，五月五日取蚺蛇進貢，或言肉可治風，遂取食之，三五日頓可，百日平復。

附方 蚺蛇酒治諸風癱瘓，筋攣骨痛，痹木瘙癢，殺蟲辟瘴，及癘風疥癬惡瘡，用蚺蛇肉一斤，羌活一兩，絹袋盛之，用糯米二斗，蒸熟，安麴於缸底，置蛇於麴上，乃下飯密蓋待熟，取酒，以蛇焙研和藥，其酒每隨量溫飲數杯。忌風及慾事。亦可袋盛浸酒飲。 急疳蝕爛，蚺蛇肉作膾食之。

清·朱本中《飲食須知·魚類》 蚺蛇肉 味甘，性溫，有小毒。四月勿食。其膾著醋，能卷人箸，惟以芒草作箸乃可。

清·王翃《握靈本草》卷九 蚺蛇膽蚺蛇出晉安，其膽狹長通黑，舐之甜苦，注水即回旋行走，其徑沉者，豬膽、虎膽偽之也。 主治：蚺蛇膽，甘、苦，寒，有小毒。主目腫痛，心腹䘌，下部䘌。

清·汪昂《本草備要》卷四 蚺音髯。蛇膽瀉熱，明目，護心。 蚺稟己土之氣，膽屬甲乙風木，氣寒有小毒，其味苦而帶甘。涼血明目，療疳殺蟲，主厥陰、太陰肝木、脾土之病。 肉極腴美，主治略同。 取膽粟許置水上，旋行極速者真。膽上旬近頭，中旬近心，下旬近尾。能護心止痛，受杖時噙之，杖多不死。

清·李熙和《醫經允中》卷二〇 蚺蛇 甘，溫，有小毒。主治大風攣踠，去死肌，殺三蟲。膽能明目涼血。

清·馮兆張《馮氏錦囊秘錄·雜症痘疹藥性主治合參》卷一一 蚺蛇稟火土之氣，其膽為甲乙風木之化。故味苦中有甘，氣寒，有小毒。入手少陰、足厥陰陽明經。心腹䘌痛者，蟲在內也。下部䘌瘡者，蟲在外也。濕熱則生蟲，苦寒能燥濕殺蟲，故內外施治皆得也。肝開竅於目，肝熱則目腫痛，入肝泄熱，則痛腫除矣。今人受杖時用此噙化，可得不死。其功能護心止痛，使惡血不上薄心，有神力也。【略】 蚺蛇膽，主心腹䘌痛。下部䘌瘡，目熱腫痛。

清·张璐《本經逢原》卷四 蚺蛇膽即南蛇。 甘、苦，寒，小毒。發明：蚺蛇產嶺南，稟己土之氣，其膽受甲乙風木，其味苦中有甘，所主皆厥陰、太陰之病。其治心腹䘌痛者，蟲在內攻嚙也。下部䘌瘡者，蟲在外侵蝕也。濕熱則生蟲，燥濕則殺蟲，內外施之，皆可取用，更能散腫消血，故直諫之臣受廷杖者，臨時服少許則血不凝滯於內。又能明目涼血，除疳殺蟲。惜乎難得真者。

清·汪紱《醫林纂要探源》卷三 蚺蛇 甘，鹹，寒。蛇類，處裸蟲介蟲之間。其蟠時首必向壬，土之寄於水者也。蛇多含毒，陰氣伏藏，動乃賊物。然毒每能攻毒，且其性善穿穴，食蟲豸，故能走竄經絡，去血中之熱毒、風毒、濕毒，散惡血，去死肌，殺三蟲，此蛇類所同。但含氣有厚薄、急緩之異耳。蚺蛇色黃，屬己土之正，毒不甚，肉極腴美。瀓水中之淤，除血分之熱，殺蟲䘌，治癰疽。性頗中和。　膽：苦，甘，寒。膽味皆苦，此微甘微鹹，似鱧魚膽。意者，甲己化土，而從土味歟。又其膽上旬近喉，中旬近心，下旬近腰，此亦物理之異。置少許水中，旋行極速，性之善竄然也。保心寧神，活血去瘀，明目殺蟲。膽，固心之母也，而苦瀉熱，鹹散結，則外毒不至內攻，故能護心止痛。含此受刑杖，雖傷重不死。與蠟礬丸意同。其明目則膽所同。其殺蟲則蛇之性也。

清・嚴潔等《得配本草》卷八　蚺蛇膽一名南蛇。　甘、苦，寒，有小毒。入足厥陰經。明目涼血，除疳殺蟲，療諸風症，止心䘌痛。又能護杖，使血不凝滯於內。　置水旋行極速者真。

題清・徐大椿《藥性切用》卷八　蚺蛇膽　苦寒微甘，入厥陰、太陰而涼血明目，療疳殺蟲。肉肥美，主治略同。

清・羅國綱《羅氏會約醫鏡》卷一八鱗介蟲魚部　蚺蛇膽味苦帶甘，入肝脾二經。　稟己土之氣，膽屬甲乙風木，氣寒有小毒。療疳殺蟲，濕熱生蟲，苦寒能燥濕殺蟲，故內外用之皆效。除目腫痛，苦能清熱。護心止痛。人若受杖，用此噙化，可得不死。　取膽粟許置水上，旋行極速者真。膽上旬近頭，中旬近心，下旬近尾，按時取之。

清・趙學敏《本草綱目拾遺》卷一〇鱗部　蟒油　《爾雅》：蟒，王蛇。註：蛇中最大者，故曰王蛇。今深山處處有之，大小不一，色如菜花蛇而較黃，頭上皆有王字。亦有黑色者，土人名曰烏蟒。捕蛇者有呼蛇法，不拘何種蛇，呼之即至，末後俟蟒到，則諸蛇皆圍伏不動，聽其擇取，惟不敢傷蟒，蟒傷則諸蛇無主，環起嗾人。聞其人云，蟒蛇自有此種，生而皆有王字，故不論大小也，蟒至則諸毒蛇皆不敢傷人。　治漏瘡：《集驗》：取蟒油銅鍋內熬熟，隨將黃蠟入油內攪勻，油紙攤膏貼患處，十餘日便封口全愈。

按：蟒蛇名王字蛇，其首天生有一王字。予於庚子在奉化長橋，見丐者手握此蛇乞錢，其蛇亦不甚大，性頗馴良，因以千錢買得縱之。《綱目》諸蛇獨遺此，因急補之。

清・王學權《重慶堂隨筆》卷下　又云：蚺蛇出兩廣，而西省為更多。其形頭方口闊，目光如鏡，皮色黑白斑然，尾甚細，其末可貫數百錢。土人言蛇大如人臂，行即風生，常竪身三四尺而逐人。性最淫，婦女山行者，皆佩觀音藤一條，否則必為其所纏，以尾入陰死。觀音藤遍身皆倒刺，似吾鄉之虎杖而較柔。人見山有此藤，即知近處有蚺蛇矣。其穴兩頭皆通，此入則彼出，彼入則此出。捕者探知穴之所在，群集多人，各斷藤尺許，攜之以往。伺其入穴，以婦女污裩袒衣置諸前穴之口，而燔柴草於後穴，以叉入之，煙滿穴中，蛇不能耐，直竄前穴而出，聞衣裩穢氣，即盤旋纏繞之，至於破碎而不已，人伺其力懈，群以所賚藤遍擲其身，遂垂首貼地不敢動矣。復用藤作圈套其頸，弄之若鰻鱔然。盛諸竹筐，舁之以歸。宰蚺之法，出置於地，先取其膽。膽有二：在肝者曰坐膽，不適於用；在皮曰行膽，以杖頻擊其一處，則此處漸高如雞卵，剖之而膽出焉，蓋護疼也。炭火煏乾，瓷瓶錮之。用作傷科之藥，價比兼金。然後直舒其身，以毛竹巨釘釘之於地，剖腹剝皮畢，逐段斷之。其頸上藤圈，至斷之為段，方可棄去，否則雖已剖腹剝皮，尚能奮躍而起。物之相制，此為最甚矣。其肉能祛風疾，愈瘡瘍，功效如神，以燒酒浸之，可以歷久。其皮蛇大則紋細，樂器中用以輓三弦之鼓，必硝熟而後可用，生則易蛀易裂也。其骨有名如意鉤者，形僅如錢，惟雄者有之，為房術中上藥，口銜之可通宵不倦。其腹中之油，力能縮陽，人不可近，稍近之則玉莖睾丸俱入腹中，無藥可治。土人云蛇生幾年，則陽縮幾年，屆期自能出也。余在梧州時，見太守永公宰一條，大如屋柱，長二丈餘，肉味鮮美，殆勝於雞。按此可補諸家本草之未詳，故錄之。

清・章穆《調疾飲食辯》卷六　蚺蛇　生交、廣山中，故名南蛇。行不舉首，故又名埋頭蛇。《酉陽雜俎》曰：長十丈，能吞鹿。鹿消盡，乃遶樹而使腹中之骨穿鱗而出，養瘡時甚肥美。《綱目》曰：《錄異》記云：大者長五六丈，圍四五尺，身有斑紋如故錦纈。在山中竢鹿吞之，蛇遂羸瘦，鹿消乃肥壯。《海槎錄》云：蚺蛇吞鹿及山馬，從後脚入，毒氣呵及，角自解脫。《王濟手記》云：廣州山中出蚺蛇，大者長十餘丈。食麞鹿，骨、角俱糜化。人采葛寨穴口，蛇嗅之即靡，乃發穴取之。范石湖《虞衡志》云：寨兵捕蚺蛇，滿頭插花，蛇即注視不動，乃逼而斷其首。《山海經》云：巴蛇吞象，三年而出其骨。君子服之，無心腹之疾。郭注云：今蚺蛇即其類也。

按：《說鈴》曰：蚺蛇性好淫，猺婦懷利刃入山，蛇即繞而淫之，其交以尾，交時昏然如醉，因斷其首。見人頭插花朵，以為婦人，即注視不動，投以婦人中衣，即以首入其中嗅之，皆可就而取之。其肉極肥美，有小毒，然食之可辟瘟疫瘴癘，出《食療本草》《藥性本草》。除手足痛風，殺三蟲，去死肌，治皮膚風毒癘風，疥癬惡瘡。出《綱目》。又治狂犬毒，多食蚺蛇肉即解。無則以乾脯為末，水服五分，日三服。似太少，宜每服五錢。無蚺，他蛇亦可。出《外臺秘要》。故柳子厚《捕蛇者說》曰：永州之野產異蛇，黑質白章，觸草木盡死。他家說蚺蛇，並無此語。然得而腊之，以為餌，可已大風攣踠。

其膽上旬近頭，中旬近心，下旬近尾。諸本草並云亦能治風，又點目腫翳障，及小兒疳痢，牙疳，皆不言其活血。惟《拾遺》云：破血，止血利，殺蟲蠱。此膽取下時，其跳擲可至尋丈，歷數刻之久，漸跳漸低，乃取而懸之。未乾時，向明炤看，其中汁上下奔走若飛。蓋其性善動不停，故能治血凝氣滯。金瘡杖瘡，跌撲悶絕者，酒和服立醒。明楊中愍公直言受杖，其戚好贈以蚺蛇膽，公笑曰：椒山自有膽也。《圖經》曰：雷州蛇戶，五月五日舁蛇入官取膽，取訖縫創口放之。他日捕之，蛇遠遠露腹以示無膽。取後可活三年。《綱目》曰：無論破腹取膽萬無再活之理，即有之，南人嗜蛇，搜取無不至，肯容蚺之再活露腹乎。蚺好淫之物，其油反能萎陽。《庭聞述略》曰：明武宗宿豹房，劉瑾以蚺蛇油萎其陽，遂不入內宮而出遊宣府。此物理之難究者。蚺蛇無鱗。一種有鱗者，巨蟒也，長丈餘。《方輿勝覽》曰：鱗蛇出安南、雲南鎮康、臨安、沅江、孟養諸處，有黃黑二色。又有四足，能食麋鹿。春冬居山，夏秋居水。有毒傷人。土人亦食其肉，取膽治病。

按：蚺蛇雖有毒不重，且能治多病。此蛇既毒重傷人，又有鱗有足，與蚺絕不相侔，不宜輕食。

清・吳鋼《類經證治本草・足少陽膽腑藥類》 蚺蛇膽 【略】〇肉極肥美，無毒。誠齋曰：有小毒。四月勿食。治手足風，殺三蟲，去死肌，皮膚風毒疥癬惡瘡，辟瘟疫瘴氣。出嶺南。大者五六圍，小者三四丈，斑文如錦，行地不舉頭者真。捕人插花頭上，即注視不動，乃殺之。皮可冒鼓及刀劍樂器。度嶺南，食其肉，不染瘴氣。傳云柳子厚《捕蛇說》即此者，非也。

清・楊時泰《本草述鉤元》卷二八 蚺蛇膽 一名南蛇，又名埋頭蛇。大者二三圍，在地行不舉頭者是真，舉頭者非真也貞白。真膽狹長通黑，皮膜極薄，舐之甜苦又。剔取粟許，着淨水中，浮游水上，回旋行走，勿多着，多着亦沉散。其以豬膽、虎膽偽為者，着水雖走，但遲耳。 味苦有甘，氣寒，有小毒。氣薄味厚，陰也，降也。入手少陰，足厥陰、太陰、陽明經。明目去翳膜，療目腫痛，涼血，止血痢，蟲蠱，下血殺蟲，主心腹䘌痛，下部䘌瘡，除疳，治五疳，熱丹口瘡，疳痢。同血竭、乳香、沒藥、丹砂、䗪蟲、天靈蓋、象牙末、狗頭骨灰、麻皮灰作丸，臨杖服一丸，護心止痛，多杖無害。小兒疳痢，羸瘦多睡，坐則閉目，食不下，蚺蛇膽豆許二枚，煮通草汁研化，隨意飲之，并塗五心下部。齒䘌宣露，出膿血，蚺蛇膽三錢，枯礬一錢，杏仁四十七粒，研勻，以布揩齦，嗍令血盡，日三摻之，愈乃止。

論：諸蛇類稟風火之氣，獨蚺蛇稟於己土，諸膽皆苦，而蚺蛇膽中有甜。夫肝膽風木，正藉土以為用者也。風臟之血，因風木得土以全其生化，故用以護心，而血無上薄之患，其能去目翳，療腫痛，止血痢者，皆肝臟之所司也。又疳蟲因風木不化所生，土為木用，則疳蟲無復生理矣。

肉：味甘，氣溫，有小毒。主辟瘴氣，除手足風痛，殺三蟲，去死肌，皮膚風毒，癘風，疥癬惡瘡，療小兒疳瘡。度嶺南，食蚺蛇，瘴毒不侵權。附案：盧元欽患癘風，惟鼻未倒。五月五日取蚺蛇進貢，或言肉可治風，遂取食之，三五日頓可，百日平復。蚺蛇酒，治癱瘓筋攣骨痛，痺木瘙癢，殺蟲辟瘴及癘風，疥癬惡瘡，蚺蛇肉一斤，羌活一兩絹袋盛，用糯米二斗，蒸熟安麴缸底，置蛇麴上，乃下飯密蓋，待熟取酒，以蛇焙研和藥，其酒每隨量飲數盃。忌風及慾事。亦可袋盛浸酒飲。急疳蝕爛，蚺蛇肉作膾食之。

清・葉桂《本草再新》卷一〇 蚺蛇膽味苦，性涼，有毒。入肝、脾二經。 涼血明目，療疳殺蟲。

清・趙其光《本草求原》卷一六鱗部 蚺蛇膽即南蛇。 生嶺南。味甘、入脾。苦，膽之木味入肝心。氣寒，小毒。涼血。土木合德則殺蟲，蟲因風木所生，土以培之，則風濕化。故治心腹䘌痛，蟲內攻也。下部䘌瘡，蟲外侵也。五疳、疳痢，通草汁化下，並塗五心下部。齒䘌，同枯礬、杏仁研摻。蟲蠱。更清心肝，散血消腫，使受杖者血無上薄凝滯之患，為護心止痛靈丹。同血竭、乳、沒、狗頭骨灰、天靈蓋、象牙、麻皮灰、朱砂為丸，臨杖服，或單含膽少許，多杖無害。明目去翳。肝膽主目。

其肉甘，溫，味美，小毒。殺蟲、辟瘴、食之瘴不侵。治諸風，癱瘓攣痛，麻木瘙癢，疥癬惡瘡，小兒疳瘡及癘風肌死鼻未倒者。俱同羌活浸酒飲，或加糯米、酒麴釀之飲，或作膾食，並效。急疳蝕爛。作膾食。 取膽粟大，置水上旋行極速者真。

清·王孟英《隨息居飲食譜·鱗介類》 蚺蛇 甘，溫。治諸瘡癘，辟蟲，殺蟲化毒，祛風，除疳，禦瘴，療猘犬齩。味美勝雞。燒酒浸之，歷久不壞。膽為傷科聖藥。腹內之油縮陽。雄蛇之如意鉤，又為房術妙品。

清·戴葆元《本草綱目易知錄》卷五 蚺蛇南蛇、埋頭蛇。 膽，甘、苦，寒，有小毒。稟己土之氣，其膽受甲乙風木，主厥陰、太陰之病。明目涼血，除疳殺蟲，破血，止血痢蟲䘌，下血，殺五疳，去瞖膜，療大風。治目腫痛，心腹䘌痛，下部䘌瘡，小兒八癇。水化灌鼻中，除小兒腦熱，疳瘡䘌漏。灌下部，治小兒疳痢。同麝香，傅齒疳宣露。

清·陳其瑞《本草撮要》卷九 蚺蛇膽 味苦而甘有小毒，入手少陰、足厥陰經，功專涼血明目。得血竭、乳香、沒藥、丹砂、䗪蟲、天靈蓋、象牙末、狗骨灰、麻皮灰作丸，受杖時噙之，杖多不死不痛。

環蛇

清·趙學敏《本草綱目拾遺》卷一〇鱗部 環蛇 《蛇譜》云：出三佛齊國，如環，大數圍至數十圍者，逐獸即疾走，如轉車輪於千仞山，獸入環中即斃，其口眼俱生環之半，與尻相對。 脂：服之刀劍不能傷。

翠蛇

清·趙學敏《本草綱目拾遺》卷一〇鱗部 翠蛇 《珍異藥品》云：形如曲蟮，長可五六寸，蟠旋作圈。治癬毒癰疽良。

鱗蛇

明·李時珍《本草綱目》卷四三鱗部·蛇類 鱗蛇《綱目》

【集解】時珍曰：按《方輿勝覽》云：鱗蛇出安南、雲南鎮康州、臨安、沅江、孟養諸處，巨蟒也。長丈餘，有四足，有黃鱗、黑鱗二色，能食麋鹿。春冬居山，夏秋居水，能傷人。土人殺而食之，取膽治疾，以黃鱗者爲上，甚貴重之。珍按：此亦蚺蛇之類，但多足耳。陶氏注蚺蛇分真假，其亦此類與？

膽 【氣味】苦，寒，有小毒。 【主治】解藥毒，治惡瘡及牙痛。時珍。出《勝覽》及《一統志》。

明·姚可成《食物本草》卷一一蛇蟲部·蛇類 鱗蛇李時珍曰：按《方輿勝覽》云：鱗蛇出安南、雲南鎮康州、臨安、沅江、孟養諸處，巨蟒也。長丈餘，有四足，有黃鱗、黑鱗二色，（能食麋）鹿。春冬居山，夏秋居水，能傷人。土人殺而食之，取膽治疾，以黃鱗者為上，甚貴重之。按此亦蚺蛇之類歟，但多足耳。陶氏注蚺蛇分真假，其即此也。 鱗蛇肉：味甘，平，有毒。主殺蟲，去死肌，已大風。 膽：味苦，寒，有小毒。主解藥毒，治惡瘡及牙齒疼痛。

清·王道純《本草品彙精要續集》卷七 鱗蛇有小毒 卵生。

鱗蛇《本草綱目》：膽，主解藥毒，治惡瘡及牙疼出《勝覽》及《一統志》。

【地】李時珍：按《方輿勝覽》云：鱗蛇，出安南、雲南、鎮康州、臨安、沅江、孟養諸處。巨蟒也，能食鹿。 【時】採 無時。 【用】土人殺而食之，取膽治疾。以黃鱗者爲上，甚貴重之。 【質】身長丈餘，有四足。 【色】有黃鱗、黑鱗二色。 【代】李時珍：按此亦蚺蛇之類，但多足耳。陶氏注蚺蛇分真假，其亦此類與。 【忌】鱗蛇春冬居山，夏秋居水，能傷人，人宜避之。

蛇蜕

宋·唐慎微《證類本草》卷二二蟲魚部下品〔《本經》·別錄·藥對》〕 **蛇蛻**音稅 **味鹹**、甘，**平**，無毒。**主小兒百二十種驚癇，瘈**尺曳切**瘲**子用切，**癲疾，寒熱，腸痔，蟲毒，蛇癇**，弄舌搖頭，大人五邪，言語僻越，惡瘡，嘔欬，明目。**火熬之良。一名龍子衣，一名蛇符**，一名龍子皮，**一名龍子單衣，一名弓皮。**生荆州川谷及田野。五月五日、十五日取之，良。畏磁石及酒。

〔梁·陶弘景《本草經集注》〕云：草中不甚見虺、蝮蛻，惟有長者，多是赤蝀力建切、黃頷輩，其皮不可復識，今往往得爾，皆須完全。石上者彌佳，燒之甚療諸惡瘡也。

〔宋·馬志《開寶本草》〕按：《陳藏器本草》云：蛇蛻，主瘧。取正發日，以蛻皮塞病人兩耳，臨發又以手持少許，并服一合鹽、醋汁，令吐也。

〔宋·掌禹錫《嘉祐本草》〕按：《藥性論》云：蛇蛻皮，臣，有毒。能主百鬼魅，兼治喉痹。日華子云：治蟲毒，辟惡，止嘔逆，治小兒驚悸，客忤，催生。癧瘍、白癜風，煎汁傅。入藥并炙用。

〔宋·唐慎微《證類本草》〕《圖經》：文具蚺蛇條下。雷公：凡使，勿用青、黃、蒼色者，要用白如銀色者。凡欲使，先於屋下以地掘一坑，可深一尺二寸，安蛇皮於中，一宿，至卯時出，用醋浸一時，於火上炙乾用之。《食療》：蛇蛻皮，主去邪，明目。治小兒一百二十種驚癇，寒熱，腸痔，蟲毒，諸䘌惡瘡，安胎。熬用之。《聖惠方》：治白駁。用燒末，醋調傅上，佳。又方：治小兒重腭，重齗腫痛。燒末傅之，效。《外臺秘要》：治身體白駁。以皮熟摩之，數百遍訖，棄皮於草中。《千金方》：治諸腫失治，有膿。燒蛇蛻皮，水和，封腫上，即蟲出。又方：治緊脣。以燒灰先拭之，傅上。又方：日月未足而欲產。以全蛇蛻一條，欲痛時，絹袋盛，遶腰。又方：治惡瘡十年不差似癩者。燒全者一條爲末，猪脂和傅上。《肘後方》：小兒初生月蝕瘡及惡瘡。燒末和猪脂，傅上。《食醫心鏡》：小兒喉痹腫痛。燒末，以乳汁服一錢匕。《十全博救》：治横生難産方：蛇皮一條，瓶子内鹽泥固濟，存性燒爲黑灰。每服二錢，用榆白皮湯調服，立下。《必效方》：五痔肛脱。以死蛇一枚指大者濕用。掘地作坑燒蛇，取有孔板覆坑坐上，蟲盡出也。孫真人：主蛇露瘡。用蛇蜕燒末，和水調，傅上。《杜壬方》：治纏喉風，咽中如束，氣不通。蛇蜕炙黄，以當歸等分，爲末，溫酒調一錢匕，得吐愈。姚和衆云：小兒重舌。燋炙研末，日三傅舌下，一度着一豆許。《子母秘録》：治小兒吐血。燒蛇蜕末，以乳汁調服。又方：治小兒頭面身上生諸瘡。燒末，和猪脂傅上。《産書》：治産不順，手足先見者。蛇蜕皮，燒作灰，研。面東酒服一錢匕，更以藥末傅手足，即順也。《楊氏産乳》：療兒吹著奶，疼腫欲作急療方：蛇蜕一尺七寸，燒令黑，細研，以好酒一盞，微溫頓服，未甚效更服。初虞世：治陷甲生入肉，常有血疼痛。蛇皮一條燒存性，雄黄一彈子，同研。以溫漿水洗瘡，針破貼藥。

宋・寇宗奭《本草衍義》卷一七 蛇蜕 從口翻退出，眼睛亦退，今合眼藥多用，取此義也。入藥洗淨。

宋・王繼先《紹興本草》卷一八 蛇蜕 紹興校定：蛇蜕，即所蜕之皮也。治難産及小兒驚風，諸方頗用之。唯頭尾全長者可用。當從《本經》味鹹、甘、平、無毒是矣。

宋・劉明之《圖經本草藥性總論》卷下 蛇蜕 味鹹、甘，平，無毒。主小兒百二十種驚癇瘈瘲，癲疾寒熱，腸痔，蟲毒蛇癇，弄舌搖頭，大人五邪，言語僻越，惡瘡，嘔欬，明目。《藥性論》云：臣。有毒。能主百鬼魅，治喉痺。日華子云：治蠱毒，辟惡，止嘔逆，治小兒驚悸客忤，催生。癧瘍白癜風，煎汁傅，入藥並炙用。畏磁石及酒。

宋・陳衍《寶慶本草折衷》卷一七 蛇蜕音稅。臣。灰在内。 一名蛇退。見衆方。○一名蛇蜕皮，一名蛇皮，一名蛇符，一名龍子皮，一名龍子衣，一名龍子單衣，一名弓皮。○《是齋方》用者，名龍退。生荆州川谷、田野。又云：生南中木石上及屋栱間，退於石上者佳。○五月採。○畏磁石及酒。

味鹹、甘，平，有毒。○主小兒百二十種癇，瘈瘲癲疾，寒熱腸痔，蟲毒蛇癇，弄舌搖頭，大人五邪，言語僻越，惡瘡，嘔欬，明目。○陳藏器云：主瘧，正發日以蜕灰塞兩耳。○《藥性論》云：治喉痹。○日華子云：治蠱毒，辟惡，止嘔逆，小兒客忤，催生。癧瘍，白癜風，煎汁傅。入藥並炙用。○雷公云：凡使勿用青、黄、蒼色者。要白如銀色。○《聖惠方》：治小兒重腭、重齗腫痛，燒末傅之。○《千金方》：治惡瘡似癩，燒全者壹條為末，猪脂和傅上。○又方：治緊脣，燒灰，先拭之，傅上。○初虞世：治陷甲入肉，有血疼痛。蛇皮壹條燒存性，雄黄壹彈子同研，以溫漿水洗瘡，針破貼藥。

續說云：蛇之色品多矣。其所蜕皮，雷公辨擇然矣。《經驗方》治豆瘡後，餘毒上攻，咽喉閉壅，聲語不透，以此皮於麻油燈上燒〔之〕存性，碾末，沙糖和為餅子，嚼服甚效。

元・王好古《湯液本草》卷六 蛇蜕 《心》云：去翳膜用之，取其意也。日華子云：止嘔逆，小兒驚悸客忤，催生。癧瘍、白癜風，煎汁傅。入藥炙用。

元・尚從善《本草元命苞》卷八 蛇蜕皮 為臣。鹹、甘，平，無毒。主瘈瘲驚癇，癲疾寒熱。療客忤蛇癇，弄舌搖頭。殺蠱毒百邪鬼魅，治癧瘍紫白癜風。眼藥多用，喉痺當施。横生難産，鹽泥固濟，燒灰，榆白皮湯調下。吹奶腫痛，存性火煅，為末，無灰酒調溫服。生荆州山谷，田野及人家屋宇栱間，從口翻退，連及眼睛。五月五日取之，尤良。

元・徐彦純《本草發揮》卷三 蛇蜕 海藏云：去翳膜用之，取其義也。蟬蜕亦同。

明・王綸《本草集要》卷六 蛇蜕臣 味鹹甘，氣平，無毒。又云：有毒。畏磁石及酒。五月五日、十五日取之。白如銀色，完全石上者佳。主小兒百二十種驚癇瘈瘲，癲疾，寒熱腸痔，蠱毒蛇癇，辟惡，止嘔逆，明目去翳膜。火熬之良。甚療諸惡瘡。

明・滕弘《神農本經會通》卷一〇 蛇蜕音稅 臣也。畏磁石及酒。五月五日、十五日取之良。要用白如銀色，須完全石上者佳。火熬之良。《局》云：炙過，或燒成灰用。 味鹹、甘，氣平，無毒。一云：有毒。《湯》同。《珍》云：去翳膜。

《本經》云：主小兒百二十種驚癇瘈瘲，癲疾，寒熱腸痔，蠱毒，蛇癇，弄舌搖頭，大人五邪，言語僻越，惡瘡，嘔欬，明目。火熬之良。陶云：燒之，甚療諸惡瘡。陳藏器云：主瘧，取正發日，以蜕皮塞病人兩耳，臨發，又以手持少許，并服一合鹽醋汁，令吐也。《藥性論》云：臣。有毒。能主百鬼魅，兼治喉痺。日華子云：治蠱毒，辟惡，止嘔逆，治小兒驚悸客忤，催生，瘰癧，白癜風，煎汁傅。入藥并炙用。《聖惠》云：小兒重腭，齗腫痛，燒末傅之，效。姚和衆云：小兒重舌，焦炙研末，日三，傅舌下，一度著一豆許。《秘錄》云：治小兒頭面身上生諸瘡，燒末，和猪脂傅上。初虞世云：治陷甲入肉，常有血，疼痛，蛇皮一條，燒存性，雄黄一彈子，同研，以溫漿水洗瘡，針破，貼藥。《湯》同日華云。《心》云：去翳膜用之，取其意也。《局》云：蛇蜕主除驚瘈瘲，更攻瘍癧纏喉風。催生明目消腸痔，治瘧臨時塞鼻中。蛇蜕，主頭疼，驚風，催生，明目。

明・劉文泰《本草品彙精要》卷三一蟲魚部　蛇蜕無毒。

蛇蜕：音稅。出《神農本經》。**主小兒百二十種驚癇，瘛**尺曳切**瘲**子用切，**癲疾，寒熱，腸痔，蟲毒，蛇癇。**以上朱字《神農本經》。弄舌搖頭，大人五邪，言語僻越，惡瘡，嘔欬，明目。以上黑字名醫所録。【名】龍子衣、蛇符、龍子單衣、弓皮。【地】《圖經》曰：出荆州川谷及田野間，今南中於木石上及人家屋棋間多有之。古今方書用之最多。或云：蛇蜕無時，但著不淨之物則脱矣。陶隱居云：草中不甚見虺、蝮蜕，惟有長者，多是赤蝀、黄頷輩。其皮不可復識，今往往得爾，皆須完全，石上者彌佳。《衍義》曰：蛇蜕，從口翻退出，眼睛亦退，今合眼藥多用，取此義也。【時】生：無時。採：五月五日、十五日取之良。【用】皮白如銀色者佳，其青黄蒼色者勿用。【色】白。【味】鹹、甘。【性】平、輭。【氣】氣薄味厚，陰中之陽。【臭】腥。【製】雷公云：凡使，先於屋下掘一坑，深一尺二寸，安蛇皮於中，一宿，至卯時取出，以醋浸一時，於火上炙乾用，或洗浸即用之。【治】療：《藥性論》云：辟百鬼魅，除喉痹。日華子云：療蠱毒，辟惡，止嘔逆，及小兒驚悸，客忤，催生，癧瘍，白癜風。《食療》云：治諸惡瘡，并安胎。《别録》云：燒末傅小兒重腭，重齗，重舌，腫痛，及緊唇。又水調傅蛇露瘡。又全蜕一條，盛以絹袋，療日月未足而欲産，痛時遶於腰中。【合治】燒末合醋調傅，治白駁瘡。○燒全者一條，爲末，合豬脂，傅惡瘡十年不瘥似癩者，及小兒初生月蝕瘡，并頭面身上生瘡。○燒末，合乳汁服一錢匕，療小兒喉痹腫痛及吐血者。○以一條内瓶中，鹽泥固濟，燒灰存性，合榆白皮湯調服二錢，療横生難産。○炙黄，合當歸等分爲末，溫酒調服一錢匕，療纏喉，咽中如束，氣不通。○燒灰存性，合雞子黄一彈子，同研，治陷甲生入肉，常有血，疼痛。先以溫漿水洗瘡，鍼破貼藥。○以一尺七寸燒令黑，研末，合好酒一盞，微溫頓服，療兒吹奶腫疼。

明・葉文齡《醫學統旨》卷八　蛇蜕　氣平，味鹹、甘。有毒。惡磁石及酒。白如銀色，完全石上者佳。治小兒百二十種驚癇瘈瘲，癲疾寒熱，腸痔蟲毒，蛇癇，辟惡止嘔逆，明目去翳膜。火熬之良，甚療諸惡瘡癧瘍、白癜風。

明・鄭寧《藥性要略大全》卷一○　蛇蜕　日華子云：止嘔逆，小兒驚悸客忤，催生，治癧瘍、白癜風。《心法》云：去翳膜，去風毒，止心腹疼痛。味平，氣微溫，有毒。即蛇殼也。或煎汁傅瘡，或入膏煎。若入服藥，須炒焦黄，研末服。

明・王文潔《太乙仙製本草藥性大全》卷八《本草精義》　蛇皮　一名龍子衣，一名蛇符，一名龍子皮，一名龍子單衣，一名弓皮。生荆州川谷及田野。五月五日、十五日取之良。畏磁石及酒。陶隱居云：草中不甚見虺、蝮蜕，惟有長者多是赤蝀力建切、黄頷輩，其皮不可復識。今往往得爾，皆須完全石上者彌佳。燒之主療諸疾除也。今按：陳藏器《本草》云：蛇蜕主瘧，取正發日以蜕皮塞病人兩耳，臨發又以手持少許并服一合鹽醋汁，令吐也。臣禹錫等謹按：《藥性論》云：蛇蜕皮，臣，有毒，能主百鬼魅，兼治喉痹。日華子云：治蠱毒，辟惡，止嘔逆。治小兒驚悸客忤，催生，癧瘍、白癜風煎汁傅。入藥並炙用。

明・王文潔《太乙仙製本草藥性大全》卷八《仙製藥性》　蛇蜕臣　味鹹、甘，氣平，無毒。主治：去瞖膜，明澈雙睛；止嘔逆，辟除諸惡。療大人腸痔蠱毒，治小兒瘈瘲驚癇。療蛇癇弄舌搖頭，理五邪言語僻越。癲疾寒熱治良，安胎熱用尤捷。又火熬之亦敷瘡瘻。補註：治白駁，用燒末，醋糊傅上佳。○治身體白駁，以皮熟摩之數百遍訖，棄皮於草中。○治諸腫失治有膿，燒蛇蜕皮，水和封腫上即蟲出。○治緊唇，以燒灰，先拭之傅上。○日月未足而欲産，以全蛇蜕一條，欲痛時，絹袋盛遶腰。○治惡瘡十年不差似癩者，燒全蜕一條爲末，猪脂和傅上。○治横生難産者，蛇皮一條，瓶子内鹽泥固濟，存性燒爲黑灰，每服二錢，用榆白皮湯調服立下。○五痔脱肛，以死蛇一枚指大者濕用，掘地作坑燒蛇，取有孔板覆坑坐上，蟲盡出也。○主蛇露瘡，用蛇蜕燒末，和水調傅上。○治纏喉風，喉中如束氣不通。蛇蜕炙黄，以當歸等分爲末，溫酒調一錢匕，得吐愈。○治産不順，手足先見者，蛇蜕皮燒作灰，研，面東酒服一錢匕，更以藥末傅手足，即順也。○療兒吹着奶腫疼欲作，急療方：蛇蜕一尺七寸，燒令黑，研，以好酒一盞，微溫頓服，未甚效，更服。○治陷甲生入肉，常有血疼痛。蛇皮一條，燒存性，雄黄一彈子，同研，以溫漿水洗瘡，針破貼藥。○治小兒重齶，重齗腫痛，燒末傅之效。○小兒初生月蝕瘡及惡瘡，燒末和猪脂傅上。○小兒喉痹腫痛，燒末，以乳汁服一錢效。○小兒重舌，焦炙研末，日三傅舌下，一度着一豆許。○治小兒吐血，燒蛇蜕末，以乳汁調服。○治小兒生諸毒瘡在頭面，燒末和猪脂傅上。太乙曰：凡使勿用青、黄、蒼色者，要用白如銀色者。凡欲使先於屋下以地掘一坑，可深一尺二寸，安蛇皮於中一宿至卯時出，用醋浸，於火上炙乾用之。

明·皇甫嵩《本草發明》卷六　蛇蜕味鹹，甘，平，無毒。明目，去瞖膜，主小兒諸種驚癇瘈瘲，癲疾，寒熱腫痔，蠱毒蛇毒，小兒弄舌搖頭，大人五邪，言語僻越，惡瘡嘔咳及喉痺。火熬之良，亦傅瘡疹。

明·李時珍《本草綱目》卷四三鱗部·蛇類　蛇蜕《本經》下品

【釋名】蛇皮甄權　蛇殼俗名　龍退《綱目》　龍子衣《本經》　龍子皮《別録》　弓皮《本經》　蛇符《別録》　蛇筋吴普　時珍曰：蛇字，古文象其宛轉有盤曲之形。蜕音脱，又音退，退脱之義也。龍、弓、符、筋，並後世廋隱之名耳。　【集解】《別録》曰：生荆州川谷及田野。五月五日、十五日取之，良。弘景曰：草中少見虺蝮蜕，惟有長者，多是赤鱓、黄頷輩，其皮不可辨，但取石上完全者爲佳。頌曰：南中木石上，及人家墻屋間多有之。蛇蜕無時，但着不净即脱。或大飽亦脱。　【修治】斅曰：凡使，勿用青、黄、蒼色者，只用白色如銀者。先于地下掘坑，深一尺二寸，安蜕于中，一宿取出，醋浸炙乾用。時珍曰：今人用蛇蜕，先以皂莢水洗净纏竹上，或酒、或醋、或蜜浸，炙黄用。或燒存性，或鹽泥固煅，各隨方法。

【氣味】鹹、甘，平，無毒。火熬之良。權曰：有毒。○畏磁石及酒。○孕婦忌用。

【主治】小兒百二十種驚癇蛇癇，癲疾瘈瘲，弄舌摇頭，寒熱腸痔，蠱毒《本經》。大人五邪，言語僻越，止嘔逆明目，燒之療諸惡瘡《別録》。喉痹，百鬼魅甄權。炙用辟惡，止小兒驚悸客忤。煎汁傅癧瘍、白癜風。催生日華。安胎孟詵。止瘧。藏器曰：正發日取塞兩耳，又以手持少許，并服鹽醋汁令吐。辟惡去風殺蟲。燒末服，治婦人吹奶，大人喉風，退目翳，消木舌。傅小兒重舌重齶，唇緊解顱，面瘡月蝕，天泡瘡，大人丁腫，漏瘡腫毒。煮湯，洗諸惡蟲傷時珍。

【發明】宗奭曰：蛇蜕，從口退出，眼睛亦退。今眼藥及去翳膜用之，取此義也。時珍曰：入藥有四義：一能辟惡，取其變化性靈也，故治邪僻、鬼魅、蠱瘧諸疾；二能去風，取其屬巽性竄也，故治驚癇、癜駮、喉舌諸疾；三能殺蟲，故治惡瘡、痔漏、疥癬諸疾，用其毒也；四有蜕義，故治翳膜、胎産、皮膚諸疾，會意從類也。

【附方】舊十一，新二十一。　喉痹：《心鏡》治小兒喉痹腫痛。燒末，以乳汁服一錢。　纏喉風疾：氣閉者。《杜壬方》用蛇蜕炙、當歸等分，爲末。温酒服一錢，取吐。○一方：用蛇皮揉碎燒烟，竹筒吸入即破。○一方：蛇皮裹白梅一枚，噙嚥。　大小口瘡：蛇蜕皮水浸軟，拭口内，一二遍，即愈，仍以藥貼足心。《嬰孩寶鑒》。　小兒木舌：蛇蜕燒灰，乳和服少許。《千金方》。　小兒重舌：《千金》。　小兒重齶：並用蛇蜕灰，醋調傅之。《聖惠方》。　小兒口緊：不能開合飲食，不語即死。蛇蜕燒灰，拭净傅之。《千金方》。　小兒解顱：蛇蜕熬末，以猪頰車髓和，塗之，日三四易。《千金方》。　小兒頭瘡、小兒面瘡、小兒月蝕：並用蛇蜕燒灰，臘猪脂和，傅之。《肘後方》。　小兒吐血：蛇蜕灰，乳汁調，服半錢。《子母秘録》。　痘後目瞖：周密《齊東野語》云：小兒痘後障瞖。用蛇蜕一條，洗焙，天花粉五分，爲末。以羊肝破開，夾藥縛定，米泔水煮食。予女及甥，皆用此得效，真奇方也。　卒生瞖膜：蛇蜕皮一條，洗晒細剪，以白麵和作餅，炙焦黑色，爲末。食後温水服一錢，日二次。《聖惠方》。　小便不通：全蛇蜕一條，燒存性研，温酒服之。　胎痛欲産：日月未足者。以全蜕一條，絹袋盛，遶腰繫之。《千金方》。　横生逆生，胞衣不下：《千金》用蛇蜕炒焦爲末，向東酒服一刀圭，即順。○《十全博救方》用〔蛇皮一條，瓶子内〕鹽泥固，煅研二錢，榆白〔皮〕湯服。○《濟生秘覽》治逆生須臾不救。用蛇蜕一具，蟬蜕十四個，頭髮一握，並燒存性，分二服，酒下。仍以小針刺兒足心三七下，擦鹽少許，即生。　婦人産難：蛇蜕泡水，浴産門，自易。《寶鑒》。　婦人吹乳：蛇皮一尺七寸，燒末，温酒一盞服。《産乳》。　腫毒無頭：蛇蜕灰，猪脂和塗。《肘後》。　石癰無膿：堅硬如石。用蛇蜕皮貼之，經宿便愈。《總録》。　諸漏有膿：蛇蜕灰，水和，傅上，即蟲出。《千金方》。　丁腫魚臍：《外臺》用蛇蜕鷄子大，水四升，煮三四沸，服汁立瘥。○《直指》：治魚臍瘡出水，四畔浮漿。用蛇蜕燒存性研，鷄子清和傅。　惡瘡似癩：十年不瘥者。全蜕一條燒灰，猪脂和傅。仍燒一條，温酒服。《千金方》。　癜風白駮：《聖惠》用蛇皮灰，醋調塗。○《外臺》用〔蛇〕蜕摩數百遍，令熱，棄草中勿回顧。　陷甲入肉：痛苦。用蛇皮一具燒灰，雄黄一彈丸，同研末。先以温漿洗瘡，針破貼之。初虞世方。　耳忽大痛：如有蟲在内奔走，或血水流出，或乾痛不可忍者。蛇蜕皮燒存性研，鵝翎吹之立愈。經驗秘方也。楊拱《醫方摘要》。

明・梅得春《藥性會元》卷下　蛇蛻　味鹹，氣平，無毒。一云有毒。色白如銀完全石上者佳。惡磁石及酒。　主療小兒百二十四種驚癇、瘛瘲、癲疾，寒熱腸痔，蟲毒。蛇癇，弄舌搖頭，大人五邪，言語僻越，纏喉風，頭瘡，瘰癧惡瘡，嘔咳，明目去翳，催生，去白癜風。火熬之良。一名龍子皮，又名龍子單衣。　製法：　凡使，先于屋下掘一坑，可深一尺二寸，安蛇皮於中一宿，至卯時取出，用醋浸一時，炙乾用。

明・李中立《本草原始》卷一一　蛇蛻　生荊州山谷及田野。蛇蛻無時，但着不淨即脫，或大飽亦脫。五月五日、十五日取之良。時珍曰：蛇字，古文象其宛轉盤曲之形。蛻音脫，退脫之義也。又名蛇退、蛇殼。俗呼蛇皮。蛇蛻：　氣味：　鹹、甘，平，無毒。火熬之良。　主治：　小兒百二十種驚癇，蛇癇癲疾，瘈瘲弄舌搖頭，寒熱腸痔，蠱毒。○大人五邪，言語僻越。止嘔逆，明目。燒之療諸惡瘡。○喉痹，百鬼魅。○炙用，辟惡，止小兒驚悸客熱。煎汁傅癧瘍、白癜風。催生。○安胎。○止瘧。○辟惡去風，殺蟲。燒末服，治婦人吹奶，大人喉風，退目翳，消木舌；傅小兒重舌重齶，唇緊解顱，面瘡月蝕，天泡瘡；大人丁腫，漏瘡腫毒。煮湯，洗諸惡蟲傷。

蛇蛻，《本經》下品。【圖略】皮色白如銀者良。青黃蒼色者勿用。

權曰：蛇蛻有毒。畏磁石及酒。孕婦忌用。　修治：　以皂角水洗淨，纏竹上，或酒、或醋、或蜜浸炙黃用。或燒存性，或鹽泥固煅，各隨方法。

周密《齊東野語》云：小兒痘後障翳，用蛇蛻一條，洗焙，天花粉五分，為末，以羊肝破開，夾藥，米泔水煮食，效。此方治痘後目翳真奇方也。

明・張懋辰《本草便》卷二　蛇蛻臣　味鹹、甘，氣平，無毒。又云有毒。畏磁石及酒。　主小兒諸種驚癇，治腸痔，止嘔逆，明目去瞖膜。療諸惡瘡，火熬之良。

明・吳文炳《藥性全備食物本草》卷三　蛇蛻　蛇蛻皮也。味甘、鹹，性平，無毒。去翳膜，止嘔逆。主蛇癇搖頭弄舌，顛疾瘈瘲寒熱，諸蠹惡瘡似癩，癜風白駁，煎汁塗之。瘡有膿者，燒敷之。腸痔蠱毒，婦人難產，小兒百二十種驚風。取石上白如銀色完全者，埋土中一宿，醋浸炙乾。惡磁石及酒。瘧疾正發日，以蛇皮塞病人兩耳，臨發又以手持少許，并服一合，鹽醋引吐即止。

明・繆希雍《本草經疏》卷二二　蛇蛻音稅。　味鹹、甘，平，無毒。主小兒百二十種驚癇、瘈瘲、癲疾、寒熱、腸痔、蟲毒、蛇癇弄舌搖頭，大人五邪，言語僻越，惡瘡，嘔欬，明目。火熬之良。

【疏】蛇蛻，蛇之餘性猶存，不以氣味為用者。故蛇之性上竄而主風；蛻之用，入肝而辟惡，其性一也。小兒驚癇、瘈瘲、癲疾、寒熱，蛇癇弄舌搖頭，大人五邪，言語僻越，皆肝經為病，邪惡侵犯也。蛇蛻走竄，能引諸藥入肝散邪，故主如上等證。善能殺蟲，故主腸痔、蟲毒、惡瘡。邪去木平，故止嘔欬，明目。今人亦用以催生、去翳膜者，取其善脫之義也。　【主治參互】《肘後方》治小兒頭面瘡，蛇蛻燒灰，臘猪脂和傅之，并治小兒月蝕。周密《齊東埜語》云：小兒痘後障翳，蛇蛻一條，淨洗，焙，天花粉五錢，為末。以羊肝破開，夾藥縛定，米泔水煮食。屢試輒效，真奇方也。《濟生秘覽》治橫生、逆生，須臾不救，用蛇蛻一具，蟬蛻十四箇，髮一握，竝燒存性，分二服，酒下。仍以小鍼刺兒足心，擦鹽少許，即順。并能下胞衣。《產乳方》婦人吹乳，蛇皮一尺七寸，燒末酒服。《千金方》諸漏有膿，蛇蛻灰，傅之即蟲出。《直指方》魚臍瘡出水，四畔浮漿。用蛇蛻燒存性，雞子清和傅。《醫方摘要》耳忽大痛，如有蟲在內奔走，或血水流出，或乾痛不可忍者，蛇蛻皮燒存性，研細，鵝翎吹入，即愈。　【簡誤】小兒驚癇癲疾，非外邪客忤，而由於肝心虛者，不效。

明・倪朱謨《本草彙言》卷一八　蛇蛻　味鹹、甘，氣平，無毒。可升可降，陰中陽也。通行十二經。　陶氏曰：蛇生東南諸郡。【略】雷氏曰：凡用蛇蛻，只用白色如銀者。於人家墻壁屋角間常退出。如青、黃、蒼色者勿用。　修治：　刀切寸斷，以醋浸一宿，火炙乾用。

蛇蛻：神農散風毒，時珍解癧瘍，甄權開喉痹之藥也。李秋江曰：蛇蛻統一身之衣，從口退出。龍則脫骨，蛇則脫皮也。蛇以腹行而速，其性上竄，蛻則自裏出表，退脫而解，專治風動爲病。故前古主小兒百二十種風邪驚癇癲疾，四肢瘈瘲，搖頭弄舌，寒熱等證，皆屬厥陰肝經爲病也。如日華方治大人喉痹不通，小兒重舌重齶，及目翳眵障，丁腫癰毒，亦取此屬風性竄，攻而善散，蛻而善解之義。須五月蛻之爲佳。

集方：已下五方俱出《方脉正宗》治遍身一切風癬風癩，風核風毒，風麻風痛，風癍風癢，風痰流痛諸疾。用蛇蛻一條去頭尾，酒浸炙黃爲末。每早晚各服五分，和雄黃末二分，白湯調服。〇治一切疔腫癰毒垂危者。用蛇蛻二條去頭尾，製法同前。俱研末，一條作五次用，真糞清一盞，調服一條。用新鮮人糞調塗患處四圍，毒勢漸減。〇治喉痹腫痛。用蛇蛻一條去頭尾，製法同前。每服一錢，白湯調服。小兒減半。又一方，用蛇蛻揉燒烟，竹筒吸入喉間即通。〇治小兒百種風邪，驚癇癲疾，或四肢瘈瘲，或搖頭弄舌，寒熱往來諸證。用蛇蛻一條去頭尾，製法同前。研細末，配雄黃、膽星、天竺黃、黃連、甘草各三錢，俱研極細末，總和勻。每遇此患，服三分，薄荷湯調服。〇《聖惠方》治小兒木舌、重舌、重齶。用蛇蛻製法同前。研細末，米醋調敷。〇《千金方》治小兒口緊不能開合飲食，不出聲者即死。用蛇蛻燒灰傅之。〇《聖惠方》治目中卒生翳膜，或小兒痘後目翳。用蛇蛻一條去頭尾，製法同前。研細末，以大羊肝二個，夾藥縛定，米泔水煮熟羊肝，食之得效。〇《千金方》治横生逆產，胞衣不下。用蛇蛻一條去頭尾，製法同前。研細末，酒調服三錢即順。

明·顧逢柏《分部本草妙用》卷七兼經部·性平　蛇蛻　鹹、甘，無毒。火熬之良。畏磁石及酒。　主治：小兒百廿種驚癇蛇癇，癲疾瘈瘲，弄舌搖頭，寒熱腸痔，蠱毒。辟惡去風，殺蟲，退目翳，木舌重舌，解顱，面瘡，天胞，疔腫漏毒。煮湯洗諸惡蟲傷。

明·鄭二陽《仁壽堂藥鏡》卷八　蛇蛻　《本草》云：味鹹、甘，平，無毒。《心》云：去翳膜用之，取其意也。日華子云：止嘔逆，小兒驚悸客忤，催生。瀝瘍，白癜風，煎汁敷。入藥炙用。《本草》云：治大人瘈瘲癲疾，蠱毒蛇癇，弄舌搖頭。陶云：畏磁石及酒。

明·蔣儀《藥鏡》卷三平部　蛇蛻　蛇性上竄，消風殺蟲。蛻灰入肝，散邪驚定。天粉、羊肝同煮食，痘餘障翳疑神。蛻蟬、髮髮酒同餐，逆產横生最效。耳中痛癢流血，鵞毛管斜盛，少許吹之。臍瘡出水浮漿，鷄蛋白濕調，微末傳與。

清·顧元交《本草彙箋》卷九　蛇蛻　蛇之餘，性猶存，不以氣味爲用者。其入藥有四義：一能辟惡，取其變化性靈也，故治邪，僻鬼魅蠱虐諸疾；一能去風，取其屬巽，性竄也，故治驚癇癜駁喉舌諸疾；一能殺蟲，故治惡瘡痔漏疥癬諸疾，用其毒也；一有蛻義，故治翳膜、胎產、皮膚諸疾。會意而從類也。蓋蛇蛻從口退出，眼睛亦退，故今眼藥及去翳膜多用之。凡用，須擇白色如銀者。若青黃蒼色者，勿用。

清·穆石匏《本草洞詮》卷一六　蛇蛻　從口退出，眼睛亦退。龍則蛻骨，蛇則蛻皮也。氣味甘鹹，平，無毒，一云有毒。入藥有四：一能辟惡，取其變化性靈也，故治邪僻鬼魅，蠱瘧諸疾；二能去風，取其屬巽性竄也，故治驚癇，癜駁，喉舌諸疾；三能殺蟲，故治惡瘡痔漏，疥癬諸疾，用其毒也；四有蛻義，故治翳膜，胎產，皮膚諸疾，會意從類也。

清·劉雲密《本草述》卷二八　蛇蛻　頌曰：南中木石上及人家墻屋間多有之。蛇蛻無時，但着不淨即蛻，或大飽亦脫。　斆曰：凡使，勿用青黃蒼色者，只用白色如銀者。

氣味：鹹、甘，平，無毒，火熬之良。　權曰：有毒。　主治：大人喉風，退目瞖，消木舌。諸羼惡瘡似癩，癜風白駁，煎汁塗之。瘡有膿者，燒敷之。傅小兒重舌脣緊及諸驚風，並婦人難產。　宗奭曰：蛇蛻從口退出，眼睛亦退。今眼藥及去瞖膜用之，取此義也。　時珍曰：蛇蛻能去風，取其屬巽性竄也，故治驚癇、癜駁、喉舌諸疾，又能殺蟲，故治惡瘡痔漏，疥癬諸疾，用其毒也。又取其蛻義，故治瞖膜，胎產，皮膚諸疾。會意從類也。　希雍曰：蛇蛻，蛇之餘，性猶存，不以氣味為用者，故蛇之性上竄而主風，蛻之用逐風而善脫，種種主治皆取諸此。即用以去瞖膜，更催生者，取其善脫之義也。

附方　纏喉風閉氣閉者，杜壬方，用蛇蛻炙，當歸等分，為末，温酒服一錢，取吐。　一方用蛇皮揉碎，燒烟，竹筒吸入，即破。　小兒口緊，不能開口飲食，不語即死，蛇蛻燒灰，拭淨傅之。　治目瞖見眼證頗多，兹不錄。　石癰無膿，堅硬如石，用蛇蛻皮貼之，經宿即愈。　横生逆生，胞衣不下，《濟生秘覽》治逆生須臾不救，用蛇蛻一具，蟬蛻十四個，頭髮一握，並燒存性，分二服，酒下，仍以小針刺兒足心三七下，擦鹽少許，即生。

愚按：白花蛇及烏蛇之用，《本草》類取其治風證也。第簡方書，如白花蛇之治狂癇，烏蛇之治癇與瘛瘲脚氣，是皆於諸證中取其責有病於風者，而《本草》未之詳及也。雖然，如狂癇等疾，屬於陽實者，於清陽實劑中乃藉此善行數變之本氣，以驅陽實所化之風，詎曰不宜？至於陽虛患此，則非兹物所能療也。若患於溼以為風者，是由陰實以致陽虛，則兹物又為的對矣。第蛇蛻用之，在《本經》言其治小兒驚癇，癲疾瘛瘲，弄舌等證，即

《別録》亦云治大人五邪，言語僻越，乃方書用之又鮮，即以治小兒亦少，不如《本經》所云，何哉？蓋同此善行數變之本氣，但蜕却主於在表，猶人身天表之分也。故方書治目疾居多，而退目瞖為最。又如大人喉風木舌，小兒重舌口緊等證，大人痔病，疔腫漏瘡腫毒，皆取其於陰血之風病，而患於表分者為最切耳。然則方書之治驚癇等證，固有在彼不在此者，猶之外治諸證，又在此而不在彼也，豈得不細審哉？

希雍曰：小兒驚癇癲疾，非外邪客忤，而由於肝心虚者，不效。孕婦忌用。

修治　時珍曰：用蛇蜕先以皂莢水洗凈，纏竹上，或酒、或醋、或蜜浸炙黄用，或燒存性，或鹽泥固煅，各隨方法。

清·郭章宜《本草匯》卷一七　蛇蜕　味鹹，甘，平，有毒。入足厥陰經。治癲癇瘈瘲，弄舌摇頭。療喉痺吹奶，翳膜遮眼。

按：蛇蜕，蛇之餘，性猶存，不以氣味為用者。蛇之性上竄而主風，蜕之用入肝而辟惡。瘈瘲弄舌等症，皆肝經之患也。蜕能走竄，善引諸藥入肝而除邪耳。痘後目翳，以蜕一條，洗焙，天花粉五分，為末，以羊肝破開，夾藥縛定，米泔水煮食，亦奇方也。若癲癇非外邪，由於肝心虚者，不効。

蛇蜕無時，但着不淨，或大飽即蜕。須用（青黄蒼色）色白如銀者，以皂莢水洗淨乾，或掘坑一尺二寸，埋地一宿，或酒或醋浸，鹽泥固煅存性用。畏磁石及酒。孕婦忌服。

清·王翃《握靈本草》卷九　蛇蜕凡使止用白色如銀者，皂莢水洗，或酒或醋或蜜炙，或燒存性。主治：蛇蜕，鹹，平，無毒。主小兒驚癇，喉痺，大人瘡瘍，催生，安胎，主瘧。

清·汪昂《本草備要》卷四　蛇蜕輕，宣，去風毒。甘、鹹，無毒。甄權：有毒。性靈而能辟惡，故治鬼魅蠱毒。性竄而善去風，故治驚癇風瘧，重舌《聖惠方》燒末敷。喉風。性毒而能殺蟲，故治疥癬惡瘡，疔腫痔漏。屬皮而性善蜕，故治皮膚瘡瘍，産難目翳。用白色如銀者，皂莢水洗淨，或酒、或醋、或蜜浸，炙黄用。或燒存性，或鹽泥固煅，各隨本方。

清·李熙和《醫經允中》卷二〇　蛇蜕　火熬之良。入足厥陰經。鹹、甘，無毒。主治小兒驚癇瘈瘲，弄舌摇頭，退目瞖，木舌解顱，天疱疔瘡漏毒，煮湯洗諸惡蟲傷。

清·馮兆張《馮氏錦囊秘録·雜症痘疹藥性主治合參》卷一一　蛇蜕　端午採取。去翳膜，明澈雙睛。止嘔逆，辟除諸惡。大人腸痔蠱毒，小兒瘛瘲驚癇。火熬敷之，瘡疹能愈。主治痘疹合參：凡痘不論寒熱虚實而不起發，用此焙乾，配起發之藥助之。

清·张璐《本經逢原》卷四　蛇蜕　鹹、甘，平，小毒。火熬用之。《本經》主小兒二十種驚癇，蛇癇，癲疾瘈瘲，弄舌摇頭，寒熱腸痔，蠱毒。發明：蛇蜕屬巽走肝，故《本經》治小兒驚癇等病，一皆風毒襲於經中之象。其入藥有四義，一能辟惡，取其性靈也，故治邪辟鬼魅，蠱瘧諸疾。二能驅風，取其性竄也，故治驚癇癜駁，偏正頭風，喉舌諸疾。三能殺蟲，故治惡瘡痔漏，疥癬諸疾，用其毒也。四有蜕義，故治眼目瞖膜，胎衣不下，皮膚之疾，會意以從其類也。

清·張志聰、高世栻《本草崇原》卷下　蛇蜕　氣味鹹、甘，平，無毒。主治小兒百二十種驚癇，蛇癇，癲疾，瘈瘲，弄舌摇頭，寒熱腸痔，蠱毒。蛇蜕人家牆屋木石間多有之，其蜕無時，但着不淨則蜕，或大飽亦蜕。凡青黄蒼色者勿用，須白色如銀者良，於五月五日蜕者更佳。又，蘄州之白花蛇，龍頭虎口黑質白花者，其蜕尤佳。蛇蜕色白如銀，至潔至淨，氣味鹹平，稟金水之氣化，金能制風，故主治小兒百二十種驚癇、蛇癇之證。癲疾瘈瘲，驚癇病也。弄舌摇頭，蛇癇病也。水能清熱解毒，故主治大人寒熱腸痔蠱毒。寒熱者，腸痔蠱毒之寒熱也。愚按：癇證唯一，即曰驚癇，復曰蛇癇，則癇證不止一端，若以内之七情，外之形象求之，不啻百二十種，先聖立言，當意會也。

清·王子接《得宜本草·下品藥》　蛇蜕　味醎、甘。主治小兒百十二種驚癇。得當歸治纏喉風，得蟬蜕、鐵落、頭髮治産難不下。

清·黄元御《玉楸藥解》卷六　蛇蜕　味鹹，氣平。入手太陰肺經。發表驅風，退瞖敗毒。蛇蜕發散皮毛，治瘡瘍毒腫。至於退瞖膜，止驚癇，則非蛇蜕、蟬蜕所能奏效。庸工往往不解病源，而但用表散之品，可見庸陋極矣。

清·汪紱《醫林纂要探源》卷三　蛇蜕　甘，鹹，寒。凡蛇感濕熱之氣，則肌膚發癢而皮殼枯脱。其有蜕亦毒氣於是而舒也。宜取新脱色白者，皂莢水洗過，或酒、醋、蜜浸炙黄，或燒灰存性，隨宜製之。緩肝保心，去毒熱，除風濕，平君相之火，以滋養真陰。能定驚癇，去皮膚之濕熱；能治疥癬癧疽，疔腫痔瘻，舒氣血中之風熱；能治重舌喉痺，又治目翳，催生產，取其能脫也，又能祛鬼魅，解蠱毒，亦取其有所蛻也。凡蛇蛻皆可用，特附說于此。

清・嚴潔等《得配本草》卷八　蛇蛻　得火良。畏磁石及酒。　鹹、甘，平，有毒。除風瘧，祛翳膜，治鬼魅，殺三蟲，療瘡疥，止嘔逆，愈腸痔，定驚癇。　燒存性，研末，治耳忽大痛。如有蟲在内奔走，痛不可忍，以鵝翎吹之立愈。　配當歸，治纏喉風。配花粉、羊肝，治痘後目翳。調人乳，治小兒咳吐血。調豬頰車髓，塗小兒解顱。　青黄色者不入藥，白色者佳。皂莢水洗淨，纏竹上，或酒，或醋，或蜜浸，炙黄用。或鹽泥固煅，或燒炭存性，隨症製用。產婦禁用。

題清・徐大椿《藥性切用》卷八　蛇蛻　氣味甘鹹，性靈善竄，祛風殺蟲，治頑癬惡瘡，產難目翳。酒炙、醋炙任用。

清・黄宫繡《本草求真》卷三　蛇蛻驅風辟惡，殺蟲解毒。　蛇蛻耑入肝，兼行皮膚。　味甘而鹹，氣平無毒。凡治小兒驚癇風毒等症，無不用此為主。蓋此具有四能：一則性善辟惡，而凡邪魅蠱毒者不敢近，以其飲風吸露，氣極清虛故也。二則性能驅風，而凡驚癇癲仆，偏正頭風，喉舌諸疾者皆能除。以其性極走竄，力能驅風故也。三則性能殺蟲，而凡惡毒痔漏疥癬，無不用之即效。以其此屬毒物，以毒攻毒故也。四則能去皮膚之疾，而凡眼目翳膜，胎衣不下，得此即為解脫。以其氣以類聚，即從其類以除也。色白如銀者佳，皂次，水洗淨，或酒或醋或蜜浸炙黄，或燒灰存性，或鹽泥固煅，各隨本方。

清・羅國綱《羅氏會約醫鏡》卷一八鱗介蟲魚部　蛇蛻味甘鹹，有毒。治驚癇、風瘧、重舌、燒末敷。喉風。性竄能去風。療疥癬、惡瘡、疔腫、痔漏。性毒能殺蟲。除目翳、產難、皮膚瘡瘍。皮性善脫。用雪白者。皂莢水洗淨，或酒或醋或蜜浸，炙黄，或燒灰，在人裁妥。

清・章穆《調疾飲食辯》卷六　蛇蛻　《本經》名龍衣，又名弓衣。《別錄》名蛇符。《吳普本草》名蛇筋。《圖經》曰：蛇觸不潔即蛻，太飽亦蛻。八九月將蟄亦蛻。　陶隱居曰：蝮虺形短，其蛻少見。草中惟有長者，多是黄頷、赤蝀輩，不能辨別，但取完全者用之。雷斅曰：凡使勿用青、黄、蒼色，以白如銀者為佳。《綱目》曰：入藥有四義：一辟惡，取其變化性靈也，故治邪辟鬼魅、癲狂、蠱、瘧諸疾；二去風，取其屬巽，又善竄也，故治驚癇、癜駁、喉舌諸疾；三殺蟲，故治惡瘡、痔漏、癬疥諸疾；四有脫義，故治胎產、皮膚諸疾。外此者，蛇善搖頭弄舌，故治小兒瘛瘲，搖頭弄舌。蛇蛻連目俱蛻，故治目中翳障。蛇為北方元武星象，故治腎風、腎火、耳中大痛。如有蟲行，或流血水，或乾痛。《醫方摘要》用蛇蛻全者燒存性，研末吹之。又《千金方》治小兒口緊不乳，及重舌、木舌：蛇蛻全者煅存性，研末敷，並乳調服少許。又《聖濟總錄》治石癰無膿，堅硬如石，醋浸蛇蛻貼之。又治婦人難產，以全蛻絹袋盛，繞腰繫之，臨產煎湯頻浴產門。又燒灰，東向酒服方寸匕。出《元和紀用經方》。又久瘧連年，用蛇蛻全者，取頭塞左耳，尾塞右耳，身佩懷中。出《必效方》。

清・楊時泰《本草述鉤元》卷二八　蛇蛻　其蛻無時，但着不淨即蛻，或大飽亦蛻頌。從口退出，眼睛亦退宗奭。

味鹹、甘，氣平。火熬之良。治喉風，退目瞖，消木舌，諸䘌惡瘡似癩，癜風白駁。煎汁塗之。瘡有膿者，燒傅之，傅小兒重舌唇緊及諸驚風，並治難產。今眼藥及去瞖膜用之，取其退從眼睛也宗奭。治胎產皮膚諸疾，皆會意從類瀕湖。蛇之餘性猶存，不以氣味為用者，大抵蛇之性上竄而主風，蛇之用逐風而善脫也仲淳。纏喉風閉氣閉者，蛇蛻炙、當歸，等分為末，溫酒服一錢，取吐杜壬方。又方：用蛇皮揉碎燒煙，竹筒吸入，即破。小兒口噤不能開食，不語，即死，蛇蛻燒灰，拭淨傅之。腫毒無頭，蛇蛻灰、豬脂和塗。石癰無膿，堅硬如石，蛇蛻皮貼之，經宿即愈。橫產逆生，胞衣不下，蛇蛻一具，蟬蛻十四個，頭髮一握，並燒存性，分二服，酒下，仍以小針刺兒足心三七下，擦鹽少許，即生。

論：蛇治風證，如狂癇等疾，惟屬陽實者，至陽虛則斷非所宜。若患於濕以為風者，是由陰實以致陽虛，又為的對。蛇與蛻同此善行數變之本氣，而蛻主於在表，猶人身天表之分也，故方書治目疾居多，退目瞖為最。又如小兒重舌口緊，大人喉風、木舌及痔漏、疔腫，皆其病於陰血之風而患在表分者，用之為最切耳。　凡小兒驚癇、癲疾，非外邪客忤而由於肝心虛者，不效仲淳。

孕婦忌用。

修治：凡使勿用青黄蒼色者，只用白色如銀者雷公。先以皂莢水洗淨，纏竹上，或酒，或醋，或蜜浸炙黄用，或燒存性，或鹽泥固煅，各隨本方。

清・葉桂《本草再新》卷一〇　蛇蛻味甘，性寒，有毒。入肝、脾二經。　去風，治驚癇。無風則無驚矣。惡瘡疔瘇，疥癬痔漏，皮膚作癢。

清·趙其光《本草求原》卷一六鱗部 蛇蛻 甘、鹹，平，小毒。性靈，能辟惡，故治鬼魅蠱毒。性善竄，屬巽，入肝去風，故治驚癇，癲疾，非外邪客忤，而由於心肝虛者勿用。風瘧，頭風，重舌，木舌，唇緊，燒末敷。喉風，燒煙吸之，或炙，同當歸末酒下，取吐。癜風白斑。煎汁塗。性毒，能殺蟲，故治疥癬，煎搽。腫毒無頭，燒灰，豬脂和塗。石癰無膿，蛻皮貼。諸瘡有膿，燒敷。痔瘻。屬皮，而性善脫，故治皮膚作癢諸疾，目翳，燒灰，同花粉末入於羊肚内紮定，米泔水煮食，治痘後目翳妙。產難。同蟬蛻、頭髮並燒存性，酒下。逆生者，以針刺兒足三七下，鹽擦之，即生。燒灰吹耳，治耳卒痛。孕婦忌用。 取白色如銀者，皂莢水洗淨，或酒、或醋、或蜜浸炙黄用，或燒存性，或鹽泥固煆，各隨本方。

清·葉志詵《神農本草經贊》卷三 蛇蛻 味鹹，平。主小兒百二十種驚癇瘈瘲，癲疾寒熱，腸痔，蟲毒，蛇癇。火熬之良。一名龍子衣，一名蛇符，一名龍子單衣，一名弓皮。生川谷及田野。

似之而非，它蟲靈蛻。雪雹藏形，風雷偃勢。蟦蠐失乘，蝍蛆殘噬。凡骨登仙，飽餐脫滯。

《莊子》：蛇蛻也，似之而非也。《說文》：它從蟲而長。郭璞贊：靈蛻乘烟。白居易賦：鱗甲晶以雪色，睛眸艳其電光。李紳詩：已應蛻骨風雷後。《韓非子》：雲罷霧霽，龍蛇與蟦蠐同矣，則失其所乘也。《關尹子》：蝍蛆食蛇。陸游詩：凡骨已蛻身自輕。夏侯湛序：棄俗登仙。《爾雅翼》：草居，恒飢，每得食稍飽，輒蛻殼。《避暑錄話》：神仙昇舉，形滯難脫。

清·文晟《新編六書》卷六《藥性摘錄》 蛇脫 甘鹹，氣平。入肝，兼行皮膚，驅風辟惡，殺蟲解毒。

清·張仁錫《藥性蒙求·魚鱗介部》 蛇蛻五分、八分 蛇蛻甘鹹，祛風雖確。疥癬目翳，殺蟲辟惡。用白色如銀者。皂莢水洗淨，或酒、醋、蜜浸炙黄；或燒存性，或鹽泥固煆。

清·戴葆元《本草綱目易知錄》卷五 蛇蛻 甘，平。辟惡去風，殺蟲，止嘔逆，退目瞖，消木舌。治喉痹喉風，疔腫漏瘡，腸痔，蠱毒五邪，言語僻越及百鬼魅。婦人吹奶，小兒百二十種驚癇蛇癇，癲疾瘛瘲，弄舌搖頭，驚悸客熱，及傳重舌重齶，唇緊解顱，面瘡月蝕，天泡頭瘡，癧瘍白癜風。煎洗諸惡蟲瘡。催生止瘧。孕婦忌服。

清·陳其瑞《本草撮要》卷九 蛇蛻 味甘鹹，入手太陰經，功專發表驅風，退翳敗毒。治驚癇風瘧，重舌，鬼魅蠱毒，喉風疥瘡，瘡腫痔漏，產難目翳。小兒口緊不能開合，燒灰敷良。或酒或醋或蜜浸炙黄，或燒存性，或鹽泥固煆。得當歸治纏喉風，得蟬蛻、鐵落、頭髮治產難不下。

黄頷蛇

明·李時珍《本草綱目》卷四三鱗部·蛇類 黄頷蛇《綱目》。附赤楝蛇。

【釋名】黄喉蛇俗名 赤楝蛇一名桑根蛇。時珍曰：頷，喉下也。以色名赤楝，桑根象形，陶氏作赤蟫。 【集解】時珍曰：按《肘後》《千金》《外臺》諸方，多用自死蛇，及蛇吞蛙、鼠，並不云是某蛇。惟《本草》有蝮蛇腹中鼠。陶氏注云：術家所用赤蟫、黄頷，多在人家屋間，吞鼠子、雀雛。見腹中大者，破取乾之。又蛇蛻注云：草間不甚見虺、蝮蛻，多是赤蟫、黄頷輩。據此，則古方所用自死蛇，及蛇吞蛙、鼠，當是二蛇，雖蛇蛻亦多用之。赤楝，紅黑節節相間，儼如赤楝、桑根之狀。黄頷，黄黑相間，喉下色黄，大者近丈。皆不甚毒，丐兒多養爲戲弄，死即食之。又有竹根蛇，《肘後》謂之青蝰蛇，不入藥用，最毒。喜緣竹木，與竹同色。大者長四五尺，其尾三四寸有異點者，名熇尾蛇，毒尤猛烈。中之者，急灸三五壯，毒即不行，仍以藥傅之。又有菜花蛇，亦長大，黄緑色，方家亦有用之者。

肉 【氣味】甘，温，有小毒。 【主治】釀酒，或入丸散，主風癩頑癬惡瘡。自死蛇漬汁，塗大疥。煮汁，浸臂腕作痛。燒灰，同猪脂，塗風癬漏瘡，婦人妬乳，猘犬咬傷。時珍。出《肘後》、《梅師》、《千金》諸方。

【附方】新三。 猘犬嚙傷：自死蛇一枚，燒焦爲末，納入瘡孔中。《千金方》。貓鬼野道：歌哭不自由。五月五日自死赤蛇，燒灰。井華水服方寸匕，日一服。《千金方》。 惡瘡似癩：及馬疥大如錢者。自死蛇一條，水漬至爛，去骨取汁塗之，隨手瘥。《千金》。

蛇頭 【主治】燒灰，主久瘧及小腸癰，入丸散用時珍。

【附方】新二。 發背腫毒：蛇頭燒灰，醋和傅之，日三易。《千金》。 蝦蟆瘻瘡：五月五日蛇頭，及野猪脂同水衣封之，佳。《千金方》。

骨 【主治】久瘧勞瘧，炙，入丸散用時珍。

【附方】新一。 一切冷漏：自死蛇，取骨爲末封之。大痛，以杏仁膏摩之，即止。《千金方》。

涎 【氣味】有大毒。思邈曰：江南山間人一種蠱毒，以蛇涎合藥着飲食中，使人病瘕，積年乃死。但以雄黄、蜈蚣之藥治之乃佳。

蛇吞鼠　〖主治〗鼠瘻、蟻瘻有細孔如鍼者。以臘月猪脂煎焦，去滓塗之。時珍。出《千金》。

蛇吞鼃　〖主治〗噎膈，勞嗽，蛇瘻時珍。

〖附方〗新三。　噎膈：　用蛇含蝦蟆，泥包燒存性，研末。米飲服。　久勞咳嗽：　吐臭痰者。尋水邊蛇吞青鼃未嚥者，連蛇打死，黃泥固濟，煅研。空心酒服一二錢，至效。忌生冷五七日，永不發也。《秘韞》。　蛇瘻不愈：　蛇腹鼃，燒灰封之。《千金》。

明・姚可成《食物本草》卷一一　蛇蟲部・蛇類　黃頷蛇俗名慈鰻蛇。多在人家屋間，吞鼠子、雀雛。身上黃黑相間，喉下色黃，大者近丈。不甚毒，丐兒多養為戲弄，死即食之。

黃頷蛇肉：　味甘，溫，有小毒。治風癩頑癬惡瘡。須釀酒，或作羹亦可。　蛇頭：　燒灰，治久瘧，入丸散用。　蛇骨：　治症同上。　蛇吞鼠：　治鼠瘻蟻瘻有細孔如針者。以臘月猪脂煎焦，去滓塗之。　蛇吞蛙：　治噎膈。

清・王道純《本草品彙精要續集》卷七　黃頷蛇肉，有小毒。附頭、骨、涎，有大毒。蛇吞鼠、蛙，赤楝蛇。　卵生。

黃頷蛇《本草綱目》：　肉，主風癩，頑癬，惡瘡。自死蛇漬汁塗大疥，煮汁浸臂腕作痛，燒灰同豬脂塗風癬漏瘡、婦人妬乳、猘犬咬傷出《肘後》、《梅師》、《千金》諸方。〇頭，主久瘧及小腸癰。〇骨，主久瘧勞瘧。〇涎，主合蠱藥，醫者應知解法《本草綱目》。　〖名〗黃喉蛇俗名。李時珍云：　頷，喉下也，以色名之。　〖地〗李時珍按：　《肘後》《千金》《外臺》諸方，多用自死蛇，及蛇吞蛙鼠，並不云是某蛇，惟《本草》有蝮蛇腹中鼠。陶氏所注，術家所用黃頷、赤蝀，多在人家屋間吞鼠子雀雛，見腹中大者破取，乾之。又蛇蛻注云，草間不甚見虺蝮蛻，多是赤蝀、黃頷輩。據此，則古方所用自死蛇，及蛇吞蛙鼠，當是二蛇，雖蛇蛻亦多用之。　〖時〗生：　驚蟄後。採：　夏秋取之。　〖用〗肉，釀酒併入丸散，頭入丸散用，骨亦入丸散用。　〖質〗大者近丈，小者不等。　〖色〗黃黑相間，喉下色黃。　〖味〗肉味甘。　〖性〗肉性溫。　〖治〗《千金方》：　治猘犬齧傷，自死蛇一枚，燒焦爲末，納入瘡孔中。〇又方：　惡瘡，似癩及馬疥，大如錢者，自死蛇一條，水漬至爛，去骨取汁塗之，隨手瘥。〇又方：　發背腫毒，蛇頭燒灰，醋和傅之，日三易。〇又方：　蝦蟆瘻瘡，五月五日蛇頭及野豬脂，同水衣封之，佳。〇又方：　一切冷漏，自死蛇取骨爲末封之，大痛，以杏仁膏摩之，即止。　〖解〗孫思邈云：　江南山間人一種蠱毒，以蛇涎合藥，着飲食中，使人病瘕，積年乃死。但以雄黃、蜈蚣之藥治之，乃解。

蛇吞鼠：　主鼠瘻、蟻瘻有細孔如針者，以臘月豬脂煎焦，去滓塗之。《綱目》附錄出《千金方》。

蛇吞蛙：　主噎膈，勞嗽，蛇瘻《綱目》附錄。〇治噎膈，用蛇含蝦蟆，泥包，燒存性，研末米飲服。〇《秘韞方》久勞欬嗽，吐臭痰者，尋水邊蛇吞青蛙未咽者，連蛇打死，黃泥固濟，煅研，空心酒服一二錢，至效。忌生冷，五七日永不發也。《千金方》：　蛇瘻不愈，蛇腹蛙燒灰封之。

赤楝蛇一名桑根蛇《綱目》附錄。〇李時珍云：　赤楝，桑根象形。陶氏作赤蝀。其色紅黑，節節相間，儼如赤楝、桑根之狀。大者近丈，亦不甚毒，丐兒多養爲戲弄，死即食之。又有竹根蛇，《肘後》謂之青蝰蛇，不入藥用。最毒，喜緣竹木，與竹同色，大者長四五尺，其尾三四寸，有黑點者名熇尾蛇，毒尤猛烈，中之者急灸三五壯，毒即不行，仍以藥敷之。又有菜花蛇，亦長大，黃綠色，方家亦有用之者。〇《千金方》貓鬼野道，歌哭不自由，五月五日自死赤蛇燒灰，井華水服方寸匕，日一服。

清・章穆《調疾飲食辯》卷六　黃喉蛇　即黃頷蛇。　赤楝蛇，即赤蝀蛇，又名桑根蛇，俱已見前，皆大毒殺人，而諸家方中用之，已屬非是，且用自死者，其好奇無理，尤為可笑，《千金方》乃至用自死黃頷、赤蝀，燒焦為末，治瘋犬咬傷。此乃必死惡症，救宜極早，庶可回生。乃欲尋自死蛇，知在何年何地乎。古人有如此奇方，後人不知駁正，反筆載之，更奇而又奇也。況自死禽獸猶且害人，蛇本毒物，加以自死，其毒何如，可釀酒，可入丸散乎。醫書每用自死龜板，似亦非理。至於救瘋犬傷，不拘何蛇，可食者食之，以頭尾燒焦為末，塗患處。毒蛇不可食者，外用塗之皆可。

清・趙其光《本草求原》卷一六　鱗部　黃喉蛇　有紅黑節節相間者，有黃黑相間、喉下色黃者。甘，溫，小毒。釀酒，治風癩、頑癬、惡瘡。自死蛇，水漬至爛，取汁塗惡瘡。大疥如錢，燒灰，同豬脂塗風癬瘻瘡，狂犬傷。蛇頭，治久瘧，小腸癰燒灰入丸散。發背腫毒。燒灰，醋和搽。此蛇吞鼠、吞蛙，見腹中大者，破取乾之，其鼠治瘻。以臘月豬脂煎焦，去渣塗。其蛙，治噎嗝，泥包燒存性，米飲下。勞嗽，吐臭痰，取蛇吞青蛙未咽者，連蛇打死，泥包煅酒下。忌生冷五七曰。蛇瘻。燒灰封之。

清·戴葆元《本草綱目易知錄》卷五　黃頷蛇黃喉蛇、桑根蛇。【略】涎：　有大毒。江南山間一種蠱毒，以蛇涎合藥，着飲食中，使人病瘕，積年乃死，以雄黃、蜈蚣之藥治瘥。葆按：　此統言諸蛇涎也。又集註：　竹根蛇，謂之青蝰蛇，不入藥用，最毒，俗名青竹蛇，喜緣竹木，與竹同色，大者長四五尺，其尾三四寸。有異點者，名熇尾蛇，毒尤猛烈，被咬者，急灸三四壯，毒即不行，乃以藥傳之。

水蛇

明·李時珍《本草綱目》卷四三鱗部·蛇類　水蛇《綱目》

【釋名】公蠣蛇　【集解】時珍曰：　水蛇所在有之，生水中。大如鱔，黃黑色，有纈紋，噬人不甚毒。陶弘景言公蠣蛇能化鱧者，即此也。水中又有一種泥蛇，黑色，穴居成群，嚙人有毒，與水蛇不同。張文仲《備急方》言山中一種蛇，與公蠣相似，亦不嚙人也。

肉　【氣味】甘，鹹，寒，無毒。　【主治】消渴煩熱，毒痢時珍。

【附方】新一。　《聖惠》水蛇丸：　治消渴，四肢煩熱，口乾心躁。水蛇一條活者，剝皮炙黃爲末，蝸牛五十個，水浸五日取涎，入天花粉末煎稠，入麝香一分，用粟飯和丸綠豆大。每服十丸，薑湯下。

皮　【主治】燒灰油調，傅小兒骨疽膿血不止。又治手指天蛇毒瘡時珍。

【附方】新二。　小兒骨瘡：　《海上方》詩云：　小兒骨痛不堪言，出血流膿實可憐。尋取水蛇皮一個，燒灰油抹傅疼邊。　天蛇毒：　劉松篁《經驗方》云：　會水灣陳玉田妻，病天蛇毒瘡。一老翁用水蛇一條，去頭尾，取中截如手指長，剖去骨肉。勿令病者見，以蛇皮包手指，自然束緊，以紙外裹之。頓覺遍身皆凉，其病即愈。數日後解視，手指有一溝如小繩，蛇皮内宛然有一小蛇，頭目俱全也。

明·姚可成《食物本草》卷一一蛇蟲部·蛇類　水蛇一名公蠣蛇。所在有之，生水中。大如鱓，黃黑色，有纈紋，嚙人不甚毒。能化為黑魚者，即此也。

水蛇肉：　味甘，鹹，寒，無毒。治消渴煩熱，毒痢　皮：　治天蛇毒瘡。

附方：　治天蛇毒。劉松篁《經驗方》云：　會水灣陳玉田妻，病天蛇毒。一老翁用水蛇一條，去頭尾，取中截如手指長，剖去骨肉。勿令病者見，以蛇皮包手指，自然束緊，以紙外裹之。頓覺遍身清凉，其病即愈。數日後解視，手指有一溝如小繩，蛇皮内宛然有一小蛇，頭目俱全也。

清·王道純《本草品彙精要續集》卷七　水蛇肉無毒。附皮。　卵生。

水蛇：　肉，主消渴，煩熱，毒痢。○皮，主燒灰油調傅，小兒骨疽膿血不止，療手指天蛇毒瘡《本草綱目》。　【名】公蠣蛇。　【苗】生在水中。　【地】水蛇所在，處處有之。　【時】採：　夏秋取之。　【用】肉與皮。　【質】大如鱔，嚙人不甚毒。　【色】黃黑色有纈紋。　【味】甘，鹹。　【性】寒。　【治】小兒骨瘡。《海上方》詩云：　小兒骨痛不堪言，出血流膿實可憐。尋取水蛇皮一個，燒灰油抹上疼邊。○治天蛇毒，劉松篁《經驗方》云：　會水灣陳玉田妻病天蛇毒瘡，一老翁用水蛇一條，去頭尾，取中截如手指長，剖去骨肉，勿令病者見，以蛇皮包手指，自然束緊，以紙外裹之，頓覺遍身皆凉，其病即愈。數日後解視手指，有一溝如小繩，蛇皮内宛然有一小蛇，頭目俱全也。

【合治】《聖惠方》：　水蛇丸，治消渴，四肢煩熱，口乾心躁，用水蛇一條，活者剝皮，炙黃爲末，蝸牛五十個，水浸五日，取涎入天花粉末煎稠，入麝香一分，用粟飯和丸綠豆大，每服十丸，薑湯下。　【贗】李時珍云：　水中又有一種泥蛇，黑色，穴居成群，嚙人有毒，與水蛇不同。張文仲《備急方》言，山中一種蛇，與公蠣相似，亦不嚙人。陶弘景言公蠣蛇能化鱧者，即此水蛇也。

清·嚴潔等《得配本草》卷八　公蠣蛇即水蛇。皮。　甘，鹹，寒。治消渴，煩熱，毒痢。　皮：　燒研，治小兒骨疽。

清·章穆《調疾飲食辯》卷六　水蛇　一名公蠣蛇。《綱目》曰：　在在水中有之，大如鱓，黃黑色，有纈紋，嚙人不甚毒。陶隱居言能化鱧者，此也。水中又有一種泥蛇，黑色成群，嚙人甚毒。劉松篁《經驗方》用治天蛇毒天蛇見後：　水蛇皮去頭尾，用中段包手指，自能束緊，外以紙護之即愈。愈後解視皮内，宛然有一小蛇，頭目俱全。按：　此種，古人治病但用其皮。《聖惠方》治消渴，亦只用皮方不甚佳，不錄。想其肉不可食矣。

清·趙其光《本草求原》卷一六鱗部　水蛇　甘，鹹，寒，無毒。治消渴煩熱，去皮炙黃，同花粉末，麝香，飯為丸，薑湯下。毒痢，明目。皮治骨疽，骨痛甚，出膿血，燒灰油抹。手指天蛇毒。取生者中截如指長，去骨肉包之，外以紙紮之。

烏蛇

唐·張鷟《朝野僉載》卷一　泉州有客盧元欽染大瘋，惟鼻根未倒，屬五月五日，官取蚺蛇膽欲進，或言肉可治瘋，遂取一截蛇肉食之，三五日頓漸可，百日平復。又商州有人患大瘋，家人惡之，山中為起茅舍。有烏蛇墜酒罌中，病人不知，飲酒漸差。罌底是蛇骨，方知其由也。

宋·唐慎微《證類本草》卷二二蟲魚部下品〔宋·馬志《開寶本草》〕　烏蛇　無毒。主諸風瘙癮疹、疥癬、皮膚不仁、頑痹諸風。用之炙，入丸散。浸酒，合膏。背有三稜，色黑如漆。性善，不噬物。江東有黑稍蛇，能纏物至死，亦如其類。生商洛山。今附。

〔宋・掌禹錫《嘉祐本草》〕按：《藥性論》云：烏蛇，君，味甘，平，有小毒。能治熱毒風，皮肌生瘡，眉髭脱落，瘑痒疥等。

〔宋・蘇頌《本草圖經》〕曰：烏蛇，生商洛山，今蘄州、黄州山中有之。背有三稜，色黑如漆。性至善，不噬物。多在蘆叢中嗅其花氣，亦乘南風而吸。最難採捕，多於蘆枝上得之。至枯死而眼不陷，稱之重三分至一兩者爲上，麁大者轉重力彌減也。又頭有逆毛，二寸一路，可長半分以來，頭尾相對，用之入神，此極難得也。作僞者，用他蛇生熏之至黑，亦能亂真，但眼不光爲異耳。

〔宋・唐慎微《證類本草》〕《聖惠方》：治面上瘡及䵟。易容方：用烏蛇二兩，燒灰末，以臘月猪脂調傅之。《千金方》：治耳聾。以綿裹蛇膏塞耳中，神效。《朝野僉載》：商州有人患大風，家人惡之，山中爲起茅屋。有烏蛇墜酒罌中，病人不知，飲酒漸差。罌底尚有蛇骨，方知其由也。

宋・寇宗奭《本草衍義》卷一七　烏蛇　尾細長，能穿小銅錢一百文者佳。有身長一丈餘者，蛇類中此蛇入藥最多。嘗于順安軍塘濼堤上，見一烏蛇，長一丈餘，有鼠狼齧蛇頭，曳之而去，是亦相畏伏爾。市者多僞以他蛇熏黑色貨之，不可不察也。烏蛇脊高，世謂之劍脊烏稍。

宋・王繼先《紹興本草》卷一八　烏蛇　紹興校定：烏蛇，俗呼劍脊烏是也。出產、主治已載《本經》，然在古今方中療頭面皮膚諸風，用之頗驗。詳《本經》不載味及寒溫，但云無毒。今定當作味甘、溫、有小毒者是矣。

宋・陳衍《寶慶本草折衷》卷一七　烏蛇君。一名劍脊烏梢。生商洛山，及蘄黄州、順安軍塘濼上及蘆叢中。

味甘，平，有毒。〇主諸風瘙癮瘮，疥癬，皮膚不仁，頑痹。炙，入丸、散。浸酒，合膏。江東黑梢蛇亦是其類。〇《藥性論》云：治熱毒風，皮肌生瘡，眉髭脱落，瘑痒疥等。〇《圖經》曰：背有三稜，色黑如漆，至枯而眼不陷，稱之重壹兩者為上，麤大者轉重，力彌減也。僞者用他蛇生熏至黑，亦能亂真。但眼不光耳。〇寇氏曰：尾細長，能穿小銅錢一百文者佳。有身長一丈餘者。

元・王好古《湯液本草》卷六　烏蛇　無毒。《本草》云：主諸風瘙癮瘮，疥癬，皮膚不仁，頑痹諸風。用之炙，入丸散，浸酒，合膏。背有三稜，色黑如漆，性善，不噬物。江東有黑稍蛇，能纏物至死，亦是其類。生商洛山。

元・尚從善《本草元命苞》卷八　烏蛇　味甘，平，君藥，有小毒。主諸風癮瘮疥癬，療皮膚頑痺不仁。醫癘病眉毛脱落，治風癱行步艱辛。生商洛山中，今蘄、黄所產，背有三稜，色黑如漆。其性至善，不噬生命。頭有逆毛，二寸一路，可長半分，頭尾相對，用之入神。形小，稱重一兩，尾細穿錢百文。居蘆叢，乘南風而吸，至枯死眼不陷，最靈。它蛇薰黑，將以亂真，惟眼不光為異。用酒浸服通神。

明・王綸《本草集要》卷六　烏蛇君　味甘，氣平，無毒。背有三稜，色黑如漆，尾細尖長者佳，眼不陷為真。酒浸，去頭尾，炙熟，去皮骨，入丸散用。亦浸酒合膏。主諸風瘙癮瘮疥癬，皮膚不仁，頑痹諸風。性至善，不噬物。

明・滕弘《神農本經會通》卷一〇　烏蛇　君也。背有三稜，色黑如漆，性善，不噬物。炙入丸散，浸酒合膏。江東有黑稍蛇，亦是其類。又云：尾細尖長者佳，眼不陷為真。酒浸，去頭尾，炙熟，去皮骨用。《衍》云：尾細長，能穿小銅錢一百文者佳。烏蛇脊高，世謂之劍脊烏稍。

味甘，氣平，有小毒。一云：無毒。東云：療不仁，去瘡瘍風熱。《湯》云：無毒。《本經》云：主諸風瘙，癮瘮疥癬，皮膚不仁，頑痺，諸風用之。《藥性論》云：君。味甘，平，有小毒。治熱毒風，皮肌生瘡，眉髭脱落，瘑痒疥等。《湯》云同《本經》。能纏物至死。

明・劉文泰《本草品彙精要》卷三一　烏蛇無毒。卵生。

烏蛇：主諸風瘙癮瘮，疥癬，皮膚不仁，頑痹諸風。用之炙，入丸散，酒浸，合膏。名醫所錄。〖地〗《圖經》曰：生商洛山，今蘄州、黄州山中有之。背有三稜，色黑如漆，性至善，不噬物，多在蘆叢中嗅其花氣，亦乘南風而吸。最難採捕，多於蘆枝上得之。至枯死眼不陷，稱之重三分至一兩者爲上。麤大者轉重，力彌減也。又頭有逆毛二寸一路，可長半分以來，頭尾相對，用之入神，此極難得也。江東有黑稍蛇，能纏物至死，亦如其類。作偽者用他蛇生熏之至黑，亦能亂真，但眼不光爲異爾。《衍義》曰：烏蛇，尾細長，能穿小銅錢一百文者佳，有身長一丈餘者。蛇類中此蛇入藥最多。嘗於順安軍塘濼堤上見一烏蛇，長一丈餘，有鼠狼齧蛇頭，曳之而去，是亦相畏伏爾。烏蛇脊高，世謂之劍脊烏稍也。〖時〗生：無時。採：無時。〖用〗肉。〖質〗類諸蛇，但極小而黑如漆。〖色〗黑。〖味〗甘。〖性〗平，溫。

〖氣〗氣厚於味，陽中之陰。〖臭〗腥。〖主〗諸風，疥癬。〖製〗去皮骨，炙用。〖治〗療：《藥性論》云：消熱毒風及肌生瘡，眉髭脱落，瘑痒疥等。《別錄》云：以綿裹蛇膏塞耳中，治耳聾。〖合治〗用二兩燒灰爲末，合臘月豬脂調傅，治面上瘡及䵟。○以蛇一條酒浸服，治大風，效。

明·葉文齡《醫學統旨》卷八　烏蛇　氣平，味甘。無毒。背有三稜，色黑如漆，尾細尖長者佳。眼下陷為真。酒浸，去頭尾，炙熟，去皮骨，入丸散用，亦酒合膏。治諸風瘙痒癮疹疥癬，大風惡癩諸瘡，皮膚不仁，頑痺。

明·許希周《藥性粗評》卷四　拘攣風疥，蛇有貴於烏稍。烏稍蛇，蛇有一種，其身自首至稍烏黑色，背有二稜如劍脊，然其稍尖細可穿銅錢，性善，不噬物，惟吸風氣而已。江南山澤處處有之。取獲去頭尾，剝去皮，剖去腸穢，切成陵子，煎令香熟，任意食之，無異雞魚之味。味甘，性寒，無毒。主治大人小兒風疥癮瘮，癬癩瘙痒，眉髭脱落，皮膚頑痹，手足拘攣，一切風氣皆有奇功。或如法煎食，或乾入丸散，或以浸酒，皆佳。

明·鄭寧《藥性要略大全》卷一○　烏蛇　治風痹不仁，去瘡瘍、風熱諸風。味甘、鹹，氣平，無毒。背有稜，黑色如漆，尾細尖長，眼不陷者佳。酒浸，去頭尾炙熟，去皮骨入藥。連皮亦好。端午日捕得者良。

明·王文潔《太乙仙製本草藥性大全》卷八《本草精義》　烏蛇　生商洛山，今蘄州、黄州山中有之。性善而不囓物，黑色如漆，背有三稜渾如劍脊者爲良，尾細尖長，能穿百錢者妙，猶眼光不陷。有身長一丈餘者。蛇類中此蛇入藥爲最多，在蘆叢中嗅其花氣，亦乘南風而吸。最難採捕，多於蘆枝上得之，至枯死而眼不陷，稱之重三分至一兩者爲上，麄大者轉重力彌減也。又頭有逆毛二寸一路，可長半分以來，頭尾相對用之入神，此極難得也。主治功力略緩，種生各處甚多，依前製勿差，任爲丸浸酒，若熬膏藥，頭尾多加。予嘗於順安軍塘濼堤上見一烏蛇，長一丈餘，有鼠狼囓蛇頭，曳之而去，是亦相畏伏爾。市者多僞，以他蛇薰黑色貨之，不可不察也。烏蛇脊高，世謂之劒脊烏稍。江東有黑稍蛇，能纏物至死，亦如其類。生商洛山。

明·王文潔《太乙仙製本草藥性大全》卷八《仙製藥性》　烏蛇君　味甘，氣平，無毒。又云有小毒。主治：治諸風皮膚不仁，散癮瘮身體瘙癢。治熱毒風眉髭脱落者殊功，理耳聾及皮肌生瘡者效妙。補註：治面上瘡及䵟，易容方：用烏蛇二兩，燒灰爲末，以臘月猪脂調傅之。○治耳聾，以綿裹蛇膏，塞耳中神效。○商州有人患大風，家人惡之，山中爲起茅屋，有烏蛇墜酒罌中，病人不知，飲酒漸差，罌底尚有蛇骨，方知其由也。烏蛇脊高，世〔謂之劍脊烏稍〕。

明·皇甫嵩《本草發明》卷六　烏蛇味甘，平，有小毒。治功比白花蛇略緩。主諸風瘙癮疹，疥癬皮膚不仁，頑痺諸風。用之炙，去頭尾，皮骨浸酒飲。若熬藥，頭尾都用。此蛇與白花蛇不囓生物，只嗅蘆花氣。居枝上，捕者多于枝上得之。致死眼不陷。烏蛇黑如漆，背有三稜如劍脊為良，尾細長，能穿百錢者妙。種生各處有，江東有黑稍蛇，能纏物至死，亦如其類。白花蛇死亦開眼如活。舒祁連界上所獲，眼則一閉一開，此可辨真偽矣。

明·李時珍《本草綱目》卷四三鱗部·蛇類　烏蛇宋《開寶》附。

〖釋名〗烏稍蛇《綱目》　黑花蛇《綱目》〖集解〗志曰：烏蛇生商洛山。背有三稜，色黑如漆。性善，不噬物。江東有黑稍蛇，能纏物至死，亦此類也。頌曰：蘄州、黄州山中有之。《乾寧記》云：此蛇不食生命，亦不害人，多在蘆叢中吸南風及其花氣。最難採捕，多于蘆枝上得之。其身烏而光，頭圓尾尖，眼有赤光。至枯死眼不陷如活者，稱之重七錢至一兩者爲上，十兩至一鎰者爲中，粗大者力彌減也。作僞者用他蛇熏黑，亦能亂真，但眼不光耳。宗奭曰：烏蛇脊高，世稱劍脊烏稍。尾細長，能穿小銅錢一百文者佳。有身長丈餘者。其性畏鼠狼。蛇類中惟此入藥最多。斆曰：凡一切蛇，須辨雌雄、州土。蘄州烏蛇，頭上有逆毛二寸一路，可長半分已來，頭尾相對，使之入藥如神，只重一兩以下，彼處得此，多留進供。蛇腹下有白帶子一條，長一寸者，雄也。宜入藥用。採得，去頭及皮鱗、帶子，剉斷，苦酒浸一宿，漉出，柳木炭火炙乾，再以酥炙。於屋下巳地上掘坑埋一夜，再炙乾用。或以酒煮乾用亦可。時珍曰：烏蛇有二種：一種劍脊細尾者爲上；一種長大無劍脊而尾稍粗者，名風梢蛇，亦可治風，而力不及。

肉〖氣味〗甘，平，無毒。《〔藥性論〕》曰：有小毒。〖主治〗諸風頑痹，皮膚不仁，風瘙癮瘮，疥癬《開寶》。熱毒風，皮肌生癩，眉髭脱落，瘑疥等瘡甄權。功與白花蛇同，而性善無毒時珍。

〖附方〗舊二，新五。　大風：《朝野僉載》云：商州有人患大風，家人惡之，山中爲起茅屋。有烏蛇墮酒罌中，病人不知，飲酒漸瘥。罌底見有蛇骨，始知其由。○治例：治大風。用烏蛇三條蒸熟，取肉焙研末，蒸餅丸米粒大，以喂烏鷄。待盡殺鷄烹熟，取肉焙研末，酒服一錢。或蒸餅丸服。不過三五鷄即愈。○《秘韞》用大烏蛇一條，打死盛之。待爛，以水二椀浸七日，去皮骨，入糙米一升，浸一日晒乾，用白鷄一隻，餓一日，以米飼之。待毛羽脱去，殺鷄煮熟食，以酒下之。喫盡，以熱湯一盆，浸洗大半日，其病自愈。　紫白癜風：烏蛇肉酒炙六兩，枳殼麩炒、牛膝、天麻各三兩，熟地黄四兩，白蒺藜炒、五加皮、防風、桂心各二兩，剉片，以絹袋盛，于無灰酒二斗中浸之，密封七日。每温服一小盞。忌雞、鵝、魚肉、發物。《聖惠》。　面瘡皯皰：　烏蛇肉二兩，燒灰，臘猪脂調傅。《聖惠》。　嬰兒撮口：　不能乳者。烏蛇酒浸去皮骨炙半兩，麝香一分，爲末。每用半分，荆芥煎湯調灌之。《聖惠》。　破傷中風：　項强身直，定命散主之。用白花蛇、烏蛇，並取項後二寸，酒洗潤取肉，蜈蚣一條全者炙，右爲末。每服三錢，温酒調服。《普濟方》。

膏　【主治】耳聾。綿裹豆許塞之，神效。時珍。出《聖惠》。

膽　【主治】大風癘疾，木舌脹塞時珍。

【附方】新二。　大風龍膽膏：　治大風疾神效。用冬瓜一個，截去五寸長，去穰，掘地坑深三尺，令净，安瓜於內。以烏蛇膽一個，消梨一個，置於瓜上，以土隔蓋之。至三七日，看一度，瓜未甚壞，候七七日，三物俱化爲水，在瓜皮內，取出。每用一茶脚，以酒和服之，三兩次立愈。小可風疾，每服一匙頭。王氏《博濟方》。　木舌塞脹：　不治殺人。用蛇膽一枚，焙乾爲末，傅舌上，有涎吐去。《聖惠》。

皮　【主治】風毒氣，眼生瞖，唇緊唇瘡時珍。

【附方】新一。　小兒緊唇，脾熱唇瘡：　並用烏蛇皮燒灰，酥和傅之。《聖惠》。

卵　【主治】大風癩疾。時珍曰：《聖濟總録》治癩風，用烏蛇卵和諸藥爲丸服，云與蛇肉同功。

明・梅得春《藥性會元》卷下　烏蛇　味甘，氣平，無毒。背有三稜，色黑如漆，尾細尖長者佳。眼不陷者為真。　主治諸風癮疹，疥癬皮膚不仁，濕痹拘攣，口眼喎斜，大風惡癩，諸瘡頑痹風熱。可入丸散。其蛇性善，不噬物。江東有黑稍蛇，能纏物至死，亦如其類。生商洛山。　製法：　酒浸取頭尾，炙熟，去皮骨，入丸散，亦酒合膏。

明・李中立《本草原始》卷一一　烏蛇　志曰：　生商洛山。頌曰：　蘄州、黄州山中有之。背有三稜，世稱劍脊，色黑如漆，頭圓尾稍細長，能穿小錢一百文。眼有光，至枯死不陷如活者。稱之重七錢及一兩者為上，十兩至一鎰者次之，粗大者力彌減也。雄者，腹下白帶子一條，長一寸，入藥尤佳。今人多用他蛇熏黑以亂真者，但眼不光耳。時珍曰：　其色烏，其行委佗，故名烏蛇。俗見尾稍異於他蛇，每呼為烏稍蛇。烏蛇肉：　氣味：　甘，平，無毒。主治：　諸風頑痹，皮膚不仁，風瘙癮疹，疥癬。○熱毒風，皮肌生癩，眉髭脱落，瘑疥等瘡。○功與白花蛇同，而性善，不嗜物，無毒。　膏：　主治：　耳聾，綿裹豆許，塞之，神效。　膽：　主治：　大風癘疾，木舌脹塞。皮：　主治：　風毒氣，眼生瞖，唇緊唇瘡。　卵：　主治：　大風癩疾。與肉同功。

烏蛇，宋《開寶》。【圖略】脊有稜，身黑腹白，尾尖細，眼不陷。捕者以快刀開去腹中穢汙，竹棒撑起。日乾。修治：　烏蛇去頭及皮鱗、帶子，剉斷，苦酒浸一宿，漉出，柳木炭火炙乾，再酥炙。屋下巳地掘坑埋一夜，再炙用，或酒煮乾用。

《朝野僉載》云：　商州有人患大風，家人惡之，山中為起茅屋，有烏蛇墜酒罌中，病人不知，飲酒漸差。罌底見有蛇骨，始知其由也。

戲術：　燈上見蛇影：　小蛇一條，取血，染燈心數條，候乾點燈，則見蛇影現于燈上。如將二蛇血染燈心，每將一條合點，則見二蛇影相絞定也。烏蛇，君。

明・張懋辰《本草便》卷二　烏蛇君　味甘，氣平，無毒。　主諸風疥癬，皮膚不仁，頑痹，性至善，不噬物。

明・吴文炳《藥性全備食物本草》卷三　烏蛇　性善而不嚙物，黑色如漆，背有三稜，渾如劍脊者為良。尾細尖長，能穿百錢。眼不陷者為真。多在蘆叢中嗅其花氣，亦乘南風而吸，最難採捕，多於蘆枝上得之。味甘，氣平，無毒，又云有小毒。治諸風皮膚不仁，散癮疹，身體瘙痒。治熱毒風眉髭脱落，理耳聾及面上肌體生瘡。製同白花蛇。江東有黑稍花蛇，能纏物至死，亦如其類，生商洛山。

明・李中梓《藥性解》卷六　蘄州烏蛇　味甘，性平，有小毒，入脾、肺二經。主諸風皮膚不仁，散癮疹身體瘙癢，熱毒風淫眉髭脱落，塞耳治聾，須辨真者佳。去頭及皮鱗帶子，剉碎，酒浸一宿，酥炙埋地一宿炙乾用。按：　烏蛇之用，專主去風以理皮肉之症，肺主皮毛，脾主肌肉，故兩入之。色黑如漆，背有三稜，渾如劍脊，尾細尖長，性善不傷生命，都在蘆叢中嗅其花氣，亦乘南風而吸，雖至枯死，兩目不陷，儼如生者，頭有逆毛二寸一路，可長半分已來。頭尾相對，稱之重三分至一兩者為上，粗大者轉重，力彌減也。

明・繆希雍《本草經疏》卷二二　烏蛇　即烏梢蛇，氣味所主，《經》白花蛇同，第性善無毒耳。修事亦同，不復載。色黑如漆，尾細有劍脊者良。

【簡誤】白花蛇，性走竄有毒，癘風、疥癬、頑痹等證，誠為要藥。然而中風口面喎斜，半身不遂，定緣陰虚血少，內熱而發，與得之風濕者殊異，非所宜也，醫師宜辨之。頭尾并骨俱有大毒，須盡去之。

明・倪朱謨《本草彙言》卷一八　烏稍蛇　味甘，氣平，有小毒。　蘇氏曰：烏稍蛇，生蘄州、黄州山中，今商洛諸山亦有之。背有三稜，色黑如漆，頭圓尾尖，身黑而光，眼有赤色，至枯死眼窩不陷。性善，不噬生命，亦毒蟲之難得者。多在蘆叢中吸風及花氣，常于蘆枝上得之。小者身細長，能穿銅錢百餘文。活時稱之重七八錢，至一兩者爲上。重十兩至一鎰者爲中。如粗大重一二斤者爲下矣。市肆僞作者，用他蛇熏黑，亦能亂真。但眼不光而又陷耳。　雷氏曰：凡用此蛇，須辨雌雄。今蘄州烏蛇，頭上有逆毛，二寸一路，頭尾相對。腹下有白帶子一條，長一寸者，雄也。捕得去頭及皮鱗、帶子，剉斷，苦酒浸一宿，漉出，微火炙乾用。只重一二兩者，彼處珍重，得此多留進貢。　烏稍蛇主治功用與白花蛇同，茲不贅。

明・姚可成《食物本草》卷一一蛇蟲部・蛇類　烏蛇一名烏梢蛇，一名黑花蛇。生商洛山。背有三稜，色黑如漆。性善，不噬物。江東有黑梢蛇，能纏物至死，亦此類也。〇蘇頌曰：蘄州、黄州山中有之。此蛇不食生命，亦不害人，多在蘆叢中吸南風及其花氣。最難採捕，多於蘆枝上得之。其身(烏)而光，頭圓尾尖，眼有赤光，至枯死眼不陷，如生者。稱之重七錢至一兩者為上，十兩至一鎰者為中，粗大者力彌減也。作偽者用他蛇熏黑，亦能亂真，但眼不光耳。〇寇宗奭曰：烏蛇脊高，世稱劒脊烏梢。尾細長，能穿小銅錢百文者佳。〇李時珍曰：烏蛇有二種：一種劒脊細尾者為上；一種長大無劍脊而尾稍粗者，名曰風梢蛇，亦可治風，而力不及。

烏蛇肉：味甘，平，無毒。治諸風頑痹，皮膚不仁，風瘙癮疹，疥癬，皮肌生癩，眉髭脱落，(恐)〔功〕與白花蛇同，而性善無毒。〇《朝野僉載》云：商州有人患大風。家人惡之，山中為起茅屋。有烏蛇墮酒罌中，病人不知，飲酒漸瘥。罌底見有蛇骨，始知其由。

明・顧逢柏《分部本草妙用》卷七兼經部・性平　烏蛇即黑花蛇。　已大風諸症，與白蛇同功。但烏性善，而白性毒耳。其膏綿裹塞耳，可愈耳聾。　水蛇，可治消渴煩熱，毒痢。

明・鄭二陽《仁壽堂藥鏡》卷八　烏蛇　《圖經》云：生商洛山。今蘄州、黄州有之。背有三稜，色黑如漆。性善，不食物，多在蘆叢中嗅其花氣，吸其南風，多於蘆枝上得之。作偽者用他蛇熏之，但眼陷不光為異耳。真者尾細長，能穿錢百文，身長丈餘為佳。　味甘。　《本草》云：主諸風瘙癮疹，疥癬，皮膚不仁，頑痹諸風。用之炙，入丸散、浸酒、合膏。江東有黑梢蛇，能纏物至死，亦是其類。　禹錫云：治眉髭脱落。

清・穆石匏《本草洞詮》卷一六　烏蛇　背有三稜，世稱劍脊，色黑如漆，眼有赤光，至枯死眼不陷。市肆中用他蛇熏黑，亦能亂真，但眼不光耳。其性善，不噬物，亦毒蟲之難得者。烏蛇肉甘，平，無毒，一云有小毒。通治一切諸風，功與白花蛇同，而性善無毒。《朝野僉載》云：有人患大風，起茅屋住山中，適烏蛇墮酒罌中，病人不知，飲酒漸瘥，缸底見蛇骨，始知之也。

清・劉雲密《本草述》卷二八　烏蛇即烏梢蛇。蛇種類至多，唯烏蛇性善，不噬物。　宗奭曰：烏梢脊高，世稱劍脊烏梢，尾細長，能穿小銅錢一百文者佳。蛇類中惟此入藥最多。　頌曰：其身烏而光，頭圓尾尖，眼有赤光，至枯死眼不陷，如活者，稱之重七錢至一兩者為上，十兩至一鎰者為中，粗大者力彌減也。作偽者用他蛇熏黑，亦能乱真，但眼不光耳。　時珍曰：烏蛇有二種，一種劍脊細尾者為上；一種長大無劍脊，而尾梢粗者，名風梢蛇，亦可治風，而力不及。

肉：氣味：甘，平，無毒。《論》曰：有小毒。　主治：諸風頑痹，皮膚不仁《開寶》。熱毒風，皮肌生癩，眉髭脱落，瘑疥等瘡甄權。功與白花蛇同，而性善無毒時珍。

愚按：李氏謂此種與白花蛇同功，但性善耳。第兩種雖味俱甘，皆入血。而白花蛇獨兼有鹹，則入血而驅風者。烏梢似難與之同。故《本草》所列主治，即有輕重之别也。但方書之用烏者，於他證或與白花蛇合用，或分用，且用烏蛇反多於白者，豈以其性善之故，於他證更有攸利歟？

附方：治大風用烏蛇三條，蒸熟取肉，焙研末，蒸餅丸米粒大，以喂烏雞，待盡殺雞，烹熟取肉，焙研末，酒服一錢，或蒸餅丸服，不過三五雞，即愈。

修治　采得去頭及皮鱗，剉斷，酒浸一宿，漉出炙乾用。或以酒煮乾亦可。

清・郭章宜《本草匯》卷一七　烏稍蛇　甘，平，小毒。功同白花，但性善而不嚙物，色黑如漆，背有三稜如劒脊，眼有赤光，枯死不陷，尾細長，能穿小銅錢一百文者良。頭上有逆毛，腹下有白帶子一條，長一寸者，雄也，入藥最妙。此蛇不食生命，多在蘆叢中，吸南風及其花氣，重七錢至一兩者為第一，粗大者力彌減也。市中用他蛇薰黑亂真，但眼不光耳。《朝野僉載》治大風者，以烏蛇蒸熟，取肉焙研，蒸餅丸米粒大，以喂烏鷄，待盡，殺鷄烹熟，焙研丸服，不過三五鷄，即愈矣。又法：以蛇打死，盛之待爛，以水二碗，浸七日，去皮骨，入糙米一升，浸一日，晒乾用。白鷄餓一日，以米飼之，待毛羽脫去，殺鷄煮熟食，以酒下之，喫盡，以熱湯浸洗大半日，其病自愈。

清·蔣居祉《本草擇要綱目·熱性藥品》 烏稍蛇其身烏而光，頭圓尾尖，眼有赤光，至枯死眼不陷如活者。稱之重七錢至一兩者為上，十兩至一鎰者為中，粗大者力彌減也。作偽者，用他蛇熏黑，亦能亂真，但眼不光耳。採得，去頭及皮、鱗、帶子，剉斷，苦酒浸一宿，漉出，柳木炭火炙乾，再以酥炙，於屋下巳地上掘坑埋一夜，再炙乾用。或以酒煮乾用亦可。 氣味：甘，平，無毒。又曰：有小毒。 主治：諸風頑痹，皮膚不仁，風瘙癮疹疥癬，熱毒風皮肌生癩，眉髭脫落，瘑疥等瘡。功與白花蛇同，而性善無毒。

清·汪昂《本草備要》卷四 烏梢蛇宣，去風濕。 功用同白花蛇，而性善無毒。 性善不噬物。眼光至死不枯，以尾細能穿百錢者佳。重七錢至一兩者爲上，十兩至一鎰者中，大者力減。去頭與皮骨，酒煮或酥炙用。

清·张璐《本經逢原》卷四 烏稍蛇 甘，平，無毒。劍脊細尾者佳，忌犯鐵器。 發明：蛇性主風，而黑色屬水，故治諸風頑痹，皮膚不仁，風瘙癮疹，疥癬熱毒，眉鬚脫落瘑癢等瘡。但白花蛇主肺藏之風，為白癜風之專藥。烏蛇主腎藏之風，為紫癜風之專藥。兩者主治懸殊，而烏蛇則性善無毒耳。

清·黃元御《玉楸藥解》卷六 烏梢蛇 味鹹，氣平。入足厥陰肝經。起風癱，除疥癘。烏梢蛇穿筋透絡，逐痹驅風。治中風麻痹，疥癘瘙癢，與白花蛇同。風癩因風傷衛氣，衛斂營鬱，營熱外發，紅點透露則為疹，紅點不透，隱於皮裏，是為隱疹，隱而不發，血熱瘀蒸，入而肌膚潰爛，則成痂癩。仲景有論及之，而後世不解，用搜風之物，枉害生靈，無補於病。諸如此類，概不足取也。

清·汪紱《醫林纂要探源》卷三 烏梢蛇 甘，鹹，寒。色純黑，草經行過，皆染黑迹。性善，不嚙人。尾甚細，可穿百錢。雌者尾鈍，以小為佳，大則力反減。去頭及皮骨，或酒煮、酥炙用。 功用同白花蛇，而尤能滋陰明目。蛇目雖死而光不枯，故皆能明目。此色黑，尤得陰性之純，而不甚毒，尤能澂清腎水，以有滋陰明目之功云。

清·嚴潔等《得配本草》卷八 烏梢蛇 得酒良。 甘，平，有小毒。入手太陰經。治皮膚不仁，療風淫熱毒，功用與白花蛇同。但白花蛇主肺風，為白癜風之要藥；烏梢蛇主腎風，為紫雲風之專藥。 配麝香、荊芥，治小兒撮口。 蘄州烏蛇，頭上有逆毛二寸，腹下有白帶子一條，長一寸者是雄，可入藥。去頭、皮骨，酒浸一宿，酥炙，埋地下一宿用。大者力減。誤用反能引風入骨。 膽：敷癘風、木舌腫脹。

題清·徐大椿《藥性切用》卷八 烏梢蛇 功同白花蛇而無毒，力緩。去皮骨與頭，酒炙用。

清·羅國綱《羅氏會約醫鏡》卷一八鱗介蟲魚部 烏梢蛇 色黑，尾細有劍脊者是。功用略同，炮製不異。但性善無毒，頭尾有毒。而力亦小耳。

清·趙學敏《本草綱目拾遺》卷一〇鱗部 斷草烏 《粵志》：斷草烏出廣中，蛇也，大僅指許，長五六寸，頭如龍形而小，身純烏。其行也，百草沾之立斷，人見斷草，輒跡得之。故蛇每離地丈許，使身如矢直以入穴，使不沾草，人莫得而跡之。此亦烏蛇中一種，《綱目》烏稍蛇不載龍頭者一種，故錄其遺。 治大麻風，煮酒服。

清·章穆《調疾飲食辯》卷六 烏梢蛇 一名黑花蛇。《開寶本草》曰：出商洛山谷，背有三稜，色黑如漆，性善不噬物。《圖經》曰：蘄、黃諸州亦有。《乾寧記》曰：此蛇不食生命，身黑而光，頭圓尾尖，眼有赤光，至死不陷。重七錢至一兩者為上，十兩至一鎰次之，粗大者力彌減也。《衍義》曰：劍脊烏梢蛇，尾細能穿小錢一百文者佳。亦有長丈餘者。《綱目》曰：有二種，一種劍脊細尾者為上；一種長大無劍脊尾粗者，名風梢蛇，亦可治病而力不及。

按：黑色蛇除此二種外，均殺人，慎不可食。此二種既云性善，毒宜較輕，何以劉純《治例》及《乾坤秘韫》，皆用其肉喂雞，然後食雞治病。考方書用此法，蓋因物性極毒，不敢徑食其肉，不得已輾轉迂回，而出於此。乃不施於性惡之蛇，而施於此，或者以其不噬人，不食生命，為善而毒亦無異他烏蛇之甚乎，用宜審慎也。又俗傳烏蛇行過之路，草俱變黑者，乃為至寶，幻談也。

清·王龍《本草纂要稿·蟲魚部》 烏蛇 治諸風皮膚不仁，散隱疹身骵瘙痒。

清·楊時泰《本草述鉤元》卷二八 烏梢蛇 其脊高，世稱劍脊烏梢，頭圓，尾尖細，能穿小錢百文者佳。眼有赤光，至枯不陷如活者，蛇類中惟此性善不噬物，入藥最多。秤之重七錢至一兩者為上，十兩至一鎰者為中，粗大者力彌減也。偽者用他蛇熏黑，亦能亂真，但眼不光耳。其長大無劍脊而尾梢粗者，名風梢蛇，亦可治風，力殊不及。

肉：氣味甘平。治諸風頑痺，皮膚不仁，熱毒風，皮肌生癩，眉髭脫落，瘑疥等瘡。功同白花蛇，而性善無毒瀕湖。治大風，烏蛇三條，蒸熟取肉，焙研末，蒸餅糊丸米粒大，以喂烏雞，待盡，殺雞烹熟取肉，焙研末，酒服一錢，或蒸餅丸服，不過三五雞即愈。

論：烏蛇與白花蛇味皆甘，皆入血，而白花蛇獨兼有鹹，則入血而祛風者，烏梢似難與白花同，故《本草》所列主治，有輕重之別也。

修治：去頭及皮鱗，剉斷，酒浸一宿，漉出炙乾用，以酒煮乾，亦可。

清·趙其光《本草求原》卷一六鱗部 烏稍蛇 色黑而甘，入血。平，散風。故治諸風頑痹，皮膚不仁，風瘙癮疹，疥癬熱毒，眉鬚脫落，瘑癢等瘡。功近白花而稍遜。但性善不噬人，無毒，故古方多用。或曰白花主肺風，功專白癜；烏蛇，主腎風，功專紫雲。然白花鹹，亦走腎；烏稍平，亦走肺，殊不必拘。古法取其肉，蒸焙為末，喂雞食，盡三條，烹雞取肉，焙末酒服，總治大瘋。身黑、頭圓、劍脊，眼有赤光，至死不枯，以尾細長，可穿百錢者佳。重七錢至一兩者為上，十兩以外者中，大者力減。去頭與皮，酒煮或酒浸炙乾用。忌鐵。

清·王孟英《隨息居飲食譜·鱗介類》 烏蛇 甘，平。治諸風頑痹，皮膚不仁，熱毒癩瘡，眉髭脫落，功竝白蛇。性善無毒。《朝野僉載》：商州有人患大風，家人惡之，為起茅屋，有烏蛇墮酒罌，時病人不知，飲酒漸瘥，罌底見有蛇骨，始知其由。一法：以大烏蛇三條，蒸熟取肉，焙末，蒸餅丸米粒大，以餵烏雞，待盡，殺雞烹熟，取肉焙，研末，酒服一錢，或蒸餅丸服，不過三五雞愈。一法：用大烏蛇一條，打死盛之待爛，以水二椀，浸七日，去皮骨，入糙米一升，浸一日，曬乾，用白雞一隻，餓一日，以米飼之，待毛羽脫盡，殺而煮食，以酒下之，喫盡，用熱湯一盆，浸洗大半日，即愈。或謂君以限于篇幅，雖穀肉果菜末及偏蒐，顧因鰻鱓而類及于蛇，豈以其形相若耶？然毒物惡，可以供饌也。余曰：子但知蛇之毒，不可以供食，而不知腊之以為餌，可已大風攣踠，瘻癘，去死肌，殺三蟲，更有烏蛇之性善無毒，誤飲其酒者，大風遂愈，此非常之士，能立非常之功也。彼鰻鱓者，世以為尋常食品，竟有食之而即死者，此庸碌之人，往往僨事也。類而譜之，可為任才者，循名不責實之鑒，豈徒為飲食之人費筆墨哉？

清·戴葆元《本草綱目易知錄》卷五 烏梢蛇烏蛇、黑花蛇。肉，甘，平。治諸風頑痹，皮膚不仁，風瘙癮瘮，疥癬熱毒風，紫白癜風，大風癘疾，皮肌生癩，眉髭脫落，瘑疥等瘡，功與白花蛇同，而性善無毒。

金蛇

宋·唐慎微《證類本草》卷二二蟲魚部下品〔宋·馬志《開寶本草》〕 金蛇無毒。解生金毒。人中金藥毒者，取蛇四寸，炙令黃，煮汁飲，頻服之，以差爲度。大如中指，長尺許，常登木飲露，身作金色，照日有光。亦有銀蛇，解銀藥毒。人中金毒，候之法，合瞑取銀口中含，至曉銀變為金色者是也。令人肉作雞脚裂。生賓、澄州。今附。

〔宋·掌禹錫《嘉祐本草》〕按：陳藏器云：金蛇，味鹹，平。

〔宋·蘇頌《本草圖經》〕曰：金蛇出賓、澄州。大如中指，長尺許，常登木飲露，體作金色，照日有光。及能解金毒。亦有銀蛇，解銀毒。今不見有捕得者，而信州上饒縣靈山鄉出一種蛇，酷似此，彼人呼爲金星地鱔。冬月收補之，亦能解衆毒，止瀉洩及邪熱。

宋·寇宗奭《本草衍義》卷一七 金蛇 今方書往往不見用。

宋·王繼先《紹興本草》卷一八 金蛇 紹興校定：金蛇與銀蛇二種，《本經》止云解金銀毒，餘無為用，然近世亦未見入方，固非起疾之藥矣。

宋·陳衍《寶慶本草折衷》卷一七 金蛇銀蛇及金星地鱔附。生濱、澄州。○附：金星地鱔，出信州。冬月捕。味鹹，平，無毒。○解生金毒。中金藥毒者，取蛇肆寸，炙黃，煮汁飲。○《圖經》曰：大如中指，長尺許，常登木飲露，體作金色，照日有光。附：銀蛇。○解銀藥毒。附：金星地鱔。○解衆毒，止瀉洩及邪熱。

明·劉文泰《本草品彙精要》卷三一 金蛇無毒。附銀蛇、金星地鱔。卵生。

金蛇解生金毒。人中金藥毒者，取蛇四寸，炙令黃，煮汁飲，頻服之，以瘥爲度。人中金毒，候之之法，合瞑取銀內口中含，至曉，銀變爲金色者是也。令人肉作雞脚裂。名醫所錄。〔地〕《圖經》曰：出賓、澄州，大如中指，長尺許，常登木飲露，身作金色，照日有光。亦有銀蛇，解銀藥毒，今不見有捕得者。而信州上饒縣靈山鄉出一種蛇，酷似此，彼人呼爲金星地鱔，冬月捕之，亦能解衆毒，止洩瀉及邪熱，然方書未見其用者。【時】生：無時。採：無時。【色】黄。【味】鹹。【性】平。【氣】味厚於氣，陰也。【臭】腥。【製】炙黄，煮汁用。【解】金蛇解金毒，銀蛇解銀毒及衆毒。

明・王文潔《太乙仙製本草藥性大全》卷八《本草精義》 金蛇 出賓、澄州，大如中指，長尺許，常登木飲露，體作金色，照日有光，及能解金毒。亦有銀蛇解銀毒。今不見有捕得者。而信州上饒縣靈山鄉出一種蛇，酷似此，彼人呼爲金星地鱔，冬月收捕之，亦能解衆毒，止洩瀉及邪熱。人中金毒候之法，合瞑取銀口中含，至曉銀變爲金色者是也。令人肉作雞脚裂。

明・王文潔《太乙仙製本草藥性大全》卷八《仙製藥性》 金蛇、銀蛇 味鹹，氣平，無毒。主治：金蛇能解生金毒，銀蛇亦解銀毒。補註：人中金藥毒者，取蛇四寸，炙令黄，煮汁飲，頻服之，以差爲度。

明・李時珍《本草綱目》卷四三鱗部・蛇類 金蛇宋《開寶》附。附銀蛇。

【釋名】金星地鱔《圖經》 銀蛇亦名錫蛇。時珍曰：金、銀、錫，以色與功命名也。金星地鱔，以形命名也。

【集解】頌曰：金蛇生賓州、澄州。大如中指，長尺許，常登木飲露，體作金色，照日有光，白者名銀蛇。近皆少捕。信州上饒縣靈山鄉，出一種金星地鱔，酷似此蛇。冬月收捕，亦能解毒。時珍曰：按劉恂《嶺表録異》云：金蛇一名地鱔，白者名錫蛇，出黔州。出桂州者次之。大如拇指，長尺許，鱗甲上分金銀，解毒之功〔不下吉利也〕。據此，則地鱔即金蛇，非二種矣。

肉 【氣味】鹹，平，無毒。【主治】解中金藥毒，令人肉作鷄脚裂，夜含銀，至曉變爲金色者是也。取蛇四寸炙黄，煮汁頻飲，以差爲度。銀蛇解銀藥毒《開寶》，解衆毒，止洩瀉，除邪熱蘇頌。療久痢時珍。

【發明】藏器曰：嶺南多毒，足解毒之藥，金蛇、白藥是矣。時珍曰：《聖濟總録》治久痢不止，有金星地鱔散：用金星地鱔醋炙，鉛丹、白礬燒各五錢，爲末。每服二錢，米飲下，日二。

明・梅得春《藥性會元》卷下 金蛇 無毒。解生金毒。人中金藥毒，取蛇四寸，炙令黄，煮汁飲，頻服之，以差為度。大如中指，長尺許，常登木飲露。身作金色，照日有光。

明・姚可成《食物本草》卷一一蛇蟲部・蛇類 金蛇生賓州、澄州。大如中指，長尺許，常登木飲露，體作金色，照日有光。白者名銀蛇。竝能解毒。

金蛇肉：味鹹，平，無毒。主解中金藥毒，令人肉作雞脚裂，夜含銀，至曉變為金色者，是也。取蛇四寸炙黄，煮〔汁〕頻飲，以差為度。銀蛇：解銀藥毒，解眾毒，止洩瀉，除邪熱，療久痢。

清・章穆《調疾飲食辯》卷六 金蛇 《圖經》曰：出賓州、澄州。大如中指，長尺許，身作金色。有白光者名銀蛇。俱能解毒。近信州上饒縣出一種金星地鱓，酷似此蛇，亦能解毒。《綱目》曰：《嶺表錄異》云：金蛇一名地鱓，白者名錫蛇，黔州者佳，桂州次之。大如拇指，長尺許。能解衆毒，除邪熱。據此，則地鱓即金蛇，非二物矣。《拾遺》曰：嶺南多毒，解毒之藥，金蛇、白藥是也。元儒劉因之説，蓋本諸此。

銀蛇

明・梅得春《藥性會元》卷下 銀蛇 無毒。解銀藥毒。人中金毒，候之法：合瞑取銀口中含，至曉，銀變為金色者是也，令人肉作雞脚裂。生澄州。

蛇婆

宋・唐慎微《證類本草》卷二二蟲魚部下品〔唐・陳藏器《本草拾遺》〕 蛇婆 味鹹，平，無毒。主赤白毒痢，蠱毒下血，五野雞病，惡瘡。生東海，一如蛇，常在水中浮遊，炙食，亦燒末服一二錢匕。

明・李時珍《本草綱目》卷四三鱗部・蛇類 蛇婆《拾遺》

【集解】藏器曰：蛇婆生東海水中。一如蛇，常自浮游。採取無時。時珍曰：按此所言形狀功用，似是水蛇。然無考證，姑各列條。

【氣味】鹹，平，無毒。【主治】赤白毒痢，蠱毒下血，五野鷄病，惡瘡。炙食，或燒末，米飲服二錢藏器。

白花蛇

宋・唐慎微《證類本草》卷二二蟲魚部下品〔宋・馬志《開寶本草》〕 白花蛇 味甘、鹹，溫，有毒。主中風，濕痹不仁，筋脉拘急，口面喎斜，半身不遂，骨節疼痛，大風疥癩及暴風瘙痒，脚弱不能久立。一名褰鼻蛇。白花者良。生南地及蜀郡諸山中。九月、十月採捕之，火乾。今附。

〔宋・掌禹錫《嘉祐本草》〕按：《藥性論》云：白花蛇，君。主治肺風鼻塞，身生白癜風、癧瘍斑點及浮風癮疹。

〔宋・蘇頌《本草圖經》〕曰：白花蛇，生南地及蜀郡諸山中，今黔中及蘄州、鄧州皆有之。其文作方勝白花，喜螫人足，黔人有被螫者，立斷之。補養既愈，或作木脚續之，亦不妨行。九月、十月採捕之，火乾。治風速於諸蛇。然有大毒，頭、尾各一尺尤甚，不可用，只用中斷。乾者以酒浸，去皮骨，炙過收之，不復蛀壞。其骨須遠棄之，不然刺傷人，與生者殆同。此蛇入人室屋中，忽作爛瓜氣者，便不可嚮，須速辟除之。黔人有治疥癩遍體，諸藥不能及者，生取此蛇中劑，火燒一大塼，令通紅，沃醋，令熱氣蒸，便置蛇於上，以盆覆宿昔，如此三過，去骨取肉，芼以五味，令過熟，與病者頓噉之，瞑眩一晝夕乃醒，瘡疕隨皮便退，其人便愈。用乾蛇，亦以眼不陷爲真。

〔宋·唐慎微《證類本草》〕雷公云：凡使，即云治風。元何治風？緣蛇性竄，即令引藥至於有風疾處，因定號之爲使。凡一切蛇，須認取雄雌及州土。有蘄州烏蛇，只重三分至一兩者，妙也。頭尾全、眼不合如活者，頭上有逆毛二寸一路，可長半分已來，頭尾相對，使之入藥。彼處若得此樣蛇，多留供進，重二兩三分者，不居別處也。《乾寧記》云：此蛇不食生命，只吸蘆花氣并南風，并居蘆枝上，最難採，又不傷害人也。又有重十兩至一鎰者，其蛇身烏光，頭圓尾尖，邐眼目赤光，用之中也。蛇腹下有白腸帶子一條，可長一寸已來，即是雄也。採得，去之頭兼皮、鱗、帶子了，二寸許剉之。以苦酒浸之一宿，至明漉出，向柳木炭火焙之令乾，卻以酥炙之，酥盡爲度。炙乾後，於屋下巳地上掘一坑，可深一尺已來，安蛇於中一宿，至明再炙令乾，任用。凡修事一切蛇，并去膽并上皮了，乾濕須酒煮過用之。孫真人云：四月勿食蛇肉，害人。《太平廣記》：趙延禧云：遭惡蛇所螫處，貼蛇皮，便於其上炙之，引去毒氣，即止。

宋·寇宗奭《本草衍義》卷一七　白花蛇　諸蛇鼻向下，獨此蛇鼻向上，背有方勝花紋，以此得名。用之去頭尾，換酒浸三日，棄酒不用，火炙，仍盡去皮、骨。此物毒甚，不可不防也。

宋·莊綽《雞肋編》卷下　《本草》載：白花蛇，一名褰鼻蛇，生南地及蜀郡諸山中，九月十日采捕之。《圖經》云：其文作方勝白花，喜螫人足。黔人被螫者，皆立斷之。其骨刺傷人與生螫無異。今醫家所用，惟取蘄州蘄陽鎮山中者。去鎮五六里有靈峰寺，寺後有洞，洞中皆此蛇，而極難得，得之者以充貢。洞內外所產，雖枯兩目猶明。至黃梅諸縣雖鄰境，枯則止一目明。其舒州宿松縣又與黃梅為鄰，間亦有之，枯則兩目皆不明矣。市者視此為驗，以輕小者為佳，四兩者可直十千足。土人冬月尋其蟄處而撅取之，夏月食覆盆子者，治疾尤有功。采者置食竹筒中，作繩網以繫其首，剖腹乃死。入藥以酒浸煮，去首與鱗骨，三兩可得肉一兩用也。

宋·王繼先《紹興本草》卷一八　白花蛇　紹興校定：白花蛇取肉用，性味、主治具於《本經》，然但療風諸方用之頗驗。當云味甘、溫、有毒是矣。唯產蘄州者入方用之，取效的矣。

宋·劉明之《圖經本草藥性總論》卷下　白花蛇　味甘、鹹，溫，有毒。主中風濕痺不仁，筋脈拘急，口面喎斜，半身不遂，骨節疼痛，大風疥癩，及暴風瘙痒，脚弱不能久立。《藥性論》云：君。主治肺風鼻塞，身生白癜風癧瘍班點，及風癮癬。《圖經》云：治風速於諸蛇。然有大毒，頭尾各一尺尤甚，不可用，只用中斷。乾者以酒浸，去皮骨，炙過收之，不復蛀壞。其骨須遠棄之，不然刺人足，傷人，與生者殆同。又治疥癩遍身，諸藥不能及者。生南地。

宋·陳衍《寶慶本草折衷》卷一七　白花蛇君。頭續附。　一名褰鼻蛇。○褰，起連切。　生南地諸山中，及蜀郡、黔中，蘄、鄧州。○九、十月採捕，去腹中物蟠之，燒大甎通紅，沃醋令熱蒸，置蛇於上，用盆覆一宿，仍火乾。

味甘、鹹，溫，有大毒。○主中風濕痹不仁，筋脉拘急，口面喎斜，半身不遂，骨節疼痛，大風疥癩及暴風瘙痒，脚弱。○《藥性論》云：主肺風鼻塞，白癜癧瘍斑點，浮風癮癬。○《圖經》曰：治風速於諸蛇，有大毒，頭尾各一尺，尤甚。只用中斷，以酒浸，去皮骨炙過。其骨須遠棄之，不然刺傷人，與生者同。其乾蛇以眼不陷為真。○雷公云：蛇性竄，即引藥至有風疾處。○孫真人云：四月勿食蛇肉，害人。○《太平廣記》：遭惡蛇螫，貼蛇皮於上炙之，引去毒氣即止。○寇氏曰：諸蛇鼻向下，獨此蛇鼻向上，背有方勝花紋。去頭尾，換酒浸三日，棄酒不用。

續說云：艾原甫論巳為風門，蛇屬巳，故銳於理風。今白花蛇又銳於諸蛇矣。《瑣碎錄》辨此蛇，蘄州出者兩眼如蟬殼，口有獠牙，背有金線，此力尤倍。又廬州出者一眼枯，一眼金色，頭方而背花方勝，不插串而自蟠屈，尾尖白爪，此為次也。《圖經》及寇氏皆言頭尾無用，而古方乃以花蛇之頭合蛇頭元療小兒急慢驚風，則是蛇頭亦有用矣。要知用蛇身者，但當除其項頸及尾各一尺耳。《名醫錄》謂昔有患者，遇飢而食，食至胸即吐。衆醫為噎疾、膈氣、翻胃三證治之，略不應，召老醫任度視之，曰：非此三證，因食蛇肉不消而心腹中有蛇成形也。患者曰：舊有大風，當食蛇肉。今風稍愈，復苦此疾，任度以芒消、大黃合而治之，微泄利而愈。識者以為蛇瘕之病，故知藥中用蛇者，必當嚴於修製也。

元・尚從善《本草元命苞》卷八　白花蛇　君主之藥。味甘、醎，性溫，有毒。主中風，濕痺不仁，筋脉拘急，口面喎斜。療癱緩，半身不遂，骨節疼痛，大風疥癩。醫肺風癮㾓遍身難痊，治暴風脚弱不能久立。生南地蜀郡、黔中，惟蘄州、鄧州者妙。九、十月採捕，火乾。其背有白花方勝。諸蛇鼻向下，獨此鼻向上。換酒浸入藥，去皮骨炙黃。其蛇骨湏遠棄之，刺傷人與生者殆同。

明・王綸《本草集要》卷六　白花蛇君　味甘鹹，氣溫，有毒。九月十月採捕之，火乾。用去頭尾，酒浸三日，棄酒火炙，去皮骨。　主中風濕痹不仁，筋脈拘急，口面喎斜，半身不遂，骨節疼痛，大風疥癩，暴風瘙癢。此蛇治風速於諸蛇，然大毒，頭尾各一尺尤甚，去之，只取中段用。

明・滕弘《神農本經會通》卷一〇　白花蛇　君也。九月十月採捕之，火乾，去頭尾，酒浸三日，棄酒，去皮骨。白花者良。用乾蛇，以眼不陷為真。《衍義》云：諸蛇鼻向下，此蛇鼻向上，背有方勝花紋，以此得名。此物毒甚，不可不防。

味甘、鹹，氣溫，有毒。東云：治癱瘓，除風痒癩㾓。《連》云：主中風癱瘓，喎斜，及疥癩大風。用去頭尾，只取中段。

《本經》云：主中風，濕痺不仁，筋脉拘急，口面喎斜，半身不遂，骨節疼痛，大風疥癩，及暴風瘙痒，脚弱不能久立。《藥性論》云：君。主治肺風，鼻塞，身生白癜風，癧瘍斑點，及浮風癮㾓。《圖經》云：治風速於諸蛇，然有大毒，頭尾各一尺尤甚，不可用，只用中段。乾者以酒浸，去皮骨，炙過收之，不復蛀壞。其骨須遠棄之，不然刺傷人，與生者殆同。《局》云：白花蛇肉與烏蛇，主治諸風口面斜。濕痺拘攣瘡疥癩，製為員散酒宜加。白花蛇，主諸風濕痺，拘攣，兼疥癩。

明・劉文泰《本草品彙精要》卷三一　白花蛇有毒。　卵生。

白花蛇：主中風，濕痹不仁，筋脈拘急，口面喎斜，半身不遂，骨節疼痛，大風疥癩及暴風瘙癢，脚弱不能久立。名醫所錄。　〔名〕褰鼻蛇。〔地〕《圖經》曰：生南地及蜀郡諸山中，今黔中及蘄州、鄧州皆有之。其文作方勝白花，喜螫人足。黔州人有螫者，立斷之。補養既愈，或作木脚續之，亦不妨行。治風速於諸蛇，然有大毒，頭尾各一尺尤甚，不可用，只用中斷乾者。以酒浸，去皮骨，炙過收之，不復蛀壞。其骨須遠棄之，不然刺傷人，與生者殆同。此蛇入人室屋中，忽作爛瓜氣者，便不可嚮，須速辟除之。用乾蛇，亦以眼不陷者爲真。〔時〕生：無時。採：九月、十月取。〔收〕炙乾。〔用〕肉中斷，以白花者良。〔色〕白。〔味〕甘，鹹。〔性〕溫。〔氣〕氣厚味薄，陽中之陰。〔臭〕腥。〔主〕癘風、濕痹。〔製〕雷公云：凡使，去頭兼皮、鱗、帶子了，二寸許剉之，以苦酒浸之一宿，至明漉出，向柳木炭火焙之令乾，即以酥炙之，酥盡爲度。炙乾後，於屋下以地上掘一坑，可深一尺以來，安蛇於中一宿至明，再炙令乾，任用。凡修事一切蛇，並去膽并上皮了，乾濕須酒煮過用之。〔治〕療：《藥性論》云：除肺風鼻塞，身生白癜風，癧瘍斑點及浮癮㾓。〔合治〕生取蛇中段，先用火燒一大塼令通紅，沃醋令熱氣蒸，便置蛇於上，以盆覆宿昔，如此三過，去骨取肉，芼以五味令過熟。治疥癬遍體，諸藥不效者，使頓噉之，瞑眩一晝夕乃醒。疕隨皮便退，其人即愈。〔禁〕四月勿食，食之害人。〔解〕遭惡蛇所螫，貼蛇皮於患處炙之，引去毒氣，即止。

明・俞弁《續醫說》卷一〇　香蛇　白花蛇出蘄州者佳，黃州者次之。其尾有佛指甲者為真，雖死而兩目光彩，用之治風疾甚驗張文潛《明道雜志》。

明・葉文齡《醫學統旨》卷八　白花蛇　氣溫，味甘、鹹。有毒。凡用去頭尾，酒浸三日，棄酒火炙，去皮骨，取中段用尤善。　治中風濕痺不仁，筋脉拘急，口眼歪斜，半身不遂，骨節疼痛，大風疥癩，暴風瘙痒，脚弱不能久立。此蛇治風速于諸蛇。

明・鄭寧《藥性要略大全》卷一〇　白花蛇即蘄蛇。　除癱瘓、風痒之癩疹，及濕痹拘攣、風瘡，掃一切風毒瘡瘍。味鹹、甘，氣溫，有小毒。火炙乾，去頭尾，酒浸三日，炙乾熟，去皮骨入藥。出蘄州者良。頭有角，口有齒，尾有甲，身有鱗者，真也。今青陽龍門坑亦有之，其形相似而小，但功力劣爾。

明・陳嘉謨《本草蒙筌》卷一一　白花蛇　味甘、鹹，氣溫。有毒。雖有黔土，惟取蘄州。頭長小角鋒，尾生佛指甲。項遶真珠白點，背纏方勝花紋。因而得名，觀之猶異。諸蛇鼻生向下，此獨鼻向上生。一名蹇鼻蛇。　諸蛇死閉眼睛，是則眼開如活。舒蘄連界上殺獲，兩眼則一閉一開。驗此可辯偽真，據理誠難解悟。性毒善螫人足，中者輒自斷之。補養已痊，木接代步。又常入人屋壁，腥臭氣如爛瓜。人忽聞之，即忙辟逐。得者火上頓爆，務令透乾；　去淨頭尾骨皮，漬酒旋飲。止風痛甚速，性竄而然；　去風毒彌佳，力倍故爾。功力倍於諸蛇。癩麻風、白癜風、髭眉脱落、鼻柱瘍壞者急求，鶴膝風、鷄距風、筋爪拘攣、肌肉消蝕者速覓。諸藥力莫及者，悉能引達成功。烏蛇氣味甘平，性善而不噛物。色黑如漆，背有三稜。如劍脊者尤良。尾細尖長，能穿百錢者妙。眼光不陷。主治功力略緩，種生各處甚多。依前製勿差，任為丸浸酒。若熬膏藥，頭尾多加。治諸風皮膚不仁，散癮瘮身體瘙癢。金蛇身作金色，照日有光；多產賓澄州中，僅長尺許。炙黄煮汁可服，中金藥毒能敺。又種銀蛇，亦解銀毒。〇蛇蜕畏酒磁石，擇端午日纔收。去瞖膜明澈雙睛，止嘔逆辟除諸惡。療大人腸痔蠱毒，治小兒瘛瘲驚癇。又火熬之，亦敷瘡瘮。

明·王文潔《太乙仙製本草藥性大全》卷八《本草精義》　白花蛇　一名褰鼻蛇。白花者，生南地及蜀郡，雖有黔土，惟取蘄州。頭長小角鋒，尾生佛指甲，項繞真珠白點，背纏方勝花紋，因而得名。觀之猶異諸蛇鼻生向下，此獨鼻向上生，一名褰鼻蛇。諸蛇死閉眼睛，是則眼開如活，舒蘄連界上殺獲，兩眼則一閉一開，驗此可辨僞真，據理誠難解悟。性毒，善螫人足，中者輒自斷之，補養已痊，木接代步。又常入人屋壁，腥臭氣如爛瓜，人忽聞之，即忙辟逐。得者火上頓爆，務令透乾，去凈頭尾骨皮，漬酒旋飲。

明·王文潔《太乙仙製本草藥性大全》卷八《仙製藥性》　白花蛇君。味甘、鹹，溫，有毒。　主治：　治肺風鼻塞，去癮瘮浮風。濕痹不仁，骨節疼痛者服效。口眼喎斜，半身不遂者有功。止風痛甚速，性竄而然；　去風毒彌佳，力倍故爾。功力倍於諸蛇。癩麻風、白癜風、髭眉脱落、鼻柱塌壞者急求。鶴膝風、鷄距風、筋爪拘攣、肌肉消蝕者速覓。諸藥力莫及者，悉能引達成功。　補註：　趙延禧云：　遭惡蛇所螫處，貼蛇皮，便於其上炙之，引出毒氣，即止。〇凡使，即云治風。元何治風？　緣蛇性竄，即令引藥至於有風疾處，因定號之爲使。凡一切蛇須認取雄雌及州土。有蘄州烏蛇，只重三分至一兩者妙也。頭尾全，眼不合如活者，頭上有逆毛，二寸一路可長半分已來，頭尾相對，使之入藥。彼處若得此樣蛇，多留供進，重二兩三分者，不居別處也。《乾寧記》云：　此蛇不食生命，只吸蘆花氣并南風，并居蘆枝上，最難採捕，亦不害人也。又有重十兩至一鎰者，其蛇身烏光，頭圓尾尖細，眼目赤光，用之中也。蛇腹下有白腸帶子一條，可長一寸已來即是雄也。採得去之頭兼皮、鱗、帶子了，二寸許剉之，以苦酒浸之一宿至明，漉出，向柳木炭火焙之，令乾，却以酥炙之，酥盡爲度，炙乾後於屋下巳地上掘一坑，可深一尺已來，安蛇於中一宿，至明再炙令乾任用。凡修事一切蛇，并去膽并上皮了，乾濕須酒煮過用之。

明·皇甫嵩《本草發明》卷六　白花蛇下品。味甘、鹹，溫，有毒。產蘄州者良。一名褰鼻，以鼻向上生也。發明曰：　諸蛇皆主風疾。白花蛇專治風，止風痛毒，速于諸蛇，以甚性竄也。故《本草》主中風濕痺不仁，筋脉拘攣，口面喎斜，半身不遂，骨節疼痛，脚軟不能久立，大風癩。凡用，去頭尾鱗刺，漬酒飲之。項遶珍珠白點，背有方勝花紋，尾生指甲，頭有小角者，方真。善螫人足致死。

明·李時珍《本草綱目》卷四三鱗部·蛇類　白花蛇宋《開寶》

【釋名】蘄蛇《綱目》　褰鼻蛇宗奭曰：　諸蛇鼻向下，獨此鼻向上，背有方勝花文，以此得名。

【集解】志曰：　白花蛇生南地及蜀郡諸山中。九月、十月採捕，火乾。白花者良。頌曰：　今黔中及蘄州、鄧州皆有之。其文作方勝白花，喜螫人足。黔人有被螫者，立斷之，續以木脚。此蛇入人室屋中作爛瓜氣者，不可嚮之，須速辟除之。時珍曰：　花蛇，湖、蜀皆有，今惟以蘄蛇擅名。然蘄地亦不多得，市肆所貨、官司所取者，皆自江南興國州諸山中來。其蛇龍頭虎口，黑質白花，脇有二十四個方勝文，腹有念珠斑，口有四長牙，尾上有一佛指甲，長一二分，腸形如連珠。多在石南藤上食其花葉，人以此尋獲。先撒沙土一把，則蟠而不動。以叉取之，用繩懸起，劙刀破腹去腸物，則反尾洗滌其腹，蓋護創爾。乃以竹支定，屈曲盤起，紮縛炕乾。出蘄地者，雖乾枯而眼光不陷，他處者則否矣。故羅願《爾雅翼》云：　蛇死目皆閉，惟蘄州花蛇目開如生。舒、蘄兩界者，則一開一閉。故人以此驗之。又按元稹《長慶集》云：　巴蛇凡百類，惟褰鼻白花蛇，人常不見之。毒人則毛髮竪立，飲於溪澗則泥沙盡沸。鶡鳥能食其小者。巴人亦用禁術制之，熏以雄黄烟則腦裂也。此説與蘇頌所説黔蛇相合。然今蘄蛇亦不甚毒，則黔、蜀之蛇雖同有白花，而類性不同，故入藥獨取蘄産者也。

【修治】頌曰：　頭尾各一尺，有大毒，不可用。只用中段乾者，以酒浸，去皮、骨，炙過收之則不蛀。其骨刺須遠棄之，傷人毒與生者同也。宗奭曰：　凡用去頭尾，換酒浸三日，火炙，去盡皮骨。此物甚毒，不可不防。時珍曰：　黔蛇長大，故頭尾可去一尺。蘄蛇止可頭尾各去三寸。亦有單用頭尾者。大蛇一條，只得净肉四兩而已。久留易蛀，惟取肉密封藏之，十年亦不壞也。按《聖濟總録》云：　凡用花蛇，春秋酒浸三宿，夏一宿，冬五宿，取出炭火焙乾，如此三次。以砂瓶盛，埋地中一宿，出火氣。去皮、骨，取肉用。

肉　【氣味】甘、鹹，温，有毒。時珍曰：　得酒良。　【主治】中風濕痹不仁，筋脉拘急，口面喎斜，半身不遂，骨節疼痛，脚弱不能久立，暴風瘙痒，大風疥癬《開寶》。頌曰：　花蛇治風，速于諸蛇。黔人治疥癬遍體，諸藥不效者。生取此蛇劑斷，以磚燒紅，沃醋令氣蒸，置蛇于上，以盆覆一夜。如此三次，去骨取肉，芼以五味令爛，頓食之。瞑睡一晝夜乃醒，瘡疕隨皮便退，其疾便愈。治肺風鼻塞，浮風瘾瘮，身上生白癜風，癧瘍斑點甄權。通治諸風，破傷風，小兒風熱，急慢驚風搐搦，瘰癧漏疾，楊梅瘡，痘瘡倒陷時珍。

【發明】斅曰：蛇性竄，能引藥至于有風疾處，故能治風。時珍曰：風善行數變，蛇亦善行數蜕，而花蛇又食石南，所以能透骨搜風，截驚定搐，爲風痹驚搐、癩癬惡瘡要藥。取其内走藏府，外徹皮膚，無處不到也。凡服蛇酒藥，切忌見風。

【附方】新十三。驅風膏：治風癱癘風，遍身疥癬。用白花蛇肉四兩，酒炙，天麻七錢半，薄荷、荆芥各二錢半，爲末。好酒二升，蜜四兩，石器熬成膏。每服一盞，温湯服，日三服。急於暖處出汗，十日效。《醫壘元戎》。世傳白花蛇酒：治諸風無新久，手足緩弱，口眼喎斜，語言蹇澀，或筋脈攣急，肌肉頑痹，皮膚燥痒，骨節疼痛，或生惡瘡、疥癩等疾。用白花蛇一條，温水洗净，頭尾各去三寸，酒浸，去骨刺，取净肉一兩。入全蝎炒、當歸、防風、羌活各一錢，獨活、白芷、天麻、赤芍藥、甘草、升麻各五錢，剉碎，以絹袋盛貯。用糯米二斗蒸熟，如常造酒，以袋置缸中，待成，取酒同袋密封，煮熟，置陰地七日出毒。每温飲數盃，常令相續。此方乃蘄人板印，以侑蛇饋送者，不知所始也。《瀕湖集簡方》。瑞竹白花蛇酒：治諸風癘癬。用白花蛇一條，酒潤，去皮骨，取肉絹袋盛之。蒸糯米一斗，安麴於缸底，置蛇於麴上，以飯安蛇上，用物密蓋。三七日取酒，以蛇晒乾爲末。每服三五分，温酒下。仍以濁酒并糟作餅食之，尤佳。《瑞竹堂經驗方》。瀕湖白花蛇酒：治中風傷濕，半身不遂，口目喎斜，膚肉𤸷痹，骨節疼痛，及年久疥癬、惡瘡、風癩諸證。用白花蛇一條，取龍頭虎口，黑質白花，尾有佛指甲，目光不陷者爲真，以酒洗潤透，去骨刺，取肉四兩，真羌活二兩，當歸身二兩，真天麻二兩，真秦艽二兩，五加皮二兩，防風一兩，各剉匀，以生絹袋盛之，入金華酒壜内，懸胎安置。入糯米生酒醅五壺浸袋，箬葉密封。安壜於大鍋内，水煮一日，取起，埋陰地七日取出。每飲一二盃。仍以滓日乾碾末，酒糊丸梧子大。每服五十丸，用煮酒吞下。切忌見風犯慾，及魚、羊、鵝、麵發風之物。雞峰白花蛇膏：治營衛不和，陽少陰多，手足舉動不快。用白花蛇酒煮，去皮骨，瓦焙，取肉一兩，天麻、狗脊各二兩，爲細末。以銀盂盛無灰酒一升浸之，重湯煮稠如膏，銀匙攪之，入生薑汁半盃，同熬匀，瓶收。每服半匙頭，用好酒或白湯化服，日二次，神效極佳。《備急方》。治癩白花蛇膏：白花蛇五寸，酒浸，去皮骨，炙乾，雄黄一兩，水飛研匀，以白沙蜜一斤，杏仁一斤，去皮研爛，同煉爲膏。每服一錢，温酒化下，日三。須先服通天再造散，下去蟲物，乃服此除根。《三因》。《總録》白花蛇散：治腦風頭痛，時作時止，及偏頭風。用白花蛇酒浸，去皮骨，天南星漿水煮軟切炒，各一兩，石膏、荆芥各二兩，地骨皮二錢半，爲末。每服一錢，茶下，日三服。《聖濟總録》。潔古白花蛇散：治大風病。白花蛇、烏稍蛇各取净肉二錢，酒炙，雄黄二錢，大黄五錢，爲末。每服二錢，白湯下，三日一服。《家珍》。三蛇愈風丹：治癘風，手足麻木，眉毛脱落，皮膚瘙痒，及一切風瘡。白花蛇、烏稍蛇、土蝮蛇各一條，並酒浸，取肉晒乾，苦參頭末四兩，爲末，以皂角一斤切，酒浸，去酒，以水一椀，挼取濃汁，石器熬膏和丸梧子大。每服七十丸，煎通聖散下，以粥飯壓之，日三服。三日一浴，取汗避風。○治例無蝮蛇，有大楓子肉三兩。三因白花蛇散：治九漏瘰癧，發項腋之間，痒痛，憎寒發熱。白花蛇酒浸取肉二兩，焙，生犀角一兩二錢五分，鎊研，黑牽牛五錢，半生半炒，青皮五錢，爲末。每服二錢，入膩粉五分，五更時，糯米飲調下，利下惡毒爲度。十日一服，可絶病根。忌發物。俗傳白花蛇丸：治楊梅瘡。先服發散藥，後服此。用花蛇肉酒炙、龜板酥炙、穿山甲炙、蜂房炙、汞粉、朱砂各一錢，爲末，紅棗肉擣丸梧子大。每服七丸，冷茶下，日三。忌魚肉。服盡即愈，後服土茯苓藥調之。○方廣《心法附餘》治楊梅瘡。用花蛇肉一錢，銀朱二錢，鉛二錢，汞二錢，爲末，作紙撚九條。每用一條，於燈盞内香油浸，點燈安烘爐裏，放被中，蓋卧熏之，勿透風。一日三次。托痘花蛇散：治痘瘡黑陷。白花蛇連骨炙，勿令焦，三錢，大丁香七枚，爲末。每服五分，以水和淡酒下，神效。移時身上發熱，其瘡頓出紅活也。《王氏手集》。

頭　【氣味】有毒。【主治】癜風毒癩時珍。

【附方】新一。紫癜風：除風散：以白花蛇頭二枚酒浸炙，蝎稍一兩炒，防風一兩，右爲末。每服一錢，温酒下，日一服。《聖濟總録》。

目睛　【主治】小兒夜啼。以一隻爲末，竹瀝調少許灌之《普濟》。

明・梅得春《藥性會元》卷下　白花蛇　味甘、鹹，氣温，有毒。主治中風癱瘓，濕痹不仁，筋脉拘急，口眼喎斜，半身不遂，骨節疼痛，大風疥癩及暴風瘙痒，脚弱不能久立。此蛇治風速于諸蛇。一名褰鼻蛇。製法：凡用，去頭尾，酒浸三日，去酒火炙，去皮骨，取中段用尤妙。

明・李中立《本草原始》卷一一　白花蛇　生南地及蜀郡諸山中，今惟以蘄蛇擅名。其蛇龍頭虎口，黑質白花，脇有二十四箇方勝文，項有念珠斑，口有四長牙，尾上有一佛指甲，長一二分。腸形如連珠，鼻孔向上。九月、十月採捕，火乾。出蘄地者，雖乾枯而眼光不陷，背有方勝白花，故名白花蛇。

肉　氣味：甘、鹹，温，有毒。　主治：中風，濕痹不仁，筋脉拘急，口面喎斜，半身不遂，骨筋疼痛，脚弱不能久立，暴風瘙痒，大風疥癬。○治肺風鼻塞，浮風癮疹，身上白癜風，癧瘍斑點。○通治諸風，破傷風，小兒風熱，急慢驚風搐搦，瘰癧漏疾，楊梅瘡，痘瘡倒陷。

修治：宗奭曰：凡用去頭尾，換酒浸三日，火炙，去盡皮骨。此物甚毒，不可不防。白花蛇，宋《開寶》。【圖略】頭有角峰，口有齒，身有白花，尾有佛指甲。

《王氏手集方》：托痘花蛇散：治痘瘡黑陷，白花蛇連骨炙，勿令焦三錢，大丁香七枚為末，每服五分，以水和淡酒下，神效。移時身上發熱，其瘡頓出紅活也。白花蛇，君。

明・張懋辰《本草便》卷二　白花蛇君　味甘、鹹，氣溫，有毒。主中風，濕痹不仁，筋脉拘急，口面喎斜，半身不遂，骨節疼痛，大風疥癩，暴風瘙痒。此蛇治風速於諸蛇。然大毒，頭尾各一尺尤甚，去之，只取中段用。

明・吳文炳《藥性全備食物本草》卷三　白花蛇　一名褰鼻蛇。白花者生南地，惟取蘄州，頭長小角鋒，尾生佛指甲，項邊真珠白點，背纏方勝花紋，因名。但蛇鼻皆向下，此蛇鼻向上。又諸蛇死眼閉，是蛇則眼開如活。味甘、鹹，性溫，有毒。宜去頭尾各一尺，取中段酒浸三日，去酒炙乾，去皮骨。主大風癩瘙痒，中風口眼喎斜，半身不遂，濕痺拘攣骨節疼痛，脚弱不能久立，兼治肺風鼻塞。雷公云：蛇性竄，能引藥至有風處耳。

明・李中梓《藥性解》卷六　白花蛇　味甘鹹，性溫，有大毒，入肺、肝二經。主肺風鼻塞，去癮瘮浮風，四肢不仁，骨節疼痛，口眼喎斜，半身不遂，癩麻風，白癜風，髭眉脫落，鼻柱塌壞，鶴膝風，雞距風，筋骨拘攣。凡使須火燒一尺磚令通紅，醋沃之，使熱氣薰蒸，將蛇頭尾各一尺去淨置磚上，以盆覆一宿，如此三過，去骨取肉用，亦以眼不陷者為真。按：白花蛇耑主皮膚之風，肺主皮毛，肝為風木，故都入之。然服之者，瞑眩一晝夜方醒。善螫人，中足者，輒自斷之，補養已痊，木接代步，不然令人死，其毒可知。然諸藥不效者，獨能引達成功，以其性竄，直領藥力至於風處，所謂大毒之病，必用大毒之藥以攻之是也。諸蛇鼻向下，惟此蛇鼻向上，背有方勝花紋，以此得名。愚謂凡用之，更須日日換酒，浸過五宿，去酒不用。〔炙用〕盡去皮骨埋於土坑一宿，取出再炙用，其毒咸去矣。

明・繆希雍《本草經疏》卷二二　白花蛇味甘、鹹，溫，有毒。主中風，濕痹不仁，筋脈拘急，口面喎斜，半身不遂，骨節疼痛，大風疥癩，及暴風瘙癢，脚弱不能久立。一名褰鼻蛇。白花者良。出蘄州，龍頭虎口，黑質白花，目開如生，尾有爪甲，真蘄產也。

【疏】白花蛇，生於土穴陰霾之處，禀幽暗毒厲之氣，故其味雖甘鹹，性則有大毒也。《經》曰：風者，百病之長，善行而數變。蛇性走竄，亦善行而無處不到，故能引諸風藥至病所，自腑臟而達皮毛也。凡癘風、疥癬、喎僻、拘急，偏痹不仁因風所生之證，無不藉其力以獲瘥。本經著其功能，信非虛矣。〔主治參互〕同苦參、何首烏、威靈仙、鼈蝨胡麻、天門冬、百部、豨薟、漆葉、刺蒺藜，治癘風，并遍身頑痹、疥癬。《醫壘元戎》驅風膏，治風癱癘風，遍身疥癬，用白花蛇肉四兩，酒潤炙乾，天麻七錢半，薄荷、荊芥各二錢半，為末，好酒二升，蜜四合，石器熬成膏。每服一盞，溫湯服，日三服，急於暖處出汗，十日效。《瑞竹堂經驗方》白花蛇酒，治諸風癘癬，用白花蛇一條，酒潤，去皮骨取肉，絹袋盛之，蒸糯米一斗，安麴於缸底，置蛇於麴上，以飯安蛇上，用物密蓋三七日，取酒，以蛇曬乾為末，每服三五分，溫酒下，仍以濁酒并糟作餅食之，尤佳。潔古白花蛇散治大風病：白花蛇、烏稍蛇，各取淨肉二錢酒炙，雄黃二錢，大黃五錢，為末。每服二錢，白湯下，三日一服。

明・倪朱謨《本草彙言》卷一八　白花蛇　味甘、鹹，氣溫，有毒。李氏曰：白花蛇，原出南地及蜀郡諸山中，今惟蘄蛇擅名，即蘄地亦不多得。市肆與官司所取，多以江南興國州者僞充之。蘄產者，龍頭虎口，黑質白花，脇有二十四方勝，腹有十點念珠子，口有四長牙，尾上有一小指甲。腸形如連珠。脊中有兩腎。寇氏曰：諸蛇鼻向下，此獨鼻向上。惟烏蛇性善不噬物，白花者噬人，有大毒。元稹云：白花蛇毒人，毛髮豎立。飲于溪澗，則泥沙盡沸。惟蘄州白花蛇性少善。故入藥取蘄州產者爲貴。又按蛇戶云：白花蛇喜嗜石楠花葉，常從藤上獲之。先撒沙土一把，則蟠曲不動。以鐵叉箝定其首，以繩繫其首懸挂，劙刀破其腹，去腸肚，下置水一盂，則反尾自滌其腹，蓋護創耳。乃以竹條隨其蟠曲，簽定盤紮，火上焙乾。《爾雅翼》云：諸蛇死，目皆閉，惟蘄州者目開如生。舒、蘄兩界者，則一開一閉。此理之不可曉者。又云：欲識真僞，懸蛇于甕上或缸上，注酒數斗，酒即冉冉而動如沸者，若磁石之熁鐵、琥珀之拾芥然。否則形色雖備，亦無力也。土人僅飲此酒，亦獲大益。得此真蘄蛇入藥用，功力大倍。雷氏曰：修治：去首尾，春秋酒浸三宿，夏一宿，冬五宿。炭火焙燥，去骨取肉研末用。

白花蛇：去風濕，利筋骨，蘇頌掃瘡疥，活血脉之藥也。計日聞曰：此蛇生于深山土穴陰霾之處，禀幽暗毒厲之氣。《經》言風爲百病之長，善行而數變。蛇性走竄，亦善行而數變。又喜食石楠枝葉，所以能透骨搜風，散瘡消疥，舒筋利脉，爲風痹要藥。取其內通藏府，外徹皮膚，無處不到也。而《開寶》方治中風濕痹不仁，半身不遂，筋脉拘急，口面喎斜，骨節疼麻，脚弱不能久立，及癘毒延疰，眉髮脫落，一切疥癬瘡癩，風毒痛癢諸疾。取蛇一條，和歸、芎、耆、朮、牛膝、木瓜、人參各二兩，俱焙燥，好酒十壺浸蒸，早晚各隨量飲之。一切風疾癱瘓、瘡疥諸疾，一月奏平。此李瀕湖《集簡方》之良劑也。如風痹係陰虛血少內熱而發，非關風濕者，非所宜也。

附：隨病加減法：如頭風頭痛，本方加天麻、甘菊；如耳聾目昏，加蒼耳子、蜜蒙花；如舌本木强，語言蹇澀，加製半夏、膽南星；如臂膊痠疼，不能舉握，加薑黃、海桐皮；如遍身牽引疼痛，不能展動，加虎骨、葳蕤。已上加用諸藥，俱各用一兩。

明·姚可成《食物本草》卷一一蛇蟲部·蛇類 白花蛇一名蘄蛇。生南地及蜀郡諸山中，今蘄州及鄧州皆有之。其文作方勝白花，喜螫人足。黔人多有被螫者，立斷之，續以木脚。此蛇入人室屋中作爛瓜氣者，不可嚮之，須速辟除之。〇李時珍曰：花蛇湖、蜀皆有，今惟以蘄蛇擅名。然蘄地亦不多得，市肆所貨、官司所取者，皆自江南興國州諸山中來。其蛇龍頭虎口，黑質白花，脇有二十四箇方勝文，腹有念珠斑，有四長牙，尾上有一佛指甲，長一二分，腸形如連珠。多在石南藤上食其花葉，人以此尋獲。先撒沙土一把，則蟠而不動。以叉取之，用繩懸起，劙刀破腹去腸物，則反尾洗滌其腹，蓋護創爾。乃以竹支定，屈曲盤起，紮縛炕乾。出蘄地者，雖乾枯而眼光不陷，他處者則否矣。故《爾雅翼》云：蛇死目皆閉，惟蘄州白花蛇目開如生。舒、蘄兩界者，則一開一閉，故人以此驗之。又按《長慶集》云：巴蛇凡百類，惟白花蛇人常不見之。毒人則毛髮豎立，飲於溪澗則泥沙盡沸。然今蘄蛇亦不甚毒，則黔、蜀之蛇，雖同有白花，而類性不同，故今用獨取蘄產者也。〇修治之法：蘇頌曰：頭尾各一尺，有大毒，不可用，只用中段乾者，以酒浸，去皮、骨，炙過收之則不蛀。其骨刺須遠棄之，傷人，毒與生者同也。〇寇宗奭曰：凡用去頭尾，換酒浸三日，火炙去盡皮、骨。此物甚毒，不可不防。〇李時珍曰：黔蛇長大，故頭尾可去一尺。蘄蛇止可頭尾各去三寸。亦有單用頭尾者。大蛇一條，只可得淨肉四兩而已。久留易蛀，惟取肉密封藏之，雖十年亦不壞也。按《聖濟總錄》云：凡用白花蛇，春秋酒浸三宿，夏一宿，冬五宿，取出炭火焙乾，如此三次。以砂瓶盛，埋地中一宿，出火氣。去盡皮、骨，取肉用。

白花蛇肉：味甘、鹹，溫，有毒。主中風溼痹不仁，筋脉拘急，口面喎斜，半身不遂，骨節疼痛，脚弱不能久立，暴風瘙痒，大風疥癬。治肺風鼻塞，浮風癮疹，身上白癜風，癧瘍瘢點，破傷風，小兒風熱，急慢驚風搐搦。〇蘇頌曰：白花蛇治風，速於諸蛇。黔人治疥癬遍體，諸藥不效者，生取此蛇劑斷，以磚燒紅，沃醋令氣蒸，置蛇於上，以盆覆一夜。如此三〔次，去〕骨取肉，煮以五味令爛，頓食之。瞑睡一晝夜乃酣，瘡疕隨皮便退，其疾便愈。〇李時珍曰：風善行而數變，蛇亦善行數蛻，又食石南，所以能透骨搜風，截驚定搐，為風痹驚搐、癩癬惡瘡要藥。取其內走臟腑，外徹皮膚，無處不到也。

目睛：治小兒夜啼。以一隻為末，竹瀝調少許灌之。

附方：驅風膏，治風癱癘風，遍身疥癬。用白花蛇肉四兩酒炙，天麻七錢半，薄荷二錢半，為末。好酒二升，蜜四兩，瓦器熬成膏。每服一盞，溫湯服，日三服。急於暖處出汗，十日效。

明·顧逢柏《分部本草妙用》卷七兼經部·性平 白花即蘄蛇。能治諸風。風善行數變，蛇亦善行數蛻。花蛇食石南〔藤〕，所以透骨搜風，截驚定搐，為風痺、諸濕、驚搐、癩癬痛癢惡瘡及三十六種風要藥。取其內走臟腑，外徹皮膚，無處不到也。凡服蛇酒藥，切忌見風。

明·李中梓《醫宗必讀·本草徵要下》 蘄州白花蛇味鹹，溫，有毒。去頭尾，酒浸三宿，去盡皮骨，俱有大毒。主手足癱瘓，及肢節軟疼，瘵口眼歪斜及筋脈攣急。癘風與破傷同寶，急驚與慢驚其珍。透骨搜風，截驚定搐，為風家要藥。內達臟腑，外徹皮膚，無處不到，服者大忌見風。產蘄州者最佳，然不可多得。龍頭虎口，黑質白花，脇有二十四方勝紋，腹有念珠斑，口有四長牙，尾有爪甲一二分，腸如連珠，眼光如生。產他處者或兩目俱閉，或一開一閉也。按：白花蛇性走竄，有毒，惟真有風者宜之。若類中風屬虛者，大忌。烏稍蛇，大略相同，但無毒而力淺，色黑如漆，尾細有劍脊者良。

明·張景岳《景岳全書》卷四九《本草正》 白花蛇即蘄蛇也。味甘、鹹，性溫，有毒。諸蛇鼻俱向下，惟此蛇鼻向上，而龍頭虎口，黑質白花，脇有方勝紋二十四個，口有四長牙，尾上有一佛指甲者是。用宜去頭尾各三寸，以防其毒。春秋酒浸三宿，夏一宿，冬五宿，火炙，去盡皮骨，取肉焙乾，密封藏之，久亦不壞。諸蛇之性皆竄，而此蛇尤速，故善於治風，能透骨髓，走藏府，徹肌膚，無所不到。療中風濕痹，骨節疼痛，手足拘攣，不能行立，暴風瘙痒，破傷風，大風癩癬，及小兒驚風搐搦，瘰癧楊梅，風毒惡瘡，俱為要藥。凡服蛇酒藥者，切忌見風。

明·盧之頤《本草乘雅半偈》帙一〇 白花蛇宋《開寶》 氣味：甘、鹹，溫，有毒。主治：主中風、濕痹不仁，筋脈拘急，口面喎斜，半身不遂，骨節疼痛，脚弱不能久立，暴風瘙癢，大風疥癬。

覈曰：原出南地，及蜀郡諸山中，今唯蘄蛇擅名，即蘄地亦不易得。市肆與官司所取，多以江南興國州者僞充之。蘄產者，龍頭虎口，黑質白花，脇有二十四方勝，腹有十點念珠子，口有四長牙，尾上有一佛指甲，腸形如連珠，脊中有兩腎。宗奭云：諸蛇鼻向下，此獨鼻向上。《埤雅》云：蛇以眼聽。捕蛇者言，稍大者則易禁，以其耳目開疾，習于禁架也。小者懵然，則往往難禁矣。種類至多，唯烏蛇性善不噬物，白花者噬人有大毒。元稹《長慶集》云：白花蛇毒人，毛髮豎立，飲于溪水，則泥沙盡沸。唯蘄州白花蛇性少善，故入藥取蘄產者為貴。時珍云：喜嗜石楠花葉，嘗從藤上獲之，先撒沙土一把，則蟠曲不動，遂以報伏雞藤繫首懸掛，劃刀破腹，去其腸肚，下置水一盂，則反尾自滌其腹，蓋護創耳。乃以竹枝隨其蟠曲，簽定盤繫，炕上焙乾。《爾雅翼》云：蛇死目皆閉，唯蘄州者，目開如生。舒蘄兩界者，則一開一閉，此理之不可曉者。土人云：欲識真僞，懸蛇于酒甕，或缸上，注酒數斗，酒即沸湧流動，若磁石之熻鐵，琥珀之拾芥然。否則形色雖備，亦無力也。土人僅飲此酒，亦獲大益，得此品用供藥物，功力真無限量矣。沸湧流動，宛如風行水上之渙象。雷公云：蛇性竄，能引藥至于有風疾處，故能治風。時珍云：風善行數變，蛇亦善行數變，白花蛇又喜食石楠，所以能透骨搜風，截驚定搐，為風痹要藥。取其內定藏府，外徹皮膚，無處不到也。覺明空昧相待成搖，故有風輪執持世界。修事：去頭尾，春秋酒浸三宿，夏一宿，冬五宿，炭火焙燥，如此三次。用砂瓶盛貯，埋地中一宿，取出去皮骨，取肉用即用此修事法，密封收貯，可經久不壞。若連皮骨，或著濕黴，則易蛀朽敗矣。

条曰：蛇字，古但作它耳。從蟲而長，象冤曲垂尾形，上古草居患蛇，故相問：無它乎。今之字旁加蟲，而變其音。《考工記》以為紆行之屬，故退食委蛇，亦用蛇字。蛇性竄疾，獨居處隱僻，禀隨風重巽之體用，風大動靜之本性，故身形端直而象甲，尾甲紆行而象乙。雖標甲膽乙肝之木行，復具時四，干十，支十二，節二十四之全數者也。《埤雅》言：蛇以眼聽。《爾雅翼》言蛇死目皆閉，蘄產者目開如生。舒蘄兩界者一開一閉，此理之不可曉者。然肝開竅于目。莊周云蛇憐風，風憐目，故蛇聽以眼。精專于目，蘄東南也，具巽位之生成，故至死不變耳。《埤雅》言蛇盤向壬，壬北方也。又言十二子辰為龍，巳為蛇，巳六陽具，不為龍而為蛇者，龍至此而亢，宜為蛇而已。然壬固位北，而蛇不歸坎，此以丁向壬，丁壬合而化干之風木；亥向巳，巳亥對而待支之風木，豈龍至此而亢，宜為蛇而已。故蛇有兩腎，左曰水藏，亥支之陰水；右曰火藏，壬干之陽水。有壬巳，則有丁亥；有流行，則有對待；有幹木，則有枝木矣。又不獨精專膽竅，且精專膽府。觀蚺蛇膽隨日轉，上旬在頭，中旬在心，下旬在尾。更有應膽，擊首則應首，擊尾則應尾，擊左右則應左右，取而還生者應膽也，精專肝膽，斯足徵矣。更觀螣蛇雄鳴上風，雌鳴下風而化成形，游于霧露，乘于風雨，行非千里不止。禀隨風重巽之體用，風大動靜之本性，亦足徵矣。先人云：蛇禀風性，白花者更秉金制，則凡風力有所不逮動搖失矣。用益風大之力，仍相待成搖，互持四大中者，莫良于此。是以力主中風，微則痹閉不仁，或瘙癢，或疥癬；甚則暴風、大風，或筋脈拘急，骨節疼痛，或口面喎斜，半身不遂，或脚弱不能久立。此皆風氣通于肝，肝藏筋膜之氣也。大筋聚于節，筋骨相親著也。所謂微則侮己所勝之土，埃土飄揚，丘陵崩潰；甚則病己所賦之形，草木搖落，摧拉傾仆者是也。

明・李中梓《本草通玄》卷下　蘄蛇　鹹，溫，有毒。主一切風症，中風、大風、驚風、白癜風。蛇性竄利，內走臟腑，外徹皮膚，無處不到。然有毒，不敢輕用。其蛇龍頭虎口，黑質白花，脇有二十四箇方勝文，腹有念珠斑，口有四長牙，尾上有一指甲，長一二分，腸形如連珠。酒浸一宿，炭火焙乾，埋地中，出火毒。去皮骨，取肉用。

清・顧元交《本草彙箋》卷九　白花蛇附烏稍蛇。　白花蛇，多在石南藤上，食其花葉，所以能透骨搜風，截驚定搐，爲風痺驚搐，癩癬惡瘡要藥。取其內走臟腑，外徹皮膚，無處不到也。出蘄州者佳。龍頭虎口，黑質白花，目開如生，尾有爪甲，真蘄州也。蓋凡蛇死目皆閉，惟蘄州花蛇目開如生。舒、蘄兩界者，則一開一閉，人以此驗之。又名褰鼻蛇。諸蛇鼻向下，獨此鼻向上。　頭尾各一尺有大毒，不可用。只用中段乾者，以酒浸，去皮骨，炙過收之則不蛀。其骨刺須遠棄之，傷人，毒與生者同也。或云：黔蛇長大，故頭尾可去一尺。蘄蛇止可頭尾各去三寸。大蛇一條，只得淨肉四兩。　烏蛇，即烏稍蛇。氣味所主，與白花蛇同，第性善無毒耳。色黑如漆，尾細有劍脊者良。　凡一切蛇，須辨雌雄方土。蘄州烏蛇，頭上有逆毛，二寸一路可長半分，入藥如神。只重一兩以下，得之甚難。蛇腹下有白帶子一條，長一寸者雄也，宜入藥。

清・穆石匏《本草洞詮》卷一六　白花蛇　湖蜀皆有，惟蘄蛇擅名。龍頭虎口，黑質白花，脇有二十四方勝文，腹有念珠斑，口有四長牙，腸形如連珠。多在石楠藤上，食其花葉。人以此尋獲，先撒沙土一把，則蟠而不動也。出蘄地者，雖乾枯而目光不陷，他處則否。故《爾雅翼》云：蛇死目皆閉，惟蘄蛇目開如生。舒蘄兩界者，則一開一閉，以此驗之。白花蛇肉甘鹹，溫，有毒。通治一切諸風，破傷風，小兒急慢驚風，白癜，瘰癧癩癬。蓋蛇性竄，能引藥至於有風疾處。風善行數變，蛇亦善行數變。而花蛇又食石南，故能透骨搜風，截驚定搐，為風痺驚搐，癩癬要藥。取其內走臟腑，外徹皮膚，無處不到也。凡服蛇酒藥，忌見風，恐竅開易入也。

清・劉雲密《本草述》卷二八　白花蛇一名蘄蛇。　時珍曰：花蛇湖、蜀皆有，今惟以蘄蛇擅名，然蘄州亦不多得，市肆所貨、官司所取者，皆自江南興國州諸山中來。其蛇龍頭虎口，黑質白花，脇有二十四個方勝紋，腹有念珠斑，口有四長牙，尾上有一佛指甲，長一二分，腸形如連珠。多在石南藤上食其花葉，人以此尋獲，先撒沙土一把，則蟠而不動，以叉取之，用繩懸起，劙刀破腹去腸物，則反尾洗滌其腹，蓋護創爾。乃以竹支定，屈曲盤起，紮縛炕乾。出蘄地者，雖乾枯而眼光不陷，他處者則否矣。故羅願《爾雅翼》云：蛇死目皆閉，惟蘄州花蛇目開如生。舒、蘄兩界者，則一開一閉，故人以此驗之。又曰：黔、蜀之蛇雖同有白花，而類性不同，故入藥獨取蘄產者也。

肉：氣味：甘、鹹，溫，有毒。　時珍曰：得酒良。　主治：中風溼痹不仁，筋脈拘急，口面喎斜，半身不遂，骨節疼痛，脚弱不能久立，大風癘癬《開寶》。瘰癧漏疾時珍。　敩曰：蛇性竄，能引藥至於有風疾處，故能治風。　頌曰：花蛇治風速於諸蛇。　時珍曰：風善行數變，蛇亦善行數蛻。而花蛇又食石南，所以能透骨搜風，截驚定搐，為風痺驚搐、癩癬惡瘡要藥。取其內走臟腑，外徹皮膚，無處不到也。凡服蛇酒藥，切忌見風。　希雍曰：白花蛇能引諸風藥至病所。凡癘風疥癬，喎僻拘急，偏痺不仁，因風所生之證，無不藉其力以獲瘥。《本經》著其功能不虛也。　同苦參、何首烏、威靈仙、鼈蝨胡麻、天門冬、百部、豨薟、漆葉、刺蒺藜，治癘風并偏身頑痹疥癬。

愚按：諸蛇方書言其性善竄，且十二子中，巳為蛇，稟隨風重巽之體用者也。若然，則此種稟於六陽盛氣，用益風大之力，故其性善竄，可以療善行數變之風。況此種於治風為最乎？屬外中之風，固所應投。若投之內風諸證，不能已疾，而實甚之矣。雖然，先哲有云溼病似中風，又云《醫壘元戎》曰酒溼之為病，亦能作痹證，口眼喎斜，半身不遂，渾似中風。舌強不正，當瀉溼毒，不可作風治之而汗也。按此則知，所患前證，豈止風之一端而已？余即是說而繹之，溼痹還有病風者，又不獨似風而已。蓋其血脈之所壅阻，即病於風，久之血中鬱為風毒，以心臟同風臟也，得毋《開寶本草》之所謂中風溼痹者，乃指此證乎？不則先因於風之鬱以病氣，遂致血壅而患於溼痹者乎？後學不揣，但滾同謂茲物治風，妄投貽害，殊不淺也。試觀張雞峯白花蛇膏云治營衛不和，陽少陰多，手足舉動不快者，其取義不與此合乎？雞峯為先代名流，豈如後來之貿貿者乎？況茲物之味甘鹹，固入血分。而中風溼痹，乃風壅於血分之病，此正足以逐之，如漫謂其療陰虛陽燄之風也，豈其然哉？至如諸風癘癬，及瘰癧楊梅，皆風之浸淫於血以為患，其對待之治，固應然耳。

附方　雞峯白花蛇膏，治營衛不和，陽少陰多，手足舉動不快，用白花蛇，酒煮去皮骨，瓦焙，取肉一兩，天麻、狗脊各二兩，為細末，以銀盂盛，無灰酒一升浸之，重湯煮稠如膏，銀匙攪之，入生薑汁半盃，同熬勻，瓶收，每服半匙頭，用好酒或白湯化服，日二次，神效極佳。《總錄》白花蛇散，治腦風頭痛，時作時止，及偏頭風。用白花蛇酒浸去皮骨，天南星漿水煮軟，切炒各一兩，石膏、荊芥各二兩，地骨皮二錢半，為末，每服一錢，茶下，日三服。治癩，白花蛇膏，白花蛇五寸，酒浸去皮骨，炙乾，雄黃一兩，水飛研勻，以白沙蜜一斤，杏仁一斤，去皮研爛，同煉為膏，每服一錢，溫酒化下，日三。須先服通天再造散，下去蟲物，乃服此除根。《三因》白花蛇散，治九漏瘰癧，發項腋之間，癢痛，憎寒發熱。白花蛇酒浸，取肉一兩焙，生犀角一兩二錢五分鎊研，黑牽牛五錢半生半炒，青皮五錢，為末，每服二錢，入膩粉五分，五更時糯米飲調下，利下惡毒為度。十日一服，可絕病根。忌發物。

修治　取龍頭虎口，黑質白花，尾有佛指甲，目光不陷者為真。頭尾及骨俱有大毒，須盡去之。　時珍曰：黔蛇長大，故頭尾可去一尺。蘄蛇止可頭尾各去三寸。亦有單用頭尾者。大蛇一條，只得淨肉四兩而已。久留易蛀，惟取肉密封藏之，十年亦不壞也。按《聖濟總錄》云：凡用花蛇，春秋酒浸三宿，夏一宿，冬五宿，取出炭火焙乾，如此三次，以砂盆盛埋地中一宿，出火氣，去皮骨，取肉用。

清·郭章宜《本草匯》卷一七　白花蛇即蘄蛇。　味鹹、甘，溫，大毒。治一切風症，力倍諸蛇，癩麻風，白癜風，髭眉脱落，鼻柱榻壞者，急須求之。鶴膝風，雞距風，筋爪拘攣，肌肉消蝕者，速為覓用。

按：白花蛇，生于土穴陰霾之處，禀幽暗毒癘之氣，性竄最烈，徹骨搜風，外走經絡，內透臟髓，能引諸藥至有風疾處，自臟腑而達皮毛也。凡癘風癩癬，偏痺不仁，因風所生之症，無不藉其力以獲瘥。然非風氣交固不能通達者，用之則引風入骨矣。若中風口喎，半身不遂，定緣陰虛血少內熱而發，與得之風濕者殊科，非所宜也。

雖有黔土，惟取蘄州，其蛇龍頭虎口，黑質白花，脇有二十四方勝文，腹有念珠班，口有四長牙，尾有爪甲長一二分，腸如連珠，多在石南藤上。諸蛇鼻向下，獨此鼻向上；諸蛇死目閉，惟此目開如生，雖枯而眼光不陷。他處者則否矣。〔舒〕蘄兩界者，一開一閉，去頭尾各三寸，取其中段，不過淨肉四兩而已。亦有單用頭尾者，取其倍毒也。若黔者倍大，頭尾可去一尺。酒浸一二宿，火炙去盡皮骨，盛砂瓶，埋地中出火毒，密封藏之，十年不壞。其骨須遠棄之，傷人，毒與生者同也。

清·蔣居祉《本草擇要綱目·熱性藥品》　白花蛇諸蛇鼻向下，獨此鼻向上。背有方勝花文，以此得名。頭尾各一尺有大毒，不可用。去皮骨，換酒浸三日，火炙，去盡皮骨。此物甚毒，不可不防。炙過收之，則不蛀。其骨刺須遠棄之，傷人，毒與生者同也。　氣味：甘、鹹，溫，有毒。得酒良。　主治：中風濕痹不仁，筋脈拘急，口面喎斜，半身不遂，骨節疼痛，脚弱不能久立。暴風瘙痒，大風疥癬。治肺風鼻塞，浮風癮疹，身上白癜風癧瘍斑點。通治諸風，破傷風，小兒風熱，急慢驚風搐搦。瘰癧漏疾，楊梅瘡，痘瘡倒陷。蛇性竄，能引藥至于有風疾處，故能治風。而花蛇又食石南，所以能透骨搜風，截驚定搐，為風痹驚搐，癩癬惡瘡要藥。取其內走臟腑，外徹皮膚，無處不到。凡服蛇酒藥，切忌見風。

清·王翃《握靈本草》卷九　白花蛇蘄州者佳。龍頭虎口，文作方勝白花，頭尾有大毒，只用中段，酒浸，去皮骨，炙。其骨刺須遠棄之。　主治：白花蛇，甘、鹹，溫，有毒。主中風濕痺，暴風瘙癢，大風疥癬，小兒風熱驚癇。

清·汪昂《本草備要》卷四　白花蛇宣，祛風濕。　甘鹹而溫。蛇善行數蛻，如風之善行數變。花蛇又食石南，食石南藤花葉。石南辛苦治風。故能內走藏府，外徹皮膚，透骨搜風，截驚定搐。治風濕癱瘓，大風疥癩。《開寶本草》云：治中風口面喎斜，半身不遂。《經疏》云：前症定緣陰虛血少、內熱而發，與得之風濕者殊異，白花蛇非所宜也，宜辨。○凡服蛇酒藥，切忌見風。　出蘄州。龍頭虎口，黑質白花，脇有二十四方勝，腹有念珠斑，尾有佛指甲，雖死而眼光不枯。他產則否。頭尾有毒，各去三寸。亦有單用頭尾者。酒浸三日，去盡皮骨。大蛇一條，只得淨肉四兩。

清·陳士鐸《本草新編》卷五　白花蛇　味甘、鹹，氣溫，有毒。蘄州者佳。止風痛，如癩麻風，至鬚眉脱落，鼻柱將塌者，必須服之。其餘如鶴膝、雞距，筋爪拘攣，肌肉皮毛諸風，斷不可服。蓋白花蛇性竄，上行而不下走，解上焦之風而不解下焦之風，解陽分之毒而不解陰分之毒也。

或問：白花蛇雖異于凡蛇，然蛇終是毒物，以毒攻毒，不畏傷損腸胃乎？曰：誠哉是言。風症儘有祛風之藥，何必食蛇〔以去風〕。不論是否癩麻風，俱覓蛇食之，信邪不信正，人情大都如是，可慨也。

清·李熙和《醫經允中》卷二〇　白花　即蘄蛇。鹹，溫，大毒。主治透骨搜風，截驚定搐，為風痺、諸濕癩癬、惡瘡要藥。故髭眉脱落，鼻柱塌壞者宜服。然陰虛少血，內熱而發者非所宜也。凡遇毒蛇嚙，以地蜈蚣，又名仙對坐草，搗汁飲，渣敷愈。　附：烏蛇，治大風諸症，與白蛇同功，其膏綿裹塞耳，可愈耳聾。水蛇可治消渴煩熱，毒痢。

清·馮兆張《馮氏錦囊秘錄·雜症痘疹藥性主治合參》卷一一　白花蛇白花蛇，出蘄州。龍頭虎口，黑質白花，脇有二十四方勝紋，腹有念珠斑，口有四長牙，尾有佛爪甲，腸如連珠，眼光如生。產他處者，或兩目俱閉，或一開一閉也，常居石南樹上，食其花葉。石南辛苦治風，且生於土穴陰霾之處，稟幽暗毒癧之氣，故其味雖甘鹹，性則有大毒也。《經》曰：風者，善行而數變。蛇亦善行，而無處不到，故能引諸風藥至病所，透骨搜風，自臟腑而達皮毛。凡癧風疥癬，喎僻拘急，偏痹不仁，因風所生之證，無不藉其力以獲瘥。【略】白花蛇，製宗雷公。漬酒旋飲，止風痛甚速，去風毒殊佳。癩麻風，白癜風、髭眉脱落，鼻柱塌壞，鶴膝風，雞距風，筋爪拘攣，肌肉消蝕。凡諸藥力莫及，悉能引達成功。凡服蛇藥酒，切忌見風。類中風，虛弱人並所禁用。　主治痘疹合參：竹青蛇，性熱，有毒。痘稠密無縫，遍身不起，用此以毒攻毒。

清·張璐《本經逢原》卷四　白花蛇　甘、鹹，溫，有毒。產蘄州者良，禁犯鐵。凡用，去頭尾，酒浸，酥炙，炭火緩焙，去盡皮骨，此物甚毒，不可不防。脇有方勝，尾上有（拂）〔佛指甲〕者真。　發明：　蛇性竄，能引藥至於風痰處，故能治一切風病。其風善行數變，蛇亦善行數蛻，所以能透骨搜風，為大風、白癜風、風痺、驚搐、癩癬惡瘡要藥，取其內走藏府，外徹皮膚，無處不到也。陰虛血少，內熱生風者，非其所宜。凡服蛇酒藥，切忌見風。開罈時須避其氣，免致面目浮腫。凡癘風曾服過大楓子仁者，服白花蛇無效。

清・黃元御《玉楸藥解》卷六　白花蛇　味鹹，微溫。入足厥陰肝經。通關透節，泄濕驅風。白花蛇穿經透骨，開痹搜風。治鼻口喎斜，手足癱瘓，骨節疼痛，肌膚麻癢，疥癩風癲之證。中風病因木鬱風動，血燥筋枯，外風虛邪表閉，筋縮四肢而成。而木鬱之由，全緣水寒土濕，生發不遂。白花蛇外達筋脈，則益其枯燥，內行藏府，不能去其濕寒，非善品也。庸工習用，諸方標本皆背，無益於病，而徒殺生靈，甚無益也。讀柳子厚《捕蛇》之篇，至可傷矣。

清・吴儀洛《本草從新》卷六　白花蛇〔宣，祛風濕。〕　甘，鹹，溫，有毒。蛇善行數蛻，如風之善行數變。花蛇又食石楠，石楠辛苦，治風。故能內走臟腑，外徹皮膚，透骨搜風，截驚定搐。治風濕癱瘓，大風疥癩。《開寶本草》〔馬志《開寶本草》。〕云：　治中風，口眼喎斜，半身不遂。走竄有毒，唯真有風者宜之，若類中風屬虛者大忌。《經疏》云：　前證多緣陰虛血少，內熱而發，與得之風濕者殊科，白花蛇非所宜也。宜辨。凡服蛇酒藥，切忌見風。出蘄州，龍頭虛口，黑質白花，脇有二十方勝紋，腹有念珠斑，尾有佛指甲，雖死而眼光不枯。他產則否。頭尾尤毒，各去三寸。亦有單用頭尾者。酒浸三日，去盡皮骨。有大毒。大蛇一條，只得淨肉四兩。得火良。

清・汪紱《醫林纂要探源》卷三　白花蛇　甘，鹹，寒。出蘄州。然柳宗元有《捕蛇者說》，則永州亦出。龍頭虎口，黑質白章，脇有二十四方勝，腹有念珠斑，口有四獠牙，尾有一指甲，雖死目光不枯，雌者尾無指甲，白花不明。腊而用之，宜完首尾力乃全。酒浸三日，去皮骨，獨用肉。保心甯神，安魂緩肝。蛇類善驚，然善伏藏，如龍之冬蟄，故能甯神安魂，而治驚癇。透骨搜風，攻堅去毒。嗜石楠葉，故雖本陰類，而能壯陽祛風，善竄穴土石，無陰不達，故能內徹臟腑，外達皮毛，中透骨節經絡。凡有風濕血瘀之積，皆能攻而去之。能攻痺破結，去死肌，殺三蟲，治中風癱瘓，口眼喎斜，筋惕搐搦，大瘋疥癘，凡經絡中血氣凝滯之病。

清・嚴潔等《得配本草》卷八　白花蛇一名蘄蛇。得酒良。甘、鹹，溫，有毒。入足厥陰、手太陰經。治風淫末疾，四肢為末。透骨搜風，截驚定搐。其性善竄，能內走臟腑，外徹皮膚，引諸藥直至於有風疾處。凡癩麻、鶴膝、雞距，并宜治之。得丁香，治痘瘡黑陷。炙白花蛇三錢，大丁香七枚，為末，每服五分，水和淡酒下，神效。出蘄州。頭尾有大毒，尾有爪甲，去頭尾各一尺，酒浸五日，每日換酒，去酒埋於地下一宿，盡去皮骨，炙用。服之切忌見風。虛弱者禁用。

題清・徐大椿《藥性切用》卷八　白花蛇　甘鹹性溫，搜風透骨，定搐截驚，治癱瘓疥癩。去盡皮骨、頭尾，酒炙。非中風有毒，不可輕用。頭，治癜風毒癩。

清・黃宮繡《本草求真》卷三　白花蛇搜風定搐。　白花蛇耑入肝腎。何以名為搜風定搐之品？不知蛇善數蛻，如風之善行數變，此蛇性竄尤急，又食石南藤，其藤辛苦治風，故能內走臟腑，外徹皮膚，透骨搜風，截驚定搐，並治風濕癱瘓。筋脉弛縱，坦然不舉謂癱；氣血渙散，不用為瘓。大瘋疥癩，若陰虛血少，內熱生風者，非其所宜，凡用蛇同糯米並麯造酒，服酒時切忌見風。並於開罈時須避其氣，免致面目浮腫，以其峻厲之氣，先有犯其清道也。癘風用大楓子仁服此而無效者，以其大楓子氣燥傷血，服此血益受傷也！出衢州，龍頭虎口，黑質白花，脇有二十四方勝，腹有念珠斑，尾有佛指甲，雖死而眼光不枯，他產則否。頭尾有毒，各去三寸，亦有單用頭尾者，酒浸三日，去盡皮骨。大蛇一條，只得淨肉四兩，烏梢蛇性善，不噬物，無毒，功用亦同。眼光至死不枯，以尾細能穿錢者佳。重七錢至一兩者為上，十兩至一鎰者中，大者力減。去頭與皮骨，酒煮或酥炙用。

清・羅國綱《羅氏會約醫鏡》卷一八鱗介蟲魚部　白花蛇味甘鹹，性溫，有毒。　透骨搜風，內達臟腑，外逐皮膚，無處不到。能引祛風之藥至於病所。治手足癱瘓、肢節軟疼、口眼歪斜、筋脉攣急、癘風疥癩、急驚慢驚，諸症皆屬於風，必須佐以補血養肝之藥為主。及白癜風、鶴膝風、髭眉脫落、鼻柱塌壞，凡諸藥力莫及，但服蛇藥酒，切忌見風。宜於密室靜坐。凡似中風、虛弱人禁用。出蘄州。龍頭虎口，脇有二十四方勝紋，腹有念珠斑，口有四長牙，尾有爪甲，其長二三分，腸如連珠，眼光如生，他產則否。頭尾有毒，各去三寸，亦有單用頭尾者。春秋酒浸三夜，夏一宿，冬五宿，火炙，去盡皮骨，取肉焙乾，久藏不壞，宜煮酒服。

清・章穆《調疾飲食辯》卷六　白花蛇　出蘄州，故名蘄蛇。《衍義》曰：諸蛇鼻皆向上，此獨向下，故呼蹇鼻蛇。《綱目》曰：花蛇湖、蜀皆有黔中亦多，蘄州者絕佳，然不多產。市肆所售，官司所取，皆自江南興國州來。其狀龍頭虎口，黑質白花，脇有二十四方勝，腹有念珠斑，口有四長牙，尾上有佛指甲，長一二分，腸形如連珠。取得劙去腸，洗淨盤定，紥縛炕乾，可以致遠。若欲久留，以瓷罐盛，泥頭勿露風，如藏燒酒法，可數年不壞。雖枯眼光不陷，故《爾雅翼》云：蛇死目皆閉，惟蘄蛇目開。舒、蘄兩界者，則一開一閉。螫人甚毒。入藥供食，大能治病。《圖經》云：頭尾各一尺有大毒，宜去之。其搜風攻毒，活絡舒筋，較諸蛇為勝。入人屋中，作爛瓜氣。性善螫人而毒重。若用新鮮者，以甎燒紅，置蛇於上，好醋沃之，盆覆一夜，如此三次，去骨，芼以五味食之，較乾枯者力尤勝。《聖濟總錄》曰：乾花蛇，春、秋酒浸三宿，夏一宿，冬五宿，炭火焙乾用。此不必拘，以潤透為限。焙宜極熟，不可帶生。

清・王龍《本草纂要稿・蟲魚部》　白花蛇　味甘、鹹，有毒。癩麻風，白癜風，鬚眉脫落，鼻柱壞者急覓。鶴膝風，雞距風，筋爪拘攣，肌肉消蝕者速求。

清・吳鋼《類經證治本草・足厥陰肝臟藥類》　蘄蛇　【略】誠齋曰：柳柳州記：永州之野產異蛇，黑質白章，觸草木盡死，以齧人無禦之者。且亦歲賦其二。今蘄州之蛇，未有如此之毒，歲亦貢之。想蛇文雖同，而形之大小各異，故蘄蛇須出蘄州者為採用。《長慶集》云：身黑有白文，毒人至死。是又永州之蛇一類，生於他處也。

清・張德裕《本草正義》卷下　白花蛇　甘，溫，有毒。諸蛇之性皆竄，而此尤速。善祛風透骨，走臟腑，徹肌肉，無處不到。治中風濕痺，骨節疼痛，手足拘攣，大麻癩風，楊梅瘋毒，惡瘡瘰癧，俱為要藥。諸蛇鼻俱向下，惟此向上。黑質白花，脇有二十四個方勝紋，口有四長牙，尾上有一拂指甲者是。去頭尾各三寸，以防其毒。春秋酒浸三宿，夏一宿，冬五宿，炙，去皮骨，取肉，焙乾封藏，久不壞。

清・楊時泰《本草述鉤元》卷二八　白花蛇　一名蘄蛇。湖、蜀皆有，獨以蘄產擅名。然亦不多得，今市肆所貨，皆自江南興國諸山中來。其蛇龍頭虎口，黑質白花，脇有方勝紋二十四，腹有念珠斑，口有四長牙，尾上有一佛指甲，長一二分，腸形如連珠，多在石楠藤上食其花葉。惟出蘄地者，雖乾枯，而眼光不陷，他產則否，如生舒、蘄兩界者，其目一開一閉，故人以此驗之瀕湖。黔、蜀之蛇，雖有白花，而類性不同，故入藥獨取蘄產又。

肉味甘、鹹，氣溫，有毒。得酒良。治中風、濕痺不仁，筋脉拘急，口面喎斜，半身不遂，骨節疼痛，脚弱不能久立，大風癘癬，瘰癧漏疾。蛇性竄，能引藥至於有風疾處，而花蛇治風，尤速於諸蛇。花蛇食石楠，故能透骨搜風，截驚定搐，為風痺驚搐，癩癬惡瘡要藥。取其內走臟腑，外徹皮膚，無處不到也瀕湖。同苦參、何首烏、威靈仙、鱉虱胡麻、天冬、百部、豨薟、漆葉、刺蒺藜，治癘風，并偏身頑痺疥癬。白花蛇膏雞峰：治營衛不和，陽少陰多，手足舉動不快。白花蛇酒煮，去皮骨，瓦上焙，取肉一兩，天麻、狗脊各二兩，為細末，以銀盂盛無灰酒一升浸之，重湯煮稠如膏，銀匙攪之，入生薑汁半盃同熬勻，瓶收，每服半匙頭，好酒或白湯化服，日二次，神效。白花蛇散《聖濟總錄》：治腦風頭痛，時作時止及偏頭風，白花蛇酒浸去皮骨、天南星漿水煮軟切炒各一兩，石膏、荊芥各二兩，地骨皮二錢半，為末，每服一錢，茶下，日三服。治癩白花蛇膏，白花蛇五寸，酒浸去皮骨，炙乾，雄黃一兩水飛研勻，以白蜜一斤，杏仁一斤去皮，研爛，同煉為膏，每服一錢，溫酒化下，日三，須先服通天再造散，下去蟲物，乃服此除根。白花蛇散《三因》：治九漏、瘰癧發項腋之間，癢痛寒熱，白花蛇酒浸取肉焙二兩，生犀鎊研一兩二錢半，黑丑半生半炒五錢，青皮五錢，為末，每服二錢，入膩粉五分，五更時，糯米飲調下，利下惡毒為度，十日一服，可絕病根。忌發物。

論：蛇稟隨風重巽之體用，乘於六陽盛氣，用益風大之力，故其性善竄，可以療善行數變之風，但屬外中之風，固所應投。若投之內風諸證，不能已疾，而反甚之矣。然而濕病有似中風者，《醫壘元戎》曰：酒濕之為病，亦能作痺證，口眼喎斜，舌強不正，半身不遂，渾似中風，當瀉濕毒，不可作風治而汗之。即是繹之，濕痺還有病風者，又不獨似風而已。蓋其血脈之所壅阻，即病於風，久之血中鬱為風毒，以血臟固風臟也。然則《開寶》所主中風、濕痺者，仍指此證乎？不則先因風鬱以病氣，遂致血壅而患於濕痺者乎？後學不揣，滾同謂茲物治風，則妄投，貽害殊不淺也。要知蘄蛇甘鹹，固入血分，中風、濕痺乃風壅於血分之病，至諸風癘癬及瘰癧、楊梅，皆風之浸淫於血以為患者，其對治固宜，如用以療陰虛陽燄之風，則過矣。凡服蛇酒藥，切忌見風瀕湖。

辨治：目光不陷者真，頭尾及骨，俱有大毒，須盡去之。黔蛇長大，故頭尾可去一尺，蘄蛇止可頭尾各去三寸。亦有單用頭尾者，大蛇一條，只得淨肉四兩而已。久留易蛀，惟取肉密封，藏之十年，不壞也。凡用花蛇，春秋酒浸三宿，夏一宿，冬五宿，取出炭火焙乾，如此三次，以砂盆盛埋地中一宿，出火氣，去皮骨，取肉用。

清・葉桂《本草再新》卷一〇 白花蛇味甘、鹹，性寒，有毒。入脾經。 透骨搜風，徹皮膚，走臟腑，消腫去濕，治癱瘓。

清・趙其光《本草求原》卷一六鱗部 白花蛇 蛇應巽巳，巽為風。善行數蛻，如風之善行數變，故能治風。花蛇又食石南藤花葉，石南，辛苦，治風。甘鹹，內走臟腑；氣溫，外徹皮膚，所以透骨搜風勝於諸蛇。凡外中風邪，久鬱血壅而成濕痹；或濕鬱血中，久壅而成風毒，肝為血藏，即為風藏，溫達肝，甘鹹又走血分。以致喎僻拘急，癱瘓不仁，及大瘋、癘癬、驚搐、疥癩、白癜、惡瘡、瘰癧、漏疾悉本風濕浸淫於血者宜之。皆陽少陰多之病。如陰虛血少，內熱生風者勿用。得酒良。服蛇酒，忌見風，開罈宜避其氣，免至面目浮腫。凡癘曾服大楓仁者，服花蛇無功。

湖、蜀、江南皆有，龍頭虎口，黑質白花，脇有二十四方勝，腹有念珠斑，尾有佛指甲，惟蘄州產最佳，雖死而眼光不枯不陷。蘄舒之界，則一開一陷，他產則俱枯。頭尾及骨有毒，頭尾各去三寸，亦有單用頭尾者，酒浸三五日，去盡皮骨，焙乾。則久而不蛀。

大蛇一條，只得淨肉四兩。忌鐵。每一兩同天麻、狗脊各二兩為末，酒浸熬成膏，加薑汁收之，治陽虛手足舉動不快。同南星、石膏、荊芥、地骨研，茶下，治腦風及偏正頭痛。取五寸，同雄黃一兩、蜜一斤、杏仁一斤煉膏，遇癘瘋，先服通天再造散下去蟲物，每晨溫酒下一錢，除根。

清・文晟《新編六書》卷六《藥性摘錄》 白花蛇 入肝腎，搜風定搐，治風濕癱瘓，大風疥癩。若陰虛血少，內熱生風者，不宜。〇出（衢）〔蘄〕州。雖死而眼光不枯，去頭尾，去皮骨，只用淨肉。〇烏梢蛇，功用亦同。

清・王孟英《隨息居飲食譜・鱗介類》 白花蛇 甘，鹹，溫。祛風濕，治半身不遂，口面喎斜，風癘癧瘍，骨節疼痛，痘瘡倒陷，搐搦驚癇，麻痹不仁，黴瘡疥癬。頭尾甚毒，去盡用之。產蘄州者良。雖乾枯而目光不陷，故一名蘄蛇。凡飲蛇酒，切忌見風。

清・戴葆元《本草綱目易知錄》卷五 白花蛇蘄蛇、褰鼻蛇。 肉，甘，鹹，溫，有毒。其性善行數蛻，如風之善行數變，又食石南，所以能透骨搜風，截驚定搐，為風痹驚搐，癩癬惡瘡要藥。取其內走臟腑，外達皮膚，人身無處不到。治中風濕痹不仁，筋脉拘急，口面喎邪，半身不遂，骨節寒痛，脚弱不能久立，暴風瘙痒，大風疥癬，肺風鼻塞，浮風癮疹，身上白駁風，癧瘍斑點，通治諸風，破傷風，小兒風熱，急慢驚風，搐搦，瘰癧漏疾，楊梅瘡毒，痘瘡倒陷。

清・陳其瑞《本草撮要》卷九 白花蛇 味甘鹹，溫，有毒，入手足太陰、厥陰經，功專治風濕癱瘓，大風疥癩。類中風屬虛者大忌。頭治癜風毒癩，得火良。烏稍蛇無毒力淺，功同白花蛇，或酥炙用。

清・鄭奮揚著，曹炳章注《增訂偽藥條辨》卷四 蘄蛇 真蘄州所產之蛇。龍頭虎口，黑質白花，脇有二十四個方勝文，腹有念珠斑，口有四長牙，尾上有一佛指甲長一二分，腸形如連珠。市肆有用本地白花蛇偽充。欲辨真偽，但視蛇雖乾枯，而眼光不陷者為真。故羅願《爾雅翼》有云：蛇死目皆閉，惟蘄蛇目開如生耳。炳章按：《虞初廣志》云：蚺蛇大者達十餘丈，圍可八九尺，為蛇中之最大者，故又名王蛇。屬動物學蛇類中之闊口類。其部分之構造，頭部以下，軀幹及尾，無顯然之判別。皮膚中含有色素，成特有之體色。外皮半脫數次，謂之蛇脫。此係蛇類之特別機關，因蛇類外皮，無生長之力，故苟軀幹增大，勢必脫去之也。心臟具二心耳，一心室，故生理學上之消化作用欠缺，而血行遲緩，其所以成冷血動物者此也。此蛇腹部之下，尚存有後足遺跡，由動物學之歷史考之，可知其蛻變之跡。現多產熱帶諸地，嶺南亦著，皆夙以為貢品。如《唐書・地理》所謂廣州土貢鼊甲、蚺蛇是也。常棲樹上，雖無毒齒，而筋肉強大，能咬殺人畜，候麞鹿過者，吸而吞之，至已溶化，即纏束大樹，出其頭角，乃不復動。土人每伺而殺之，其所以能吞較己大之動物者，即以此蛇無胸骨，而體中筋肉可任意張縮也。《金樓子》有《楚辭》云蛇有吞象其大如何之句，或謂指巴蛇，或云即指此也。《埤雅》云：蚺蛇尾圓無鱗，身有斑絞，故如暗錦纈，似鼉行地，常俯其首，膽隨日轉，上自近頭，中自近心，下自近尾。蚺蛇肉，俗謂食之辟蠱毒。其牙長六七寸，土人云，利遠行，避不祥，每枚值牛數頭。其說亦見於《括地志》。然最貴者為膽，能療疾。唐時勑令桂、賀、泉、廣四州輪次以進。段公路亦云：廣州南海縣，每年端午日，嘗取其膽貢進。蛇則諸郡採送事參親看出之，鄭重如此，實則由身中具一種特別之液體，利去風濕諸疾。其皮性堅韌，可輓鼓，今潮州亦有為之者，其聲絕類象皮鼓。蓋蚺蛇全體殆無一非有用之材也。據前辨蚺蛇，乃產兩廣深山熱帶地者，故其形甚大。我浙江金、衢、嚴等所產亦多，惟大者絕少。是蛇一日中惟午時開眼，其捕法，以長竹竿端繫繩圈，打於叢草上，如下有蚺蛇，則草經打搖動，而蛇遂直立欲撲狀，即以繩圈套於蛇身抽緊，則蛇將繩纏緊，遂持竹竿於石上，將竹竿壓於蛇上，以利刃剖蛇腹去腸臟，以竹鎗撐而晒乾。惟膽亦取出收藏，以作藥用。鄭君有言以白花蛇偽充，白花蛇甚小，重不及兩。乾蚺蛇大者十餘兩，小者五六兩，斷不能充。且白花蛇價昂蚺蛇十倍。惟初生小蚺蛇充白花蛇，或亦合理，惟斑紋亦有不同耳。

蝮蛇

唐·孫思邈《千金要方》卷二六《食治·鳥獸》 蝮蛇肉 平，有毒。釀酒：去癩疾、諸九瘻、心腹痛，下結氣，除蠱痛。其腹中吞鼠：平，有小毒。主鼠瘻。

宋·唐慎微《證類本草》卷二二蟲魚部下品〔《別録》〕 蝮蛇膽 味苦，微寒，有毒。主䘌瘡。肉：釀作酒，療癩疾、諸瘻、心腹痛，下結氣，除蠱毒。其腹中吞鼠，有小毒，療鼠瘻。

〔梁·陶弘景《本草經集注》〕云：蝮蛇，黃黑色，黃頷尖口，毒最烈。虺形短而扁，毒不異於蚖，中人不即療，多死。蛇類甚衆，惟此二種及青蝰爲猛，療之并別有方。蛇皆有足，五月五日取，燒地令熱，以酒沃之，置中，足出。術家所用赤連、黃頷，多在人家屋間，吞鼠子、雀鶵，見腹中大者，破取，乾之。

〔唐·蘇敬《唐本草》〕注云：蛇屎，療痔瘻，器中養取之。皮灰，療丁腫，惡瘡，骨疽。蛻皮，主身痒、瘑、疥、癬等。蝮蛇作地色，鼻反，口又長，身短，頭尾相似，大毒，一名蚖蛇，無二種也。山南漢、沔間(足)〔多〕有之。

〔宋·掌禹錫《嘉祐本草》〕按：《蜀本圖經》云：形麄短，黃黑如土色，白斑，鼻反者，山南金州、房州、均州皆有之。陳藏器云：蝮蛇，按蛇既衆多，入用非一。《本經》雖載，未能分析，其蝮蛇形短，鼻反，錦文，亦有與地同色者。著足斷足，著手斷手，不爾合身糜潰。其蝮蛇七、八月毒盛時，嚙樹以泄其氣，樹便死，又吐口中涎沫於草木上，著人身腫成瘡，卒難主療，名曰蛇漠瘡。蝮所主略與虺同。衆蛇之中，此獨胎產。本功外，宣城間山人，取一枚，活著器中，以醇酒一斗投之，埋於馬溺處，周年已後開取，酒味猶存，蛇已消化，有患大風及諸惡風，惡瘡瘰癧，皮膚頑痹，半身枯死，皮膚手足藏腑間重疾，并主之。不過服一升已來，當覺舉身習習，服訖，服他藥不復得力。亦有小毒，不可頓服。腹中死鼠，主鼠瘻。脂磨著物皆透，又主癩。取一枚及他蛇亦得，燒坐上，當有赤蟲如馬尾出，仍取蛇肉塞鼻中。亦主赤痢。取骨燒爲黑末，飲下三錢匕，雜蛇亦得。《藥性論》云：蝮蛇膽，君。治下部蟲，殺蟲良。蛇，主治五痔，腸風瀉血。

〔宋·唐慎微《證類本草》〕《圖經》：文具蚺蛇膽條下。《食療》：主諸䘌。肉，療癩、諸瘻，下結氣，除蠱毒。如無此疾者，即不假食也。《肘後方》：治白癩。大蝮蛇一條，勿令傷，以酒漬之，大者一斗，小者五升，以糠火溫令稍稍熱。取蛇一寸許，以臘月猪脂和傅上。《梅師方》：治臂腕痛。取死蛇一條，以水煮取濃汁浸腫痛，冷易之。

宋·王繼先《紹興本草》卷一八 蝮蛇膽 紹興校定：蝮蛇膽及肉，《本經》雖各分主治，然罕入于方。此至毒之物，非良藥。但未能起疾而致傷人者有之，云有毒是矣。形質、出產已具於注也。其腹中鼠，亦有主療，固不可為據。

明·劉文泰《本草品彙精要》卷三一 蝮蛇膽有毒。附肉、千歲蝮。

胎生。

蝮蛇膽：主䘌瘡。○肉，釀作酒，療癩疾諸瘻，心腹痛，下結氣，除蠱毒。其腹中吞鼠，有小毒，療鼠瘻。名醫所錄。【名】蚖蛇。【地】《圖經》曰：蝮蛇形不長，頭匾口尖，頭斑，身赤文斑，亦有青黑色者，人犯之，頭足貼著是也。東間諸山甚多，草行不可不謹之。又有一種，狀如蝮而短，有四脚，能跳來齧人，東人名爲千歲蝮，人或中之必死。然其齧人已，即跳上木作聲，其聲云斫木、斫木者，不可救也。若云博叔、博叔者，猶可急療之。陳藏器云：按蛇既衆多，入用非一，《本經》雖載，未能分析。其蝮蛇形短，鼻反，錦文，亦有與地同色者，著足斷足，著手斷手，不爾，合身糜潰。其蝮蛇七八月毒盛時，囓樹以泄其氣，樹便死。又吐口中涎沫草木上，著人身腫成瘡，卒難治療，名曰蛇漠瘡。蝮所主略與虺同，衆蛇之中，此獨胎產。出山南金州、房州、均州皆有之。【時】生：無時。採：無時。【收】陰乾。【用】膽。【色】赤斑，亦有青黑者。【味】苦。【性】微寒，洩。【氣】味厚於氣，陰也。【臭】腥。【主】殺下部蟲，五痔，腸風。【治】療：《圖經》曰：膽，主䘌瘡。○肉，釀作酒，治諸惡風，瘡瘻，瘰癧，皮膚頑痹。《唐本》注云：屎，療痔瘻，器中養取之。○皮灰，瘡疔腫，惡瘡，骨疽。○蛻皮，主身癢，瘑，疥癬。陳藏器云：　蝮蛇腹中死鼠，主鼠瘻，脂著物皆透。○骨，燒爲黑末，飲下三錢匕，主赤痢。《別録》云：　死蛇一條，水煮濃汁，洗臂腕腫痛。　〖合治〗活蛇一條，著器中以醇酒一斗投之，埋於馬溺處。周年已後開取，酒味猶存，蛇已消化。有患大風及諸惡風，惡瘡，瘰癧，皮膚頑痹，半身枯死，手足臟腑間重疾，並主之。服一升已來，當覺身習習，服訖，服佗藥不復得力。亦有小毒，不可頓服。○大蛇一條，勿令傷，合酒漬之，大者一斗，小者五升，以糠火溫，令稍稍熱，治白癩。取蛇一寸許，以臘月豬脂和傅上。〖解〗中千歲蝮咬毒，以細辛、雄黃等分爲末，內咬傷瘡中，及諸蛇、虎傷，俱解之。

明・王文潔《太乙仙製本草藥性大全》卷八《本草精義》　蝮蛇膽　一名蚖蛇。山南漢沔、金州、房州、均州皆有。其蛇黑色，黄頷尖口，毒最烈。虺形短而扁，毒不異於蚖，中人不即療多死。蛇類甚衆，惟此二種及青蝰爲猛，療之並別有方。多在人家屋間呑鼠子及雀雛，見其腹大，破取鼠乾之，療鼠瘻。陳藏器云：　蛇中此蛇獨胎産，形短，鼻反，錦文，其毒最猛，著手斷手，著足斷足，不爾全身糜潰矣。至七八月毒盛時當自嚙木以洩其毒，其木即死。又吐口中沫於草木上，著人身成瘡，名曰蛇漠，卒難療治。所主與衆蛇同方。衆蛇之中此獨胎産。本功外，宣城間山人，取一枚活著器中，以醇酒一斗投之，埋於馬溺處，周年已後開取，酒味猶存，蛇已消化，有患大風及諸惡風惡瘡、瘰癧、皮膚頑痹，半身枯死，皮膚手足臟腑間重疾並主之，不過服一升已來，當覺舉身習習，服訖服他藥不復得力。亦有小毒，不可頓服。

明・王文潔《太乙仙製本草藥性大全》卷八《仙製藥性》　蝮蛇膽君　味苦，氣微寒，有毒。　主治　膽：　主諸䘌瘡神效，治下部蟲極良。　肉：　療癩疾而醫諸瘻，下結氣止心腹痛，除蠱毒仙方。　屎：　器中養取，能治痔瘻。　皮灰：　疔腫惡瘡堪療，骨疽癰毒能袪。　蛻皮：　主身癢瘍瘙，治瘑癩疥癬。　腹中死鼠：　療鼠瘻有功。　膏：　摩着物皆透。　補註：　治白癩，大蝮蛇一條，勿令傷，以酒漬之，大者一斗，小者五升，以糠火溫令稍稍熱，取蛇一寸許，以臘月猪脂和傅上。○治胃脘痛，取死蛇一條，以水煮取濃汁浸腫痛，冷易之。○主癩，取一枚及他蛇亦得，燒坐上當有赤蟲如馬尾出，仍取蛇肉塞鼻中。亦主赤痢，收骨燒爲黑末，飲下三錢。

明・李時珍《本草綱目》卷四三鱗部・蛇類　蝮蛇《別録》下品

〖釋名〗反鼻蛇時珍曰：　按王介甫《字説》云：　蝮，觸之則復。其害人也，人亦復之，故謂之蝮。

〖集解〗弘景曰：　蝮蛇，黄黑色如土，白斑，黄頷尖口，毒最烈。虺，形短而扁，毒與虺同。蛇類甚衆，惟此二種及青蝰爲猛，不即療多死。恭曰：　蝮蛇作地色，鼻反，口長、身短，頭尾相似，山南漢沔間多有之。一名虺蛇，無二種也。頌曰：　蝮蛇形不長，頭扁口尖，頭斑，身赤文斑，亦有青黑色者。人犯之，頭足貼着。東間諸山甚多，草行不可不慎。藏器曰：　蝮蛇錦文，亦有與地同色者。衆蛇之中，此獨胎産。着足斷足，着手斷手，不爾合身糜爛。七八月毒盛時，嚙樹以洩其毒，樹便死。又吐涎沫于草木上，着人成瘡身腫，名曰蛇漠瘡，卒難治療，方與蛇螫同。時珍曰：　蝮與虺，陶氏言是二種，蘇恭言是一種。今按《爾雅》云：　蝮虺身博三寸，首大如擘。是以蝮虺爲一種也。郭璞云：　蝮蛇惟南方有之，一名反鼻。細頸，大頭，焦尾，鼻上有鍼，錦文如綬，文間有毛如猪鬣，大者長七八尺。虺則所在有之，俗呼土虺，與地同色。顔師古云：　以俗名證之，郭説爲是。又《北史》：　高道穆云復用元顥，乃養虺成蛇。是皆以蝮、虺爲二種矣。蓋蝮長大，虺短小，自不難辨，陶説爲是。柳子厚蝮蛇文云：　目兼蜂蠆，色混泥塗。其頸蹙恧，其腹次且。褰鼻鈎牙，穴出榛居。蓄怒而蟠，銜毒而趍。亦頗盡其狀也。《抱朴子》曰：　蛇類最多，惟蝮中人甚急。但即時以刀割去瘡肉投於地，其沸如火炙，須臾焦盡，人乃得活也。王充《論衡》云：　蝮蛇含太陽火氣而生，故利牙有毒。

膽　〖氣味〗苦，微寒，有毒。　〖主治〗䘌瘡《別録》。殺下部蟲甄權。療諸漏，研傅之。若作痛，杵杏仁摩之。時珍。出《外臺》。

肉　〖氣味〗甘，温，有毒。　〖主治〗釀作酒，療癩疾諸瘻，心腹痛，下結氣，除蠱毒《別録》。五痔，腸風瀉血甄權。大風，諸惡風，惡瘡瘰癧，皮膚頑痹，半身枯死，手足臟腑間重疾。藏器曰：　取活蛇一枚着器中，投以醇酒一斗，封定，埋馬溺處。周年取開，蛇已消化，酒味猶存。有患諸證者，不過服一升以來，當覺身習習而愈。然有小毒，不可頓服。若服他藥，不復得力。又曰：　生癩者，取一枚，或他蛇亦可，燒熱坐上，當有赤蟲如馬尾出。仍取蛇肉塞鼻中。

〖發明〗時珍曰：　癩疾感天地肅殺之氣而成，惡疾也；　蝮蛇禀天地陰陽毒烈之氣而生，惡物也。以毒物而攻毒病，蓋從其類也。

〖附方〗舊一。　白癩：　大蝮蛇一條，勿令傷，以酒一斗漬之，糠火温令稍熱。取蛇一寸，和臘月猪脂搗傅。《肘後方》。

脂藏器曰：　摩着物皆透也。　〖主治〗綿裹，塞耳聾。亦傅腫毒時珍。

皮　〖主治〗燒灰，療丁腫、惡瘡、骨疽蘇恭。

蛻　〖主治〗身癢、疥癬、瘑瘡蘇恭。

骨　〖主治〗赤痢。燒灰，飲服三錢，雜蛇亦可藏器。

屎器中養取之。【主治】痔瘻蘇恭。

腹中死鼠 有小毒。【主治】鼠瘻《别録》。○《千金》云：燒末，酒服方寸匕，日二，不過三日大驗。

明·梅得春《藥性會元》卷下 蝮蛇膽 味苦，氣微寒，有毒。 主䘌瘡。 肉： 釀作酒，療巔疾諸瘻，心腹痛，下結氣，除蠱毒。其蛇腹吞鼠，故有小毒，療鼠瘻最效。

明·吴文炳《藥性全備食物本草》卷三 蝮蛇一名蚖蛇。 其蛇黑色，黄頷尖口，毒最烈。似虺形短而扁，人被傷不即療多死。 蛇類甚衆，惟此二種及青蛙為猛，療之並別有方，多在人家屋間吞鼠子及雀雛，見其腹大，破取鼠乾之，療鼠瘻。陳藏器云：蛇中此蛇獨胎產，形短鼻反錦文，其毒最猛，著手手斷，著足足斷，不爾合身糜潰矣。至七八月毒盛時，常自嚙木以洩其毒，其木即死。又吐口中沫於草木上，著人身成瘡，名曰蛇漠，卒難療治。

肉： 味苦，氣微寒，有毒。療癩風惡瘡鼠瘻，下結氣，止心腹痛，除蠱毒。 膽： 主下部䘌蟲瘡。 蛻皮： 主身瘙痒疥癩瘡癬。 皮： 燒灰敷疔腫、惡瘡、癰毒、附骨疽。

清·穆石匏《本草洞詮》卷一六 蝮蛇 蛇類之中，蝮獨胎產。其毒中人甚急，即時以刀割肉，投於地，沸如火炙，不爾合身糜爛。蝮嘗居樹上，跳來囓人，囓已還樹，垂頭而聽，聞哭聲乃去。柳子厚蝮蛇文云：目兼蜂蠆，色混泥塗。褰鼻鉤牙，穴出榛居。蓄怒而蟠，啣毒而趨。亦頗盡其狀也。肉甘，溫，有毒。治大風，諸惡風惡瘡，皮膚頑痺，半身枯死，手足臟腑間重疾。取生蝮蛇一條，着器中，投醇酒一斗，封定，埋馬溺處，周年取開，蛇已消化，酒味猶存。有患諸症者，不過服一升以來，當覺身習習而愈。然不可頓服，若服他藥，不復得力。夫癩疾感天地肅殺之氣而成惡疾也。蝮蛇稟天地毒烈之氣而生惡物也。以毒物而攻毒病，蓋從其類也。

清·张璐《本經逢原》卷四 蝮蛇 肉，大熱； 膽，微寒。 並有毒。

發明： 諸蛇皆是卵生，惟蝮蛇破母腹出，惡毒尤烈，故以蝮名。其狀較諸蛇迥異，形短而粗，嘴尖鼻反，故又名反鼻蛇。有頭斑身赤如錦紋者，有黄黑青黑而斑白者，皆蝮蛇也。有頭扁與土同色而無紋者，土虺也，亦名曰蚖，字形相類之誤也。 時珍曰： 蝮大虺小，其毒則一。《抱朴子》言： 蛇類最多，惟虺中人甚急，即時以刀割去瘡肉，投之於地，其熱如炙，須臾毒盡，人乃得活。一種形如蜥蜴，長一二尺者，千歲蝮也。年久脚生，能跳上樹嚙人，嚙已還樹，垂頭聽人哭聲，頭尾相類，大如搗衣杵，俗名望板歸，言被其嚙必死，專望板歸以備殮具也。蘇頌以細辛、雄黄等分為末，内瘡口中，日易三四次。又以栝蔞根、桂末著管中，密塞勿令走氣，佩之，中其毒者急敷之。《談野翁方》急以黄荊葉搗爛敷之。 上皆解救之法。 然有用其毒以攻疾厄之毒者，《别録》取蝮蛇肉釀酒，以療癩疾。蝮蛇膽磨汁以塗䘌瘡，總取殺蟲攻毒之用耳。竊謂攻毒急救之藥頗多，奚必藉此而為異端之術哉，姑存以備解救之法可也。

清·趙學敏《本草綱目拾遺》卷一〇鱗部 碧飛 《湖州府志》： 武康山多蝮蛇，名碧飛，大者如囤甕，小亦如杯案，斧首、出目、鋸齒、方文而綬色，厥雄赤紫，厥雌青黑，色曄焆如蜃甲光，目亦如之，山中人謂有目而無視也。春夏布絲草篠，人物觸絲，激射迅於矢，忽不見已攫肉去矣，殺人至死。霜降絲脆，開商樹杪，施吐白涎，烏鵲下啄，則吞之。 惟鹿以為膳，獵獲之，前左足扼其腰中，首尾盤繞，右足又趾寸解，啖無餘者。 人得而腊之，可入藥。 凡西北諸山，自餘英嶺而内，皆是物也。

治風痹蝮傷，人被其螫者，還食其肉則生。

敏按：《湖志》所言碧飛，吾杭山鄉多有之，土人名方勝板，以其遍身花紋如錦中方勝形，匾似板，故名。 嚙人最毒，惟野豬能食之。 土人言冬日蛇蟄地中，野豕嗅其氣，輒翻石掘土出而啖之。 蛇性大熱，野豬食三條，即能過嚴冬。《綱目》蝮虺為二，蝮即方勝板，虺即土錦，俗呼灰地匾是也。 惡風頑痹，非此猛烈積熱之性驅之，則肢廢者不能復舉，殆以毒攻毒之義，想碧飛或同類而異名者，書此以俟證。

清·章穆《調疾飲食辯》卷六 蝮蛇 又名反鼻。 陶隱居曰： 蝮蛇，黄黑色如土，白斑，黄頷尖口。 蛇類甚衆，獨此與虺及青蛙三種為最惡，被螫者不即療多死即療亦難必生。《唐本草》曰： 蝮蛇作地色，鼻反口長，身短，頭尾相似，山南漢沔間多有。 一名虺，非二種也。《綱目》曰： 蝮與虺，陶氏言二種，蘇氏言一種。

按：《爾雅》云： 蝮虺身博三寸，首大如臂。 是以為一種。 郭注云： 此自一種，名為蝮虺。 細頸大頭，色如綬文，文間有毛如豬鬛，大者長七八寸。一名反鼻，鼻上有針。 顏師古曰： 蝮長大，虺短小，自不難辨。 是又以為二種。考《爾雅》：　蛈，蜑。郭注曰：　蝮屬，最有毒。恐此等惡蛇，不惟不止一種，並不止二種也。《拾遺》曰：　諸蛇卵生，此獨胎生。其毒着手斷手，着足斷足，或令人全身糜爛。或吐涎於草上，着人成瘡，身腫潰爛，極難治療，名蛇漠瘡。當作沫。治法與蛇螫同。《抱朴子》曰：　被蝮嚙者，即時以刀割去瘡肉，投地沸如火炙，須臾焦盡，人乃得活。王充《論衡》曰：　蝮蛇稟太陽火氣而生，其毒最烈。按：　蝮之毒如此，而《別錄》《拾遺》《藥性本草》並用以釀酒，治大風癘疾，五痔腸風，惡瘡，頑痹，半身枯死等病，恐其難信。《綱目》曰：　癘疾，感天地肅殺之氣而成惡疾也；　蝮蛇，稟陰陽毒烈之氣而生惡物也，非惡物不能攻惡疾。語雖有理，終不宜輕用，故不敢列其方。必不得已而用，非訪來閱歷之人不可。

清・趙其光《本草求原》卷一六鱗部　蝮蛇　形短而粗，嘴尖鼻反。有頭斑，身如錦紋者，有黃黑、青黑而斑者，皆蝮也；　有頭扁如土色，無紋，形小者，虺也。二者最毒，傷人，即宜剖去傷肉，投入地中，其熱如炙。此蛇老則生脚，能上樹，嚙人還樹，垂頭聽人哭聲。頭尾相類，大如擣衣杵。蝮肉釀酒，可治瘋癩。其膽磨汁，可塗䘌瘡。如此毒物，無容取用。但中其毒者，宜以細辛、雄黃末摻之；　或花粉、桂末，或黃荊葉搗塗之。

麻團蛇

清・劉善述、劉士季《草木便方》卷二蟲介鱗甲部　麻團蛇　麻蛇辛治癘風毒，驚癇癱瘓透筋骨。蛇皮退瞖貼痔瘍，疥癬惡瘡湯火塗。

藍蛇

宋・唐慎微《證類本草》卷二二蟲魚部下品〔唐・陳藏器《本草拾遺》〕

藍蛇　頭大毒，尾良，當中有約，從約斷之。用頭合毒藥，藥人至死。嶺南人名爲藍藥，解之法，以尾作脯，與食之即愈。藍蛇如蝮，有約，出蒼梧諸縣。頭毒尾良也。

明・王文潔《太乙仙製本草藥性大全》卷八《仙製藥性》　藍頭蛇　有大毒。尾良。當中有約，從約斷之。出蒼梧諸縣。　主治：　頭合毒藥，藥人至死。

補註：　嶺南人名爲藍藥，解之法以尾作脯，與食之即愈。

清・章穆《調疾飲食辯》卷六　藍蛇　《拾遺》曰生蒼梧諸縣。狀如蝮，腰有約文。從約截斷，用前頭為藥可毒人至死，以後尾作餔食即解。奇物也，故嶺南人呼為藍藥。

千歲蝮

明・李時珍《本草綱目》卷四三鱗部・蛇類　千歲蝮頌曰：　東間一種千歲蝮，狀如蝮而短，有四脚，能跳來嚙人。人或中之，必死。其嚙已，即跳上木作聲。云斫木、斫木者，不可救也。若云博叔、博叔者，猶可急治之。用細辛、雄黃等分爲末，内瘡中，日三四易之。又以栝樓根、桂末着管中，密塞勿令走氣，佩之。中毒急敷之，緩即不救。時珍曰：　按《字林》云：　䘌聽，形如蜥蜴，出魏興。居樹上，見人則跳來嚙之。嚙已還樹，垂頭聽，聞哭聲乃去。即此也。其狀頭尾一般，大如搗衣杵，俗名合木蛇，長一二尺。《談埜翁方》名斫木蛇，又名望板歸。救之，用嫩黃荆葉搗爛敷之。

清・章穆《調疾飲食辯》卷六　又有一種千歲蝮，生東間，湖、蜀、黔中皆有，非獨東間也。狀如蝮而短，居樹上，有四脚，能跳來嚙人，嚙已還樹。作聲曰斫木斫木者，不可救也。若云博叔博叔者，尚可治之。用細辛、雄黃等分為末，急敷之，日三四易，緩則不救。《洗冤錄》曰：　被蝮嚙死，急以白芷一味為末，麥門冬湯下即活。《綱目》曰：　《字林》云：　一種名䘌聽，形如蜥蜴，出魏興。其嚙人已，還樹垂頭聽聞哭聲乃去。其狀頭尾一般大，如搗衣杵，長一二尺，名合木蛇。《談野翁方》名斫木蛇，又名望板歸。救之用嫩黃荊葉搗爛，敷傷處。

又有一種怪蛇，居木杪，人行其下，則從高墮地，碎為數片。人不顧而去則免，若以手拾其一片，則數片立時合為一蛇，嚙人立死，其速無比。此亦山行者所宜知也。

蚖

宋・唐慎微《證類本草》卷三〇有名未用・蟲類〔《別錄》〕　蚖類　療痹，内漏。一名蚖短，土色而文。

明・李時珍《本草綱目》卷四三鱗部・蛇類　蚖《別録》

【集解】《別録》曰：　蚖類，一名蚖，短身土色而無文。時珍曰：　蚖與蝮同類，即虺也。長尺餘，蝮大而虺小，其毒則一。《食經》所謂虺色如土，小如蝮蛇者是也。詳見蝮下。舊本作蚖類一名蚖，誤矣。當作蚖，蝮類，一名虺。虺，即虺字。蚖、虺字象相近，傳寫脱誤爾。陶氏注蝮即蚖，亦誤矣。蚖既是蝮，《別録》不應兩出。今並改正。

【氣味】缺。　【主治】療痹内漏《別録》。　治破傷中風，大風惡疾時珍。

【附方】新一。　破傷風：　牙關緊急，口噤不開，口面喎斜，肢體弛緩。用土虺蛇一條，去頭、尾、腸、皮、骨，醋炙，地龍五條去泥，醋炙，天南星八錢重一枚炮，右爲末，醋煮麵糊丸如綠豆大。每服三丸至五丸，生薑酒下，仍食稀葱白粥，取汗即差。昔宫使明光祖，向任

統制官，被重傷，服此得效。《普濟方》

清·王道純《本草品彙精要續集》卷七　蚖有毒

蚖：　主療痹內漏《名醫別錄》。破傷中風，大風惡疾《本草綱目》。【名】虺俗呼土虺。【地】山間草澤，所在有之。【時】生：驚蟄後。採：夏秋捕之。【用】肉。【質】長尺餘，如蝮蛇而小。【色】身如土色。【合治】《普濟方》：破傷風，牙關緊急，口噤不開，口面喎斜，肢體弛緩。用土虺蛇一條，去頭、尾、腸、皮、骨，醋炙，地龍五條，去泥醋炙，天南星八錢重一枚炮，右爲末，醋煮麵糊丸如綠豆大，每服三丸至五丸，生薑酒下，仍食稀葱白粥取汗即瘥。昔宮使明光祖向任統制官，被重傷，服此得效。【贋】《名醫別錄》云：蚖類，一名蚖，短身，土色而無紋。李時珍云：蚖，與蝮同類，即虺也。蝮大而蚖小，其毒則一，《食經》所謂虺色如土，小於蝮蛇者是也。舊本作蚖類，一名蚖，誤矣。當作蚖蝮類，一名蚖，蚖即虺字。蚖、蚖字像相近，傳寫脱誤爾。陶氏注，蝮即蚖，亦誤矣。蚖，既是蝮，《別錄》不應兩出，今並改正。

兩頭蛇

宋·唐慎微《證類本草》卷二二蟲魚部下品〔唐·陳藏器《本草拾遺》〕

兩頭蛇　見之令人不吉。大如指，一頭無目無口，二頭俱能行。出會稽，人云是越王弩弦。昔孫叔敖埋之，恐後人見之，將必死也。人見蛇足，亦云不佳。蛇以桑薪燒之，則足出見，無可怪也。

明·李時珍《本草綱目》卷四三鱗部·蛇類　兩頭蛇《拾遺》

【釋名】枳首蛇《爾雅》　越王蛇時珍曰：枳，兩也。郭璞云：會稽人言是越王弩絃所化，故名越王蛇。江東人名越王約髮。《博物志》云：馬鼈食牛血所化。然亦自有種類，非盡化生也。【集解】藏器曰：兩頭蛇大如指，一頭無口目，兩頭俱能行。云見之不吉，故孫叔敖埋之，恐後人見之必死也。時珍曰：按《爾雅》中央有枳首蛇，中國之異氣也。劉恂《嶺表録異》云：嶺外極多。長尺餘，大如小指，背有錦文，腹下鮮紅。人視爲常，不以爲異。羅願《爾雅翼》云：寧國甚多，數十同穴，黑鱗白章，又一種夏月雨後出，如蚯蚓大，有鱗，其尾如首，亦名兩頭蛇。又張耒《雜志》云：黄州兩頭蛇，一名山蚓。云是老蚓所化，行不類蛇，宛轉甚鈍。此即羅氏所云者也。

肉　【氣味】時珍曰：按《南越志》云：無毒。夷人餌之。　【主治】瘧疾。山人收取乾之。佩于項上時珍。

清·章穆《調疾飲食辯》卷六　兩頭蛇　《爾雅》曰：中央有枳首蛇，中國之異氣也。注：枳，兩也。《綱目》曰：郭注云：江東人呼越王約髮，亦名弩弦。《博物志》云：鼈食牛血所化。然自有種類，非盡化生也。《嶺表錄》云：嶺外極多，長尺餘，大如小指，背有錦文，腹下鮮紅，人習見不以為異。《爾雅翼》云：寧國甚多，數十同穴，黑鱗白章。又一種大如蚯蚓，有鱗，其尾如首。張耒《雜志》云：黄州者大如蚯蚓，云是老蚓所化，行甚鈍，不類蛇。《南越志》云：無毒，夷人食之。按：兩頭蛇，何等戾氣，古云見之者死，故孫叔敖殺而埋之。可食乎，適成其為夷人也。

天蛇

宋·張杲《醫說》卷六　天蛇毒　太子中允關杞，曾提舉廣南西路常平倉行部邕管，一吏人為蟲所毒，舉身潰爛。有一醫言能治，使視之，曰此為天蛇所螫，疾已深，不可為也。乃以藥傅其創，有腫起處以鉗拔之，有物如蛇，凡取十餘條，而疾不起。又予家祖塋在錢塘西溪，嘗有一田家，忽病癩，通身潰爛，號呼欲絶。西溪寺僧識之曰，此天蛇毒爾，非癩也。取木皮煮飲一斗許，令其恣飲。初日疾減半，兩三日頓愈。驗其木乃今之秦皮也。然不知天蛇何物？或云：草間黄花蜘蛛是也。人遭其螫，仍為露水所濡，乃成此疾。露涉者，亦當戒也《筆談》。

明·李時珍《本草綱目》卷四三鱗部·蛇類　天蛇《綱目》

【集解】時珍曰：按沈存中《筆談》云：天蛇生幽陰之地，遇雨後則出，越人深畏之。其大如筯而匾，長三四尺，色黄赤。澆之以醋則消，或以石灰糁之亦死。又云：天蛇不知何物？人遭其螫，仍爲露水所濡，則遍身潰爛。或云草間花蜘蛛者，非矣。廣西一吏爲蟲所毒，舉身潰爛。一醫視云：天蛇所螫，不可爲矣。仍以藥傅其一有腫處，以鉗拔出如蛇十餘，而疾終不起。又錢塘一田夫忽病癩，通身潰爛，號呼欲絶。西溪寺僧視之，曰：此天蛇毒，非癩也。以秦皮煮汁一斗，令其恣飲。初日減半，三日頓愈。○又水蛇治天蛇毒，見前。

清·王道純《本草品彙精要續集》卷七　天蛇有毒

天蛇《本草綱目》。【地】李時珍：按沈存中《筆談》云：天蛇，生幽陰之地，遇雨後則出，越人深畏之。【質】其大如箸而匾，長三四尺。【色】黄赤。【治】水蛇，治天蛇毒，見前。【解】李時珍曰：錢塘一田夫，忽病癩，通身潰爛，號呼欲絶，西溪寺僧視之，曰此天蛇毒，非癩也。以秦皮煮汁一斗，令其恣飲，初日減半，三日頓愈。【贋】又云天蛇，不知何物，人遭其螫，乃爲露水所濡，則遍身潰爛，或云草間花蜘蛛者，非矣。〇廣西一吏爲蟲所毒，舉身潰爛，一醫視云天蛇所螫，不可治矣，仍以藥傅。其有一腫處，以鉗拔出如蛇十餘，而疾終不起。沈存中《筆談》云：若見天蛇治法，澆之以醋則消，或以石灰糝之，亦死。

清・章穆《調疾飲食辯》卷六　天蛇　《綱目》曰：《夢溪筆談》云：天蛇生幽陰之地，雨後則出，越人深畏之。大如筯而扁，長三四尺，色黃赤。澆以醋則消，石灰摻之亦死。人被其螫，一為露水所濡，則遍身潰爛。廣西一吏患此，醫以藥敷之，鉗出十餘蛇，而疾終不起。又錢塘一田夫病癩，通身潰爛。西溪寺僧視之曰：此天蛇毒，非癩也。以秦皮煮汁一斗，令其恣飲，初日減半，三日全愈。按：天蛇毒外治，何不即用醋及石灰，宜必有效。予每思天蛇螫者，瘡中有蛇，與猘犬傷者腹中生狗，其理無異。但天蛇毒服秦皮，可不出蛇而安，不則出十餘蛇而亦死，未知可以相例否。猘犬傷，亦有小便內出十餘狗而不得生者。

清・吳鋼《類經證治本草・經外藥類》　天蛇　【略】誠齋曰：天蛇乃神物，人患之亦為天刑之疾。人遭其螫，為露水所濡，則遍身潰爛。或云草間花蜘蛛毒，非也。輕者可愈，重者周身腫處，鉗之有小蛇出者，多死也。

苟印

宋・唐慎微《證類本草》卷二二蟲魚部下品〔唐・陳藏器《本草拾遺》〕

苟印　一名苟斗，取膏滴耳中，令左右耳徹。出潮州，似蛇，有四足。大主聾也。

蛇角

明・李時珍《本草綱目》卷四三鱗部・蛇類　蛇角《綱目》

〔釋名〕骨咄犀亦作骨篤。碧犀時珍曰：按陶九成《輟耕録》云：骨咄犀，大蛇之角也，當作蠱毒，謂其解蠱毒如犀角也。《唐書》有古都國亦產此，則骨咄又似古都之訛也。

〔集解〕時珍曰：按《大明會典》云：蛇角出哈密衛。劉郁《西使記》云：骨篤犀即大蛇角，出西番。曹昭《格古論》云：骨篤犀，碧犀也。色如淡碧玉，稍有黃色，其文理似角，扣之聲清越如玉，磨刮嗅之有香，燒之不臭，最貴重，能消腫解毒。洪邁《松漠紀聞》云：骨咄犀，犀不甚大，紋如象牙，帶黃色。作刀靶者，已爲無價之寶也。

〔氣味〕有毒。〔主治〕消腫毒，解諸毒蠱毒，以毒攻毒也時珍。

清・王道純《本草品彙精要續集》卷七　蛇角有毒

蛇角：主消腫毒，以毒攻毒也《本草綱目》。〔名〕骨咄犀亦作骨篤、碧犀。李時珍：按陶九成《輟耕錄》云：骨咄犀，大蛇之角也。當作蠱毒，謂其解蠱毒如犀角也。《唐書》有古都國亦產此，則骨咄又似古都之訛也。〔地〕按《大明會典》云：蛇角，出哈密衛。劉郁《西域記》云：骨篤犀，即大蛇角，出西番地。〔色〕曹昭《格古論》云：骨篤犀，碧犀也，色如淡碧玉，稍有黃色，其紋理似角，扣之聲清越如玉，磨刮嗅之有香，燒之不臭，最貴重，能消腫解毒。洪邁《松漠記聞》云：骨咄犀，犀不甚大，紋如象牙，帶黃色。作刀靶者，以爲無價之寶也。〔解〕諸毒、蠱毒。

竹葉青

元・李雲陽《用藥十八辨》〔見《秘傳痘疹玉髓》卷二〕　竹青蛇　孟僧治痘，專取叢山竹青蛇燒存性，為細末，名金不換，以毒攻毒，痘難鼎灌。殊不知虎去而狼入，其有不噬人者乎？評曰：孟僧專用竹青蛇，治痘功多徒自誇。虎去狼存危不免，花欄一變掩黃沙。

明・鄭寧《藥性要略大全》卷一〇　青蛇　主治諸般腫毒。味甘，有小毒。去頭尾炙黃為末，酒調服。又有入膏煎之，亦佳。能去腫毒風邪。此物有二種。其腹大尾小者名青冬瓜，不入藥。唯腹小漸小至尾者佳。即青竹蛇也。

明・王文潔《太乙仙製本草藥性大全》卷八《仙製藥性》　青蛇　味甘，有小毒。此物有二種，其腹大尾小者名青皮瓜，不入藥；惟腹小漸小至尾者佳，即青竹蛇也。主治：治諸般腫毒如神，主風癰腫毒尤妙。

明・吳文炳《藥性全備食物本草》卷三　青竹蛇　味甘，有小毒。此物有二種，其腹大尾小名青皮瓜，不入藥。惟腹小，漸小至尾者佳。治諸般腫毒癰毒。

鼉龍

宋・唐慎微《證類本草》卷二一蟲魚部中品〔《本經》・別錄・藥對〕　**鮀**音駝**魚甲**　**味辛，微溫，**有毒。**主心腹癥瘕，伏堅積聚，寒熱，女子崩中，下血五色，小腹陰中相引痛，瘡疥死肌，**五邪涕泣時驚，腰中重痛，小兒氣癃眦潰。肉主少氣吸吸，足不立地。生南海池澤。取無時。蜀漆爲之使，畏狗膽、芫花、甘遂。

〔梁・陶弘景《本草經集注》〕云：鮀，即今鼉甲也，用之當炙。皮可以貫鼓，肉至補益。於物難死，沸湯沃口入腹良久乃剝爾。黿肉亦補，食之如鼉法。此等老者多能變化爲邪魅，自非急勿食之。

〔宋·馬志《開寶本草》〕按：《陳藏器本草》云：主惡瘡，腹内癥瘕。甲更佳，炙，浸酒服之，口内涎有毒也。

〔宋·掌禹錫《嘉祐本草》〕按：《蜀本圖經》云：生湖畔土窟中，形似守宫而大，長丈餘，背尾俱有鱗甲，今江南諸州皆有之。《藥性論》云：鼉甲，臣，味甘，平，有小毒。主百邪鬼魅，治婦人帶下，除腹内血積聚伏堅相引結痛。孟詵云：鼉，療驚恐及小腹氣疼。日華子云：鼉，治齒，疳䘌，宣露。甲用同功，入藥炙。又云：黿甲，臣，平，無毒。主五藏邪氣，殺百蟲毒，消百藥毒，續人筋骨，又脂塗鐵燒之便明。淮南王方術内用之。陳藏器云：黿甲功用同鼈甲，炙燒浸酒。主瘰癧，殺蟲風，瘻瘡，風頑疥瘙。肉，主濕氣、邪氣、諸蠱。張鼎云：膏，摩風及惡瘡。

〔宋·唐慎微《證類本草》〕《圖經》：文具鼈甲條下。陳藏器：按鮀魚合作鼉字，《本經》作鮀魚之别名，已出《本經》。今以鼉爲鮀，非也，宜改爲鼉字。肉至美，食之主惡瘡，腹内癥瘕。甲，炙浸酒服之。口内涎有毒。長一丈者，能吐氣成霧致雨，力至猛，能攻陷江岸，性嗜睡，恒目閉，形如龍，大長者，自嚙其尾，極難死，聲甚可畏。人於穴中掘之，百人掘亦須百人牽，一人掘亦須一人牽，不然終不可出。梁周興嗣常食其肉，後爲鼉所噴，便爲惡瘡，此物靈强，不可食。既是龍類，宜去其魚。《肘後方》：治五尸。鼉肝一具，熟煮切食盡，亦用蒜虀食之。

宋·王繼先《紹興本草》卷一七 鮀魚甲 紹興校定：鮀魚甲，今之鼉甲也。形質、出產、性味、主療，《經》注已載。但今方家亦罕用之。然性味有毒，當從《本經》為正。其肉在方中尤無用驗。

宋·鄭樵《通志》卷七六《昆蟲草木略》 鼉亦作鮀，狀如鯪鯉，長一二丈者，能吐氣成霧致雨，善攻碕岸，性嗜睡，常閉目，極難死，聲甚可畏，其皮可冒鼓。凡黿鼉之老者，能變為邪魅。或云：多年鼉入水化為龍。梁周興嗣常食其肉，後為鼉所噴，便為惡瘡。實彊靈之物，不可輕殺。

明·滕弘《神農本經會通》卷一〇 鮀魚甲 即今鼉甲。臣也。蜀漆為之使。畏狗膽、芫花、甘遂。用之當炙。皮可以貫鼓。

味辛，氣微溫，有毒。《本經》云：主心腹癥瘕，伏堅，積聚寒熱，女子崩中，下血五色，小腹陰中相引痛，瘡疥死肌，五邪，涕泣時驚，腰中重痛，小兒氣癃，眥潰。肉，主少氣吸吸，足不立地。陶隱居云：肉，至補益。黿肉亦補，食之如鼉法。此等老者，多能變化為邪魅，自非急，勿食之。陳藏器云：主惡瘡，腹内癥瘕，甲更佳，炙，浸酒服之。口内涎有毒。《藥性論》云：鼉甲，臣。味甘，平，有小毒。主有邪鬼魅，治婦人帶下，除腹内血積聚，伏堅，相引結痛。孟詵云：鼉，療驚恐，及小腹氣疼。日華子云：鼉，治齒疳䘌宣露，甲用同功，入藥炙。又云：黿甲，臣。平，無毒。主五藏邪氣，殺百蟲毒，消百藥毒，續人筋骨。陳藏器云：黿甲，功用同鼈甲。炙，燒，浸酒，主瘰癧，殺蟲風，瘻瘡，風頑疥瘙。肉，主濕，眾邪氣，諸蠱。

明·劉文泰《本草品彙精要》卷三〇 鮀魚甲有毒。附肉、黿甲。

鮀音駞**魚甲**出《神農本經》：**主心腹癥瘕，伏堅積聚，寒熱，女子崩中，下血五色，小腹陰中相引痛，瘡疥，死肌。**以上朱字《神農本經》。五邪，涕泣，時驚，腰中重痛，小兒氣癃，眥潰。○肉，主少氣吸吸，足不立地。以上黑字名醫所錄。

【地】《圖經》曰：生南海池澤，今江湖極多，即鼉也。形似守宫、陵鯉輩，而長一二丈，背、尾俱有鱗甲，善攻碕岸，夜則鳴吼，舟人甚畏之。其皮亦中冒鼓，其最大者爲黿。江中或有闊一二丈者，南人亦捕而食之。其肉有五色而白多，如雞肉。卵大如雞、鴨子，一產一二百枚，人亦掘取，以鹽淹可食之。陳藏器云：鮀魚，即鼉，合作鼉字，口内涎有毒。長一丈者，能吐氣成霧致雨，力至猛，能攻陷青江岸，性嗜睡，恒目閉，形如龍，大者自嚙其尾，極難死，聲甚可畏。人於穴中掘之，百人掘亦須百人牽，一人掘亦須一人牽，不然終不可出。此物靈強，不可食其肉，云是龍類，宜去魚字，可也。【時】生：無時。採：無時。【用】甲、肉、皮、骨、肝。【色】青白。【味】辛。【性】微溫，散。【氣】氣之厚者，陽也。【臭】腥。【主】除帶下積聚，袪百邪鬼魅。【助】蜀漆爲之使。【反】畏狗膽、芫花、甘遂。【製】生剝其甲，火炙令黃用。【治】療：《圖經》曰：黿甲，主五臟邪氣及婦人血熱。《藥性論》云：鼉甲，治婦人帶下，消腹内血積聚伏堅相引結痛。日華子云：鼉，療齒疳䘌，宣露及五臟邪氣，並續人筋骨。陳藏器云：肉，主濕氣，邪氣，諸蠱。○膏，摩風及惡瘡。孟詵云：鼉，療驚恐及止小腹氣疼。補：陶隱居云：肉益氣。【合治】皮、骨燒灰，研末合米飲服，治腸風痔疾甚者。合紅雞冠花末、白礬灰末，空腹服之。○甲，炙，合酒浸，治瘰癧，殺蟲風，瘻瘡，風頑疥瘙。○肝一具，炙熟，合蒜齏食之，治五屍。【禁】肉，發冷氣，痼疾。【解】殺百蟲毒，百藥毒。

明·許希周《藥性粗評》卷四 鮀魚甲逐魅，而肉更消瘕。

鮀魚甲，鮀，一本作鼉，形似蝘蜓，四足有鱗甲，生江湖土穴中，長一丈以上者，能吐氣成霧，攻陷江岸，其皮可作鼓，聲聞百里，世謂之鼉鼓。蜀漆為之使，畏狗膽、芫花、甘遂。味甘、辛，性微溫，有小毒。主治五邪癎魅，疥癩瘻閉。並炙焦浸酒服之。肉亦有補益，食之可消癥瘕。

明・王文潔《太乙仙製本草藥性大全》卷八《本草精義》　鮀魚甲　按鮀魚合作鼉字，《本經》作鮀魚之別名，已出《本經》。今以鼉爲鮀，非也，宜改爲鼉字。生湖畔土窟中，形似守宫而大，長丈餘，背尾俱有鱗甲。今江南諸州皆有之。畏狗膽、芫花、甘遂。用之當炙，皮可以貫皷，肉至補益。於物難死，沸湯沃口入腹良久乃剝爾。黿肉亦補，食之如鼈。云此等老者多能變化爲邪魅，自非急勿食之。甲炙浸酒服之。口內涎有毒。長一丈者能吐氣成霧致雨，力至猛，能攻陷江岸。性嗜睡，恒目閉，形如龍，大長者自嚙其尾，極難死，聲甚可畏。人於穴中掘之，百人掘亦須百人牽，一人掘亦須一人牽，不然終不可出。梁周興嗣常食其肉，後爲鼉所噴，便爲惡瘡。此物靈強不可食。既是龍類，宜去其魚。

明・王文潔《太乙仙製本草藥性大全》卷八《仙製藥性》　鮀魚甲臣　味酸，微溫，有毒。蜀漆爲之使。　主治：　主瘰癧，殺蟲。治風頑瘙疥。心腹癥瘕伏堅可破，積聚寒熱結痛堪除。療婦人血崩帶下，治少兒便閉氣癃。理五邪涕泣時驚，止小腹莖中腫痛。　鮀肉：　味甘，氣平，有小毒。　主治：主濕氣百邪鬼魅諸蟲，治少氣吸吸足不立地。　肝：　治五尸癆瘵。　膏：摩風及惡瘡。　涎噴人生惡瘡。　補註：　治五尸，鼉肝一具熟炙，切食盡，亦用蒜齏食之。

明・李時珍《本草綱目》卷四三鱗部・龍類　鼉龍《本經》中品

【釋名】鮀魚《本經》　土龍藏器曰：　《本經》鮀魚，合改作鼉。鼉形如龍，聲甚可畏。長一丈者，能吐氣成雲致雨。既是龍類，宜去其魚。時珍曰：　鼉字象其頭、腹、足、尾之形，故名。《博物志》謂之土龍。鮀乃魚名，非此物也。今依陳氏改正之。　【集解】《别録》曰：　鮀魚甲生南海池澤，取無時。弘景曰：　即鼉甲也，皮可冒鼓。性至難死，沸湯沃口，入腹良久乃剥之。藏器曰：　鼉性嗜睡，恒閉目。力至猛，能攻江岸。人于穴中掘之，百人掘，須百人牽之；一人掘，亦一人牽之。不然，終不可出。頌曰：　今江湖極多。形似守宫、鯪鯉輩，而長一二丈，背尾俱有鱗甲。夜則鳴吼，舟人畏之。時珍曰：　鼉穴極深，漁人以篾纜繫餌探之，候其吞鉤，徐徐引出。性能横飛，不能上騰。其聲如鼓，夜鳴應更，謂之鼉鼓，亦曰鼉更，俚人聽之以占雨。其枕瑩浄，勝于魚枕。生卵甚多至百，亦自食之。南人珍其肉，以爲嫁娶之敬。陸佃云：　鼉身具十二生肖肉，惟蛇肉在尾最毒也。

鼉甲　【修治】酥炙，或酒炙用。　【氣味】酸，微温，有毒。權曰：　甘，平，有小毒。日華曰：　無毒。蜀漆爲之使。畏芫花、甘遂、狗膽。　【主治】心腹癥瘕，伏堅積聚，寒熱，女子小腹陰中相引痛，崩中下血五色，及瘡疥死肌《本經》。五邪涕泣時驚，腰中重痛，小兒氣癃眦潰《别録》。小腹氣疼及驚恐孟詵。除血積，婦人帶下，百邪魍魎甄權。療牙齒疳䘌宣露日華。殺蟲，治瘰癧瘻瘡，風頑瘙疥惡瘡。炙燒，酒浸服之，功同鼈甲藏器。治陰瘧時珍。

【發明】時珍曰：　鼉甲所主諸證，多屬厥陰，其功只在平肝木，治血殺蟲也。《千金方》治風癲，有鼉甲湯。今藥肆多懸之，云能辟蠹，亦殺蟲之意。

【附方】舊一。　腸風痔疾：　頌曰：　用皮及骨燒灰，米飲空心服二錢。甚者，入紅鷄冠花、白礬爲末和之。

肉　【氣味】甘，有小毒。頌曰：　肉色似鷄，而發冷氣痼疾。藏器曰：　梁周興嗣嗜此肉，後爲鼉所噴，便生惡瘡。此物有靈，不食更佳。其涎最毒。陶曰：　肉至補益，亦不必食。　【主治】少氣吸吸，足不立地《别録》。濕氣邪氣，諸蟲，腹內癥瘕，惡瘡藏器。

脂　【主治】摩風及惡瘡張鼎。

肝　【主治】五尸病。用一具炙熟，同蒜齏食《肘後》。

明・梅得春《藥性會元》卷下　鮀魚甲　味酸，氣微溫，有毒。蜀漆為使。畏狗膽、芫花、甘遂。　主治心腹癥瘕，伏堅積聚，寒熱，女子崩中下血五色，小腹陰中相引痛，瘡疥死肌，五邪涕泣時驚，腰中腫痛，小兒氣癃皆潰。肉：　治少氣吸吸，足不立地。生南海池澤。

明・吴文炳《藥性全備食物本草》卷三　鼉　性嗜睡，恒閉目。形如龍，長一二丈，能吐氣致雨，力猛能攻江岸。有毒。主心腹癥瘕，伏堅積聚寒熱，女子崩中下血五色，小腹陰中相引痛，瘡疥死肌，五邪涕泣時驚，腰中重痛，小兒便閉氣癃皆潰，用之當炙。蜀漆為使。畏狗膽、芫花、甘遂。　肉：　至補益，主小氣吸吸足不立地。能發痼疾。　皮：　可貫鼓。　膏：　摩惡瘡。　皮骨：　燒灰，入紅雞冠花、白礬末共為末，米飲調服，治腸風痔疾甚効。

清・穆石匏《本草洞詮》卷一六　鼉　鼉形如龍，背尾俱有鱗甲，長一丈者，能嘘氣成雲雨。性嗜睡，恒閉目，其力至猛，能攻江岸。性能橫飛，不能上騰。其聲如鼓，夜鳴應更，謂之鼉更，俚人聽以占雨。生卵甚多，亦自食之。南人甚珍其肉。陸佃云：鼉具十二生肖肉，惟蛇肉在尾，最毒也。鼉甲酸，微溫，無毒。治癥瘕，辟五邪，陰瘧，除血積帶下，療牙齒疳䘌，瘰癧瘻瘡。其功惟是平肝殺蟲，故所主皆厥陰之病也。今藥肆多懸之，云能辟蠹，亦殺蟲之意。

清·丁其譽《壽世秘典》卷四 鼉鼉穴極深，漁人以篾纜繫餌探之，候其吞鉤，徐徐引出。性能橫飛，不能上騰。善夜鳴，其聲如鼓，夜鳴應更。謂之鼉鼓，亦曰鼉更，俚人聽之以占雨。性嗜睡，恒閉目，力至猛，能攻江岸。生卵甚多至百，亦自食之。皮可冒鼓，性至難死。沸湯沃口，入腹良久，乃剝之。陸佃云：鼉身具十二生肖肉，惟蛇肉在尾，最毒也。

鼉甲：氣味：酸，溫，有毒。治心腹癥瘕伏堅，積聚寒熱，殺蟲，瘰癧，瘻瘡，風頑，瘙疥，惡瘡。炙燒酒浸，服之。功同鼈甲。〇治陰瘧。鼉肉：氣味：甘，有小毒。治濕氣、邪氣，諸蟲，腹內癥瘕、惡瘡。

發明蘇頌曰：肉色似雞，至補益而發冷氣痼疾，亦不必食，其涎最毒。鼉甲，藥肆多懸之，能辟蠹。

清·朱本中《飲食須知·魚類》 鼉肉 味甘，性溫，有小毒。食之發冷氣痼疾。此物有靈，不可食之。其涎最毒。身具十二生肖肉，惟蛇肉在尾，最毒。

清·张璐《本經逢原》卷四 鼉甲《本經》名鼉魚。 酸，微溫，小毒。《本經》治心腹癥瘕伏堅、積聚寒熱，女子小腹陰中相引痛，崩中下血五色及瘡疥死肌。發明：《本經》鼉甲所主之證多屬厥陰，其功在平肝木。治血殺蟲與鼈相類，亦能治陰瘧，《千金》有鮀甲煎。今藥肆多懸之，云能辟蠹，亦殺蟲之意。

清·汪紱《醫林纂要探源》卷三 鼉 甘，鹹，濇，微寒。四足如蝘蜓，而夾鬐有鱗，每於湖濱掘得，謂之土龍。能橫飛作霧，其鳴應更。所居之地，則善崩岸。用熬膏，潰堅拔毒，去瘀生肌。

清·葉志詵《神農本草經贊》卷二 鮀魚甲 味辛，微溫。主心腹癥瘕，伏堅積聚寒熱，女子崩中，下血五色，小腹陰中相引痛，創疥死肌。生池澤。

肖生十二，五色潛鮀。橫飛衝岸，躬睡盤渦。更傳砰磕，雨召滂沱。平鱗鏟甲，敢肆么麼。

《埤雅》：身具十二生肖肉。《說文》：鮀水蟲文五色，背毛皆有鱗甲。曹植啟：臛江東之潛鮀。李時珍曰：性能橫飛，不能上騰。杜甫詩：紫鱗衝岸躍。陳藏器曰：性嗜睡，恒閉目，力至猛，能攻江岸。唐彥謙詩：安寢正躬睡。楊炯詩：盤渦轉深谷。《晉安海物記》：鮀宵鳴如桴鼓，江淮之間，或謂之鮀更。袁桷詩：院吏傳更寫制時。潘岳賦：鼓鼙硡隱以砰磕。《爾雅翼》：鮀能吐霧致雨。詩：俾滂沱矣。庾信賦：平鱗鏟甲。李時珍曰：老者善變妖魅。歐陽修詩：膽大身么麼。

清·戴葆元《本草綱目易知錄》卷五 鼉龍 甲，酸，微溫，有毒。屬厥陰，平肝木。除血積，治陰瘧，功同鼈甲。殺蟲辟蠹，治心腹癥瘕，伏堅積聚，寒熱五邪，涕泣時驚，腰中重痛，牙齒疳䘌宣露，瘰癧瘻瘡，風頑瘙疥，惡瘡死肌。女子少腹陰中相引痛，崩中下血，五色帶下，百邪魍魎。小兒氣癃眥潰，小腹氣疼及驚恐。畏芫花、甘遂、狗膽。

蛟龍

明·李時珍《本草綱目》卷四三鱗部·龍類 蛟龍《綱目》

【釋名】時珍曰：按任昉《述異記》云：蛟乃龍屬，其眉交生，故謂之蛟。有鱗曰蛟龍，有翼曰應龍，有角曰虬龍，無角曰螭龍也。梵書名宮毗羅。【集解】時珍曰：按裴淵《廣州記》云：蛟長丈餘，似蛇而四足，形廣如楯。小頭細頸，頸有白嬰。胸前赭色，背上青斑，脇邊若錦，尾有肉環。大者數圍，其卵亦大。能率魚飛，得鼈可免。王子年《拾遺録》云：漢昭帝釣於渭水，得白蛟若蛇，無鱗甲，頭有軟角，牙出唇外。命大官作鮓食甚美，骨青而肉紫。據此，則蛟亦可食也。

精【氣味】缺。有毒。時珍曰：按張仲景《金匱要略》云：春夏二時，蛟龍帶精入芹菜中。人食之，則病蛟龍癥，痛不可忍。治以硬糖，日服二三升，當吐出如蜥蜴狀也。唐醫周顧治此，用雄黃、朴硝煮服下之。

髓【主治】傅面，令人好顏色。又主易産。時珍。出《東方朔別傳》。

清·王道純《本草品彙精要續集》卷七 蛟龍髓、精。附屬。卵化生。

蛟龍《本草綱目》：髓，主傅面，令人好顏色，又主易産出《東方朔別傳》。精，有毒《本草綱目》。【名】李時珍：按任昉《述異記》云：蛟乃龍屬，其眉交生，故謂之蛟。有鱗曰蛟龍，有翼曰應龍，有角曰虬龍，無角曰螭龍也。梵書名宮毗羅。【地】出處變化無窮，不可拘定。【時】生：無時。採：難得。按王子年《拾遺記》云：漢昭帝釣于渭水，得白蛟若蛇，無鱗甲，頭有軟角，牙出唇外，命大官作鮓，食甚美。據此則蛟亦可食也。〔用〕髓。〔質〕裴淵《廣州記》云：蛟長丈餘，似蛇而四足，形廣如楯，小頭細頸，尾有肉環，大者數圍。其卵亦大，能率魚飛，得鱉可免。〔色〕頸有白嬰，胸前赭色，背上青斑，脇邊若錦，骨青而肉紫。〔治〕張仲景方：蛟龍癥痛不可忍，治以硬糖，日服二三升，當吐出，如蜥蜴狀也。唐醫周顧治此，用雄黃、朴硝煮服下之。〔禁〕《金匱要略》云：春夏二時，蛟龍帶精入芹菜中，人食之則病。

蜃

明・李時珍《本草綱目》卷四三鱗部・龍類　蜃之刃切。時珍曰：蛟之屬有蜃，其狀亦似蛇而大，有角如龍狀，紅鬣，腰以下鱗盡逆。食燕子。能吁氣成樓臺城郭之狀，將雨即見，名蜃樓，亦曰海市。其脂和蠟作燭，香聞百步，烟中亦有樓閣之形。《月令》云：雉入大水爲蜃。陸佃云：蛇交龜則生龜，交雉則生蜃，物異而感同也。類書云：蛇與雉交而生子曰蟂，似蛇四足，能害人。陸禋云：蟂音梟。即蛟也，或曰蜃也。又魯至剛云：正月蛇與雉交生卵，遇雷即入土數丈爲蛇形，經二三百年，乃能升騰。卵不入土，但爲雉爾。觀此數說，則蛟、蜃皆是一類，有生有化也。一種海蛤與此同名，羅願以爲雉化之蜃，未知然否。詳介部車螯下。

魚部

論說

明・蘭茂原撰，范洪等抄補《滇南本草圖說》卷七　滇池白鯉、鯽及青魚、白魚、花魚、黃鱓、黑魚、泥鰍、金線魚、灣鰤、江川大頭諸魚，性與下江諸處不同，以滇南火地，雖產池中，其性屬陽，況鱗屬之與介屬，猶未如其純陰者乎？

明・李時珍《本草綱目》卷四三鱗部　李時珍曰：鱗蟲有水、陸二類，類雖不同，同爲鱗也。是故龍蛇靈物，魚乃水畜，種族雖別，變化相通，是蓋質異而感同也。鱗屬皆卵生，而蝮蛇胎產；水族皆不瞑，而河豚目眨音吒。藍蛇之尾，解其頭毒；沙魚之皮，還消鱠積。苟非知者，孰能察之。唐宋本草，蟲魚不分。今析爲鱗部，凡九十四種，分爲四類：曰龍，曰蛇，曰魚，曰無鱗魚。舊凡五十八種。

明・趙南星《上醫本草》卷四　鱗屬皆卵生，而蝮蛇胎產。水族皆不瞑，而河豚目眨音鯨。藍蛇之尾解其頭毒，沙魚之皮還消鱠積。苟非知者，孰能察之。

明・應麈《食治廣要》卷七　鱗之族類極繁，種雖有別，變化相通。是蓋質異而感同也。《本草綱目》云：鱗屬皆卵生而蝮蛇胎產；水族皆不瞑而河豚目眨。藍蛇之尾，解其頭毒；沙魚之皮，還消鱠積。苟非知者，孰能察之？介、蟲可供饋食者，得十一種，附焉。

明・孟笨《養生要括・鱗類》　愚謂：鱗類甚多。取其日用不離者，分其寒熱，別其宜忌，毋使偶中其毒，亦衛生之一緊要者。

清・穆石匏《本草洞詮》卷一六　鱗部　鱗有水陸二類，龍蛇靈物，魚乃水畜。種族雖別，變化相通，蓋質異而感同也。鱗屬皆卵生，而蝮蛇胎產。水族皆不瞑，而河豚目眨。藍蛇之尾解其頭毒，沙魚之皮還消鱠積。皆物理之難窮者也。庖肆之間，詎可忽諸？

清・張志聰《侶山堂類辯》卷下　鱗類　鱗蟲三百六十，而龍為之長，感水運而生。水者，至陰也。陰極陽生，故戊癸合而化火，火生于水也。玉師曰：龍身有火。是以魚屬火，而有水火相濟之功。

清・馮兆張《馮氏錦囊秘錄・雜症痘疹藥性主治合參》卷一一　諸魚鯽魚，稟土氣以生。味甘氣溫，無毒。以屬土，而性溫，故內而腸胃，外而肌肉之病，悉能治療，為補中益氣之需也。諸魚屬火，惟鯽屬土耳。治腸風下血，用活鯽魚一大尾，去腸留鱗，入五倍子末，填滿，泥固，煅存性，為末，酒服一錢。一方入白礬末二錢，外以椶包，更以紙裹，煨存性，研末，每二錢，米飲下。治膈氣吐食，用大鯽魚，去腸留鱗，切大蒜片填滿腹，紙包十重，泥固，晒半乾，炭火煨熟，單取肉用，和平胃散一兩，丸梧子大，密藏，每服三十丸，米飲下。蠡魚，俗名烏魚，即七星魚。首有七星，夜朝北斗，道家謂之水厭，雁為天厭，犬為地厭。《衛生歌》有云：雁行有序，犬有義。黑魚拱北，知臣禮。人無禮義，反食之，天地鬼神皆不喜。稟北方玄水之精，得中央陰土之氣，故色黑味甘，氣寒，無毒，乃益脾除水之要藥也。主濕痹，面目浮腫大水，療五痔，脚氣風氣，大小便(塞)〔壅〕塞。妊娠有水氣，並取其除濕下水，益脾之功也。蓋土虛則水泛濫，土堅則水循常道。凡治浮腫之藥，或專於利水，或專於補脾，其性各自為用，惟蠡魚色黑象水，能從其類，以導横流之勢，味甘土化，能補其不足，以逐敦阜之性，補瀉兼施，故主下水濕痹消腫，有神效也。五痔亦濕熱所生，水去而濕熱除，五痔愈也。同白术、茯苓、橘皮、薑皮煮食，下水腫大效。【略】鱓魚，得土中之陽氣以生，故味甘，氣大溫。甘溫俱足，所以能補中益血。甘溫能通經脉，療風邪，故主瀋唇及塗口眼喎斜也，但性熱而補，凡病屬虛熱者，不宜食。時行病後，食之多復，過食動風氣，令人霍亂。鯉魚，稟陰極之氣，故其鱗三十有六，陰極則陽復，故《素問》言魚熱中也。其氣味雖甘平，然六陰已極，陽氣初生，故多食能動風發熱也。甘可以緩，故主欬逆上氣，止渴。陰中有陽，能從其類以導之，故能利小便，使黃疸水腫脚氣俱消也。河間云：鯉之治水，因其氣以相感。【略】魚鱗俱得水中之陽氣，而鯉魚鱗則又稟陰極生陽之數，性能入血散滯。入血者，陰之用；散滯者，陽之用也。故主婦人産後腹痛，及血氣不和，如血迷血暈，敗血不止，淋瀝不斷，臍腹疼痛，及崩中下血過多不止，並用鯉魚鱗，燒灰存性，入劑治療皆此義也。膽則惟以苦寒之功，為點目去障之用。烏賊魚骨，一名海螵蛸，稟水中之陽氣以生，味鹹，氣微溫，無毒。入足厥陰、少陰經。厥陰為藏血之臟，所以入肝而主崩漏赤白，經汁血閉，寒熱癥瘕，血枯無孕，驚氣入腹，腹痛環臍也。少陰為藏精之臟，隱曲之地也。鹹溫入腎，所以主陰中寒腫，陰蝕腫痛，精竭無子。瘡多膿汁，久腐不收。為肝腎精血分之要藥，《內經》亦以此治血枯要劑也。【略】鰻鱺魚，稟土中之陰氣，味甘氣寒，其形類蛇，常與水蛇同穴，故其性有小毒，甘寒而善能殺蟲，能〔治〕骨蒸勞瘵，及五痔瘡瘻，陰戶蝕瘡，濕痹風瘙，人常食之，有大益也。燒烟辟蚊蠓，熏屋舍竹木則斷蛀，置骨於衣箱中則斷蠹，殺蟲之驗可證矣。凡昂頭行水者及重三四斤者，腹下有黑斑，背上有白點者，竝有毒，不可食。妊娠食之，令胎有疾。脾胃薄弱易泄者勿食，以其氣寒而性滑耳。青魚膽色青象木，木氣通於肝，肝開竅於目，故能治目暗。味苦，氣寒。能涼血熱，故又主塗惡瘡，吹喉痹也。治赤目障翳，用黃連熬膏，入大青魚膽汁和就，再入片腦少許，瓶收密封，每日點之甚妙。一切障翳，魚膽丸用青魚膽、鯉魚膽、羊膽、牛膽各半兩，熊膽二錢，龍腦香少許，石決明一兩，為末，蜜丸梧子大，每空心茶下十丸。乳蛾喉痹，用膽礬盛青魚膽中陰乾，每用少許，吹喉取吐即愈。石首魚，得海中水土之氣，故味甘，氣平，無毒。胃屬土，甘為土化，故能開胃氣，令飲食增，則五臟皆得所養，而氣自益矣。乾則為鮝，其性疎利，故能入腸胃，寬中消食，止痢也。頭中石，堅重下走，故主下石淋，或磨石服之，或燒灰為末。凡泄痢腹痛，與夫腸、胃諸疾，最忌油膩魚腥，惟白鮝不忌，蓋鮝飲鹹水，性平不熱，且無腥膩，不惟少熱中之患，更有消食理脾，實腸胃之功也。鱸魚，秋月方美，得水中之清氣者乎，味甘淡，氣平，與脾胃相宜之物也，故主補五臟，益筋骨，和腸胃，治水氣。蓋腎主骨，肝主筋，滋味屬陰，總歸於臟，益二臟之陰氣，故能益筋骨。脾胃有病，則五臟無所滋養，而漸流於虛弱，脾弱則水氣泛溢，益脾胃，則諸證自除矣。鱖魚膽，最能發濕，惟膽能治魚鯁及竹木刺誤吞入喉不出，或吞入腹中作痛隱隱皆效。狀如鱸魚者是。

清·汪紱《醫林纂要探源》卷三 魚類皆鱗，即鱓鰋無鱗，而鰓鬐尾翅具焉，是亦鱗蟲也。鮫鯉非魚而有鱗，則亦附鱗蟲焉。魚類不可勝窮，不能盡述。茲撮其切於食用及有可入藥者錄之。後皆倣此。

清·章穆《調疾飲食辯》卷六 魚蟲類 古者𢿱人掌以時魚，鼈人掌取互物，以時簎魚鼈龜蜃，川衡掌川澤之禁，祭祀賓客，供其魚鱐蜃蛤，不妄取也。故宣公夏濫於泗淵，里革斷其罟而棄之，以為山不槎蘖，澤不伐夭，魚禁鯤鮞，獸長麛麇，鳥翼鷇卵，蟲舍蚳蝝，古之訓也。後世則不然，既已焚林而狩，即無妨竭澤而漁，罝羅罛罶，無日不施，遑問水蟲之孕哉。雖然，雀鷃蜩螿，並列賓筵；蚳醢鼃鼀，同登鼎俎。後人且不若是其饞，古人貪而無藝一至此乎。是記為病人而設，常食之品，可以供我朵頤；因病而施，更且藉為藥物。其餘一概略之，不謀與庖丁作食譜也。

綜述

烏賊魚

唐·孫思邈《千金要方》卷二六食治·鳥獸 烏賊魚骨 味鹹，微溫，無毒。主女子漏下赤白經汁、血閉、陰蝕腫痛、寒熱癥瘕、無子、驚氣入腹、腹痛環臍，丈夫陰中痛而腫，令人有子。肉：味酸，平，無毒。益氣強志。

附：日·丹波康賴《醫心方》卷三〇 烏賊魚 《本草》云：味鹹，微溫，無毒。主療女子漏下赤經白汁，血閉，陰蝕腫痛，寒熱癥瘕，無子，驚氣入腹，腹痛環臍，陰中寒腫。陶〔弘〕景注云：鷃烏所化，今其口腳俱存。《拾遺》云：昔秦王東遊，棄筭袋於海，化為此魚。其狀似筭袋，兩帶極長，墨猶在腹中也。孟詵云：食之少，有益髓。《養生要集》云：味鹹，溫。食之無損益。崔禹〔錫〕云：味鹹，生大冷，乾小溫，無毒。主鬼氣入腹，絞痛積聚。南海多垂矴而浮，烏鳥翔來見之，為死即喙，因驚卷捕以殺之，故名曰烏賊。為海神之吏。

宋·唐慎微《證類本草》卷二一蟲魚部中品〔《本經·別錄·藥對》〕 **烏賊魚骨** **味鹹**，微溫，無毒。**主女子漏下赤白經汁，血閉，陰蝕腫痛，寒熱，癥瘕，無子**，驚氣入腹，腹痛環臍，陰中**寒腫**，令人有子。又止瘡多膿汁不燥。

肉：味酸，平。主益氣强志。生東海池澤。取無時。惡白斂、白及、附子。

〔梁·陶弘景《本草經集注》〕云：此是鷃音剝烏所化作，今其口脚具存，猶相似爾。用其骨亦炙之。其魚腹中有墨，今作好墨用之。

〔唐・蘇敬《唐本草》〕注云：此魚骨，療牛、馬目中障瞖，亦療人目中瞖，用之良也。

〔宋・馬志《開寶本草》〕按：《陳藏器本草》云：烏賊魚骨，主小兒痢下，細研爲末，飲下之。亦主婦人血瘕，殺小蟲并水中蟲，投骨於井中，蟲死。腹中墨，主血刺心痛，醋摩服之。海人云：昔秦王東遊，棄筭袋於海，化爲此魚。其形一如筭袋，兩帶極長，墨猶在腹也。

〔宋・掌禹錫《嘉祐本草》〕按：《蜀本圖經》云：鷃烏所化也，今目口尚在背上，骨厚三四分，今出越州。蘇恭引《音義》云無鷃字，言是鴨字，乃以《爾雅》中鶨鴟，一名雅烏，小而多群，腹下白者爲之。《圖經》又云：背上骨厚三四分，則非小烏也。今據《爾雅》中自有鷃烏，鷃是水烏，似鶂，短頸，腹翅紫白，背上緑色。名字既與《圖經》相符，則鷃烏所化明矣。《藥性論》云：烏賊魚骨，使，有小毒。止婦人漏血，主耳聾。孟詵云：烏賊骨，主目中一切浮瞖。細研和蜜點之。又，骨末治眼中熱淚。日華子云：烏賊魚，通月經。骨療血崩，殺蟲。心痛甚者，炒其墨，醋調服也。又名纜魚，鬚脚悉在眼前，風波稍急，即以鬚粘石爲纜。

〔宋・蘇頌《本草圖經》〕曰：烏賊魚，出東海池澤，今近海州郡皆有之。云是鷃烏所化，今其口脚猶存，頗相似，故名烏鰂，能吸波噀墨以溷水，所以自衛，使水匿不能爲人所害。又云：性嗜烏，每暴水上，有飛烏過，謂其已死，便啄其腹，則卷取而食之，以此得名，言爲烏之賊害也。形若革囊，口在腹下，八足聚生口傍。只一骨，厚三四分，似小舟輕虛而白。又有兩鬚如帶，可以自纜，故别名纜魚。《南越志》云：烏賊有矴，遇風便虬前一鬚下矴而住，矴亦纜之義也。腹中血及膽，正如墨，中以書也，世謂烏賊懷墨而知禮，故俗謂是海若白事小吏。其肉食之益人，取無時。其無骨者名柔魚。又更有章舉、石距二物，與此相類而差大，味更珍好，食品所貴重，然不入藥用，故略焉。

〔宋・唐慎微《證類本草》〕《食療》云：骨，主小兒、大人下痢，炙令黄，去皮細研成粉，粥中調服之良。其骨能銷目中一切浮瞖。細研和蜜點之，妙。又，點馬眼熱淚甚良。久食之，主絕嗣無子，益精。其魚腹中有墨一片，堪用書字。雷公云：凡使，勿用沙魚骨，緣真相似，只是上文横，不入藥中用。凡使，要上文順，渾用血鹵作水浸，并煮一伏時了，漉出，於屋下掘一地坑，可盛得前件烏賊骨魚骨多少，先燒坑子，去炭灰了，盛藥一宿，至明取出用之，其效倍多。《聖惠方》：治傷寒熱毒氣攻眼，生赤白瞖。用烏賊魚骨一兩，不用大皮，杵末，入龍腦少許令細，日三四度，取少許點之。《外臺秘要》：治瀝瘍風及三年。酢磨烏賊魚骨，先布磨肉赤，即傅之。《千金方》：治婦人小戶嫁痛。烏賊骨燒末，酒下方寸匕，日三服。又方：治丈夫陰頭癰，師不能治。烏賊骨末粉傅之，良。《經驗方》：治疳眼。烏賊魚骨、牡蠣并等分，爲末糊丸，如皂子大。每服用猪子肝〔一〕具，藥一丸，清米泔內煮，肝熟爲度，和肝食，用煮肝泔水下，三兩服。《子母秘録》：治小兒重舌。燒烏賊魚骨和雞子黄，傅之喉及舌上。《南越記》：烏賊魚自浮於水上，烏見以爲死，往啄之，乃卷取入水，故謂烏賊。今鴉烏化爲之也。《素問》云：烏賊魚，主女子血枯。《丹房鏡源》：烏賊魚骨，淡鹽。

宋・寇宗奭《本草衍義》卷一七 烏賊魚 乾罯。四方人炙食之。又取骨鏤爲鈿。研細，水飛，澄下，比去水，日乾之，熟蜜和得所，點目中翳，緩取效。

宋・王繼先《紹興本草》卷一七 烏賊魚 紹興校定：烏賊魚骨，俗呼海螵蛸。性味、主治已載《本經》。然但治女人漏下，斷血諸方頗用。當從《本經》味鹹、微溫、無毒是也。産海中，厚而大者佳。其肉未聞入方，唯作食品，而善動風矣。

宋・劉明之《圖經本草藥性總論》卷下 烏賊魚 骨，味鹹，微溫，無毒。主女子漏下赤白，經汁血閉，陰蝕腫痛，寒熱癥瘕，無子，驚氣入腹，腹痛環臍，陰中寒腫，令人有子。又止瘡多膿。《藥性論》云：使。有小毒。止婦人漏血，及主耳聾。日華子云：通月經。骨，療血崩，殺蟲，心痛甚者。孟詵云：主目中一切浮翳。惡白歛、白及、附子。

宋・陳衍《寶慶本草折衷》卷一六 烏賊魚骨使。肉、墨及柔魚、章舉、石距附。

一名海螵蛸艾氏。○其魚一名烏鰂，一名鴉烏，一名纜魚，一名筭袋魚。○俗號墨魚，謂腹中有墨也。○鰂，疾得切。生東海池澤，又越、雷州。今近海州郡有之。○取無時。○惡白斂，白及、附子。

味鹹，平張松，微溫，無毒。○主女子漏下赤白，陰蝕腫痛，寒熱，癥瘕，無子，驚氣入腹，腹痛環臍，止瘡膿。○《藥性論》云：主耳聾。○孟詵云：主目浮瞖，細研和蜜點之。又末治眼熱淚。○《圖經》曰：烏賊魚只一骨，似小舟，輕虛而白。○生者有力。○《食療》云：主下痢，炙令黄，去皮研粉，粥調服。

附：肉。○味酸，平。主益氣，通月經。亦發瘡疥瘙痒，患者忌之。

附：腹中墨。○主血刺心痛，炒墨醋調服也。附：柔魚、章舉、石距。○味更珍好，食品所貴。無骨不入藥用，皆冷，多食動脾，患瘡疹者尤忌章舉。

元・尚從善《本草元命苞》卷八 烏賊魚骨 為使。味鹹，微溫，無毒。

主女子經汁血閉，漏下赤白，治婦人陰蝕腫痛，寒熱癥瘕。療驚風入腹，腹痛環臍。止瘡口多膿，膿汁不燥。煉蜜熬膏，點眼浮翳侵睛。水飛為散，治目熱淚時出。肉，味酸，平，益氣強志。生東海。採取無時。惡白斂、白及、附子。

元·吴瑞《日用本草》卷五　烏賊魚　明鯗、明脯、柔魚、章鬼、石距。味酸，性平，無毒。鹽乾為明鯗，淡乾為明脯。大而無骨名柔魚。又章鬼、石距，二物相類。味珍美，動風氣。　主益氣強志，女子漏下赤白，經血閉，血崩。殺蟲。心痛，醋磨服之。

明·王綸《本草集要》卷六　烏賊魚骨使　味鹹，氣微溫，無毒。又云：有小毒。惡白斂、白及、附子。　主女子漏下赤白經汁，血閉，陰蝕腫痛寒熱，癥瘕，無子。驚氣入腹，腹痛環臍，陰中寒腫。令人有子。又止瘡多膿汁不燥，殺蟲，治心痛。消目中浮翳，細研，和蜜點之。又療牛馬目中障翳。小兒痢下，細研，米飲下之。丈夫陰頭癰，末粉傅之。腹中有墨，主血刺心痛，醋磨服。

明·滕弘《神農本經會通》卷一〇　烏賊魚骨　俗名海螵蛸。使也。惡白歛、白及、附子。凡使，要上文順，若上文横，不入藥，是沙魚骨。

味鹹，氣微溫，無毒。一云：有小毒。東云：止帶下，除崩漏，目翳。《疌》云：破癥瘕，止漏，通經，并水腫，除目翳，止膿歛肉，及心疼。

《本經》云：主女子漏下赤白，經汁血閉，陰蝕腫痛，寒熱，癥瘕，無子，驚氣入腹痛環臍，陰中寒腫。令人有子。又止瘡多膿汁，不燥。肉，味酸，氣平。主益氣，強志。《唐本》注云：魚骨，療牛馬目中障瞖，亦療人目中瞖，用之良也。陳藏器云：魚骨，主小兒痢下，細研為末，飲下之。亦主婦人血瘕，殺小蟲，并水中蟲，投骨於井中，蟲死。腹中墨，主血刺心痛，醋磨服之。《藥性論》云：魚骨，使。有小毒。止婦人漏血，及耳聾。孟詵云：魚骨，主目中一切浮瞖，細研，和蜜點之。又骨末，治眼中熱淚。日華子云：烏賊魚，通月經。骨，療血崩，殺蟲。心痛甚者，炒其墨，醋調服。《食療》云：骨，主小兒大人下痢，炙令黄，去皮，細研成粉，粥中調服之，良。久食之，主絕嗣無子，益精。《千金》云：治丈夫陰頭癰，不能治，烏賊骨末粉傅之，良。《局》云：海螵蛸即烏賊骨，主療陰瘡及耳聾。止痢殺蟲除目翳，女人專用治崩中。烏賊骨，退翳，殺蟲，治崩，攻痢。

明·劉文泰《本草品彙精要》卷三〇　烏賊魚無毒。附肉、柔魚、章舉、石距。

烏賊魚骨出《神農本經》：**主女子漏下，赤白經汁，血閉，陰蝕，腫痛，寒熱，癥瘕，無子。**以上朱字《神農本經》。驚氣入腹，腹痛環臍，陰中寒腫，令人有子。又止瘡多膿汁不燥。○肉，味酸，平，主益氣，強志。以上黑字名醫所錄。

【名】烏鰂、纜魚。【地】《圖經》曰：生東海池澤，今越州近海州郡皆有之。云是鷃音剝烏所化，其口角猶存，頗相似，故名烏鰂，能吸波噀墨似溷水，所以自衛，使水匿不能爲人所害。又云：性嗜烏，每暴水上，有飛烏過謂其已死，便啄其腹，則卷取而食之，以此得名，言爲烏之賊害也。形若革囊，口在腹下，八足聚生口傍。只一骨，厚三四分，似小舟輕虛而白。又有兩鬚如帶，可以自纜，故別名纜魚。《南越志》云：烏賊有矴，遇風便虬前一鬚下矴而住。矴亦纜之義也。腹中血及膽如墨，堪用書字，作好墨亦用之。世謂烏賊懷墨而知禮，故俗謂是海若白事小吏。其肉食之益人，其無骨者名柔魚。又有章舉、石距二物，與此相類而差大，味更珍好，食品所貴重，然不入藥用，故略焉。【時】生：無時。採：無時。【用】骨、肉。【色】白。【味】鹹。【性】微溫，軟。【氣】氣厚于味，陽中之陰。【臭】腥。【主】止精滑，去目瞖。【反】惡白歛、白及、附子。【製】《雷公》云：凡使，要上文順者，用血鹵作水浸，並煮一伏時了，漉出，於屋下掘一地坑，可盛得前件烏賊骨多少，先燒坑子，去炭灰了，盛藥一宿，至明取出用，其效倍多。或炙黄，去皮用之。【治】療：《素問》曰：肉，主女子血枯。《唐本》注云：去牛、馬目中障瞖。《藥性論》云：骨，止婦人漏血及耳聾。日華子云：肉，能通經。○骨，療血崩，殺蟲。陳藏器云：骨末飲之，主小兒痢下及婦人血瘕，殺小蟲。孟詵云：骨爲末，治眼中熱淚。《別錄》云：骨爲末，傅丈夫陰頭瘡，效。【合治】骨爲末合蜜點眼中，去一切浮瞖。○骨末一兩，合龍腦少許點，治傷寒熱毒攻眼，生赤白翳。○骨合醋磨，療瀝瘍風及三年者，先以布磨肉赤，即傅之，效。○骨合雞子黄，傅之喉及舌下，療小兒重舌。○腹中墨合醋磨服，療血刺心痛。【贋】沙魚骨爲偽。

明·盧和、汪穎《食物本草》卷四魚類　烏賊魚　味鹹，平，主益氣強志，通月經。《素問》云：主女子血枯。

明·葉文齡《醫學統旨》卷八　烏賊魚骨　氣微溫，味鹹。無毒。惡白歛、白及、附子。　治女子漏下赤白經汁，血閉，陰蝕腫痛寒熱，癥瘕，無子，驚氣入腹，腹痛環臍，陰中寒腫；　令人有子；　又止瘡多膿水，殺蟲，治心痛，消目中浮翳；　陰頭癰瘡，末傅。

明・許希周《藥性粗評》卷四　烏賊骨回清明於眼界。

烏賊魚骨，一名海螵蛸。生海邊諸澤，世傳秦王東遊，棄筭袋於海而化成。其形如筭袋，兩帶極長，腹中有墨，有謂是海若白事小吏。一說是鸔烏所化，其口脚猶存，能噀墨溷水以自掩，且能以術致烏而食之，以此得名。採無時。肉骨與墨俱堪入藥。《雷公》另有製法。惡白斂、白及、附子。　味鹹、酸，性溫、平，無毒。　主治寒熱癥瘕，驚氣入腹，腹痛陰腫，腸風下血，眼霧熱淚，婦女赤白帶下，血閉陰蝕。　其肉煮食，以主益氣強志。　其墨研醋服之，以主血刺心痛。

單方：　眼瞖：　凡患熱毒攻眼昏霧，或多淚者，烏賊骨研蜜點之，日二三，差。或以骨研末，入龍腦少許，點之亦可。　陰腫：　丈夫陰頭癰腫，不能治者，烏賊骨研末，傅之最良。

明・鄭寧《藥性要略大全》卷一〇　海螵蛸　止崩漏，赤白帶下，除目翳，止淚，療金瘡止血。　味鹹，氣微溫，無毒。惡白斂、白及、附子。　即烏賊魚骨也。

明・陳嘉謨《本草蒙筌》卷一一　烏賊魚　味酸，氣平。無毒。性惡及斂附子，白及、白斂、黑附子。　出惟近海郡州。昔秦王東遊，棄筭囊所化。今種類生育，猶彷彿同形。口生腹下似囊，鬚長口傍若帶。口傍兩鬚若帶而長，風波稍急以鬚絡石為纜，故又名纜魚。　腹中血併膽汁，又如墨黑甚多。每見大魚及人，吐墨混水自衛。人反認熟，得以網張。　肉啖亦佳，益氣強志。且通經閉，兼療黑枯。骨名海螵蛸，醫科切要藥。輕脆而白，堪鏤作鈿。擇上紋直順者纔真，上紋橫者，沙魚骨也。　煮鹵水三伏時莫缺。仍燒地坎藏閉，務過晝夜研羅。作散調膏，拯病任使。　主女子漏下赤白，經汁血閉陰蝕腫疼；　治婦人寒熱癥瘕，驚氣入臍環腹疼痛。　去目睛浮瞖，收瘡口腐膿。　腹中墨釅醋摩濃，蟲心痛頓服即愈。　寫契略淡，過歲全無。　土人借貸騙錢，每每用此書契。　為客商者，不可不知。

明・王文潔《太乙仙製本草藥性大全》卷八《本草精義》　烏賊魚　骨名海螵蛸。　其烏賊魚出東海池澤，今近海州郡有之。　云是鸔烏所化，今其口腳猶存，頗相似。　北海人云昔秦王東遊棄算袋於海，化爲此魚，其形一如算袋，兩帶極長，墨猶在腹也。　又云：　性嗜烏，常自浮於水上，烏見以爲死，往啄之，乃卷取入水，故謂烏賊。〔烏〕賊能吸波噀墨以溷水，所以自衛，使水匿不能爲人所害。　口在腹下，八足聚生口傍，只一骨，厚三四分，似小舟輕虛而白，又有兩鬚如帶，可以自纜，別名纜魚。《南越志》云：　烏賊有矴，遇風便虬前一鬚下矴而住。　腹中血及膽，正如墨中以書也。　世人謂烏賊懷墨而知禮，其肉食之益人。　取無時。　其無骨者名柔魚。　又更有章魚、石距二物，以此相類，惡而差大，味更珍好，食品所貴重，然不入藥用，故略焉。　惡白歛、白及、附子。

明・王文潔《太乙仙製本草藥性大全》卷八《仙製藥性》　烏賊魚骨即海螵蛸。　味鹹，氣微溫，無毒。　又云有小毒。　主治：　主女子崩漏，赤白帶下，并月經血閉，陰蝕腫痛。　除目瞖止淚，理金瘡止血。　治驚氣入腹，腹痛環臍；　療陰莖寒腫，瘡多膿汁。　寒熱癥瘕堪醫，久服令人無子。　肉：　味酸，氣平。　主女子血枯，能益氣強志。　墨：　主血刺心痛，醋摩服之立愈。

補註：　治傷寒熱毒氣攻眼生赤白瞖，用烏賊魚骨一兩，不用大皮，杵末，入龍腦少許，令細，日三四度，取少許點之。○治癧瘍風三年，酢磨烏賊魚骨，先布磨肉赤，即傅之。○治婦人陰戶嫁痛，烏賊骨燒末，酒下方寸匕，日三服。○治丈夫陰頭癰，師不能治，烏賊骨末粉傅之良。○治痟眼，烏賊魚骨、牡蠣並等分爲末，糊丸如皂子大，每服用猪子肝〔一〕具，藥一丸，清米〔泔〕內煮，肝熟爲度，和肝食，用煮肝泔水下三兩服。○治小兒重舌，燒烏賊魚骨，和雞子黃傅之喉及舌上。○小兒痢下，細研爲末，飲下之。○婦人血瘕，殺小蟲并水中蟲，投骨於井中，蟲死腹中。○墨，主血刺心痛，醋摩服之。○大人下痢，炙令黃，去皮細研成粉，調粥服之良。○目中一切浮瞖，細研和蜜點之甚妙。○又點馬眼熱淚最良。　太乙曰：　凡使勿用沙魚骨，緣真相似，只是上文橫，不入藥中用。　凡使要上文順，渾用血鹵作水浸，并煮一伏時了，漉出，於屋下掘一地坑，可盛得前件烏賊魚骨多少，先燒坑子，去炭灰了，盛藥一宿，至明旦取出用之，甚效倍多。

明・皇甫嵩《本草發明》卷六　烏賊魚骨味鹹，溫。　主女子漏下赤白，經血閉，陰蝕腫痛寒熱，癥瘕，無子，驚氣入腹，腹疼環臍，陰中寒腫。　又止瘡多膿汁不乾。　又云：　殺蟲，止心痛。　小兒痢下，細末，飯下之。　丈夫陰癰，末粉傅之。研細末，水飛，澄下去水，日乾，和蜜，點目瞖。○肉，味酸。　主益氣，強志。　骨，名海螵蛸。鹵水煮三伏時，燒地坎藏晝夜，作散用。

明・李時珍《本草綱目》卷四四鱗部・魚類

烏賊魚《本經》中品

【釋名】烏鰂《素問》 墨魚《綱目》 纜魚日華 乾者名鯗日華 骨名海螵蛸頌曰：陶隱居言此是鷃烏所化。今其口腹具存，猶頗相似。腹中有墨可用，故名烏鰂。能吸波噀墨，令水溷黑，自衛以防人害。又《南越志》云：其性嗜烏，每自浮水上，飛烏見之，以爲死而啄之，乃卷取入水而食之，因名烏賊，言爲烏之賊害也。時珍曰：案羅願《爾雅翼》云：九月寒烏入水，化爲此魚。有文墨可爲法則，故名烏鰂。鰂者，則也。骨名海螵蛸，象形也。大明曰：魚有兩鬚，遇風波即以鬚下矴，或粘石如纜，故名纜魚。瑞曰：鹽乾者名明鯗，淡乾者名脯鯗。

【集解】《別録》曰：烏賊魚生東海池澤。取無時。頌曰：近海州郡皆有之。形若革囊，口在腹下。八足聚生于口旁。其背上只有一骨，厚三四分，狀如小舟，形輕虚而白。又有兩鬚如帶，甚長。腹中血及膽正如墨，可以書字。但逾年則迹滅，惟存空紙爾。世言烏賊懷墨而知禮，故俗謂是海若白事小吏也。時珍曰：烏鰂無鱗有鬚，黑皮白肉，大者如蒲扇。煠熟以薑、醋食之，脆美。背骨名海螵蛸，形似樗蒲子而長，兩頭尖，色白，脆如通草，重重有紋，以指甲可刮爲末，人亦鏤之爲鈿飾。又《相感志》云：烏鰂過小滿則形小也。藏器曰：海人云：昔秦王東游，棄筭袋於海，化爲此魚。故形猶似之，墨尚在腹也。禹錫曰：陶弘景及《蜀本圖經》皆是鷃烏所化。鷃乃水鳥，似鵜短項，腹翅紫白，背上緑色。唐蘇恭乃言無鷃烏，誤矣。

肉　【氣味】酸，平，無毒。瑞曰：味珍美。動風氣。　【主治】益氣强志《別録》。益人，通月經大明。

骨，一名海螵蛸。

【修治】弘景曰：炙黄用。斅曰：凡使勿用沙魚骨，其形真似。但以上文順者是真，横者是假，以血滷作水浸，并煮一伏時漉出。掘一坑燒紅，入魚骨在内，經宿取出入藥，其效加倍也。

【氣味】鹹，微温，無毒。普曰：冷。權曰：有小毒。之才曰：惡白及、白斂、附子。能淡鹽，伏硇，縮銀。

【主治】女子赤白漏下，經汁血閉，陰蝕腫痛，寒熱癥瘕，無子《本經》。驚氣入腹，腹痛環臍，丈夫陰中腫痛，令人有子，又止瘡多膿汁不燥《別録》。療血崩，殺蟲日華。炙研飲服，治婦人血瘕，大人小兒下痢，殺小蟲。藏器又曰：投骨于井，水蟲皆死。治眼中熱淚，及一切浮翳，研末和蜜點之。久服益精孟詵。恭曰：亦治牛馬障翳。主女子血枯病，傷肝唾血下血，治瘧消癭。研末，傅小兒疳瘡，痘瘡臭爛，丈夫陰瘡，湯火傷，跌傷出血。燒存性，酒服，治婦人小户嫁痛。同鷄子黄，塗小兒重舌鵝口。同蒲黄末，傅舌腫，血出如泉。同槐花末吹鼻，止衄血。同銀朱吹鼻，治喉痹，同白礬末吹鼻，治蝎螫疼痛。同麝香吹耳，治聤耳有膿及耳聾時珍。

【發明】時珍曰：烏鰂骨，厥陰血分藥也，其味鹹而走血也。故血枯血瘕，經閉崩帶，下痢疳疾，厥陰本病也；寒熱瘧疾，聾、癭，少腹痛，陰痛，厥陰經病也；目翳流淚，厥陰竅病也。厥陰屬肝，肝主血，故諸血病皆治之。按《素問》云：有病胸脇支滿者，妨於食，病至則先聞腥臊臭，出清液，先唾血，四肢清，目眩，時時前後血，病名曰血枯。得之年少時，有所大脱血；或醉入房中，氣竭肝傷，故月事衰少不來。治之以四烏鰂骨一藘茹爲末，丸以雀卵，大如小豆。每服五丸，飲以鮑魚汁，所以利腸中及傷肝也。觀此，則其入厥陰血分無疑矣。

【正誤】鼎曰：久服，絶嗣無子。時珍曰：按《本經》云：主癥瘕，無子。《別録》云：令人有子。孟詵亦云久服益精，而張鼎此説獨相背戾，必誤矣。若云血病無多食鹹，烏鰂亦主血閉，故有此説。然經閉有有餘、不足二證，有餘者血滯，不足者肝傷。烏鰂所主者，肝傷血閉不足之病，正與《素問》相合，豈有令人絶嗣之理。當以《本經》《別録》爲正。恐人承誤，故辨正之。

【附方】舊三，新二十。　女子血枯：見上。　赤白目翳：《聖惠》治傷寒熱毒攻眼，生赤白翳。用烏鰂魚骨一兩，去皮爲末，入龍腦少許點之，日三。○治諸目翳。用烏鰂骨、五靈脂等分爲細末，熟猪肝切片，蘸食，日二。　赤瞖攀睛：照水丹：治眼瞖惟厚者尤效，及赤瞖攀睛貫瞳人。用海螵蛸一錢，辰砂半錢，乳細水飛澄取，以黄蠟少許，化和成劑收之。臨卧時，火上旋丸黍米大，揉入眥中，睡至天明，温水洗下。未退，更用一次，即效。《海上方》。　雀目夜眼：烏賊骨半斤爲末，化黄蠟三兩和，捏作錢大餅子。每服一餅，以猪肝二兩，竹刀批開，摻藥扎定，米泔水半碗，煮熟食之，以汁送下。《楊氏家藏》。　血風赤眼：女人多之。用烏賊魚骨二錢，銅緑一錢，爲末。每用一錢，熱湯泡洗。《楊氏家藏》。　疳眼流淚：烏賊魚骨、牡蠣等分爲末，糊丸皂子大。每用一丸，同猪肝一具，米泔煮熟食。《經驗》。　底耳出膿：海螵蛸半錢，麝香一字，爲末。以綿杖繳净，吹入耳中。《澹寮方》。　鼻瘡疳䘌：烏賊魚骨、白及各一錢，輕粉二字，爲末，搽之。錢乙《小兒方》。　小兒臍瘡：出血及膿。海螵蛸、臙脂爲末，油調搽之。《聖惠方》。　頭上生瘡：海螵蛸、白膠香各二錢，輕粉五分，爲末。先以油潤净乃搽末，二三次即愈。《衛生易簡方》。　癧瘍白駁：先以布拭赤，用烏賊骨磨三年酢，塗之。《外臺秘要》。　疔瘡惡腫：先刺出血。以海螵蛸末摻之，其疔即出。《普濟方》。　蝎螫痛楚：烏賊骨一錢，白礬二分，爲末嗃鼻。在左壁者嗃左鼻，在右壁者嗃右鼻。《衛生寶鑒》。　灸瘡不瘥：烏賊骨、白礬等分爲末，日日塗之。《千金方》。　小兒痰齁：多年。海螵蛸末，米飲服一錢。葉氏《摘玄方》。　小便血淋：海螵蛸末一錢，生地黄汁調服。○又方：海螵蛸、生地黄、赤茯苓等分，爲末。每服一錢，柏葉、車前湯下。《經驗良方》。　大腸下血：不拘大人小兒，臟毒腸風及內痔，下血日久，多食易飢。先用海螵蛸炙黃，去皮研末。每服一錢，木賊湯下。三日後，服猪臟黃連丸。《直指方》。　卒然吐血：烏賊骨末，米飲服二錢。《聖惠》。　骨鯁在喉：烏賊魚骨、陳橘紅焙等分爲末，寒食麪和餳，丸芡子大。每用一丸，含化咽汁。《聖濟總録》。　舌腫出血：如泉。烏賊骨、蒲黄各等分，炒爲細末。每用塗之。《簡便單方》。　跌破出血：烏賊魚骨末，傅之。《直指方》。　陰囊濕痒：烏賊骨、蒲黄，撲之。《醫宗三法》。

血【主治】耳聾。甄權。

腹中墨【主治】血刺心痛，醋磨服之藏器。炒、研，醋服亦可。

明·梅得春《藥性會元》卷下　烏賊魚　味鹹，氣微溫，無毒。惡白斂、白及、附子。　主療女子崩中漏下赤白，經汁血閉，陰蝕腫痛，寒熱癥瘕，無子，驚氣入腹，腹痛環臍，陰中寒腫。令人有子。又止瘡多膿汁不燥。肉：味酸，平。主益氣。生東海池澤，取無時。　骨：治心痛，殺蟲，消目中浮翳，陰頭癰瘡，傅末良。一云烏賊魚，即海螵蛸。退翳殺蟲，治崩攻痢，更治耳聾。其血如墨，能吸波噀墨以溷水，所以自衛。有八足聚于口傍，浮泛于水面，烏見，謂其必死，欲啄之，則聚足抱烏拖入水中食之，故名烏賊魚。

製法：凡使，勿誤用沙魚骨，緣相似，只是上紋橫，不入藥。要認上紋順者真。用血鹵作水浸，并煮一伏時，攎出，于屋下掘一地坑，先將炭火燒坑，去淨炭火，放骨一宿，至天明取出用之，其功加倍。

明·穆世錫《食物輯要》卷七　烏賊魚　味鹹，平，無毒。益志強氣，通經。多食，動風氣。《素問》曰：此魚主女人血枯。骨，名海螵蛸。味鹹，微溫，無毒。殺蟲止痢，治驚氣入腹，環臍腹痛，及女人血瘕，赤白漏下，且令人有子。治聤耳，少加麝香吹入，効。

明·李中立《本草原始》卷一一　烏賊魚　生東海池澤。取無時。形若革囊，口在腹下，八足聚生口旁。只一骨，厚三四分，似小舟輕虛而白。又有兩鬚如帶，可以自纜，故別名纜魚。弘景曰：是鷃烏所化。今其口腹具存，猶頗相似，故一名烏鰂。能吸波噀墨令水溷黑自衛，以防人害。又《南越志》云：其性嗜烏，每暴水上，有飛烏過，謂其已死，便啄其腹，則卷取而食之，因名烏賊，言為烏之賊害也。海螵蛸，烏賊魚骨也。名螵蛸，象形也。

海螵蛸　氣味：鹹，微溫，無毒。　主治：女子赤白漏下，經汁血閉，陰蝕腫痛寒熱，癥瘕，無子。○驚氣入腹，腹痛環臍，丈夫陰中腫痛，令人有子。又止瘡多膿汁不燥。○療血崩，殺蟲。○炙研飲服，治婦人血瘕，大人小兒下痢，殺小蟲。○治眼中熱淚，及一切浮翳，研末和蜜點之。久服之益精。亦治牛馬障翳。○主女子血枯病，傷肝，唾血下血。治瘧消瘻。研末傅小兒疳瘡，痘瘡臭爛，丈夫陰瘡，湯火傷，跌傷出血。燒存性酒服，治婦人小戶嫁痛。同雞子黃，塗小兒重舌、鵝口。同蒲黄末傅舌腫，血出如泉。同槐花末吹鼻，止衄血。同銀朱吹鼻，治喉痹。同白礬末吹鼻，治蝎螫疼痛。同麝香吹耳，治聤耳有膿水，及耳聾。

烏賊魚，俗呼八帶魚，《本經》中品。【圖略】修治：海螵蛸，弘景曰：炙黃用。　之才曰：惡白及、白斂、附子，能淡鹽，伏硇縮銀。○厥陰血分藥也。

明·張懋辰《本草便》卷二　烏賊魚骨使　味鹹，氣微溫，無毒。又云有小毒。惡白斂、白及、附子。　主女子漏下赤白，經汁血閉，陰蝕腫痛，寒熱癥瘕無子，驚氣入腹，又腹痛環臍，陰中寒腫，令人有子，又止瘡多膿汁不燥。殺蟲。治心痛。消目中浮瞖，和蜜點之。

明·吴文炳《藥性全備食物本草》卷三　烏賊魚即墨魚。　出東海池澤，今近海州郡有之。云是鷃烏所化，今其口脚猶存，頗相似。北海人云：昔秦王東遊，棄筭袋於海，化為此魚。其形一如筭袋，兩帶極長，墨猶在腹也。又云性嗜烏，常自浮于水上，烏見以為死，往啄之，乃捲取入水，故謂烏賊。能度波噀墨以溷水自衛，口在腹下，八足聚生，口傍只一骨，厚三四分，似小舟輕虛而白，又有兩鬚如帶，可以自纜，別名纜魚。《南越志》云：烏賊有矴，遇風便虬前一鬚下矴而住。腹中血及膽正如墨，可以書也，世謂烏賊懷墨而知禮。其肉食之益人，味酸，氣平，無毒。主女子血枯，能益氣強志。墨：主血刺心痛，醋摩服之良。　骨：名海螵蛸，味鹹，氣微溫，無毒，一云有小毒。治女子崩漏，赤白帶下，并月經血閉，陰蝕腫痛，除目翳止淚，理金瘡止血，治驚氣入腹，腹痛遶臍，療陰莖寒腫瘡多膿汁，寒熱癥瘕。不宜久服，令人無子。惡白斂、白及、附子。　又一種無骨者，名柔魚。味更珍好，食品所貴，然不入藥。

明·趙南星《上醫本草》卷四　烏賊魚　乾者名鯗。　肉：酸，平，無毒。味珍美。　主治：益氣強志，益人，通月經。動風氣。　骨：名海螵蛸。

明·李中梓《藥性解》卷六　烏賊骨　味鹹，性微溫，有小毒，入腎經。主崩漏赤白帶下，經閉陰蝕腫痛，除目翳止淚，理金瘡止血，治驚氣入腹，腹痛環臍，陰莖因寒腫，瘡多膿汁，寒熱癥瘕。久服令人有子。惡白斂、白及、附子。　按：烏賊之鹹，宜歸水臟，治病有殊效。今用之者鮮，夫亦未達其功歟。

明·繆希雍《本草經疏》卷二一　烏賊魚骨　味鹹，微溫，無毒。主女子漏下赤白，經汁血閉，陰蝕腫痛，寒熱癥瘕，無子，驚氣入腹，腹痛環臍，陰中寒腫。令人有子。又止瘡多膿汁不燥。一名海螵蛸，一名烏鰂骨，一名墨魚。

〔疏〕烏賊魚骨禀水中之陽氣以生，故其味鹹，氣微溫無毒。入足厥陰、少陰經。厥陰為藏血之臟，女人以血為主，虛則漏下赤白，或經汁血閉，寒熱癥瘕；少陰為藏精之臟，主隱曲之地，虛而有濕，則陰蝕腫痛。虛而寒客之，則陰中寒腫。男子腎虛則精竭無子，女子肝傷則血枯無孕。鹹溫入肝腎，通血脈而祛寒濕則諸證除，精血足，令人有子也。其主驚氣入腹，腹痛環臍者，蓋肝屬木，主驚，驚入肝膽則榮氣不和，故腹痛環臍也。入肝膽舒榮氣，故亦主之。溫能燥濕，故又主瘡多膿汁也。按《素問》云：有病胸脇支滿者，妨于食，病至則先聞腥臊臭，出清液，先唾血，四肢清，目眩，時時前後血，病名曰血枯。得之年少時，有所大脫血，或醉入房中，氣竭肝傷，故月事衰少不來。治之以四烏鰂骨一藘茹，為末，丸以雀卵，大如小豆。每服五丸，飲以鮑魚汁，所以利腸中及傷肝也。觀此則其入厥陰血分，為女人崩漏下血之要藥可知矣。〔主治參互〕《聖惠方》赤白目翳，用烏鰂骨一兩，去皮為末，入片腦少許點之。《澹寮方》底耳出膿，海螵蛸半錢，麝香一字，為末。以綿杖絞淨，吹入。《聖惠方》小兒臍瘡出血及膿，海螵蛸、乾臙脂，為末，油調搽之。《聖濟總錄》骨鯁在喉，烏賊魚骨、橘紅焙，等分為末，寒食麪和餳丸芡子大。每一丸含化。《簡便單方》舌腫出血不止，烏賊骨、蒲黃各等分，炒為末，塗之。〔簡誤〕其氣味鹹溫，血病多熱者勿用。

明·倪朱謨《本草彙言》卷一九　烏賊魚骨名海螵蛸。　味鹹，氣溫，無毒。《別錄》曰：烏賊魚，生東海池澤，今近海州郡皆有之。　蘇氏曰：形若革囊，口在腹下，八足聚于口旁，無鱗，有鬚兩根如帶。黑皮白肉，背上有骨厚三四分，狀如舟形，輕虛而白，重重有紋。腹中血及膽黑如墨，可書字，但逾年則滅跡，惟存空紙爾。《南越志》云：其性嗜烏，每自浮水上，飛烏見之似死物而啄之，乃卷烏入水而食之，故名烏賊。能吸波噀墨水，令水溷黑，自衛以防人害。《爾雅翼》云：九月寒烏入水，化爲此魚，故又名烏鰂，不知果否？　雷氏曰：凡使勿用沙魚骨，其形真似，但以文順者是真，横者非也。水煮一伏時用。外有一種柔魚，與烏賊相似，但無骨爾。越人食饌多用之。

烏賊魚骨：陳藏器散血瘕，通血閉，《農皇本經》止赤白漏下之藥也。張少懷曰：此藥味鹹走血，色黑歸腎，體輕屬肺，氣臊入肝，實爲厥陰之劑。故李氏方主血瘕血閉，赤白帶下，乃厥陰本病也。目熱流淚，翳障攀睛，乃厥陰經病也。寒熱瘧疾，陰中痛，疝瘕痛，乃厥陰竅病也。厥陰屬肝，肝藏血，故諸血病皆宜用之。又吳瑞方治老人痰閉哮喘，呼吸不寧；婦人房事違理，小戶腫痛；小兒重舌鵝口，及牙疳走馬；或痘瘡濕爛不收。如痰與氣傷之病，風濕膿血之病，亦宜用之。《經驗方》言：烏賊魚骨專主血閉。然血閉有有餘、不足二證。有餘者血滯，不足者肝傷。此藥所主血閉，肝傷不足之病也。正與《素問》相合。入藥宜煮去鹹味用。

集方：烏賊魚骨研極細末，治已上諸病。入服食方，每用二錢，白湯調服。如重舌鵝口，牙疳口臭，痘瘡濕爛諸證，俱宜作末摻搽。惟宜單行，不配他藥更妙。

腹中墨：味甘、酸。陳藏器治血刺心胃作痛，醋磨服之。

明·應麐《食治廣要》卷七　烏賊魚《素問》作烏鰂。　氣味：酸，平，無毒。主治：益氣強志，通月經。吳瑞曰：味珍美，動風氣。　按：烏鰂無鱗有鬚，黑皮白肉，大者如蒲扇，煠熟，以薑、醋食之脆美。其背骨，名海螵蛸是也。

明·姚可成《食物本草》卷一〇鱗部·無鱗魚類　烏賊魚其性嗜烏，每自浮海上，飛烏見之，以為死而啄之，乃卷取入水而食之，因名烏賊，言為烏之賊害也。〇烏賊魚，近海州郡皆有之。形若革囊，口在腹下，八足聚生於口傍。其背上只有一骨，厚三四分，狀如小舟，形輕虛而白。又有兩鬚如帶，甚長，遇風波起處，即以鬚下矴，或粘石如纜。腹中血及膽正如墨，可以書字，但逾年則迹滅，惟存空紙爾。〇李時珍曰：烏賊無鱗有鬚，黑皮白肉，大者如蒲扇。（熯）〔煠〕熟以薑、醋食，脆美。背骨名海螵蛸，形似樗蒲子而長，兩頭尖，色白，脆如通草，重重有紋，以指甲可刮為末，人亦鏤之為鈿飾。海人云是秦王東游，棄算袋於海，化為此魚，故形猶似之，墨尚在腹也。

烏賊魚：味酸，平，無毒。益氣強志，通月水。能動風氣，不可久食。

骨：名海螵蛸。味鹹，微溫，無毒。主女子赤白漏下，經閉，陰蝕腫痛，寒熱癥瘕，無子。驚氣入腹，腹痛環臍，丈夫陰中腫痛。令人有子。療血崩，殺蟲。治婦人血瘕，大人小兒下痢。治眼中熱淚及一切浮翳，研末和蜜點之。久服益精，主女子血枯病，傷肝唾血下血，治瘧消癭。研末，傅小兒疳瘡、痘瘡臭爛，丈夫陰瘡，湯火傷，跌傷出血。燒存性，酒服，治婦人小戶嫁痛。同雞子黃，塗小兒重舌鵝口。同蒲黃末，傅舌腫，血出如泉。同槐花末吹鼻，止衂血。同銀硃吹鼻，治喉痹。同白礬末吹鼻，治蝎螫疼痛。同麝香吹耳，治聤耳有膿及耳聾。血：治耳聾。腹中墨：治血刺心痛。

附方：治骨鯁。用海螵蛸、陳橘紅焙，等分為末，寒食麪和餳，丸芡子大。每用一丸，含化嚥汁。

明・孟筌《養生要括・鱗類》 烏賊魚 味酸，平，無毒，益氣強志，益人，通月經。〔血及膽如墨，可以書字，逾年即〔跡〕滅，味珍美，動風氣。〕

骨：名海螵蛸。味鹹，微溫，無毒。治女子赤白漏下，經汁血閉，陰蝕腫痛，寒熱癥瘕，無子，驚風入腹，腹痛環臍，丈夫陰中腫痛，令人有子，又止瘡多膿汁不燥。療血崩殺蟲。炙研飲服，治婦人血瘕，大人、小兒下痢。殺小蟲。治眼中熱淚及一切浮翳，研末和蜜點之。久服益精。主女子血枯病，傷肝唾血、下血，治瘧消癭。研末敷小兒痘瘡、疳瘡臭爛，丈夫陰瘡，湯火傷，跌傷出血。燒存性，酒服，治婦人小戶嫁痛。同鷄子黃，塗小兒重舌鵝口。同蒲黃末，傅舌腫，血出如泉。同槐花末吹鼻，止衄血。同銀朱吹鼻，治喉痹。同白礬末吹鼻，治蝎螫疼痛。同麝香吹耳，治聤耳有膿及耳聾。〔疔瘡惡腫：先刺出血，以海螵蛸末摻之，其疔即出。〕

明・李中梓《醫宗必讀・本草徵要下》 海鰾鮹味鹹，溫，無毒。入肝經。惡白及、白斂、附子。炙黃。 止吐衄腸風，澁久虛瀉痢。外科燥膿收水，眼科去翳清煩。味鹹入血，性澁能收，故有軟堅止滑之功。

明・蔣儀《藥鏡》卷一溫部 海螵蛸 入肝養血而除崩帶，入腎益精而消陰腫。加片腦點去赤白目衣，加麝香吹止耳瘡膿出。炒蒲黃同末，已舌腫之血流。乾臙脂油調，停臍瘡之滲血。

明・張景岳《景岳全書》卷四九《本草正》 海螵蛸即烏賊魚骨。 味鹹，性微溫。足厥陰、少陰肝腎藥也。鹹走血，故專治血病，療婦人經枯血閉，血崩血淋，赤白帶濁，血癥氣瘕，吐血下血，臍腹疼痛，陰蝕瘡腫，亦治痎瘧，消癭氣，及丈夫陰中腫痛，益精固精，令人有子。小兒下痢膿血。亦殺諸蟲，俱可研末飲服。尤治眼中熱淚，磨翳去障，並宜研末和蜜點之。為末可傅小兒疳瘡痘瘡，臭爛膿濕，下疳等瘡，跌打出血，湯火諸瘡。燒灰存性酒服，治婦人陰戶嫁痛。同雞子黃，塗小兒重舌鵝口。同蒲黃末，傅舌腫出血如泉。同槐花末吹鼻，止衂血。同麝香吹耳，治聤耳耳聾。○烏賊魚善補益精氣，尤治婦人血枯經閉。

明・施永圖《本草醫旨・食物類》卷五 烏賊魚乾者名明魚鯗，骨名海螵蛸。生東海池澤，形若革囊，口在腹下，八足聚生於口旁，其背上只有一骨。 附錄：柔魚與烏賊相似，但無骨耳，越人重之。 肉：味酸，平，無毒。味珍美，動風氣。 治：益氣強志，益人，通月經。 骨：一名海螵蛸。炙黃用。凡使，勿用沙魚骨，其形真似。但以上文順者是真，橫者是假，以血滷作水浸，並煮一伏時漉出。掘一坑燒紅，入魚骨在內，經宿取出入藥，其效加倍也。 味鹹，微溫，無毒。惡白及、白斂、附子，能淡鹽，伏硇，縮銀。 治：女子赤白漏下，經汁血閉，陰蝕腫痛，寒熱癥瘕，無子。驚氣入腹，腹痛環臍，丈夫陰中腫痛，令人有子。又止瘡多膿汁不燥。療血崩，殺蟲。炙研飲服，治婦人血瘕，大人小兒下痢，殺小蟲。投骨於井水，蟲皆死。治眼中熱淚及一切浮翳，研末，和蜜點之。久服益精。亦治牛馬障翳。 主女子血枯，病傷肝唾血，下血。治瘧消癭。研末，傅小兒疳瘡痘瘡臭爛，丈夫陰瘡，湯火傷，跌傷出血。燒存性，酒服，治婦人小戶嫁痛。同雞子黃，塗小兒重舌鵝口。同蒲黃末，傅舌腫血出如泉。同槐花末吹鼻，止衂血。同銀朱吹鼻，治喉痹。同白礬末吹鼻，治蠍螫疼痛。同麝香吹耳，治聤耳有膿及耳聾。烏鰂骨，厥陰血分藥也，其味鹹而走血也，故血枯血瘕，經閉崩帶，下痢疳疾，厥陰本病也。寒熱瘧疾，聾，癭，少腹痛，陰痛，厥陰經病也。厥陰屬肝，肝主血，故諸血病皆治之。

附方 血風赤眼：女人多之，用烏賊魚骨二錢，銅綠一錢，為末，每用一錢，熱湯泡洗。 疳眼流淚：烏賊魚骨、牡蠣等分，為末，糊丸皂子大，每用一丸，同猪肝一具，米泔煮熟食。 底耳出膿：海螵蛸半錢，麝香一字，為末，以綿杖繳淨，吹入耳中。 鼻瘡疳䘌：烏賊魚骨、白及各一錢，輕粉二字，為末，搽之。 小兒臍瘡：出血及膿，海螵蛸、臙脂為末，油調搽之。 頭上生瘡：海螵蛸、白膠香各二錢，輕粉五分，為末，先以油潤淨，乃搽末，二三次即愈。 疔瘡惡腫：先刺出血，以海螵蛸末摻之，其疔即出。 蠍螫痛楚：烏賊骨一錢，白礬二分，為末，嗃鼻，在左壁者嗃左鼻，在右壁者嗃右鼻。灸瘡不瘥：烏賊骨、白礬等分，為末，日日塗之。小兒痰齁：多年海螵蛸末，米飲服一錢。小便血淋：海螵蛸末一錢，生地黄汁調服。○又方，海螵蛸、生地黄、赤茯苓等分，為末，每服一錢，柏葉車前湯下。大腸下血：先用海螵蛸炙黄，去皮，研末，每服一錢，木賊湯下。三日後服猪肝黄連丸。卒然吐血：烏賊骨末，米飲服二錢。骨鯁在喉：烏賊魚骨、陳橘紅焙，等分，為末，寒食麪和餳丸芡子大，每用一丸，含化嚥汁。舌腫出血：如泉，烏賊骨、蒲黄各等分，炒為細末，每用塗之。跌破出血：烏賊魚骨末，傅之。陰囊濕痒：烏賊骨、蒲黄撲之。血：治：耳聾。腹中墨：治：血刺心痛，醋磨服之。藏器。炒研，醋服亦可。

明・盧之頤《本草乘雅半偈》帙六 海螵蛸《本經》中品 氣味：鹹，微溫，無毒。主治：主女子赤白漏下，經汁血閉，陰蝕腫痛，寒熱，癥瘕，無子。

覈曰：近海州郡皆有。九月寒烏入水所化，越小滿，則形小矣。形若革囊，口在腹下，八足聚生口旁，無鱗有鬚，兩鬚如帶甚長，設遇風波，即以鬚下矴，或粘作纜，故名纜魚，能吸波噀墨，令水溷以自衛也。《南越志》云：性反嗜烏，每自浮水上，飛烏見之，以爲死而啄之，乃卷取入水而食之，因名烏賊，轉為烏之賊害也。故腹中血及膽，正黑如墨，可以書字，但逾年則迹滅，惟存空帋爾。世言烏鰂懷墨而知禮，謂之海若白事小吏也。外皮亦黑，內肉則白，背上只有一骨，形如樗蒲子而稍長，兩頭尖，色潔白，質輕脆，重重有紋，宛如通草，紋順者為真，紋横者沙魚骨也。修事：以血滷作水浸之，并煮一伏時，取出，掘一土坑，燒通紅色，入螵蛸在內，經宿取出，其効加倍也。惡白及、白斂、附子，能淡鹽，伏硇，縮銀。

条曰：背骨奇而無枝節，名曰螵蛸，形相似耳。上表堅薄如介，裏理輕脆而通，蓋維持者督，闔闢者任也。其口以腹，則其息以胎矣。吸波噀墨以自衛者，此即藏精起亟，陽以陰為用，衛轉營為衛耳。主女子赤白漏下經汁者，闢者闔之也。血閉陰蝕腫痛，寒熱癥瘕無子者，闔者闢之也。《別錄》諸家，用治男子驚癇、痎瘧、吐衄、熱中、瘡膿、痘疹。《內經》用治血枯，得之少年時，有所大脫血，或醉以入房，致中氣竭，肝血傷，月事衰少，不以時至者，當病胸脇支滿，妨于食，病至則先聞腥臊臭，出清液，先唾血，四肢清，目眩，時時前後血，病名曰血枯。佐以藘茹，和以雀卵，飲以鮑魚汁，所以利腸中及益肝血也，悉屬營任之變眚，故相宜耳。月事衰少，在女子即月事不以時下，在男子即精氣不以時溢瀉矣。

明・李中梓《本草通玄》卷下 海螵蛸 味鹹，微溫，入足厥陰少陰血分。治女人赤白帶下，經閉，療丈夫陰腫囊溼，同蒲黄撲之。耳內疳瘡吹之。小兒重舌鵝口，同蒲黄傅。蟲心痛，醋磨濃，頓服愈。

清・顧元交《本草彙箋》卷九 烏賊魚骨 烏賊魚骨即海鰾鮹。味鹹走血，入厥陰肝經。凡血枯血瘕，經閉帶下，痢疳疾，厥陰本病也。寒熱瘧疾，聾癭，少腹痛，陰痛，厥陰經病也。目翳流淚，厥陰竅病也。故烏賊骨皆能治之。其條析具在《本草》，但氣溫，不宜於血熱。若外用，則總無礙。沙魚，骨形相似，但以上文順者真，横者即僞。小兒臍瘡出血及膿，烏賊骨、乾臙脂，爲末，油調搽之。

清・穆石匏《本草洞詮》卷一六 烏賊魚 烏賊，《素問》作烏鰂，腹中有墨，可以書字，但逾年則迹滅，惟存空紙耳。世言烏鰂懷墨而知禮，是海若白事小吏也。肉酸，平，無毒。益氣強志，通月經，動風氣。骨名海鰾鮹，鹹，微溫，無毒。入厥陰經血分。凡血枯血瘕，經閉崩帶，下痢疳疾，厥陰本病也。寒熱瘧疾，聾癭少腹痛，陰痛，厥陰經病也。目翳流淚，厥陰竅病也。海鰾鮹主厥陰，故皆治之。《本經》云：主癥瘕，無子。《別錄》云：令人有子。張鼎謂久服無子。豈以血病，無多食鹹，烏鰂亦主血閉，故有此說。然經閉有有餘、不足二證，有餘者血滯，不足者肝傷。烏鰂所主者，肝傷血閉，不足之病。《素問》治血枯用烏鰂骨，豈有令人無子之理哉？

清・丁其譽《壽世秘典》卷四 烏賊魚一名烏鰂，又名墨魚，腹中有墨可用，故名。烏鰂能吸波噀墨，令水溷墨，自衛以防人害。又《南越志》云：其性嗜烏，每自浮水上，烏見以為死，往啄之，乃卷取入水而食，因名烏賊，言為烏之賊害也。形若革囊，口在腹下，八足聚生于口旁，無鱗有鬚，黑皮白肉。煠熟，以薑、醋食之脆美。其背上只有一骨名海螵蛸，狀如小舟形，輕虛而色白脆，重重有紋，以指甲可刮為末，人亦鏤之為鈿飾。腹中有墨可以書字，逾年則迹滅。《相感志》云：烏鰂過小滿則形小也。氣味：鹹，平，無毒。主益氣，強志，通月經。

海螵蛸：氣味：鹹，微溫，無毒。治女子赤白漏下、經閉、陰蝕腫痛、寒熱癥瘕，無子，丈夫陰中腫痛，久服益精，令人有子。又止瘡多膿汁不燥。

發明按《三元延壽書》云：烏賊魚，久食，主無子。與《本經》久服益精，令人有子之說，相謬。

清·劉雲密《本草述》卷二八　烏賊魚其性嗜烏，每自浮水上，飛烏見之，以為死而啄之，乃卷取入水而食之，故名烏賊。骨名海螵蛸。　斅曰：　近海州郡皆有之。九月寒烏入水所化。越小滿則形小矣。形若革囊，口在腹下，八足聚生口旁，無鱗有長鬚，腹中血及膽正黑如墨，可以書字，但逾年則迹滅，惟存空紙爾。世言烏鰂懷墨而知禮，謂之海若白事小吏也。外皮亦黑，內肉則白，背上只有一骨，形如樗蒲子而稍長，兩頭尖，色潔白，質輕脆，重重有紋，宛如通草輕虛，可以指甲刮之為末也。

海螵蛸　氣味：　鹹，微溫，無毒。　主治：　女子赤白漏下經汁《本經》。及血枯傷肝，吐血下血時珍。并療血閉《本經》。血瘕藏器。治驚氣入腹，腹痛環臍，丈夫陰中腫痛《別錄》。女子小戶嫁痛時珍。治眼中熱淚，及一切浮瞖，研末和蜜點之孟詵。同蒲黃末傅舌腫，血出如泉。同槐花末吹鼻止衄血時珍。

時珍曰：　烏鰂骨，厥陰血分藥也。其味鹹而走血也，故血枯、血瘕、經閉、崩帶、下痢、疳疾，厥陰本病也。寒熱瘧疾，聾癭，少腹痛，陰痛，厥陰經病也。目瞖流淚，厥陰竅病也。厥陰屬肝，肝主血，故諸血病皆治之。按《素問》云有病胸脇支滿者妨於食，病至則先聞腥臊臭，出清液，先唾血，四肢清，目眩，時時前後血，病名曰血枯。得之年少時，有所大脫血，或醉入房，中氣竭肝傷，故月事衰少不來。治之以四烏鰂骨一藘音閭茹，為末，丸以雀卵，大如小豆，每服五丸，飲以鮑魚汁。所以利腸中及傷肝也。觀此則其入厥陰血分無疑矣。　介賓曰：　海螵蛸其氣味鹹溫下行，故主女子赤白漏下，及血閉血枯。藘茹即茜草也，氣味甘寒無毒，能止血治崩，又能益精氣，活血通經。雀即麻雀也，雀卵氣味甘溫，能補益精血。鮑魚即今之淡乾魚也，諸魚皆可為之，惟石首、鯽魚者為勝。其氣味辛溫無毒。魚本水中之物，故其性能入水臟，通血脈，益陰氣，煮汁服之，能同諸藥通女子血閉也。以上四藥，皆通血脈。血主於肝，故凡病傷肝者，亦皆可用之。　希雍曰：　烏賊骨稟水中之陽氣以生，故其味鹹，氣微溫，無毒。入足厥陰、少陰經。厥陰為藏血之臟，女子以血為主，故為血證之要藥。

附方　治諸目瞖，用烏鰂骨、五靈脂等分，為細末，熟豬肝切片蘸食，日二。　鼻瘡疳䘌，烏賊魚骨、白及各一錢，輕粉二字，為末搽之。　小便血淋，海螵蛸、生地黃、赤茯苓等分，為末，每服一錢，柏葉、車前湯下。　大腸下血，不拘大人小兒，臟毒腸風及內痔下血日久，多食易飢，先用海螵蛸炙黃，去皮，研末，每服一錢，木賊湯下，三日後服豬臟黃連丸。

愚按：　烏賊魚骨，《本經》主治女子赤白漏下經汁，又有謂療血崩，并謂主女子傷肝，唾血下血者。《本經》更主血閉。而《內經》有云月事衰少不來，治以烏賊骨。《本經》又云治癥瘕無子，而言療婦人血瘕者不少。夫一物何以能通又能止也？　先哲云：　經閉有有餘、不足二證，有餘者血本不虛，而或氣，或寒，或積，有所逆也，斯證發於暫，或痛，或實，通劑乃可用也。不足者，衝任內竭，其證無形，其來也漸，通劑其可用乎？　烏鰂所主者，肝傷血閉，不足之病也。此論血閉極明矣。愚謂即崩漏亦有有餘不足之分，雖斯證總屬陰絡傷，然為熱所乘，攻傷衝任者，是為有餘，如先哲治以黃連解毒湯是也。有肝腎受傷，而衝任之氣不能約制其經血者，是謂不足，如先哲治陰血耗散，以烏鰂骨為末，醋湯調下是也。則烏鰂骨總為益腎肝之陰氣，豈以或通或止之奏效乎？　雖然，先哲云氣猶夫也，血猶妻也，是謂血隨氣而行，亦因氣而固也。方書槩言中氣，而不言肝腎之氣，如烏鰂骨乃治肝腎之氣者也，雖益中氣可以治肝腎，如由肝腎之虛以傷中氣者，不本病因而投之，可乎？　且陰氣陽氣之治有殊也，豈可槩論哉？　第魚族類陰中之陽，而此味之血獨黑也，斯固有異，大凡血原於水而成於火，故諸血皆紅色。茲物亦本水中之陽，然其稟陰氣之專以化血，而其色黑也，肝腎之陰氣有損者投之適宜，不漫同於他味之能益陰也。《爾雅翼》曰：　九月寒烏入水，化為此魚。《相感志》云：　烏鰂過小滿則形小也。是非專稟陰氣之一證乎？　先哲投劑，其物理精察如此。　方書又云：　此味善濇，或以其能止脫血也。愚揣其性味，若以濇脫收功，何以血枯者能使之通乎？　大抵益陰氣之功，於肝腎最切。氣之益也，則能固脫，是即其能通閉者也。不識有當否？　又按：　女子赤白帶下，方書多主溼熱。在李東垣先生云，此任脈之病也。尺脈濡弱而滑，沉微無力，為白帶，為血虛。或濇數而實，為赤帶，為熱。然則烏鰂所主者任脈病，非中宮溼熱下溜之病也。中梓云：　烏鰂之鹹，宜歸水臟。夫腎乃水臟也。血為水所化，肝為藏血之地。一切主治諸證，總益腎之陰氣，併使肝之藏血者，能司其運化出納之職，是寧獨為女子之要藥乎？　故凡屬血病，如上而舌腫出血、鼻衄，下而小便大腸之血，皆能療之。即不屬血病，如上而目眚、耳病，下而小便不禁、遺精、痔患，亦能療之。即如《別錄》所主驚氣入腹腹痛，繆氏曰肝屬木，主驚，驚入肝膽，則榮氣不和，故腹痛環臍也。入肝膽，舒榮氣，故亦主之。即此細繹，毋論腎肝相因之病，可以推類而用，即專病於肝，而不能遺肝之化原以為治，如驚氣入腹之證，可槩見矣。但治在下者，其用尤切耳。

希雍曰：其氣味鹹溫，血病多熱者勿用。

修治　斅曰：凡使，勿用沙魚骨，其形真似。但以上文順者是真，橫者是假。

水煮一時，炙令黃，去皮，細研水飛，日乾。

清·郭章宜《本草匯》卷一七　烏賊魚骨即海螵蛸。　味鹹，微溫，入足厥陰、少陰血分。治女子赤白漏下，經窒血閉。療丈夫陰中腫痛，囊濕烏賊、蒲黃撲之。疳瘡。耳中膿水吹愈，目內熱淚能消。驚氣入腹，環臍腹痛。驚入肝胆，則榮氣不和，故腹痛環臍也。外科燥膿收水，眼科去翳清煩。亦治牛馬障翳。婦人小戶嫁痛，同鷄子黃塗。小兒重舌鵝口，同蒲黃末傅。

按：烏賊魚骨，禀水中之陽氣，味鹹入血，性濇能收，故有軟堅止滑之功。而所主皆肝傷血閉不足之病，凡血枯血瘕，經閉崩帶，下痢疳疾，皆厥陰本病也。寒熱瘧疾，聾癭，小腹痛，陰痛，厥陰經病也。目翳流淚，厥陰竅病也。厥陰屬肝，為藏血之臟。女人以血為主，虛則漏下赤白，或經窒血閉，寒熱癥瘕矣。少陰為藏精之臟，主隱曲之地，虛而行濕，則陰蝕腫痛，虛而寒客之，則陰中寒腫矣。男子腎虛，則精竭無子。女人肝傷，則血枯無孕。今用此藥通血脉，而祛寒濕，自然諸病去，而精血足，尚焉得而無子哉？又考陳氏治閨房三病，一犯月水行房，精血相射，入於任脈，留於胞中，而致小腹結痛，病如伏梁，水溺頻濇，是名精積也。一胸脇支滿，妨於食，如聞臊臭，出清液，先唾血，四肢清而目眩，時時前後〔血〕，皆年少時大脫血，或醉入房，氣竭肝傷而成血枯也。一子死腹中，穢物不消，惡血淹留，而致胞冷絕娠。《經》旨用此以佐藘茹，通調血氣，施布惡積，允法三代，以前湯液之美矣。若血病多熱者，勿用。

以鹵水煑一伏時，炙令黃，過晝夜，研細水飛，輕脆而白，擇上紋直順者，纔真。上紋橫者沙魚骨也，不用。惡白及、白歛、附子。腹中有墨，能吸水噀墨，令水溷黑以自衛，名為腹中墨。釅醋磨濃，蟲心痛，頓服即愈。寫契略淡，過歲全無，為商客者，不可不知。其性嗜烏，口生腹下，每浮水上，飛烏啄之，卷取而食，故名烏賊。

清·朱本中《飲食須知·魚類》　烏賊魚　味醎，性平。多食動風氣。其墨亦可書字，但逾年則迹滅。其骨名海螵蛸，文順者是真，橫者為假。能淡鹽，投骨於井，水蟲皆死。烏賊過小滿則形小也。

清·何其言《養生食鑒》卷下　烏賊魚形如革囊，口在腹下，八足聚生於口旁，其脊上只有一骨，厚三四分，狀如小舟，形輕虛而白。俗名墨魚。　味鹹，性平，無毒。益氣強志，通月經。多食，動風氣。骨　名海螵蛸。味鹹，性微溫，無毒。殺蟲，止痢。治女子血瘕，赤白漏下，血枯等症，為末，用乾墨魚煎湯，調服良。

清·王翃《握靈本草》卷九　海螵蛸即烏鰂魚骨。近海州郡皆有之。以上文順者為真，橫者為沙魚骨。炙黃入藥。　主治：烏鰂魚，味鹹，微溫，無毒。主漏下赤白經汁，血閉寒熱，癥瘕，陰蝕腫痛，止瘡多膿汁。

清·汪昂《本草備要》卷四　海螵蛸一名烏賊骨。宣，通經絡，祛寒濕。　鹹走血，溫和血。入肝腎血分。通血脉，祛寒濕，治血枯《內經》：血枯，治之以烏鰂骨。血瘕，血崩血閉，腹痛環臍，陰蝕腫痛，燒末酒服。瘧痢疳蟲，目翳淚出，聤耳出膿，性能燥膿收水。爲末，加麝少許，摻入。厥陰、少陰肝、腎經病。　出東海。亦名墨魚。腹中有墨，書字逾年乃滅。常吐黑水，自罩其身，人即于黑水處取之。　取骨，血鹵浸，炙黃用。惡附子、白及、白斂。能淡鹽。

清·吳楚《寶命真詮》卷三　海鰾鮹　【略】止吐衄腸風，澁久虛瀉痢。外科滲膿收水，眼科去翳清煩。　味鹹入血，性澁能收，故有軟堅止滑之功。

清·陳士鐸《本草新編》卷五　海螵蛸　〔味鹹，微溫，無毒〕。主女子漏下赤白，經行血閉，陰蝕腫痛。又治婦人寒熱瘕癥，驚風入腹，環腹疞痛，去目腫浮翳，收瘡口腐膿，治哮症最神效。亦藥籠中宜備之物。

或問：海螵蛸即烏賊魚骨，他本云服之令人有子，先生何不言也？夫男子腎虛則精涸，女子肝傷則血枯，皆非有子之兆。烏賊魚骨雖入肝腎，不能大補其精血，徒藉此物，即終年飽食，又何能生子哉。

清·顧靖遠《顧氏醫鏡》卷八　海螵蛸烏賊魚骨也。鹹，微溫。入肝經。炙黃，文順者是真，橫者勿用。　崩淋帶下並箇，腸風不止宜求。味鹹入血，性濇能收也。

清·李熙和《醫經允中》卷一七　海螵蛸　入肝腎二經。畏白及、白歛、附子。　味酸，氣平，無毒。主治女子崩下赤白，經窒血閉，陰蝕腫疼，去目睛浮瞖，收瘡口腐膿。

清・李熙和《醫經允中》卷二三　烏賊魚　鹹，微溫，無毒。入厥陰、少陰血分。治血枯血瘕，經閉崩帶，陰蝕腫痛，丈夫陰腫，下利疳疾。

清・张璐《本經逢原》卷四　烏賊骨即烏鰂骨，俗名海鰾蛸。　鹹，微溫，無毒。　發明：烏鰂骨，厥陰血分之藥，兼入少陰，其味鹹而走血，故治血枯血瘕，經閉崩帶，陰蝕腫痛，丈夫陰腫，下痢疳疾，厥陰本藥也。寒熱瘧疾，聾瘻，少腹痛，陰痛，厥陰經病也。目瞖流淚，厥陰竅病也。厥陰為藏血之室，少陰為隱曲之地，故諸血病、陰病皆治之。按：《素問》云，有病胸脇支滿妨於食，病至則先聞腥臊臭，出清液，吐血，四肢軟，目眩，時時前後血，病名曰血枯。得之年少時有所大脫血，或醉入房中，氣竭肝傷，月事衰少不來，治之以四烏鰂骨一藘茹為末，丸以雀卵，大如小豆，每服五丸，飲以鮑魚汁，所以利腸中及傷肝也。觀此入厥陰血分可知。

清・浦士貞《夕庵讀本草快編》卷六　烏賊魚《本經》、烏鰂、墨蟲　此魚性嗜烏，每自浮水上，飛烏見之，以為死而啄，乃卷取入水而食，是烏之賊也。其腹中有墨，可為則，觸物則吸波噀墨，令水溷黑以自衛。其墨亦可書字，但逾年則迹滅無存，亦異矣！陳藏器引海人云：秦王東游，棄筭袋於海，化為此魚，形猶似之，而墨在腹。果其然乎？　墨魚酸平，益氣強志，通經走血之品也。骨名海螵蛸，則味帶鹹而性則溫矣！夫鹹走血，酸入肝，如血枯血瘕，經閉崩帶，下痢疳疾，皆厥陰本病也；寒熱痎瘧，耳聾瘻瘰，少腹痛，陰戶痛，乃厥陰經病也；目翳，赤白攀睛，胬肉雀盲，流淚，亦厥陰竅病也；用之直達其所，無不効爾。《素問》治支滿妨食，用烏鰂骨合藘茹為末，丸以雀腦，飲以鮑魚汁，則知和中氣而益肝傷，可心悟矣！

清・張志聰、高世栻《本草崇原》卷中　烏賊魚骨　氣味鹹，微溫，無毒。主治女子赤白漏下經汁，血閉，陰蝕腫痛，寒熱癥瘕，無子。　烏賊魚生海中，形若革囊，口在腹下，八足聚生於口旁，無鱗有鬚，皮黑肉白。其背上只生一骨，厚三四分，兩頭小，中央闊，色潔白，質輕脆，如通草，重重有紋，以指甲可刮為末。腹中血及膽正黑如墨汁，可以書字，但逾年則跡滅，唯存空紙爾。其骨《素問》名烏鰂骨，今名海螵蛸。　烏賊骨稟金水之精，金能平木，故治血閉腫痛，寒熱癥瘕。水能益髓，故治赤白漏下，女子無子。《素問》：治年少時，有所大脫血，或醉入房，中氣竭肝傷，故月事衰少不來，病名血枯，治以四烏鰂骨一茹藘為末，丸以雀卵，大如小豆，每服五丸，飲以鮑魚汁。

清・姚球《本草經解要》卷四　烏賊魚骨　氣微溫，味鹹，無毒。主女子赤白漏下，經汁血閉，陰蝕腫痛，寒熱癥瘕，無子。煅。　烏賊魚骨氣微溫，稟天春和之木氣，入足厥陰肝經。味鹹無毒，得地北方之水味，入足少陰腎經。氣味升多於降，陽也。女子以血為主，肝為藏血之藏，肝血不藏，則赤白漏下，其主之者，氣溫以達之也。肝藏血，血枯則血閉，其主之者，味鹹以通之也。腎為藏精之藏，主陰戶隱曲之地；肝為厥陰，其經絡陰器，其筋結陰器，二經濕濁下注，則陰蝕腫痛。其主之者，氣溫可以燥濕，味鹹可以消腫也。寒熱癥瘕者，癥瘕而發寒熱也。烏賊骨鹹可耎堅，溫可散寒熱也。男子腎虛則精竭無子，女子肝傷則血枯無子，鹹溫入肝腎，通血益精，令人有子也。　製方：烏賊魚骨同藘茹、雀卵丸，治肝傷血枯。同橘紅末，寒食麪丸，治骨骾。同蒲黃末，治舌腫出血不止。同北味、杞子、淫羊藿、歸身丸，久服令人多子。

清・王子接《得宜本草・中品藥》　烏鰂骨　味鹹。入足厥陰經。得生地治血淋，得乾薑治血瘕，得鹿茸、阿膠治崩中帶下。

清・黃元御《玉楸藥解》卷六　烏鰂魚　味鹹，氣平。入足厥陰肝經。行瘀止血，磨障消癥。　烏鰂魚骨善能斂新血而破瘀血。《素問》治女子血枯，先唾血，四肢清，目眩，之前便血，以烏鰂魚骨、藘茹為末，丸以雀卵。血枯必由失血脫血，脫之原，緣瘀滯不流，經脈莫容。烏賊骨行瘀固脫，兼擅其長，故能著奇功。其諸治效，止吐衄崩帶，磨瞖障癥瘕。療跌打湯火，淚眼雀目，重舌鵝口，喉痹，耳聤，縮瘻消腫，拔疔敗毒，斂瘡燥膿，化骾止衄。收陰囊濕癢，除小便血淋。

清・汪紱《醫林纂要探源》卷三　鱡　鹹，平。一名墨魚。出東海。大腹，首足聚於腹下，八足皆肉鬚耳。形如算袋，故有秦皇渡海遺墨袋所化之說。常吐黑汁自覆，人因取之。或云腹有墨，以書字踰年乃滅，則妄也。捕則足據石上甚固，又名章距，又名章鉏。其身無骨，只背一骨，長扁如鯽，魚目皆圓，此獨一邊平，如半珠。　補心通脈，和血清腎，去熱保精。作膾食，大能養血滋陰，明目去熱。　海鰾蛸：專入血分，生新血，去瘀血，通血閉，止血脫，聰耳明目。即墨魚骨。扁長一片，色白輕脆如硝，或炙，或生研用。此魚無血，黑汁即其血也。無五臟，一骨即其心也。鹹補心而專行血分，治血枯血結，血崩血閉諸症，及血痛環臍，陰腫蝕痛，目翳流淚。又為末，糝聤耳出膿。凡目得血而能視，耳得血而能聽也。

清·嚴潔等《得配本草》卷八 海螵蛸即烏賊骨。惡白及、白斂、附子。伏硇砂。鹹，微溫。入足厥陰、少陰經。通血脈，去寒濕。治血痢，除痰瘧，并治赤白帶下，陰蝕腫痛，驚氣入腹，腹痛環臍。得鹿茸、阿膠，治崩中帶下。配辰砂、黃蠟，治赤翳攀睛。配生地黃，治血淋不休。配乾薑，煎服，治血瘕。配炒蒲黃，敷舌血如泉。配雞子黃，塗重舌鵝舌。研銅綠，治血風赤眼。調白蜜，點浮翳。目淚亦除。拌槐花吹鼻，止衄血。加麝香，吹聤耳。炙黃用。

題清·徐大椿《藥性切用》卷八 海螵蛸 一名烏鰂骨，即墨魚骨。性味鹹溫，入肝腎血分。除濕止血，治崩漏腸風。肉，酸平益氣，通利月經。

清·黃宮繡《本草求真》卷七 海螵蛸入肝活血，入腎除寒逐濕。 海螵蛸耑入肝，兼入腎。即烏賊魚骨。稟水中之陽氣，味鹹氣溫。腹中有墨，書字逾年乃滅，常吐黑水自罩其身，人即於黑水處取之。凡諸血病因於寒濕，而見陰戶腫痛，丈夫陰腫，下痢疳疾，暨血瘕、血崩、血閉，腹痛環臍，目翳淚出，聤耳出膿等症，服此鹹能走血，溫能除寒逐濕，則血脉通達，而無諸血障害之弊矣！故直入厥陰肝經血分活血。時珍曰：按《素問》云：有病胸脇支滿者，妨於食，病至則先聞腥臊臭，出清液，先唾血，四肢清，目眩，時時前後血，病名曰血枯。得之年少時有所大脫血，或醉入房中，氣竭肝傷，故月事衰少不來。治之以四烏鰂骨一藘茹，為末，丸以雀卵，大如小豆，每服五丸，飲以鮑魚汁，所以利腸中及傷肝也。觀此則其厥陰血分無疑矣。又云：經閉有有餘、不足二證，有餘者血滯，不足者肝傷，烏鰂所主者肝傷血閉不足之病，正與《素問》相合。兼入少陰腎經，以治寒濕。歷觀諸書載用螵蛸同麝為末以治耳底出膿，同〔冰〕片少許以治赤白目翳，同乾胭脂為末油調以治小兒臍瘡出血及膿，同蒲黃等分為末以塗舌腫出血不止，皆是宣通血分之滯，無他術也。取骨魚鹵浸炙黃用，惡附子、白及、白斂。能淡鹽。

清·黃宮繡《本草求真》卷九 烏賊魚入肝補血，入腎滋水。 烏賊魚耑入肝，兼入腎。肉按書止言氣味酸平，又言其味珍美，食則動風與氣。其治載能益氣強志，及通婦人月經。可知其性屬陰，故能入肝補血，入腎滋水強志，而使月事以時而下也。又考書言烏賊魚既能吸波噀墨，令水溷黑，自衛以防人害。又能日浮水上詐死以啄烏，是其性陰而險，固不待言。且其腹中血出與膽有如墨黑，手染色變，書字則逾年跡滅，惟存空紙已爾。是其色黑入腎，又不待言。是以陰臟服之，則能動風與氣，泄瀉腹痛，陽臟服之，則能斂陰秘陽，故在其骨名為螵蛸，亦能以治血枯氣竭肝傷之病也。惟是其肉久不入食，故義亦不甚明，今則南北通用。覺血枯陰燥，服則有益無損，而血衰氣寒，服反見害。豈非性陰不燥之義歟？柔魚無骨，形質與氣皆與烏賊骨魚肉相若，但味勝於烏賊魚。越人重之。

清·李文培《食物小錄》卷下 烏賊魚即墨魚。 酸，平，無毒。益氣，強志益人，通月經。其尾後有二腎，名蛋，又呼為黑龍肝，其味甚美。寧波出者佳。

清·羅國綱《羅氏會約醫鏡》卷一八鱗介蟲魚部 海螵蛸味鹹溫，入肝腎二經。惡白及、白斂、附子。炙黃用。 鹹走血。善治婦人經枯血閉，并吐衄崩淋。能生血和血。補腎固精，令人有子。小兒下痢膿血，性澁能收。去目翳。和蜜點之。療下疳痘瘡、臭爛膿濕、湯火諸瘡，為末敷之。小兒重舌鵝口，同雞子黃調塗。舌腫出血，同蒲黃末敷。聤耳，同麝吹之。男子莖中腫痛，婦人陰痛。燒灰存性酒服。一名烏賊骨，一名墨魚。腹中有墨，書字逾年乃滅，防奸人作弊。常吐黑水，自罩其身。

清·趙學敏《本草綱目拾遺》卷一〇鱗部 烏魚蛋 產登萊，乃烏賊腹中卵也。《藥性考》以為即雄魚白。味鹹，開胃利水。

清·章穆《調疾飲食辯》卷六 烏鰂魚 一名海墨魚。烏鰂之名，本出《素問》，後人訛為烏賊。《南越志》附會其說，云自浮水上飛烏見而啄之，即捲取入水食之，故名烏賊，言其為烏之賊害也。《圖經》曰：腹中血及膽色如墨，故名烏。可書契券以欺人，逾年則滅跡，惟存空紙，故名賊。亦屬附會。又陶隱居、《蜀本草》、《圖經》皆言是鷃烏所化，《唐本草》闢之甚是，《嘉祐本草》反以為非，云鷃烏似鵯。夫此魚一歲所出，不知幾千百億兆，安得有許多鷃烏。《爾雅翼》亦云：九月寒烏入水化此魚，不言何烏，悉屬子虛。《拾遺》謂秦王東游棄算袋所化，尤荒誕不經。《日華本草》曰：有兩長鬚，遇風則以鬚下矴，或掛石上如纜，故又名纜魚。《日用本草》曰：鹽者名明鮝，淡乾名脯鮝。不知海物本鹹，無須鹽料，因出時遇陰雨，不能即曝，故以鹽收之，腐臭無味。《圖經》曰：烏鰂形如革囊，口在腹下，八足聚於口旁，兩鬚如帶甚長。只有一骨，形如小梭，白脆如通草，層層有紋。其肉，《別錄》

云益氣強志，非也。日華子云益血，通月經，則是。凡陰虛血少，及婦人胎前產後，吐血便血諸症宜之。惜煮之不爛，血虛而中氣不足者，但飲汁，勿食其肉，免致困脾。煮宜酒，既助其力，又添滋味。《閩小記》曰：用黃泥包，糠火煨熟，芼以五味，則糜爛可食。骨名海螵蛸，《本經》曰：主女子赤白，漏下經汁，赤白者崩帶也。漏下經汁者，經水淋瀝不止，或一月二三行也。血閉，陰蝕腫痛內服外敷，寒熱，癥瘕，無子。《別錄》曰：主驚氣入腹，大驚卒恐，氣血分離。《內經》明訓，治之不得其法則死。補藥中必須加此，切勿用辰砂、金、銀、琥珀等重墜以速之。所以然者，驚傷膽，此物補血補肝，肝膽相連，故同治。腹痛環臍，丈夫陰中腫痛，令人有子，又止瘡多膿汁不燥。凡瘡瘍膿水多，非此不能生肌合口，外科聖藥。《日華本草》曰：療血崩最為要藥。《食療本草》曰：久服益精。即《本經》主無子，《別錄》令人有子之理，所以然者，精由血化也。又主眼中熱淚，研末和諸膽汁點，及一切浮瞖，和蜜點。眼科內服之方，亦不可少此。凡羞明，視物無力，迎風冷淚，青盲、雀目及內障、外障，皆係肝虛，丸藥中必須此物。《綱目》曰：主女子血枯，方見後。唾血下血，不論男女。跌傷出血。金刃傷同，傷時急以熱尿淋之，海螵蛸細末敷瘡口，即不腫痛、不作膿，以後不宜見水。若已犯水洗及他藥者，即不宜用此。又治女人陰戶嫁痛。交接後忽而腫痛名嫁痛，雖屢產者亦有此病，不必盡是新婚，勿誤會嫁字。云嫁痛者，謂其痛由交媾，如初嫁時景狀，所以別於不因交媾而痛也。蓋新婚非病，不須治療，此乃肝熱，不治可成膿腫。用此研末，塗入戶內，溺過又塗，以愈為度。同雞子黃塗小兒重舌、鵝口。同蒲黃末敷舌腫出血，及牙縫出血。同槐花末吹鼻止衄。同麝香吹耳，治聤耳多膿。《素問》曰：有病胸脇支滿者，妨於食，病至則先聞腥臊臭，出清液，先唾血，四肢清冷也，目眩，時時前後血，病名血枯。得之年少時，有所大脫血，或醉入房中，氣竭肝傷，故月事衰少不來。治之以烏鰂骨一藘茹茜草也，丸以雀卵，飲以鮑魚汁，乃治血枯第一神方。《經驗方》治小便血淋：同赤茯苓等分為末，生地、黃栢、車前煎濃湯下，每服三錢，日三服。《聖惠方》治卒然吐血：研末，米飲服二錢。《直指方》治腸風藏毒，內痔日久，多食易飢：先用海螵蛸炙黃為末，每服一錢，木賊湯下不如槐花，後服黃連猪藏丸。《普濟方》治疔瘡惡腫初起者：刺破，擠盡惡血，至鮮血出，研末摻，其疔自出。《經驗方》治疳眼流淚：同牡蠣等分研末，每服三錢，猪肝一兩煮食，久服取效。《海上方》治赤瞖，攀睛貫瞳：海螵蛸一錢，辰砂三分，研細，黃蠟少許化和，臨卧以黍米大一丸揉入眦中，天明溫水洗之，名照水丹。或不用黃蠟，加猪膽皮燒灰頻點，更效。《眼科秘笈》：海螵蛸、爐甘石、滑石等分，點多年爛弦，甚效。癢者加真膽礬十之一。《楊氏家藏方》：海螵蛸半觔研末，黃蠟三兩和作餅，每用七八錢，同猪肝二兩，批開摻藥紥定，煮食之，飲汁盡，勿食蠟渣，治青盲、雀目。均妙方也。而其餘用，又可殺蟲。《拾遺》曰：春夏時井中生小蟲，投骨於中，蟲盡死。

按：此物既補血虛，又主上下血熱妄行，復治癥瘕血閉，女子血閉，月事不行，久則不治，必須此物為君，隨症輔以他藥。是其於血能行能止，可謂通才。乃張鼎云久服絕嗣無子，吳瑞云動風，皆屬妄談，切勿為其所誤。

清・張德裕《本草正義》卷下　海螵蛸　鹹，温。肝腎藥。可療血病，如血閉血淋，吐血下血，臍腹疼痛，下痢膿血，俱可研末飲服。尤治目中熱淚，磨翳去障，及疳瘡痘瘡臭爛，膿濕下疳等瘡，俱可研末調塗。燒灰酒服，治婦人陰戶嫁痛。同雞子黃，可塗重舌鵝舌。同蒲黃敷舌腫出血，同槐米吹鼻止衄血，同麝香吹耳，治聤耳耳聾。烏鰂魚可治婦人血枯經閉，亦能補益精氣。

清・楊時泰《本草述鉤元》卷二八　烏賊魚骨　魚性嗜烏，每自浮水上，飛烏啄之，乃捲取入水而食之，故名。其骨即海螵蛸。出近海州郡，形若革囊，口在腹下，八足聚生口旁，無鱗有長鬚。血色及膽正黑如墨，書字逾年則滅。外皮亦黑，內肉則白，只背上有骨，形如樗蒲子而稍長，兩頭尖，色白輕脆，重重有紋，指甲刮之，可為末也。

味鹹，氣微溫。入足厥陰少陰經，為血證要藥。主治女子赤白漏下經汁及血枯傷肝，吐血、下血，并療血閉、血瘕，治驚氣入腹，腹痛環臍，丈夫陰中腫痛，女子小戶嫁痛。其味鹹而走血，為厥陰血分藥，故血枯、血瘕、經閉、崩帶、下痢、疳疾，厥陰本病也；寒熱、瘧疾、聾癭、少腹痛、陰痛，厥陰經病也；目瞖流淚，厥陰竅病也。《素問》有病胸脇支滿者，妨於食，病至則先聞腥臊臭，出清液，先唾血，四肢清，目眩，時時前後血，病名血枯。得之年少時有所大脫血，或醉入房中，氣竭肝傷，故月事衰少不來。治之以四烏賊骨一藘茹為末，丸以雀卵，大如小豆，每服五丸，飲以鮑魚汁，所以利腸中及傷肝也。觀此則其入厥陰血分無疑瀕湖。眼中熱淚及一切浮瞖，研末和蜜點之。同蒲黃末，傅舌腫出血如泉。同槐花末吹鼻，止衄血。治諸目瞖，烏賊骨、五靈脂等分，為細末，熟猪肝切片蘸食，日二。鼻瘡疳䘌，烏賊骨、白及各一錢，輕粉二字，為末搽之。血淋，烏賊骨、生地、赤苓等分為末，每服一錢，柏葉車前湯下。臟毒、腸風及内痔、下血，日久，多食易飢，老少皆治，先用海螵蛸炙黄，去皮，研末，每服一錢，木賊湯下，三日後，服猪臟黄連丸。

論：烏賊骨既治女子赤白漏下經汁及血崩、唾血、下血矣，而又主血閉月事衰少不來，癥瘕無子，何以一物之用，能通能止迥殊哉？夫經閉有有餘、不足二證，有餘多為氣與寒與積所逆，證發於暫，或痛或實，通劑乃可用之，不足者衝任内竭，其證無形，其來也漸，不可用通劑。烏賊所主者，乃肝傷血閉不足之病也。即崩漏亦有有餘、不足之分，其為熱所乘，致傷衝任者，是謂有餘，可治以黄連解毒湯；其肝腎受傷，而衝任之氣不能約制經血者，是謂不足，治以烏賊骨末，醋湯調下是也。然則用烏賊骨或通或止，總為益肝腎之陰氣而已。氣之益也，能固脱，即其能通閉者也。氣猶夫也，血猶妻也，血隨氣而行，亦因氣而固，方書概言中氣，而不言肝腎之氣，雖補益中氣，亦可以治肝腎，第由肝腎之虚以傷中氣者，不本病因而投之可乎。如烏賊骨乃治肝腎之氣者。且陰氣陽氣之治有殊，此味稟陰氣之專以化血，而血黑，故肝腎之陰氣有損者，投之適宜，不漫同他味之能益陰也。《爾雅翼》：九月寒烏入水，化為此魚。《相感志》烏賊過小滿則形小，是專稟陰氣之一證。女子赤白帶下，方書多主濕熱，東垣云：此任脉之病，尺脉濡弱而滑，沉微無力，為白帶，為血虚，或濇數而實，為赤帶，為熱。然則烏賊所主者，任脉病，非中宫濕熱下溜之病也。其味鹹，宜歸水臟，血為水所化，一切主治，總由益腎之陰氣，并使肝之藏血者，能司其運化出納之職而已，豈獨為女子要藥乎？凡屬血病，上而鼻舌，下而前後血，皆能療之，即不屬血病，上而目瞖，耳聾，下而溺失精遺痔患，亦能療之？即如驚氣痛腹，繆氏謂肝主驚，驚入肝膽，則營氣不和，故腹痛環臍也。入肝膽舒營氣，即專病如肝，不能遺肝之化原以為治矣。

繆氏云：血病多熱者，勿用。

辨治：勿用沙魚骨，其形極似，但以上文順者是真，横者為假。水煮一時，炙令黄，去皮細研，水飛日乾。

清・鄒澍《本經續疏》卷五　烏賊魚骨　【略】海舟遇風勢，虞漂覆則下矴。魚非畏漂覆者，何以亦下矴？不知魚固優游涵泳於水，若掀舞簸盪，非所樂也。況云九月寒烏入水所化，過小滿則形縮小，是烏本以不勝風力，故下矴而為魚。雖既為魚，豈忘風猛？且思休息，若不下矴，終無休息之期。小滿已後，風力自微，而此物防範勇敢之氣亦遂懈，是以形轉小，不曰瘠而曰縮。人身之氣猶風也，血猶水也。血由氣而化，以氣而行，氣由血而澤，以血而安。若血有所脱，則氣遂獨勝，而激揚飄驟，不能絪緼相感而相化，於是怒則促血妄出而成漏巵，弛則任血結聚而成癥瘕。得此輕虚潔白骨之似氣者，既能從空際下矴於水而為魚，轉危殆為安居，復能水中下矴於石，更使安居牢固焉。可會意！夫攝氣入血，固氣即所以固血，氣順而血不能不順矣。若命曰濇，或命曰通，其理均有所隔。觀其肉能益氣强志，不可為攝陽入陰之證耶？

清・葉桂《本草再新》卷一〇　海螵蛸味鹹，性温，無毒。入肝、脾、腎三經。和血通經，祛寒濕熱，治吐衄，腸風崩漏，久虚瀉痢，瘡症。

清・趙其光《本草求原》卷一六鱗部　烏賊骨即墨魚骨，一名海螵蛸。鹹歸水走血，血為水所化。温達肝和血。肝藏血。益肝腎之陰氣，使血隨氣行，亦因氣固，故血枯而為血閉、血瘕。《素問》云：氣竭肝傷，以致血枯。月事衰少不來，胸脇支滿。病至先聞腥臊臭，出清液，吐血，目眩，前後血病，治之以四烏賊骨，一茜根為末，丸以雀卵，飲以鮑魚汁。蓋茜根通經活血，雀卵壯陽益血。藥後即飯，即飲鮑魚汁，壓藥下行，利腸續絶。誠以肝傷由於醉飽入房，竭其中氣，故補肝腎之氣，仍欲其留頓於宫，從脾胃轉輸入下也。魚本水物，為血肉之品，能入水藏，通血脈，益陰氣。煮汁服，能引諸藥入肝經行血。凡石首、鯽魚，淡乾皆可用，不獨鮑魚也。及血枯而為白帶、吐下血、臟毒腸風及内痔久下血，為末，木賊湯下，三日後，服豬臟黄連丸。又凡陰血耗散，為末醋下。尿血、同生地、赤茯末，柏葉車前湯下。衄血、同槐花末吹鼻。舌腫出血。同蒲黄末敷。腸風崩漏，皆肝腎傷，而衝任之氣不能約制其經血也。又治驚氣入腹，腹痛環臍，肝主驚，驚傷則營氣不舒，故痛。陰中腫痛，燒末酒下。瘧疾，聾瘻，皆厥陰經病。目翳熱淚，厥陰竅病，為末蜜點。臍瘡出血膿，同乾胭脂末油開搽。聤耳出膿，腎竅病。性能燥膿收水，為末，加麝吹之。鼻瘡疳䘌，同白及、輕粉末搽。痢疾。又同五靈末蒸豬肝食，治目翳。常浮水中，俟烏啄之，即卷烏入水而食，故名烏賊。其腹中墨及膽可書字，但逾年即滅。浸煮炙黄，去皮研，水飛用。惡附子、白斂。其肉，益氣通經。

清・葉志詵《神農本草經贊》卷二　烏賊魚骨　味鹹，微温。主女子漏下赤白經汁，血閉陰蝕腫痛，寒熱癥瘕，無子。生池澤。

東游棄袋，海畔浮漂。化由鵁鶄，骨類螵蛸。纜風鬚勁，噀墨腹消。縱横文辨，白勝英瑶。

陳藏器曰：海人云是秦王東游，棄算袋於海所化。曹操樂府：流澌浮漂。蘇頌曰：陶隱居言，此是鸔烏所化。《爾雅》：鵅烏，鸔。李時珍曰：骨名海螵蛸，色白脆。《爾雅疏》：螵蛸，螳螂卵也。日華子曰：魚遇風波，即以兩鬚下注粘石如纜，故名纜魚。蘇頌曰：魚腹中有墨，能吸波噀墨，令水溷黑以自衛。雷斅論：沙魚骨亦相似，文順者真，橫者假。《宋史・志》：有美英瑤。

清・文晟《新編六書》卷六《藥性摘錄》　烏賊魚　鹹，平。益氣強志，通月經。多食動風氣。〇骨，名海螵蛸。鹹，微溫。殺蟲止痢，治女子血瘕，赤白漏下，血枯等症。去硬殼，為末用。乾墨魚煎湯，調服良。餘詳藥部溫血。

海螵蛸　即烏賊魚骨。味鹹，氣溫。入肝活血，入腎除寒逐濕。〇治血病因于寒濕，而見陰户腫痛，血瘕血崩血閉，腹痛環臍，及丈夫陰腫，下痢疳疾。外治目翳淚出，聤耳出膿，舌腫出血，小兒臍瘡等症，皆效。〇取魚骨，去硬殼，以魚鹵浸，炙黃，研服。或用此魚汁作服亦佳。惡附子、白斂、白及。

清・張仁錫《藥性蒙求・魚鱗介部》　烏賊骨一錢、三錢　烏賊骨溫，宣通血脈。氣竭肝傷，血枯妙藥。一名海螵蛸。鹹，溫。和血，入肝腎血分。治血枯，止上下失血。炙黃。得鹿茸、阿膠治崩中帶下。

清・王孟英《隨息居飲食譜・鱗介類》　烏鰂亦作烏賊，一名墨魚。鹹，平。療口鹹，滋肝腎，補血脈，理奇經，愈崩淋，利胎產，調經帶，療疝瘕。最益婦人，可鮮可脯。南洋所產，淡乾者佳。骨名海螵蛸，入藥功相似。卒然吐血，小兒痰齁，竝以海螵蛸末二錢，米飲下。跌打出血，海螵蛸末，傅。

清・劉善述、劉士季《草木便方》卷二蟲介鱗甲部　烏賊骨　墨魚骨鹹溫血脉，崩閉枯瘕腹痛血。瘧痢疳蟲目瞖淚，爛眩風眼耳膿捷。海螵蛸。

清・戴葆元《本草綱目易知錄》卷五　烏賊魚骨海螵蛸　鹹，溫。厥陰血分藥。療瘧，消癭，止血，點瞖，久服益精，令人有子。治女子赤白漏下，血閉寒熱，癥瘕無子，血枯傷肝，唾血下血，驚氣入腹，腹痛環臍，血崩血瘕，陰蝕腫痛，丈夫陰腫，小兒下痢，殺小蟲。燒灰酒服，治女子水戶嫁痛。研末和蜜，點眼中熱淚，一切浮瞖。傅小兒疳瘡及痘瘡臭爛，丈夫陰瘡，湯火灼傷，跌傷血出，並止瘡膿汁不乾。同雞子黃，塗小兒重舌、鵝口。同蒲黃，傅舌腫血出如泉及撲陰囊濕痒。同槐花末吹鼻，止衄血。同硃砂末吹鼻，治喉痹。同枯礬末吹鼻，治蠍螫痛。同(射)〔麝〕香吹耳，治耳聾及聤耳出膿。【略】

肉墨魚：鹹，平。益氣強志，益人，通月經。治男子夢洩遺精，婦人崩帶赤白。葆驗按：一婦久患赤白帶下，教食墨魚和肉煮食，漸愈。一種柔魚，性味俱同，無骨，產自福建，臛食佳。

清・陳其瑞《本草撮要》卷九　海螵蛸　味鹹，入足厥陰經，功專療血滯。得生地治血淋，得乾薑治血瘕，得鹿茸、阿膠治崩中帶下。燒末酒服，治腹痛環臍，陰蝕腫痛。以生者為末，加麝香少許，點目治目翳淚出。捻入耳治耳聤出膿。肉酸平，益氣強志。益人通經。以蒲黃等分為末，塗舌腫出血如泉，並敷跌破出血。一名烏賊骨。性溫，和血祛寒濕，治血枯尤良。惡附子、白及、白斂，能淡鹽。

清・吳汝紀《每日食物却病考》卷下　烏賊魚　味鹹，平，無毒。益氣強心，通月經。《素問》云：主女子血枯。生東海，無鱗，有鬚，黑皮白肉，腹中懷墨水，可書，踰年則滅跡，存白紙耳。煠熟，以薑、醋食之，脆美。大者如蒲扇，《相感志》云：過小滿則形小也。背骨，名海螵蛸。

清・周巖《本草思辨錄》卷四　烏賊魚骨　烏賊魚由寒烏入水而化，其骨白，骨為腎之合，而色白則屬肺，是為攝氣入血，故能化血中之氣。肉腴潤而骨獨燥，又能燥血中之濕。血閉癥瘕、驚氣入腹、腹痛環臍者，血為氣鬱也。漏下赤白、陰蝕、腫痛、瘡多膿汁者，血為濕亂也。治以烏賊魚骨，如磁石之引針，琥珀之拾芥矣。再以驚氣入腹之旨繹之，驚則氣亂，入腹則氣下趨而靡所止。烏賊魚能於水中下矴粘石，又何患驚氣之不止哉？

柔魚

明・姚可成《食物本草》卷一〇鱗部・無鱗魚類　柔魚生海中。與烏賊魚相似，但無骨爾。越人重之。柔魚，味甘，平，無毒。食之益脾滋腎，利血脉。

清・何其言《養生食鑒》卷下　鰇魚形如烏賊，但無骨爾。味甘、鹹，性平，無毒。益氣養血，乾者尤良。

清・李文培《食物小錄》卷下　柔魚　甘，鹹，溫，平，無毒。功同墨魚。

清・章穆《調疾飲食辯》卷六　柔魚　《圖經》曰：柔魚似烏鰂，但無螵蛸。越人重之而不著其性味。予意既無螵蛸，便非同類。雖養陰益血，海物均有同功，而力必不及烏鰂也。

清・趙其光《本草求原》卷一六鱗部　鰇魚　形似墨魚而無骨。鹹，平，無毒。益氣養血，乾者尤良。

清・文晟《新編六書》卷六《藥性摘錄》　鰇魚　形似烏賊，但無骨耳。甘鹹，性平。益氣養血。乾者良。○章魚，形相類而大，亦益人，味更美。

章魚

明・盧和、汪穎《食物本草》卷四魚類　章舉魚　一名石矩，比烏賊魚差大，味更珍好。

明・李時珍《本草綱目》卷四四鱗部・魚類　章魚《綱目》

【釋名】章舉韓文　⿰亻鳥魚音佶。《臨海志》。　【集解】頌曰：章魚、石距二物，似烏賊而差大，更珍好，食品所重，不入藥用。時珍曰：章魚生南海。形如烏賊而大，八足，身上有肉。閩、粵人多採鮮者，薑、醋食之，味如水母。韓退之所謂章舉馬甲柱，鬭以怪自呈者也。石距亦其類，身小而足長，入鹽燒食極美。

【氣味】甘、鹹，寒，無毒。時珍曰：按李九華云：章魚冷而不泄。　【主治】養血益氣時珍。

明・穆世錫《食物輯要》卷七　章魚　味甘、鹹，性寒，無毒。性雖冷，不傷胃，益氣血。閩地以鮮者和薑醋食，味如水母，頗佳。石距亦此類，身小足長。入鹽燒食，最佳。

明・趙南星《上醫本草》卷四　章魚　一名章舉。章魚生南海，形如烏賊而大，八足，身上有肉。閩粵人多採鮮者，薑醋食之，味如水母。韓退之所謂章舉馬甲柱，鬭以怪自呈者也。石距亦其類，身小而足長，入鹽燒食極美。甘、鹹，寒，無毒。主治：養血益氣。

明・應廮《食治廣要》卷七　章魚釋名章舉。　氣味：甘、鹹，寒，無毒。主治：養血益氣。其形如烏賊，而有八足。韓退之所謂章舉馬甲柱，鬭以怪自呈者，此也。閩粵人多取鮮者，和薑、醋食之，味如水母。

明・姚可成《食物本草》卷一〇鱗部・無鱗魚類　章魚一名章舉。章魚、石距二物，似烏賊而差大，味更珍好，食品所重。○李時珍曰：章魚生南海。形如烏賊而大，八足，身上有肉。閩、越人多捕鮮者，薑、醋食之，味如水母。韓退之所謂章舉馬甲柱，鬭以怪自呈者也。石距亦其類，身小而足長，入鹽燒食，極美。　章魚，味甘、鹹，寒，無毒。主養血益氣。

明・孟笨《養生要括・鱗類》　章魚　味甘、鹹，寒，無毒。養血益氣。

清・丁其譽《壽世秘典》卷四　章魚一名章舉，一名章鋸，以其足似鋸也，形如烏鰂而大，八足，身上有肉。閩粵人多採鮮者，薑、醋食之，味如水母。　氣味：甘、鹹，寒，無毒。主養血益氣。冷而不泄

清・何其言《養生食鑒》卷下　章魚　其形相類而大，亦益人，味更美。

清・章穆《調疾飲食辯》卷六　章魚　《臨海異物志》名⿰亻鳥魚，又名章舉。韓昌黎謂以怪自呈者，即此。《圖經》曰：似烏鰂而差大，更珍好。《綱目》曰：補血益氣，閩、粵人食其鮮者，味如水母。非也，味如鮮烏鰂耳。李九華曰：章魚冷而不泄。亦非也，海物味鹹能養血，故性平不熱，何至於冷。

清・趙其光《本草求原》卷一六鱗部　章魚　似墨魚而差大。甘、鹹，寒，無毒。養血益氣。

鮫魚

宋・唐慎微《證類本草》卷二一蟲魚部中品〔唐・蘇敬《唐本草》〕　鮫魚皮　主蠱氣，蠱疰方用之。即裝刀靶音霸錯音鵲魚皮也。

〔唐・蘇敬《唐本草》〕注云：出南海，形似鼈，無脚而有尾。

〔宋・馬志《開寶本草》〕按：《陳藏器本草》云：一名沙魚，一名鰒魚。皮主食魚中毒，燒末服之。《唐本》先附。

〔宋・掌禹錫《嘉祐本草》〕按：《蜀本圖經》云：圓廣尺餘，尾長尺許，惟無足，背皮麤錯。日華子云：鮫魚，平，微毒。

〔宋・蘇頌《本草圖經》〕曰：鮫魚皮，舊不著所出州土。蘇恭云出南海。形似鼈而無脚有尾。《山海經》云：鮫，沙魚，其皮可以飾劒是也。今南人但謂之沙魚。然有二種：其最大而長喙如鋸者，謂之胡沙，性善而肉美；小而皮麤者曰白沙，肉彊而有小毒。二種彼人皆鹽爲脩脯，其皮刮治去沙，翦爲鱠，皆食品之美者，食之益人。然皆不類鼈，蓋其種類之別耳。胡洽治五尸鬼疰，百毒惡氣等，鮫魚皮散主之。鮫魚皮炙、朱砂、雄黃、金牙椒、天雄、細辛、鬼臼、麝香、乾薑、雞舌香、桂心、莽草各一兩，貝母半兩，蜈蚣炙、蜴蜥炙各二枚，凡十六物，治，下篩，溫清酒服半錢匕，日三，漸增至五分匕，亦可帶之。中用蜈蚣、蜴蜥，皆此品類中，故并載方。

〔宋・唐慎微《證類本草》〕陳藏器云：皮主食魚中毒，燒末服之。鰒魚皮，是裝刀靶者，正是沙魚也。石決明，又名鰒魚甲，一邊著石，光明可愛，此蟲族，非魚類，乃是同名耳。沙魚，一名鮫魚，子隨母行，驚即從口入母腹也，其魚狀貌非一，皮上有沙，堪揩木，如木賊也。《食療》云：平。補五藏。作鱠食之亞於鯽魚，作鮓鱐食之并同。又，如有大患喉閉，取膽汁和白礬灰，丸之如豆顆，綿裹內喉中。良久吐惡涎沫，即喉嚨開。臘月取之。《海藥》：謹按《名醫別録》云：生南海。味甘、鹹，無毒。主心氣鬼疰，蠱毒，吐血，皮上有真珠斑。

宋・寇宗奭《本草衍義》卷一七　鮫魚、沙魚，皮一等，形稍異，今人取皮飾鞍、劍。餘如《經》。

宋・王繼先《紹興本草》卷一七　鮫魚沙魚　紹興校定：鮫魚，世呼沙魚是也。其皮《本經》雖具主治，但未聞入方驗據。其肉亦作食品，善動風氣。產海中，當云性溫、微毒為定。

宋・陳衍《寶慶本草折衷》卷一七　鮫魚皮肉在內。○膽附。○略記別種沙魚於後。　一名鯌魚皮，一名鰒魚皮，一名鮫沙魚，一名沙魚。○鯌，音鵲；鰒，步角切。出南海，即廣地。○附：膽，臘月取。

味甘、鹹，平，微毒。○主蠱氣。○《圖經》曰：鮫魚有二種，其最大而長喙如鋸者，謂之胡沙，性善而肉美；小而皮麁曰白沙，肉彊而有小毒。為脯為鱠皆益人。○陳藏器云：皮主食魚中毒，燒末服之，是裝刀靶者。○靶，音霸。○《食療》云：補五臟。○《海藥》云：主心氣鬼注吐血等。皮上有真珠斑也。

附：膽。○味苦用諸魚膽云。主患喉閉，取膽汁和白礬灰，丸之如豆顆，綿裹內喉中，良久，吐惡涎，即喉嚨開也。○此魚皮，其珠起突如沙，故一名沙魚也。又有別種沙魚，形類不一，皆通身生細沙，或淺青、淡白，或斑褐黯暗，皆毒而發風氣瘡痒。更有鹿魚，腦脊生莿，其沙尤峭，却不致發疾也。

元・忽思慧《飲膳正要》卷三　沙魚　味甘、鹹，無毒。主心氣，鬼疰蠱毒，吐血。

明・滕弘《神農本經會通》卷一〇　鮫魚皮　正是沙魚也。皮上有砂，堪揩木，如木賊，一名鰒魚皮。《本經》云：主蠱氣，蠱疰方用之。即裝刀靶音霸，鯌魚皮也。陳藏器云：主食魚中毒，燒末服之。日華子云：鮫魚，平，微毒。《圖經》云：胡洽治五尸鬼疰，百毒惡氣等，鮫魚皮散主之。鮫魚皮炙，硃砂、雄黃、金牙椒、天雄、細辛、鬼臼、麝香、乾薑、雞舌香、桂心、莽草各一兩，貝母半兩，蜈蚣炙、蜴蜥炙，各二枚，凡十六兩，治下篩，溫清酒服半錢匙，日三，漸至五分匙。亦可帶之。

明・劉文泰《本草品彙精要》卷三〇　鮫魚皮無毒。

鮫魚皮：主蠱氣；蠱疰方用之，即裝刀靶音霸鯌音鵲魚皮也。名醫所錄。

【名】沙魚、鰒魚。　【地】《圖經》曰：舊不著所出州土，今南海有之。陳藏器云：其形似鼈，無腳而有尾，圓廣尺餘，尾長尺許。子隨母行，驚即從口入於母腹。其魚狀貌非一，皮上有沙，堪揩木，如木賊也。《山海經》云：鮫沙魚，其皮可以飾劍。今南人但謂之沙魚，然有二種，其最大而長喙如鋸者，謂之胡沙，性善而肉美；小而皮粗者曰白沙，肉強而有小毒。二種彼人皆鹽爲修脯，其皮刮治去沙剪爲鱠，皆食品之美者，食之益人。然皆不類鼈，蓋其種類之別耳。　【時】生：無時。採：臘月取。　【收】暴乾。

【用】皮上有真珠斑者佳。　【色】青紫。　【味】甘，鹹。　【性】平，緩。　【氣】氣厚于味，陽中之陰。　【臭】腥。　【治】療：《圖經》曰：除心氣，鬼疰，蠱毒，吐血。補：《食療》云：作鱠食之，補五臟。　【合治】合朱砂、雄黃、金牙椒、天雄、細辛、鬼臼、麝香、乾薑、雞舌香、桂心、莽草各二兩，貝母半兩，蜈蚣、蜥蜴各炙二枚，共十六味同爲末，溫清酒服半錢，日三，漸增至五分匕，亦可帶之，療五屍鬼疰，百毒惡氣。○膽汁和白礬灰，丸如豆顆，綿裹內喉中，治患喉閉良久，吐惡涎沫，即喉嚨開。　【解】中魚毒，燒灰服之。

明・王文潔《太乙仙製本草藥性大全》卷八《本草精義》　鮫魚皮　一名沙魚，一名鰒魚。舊不著所出州土。出南海。形似鼈，無腳而有尾。其皮上有珍珠斑，可以飾劍是也。有二種，其最大而長喙如鋸者謂之胡沙，性善而肉美；小而皮麁者曰白沙，肉彊而有小毒。二種彼人皆鹽爲修脯，其皮刮治去沙，翦爲鱠，皆食品之美者，食之益人。然皆不類鼈，蓋其種類之別耳。

明・王文潔《太乙仙製本草藥性大全》卷八《仙製藥性》　鮫魚　味甘、鹹，氣平，無毒。　主治：主心氣而止吐血，祛鬼疰而解蠱毒。　膽：治喉嚨腫閉即開。　皮：主蠱氣蠱疰堪治，療食魚中毒，又粧飾劍鞍。　補註：患喉閉，取膽汁和白礬末灰，爲丸如指頭大，綿裹內喉中，良久吐惡涎沫即開。臘月取之。○食魚中毒，取皮燒灰末服之效。○治五尸鬼疰，百毒惡氣等，鮫魚皮散主之：鮫魚皮炙，硃砂、雄黃、金牙椒、天雄、細辛、鬼臼、麝香、乾薑、雞舌香、桂心、莽草各一兩，貝母半兩，蜈蚣炙、蜥蜴炙各二枚，凡十六物，治下篩，溫清酒服半錢匕，日三，漸增至〔五分匕，亦可帶之〕。

明・李時珍《本草綱目》卷四四鱗部・魚類　鮫魚《唐本草》

【釋名】沙魚《拾遺》　鯌魚鵲、錯二音。　鰒魚音剝。　溜魚時珍曰：鮫皮有沙，其文交錯鵲駮，故有諸名。古曰鮫，今曰沙，其實一也。或曰：本名鮫，訛爲鮫。段成式曰：其力健強，稱爲河伯健兒。藏器曰：鮫與石决明，同名而異類也。　【集解】恭曰：鮫出南海。形似鼈，無脚有尾。保昇曰：圓廣尺餘，尾亦長尺許，背皮粗錯。頌曰：有二種，皆不類鼈，南人通謂之沙魚。大而長喙如鋸者曰胡沙，性善而肉美；小而皮粗者曰白沙，肉强而有小毒。彼人皆鹽作脩脯。其皮刮治去沙，剪作鱠，爲食品美味，食益人。其皮可飾刀靶。宗奭曰：鮫魚、沙魚形稍異，而皮一等。時珍曰：古曰鮫，今曰沙，是一類而有數種也，東南近海諸郡皆有之。形並似魚，青目赤頰，背上有鬣，腹下有翅，味並肥美，南人珍之。大者尾長數尺，能傷人。皮皆有沙，如真珠斑。其背有珠文如鹿而堅强者，曰鹿沙，亦曰白沙，云能變鹿也。背有斑文如虎而堅彊者，曰虎沙，亦曰胡沙，云虎魚所化也。鼻前有骨如斧斤，能擊物壞舟者，曰鋸沙，又曰挺額魚，亦曰鐇䱜，謂鼻骨如鐇斧也，音蕃。沈懷遠《南越志》云：環雷魚，䱜魚也。長丈許。腹有兩洞，腹貯水養子。一腹容二子。子朝從口中出，暮還入腹。鱗皮有珠，可飾刀劍，治骨角。藏器曰：其魚狀貌非一，皆皮上有沙，堪揩木，如木賊也。小者子隨母行，驚即從口入母腹中。

肉　【氣味】甘，平，無毒。　【主治】作鱠，補五臟，功亞于鯽，亦可作鱐、鮓詵。甚益人頌。

皮　【氣味】甘、鹹，平，無毒。　【主治】心氣鬼疰，蠱毒吐血《别録》。蠱氣蠱疰恭。燒灰水服，主食魚中毒藏器。燒研水服，解鯸鮧魚毒，治食魚鱠成積不消時珍。

【附方】舊一，新一。　治疰鮫魚皮散：頌曰：胡洽治五尸鬼疰，百毒惡氣。鮫魚皮炙、朱砂、雄黄、金牙蜀椒、細辛、鬼臼、乾薑、莽草、天雄、麝香、鷄舌香各一兩，貝母半兩，蜈蚣、蜥蜴各炙二枚，爲末。每服半錢，温酒服，日二。亦可佩之。時珍曰：《千金》鮫魚皮散：治鬼疰。用鮫魚皮炙、龍骨、鹿角、犀角、麝香、蜈蚣、雄黄、朱砂、乾薑、蜀椒、蘘荷根等分，爲末，酒服方寸匕，日三服。亦可佩。

膽臘月收之。　【主治】喉痹，和白礬灰爲丸，綿裹納喉中，吐去惡涎即愈詵。

明·梅得春《藥性會元》卷下　鮫魚　一名沙魚，又名鰒魚。　主治蠱氣蠱疰方用。即裝刀靶䱜魚皮也。

明·穆世錫《食物輯要》卷七　鮫魚　味甘，平，無毒。補五臟，功亞鯽魚，作鮓亦佳。一名沙魚。味肥美，其青目赤頰，背有鬣，腹下有翅。大者尾長數尺，能傷人。皮，無毒。燒灰，水服，治食魚中毒，及食魚鱠成積不消者。皮有硃砂斑者，有鼻骨如斧，善擊物壞舟，名鋸沙。有似虎堅強者，名虎沙，一名胡沙。虎魚所化，能咬人。形被暗傷，人以紅布繫腰，可免。

明·吴文炳《藥性全備食物本草》卷三　鮫魚　味甘、鹹，氣平，無毒。主心氣，止吐血，祛鬼疰，解蠱毒。　膽：治喉嚨腫閉。　皮：主蠱疰百毒，療食魚中毒。又粧餙劒鞍，即沙魚也。

明·應廖《食治廣要》卷七　鮫魚　肉：氣味：甘，平，無毒。作鱠，補五藏，功亞於鯽。亦可作鮓，甚益人。

明·姚可成《食物本草》卷一〇鱗部·無鱗魚類　鮫魚一名沙魚。出南海。形似鼈，無脚有尾。圓廣尺餘，尾亦長尺許，背皮粗錯。〇沙魚有二種，大而長喙如鋸者，曰胡沙，性善而肉美；小而皮粗者，曰白沙，肉強而有小毒。彼人皆鹽作脩脯。其皮刮治去沙，剪作膾，為食品美，食最益人。其皮可飾刀靶。〇李時珍曰：古曰鮫，今曰沙，是一類而有數種也。東南近海諸郡皆有之，形竝似魚，青目赤頰，背上有鬣，腹下有翅，味竝肥美，南人珍之。大者尾長數尺，能傷人。皮皆有沙，如真珠斑。其背有珠文如鹿而堅彊者，曰鹿沙，亦曰白沙，云能變鹿也。背有斑文如虎而堅彊者，曰虎沙，亦曰胡沙，云虎魚所化也。鼻前有物如斧斤，能擊物壞舟者曰鋸沙。長丈許，腹有兩洞，腹貯水養子，一腹容二子，子朝從口中出，暮還入腹。鱗皮有珠，可飾刀劍，治骨角。〇陳藏器曰：其魚狀貌非一，皆皮上有沙，堪揩木，如木賊也。小者子隨母行，驚即從口入母魚腹中。

鮫魚：味甘，平，無毒。作鱠，補五臟，功亞於鯽，亦可作鱐、鮓。甚益人。　皮：味甘、鹹，平，無毒。主心氣鬼疰，蠱毒吐血，蠱氣蠱疰。燒灰水服，主食魚中毒，解河豚毒，治食魚鱠成積不消。　膽：治喉痹，和白礬灰為丸，綿裹，納喉中，吐去惡涎，即愈。

明·孟笨《養生要括·鱗類》　鮫魚　味甘，平，無毒。作鱠補五臟，功亞於鯽。亦可作鱐、鮓。

明·施永圖《本草醫旨·食物類》卷五　鮫魚名沙魚。出南海，形似鼈，無脚有尾，作鱠，為食品美味，食益人。其皮可飾刀靶，皮皆有沙，如真珠斑，其背有珠文。　肉：味甘，平，無毒。治：作鱠，補五臟，功亞於鯽。亦可作鮓，甚益人。　皮：味甘、鹹，平，無毒。治：心氣鬼疰，蠱毒吐血，蠱氣蠱疰。燒灰，水服，主食魚中毒。燒研，水服，解鯸鮧魚毒，治食魚鱠成積不消。　膽：臘月收之。治：喉痹，和白礬灰為丸，綿裹納喉中，吐惡涎即愈。

清·丁其譽《壽世秘典》卷四　鮫魚一名沙魚，古曰鮫，今曰沙，形稍異而皮一等，蓋一類而有數種也。形並似魚，青目赤頰，背上有鬣，腹下有翅，味並肥美，為食品之珍。大者尾長數尺，能傷人。皮皆有沙如真珠斑，可飾刀靶。其背有珠文如鹿而堅強者，曰鹿沙，亦曰白沙，云能變鹿也。背有斑文如虎而堅強者，曰虎沙，云身能化虎也。鼻前有骨如斧斤，能擊物壞舟者，曰鋸沙，又曰挺額魚。小者子隨母行，驚即從口入母腹中。　氣味：甘，平，無毒。主補五臟。皮，主鬼疰蠱毒。

清・朱本中《飲食須知・魚類》 鮫魚 味甘，性平，即沙魚。皮可飾刀劍。大者尾長數尺，能傷人。小者子隨母行，驚即從口入母腹中。虎沙能咬人，形被暗傷，人以紅布繫腰可免。忌甘草。

清・何其言《養生食鑒》卷下 沙魚有大、小兩種，皮皆有沙。小而幼者可磨光物，大粒者可飾刀靶。 味甘，性平，無毒。補五臟，消蠱氣。 翅名金絲菜，爽脾胃，甚益人。

清・张璐《本經逢原》卷四 鮫魚一名沙魚。 甘、鹹，平，無毒。 發明：鮫魚生南海，背皮粗錯，可飾刀靶。其肉作膾，補五藏。皮治尸疰蠱毒。燒灰解鯸鮧魚毒。

清・汪紱《醫林纂要探源》卷三 鮫魦 酸，鹹，平。出南海。類不一，虎頭魦最大，皮有沙，須剝去乃可食。小者皮可飾刀劍鞘。骨脆輭，鬐翅味尤美。消腫去瘀。 翅：甘，鹹，滑。滲濕行水。 白：甘，鹹，滑。腹中泡也。又曰鰾鮧。非此魚獨有，而此尤大。今人謂之魚肚，其實非肚也。亦海錯美品。 益肺補心，消痰逐水，下行養精固氣，澄清腎水，滋陰補陽，令人多子。

清・黃宫繡《本草求真》卷九 鮫魚補脾利水。 鮫魚耑入脾。即海中之沙魚者是也。生於南海，背皮粗錯，可餙刀把，其肉作膾。鮮活切片，沃以五味，生食為膾。能補五臟，功亞於鯽，蓋鯽補脾利水，想此亦屬利水之品。故有功亞於鯽之說也，皮治屍疰蠱毒，燒灰解鯸鮧魚毒。

清・李文培《食物小録》卷下 鮫魚即沙魚。 甘，溫，無毒。作鱠，補五臟，功亞于鯽，亦可作鮓。翅，味甚肥美，南人珍之，以為上饌。《南越志》云：環雷魚，鰽魚也。長丈許，腹有兩洞。腹貯水養子，一腹容二子，朝從口中出，暮還入腹。鱗皮有珠，可飾刀劍，治骨角。此即鮫魚也。皮，味尤美。

清・趙學敏《本草綱目拾遺》卷一〇鱗部 沙魚翅 沙即鮫魚，種類甚多，皆可食。《綱目》鮫魚條集解下，瀕湖註云：沙魚腹下有翅，味並肥美，南人珍之。主治下特載其肉、皮、膽之功用，翅獨略焉。今人習為常嗜之品，凡宴會餚饌，必設此物為珍享。其翅乾者成片，有大小，率以三為對，蓋脊翅一，劃水翅二也。煮之折去硬骨，檢取軟刺色如金者，瀹以雞湯，佐饌，味最美。漳泉有煮好剔取純軟刺，作成團，如胭脂餅狀，金色可愛，名沙刺片，更佳。

味甘性平，補五臟，消魚積，解蠱毒《食物宜忌》。益氣開膈，托毒，長腰力《閩部食疏》。清痰，開胃進食《藥性考》。

清・章穆《調疾飲食辯》卷六 鮫魚 《綱目》曰：一名沙魚，一名䱜魚，一名鰒魚，一名溜魚。段成式云：其力強健，稱為河伯健兒。《唐本草》云形似鼈，無脚有尾，非也。此魚有數種，形並似鯪鯉，不似鼈。青目紅頰，背有長鬛，腹有翅。大者尾長數尺，能傷人。身如真珠斑，其文似鹿者，名鹿沙，一曰白沙，能變鹿。似虎者，名虎沙，一曰胡沙，能變虎。《說鈴》曰：沙魚所變之虎，其斑文直，最善噬人。惟初變時，乍履砂石，其足畏疼，易於制伏。鼻前有骨如斧，能擊物壞舟者，名鋸沙，又名挺額，又名鐇䱜。沈懷遠《南越志》云：環雷魚，䱜魚也。長丈許，腹有兩洞，貯水養子，一洞容二子，朝從口出，暮還入母腹。《拾遺》亦云：子隨母行，驚即入母腹。其肉，《食療》云補五藏，《圖經》云甚益人。翅剝去外骨，瑩白如料絲，不受調和，味殊淡。皮可飾刀靶，粗糙堪揩木，治骨角，如木賊也。《別録》云：治心氣、鬼疰、蠱毒、吐血。此四種病，實為靈藥。又燒研水服，解鯸鮧魚毒。即河豚，惟此物及蘆根、橄欖木與核可解。恐一時缺乏，急覓刀劍有此皮為飾者，炒，研末服。《千金方》治鬼疰：鮫魚皮、炙龍角、犀角、鹿角、麝香、蜈蚣、雄黃、硃砂、乾薑、蜀椒、蘘荷根等分為末，酒服方寸匕，日三服，亦可佩之。

按：鬼疰最惡，其症腹中作痛，時發時止。藥不能除，禳不能解，久則必死，死則其骨肉一人繼病。殺人愈多，疰愈靈，愈難制伏，必至滅門。惜龍角、犀角難得，予意用羚羊角、貍血，《外臺》治尸疰，有貍骨散方。或虎睛、虎爪等代之，亦係血肉有情。凡邪祟病，非藏伏肝內，非血肉腥羶，不達病所，非神靈威猛，不能驅除。故《傷寒論》有小柴胡加龍骨牡蠣法，為後人治祟諸方之祖也。

清・趙其光《本草求原》卷一六鱗部 沙魚即鮫魚。 似鱉，無腳有尾，背皮粗錯，可飾刀靶。其肉作膾，補五臟，功近於鯽。其皮，治尸疰、蠱毒。炙同龍角、鹿角、蜈蚣、雄黃、朱砂、乾薑、細辛、川椒、麝香、蘘荷根為末酒服。 翅名金絲菜，爽脾胃，益人。

清・文晟《新編六書》卷六《藥性摘録》 鮫魚 即海中之鯊魚，功亞于鯽。〇皮，治屍疰蠱毒。 沙魚：有大小兩種，皮皆有沙。甘，平。補五臟，消蠱毒。〇翅名金絲菜，爽脾胃，甚益人。〇魚肚，補精液。

清・王孟英《隨息居飲食譜・鱗介類》 鮫魚即沙魚。 甘，平。補五藏。作鮓甚益人。其皮亦良，解諸魚毒，殺蟲辟蠱，愈傳屍勞。煨肉味佳，滋陰補血。鬣翅以清補勝，煨糜甚利虛勞。

清·田綿淮《本草省常·魚蟲類》 魚翅 此海中沙魚也。肉不美，今人用其翅，為海錯上品。性平。清熱利濕。

海鷂魚

宋·唐慎微《證類本草》卷二〇蟲魚部上品〔唐·陳藏器《本草拾遺》〕 海鷂魚齒 無毒。主瘴瘧。燒令黑，末，服二錢匕。魚似鷂，有肉翅，能飛上石頭。一名石蠣，一名邵陽魚。齒如石版。生東海。

明·盧和、汪穎《食物本草》卷四魚類 邵陽魚 有毒。主瘴瘧。尾有刺，人犯之至死。

明·寧源《食鑒本草》卷上蟲魚部 少陽魚 味甘、鹹，寒，無毒。治男子白濁、膏淋，玉莖澁痛。

明·王文潔《太乙仙製本草藥性大全》卷八《本草精義》 海鷂魚 一名邵陽魚。生南海。形似鷂，有肉翅，能飛上石頭，一名石蠣。尾長二尺，刺在尾中，逢物以尾撥之。食其肉，而去其刺。尾刺人者有大毒，三刺中之者死，二刺者困，一刺者可以救。候人溺處釘之，令人陰腫痛，拔去即愈。海人被其刺毒者，魚扈竹及海獺皮解之已。

明·王文潔《太乙仙製本草藥性大全》卷八《仙製藥性》 海鷂魚齒 無毒。 主治： 主瘴瘧神方，燒黑末服二錢。

明·李時珍《本草綱目》卷四四鱗部·魚類 海鷂魚《拾遺》

〔釋名〕邵陽魚《食鑒》作少陽。 荷魚《廣韻》作鰰。 鱝魚音忿。 鯆魮魚音鋪毗。 蕃踰魚番沓。 石蠣時珍曰：海鷂，象形。少陽、荷，並言形色也。餘義莫詳。

〔集解〕藏器曰：生東海。形似鷂，有肉翅，能飛上石頭。齒如石版。尾有大毒，逢物以尾撥而食之。其尾刺人，甚者至死。候人尿處釘之，令人陰腫痛，拔去乃愈。海人被刺毒者，以魚扈竹及海獺皮解之。又有鼠尾魚、地青魚，並生南海，總有肉翅。刺在尾中，食肉去刺。時珍曰：海中頗多，江湖亦時有之。狀如盤及荷葉，大者圍七八尺。無足無鱗，背青腹白。口在腹下，目在額上。尾長有節，螫人甚毒。皮色肉味，俱同鮎魚。肉內皆骨，節節聯比，脆軟可食，吳人腊之。《魏武食制》云蕃踰魚大者如箕，尾長數尺，是矣。《嶺表録異》云：鷄子魚，嘴形如鷂，肉翅無鱗，色類鮎魚，尾尖而長，有風濤即乘風飛於海上。此亦海鷂之類也。

肉 〔氣味〕甘、鹹，平，無毒。時珍曰：有小毒。 〔主治〕不益人弘景。男子白濁膏淋，玉莖澀痛寧源。

齒 〔氣味〕無毒。 〔主治〕瘴瘧，燒黑研末，酒服二錢匕藏器。

尾 〔氣味〕有毒。 〔主治〕齒痛陶弘景。

明·穆世錫《食物輯要》卷七 邵陽魚 味甘鹹，平，無毒。不益人。同生薑煮，臨起和紫沙餹，味頗佳，不腥氣。治白濁膏淋，莖中痛。肝，味佳，少和薑、餹煮，免腥氣。其尾善刺人，候人尿處釘之，令陰腫痛至死，必拔去乃痊。

明·吳文炳《藥性全備食物本草》卷三 海鷂魚一名邵陽魚。 生南海，形似鷂，有肉翅能飛上石頭。一名石蠣，尾長二尺，刺在尾中，逢物以尾撥之，食其肉而去其刺，尾刺人者有大毒，三刺之者死，二刺者困，一刺者可以救，候人溺處釘之，令人陰腫痛，拔去即愈。海人被其刺毒，煮魚扈竹及海獺皮解之愈。

肉鮓： 味甘，平，無毒，主癬，和柳葉搗碎熱炙傅之。又主馬瘑瘡，取酸臭者和糝及屋上塵傅之。瘑似疥而大。凡鮓皆發瘡疥，可合殺蟲瘡藥用之。

脂： 主牛疥狗瘑瘡，塗之立愈。脂是和灰泥船者，腥臭為佳。又主癥，取銅器盛二升，作大火炷脂上，燃之令暖，於癥上熨之，以紙籍腹上，晝夜勿息火良。

齒： 治瘴瘧，燒黑末之，每二錢酒調服神効。

明·應慶《食治廣要》卷七 海鷂魚釋名邵陽魚。 肉： 氣味： 甘、鹹，平，無毒。主治： 男子白濁膏淋，玉莖澀痛。陶弘景曰： 不益人。 按： 海鷂魚，海中頗多，江湖亦時有之。狀如盤及荷葉，大者圍七八尺，無足，無鱗，背青，腹白，口在腹下，目在額上，尾長有節，螫人甚毒。

明·姚可成《食物本草》卷一〇鱗部·無鱗魚類 海鷂魚一名邵陽魚。 生東海。形似鷂，有肉翅。能飛上石頭。齒如石版。尾有大毒，逢物以尾撥而食之，其尾刺人，甚者至死。候人尿處釘之，令人陰頭腫痛，拔去乃愈。海人被刺毒者，以魚扈竹及海獺皮解之。又有鼠尾魚、地青魚，竝生南海，總有肉翅。刺在尾中，食肉去刺。○李時珍曰： 海鷂魚，海中頗多，江湖亦時有之。狀如盤及荷葉，大者圍七八尺。無足無鱗，背青腹白。口在腹下，目在額上。尾長有節，螫人甚毒。皮色肉味，俱同鮎魚。肉內皆骨，節節聯比，脆軟可食，吳人腊之。《嶺表錄異》云： 雞子魚嘴形如鷂，肉翅無鱗，色類鮎魚，尾尖而長。有風濤即乘風飛於海上。此亦海鷂之類也。又《魏武食制》云： 蕃踰魚，大者如箕，尾長數尺。 蕃踰，即海鷂也。

海鷂魚：　味甘、鹹，平，無毒。不益人。男子白濁膏淋，玉莖澀痛，可以治之。　齒：　無毒。治瘴瘧，燒黑研末，酒服二錢匕。　尾：　有毒。治齒痛。

清・丁其譽《壽世秘典》卷四　海鷂魚一名邵陽魚，狀如盤及荷葉，大者圍七八尺，無足無鱗，背青腹白，口在腹下，目在額上，尾長有節，螫人甚毒。皮色肉味，俱同鮎魚，肉内皆骨，節節聯比，脆軟可食。　氣味：　甘，鹹，平，有小毒。治男子白濁膏淋，玉莖澀痛。

清・朱本中《飲食須知・魚類》　邵陽魚　味甘、鹹，性平，有小毒。狀如盤及荷葉，無足無鱗，背青腹白，口在腹下，目在額上，尾長有節，螫人甚毒。吳人腊之，食之無益。其尾候人尿處釘之，令陰腫痛至死，拔去乃愈。被刺毒者，以魚扈竹及海獺皮解之。

清・何其言《養生食鑒》卷下　少陽魚狀如盤及荷葉，大者圍七八尺，無足無鱗，背青腹白，口在腹下，目在額上，尾長有節，螫人甚毒，肉内有骨，節節聯比，脆軟可食，俗名蒲魚，黄色者更美。　味甘、鹹，性平，無毒。治男子白濁膏淋，玉莖澁痛，不甚益人。中其尾毒者，癢悶不已，用葛布燒灰，調蔴油塗，即愈。

清・汪紱《醫林纂要探源》卷三　鱝　鹹，平。鱝，音憤。形如荷葉，頭足聚腹下。一名荷葉魚，一名鍋蓋魚。

清・李文培《食物小録》卷下　燕魚一名鍋蓋魚，一名荷葉魚。　氣腥、膻，味甘、酸，有毒。不宜食。

清・章穆《調疾飲食辯》卷六　海鷂魚　《拾遺》曰：　此魚有肉翅能飛，故名海鷂。《綱目》曰：　形團似荷葉，故名荷葉魚。又名邵陽魚，《食鑒本草》作少陽，吾鄉呼邵荷皮。又名石蠣，又名鯆魮魚，又名鱝魚，又名蕃鯩魚。生海中者圍七八尺，生江湖者略小。無鱗無足，背青腹白，口在腹下，目在背心，尾長有節。陶隱居曰：　其肉不益人。寧源曰：　能治白濁膏淋，莖中澁痛。

按：　此魚極有毒，除白濁外，病人忌食。一説此魚具十二生肖肉，蛇肉在尾，去尾則無毒，大不然也。尾刺如劍，兩傍有鋸齒，傷人至死。海獺皮炙焦研末，醋調敷可解，外以海獺皮包之。若候人溺處，以尾刺釘其地，令人陰腫痛，發寒熱。然則非僅惡毒，亦妖物也，可輕食乎。

清・趙其光《本草求原》卷一六鱗部　蒲魚即少陽魚。　形圓如荷葉，無鱗，口生腹下，尾長可螫人。甘，鹹，平，無毒。治白濁、膏淋、玉莖澀痛。不益人。背淡黄者佳。中其尾毒，令人癢悶，以葛布灰調油搽。

清・王孟英《隨息居飲食譜・鱗介類》　鱝魚一名荷魚，俗呼鍋蓋魚。　甘、鹹，平，尾有毒。主玉莖澀痛，白濁膏淋。性不益人。亦可作鮝。

魚脂

宋・唐慎微《證類本草》卷二〇蟲魚部上品〔唐・陳藏器《本草拾遺》〕

魚脂　主牛疥、狗瘑瘡，塗之立愈。脂是和灰泥船者，腥臭爲佳。又主癥。取銅器盛二升，作大火炷，脂上燃之，令暖徹，於癥上熨之，以紙籍腹上，晝夜勿息火，良。

明・李時珍《本草綱目》卷四四鱗部・附録　魚脂《拾遺》

〔釋名〕魚油時珍曰：　脂，旨也。其味甘旨也。

〔氣味〕甘，温，有小毒。時珍曰：　魚脂點燈，盲人目。　〔主治〕癥疾，用和石灰泥船魚脂腥臭者二斤，安銅器内，燃火炷令暖，隔紙熨癥上，晝夜勿息火。又塗牛狗疥，立愈藏器。　時珍曰：　南番用魚油和石灰艌船。亦用江豚油。

明・孟笨《養生要括・鱗類》　魚脂　味甘，溫，有小毒。治癥疾。

明・施永圖《本草醫旨・食物類》卷五　魚脂名魚油。　味甘，溫，有小毒。魚脂點燈盲人目。治癥疾，用和石灰泥船魚脂腥臭者二斤，安銅器内，燃大炷，令暖，隔紙熨癥上，晝夜勿息火。又塗牛狗疥立愈。南番用魚油和石灰艌船，亦用江豚油。

清・丁其譽《壽世秘典》卷四　魚油　氣味：　甘，溫，有小毒。治癥疾，塗牛犬疥，立愈。點燈盲人目。和石灰艌船良。

清・章穆《調疾飲食辯》卷六　魚油　《拾遺》曰：　能治癥癖，腥臭魚油二觔，盛銅器内，炷火令暖，隔紙熨癥上，晝夜勿息。一法用舊棉絮一塊，入魚油内浸透，置癥所，熨斗炷火熨之，日一作，久熨取效。又塗六畜疥癩。然燈損人目。

黄魚

宋・唐慎微《證類本草》卷二〇蟲魚部上品〔唐・孟詵《食療本草》〕　黄魚　平，有毒。發諸氣病，不可多食。亦發瘡疥，動風。不宜和蕎麥同食，令人失音也。

宋・唐慎微《證類本草》卷二〇蟲魚部上品〔唐・陳藏器《本草拾遺》〕

鱣魚肝　無毒。主惡瘡疥癬。勿以鹽炙食。郭注《爾雅》云：鱣魚長二三丈。《顔氏家訓》曰：鱣魚純灰色，無文。古書云：有多用鱣魚字爲鱓，既長二三丈，則非鱓魚明矣。《本經》又以鱓爲鼉，此誤深矣。今明鱑魚，體有三行甲，上龍門化爲龍也。

元・忽思慧《飲膳正要》卷三　乞里麻魚　味甘，平，無毒。利五藏，肥美人。脂黄肉稍麄。胞亦作膘。其魚大者，有五六尺長，生遼陽東北海河中。

黄魚　味甘，有毒。發風動氣，不可與蕎麵同食。

元・吴瑞《日用本草》卷五　黄魚　味甘，平，有毒。發諸氣病，不可多食。亦發瘡疥，動風。不宜合蕎麥食，令人失音。

明・滕弘《神農本經會通》卷一〇　黄魚　《食療》云：平，有毒。發諸氣病，不可多食。亦發瘡疥，動風。不宜和蕎麥同食，令人失音也。

明・盧和、汪穎《食物本草》卷四魚類　鱣魚　無毒。肝，主惡瘡癬疥。《詩》言鱣鮪發發。即今之鰉魚也。

明・寧源《食鑒本草》卷上　黄魚　甘，平，有小毒。背黄頭尖，下江呼名黄頰魚是也。發風動氣，發瘡疥，病人忌食。

明・寧源《食鑒本草》卷上　鰉魚　味甘，平，無毒。味極肥美，楚人尤重之，食多生熱疾。　鮓：肥美奇絶，亦不益。

明・王文潔《太乙仙製本草藥性大全》卷八《仙製藥性》　鱣魚肝　無毒。　主治：主惡瘡疥癬，勿以鹽炙食之。

明・李時珍《本草綱目》卷四四鱗部・魚類　鱣魚音邅。《拾遺》。校正：時珍曰：《食療》黄魚係重出，今併爲一。

【釋名】黄魚《食療》　蠟魚《御覽》　玉版魚時珍曰：鱣肥而不善游，有邅如之象。曰黄曰蠟，言其脂色也。玉版，言其肉色也。《異物志》名含光，言其脂肉夜有光也。《飲膳正要》云：遼人名阿八兒忽魚。　【集解】藏器曰：鱣長二三丈，純灰色，體有三行甲。逆上龍門，能化爲龍也。時珍曰：鱣出江淮、黄河、遼海深水處，無鱗大魚也。其狀似鱘，其色灰白，其背有骨甲三行，其鼻長有鬚，其口近頷下，其尾歧。其出也，以三月逆水而上。其居也，在磯石湍流之間。其食也，張口接物聽其自入，食而不飲，蟹魚多誤入之。昔人所謂鱣鮪岫居，世俗所謂鱘鱑魚喫自來食是矣。其行也，在水底，去地數寸。漁人以小鉤近千沉而取之，一鉤着身，動而護痛，諸鉤皆着。船游數日，待其困憊，方敢掣取。其小者近百斤。其大者長二三丈，至一二千斤。其氣甚鯹。其脂與肉層層相間，肉色白，脂色黄如蠟。其脊骨及鼻，并鬐與鰓，皆脆軟可食。其肚及子鹽藏亦佳。其鰾亦可作膠。其肉骨煮炙及作鮓皆美。《翰墨大全》云：江淮人以鱘鱑魚作鮓名片醬，亦名玉版鮓也。

肉　【氣味】甘，平，有小毒。詵曰：發氣動風，發瘡疥。和蕎麥食，令人失音。寗源曰：味極肥美，楚人尤重之。多食，生熱痰。作鮓奇絶，亦不益人。時珍曰：服荆芥藥，不可食。　【主治】利五臟，肥美人。多食，難剋化時珍。

肝　【氣味】無毒。　【主治】惡血疥癬。勿以鹽炙食藏器。

明・穆世錫《食物輯要》卷七　鱣魚　味甘，平，微毒。肥美，和五臟。多食難消，生痰助熱，發風動氣，發瘡疾。同蕎麥麪食，令人失音。肝，味甘，無毒。炙食，散惡血。

明・吴文炳《藥性全備食物本草》卷三　鰉魚　味甘、平、無毒。味極肥美，楚人尤重之。多食生熱疾。鮓肥味美奇絶，亦不益人。

明・趙南星《上醫本草》卷四　鱣魚音邅　其居也，在磯石湍流之間；其食也，張口接物，聽其自入，食而不飲，蟹魚多誤入之。昔人所謂鱣鮪岫居，世俗所謂鱘鱑魚喫自來食是矣。其小者，近百斤；其大者，長二三丈，至一二千斤。味極肥美，楚人尤重之。甘，平，有小毒。主治：利五臟，肥美人。多食難剋化，發氣動風，發瘡疥。和蕎麥食，令人失音。時珍曰：服荊芥藥不可食。

明・應廛《食治廣要》卷七　鱣魚音邅。釋名：黄魚，又名玉版魚。肉：氣味：甘，平，有小毒。主利五藏，肥美人。多食，難剋化。肝：氣味：無毒。主治：惡血疥癬。勿以鹽炙食。鱣出江淮、黄河、遼海深水處，無鱗，大魚也。小者近百斤，大者長二三丈，至一二千斤。江淮人以之作鮓，名片醬，亦名玉版鮓。昔人所謂鱣鮪岫居，世俗所謂鱘鱑魚吃自來食，蓋其居在磯石湍流之間，張口接物故也。

明・姚可成《食物本草》卷一〇鱗部・無鱗魚類尾　鱣魚一名着甲魚，一名蠟魚，一名玉版魚。陳藏器曰：鱣長二三丈，純灰色，體有三行甲。逆上龍門，能化為龍也。○李時珍曰：鱣出江淮、黄河、遼海深水處，無鱗大魚也。其狀似鱘，其色灰白，其背有骨甲三行，其鼻長有鬚，其口近頷下，其尾歧。其出也，以三月，逆水而生。其居也，在磯石湍流之間。其食也，張口接物聽其自入，食而不飲，蟹魚多誤(食)〔入〕之。昔人所謂鱣鮪岫居，世人所謂鱘鱑魚喫自來食是矣。其行也，在水底，去地數寸。漁人以小鉤近千，沉而取之，一鉤着身，動而護痛，諸鉤皆着。船游數日，待其困憊，方敢掣取。其小者近百斤，大者長二三丈，至一二千斤。其氣甚腥。其脂與肉層層相間，肉色白，脂色黄如蠟。其脊骨及鼻，并鬐與鰓，皆脆軟可食。其肚及子鹽藏亦佳。其鰾亦可作膠。其肉骨煮炙及作鮓皆美。《翰墨大全》云：江淮人以鱘鱑魚作鮓，名片醬，亦名玉版鮓也。

鱣魚：味甘，平，有小毒。主利五臟，肥美人。多食，難尅化。肝：主惡血疥癬。勿以鹽炙食。和蕎麥食，令人失音。

明・孟笨《養生要括・鱗類》 鱣魚 味甘，平，有小毒。利五臟，肥美人。多食難尅化。

明・施永圖《本草醫旨・食物類》卷五 鱣魚音邅，名鱘黃魚。出江、淮、黃河、遼東深水處，無鱗，大魚也。其背有骨甲三行，其鼻長，肉色白，脂色黃如蠟，其脊骨及鼻并鬐與鰓，皆脆軟可食。肉：味甘，平，有小毒。發氣動風，發瘡疥。和蕎麥食，令人失音。味極肥美，楚人尤重之，多食生熱痰。作鮓奇絶，亦不益人。服荊芥藥不可食。治：利五臟，肥美人。多食難尅化。肝：味無毒。治：惡血疥癬。勿以鹽炙食。

清・丁其譽《壽世秘典》卷四 鱣魚音邅。鱣肥而不善游，有邅如之象故名。今江東呼為黃魚，出江淮、黃河、遼海深水處，無鱗大魚也，其狀似鱘，其色灰白，其背有骨甲三行，其鼻長有鬚，其口近頷下，其尾歧。其食也，張口接物，聽其自入，食而不飲，蟹、魚多誤入之。其居在磯石湍流之間，其行在水底，去地數寸。漁人以小鉤近千，沉而取之。一鉤着身，動而護痛，諸鉤皆着，船遊數日，待其困憊，方敢掣取。其小者近百觔，大者千餘觔。其氣甚鯹，其脂與肉層層相間，肉色白，脂色黃。其脊骨及鼻並鬐與腮，皆脆軟可食。其肚及子，鹽藏亦佳。其鰾可作膠。 氣味：甘，平，有小毒。主利五臟，肥美人。多食難尅化。 發明孟詵曰：發氣動風，發瘡疥。和蕎麥食，令人失音。作鮓雖佳，亦不益人。服荊芥藥，不可食。

清・尤乘《食鑒本草・魚類》 鱣即黃魚。 滑腸動火。今所名黃魚者，石首魚也。頭中有石，治石淋，燒灰、水磨皆可服。

清・朱本中《飲食須知・魚類》 鱣魚 味甘，性平，有小毒。即黃魚，俗呼著甲魚。多食生痰助熱，發風動氣，發瘡疥。同蕎麥麪食，令人失音。作鮓食，令人難尅化。服荊芥藥者，忌之。

清・李熙和《醫經允中》卷二三 甲魚 即鰉魚。 甘，溫，小毒。動風發氣，和蕎麥食令人失音。

清・张璐《本經逢原》卷四 甲魚本名鱣魚。 甘，溫，小毒。 發明：鱣魚無鱗而有甲，故俗名為著甲。江淮、黃河、遼海水深處皆有之。長二三丈，逆上龍門，能化為龍，味極肥美。但發氣動風，和蕎麥食令人失音。其肝味勝河豚，食之令人肌膚乾脫，亦動風之驗也。

清・汪紱《醫林纂要探源》卷三 鱣 甘，溫。江湖河泲中大魚，有百餘斤者，首似龍，身無鱗而夾鬐，有甲二道至尾，可以磨薑，肉色黃，骨脆輭可食。今曰鰉魚。 壯筋骨，長氣力。

題清・徐大椿《藥性切用》卷八 鱘黃魚 一名鱣魚。性味甘平，利五藏，肥美人。多食動風發瘡。

清・李文培《食物小錄》卷下 鱣魚即鱘鰉魚。 甘，平，有小毒。利五臟，肥美人。多食難尅化，作鮓極美。

清・章穆《調疾飲食辯》卷六 鱣魚 《綱目》曰：其脂色黃如蠟，故《食療》名黃魚，《太平御覽》名蠟魚。肉色白，故俗呼玉版魚。脂肉皆夜視有光，故《異物志》名含光魚。生江、淮、河、海深處。無鱗，大魚也。狀似鱘，色灰白，背有骨印三行，鼻長有鬚，口近頷下。其出常以二三月，其居在磯石湍流。其食張口聽其自入，故云鱘鱑魚吃自來食。其行在水底，去地數寸。漁人載糗糧於舟，以小鉤千百，況水取之。一鉤着身，擺播求脫，所觸諸鉤皆着，隨其奔逸，止則牽掣，使行至數日困憊，乃逐漸曳至洲渚撈取。小者近百觔，大者長二三丈，至千觔。脂肉層層相間，氣甚腥，味肥美。脊骨及鼻，並鬐、腮皆脆軟可食。肚與子，鹽藏作鮝俱佳。鰾可作膠，性能肥人，利五臟，多食難尅化。

按：凡物脂肥者皆補，黃魚脂肉相間，其利臟腑，自不待言。然過肥必壅，且夜視有光者皆有毒，瘡瘍、風損人不宜食也。

清・王孟英《隨息居飲食譜・鱗介類》 鰉魚亦作黃本，名鱣，一名蠟魚，亦名玉版魚。 甘，溫。補虛，令人肥健。多食難化，發疥生痰。作鮓極珍，亦勿多食。反荊芥，其肚及子鹽藏頗佳。其脊骨、顋鼻、脣鬐，皆肥耎，以充珍錯，其鰾最良，固精止帶。

清・田綿淮《本草省常・魚蟲類》 黃魚骨 性平。破血固陽。

清・戴葆元《本草綱目易知錄》卷五 鱣魚鱘鱑、黃魚。 肉，甘，平，有小毒。肥美，利五臟。多食難尅化，發瘡，生熱痰。【略】葆按：俗名黃魚肚。附載驗。

鰾：黃魚肚。葆增。 甘，溫。壯陽事，暖子宮，益精強陰，調經種子。治丈夫肝腎不足，腰脊骨痿，夢遺淋濁，勞傷虛損，女子衝任俱衰，赤白漏下，經閉寒熱，陰冷無子。古方失載，今種子丸用之多效。葆按：初胗臨症，意謂《本草》不載，未敢據用。承庭訓先嚴述其功旋，因一婦年三十六未受孕，培補藥服罔效。求治予，仿種子丸，倍魚鰾常服，連舉二子。一許姓婦帶濁年久，補之不應，滋之益甚，教以黃魚鰾，每早切數片，飯上蒸軟如麻糍，白糖調，點食漸愈。一余叟，年已登古稀，每動腦後，枕骨漬漬輒响，亦教照法食，俱服斤許，愈。故特列名，并附驗。

清・吴汝紀《每日食物却病考》卷下　鱣魚　俗謂之鱘鰉魚，狀似鱘而不若其長，鼻無鱗而背有骨甲三行，大者長二三丈，灰色，肉白脂黃，遍身骨腮皆脆軟可食。味甘，平，有小毒。利五藏，肥健人，極甘腴，人重之。但多食難剋化，動風氣，發瘡疥耳。

鱘魚

宋・唐慎微《證類本草》卷二〇蟲魚部上品〔唐・陳藏器《本草拾遺》〕

鱘魚　味甘，平，無毒。主益氣補虛，令人肥健。生江中，背如龍，長一二丈，鼻上肉作脯名鹿頭。一名鹿肉。補虛下氣，子如小豆。食之肥美，殺腹内小蟲。

〔宋・唐慎微《證類本草》〕《食療》：有毒。主血淋。可煮汁飲之。其味雖美，而發諸藥毒。鮓，世人雖重，尤不益人，服丹石人不可食，令人少氣。發一切瘡疥，動風氣。不與乾笋同食，發癱緩風。小兒不與食，結癥瘕及嗽。大人久食，令人卒心痛，并使人卒患腰痛。

宋・陳衍《寶慶本草折衷》卷一六　鱘魚脯、子、鮓附。○附註黃魚於後。生江中。附：脯，一名鹿頭，一名鹿肉。○又附：鮓，忌乾筍。

味甘，平，有毒。○主益氣補虛，肥健。長一二丈。○《食療》云：主血淋，煮汁飲之。發諸藥毒。

附：脯。○補虛下氣。附：子。○殺腹内小蟲。附：鮓。○發瘡疥，動風氣，久食心痛腰痛，服丹石人食，令少氣。與小兒食，結癥瘕及嗽。不與乾笋同食，發癱緩風。○此前元有黃魚條，并鱘魚作鮓，名鱘黃鮓，尤動風發瘡。其黃魚刪訖。

元・忽思慧《飲膳正要》卷三　阿八兒忽魚　味甘，平，無毒。利五藏，肥美人，多食難克化。脂黃肉麄，無鱗、骨，止有脆骨。胞可作膘膠，甚粘。膘與酒化服之，消破傷風。其魚大者有一二丈長，一名鱘魚，又名鱣魚。生遼陽東北海河中。

元・吴瑞《日用本草》卷五　鱘魚　味甘，平，無毒。背如龍，長丈餘，鼻上有肉，作脯名為鹿脯。嫩骨如玉板。味雖美，久食令人卒患心疼，腰痛，發諸藥毒，令人少氣，發一切瘡疥，發癱瘓，動風氣。　主益氣補虛，令人肥健。鮓，世人所重，尤不益人。服丹石人不可食。亦不可同乾笋食。

明・滕弘《神農本經會通》卷一〇　鱘魚　陳藏器云：味甘，氣平，無毒。主益氣，補虛，令人肥健。生江中，背如龍，長一二丈，鼻上肉作脯，名鹿頭肉。補虛下氣。子如小豆，食之肥美，殺腹内小蟲。

明・盧和、汪穎《食物本草》卷四魚類　鱘魚　味甘，平，益氣補虛，肥健人。其子肥美，殺腹内小蟲。

明・寧源《食鑒本草》卷上　鱘魚　味甘，平，有小毒。益氣補虛，令人肥健。發諸風、瘡疥疾。　子：甚肥美，殺腹中小蟲。　鮓：世人雖重之，亦不益人。

明・王文潔《太乙仙製本草藥性大全》卷八《本草精義》　鱘魚、鱣魚舊本《本經》俱不載。生江中，背如龍，長一二丈，鼻上肉作脯名鹿頭，一名鹿肉，其味雖美，而發諸藥毒。鮓，世人雖重，尤不益人。服丹石人不可食，令人少氣，發一切瘡疥，動風氣，不與乾筍同食。鱣魚長二三丈，《顔氏家訓》曰：鱣魚純灰色，無文。古書云有多用。鱣魚字爲鱓，既長二三丈，則非鱓魚明矣。《本經》又以鱓爲鼉，此誤深矣！今明鱑魚體有三行甲，上龍門化爲龍也。

明・王文潔《太乙仙製本草藥性大全》卷八《仙製藥性》　鱘魚　味甘，氣平，有小毒。　主治：主益氣而補虛，能令肥健。治血淋而下氣，堪作脯鮓。味雖美，則發諸藥毒。動風氣兼發癱瘓風。小兒常食結癥瘕而又咳嗽，大人久服卒心痛并患腰疼。　子：如小豆，食之肥美極，能殺腹内小蟲。

補註：患血淋宜煮汁飲之良驗。

明・皇甫嵩《本草發明》卷六　鱘魚上品。味甘，無毒。　主益氣補虛，令人肥健。鼻上肉作脯，補虛。《食療》云：有毒。血淋，可煮汁飲之。味雖美，而發諸藥毒。○鮓，雖世重，尤不益人。服丹石人不可食。發一切疥瘡，動風氣。與笋同食，發癱瘓風。小兒食，結癥瘕。久服令人卒心痛。此與《經》旨不合。愚見常食無傷，或痼疾食者相犯忌之。

明・李時珍《本草綱目》卷四四鱗部・魚類　鱘魚《拾遺》

〖釋名〗鱘魚尋、淫二音。　鮪魚音洧。　王鮪《爾雅》　碧魚時珍曰：此魚延長，故從尋從覃，皆延長之義。《月令》云：季春，天子薦鮪於寢廟。故有王鮪之稱。郭璞云：大者名王鮪，小者名叔鮪，更小者名鮥子，音洛。李奇《漢書注》云：周洛曰鮪，蜀曰鮔鱛，音亘懵。《毛詩義疏》云：遼東、登、萊人名尉魚，言樂浪尉仲明溺海死，化爲此魚。蓋尉亦鮪字之訛耳。《飲膳正要》云：今遼人名乞里麻魚。〖集解〗藏器曰：鱘生江中。背如龍，長一二丈。時珍曰：出江淮、黃河、遼海深水處，亦鱣屬也。岫居，長者丈餘。至春始出而浮陽，見日則目眩。其狀如鱣，而背上無甲。其色青碧，腹下色白。其鼻長與身等，口在頷下，食而不飲。頰下有青斑紋，如梅花狀。尾歧如丙。肉色純白，味亞於鱣，鬐骨不脆。羅願云：鱘狀如鬵鼎，上大下小，大頭哆口，似銕兜鍪。其鰾亦可作膠，如鱁鮧也。亦能化龍。

肉　〖氣味〗甘，平，無毒。詵曰：有毒。味雖美而發諸藥毒，動風氣，發一切瘡疥。久食，令人心痛腰痛。服丹石人忌之。勿與乾筍同食，發癱瘓風。小兒食之，成咳嗽及癥瘕。作鮓雖珍，亦不益人。　〖主治〗補虛益氣，令人肥健藏器。煮汁飲，治血淋孟詵。

鼻肉作脯名鹿頭，亦名鹿肉，言美也。　〖主治〗補虛下氣藏器。

子狀如小豆。　〖主治〗食之肥美，殺腹內小蟲藏器。

明・穆世錫《食物輯要》卷七　鱘魚　味甘，平，無毒。補虛乏，益氣力，止血淋。多食，動風氣，令心痛腰疼，發瘡疾。同笋乾食，令癱瘓。小兒食之，成癥瘕。瑞云：善發藥毒。服丹石人勿食。子，性寒，無毒。肥美，殺蟲。此魚有二種：紫白味佳，剖之，脂水滴下若珠者；水白無味，有毒，脂汁滴下若水者。人不知也。

明・吳文炳《藥性全備食物本草》卷三　鱘魚　生江中，背如龍，長一二丈。味甘，性平，無毒。主益氣補虛，令人肥健。煮汁飲之，止血淋。鼻上肉作脯補虛下氣。然味雖甘美，而發諸藥毒及一切瘡疥，動風氣。與乾筍同食發癱瘓風。服丹石人食之令少食。小兒食之結癥瘕及嗽，大人久食令卒患心痛腰痛。子如小豆，性寒無毒，食之肥美，殺腹內小蟲。此魚有二種，紫白味佳。剖之脂下滴水若珠者；水白無味，有毒，脂汁滴下若水者，人不知也。

明・趙南星《上醫本草》卷四　鱘魚　甘，平，無毒。主治：補虛益氣，令人肥健。煮汁飲，治血淋。詵曰：有毒，味雖美而發諸藥毒，動風氣，發一切瘡疥。久食令人心痛、腰痛。服丹石人忌之。勿與乾筍同食，發癱瘓風。小兒食之，成咳嗽及癥瘕。

明・應麐《食治廣要》卷七　鱘魚一名王鮪。　肉：氣味：甘，平，無毒。主治：補虛益氣，令人肥健。煮汁飲，治血淋。鼻肉：作脯，名鹿頭，狀其美也。主補虛下氣。子：狀如小豆，食之肥美，殺腹內小蟲。《月令》云：季春，天子薦鮪于寢廟。故有王鮪之稱。服丹石人及小兒忌之。

明・姚可成《食物本草》卷一〇鱗部・無鱗魚類　鱘魚生江中。背如龍，長一二丈。〇李時珍曰：鱘魚出江淮、黃河、遼海深水處，亦鱣屬也。岫居，長者丈餘。至春始出而浮陽，見日則目眩。其狀如鱣，而背上無甲。其色青碧，腹下色白。其鼻長與身等，口在頷下，食而不飲。頰下有青斑紋，如梅花狀。尾歧如丙。肉色純白，味亞於鱣，鬐骨不脆。羅願云：鱘狀如鬵鼎，上大下小，大頭哆口，似鐵兜鍪。其鰾亦可作膠，如(鱘)〔鱁〕鮧也。亦能化龍。

鱘魚　味甘，平，無毒。主補虛益氣，令人肥健。煮汁飲，治血淋。鼻肉：即脆骨。主補虛，下氣。子：狀如小豆。食之肥美，殺腹內小蟲。俱不可多食，久食，發一切瘡疥，動風氣，令人心痛、腰痛。服丹石人忌之。勿與乾筍同食，發癱瘓風。小兒食之，成欬嗽及癥瘕。作鮓雖珍，亦不益人。

明・顧逢柏《分部本草妙用》卷一〇水族部　鱘魚　甘，平，無毒。主補虛益氣，令人肥健。煮汁飲，治血淋。鼻肉，補虛下氣。多食發藥毒、瘡疥，動風氣。勿與乾筍同食。

明・孟笨《養生要括・鱗類》　鱘魚　味甘，平，無毒。補虛益氣，令人肥健。煮汁飲，治血淋。鼻肉：作脯，補氣，下氣。子：食之肥美，殺腹內小蟲。

明・施永圖《本草醫旨・食物類》卷五　鱘魚名鮪魚。《月令》云：季春，天子薦鮪於寢廟。〇見日則目眩，其狀如鱣而背上無甲，其色青碧，其鼻長與身等，口在頷下，食而不飲，味亞於鱣，鬐骨不脆。　肉：味甘，平，無毒。味雖美而發諸藥毒，動風氣，發一切瘡疥。久食令人心痛、腰痛。服丹石人忌之。勿與乾筍同食，發癱瘓風。小兒食之或咳嗽及癥瘕。作鮓雖珍，亦不益人。　治：補虛益氣，令人肥健。煮汁飲，治血淋。　鼻肉：治：補虛，下氣。　子：狀如小豆。治：食之肥美，殺腹內小蟲。

清・丁其譽《壽世秘典》卷四　鱘魚一名鮪魚，大者為王鮪。《月令》云：季春，天子薦鮪於寢廟。故有王鮪之稱。出江淮、黃河、遼海深水處。岫居，山有穴曰岫，長者丈餘。春時始出穴中，入河水，見日目眩，浮水上。其狀如鱣，頭小而尖似鐵兜鍪，體無鱗甲，其色青碧，腹下色白，其鼻長與身等，口在頷下，頰下有青斑紋如梅花狀，尾歧如丙。肉色純白，味亞於鱣，鬐骨不脆，其鰾亦可作膠。

氣味：甘，平，無毒。主補虛益氣，令人肥健。　鼻：與肉同。

發明孟詵曰：有毒，味雖美而發諸藥毒，動風氣，發一切瘡疥。久食令人心痛、腹痛。服丹石人忌之。勿與乾筍同食，發癱瘓風。小兒食之，成咳嗽及癥瘕。作鮓雖珍，亦不益人。

清·朱本中《飲食須知·魚類》　鱘魚　味甘，性平，即鱘鰉魚。一名鮪魚。多食動風氣，發一切瘡疥。久食令人心痛腰疼。同筍乾食，發癱瘓。小兒食之，成咳嗽及癥瘕。能發諸藥毒，服丹石人忌食。作鮓雖珍，亦不益人。

清·李熙和《醫經允中》卷二三　鱘魚　勿與乾筍同食。　甘，平，無毒。主治補虛益氣。煮汁飲治淋。多食發藥毒，動風氣。

清·張璐《本經逢原》卷四　鱘魚本名鮪魚，生江中，長丈餘，身無鱗，鼻與身等，亦鱣屬也。　甘，平，無毒。　發明：此魚味雖美，而發諸藥毒，動風氣，發一切瘡疥，久食令人腰痛。服丹石人忌之。勿與乾筍同食，發癱瘓風。小兒食之成欬嗽及癥瘕。作鮓雖珍，亦不益人。

清·汪啟賢等《食物須知·諸葷饌》　鱘魚　發諸藥毒，造鮓尤不益人。大人食，致心腹痒疼。小兒食，結癥瘕發咳。服丹石人食，血熱瘡作。同乾筍食，癱瘓風生。　子，殺腹內小蟲，且令肢體肥澤，服可悅顏。

清·汪紱《醫林纂要探源》卷三　鮪　甘，濕。今曰鱘魚。又混稱鱣為鱘鰉，謬也。鱘似鰉而色青，長鼻如鐵兜鍪。又名䱜魱。岫居而川游，嘗以三月出水，大者不及百斤。功用略似鱣。

題清·徐大椿《藥性切用》卷八　鱘魚　一名王鮪。性味甘平，補虛益氣，令人肥健。多食動風發瘡。

清·章穆《調疾飲食辯》卷六　鱘魚　《綱目》曰，一名鱏魚，一名碧魚，一名鮪魚，一名鱘鰉。《月令》：季春，天子薦鮪於寢廟。《周禮》：漁人薦王鮪。《爾雅》曰：鮥，鮛鮪。郭注云：大者名王鮪，小者名鮛鮪，更小者名鮥子。李奇《漢書注》曰：周、洛曰鮪，蜀曰䱜鱧。《詩經疏義》曰：遼東、登、萊人名引魚。又名牛魚，又名扇魚。《飲膳正要》曰：遼人名乞里麻。背如龍，長一二丈，生大水中。春時出而浮水，見日則目眩，狀如鱣而背無骨印，色青碧，腹白，鼻長等身，口在頷下，頰有青斑如梅花，尾歧。肉白，味亞於鱣，鬣骨不脆。《爾雅》邢疏曰：今登、萊、遼東人呼尉魚，或呼仲明。仲明者，樂浪尉也，溺死海中，化此魚。幻說也。《爾雅翼》云：鱘狀如鬵鼎，上大下小，大頭哆口，似鐵兜鍪。鰾可作膠，亦能化龍。

按：鱘首即化龍，所謂鬵鼎、兜鍪者，皆比擬不切。《拾遺》曰：補虛益氣，令人肥健。《食療》曰：煮汁飲，治血淋。然動風發毒，久食令人心痛、腰痛。小兒食之成癥瘕及欬嗽。同乾筍食，發癱瘓。則其性雖滋補，為害亦不淺也。

清·趙其光《本草求原》卷一六鱗部　鱘魚　甘，平，無毒。補虛益氣，令人肥健。煮汁飲，治血淋。其子殺腹中小蟲。忌丹石、乾筍。鱘鰉，大者長二三丈。功用同。

清·文晟《新編六書》卷六《藥性摘錄》　鱘魚　大者長丈餘，小者二三尺。甘，平。補虛乏，益氣力，令人肥健。煮汁飲，治血淋。〇子，如小豆，味美，殺腹內小蟲。〇鰉魚，狀似鱘，味極肥美，功用頗同。多食生痰，作鮓可。絕大者不益人。〇近所賣黃魚頭，或即此魚之頭骨。

清·王孟英《隨息居飲食譜·鱗介類》　鱘魚　甘，溫。補胃，活血通淋。多食發疥患癥。味佳而性偏劣，作鮓亦無補益。鼻脯味美，療虛。子主殺蟲，味亦肥美。

清·陳其瑞《本草撮要》卷九　鱘魚　味甘，平，有小毒，入手太陰、厥陰經，功專發諸病。惟煮汁飲，治血淋。一名王鮪。

清·吳汝紀《每日食物却病考》卷下　鱘魚　生江中，鼻長與身等，骨脆而肉肥。味甘，平，無毒。益氣主虛，肥健人。其子肥美，狀如小荳，殺腹內蟲。

鳳尾魚

清·何其言《養生食鑒》卷下　鳳尾魚尖嘴長尾，首亦有石，肉多絲骨。　味甘，性平，無毒。和中暖胃。多食動風，亦發瘡疥。子味甘美，酸。食益人。

清·李文培《食物小錄》卷下　刀魚　甘，溫，無毒。開胃助脾。多食助火，動痰，發疥。此魚味佳于諸魚，清明後其骨則硬。

鯗子魚

明·姚可成《食物本草》卷一〇鱗部·魚類　鯗子魚生江海交畛之處。形軀大小與鱭魚相似，但首〔俯背〕駝。每四五月浮出，腹內有子。煎炙〔作〕葅，極〔佳〕。　鯗子魚，味甘、〔鹹，微寒。〕無毒。主益胃潤腸。多食洩瀉發疥。

勒魚

明・李時珍《本草綱目》卷四四鱗部・魚類 勒魚《綱目》

〔釋名〕時珍曰：魚腹有硬刺勒人，故名。〔集解〕時珍曰：勒魚出東南海中，以四月至。漁人設網候之，聽水中有聲，則魚至矣。有一次、二次、三次乃止。狀如鰣魚，小首細鱗。腹下有硬刺，如鰣腹之刺。頭上有骨，合之如鶴喙形。乾者謂之勒鮝，吳人嗜之。甜瓜生者，用勒鮝骨插蒂上，一夜便熟。石首鮝骨亦然。

肉〔氣味〕甘，平，無毒。〔主治〕開胃暖中。作鮝尤良時珍。

鰓〔主治〕瘧疾。以一寸入七寶飲，酒、水各半煎，露一夜服。時珍。《摘玄方》。

明・穆世錫《食物輯要》卷七 勒魚 味甘，平，無毒。和中氣，健脾養胃。鹽醃作鮝，功用同。

明・趙南星《上醫本草》卷四 勒魚 乾者，謂之勒鮝。肉：甘，平，無毒。主治：開胃暖中，作鮝尤良。

明・應麐《食治廣要》卷七 勒魚 肉：氣味：甘，平，無毒。主開胃暖中，作鮝尤良。骨：插甜瓜蒂上，一夜便熟。鰓：治瘧疾，以方寸入七寶飲中，酒水各半煎，露一夜，服即瘥。

明・姚可成《食物本草》卷一〇鱗部・魚類 勒魚魚腹有硬刺勒人，故名。出東海中，以四月、五月至，漁人設網候之，聽水中有聲，則魚至矣。有一次、二次、三次乃止。狀如鰣魚，小首細鱗，腹下有硬刺，如鰣腹之刺。頭上有骨，合之如鶴喙形。魚目比之他魚最大，目傍有骨，宛似鼠狀。乾者謂之勒鮝，吳人嗜之。甜瓜生者，用勒鮝骨插上一夜便熟。石首骨亦然。

勒魚：味甘，平，無毒。主開胃暖中。作鮝尤良。鰓：治瘧疾。以一寸入七寶飲，酒水各半煎，露一宵服。

明・顧逢柏《分部本草妙用》卷一〇水族部 勒魚 甘，平，無毒。主開胃〔暖〕中，作鮝尤良。瘧疾，以鰓一寸，入七寶飲，酒水各半，煎露一宿服。

明・孟笨《養生要括・鱗類》 勒魚 味甘，平，無毒。開胃暖中，作鮝尤良。

明・施永圖《本草醫旨・食物類》卷五 勒魚魚腹有硬刺勒人，故名。出東南海中，以四月至，漁人設網候之，聽水中有聲，則魚至矣。乾者謂之勒鮝。甜瓜生者，用骨插蒂上一夜，便熟。石首鮝骨亦然。肉：味甘，平，無毒。治：開胃暖中，作鮝尤良。鰓：治：瘧疾。以一寸，入七寶飲，酒、水各半煎，露一夜，服。

清・丁其譽《壽世秘典》卷四 勒魚狀如鰣魚而小，身薄骨細，腹下有硬刺如鰣腹之刺，頭上有骨合之如鶴喙形。乾者，謂之勒鮝。冬天出者名雪映魚，味佳。氣味：甘，平，無毒。主開胃暖中，作鮝尤良。

清・尤乘《食鑒本草・魚類》 勒魚 開胃暖中，作鮝尤良。

清・朱本中《飲食須知・魚類》 勒魚 味甘，性平。乾者謂之勒鮝。甜瓜生者，用勒魚骨插蒂上，一夜便熟。石首鮝骨亦然。

清・李熙和《醫經允中》卷二三 勒魚 甘，平，無毒。作鮝尤良，瘧疾以鰓一寸，入七寶飲，酒水各〔半〕煎，露一宿服。

清・张璐《本經逢原》卷四 勒魚 甘，平，無毒。發明：勒魚腹下有骨勒人，因以得名。以其甘溫開胃，有宜於老人之說，作鮝尤良。脊骨治瘧，以一寸入七寶飲，酒水各半煎，露一宿服之。

清・王道純《本草品彙精要續集》卷七 勒魚無毒 卵生。

勒魚肉：主開胃暖中，作鮝尤良《本草綱目》。〔名〕李時珍云：魚腹有硬刺勒人，故名。〔地〕出東南海中。〔時〕以四月至，漁人設網候之，聽水中有聲，則魚至矣。有一次、二次、三次乃止。〔用〕肉、鰓、骨。甜瓜生者，用勒鮝骨插蒂上，一夜便熟。石首鮝骨亦然。〔質〕狀如鰣魚，小首細鱗，腹下有硬刺如鰣腹之刺，頭上有骨合之如鶴喙形像。〔色〕白。〔味〕甘。〔性〕平。〔臭〕腥。〔行〕走胃經。〔助〕佐補脾之藥。〔製〕以鹽醃之，曬乾者，謂之勒鮝。〔治〕《摘元方》用勒魚鰓治瘧疾，以一寸入七寶飲，酒水各半煎，露一夜服。

清・吳儀洛《本草從新》卷六 勒鱼〔開胃，暖中。〕甘，平。開胃暖中。作鮝尤良。腹有硬刺勒人，故名。

清・汪紱《醫林纂要探源》卷三 勒魚 甘，鹹，平。最多子。

題清・徐大椿《藥性切用》卷八 勒魚 性味甘平，調中開胃，作鮝尤良。

清・李文培《食物小錄》卷下 勒魚 甘，平，無毒。開胃暖中。

清・王孟英《隨息居飲食譜・鱗介類》 勒魚 甘，平。開胃，暖藏，補虛。大而產南洋者良。鮮食宜雄，其白甚美；雌者宜鮝，隔歲尤佳。多食發風，醉者更甚。

清・田綿淮《本草省常・魚蟲類》 勒魚 腹中有硬刺勒人，故名。性平。開胃和中。

清·陳其瑞《本草撮要》卷九 勒魚 味甘，平，入手足太陰經，功專開胃暖中。作羹尤良。

清·吴汝紀《每日食物却病考》卷下 鰳魚 出東南海中，狀如鰣魚，小首細鱗。味甘，平，無毒。開胃暖中，作羹亦良。

鰣魚

宋·唐慎微《證類本草》卷二〇蟲魚部上品〔唐·孟詵《食療本草》〕 時魚 平。補虚勞，稍發疳痼。

元·吴瑞《日用本草》卷五 鰣魚 似魴肥美。江東四月有之。味甘，無毒。 主補虚勞，稍發疳疾及痼疾。

明·滕弘《神農本經會通》卷一〇 時魚 《食療餘》云：氣平。補勞虚。稍發疳痼。

明·盧和、汪穎《食物本草》卷四魚類 鰣魚 平，補虚勞，稍發疳痼。

明·寧源《食鑒本草》卷上 鰣魚 味甘，溫，平。美過諸魚，年年初夏時則出，甚貴重，餘月不復有也，故名。快胃氣，補虚勞。小兒有疳痼忌食之。 漁翁口訣：鰣魚乃魚中君子也。最惜鱗甲，以其美肥在鱗甲中故也。凡食不可煎，宜以五味同竹笋、荻芽蒸食之，亦不可去鱗甲也。蒸下五味汁，以小瓶埋土中，遇湯火傷塗之不作。

明·王文潔《太乙仙製本草藥性大全》卷八《仙製藥性》 鰣魚 味甘，氣平，無毒。其魚似鰱而鱗麄些，其尾小而短促。生江湖中。 主治：能補虚勞，稍發疳痼。

明·李時珍《本草綱目》卷四四鱗部·魚類 鰣魚《食療》

【釋名】甯源曰：初夏時有，餘月則無，故名。 出産時珍曰：按孫愐云：鰣出江東。今江中皆有，而江東獨盛。故應天府以充御貢。每四月鱭魚出後即出，云從海中泝上，人甚珍之。惟蜀人呼爲瘟魚，畏而不食。 【集解】時珍曰：鰣，形秀而扁，微似魴而長，白色如銀，肉中多細刺如毛，其子甚細膩。故何景明稱其銀鱗細骨，彭淵材恨其美而多刺也。大者不過三尺，腹下有三角硬鱗如甲，其肪亦在鱗甲中，自甚惜之。其性浮游，漁人以絲網沉水數寸取之，一絲罣鱗，即不復動。纔出水即死，最易餒敗。故袁達《禽蟲述》云：鰣魚罥網而不動，護其鱗也。不宜烹煮，惟以筍、莧、芹、荻之屬，連鱗蒸食乃佳，亦可糟藏之。其鱗與他魚不同，石灰水浸過，晒乾層層起之，以作女人花鈿甚良。

肉 【氣味】甘，平，無毒。詵曰：發疳痼。 【主治】補虚勞孟詵。 蒸下油，以瓶盛埋土中，取塗湯火傷，甚效甯源。

明·穆世錫《食物輯要》卷七 鰣魚 味甘，平，無毒。開胃補虚。多食，發痼疾，及瘡疥疳疾。

明·吴文炳《藥性全備食物本草》卷三 鰣魚 似鰱而鱗麄些，其尾小而短促。生江湖中。味甘，性平，無毒。開胃補虚。多食發痼疾及瘡疥疳疾。

明·趙南星《上醫本草》卷四 鰣魚 不宜烹煮，惟以筍、莧、芹、荻之屬，連鱗蒸食乃佳，亦可糟藏之。 肉：甘，平，無毒。主治：補虚勞。

附方 湯火傷：用蒸鰣魚油以瓶盛埋土中，取塗，甚効。

明·應麐《食治廣要》卷七 鰣魚 肉：氣味：甘，平，無毒。主治：補虚勞。多食，發疳痼。 蒸下油以瓶盛埋土中，取塗湯火傷，甚効。 按：袁達《禽蟲述》云：鰣魚罥網而不動，護其鱗也。不宜烹煮，惟以筍、莧、芹、荻之屬，連鱗蒸食，乃佳。亦可糟藏之。其鱗與他魚不同，石灰水浸過，晒乾，層層起之，以作女人花鈿，甚良。

明·姚可成《食物本草》卷一〇鱗部·魚類 鰣魚初夏時有，餘月則無，故名。〇按孫愐云：鰣出江東，今江中皆有，而江東獨盛。故應天府以充御貢。每四月海中泝上，人甚珍之。惟蜀人呼為瘟魚，畏而不食。〇李時珍曰：鰣形秀而扁，微似魴而長，白色如銀，肉中多細刺如毛，其子甚細膩。故何景明稱其銀鱗細骨，淵材恨其美而多刺也。大者長四五尺，腹下有三角硬鱗如甲，其肪亦在鱗甲中，自甚惜之。其性浮游，漁人以絲網沉水數寸取之，一絲罣鱗，即不復動。才出水即死，最易餒敗。故袁達《禽蟲述》云：鰣魚罥網而不動，護其鱗也。不宜烹煮，惟以筍、莧、芹、荻之屬，連鱗蒸食乃佳，亦可糟藏之。其鱗與他魚不同，石灰水浸過，晒乾層層起之，以作女人花鈿甚良。 鰣魚，味甘，平，無毒。主補虚勞，發疳痼，不宜多食。 蒸下油，以瓶盛埋土中，取塗湯火傷，甚效。

明·顧逢柏《分部本草妙用》卷一〇水族部 鰣魚 甘，平，無毒。主補虚勞。蒸，下油，以瓶盛，埋土中，取塗湯火傷甚効。多食發痼疾。

明·孟筌《養生要括·鱗類》 鰣魚 味甘，平，無毒。補虚勞。蒸下油，以瓶盛，埋土中，取塗湯火傷效。連鱗蒸食，佳。

明·施永圖《本草醫旨·食物類》卷五 鰣魚初夏時有，餘月則無，故名。一絲掛鱗，即不復動。出水即死，最易餒敗。連鱗蒸食乃佳，亦可糟藏之。 肉：味甘，平，無毒。發疳痼。治：補虛勞。蒸下油，以瓶盛埋土中，取塗湯火傷，甚效。

清・穆石匏《本草洞詮》卷一六 鰣魚 初夏時有，餘月則無，故名。其性浮游，漁人以網沉水數寸取之，一絲罣鱗，即不復動，護其鱗也。何景明稱其銀鱗細骨，彭淵材恨其美而多刺，金陵以充御貢，蜀人呼為瘟魚，豈地產有不同耶？ 肉甘，平，無毒。補虛勞，亦發疳痼。其鱗以石灰水浸過，曬乾，可作女人花鈿。

清・丁其譽《壽世秘典》卷四 鰣魚形秀而扁，微似魴而長，白色如銀，肉中多細刺如毛，其子甚細膩。初夏時有，餘月則無，故名。一名箭魚，腹下細骨如箭鏃，其肪在鱗甲中，故食不去鱗，亦自惜之。其性浮游，漁人以絲網沉水數寸取之，一絲掛鱗，即不復動。出水即死，最易餒敗。不宜烹煮，惟以筍、莧、芹、荻之屬，連鱗蒸食，乃佳。亦可糟藏。其鱗與他魚不同，石灰水浸過，晒乾，層層起之，以作女人花鈿，甚良。 氣味：甘，平，無毒。主補虛勞。多食發疳痼。蒸下油以瓶盛，埋土中，塗湯火傷，甚效。

清・尤乘《食鑒本草・魚類》 鰣魚 初夏有，餘月無。 發痼疾，生疳，補虛勞。

清・朱本中《飲食須知・魚類》 鰣魚 味甘，性平。多食發痼疾及瘡疥、疳疾。

清・何其言《養生食鑒》卷下 鰣魚形秀而扁，微似魴而長，白色如銀，肉中多細刺如毛，其子甚細膩。大者不過三尺，腹下有三角硬鱗如甲，其肪亦在鱗甲下。 味甘，性平，無毒。補虛。勞多食發痼疾。患疥癩疳疾者，忌之。不宜烹煮，惟以筍、莧、芹、荻之屬，連鱗蒸食乃佳。亦有糟藏之。

清・李熙和《醫經允中》卷二三 鰣魚 多食發痼疾。 甘，平，無毒。主補虛勞。蒸下油，以瓶盛埋土中，取塗湯火傷甚効。

清・张璐《本經逢原》卷四 鰣魚 甘，溫，無毒。 發明：鰣魚性補，溫中益虛而無發毒之慮。其生江中者大而色青，味極甘美；生海中者小而色赤，味亦稍薄。觀其暗室生光，迥非常魚可比，其鱗用香油熬塗湯火傷效。

清・汪啟賢等《食物須知・諸葷饌》 鰣魚 甘肥，進貢。每用補虛癆，發疳疾、痼疾。味最腥，能扶虛弱人。凡有癬疾、癩疾者，忌食之。

清・浦士貞《夕庵讀本草快編》卷六 鰣魚《食療》 初夏俗呼為三時，此魚過時則無，因以為名。 鰣魚甘平，補虛之佳品也。宜乎為食饌之珍。人愛其味，魚亦愛其身。袁達曰：罥網不動者，護其鱗也，故其鮮在鱗。前朝進貢以油漬糟封，未免減味。國朝用冰函馬遞，其法最良。予有《貢鮮頌》云：溯流翻玉質，舉網耀銀鱗。海宴呈奇味，天廚敵異珍。錫函馳駿馬，燈火遙神京。薦廟龍顏喜，歡呼賜近臣。

清・吳儀洛《本草從新》卷六 鰣魚〔補虛勞〕 甘，平。補虛勞。甯源〔甯源著《食鑑本草》〕云：蒸下油，以瓶埋地中，取塗湯火傷甚效。初夏時有，餘月則無，故名。《禽蟲述》〔袁達《禽蟲述》〕云：鰣魚罥網而不動，護其鱗也。不宜烹煮，唯以笋莧芹荻之屬，連鱗蒸食乃佳。其鱗與他魚不同，石灰水浸過，曬乾，層層起之，以作女人花鈿甚良。今應天府以允御貢。

清・汪紱《醫林纂要探源》卷三 鰣 甘，溫。季春始上，非其時則無，故名。鱗白肌腴，最鮮美。性自愛鱗，一絲罣之，則不復動。味美亦在鱗。瀕海諸郡皆有之，鎮江者尤佳。但肉嫩易餒。 鱗：貼治疔毒。是疔則粘，非疔則脫。

題清・徐大椿《藥性切用》卷八 鰣魚 性味甘平，補益宜人，虛勞可啖之。

清・黃宮繡《本草求真》卷九 鰣魚溫補脾肺。 鰣魚耑入脾肺。生江中者，大而色青，味極甘美；生海中者，小而色赤，味則稍薄，皆為席中所尚。置於暗室之中，則能生光，迥非常魚可比。性溫無毒，食能補中益氣，而無發毒之慮，較之於鰱，則性稍和。然惟夏時則有，餘月則無，多食亦發疳痼，鱗用香油熬塗湯火傷效。

清・李文培《食物小錄》卷下 鰣魚 甘，平，無毒。補虛勞，開胃助脾。其肪在鱗甲中，出水即死，最易餒敗，不宜烹煮，惟以筍、莧、芹、荻之屬，連鱗食乃佳。亦可糟藏。

清・趙學敏《本草綱目拾遺》卷一〇鱗部 鰣魚鱗 《本經逢原》：鰣魚性補，溫中益虛，而無發毒之慮。其生江中者，大而色青，味極甘美。生海中者，小而色赤，味亦稍薄。觀其暗室生光，迥非常魚可比。《綱目》主治，言其肉補虛勞，油塗湯火傷，於集解下記其鱗為婦人鈿飾，不及入藥功用。張佳時云：鰣魚須乘活時，拔劃水邊二鱗，尖長者佳。若死魚鱗，便減藥力。

湯火傷：《逢原》云：用鰣魚鱗香油熬塗，立效。茅集之云：鰣魚鱗貼腿瘡疼痛，立效。 治疔：《陳氏傳方》：疔瘡用鰣魚鱗貼上，則咬緊，先須與酒飯吃飽，然後將魚鱗邊略略揭起些，須用力急揭去，疔根便帶出也。但揭出疔根時，極痛無比，非醉飽，即暈倒也。《傅氏方》：水疔，用鰣魚腮下近腹處有劃水二瓣，瓣間有長鱗二瓣，最佳，但難得；今人以背上大鱗代之，貼上即消。毛世洪《經驗集》：鰣魚靨用手剖下，不可見水，陰乾收貯，此拔疔第一妙藥也。用時以銀鍼撥開疔頭，將一片貼上，以清涼膏蓋之，俟一宿揭開，其疔連根拔出，後用生肌散收功。予治兩貴婦大脚趾患瘡，二三年不收功，將靨一片，以銀花湯浸軟拭乾貼之，不數日而愈。下疳：《救生苦海》：鰣魚鱗焙乾煅研白色，名白龍丹，敷之即愈，得此可包醫。血痣：蔡雲白言：人生血痣，挑破血出不止者，用鰣魚鱗貼之，即痂而愈。

清・章穆《調疾飲食辯》卷六　鰣魚　《食鑒本草》曰：初夏時有，餘月則無，故名。《綱目》曰：出江東，每四月鰣魚出後即出，人甚珍之。應天府今江寧府以充御貢。似魴稍狹，白色如銀，肉中細刺極多。漁人以絲網沉水取之，一鱗罣絲，即不復動。《禽蟲述》曰：鰣魚罥絲而不動，護其鱗也。故其美在鱗。味甚肥，然過肥令人嫌厭。彭淵材至以鰣魚多刺為三恨之一，文人游戲之筆也。其性一無可取，能發痼疾，動疳蟲，又能生疫病。蜀人呼為瘟魚。《説鈴》曰：多出鰣魚之歲，必有瘟疫。非虛語也。獨其油瓶盛埋土中，塗湯火傷頗效。

清・趙其光《本草求原》卷一六鱗部　鰣魚俗名三黎。四月而出。甘，溫。暖中益虛，但發疥癩疳痼。其鱗用油熬，塗湯火傷妙。宜以筍、芹、莧、荻同煮，或糟食。

清・文晟《新編六書》卷六《藥性摘錄》　鰣魚　甘，溫，無毒。補虛勞。多食發痼疾。患瘡疥疳疾者，忌之。不宜烹煮，唯以筍、芹之類，連鱗蒸食佳。

清・陸以湉《冷廬醫話・補編》　鰣魚　《爾雅》鯦，當（作）魱。郭璞注：今江東呼最大長三尺者為當魱。邵氏《正義》謂即鰣魚。杭州鰣初出時，豪貴爭以餉遺，價甚貴，寒窶不得食也。凡賓筵，魚例處後，獨鰣先登，胡書農學士詩云：銀光華宴催登早，鯹味寒家餽到遲。體物殊切。炳章按：鰣魚靨，取後不落陰乾，凡遇疔瘡，取靨貼疔上，外膏藥蓋貼八時許，疔黏靨上，能拔出之，亦奇方也。

清・王孟英《隨息居飲食譜・鱗介類》　鰣魚　甘，溫。開胃，潤藏補虛。其美在鱗，臨食始去，厥味甚旨，可蒸可糟。諸病忌之，能發錮疾。鱗可為鈿，亦可拔疔。

清・田綿淮《本草省常・魚蟲類》　鰣魚　初夏則有，餘月則無，故名。性平。補虛勞，發疳痢痼疾。

清・陳其瑞《本草撮要》卷九　鰣魚　味甘，平，入手足太陰經，功專補虛勞。以鱗不沾水，曬乾研末，擦楊梅瘡效。

清・吴汝紀《每日食物却病考》卷下　鰣魚　味甘，平，無毒。補虛勞。多食稍發疳及痼疾。

鮭

附：日・丹波康頼《醫心方》卷三〇　鮭折青反。崔禹〔錫〕云：味鹹，大溫，無毒。主止下利，益氣力。其子似苺，赤光。一名年魚。春生而年中死，故名之。療風痹為驗。

水晶魚

明・姚可成《食物本草》卷一〇鱗部・魚類　水晶魚一名鱸魚。出吳浙太湖及諸湖中。頗似膾殘，長四五寸，大者及尺，無骨無鱗，圓渾如筋。初〔出水〕時，〔瑩潔〕如〔水晶〕，久則稍晦。〔然〕光白無疵，終屬可愛，〔薑〕葱〔烹煮〕，甚為佳品。　水晶魚，味甘，平，無毒。主疏利腸胃，〔消痰〕潤肺。不可多食，動濕生瘡。

鱠殘魚

附：日・丹波康頼《醫心方》卷三〇　王餘魚　《七卷經》云：食之無損益。郭璞云：王餘比目同，雖有二片，其實一魚也。不比行者，名為王餘也；比行者，名為比目也。《搜神記》云：昔越王為鱠，割魚而未切，墮半於海中，化魚，名王餘也。

明・寧源《食鑒本草》卷上　銀條魚　甘，平，無毒。寬中健胃，合生薑作羹良。

明・李時珍《本草綱目》卷四四鱗部・魚類　鱠殘魚《食鑒》

【釋名】王餘魚《綱目》銀魚時珍曰：按《博物志》云：吳王闔閭江行，食魚鱠，棄其殘餘於水，化爲此魚，故名。或又作越王及僧寶誌者，益出傅會，不足致辯。【集解】時珍曰：鱠殘出蘇、淞、浙江。大者長四五寸，身圓如筯，潔白如銀，無鱗。若已鱠之魚，但目有兩黑點爾，彼人尤重小者，曝乾以貨四方。清明前有子，食之甚美；清明後子出而瘦，但可作鮓腊耳。

【氣味】甘，平，無毒。　【主治】作羹食，寬中健胃寗源。

明・穆世錫《食物輯要》卷七　鱠殘魚　味甘，性溫，無毒。養胃寬中。多食，令人發瘡疥，及小兒赤遊風。

明・吴文炳《藥性全備食物本草》卷三　鱠殘魚　味甘，性溫，無毒。養胃寬中。多食令人發瘡疥。

明・趙南星《上醫本草》卷四　銀魚　一名鱠殘魚。時珍曰：出蘇淞、浙江，大者長四五寸，身圓如箸，潔白如銀，無鱗。清明前有子，食之甚美。清明後子出而瘦，但可作鮓腊耳。　甘，平，無毒。主治：作羹食，寬中健胃。

明・應廩《食治廣要》卷七　鱠殘魚　氣味：甘，平，無毒。主治：作羹食，寬中健胃。此即銀魚也，出蘇松浙江。大者長四五寸，身圓如筯，潔白如銀，無鱗，若已鱠之魚，但目有兩黑點爾。按：《博物志》云：吴王闔閭江行食魚鱠，棄其殘餘於水，化為此魚。或又作越王及僧寶誌者，皆出傅會，不足致辯。

明・姚可成《食物本草》卷一〇鱗部・魚類　銀魚生江湖中。色白如銀，身無骨，長二三寸，圓細如燈心者，乃為真也。味極鮮好，可以供上客、佐樽酌。土人曝而貨之四方，尤為珍美。但不可失風露水，恐致變壞也。　銀魚，味甘，平，無毒。寬中健胃，利水潤肺止欬。作乾，食之補脾。

鱠殘魚一名王餘魚。《博物志》云是吴王闔閭江行，食魚膾，棄其殘餘於水，化為此魚，故名。今出蘇、松、浙江。大者長四五寸，身圓如筯，潔白如銀，無鱗。若已鱠之魚，但目有兩黑點耳。彼人尤重小者，曝乾以貨四方。清明前有子，食之甚美；清明後子出而瘦，但可作鮓腊。　鱠殘魚，味甘，平，無毒。作羹食，寬中健胃，利氣和中。鮮者多食，亦能動濕。乾者尤良。

明・孟笨《養生要括・鱗類》　銀魚　味甘，平，無毒。作羹食，寬中健胃。

明・施永圖《本草醫旨・食物類》卷五　鱠殘魚名銀魚，出蘇、淞、浙江。大者長四五寸，身圓如筯，潔白如銀，無鱗。若已鱠之魚，但目有兩黑點。曝乾，以貨四方。清明前有子，食之甚美。清明後子出而瘦，但可作鮓腊耳。　味甘，平，無毒。治：作羹食，寬中健胃。

清・丁其譽《壽世秘典》卷四　銀魚一名鱠殘魚。《博物志》云：吴王江行食魚鱠，棄其殘餘于水，化為此魚故名。出蘇淞、浙江，大者長四五寸，身圓如筯，潔白如銀，無鱗，若已鱠之魚，但目有兩黑點耳。彼人尤重小者，清明前有子，食之甚美。　氣味：甘，溫，無毒。寬中健胃。

清・尤乘《食鑒本草・魚類》　鱠殘魚即銀魚。　寬中健胃。細者名銀魚，粗者名鱠殘，功同。

清・朱本中《飲食須知・魚類》　鱠殘魚　味甘，性平。鮮食多，令人發瘡疥及小兒赤遊風。晒乾者，名銀魚。又一種鱵魚，形似鱠殘，但喙上多生一鍼，功用相同。

清・何其言《養生食鑒》卷下　銀魚大者長四五寸，身圓如箸，潔白如銀，無鱗，若已鱠之魚，但目有兩點黑耳，俗名自飯魚。　味甘、淡，性平，無毒。作羹食，寬中健胃，不發病。小者，曝乾尤佳。

清・李熙和《醫經允中》卷二三　鱠殘魚　甘，平，無毒。主寬中開胃。

清・张璐《本經逢原》卷四　鱠殘魚俗名銀魚。　甘，平，無毒。發明：鱠殘出蘇松浙江，大者不過三四寸，身圓無鱗，潔白如銀。小者尤勝，鮮食最美，曝乾亦佳。作羹食之寬中健胃，而無油膩傷中之患。

清・王道純《本草品彙精要續集》卷七　鱠殘魚無毒　卵生。　鱠殘魚：主作羹食，寬中健胃《食鑒本草》。　【名】王餘魚《綱目》、銀魚。李時珍按《博物志》云：吴王闔閭，江行食魚鱠，棄其殘餘於水化爲此魚，故名。或又作越王。及僧寶誌者，蓋出傅會，不足致辯。　【地】出蘇松、浙江。【時】採：二三月取之，清明前有子，食之甚美。清明後子散而瘦，但可作鮓腊，彼人尤重小者，曝乾，以貨四方耳。　【用】肉作羹。　【質】大者長四五寸，身圓如箸，無鱗，若已鱠之魚，但目有兩黑點爾。　【色】潔白如銀，故名銀魚。　【味】甘。　【性】平。

清・吴儀洛《本草從新》卷六　鱠殘魚一名銀魚。　甘，平。作羹食，寬中健胃。

清・汪紱《醫林纂要探源》卷三　銀魚　甘，苦，平。細白如銀絲。湖海間皆有之。平望者尤佳。補肺清金，滋陰，補虚勞。魚類多動火發瘡，此獨不然。

題清・徐大椿《藥性切用》卷八　銀魚　一名鱠魚。性味甘平，寬中開胃，令人進食。

清・黃宮繡《本草求真》卷九　銀魚養中和胃。　銀魚耑入脾胃。即書所云鱠殘魚者是也。《博物志》云：吳王食魚鱠，棄其餘於水，化爲此魚。氣味甘平，不入治療。據書止言出於蘇、淞、浙江。大者不過三四寸，身圓無鱗，潔白如銀，小者尤勝。鮮食最美，曝乾亦佳。作羹食之，可以寬中健胃，而無油膩傷中之患。

清·李文培《食物小錄》卷下　鱠殘魚即銀魚。　甘，平，無毒。作羹食，寬中健胃。

清·章穆《調疾飲食辯》卷六　鱠殘魚　《博物志》曰：吳王闔閭江行，食鱠，棄其餘於水，化此魚，或又作越王，故名鱠殘。又名王餘，或又作僧寶誌，皆幻說也。外無鱗，內無刺，瑩白如銀，故又名銀魚。《綱目》曰：出蘇松、浙江等處，大者長四五寸，彼人尤重小者，曝乾以貨四方。按：此魚吾鄉亦多有，小者纔寸餘，今市肆以江南泗州者為最。《食鑒本草》曰：寬中益胃，滋氣血，養陰陽，百病無忌。

清·趙其光《本草求原》卷一六鱗部　銀魚一名鱠殘，俗名白飯。　甘，平，無毒。作羹食，寬中健胃，而無油膩傷中之患。

清·文晟《新編六書》卷六《藥性摘錄》　銀魚　甘，淡，性平。作羹食，寬中健胃，不發病。小者曝乾，尤佳。○鱵魚似銀魚，但背署(清)〔青〕，嘴尖，有一細骨如針，甘，平。益人，食之不染疫。

清·王孟英《隨息居飲食譜·鱗介類》　銀魚一名鱠殘魚。　甘，平。养胃陰，和經脈。小者勝，可作乾。

清·田綿淮《本草省常·魚蟲類》　銀魚　一名鱠殘魚，一名王餘魚。性平。寬中健胃。

清·陳其瑞《本草撮要》卷九　銀魚　味甘，平，寬中健胃。吳江者佳。一名鱠殘魚。

清·吳汝紀《每日食物却病考》卷下　鱠殘魚　即銀魚也，出蘇松浙江。小者曝乾，以貨四方，其白如銀。味甘，平，無毒。寬中健胃。

糊團魚

明·姚可成《食物本草》卷一〇鱗部·魚類　糊團魚生諸河中。長寸許，色白細小，無鱗無骨。土人曝而貨之。味亦下劣。　糊團魚，味淡，平，無毒。和脾胃，利小便。不可多食，動風助火。

鱅魚

宋·唐慎微《證類本草》卷二一蟲魚部中品〔唐·陳藏器《本草拾遺》〕　鱅魚　鮑魚注陶云：魚是臭者。按鱅魚，嶺南人作鮑魚。劉元紹云：其臭如屍，正與陶公相背。海人食之，所謂海上有逐臭之夫也。其魚以格額，目旁有骨，名乙。《禮》云：〔食〕魚去乙。鄭云：東海鰫魚也。秖食之，別無功用也。

明·盧和、汪穎《食物本草》卷四魚類　鱅魚　格額，目傍有骨，名乙，《禮》云：〔食〕魚去乙。一云：東海鰫魚，食之別無功用。又云：池塘所蓄頭大細鱗者，甘平益人。一種鰱魚，侣鱅，頭小色白，性急味勝。

明·李時珍《本草綱目》卷四四鱗部·魚類　鱅魚音庸。《拾遺》。

【釋名】鰫魚音秋。《山海經》。時珍曰：此魚中之下品，蓋魚之庸常以供饈食者，故曰鱅、曰鰫。鄭玄作溶魚。

【集解】藏器曰：陶注鮑魚云：今以鱅魚長尺許者，完作淡乾魚，都無臭氣。其魚目旁，有骨名乙，《禮記》云食魚去乙是矣。然劉元紹言，海上鱅魚，其臭如尸，海人食之。當別一種也。時珍曰：處處江湖有之，狀似鰱而色黑。其頭最大，有至四五十斤者，味亞于鰱。鰱之美在腹，鱅之美在頭。或以鰱、鱅爲一物，誤矣。首之大小，色之黑白，大不相侔。《山海經》云鰫魚似鯉，大首，食之已疣，是也。

肉　【氣味】甘，溫，無毒。藏器曰：秖可供食，別無功用。　【主治】暖胃益人汪穎。食之已疣。多食，動風熱，發瘡疥時珍。

明·穆世錫《食物輯要》卷七　鱅魚　味甘，性溫，無毒。暖胃健脾。多食，動風氣，發瘡疥。有重四五十斤者。

明·應廖《食治廣要》卷七　鱅魚音庸。　肉：氣味：甘，溫，無毒。主暖胃益人，食之已疣。多食動風熱，發瘡疥。按：鱅狀似鰱而色黑，其頭最大，味亞於鰱。鰱之美在腹，鱅之美在頭。或以鰱、鱅為一物，誤矣。

明·姚可成《食物本草》卷一〇鱗部·魚類　鱅魚一名鰫魚。今俗稱曰皂鰱，又呼為皂包頭，即此魚也。其魚目旁有骨，名乙，《禮記》云食魚去乙是矣。○李時珍曰：鱅魚處處江湖有之，狀似鰱而色黑。其頭最大，有至四五十斤者。味亞於鰱。鰱之美在腹，鱅之美在頭。或以鱮鱅為一物，誤矣。首之大小，色之黑白，大不相侔。《山海經》云，鰫魚似鯉，大首，食之已疣，是也。○鱅音庸，鰫音羞。　鱅魚，味甘，溫，無毒。主暖胃益人。食之已疣。多食，動風熱，發瘡疥。藏器謂其秖可供食，別無功用。

明·孟笨《養生要括·鱗類》　鱅魚　味甘，溫，無毒。暖胃益人，食之已疣。多食動風熱，發瘡疥。

明·施永圖《本草醫旨·食物類》卷五 鱅魚似鯉大首，食之已疣，是也。肉，味甘，溫，無毒。秖可供食，別無功用。治：暖胃益人，食之已疣。多食動風熱，發瘡疥。

清·丁其譽《壽世秘典》卷四 鱅魚狀似鰱而色黑，其頭最大，有至四五十觔者。味亞于鰱。鰱之美在腹，鱅之美在頭，或以鱅、鰱為一物，誤矣。首之大小，色之黑白，大不相侔。氣味：甘，溫，無毒。主暖胃益人，食之已疣。多食動風熱，發瘡疥。

清·朱本中《飲食須知·魚類》 鱅魚 味甘，性溫。狀似鰱而色黑，其頭最大，俗呼花鰱。鰱之美在腹，鱅之美在頭。其目旁有乙骨，食魚去乙是矣。多食動風熱，發瘡疥。

清·何其言《養生食鑒》卷下 鱅魚鱅魚者，狀似鰱而色黑，其頭最大，有至四五十斤者，味亞于鰱。鰱之美在腹，鱅之美在頭，俗名大頭崇魚是也。味甘，性溫，無毒。暖胃益人。有宿疾者，忌之。多食，動風熱，發瘡疥。老人痰喘，用蜜、酒作膾，少食之良。

清·汪紱《醫林纂要探源》卷三 鱅 甘，溫。似鰱而大頭，俗曰鱅頭鰱。味尤薄劣，其美在頭。

清·黃宮繡《本草求真》卷九 鱅魚溫胃益人。鱅魚耑入胃。形狀似鰱，而究實不相同。蓋鰱首細而白，而鱅則首大而黑也。鰱則水動而躍，而鱅則水即動而不躍也。且鰱之美在腹，而鱅之美在頭，鰱之性動而燥，而鱅之性則稍亞於鰱也。時珍曰：鱅為魚之下品，故有庸常之號。究其所論主治，在鰱謂能補中益氣。鰱性跳躍而上，氣主上出，故於氣分則補。而鱅謂能溫胃益人，并其所論多食之戒，則亦有動風發瘡發熱之虞，豈鱅鰱二物同為一類之性乎？否則何其適相合矣！藏器曰：祇可供食品。別無功用。

清·李文培《食物小錄》卷下 鱅魚 甘，溫，無毒。暖胃益人。多食動風熱，發瘡。

清·章穆《調疾飲食辯》卷六 鱅魚 形全似鰱，但頭大而且肥。俗誤呼鰱胖頭，蓋緣《詩疏》有鱮似魴而大頭之語，故沿誤也。不知鰱乃鱮魚，頭不胖，色白。此魚色微青，頭胖。一名鱃魚。鄭康成《詩注》作溶魚。性與鰱不甚相遠，熱病、風損、瘡瘍均忌。又此魚目旁有曲骨如乙字，《禮記》曰：食魚去乙。或曰魚腸名䰲，又名乙。《禮》所謂去乙者，去腸也，泛指諸魚，非專謂鱅也，其理較優。性惟食草，不食小魚。山居鑿池畜養，苗盡是此種，極易長大，為利亦溥也。

清·趙其光《本草求原》卷一六鱗部 鰫魚即鱅魚。甘，溫，無毒。暖胃，去頭眩，益腦髓，虛寒人以薑醋煮。老人痰喘宜之。蜜酒作膾食。多食動風，發瘡疥。有宿病者忌之。

清·文晟《新編六書》卷六《藥性摘錄》 鱅魚 俗稱雄魚，即大頭魚。甘，溫。暖胃益人，老人痰喘，作膾，少許食之良。有宿疾者忌之。多食動風熱，發瘡疥。〇美在頭。

清·王孟英《隨息居飲食譜·鱗介類》 鱅魚亦作溶魚，一名鱃魚，俗呼包頭魚，以其頭大也。甘，溫。蓋魚之庸常以供饈食者，故命名如此。其頭最美，以大而色較白者良。

清·田綿淮《本草省常·魚蟲類》 鱅魚 一名鱃魚。性溫。暖胃進食。動風熱，發瘡疥。

鮰魚

明·姚可成《食物本草》卷一〇鱗部·無鱗魚類 鮰生西南夷孟良府界內，小孟貢江中，去雲南省城八千餘里。此魚食之，日御百女，故夷性極淫，無論貴賤，有數妾而不相妬忌。故彼中有八百大甸宣慰使司，其酋長有妻妾八百人。

鮰魚，味甘，性熱，有小毒。主壯陽道，堅長玉莖，溫中補衰，延齡廣胤。中原之地，稟性寡薄，雖或遇之，不可過食。

鯽魚

唐·孫思邈《千金要方》卷二六《食治·鳥獸》 鯽魚 味甘，平，無毒。主一切瘡，燒作灰，和醬汁傅之，日二。又去腸癰。

黃帝云：魚白目不可食之。魚有角，食之發心驚害人。魚無腸膽食之，三年，丈夫陰痿不起，婦人絕孕。魚身有黑點不可食。魚目赤，作鱠食，成瘕病，作鮓食之害人。一切魚共菜食之作蛔蟲、蟯蟲。一切魚尾，食之不益人，多有勾骨，著人咽害人。魚有角，白背，不可食。凡魚赤鱗不可食。魚無腮不可食。魚無全腮，食之發癰疽。鯆魮魚不益人，其尾有毒，治齒痛。鯸魚有毒，不可食之。二月庚寅日勿食魚，大惡。五月五日勿以鯉魚子共猪肝食，必不消化，成惡病。下利者食一切魚，必加劇致困，難治。穢飯、餒肉、臭魚不可合食之，害人。三月勿食鮫龍肉及一切魚肉，令人飲食不化，發宿病，傷人神氣，失氣恍惚。

附：日・丹波康賴《醫心方》卷三〇　鯽魚　《本草》云：主諸瘡。燒，以醬汁和塗之。又主腸癰。一名鮒魚。作鱠，主久赤白利。《拾遺》云：頭，主腥嗽，燒為灰服之。肉，主虛羸，熟煮食之。鱠，主赤白利及五痔。《七卷經》云：味甘，溫。多食之發熱。崔禹〔錫〕云：味鹹，大冷，無毒。主心煩悶，補五藏，安中。食鯽鱠勿飲水，生蛔蟲。又勿合猪肉食，成腹中冷澼。孟詵云：作鱠食之，斷暴痢。其子調中，益肝氣。朱思簡云：合鹿肉生食之筋急。又鯉魚子、鯽魚不可同食之。又不可共酪同食。又沙糖不與鯽魚同食，成甘蟲。又不可共笋食之，使笋不消成食癥，身不能行步。《養性要集》云：鯽魚不可合豬肝食之。

宋・唐慎微《證類本草》卷二〇蟲魚部上品〔唐・蘇敬《唐本草》〕　鯽魚　主諸瘡，燒以醬汁和塗之，或取猪脂煎用，又主腸癰。

頭灰：〔宋・掌禹錫《嘉祐本草》〕按：《藥對》云：頭，溫。主小兒頭瘡，口瘡，重舌，目瞖。一名鮒音父魚，合蓴作羹，主胃弱不下食；作鱠，主久赤白痢。《唐本》先附。

〔宋・掌禹錫《嘉祐本草》〕按：《蜀本》云：鯽魚，味甘，溫。止下痢，多食亦不宜人。又注云：形亦似鯉。色黑而體促，肚大而脊隆，所在池澤皆有之。孟詵云：鯽魚，平胃氣，調中，益五藏，和蓴作羹食，良。又鯽魚與鰤，其狀頗同，味則有殊。鰤是節化，鯽是稷米化之，其魚腹上尚有米色。寬大者是鯽，背高腹狹小者是鰤，其功不及鯽。魚子，調中，益肝氣爾。日華子云：鯽魚，平，無毒。溫中下氣，補不足。作鱠，療腸澼，水穀不調及赤白痢。燒灰以傅惡瘡良。又釀白礬燒灰，治腸風血痢。頭燒灰療嗽。又云：子不宜與猪肉同食。

〔宋・蘇頌《本草圖經》〕曰：鯽魚，《本經》不載所出州土，今所在池澤皆有之。似鯉魚，色黑而體促，肚大而脊隆。亦有大者至重二三斤。性溫，無毒。諸魚中最可食。或云稷米所化，故其腹尚有米色。又有一種背高腹狹小者，名鰤魚，功用亦與鯽同，但力差劣耳。又黔州有一種重脣石鯽魚，亦其類也。

〔宋・唐慎微《證類本草》〕陳藏器云：頭主欬嗽，燒爲末服之。肉主虛羸，五味熟煮食之。鱠亦主赤白痢及五野雞病。《食療》：食之平胃氣，調中，益五藏，和蓴作羹良。作鱠食之，斷暴下痢。和蒜食之，有少熱；和薑、醬食之，有少冷。又夏月熱痢可食之，多益。冬月中則不治也。骨燒爲灰，傅䘌瘡上，三五度差。謹按：其子調中，益肝氣。凡魚生子，皆粘在草上及土中。寒冬月水過後，亦不腐壞。每到五月三伏時，雨中便化爲魚。食鯽魚不得食沙糖，令人成疳蟲。丹石熱毒發者，取茭首和鯽魚作羹，食一兩頓即差。《聖惠方》：治小兒腦疳鼻痒，毛髮作穗，面黃羸瘦，益腦。用鯽魚膽滴於鼻中，連三五日甚效。《外臺秘要》：治患腸痔，大便常有血。食鯽魚羹及隨意任作飽食。孫真人同。《千金方》：小兒頭無髮。燒鯽魚末，醬汁和傅之。《梅師方》：鯽魚不可合猪肝食。孫真人：治牙齒疼。取鯽魚内鹽花於肚中，燒作灰末，傅之即差。又方：主惡核腫不散，取鮮鯽魚杵傅之。又方：主脚氣及上氣。取鯽魚一尺長者作鱠，食一兩頓，差。《食醫心鏡》：治脾胃氣冷，不能下食，虛弱無力。鶻突羹：鯽魚半斤細切，起作鱠，沸豉汁熱投之，著胡椒、乾薑、蒔蘿、橘皮等末，空心食之。《集驗方》：熱病差後百日食五辛者，必目暗。鯽魚作臛熏之。《子母秘録》：治小兒面上忽生瘡，黃水出。鯽魚頭燒末，和醬清汁傅，日易之。又方：小兒丹。鯽魚肉細切五合，小豆搗屑二合和，更杵如泥，和水傅之。《楊氏産乳》：療姙娠時行傷寒。鯽魚一頭燒作灰，酒服方寸匕，汗出，差。《傷寒類要》同。又方：中風寒熱，腹中絞痛。以乾鯽魚一頭燒作末，三指撮，以苦酒服之，溫覆取汗，良。

宋・寇宗奭《本草衍義》卷一七　鯽魚　開其腹，内藥燒之，治齒。

宋・王繼先《紹興本草》卷一七　鯽魚　紹興校定：鯽魚，《本經》雖分主治，然皆未聞驗據。及云作膾，主久赤白痢，尤非宜矣。但多作食品，當云味甘、溫、無毒是也。熱疾者尤不宜食之。處處池澤皆產矣。

宋・鄭樵《通志》卷七六　鮒　《廣雅》云：鰿魚也。

宋・陳衍《寶慶本草折衷》卷一六　鯽魚灰在内。○頭附。　一名鮒魚。其背高腹狹小者名鰤魚，一名鰤。○鮒，音父；鰤，音節。生所在池澤有之。○忌沙糖、猪肝。○其子不與猪肉同食。

味甘，平，溫，無毒。○主諸瘡，燒，以醬汁和塗，或猪脂煎用。又主腸癰。合蓴作羹，主胃弱不下食。○孟詵云：平胃氣，調中，益五藏。○日華子云：溫中下氣，補不足，療腸澼，水穀不調。燒灰傅惡瘡。又釀白礬燒灰，治腸風血痢。○《圖經》曰：似鯉魚，色黑而體促，肚大而脊隆。又黔州有一種重脣石鯽魚，亦其類也。○《食療》云：夏月熱痢，食之多益。冬月則不治也。食鯽魚不得食沙糖，成疳蟲。○寇氏曰：開其腹，内藥燒之，治齒。

附：頭灰。○溫。主小兒頭瘡䘌瘡，口瘡，重舌，目瞖。又療嗽。

元・忽思慧《飲膳正要》卷三 鯽魚 味甘，溫、平，無毒。調中，益五藏。和蓴菜作羹食良。患腸風，痔瘻下血宜食之。

元・尚從善《本草元命苞》卷八 鯽魚 味甘，溫。和中平胃氣。肉，益五臟不足。鱠，止久痢赤白。療諸瘡，燒之，醬汁調塗。脾胃弱，煮以五味同食。五味者，豉汁、胡椒、乾薑、蒔蘿、陳皮也。釀白礬，燒灰，治腸風下血。搗魚乾作末，傅瘡腫結核。鯽，補不足，則與稷同。《本草》云：稷米所化，故其腹尚有米色。子，益肝氣，尤能調中。猪肝不可共食，砂糖亦為所忌。與砂糖同食，則生疳蟲也。

元・吴瑞《日用本草》卷五 鯽魚 味甘，性溫，無毒。反天門冬。與芥菜同食，令人水腫。熱疾不宜食。不可〔同〕雉肉及猪肝食。或與鹿肉食，筋甲縮。食鯽後，食砂糖，令人生疳蟲。和蓴菜作羹服良。主溫中益氣，補不足。胃弱不下食。作膾，療腸澼，赤白痢。 魚子：調中，益肝氣，不可與猪、猴等肉同食。

元・朱震亨《本草衍義補遺》 鯽魚 諸魚皆屬火，惟鯽魚屬土，故能入陽明而有調胃實腸之功。若得之多者，未嘗不起火也。戒之！又云：諸魚之性，無德之倫，故能動火。○鯽魚合蓴作羹，主胃弱不下食。作膾，主久赤白痢。

明・蘭茂撰，清・管暄校補《滇南本草》卷上 鯽魚 味甘。和五臟，通血脉。與五味煮食，補虛損，溫中下氣，痢疾痔漏之症。作羹食，治胃弱而補中，又治婦人陰疳諸瘡。又殺蟲消積。頭燒灰，治癩瘡。

明・蘭茂原撰，范洪等抄補《滇南本草圖說》卷七 鯽魚一作鮚魚。 氣味甘平，無毒。合五味煮食，主治虛羸，溫中下氣。○治腸中瘀垢，痔漏最良。作羹養胃，調中益氣。鯽魚黃老者，熬膏貼瘡效。

明・王綸《本草集要》卷六 鯽魚 味甘，氣溫。春不食其頭，又不可合猪肝、雉肉食。 主諸惡瘡，燒以醬汁和塗之；或取猪脂煎用，又主腸癰。合蓴作羹，主胃弱不下食，調中下氣，補虛。作鱠，主腸澼，水穀不調，及赤白久痢。又釀白礬燒灰，治腸風血痢。又開其腹，內少鹽，燒之，治齒痛。丹溪云：諸魚皆屬火，惟鯽魚屬土，故屬陽明而有調胃實腸之功。多食能動火，諸魚皆然。○灰，主咳嗽，小兒頭瘡，口瘡重舌，目翳。

明・滕弘《神農本經會通》卷一〇 鯽魚 不可合猪肝、雉肉食。食鯽魚，不得食沙糖，令人成(甘)〔疳〕蟲。子，不可與猪肉同食。

味甘，氣溫。一云：平，無毒。《本經》云：主諸瘡，燒，以醬汁塗之，或取猪脂煎用，又主腸癰。合蓴作羹，主胃弱不下食。作鱠，主久赤白痢。頭灰，氣溫。主小兒頭瘡，口瘡，重舌，目瞖。《蜀本》云：味甘，溫。止下痢。多食亦不宜人。孟詵云：平胃氣，和中，益五臟。和蓴作羹食，良。子，調中，益肝氣。日華子云：平，無毒。溫中下氣，益不足。作鱠，治腸澼，水穀不調，及赤白痢。燒灰，以傅惡瘡良。又釀白礬，燒灰，治腸風血痢。頭燒灰，治嗽。陳藏器云：頭，主咳嗽，燒為末，服之。肉，主虛弱，五味熟煮食之。鱠，亦主赤白痢，及主野雞病。《食療》云：食之平胃氣，和中，益五臟。以蓴作羹，良。作鱠食之，止暴下痢。和蒜食之，有少熱。和薑、醬食之，有少冷。又夏月熱痢，可食之多益，冬月則不治也。骨，燒為灰，傅惡瘡上，三五次可。《外臺秘要》云：治患腸痔，大便常有血，食鯽羹，及隨意任作飽食。孫真人云：治牙齒疼，取鯽魚，內鹽花於其中，燒作灰末，傅之差。丹溪云：諸魚皆屬火，惟鯽魚屬土，故能入陽明，而有調胃實腸之功。若食之多者，未嘗不動火也，諸魚皆然。《食醫心鏡》云：治脾胃氣冷，不能下食，虛弱無力，鶻突羹，鯽魚半斤，細切起作鱠，沸豉汁熱投之，着胡椒、乾薑、蒔蘿、橘皮等末，空腹食之。《局》云：鯽療諸瘡燒作灰，腸風下血亦能追。痢分赤白堪為鱠，補胃和中效可知。鯽，治腸風下血，宜作鱠作羹，治痢無分赤白。

明・劉文泰《本草品彙精要》卷二九 鯽魚無毒。 卵生。

鯽魚：主諸瘡，燒，以醬汁和塗之，或取豬脂，煎用。又主腸癰。○頭灰，主小兒頭瘡，口瘡，重舌，目瞖，合蓴作羹，主胃弱不下食。作鱠，主久赤白痢。名醫所錄。 〔名〕鮒魚。 〔地〕《圖經》曰：舊不載所出州土，今所在池澤皆有之。似鯉魚，色黑而體促，肚大而脊隆。其小者重八九兩，大者重二三斤，諸魚中最可食者。或云：稷米所化，故其腹尚有米色。又一種背高，腹狹小者，名鰤魚，功用亦與鯽同，但力差劣耳。又黔州有一種重唇石鯽魚，亦其類也。 〔時〕生：無時。採：無時。 〔用〕肉並頭。 〔質〕類鯉魚而體促。 〔色〕青黑。 〔味〕甘。 〔性〕溫，緩。 〔氣〕氣厚味薄，陽中之陰。 〔臭〕腥。 〔主〕平胃氣，益五臟。 〔治〕療：日華子云：溫中下氣，作鱠，療腸澼，水穀不調及治赤白痢。○燒灰，傅惡瘡。○頭燒灰，瘰嗽。孟詵云：平胃氣，調中。《食療》云：骨燒灰，傅䘌瘡上，三五度，瘥。○子，調中，益肝氣。《別録》云：膾，療小兒腦疳，鼻癢，毛髮作穗，面黄，羸瘦，取汁滴於鼻中，連三五日，效。補：日華子云：補不足。陳藏器云：主虛羸。〔合治〕釀白礬燒灰，療腸風血痢。○合鹽内肚中燒灰，傅牙疼。○作鱠合胡椒、乾薑、蒔蘿、橘皮作羹食之，治脾胃氣冷，不能下食，虛弱無力。○頭燒灰，合醬清汁，傅小兒面上黄水瘡。○燒灰合酒調服，治妊娠，時行傷寒。○肉合小豆屑，搗如泥，水調，傅小兒丹毒。○燒灰，合苦酒服，治中風寒熱，腹中絞痛。〔忌〕不可與豬肝同食。○若與沙糖同食，令人成疳蟲。○鯽魚子不宜與猴肉、雉肉、豬肉同食。

明·盧和、汪穎《食物本草》卷四魚類 鯽魚 味甘，溫，無毒。主諸惡瘡，燒以醬汁和塗之，或取猪脂煎用。又主腸癰。合蓴作羹，主胃弱不下食，調中下氣補虛。作膾，主腸澼，水穀不調，及赤白久痢。又釀白礬燒灰，治腸風血痢。又開其腹，内少塩，燒之，治齒痛。丹溪云：諸魚皆屬火，惟鯽魚屬土，故能入陽明，有調胃實腸之功。多食亦能動火，不可與沙糖、蒜芥、猪肝、雉肉同食。

明·許希周《藥性粗評》卷四 鯽魚一名鮒魚。似鯉而白，有長短不同，冬月好伏泥中。處處池澤有之。不可合猪肝食。 味甘，性溫，無毒。入足陽明胃經。主治胃寒，飲食不下，齒痛，暴痢，核腫丹毒，調中平胃，益五臟。和蓴作羹最良，和蒜食之則稍熱，和薑食之則稍冷。丹溪云：諸魚皆屬火，惟鯽魚屬土，故能入陽明，而有調胃實腸之功。若得之多者，亦未嘗不起火也。

單方：齒痛：取鯽魚，破去腸，納鹽其中，燒存性，為末，擦齒上，瘥。 核腫：取鮮鯽魚，搗爛敷上，當消。

明·鄭寧《藥性要略大全》卷一〇 鯽魚 溫胃。主胃弱不下食，調中下氣，補虛。 味甘，氣溫，無毒。春勿食其頭。又不可同猪肝、雉肉食，生疾。

明·陳嘉謨《本草蒙筌》卷一一 鯽魚 味甘，氣溫。無毒。池澤多生，在處俱有。色黑體促，肚大脊隆。原由稷米化成，故肚尚有米色，名因此得。小而耐寒。過半斤者方良，犯天門冬須記。同芥菜食成水腫，同砂糖食成疳蟲。雉肉猪肝，尤勿共食。春二三月，切忌食頭。煎用猪脂，大腸癰治効；燒以醬汁，諸惡瘡塗瘥。合蓴為羹，理胃弱食飲不下；和中補虛，拌麵作鱠主腸澼。水穀不調，禁痢止瀉。納食鹽燒末，塞牙齒蛀疼。釀白礬燒灰，滋腸風血痢。夏痢宜用，冬則不宜。頭末服除欬逆，骨灰敷去䘌瘡。子益肝調中，食忌同猪肉。 謨按：丹溪云：諸魚皆屬火，惟鯽魚屬土，故能入陽明而有調胃實腸之功。若食多者，亦未嘗不起火也。又云：諸魚無一息之停，故動風及動痰火。

明·方穀《本草纂要》卷一二 鯽魚 味甘，氣溫，無毒。主健脾養胃，止痢除崩，中宮之氣或瘀積而不利，鯽魚可以行積也。陰虛之症，或精血之兩虛，鯽魚可以補虛也。痘疹初發用之，可以實脾，托裏而助潰生膿。腫毒已潰用之，可以去腐立潰而長肉生肌。但胃弱者不可用，用之必生嘔也；脾虛者不可用，用之必致瀉也。大抵鯽魚之性，與諸魚不同，諸魚皆屬火，惟鯽魚屬土，諸魚之性皆喜於水面行者最多，惟鯽魚其性沉靜，生於水底，常居土中，此其所以屬土者然也。蓋有病之人，諸魚並不可用，而鯽魚亦可食者，此也。

明·寧源《食鑒本草》卷上 鯽魚 味甘，溫。諸魚屬火，惟鯽魚屬土而有補脾胃之功。治作羹以療之。《千金方》：治洩痢久不愈，以活鯽魚作膾食之。《本草》云：治諸瘡，燒焦以醬汁調塗，效。 丹溪云：以鯽魚合蓴菜作羹，治胃弱不下食。《錢氏方》：治男子女人勞瘧，發熱咳嗽，湯藥不愈者，取活鯽魚一尾，刮去鱗，剖去腸，洗淨，將去殼蓖麻子如病人年紀入魚腹内，外以濕草紙包五六十重，柴火中煨令熟。晚上食之，十日内食三尾，見效有功。

明·王文潔《太乙仙製本草藥性大全》卷八《本草精義》 鯽魚 一名鮒魚。《本經》不載所出州土，今所在池澤皆有之。似鯉魚，色黑而體促，肚大而脊隆。亦有大者，至重二三斤，性溫無毒。諸魚中最可食，或云稷米所化，故其腹尚有米色。又有一種，背高腹狹小者，名鰤魚，功用亦與鯽同，但力差劣耳。又黔州有一種重脣石鯽魚，亦其類也。春不食其頭，又不可合猪肝、雉肉食。丹溪云：諸魚皆屬火，惟鯽魚屬土，故屬陽明而有調胃實腸之功，多食能動火，諸魚皆然。鯽魚治暴痢，和蒜食之有少熱，和薑、醬食之有少冷。又夏月熱痢可食之多益，冬月中則不治也。骨燒爲灰傅䘌瘡上，三五度差。謹按其子調中益肝氣。凡魚生子皆粘在草上及土中，寒冬月水過後亦不腐壞，每到五月三伏時，雨中便化爲魚。食鯽魚不得食沙糖，令人成疳蟲。

丹石熱毒發者，同茭首作羹食。

明·王文潔《太乙仙製本草藥性大全》卷八《仙製藥性》 鯽魚 味甘，氣平，又云性溫，無毒。 主治：溫胃理胃弱不下食，調中能下氣而補虛。主諸瘡，燒以醬汁和塗，或取猪脂煎用。作鱠療腸澼水穀不調，及主赤白痢，并治野雞病。益五臟和蓴菜作羹服最良。斷暴痢合大蒜食之極效。 補註：治小兒腦疳鼻痒，毛髮作穗而黄，羸瘦，益腦，用鯽魚膽滴於鼻中，三五日連滴甚效。〇丹石熱毒發者，取茭首和鯽魚作羹，食一兩頓即差。小兒頭無髮，燒鯽魚末，醬汁和傅之。〇治牙齒疼，取鯽魚內鹽花於肚中，燒作灰末，傅之即差。〇主惡核腫不散，取鯽魚杵傅之。〇治脾胃氣冷，不能下食，虛弱無力。鶻突羹：鯽魚半斤，細切，起作鱠，沸豉汁熱投之，著胡椒、乾薑、蒔蘿、橘皮等末，空心食之。〇主脚氣及上氣，取鯽魚一尺長者，作鱠食一兩頓差。〇熱病差後百日，食五辛者必目暗，鯽魚作臛熏之。治小兒面上忽生瘡，黄水出。鯽魚頭燒末，和醬清汁傅，日易之。〇小兒丹，鯽魚肉細切五合，小豆搗屑二合，和更杵如泥，和水傅之。〇療妊娠時行傷寒，鯽魚一頭燒作灰，酒服方寸〔匕〕，汗出差。《傷寒類要》同。〇中風寒熱，腹中絞痛，以乾鯽魚一頭燒作末，三指撮，以苦酒服之，溫服取汗出良。 頭：主小兒頭瘡、口瘡，療咳嗽，目瞖，重舌。 膽：治小兒腦疳鼻痒，面黄毛髮作穗，羸瘦。 補註：治患腸痔，大便常有血。食鯽魚及隨意任作飽食。《孫真人》同。〇治咳嗽，取鯽魚頭燒存性，爲末服之。

明·皇甫嵩《本草發明》卷六 鯽魚上品。味甘，溫，無毒。 發明曰：諸魚皆屬火，惟此屬土，故能入陽經，而有調胃實腸之功。合蓴菜作羹，理胃弱，食飲不下，和中補虛。煎同猪脂，治大腸癰。燒以醬汁，塗諸惡瘡。拌麯作鱠，主腸澼，水穀不調，禁痢止瀉。納食鹽炒末，塞牙齒蛀疼。釀白礬燒灰，澁腸風血痢。惟夏月痢宜之。 頭，燒灰末服，主小兒頭瘡，口瘡重舌，目瞖，除欬逆。〇骨，灰，敷去䘌瘡。〇子，益肝調中。忌與豬肉同食。諸魚動風動痰火，此魚性好土，伏土中，故補胃。若多食亦動火。〇過半斤者良。忌犯天門冬。同芥菜食成水腫，同砂糖食成疳蟲。又忌雉肉、猪肝同食。二三月忌食頭。

明·李時珍《本草綱目》卷四四鱗部·魚類 鯽魚《別録》上品

【釋名】鮒魚音附。時珍曰：按陸佃《埤雅》云鯽魚旅行，以相即也，故謂之鯽；以相附也，故謂之鮒。 【集解】保昇曰：鯽，所在池澤有之。形似小鯉，色黑而體促，肚大而脊隆。大者至三四斤。時珍曰：鯽喜偎泥，不食雜物，故能補胃。冬月肉厚子多，其味尤美。酈道元《水經注》云：蘄州廣齊青林湖鯽魚，大二尺，食之肥美，辟寒暑。東方朔《神異經》云：南方湖中多鯽魚，長數尺，食之宜暑而辟風寒。《呂氏春秋》云：魚之美者，有洞庭之鮒。觀此，則鯽爲佳品，自古尚矣。

肉 【氣味】甘，温，無毒。鼎曰：和蒜食，少熱；同沙糖食，生疳蟲；同芥菜食，成腫疾；同猪肝、鷄肉、雉肉、鹿肉、猴肉食，生癰疽；同麥門冬食，害人。 【主治】合五味煮食，主虛羸藏器。温中下氣大明。止下痢腸痔保昇。〇夏月熱痢有益，冬月不宜。合蓴作羹，主胃弱不下食，調中益五臟。合茭首作羹，主丹石發熱孟詵。生擣，塗惡核腫毒不散及瘑瘡。同小豆擣，塗丹毒。燒灰，和醬汁，塗諸瘡十年不瘥者。以猪脂煎灰服，治腸癰蘇恭。合小豆煮汁服，消水腫。炙油，塗婦人陰疳諸瘡，殺蟲止痛。釀白礬燒研飲服，治腸風血痢。釀硫黄煅研，釀五倍子煅研，酒服，並治下血。釀茗葉煨服，治消渴。釀胡蒜煨研飲服，治膈氣。釀緑礬煅研飲服，治反胃。釀鹽花燒研，摻齒疼。釀當歸燒研，揩牙烏髭止血。釀砒燒研，治急疳瘡。釀白鹽煨研，搽骨疽。釀附子炙焦，同油塗頭瘡白禿時珍。

【發明】震亨曰：諸魚屬火，獨鯽屬土，有調胃實腸之功。若多食，亦能動火。

【附方】舊五，新三十二。 鶻突羹：治脾胃虛冷不下食。以鯽魚半斤切碎，用沸豉汁投之，入胡椒、蒔蘿、薑、橘末，空心食之。《心鏡》。 卒病水腫：用鯽魚三尾，去腸留鱗，以商陸、赤小豆等分，填滿扎定，水三升，煮糜去魚，食豆飲汁。二日一作，不過三次，小便利，愈。《肘後方》。 消渴飲水：用鯽魚一枚，去腸留鱗，以茶葉填滿，紙包煨熟食之。不過數枚即愈。吴氏《心統》。 腸風下血：《百一方》用活鯽一大尾，去腸留鱗，入五倍子末填滿，泥固煅存性，爲末。酒服一錢或飯丸，日三服。〇又用硫黄一兩，如上法煅服，亦效。 酒積下血：酒煮鯽魚，常食最效。《便民食療方》。 腸痔滴血：常以鯽魚作羹食。《外臺》。 腸風血痔：用活鯽魚，翅側穿孔，去腸留鱗，入白礬末二錢，以椶包紙裹煨存性，研末。每服二錢，米飲下，每日二服。《直指方》。 血痢噤口：方同上。 反胃吐食：用大鯽魚一尾，去腸留鱗，入緑礬末令滿，泥固煅存性，研末。每米飲服一錢，日二。《本事》。 膈氣吐食：用大鯽魚去腸留鱗，切大蒜片填滿，紙包十重，泥封，晒半乾，炭火煨熟，取肉和平胃散末一兩杵，丸梧子大，密收。每服三十丸，米飲下。《經驗》。 小腸疝氣：每頓用鯽魚十個，同茴香煮食。久食自愈。《生生編》。 妊娠感寒：時行者。用大鯽一頭燒灰，酒服方寸匕，無汗腹中緩痛者，以醋服，取汗。《産乳》。

熱病目暗： 因差後食五辛而致。用鯽魚作臛食之。《集驗方》。 目生弩肉： 鮮鯽魚，取一片，中央開竅，貼于眶上。日三五度。《聖濟總録》。 婦人血崩： 鯽魚一個，長五寸者，去腸，入血竭、乳香在内，綿包燒存性，研末。每服三錢，熱酒調下。葉氏《摘玄方》。

小兒齁喘： 活鯽魚七個，以器盛，令兒自便尿養之。待紅，煨熟食，甚效。一女年十歲用此，永不發也。《集簡方》。 小兒舌腫： 鮮鯽魚切片貼之，頻换。《總微論》。 小兒丹毒： 從髀起流下，陰頭赤腫出血。用鯽魚肉切五合，赤小豆末二合，擣匀，入水和，傅之。《千金方》。 小兒禿瘡： 《千金》用鯽魚燒灰，醬汁和塗。〇一用鯽魚去腸，入皂礬燒研搽。〇危氏： 用大鯽去腸，入亂髮填滿，燒研，入雄黄末二錢。先以虀水洗拭，生油調搽。 小兒頭瘡： 晝開出膿，夜即復合。用鯽魚長四寸一枚，去腸，大附子一枚，去皮研末填入，炙焦研傅，搗蒜封之，效。《聖惠》。 走馬牙疳： 用鯽魚一個去腸，入砒一分，生地黄一兩，紙包燒存性，入枯白礬、麝香少許，爲末摻之。 牙疳出血： 大鯽魚一尾，去腸留鱗，入當歸末，泥固燒存性，入煅過鹽和匀，日用。《聖惠方》。 揩牙烏鬚： 方同上。 刮骨取牙： 用鯽魚一個去腸，入砒在内，露于陰地，待有霜刮下，瓶收。以針搜開牙根，點少許，欬嗽自落。〇又方： 用硇砂入鯽魚肉，煨過瓶收，待有霜刮取，如上法用。

諸瘡腫毒： 鯽魚一斤者去腸，柏葉填滿，紙裹泥包煅存性，入輕粉二錢，爲末。麻油調搽。《普濟方》。 惡瘡似癩： 十餘年者。鯽魚燒研，和醬清傅之。《千金方》。 浸淫毒瘡： 凡卒得毒氣攻身，或腫痛，或赤痒，上下周匝，煩毒欲死，此浸淫毒瘡也。生鯽魚切片，和鹽擣貼，頻易之。《聖惠方》。 骻上便毒： 鯽魚一枚，山藥五錢，同擣敷之，即消。《醫林集要》。 骨疽膿出： 黑色鯽魚一個去腸，入白鹽令滿扎定，以水一盞，石器内煮至乾焦爲末，猪油調搽，少痛勿怪。《危氏方》。 手足瘭疽： 累累如赤豆，剥之汁出。大鯽魚長三四寸者，亂髮一鷄子大，猪脂一升，同煎膏，塗之。《千金方》。 臁脛生瘡： 用中鯽魚三尾洗净，穿山甲二錢，以長皂莢一挺，劈開兩片夾住扎之，煨存性，研末。先以井水洗净膿水，用白竹葉刺孔貼之，候水出盡，以麻油、輕粉調藥傅之，日一次。《直指方》。 小兒撮口： 出白沫。以艾灸口之上下四壯。鯽魚燒研，酒調少許灌之。仍掐手足。兒一歲半，則以魚網洗水灌之。《小兒方》。 婦人陰瘡： 方見主治。

鱠 【主治】久痢赤白，腸澼痔疾，大人小兒丹毒風眩藏器。 治脚風及上氣。思邈。 温脾胃，去寒結氣時珍。

鮓 【主治】瘑瘡。批片貼之，或同桃葉擣傅，殺其蟲時珍。

【附方】新一。 赤痢不止： 鯽魚鮓二臠切，秫米一把，薤白一虎口切，合煮粥，食之。《聖惠方》。

頭 【主治】小兒頭瘡口瘡，重舌目瞖蘇恭。 燒研飲服，療欬嗽藏器。 燒研飲服，治下痢。酒服，治脱肛及女人陰脱，仍以油調搽之。醬汁和，塗小兒面上黄水瘡時珍。

子忌猪肝。

骨 【主治】䘌瘡。燒灰傅，數次即愈張鼎。 【主治】調中，益肝氣張鼎。

膽 【主治】取汁，塗疳瘡、陰蝕瘡，殺蟲止痛。點喉中，治骨鯁竹刺不出時珍。

【附方】舊一，新二。 小兒腦疳： 鼻痒，毛髮作穗，黄瘦。用鯽魚膽滴鼻中，三五日甚效。《聖惠》。 消渴飲水： 用浮石、蛤蚧、蟬蜕等分，爲末。以鯽魚膽七枚，調服三錢，神效。《本事》。 滴耳治聾： 鯽魚膽一枚，烏驢脂少許，生麻油半兩，和匀，納入樓葱管中，七日取滴耳中，日二次。《聖惠方》。

腦 【主治】耳聾。以竹筒蒸過，滴之《聖惠》。

題明·薛己《本草約言》卷二《藥性本草》 鯽魚 諸魚皆屬火，惟鯽魚屬土，故能入陽明，而有調胃實腸之功。若多〔食〕之，未嘗不助火也。

明·梅得春《藥性會元》卷下 鯽魚 味甘，溫，無毒。 有和中溫胃之功。能治諸瘡，燒以醬汁和塗之。或取猪脂煎用。又治腸癰，小兒頭瘡，口瘡，重舌，目翳。合蓴作羹，治胃弱不下食； 作膾，治腸風下血，久患赤白痢。丹溪云： 諸魚屬火，惟鯽魚屬土，故能入陽明而有調胃實腸之功。若食之多者，未嘗不動火也，慎之。又云： 諸魚之性，無德之倫，故能起火。不可合猴、雉肉食，不宜與猪肝同食。

明·穆世錫《食物輯要》卷七 鯽魚 味甘，性溫，無毒。諸魚惟此屬土，能調胃實腸補虚。同五味煮食，溫中下氣，止痢。同蓴作羹食，開胃進食。同豆煮汁飲，消水腫。同蒜食，助熱。同沙餹食，生疳蟲。同芥菜食，發浮腫。同鷄、雉、鹿、猴、猪肝食，生惡疽。子，同猪肝食，害人。

明·李中立《本草原始》卷一一 鯽魚 所在池澤有之。形似小鯉魚，色黑而體促，肚大而脊隆。亦有大者，至重二三斤。陸佃《埤雅》云： 鯽魚，旅行以相即也，故名鯽魚，以相付也。一名鮒魚。肉： 氣味： 甘，溫，無毒。 主治： 合五味煮食，主虚羸，溫中下氣。〇止下痢，腸痔。〇合蓴作羹，主胃弱，不下食，調中，益五臟。合莼首作羹，主丹石發熱。〇生擣，塗惡核腫毒不散，及瘑瘡。同小豆擣，塗丹毒。燒灰，和醬汁，塗諸瘡十年不瘥者。以猪脂煎灰服，治腸癰。〇合小豆煮汁服，消水腫。炙油，塗婦人陰疳諸瘡，殺蟲止痛。釀白礬燒研飲服，治腸風血痢。釀硫黄煅研，釀五倍子煅研，酒服並治下血。釀茗葉煨服，治消渴。釀胡蒜煨研服，治膈氣。釀緑礬煅研飲服，治反胃。釀鹽花燒研，摻齒疼。釀當歸燒研，揩牙烏髭止血。釀砒燒研，治急疳瘡。釀白鹽煨研，搽骨疽。釀附子炙焦，同油塗頭瘡白禿。

鯽魚，《別録》上品。　鱠：　主治：　久痢赤白，腸澼痔疾，大人小兒丹毒風眩。〇治腳氣及上氣。〇益脾胃，去寒結氣。　鮓：　主治：　癌瘡，批片貼之，或同桃葉搗傅，殺蟲。　頭：　主治：　小兒頭瘡、口瘡，重舌目瞖。〇燒研飲服，療欬嗽。〇燒研飲服，治下痢。酒服，治脱肛，及女人陰脱，仍以油調搽之。　子：　主治：　調中，益肝氣。〇忌猪肝。　骨：　主治：　蜃瘡，燒灰傅，數次即愈。　腦：　主治：　耳聾，以竹筒蒸過，滴之。　膽：　主治：　取汁，塗疳瘡、陰蝕瘡，殺蟲止痛。點喉中，治骨鯁、竹刺不出。　鱗：　主治：　食魚中毒煩亂，或成癥積，燒灰水服二錢。〇諸魚鱗燒灰，主魚骨鯁。

鯽魚，《別録》上品。【圖略】震亨曰：　諸魚屬火，獨鯽魚屬土，有調胃實腸之功。若多食，亦能動火。鼎曰：　和蒜食，少熱；　同沙糖食，生疳蟲；　同芥食，成腫疾；　同猪肝、雞雉鹿猴肉食，生癰疽；　同麥門冬食，害人。

《便民食療》方：　治酒積下血，酒煮鯽魚，常食最效。

明・張懋辰《本草便》卷二　鯽魚　味甘，氣溫。脊不可食，其頭又不可合猪肝及雉肉同食。　主諸惡瘡，腸癰，胃弱不下食，調中下氣，補虛。作鱠主腸澼水穀不調，及赤白久痢。又釀白礬燒灰，治腸風血痢。又開其腹，内少鹽燒之，治齒痛。　丹溪云：　諸魚皆屬火，惟鯽魚屬土，故屬陽明，而有調胃實腸之功。多食能動火，諸魚皆然。

明・吴文炳《藥性全備食物本草》卷三　鯽魚　味甘，性溫，無毒。諸魚屬火，惟此屬土，能調胃實腸，補虛。同五味煮食溫中下氣，止痢。同蓴菜作羹食，開胃進食。同豆煮汁飲，消水腫。同蒜食助熱，同砂糖食生疳蟲，同芥菜食發浮腫，同雞、雉、鹿、猪肝食生惡疽。

頭：　主小兒頭瘡口瘡，療咳嗽，目翳重舌。　膽：　治小兒腦疳鼻痒，毛髮作穗羸瘦。　骨：　燒灰傅蜃瘡。

明・趙南星《上醫本草》卷四　鯽魚　一名鮒魚音附。鯽喜偎泥，不食雜物，故能補胃。冬月肉厚子多，其味尤美。酈道元《水經註》云：　蘄州廣齊青林湖鯽魚大二尺，食之肥美，辟寒暑。東方朔《神異經》云：　南方湖中多鯽魚，長數尺，食之宜暑而辟風寒。《呂氏春秋》云：　魚之美者，有洞庭之鮒。觀此，則鯽為佳品，自古尚矣。【略】

附方　鶻突羹：　治脾胃虚冷不下食。以鯽魚半斤切碎，用沸豉汁投之，入胡椒、蒔蘿、薑、橘〔皮等〕末，空心食之。

子：　主治：　調中，益肝氣。　忌猪肝。

明・李中梓《藥性解》卷六　鯽魚　味甘，性溫，無毒，入脾胃二經。主溫胃健脾進飲食，補虚羸，療腸澼，水穀不調，腸風血痢，燒灰可傅諸瘡。其子，調中益肝氣，惡猪肉、雉、沙糖。按：　鯽魚甘溫之品，且是土所化成，其入脾胃宜矣。《集要雜録》云：　諸魚屬火，惟鯽魚屬土，而有調胃入腸之功，然多食亦能動火。

明・繆希雍《本草經疏》卷二〇　鯽魚　合蓴作羹，主胃弱不下食。作鱠，主久赤白痢。燒灰，塗諸瘡，或取猪脂煎用。又主腸癰。

〔疏〕鯽魚稟土氣以生，故其味甘，其氣溫，無毒。是以能入胃，治胃弱不下食；　入大腸治赤白久痢，腸癰。脾胃主肌肉，甘溫能益脾生肌，故主諸瘡久不瘥也。藏器主虚羸，大明主溫中下氣，孟詵云調中益五臟，表其益脾和胃之功也。　〔主治參互〕《百一選方》腸風下血，用活鯽魚一大尾，去腸留鱗，入五倍子末填滿，泥固，煅存性，為末。酒服一錢。一方入白礬末二錢，外以椶包，更以紙裹煨存性，研末。每二錢，米飲下。《經驗方》膈氣吐食，用大鯽魚去腸留鱗，切大蒜片填滿腹，紙包十重，泥固，曬半乾，炭火煨熟，單取肉用，和平胃散一兩，杵丸梧子大，密藏。每服三十丸，米飲下。

〔簡誤〕鯽魚調胃實腸，與病無礙。諸魚之中，惟此可常食。但不宜與沙糖同食，生疳蟲。同芥菜食，成腫疾。同猪肝、雞肉、雉肉、鹿肉食，生癰疽。同麥門冬食，害人。

明・倪朱謨《本草彙言》卷一九　鯽魚　味甘，氣溫，無毒。　韓氏曰：　鯽魚，所在池澤俱有之。形似小鯉，色黑而體促，肚大而脊隆。惟食泥土，不食雜物。其性善竄，遇暴雨急流，此物逆流踴竄，能越池塘。大者有重至一二斤者。冬月肉厚子多，其味尤美。如江南之洞庭湖，蘄州之青林湖，皆産大鯽，長二尺，食之肥美，常充上供。觀此則鯽爲佳品，藥食選用，自古尚矣。

鯽魚：　合五味、葱、椒煮食，陳藏器補虚羸，日華子和中下氣，潤腸胃，韓保昇止熱痢之藥也。江春野曰：　按丹溪翁言：　諸魚屬火，獨鯽魚屬土，有調胃養五藏之功。入食品中，亦稱佳味。如配合他藥治療疾苦，奏驗又非一端也。謹選諸家集方於左，以便臨證取用。

集方：　孟氏方治胃弱不食，幷藏府不和，或痢疾不止。用鯽魚和醬、醋、葱、椒調和食之。〇《肘後方》治卒病水腫。用大鯽魚一尾，去腸肚留鱗，以商陸、赤小豆各二兩填滿，紮定，水二升煮極爛，去魚、陸，僅食豆飲汁，二日一作。不過三次愈。〇《集簡方》治小兒齁喘。用活鯽魚二個，養糞缸內半日，取出，清水養半日，淡水煮熟食之。〇蘇氏方治腫毒結核不散。用鯽魚一個，以赤小豆一合，水浸爽，和鯽魚同擣爛，敷一二日即散。〇同上治諸瘡十年不瘥。以鯽魚連腸肚，用滋泥裹固，火燒通赤，去泥，取鯽魚研細末，日日摻之。一月平復。〇《醫林集要》治胯中便毒。用鯽魚一個，連腸肚擣爛，再和山藥一兩同擣，敷之即消。

明・應慶《食治廣要》卷七　鯽魚　肉：　氣味：　甘，溫，無毒。合五味煮食，主虚羸，溫中下氣，止下痢腸痔。合蓴作羹，主胃弱不下食，調中，益五藏。丹溪曰：　諸魚屬火，獨鯽屬土，有調胃實腸之功。若多食，亦能動火。和蒜食，少帶熱。同沙糖食，生疳蟲。同荊芥食，成腫疾。同猪肝、雞肉、雉肉、鹿肉、猴肉食，生癰疽。同麥門冬食，害人。

明・姚可成《食物本草》卷一〇鱗部・魚類　鯽魚一名鮒魚。所在池澤有之。形似小鯉，色黑而體促，肚大而脊隆。大者至二三斤。喜偎泥，不食雜物，故能補胃。春月肉厚子多，味尤美。酈道元《水經注》云：　蘄州廣濟青林湖鯽魚大二尺，食之肥美，辟寒暑。東方朔《神異經》云：　南方湖中〔多〕鯽魚，長數尺，食之宜暑而辟風寒。《呂氏春秋》云：　魚之美者，有洞庭之鮒。觀此，則鯽為佳品，自古尚矣。

鯽魚，味甘，溫，無毒。合五味煮食，主溫中下氣，補虚羸，止下痢腸痔。夏月熱痢有益，冬月不宜。合蓴菜作羹，主胃弱不下食，調中益五臟。合茭白作羹，主丹石發熱。不宜和蒜食，能助熱。同沙糖食，生疳蟲。同芥菜食，成腫疾。同猪肝、雞肉、雉肉、鹿肉、猴肉食，生癰疽。同麥門冬食，害人。丹溪曰：　諸魚屬火，獨鯽屬土，有調胃實腸之功。若多食，亦能動火。又鯽魚合小豆煮汁服，消水腫。炙油塗婦人陰疳諸瘡，殺蟲止痛。開腹納以白礬燒研飲服，治腸風血痢。納以硫黃煅研，或釀五倍子煅研，酒服，竝治下血。釀茗葉煨服，治消渴。釀胡蒜煨研飲服，治膈氣。釀鹽花燒研，摻齒疼。釀當歸燒研，揩牙烏髭止血。釀砒燒研，治急疳。釀白鹽燒研，治骨疽。釀附子炙焦，同油塗頭瘡白禿。生擣，塗惡核腫毒不散及瘑瘡。同小豆擣，塗丹毒。燒灰和醬汁，塗諸瘡久不瘥者。以猪脂煎灰服，治腸癰。

鱠：　治久痢赤白，腸澼痔疾，大人小兒丹毒風眩。溫脾胃，去寒結氣。又治脚風及上氣。　鮓：　治瘑瘡，批片貼之，或同桃葉擣傅，殺其蟲。　頭：　治小兒頭瘡口瘡，重舌目瞖。燒研飲服，療欬嗽，治下痢。酒服，治脫肛及女人陰脫，仍以油調搽之。醬汁和塗，治面上黃水瘡。　子：　主調中，益肝氣。　骨：　治䘌瘡。燒灰傅之。　膽汁：　塗疳瘡、陰蝕瘡，殺蟲止痛。點喉中，治骨鯁、竹刺不出。　腦：　治耳聾。以竹筒蒸過，滴之。

附方：　治男婦勞瘦，發熱欬嗽，湯藥不愈者。取活鯽一尾，刮去鱗腸，將蓖麻子去殼，如病人年紀，一歲一粒，納魚腹中，外以隰草紙包五十重，柴火中煨，令極熟。臨卧食之，必盡。連進三尾，奏功甚速。　治婦人血崩。用鯽魚一个，長五寸者，去腸，入血竭、乳香在內，炭火中煅存性，研末。每服熱酒下三錢。　治小兒齁喘。活鯽魚七个，以器盛，令兒自便尿養之。待紅，煨熟食，甚效。一女年十歲，用此永不發也。　治小兒丹毒，從髀起流下，陰頭赤腫出血。用鯽魚肉切五合，赤小豆末二合，擣勻，入水和，傅之。　治小兒辣禿瘡。用鯽魚燒灰，醬汁和塗。

明・顧逢柏《分部本草妙用》卷一〇水族部　鯽魚　甘，溫，無毒。蒜、餹、芥菜、猪肝、雞肉、雉虎猴肉、麥門冬，一切不可同食。　主治：　虚羸，溫中下氣，止下痢腸痔，扶胃益臟。搗塗惡核腫毒。　魚屬火，獨鯽魚屬土，有調胃實腸之功。多食亦能動火。

明・孟笨《養生要括・鱗類》　鯽魚〔諸魚屬火，獨鯽魚屬土，有調胃實腸之功，諸病不忌。多食亦能動火。〕　味甘，溫，無毒。合五味煮食，主虚羸，溫中下氣，止下痢腸痔。合蓴作羹，主胃弱不下食，調中益五臟。生搗，塗惡核腫毒不散及瘑瘡。同小豆搗，塗丹毒。燒灰和醬汁，塗諸瘡十年不瘥者。以猪脂煎灰服，治腸癰。合小豆煮汁服，消水腫。炙油，塗婦人陰疳諸瘡，殺蟲止痛。釀白礬燒研飲服，治腸風血痢。釀硫黃煅研、釀五倍子煅研，酒服，並治下血。釀茗葉煨服，治消渴。釀胡蒜煨研飲服，治膈氣。釀綠礬煅研飲服，治反胃。釀鹽花燒研，摻齒疼。釀當歸燒研，揩牙烏髭，止血。釀砒燒研，治急疳瘡。釀白鹽煨研，搽骨疽。釀附子炙焦，同油塗頭瘡白禿頭，治小兒頭瘡、口瘡、重舌目翳。燒研飲服，療咳嗽。燒研飲服，治下痢。酒服，治脫肛及婦人陰脫，仍以油調搽之。醬汁和，塗小兒面上黃水瘡。

子：調中，益肝氣。鱠：治久痢赤白，腸澼，痔疾，大人小兒丹毒風眩。治腳氣及上氣。溫脾胃，去寒結氣。

明・鄭二陽《仁壽堂藥鏡》卷八　鯽魚　味甘，溫、平，無毒。丹溪云：諸魚皆屬火，惟鯽魚屬土。故能入陽明，而有調胃實腸之功。若得之多者，亦未嘗不起火也。戒之！又云：諸魚之性，無一息之停，故能動火。

禹錫云：作羹，主胃弱不下食。作鱠，主久赤白痢。

明・施永圖《本草醫旨・食物類》卷五　鯽魚鯽喜偎泥，不食雜物，故能補胃。冬月肉厚子多，其味尤美。肉：味甘，溫，無毒。和蒜食少熱，同沙糖食生疳蟲，同芥菜食成腫疾，同猪肝、雞肉、雉肉、鹿肉、猴肉食生癰疽，同麥門冬食害人。治：合五味煮食，主虛羸，溫中下氣，止下痢腸痔。夏月熱痢有益，冬月不宜。合蓴作羹，主胃弱不下食，調中益五臟。合茭首作羹，主丹石發熱。生擣，塗惡核腫毒不散及瘑瘡。同小豆擣，塗丹毒。燒灰，和醬汁塗諸瘡十年不瘥者。以猪脂煎灰服，治腸癰。合小豆煮汁服，消水腫。炙油，塗婦人陰疳諸瘡，殺蟲止痛。釀白礬燒研，飲服，治腸風血痢。釀硫黃煅研，釀五倍子煅研，酒服，並治下血。釀茗葉煨服，治消渴。釀胡蒜煨研，飲服，治膈氣。釀綠礬煅研，飲服，治反胃。釀鹽花燒研，摻齒疼。釀當歸燒研，揩牙烏髭，止血。釀砒燒研，治急疳瘡。釀白鹽煨研，搽骨疽。釀附子炙焦，同油塗頭瘡白禿。諸魚屬火，獨鯽屬土，有調胃實腸之功。若多食，亦能動火。

附方　卒病水腫：用鯽魚三尾，去腸留鱗，以商陸、赤小豆等分，填滿扎定，水三升煮糜，去魚食豆飲汁，二日一作，不過三次，小便利愈。消渴飲水：用鯽魚一枚，去腸留鱗，以茶葉填滿，紙包煨熟食之，不過數枚即愈。腸風下血：用活鯽一大尾，去腸留鱗，入五倍子末填滿，泥固煅存性，為末，酒服一錢，或飯丸，日三服。○用硫黃一兩，如上法煅服，亦效。酒積下血：酒煮鯽魚常食，最效。腸痔滴血：常以鯽魚作羹食。腸風血痔：用活鯽魚翅側穿孔，去腸留鱗，入白礬末二錢，以椶包紙裹煨存性，研末，每服二錢，米飲下。每日二服。血痢禁口：方同上。反胃吐食：用大鯽魚，去腸留鱗，入綠礬末令滿，泥固煅存性，研末，每米飲服一錢，日二。膈氣吐食：用大鯽魚，去腸留鱗，切大蒜片填滿，紙包十重，泥封，晒半乾，炭火煨熟，取肉，和平胃散末一兩，杵丸梧子大，密收。每服三十丸，米飲下。小腸疝氣：每頓用鯽魚十箇同茴香煮食，久食自愈。妊娠感寒：用大鯽一頭，燒灰，酒服方寸匕，無汗，腹中緩痛者，以醋服取汗。熱病目暗：用鯽魚作臛食之。目生胬肉：鮮鯽魚取一片，中央開竅，貼於眶上，日三五度。婦人血崩：鯽魚一箇長五寸者，去腸，入血竭、乳香在內，綿包，燒存性，研末，每服二錢，熱酒調下。小兒齁喘：活鯽魚七箇，以器盛，令兒自便尿養之，待紅，煨熟食，甚效。小兒舌腫：鮮鯽魚切片，貼之頻換。小兒丹毒：從髀起，流下陰頭，赤腫出血，用鯽魚肉切五合，赤小豆末二合，擣勻，入水和，傅之。小兒禿瘡：用鯽魚燒灰，醬汁和塗。○一用鯽魚去腸，入皂礬燒研搽。○用大鯽去腸，入亂髮填滿，燒研，入雄黃末二錢，先以虀水洗拭，生油調搽。小兒頭瘡：用鯽魚長四寸一枚去腸，大附子一枚去皮，研米填入，炙焦，研傅，搗蒜封之效。走馬牙疳：用鯽魚一箇，去腸，入砒一分，生地黃一兩，紙包燒存性，入枯白礬、麝香少許，為末，摻之。牙疳出血：大鯽魚一尾，去腸留鱗，用當歸末，泥固燒存性，入煅過鹽，和勻，日用。揩牙烏鬚：方同上。刮骨取牙：用鯽魚一箇，去腸，入砒在內，露於陰地，待有霜刮下瓶收，以針搜開牙根點少許，欬嗽自落。○又方，用硇砂入鯽魚內，煨過瓶收，待有霜刮取，如上法用。諸瘡腫毒：鯽魚一斤者，去腸，柏葉填滿，紙裹泥包，煅存性，入輕粉二錢，為末，麻油調搽。惡瘡似癩：十餘年者，鯽魚燒研，和醬清傅之。浸淫毒瘡：生鯽魚切片，和鹽擣貼，頻易之。髂上便毒：鯽魚一枚，山藥五錢，同擣，傅之即消。骨疽膿出：黑色鯽魚一箇，去腸，入白鹽令滿，扎定，以水一盞，石器內煮至乾焦，為末，猪油調搽，少痛勿怪。手足瘭疽：大鯽魚長三四寸者，亂髮一雞子大，猪脂一升，同煎膏塗之。小兒撮口：鯽魚燒研，酒調少許，灌之，仍掐手足。兒一歲半則以魚網洗水，灌之。婦人陰瘡：方見主治。

鱠：治：久痢赤白，腸澼痔疾，大人小兒丹毒風眩，治脚氣及上氣。溫脾胃，去寒結氣。鮓：治：瘑瘡，批片貼之，或同桃葉擣傅，殺其蟲。

附方　赤痢不止：鯽魚鮓二臠切，秫米一把，薤白〔一〕虎口切，合煮粥，食之。

頭：治：小兒頭瘡口瘡，重舌目翳。燒研飲服，療欬嗽。燒研飲服，治下痢。酒服，治脫肛及女人陰脫，仍以油調搽之。醬汁和，塗小兒面上黃水瘡。

子：治：調中，益肝氣。骨：治：䘌瘡，燒灰傅，數次即愈。

膽：治：取汁塗疳瘡，陰蝕瘡，殺蟲止痛。點喉中，治骨鯁、竹刺不出。

附方　小兒腦疳：鼻癢，毛髮作穗，黃瘦，用鯽魚膽滴鼻中，三五日甚效。消渴飲水：用浮石、蛤蚧、蟬蛻等分，為末，以鯽魚膽七枚，調服三錢，神效。滴耳治聾：鯽魚膽一枚，烏驢脂少許，生麻油半兩，和勻，納入樓葱管中七日，取滴耳中，日二次。腦：

治：耳聾，以竹筒蒸過，滴之。

清・顧元交《本草彙箋》卷九　鯽魚　鯽喜偎泥，不食雜物，故能調胃實腸，與病無礙。但既爲常食之品，人所忽略，其畏忌不可不知，與沙糖同食則生疳蟲，與芥菜同食則成腫疾，同猪肝、雞肉、雉肉、鹿肉食則生癰疽，同麥門冬食害人。且鯽雖屬土，多食之亦能動火。　膈氣吐食，用大鯽去腸留鱗，切大蒜片填滿腹，紙包十重，泥固，晒半乾，炭火煅熟，單取肉用。平胃散一兩，杵丸梧子大，密藏，每服三十丸，米飲下。　髆上便毒，鯽魚一枚，山藥五錢，同擣，敷即消。

清・穆石匏《本草洞詮》卷一六　鯽魚　鯽魚旅行，亦名鮒魚，以相即相附也。《呂氏春秋》云魚之美者，有洞庭之鮒是矣。肉甘，溫，無毒。補虛羸，溫中下氣。《水經註》云：食之味美，辟寒暑。蓋鯽喜猥泥，不食雜物。故諸魚屬火，獨鯽屬土，有調胃實腸之功。然多食能動火也。

清・丁其譽《壽世秘典》卷四　鯽魚一名鮒。鯽好旅行，吹沫如星，以相即也，故曰鯽；以相附也，故一名鮒。小而耐寒。至冬，肉厚子多，其味尤美，大者至三四斤。　氣味：甘，溫，無毒。主胃弱不下食，調中益五臟，補虛羸。合蓴首作羹，治丹石發熱。發明朱震亨曰：諸魚屬火，惟鯽屬土。喜偎泥，不食雜物，故能入陽明，而有調胃實腸之力。多食，亦能動火。與沙糖同食，生疳蟲；同芥菜食，成水腫；同猪肝、雞肉食，生癰疽；與天門冬同食，害人。

頭：主燒研，飲服，療欬嗽。治下痢，酒服。治脫肛及女人陰脫，仍以油調搽之。醬汁和，塗小兒面上黃水瘡。　膽汁：塗疳瘡、陰蝕瘡，殺蟲止痛。點喉中，治骨鯁，竹刺不出。

清・劉雲密《本草述》卷二八　鯽魚又名鮒魚。　肉：　氣味：甘，溫，無毒。　合蓴作羹，主胃弱不下食孟詵。　溫中下氣日華子。　止下痢腸痔保昇。生擣，塗惡核腫毒不散蘇恭。

丹溪曰：諸魚屬火，獨鯽屬土，有調胃實腸之功。若多食亦能動火。

希雍曰：鯽魚稟土氣以生，故其味甘，其氣溫，無毒。是以能入胃，治胃弱不下食。入大腸治赤白久痢，腸癰。脾胃主肌肉，甘溫能益脾生肌，故主諸瘡久不瘥也。

附方　鶻突羹治脾胃虛冷不下食，以鯽魚半斤，切碎，用沸豉汁投之，入胡椒、蒔蘿、薑、橘末，空心食之。　腸風下血，用活鯽魚一大尾，去腸留鱗，入五倍子末，填滿，泥固煅存性，為末，酒服一錢。此方服之神效。　腸風血痔，及下痢膿血，積年瀉血，面色萎黃。大活鯽魚一尾，不去鱗，肚下穿孔，去其腸穢，入白礬一塊如金橘大，用敗椶皮重包，外用厚紙裹，先煨令香熟，去紙，於熨斗內燒，帶生存性，為細末，每服一錢，空心溫米飲調下。　痔瘡熱痛，鯽魚一條，去腸肚，入穀精草填滿，燒存性，為末，入龍腦少許，蜜調傅之。　婦人血崩，鯽魚一個，長五寸者，去腸，入血竭、乳香在內，綿包燒存性，研末，每用三錢，熱酒調下。　走馬牙疳，用鯽魚一個，去腸，入砒一分，生地黃一兩，紙包燒存性，入枯白礬、麝香少許，為末摻之。

愚按：魚乃水中之動物，動而不已者也。故均為陰中有陽，唯鯽稟土氣以生，故性喜偎泥，不食雜物，此《本草》謂之能補胃弱也。夫水土合而陰中有陽，於水族中而鯽魚似獨稟其陰之厚者，言其益胃調中，豈曰不然？但在方書所用者，於下血血痢，並腸痔時一及之，又豈非以中土為血生化之地，《經》所謂營出中焦者乎？大腸固胃之合也。觀其同白礬治積年瀉血，面色萎黃者，則知其能益胃以生血也。觀其同龍腦用傅痔熱痛者，又知其能化血以解毒也。即《本草》所云塗惡核腫毒不散，因與此義合矣。前哲曰夏月熱痢多益，冬月不宜，非以稟水土相合之氣化乎？至於耳聾證，亦偶投之，又水土合中而陽出於陰之義也。

希雍曰：鯽魚調胃實腸，與病無礙，諸魚之中，惟此可常食。但不宜與沙糖同食，生疳蟲。同芥菜食成腫疾。同豬肝、雞肉、雉肉、鹿肉食，生癰疽。同麥門冬食害人。

清・郭章宜《本草匯》卷一七　鯽魚　甘，溫，入足陽明經。主胃冷不食，調中益臟。療腸風血痢，活鯽魚去腸留鱗，滿入五倍子末，泥固煅性為末，酒服一錢。膈氣吐食。用大者，去腸留鱗，切，大蒜片填滿，紙包炭煨，取肉，和平胃散末一兩，杵丸，米飲下。卒病水腫，用三尾去腸，同商陸、赤小豆煮糜啖飲。消渴飲水，取一枚，留鱗，以茶葉填實滿，煨熟調服。

按：鯽魚，得土氣以生，故諸魚屬火，惟鯽屬土，有調胃實腸之功焉。若多食之，未嘗不助火也。宜於夏月熱痢。

鯽喜偎泥，不食雜物，故能補胃。不可與沙糖、芥菜、猪肝、雉鹿肉及麥冬同食。

清・尤乘《食鑒本草・魚類》　鯽魚　合五味煮食，主虛羸，溫中下氣。

生下利，腸痔。同沙糖食生蟲。同芥菜食成腫。同猪肝、雞肉食生癰。服麥冬人大忌。

清・朱本中《飲食須知・魚類》 鯽魚 味甘，性溫。同蒜食，助熱。同沙糖食，生疳蟲。同芥菜食，發浮腫。同雞、雉、鹿、猴肉及猪肝食，生癰疽。同服麥門冬者，食之害人。鯽魚子忌同猪肝食。

清・何其言《養生食鑒》卷下 鯽魚形似小鯉，色黑而體促，肚大而脊隆，一名鮒魚。 味甘，性溫，無毒。溫胃健脾，進飲食，補虛羸，療腸澼，月水不調，腸風血痢。燒灰可傅諸瘡。丹溪云：諸魚皆屬火，惟鯽魚屬土，有調胃實腸之功。若多食，亦能動火，不可與沙糖、蒜、芥、猪肝、雉肉同食。

子： 調中，益肝氣。 膽： 治小兒腦疳，鼻癢，毛髮作穗，黃瘦，滴鼻中，三五日甚效。

清・蔣居祉《本草擇要綱目・熱性藥品》 鯽魚和蒜食少熱，同沙糖食生疳蟲，同芥菜食成腫疾，同猪肝、雞肉、雉肉、鹿肉、猴肉食生癰疽，同麥門冬食害人。 氣味：甘，溫，無毒。 主治： 合五味煮食，主虛羸，溫中下氣，止下痢腸痔。夏月熱痢有益，冬月不宜。合蓴作羹，主胃弱不下食，調中益五臟。合茭首作羹，主丹石發熱。生搗，塗惡核腫毒不散及瘑瘡。同小豆搗，塗丹毒。燒灰，和醬汁塗諸瘡，十年不瘥者。以猪脂煎灰服，治腸癰。合小豆煮汁服，消水腫。炙油，塗婦人陰疳諸瘡，殺蟲止痛。釀白礬燒研飲服，治腸風血痢。釀硫黃煅研，釀五倍子煅研，酒服，竝治下血。釀茗葉煨服，治消渴。釀胡蒜煨研飲服，治膈氣。釀綠礬煅研飲服，治反胃。釀鹽花燒研，摻齒痛。釀當歸燒研，揩牙，烏髭止血。釀砒燒研，治急疳瘡。釀白鹽煨研，搽骨疽。釀附子炙焦，同油塗頭瘡白禿。凡諸魚屬火，獨鯽屬土，有調胃實腸之功。若多食，亦能動火。

清・王翃《握靈本草》卷九 鯽魚 主治： 鯽魚，甘，溫，無毒。治胃弱不下食，赤白久痢，諸瘡久不瘥。補虛羸，溫中，補五臟。

清・汪昂《本草備要》卷四 鯽魚補土，和胃。 甘，溫。諸魚屬火，獨鯽屬土。土能制水，故有和胃、實腸、行水之功。作鱠食，治脚氣及上氣。 忌麥冬、芥菜、沙糖、猪肝。

清・李熙和《醫經允中》卷二三 鯽魚 蒜、糖、芥菜、猪肝、鷄雉鹿肉、麥冬，不可同食。 甘，溫，無毒。 主治： 止下痢腸痔，扶脾胃，搗塗惡核腫毒。鯽魚屬土，有調胃實腸之功。多食亦能動火。

清・张璐《本經逢原》卷四 鯽魚 甘，溫，無毒。烏背者其味最美。以其居濁水中，雖肥不無小毒。然此恒用食品，未嘗見其有毒傷人。 發明：諸魚性動屬火，惟鯽魚屬土，有調胃實腸之功。故有反厚朴之戒，以厚朴泄胃氣，鯽魚益胃氣。故大明言溫中下氣，保昇言止痢厚腸。皆言其補益之功也。生搗塗痰核乳癰堅腫。以豬脂煎灰服治腸癰。合赤小豆煮汁食消水腫。炙油調塗婦人陰瘡。同白礬燒研治腸痔血痢。入綠礬泥固煅，治反胃吐食。與胡蒜煨，治膈氣痞滿。凡煅俱不可去鱗，以鱗有止血之功也。

清・汪啟賢等《食物須知・諸葷饌》 鯽魚 味甘，氣溫，無毒，池澤多生，在處俱有。色黑體促，肚大脊隆。原由稷米化成，故肚尚有米色，名因此得。小而耐寒，過半斤者方良。犯天門冬，須記。同芥菜食成水腫，同砂糖食成疳蟲。雉肉、猪肝，尤勿共食。春二三月，功忌食頭。煎用猪脂，大治癰毒效。燒以醬汁，諸惡瘡塗痊。合蓴為美，理胃弱，飲食不下，和中補虛。拌麵作鱠，主腸澼，水穀不調，禁痢止瀉。納食鹽，燒末，塞牙齒蛆疼。釀白礬，燒灰，澀腸風血痢。夏痢則宜，冬痢不可。末服，除欬逆。 骨灰，敷去䘌瘡。 子，益肝調中，食忌同猪肉。 丹溪云： 諸魚皆屬火，惟鯽魚屬土，故能入陽明，而有調胃實腸之功。若食多者，亦未嘗不起火也。又云： 諸魚無一息之停，故動風動痰火。

清・浦士貞《夕庵讀本草快編》卷六 鯽魚《別錄》、鮒魚 《埤雅》云：鯽魚旅行以相即也，又謂之鮒，以相附也。 鯽魚屬土，味甘而溫，魚中之最有益者也。煮食可以主虛羸下氣而止熱痢，作羹可以助胃弱，溫中而益五藏，生擣可以敷惡核腫毒，煎油可以塗疳殺虫，合小豆煮汁可以消水腫，釀白礬燒服可以治腸風血痢，釀苦茗煨服可以止消渴，釀綠礬煅研可以開反胃，隨用隨宜。豈他魚可能匹哉？故酈道元註青林湖大鯽： 食之肥美。《呂氏春秋》云： 魚之美者，有洞庭之鮒。觀此，則鯽為佳味亦明矣！

清・葉盛《古今治驗食物單方》 鯽魚 水腫，鯽魚三尾，去腸留鱗，以赤小荳、商陸等分，填滿扎定，水三升，煮爛，去魚食荳飲汁，二日一作，不過三次，小便利愈。 消渴，鯽魚一枚，去腸留鱗，以茶葉填滿，紙包煨熟，食之，不過數次愈。 腸風下血，活鯽魚一尾，去腸留鱗，入五倍子末，填滿泥固，煅存性，為末，酒服一錢，或飯丸日三服。 凡酒積、腸痔出血，食鯽魚最能取效。反胃，鯽魚去腸留鱗，切大蒜片填滿，紙包十重，泥封，晒半乾，火煨熟，取肉，和平胃散一兩，杵丸桐子大，密收，每服三十丸，米飲下。血崩，鯽魚長五寸者一尾，去腸，入乳香、血竭在內，綿包，燒存性，研末，每服三錢，熱酒調服。

清·黄元御《玉楸藥解》卷六 鯽魚 味甘，性溫。入足太陰脾、足太陽膀胱、足厥陰肝經。補土培中，利水敗毒。鯽魚補土益脾，溫中開胃。治消渴水腫，下利便血，噎膈反胃，骨疽腸癰，疳痔禿瘡。塗久年諸瘡不差。

清·吴儀洛《本草從新》卷六 鯽魚〔補土和胃。〕 甘，溫。諸魚屬火，獨鯽屬土，土能制水，故有和胃、實腸、行水之功。作鱠食，治脚氣及上氣。忌麥冬、芥菜、沙糖、猪肝。

清·汪紱《醫林纂要探源》卷三 鯽 甘，溫。又曰鮒。好族行，相即相附，故名。形略似魴。和胃健脾，去濕殺疳。治疽消腫。魚類皆能行水，此生於土河，行必依土，形又類脾，故其性更為從容和緩，能行水而不失之燥，能補土而不失之濡，所以可貴耳。或云此獨屬土，土能制水，故有行水之功。抑思土能防水耳，未聞土能行水也，此中正無容混看矣。

清·嚴潔等《得配本草》卷八 鯽魚 忌麥冬、沙糖。 甘，平。入足陽明經。和胃實腸，通陰利水。諸魚屬火，惟此屬土。得茴香末蘸服，治疝氣。配山藥，搗敷便毒。入赤小豆，煮食，消水腫。填葱於腹，煨研，治膈氣。利水，取汁煎藥。多食動火。

題清·徐大椿《藥性切用》卷八 鯽魚 屬土。性味甘溫，健脾和胃，行水利腸。瀉痢忌之。鯽魚子，調中益肝氣，去障翳，尤善滑腸。

清·黄宫繡《本草求真》卷一 鯽魚補土制水消腫。 鯽魚耑入脾、胃、大腸。氣味甘溫，諸魚性多屬火，惟鯽魚則性屬土，土能制水，故書載有和胃實腸行水之功。凡腸風下血，膈氣吐食，俱可用此投治。且性與厚朴反，朴則泄氣，鯽則益氣也。至於生搗，可塗痰核、乳癰堅腫，以猪油煎灰服，可治腸癰。合赤小豆煮汁食，則消水腫。炙油則治婦人陰瘡。同白礬燒研，則治腸痢、血痢。入綠礬，泥固，煅，則治反胃吐食。與胡蒜煨，則治膈氣痞滿，皆以借其制水之意。但煅不可去鱗，以鱗有止血之功也。烏背者味美，忌麥冬、芥菜、沙糖、猪肝。

清·李文培《食物小錄》卷下 鯽魚 甘，溫，無毒。作羹，治胃弱不下食，調中益五臟。諸魚皆屬火，獨鯽魚屬土，有調胃實腸之功。若多食，亦能動火。

清·羅國綱《羅氏會約醫鏡》卷一八鱗介蟲魚部 鯽魚味甘，性溫。 諸魚屬火，鯽魚屬土，土能制水。治膈氣吐食，用鯽魚去腸留鱗，以大蒜填滿腹，紙包煨熟取肉，合平胃散末為丸，米湯下二十丸。療腸風下血，用五倍子末，填滿魚腹，煅存性，為末，酒服一錢。實腸補脾利水。土能去濕。忌芥菜、猪肝、砂糖同食。

清·章穆《調疾飲食辯》卷六 鯽魚 又名鮒魚。《呂氏春秋》曰：魚之美者，洞庭之鮒。《埤雅》曰：鯽，即也。鮒，附也。此魚(旅)〔游〕行，相即而相附也。形似小鯉，腹稍闊。生肥水者，脊微黑，味甚佳，頭味尤勝。性喜偎泥，故能益胃。治久虛冷痢、冷瀉。《蜀本草》云：夏月熱利亦可食。蓋此魚食草，夏月草茂食足，味更美耳。朱震亨曰：諸魚屬火，獨鯽屬土，故能調胃寬腸，多食亦能動火。夫調胃寬腸信有之，屬土之說，豈其然乎？若因其偎泥，則凡鮎、鱯之類皆喜偎泥，皆屬土乎？既且屬土，何以又動火乎？又骻上便毒，同山藥搗敷出《醫林要集》。手足瘭疽累累如赤豆，掐之汁出：大鯽魚一尾，亂髮如雞子大一團，猪脂一升，同煎膏塗。出《千金方》，外科有鯽魚膏，凡疔疽皆用。張鼎曰：藥中用麥門冬者忌食。

清·吴鋼《類經證治本草·足陽明胃腑藥類》 鯽魚 【略】誠齋曰：熬膏，貼瘡癤。

清·楊時泰《本草述鉤元》卷二八 鯽魚 又名鮒魚。氣味甘溫。主胃弱不下食，溫中下氣，止下痢，腸痔腸癰。生搗，塗惡核腫毒不散。諸魚屬火，獨鯽屬土，有調胃實腸之功丹溪。能益脾生肌，故又主諸瘡久不瘥仲淳。鶻突羹，治脾胃虛冷不下食，鯽魚半斤，切碎，用沸豉汁投之，入胡椒、蒔蘿、薑、橘末，空心食之。腸風下血，用活鯽魚一大尾，去腸留鱗，入五倍子末填滿，泥固煅存性，為末，酒服一錢，此方神效。腸風血痔及下痢膿血，積年瀉血面色萎黃，活鯽魚一尾，不去鱗，肚下穿孔，去其腸穢，入白礬一塊，如金橘大，用敗椶皮重包，外用厚紙裹，先煨令香熟，去紙，於熨斗內燒，帶生存性，為細末，每服一錢，空心溫米飲調下。痔瘡熱毒，鯽魚一尾，去腸肚，入穀精草填滿，燒存性，為末，加龍腦少許，蜜調傅之。血崩，鯽魚一尾長五寸者，去腸，入血竭、乳香在內，綿包，燒存性，研末，每用三錢，熱酒調下。走馬牙疳，鯽魚一尾，去腸，入砒一分，生地一兩，紙包，燒存性加枯礬、麝香少許，為末摻之。

論：鯽稟土氣以生，性喜偎泥，不食雜物，於水族中稟陰獨厚，故能補胃弱而調中。方書於下血、血痢、腸痔及之者，以營出中焦，中土為營血生化之地，而大腸固胃之合也。觀其同白礬治瀉血色黃，則能益胃以生血矣；同龍腦傅痔瘡熱痛，是又能化血以解毒矣。前哲謂夏月熱痢多益，冬月不宜，非以其稟水土相合之氣化乎。

諸魚之中，惟此可常食，然多食亦能動火仲淳。同沙糖食，生疳蟲。同芥菜食，成腫疾。同猪肝、雞肉、雉肉、鹿肉食，生癰疽。同麥冬食，害人。皆仲淳說。

清・葉桂《本草再新》卷一〇 鯽魚味甘，性溫，無毒。入脾經。 和脾補土，暖胃卻寒，利水消腫。鯽魚頭，可發痘疹。取其鮮而能發也。

清・趙其光《本草求原》卷一六鱗部 鯽魚俗作鰂。食泥不食雜物。甘，溫，無毒。能益腸胃以生血而化血解毒。營出中焦，是血生化於土，大腸又胃之合也。治腸風下血，入五棓，煅存性，酒服神效。赤白痢、血痔，入白礬、陳皮、棕皮，煅俱存性，米飲下，俱效。痔熱痛，入穀精草填滿，煅存性，加冰片蜜敷。血崩，入血竭、乳香，煅存性，酒下。溫中、健脾，下氣，治胃冷不食，同豉汁、胡椒、薑、橘煮食。膈氣吐食，用蒜填滿煨，取肉，同平胃散為丸，米飲下。生肌，脾胃主肌肉。消惡核腫毒、生搗塗。諸瘡久不瘥，實腸解毒之功。行水、治腳氣，作膾食，土制水也。走馬牙疳，入生地一兩，砒一分，煅存性，加枯礬、麝香少許摻之。脫牙，取雄者入砒，露於陰地，刮霜貯，針點牙根即落。消水腫，同赤小豆煮食。陰瘡，炙油調塗。腸癰，豬脂煎灰服。治反胃。入綠礬同煅。

凡煅，勿去鱗，以鱗止血也。忌砂糖、芥菜、豬肝、雞肉、麥冬。

子，益肝膽，治腦疽鼻癢。滴鼻中。其頭，發痘疹舊疾。

清・文晟《新編六書》卷六《藥性摘錄》 鯽魚 甘，溫。入脾、胃、大腸。補土制水，消腫，凡腸風下血，膈氣吐食，俱可用者。〇生搗，可塗痰核乳癰堅腫。同白礬燒研，治腸澼血痢。入綠礬固煅，治反胃吐食。與胡蒜煨，治膈氣痞滿。以豬血煎灰服，治腸癰。合赤小豆煮汁食，消水腫。與白蘿蔔同煮食，治久嗽。炙油，則治婦人陰瘡。但煅不可去鱗，以鱗有止血之功。〇烏背者味美。忌麥冬、芥菜、沙糖。

清・文晟《新編六書》卷六《藥性摘錄》 鯽魚 甘，溫。溫胃健脾，補虛羸，療腸澼，腸風白痢，及月經不調。不可與沙糖、蒜、芥、豬肝、雞肉、麥冬同食。〇子，調中，益肝氣。〇治小兒惱疳，鼻癢，毛髮作穗黃瘦，滴鼻中，三五日甚効。餘詳藥部。

清・王孟英《隨息居飲食譜・鱗介類》 鰿魚其美在脊也，俗作鯽，一名鮒魚。甘，平。開胃調氣，生津，運食，和營息風，清熱，殺蟲解毒，散腫愈瘡，止痢止疼，消疳消痔。大而雄者勝，宜蒸煮食之。外感邪盛時勿食，嫌其補也。餘無所忌。煎食則動火。 痔血，鯽魚常作羹食。 酒積下血，酒煮鯽魚，常食。 浸淫瘡，生鯽魚切片，鹽擣，貼，頻易。

清・田綿淮《本草省常・魚蟲類》 鯽魚 一名鮒魚。性溫。開胃和脾，溫中下氣，利水除濕。諸魚屬火，鯽魚獨屬土，故有調胃實腸之功。多食動火。同蒜食生邪熱，同芥菜食成腫疾，同沙糖食生疳蟲，同雞食生癬疥，同雉、犬、鹿食生癰疽。服麥冬者忌之，腳氣人忌之。正月頭有蟲，不可食。

清・戴葆元《本草綱目易知錄》卷五 鯽魚 肉，甘，溫。諸魚屬火，獨鯽屬土，土能制水，有調胃實腸行水之功。和五味煮食，益五臟，補虛羸，溫中下氣，止下痢，腸痔排膿，托痘瘡。合蓴菜作羹，主胃弱不下食，能調中，益五臟。合茭首作羹，主丹石發熱。合赤小豆煮食，消水腫。以豬脂煎灰服，治腸癰。和鹽花燒炭研，摻齒疼。炙油，塗婦人陰疳，諸瘡，殺蟲止痛。忌麥冬、芥菜、砂糖、豬肝。然多食，亦能動火。【略】

鱠：溫脾胃，去寒結氣。治久痢赤白，腸澼痔疾，丹毒風眩，腳風上氣。葆按：此魚生也，詳看鱠下，勿食為是。 鮓：治瘑瘡，批片貼之，或用桃葉擣傅，殺其蟲。葆按：此魚鮓也，鮓醞也，以鹽摻醞酸而成，詳看魚鮓下。【略】 頭：燒研飲服，治咳嗽下痢，小兒頭瘡口瘡，重舌目瞖。酒服，治脫肛及女人陰脫，仍以油調傅之。 醬汁和，塗小兒面上黃水瘡。

清・陳其瑞《本草撮要》卷九 鯽魚 味甘，溫，屬土，入手足太陰、陽明經，功專行水實腸胃。腸風下血，用活鯽魚一個，去腸留鱗，入五倍子末填滿，泥固煅存性為末，酒服一錢神效。忌麥冬、芥菜、沙糖、豬肝。子調中益肝氣，去目中障翳。一名鮒魚。

清・李桂庭《藥性詩解》 賦得鯽魚有溫胃之功得魚字。田春芳。 何物能溫胃，惟知是鯽魚。塗癰功最厚，行水力非徐。《本經》謂諸魚屬火，獨鯽魚屬土，有溫胃制水，塗瘡之功。

前題李慶霖不教能溫胃，何須用鯽魚。瘡塗和醬用，脾弱作羹茹。

按：鯽魚屬土，有溫和脾胃之力。又主諸瘡，燒以醬汁和塗。胃弱不食，作羹食之，而能增進飲食。胃為戊土，脾為己土，一表一裏，一陽一陰，《經》謂無陽則陰無以生，無陰則陽無以化，陰陽相須，表裏相共，溫其胃即益其脾，益其脾即助其胃也，余故謂脾弱作羹食也。

清·吴汝紀《每日食物却病考》卷下　鯽魚　又名鮒魚。味甘，溫，無毒。合五味煮食，治虛羸，溫中下氣。合蓴作羹，治胃弱不下食。合小豆煮汁食，消水腫。作膾，治腸澼，水穀不調及久痢。内鹽入腹中燒灰，治齒痛。燒灰和醬，塗諸〔瘡〕之久不瘥。丹溪云：諸魚皆屬火，惟鯽魚屬土，故能入陽明，有調胃入腸之功。多食亦能動火。不可與糖、蒜、芥、雉同食。服麥門冬者忌之。

蓴絲鯽

明·姚可成《食物本草》卷一〇鱗部·無鱗魚類　蓴絲鯽生江西安福縣東南十五里蜜湖中。水味如蜜，魚亦甚甘。蓴絲鯽，味甘，無毒。主補脾胃，去風濕邪氣，益肝膽，明目，退昏花，生津液。

赤魚

清·趙其光《本草求原》卷一六鱗部　赤魚　形似鮎魚，身青，二三月甚多。甘，溫，小毒。動風，發瘡疥，不益人。糟藏久，味頗佳。

清·文晟《新編六書》卷六《藥性摘錄》　赤魚　甘，溫。益脾胃，養氣血。多食動風，發瘡疥，有病人忌之。

金魚

明·李時珍《本草綱目》卷四四鱗部·魚類　金魚《綱目》

【集解】時珍曰：金魚有鯉、鯽、鰍、䱜數種，鰍、䱜尤難得，獨金鯽耐久，前古罕知。惟(《博物志》)〔《北戶錄》〕云：出邛婆塞江，腦中有金。蓋亦訛傳。《述異記》載：晉桓冲遊廬山，見湖中有赤鱗魚。即此也。自宋始有畜者，今則處處人家養玩矣。春末生子於草上，好自吞啗，亦易化生。初出黑色，久乃變紅。又或變白者，名銀魚。亦有紅、白、黑斑相間無常者。其肉味短而韌。《物類相感志》云：金魚食橄欖渣、肥皂水即死。得白楊皮不生蝨。又有丹魚，不審即此類否。今附於下。

肉　【氣味】甘、鹹，平，無毒。　【主治】久痢時珍。

【附方】新一。　久痢禁口：病勢欲絕。用金絲鯉魚一尾，重一二斤者，如常治淨，用鹽、醬、葱，必入胡椒末三四錢，煮熟，置病人前嗅之，欲喫隨意。連湯食一飽，病即除根，屢治有效。楊拱《醫方摘要》。

明·穆世錫《食物輯要》卷七　金魚　味甘鹹，平，無毒。味短，不堪啖，宜養玩。得白楊皮，不生蟲。治久痢。

明·吴文炳《藥性全備食物本草》卷三　金魚　味甘鹹，性平，無毒。味短不堪啖食，只宜養玩。得白楊樹皮不(止)〔生〕蟲。可治久痢。

明·應廖《食治廣要》卷七　金魚　肉：氣味：甘、鹹，平，無毒。主治：久痢。按：金魚有鯉、鯽、鰍、䱜數種。《相感志》云：金魚食橄欖渣、肥皂水即死，得白楊皮不生蝨。

明·姚可成《食物本草》卷一〇鱗部·魚類　金魚李時珍曰：金魚有鯉、鯽、鰍、䱜數種，鰍、䱜尤難得，獨金鯽耐久，前古罕知。惟(《博物志》)〔《北戶錄》〕云：出(沥)〔邛〕婆塞江，腦中有金。蓋亦訛傳。《述異記》載：晉桓冲遊廬山，見湖中有赤鱗魚。即此也。自宋始有畜者，今則處處人家養玩矣。春末生子於草上，好自吞啗，亦易化生。初出黑色，久乃變紅。又或變白者，名銀魚。亦有紅、白、黑斑相間無常者。其肉味短而韌。《物類相感志》云：金魚食橄欖渣、肥皂水即死。又有丹魚，按《抱朴子》云：丹水出京兆上洛縣冢嶺山，入於汋水。中出丹魚。先夏至十〔日〕，夜伺之。魚浮水側，必有赤光上照若火。割血塗足，可以履冰。其即金魚之類乎。　金魚，味甘、鹹，平，無毒。治久痢及搗塗火瘡。

明·孟笨《養生要括·鱗類》　金魚　味甘、鹹，平，無毒。治久痢。禁口，病勢欲危。用金魚一尾重二三斤者，如常治淨，用鹹、醬、葱，必入胡椒末三四錢，煮熟，置病人前嗅之，欲喫隨意，連湯食一飽，病即除根，屢治效。

明·施永圖《本草醫旨·食物類》卷五　金魚有鯉、鯽、鰍、䱜數種，處處人家養玩。每春末生子於草上，好自吞啖。食橄欖渣、肥皂水、鴿糞即死，得白楊皮不生蝨。

肉：味甘、鹹，平，無毒。治：久痢。

附方　久痢禁口：用金絲鯉魚一尾重一二斤者，如常治淨，用鹽、醋、醬，必入胡椒末三四錢，煮熟，置病人前嗅之。欲喫，隨意連湯食一飽，病即除根，屢治有效。

清·丁其譽《壽世秘典》卷四　金魚有鯉、鯽、鰍、䱜數種，鰍、䱜尤難得，獨金鯽耐久，前古罕知，自宋始有畜者。春末生子于草上，好吞啗，亦易化生，初出黑色，久乃變紅。又或變白者名銀魚，亦有紅、白、黑斑相間無常者，其肉味短而韌。《相感志》云：金魚食橄欖渣、肥皂水即死。得白楊皮，不生蝨。

氣味：甘、鹹，平，無毒。治久痢。

清·朱本中《飲食須知·魚類》 金魚 味甘、醎，性平。味短不宜食，止堪養玩。魚啖橄欖渣、肥皂水、鴿糞即死。得白楊皮不生虱。

清·王道純《本草品彙精要續集》卷七 金魚無毒 卵生。

金魚肉： 主久痢噤口《本草綱目》。 【地】李時珍云： 金魚有鯉、鯽、鰍、鰲數種，鰍、鰲尤難得，獨金鯽耐久，前古罕知。惟(《博物志》)〔《北戸錄》〕云： 出邛婆塞江，腦中有金，蓋亦訛傳。《述異記》載晉桓冲遊廬山，見湖中有赤鱗魚，即此也。自宋始有畜養者，今則處處人家養玩矣。 【時】春末生子於草上，好自吞啗，亦易化生。 【用】肉。 其肉味短而韌。 【色】初出黑色，久乃變紅，又或變白者，名銀魚。 亦有紅白黑斑相間無常者。 【味】甘，鹹。 【性】平。 【治】楊拱《醫方摘要》云： 久痢噤口，病勢欲死，用金絲鯉魚一尾，重一二斤者，如常治淨，用鹽、醬、葱，必入胡椒末三四錢，煮熟，置病人前嗅之，欲吃隨意，連湯食一飽，病即除根，屢治有效。 【忌】《物類相感志》云： 金魚，食橄欖渣、肥皂水即死，得白楊皮不生虱。 又有丹魚，不審即此類否，今附於下。

清·吳儀洛《本草從新》卷六 金魚 甘，鹹，平。治久痢。

清·汪紱《醫林纂要探源》卷三 金魚 酸，平。此人家養玩之丹魚，亦名金鯉，不堪食。 療赤白痢。 能行水。赤入血分，酸斂肺，厚大腸，瀉肝，去血瘀熱結。

題清·徐大椿《藥性切用》卷八 金魚 甘醎性平，調胃治痢。

清·趙學敏《本草綱目拾遺》卷一〇鱗部 金魚 此魚自宋南渡始有，一名硃砂魚，乃人家蓄玩於盆盎中者，有三尾、四尾、品尾、金管、銀管之分。有蛋魚，名龍蛋、文蛋、虎頭及鱗諸品純紅純白，或紅白相間，體具五色。 極大者三四寸，小者寸許。《綱目》金魚條云主治痢，而所用乃金絲鯉魚。 按： 金魚雖有鯉、鯽、鰷諸種，殊不知鯉魚中一種紅鯉名金鯉，鯽魚中一種紅鯽名金鯽，皆有金魚之名，與此全別，而東璧合為一則誤矣。

味苦，微鹹，有小毒，食之令人吐。《綱目》本條氣味下云： 甘平無毒。此指紅鯽而言，並非今之金魚也。 解服滷毒，用金魚一二枚搗之，灌下，吐出涎水，自甦。 治瘋癲、石臌、水臌、黃疸。《慈航活人書》： 俱用紅色金魚一個，取三尾者，甘蔗大者一二枚，同搗爛，絞汁服，立刻即吐出痰涎，愈。

清·趙其光《本草求原》卷一六鱗部 金魚 似鯉鯽，赤鱗，金腦。甘、鹹，平，無毒。治久痢噤口。入胡椒、醬、葱煮食，並嗅之。

清·戴葆元《本草綱目易知錄》卷五鱗部 金魚 肉，甘、鹹，平。有鯉、鰲、鯽、鰍數種。 金鯉魚，治久痢。 金鰲魚，解砒石及鴉片烟毒。 葆驗附方： 鴉片烟毒，一時氣憤，吞鴉片烟尋死，急覓人家缸養鰲形三尾魚一尾，生搗汁，和陰陽水濾汁灌之，使上吐下瀉，屢效，不吐瀉者，難救。 解礬石毒，仝方。 〇久痢噤口欲死。 紅鯉魚一尾，約重一二斤，如常治淨，烹用鹽醬葱。 必要入胡椒末三四錢，煮熟，置病人前嗅之，欲喫隨意連湯食，病除進食，屢效，金絲鯉亦可。

清·陳其瑞《本草撮要》卷九 金魚 味甘鹹，平，入手足陽明經，功專治久痢及禁口痢。

丹魚

明·李時珍《本草綱目》卷四四鱗部·魚類 丹魚按《抱朴子》云： 丹水出京兆上洛縣冢嶺山，入于汋水，中出丹魚。 先夏至十日夜伺之，魚浮水側，必有赤光上照若火。 割血塗足，可以履冰。

鯪魚

明·姚可成《食物本草》卷一〇鱗部·無鱗魚類 鯪魚生廣東瓊州府城東峻靈潭中。 魚色白而身短促不舒，大者長二尺。 作膾食之，味甚香美。 鯪魚，味甘，無毒。 主滑利肌肉，通小便，治膀胱結熱，黃疸水鼓。

清·何其言《養生食鑒》卷下 土鯪魚似小鯉而鱗細，腹頷冬天益肥，一名土鯪。 味甘，性平，無毒。 補中開胃，益氣血，功同鯽魚，不發瘡疥。 嗽者忌之。

清·趙學敏《本草綱目拾遺》卷一〇鱗部 雪鯪 《粵語》： 鯪魚廣人池塘多蓄之，以魚秧長成，與鯽性相反。 鯽屬土，其性沉，長潛水中。 鯪屬水，其性浮，長躍水上。 鯽食之可以實腸，鯪食之可以行氣，鯽守而鯪行，性各不同如此。 其物以冬而肥，故名。 喜泳浮波上，得洊流則跳躍尋丈。 生食之，益人氣力。 《梧潯雜佩》： 鯪魚形似鰱而稍短，味甚美，作膾尤佳。 健筋骨，活血行氣，逐水利溼。

清·文晟《新編六書》卷六《藥性摘錄》 土鯪魚 甘，平。 補中開胃，益氣血。 功同鯽魚，不發瘡疥。 〇嗽者忌之。

鯇魚

宋·唐慎微《證類本草》卷二〇蟲魚部上品〔唐·陳藏器《本草拾遺》〕 鯇魚 無毒。 主喉閉，飛尸。 取膽和暖水攪服之。 鯇音患似鯉，生江湖間，內喉中飛尸上。此膽至苦。

宋・鄭樵《通志》卷七六《昆蟲草木略》 鯉、鱣、鰋、鮎、鱧、鯇，《爾雅》無異名。鰋，今之黄鱣魚，短鼻，口在頷下，體有三行甲，無鱗，大者長二三丈，亦能化龍。鯇，今之鯶魚也。

元・吴瑞《日用本草》卷五 鯇魚 似鯉而背不高，池塘看養者。 味甘，性平，無毒。鱗細，頭大名鱅，頭小名鰱，性味皆同。 主益人，療喉閉、飛尸。

明・盧和、汪穎《食物本草》卷四魚類 鯇魚 無毒。膽最苦，治喉痺飛尸。

明・李時珍《本草綱目》卷四四鱗部・魚類 鯇魚音患。《拾遺》。

〔釋名〕鰀魚音緩。 草魚時珍曰：鯇又音混，郭璞作鯶。其性舒緩，故曰鯇，曰鰀。俗名草魚，因其食草也。江、閩畜魚者，以草飼之焉。 〔集解〕藏器曰：鯇生江湖中，似鯉。時珍曰：郭璞云：鯶子似鱒而大是矣。其形長身圓，肉厚而鬆，狀類青魚。有青鯇、白鯇二色。白者味勝，商人多鯗之。

肉〔氣味〕甘，温，無毒。時珍曰：李(廷)〔鵬〕飛云：能發諸瘡。 〔主治〕暖胃和中時珍。

膽臘月收取陰乾。 〔氣味〕苦，寒，無毒。 〔主治〕喉痹飛尸，水和攪服藏器。一切骨鯁、竹木刺在喉中，以酒化二枚，温呷取吐時珍。

明・穆世錫《食物輯要》卷七 鯇魚 味甘，性温，無毒。暖胃助脾益氣。多食，發瘡疾，及濕毒流氣痰核病。

明・吴文炳《藥性全備食物本草》卷三 鯇魚 味甘，性温，無毒。暖胃助脾，益氣力，和中。不宜多食，發瘡疥及温毒流氣痰核病。

明・應麐《食治廣要》卷七 鯇魚音患，又音混，草魚也。 肉： 氣味： 甘，温，無毒。 主治： 暖胃，和中。李鵬飛云： 能發諸瘡。

明・姚可成《食物本草》卷一〇鱗部・魚類 鯇魚一名鯶魚。鯇、鯶俱音混。形長身圓，肉厚而鬆，狀類青魚。有青鯇、白鯇二色。白者味勝，商人多鯗之。今浙湖地曰林坪，多養畜以為生息。 鯇魚，味甘，温，無毒。主暖胃和中。不可多食，能發諸瘡。 膽： 味苦，寒，無毒。臘月收取陰乾。治喉痹飛尸，水和攪服。一切骨鯁、竹木刺在喉中，以酒化二枚，温呷取吐。

明・顧逢柏《分部本草妙用》卷一〇水族部 鯇魚 甘，温，無毒。主暖胃和中。多食發瘡。臘月收膽，水和攪服，治喉痺飛尸。

明・孟笨《養生要括・鱗類》 草魚 味甘，温，無毒。暖胃和中。 膽： 治喉痹飛尸，水和攪服。一切骨鯁，竹木〔刺〕在喉中(刺)者，以酒化二枚，温呷取吐。

明・施永圖《本草醫旨・食物類》卷五 鯇魚名草魚。因其食草也。 肉： 味甘，温，無毒。能發諸瘡。 治： 暖胃和中。 膽： 臘月收取陰乾。 味苦，寒，無毒。治： 喉痹飛尸，水和攪服。一切骨鯁，竹木刺在喉中，以酒化二枚，温呷取吐。

清・穆石匏《本草洞詮》卷一六 鯶魚 一名草魚。以食草也。甘，温，無毒。 主暖胃和中，能發諸瘡。

清・丁其譽《壽世秘典》卷四類物 鯇魚一名鰀魚，其性舒緩故曰鰀，俗名草魚，因其食草也。郭璞作鯶，言鯶子似鱒而大是矣，其形長，身圓，肉厚而鬆，狀類青魚，有青鯶、白鯶二色，白者味勝。 氣味： 甘，温，無毒。主暖胃和中，能發諸瘡。

清・朱本中《飲食須知・魚類》 鯇魚 味甘，性温，即草魚。多食發諸瘡及濕毒、流氣、痰核病。

清・何其言《養生食鑒》卷下 鯇魚鯇似鱒而大，其形長身圓，肉厚而鬆，狀類青魚，有青鯇、白鯇二色，白者味勝，俗名草魚。 味甘，性温，無毒。暖胃和中，能發諸瘡。 膽： 治喉痹，攪冰，嚥服。

清・张璐《本經逢原》卷四 鯶魚本名鯇魚，鯶音渾。 甘，温，無毒。 發明： 鯶魚多蓄池中，飼草而長，與青鰱混雜，故名曰鯶，江湖亦皆有之，食品之長味也。時珍言暖中和胃，此指池中蓄者而言； 李(廷)〔鵬〕飛言能發諸瘡，此指湖中獲者而言，各有至理。 膽味苦寒，能出一切竹木刺在喉中，以酒化二三枚温呷，取吐即出。

清・吴儀洛《本草從新》卷六 鯇魚(暖胃。)俗名草魚。 甘，温。 暖胃和中。李(廷)〔鵬〕飛云： 能發諸瘡。

清・汪紱《醫林纂要探源》卷三 鯇 甘，温。此人家池塘所養草魚，略似鯉而色青白，種出九江。 平肝祛風，治痺截瘧。大至十數斤者，其頭蒸食尤良。可截久瘧，治虛勞及風虛頭痛。 助火發瘡。魚類所同，此尤甚。

清・汪紱《醫林纂要探源》卷三 鯶 甘，温。似鯉與鯇而大鱗，力雄，善裂網，且健啖小魚。 發瘡發熱。此魚鰓下有二蟲，須檢去之。

題清・徐大椿《藥性切用》卷八　草青魚　一名鯇魚。性味甘溫，和中暖胃。多食發瘡。

清・黄宫繡《本草求真》卷九　鯇魚耑入脾胃。　食品味長，江湖與池皆有，以草為飼。常與青鰱混雜，故名曰鯇，又名曰鯶。時珍曰：　鯇因其性舒緩而名。第在池中，則味甘溫無毒，時珍言其暖中和胃，即是此物。若在江湖所蓄，則飼非盡青草，常有穢惡混食，故書又言食能發瘡。但魚性多溫，無論在池在湖，施於陽臟之人，則自發熱動燥；　施於陰臟之人，不惟其燥全無，且更鮮有溫和之力矣。食物之宜，當先視人臟氣以為轉移，非獨鯇魚然也。膽味苦寒，能治一切竹木刺在喉中，以酒化二三枚，溫服取吐，即出。

清・李文培《食物小録》卷下　鯇魚即草魚。　甘，溫，無毒。功同鱅魚。

清・章穆《調疾飲食辯》卷六　鯇魚　一名草魚，一名鰀魚，《爾雅》注作鱓魚，俗呼晚魚。春時鯉魚散子淺水中，水退子乾，不以時出，復漲始生者為晚。形似鯉，身稍圓，性較鯉魚稍不毒。然魚皆熱，動風發毒之害亦不能無。《綱目》曰：　暖胃和中。《延壽書》曰：　能發諸瘡。合二說觀之，始為定論。

清・趙其光《本草求原》卷一六鱗部　鯇魚即鱓魚。　食草而生。甘，溫，無毒。暖中和胃。惟池蓄者佳，若海鯇則發諸瘡。膽，苦，寒。能出喉中竹木刺。酒化二三枚，溫呷取吐。攪水咽服，治喉痹。

清・文晟《新編六書》卷六《藥性摘録》　鯇魚　俗稱草魚。白者味勝於青者。甘，溫。暖胃和中，能發諸疹。○膽，治喉痹，攪水，咽服。

清・王孟英《隨息居飲食譜・鱗介類》　鯇魚音混，俗作鱓，非。　甘，溫。暖胃和中。俗名草魚，因其食草也。婺州云：　間以其色青也，誤以青魚呼之。禾人名曰池魚，尤屬可笑。夫池中所蓄之魚，豈獨鯇而已哉？

清・田綿淮《本草省常・魚蟲類》　鯇魚　一名鰀魚，俗名草魚。性溫。暖胃和中。發諸瘡。鯇，音混。

清・戴葆元《本草綱目易知録》卷五鱗部　鯇魚草魚　肉，甘，溫。暖胃和中。李鵬飛云：　能發諸瘡。葆按：　我婺山人，於夏初至九江办魚苗，約分許，挑養至家，擇水緩掘池養之，稍大，擇去雜魚，放入塘養，每日用嫩草及溪邊水藻飼之。其塘水來路遠近河者，謂之熱水，其魚易(漲)〔長〕價廉，俗傳不益人。其塘水由石泉涉近者，謂之冷水，價昂，云大補益，甚有養數十年重僅數斤者。相傳云：　燉熟食，治病虛羸瘦，胃不納食，陰瘧腫滿，痘瘡癰疽及產後浮喘等症，以其性溫，又藉涵養，故能補益，然食亦有應效、不效者。

清・陳其瑞《本草撮要》卷九　鯇魚　味甘，溫，入手足太陰經，功專暖胃和中。俗名草魚。

清・吴汝紀《每日食物却病考》卷下　鯇魚　俗稱草魚，因其食草也。似青魚而稍白，味甘，溫，無毒。暖胃和中。多食發瘡。膽最苦，治喉痹。

鯉魚

唐・孫思邈《千金要方》卷二六《食治・鳥獸》　鯉魚肉　味甘，平，無毒。主欬逆上氣、癉黄，止渴。黄帝云：　食桂竟，食鯉魚肉害人。腹中宿癥病者，食鯉魚肉害人。

附：　日・丹波康賴《醫心方》卷三〇　鯉魚《本草》云：　肉，味甘。主欬逆上氣，黄疸，止渴。生煮主水腫腳滿，下氣。膽，味苦，寒，無毒。主目熱赤痛，青盲，明目。骨，主女子帶下赤白。齒主石淋。陶〔弘〕景注云：　鯉魚最為魚之主，形既可愛，又能神變。山上水中有鯉不可食。又鯉鮓不可合小豆藿食之。其子合猪肝食之害人。蘇敬注云：　骨灰主陰蝕，哽不出。血，主小兒丹腫。皮，主丹隱癣。腦，主諸癇。腸，主小兒肥瘡。《拾遺》云：　肉，主安胎，胎動，(壞)〔懷〕姙身腫。煮食之，破冷氣，痃癖氣塊。從脊當中數至尾，無大小皆有卅六鱗。《七卷經》云：　鯉魚，平，補中。又鮎胡鬪反。野王云是鯉魚也。又鯸下瓦反。《説文》：　鯉也。又鮍。音度。《廣雅》云：　大鯉也。崔禹〔錫〕云：　鯉，溫，無毒。主腳氣忤疾，益氣力。孟詵云：　天行病後不可食，再發即死。又砂石中者毒多在腦髓中，不可食其頭。又：　每斷其脊上兩筋，及脊內黑血，此是毒故也。朱思簡曰：　白頭者，不可食。交葱桂，食之令人惡病。馬琬云：　妊(身)〔娠〕食之，令子多瘡。《養性要録》云：　服天門冬勿食鯉魚，病不除。

宋・唐慎微《證類本草》卷二〇蟲魚部上品〔《本經・别録》〕　**鯉魚膽**　**味苦，寒，**無毒。**主目熱赤痛，青盲，明目。久服强悍，益志氣。**

肉：　味甘，主欬逆上氣，黄疸，止渴。生者，主水腫脚滿，下氣。〔宋・掌禹錫《嘉祐本草》〕按：　大腹水腫通用藥云：　鯉魚，寒。《藥對》云：　平。陳士良云：　無毒。

骨：　主女子帶下赤白。

齒：　主石淋。生九江池澤。取無時。

〔梁・陶弘景《本草經集注》〕云：　鯉魚，最爲魚之主，形既可愛，又能神變，乃至飛越山湖，所以琴高乘之。山上水中有鯉不可食。又鯉鮓不可合小豆藿食之。其子合豬肝食之，亦能害人爾。

〔唐·蘇敬《唐本草》〕注云：鯉魚骨，主陰蝕，哽不出。血，主小兒丹腫及瘡。皮，主癮瘮。腦，主諸癇。腸，主小兒肌瘡。

〔宋·馬志《開寶本草》〕按：陳藏器《本草》云：鯉魚肉，主安胎，胎動，懷妊身腫。煮爲湯食之，破冷氣痃癖。氣塊橫關伏梁，作鱠以濃蒜虀食之。膽，主耳聾，滴耳中，目爲灰，研傅刺瘡中風水疼腫，汁出即愈。諸魚目并得。

〔宋·掌禹錫《嘉祐本草》〕按：《藥性論》云：鯉魚膽亦可單用，味大苦。點眼治赤腫瞖痛。小兒熱腫塗之。蜀漆爲使。魚燒灰末，治欬嗽，糯米煮粥。孟詵云：鯉魚白煮食之，療水腫脚滿，下氣，腹有宿瘕不可食。又修理，可去脊上兩筋及黑血，毒故也。又天行病後不可食，再發即死。其在沙石中者，毒多在腦中，不得食頭。日華子云：鯉魚，涼，有毒。肉治欬嗽，療脚氣，破冷氣，痃癖。懷妊人胎不安，用絹裹鱗和魚煮羹，熟後去鱗，食之驗。脂治小兒癇疾驚忤。膽治障瞖等。腦髓治暴聾，煮粥服良。諸溪澗中者，頭内有毒。不計大小，并三十六鱗也。

〔宋·蘇頌《本草圖經》〕曰：鯉魚，生九江池澤，今處處有之。即赤鯉魚也。其脊中鱗一道，每鱗上皆有小黑點，從頭數至尾，無大小皆三十六鱗。古語云五尺之鯉與一寸之鯉，大小雖殊，而鱗之數等是也。又崔豹《古今注》釋鯉魚有三種。兖州人謂赤鯉爲玄駒，謂白鯉爲白驥，黄鯉爲黄雉。蓋諸魚中，此爲最佳，又能神變，故多貴之。今人食品中以爲上味。其膽、肉、骨、齒皆入藥。古今方書并用之。胡洽治中風脚弱，短氣腹滿，有鯉魚湯方最勝。脂、血、目睛、腦髓亦單使治疾，惟子不可與肝同食。又齒主石淋。《古今録驗》著其方云：鯉魚齒一升篩末，以三歲苦酒和，分三服。宿不食，旦服一分，日中服一分，暮服一分，差。赤鯉魚鱗亦入藥。唐方多用治産婦腹痛，燒灰酒調服之。兼治血氣，雜諸藥用之。

〔宋·唐慎微《證類本草》〕陳藏器云：鯉魚，從脊當中數至尾，無大小皆有三十六鱗，亦其成數也。《食療》：膽，生除目中赤及熱毒痛，點之良。肉，白煮食之，療水腫脚滿，下氣。腹中有宿瘕不可食，害人。久服天門冬人，亦不可食。刺在肉中、中風水腫痛者，燒鯉魚眼睛作灰，内瘡中，汁出即可。謹按：魚血，主小兒丹毒，塗之即差。魚鱗，燒煙絶，研，酒下方寸，破産婦滯血。脂，主諸癇，食之良。腸，主小兒腹中瘡。鯉魚鮓，不得和豆藿葉食之，成瘦。其魚子，不得合猪肝食之。凡修理，可去脊上兩筋及黑血，毒故也。炙鯉魚切忌煙，不得令燻着眼，損人眼光。三兩日内必見驗也。又天行病後不可食，再發即死。其在砂石中者，有毒，多在腦中，不得食頭。《聖惠方》：治水氣，利小便，除浮腫。用鯉魚一頭重一斤者，治如食法修事，食之。《外臺秘要》：《古今録》療魚骾骨橫喉中，六七日不出。取鯉魚鱗、皮合燒作屑，以水服之，則出，未出更服。又方：療水病腫。鯉魚一頭極大者，去頭尾及骨，唯取肉，以水二斗，赤小豆一大升，和魚肉煮，可取二升已上汁，生布絞去滓，頓服盡，如不能盡，分爲二服，後服溫令暖，服訖當下利，利盡即差。又方：療瘻。鯉魚腸切作五段，火上炙之，洗瘡拭乾，以腸封之，冷則易，自暮至旦，乾止覺痒，開看蟲出，差。又方：凡腫已潰、未潰者。燒鯉魚作灰，酢和塗之一切腫上，以差爲度。又方：療卒淋。鯉魚齒燒灰，酒服方寸匕。《千金方》：治暴痢。小鯉魚一枚，燒爲末，米飲服之。大人、小兒俱服得。又方：小兒咽腫喉痹。以鯉魚膽二七枚，和竈底土，以塗咽喉，立差。《肘後方》：療雀目。鯉魚膽及腦傅之，燥痛即明。《食醫心鏡》：主上氣欬嗽，胸隔妨滿，氣喘。鯉魚一頭切作鱠，以薑、醋食之。蒜虀亦得。又方：主肺欬嗽，氣喘促。鯉魚一頭重四兩，去鱗，紙裹火炮，去刺研，煮粥，空腹喫之。《子母秘録》：療妊娠傷寒。鯉魚一頭燒末，酒服方寸匕，令汗出。兼治乳無汁。《産書》：下乳汁。燒鯉魚一頭研爲末，酒調下一錢匕。《禮記》：食魚去乙，魚目旁有骨名乙，如象乙字，食之令人骾。

宋·寇宗奭《本草衍義》卷一七 鯉魚 至陰之物也，其鱗故三十六。陰極則陽復，所以《素問》曰魚熱中。王叔和曰熱即生風，食之所以多發風熱，諸家所解并不言。日華子云：鯉魚涼，今不取，直取《素問》爲正。萬一風家更使食魚，則是貽禍無窮矣。

宋·王繼先《紹興本草》卷一七 鯉魚 紹興校定：鯉魚膽、肉、骨、齒雖各分主治，惟膽、齒古方間用之，骨亦未聞驗據。但肉多作食品，其味甘平，即非起疾之物。其膽味苦、寒，但無毒是矣。

宋·劉明之《圖經本草藥性總論》卷下 鯉魚 膽，味苦，寒，無毒。主目熱赤痛、青盲，明目，久服強悍益志氣。肉，味甘。主欬逆上氣、黄疸，止渴。生者，主水腫、脚氣滿，下氣。骨，主女子帶下赤白。齒，主石淋。《藥性論》云：膽，可單用。味大苦。點眼，治赤腫瞖痛，小兒熱腫。日華子云：涼，有毒。肉，治欬嗽，療脚氣及胎不安。蜀漆為之使。

宋·陳衍《寶慶本草折衷》卷一六 鯉魚膽諸鯉膽通用。○肉及鱗附。其魚一名鯉，一名赤鯉魚，一名玄魚。其白鯉名白驥，黄鯉名黄雉。生九江池澤，今處處諸溪澗中有之。○取無時。○蜀漆為使。○附：肉，服麥門冬人不可食。○其子不合猪肝食。○附：鱗，《局方》用者名血貓。

味苦，寒，無毒。○主目熱赤痛，青盲，明目，益志氣。○陳藏器云：主耳聾，滴耳中。○《藥性論》云：　小兒熱腫，塗之。○《千金方》：　小兒咽腫喉痹，以膽和竈底土塗咽喉。

附：　肉○味甘，熱。　主欬逆上氣，水腫脚氣。　主安胎，懷妊身腫，煮湯食之。又治黄疸，止渴，破冷痃癖氣塊，横關伏梁，以濃蒜虀食之。又熱中發風熱。有赤、白、黄三種，皆去脊上兩筋及黑血，毒故也。毒多在腦，不得食頭。天行病後，並腹有宿瘕，並不可食此肉。

附：　鱗灰在內。○治産婦腹痛及滯血，燒灰酒調服。兼治血氣，雜諸藥用之。其脊中鱗一道，從頭數至尾，計三十六鱗。古語云：　五尺之鯉與一寸之鯉，大小雖殊，而鱗之數一等也。

元·忽思慧《飲膳正要》卷三　鯉魚　味甘，寒，有毒。主欬逆上氣，黄疸，止渴，安胎。治水腫，脚氣。天行病後不可食，有宿瘕者不可食。

元·尚從善《本草元命苞》卷八　鯉魚　為至陰之物，故鱗生三十有六。從脊當中數至尾，無大小皆亘三十六鱗，亦其成數也。　肉，味甘，平，無毒。主妊婦懷胎不安，療欬逆上氣。退黄疸，止渴。破冷氣痃癖伏梁，消水腫脚滿濕證。膽，味苦，寒，無毒。主青盲，目熱赤痛。骨，治帶下。齒，療石淋。腦與粥和服，醫暴聾。魚燒灰，酒餌，下乳汁。有宿瘕不可服。生沙石，毒在腦。諸魚中惟此最佳。形可愛，乃能神變。魚目傍有骨名乙，如篆字，食之令鯁。

元·吴瑞《日用本草》卷五　鯉魚　味甘，寒，平，無毒。可去脊上兩筋及黑血。天行病後不可食。作膾，以蒜、薤食之。忌服朱砂之藥。腹中有宿瘕者不可食。魚骨鯁喉中，七日不出，鯉魚鱗皮燒屑，以水服之即出。　主欬逆上氣，安胎，止渴。生者主大腹水腫，脚滿下氣。　魚鱗：　破産婦滯血，火燒煙絶，研酒下方寸匕。　魚子：　不可合猪肝食，害人。　魚鮓：　不可合小豆藿食之。

明·蘭茂原撰，范洪等抄補《滇南本草圖説》卷七　鯉魚　味甘，平，無毒。主治：　煮食治欬逆上氣，黄(痘)〔疸〕，止渴。治水腫脚(溜)〔满〕，下氣。○一治懷妊身腫及胎氣不安。○煮食下水行氣，利小便。作鱠溫補，去冷氣，痃癖氣塊，横關伏梁，結在胸腹作痛，定喘。亦治男婦暴瘧反胃尤效。忌同犬肉食。○膽，苦，寒，無毒。治目赤熱痛，青盲，明目。久服強骨益氣。點眼去膜翳，雀盲即明。滴耳治聾。

明·蘭茂撰，清·管暄校補《滇南本草》卷上　鯉魚　味甘，平。治婦人懷孕身腫，痢疾水瀉，冷氣存胸。作羹食，〔治小兒風痰〕。鯉魚，味甘肉嫩，煮食令人下元有益，中不脱氣，不炎火，添精補髓，能補三焦之火。

明·王綸《本草集要》卷六　鯉魚膽　味苦，氣寒，無毒。不計大小，並三十六鱗。頭有毒。　主目熱赤痛，青盲，明目。久服強悍，益志氣。耳聾滴之，小兒熱腫塗之。○肉，燒灰，治咳逆氣喘。煮食之，療水腫脚滿，下氣。又安胎，治懷妊身腫。又天行病後不可食。

明·滕弘《神農本經會通》卷一〇　鯉魚膽　即赤鯉魚也。其脊中鱗一道，每鱗上有小點，從頭數至尾，無大小皆有三十六鱗，亦其成數也。蜀漆為使。取無時。

味苦，氣寒，無毒。一云：　大苦。《本經》云：　主目熱赤痛，青盲，明目。久服強悍，益志氣。陳藏器云：　主耳聾，滴耳中。《藥性論》云：　膽，亦單用，味大苦。點眼，治赤腫瞖痛。小兒熱腫，塗之。日華子云：　膽，治障瞖等。《局》云：　鯉魚止渴消浮腫，腹有癥瘕食不宜。骨主女人崩赤白，青盲赤目膽尤奇。鯉魚，寛胎脹。骨，止赤白之崩。膽，點青盲赤目。

鯉魚肉：　不可合諸肝、小豆食之。久服天門冬人，亦不可食。　味甘。一云：　寒。一云：　平，無毒。一云：　涼，有毒。《本經》云：　主欬逆上氣，黄疸，止渴。生者主水腫，脚滿下氣。陳藏器云：　肉，主安胎，胎動，懷妊身腫，煮白為湯食。破冷氣痃癖，氣塊，横關伏梁，作鱠，以濃蒜虀食之。《藥性論》云：　魚，燒灰末，治欬嗽，糯米煮粥。孟詵云：　魚白煮食之，療水腫脚滿，下氣。腹有宿瘕不可食。又脩理，可去脊上兩筋及黑血，毒故也。又天行病并不可食，再發即死。其在沙石中者，毒多在腦中，不得食頭。日華子云：　鯉魚，涼，有毒。肉，治欬嗽，療脚氣，破冷氣痃癖，懷妊胎不安，絹裹鱗和魚，煮羹熟後，去鱗食之，驗。諸溪澗中者，頭肉有毒。《圖經》云：胡洽治中風，脚弱短氣，腹滿，有鯉魚湯方，最勝。《衍義》曰：　至陰之物也。其鱗三十六，陰極則陽復，所以《素問》曰魚熱中。王叔和曰熱即生風，食之所以多發風熱，諸家所解并不言。日華子云：　鯉魚，涼。今不取，直取《素問》為正，萬一風家更使食魚，則是貽禍無窮矣。

鯉魚骨：　《本經》云：　主女子帶下赤白。魚齒，主石淋。《唐本》注云：　骨，主陰蝕，哽不出。血，主小兒丹腫及瘡，塗之即差。皮，主癮疹。腦，主諸癇。又腦髓，治暴聾，煮粥服良。腸，主小兒肌瘡。日華子云：　目為灰，研，傅刺在肉中。中風水腫疼痛，汁出即愈。脂，治小兒癇疾，驚忤。《圖經》云：赤鯉魚鱗，多用治產婦腹痛，燒灰，酒調服之。兼治血氣，雜諸藥用之。又燒煙絶，研，酒下方寸匕，破產婦滯血。

明・劉文泰《本草品彙精要》卷二九 鯉魚無毒。附肉、骨、齒。卵生。

鯉魚膽出《神農本經》：**主目熱赤痛，青盲，明目。久服強悍，益志氣。**以上朱字《神農本經》。肉，甘，主欬逆上氣，黄疸，止渴。生者主水腫脚滿，下氣。〇骨，主女子帶下赤白。〇齒，主石淋。以上黑字名醫所錄。【名】赤鯉魚、玄駒、白鯉、白驥、黄鯉、黄騅。【地】《圖經》曰：生九江池澤，今處處有之，即赤鯉魚也。其脊中鱗一道，每鱗上皆有小黑點，從頭數至尾，不拘大小，皆三十六鱗。古語云五尺之鯉與一寸之鯉，大小雖殊，而鱗之數等是也。又崔豹《古今注》釋鯉魚有三種，兗州又謂赤鯉爲玄駒；謂白鯉爲白驥；黄鯉爲黄雉。蓋諸魚中，此爲最佳，又能神變，故多貴之也。《衍義》曰：鯉魚，至陰之物也。其鱗故三十六，陰極則陽復，所以《素問》云：魚，熱中。王叔和云熱則生風，食之所以多發風熱，諸家所解並不言。日華子云凉，今不取，直取《素問》爲正。萬一風家更使食魚，則是貽禍無窮矣。【時】生：三四月。採：無時。【用】腦髓、目睛、脂、血、膽、肉、骨、齒、鱗、皮、腸。【質】類鯽魚，長大而尾赤。【色】青黄。【味】苦。【性】寒，泄。【氣】氣薄味厚，陰也。【臭】腥。【主】目赤瞖痛。【助】蜀漆爲之使。【製】凡修理，可去脊上兩筋及黑血，有毒故也。【治】療：《唐本》注云：血，主小兒丹腫及瘡。〇皮，主癮疹。〇腦，主諸癇。〇腸，主小兒肌瘡。陳藏器云：肉，安胎，懷妊身腫，煮爲湯食之。〇膽，主耳聾，滴耳中。〇目，爲灰，研，傅刺瘡中風水疼腫，汁出即愈。諸魚目並得。《藥性論》云：膽，點眼，消目赤腫瞖痛及傅小兒熱腫。日華子云：肉，止欬嗽，除脚氣，破冷氣痃癖，懷妊人胎不安，用絹裹鱗和魚煮羹，熟後去鱗，食之驗。〇脂，治小兒癇疾，驚忤。〇腦髓，治耳暴聾，煮粥食，良。《食療》云：腸，主小兒腹中瘡。《別錄》云：鱗皮合作屑，水調服，療魚鯁骨横喉中，六七日不出者。〇膽及腦，傅治雀目，覺燥痛者即明。【合治】肉作鱠，以濃蒜虀食之，破冷氣，痃癖，氣塊横關伏梁。〇魚燒灰，合糯米煮粥，治欬嗽。〇魚齒一升，篩末，以三歲苦酒和，分三服，旦服一分，中服一分，暮服一分，治石淋。〇赤魚鱗燒灰，合酒服，療產婦腹痛，兼治血氣。〇小鯉魚燒爲末，合米飲服，治大人、小兒暴痢。〇膽和竈底土調，塗小兒咽腫喉痹，立瘥。〇以一頭作鱠，合薑、醋食，主上氣欬嗽，胸膈妨滿，氣喘，並有效。【禁】炙鯉魚切忌煙，不得令熏着眼，損人眼光，三兩日内，必見驗也。又天行病後，不可食，再發即死。其在砂石中者有毒，多在腦中，不可食頭。凡人腹中癎瘕者，不可食。【忌】鯉魚鮓和豆藿食，令人瘦。子合豬肝食，害人。服天門冬，不宜食。

明・盧和、汪穎《食物本草》卷四魚類 鯉魚 味甘，寒，無毒。肉，燒灰治欬逆氣喘。煮食之，療水腫脚滿，下氣又安胎，治懷妊身腫。又天行病後與原有癥疾人，皆不可食肉。忌葵菜子，忌猪肝，同食俱害人。頭，有毒。膽，主目熱赤痛，青盲，明目。久服強悍，益志氣，滴耳聾，小兒熱腫塗之。

明・許希周《藥性粗評》卷四 鯉膽目盲之效。

鯉魚膽，鯉為諸魚之主，唇尾鬐翅皆赤，有變化，能飛越山湖，脊鱗皆三十六片，為六六極陰之數，至其化龍，為九九之數矣。其肉最入食品。有宿瘕及天行病者，不可食。膽、肉、骨、齒皆可入藥。味苦，性寒，無毒。主治目熱赤痛，青盲，以膽汁點之，日三四，立效。肉味甘，性溫，無毒。主治欬逆上氣，黄疸，水腫脚氣。如常法烹而食之亦可，生切作鱠。

又方：妊娠傷寒：鯉魚燒存性，為末，溫酒調下一錢匕。赤白帶下：鯉魚骨燒存性，為末，酒調服一錢匕。鯁刺：鯉魚鱗燒存性，為末，清水調下一錢匕。石淋：鯉魚齒燒存性，為末，溫酒調服，愈。

明・鄭寧《藥性要略大全》卷一〇 鯉魚 治咳逆上氣，黄疸，止渴，止痢。生者治水腫，脚滿，下氣，治女人胎動，腹痛不安。味甘，氣寒，無毒。

膽苦，寒，無毒。單用點眼，去赤腫翳痛，青盲。久服益志氣。

明・陳嘉謨《本草蒙筌》卷一一 鯉魚 味甘，氣平。無毒。一云有小毒。係至陰物，生深澤中。種類有三，黄白及赤。兗州謂赤鯉為玄駒，白鯉為白驥，黄鯉為黄騅，皆取馬名，以仙人所乘也。形質雖大小不等，首尾並三十六鱗。陰極陽復之徵，故能神變飛越。江湖漁者嘗云：每獲此魚雖止三十六鱗，即無三十六斤，只緣飛化之蚤，不及諸魚之長大也。修治須去黑血及脊背上兩筋，有毒故也。或砍碎和米粉煮羹，或切片同蒜虀作膾，或燒灰末，或煮糜湯。隨病所宜，依方應用。消水腫脚滿下氣，大腹腫滿亦佳；治懷孕身腫安胎，黄疸消渴尤妙。毆冷氣痃癖氣塊，横關伏梁；止下痢腸澼來紅，欬逆喘嗽。天行病後忌食，再發即死。腹有宿癥禁嘗。若服天門冬，切勿過口頞，因其性相犯故也。悮食中毒，浮萍可解。魚子食忌同猪肝，魚鮓食忌同豆藿。膽性寒苦，又治眼科。去赤瘴令風熱不侵，退青盲使神水漸復。耳聾可滴，瘡焮堪塗。久服不厭其多，強悍且益志氣。骨燒灰主陰蝕，腦煮粥除暴聾。齒療石淋，皮主癮瘮。血塗身表丹毒，腸治腹內瘡痍。脂理小兒驚癇，鱗止産婦腹痛。〇鯖魚狀似鯉鯇，但背正青；其種多出南方，可取作鮓。治脚氣驗，去濕痹靈。忌葵藿葫荽，切不宜同啖。若服二术，亦戒沾唇。膽取汁滴眼中，眼痛即愈；陰乾臘月收乾。嚥津喉內，喉痹立甦。頭中枕蒸令氣通，日曝乾可充琥珀。心腹痛亦治，酒器皿堪為。眼睛收之，主能夜視。〇鱸魚香美，張翰嘗思，和腸胃，益腎骨肝筋。〇鰣魚甘肥，進貢每用，補虛勞，發疳疾痼疾。〇鱘魚發諸藥毒，造鮓尤不益人。大人食致心腹卒疼，小兒食結癥瘕發嗽。服丹石人食，血熱瘡作；同乾笋煮食，癱瘓風生。子殺腹內小蟲，且令肢體肥澤。

明・寧源《食鑑本草》卷上　鯉肉　味甘，寒、平，無毒。主咳嗽，上氣喘促，止渴，除黃疸，治水腫脚氣。《千金方》：治妊娠始有水氣，心腹腿脚浮腫，小水不利，胎或不安。用廣陳皮一錢、白芍藥一錢五分、當歸二錢、赤茯苓二錢五分、白术片三錢，俱㕮咀，用江鯉魚一箇，去鱗去腸，洗淨，段作塊，以水煮取汁，去魚不用，用汁一盞半入前藥，并生薑七片，煎至八分，空心服，神效。須多食，以腫消為度。膽：治目中諸疾。研片腦點之最妙。

新增骨：主女子帶下赤白。齒：主五淋，石淋尤佳。

明・王文潔《太乙仙製本草藥性大全》卷八《本草精義》　鯉魚　生九江池澤，今處處有之，即赤鯉魚也。其脊中鱗一道，每鱗上皆有小黑點，從頭數至尾，無大小者三十六鱗。古云：五尺之鯉，與一寸之鯉，大小雖殊，而鱗之數同也。崔豹云：擇鯉魚有數種，兖州人謂赤鯉爲玄駒，謂白鯉爲白驥，黃鯉爲黃雎。蓋諸魚中此爲最佳，又能神變，故多貴之，今人食品中以爲上味。鯉魚鮓不得和豆藿葉，食之成瘦。其魚子不得合猪肝食之。凡修理可去脊上兩筋及黑血，毒故也。食魚去乙，魚目旁有骨名乙，如象乙字，食之令人鯁。炙鯉魚切忌煙，不得令熏着眼，損人眼光，三兩日内必見驗也。又天行病後不可食，再發即死。其在沙石中者，有毒多在腦中，不得食頭。腹中有宿瘕不可食，害人。久服門冬人亦不可食。其膽、肉、骨、齒皆入藥，古今方書並用之。胡洽治中風，脚弱短氣，腹滿，有鯉魚湯方最勝。脂血、目睛、腦髓亦單使治疾。

明・王文潔《太乙仙製本草藥性大全》卷八《仙製藥性》　鯉魚膽　味苦，氣寒，無毒。蜀漆爲使。主治：主目熱赤痛尤良，點青盲眼瞖極妙。耳内暴聾，滴之即聰。小兒熱腫，塗之立解。久服強悍，而益志氣。補註：小兒咽腫喉痹，以鯉魚膽二七枚，和竈底土以塗咽喉立差。〇療雀目，鯉魚膽及腦傅之，燥痛即明。鯉魚肉：味甘，氣平，又云氣寒，無毒。主治：燒灰治欬逆氣喘上氣，煮食療水腫脚滿下氣。治黃疸即退，止煩渴尤良。安胎胎動堪醫，懷妊身腫立退。破冷氣痃癖氣塊，作鱠治横關伏梁。

補註：治水病腫，鯉魚一頭極大者，去頭尾及骨，惟取肉，以水二斗，赤小豆一大升，和魚肉煮，可取二升已上汁，生布絞去滓頓服盡，如不能盡，分爲二服，後用溫令暖，服訖當下利，利盡即差。〇主上氣咳嗽，胸膈妨滿氣喘。鯉魚一頭，切作鱠，以薑、醋食之，蒜虀亦得。〇主肺欬嗽氣喘促，鯉魚一頭重四兩，去鱗，紙裹火炮去刺，研煮粥空腹喫之。〇療妊娠傷寒，鯉魚一頭，燒末酒服方寸匕，令汗出，兼乳無汁。〇凡腫已潰、未潰者，燒鯉魚作灰，酢和塗之一切腫上，以差爲度。〇下乳汁，燒鯉魚一頭，研爲末，酒調下一錢服。〇治暴痢，小鯉一枚，燒爲末，米飲調服之，大人小兒俱服得。鯉魚血：主小兒丹毒及瘡，塗之立差。脂：治小兒癇疾驚忤，食之即驗。魚鱗：燒存性，酒研破産婦滯血。腦髓：取煮粥頓服，療人耳暴聾。腸：主小兒肌瘡，療瘻痔取蟲。目：治刺傷風水，内瘡中汁出。骨：主赤白帶下，陰蝕哽不出。齒：主癃閉石淋。皮：療癮瘮惡瘡。補註：治水氣，利小便，除浮腫。用鯉魚一頭重一斤者，治如食法，修事食之。〇療魚鯁骨横喉中，六七日不出，取鯉魚鱗皮，合燒食，燒作屑，以水服之即出，未出更服。〇療瘻，鯉魚腸切作五段，火上炙之，洗瘡拭乾，以腸封之，冷則易，自暮至旦，乾止覺痒，開看蟲出差。〇療卒淋，鯉魚齒燒灰，酒服方寸〔匕〕。〇治石淋，鯉魚齒一升，篩末，以三歲苦酒和，分三服，宿不食，旦服一分，日中服一分，暮服一分，差。〇刺在肉中，中風水腫痛者，燒鯉魚眼睛作灰，内瘡中汁出即可。

明・皇甫嵩《本草發明》卷六蟲部　鯉魚上品。味甘，平，無毒。　發明曰：鯉生深澤，係至陰之物。治療多除濕下氣。故《本草》主欬逆上氣，黃疸，止渴。生者主水腫脚滿，下氣。又云：主大腹腫滿及懷孕身腫，安胎，破冷氣痃癖，氣塊横関伏梁。或云：止下痢腸澼來紅。或和米粉煮羹，或同蒜虀作膾，或燒灰末，或煮糜湯，隨病應用。若天行病後，忌食之，再犯即死。有宿癥者勿食。忌犯天門冬。修治去黑血及脊上兩筋，有毒。誤中毒，浮萍可解。魚子，食忌同猪肝。魚鮓。食忌同荳藿。骨，燒灰，主陰蝕。○腦，主諸癇。煮粥，除暴聾。○齒，主石淋。一方治十種水氣垂死，鯉魚頭重一斤者，和冬瓜、葱白，羹食之。○鯉膽，味苦，寒，無毒。主目熱赤痛，青盲，明目。久服強悍，益志氣。又云：治耳聾，滴耳中。○血，塗身表丹毒。○腸，治腹内瘡痍。○脂，理小兒驚。○皮，主癮疹。○鱗，止產婦腹痛。

明・李時珍《本草綱目》卷四四鱗部・魚類　鯉魚《本經》上品

【釋名】時珍曰：鯉鱗有十字文理，故名鯉。雖困死，鱗不反白。頌曰：崔豹云：兗州人呼赤鯉爲玄駒，白鯉爲白驥，黃鯉爲黃騅。

【集解】《別録》曰：生九江池澤。取無時。頌曰：處處有之。其脇鱗一道，從頭至尾，無大小，皆三十六鱗，每鱗有小黑點。諸魚惟此最佳，故爲食品上味。弘景曰：鯉爲諸魚之長，形既可愛，又能神變，乃至飛越江湖，所以仙人琴高乘之也。山上水中有此，不可食。

肉　【氣味】甘，平，無毒。日華曰：凉，有小毒。宗奭曰：鯉，至陰之物，其鱗三十六。陰極則陽復，故《素問》言魚熱中。《脉訣》言熱則生風，食之多能發風熱。日華言凉，非也。風家食之，貽禍無窮。時珍曰：按丹溪朱氏言：諸魚在水，無一息之停，皆能動風動火，不獨鯉也。詵曰：鯉脊上兩筋及黑血有毒，溪澗中者毒在腦，俱不可食。凡炙鯉魚，不可使烟入目，損目光，三日内必驗也。天行病後、下痢及宿癥，俱不可食。服天門冬、朱砂人不可食。不可合犬肉及葵菜食。

【主治】煮食，治欬逆上氣，黃疸，止渴。治水腫脚滿，下氣《別録》。治懷妊身腫，及胎氣不安日華。煮食，下水氣，利小便時珍。作鱠，温補，去冷氣，痃癖氣塊，橫關伏梁，結在心腹藏器。治上氣，欬嗽喘促《心鏡》。燒末，能發汗，定氣喘欬嗽，下乳汁，消腫。米飲調服，治大人小兒暴痢。用童便浸煨，止反胃及惡風入腹時珍。

【發明】時珍曰：鯉乃陰中之陽，其功長於利小便，故能消腫脹黃疸，脚氣喘嗽，濕熱之病。作鱠則性温，故能去痃結冷氣之病。燒之則從火化，故能發散風寒，平肺通乳，解腸胃及腫毒之邪。按劉河間云：鯉之治水，鶩之利水，所謂因其氣相感也。

【附方】舊五，新八。水腫：《范汪》用大鯉魚一頭，醋三升，煮乾食。一日一作。○《外臺》用大鯉一尾，赤小豆一升，水二斗，煮食飲汁，一頓服盡，當下利盡即差。妊娠水腫：方同上。水腫脹滿：赤尾鯉魚一斤，破開，不見水及鹽，以生礬五錢研末，入腹内，火紙包裹，外以黃土泥包，放竈内煨熟取出，去紙、泥，送粥。食頭者上消，食身、尾者下消，一日用盡。屢試經驗。楊拱《醫方摘要》。妊娠感寒：用鯉魚一頭燒末，酒服方寸匕，令汗出。《秘録》。胎氣不長：用鯉魚肉同鹽、棗煮汁，飲之。《集驗》。胎動不安：及婦人數傷胎，下血不止。鯉魚一個治淨，阿膠炒一兩，糯米二合，水二升，入葱、薑、橘皮、鹽各少許，煮臛食。五七日效。《聖惠方》。乳汁不通：用鯉魚一頭燒末。每服一錢，酒調下。《產寶》。咳嗽氣喘：用鯉魚一頭去鱗，紙裹炮熟，去刺研末，同糯米煮粥，空心食。《心鏡》。惡風入腹：久腫惡風入腹，及女人新產，風入產户内，如馬鞭噓吸短氣咳嗽者。用鯉魚長一尺五寸，以尿浸一宿，平旦以木篦從頭貫至尾，文火炙熟，去皮，空心頓食。勿用鹽、醋。《外臺》。反胃吐食：用鯉魚一頭，童便浸一夜，炮焦研末，同米煮粥食之。《壽域》。一切腫毒：已潰未潰者。用鯉魚燒灰，醋和塗之，以愈爲度。《外臺》。積年骨疽：一捏一汁出者。熬飴糖勃瘡上，仍破生鯉魚擒之。頃時刮視，蟲出。更洗傅藥，蟲盡則愈。《肘後》。小兒木舌：長大滿口。鯉魚肉切片貼之，以帛繫定。《聖惠》。

鮓　【氣味】鹹，平，無毒。弘景曰：不可合豆藿食，乃成消渴。【主治】殺蟲藏器。

【附方】新一。聤耳有蟲：膿血日夜不止。用鯉魚鮓三斤，鯉魚腦一枚，鯉魚腸一具洗切，烏麻子炒研一升，同搗，入器中，微火炙暖，布裹貼耳。兩食頃，有白蟲出盡則愈。慎風寒。《千金》。

膽　【氣味】苦，寒，無毒。之才曰：蜀漆爲使。【主治】目熱赤痛，青盲，明目。久服強悍，益志氣《本經》。點眼，治赤腫翳痛。塗小兒熱腫甄權。點雀目，燥痛即明《肘後》。滴耳，治聾藏器。

【附方】舊一，新三。小兒咽腫：痹痛者。用鯉魚膽二七枚，和竈底土，以塗咽外，立效。《千金方》。大人陰痿：鯉魚膽、雄鷄肝各一枚爲末，雀卵和丸小豆大。每吞一丸。《千金方》。睛上生暈：不問久新。鯉魚長一尺二寸者，取膽滴銅鏡上，陰乾，竹刀刮下。每點少許。《總録》。赤眼腫痛：《聖濟總録》用鯉魚膽十枚，膩粉一錢，和勻瓶收，日點。○《十便良方》用鯉膽五枚，黃連末半兩，和勻，入蜂蜜少許，瓶盛，安飯上蒸熟。每用貼目眦，日五七度。亦治飛血赤脉。

脂　【主治】食之，治小兒驚忤諸癇大明。

腦髓　【主治】諸癇蘇恭。煮粥食，治暴聾大明。和膽等分，頻點目眦，治青盲時珍。

【附方】新二。耳卒聾：竹筒盛鯉魚腦，於飯上蒸過，注入耳中。《千金》。耳膿有蟲：鯉魚腦和桂末搗勻，綿裹塞之。《千金方》。

血　【主治】小兒火瘡，丹腫瘡毒，塗之立差蘇恭。

腸　【主治】小兒肌瘡蘇恭。聤耳有蟲，同酢擣爛，帛裹塞之。痔瘻有蟲，切斷炙熟，帛裹坐之。俱以蟲盡爲度時珍。

子弘景曰：合猪肝食，害人。

目　【主治】刺瘡傷風、傷水作腫，燒灰傅之，汁出即愈藏器。

齒　【主治】石淋《别録》。頌曰：《古今録驗》：治石淋。用齒一升研末，以三歲醋和。分三服，一日服盡。《外臺》：治卒淋，用酒服。時珍曰：古方治石淋多用之，未詳其義。

骨　【主治】女子赤白帶下《别録》。陰瘡，魚鯁不出蘇恭。

皮　【主治】癮疹蘇恭。燒灰水服，治魚鯁六七日不出者，日二服《録驗》。

鱗　【主治】產婦滯血腹痛，燒灰酒服，亦治血氣蘇頌。燒灰，治吐血，崩中漏下，帶下痔瘻，魚鯁時珍。

【發明】時珍曰：古方多以皮、鱗燒灰，入崩漏、痔瘻藥中，蓋取其行滯血耳。治魚鯁者，從其類也。

【附方】新三。　痔漏疼痛：鯉魚鱗二三片，綿裹如棗形，納入坐之，其痛即止。《儒門事親》。　諸魚骨鯁：鯉脊三十六鱗，焙研，凉水服之，其刺自跳出，神妙。《筆峰雜興》。　鼻衄不止：鯉魚鱗炒成灰。每冷水服二錢。《普濟方》。

題明·薛己《本草約言》卷二《藥性本草》　鯉魚　生深澤，係至陰之物，治療多除濕下氣。

明·梅得春《藥性會元》卷下　鯉魚　味苦、甘，氣寒，無毒。　主治欬逆上氣，黄疸，止渴。生煮療水腫，脚滿下氣。　膽：主治目熱赤腫，青盲，久服明目，强悍益志氣。　骨：主女子赤白帶下。　齒：治五淋，石淋尤佳。

明·穆世錫《食物輯要》卷七　鯉魚　味甘，性溫，無毒。能溫補，去冷氣，治水腫、脚氣、黄疸，安胎。同犬肉、豆藿食，令消渴。同葵菜食，害人。燒灰，米飲服，發汗定喘，下乳消腫，止痢。童便浸煨，止反胃及惡氣入腹。凡鯉脊兩筋黑血，有毒。凡溪澗生者，腦有毒，忌食。炙鯉，勿使烟入目，大損目光。子，同猪肝食，害人。

明·李中立《本草原始》卷一一　鯉魚　生九江池澤，今處處有之。其脇鱗一道，從頭至尾，無大小皆三十六鱗，每鱗上有小黑點。蓋諸魚中，此為最佳。又能神變，故多貴之。今人食品中以為上味。崔豹云：兖州人呼赤鯉為玄駒，白鯉為白驥，黄鯉為黄騅。時珍曰：鯉鱗有十字文理，故名之曰鯉。肉：氣味：甘，平，無毒。　主治：煮食，治欬逆上氣，黄疸，止渴，治水腫脚滿，下氣。〇治懷妊身腫及胎氣不安。〇煮食，下水氣，利小便。〇作鱠，溫補，去冷氣，痃癖氣塊，横關伏梁，結在心腹。〇治上氣欬嗽喘促。〇燒末，能發汗，定氣喘、欬嗽，下乳汁，消腫。米飲調服，治大人小兒暴痢。用童便浸煨，止反胃及惡風入腹。勿合犬肉食。

鯉魚，《本經》上品。【圖略】腦、脊兩筋黑血勿食。炙鯉不可使煙入目，損目光。天行病後下痢、宿癥及服天門冬、朱砂勿食。

鮓：殺蟲。　膽：氣味：苦，寒，無毒。　主治：目赤熱痛，青盲，明目。久服强悍，益志氣。〇點眼，治赤腫翳痛。塗小兒熱腫。點雀目燥痛，即明。〇滴耳治聾。膽，蜀漆為之使。　脂：主治：食之治小兒驚忤諸癇。　腦髓：主治：諸癇。煮粥食，治聾。　血：主治：小兒火瘡，丹腫瘡毒，塗之立瘥。　腸：主治：小兒肌瘡。　目：主治：刺瘡，傷風傷水作腫，燒灰傅之，汁出即愈。　齒：治：石淋。　骨：主治：女子赤白帶下。〇陰瘡，魚鯁不出。　皮：主治：癮瘮。〇燒灰水服，治魚鯁六七日不出者，日二服。　鱗：主治：產婦滯血腹痛，〇燒灰酒服。亦治血氣。燒灰治吐血，崩中漏下，帶下痔瘻，魚鯁。

《筆峰雜興》：治諸魚鯁，鯉脇鱗三十六，焙研，凉水服之，其刺自跳出，神妙。

明·張懋辰《本草便》卷一　鯉魚膽　味苦，氣寒，無毒。　主目熱赤痛，青盲，明目。久服强悍，益志氣。耳聾滴之。小兒熱腫塗之。　肉燒灰，治欬逆氣喘。煮食之，療水腫脚滿，下氣又安胎，治懷姙身腫。又天行病後，不可食。

明·吴文炳《藥性全備食物本草》卷三　鯉魚　鯉，理也，三十六鱗，文理明也。古云五尺之鯉，與一寸之鯉，大小雖殊，而鱗之數同也。崔豹云：擇鯉魚有數種，兖州人謂赤鯉為玄駒，白鯉為白驥，黄鯉為黄騅。蓋諸魚中此為最佳，又能神變，故多貴之，今人食品中以為上味。

肉：甘，平，無毒。止渴消水腫，黄疸脚氣，主咳嗽上氣喘促，安胎，治懷孕身腫，煮為湯食之。破冷氣，痃癖氣塊，横關伏梁，作鱠和蒜虀食之。腹有宿瘕及天行病後，俱不可食之，如食再發即死。久服天門冬人不可食。凡溪澗沙石中者，有毒多在腦內，不得食頭。凡修理，可去脊上兩筋黑血，有毒。及目傍有骨如乙字，食之令人鯁。肉忌葵菜，卵忌猪肝，鮓忌豆葉，同食害人。《衍義》云：魚至陰之物，陰極則陽復，所以《素問》曰魚熱中，食多發風熱。日華子云：風家食魚，貽禍無窮。骨：主女子赤白帶下，陰蝕。

齒：主癃閉石淋。皮：療癮疹惡瘡。目：治刺入肉中及中風水腫。腦髓：取煮粥食之治暴聾。腸：主小兒肌瘡。療瘻瀝取蟲。魚鱗：燒存性，酒研服破產婦滯血。脂：主諸癇及小兒癇疾驚忤，食之良。血：主小兒丹毒及瘡，塗之瘥。膽：苦，久服強悍，益志氣；點眼治目熱赤痛，青盲白翳，滴耳中療聾，塗小兒熱腫。咽喉痺腫，和灶心土塗之立瘥。蜀漆為使。《食療》云：炙鯉勿使煙入目，大損目光。

明·趙南星《上醫本草》卷四 鯉魚 為諸魚之長，惟此最佳，故為食品上味。甘，平，無毒。主治：上氣欬嗽喘促，治懷妊身腫及胎氣不安。煮食，治欬逆、黃疸，止渴，治水腫脚滿，下氣，下水氣，利小便。作鱠溫補，去冷氣，痃癖氣塊，橫關伏梁，結在心腹。燒末，能發汗，定氣喘欬嗽，下乳汁，消腫。米飲調服，治大人、小兒暴痢。用童便浸煨，止反胃及惡風入腹。鯉脊上兩筋及黑血有毒，溪澗中者毒在腦，俱不可食。凡炙鯉魚，不可使烟入目，損目光，三日內必驗也。天行病後下痢及宿癥，俱不可食。服天門冬、硃砂人不可食。不可合犬肉及葵菜食。魚子：合猪肝食害人。

明·李中梓《藥性解》卷六 鯉魚 味甘，性平，無毒，入脾、肺、肝三經。主咳逆氣喘上氣，水腫腳滿，黃疸煩渴，安胎，姙娠身腫，冷氣痃癖，氣塊橫關伏梁。膽，點眼去翳，滴耳除聾，塗小兒熱腫。血塗小兒丹毒及瘡。脂，主小兒癇疾驚悸。鱗，燒灰酒服，破產婦滯血。腸，主小兒肌瘡瘰癧，取蟲。骨，主陰蝕，赤白帶下。齒，主癃閉石淋。皮，主癮疹惡瘡。忌猪肝、天麥門冬。

按：鯉魚之甘，本入脾家，土能生金，金能制木，故亦入肺肝二經。《衍義》曰：鯉魚至陰之物也。故其鱗三十六，陰極則陽復，所以有魚熱中之說。叔和曰：熱即生風故食之多發風熱。諸家並不論及，惟日華子云：鯉魚涼恐無是理，萬一風症更使食魚，則是貽禍無窮矣！煙薰者損目，天行病後食之，再發必死。

明·繆希雍《本草經疏》卷二〇 鯉魚膽 味苦，寒，無毒。主目熱赤痛，青盲，明目。久服強悍益志氣。

【疏】凡膽皆苦寒走厥陰，故鯉魚膽亦主明目及目熱赤痛、青盲也。肝為將軍之官，腎為作強之官，二經有熱，則虛怯志氣衰。苦寒除二經之熱，故久服強悍益志氣也

鯉魚肉：味甘，主欬逆上氣，黃疸，止渴。生者主水腫腳滿，下氣。

【疏】鯉魚稟陰極之氣，故其鱗三十六。陰極則陽復，故《素問》言魚熱中。其氣味雖甘平，然多食能令人發風熱也。甘可以緩，故主欬逆上氣止渴。陰中有陽，能從其類以導之，故能利小便，使黃疸、水腫、腳氣俱消也。河間云：鯉之治水，因其氣以相感者是矣。【主治參互】《外臺秘要》治水腫，用大鯉一尾，赤小豆一升，水二斗，煮可二升餘，濾去滓，頓服盡，當下利，利盡即瘥。并治妊娠水腫有神效。

鱗：主產婦腹痛，燒灰酒服，亦治血氣。雜諸藥用之。

【疏】魚鱗得水中之陽氣，而鯉魚鱗則又稟陰極生陽之數，性能入血散滯。入血者，陰之用也；散滯者，陽之用也。故主婦人產後腹痛及血氣不和等證。【主治參互】《和劑局方》烏金散，治產後血迷血暈，敗血不止，淋瀝不斷，臍腹疼痛及崩中下血過多不止。鯉魚鱗燒、血竭、百草霜、亂髮灰、松墨煅酢淬、延胡索、當歸、赤芍藥，等分為末。每二錢，溫酒下。《外臺秘要》：《古今錄》療魚鯁骨橫喉中，六七日不出，取鯉魚鱗皮燒作屑，以水服之即出。未出再服。【簡誤】六陰已極，陽氣初生，故能發熱動風，風熱病者不宜食。天行病後下痢及有宿癥者，俱不可食。不宜合犬肉、葵菜食。服天門冬、硃砂人不可食。凡炙鯉魚，不可使烟入目，損目光，三日內必驗也。前《和劑局方》烏金散方內有肉桂、當歸、延胡索、赤芍藥，皆行血之藥，而其所主病內，開載崩中下血過多不止，用之則大誤矣。慎之！慎之！

明·倪朱謨《本草彙言》卷一九 鯉魚 味甘，氣平，無毒。蘇氏曰：鯉魚處處有之。其色紅，從頭至尾具三十六鱗，每鱗有黑小點。爲諸魚之長。形既可愛，又能飛昇神變。

鯉魚：《別錄》治水腫，消脚氣，日華散胎脹之藥也。夏碧潭曰：鯉鱗三十有六，具六六之數，陰之極而陽生，陽生故能行水消脹、安胎妊而消脚氣也。其功長于利小便，故《別錄》方又能消黃疸，利濕熱，俱宜煮湯飲之。李

氏曰：按丹溪翁言：諸魚在水無一息之停。體質雖寒，能滑腸胃，性又能動風發火，久食發濕中熱。諸魚皆然，不獨鯉也。

集方：《外臺方》治水腫水脹。用大鯉魚一尾，去鱗翅腸肚，用赤小豆五合，水一斗，煮鯉食飲汁頓盡，利水即差。○《范汪方》又方，用大鯉一尾，去鱗翅腸肚，水五升，煮乾加釅醋少許蘸食，一日一作，五日愈。○同上治妊娠胎動不安。用大鯉一尾，去鱗翅腸肚，煮熟，和醬油調羹湯飲之。如胎中兼患水腫者，煮鯉飲湯不可加鹽味。○《聖惠方》治婦人傷胎下血及胎動不安。用大鯉一尾，治淨，用糯米二合，黑棗十枚，水二升煮熟，和葱薑醬油調和食之。○《肘後方》治積年骨疽有蟲者。用飴糖敷一夜，次早以溫湯洗淨，用生鯉魚肉切薄片貼之，少頃蟲出取去，再如法貼之，蟲盡疽愈。

鯉魚膽：味苦，氣寒，無毒。主目熱赤痛，青盲翳障之藥也。《聖濟總錄》方：治目病生翳，及赤脉飛血纏睛。用鯉魚膽汁滴銅鏡上，陰乾，竹刀刮下，每點少許于目眦內。

明・應慶《食治廣要》卷七　鯉魚　肉：氣味：甘，平，無毒。主欬逆上氣，黃疸水腫，懷孕胎氣，腫脹不安，去痃癖，利小便。脊上肉筋及黑血有毒。溪澗中者，其毒在腦。天行病後及下痢、宿癥、諸風家，不宜食。服天門冬、硃砂人，不可食。又不可同犬肉、葵菜食。陶弘景曰：鯉為諸魚之長，形既可愛，又能神變，乃至飛越江湖。所以仙人琴高乘之也。山上水中有此，不可食。　腦髓：主治：諸癇。煮粥食，治暴聾。　血：主小兒火瘡，丹腫瘡毒，塗之立差。　子：合猪肝食，害人。

明・姚可成《食物本草》卷一〇鱗部・魚類　鯉魚鯉鱗有十字文理，故名鯉。雖困死，鱗不反白。○鯉魚處處有之。其脇鱗一道，從頭至尾，無大小，皆三十六鱗，每鱗有小黑點。諸魚惟此最佳，故為食品上味。○陶弘景曰：鯉為諸魚之長，形既可愛，又能神變，乃至飛越〔江〕湖，所以僊人琴高乘之。山澗之水有此，〔不可食〕。

鯉魚，味甘，平，無毒。煮食，治欬逆上氣，黃疸，止渴，水腫脚滿，下氣，懷孕身腫及胎氣不安，下水氣，利小便。作膾，溫補，去冷氣，痃癖氣塊，橫關伏梁，結在心腹。燒末，能發汗，定氣喘欬嗽，下乳汁，消腫。米飲調服，治大人小兒暴痢。用童便浸煨，止反胃及惡風入腹。○寇宗奭曰：鯉至陰之物，其鱗三十六，陰極則陽復，故《素問》言魚熱中。《脉訣》言熱則生風，食之多能動風熱。風家食之，貽害無窮。○李時珍曰：按丹溪朱氏言，諸魚在水，無一息之停，皆能動風動火，不獨鯉也。○鯉脊上兩筋及黑血有毒，溪澗中者毒在腦，俱不可食。凡炙鯉魚，不可令烟入目，損目光，三日內必驗也。天行病後，下痢及宿癥，俱不可食。服天門冬、硃砂人不可食。不可合犬肉及葵菜食。

鮓：味鹹，平，無毒。主殺蟲。不可合〔豆〕藿食，乃成消渴。　膽：味苦，寒，無毒。主目熱赤痛，青盲，明目。久服強悍，益志氣。點眼，除赤腫翳痛。塗小兒熱腫。點雀目，燥痛即明。滴耳，治聾。　脂：食之，治小兒驚忤諸癇。　腦髓：治諸癇。煮粥食，治暴聾。和膽等分，點目眥，治青盲。　血：治小兒火瘡，丹腫瘡毒，塗之立差。　腸：治小兒肌瘡。聤耳有蟲，同醋擣爛，帛裹塞之。痔瘻有蟲，切斷炙熟，帛裹坐之。俱以蟲盡為度。　子：合猪肝食，害人。　目：主刺瘡傷風，傷水作腫，燒灰傅之，汁出即愈。　齒：治石淋。　骨：治女子赤白帶下，陰瘡，魚鯁不出。　皮：治癮疹。燒灰水服，治魚鯁六七日不出者。　鱗：治產婦滯血腹痛。燒灰酒服。又治吐血，崩中漏下，帶下痔漏，魚鯁。

附方：治水腫及妊娠腫滿。用大鯉魚一尾，醋三升，煮乾食。又方：用鯉魚一尾，赤小豆一升，水二斗，煮食飲汁，一頓服盡，當下利，即瘥。　治咽喉痹痛者。用鯉魚膽二十枚，和竈底土以塗咽外，立效。　治目睛生暈，不問久新。鯉魚長一尺二寸者，取膽滴汁銅鏡上，陰乾，竹刀刮下，每點少許。　治魚骨鯁。鯉脊三十六鱗，炒研，水服之，骨自出也。

明・顧逢柏《分部本草妙用》卷一〇水族部　鯉魚　甘，平，無毒。赤尾者毒。多食發風熱。凡傷寒下痢，俱不可食。不可同犬肉及葵菜食。　主治：欬逆，水腫，腳滿下氣，懷姙身腫，安胎。用童便浸煨，止反胃及惡風入腹，消積塊。　膽清目赤翳痛。　時珍曰：鯉乃陰中之陽，功長於利小便，故能消腫黃疸及腳氣喘嗽濕熱之病，作鱠即性溫，故去痃結冷氣之疾。燒之則從火化，能散發風寒，平肺通乳，解腫毒。因其氣相感也。

明・孟笨《養生要括・鱗類》　鯉魚　味甘，平，無毒。煮食，治欬逆上氣，黃疸，止渴，治水腫腳(漏)〔滿〕下氣，治懷妊身腫及胎氣不安。煮食，下水氣，利小便。作鱠，溫補，去冷氣痃癖氣塊，橫關伏梁，結在心腹。燒末，能發汗，定氣喘欬嗽，下乳汁，消腫。米飲調服，治大人小兒暴痢。用童便浸煨，止反胃及惡風入腹。　膽：治目熱赤痛，青盲明目，久服強悍，益志氣。

點眼，治赤腫翳痛。滴耳，治聾。　鱗：　治產婦滯血腹痛，燒灰酒服，亦治血氣。燒灰，治吐血、崩中漏下、帶下、痔瘻、魚鯁。

明·施永圖《本草醫旨·食物類》卷五　鯉魚鯉鱗有十字文理，故名鯉。雖困死，鱗不反白。　肉：　味甘，平，無毒。鯉，至陰之物，其鱗三十六，陰極則陽復，故《脉訣》言熱則生風，食之多能發風熱。○丹溪言：　諸魚在水無一息之停，皆能動風動火，不獨鯉也。○溪澗中者，毒在腦，俱不可食。凡炙鯉魚，不可使烟入目，損目光，三日内必驗也。天行病後，下痢及宿癥，俱不可食。服天門冬、朱砂人不可食。不可合犬肉及葵菜食。　治：　煮食，治欬逆上氣，黄疸，止渴。治水腫脚滿，下氣。治懷妊身腫及胎氣不安。煮食，下水氣，利小便。作鱠溫補，去冷氣，痃癖氣塊，横關伏梁結在心腹。治上氣欬嗽，喘促。燒末，能發汗，定氣喘欬嗽。下乳汁，消腫。米飲調服，治大人小兒暴痢。用童便浸煨，止反胃及惡風入腹。鯉乃陰中之陽，其功長於利小便，故能消腫脹，黄疸，脚氣，喘嗽，濕熱之病。作鱠則性溫，故能去痃結冷氣之病。燒之則從火化，故能發散風寒，平肺通乳，解腸胃及腫毒之邪。

附方　水腫：　用大鯉魚一頭，醋三升，煮乾食，一日一作。○用大鯉一尾，赤小豆一升，水二斗，煮食飲汁，一頓服盡，當下利，盡即瘥。　妊娠水腫：　方同上。　水腫脹滿：　赤尾鯉魚一斤，破開，不見水及鹽，以生礬五錢，研末入腹内，火紙包裹，外以黄土泥包，放竈内煨熟，取出去紙泥，送粥。食頭者上消，食身、尾者下消，一日用盡，屢試經驗。　妊娠感寒：　用鯉魚一頭，燒末，酒服方寸匕，令汗出。　胎氣不長：　用鯉魚肉同鹽、棗，煮汁飲之。　胎動不安：　婦人數傷胎，下血不止，鯉魚一箇治淨，阿膠炒一兩，糯米二合，水二升，入葱、薑、橘皮、鹽各少許，煮臛食，五七日效。　乳汁不通：　用鯉魚一頭，燒末，每服一錢，酒調下。　咳嗽氣喘：　鯉魚一頭，去鱗，紙裹炮熟，去刺，研末，同糯米煮粥，空心食。　惡風入腹：　用鯉魚長一尺五寸，以尿浸一宿，平旦以木篦從頭貫至尾，文火炙熟，去皮，空心頓食，勿用鹽、醋。　反胃吐食：　用鯉魚一頭，童便浸一夜，炮焦研末，同米煮粥，食之。　一切腫毒：　用鯉魚燒灰，醋和塗之，以愈為度。　積年骨疽：　生鯉魚搗之，頃時刮視，蟲出，更洗傅藥，蟲盡則愈。　小兒木舌：　鯉魚肉切片貼之，以帛繫定。

鮓：　味鹹，平，無毒。不可合豆藿食，乃成消渴。　治：　殺蟲。

附方　聤耳有蟲：　膿血日夜不止，用鯉魚鮓三斤，鯉魚腦一枚，鯉魚腸一具，洗切，烏麻子炒研一升，同搗入器中，微火炙，暖布裹，貼耳兩食頃，有白蟲出盡則愈，慎風寒。

膽：　味苦，寒，無毒。蜀漆為使。　治：　目熱赤痛，青盲，明目。久服強悍，益志氣。點眼，治赤腫翳痛，塗小兒熱腫，點雀目燥痛，即明。滴耳治聾。

附方　小兒咽腫：　痹痛者，用鯉魚膽二七枚，和竈底土，以塗咽外，立效。　大人陰瘻：　鯉魚膽、雄雞肝各一枚，為末，雀卵和丸小豆大，每吞一丸。　睛上生暈：　鯉魚長一尺二寸者，取膽滴銅鏡上，陰乾，竹刀刮下，每點少許。　赤眼腫痛：　用鯉魚膽十枚，膩粉一錢，和勻瓶收，日點。○又用鯉魚膽五枚，黄連末半兩，和勻，入蜂蜜少許，瓶盛，安飯上蒸熟，每用貼目眦，日五七度，亦治飛血赤脉。

脂：　治：　食之，治小兒驚忤諸癇。　腦髓：　治：　諸癇。煮粥食，治暴聾。和膽等分，頻點目眥，治青盲。

附方　耳卒聾：　竹筒盛鯉魚腦，於飯上蒸過，注入耳中。　耳膿有蟲：　鯉魚腦和桂末，搗勻，綿裹塞之。

血：　治：　小兒火瘡，丹腫瘡毒，塗之立瘥。　腸：　治：　小兒肌瘡，聤耳有蟲，同酢搗爛，帛裹塞之。痔瘻有蟲，切斷炙熟，帛裹坐之。俱以蟲盡為度。　子合猪肝食害人。　目：　治：　刺瘡傷風、傷水作腫，燒灰傅之，汗出即愈。　齒：　治：　石淋。用齒一升，研末，以三歲醋和，分三服，一日服盡。《外〔臺〕方》：　治卒淋，用酒服。　骨：　治：　女子赤白帶下，陰瘡，魚鯁不出。　皮：　治：　癮疹，燒灰水服。治魚鯁六七日不出者，日二服。　鱗：　治：　產婦滯血腹痛，燒灰，酒服，亦治血氣。燒灰，治吐血，崩中漏下，帶下痔瘻，魚鯁。古方多以皮鱗燒灰，入崩漏痔瘻藥中，蓋取其行滯血耳。治魚鯁者，從其類也。

清·顧元交《本草彙箋》卷九　鯉魚　鯉爲諸魚之長，能飛越江湖，亦神變之物也。又稟至陰之氣，其脇鱗一道從首至尾，無大小皆三十六鱗，乃陰極陽復之象，故又曰魚熱中。熱則生風，食之多發風熱。蓋諸魚在水，無一息之停，皆能動風動火，不獨鯉也。鯉爲陰中之陽，其功長於利小便，能消腫脹，黄疸，腳氣，喘嗽，濕熱之病。作鱠尤溫，能去痃結冷氣之疾。燒之則從火化，能發散風寒，平肺通乳，解腸胃及腫毒之邪。河間云：　鯉之治水，因其氣以相感者是矣。膽，走厥陰，亦主明目，及目熱赤痛，青盲之症。鱗，主入血散滯，故婦人產後腹痛，及血氣不和者用之。　水腫脹滿，用赤尾鯉魚一觔，破開，不見水及鹽，以生礬五錢，研末，入腹内，火紙包裹，再以黄土泥包，竈内煨熟，取出，去紙泥，送粥。食頭者上消，食身尾者下消，一日用盡，屢驗。　睛上生暈，不問久新，用鯉魚長一尺二寸者，取膽滴銅鏡上，陰乾，竹刀刮下，每點少許。

清·穆石匏《本草洞詮》卷一六　鯉魚　鯉鱗有十字文理，故名。鯉能變化，飛越江湖。仙人琴高乘之，故有玄駒、白驥、黃雖之名。肉甘，平，無毒。治咳逆上氣，利小便，消腫脹，黃疸脚氣。作鱠溫補，去痃結冷氣。燒之則從火化，散風寒，平肺，通乳，解腸胃腫毒。膽苦，寒，無毒。點眼治赤腫翳痛，滴耳治聾。《素問》言：魚熱中。鯉雖至陰之物，其鱗三十六，陰極則陽生，風家食之，貽禍無窮。丹溪謂諸魚在水無一刻之停，皆能動風動火，不獨鯉也。

清・丁其譽《壽世秘典》卷三　鯉魚鯉為諸魚之長，其脇正中鱗一道，從頭至尾，無大小皆三十六鱗，每鱗有小黑點，形既可愛，又能神變，乃至飛越江湖也。　氣味：甘，平，無毒。治欬逆上氣，黃疸，止渴，水腫腳氣，利小便，療懷妊身腫及胎氣不安。　發明《素問》言鯉魚熱中。《脉訣》言熱則生風，食多能發風熱。按朱丹溪言，諸魚在水，無一息之停，皆能動風、動火，不獨鯉也。孟詵曰：凡炙鯉魚不可使煙入目，損目光。天行病後，忌食鯉，再犯即死。有宿瘕者，勿食鯉。服天門冬、硃砂人，不可食。忌合犬肉及葵菜食。魚子忌與猪肝同食。《綱目》云：鯉乃陰中之陽，其功長于利小便，故能消腫脹黃疸，腳氣喘嗽，濕熱之病。作鱠則性溫，故能去痃結冷氣之病。燒之則從火化，故能發散風寒，平肺通乳，解腸胃及腫毒之邪。〇治鯉，須去黑血及脊上兩筋，有毒，悞中者浮萍可解。

膽：　氣味：　苦，寒，無毒。　治目熱赤痛青盲，滴耳治聾。及小兒熱腫，塗之。

清・劉雲密《本草述》卷二八　鯉魚　頌曰：　是魚脇鱗一道，從頭至尾無大小，皆三十六鱗，每鱗有小黑點。宗奭謂鯉為至陰之物，其鱗三十六，陰極則陽復也。

氣味：　甘，平，無毒。　主治：　煮食治水腫脚滿，下水氣《別錄》。　利小便時珍。

附方：　水腫脹滿，赤尾鯉魚一斤，破開，不見水及鹽，以生礬五錢，研末，入腹內，火紙包裹，外以黃土泥包，放竈內煨熟，取出，去紙泥送粥，食頭者上消，食身尾者下消，一日用盡，屢試經驗。

膽：　氣味：　苦，寒，無毒。之才曰：　蜀漆為之使。　主治：　目熱赤痛，赤絲亂脈，并外障及目昏，雀目燥痛。合青魚膽治內障。　腦髓：　治耳聾。　魚鮓：　氣味：　鹹，平，無毒。

附方：　聤耳有蟲，膿血日夜不止，用鯉魚鮓三斤，鯉魚腦一枚，鯉魚腸一具，洗切，烏麻子炒研一升，同擣，入器中微火炙暖，布裹貼耳，兩食頃，有白蟲出，盡則愈。慎風寒。

按：　丹溪言諸魚在水，無一息之停，皆能動風，以其屬陰中陽也。故《素問》謂魚熱中。《脈訣》言熱則生風。但鯉為陰極陽復，較諸魚為甚，宗奭謂食之多發風熱，風家食之貽禍無窮。

清・尤乘《食鑒本草・魚類》　鯉魚　發風熱，一切風疾及癰疽、瘧痢、宿癥並忌。

清・朱本中《飲食須知・魚類》　鯉魚　味甘，性平。其脇鱗一道從頭至尾，無大小皆三十六鱗。陰極則陽復，故能發風動火。同犬肉、豆藿食，令消渴。同葵菜食，害人。天行病後及下痢者、有宿癥者，俱不可食。風病人食之，貽禍無窮。服天門冬、紫蘇、龍骨、硃砂人忌食。鯉脊上兩筋及黑血有毒。溪澗生者，毒在腦。山上水中生者，不可食。炙鯉勿使烟入目，大損目光，三日內必驗。鯉魚子合猪肝食，能害人。勿同雞肉、雞子食。

清・何其言《養生食鑒》卷下　鯉魚具脇鱗一道從頭至尾，無大小皆三十六鱗，每鱗有小黑點，故理明白，故曰鯉。有赤色、黃、白三色，其情間理，黑者不可食。　味甘，性平，無毒。止渴，消水腫，黃疸，脚氣，主咳嗽，上氣喘促。安胎，治懷孕身腫，並煮為湯，食之良。破冷氣，痃癖氣塊，橫關伏梁，作膾，和蒜虀食之，愈。腹有宿瘕及天行病後，俱不可食之，食之再發即死。患瘡疥者，忌之。久服天門冬人，不可食。凡溪間砂石中者，有毒，多在腦內，不得食頭。凡修魚，可去脊上兩筋、黑血，有毒。及口傍有骨如乙字，食之令人鯁。肉忌葵菜子、忌猪肝，鮓忌豆葉，同食害人。

清・王翃《握靈本草》卷九　鯉魚處處有之。凡炙鯉魚，不可使煙入目，損目光，三日內必驗。　主治：　鯉魚，甘，平，無毒。治水腫。日華云：　治懷妊身腫，及胎氣不安。

清・汪昂《本草備要》卷四　鯉魚通，行水。　甘，平。下水氣，利小便。治咳逆上氣，脚氣黃疸，妊娠水腫。古方治水腫，有鯉魚湯、鯉魚炙。劉河間曰：　鯉之治水，鴨之利水，所謂因其氣相感也。骨燒灰，療魚骨鯁。

清・李熙和《醫經允中》卷二三　鯉魚　赤尾者毒，多食發風熱。不可同犬肉食。凡魚目睫動者，斷不可食。《筆談》云：　鯉為龍種，食之有損無益。　甘，平，無毒，主治欬逆，水腫脚氣，懷妊身腫，安胎。用童便浸，煨，止反胃及惡風，大腹消積。膽清目赤。

清・张璐《本經逢原》卷四　鯉魚　甘，平，無毒。其目能眨動者有毒。藥中有天門冬者勿犯。天行病後勿食。　發明：　魚性逆水而上，動關翅尾，其力最勞，且目不夜瞑，故釋氏雕木象形，以警世之昏惰者。　鯉性跳躍急流，故取以治水腫之病。河間云：　鯉之治水，鶩之利水，因其氣相感也。　黄瘅、腳氣、濕熱，孕婦身腫宜之。　便血同白蠟煮。　食腦髓治耳卒聾。　齒治石淋。　膽治目赤腫痛，取汁點之。　鱗治産婦滯血。　燒灰治吐血、崩中，十灰散中用之。

清・汪啟賢等《食物須知・諸葷饌》　鯉魚　味甘，氣平，無毒。一云有小毒。　係至陰物，生深澤中。　種類有三，黄、白及赤。兖州謂赤鯉為玄駒，白鯉為白驥，黄鯉為黄雖。　皆取馬名，以仙人所乘也。　形質雖大小不等，首尾並三十六鱗，陰極陽復之徵。　故能神變，飛越江湖。　漁者嘗云：　每獲此魚，雖止三十六鱗，卻無三十六斤。　只緣飛化之早，不及諸魚之長大也。　修製，須去黑血及脊背上兩筋，有毒故也。　或切碎和米粉煮羹，或切片同蒜虀作膾，或燒灰末糜湯，隨病所宜，依方應用。　消水腫，腳氣亦消，大腹腫滿亦佳；　治懷孕，身腫安胎，黄疸消渴尤妙。　驅冷氣、痃癖氣塊、横關伏梁；　止下痢、腸澼來紅、欬逆喘嗽。　天行病後忌食，再發則不能救矣。　腹有宿癥，禁嘗。　若服天門冬，切勿過口，因其性相犯也。　誤食中毒，浮萍煎湯可解。　去赤魚子，食忌同猪肝。　魚鮓，食忌同豆藿。　膽，性寒，苦，又治眼科。　去赤腫，令風熱不侵；　退青盲，使神水漸復。　耳聾可滴，瘡㾉堪塗。　久服不厭，其多強悍，且益志氣。　骨，燒灰主陰蝕；　腦，煮粥除暴聾。　齒，療石淋；　皮，主癮疹。　血，塗身表丹毒；　腸，治腹内瘡瘍。　脂，理小兒驚癇；　鱗，止産婦腹痛。

清・浦士貞《夕庵讀本草快編》卷六　鯉魚《本經》　鯉鱗有十字文理，故曰。　鯉為諸魚之長，能神變飛越，仙人琴高乘之。　鯉乃至陰之物，其鱗三十有六，陰極則陽也。　故《素問》言魚熱中是耳。　其功長於利小便，故能消腫脹，除黄疸以及喘嗽濕熱之病。　作膾則性溫，故能去痃痞冷氣之積。　燒之則從火化，故能發散風寒，平肺通乳，解腸胃并癰毒之邪。　河間有云：　鯉之治水，鶩之利水，皆因其氣以相召也。　唯風疾人忌食。

清・葉盛《古今治驗食物單方》　鯉魚　水腫，大鯉魚一尾，赤小荳一升，水二斗，煮食飲汁，一頓服盡，當下痢，盡即愈。　或以赤鯉一尾破開，不見水，用鹽、生礬五錢研末，入腹内火紙包之，外以黄土包裹，火内煨熟，取出去紙、泥，送粥食之。　食頭者，上消；　食身、尾者，下消，一日用盡，屢試屢驗。胎氣不長，鯉魚同鹽、棗煮食之。　胎動不安，鯉魚一尾，治淨，炒阿膠一兩，糯米二合，水二升，入葱、薑、橘皮、鹽各少許，煮臛食，五七次效。　乳汁不通，鯉魚頭燒為末，每服一錢酒下。　一切腫毒，鯉魚燒灰，醋調塗之。　鼻衄，陰痿，用鯉魚胆、雄鷄胆各一枚為末，雀卵和丸小荳大，每服一丸。　鯉魚鱗炒成灰，冷水服二錢。

清・黄元御《玉楸藥解》卷六　鯉魚　味甘，性溫。入足太陰脾、手太陰肺、足太陽膀胱經。　降氣止欬，利水消脹。　鯉魚利水下氣，治欬嗽喘促，水腫黄疸，冷氣寒瘕，泄利反胃，胎動乳閉。　燒灰醋和，敷一切腫毒。　常食鼻口發熱，助肺火。

清・吳儀洛《本草從新》卷六　鯉魚〔通，行水。〕以下有鱗類。　甘，平。　下水氣，利小便。　治咳逆上氣，脚氣黄疸，妊娠水腫。古方有鯉魚湯、鯉魚粥。河間曰：鯉之治水，鴨之利水，所謂因其氣相感也。　骨，燒灰，療魚骨鯁。　膽，苦，寒。　益志明目。點，服俱佳。

清・汪紱《醫林纂要探源》卷三　鯉　甘，溫。形色不一，性亦微異。鮮紅而長者，微熱。紅而黑背圓短者，溫，最益人。黑者，平。又有赤而金者，洛鯉，貴。江漢次之。吳會為下云。　和脾養肺，平肝補心，孕婦最宜食之。安妊孕，好顏色，止欬逆，療腳氣，消水腫，治黄疸，行水之功，魚類所同，此則更能滋陰而養陽云。　骨：　燒灰，治魚骨鯁。魚類所同，即此可推。

清・嚴潔等《得配本草》卷八　鯉魚膽　蜀漆為之使。忌天門冬、朱砂。　甘，平。　消水腫，治黄疸，止腸澼，散血滯。　配阿膠、糯米，治胎動下血，魚宜煨炭。　入礬腹内，紙包泥固煨食，治水腫。　多食發風動火。　天行病後、下痢、宿癥禁用。　膽：　祛赤腫青盲，滴耳聾，塗瘡毒。　膽汁滴鏡上陰乾，竹刀刮下用。

題清・徐大椿《藥性切用》卷八　鯉魚　性味甘平，下水氣，利小便，治水腫黄疸。　妊婦宜之。　腦髓，治耳聾。　骨灰，療骨骾。　齒，治石淋。　膽，治目赤。　鱗，治産婦滯血，燒灰治吐血崩中。

清・黄宫繡《本草求真》卷五　鯉魚利水消腫。　鯉魚耑入脾。　氣味甘平，每於急流之水跳躍而下，是鯉已有治水之功，且甘能入脾，故書載能下氣利水。凡因水氣內停，而見欬氣上逆，黃疸、水腫、腳氣等症，服此則能以消。河間云：　鯉之治水，因其氣以相感。猶鶩之治水。是以《外臺秘要》用赤小豆一升，水二斗，煮作三升餘，攄去渣，頓盡服利，利盡即愈。又治孕婦水腫亦效，然性稟六陰，陽氣初生，故為陰中之陽。故多食則能動風發熱也。鯉鱗燒灰存性，可治產後血滯。鯉骨燒灰，可療魚骨鯁。

清・李文培《食物小錄》卷下　鯉魚　甘，溫，有小毒而腥。煮食，下水氣，利小便，下乳汁。鯉脊上兩筋及黑血有毒，溪澗中者毒在腦，俱不可食。多食，動風動火，發諸瘡。其鮮美在尾，為八珍之一。

清・羅國綱《羅氏會約醫鏡》卷一八鱗介蟲魚部　鯉魚味甘平。稟陰極之氣，故鱗三十有六，然陰極陽生，能利小便。治脚氣黃疸水腫，同赤小豆煮服，當下利而瘥。療妊娠內外水脹水腫如神，有千金鯉魚湯，載婦科胎前門。除咳逆上氣，止消渴。甘可以緩。鱗燒灰，治產後血迷、血暈、敗血不止、淋瀝崩中。能入血散滯，或調酒、或調童便、或調藥服。凡風熱病，下痢有宿癥者，俱忌食。忌犬肉、葵菜同食。炙鯉魚，烟入目，損失目光。

清・章穆《調疾飲食辯》卷六　鯉魚　為諸魚之長，其脊鱗三十六片。鯉三十六鱗為老陰，龍八十一鱗為老陽，故皆能變化，老變而少不變也。段成式《寄溫庭筠》詩云：　三十六鱗充使時，數番猶得表相思。宋景文詩云：　君軒戀結蕭蕭馬，尺素愁憑六六魚。並用鯉魚傳書故事也。極大不過三十六觔。陰數之盡，能變至陽，故飛越江河，上龍門即化為龍。《漢書・地理志》注曰：　交州有龍門，水深百尋，魚躍過此，雷為燒尾，即化為龍。不得過者，曝腮點額而已。故唐人比進士登科為登龍門。《後漢書》：　李膺負重名，被其接見者，謂之登龍門。注：　龍門在絳州。按：　龍門見《禹貢》，本河流入中國之所，故唐人有河鯉登龍門詩，作絳州者是。然鯉魚化龍，亦無人確見其在何處。交州近海或別有一龍門，亦未可知。然澇歲鼠能化鯉，旱歲鯉亦化鼠，此則不可解也。《綱目》曰：　《古今注》云：　兗州人呼赤鯉為元駒，白鯉為黃驥，黃鯉為黃騅，因古有仙人琴高乘鯉魚飛昇之說，故命以馬名也。性能逐水消腫，利小便。東陽方治水腫，醋煮鯉魚食。《外臺》方同赤小豆煮食，飲汁盡，日一作。《醫方摘要》用一觔重者凡用鯉魚治病，必滿一觔，小則無力。破開，不見水及鹽，以生白礬二錢，研末入腹內，火帋包裹，陳米醋和黃土泥之，煨熟食。蓋魚生於水，故能治水。凡魚皆然，鯉力為大。元儒劉因曰：　不能有以勝彼之氣，即不能生於其氣之中，而物之與是氣俱生者，夫固必使有用於是氣也。又治久腫，惡風入腹，及女人產門牝戶翻腫，腹內掣痛，噓吸短氣欬嗽者。《外臺》方用一尺五寸大鯉魚，人尿浸一宿，平旦以舊木篦從頭貫至尾，煮熟去皮，空心頓食，勿用鹽。鯉性動風，今反用以治風，洵屬奇劑。然助熱生風，發瘡發毒，凡風損、瘡瘍、瘧、痢，及一切熱病天行病後、痘後，或陰虛火旺，並宿有癥瘕之人，概宜嚴戒。《食療本草》曰：　鯉魚脊上兩筋及黑血並有毒，谿澗中者毒在腦，俱不可食。中其毒者，浮萍煎汁飲出《折肱漫錄》。又煎炙煙入目，能損明。陶隱居曰：　山上水中者，慎不可食。膽滴目治赤腫，滴耳治聾。齒治石淋小便內溺出砂石。《古今錄驗》方用鯉魚齒一升研末，三年陳醋和服，分三日服盡。《外臺》方用酒服。蓋溺中砂石乃膀胱熱氣所結，自無形而之有形也，用鯉魚齒，亦是通調水道之意。

清・楊時泰《本草述鉤元》卷二八　鯉魚　是魚脇鱗一道，從頭至尾無大小，皆三十六數，故為至陰之物，陰極則陽復。

氣味甘平。煮食治水腫脚滿，下水氣，利小便。附方：　水腫脹滿，赤尾鯉魚一斤，破開，不見水及鹽，以生礬五錢研末，入腹內，火紙包裹，外包黃泥，放竈內煨熟，去紙泥為粥，食頭者上消，食身尾者下消，一日用盡，屢驗。鯉魚膽：　氣味苦寒。蜀漆為之使。主目熱赤痛，赤絲亂脉，并外障及目昏、雀目燥痛。合青魚膽，治內障。　鯉魚腦：　治耳聾。

鯉魚鮓：　氣味鹹平。聤耳有蟲，膿血不止，用鯉魚鮓三斤、腦一枚、腸一具，洗切，烏麻子一斤炒研，同擣入器中，微火炙暖，布裹貼耳，兩食頃，有白蟲出，盡則愈。慎風寒。

論：　丹溪言諸魚在水，無一息之停，皆能動風，以其屬陰中之陽也。故《素問》謂魚熱中，鯉魚陰極陽復，較諸魚為甚。宗奭云食之多發風熱，風家食之，貽禍無窮。

清・葉桂《本草再新》卷一〇　鯉魚味甘，性溫，無毒。入肝、肺、腎三經。下水氣，利小便，治欬逆上氣，脚氣黃疸，妊娠水腫。

清・趙其光《本草求原》卷一六鱗部　鯉魚　鱗三十六，陰極則陽復。甘，平。下水氣，利小便，入白礬於魚內包煨，上水腫，食頭；下水腫，食尾，立消，忌用鹽及見水。又同赤小豆煮食，治妊娠水腫。治咳逆上氣，腳氣，黃疸，水腫而胎不安，便血。同白蠟煮食。腦髓，治耳聾。骨，治魚骨鯁。燒灰水下。齒，燒灰。治石淋。鱗，燒灰，酒下，治產後滯血淋瀝及吐下崩血。同血竭、血餘灰、百草霜、松墨、煅延胡、醋炒歸芎，等分末，酒下。又十灰散亦用之。膽汁，苦寒，治目赤腫痛，青盲外障。合青魚膽，治內障。忌天冬、朱砂。陰極陽生，能發熱動風，風熱及天行病後、下利、瘡疥宿癥，勿用。聤耳有蟲，膿血不止，以鯉肉、鯉腦、鯉腸洗切，加黑芝麻炒，同搗炙暖，包貼耳，蟲即出。脊上兩筋、黑血，目傍有骨如乙字，俱有毒，宜去之。

清・葉志詵《神農本草經贊》卷一 鯉魚膽 味苦，寒。主目熱赤痛，青盲明目，久服強悍，益志氣。生池澤。

三十六鱗，披膽加志。弗共冰棲，非調飴味。熊可和丸，獺亦分器。苦口功同，懸珠目治。

蘇頌曰：脇鱗一道無大小，皆三十六鱗。《漢書・傳》：路溫舒披大膽，新書僶俛而加志。《晉書・紀》：武帝銜膽棲冰。李珣歌：嘗膽不苦味若飴。《唐書・傳》：柳仲郢母，和熊膽丸使夜咀嚥。《說文》：獺膽分卮。《史記・世家》：毒藥苦口利於病。《漢書・傳》：東方朔目若懸珠。《穀梁傳》：六鶂先數聚辭也，目治也。李時珍曰：熊膽明目去翳。蘇頌曰：獺膽主治目翳，視物不明。

清・文晟《新編六書》卷六《藥性摘錄》 鯉魚 甘，平。入脾。下氣，利水消腫。又治孕婦水腫，亦効。○然多食則動風發熱。○鯉鱗燒灰，治產後血滯。○骨燒灰，療魚骨鯁。

清・文晟《新編六書》卷六《藥性摘錄》 鯉魚 甘，平。止渴，消水腫，黃疸腳氣，主咳嗽，上氣喘促，安胎，治懷孕微腫，並煮湯食之良。破冷氣痃癖，氣塊橫關伏梁，作膾和蒜虀食之愈。腹有宿瘕，及天行病後，切勿食之。患瘡疥者忌食。○凡修治，去脊上兩筋黑血及口旁乙字骨。忌葵菜子、豬肝。魚鮓忌豆葉、乳酪。並詳藥部滲濕。

清・王孟英《隨息居飲食譜・鱗介類》 鯉魚 甘，溫。下氣，功專行水，通乳，利小便，滌飲，止欬嗽，治妊娠子腫。傅癰腫骨疽。可鮮可脯。多食熱中，熱則生風，變生諸病。蓋諸魚在水無一息之停，發風動疾，不獨鯉也。以鯉脊上有兩筋，故能神變，而飛越江湖，為諸魚之長，品雖拔萃，性不益人。杭俗以其為聖子之諱，相戒勿食。最通。其兩筋及黑血皆有毒，天行病後及有宿癥者，均忌。醉者尤甚。曩余遊婺見烹此者，必先抽去其筋，而他處不知也，甚以醉鯉為病人珍味，豈不誤人。

清・劉善述、劉士季《草木便方》卷二蟲介鱗甲部 鯉魚 鯉魚骨煅療陰瘡，崩帶痔瘻骨骾方。甲治產後血氣痛，血療丹毒火灼傷。

清・田綿淮《本草省常・魚蟲類》 鯉魚 性平。下水氣，利小便。動風熱，發瘡疥宿癥。同綠豆食成消渴，同葵菜食傷脾胃，同犬、鹿食生癰疽。服天冬、紫蘇、硃砂、龍骨者忌之，時行病後忌之。

清・戴葆元《本草綱目易知錄》卷五 鯉魚 肉，甘，平。煮食，止渴，下水氣，利小便，治咳逆上氣，黃疸水腫，脚滿下氣，懷妊身腫及胎氣不安。作鱠食，溫補，去冷氣痃癖，氣塊橫關伏梁結在心腹。燒末服，能發汗，定氣喘咳嗽，下乳汁，消腫。米飲調服，治大人小兒暴痢。童便浸煨，研服，止反胃及惡風入腹。然能動風，發熱風病人忌食。【略】

膽：苦，寒，明目。治目熱赤痛，青盲，久服強悍，益志氣，點雀目燥痛，赤腫瞖痛。塗小兒熱腫，滴耳治聾。【略】 子：食之動風，助火損目。葆驗。弘景曰：同猪肝食，害人。 目：治刺瘡傷風傷水作腫，燒灰傅之，汗出即愈。【略】 骨：燒灰，水服，治女子赤白帶下，陰瘡及魚鯁不出。

清・陳其瑞《本草撮要》卷九 鯉魚 味甘，平，入手足太陰、少陰經。功專下水氣，利小便，治咳逆上氣，脚氣黃疸。得白朮、當歸、白芍、生薑，治妊娠水腫，名鯉魚湯。作羹治崩漏痔瘻。骨炙灰，療魚骨骾。膽苦，明目，合青魚膽治內障。

清・吳汝紀《每日食物却病考》卷下 鯉魚 味甘，平，無毒。煮食，治欬逆上氣，黃疸，止渴下水氣，利小便消腫及脚氣。作膾，去冷氣痃癖結在心腹。燒為末，發汗，定喘，下乳汁，消腫毒。蓋鯉乃陰中之陽，故煮食有利小便等功；作膾則性溫，故有去冷氣等功；燒之則從火化，故有散發解毒等功。忌與猪肝同食。其腦有毒，不可食。膽，主明目，點赤眼痛及滴耳聾，塗小兒熱腫，良。

嘉魚

宋・唐慎微《證類本草》卷二一蟲魚部中品〔宋・馬志《開寶本草》〕 嘉魚 味甘，溫，無毒。食之令人肥健悅澤。此乳穴中小魚，常食乳水，所以益人，能久食之，力强於乳，有似英雞，功用同乳。今附。

〔宋・唐慎微《證類本草》〕 陳藏器：《吳都賦》云：嘉魚出於丙穴。李善注云：丙日出穴。今則不然，丙者，向陽穴也。陽穴多生此魚，魚復何能擇丙日耶？此注誤矣。《新注》云：治腎虛消渴及勞損羸瘦，皆煮食之。又《抱朴子》云：鶴知夜半，鷰知戊己，豈魚不知丙日也。《食療》云：微溫。常於崖石下孔中喫乳石沫，甚補益。微有毒。其味甚珍美也。

宋・陳衍《寶慶本草折衷》卷一七　嘉魚　出丙穴。王荊公詩云：水清但有嘉魚出。陶商翁詩云：草沒嘉魚穴。○按《方輿志》達、雅、梠、貴、韶州，成都府，興元府，梁山軍等郡丙穴池并乳穴中有之。○春月丙日出。又謂其穴向陽，故稱丙也。○鄂州嘉魚縣，乃邑之名，非言出魚也。

味甘，溫，無毒。○食之令人肥健悅澤。○陳藏器云：治腎虛消渴，勞損羸瘦，皆煮食之。○《食療》云：崖石下孔中喫乳石沫，甚補益。其味甚珍美。

續說云：觀諸郡志，惟達州丙穴嘉魚特盛。其首有黑點，長身細鱗，肉白如玉。但穴中鹽泉，故此地嘉魚味鹹也。

明・劉文泰《本草品彙精要》卷三〇　嘉魚無毒。《食療》云：微有毒。卵生。

嘉魚：食之令人肥健，悅澤。此乳穴中小魚，常食乳水，所以益人。能久食之，力強於乳。有似英雞，功用同乳。名醫所錄。〖地〗陳藏器云：《吳都賦》謂：嘉魚出於丙穴。李善注云：丙日出穴。今則不然，丙者，向陽穴也。陽穴多生此魚，魚復何能擇丙日耶？此注誤矣。謹按：《詩》傳云：嘉魚鯉質，鱒鯽肌肉。美食乳泉，出於丙穴。先儒謂穴在漢中沔陽縣北，穴口向丙，故曰丙也。〖時〗生：無時。採：無時。〖用〗肉。〖色〗鱗青，目赤。〖味〗甘。〖性〗溫，緩。〖氣〗氣之厚者，陽也。〖臭〗腥。〖主〗腎虛，消渴，勞損，羸瘦。

明・盧和、汪穎《食物本草》卷四魚類　嘉魚　味甘，溫，無毒。一云：微毒。食之令人肥健悅澤。此乃乳穴中小魚，常飲乳水，所以益人，味甚珍美，力強於乳。《詩》所謂南有嘉魚，註言出於沔南丙穴是也。

明・王文潔《太乙仙製本草藥性大全》卷八《本草精義》　嘉魚　舊本俱不載。出於丙穴。李善注云：丙日出穴。丙者，向陽穴也，陽穴多生此魚。魚復何能擇丙日耶！《抱朴子》之鶴知夜，燕知戊己，豈魚不知丙日？即此魚，常於崖石下孔中喫乳石，味甚補益，而甚珍美也。

明・王文潔《太乙仙製本草藥性大全》卷八《仙製藥性》　嘉魚　味甘，氣溫，無毒。又云微溫，有小毒。主治：主人肥健而悅澤顏色，久食益人而堅強筋力。治腎虛消渴，補羸瘦勞傷。

明・皇甫嵩《本草發明》卷六　嘉魚乳穴中小魚，食乳水。　食之益人，令人肥健悅懌，久食力強于乳，有似英鷄，功用同乳。嘗于崖石孔中喫乳石沫，味珍美，甚補，治腎虛消渴，補勞損。

明・李時珍《本草綱目》卷四四鱗部・魚類　嘉魚宋《開寶》

〖釋名〗鮇魚音味。　拙魚《綱目》　丙穴魚藏器曰：左思《蜀都賦》云：嘉魚出於丙穴。李善註云：魚以丙日出穴。或云：穴向丙耳，魚豈能擇日出入耶。按《抱朴子》云：燕避戊己，鶴知夜半。魚豈不知丙日乎。時珍曰：嘉，美也。杜甫詩云魚知丙穴由來美是矣。河陽呼爲鮇魚，言味美也；蜀人呼爲拙魚，言性鈍也。丙穴之説不一。按《文選》注云：丙穴在漢中沔縣北，有二所，常以三八月取之。丙，地名也。《水經》云：丙水出丙穴。穴口向丙，故名。嘉魚常以三月出穴，十月入穴。黄鶴云：蜀中丙穴甚多，不獨漢中也。嘉州、雅州、梁山、大邑、順政諸縣，皆有丙穴。嘉魚常以春末出游，冬月入穴。〖集解〗志曰：嘉魚，乃乳穴中小魚也。常食乳水，所以益人。時珍曰：按任豫《益州記》云：嘉魚，蜀郡處處有之。狀似鯉，而鱗細如鱒，肉肥而美，大者五六斤。食乳泉，出丙穴。二三月隨水出穴，八九月逆水入穴。《夔州志》云：嘉魚，春社前出，秋社後歸。首有黑點，長身細鱗，肉白如玉。味頗鹹，食鹽泉故也。范成大《虞衡志》云：嘉魚，狀如鰣而多脂，味極美，梧州人以爲鮓餉遠。劉恂《嶺表録》云：蒼梧戎縣江水口出嘉魚，似鱒而肥美，衆魚莫及。每炙食以芭蕉隔火，恐脂滴火中也。又可爲脡。

肉〖氣味〗甘，溫，無毒。詵曰：微有毒，而味多珍美。　〖主治〗食之，令人肥健悅澤《開寶》。煮食，治腎虛消渴，勞瘦虛損藏器。

〖發明〗志曰：此魚食乳水，功用同乳。能久食之，力强於乳，有似英鷄。詵曰：常於崖石下孔中食乳石沫，故補益也。

明・穆世錫《食物輯要》卷七　嘉魚　味甘，性溫，無毒。珍美。食之，令人肥健。治腎虛勞乏，及消渴病。

明・吳文炳《藥性全備食物本草》卷三　嘉魚　按《圖經》丙日出穴，丙者，向陽穴也，陽穴多生此魚。魚復何能擇丙日耶？《抱朴子》云：鶴知夜，燕知戊己，豈魚不知丙日？即此魚，常於崖石下孔中喫乳石，味甚補益而甚珍美也。味甘，性溫，無毒。主人肥健，悅澤顏色，久食益人。強筋力，治腎虛消渴，補羸瘦勞傷。

明・應慶《食治廣要》卷七　嘉魚一名丙穴魚。　肉：氣味：甘，溫，無毒。食之令人肥健悅澤。煮食，治腎虛消渴，勞瘦虛損。《綱目》曰：嘉，美也。杜甫詩云：魚知丙穴由來美。此魚蜀郡處處有之，狀似鯉而鱗細如鱒，肉肥而美，大者五六斤。食乳泉，出丙穴，二三月隨水出穴，八九月逆水入穴是矣。

明·姚可成《食物本草》卷一〇鱗部·魚類　嘉魚一名丙穴魚。左思《蜀都賦》云：嘉魚出於丙穴。謂魚以丙日出穴。或云穴向丙耳。嘉，美也。杜甫詩云魚知丙穴由來美是矣。按《益州記》：嘉魚，蜀郡處處有之。狀似鯉而鱗細如鱒，肉肥而美。大者五六斤。食乳泉，出丙穴，二三月隨水出穴，八九月逆水入穴。《夔州志》：嘉魚春社前出，秋社後歸。首有黑點，長身細鱗，肉白如玉。味頗鹹，食鹽泉故也。《虞衡志》云：嘉魚，狀如鮒而多脂，味極美，梧州人以為鮓餉遠。《嶺表錄》云：蒼梧戎縣江水口出嘉魚，似鱒而肥美，眾魚莫及。每炙食以芭蕉隔火，恐脂滴火中也。又可為脡。　嘉魚，味甘，溫，無毒。食之，令人肥健悅澤。治腎虛消渴，勞瘦虛損。此魚食乳水，功用同乳，能久食之，力強於乳。

明·孟笨《養生要括·鱗類》　嘉魚　味甘，溫，無毒。食之令人肥健悅澤。煮食，治腎虛消渴，勞瘦虛損。

明·施永圖《本草醫旨·食物類》卷五　嘉魚乳穴中小魚也。常食乳水，所以益人，狀如鮒而多脂，味極美。　肉：味甘，溫，無毒。治：食之令人肥健悅澤。煮食，治腎虛消渴，勞瘦虛損。常於崖石下孔中食乳石沫，故補益也。

清·穆石匏《本草洞詮》卷一六　嘉魚　狀如鮒而多脂，味極美。左思《蜀都賦》云：嘉魚出於丙穴。春社前順水出穴，秋社後逆水入穴。杜詩魚知丙穴由來美是矣。肉甘，溫，無毒，一云微毒。治腎虛消渴，勞瘦虛損。蓋此魚常於崖石下孔中，食乳石沫，故補益，其力強於乳也。

清·丁其譽《壽世秘典》卷四　嘉魚一名丙穴魚，丙穴之說不一。按《文選》注云：丙穴在漢中沔縣北，有二所，常以三、八月取之。《水經》云：丙水出丙穴，〔穴〕口向丙，故名。黃鶴云：蜀中丙穴甚多，不獨漢中也，嘉州、雅州、梁山、大邑、順政諸縣，皆有丙穴。嘉魚常以春末出遊，冬月入穴。首有黑點，長身細鱗，肉白如玉，味甚肥美。　氣味：甘，溫，無毒。令人肥健悅澤。治腎虛消渴，勞瘦虛損。

清·何其言《養生食鑒》卷下　嘉魚狀似鯉而鱗細如鱒，肉肥而美，大者五六斤。　味甘，性溫，無毒。煮食，治腎虛消渴，勞瘦虛損，令人肥健悅澤。

清·張璐《本經逢原》卷四　嘉魚　甘，溫，無毒。發明：此魚食乳水，功用同乳。食之令人肥健悅澤，腎虛消渴，勞瘦虛損者，食之最宜。

清·汪紱《醫林纂要探源》卷三　嘉魚　甘，溫。似鯉，而鱗似鱒。出沔水以南，凡向南之穴中有之。故《詩》云南有嘉魚，味甚美。

題清·徐大椿《藥性切用》卷八魚部　嘉魚　一名鯀魚，一名丙穴魚。性味甘溫，治腎虛消渴，積損勞瘦。

清·章穆《調疾飲食辯》卷六　嘉魚　一名丙穴魚，左思《蜀都賦》云：嘉魚出於丙穴。李善注云：丙日出穴。或云穴向丙耳，魚豈能擇日而出耶。《拾遺》曰：燕避戊己，鶴知夜半。見《抱朴子》。於魚獨不知丙日耶。《綱目》曰：嘉，美也。河陽呼鯀魚，言味美也。蜀人呼拙魚，言性鈍也。按：丙穴之說不一，《文選》注曰在漢中沔縣，有二所。《水經》曰：丙水出丙穴，穴口向丙。據此，則丙日之說非也。黃鶴曰：蜀中丙穴甚多，嘉州、雅州、梁山、大邑皆有，不獨漢中也。諸穴所向，豈能畫一，則向丙之說，亦非也。任豫《益州記》云：嘉魚，蜀郡處處有之。狀如鯉，鱗細如鱒，肉肥美，食乳泉，出丙穴。《夔州府志》云：春社前出，秋社後歸。長身細鱗，首有黑點，肉白如玉，食鹽泉，味頗鹹。范石湖《虞衡志》曰：梧州人為鮓以餉遠。《嶺表錄》曰：蒼梧戎縣出嘉魚，似鱒而肥美，是則粵西亦有之。出於丙穴之說，亦大不然也。《食療本草》曰：常於崖下食乳石沫，故能滋補，暖胃止冷瀉。《拾遺》曰：治腎虛消渴，勞瘦虛損。誤也。魚性本熱，加以乳石更熱，內寒極宜，內熱及瘡瘍宜戒之，豈可反用以治虛勞、消渴乎？

清·趙其光《本草求原》卷一六鱗部　嘉魚　此魚食乳水，功同乳。甘，溫，無毒。治腎虛，消渴、勞瘦虛損，令人肥健悅澤。

清·文晟《新編六書》卷六《藥性摘錄》　嘉魚　甘，溫。煮食治腎虛消渴，勞瘦虛損，令人肥健悅(津)〔澤〕，味亦美。狀似鯉而鱗細。

清·田綿淮《本草省常·魚蟲類》　嘉魚　一名鯀魚，一名拙魚，一名丙穴魚。性溫。補虛損，令人肥健悅澤。

清·陳其瑞《本草撮要》卷九　嘉魚　味甘，溫，入足少陰經，功專治腎虛消渴，勞瘦損傷。一名鯀魚，又名丙穴魚。

清·吳汝紀《每日食物却病考》卷下　嘉魚　又名丙穴魚，乃乳穴中小魚也。甘，溫，無毒。食之令人肥健悅澤，甚益人，亦珍美。《詩》所謂南有嘉魚是也。

苦魚

明·姚可成《食物本草》卷一〇鱗部·無鱗魚類　苦魚生浙江遂昌縣匡山之溪。匡山之巔，四面峭壁拔起，崖崿皆蒼石，下多白雲，上多北風，植物之味皆苦。魚生溪中，身有斑文而小，狀如吹沙，味苦而辛。章三益先生結廬其間，曰苦齋，名雖苦，而意甚甘之。　苦魚，味苦、辛，無毒。主平肝，降逆氣，補心血，益脾肺，生津開慧。

清·趙學敏《本草綱目拾遺》卷一〇鱗部　苦魚　劉基《苦齋記》：匡山在處州龍泉縣，劍溪之水出焉，注入大谷，其中多斑文小魚，狀如吹沙，味苦而微辛可食，故名。解酒毒，可以醒酒。《藥性考》：苦魚微辛，形細色斑，烹食腴美，消酒除痛。

阿羅魚

清·趙學敏《本草綱目拾遺》卷一〇鱗部　阿羅魚　一首十身，音如吠犬，亦可禦火《珍異藥品》。療癰疽。

渼陂魚

清·趙學敏《本草綱目拾遺》卷一〇鱗部　渼陂魚　《輿地志》：鄠縣渼陂出魚，味美，可入藥。治痔。

蜜姑魚

清·趙學敏《本草綱目拾遺》卷一〇鱗部　蜜姑魚　《宦遊筆記》：自光溪入四明二十餘里，有蜜巖，峭壁千尋，下臨深溪，窅洞無底，巖顛舊有蜂窠，聚蜂數百萬，其蜜滴下，溪魚食之，故魚味甘絕，曰蜜姑魚。其釣法倍多曲折，魚性極喜苔，須縋懸崖下，有水衣演漾深碧而細者，剜以為餌。魚性暴，遇釣則跳巖，卒不可制。而蜜巖下溪水清甚，用粗綆，則恐魚之瞥見而驚游也。用細絲，則又恐不足以勝魚跳巖之力。釣者乃取絲長十餘丈，盤於竿上，遙望見深波中魚翾翾鼓鬣而至，則取絲徐徐放之，如小兒之送紙鳶者，使得縱其所往。魚入鉤，果一躍數尺，翻波跋浪，橫激溪面，其鱗光閃爍，如千片碎金，雜珠顆中隨風散灑，觀者莫不目眩心動，已而徐徐力倦，乃可取之。　性溫，味甘，食之生胃津，益肺氣，補血脈，增髓去熱，除虛羸，壯筋骨，止嗽定喘，功同燕窩、蛤蚧也。

按：此魚最潔，惟食苔蜜，苔寒而蜜溫，得水火既濟之力，大能補土生金。燕窩性清肅而下行，蛤蚧性和中而溫臟，此則故能兼之，真勞嗽虛羸之食品上藥也。《柳崖外編》載張方海浙人，少年讀書四明，嘗斷炊者數月。山磵谷多竹，峭壁有蜜，蜜入江化為魚，名蜜鮎。張遂掘筍釣鮎而食，自言筍味淡以清，蜜鮎濃而美，有天台胡麻所不如者。嗣後遂輕身耐寒暑，不復思烟火味。據此，則其功用信不誣也。

魟魚

清·趙學敏《本草綱目拾遺》卷一〇鱗部　魟魚　《滇程記》：雲南百夷中有小孟貢江，產魟魚。彼夷食之，日御百婦，故夷性極淫，貴賤俱數妻。其地亦產彎薑。《說略》云：魟魚產孟貢江，牡者恒多牝而游。夷人常食其肉，一日能御百女。入藥用雄者。　壯陽道，固精髓，八十老翁服之，多子。

鼠頭魚

明·姚可成《食物本草》卷一〇鱗部·魚類　鼠頭魚一名雞魚。四五月有之。長四五寸，頭類鼠頭，身圓肉厚，鱗細有斑點。　鼠頭魚，味甘、淡，平，無毒。利五臟，能助濕熱發瘡疥。不宜過食。

五色魚

明·姚可成《食物本草》卷一〇鱗部·無鱗魚類　五色魚生江西信豐縣城奉真觀右凰皇井中。浙江杭州府城吳山北吳山井中亦產此魚。身有五彩斑文，味美可食。　五色魚，味甘，無毒。主益胃氣，養精神，悅顏耐老，生津補脾。

耳魚

明·姚可成《食物本草》卷一〇鱗部·無鱗魚類　耳魚生浙江會稽縣越城山盤石穴中。如鰻而有鱗，兩耳甚大，尾有刀跡。相傳為唐寇黃巢所刺。人捕而取之，了無驚猜。　耳魚，味腥，無毒。主溫中益血，消癭瘤，解諸毒，清臟腑邪熱。

鮦魚

明·姚可成《食物本草》卷一〇鱗部·無鱗魚類　鮦魚生直隸寧國縣東岸溪澗中。長二三寸，細鱗。味極甘美。其性甚黠，人難捕捉，惟暮春時，腹中孕子，則目昧不見，纔能網之。　鮦魚，味甘，無毒。主補五臟六腑，益精氣，令人有子，延年却疾。

明府魚

明·姚可成《食物本草》卷一〇鱗部·無鱗魚類　明府魚色朱，腰有痕如束帶。奴魚、婢魚生直隸和州濂湖中。濂湖，古歷陽之地，源出桑山，即《淮南子》所載歷陽之郡，一夕反而為湖者也。昔有書生過歷陽，一嫗待之甚厚。生謂嫗曰：此縣門前石龜眼見血，地當陷為湖。嫗數往視龜，門吏叩之，具以告，吏笑之，因以硃點龜眼。嫗再至，遂走上西山，反顧城，已陷為湖矣。今湖中所產諸魚，其名蓋本諸此。　明府魚，味甘，無毒。主除目中花翳，解熱祛邪。

奴魚

明・姚可成《食物本草》卷一〇鱗部・無鱗魚類　奴魚、婢魚　主益筋骨，助氣力。

石花魚

明・姚可成《食物本草》卷一〇鱗部・無鱗魚類　石花魚出山西保德州，游泳水石間，食石之花，人捕食之，肥美雙絕。　石花魚，味甘，無毒。主抑火邪，清利咽嗌之氣，治頭目昏眩。

鹹魚

明・姚可成《食物本草》卷一〇鱗部・無鱗魚類　鹹魚生直隸宿松縣西南八十里鹹湖中。湖水廣闊，魚極大且佳。　鹹魚，味甘，無毒。主養陰補血，滋腰腎，除燥熱，生津止渴，益智慧。

抱石魚

明・姚可成《食物本草》卷一〇鱗部・無鱗魚類　抱石魚生江西龍泉縣南遂水中，其魚抱石而生。　抱石魚，味甘，無毒。主清邪熱，祛暑氣，益胃調中，消痞滿。

雙鱗魚

明・姚可成《食物本草》卷一〇鱗部・無鱗魚類　雙鱗魚出湖廣石門縣東陽山下，東陽水中。魚身鱗甲每有兩重。味肥而美，頗為彼中珍貴。　雙鱗魚，味甘，無毒。主益腎精，生血，利筋脈，和胃氣，去風溼痰涎。

羊頭魚

明・姚可成《食物本草》卷一〇鱗部・無鱗魚類　羊頭魚產四川雲陽縣巴鄉村溪中。魚似羊頭，多肉少骨，美於他魚。　羊頭魚，味甘，無毒。主補中益氣，厚腸胃，除風熱，消痰涎，利肺氣。

鬼頭魚

明・姚可成《食物本草》卷一〇鱗部・無鱗魚類　鬼頭魚生廣東韶州府樂昌縈溪中。味極香美，形狀獰惡，故名。　鬼頭魚，味甘。主瘕癖蠱毒，下痢，傷寒後餘熱不解，溫瘧風瘧。

五味魚

明・姚可成《食物本草》卷一〇鱗部・無鱗魚類　五味魚生陝西鄠縣西三里溪坡中，五味具焉。　五味魚，主補五臟，益氣力，養精神，悅顏色，定欬喘，消痰涎稠濁。

鱤魚

明・李時珍《本草綱目》卷四四鱗部・魚類　鱤魚音感。《綱目》。

【釋名】鮨魚音紺。　鰥魚　黃頰魚時珍曰：鱤，敢也。鮨，䐄也。䐄音陷，食而無厭也。健而難取，吞啗同類，力敢而䐄物者也。其性獨行，故曰鰥。《詩》云其魚魴鰥是矣。

【集解】時珍曰：鱤生江湖中，體似鯮而腹平，頭似鯇而口大，頰似鮎而色黃，鱗似鱒而稍細。大者三四十斤，啖魚最毒，池中有此，不能畜魚。《東山經》云姑兒之水多鱤魚是也。《異苑》云：諸魚欲產，鮨〔䱇〕以頭衝其腹，世謂之衆魚生母。然諸魚生子，必雄魚冲其腹，仍尿白以蓋其子，不必盡是鮨魚也。

肉【氣味】甘，平，無毒。【主治】食之已嘔，暖中益胃時珍。

明・穆世錫《食物輯要》卷七　鱤魚　味甘，平，無毒。和中氣，養脾胃，止嘔吐。生瘡癤者勿食。

明・應慶《食治廣要》卷七　鱤魚　肉：　氣味：　甘，平，無毒。主治：　食之已嘔，暖中益胃。　按：　鱤似鯮而腹平，頭似鯇而口大，頰似鮎而色黃，鱗似鱒而稍細。大者三四十斤。啖魚最毒，池中有此，則不能畜魚也。

明・姚可成《食物本草》卷一〇鱗部・魚類　鱤魚鱤音感。一名鮨魚。生江湖中。體似鰻而腹平，頭似鯇而口大，頰似鮎而色黃，鱗似鱒而稍細。大者三四十斤。啖魚最毒，池中有此，不能畜魚。　鱤魚，味甘，平，無毒。食之已嘔，暖中益胃。

明・施永圖《本草醫旨・食物類》卷五　鱤魚音感。其性獨行，故曰鰥。《詩》云其魚魴鰥是矣。生江湖中，體似鰻而腹平，頭似鯇而口大，頰似鮎而色黃，鱗似鱒而稍細。凡諸魚生子，必雄魚衝其腹。　肉：　味甘，平，無毒。治：　食之止嘔，暖中益胃。

清・丁其譽《壽世秘典》卷四　鱤魚一名鮨魚，音紺，健而難取，吞啗同類，力敢而䐄物者也。體似鰻而腹平，頭似鯇而口大，頰似鮎而色黃，鱗似鱒而稍細，大者三四十斤。啖魚最毒，池中有此，不能畜魚。　氣味：　甘，平，無毒。食之已嘔，暖中益胃。

清・朱本中《飲食須知・魚類》　鱤魚　味甘，性平。吞啖同類，池中有此不能畜魚。生瘡癎者，勿食。

清·何其言《養生食鑒》卷下　鱤魚體似鯼而腹平，頭似鯇而口大，頰似鮎而色青，鱗似鱒而稍細，大者三四十斤，啖魚最毒，池中有此，不能畜魚，一名䲙魚。　味甘，性平，無毒。食之止嘔，暖中益胃。

清·王道純《本草品彙精要續集》卷七　鱤魚音感，無毒。　卵生。

鱤魚肉：　主食之已嘔，暖中益胃《本草綱目》。　〔名〕䲙魚音紺、鰥魚、黃頰魚。李時珍云：鱤，敢也。䲙，𦚡也。𦚡音陷，食而無厭也。健而難取，吞啗同類，力敢而𦚡物者也。其性獨行，故曰鰥。《詩》云其魚魴鰥是矣。〔苗〕《異苑》云：諸魚欲產，䲙以頭衝其腹，世謂之衆魚生母。然諸魚生子，必雄魚衝其腹，仍尿白以蓋其子，不必盡是䲙子也。　〔地〕出江湖中。〔時〕採：無時。　〔用〕肉。　〔質〕體似鯮而腹平，頭似鯇而口大，頰似鮎而色黃，鱗似鱒而稍細，大者三四十斤，啖魚最毒，池中有此不能畜魚。《東山經》云姑兒之水多鱤魚是也。　〔色〕黃。　〔味〕甘。　〔性〕平。

題清·徐大椿《藥性切用》卷八　鱤魚　一名鰥魚，一名䲙魚。性味苦平，調中益胃，食之已嘔。

清·李文培《食物小錄》卷下　刀鱤魚　甘，平，無毒。助脾胃。多食發瘡。

鱤魚　甘，平，無毒。暖中益胃。作鮓良。

清·章穆《調疾飲食辯》卷六　鱤魚　一名黃頰魚，又曰䲙魚。《綱目》曰：貪食無厭曰𦚡，此魚啖魚，最毒也。又名鰥魚，性好獨行也。《詩》曰：其魚魴鰥。又其游行覓食，雖夜不停，故儆夜木梆，刻作此行。《山海經》曰：姑兒之山多鱤魚。頭似鮎而口大，頰似鯰而色黃，鱗似鱒而稍細，大者可一二百斤。力最猛，觸箔即穿，躍可至尋丈。食之已嘔，止冷瀉，暖中益胃。　按：此諸有鱗魚皆有之功，中寒人宜之者也。然性熱已在言外矣。

清·趙其光《本草求原》卷一六鱗部　鱤魚　頭似鯇，而口大頰黃。甘，平，無毒。止嘔，暖中益胃。

清·王孟英《隨息居飲食譜·鱗介類》　鱤魚即鰥魚，一名黃頰魚。甘，溫。暖胃。與鱒略同。

清·田綿淮《本草省常·魚蟲類》　鰥魚　一名鱤魚，一名䲙魚，一名黃頰魚。性溫。暖中益胃。

清·陳其瑞《本草撮要》卷九　鰥魚　味甘，平，入足陽明經，功專已嘔，暖中益胃。一名鱤魚，又名䲙魚。

白魚

宋·唐慎微《證類本草》卷二一蟲魚部中品〔宋·馬志《開寶本草》〕　白魚　味甘，平，無毒。主胃氣，開胃下食，去水氣，令人肥健。大者六七尺，色白頭昂，生江湖中今附。

〔宋·掌禹錫《嘉祐本草》〕按：孟詵云：白魚，主肝家不足氣，不堪多食，泥人心。雖不發病，終養䘌。所食新者好，久食令人心腹諸病。可煮炙。於葱、醋中一兩沸食，猶少調五藏氣，理經脉。日華子云：助血脉，補肝明目。患瘡癤人不可食，甚發膿，(炙)〔灸〕瘡不發，作鱠食之良。

〔宋·唐慎微《證類本草》〕《食療》云：和豉作羹，一兩頓而已。新鮮者好食。若經宿者不堪食，令人腹冷生諸疾。或淹，或糟藏，猶可食。又可炙了，於葱、醋中重煮食之。調五藏，助脾氣，能消食，理十二經絡，舒展不相及氣。時人好作餅，炙食之。猶少動氣，久亦不損人也。

宋·王繼先《紹興本草》卷一七　白魚　紹興校定：白魚，《本經》已載性味、主治。但作食品，固非起疾之物。江湖池澤中皆產之。當從《本經》味甘、平、無毒是矣。

宋·陳衍《寶慶本草折衷》卷一七　白魚鱠在內。生江湖中。

味甘，平，無毒。〇主胃氣，開胃下食，去水氣。大者六七尺。〇孟詵云：多食泥人心。新者煮炙食，調五藏氣，理經脉。〇日華子云：助血脉，補肝，明目。患瘡癤人不可食，甚發膿。炙瘡不發，作鱠食。〇《食療》云：助脾消食。

元·忽思慧《飲膳正要》卷三　白魚　味甘，平，無毒。開胃下食，去水氣。久食發病。

元·吴瑞《日用本草》卷五　白魚　大者六七尺，色白，鱗細頭昂，生江湖中。　味甘，平，無毒。鮮者為佳，經宿者令人腹冷生痰，與棗子同食患腰疼。患瘡癤人不可食，發膿。令炙瘡不發。　主開胃下食，去水氣，令人肥大，補肝明目。

明·蘭茂撰，清·管暄校補《滇南本草》卷上　鮊魚　味辛，寒。治癰疽瘡疥，同大蒜食之效。

明·蘭茂原撰，范洪等抄補《滇南本草圖説》卷七　白魚　氣味辛寒，無毒。主治：諸瘡腫毒疥癩，同大蒜食可解。

明·劉文泰《本草品彙精要》卷三〇　白魚無毒　卵生。

白魚，主胃氣，開胃下食，去水氣，令人肥健。名醫所録。　【地】《圖經》曰：生江湖中，大者六七尺，色白，頭昂，鱗細而匾長者是也。　【時】生：無時。採：無時。【色】白。【味】甘。【性】平，緩。【氣】氣之薄者，陽中之陰。【臭】腥。【治】療：日華子云：炙瘡不發，作鱠食之，良。孟詵云：主肝家不足氣。補：日華子云：助血脈，明目。【合治】炙之，合葱、醋中重煮食之，調五臟，助脾氣，能消食，理十二經脈。【禁】患瘡癩人不可食，甚發膿。又多食泥人心。若經宿者不堪食，食則令人腹冷，生諸疾。

明·盧和、汪穎《食物本草》卷四魚類　白魚　味甘，平，無毒。主開胃，助脾消食，補肝明目，去水氣，令人肥健。五味蒸煮，食之良。若經宿食之，腹冷生病。或醃，或糟，皆可。人患瘡癩，食之甚發膿。炙瘡，食之不發。

明·王文潔《太乙仙製本草藥性大全》卷八《本草精義》　白魚　舊本俱不載。生江湖中。其魚似鰱尤小而鱗細，極長，色白，頭昂，大者六七尺長。和豉作羹，一兩頓而已。新鮮者好食，若經宿者不堪食，令人腹冷，生諸疾。或醃或糟藏猶可食。又可炙了，於葱醋中重煮食之。調五臟，助脾氣，能消食，理十二經絡舒展不相及氣。時人好作餅炙食之。猶少動氣，久亦不損人也。患瘡癩人不可食，發膿。炙瘡云不發，作鱠食之良。

明·王文潔《太乙仙製本草藥性大全》卷八《仙製藥性》　白魚　味甘，氣平，無毒。主治：主胃氣，開胃下食；去水氣，令人健肥。潤五臟而理血脉，補肝虚而明眼目。

明·李時珍《本草綱目》卷四四鱗部·魚類　白魚宋《開寶》

【釋名】鱎魚音喬去聲。時珍曰：白亦作鮊。白者，色也。鱎者，頭尾向上也。

【集解】劉翰曰：生江湖中。色白頭昂，大者長六七尺。時珍曰：鮊形窄，腹扁，鱗細，頭尾俱向上，肉中有細刺。武王白魚入舟即此。

肉【氣味】甘，平，無毒。詵曰：鮮者宜和豉作羹，雖不發病，多食亦泥人。經宿者勿食，令人腹冷。炙食，亦少動氣。或醃，或糟藏，皆可食。瑞曰：多食生痰。與棗同食，患腰痛。

【主治】開胃下氣，去水氣，令人肥健《開寶》。助脾氣，調五臟，理十二經絡，舒展不相及氣《食療》。治肝氣不足，補肝明目，助血脈。炙瘡不發者，作鱠食之，良。患瘡癩人食之，發膿日華。

【發明】時珍曰：白魚比他魚似可食，亦能熱中發瘡。所謂補肝明目，調五臟，理十二經絡者，恐亦溢美之詞，未足多信。當以《開寶》注爲正。

明·梅得春《藥性會元》卷下　白魚　味甘，氣平，無毒。主助胃氣，開胃下食，去水氣，令人肥健。大者六七尺，色白，頭昂。生江湖中。

明·穆世錫《食物輯要》卷七　白魚　味甘，平，無毒。開胃助脾，補肝明目，去水氣，通行十二經絡，發炙瘡。多食，熱中生痰，泥人心。同棗肉食，令腹痛。患瘡癩者勿食。

明·吴文炳《藥性全備食物本草》卷三　白魚　其魚似鰱尤小，而鱗細極長，色白頭昂，大者六七寸長。和豉作羹一兩頓而已，新鮮者好食。若經宿者不堪食，令人腹冷生諸疾，或淹，或糟藏，猶可食。又可炙了於葱醋中重煮，食之。調五臟，助脾氣，能消食，理十二經絡，舒展不相及氣。時人好作餅炙食之，猶少動氣，久亦不損人也。患瘡癩人不可食，發膿。炙瘡不發，作鱠食之良。味甘，性平，無毒。主胃氣，開胃下食，去水氣，令人肥健，潤五臟，理血脉，補肝虚明眼目。同棗食令腹痛。

明·倪朱謨《本草彙言》卷一九　白魚　味甘，氣平，無毒。劉氏曰：白魚生江湖中。大者長六七尺，色白形窄，腹扁鱗細，內有細刺，頭尾俱昂而向上。武王白魚入舟，即此。

白魚：開胃下氣，調五藏，《開寶》令人肥健之藥也。樓渠泉曰：按盧氏曰：白者金色，金者水之母，故仲景方治水亡澤上而消渴，水亡潤下而小便不利。《開寶》推廣開胃。開胃者，開發上焦，熏膚充身，澤毛若霧露之溉，令人潤身而肥健，氣無不下，水無不去矣！大氏曰：此魚多食，能使熱中發瘡，故患瘡癩人不可食，食之發膿。炙瘡不發者，作膾食之良。

明·應慶《食治廣要》卷七　白魚　肉：氣味：甘，平，無毒。主治：開胃，下氣，去水氣，令人肥健，助脾氣，理十二經絡，治肝氣不足，明目，助血脉。患瘡癩人食之，發膿。多食，生痰。與棗同食，患腰痛。《綱目》曰：白魚比他魚似可食，亦能熱中發瘡。所謂補肝明目，調五藏，理十二經絡者，恐亦溢美之詞，未足多信也。

明·姚可成《食物本草》卷一〇鱗部·魚類　白魚一名鱎魚。生江湖中。色白頭昂，大者長六七尺。○李時珍曰：白魚形窄，腹扁，鱗細，頭尾俱向上，肉中有細刺。夏至後皆浮水，捕者乘其候多獲之，故人謂之時裏白。武王白魚入舟即此。鮮者作羹，頗為美味，醃腊糟藏更佳。白魚，味甘，平，無毒。主開胃下氣，去水氣，令人肥健，助脾氣，調五臟，理十二經絡，舒展不相及氣。治肝氣不足，補肝明目，助血脉。炙瘡不發者，作膾食之良。患瘡癤人食之，發膿。鮮者宜和豉作羹，雖不發病，多食亦泥人。經宿者勿食，令人腹冷。炙食，亦少動氣。或醃，或糟藏，皆可食。多食生痰。與棗同食，患腰痛。

明・顧逢柏《分部本草妙用》卷一〇水族部 白魚 甘，平，無毒。多食生痰。與棗肉同食，患腰痛。主治：開胃下氣，去水氣，令人肥健，補肝明目，助血脉。作鱠食良。患瘡人食之發膿。

明・孟笨《養生要括・鱗類》 白魚經宿者勿食，令人腹冷。炙食亦少動氣，多食生痰。與棗同食，患腰痛。味甘，平，無毒。開胃下氣，去水氣，令人肥健，助脾氣，調五臟，理十二經絡，舒展不相及氣，治肝氣不足，補肝明目，助血脉。炙瘡不發者，作膾食之，良。患瘡癤人食之發膿。

明・施永圖《本草醫旨・食物類》卷五 白魚肉中有細刺。肉：味甘，平，無毒。鮮者宜和豉作羹，雖不發病，多食亦泥人。經宿者勿食，令人腹冷。炙食亦少動氣，或醃，或糟藏，皆可食。炙食生痰，與棗同食患腰痛。治：開胃下氣，去水氣，令人肥健，助脾氣，調五臟，治肝氣不足，補肝明目，助血脉。炙瘡不發者，作鱠食之良。患瘡癤人食之發膿。

明・盧之頤《本草乘雅半偈》帙一一 白魚宋《開寶》 氣味：甘，平，無毒。主治：開胃、下氣，去水氣，令人肥健。

覈曰：白魚，一名鰋，一名鮊。匽，白也，白色也。生江湖中，大者長六七尺，色白形窄，腹扁，鱗細，内有細刺，頭尾俱昂。炙瘡不發者，作鱠食之。

參曰：魚，冬淵春涉，化無停機者，共浮沉于生長之門。白者，金色；金者水母，生生不息之源也。仲景先生用治水亡澤上而消渴，水亡潤下而小便不利。《開寶》推廣開胃。開胃者，開發上焦，熏膚充身，澤毛若霧露之溉。令人潤身而肥健，氣無有不下，水無有不去矣。蓋用行則體消，體止則用息。用不忘體，體不亡用，亡則不祥莫大焉。顧水之從魚，猶雲之從龍，風之從虎，親上親下，物各從其類也。

清・穆石匏《本草洞詮》卷一六 白魚 亦以色名。武王白魚入舟，即此也。肉甘，平，無毒。主開胃，下氣。白魚比他魚似可食，然亦能熱中發瘡。日華子謂其補肝明目，孟詵謂其調五臟，理十二經絡，似溢美之詞也。

清・丁其譽《壽世秘典》卷四 白魚一名鱎魚，色白形窄，腹扁鱗細，頭尾俱向上，肉中有細刺，大者長六七尺，武王白魚入舟即此。 氣味：甘，平，無毒。主開胃下氣，去水氣，令人肥健。患瘡癤者，食之發膿；炙瘡不發者，食之良。發明孟詵曰：白魚雖不發病，多食亦泥人，亦能熱中發瘡。經宿者，勿食，令腹中發冷病，炙食亦少動氣，醃腊糟藏更佳。吳瑞曰：多食生痰，與棗同食患腰痛。

清・尤乘《食鑒本草・魚類》 白魚 功同鯔魚，宜醃糟，不宜炙食。與棗同食患腰痛。炙瘡不發，食之作膿。經宿者不可食，令人腹冷。

清・朱本中《飲食須知・魚類》 白魚 味甘，性平。多食熱中生痰，泥人膈，發炙瘡。同棗肉食，令患腰腹痛。經宿者勿食，令人腹冷，炙食亦少動氣。患瘡癤者勿食，能發膿。

清・何其言《養生食鑒》卷下 白魚色白，形窄腹扁，鱗細，頭尾俱向上，肉中有細刺，武王白魚入舟即此。 味甘，性平，無毒。開胃助脾，去水氣，令人肥健，五味蒸煮，食之良。若經宿食之，腹冷生病。或醃，或糟藏，皆可食。患瘡癤人食之，發膿。多食生痰。忌與棗同食。

清・李熙和《醫經允中》卷二三 白魚 多食生痰。與棗肉同食患腰痛。患瘡發膿。 甘，平，無毒。開胃下氣，去水氣，令人肥健，補肝明目。

清・张璐《本經逢原》卷四 白魚 甘，平，無毒。發明：白魚入肺利水，開胃下氣。《金匱》治淋病，小便不利，滑石白魚散用之。取其佐滑石以利氣，兼亂髮以破血，血氣通調而淋瀒止矣。同棗食之，令人腰痛，以其滲泄脾腎也。

清・浦士貞《夕庵讀本草快編》卷六 白魚宋《開寶》、鱎 白以其色。鱎者，頭尾向上也。躍入武王舟中，而誌祥者，即此。白魚甘平，開胃下氣，去水助脾之品也。白屬西方，法金而走肺。《食療》謂其能調五臟，理十二經絡舒展之氣不相及者，蓋肺主治節是也。日華又云補肝氣，明目，助血脉，何哉？予因思之，氣為血母，動靜隨之，氣盛則血隨而生，故目可明，肝得滋矣！能不令人肥健乎？勝於他魚者，無熱中之患也。

清・黃元御《長沙藥解》卷四 白魚 味甘，入足太陽膀胱經。善行水道，最通淋瀒。《金匱》滑石白魚散方在滑石用之治小便不利，以其利水也。

題清·徐大椿《藥性切用》卷八　白魚　一名鱎魚。性味甘平，開胃利水，令人肥健。多食動氣發病。

清·黄宫繡《本草求真》卷九　白魚利肺水，開胃氣。　白魚耑入肺胃，兼入肝。味甘氣平，形窄腹扁鱗細，頭尾向上，肉有細刺。武王白魚入舟，即此。功專入肺利水，開胃下氣，故《金匱》治淋，每用白魚同滑石以投，名曰滑石白魚散。取其長以治水，兼佐亂髮以破血，血氣通調而淋濇止矣。但此性亦滑利，故同棗食脾腎受泄，必致腰有痛楚。脾胃過食不溫，必致飽脹不快，惟有炙食差可，乃或醃或糟，以為食耳。至書有言補肝明目，調五臟，理十二經絡者，時珍亦謂此屬溢美之辭，未足深信，當以開寶之注為正。

清·李文培《食物小錄》卷下　白魚　甘，平，無毒。開胃，下氣，去水氣，令人肥健，助脾氣，調五臟，補肝明目，助血脈。多食生痰。同棗食患腰痛。

清·章穆《調疾飲食辯》卷六　白魚　一作鮊，又名鱎魚當作鱎。形扁腹窄，白色，細鱗，有光。頭尾向上，火之象也；善躍，火之性也。武王白魚入舟，即此。動風助火，發毒生膿，較他魚尤甚。《日用本草》曰：調五臟，理經絡。日華子曰：補肝明目，助血脈。皆誤也。又云：隔宿者令人腹冷。更為非理。魚者熱中，《內經》明訓，無令人腹冷之理。《綱目》既知其非，復云比他魚似可食，是為見理不真也。

清·趙其光《本草求原》卷一六鱗部　白扁魚　身白，腹扁，鱗細，頭尾俱向上，肉中有細刺。甘，平，無毒。開胃助脾，消水，令人肥健。惡瘡癤，食之發膿，多食生痰。忌棗。糟食佳。

清·文晟《新編六書》卷六《藥性摘錄》　白魚　窄腹扁鱗，細頭，尾向上，肉有細刺。○甘，平。開胃助脾，去水氣，令人肥健。五味蒸煮，食之良。醃糟俱好。○若經宿，勿食。患瘡疥食之，發膿。多食生痰。忌與棗同食。

清·王孟英《隨息居飲食譜·鱗介類》　白魚一名鱎魚甘，溫。開胃，下氣行水，助脾，發痘排膿。可醃可鮓。多食發疥，動氣生痰。

清·田綿淮《本草省常·魚蟲類》　白魚　一作鮊，一名鱎魚。性平。開胃下氣。多食生痰。經宿者食之，令腹冷痛。

清·戴葆元《本草綱目易知錄》卷五　白魚鱎魚　肉，甘，平。開胃下氣，補肝明目，助脾氣，去水氣，調五臟，助血脈，理十二經絡，舒展不相及氣。治肝氣不足，灸瘡不發者，作鱠食之良。患瘡癤人食，作膿。

清·陳其瑞《本草撮要》卷九　白魚　味甘，平，入手足太陰、陽明經。功專開胃下氣，去水氣，《金匱》有滑石白魚散。令人肥健。經宿勿食，食之令人腹冷。多食生痰，與棗同食患腰痛。一名鱎魚。

清·吴汝紀《每日食物却病考》卷下　白魚　又名鱎魚。色白頭昂，腹扁形窄，武王渡江白魚入舟者，疑即此。味甘，平，無毒。開胃下氣助脾，補肝明目，去水氣，烹食之良。經宿者勿食，令腹冷。患瘡癤者，食之發膿。灸瘡不發者，食之良。

橫貫魚

明·姚可成《食物本草》卷一〇鱗部·魚類　橫貫魚生江〔湖〕中。頗類白魚，但頭尖身渾，大者〔長數寸。性〕悍而有力，跳擲橫斜，極善遁網者也。　橫貫魚，味甘，平，無毒。肥健人，去水氣。多食生痰。醃藏糟菹，堪供日用常品。

紅料魚

明·姚可成《食物本草》卷一〇鱗部·魚類　紅料魚生江湖中。形類橫貫，尾赤肉厚，充庖甚佳。　紅料魚，味甘，溫，無毒。暖脾益胃。醃藏尤美。亦不可多食，恐助火生痰。

重唇魚

明·姚可成《食物本草》卷一〇鱗部·無鱗魚類　重唇魚出湖廣石門縣東陽山下，東陽水中。魚口兩層，故名。其味鮮美，為此地珍品。　重唇魚，味甘，無毒。治十年腰脊疼痛，腿膝酸麻，不能行動。

鰷魚

宋·鄭樵《通志》卷七六《昆蟲草木略》　鮂，《爾雅》云：鮂，黑鰦。郭氏謂即白鯈，江東呼為鮂。臣又疑即鰲魚。以背黑，故亦名黑鰦。

明·李時珍《本草綱目》卷四四鱗部·魚類　鰷魚《綱目》

【釋名】白鯈音條。　鰲魚音餐。　鮂魚音囚。時珍曰：鰷，條也。鰲，粲也。鮂，囚也。條，其狀也。粲，其色也。囚，其性也。　【集解】時珍曰：鰷，生江湖中小魚也。長僅數寸，形狹而扁，狀如柳葉，鱗細而整，潔白可愛，性好群游。荀子曰：鯈，浮陽之魚也。最宜鮓菹。

【氣味】甘，温，無毒。　【主治】煮食已憂，暖胃，止冷瀉時珍。

明·穆世錫《食物輯要》卷七　鰷魚　味甘，性溫，無毒。溫中益脾，止冷瀉。多食，發瘡疥丹毒。

明・應廖《食治廣要》卷七　鰷魚　氣味：甘，溫，無毒。主治：煮食已憂，暖胃，止冷瀉。』按：鰷，條也，狀其形而名之也。亦為江湖中小魚，長僅數寸，形狹而扁，狀如柳葉，鱗細而整，潔白可愛，性好群游者是矣。

明・姚可成《食物本草》卷一〇鱗部・魚類　鰺鰷魚生河澤中。扁身銳首，長五六寸，性善跳躍。味少。〔魚〕之下者。　鰺鰷魚，味甘、淡，平，無毒。不益人。較之鲃鮹魚差勝。聊充日用，不可多食。

明・姚可成《食物本草》卷一〇鱗部・魚類　鰷魚一名白儵。生江湖中小魚也。長僅數寸，形狹而扁，狀如柳葉，鱗細而整，潔白可愛。性好群游。《荀子》曰：儵，浮陽之魚也，最宜鮓菹食之。　鰷魚，味甘，溫，無毒。煮食已憂，暖胃，止冷瀉。

明・孟笨《養生要括・鱗類》　鰷魚　味甘，溫，無毒。煮食暖胃，止冷瀉。

清・丁其譽《壽世秘典》卷四　鰲魚音餐。一名白儵，長僅數寸，形狹而扁，狀如柳葉，鱗細而整，潔白可愛，性好群遊。　氣味：甘，溫，無毒。主暖胃，止冷瀉。

清・朱本中《飲食須知・魚類》　鰷魚　味甘，性溫。此魚長僅數寸，形狹而扁，狀如柳葉，性好群遊。多食發瘡疥、丹毒。

清・王道純《本草品彙精要續集》卷七　鰷魚無毒　卵生。　鰷魚肉，煮食已憂，主暖胃，止冷瀉《本草綱目》。　〖名〗白儵音條、鰲魚音餐、鮂魚音囚。李時珍云：鰷，條也。鰲，粲也。鮂，囚也。條，其狀也。粲，其色也。囚，其性也。　〖地〗生江湖中小魚也。　〖時〗生：無時。採：無時。　〖用〗肉。　〖質〗長僅數寸，形狹而扁，狀如柳葉，鱗細而整，性好群遊。　〖色〗潔白可愛。　〖味〗甘。　〖性〗溫。　〖製〗《荀子》曰：鰷，浮陽之魚也，最宜鮓菹。

清・汪紱《醫林纂要探源》卷三　白鰷　甘，溫。此江河湖澤中魚，色白而身長，味亦美。

清・黃宮繡《本草求真》卷九　鰷魚溫胃止泄。　鰷魚耑入腸胃心。江湖小魚耳。時珍曰：長僅數寸，形狹如扁，狀似柳葉，鱗細而整，潔白可愛。性愛群遊，洵小魚中之最善者也。味甘性溫無毒，據書言其主治，有曰暖胃止瀉，是其性溫之力。又曰煮食已憂，得非性愛群遊而能使人之憂自已乎？於此可見食物之助矣。

清・李文培《食物小錄》卷下　鰷魚即鰲魚　甘，溫，無毒。暖胃助脾，止冷洩。

清・章穆《調疾飲食辯》卷六　鰷魚　《爾雅》曰：鮂，黑鰦。郭注曰：即白鰷。一名鰲魚。吾鄉呼鰲子魚。長僅數寸，形狹而扁如柳葉，好群行。《荀子》曰：鰷，浮陽之魚也。王右丞曰輕鰷出水，言其浮游善躍也。《綱目》曰：暖胃，止冷瀉。然魚浮者熱必甚，熱在上焦，及口齒、咽喉、頭面、耳目有病者，不宜也。

清・文晟《新編六書》卷六《藥性摘錄》　鰷魚　形扁，鱗細而潔白，長僅數寸。甘，溫。入腸、胃、心，溫胃止渴。

清・王孟英《隨息居飲食譜・鱗介類》　鰷魚一名白條，小者曰鰲條。甘，溫。暖胃。助火發瘡，諸病人勿食。

清・田綿淮《本草省常・魚蟲類》　鰷魚　一名白鰷，一名鰲魚，一名鮂魚。性溫。暖胃，止冷瀉。令人忌憂。

鰱魚

明・李時珍《本草綱目》卷四四鱗部・魚類　鱮魚音序。《綱目》。　〖釋名〗鰱魚時珍曰：酒之美者曰醑，魚之美者曰鱮。陸佃云：鱮，好群行相與也，故曰鱮；相連也，故曰鰱。傳云魚屬連行是矣。　〖集解〗時珍曰：鱮魚，處處有之。狀如鱅，而頭小形扁，細鱗肥腹。其色最白，故《西征賦》云：華魴躍鱗，素鱮揚鬐。失水易死，蓋弱魚也。　肉　〖氣味〗甘，温，無毒。　〖主治〗温中益氣。多食，令人熱中發渴，又發瘡疥時珍。

明・穆世錫《食物輯要》卷七　鰱魚　味甘，性溫，無毒。溫中益氣。多食，令人熱中發渴，發瘡痍。

明・姚可成《食物本草》卷一〇鱗部・魚類　鱮魚一名鰱魚，處處有之。狀如鱅，而頭小形扁，細鱗肥腹。其色最白，故《西征賦》云：華魴躍鱗，素鱮揚鬐。失水易死，蓋弱魚也。鱮音序。　鱮魚，味甘，溫，無毒。主溫中益氣。多食令人熱中發渴，又發瘡疥。

清・穆石匏《本草洞詮》卷一六　鱮魚　一名鰱魚。鱮者，群居相與也。鰱者，相連而行也。肉肥色白，甘，溫，無毒。主溫中益氣。多食令人熱中發渴，又發瘡疥。

清・丁其譽《壽世秘典》卷四 鰱魚一名鱮魚，狀如鱅而頭小，形扁，細鱗，肥腹，其色最白，性急，失水易死。《詩義疏》云：鱮似魴而大頭，魚之不美者。故里語云：買魚得鱮，不如啖茹。徐州謂之鰱，或謂之鱅。 氣味：甘，溫，無毒。主溫中益氣。多食令人熱中發渴，發瘡疥。

清・尤乘《食鑒本草・魚類》 鰱魚 溫中益氣。多食令人熱中發渴，發瘡疥。

清・朱本中《飲食須知・魚類》 鰱魚 味甘，性溫。多食令人熱中發渴，或發瘡疥。

清・何其言《養生食鑒》卷下 鰱魚狀如鱅而頭小，形扁，細鱗，腹肥，其色最白，俗名扁鰱魚，《本草》名色鰩魚。 味甘，性溫，無毒。溫中益氣。多食令人熱中發渴，又發瘡疥。

清・李熙和《醫經允中》卷二三 鰱魚 甘，溫，無毒。溫中益氣。

清・张璐《本經逢原》卷四 鰱魚本名鱮魚。 甘，溫，無毒。 發明：池魚大都無毒，兼此魚恒食諸魚之遺，其毒雖少，不無助長濕熱之虞。有皂白二種，皂者頭大，白者腹腴。雖食品之下，而有溫中益氣之功，與鱓魚無異也。

清・王道純《本草品彙精要續集》卷七 鱮魚音序，無毒。 卵生。 鱮魚肉：主溫中益氣，多食令人熱中發渴《本草綱目》。 【名】鰱魚。李時珍云：酒之美者曰醆，魚之美者曰鱮。陸佃云：鱮好群行，相與也，故曰鰱，相連也，故曰鱮。傳云魚屬連行是矣。 【地】處處有之。 【時】採：無時。 【用】肉。 【質】狀如鱅而頭小，形扁細鱗，肥腹，故《西征賦》云：華魴躍鱗，素鱮揚鬐。失水易死，此弱魚也，亦有花鰱。 【色】甚白。【味】甘。 【性】溫。 【禁】不宜多食，發瘡。

清・吳儀洛《本草從新》卷六 鱮魚溫中。一名鰱魚。 甘，溫。溫中益氣。多食令人熱中發渴，又發瘡疥。

清・汪紱《醫林纂要探源》卷三 鰱 甘，溫。鱮也。腹有白稜一條，故俗曰白腳鰱，人家亦池養之，味薄於鯇。

題清・徐大椿《藥性切用》卷八 鰱魚 一名鱮魚。性味甘溫，調中益氣。多食令人熱中發病。

清・黃宮繡《本草求真》卷九 鰱魚溫補脾。 鰱魚耑入脾肺。性最急迫，開水即跳，與諸魚性絕不相同，味甘性熱，且食諸魚之遺，故書載能補中益氣。而又載其多食則有助長濕熱，變生渴熱疥瘡之病也。魚有皂白二種：皂者頭大，白者腹腴，皆與鱔魚之性相似，而非食品之所共貴者矣！

清・李文培《食物小錄》卷下 鱮魚音序，即鰱魚。 甘，溫，無毒。溫中益氣。多食令人熱中，發渴、發瘡。

清・章穆《調疾飲食辯》卷六 鱮魚 又名鰱。《綱目》曰：酒之美者曰醆，魚之美者曰醆。《埤雅》曰：性好群行相與也，故曰鱮。相連也，故曰鰱。狀如鱅而頭小，細鱗肥腹，色白。能溫中開胃，止冷瀉。多食令人熱渴，又發瘡疥，熱病忌之。

清・文晟《新編六書》卷六《藥性摘錄》 鰱魚 甘，溫。溫中益氣。多食令人熱中，又發瘡疥。〇美在腹。

清・王孟英《隨息居飲食譜・鱗介類》 鱮魚一名鰱魚。 甘，溫。暖胃，補氣，澤膚。其腹最腴，烹鮮極美，肥大者勝。醃食亦佳。多食熱中動風，發疥痘疹，瘧痢、目疾、瘡家，皆忌之。

清・田綿淮《本草省常・魚蟲類》 鱮魚 一名鮒魚。性溫。暖中益氣。發瘡疥。

清・陳其瑞《本草撮要》卷九 鰱魚 味甘，溫，入手足太陰經，功專溫中益氣。多食熱中發渴，發瘡疥。一名鱮魚。

清・吳汝紀《每日食物却病考》卷下 鰱魚附鱅魚。 一名鱮魚，味甘，溫，無毒。溫中益氣，多食熱中發渴，亦發瘡疥。 又一種鱅魚，相似，乃魚之下品，故字從庸。江湖并池畜甚多，似鰱而色黑，頭更大，味亞之。鰱之肥在腹，鱅之肥在首。今人不辨頭之大小、色之黑白，而概稱之為鰱，誤矣。

鯮魚

宋・唐慎微《證類本草》卷二〇蟲魚部上品〔唐・孟詵《食療本草》〕 鯮魚 平。補五藏，益筋骨，和脾胃。多食宜人。作鮓尤佳。暴乾甚香美。不毒，亦不發病。

明・盧和、汪穎《食物本草》卷四魚類 鯮魚 平，補五臟，益筋骨，和脾胃。多食宜人，作鮓尤佳，暴乾甚香美。不毒，亦不發病。

明・王文潔《太乙仙製本草藥性大全》卷八《仙製藥性》 鯮魚 氣平，無毒。 主治：補五臟，益筋骨大效；和脾胃，消穀食如神。作鮓尤佳，曝乾香美。多食宜人，亦不發病。

明・李時珍《本草綱目》卷四四鱗部・魚類　鯼魚《食療》【釋名】時珍曰：鯼性啖魚，其目睃視，故謂之鯼。《異物志》以爲石首魚，非也。《食療》作鯮，古無此字。【集解】時珍曰：鯮生江湖中。體圓厚而長，似鱤魚而腹稍起，扁額長喙，口在頷下，細鱗腹白，背微黄色。亦能啖魚。大者二三十斤。肉【氣味】甘，平，無毒。【主治】補五臟，益筋骨，和脾胃。多食宜人，作鮓尤宜，曝乾香美，亦不發病孟詵。

明・穆世錫《食物輯要》卷七　鯼魚　味甘，平，無毒。補五臟，堅筋骨。曝乾香美，多食不發病。

明・吴文炳《藥性全備食物本草》卷三　鯮魚　味甘，性平，無毒。補五臟，益筋骨大効。和脾胃，消穀食。作鮓尤佳，曝乾香美，多食宜人，亦不發病。

明・應麐《食治廣要》卷七　鯼魚《食療》作鯮。肉：氣味：甘，平，無毒。主治：補五藏，益筋骨，和脾胃。多食宜人，作鮓尤宜。曝乾香美，亦不發病。按：鯮魚生江湖中，體圓厚而長，似鱤魚而腹稍起，扁額長喙，口在頷下，細鱗，腹白，背微黄色，亦能啖魚。大者重二三十斤。

明・姚可成《食物本草》卷一〇鱗部・魚類　鯼魚鯼魚生江湖中。體圓厚而長，似鱤魚而腹稍起，扁額長喙，口在頷下，細鱗腹白，背微黄色。亦能啖魚。大者二三十斤。鯼魚，味甘，平，無毒。主補五臟，益筋骨，和脾胃。多食宜人，作鮓尤宜，曝乾香美，亦不發病。

明・施永圖《本草醫旨・食物類》卷五　鯼魚鯼性啖魚，其目睃視。以為石首魚，非也。生江湖中，體圓厚而長，似鱤魚而腹稍起，扁額長喙，口在頷下，細鱗腹白，背微黄色，亦能啖魚，大者二三十斤。肉：味甘，平，無毒。治：補五臟，益筋骨，和脾胃，多食宜人，作酢尤宜。曝乾香美，亦不發病。

清・丁其譽《壽世秘典》卷四　鯼魚《食療》作鯮，古無此字。體圓厚而長似鱤魚，而腹稍起，扁額長喙，口在頷下，細鱗腹白，背微黄色，性啖魚，大者二三十斤。氣味：甘，平，無毒。補五臟，益筋骨，和脾胃。多食宜人，作鮓尤佳，曝乾香美，亦不發病。

清・李文培《食物小錄》卷下　鯼魚音宗。甘，平，無毒。補五臟，益筋骨，和脾胃。多食宜人，作鮓尤佳，曝乾香美。

清・章穆《調疾飲食辯》卷六　鯼魚　俗作鯮，俗書椶、糉等字，皆省文作宗，不可從。生江湖水深闊處。似鱤魚，體圓厚，長身細鱗，背黄腹白。善啖小魚。其喙甚長，如吹喇叭之狀，故呼鯼喇叭。《食療本草》曰：補五藏，益筋骨，和脾胃，止冷瀉。曝乾更香美。按：此物雖佳，陰虚熱病亦不宜過食，魚總熱也。

清・文晟《新編六書》卷六《藥性摘錄》　鯼魚　體圓厚而長，扁額長喙，口在頷下，細鱗白腹，背微黄，大者重二三十斤。甘，平。補五臟，益筋骨，和脾胃。作鮓及暴乾俱佳，亦不發病。

鯿魚

宋・唐慎微《證類本草》卷二〇蟲魚部上品〔唐・孟詵《食療本草》〕　魴魚　調胃氣，利五藏。和芥子醬食之，助肺氣，去胃家風。消穀不化者，作鱠食，助脾氣，令人能食。患疳痢者，不得食。作羹臛食宜人。其功與鯽魚同。

宋・鄭樵《通志》卷七六《昆蟲草木略》　鯿，《爾雅》云：魴，魾。

元・忽思慧《飲膳正要》卷三　魴魚　甘，溫、平，無毒。補益，與鯽魚同功。若作鱠食，助脾胃。不可與疳痢人食。

元・吴瑞《日用本草》卷五　鯿魚　性味主治與鯽魚同。

明・盧和、汪穎《食物本草》卷四魚類　魴魚　調胃氣，理五臟。和芥菜子醬食之，助肺氣，去胃家風。消穀不化者，作膾食。助脾氣，令人能食。作羹臛食，宜人。

明・寧源《食鑒本草》卷上　鯿魚　古名魴魚。味甘，平。調脾胃，消食化穀，去腸胃風毒，利五臟。

明・王文潔《太乙仙製本草藥性大全》卷八《仙製藥性》　魴魚　味甘，氣平，無毒。主治：調胃氣，利五臟。和芥子醬食之，功助肺氣，去胃風。作羹臛，作鮓，甚美。消穀食尅化宜人，助脾氣令人能食。患疳痢者忌服，其功與鯽魚同。

明・皇甫嵩《本草發明》卷六　魴魚　上品。調胃氣，利五藏。和芥子醬食之，助肺氣，主胃家風。消穀不化者，作（繪）〔鱠〕食，助脾氣，令人能食。作羹臛食，宜人。功與鯽同。疳痢者不可食。

明・李時珍《本草綱目》卷四四鱗部・魚類　魴魚音房。《食療》。【釋名】鯿魚音編。時珍曰：魴，方也。鯿，扁也。其狀方，其身扁也。【集解】

時珍曰：魴魚處處有之，漢沔尤多。小頭縮項，穹脊闊腹，扁身細鱗，其色青白。腹内有肪，味最腴美。其性宜活水。故《詩》云：豈其食魚，必河之魴。俚語云：伊洛鯉魴，美如牛羊。又有一種火燒鯿，頭尾俱似魴，而脊骨更隆，上有赤鬣連尾，如蝙蝠之翼，黑質赤章，色如烟熏，故名。其大有至二三十斤者。

肉 【氣味】甘，温，無毒。【主治】調胃氣，利五臟。和芥食之，能助肺氣，去胃風，消穀。作鱠食之，助脾氣，令人能食。作羹臛食，宜人，功與鯽同。痞痢人勿食孟詵。

明·穆世錫《食物輯要》卷七 鯿魚 味甘，性溫，無毒。利五臟。作膾食，扶脾胃，進飲食。同醬、芥菜子汁食，消食下氣。患痞痢者，忌食。

明·吴文炳《藥性全備食物本草》卷三 鯿魚 味甘，性溫，無毒。利五臟，作膾食扶脾胃，進飲食。同醬、芥菜子汁食，消食下氣。患痞痢者忌食。

明·趙南星《上醫本草》卷四 魴魚音房。 其色青白，腹内有肪，味最腴美。其性宜活水，故《詩》云：豈其食魚，必河之魴。俚語云：伊落鯉魴，美如牛羊。 肉：甘，溫，無毒。主治：調胃氣，利五臟。和芥食之，能助肺氣，去胃風，消穀。作鱠食之，助脾氣，令人能食。作羹臛食，宜人，功與鯽同。痞痢人勿食。

明·應麐《食治廣要》卷七 魴魚即鯿魚。 肉：氣味：甘，溫，無毒。主調胃氣，利五藏。和芥食之，能助肺氣，去胃風，消穀。作鱠食之，助脾氣，令人能食。作羹臛食，宜人，功與鯽同。痞痢人勿食。此魚小頭縮項，穹脊闊腹，扁身細鱗，其色青白。腹内有肪，味最腴美。故《詩》云：豈其食魚，必河之魴。俚語云伊洛鯉魴，美如牛羊者是矣。

明·姚可成《食物本草》卷一〇鱗部·魚類 魴魚魴音房。一名鯿魚。魴，方也；鯿，扁也。其狀方，其身扁也。〇李時珍曰：魴魚處處有之，漢沔尤多。小頭縮項，穹脊闊腹，扁身細鱗，其色青白。腹内有肪，味最腴美。其性宜活水。故《詩》云：豈其食魚，必河之魴。俚語云：伊洛鯉魴，美如牛羊。又有一種火燒鯿，頭尾俱似魴，而脊骨更隆，上有赤鬣連尾，如蝙蝠之翼，黑質赤章，色如烟熏，故名。其大有至二三十斤者。 魴魚，味甘，溫，無毒。主調胃氣，利五臟。和芥食之，能助肺氣，去胃中風，消穀。作鱠食之，助脾氣，令人能食。作羹臛食，宜人，功與鯽同。痞痢人勿食。

明·孟笨《養生要括·鱗類》 鯿魚 味甘，溫，無毒。調胃氣，利五臟。和芥食之，能助肺氣，去胃風消穀。作鱠食之，助脾氣，令人能食。作羹臛食宜人，功與鯽同。痞痢人勿食。

明·施永圖《本草醫旨·食物類》卷五 魴魚音房，名鯿魚。《詩》云：豈其食魚，必河之魴。 肉：味甘，溫，無毒。治：調胃氣，利五臟。和芥食之，能助肺氣，去胃風，消穀。作鱠食之，助脾氣，令人能食。作羹臛食宜人，功與鯽同。痞痢人勿食。

清·丁其譽《壽世秘典》卷四 魴魚一名鯿魚，處處有之，漢、沔尤多。小頭縮項，穹脊闊腹，扁身細鱗，其色青白，腹内有肪，味最腴美，其性宜活水。又有一種火燒鯿，頭尾俱似魴，而脊骨更隆，上有赤鬣連尾，如蝙蝠之翼，黑質赤章，色如煙熏故名。其大有至二三十觔者。 氣味：甘，溫，無毒。主調胃氣，利五臟。痞痢者忌食。

清·尤乘《食鑒本草·魚類》 鯿魚 調胃氣，利五藏。和芥食助肺，消穀。作鯽食助脾，功與鯽同。痞痢人勿食。

清·朱本中《飲食須知·魚類》 鯿魚 味甘，性溫。患痞痢者，勿食。

清·何其言《養生食鑒》卷下 鯿魚小頭縮項，穹脊闊腹，扁身細鱗，其色青白，腹内有肪，一名魴魚。 味甘，性溫，無毒。調胃氣，利五臟。和芥食之，能助肺氣，去胃風，消穀。作膾食之，助脾氣，令人能食。作羹臛食宜人，功與鯽魚同。患痞痢勿食。

清·李熙和《醫經允中》卷二三 鯿魚 甘，溫，無毒。調胃益氣，無動風發熱之虞。

清·张璐《本經逢原》卷四 鯿魚古名魴魚。 甘，溫，無毒。 發明：鯿魚縮項，性不喜動，嚴冬善息土中，故食之能調胃氣，而無動風發熱之慮，與白魚之性相仿，但無利水之功耳。

清·吴儀洛《本草從新》卷六 魴魚〔調胃利腸。〕一名鯿魚。 甘，溫。調胃氣，利五臟。和芥食之，能助肺氣，去胃風消穀。作鱠食之，助脾氣，令人能食。作羹臛食，宜人。痞痢人勿食。

清·汪紱《醫林纂要探源》卷三 鯿 甘，溫。魴也。色青白，形方而扁，故有魴鯿之名。 功用近鯽。亦有健脾行水之功。味尤美，人多嗜其味，而不知取其功用矣。

題清·徐大椿《藥性切用》卷八 鯿魚 一名魴魚。 性味甘溫，調胃利腸。痞痢人並忌。

清·李文培《食物小錄》卷下 魴魚即鯿魚。 甘，溫，無毒。調胃氣，利五臟。和芥食，能助肺氣，去胃風，消穀食。作鱠食，助脾氣，令人能食。

清・章穆《調疾飲食辯》卷六 魴魚 《爾雅》曰：魴，魾。又名鯿魚。《綱目》曰：魴，方也。鯿，扁也。其狀方，其形扁也。小頭縮項，蘇長公退庵詩曰：百丈休牽上瀨舡，一鉤獨釣縮頭〔鯿〕。穹脊闊腹，扁身細鱗，其色青白，腹內有肪，味最鮮美。又有一種脊更隆，有鬣連尾如蝙蝠翼，黑質赤章，色如煙火，名火燒鯿。較白鯿更大，有二三十斤者，故詩曰魴魚赬尾。注家必欲牽合正意，曰魚勞則尾赤，不知本有此種，且詩人感物造端，名曰興體，可以關合正意者固多，其不相關合者亦不少，何必強為之說哉。《食療本草》曰：調胃助脾，止冷瀉，令人能食，熱病及疳痢人忌之。

清・趙其光《本草求原》卷一六鱗部 鯿魚即魴魚。 嚴冬善息土中，性不起動。甘，溫，無毒。調胃，去風，消穀。和芥食，助肺氣，開胃進食，而無發熱動風之患。疳痢人勿食。

清・文晟《新編六書》卷六《藥性摘錄》 鯿魚 甘，溫。調胃氣，利五臟，和芥食之。助脾氣，去胃風，消穀。作膾，助脾，令能食。作羹臛，宜與鯽魚同。〇患疳痢，勿食。

清・王孟英《隨息居飲食譜・水飲類》 魴魚一名鯿魚。 甘，平。補胃養脾，去風，運食，功用與鯽相似。產活水中，肥大者勝。

清・田綿淮《本草省常・魚蟲類》 魴魚 一名鯿魚。性溫。調胃利腸，令人能食。疳痢人忌之。

清・陳其瑞《本草撮要》卷九 魴魚 味甘，溫，入足陽明經，功專調胃氣。惟有疳痢者忌食。一名鯿魚。

清・吳汝紀《每日食物却病考》卷下 魴魚 即鯿魚也，身鯿而闊，小頭縮項。味甘，溫，無毒。調胃，利五臟。和芥子及醬食之，助肺氣，去胃風，消穀。作膾，助脾氣，甚宜人。功與鯽魚同，味更腴美。

青魚

附：日・丹波康賴《醫心方》卷三〇 鯖 崔禹〔錫〕云：味鹹，大溫，無毒。主血利，補中，安腎氣。貌似鱸，小口尖，背蒼，可為鮓，食補中。南人多喫鯖，益面色。瘨疰人，食鯖臛難差。

宋・唐愼微《證類本草》卷二一蟲魚部中品〔宋・馬志《開寶本草》〕 青魚 味甘，平，無毒。

肉：主脚氣濕痹。作鮓與服石人相反。

眼睛：主能夜視。

頭中枕：蒸取乾，代琥珀，用之摩服，主心腹痛。

膽：主目暗，滴汁目中，并塗惡瘡。生於江湖之間今附。

〔宋・掌禹錫《嘉祐本草》〕按：蕭炳云：療卒氣。研服，止腹痛。可白煮喫，治脚氣脚弱。日華子云：作鯖字，平，微毒。治脚軟，煩懣，益氣力。枕用醋摩，治水氣，血氣心痛。不可同葵、蒜食之。服朮人亦勿噉也。

〔宋・蘇頌《本草圖經》〕曰：青魚，生江湖間，今亦出南方，北地或時有之，似鯉鯇而背正青色。南人多以作鮓，古作鯖字，所謂五侯鯖鮓是也。頭中枕，蒸令氣通，暴乾，狀如琥珀，云可以代琥珀，非也。荆楚間取此魚枕煮拍作器皿甚佳。膽與目睛並入藥用。取無時。古今方書多用。其膽滴汁目中，主目昏暗。又可塗惡瘡。餘亦稀用。

〔宋・唐愼微《證類本草》〕《食療》云：主脚氣煩悶。又，和韭白煮食之，治脚氣脚弱，煩悶，益心力也。又，頭中有枕，取之蒸，令氣通，曝乾，狀如琥珀。此物療卒心痛，平水氣。以水研服之良。又，膽、眼睛，益人眼，取汁注目中，主目闇。亦塗熱瘡，良。《海藥》云：青魚，南方人以爲酒器、梳篦也。孫真人云：治喉閉及骨鯁方：以臘月取青魚膽陰乾，如患此及着骨鯁，即以膽少許，口中含嚥津，即便愈。

宋・王繼先《紹興本草》卷一七 青魚 紹興校定：鯖魚，乃青魚是也。肉、睛、頭中枕骨及膽，《本經》雖各具主療，然但皆未聞方用驗據，唯肉世作食品，固非起疾之物。江湖多產之。《本經》云味甘、平、無毒是也。

宋・陳衍《寶慶本草折衷》卷一七 青魚鮓在內。〇頭及膽附。 一名鯖魚，一名五侯鯖。〇鯖，諸成切。生江湖間，及南方、北地、荊楚間。〇取無時。〇附：頭枕不可同葵、蒜食，及服朮人亦勿噉。〇又附：膽，臘月取，陰乾。

味甘，平，微毒。〇主脚氣濕痹，作鮓與服石人相反。〇蕭炳云：療卒氣，止腹痛，治脚弱。〇日華子云：治煩懣，益氣力。〇《圖經》曰：似鯉鯇戶木切而背青。

附：頭中枕。〇治水氣、血氣心腹痛。醋摩服。一云可代琥珀，非也。

附：膽。〇味苦，用諸魚膽云。主目暗，滴汁目中，并塗惡瘡。其乾膽治喉閉及骨鯁。以少許含，嚥津即愈。

元・忽思慧《飲膳正要》卷三 青魚 味甘，平，無毒。南人作鮓。不可與芫荽、麵醬同食。

元·尚從善《本草元命苞》卷八　青魚　味甘，平，無毒。白煮治濕痺腳氣。眼睛能令夜視。膽汁善療目昏。醋摩枕骨，消水氣。水研魚肉，止腹痛。江湖間多生，背上青為上。

元·吳瑞《日用本草》卷五　鯖魚　味甘，平，無毒。忌同蒜、葫荽、生葵、麥醬食。　主脚氣濕痹，悶煩，益心力。南人作鮓食之，與服丹石人相反。頭中枕：蒸乾代琥珀。用醋磨服，治心腹血氣痛。膽：主目暗，滴汁目中。并塗惡瘡。

明·蘭茂撰，清·管暄校補《滇南本草》卷上　青魚　味甘，寒。治脾、肺、胃三經之氣，能和中，養肝明目。膽，為眼科要藥。

明·蘭茂原撰，范洪等抄補《滇南本草圖說》卷七　青魚　氣味甘寒，無毒。食之滋陰調元，暖腎填精，明目，延年之仙品也。

明·王綸《本草集要》卷六　青魚膽　主目暗，滴汁目中。并塗惡瘡。

明·滕弘《神農本經會通》卷一〇　青魚　味甘，氣平，無毒。《本經》云：肉，主脚氣濕痹。作鮓，與服石人相反。眼睛，主能夜視。頭中枕，蒸取乾，代琥珀用之。摩服，主心腹痛。膽，主目暗，滴汁目中。并塗惡瘡。荊楚《圖經》云：頭中枕，蒸令氣通，暴乾，狀如琥珀，云可以代琥珀，非也。荊楚間取此魚枕煮，拍作器皿，甚佳。陶隱居云：青魚鮓，不可合生胡荽及生葵，并麥醬食之。

明·劉文泰《本草品彙精要》卷三〇　青魚無毒。附眼膽枕骨。　卵生。

青魚：主腳氣濕痹，作鮓與服石人相反。○眼睛，主能夜視。○頭中枕，蒸取乾，代琥珀用之，摩服，主心腹痛。○膽，主目暗，滴汁目中，並塗惡瘡。名醫所錄。【地】《圖經》曰：生江湖間，今北地或有之。似鯉、鯇而背正青色，南人多以作鮓。古作鯖字，所謂五侯鯖鮓是也。頭中枕，蒸令通氣，暴乾，狀如琥珀，云可以代琥珀，非也。荊楚間取此魚枕煮拍作器皿，甚佳。膽與目睛并入藥用。【時】生：無時。採：無時。【用】肉、眼睛、頭中枕、膽。【質】類鯉而身圓頭小。【色】青。【味】甘。【性】平，緩。【氣】氣之薄者，陽中之陰。【臭】腥。【治】療：日華子云：除腳軟，煩懣。蕭炳云：除卒氣。研服，止腹痛。白煮吃，除腳氣腳弱。孫真人云：膽，陰乾，以少許口中含之，咽津，治喉閉及著骨鯁者，愈。《食療》云：頭中枕，療卒心痛，平水氣，以水研服之。補：日華子云：益氣力。【合治】合韭白煮食之，治腳氣弱，煩悶，益心力也。○頭中枕醋摩，治水氣，血氣，心痛者。【忌】不可同葵、蒜食之。服术人亦勿啖也。

明·盧和、汪穎《食物本草》卷四魚類　青魚　甘，平，無毒、微毒。主濕痹，腳氣弱，煩悶，益氣力。忌蒜、葵。

鯖魚　味甘，平，無毒。肉，主腳氣濕痹。眼睛，主能夜視。頭中枕，磨服，主心腹痛。膽，主目暗并塗惡瘡。貫礬，主喉痹，神効。

明·鄭寧《藥性要略大全》卷一〇　青魚膽　苦，寒，無毒。連膽汁入白礬浸埋，陰乾，治喉蛾痹結。

明·寧源《食鑒本草》卷上　青魚　味甘，平，微毒。與葵菜、大蒜相反。治腳氣，濕痹軟弱。　新增頭中枕：蒸，取乾代琥珀，用之磨服，主心腹痛。

膽：臘月取，陰乾用。治喉閉，除目疾，塗惡瘡。《海上方》：治咽喉腫痛，取青魚膽，調白礬細末，陰乾，以少許點，效。《急救方》：治魚骨鯁，以少許口中嚥津，即愈。

明·王文潔《太乙仙製本草藥性大全》卷八《本草精義》　青魚　一名烏鰡，一名鯖魚。生江湖間，今在處有之。其魚似鯉鯇，而背色正青。南人多以作鮓，所謂五侯鯖鮓是也。不可同葵蒜食之，服术人亦勿噉也。又頭中有枕，取之蒸令氣通，曝乾狀如琥珀，南人以爲酒器、篦也。

明·王文潔《太乙仙製本草藥性大全》卷八《仙製藥性》　青魚　味甘，氣平，無毒。又云有微毒。　主治　肉：主脚氣濕痹脚軟，益心力煩懣燥悶。療水氣研服，止腹痛白煮。　眼睛：汁點最能夜視，而令眼目光明。　頭枕：磨服，主心腹痛，而治水血氣。　膽：滴汁目中，主目闇而塗惡瘡。乾末吹喉下骨鯁，而治喉痹。　補註：治喉閉及骨鯁，以臘月取青魚膽陰乾，如患此證及骨鯁，即以膽少許，口中含嚥津即愈。又用錦紋大黄爲末一兩，竹筒盛貯，陸續聚魚膽七個，待乾爲末，遇喉風痹塞，取末吹下喉中立差。○治脚氣煩悶，又韭白煮食之效。○卒心痛，取頭枕水研服良。

明·皇甫嵩《本草發明》卷六　鯖魚氣平，味甘，無毒。一名青魚。　主脚氣濕痹，作鮓食之。忌葵、藿、葫荽及與蒼术同食。　膽汁滴目中，止眼痛，并塗惡瘡。津嚥，治喉痺。臘月收乾。　頭中枕，蒸取，乾作器甚佳，可充（瑚）（琥）珀。　主心腹痛。眼睛，主能夜視。

明·李時珍《本草綱目》卷四四鱗部·魚類　青魚宋《開寶》

【釋名】時珍曰：青亦作鯖，以色名也。大者名鯇魚。【集解】頌曰：青魚生江湖間，南方多有，北地時或有之，取無時。似鯇而背正青色。南人多以作鮓，古人所謂五侯鯖即此。其頭中枕骨蒸令氣通，曝乾狀如琥珀。荊楚人煮拍作酒器、梳、篦，甚佳。舊注言可代琥珀者，非也。

肉【氣味】甘，平，無毒。日華曰：微毒。服术人忌之。【主治】脚氣濕痹《開寶》。同韭白煮食，治脚氣脚弱煩悶，益氣力張鼎。

鮓【氣味】與服石人相反《開寶》。弘景曰：不可合生胡荽、生葵菜、豆藿、麥醬同食。

頭中枕【主治】水磨服，主心腹卒氣痛《開寶》。治血氣心痛，平水氣日華。作飲器，解蠱毒時珍。

眼睛汁【主治】注目，能夜視《開寶》。

膽臘月收取陰乾。【氣味】苦，寒，無毒。【主治】點暗目，塗熱瘡《開寶》。消赤目腫痛，吐喉痹痰涎及魚骨鯁，療惡瘡時珍。

【發明】時珍曰：東方青色，入通肝膽，開竅於目。用青魚膽以治目疾，蓋取此義。其治喉痹骨鯁，則取漏泄係乎酸苦之義也。

【附方】新三。乳蛾喉痹：青魚膽含嚥。○一方：用汁灌鼻中，取吐。○萬氏：用膽礬盛青魚膽中，陰乾。每用少許，吹喉取吐。○一方：用朴硝代膽礬。赤目障翳：青魚膽頻頻點之。○一方：加黃連、海螵蛸末等分。○龔氏《易簡》用黃連切片，井水熬濃，去滓待成膏，入大青魚膽汁和就，入片腦少許，瓶收密封。每日點之，甚妙。一切障瞖：魚膽丸：用青魚膽、鯉魚膽、青羊膽、牛膽各半兩，熊膽二錢半，麝香少許，石决明一兩，爲末，糊丸梧子大。每空心茶下十丸。《龍木論》。

明・梅得春《藥性會元》卷下 青魚 味甘，氣平，無毒。鮓不可同生胡荽及生葵、麥醬食。主治脚氣濕痹。作鮓與服丹石人相反。眼睛：主能夜視。頭中枕：蒸取乾，代琥珀用之。磨服，治心腹痛。膽：治目暗，滴汁于目中，或掛陰乾，磨水點目，并塗惡瘡。

明・穆世錫《食物輯要》卷七 青魚 味甘，平，無毒。和中益氣力。同韭白煮食，去煩悶，治風痹腳氣。勿與胡荽、麥醬、小豆、葵、藿同食。

明・李中立《本草原始》卷一一 青魚 生江湖間，南方多有，北地時或有之。取無時。似鯇而背正青色，故名青魚。亦作鯖。古人所謂五侯鯖即此。肉：氣味：甘，平，無毒。主治：腳氣濕痹。○同韭白煮食，治腳氣腳弱，煩悶，益氣力。枕中骨 主治：水磨服，主心腹卒氣痛。○治血氣心痛，平水氣。作飲器，解蠱毒。青魚鮓：氣味：與服石人相反。眼睛汁：主治：注目中能夜視。膽臘月收取，陰乾。氣味：苦，寒，無毒。主治：點暗目，塗熱瘡，消赤目腫痛，吐喉痹痰涎及魚鯁，療惡瘡。龔氏《易簡方》：用黃連切片，井水熬濃，去滓，待成膏，入大青魚膽汁和勻，入片腦少許，瓶收密封，每日點赤目障翳疼痛，甚妙。

青魚，宋《開寶》。【圖略】背青色。《日華》曰：微毒。服术人忌之。

明・羅周彥《醫宗粹言》卷四 收青魚膽法 臘月取青魚膽，用鴨嘴膽礬為末，裝入魚膽內，懸風處乾，每遇喉痺咽疼，單雙乳蛾，取膽礬為末，用蘆管吹半分許入喉即愈。

明・張懋辰《本草便》卷二 青魚膽 主目昏，滴汁目中，并塗惡瘡。

明・吳文炳《藥性全備食物本草》卷三 青魚一名烏鰡，又名鯖魚。其魚似鯉鯇而背色正青，南人多以作鮓，所謂五侯鯖是也。味甘，性平，無毒。主脚氣濕痺脚軟，益心力，煩懣燥悶，療水氣，止腹痛。宜同韭白煮食。勿與葫荽、麥醬、小豆、葵、蒜同食，服术人亦勿噉也。

眼睛：汁點眼最能夜視，令人目光明。頭枕：磨服，主心腹痛，治水氣。南方人取枕蒸令氣通，曝乾，狀如琥珀，以為酒器、梳篦也。大麥青魚：味甘，無毒。肥美開胃益人。患疫病及患泄瀉者不可食。多食令人發痍瘡癬。

明・繆希雍《本草經疏》卷二一 青魚膽 主目暗，滴汁目中，并塗惡瘡。

【疏】青魚膽，色青象木，木氣通于肝，肝開竅于目，故能治目暗。味苦，氣寒，能涼血熱，故又主塗惡瘡也。【主治參互】龔氏《易簡方》治赤目障翳，用黃連熬膏，入大青魚膽汁和就，再入片腦少許，瓶收密封。每日點之，甚妙。《龍木論》一切障翳，魚膽丸：用青魚膽、鯉魚膽、羊膽、牛膽，各半兩，熊膽二錢，龍腦香少許，石決明一兩，為末，蜜丸梧子大。每空心茶下十丸。《萬氏家抄》乳蛾喉痹，用膽礬盛青魚膽中，陰乾。每用少許，吹喉取吐。【簡誤】目病非風熱盛，而由于血虛昏暗者，不宜用。服术人，不可食青魚肉。

明・倪朱謨《本草彙言》卷一九 青魚 味甘，氣平，微有毒。沉也，降也。入足厥陰、陽明經。　蘇氏曰：　青魚生江湖間，南方獨多。北地時或有之。色正青，其頭中骨蒸熟曬乾，狀如琥珀。荆楚人作酒器甚佳。

青魚：　利濕痹，《開寶》散脚氣之藥也。釋醫冷菴曰：　此魚色青，應東方木，入通肝膽。故《開寶》方治濕痹脚氣者，蓋取此東方青色，入通肝膽之義。而膽汁乾收，點一切目赤翳障，三上即效。而頭中骨，治心腹卒痛欲死，以白湯磨服。

明・應慶《食治廣要》卷七　青魚　肉：　氣味：　甘，平，無毒。主治：　腳氣濕痹，腳弱煩悶，益氣力。日華子曰：　微毒，服术人忌之。　鮓：　與服石人相反。古人所謂五侯鯖者，即此也。

明・姚可成《食物本草》卷一〇鱗部・魚類　青魚青亦作鯖，以色名也。生江湖間，南方多有，北地時或有之，取無時。似鯇而背正青色。南人多以作鮓，古人所謂五侯鯖即此。其頭中枕骨，蒸令氣通，曝乾狀如琥珀。荊楚人煮拍作酒器、梳、篦甚佳。

青魚：　味甘，平，無毒。同韭白煮，治脚氣脚弱，煩悶，益氣力。　鮓：與服石人相反。不可合胡荽、葵菜同食。　枕骨：　水磨服，治心腹卒氣痛，平水氣。作飲器，解蠱毒。　眼睛汁：　注目中，能夜視。　膽：　味苦，寒，無毒。臘月收取陰乾。點暗目，消赤目腫痛。塗熱瘡，吐喉痹痰涎及魚骨鯁，療惡瘡。

附方：　治乳蛾喉痹。青魚膽含嚥。　治赤目障翳。青魚膽頻頻點之。〇又魚膽丸，治一切障翳。用青魚膽、鯉魚膽、羊膽、牛膽各半兩，熊膽二錢半，石決明一兩，麝香少許，為末，丸如梧子大。每空心茶下十丸。

明・顧逢柏《分部本草妙用》卷一肝部・寒瀉　青魚膽　苦，寒，無毒。主治：　點暗目赤腫痛，塗熱瘡喉痺痰涎，及魚骨骾。青為東方色，通肝膽，開竅于目，故用膽以治目疾。其治喉痺骨骾，取其漏泄酸苦之義也。

明・顧逢柏《分部本草妙用》卷一〇水族部　青魚　甘，平，無毒。主腳氣濕痺。同韭白煮，治腳氣腳弱，煩悶，益氣力。鮓與服石人相反。不可同胡荽、葵菜、荳、麥醬同食。膽點暗目，塗熱瘡，消赤目腫痛，吐喉痺痰涎，及魚骨鯁。　時珍曰：　東方青色，入通肝膽，開竅於目，用膽治目，合此義也。治諸疾者，寒苦之妙也。

明・孟笨《養生要括・鱗類》　青魚　味甘，平，無毒。治腳氣濕痹。同韭白煮食，治腳氣，腳弱煩悶，益氣力。　膽：　陰乾，用點暗目，塗熱瘡，消赤目腫痛，吐喉痹痰涎及魚骨鯁，療惡瘡。

明・張景岳《景岳全書》卷四九《本草正》　青魚膽　味苦，性寒。其色青，故入肝、膽二經。能消赤目腫痛，點暗目，可吐喉痹痰涎，塗熱瘡惡瘡，亦消魚骨之鯁。

明・施永圖《本草醫旨・食物類》卷五　青魚亦作鯖。　肉：　味甘，平，無毒。服术人忌之。治：　脚氣濕痹，同韭白煮食。治脚氣脚弱，煩悶，益氣力。　鮓：　味與服石人相反。不可合生胡荽、生葵菜、豆藿、麥醬同食。　頭中枕：　治：　水磨服，主心腹卒氣痛，治血氣心痛，平水氣。作飲器，解蠱毒。　眼睛汁：　治：　注目，能夜視。　膽：　臘月收取，陰乾。味苦，寒，無毒。治：　點暗目，塗熱瘡，消赤目腫痛，吐喉痹痰涎及魚骨鯁，療惡瘡。東方青色，入通肝膽，開竅於目，用青魚膽以治目疾，蓋取此義。其治喉痹骨鯁，則取涌泄，係乎酸苦之義也。

附方　乳蛾喉痹：　青魚膽含嚥。〇用汁灌鼻中，取吐。〇用膽礬盛青魚膽中，陰乾，每用少許吹喉，取吐。〇一方，用朴硝代膽礬。　赤目障翳：　青魚膽頻頻點之。〇一方，加黄連、海螵蛸末等分。〇用黄連切片，井水熬濃，去滓，待成膏，入大青魚膽汁和就，入片腦少許，瓶收密封，每日點之，甚妙。　一切障翳：　用青魚膽、鯉魚膽、青羊膽、牛膽各半兩，熊膽二錢半，麝香少許，石決明一兩，為末，糊丸梧子大，每空心茶下十丸。

清・顧元交《本草彙箋》卷九　青魚膽　青魚，青屬東方，膽又與膽同屬，故青魚膽治目疾，尤勝於諸膽。其治喉蛾骨鯁，則取漏泄，係乎酸苦之義。

清・穆石匏《本草洞詮》卷一六　青魚肉、枕骨、眼睛汁、膽　青，亦作鯖，以色名也。多以作鮓。所謂五侯鯖是也。枕骨蒸令氣通，暴乾狀如琥珀，荊楚人作酒器、梳篦，甚佳。肉甘，平，無毒。治腳氣濕痺，益氣力。枕骨作飲器，解蠱毒。眼睛汁注目，能夜視。膽消赤目腫痛，吐喉痺痰涎，療惡瘡。蓋青為東方之色，入通肝膽，開竅於目，故青魚膽治目甚效。

清・丁其譽《壽世秘典》卷四　青魚似鯇而背青，南人多以作鮓，青字古作鯖，所謂五侯鯖是也。其頭中枕骨蒸令氣通，曝乾，狀如琥珀。荊楚人煮拍作飲器、梳篦甚佳，能解蠱毒。　氣味：　甘，平，無毒。治腳氣，濕痹煩悶，益氣力。　發明日華子云：　服术人忌之。《開寶本草》云：　青魚鮓，服丹石人相反，不可合葫荽、葵菜、麥醬同食。　膽：　氣味：　苦，寒，無毒。臘月收取，陰乾，點目，消赤目腫痛，吐喉痹痰涎及魚骨鯁，療惡瘡。

清・劉雲密《本草述》卷二八　青魚　頌曰：其背正青色，南人多以作鮓。古人所謂五侯鯖，即此。　時珍曰：青亦作鯖。　膽：臘月采取，陰乾。氣味：苦，寒，無毒。　主治：點暗目，消赤目腫痛。吐喉痹痰涎，以汁灌鼻中，吐之。

附方　赤目障瞖，用黃連切片，井水熬濃，去滓，煎成膏，入大青魚膽汁和就，入片腦少許，瓶收密封，每日點之，甚妙。　希雍曰：目病非風熱盛，而由於血虛昏暗者，不宜用。服朮人不可食青魚肉。

愚按：鯉為魚族之長，以其能神變也。先哲所謂陰極陽復者，故能神其變化歟。若然，合於人身陰極陽生之臟，如足厥陰者，是故治目之用為多。又如青魚亦治目疾，時珍所謂東方青色，入通肝膽，開竅於目。青魚膽以療目眚，蓋取諸此，其說亦不妄也。或曰：二種俱取斯義，是矣。然何事獨取於水族之類耶？曰：水為木之化原，二種適合斯義，是之取爾。如鯉之下水氣，亦豈非取諸陰中之陽乎？陽在陰中，故真水之氣化乃行。萬物各稟陰陽之氣，但在察物者知所以用之耳。雖然，青、鯉二膽，《本草》俱言其苦寒，不知鯉之苦寒稍和，以其陽能達陰也，故用之較青為多，此亦不可不審。

附：　鱖魚膽鱖，即罽。音薊。　氣味：苦，寒，無毒。　主治：骨鯁不拘久近。

附方：　骨鯁，竹木刺入咽喉，不拘大人小兒，日久或入臟腑，痛刺黃瘦甚者，服之皆出。臘月收鱖魚膽，懸北檐下，令乾，每用一皂子，煎酒溫呷，得吐則鯁隨涎出。未吐再服，以吐為度。酒隨量飲，無不出者。蠡、鯇、鯽膽皆可。

清・郭章宜《本草匯》卷一七　青魚膽　味苦，氣寒。點赤目腫痛，以去風熱。療乳蛾喉痺，而塗熱瘡。

按：　青魚膽，色青象木，入通肝膽。二物開竅於目，目赤障者，宜頻點。其塗惡瘡者，苦寒能涼血熱也。若目病非風熱盛，而由於血虛昏暗者，不可用也。　乳蛾喉痺，萬氏用膽礬盛青魚膽中，陰乾，點喉少許，取吐。臘月收取，掛壁陰乾。

清・尤乘《食鑒本草・魚類》　青魚　脚氣濕痺，同韭白煮食。服朮人忌之。

清・朱本中《飲食須知・魚類》　鯖魚　味甘，性平。作鮓，與服石人相反。勿與生胡荽、麥醬、豆藿、生葵菜同食。服朮人忌之。

清・何其言《養生食鑒》卷下　青魚似鯇而背正青色，南人多以作鱠，古人所謂五侯鯖即此。　味甘，性平，無毒。溫中益氣力，同韭白煮食，治脚氣痹弱煩悶。鮓與服丹石人相反，不可合生胡荽、生葵菜、豆醬、麥醬同食。　頭中枕：　磨水服，治心腹血氣卒痛。作酒器，解蠱毒。　膽：　點睛目，塗惡瘡，消眼赤腫。治蛾喉，含嚥立效。

清・汪昂《本草備要》卷四　青魚膽瀉熱，治目疾。　苦，寒，色青。入肝膽。治目疾，點眼消赤腫障翳，嚥津吐喉痹痰涎，塗火熱瘡，療魚骨鯁。　臘月收，陰乾。

清・李熙和《醫經允中》卷一七　青魚膽　苦，寒，無毒。主治點暗目赤腫，喉痺痰涎及魚骨鯁。

清・李熙和《醫經允中》卷二三　青魚　鮓與服金石人相反，勿與胡荽、葵菜、醬食。　甘，平，無毒。主治脚氣濕痺，同韭白煮食。　膽點暗目，塗熱瘡，消赤目腫痛，吐喉痺痰涎及魚骨鯁。

清・张璐《本經逢原》卷四　青魚　肉，甘，平；　膽，苦，寒。無毒。

發明：　東方色青，入通於肝，開竅於目，故膽有點目治鯁之功，肉有補肝逐水之用。同韭白煮食，治脚氣疼腫。目睛生汁注眼，能黑夜視物，以其好噉螺螄，螺螄能明目也。乾青魚膽，水磨點喉痹、痔瘡，與熊膽同功。

清・汪啟賢等《食物須知・諸葷饌》　鯖魚　狀似鯉鯇，但背正青。其種多出南方，可取作鮓。治脚氣驗，去濕痹靈。忌葵、藿、胡荽，切不可同啖。若服蒼朮、白朮，亦戒沾唇。　膽，取汁滴眼中，眼痛即愈。臘月陰乾，咽津喉內，喉痹立甦。　頭中枕，蒸令氣通，日曝乾，可充琥珀酒器，心腹痛立治。眼睛汁，收之，主能夜視，為奇。

清・浦士貞《夕庵讀本草快編》卷六　青魚《開寶》　青亦作鯖，以色名也。　青魚味甘無毒，得東方之正色，入通於肝。凡肝氣濕痹，筋絡不舒者，宜之。　其胆則苦而寒，能點目翳，消赤腫，除喉痺，化骨鯁。蓋謂肝胆開竅於目，寒涼能泄其熱也。若其魫可作酒器而解蠱毒，眼睛汁可以注目內而能夜視，但與服丹石相反，不可不知爾。

清・黃元御《玉楸藥解》卷六 青魚膽 味苦，性寒。入足厥陰肝經。明目去翳，消腫退熱。青魚膽苦寒，泄肝膽風熱。治眼病赤腫翳障，嘔吐喉痹涎痰，化魚骨鯁噎，平一切惡瘡。

清・吳儀洛《本草從新》卷六 青魚膽〔瀉熱。治目疾。〕苦寒瀉熱，治目疾。點眼消赤腫障翳，含咽吐喉痹痰涎，塗火熱瘡，療魚骨鯁。臘月收，陰乾。肉，甘，平。益氣力。治脚氣，脚弱煩悶。同韭白煮。

清・汪紱《醫林纂要探源》卷三 青魚 甘，溫。似鯇而色深青，人以為即鯇之雄者，鯇無雄而有子則脹死，以無青魚逐之故也。滋陰平肝，逐水截瘧，治痢。青入肝，甘緩肝，和陰陽之爭，益肺，清大腸之火，故治瘧痢。 膽：苦，寒。瀉肝膽相火，明目，療喉痹。凡膽皆苦寒，此獨貴者，以鱗蟲本屬肝木，而此魚色青，更專入於肝木，故臘月收取，陰乾，磨汁以點眼，能消赤腫，去障翳。目，肝竅也，目珠所含，膽水之精也。相火熾，則目昏。降瀉之，所以明目也。含膽嚥津，能吐喉痹之風火痰涎，此亦相火病，少陰、少陽之結熱上攻也。外傅治火瘡，亦去魚骨鯁。

題清・徐大椿《藥性切用》卷八 烏青魚膽 性味苦寒，瀉熱明目，點赤腫障翳，吐喉痹痰涎。肉，甘平益氣，除脚氣煩悶。

清・黃宮繡《本草求真》卷七 青魚膽涼肝血開目翳。 魚膽耑入肝膽。本屬苦寒，可以點目去障，以膽入膽故也。至於青魚之膽，氣味亦同。且色青入肝，開竅於目，故膽有點目治鯁之功。目睛生汁注眼，能黑夜視物，以其好噉螺蜆，螺蜆能明目也。又味苦氣寒，能涼血熱，故又主塗痔瘡，擦火瘡，吹喉痹。功與熊膽相同。臘月收，陰乾。

清・黃宮繡《本草求真》卷九 青魚利水除腳氣目昏。 青魚耑入肝，兼入脾。味甘性平，色青。頌曰：狀似鯇而背青。 故書載能入肝通氣，入脾利水。凡人因於濕熱下注而見腳氣疼腫，濕熱上蒸而見眼目不明，皆當用此調治。以此好啖蜆螺，蜆螺則能利水，故此亦能利水以除腳氣目昏之病也。服术人忌之。 然治腳氣服此，必須兼以韭白同投，則內始有溫和之力矣！ 所當合參，雖味與服石人相反。不可合生胡荽、生葵菜、豆藿、麥醬同食。 頭中枕骨，狀如琥珀，磨水可治心腹卒痛，亦可作篦，作飲器解蠱。 眼睛汁治注目能夜視，膽另詳於涼血部內，所當合參。

清・李文培《食物小錄》卷下 青魚 甘，平，無毒。助脾，益氣力。不可同生蒝荽、葵菜食。

清・羅國綱《羅氏會約醫鏡》卷一八鱗介蟲魚部 青魚膽味苦寒，入肝經。 色青入肝，肝竅通於目。治目赤腫障翳，點之。若係實熱，加黃連熬膏，冰片少許。 療乳蛾喉痹，用膽礬入青魚膽，冬月陰乾研末，吹喉吐痰而愈。 塗湯火瘡，化魚骨鯁。 臘月收以備用。

清・趙學敏《本草綱目拾遺》卷一〇鱗部 青魚膽 《梧潯雜佩》：青魚膽出藤縣之禓禓字不見字書，讀如萓，郡人亦有此姓。洲。 洲在江中，長可五六里許，其上居民甚多。水多石上青苔，此魚食之，其膽極涼，可入藥，他處即不堪用。 魚大者百餘觔，漁人網得，必以聞官，割取其膽，乃鬻於市。

清・章穆《調疾飲食辯》卷六 青魚 亦作鯖，古之所謂五侯鯖者是也。大者名鰱，形似鯇而背青。較鯇又稍佳，能止冷瀉，治脚氣、脚弱、濕痹，益氣力。 然魚性總熱，亦不宜久食。 膽同黃連末點眼治赤腫，同膽礬點喉，吐喉痹痰涎，在諸魚膽之上。《開寶本草》曰：眼睛汁注目能夜視。《綱目》曰：頭中魫骨蒸熟，色如琥珀，大者可作飲器，能解蠱毒。

清・張德裕《本草正義》卷下 青魚膽 苦，寒。入肝、膽。消目赤腫痛，可吐喉痹痰涎。

清・楊時泰《本草述鉤元》卷二八 青魚膽 亦作鯖。 其膽臘月采取，陰乾待用。

氣味苦寒。點目治目暗，消赤目腫痛。以汁灌鼻，吐喉痹痰涎。 附方：赤目障翳，黃連切片，井水熬濃，去渣，煎成膏，入青魚膽汁和就，加片腦少許，瓶收密封，每日點之，甚妙。 凡目病非風熱盛，而由於血虛昏暗者，不宜用仲淳。服术人，不可食青魚肉。

合論鯖、鯉：鯉以陰極陽復而能神其變化，合於人身厥陰之臟，是以鯉膽治目之用為多，乃青魚膽亦治目疾者，東方青色，入通肝膽，開竅於目故也。二膽味皆苦寒，而鯉稍和，以其陽能達陰也，故用之較青為多。至於鯉之下水氣，當亦取諸陰中之陽，陽在陰中，故真水之氣化乃行耳。

清・葉桂《本草再新》卷一〇 青魚膽味苦，性寒，無毒。入肝、腎二經。 瀉熱，治目疾。 點眼，消赤腫障翳。

清・趙其光《本草求原》卷一六鱗部 青魚 脊青入肝，好食螺蜆，二物明目。 其膽苦寒，涼血。明目退翳，同鯉膽、牛膽、羊膽各五錢，熊膽二錢，石決一兩，麝少許，糊丸，茶下二分。 去風熱目赤腫痛，和黃連膏、冰片點。 以肝主目也。 又治喉痹，以汁灌鼻，吐涎痰。火熱瘡、痔瘡，臘月采，陰乾，磨點，功同熊膽。出竹木刺入喉咽，或入腹刺痛。磨酒飲醉，鯇魚、（鯽）〔鯽〕魚膽生汁調酒亦可。肉，甘平，補肝利水，治腳氣。同薤白煮食。黑鯇膽功同。忌豆醬。

清・文晟《新編六書》卷六《藥性摘錄》　青魚　似鯇而背甚青。甘，平。溫中益氣力，同韭白為食，治腳氣痹弱煩悶。○鮓，與丹石人相反，不可合生胡荽、生葵菜同食。○頭中枕，磨水服，治心腹血氣卒痛。作酒器，解蠱毒。○膽，點眼目，塗惡瘡，消眼赤腫，治喉嘁，含咽立効。詳藥部涼血。

青魚膽　苦，寒。涼肝，開目翳。○塗痔瘡，擦火瘡俱効。○開喉痹，助熊膽。○臘月收，陰乾。

清・王孟英《歸硯錄》卷一　又云：　藤江口出青魚膽，售者以黃藤膏混之，黃藤亦能行血去翳也。余過藤，詢漁人獲青魚否，漁人以一尾來獻，狀似鯇而黑。取其膽懸之船窗上，越宿漿裂出過半。土人云：　膽衣甚薄，漿發即裂，故難得全者。張七澤云：　松江人謂草魚為青〔魚〕，青魚為烏青。草魚今人家池中用草畜之者，即鯇也。愚按：　金華人謂青魚即烏鰡，以其狀似鰡而色黑也。謂鯇魚為青魚，則彼俗之訛也。蓋各處方言不同，沿習既久，雖博雅者亦承訛而不自知。即此類推，博物難矣。至嘉興人則謂鯇魚為池魚，最屬可笑。夫池中可畜之魚甚多，何得獨指於鯇耶？　更有誤鯇為鯶、爲鯇者。一尋常食品，尚爾難辨，況遐方罕覯之藥乎？　青魚善啖螺螄，杭人以螺螄青呼之最通，使人不致混淆也。

清・王孟英《隨息居飲食譜・鱗介類》　青魚　甘，平。補氣養胃，除煩懣，化濕，祛風，治腳氣腳弱。可鱠，可脯，可醉。古人所謂五侯鯖即此。其頭尾烹鮮極美，腸臟亦肥鮮可口。而松江人呼為烏青；　金華人呼為烏鰡；杭人以其善啖螺也，因呼為螺螄青。其膽臘月收取，陰乾，治喉痹，目障，惡瘡，魚骨鯁，皆妙。　右五種皆購秧而畜之，故無子。惟鯉魚則溪河亦有，故間有有子者。　鱠以諸魚之鮮活者，劊切而成，青魚最勝。一名魚生，沃以麻油、椒料，味甚鮮美，開胃析酲。按《食治》云：　凡殺物命，既虧仁愛，且肉未停冷，動性猶存，烹飪不熟，食猶害人，況魚鱠肉生損人尤甚，為癥瘕，為痼疾，為奇病，不可不知。昔有食魚生而成病者，用藥下出，已變魚形，鱠縷尚存；　有食鼈成積者，用藥下出，已成動物而能行，可不戒哉？　鮓，以鹽糝醞釀而成，俗所謂糟魚、醉鯗是也。惟青魚為最美。補胃醒脾，溫營化食。但既經糟醉，皆能發疥動風，諸病人均忌。

清・田綿淮《本草省常・魚蟲類》　青魚　一作鯖。性平。益氣力。同蔯荽、葵菜、豆藿、麥醬食傷人。服礬石、蒼白术者忌之。

清・戴葆元《本草綱目易知錄》卷五　青魚　肉，甘，平。益氣力，除煩悶。治腳氣濕痹，腳弱煩悶，俱和韭白煮食。服白术時，忌服。

清・陳其瑞《本草撮要》卷九　青魚膽　味苦，寒，入足厥陰經。功專瀉熱，治目疾，點眼消赤腫障翳，治喉痹痰涎，塗熱瘡，療骨鯁。肉益氣力。同韭白煮，治腳氣腳弱煩悶。

清・吳汝紀《每日食物却病考》卷下　青魚　以色名也，古稱五侯鯖即此。味甘，平，無毒。治腳氣，濕痹，煩悶，益氣力。宜同韭菜食，忌蒜、葵。膽，點赤目障翳，甚良。乳蛾喉閉者，用膽礬和，陰乾，用少許吹喉中或鼻中，即效。一方加麝些微，更神驗。

大麥青魚

明・穆世錫《食物輯要》卷七　大麥青魚　味甘，平，無毒。肥美開胃，益人。患疫病者，泄瀉者，不可食。多食，發瘡癬。

麥魚

清・汪紱《醫林纂要探源》卷三　麥魚　甘，鹹，平。出貴池江濱。小不半寸，色赤黑。麥熟時出，過時則化為小蜻蜓。○發瘡。

鰟魮魚

明・李時珍《本草綱目》卷四四鱗部・魚類　鰤魚詵曰：　一種鰤魚，與鯽頗同而味不同，功亦不及。云鰤是櫛化；　鯽是稷米所化，故腹尚有米色。寬大者是鯽，狹小者是鰤也。時珍曰：　孟氏言鯽、鰤皆櫛、稷化成者，殊爲謬説。惟鼢鼠化鰤，鰤化鼢鼠，劉績《霏雪録》中嘗書之，時珍亦嘗見之，此亦生生化化之理。鯽、鰤多子，不盡然爾。鰤魚即《爾雅》所謂鱖鯞，郭璞所謂妾魚、婢魚，崔豹所謂青衣魚，世俗所謂鰟魮鯽也。似鯽而小，且薄黑而揚赤。其行以三爲率，一前二後，若婢妾然，故名。頌曰：　黔中一種重唇石鯽魚，味美，亦鯽之類也。

明・姚可成《食物本草》卷一〇鱗部・魚類　鰤魚一名鰟魮魚。形類鯽魚而小，扁身縮首，頗似竹篦。處處湖澤有之。冬間煮食味美，夏、秋微有土氣，味稍不及。云是櫛化，恐無是理。惟鼢鼠化鰤，鰤化鼢鼠，劉績《霏雪録》中嘗書之。李時珍亦云曾親見之。生生化化之理，猶可徵信。至於無情而化有情，安足誣也。　鰤魚，味甘，平，無毒。益脾胃。此魚屬土，雖多食，不傷人。

清·汪紱《醫林纂要探源》卷三　文魮　甘，温。一名鰟魮。生溪澗。大不滿五寸，形扁薄，多骨少肉，易餒，其色青赤相間，故曰文。好遊飛水面。有同類而白者，則謂之小白魚。　善發瘡，可用以起痘毒。其性好急水，而又善飛揚。

烏背　甘，平。小魚。一名鮿，一名鮒，一名魚歸。背上黑，好從大魚群遊。

清·章穆《調疾飲食辯》卷六　鰤魚　《本草》作鰟魮鯽，吾鄉直呼鰟魮魚，不以鯽名也。《綱目》曰：形似小鯿，非鯽類，甚薄無肉，魚之最下者。或謂即《爾雅》之鱖歸。郭注曰妾魚、婢魚，似鮒子而黑。《古今注》曰青衣魚。皆賤之之辭也。味既不佳，性又無取，動風發毒助火在諸魚之上，凡有纖微瘡毒，食之即發。又復生蟲，百病不宜者也。又能化鼠害稼。

石鯽

明·姚可成《食物本草》卷一〇鱗部·魚類　石鯽生溪澗池澤中。長五六寸，有斑點，身圓厚。　石鯽，味甘，平，無毒。安胃和中，利小便，解熱毒。醃食更佳。

公魚

明·姚可成《食物本草》卷一〇鱗部·無鱗魚類　公魚生滇南洱水中。長三寸許，味甚佳。　公魚，味甘，無毒。主婦人勞損，崩漏下血。小兒痰熱風癇，丹毒。

油魚

明·姚可成《食物本草》卷一〇鱗部·無鱗魚類　油魚生雲南大理府鄧川州南廿里油魚穴中。長僅二三寸，中秋則肥美，其味更勝于公魚。　油魚，味甘，無毒。主補益元氣，和養臟腑，治洩痢久不得瘥。又治吐血，女子崩中。

竹魚

明·李時珍《本草綱目》卷四四鱗部·魚類　竹魚《綱目》

【集解】時珍曰：出桂林湘、漓諸江中。狀如青魚，大而少骨刺。色如竹色，青翠可愛，鱗下間以朱點。味如鱖魚肉，爲廣南珍品。

肉　【氣味】甘，平，無毒。　【主治】和中益氣，除濕氣時珍。

明·穆世錫《食物輯要》卷七　竹魚　味甘，平，無毒。珍美，開胃和中，益氣，除濕痹疼痛。多食，發瘡疾。

明·應廪《食治廣要》卷七　竹魚　肉：　氣味：　甘，平，無毒。主治：和中益氣，除濕。出桂林湘、灕諸江中。狀如青魚，大而少骨刺，色如竹色，青翠可愛，鱗下間有朱點。味如鱖魚，為廣南珍品。

明·姚可成《食物本草》卷一〇鱗部·魚類　竹魚出桂林湘、漓諸江中。狀如青魚，大而少骨刺。色如竹色，青翠可愛，鱗下間以朱點。味如鱖魚，為廣南珍品。　竹魚，味甘，平，無毒。主和中益氣，治溼氣。

清·朱本中《飲食須知·魚類》　竹魚　味甘，性平。出廣南桂林湘江，狀似鯖魚而少骨刺，色青翠可愛，鱗間有朱點。多食發瘡疾。

清·何其言《養生食鑒》卷下　竹魚狀如青魚，大而少骨刺，色如竹色，青翠可愛，鱗下間以朱點。　味甘，性平，無毒。和中益氣，除濕氣。味如鱖魚肉，為廣南珍品，亦不發病。

清·王道純《本草品彙精要續集》卷七　竹魚無毒　卵生。

竹魚肉：　主和中益氣，除濕氣《本草綱目》。　【地】出桂林湘漓諸江中。【時】採：　無時。　【用】肉，味如鱖魚肉，爲廣南珍品。　【質】狀如青魚，大而少骨刺。　【色】如竹色，青翠可愛，鱗下間以朱點。　【味】甘。【性】平。

清·汪紱《醫林纂要探源》卷三　竹魚　甘，溫。俗訛曰足魚。色青，身圓長，腹中只一腸，肉厚而肥美。

清·文晟《新編六書》卷六《藥性摘錄》　竹魚　狀如青魚，長者尺餘，其子滿腹有黃，味美。〇甘，平。開胃，利五臟，令人肥健。與石藥無忌。

清·田綿淮《本草省常·魚蟲類》　竹魚　色翠如竹，故名。性平。和中，除濕氣。

鱒魚

附：日·丹波康賴《醫心方》卷三〇　鱒　《七卷經》云：　味酸，熱。多食發瘡。《字林》云：　赤目魚也。此魚似鯶而小也。

宋·鄭樵《通志》卷七六《昆蟲草木略》　鮅，《爾雅》云：　鮅，鱒。似鯶而小，眼赤，多生溪澗，傅麗水底，難網捕。

明·李時珍《本草綱目》卷四四鱗部·魚類　鱒魚《綱目》

【釋名】鮅魚必。　赤眼魚時珍曰：《説文》云：　鱒，鮅，赤目魚也。孫炎云：　鱒好獨行。尊而必者，故字從尊從必。　【集解】時珍曰：　處處有之。狀似鯶而小，赤脉貫瞳，身圓而長，鱗細于鯶，青質赤章。好食螺、蚌，善于遁網。

肉　【氣味】甘，温，無毒。　【主治】暖胃和中。多食，動風熱，發疥癬時珍。

明・穆世錫《食物輯要》卷七　鱒魚　味甘，性溫，無毒。和中溫胃。多食，動風氣，助濕熱，發瘡癤及痼疾。

明・吴文炳《藥性全備食物本草》卷三　鱒魚　味甘，性溫，無毒。和中溫胃。多食動風氣，助濕熱，發瘡痍及痼疾。

明・應麐《食治廣要》卷七　鱒魚　肉：　氣味：　甘，溫，無毒。主暖胃和中。多食，動風熱，發疥癬。　按：　鱒魚處處有之，狀似鯇而小，赤脉貫瞳，身圓而長，鱗細於鯇，青質赤章，好食螺、蚌，善於遁網者是矣。

明・姚可成《食物本草》卷一〇鱗部・魚類　鱒魚一名鮅魚，一名赤眼魚。處處有之。狀似鯶而小，赤脉貫瞳，身圓而長，鱗細於鯶，青質赤章。好食螺、蚌，善於遁網者也。　鱒魚，味甘，溫，無毒。主暖胃和中。多食，動風熱，發疥癬。

明・施永圖《本草醫旨・食物類》卷五　鱒魚名赤眼魚。身圓而長，鱗細，好食螺蚌，善於遁網。　肉：　味甘，溫，無毒。治：　暖胃和中。多食動風熱，發疥癬。

清・丁其譽《壽世秘典》卷四　鱒魚一名鮅魚，又名赤眼魚，狀似鯶而鱗細于鯶，赤脉貫瞳，身圓而長，青質赤章，好食螺蚌，善于遁網，好獨行，制字從尊，殆以此也。氣味：　甘，溫，無毒。主暖胃和中，多食動風熱，發疥癬。

清・朱本中《飲食須知・魚類》　鱒魚　味甘，性溫。一名赤眼魚。多食動風氣，助濕熱，發瘡癤、癬疥及痼疾。

清・何其言《養生食鑒》卷下　鱒魚狀似鯇而小，赤脉貫〔瞳〕，身圓而長，鱗細于鯇，青質赤章，好食螺蚌，善于遁網，俗名紅眼鱒魚。　味甘，性溫，無毒。暖胃和中，多食動風熱，發疥癬、痼疾。

清・王道純《本草品彙精要續集》卷七　鱒魚無毒　卵生。

鱒魚肉：　主暖胃和中《本草綱目》。　【名】鮅魚音必、赤眼魚。李時珍：　按《說文》云：　鱒，鮅，赤目魚也。孫炎云：　鱒好獨行，尊而必者，故字從尊從必。　【地】處處有之。　【時】採：　無時。　【用】肉。　【質】狀似鯶而小，赤脈貫瞳，身圓而長，鱗細於鯶，好食螺蚌，善於遁網。　【色】青質赤章。【味】甘。　【性】溫。　【禁】不宜多食，動風熱發瘡癬。

清・李文培《食物小錄》卷下　鱒魚即赤眼魚　甘，溫，無毒。暖胃和中。多食發熱，發瘡癬。

清・章穆《調疾飲食辯》卷六　鱒魚　又名鮅魚，形似鯶而鱗細，青質赤章，身圓長，有赤脈貫目，故又名赤眼魚。《爾雅正義》曰：　鱒好獨行，自尊而必者，故名。性總不離乎熱。《綱目》曰：　暖胃和中，多食動風熱，發瘡癬。因其身有赤斑與癬相似，故能發癬，此理須知。

清・趙其光《本草求原》卷一六鱗部　紅眼鱒魚　眼赤，甘，溫，無毒。暖胃和中。風熱、疥癬、痼疾人忌之。

清・王孟英《隨息居飲食譜・鱗介類》　鱒魚一名赤眼魚　甘，溫。補胃暖中。多食動風生熱。

清・田綿淮《本草省常・魚蟲類》　鱒魚　一名鮅魚，一名赤眼魚。性溫。暖胃和中。動風熱，發瘡疥。

黄鯝魚

明・李時珍《本草綱目》卷四四鱗部・魚類　黄鯝魚音固。《綱目》。

【釋名】黄骨魚時珍曰：　魚腸肥曰鯝。此魚腸腹多脂，漁人煉取黄油然燈，甚鯹也。南人訛爲黄姑，北人訛爲黄骨魚。　【集解】時珍曰：　生江湖中小魚也。狀似白魚，而頭尾不昂，扁身細鱗，白色。闊不踰寸，長不近尺。可作鮓葅，煎炙甚美。

肉　【氣味】甘，溫，無毒。　【主治】白煮汁飲，止胃寒泄瀉時珍。

油　【主治】瘡癬有蟲。然燈，昏人目時珍。

明・穆世錫《食物輯要》卷七　黄鯝魚　味甘，性溫，無毒。作鮓、煎、炙食，甚美。治胃寒泄瀉。油，殺蟲，治瘡疥。燃燈，昏目。

明・應麐《食治廣要》卷七　黄鯝魚　肉：　氣味：　甘，溫，無毒。主治：　止胃寒洩瀉。　按：《本草綱目》云：　魚腸肥曰鯝。此魚腸腹多脂，爲江湖中小魚。狀似白魚而頭尾不昂，扁身，細鱗白色，闊不踰寸，長不近尺。可作鮓葅，煎炙甚美。

明・姚可成《食物本草》卷一〇鱗部・魚類　黄鯝魚鯝音固。一名黄骨魚。生江湖中小魚也。狀似白魚，而頭尾不昂，扁身細鱗，白色，闊不踰寸，長不近尺。腸腹多脂，可作鮓葅，煎炙甚美。

黄鯝魚：　味甘，溫，無毒。白汁煮飲，止胃寒洩痢。　油：　塗瘡癬有蟲。然燈，昏人目。

明・孟笨《養生要括・鱗類》　黄鯝魚〔狀似白魚，而頭尾不昂，扁身細鱗，長僅數寸，形狹而扁，鱗細而密，性好群遊。〕　味甘，溫，無毒。白煮汁飲，止胃寒洩瀉。

明·施永圖《本草醫旨·食物類》卷五　黄鯝魚音固，名黄骨魚，生江湖中小魚也。狀似白魚而頭尾不昂，扁身細鱗，白色，闊不踰寸，長不近尺。可作鮓葅，煎炙甚美。肉：　味甘，溫，無毒。治：　白煮汁飲，止胃寒洩瀉。　油：　治：　瘡癬有蟲。燃燈昏人目。

清·丁其譽《壽世秘典》卷四　黄鯝魚生江湖中小魚，狀似白魚，而頭尾不昂，扁身細鱗，白色，闊不踰寸，長不近尺。或作酢葅，煎炙甚美。今訛為黄姑，又訛為黄骨魚。氣味：　甘，溫，無毒。　止胃寒洩痢。

清·朱本中《飲食須知·魚類》　黄鯝魚　味甘，性溫。此魚闊不踰寸，長不近尺。其油點燈，令人昏目。

清·王道純《本草品彙精要續集》卷七　黄鯝魚音固。無毒。　卵生。黄鯝魚肉白，煮汁飲，主止胃寒，泄瀉。○油，主療瘡癬有蟲《本草綱目》。【名】黄骨魚。李時珍云：　魚腸肥曰鯝，此魚腸腹多脂，漁人煉取黄油燃燈，甚鯹也。南人訛爲黄姑，北人訛爲黄骨魚。【地】生江湖中小魚也。【時】生：　無時。採：　無時。　【用】魚汁、魚油。　【質】狀似白魚而頭尾不昂，遍身細鱗，闊不逾寸，長不近尺。　【色】白。　【味】甘。　【性】溫。【製】可作鮓葅，煎炙甚美。　【禁】油不宜燃燈，昏人目。

清·汪紱《醫林纂要探源》卷三　黄鯝　甘，溫。鯝，魚腸也。此魚腹中只一直腸，黄脂裹之，肉最肥美。　多食令人發熱作渴。

石鮅魚

宋·唐慎微《證類本草》卷二〇蟲魚部上品〔唐·陳藏器《本草拾遺》〕

石鮅音必魚　味甘，平，有小毒。　主瘡疥癬。出南方山澗中。長一寸，背裹腹下赤。南人取之作鮓。

明·應囗《食治廣要》卷七　石鮅魚　氣味：　甘，平，有小毒。　主治：瘡疥癬。　陳藏器曰：　生南方溪澗中，長一寸，背裹腹下赤，南人以作鮓，甚美。

明·姚可成《食物本草》卷一〇鱗部·魚類　石鮅魚生南方溪澗中。長一寸，背裹腹下赤。南人以作鮓，云甚美。　石鮅魚，味甘，平，有小毒。　主諸瘡疥癬。

明·孟笨《養生要括·鱗類》　石鮅魚　味甘，平，有小毒。　治瘡疥癬。

明·施永圖《本草醫旨·食物類》卷五　石鮅魚生南方溪澗中，長一寸，背黑腹下赤，南人以作鮓，云甚美。　味甘，平，有小毒。　治：　瘡疥癬。

清·汪紱《醫林纂要探源》卷三　桃花魚　甘，平。出婺源，大不滿寸，形似黄魞。桃花開時取之，故名。　味美。

鰍魚

宋·鄭樵《通志》卷七六《昆蟲草木略》　鰌，《爾雅》云：　鰼，鰌。今泥鰌也。　似鱔而小。

明·蘭茂撰，清·管暄校補《滇南本草》卷上　泥鰍　味酸甘。　煮食治諸瘡百癬，通血脉而大補陰分。

明·蘭茂原撰，范洪等抄補《滇南本草圖説》卷七　泥鰍　氣味：　甘淡，平。　主治：　五勞五熱，小兒脾胃虚弱，久服可以健胃補脾，令人白胖。

明·李時珍《本草綱目》卷四四鱗部·魚類　鰌魚音酉。《綱目》。

【釋名】泥鰍俗名　鰼魚《爾雅》時珍曰：　按陸佃云：　鰌性酋健，好動善擾，故名。小者名鰔魚。孫炎云：　鰼者，尋習其泥也。　【集解】時珍曰：　海鰌生海中，極大。江鰌生江中，長七八寸。泥鰌魚生湖池，最小，長三四寸，沉於泥中。狀微似鱓而小，鋭首肉身，青黑色，無鱗，以涎自染，滑疾難握。與他魚牝牡，故《莊子》云鰌與魚游。生沙中者微有文采。閩、廣人劙去脊骨，作臛食甚美。《相感志》云：　燈心煮鰌甚妙。

【氣味】甘，平，無毒。　弘景曰：　不可合白犬血食。一云凉。　【主治】暖中益氣，醒酒，解消渴時珍。　同米粉煮羹食，調中收痔吴球。

【附方】新五。　消渴飲水：　用泥鰌魚十頭陰乾，去頭尾，燒灰，乾荷葉等分爲末。每服二錢，新汲水調下，日三。名沃焦散。《普濟方》。　喉中物：　用生鰌魚線縛其頭，以尾先入喉中，牽拽出之。《普濟方》。　指牙烏髭：　泥鰍魚，槐蕊、狼把草各一兩，雄燕子一個，酸石榴皮半兩，搗成團，入瓦罐内，鹽泥固濟，先文後武，燒炭十斤，取研，日用。一月以來，白者皆黑。《普濟》。　陽事不起：　泥鰌煮食之。《集簡方》。　牛狗羸瘦：　取鰌魚一二枚，從口鼻送入，立肥也。陳藏器。

明·穆世錫《食物輯要》卷七　鰍　味甘，性凉，無毒。　暖中益氣，醒酒，解消渴。　同米粉作羹食，調中，收痔。　勿同白犬血食。　和燈心煮鰍，味佳。凡中鱔、鱉、蝦、鰍、鰕蟆毒，令臍下痛，小便秘，用豆豉一合，煎濃汁頻飲，可瘥。

明·吴文炳《藥性全備食物本草》卷三　鰍魚　味甘，性凉，無毒。　暖中益氣，醒酒，解消渴。　同米粉作羹食，調中收痔。　勿同白犬血食。　和燈心煮鰍味佳。

明・趙南星《上醫本草》卷四　泥鰍　一名鰌魚音酋。閩廣人劙去脊骨，作臛食甚美。《相感志》云：燈心煮鰌甚妙。　甘，平，無毒。　主治：暖中益氣，醒酒，解消渴。　同米粉煮羹食，調中收痔。　不可合白犬血食。一云涼。

明・應廛《食治廣要》卷七　鰌魚即泥鰍。　氣味：甘，平，無毒。主治：暖中益氣，醒酒，解消渴。　鰌有數種。海鰌，生海中，極大。江鰌，生江中，長七八寸。泥鰌，生湖池，最小，長三四寸，沉於泥中，狀微似鱔而小，銳首肉身，青黑色，無鱗，以涎自染，滑疾難握者是矣。

明・姚可成《食物本草》卷一〇鱗部・無鱗魚類　鰌魚一名泥鰍。李時珍曰：海鰌生海中，江鰌生江中，皆極大。泥鰌生湖池，最小，長三四寸。沈於泥中，狀似鱓而小，銳首肉身，青黑色，無鱗，以涎自染，滑疾難握。與他魚牝牡，故《莊子》云：鰌與魚遊。生沙中者，微有文采。閩、廣人劙去脊骨，作臛食甚美。《物類相感志》云：燈心煮鰌甚妙。　鰌魚，味甘，平，無毒。主暖中益氣，醒酒，解消渴。同米粉煮羹食，調中收痔。

附方：　治喉中物鯁。用活鰍線縛其頭，以尾先入喉中，牽拽出之。

明・孟笨《養生要括・鱗類》　鰌魚　味甘，平，無毒。暖中益氣，醒酒，解消渴。〔燈心煮鰌甚妙。不可合犬血食。〕同米粉煮羹食，調中收痔。〔陽事不起，泥鰌煮食之。〕

明・施永圖《本草醫旨・食物類》卷五　鰌魚名泥鰍。海鰌生海中，極大。江鰌生江中，長七八寸。泥鰌生湖池，最小，微似鱓而小銳，燈心煮鰌甚妙。　味甘，平，無毒。不可合白犬血食。一云涼。　治：　暖中益氣，醒酒，解消渴。同米粉煮羹食，調中收痔。

附方　消渴飲水：　用泥鰌魚十頭，陰乾，去頭尾燒灰，乾荷葉等分，為末。每服二錢，新汲水調下，日三，名沃焦散。　喉中物骾：　用生鰌魚線縛其頭，以尾先入喉中，食之立出。　擦牙烏髭：　泥鰌魚、槐蕊、狼把草各一兩，雄燕子一箇，酸石榴皮半兩，搗成團，入瓦罐內，鹽泥固濟，先文後武，燒炭十斤，取研，日用，一月以來白者皆黑。　陽事不起：　泥鰌煮食之。　牛狗羸瘦：　取鰌魚一二枚，與之食，立肥也。

清・丁其譽《壽世秘典》卷四　鰌魚俗名泥鰍，狀微似鱓而小，長三四寸，沉于泥中，銳首肉身，青黑色無鱗，以涎自染，滑疾難握，與他魚牝牡。生海中者極大，名海鰌；生江中者，名江鰌；　生沙中者，微有文采。《相感志》云：　燈心煮鰌，甚玅。　氣味：甘，平，無毒。主暖中益氣，醒酒，解消渴。　發明陶弘景云：　不可合白犬血食。《集簡》云：　陽事不起，泥鰍煮食之。

清・朱本中《飲食須知・魚類》　鰌魚　味甘，性平，即泥鰍。　勿同白犬血肉食。和燈心煮鰌，甚妙。　忌桑柴煮。

清・葉盛《古今治驗食物單方》　泥鰍　泥鰍十條，陰乾，去頭尾，燒灰，乾荷葉等分為末，新汲水送三錢，治消渴引飲，名沃焦散。　陽事不起，煮泥鰍食之。

清・吳儀洛《本草從新》卷六　鰌魚〔調中益氣。〕俗名泥鰍。　甘，平。　暖中益氣，醒酒，解消渴。　同米粉煮羹食，調中收痔。

清・汪紱《醫林纂要探源》卷三　鰌　甘，鹹，平。　有泥鰍、沙鰍。　惟海鰍大至數千斤。

題清・徐大椿《藥性切用》卷八　鰌魚　俗名(粉)〔泥〕鰍。　性味甘平，調中益氣。　煑食收痔。

清・黃宮繡《本草求真》卷九　鰌魚溫潤脾胃。　鰌魚耑入脾。　即泥鰍，伏於泥中，得土陰氣以養，性動而侵，故能入土以補脾。　書言暖中益氣者，義根是也。　得水則浮而出，涸則入泥而不見，故能下入而治病。　書言同米粉煮羹，下入而收痔者，義由斯也。　他魚水涸即斃，惟鰌常自染涎以自養，伏泥而不涸，故人服之而津生。　書言醒酒消渴者，義亦由茲起也。　消渴用泥鰍十頭，陰乾，去頭尾，燒灰，乾荷葉等分為末，每服二錢，新汲水調下。日三服，名沃焦散。　烏鬚揩牙。　泥鰍、槐蕊、狼把草各一兩，雄燕子一個，酸石榴皮半兩，搗成團，入瓦罐內，鹽泥固濟，先文後武，燒灰十觔，取研，日用，一月以來，白者皆黑。　陽事不起。　泥鰍煮食之。　如何用之立應，以其筋強力銳，故能入骨以烏鬚，入腎與肝以起陽也。　鰍泥形似陽莖，故用。　牛狗羸瘦，用鰍一二枚，從口鼻送入，立肥。　如何用無不效，以其具有補土之能，故能使之而立肥也。　若在喉中骨骾，用此入喉牽拽而出。　用鰍魚線縛其頭，以尾先入喉中，牽拽出之。　此則人之所易知者矣！　但不可合白犬血食。

清・李文培《食物小錄》卷下　鰍魚即泥鰍。　甘，平，無毒。　暖中益氣，醒酒，解消渴。　同粉煮羹食，調中收痔。

清・章穆《調疾飲食辯》卷六　鰌魚　俗作鰍，非。《爾雅》曰：　鰼，鰌。郭注曰：　泥鰌。有二種，一種似鱓，青黑色，背有鬐刺，肉少刺多，味亦短，名刺鰌；　一種背青腹白，無鬐刺，亨小肉鬣，肉厚味美，名肉鰌。《綱目》

曰：暖中益氣。吴球曰：調中收痔。

按：鰌之功用不止此，凡養陰益血，通經絡，攻瘡毒，補虚羸，壯筋骨之效，均與鰻、鱓同。凡草作藤蔓者，皆能走經絡，治筋骨之病，形相似也。魚之有鰻、鱓、鰌三種，其形亦同，故俱能通經絡、壯筋骨。而鰻、鱓之良者有益，毒者害人，鰌則有良無毒，其品乃在鰻、鱔之上。石癰堅硬，凡大癰大毒，血不成膿，痘不成漿，俗醫用黄鉏、鯉魚、雞汁等毒物發之，未免貽後日之患。不如此魚加酒煮食，飲其汁，效更速而無弊也。又《普濟方》治消渴，沃焦散：鰌魚陰乾去頭、尾，燒灰，乾荷葉等分為末，每服二錢，日三服，新汲水下。又海鰌生海中，初生未開目時，即長數十丈，或百餘丈，而且風雷雲霧隨之，然游至淺水，人力得而制之，云味極肥美。予曾見其截骨一段，長尺餘，大可盈拱，重至數十斤，此或别是一種神物，因其形長而無鱗無足，故命以鰌名，非鰌類也。至《水經》曰：海鰌入穴則潮湧，出穴則潮退，出入有節，故潮有時。此極言海鰌之大，不知潮隨月吸也。

清·趙其光《本草求原》卷一六鱗部 鰌魚 甘，平，無毒。暖中益氣。醒酒，治消渴、去尾燒灰，同蓮葉研，新汲水下。陽痿、煮食。收痔。同米粉煮羹下。泥鰍 甘，平，無毒。暖中益氣，醒酒止渴，壯陽。同米粉煮羹，調中收痔。忌犬肉。

清·文晟《新編六書》卷六《藥性摘録》 泥鰍 甘，平。暖中益氣，醒酒解渴。同米粉煮羹食，收痔。陽事不起，煮食之良。不可合白犬血同食。

清·王孟英《隨息居飲食譜·鱗介類》 鰌俗名泥鰍。 甘，平。暖胃，壯陽，殺蟲，收痔。耕牛羸瘦，以一條送入鼻中，立愈。

清·田綿淮《本草省常·魚蟲類》 鰌魚 一名鰼魚，俗名泥鰍。性平。益氣醒酒。同荊芥、犬肉食殺人。服何首烏者忌之。

清·戴葆元《本草綱目易知録》卷五 泥鰍鰌魚 甘，平。暖中益氣，醒酒，解消渴，起陽事。同米粉煮食，調中收痔。其性沉泥，涎滑難握。脾虚便溏者勿食葆元騐。

清·陳其瑞《本草撮要》卷九 鰌魚 味甘，平，入手太陰經，功專暖中益氣，醒酒解渴。同米粉煮羹食，調中收痔。煮食療陽事不起。俗名泥鰍。

花魚

明·蘭茂原撰，范洪等抄補《滇南本草圖説》卷七 花魚 氣味：甘，無毒。主治：補腎添精，養肺，止咳嗽。

明·蘭茂撰，清·管暄校補《滇南本草》卷上 花魚 味甘，平。食之令人肌膚細膩，而解諸瘡最效。燒灰服之，治瘧疾冷症。

赤魚

清·何其言《養生食鑒》卷下 赤魚狀似鮎魚而身青，粤東二三月間甚多，大者十餘斤。 味甘，性溫，無毒。益脾胃，養氣血。多食動風氣，發瘡疥，有病人，忌之。糟藏久者，味頗佳，但不益人。

鵪魚

清·何其言《養生食鑒》卷下 （䳺）〔鵪〕魚音庵，言其味如（䳺）〔鵪〕鶉也。狀似赤魚而小，頭上亦有石二枚，俗名骨（䳺）〔鵪〕。 味甘，性溫，無毒。補血氣，滋水臟。多食發痼疾。咳嗽、瘡患人，尤忌之。

鮧魚

唐·孫思邈《千金要方》卷二六《食治·鳥獸》 鮧魚 味甘，無毒。主百病。

附：日·丹波康賴《醫心方》卷三〇 鮧魚 《本草》云：味甘，無毒。主百病。陶〔弘〕景注云：今作臛食之云補。又有鱯魚，相似而大，又有鮠魚黄而美，並益人。又有人魚似鯷而有四足，聲如小兒，其膏燃之不消耗。始皇驪山塚中用之，謂之人膏。蘇敬云：鮧魚，一名鮎魚，一名鯷魚。主水浮腫，利小便。崔禹〔錫〕云：鮎魚，溫。主風冷冷痹，赤白下利，虚損不足，令人皮膚肥美，貌似鱒而小，色白，皮中有白垢。大者一二尺，小者七八寸，無鱗，春生夏長，秋衰冬死。一名鰋。《食經》云：鯷魚，赤目、鬚及無鰓，食殺人。

宋·唐慎微《證類本草》卷二〇蟲魚部上品〔《别録》〕 鮧音夷，又音題。魚 味甘，無毒。主百病。

〔梁·陶弘景《本草經集注》〕云：此是鯷音題也，今人皆呼慈音，即是鮎乃兼切魚，作臛食之，云補。又有鱯魚相似而大。又有鮠五回切魚亦相似，黄而美，益人。其合鹿肉及赤目、赤鬚、無鰓者，食之并殺人。又有人魚，似鯷而有四足，聲如小兒，食之療瘕疾，其膏燃之不消耗，始皇驪山塚中用之，謂之人膏也。荊州、臨沮、青谿至多此魚。

〔唐·蘇敬《唐本草》〕注云：鮧魚，一名鮎魚，一名鯷魚。主水浮腫，利小便也。

〔宋·掌禹錫《嘉祐本草》〕按：《蜀本圖經》云：有三種。口腹俱大者名鱯音護，背青而口小者名鮎，口小背黃腹白者名鮠，一名河狆。三魚并堪爲臛，美而且補。陳士良云：鮧魚，暖。

〔宋・蘇頌《本草圖經》〕曰：鮧音夷又音題魚，舊不著所出州土，今江浙多有之。大首方口，背青黑，無鱗，多涎。其類有三。陶隱居云：即鯷音題魚也。鯷即鮎乃兼切魚也。又有鱯音護魚，相似而大。鮠五回切魚亦相似，色黃而美。三種形性皆相類，而小不同也。鮎亦名鰋。《詩・小雅》云：魚麗于罶，鰋鱧。《傳》云：鰋，鮎也。《爾雅・釋魚》：鰋，鮎。郭璞注云：今鰋，額白魚。鮎別名鯷，江東通呼鮎爲鮧是也。今江浙多食之，不可與牛肝合食，令人患風多噎。涎，主三消。取生魚涎，溲黃連末作丸，飯後烏梅煎飲下五七丸，渴便頓減。鱯，四季不可食，又不可與野猪肉合食，令人吐瀉。鮠，秦人呼爲鮰魚，能動痼疾，不可與野雞、野猪肉合食，令人患癩。此三魚大抵寒而有毒。非食品之佳味也。

〔宋・唐慎微《證類本草》〕《食療》：鮎魚鱯，大約相似。主諸補益。無鱗，有毒，勿多食。赤目、赤鬚者，并殺人也。《千金翼》：治刺傷中毒，水燒魚目灰塗之。

宋・寇宗奭《本草衍義》卷一七 鮧魚 形少類獺，有四足，腹重墜如囊，身微紫色。嘗剖之，中有三小蟹，又有四五小石塊，如指面許小魚五七枚，然無鱗，與鯰、鮠相類，今未見用者。

宋・王繼先《紹興本草》卷一七 鮧魚 紹興校定：鮧魚、鱯魚、鮠魚，皆一種，即鯰魚也。然世作食品，蓋此魚無鱗無鬚。而食之過多，發痼疾即有之。《本經》云主百病，頗無據矣。當云味甘、平、無毒為定。江湖池澤皆有之。

宋・陳衍《寶慶本草折衷》卷一六 鮧音夷。魚諸鮧魚在內。○涎附。 一名鯷魚，一名鮧魚，一名河狆，一名鰋。其口腹俱大者名鱯，背青而口小者名鮎。口小背黃腹白者名鮠魚，一名鮰。○鯷，音提；鮧，力大切；鰋，音偃；鱯，音護；鯰，乃兼切；鮠，五回切。生江浙。縉雲云：今處處有之。○忌鹿肉、牛肝、野雞、野猪。

味甘，寒，有毒。○作臛食，補益人。合鹿肉及赤目、赤鬚、無腮者食之，並殺人。述本條隱居說。○《唐本》註云：主水，浮腫，利小便。○《圖經》曰：大首、方口、背青黑，無鱗，多涎。其鯷、鱯、鮠三種，形性皆相類，不與牛肝合食，患風，多噎；不與野猪肉合食，吐瀉，動痼疾；不與野雞、野猪肉合食，令患癩。○寇氏曰：鮧魚腹重墮如囊。

附：涎。○主三消。取生魚涎，黃連末作丸，飯後烏梅煎，飲下伍柒丸。○三消者，謂消渴、消中、消腎也。當元如雞頭實。

元・忽思慧《飲膳正要》卷三 鮎魚 味甘，寒，有毒。勿多食。目赤、鬚赤者，不可食。

元・吴瑞《日用本草》卷五 鮧魚 即鮎魚也。有三種：口腹俱大名鱯音護。魚背青、口小，名鮎魚。背黃、腹白、口小，名河狆。又有鮠音回，亦相似，黃而益美。凡魚無鱗，多食則失人志。 味甘，平，無毒。合鹿肉食，殺人。鱯魚同野猪肉食，令人吐瀉。鮠魚同野猪、雞食，令人患癩，能動痼疾。

主百病。四種魚，性味皆同，赤目、赤鬚者殺人。

明・劉文泰《本草品彙精要》卷二九 鮧魚無毒。附鮠魚。 卵生。

鮧音夷，又音題魚：主百病。名醫所錄。 【名】鯷魚、鮎魚、鰋。【地】《圖經》曰：鮧即大鮎魚，江浙多有之。大首、方口，兩目上陳，尾小，背青黑，身滑無鱗，多涎。其類有三，陶隱居云即鯷音題魚也。鯷即鮎魚也。又有鱯音護魚，相似而大。鮠五回切魚，秦人呼爲鮰魚，亦相似，背黃，腹白而美。三種形性相類，而大小不同，此三魚大抵寒而有毒，非食品之佳味也。鮎，亦名鰋。《詩・小雅》云：魚麗於罶，鰋鱧。傳云：鰋，鮎也。《爾雅・釋魚》：鰋，鮎。郭璞注云：今鮎，額白魚。鮎，別名鯷，江東通呼鮎爲鮧是也，今江浙多食之。陶隱居云：又有人魚，似鯷而有四足，聲如小兒，食之療瘕疾。其膏燃之不消耗。始皇驪山塚中用之，謂人膏也。今荊州、臨沮、青谿多出此魚，蓋其形相似而有四足爲異，故附於此。【時】生：無時。採：無時。【色】青黑。【味】甘。【性】寒，緩。【氣】氣之薄者，陽中之陰。【臭】腥。【主】利小便，去水腫。【治】療：《圖經》曰：涎，主三消。《別錄》云：魚目燒灰，傅刺傷中毒水。【合治】生魚涎合黃連末作丸，飯後烏梅煎飲下五七丸，止消渴。【禁】鮎魚、鱯魚無鱗，有毒，勿多食。其合鹿肉及赤目、赤鬚、無腮者，並殺人。○鮎魚不可與牛肝同食，令人患風多噎。○鱯魚，四季不可食，又不可與野豬肉合食，令人吐瀉。○鮠魚，能動痼疾，不可與野雞、野豬肉合食，令人患癩。

明・盧和、汪穎《食物本草》卷四魚類 鮎魚 甘，無毒。一云：有毒。主水浮腫病，利小便。忌牛肝。鮰魚，倡鮎，美且益人。下膀胱水，動痼疾，不可與野猪、野雉同食。赤目、赤鬚、無腮者，不可食。二魚寒而有毒，非嘉物也。

稍益胃氣。

明・寧源《食鑒本草》卷上 鮎魚 味平，有小毒。赤目赤鬚者殺人。

明・王文潔《太乙仙製本草藥性大全》卷八《本草精義》 鮧魚 一名鯷魚，一名鮎魚，又名鰋魚。生江河湖海池澤中，今在處有之。其魚大首方口，背青黑無鱗，其類有三種，〔口〕腹俱大者名鱯魚；口小背黃者名鮠魚，鮠即河豘也。又云：鮎亦名鰋。《詩・小雅》云：魚麗于罶，鰋鱧。《傳》云鰋，鮎也。《爾雅・釋魚》：鰋，鯰。郭璞云：今鰋，額白魚。鮎別名鯷，江東通呼鮎，爲鮧是也。不可與牛肝合食，令人患風多噎。鮎魚、鱯大約相似，主諸補益。無鱗有毒，勿多食。赤目赤鬚者並殺人也。鱯四季不可食。又不可與野猪肉合食，令人吐瀉。鮠，秦人呼爲⿰魚賴魚，能動痼疾，不可與野鷄、野猪肉合食，令人患癩。此三魚大抵寒而有毒，非食品之佳味也。

明・王文潔《太乙仙製本草藥性大全》卷八《仙製藥性》 鮧魚 味甘，氣暖，無毒。又云有毒。 主治 血：主百病妙方。 涎：主三消仙劑。 目灰：治刺傷而中毒水。 鯷魚：利小便而消浮腫。 補註：主三渴，取生魚涎，溲黃連末作丸，飯後烏梅煎飲下五七丸，渴便頓減。〇治刺傷中毒，水燒魚目灰塗之。

明・李時珍《本草綱目》卷四四鱗部・魚類 鮧魚音夷。《別録》上品。

〔釋名〕鯷魚音題。 鰋魚音偃。 鮎魚時珍曰：魚額平夷低偃，其涎粘滑。鮧，夷也。鰋，偃也。鮎，粘也。古曰鰋，今曰鮎；北人曰鰋，南人曰鮎。 〔集解〕弘景曰：鯷即鮎也。又有鱯，似鯷而大。鮠，似鯷而色黃。人魚，似鮎而有四足。保昇曰：口腹俱大者，名鱯；背青口小者，名鮎；口小背黃腹白者，名鮠。時珍曰：二説俱欠詳覈。鮎乃無鱗之魚，大首偃額，大口大腹，鮠身鱧尾，有齒有胃有鬚。生流水者，色青白；生止水者，色青黃。大者亦至三四十斤，俱是大口大腹，並無口小者。鱯即今之鮰魚，似鮎而口在頷下，尾有歧，南人方音轉爲鮠也。今釐正之。凡食鮎、鮠，先割翅下懸之，則涎自流盡，不粘滑也。

肉 〔氣味〕甘，温，無毒。詵曰：無鱗，有毒，勿多食。頌曰：寒而有毒，非佳品也。赤目、赤鬚、無腮者，並殺人。不可合牛肝食，令人患風噎涎。不可合野猪肉食，令人吐瀉。弘景曰：不可合鹿肉食，令人筋甲縮。時珍曰：反荆芥。 〔主治〕百病《別録》。作臛，補人弘景。療水腫，利小便蘇恭。治口眼喎斜，活鮎切尾尖，朝吻貼之即正。又五痔下血肛痛，同葱煮食之時珍。

〔附方〕新一。 身面白駮：鮎魚半斤一頭，去腸，以粳飯、鹽、椒如常作鮓，以荷葉作三包繫之。更以荷葉重包，令臭爛。先以布拭赤，乃炙鮓包，乘熱熨，令汗出，以綿衣包之，勿令見風，以瘥爲度。《總録》。

涎 〔主治〕三消渴疾，和黃連末爲丸，烏梅湯每服五七丸，日三服，效蘇頌。

目 〔主治〕刺傷中水作痛，燒灰塗之思邈。

肝 〔主治〕骨鯁時珍。

〔附方〕新一。 骨鯁在喉：栗子肉上皮半兩，研末，乳香、鮎魚肝各一分，同搗，丸梧子大。以綿裹一丸，吞下，釣出。《總録》。

明・梅得春《藥性會元》卷下 鮧魚 味甘，無毒。 主治百病。一名鯷魚，一名鮎魚。又有鱯魚，相似而大。赤目、赤鬚者殺人。

明・穆世錫《食物輯要》卷七 鮎魚 味甘，性微寒，無毒。利小水，消水腫，助胃氣。同葱煮食，散痔血。同牛肝食，患風噎涎。同野豬肉食，令吐瀉。同鹿肉食，令筋甲縮。有赤目赤鬚、無腮者，誤食殺人。皮，消痘毒。肝，治骨鯁。

明・吴文炳《藥性全備食物本草》卷三 鮧魚一名鯷魚、鮎魚，又名鰋魚。其魚大首方口，皆青黑無鱗。其類有三種，〔口〕腹俱大者名鱯，魚口小背黃腹者名鮠魚，鮠即河豘也。又云鮎亦名鰋。《詩・小雅》云魚麗于罶，鰋鱧。《傳》云：鰋，鮎也。《爾雅・釋魚》：鰋，鮎。郭璞云：今鰋，額白魚。鮎別名鯷，江東通呼鮎為鮧是也。不可與牛肝合食，令人患風多噎。鮎魚、鱯大約相似，主諸補益。無鱗有毒，勿多食，赤目赤鬚者並殺人也。鱯四季不可食。又不可與野雞肉合食，令人吐瀉。鮠，秦人呼為⿰魚賴魚，能動痼疾，不可與野雞、野猪肉合食，令人患癩。此三魚大抵寒而有毒，非食品之佳味也。

肉：消浮腫，利小便。 血：主百病。 涎：主三消。 目灰，治刺傷而中毒。

明・趙南星《上醫本草》卷四 鰋魚音偃 一名鮎魚，一名鮧魚音夷。古曰鰋，今曰鮎。北人曰鰋，南人曰鮎。凡食鮎，先割翅下懸之，則涎自流盡，不粘滑也。 甘，溫，無毒。 主治：百病。 作臛補人，療水腫，利小便。 無鱗，寒而有毒，非佳品也，勿多食。赤目、赤鬚、無腮者，並殺人。不可合牛肝食，令人患風噎涎。不可合鹿肉食，令人筋甲縮。涎不可合野猪肉食，令人吐瀉。時珍曰：肉反荊芥。

附方　口眼喎斜：用活鮎魚切尾尖，朝吻貼之，即正。

明・應麐《食治廣要》卷七　鮧魚音夷。釋名鰋魚，又名鮎魚。肉：氣味：甘，溫，無毒。主治：百病。作臛補人，療水腫，利小便，治五痔下血，肚痛，口眼喎斜等症。此魚無鱗，大首，偃額，大口，大腹，鮠身鱧尾，有齒，有胃，有鬚者是矣。不可合牛肝、野猪肉、鹿肉食。反荊芥。頌曰：寒而有毒，非佳品也。赤目、赤鬚、無鰓者，並殺人。

明・姚可成《食物本草》卷一〇鱗部・無鱗魚類　鮧魚一名鮎魚。身無鱗，大首偃額，大口大腹，鮠身鱧尾，有齒有胃有鬚。生流水者，色青白；生止水者，色青黃。大者亦至三四十斤，俱是大口大腹。凡食鮎、鮠，先割翅下懸之，則涎自流盡，不粘滑也。

鮧魚：味甘，溫，無毒。主百病。作臛，補人。療水腫，利小便。治口眼喎斜，活鮎切尾尖，朝吻貼之即正。又五痔下血肛痛，同葱煮食之。赤目、赤鬚、無腮者，竝殺人。不可合牛肝食，令人患風噎涎。不可合野猪肉食，令人吐瀉。不可合鹿肉食，令人筋甲縮。　涎：治三消渴疾，和黃連末為丸，每服五七丸，日三服，烏梅湯下。　目：治刺傷中水作痛，燒灰塗之。

肝：治骨鯁。

明・孟笨《養生要括・鱗類》　鮎魚　味甘，溫，無毒。治百病，作臛補人。療水腫，利小便，治口眼喎斜，活鮎切尾尖，朝吻貼之即正。又五痔下血肛痛，同葱煮食之。赤目赤鬚無腮者，不可食，並殺人。

明・施永圖《本草醫旨・食物類》卷五　鮧魚音夷。北人曰鰋魚，南人曰鮎魚。口腹俱大者，名鱯。背青口小者，名鮎。　肉：味甘，溫，無毒。無鱗，有毒，勿多食。赤目赤鬚無鰓者殺人。不可合牛肝食，令人患風噎涎。不可合野猪肉食，令人吐瀉。不可合鹿肉食，令人筋甲縮。　治：百病，作臛補人。療水腫，利小便。治口眼喎斜，活鮎切尾尖，朝吻貼之即正。又五痔下血，肛痛，同葱煮食之。　涎：治：三消渴疾，和黃連末為丸，烏梅湯每服五七丸，日三服效。　目：治：刺傷中水作痛，燒灰塗之。　肝：治：骨鯁。

附方　骨鯁在喉：栗子肉上皮半兩，研末，乳香、鮎(香)〔魚〕肝各一分，同搗，丸梧子大，以綿裹一丸，〔水潤，外留綿線〕吞下，釣出。

清・丁其譽《壽世秘典》卷四　鮧魚一名鮎魚，一名鯷。乃無鱗之魚，大首偃額，大口大腹，鮠身鱧尾，有齒，有胃，有鬚，身上有涎難握。大者名鱯，能吞蛇。生流水者色青白，生止水者色青黃。大者亦至三四十觔。凡食鮎、鮰，先割翅下懸之，則涎自流盡，不粘滑也。　氣味：甘，溫，有毒。主療水腫，利小便。　發明蘇頌曰：鮎魚寒而有毒，赤目、赤鬚、無腮者並殺人，不可與牛肝、雄猪同食。陶弘景曰：不可合鹿肉食，令人筋甲縮。反荊芥。

清・朱本中《飲食須知・魚類》　鮎魚　味甘，性寒，有小毒。同牛肝食，患風噎涎。同野猪肉食，令吐瀉。同雉肉食，生癰癤。同鹿肉食，令筋甲縮。赤目、赤鬚、無腮者，並有毒，悞食殺人。反荊芥。

清・张璐《本經逢原》卷四　鮧魚本名鯷魚，即鮎魚。　甘，溫，小毒。赤目、赤鬚、無腮者殺人，不可合牛肝食。反荊芥。　發明：鮧魚類蛇，故能治風。凡口眼喎斜，切活鮎魚尾尖，朝吻貼之即正。

清・汪紱《醫林纂要探源》卷三　鮎　甘，鹹，平，滑。大頭小尾，偃額平腹，兩目在額，長鬚夾鼻，體多涎沫，色有黃白。滋陰補虛，和脾養血。天行熱病後，諸肥肉及有鱗魚不可食，惟鰋鮎養陰。　鰋：甘，鹹，平，滑。似鮎而圓長，俗曰石鰋，又曰潭蝨。滋陰補虛，澄清腎水。鮎生田澤及泥河，故能和脾。鰋生溪澗及石穴，故能清金澄水。

清・李文培《食物小錄》卷下　鯰魚　甘，溫，無毒。大益有痔人。同甘草食，殺人。

清・章穆《調疾飲食辯》卷六　鮧魚　一名鮎魚。俗作鱴，非。一名鯷魚。《綱目》曰：鮎魚無鱗，大頭偃額，大口大腹，背無鬐鬣，有齒有鬚有胃，多涎沫。生流水者，色青白，即《爾雅》之鰋魚。生止水者，色青黃，即《爾雅》之鮎魚。大抵鰋與鮎一種二類。又有八鬚者，味較美。陶隱居曰：作臛補人。蘇恭曰：療水腫，利小便。均謬說也。此魚煮時火候不足，能戟人喉舌，與鱯魚、黃魞、鰟魮四種，為水族中至毒之物。且背色青，腹中子色全綠，木之象也，故最能動風發毒。不拘內外、寒熱、虛實百病，概不宜食，瘡瘍、風損尤切忌之，平人亦勿多食。同甘草煮殺人。八鬚者更毒。其尾可貼口眼喎邪，此乃外治，以風引風之意也。《圖經》曰：寒而有毒，赤目、赤鬚及無腮者，並殺人。

清・趙其光《本草求原》卷一六鱗部　鮎魚　形似鰍而大，重至三四十斤。甘，溫，無毒。益胃，利水，消腫，治五痔下血，肛門澀痛。同葱煮。醋煮開胃。赤鬚、無腮者有毒，勿食。忌野雞、野豬、牛肝、鹿肉。

清・文晟《新編六書》卷六《藥性摘錄》 鮎魚 無鱗，大首，口腹俱大，有齒有鬚。生流水，色青白；生(上)〔止〕水，青黄。大者三四十斤。甘，溫。療水腫，利小便，益胃氣。同葱煮食，治五痔下血，肛門腫痛。忌野雞、牛肝、鹿肉同食。赤鬚無腮者有毒，勿食。

清・王孟英《隨息居飲食譜・鱗介類》 鮎魚 甘，溫，微毒。利小便，療水腫，痔血，肛痛。不宜多食，餘病悉忌。反荆芥。口眼喎斜者，活切其尾，尖朝吻貼之。

清・田綿淮《本草省常・魚蟲類》 鮎魚 一名鰋魚，一名鮧魚，一名鯷魚。性溫。補虚利水。同鹿肉食令人筋甲縮，同牛肉食生惡症，同荆芥、犬肉食殺人。服何首烏者忌之。赤目、赤鬚及無鰓者，食之殺人。

清・戴葆元《本草綱目易知錄》卷五 鮧魚鮎魚。 肉，甘，溫。作臛補人。治百病，療水腫，利小便。治五痔下血，肛痛，同葱煮食之。治口眼喎邪，切尾尖朝吻，貼之即正。

清・吴汝紀《每日食物却病考》卷下 鮎魚 一名鮧魚。甘，溫，無毒。或云寒，有毒。治水癉，利小便。其赤鬚無腮者，不可食，能殺人。不可合牛肝與鹿肉食。非佳品也。

土鮎魚

清・趙其光《本草求原》卷一六鱗部 土鮎魚 甘，平，無毒。補中開胃，益氣血。功近鯽魚。但燥火、動氣，陰虚喘嗽忌之。

鮠魚

宋・唐慎微《證類本草》卷二〇蟲魚部上品〔唐・陳藏器《本草拾遺》〕 鮠魚 一作鮠并音五禾反，鯰屬，又五回反。 味甘，平，無毒。不腥。主膀胱水下，開胃。作鱠白如雪。隋朝吴都進鮠魚乾鱠，取快日曝乾缾盛。臨食以布裹，水浸良久，灑去水，如初鱠無異。魚生海中。大如石首。

〔宋・唐慎微《證類本草》〕《圖經》：文具鮧魚條下。

宋・鄭樵《通志》卷七六《昆蟲草木略》 鱯，《爾雅》云：鯤，大鱯。小者鮡。郭云：鱯似鮎而大，白色。

明・盧和、汪穎《食物本草》卷四魚類 鮰魚 味美，膘可作膠，與鯼鮧魚白相侶。

明・寧源《食鑒本草》卷上 鮠魚 味甘，無毒。補中益氣。

明・李時珍《本草綱目》卷四四鱗部・魚類 鮠魚音桅。《拾遺》。

〔釋名〕鮰魚音回。 鱯魚化、獲二音。 鰈魚化上聲。 鰤魚癩。 時珍曰： 北人呼鱯，南人呼鮠，並與鮰音相近。邇來通稱鮰魚，而鱯、鮠之名不彰矣。鰈，又鱯音之轉也。秦人謂其發癩，呼爲鰤魚。 餘見鮎魚。 〔集解〕時珍曰： 鮠生江淮間，無鱗魚，亦鱘屬也。頭尾身鬐俱似鱘狀，惟鼻短爾。口亦在頷下，骨不柔脆，腹似鮎魚，背有肉鬐。郭璞云鱯魚似鮎而大，白色者，是矣。

〔正誤〕藏器曰： 鮠生海中，大如石首。不腥，作鱠如雪。隋朝吴都進鮠魚鱠，取快日曝乾瓶盛。臨(時)〔食〕以布裹水浸用，與初鱠無異。時珍曰： 藏器所説，出杜寶《拾遺録》。其説云： 隋大業六年，吴郡獻海鮸乾鱠。其法： 五六月取大鮸四五尺者，鱗細而紫，無細骨，不腥。取肉切晒極乾，以新瓶盛之，泥封固。用時以布裹水浸，少頃去水，則皎白如新也。珍按： 此乃海鮸，即石首之大者，有鱗不腥。若江河鮠魚，則無鱗極腥矣。陳氏蓋因鮸、鮠二字相類，不加考究，遂致謬誤耳。今正之。

肉 〔氣味〕甘，平，無毒。頌曰： 能動痼疾。不可合野猪、野鷄肉食，令人生癩。

〔主治〕開胃，下膀胱水藏器。

明・穆世錫《食物輯要》卷七 鮠魚 味甘，平，無毒。和腸胃，下膀胱水。多食，動痼疾。同野猪、雉食，令人發癩。同鹿肉食，殺人。赤目赤鬚者，忌食。

明・應廖《食治廣要》卷七 鮠魚即鮰魚。 肉： 氣味： 甘，平，無毒。主開胃，下膀胱水。 按： 鮠魚無鱗，亦鱘屬也。頭尾身鰭，俱似鱘狀，惟鼻短爾。口亦在頷下，骨不柔脆，腹似鱣魚，背有肉鰭者是矣。

明・姚可成《食物本草》卷一〇鱗部・無鱗魚類 鮠魚即今所稱白戟魚。生江淮間。身無鱗，亦〔鱘〕屬也。頭尾身鬐俱似鱘狀，惟鼻短爾。口亦在頷下，骨不柔脆，腹似鮎魚，背有肉鬐。南人甚珍貴之。 鮠魚，味甘，平，無毒。主開胃，下膀胱水。

明・施永圖《本草醫旨・食物類》卷五 鮠魚生江淮間。無鱗魚，亦鱘屬也。頭、尾、身、鬐俱似鱘狀，惟鼻短耳。○鮠生海中，大如石首，不腥，作鱠如雪。 肉： 味甘，平，無毒。能動痼疾。不可合野猪、野雞肉食，令人生癩。 治： 開胃，下膀胱水。

清・丁其譽《壽世秘典》卷四 鮠魚一名鱯魚，又名鮰魚，邇來通稱鮰魚，而鮠、鱯之名不彰矣。生江淮間，身無鱗，頭尾身鬐俱似鱘狀，惟鼻短爾，目亦在頷下，骨不柔脆，腹似鮎魚，背有肉鬐。郭璞云： 鱯魚似鮎而大，白色。 氣味： 甘，平，無毒。主開胃，下膀胱水。 發明蘇頌曰： 能動痼疾，不可合野猪、野雞肉食，令人生癩。秦人因其發癩，呼為鰤魚。

清・朱本中《飲食須知・魚類》 鮰魚 味甘，性平，多食動痼疾。同野猪、雉肉食，令人發癩。同鹿肉食殺人。赤目，赤鬚者忌食。

清・张璐《本經逢原》卷四 闊口魚本名鮠魚。 甘，溫，無毒。 發明： 鮠生海中，與石首同類。以之剖腹曝乾，亦與石首作鯗無異，以其頷下有骨撑開，故有闊之稱。能開胃進食，下膀胱水氣。病人食之，無發毒之慮。食品中之有益者也。

清・李文培《食物小錄》卷下 鮠魚即回魚。 甘，平，無毒。開胃，下膀胱水。其肚白如猪脂，和中，利腸胃，甚肥美。

清・章穆《調疾飲食辯》卷六 鱯魚 一名鰈魚，一名鰊魚，一名鮠魚，又作鮰魚。《爾雅》曰： 魾大鱯，小者鮡。性略似鮎而毒加甚，秦人謂其發癩。《圖經》曰： 能使人生癩，發痼疾。蓋氣腥而且羶，故動風發毒為最，平人、病人概不宜食。

清・王孟英《隨息居飲食譜・鱗介類》 鮠魚亦作鮰回，一名白鱯。 甘，溫。行水調中。多食動錮疾。

清・吴汝紀《每日食物却病考》卷下 鮰魚 一名鮠魚。甘，平，無毒。開胃，下膀胱水。味甚美，但多食動痼疾。不可與雉同食。

黄顙魚

宋・唐慎微《證類本草》卷二〇蟲魚部上品〔唐・孟詵《食療本草》〕 黄賴魚 一名缺䰲。醒酒。亦無鱗，不益人也。

宋・張杲《醫說》卷七 飲食禁 食黄顙魚不可服荊芥。吳人魏幾道(志)在妻家啖黄魚羹罷，採荊芥和茶而飲。少焉足底奇痒，上徹心肺，跣足行沙中，馳宕如狂，足皮皆破欲裂，急求解毒藥餌之，幾兩日乃止。

元・吴瑞《日用本草》卷五 黄賴魚 一名缺䰲。背身黄、頭小、稍大，腮下有刺，尾如鮎魚。 味甘，性平，無毒。反荆芥。 主醒酒，不益人。能祛風。其涎療消渴。

明・蘭茂原撰，范洪等抄補《滇南本草圖說》卷七 灣鰤：《本草》一名黄顙，一名黄䰲氣味甘辛平，無毒。主治： 諸般冷積痞塊，五寒能退，九種氣疼能止。溫中理氣，虛瘧可療。亦不可多食。

明・盧和、汪穎《食物本草》卷四魚類 黄頰魚 味甘，平，無毒。醒酒，不益人。一云： 能祛風。

明・李時珍《本草綱目》卷四四鱗部・魚類 黄顙魚《食療》

【釋名】黄鱨魚古名 黄頰魚《詩註》 缺䰲央軋。 黄䰲時珍曰： 顙、頰以形，鱨以味，缺軋以聲也。今人析而呼爲黄缺、黄䰲。陸璣作黄揚，訛矣。 【集解】時珍曰： 黄顙，無鱗魚也。身尾俱似小鮎，腹下黄，背上青黄，腮下有二横骨，兩鬚，有胃。群游作聲如軋軋。性最難死。陸璣云： 魚身燕頭，骨正黄。魚之有力能飛躍者。陸佃云： 其膽春夏近上，秋冬近下，亦一異也。

【氣味】甘，平，微毒。詵曰： 無鱗之魚不益人，發瘡疥。時珍曰： 反荆芥，害人。

【主治】肉，至能醒酒弘景。祛風吳瑞。煮食，消水腫，利小便。燒灰，治瘰癧久潰不收斂，及諸惡瘡時珍。

【附方】新三。 水氣浮腫： 用黄顙三尾，緑豆一合，大蒜三瓣，水煮爛。去魚食豆，以汁調商陸末一錢服。其水化爲清氣而消。詩云： 一頭黄顙八鬚魚，緑豆同煎一合餘。白煮作羹成頓服，管教水腫自消除。《集要》。 瘰癧潰壞： 用黄䰲魚破開，入蓖麻子二十粒，扎定，安厠坑中，冬三日，春秋一日，夏半日，取出洗浄，黄泥固濟，煅存性研，香油調傅。 臁瘡浸淫： 方同上。並《普濟》。

涎翅下取之。 【主治】消渴吴瑞。

【附方】新一。 生津丸： 治消渴飲水無度。以黄顙魚涎和青蛤粉、滑石末等分，丸梧子大。每粟米湯下三十丸。

頰骨 【主治】喉痹腫痛，燒研，茶服三錢時珍。○並出《普濟》。

明・穆世錫《食物輯要》卷七 黄頰魚 味甘，平，無毒。醒酒，祛風消腫，利小水。多食，發瘡疾。膽，春夏近上，秋冬近下。

明・吴文炳《藥性全備食物本草》卷三 黄頰魚 味甘，平，無毒。醒酒，去風消腫，利小水。多食發瘡疥。 膽： 春夏近上，秋冬近下，病人忌食。和蕎麥同食失音。

明・應䴡《食治廣要》卷七 黄顙魚釋名黄鱨。 氣味： 甘，平，微毒。主治： 醒酒祛風，消水腫，利小便。燒灰，治瘰癧及諸惡瘡。孟詵曰： 無鱗之魚，不益人，發瘡疥。又反荊芥。 按： 黄顙無鱗魚也，身尾俱似小鱣，腹下黄，背上青，黄鰓，下有二横骨，兩鬚，有胃，群游，作聲如軋軋，性最難死。

明・姚可成《食物本草》卷一〇鱗部・魚類 缺絲魚在諸溪河中。長五六寸，黄褐〔色〕，無鱗闊口，口有細齒如鋸。腮下有硬〔刺〕，骨亦硬。善吞小魚，肉薄味短。

鉠絲魚，味甘，平，無毒。主益脾胃，和五臟，發小兒痘瘡。多食生疥。

黃鱨魚生諸溪澤中。身扁，白色，長四五寸，略似白魚。俗呼竅嘴黃鱨。 黃鱨魚，味甘、淡，平，無毒。脾家之魚，不可多食，亦能損脾洩痢。

明・姚可成《食物本草》卷一〇鱗部・無鱗魚類 黃顙魚李時珍曰：黃顙，無鱗魚也。身尾俱似小鮎，腹下黃，背上青黃，腮下有二橫骨，兩鬚，有胃。群遊作聲如軋軋。性最難死。陸璣云：魚身無鱗，頰骨正黃。魚之有力能飛躍者。其膽春夏近上，秋冬近下。亦一異也。

黃顙魚：味甘，平，無毒。能醒酒祛風，消水腫，利小便。燒灰，治瘰癧久潰不收斂及諸惡瘡。 涎：翅下取之。治消渴。 頰骨：治喉痹腫痛，燒研茶服三錢。

附方：治水腫。黃顙三尾，綠豆一合，大蒜三瓣，水煮爛。去魚食豆，以汁調商陸末一錢服。其水化為清氣而消。訣云：三頭黃顙兩鬚魚，綠豆同煎一合餘。白煮作羹成頓服，却教水腫自消除。

明・孟笨《養生要括・鱗類》 黃顙魚 味甘，平，有微毒。肉能醒酒，祛風。煮食，消水腫，利小便。燒灰，治瘰癧久潰不收斂及諸惡瘡。

明・施永圖《本草醫旨・食物類》卷五 黃顙魚名黃頰魚，無鱗魚也。 味甘，平，微毒。無鱗之魚不益人，發瘡疥。反荊芥，害人。治：肉至能醒酒，祛風。煮食，消水腫，利小便。燒灰，治瘰癧久潰不收斂及諸惡瘡。

附方 瘰癧潰壞：用黃頰魚破開，入蓖麻子二十粒，扎定，安廁坑中，冬三日，春秋一日，夏半日，取出洗淨，黃泥固濟，煅存性，研，香油調傅。 臁瘡浸淫：方同上。

涎：治：消渴。

附方 生津丸：以黃頰魚涎和青蛤粉、滑石末等分，丸梧子大，米湯下三十丸。

頰骨：治：喉痹腫痛，燒研，茶服三錢。

清・朱本中《飲食須知・魚類》 黃顙魚 味甘，性平，微毒。一名鉠𩵎。狀似小鮎，身青黃色，腮下有二橫骨、兩鬚，有胃，作聲軋軋。其膽春夏近上，秋冬近下。多食發瘡疥，不益人。反荊芥，能害人。

清・何其言《養生食鑒》卷下 黃魚似鯛魚而小。 味甘，性平，無毒。醒酒。不益人，動風氣，發瘡疥。病人忌食。和蕎麥食，令失音。

清・张璐《本經逢原》卷四 黃顙魚 甘，平，微毒。反荊芥。 發明：無鱗之魚不益人，發瘡疥，不獨黃顙為然。

清・浦士貞《夕庵讀本草快編》卷六 黃顙魚《食療》、鉠𩵎 黃以其色，鰓下有二橫刺，故曰顙。群游作聲，故曰鉠𩵎。其胆春夏近上，秋冬近下。鉠𩵎雖甘，無鱗而有聲，最毒之物也。雖有醒酒祛風之功，消腫利便之効，但性反荊芥，犯之必死。用芥炊煮，亦復如是。予見吳中小兒痘花初見，則煮羹發之，醫者不察，悞投荊芥，多致不救。不獨司命者當謹，為人父母亦宜慎矣！

清・汪紱《醫林纂要探源》卷三 黃𩵎音軋 甘，鹹，平。一名黃攖。黃色小魚，鰓旁兩橫骨刺人，執之嘖嘖作聲。

鱨 甘，溫。鱤也。一名揚，一名黃顙。身圓厚，有力解飛，健啖小魚，味劣。

清・李文培《食物小錄》卷下 黃顙魚 甘，平，微毒。肉至能醒酒，煮食消水腫。不可同醬油與甘草食。

清・章穆《調疾飲食辯》卷六 黃𩵎魚 《綱目》曰：一名鉠𩵎，或析而呼之，曰黃鉠、黃𩵎。《詩》曰鱨，注曰黃頰。又名黃顙。《陸疏》作黃楊。形似小鮎，色黃不似，腮下有二橫骨，兩旁各有一硬刺，背有刺鬐，刺皆鋸齒，螫人極痛。令人發寒熱，以頭垢擦之立止。兩鬚，亦有八鬚者。群游作聲，過罾、釣出水時，作聲如軋軋。動風發毒，無異鮎、鱯。《日用本草》謂其祛風，《普濟方》用治消渴，均大謬。《綱目》謂能消水腫，又敷瘰癧、惡瘡久不收口，亦難深信。總之有毒之物，病人切忌。《鐵圍山叢談》云：食黃鱨魚，不可用薑為調和。又不得犯荊芥，可殺人。中其毒，多飲地漿解之。

清・趙其光《本草求原》卷一六鱗部 黃骨魚即黃頰。 無鱗，似鰍而大，腹下黃，背上青黃，腮下有二橫骨，兩鬚。甘，平，無毒。醒酒祛風，消水腫，利小便。

清・文晟《新編六書》卷六《藥性摘錄》 黃頰魚 無鱗，身尾俱似小鮎，俗名黃骨魚。甘，平。醒酒祛風，煮食消水腫，利小便。多食發瘡疥。

清・王孟英《隨息居飲食譜・鱗介類》 黃顙魚俗呼黃刺魚 甘，溫，微毒。行水祛風。發痘瘡。反荊芥。

塘虱魚

清・何其言《養生食鑒》卷下 塘(風)〔虱〕魚形似(鮎)〔鮎〕而小，青黃色，腮下(右)〔有〕二橫骨，能刺人，亦名肉魚。 味甘，性平，無毒。補血滋腎，調中興陽，治腰膝痠疼，作膾食良。

清・趙其光《本草求原》卷一六鱗部 塘虱魚即角魚，俗名暗釘魚。 形似鰍，腮下有二横骨，能刺人。甘，平，無毒。補血滋腎，調中興陽，治腰膝酸痛。

鰻鱺魚

唐・孫思邈《千金要方》卷二六《食治・鳥獸》 鰻鱺魚 味甘，大溫，有毒。主五痔瘻，殺諸蟲。

宋・唐慎微《證類本草》卷二一蟲魚部中品〔《別録》〕 鰻音謾鱺音黎魚 味甘，有毒。主五痔，瘡瘻，殺諸蟲。

〔梁・陶弘景《本草經集注》〕云： 能缘樹食藤花，形似䱉，取作臛食之。炙以熏諸木竹，辟蛀蟲。膏，療諸瘻瘡。又有鰌音秋，亦相似而短也。

〔唐・蘇敬《唐本草》〕注云： 此膏，又療耳中有蟲痛者。鯢魚，有四脚能缘樹。陶云鰻鱺，便是謬證也。

〔宋・掌禹錫《嘉祐本草》〕按： 孟詵云： 殺諸蟲毒，乾末空腹食之，三五度差。又，熏下部痔，蟲盡死。患諸瘡瘻及癧瘍風，長食之甚驗。腰腎間濕風痹，常如水洗者，可取五味，米煮，空腹食之，甚補益。濕脚氣人服之良。又，諸草石藥毒，食之，諸毒不能爲害。五色者，其功最勝。兼女人帶下百病，一切風，五色者出歙州。頭似蝮蛇，背有五色文者是也。陳士良云： 鰻鱺魚，寒。陳藏器云： 鰌魚，短小，常在泥中。主狗及牛瘦，取一二枚以竹筒從口及鼻生灌之，立肥也。日華子云： 海鰻，平，有毒。治皮膚惡瘡疥，疳䘌，痔瘻。又名慈鰻、猧狗魚。又云： 鰻魚，平，微毒。治勞補不足，殺傳尸疰氣，殺蟲毒，惡瘡，暖腰膝，起陽，療婦人産戶瘡蟲痒。

〔宋・蘇頌《本草圖經》〕曰： 鰻音謾鱺音黎魚，《本經》不載所出州土，今在處有之。似䱉而腹大，青黄色。云是蛟蜃之類，善攻碕岸，使輒頹阤，近江河居人酷畏之。此魚雖有毒，而能補五藏虚損，久病羸瘵，人可和五味，以米煮食之。患諸瘡痔漏及有風者長食。歙州出一種，背有五色文，其功最勝。出海中者名海鰻，相類而大，功用亦同。海人又名慈鰻，又名猧狗魚。

〔宋・唐慎微《證類本草》〕《食療》云： 煞蟲毒，乾燒炙之令香。食之，三五度即差。長服尤良。又，壓諸草石藥毒，不能損傷人。又，五色者，其功最勝也。又，療婦人帶下百病，一切風瘙如蟲行。其江海中難得五色者，出歙州溪澤潭中，頭似蝮蛇，背有五色文者是也。又，燒之熏氈中，斷蛀蟲。置其骨於箱衣中，斷白魚諸蟲咬衣服。又，燒之熏舍屋，免竹木生蛀蚛。《聖惠方》： 治諸蟲心痛，多吐，四肢不和，冷氣上攻，心腹滿悶。用鰻鱺魚淡炙令熟，令患人三五度食之。又方： 治蚊蟲。以鰻鱺魚乾者，於室燒之，即蚊子化爲水矣。又方： 治骨蒸勞瘦及腸風下蟲。以魚二斤，治如食法，切作段子入鐺内，以酒二盞煮，入鹽、醋中食之。《外臺秘要》： 《必效》： 治痔心痛。取鰻鱺魚淡炙令熟，與患人食之，一二枚永差，飽食彌佳。《經驗方》： 治惡瘡。用蛇魚骨杵末，入諸色膏藥中相和合，傅上，帋花子貼之。《食醫心鏡》： 主五痔瘻瘡。殺蟲方： 鰻鱺魚一頭，治如食法，切作片，炙，着椒、鹽、醬調和食之。《集驗方》： 治頸項及面上白駮浸淫漸長，有似癬，但無瘡，可治。鰻鱺魚脂傅之，先拭剝上，刮使燥痛，後以魚脂傅之，一度便愈，甚者不過三度。《稽神録》： 有人多得勞疾，相因染死者數人。取病者於棺中釘之，棄於水，永絕傳染之病，流之於江。金山有人異之，引岸開視之，見一女子，猶活。因取置漁舍，多得鰻鱺魚食之，病愈。遂爲漁人之妻。

宋・寇宗奭《本草衍義》卷一七 鰻鱺魚 生剖曒乾，取少許，火上微炙，候油出，塗白剝風，以指擦之，即時色轉。凡如此五七次用，即愈，仍先于白處微微擦動。

宋・王繼先《紹興本草》卷一七 鰻鱺魚 紹興校定： 鰻鱺魚，世之稱白鱔是矣。性味、主治已載《經》注，及諸方亦用之，但未聞的驗之據。唯作食品，亦善動風氣，當云味甘、有小毒者是矣。處處池澤有之。

宋・鄭樵《通志》卷七六《昆蟲草木略》 鰻，《爾雅》云： 鰲，鰊。今鰻魚亦呼鰻鰲。徽州一種鰻，頭似蝮蛇，背有五色，生溪澗。

宋・陳衍《寶慶本草折衷》卷一六 鰻音謾鱺音梨。魚鰌附。 一名鰻魚。○俗號湖鰻。 生江河，今在處有之。○附： 鱔，一名鰍魚，生泥中。○鰍，音秋。

味甘，平，微毒。○主五痔瘡瘻，殺諸蟲。○孟詵云： 癧瘍風，腰腎間濕風痹濕。脚氣人服之良。又諸草石藥毒食之，諸毒不能為害。兼女人帶下病。○日華子云： 治勞，補不足，殺傳尸疰氣，蟲毒惡瘡，暖腰膝，起陽。療婦人産戶瘡痒。○《圖經》曰： 似䱉而腹大，青黄色，補五藏虚損，久病瘵，和五味，以米煮食之。歙州出一種，背有五色文，其功最勝。○《聖惠方》： 諸蟲心痛，多吐，冷氣上攻，心腹滿悶，淡炙熟食。○寇氏曰： 生剖曒乾，火炙油出，塗白剝風，以指擦之，色轉，五七次愈。仍先於白處微微擦動。

附： 鰌○暖洪邁。 似鰻鱺魚而短小，亦可共饌，饌無損無益。

元・尚從善《本草元命苞》卷八 鰻鱺魚 味甘，平，一云微寒，有毒。

能醫五痔瘡瘻，補虛勞不足。殺疰氣傳尸。暖腰膝冷，起陽。除癧瘍風腳氣，殺草木諸蟲毒，去皮膚瘡疥痒。治女子帶下百病，療婦人產户瘡蟨，形似蟬，腹大青黃。補五臟虛損羸瘵。羸，即疲。《稽神録》云：有人多淂勞證，相染死者數人。取病者於棺中釘之，棄於水，永絕傳染之病。流之於江，金山有人異之，引岸開視，見一女子，猶活，因取置漁舍，多淂鰻魚食之，病愈，遂為漁人之妻。

元·吴瑞《日用本草》卷五　鰻鱺魚　身似鱓，頭似蝮，背有五色。有金線，名金線鰻鱺。自海中來者，名海鰻鱺。大而腹下有黑斑者，其毒尤甚。味甘，性溫，有毒。治如食法，和五味，以米煮，空腹食之，甚補益。又濕脚氣人服之良。不可與銀杏同食，患軟風。　主五痔瘡瘻，殺諸蟲。久病瘵疾，骨蒸勞，腸風下血。

明·王綸《本草集要》卷六　鰻鱺魚　味甘，有毒。有五色文者，其功勝。主五痔瘡瘻，殺諸蟲，壓諸草石藥毒。熏下部蟲，療婦人產戶瘡蟲癢。腰背間濕風痹，常如水洗，及濕腳氣人服之良。患諸瘡瘻及癧瘍，婦人帶下百病，一切風瘙如蟲行者，長食之。燒之，熏氈中，斷蛀蟲。置其骨箱中，斷白魚諸蟲咬衣服。又熏諸木竹，辟蛀蟲。又治蚊蟲，取乾者於室燒之，蚊化為水。

明·滕弘《神農本經會通》卷一〇　鰻鱺魚　味甘，有毒。一云：寒。又海鰻，平，有毒。鰻魚，平，微毒。《本經》云：主五痔瘡瘻，殺諸蟲。陶隱居云：灸以熏諸木竹，辟蛀蟲。膏，療諸瘻瘡。《唐本經》云：此膏又療耳中有蟲痛者。孟詵云：殺諸蟲毒，乾末，空腹食之，三五度差。又熏下部痔蟲盡死。患諸瘡瘻及癧瘍風，長食之，甚驗。腰腎間濕風痺，常如水洗者，可取和五味，米煮，空腹食之，甚補益。濕脚氣人服之良。又諸草石藥毒，食之不能為害。五色者，其功最勝，兼女人帶下百病，一切風。日華子云：海鰻，平，有毒。治皮膚惡瘡疥，疳蟨痔瘻。又名慈鰻，猧狗魚。又云：鰻魚，平，微毒。治勞，補不足，殺傳尸疰氣，殺蠱毒，惡瘡，暖腰膝，起陽，療婦人產戶瘡蟲痒。《圖經》云：此魚雖有毒，而能補五臟虛損，久病羸瘵人，可和五味，以米煮食之。患諸瘡痔漏及有風者，長食。歙州出一種，背有五色文，其功最勝。出海中者，名海鰻，相類而大，功用亦同。《食療》云：殺蠱毒，乾，燒炙之令香，食之三五度，即差。長服尤良。又壓諸草石藥毒，不能損傷人。又療婦人帶下百病，一切風瘙如蟲行。又燒之，熏氈中，斷蛀蟲。置其骨於箱衣中，斷白魚諸蟲咬衣服。又燒之，熏舍屋，免竹木生蛀蚛。《聖惠》云：治咬蟲，以鰻鱺魚乾者，於室燒之，蚊子即化為水。又治骨蒸勞瘦，及腸風下蟲，以魚二斤，治如食法，切作段子，入鐺內，以酒三盞，煮，入鹽、醋中，食之。《集驗》云：治頸項及面上白駮，浸淫漸長，有似癬，但無瘡，可治，鰻鱺魚脂傳之，先拭剝上刮使燥痛，後以魚脂傳之，一度便愈，甚者不過三度。《稽神録》云：有人多得勞疾，相因染死者數人，取病者於棺中釘之，乃棄於水，永絕傳染之病，流之於江。金山有人異之，引岸開視之，見一女猶活，因取置漁舍，多得鰻鱺魚食之，病愈，遂為漁人之妻。《局》云：鰻魚主痔殺諸蟲，爇肉熏蚊令滅踪。勞熱骨蒸常可食，項顋白駮竟消風。鰻魚，退勞熱骨蒸，殺蟲，愈痔。

明·劉文泰《本草品彙精要》卷三〇　鰻鱺魚有毒。附鰍魚、海鰻。

鰻音謾鱺音黎魚：主五痔，瘡瘻，殺諸蟲。名醫所錄。　【名】海鰻、慈鰻、猧狗魚。　【地】《圖經》曰：《本經》不載所出州土，今在處有之。似鱔無鱗而腹大，青白色，善攻碕岸，使輒頹阤除爾切，小崩也，近江河居人畏之。此魚雖有毒，能補五臟虛損。燒之熏氈中及舍屋，免竹木生蛀蚛，置其骨於衣箱中，亦斷白魚諸蟲。歙州出一種，頭似蝮蛇，背有五色文，其功最勝。出海中者，名海鰻，相類而大，功用亦同。海人謂之慈鰻，又名猧狗魚。又有鰌音秋，亦相似而短，常在泥中，主狗及牛瘦，取一二枚，以竹筒從口及鼻生灌之，立肥也。　【時】生：無時。採：無時。　【收】暴乾。　【用】肥大者佳。　【色】青、白。　【味】甘。　【性】平，寒。　【氣】氣之薄者，陽中之陰。　【臭】腥。　【主】補虛勞，殺蟲毒。　【製】去腸及涎，煮食之。　【治】療：《唐本》注云：鰻鱺膏，療耳中有蟲痛者。日華子云：海鰻，治皮膚惡瘡疥，疳蟨，痔瘻。○鰻魚，殺傳屍，疰氣，惡瘡及治婦人產戶瘡蟲癢。孟詵云：治癧瘍風及婦人帶下百病，並一切風，常食甚驗。《衍義》曰：生割曬乾，取少許，於火上微炙，油出，塗白刺風，以指擦即色轉，凡五七次乃愈。《別錄》云：淡炙熟，令患人食三五度，治諸蟲心痛，多吐，四肢不和，冷氣上攻，心腹滿悶，並痛心痛者佳。○以乾者空室燒之，即化蚊蟲、鱉虱爲水矣。○鰻鱺魚脂，傅頸項及面上白駁，浸淫漸長，有似癬，無瘡者，先割使燥痛，後以傅之，不過三五度便愈。補：日華子云：鰻魚治勞，補不足，暖腰膝，起陽道。　【合治】鰻魚合五味、米煮，空腹食之，治腰腎間濕風痹，常如水洗者，甚補益。濕腳氣人及久病羸瘵者亦可。○以一條，治如食法，切作片，合椒、鹽、醬，炙食之，治五痔瘻瘡。○以二斤切作段子，治如食法，合酒二盞，入鹽、醋少許，煮食之，治骨蒸勞瘦及腸風下血者，瘥。〔解〕諸草食藥毒及殺蟲毒。

明・盧和、汪穎《食物本草》卷四魚類　鰻鱺魚　味甘，有毒。一云：平，微毒。主五痔瘡瘻，腰背濕風痹常如水洗，及濕腳氣，一切風瘙如蟲行者，殺諸蟲、諸草、石藥毒。勞瘵人食之，殺蟲。昔有女子患傳尸勞，其家以之活釘棺中，棄之江流，以絕此病。流至金山，有人引岸開視之，女人尤活，因取置漁舍，多得鰻鱺食之，病愈，後為漁人妻。此説事見《稽神録》。

明・許希周《藥性粗評》卷四　□□知鰻鱺無雙，獨掃骨蒸之火。

鰻鱺，魚名，似鱓鰌而腹大，青黃色，頭又似蝮蛇。江湖處處有之。出海中者名海鰻，又名猧狗魚，惟背有五色文者入藥最勝。味甘，性寒，有小毒。主治男女五癆七傷，骨蒸發熱，尸疰蟲毒，風濕麻痹，痔瘻疥癩，丹毒惡瘡諸疾。並剖淨，以五味烹調如常法，任意食之，補益無比，雖有小毒而有奇功。

又方：　消白駁：　凡患頭面白駁，先□動微破，以生鰻鱺取脂，塗之二三次愈。辟蚊蟲：　乾鰻鱺燒煙，蚊蠅皆化為水，其房屋有蟲疰者，亦能辟之。

明・鄭寧《藥性要略大全》卷一〇　鰻鱺魚　治項頸及面上白駁浸淫，漸長，有似癬而無瘡者，用鰻鱺脂傅之，先拭上，剝刮使燥痛，後以脂傅之，一度便愈。甚者不過三度。燒烟辟蚊，化為水。又治五痔瘡瘻，殺諸蟲，極殺傳屍癆蟲。　味甘，小毒。

明・陳嘉謨《本草蒙筌》卷一一　鰻鱺魚　味甘，氣寒。有毒。清水河生為美，五色紋具尤佳。二斤以上忌沾唇，一斤以下宜饜口。猶甚毒者，水行昂頭。儻悮食之，為害亦速。務審精細，纔剖烹調。殺諸蟲，壓諸草石藥毒；　調五臟，除五痔瘻瘡瘍。去皮膚風瘮，瘙癢如蟲行；　逐腰背風濕，浸淫若水洗。男子骨蒸癆瘵及脚氣久患者常食有功，婦人產戶蟲瘡併崩漏不斷者多食最効。骨收箱籠，可辟衣魚；　夏月燒煙，又除諸害。熏房中蚊蠓化水，熏床底虱蚤絕踪。氈毯熏之，蛀蟲自死；　竹木熏過，蛀蟲不生。○鱓魚味甘大溫，五月端午日方取；　功專補中益氣，婦人產前疾善調。散濕風，去狐臭。凡中其毒，食蟹解之，蓋鱓畏蟹故也。頭主咽喉消渴。血塗口眼喎斜。左患塗右，右患塗左。用穿魚繩煎湯，治竹木屑入眼。沃洗未已，屑即外流。

明・方穀《本草纂要》卷一二　鰻鱺魚　味甘，氣溫，無毒。主殺諸蟲，去寸白，除疥癩，療腸風，治痔漏之神藥也。吾嘗以鰻燒熏辟虱，其虱盡除；以鰻日逐糟食其食，肌膚滑澤。又有勞瘵之人食之，可退勞熱；　風症之人食之，可驅諸風。大抵鰻之治病，實在驅風殺蟲之專主也。風驅則肌體滑澤，蟲殺則勞熱可除。然而痔漏疥癬皆然，觀此鰻之一物，可殺一切無骨之蟲，可驅一切疥癩之風，人不知之矣。宜纂記之。

明・寧源《食鑒本草》卷上　鰻鱺魚　味甘，平，有小毒。五色花者其功尤效。補五臟，殺諸蟲，治五種痔瘻。《食療》云：　治婦人百病帶下，一切風疾，腸風下血，皆宜食之。《圖經》云：　此魚雖有小毒，而能補臟腑虛損，有勞症人宜食之。《聞見録》：　唐天寶年間，田家生一女，甫十七歲，染勞瘵疾，二年，愈篤。夫婦貧而無措，恐其死，遂棄之於江濱。適逢一漁舟來，憐而救之，置于舟中。忽見漁翁婆煮鰻魚食，女子哀而求食之。是夜，腹中悶刺，亦不敢言。次日，所下惡糞異蟲許多，疾漸瘥。可調養，姿容勝于昔時。漁翁送歸田家，後適人，生有二三子。《月令記》：　夏月間以乾鰻魚焚於室內，則蚊蟲皆化為水。《東坡記》：　置骨於衣廂書匱中，斷蠹魚蛀蟲，果驗。《村翁記》：　燒之薰屋舍，免竹木之類生蛀蟲，薰氈毛衣褐亦斷蟲蛀。

新增：　水中頭浮者不可食，恐蛇類而殺人也。

明・王文潔《太乙仙製本草藥性大全》卷八《本草精義》　鰻鱺魚　《本經》不載所出州土，今在處有之。似鱓而腹大，青黃色。云是蛟蜃之類，善攻碕岸，使輒頹阤，近江河居人酷畏之。此雖魚，有毒而能補五臟虛損，久病癆瘵人可和五味以米煮食之。患諸瘡痔漏，其有風者長食。歙州出一種，背有五色文，其功最勝。出海中者名海鰻，相類而大，功用亦同。海人又名慈鰻，又名猧狗魚。鰌魚短小，常在泥中，主狗及牛瘦，取一二枚，以竹筒從口及鼻生灌之立肥也。

明・王文潔《太乙仙製本草藥性大全》卷八《仙製藥性》　鰻鱺魚　味甘，氣平，有毒。又云氣寒，有微毒。　主治：　補虛勞不足，暖腰膝起陽。殺傳尸疰氣并蟲毒。療婦人產戶瘡蟲痒，治皮膚惡瘡。祛疳蜃痔瘻，理腰背間濕風痹常如水洗。熏下部蟲，壓諸般草石藥毒。驅寒濕脚氣及癧瘍風，醫婦人帶下及百般病。傅頸項及面上白駁浸淫漸長，熏氈中并竹木斷辟蟲全無。

取乾者燒，室內蚊化爲水；　置其骨於箱，永斷蠹魚。　補註：　治諸蟲心痛多吐，四肢不和，冷氣上攻，心腹滿悶。用鰻鱺魚，淡炙令熟，令患人三五度食之。○治蚊蟲，以鰻鱺魚乾者，於室燒之，即蚊子化爲水矣。○治骨蒸勞瘦及腸風下蟲，以魚一斤，治如食法，切作段子，入鍋內以酒二盞，煮入鹽、醋中食之。《必效》治痏心痛，取鰻鱺魚淡炙令熟，與患人食之一二枚，永差，飽食彌佳。○治惡瘡，用蛇魚骨杵末，入諸色膏藥中相和合傳上，紙花子貼之。○主五痔瘻瘡，殺蟲方：　鰻鱺魚一頭，治如食法，切作片，炙着椒、鹽、醬調和食之。○治頸項及面上白駁浸淫漸長，有似癬，但無瘡，可治鰻鱺魚脂傳之，先拭剝上刮使燥痛，後以魚脂傳之，一度便愈，甚者不過三度。○白剝風，鰻鱺魚生剖煞乾取少許，火上微炙，俟油出，遂以指擦之，即時色轉，如此凡五七次用即愈，仍先於白處微微擦動。

明·皇甫嵩《本草發明》卷六　鰻鱺魚中品。味甘，有毒。　主五痔瘡瘻，殺諸蟲。又云：　療一切風疹瘙癢如蟲行者，逐腰背風濕浸淫，男子骨蒸癆瘵及脚氣，婦人產戶蟲瘡，并崩漏不斷。　多食最效，能調五藏。置骨箱籠，可辟衣魚。燒煙，除諸蟲，薰蚊化為水，薰虱蚤絕踪。（壇）〔氈〕物熏之，蛀蟲死。竹木熏過，不蛀。五色紋，一斤以下佳。水行昂頭者，有毒。

明·李時珍《本草綱目》卷四四鱗部·魚類　鰻鱺魚《別録》中品

【釋名】白鱓《綱目》　蛇魚《綱目》　乾者名風鰻。時珍曰：　鰻鱺，舊注音漫黎。按許慎《說文》鱺與鱧同。趙辟公《雜録》亦云：　此魚有雄無雌，以影漫於鱧魚，則其子皆附於鱧鬐而生，故謂之鰻鱺。與許說合，當以鱧音爲正。曰蛇，曰鱓，象形也。　【集解】頌曰：　所在有之。似鱓而腹大，青黃色。云是蛟蜃之屬，善攻江岸，人酷畏之。詵曰：　歙州溪潭中出一種背有五色文者，頭似蝮蛇，入藥最勝。江河中難得五色者。時珍曰：　鰻鱺，其狀如蛇，背有肉鬣連尾，無鱗有舌，腹白。大者長數尺，脂膏最多。背有黃脉者，名金絲鰻鱺。此魚善穿深穴，非若蛟蜃之攻岸也。或云鮎亦產鰻，或云鰻與蛇通。　【正誤】弘景曰：　鰻鱺能緣樹食藤花。恭曰：　鯢魚能上樹。鰻無足，安能上樹耶？　謬說也。

肉　【氣味】甘，平，有毒。思邈曰：　大温。士良曰：　寒。宗奭曰：　動風。吳瑞曰：　腹下有黑斑者，毒甚。與銀杏同食，患軟風。機曰：　小者可食。重四五斤及水行昂頭者，不可食。嘗見舟人食之，七口皆死。時珍曰：　按《夷堅續志》云：　四目者殺人。背有白點無鰓者，不可食。妊娠食之，令胎有疾。　【主治】五痔瘡瘻，殺諸蟲。詵曰：　痔瘻熏之蟲即死。殺諸蟲，燒炙爲末，空腹食，三五度即差。　治惡瘡，女人陰瘡蟲痒，治傳尸疰氣勞損，暖腰膝，起陽日華。　療濕脚氣，腰腎間濕風痹，常如水洗，以五味煮食，甚補益。　患諸瘡瘻癧瘍風人，宜長食之孟詵。　治小兒疳勞，及蟲心痛時珍。　婦人帶下，療一切風瘙如蟲行，又壓諸草石藥毒，不能爲害張鼎。

【發明】頌曰：　魚雖有毒，以五味煮羹，能補虛損，及久病勞瘵。時珍曰：　鰻鱺所主諸病，其功專在殺蟲去風耳。與蛇同類，故主治近之。《稽神録》云：　有人病瘵，相傳死者數人。取病者置棺中，棄於江以絕害。流至金山，漁人引起開視，乃一女子，猶活。取置漁舍，每以鰻鱺食之。遂愈。因爲漁人之妻。張鼎云：　燒烟熏蚊，令化爲水。熏氈及屋舍竹木，斷蛀蟲。置骨於衣箱，斷諸蠹。觀此，則《別録》所謂能殺諸蟲之說，益可證矣。

【附方】舊三。　諸蟲心痛：　多吐清水。鰻鱺淡煮，飽食三五度，即差。《外臺》。　骨蒸勞瘦：　用鰻鱺二斤治凈，酒二盞煮熟，入鹽、醋食之。《聖惠》。　腸風下蟲：　同上。

膏　【主治】諸瘻瘡陶弘景。　耳中蟲痛蘇恭。　曝乾微炙取油，塗白駁風，即時色轉，五七度便差宗奭。《集驗方》云：　白駁生頭面上，浸淫漸長似癬者，刮令燥痛，炙熱脂搽之，不過三度即差。

骨及頭　【主治】炙研入藥，治疳痢腸風崩帶。　燒灰敷惡瘡。　燒熏痔瘻，殺諸蟲時珍。

【附方】舊一。　一切惡瘡：　用蛇魚骨炙爲末，入諸色膏藥中貼之，外以紙護之。《經驗》。

血　【主治】瘡疹入眼生翳，以少許點之時珍。

明·梅得春《藥性會元》卷下　鰻鱺魚　味甘，有毒。　主治五痔，瘡瘻，殺諸蟲，愈痔，退骨蒸勞熱，補五藏虛損，消項、腮白駁風熱。

明·穆世錫《食物輯要》卷七　鰻鱺　味甘，性微溫，有小毒。壓諸草、藥、石毒，殺癆蟲，補虛乏，起陽道，去風濕痹痛，脚氣，五痔，女人帶淋陰瘡，小兒疳熱。同白菓食，患軟風。有重三四斤者、昂頭三寸遊者、四目者、無鰓者、背有白點者、腹有黑斑者、尖頭劍脊黑色者，無味，並有毒，忌食。

明·張懋辰《本草便》卷二　鰻鱺魚　味甘，有毒。有五色文者，其功勝。主五痔瘡瘻，殺諸蟲，壓諸草石藥毒，熏下部蟲，療婦人產戶瘡蟲痒。　腰背間濕風痹，常如水洗，及濕脚氣人服之良。　患諸瘡瘻及癧瘍風，婦人帶下百病，一切風瘙如蟲行者，長食之。

明·吳文炳《藥性全備食物本草》卷三　鰻鱺魚　似鱓而腹大，青黃色。云是蛟蜃之類，善攻碕岸，使輙頽阤。近江河居人酷畏之。此雖魚，有毒而能補五臟虚損，久病癆瘵人可和五味，以米煮食之。患諸瘡痔漏其有風者長食之。歙州一種皆有五色文，其功最勝。出海中者名海鰻，功用亦同。海人又名慈鰻，又名猧狗魚，鰌魚短小，常在泥中，主狗及牛瘦，取一二枚以竹筩從口及鼻生灌之，立肥也。味甘，性微溫，有小毒。補虚勞不足，暖腰膝，起陽，殺傳尸疰氣并蠱毒，療婦人産戶瘡蟲痒，治皮膚惡瘡，祛疳䘌痔瘻，理腰背間濕風痺常如水洗。燻下部蟲，壓諸般草石藥毒，驅寒濕脚氣及癧瘍風，醫婦人帶下及百般病，傳頸項及面上白駮浸淫漸長。燻氈中并竹木斷辟蟲全無，取乾者燒室内蚊化為水。置其骨於箱，永斷蠹魚。同白菓食患軟風。有重三四斤者，昂頭三寸遊者，四目者，無鰓者，背有白點者，腹有黑斑者，尖頭剱脊黑色者，無味並有毒，忌食。一種肉麄無油者勿食。

《稽神錄》云：有人多得勞疾，相因傳死者數人，後一女子病，生置之棺中釘之，沉于江，冀絕傳染之患，流之金山，有漁人異之，引至岸，見一女子猶然活，因取置漁舍，多得鰻鱺魚食之，病愈，遂為漁人之妻。又越州鏡湖邵長者，女十八染瘵疾，累年刺灸無不求治，醫亦不効，有漁人趙十煮鰻羹與食，食竟內熱之病皆無矣。

明·趙南星《上醫本草》卷四 鰻鱺魚 一名白鱓，又名蛇魚。乾者名風鰻。 甘，平，有毒。

明·李中梓《藥性解》卷六 鰻鱺魚 味甘，性平，有微毒，不載經絡。主虛勞不足，陽事衰微，傳屍鬼疰，蟲毒諸蟲，婦人陰瘡蟲癢帶下，皮膚惡瘡，疳䘌痔漏，腰背間風寒濕痹，諸般草石藥毒，脚氣癧瘍風，白剝風。肉燒室內，可辟蚊蟲，骨置廂中，能除衣蠹。按：鰻鱺雖有小毒，而功甚溥，或言是蛟蜃之類，未可盡信。今據《稽神錄》所載主療傳屍甚奇，信亦非常物也。五色全者，其功最勝，然罕能得爾。

明·繆希雍《本草經疏》卷二一 鰻鱺魚 味甘，有毒。主五痔瘡瘻，殺諸蟲。

〔疏〕鰻鱺魚稟土中之陰氣，故其味甘，其氣寒。其形類蛇，常與水蛇同穴，故其性有小毒。甘寒而善能殺蟲，故骨蒸勞瘵，及五痔瘡瘻人，常食之有大益也。燒烟辟蚊，熏屋舍竹木斷蛀蟲，置骨于衣箱中斷蠹。其殺諸蟲之驗可證矣。腹下有黑斑，背上有白點者，毒甚不可食。重三四斤及水行昂頭者，不可食。妊娠食之，令胎有疾。脾胃薄弱易泄者，勿食。

明·倪朱謨《本草彙言》卷一九 鰻鱺魚 味甘，氣平，有毒。李氏曰：鰻鱺魚，隨處有之，其狀如蛇，背有肉鬛，色青黃。其身連尾，無鱗，有舌，腹白。大者長數尺，脂膏最多。背有黃脉者名黃絲鰻鱺。此魚善穿深穴，如蛟蜃之屬。善攻江岸，常與水蛇同穴，人酷畏之。孟氏曰：歙州溪潭中出一種，背有五色文者，頭似蝮蛇，入藥最勝。江河中難得五色文者。倘腹下有黑斑，背上有白點者，毒甚，不可食。

鰻鱺魚：消疳治瘵，《別錄》殺諸蟲，日華子止傳尸勞疰之藥也。方益明曰：此物其形類蛇，無鱗有舌，常與水蛇同穴，其性有毒可知矣！《別錄》言性本殺諸蟲，故日華方用治傳尸蟲勞，骨蒸夜熱，往往推驗。又如癧瘍瘻痔、及風濕脚氣痹痛，人常食之，漸漸獲效。性雖有毒，以五味、葱、薑、椒、韭，烹製得宜，食之又能補腎藏、壯虛羸。謂其味甘而性稟水土之陰氣故也。

《本草發明》云：鰻鱺所主諸病，其功專在殺蟲去風耳。金山有人病瘵，相傳死者數人，延及女子。家人棄于江濱，漁人引歸，安置漁舍中。日以鰻鱺魚食之，其病遂愈。又取骨燒烟熏蚊，令化爲水。熏氈挑及屋舍竹木，斷蛀蟲。置骨于衣箱，斷諸蠹。觀此則《別錄》謂殺諸蟲之說，益可證矣。

倪朱謨曰：鰻鱺魚，出《綱目》昔名蛇魚。其形似蛇，頭似蝮，身與尾連，無鱗有舌，穿土穴居，又與水蛇共處，其屬蛇類而非魚類也。因《本草》原附鱗部魚類中，朱不敢外此另立他部。又因功能殺蟲、治勞瘵，故不敢棄。今附魚類之末，以俟後之好生者採擇焉。

明·應廪《食治廣要》卷七 鰻鱺魚 肉：氣味：甘，平，有毒。主五痔瘡瘻，殺諸蟲惡瘡，女人陰瘡蟲痒，傳尸疰氣，勞損，暖腰膝，起陽，除腰腎間濕氣風痹，諸瘡瘰癧瘍風人宜長食之。又能療小兒疳勞及蟲心痛，婦人帶下，一切風痒如蟲行。又壓諸草石藥毒，不能為害。汪石山曰：小者可食，重四五斤及水行昂頭者，不可食。嘗見舟人食之，七口皆死。

又按《夷堅續志》云：四目者殺人。背有白點無鰓者，不可食。妊娠食之，令胎有疾。考鰻鱺所主諸病，其功專在殺蟲去風耳，與蛇同類，故主治近之。《稽神錄》云：有人病瘵，相傳死者數人。取病者置棺中，棄於江，以絕害。流至金山，漁人引起開視，乃一女子，猶活。取置漁舍，每以鰻鱺(同)〔飼〕之，遂愈。因為漁人之妻。張鼎云：燒烟熏蚊，令化為水。熏氈及屋舍，竹木斷蛀蟲。置骨於衣箱，斷蟲蠹。觀此，則《別錄》所謂能殺諸蟲之說，益可證矣。

明・姚可成《食物本草》卷一〇鱗部・無鱗魚類　鰻鱺魚所在有之。似鱓而腹大，青黃色。云是蛟蜃之屬，或云黑魚背上出鰻鱺，故其體花紋酷肖之。善攻江岸，人甚畏焉。○李時珍曰：鰻鱺狀如蛇，背有肉鬣連尾，無鱗有舌，腹白。大者長數尺，脂膏最多。背有黃脉者，名金絲鰻鱺。此魚善穿深穴，非若蛟蜃之攻岸也。或云鮎亦產鰻，或云鰻與〔蛇〕通。

鰻鱺魚：味甘，平，有毒。治五痔瘡瘻，殺諸蟲惡瘡，女人陰瘡蟲痒。治傳尸疰氣勞損，暖腰膝，起陽。療濕脚氣，腰腎間濕風痹，常如水洗，以五味煮食，甚補益。患諸瘡瘻癘癧風人，宜常食之。治小兒疳勞及蟲心痛。婦人帶下，療一切風瘙如蟲行，又壓諸草石藥毒，不能為害。小者可食，重四五斤及水行昂頭者不可食。嘗見舟人食之，七口皆死。腹下有黑斑者，毒甚。與銀杏同食，患風軟。背有白點者，無腮者，俱不可食。妊娠食之，令胎有疾。○魚雖有毒，以五〔味煮〕羹，能補虛損及久病勞瘵。有人病瘵，相傳死者數人，取病者置棺中，棄於江以絕害。流至金山，漁人引視之，乃〔一〕女子，猶活。取置漁舍，每以鰻鱺食之，遂愈。因為〔漁〕人之妻。張鼎云：燒烟熏蚊，令化為水。熏氈及屋舍竹木器皿，斷蛀蟲。置骨於衣箱書篋中，斷諸蠹。　膏：治諸瘻，耳中蟲痛。曝乾微炙，取油塗白駁風，即時色轉，五七度便差。　骨及頭：炙研入藥，治疳痢腸風崩帶。燒灰敷瘡之惡者。燒烟熏痔瘻，殺諸蟲。　血：治瘡疹入眼生瞖，以少許點之。

附方：治骨蒸勞熱。用鰻鱺二斤，治淨，酒二盞，煮熟，入陳醋食之。治白癜風生頭面上，浸淫漸長似癬者。刮令燥痛，炙熱脂搽之，不過三度即差。

明・姚可成《食物本草》卷一〇鱗部・無鱗魚類　江鰻鱺生長江。他處鰻鱺，食品中以活者為美，惟此不論，以其離水便死。形略大，味差短。烹治以葱、薑汁、醬。最忌花椒等物。　江鰻鱺，味甘，平，無毒。主補虛羸，去勞熱，殺蟲，益血。

明・顧逢柏《分部本草妙用》卷一〇水族部　鰻鱺魚　甘，平，有毒。小者可食，大則有毒。腹下有斑者，毒甚。四目者殺人。背有白點，無鰓者，不可食。能病胎。忌食杏仁。　主治：五痔瘡瘻，殺諸蟲，暖腰膝，起陽，療濕風痺等疾，滑肌，解草石藥毒。此魚主症雖多，然專于殺蟲去風，功與蛇相近。

明・孟筌《養生要括・鱗類》　鰻鱺魚　味甘，平，有毒。治五痔瘡瘻，殺諸蟲。治惡瘡，婦人陰瘡蟲痒，治傳尸疰氣勞損，暖腰膝，起陽。療濕脚氣，腰腎間濕風痺，常如水洗，以五味煮食，甚補益。患諸瘡瘻癧瘍風人宜長食之。治小兒疳勞及蟲心痛。婦人帶下，療一切風瘙如蟲行。又壓諸草石藥毒，不能為害。〔腹下有黑點者，毒甚。與銀杏同食，患軟風。重四五斤及水行昂頭者，食之死人。四目者，殺人。背有白點者，殺人。背有白點，無腮者，不可食。妊娠食之，令胎有疾。〕

骨及頭：炙研入藥，治疳痢、腸風、崩帶。燒灰敷惡瘡，熏痔瘻，殺諸蟲。燒煙熏蚊，令化為水；熏氈及屋舍竹木，斷蛀蟲；置骨於衣箱，斷諸蠹。

明・黃承昊《折肱漫録》卷七　寧都曾友甜素園，攜一姑蘇僕來偶。園丁有子患痢，蘇僕即傳一方與之，用大鰻魚骨一條併頭，新瓦炙存性，為末，黑糖調薑湯下，服之旋愈。適友人朱伯思之子亦患噤口痢甚危，轉傳此方服之亦即愈滯下。

明・施永圖《本草醫旨・食物類》卷五　鰻鱺魚乾者名風鰻。此魚有雄無雌，以影漫於鱧魚，則其子皆附於鱧鬐而生，故謂之鰻鱺。　肉：味甘，平，有毒。動風，腹下有黑斑者，毒甚。與銀杏同食，患軟風。小者可食，重四五斤及水行昂頭者不可食。嘗見舟人食之，七日皆死。四目者殺人，背有白點無鰓者不可食。妊娠食之，令胎有疾。　治：五痔瘡瘻，殺諸蟲。痔瘻，熏之蟲即死。殺諸蟲，燒炙為末，空腹食三五度，即瘥。治惡瘡，女人陰瘡蟲痒，治傳尸疰氣，勞損，暖腰膝，起陽。療濕脚氣，腰腎間濕風痹，常如水洗，以五味煮食，甚補益。患諸瘡瘻癧風人，宜常食之。治小兒疳癆及蟲心痛，婦人帶下。療一切風瘙如蟲行，又壓諸草石藥毒，不能為害。魚雖有毒，以五味煮羹，能補虛損及久病癆瘵。○有女子病瘵，取置棺中，棄於江，以絕害。流至金山，漁人引起，開視，乃一女子，猶活，取置漁舍，每以鰻鱺食之，遂愈。因為漁人之妻。○燒烟熏蚊，令化為水。熏氈及屋舍竹林，斷蛀蟲。置骨於衣箱，斷諸蠹。

附方　諸蟲心痛：多吐清水，鰻鱺淡煮，飽食，三五度即瘥。　骨蒸勞瘦：用鰻鱺二斤，治淨，酒二盞，煮熟，入鹽、醋食之。　腸風下蟲：同上。

膏：治：諸瘻瘡，耳中蟲痛。曝乾微炙，取油塗白駁風，即時色轉，五七度便瘥。炙熱脂搽之，不過三度即瘥。　骨及頭：治：炙研入藥，治疳痢，腸風，崩帶。燒灰，敷惡瘡。燒，熏痔瘻，殺諸蟲。

附方　一切惡瘡：用蛇魚骨炙為末，入諸色膏藥中，貼之，外以紙護之。

血：　治：　瘡疹入眼生瞖，以少許點之。

清・顧元交《本草彙箋》卷九　鰻鱺魚　鰻鱺所主諸病，其功專在殺蟲去風耳。與蛇同類，故主治近之。凡骨蒸勞瘵，及五痔瘡瘻，人常食之，有大益。　腹下有黑斑，背上有白點者毒甚，不可食。重三四觔，及水行昂頭者，不可食。妊婦不宜食鰻；　脾胃薄弱易泄者，勿食。

清・穆石匏《本草洞詮》卷一六　鰻鱺魚　鱺與鱧同，此魚有雄無雌，以影漫於鱧魚，則其子皆附鱧鬐而生，故稱鰻鱺。能攻岸，亦蛟蜃之屬也。肉甘，平，一曰大溫，一曰寒，有毒。能補虛損，及久病勞瘵，療惡瘡，治傳尸疰氣，風人宜食之。所主諸病，其功專在殺蟲去風。與蛇同類，故主治近之。漁按《稽神錄》云：　有人病瘵，傳死者數人，取病者置棺中，棄於江以絕害。漁人引起開視，乃一女子，取置漁舍，每日以鰻鱺食之，遂愈。張鼎云：　燒烟熏蚊，令化為水。熏壇及屋舍竹木，斷蛀蟲。置骨於衣箱，斷諸蠹。觀此則鰻鱺治瘵殺蟲之功可徵矣。水行昂頭者，腹下有黑斑者，毒甚，皆不可食。

清・丁其譽《壽世秘典》卷四　鰻鱺魚其狀如蛇，背有肉鬣連尾，無鱗，有舌，腹白，善穿深穴。大者長數尺，脂膏最多。背有黃脉者，名金絲鰻鱺；　乾者，名風鰻。生海中者，類鰻鱺而大，功用相同。　氣味：　甘，平，有毒。主治五痔瘡瘻，殺諸蟲，療傳尸疰氣勞損，暖腰膝，起陽，並治小兒疳勞及蟲心痛。發明蘇頌曰：　鰻鱺魚稟土中之陰氣，故其味甘氣寒，雖有毒，以五味煮羹能補虛損及骨蒸勞瘵。孟詵曰：　痔瘻熏之，蟲即死。諸蟲心痛，多吐清水，鰻鱺淡煮，飽食三五度，即瘥。吳瑞曰：　腹下有黑斑，背上有白點者，毒甚不可食；　重三四斤及水行昂頭者，不可食；　四目者殺人；　無腮者，不可食。與銀杏同食，患軟風。妊娠食之，令胎有疾。脾胃薄弱易泄者，勿食。李時珍曰：　鰻鱺所主諸病，其功專在殺蟲去風耳，與蛇同類，故主治近之。燒煙熏蚊，令化為水。熏毡及屋舍竹木，斷蛀蟲。置骨于衣箱，斷諸蠹。觀此，則《別錄》所謂能殺諸蟲之說，益可證矣。　骨及頭：　炙研入藥，治疳痢、腸風、崩帶。燒灰敷惡瘡。燒熏痔瘻，殺諸蟲。

清・劉雲密《本草述》卷二八　鰻鱺魚即白鱓也。　頌曰：　所在有之。似鱓而腹大，青黃色。　時珍曰：　鰻鱺其狀如蛇，背有肉鬣連尾，無鱗有舌，腹白，大者長數尺，脂膏最多。背有黃脈者，名金絲鰻鱺。　肉：　氣味：　甘，平，有毒。思邈曰：　大溫。士良曰：　寒。　主治：　傳尸疰氣，勞損，暖腰膝，起陽日華子。療溼脚氣，腰腎間溼風痹，常如水洗。主五痔瘡瘻，殺諸蟲，諸瘡瘻癧腸風人宜常食之孟詵。並治小兒疳勞及蟲心痛時珍。

日華子曰：　此魚雖有毒，以五味煮食，能補五臟虛損，勞傷不足。時珍曰：　鰻鱺所主諸病，其功專在殺蟲去風耳。與蛇同類，故主治近之。《稽神錄》云：　有人病瘵，相傳死者數人。取病者置棺中，棄於江以絕害。流至金山，漁人引起開視，乃一女子，猶活，取置漁舍，每以鰻鱺食之，遂愈。因為漁人之妻。張鼎云：　燒烟熏蚊，令化為水。熏氈及屋舍，竹木斷蛀蟲。置骨於衣箱，斷諸蠹。觀此則《別錄》所謂能殺諸蟲之說，益可證矣。簡便諸方云：　有癆蟲者，常食鰻鱺並嚼其骨。蓋此魚之肉最補陰補神，其骨髓最能殺蟲，且其骨髓流入牙齒間，兼殺牙蟲，能止牙痛。故此魚最可用。如無鮮鰻，即食醃鰻，嚼骨亦可。　希雍曰：　鰻鱺魚稟土中之陰氣，故其味甘，其氣寒，其形類蛇，常與水蛇同穴，故其性有小毒。甘寒而善能殺蟲，故骨蒸勞瘵及五痔瘻人，常食之有益也。

愚按：　白鱓善穿深穴以藏，則其稟土中之陰氣，誠如希雍所云，是氣寒味甘，當從益陰以治勞損矣。而日華子就是謂其暖腰膝，且起陽也，義將若何？　曰：　如孟詵所說，療腰腎間溼風痹，并溼脚氣，則益陰而即起陽者，有可思也。尤當取其能殺蟲之義以叅之。蓋人物之生，皆以其稟陰中之陽也。陰中無陽，則不能生矣。然猶是水土合德而後生，所謂萬物造於土也。其蟲即生於所生之中以為蠹者，即是水土相合之中而有為之鬱，其真氣鬱積，遂聚其邪氣以生化，還以蝕其所生者也。故先哲論蟲曰，木從土化，是即水土病於溼化，而風化變眚者也，不獨人身為然。凡生蠹，如屋舍竹木之類，舉同此理耳。先哲言九蟲，其中有五臟勞熱，又病後餘毒，氣血鬱積而生，以此推白鱓之所治，義當如是，本土中之陰氣以散熱，而不令溼化為之鬱，以暢真氣，不使溼化之鬱邪蟠以變風眚，故《別錄》於兹物專以殺蟲為言也。宜以地龍療腎臟風之義叅看。是其由益陰而即療溼氣，由療溼而即起陽氣，乃所謂補勞損而益五臟，繆氏謂食之有大益者，豈浪語哉？

骨及頭　主治：　炙研入藥，治疳痢腸風，崩帶。燒灰敷惡瘡。燒熏痔瘻。殺諸蟲時珍。

先哲曰：　腹下有黑斑，背上有白點者，毒甚，不可食。重三四斤及水行昂頭者，不可食。妊娠食之，令胎有疾。脾胃薄弱易泄者，勿食。

清・郭章宜《本草匯》卷一七　鰻鱺魚　甘，平，氣寒。治風瘙如蟲行，療濕痺如水洗。男子骨蒸癆瘵，婦人產戶蟲瘡。

按：鰻鱺魚，禀土中之陽氣，常與水蛇同穴，雖有小毒，以五味煑羹，能補虛損癆瘵。然其功則專於殺蟲去風耳。風蟲痔瘻，燒炙為末，空腹食，三五度即瘥。張鼎云：夏月用骨燒烟，蚊化為水。熏氈及屋舍竹木，斷蛀蟲。置骨於衣箱，斷諸蠹。脾胃薄弱易泄者，勿服。

小者可食。重三四斤及水行昂頭者，腹下有黑斑，背有白點，無鰓者，殺人。娠婦忌之。與銀杏同食，患軟風。

清·尤乘《食鑒本草·魚類》 鰻魚 此魚無雌，附生於鯉鬐之上，故名鰻鯉。殺蟲，治五痔惡瘡，理傳尸疰氣，療濕脚氣。

清·朱本中《飲食須知·魚類》 鰻鱺魚 味甘，性微溫，有小毒。同白果食患軟風，多食動風。妊婦食之，令胎有疾。有重三四觔者、昂頭三寸遊者、四目者、無腮者、背有白點者、腹有黑斑者，並有毒，食之殺人。尖頭劍脊黑色者，有毒，食之無味。其骨燒烟熏蚊，令化為水。熏氈及屋舍竹木，斷蛀蟲。置書笥衣箱，不生蠹。海鰻鱺，性味相同，暖而不補。一種肉粗無油者，有毒，勿食。乾者名風鰻。

清·王翃《握靈本草》卷九 鰻鱺魚 主治：鰻鱺魚，甘，平，有毒。主痔瘡，殺諸蟲，女人陰瘡，治尸注勞損，暖腰膝，起陽。

清·汪昂《本草備要》卷四 鰻鱺補虛，殺蟲 甘，平。去風殺蟲。按：蟲由風生，故風字從蟲。治骨蒸勞瘵，濕痹風瘙，陰戶蝕癢。皆有蟲。張鼎云：其骨燒烟，蚊化爲水。熏竹木，辟蛀蟲。置衣箱，辟諸蠹。補虛損。有病瘵者，相染已死數人。乃取病者釘之棺中，棄于流水，永絕傳染。漁人異之，開視，見一女子尚活，取置漁舍，多食鰻鱺，病愈，遂以爲妻。《聖惠方》：鰻鱺淡炙食，治諸蟲心痛，多吐，冷氣上攻滿悶。

清·陳士鐸《本草新編》卷五 鰻魚 味甘，氣寒，有毒。殺諸蟲，調五臟，除五痔，逐腰背之風濕浸淫，治男女骨蒸癆瘵，兼療脚氣，產戶生瘡，併崩漏不斷者，多食最效。骨燒熏牀上衣箱，百蟲皆死。但非補益之藥，然食之殺蟲，使蟲盡絕。鰻魚治癆瘵，自是殺蟲，然必須淡食為佳。蓋鹹則盡入于腎中，合為佳耳。癆瘵重生，又不可為非補也。大約于丸散中，同補陰藥修而淡則無經不達也。

或問：鰻魚亦殺癆蟲，何以不同鱉方共治？曰：鱉與鰻，雖同是殺蟲之物，而性各別，鱉喜攻入，而鰻喜攻出也。雖二物亦可同用出奇，然用之以治骨蒸，宜分而不宜合。一欲出，一欲入，兩相拂意，反忘其殺蟲矣，況骨內之蟲，驅外出而殺之，不若攻入內而盡誅之也。故用鰻又不若用鱉之更勝。倘單用鰻魚作餐以殺蟲，此鱉又不若鰻魚之功也。蓋鱉肉但補而不攻耳。

或問：鰻魚殺蟲而不補精，何以能愈骨蒸之病，豈殺蟲即可以愈骨蒸乎？曰：鰻魚實止殺癆蟲，而骨蒸之病可全愈者，必胃健能食，有滋補之味也。倘胃氣不開，又無填精降火之藥，徒恃鰻魚之殺蟲也，亦何益乎。

清·李熙和《醫經允中》卷二三 鰻鱺魚 大者有毒。腹下有黑班，水行昂首者毒。甚忌杏仁。甘，平，有毒。主治五痔瘡瘻，殺諸蟲，暖腰膝。療濕風痺，滑肌，解草石藥毒。婦人產戶蟲瘡，多食最效，專于殺蟲。去風功與蛇相近，姙娠忌之。

清·张璐《本經逢原》卷四 鰻鱺魚 甘，平，小毒。闊嘴者為鰻，尖嘴者為鱺。發明：鰻魚雖有毒，性能補虛益陰，久病勞瘵宜之。大便濡泄勿用。其功專在滋補真陰，殺勞瘵蟲，與蛇同類，故主治亦近之。

清·汪啟賢等《食物須知·諸葷饌》 鰻鱺魚 味甘，氣寒，有毒。清水河生為美，五色紋具尤佳。二斤以上忌沾唇，一斤以下宜饜口。猶甚毒者，水行昂頭，倘誤食之，為害亦速。務審精細，纔剖烹調。殺諸蟲，壓諸草石藥毒；謂五臟，除五痔漏瘡瘍。去皮膚風癩，瘙痒如蟲行；逐腰背風濕，浸淫若水洗。男子骨蒸癆瘵，及腳氣久患者有功；婦人產戶蟲瘡，併崩漏不斷者頻食效。〇骨收箱籠可避衣魚，夏月燒煙又除諸害。薰房中，蚊蠓化水；薰床底，虱蚤絕踪。氈毯薰之，蛀蟲自死；竹木薰過，蛀蟲不生。江鰻及漢路地所生，有毒，不可食之。

清·浦士貞《夕庵讀本草快編》卷六 鰻鱺魚《別錄》、蛇魚《說文》云：鱺與鱧同。趙公辟云：此魚有雄無雌，以影漫於鱧上，其子皆附于鱧鬐而生，無鱗而有舌，善穿穴而與蛇通。凡腹下黑斑者，水行昂頭者，皆有白點，無鰓者，四目者，重四五觔者，皆不可食，食之殺人。鰻鱺甘平而有毒，殺蟲祛風之品也。其形類蛇，其性亦竄，故能主勞瘵而起陽痿，暖腰膝而除濕痺。男子五痔惡瘡，女人帶下陰蝕，外而風瘙體痒，內而蟲積心疼，皆所治也。頭骨炙研，療疳痢而止崩帶，皮肉煎膏，可貼瘻癧而塗白駁。骨藏衣笥而斷蠹，燒烟薰蚊而化水，雖物性使然，而殺蟲之驗益徵矣！

清·葉盛《古今治驗食物單方》 鰻鱺魚 骨蒸勞嗽，用多年溺尿烏瓶一個，入鰻魚在內，紙包口，外以鹽泥封固，火煅通紅，冷定取出，連瓶內白垢并魚刮下研，人參末四兩，共研，麥冬湯為丸，每服三十丸，以五味子湯送下。

清・吴儀洛《本草從新》卷六 鰻鱺（補虚，殺蟲。） 甘，平。去風殺蟲。蟲由風生，故風字從蟲。治骨蒸勞瘵，濕痺風瘙，陰戶蝕癢。補虚損。其骨燒烟，蚊化為水；熏竹木，辟蛀蟲；置衣箱，辟諸蠹。海鰻鱺，功用相同。

清・汪紱《醫林纂要探源》卷三 鰻鱺 甘，鹹，溫。鱓體圓長，此稍扁似鱧，尾亦稍大。滋陰養陽，補虚勞，理衝任，殺蟲䘌。性味頗同鱓，然鱓居於土，得土氣之沖和，此游於水，得水石之清潔。而鱓有穿穴之力，則非此所能及。此有從容滋補之能，又鱓所難同也。得水石之清潔，故能瀉腎之邪水積濕，治勞熱骨蒸，理衝任之沉寒逆氣，而止心痛滿悶，又治濕痺，殺蟲䘌，蓋蟲生於熱，濕去則蟲不生矣。〇溪澗中者，色青黑，能資腎平肝，最清勞熱。若江海中色黄者，每鑽入屍及死牛馬，難免毒。昔人云：昂首上山者不可食。乃今瀕海處則專取能上山者，謂之竹鰻，味尤美，是不可解。〇昔又云：鰻無雌，以影漫鱧而有子，故名。此亦不然。予嘗食此，親見其有子滿腹云。 骨：燒煙辟蚊。昔人云其骨燒煙，蚊化為水。

清・嚴潔等《得配本草》卷八 鰻 忌銀杏。 甘，平。去風滅蟲。治傳尸疰氣、虚損勞瘵。 孕婦忌食。腹下黑點，背上白點，毒甚不可食。

題清・徐大椿《藥性切用》卷八 鰻鱺 性味甘平，除風殺蟲，治虚勞骨蒸。骨，燒烟辟蚊。海鰻鱺，功相近，而性稍發，病新愈忌。痘瘡入目，（河）〔以〕血點之即落，尾血尤勝。

清・黄宫繡《本草求真》卷九 鰻鱺魚祛肝腎竅穴風熱，殺蟲。 鰻鱺魚㟁入肝腎，兼入穴竅。類有分闊嘴者為鰻，尖嘴者為鱺，皆稟土中陰氣以生。味甘氣寒，其形類蛇，常與水蛇同穴，故其性有小毒，力善走竄鑽穴，故書謂能祛風殺蟲。按蟲由於風生，故風字從蟲。如骨蒸癆瘵，五痔瘡瘻，陰戶蝕瘡，濕痹風搔虚損等症，人常食之，為有益也。虚損癆瘵多（用）〔因〕蟲蝕，有病瘵者，相染已死數人，乃取病者釘之棺中，棄於流水，永絕傳染。漁人異之，開視，見一女子尚活。取置漁舍，多食鰻鱺，病癒。遂以為妻。《聖惠方》用鰻鱺淡炙食，治諸蟲心痛，多吐，冷氣上攻滿悶。張鼎云： 此以骨燒烟，則可以辟蚊蠓； 薰屋竹木，則可以斷蛀； 置骨於衣箱中，則可以斷蠹。惟脾胃虚泄，並孕婦食之，則大忌耳。性滑氣寒故。凡昂頭行水，及重三四觔者，腹下有黑斑背上有點者，皆為有毒，切不可食。

清・李文培《食物小錄》卷下 鰻鱺魚 甘，平，有毒。以五味煮食甚補益。腹下有黑斑者，毒甚小者，可食。重四五斤及水行昂首者，皆不可食。四目者，食之殺人。背有點無鰓者，不可食。妊婦食之，令胎有疾患。諸瘡瘻瘰癧瘍風人，宜常食。

清・羅國綱《羅氏會約醫鏡》卷一八鱗介蟲魚部 鰻鱺甘平，微寒。 去風殺蟲。治骨蒸勞瘵，濕痹風瘙，陰戶蝕癢。皆有蟲也。其骨燒烟，蚊化為水，置衣箱，辟諸蠹。脾胃虚寒者、有孕者勿食。

清・章穆《調疾飲食辯》卷六 鰻鱺 一名白鱓，一名蛇魚，乾者名風鰻。臭腐無味，病人勿食。《説文》曰：鱺與鱧同。趙辟公《雜記》曰：此魚有雄無雌，以影漫於鱧魚，其子皆附鱧鬐而生。或云鮎亦產鰻。陶隱居云：能上樹食藤花。均屬幻談。《食療本草》曰：歙州出一種五色者，最難得。謬説也。《日用本草》曰腹下有黑斑者，《夷堅續志》曰背有白點者、無腮者，《本草會編》曰重二三斤者、水行昂首者，均不可食，能殺人，况五色乎。《爾雅》邢疏亦有此説，切勿為其所誤。《綱目》曰：鰻鱺所主，傳尸鬼疰，小兒疳勞，蟲攻心痛，女人陰瘡蟲癢，一切風瘙如蟲行，癧瘍瘡瘻諸病。及燒烟熏蚊令化為水，熏氈、裘辟蛀，置箱篋斷蠹。其功專在殺蟲去風耳。與蛇同氣，故主治亦同。

按：《日華本草》曰：治勞損，暖腰膝，起陽。《食療本草》曰：和五味食，甚補益。蓋凡物脂肥者皆補，鰻鱺脂膏最厚，性雖有毒，卻能補虚治瘵，通經絡，壯筋骨，即《稽神錄》所載金山漁者撈得病瘵女子，食以鰻鱺遂愈之説，亦由得力於補，豈盡關殺蟲哉。惟孕婦食之令兒多疾，同銀杏食令人患軟風，性有毒故也。《折肱漫錄》曰：大鰻魚骨一條連頭，新瓦煅存性，為末，沙糖攪淡薑湯下，可治噤口痢。理（可）可信，存以備急可也。或不用薑，以黄連湯下更穩。

清・吴鋼《類經證治本草・足少陰腎臟藥類》 鰻鱺 【略】誠齋曰：冬月可食，春夏秋間不宜食。

清・楊時泰《本草述鉤元》卷二八 鰻鱺魚 即白鱓也。似鱓而腹大，背有內鬣連尾，無鱗有舌，腹白脂膏最多。背有黄脉者，名金絲鰻鱺。味甘，氣平寒，有小毒。常與水蛇同穴。治傳尸疰氣，勞損，暖腰膝，起陽，療濕脚氣腰腎間濕風痺，常如水洗，主五痔瘡瘻，殺諸蟲，諸瘡瘻癧，腸風人宜常食之，並治小兒疳勞及蟲心痛。以五味煮食，能補五臟虚損，勞傷不足。

其功專在殺蟲去風，與蛇同類，故主治近之瀕湖。有病瘵相傳死者，後取病女置棺中，棄於江，為漁人引起，開視猶活，取置漁舍，每以鰻鱺食之，遂愈《稽神錄》。燒煙熏蚊令化為水，熏氈及屋舍竹木斷蛀蟲，置骨於衣箱中斷諸蠹，觀此則《別錄》殺蟲之説，益信。

論：白鱓善穿深穴以藏，稟土中之陰氣，味甘氣寒，故能益陰以治勞損。就孟詵所主腰腎間濕風痺并濕脚氣，則益陰而即起陽。日華遂謂其暖腰膝，尤當取殺蟲之義參之。夫人物皆稟陰中之陽以生，蓋猶是水土合德而後生也，使水土相合之中而有為之鬱，真氣鬱積，遂聚其邪氣以生化，總因水土病於濕化，而風化變眚耳。先哲論蟲曰木從土化，所列九蟲中，有五臟勞熱及病後餘毒，氣血鬱積而生，以此推白鱓之所治，是本土中之陰氣以散熱，而不令濕化為之鬱，不使濕化之鬱邪蟠以變風眚，故《別錄》於茲物專以殺蟲為言。宜以合地龍療腎藏風注之義參看。要其由益陰而即療濕氣，由療濕而即起陽氣，乃所云補勞損益五臟之實功也。

鰻魚頭及骨：炙研入藥，治疳痢、腸風、崩帶。燒灰，傅惡瘡。燒熏痔瘻，殺諸蟲。有癆蟲者，常食鰻鱺，并嚼其骨，蓋此魚之肉最補陰補神，其骨髓最能殺蟲，且其骨髓流入牙齒間，兼殺牙蟲，能止牙痛。如無鮮鰻，即食醃鰻嚼骨亦可。

腹下有黑斑，背上有白點者，毒甚不可食。重三四斤及水行昂頭者，不可食。脾胃薄弱易泄者，勿食。妊娠食之，令胎有疾。

清·葉桂《本草再新》卷一〇 鰻鱺味甘，性平，無毒。入脾、腎二經。 去風殺蟲，治骨蒸勞，療濕痺風癢，治陰蝕，補虚損。

清·趙其光《本草求原》卷一六鱗部 鰻鱺魚 禀水土以生，去風，殺蟲。水鬱土中，則化風生蟲。然有二種：闊嘴者為鰻，俗名蠻鱔。甘溫達陽以化濕，故暖腰膝，起陽，治濕腳氣，腰背濕風常如水；尖嘴為鱺，與水蛇同穴，甘，寒，小毒，補陰除熱以去濕。二者皆治骨蒸，殺勞蟲，昔有人病瘵，相傳死者數人，後病者食此而愈。宜食其肉，並嚼其骨，則勞蟲與牙蟲皆死。如無，即醃者亦可嚼食。治痔瘻瘰癧、小兒疳勞、諸蟲心痛，多吐冷氣，上沖滿悶，腸風下血，風瘙，鱓類蛇，故治風與蛇同。帶下，陰瘡，陰癢。去濕殺蟲之功。然皆性滑，脾腎虚滑及多痰人勿食。腹有黑斑，項背有白點，及水行昂頭者，大毒，不可食，孕婦食之，令胎多疾。其骨及頭炙研，治疳利、腸風、崩帶。燒灰敷惡瘡，燒煙熏痔瘻，蟲蚊化為水，熏竹木去蛀蟲，置骨衣箱中辟蠹。

清·文晟《新編六書》卷六《藥性摘錄》 鰻鱺魚 有黃脈錦紋，名金絲魚。甘，微溫，有小毒。能補五臟虚損，興陽，暖腰膝，治癆瘵骨蒸，傳屍疰氣，腰背間濕風痹，常如水洗；及濕腳氣，五種痔瘻，腸風下血，婦人陰瘡蟲癢，小兒疳癆蟲痛，俱和五味，煮粥食之良。姙婦忌食。〇白鱔，形相類，味畧同。雖有滋補，未能治病。

清·王孟英《隨息居飲食譜·鱗介類》 鰻鱺 甘，溫。補虚損，殺勞蟲，療癧瘍、瘻瘡，祛風濕。湖池產者勝。肥大為佳，蒸食頗益人。亦可和麪。苗亦甚美，名曰鰻綫。然其形似蛇，故功用相近。多食助熱發病，孕婦及時病忌之。且其性善鑽，能入死人死畜腹中，啜其膏血，不但水行昂首，白點黑斑，四目無顋，尾扁過大者，始為毒物也。尊生者慎之。產海中者形大，性同，名狗頭鰻，多醃為腊。瘡痔家宜食之。餘病竝忌。

清·田綿淮《本草省常·魚蟲類》 鰻鱺魚（海鰻鱺） 一名白鮔。性平，有毒。補虚損，祛風殺蟲。治勞瘵骨蒸、一切蟲症。動風發瘡。同荊芥、犬肉食殺人，同白果食患軟風。服何首烏者忌之，孕婦忌之。大者、四目無鰓，或腹下有黑斑及昂頭出水者，食之殺人。 海鰻鱺，性略同。

清·戴葆元《本草綱目易知錄》卷五 鰻鱺魚白鱓、蛇魚。 肉，甘，平，有毒。煮食，殺諸蟲，愈勞瘵，補虚損，暖腰膝，起陽事。療惡瘡，治五痔瘡瘻，傳尸骨蒸，疰氣勞損。風濕脚氣，腰腎間濕風痹常如水洗。小兒疳勞及蟲心痛。婦人帶下，及陰瘡蟲痒。療一切風瘙如蟲行。壓諸草石藥毒，不能為害。以五味煮食，甚補益。患諸瘡瘻癧瘍風人，宜常食之。【略】葆按：鰻鱺，產山溪小河清水中者，色青，兩目腮小，腹白，重十數兩，食之甚補益。若產江河中者，色黃，重數斤。相傳喜穿死尸腹中，大毒，食者無益有損。

清·陳其瑞《本草撮要》卷九 鰻鱺 味甘，平，入手太陰經。功專去風殺蟲，治骨蒸勞瘵，濕痹風瘙，陰戶蝕痒，補虚損。其骨燒烟，蚊化為水。置衣箱中，辟諸蠹。血瘡疹入眼，以少許點之良。

清·吴汝紀《每日食物却病考》卷下 鰻鱺魚 似蛇而背有鬣連尾，有舌，背青黃色，腹白，多脂。味甘，平，有毒。治五痔瘡瘻，腰背濕風及脚濕氣，殺諸蟲，療勞瘵。多食動風。腹下有黑斑者、四目者、背有白點及無腮者、水行昂頭者，不可食，能殺人。或曰鰻與蛇通，大毒。

海鰻鱺

宋・陳衍《寶慶本草折衷》卷一六 新分海鰻 一名慈鰻，一名猧狗魚。○猧，烏和切。出海中。冬月取更良。

平，微毒。兼用前條云。○治皮膚惡瘡疥，疳䘌痔瘻。分前條日華說。

續說云：鰻鱺魚性最補，本條所紀詳矣。但肥甘特甚，製以辛辣，終不能全變，故易發嘔泄。脾胃素怯者，宜斟酌食之，惟產婦尤忌也。若夫海鰻，雖不傷脾胃，而補性差劣。其細者僅如拇指，巨者重十餘斤。以冬月巨而黄色為勝焉。

元・吴瑞《日用本草》卷五 海鰻鱺 比鰻鱺而大。淡乾名風鰻、慈鰻，鹽乾名海鰻。味甘，平，有毒。外有帶□。性味亦同，動風氣。主惡瘡疥痔瘻，治勞補虛，殺尸蟲。有人得勞疾，傳染死者數人。以病者活入棺中釘之，棄於江中，以絶此病。流至金山，有人引岸，開棺視之，見一女子猶活，留之漁舟，每多得鰻鱺，食之遂病愈，後為漁人妻。

明・李時珍《本草綱目》卷四四鱗部・魚類 海鰻鱺日華

【釋名】慈鰻鱺日華 狗魚日華 【集解】日華曰：生東海中。類鰻鱺而大，功用相同。

【氣味】同鰻鱺。【主治】治皮膚惡瘡疥、疳䘌、痔瘻日華。時珍曰：按李九華云：狗魚暖而不補。即此。

明・穆世錫《食物輯要》卷七 海鰻鱺 味甘，性溫，無毒。亦可食，治皮膚風燥，惡瘡，及疳䘌痔瘻。一種肉粗無油者，有毒，勿食。

明・應麐《食治廣要》卷七 海鰻鱺 氣味主治與鰻鱺大同小異。日華子云：生東海，能治皮膚惡瘡疥、疳䘌、痔瘻。

明・姚可成《食物本草》卷一〇鱗部・無鱗魚類 海鰻鱺生東海中，類鰻鱺而大，功用相同。海鰻鱺，味甘，平，無毒。治皮膚惡瘡疥、疳䘌、痔瘻。李九華謂其暖而不補。

明・施永圖《本草醫旨・食物類》卷五 海鰻鱺名狗魚，生東海中，類鰻鱺而大，功用相同。味、治同鰻鱺。治皮膚惡瘡疥，疳䘌，痔瘻。狗魚暖而不補，即此。

清・汪紱《醫林纂要探源》卷三 馬鮫 甘，溫。體斑似鮫鰻，而非類也。出山東瀕海諸郡。

鱵魚

明・李時珍《本草綱目》卷四四鱗部・魚類 鱵魚音針。《綱目》。

【釋名】姜公魚俗名 銅哾魚音稅。《臨海志》。時珍曰：此魚喙有一針，故有諸名。俗云姜太公釣鍼，亦傅會也。【集解】時珍曰：生江湖中。大小形狀並同鱠殘，但喙尖有一細黑骨如鍼爲異耳。《東山經》云：沢水北注于湖，中多箴魚，狀如儵，其喙如鍼。即此。

【氣味】甘，平，無毒。【主治】食之無疫時珍。

明・穆世錫《食物輯要》卷七 鱵魚 味甘，平，無毒。益人，食之，不染疫症。多食，發瘡疥。

明・應麐《食治廣要》卷七 鱵魚音針。氣味：甘，平，無毒。主食之無疫。

按：此魚生江湖中，大小形狀並同鱠殘，但喙尖有一細黑骨如鍼為異耳。俗云為姜太公釣鍼，亦傅會也。

明・姚可成《食物本草》卷一〇鱗部・魚類 鱵魚鱵音針。一名姜公魚，一名銅哾魚，一名針嘴魚。此魚喙有一針，故有諸名。俗云子牙釣針所化，亦傅會也。生江湖中。大小形狀竝同鱠殘，但喙尖有一細黑骨如針為異耳。《東山經》云：沢水北注於湖，中多鱵魚，狀如儵，其喙如針。即此。又一種出諸溪河，長一二寸。鱵魚，味甘，平，無毒。食之治疫。

明・孟笨《養生要括・鱗類》 鱵魚〔形同銀魚，但喙尖有一細骨如針者。〕味甘，平，無毒。食之無疫。

明・施永圖《本草醫旨・食物類》卷五 鱵魚喙有一鍼，生江湖中。大小形狀並同鱠殘，但喙尖有一細黑骨如鍼，為異耳。味甘，平，無毒。治：食之無疫。

清・丁其譽《壽世秘典》卷四 鱵魚音針。大小形狀並同鱠殘，但喙尖，有一細黑骨如針為異耳。氣味：甘，溫，無毒。食之治疫。

清・何其言《養生食鑒》卷下 鱵魚音針。狀類銀魚，但背略青，喙尖有一細骨如針為異耳。味甘，性平，無毒。益人，食之不染疫症。

清・王道純《本草品彙精要續集》卷七 鱵魚 音針。無毒。卵生。鱵魚肉：主食之無疫《本草綱目》。【名】姜公魚俗名、銅哾魚音稅，《臨海志》。李時珍云：此魚喙有一針，故有諸名。俗名姜太公釣針，亦傅會也。【地】生江湖水中。【質】大小形狀並同鱠殘，但喙尖有一細黑骨如針，爲異耳。《東山經》云：沢水北注於湖中，多鱵魚，狀如鰷，其喙如針，即此。

【味】甘。【性】平。

清・汪紱《醫林纂要探源》卷三　針工魚　甘，苦，平。出太湖。長二寸許，色青，口有長刺如針，上湖者針在上唇，下湖者針在下唇。滋陰，能穿潰癰毒。作湯服之。

清・章穆《調疾飲食辯》卷六　鱵魚《臨海異物志》名銅哾魚。俗名姜公魚，云姜太公釣針所化。吾鄉呼針公魚，則姜乃針之譌耳。形似鱠殘，但不及其瑩白。喙前有刺如針。《東山經》曰：沢水北注於湖，中多箴魚，狀如鰷，其喙如針，食之無疫。

按：此魚之辟瘟疫，實有奇功。若冬月多收淡乾者，夏秋食之，不惟無疫，即痢疾盛行時，亦不傳染。已染者食之易愈。又能消腫脹，不拘氣腫、水腫，微加鹽、醋、葱、薑，以愈為度。

鱊魚

明・李時珍《本草綱目》卷四四鱗部・魚類　鱊魚音聿。《綱目》。

【釋名】春魚俗名　作腊，名鵝毛脡。時珍曰：《爾雅》云：鱊鯞，小魚也。名義未詳。春，以時名也。脡，以乾腊名也。【集解】時珍曰：按段公路《北戶録》云：廣之恩州出鵝毛脡，用鹽藏之，其細如毛，其味絶美。郭義恭所謂武陽小魚大如針，一斤千頭，蜀人以爲醬者也。又《一統志》云：廣東陽江縣出之，即鱊魚兒也。然今興國州諸處亦有之，彼人呼爲春魚。云春月自岩穴中隨水流出，狀似初化魚苗。土人取收，曝乾爲脡，以充苞苴。食以薑、醋，味同蝦米。或云即鱧魚苗也。

【氣味】甘，平，無毒。【主治】和中益氣，令人喜悦時珍。

明・穆世錫《食物輯要》卷七　鱊魚　味甘，平，無毒。和中益氣。曝乾，和薑醋食，味似蝦米。

明・趙南星《上醫本草》卷四　鱊魚音聿　一名春魚。作腊，名鵝毛脡。

按：段公路《北戶錄》云：廣之恩州出鵝毛脡，用鹽藏之，其細如毛，其味絶美。郭義恭所謂武陽小魚，大如針，一斤千頭，蜀人以為醬者也。又《一統志》云：廣東陽江縣出之，即鱊魚兒也。然今興國州諸處亦有之，彼人呼為春魚。云春月自岩穴中隨水流出，狀似初化魚苗，土人取收，曝乾為脡，以充苞苴，食以薑醋，味同蝦米。或云：即鱧魚苗也。

明・姚可成《食物本草》卷一〇鱗部・魚類　鱊魚鱊音聿。作腊，名鵝毛脡。○李時珍曰：按段公路《北戶錄》云：廣之恩州出鵝毛脡，用鹽藏之，其細如毛，其味絶美。郭義恭所謂武陽小魚大如鍼，一斤千頭，蜀人以為醬者也。又《一統志》云：廣東陽江縣出之，即鱊魚兒也。然今興國州諸處亦有之，彼人呼為春魚。春月自巖穴中隨水流出，狀似初化魚苗。土人取收，曝乾為脡，以充苞苴。食以薑、醋，味同鰕米。或云即鯉魚苗也。　鱊魚，味甘，平，無毒。主和中益氣，令人喜悦。

明・施永圖《本草醫旨・食物類》卷五　鱊魚用鹽藏之，其細如毛，其味絶美。土人取收，曝乾為脡，以充苞苴。食以薑醋，味同蝦米。或云：即鱧魚苗也。　味甘，平，無毒。治：和中益氣，令人喜悦。

清・朱本中《飲食須知・魚類》　鱊魚　味甘，性平。俗名春魚。春月間，從巖穴中隨水流出，狀似初化魚苗，一觔千頭。或云鱧魚苗也。今宣城、涇縣於三月三前後三四日亦出小魚。土人炙收寄遠，或即此魚。

清・何其言《養生食鑒》卷下　鱊魚音聿，一名春魚。春月自岩穴中隨水流出，狀似初化魚苗，收取用鹽藏之，食以薑、醋，其味絶美。　味甘，性平，無毒。醒酒，和中益氣，令人喜悦。

清・王道純《本草品彙精要續集》卷七　鱊魚音聿。無毒。　卵生。

鱊魚肉：主和中益氣，令人喜悦《本草綱目》。【名】春魚俗名，作腊名鵝毛脡。李時珍按《爾雅》云：鱊鯞，小魚也。名義未詳，春以時名也，脡以乾腊名也。【地】段公路《北戶錄》云：廣之恩州出鵝毛脡，用鹽藏之，其細如毛，其味絶美。郭義恭所謂武陽小魚大如針，一斤千頭，蜀人以爲醬者也。又《一統志》云：廣東陽江縣出之，即鱊魚兒也。然今興國州諸處亦有之，彼人呼爲春魚，云自春月岩穴中隨水流出，土人取收曝乾爲脡，以充苞苴，食以薑醋，味同蝦米。【質】狀似初化魚苗，或云即鱧魚苗也。【味】甘。【性】平。

清・章穆《調疾飲食辯》卷六　鰆魚　小魚也。《綱目》以為鱊魚，非也。鱊魚亦見《爾雅》，曰鱊鮬，鱖鯞，味不佳。此魚味絶佳，作腊名鵝毛脡。淡乾為腊。性能滋氣血，養陰陽，和中益氣，令人喜悦。《綱目》曰：《北戶錄》云：出恩州，鹽藏，不如淡曝。其細如毛。《廣志》曰：武陽小魚大如針，一觔千頭，蜀人以為醬。《一統志》曰：廣東陽江縣最多，興國州諸處亦有。

按：此魚春末夏初多出。或曰鱧魚苗，大誤。此自一種小魚，非魚苗也。俗呼鱦魚，亦誤。鱦乃魚苗之通稱，見《家語》：魚之大者為鱄，小者為鯉。是也。

清·田綿淮《本草省常·魚蟲類》　春魚　以時名也。一名鰣魚。性平。和中益氣，令人喜悅。

文鰩魚

宋·唐慎微《證類本草》卷二〇蟲魚部上品〔唐·陳藏器《本草拾遺》〕

文鰩魚餘招反　無毒。婦人臨月帶之，令易産。亦可臨時燒爲黑末，酒下一錢匕。出南海。大者長尺許，有翅與尾齊。一名飛魚，群飛水上，海人候之，當有大風。《吴都賦》云文鰩夜飛而觸綱，是也。

明·李時珍《本草綱目》卷四四鱗部·魚類　文鰩魚《拾遺》

【釋名】飛魚　【集解】藏器曰：生海南。大者長尺許，有翅與尾齊。群飛海上。海人候之，當有大風。《吴都賦》云文鰩夜飛而觸綱，是矣。時珍曰：按《西山經》云：觀水西注于流沙，多文鰩魚。狀如鯉，鳥翼魚身，蒼文白首赤喙。常以夜飛，從西海游于東海。其音如鸞鷄。其味甘，食之已狂，見則大穰。《林邑記》云：飛魚身圓，大者丈餘，翅如胡蟬。出入群飛，游翔翳薈，沉則泳于海底。又《一統志》云：陝西鄠縣澇水出飛魚，狀如鮒，食之已痔疾也。

肉【氣味】甘，酸，無毒。【主治】婦人難産，燒黑研末，酒服一錢。臨月帶之，令人易産藏器。已狂已痔時珍。

明·穆世錫《食物輯要》卷七　文鰩魚　味甘酸，平，無毒。亦可食。治顛狂者，痔痛者。姙婦臨月帶此骨，易産。燒灰，酒調服一錢，催生。一名飛魚。

明·吴文炳《藥性全備食物本草》卷三　文鰩魚　味甘、酸，平，無毒。亦可食。治顛狂者，痔痛者，妊婦臨月帶此骨易産，燒灰酒調服一錢催生。一名飛魚。

明·姚可成《食物本草》卷一〇鱗部·無鱗魚類　文鰩魚一名飛魚。生海南。大者長尺許，有翅與尾齊，群飛海上。海人候之，當有大風。《吴都賦》云文鰩夜飛而觸綱是矣。〇按《西山經》云：觀水西注於流沙，多文鰩魚。狀如鯉，鳥翼魚身，蒼文白首赤喙。常以夜飛，從西海遊於東海。其音如鸞雞。其味甘，食之已狂。見則大穰。《林邑記》云：飛魚身圓，大者丈餘，翅如胡蟬，出入群飛，遊翔翳薈，沉則泳於海底。又《一統志》云陝西鄠縣澇水出飛魚，狀如鮒，食之已痔疾是也。　文鰩魚，味甘、酸，無毒。主婦人難産，燒黑研末，酒服一錢。臨月帶之，令人易産。又能已狂、已痔。

明·姚可成《食物本草》卷一〇鱗部·無鱗魚類　飛魚生陝西鄠縣南廿五里，牛首山下澇水中。狀似〔鮋〕〔鮒〕魚，食之味美。可以已痔疾、血痢，開胃，化痰涎。　飛魚，味甘，無毒。主痔漏下血，大腸火熱，血痢，去瘀血，治腹痛。

明·孟笨《養生要括·鱗類》　飛魚　味甘、酸，無毒。治婦人難産，燒黑，研末，酒服一錢。臨月帶之，令人易産。

鮹魚

宋·唐慎微《證類本草》卷二〇蟲魚部上品〔唐·陳藏器《本草拾遺》〕

鮹魚　味甘，平，無毒。主五野雞痔下血，瘀血在腹。似馬鞭，尾有兩歧，如鞭鞘，故名之。出江湖。

明·盧和、汪穎《食物本草》卷四魚類　鮹魚　味甘，平，無毒。主五野鷄痔下血，瘀血。

明·穆世錫《食物輯要》卷七　鮹魚　味甘，平，無毒。益血氣，治腸風下血，五痔。患癰疽者勿食。

明·應慶《食治廣要》卷七　鮹魚音梢。　氣味：甘，平，無毒。主治：五痔下血，瘀血在腹。陳藏器曰：出江湖，形似馬鞭，尾有兩歧如鞭鞘，故得名焉。

明·姚可成《食物本草》卷一〇鱗部·無鱗魚類　鮹魚出江湖。形似馬鞭尾，有兩歧如鞭鞘，故名。　鮹魚，味甘，平，無毒。治五痔下血，瘀血在腹。

明·孟笨《養生要括·鱗類》　鮹魚　味甘，平，無毒。治五痔下血，瘀血在腹。

明·施永圖《本草醫旨·食物類》卷五　鮹魚音梢。出江湖，形似馬鞭，尾有兩歧如鞭鞘，故名。　味甘，平，無毒。治：五痔下血，瘀血在腹。

清·朱本中《飲食須知·魚類》　鮹魚　味甘，性平。尾有兩歧如鞭鞘。患癰疽者勿食。

海馬

宋·唐慎微《證類本草》卷二一蟲魚部中品〔唐·陳藏器《本草拾遺》〕

海馬　謹按《異志》云：生西海，大小如守宫蟲，形若馬形，其色黄褐。性溫，平，無毒。主婦人難産，帶之於身，神驗。

《圖經》云：生南海。頭如馬形，蝦類也。婦人將産帶之，或燒末飲服，亦可手持之。

《異魚圖》云：收之暴乾，以雌雄爲對。主難産及血氣。

宋·陳衍《寶慶本草折衷》卷一七　海馬灰在內。　又云：一名水馬。

生西海，又云生南海。〇又云：收之暴乾。〇《夷堅志》云：廣州海壖忽有異獸如馬狀，蹄、鬣丹赤，亦曰海馬，乃怪誕之物，不復再見。其名適同，因并註以辨之。〇壖，如緣切，田也。

平，溫，無毒。〇主難產，帶之神驗。〇陳藏器云：臨產時，燒末，飲服。難產者，手握此蟲，產最易。分鼺鼠條，下並同。〇鼺，音贏。〇《圖經》曰：蝦類也，以雌雄各一為對，血氣藥亦用之。〇寇氏曰：首如馬，身如蝦，背傴僂，身有竹節紋，長二三寸。〇或五六寸。

續說云：海馬本功外，又能補助元陽，多與石鷰相須而行，其色黃褐，大抵褊塌者為雌，混厚者為雄。

元・尚從善《本草元命苞》卷八　海馬　溫、平，無毒。難產帶之神驗。生西海。狀若馬形，除此外別無要用。今人使房室之補，酥炙黃，入藥彌佳。

明・滕弘《神農本經會通》卷一〇　海馬　陳藏器餘云：謹按《翼志》云，生西海，大小如守宮蟲形，若馬形，其色黃褐，性溫，平，無毒。主婦人難產，帶之於身，神驗。此外別無諸要用，今無。

明・劉文泰《本草品彙精要》卷三〇　海馬無毒。

海馬：主難產。名醫所錄。　【名】水馬。　【地】《圖經》曰：生西海中。大小如守宮蟲，頭形若馬，身如鰕，背傴僂，有竹節紋，長五六寸，乃鰕之類也。漁人布網罟，此物多繫網上得之，以雌雄爲對也。　【色】黃褐。　【味】鹹。　【性】溫，平。　【氣】氣薄味厚，陰中之陽。　【臭】腥。　【主】調氣和血。　【製】凡採得，以酒浸，酥炙用。或燒存性，搗末用。　【治】療：《圖經》曰：產婦帶之，或手持之，易產。又臨產燒一對，爲末，飲調服，易生。

明・許希周《藥性粗評》卷四　產逆胞中，順飛海馬。

海馬，蝦類也。生海中，似守宮，頭如馬形，黃褐色，漁者網而得之。暴乾收貯。味無考，性溫平，無毒。主治婦人難產，帶之於身神驗。或燒存性，為末，水飲調服。或手持之亦可。得雌雄成對者更佳。

明・鄭寧《藥性要略大全》卷一〇　海馬海蟲也。　主治婦人難產，帶之於身有神驗。淮南術方中多用之。　性溫，平，無毒。生西海，大小如守宮。其形似馬而無足，黃褐色。

明・王文潔《太乙仙製本草藥性大全》卷八《本草精義》　海馬　生西海海中。種亦蝦屬，一二寸長，細小，形如守宮，雌雄相對不離，色則黃褐，首類馬，仍係蝦身，皆有紋，彷彿竹節。布網水面，每每得之。

明・王文潔《太乙仙製本草藥性大全》卷八《仙製藥性》　海馬　性溫、平，無毒。　主治：下胎易來，果難産聖藥。興陽不痿，誠取樂春方。治血氣亦效。　補註：主婦人難産，帶之於身神驗。亦可以手持之，或燒爲末，酒調服效。

明・皇甫嵩《本草發明》卷六　海馬性溫，辛。色黃褐，亦蝦類。首類馬，蝦身，背有紋如竹節。此物雌雄相對不離。　主婦人難產，帶之于身，神驗。更興陽道。

明・李時珍《本草綱目》卷四四鱗部・魚類　海馬《拾遺》

【釋名】水馬弘景曰：是魚鰕類也。狀如馬形，故名。　【集解】藏器曰：海馬出南海。形如馬，長五六寸，鰕類也。《南州異物志》云：大小如守宮，其色黃褐。婦人難產割裂而出者，手持此蟲，即如羊之易產也。宗奭曰：其首如馬，其身如鰕，其背傴僂，有竹節紋，長二三寸。頌曰：《異魚圖》云：漁人布網罟，此魚多罣網上，收取暴乾，以雌雄爲對。時珍曰：按《聖濟總録》云：海馬，雌者黃色，雄者青色。又徐表《南方異物志》云：海中有魚，狀如馬頭，其喙垂下，或黃或黑。海人捕得，不以啖食，暴乾熇之，以備産患。即此也。又《抱朴子》云：水馬合赤斑蜘蛛，同馮夷水仙丸服之，可居水中。今水仙丸無所攷矣。

【氣味】甘，温，平，無毒。　【主治】婦人難產，帶之於身，甚驗。臨時燒末飲服，并手握之，即易産藏器。主難産及血氣痛蘇頌。暖水臟，壯陽道，消瘕塊，治疔瘡腫毒時珍。

【發明】時珍曰：海馬雌雄成對，其性温暖，有交感之義，故難産及陽虛房中方術多用之，如蛤蚧、郎君子之功也。鰕亦壯陽，性應同之。

【附方】新二。　海馬湯：治遠年虛實積聚癥塊。用海馬雌雄各一枚，木香一兩，大黃炒、白牽牛炒各二兩，巴豆四十九粒，青皮二兩，童子小便浸軟，包巴豆紮定，入小便內再浸七日，取出麩炒黃色，去豆不用，取皮同衆藥爲末。每服二錢，水一盞，煎三五沸，臨卧温服。《聖濟録》。　海馬拔毒散：治疔瘡發背惡瘡有奇效。用海馬炙黃一對，穿山甲黃土炒、朱砂、水銀各一錢，雄黃三錢，龍腦、麝香各少許爲末，入水銀研不見星。每以少許點之，一日一點，毒自出也。《秘傳外科》。

明・李中立《本草原始》卷一一　海馬　藏器曰：出南海。鰕類也。宗奭曰：其首如馬，其身如鰕，其背傴僂有竹節紋，長二三寸。《聖濟總録》云：雌者黃色，雄者青色。形狀如馬，故名。似海馬而小者，名海蛆，又名海蠍子，亦呼小海馬。海馬：氣味：甘，溫，無毒。主治：婦人難產，帶之於身，甚驗。臨時燒末飲服，并手握之，即易產。〇主產難及血氣痛，暖水臟，壯陽道，消癥塊，治疔瘡腫毒。今房術多用。

大海馬，《拾遺》。【圖略】小海馬，新增。【圖略】氣味、主治缺。今人作神臟腑及作鎮物用。

明·傅懋光《醫學疑問》 問：龜齡延壽丹材料中海馬，有雌雄分辨之語，未知何者為雌，何者為雄耶？此藥養火法有火行三方之語，鈴內滴水響之言，俱未詳知，切願見教。答曰：海馬形長腹小者雄，形短腹大者雌。火行三方之語，用炭火作品字樣放灰缸內。鈴上滴水響之言，此云每換火時，以鈴內滴水響為度，止宜中熱以文火，不可大熱而用武火，惟取溫和以養之之意。水響之聲，其音漬漬也。

明·吴文炳《藥性全備食物本草》卷三 海馬 性溫、平，無毒。生西海海中。種亦蝦屬，一二寸長，細小，形如守宮，雌雄相對不離，色則黃褐，首類馬，仍係蝦身，背有紋，彷彿竹節，布網水面，每每得之。主婦人難產，帶之於身神驗，亦可以手持之，或燒為末，每服一錢，酒調服効。

明·顧逢柏《分部本草妙用》卷五腎部·溫瀉 海馬 甘，溫，無毒。主治：難產時帶甚驗，臨產，燒灰末飲服。手握之，即易產。暖水臟，壯陽，消癥塊，兼治疔腫。按：海馬雌雄成對，其性溫暖，有交感之義。故難產陽虛，房中方術多用之。

明·施永圖《本草醫旨·食物類》卷五 海馬出南海，形如馬，長五六寸，蝦類也。取暴乾，以雌雄為對，雌者黃色，雄者青色。味甘，溫、平，無毒。治：婦人難產，帶之於身，甚驗。臨時燒末，飲服，并手握之，即易產。主產難及血氣痛，暖水臟，壯陽道，消瘕塊，治疔瘡腫毒。海馬雌雄成對，其性溫暖，有交感之義，故難產及陽虛，房中方術多用之。

清·穆石匏《本草洞詮》卷一六 海馬 是魚鰕類，而狀如馬形，故名。甘溫，平，無毒。暖水臟，壯陽道，消瘕塊，主產難。其雌雄成對，有交感之義，故房中術用之。婦人難產帶之於身，臨時燒末飲服，並手握甚驗。

清·丁其譽《壽世秘典》卷四 海馬其首如馬，其身如鰕，其背傴僂，有竹節，紋長二、三寸，雌者黃色，雄者青色。《異魚圖》云：漁人布網罟，此魚多罣網上，收取曝乾，以雌雄為對。《南方異物志》云：海中有魚，狀如馬頭，其喙垂下，或黃，或黑，海人捕得，曝乾，熇之，以備產患，即此也。 氣味：甘，溫，無毒。主暖水臟，壯陽道，消瘕塊。治疔瘡腫毒。婦人難產，帶之于身，甚驗，臨時燒末飲服，并手握之，即易瘥。發明李時珍曰：海馬雌雄成對，其性溫暖，有交感之義，故難產及陽虛、房中方術多用之，鰕亦壯陽，性應同之。

清·郭章宜《本草匯》卷一七 海馬 甘，溫。暖水藏，壯陽道。療難產，或手握帶身，即易產。治疔腫。

按：海馬，雌雄成對，其性溫暖，有交感之義。故陽虛房中術多用之。海人捕得，不以啖食，暴乾熇之，以備產患。又治遠年癥塊，用雌雄各一，木香一兩，大黃炒、白牽牛炒各二兩，巴豆四十九粒，青皮二兩，童子小便浸軟，包巴豆，紮定，入小便內再浸七日，取出，麩炒黃色，去豆不用，取皮，同眾藥為末，每二錢煎服。

大小如守宮，首如馬，身如蝦，其背傴僂，有竹節文，長二三寸。

清·陳士鐸《本草新編》卷五 海馬 亦蝦屬也。入腎經命門。專善興陽，功不亞于海狗，〔人未知也〕。更善墮胎，故能催生。海馬之功用，不亞膃肭臍，乃尚膃肭而不尚海馬，此世人之惑也。誰知海馬不論雌雄，皆能孛興陽道，若膃肭臍，必須用雄者始效。貴價而買，仍是贋物。何若用海馬之適用哉？

或問：海馬以何地生者為佳？海馬沿海多生之，而最能興陽者，山東第一，廣東次之。蓋山東則得生氣也。陽氣之生，尤能種子耳。

清·李熙和《醫經允中》卷一九 海馬 甘，溫，無毒。主治暖水臟，壯陽道。雌雄成對，其性溫暖，有交感之義，故難產陽虛，房術中多用之。難產燒灰末飲服，或手握之，則易產。

清·张璐《本經逢原》卷四 海馬 甘，溫，無毒。發明：海馬雌雄成對，其性溫暖，有交感之義。故孕婦帶之於身，臨時，煅末服之，并手握之，云易產。又陽虛房術多用之，可代蛤蚧之功也。

清·劉漢基《藥性通考》卷四 海馬 亦蝦屬也。入腎經、命門。善興陽，能催生，亦墮胎。

清·黃元御《玉楸藥解》卷六 海馬 味甘，性溫。入足少陰腎、足厥陰肝經。暖水壯陽，滑胎消癥。海馬溫暖肝腎，起痿壯陽。破癥塊，消疔腫，平癰疽，催胎產。

清·吴儀洛《本草從新》卷六 海馬〔補，溫腎。〕 甘，溫。暖水臟，壯陽道，消瘕塊。治疔瘡腫毒，婦人產難及血氣痛。時珍曰：雌雄成對，其性溫暖，有交感之義，故產難及陽虛房中方術多用之，如蛤蚧、郎君子之功也。鰕亦壯陽，性應同之。

清・汪紱《醫林纂要探源》卷三 海馬 甘，熱。壯陽道。亦鰕類。

題清・徐大椿《藥性切用》卷八 海馬 性味甘溫，壯陽暖腎，易產催生。

清・葉桂《本草再新》卷一〇 海馬味甘，性溫，無毒。入心、肺、胃三經。暖水臟，壯陽道，消瘕塊，治疔瘡腫毒，婦人產難及血氣痛。

清・趙其光《本草求原》卷一六鱗部 海馬 蝦類，形如馬，長四五寸，雌雄成對，有交感之義。故令易產。孕婦帶於身臨時煅末飲服，並手握之。治血氣痛，壯陽，功同蛤蚧。消瘕塊。同木香、大黃、白牽牛、青皮、巴豆，入童便浸七日，去豆為末，水下。

清・戴葆元《本草綱目易知錄》卷五 海馬 甘，溫，平。暖水臟，壯陽道，消癥塊。主產難及血氣痛。治疔瘡腫毒，婦人難產，帶之於身，臨時燒末，飲服，并手握之，易產。

清・陳其瑞《本草撮要》卷九 海馬 味甘，溫，入足少陰、厥陰經，功專暖水臟，壯陽道，消瘕塊，治疔瘡腫毒，婦人難產及氣血痛。

海鼠

附：日・丹波康賴《醫心方》卷三〇 海鼠 崔禹〔錫〕云：味鹹，大冷，無毒。主補腎氣，去百節風。貌似馬蛭，而大者長五六尺，小者一二尺，體上小角連數十枚，如革囊，而娬縮腮膨腮膨者是也。乾者，溫。主下利，生毛髮，黃疸疲瘦。其腸尤療痔為驗。《七卷經》云：食無損益，有內瘴者，食此生者有利。

海龍

明・姚可成《食物本草》卷一〇鱗部・無鱗魚類 龍頭魚 龍頭魚生海中。長尺餘，首如龍形。味短。 龍頭魚，味甘、鹹。主利腸胃。不可多食，發疥。

清・趙學敏《本草綱目拾遺》卷一〇介部 海龍 《赤嵌集》：海龍產澎湖澳，冬日雙躍海灘，漁人獲之，號為珍物。首尾似龍，無牙爪，大者尺餘，入藥。《譯史》：此物有雌雄，雌者黃，雄者青。功倍海馬，益房箔。催生尤捷效，握之即產。《百草鏡》云：海馬之屬有三：小者長不及寸，名海蛆，不入藥；中等者長一二寸，名海馬，尾盤旋作圈，形扁如馬，其性溫味甘，暖水臟，壯陽道，消瘕塊，治疔腫產難血氣痛。海龍乃海馬中絕大者，長四五寸至尺許不等，皆長身而尾直，不作圈，入藥功力尤倍。雖同一類形狀，微有不同，此物廣州南海亦有之。體方，周身如玉色，起竹節紋，密密相比，光瑩耀目，誠佳品也。《介語》：鰕姑一名海馬，其扁如蜈蚣者，燒服，主夜遺。

清・龍之章《蠢子醫》卷二 海龍能補陰回陽 人有腎虛忽脫陰，渾身大汗似雨淋。我用海龍一兩條，沙土炒焦為末勻。黃酒燒滾淒下哈，須臾時節即回春。較之草頭藥萬倍，其功不下海東參。人說河車紫河車力更大，鎮店集上何處尋？不及此藥容易得，且治遺精妙如神。

瓌魚

明・姚可成《食物本草》卷一〇鱗部・無鱗魚類 瓌魚 瓌魚生廣東南海中。大如指，長七八寸。惟脊骨美滑肥脆，宜於作羹。 瓌魚，味甘，無毒。治風溼邪氣，頭目不利，四肢痿痹作痛。

君魚

明・姚可成《食物本草》卷一〇鱗部・無鱗魚類 君魚 君魚生南海中。長一寸，背骨如筆管，大者如刀。每遇諸小魚及黿，腹皆破之。 君魚，味甘，無毒。主男子白濁，小便淋瀝，女人經〔閉〕。

鹿子魚

明・姚可成《食物本草》卷一〇鱗部・無鱗魚類 鹿子魚 鹿子魚生南海中。身有鹿斑，赤黃色。每春、夏躍出洲渚，化而為鹿。曾有人拾得一魚，頭已化鹿，尾猶是魚，已化未化。肉極腥臭，不可向口。 鹿子魚，味腥臭，不可食，惟可治風。

羊肝魚

明・姚可成《食物本草》卷一〇鱗部・無鱗魚類 羊肝魚 羊肝魚生東洋海中。形斑頭大，尾有星。老則化而為蛇。 羊肝魚，有毒。誤食害人。

拖槍魚

清・汪紱《醫林纂要探源》卷三 拖槍魚 甘，鹹，平。出閩海。大寸許，闊而扁，長刺在背。閩人醃之以為鮓。解酒除煩，寬中化食。醉飽後略食此，頓覺胸膈寬暢。

鰽魚

宋・唐慎微《證類本草》卷二一蟲魚部中品〔宋・馬志《開寶本草》〕 鰽

魚　味甘，平，無毒。主開胃，通利五藏。久食令人肥健。此魚食泥，與百藥無忌。似鯉身圓，頭扁骨軟。生江海淺水中。今附

宋・陳衍《寶慶本草折衷》卷一七　鯔魚　生江海淺水中。味甘，平，無毒。〇主開胃，利五藏。此魚與百藥無忌，似鯉，身圓骨軟。

元・尚從善《本草元命苞》卷八　鯔魚　味甘，性平，無毒。開胃氣，通利五臟。久食之，令人肥健。其魚食泥，百藥無忌。生江海淺水之中，似鯉魚，身圓頭扁。

元・吴瑞《日用本草》卷五　鯔魚　生江海淺水中。似鯉，身圓頭扁，骨軟，與百藥無忌。味甘，無毒。主開胃，通利五臟。炙食，令人肥健。

明・滕弘《神農本經會通》卷一〇　鯔魚　味甘，氣平，無毒。《本經》云：主開胃，通利五臟。久食令人肥健。此魚食泥，與百藥無忌，似鯉，身員頭扁，骨軟。

明・劉文泰《本草品彙精要》卷三〇　鯔魚無毒　卵生。鯔魚：主開胃，通利五臟，久食令人肥健。名醫所錄。【地】《圖經》曰：此魚似鯉，身圓，頭匾骨軟。生江海淺水中，食泥，與百藥無忌。【時】生：無時。採：無時。【用】肉。【色】青白。【味】甘。【性】平，緩。【氣】氣之薄者，陽中之陰。【臭】腥。

明・盧和、汪穎《食物本草》卷四魚類　鰦魚　味平，甘，無毒。開胃利臟，久食肥健。此魚食泥，不忌藥。

明・王文潔《太乙仙製本草藥性大全》卷八《仙製藥性》　鯔魚　味甘，氣平，無毒。似鯉而身圓，頭扁骨軟。生江海淺水中。此魚食泥，百藥無忌。主治：主開胃而通利五臟，人久食則肥健強力。

明・皇甫嵩《本草發明》卷六　鯔魚氣平，味甘，無毒。主開胃，通利五藏，久食令人肥健。此魚食泥，與百藥無忌，蓋得土氣，能益人也。

明・李時珍《本草綱目》卷四四鱗部・魚類　鯔魚宋《開寶》

【釋名】子魚時珍曰：鯔，色緇黑，故名。粵人訛爲子魚。【集解】志曰：鯔魚生江河淺水中。似鯉，身圓頭扁，骨軟，性喜食泥。時珍曰：生東海。狀如青魚，長者尺餘。其子滿腹，有黄脂味美，獺喜食之。吴越人以爲佳品，醃爲鮝腊。

肉　【氣味】甘，平，無毒。【主治】開胃，利五臟，令人肥健。與百藥無忌《開寶》。

明・梅得春《藥性會元》卷下　鯔魚　味甘，氣平，無毒。主開胃，通利五臟，久服令人肥健。此魚食泥，與百藥無忌。似鯉，身圓，頭匾，骨軟，生江海淺水。

明・穆世錫《食物輯要》卷七　鯔魚　味甘，平，無毒。開胃氣，和五臟。多食，令人肥健，以其性亦屬土也。

明・吴文炳《藥性全備食物本草》卷三　鯔魚　似鯉而身員頭扁骨軟。生江海淺水中。此魚食泥，百藥無忌。味甘，氣平，無毒。主開胃而通利五臟。久食令人肥健強力。

明・應麐《食治廣要》卷七　鯔魚　肉：氣味：甘，平，無毒。主治：開胃，利五藏，令人肥健。與百藥無忌。生東海，狀如青魚，長者尺餘。其子滿腹，有黄脂，味極美。吴越人醃為鮝腊，以為佳品。

明・姚可成《食物本草》卷一〇鱗部・魚類　鯔魚鯔魚生江河淺水，身圓頭扁，性好食泥。〇李時珍曰：鯔魚生東海，略似鯖魚，更覺細長。鱗有黑斑點點。其子滿腹，有黄脂，味美，獺喜食之。吴越人以為佳品，醃為鮝腊。　鯔魚，味甘，平，無毒。主開胃，利五臟，令人肥健。與百藥無忌。

明・姚可成《食物本草》卷一〇鱗部・無鱗魚類　子魚產閩之莆田縣通應港。魚身長七八寸，闊二三寸。其味絕佳，名著天下。王荊公詩：長魚俎上通三印。蓋亦誤認也。《遁齋閑覽》云：莆陽通應子魚名播海內。蓋其地有通印廟，廟前有港，港中魚最多，故世傳為通印子魚。令人必求其大可容印者，乃謂之通印子魚。非也。〇秦檜夫人嘗入禁中，顯仁太后賜饌，因言近日子魚絕小。夫人對曰：妾家頗有之，當以百尾進。比歸告檜，檜咎其失言，恐朝廷因此一物，察其所受四方供進富於帝廚也。乃與館客謀之，進青魚百尾。顯仁撫掌大笑曰：我道這婆子村，果然。蓋青魚類子魚，而味不相若，特差大耳。子魚，味甘，無毒。主寬中健胃，利五臟。作鱠食之，助脾氣，令人能食，益筋骨。作羹臛，肥健人，益氣力，溫中下氣。

明・顧逢柏《分部本草妙用》卷一〇水族部　鯔魚　甘，平，無毒。主開胃，利五臟，令人肥健，與百藥無忌。

明・孟筌《養生要括・鱗類》　鯔魚　味甘，平，無毒。開胃，利五臟，令人肥健，與百藥無忌。其子滿腹，味美，醃之以為佳品。

明・施永圖《本草醫旨・食物類》卷五　鯔魚似鯉，身圓頭匾骨軟，性喜食泥。吴越人以為佳品，醃為鮝腊。　肉：味甘，平，無毒。治：開胃，利五臟，令人

肥健，與百藥無忌。

清・穆石匏《本草洞詮》卷一六 鯔魚 亦以色名。性喜食泥，其子滿腹，有黄脂，味美。粵人為之子魚。肉甘，平，無毒。主開胃，利五臟。

清・丁其譽《壽世秘典》卷四 鯔魚鯔，色鯔黑，故名。粵人訛為子魚。狀如青魚，身圓肉厚，頭扁骨軟，性喜食泥，長者尺餘，其子滿腹，有黄脂味美，獺喜食之。 氣味：甘，平，無毒。主開胃，利五臟，令人肥健，與百藥無忌。

清・尤乘《食鑒本草・魚類》 鯔魚 開胃利五藏，令人肥健，與百藥無忌。

清・何其言《養生食鑒》卷下 鯔魚狀如青魚，長者尺餘，其子滿腹，有黄脂，味美，獺喜食之，俗名鰳魚。 味甘，性平，無毒。開胃，利五臟，令人肥健。與百藥無忌。

清・李熙和《醫經允中》卷二三 鯔魚 甘，平，無毒。主開胃，利五臟，令人肥健。與百藥無忌。

清・吴儀洛《本草從新》卷六 鯔魚〔開胃。〕 甘，平。開胃，利五臟，肥健人。與百藥無忌。

清・汪紱《醫林纂要探源》卷三 鯔 甘，鹹，平。色黑。○此皆與石首魚相先後。

清・嚴潔等《得配本草》卷八 鯔魚 甘，平。開胃，利五臟，令人肥健。與百藥無忌。

題清・徐大椿《藥性切用》卷八 鯔魚 甘平開胃，多食健人。但味厚性泥，病新愈者忌。

清・李文培《食物小録》卷下 鯔魚 甘，温，無毒。開胃，利五臟，令人肥健。

清・章穆《調疾飲食辯》卷六 鯔魚 形似青魚，背色更深，故名鯔。其子滿腹，粵人呼子魚。性喜食泥，肉味肥美。《開寶本草》曰：開胃利五臟，令人肥健。然亦不免於熱，陰虚、熱病人不宜。

清・王孟英《隨息居飲食譜・鱗介類》 鯔魚 甘，平。補五藏，開胃，肥健人，與百藥無忌。湖池所産無土氣者良。腹中有肉結，俗呼算盤子，與腸臟皆肥美可口。子亦鮮腴，異於他魚。江河産者遜之，但宜為腊。

清・田綿淮《本草省常・魚蟲類》 鯔魚 以色名也。性平。開胃，利五臟，令人肥健。

清・陳其瑞《本草撮要》卷九 鯔魚 味甘，平，入足陽明經，功專開胃，百藥無忌。

清・吴汝紀《每日食物却病考》卷下 鯔魚 生吴越江河中，狀似青魚而頭扁身圓。味甘，平，無毒。開胃，利五臟，肥健人。性喜食泥，故與百藥無忌。

鱔魚

唐・孫思邈《千金要方》卷二六《食治・鳥獸》 䱇魚肉 味甘，大溫，黑者無毒。主補中養血，治瀋脣。五月五日取頭骨，平，無毒。燒服，止久利。 鱓魚 平，無毒。主少氣吸吸，足不能立地。黄帝云：四月勿食蛇肉、鱓肉，損神害氣。

宋・唐慎微《證類本草》卷二〇《蟲魚部上品》〔《別録》〕 鱓音善魚 味甘，大溫，無毒。主補中，益血，療瀋音審脣。五月五日取頭骨燒之，止痢。

〔梁・陶弘景《本草經集注》〕云：鱓是荇苓根化作之。又云：是人髮所化，今其腹中自有子，不必盡是變化也。性熱，作臛食之亦補。而時行病起，食之多復，又喜令人霍亂。凡此水族魚鰕之類甚多，其有名者，已注在前條，雖皆可食，而甚損人，故不入藥用。又有食之反能致病者，今條注如後說，凡魚頭有白色如連珠至脊上者、腹中無膽者、頭中無鰓者，并殺人。魚汁不可合鸕鷀肉食之。鯽魚不可合猴、雉肉食之。鰌音秋鱓不可合白犬血食之。鯉魚子不可合猪肝食之。鯽魚亦爾。青魚鮓不可合生胡荽及生葵并麥醬食之。鰕無鬚及腹下通黑及煮之反白，皆不可食。生鰕鱠不可合雞肉食之，亦損人。又有鯆音脯魮音粃亦益人，尾有毒，療齒痛。又有鯸鳥郎切鮐乙八切魚，至能醒酒。鯸音侯鮧魚有毒，不可食。

〔唐・蘇敬《唐本草》〕注云：《別録》云：乾鱓頭，主消渴，食不消，去冷氣，除痞疹。其穿魚繩，主竹木屑入目不出。穿鮑魚繩，亦主眯目、去刺，煮汁洗之大良也。

〔宋・馬志《開寶本草》〕按：陳藏器《本草》云：鱓魚主濕痹氣，補虚損，婦人産後淋瀝，血氣不調，羸瘦，止血，除腹中冷氣腸鳴也。

〔宋・掌禹錫《嘉祐本草》〕按：《蜀本圖經》云：似鰻鱺魚而細長，亦似蛇而無鱗，有青黄二色，生水岸泥窟中，所在皆有之。孟詵云：鱓魚，補五藏，逐十二風邪。患惡氣人，常作臛，空腹飽食，便以衣蓋卧少頃，當汗出如白膠，汗從腰脚中出，候汗盡，暖五木湯浴，須慎風一日，更三五日一服。并治濕風。

〔宋・唐慎微《證類本草》〕陳藏器云：血主癬及瘻，斷取血塗之。夏月於淺水中作窟，如蛇冬蟄夏出，宜臛食之。證俗音鱓魚，音善字，或作䱇，諸書皆以䱇爲鱓。《本經》以䱇爲鼉，仍足魚字，殊爲誤也。《風土記》云：鱓魚夏出冬蟄，亦以氣養和即時節也。《顔氏家訓》云：《後漢書》鸛雀銜三鱓魚，音善，多假借作䱇。《魏武四時食制》：鱓，䱇魚，大如五斗，軀長一丈，即䱇魚也。若如此長大，鸛雀不能勝一，况三頭乎！是鱓魚明矣。今宜作鱓字，作臛當重煑之，不可以桑薪煑之，亦蛇類也。《聖惠方》：治婦人乳結硬疼。用鱓魚皮燒灰末，空心暖酒調二錢匕。

宋・寇宗奭《本草衍義》卷一七　鱓魚　腹下黄，世謂之黄鱓。此尤動風氣，多食令人霍亂，屢見之。向在京師，鄰舍一郎官，因食黄鱓，遂致霍亂吐利，幾至委頓。又有白鱓，稍麤大，色白，二者皆亡鱗。大者長尺餘，其形類蛇，但不能陸行，然皆動風。江陵府西有湖曰西湖，每歲夏秋沮河水漲，即湖水滿溢，冬即復涸。土人于乾土下撅得之，每及二三尺，則有往來鱓行之路，中有泥水，水涸又下，水至復出。

宋・王繼先《紹興本草》卷一七　鱓魚　紹興校定：鱓魚，性味、主治已具《經》注，但世作食品，然食之過多，亦發痼疾。當云味甘、溫、無毒為定。處處池澤皆有之。又云取頭骨燒之止痢，無可據也。

宋・劉明之《圖經本草藥性總論》卷下　鱓魚　味甘，大溫，無毒。主補中益血，療瀋脣。五月五日取頭骨燒之，止痢。陳藏器云：主濕痺氣，補婦人産後淋瀝血氣不調，羸瘦，止血，除腹中冷氣腸鳴。孟詵云：補五臟，逐十二風邪。《聖惠方》：治婦人乳結硬疼。

宋・陳衍《寶慶本草折衷》卷一六　鱓音善，一作鱔。魚頭附。　其腹下黄者，名黄鱓；麄白者名白鱓。生所在水窟，水岸泥窟中。○夏秋取。冬月土下掘取之。

味甘，平張松，溫，無毒。○主補中益血，療瀋音審，瘡也。脣。○陳藏器云：主濕痹氣，産後淋瀝，血氣不調，羸瘦，止血，除腹中冷氣腸鳴。○《蜀本》云：似鰻鱺音梨魚而細長，亦似蛇而無鱗。○孟詵云：補五藏。○寇氏曰：黄鱓尤動風氣，多食霍亂吐利。又白鱔，皆動風。

附：乾鱓頭灰在內。○主消渴，食不消，去冷氣，除痞疹。又燒頭骨，可止痢。

元・忽思慧《飲膳正要》卷三　鱓魚　味甘，平，無毒。主濕痹。天行病後，不可食。

元・尚從善《本草元命苞》卷八　鱓魚　味甘，大溫，無毒。主産後淋瀝，血氣不調。療虚勞羸瘦，冷氣腸鳴。黄鱓腹下黄，多食成霍亂。大忌白犬血，尤能動風氣。

元・吴瑞《日用本草》卷五　鱓魚　似鰻鱺而細長，似蛇而無鱗，腹中有青黄二色，生水岸泥窟中。發風動氣，多食令人霍亂，鰌、鱓不可合白犬血食。

味甘，大溫，無毒。頭中無鰓，頭有白色如連珠至脊上，腹中無膽者，並殺人。五月五日取頭骨燒之，能止痢。　主補中益氣，濕痹，婦人産後淋瀝，血氣不調，羸瘦，逐風邪。

元・朱震亨《本草衍義補遺》　鱓魚　善補氣。○《本草》云：補中益血。又，婦人産前有疾可食。

元・徐彦純《本草發揮》卷三　鱓魚　丹溪云：鱔魚，善補氣。

明・蘭茂撰，清・管暄校補《滇南本草》卷上　鱓魚　味辛。治五癆七傷，添精益髓，通神，壯筋骨，久服令人肥胖，肌膚白嫩。但食後無飲冷水，飲則解矣。然又能燥血。

明・蘭茂原撰，范洪等抄補《滇南本草圖說》卷七　鱓魚　氣味甘熱，有小毒。滇有二種，黄者良，赤者有毒。多服令人生火。夏日多食，發暑感溫疫之瘧，故火鱓不多入藥。作羹，其性大補氣血，舒筋壯骨，久服肥胖。

明・滕弘《神農本經會通》卷一〇　鱓魚　不可合猴、雉肉食之。

味甘，氣大溫，無毒。《本經》云：主補中益血，療瀋脣。五月五日取頭骨燒之，止痢。陶隱居云：性熱。作臛食亦補。而時行病起，食之多復。又喜令人霍亂。《别録》云：乾鱓頭，主消渴，食不消，去冷氣，除痞疹。陳藏器云：主濕痺氣，補婦人産後淋瀝，血氣不調，羸瘦，止血，除腹中冷氣，腸鳴。又血，主癬及瘻，斷取血塗之。孟詵云：補五臟，逐十二風邪。患〔惡〕氣人常作臛，空腹飽食，便以衣蓋，臥少頃，當汗出如白膠，汗從腰脚中出，候汗盡，暖五木湯浴，須忌風一日，更三五日一服。并治濕風。丹溪云：善補氣，《本草》云補中益血，又婦人産前有疾可食。

明・劉文泰《本草品彙精要》卷二九　鱔魚無毒

鱔魚：主補中，益氣，療瀋音審脣。五月五日取頭骨燒之，止痢。名醫所録。

〔地〕《圖經》曰：生水岸泥窟中，今所在皆有之。似鰻鱺魚，而頭大，身細，亦似蛇而無鱗，有青、黄二色。冬蟄夏出，人作臛食之。《衍義》曰：

鱔魚腹有黃色，世謂之黃鱔。又有白鱔，稍粗大，色白。二者皆無鱗，大者長尺餘，其形類蛇，但不能陸行。今江陵府西湖每歲夏秋沮河水漲，即湖水滿溢，冬即復涸，土人于乾土下撅而得之，每及二三尺者，則有往來鱔行之路，中有泥水，水涸又下，水至復出也。【時】生：四月、五月。採：五月五日取。【質】類鰻鱺魚而細長。【色】青、黃。【味】甘。【性】大溫，緩。【氣】氣之厚者，陽也。【臭】腥。【主】補五臟，逐風邪。【製】去腸肚，洗淨，煮熟食之。【治】療：《唐本》注云：乾鱔頭，主消渴，食不消，去冷氣，除痞疾。陳藏器云：鱔魚，主濕痹及婦人產後淋瀝，血氣不調，止血，除腹中冷氣，腸鳴。○血，傅癬及瘻。孟詵云：鱔魚，逐十二風邪。患惡氣人，作臛，空腹食之取汗，仍以五木湯浴之，須慎風。並治濕風。補：陳藏器云：主虛損，羸瘦。【合治】皮燒灰，合酒空心調二錢服，療婦人乳結硬疼。【禁】又時行病起，食之多復發。○多食則動風氣，令人霍亂。【忌】不可同白犬血食之。

明·盧和、汪穎《食物本草》卷四魚類 鱓魚 味甘，大溫，無毒。主補中，益氣血，除腹中冷氣，腹鳴，產前產後病，淋瀝，瘦弱，血氣不調，宜食。若過多，令霍亂。時行病起，食之再發。

明·許希周《藥性粗評》卷四 寒生胃上，充鱓鯽之多溫。

鱓魚，俗名黃鱔也。或作鱣者，非似鰍，略大而長，處處池澤有之。不可合白犬血食。味甘，性大溫，無毒。主治胃寒，飲食不消，去冷氣，除痞滿，補中益氣。其血主傅癬。丹溪云：鱔魚苦，補氣。

明·寧源《食鑒本草》卷上 鱓魚 味甘，溫，無毒。補中益血，又去十二經風氣。婦人產後諸虛，胎前百病亦可食之。丹溪云：鱓魚善補氣。

明·王文潔《太乙仙製本草藥性大全》卷八《本草精義》 鱓魚 即鱔魚，腹下黃，俗呼爲黃鱓，亦蛇類也。似鰻鱺魚而細長，亦似蛇而無鱗，有青黃二色，生水岸泥窟中，所在皆有之。《記》云：鱓魚夏出冬蟄。亦以氣養，和即時節也。作臛當重煮之，亦不可以桑薪煮之。性熱作臛食之亦補，而時行病起，食之多復，又喜令人霍亂。

明·王文潔《太乙仙製本草藥性大全》卷八《仙製藥性》 鱓魚 味甘，氣大溫，無毒。主治：主補中益血，療瀋唇濕痹。治產後淋瀝，血氣不調。除肚腹冷氣腸鳴，補損羸瘦能肥。止血大效。鱓魚血：治癬瘡及瘻，斷取血塗之。穿魚繩：主竹木屑入目，汁點即出。乾鱓頭：主消渴，食不消，去冷氣，除痞癥。補註：治婦人乳結硬疼，用鱓魚皮燒灰末，空心溫酒調服二錢。○補五臟，逐十二風邪。患惡氣人常作臛，空腹飽食，便以衣蓋臥少頃，當汗出如白膠，汗從腰脚中出，候汗盡，暖五木湯浴，須慎風一日，更三五日一服，并治濕風。

明·皇甫嵩《本草發明》卷六 鱓魚味甘，大溫。俗名黃鱓。專補中益血，療瀋唇。又云：去濕痺氣，補虛損，婦人產後淋瀝，血氣不調，羸瘦，止血，除腹中冷氣，腸鳴。多食令人霍亂，亦動風氣。凡中其毒，食蟹解之。血，塗口喎。

明·李時珍《本草綱目》卷四四鱗部·魚類 鱓善魚《別錄》上品

【釋名】黃䱇音旦。宗奭曰：鱓腹黃，故世稱黃鱓。時珍曰：《異苑》作黃䱇，云黃疸之名，取乎此也。藏器言當作鱣魚，誤矣。鱣字平聲，黃魚也。

【集解】韓保昇曰：鱓魚生水岸泥窟中。似鰻鱺而細長，亦似蛇而無鱗，有青、黃二色。時珍曰：黃質黑章，體多涎沫，大者長二三尺，夏出冬蟄。一種蛇變者名蛇鱓，有毒害人。南人鬻鱓肆中，以缸貯水，畜數百頭。夜以燈照之。其蛇化者，必項下有白點，通身浮水上，即棄之。或以蒜瓣投於缸中，則群鱓跳擲不已，亦物性相制也。藏器曰：作臛，當重煮之。不可用桑柴，亦蛇類也。弘景曰：鱓是荇芩根所化，又云死人髮所化。今其腹中自有子，不必盡是變化也。

肉 【氣味】甘，大溫，無毒。思邈曰：黑者有毒。弘景曰：性熱能補。時行病後食之，多復。宗奭曰：動風氣。多食，令人霍亂。曾見一郎官食此，吐利幾死也。時珍曰：按《延壽書》云：多食，發諸瘡，亦損人壽。大者，有毒殺人。不可合犬肉、犬血食之。

【主治】補中益血，療瀋唇《別録》。補虛損，婦人產後惡露淋瀝，血氣不調，羸瘦，止血，除腹中冷氣腸鳴，及濕痹氣藏器。善補氣，婦人產後宜食震亨。補五臟，逐十二風邪，患濕風惡氣人，作臛空腹飽食，暖臥取汗出如膠，從腰脚中出，候汗乾，暖五枝湯浴之。避風。三五日一作，甚妙孟詵。專貼一切冷漏、痔瘻、臁瘡引蟲時珍。

【附方】新二。臁瘡蛀爛：用黃鱓魚數條打死，香油抹腹，蟠瘡上繫定，頃則痛不可忍，然後取下看，腹有針眼皆蟲也。未盡更作，後以人脛骨灰，油調搽之。《奇效》。肉痔出血：鱓魚煮食，其性凉也。《便民食療》。

血尾上取之。【主治】塗癬及瘻藏器。療口眼喎斜，同麝香少許，左喎塗右，右喎塗左，正即洗去。治耳痛，滴數點入耳。治鼻衄，滴數點入鼻。治疹後生翳，點少許入目。治赤疵，同蒜汁、墨汁頻塗之。又塗赤遊風時珍。

〖發明〗時珍曰：鱓善穿穴，無足而竄，與蛇同性，故能走經脉療十二風邪，及口喎、耳目諸竅之病。風中血脉，則口眼喎斜，用血主之，從其類也。

頭五月五日收。〖氣味〗甘，平，無毒。〖主治〗燒服，止痢，主消渴，去冷氣，除痞癥，食不消《別録》。同蛇頭、地龍頭燒灰酒服，治小腸癰有效《集成》。百蟲入耳，燒研，綿裹塞之，立出時珍。

皮〖主治〗婦人乳核硬疼，燒灰空心温酒服《聖惠》。

明・梅得春《藥性會元》卷下 鱓魚 味甘，大温，無毒。凡頭有白色如連珠至脊上者，腹中無膽者，頭中無腮者，並殺人。魚汁不可合鸕鷀肉同食。又不可合白犬血食，俱損人。 主補中益血，善補氣。療瀋脣。又婦人產前有疾可食。五月五日取頭骨燒之為末，止痢。

明・穆世錫《食物輯要》卷七 鱔魚 味甘，性大温，無毒。滋陰益腎，補中氣，逐風邪濕痹，除腹中冷氣，產後惡露淋瀝。多食，令人霍亂，發瘡疾。勿與犬肉同食。思邈曰：黑而大者有毒，食之殺人。一種蛇變者，以數百入水缸內，夜則以燈照之，通身浮水面，項下有白點者，急棄之。

明・吴文炳《藥性全備食物本草》卷三 鱔魚 腹下黄，俗呼為黄鱓，亦蛇類也，似鰻鱺魚而細長，亦似蛇而無鱗，有青黄二色。生水岸泥窟中，所在皆有之。《記》云鱓魚夏出冬蟄，亦以氣養，和實時節也。作臛當重煮之，亦不可以桑薪煮之。性熱，作臛食之亦補。而時行病起食之多復，又令人霍亂。主補中益血，療濕痺，治產後淋瀝，血氣不調，除肚腹冷氣腸鳴，補損，羸瘦能肥，止血大效。 血：治癬瘡及瘻。斷，取血塗之。 頭：主消渴食不消，去冷氣，除痞滿。

孫真人曰：鱔勿與犬肉同食。黑而大者有毒，食之殺人。一種蛇變者，以數百入水缸內，夜則以燈照之，通身浮水面，項下有白點者急棄之。

明・趙南星《上醫本草》卷四 鱓善魚：一名黄䱇。甘，大温，無毒。主治：補中益血，療瀋唇，補虛損，補氣，補五臟，逐十二風邪，婦人產後惡露淋瀝，血氣不調，羸瘦，止血，除腹中冷氣，腸鳴及濕痹氣。 黑者有毒。宗奭曰：動風氣，多食令人霍亂。曾見一郎官食此，吐利幾死也。時珍曰：按《延壽書》云，多食發諸瘡，亦損人壽。大者有毒，殺人。不可合犬肉、犬血食之。

明・李中梓《藥性解》卷六 鱔魚 味甘，性大温無毒，入脾經。主產後淋瀝，血氣不調，腹中冷氣腸鳴，瀋唇濕痹，又主補脾益氣。血堪塗癬。

按：鱔魚甘温之品，脾所快也，宜耑入之。生於泥窟，其性善蟄，過夏方出，則為陰類可知。大有補血之功，惜《本經》及諸家未能悉載爾。多食令人霍亂，時行病食之多復。

明・繆希雍《本草經疏》卷二〇 鱓魚 味甘，大温，無毒。主補中益血，療瀋唇。

〖疏〗鱓魚得土中之陽氣以生，故其味甘、氣大温。甘温具足，所以能補中益血；甘温能通經脈，療風邪，故又主瀋唇及今人用之以治口眼喎斜也。

〖主治參互〗與黄耆同食，能益氣力。治火丹赤腫，生鱓血塗之效。

〖簡誤〗性熱而補，凡病屬虛熱者不宜食。時行病後食之多復。過食動風氣，兼令人霍亂。

明・倪朱謨《本草彙言》卷一九 鱓魚血 味鹹、甘，氣平，無毒。入足厥陰、少陰經。 韓氏曰：鱓魚，生南北水岸泥窟中。李氏曰：黄質黑章，體多涎沫，似鰻鱺而細，似蛇而無鱗。大者長二三尺。夏出冬蟄。一種蛇變者名蛇鱓，有毒害人。南方鱓肆中以缸貯水，畜數百頭。夜以燈照之，其蛇化者必項下有白點，通身浮水上，即棄之。

鱓魚血：去風活血，龔雲林治血燥筋攣之藥也。李仁甫曰：按李氏時珍方：療口眼喎斜，用血半盞，研麝香二三釐調勻，左喎塗右，右喎塗左。正即用熱湯洗去。風中血脉，則口眼喎斜，用血治之，從其類也。

明・應麐《食治廣要》卷七 鱔魚音善。 肉：氣味：甘，大温，無毒。主治：補中益血，婦人產後惡露淋漓，血氣不調，腹中冷氣腸鳴，濕痹。孫真人曰：黑者有毒。《延壽書》云：多食發諸瘡，亦損人壽。大者有毒。不可同犬肉、犬血食。陶弘景曰：性熱，能補。時行病後，食之多復。寇宗奭曰：動風氣，多食令人霍亂。曾有一郎官食此，吐利幾死。鱔頭，治百蟲入耳，燒研，綿裹塞之，立出。

明・姚可成《食物本草》卷一〇鱗部・無鱗魚類 鱓魚一名黄鱓。生水岸濕窟中。似鰻鱺而細長，亦似蛇而無鱗，有青、黄二色。〇李時珍曰：黄質黑章，體多涎沫，大者長二三尺，夏出冬蟄。一種蛇變者名蛇鱓，有毒害人。南人鬻鱓肆中，以缸貯水，畜數百頭。夜以燈照之，其蛇化者，必項下有白點，〔通身〕浮水上，即棄之。或以蒜瓣投於缸中，則〔群〕鱓跳擲不已，亦物性相制也。或云（鱺）〔鱓〕是荇芩根所化。又云死人髮所化。今其腹中自有子，不必盡是變化也。

鱓魚：　味甘，大溫，無毒。主補中益血，療瀋脣。補虛損，婦人產後惡露淋瀝，血氣不調，羸瘦，止血，除腹中冷氣腸鳴及溼痹氣。逐十二風邪。患溼風、惡氣人，作臛空腹飽食，暖臥取汗出如膠，從腰脚中出，候汗乾，暖五枝湯浴之，避風，三五日一作，甚妙。專貼一切冷漏、痔瘻、臁瘡引蟲。多食發諸瘡，亦損人壽。大者有毒，能殺人。不可同犬肉食。　血：　主塗癬及瘻。療口眼喎斜，同麝〔香〕少許，左喎塗右，右喎塗左，正即洗去。治耳痛，滴〔數〕點入〔耳。治鼻衄，滴數點入〕鼻。治疹後生翳，點少許入目。治赤疵，同蒜〔汁〕、墨汁頻塗之。又塗赤遊風。　頭：　味甘，平，無毒。燒服，〔止〕痢，主消渴，去冷氣，除痞癥，食不消。同虵頭、地龍〔頭〕燒灰酒服，治小腸癰。百蟲入耳，燒研，綿裹塞之，立出。　皮：　主婦人乳核硬疼，燒灰空心溫酒服之。

附方：　治臁瘡蛀爛。用黃鱓魚數條打死，香油抹腹，蟠瘡上繫定，頃則痛不可忍，然後取下，看腹有針眼，皆蟲也。未盡更作，後以人脛骨灰油調搽之。

明·顧逢柏《分部本草妙用》卷一〇水族部　鱓魚　甘，大溫，無毒。黑者有毒。　主治：　補中益血，淋瀝，調經止血，除冷。產後宜食，痢疾絕妙。香油抹魚腹，傅臁瘡上，痛後取看，腹有鍼眼，皆蟲也，未盡更作，以人脛骨灰，油調搽之奇効。

明·顧逢柏《分部本草妙用》卷三脾部·温補　鱓魚　甘，大溫，無毒。　主治：　補中益氣血，淋瀝，久痢，風濕臁瘡。　用鱓炙脆酒下，治痢如神。以數條打死，香油抹腹，蟠濕瘡上，頃刻則大痛，然後取下，看腹有針眼，皆蟲也。未盡更作。後以人脛骨灰，油調搽之，奇效。〇血塗癬及瘻，入麝少許，治口歪不正，左塗右，右塗左。耳痛鼻衄，滴入即愈。疹後生瞖，滴目可退。同蒜汁、墨汁，可塗赤遊風。

明·孟笨《養生要括·鱗類》　鱓魚　味甘，大溫，無毒。補中益血，療瀋脣。補虛損，婦人產後惡露淋瀝，血氣不調，羸瘦，止血，除腹中冷氣腸鳴及濕痹氣。　善補氣，婦人產後宜食。補五臟，逐十二風邪。患濕風惡氣人，作臛，空腹飽食，暖卧，取汗如膠，腿腳中出，候汗乾，暖五枝湯浴之，避風，三五日一作，甚妙。專貼一切痔瘻、臁瘡引蟲。〔黑者有毒，病後食之，多復。多食令人霍亂，發諸瘡，亦損人壽。大者有毒殺人。蛇化者，右項下有白點，通身浮水上即棄之。〕　血：　塗癬及瘻。療口眼喎斜，同麝香少許，左喎塗右，右喎塗左，正即洗去。治耳痛，滴數點入耳。治鼻衄，滴數點入鼻。治疹後生翳，點少許入目。治赤疵，同蒜汁、墨汁頻塗之，又塗赤遊風。　頭：　燒研服，止痢，主消渴，去冷氣，除痞癥，食不消。百蟲入耳，燒，綿裹塞之，立出。

明·鄭二陽《仁壽堂藥鏡》卷八　鱔魚　味甘，氣溫，無毒。　丹溪云：鱔魚善補氣。　《本草》云：　凡魚頭有白色如連珠至脊上者，腹中無膽，頭中無腮者，並可殺人。　《唐本》注：　補虛損，婦人產後淋瀝。　頭灰：　主痢疾、消渴。　血：　塗口眼歪斜。凡中其毒，食蟹解之。

明·施永圖《本草醫旨·食物類》卷五　鱓　鱓腹黃，故世稱黃鱓。生水岸泥窟中，夏出冬蟄。一種蛇變者，名蛇鱓，有毒，害人。南人鬻鱓肆中，以缸貯水，畜數百頭，夜以燈照之，其蛇化者，必項下有白點，通身浮水上，即棄之。或以蒜瓣投於缸中，則羣鱓跳擲不已，亦物性相制也。　肉：　味甘，大溫，無毒。黑者有毒。〇性熱能補。時行病後食之，多復。動風氣，多食令人霍亂。曾見都郎官食此，吐痢幾死也。多食發諸瘡，亦損人壽。大者有毒，殺人。不可合犬肉、犬血食之。　治：　補中益血，療瀋脣，補虛損，婦人產後惡露淋瀝，血氣不調，羸瘦，止血。除腹中冷氣腸鳴及濕痹氣。善補氣，婦人產後宜食，補五臟，逐十二風邪。患濕風惡氣人，作臛，空腹飽食，暖臥取汗出如膠，從腰脚中出。候汗乾暖，五枝湯浴之，避風，三五日一作，甚妙。專貼一切冷漏痔瘻，臁瘡，引蟲。

附方　臁瘡蛀爛：　用黃鱓魚數條，打死，香油抹腹，蟠瘡上繫定，頃則痛不可忍，然後取下看，腹有針眼，皆蟲也。未盡更作，後以人脛骨灰，油調搽之。奇效。　肉痔出血：　鱓鱔魚煮食，其性涼也。　血：　尾上取之。　治：　塗癬及瘻。口眼喎斜，同麝香少許，左喎塗右，右喎塗左，正即洗去。治耳痛，滴數點入耳。治鼻衄，滴數點入鼻。治疹後生翳，點少許入目。治赤疵，同蒜汁、墨汁頻塗之。又塗赤遊風。鱓善穿穴，無足而竄，與蛇同性，故能走經脉，療十二風邪及口喎耳目諸竅之病。風中血脉，則口眼喎邪，用血主之，從其類也。　頭：　五月五日收。味甘，平，無毒。　治：　燒服止痢，主消渴，去冷氣，除痞癥，食不消。同蛇頭、地龍頭，燒灰酒服，治小腸癰有效。百蟲入耳，燒研，綿裹，塞之立出。　皮：　治：　婦人乳核硬疼，燒灰，空心溫酒服。

清·顧元交《本草彙箋》卷九　鱓魚血　鱓，氣味甘溫，能補中益血，又能通經脈而療風邪。其血同麝香，治口眼喎斜者，以鱓善穿穴，無足而竄，與蛇同性。故走經脈，能療口喎，耳目諸竅之病。風中血脈則口眼喎斜，用血主之，從其類也。　鱓性熱而補，時行病後，食之多復，黑者有毒。

清・穆石皰《本草洞詮》卷一六　鱓魚　生水岸泥窟中，夏出冬蟄。肉甘，大溫，無毒。主補中益血，逐風邪。蓋鱓善穿穴，無足而竄，與蛇同性，故其血能走經脈，療十二風邪。風中血脉，則口眼喎斜，用血主之，從其類也。貼一切痔瘻臁瘡，則能引蟲。一種蛇化者，名蛇鱓，有毒，害人。

清・丁其譽《壽世秘典》卷四　鱓魚黄質黑章，體多涎沫，大者長二三尺。一種蛇變者名蛇鱔，有毒，害人。夜以燈照之，其蛇化者，必項下有白點，通身浮水上，即棄之。或以蒜瓣投于缸中，則群鱓跳擲不已，亦物性相制也。鱔頭昂起寸許者名昂頭鱔，不可食。

氣味：　甘，大溫，無毒。主補中益血，療虚損，婦人産後惡露淋瀝，及血氣不調作痛。　發明陶弘景曰：　性熱而補，凡病屬虚熱者，不宜食。時行病後，食之多復。多食，令人霍亂。李時珍曰：　按《延壽書》云，多食發諸瘡，亦損人壽。黑者、大者，有毒殺人。不可合犬血食。中其毒者，食蟹即解。

血尾上取之：　主療口眼喎斜。同麝香少許，左喎塗右，右喎塗左，正即洗去。治耳痛，滴數點入耳。治鼻衄，滴數點入鼻。治疹後生翳，點少許入目。治赤疵，同蒜汁、墨汁頻塗之。又塗赤游風。

清・劉雲密《本草述》卷二八　鱓魚　保昇曰：　鱓魚生水岸泥窟中，似鰻鱺而細長，亦似蛇而無鱗，有青、黄二色。　時珍曰：　黄質黑章，體多涎沫，大者長二三尺，夏出冬蟄。一種蛇變者名蛇鱓，有毒害人。南人鬻鱓肆中，以缸貯水，畜数百頭，夜以燈照之，其蛇化者必項下有白點，通身浮水上，即棄之。　思邈曰：　黑者有毒。

肉：　氣味：　甘，大温，無毒。　主治：　補中益血《别録》。療虚損，婦人産後惡露淋瀝，血氣不調，羸瘦，止血藏器。善補氣震亨。除腹中冷氣，腸鳴及溼痺氣藏器。逐十二風邪，患溼風惡氣人作臛，音鶴，羹臛也。空腹飽食，暖臥取汗孟詵。

血：　療口眼喎斜，同麝香少許，左喎塗右，右喎塗左，正即洗去。治耳痛，滴數點入耳。治鼻衄，滴數點入鼻。治疹後生瞖，點少許入目。治赤疵，同蒜汁、墨汁頻塗之。又塗赤遊風。

時珍曰：　鱓魚穿穴，無足而竄，與蛇同性，故能走經脈，療十二風邪，及口喎、耳目諸竅之病。風中血脈，則口眼喎斜，用血主之，從其類也。　希雍曰：　鱓魚得土中之陽氣以生，故其味甘，氣大溫。甘溫具足，所以能補氣。鱓肉即暑月累日不作臭氣，亦不生蛆蟲，真得土氣之專且厚也。故能補中氣，希雍所說不妄矣。但不淨去腸雜，亦作臭氣。甘溫能通血脈，療風邪，故肉與血取之以為用者，其益差有别也。　與黄芪同食，能益氣力。

附經驗方　治久痢氣弱腸滑，鱓魚不拘多少，於端午日取去腸雜，洗淨曬乾，聽用。細切，瓦鍋焙焦，為末四兩，神麴如法自造四兩，微炒為末，以上好米醋，叠成丸，每次六七十丸，不拘時老酒服。

頭　百蟲入耳，燒研，綿裹塞之，立出。

愚按：《本草》言鱓善補氣，又曰益血。既曰除溼痹氣，又曰逐風邪。蓋鱓氣溫味甘，故善補氣。然甘溫即以通血脈，血脈通，即溼痹之行，溼痹行，即風邪之逐也。故《本草》又云溼風是諸風即溼之不化，以病乎血者也。水族中多以血為用，而此種由氣為先導。如用其肉，治女子産後血氣羸瘦，及久痢腸滑。用其血，如口眼之喎斜等證，無不各有攸宜者耳。

希雍曰：　性熱而補，凡病屬虚熱者，不宜食。時行病後，食之多復。過食動風氣，兼令人霍亂。

清・郭章宜《本草匯》卷一七　鱓魚　味甘，大溫。善補氣，逐濕痺。除腹中冷氣，痢疾可醫。貼痔漏臁瘡，引蟲甚妙。用黄鱔打死，香油抹腹，蟠瘡上，痛後取看，腹有針眼，皆蟲也。未盡再作，後以人脛骨灰，油調塗之。

按：　鱓魚，得土中之陽氣，甘溫具足，所以能補中益血。性善穿竄，故走經脈，療十二風邪。口眼喎斜，用其血同麝香少許，左喎塗右，右喎塗左。患耳痛者，滴數點入耳。凡病虚熱者，不宜食。時行病後食之，多致復病。過食亦能動風氣，發諸瘡。

黄者佳。黑者、大者殺人。置缸水中，項下有白點，通身浮水上，此蛇所化也，棄之。或以蒜瓣投於缸中，則群鱓跳擲不已，亦物性相制也。不可合犬肉、血同食。中其毒者，以蟹解之。

清・尤乘《食鑒本草・魚類》　鱓魚俗名黄鱔。　黑者有毒。性熱，能補。時行病後食之多復，動氣，多食則霍亂。血塗口眼歪斜，（小）〔少〕加麝香效。

清・朱本中《飲食須知・魚類》　鱓魚　味甘，性大溫，即黄鱔。多食令人霍亂，發瘡疾，動風氣，損人壽。時行病後食之，復發。勿與犬肉、犬血同食。妊婦食之，令子聲啞。黑而大者有毒，食之殺人。畜水缸內，夜以燈照，通身浮水面，項下有白點，此乃蛇變者，急宜棄之。以蒜瓣投缸中，則群鱓跳擲不已，亦物性相制也。煮鱓忌桑柴火。食鱓中毒，食蟹即解。

清・王翃《握靈本草》卷九　鱓魚　主治：鱓魚，甘，大溫，無毒。主補中益血，婦人產後宜食。

清・汪昂《本草備要》卷四　鱓魚宣，去風。　甘，溫。補五藏，除風濕。尾血：療口眼喎斜。和少麝香，左喎塗右，右喎塗左，正即洗去。《千金》云：鱉血、鷄冠血和伏龍肝，并治口喎。滴耳治耳痛，滴鼻治鼻衄，點目治痘後生翳。時珍曰：鱓善穿穴，與蛇同性，故能走經絡，療風邪及諸竅之病。風中血脉，用血主之，從其類也。

清・陳士鐸《本草新編》卷五　鱓魚　味甘，大溫，無毒。入脾、腎二經。補中益氣，且更興陽，散濕風，去胡臭，又止渴生津生力。血塗口眼，能止喎斜，為急救之需。餘則止可供膳耳。又治火丹赤腫，出鱓血塗之效。

或問：鱓魚與黃芪同用，能益氣力，有之乎？曰：有之。然必須鱓頭上有冠者用之始效。

清・李熙和《醫經允中》卷一八　鱓魚　甘，大溫，無毒。主治補中益氣。久痢，用鱓魚炙脆，酒下，治痢如神。風濕臁瘡，以數條，打死，香油(沫)〔抹〕腹，蟠濕瘡上，頃則大痛，然後取下，看腹有針眼，皆蟲也，未盡更作。血入麝少許，治口歪不正，左塗右，右塗左。疹後生瞖，滴目可退。同蒜汁、墨汁，可塗赤遊風。時行病後食之，多致復病。凡中其毒，食蟹解之。

清・張璐《本經逢原》卷四　鱓魚　甘，大溫，無毒。發明：鱓魚稟己土之氣，能補中益血。婦人產後惡露淋瀝，腸鳴濕痹並宜食之。曝乾煆灰存性，治老人虛痢。大鱓魚重斤餘者，能助膂力，食後遍體疼脹，盡力搥之。大力丸用熊筋、虎骨、當歸、人參等分為末，酒蒸大鱓魚取肉搗爛為丸，每日空腹酒下兩許，氣力驟長。鱓魚血力能助陽，壯年陽道不長，育龜丸用之。方用石龍子、蛤蚧、生犀角、生附子、草烏頭、乳香、沒藥、血竭、細辛、黑芝麻、五倍子、陽起石等分為末，生鱓魚血為丸，硃砂為衣，每日空心酒下百丸。曾有人服此得以嗣續宗祧者，不可以房術論也。其尾血療口眼喎斜，同麝香少許，右喎塗左，左喎塗右，正即洗去。其骨燒灰，香油調塗湯火甚效。

清・汪啟賢等《食物須知・諸葷饌》　鱔魚　味甘，大溫。五月端午方取為妙，功專補中益氣。婦人產前疾善調，散濕風，去狐臭。凡中有毒，食螃蟹〔解〕之，蓋鱔畏蟹故也。頭，主咽喉消渴。血，塗口眼喎斜，左患塗右，右患塗左。用穿魚繩煎湯，治竹木屑入眼，沃洗不已，屑即流出。

清・浦士貞《夕庵讀本草快編》卷六　鱓魚《別錄》、黃鱓　其腹黃，俗名黃鱓。《異苑》作䱇，想黃疸之名，或猶此也。又有蛇化者，有死人髮化者，有黑者，皆能害人。驗知之法：夜貯缸中，以火照之。項下有白點及通身浮水面者，乃蛇所化也。鱓魚大溫而甘，色黃法土，無毒可知也。耑能補中氣而療虛損，溫五藏而益血脉，婦人產後所宜，男子羸弱可賴。且能走十二經絡而搜十二風邪，非不美矣！但時行病後及胃熱氣塞之人，不可羹食，恐成吐利。燒頭為末，可以止消渴而止久痢，去冷氣而化瘕痞。刺尾取血同麝，可以撻口眼喎斜而兼塗疥癬及瘻。滴鼻止衂，點眼去翳，蓋取其走諸竅、通血脉故也。

清・葉盛《古今治驗食物單方》　黃鱔魚　口眼歪斜，鱔魚血同麝香少許，左喎塗右，右喎塗左，正則去之。臁瘡，黃鱔數條打死，香油抹之，蟠瘡上，繫定，頃刻痛不可忍，然後取下，看魚身上有針眼，皆蟲也。未盡再作。百蟲入耳，燒研，綿裹塞之，立出。

清・吳儀洛《本草從新》卷六　鱔魚〔宣，去風。〕　甘，大溫。補五臟，除風濕。尾血，療口眼喎斜，少和麝，左喎塗右，右喎塗左，正即洗去。滴耳治耳痛，滴鼻治鼻衄，點目治痘後生翳。時珍曰：鱔善穿穴，與蛇同性，故能走經絡，療風邪及諸竅之病。風中血脈，用血主之，從其類也。頭。治百蟲入耳。燒研，綿裹塞之。

清・汪紱《醫林纂要探源》卷三　鱓　甘，鹹，溫。異於蛇者鰓尾。滋陰養陽，補虛勞，和氣血，壯筋力。有微毒，觔餘大者，食之渾身筋骨暴脹，至不可忍，必令人椎擊乃寬，氣力亦暴長。雖曰處陰，而勁悍之性達於陽也。血：鹹，溫。能正經絡，去壅滯，緩風輭堅，滲濕去熱。中惡風而口眼喎斜，取此血和麝塗之，左喎塗右，右喎塗左，俟正則急洗去。以滴耳治聤耳腫痛，以滴鼻治鼻衂，以點目治痘後生翳。李時珍曰：鱓善穿穴，與蛇同性，故能走經絡，療風邪及諸竅之病。風中血脈，用血主之，從此類也。愚按：蛇一於陰，而鱓則陰中之陽，此其稍異也。又蛇魚力俱在尾。骨：燒煙辟蚊。

清・嚴潔等《得配本草》卷八　鱔頭　甘，溫。補中益血。通經脈，除風濕。凡耳聾鼻衄、痘後目翳，均以血滴之自愈。血和蔥汁，塗赤游風。血和麝香，塗口眼喎邪。　病後禁用。黑者有毒，不可食。　頭　止痢除痞。

題清·徐大椿《藥性切用》卷八　鱓魚　性味甘溫，益血補虛溫中，除風濕。尾血，塗口眼喎斜。滴耳中，治老聾。滴鼻中，治衄。點目，去痘後障翳。鱓魚頭，治百蟲入耳。

清·黃宫繡《本草求真》卷九　鱔魚治經絡風邪，兼補肝腎之氣，強筋壯骨。　鱔魚耑入經絡，兼入肝腎。稟土陽氣以生，性善穿穴，力堅而鋭，無足能竄，與蛇同性。時珍曰：南鬻鱔肆中，以缸貯水，畜數百頭，夜以燈照，其鱔有〔蛇〕化者，必項下有白點，通身浮水上，即棄之。或以蒜瓣投於缸中，則群鱔跳擲不已，亦物性相制也。故書皆載通經達絡，能治十二經風邪，並耳目諸竅之病。如風中血脉，口眼喎斜，用尾血同麝少許，右喎塗左，左喎塗右，止即洗去。《千金》云：鱉血、雞冠血和伏龍肝，並治口喎。耳痛鼻衄，痘後目翳，用血滴點即愈。用血主之，從其類也。臁瘡蛀爛，用鱔打死，香油抹腹，抹於鱔腹。繫於瘡上，候痛取下，看鱔有蟲上入即去。未盡更作，後以人脛骨灰油調搽之。產後惡露淋滴，腸鳴濕痹，用此煮食即除。老人虛痢不止，用此曝乾，煅灰存性，調服即絕。且能通力壯筋，故大力丸取此同熊筋、虎骨、當歸、人參等分以進。用大鱔魚重觔餘者取肉，酒蒸同藥為丸，空腹酒下兩許。陽道不長，不能續嗣，用此血同蛤蚧等藥以入，方見蛤蚧內。皆以借其性力相助。但此味甘性熱，其力能補。若病屬虛熱，及時行病後陰虛火爍，食則必有氣弱動風與氣之變，不可不慎。

清·李文培《食物小錄》卷下　鱔魚　味甘，大溫，無毒。補中益氣，補虛損。黑者有毒，時行病後食之多復。多食發諸瘡，亦損人壽。大者有毒，殺人。不可同犬肉、犬血食。婦人產後宜食。

清·羅國綱《羅氏會約醫鏡》卷一八鱗介蟲魚部　鱓魚味甘溫。補中益氣，除風濕。尾血療口眼喎歪，和麝，左喎塗右，右喎塗左，正即洗去。治耳聾滴耳、痘後目翳。點目。鱓善穿穴，故能走經絡、諸竅之病。風中血脉，用血主之，從其類也。但性熱，凡病虛熱及病後勿食。若過食動風，生霍亂。

清·趙學敏《本草綱目拾遺》卷一〇鱗部　血鱔　出浙江甯波府慈谿縣，以白龍潭產者為第一，他產者尾尖尚黑，不能通體如硃砂紅也。葛三春言：白龍潭血鱔，周身紅如血，每年所產亦稀。取其血沖酒飲，可以驟長氣力。行伍中學習八段錦工夫者，多服之。　增氣力，壯筋骨，益血填髓。

清·章穆《調疾飲食辯》卷六　鱓魚　俗作鱔，非。黃質黑章，故稱黃鱓。劉向《異苑》作黃䱇。形似蛇，夏出冬蟄，體多涎沫，類鰻而無鬣。小者佳，大者有毒，愈大愈毒，能殺人，亦類鰻。《綱目》曰：血治口眼喎邪，同麝香少許，左喎塗右，右喎塗左，正即洗去。又治耳痛，滴之。又治痘後目瞖，又治目中出痘，初見時急點之，即可拔去。大抵鱓善穿穴，無足而竄，與蛇同性，故能走經絡，去風邪，及口喎、耳目諸竅之病。

按：《綱目》之言是已，然亦忘其能補。《拾遺》曰：補虛損，益血氣，通經絡，壯筋骸，祛風邪，除濕痹，又治產後惡露淋瀝不止。凡病在經絡及血分，與筋無力、陰虛血熱者宜之。亦不免有毒，夜以燈照，通身浮水面者，項下有白點者，能跳躍嗛火者，皆是蛇種，蛇與鱓交。並殺人。中其毒者，食蟹解之。出《集見方》。天行病後尤不可食。

清·楊時泰《本草述鉤元》卷二八　鱓魚　生水岸泥窟中。黃質黑章，體多涎沫，大者長二三尺，夏出冬蟄。一種蛇變者，必項下有白點，置水缸群鱓中，通身浮水上，有毒害人，必去之。黑者有毒孫真人。

味甘，氣大溫。補中益血，療虛損，婦人產後惡露淋瀝，血氣不調羸瘦。能止血，善補氣，除腹中冷氣，腸鳴及濕痺氣，逐十二風邪。患濕風惡氣人，作臛空腹飽食，暖臥取汗。

鱓魚血：療口眼喎斜。同麝香少許，左喎塗右，右喎塗左，正即洗去。治耳痛滴數點入耳，鼻衄滴數點入鼻，疹後生瞖點少許入目。赤疵，同蒜汁、墨汁頻塗之，又塗赤遊風。與黃芪同食，能益氣力。久痢氣弱腸滑，鱓魚不拘多少，於端午日取去腸雜，洗淨晒乾，聽用，用時切細，瓦鍋焙焦四兩，真神麴微炒四兩，共為末，以米醋打丸，每用老酒服六七十丸。是物得土中之陽氣以生，甘溫具足，故能補氣仲淳。其無足而竄與蛇同性，故能走經脉，療十二風邪及口喎耳目諸竅之病瀕湖。風中血脉，則口眼喎斜，用血主之，從其類也又。

論：鱓魚去腸雜既净，即暑月累日，不作臭氣，亦不生蛆蟲，真得土氣之專且厚者，故能補中氣。其氣溫而味甘，故能通血脉，除濕痺，逐風邪。《本草》又云濕風，是諸風即濕之不化以病乎血者。夫水族中多以血為用，而此種則由氣為先導也。

鱓魚頭：百蟲入耳，燒研，綿裹塞之，立出。

繆氏云：鱓魚性熱而補，凡病屬虛熱者，不宜食。時行病後食之多復，過食動風氣，兼令人霍亂。

清・葉桂《本草再新》卷一〇　鱔魚味甘，性溫，無毒。入肝、肺二經。　補五臟之虛氣，除風利濕。〇尾血，治口眼歪斜，耳聾鼻血，目中生翳。〇骨，亦治風熱痘毒。

清・趙其光《本草求原》卷一六鱗部　鱓魚俗作鱔。　穴泥善竄，得土中陽氣以生。甘，溫，無毒。能通血脈，走諸竅，行濕逐風。濕不化而病於血，則為風。有黃、青二種。

黃者：俗名黃鱔。益血，止血。治虛損、風濕冷氣、產前百病、產後惡露淋瀝。其血壯陽，同石龍子、蛤蚧、生犀、生附子、草烏頭、乳、沒、黑芝麻、陽起石、朱砂、血竭、細辛、五棓等分為末，生鱔血為丸，壯陽種子。其尾血治口眼喎斜，同麝少許，左喎塗右，右喎塗左，正即洗去。鱉血、雞肝血，同伏龍肝，亦治口喎。滴耳治聾，滴鼻治鼻衄，滴目治痘疹後生翳。同蒜汁、墨汁，塗赤疵、赤遊風。水族皆以血為用，而此尤足於血，使血行風滅，風中血脈用之，從其類也，況溫更能達血。

青者：俗名藤鱔。補中益氣，助膂力。同鹿筋、虎骨、參、歸等分為末，酒蒸大鱓取肉為丸，酒下。治老人虛痢、久痢腸滑，曬乾焙焦，加神麯、醋為丸，酒下。腹冷腸鳴，除風濕痹，飽食暖臥取汗。百蟲入耳。燒研，綿包塞耳。同北芪食，益氣力。

風鱓：甘，溫，小毒。善穿深潭，冬寒穴裏始得。治疳痢，腰背腳濕風，五痔，腸風下血，帶下，陰瘡。孕婦忌。白鱓，味亦甘美，然生痰滑精。鱓骨灰，塗流火。油調甚效。

清・文晟《新編六書》卷六《藥性摘錄》　黃鱔　甘，大溫。療虛損，補中益氣。血，去十二經風邪濕痹，除腹中冷氣，腸鳴。婦人產前百病，產後淋瀝，諸虛羸瘦，宜食。若食過多，令人霍亂，時行病起，切忌。〇血，療口眼喎斜，和麝香少許，左喎塗右，右喎塗左，正即洗去。痘疹後及翳，以血點之。

清・王孟英《隨息居飲食譜・鱗介類》　鱓俗作鱔，亦呼鱔魚。　甘，熱。補虛助力，善去風寒濕痹，通血脈，利筋骨，治產後虛羸，愈臁瘡、痔瘻。肥大腹黃者勝，宜與猪脂同煨。多食動風，發疥，患霍亂，損人。時病前後、瘧疸脹滿諸病，均大忌。黑者有毒。更有蛇變者，項下有白點，夜以火照之，則通身浮水上。或過大者皆有毒，不可不慎也。其血塗口眼喎斜、赤遊風，滴鼻止衄，滴目治疹後生翳。

清・田綿淮《本草省常・魚蟲類》　鱓魚　一名黃鉏。音鱓。性溫。補中益血，除風濕氣。生霍亂，動風發瘡。同荊芥、犬肉食殺人。服何首烏者忌之，時行病後忌之。大者、黑者及昂頭出水者，食之殺人。

清・戴葆元《本草綱目易知錄》卷五　鱓魚黃鉏　肉，甘，大溫。補中益血，培五臟，補虛損，療瀋唇。治婦人產後惡露淋瀝，血氣不調，羸瘦，止血。除腹中冷氣腸鳴，濕痹。善補氣，產後宜食。逐十二經風邪，患濕風惡氣人，作臛空腹飽食，暖臥，取汗如膠，從腰脚中出，候汗乾，暖五枝湯浴之，避風，三日一作，甚妙。專貼一切冷漏，痔漏，臁瘡，引蟲。

清・陳其瑞《本草撮要》卷九　鱓魚　味甘，大溫，入手足太陰、厥陰經，功專補五臟，除風濕。尾血療口眼喎斜，少和麝，左喎塗右，右喎塗左，正則洗去。滴耳治耳痛，滴鼻治鼻衂，點目治痘後生翳。頭治百蟲入耳。

清・吳汝紀《每日食物却病考》卷下　鱓魚　或作鱔，非。味甘，溫，無毒。補中益氣，除腹中冷氣，治產後病淋，瘦弱，血氣不調。多食令霍亂。黑者有毒，大者不可食。

赤賴魚

清・何其言《養生食鑒》卷下　赤賴魚形如小鱓，身紫赤色，大者長五六寸。　味甘，性平，無毒。醒脾開胃，醋煮食良。有病人，忌之。

清・趙其光《本草求原》卷一六鱗部　赤賴魚　形如小鱔，身赤，大者長五六寸。甘，平，無毒。醒脾開胃，煮醋或醃曬俱佳。

白頰魚

清・何其言《養生食鑒》卷下　白頰魚形似赤賴，肉頗厚，身黃色，腹中有坭味，微苦，可食。　味甘，性平，無毒。開胃益脾，令人肥健。少食則不發病。

清・趙其光《本草求原》卷一六鱗部　白頰魚即白鴿魚。　甘，平，無毒。腹中有泥，味微苦。開胃益脾，令人肥健。

石斑魚

宋・張杲《醫說》卷六　中石斑魚子毒　誤喫石斑魚子，吐不止者，取魚尾草，研汁服少許，立止。魚尾草，又名樚木，根形似黃荊，八月間開紫花成穗，葉似水楊，無大樹，經冬不凋，漁人用以藥魚。

明・李時珍《本草綱目》卷四四鱗部・魚類　石斑魚《綱目》

【釋名】石礬魚《延壽書》　高魚　【集解】時珍曰：　石斑生南方溪澗水石處。長數寸，白鱗黑斑。浮游水面，聞人聲則劃然深入。《臨海水土記》云：長者尺餘，其斑如虎文而性淫，春月與蛇醫交牝，故其子有毒。《南方異物志》云：高魚似鱒，有雌無雄，二三月與蜥蜴合於水上，其胎毒人。《酉陽雜俎》云：石斑與蛇交。南方有土蜂，土人殺此魚標樹上，引鳥食之，蜂窠皆盡也。

子及腸 【氣味】有毒，令人吐瀉。《醫説》云：用魚尾草汁，少許解之。

明・應廖《食治廣要》卷七 石斑魚 肉：氣味缺。 子及腸：氣味：有毒。令人吐瀉。《酉陽雜俎》云：石斑與蛇交，南方有土蜂，土人殺此魚摽樹上，引鳥食之，蜂窠皆盡也。

明・姚可成《食物本草》卷一〇鱗部・魚類 石斑魚一名石礬魚，一名高魚。生南方溪澗水石處。長數寸，白鱗黑斑。浮游水面，聞人聲則劃然深入。《臨海水土記》云：長者尺餘，其斑如虎文，而性淫，春月與蛇醫交牝，故其子有毒。《南方異物志》云：高魚似鱒，有雌無雄，二三月與蜥蜴交於水上，其胎毒人。《酉陽雜俎》云：石斑與蛇交。南方有土蜂，土人殺此魚摽樹上，引鳥食之，蜂窠皆盡也。○石斑魚毒，魚尾草汁可解之。

石斑魚：味甘，平，有毒。不益人。 子及腸：令人吐瀉。

明・施永圖《本草醫旨・食物類》卷五 石斑魚石礬魚。長數寸，白鱗黑斑，浮游水面，聞人聲則劃然深入。似鱒，有雌無雄，二三月與蜥蜴合於水上，其胎毒人。 子及腸：味有毒，令人吐瀉。用魚尾草汁少許，解之。

清・朱本中《飲食須知・魚類》 石斑魚 生南方溪澗，長數寸，白鱗黑斑，浮游水面，聞人聲則劃然深入。其子及腸有毒，誤食令人吐瀉，飲魚尾草汁少許，解之。

清・张璐《本經逢原》卷四 石斑魚 有毒。 發明：石斑魚生南方溪澗水石處，長數寸，大不過尺餘，有雌無雄，二三月與蜥蜴交合水上。其子毒人，令人吐瀉，《醫説》云，用魚尾草汁少許解之。

清・王道純《本草品彙精要續集》卷七 石斑魚子及腸有毒。 卵生。

石斑魚《本草綱目》 【名】石礬魚《延壽書》、高魚。 【地】生南方溪澗水石處。 【質】長數寸，浮游水面，聞人聲則劃然深入。《臨海水土記》云：長者尺餘，其性淫，春月與蛇醫交牝，故其子有毒。《南方異物志》云：高魚似鱒，有雌無雄，二三月與蜥蜴合于水上，其胎毒人。《酉陽雜俎》云石斑與蛇交。南方有土蜂，土人殺此魚標樹上，引鳥食之，蜂窠皆盡也。 【色】白鱗黑斑，其斑如虎紋。 【禁】石斑魚子及腸，不宜食之，令人吐瀉。 【解】《醫説》云：用魚尾草汁少許解之。

清・汪紱《醫林纂要探源》卷三 石斑 甘，酸，溫。溪澗小魚，身頗長厚。味美，有青黑紫赤斑文及金色者。 腹中子不可食，令人作脹痛。子自含毒耳。或云此魚與蜥蜴交，恐亦未必然。

清・黃宮繡《本草求真》卷九 石斑魚服之有毒令人頭痛泄。 石斑魚專入□。屬毒物。凡服之者，無不謂患頭痛作泄，蓋此生於南方溪澗水石之處。長數寸，白鱗黑斑，浮游水面，聞人聲則劃然深入。其魚有雌無雄，二三月與蜥蜴合於水上。其胎毒人，又與蛇交。南方有土蜂，土人殺此魚標於樹上，引鳥食而土蜂盡退，是以服之而致見有諸病之作耳。但肉食之差可，而子及腸尤甚。今時捕魚，多雜此魚賣與人食，須宜慎之。

清・趙其光《本草求原》卷一六鱗部 石斑魚 有雌無雄，二三月與蜥蜴、蛇交。其胎及腸有毒，令人吐瀉。用魚尾草汁少許解之。

清・文晟《新編六書》卷六《藥性摘錄》 石斑魚 生南方溪澗，白鱗黑斑，長數寸。有毒，勿妄食。

清・戴葆元《本草綱目易知錄》卷五 石斑魚 性淫，與蛇交。子及腸有毒，食令吐瀉，魚尾草解之。

清・吳汝紀《每日食物却病考》卷下 石斑魚附杜父魚、鯊魚。 又名高魚，有毒不可食。生溪澗水石間，白鱗，細斑如虎文，長數寸，大者尺餘，浮游水上，聞人聲即劃然深入。春月與蛇交，故有毒，其子更毒。《酉陽雜俎》云：石班與蛇交。《異物志》云：高魚似鱒，有雌無雄，二三月與蜥蜴合于水上，其胎毒人。 又一種杜父魚，亦生溪澗中，見人則以喙插入泥中。色黃黑，亦有斑，脊背上有鬐，長二三寸，無毒，可食。 又一種鯊魚，亦生溪澗中，長四五寸，首尾一般大，圓似鱓，厚肉，重唇，細鱗，黃白色，有黑斑點，其尾不歧。味美，甘，平，無毒，可食。 此三種皆生南方溪澗者，善惡不可不辨也。

鱸魚

附：日・丹波康賴《醫心方》卷三〇 鱸 崔禹〔錫〕云：味鹹，大溫，無毒。主風痹，瘀疰，面皰。貌似鯉而鰓大。補中，安五藏。可為臛膾。《食經》云：鱸魚為羹，食不利人。又云：鱸肝不可食之，殺人。又云：治鱸魚中毒方：搗絞蘆根汁飲之，良。

宋・唐慎微《證類本草》卷二一蟲魚部中品〔宋・掌禹錫《嘉祐本草》〕

鱸魚　平。補五藏，益筋骨，和腸胃，治水氣。多食宜人，作鮓猶良。又暴乾，甚香美。雖有小毒，不至發病。一云：多食發痃癖及瘡腫，不可與乳酪同食。

〔宋・唐慎微《證類本草》〕《食療》云：平。主安胎，補中，作鱠尤佳。

宋・寇宗奭《本草衍義》卷一七　鱸魚　益肝腎，補五藏，和腸胃，食之宜人。不甚發病，宜然張翰思之也。

宋・陳衍《寶慶本草折衷》卷一七　鱸魚鮓及鱠在內。　忌乳酪。

平，有小毒。○補五藏，益筋骨，和腸胃，治水氣，作鮓良。又暴乾甚香美，多食發痃癖及瘡腫。○《食療》云：安胎，補中，作鱠佳。○寇氏曰：益肝腎。

元・忽思慧《飲膳正要》卷三　鱸魚　平。補五藏，益筋骨，和腸胃，治水氣，食之宜人。

元・尚從善《本草元命苞》卷八　鱸魚　平補五臟，雖毒不至發病。益筋骨，調和腸胃，治水氣。作鮓猶良，多食宜人。暴乾香美，性平。安胎。(雷)忌乳酪。

元・吴瑞《日用本草》卷五　鱸魚　與鱖魚相似，白色，踈有小黑點。子作鮓尤佳。　味甘，平，有小毒。不可與乳酪同食，發痃癖瘡腫。　主補五臟，益筋骨，和腸胃。暴乾，甚香美。

明・滕弘《神農本經會通》卷一〇　鱸魚　氣平。《本經》云：補五臟，益筋骨，和腸胃，治水氣。多食宜人，作鮓猶良。又暴乾，甚香美。雖有小毒，不至發病。一云：多食發痃癖及瘡腫。不可與乳酪同食。《食療》云：主安胎，補中。作鱠尤佳。

明・劉文泰《本草品彙精要》卷三〇　鱸魚有小毒　卵生。

鱸魚：主補五臟，益筋骨，和腸胃，治水氣。多食宜人，作鮓猶良。又暴乾，甚香美。雖有小毒，不至發病。名醫所錄。　【地】謹按：此魚出松江，巨口，細鱗，背有黑點，一尾四腮，作鱠食之甚佳，即張翰思之者也。【時】生：無時。採：秋取。【收】暴乾。【色】青白。【味】甘。【性】平，緩。【氣】氣之薄者，陽中之陰。【臭】腥。【治】補：《食療》云：安胎，補中。【禁】一云：多食，發痃癖及瘡腫。【忌】不可與乳酪同食。

明・盧和、汪穎《食物本草》卷四魚類　鱸魚　平，補五臟，益筋骨，和腸胃，安胎，治水氣。食之宜人，作鮓尤良，暴乾甚香美。雖有小毒，不致發病。一云：發痃癖及瘡腫。不可與乳酪同食，中其毒，以蘆根汁解之。

明・寧源《食鑒本草》卷上　鱸魚　味甘，平。補五臟，益筋骨，和腸胃，下水氣。　沈存中云：松江細鱸羹，吳田香粇飯，令人努力加飡。　新增：多食發痃癖又瘡腫，不可與乳酪同食。　多食宜人，作鮓尤良，焙乾正香美，雖有小毒，[不]至發病。

明・王文潔《太乙仙製本草藥性大全》卷八《仙製藥性》　鱸魚　味甘，氣平，有小毒。　主治：補五臟而和腸胃，益肝腎而健筋骨。治水氣。多食宜人，雖小毒不至發病。調中爲最，亦且安胎。作鮓作鱠尤佳，曝乾味甚香美。又云：多食發痃癖瘡腫，但不可與乳酪同食之。

明・皇甫嵩《本草發明》卷六　鱸魚甘味。　補五藏，益筋骨，和腸胃，治水氣。多食宜人，作鮓良。又暴乾，甚香美。雖有小毒，不至發病。又安胎補中。一云：多食發痃癖及瘡腫。不可與乳酪同食。

明・李時珍《本草綱目》卷四四鱗部・魚類　鱸魚宋《嘉祐》

【釋名】四鰓魚時珍曰：黑色曰盧。此魚白質黑章，故名。淞人名四鰓魚。　【集解】時珍曰：鱸出吳中，淞江尤盛，四五月方出。長僅數寸，狀微似鱖而色白，有黑點，巨口細鱗，有四鰓。楊誠齋詩頗盡其狀，云：鱸出鱸鄉蘆葉前，垂虹亭下不論錢。買來玉尺如何短，鑄出銀梭直是圓。白質黑章三四點，細鱗巨口一雙鮮。春風已有真風味，想得秋風更迴然。《南郡記》云：吳人獻淞江鱸鱠於隋煬帝。帝曰：金虀玉鱠，東南佳味也。

肉　【氣味】甘，平，有小毒。宗奭曰：雖有小毒，不甚發病。禹錫曰：多食，發痃癖瘡腫。不可同乳酪食。李(廷)[鵬]飛云：肝不可食，剥人面皮。詵曰：中鱸魚毒者，蘆根汁解之。　【主治】補五臟，益筋骨，和腸胃，治水氣。多食宜人，作鮓尤良。曝乾甚香美《嘉祐》。益肝腎宗奭。安胎補中。作鱠尤佳孟詵。

明・梅得春《藥性會元》卷下　鱸魚　平。主補五臟，益筋骨，和腸胃，治水氣。多食宜人，作酢尤良。又暴乾，甚香美。雖有小毒，不至發病。一云：多發痃癖瘡腫，不可與乳酪同食。

明・穆世錫《食物輯要》卷七　鱸魚　味甘，平，微毒。補五臟，和腸胃，壯筋骨，利水氣，安胎。多食，發瘡腫，成痃癖。勿同乳酪食。肝，不可食，剝人面皮。中鱸魚毒，多飲蘆根汁可解。

明・吴文炳《藥性全備食物本草》卷三　鱸魚　味甘，性平，有小毒。補五臟而和腸胃，益肝腎而健筋骨，治水氣。多食宜人，雖小毒不至發病，調中為最，亦且安胎，作鮓作鱠尤佳。曝乾味甚香美。多食發痃癖瘡腫，但不可與乳酪同食。肝不可食，剝人面皮。中鱸魚毒，多飲蘆根汁可解。

明・趙南星《上醫本草》卷四　鱸魚　《南郡記》云：吳人獻淞江鱸鱠于隋煬帝。帝曰：金虀玉鱠，東南佳味也。　肉：甘，平，有小毒。主治：補五臟，益筋骨，和腸胃，治水氣，益肝腎，安胎補中。多食宜人，作鱠尤佳，作鮓尤良，曝乾甚香美。　禹錫曰：多食發痃癖、瘡腫，不可同乳酪食。李鵬飛云：肝不可食，剝人面皮。中鱸魚毒者，蘆根汁解之。

明・繆希雍《本草經疏》卷二一　鱸魚　平。補五臟，益筋骨，和腸胃，治水氣，多食宜人。

［疏］鱸魚，秋月方美，其得水中之清氣者乎。味甘淡，氣平，雖有小毒，不至發病，乃與脾胃相宜之物也。腎主骨，肝主筋，滋味屬陰，總歸於臟。益二臟之陰氣，故能益筋骨。脾胃有病，則五臟無所滋養而積漸流於虛弱。脾弱則水氣泛濫，益脾胃則諸證自除矣。

明・應麐《食治廣要》卷七　鱸魚　肉：　氣味：甘，平，有小毒。主治：補五藏，益筋骨，和腸胃，治水氣，作鮓尤良，曝乾甚香美。益肝腎，安胎補中，作鱠更佳。寇氏曰：雖有小毒，不甚發病。李鵬飛曰：肝不可食，食之剝人面皮。楊誠齋詩頗盡其狀之美，云：鱸出鱸鄉蘆葉前，垂虹亭下不論錢。買來玉尺如何短，鑄出銀梭直是圓。白質玄章三四點，細鱗巨口一雙鮮。春風自有真風味，想待秋風更迥然。又《南郡記》云：吳人獻松江鱸鱠于隋煬帝，帝曰：金虀玉鱠，東南佳味也。

明・姚可成《食物本草》卷一〇鱗部・魚類　鱸魚一名四鰓魚。出吳中，淞江尤盛。四五月方出，長僅數寸，狀微似鱖而色白，有黑點，巨口細鱗，有四鰓。楊誠齋詩頗盡其狀，云：鱸出鱸鄉蘆葉前，垂虹亭下不論錢。買來玉尺如何短，鑄出銀梭直是圓。白質黑章三四點，細鱗巨口一雙鮮。春風已有真風味，想得秋風更迥然。《南郡記》云：吳人獻鱸鱠於隋煬帝。帝曰：金虀玉膾，東南佳味矣。〇昔張翰思蓴鱸之美，假官而歸。故詩有鱸魚正美不歸去，空戴南冠學楚囚句。　鱸魚，味甘，平，有小毒。主補五臟，益筋骨，和腸胃，治水氣。多食宜人，作鮓尤良。曝乾甚香美。益肝腎，安胎補中。作鱠尤佳。多食亦能發痃癖瘡腫，不可同乳酪食。肝不可食，剝人面皮。中其毒者，蘆根汁解之。〇沈存中《筆談》云：淞江細鱸羹，吳田香秔飯，令人努力加餐。即此是矣。

明・顧逢柏《分部本草妙用》卷一〇水族部　鱸魚　甘，平，有小毒。淞江四鰓者不甚發病。不可同乳酪食。中其毒者，蘆根汁解之。　主治：補五臟，益筋骨，和腸胃，治水氣，益肝腎，安胎。作鮓鱠俱佳。

明・孟笨《養生要括・鱗類》　鱸魚　味甘，平，有小毒。補五臟，益筋骨，和腸胃，治水氣，多食宜人。作鮓尤良，暴乾香美，甚益肝腎，安胎補中。作鱠尤佳。

明・施永圖《本草醫旨・食物類》卷五　鱸魚松江名四鰓魚，出吳中淞江。巨口細鱗，有四鰓。　肉：　味甘，平，有小毒。多食發痃癖瘡腫，不可同乳酪食。李鵬飛云：肝不可食，剝人面皮。中鱸魚毒者，蘆根汁解之。治：　補五臟，益筋骨，和腸胃，治水氣，多食宜人，作鮓尤良。曝乾甚香美，益肝腎，安胎，補中，作鱠尤佳。

清・顧元交《本草彙箋》卷九　鱸魚　秋月方美，其得水中之清氣者乎。味甘，淡，氣平。雖有小毒，不至發病。乃與脾胃相宜之物。

清・穆石匏《本草洞詮》卷一六　鱸魚　一名四鰓魚。肉甘，平，有小毒。和腸胃，治水氣。多食宜人，作膾尤良。楊誠齋詩：鱸出鱸鄉蘆葉前，垂虹亭下不論錢。買來玉尺如何短，鑄出銀梭直是圓。白質黑章三四點，細鱗巨口一雙鮮。春風已有真風味，想得秋風更迥然。《南郡記》云：吳人獻淞江鱸鱠于隋煬帝。帝曰：金虀玉鱠，東南佳味也。

清・丁其譽《壽世秘典》卷四　鱸魚鱸出吳中，淞江尤盛，狀似鱖，而色白有黑點，巨口細鱗，有四鰓，淞人名四腮魚。　氣味：甘，平，微毒。主補五臟，益筋骨，和腸胃，治水氣。安胎。作鮓尤佳，曝乾甚香美。　發明寇宗奭曰：鱸魚，秋月方美，得水中之清氣。雖有小毒，不甚發病，乃與脾胃相宜之物。不可同乳酪食，中其毒者，蘆根汁解之。

清・尤乘《食鑒本草・魚類》　鱸魚　發諸藥毒，鮓不益人。合笋食成癱瘓，小兒食成癰。鱸魚多食發痃癖瘡腫。補胃，治水氣。

清・朱本中《飲食須知・魚類》　鱸魚　味甘，性平，有小毒。多食發瘡腫，成痃癖。勿同乳酪食。肝不可食，剝人面皮。中鱸魚毒者，多飲蘆根汁可解。

清・何其言《養生食鑒》卷下　鱸魚狀似鱖而色白有黑點，巨口細鱗。　味甘，性平，無毒。補五臟，和腸胃，益筋骨，利水氣，安胎，多食宜人。作鱠、鮓尤佳。曝乾，甚香美。不可與乳酪同食。肝有小毒，不可食，剝人面皮。中其毒者，蘆根汁解之。

清・李熙和《醫經允中》卷二三　鱸魚　不可同乳酪食。中其毒者，蘆根汁解之。

清・张璐《本經逢原》卷四　鱸魚　甘，平，小毒。　發明：鱸魚鬆脆，與石首魚相類。補五藏，益筋骨，和腸胃，治水氣。多食宜人，作鮓尤良。

清・汪啟賢等《食物須知・諸葷饌》　鱸魚　味最鮮美，出自松江，四腮。張翰嘗思。和腸胃，能健中，益腎，補骨髓，扶肝木，壯筋養血。

清・浦士貞《夕庵讀本草快編》卷六　鱸魚宋《嘉祐》　此魚白質黑章如蘆色也，巨口細鱗而有四腮，狀似鱖者為是。今松俗將形如蝦虎為鱸，謬也。子瞻《赤壁賦》云：狀似松江之鱸。則知似鱖者為鱸，非蝦虎明矣。楊誠齋詩云：鱸出鱸鄉蘆葉前，垂虹亭下不論錢。買來玉尺如何短，鑄出銀梭直是圓。白質黑章三四點，細鱗巨口一雙鮮。春風已有真風味，想待秋風更迥然。豈不判然哉？　鱸魚甘平，益脾補腎之物也。故能強筋骨而和腸胃，安胎氣而利水氣，魚中之不發病者，莫此為良。煮羹雖美，作鱠猶佳，曝乾更勝。隋大業中，有獻鱸羹者，煬帝食之而美曰：金虀玉鱠，東南之佳味也。張季鷹入洛受齊王冏之辟，知冏必敗。見秋風起，乃思吳中蓴羹鱸鱠，曰：人生貴在適志爾，何用羈宦數千里以要名爵乎？遂命駕而歸。予有感焉。士之出處，貴在知幾，物之遇人，亦各有數。蓴、鱸至微，得季鷹一語而成千載佳話，較之華亭之隺，北門之犬，豈不天壤耶？

清・汪紱《醫林纂要探源》卷三　鱸　甘，平。腹下平，似鯰鰋。近海諸郡皆有，淞江者四鰓，味尤美。

題清・徐大椿《藥性切用》卷八　四鰓魚　一名鱸魚。性味甘平，補益利水，作鮓尤良。中其毒者，蘆根汁解之。

清・李文培《食物小錄》卷下　鱸魚諸魚二鰓，惟淞江之鱸四鰓。　甘，平，有小毒。補五臟筋骨，和胃，治水氣。多食宜人，作鮓良。曝乾甚香美，益肝腎，安胎。作鱠尤佳。中其毒者，蘆根可解。

清・章穆《調疾飲食辯》卷六　鱸魚　《綱目》曰：鱸出吳中，淞江尤盛。長僅數寸，似鱖而色白，有黑點，巨口細鱗，四腮，故呼四腮魚。《南郡記》曰：吳人獻鱸魚羹於隋煬帝，帝曰：金虀玉鱠，東南佳味也。《嘉定本草》曰：補五藏，益筋骨，和腸胃，治水氣。《衍義》曰：益肝腎。《食療》曰：能安胎。中其毒，蘆根汁解之。禹錫曰：多食發痃癖、瘡腫。又不可同乳酪食。

按：諸家說鱸魚似乎甚美，何以有毒，何以發病傷人，非熱中之明驗乎。縱能滋補，病人總不宜也。

清・趙其光《本草求原》卷一六鱗部　鱸魚　四五月出。甘，平，小毒。發痃癖瘡腫。補五臟，益筋骨，和腸胃，治水氣。曝乾，安胎、益肝腎。作膾尤良。其肝毒，剝人面皮。蘆根汁解之。忌乳酪。

清・文晟《新編六書》卷六《藥性摘錄》　鱸魚　甘，平。主五臟，和腸胃，益筋骨，利水氣，安胎。作膾尤佳。曝乾香美。勿與乳酪同食。〇肝有小毒，勿食。〇狀似鱖，而色白有黑。

清・王孟英《隨息居飲食譜・鱗介類》　鱸魚　甘，溫，微毒。開胃，安胎，補腎舒肝。可脯可鮓。多食發瘡患癖，其肝尤毒，剝人面皮。中其毒者，蘆根汁解之。

清・田綿淮《本草省常・魚蟲類》　鱸魚　一名四鰓魚。性平，有小毒。和腸胃，益筋骨，安胎補中。多食發痃癖瘡腫。同乳酪食傷人。〇中毒者蘆根汁解之，或陳皮、紫蘇煎湯解之。

清・戴葆元《本草綱目易知錄》卷五　鱸魚四鰓魚　甘，平，有小毒。補五臟，益筋骨，和腸胃。治水氣，益肝腎，安胎，補中。作鱠作鮓食，俱良。曝乾甚香美，雖有小毒，不甚發病。然多食，亦發痃癖瘡腫。忌同乳酪食。

清・陳其瑞《本草撮要》卷九　鱸魚　味甘，平，有小毒，入手足太陰、陽明經。功專補五臟，益筋骨，和腸胃。作鮓尤良。曝乾甚香美。一名四鰓。出吳中松江府城。食肝剝人面皮。同乳酪食，毒不可解。中其毒者，蘆汁可解。

清・吳汝紀《每日食物却病考》卷下　鱸魚　即巨口，細鱗，四腮者。味甘，平。和腸胃，治水氣，食之宜人，極美，雖有小毒不致發病。不可與乳酪同食，中其毒以蘆根汁解之。

宋·唐慎微《證類本草》卷二一蟲魚部中品〔宋·馬志《開寶本草》〕 鱖居衛切魚 味甘，平，無毒。主腹内惡血，益氣力，令人肥健，去腹内小蟲。背有黑點，味尤重。昔仙人劉憑，常食石桂魚。今此魚猶有桂名，恐是此也。生江溪間今附。

〔宋·掌禹錫《嘉祐本草》〕按：日華子云：微毒。益氣，治腸風瀉血。又名鱖豚、水豚。

〔宋·唐慎微《證類本草》〕《食療》云：平。補勞，益脾胃，稍有毒。《勝金方》：治小兒、大人一切骨鯁，或竹木簽刺喉中不下方：於臘月中取鱖魚膽，懸北檐下令乾。每有魚鯁，即取一皂子許，以酒煎化溫溫呷。若得逆便吐，骨即隨頑涎出。若未吐，更喫溫酒，但以吐爲妙，酒即隨性量力也。若更未出，煎一塊子，無不出者。此藥應是鯁在藏腑中日久痛，黄瘦甚者，服之皆出。若卒求鱖魚不得，蠡魚、鯇魚、鯽魚即可。臘月收之甚佳。

宋·王繼先《紹興本草》卷一七 鱖魚 紹興校定：鱖魚，《本經》雖具主治，而未聞起疾之驗，但世作食品多矣。《本經》云味甘、平、無毒是也。處處池澤皆產之。

宋·陳衍《寶慶本草折衷》卷一七 鱖居衛切。魚膽附。 一名石桂魚，一名鱖豚，一名水豚。生溪江間。坡仙詞云桃花流水鱖魚肥。春月取佳。○附：膽，臘月取，掛北檐下，乾。

味甘，平，微毒。○主腹内惡血，益氣力，去腹内小蟲。背有黑點。○日華子云：治腸風瀉血。○《食療》云：補勞，益脾胃。

附：膽。○味苦用諸魚膽云。治小兒、大人一切骨鯁，或竹木簽刺喉中，取膽壹皂子許，以酒煎化，溫呷。若便吐，骨即隨頑涎出。若未吐，更煎壹塊服。應鯁在藏腑中，日久痛黄瘦者，服之皆出。若蠡魚、鯽魚膽，俱可臘月收之佳。

元·吴瑞《日用本草》卷五 鱖魚 生江溪間。背有黑點，巨口細鱗。味甘，無毒。主腹内惡血，益氣力，令人肥健。去腹内蟲及腸風瀉血。

明·滕弘《神農本經會通》卷一〇 鱖魚音桂 味甘，氣平，無毒。《本經》云：主腹内惡血，益氣力，令人肥健。去腹内小蟲。背有黑，味尤重。日華子云：微毒。益氣，治腸風瀉血。

明·劉文泰《本草品彙精要》卷三〇 鱖魚微毒 卵生。

鱖居衛切魚：主腹内惡血，益氣力，令人肥健，去腹内小蟲。名醫所録。

【名】鱖豚、水豚。【地】《圖經》曰：生江漢間，細鱗，大腹，背有黑點，味尤重。昔仙人劉憑，常食石桂魚，今此魚猶有桂名，恐是此也。【時】生：無時。採：臘月中取膽。【收】膽，于臘月北檐下懸，令乾。【用】肉及膽。【質】類鱸魚。【色】黑黄。【味】甘。【性】平，緩。【氣】氣厚于味，陽中之陰。【臭】腥。【主】補虛勞，益脾，除腸風瀉血。【合治】臘月膽，每用一皂子許，合酒煎化，溫溫呷之，治大人小兒一切骨鯁，或竹木簽刺喉中不下者。服後若得逆，便吐骨，即隨頑涎出，若未出更吃溫酒，以吐爲妙。酒即隨性量力飲之，若更不出，再煎一塊服之，無不出者。此藥應是鯁在臟腑中，日久痛黄瘦甚者，服之皆出。【禁】患寒濕病人不可食。

明·盧和、汪穎《食物本草》卷四魚類 鱖魚 味甘，無毒。去腹中惡血及小蟲，益氣力，令人肥健。一云：平，稍有毒，益脾胃。

明·王文潔《太乙仙製本草藥性大全》卷八《本草精義》 鱖魚 又名鱖豚、水豚。生江湖溪澤間。其魚似白魚，背有黑點，尾圓而味猶重。昔仙人劉憑常食石桂魚，今此魚猶有桂名，恐即此也。

明·王文潔《太乙仙製本草藥性大全》卷八《仙製藥性》 鱖魚 味甘，氣平，無毒。又云稍有毒。主治：主腹内惡血，去腹間小蟲。益氣力，令人肥健；健脾胸，而補虛勞。治腸風瀉血即止，療骨鯁喉内立瘥。補註：治小兒、大人一切骨鯁，或竹木簽喉中不下方：於臘月取鱖魚膽懸北檐下令乾，每有魚鯁即取一皂子許，以酒煎化，溫溫呷，若得逆便吐，骨即隨頑痰出。若未吐，更吃溫酒，但以吐爲妙，酒即隨性量力也。若更未出，煎一塊子，無不出者。此藥應是鯁在臟腑中日久痛，黄瘦甚者，服之皆出。若卒求鱖魚不得，蠡魚、鯇魚、鯽魚俱可，臘月收之甚佳。

明·李時珍《本草綱目》卷四四鱗部·魚類 鱖魚居衛切。《開寶》。

【釋名】罽魚音薊。 石桂魚《開寶》 水豚時珍曰：鱖，蹶也，其體不能屈曲如僵蹶也。罽，繝也，其紋斑如織繝也。大明曰：其味如豚，故名水豚，又名鱖豚。志曰：昔有仙人劉憑，常食石桂魚。桂、鱖同音，當即是此。 【集解】時珍曰：鱖生江湖中，扁形闊腹，大口細鱗。有黑斑采斑，色明者爲雄，稍晦者爲雌，皆有鬐鬣刺人。厚皮緊肉，肉中無細刺。有肚，能嚼，亦啖小魚。夏月居石穴，冬月偎泥罧，魚之沉下者也。小者味佳，至三五斤者不美。李（廷）〔鵬〕飛《延壽書》云：鱖，鬐刺凡十二，以應十二月。誤鯁害人，惟橄欖核磨水可解，蓋魚畏橄欖故也。

肉 【氣味】甘，平，無毒。日華曰：微毒。【主治】腹內惡血，去腹內小蟲，益氣力，令人肥健《開寶》。補虛勞，益脾胃孟詵。治腸風瀉血日華。

【發明】時珍曰：按張杲《醫說》云：越州邵氏女年十八，病勞瘵累年，偶食鱖魚羹遂愈。觀此，正與補勞、益胃、殺蟲之說相符，則仙人劉憑、隱士張志和之嗜此魚，非無謂也。

尾 【主治】小兒軟癤，貼之良時珍。

膽 【氣味】苦，寒，無毒。【主治】骨鯁，不拘久近時珍。

【附方】舊一。骨鯁竹木刺入咽喉：不拘大人小兒，日久或入臟腑，痛刺黃瘦甚者，服之皆出。臘月收鱖魚膽，懸北檐下令乾。每用一皂子，煎酒溫呷。得吐，則鯁隨涎出；未吐再服，以吐爲度。酒隨量飲，無不出者。蠡、鯇、鯽膽皆可。《勝金方》。

明·梅得春《藥性會元》卷下 鱖魚 味甘，平，無毒。主治腹內惡血，益氣力，令人肥健，去腹內小蟲。背有黑點，味尤重。昔仙人劉憑常食，即石桂魚也。

明·穆世錫《食物輯要》卷七 鱖魚 味甘，平，無毒。和脾胃，補虛勞，益氣力。多食，令肥健，破惡血，止腸風下血，殺蟲。小者味美，重三四斤者不佳。《延壽書》云：鱖鬐刺凡十二，以應十二月，誤鯁害人。

明·吳文炳《藥性全備食物本草》卷三 鱖魚一名鱖豚。其魚似白魚，背有黑點，尾圓而味猶重。昔仙人劉憑常食石桂魚，今此魚猶有鱖名，恐即此也。味甘，平，無毒。和脾胃，補虛勞，益氣力，多食令肥健。破惡血，止腸風下血，殺蟲。小者味美，重三四斤者不佳。《延壽書》云：鱖鬐刺，凡十二以應十二月，誤鯁害人。

明·繆希雍《本草經疏》卷三〇 鱖魚膽 此魚最能發濕，惟膽能治魚骨鯁及竹木刺誤吞入喉不出，或吞入腹，腹中作痛隱隱，皆效。狀如鱸魚者是。

明·應㷗《食治廣要》卷七 鱖魚 氣味：甘，平，無毒。主治：腹內惡血，去腹內小蟲，益氣力，令人肥健，補虛勞，益脾胃，治腸風瀉血。按《醫說》云：越州邵氏女，年十八，病勞瘵累年，偶食鱖魚羹，遂愈。又仙人劉憑、隱士張志和之嗜此魚者，非無謂也。鱖扁形，闊腹大口，細鱗黑斑，厚皮緊肉，肉中無細刺者是也。

明·姚可成《食物本草》卷一〇鱗部·魚類 鱖魚鱖，居衛切。一名罽魚，一名石桂魚，一名水豚。生江湖中。扁形闊腹，大口細鱗，首尾短促不舒，難以屈曲，有黑斑采斑，色明者為雄，稍晦者為雌，背有鬐鬣刺人。厚皮緊肉，肉中無細刺。有肚能嚼，亦啗小魚。夏月居石穴，冬月偎泥罧，魚之沈下者也。小者味佳，至三五斤者不美。李（廷）〔鵬〕飛《延壽書》云：鱖，鬐刺凡十二，以應十二月。誤鯁害人，惟橄欖核磨水可解，蓋魚畏橄欖故也。〇昔有仙人劉憑，常食石桂魚。桂、鱖同音。當即是此。鱖魚，味甘，平，無毒。主腹內惡血，去腹內小蟲，益氣力，令人肥健。補虛勞，益胃固脾。治腸風瀉血。〇李時珍曰：按張杲《醫說》云：越州邵氏女年十八，病勞瘵累年，偶食鱖魚羹，遂愈。觀此，正與補虛勞益胃之說相符，則仙人劉憑、隱士張志和之嗜此魚，非無謂也。古詩：桃花落盡鱖魚肥。按此則鱖魚之美，更在春暮乎？

附方：治骨鯁竹木刺入咽喉，不拘久近，或入臟腑，痛刺黃瘦甚者，服之皆出。臘月收鱖魚膽，懸北檐下令乾。每用一皂子煎酒溫呷。得吐，則鯁隨涎出；未吐再服，以吐為度。酒隨量飲，無不出者。鯉、鯇、鯽膽皆可。

明·顧逢柏《分部本草妙用》卷一〇水族部 鱖魚 甘，平，無毒。主去腹中惡血小蟲，益氣肥健，補虛勞，益脾胃，治腸風瀉血。多食發濕氣。

明·孟笨《養生要括·鱗類》 罽魚 味甘，平，無毒。治腹內惡血，去腹內小蟲，益氣力，令人肥健。補虛勞，益脾胃。治腸風瀉血。

明·施永圖《本草醫旨·食物類》卷五 鱖魚誤鯁害人，惟橄欖核磨水可解。蓋魚畏橄欖故也。肉：味甘，平，無毒。治：腹內惡血，去腹內小蟲，益氣力，令肥健。補虛勞，益脾胃，治腸風瀉血。越州邵氏女，年十八，病癆瘵累年，偶食鱖魚羹，遂愈。尾：治：小兒軟癤，貼之良。膽：味苦，寒，無毒。治：骨鯁，不拘久近。

附方 骨鯁，竹木刺入咽喉：收鱖魚膽懸北檐下，令乾，每用一皂子，煎酒溫呷，得吐，則鯁隨涎出。未吐再服，以吐為度。酒隨量飲，無不出者。蠡、鯇、鯽膽皆可。

清·穆石匏《本草洞詮》卷一六 鱖魚 一名罽魚。夏居石穴，冬偎泥罧。魚之沉下者也。肉甘，平，無毒。治腹內惡血，去腹內小蟲，補虛勞，益脾胃。按張杲云：一女病勞瘵累年，偶食鱖魚羹，遂愈。則其補勞殺蟲之功可知。仙人劉憑、隱士張志和皆嗜此魚，非無謂也。

清·丁其譽《壽世秘典》卷四 鱖魚一名罽魚，音蓟。鱖，蹶也，其體不能屈曲如僵蹶也。罽，繝也，其紋斑如織繝也。生江湖中，扁形闊腹，巨口細鱗，鬐鬣皆圓，黃質黑章，斑文鮮明者為雄，晦者為雌，皮厚而肉緊，肉中無細刺，有肚能嚼，亦啖小魚，夏月藏石隙，冬月偎泥，罧魚之沉下者也。小者味佳，至三五斤者，不美。　氣味：　甘，平，無毒。　發明李時珍曰：　按張杲《醫說》云，越州邵氏女，年十八，病勞瘵累年，偶食鱖魚羹，遂愈。觀此正與補勞益胃，殺蟲之說相符。李鵬飛《延壽書》云：　鱖鬐刺，凡十二以應十二月。誤鯁，害人。惟橄欖核磨水，可解。主補虛勞，益脾胃，去腹內惡血及小蟲，益氣力，令人肥健。

膽：　氣味：　苦，寒，無毒。治骨鯁，竹木刺入咽喉，不拘久近者，服之皆出。臘月，收罽魚膽，懸北檐下，令乾，每用一皂子煎酒，溫呷，得吐則鯁隨涎出，未吐再服，以吐為度，酒隨量飲，無不出者。

清・尤乘《食鑒本草・魚類》　鱖魚音貴　有十二骨，每月一骨，有毒，殺人，犯者取橄欖仁末，流水調服即解，桃末汁水調亦可。

清・朱本中《飲食須知・魚類》　鱖魚　味甘，性平。鬐刺凡十二，以應十二月。誤鯁害人，以橄欖核磨水，服之可解。

清・何其言《養生食鑒》卷下　鱖魚扁形闊腹，大口細鱗，有黑班。采班色明者為雄，稍晦者雌。皆有鬐鬣刺人，厚皮緊肉，肉中無細刺，有皮能窨，(赤)〔亦〕啖小魚。　味甘，性平，無毒。和脾胃，補虛勞，益氣力，令人肥健。破惡血，止腸風瀉血，去腹內小蟲。小者味佳，至三五斤者不美。

清・李熙和《醫經允中》卷二三　鱖魚　甘，平，無毒。主去腹中惡血、小蟲，補虛益脾，治腸風瀉血。多食發濕氣。

清・张璐《本經逢原》卷四　鱖魚　甘，平，小毒。　發明：　鱖性疎利，有補虛益胃，去腹內惡血、小蟲之功。《醫說》有邵氏女年十八，病勞瘵累年，偶食鱖魚羹遂愈，正與補勞益胃殺蟲之說相符。膽治骨鯁及竹木刺入咽喉，不拘大人小兒，或入腹刺痛，服之皆出。臘月收大鱖魚膽，懸北檐下陰乾，遇有鯁者，用皂子大酒研，溫服，得吐則鯁隨涎出。未出再服，以出為度，酒隨量飲，無不出者。如無鱖魚膽，鯇魚、青魚、鯽魚膽用鮮者，酒調服之亦出。

清・汪紱《醫林纂要探源》卷三　鱖　甘，溫。大頭，巨口鋸齒，身方而短，鱗細如沙，文雜白黑，尾小無歧，鬐堅銳如刺，有十二鬐骨應十二月，閏則益刺。魚皆無胃，此獨有，尤健啖小魚。　健脾開胃，其肚可消骨鯁。

題清・徐大椿《藥性切用》卷八　鱖魚　性味甘平，補勞益胃，去瘀殺蟲。

清・黃宮繡《本草求真》卷九　鱖魚治癆瘵血蟲。　鱖魚耑入脾胃。即俗所云桂魚者是也。味甘性平小毒，按書言此性最疏利。凡腹內聚有惡血水蟲，服此最屬有效，故於癆瘵最宜。昔有邵氏年十八病瘵，累年不愈，偶服鱖魚而痊，非其性最疏利，能治惡血蟲蠱之意乎。但此有鬐刺十二，以應十二月之數。若人誤受鯁害，則惟取欖核磨水以解，以魚最畏橄欖故也，尾貼小兒軟癤佳。膽治骨鯁竹木刺入咽喉，不拘大人小兒，或入腹刺痛，服之皆出。臘月收大鱖魚膽，懸北檐下陰乾，遇鯁者，用皂子大，酒碎溫服，得吐則鯁隨涎出，未出再服。以出為度，酒隨量飲，無不出者。如無鱖魚膽，鯇魚、青魚膽、鯽魚膽亦用。

清・李文培《食物小錄》卷下　鱖魚　甘，平，無毒。益氣力，令人肥健，補虛勞，益脾胃。

清・章穆《調疾飲食辯》卷六　鱖魚　一名罽魚，一名水豚。《綱目》曰：　罽，繝也。其斑文如織繝也。日華子曰：　味如豚，故名水豚。《開寶本草》曰：　昔有仙人劉憑嘗食石桂魚。桂、鱖同音，當即是此。鱖魚之色黑者，目光如漆，俗呼石鱖。其色白者目不光，俗呼泥鱖。則石桂乃石鱖之譌，審矣。其形扁，腹闊大口細鱗，背有鬐鬣，厚皮緊肉，肉中無細刺。肚味亦佳，善啖小魚。夏居石穴，冬則偎泥罧，魚之沉下者也，故性不甚熱。魚之善躍與浮游水面者，熱最甚，鱤魚、白魚、鰷魚、鱒魚之屬是也。不善躍而游水中者，熱稍平，青魚、鯽魚、魴魚、鯇魚之屬是也。其不能躍而沉水底偎泥者，熱最輕，或竟不熱，鱖魚、鰒魚、鱧魚、鰌魚之屬是也。考魚性者，當以此為率。他魚皆貴大，此則小者最佳，至二三斤以上，則氣羶味減。性能補虛勞，益脾胃。出《食療本草》。又去腹中惡血，殺腹內小蟲。出《開寶本草》。又治腸風瀉血。出《日華本草》。凡有以上諸虛、諸病人宜食。又張杲《醫說》，云越州邵氏女病勞瘵累年，偶食鱖魚羹遂愈，正與補虛殺蟲之說相合。又其尾貼小兒軟癤甚效，又與去惡血之言相合。誠水族之良也。

清・楊時泰《本草述鉤元》卷二八　鱖魚膽　即罽魚，音薊。氣味苦寒。治骨鯁，或竹木刺入咽喉，不拘大人小兒，時日久近，或入臟腑痛刺黃瘦甚者，服之皆出。臘月收鱖魚膽，懸北檐下，令乾，每用一皂子，煎酒溫呷得吐，則鯁隨涎出，未吐再服，以吐為度。酒隨量飲，無不出者，鱧鯇鯽膽皆可。

清・文晟《新編六書》卷六《藥性摘錄》　鱖魚　甘，平。和脾胃，補虛勞，益氣(九)〔力〕，令人肥健。破惡血，止腸風(深)〔瀉〕血，去腹內小蟲。小者味佳，至三斤以上者不美。

清·王孟英《隨息居飲食譜·鱗介類》 鱖魚一名鯚魚。 甘，平。益脾胃，養血，補虛勞，殺勞蟲，消惡血，運飲食，肥健人。過大者能食蛇，故有毒而發病。

清·田綿淮《本草省常·魚蟲類》 鱖魚 一名罽魚，一名石桂魚，一名水豚。性溫。補虛勞，益脾胃。此魚有十二刺，以應十二月，每月一刺有毒，誤鯁殺人。〇中毒者，橄欖核磨水解之。鱖，音貴；罽，音劌；鯁，音梗。

清·戴葆元《本草綱目易知錄》卷五 鱖魚 肉，甘，平。補虛勞，益脾胃，助氣力，令人肥健。治腹內惡血，去腹內小蟲及腸風瀉血，鱠食愈勞瘵。

清·陳其瑞《本草撮要》卷九 鱖魚 味甘，平，入手足太陰、陽明經。功專補虛勞，益脾胃，去瘀殺蟲。

清·吳汝紀《每日食物却病考》卷下 鱖魚 味甘，平，無毒。治腹內惡血，去蟲，補虛勞，益脾胃。誤為其骨鯁者，水磨橄欖核可解，以魚畏橄欖也。

鰧魚

明·李時珍《本草綱目》卷四四鱗部·魚類 鰧魚時珍曰：按《山海經》云：洛水多鰧魚。狀如鱖，居于逵，蒼文赤尾。食之不癰，可以治瘻。郭注云：鰧音滕。逵乃水中穴道交通者。愚按：鰧之形狀、居止、功用，俱與鱖同，亦鱖之類也。日華子謂鱖爲水豚者，豈此鰧與。

明·姚可成《食物本草》卷一〇鱗部·魚類 鰧魚鰧音滕。李時珍曰：按《山海經》云：洛水多鰧魚。狀如鱖，居於逵，逵乃水中穴道。蒼文赤尾，食之不癰，可以已瘻。 鰧魚，味甘，平，無毒。可以已瘻。其他功用，與鱖魚同。

鮸魚

明·姚可成《食物本草》卷一〇鱗部·魚類 鮸魚鮸魚生東海。形似石首，但頭小而色青白，肉鬆而腥氣更重。味之下者。 鮸魚，味甘，平，無毒。食之補中益氣。不宜多食，發瘡疥，動脾濕，足膝不利。

清·王孟英《隨息居飲食譜·鱗介類》 鮸魚 形似石首魚而大，其頭較銳，其鱗較細，鮮食味遜，但宜為腊。《正字通》以為即石首魚者，誤也。鮸，本音免，今人讀如米。其鰾較石首魚者大且厚，乾之以為海錯。產南洋者佳。古人名為鰎鯗，煨爛食之，補氣填精，止遺帶，大益虛損。外感未清，痰飲內盛者，勿食，以其膩滯也。又治諸血證，療破傷風如神。

石首魚

附：日·丹波康賴《醫心方》卷三〇 鯵 崔禹〔錫〕云：味甘，溫，無毒。主下利，明目，安心神。貌神似鮫而皮中有白垢，尾白刺連逆連逆者也。頭中有石，江南人呼曰石首魚者是也。

宋·唐慎微《證類本草》卷二一蟲魚部中品〔宋·馬志《開寶本草》〕 石首魚 味甘，無毒。頭中有石如棋子。主下石淋，磨石服之，亦燒爲灰末服，和蓴菜作羹，開胃益氣。候乾食之，名爲鯗音想。炙食之，主消瓜成水，亦主卒腹脹，食不消，暴下痢。初出水能鳴，夜視有光。又野鴨頭中有石，云是此魚所化。生東海。今附。

〔宋·掌禹錫《嘉祐本草》〕按：陳士良云：石首魚，平。日華子云：取腦中枕，燒爲末，飲下，治淋也。

〔宋·唐慎微《證類本草》〕《食療》：作乾鯗，消宿食，主中惡，不堪鮮食。

宋·張杲《醫說》卷六 魚枕遇蠱毒 南海魚有石首者，蓋魚枕也。取其石治以為器，可載飲食。如遇蠱毒，器必曝裂，其效甚著。福唐人製作尤精，人但玩其色，而鮮能識其用。同上。

宋·陳衍《寶慶本草折衷》卷一七 石首魚鯗及頭石附。〇膠及鰵魚續附。〇鰵，音敏。 生東海。附：鯗，《周禮》云一名鱐魚。註謂魚乾也。以魚破去腹中物，鹽淹曬乾，俗號日魚。〇續附：膠，是此魚腹有白鰾成塊，乘濕除外血膜，拔如長帶，或蟠為片。六月及臘月取，暴乾或風乾成膠。〇鯗，音想；鱐，所留切；鰾，毗眇切。 味甘，平，無毒。〇和蓴菜作羹，開胃益氣。附：鯗。〇主卒腹脹，食不消，暴下痢，主中惡。消瓜成水。不堪鮮食，並炙食之。 附：頭中石灰在內。〇下石淋，磨服。亦燒末服，狀如棋子。

續說云：《楊氏方》用魚膠和藥，治破傷風口噤強直證者，實石首膠，他魚之膠不堪用也。石首肉最宜產婦，惟瘡癩人不可食，為其行血發膿之故。更有一種鰵魚，稍似石首而色昏暗。諺謂鰵魚一鱗一升水，尤發膿。凡水腫癰疽，食鰵魚必難療矣。

元·忽思慧《飲膳正要》卷三 石首魚 味甘，無毒。開胃益氣。乾而味鹹者，名為鯗。

元・尚從善《本草元命苞》卷八　石首魚　味甘，無毒。作羹食，開胃益氣。腦中枕，下石淋最妙。乾作鮝，主中惡消食。

元・吴瑞《日用本草》卷五　石首魚　頭中有石如棋子大，故名石首。乾者名鮝。　味甘，性平，無毒。一名郎君鮝，性味同。炙食之，消瓜成水。主下石淋，和蓴菜作羹，開胃益氣，腹脹食不消，暴下痢。

明・王綸《本草集要》卷六　石首魚　味甘，無毒。　和蓴菜作羹，開胃益氣。乾之，名為鮝。炙食之，消瓜成水。亦主卒腹脹，食不消。〇頭中有石如棋子，主下石淋，磨石服之，亦燒為灰，末服。

明・滕弘《神農本經會通》卷一〇　石首魚　味甘，無毒。一云：平。《本經》云：　頭中有石如碁子，主下石淋，磨石服之。亦燒為灰，末服。和蓴菜作羹，開胃益氣。候乾食之，名為鮝。炙食之，主消瓜成水。亦主卒腹脹，食不消，暴下痢。出水能鳴，夜視有光。《食療》云：　作乾鮝，消宿食，主中惡。不堪鮮食。

明・劉文泰《本草品彙精要》卷三〇　石首魚無毒

石首魚：　頭中有石如棋子。主下石淋，磨石服之，亦燒爲灰末服。和蓴菜作羹，開胃益氣。候乾食之，名爲鮝音想。炙食之，主消瓜成水，亦主卒腹脹，食不消，暴下痢。名醫所録。　【地】《圖經》曰：　生東海。此魚頭大身小，細鱗而黄，初出水時能鳴，夜視有光，其鰾爲膠，有奪木之功。寧波等處以鹽醃，曬乾色白，謂之白鮝。頭中有石如棋子，故名石首也。又野鴨頭中亦有石者，云是此魚所化也。　【時】生：　無時。採：　四五月取。　【收】鹽醃暴乾。　【用】肉及頭中石。　【質】類鱸魚而無斑。　【色】黄。　【味】甘。　【性】平，緩。　【氣】氣厚味薄，陽中之陰。　【臭】腥。　【主】消宿食。

明・盧和、汪穎《食物本草》卷四魚類　石首魚　味甘，無毒。開胃益氣。乾者為鮝魚，消宿食，消瓜成水，主中惡暴痢。用大麥稈包，不露風，陳久愈好。否則發紅失味。又云：　魚首有石如棋子，磨服治淋。

明・方穀《本草纂要》卷一二　石首魚　味甘，氣寒，無毒。主寬中利氣，止泄實脾，必與胡椒同煮食之則可，否則多食亦生脹滿。石首魚鮝主實脾健胃，補虚溫中，凡有病之人宜與食之也。石首魚之石，如爲細末，主斂金瘡止血生肌，敷瘡立驗，此治瘡之神藥也。大抵海魚多發氣，河魚多滯氣；發氣之物多食則生霍亂，滯氣之物多食則生脹滿。所以海魚偏喜薑胡，河魚亦喜香椒，此各治其性也。如多食而生病者，由此詳之。

明・王文潔《太乙仙製本草藥性大全》卷八《仙製藥性》　石首魚　味甘，無毒。肉候乾，名爲春頭，中有石如棋子，故名。又野雞、鴨頭中有石，云是此魚所化。生東海，不堪鮮食。　主治：　肉生和蓴菜作羹，能開胃氣，而益力氣。乾鮝火炙食噉，消瓜成水，而主中惡。療卒腹脹，飲食不消，初暴下痢，出水能鳴。大能明目，夜視有光。　腦石：　治石淋癃閉，燒末及水磨服。

明・皇甫嵩《本草發明》卷六　石首魚味甘，無毒。　頭中石，主下石淋，磨服之。亦燒為灰，末服。和石蓴菜作羹，開胃益氣。作鮝炙食，主消瓜成水。煮服，主卒成腹脹，食不消，暴下痢。〇魚膠，燒七分，存性，研細，入麝香少許。治破傷風，口噤強直者，酒二錢。

明・李時珍《本草綱目》卷四四鱗部・魚類　石首魚宋《開寶》

【釋名】石頭魚《嶺表録》　鯢魚音免。《拾遺録》。　江魚《浙志》　黄花魚《臨海志》　乾者名鮝魚。音想。亦作鱶。時珍曰：　鮝能養人，人恒想之，故字從養。羅願云：　諸魚薧乾者皆爲鮝，其美不及石首，故獨得專稱。以白者爲佳，故呼白鮝。若露風則變紅色，失味也。

【集解】志曰：　石首魚，出水能鳴，夜視有光，頭中有石如棋子。一種野鴨，頭中有石，云是此魚所化。　時珍曰：　生東南海中。其形如白魚，扁身弱骨，細鱗黄色如金。首有白石二枚，瑩潔如玉。至秋化爲冠鳧，即野鴨有冠者也。腹中白鰾可作膠。《臨海異物志》云：　小者名踏水，其次名春來。田九成《遊覽志》云：　每歲四月，來自海洋，綿亘數里，其聲如雷。海人以竹筒探水底，聞其聲乃下網，截流取之。潑以淡水，皆圉圉無力。初水來者甚佳，二水三水來者，魚漸小而味漸減矣。

肉　【氣味】甘，平，無毒。　【主治】合蓴菜作羹，開胃益氣《開寶》。

鮝　【主治】炙食，能消瓜成水，治暴下痢，及卒腹脹不消《開寶》。消宿食，主中惡。鮮者不及張鼎。

【發明】時珍曰：　陸〔文量〕《菽園雜記》云：　痢疾最忌油膩、生冷，惟白鮝宜食。此説與《本草》主下痢相合。蓋鮝飲鹹水而性不熱，且無脂不膩。故無熱中之患，而消食理腸胃也。

【附方】新一。　蜈蚣咬傷：　白鮝皮貼之。《集成》。

頭中石魫　【主治】下石淋，水磨服，亦燒灰飲服，日三《開寶》。研末或燒研水服，主淋瀝，小便不通。煮汁服，解砒霜毒、野菌毒、蠱毒時珍。

【附方】新二。　石淋諸淋：　石首魚頭石十四個，當歸等分，爲末。水二升，煮一升，頓服立愈。《外臺秘要》方。　聤耳出膿：石首魚魫研末，或燒存性研，摻耳。《集簡方》。

明・梅得春《藥性會元》卷下　石首魚　味甘，無毒。頭中有石，如棋子。主治石淋，磨服之。又將此石燒灰為末服。和蓴菜作羹，開胃益氣。劈片暴乾，名鮝魚，諸病宜食。初出水能鳴，夜視有光。又有野鴨〔頭〕中有石，云是此魚所化。生東海。又云鮮食，不療病。

明・穆世錫《食物輯要》卷七　石首魚　味甘，平，無毒。開胃實脾。曝乾為鮝，消宿食，止瀉痢，宜病人。炙食，消瓜成水，寬腹脹。

明・張懋辰《本草便》卷二　石首魚　味甘，無毒。和蓴米作羹，開胃益氣。乾之名爲鮝，炙食之，消爪成水，亦主卒腹脹，食不消。頭中有石如棊子，主下石淋，磨石服之，亦燒爲灰末服。

明・吳文炳《藥性全備食物本草》卷三　石首魚　頭中有石如碁子，故名。味甘，無毒。肉：和蓴菜作羹，能開胃氣，益力氣。乾鮝，火炙食噉，消瓜成水，而主中惡，療卒腹脹，飲食不消。腦石：治石淋癃閉，燒末及水磨服。

明・趙南星《上醫本草》卷四　石首魚　一名黃花魚，乾者名鮝魚。鮝音想，亦作鯗。生東南海中，其形如白魚，扁身弱骨，細鱗，黃色如金，首有白石二枚，瑩潔如玉。至秋化為冠鳧，即野鴨有冠者也。腹中白鰾可作膠。《臨海異物志》云：小者踏水，其次名春來。肉：甘，平，無毒。主治：合蓴菜作羹，開胃益氣。鮝：主治：消宿食，主中惡，鮮者不及。炙食，能消瓜成水，治暴下痢及卒腹脹不消。陸文亮《菽園雜記》云：痢疾最忌油膩生冷，惟白鮝宜食。此說與《本草》主下痢相合，蓋鮝飲鹹水而性不熱，且無脂不膩，故無熱中之患，而消食理腸胃也。

明・繆希雍《本草經疏》卷二一　石首魚　味甘，無毒。頭中有石如棋子。主下石淋，磨石服之，亦燒為灰末服。和蓴菜作羹，開胃益氣。候乾食之名為鮝。炙食之，主消瓜成水，亦主卒腹脹，食不消，暴下痢。

〔疏〕石首魚得海中水土之氣，故其味甘氣平無毒。胃屬土，甘為土化，故能開胃。胃氣開則飲食增，五臟皆得所養而氣自益矣。乾鮝其性疎利，故能入腸胃寬中、消食止痢。頭中石堅重下走，故主下石淋也。凡泄痢腹痛，與夫腸胃諸疾，最忌油膩魚腥，惟白鮝不忌。蓋鮝飲鹹水而性平不熱，且無脂膩，不惟少熱中之患，更有消食理脾實腸胃之功也。

明・倪朱謨《本草彙言》卷一九　石首魚鮝又名白鮝。　味甘，氣平，無毒。入手足太陰經。　李氏曰：石首魚生東南海中。其形如白魚。扁身弱骨，細鱗黃色。首有石二枚，瑩潔如玉。腹中白鰾可作膠用。每歲四月初來自海洋，聚群延連數里。能鳴，其聲如雷。海人以竹筒探水聞聲，乃下網截流取之。澄以淡水，皆圉圉無力。初水來者最佳，二水、三水來者，形漸小而味漸減矣。　羅氏曰：諸魚日暴乾皆可爲鮝，其味美不及石首。以白色者爲佳，故俗呼白鮝。宜暴極燥收貯竹節中，以稻草疊裹，不露風者爲妙。若露風則變紅色，失味也。

石首魚鮝：健養腸胃，清理積痢，《開寶》消化瓜果之藥也。陳五占曰：石首魚色黃，成鮝色白，得土金清和之化，有養脾理肺之功。故《開寶》方治久病胃虛食減，不能進厚味者，以此鮝白水煮爛食之。其性不熱不寒，不剋不膩，能消故滯，能補新清，健利腸胃，爲腸虛胃弱人必需用之，誠藥食中之良品也。如生鮮者，用葱、蒜、香草和鹽搗拌，壓實一時，入鍋蒸熟，食之味極鮮美，爲食中佳餚。不免有動風發氣、起痰助毒，有病人不宜食之。　石首骨：味鹹，火炙性燥。研極細，能止久年腦漏。每晚臨睡時服一錢，酒調下。

明・應麐《食治廣要》卷七　石首魚　肉：氣味：甘，平，無毒。主治：開胃益氣。乾者名鮝魚，主治消瓜成水，治暴下痢及卒腹脹不消。陸文量《菽園雜記》云：痢疾最忌油膩，惟白鮝宜食。此說與《本草》下痢相合。蓋此魚飲鹹水而性不熱，且無脂不膩，故無熱中之患，而能消食利腸胃也。

按：石首魚至秋化為冠鳧，即野鴨有冠者也。腹中白鰾可作膠。《臨海異物志》云：小者名踏水，其次名春來。田九成《遊覽志》云：每歲四月來自海洋，綿亙數里，其聲如雷。海人以竹筒探水底，聞其聲，乃下網，截流取之。潑以淡水，皆圉圉無力。初水來者，甚佳。二水、三水來者，魚漸小而味漸減矣。

明・姚可成《食物本草》卷一〇鱗部・魚類　石首魚一名黃魚。出水能鳴，夜視有光，頭中有石如棋子。一種野鴨，頭中有石，云是此魚所化。〇李時珍曰：石首生東海中。其形如鱉，扁身弱骨，細鱗黃色如金。離水日久，金色盡退。首有白石二枚，瑩潔如玉，瓊瓏尖峭，有似人工雕琢者。至秋化為冠鳧，即野鴨有冠者也。腹中白鰾可作膠，用以粘接器皿雜物，牢固如漆，為世用甚普。《臨海異物志》云：小者名踏水，其次名春來。田九成《遊覽志》云：石首每歲四月，來自海洋，綿亙數里，其聲如雷。海人以竹筒探水底，聞其聲乃下網，截流取之。潑以淡水，皆圉圉無力。初水來者甚佳，二水、三水來者，魚漸小而味亦減。海舶中重載堅冰，使其凝凍，恒如嚴冬氣候。不然，則易敗腐而難致遠也。

石首魚：味甘，平，無毒。合蓴菜作羹，開胃益氣　頭中石：治石淋，小便不通。解砒霜毒，野菌毒，蠱毒。俱燒灰服，或水磨服。

白鯗有醃曝者，亦有淡晒者，諸魚薨乾皆為鯗。其美不及石首，故獨得專稱。以白者為佳，故呼白鯗。若露風則變紅色，失味也。　炙食，能消瓜成水。治暴下痢及卒腹脹，不消。消宿肉，主中惡。鮮者不及。○李時珍曰：陸文量《菽園雜記》云：痢疾最忌油膩、生冷，惟白鯗宜食。此說與《本草》治下痢相合。蓋鯗飲鹹水而性不熱，且無脂不膩，故無熱中之患，而消食理腸胃也。

明・顧逢柏《分部本草妙用》卷一〇水族部　石首魚　甘，平，無毒。主開胃益氣。作鯗治痢腹脹，消宿食，主中惡。煮沸，氣味入病人鼻，能開胃氣禁蔽。

明・孟笨《養生要括・鱗類》　石首魚〔石首即白鯗也。合蓴菜作羹，開胃益氣，諸病不忌。〕　味甘，平，無毒。炙食，能消瓜成水，治暴下痢及卒腹痛不消，消宿食，主中惡。鮮者不及。

明・施永圖《本草醫旨・食物類》卷五　石首魚乾者名鯗魚，以白者為佳，故呼白鯗。每歲四月，來自海洋，綿亙數里，其聲如雷，海人以竹筒探水底，聞其聲乃下網，截流取之。潑以淡水，皆圉圉無力。初水來者甚佳，二水三水來者，魚漸小而味漸減矣。

附錄：　黑頭魚四川嘉州出之，頭黑如墨。　肉：　味甘，平，無毒。治：　合蓴菜作羹，開胃益氣。　鯗：　治：　炙食，能消瓜成水，治暴下痢及卒腹脹不消，消宿食，主中惡。鮮者不用。痢疾最忌油膩、生冷，惟白鯗宜食。鯗飲鹹水而性不熱，且無脂不膩，故無熱中之患，而消食理腸胃也。

附方　蜈蚣咬傷：白鯗皮貼之。　頭中石魫：　治：　下石淋，水磨服，亦燒灰飲服，日三。研末，或燒研，水服，主淋瀝，小便不通。煮汁服，解砒霜毒、野菌毒、蠱毒。

附方　石淋諸淋：石首魚頭石十四箇，當歸等分，為末，水二升，煮一升，頓服立愈。　聤耳出膿：石首魚魫，研末，或燒存性，研摻耳。

清・顧元交《本草彙箋》卷九　石首魚合乾鯗。　石首魚，產於海，海水土氣混濁，土能養胃，故有開胃益氣之功。乾鯗其性疏利，能入腸胃，寬中消食，止痢。蓋凡泄痢腹痛，與腸胃諸疾，最忌油膩、魚腥，惟白鯗不忌。鯗飲鹹水，而性平不熱，且無脂膩，既無熱中之患，更有消食理脾，實腸胃之益也。頭中石，堅重下走，故主下石淋。又石與石爲同類耳。　石首魚出水能鳴，夜視有光，頭中有白石二枚，至秋化爲冠鳧，即野鴨之有冠者。腹中白鰾作膠，亦能消瘀解毒。

清・穆石匏《本草洞詮》卷一六　石首魚　首有白石二枚，瑩潔如玉，至秋化為冠鳧，即野鴨有冠者也。每歲四月來自海洋，綿亙數里，其聲如雷，下網取之，潑以淡水，皆圉圉無力也。諸魚乾皆為鯗，其美不及石首，故得專稱，以白為良。若露風則變紅，失味也。肉甘，平，無毒。主開胃益氣。鯗治暴痢及腹脹。炙食能消瓜成水。甘瓜生者，用石首鯗骨，或勒鯗骨插蒂上，一夜便熟也。《菽園雜記》云：痢疾最忌油膩生冷，惟白鯗宜食。蓋鯗飲鹹水而性不熱，且無脂不膩，故無熱中之患，而消宿食，理腸胃也。

清・丁其譽《壽世秘典》卷四　石首魚一名黃魚，乾者名鯗魚，形如白魚，扁身弱骨，細鱗，黃色如金。首有白石二枚，瑩潔如玉。腹中白鰾可作膠。羅願云：諸魚薨乾皆為鯗，其美不及石首，故獨得專稱。以白者為佳，故呼白鯗。若露風則變紅色，失味也。

氣味：　甘，平，無毒。主開胃益氣。乾鯗性疎利，能入腸胃，寬中消食，止痢。炙食，能消瓜成水。　發明陸文量《菽園雜記》云：凡泄痢與腸胃諸疾，最忌油膩魚腥，惟白鯗不忌。此說與《本草》治下痢相合，蓋鯗飲鹹水，而性不熱，且無脂不膩，少熱中之患，更有消食，理腸胃之功也。

頭中石魫：　水磨服，治石淋，小便不通，解砒霜毒、野菌毒、蠱毒。

清・劉雲密《本草述》卷二八　石首魚乾者名白鯗魚。　出東南海中。其形如白魚，扁身弱骨，細鱗，黃色如金，首有白石二枚，瑩潔如玉，至秋化為冠鳧，即野鴨有冠者也。

肉：　氣味：　甘，平，無毒。　主治：　合蓴菜作羹，開胃益氣《開寶》。

鯗主治：　炙食，消宿食張鼎。治暴下痢，及卒腹脹不消《開寶》。

時珍曰：　陸文量《菽園雜記》云：痢疾最忌油膩生冷，惟白鯗宜食。此說與《本草》主下痢相合。蓋鯗飲鹹水，而性不熱，且無脂不膩，故無熱中之患，而消食理腸胃也。　希雍曰：　石首魚得海中水土之氣，故其味甘，氣平，無毒。胃屬土，甘為土化，故能開胃。乾鯗其性疎利，故能入腸胃，寬中消食，止痢。

頭中石鱿　主治：下石淋。

附方　石淋諸淋，石首魚頭石十四個，當歸等分，為末，水二升，煮一升，頓服立愈。

清·朱本中《飲食須知·魚類》　石首魚　味甘，性平。俗名黃魚。曝乾為白鯗，食之能消瓜成水。又一種黃花魚，形狀相似，但色黑耳。

清·何其言《養生食鑒》卷下　石首魚形如白魚，扁身弱骨，細鱗黄色，首有白石二枚，瑩潔如玉，腹中白鰾可作膠。　味甘，性平，無毒，開胃益氣。乾者名鯗魚。化宿食，能消瓜成水，治中惡暴痢，炙煮食良。用大麥稈包不露風，陳久愈好，否則發紅失味。

頭中石：　治石淋諸淋，每用十四個，當歸等分為末，水二鍾煎一鍾，頓服，立愈。　粵中一種其形相似，名黃花魚，功用頗同，亦不發病。

清·何其言《養生食鑒》卷下　黃皮魚巨口大頭，細鱗黃色，長四五寸，首有白石二枚，腹中白鰾，極甘脆。　味甘，性平，無毒。開胃益氣，有益於人，亦不發病，其子尤佳。

清·王翃《握靈本草》卷九　石首魚乾者名鯗魚，白者佳。　主治：石首魚，甘，平，無毒。主開胃益氣，能消瓜成水，治下痢消脹。

清·汪昂《本草備要》卷四　石首魚補，調胃。　甘，平。開胃消食，治暴痢腹脹。《菽園雜記》曰：痢疾最忌油膩生冷，惟白鯗相宜。以其無脂不膩，而能消宿食、理腸胃也。　即乾白鯗魚。首中有石，故名。石治石淋。昂按：今人多以石首魚鰾合破故紙等藥爲丸，名魚鰾丸，云暖精種子，而《本草》全未之及，何也。

清·李熙和《醫經允中》卷二三　石首魚　甘，平，無毒。主開胃益氣，作鯗治痢腹脹，消宿食。煮沸氣味入病人鼻，能開胃氣禁閉。

清·张璐《本經逢原》卷四　石首魚俗名鰉魚。　甘，平，無毒。乾者名白鯗。

發明：　石首魚生鹹水中，而味至淡，故諸病食之，無助火之虞。與河豚之性稟陰毒迥殊。痢疾切忌油膩，惟白鯗食之最宜。　腦中石鱿主石淋。腦骨為末，入有嘴壺中薰腦漏，然惟暴患得效。

清·浦士貞《夕庵讀本草快編》卷六　石首魚《開寶》、乾者名鯗　此魚腦如白石，故名。鯗字從美，令人愛而想之之意也。按吳闔閭征海，絕食，禱於天，海中泛出此魚，三軍得濟，餘為曝乾，島夷驚駭，遂降，歸而命此名。　黃魚色黃，味甘，開胃益氣之品也。曝而成鯗，性益香美，專治暴痢腹脹，消瓜成水。夫痢最忌油腥，獨於此物宜者，蓋謂其生於海，飲鹹水而性不熱，且無脂膩，故免熱中之患。其鱿似石，磨末可以療淋秘，煅末可以治耳膿。其鰾名曰鯘鮧，其性柔滑，瀕湖言其治難產以及產後風搐，止嘔血，散瘀血，消腫毒，尚矣！　予每謂膠膩之物，能益人精，且味鹹無毒，與精滑寒薄不種子者恒宜。更以牡蠣粉炒末，服無不効。亦管窺之一得也。

清·修竹吾廬主人《得宜本草分類·下部補養並瘍科感症門》　石首魚　氣味甘，平，無毒。合蓴菜作羹，開胃進食。益氣，乾者合白鯗炙食，能消瓜成水，治暴下痢，卒腹脹不消。頭中石鱿，治下石淋，燒研，飲服，日三。又治小便不通，煮汁服。解砒霜毒，水煎服，立愈。用十四個，當歸等分，為末。又治聤耳出膿。燒存性，研末，吹耳，或加冰片少許。

清·吳儀洛《本草從新》卷六　石首魚〔補，調胃。〕　甘，平。開胃益氣。合蒓菜作羹良。白鯗，主中惡，消宿食。炙食能消瓜成水。治暴下痢及卒腹脹不消。《菽園雜記》〔陸文量《菽園雜記》。〕云：痢疾最忌油膩生冷，唯白鯗宜食。此說與《本草》主下痢相合。蓋鯗飲鹹水而性不熱，且無脂不膩，故無熱中之患，而消食理腸胃也。時珍曰：鯗能養人，人恆想之，故字從養。羅願云：諸魚曬乾皆為鯗，其美不及石首，故獨得專稱白鯗。若露風則變紅色，失味也。　魚鰾，暖精種子。首中有石，故名。又名江魚、黃花魚。甜瓜生者，用石首鯗骨插蒂上，一夜便熟。勒鯗骨亦然。

清·汪紱《醫林纂要探源》卷三　石首　甘，鹹，平。海魚也。每季春千萬為群，上入於江，伏形水底，漁人聽水聲網取，首含二石，故名。浙稱黃魚，肉色黃也。又曰江魚，浙閩間謂之黃瓜魚，無血，醃而乾之，為白鯗。　鮮食不見益人，作鯗能開胃消食，治腹脹，止暴痢。性好沉而不浮，有屬土之意，故益脾開胃。肉頗不膩，故凡病人可不忌。其止痢治脹，亦行水之效耳。〇魚醃乾皆曰鯗。　魚鰾：　煖精益腎。腹中白泡也。能浮水以有此，無者則不能浮，是魚之水臟也。最輭潤膠固，澂濁水，固精氣，用同阿膠。且魚類多子，故鰾合破故紙等藥，能煖精種子。然不獨此魚，取此以其下沉耳。　首中石：　鹹，平。治石淋。煅研，白湯服。

清·嚴潔等《得配本草》卷八　石首魚鯗鰾、首中石。　甘，平。入足太陰。治瀉痢，消食，開胃。　酒炙，或煮湯。　鰾即膠。　暖少陰之精，又能消瘀解毒。　首中石　治石淋。燒研末，摻聤耳出膿。

題清·徐大椿《藥性切用》卷八　石首魚　又名江魚、黃花魚。性味甘平，開胃益氣。白鯗，無脂不膩，有消宿食、理腸胃之功。鰾膠，益精種子。

清・李文培《食物小錄》卷下　石首魚即鯗魚，鯗音想。　甘，平，無毒。開胃，益氣，消食，理脾胃。乾者佳，鮮者動濕。

清・羅國綱《羅氏會約醫鏡》卷一八鱗介蟲魚部　石首魚味甘，氣平，入胃經。　開胃增食。治暴痢腹脹。寬中消食，且無油膩。乾則為鯗。其性疏利，能理腸胃。首中有石，可治石淋。磨服或燒為末。得海中水土之氣，故甘能補胃，而五臟皆得所養，則中氣自益矣。

清・章穆《調疾飲食辯》卷六　石首魚　《綱目》曰：《嶺表錄》作石頭魚，《拾遺記》名鮸魚，《浙江省志》名江魚，《臨海異物志》名黃花魚。乾者名鯗魚。不用鹽醃，淡曝為鯗。一作鮝。《爾雅翼》曰：諸魚薨乾者皆為鯗，石首最美，故得專稱。白者佳，故呼白鯗。露風則變紅色，失味也。生東南海中，形似白魚，扁身弱骨，細鱗黃色如金，首有白石二枚，瑩潔如玉。至秋化為冠鳧。此鳧頭中亦有石，故疑此魚所化，其實非也。腹中白鰾可作膠。《異物志》云：小者名踏水，其次名春來。田九成《游覽志》云：每四月來自海洋，綿亘數里，其聲如雷。海人以竹筒探水底，聞聲乃下網截流取之。潑以淡水，皆圉圉無力。初水來者甚佳，二水、三水魚漸小，味漸減矣。俗云來鰣去鯗，謂春時泝流而上為鰣，至四月上而返下為鯗，誤也。此與鰣魚形狀種類各異，且鰣能發瘟疫，此則能治病補虛，性又大不相同。《開寶本草》曰：鮮者同蓴菜作羹，開胃益氣。非益氣，調氣也，性大能益血。曝乾白鯗，能消瓜果積，及諸生冷食滯。治下利及腹脹不消。陸文量《菽園雜記》云：痢疾最忌油膩生冷，惟白鯗宜食。蓋鯗飲鹹水，性不熱，且無脂不膩，故無熱中之患，而能消脹理脾胃也。今人食鯗，必和豬肉煮，味極鮮肥。若以治痢，宜單煮加鹽、醋，不得見肉。

清・楊時泰《本草述鉤元》卷二八　石首魚　乾者名白鯗。出東南海中，形如白魚，細鱗，黃色如金，扁身弱骨，首有白石二枚，瑩潔如玉，至秋化為冠鳧。即野鴨有冠者。　氣味甘平。合蓴菜作羹，開胃益氣。

白鯗：　主治炙食消宿食，治暴下痢及猝腹脹不消。痢疾最忌油膩生冷，惟白鯗宜食。蓋鯗飲鹹水，而性不熱，且無脂不膩，故無熱中之患，而消食理腸胃也瀕湖。乾鯗其性疎利，能入腸胃，寬中消食，止痢仲淳。

頭中石魫：　主下石淋。附方：　石淋諸淋，石首魚頭石十四個、當歸等分，為末，水二升，煮一升，頓服立愈。

魚鰾膠：　鰾即江魚之白脬，中空如泡，可治為膠，亦名縼膠。諸鰾皆可為膠，而海魚多以石首鰾作之，名江鰾，謂江魚之鰾也，粘物甚固。味鹹、甘，氣平。燒存性，婦人難產，赤白崩中，產後風搐，破傷風痓，止嘔血，散瘀血，消腫毒。聚精丸：　黃魚鰾膠，白淨者一斤，切碎，用蛤粉炒成珠，沙苑蒺藜八兩，馬乳浸兩宿，隔湯蒸一炷香，焙乾，為末，煉蜜丸梧子大，每服八十丸，空心，溫酒、白湯任下。忌食魚及牛肉。同雄黃、殭蠶、天麻等藥，治破傷風。難產，魚膠五寸燒存性為末，溫酒服。產後風入子臟，搐搦強直，此與破傷風同，不可便作風中治。鰾膠一兩、蛤粉炒焦，去粉為末，分三服，蟬蛻煎湯下。崩中赤白，魚縼膠三尺，焙黃研末，同雞子煎餅，好酒食之。便毒腫痛，石首膠一兩，燒存性，研末，酒服，外以石菖蒲生研盦之，效。

論：　魚鰾膠同沙苑蒺藜，服之種子，蓋取其精血粘聚，不致疎泄也。其能治難產及散瘀消腫，或者魚得天一之氣為先，而脬為水化之腑，用以調陰中之氣化有殊功歟。

清・趙其光《本草求原》卷一六鱗部　石首魚即白鯗魚，俗作黃花、白花，又名鰉魚。　生鹹水中，而淡平無毒，得金土氣。開胃、寬中、消食，治腹脹、暴痢。諸病食之，無助火膩滯生冷之患。其腦中石，治石淋、諸淋。同歸等分為末，水煮。鰾膠，即魚中內脬。甘、鹹，平。得天一之氣，為水之府，能調陰中氣化，故善筋脈，定手戰，燒灰存性，治難產，溫酒下。產後風搐強直、螺粉炒為末，蟬蛻湯下。破傷風，同雄黃、僵蠶、天麻。赤白崩中。焙研，同雞子煎餅送酒。止嘔血，散瘀血，消腫毒、便毒，燒存性，酒下，外杵生菖蒲敷之。痔瘡，炒研，砂糖調，日服，久則痔自枯落。此皆滋榮經脈，而風與毒自化也。其性膠固，故又固精，蛤粉炒，同沙苑蜜丸，名聚精丸。同故紙等為丸，能暖精種子。其腦骨為末，入有嘴壺中，熏腦漏。暴病則效。用膠為丸，須切細，蛤粉炒成珠，磨末，待涼調蜜。忌搗，搗則粘而難丸。

清・文晟《新編六書》卷六《藥性摘錄》　石首魚　形似白魚，扁身，黃色，首有白石二枚。甘，平。開胃益氣。○乾者名鯗魚。化宿食，消瓜，治中惡暴痢。炙煮食良。○用大麥稈包，不露風，陳久愈好。否則，發紅減味。○頭中石，治諸淋石淋，每用十四個，當歸等分，為末，水二鍾，煎一鍾，頓服立愈。○粵中黃花魚，其形相似，功亦同。○黃花魚肚，補精液。俱最忌荊芥、荊花，犯之殺人。

黄皮魚　巨口大頭，細鱗，黄色，長四五寸，有二白石。腹中白鰾極甘美。甘，平。開胃，益氣益人，不發病，其子尤佳。

清・王孟英《隨息居飲食譜・鱗介類》　石首魚一名黄魚，亦名江魚。甘，溫。開胃，補氣填精。以大而色黄如金者佳。多食發瘡助熱，病人忌之。醃而腊之，為白鮝，性即平和，與病無忌，且能消瓜成水，愈腹脹瀉痢。以之煨肉，味甚美。太平所產，中伏時一日曬成，尾彎色亮，味淡而香者最良，名松門台鮝，密收，勿受風濕，可以久藏。煮食開胃醒脾，補虚活血，為病人、產後食養之珍。　按：古人以乾魚為鮑魚，《禮記》謂之薨，諸魚皆可為之。《内經》治血枯用之，後人聚訟紛紛，迄無定指。愚謂台鮝，雖生嚼不醒，性兼通補，入藥宜用此為是，其鰾甚薄，不為珍品，但可熬膠耳。

清・田綿淮《本草省常・魚蟲類》　石首魚　首中有石，故名。一名鮸魚，一名江魚，一名黄花魚。性平。開胃消食。

清・陳其瑞《本草撮要》卷九　石首魚　味甘，平，入足陽明、少陰經，功專開胃益氣。白鮝主治中惡，消宿食，炙食消瓜積，腹脹下痢。以頭中之石十個，與當歸等分為末服，治石淋神效。魚鰾暖精種子。又名黄花魚。以骨插甜瓜蒂上，一夜便熟。

清・吴汝紀《每日食物却病考》卷下　石首魚　味甘，平，〔無〕毒。開胃益氣，合蓴作羹良。乾者為白鮝，消食，能消瓜成水，治暴痢及卒腹脹。病者忌腥膩，惟鮝宜之，鮮者不及。

墨頭魚

明・李時珍《本草綱目》卷四四鱗部・魚類　墨頭魚時珍曰：四川嘉州出之。狀類鯶子，長者及尺。其頭黑如墨，頭上有白子二枚。又名北斗魚。常以二三月出，漁人以火夜照叉之。

明・姚可成《食物本草》卷一〇鱗部・魚類　墨頭魚四川嘉州出之。狀類鯶子，長者及尺。其頭黑如墨，頭上有白子二枚。又名北斗魚。常以二三月出，漁人以火夜照叉之。　墨頭魚，味甘，平，無毒。主悦顔色，益智慧。

鱁鮧

宋・唐慎微《證類本草》卷二〇蟲魚部上品〔唐・陳藏器《本草拾遺》〕　鱁鯷上逐下題魚白　主竹木入肉，經久不出者，取白傅瘡上，四邊肉爛即出刺。一名鰾毗眇切。

〔宋・唐慎微《證類本草》〕《海藥》云：謹按《廣州記》云：生南海，無毒。主月蝕瘡，陰瘡，瘻瘡。并燒灰用。《經驗方》：治嘔血。鰾膠長八寸，闊二寸，炙令黄，刮二錢已來，用甘蔗節三十五箇，取自然汁調下。

明・滕弘《神農本經會通》卷一〇　鱁鮧　上遂下題。亦名鰾。陳藏器云：魚白，主竹木入肉，經久不出者，取白，傅瘡上，四邊肉爛，即刺出。

明・王文潔《太乙仙製本草藥性大全》卷八《仙製藥性》　鱁鯷魚　無毒。一名鰾，生南海。　主治：治月蝕瘡、陰瘡、瘻瘡，並燒灰用立愈。主竹木刺入肉不出，取白傅爛即出。　補註：治嘔血，鰾膠長八寸，廣二寸，炙令黄，刮二錢已來，用甘蔗節三十五個，取自然汁調下即止。

明・李時珍《本草綱目》卷四四鱗部・附録　鱁鮧《拾遺》

【釋名】鰾匹少切。　作膠名鰾膠。　藏器曰：鱁鮧音逐題，乃魚白也。　時珍曰：鱁鮧，音逐夷。其音題者，鮎魚也。按賈思勰《齊民要術》云：漢武逐夷至海上，見漁人造魚腸于坑中，取而食之，遂命此名，言因逐夷而得是矣。沈括《筆談》云：鱁鮧，烏賊魚腸也。孫愐《唐韻》云：鹽藏魚腸也。《南史》云：齊明帝嗜鱁鮧，以蜜漬之，一食數升。觀此則鰾與腸皆得稱鱁鮧矣。今人以鰾煮凍作膏，切片以薑、醋食之，呼爲魚膏者是也。故宋齊丘《化書》云：鱁鮧與足垢無殊。　鰾即諸魚之白脬，其中空如泡，故曰鰾。可治爲膠，亦名䌰膠。諸鰾皆可爲膠，而海漁多以石首鰾作之，名江鰾，謂江魚之鰾也。粘物甚固。此乃工匠日用之物，而記籍多略之。

鰾　【氣味】甘，平，無毒。　【主治】竹木入肉，經久不出者。取白傅瘡上四邊，肉爛即出藏器。止折傷血出不止時珍。燒灰，傅陰瘡、瘻瘡、月蝕瘡李珣。

【附方】新一。　折傷出血：但不透膜者，以海味中鹹白鰾，大片色白有紅絲者，成片鋪在傷處，以帛縛之，血即止。《普濟方》。

鰾膠　【氣味】甘、鹹，平，無毒。　【主治】燒存性，治婦人產難，產後風搐，破傷風痙，止嘔血，散瘀血，消腫毒，伏硇砂時珍。

【附方】新十。　產難：魚膠五寸，燒存性爲末，温酒服。《皆效方》。　產後搐搦：强直者，不可便作風中，乃風入子臟，與破傷風同。用鰾膠一兩，以螺粉炒焦，去粉爲末。分三服，煎蟬蛻湯下。《產寶》。　產後血運：鰾膠燒存性，酒和童子小便調服三五錢良。《事林廣記》。　經血逆行：魚膠切炒，新綿燒灰。每服二錢，米飲調下，即愈。《多能鄙事》。　破傷風搐：口噤强直者。危氏香膠散：用魚膠燒存性一兩，麝香少許，爲末。每服二錢，蘇木煎酒調下。仍煮一錢封瘡口。○《保命集》：治破傷風有表證未解者。用江鰾半兩炒焦，蜈蚣一對炙研，爲末。以防風、羌活、獨活、川芎等分煎湯，調服一錢。　嘔血不止：鰾膠長八寸，廣二寸，炙黃，刮二錢，以甘蔗節三十五個，取汁調下。《經驗》。　便毒腫痛：已大而軟者，《直指方》用魚鰾膠，熱湯或醋煮軟，乘熱研爛貼之。○戴氏：治露瘨，即羊核。用石首膠一兩，燒存性，研末酒服。外以石菖蒲生研盦之，效。　八般頭風：魚鰾燒存性爲末。臨卧以葱酒服二錢。　赤白崩中：魚𩹉膠三尺，焙黃研末，同鷄子煎餅，好酒食之。

明・穆世錫《食物輯要》卷八　魚膠　味甘、鹹，平，無毒。養筋脉，定手戰，補肝腎。燒灰酒服，能催生。治産後虚風痙症，止嘔血，消瘀血，散腫毒。凡脾虚者，勿多食。

明・吴文炳《藥性全備食物本草》卷三　鱁鯷魚一名鰾魚。生南海。治月蝕瘡、陰瘡、瘻瘡，並燒灰用立愈。主竹木刺入肉不出，取肉搗傅即出。嘔血，鰾膠長八寸，廣二寸，炙黃，甘蔗汁調下二錢立止。

明・倪朱謨《本草彙言》卷一九　魚膠　味甘、鹹，氣平，無毒。李氏曰：魚膠，即石首魚之白脬，雄者有之。中空如泡，故舊名曰鰾。可治爲膠，粘物甚固。此乃工匠日用之物也。

魚膠：龔雲林暖子藏，益精道之藥也。周士和曰：魚膠係石首魚之鰾，甘鹹而寒，乘夏令而出，得水土和平之氣。甘能養脾，鹹能歸腎，故方書用之。善種子安胎，生精補腎，治婦人臨産艱澀不下，及産後一切血崩潰亂，血暈風搐。剪碎和麥麵炒焦，研細末，白湯調服三錢。入十全大補丸料，大補陰陽兩虚，血虚精少。

明・姚可成《食物本草》卷一〇鱗部・無鱗魚類　鱁鮧音逐夷。漢武逐夷至海上，見漁人造魚腸於坑中，取而食之，遂命此名，言因逐夷而得是矣。沈括《筆談》云：鱁鮧，烏賊魚腸也。孫愐《唐韻》云：鹽藏魚腸也。《南史》云：齊明帝嗜鱁鮧，以蜜漬之，一食數升。又魚白亦名鱁鮧。今人以鰾煮凍作膏，切片以薑、醋食之，呼為魚膏者是也。宋齊丘《化〔書〕》云：鰾即諸魚之白脬，其中空如泡，故曰鰾。可治為膠，諸鰾皆可為膠，而海漁多以石首鰾作之，謂之江鰾，粘物甚固。　鱁鮧鰾：味甘，平，無毒。治竹木入肉，經久不出者，取白傅瘡上，四邊肉爛即出。止折傷血出不止。燒灰，傅陰瘡、瘻瘡、月蝕瘡。　鰾膠：味甘、鹹，平，無毒。燒存性，治婦人産難，産後風搐，破傷風痙，止嘔血，散瘀血，消腫毒，伏硇砂。

附方：治産後血暈。魚膠燒存性，酒和童便調服三五錢。

明・孟笨《養生要括・鱗類》　鰾　味甘，平，無毒。竹木入肉，經久不出者，取白傅瘡上四邊，肉爛即出。止折傷血出不止，燒灰，傅陰瘡、瘻瘡、月蝕瘡。一名鱁鮧，乃魚白也。多以石首鰾作膠，以為工匠日用之物。今人以鰾煮凍，以薑醋食之。　鰾膠：味甘、鹹，平，無毒。燒存性，治婦人産難、産後風搐，皮傷風痙，止嘔血，散瘀血，消腫毒，伏硇砂。

明・施永圖《本草醫旨・食物類》卷五　鱁鮧名鰾，作膠，名鰾膠，呼為魚膏者是也。粘物甚固。此乃工匠日用之物。　鰾：味甘，平，無毒。治：竹木入肉，經久不出者，取白傅瘡上四邊，肉爛即出。止折傷血不止。燒灰傅陰瘡、瘻瘡、月蝕瘡。

附方　折傷出血：但不透膜者，以海味中鹹白鰾大片，色白有紅絲者，成片鋪在傷處，以帛縛之血止。

鰾膠：味甘、鹹，平，無毒。治：燒存性，治婦人産難，産後風搐，破傷風痙，止嘔血，散瘀血，消腫毒。伏硇砂。

附方　産難：魚膠五寸，燒存性，為末，溫酒服。　産後搐搦：強直者，不可便作風中，乃風入子臟，與破傷風同。用鰾膠一兩，以螺粉炒焦，去粉為末，分三服，煎蟬〔蛻〕湯下良。　産後血運：鰾膠燒存性，酒和童子小便，調服三五錢良。　經血逆行：魚膠切炒，新綿燒灰，每服二錢，米飲調下，即愈。　破傷風搐：用魚膠燒存性一兩，麝香少許，為末，每服二錢，蘇木煎酒調下，仍煮一錢封瘡口。○用紅鰾半兩炒焦，蜈蚣一對炙，研為末，以防風、羌活、獨活、川芎等分，煎湯調服一錢。　嘔血不止：鰾膠長八寸，廣二寸，炙黃，刮二錢，以甘蔗節三十五箇取汁，調下。　便毒腫痛：用魚鰾膠，熱湯或醋煮軟，乘熱研爛，貼之。○用石首膠一兩，燒存性，研末，酒服，外以石菖蒲生研，盦之效。　八般頭風：魚鰾燒存性，為末，臨卧以葱酒服二錢。　赤白崩中：魚𩹉膠三尺，焙黃研末，同雞子煎餅，好酒食之。

清・丁其譽《壽世秘典》卷四　魚鰾鰾即諸魚之白脬，其中空如泡，故曰鰾。可治為膠，亦名𩹉膠。諸鰾皆可為膠，而海漁多以石首鰾作之，名江鰾，謂江魚之鰾也，粘物甚固。此乃工匠日用之物，而記籍多略之。　氣味：甘，平，無毒。主止折傷血出不止。

作膠名鰾膠：氣味：甘、鹹，平，無毒。燒存性，治婦人産難、産後風搐、破傷風痙，止嘔血，散瘀血，消腫毒，服硇砂。按：魚鰾，今人種子方中，往往用以作丸，謂其有固精氣，暖腎臟之功，而諸家本草不載，殊為闕略。

清・劉雲密《本草述》卷二八　魚鰾膠《本草》名鰾鮧。音逐移。作膠名鰾膠。

時珍曰：　鰾即諸魚之白脬，其中空如泡，故曰鰾。可治為膠，亦名縼音線膠。諸鰾皆可為膠，而海漁多以石首鰾作之，名江鰾，謂江魚之鰾也。粘物甚固，此乃工匠日用之物，而記籍多略之。

氣味：　甘、鹹，平，無毒。　主治：　燒存性，治婦人難產，赤白崩中，產後風搐，破傷風痙，止嘔血，散瘀血，消腫毒時珍。

愚按：　近代方書中，用此味同沙苑蒺藜名聚精丸，男子服之種子，豈取其精血粘聚，不致疎泄乎？然又有用之難產，及散瘀消腫諸證，則止謂其粘聚精血，亦不可也。或者水族如魚，得天一之氣為先，而脬為水化之府，用以調陰中之氣化有殊功歟？姑俟之明者。

附方　聚精丸，黄魚鰾膠白淨者一斤，切碎，用蛤粉炒成珠，以無聲為度，沙苑蒺藜八兩，馬乳浸兩宿，隔湯蒸一炷香久，取起焙乾，為末，煉蜜丸如梧子大，每服八十丸，空心温酒、白湯任下。忌食魚及牛肉。　難產，魚膠五寸，燒存性，為末，温酒服。　產後搐搦強直者，不可便作風中，乃風入子臟，與破傷風同，用鰾膠一兩，以螺粉炒焦，去粉為末，分三服，煎蟬蜕湯下。江鰾同雄黄、殭蠶、天麻等藥，治破傷風。　赤白崩中，魚縼膠三尺，焙黄研末，同雞子煎餅，好酒食之。　便毒腫痛，戴氏治露瘨，即羊核，用石首膠一兩，燒存性，研末，酒服。外以石菖蒲生盦之，效。

清・郭章宜《本草匯》補遺　鰾膠　味甘、鹹，平。治婦人難產，除娩後搐搦。強直者，不可便作中風，用此以螺粉炒焦，去粉，為末，分三服，蟬蜕湯下。　血運逆行皆療，燒存性，同新綿灰、童便服。嘔血腫痛悉捐。

按：　鰾膠，即烏賊魚腸，今工匠用以粘物者也。諸鰾皆可為，而海漁多以石首鰾作之，不知此乃江魚之鰾耳。鰾之功用，備載《本草》，諸家俱用以治嘔血，散瘀血，赤白崩中，與夫折傷血出不止，及傅陰瘡瘻瘡之屬，今世每每施之腎虚腰痛，遺精白濁，一概不足之症。不知出于何典，或別有所本歟。記此以備參考。

清・朱本中《飲食須知・味類》　魚膘　味甘、醎，性平。脾胃虚者，宜少食之。

切碎，螺粉拌炒。

鮰魚者性寒，不益腎。

清・何其言《養生食鑒》卷下　魚膠正石頭魚者佳。　味甘、鹹，性平，無毒。養筋脈，定手戰，補肝腎。燒灰酒服，能催生。治產後虛風痙症，止嘔血，散瘀血，消腫毒。凡脾虚者，勿多食。

清・王翃《握靈本草》卷九　魚鰾膠魚鰾乃烏賊魚鰾也。又云諸鰾皆可為膠，而海〔漁〕多以石首魚作之，粘物甚固，記籍多略之。　主治：　魚鰾膠，甘、鹹，平，無毒。治婦人難產，產後風搐，破傷風痙，主血散血消毒，並燒用之。

清・陳士鐸《本草新編》卷五　魚鰾　味甘，氣温，入腎經。專補精益陰，更能生子。近人多用此為種子之方，然而過于潤滑，必須同人參補陰之藥同用乃佳。　魚鰾膠綢，絕似人之精，其入腎補精，不待言矣。恐性膩滯，加入人參，以氣行于其中，則精更易生，而無膠結之弊也。

清・顧靖遠《顧氏醫鏡》卷八　鰉魚膠鹹，甘。　補腎止遺滑，益精多子嗣。性極粘膩，為添精益髓止滑之神品，近人用之甚效。宜入丸劑，若入湯液，胃弱人恐難勝受。

清・李熙和《醫經允中》卷二一　鰾膠　鹹，平，無毒。主治：　止嘔血，散瘀血，并赤白崩中與折傷出血不止。近世濇精方中用之。同沙苑蒺藜名聚精丸，為固精要藥。又以一味炒研，砂糖調，日服一錢，治痔最良，經久痔自枯落。凡用入丸。切作小塊，蛤粉炒成珠，方可磨末，煉蜜調劑，須等冷用。又不可搗，搗則粘韌難為丸矣。

清・馮兆張《馮氏錦囊秘錄・雜症痘疹藥性主治合參》卷一一　鰾膠諸鰾皆可造成，但海魚多以石首鰾作之，江魚多以烏賊魚腸作之。大抵皆滋陰養不足者也。

鰾膠，治赤白崩中，止折傷出血。敷陰瘡瘻瘡。療瘀血吐血，腎虚腰痛，遺精白濁，產後血衰搐搦，虚人筋骨痹疼。　主治痘疹合參：　鯽魚，主胃弱不食，調中下氣，水穀不調。禁洩利，解痘瘡。　主治痘疹合參：　烏魚煎湯服，能治久瘧。煎湯浴小兒，可稀痘毒。

清・张璐《本經逢原》卷四　鰾膠　鹹，平，無毒。凡用入丸，切作小塊，蛤粉炒成珠，方可磨末，煉蜜調劑，須待涼用。又不可搗，搗則粘韌，難為丸矣。

發明：　諸魚之鰾皆可為膠，而石首魚者膠物甚固，故濇精方用之，合沙苑蒺藜名聚精丸，為固精要藥。《丹方》又以一味炒研，砂糖調，日服一錢匕，治痔最良，經久痔自枯落。燒灰治產後風搐、破傷風痙，取其滋榮經脈，而虚風自息也。

清・王子接《得宜本草・中品藥》　線魚鰾　味甘、醎。功專補益精氣，燒灰治產難血運。得甘蔗節治吐血不止。

清・章穆《調疾飲食辯》卷六　鰻鰊　有二種：一種工匠所用，可作膠粘物者，名魚鰾，乃海魚腹内白脬，中空如泡，形似壺盧。一種入食品者，乃海魚之胃，名魚肚。《唐韻》《夢溪筆談》皆云魚腸。腸胃相連，魚大者或腸亦可食。性能益氣補血，壯筋骨，續絶傷。婦人血分素虛者，崩中赤白帶下者，漏胎每月下血者，生兒屢患臍風者，男子精虧血少者，並宜食之。以上諸病宜用魚肚。又能散瘀血，及折傷出血：炒研末，酒和生藕汁下。《產寶》方治產後搐搦：魚鰾一兩螺粉炒，去粉研末，分三服，蟬蛻煎濃湯下。不如當歸、生地黃、荊芥、防風、蟬蛻煎酒下。《事林廣記》治產後血運：魚鰾同蒲黃炒，去蒲黃，研末，酒和童便調服三五錢，亦宜。加當歸、荊芥，以愈為度。劉伯溫《多能鄙事》治經血逆行：魚膠蛤粉炒，新湖綿燒灰等分，每服二錢，秫米飲下。危氏香膠散治破傷風搐：魚膠同白芷末炒，麝香少許，研末，蘇木煎酒調下，每服二三錢。仍用醋煮魚膠封瘡口。《保命集》治破傷風寒熱、口噤、搐搦者：加蜈蚣二條炒，同研，以羌、獨、荊、防等分，煎酒調下，每服二錢。此症口乾者不治。《經驗方》治嘔血不止：魚膠炒研末，甘蔗節三十五枚搗，取汁調服二錢。《直指方》治便毒腫痛：醋煮魚膠，乘熱搗爛貼之。又可貼露瘨，即羊核。又可貼小兒軟癤。又《普濟方》用治折傷，均妙方也。以上諸方宜用魚鰾。

清・吳鋼《類經證治本草・足少陰腎臟藥類》　魚膘　鹹溫，入腎。補腎而暖精種子，男婦皆宜。誠齋曰：治腎虛久瀉神效，並療婦人漏帶。

清・文晟《新編六書》卷六《藥性摘錄》　魚肚　見沙魚、石首魚後。

魚膠　正石頭魚者佳。甘鹹，性平。養筋脈，定手戰，補肝胃。燒灰，酒服，能催生，治產後虛風痙症，止嘔，消瘀血，散腫毒。脾虛者勿多食。魚鰾：甘鹹，平。燒存性，治婦人難產，產後搐逆及血暈，經血逆行，赤白崩中，及破傷風，止嘔血，每用三錢，童便或米飲下。

清・張仁錫《藥性蒙求・魚鱗介部》　鰾膠錢半、三錢　鰾膠鹹平，滋營經脈。種子濇精，能療虛弱。一名線膠。諸魚之鰾，皆可治為膠。而石首魚者，膠物甚固，故濇精方用之。合沙苑蒺藜，名聚精丸，為固精要藥。滋營經脈，而虛風自熄也。○凡用入丸，切作小塊，蛤粉炒成珠，方可磨末，煉蜜調劑，須待涼用。

清・劉善述、劉士季《草木便方》卷二蟲介鱗甲部　魚鰾　魚鰾甘平止血速，簽刺入肉腐爛出。煅末油搽月蝕瘡，陰瘡瘻瘡打傷塗。膠治產風破傷風，吐血消腫瘀積除。

清・田綿淮《本草省常・魚蟲類》　魚肚　性溫。補肺益腎。

清・戴葆元《本草綱目易知錄》卷五　鰻鰊逐夷鰾　甘，平。治竹木入肉經久不出，取白脬傅瘡上，四邊肉爛自出。止折傷血出不止。燒灰，傅陰瘡，瘻瘡，月蝕瘡。集註：鰾，即諸魚之白脬，其中空如泡，故曰鰾。可治為膠，曰鰾膠，而海魚人多以石首鰾作之，名江鰾。葆按：即今俗片魚肚名也。寧波近海處，造以魚白脬剪開襄帖而成。用板壓緊，微蒸，取起。如生就無痕，剪圓如盤者，名片肚，筵席用；剪長如帶者，名魚鰾，入藥用。及工匠用為膠物，甚牢固。又有岳州產者，名荷肚，以其形似荷包。照見内有山字，云鮰魚脬。又廣東產者堅厚，小者一箇數兩，大者數斤，名廣肚，云是鱣鱘魚脬也，性味主治附載鱣魚下，俟考。

清・陳其瑞《本草撮要》卷九　線魚鰾　味甘鹹，入足陽明經。功專補益精氣，燒灰治產難血運。得甘蔗節治吐血不止。

鯛

附：日・丹波康賴《醫心方》卷三〇　鯛　崔禹〔錫〕云：味甘，冷，無毒。主逐水，消水腫，利小便，去痔蟲，破積聚，欬逆上氣。腸，主出敗瘡中蟲，利筋骨。貌似鯽而紅鰭堅鱗。

帶魚

清・汪紱《醫林纂要探源》卷三　帶魚　甘，鹹，平。出東南瀕海諸郡。形長如帶，青白色，一名鞭魚，以形名也。或云此一魚出水，則眾魚銜其尾而上如帶云。多脂易化。

題清・徐大椿《藥性切用》卷八　帶魚　性味甘溫，益五藏，祛風殺蟲，作羹尤良。

清・李文培《食物小錄》卷下　帶魚　味酸，氣膻。動熱發瘡。

清・趙學敏《本草綱目拾遺》卷一〇鱗部　帶魚　出海中，形如帶，頭尖尾細，長者至五六尺，大小不等，無鱗，身有涎，乾之作銀光色，週身無細骨，正中一脊骨如邊箕狀，兩面皆肉裹之，今人常食為海鮮。據漁海人言，此魚八月中自外洋來，千百成群，在洋中輒啣尾而行，不受綱，惟釣斯可得。漁戶率以乾帶魚肉一塊作餌以釣之，一魚上鈎，則諸魚皆相啣不斷，掣取盈船。此魚之出以八月，盛於十月，霧重則魚多，霧少則魚少，率視霧以為貴賤云。

《綱目》無鱗魚條獨遺此品，故為補之。

《五雜俎》：閩有帶魚，長丈餘，無鱗而腥，諸魚中最賤者，獻客不以登俎，然中人之家用油沃煎，亦甚馨潔。《福清志》：帶魚身薄而長，其形如帶，無鱗，入夜爛然有光，小者俗名帶柳。《物鑒》：帶魚形纖長似帶，啣尾而行，漁人取得其一，則連類而起，不可斷絕，至盈舟溢載，始舉刀割斷，捨去其餘。《玉環志》：帶魚首尾相啣而行。釣法：用大繩一根，套竹筒作浮子，順浮洋面，綴小繩一百二十根，每小繩頭上拴銅絲一尺，銅絲頭拴鐵鉤長三寸，即以帶魚為餌，未得帶魚之先則以鼻涕魚代之，凡釣海魚皆如此。釣期自九月起至次年二月止，謂之魚汛。朱排山《柑園小識》：帶魚生海中，狀如鰻，銳首扁身，大眼細齒，色白無鱗，脊骨如篦，肉細而肥，長二三尺，形如帶，亦謂之裙帶魚。冬時風浪大作，輒釣得之。藁為鮝，以致遠。

味甘，性平，和中開胃《食物宜忌》。帶魚形長扁薄似帶，色白無鱗，肉細佳。醃醃鯧風乾，久藏不敗。煎烹味美，多食發疥。註：帶魚啣尾而行，得一可連數十。醃食佳。黑夜有光，故有毒《藥性考》。

清·王孟英《隨息居飲食譜·鱗介類》 帶魚 甘，溫。暖胃，補虛澤膚。產南洋而肥大者良。發疥動風，病人忌食。作鮝較勝，冬醃者佳。

清·陳其瑞《本草撮要》卷九 帶魚 味甘，入手太陰經，功專溫補五臟，去風殺蟲，作鮝良。

鯧魚

宋·唐慎微《證類本草》卷二〇蟲魚部上品（唐·陳藏器《本草拾遺》） 昌侯魚 味甘，平，無毒。腹中子有毒，令人痢下。食其肉肥健益氣力。生南海，如鯽魚，身正圓，無硬骨，作炙食之至美，一名昌鼠也。

明·盧和、汪穎《食物本草》卷四魚類 昌侯魚 味甘，平，無毒。益氣肥健。子，有毒，令人痢下。

明·李時珍《本草綱目》卷四四鱗部·魚類 鯧魚《拾遺》

【釋名】鯧魚《録異》 鯧鯸魚《拾遺》 昌鼠藏器。時珍曰：昌，美也，以味名。或云：魚游於水，群魚隨之，食其涎沫，有類於娼，故名。閩人訛爲鯧魚。廣人連骨煮食，呼爲狗瞌睡魚。【集解】藏器曰：鯧魚生南海。狀如鯽，身正圓，無硬骨，作炙食至美。時珍曰：閩、浙、廣南海中，四五月出之。《嶺表録》云：形似鯿魚，腦上突起，連背而身圓肉厚，白如鱖肉，只有一脊骨。治之以葱、薑，缹之以粳米，其骨亦軟而可食。

肉 【氣味】甘，平，無毒。【主治】令人肥健，益氣力藏器。

腹中子 【氣味】有毒。令人痢下藏器。

明·穆世錫《食物輯要》卷七 鯧魚 味甘，平，無毒。益氣力，令人肥健。和葱、薑、粳米煮，骨皆軟。子，有毒。食之下痢。

明·趙南星《上醫本草》卷四 鯧魚 昌，美也，以味名。或云：魚游於水，群魚隨之，食其涎沫，有類於娼，故名。閩人訛為鯧魚。廣人連骨煮食，呼為狗瞌睡魚。肉：甘，平，無毒。主治：令人肥健，益氣力。腹中子有毒，令人痢下。

明·應廛《食治廣要》卷七 鯧魚 肉：氣味：甘，平，無毒。主治：令人肥健，益氣力。腹中子：氣味：有毒。令人痢下。《嶺表錄》云：形似鯿魚，腦上突起連背，身圓肉厚，白如鱖肉，只有一脊骨。治之以葱、薑，缹之以粳米，其骨亦軟而可食。

明·姚可成《食物本草》卷一〇鱗部·魚類 鯧魚鯧魚，生南海。身正圓，無硬骨。游於水，群魚隨之，食其涎沫，有類於娼，故名。〇李時珍曰：鯧魚，閩、浙、廣南海中，四五月出之。形似鯿魚，腦上突起連背，身圓肉厚，白如鱖肉，只有一脊骨。治之以葱、薑，缹之以粳米，其骨亦軟而可食。

鯧魚：味甘，平，無毒。令人肥健，益氣力。腹中子：有毒，令人痢下。

明·顧逢柏《分部本草妙用》卷一〇水族部 鯧魚 甘，平，無毒。令人肥健，益氣力。腹中子有毒，令人下痢。

明·孟筌《養生要括·鱗類》 鯧魚 味甘，平，無毒。食之令人肥健，益氣力。子有毒，令人痢下。

明·施永圖《本草醫旨·食物類》卷五 鯧魚魚游於水，羣魚隨之，食其涎沫，有類於娼，故名。肉：味甘，平，無毒。治：令人肥健，益氣力。腹中子：味有毒，令人痢下。

清·穆石匏《本草洞詮》卷一六 鯧魚 鯧魚游水，群魚隨之，食其涎沫，有類於娼，故名。無硬骨，止一脊骨。治以葱薑，軟而可食。肉甘，平，無毒。食之令人肥健。腹中子有毒，令人痢下。

清·丁其譽《壽世秘典》卷四 鯧魚魚游于水，群魚隨之，食其涎沫，有類于娼，故名。形似鯿魚，腦上突起連背，身圓肉厚，白如鱖肉，只有一脊骨，亦軟而可食。 氣味：甘，平，無毒。令人肥健，益氣力。

清・尤乘《食鑒本草・魚類》 鯧魚 令人肥健，益氣力。腹中子毒，令人下痢。

清・朱本中《飲食須知・魚類》 鯧魚 味甘，性平。和生薑、葱、粳米煮，骨皆軟。其子有毒，食之令人下痢。

清・何其言《養生食鑒》卷下 鯧魚形似鯿魚，腦上突起連背，身圓肉厚，白如鯉肉，只有一脊骨，治之以葱、薑，炰之以粳米，其骨亦軟而可食。 味甘，性平，無毒。益氣力，令人肥健。子有毒，食之令人痢下。

清・李熙和《醫經允中》卷二三 鯧魚 甘，平，無毒。令人肥肌，益氣。腹中子有毒，令人下痢。

清・张璐《本經逢原》卷四 鯧魚 此魚骨柔肉脆，能益胃氣，食之令人肥健。腹中子性寒有毒，多食令人痢下。

清・吴儀洛《本草從新》卷六 鯧魚〔補益氣力。〕 甘，平。益氣力，令人肥健。

清・汪紱《醫林纂要探源》卷三 鯧 甘，苦，溫。似魴，一名鯧鯿。好從他魚後而食其沫。味微苦而腴，但腥氣重。

題清・徐大椿《藥性切用》卷八 鯧魚 性味甘平，益氣壯力，令人肥健。鯧魚子，有毒，食之令人利下。

清・李文培《食物小録》卷下 鯧魚 甘，平，無毒。令人肥健，益氣力。子有毒，令人下利。

清・趙其光《本草求原》卷一六鱗部 鱠魚即鯧魚。 形如鯽，身圓，無硬骨。甘，平，無毒。益氣力，令人肥健。腹中子毒，令人痢。

清・王孟英《隨息居飲食譜・鱗介類》 鯧魚亦作鱠 甘，平。補胃，益血充精。骨耎肉腴，別饒風味，小而雄者勝。可脯可鮓，多食發疥動風。

清・田綿淮《本草省常・魚蟲類》 鯧魚 一名鯧鯸魚，一名鱠魚。性平。益氣力，令人肥健。

清・陳其瑞《本草撮要》卷九 鯧魚 味甘，平，入手太陰、陽明經，功專益氣力。子有毒，食之令人下痢。

清・吴汝紀《每日食物却病考》卷下 鯧魚 味甘，平，無毒。肥健人，益氣力。止一脊骨，甚軟而無刺，極甘美。

土附

明・姚可成《食物本草》卷一〇鱗部・魚類 土鯆魚鯆音簿。處處溪河有之。長三四寸。頭扁口闊，腹大，青黑色，有斑點。目傍有肉，身肉亦厚。冬月最多。薑、葱烹食，為佳品。 土鯆魚，味甘，溫，無毒。其性屬土，補脾胃，益元氣，養榮血。多食亦不傷人。

清・趙學敏《本草綱目拾遺》卷一〇鱗部 土附 《嘉興縣志》：一名菜花魚，以其出於菜花時最肥美，故名。程大昌《演繁露》：土部：吴興人呼為鱸鱧，以其質圓而長，與黑鱧相似。其鱗斑駁，又似鱸魚，故兩名之。長興謂之蕩部，又曰蕩魚。《湖州府志》：鮒魚今呼土部。此魚質沈，常附土而行，不似他魚浮水游也，故又名土附。《錢塘縣志》：土鶩，俗名土哺，以清明前者佳。《藻異》云：吐哺產杭，本名土附，以其附土而生也，色黑味美。《雨航雜錄》：吐哺，或曰食物嚼而吐之，故名。

敏按：美上諸說，皆無杜父之名，而《綱目》載杜父魚云：其色黄黑有斑，脊背上有鬐刺螫人，又名渡父魚、黄鮍魚、船矴魚、伏念魚。似與土附絕不相類。沈雲將《食纂》、陳芝山《食物宜忌》皆以為今之土部魚，即杜父魚也，此乃承《山堂肆考》之誤。今土部杭城甚多，一年皆有，惟正二三月獨旺，背黑，亦有淡黑帶土黄色者，不聞能刺人。俗云：此魚立冬後則伏土，閉眼不食，冬至後出土，附土而行，清明後開眼，遍食小蟲蝦，故有毒。

陳芝山云：土部，清明後頭上生紅蟲，不可食。細核其形狀食性，與杜父全不相類，何能強合。予故於禽蟲考中魚類辨之甚詳，以杜父入吹沙類，而另立土附本條，蓋不敢附古人而欺後世也。土部《綱目》所無，復為補之。

味甘，性溫。〇補脾胃，治噎膈，除水腫溼氣，療一切瘡疥。此物又能扶陽，其子用燒酒醉食，頗能興腎，與對鰕同功，以其食鰕力也。 子：助相火，暖腰腎。

鯊魚

宋・鄭樵《通志》卷七六《昆蟲草木略》 鯊，《爾雅》云：鯊，鮀。小魚，體圓而有點文，常張口吹沙，故亦名吹沙。

元・吴瑞《日用本草》卷五 鯊魚 本名鮫魚。其皮麄，可裝飾刀鞘鞍韉。 味甘，平，無毒。切肉作絲晒乾，食品中用為佳。善動風氣。 主治蠱氣蠱疰。

明·盧和、汪穎《食物本草》卷四魚類　鯊魚　平，補五臟，主蠱氣、蠱疰，與鮫魚同。

明·李時珍《本草綱目》卷四四鱗部·魚類　鯊魚《綱目》

【釋名】鮀魚《爾雅》　吹沙郭璞　沙溝魚俗名　沙鰮音問。時珍曰：此非海中沙魚，乃南方溪澗中小魚也。居沙溝中，吹沙而游，咂沙而食。鮀者，肉多形圓，陀陀然也。

【集解】時珍曰：鯊魚，大者長四五寸，其頭尾一般大。頭狀似鱒，體圓似鱓，厚肉重唇。細鱗，黃白色，有黑斑點文。背有鬐刺甚硬。其尾不歧，小時即有子。味頗美，俗呼爲啊浪魚。

肉　【氣味】甘，平，無毒。　【主治】暖中益氣時珍。

明·穆世錫《食物輯要》卷七　鯊魚　味甘，平，無毒。暖胃益氣。多食，發瘡疥。此魚大者四五寸，小時即有子。

明·應麐《食治廣要》卷七　鯊魚　肉：氣味：甘，平，無毒。主治：暖中益氣。李時珍曰：此非海中沙魚，乃南方溪澗中小魚也。居沙溝中，吹沙而游，咂沙而食，俗呼為阿浪魚是也。

明·姚可成《食物本草》卷一〇鱗部·魚類　鯊魚一名鮀魚，一名沙溝魚，一名吹沙魚。生南方溪澗中。大者長四五寸。其頭尾一般大，頭狀似鱒，體圓似鱔，厚肉重唇。細鱗，黃白色，有黑斑點文，背有鬐刺甚硬，其尾不歧。居沙溝中，吹沙而游，咂沙而食。小時即有子，味頗美。俗呼為阿浪魚。　鯊魚，味甘，平，無毒。主暖中益氣。

鰕虎魚出吳淞江湖間。形類土鯆魚，善〔啖〕魚鰕。　鰕虎魚，味甘，溫，無毒。食之主益陽道，健筋骨，行血脉，消穀肉。多食生痰〔助〕火。

明·孟笨《養生要括·鱗類》　鯊魚〔居沙溝中，俗呼為阿浪魚，溪澗中小魚也。〕　味甘，平，無毒。暖中益氣。

明·施永圖《本草醫旨·食物類》卷五　鯊魚非海中沙魚，乃南方溪澗中小魚也。大者長四五寸，味頗美。　肉：味甘，平，無毒。治：暖中益氣。

清·丁其譽《壽世秘典》卷四　鮀魚一名沙溝魚，居沙溝中，吹沙而游，咂沙而食。鮀者肉多形圓，陀陀然也。大者長四五寸，其頭尾一般大，頭狀似鱒，體圓似鱓，厚肉重唇，細鱗黃白色，有黑斑點文，背有鬐刺甚硬，其尾不歧。小時即有子，味頗美。　氣味：甘，平，無毒。主暖中益氣。

清·尤乘《食鑒本草·魚類》　鯊魚　暖中益氣。非海中沙魚，即南方溪澗中四五寸小者。

清·朱本中《飲食須知·魚類》　鯊魚　味甘，性平。多食發瘡疥。此魚大者四五寸，小時即有子。忌甘草。

清·王道純《本草品彙精要續集》卷七　鯊魚無毒　卵生。

鯊魚肉：主暖中益氣《本草綱目》。　【名】鮀魚《爾雅》、吹沙郭璞、沙溝魚俗名、沙鰮音問。李時珍云：此非海中沙魚，乃南方溪澗中小魚也。居沙溝中，吹沙而游，咂沙而食。鮀者，肉多形圓，陀陀然也。　【地】出南方溪澗中。　【用】肉。　【質】大者長四五寸，其頭尾一般大，頭狀似鱒，體圓似鱔，厚肉重唇，細鱗，背有鬐刺甚硬，其尾不歧，小時即有子，俗呼爲阿浪魚。【色】身黃白色，有黑斑點紋。　【味】甘，頗美。　【性】溫，平。

清·汪紱《醫林纂要探源》卷三　鯊　甘，鹹，平。溪鯊也。小如指，腹下平，口在頷下，鱗細如沙，背有方格文，行嘗附沙，而張口吹沙。一名鮀，一名沙竹。利小水，通淋。

題清·徐大椿《藥性切用》卷八　鯊魚翅　一名鮫魚戟。性味甘平，益肝滋藏。味甚甘美，食品珍之。

清·黃宮繡《本草求真》卷九　鯊魚暖中益氣。　鯊魚耑入脾胃。即南方溪澗中之小魚，非海中鯊魚也。海中鯊魚，本名鮫魚，溪澗沙魚，因居沙溝，吹沙而遊，咂沙而食，故以鯊名。味甘氣平無毒，究其主治，止曰暖中益氣，因其味甘性平而然，服之可使中氣溫和，無有虧損。非云中氣虛極，必得此魚以作治療也。

清·李文培《食物小錄》卷下　虎頭沙魚　扁頭圓身，大四五寸，色黑。味甘，平。開胃益脾。

鯊魚即沙溝魚。　甘，平，無毒。暖中益氣。

清·章穆《調疾飲食辯》卷六　鯊魚　《爾雅》曰：鯊，鮀。郭注曰吹沙。一名沙鰮。俗呼沙溝魚，又名阿浪魚，又名船矴魚。《綱目》誤以杜父魚為魟矴，曰：大者僅四五寸，小纔一二寸，體圓似鱓，厚肉細鱗，黃白色，間黑斑點，背有鬐刺甚硬，其尾不歧，小時即有子，其肉食之暖中益氣。據此說，明係鮀魚，非杜父也。其性熱而有毒，能動風助火，發毒生蟲，暖中誠有之，益氣則未也。又此與海中沙魚，名同物異。

清·田綿淮《本草省常·魚蟲類》　鯊魚　此溪澗中小魚，非海中沙魚也。一名鮀魚，一名阿浪魚。性平。和中益氣。

臟。

清・陳其瑞《本草撮要》卷九 鯊魚 味甘，平，入手太陰經，功專補五臟。翅清金滋陰，補而不滯，味甚美。一名鮫魚。

彈塗魚

清・趙學敏《本草綱目拾遺》正誤 羊蹄菜葉能殺胡夷魚、鮭魚、檀胡魚毒。瀕湖註云：胡夷、鮭魚皆河豚名，檀胡未詳。敏按：檀胡即彈塗二字之訛也。彈塗乃跳魚，餘姚、寧波皆有之，沿海沙塗上甚多，形如土附，有刺能螫人，閩中及寧人皆呼為彈塗。有中其毒者，羊蹄葉可解之。

鱧魚

附：日・丹波康賴《醫心方》卷三〇 蠡魚 《本草》云：味甘，寒，無毒。主濕痹，面目浮腫，下大水五痔。有瘡者不可食，令瘢白。一名鮦魚。陶〔弘〕景注云：今作鱧字，舊言是公蠣虵所變。崔禹〔錫〕云：補中明目。食鱧肝而勿飲水，生虵子故也。

宋・唐慎微《證類本草》卷二〇蟲魚部上品〔《本經・別錄》〕 **蠡**音禮**魚** **味甘，寒，**無毒。**主濕痹，面目浮腫，下大水，**療五痔。有瘡者不可食，令人瘢音盤白。**一名鮦**音銅**魚。**生九江池澤。取無時。

〔梁・陶弘景《本草經集注》〕云：今皆作鱧字，舊言是公蠣蛇所變，然亦有相生者。至難死，猶有蛇性。合小豆白煮以療腫滿，甚效。

〔唐・蘇敬《唐本草》〕注云：《別録》云：腸及肝，主久敗瘡中蟲。諸魚灰，并主哽噎也。

〔宋・掌禹錫《嘉祐本草》〕按：孟詵云：鱧魚，下大小便，擁塞氣。又作鱠，與脚氣、風氣人食之，效。又以大者洗去泥，開肚，以胡椒末半兩，切大蒜三兩顆，内魚腹中縫合，并和小豆一升煮之。臨熟下蘿蔔三五顆如指大，切葱一握，煮熟。空腹服之，并豆等强飽，盡食之。至夜即洩氣無限，三五日更一頓。下一切惡氣。又十二月作醬良也。日華子云：鱧魚腸，以五味炙貼痔瘻及蚛䵟，良久蟲出，即去之。諸魚中惟此膽甘，可食。

〔宋・蘇頌《本草圖經》〕曰：蠡通作鱧字，魚生九江池澤，今處處有之。陶隱居以爲公蠣蛇所變，至難死，猶有蛇性。謹按《爾雅》：鱧，鯇。郭璞注云：鱧，鮦音同也。釋者曰：鱧，鯇也。《詩・小雅》云：魚麗于罶，魴鱧。《毛傳》云：鱧，鯇也。《正義》云：諸本或作鱧，鱺音重也。陸璣謂鯇即鱧魚也，似鱧，狹而厚，今京東人猶呼鱺魚，其實一類也。據上所說，則似今俗間所謂黑鱧魚者，亦至難死，形近蛇類，浙中人多食之。然《本經》著鱧魚，主濕痹下水，而黑鱧魚主婦人妊娠。《千金方》有安胎單用黑鱧魚湯方，而《本經》不言有此功用，恐是漏落耳。肝腸亦入藥，諸魚膽苦，惟此膽味甘可食，爲異也。又下鮑魚條，據陶、蘇之說，乃似今漢、沔間所作淡乾魚，味辛而臭者。蘇又引《李當之本草》，亦言胸中濕者，良。其以暴魚不以鹽，外雖乾而魚肥，故中濕也，中濕則彌臭矣。一說鮑魚自是一種，形似小鱅魚，生海中，氣最臭。秦始皇取置車中者是也。此說雖辨，亦無的據。《素問》治血枯雀卵丸，飲鮑魚汁，以利腸中。

〔宋・唐慎微《證類本草》〕《外臺秘要》：療患腸痔，每大便常有血。鱧魚鱠，薑虀食之，佳。任性多少，差。忌冷毒物。又方：療痔。鱧魚腸三具，炙令香，以綿裹，内穀道中，一食頃蟲當出，魚腸數易之，盡三枚差。《食醫心鏡》：治十種水氣病不差垂死。鱧魚一頭，重一斤已上，右熟取汁，和冬瓜、葱白作羹食之。又方：治野雞病，下血不止，腸疼痛。鱧魚一頭，如食法作鱠，蒜虀食之。《靈苑方》：治急喉閉，逡巡不救者。蠡魚膽，臘月收，陰乾爲末，每服少許，點患處，藥至即差，病深則水調灌之。

宋・寇宗奭《本草衍義》卷一七 蠡魚 今人謂之黑鱧魚。道家以謂頭有星爲厭，世有知之者，往往不敢食。又發故疾，亦須忌爾。今用之療病，亦止取其一端耳。

宋・王繼先《紹興本草》卷一七 蠡魚 紹興校定：蠡魚，俗呼黑鱧魚是也。性味、主治已具《經》注。雖云療五痔，下水腫，但未聞驗據，亦非專起疾之物。世人以為食品，今當作味甘、平、無毒是矣。處處池澤有之。

宋・鄭樵《通志》卷七六《昆蟲草木略》 鱧，《爾雅》云：鰹，大鮦。小者鮵。即鱧也。郭云：今青州呼小鱺為鮵。按鱺與鱧音與義同。又《本草》作蠡，一名鮦，舊言是公蠣蛇所化，頭有文。

宋・陳衍《寶慶本草折衷》卷一六 蠡音禮魚鱠在內。○腸、肝、膽附。一名鱧魚，一名鱧鯇，一名魴鱧，一名黑鱧魚，一名黑鯉魚，一名鮦魚。○鯇，戶本切；鯇，音同。生九江池澤，及京東、浙中。今處處有之。○取無時。附：膽，臘月取，陰乾。

味甘，寒，無毒。○主濕痹，面目浮腫。下大水，療五痔。有瘡者不可食，令瘢白。○孟詵云：下大小便壅塞氣。作鱠與脚氣、風氣人食之效。又下惡氣。○《圖經》曰：主妊娠安胎，單用。○寇氏曰：道家以謂頭有星為厭，知者不敢食。又發故疾。今用之療病，亦止取其一端耳。

附：腸及肝。○主久敗瘡中蟲。附：腸。○貼痔瘻及蚛䵟。以五味炙貼，良久蟲出，即去之。○䵟，遐諫切，脛也。附：膽。○味甘。諸膽皆苦，惟此膽甘。治急喉閉，取膽為末，水調少許灌之。

元・尚從善《本草元命苞》卷八　蠡魚　味甘，性寒，無毒。主濕痺，面目浮腫。治便溺，壅塞不通。下水，醫五痔。有瘡不可食。生九江池澤，今處處有之。公蠣蛇變化其形，至難死，蛇性猶在。俗名黑鯉魚。又能發痼病。諸膽味苦，惟此甘甜。頭有星，為厭，人知多不食。

元・吴瑞《日用本草》卷五　烏蠡魚　一名鮦魚。黑色無鱗，頭有星，道家名水厭。　味甘，性寒，無毒。發痼疾，合小豆白煮，以療腫滿。　主濕痹，面目浮腫，下大水，療五痔。有諸瘡者，不可食。　鮦魚：形小而寸長，正月便有。烏蠡下一名鮦魚。宣人取乾以寄遠，云是琴高仙藥祖化成，性治同烏蠡。

明・蘭茂原撰，范洪等抄補《滇南本草圖説》卷七　七星魚　味甘、淡，平，無毒。主治：補中調元，養飢不食，久服令人輕身大補。七星魚即黑魚，以其夜朝星斗，故名。按《本草》謂之鱧魚，又謂之烏（啄）〔鱧〕。然生長滇土，謂之黑魚。不若即謂之黑魚，使人聞而即知也，何必易名七星魚？

明・蘭茂撰，清・管暄校補《滇南本草》卷上　烏魚　味甘，寒，平。大補氣血，治婦人乾血癆症，煅為末，服之。又煑茴香食，治下元虚損。

明・王綸《本草集要》卷六　蠡魚即鱧　味甘，氣寒，無毒。諸魚膽皆苦，惟此膽可食。　主濕痹，面目浮腫，下大水。療五痔，取魚腸，以五味炙令香，以綿裹，納穀道中，一食頃蟲當出。

明・滕弘《神農本經會通》卷一〇　蠡魚　今皆作鱧字。諸魚膽皆苦，惟此魚膽味甘可食為異也。一名鮦魚。

味甘，氣寒，無毒。　《本經》云：主濕痺，面目浮腫，下大水，療五痔。有瘡者不可食，令人瘢白。《別録》云：腸及肝，主久敗瘡中蟲。諸魚灰并主哽咽。孟詵云：下大小便壅塞氣。又作鱠，與脚氣風氣人食之効。又以大者，洗去泥，開肚，以胡椒末半兩，切大蒜三兩顆，內魚腹中，縫合，并和小豆一升煮之，臨熟下蘿蔔三五顆如指大，切葱一握，煮熟，空腹食之，并豆等，強飽盡食之，至夜即洩氣無限，三五日更一頓，下一切惡氣。日華子云：鱧魚腸，以五味炙，貼痔瘻及蚛骭，良久蟲出，即去之。諸魚中惟此膽甘可食。《圖經》云：《本經》著鱧魚，主濕痺，下水，而黑鯉魚主婦人姙娠。《千金方》有安胎單用鯉魚湯方，肝腸亦入藥。

明・劉文泰《本草品彙精要》卷二九　蠡魚無毒　卵生。

蠡音禮**魚**出《神農本經》：**主濕痹，面目浮腫，下大水。**以上朱字《神農本經》。療五痔，有瘡者不可食，令人瘢白。以上黑字名醫所録。　【名】鱧鯇、鱧鮦、鱧⿰魚重、黑鱧魚、鮦魚、文魚、鯇鱧魚。【地】《圖經》曰：生九江池澤，今處處有之。此魚有舌，鱗細而有花文，故名文魚。與蛇通氣，其首戴星，道家以謂頭有星爲厭。夜則北嚮，蓋謂北方之魚也。陶隱居以爲公蠣蛇所變，至難死，猶有蛇性。《爾雅》謂之鱧鯇。郭璞云：鱧，鮦音同也。《詩・小雅》云：魚麗於罶，魴鱧。《正義》云：諸本或作鱧⿰魚重音重。陸璣謂：鯇即鱧魚也，似鱧，狹而厚，今京東人猶呼⿰魚重魚者，其實一類也。據上所説，則似今之黑鱧魚者，亦至難死，形近蛇類，浙中人多食之。然鱧魚肝腸亦入藥，諸魚膽皆苦，惟此膽味甘可食爲異也。【時】生：春夏。採：無時。【色】黑。【味】甘。【性】寒，緩。【氣】氣之薄者，陽中之陰。【臭】腥。【主】下水去腫。【製】去鱗，洗淨，煮食之。【治】療：《圖經》曰：除濕痹，下水及婦人妊娠安胎。《唐本》注云：腸及肝，主久敗瘡中蟲。○諸魚灰，並主哽噎。日華子云：腸，以五味炙之，貼痔瘻蚛骭，久而蟲出，即去之。孟詵云：鱧魚，下大小便，壅塞氣。又作鱠食，療風氣腳氣。《別録》云：臘月收膽，陰乾爲末，以少許點，治急喉閉，逡巡不救者，藥至即瘥。病深者，則以水調灌之。【合治】合小豆白煮，療腫滿。○以大者洗去泥，開肚，合胡椒末半兩，切大蒜三兩顆，內魚腹中縫合，並和小豆一升煮，熟時下蘿蔔三五顆如指大，切葱一握，煮熟，空腹服之，並豆等強飽，必盡食之，至夜即洩氣無限，下一切惡氣。○合蕫齏作鱠食之，療患腸痔，每大便常有血。忌冷毒物。○以一頭重一斤，熟煮汁，合冬瓜、葱作羹食之，療十種水氣病不瘥垂死者。

明・盧和、汪穎《食物本草》卷四魚類　蠡魚　味甘，寒，無毒。主濕痹，面目腫脹，大小便擁塞，療五痔出血。取魚腸，以五味炙令香，以綿裹內穀道中，食頃蟲即出。又腳氣、風氣，作鱠食之良。丹溪：癩疾，用此魚以代蛇之或缺，是亦去風。古方有單用黑蠡湯安胎，是姙娠亦可食也。一云：亦發痼疾。諸魚膽皆苦，惟此魚膽甘，可食。

明・方穀《本草纂要》卷一一　蠡魚　味甘、微苦，氣寒，無毒。主驅風濕，利風腫，散風氣。又利水道，行水氣，治腫脹之要藥也。吾見脹滿水腫之症，用蠡魚一尾，去腸洗淨，以椒鹽擦，包裹煨熟製，令食之，則脹滿可去，而腫亦可除者矣。大抵此劑利氣之物，氣散則腫亦可去，氣行則水亦可除。若以椒鹽製之，乃辛散鹹下之謂也。或有風、有毒，因宜而製矣，曾不謂治風驅水之藥乎。

明·寧源《食鑒本草》卷上 黑鱧魚 有小毒。此魚地之厭物也。腦有七星，夜朝北斗，人不宜食之，亦且無益。新增諸魚論：凡魚頭有白色如連珠至脊上者、腹中無膽者、頭中無鰓者，並殺人。魚汁不可合鸕鷀肉食之。鯽魚不可合猴、雉肉食之。鰍、鱔不可合白犬血食之。鯉魚子不可合猪肝食之，鯽魚亦然。青魚鮓不可合生胡荽及生葵，並麥醬食之。蝦無鬚，及腹中通黑，及煮之反白者，皆不可食。生蝦膾不可食，合鷄肉食之亦損人。

明·王文潔《太乙仙製本草藥性大全》卷八《本草精義》 蠡魚 一名鮦魚，一名鱧魚。《爾雅》云鱧鯇。今京東人呼鍾魚，俗云黑鱧魚，其實一類也。生九江池澤，今處處有之。陶以爲公蠣蛇所變，至難死，猶有蛇性。據上所說，則黑鱧魚者亦至難死，形近蛇類。浙中人多食之。然《本經》著鱧魚主濕痹下水，而黑鱧魚主婦人姙娠。《千金方》有安胎單用黑鱧魚湯方，而《本經》不言有此功用，恐是漏落耳。肝腸亦入藥。諸魚膽苦，惟此膽味甘可食爲異也。今道家以謂頭有星爲厭，世有知之者，往往不敢食。又發故疾，亦須忌爾。今用之療病，亦止取其一端耳。

明·王文潔《太乙仙製本草藥性大全》卷八《仙製藥性》 蠡魚 味甘，氣寒，無毒。 主治：主濕痹面目浮腫，下大小二便壅塞。療五痔神方，有瘡者忌食。 補註：療患腸痔，每大便常有血。鱧魚鱠，薑虀食之佳，任性多少差，忌冷毒物。○治十種水氣病不差垂死，鱧魚一頭重一斤已上，右熟取汁和冬瓜、葱白作羹食之。○治野雞病下血不止，腸疼痛。鱧魚一頭如食法作鱠，蒜虀食之。○小便壅塞氣，又作鱠與脚氣、風氣人食之效。又以大者洗去泥，開肚，以胡椒末半兩，切大蒜三兩顆，內魚腹中縫合，并和小豆一升煮之，臨熟下蘿蔔三五顆如指大，切葱一握煮熟，空腹服之，并豆等強飽盡食之。至夜即洩氣無限，三五日更一頓，下一切惡氣。又十二月作醬良也。 肝：冷，敗瘡中蟲。諸魚灰並主哽咽。 腸：貼痔瘻蝕骭者良。 膽：治喉閉不救者效。 補註：療痔，蠡魚腸三具，炙令香，以綿裹內穀道中，一食頃蟲當出，魚腸數易之，盡三枚差。○治急喉閉逡巡不救者，蠡魚膽臘月收陰乾爲末，每服少許，點患處，藥至即差，病深則水調灌之。

明·皇甫嵩《本草發明》卷六 蠡魚上品。味甘，寒，無毒。 主濕痺，面目浮腫，下水，療五痔。與小豆合煮，療腫甚效。有瘡者不可食，令人白瘢。今人謂之黑鱧魚，腸炙，取痔蟲。

明·李時珍《本草綱目》卷四四鱗部·魚類 鱧魚《本經》上品

【釋名】蠡魚《本經》 黑鱧《圖經》 玄鱧《埤雅》 烏鱧《綱目》 鮦魚音同。《本經》。 文魚時珍曰：鱧首有七星，夜朝北斗，有自然之禮，故謂之鱧。又與蛇通氣，色黑，北方之魚也，故有玄、黑諸名。俗呼火柴頭魚，即此也。其小者名鮦魚。蘇頌《圖經》引《毛詩》諸註，謂鱧即鯇魚者，誤矣。今直削去，不煩辯正。 【集解】《別録》曰：生九江池澤。取無時。弘景曰：處處有之。言是公蠣蛇所化，然亦有相生者。性至難死，猶有蛇性也。時珍曰：形長體圓，頭尾相等，細鱗玄色，有斑點花文，頗類蝮蛇，有舌有齒有肚，背腹有鬣連尾，尾無歧。形狀可憎，氣息鯹惡，食品所卑。南人有珍之者，北人尤絶之。道家指爲水厭，齋籙所忌。

肉 【氣味】甘，寒，無毒。有瘡者不可食，令人瘢白《別録》。源曰：有小毒，無益，不宜食之。宗奭曰：能發痼疾。療病亦取其一端耳。 【主治】療五痔，治濕痹，面目浮腫，下大水《本經》。弘景曰：合小豆白煮，療腫滿甚效。 下大小便，壅塞氣。作鱠，與脚氣、風氣人食，良孟詵。主妊娠有水氣蘇頌。

【附方】舊三，新二。 十種水氣垂死：鱧魚一斤重者煮汁，和冬瓜、葱白作羹食。《心鏡》。 下一切氣：詵曰：用大鱧一頭開肚，入胡椒末半兩，大蒜片三顆，縫合，同小豆一升煮熟，下蘿蔔三五顆，葱一握，俱切碎，煮熟，空腹食之至飽，并飲汁。至夜，洩惡氣無限也。五日更一作。 腸痔下血：鱧魚作鱠，以蒜虀食之。忌冷、毒物。《外臺》。 一切風瘡：頑癬疥癩，年久不愈者，不過二三服必愈。用黑火柴頭魚一個，即烏鱧也。去腸肚，以蒼耳葉填滿。外以蒼耳安鍋底，置魚于上，少少着水，慢火煨熟，去皮骨淡食，勿入鹽醬，功效甚大。《醫林集要》。 浴兒免痘：除夕黄昏時，用大烏魚一尾，小者二三尾，煮湯浴兒，遍身七竅俱到。不可嫌鯹，以清水洗去也。若不信，但留一手或一足不洗，遇出痘時，則未洗處偏多也。此乃異人所傳，不可輕易。楊拱《醫方摘要》。

腸及肝 【主治】冷敗瘡中生蟲《別録》。腸以五味炙香，貼痔瘻及蛀骭瘡，引蟲盡爲度日華。

膽 【氣味】甘，平。日華曰：諸魚膽苦，惟此膽甘可食爲異也。臘月收取，陰乾。 【主治】喉痹將死者，點入少許即差，病深者水調灌之《靈苑方》。

明·梅得春《藥性會元》卷下 蠡魚 味甘，性寒，無毒。 主治濕痹，面目浮腫，下大水，療五痔，有瘡者不可食，令人瘢白。一名鮦魚。與小豆合煮，療腫甚效。

明・穆世錫《食物輯要》卷七　黑魚　味甘，性寒，無毒。寬膈消脹，利大小腸，治濕痹腳氣，痔疾，及姙婦子腫。同小豆煮食，消腫滿。多食，發痼疾。膽甘辣，無毒。陰乾，救喉痹將危者，點入即可，或水調灌下。肝、腸，和五味炙香，貼痔瘻、蛀骭瘡，引蟲出盡而痊。除夕，用大黑魚煮湯，浴小兒，能稀痘。

明・張懋辰《本草便》卷二　蠡魚　味甘，氣寒，無毒。諸魚膽皆苦，惟此膽可食。主濕痹，面目浮腫，下大水。療五痔，取魚腸，以五味炙令香，以綿裹，納穀道中，一食頃蟲當出。

明・吳文炳《藥性全備食物本草》卷三　蠡魚一名鮦魚一名鱧魚。《爾雅》云鱧鯇，今京東人呼鯶魚，俗云黑鱧魚，其實一類也。生九江池澤，今處處有之。陶隱居云是公蠣蛇所變，至難死，猶有蛇性。據上所說，則黑鱧魚者，亦至難死，形近蛇類，浙中人多食之。然《本經》著鱧魚主濕痺下水，而黑鱧魚主婦人妊娠。《千金方》有安胎單用黑鱧魚湯方，而《本經》不言有此功用，恐是漏落耳。

肝腸：　亦入藥，諸魚膽苦，惟此膽甘可食為異也。今道家以謂頭有七星為厭，世有知之者，往往不敢食。又發痼疾，亦須忌爾。今用之療病，亦止取其一端耳。　肉：　主濕痺浮腫，下大小二便壅塞，療五痔，下一切惡氣。十二月作醬食佳。　肝：　冷，敗瘡中蟲。　腸：　貼痔瘻蝕骭者良。

膽：　救喉痺欲死者效。

明・繆希雍《本草經疏》卷二〇　蠡魚　味甘，寒，無毒。主濕痹，面目浮腫，下大水，療五痔。有瘡者不可食，令人瘢白。

〔疏〕蠡魚稟北方玄水之精，得中央陰土之氣，故其色黑，味甘，氣寒，無毒。乃益脾除水之要藥也。土虛則水泛濫，土堅則水自清。凡治浮腫之藥，或專於利水，或專於補脾，其性各自為用，惟蠡魚色黑象水，能從其類以導橫流之勢；　味甘土化，能補其不足以遂敦阜之性。補瀉兼施，故主下大水及濕痹，面目浮腫，有神效也。五痔因濕熱所生，水去則濕熱自除。今世俗小兒痘後咸食之。然而早食多食，能令皮膚瘢痕皆黑。本草獨云有瘡者食之令人瘢白，非也。孟詵主下大小便壅塞氣，作鱠與腳氣、風氣人食，良。蘇頌主妊娠有水氣。竝取其除濕下水益脾之功也。〔主治參互〕同白术、茯苓、橘皮、薑皮，煮食，下水腫大效。與蒜作鱠食，能去濕下水。《食醫心鏡》治十種水氣垂死，蠡魚一斤重者，煮汁和冬瓜、葱白作羹食。《靈苑方》喉痹將死者，以蠡魚膽點入少許即差。病深者水調灌之。諸魚膽皆苦。惟此膽甘可食為異耳。〔簡誤〕蠡魚其功專於去濕下水，他用無所長，且多食能發痼疾，不可不知也。

明・應慶《食治廣要》卷七　鱧魚即烏鱧，一作蠡魚。　肉：　氣味：　甘，寒，無毒。主療五痔，治濕痹、面目浮腫，下大小便壅塞、水氣。作鱠，與腳氣、風氣人食之，良。并主妊娠水氣。　按：　鱧形長體圓，頭尾相等，細鱗玄色，有斑點花文，頗類蝮蛇，有舌，有齒，有肚，背腹有鬣連尾，尾無歧形，狀可憎，氣息腥惡，食品所卑。南人有珍之者，北人尤絕之，道家指為水厭，齋籙所忌。

明・姚可成《食物本草》卷一〇鱗部・無鱗魚類　鱧魚一名玄鱧，即今之烏魚也。首有七星，夜朝北斗，有自然之禮，故謂之鱧。又與蛇通氣，色黑，北方之魚也。〔處〕處有之。形長體圓，頭尾相等，細鱗玄色，有〔斑〕點花文，頗類蝮蛇，有舌有齒有肚，背腹有鬣連尾，尾無歧。形狀可憎，氣息腥惡，食品所卑。南人有珍之者，北人尤絕之。道家指為水厭，齋籙所忌。

鱧魚：　味甘，寒，無毒。療五痔，治濕痹，面目浮腫，下大水。利大小便，壅塞氣，又主妊娠有水氣。作鱠與風氣、脚氣人食，甚良。不可多食，能發痼疾。有瘡者不可食，令人疤白。　腸及肝：　治敗瘡中生蟲。　腸：　以五味炙香，貼痔瘻及蛀骭瘡，引蟲盡為度。　膽：　諸魚膽苦，惟此膽甘可食。治喉痹將死者，點入少許即瘥。病深者水調灌之。

附方：　治十種水氣垂死。黑魚一斤重者，煮汁和冬瓜、葱白作羹食。

浴兒稀痘法。除夕黃昏時，用大烏魚一尾，小者二三尾，煮湯浴兒，偏身七竅俱到，不可嫌腥，以清水洗去也。或以為謬，留一手足不洗，遇出痘時，則未洗處偏多也。此乃異人所傳，寶之寶之。

明・顧逢柏《分部本草妙用》卷一〇水族部　鱧魚即黑魚。　甘，寒，無毒。有瘡者莫食，令人瘢白。　主療五痔，濕痺，面目浮腫，下大水。作鱠與風氣人食良。〔主〕妊娠水氣。

明・施永圖《本草醫旨・食物類》卷五　黑鱧魚鱧首有七星，夜朝北斗，有自然之禮，故謂之禮。又與蛇通氣，色黑，北方之魚也。形長體圓，頭尾相等，細鱗玄色，有斑點花文，頗類蝮蛇。道家指為水厭，齋籙所忌。　肉　味甘，寒，無毒。有瘡者不可食，令人瘢白。無益，不宜食之，能發痼疾，療病亦取其一端耳。治：　療五痔，治濕痹，面目浮腫，下大水。合小豆白煮，療腫滿甚效。下大小便壅塞氣。作鱠，與脚氣、風氣人食良，主妊娠有水氣。

附方　十種水氣垂死：　鱧魚一斤重者，煮汁，和冬瓜、葱白作羹食。下一切氣：　用大鱧一頭，開肚，入胡椒末半兩，大蒜片三顆，縫合，同小豆一升煮熟，下蘿蔔三五顆，葱一握，俱切碎，煮熟，空腹食之至飽，并飲汁。至夜，洩惡氣無限也。五日更一作。腸痔下血：　鱧魚作鱠，以蒜虀食之，忌冷毒物。一切風瘡：　不過二三服必愈。用黑火柴頭魚一箇，即烏鱧也，去腸肚，以蒼耳葉填滿，外以蒼耳安鍋底，置魚於上，少少着水，慢火煨熟，去皮骨。淡食，勿入鹽、醬，功效甚大。浴兒免痘：　除夕黃昏時，用大烏魚一尾，小者二三尾，煮湯浴兒，遍身七竅俱到，不可嫌腥，以清水洗去也。若不信，但留一手或一足不洗，遇出痘時，則未洗處偏多也。此乃異人所傳，不可輕易。

腸及肝：　治：　冷敗瘡中生蟲。腸以五味炙香，貼痔瘻及骭骨瘡，引蟲盡為度。　膽：　味甘，平。諸魚膽苦，惟此膽甘可食，為異也。臘月收取，陰乾。治：　喉痹將死者，點入少許即瘥。病深者，水調灌之。

清・顧元交《本草彙箋》卷九　蠡魚　即黑鱧。首有七星，夜朝北斗，稟北方玄水之精，得中央陰土之氣，乃益脾除水之要藥也。凡治浮腫之藥，或專于利水，或專於補脾，其性各自爲用。惟蠡魚色黑象水，能從其類，以導橫流之勢。味甘土化，能補其不足，以遂敦阜之性。補瀉兼施，故主下大水及濕痹，面目浮腫有神效。　喉痺將死者，以蠡魚膽點入少許，即差。病深者，水調灌之。諸魚膽皆苦，惟此膽甘可食爲異。

清・穆石匏《本草洞詮》卷一六　鱧　首有七星，夜朝北斗，有自然之禮，故謂之鱧。與蛇通氣，性至難死，猶有蛇性也。氣息鮏惡，食品所卑，道家指為水厭。肉甘，寒，無毒，一云有小毒。療五痔，治濕痺，面目浮腫，下大水。脚氣、風氣人食之良。有瘡者食之，令人瘢白。稀痘方：　除夕黄昏時，用大烏鱧一尾，小者二三尾，煮湯浴兒，遍身七竅俱到，不可嫌鯹，以清水洗去，若留一手或一足不洗，出痘時則未洗處偏多也。凡膽皆苦，惟此膽甘，喉痺將死者，點入少許即瘥。病深者，水調灌之。

清・丁其譽《壽世秘典》卷四　黑鱧一名烏魚，《本經》名鱧魚，又名蠡魚。首有七星，夜朝北斗，有自然之禮，故謂之鱧。又與蛇通氣色黑，故有黑、烏諸名。形長體圓，首尾相等，細鱗有花文，頗類蝮蛇，有舌，有齒，有肚，背腹有鬣連尾，尾無歧，形狀可憎，氣息鮏惡，性至難死，食品所卑，道家指為水厭，齋籙所忌。　氣味：　甘，寒，無毒。　主療五痔，治濕痹面目浮腫，下大水。有瘡者不可食，令人瘢白。　膽：　氣味：　甘，平，無毒。　治喉痹將死者，點入少許，即瘥。病深者，水調灌之。　發明寇宗奭曰：　能發痼疾，療病亦取其一端耳。無益，不宜食之。日華子曰：　諸魚膽苦，惟此膽甘可食為異也。臘月，收取，陰乾良。繆希雍曰：　今世俗小兒痘後，咸食之。然多食，能令皮膚瘢痕皆黑。《本草》云有瘡者食之令人瘢白，非也。

清・劉雲密《本草述》卷二八　鱧魚鱧音里，一名蠡魚，黑鱧。　時珍曰：　鱧首有七星，夜朝北斗。色黑，北方之魚也。故有玄鱧、烏鱧等名。　肉：　氣味：　甘，寒，無毒。　主治：　溼痹，面目浮腫，下大水，療五痔《本經》。下大小便壅塞氣。作鱠與脚氣風氣人食良孟詵。又主妊娠有水氣蘇頌。

希雍曰：　蠡魚禀北方玄水之精，得中央陰土之氣，故其色黑，味甘，氣寒，無毒。乃益脾除水之要藥也。土虛則水泛濫，土堅則水自清。凡治浮腫之藥，或專於利水，或專於補脾，其性各自為用。惟蠡魚色黑象水，能從其類，以導橫流之勢。味甘土化，能補其不足，以遂敦阜之性，補瀉兼施，故主下大水及溼痹，面目浮腫有神效也。其主下大小便壅塞氣，並能療脚氣風氣，及妊娠有水氣，皆取其除溼下水益脾之功也。

同白术、茯苓、橘皮、薑皮煮食，下水腫大效。　與蒜作鱠食，能去溼下水。　《食醫心鏡》治十種水氣垂死，蠡魚一斤重者，煮汁和冬瓜、蔥白作羹食。　膽：　氣味：　甘，平。　日華子曰：　諸魚膽苦，惟此膽甘可食為異也。臘月收取，陰乾。　主治：　喉痹將死者，以蠡魚膽點入少許，即差。病深者，水調灌之《靈苑方》。

愚按：　水以土為主，土以水為用。如鱧魚色黑，且朝北斗，固稟北方水氣。然其味甘，即其膽亦變苦為甘，可見其氣歸於土，反以土為用矣。故行水氣有功，皆土為之用，以行其水化，較他行水者，覺有殊績。繆希雍之言，亦切中也。

希雍曰：　蠡魚其功專於去溼下水。他用無所長，且多食能發痼疾，不可不知也。

清·尤乘《食鑒本草·魚類》 黑魚 首有七星，夜朝北斗，道家齋籙所戒。

清·朱本中《飲食須知·魚類》 鱧魚 味甘，性寒，即黑魚。有瘡人不可食，令瘢白，食之無益，能發痼疾。

清·何其言《養生食鑒》卷下 七星魚似白頰而身黑，有白點紋。 味甘，性溫，無毒。 滋腎益血，助陽補陰。 煮同胡椒食良，火盛人勿食。

蠡魚形長體圓，頭尾相等，細鱗玄色，有班點花文，俗名班魚，又名生魚。北人不喜，以為水厭，南人珍之也。 味甘，性寒，無毒。 治濕痹，面目腫脹，大小便壅塞。又，腸痔下血疼痛者，作鱠，和蒜虀食之。

清·汪昂《本草備要》卷四 鱧魚膽瀉熱。 凡膽皆苦，惟鱧魚膽甘。昂按：味終帶苦。 喉痹將死者，點入即瘥，病深者水調灌之。 俗名烏魚，即七星魚。首有七星，夜朝北斗，道家謂之水厭。雁爲天厭，犬爲地厭。《衛生歌》云：雁行有序犬有義，黑魚拱北知臣禮。人無禮義反食之，天地鬼神皆不喜。楊拱《醫方摘要》云：除夕黄昏時，取大黑鱧魚一尾，小者二三尾，煮湯浴兒，遍身七竅俱到，能免出痘。不可嫌腥，而以清水洗去也。如不信，留一手或一足不洗，遇出痘時，不洗處痘必多。此乃異人所傳，不可輕易。《食醫心鏡》：鱧魚一斤以上，和冬瓜、葱白作羹，治十種水氣。

清·李熙和《醫經允中》卷二三 鱧魚 即黑魚。 有瘡者莫食，令人瘢白。 甘，寒，無毒。 主療五痔濕痺，面目浮腫。 治水氣與風氣大良。 并療妊娠水腫。

清·张璐《本經逢原》卷四 鱧魚即蠡魚，俗名黑魚。 甘，寒，無毒。 發明：鱧性伏土而能勝水。故治水腫，療五痔，治濕痹，主腳氣。妊娠面浮腳腫者，赤小豆煮食甚效。《丹方》治水腫腹大，用活鱧魚，去腹垢，入獨顆蒜令滿，外塗濕黄泥，炭火炙食屢效。 有瘡者不可食，令瘢白。

清·浦士貞《夕庵讀本草快編》卷六 鱧魚《本經》、文魚 首有七星，夜朝北斗，有自然之禮，故曰鱧曰文。 鱧魚色黑性寒，北方之魚也。 形似蝮而與蛇通，氣發痼疾而生瘡瘍，令人瘢白，有毒無益，食品所最卑者。《本經》言其療五痔而消浮腫，孟詵言其下大小便壅塞，而除脚氣風濕。蘇頌言其治妊娠水氣，皆取其小毒以攻逆水，無它義也。 獨楊拱用其除夕煎湯浴小兒，能稀痘，則奇矣！ 凡物之胆皆苦，鱧胆反甜，且能療喉痺，更為異耳！

清·葉盛《古今治驗食物單方》 烏鱧魚 十種水氣，鱧魚一斤重者，煮汁，和冬瓜、葱白作羹食。 腸痔下血，烏魚作鱠，以蒜、虀食之。 一切風瘡、頑癬、疥癩，年久不愈者，大烏魚一尾，去腸，以蒼耳葉填滿，外以蒼耳安鍋底，置魚于上，少少着水，慢火煨熟，去皮骨，淡食，勿入鹽、醬，大效。 浴兒免痘，除夕黄昏時，烏魚一尾煮湯，浴兒遍身，七竅俱到，不可嫌鯹，以清水洗去。

清·吴儀洛《本草從新》卷六 鱧魚〔通利水，祛風。〕以下無鱗類。 甘，寒。祛風，下水。 療五痔，治濕痺，利大小腸，治妊娠有水氣。 膽，凡膽皆苦，獨鱧魚帶甘。 喉痺將死者，點入即瘥；病深者，水調灌之。 俗名烏魚，即七星魚。首有七星，夜朝北斗，道家謂之水厭。雁為天厭，犬為地厭。《衛生歌》〔《真西山衛生歌》。〕云：雁行有序犬有義，黑魚拱北知臣禮，人無禮義反食之，天地鬼神皆不喜。《心鏡》云：鱧魚一斤以上，和冬瓜、葱白作羹，治十種水氣。

清·汪紱《醫林纂要探源》卷三 鱧 甘，鹹，平。非海魚而有鹹味，一名鮦。形似筒也。皮黑白斑駮如蛇，故又名蛇皮魚。首有七黑點，故又名七星魚。俗曰烏魚，亦善啖小魚。 補心養陰，澄清腎水，行水滲濕，解毒去熱。味鹹補心，色黑入腎。取鱧魚一斤以上者，和冬瓜、葱白作羹，可治十種水氣。其行水之功，加以鹹輭，故無堅不達也。除夕日煎湯浴小兒，且令稍食之，可免出痘，須遍身九竅浴徧，勿嫌腥而洗淨，使自腠理熏蒸入裏，經絡筋節俱到，乃能去毒也。道家以此列三厭，好事者又巧為之說，知道君子必無惑焉可也。 膽：苦，甘，寒。凡膽皆苦，此獨甘，然究竟有苦味。 緩肝，平相火，專治喉痺。乾者磨點喉中，甚則調汁灌之。

清·嚴潔等《得配本草》卷八 烏鱧魚頭有七星。 膽。 能導横流之勢，以遂敦阜之性。 能除陰僻之風，以扶痿弱之體。 故虚人、老人、孕婦有風濕水腫者，宜之。 膽 治目與鯉魚膽同。 若治喉痹，惟此更勝。 諸魚膽苦，惟此膽甘。 臘月收取，陰乾。

題清·徐大椿《藥性切用》卷八 鱧魚 俗名黑魚，即七星魚。 性味甘寒，利腸下水，療痔祛風，消妊娠水腫。 鱧魚膽，味苦帶甘，點喉痺良。

清·黄宫繡《本草求真》卷六 鱧魚膽鱧魚肉補脾利水，鱧魚膽瀉心脾熱，治喉痹。 鱧魚膽耑入心脾。 即屬烏鱧，又名七星魚者是也。 其物伏土勝水，味甘性寒無毒。 凡人身患十種水氣，垂死，可用肉與冬瓜、葱白以治。 且煮湯浴兒，可以稀痘。楊拱《醫方摘要》曰：除夕黄昏時，用大烏魚一尾，小者二三尾，煮湯浴兒遍身，七竅俱到，不可嫌腥，以清水洗去也。若不信，但留一手一足不洗，遇出痘時，則未洗處偏多也，此乃異人所傳，不可輕易。膽味書雖載甘，日華曰：諸魚膽苦，惟此膽甘可食，為異也，臘月收取。然嘗之終苦。凡喉痹將死者，點入即愈。病深者，水調灌之亦可。首有七星，夜朝北斗，道家謂之水厭。鴈為天厭，犬為地厭。《衛生歌》云：鴈行有序犬有義，黑魚拱北知臣禮，人無禮義反食之，天地鬼神皆不喜。

清・李文培《食物小録》卷下 鱧魚即烏魚。 甘，寒，無毒。有瘡者不可食，令人瘢白。 時珍曰：形長體圓，首尾相等，細鱗，色有斑點花紋，頗類蝮蛇，有舌有齒，有肚有腹，有鬛連尾，尾無歧。形狀可憎，氣息腥惡，食品所卑。南人有珍之者，北人尤絶之。道家指為水厭，首有七星，夜朝北斗，有自然之禮，故謂之鱧。凡吃齋人不可食。

清・羅國綱《羅氏會約醫鏡》卷一八鱗介蟲魚部 蠡魚又名七星魚。味甘寒，入脾腎二經。 色黑象水，味甘屬土，為益脾除水之妙品。治水腫神效。有二方載腫脹門。解喉痹，用膽汁點之。稀痘瘡。有法在痘疹門。此魚首有七星，夜朝北斗，食之無損。

清・章穆《調疾飲食辯》卷六 鱧魚 《本經》名蠡魚，小者名鮦。《爾雅》曰鱧，郭注曰鮦也，邢疏曰即𩹉魚也。又曰鰹，大者鮦，小者鮵。《埤雅》曰元鱧。《圖經》曰黑鱧。又曰烏鱧，又曰文魚。吾鄉呼烏魚，或曰墨魚。《詩》注以為鯇魚，大誤。《綱目》曰：首有七星，夜朝北斗，知君臣之禮，故名。與蛇通氣，體圓細鱗，黑色有斑，絶似蝮蛇，有舌有齒有肚，背腹有鬛連尾，尾不歧。善啖小魚。生止水者，自食其子至盡。冬時水涸，不隨水去，伏泥中，可以陸處。肉緊味短，食品最劣。道家以為水厭，戒不可食。《衍義》曰：發痼疾。《食鑒》曰：有毒無益。《別録》曰：有瘡者食之，令瘢白。皆言其害也。然《本經》曰：療五痔，治濕痹，面目浮腫。陶隱居曰：和赤小豆煮，消腫滿。《食療》曰：下大小便，壅氣及脚氣、風氣。《圖經》曰：主妊娠有水氣。《食醫心鏡》曰：一斤已上者，煮汁和冬瓜、葱白食，能救水氣將死。其效皆不虛也。《醫方摘要》曰：除夕黄昏時，用大烏魚一尾，小者二三尾煮湯，浴兒遍身，七竅俱到，可以免痘，不可嫌腥洗去。如不信，留一手或一足勿洗，出痘時此處必多。此方云異人所傳，未經試驗。又治一切風瘡、頑癬、疥癩年久者：用黑火柴頭魚一尾即鱧魚去腸肚，以蒼耳葉填滿，外以蒼耳子安鍋底，略着水不如酒，置魚於上，慢火蒸熟，去皮骨，淡食，勿用鹽醬，日一作，以愈為度。出《醫方集要》。其膽味甘不苦，能治喉痹將死，點少許即愈，或水調灌之。出《靈苑方》。

清・楊時泰《本草述鉤元》卷二八 鱧魚 一名蠡魚。體首有七星，夜朝北斗，色黑，故有元鱧、烏鱧、黑鱧等名。 氣味甘寒。主濕痺面目浮腫，下大水，療五痔，除大小便壅塞氣。作膾，與脚氣、風氣人食，良。又主妊娠有水氣。稟北方元水之精，得中央陰土之氣，為益脾除水之要藥仲淳。同白术、茯苓、橘皮、薑皮煮食，下水腫大效。與蒜作膾食，能去濕下水。十種水氣垂死，鱧魚一斤重者，煮汁和冬瓜、葱白作羹食。

鱧魚膽：氣味甘平。專治喉痺。諸魚膽苦，惟此膽甘而可食，為異，臘月收取陰乾。喉痺將死者，以鱧魚膽點入少許，即瘥，病深者，水調灌之。

論：水以土為主，土以水為用，鱧魚色黑而朝北斗，固稟北方水氣，然其味甘，即其膽亦變苦為甘，是氣歸於土，反以土為用矣。夫下本繆氏土虛則水泛濫，土堅則水自清，凡治浮腫之藥，或專於利水，或專於補脾，其性各自為用，惟鱧魚色黑象水，能從其類，以導橫流之勢，味甘土化，能補其不足，以遂敦阜之性，補瀉兼施。故主下大水，除濕痺，去浮腫，有神功也。

繆氏，多食能發痼疾，不可不知。

清・葉桂《本草再新》卷一〇 烏魚味鹹，性涼，有微毒。入心、肝、腎三經。 強陽養陰，退風去濕，婦人血枯，經水不調，崩淋二帶，理腰脚氣，難產墮胎。〇烏魚鱗、尾，敗毒去風，養肝益腎，通經利濕。〇血，能治血分，理腰脚氣，利關節，活脈絡。〇膽，能涼心瀉火，治耳聾目翳。

清・趙其光《本草求原》卷一六鱗部 花螻魚即七星魚，俗名泥魚。 甘，溫，無毒。滋陰益血，助陽補陰，同胡椒，治寒痰咳嗽。似白頰，身墨，有白點。

鱧魚 色黑，首有七星，夜朝北斗。甘，寒，無毒。水土合德，能補土制水。治濕痹、水腫、同术、苓、橘、薑皮煮食，或煮汁和冬瓜、葱白作羹食。妊娠水氣、二便閉、脚氣、五痔。但多食發痼疾，痘後食棗令瘢黑。惟除夕煮湯浴兒，不洗清水，能稀痘。其膽，甘平。喉痹將死，點入即瘥；病深者水調灌之。

清・葉志詵《神農本草經贊》卷一 蠡魚 味甘，寒。主濕痹，面目浮腫，下大水。一名鮦魚。生池澤。《初學記》引作鱧。 籙稱水厭，禮斗靈嘉。疏經誤鯇，具性通蛇。七星首戴，雙鬛形差。附生鰻子，聚沫吹沙。

李時珍曰：道家指為水厭，齋籙所忌。夜朝北斗，有自然之禮，故為之鱧。宋《送神歌》：靈有嘉兮。《爾雅疏》：鱧鯇并列訓鱧。一名鯇非。陶弘景曰：言是公蠣蛇所化，猶通蛇性。《爾雅翼》：首有七點作北斗之狀。《水經注》：林邑范文為奴時，於澗水得兩鱧，挾歸託云蠣石，郎至魚前，見是兩石。《埤雅》：鰻子附鱧而生。李夷亮賦：聚沫紓徐。《爾雅疏》：鯊鮀魚狹而小，張口吹沙。

清·文晟《新編六書》卷六《藥性摘錄》 七星魚 甘，溫。滋腎益血，助陽補陰。同胡椒煮食良。火盛人勿食。〇身黑有白點紋，道家忌之。

蠡魚 形長體圓，〔頭〕尾相等，細鱗元色，有斑點花紋，俗名斑魚。甘，寒。治濕痹，面目腫脹，大小便壅塞，及腸下血疼痛者，作膾，和蒜虀食之；腳氣風氣亦宜。〇膽，味甘。可食。臘月收取，陰乾，治喉痹將死，點入少許即瘥。

鱧魚膽 即烏鱧，又名七星魚。味甘，性寒。入心脾，補脾利水。〇凡患十種水氣垂死，可用此魚肉，與冬瓜、葱煮食之。〇膽，治喉痹垂死，點入即愈。病深者，水調灌之亦可。

清·王孟英《隨息居飲食譜·鱗介類》 蠡魚一名黑鱧，亦曰烏鱧，亦曰黑魚，即七星魚。甘，寒。行水化濕，祛風，稀痘愈瘡，下大腹水腫、腳氣，通腸療痔，主妊娠有水膚浮，病後可食之。道家以為水厭。稀痘，除夕黃昏，用大黑魚一尾，煮湯浴小兒，七竅俱到，不可嫌鯹，以清水洗去也，甚驗。水氣垂死，腸痔下血，黑魚一斤重者，煮汁，和冬瓜、葱白作羹食。偏正頭風，陳黑魚頭，煎湯，熏數次斷根。

清·田綿淮《本草省常·魚蟲類》 烏魚 一名黑魚，一名元魚，一名蠡魚，一名鱧魚，一名鮦魚，一名文魚，俗名火柴頭魚。性寒，有毒。利水消腫，除風濕，發痼疾。同荊芥、犬肉食殺人。服何首烏者忌之。

清·田綿淮《本草省常·魚蟲類》 烏魚膽 凡膽皆苦，惟此膽帶甘，故今人多食之。性微寒。清熱明目。

清·戴葆元《本草綱目易知錄》卷五 鱧魚蠡魚 肉，甘，寒。煮食，療五痔，下大水。治濕痹，面目浮腫，下大小便壅塞氣。作鱠，與脚氣風氣人食，良。又主妊娠有水氣。能發痼疾及有瘡者，勿食，令瘢白。【略】 膽：甘，平。諸魚膽苦，唯此膽獨甘。喉痹將死者，點入少許，即瘥深者，水調灌之。【略】 腸及肝：治冷敗瘡中生蟲，以五味炙香，貼痔瘻及蛀骭瘡，引蟲盡為度。

清·陳其瑞《本草撮要》卷九 七星魚 味甘寒，入手足太陰、陽明經，功專祛風下水，療五痔，治濕痹，利大小腸，治姙娠水氣。凡膽皆苦，獨是膽帶甘，喉痹將死者，點入即瘥。病深者水調灌之。俗名烏魚，《本草》名鱧魚。

鱘鰽魚 味甘，平，入手太陰、厥陰經，功專發病，與鱘魚同。一名鱣魚。和蕎麥食，令人失音。

薛殼魚

清·何其言《養生食鑒》卷下 薛殼魚狀如七星，口大身圓，黃白色，有胃有鱗，大者長五六寸，咬鰕，雖至小者，亦有子。 味甘，性平，無毒。暖中，益氣，其子尤佳。食去腸胃，則不發病。

清·趙其光《本草求原》卷一六鱗部 薛殼魚俗訛作散索。 似花螻，口大身圓，黃白色，有鱗，大者長四五寸，吞蝦；雖至小亦有子。甘，平，無毒。暖中益氣。其子尤佳，去腸胃，則不發病。

魚虎

宋·唐慎微《證類本草》卷二〇蟲魚部上品〔唐·陳藏器《本草拾遺》〕 魚虎 有毒。背上刺著人如蛇咬。皮如猬有刺，頭如虎也。生南海，亦有變爲虎者。

明·李時珍《本草綱目》卷四四鱗部·魚類 魚虎《拾遺》 【釋名】土奴魚《臨海記》 【集解】藏器曰：生南海。頭如虎，背皮如猬有刺，着人如蛇咬。亦有變爲虎者。時珍曰：按《倦游録》云：海中泡魚大如斗，身有刺如猬，能化爲豪猪。此即魚虎也。《述異記》云：老則變爲鮫魚。

【氣味】有毒。

明·姚可成《食物本草》卷一〇鱗部·無鱗魚類 魚虎生南海。頭如虎，背皮如蝟有刺，着人如蛇咬。亦有變為虎者。〇李時珍曰：按《倦游錄》云：海中泡魚大如斗，身有刺如蝟，能化為豪猪。此即魚虎也。《述異記》云：老則變為鮫魚。 魚虎，有毒。不可食。

魚師

明·李時珍《本草綱目》卷四四鱗部·魚類 魚師《綱目》

〖集解〗時珍曰：陳藏器諸魚注云：魚師大者，有毒殺人。今無識者。但《唐韻》云：鰤，老魚也。《山海經》云：歷濊之水，有師魚，食之殺人。其即此與？

明・姚可成《食物本草》卷一〇鱗部・無鱗魚類　魚師李時珍曰：陳藏器諸魚注云：魚師大者，有毒殺人。今無識者。《山海經》云：歷虢之水有師魚，食之殺人。其即此與？　魚師，有毒。能殺人，不可食。

杜父魚

宋・唐慎微《證類本草》卷二〇蟲魚部上品〔唐・陳藏器《本草拾遺》〕　杜父魚　主小兒差頹，差頹核大小也。取魚擘開，口咬之七下。生溪澗下。背有刺，大頭闊口，長二三寸，色黑，班如吹砂而短也。

明・李時珍《本草綱目》卷四四鱗部・魚類　杜父魚《拾遺》

〖釋名〗渡父魚《綱目》　黄鮋魚音幺。　船矴魚《綱目》　伏念魚《臨海志》。時珍曰：杜父當作渡父。溪澗小魚，渡父所食也。見人則以喙插入泥中，如船矴也。

〖集解〗藏器曰：杜父魚生溪澗中，長二三寸，狀如吹沙而短，其尾歧，大頭闊口，其色黄黑有斑。脊背上有鬐刺，螫人。

〖氣味〗甘，温，無毒。　〖主治〗小兒差頹。用此魚擘開，口咬之七下即消藏器。○差頹，陰核大小也。

明・姚可成《食物本草》卷一〇鱗部・魚類　杜父魚一名渡父魚，一名船矴魚。生溪澗中。長二三寸，狀如吹沙而短，其尾歧，大頭闊口，其色黄黑有斑，脊背上有鬐刺，螫人。見人則以喙插入泥土中，如船矴也。　杜父魚，味甘，溫，無毒。治小兒差頹，用此魚擘開，口咬之七下即消。差頹，陰核大小也。

明・施永圖《本草醫旨・食物類》卷五　杜父魚見人則以喙插入泥中。味甘，溫，無毒。治：小兒差頹，用此魚擘開，口咬之七下，即消。

清・朱本中《飲食須知・魚類》　杜父魚　味甘，性溫。狀似鯊而短，尾歧，頭大口闊，身黄黑有斑，脊有刺。患瘡癬者，忌食。脊有細蟲如髮，宜去之。

清・汪紱《醫林纂要探源》卷三　杜父　甘，鹹，平。小魚，形如蝌蚪，常沉水依沙，目不明，性復騃鈍，好啖小鰕。

清・章穆《調疾飲食辯》卷六　杜父魚　《臨海異物志》名伏念魚，又名黄鮋魚，吾鄉亦呼黄魞。見人則倒竖其身，以首插入泥中。《綱目》誤以為舡矴，說見前。此魚長僅二三寸，大頭闊口，色黄，背上有鬐刺螫人，皆類黄魞。獨其尾歧，身有黑斑為異，亦有無斑者。蓋黄魞之同類異種也。三四月子滿腹，肉味頗佳。性則動風發毒。《拾遺》曰能治小兒差頹，陰核一大一小也。用此魚擘開，口咬其大者七下即消。

清・王孟英《隨息居飲食譜・鱗介類》　鮋魚一名渡父魚，俗呼土鮒，亦曰菜花魚。甘，溫。暖胃運食，補虛。春日甚肥。與病無忌。

比目魚

宋・唐慎微《證類本草》卷二〇蟲魚部上品〔唐・孟詵《食療本草》〕　比目魚　平。補虛，益氣力，多食稍動氣。

宋・陳衍《寶慶本草折衷》卷一六　比目魚　生海中。○《宜春志》云：袁州靈泉池所出比目魚，非此種也，蓋名同爾。

平。○補虛，益氣力。多食稍動氣。

元・吴瑞《日用本草》卷五　比目魚　形如箬葉，一邊有目，動則兩片相比而行。　味甘，性平，無毒。　多食稍動氣。　主補虛，益氣力。

明・滕弘《神農本經會通》卷一〇蟲魚部　比目魚　《食療》云：氣平。補虛，益氣力。多食稍動氣。

明・盧和、汪穎《食物本草》卷四魚類　比目魚　平，補虛，益氣力，多食稍動風。

明・李時珍《本草綱目》卷四四鱗部・魚類　比目魚《食療》

〖釋名〗鰈音蝶。　鞋底魚時珍曰：比，並也。魚各一目，相並而行也。《爾雅》所謂東方有比目魚，不比不行，其名曰鰈，是也。段氏《北户録》謂之鰜音兼，《吴都賦》謂之魪音介，《上林賦》謂之魼音墟。鰈，猶屧也；鰜，兼也；魪，相介也；魼，相胠也。俗名鞋底魚，《臨海志》名婢屣魚，《臨海風土記》名奴屩魚，《南越志》名版魚，《南方異物志》名箬葉魚，皆因形也。

〖集解〗時珍曰：案郭璞云：所在水中有之。狀如牛脾及女人鞋底，細鱗紫白色，兩片相合乃得行。其合處半邊平而無鱗，口近腹下。劉淵林以爲王餘魚，蓋不然。

〖氣味〗甘，平，無毒。　〖主治〗補虛益氣力。多食動氣孟詵。

明・穆世錫《食物輯要》卷七　比目魚　味甘，平，無毒。補虛乏，益氣力。多食動風氣。有風濕病者，勿食。

明・吴文炳《藥性全備食物本草》卷三　比目魚　味甘，平，無毒。補虛乏，益氣力。多食動風氣，有風濕病者勿食。

明・趙南星《上醫本草》卷四　比目魚　一名鰈音蝶，一名鞋底魚。《爾雅》所謂東方有比目魚，不比不行，其名曰鰈是也。段氏《北戶錄》謂之鰜音兼，《吳都賦》謂之魪音介，《上林賦》謂之魼音墟。　甘，平，無毒。主治：補虛益氣力。　多食動氣。

明・應慶《食治廣要》卷七　比目魚　氣味：甘，平，無毒。主治：補虛，益氣力。多食動氣。　按：郭璞云：所在水中有之，狀如牛脾及女人鞋底，又謂之鞋底魚。細鱗，紫白色，兩片相合乃能行，其合處半邊平而無鱗，口近腹下者是矣。

明・姚可成《食物本草》卷一〇鱗部・無鱗魚類　比目魚一名鰨魚，一名鞋底魚。生海中。狀如牛脾及女人鞋底，細鱗紫白色，兩片相合乃得行。其合處半邊平而無鱗，口近頷下。　比目魚，味甘，平，無毒。主補虛益氣力。多食動氣。

明・施永圖《本草醫旨・食物類》卷五　比目魚魚各一目，相並而行也。味甘，平，無毒。治：補虛，益氣力，多食動氣。

清・穆石匏《本草洞詮》卷一六　比目魚　魚各一目，相並而行。《爾雅》所謂東方有比目魚，不比不行是也。肉甘，平，無毒。補虛益氣。多食動氣。

清・丁其譽《壽世秘典》卷四　比目魚俗名鞋底魚，《南越志》名板魚。《爾雅》所謂東方有比目魚，不比不行，其名曰鰈是也。狀如牛脾及女人鞋底，細鱗，紫黑色，一眼。兩片相合乃得行，其合處半邊平而無鱗，口近腹下。　氣味：甘，平，無毒。主補虛，益氣力，多食動氣。

清・朱本中《飲食須知・魚類》　比目魚　味甘，性平。多食動風氣，有風濕病者勿食。

清・何其言《養生食鑒》卷下　比目魚狀如牛脾及女人鞋底，細鱗紫白色，兩片用合乃得行，其合處半邊平而無鱗，口近腹下，俗名塌沙魚。　味甘，性平，無毒。補虛，益氣力，不發病。然多食亦動氣。

清・李熙和《醫經允中》卷二三　比目魚　甘，平，無毒。主補中益氣。多食助濕生熱。

清・张璐《本經逢原》卷四　比目魚　甘，平，無毒。　發明：比目形如箬葉，故俗以是稱之。《爾雅》所謂東方有比目者是也。魚各一目，相並而游，今吳中崑山最多。孟詵雖有補中益氣之說，而多食動氣亦是助濕生熱之故，此必溺於伉儷者之所化也。

清・汪紱《醫林纂要探源》卷三　比目魚　甘，平。一名鰈，一名鞋底魚。魚各一目，兩片相合乃能行。若乍相離，則泛泛無所著。然其類亦不一，有長短、紫白青，隨在各異。令人夫婦相媚。或以此為膾殘魚，或以銀魚為膾殘魚，未知孰是。

清・章穆《調疾飲食辯》卷六　比目魚　《綱目》曰：比，並也。魚各一目，相並而行也。《爾雅》所謂東方有比目魚，不比不行，其名曰鰈是也。《北戶錄》謂之鰜，《吳都賦》謂之魪，《上林賦》謂之魼，《臨海志》名婢屣，《風土記》名奴屬，《南越志》名版魚，《異物志》名箬葉，皆因形也。俗呼鞵底魚。《食療本草》曰：補虛益氣力，多食動氣。　按：此魚多食難尅化，其性則能補血也。

清・吳鋼《類經證治本草・經外藥類》　比目魚　甘平。益人。誠齋曰：夫妻不合者，食之便和合相愛。所在有之。狀如牛脾及女人鞋底，細鱗，紫白色，兩片相合乃淂行。其合處半邊，平而無鱗，口近腹下。

清・趙其光《本草求原》卷一六鱗部　比目魚即龍唎塌沙。　甘，平，無毒。補虛，益氣力。此魚形如比目，身橫大而短，微黑色，功用亦同，更暖脾胃。

清・文晟《新編六書》卷六《藥性摘錄》　比目魚　甘，平。補虛，益氣力，不發病。然多食，亦動氣。

清・王孟英《隨息居飲食譜・鱗介類》　比目魚本名鰈，一名箬魚。　甘，平。補虛。多食動氣。

清・吳汝紀《每日食物却病考》卷下　比目魚　形似薄荷，兩目相並，半邊有細鱗，半邊無鱗，二片相合乃得行。味甘，平，無毒。補虛益氣。多食稍動風。

增比魚

清・何其言《養生食鑒》卷下　增比魚形如比目，身橫大而短，微黑色，以其肉增與比目也。　味甘，性平，無毒。暖脾胃，益氣血，與比目同而更宜人。

清・文晟《新編六書》卷六《藥性摘錄》　增比魚　形似比目，身橫大而短，微黑色。甘，平。暖脾，益氣血。與比目同，而更宜人。

河豚

宋・唐慎微《證類本草》卷二〇蟲魚部上品〔唐・孟詵《食療本草》〕　鯸鮧魚　有毒。不可食之。其肝毒煞人。緣腹中無膽，頭中無顋，故知害人。

若中此毒及鱸魚毒者，便剉蘆根煮汁飲解之。又此魚行水之次，或自觸着物，即自怒氣脹，浮於水上，爲鵶鷂所食。

〔宋・唐慎微《證類本草》〕《孫真人食忌》：鯸鮧魚，勿食肝，殺人。

宋・唐慎微《證類本草》卷二〇蟲魚部上品〔唐・陳藏器《本草拾遺》〕

鯢魚肝及子　有大毒。入口爛舌，入腹爛腸。肉小毒。人亦食之，煮之不可近鐺，當以物懸之。一名鵝夷魚。以物觸之即嗔，腹如氣毬，亦名嗔魚。腹白，背有赤道如印魚，目得合，與諸魚不同。江海中并有之，海中者大毒，江中者次之，人欲收其肝、子毒人，則當反被其噬，爲此人皆不録。唯有橄欖木及魚茗木解之，次用蘆根、烏蓲草根汁解之，此物毒疾，非藥所及。橄欖、魚茗已出木部。

宋・唐慎微《證類本草》卷二一蟲魚部中品〔宋・馬志《開寶本草》〕　河㹠音屯　味甘，溫，無毒。主補虛，去濕氣，理腰脚，去痔疾，殺蟲。江河淮皆有今附。

〔宋・掌禹錫《嘉祐本草》〕按：日華子云：河㹠，有毒。又云：胡夷魚，涼，有毒。煮和禿菜食，良。毒以蘆根及橄欖等解之。肝有大毒。又名鰗魚、規魚、吹肚魚也。

〔宋・唐慎微《證類本草》〕陳藏器云：如鯰魚，口尖，一名鮠魚也。

宋・沈括《夢溪筆談》卷三《補筆談》　吳人嗜河豚魚。有遇毒者，往往殺人，可為深戒。據《本草》：河豚味甘，溫，無毒。補虛，去溼氣，理腰脚。因《本草》有此説，人遂信以為無毒，食之不疑。此甚誤也。《本草》所載河豚，乃今之鰗魚，亦謂之鮠五回反魚，非人所嗜者。江浙間謂之回魚者是也。吳人所食河豚，有毒，本名侯夷魚。《本草》注引日華子云：河豚有毒，以蘆根及橄欖等解之。肝有大毒。又為鰗魚、吹肚魚，此乃是侯夷魚，或曰胡夷魚，非《本草》所載河豚也。引以為注，大誤矣！日華子稱又名鰗魚，此卻非也，蓋差互解之耳。規魚，浙東人所呼。又有生海中者，腹上有刺，名海規。吹肚魚，南人通言之，以其腹脹如吹也。南人捕河豚法：截流為柵，待羣魚大下之時，力拔去柵，使隨流而下，日暮猥至，自相排蹙。或觸柵則怒而腹鼓，浮於水上，漁人乃接取之。

宋・張耒《明道雜誌》　解河豚魚中毒　中其毒者，【略】水調炒槐花末及龍腦水皆可解。【略】有説中此毒急服至寶丹亦解。橄欖最解魚毒。

宋・寇宗奭《本草衍義》卷一七　河㹠　《經》言無毒，此魚實有大毒。味雖珍，然修治不如法，食之殺人，不可不慎也。厚生者不食亦好。蘇子美云：河㹠於此時，貴不數魚蝦。此即詩家鄙諷之言，未足全信也。然此物多怒，觸之則怒氣滿腹，翻浮水上，漁人就以物撩之，遂爲人獲。橄欖并蘆根汁解其毒。

宋・王繼先《紹興本草》卷一七　河豚　紹興校定：河豚產江淮中，但食之致疾者有之，其療病者固無矣，即非無毒之物。有誤食腸胃物，則可以殺人，當作味甘、溫、有毒者是矣。

宋・陳衍《寶慶本草折衷》卷一七　河㹠音屯。一名胡夷魚，一名吹肚魚，一名鰗魚，一名規魚，一名鮠魚。○又云，一名鮭魚。○冬月黑而巨者，俗號烏鮭，一名烏郎。至春時斑者名花鮭，黃者名黃鮭。○鰗，音為；鮠，五回切；鮭，古迷切。生江河淮水及海水。○冬月及早春取。○和禿菜煮食良。畏蘆根、橄欖。○又槐花半生半炒，交和為末，冷水調下，並可解其毒也。

味甘，溫，有大毒。○主補虛，去濕氣，理腰脚，去痔疾。○寇氏曰：此魚味雖珍，然脩治不如法，食之殺人。厚生者不食亦好。

續説云：河㹠味佳而性最毒，惟冬及早春，刮去膏、腸、血、膜，並兩眼、鬣，涎淨盡，純取皮肉，和料熟煮而食，但服諸風藥及胎前產後，皆當禁忌。至春晚，其毒尤熾焉。

元・忽思慧《飲膳正要》卷三　河㹠魚　味甘，溫。主補虛，去濕氣，治腰脚痔等疾。

元・尚從善《本草元命苞》卷八　河豚　味甘，性溫，無毒。補虛，去濕氣。療痔，理腰脚。肚有大毒，蘆根解之。橄欖亦能解毒。

元・吳瑞《日用本草》卷五　河㹠　江河淮海皆有之。遇觸則怒，脹翻浮水。上舟人候之，能知風雨。一名吹肚魚。以網撩之，如砂魚無鱗，背黃腹白。味甘，溫，無毒。和禿菜煮食良。肝并子有大毒，誤食用橄欖、蘆根汁解之，調地漿解之。其味雖珍，然脩治不如法，食之殺人。主補虛，去濕氣，理腰脚，去痔疾，殺蟲。

明・滕弘《神農本經會通》卷一〇　河㹠　味甘，氣溫，無毒。《本經》云：主補虛，去濕氣，理腰脚，去痔疾，殺蟲。日華子云：河㹠有毒。又云：胡夷魚，涼，有毒。煮和禿菜食良。毒以蘆根及橄欖等解之。肝有大毒。《衍義》曰：《經》言無毒，實有大毒，味雖珍，脩治不如法，食之殺人，不可不謹也。此魚多怒，觸之則怒氣滿腹，番浮水上，遂為人獲。【略】

鯸鮧魚　《食療》云：有毒。不可食之。其肝毒煞人，緣腹中無膽，頭中無顋，故知害人。若中此毒，及鱸魚毒者，便剉蘆根，煮汁飲解之。又此魚行水之次，或自觸着物即自怒，氣脹浮於水上，為鵶鵲所食。陶隱居云：有毒，不可食。

明・劉文泰《本草品彙精要》卷三〇　河豚無毒。《衍義》曰：有大毒。卵生。

河豚音屯：　主補虛，去濕氣，理腰腳，去痔疾，殺蟲。名醫所錄。【名】胡夷魚、鰞魚、吹肚魚、規魚。【地】《圖經》曰：生江河淮間皆有之，此魚無頰無鱗，口小腹大，背青有黑斑，腹白有刺者是也。《衍義》曰：河豚，《經》言無毒。此魚實有大毒。味雖珍，然修治不如法，食之殺人，不可不慎也。厚生者，不食亦好。梅聖俞云：河豚於此時，貴不數魚鰕。庖廚一失手，入口爲鏌鋣。然此物多怒，觸之則怒氣滿腹，翻浮水上，遂爲人獲也。【時】採：二月取。【用】肉。【色】青白有斑。【味】甘。【性】溫，緩。【氣】氣之厚者，陽也。【臭】腥。【主】補虛勞，去濕氣。【助】和禿菜食良。【反】荊芥。【製】去睛並脊血。【禁】鶩尾者殺人。〇子有大毒，煮不熟者脹殺人。〇肝有大毒。【忌】梁上掛塵。【解】中其毒，以橄欖並蘆根汁解之。

明・盧和、汪穎《食物本草》卷四魚類　河魨魚　味甘，溫，有大毒。主補虛，理腰腳，痔疾，殺蟲。其味極美，肝尤毒。然脩治不法，食之殺人。橄欖、蘆根、糞水解之。

明・許希周《藥性粗評》卷四　濕滿抱難全之患，必須舍命吃河豘。

河豘，魚名也，一名胡夷魚，一名吹肚魚。江淮處處有之，形如荷葉，其口在下，有物觸之則宓氣脹滿如胡蘆，然翻浮水面，漁人因而得之。其味可佳。蘇子所謂河豘于此時，貴不數魚蝦者，是也。烹調有法，以去其毒。味甘，性溫，有毒。主治虛乏，濕氣腫滿，理腰脚，去痔疾。烹時以橄欖切片，投入共煮，其毒自去，食之無虞。

明・鄭寧《藥性要略大全》卷一〇　河豚魚　補中益氣。味甘，性溫，有毒。畏甘蔗。蘆根可解其毒。治之不中度、不熟則毒人。子最毒，若破其子食之，能殺人。其魚腹腴，色白，俗稱為西施乳，味尤珍美。

明・陳嘉謨《本草蒙筌》卷一一　河豚魚　味甘，氣溫。有大毒。江淮河海俱生，率以冬至後出。中孚卦象，此魚應之，故解易信及豚魚是也。狀類蝌蚪，體短尾尖。背黑而上有黃紋，腹白而目能開閉。內無膽，外無腮。觸物輒嗔，脹腹毬大。翻浮水面，又名嗔魚。肉味雖珍，肝子極毒。大魚及獺，並無敢吞。得之須如法烹調，去肝及子，水洗血淨。移釜潔淨處，蓋密煮之，忌沾灰塵。殺人尤驗，宜焚橄欖木荻草煮佳，勿用炲煤。不爾則中毒卒歿。諺云：捨命吃河豘。善於養生，寧謹慎勿入口也。毒中初覺，急嚼蘆根，或以橄欖木煎，滿飲濃湯可解。亦治小恙，曾載《本經》，理腰脚去痔䘌，殺蟲補虛羸，〔亦〕去濕氣消腫。〇江豘如豘形狀，出沒鼻中為聲。舟人候之，知大風雨。漁網得獲，取脂燃燈。用摩病及樗蒲即明，照讀書及紡績即暗。俗言懶婦所化，是亦未必為然。

明・寧源《食鑒本草》卷上　河魨魚　味甘，肥，有毒。味雖美而無益於人，食之不得法亦殺人。　孫真人曰：凡中河魨毒，以蘆根杵汁，和藍靛飲之。陳糞清亦妙。

明・王文潔《太乙仙製本草藥性大全》卷八《本草精義》　河豚魚　一名鶘魚，一名鯢魚，一名吹肚魚。陳藏器一名鮠魚。上文名鮠魚，俗稱西施乳，味猶珍美。江淮河海俱生。率以冬至後出，中孚卦象，此魚應之，故解易信及豚魚是也。狀類蝌蚪，體短尾尖，背黑而上有黃紋，腹白而目能開閉，內無膽，外無腮，觸物輒嗔，脹腹毬大，翻浮水面，又名嗔魚。肉味雖珍，肝子極毒，大魚及獺並無敢吞。得之須如法烹調，不爾則中毒卒歿。毒中初覺，急嚼蘆根，或以橄欖木煎滿飲濃湯可解。

明・王文潔《太乙仙製本草藥性大全》卷八《仙製藥性》　河豚魚　味甘，氣溫，有大毒。又云無毒。　主治：理腰脚，去痔䘌。殺蟲補虛羸，去濕氣消腫。痔疾食瘳，小疾亦去。　補註：《衍義》云：河豚，《經》言無毒，此魚實有大毒。味雖珍，然修治不如法，食之殺人，不可不慎也。厚生者不食亦可。其煮法去肝及子，水洗血净，移釜潔净處，蓋密煮之，忌沾灰塵。殺人尤驗，宜焚橄欖木、荻草煮佳，勿用炲煤。

明・皇甫嵩《本草發明》卷六　河豘魚味甘，溫，有毒。　理腰脚，去痔疾疳䘌，殺蟲，補虛羸，去濕氣消腫。其子與肝最毒，宜去之。水洗血淨，烹煮忌灰塵，能殺人。焚煮，取荻草、橄欖木妙，勿用炲煤。中毒初覺，急嚼蘆根，或用橄欖水煎濃湯可解。

明・李時珍《本草綱目》卷四四鱗部・魚類　河豚宋《開寶》。校正併入《食療》鯸鮧、《拾遺》鯢魚。

〔釋名〕鯸鮧一作鯸鮐。　鶘鮧日華　鯢魚一作鮭。　嗔魚《拾遺》　吹肚魚俗　氣包魚時珍曰：豚，言其味美也。侯夷，狀其形醜也。鯢，謂其體圓也。吹肚、氣包，象其嗔脹也。《北山經》名鰤魚，音沛。　〔集解〕志曰：河豚，江淮河海皆有之。藏器曰：腹白，背有赤道如印，目能開闔。觸物即嗔怒，腹脹如氣毬浮起，故人以物撩而取之。時珍曰：今吳越最多。狀如蝌斗，大者尺餘，背色青白，有黃縷文，無鱗無腮無膽，腹下白而不光。率以三頭相從爲一部。彼人春月甚珍貴之，尤重其腹腴，呼爲西施乳。嚴有翼《藝苑雌黃》云：河豚，水族之奇味，世傳其殺人。余守丹陽宣城，見土人户户食之。但用菘菜、蔞蒿、荻芽三物煮之，亦未見死者。南人言魚之無鱗無腮，無膽有聲，目能眨者，皆有毒。河豚備此數者，故人畏之。然有二種，其色淡黑有文點者，名斑魚，毒最甚。或云三月後則爲斑魚，不可食也。又案雷公《炮炙論》云：鮭魚插樹，立便乾枯；狗膽塗之，復當榮盛。《御覽》云：河豚魚雖小，而獺及大魚不敢啖之。則不惟毒人，又能毒物也。王充《論衡》云：萬物含太陽火氣而生者，皆有毒。在魚則鮭與鯸鮐。故鮭肝死人，鯸鮐螫人。

〔氣味〕甘，溫，無毒。宗奭曰：河豚有大毒，而云無毒何也？味雖珍美，修治失法，食之殺人，厚生者宜遠之。藏器曰：海中者大毒，江中者次之。煮之不可近鐺，當以物懸之。時珍曰：煮忌煤炲落中。與荆芥、菊花、桔梗、甘草、附子、烏頭相反。宜荻笋、蔞蒿、禿菜。畏橄欖、甘蔗、蘆根、糞汁。案陶九成《輟耕録》：凡食河豚，一日内不可服湯藥，恐犯荆芥，二物大相反。亦惡烏頭、附子之屬。余在江陰，親見一儒者，因此喪命。河豚子必不可食，曾以水浸之，一夜大如芡實也。世傳中其毒者，以至寶丹或橄欖及龍腦浸水皆可解。復得一方，惟以槐花微炒，與乾臙脂等分，同擣粉，水調灌之，大妙。又案《物類相感志》言：凡煮河豚，用荆芥同煮五七沸，換水則無毒。二説似相反，得非河豚之毒入於荆芥耶？寧從陶説，庶不致悔也。　〔主治〕補虛，去濕氣，理腰脚，去痔疾，殺蟲《開寶》。伏碙砂《土宿本草》。

肝及子　〔氣味〕有大毒。藏器曰：入口爛舌，入腹爛腸，無藥可解。惟橄欖木、魚茗木、蘆根、烏蓲草根煮汁可解。時珍曰：吳人言其血有毒，脂令舌麻，子令腹脹，眼令目花，有油麻子脹眼睛花之語。而江陰人鹽其子，糟其白，埋過治食，此俚言所謂舍命喫河豚者耶？　〔主治〕疥癬蟲瘡。用子同蜈蚣燒研，香油調，搽之時珍。

明・梅得春《藥性會元》卷下　河狆魚　味甘，氣溫，有毒。　主補虛，去濕氣，理腰脚，去痔疾，殺蟲。江、河、淮皆有。

明・穆世錫《食物輯要》卷七　河豚　味甘，性溫，有毒。開胃，殺蟲。多食，發風助濕動痰。同鴨肉食，益人。有痼疾、瘡疾者，不可食。服藥人不可食。忌用炲煤火煮，誤食沾灰塵者，殺人。肝，味甘美，有大毒。洗淨惡血，去筋膜，煮極熟，可食。子，有大毒，忌食。凡中此魚毒，俗用橄欖、蘆汁等解，少效；須用鴨血灌下，立解。有赤目者，有極肥大者，殺人，諸物不能解。

明・吳文炳《藥性全備食物本草》卷三　河狆魚　味甘，氣溫，有大毒。《衍義》云：河狆，《經》言無毒，此魚實有大毒，味雖（冷）〔美〕，然脩治不如法，食之殺人，不可不慎也。厚生者不食亦可。其煮法去肝及子，水洗血淨，移釜潔淨處蓋密煮之，忌沾灰塵，殺人尤驗，宜焚欖榔木、荻草煮佳，勿用炲煤。陳藏器云：河狆一名鯸魚，一名規魚，一名吹肚魚，又名鯢魚。上文名鯢魚，俗稱西施乳，味猶珍美。江淮河海俱生，率以冬至後出，中孚卦象，此魚應之，故解易信及豚魚是也。狀類蝌蚪，體短尾尖，背黑而上有黃紋，腹白而目能開閉，内無膽，外無腮，觸物輒嗔脹腹毬大，翻浮水面，又名嗔魚。肉味雖珍，肝子極毒，大魚及獺並無敢呑。人中此魚毒，俗用橄欖、蘆汁解，少効，須用鴨血灌下立止。有赤目者，有極肥大者殺人，諸物不能以解。

明・趙南星《上醫本草》卷四　河豚魚　一名鯢魚一作鮭，一名嗔魚。時珍曰：豚，言其味美也。今吳越最多，彼人春月甚珍貴之，尤重其腹腴，呼為西施乳。　甘，溫，無毒。主治：補虛，去濕氣，理腰腳，去痔疾，殺蟲。三月後則為斑魚，毒最甚，不可食也。河豚有大毒，而云無毒，何也？味雖珍美，修治失法，食之殺人，厚生者宜遠之。

明・應廛《食治廣要》卷七　河豚　氣味：甘，溫，無毒。寇氏曰：河豚有大毒。而云無毒，何也？　主治：補虛，去濕氣，理腰腳，去痔疾，殺蟲。肝及子：有大毒。主治：疥癬蟲瘡。諺云：油麻子脹眼精沙。又云：捨命吃河豚。世傳中其毒者，以至寶丹，或橄欖及龍腦浸水，皆可解。又一方，以槐花微炒，與乾臙脂等分，同搗粉，水調灌之。煮，宜荻笋、蔞蒿、禿菜。畏橄欖、甘蔗、蘆根、糞汁。忌煤炲落釜中。《藝苑雌黃》云：河豚，水族之奇味，世傳其殺人。予守丹陽宣城，見土人戶戶食之，但用菘菜、蔞蒿、荻芽三物煮之，亦未見死者。南人言魚之無鱗、無鰓、無膽、有聲、目能睡者，皆有毒，河豚備此數者，故人畏之。然有二種。其色淡黑有文點者，名斑魚，毒最甚。　又按《雷公炮炙論》云：鮭魚插樹，立便乾枯，狗膽塗之，復當榮盛。《御覽》云：河豚魚雖小，而獺及大魚不敢啖之，則不惟毒人，而又能毒物也。陶九成云：最忌荊芥。《相感志》言：凡煮河豚，用荊芥同煮五七沸，換水，則無毒。二說相反，得非河豚之毒入于荊芥耶？寧從陶說，庶不致悔也。

明·姚可成《食物本草》卷一〇鱗部·無鱗魚類 河豚一名嗔魚，一名吹肚魚，一名氣包魚。江、淮、河、海皆有之。腹白，背有赤道如印，目能開闔。觸物即瞋怒，腹脹如氣毬浮起，故人以物撩而取之。〇李時珍曰：河豚，今吳越最多，狀如蝌蚪，大者尺餘，背色青白，有黃縷。又無鱗無腮無膽，腹下白而不光。率以三頭相從為一部。彼人春月甚珍貴之，尤重其腹腴，呼為西施乳。嚴有翼《藝苑雌黄》云：河豚，水族之奇味，世傳其殺人。余守丹陽宣城，見土人戶戶食之。但用菘菜、蔞蒿、荻芽三物煮之，亦未見死者。南人言魚之無鱗〔無〕腮、無膽、有聲、目有睫者，皆有毒。河豚備此〔數〕者，故人畏之。然有二種，其色淡黑有文點者，名斑魚，毒最甚。或云三月後則為斑魚，不可食也。河豚魚雖小，而獺及大魚不敢啖之。則不惟毒人，又能毒物也。

河豚：味甘，溫，大毒。主補虛，去溼氣，理腰脚，去痔疾，殺蟲。伏硇砂。味雖珍美，修治失法，食之殺人。厚生者宜遠之。海中者大毒，江中者次之。煮之不可近鍋，當以物懸之。〇李時珍曰：煮忌煤炲落中。與荊芥、菊花、桔梗、甘草、附子、烏頭相反。宜荻筍、蔞蒿、禿菜。畏橄欖、甘蔗、蘆根、糞汁。案陶九成《輟耕錄》，凡食河豚，一日內不可服湯藥，恐犯荊芥，二物大相反。亦惡烏頭、附子之屬。余在江陰，親見一儒者因此喪命。河豚子必不可食，曾以水浸之，一夜大如芡實也。　肝及子：有大毒。主疥癬蟲瘡，同蜈蚣燒研，香油調搽之。陳藏器曰：入口爛舌，入腹爛腸，無藥可解。惟橄欖木、魚茗木、蘆根、烏蓲草根煮汁可解。〇李時珍曰：吳人言其血有毒，脂令舌麻，子令腹脹，睛令目花，有油麻子脹眼睛花之語。而江陰人鹽其子，糟其白，埋過治食，此俚言所謂捨命喫河豚者耶。糞清水亦可解其毒。

明·顧逢柏《分部本草妙用》卷一〇水族部 河豚魚　甘，溫，微毒。海中者大毒，江中者次之。荊芥、菊花、桔梗、甘草、附子、烏頭相反。宜荻笋、禿菜、橄欖、甘蔗、蘆根、糞清解之。　主治：補虛，去濕氣，理腳氣，去痔殺蟲。伏硇砂。肝子有大毒，稍生則殺人，故肝欲其熟甚，子欲鹽殺其毒。主疥癬蟲瘡，用子同蜈蚣燒研，香油調搽之。

明·孟笨《養生要括·鱗類》 河豚　味甘，溫，無毒。補虛去濕氣，暖腳，去痔疾，殺蟲，伏硇砂。河豚肝及子有大毒，惟橄欖、蘆根煮汁可解。味雖珍美，脩治失法，食之殺人。厚生者宜慎之。

明·施永圖《本草醫旨·食物類》卷五 河豚　味甘，溫，無毒。味雖珍美，修治失法，食之殺人。厚生者，宜遠之。海中者大毒，江中者次之。煮忌煤炲落中。與荊芥、菊花、桔梗、甘草、附子、烏頭相反，宜荻笋、蔞蒿、禿萊，畏橄欖、甘蔗、蘆根、糞汁。治：補虛，去濕氣，理腰脚，去痔疾，殺蟲，伏硇砂。　肝及子：味有大毒。入口爛舌，入腹爛腸，無藥可解，惟橄欖木、魚茗木、蘆根、烏蓲草根煮汁可解。脂令舌麻，子令腹脹，眼令目花，有油麻子脹眼睛花之語，而江陰人鹽其子，糟其白。治：疥癬蟲瘡，用子同蜈蚣燒研，香油調搽之。

清·穆石匏《本草洞詮》卷一六 河豚　水族之珍味，而腹腴尤美，呼為西施乳。凡魚之無鱗、無腮、無膽，口有聲，目能睫者，皆有毒。而河豚兼此數者，雖甚珍而畏之。肉甘，溫，無毒。補虛殺蟲。肝及子有大毒，燒研，搽疥癬蟲瘡。夫河豚有大毒，而《開寶》云：無毒。豈錯文耶？抑肉本無毒，而肝及子有大毒。修治不慎，則為害耶。中其毒者，或橄欖，或至寶丹，或龍腦浸水，皆解之。

清·丁其譽《壽世秘典》卷四 河豚一名鯸鮐，又名鯢魚，一作鮭，俗呼氣包魚。狀如蝌蚪，大者尺餘，背色青白，有黃縷，無鱗，無腮，無膽，腹下白而不光。目能開闔，觸物即怒，腹脹如氣毬浮起，故人以物撩而取之，以三頭相從為一部。春月甚珍貴之，須暮春柳花飛時始肥，尤重其腹腴，呼為西施乳。一種色淡黑有文點者，謂之斑子，毒最甚。或云：三月後則為斑魚，不可食。陶覽云：河豚魚小，而獺及大魚，不敢啖之，不惟毒人，又能毒物也。

氣味：甘，溫，大毒。主補虛，去濕氣，理腰腳，痔疾，殺蟲。　發明李時珍曰：按陳藏器云，肝有大毒，入口爛舌，入腹爛腸。子尤甚，以水浸一夜，大如芡實，則毒可知矣。吳人又言其血有毒，脂令舌麻，子令腹脹，眼令目花，有油麻子脹眼睛花之語。中其毒者，以橄欖、甘蔗、蘆根、糞水解之。煮忌煤炲落其中，與荊芥、菊花、桔梗、甘草、附子、烏頭相反。陶九成《輟耕錄》云：凡食河豚，一日內不可服湯藥，恐犯荊芥，二物大相反。《韋航細談》云：凡服荊芥風藥，忌食魚，不獨河豚也。張耒《明道雜志》云：河豚，水族之奇味，世傳以為有毒能殺人，中毒則覺脹，亟取不潔食乃可解，不爾必死。余守丹陽及宣城，見土人戶戶食之，亨煮亦無異法，但用菘菜、蔞蒿、荻笋三物煮之，亦未見死者。蘇子瞻在資善堂與人談河豚之美，云：據其味真是值得一死，其美尤宜再溫。吳人多晨亨之，羹成，候客至，率再溫以進。中其毒者，亦不必食不潔，以至寶丹，或橄欖及龍腦浸水，皆可解。直云用不潔解河豚，是戲語耳。

清·郭章宜《本草匯》卷一七 河豚　甘，溫，大毒。去濕氣，殺蟲瘡。按：河豚，雖為水族之奇味，必竟大毒殺人。即其無鱗無腮，無胆有聲，目瞪音定者，自異於諸魚矣。厚生者可不遠之？其肝及子，尤宜痛絕。中其毒者，以橄欖、甘蔗、蘆根、槐花、糞汁解之。反荊芥、菊花、桔梗、甘草、附子、烏頭。

清・尤乘《食鑒本草・魚類》 河豚　毒之所在，腹之子，目之睛，脊之血。有損無益，浸血不盡，有紫赤斑眼者，及誤破腸子，或修治不如法，及染屋塵，皆脹殺人。肝與子大毒，犯者以橄欖汁，或蘆根汁解之，及糞汁並解。

清・朱本中《飲食須知・魚類》 河豚　味甘，性溫，有毒。海中者大毒。多食發風助濕動痰。有痼疾瘡瘍者，不可食。與荊芥、菊花、桔梗、甘草、附子、烏頭相反。修治失法，誤入烟煤或沾灰塵，食之並能殺人。三月後即肉內生斑，不可食之。妊婦食之，令子赤遊風。其血有毒，脂令舌麻，子令腹脹，眼令目花。其肝及子有大毒，入口爛舌，入腹爛腸，無藥可解。中其毒者，以橄欖、蘆根汁、糞清、甘蔗汁解之，少效。或用鴨血灌下可解。服藥人不可食之。赤目者、極肥大者、腰腹有紅筋者，誤食殺人，諸藥不能解。厚生者宜遠之，勿食。又一種斑子魚，形似小河豚，其性味有毒，與河豚相同。河豚魚，飽後不可再食，食此不可儘飽，宜防發脹耳。

清・李熙和《醫經允中》卷二三 河豚魚　海中者大毒，江中者次之。荊芥、菊花、桔梗、甘草、附子、烏頭相反。宜荻笋、禿菜、橄欖、蘆根汁、甘蔗、糞清解之。伏硇砂。背淡青黑，無赤斑，腹白而翅旁色黃者可食；背脊黑有文點，多赤色，其毒最甚，不可食；三月後總不宜食。甘，溫，大毒。主治去濕氣，理脚氣，去痔殺蟲。肝及子有大毒，稍生即殺人。主疥瘡、蟲瘡。切不可貪口腹而輕生。

清・张璐《本經逢原》卷四 河豚　甘，溫，有毒。海中者大毒，江中者次之，淡水中者又次之。有大小二種，大者謂之河豚，背淡青黑，無赤斑，腹白而翅傍色黃者可食。小者名斑魚，背脊黑有紋點，多赤色，其毒最甚，以稟蛟龍之氣最甚也。海人言二月後斑魚得木氣全盛之時，尤不宜食。其雙尾獨目，翅赤，嘴赤異常，背有赤印，頷內無腮，腹中多血，獨胦無膽，皆大毒傷人。製食之法，須去其子與嘴目及脊中肝內惡血，并去周身脂膜，則不氣腥，煮忌煤火及煤炲落入，與荊芥、桔梗、菊花、甘草、附子、烏頭相反，故食河豚一日內不可服藥。河豚子必久漬石灰水中，而後煮食，曾見水浸一夜，大如芡實也。中其毒則脣舌麻瞀，頭旋目眩，足不任履，行步攲側，急宜探吐，隨覓荻芽或蘆根，搗汁灌之。橄欖汁、甘草汁皆可解。又槐花、乾胭脂等分為末，水調服之。若腹中絞痛昏迷倒仆者，急用糞清灌之，遲則不救。發明：凡物之美者謂之尤物，靡不賈毒傷人，如妲己亡殷，夷光傾吳，蒙其禍而不自覺也。河豚嗜鹹，內藏信智，外顯文利，窄口巨腹，陰毒內蓄可知。凡陰毒之物，必藉陽氣而為鼓舞，得春升之令而浮游水面。非信而乎？散子必入淡水，既生必歸巨海。非智而乎？得鹹則肥，得淡則瘦。所以淡水中者，其毒漸解，而不致傷人之甚也。以其味美，人爭食之。春初為貴品，其腹胦呼為西施乳。南人有云，凡魚之無鱗、無腮、無膽、有聲、目能眨者，皆有毒。河豚目能開闔，觸之則曳曳有聲，嗔怒則腹脹，如毬浮起水面，故人得以取之。其毒入肝助火，莫有甚於此者。患癰瘍脚氣人切不可食，助濕發毒動氣，其患最速。惟取其子，同蜈蚣燒研，香油調搽疥癬有效。抉其目拌輕粉埋地中化水，拔婦人脚上雞眼瘡，可以脫根。

清・汪啟賢等《食物須知・諸葷饌》 河豚魚　味甘，氣溫，有大毒。江淮河海俱生，卒以冬至後出。中孚卦象此魚應之，故解易信及豚魚是也。狀類蝌蚪，體短尾尖，背黑而上有黃紋，腹白而目能開閉。內無膽，外無腮。觸物輒嗔，脹腹毬大，一浮水面，又名嗔魚。肉味雖珍，肝、子極毒，大魚及獺並無敢吞得之。須如法烹調，去肝及子，水洗血淨移釜，潔淨處蓋密煮之。忌沾砂塵，殺人尤驗。宜焚橄欖木、荻草，煮佳，勿用炲煤。不爾，則中毒卒歿。諺云：捨命吃河豚。善於養生者，寧謹慎勿入口也。毒中初覺，急嚼蘆根，或以橄欖水煎湯，滿飲一碗可解。亦治小恙，曾載《本經》。理腰脚，去疳䘌，殺蟲補虛，可去濕氣，消腫。

清・浦士貞《夕庵讀本草快編》卷六 河豚宋《開寶》、鯢魚附斑魚。豚以其味美，規以其體圓。無鱗無腮無胆，能作聲，能嗔怒，能眨目，非但毒人，亦能毒物。形雖小，獺與大魚不敢啖。雷斅有云：鮭魚歃樹，立便乾枯，狗胆塗之，復當榮茂。鮭與鯢同。河豚味雖極美，六毒具備，厚生君子所當遠也。肝子及血為毒猶甚，入口爛舌，入腹爛腸，無藥可解，惟吞橄欖、蘆根、糞汁、甘蔗間有生者。且與荊芥、附子、甘菊、烟煤、桔梗、甘草相反，犯之立斃。凡食之日，不宜服藥，恐相矛盾。其白最佳，號西施乳，良有深意。東坡初至吳中，吳人以白肪作羹，坡乃舉筯，大湌將盡，乃云也值得一死，眾服其博。蓋俗諺有拼死吃河豚之句。若斑魚亦產於海，而江湖皆生，其毒稍減于鯢，而忌犯相同，故亦附之。　方：凡遇豚毒，用槐花微炒，與乾胭脂共為末，等分，水調灌之，立愈。

清·汪紱《醫林纂要探源》卷三　鯸鮐　甘，鹹，平。河魨也。大首小尾，背有斑文，腹有圓圖，偶有所觸，則氣脹腹滿，形如木杓。味美。有毒。蘆笋可解。毒在肝在血，以善怒也。須去血淨，煮時不可少觸灰塵。蘆笋能解者，舒肝氣也。〇子尤毒，殺人。然今以作醢，稱美味，是不可解。或謂埋土中數日，則毒解云。

題清·徐大椿《藥性切用》卷八　海河豚　甘冷大毒。江河豚味淡，毒亦次之，力能療痔殺蟲，失飪傷人。子、肝脊血尤毒。

清·李文培《食物小錄》卷下　河豚魚　甘，溫，有毒。味雖美，終不可食，要洗淨餘血。忌煙塵，犯之則殺人。其（肝）〔腹腴〕名為西施乳，甚是肥美。

清·趙學敏《本草綱目拾遺》卷一〇鱗部　河豚目子　《逢原》云：抉河豚目，拌輕粉，埋地中化水，拔婦人脚上雞眼瘡，可以脫根。　河豚子：性有毒，可絕壁蝨。《行篋檢祕》：同蟹殼、樟、冰各五分，拌棉花子，安牀下，燒烟熏之。

清·章穆《調疾飲食辯》卷六　河豚魚　一作魨。《綱目》曰：《炮炙論》名鯸魚，《拾遺》名嗔魚，《日華本草》名蝴鮧魚，《食療》名鯸鮧，又作鯸鮐，俗名氣包魚，又名吹肚魚。嚴有翼《藝苑雌黃》云：河魨，水族之奇味，世傳其殺人。余守丹陽宣城，見土人戶戶食之，但用菘菜、蔞蒿、荻芽同煮，未有死者。然魚之無腮、無膽、有聲者，目能眨者皆殺人，河魨備此數者，可云無毒乎。《衍義》云：河豚有大毒，味雖美，修治失法，食之殺人，厚生者宜遠之。至言也。陸雲士《離亭燕》詞曰：三月桃花春水，網撒江鮮初起。不使纖塵沾鼎俎，乳炙西施甚美。下箸且徘徊，此事不如已矣。昨日傳聞，西第醉飽，翻成涕淚。子孝臣忠千古事，只是難拚一死。口腹亦何為，竟肯輕生如此。此蓋因倪鴻寶先生有將無忠義事，不及食河魨之句而作也。憶乾隆丙子，鄰居李姓者六人共食河豚，一人食多毒先發，急覓蘆根，以昏夜不能卒得而死，舌出口外，遍身青黑，腹脹，即似河豚。其五人毒後發，皆得蘆根煮汁飲之，瀉紫黑血斗許而解，然皆大病月餘。世傳煮忌梁上塵落釜內，又忌洗血不淨。然食者皆知此忌，而有死有不死，與食菰子同。中其毒者，以蘆根、荻芽、橄欖木或核、甘蔗、槐花、糞汁解之。而可解不可解，亦與食菰子同。又食河豚魚，不可服荊芥風藥，《夷堅志》《輟耕錄》均有其語。《延壽書》云：諸無鱗魚，皆忌荊芥。《韋航細談》亦云：凡魚不論有鱗無鱗，無不忌荊芥。語皆有理。《物類相感志》反云河豚宜同荊芥煮三五次，換水再煮則無毒，切勿輕從。《拾遺》曰：肝與子有大毒，入口爛舌，入腹爛腸，無藥可解。今人不敢食肝、子，則鹽醃貨之，食而不死者固多，死者亦時有，但貪口腹者諱言之。蘇長公云味美可值一死，乃戲言耳。《開寶本草》乃謂其有補虛療疾之用，豈遂無他藥而以殺人之物治病，醫家好奇之過乃至於此，烏可訓乎。《稗史》曰同鴨卵食則不毒，未知果否。

清·吴鋼《類經證治本草·經外藥類》　河豚　【略】誠齋曰：色黑有斑文點者，名荅斑魚，最毒，食之殺人。河豚魚，知命者不可食之。煮河豚，必用橄欖殺其毒。若中毒者，取橄欖搗和水服，如無，以橄欖核研末，水服即解。

清·趙其光《本草求原》卷一六鱗部　河豚　甘，溫，有毒。海中者大毒，江中者次之，淡水中者又次之。散子必入淡水，得鹹則肥，得淡則瘦，其毒漸泄也。有二種：背淡青黑，腹白無斑者可食，頗暖中，但助濕發毒、動風，患脚氣、癰疽忌之。若有赤黄斑，赤嘴、赤翅者，大毒，殺人。其肝及子，同蜈蚣燒研，香油調，搽疥癬效。其目，拌輕粉埋地化水，搽脚上雞眼瘡可拔根。

製食：須去子及嘴目，與脊中、肝內惡血，並周身脂膜。以滾鹽水泡去涎，煮忌煤火及煤炱落入。反荊芥、桔梗、菊花、甘草、附子、烏頭，故食之一日內忌服藥。其子要久漬石灰水中，乃可煮食。中其毒者，唇舌麻，頭旋目眩，步行欹側。急以荻芽、蘆根汁、橄欖汁、甘草汁等，或槐花同乾胭脂末調水灌之。如腹絞痛、昏倒者，糞清灌之；蟛蜞汁亦可，鴨血亦妙。

清·文晟《新編六書》卷六《藥性摘錄》　河豚　甘，溫，有毒。補虛去濕，理腳氣，去痔疾，殺蟲。味雖珍美，修治失法，食殺之人。煮忌炲煤并沾灰塵。肝、子有大毒，切勿食之。凡中此毒，用鴨血灌下，立解。生蟛蜞搗汁，服亦妙。〇乾河豚已經日曝火煨，煮熟蘸醋食之無害，味亦甘美。

清·王孟英《歸硯錄》卷一　《筆談》云：吳人嗜河豚魚，有遇毒者，往往殺人，可為深戒。據本草，河豚味甘溫無毒，補虛去濕氣，理腰脚。因有此說，人遂信以為無毒，食之不疑，而不知本草所載河豚，乃今人之鮰魚，又名吹肚魚、規魚、胡夷魚，非本草所載河豚也，引以為注大誤矣。愚按：丁巳春，錢塘姚君歐亭宰崇明，招余往游，適余滯迹禾中，辭不能往，使者復來，初夏始去。姚云：來何暮？三月間河豚極美，為此地物產之最。余謂此物不吃也罷。姚笑曰：君惑矣！止須去其肝、子、眼三件，而洗淨其血，並無所謂忌煤炲之說也。吾閤署大啖，試問曾有人中毒否？其西席張君心鋤，余戚也，今春至署，初不敢食，及見多人食之無恙，亦恣啖。且云諺謂拼死吃河豚之死字，乃洗字之訛。苟能拼用工夫，洗得淨盡可吃也。鯸魚則彼地亦有，余曾染指，惜河豚未嘗其味，贅此以質博雅。然衛生者不可以余之所聞如此遂縱爾口腹而不之慎也。

清・王孟英《隨息居飲食譜・鱗介類》 河豚魚一名西施乳。 甘，溫。補虛，去濕，療痔，殺蟲。反荊芥、菊花、桔梗、甘草、附子、烏頭。中其毒者，橄欖、青蔗、蘆根、金汁，或槐花微炒，同乾臙脂等分，擣粉，水調灌之。其肝子與血尤毒。或云去此三物，洗之極淨，食之無害。然衛生者，何必涉險以試耶？

清・田綿淮《本草省常・魚蟲類》 河豚海豚、江豚 一名鯸鮧，一名鰗鮧，一名鯢魚，一名鯆魚，一名嗔魚，一名吹肚魚，一名氣包魚。性溫，有大毒，不可食。肝與血入口爛舌，入腹爛腸；脂令舌麻；子令腹脹；目令眼花。且與百藥不合，服藥人忌之。又反荊芥、菊花、烏頭、附子、桔梗、甘草，犯之殺人。煤火炱入釜中，殺人尤速。海豚、江豚，性亦相類。

清・毛祥麟《墨餘錄》卷三 河豚毒人 醫家張麟祥，字玉書，有聲於時。求治者踵相接，日得金數十，家頗裕，而供饌之盛可擬貴官。凡遇時鮮異味，必以先嘗為快。一日，出見肆有河豚，責問廚丁何不市，庖謂此似越宿物，或不宜食。張怒曰：此我素嗜，爾何知！庖即往市，得六尾，急烹以進。張呼弟與子同食，食時極口稱美，獨盡一器。有頃，子覺唇上微麻，以告張。張曰：汝自心疑耳，我固無他也。遂乘輿出診。診至第五家，忽謂輿夫曰：速買橄欖來，河豚果有毒。果至，初尚能嚼，頃之，口漸不能張。輿夫急舁歸，入門但呼麻甚，扶坐椅上，僅半時許氣絕矣。初死，面如生，旋聞腹鳴如雷，徧體浮腫，色漸如青靛，繼而紅，繼而黑，則七竅流血焉。同治丁卯二月三日事也。弟與子食幸不多，張歸時已吞糞水，故得不死。【略】登州瀕海人取其白肉為脯，先以海水淨洗，復浸之，暴日中，上壓重物，須四日，乃去所壓，傅以鹽，再暴乃成。有李太守者，製不四日，即去壓，俄見其肉自盆躍出，蓋惟性重如此，以故毒甚於漏脯。

清・陳其瑞《本草撮要》卷九 河豚 味甘，溫，有毒，入足厥陰經，功專去濕氣。肝子尤甚。惟以眼睛用輕粉拌放罐內，埋之數日，即化為水，取出塗脚上，拔雞眼甚效。煮河豚稍沾灰塵，食之殺人，食之腹痛，多吃橄欖即解。

清・吴汝紀《每日食物却病考》卷下 河豚魚 味甘，溫，有大毒。主補虛，理腰脚，痔疾，殺蟲。味美而氣腥，庖治不法，食之殺人，厚生者宜遠之。肝及子尤毒。中毒淺者，橄欖、蘆根、糞水解之，重者不生。

綳魚

明・姚可成《食物本草》卷一〇鱗部・無鱗魚類 綳魚處處有之。形似河豚而小，背青有斑紋，無鱗，尾不歧，腹白，有刺戟人手。亦善瞋，瞋則腹脹大，圓緊如泡，仰浮水面。 綳魚：味甘，平，無毒。主補中益氣。不可多食，久食發瘡疥諸癬。有目疾者不可食之。肝：味甘，補肝益筋。

清・李文培《食物小錄》卷下 斑魚 甘，平，有小毒。形似河豚而小，長二三寸不等，宜剝皮去頭食。開胃，利五臟，食之令人肥健。多食，發諸瘡。其肝更美。

黄雀魚

清・汪紱《醫林纂要探源》卷三 黄雀魚 甘，溫。出廣西。每秋風起時，漁人候之風動即下網，得於水中者魚形，水上者雀形，水面間者半魚半雀形。

鯢魚

宋・唐慎微《證類本草》卷二〇蟲魚部上品(唐・陳藏器《本草拾遺》)

鯢魚 鰻鱺注陶云：鰻鱺能上樹。蘇云：鯢魚能上樹，非鰻鱺也。按鯢魚一名王鮪，在山溪中，似鮎，有四脚，長尾，能上樹，天旱則含水上山，葉覆身，鳥來飲水，因而取之。伊、洛間亦有，聲如小兒啼，故曰鯢魚。一名鱯魚，一名人魚。膏燃燭不滅，秦始皇塚中用之。陶注鮎魚條云：人魚即鯢魚也。

宋・鄭樵《通志》卷七六《昆蟲草木略》 鯢，《爾雅》云：鯢，大者曰鰕。即雌鯨也。大者長八九尺，狀似鮎魚，腳前似獮猴，後似狗，聲如小兒啼。今洞庭有之。

明・李時珍《本草綱目》卷四四鱗部・魚類 鯢魚音倪。《拾遺》。

〔釋名〕人魚《山海經》　魶魚音納。　鰨魚音塔。　大者名鰕。音霞。時珍曰：鯢，聲如小兒，故名。即鯑魚之能上樹者。俗云鮎魚上竿，乃此也。與海中鯨，同名異物。蜀人名魶，秦人名鰨。《爾雅》云：大者曰鰕。《異物志》云：有魚之體，以足行如蝦，故名鰕，陳藏器以此爲鱯魚，欠考矣。又云一名王鮪，誤矣，王鮪乃鱘魚也。〔集解〕藏器曰：鯢生山溪中。似鮎有四足，長尾，能上樹。大旱則含水上山，以草葉覆身，張口，鳥來飲水，因吸食之。聲如小兒啼。時珍曰：按郭璞云：鯢魚似鮎，四脚，前脚似猴，後脚似狗，聲如兒啼，大者長八九尺。《山海經》云：決水有人魚，狀如鯑，食之已疫疾。《蜀志》云：雅州西山溪谷出魶魚。似鮎有足，能緣木，聲如嬰兒，可食。《酉陽雜俎》云：峽中人食鯢魚，縛樹上，鞭至白汁出如構汁，方可治食。不爾，有毒也。

〔氣味〕甘，有毒。〔主治〕食之已疫疾《山海經》。

明·穆世錫《食物輯要》卷七　鯢魚　味甘，性溫，有毒。辟瘟疫。峽中以此魚縛樹上，鞭出白汁，可食，不中其毒。《食治通說》云：凡洗魚，滴生油數點，則無涎；煮時下沒藥少許，則不腥。

明·趙南星《上醫本草》卷四　鯢魚音倪　生山溪中，似鮎，有四足，長尾，能上樹。大旱，則含水上山，以草葉覆身，張口，鳥來飲水，因吸食之。聲如小兒啼。甘，有毒。主治：食之已疫疾。

明·應麐《食治廣要》卷七　鯢魚音倪。亦名人魚，又名魶魚。　氣味：甘，有毒。主食之已疫疾。按郭璞云：鯢魚似鱣，四腳，前腳似猴，後腳似狗，聲如兒啼，大者長八九尺。《蜀志》云雅州西山溪谷出魶魚，似鱣，有足，能緣木，聲如嬰兒，可食者，即此物也。

明·姚可成《食物本草》卷一〇鱗部·無鱗魚類　鯢魚生山溪中。似鮎，有四足，長尾，能上樹。大旱則含水上山，以草葉覆身，張口，鳥來飲水，因吸食之。聲如小兒啼。〇李時珍曰：鯢魚似鮎，四脚，前脚似猴，後脚似狗，聲如兒啼，大者長八九尺。《山海經》云：決水有人魚，狀如鯑，食之已疫疾。《蜀志》云：雅州西山溪谷出魶魚，似鮎有足，能緣木，聲如小兒，可食。《酉陽雜俎》云：峽中人食鯢魚，縛樹上，鞭至白汁出如構汁，方可治食，不爾，有毒也。　鯢魚，味甘，有毒。食之已疫疾。

清·章穆《調疾飲食辯》卷六　鯢魚　亦名人魚，與海中鯨鯢名同物異，《綱目》曰：《異物志》云：蜀人名魶魚，秦人名鰨魚。《爾雅》云：大者曰鰕。郭注云：似鮎有四足，前足似猴，後足似狗，聲如兒啼，長八九尺。《蜀志》云：雅州西山峽水出魶魚，似鮎有足，能緣木。《山海經》云，決水有人魚，狀如鯑，食之已疫。

按：鯑、鯢二種，古醫書、本草皆不載，惟《拾遺》有鯢魚，《綱目》益以鯑魚，皆據《山海經》著其功用。而形既似鮎、鮠，有聲，又有足，其有毒確矣。病人不食為是，慎毋過信古人，致噬臍之悔也。

鯑魚

明·李時珍《本草綱目》卷四四鱗部·魚類　鯑魚音啼。《綱目》。校正：時珍曰：舊注見鮧魚，今分出。

〔釋名〕人魚弘景　孩兒魚時珍曰：鯑聲如孩兒，故有諸名。作鯷、鮧者，並非。

〔集解〕弘景曰：人魚，荆州臨沮青溪多有之。似鯷而有四足，聲如小兒。其膏然之不消耗，秦始皇驪山冢中所用人膏是也。宗奭曰：鯑魚形微似獺，四足，腹重墜如囊，身微紫色，無鱗，與鮎、鮠相類。嘗剖視之，中有小蟹、小魚、小石數枚也。時珍曰：孩兒魚有二種：生江湖中，形色皆如鮎、鮠，腹下翅形似足，其腮頰軋軋，音如兒啼，即鯑魚也；一種生溪澗中，形聲皆同，但能上樹，乃鯢魚也。《北山經》云：決水多人魚。狀如鯷四足，音如小兒。食之無瘕疾。又云：休水北注於洛，中多鯑魚。狀如蟄蜼而長距，足白而對。食之無蠱疾，可以禦兵。按此二説，前與陶合，後與寇合，蓋一物也。今漁人網得，以爲不利，即驚異而棄之，蓋不知其可食如此也。〇徐鉉《稽神録》云：謝仲玉者，曾見婦人出沒水中，腰已下皆魚，乃人魚也。又《徂異記》云：查道奉使高麗，見海沙中一婦人，肘後有紅鬣，問之，曰：人魚也。此二者，乃名同物異，非鯑、鯢也。〔氣味〕甘，有毒。〔主治〕食之，療瘕疾弘景。無蠱疾時珍。

明·穆世錫《食物輯要》卷七　鯑魚　味甘，性溫，有小毒。解蠱毒，治癥瘕積聚。與鮎鮠相類。

明·趙南星《上醫本草》卷四　鯑魚音啼　一名人魚。荊州臨沮青溪多有之，似鯷而有四足，聲如小兒，其膏燃之不消耗，秦始皇驪山塚中所用人魚膏是也。徐鉉《稽神錄》云：謝仲玉者，見婦人出沒水中，腰已下皆魚，乃人魚也。又《徂異記》云：查道奉使高麗，見海沙中一婦人，肘後有紅鬣，問之曰：人魚也。此二者乃名同物異，非鯑，鯢也。甘，有毒。主治：食之療瘕疾，無蠱疾。

明·應麐《食治廣要》卷七　鯑魚音啼。釋名人魚、孩兒魚。　氣味：甘，有毒。主療瘕疾、蠱疾。按孩兒魚有二種。生江湖中，形、色皆如鱣、鮠，腹下翅形似足，其鰓頰軋軋音如兒啼，即鯑魚也。一種生溪澗中，形、聲皆同，但能上樹，乃鯢魚也。

明·姚可成《食物本草》卷一〇鱗部·無鱗魚類　鯑魚一名人魚，一名孩兒魚。○陶弘景曰：人魚，荊州臨沮青溪多有之。似鯷而有四足，聲如小兒。其膏然之不消耗，秦始皇驪山塚中所用人膏是也。○寇宗奭曰：鯑魚形微似獺，四足，腹重墜如囊，身微紫色，無鱗，與鮎、鮠相類。嘗剖視之，中有小蟹、小魚、小石數枚也。○李時珍曰：孩兒魚有二種：生江湖中，形色皆如鮎、鮠，腹下翅形似足，其顋頰軋軋，音如兒啼，即鯑魚也；一種生溪澗中，形聲皆同，但能上樹，乃鯢魚也。《北山經》云：決水多人魚。狀如鯷，四足，音如小兒。食之無瘕疾。又云：休水北注於洛，中多鯑魚。狀如蟄蜼而長距，足白而對。食之無蠱疾，可以禦兵。按此二說，前與陶合，後與寇合，蓋一物也。今漁人網得，以為不利，即驚異而棄之，蓋不知其可食如此也。徐鉉《稽神錄》云：謝仲玉見婦人出沒水中，〔腰〕已下皆魚，乃人魚也。又《徂異記》云：查道奉使高麗，見海沙中一婦人，肘後有紅鬛。問之。曰：人魚也。此二種，乃名同物異，非鯢鯑也。　鯑魚，味甘，有毒。食之療瘕疾，無蠱疾。

清·丁其譽《壽世秘典》卷四　鯑魚音啼。一名孩兒魚，有二種。生江湖中形色皆如鮎、鮠，腹下翅形似足，其腮頰軋軋，音如兒啼，即鯑魚也。一種生溪澗中，形聲皆同，但能上樹，乃鯢魚也。《北山經》云：央水多人魚，狀如鯷，四足，音如小兒，食之無瘕疾。今漁人網得以為不利，即驚異而棄之，蓋不知其可食如此也。　氣味：甘，有毒。食之，療瘕疾，無蠱疾。

清·王道純《本草品彙精要續集》卷七　鯑魚音啼，有毒。原本注鮧魚內，《綱目》分條。

鯑魚肉：主食之療瘕《名醫別錄》。無蠱疾《本草綱目》。〔名〕人魚弘景、孩兒魚。李時珍云：啼聲如孩兒，故有諸名。作鯷鮧者，並非。〔地〕陶弘景云：人魚，荊州臨沮青溪多有之。《北山經》云：決水多人魚。又云：休水北注於洛中，多鯑魚。李時珍云：孩兒魚，有二種：鯑魚，生江湖中；一種鯢魚，生溪澗中。〔質〕陶弘景云：形似鯷而有四足，聲如小兒，其膏然之不消耗。秦始皇驪山塚中所用人膏是也。寇宗奭云：鯑魚，形微似獺，四足，腹重墜如囊，翅鱗與鮎鮠相類，嘗剖視之，中有小蟹、小魚、小石數枚也。李時珍云：鯑魚，形如鮎鮠，腹下翅形似足，其顋頰軋軋音如兒啼，即鯑魚也。一種鯢魚，形聲皆同，但能上樹，乃鯢魚也。《北山經》云：人魚，狀如鯷，四足，音如小兒，食之無瘕疾。又云：狀如蟄蜼而長距，足白而對，食之無蠱疾，可以禦兵。按此二說，前與陶合，後與寇合，蓋一物也。今漁人網得，以爲不利，即驚異而棄之。蓋不知其可食如此也。〔色〕身微紫色，色如鮎鮠。〔味〕甘。〔贗〕徐鉉《稽神錄》云謝仲玉者，見一婦人出沒水中，腰已下皆魚，乃人魚也。又《徂異記》云：查道奉使高麗，見海沙中一婦人，肘後有紅鬛，問之，曰：人魚也。此二者乃名同物異，非鯑鯢也。

清·章穆《調疾飲食辯》卷六　鯑魚　一名人魚，一名孩兒魚。陶隱居曰：似鯷而有四足，聲如小兒。其膏燃燈難消耗，秦始皇驪山塚中人膏是也。

按：塚中燈，古用漆，所謂蒼梧故隧漆燈明者，舜陵也。後世用魚油，所謂隧道魚燈膏不燼者，陳友諒墓也。然漆易乾燥，魚油易臭腐成水，均不能耐久，且諸史禮志皆不言其制度。吾郡前明淮藩諸園寢，乾隆戊子、己丑間多遭匪竊刨挖，並無隧燈形迹，恐悉屬子虛也。而唐人之咏雙檜，所謂長明燈是前朝焰，曾炤青青年少時者，蓋指佛火而言。其油可以添換，與隧燈迥殊也。《綱目》曰：孩兒魚有二種，皆類鮎、鮠。一種生江湖，腹有翅如足，腮頰軋軋如兒啼者，鯑魚也。一種生溪澗，形聲皆同，而能上樹者，鯢魚也。《稽神錄》云：謝仲玉見婦人出沒水中，胸有兩大乳，故似婦人。腰以下皆魚者，白鬣也。吾鄉彭蠡湖亦有，極羶不可食，但可熬油耳。《述異記》云：查道使高麗，見海沙中一婦人，肘後有紅鬣者。海中別種人魚，非鯑、鯢、白鬣類也。《山海經》云：決水多人魚，狀如鯷，四足，音如小兒，食之無瘕疾。又云：休水北注於洛，中多鯑魚，狀如蟄蜼而長距足白，食之無蠱疾，可以禦兵。

四足魚

清·趙學敏《本草綱目拾遺》卷一〇鱗部　四足魚　《物理小識》：游子六曰：閩高山源有黑魚，如指大，其鱗即皮，四足，可調粥入藥。治小兒疳。

海豚魚

宋·唐慎微《證類本草》卷二〇蟲魚部上品〔唐·陳藏器《本草拾遺》〕

海豘魚　味鹹，無毒。肉主飛尸、蠱毒、瘴瘧。作脯食之，一如水牛肉，味小腥耳。皮中肪，摩惡瘡、疥癬、痔瘻、犬馬瘑疥，殺蟲。生大海中。候風潮出。形如豘，鼻中聲，腦上有孔，噴水直上，百數爲群，人先取得其子，繫著水中，母自來就而取之。其子如蠡魚子，數萬爲群，常隨母而行。亦有江豘，狀如豘，鼻中爲聲，出沒水上，海中舟人候之，知大風雨。又中有曲脂，堪摩病，及樗博即明，照讀書及作即闇，俗言懶婦化爲此也。

明·王文潔《太乙仙製本草藥性大全》卷八《本草精義》 海豘魚　生大海中，候風潮出，形如豘，鼻中聲，腦上有孔噴水直上，百數爲群，人先取得其子繫著水中，母自來，就而取之，其子如蠡魚子，數萬爲群，常隨母而行。

明·王文潔《太乙仙製本草藥性大全》卷八《仙製藥性》 海豚魚　味鹹，無毒。　主治：　主飛屍蠱毒大效，治時行瘧疾神功。　肪：　摩惡瘡疥癬痔瘻，搽犬馬瘑疥殺蟲。

明·李時珍《本草綱目》卷四四鱗部·魚類 海豚魚《拾遺》

〔釋名〕海豨《文選》　生江中者名江豚。《拾遺》　江猪《綱目》　水猪《異物志》　鱀魚音志。　饞魚音讒。　鯆䱐音敷沛。　時珍曰：　海豚、江豚，皆因形命名。郭璞賦海豨江豚是也。《魏武食制》謂之鯆䱐。《南方異物志》謂之水猪。又名饞魚，謂其多涎也。

〔集解〕藏器曰：　海豚生海中，候風潮出沒。形如豚，鼻在腦上作聲，噴水直上，百數爲群。其子如蠡魚子，數萬隨母而行。人取子繫水中，其母自來就而取之。江豚生江中，狀如海豚而小，出沒水上，舟人候之占風。其中有油脂，點燈照樗蒱即明，照讀書工作即暗，俗言懶婦所化也。　時珍曰：　其狀大如數百斤猪，形色青黑如鮎魚，有兩乳，有雌雄，類人。數枚同行，一浮一没，謂之拜風。其骨硬，其肉肥，不中食。其膏最多，和石灰艌船良。

肉　〔氣味〕鹹，腥，味如水牛肉，無毒。　〔主治〕飛尸、蠱毒、瘴瘧，作脯食之藏器。

肪　〔主治〕摩惡瘡、疥癬、痔瘻、犬馬瘑疥，殺蟲藏器。

明·吳文炳《藥性全備食物本草》卷三 海豘魚　味鹹，無毒。生大海中，候風潮出，形如豘，鼻中聲，腦上有孔噴水直上，百數為群，人先取得其子，繫著水中，母自來，就而取之。其子如蠡魚子數，萬為群，常隨母而行。　肪：　摩惡瘡疥癬痔瘻，搽犬馬瘑疥，殺蟲。主飛屍蠱毒，時行瘧疾。

明·趙南星《上醫本草》卷四 海豚魚　一名鯆䱐音敷沛。海豚生海中，候風潮出沒，形如豚，鼻在腦上，作聲，噴水直上，百數為群。其子如蠡魚子，數萬隨母而行。人取子繫水中，其母自來就而取之。江豚生江中，狀如海豚而小，出沒水上，舟人候之占風。其中有曲脂，點燈照樗蒲即明，照讀書工作即暗，俗言懶婦所化也。　鹹，腥味如水牛肉，無毒。　主治：　飛尸、蠱毒、瘴瘧，作脯食之。　其骨硬，其肉肥，不中食。

明·應麐《食治廣要》卷七 海豚魚即江豬。　肉：　氣味：　鹹，腥味如水牛肉，無毒。　主治：　飛尸蠱毒，瘴瘧，作脯食之。　肪：　主摩惡瘡，疥癬，痔瘻，犬馬瘑疥，殺蟲。　按：　江豚成陣同行，一浮一沒，謂之拜風，舟人候之占風。其中有白脂，點燈照樗蒱即明，照讀書工作即暗，俗言為懶婦所化也。

明·姚可成《食物本草》卷一〇鱗部·無鱗魚類 海豚魚生江中者名江豚。〔海豚生海中〕，候風潮出沒。形如豚，鼻在腦上作聲，噴水直上，百數為群。其〔子〕如蠡魚子，數萬隨母而行。人取子繫水中，母自來，就而取之。江豚生江中，狀如海豚而小，出沒水中，舟人候之占風。其中有油脂，點燈照樗蒲即明，照讀書工作即暗，俗言懶婦所化也。○李時珍曰：　其狀大如數百斤猪，形色青黑如鮎魚，有兩乳，有雌雄，類人。數枚同行，一浮一沒，謂之拜風。其骨硬，其肉肥，不中食。其膏最多，和石灰艌船良。　海豚魚：　味鹹，腥。治飛尸蠱毒，瘴瘧。作脯食之。　肪：　摩惡瘡、疥癬、痔瘻，犬馬瘑疥，殺蟲。

明·施永圖《本草醫旨·食物類》卷五 海豚魚名海豨。生江中者，名江豚。海豚生海中，候風潮出沒，形如豚，鼻在腦上，作聲噴水直上，百數為群，其子隨母而行，人取子繫水中，其母自來，就而取之。江豚生江中，狀如海豚而小，出沒水上，舟人候之占風。其肉肥，不中食，其膏最多，和石灰艌船良。　肉：　味鹹，腥，味如水牛肉，無毒。治：　飛尸蠱毒，瘴瘧，作脯食之。　肪：　治：　摩惡瘡，疥癬，痔瘻，犬馬瘑疥，殺蟲。

清·章穆《調疾飲食辯》卷六 江豚　又名江猪，又名水猪，又名饞魚。《魏武帝食制》名鯆䱐，生海中者為海豚。《綱目》誤以為鱀魚，云胸有兩乳，形似人。不知鱀色白，即《爾雅》之是鱁，其逐波而行，一浮一沉，順風而拜，胸有乳如婦人。此物遠望如猪，色黑，無婦人乳，逆風而拜，同出同沒。《拾遺》曰：　海豚生海中，候風潮出沒，形如豚，鼻在腦上作聲，噴水直上。其子數萬，隨母而行。人取子繫水中，母自來就而取之。江豚生江中，形略小，吾鄉彭蠡湖亦多有。夏出冬蟄，舟人候之以占風：　無風不出，若風雨將至，則先有數枚浮游水面，其首所望處，即雨陣自其方起，迨風雨大至，則千百齊出矣。腹中有脂，點燈照摴蒱、賭博即明，照讀書、工作則暗，故俗言懶婦所化。肉味如水牛肉，能治飛尸、蠱毒、瘴瘧，作脯食。油可摩惡瘡、疥癬、痔瘻、犬馬病疥。

按：　江豚主治如此，其功專在殺蟲，性必有毒，病人不宜食也。

江豚

元・忽思慧《飲膳正要》卷三　江豬　味甘，平，無毒。然不宜多食，動風氣，令人體重。

明・盧和、汪穎《食物本草》卷四魚類　江豕　味鹹，無毒。肉，主飛尸蠱毒、瘴瘧。肪，摩惡瘡，與海豕同。

明・王文潔《太乙仙製本草藥性大全》卷七《本草精義》　江猪　產於江內，其形頭似猪頭，尾如魚尾，長三四尺餘，身褐色，前有兩腳如豕，每遇天有暴風，作隊迎風拜浪，舟人稍子觀之，以定風勢，如上拜則有下風，往下拜則有上風。捕人得來，亦堪入藥。

明・王文潔《太乙仙製本草藥性大全》卷七《仙製藥性》　江猪　味酸，性氣平溫。　主治：　肉可作脯，入口略有腥氣。慎勿多啖，體重難當。賭和五味煮，〔濃取汁頓飲。亦健脾胃進食，仍補〕虛羸。

明・王文潔《太乙仙製本草藥性大全》卷八《仙製藥性》　江豚魚　如豚形狀，出沒鼻中爲聲，舟人候之，知大風雨。漁網得獲，取脂燃燈。用摩病及樗博即明，照讀書及紡績即暗，俗言懶婦所化，是亦未必爲然。

明・吴文炳《藥性全備食物本草》卷二　江猪　味酸，性平、溫，無毒。　肚：　和五味煮濃取汁頓飲，亦健脾胃進食，仍補虛羸。《圖經》云：　產於江內，其形頭似猪頭，尾如魚尾，長三四尺餘，身褐色，前有兩脚如豕，每遇天有暴風，作隊迎風拜浪，舟人稍子觀之，以定風勢，如上拜則有下風，往下拜則有上風。

明・吴文炳《藥性全備食物本草》卷三　江豘魚　如豘形，常出沒鼻中為聲，舟人候之知大風雨，漁人獲之取脂燃燈，用照樗蒲博奕飲酒即明，用照讀書紡績即暗，俗言乃懶婦所化，是亦未必為然也。

清・丁其譽《壽世秘典》卷四　江豚俗呼江猪，生海中者名海豚，一名海狶，郭璞賦海狶江豚是也。其狀大如數百觔猪形，色青黑，鼻在腦上作聲，噴水直上，有兩乳，有雌雄類人，百數為群，一浮一沒謂之拜風。其骨硬，其肉肥，不中食。脂膏最多，和石灰艌船良。

氣味：　鹹，腥，味如水牛肉，無毒。　治飛尸、蠱毒、瘴瘧。

清・张璐《本經逢原》卷四　江豚　鹹，腥，無毒。　發明：　江豚形如水牛，藏器雖有飛尸蠱毒瘴瘧之治，從未見有用之者。以之熬油點燈，照樗則明，讀書紡織即暗，俗言嬾婦所化也。

清・汪啟賢等《食物須知・諸葷饌》　又種江猪，產於江內，味酸，性氣平溫。捕者得來，肉堪作脯。入口略有腥氣，慎勿多啖，體重難當。　肚，和五味煮濃，取汁頓飲，亦健脾胃，進食仍補虛羸。

清・汪啟賢等《食物須知・諸葷饌》　江豚　如豚形狀，出沒鼻中為聲。舟人候之，知大風雨，魚網得獲。取脂燃燈，用摩病及樗博即明，照讀書及紡績即黯。俗言懶婦所化，是亦未必為然，姑記之可也。

龍涎香

宋・張世南《游宦紀聞》卷五　諸香中，龍涎最貴重，廣州市直，每兩不下百千，次等亦五六十千，係蕃中禁榷之物，出大食國。近海傍常有雲氣罩山間，即知有龍睡其下。或半載，或二三載，土人更相守視。俟雲散，則知龍已去，往觀必得龍涎，或五七兩，或十餘兩，視所守人多寡均給之，或不平，更相讎殺。或云：　龍多蟠於洋中大石，卧而吐涎，魚聚而嚼之，土人見則沒而取焉。

又一說，大洋海中有渦旋處，龍在下。湧出其涎，為太陽所爍則成片，為風飄至岸，人則取之納官。予嘗叩泉廣合香人，云：　龍涎入香，能收斂腦麝氣，雖經數十年，香味仍在。《嶺外雜記》所載，龍涎出大食。西海多龍，枕石一睡，涎沫浮水，積而能堅，鮫人採之，以為至寶。新者色白，稍久則紫，甚久則黑。

又一說云：　白者如百藥煎而膩理，黑者亞之如五靈脂而光澤。其氣近於臊，似浮石而輕。或云異香，或云氣腥能發衆香氣，皆非也。於香本無損益，但能聚煙耳。和香而用真龍涎，焚之，則翠煙浮空，結而不散，坐客可用一剪以分煙縷。所以然者蜃氣樓臺之餘烈也。

又一說云：　龍出沒於海上，吐出涎沫有三品：　一曰汎水，二曰滲沙，三曰魚食。汎水輕浮水面，善水者，伺龍出沒，隨而取之。滲沙乃被濤浪飄泊洲嶼，凝積多年，風雨浸淫，氣味盡滲於沙土中。魚食乃因龍吐涎，魚競食之，復化作糞，散於沙磧，其氣腥穢。惟汎水者，可入香用，餘二者不堪。

清・趙學敏《本草綱目拾遺》卷一〇鱗部　龍涎香龍泄　《通雅》：　龍涎有嶼，在花面國傍，獨立南海中，彼人言於樹收之，最收香氣，今大內甜香用之。《澳門記略》：　大食國產龍涎香為上，西洋產於伯西兒海，焚之則翠烟浮空，結而不散，坐客可用一翦，以分烟縷。《嶠南瑣記》：　龍涎香新者色白，久則紫，又久則黑，白者如百藥煎，黑者次之，似五靈脂，其氣近臊，和香焚之，則翠烟浮空不散。試法：將結塊者奮力投沒水中，須臾，突起浮水面；或取一錢口含之，微有腥氣，經宿，其細沫已嚥，餘膠結舌上，取出就溼秤之，仍重一錢，又乾之，其重如故。雖極乾枯，用銀簪燒極熱，鑽入枯中，乘暖抽出，其涎引絲不絕，驗此，不分褐白，褐黑俱真。《海東札記》：海翁魚，大者三四千觔，小者千餘觔，即海鰍也。皮生砂石，刀箭不入。或言其魚口中噴涎，常自為吞吐，有遺於海濱者，黑色、淺黃色不一，即龍涎香也。聞上淡水有之，欲辨真贋，研入水攪之，浮水面如膏，以口沫撚成丸，擲案有聲，噙之通宵不耗分毫者為真，每兩值數十金。《廣志》：新安有龍穴洲，每風雨，即有龍起，去地不數丈，朱鬣金鱗，兩目如電，其精華在浮沫，時噴薄如瀹泉如雨，土人爭承取之，稍緩則入地中，是為龍涎。或謂龍涎多積於海上枯木，如鳥遺狀，其色青黧，其香腥雜，百和焚之，翠烟千結，蜿蜒蟠空，經時不散，可以翦分香縷，然多不真。從番舶來者，出大秦波斯，於雨中焚之，腽肭有聲者真。《坤輿圖記》：龍涎香，黑人國與伯西兒兩海最多，有大塊重千餘觔者，望之如島，每為風濤湧泊於岸，諸蟲鳥獸亟喜食之。汪機《本草》：龍吐涎沫可製香。《星槎勝覽》：錫蘭山國、卜剌哇國、竹步國、木骨都束國、剌撒國、佐法兒國、忽魯謨斯國、溜山洋國，俱產龍涎香。《稗史彙編》：龍涎香，白者如百藥煎，而膩理極細。黑者亞之，如五靈脂而光澤，其氣近於臊，似浮石而輕香，本無損益，但能聚香耳。和香而用真龍涎，焚之則翠烟浮空，結而不散，坐客可用一翦以分烟縷，所以然者，入蜃氣樓臺之餘烈也。泉廣合香人云：龍涎入香，能收斂腦麝氣，雖經數十年者，香味仍存。《廣東通志》：龍涎在水采者褐黑色，在山采者褐白色。《東西洋考》：海傍有花，若木芙蓉花，落海，大魚吞之腹中，先食龍涎，花嚥入，久即脹悶，昂頭向石上吐沫，乾枯可用，惟糞者不佳，若散碎皆取自沙滲，力薄。范咸《臺灣府志》：龍涎香傳為鰍魚精液，泡水面凝為涎。能止心痛，助精氣，以淡黃色嚼而不化者為佳。出淡水者，皆淡黃色，無黑色。朱國楨《大政記》：龍涎香出蘇門荅剌國，西有龍涎嶼，峙南巫里大洋之中，群龍交戲其上，遺涎焉。國人駕獨木舟伺採之，舟如龍形，浮海面，人伏其中，隨風潮上下，傍亦用槳，龍遇之亦不吞也。每一觔值其國金錢一百九十二枚，準中國銅錢九千文。嘉靖三十四年下戶部取香百觔，遍市京師不得，下廣東藩司採買。部文至，臺司集議，懸價每觔銀一千二百兩，僅得十一兩上進，內驗不同，姑存之，亟取真者。部文再至，廣州夷囚馬那別的貯有一兩三錢，上之，黑褐色。密地都密地山夷人繼上六兩，白褐色。細問狀之，黑者採在水，白者採在山，皆真不贋。尋有密地山商再上，通前共得十七兩二錢五分。次年進入內，辨驗是真，許留用。自後夷船聞上供，稍稍挾來市，始定價每一兩價百金。龍涎之為用也，入香合和，能收斂腦麝清氣，雖數十年香味仍存。得其真者，和香焚之，翠烟裊空不散。涎沫有三品：曰汎水，曰滲沙，曰魚食。汎水則輕浮水面，善水者伺龍出取之。滲沙則凝積年久，氣滲沙中。魚食則化糞於沙磧。惟汎水者可食香用。又言魚食亦有二種：海旁有花若木芙蓉，春夏間盛開，花落海，大魚吞之，若腹腸先食龍涎，花嚥入，久即脹悶，昂頭向石上吐沫，乾枯可用，惟糞者不佳。《嶺南雜記》：諸香龍涎最貴，市值每兩不下百千，次亦五六十。出大食國，近海有雲氣罩山間，知有龍睡下，或半年一二載，土人守視雲散，則龍已去，必得其涎五七兩或十餘兩，眾共分之。又大洋中有渦旋處，龍在其下，湧出之涎，日爍成片，風漂至岸，取之。又《嶺外雜記》：龍枕石而睡，涎浮水，積而堅，新者色白，久紫，甚久者黑，氣近臊，形如浮石而輕，膩理光澤，入香焚之，翠烟浮空，結而不散。又出沒海上，吐出涎沫，有三品：一汎水，二滲沙，三魚食。汎水輕浮水面，善水者伺龍出隨取；滲沙凡風浪飄泊舟嶼，積年氣盡於沙土中；魚食涎作糞，散沙磧，氣腥穢，進貢亦不過四兩。

按：龍涎論色，則《瑣記》言有白與紫黑之分，而《札記》又有淺黃色，《廣志》有青黧色，辨真僞，亦諸說互異。大抵不必論其色，總以含之不耗，投水不沒，雨中焚之能爆者良。東璧《綱目》鱗部龍下，龍腦、龍胎俱有主治，而於龍涎獨遺之，惟附其名。云龍涎方藥鮮用，惟入諸香。云能收腦麝數十年不散，出西南海洋，春間群龍所吐涎沫，浮出者，番人採貨之。亦有從大魚腹中剖得者，其狀初若脂膠，黃白色，乾則成塊，黃黑色，如百藥煎而膩理，久則紫黑如五靈脂而光澤，其體細飄似浮石而腥臊，其說亦未確核。蓋所云魚腹中得者，即《札記》所云海鰍魚之精也，亦名龍涎，出臺灣，不若大洋中產者佳。夫龍腦、龍胎，世上所無，龍涎則閩粵貨售者多。東璧何得於罕見者載之，於所有者反略之耶？則甚矣該博之難也。入藥用隔湯頓化如膠糖狀者佳。

氣腥，味微酸、鹹，無毒。《藥性考》：味甘，氣腥，性濇。張瑤實云：夾砂者有小毒，乃土人於砂磧上收取之，入藥須以甘草水煮過用。《酉陽雜俎》云：龍漦遇烟煤則不散。入藥忌鐵器及石膏。

活血，益精髓，助陽道，通利血脈。廖永言《驗方》云：利水通淋散癥結，辟精魅鬼邪，消氣結，逐勞蟲尸疰。陳良士云：在澳門見倭夷用合舶硫及他藥作種子丸，云漢時術士和丹用此。倭夷皆有其方，祕不傳中國。《札記》云：出淡水者，止心痛，助精氣。周曲大云：龍涎能生口中津液。凡口患乾燥者，含之能津流盈頰。微若有腥氣，粵中夷人合龍涎丸，和以他藥，便不腥。入口亦不耗減，一丸可用數十年不敗。如單用龍涎入藥，須先用雞湯，將龍涎制死，則入腹便化，否則入腹絲毫不損，蓋極難尅化者。方書云：焚之其烟能入水盂。予嘗試之，多不驗。

按：龍乃東方之神，其體純陽，能噓氣成雲，陽之質輕浮，故雲上升。其骨反入手足少陰、厥陰經者，蓋凡知覺運動之物，皆肖陰陽以立體，孤陽則不生。龍秉純陽，而骨反屬陰，入藥能收陽中之陰，治心腎諸病，所謂一陰一陽之謂道也。其質靈，其齒能治魂遊不定，鎮驚癇。凡病在肝，而龍主肝木，治之最神。涎乃陽中之陽，故其氣絕香。龍屬木，木之氣得太陽多者必香，故諸香以龍為最。得盂水徑撲其中，不落空外，龍以水為用，見水則精入焉。入藥所以能利水道，分陰陽，能殺精魅鬼邪者，亦以至陰之物，見真陽而立解也。

龍泄　河南薛姓客言：曾在嘉興永太守處，見有龍泄結成大塊，其質亦輕，有六七兩及觔許不等。每塊皆起螺旋紋，如象牙花紋，其色有純黑，有褐白二種。欲辯真偽，刮屑少許，以滾水泡之，其氣悉滃而成雲，遇婦人，雲輒撲入髮際，旋繞不散，蓋龍性好淫故也。人服之，入腹亦不耗，惟見雞湯輒化。如服後不食雞湯，次日糞出，其藥仍在，色亦不改，淘出洗淨，復可再用，氣亦不臭。其功效，食之能暖婦人子宮，治男子下元虛冷，入房術中用。又史良宇言：曾見龍血結塊如棋子大，光滑可鑒，觸手冷如冰。夫龍，純陽也，而血獨冷，又不解何故。龍泄又何物也，其涎與血歟，抑精與溺歟，俱不可知，悉存其說以俟證。

鮑魚

宋・唐慎微《證類本草》卷二〇蟲魚部上品〔《別錄》〕　鮑魚　味辛、臭，溫，無毒。主墜墮，骽吐猥切蹶音厥，踠折，瘀血、血痹在四肢不散者，女子崩中血不止。勿令中鹹。

〔梁・陶弘景《本草經集注》〕云：所謂鮑魚之肆，言其臭也，俗人呼爲鰛音裛魚，字似鮑，又言鹽鰛之以成故也。作藥當用少鹽臭者，不知正何種魚爾？乃言穿貫者亦入藥，方家自少用之。今此鮑魚乃是鱅音慵魚，長尺許，合完淡乾之，而都無臭氣，要自療漏血，不知何者是真？

〔唐・蘇敬《唐本草》〕注云：此說云味辛，又言勿令中鹹，此是鯷居憾切魚，非鮑魚也。魚去腸肚，繩穿，淡暴使乾，故辛而不鹹。李當之《本草》亦言胸中濕者良，鮑魚肥者胸中便濕。又云穿貫繩者，彌更不惑。鮑魚破開，鹽裛不暴，味鹹不辛，又完淹令濕，非獨胸中。且鯷魚亦臭，臭與鮑別。鮑、鯷二魚，雜魚并用。鮑似屍臭，以無鹽也；鯷臭差微，有鹽故也。

〔宋・馬志《開寶本草》〕注：今考其實，止血須淡乾，勿令中鹹，入別方藥用，則以鹽裛之爾。

〔宋・掌禹錫《嘉祐本草》〕按：《蜀本圖經》注云：十月後，取魚去腸，繩穿淡乾之，凡魚皆堪食，不的取一色也。據陶注：作藥當用少鹽，不知正何種魚爾？又據《本經》云勿令中鹹，是知入藥當少以鹽鰛成之，有鹽則中鹹而不臭，鹽少則味辛而臭矣！古人云：與不善人居，如入鮑魚之肆。謂惡人之行，如鮑魚之臭也。考其實，則今荆楚淡魚，頗臭而微辛，方家亦少用。舊云沔州、復州作之，餘皆不出。審陶注及《圖經》與《本經》，即所在皆可作之也。又據鯾魚有口小、背黃、腹白者爲鮑魚，而療治與鯾魚同。補益，主百病。今《圖經》既不的取一色，可淡乾，此之爲是也。

〔宋・唐慎微《證類本草》〕《圖經》：文具蠡魚條下。

《子母秘録》：姙娠中風寒熱，腹中絞痛，不可針灸。乾魚一枚燒末，酒服方寸匕，取汗。

宋・王繼先《紹興本草》卷一七　鮑魚　紹興校定：鮑魚，乃海生之魚，其性頗臭，然《素問》有治血枯飲鮑魚汁以利腸中之說，但今未聞用驗之據。雖有性味、主治，固非起疾之物矣。

元・忽思慧《飲膳正要》卷三　鮑魚　味腥臭，無毒。主墜蹶踠折瘀血，痹在四肢不散者，及治婦人崩血不止。

明・滕弘《神農本經會通》卷一〇　鮑魚　味辛，臭，氣溫，無毒。《本經》云：主墜墮，骽蹶踠折瘀血，血痹在四肢不散者，女子崩中血不止。勿令中鹹。《蜀本》注云：據《本經》云，勿令中鹹，是知入藥當少以鹽鰛成之，有鹽則中鹹而不臭，鹽少則味辛而臭矣。考其實，則今荊楚淡魚，頗臭而微辛，方家亦少用，即所在皆可作之也。

明・劉文泰《本草品彙精要》卷二九 鮑魚無毒 卵生。

鮑魚：主墜墮，腲吐猥切蹶音厥，踠折瘀血，血痹在四肢不散者，女子崩中血不止。勿令中鹹。名醫所録。 【地】《圖經》曰：鮑乃饐魚，饐即陳臭也。據陶、蘇之説，今漢、沔間所作淡乾魚，味辛而臭者。蘇又引李當之《本草》亦言胸中濕者良，蓋暴魚時不以鹽，外雖乾而魚肥，故中濕也。中濕則彌臭矣。所謂與不善人居，如入鮑魚之肆是也。蓋鮑魚自是一種，形如小鱅魚，生海中，其臭如屍，始皇置車中者是此。據《紹興校定》云：鮑乃海生之魚，其氣極臭，然《素問》有治血枯，飲鮑魚汁以利腸中之説，但今未聞用驗之據，雖有性味主治，固非起疾之物矣。 【時】生：無時。採：無時。 【收】暴乾。 【味】辛。 【性】溫，散。 【氣】氣厚味薄，陽中之陰。 【臭】臭。 【合治】乾魚一枚，燒爲末，合酒服方寸匕，取汗，療妊娠中風寒熱，腹中絞痛。

明・王文潔《太乙仙製本草藥性大全》卷八《本草精義》 鮑魚 俗呼爲鯧魚，字相似鮑。又言鹽鯧之以成，故也。今此鮑魚乃是謂魚長尺許，合完淡乾之，而都無臭氣，要自療漏血，不知何者爲良。今以漢沔間所作淡乾魚，味辛而臭者。蘇又引李當之《本草》亦言胸中濕者良。其以暴魚不以鹽，外雖乾而魚肥，故中濕也。中濕則彌臭矣。一説鮑魚自是一種，形似小鱭魚，生海中，氣最臭，秦始皇取置車中者是也。此説雖辨，亦無所據。《素問》治血枯雀卵丸，飲鮑魚汁以利腸中。《蜀本圖經》注云：十月後取魚，夫長繩穿淡乾之。凡魚皆堪食，不的取一色也。據陶注作藥當用少鹽，不知正何種魚爾。又據《本經》云勿令中鹹，是知入藥當少以鹽鯧成之，有鹽則中鹹而不臭，鹽少則味辛而臭矣。古人云與不善人居如入鮑魚之肆，謂惡人之行，如鮑魚之臭也者。其實則今荊楚鮑魚頗臭而微辛，方家亦少用。舊云沔州、復州作之，餘皆不出。

明・王文潔《太乙仙製本草藥性大全》卷八《仙製藥性》 鮑魚 味辛臭，氣溫，無毒。 主治：主墜墮腲蹶踠折，血瘀血痹在四肢不散者甚效。治女子妊娠中風，寒熱腹痛，并血崩不退者神功。 補註：治妊娠中風寒熱，腹中絞痛，不可針灸，鮑魚一枚燒末，酒服方寸〔匕〕，取汗。

明・李時珍《本草綱目》卷四四鱗部・附録 鮑魚《別録》上品 乾魚時珍

【釋名】薨魚《禮記》。音考。 蕭折魚《魏武食制》 乾魚時珍曰：鮑即今之乾魚也。魚之可包者，故字從包。《禮記》謂之薨，《魏武食制》謂之蕭折，皆以蕭蒿承曝而成故也。其淡壓爲腊者，曰淡魚，曰鱐魚音搜。以物穿風乾者，曰法魚，曰鮍魚音怯。其以鹽漬成者，曰腌魚，曰鹹魚，曰鯧魚音葉，曰鰎魚音蹇。今俗通呼曰乾魚。舊注混淆不明，今並削正于下。 【集解】《別録》曰：鮑魚辛臭，勿令中鹹。弘景曰：俗人以鹽鯧成，名鯧魚，鯧字似鮑也。今鮑乃鱅魚淡乾者，都無臭氣。不知入藥者，正何種魚也，方家亦少用之。恭曰：李當之言：以繩穿貫而胸中濕者良。蓋以魚去腸繩穿，淡暴使乾，則味辛不鹹；魚肥則中濕而彌臭似尸氣，無鹽故也。若鰎魚則沔州、復州作之，以鹽鯧成，味鹹不辛，臭亦與鮑不同，濕亦非獨胸中，以有鹽故也。二者，雜魚皆可爲之。頌曰：今漢、沔所作淡乾魚，味辛而臭者是也。或言海中自有一種鮑魚，形似小鱅，氣最臭，秦始皇車中亂臭者是此。然無的據。時珍曰：《別録》既云勿令中鹹，即是淡魚無疑矣。諸注反自多事。按《周禮注》云：鮑魚，以魚置楅室中用糗乾之而成。楅室，土室也。張耒《明道志》云：漢陽、武昌多魚，土人剖之，不用鹽，暴乾作淡魚，載至江西賣之。饒、信人飲食祭享，無此則非盛禮。雖臭腐可惡，而更以爲奇。據此則鮑即淡魚，益可證矣。但古今治法不同耳。又蘇氏所謂海中一種鮑魚，豈顧野王所載海中鯆魚似鮑者耶？不然，即今之白鯗也。鯗亦乾魚之總稱也。又今淮人以鯽作淡法魚頗佳。入藥亦當以石首、鯽魚者爲勝。若漢沔所造者，魚性不一，恐非所宜。其鹹魚近時亦有用者，因附之。 【正誤】保昇曰：鮧魚口小背黄者，名鮑魚。時珍曰：按鮧魚注所引，是鮠魚，非鮑魚也。蓋鮠、鮑字誤耳。

肉 【氣味】辛，臭，溫，無毒。時珍曰：李九華云：妊婦食之，令子多疾。 【主治】墜墮腲與腿同。蹶厥踠折，瘀血、血痹在四肢不散者，女子崩中血不止《別録》。煮汁，治女子血枯病傷肝，利腸。同麻仁、葱、豉煮羹，通乳汁時珍。 【附方】舊一。 妊娠感寒腹痛：乾魚一枚燒灰，酒服方寸匕，取汗差。《子母秘録》。

頭 【主治】煮汁，治眯目。燒灰，療疔腫瘟氣時珍。 【附方】新三。 雜物眯目：鮑魚頭二枚，地膚子半合，水煮爛，取汁注目中，即出。《聖惠》。 魚臍疔瘡：似新火針瘡，四邊赤，中央黑。可刺之，若不大痛，即殺人也。用臘月魚頭灰、髮灰等分，以鷄溏屎和塗之。《千金方》。 預辟瘟疫：鮑魚頭燒灰方寸匕，合小豆末七枚，米飲服之，令瘟疫氣不相染也。《肘後方》。

鯧魚 【氣味】鹹，温，無毒。 【主治】小兒頭瘡出膿水。以麻油煎熟，取油頻塗時珍。

穿鮑繩　〔主治〕眯目去刺，煮汁洗之，大良蘇恭。

明・梅得春《藥性會元》卷下　鮑魚　味辛，臭，氣溫，無毒。　主墮骽蹶踠折，惡血血痹在四肢不散者，女子崩中血不止。勿令中鹹。

明・吴文炳《藥性全備食物本草》卷三　鮑魚　俗呼為鯫魚，字相似鮑。又言鹽鯫之以成故也。今此鮑魚乃是謂魚長尺許，合完淡乾之而都無臭氣，要自療漏血，不知何者為良。今以漢沔間所作淡乾，味辛而臭者。蘇又引李當之《本草》亦云胸中濕者良，其以曝魚不以鹽，外雖乾而魚肥，故中濕也，中濕則彌臭矣。一說鮑魚自是一種，形似小鱅魚，生海中，氣最臭，秦始皇取置車中是也。此說雖辨，亦無所據。《素問》治血枯雀卵丸，飲鮑魚汁以利腸中。《蜀本圖經》注云：十月後取魚夫長繩穿淡乾之。凡魚皆堪食，不的取一色也。據陶注作藥當用少鹽，不知正何種魚爾。又據《本經》云勿令中濕，是知入藥當少以鹽鯫成之，有鹽則中鹹而不臭，鹽少則味辛而臭矣。古人云與不善人居，如入鮑魚之肆，謂惡人之行，如鮑魚之臭也。考其實，則今荊楚鮑魚頗臭而微辛，方家亦少用。舊云沔州、復州作之，餘皆不出。味辛臭，氣溫，無毒。主墜墮骽蹶踠折瘀血，四肢痺。治妊娠中風寒熱，腹中絞痛不可針灸，并止血崩，乾魚一枚燒為末，酒調服方寸，取汗。

明・趙南星《上醫本草》卷四　鮑魚　一名薧魚《禮記》音考，一名蕭折魚，一名乾魚。時珍曰：鮑，即今之乾魚也。魚之可包者，故字從包。《禮記》謂之薧，《魏武食制》謂之蕭折，皆以蕭蒿而成故也。其淡壓為腊者曰淡魚，曰鱐魚音搜；以物穿風乾者曰法魚，曰鮿魚音怯；其以鹽漬成者曰醃魚，曰鹹魚，曰鯫魚音葉，曰鮭魚音蹇，今俗通呼曰乾魚。舊注混淆不明，今並削正于下。　肉：辛，臭，溫，無毒。　妊婦食之，令子多疾。

明・姚可成《食物本草》卷一〇鱗部・無鱗魚類　鮑魚即今之乾魚也。淡壓為腊者，曰淡魚。鹽漬成者，曰醃魚。石首魚曝乾者，為白鯗。湖廣漢陽、武昌多魚，土人剖之，不用鹽，曝乾作淡魚，載至江西賣之。饒、信人飲食祭廟，無此則非盛禮，雖臭腐可惡，而更以為奇，此風俗之尚。不若吳中以白鯗、乾魚、風魚、熏魚等類，同雞、猪肉及竹筍共烹食之，味甚鮮美。

鮑魚：　味辛臭，溫，無毒。主墜墮腿蹷踠折，瘀血，血痹在四肢不散者，女子崩中血不止。煮汁，治女子血枯病傷肝，利腸。同麻仁、蔥、豉煮羹，通乳汁。　頭：　煮汁，治眯目；　燒灰，療疔腫瘟氣。

明・顧逢柏《分部本草妙用》卷一〇水族部　鮑魚即乾魚。　辛臭，溫，無毒。　主折傷瘀血，在四肢不散者。女子崩中血不止。同麻仁、蔥、豉煮，通乳汁。

明・施永圖《本草醫旨・食物類》卷五　鮑魚即今之乾魚也。魚之可包者，即今之白鯗也。〇鮧魚口小背黃者，名鮑魚。　肉：　味辛，臭，溫，無毒。妊婦食之，令子多疾。　治：　墜墮折骽蹶踠折，瘀血、血痹在四肢不散者，女子崩中血不止。煮汁，治女子血枯病傷肝，利腸。同麻仁、蔥、豉煮羹，通乳汁。

附方　妊娠感寒腹痛：　乾魚一枚，燒灰，酒服方寸匕，取汗瘥。　頭：　治：煮汁，治眯目。燒灰，療疔腫瘟氣。　鯫魚：　味鹹，溫，無毒。治：　小兒頭瘡，出膿水，以麻油煎熟取油，頻塗。　穿鮑繩：　治：　眯目，去刺煮汁洗之大良。

清・张璐《本經逢原》卷四　鮑魚　辛，臭，溫，無毒。　發明：　鮑魚腥穢可淡曝，而不可著鹽，乾則形如塊肉，專取腥穢，以滌一切瘀積，同氣相感也。入肝散血，煮汁送四烏鰂一藘茹丸，治女子血枯經閉。《內經》用以療傷肝利腸，而不傷伐元氣。惜乎，世罕用之。今庖人用以煮肉，則脂沫盡解，滌除垢膩之驗也。秦始皇死沙丘，會暑屍腐，令輼車載鮑魚以亂其臭。始皇本呂不韋萌孽，溷廁宮幃，非取其滌除遺臭之義歟。

清・王子接《得宜本草・中品藥》　鮑魚　味辛。入足厥陰經。　主治跌撲腿蹶腕折。得蔥、豉通乳汁。

清・嚴潔等《得配本草》卷八　鮑魚即乾魚。　辛，臭，溫。　治跌打損傷，及女子血閉。

題清・徐大椿《藥性切用》卷八　鮑魚　辛臭性溫，入肝散血。煑汁，送四烏鰂骨一藘茹丸，治女子血枯經閉。內有乾血，其滌除垢膩之功可知。又以其質韌肉鬆，故能調肝益腎，今古食品共珍之。

清・黃宮繡《本草求真》卷九　鮑魚通肝瘀滌腸穢。　鮑魚耑入肝，兼入腸。考之長洲張璐有言，其魚腥穢，止可淡曝，而不可煮鹽。乾則形如塊肉，性溫無毒，耑取腥穢以滌一切瘀積，同氣相感也。入肝散血，煮汁送四烏鰂一藘茹丸。治女子血枯經閉，《內經》以療傷肝利腸而不傷伐元氣，惜乎世罕用之。今庖人用以煮肉，則脂沫盡解，滌除垢膩之驗也。昔秦皇死沙丘，會暑屍腐，令輼車載鮑魚以亂其臭。始皇本呂不韋萌孽，溷廁宮幃，非取其滌除遺臭之義歟？

清・李文培《食物小録》卷下 鮑魚 辛，臭，溫，無毒。同麻仁、葱、豉煮羹，通乳。妊婦食之，令子多疾。

清・章穆《調疾飲食辯》卷六 鮑魚 《禮記》曰薨魚，又曰鱅，又曰腊，又曰鮝，《魏武帝食制》名蕭折魚，俗名乾魚，又名法魚，又名蝦魚。不拘魚之種類，淡曝不用鹽醃。其氣腥臭如尸，故秦始皇崩於沙丘後，車載鮑魚以亂其臭。《禮》鮑魚不登於俎，昔文王使太公傅太子發，太子嗜鮑魚，公勿與，曰：豈有非禮而可以養太子者哉。性能散血，又能止血，又能生血。凡踠折瘀血在腹內、四肢不散者，女子崩中血不止者，均宜煮汁，微加醋飲，不得用鹽。出《別録》。又治女子血枯。出《素問》。又治水腫、氣腫。陳者良，未隔冬者勿用，隔兩冬者太陳，亦勿用。又同葱、豉、酒煮食，飲其汁，能通乳。出《綱目》。雜蝦曝者尤良。但雜鰟魮、鮎、鱯、黄魤、鱭魚者均有毒，僅供食料，不堪療疾。又孕婦不宜食，李九華曰：令子多疾。又今市肆所售鮑魚，用充海錯，乃海魚之乾者，亦屬佳品，上文血分諸病，亦能治之，但不能消脹耳。

鹹魚又名鮑魚，又名鰎魚。鹹甚者能刧血，病人忌食。微鹹者好。醋烹之能開胃進食，病人宜之。若用煙熏者名烘魚，其氣芳馥，更為佳品。但鮎、鱯、鰟魮、黄魤、鱭魚之類，亦宜避之。煎鹹魚之油，能治小兒頭瘡出膿水。微加醋烹，俟魚熟，取油塗甚妙。

清・趙其光《本草求原》卷一六鱗部 鮑魚 腥穢，可淡曝，而不可着鹽，乾則形如塊肉。專取腥臭，以滌一切瘀積，同氣相感也。辛，溫，入肝。散瘀血，治跌折、四肢血痹、婦人血枯經閉、煮汁送烏賊茹藘丸利腸而不傷元氣。崩中、能行即能止。下乳汁。同麻仁、葱、豉煮食。用以煮肉，胎沫盡解，滌垢膩之驗也。

清・文晟《新編六書》卷六《藥性摘録》 鮑魚 入肝通瘀，入腸滌垢，而不傷元氣，煮汁送。四烏鰂一藘茹丸，治女子血枯經閉。

清・戴葆元《本草綱目易知録》卷五 鮑魚晒乾乾魚。 辛，臭，溫。治墜墮腿蹷，踠折瘀血，血痹在四肢不散，女子崩血不止。煮汁和藥，治女子血枯病，傷肝利腸。同麻仁、葱豉煮羹，通乳汁。米粉拌蒸食，治暴水瀉葆元。妊娠感寒腹痛，燒灰酒服一匙，取汗瘥。【略】《明道志》云：武昌多魚，土人剖之，不用鹽，暴乾，作淡魚，至江西賣，祭享無此非盛禮，是鮑即乾淡魚也。葆按：《素問》治肝傷病，治之以四烏鰂骨一藘茹丸，以雀卵飲以鮑魚，亦乾魚也。近醫不詳《本草》，以市肆由廣東來者，其形方，長二寸，厚六七分，紫色無鱗骨，烹食，切薄片，以五味入鍋，作熱湯，滾數沸，取起食，味鮮脆，查《本草》無此魚，不能妄借，以正今用鮑魚之悞。〇雜物眯目。乾魚頭二枚，地膚子半合，水煮取汁，滴目中即出。

魚鱠

宋・唐慎微《證類本草》卷二〇蟲魚部上品〔唐・陳藏器《本草拾遺》〕

鱠 味甘，溫。蒜虀食之，溫補，去冷氣，濕痹，除膀胱水，喉中氣結，心下酸水，腹內伏梁，冷痃，結癖，疝氣，補腰脚，起陽道。鯽魚鱠，主腸澼，水穀不調，下利，小兒、大人丹毒，風眩。鯉魚鱠，主冷氣，氣塊結在心腹，并宜蒜虀進之。魚鱠以菰菜爲羹，吳人謂之金羹玉鱠，開胃口，利大小腸。食鱠不欲近夜，食不銷，兼飲冷水，腹內爲蟲。時行病起食鱠，令人胃弱，又不可同乳酪食之，令人霍亂。凡羹以蔓菁煮之，蔓菁去魚腥。又萬物腦能銷毒。所以食鱠，食魚頭羹也。

元・吳瑞《日用本草》卷五 鱠 味甘，平。能補。去濕痹，除疝氣。

鯉魚鱠：主冷氣塊在心，並蒜齏進之。鯽魚鱠：主腸癖下痢，大人丹毒。鱻魚鱠：治大腸下血。食鱠多不消，飲馬鞭草可消。魚目亦作鱠，食之成瘕病。家獸自死，共鱠汁食，作疽瘡。鱠不欲近夜食，不消；兼飲冷水，腹內生蟲。時行病起，食鱠，令人胃弱。同乳酪食，令人霍亂。

明・盧和、汪穎《食物本草》卷四魚類 魚膾 乃諸魚所作之膾。味甘，溫補。去冷氣濕痹，除喉中氣結，心下酸水，腹中伏梁，冷痃，結癖，疝氣，補腰脚，起陽道。鯽魚膾，主腸癖，水穀不調，下利，小兒、大人丹毒，風痃。鯉魚膾，主冷氣塊結在心腹，并宜蒜、薤食之。以菰菜為羹，謂之金羹玉膾，開胃口，利大小腸。以蔓菁煮去腥。凡物，腦能消毒，所以食膾必魚頭羹也。近夜食不消，馬鞭草汁能消之。飲水令成蟲，病起食之令胃弱。不宜同乳酪食，令霍亂。又云：不可同蒜食。予昔在蒼梧，見一婦人患吞酸，諸藥不効，一日食魚膾遂愈，蓋以辛辣有刧病之功也。凡膾，若魚本佳者，膾亦佳。

明・王文潔《太乙仙製本草藥性大全》卷八《仙製藥性》 魚鱠 味甘，溫。蒜虀食之溫補，去冷氣濕痹。除膀胱水，喉中氣結，心下酸水，腹內伏梁，冷痃結癖疝氣。補腰脚，起陽道。鯽魚鱠：主腸澼水穀不調下痢，小兒大人丹毒風眩。鯉魚鱠：主冷氣氣塊結在心腹，並宜蒜虀進之。魚鱠以菰菜爲羹，吳人謂之金羹玉鱠。開胃口，利大小腸。食鱠不欲近夜，食不銷，兼飲冷水腹內爲蟲。時行病起食鱠，令人胃弱。又不可同乳酪食之，令人霍亂。凡羹以蔓菁煮之，蔓菁去魚腥。又萬物腦能消毒，所以殘鱠，食魚頭羹也。

明・李時珍《本草綱目》卷四四鱗部・附録　魚鱠音檜。《拾遺》。

〔釋名〕魚生時珍曰：劊切而成，故謂之鱠。凡諸魚之鮮活者，薄切洗凈血鯹，沃以蒜虀、薑醋、五味食之。

〔氣味〕甘，温，無毒。藏器曰：近夜勿食，不消成積。勿飲冷水，生蟲。時行病後食之，胃弱。勿同乳酪食，令人霍亂。不可同瓜食。時珍曰：按《食治》云：凡殺物命，即虧仁愛，且肉未停冷，動性猶存，旋烹不熟，食猶害人，况魚鱠肉生，損人尤甚，爲癥瘕，爲痼疾，爲奇病，不可不知。昔有食魚生而生病者，用藥下出，已變蟲形，鱠縷尚存；有食鼈肉而成積者，用藥下出，已成動物而能行，皆可驗也。

〔主治〕温補，去冷氣濕痹，除膀胱水，腹內伏梁氣塊，冷痃結癖疝氣，喉中氣結，心下酸水，開胃口，利大小腸，補腰脚，起陽道藏器。宜脚氣風氣人，治上氣喘咳思邈。鯽鱠：主久痢腸澼痔疾，大人小兒丹毒風眩孟詵。

〔發明〕汪穎曰：魚鱠辛辣，有劫病之功。予在蒼梧見一婦人病吞酸，諸藥不效。偶食魚鱠，其疾遂愈。蓋此意也。

明・穆世錫《食物輯要》卷八　魚鱠　味甘，性溫，無毒。開胃，止吞酸，利大小腸。同蒜、薤食，去冷氣痛。同乳酪食，令霍亂。勿同諸瓜食。惟鯽魚鱠治久痢腸澼、痔疾。食生鱠，成瘕為怪病。夜食不消，成積。食魚鱠後飲冷水，生蟲。疫病後食之，損脾成內疾。崔浩云：用馬鞭草汁和酒服，能消。

明・吳文炳《藥性全備食物本草》卷四　魚鱠　乃諸魚所作之膾。味甘溫補，去冷氣濕痺，除喉中氣結，心下酸水，腹中伏梁，冷痃結癖疝氣，補腰脚，起陽道。以菰菜為羹，謂之金羹玉鱠，開胃口，利大小腸。以蔓菁煮去腥。凡物腦能消毒，所以食鱠必魚頭羹也。近夜食不消，馬鞭草汁能消之。飲水令成蟲，病起食之令胃弱。同乳酪食令霍亂。又云不可同蒜食。昔一婦患吞酸，食魚鱠遂愈，蓋以辛辣有刼病之功也。凡鱠，若，魚本佳者鱠亦佳。

明・姚可成《食物本草》卷一〇鱗部・無鱗魚類　魚鱠一名魚生。劊切而成，故謂之鱠。凡諸魚之鮮活者，薄切，洗淨血腥，沃以蒜虀、薑、醋，五味食之。

魚鱠：　味甘，溫，無毒。主補中，去冷氣溼痹，除膀胱水，腹內伏梁氣塊，冷痃結癖疝氣，喉中氣結，心下酸水，開胃口，利大小腸，補腰脚，起陽道。

鯽魚鱠：　主久痢腸澼痔疾，大人小兒丹毒風〔眩〕，竝宜與蒜薤食之。以菰菜為羹，謂之金羹玉膾，開胃口，利大小腸。以蔓菁煮去腥。凡物腦能消毒，所以食膾必魚頭羹也。近夜勿食，不消成積。勿飲冷水，生蟲。時行病後食之，胃弱。不宜同乳酪食，令人霍亂。又不可同瓜食。〇李時珍曰：按《食治》云，凡殺物命，既虧仁愛，且肉未停冷，動性猶在，旋烹不熟，食猶害人。况魚膾肉生，損人尤甚。為癥瘕，為痼疾，為奇病，不可不知。昔有食魚生而生病者，用藥下出，已變蟲形，膾縷尚存。有食鼈肉而成積者，用藥下出，已成動物。皆可驗也。汪穎云：魚膾辛辣，有刼病之功，予在蒼梧見一婦人，病吞酸，諸藥不效，偶食魚鱠，其疾遂愈，蓋此意也。

明・孟笨《養生要括・鱗類》　魚膾　味甘，溫，無毒。溫補，去冷氣濕痹，除膀胱水，腹內伏梁氣塊，冷痃結癖，疝氣，喉中氣結，心下酸水，開胃口，利大小腸，補腰腳，起陽道。宜腳氣、風氣人。治上氣喘咳。鯽膾，治久痢、腸澼、痔疾，大人小兒丹毒風眩。〔昔人有食魚膾而生病者，用藥下出，已變蟲形，膾縷尚存。有食鼈肉而成積者，用藥下出，已成動物而能行。〕

明・施永圖《本草醫旨・食物類》卷五　魚鱠劊切而成，故謂之鱠。凡諸魚之鮮活者，薄切，洗淨血鯹，沃以蒜虀、薑、醋、五味食之。　味甘，溫，無毒。近夜勿食，不消成積。勿飲冷水，生蟲。時行病後，食之胃弱。勿同乳酪食，令人霍亂，不可同瓜食。〇昔有食魚生而生病者，用藥下出，已變蟲形，鱠縷尚存。有食鼈肉而成積者，用藥下出，已成動物而能行，皆可驗也。治：　溫補，去冷氣濕痹，除膀胱水，腹內伏梁氣塊，冷痃結癖，疝氣，喉中氣結，心下酸水，開胃口，利大小腸，補腰脚，起陽道，宜脚氣、風氣人。治上氣喘咳。鯽鱠主久痢，腸澼痔疾，大人小兒丹毒風眩。魚鱠辛辣，有劫病之功，予在蒼梧見一婦人病吞酸，諸藥不效，偶食魚鱠，其疾遂愈。

清・丁其譽《壽世秘典》卷四　魚鱠一名魚生，劊切而成，故謂之鱠。凡諸魚之鮮者，薄切，洗淨血鮏，沃以蒜虀、薑、醋、五味，食之。　氣味：　甘，溫，無毒。主補中，去冷氣濕痹，除膀胱水，腹內伏梁氣塊，冷痃結癖，疝氣，喉中氣結，心下酸水。開胃，補腰腳，起陽道。　發明陳藏器曰：　近夜勿食，不消成積。時行病後，食之令胃弱。勿同乳酪食，令霍亂。不可同蒜食。李時珍曰：　按《食治》云，凡殺物命，即虧仁愛，且肉未停冷，動性猶存，旋烹不熟食，猶害人。況魚鱠肉生，損人尤甚，為癥瘕，為痼疾，為奇疾，不可不知。昔有食魚生而生病者，用藥下出，已變蟲形，鱠縷尚存。有食鼈肉而成積者，用藥下出，已成動物而能行，皆可騐也。

清·朱本中《飲食須知·味類》　魚膾　味甘，性溫。同乳酪食，令霍亂。勿同諸瓜食，夜食不消成積。食後飲冷水，生蟲。疫病後食之，損脾成內疾。食生膾成瘕，為怪病。過食不消者，用馬鞭草汁和酒服可化。勿同猪肝食。

清·何其言《養生食鑒》卷下　魚膾俗名魚生，乃諸魚所作之膾，美惡同本魚之性。　味甘，性溫，無毒。去胃熱，止吞酸，利大小腸，補腰脚，起陽道，治上氣喘咳，喉中結氣。勿同乳酪、諸瓜食。脾虚人及時病後，忌之。

清·李文培《食物小録》卷下　魚鱠即生魚。　甘，溫，無毒。劊切而成，故謂之鱠。凡諸魚之鮮活者，薄切洗浄血鮏，沃以五味香料，拌食之。補腰腳，起陽道。

清·章穆《調疾飲食辯》卷六　魚鱠　又名魚生。《綱目》曰：旋烹不熟，食猶害人，況魚鱠肉生，損人尤甚，為癥瘕，為痼疾，為奇病，皆所不免。昔有食此致病者，用藥下出鱠縷，已變蟲形。而《本草拾遺》暨《食物本草》謂其能治多病，均不足信。至汪穎謂親見一婦人病吞酸，因食魚鱠而愈，尤為無理。大抵此物自古有之，屢見經傳。今北人常食，未必人人皆病。而現已有病，及大病、久病、新愈之人，則斷斷不宜犯也。

清·趙其光《本草求原》卷一六鱗部　魚生　雖沃以薑醋五味，而生冷之性猶存，多食令人為癥瘕，為痼疾，近夜食尤甚。惟久痢腸澼，丹毒，吞酸，胃熱病，宜此冷利辛辣並用以劫之。若時行病後，胃弱人忌之。藏器以為溫補起陽，謬甚。忌與乳瓜同食。

清·文晟《新編六書》卷六《藥性摘録》　魚膾　即魚生，諸魚所作之膾。美惡隨乎魚性。甘，溫。去胃熱，止吞酸，利大小腸，補腰腳，起陽道，治上氣喘咳，喉中結氣。勿同乳酪、諸瓜食。脾虚及時病後忌之。

清·戴葆元《本草綱目易知録》卷五　魚鱠魚生　甘，溫。開胃口，補腰脚，起陽道，利大小腸。除膀胱水，去冷氣濕痹，伏梁氣塊，痃癖疝氣，喉中氣結，心下酸水，上氣喘咳，宜脚氣風氣人。

清·吴汝紀《每日食物却病考》卷下　膾　乃取諸肉、魚之鮮活者，劊切薄片，洗淨血腥，沃以辛香五味而食之。味雖甘美，不可食也。蓋今人烹之不熟者，食猶害人，況生者乎？且活殺物命，肉未停冷，動性猶存，仁者何忍。按《食治通説》云：有食魚生而病，藥下出蟲形，乃愈。有食鱉膾而成積痛，藥下出已成動物而能行。可不戒哉。

魚鮓

宋·李昉《太平御覽》卷八六二　鮓　《釋名》曰：鮓，葅也。以鹽米釀之，如葅熟而食之也。

宋·唐慎微《證類本草》卷二〇蟲魚部上品〔唐·陳藏器《本草拾遺》〕　魚鮓　味甘，平，無毒。主癬。和柳葉搗碎，熱炙傅之。又主馬瘑瘡。取酸臭者，和糝及屋上塵傅之。瘑似疥而大。凡鮓皆發瘡疥，可合殺蟲瘡藥用之。

元·吴瑞《日用本草》卷五　鮓　味甘，性平，無毒。凡肉與魚皆可為之。稍生，不益脾胃，反致疾。鯉魚鮓：同青豆、小豆藿食，令人成消渴。蜜瓶盛鮓，殺人。鮓内有蝦，不可食。鯖魚鮓不可合胡荽、葵、麥醬食。鮓不可同羊肉食，傷人心。魚目赤，不可作鮓，害人，發瘡疥。

明·滕弘《神農本經會通》卷一〇　魚鮓　陳藏器云：味甘，氣平，無毒。主癬，和柳葉搗碎，熱炙，傅之。又主馬瘑瘡，取酸臭者，和糝及屋上塵，傅之，瘑似疥而大。凡鮓皆發瘡疥，可合殺蟲瘡藥用之。

明·盧和、汪穎《食物本草》卷四魚類　魚鮓　諸魚所作之鮓，不益脾胃，皆發疥。鯉魚鮓，忌青豆、赤豆；鯖魚鮓，忌胡荽、羊肉。鮓中有鰕者、蜜瓶盛者，不可食。右諸魚，有毒：目有睫、目能開合、二目不同，逆腮、全腮、無腮、腦中白連珠、連鱗、白鬐、腹下丹字、形狀異常者，並殺人。海產皆發霍，多食令吐利。凡中毒，以生蘆根、馬鞭草取汁，大豆、陳皮、大黄煮汁，並解之。《素問》曰：魚熱中。丹溪曰：魚在水無一息之停，食之動火。孟子曰舍魚而取熊掌，良有以〔也〕。食者節焉。

明·王文潔《太乙仙製本草藥性大全》卷八《仙製藥性》　魚鮓　味甘，平，無毒。主癬，和柳葉搗碎，熱炙傅之。又主馬瘑瘡，取酸臭者，和糝及屋上塵傅之。瘑似疥而大。凡鮓皆發瘡疥，可合殺蟲瘡藥用之。

明·李時珍《本草綱目》卷四四鱗部·附録　魚鮓《拾遺》

【釋名】時珍曰：按劉熙《釋名》云：鮓，醞也。以鹽糝醞釀而成也。諸魚皆可爲之。

大者曰鮓，小者曰鮗。一云：南人曰鮗，北人曰鮓。

〔氣味〕甘、鹹，平，無毒。藏器曰：凡鮓皆發瘡疥。鮓內有髮，害人。瑞曰：鮓不熟者，損人脾胃，反致疾也。時珍曰：諸鮓皆不可合生胡荽、葵菜、豆藿、麥醬、蜂蜜食，令人消渴及霍亂。凡諸無鱗魚鮓，食之尤不益人。　〔主治〕癬瘡，和柳葉搗碎炙熱傅之。取酸臭者，連糝和屋上塵，傅蟲瘡及馬瘑瘡藏器。治聤耳痔瘻，諸瘡有蟲，療白駁、代指病，主下痢膿血時珍。

〔附方〕新二。　白駁風：以荷葉裹鮓令臭，拭熱，頻頻擦之，取效乃止。《千金方》。　代指痛：先刺去血，炙鮓皮裹之。

明・穆世錫《食物輯要》卷八　魚鮓　味甘、鹹，平，無毒。諸魚皆可作。多食難化，且發瘡疥。防雜髮，害人。生鮓損人，食之，動脾胃病。同胡荽、同葵菜、同豆藿、同麥醬食，竝令消渴及霍亂。凡無鱗魚鮓，尤不益人。韶州兩僧食蜂蜜，過村墟，復買鮓食，是夕皆死。

明・吴文炳《藥性全備食物本草》卷四　魚鮓　乃諸魚所作之鮓，不益脾胃，皆發瘡疥。鯉魚鮓忌青豆、赤豆。青魚鮓忌胡荽、羊肉。鮓中有蝦者不可食。

明・姚可成《食物本草》卷一〇鱗部・無鱗魚類　魚鮓鮓，醖也。以鹽糝醖釀藏貯而成也。諸魚皆可為之。　魚鮓，味鹹，平，無毒。治癬瘡，和柳葉搗碎，炙熱傅之。凡鮓皆發瘡疥。鮓內有髮，害人。鮓不熟者，損人脾胃。諸鮓皆不可合生胡荽、葵菜、豆藿、麥醬、蜂蜜食，令人消渴及霍亂。凡諸無鱗魚鮓食之，尤不益人。

明・孟笨《養生要括・鱗類》　魚鮓　味甘、鹹，平，無毒。治癬瘡，和柳葉搗碎，炙熱傅之。取酸臭者，連糝和屋上塵，傅蟲瘡及馬瘑瘡。治聤耳、痔瘻、諸瘡有蟲，療白駁、代(子)〔指〕病，主下痢膿血。

明・施永圖《本草醫旨・食物類》卷五　魚鮓以鹽糝醖釀而成也，諸魚皆可為之。大者曰鮓，小者曰鮗。　味甘、鹹，平，無毒。凡鮓皆發瘡疥。鮓內有髮，害人。鮓不熟者，損人脾胃，反致疾也。諸鮓皆不可合生胡荽、葵菜、豆藿、麥醬、蜂蜜食，令人消渴及霍亂。凡諸無鱗魚鮓，食之尤不益人。　治：癬瘡，和柳葉搗碎，炙熱傅之。取酸臭者，連糝和屋上塵，傅蟲瘡及馬瘑瘡。治聤耳，痔瘻，諸瘡有蟲。療白駁、代指病，主下痢膿血。

附方　白駁風：以荷葉裹鮓，令臭，拭熱，頻頻擦之，取效乃止。

清・丁其礜《壽世秘典》卷四　魚鮓鮓，醖也，以鹽糝醖釀而成也，諸魚皆可為之，大者曰鮓，小者曰鮗。　氣味：甘、鹹，平，無毒。治聤耳、痔瘻，諸瘡有蟲，療白駁、代指病，主下痢膿血。　發明李時珍曰：諸鮓皆發瘡疥，不可合葫荽、葵菜、豆藿、麥醬、蜂蜜食，令人霍亂，鮓中有鰕者及蜜瓶盛者，皆不可食。凡諸無鱗魚鮓，食之，尤不益人。

清・朱本中《飲食須知・味類》　魚鮓　味甘、鹹，性平。諸魚皆可作鮓，多食難化，發瘡疥。防雜髮害人。生鮓損人，食之動脾胃病。同胡荽、同葵菜、同豆藿、同麥醬、同綠豆、同蒜食，並令消渴及霍亂。無鱗魚鮓，尤不益人。

清・何其言《養生食鑒》卷下　魚鮓以塩摻醖釀而成，諸魚皆可為之。　味甘、鹹，性平，無毒。不益脾胃，皆發瘡疥，生食損人，不可合生胡荽、葵菜、豆藿、麥醬、蜂蜜同食。無鱗魚鮓，尤不宜食。

清・李文培《食物小録》卷下　魚鮓　甘、鹹、酸，溫，無毒。凡鮓，皆發瘡疥。鮓內有髮，害人；鮓不熟者，損人脾胃。諸鮓，皆不可同生蒝荽、葵菜、豆藿、麥醬、蜂蜜食，令人消渴及霍亂。凡諸無鱗魚鮓，食之尤不益人。

清・章穆《調疾飲食辯》卷六　鮝魚　俗作鮓，大者曰鮝，小者曰鮗。《爾雅》《釋名》：鮝，醖也。以鹽糝醖釀而成也。其性大不益人。今人率用紅麴，稍易消，他無益等也。《日用本草》曰：損人脾胃。《拾遺》曰：發瘡疥，鮝內有髮害人。《綱目》曰：不可同生胡荽、葵菜、豆葉、麥醬食，令人病。同蜂蜜食，令人暴死。無鱗魚作鮝，尤不堪食。凡有病人，概宜遠之也。

清・文晟《新編六書》卷六《藥性摘錄》　魚鮓　以鹽摻醖釀而成。甘鹹，性平。不益脾胃，皆發瘡疥。生食損人。不可合生胡荽、葵菜、豆醬、蜂蜜同食。〇無鱗魚勿鮓。

清・戴葆元《本草綱目易知錄》卷五　魚鮓　甘、鹹，平。主下痢膿血，聤耳痔瘻，諸瘡有蟲。治癬瘡，和柳葉搗碎，炙熱傅之。取酸臭者，連糝和屋上塵，傅蟲瘡及馬瘑瘡。

清・吴汝紀《每日食物却病考》卷下　鮓　凡肉皆可造，而今人多用魚者。乃以鹽料醖釀成熟，不由火化。其不熟者，損人脾胃，致疾，雖無他毒而不益人也。

糟魚

清・章穆《調疾飲食辯》卷六　糟魚　凡物糟藏者，皆能開胃進食，糟魚更在諸品之上。但雜蝦者則動風發毒，癰瘍、風損忌之。若糟鮎、鱯等，則諸病忌之。

大紅蝦鮓

宋・唐慎微《證類本草》卷二二蟲魚部下品〔唐・陳藏器《本草拾遺》〕大紅蝦鮓　味甘，平，小毒。主飛尸，蚘蟲，口中甘䘌，風瘙身癢，頭瘡牙齒去疥癬，塗山蜍蚊子入人肉初食瘡，發後而愈。生臨海、會稽，大者長一尺，鬚可爲簪。虞嘯父答晉帝云：時尚溫未及以貢，即會稽所出也。盛密器及熱飦作鮓，毒人至死。崔豹云：遼海間有蜚蟲，如蜻蛉，名紺繙，七月群飛闇天，夷人食之，云是蝦化爲之。又杜台卿《淮賦》云：蝗化爲雉，入水爲蜃。

魚鱗

明・李時珍《本草綱目》卷四四鱗部・附録　魚鱗《綱目》

〔釋名〕時珍曰：鱗者，粼也。魚產於水，故鱗似粼；鳥產於林，故羽似葉；獸產於山，故毛似草。魚行上水，鳥飛上風，恐亂鱗、羽也。

〔主治〕食魚中毒，煩亂或成癥積，燒灰水服二錢時珍。諸魚鱗燒灰，主魚骨鯁《別録》。

明・孟笨《養生要括・鱗類》　魚鱗　食魚中毒，煩亂或成癥積，燒灰，水服二錢。諸魚鱗燒灰，主魚骨鯁。魚子，治目中障翳。以鯉、鯽魚為佳。

明・施永圖《本草醫旨・食物類》卷五　魚鱗　治：食魚中毒煩亂，或成癥積，燒灰，水服二錢。諸魚鱗燒灰，主魚骨鯁。

清・王道純《本草品彙精要續集》卷七　魚鱗

魚鱗：主食魚中毒煩亂，或成癥積，燒灰水服二錢《本草綱目》。〔名〕李時珍云：鱗者，粼也。魚產于水，故鱗似粼；鳥產于林，故羽似葉；獸產於山，故毛似草。魚行上水，鳥飛上風，恐亂鱗羽也。〔治〕《名醫別録》云：諸魚鱗，燒灰，治魚骨鯁。

魚子：主療目中障翳《本草綱目》。〔名〕鮢音米、鱥音蟻。〔苗〕孟詵云：凡魚生子，皆粘在草上及土中，冬月寒冰過後，亦不腐壞。到五月三伏日雨中便化爲魚。李時珍云：凡魚皆冬月孕子，至春末夏初則於湍水草際生子，有牡魚隨之灑白蓋其子。數日即化出，謂之魚苗，最易長大，孟氏之說蓋出謬傳也。〔地〕處處魚腹中生之。〔時〕生：於春。採：二三月取之。〔用〕李時珍云：魚子古方未見用，惟《聖濟總録》治目決明散中用之，亦不言是何魚之子，大抵當取青魚、鯉、鯽之屬爾。〔合治〕《聖濟總録》方決明散，治一切遠年障翳，胬肉赤腫疼痛。用魚子活水中生下者半兩，以硫黃水溫洗淨，石決明、草決明、青葙子、穀精草、枸杞子、黃連炙、甘草、枳實麩炒、牡蠣粉、蛇蛻燒灰、白芷、龍骨、黃蘗各一兩，白附子炮、白蒺藜炒黃、黃芩炒、羌活各半兩，虎睛一隻切作七片，文武火炙乾，每一料用一片，右通爲末，每服三錢，五更時茶服，午夜再服。赤白翳膜，七日減去。胬肉赤腫痛不可忍者，三五日見效。凡遇惱怒、酒色、風熱即疼者，是活眼，尚可醫治，如不疼，是死眼，不必醫也。〔忌〕豬、魚、酒、麵、辛辣、色欲。

清・李文培《食物小録》卷下　魚鱗　諸魚鱗燒灰，治魚骨鯁。惟鯽魚鱗煮之易爛，大益小兒痘疹。

清・章穆《調疾飲食辯》卷六　魚鱗《綱目》曰：食魚中毒煩亂，或成癥積，燒灰水服二錢。《別録》曰：治魚骨鯁。方同上。

清・趙其光《本草求原》卷一六鱗部　諸魚鱗　治食魚中毒煩亂，或成癥積及魚骨鯁。俱燒灰水服。

魚膽

清・章穆《調疾飲食辯》卷六　魚膽　諸魚膽並明目去瞖，又治喉痹，又主魚骨鯁咽。青魚、鯉魚為上，而鱧魚膽乃能救喉痹將死，洵妙藥也。鮎、鱯膽不可用。

魚魫

明・李時珍《本草綱目》卷四四鱗部・附録　魚魫枕。《綱目》

〔釋名〕時珍曰：諸魚腦骨曰魫，曰丁。魚尾曰魩音抹，曰丙。魚腸曰鯝，曰乙。魚骨曰鯁，曰刺。魚脬曰鰾，曰白。魚翅曰鰭，曰鬣。魚子曰鮢，曰鱥。

〔主治〕能銷毒藏器。解蠱毒。作器盛飲食，遇蠱輒裂破也。時珍。《延壽書》。

明・施永圖《本草醫旨・食物類》卷五　魚魫諸魚腦骨曰魫。　治：能銷毒，解蠱毒，作器盛飲食，遇蠱輒裂破也。

清・王道純《本草品彙精要續集》卷七　魚魫音枕，無毒。

魚魫《本草綱目》：　主能銷毒《名醫別錄》。　【名】李時珍云：　諸魚腦骨曰魫、曰丁，魚尾曰魩音抹、曰丙，魚腸曰鮰、曰乙，魚骨曰鯁、曰刺，魚脬曰鰾、曰白，魚翅曰鰭、曰鬣，魚子曰鮇、曰鱶。　【地】處處魚頭生此骨，惟青魚者極大，可作器。　【解】《延壽書》云：　能解蠱毒，作器盛飲食，遇蠱輒裂破也。

清・章穆《調疾飲食辯》卷六　魚魫　《綱目》曰：　魚腦骨曰魫，曰丁。尾骨曰魩，曰丙。腸曰鮰，曰乙。身骨曰鯁，曰刺。脬曰鰾，曰白。翅曰鬐，曰鬣。子曰鮇，曰鱶。《拾遺》曰：　魚魫能消毒。《延壽書》曰解蠱毒，作器盛食，遇蠱則裂。青魚魫最良。

清・趙其光《本草求原》卷一六鱗部　各魚腦骨　皆消毒，解蠱毒。煆服。作器盛酒食，遇蠱即破裂。

魚子

明・李時珍《本草綱目》卷四四鱗部・附録　魚子《綱目》

【釋名】鮇音米。　鱶音蟻。

【集解】孟詵曰：　凡魚生子，皆粘在草上及土中。冬月寒水過後，亦不腐壞。到五月三伏日，雨中，便化爲魚。時珍曰：　凡魚皆冬月孕子，至春末夏初則於湍水草際生子。有牡魚隨之，洒白蓋其子。數日即化出，謂之魚苗，最易長大。孟氏之説，蓋出謬傳也。

【氣味】缺。　【主治】目中障翳時珍。

【發明】時珍曰：　魚子古方未見用。惟《聖濟總録》治目決明散中用之，亦不言是何魚之子。大抵當取青魚、鯉、鯽之屬爾。

【附方】新一。　決明散：　治一切遠年障翳，努肉，赤腫疼痛。用魚子，活水中生下者半兩，以硫黄水温温洗浄，石決明、草決明、青葙子、穀精草、枸杞子、黄連、炙甘草、枳實麩炒、牡蠣粉、蛇蜕燒灰、白芷、龍骨、黄蘗各一兩，白附子炮、白蒺藜炒、黄芩炒、羌活各半兩，虎睛一隻切作七片，文武火炙乾，每一料用一片，右通爲末。每服三錢，五更時茶服，午、夜再服。赤白翳膜，七日減去。努肉赤腫痛不可忍者，三五日見效。忌猪、魚、酒、麵、辛辣、色欲。凡遇惱怒酒色風熱即疼者，是活眼，尚可醫治；　如不疼，是死眼，不必醫也。《總録》。

明・施永圖《本草醫旨・食物類》卷五　魚子凡魚生子，皆粘在草上及土中。冬月寒水過後，亦不腐壞。到五月三伏日雨中，便化為魚。　味缺。治：　目中障翳。

清・李文培《食物小録》卷下　魚子　甘，平，微酸，有小毒。　諸魚子皆不可多食，能令人腹脹，惟青魚子能治目中翳障。

清・章穆《調疾飲食辯》卷六　魚子　一名蘇，一名鱶。《爾雅》曰：　鯤，魚子。故《國語》云魚禁鯤鮞也。性之良毒，視乎其魚。然多食、久食令人作脹，則諸魚子所同。且不受調和，既無益，又無味，病人何必食之。而《聖濟總録》治目瞖，用已生出在水中魚子半兩和藥，亦好奇之過也。

清・趙其光《本草求原》卷一六鱗部　魚子　唯青魚、鯉、鯽子可用，治一切遠年障翳努肉，赤腫疼痛。用活水中、夏初春末生下草際者半兩，以硫黄水溫洗淨，石決、草決、青葙、穀精、黃連、杞子、炙草、枳實、牡蠣、蛇蜕灰、白芷、龍骨、黃柏各一兩，白附、白蒺、酒芩、羌活各五錢，虎睛一隻切七片，文武火炙乾，用一片，共研，午夜各服三錢。忌豬魚酒肉、辛辣、色事。凡遇惱怒、酒色、風熱即疼者，是活眼，尚可醫；　不疼，則不治。

清・戴葆元《本草綱目易知録》卷五　魚子　治目中障瞖，有決明散。時珍曰：　凡魚，皆冬月孕子，至春末夏初，則於湍水草際生子，有牡魚隨之洒白蓋其子，數日即化出，謂魚苗，易長大。但魚子，古方未見用，唯此決明散，《聖濟》用之，不言是何魚之子，大抵取青鯉鯽之屬。葆按：　此取魚生下之子，若是諸魚腹內子，烹食者，動風助火，發目疾，咽痛牙疼，咳嗽吐血，尤忌，豈能治目疾？

鱭魚

宋・唐慎微《證類本草》卷二〇蟲魚部上品〔唐・孟詵《食療本草》〕　鱭魚　發疥，不可多食。

宋・鄭樵《通志》卷七六《昆蟲草木略》　鮆，《爾雅》云：　鮤，鱴刀。郭云：　今之鮆魚也。亦呼為魛魚。按鮆魚所在有之。

元・吴瑞《日用本草》卷五　（臍）〔鱭〕魚　味甘，平，無毒。發疥，不可多食。

明・盧和、汪穎《食物本草》卷四魚類　鱭魚　發疥。

明・寧源《食鑒本草》卷上　鱭魚　味甘、辛。食之不益人，助火動痰，發瘡疥。

明・李時珍《本草綱目》卷四四鱗部・魚類　鱭魚音劑。《食療》。

【釋名】鮆魚音劑。　鮤魚音列。　鱴刀音篾。　魛魚音刀。　鰽魚《廣韻》音道，亦作鮂。　望魚時珍曰：　魚形如劑物裂篾之刀，故有諸名。《魏武食制》謂之望魚。

【集解】時珍曰：　鱭生江湖中，常以三月始出。狀狹而長薄，如削木片，亦如長薄尖刀形。細鱗白色，吻上有二硬鬚，腮下有長鬣如麥芒。腹下有硬角刺，快利若刀。腹後近尾有短鬣，肉中多細刺。煎、炙或作鮓、鱐食皆美，烹煮不如。《淮南子》云：　鮆魚飲而不食，鱣鮪食而不飲。又《異物志》云：　鰽魚初夏從海中泝流而上。長尺餘，腹下如刀，肉中細骨如毛。云是鰽鳥所化，故腹内尚有鳥腎二枚。其鳥白色，如鷖群飛。至夏，鳥藏魚出，變化無疑。然今鱭魚亦自生子，未必盡鳥化也。

肉 【氣味】甘，温，無毒。詵曰：發疥，不可多食。源曰：助火，動痰，發疾。

鮓 【主治】貼痔瘻時珍。

【附方】新一。 瘻有數孔： 用耕垡土燒赤，以苦酒浸之，合壁土令熱，以大鰲鮓展轉染土貼之。每日一次。《千金方》。

明・穆世錫《食物輯要》卷七 鱭魚 味甘，性溫，無毒。和中氣，開胃助脾。多食，助火動痰，發瘡疾。

明・應廖《食治廣要》卷七 鱭魚 肉： 氣味： 甘，溫，無毒。主治：痔瘻。甯源曰： 助火，動痰，發疾。孟詵曰： 發疥，不可多食。

明・姚可成《食物本草》卷一〇鱗部・魚類 鱭魚鱭音劑。一名鰲魚，一名魛魚。鱭生江湖中，常以三月始出。狀狹而長，薄如削木片，亦如長薄尖刀。細鱗白色。吻上有二硬鬚，腮下有長鬣如麥芒。腹下有硬角刺，快利若刀。腹後近尾有短鬣，肉中多細刺。煎、炙或作鮓、鱐食皆美，烹煮不如。《淮南子》云： 鰲魚飲而不食，鱣鮪食而不飲。又《異物志》云： 鱈魚，即鱭魚。初夏從海中泝流而上。長尺餘，腹下如刀，肉中細骨如毛。云是鱈鳥所化，故腹內尚有鳥腎二枚。其鳥白色，如鷖群飛。至夏，鳥藏魚出，變化無疑。然今鱭魚亦自生子，未必盡是鳥化也。〇常鱭，四時皆有，出諸湖中，巨細不一。然大者不踰四五寸，小者如針芒，味短。湖鱭，時或有之，產洞庭、鄱陽、具區諸大湖中。光白如銀，形長尺許，味略鮮美。江鱭，每歲清明前，來自長江大海接畛之處，味鮮而美。漁人捕得以充時物，頗珍貴之。

鱭魚： 味甘，溫，無毒。助火生痰，發疥。不可多食。 江鱭： 味甘，溫，無毒。主開胃爽脾。鮮而不腥，魚中佳品。多食亦能助火生痰，發瘡。 湖鱭： 味甘，溫，無毒。雖有適口之用，而無資養之功。有溼病瘡疥勿食。

明・顧逢柏《分部本草妙用》卷一〇水族部 鱭魚 甘，溫，無毒。主發疥，不可多食。助火動痰，發疾。鮓貼痔瘻。

明・孟笨《養生要括・鱗類》 鱭魚 味甘，溫，無毒。鮓貼痔瘻。多食助火動痰。

明・施永圖《本草醫旨・食物類》卷五 鱭魚三月始出，狀狹而長，薄如削木片，細鱗白色，吻上有二硬鬚，肉中多細刺。 肉： 味甘，溫，無毒。發疥，不可多食，助火動痰發疾。 鮓： 治： 貼痔瘻。

附方 瘻有數孔： 用耕垡土燒赤，以苦酒浸之，合壁土令熱，以大鰲鮓展轉染土，貼之，每日一次。

清・丁其譽《壽世秘典》卷四 鱭魚一名魛魚，狀狹而長，薄如削木片，亦如長薄尖刀形，細鱗白色，吻上有二硬鬚，腮下有長鬣如麥芒，腹下有硬角刺，快利若刀，腹後近尾有短鬣，肉中多細刺，煎炙皆美，烹煮不如。 氣味： 甘，溫，無毒。開胃爽脾。多食，助火動痰，發瘡疥。

清・尤乘《食鑒本草・魚類》 鱭魚 助火生痰，發疥，不可食。

清・朱本中《飲食須知・魚類》 鱭魚 味甘，性溫。多食助火動痰，發瘡疾。

清・李熙和《醫經允中》卷二三 鱭魚 甘，溫，無毒。不可多食，助火動痰，發瘡疥，發疾。

清・张璐《本經逢原》卷四 江鱭一名鱈魚。 甘，平，小毒。 發明： 諸魚皆用翅尾游行，惟鱭不勞翅尾，逐隊齊行，故以命名。種類不一，獨產江水中者應春而起，味極鮮美，性專降泄。故敗疽痔漏人忌食，諸鱭皆然。

清・章穆《調疾飲食辯》卷六 鱭魚 一名鰲，一名望魚。《異物志》云是鱈鳥所化，腹中尚有鳥腎，故又名鱈魚。幻說也。狀狹長如削木片，亦如薄篾，又如長薄尖刀，故又名魛魚。《爾雅》曰： 鮤，鱴刀。吾鄉名鱭花。細鱗白色，腹下快利如刀，肉如紙薄，細刺極多。性能助火生風。發瘡發疥，亦發瘟疫，凡纖微有病患人，概不宜食。又此魚出多，一冬魚出必少，來春病發必多。是不惟害人，且害其同類，真劣物也。

清・趙其光《本草求原》卷一六鱗部 鱭魚俗名麻鱭。 逐隊齊出，形如尖刀。甘，溫，小毒。發疥助火，動痰。惟貼敗疽痔瘻，燒土，同壁土、醋浸搽。然痔瘻人忌食。

清・王孟英《隨息居飲食譜・鱗介類》 鰲魚亦作鱭 甘，溫。補氣。肥大者佳，味美而腴，亦可作鮓。多食發瘡助火。以溫州所產，有子者佳。乾以為腊，用充方物，味甚鮮美。古人所謂子魚是也。大者尤勝，食品珍之，與病無忌。

清・吳汝紀《每日食物却病考》卷下 鱭魚 味甘，溫，無毒。多食發疥，助火動痰。味美而無益于人也。

金線魚

明・蘭茂原撰，范洪等抄補《滇南本草圖說》卷七 金線魚 氣味甜美，平溫，無毒。多生石洞有水處。主治：潤五臟，養六腑，通津液於上竅。治胃中之冷痰，可助養腎臟之精血，久服不老之仙品也。

明·蘭茂撰，清·管暄校補《滇南本草》卷上　金線魚　味甘甜美。滇中有名。食之滋陰調元，暖腎添精，久服輕身延年。此仙魚也。出昆池中，晉甯多有之。

魬鮹魚

明·姚可成《食物本草》卷一〇鱗部·魚類　魬鮹魚生小澤中。長二三寸，身扁，色白，骨硬而無味。魚之下品。魬鮹魚，味淡，平，無毒。不益人。食之發瘡疥，多食傷脾胃。

諸魚有毒

宋·唐慎微《證類本草》卷二〇蟲魚部上品〔唐·陳藏器《本草拾遺》〕

䱋魚、音拱，鯤子。鰍魚、鰌同音。鼠尾魚、地青魚、鯆魮魚、鯆魮，普胡反，音毗。邵陽魚尾刺人者，有大毒。三刺中之者死，二刺者困，一刺者可以救。候人溺處釘之，令人陰腫痛，拔去即愈。海人被其刺毒，煮魚簄竹及海獺皮解之。已上魚并生南海。惣有肉翅，尾長二尺，刺在尾中，逢物以尾撥之。食其肉而去其刺。其鯆魮魚，已在本經(鮔)〔鱓〕魚注中。

宋·唐慎微《證類本草》卷二〇蟲魚部上品〔唐·陳藏器《本草拾遺》〕

諸魚有毒者　魚目有睫殺人。目得開合殺人。逆鰓殺人。腦中白連珠殺人。無鰓殺人。二目不同殺人。連鱗者殺人。白鬐殺人。腹下丹字殺人。魚師大者有毒，食之殺人。

宋·張杲《醫說》卷六　中魚毒　虞侍郎，蘇州人，平生喜食生魚鱠，中年病腹堅，倒身不得，每發疼痛幾死，累治不效。一善醫切脉曰：侍郎右關脉伏，伏為積聚，有生冷之積，成癥在腹，則疼不可忍，可以藥取之。令用橄欖汁吞元子藥數粒，晚下利一盆許，是魚鱠縷前一截，皆成魚矣，從此遂安《名醫録》。

中鱔鼈蝦蟆毒　頃有一士人，好食鱔魚及鼈與蝦蟆。嘗云：此三物不可殺，大者有毒，殺人。蝦蟆小者亦令人小便祕，臍下蔽疼，有至死者。宜以生豉一大合，投新汲水半椀，浸令豉水濃，頓服之即差《茅亭客話》。

元·吴瑞《日用本草》卷五　諸魚〔有毒〕　䱋、鰍、鼠尾、地青、邵陽等魚，尾刺人，有大毒。魚目有睫者、目能開合者、腦白連珠者、逆鱗逆腮者、二目不同者、腹下丹字者、有角白背者、目鱗鬚赤者，已上皆殺人。無腮者、白鬣者、連鱗者、黑點者、鰤大者、無膽者、全腮者，已上皆不可食。患痢疾人不可食魚。一切魚尾有勾骨着人，不可食。食諸魚中毒：生蘆根汁、馬鞭草汁、大豆煮汁、橘皮煮汁、大黄煮汁、朴硝煮汁，已上六味並解魚毒。

明·王文潔《太乙仙製本草藥性大全》卷八《本草精義》　諸魚有毒　魚目有睫殺人。目得開合殺人。逆鰓殺人。腦中有白連珠殺人。無鰓殺人。二目不同殺人。連鱗者殺人。白鬐殺人。腹下丹字殺人。魚師大者有毒，食之殺人矣。凡魚頭有白色如連珠至脊上、腹中無膽者殺人。魚汁不可合鸕鷀肉食之。鰌魚不可合猴、雉肉食之。鰌鱓不可合白犬血食之。鯉魚子不可合猪肝食之，鯽魚亦爾。青魚鮓不可合生胡荽及生葵并麥醬食之。鰕無鬚及腹下通黑，及煮之反白，皆不可食；生鰕鱠不可合鷄肉食之，亦損人矣。

明·李時珍《本草綱目》卷四四鱗部·附録　諸魚有毒《拾遺》　魚目有睫，殺人。目得開合，殺人。逆鰓，殺人。腦中白連珠，殺人。無鰓，殺人。二目不同，殺人。連鱗者，殺人。白鬐，殺人。腹中丹字，殺人。魚師大者有毒，食之殺人。

明·穆世錫《食物輯要》卷七　凡中魚毒，服黑豆汁、馬鞭蘆汁、橘皮大黄朴硝湯，皆可解。凡魚，目有睫、目能開合，二目不同、逆腮、全腮、無腮、腦白連珠、白鬐、腹下丹字形、形狀異常者，並有大毒。誤食，殺人。

明·吴文炳《藥性全備食物本草》卷三　諸魚有毒　凡魚目有睫，目能開合，二目不同，逆腮，無腮，腦白連珠，白鬐，腹下丹字形，形狀異常者，並有大毒，不可食。凡魚頭有白色如連珠至脊上，腹中無膽者殺人。魚汁不可合鸕鷀肉食之。鯽魚不可合猴、雉肉食。鰌鱓不可合白犬血食之。鯉魚子不可合猪肝食之，鯽魚亦爾。青魚鮓不可合生葫荽及生葵并麥醬食之。鰕無鬚及腹下通黑及煮之反白者皆不可食。生鰕鱠不可合雞肉食之，亦損人矣。魚赤鱗者不可食。魚凡無鱗者有毒。魚有魚食之發心驚。魚無腸膽，食之三年，丈夫陰痿不起，婦人絶孕。食黄顙魚之後食荊芥湯，即變生他魚，亦宜禁之。魚身有黑點者不可食。魚不熟食之成瘕。魚投地塵上不污不可食之。炙鯉魚切忌煙不得令薰着眼，損人眼光，三兩日内必見驗也。食桂竟食鯉魚害人。鯉魚不可合犬肉食。鯽魚不可合雉肉食之。食鯽魚不可食沙糖，令人成疳蟲。鯽魚不可合烏雞食之，令人發疽。鯽魚不可與麥門冬同食，殺人。鱸魚肝有毒，人食之發毒，面皮剥落。鱸魚食之令人不堪發病，又不可與乳酪同食。白魚新鮮者好食，若經宿者不可食之，即發冷生諸疾。青魚服朮人勿食。青魚不可同葵蒜食害人。黄魚發諸病，亦發瘡疥動風。黄魚不宜和蕎麥麪食，令人失陰。鱘魚小兒食結癥瘕及嗽，大人久食令人卒心痛及患腰痛。魚不可與乾笋同食，發癱瘓風也。鯗魚多食發疥。比目魚多食動氣。鱖魚益氣力，令人肥健。黄顙魚醒酒，無鱗不益人。石首魚和蓴菜作羹，開胃下氣。河㹠魚眼紅獨肝者不可食。鮀魚即鼉也，老者多能變化為邪魅，能吐氣成霧露雨，不可食。鰍魚不可合白犬食之。鱓魚腹下黄者，世謂之黄鱓，此尤動風氣，多食霍亂。鱔魚不可合白犬血食之。食鱓折人壽祿，作事不利。鰻鱺魚煮羹食之能治瘵疾，乾者燒之能治蚊蟲，即化為水。鰻魚燒水燻氊中斷蛀，置其骨于衣箱中斷蟲蟻諸蟲咬衣服，燒之燻竹木不生蛀蟲。鮎魚赤目赤鬚無腮者食之並殺人。鮎魚不可與牛肝合食，令人患風多噎。鮎魚不可與野猪肉同食，令人吐瀉。

《延壽書》云：不可殺黿打蛇，恣意烹調，折福損壽。己年不宜殺蛇。若被蛇咬，不得用口呵，恐毒氣入口，能害人。凡見蛇交則有喜。

明・姚可成《食物本草》卷一〇鱗部・無鱗魚類　諸魚有毒　魚目有睫，殺人。目能開合，殺人。逆鰓，殺人。腦中白連珠，殺人。無鰓，殺人。二目不同，殺人。連鱗者，殺人。白鬐，殺人。腹中丹字，殺人。

右魚、鰕等類日用所需，偶或中毒，以生蘆根、馬鞭草取汁，大豆、陳皮、大黄煮汁，竝解之。《素問》曰：魚熱中。丹溪曰：魚在水無一息之停，食之動火。孟子曰舍魚而取熊掌，良有以也。食者節焉，自無口腹之慮，而菑及其身者矣。

清・朱本中《飲食須知・魚類》　諸魚有毒　魚目有睫，目能開合，二目不同，逆腮、全腮、無腮、白鬐、腦白連珠、腹下丹字形、形狀異常者，並有毒，食之殺人。凡一切無鱗魚，皆有毒，宜少食之。妊婦食之，並難產育，令子多疾。紫荊花入魚羹中，食之殺人。

解諸魚毒　黑豆汁，馬鞭草汁，橘皮、大黄、蘆根汁，朴硝湯，飲之皆可解。凡中鰍、鱓、鰕、鼈、蝦蟆毒，令臍下痛，小便秘，用豆豉一合，煎濃汁頻飲可解。

清・何其言《養生食鑒》卷下　右諸魚皆屬火，食之自當慎節。魚中有毒者：目有睫，目能開合，二目不同，逆腮、全腮、無腮、腦白連珠、白鬐，腹下丹字形及形狀異常者，並有大毒，誤食殺人。凡中毒，以生蘆根、馬鞭草取汁，飲之可解。

清・田綿淮《本草省常・魚蟲類》　凡魚蟲形色異常者，不可食。凡魚蟲自死者，不可食。凡魚無肝膽者，食之三年陰不起。凡無鱗魚，俱有毒，服藥人切忌之。凡魚子同禽獸肉食生癥疽，同禽獸肝食尤甚。凡魚鼈鰕蟹，不可同棗與荊芥、狗肉、蜂蜜食。凡瘡疥人，不可食鱗介之物。凡六甲日，不可食鱗介之物。